CHAMBRE DES COMPTES DE PARIS

PIÈCES JUSTIFICATIVES

POUR SERVIR A L'HISTOIRE

DES

PREMIERS PRÉSIDENTS

(1506-1791)

PUBLIÉES

PAR A. M. DE BOISLISLE

SOUS LES AUSPICES DE M. LE MARQUIS DE NICOLAY

NOGENT-LE-ROTROU

IMPRIMERIE DE A. GOUVERNEUR

M DCCC LXXIII

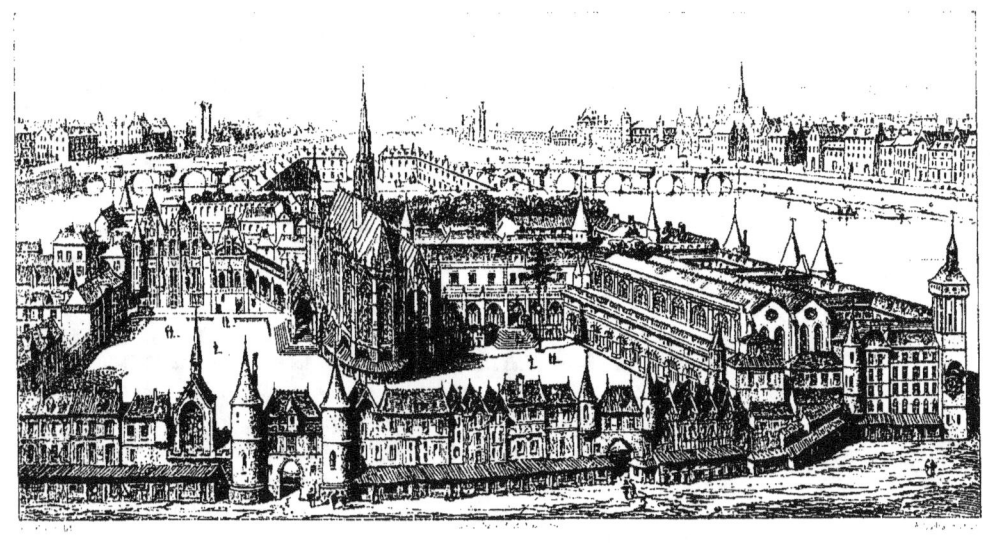

NOTICE PRÉLIMINAIRE

SUR LA

CHAMBRE DES COMPTES DE PARIS

La plupart des Cours souveraines dont les pouvoirs et l'influence furent si considérables sous l'ancien régime, n'ont point encore d'histoire. C'est une lacune presque générale, qui devient singulièrement sensible dès que l'on veut étudier l'organisation judiciaire, l'administration, les finances, la politique intérieure de la France monarchique. Un guide sûr serait indispensable pour parcourir l'obscur dédale d'institutions très-compliquées, pour distinguer le rôle de chacune de ces juridictions enchevêtrées les unes dans les autres, et c'est à peine si, de distance en distance, quelques points de repère ont été explorés isolément, entre lesquels la jonction reste à faire. Est-ce l'aridité apparente du travail qui prolonge un état de choses incompatible avec les progrès de l'érudition et ses justes exigences? Est-ce l'étendue plus réelle de cette tâche, ou bien l'insuccès de quelques tentatives faites dans des conditions défavorables, qui détourne les esprits les plus entreprenants d'une voie où ils rencontreraient cependant plusieurs œuvres excellentes produites par le patriotisme et le dévouement des historiens provinciaux? Quoi qu'il en soit, la plus importante des anciennes Chambres des comptes, celle qu'on appelait la « Chambre » par excellence, est si peu et si mal connue, que son existence, son mécanisme, ses attributions, son action, restent à l'état de problèmes ou de légendes. Les Pièces justificatives réunies dans ce volume prouveront combien le fait est regrettable et inexplicable; mais je rendrais incomplètement les sentiments de pieuse vénération et de respect

a

filial qui ont inspiré ce travail, si tout d'abord je ne montrais que, le jour venu, rien ne manquera des éléments nécessaires pour donner à la seconde Cour du royaume une histoire digne d'elle, digne du rang qu'elle occupe dans les annales de la Magistrature et de l'Administration françaises. Ce sera l'objet de la première partie de cette Notice préliminaire; dans la seconde partie, j'exposerai sommairement l'organisation et les attributions de la Chambre.

I

BIBLIOGRAPHIE. — *Traités sur la Chambre des comptes imprimés du XVIe au XVIIIe siècle.* — *Recueil Gosset.* — *Dissertations, mémoires et factums divers.* — *Armorial de la Chambre.* — *Notices et publications modernes.*

MANUSCRITS. — *Registres de la Chambre : Mémoriaux, Chartes, Plumitifs, Arrêts, Créances, Cérémonial, Filiation.* — *Manuels et Répertoires.* — *Protocole et Livre ferré.* — *Collections et travaux de MM. Clément de Boissy et le Marié d'Aubigny.* — *Bibliothèque et Archives des Premiers Présidents.*

BIBLIOGRAPHIE.
On ne trouve aucun ouvrage spécial sur la Chambre des comptes avant ces dernières années du seizième siècle où un mouvement tout nouveau entraîna les esprits vers les questions financières. Alors, en tête des précurseurs de la science économique se placèrent un maître des comptes, Jean Cherruyer, seigneur de Malestroit[1], et deux ennemis de la Chambre : le trésorier prévaricateur Claude du Bourg, dont la théorie, renouvelée plus tard par l'Assemblée nationale de 1791, consistait à réserver au pouvoir exécutif la juridiction suprême des finances[2]; et l'auteur de la *République*, Jean Bodin, qui se montra l'adversaire passionné des gens des comptes, soit dans ses écrits, soit au sein des États généraux, et à qui la Chambre répondit quelquefois par de justes représailles[3]. Ce fut aussi vers ce temps que l'écrivain protestant caché sous le pseudonyme de *Froumenteau* publia le *Secret des finances*, dont les essais de statistique approximative et la verve ardente eurent d'autant plus de succès auprès du tiers-état, que ce livre était une révélation des mystères budgétaires soigneusement réservés pour le Conseil ou pour la Chambre[4]. Enfin, le président le Maistre et René Choppin livraient aux jurisconsultes leurs savantes dissertations sur les domaines et droits domaniaux, tandis qu'un avocat du roi au présidial d'Auvergne, J. Combes, publiait pour les praticiens son excellent *Traicté des tailles et aultres charges et subsides*, et que J. Bacquet, avocat du roi en la Chambre du Trésor, imprimait un traité sur les rentes, un autre sur les droits et dépendances du domaine et un troisième sur la Chambre du Trésor, ce dernier suivi d'extraits précieux des registres du Trésor ou de ceux de la Chambre des comptes.

Traités sur la Chambre.
Le premier traité sur la Chambre des comptes parut en 1582; il ne s'adressait pas au même public que la plupart des ouvrages économiques et théoriques dont il vient d'être parlé, mais plutôt aux nombreux candidats que pouvait tenter l'appât des offices de magistrature ou de finance créés à profusion et sans relâche; c'était à peu près ce que nous appelons un *Manuel d'aspirant*. Composée en partie sur les *Protocoles* de la Chambre

---

1. Reçu le 4 mars 1562, et remplacé le 2 juillet 1568 par P. Thibault, seigneur de Beaurain. Il présenta au roi, en mars 1566, ses *Paradoxes sur le fait des monnoyes*, qui eurent six ou huit éditions successives.
2. Voy. le n° 107 du présent volume. — En 1567, le trésorier publia des *Lettres escrites et envoyées au Roy et à Nosseigneurs de son privé Conseil, du 25e janvier.... contenant les moyens de pourvoir aux abus et malversations des finances de Sa Majesté, avec la forme d'en mieux compter*, etc.
3. N°s 114 et 208.
4. Voy. l'art. *Fromenteau* dans le *Dict. de l'Économie politique*; et Baudrillart, *J. Bodin et son temps*, passim.

et à leur image ¹, l'*Instruction sur le fait des finances et Chambre des comptes* renfermait de précieux détails techniques, des formulaires, un questionnaire, etc.; elle devint le type de nombre de publications de ce genre, et l'on en retrouve certains passages jusque dans les *Recherches* d'Étienne Pasquier. L'auteur, Jean le Grand, était commis du conseiller d'État Hurault de Boistaillé, et il ne doit probablement pas être confondu avec un greffier en chef de la Chambre du même nom ².

La notice donnée deux ans plus tard par Pierre de Miraulmont, dans ses *Mémoires sur l'origine et institution des Cours souveraines* ³, n'est guère qu'une courte paraphrase des ordonnances constitutives de la juridiction des comptes ou des fonctions de chaque officier. Mais la Chambre occupe une place beaucoup plus importante dans le livre que fit paraître en 1585 un ancien auditeur des comptes, passé récemment à la Chambre de Rouen, Jean Hennequin ⁴. Le *Guidon des finances* est une monographie complète, méthodique, et généralement préférable aux publications précédentes. L'auteur présentait son livre comme le fruit de son séjour à la Chambre, et, sans rentrer dans les détails donnés par Miraulmont ou par J. le Grand, il mettait à la portée des auditeurs, ses anciens confrères, tout à la fois le mécanisme de la Chambre et le secret de ce qui constitue aujourd'hui « la perception, le mouvement et la comptabilité des fonds ⁵. » Bien que fait « à la haste et à heures desrobées, » le *Guidon* eut un grand succès, attesté par le nombre des éditions successives et hautement ratifié de nos jours : il resta en vogue jusqu'au milieu du dix-septième siècle, grâce aux annotations de deux autres financiers, le correcteur des comptes Vincent Gelée ⁶ et le receveur des tailles Sébastien Hardy ⁷, et c'est encore l'un des meilleurs ouvrages où l'on puisse chercher les matériaux de notre histoire financière.

Le Guidon des Finances.

On connaît la dissertation d'Étienne Pasquier sur la Chambre des comptes ⁸, et chacun la cite volontiers; mais l'autorité que le nom de l'illustre magistrat et son titre d'avocat général à la Chambre ont donnée à cette partie des *Recherches de la France* est fort discutable, puisque, dès le temps de Louis XIV, ses opinions, ses citations et ses jugements furent réfutés à l'aide des textes les plus précis, dans l'*Auditeur des comptes* ⁹. Peu après l'achèvement des *Recherches*, un maître des comptes, Jean Lescuyer ¹⁰, inséra dans son *Nouveau style de la Chancellerie* (1622) une *Instruction générale des finances, avec le traicté sur le faict de la Chambre des comptes, formulaire d'acquits et l'instruction pour dresser requestes.* Cette réduction imparfaite du livre publié sous Henri III par J. le Grand mérite à peine d'être citée entre les rééditions du *Guidon des finances* et le *Traité de la Chambre des comptes* que fit paraître en 1647 le « praticien » Claude de Beaune ¹¹. Ici, nous retrouvons les mêmes divisions que chez J. le Grand, les mêmes formulaires, le même

Pasquier,
J. Lescuyer,
Cl. de Beaune.

---

1. Voy. plus loin, p. xvi.
2. Jean le Grand, greffier de 1567 à 1572.
3. Édition de 1584, fol. 107-128.
4. Voy. sur cet auteur la *Biographie Didot* et un excellent article de M. X. Heuschling dans les *Comptes-rendus de l'Académie des sciences morales et politiques*, 3ᵐᵉ série, t. VI, p. 263. — J. Hennequin avait été auditeur du 21 juillet 1552 au 7 septembre 1568. On l'a confondu à tort avec un homonyme, proche parent des premiers présidents Nicolay; mais il était originaire de Troyes, comme toute la « maignée » des Hennequins, qui fournit tant de magistrats à la Chambre et joua un rôle si important dans la Ligue parisienne. Il avait été secrétaire du roi, et avait accompagné, dans des voyages à l'étranger, un maître des comptes de Rouen, M. de Saint-Yon. Il est probable que les registres de la Chambre de Rouen compléteraient sa biographie d'une façon intéressante.
5. Voyez, sur la Chambre, la Vᵐᵉ partie du *Guidon* et l'appendice intitulé : *Mémoires, advertissemens, maximes et reigles observées ès Chambres des comptes de ce royaume, et spécialement en celle de Paris*, etc.
6. Vincent Gelée, contrôleur général de l'artillerie, reçu auditeur le 13 février 1573, confirmé en novembre 1584, malgré sa qualité d'ancien comptable, par égard pour ses

« services et mérites » (Bibl. Nat., ms. Fr. 3306, fol. 41 v.), et passé correcteur en 1588. Il résigna le 9 février 1599. Son édition annotée du *Guidon* avait paru en 1594. Il devait être petit-fils d'un clerc des œuvres du roi Louis XII.
7. Séb. Hardy fit paraître les deux dernières éditions du *Guidon* en 1631 et 1644, avec des annotations et des additions. Il avait déjà publié d'autres ouvrages sur les finances, et fit aussi des traductions estimées. La Chambre le reçut, lui ou son fils, le 18 septembre 1654, en l'office de receveur des aides et tailles de l'élection du Mans; mais il n'appartient jamais à la Compagnie, quoi qu'en dise la *Biographie*.
8. *Recherches de la France*, liv. II, ch. V. — En 1595, du Haillan avait parlé très-succinctement de la Chambre des comptes dans son livre *De l'estat et succez des affaires de France*, fol. 346 b à 348.
9. On attribue cet opuscule (in-8°, 115 p., s. d. n. l.) à l'auditeur François Hubert, mort en 1674.
10. Jean Lescuyer, auditeur du 20 octobre 1578 au 14 juin 1582, maître du 30 mars 1583 au mois de février 1635. — Je ne donne cette identification que sous toutes réserves. Tessereau (*Hist. de la chancellerie*) cite un Jean Lescuyer qui fut secrétaire du roi de 1640 à 1643.
11. Je croirais volontiers que ce nom était le pseudonyme

interrogatoire, « moyen fort profitable pour la jeunesse qui désire hanter les bureaux des finances, et autres personnes employées aux finances; » mais, pour la première fois, la partie descriptive est suffisamment complète, et c'est ce que nous possédons de plus instructif sur la Chambre des comptes [1].

Recueil Gosset.   Le *Traité* préparé par Jean de Loffroy et publié après sa mort, en 1702, est loin d'avoir la même valeur, malgré les longues études que ce greffier-plumitif avait pu faire pendant un séjour de cinquante-cinq ans environ dans les dépôts [2]. Il est étonnant qu'à une époque où la Chambre faisait exécuter de très-grands travaux et comptait dans son sein plusieurs érudits, il ne se soit rien produit qui puisse soutenir la comparaison, même avec des ouvrages tels que les *Treize livres des parlemens de France* de B. de la Roche-Flavin (1617), le *Recueil général des titres des trésoriers de France* de S. Fournival (1655), ou le livre de G. Constans sur la Cour des monnaies (1658). Mais le dix-huitième siècle fit mieux. Tandis que Brussel préparait son *Usage général des fiefs* et son *Dictionnaire*, un simple correcteur, Claude Gosset [3], à peine soutenu par les souscriptions de son ordre et de celui des auditeurs, mais animé d'un de ces dévouements très-communs dans la Compagnie, entreprit de réunir et d'imprimer toute la suite des ordonnances, actes royaux, arrêts de la Chambre ou du Conseil, etc. touchant la juridiction des comptes. Le principe de cette collection avait été adopté dès 1644 par la Compagnie [4]; mais Gosset eut tout l'honneur de la publication. Il l'avait déjà commencée, lorsqu'un grave conflit avec la Cour des aides obligea la Chambre à faire faire par l'Imprimerie royale deux *Recueils des édits, ordonnances, déclarations, lettres patentes, arrêts et autres pièces justificatives de sa juridiction contentieuse, tant au civil qu'au criminel* [5]. L'insuffisance de cette production fit valoir les avantages bien supérieurs du travail de Gosset, qui obtint d'abord, en 1726, une gratification de 2,500 livres, puis, en 1729, l'achat des trois cents exemplaires qui lui restaient [6]. Le recueil en était alors à sa troisième forme et comptait quatre volumes in-quarto [7]. On continua l'impression jusqu'en 1742, et la collection, qui se composait alors de sept volumes et de onze cent vingt-sept pièces, devint, sur certains points, plus complète que les volumes déjà publiés des *Ordonnances des rois de France*. Gosset, en

---

de quelque magistrat de la Chambre. Le privilége est daté du 14 novembre 1642 : mais l'auteur était mort quand on fit l'impression, et l'*achevé d'imprimer* est du 10 décembre 1646.

1. On trouve dans toutes les bibliothèques des manuscrits de ce traité, de dates différentes, et offrant des variantes à consulter. Presque tous ont pour titre : « *Ordre qui s'observe en la Chambre des comptes.* » Voy. Arch. Nat., P 2641 et 2644; Bibl. Nat., mss. Fr. 10987 (celui-ci est postérieur à l'imprimé de 1647 et plus complet), 14068, 18480 et 18481, 23867, 23868, et Lancelot 149, fol. 137-200, etc.; Bibl. Mazarine, P 2547; Bibl. de l'Arsenal, Jurispr. fr. 98. — A la même série peuvent se rattacher un *Traité de la juridiction souveraine de la Chambre*, rédigé d'après les registres Mémoriaux et Plumitifs, Arch. Nat., P 2642, et les mss. de la Bibl. Nat. Fr. 14069 (daté de 1614) et 21404 (fait vers 1650), ou de la Bibl. de l'Arsenal, Jurispr. fr. 100. Ce dernier vient d'un des greffiers Richer.

Plusieurs manuscrits analogues font partie de la Bibl. des Premiers Présidents de Nicolay, et la plupart de ceux qui viennent d'être énumérés proviennent de magistrats de la Chambre. Monteil en avait recueilli quelques-uns, et il fait une description joviale, mais exacte, de ces manuscrits préparatoires, dans son *Traité des matériaux manuscrits*, éd. de 1836, t. Ier, p. 327 et suiv.

2. Loffroy, reçu procureur le 26 septembre 1639, devint, sans quitter sa charge, contrôleur de la Sainte-Chapelle, sur la nomination du P.P., puis commis au Plumitif, le 16 avril 1663, et il ne mourut qu'en octobre 1693. Outre le *Traité de la Chambre des comptes*, qui fut publié par les soins de son petit-fils, le conseiller maître de Villiers (1687-1750), Loffroy a laissé un répertoire manuscrit dont il sera parlé plus loin.

3. Entré à la Chambre en 1706, dès sa vingt-cinquième

année, et resté correcteur jusqu'à sa mort, 16 janvier 1757. Selon la *Bibliothèque historique* (t. III, p. 288), il était neveu, par sa femme, du poëte Santeul.

4. *Plumitif*, 23 novembre 1644; arrêt chargeant le greffier ancien de faire une transcription authentique de toutes les pièces déposées au greffe ou enregistrées, « concernant l'autorité de la Chambre ès affaires d'icelle, gages et droits attribués aux officiers, » de conserver ce recueil, en le tenant soigneusement à jour, et de classer les originaux dans une armoire séparée.

5. Un seul titre sert pour les deux séries; mais l'une est imprimée en 1726 ou 1727, et l'autre en 1730. (Bibl. des Archives Nationales.)

6. *Plumitif*, 23 mars 1729; arrêt rendu au rapport de MM. Martin de Beaufort et L.-P. d'Hozier.

7. Un premier volume, contenant 96 pièces seulement, avait été imprimé en 1728, pour les auditeurs, sous le titre de : *Recueil d'édits et lettres concernant les priviléges, exemptions et droits dont jouissent les officiers de la Chambre des comptes de Paris*. Deux autres volumes, dont un de supplément, paginés à 800 et 900 pages, précédés chacun d'une table chronologique, et comprenant 463 pièces, avaient paru en 1728 avant les quatre volumes de pièces détachées. Ceux-ci ont une table pour chacun ou une seule pour eux tous, et le titre commun : *Édits, déclarations, ordonnances, arrêts et règlemens*. Dans la forme dernière et définitive, toutes les pièces étant séparées, avec une pagination différente, et ne pouvant faire que des recueils factices, il est difficile de préciser l'état bibliographique de la collection ou de rencontrer deux exemplaires absolument semblables. Le titre seul, la disposition typographique, la date de 1728 et le nom de l'imprimeur Mariette (sous lequel j'ai préféré désigner cette collection, quoiqu'on l'appelât autrefois le *Recueil Gosset*) peuvent servir de points de reconnaissance.

NOTICE PRÉLIMINAIRE.

élargissant le plan primitif de son recueil, était arrivé à y faire entrer presque tous les textes les plus précieux des registres de la Chambre, et il avait eu la patience d'en dresser une table alphabétique [1]. On ne s'en tint pas là : en 1767, deux conseillers maîtres des plus érudits, MM. Cassini et le Marié d'Aubigny, furent chargés d'installer et de compléter, en pièces imprimées ou manuscrites, la collection, qui était déjà devenue « d'une utilité journalière, » et de plus, M. le Marié d'Aubigny donna environ cent quatre-vingts boîtes-livres pleines de pièces, imprimées ou manuscrites également, qui intéressaient à tous les degrés l'histoire de la Chambre et des autres Cours souveraines, la jurisprudence, le public, etc. En y ajoutant une table chronologique pour faciliter les recherches, quelques collections analogues provenant des Chambres supprimées dans les provinces, et les livres indispensables, tels que les *Ordonnances*, Néron, Fontanon, Blanchard, c'était combler à peu près une lacune regrettable dans l'organisation intérieure de la Compagnie [2]. Si ce dépôt particulier n'est pas parvenu jusqu'à nous, du moins beaucoup d'exemplaires du recueil de Gosset ont-ils été conservés, et nous avons en outre hérité des collections que M. d'Aubigny reforma pour son usage personnel, plus belles et plus complètes que celles de la Chambre ne purent jamais l'être. Il en sera question ailleurs [3].

Il faut que nous revenions en arrière jusqu'à 1727, pour signaler un *Dictionnaire des finances*, ouvrage anonyme, donnant la signification et l'usage des termes techniques, et rédigé d'après les registres de la Chambre, sans doute par quelqu'un de ses officiers [4].

En 1765, l'auditeur Jean-Louis le Chanteur [5] fut chargé par ses confrères de publier une nouvelle réfutation des erreurs d'Étienne Pasquier, déjà combattues, un siècle auparavant, par Fr. Hubert. Bien que restreinte aux points qui intéressaient l'ordre des auditeurs dans ses différends avec la Chambre, la *Dissertation historique et critique sur la Chambre des comptes* se rattache directement à l'histoire de la Compagnie par un grand nombre d'extraits des registres ou de notes curieuses. Dans la même catégorie se rangent les livres, mémoires ou factums qui se multiplièrent durant tout ce siècle à l'occasion des conflits intérieurs ou extérieurs de la Chambre : en 1730, un *Mémoire servant de réponse à la requeste présentée au Roy par les officiers des bureaux des finances*, dressé par le président de Paris la Brosse et le procureur général de Fourqueux ; en 1768 et 1769, les réquisitoires contre le parlement et les autres pièces imprimées à propos du livre des *Mélanges historiques*; en 1779, le *Véritable état des Trésoriers de France*, factum semi-officiel, appuyé sur plus de deux mille citations d'ordonnances, arrêts, etc., et résumant toute la juridiction et la jurisprudence de la Chambre en matière d'actes féodaux reçus par les bureaux des finances [6]. Dans cette même année 1779, un premier travail de M. Clément de Boissy, conseiller maître, le *Mémoire sur les conflits élevés contre la Chambre des comptes. . . . et la nécessité du concours des premiers juges*, fut imprimé aux frais de la Chambre, pour répondre aux attaques de la Cour des aides, en attendant que le dépouillement des registres entrepris depuis dix-huit ans par le même magistrat fournît des matériaux plus complets [7]. Ce conflit produisit en outre, de la part des Aides, en 1782, un Mémoire non moins volumineux que celui des Comptes, et M. de Boissy riposta, en 1784, par une *Réponse au Mémoire de la Cour des aides*. Je ne

Dissertations, mémoires et factums.

---

1. Voy. Isambert, *Recueil des lois françaises*, préface, et la *Bibliothèque historique*, loc. cit.
2. *Plumitif*, 6 août 1767, 5 septembre 1771 et 27 février 1773. — Chose étrange ! l'ordre des auditeurs avait seul une espèce de bibliothèque, et c'est tout au plus si la Chambre achetait de temps en temps quelques recueils, les *Ordonnances royaux sur l'institution de la justice de la Cour des aydes*, un Fontanon, un Guénois, un *Coutumier général*, que le commis au Plumitif gardait dans un coffre, près de son bureau. (*Plumitif*, 13 septembre 1602, 24 octobre 1668, 27 janvier 1740, etc.)
3. Voy. p. xix. — M. d'Aubigny avait fait une table chronologique de 1700 à 1763, qui se trouve également aux Arch. Nat., E 2782 ⁵⁻⁷.

4. Un vol. in-8° ; très-souvent cité par l'*Encyclopédie méthodique*.
5. Fils d'un notaire ; né le 24 janvier 1719, reçu auditeur le 28 novembre 1747, après avoir été conseiller au Châtelet ; mort en 1766.
6. *Plumitif*, 17 mai 1779 ; arrêt rendu sur le rapport de M. Clément de Boissy et portant souscription pour 300 exemplaires.
7. L'avocat général le Marié d'Aubigny avait fait un autre Mémoire, qui resta en manuscrit au greffe. (*Plumitif*, 18 et 30 décembre 1779, 17 janvier et 18 novembre 1780.) Il remit encore, le 23 mars 1787, un Mémoire sur la nécessité d'établir le libre et entier exercice de la juridiction criminelle de la Chambre.

VI   *CHAMBRE DES COMPTES.*

peux qu'indiquer également un autre Mémoire du même conseiller sur les actes de foi et hommage envoyés par les trésoriers de France du ressort de la Chambre¹ ; l'analyse de tous ces volumineux factums n'est guère praticable, et il faut une étude patiente pour en extraire les renseignements qui y abondent. Avant d'arriver à la Révolution, nous trouvons encore trois publications importantes : le *Mémoire sur les demandes formées en* 1775, *contre MM. les présidens et conseillers maîtres, par les conseillers correcteurs et auditeurs,* imprimé à la fin de 1784, véritable monument des querelles intestines qui remontaient à plusieurs siècles²; les *Observations sur la comptabilité et la juridiction de la Chambre,* dressées, au milieu des agitations de 1789, par les commissaires de tous les ordres, et présentées à l'Assemblée nationale comme l'exposé authentique des causes de l'état déplorable des finances, comme la justification du rôle soutenu par la Chambre et l'indication d'une régénération nécessaire et possible³ ; enfin, en 1790, les *Observations sur la suppression des Chambres des comptes proposée à l'Assemblée, et sur la nécessité de l'établissement d'une Cour nationale de finances unique.*

Armorial de Mlle Denys.

De tout temps, la Chambre avait été jalouse de conserver, soit sous la forme d'un tableau de *Genuit,* soit dans une suite d'énormes volumes, la filiation de tous les offices, avec les noms, armes et qualités des officiers ; mais, à part l'enregistrement des armoiries de la Compagnie dans le premier volume de l'Armorial général de 1697⁴, et les deux armoriaux des officiers en charge publiés par le vénitien Dominique-Antoine Ménard en 1717⁵, ou par Dubuisson en 1756⁶, l'histoire ne pouvait tirer parti de ces tableaux rétrospectifs, qui remontaient jusqu'aux origines de la Chambre. Ce fut seulement lorsque le manuscrit de la *Filiation,* détruit dans l'incendie de 1737, eut été rétabli ou refait aussi complet que possible, par deux commissaires spéciaux⁷, que Mlle Marie-Jeanne Denys entreprit la publication de l'*Armorial de la Chambre des comptes.* En 1769 parut un premier volume, contenant les blasons gravés de tous les présidents depuis l'année 1506, « époque où la maison de Nicolay a commencé de posséder l'office de Premier Président, » avec l'état des officiers antérieurs à cette date et un « Essai sur le blason des armoiries ⁸. » Bien que Mlle Denys s'intitulât *armoriste de la Chambre,* qu'elle eût dédié son livre au P.P. Nicolay, et qu'un maître des comptes, M. C*** (Clément ou Cassini ?), « élevé par sa naissance et la supériorité du génie au-dessus du vulgaire, » l'eût aidée à établir d'après la *Filiation* et les registres du greffe un travail qui devait être vraiment utile, non-seulement à la Chambre, mais aussi aux généalogistes, aux historiens, aux érudits, cependant l'entreprise, à peine accueillie par une trentaine de souscriptions, se trouva trop lourde, et l'artiste dut faire appel, par l'organe de M. le Marié d'Aubigny, à la générosité et à la reconnaissance de la Compagnie. Celle-ci eût voulu reprendre la publication pour son compte, sous la surveillance d'une commission et avec des garanties propres à satisfaire tous les ordres⁹. Ce projet fut d'abord repoussé, et

---

1. *Plumitif,* 16 février, 12 juillet 1784, 4 janvier 1785.
2. Le Mémoire avait été déposé au greffe dès 1777. Les Arch. Nationales possèdent le manuscrit original ou une copie, P 2645.
3. In-4° de 75 pages. Voy. n° 947.
4. *Plumitif,* 2 janvier 1697. — Cabinet des titres, *Armorial général* ms., Paris, t. I, p. 916-977.
5. *La Chambre des comptes de Paris, où sont les noms, armes et blasons de tous nos seigneurs qui la composent, suivant l'ordre de leur réception ;* avec une briefve description contenant une idée générale de son ancienneté et de ses fonctions, etc. A Paris, chez l'auteur, A.-D. Ménard, rue des Nonaindières, paroisse St-Paul, proche l'hostel d'Aumont, chez une lingère, à la Madelaine. — Pet. in-folio oblong, gravé.
    L'ouvrage est dédié à « Sa Grandeur Monseigneur le P.P. » et placé sous la protection des sept générations de Nicolay qui avaient déjà figuré à la tête de la Compagnie, *non interrupto principatu.* Une gravure donne la perspective de la façade de la Chambre, et une autre, plus précieuse pour nous, représente la disposition intérieure des salles et bureaux. Cet *album* paraît rare et n'existe pas à la Bibliothèque Nationale ; l'exemplaire des Archives vient de l'ordre des auditeurs.
6. *Armoiries des Cours souveraines.*
7. Voy. plus loin, p. XIII.
8. Voy. la *Bibliothèque héraldique* de J. Guigard, n° 2053. — L'exemplaire de dédicace, revêtu d'une reliure des plus curieuses, est conservé dans les *Arch. Nicolay.* — La première partie du volume est imprimée, et la seconde gravée. L'auteur comptait que, le nombre d'officiers reçus depuis l'an 1506 étant de 1964, les armes des maîtres occuperaient une seconde partie en 4 volumes, les correcteurs une troisième en 2 volumes, les auditeurs, gens du roi, etc. une quatrième et une cinquième partie en 5 volumes, et que le tout serait terminé en 1770.
9. On voulait retrancher du volume déjà publié quatre feuillets d'impression placés après la dédicace, contre lesquels les auditeurs protestaient, « quitte à y substituer les notices de l'*Encyclopédie.* » L'ouvrage devait être continué et former quatre autres volumes, où la gravure en taille-douce remplacerait l'enluminure, et la typographie la gra-

NOTICE PRÉLIMINAIRE. VII

l'on vota seulement une indemnité de 3,000 l., à condition que la coupure des passages blessants pour les auditeurs se ferait soigneusement et que l'ouvrage ne serait pas continué [1] ; mais, en 1776, sur un rapport de M. Clément de Boissy, la Chambre, honteuse « qu'une artiste qui s'étoit intéressée à sa gloire, fût privée du fruit de ses épargnes, » autorisa Mlle Denys à continuer la filiation des présidents et des maîtres, sous la direction des commissaires et moyennant une nouvelle allocation de 4,000 l. sur la bourse commune des deux ordres. Quand le second volume fut terminé, en 1780 [2], l'armoriste vint réclamer l'excédant des frais; on lui accorda 1,500 l. et autant à l'imprimeur, comme dernier et parfait payement, contre remise des cent exemplaires dus à la Chambre, et à condition que Mlle Denys renoncerait à toute demande ultérieure. Pourtant, nous la voyons, en 1784, présenter encore une note de près de 19,000 livres et offrir diverses combinaisons nouvelles ; la Chambre mit *néant* sur cette requête, et ce fut seulement dans sa dernière séance, du 19 septembre 1791, et (singulière ironie!) par son dernier arrêt, qu'elle vota, pour l'entier et parfait payement de son armoriste, une nouvelle somme de 8,000 l., à charge par Mlle Denys de remettre « la totalité des objets mentionnés au mémoire des frais et déboursés [3]. » Ceci prouverait que le travail avait été poursuivi ; mais, si tant est que l'arrêt de la Chambre ait pu être exécuté après la suppression du tribunal, les matériaux remis par Mlle Denys étaient désignés en première ligne pour la destruction : ils disparurent, et la publication de l'*Armorial,* document indispensable pour le futur historien de la Chambre, n'a été reprise et continuée que de nos jours, tout récemment. M. Coustant d'Yanville, héritier d'un des derniers correcteurs des comptes [4], a mis à cette œuvre, qui n'est pas encore terminée, tout le dévouement que pouvaient lui inspirer ses souvenirs et ses attaches personnelles ; non-seulement il en a fait une merveille typographique, mais il y a ajouté un *Essai historique et chronologique sur la Chambre* et une *Étude sur l'administration de la justice et le contrôle financier* qui eussent peut-être répondu aux vœux exprimés au commencement de notre préface, si l'auteur s'était trouvé dans des conditions plus favorables pour étudier son sujet et recueillir des matériaux plus sûrs, plus probants et plus utiles [5].

En ajoutant à ce résumé bibliographique l'indication de quelques notices insérées dans des recueils tels que le *Répertoire de jurisprudence* de Guyot, où l'article *Chambre des comptes* fut rédigé par Boucher d'Argis, l'*Encyclopédie méthodique,* les éditions successives de l'*État de la France,* l'*État de la magistrature de la France* (1788), le *Tableau historique, généalogique et chronologique des trois Cours souveraines de France* (1772), — sans oublier, dans notre siècle, les études de MM. de Coral, Dufey de l'Yonne ou Fr. Mérilhou [6], — j'aurai montré que l'ensemble de ces productions n'est point en rapport avec la somme de travail et d'érudition dépensée depuis trois siècles, ni avec l'importance d'un tribunal cinq fois séculaire, dont les souvenirs se rattachent intimement à l'histoire du pays et à celle des familles parlementaires.

Notices diverses

En opposition avec cette insuffisance des ouvrages imprimés, il faut insister sur l'abondance des documents manuscrits, sur leur authenticité, leur variété, et enfin sur la multiplicité des copies, qui, disséminées

MANUSCRITS.

---

vure du texte ; le tout à terminer en cinq ans, par marché à forfait avec l'imprimeur de la Chambre. On comptait que les écussons seraient au nombre de 700 pour les maîtres, 400 pour les correcteurs, 800 pour les auditeurs ; en plus, ceux des gens du roi, greffiers, etc. Le tirage devait se faire à 300 exemplaires, dont 220 aux armes des destinataires. La rémunération eût été de 16,000 l. pour l'armoriste, et de 4,000 l. pour l'imprimeur ; ce qui faisait une dépense de 19 l. par an pour chacun des deux cent onze officiers qui composaient alors la Compagnie.

1. *Plumitif et Journal,* 19 juillet et 6 août 1774.

2. Dans cette édition, imprimée par Cellot, l'armorial gravé du tome Ier est remplacé par la filiation des présidents et des maîtres ; le tome II contient les blasons. La justification de l'impression est la même que celle du volume gravé en 1769. La Bibl. Nationale a récemment acquis un exemplaire annoté et complété, en 1810, par le baron de Hénin de Cuvillier, généalogiste érudit, issu d'une famille qui avait donné plusieurs conseillers maîtres.

3. *Plumitif,* 10 juillet 1776, 16 septembre 1780, 30 janvier 1784 et 19 septembre 1791. N° 962.

4. Ch.-Fr.-M. Coustant d'Yanville, ancien trésorier de France à Soissons, fut agréé par le roi sur la recommandation du P.P. de Nicolay (lettre du garde des sceaux ; *Arch. Nicolay,* 72 L 547), et se fit recevoir le 7 mars 1786.

5. *La Chambre des comptes de Paris ; essais historiques et chronologiques, priviléges et attributions nobiliaires, et Armorial de Mlle Denys.* — In-4° ; impr. chez Perrin, à Lyon. Sept fascicules (740 p.) ont paru ; le huitième et dernier doit comprendre les blasons des auditeurs, et sans doute ceux du reste des officiers de la Chambre.

6. Voy. la *Bibliothèque historique* du P. Lelong, n°s 33770 et suiv., et le *Catalogue de l'histoire de France de la Bibliothèque Impériale,* t. VII, p. 211-213.

dans divers lieux, offrent des facilités pour les travailleurs et quelques garanties contre les éventualités à redouter[1]. Grâce à l'hospitalité bienveillante des Archives et de la Bibliothèque Nationale, je puis donner une nomenclature assez complète, du moins en ce qui concerne les registres de la Chambre elle-même ou les manuscrits à l'usage des gens des comptes ; si sommaire qu'il soit, un pareil travail fera comprendre ce que valent aujourd'hui encore, malgré tant de mutilations, les précieux débris du plus vaste dépôt de la France, et comment, selon l'expression d'un des ministres qui ont le plus fait pour la conservation des documents historiques, ceux-ci « se rattachent par une foule de relations et de motifs à l'état politique et civil du pays, aux lieux et aux familles, et constituent une sorte de patrimoine commun sur lequel tous les hommes qui s'occupent d'art, d'histoire, d'archéologie, d'études littéraires, font reposer l'espoir de leurs travaux[2]. »

Les registres de la Chambre formaient deux familles distinctes : les uns étaient consacrés aux actes de l'autorité royale, les autres aux actes de la Compagnie. La première famille se subdivisait en *Mémoriaux* et *Chartes* ; la seconde en *Plumitifs* et *Journaux*, avec leurs dérivés, *Créances*, *Cérémonial*, *Arrêts*, etc[3].

Mémoriaux.

Les *Mémoriaux* recevaient la transcription officielle des actes d'intérêt public soumis aux formalités de la vérification[4]. C'est, de toutes les séries de registres, la seule que l'érudition ait utilisée ; longtemps les rois ou leur Conseil avaient eu l'habitude d'y chercher les documents que le Trésor des chartes ne pouvait leur fournir, et des générations d'historiens, de compilateurs, d'éditeurs de recueils législatifs ou administratifs n'ont cessé de puiser à cette source, sans jamais la tarir.

Dans les Mémoriaux, il faut distinguer deux catégories bien différentes : 1° les anciens registres proprement appelés *Libri memoriales*, qui étaient des livres de mémoire, des manuels d'un usage journalier ; 2° les registres officiels institués sous le nom de *Journal*, et plus tard confondus avec les Mémoriaux, sous la même dénomination et à leur suite.

Mémoriaux anciens.

Les Mémoriaux anciens sont bien connus sous les noms de : 1er et 2me livres de *Saint-Just*, *Temporalitatibus*, *Liber Rubeus*, *Croix*, *Pater*, *Noster* et *Qui es in cœlis*. C'étaient des compilations exécutées dans la première partie du quatorzième siècle, par certains officiers de la Chambre et pour leurs besoins personnels, autant que pour ceux de la Compagnie. Depuis saint Louis, les jurisconsultes ou les conseillers royaux avaient reconnu la nécessité de suppléer aux défaillances de la mémoire par des recueils où s'entassaient plus ou moins régulièrement les actes royaux, les décisions judiciaires et les monuments du droit féodal ; ce fut l'origine et la raison d'être des Mémoriaux[5], aussi bien que des fameux registres du parlement désignés du nom d'*Olim*. Les uns et les autres, soit qu'ils fussent formés à l'aide des documents originaux, ou sur des recueils un peu plus anciens, se ressentirent, dans leur composition, d'un temps où les pouvoirs n'étaient pas encore définis et séparés et où les rédacteurs pouvaient puiser, sans ordre et très-arbitrairement, dans les dépôts qui se trouvaient à leur portée ; chose d'autant plus facile pour les gens des comptes, qu'ils avaient la haute main sur le Trésor des chartes. Ils recueillirent ainsi ce qui avait subsisté de la législation antérieure, et s'en firent des espèces de codes ou de formulaires.

Dans les plus anciens registres, le livre *Rubeus* ou *Rouge*[6] et le *Saint-Just*, lequel était une copie faite sous Philippe le Bel d'un manuscrit appartenant à Robert d'Artois et concernant principalement la Normandie[7],

---

1. En même temps que l'incendie de 1871 détruisait les archives réunies dans les dépôts de la Cour des comptes et menaçait les collections originales de la Chambre conservées aux Archives Nationales, une assez belle série de copies périssait avec la Bibliothèque du Louvre. Voy. le *Cabinet historique*, 1871, catalogue, p. 18.
2. M. Duchâtel, *Rapport au Roi*, 8 mai 1841.
3. Cette distinction, adoptée de bonne heure dans d'autres Chambres, et par exemple à Moulins, ne fut nettement établie à Paris qu'à la fin du seizième siècle.
4. Règlements de la Chambre, édits, déclarations royales, lettres patentes, arrêts du Conseil, provisions d'offices, procès-verbaux des cérémonies royales, traités de paix, actes de mariage, acquisitions, ventes, engagements ou échanges du domaine, etc.
5. Ce terme remontait à l'origine même des archives de l'empire romain. Il y avait des *Mémoriaux* dans les *sacra scrinia* du palais impérial.
6. Le plus gros de tous ces volumes (550 feuillets) ; il ne contenait guère que des chartes d'intérêt privé, des concessions du domaine royal, et se rapprochait plutôt de la série des *Chartes* que de celle des *Mémoriaux*. Il est souvent désigné sous le titre de « *Liber dudum Rubeus, nunc Albus.* »
7. Jean de Saint-Just, que Pasquier avait « en singulière recommandation, comme grandement studieux de l'ancienneté, selon la portée de son temps, » mais qui ne

NOTICE PRÉLIMINAIRE.

ou le registre *Temporalitatibus*, daté du quinzième siècle et consacré, comme son nom l'indique, aux actes passés entre le roi et le clergé, ce caractère de *miscellanées* était moins sensible que dans les quatre registres *Croix*, *Pater*, *Noster* et *Qui es in cœlis*. Ceux-ci présentaient entre eux une similitude de composition qui prouve qu'ils avaient dû être rédigés les uns sur les autres, probablement dans cet ordre : *Pater*[1], *Croix*, *Qui es in cœlis* et *Noster*. Entre les trois derniers, l'analogie était presque complète, et ils ne différaient que par un petit nombre de pièces, par l'ordre dans lequel les documents se suivaient, ou bien par des additions postérieures à la rédaction primitive.

Dès le quatorzième siècle, ces Mémoriaux étaient considérés comme les titres primordiaux et constitutifs de la Chambre, et depuis lors on veilla à leur conservation avec une sollicitude de tous les instants[2]; mais l'incendie de 1737 les détruisit, en même temps que tous les autres Mémoriaux de la seconde série.

Ceux-ci avaient été institués par l'art. 2 de l'ordonnance du Vivier (1319), sous la dénomination de *Journal*, « pour registrer toutes choses faites en la Chambre. » Il était urgent en effet d'assurer la conservation des *scripta*, que l'on se bornait jusque-là à garder en originaux, et ce fut vers la même époque que le parlement, lui aussi, commença à remplacer les *Olim* par de véritables registres civils, les *Mémoriaux*; vingt ans plus tard, il eut des *Ordinaciones*, réservées pour la transcription des actes royaux d'intérêt général. A la Chambre, la dénomination de *Journal* subsista quelque temps, et elle ne fut remplacée par l'appellation générique de *Mémorial* que dans la seconde partie du siècle, lorsque la forme de ces registres se régularisa et que d'autres séries se créèrent pour recevoir la mention des actes et des opérations de la Chambre ou le texte de ses jugements[3]. Peu à peu la rédaction devint moins confuse, et les Mémoriaux finirent par ne plus renfermer que le texte des lois, édits, ordonnances, lettres patentes d'intérêt public, etc.

La transcription sur parchemin était confiée à un commis du greffe, qui recevait au plus 200 l. par année, et dont le travail était parfois en retard de dix ans. Les volumes se cotèrent d'abord par lettres, système adopté au Trésor des chartes et au parlement; l'emploi des chiffres ne prévalut qu'en 1698, alors que l'on arriva à la fin du huitième alphabet. La collection entière, de même que les autres espèces de registres, était placée sous la surveillance sévère des greffiers, et ce fut dans le dépôt du greffe que l'incendie du 27 octobre 1737 détruisit plus de deux cents volumes de Mémoriaux qui existaient alors. Malgré l'activité déployée, depuis cette époque jusqu'à la Révolution, pour leur reconstitution, ce travail, dont le détail sera donné plus loin, resta forcément incomplet, les copies furent très-mal faites, l'authenticité des textes non moins mal vérifiée, et, bien que la série des transcrits, parvenue aux Archives Nationales avec les quatre-vingt-quinze volumes originaux de 1737 à 1791[4], rende aujourd'hui les plus grands services, la perte des registres brûlés est à jamais regrettable, si l'on en juge d'après les fragments recueillis, et surtout d'après un registre congénère et contemporain des quatre Mémoriaux cités plus haut.

Ce manuscrit provient de l'abbaye de Saint-Germain-des-Prés, où il était entré en 1728, et il porte aujourd'hui, à la Bibliothèque Nationale, la cote Lat. 12814. Il a dû être rédigé vers 1338, et, dans les

Seconde série de Mémoriaux.

Manuscrit original d'un des Mémoriaux.

---

fit guère plus que ses collègues, les rédacteurs des autres Mémoriaux, avait été successivement clerc de Sance de la Charmoye de 1311 à 1315, clerc du roi de 1315 à 1319, maître clerc de 1319 à 1346, premier maître, faisant fonctions de président, de 1351 à 1356, puis remis maître clerc jusqu'à sa mort, 13 juin 1356. Cette dernière date, donnée par les registres de la Chambre, contredit la *Gallia christiana*, qui prétend que le même Jean de Saint-Just était chanoine de Saint-Quentin et de Beauvais et qu'il devint ensuite chanoine de la Sainte-Chapelle en 1360, évêque de Chalon-sur-Saône en 1361, et mourut vers 1369.

Le *Saint-Just* reçut des pièces additionnelles jusqu'au-delà de 1350. Comme il était principalement composé d'arrêts de l'Échiquier, Brussel l'appelait le *Cartulaire de Normandie*, et la Société des Antiquaires de cette même province a voulu faire acte de propriété en publiant la table du registre dans ses Mémoires (1851, t. XVIII); mais il y a beaucoup à redire à cette théorie, ainsi qu'aux observations préliminaires de l'éditeur.

1. Désigné dans une pièce de *Croix* sous la dénomination de « *Liber vetus Memorialium*. »
2. En 1574, on fit recopier le registre *Croix*, dans la même forme et le même langage. (N° 156; *Plumitif*, 30 décembre 1582.) Plus anciennement, on l'appelait le « *Liber viridis sine asseribus, signatus* †. »
3. Cette transformation est assez facile à suivre dès le Mémorial A, dont le plus petit volume était intitulé : « Secundus liber *Jornalis*. » L'ordonnance de janvier 1319 (anc. st.) dit que les maîtres et clercs chargés de corriger les écrits doivent rapporter leur travail chaque samedi et le faire enregistrer au *Journal*; au contraire, l'ordonnance du 3 avril 1388 ne parle plus que des « *Chartes, Mémoriaux* ou autres. »
4. P 2288-2433 et 2434-2528.

x   CHAMBRE DES COMPTES.

quatre-vingt-dix pièces environ dont il se compose, on retrouve, à deux ou trois près, et généralement dans le même ordre, toutes celles que comprenait le *Qui es in cœlis*. Ce sont des chroniques, des répertoires de noms, des ordonnances du treizième et du quatorzième siècle, en latin ou en français, des formulaires de cérémonial, une chronologie des papes, une généalogie fabuleuse des rois de France, etc. L'identification de ce manuscrit avec les Mémoriaux ne fait point difficulté, et il faut y reconnaître, sinon le *Qui es in cœlis*, puisque les pièces en plus ou en moins, leur interversion ou les différences de foliotage ne le permettent pas, du moins un double de ce registre. Une partie des pièces étaient déjà entrées dans la composition des registres *Croix* et *Noster*, dont j'ai dit l'analogie avec *Qui es in cœlis*; sur les marges de notre manuscrit on retrouve des notes de référence qui prouvent que, peu de temps après sa rédaction, il fut l'objet d'une comparaison avec ces autres textes; par exemple : « Similis ordinatio libro †, f° lvij. — Et *Qui es in cœlis*, f° 72. — Et *dudum Rubeo*, f° 211. » Pourtant, rien ne permet de croire qu'il ait jamais figuré dans les dépôts de la Chambre, aucun inventaire n'en fait mention, et je n'ai pu découvrir par suite de quelles aventures, au bout de quatre siècles, il arriva entre les mains des Bénédictins. Ceux-ci n'ignorèrent ni la valeur du manuscrit, ni probablement son origine; tout en l'utilisant pour leur édition du *Glossaire* de Du Cange, ils en cachèrent si bien l'existence, qu'elle ne fut point connue de Laurière, qui eût emprunté quelques textes pour les premiers volumes des *Ordonnances* [1], ni de la Chambre elle-même, lorsqu'elle demanda à toutes les bibliothèques, et, entre autres, à celle de Saint-Germain-des-Prés, les éléments de la reconstitution de ses registres. De nos jours même, le manuscrit a échappé aux recherches des savants éditeurs du tome XXI des *Historiens de la France*, qui ont dû se servir, tantôt des transcriptions du dix-huitième siècle, et tantôt d'un recueil composé au quinzième, d'après les autres Mémoriaux, le ms. Fr. 2833, recueil fort considérable, fort précieux, mais dépourvu du caractère d'originalité qui fait la valeur du ms. Lat. 12814 [2].

Extraits et tables des Mémoriaux.

En dehors de ces manuscrits, on rencontre une certaine quantité d'épaves que l'érudition avait mises à l'abri des désastres, et qui, manuscrites ou imprimées, se multipliant par les transcriptions successives, sont ainsi parvenues jusqu'à nous. Il n'est aucune bibliothèque, indépendamment des Archives Nationales, qui ne possède quelques-uns de ces recueils, venus de Du Bouchet, Baluze, Dupuy et d'Hérouval, des Godefroy, de Jacques Menant, doyen des auditeurs, de Fouquet, Béthune, Colbert, Foucault, Lamoignon, Daguesseau, etc. [3]; mais, si nombreux qu'ils soient, est-il besoin d'ajouter qu'ils ne se complètent point les uns les autres, qu'ils ont été généralement faits sur le même type, et que, tous comptes faits, nous n'y retrouvons pas la valeur d'un dixième des Mémoriaux détruits? Le calcul est facile à établir, puisque les tables de ces registres et les répertoires analytiques et alphabétiques sont encore plus nombreux que les copies de pièces. Les Archives Nationales en possèdent cinq ou six [4], les Bibliothèques Nationale, Mazarine et de l'Arsenal, ainsi que celle des Premiers Présidents, sont encore plus riches [5], et il serait possible, en

---

1. Selon l'expression du chancelier Daguesseau (voyez sa lettre, n° 737), ce furent les Mémoriaux qui fournirent une des principales et des plus anciennes parties du premier volume.
2. Ce manuscrit employé par MM. Guigniaut et de Wailly était coté anciennement Sup. Fr. 8406. La description en a été donnée dans le tome Ier du *Catalogue des Manuscrits*, p. 500. Comme tous les Mémoriaux, et aussi comme les Manuels dont il sera question plus loin, le ms. 2833 est un mélange, sans ordre ni suite, d'ordonnances, d'inventaires et tables, d'*avaluements* de monnaies, de contrats, de chartes, etc. Fontanieu en avait relevé la table et quelques pièces, dans son pf. n° 804.
3. Voy. la *Bibliothèque historique*, n°s 33825-33845. — Une des meilleures collections est celle que possèdent les Arch. Nat. (P 2569-2589), faite, sous Louis XIV, pour un ancien auditeur, le conseiller d'État et du Conseil royal Poncet, corrigée et annotée par lui, avec une excellente table alphabétique, PP 145. Les Archives ont une autre série, P 2543-2559, provenant de la Chambre, et une troisième, P 2529-2542, transcrite pour l'avocat général le Marié d'Aubigny ; plus, un volume, P 2591, venant de Du Bouchet (1649), et un recueil de pièces diverses, P 2591 bis, qui a peut-être été détaché des copies de Baluze. Voy. ces copies, Bib. Nat., Fr. 4425-4427.
4. Arch. Nat., PP 117-129, exemplaire de la Chambre, employé pour la reconstitution des registres ; PP 109-116, provenant de M. le Marié d'Aubigny ; PP 135-144, répertoire chronologique du même magistrat ; PP 100 ter, excellent répertoire des registres *Rouge, Saint-Just, Croix, Pater* et *Noster* ; PP 105, idem, en tête du registre coté à tort *Temporalités* ; PP 106 et 107, etc.
5. Bib. Nat., mss. Fr. 16617, venant de Harlay; Dupuy 142 et Fr. 5317, venant de P. Pithou ; Fr. 2835 et 2836, venant de M. de Mesmes de Roissy ; Fr. 4433, venant de Lancelot ; pff. Fontanieu, 795-799, 804 et 805, copiés d'après le répertoire de l'auditeur Jacques Menant (1654-1699), etc. — Bib. de l'Arsenal, Jurispr. fr. 102 et 108,

NOTICE PRÉLIMINAIRE.

combinant ces matériaux, de livrer au public studieux un répertoire définitif de tous les Mémoriaux[1], ou même de tenter, pour les registres les plus anciens, les plus regrettés, une reconstitution un peu plus complète et plus sûre que les commissaires de la Chambre n'ont pu la faire au siècle dernier[2].

Les registres des *Chartes* étaient réservés pour les actes royaux d'intérêt privé : naturalisations, légitimations, anoblissements, amortissements; pendant les deux premiers siècles, on y insérait aussi des lettres de rémission ou des permissions de bâtir, des concessions de terrain, des dons ou confirmations de privilèges, des statuts de ville ou de corps de métier, et ils correspondaient à peu près aux registres de chancellerie du Trésor des chartes. Le plus ancien remontait à l'année 1349. Toute la collection fut détruite en 1737, et les Archives ne possèdent que les années 1737 à 1787[3], outre une quantité assez considérable de transcriptions que les commissaires pour le rétablissement des registres étaient parvenus à réunir[4]. La disparition des Chartes a été une grande perte pour les biographes, qui y eussent trouvé un abondant butin de lettres de naturalisation et d'anoblissement[5].

Chartes.

Les différentes séries de registres où la Compagnie faisait inscrire ses actes, se rattachaient les unes aux autres. Celle des *Plumitifs*, sous une forme trop succincte, mais exacte, indiquait jour par jour, séance par séance, tout ce qui se faisait, disait, délibérait et arrêtait au grand bureau, et parfois au second; elle est donc d'une valeur inappréciable pour l'histoire de la Chambre et pour celle des finances en général. Quand la rédaction présente trop de défectuosités, quand elle perd l'allure vivante des premiers temps, les indications permettent du moins d'en chercher le complément dans les Mémoriaux, pour le texte des enregistrements; — dans les Journaux, pour celui des arrêts; — dans les Créances ou le Cérémonial, pour celui des procès-verbaux ou des rapports. Mais, d'un bout à l'autre, le Plumitif est un tableau fidèle qui donne la suite de toutes les affaires et le détail de l'existence journalière de la Chambre. A ces mérites il joint celui de n'avoir été feuilleté que rarement, et son seul défaut est de ne remonter qu'au 26 août 1574; antérieurement à cette date, les procès-verbaux des séances importantes étaient consignés dans les Mémoriaux ou les Créances. Sauf quelques courtes lacunes[6], la série est restée complète, malgré l'incendie de 1737. A cette époque, il y avait environ cinquante-cinq volumes, qui furent détruits; mais, les minutes et quelques copies partielles ayant été sauvées, la reconstitution fut facile et immédiate, et, pour éviter un nouveau désastre, le Plumitif fut écrit désormais en double. La rédaction et la garde de ces registres étaient détachées du greffe et confiées à un clerc spécial, le commis au Plumitif ou greffier-plumitif, que le P.P. nommait avec l'agrément de la Compagnie, et qui était rétribué en partie sur la bourse des menues nécessités, en partie par les requérants et récipiendaires. Sa charge lui donnait de droit l'entrée au bureau et l'assistance aux délibérations, pour rédiger le procès-verbal des séances et dresser les arrêts. Toutefois, après les députations, les séances de princes ou les cérémonies, le procès-verbal était préparé par le P.P., le chef de la députation ou les commissaires désignés à cet effet. Les fonctions de commis au

Plumitifs.

---

venant d'un des Fourqueux, procureurs généraux. — Bib. Mazarine, H 1810, copie du ms. de Pierre Pithou. — La Bibliothèque des Premiers Présidents contient, à elle seule, six répertoires; l'un d'eux (mss. 148 et 149) est précédé de cette dédicace à M. Nicolay :

« Instruit par vos leçons, j'ay fourni ma carrière :
Le moindre mot de vous est un trait de lumière.
Chaque fois que ma bouche alloit vous consulter,
Mon génie éclairé venoit exécuter ;
Toutes les questions se trouvoient décidées.
Je semblois dans vos yeux avoir pris des idées
Des raions du soleil, tel que ce ravisseur,
Je les mettois en œuvre, et j'étois créateur. »

1. La table des cent trente-deux Mémoriaux de la Chambre de Rouen a été imprimée en 1851 dans le recueil de la Société des Antiquaires de Normandie (t. XVIII). — M. l'abbé C.-U.-J. Chevalier a donné aussi, en 1871, le catalogue des registres de la Chambre de Grenoble.

2. Ils ont retrouvé, par exemple, 81 pièces de *Croix*, sur 110, et 59 de *Qui es in cælis*, sur 82.

3. P 2592-2601. — Suivant les inventaires, les minutes d'enregistrement des *Chartes* ne remontaient qu'au mois d'octobre 1607, et, depuis le 15 septembre 1683, elles étaient confondues avec les minutes des *Arrêts*.

4. Arch. Nat., section historique, K 166-197. — Menant avait fait des extraits, dont une copie se trouve dans le pf. Fontanieu 804.

5. C'est à l'aide de ces registres et de ceux de la Cour des aides que l'auditeur Godet de Soudé (mort d'accident le 21 janvier 1686) avait composé son *Dictionnaire des ennoblissemens*, qui fut imprimé en 1788; ouvrage sans valeur, et augmenté de *chroniques généalogiques* qui sont de purs pamphlets.

6. Manquent les années 1576 à 1581, le semestre de juillet 1595, celui de janvier 1630, qui fut « perdu et adiré » lors de l'incendie de la Sainte-Chapelle, et celui de janvier 1649, détruit par ordre du roi Louis XIV.

XII CHAMBRE DES COMPTES.

Plumitif exigeaient un homme en qui la Compagnie et son chef eussent toute confiance, qui présentât des garanties de savoir et d'expérience et qui fût profondément versé dans la connaissance des archives de la Chambre. En l'absence de ce commis, l'un des greffiers en chef faisait lui-même la rédaction sur des feuilles volantes. A partir de 1761, dans toutes les affaires pour lesquelles la convocation des semestres avait été ordonnée, tant celles qui étaient d'intérêt public, que celles qui concernaient les privilèges, les droits, la juridiction et la police de la Chambre, à l'exception des réceptions d'officiers, les arrêts et arrêtés durent être rédigés sur-le-champ, lus à haute voix et signés avant la levée du bureau. En outre, un commissaire était nommé au commencement de chaque semestre pour parapher et signer les registres [1].

La générosité ou l'insouciance du Bureau de la Comptabilité et des agents du Triage des titres ont permis à l'une des collections du Plumitif de rejoindre aux Archives Nationales les autres registres du greffe; mais le double et les minutes qui avaient servi à la reconstitution de 1737 ont disparu. A côté du Plumitif officiel, dont la partie rétablie après l'incendie est malheureusement très-incorrecte [2], on a placé une transcription faite pour l'avocat général le Marié d'Aubigny, d'après les minutes mêmes [3], et plus complète que l'autre exemplaire, où manquent quelques années (1777, 1784, 1789 à 1791).

Les Archives ne possèdent que deux tables incomplètes, par ordre de matières et par dates d'enregistrement, des actes royaux mentionnés au Plumitif de 1635 à 1791 [4]; mais je décrirai plus loin, en parlant des répertoires, une collection méthodique dont le Plumitif a fait les frais, et qui l'emporte, comme exécution et comme utilité, sur tous les travaux analogues [5].

Journaux, Arrêts, Audiences, etc.

Les registres où s'inscrivait le texte des arrêts de la Chambre étaient de quatre sortes : 1° Le *Journal*, pour les arrêts rendus sur requête. Il avait été commencé en 1384 [6], se cotait, comme les Mémoriaux, par lettres, et ne formait pas moins de sept alphabets complets en 1711; mais les plus anciens registres étaient depuis longtemps en déficit. Les minutes n'ayant pas été conservées, ce fut à peine si, après l'incendie, on put réunir un petit nombre de pièces, remontant jusqu'à l'année 1523, et encore ne les possédons-nous que grâce à M. d'Aubigny, qui en a laissé une copie très-précieuse, peu connue jusqu'ici [7]. Cette transcription ne va que jusqu'à l'année 1740, et la suite officielle des Journaux ne recommence qu'à 1752, laissant ainsi une lacune de douze ans; elle finit au milieu d'un arrêt du 10 septembre 1790 [8]. Dans cette dernière période, il est à remarquer que le Journal, outre les arrêts, contient des textes de procès-verbaux, rapports ou remontrances dont un grand nombre ne se trouvent ni au Plumitif, ni ailleurs. — 2° Les *Arrêts*, pour les jugements rendus contradictoirement, tant à l'audience que par écrit [9]. — 3° Les *Audiences*, où s'énonçaient sommairement les causes plaidées devant la Chambre et les jugements rendus entre particuliers, avec l'assistance des gens du roi [10]. — 4° Les registres spéciaux des arrêts rendus en chambre du Conseil par les commissions mixtes, sur procès criminels ou instances en révision [11].

La Chambre ne tenait point, comme le parlement, des registres secrets pour les matières politiques et administratives ou pour ses affaires personnelles, et les Mémoriaux avaient toujours suffi à tout, lorsque, sous François Ier, quelque conseiller curieux, ou peut-être la Compagnie elle-même, eut l'idée d'enregistrer

---

1. *Plumitif*, 18 août 1761.
2. Arch. Nat., P 2660-2744.
3. Ibidem, P 2745-2812 bis. — Il existe en outre, soit aux Archives, soit dans les Bibliothèques, des copies partielles ou des recueils d'extraits. Un de ces recueils a de la valeur, non pour les extraits qu'il renferme, mais pour les notes et souvenirs que le conseiller maître Pachau y a consignés de 1684 à 1697. (Bib. de l'Institut, ms. in-folio 211.)
4. PP 146 bis-167. Cf. Bib. Nat., mss. Fr. 7702-7705.
5. Voy. p. xviii.
6. « Jornale Camere primo ordinatum fuit teneri per unum ex clericis, in registro Magistri Johannis le Begue, fol. iiiixxviii. » (Ms. Lat. 12815, fol. 114 verso.)
7. Arch. Nat., P 2848-2864.
8. Arch. Nat., P 2814-2847.
9. Il y avait vingt-huit volumes en 1722, allant de 1496 à 1706, et les minutes commençaient au quartier d'avril 1579. Il ne reste plus que trois volumes aux Arch. Nat., P 2625-2627; mais la Bibl. de l'Arsenal possède un excellent répertoire, ms. Jurispr. fr. 108, fol. 385 et suiv.
10. On en a une copie faite par M. le Marié d'Aubigny et remontant jusqu'à l'année 1620; Arch. Nat., P 2865 et 2866.
11. Arch. Nat., P 2616-2618. Il y avait une copie à la Bibl. du Louvre.

NOTICE PRÉLIMINAIRE.

à part : 1° les *Créances*, c'est-à-dire le compte-rendu des audiences solennelles, missions, députations, remontrances; 2° le *Cérémonial*, dont le titre indique suffisamment que c'était un recueil spécial des procès-verbaux de toutes les cérémonies auxquelles les gens des comptes prenaient part.

Les Créances n'avaient pas de caractère officiel; mais l'authenticité de ces relations est plus que suffisante, et il serait bien inutile d'en expliquer la valeur particulière en tête d'un volume où il leur est fait si souvent des emprunts. Autant le Plumitif est sec et froid, autant les Créances sont vives et animées; le seizième siècle notamment y revit tout entier, et pourtant les Créances sont encore absolument inconnues; tout au plus trouve-t-on dans les *Preuves* de l'*Histoire de Paris* trois ou quatre extraits de ces volumes qui seraient à publier en entier. L'importance historique des Créances a fait leur salut, en ce que plusieurs copies, s'étant retrouvées après l'incendie de 1737, nous sont parvenues. Elles commencent toutes au 11 septembre 1525, et vont, soit jusqu'au 1er septembre 1623, soit jusqu'au 24 octobre 1640; mais, à partir de la mort de Henri IV, l'intérêt diminue. On regrette d'y trouver plusieurs lacunes, qui sont probablement imputables à la négligence du commis-greffier. La principale, qui s'étend du 2 juin 1587 au 15 mars 1594, s'explique aisément par la coïncidence des grandes perturbations politiques qui éloignèrent la Chambre de Paris pendant sept ans [1].

Créances.

Quant au *Cérémonial*, voici ce qu'en dit un manuscrit du dix-septième siècle, de la Bibliothèque des Premiers Présidents :« Au greffe de la Chambre il y a des cahiers de parchemin en forme de règle, dans lesquels sont écrits plusieurs procès-verbaux des cérémonies et actes publics, extraits des anciens registres dudit greffe et registrés ensemble, pour en avoir plus facile connoissance et recours; auxquels registres on a depuis registré pareils actes, lesquels sont entrées des roys, des légats et autres, actions de grâces pour paix et autres expéditions, naissances d'enfans de France, processions générales, enterremens et funérailles de roys et autres princes, services des princes de France, et autres de même nature. » Ainsi que les Créances, le Cérémonial remonte aux premiers temps de la présidence d'Aymard Nicolay; il va de 1523 à 1759, et l'on y retrouve régulièrement, comme dans le Plumitif, tous les procès-verbaux ou les lettres de cachet intéressant la Chambre en tant que prérogatives, rang, coutumes, etc. Le Cérémonial était un peu plus connu que les Créances, grâce aux textes que les Godefroy ou Dom Félibien y avaient pris. Il fut rétabli en 1737, et continué en double depuis cette époque [2].

Cérémonial.

Il a déjà été parlé du manuscrit de la *Filiation*, à propos de l'*Armorial* de Mlle Denys [3]. Lorsqu'en 1737 le feu eut détruit et le tableau de *Genuit* placé en lieu apparent, et le registre où l'on conservait soigneusement les noms de tous les officiers, les dates de leur entrée et de leur sortie, leurs armoiries, etc., un des conseillers maîtres chargés de la reconstitution des registres, M. le Long, dressa une nouvelle *Filiation*, d'après les Mémoriaux, les Plumitifs ou les répertoires anciens qui existaient et existent encore dans beaucoup de bibliothèques. L'exécution matérielle fut confiée à Pierre-Paul Dubuisson, généalogiste et doreur du roi, qui gravait alors les *Armoiries des Cours souveraines*, et qui reçut, tant pour les blasons enluminés que pour l'écriture des quatre énormes volumes in-folio livrés au greffe le 15 mars 1762, une somme de 2,270 livres.

Filiation.

L'œuvre très-remarquable de M. le Long comprenait, non-seulement la succession chronologique des officiers de chaque ordre, suivant la date des réceptions, et la filiation de chaque office, suivant la date des créations, mais aussi des notices substantielles sur l'origine de ces offices, leurs priviléges ou leur histoire,

---

1. Le nombre des volumes varie suivant les copies. La meilleure, dont la lecture présente une certaine difficulté, vient probablement du magistrat érudit, M. Poncet, dont j'ai déjà signalé la collection de Mémoriaux. Elle est conservée aux Arch. Nationales sous la cote P 2649 à 2649 *ter* (le dernier volume est moins bon comme correction de texte), à côté d'une transcription due à M. le Marié d'Aubigny (P 2648 et 2648 *bis*). Celle-ci et la copie qui fait partie de la Bibl. des Premiers Présidents ne sont peut-être que des reproductions de la première. En outre, M. d'Aubigny a fait un recueil particulier des *Séances* des princes, de 1586 à 1776 (P 2604), et enfin il est peu de bibliothèques qui ne possèdent des extraits plus ou moins importants des Créances.

2. Arch. Nat., P 2606-2615. Il y a des copies : Bibl. Nat., mss. Lat. 9065 (1523-1635), Fr. 18525 (1523-1615), etc. Le P.P. Jean-Aymard Nicolay avait fait faire une très-belle transcription en 1717 : Bibl. des Premiers Présidents, nos 198 et 199.

3. Voy. plus haut, p. VI.

XIV   CHAMBRE DES COMPTES.

et enfin des tables onomastiques. Le travail avait été exécuté avec beaucoup de soin, et les divers exemplaires de la Filiation furent tenus à jour jusqu'en 1790 [1] ; c'est à l'aide de ces manuscrits que Mlle Denys et son continuateur actuel, M. d'Yanville, ont dressé l'Armorial de la Chambre.

Répertoires.   Des registres aussi nombreux et aussi importants que ceux qui viennent d'être décrits successivement, exigeaient, pour être maniables et utiles, l'emploi de répertoires méthodiques ; on en retrouve de tous les genres et de toutes les époques. D'abord, les clercs ou les greffiers, à l'imitation des maîtres des comptes du quatorzième siècle et de leurs Mémoriaux, composèrent des répertoires portatifs, les uns en rouleau, les autres en registre, procédant tous d'un type commun, d'un même fonds, auquel chaque rédacteur nouveau se bornait à ajouter, pour son usage personnel, soit ses souvenirs particuliers, soit un fragment de chronique, soit telle ou telle pièce qui l'intéressait. Ces manuscrits n'appartenaient pas à la Chambre, mais néanmoins il nous en est parvenu un certain nombre, qui méritent, à tous égards, d'être indiqués ici. Les uns étaient des « *Advaluationes*, » en français : « Avaluements ; » les autres, des *Manuels*.

Advaluationes.   Les *Advaluationes*, rédigées uniformément, comprennent : un calendrier, une table comparative des monnaies (d'où vient leur nom), une table pour le calcul des intérêts, une suite d'ordonnances sur le fait des comptes, parfois quelques extraits des registres, et toujours une chronologie, intitulée : « *Origo regum Francie ab anno Domini CCC. LXXIIII.* » Un premier spécimen, remontant à 1335, se trouve à la fin d'une copie du *Livre des métiers* [2] ; une autre *advaluatio*, datant de 1385 environ, offre cette curieuse particularité que le calendrier, comme celui des missels ou comme les livres de mémoire prônés par Montaigne, est couvert d'annotations dues à plusieurs possesseurs successifs, faits domestiques ou événements publics, baptêmes, mariages, décès, etc [3]. Ce manuscrit a évidemment servi de modèle pour la confection de ses voisins, écrits dans le seizième siècle et augmentés d'un grand nombre d'extraits des Mémoriaux [4]. Un volume analogue, qui paraît dater de la fin du règne de Louis XII, est conservé depuis longtemps au British Museum, dans le fonds Harléien [5]. Enfin, on pourrait ranger dans cette classe, aussi bien que dans celle des Mémoriaux, le ms. Fr. 2833, dont il a été parlé plus haut.

Manuel de J. le Bègue.   Les *Advaluationes* facilitaient les calculs des clercs-auditeurs, les *Manuels* servaient à leurs recherches dans les dépôts. Le type unique dont dérivent les seuls Manuels que je connaisse fut exécuté, vers le milieu du quinzième siècle, par Jean le Bègue, qui, nommé en 1407 notaire et greffier de la Chambre, garda ces fonctions jusqu'à l'âge de quatre-vingt-sept ans environ, et mourut dix-huit mois plus tard, le 8 février 1457 [6]. Plus instruit que ne l'étaient certainement beaucoup de ses confrères (on a de lui une traduction de la *Guerre punique* de l'Arétin), Jean le Bègue continua les traditions d'érudition et d'activité que Gérard de Montagu avait laissées à la Chambre, et ce fut probablement le travail analytique exécuté sur les Mémoriaux en même temps que sur les registres du Trésor des chartes [7], qui donna au greffier l'idée de dresser un répertoire

---

1. Les Arch. Nationales ne possèdent qu'une copie de la Filiation, provenant de M. le Marié d'Aubigny, P 2631-2634, et l'exemplaire en cinq volumes exécuté pour les auditeurs, P 2635-2639 ; mais nous avons dans la Bibl. des Premiers Présidents, n°° 138 à 141, un exemplaire de dédicace, calligraphié et enluminé par Dubuisson, annoté et continué par M. d'Aubigny. — N'est-il pas étonnant que le parlement n'ait jamais eu une *Filiation*, et se soit contenté du travail rudimentaire imprimé par Blanchard en 1647 ?
2. Bibl. Nat., ms. Fr. 11709.
3. Ibid., ms. Lat. 9848. — Deux des possesseurs de ce manuscrit, Adam des Champs et Simon Laurens, étaient clercs extraordinaires à la Chambre des comptes.
4. Ibid., mss. Lat. 9849, Fr. 4429 et 2834. Ce dernier volume est doré sur tranche et recouvert d'une reliure analogue à celle du *Protocole* qui va être décrit. Il vient de la bibliothèque de Colbert. Les trois manuscrits sont presque exactement semblables.
5. Catalogue du fonds Harléien, n° 4362. — C'est proba-

blement ce manuscrit que M. de Praslin, en 1765, offrit au P.P. de faire transcrire sous la direction de Bréquigny. On n'accepta cette proposition que pour une vingtaine de pièces, le reste n'étant qu'ordonnances déjà recopiées depuis l'incendie ou documents jugés inutiles à la Chambre (*Arch. Nicolay*, 36 L 74). Les copies sont actuellement à la Bibl. Nat., fonds Moreau, n° 683, fol. 89 et suiv.
6. Ne pouvant plus « faire son seing manuel, pour cause de sa vue qui lui est fort diminuée et diminue chaque jour, » il obtint la permission, par lettres royales données à Bourges, le 21 mai 1455, de se faire suppléer par son clerc Jean Egret. Voy. le *Protocole* PP 95, fol. LXXXVII. En souvenir de ses cinquante années de service et en considération de ses parents et amis, l'office de vice-président fut créé plus tard au profit de son fils, Philippe le Bègue, qui était correcteur depuis 1466.
7. J'ai déjà indiqué ce célèbre répertoire, où l'on compte cinq cent quarante-six extraits ou analyses des Mémoriaux. Arch. Nat., JJ 281-282.

manuel des principales matières intéressant la Chambre et contenues dans les registres du greffe, dans les cartulaires ou dans les archives des chambres des clercs. L'original n'existe plus, mais le texte s'en retrouve dans des manuscrits de date un peu plus récente, qui nous montrent les développements successifs du *Manuel*. L'un de ces curieux volumes, venu de Saint-Germain-des-Prés avec le double du *Qui es*, et conservé aujourd'hui à la Bibliothèque Nationale, sous la cote Lat. 12815, paraît avoir été copié ou rédigé, soit par un écrivain nommé *Cordis*, — que je ne puis identifier avec Henri Cœur, doyen de Limoges, maître lai en 1461, puis maître clerc jusqu'en 1464, — soit plutôt par un certain Jacques Gauthier, petit clerc du maître des comptes extraordinaire Léonard Baronnat (1479-1508), qui était un homme fort savant et qui a laissé un mémoire diplomatique sur le royaume de Naples [1]. Quand bien même la provenance primitive du Manuel ne serait pas indiquée à plusieurs reprises dans le texte du ms. Lat. 12815, il est impossible de douter que ce ne soit l'œuvre de Jean le Bègue, puisque le même texte est exactement reproduit dans le manuscrit d'un contemporain du greffier, sous cette rubrique : « Copia manualis Magistri Johannis le Begue, alterius notarii Camere compotorum, in quo ego, Petrus Amari, alter clericorum ordinariorum, ibi quam plurima junxi locis oportunis suis. »

Ce nouveau manuscrit, sauvé comme tant d'autres par A.-A. Monteil [2], et coté aujourd'hui n° 10988 du fonds Français de la Bibliothèque Nationale, sous son titre original de « *Manuale Petri Amari*, » est l'œuvre d'un correcteur des comptes, Pierre Amer, seigneur de Paley en Gâtinais, qui avait débuté comme clerc (auditeur) en 1449, et qui remplit les fonctions de la correction depuis 1464 jusqu'au 30 août 1484, jour de sa mort. Très-actif, très-passionné pour sa profession, plus érudit encore que J. le Bègue, savant en philosophie, en littératures ancienne et française, en histoire, il fut désigné, avec un autre clerc, Guillaume de Sailly, et le greffier L. le Blanc, pour faire l'inventaire du Trésor des chartes connu actuellement sous le titre d'*Inventaire Louet*. P. Amer avait été pendant dix ans l'adepte, l'élève du greffier octogénaire, et peut-être son collaborateur à la rédaction du Manuel, à une époque où le Bègue était presque aveugle [3]. Quelque dix ans plus tard, il commençait lui-même un répertoire analogue, lorsqu'il s'interrompit pour reproduire le texte du Manuel du greffier [4] ; ses additions, ses notes, ses interpolations en ont fait une œuvre originale, bien plus curieuse que le ms. Lat. 12815, où l'on trouve aussi quelques traces de sa collaboration passagère [5]. Le « Manuel de Pierre Amer » met tour à tour à contribution les registres et les *scrinia* du Trésor des chartes, les *Olim* du parlement, les Mémoriaux de la Chambre, les vieux titres ou les volumes épars dans les buffets, dans les huches et dans les armoires des gens des comptes. A côté de tableaux généalogiques de la maison royale ou des grands feudataires, on rencontre des sentences morales de Cicéron, de Virgile, de Saint-Jean-Chrysostôme, d'Aristote, du livre de Tobie et de celui des Machabées, ou du « sage, excellent et digne poëte Caton ; » une importante nomenclature des Mémoriaux ; beaucoup de vers latins ou de vers français, et des pasquils contre les gens d'église ; des extraits du *Memoriale historiarum*, du livre des Chroniques de Saint-Denis ou d'une « cronique abrégiée, à moy monstrée en la Chambre des comptes par Maistre Jehan Lescuier, l'un des notaires et greffiers d'icelle, en l'an M. CCCC. LI. » Les matières se suivent sans aucun ordre, et il serait difficile de dire quelle est la part de Jean le Bègue et quelle est celle de P. Amer dans la première moitié de ce manuscrit, ou dans

Manuel de P. Amer.

---

1. La signature « *Cordis* » se trouve en deux endroits, fol. 32 v. et 52 v. Mais au fol. 110 est attaché un fragment de lettre adressée par ce Gauthier (?) à « Mon très honnoré seigneur, Monseigneur Maistre Liénard Baronnat, conseiller du roi nostre sire et maistre de ses comptes, à Lion, en l'ostel de Mons' le lieutenant. » Au revers de cette lettre, sur le côté de l'adresse, le destinataire (?) a écrit des sentences et maximes en latin. L'écriture de la lettre est la même que celle du corps du Manuel, et celle du maître, lourde et pâle, rappelle exactement les annotations marginales ou les additions faites à presque toutes les pages du manuscrit.

2. Il était mentionné dans la *Bibliothèque historique* du P. Lelong, n° 33829, avec une fausse date et une altération de titre. Monteil, qui l'acquit sans doute à l'époque de la Révolution, en a cité plusieurs passages dans les notes de l'*Hist. des Français des divers états*, xv° siècle, t. IV, p. 421, 424, etc. En tête on lit ces mots : « La table du contenu en ce livre superscript *Manuale mei, Petri Amari, Regis clerici*. »

3. Beaucoup d'articles du Manuel original ont été écrits en 1454 ; mais d'autres sont postérieurs à l'avènement de Louis XI.

4. Ms. Fr. 10988, fol. 50 et suiv.

5. Ms. Lat. 12815, fol. 23.

l'exemplaire du fonds Latin[1]. Mais, dans la seconde moitié du ms. Fr. 10988, notre correcteur nous a conservé une foule de textes curieux, de brouillons de rapports au roi, de requêtes originales intercalées entre les feuillets, de pièces littéraires, etc., dont l'ensemble fait revivre pour nous et Pierre Amer, et le règne de Louis XI, et la Chambre, avec ses officiers, ses greffiers, ses dépôts, ses titres les plus antiques. On y voit combien l'érudition était en faveur parmi les gens des comptes, et P. Amer nous apparaît comme un digne précurseur des Vyon d'Hérouval, des Rousseau, des Brussel, des Gosset ou des d'Hozier[2].

Deux des plus curieux manuscrits que les Archives Nationales aient hérités du greffe de la Chambre, le *Protocole* et le *Livre ferré*, peuvent être rangés dans la section des Manuels.

Protocole.

Le premier[3] est un recueil des formules que l'on employait pour l'expédition des actes ou arrêts, avec une compilation des ordonnances rendues au sujet de la juridiction de la Chambre de 1319 à 1491[4]. La page initiale se trouve entièrement recouverte par une miniature médiocre et fort détériorée; c'est la seule représentation que l'on connaisse d'une séance des gens des comptes, tous les détails en sont exacts, et la date de l'exécution, facile à déterminer par le long libellé qui se lit au *verso* du feuillet[5], n'est que très-peu postérieure au temps où Jean Nicolay, chancelier du royaume de Naples, reçut la Première Présidence des mains de Louis XII. Le *Protocole* a été écrit entre 1508 et 1511. Son frontispice a donc le plus haut intérêt pour l'histoire de nos Premiers Présidents, et nous sommes heureux que la plume habile et fidèle de M. Millon de Montherlant ait réussi à le transporter en tête de ce volume de Pièces justificatives[6].

Comme tous les formulaires, le *Protocole* contient, dans une partie des feuillets laissés en blanc, des textes plus récents, qui vont jusqu'à 1552. On apprend par le Plumitif qu'il fut égaré pendant un certain temps et qu'un « particulier inconnu » le rapporta au greffe le 31 décembre 1670.

La Bibliothèque Nationale possède un double du *Protocole*, recueilli par Monteil[7], une copie de l'intitulé et de la table[8], et enfin deux formulaires analogues, l'un fait sous Charles VII ou Louis XI[9], l'autre compilé d'après les registres du temps de Charles IX et de Henri III[10].

Livre ferré.

Le *Livre* ou *Registre ferré*[11] est souvent mentionné dans les actes de la Chambre, car il restait à demeure sur la table du grand bureau, devant le P.P., pour servir à la prestation du serment des récipiendaires ou à la lecture des ordonnances et règlements que le greffier renouvelait à chaque rentrée de semestre. Ce manuscrit, dont la reliure, les ornements dorés (d'où vient sa dénomination) et les miniatures sont à signaler[12], doit

---

1. Je crois cependant que cette opération de critique pourrait être facilitée par le rapprochement d'une troisième copie du même temps, ms. Fr. 5316 (venant de Béthune), qui semble être une partie du texte original, sans aucune addition, et dont P. Pithou avait une copie, du seizième siècle. Celle-ci est conservée dans les mss. Dupuy, n° 141.
2. Il serait intéressant de comparer le Manuel de P. Amer avec les manuscrits analogues que les magistrats du parlement employaient au même usage, et notamment avec un *Stylus curie parlamenti* (ms. Lat. 4641 B, inventorié dans le *Catalogus manuscriptorum*) où la partie littéraire est des plus curieuses. Je dois l'indication de ce volume à M. Léopold Pannier, dont l'obligeance amicale m'a été d'un grand secours pendant mes longues séances au département des Manuscrits. M. Pannier prépare une étude biographique sur J. le Bègue.
3. Coté PP 95, et exposé au Musée sous le n° 634.
4. Cette partie (cap. X, fol. xlvi) avait pour titre : *De justitia et auctoritate Camere computorum*. Il en existe plusieurs copies.
5. Dans ce libellé, Jean Charpentier raconte que « ses très honnorez et doubtez seigneurs, Messeigneurs des comptes du Roy, » l'ont chargé de refaire le « vieil prothocole du greffe de la Chambre... pour aucunement servir de stille, forme et manière à faire les mandemens, commissions, expéditions, etc., » et qu'il y a ajouté tout ce qu'il a pu trouver dans les registres ou les minutes, « et de tout ce fait ce présent livre, formulaire ou prothocole. » — Jean Charpentier, clerc du greffe, avait été suspendu momentanément de ses fonctions le 27 mars 1502; il devint procureur le 20 octobre 1509, à condition de ne pas exercer tant qu'il appartiendrait au greffe, et le 18 janvier 1513, « ayant servi au greffe pendant dix ans, » il fut reçu auditeur, et garda cette charge jusqu'au 6 juin 1518.
6. Je n'oserais, malgré l'autorité du rédacteur de la notice du *Musée* (p. 359), affirmer que les figures des personnages, à peine distinctes sous une enluminure grossière, soient des portraits. — Cette miniature a déjà été reproduite en fac-similé lithographique, de mêmes dimensions que l'original, c'est-à-dire grand in-quarto, dans les *Arts au moyen-âge* de Du Sommerard, album, 7ᵐᵉ série, planche XII.
7. Bibl. Nat., ms. Fr. 10989. Cf. l'*Histoire des Français des divers états*, t. IV, p. 424, 431, etc.
8. Ibid., ms. Fr. 2837, venant de M. de Mesmes de Roissy, qui en avait hérité de Jacques le Sueur, seigneur d'Osny, maître des comptes de 1571 à 1573.
9. Ibid., ms. Fr. 5318.
10. Ibid., ms. Fr. 18482, commençant par une *Instruction pour le faict de la Chambre des comptes*. — L'usage de ces formulaires, aussi bien que des Manuels, était commun à tous les corps judiciaires et à toutes les administrations; le chanoine Camusat a publié celui des notaires-secrétaires du roi, dans ses *Mélanges historiques* (1619), fol. 45-72.
11. Arch. Nat., KK 889 (Musée, n° 523).
12. Les bossettes et fermoirs de fer ou de cuivre doré furent conservés lorsqu'on donna au volume, du temps de

être plus ancien que le *Protocole* et avoir été écrit entre 1490 et 1492 ; mais on le continua pendant une trentaine d'années. Il contient, outre le texte des ordonnances rendues de 1338 à 1523, des vers latins sur les devoirs des rois, sur les riches et les pauvres ; des citations de l'Écriture Sainte ou de divers auteurs sur l'administration de la justice ; les formules de serment pour les officiers de la Chambre et pour leurs justiciables ; une chanson sur les gens des comptes[1], et enfin une suite de notes informes et de curieuses éphémérides que les maîtres des comptes se plaisaient à inscrire sur les pages blanches, et qui vont de 1560 au règne de Louis XV. Le *Livre ferré* a été sauvé de la destruction, en 1800, par le Bureau du triage des titres, comme « curieux par sa composition, ses différentes écritures et ses vignettes historiques[2]. » On en connaît plusieurs doubles ou copies[3].

L'usage des Manuels passa ; ils furent remplacés par des nomenclatures analytiques des pièces contenues dans les registres, ou des tables alphabétiques de matières, de noms de lieux et de personnes. Il faut citer, dans cette nouvelle catégorie, l'inventaire de G. de Montagu[4] ; un répertoire du quinzième siècle (registres Croix et A à K) acheté en 1579 par Pierre Pithou[5] ; une table méthodique des ordonnances contenues aux Mémoriaux, destinée à servir d'en-tête à un code des mêmes ordonnances[6] ; le *Répertoire doré*, qui est une suite de tables alphabétiques dressées jusqu'en 1516 par le greffier Ét. le Blanc, et continuées jusqu'en 1555 par un autre greffier, Hugues Formaget, lequel devint ensuite trésorier des Chartes[7] ; du siècle suivant, un répertoire des pièces concernant l'autorité et la juridiction de la Chambre[8] ; les « mémoires » saisis par la Chambre à la mort du garde des livres Guill. Robichon[9] ; les volumes où l'abbé Nicolas-Charles de Sainte-Marthe consignait ses analyses des registres, comptes ou titres conservés dans les dépôts[10] ; le répertoire alphabétique du greffier-plumitif Aubin de la Noue[11] et celui de Jean de Loffroy, qui fut continué bien plus tard par l'avocat général le Marié d'Aubigny[12] ; un *Recueil par ordre alphabétique de matières concernant la Chambre des comptes de Paris et les finances*, rédigé après 1711, mais très-irrégulier[13], etc. J'oublie beaucoup de ces manuscrits, mais sans trop de regrets, car ils ne répondent pas plus aux besoins actuels de l'histoire qu'ils ne

Répertoires et tables.

Louis XIII, une belle reliure royale de maroquin rouge. Deux des miniatures ont été reproduites par Du Sommerard, loc. cit., 7ᵐᵉ série, pl. xiv, et 9ᵐᵉ série, pl. xxxv. Celle de l'ordonnance de Nancy (10 février 1445), représentant une séance présidée par le roi, a été décrite par feu M. Huillard-Bréholles dans le *Musée des Archives* (p. 299) ; les détails sont à comparer avec la miniature du *Protocole*. Le plus important des personnages, celui qui est figuré à gauche, sur le premier plan, dans des proportions tout à fait étrangères aux lois de la perspective, porte sur la poitrine cette inscription : « Mᵉ Martin le Picart. » Ce Picart fut maître extraordinaire de 1454 à 1490.

1. Fol. 140 verso :
   « Gardons les vieilles ordonnances,
   Les statutz et observances
   Que feirent noz prédécesseurs,
   En punissant les transgresseurs,
   Tant en justice que finances.
   « Et si voulons pourveoir aux lances,
   Aux monnoyes et aux avances,
   Sans mectre sus refformateurs,
   Gardons, etc.
   « Quant aux pensions, grans despenses,
   Abus, artillerie, offences,
   Gages excessifz, tortz et faveurs,
   Pour wyder toutes ces erreurs,
   Achact d'offices, doléances,
   Gardons, etc. »

2. Rapport de Villiers du Terrage, an VIII.
3. Dans le ms. de la Bibl. des Pr. Présidents intitulé : *L'ordre qui s'observe en la Chambre* ; dans les mss. de la Bib. Nat. Fr. 4432, 5269, 5274, 5283, et Lancelot 149 (fol. 82-136) ; dans le registre manuscrit du conseiller Pachau, conservé à la Bibl. de l'Institut, in-fol. 211.

4. Arch. Nat., JJ 281-282. Voy. plus haut, p. xiv, n. 7.
5. Bibl. Nat., mss. Fr. 5317 ; venu de la Bibl. de Colbert. A la suite du répertoire, qui n'indique que les pièces principales, est un mélange de textes informes ou de rubriques, qui rappelle, soit les premiers Mémoriaux, soit les Manuels, et au milieu duquel se trouve la reproduction intégrale d'une partie des ordonnances du registre Croix.
6. Ms. orig., Vᵉ Colbert, n° 238. Voy. l'avertissement préliminaire, adressé aux « prœstantissimi compotorum prœsides, » qui précède ce « pinachidion. » Fait après 1511.
7. Louis le Blanc avait été greffier de 1467 à 1508 ; Étienne, son fils et successeur, passa auditeur en 1525. — L'original du *Répertoire doré* est conservé aux Arch. Nat., PP 96. Une copie contemporaine, Bib. Nat., ms. Fr. 18484, est suivie d'un répertoire sur *la guerre, subsides et aides levées pour le fait d'icelle*, écrit et signé par l'un de ces deux greffiers le Blanc. Cf. l'exemplaire venant du fonds Cangé, ms. Fr. 5321. — La continuation porte la cote PP 97, avec cet intitulé : « La suite du *Répertoire doré* étant ès mains de M. Bourlon. »
8. Ms. orig., Fr. 7707.
9. *Plumitif*, 16 novembre 1651 et 10 mars 1653. Ces mémoires ne se retrouvent pas. — Le père G. Robichon avait été le premier commis au Plumitif, de 1574 à 1634.
10. Mss. Fr. 20691-20695. Ces cinq volumes très-curieux, où certaines pièces sont transcrites textuellement, les sceaux dessinés, etc., m'ont été signalés par M. Léop. Pannier. Ils viennent du séminaire Saint-Magloire.
11. Non retrouvé. Voy. *Journal*, 11 février 1694.
12. Arch. Nat., PP 172-174. Cf. Bibl. de l'Arsenal, mss. Jurispr. fr. 99 et 100 bis ; Bibl. Nat., Fr. 7698-7701.
13. Bibl. Nat., mss. Fr. 7702-7705. Le ms. 7706 est aussi un répertoire, qui a le mérite de se référer à des articles du Journal que nous n'avons plus.

suffisaient au service de la Chambre, et celle-ci, à l'exemple du parlement, devait y suppléer par l'activité de ses commis, répertoires vivants des décisions et des traditions. Cependant un dernier travail mérite une mention toute particulière, une place d'honneur; ses proportions extraordinaires attestent un zèle infatigable, en même temps qu'une excellente méthode, et rappellent le recueil monumental exécuté, cent ans auparavant, dans les archives du parlement, par le conseiller Lenain.

Collection de M. Clément de Boissy.

Il y avait eu plusieurs tentatives pour dresser des répertoires du Plumitif, soit par ordre chronologique, soit par ordre de matières; entre autres, le P.P. Aymard-Jean Nicolay avait commencé, pour les deux époques de la Ligue et de la Fronde, la transcription des articles intéressant l'histoire de la Chambre, son autorité, ses règlements, les prérogatives de son chef, etc.[1] Mais ce n'avaient jamais été que des essais informes, et la Chambre ressentait toujours la nécessité d'un travail plus complet, qui répondît à tous les besoins. Elle trouva enfin dans un de ses membres le dévouement qu'exigeait une pareille entreprise.

Athanase-Alexandre Clément de Boissy, — fils d'un conseiller au parlement et petit-fils du célèbre chirurgien anobli par Louis XIV, — après avoir pris ses grades d'avocat au parlement, avait été reçu maître des comptes le 13 juillet 1745. Il entrait à la Chambre dans un temps où les travaux d'érudition y étaient en grand honneur, et, parmi ceux de ses confrères qui s'étaient dévoués à la reconstitution des registres incendiés, son esprit d'initiative lui assura une des premières places. De lui seul, il avait déjà commencé le dépouillement des Mémoriaux et Journaux et celui des premiers registres du Plumitif, lorsque la formation de la Commission royale des finances de 1763 et l'enquête demandée à la Chambre, comme aux autres Cours, sur la réformation du cadastre et la libération des dettes de l'État, lui fournirent l'occasion de présenter le plan d'un index chronologique et d'une table raisonnée des ordonnances, édits, arrêts et autres pièces concernant l'autorité de la Chambre en matière de droits royaux, de finances et d'enregistrement. Sur le rapport d'un collègue non moins érudit, M. le Marié d'Aubigny, la proposition fut acceptée : l'on invita M. de Boissy à poursuivre son travail de dépouillement, avec le concours de tous les ordres, et il eut la liberté de puiser dans tous les dépôts[2].

Sans cesser de se livrer à ses occupations littéraires[3], ni de prendre la part la plus active aux travaux de la Chambre et aux publications nécessitées par les conflits incessants d'ordre à ordre, de juridiction à juridiction[4], M. de Boissy consacra plus de huit ans (28 avril 1763-17 juin 1771) au dépouillement du Plumitif, et ne s'arrêta qu'à la fin du registre de 1759[5]. Son système reposait sur un classement méthodique de toutes les matières en 897 subdivisions distinctes; sous chaque cote allaient se ranger les extraits tirés de chaque article des registres, et ces extraits, pour plus d'exactitude, se faisaient en autant de copies que l'article présentait d'objets ou de points de vue différents. Afin de parer aux critiques que provoquent tous les plans méthodiques, M. de Boissy adjoignait à son répertoire une table alphabétique des mêmes matières.

Pour donner une idée de ce que pouvait être un semblable travail, il suffira de dire que M. de Boissy y occupait quatre commis, à ses frais, sans compter son fils, M. Clément de Sainte-Palaye, reçu conseiller maître en 1773; que ses déboursés s'élevaient, en 1785, à près de 60,000 livres, et qu'il avait déjà en main 80 volumes in-folio et 50,000 bulletins de sous-extraits rangés par matières[6]. Son désir était que la

---

1. Bibl. des Premiers Présidents, ms. n° 140.
2. Plumitif et Journal, 21 mars, 6 avril et 16 mai 1764.
3. Il publia, à partir de 1767, une assez grande quantité d'ouvrages littéraires, historiques, philosophiques, ou même scientifiques, et, dans ses dernières années, de 1788 à 1792, il fit plusieurs livres sur des questions religieuses et théologiques. Voy. la Nouvelle biographie générale.
4. M. de Boissy rédigea : en 1767, un mémoire sur l'autorité de la Chambre à l'égard des baillis et sénéchaux; en 1777, un recueil sur les droits des correcteurs et des auditeurs; en 1778 et 1784, les deux mémoires que l'on fit imprimer sur le concours des premiers juges pour l'exécution des arrêts de la Chambre; en 1785, un autre mémoire,

également imprimé, sur les actes de foi et hommage envoyés par les trésoriers de France du ressort, etc. Voy. plus haut, p. v, et le Plumitif, 7 mars 1767, 2 août 1777, 16 février 1778, 18 et 30 décembre 1779, 16 février 1780, 12 juillet 1784, 4 janvier 1785.
5. On peut suivre l'opération sur les registres conservés aux Archives. Chaque article porte en marge, au crayon, les indications des extraits à faire et les numéros d'ordre adoptés pour le classement méthodique de ces extraits. De distance en distance, au bas des feuilles, M. de Boissy indiquait le jour où il reprenait son dépouillement. Il était souvent obligé de corriger les textes.
6. Arch. Nat., F⁴ 1184.

Chambre fit imprimer ce recueil, bien autrement important et utile que celui de Gosset ; mais il proposa d'abord de mettre au jour la table ou plan méthodique qui avait servi de base au travail de dépouillement et à la classification des extraits[1]. Malgré l'opposition des correcteurs, qui demandaient que la publication de l'ouvrage précédât celle de la table, la Chambre, dans sa séance du 2 janvier 1787, vota l'impression immédiate par Cellot, sous les ordres et l'inspection de M. de Boissy. La table parut donc [2], et il est probable que l'immensité du corps de l'ouvrage, autant que les événements qui suivirent, ne permit point de songer à une publication complète. Mais les matériaux réunis pendant cette trentaine d'années nous sont parvenus, grâce à la générosité d'un des fils du savant magistrat, M. Clément de Blavette, qui en fit le dépôt à la Bibliothèque Nationale le 30 octobre 1797 [3]. Ils forment aujourd'hui deux séries : 1° 93 volumes in-folio (mss. Fr. 10991-11083) d'extraits faits sur les Plumitifs, rangés conformément au plan imprimé, avec le texte des principales ordonnances relatives à la matière de chaque subdivision ; 2° 95 volumes in-quarto (Nouv. acq., 1565-1659) de fiches relevées sur les Mémoriaux, les registres de tout genre et les documents imprimés antérieurs à la création du Plumitif[4]. Un exemplaire de concordance de la table (Nouv. acq., n° 1660), joint à la seconde série, donne toute facilité pour se guider dans la principale collection, qui est ainsi le Plumitif presque entier, disposé dans un ordre rationnel et mis à la portée du travailleur ou du simple curieux.

A côté de M. Clément de Boissy et des magistrats qui firent le plus pour le maintien des droits de leur Compagnie et pour la conservation de ses traditions historiques, j'ai déjà placé plusieurs fois un autre nom, celui de M. le Marié d'Aubigny. Fils d'un conseiller maître qui s'était distingué dans la reconstitution des registres incendiés et qui avait fait en outre un recueil raisonné sur les rentes de l'hôtel de ville [5], neveu d'un autre conseiller maître, A.-F. Perrotin de Barmond, et beau-frère de l'auditeur G. Choart, Jean-Baptiste-Jérôme le Marié d'Aubigny, né le 5 novembre 1733 et nommé d'abord conseiller au Châtelet, avait été reçu maître le 12 décembre 1755, sans examen, « attendu ses services, sa capacité et son expérience. » Après vingt années du service le plus assidu, comme le prouvent à chaque instant les registres [6], il succéda, le 23 août 1775, à l'avocat général Perrot, dont les réquisitoires avaient eu tant de retentissement, et il occupa le siège du ministère public jusqu'à la suppression du tribunal. Nommé alors (1er janvier 1792) commissaire royal à la surveillance de la comptabilité de la marine, mais bientôt destitué, il continua, avec la même passion filiale, si je puis m'exprimer ainsi, les travaux qu'il poursuivait depuis quarante ans dans les dépôts de la Chambre ou chez le Premier Président. Ni les dangers qui l'entourèrent durant la Terreur, ni les dénonciations du Bureau de comptabilité ne purent l'arrêter ; son dernier recueil ne fut terminé qu'en 1800, et, lorsque le libraire Rondonneau acquit ces collections, pour les céder aux Archives Nationales, elles représentaient la Chambre des comptes tout entière et comprenaient : Plumitif (1582-1791), 70 vol. ; Mémoriaux (1137-1609), 14 vol. ; Table des Mémoriaux (1223-1629), 8 vol. ; Répertoire des enregistrements (1401-1790), 10 vol.[7] ; Journaux (1523-1740), 17 vol. ; Table des Journaux, 4 vol. ; Audiences (1620-1791), 2 vol. ; Filiation des offices, 4 vol. ; Créances, 2 vol. ; Séances des princes (1586-

Collections de M. le Marié d'Aubigny.

---

1. *Plumitif*, 18 décembre 1786. « Table par ordre de matières de l'ouvrage composé par M. Clément de Boissy, conseiller maître, sur la juridiction et jurisprudence de la Chambre, renfermant la collection des édits, ordonnances, déclarations, lettres patentes, arrêts et règlements sur chacune des matières de la compétence de la Chambre, en ce qui concerne les droits honorifiques dus au roi, les enregistremens de ses volontés et la manutention de ses finances. »
2. Avec un numérotage des subdivisions différent de celui que M. de Boissy avait adopté en principe. Le titre de l'imprimé, in-4°, de 50-30 pages, est : *Juridiction et jurisprudence de la Chambre des comptes, ou Collection des ordonnances*, etc.
3. M. de Boissy était mort à Sainte-Palaye le 22 août 1793.
4. Cette seconde série doit être le fruit du travail personnel de M. de Boissy, tandis que la première est le dépouillement définitif exécuté conformément à l'arrêté de 1764.
5. Jérôme le Marié d'Aubigny, avocat, reçu auditeur avant l'âge, en 1727, puis passé conseiller maître. Son mémoire sur les rentes fut déposé au greffe, en vertu d'une décision du 7 juin 1755, avec mention qu'il était rédigé « pour le bien du service du roi et du public, l'honneur, la dignité et le maintien de la juridiction de la Chambre. »
6. Voy. plus haut, p. v, les Mémoires fournis à la Chambre par M. d'Aubigny.
7. Ce répertoire, terminé le 1er janvier 1800, a l'avantage de donner, par la date même des pièces, tous les enregistrements mentionnés dans les registres de la Chambre, dans les tables particulières, dans Blanchard, etc., en renvoyant à la date d'enregistrement et de classement dans les Mémoriaux (Arch. Nat., PP 135-144).

CHAMBRE DES COMPTES.

1791), 1 vol.; Répertoire de Loffroy, refait et continué, 2 vol.; Recueil sur les gens du roi, 3 vol.; Recueil sur les rentes, 1 vol.; Harangues et lettres de cachet extraites du Plumitif, 2 vol., etc. L'ensemble formait 157 volumes in-folio ou in-quarto, presque tous écrits de la main même de l'avocat général, — sans compter un exemplaire du recueil Gosset, continué jusqu'en 1789 et annoté, en 24 volumes, et enfin, une collection de feuilles détachées, imprimées ou, pour la plupart, transcrites d'après les registres, qui remplissait 568 boîtes en forme de volumes in-quarto, contenant 16,513 lois, arrêts, ordonnances, etc. enregistrés à la Chambre, rendus par elle, ou concernant sa juridiction, de l'an 1300 au 31 janvier 1793 [1].

Bibliothèque et Archives des Premiers Présidents.

En terminant l'énumération des documents qui peuvent servir à l'histoire de la Chambre des comptes, il me reste à dire quelques mots des deux collections particulières auxquelles une grande partie des matériaux du présent volume ont été empruntés.

La Bibliothèque des Premiers Présidents, dont j'ai déjà cité plusieurs manuscrits, est de formation assez récente, et ne se rattache pas à la « librairie » qu'Aymard Nicolay, son fils et son petit-fils avaient réunie dans le courant du seizième siècle. Celle-ci, d'après les inventaires que nous possédons, comptait quatre-vingt-dix-huit volumes en 1554, et trois cents en 1597, mais point de manuscrits relatifs à la Chambre des comptes; plus tard, elle disparut, et ce fut seulement sous Louis XIV que se forma une nouvelle bibliothèque, où les Premiers Présidents, comme la plupart des magistrats de leur temps, réservèrent la première place à la Compagnie dont ils étaient devenus les chefs héréditaires. Quelques-uns des manuscrits que nous y retrouvons aujourd'hui remontent à Nicolas Nicolay; mais le plus grand nombre de ceux qui concernent la Chambre des comptes ne datent que de Jean-Aymard Nicolay [2] ou de son fils. Ce sont quelquefois des recueils autographes ou des traités originaux faits pour l'instruction des Premiers Présidents, et plus souvent des transcriptions de registres importants, des répertoires, en un mot des instruments de travail, qui m'ont été d'un grand secours.

Cette bibliothèque, qui compte encore près de trois cents manuscrits et neuf ou dix mille volumes, est séparée, depuis le commencement de notre siècle, des Archives dont elle avait toujours suivi le sort; mais les deux dépôts sont conservés l'un et l'autre avec la même vénération, et leurs richesses vont se trouver de nouveau réunies à côté des Pièces justificatives fournies par les registres de la Chambre. Presque tous nos documents originaux viennent de ces Archives où les neuf Premiers Présidents ont accumulé plusieurs milliers de lettres et de minutes de tous les temps, de toutes les provenances; ce sont les vrais titres d'honneur de la maison de Nicolay, et leur publication n'est, pour ainsi dire, que l'exécution d'un fidéicommis transmis religieusement de génération en génération.

---

1. On a vu plus haut que M. d'Aubigny avait fait don à la Chambre d'une collection de ce genre, mais moins considérable.

Lorsque Camus, garde des Archives, eut fait l'acquisition de tout le fonds, moyennant 8,000 fr. (payables en livres séquestrés chez les émigrés ou dans les communautés religieuses), il le réunit aux archives de la Chambre (marché du 20 ventôse an XI et remise du 30 germinal suivant), et le tout est actuellement réparti dans la série P. Voy. l'*Inventaire méthodique*, col. 804 et suiv. Le Gosset en 24 volumes et les 568 boîtes ont été classés à côté des autres collections législatives et administratives de Rondonneau, série AD I¹ IX, 87-98 et 99-383. Sans rivaliser avec celles-ci, le recueil des boîtes est d'une extrême valeur pour l'histoire de la Chambre et des finances; on y trouve, même en dehors de cet objet spécial, des pièces qui ne se rencontrent plus ailleurs. Jusqu'en 1627, presque tous les passages intéressants du Plumitif sont transcrits; M. d'Aubigny n'a-t-il pas eu le temps de continuer ce travail? Il avait fait une table ms. de 1700 à 1763, et y avait joint la table imprimée du libraire Nyon, de 1767 à 1790.

Les Premiers Présidents avaient formé une pareille collection, en 260 boîtes, de 1700 à 1789; elle existe encore dans leur Bibliothèque.

2. Voici les principaux articles : n° 136, règlement tiré des Plumitifs (1575-1660); n° 137, copie du *De justitia*, suivie de la Filiation jusqu'en 1725; n°ˢ 138 et 139, traité sur la juridiction de la Chambre et le domaine (par le P.P. ou pour lui); n° 140, extraits des registres concernant : 1° l'histoire de la Chambre, 2° la discipline, etc.; n° 141, copie du Mémoire de Loffroy; n°ˢ 152-180 bis, tables ou extraits des Mémoriaux; n°ˢ 182-192, répertoires et extraits des Plumitifs; n° 196, répertoire alphabétique (1722); n°ˢ 198 et 199, Cérémonial; n°ˢ 200-202, Créances (le 4ᵉ volume est en déficit); n°ˢ 205 et 206, états finaux du Contrôle général des restes de la Chambre, etc. — Un certain nombre des manuscrits entrés à cette époque dans la bibliothèque de la place Royale viennent de l'hôtel de Lamoignon, et il est probable que les rapports d'alliance et d'amitié du P.P. Jean-Aymard avec les illustres hôtes de la rue Pavée influèrent sur le développement de son goût pour les livres.

NOTICE PRÉLIMINAIRE.

II

Origine de la Chambre. — Son ressort. — Ses attributions : enregistrements, finances, domaines. — Son autorité sur le collège de Navarre, les Saintes-Chapelles et le Trésor des chartes. — Sa jurisprudence; sa juridiction criminelle et de police. — Conflits avec les autres Compagnies. — Corps de la Chambre; vénalité et hérédité des offices, formalités de réception. — Le Premier Président. — Les présidents, maîtres et autres officiers ou commis. — Gages, droits, profits, privilèges. — Discipline et règlements intérieurs. — Bureaux et séances. — Cérémonial. — Costume des magistrats; leur existence à la ville. — Bâtiments de la Chambre. — Les dépôts et leurs succursales. — Conservation des archives. — Suppression de la Chambre. — Les dépôts sous la Révolution.

La question des origines des deux premières Cours souveraines est un des points restés obscurs dans l'histoire de l'organisation monarchique et de la centralisation administrative. Sera-t-elle jamais élucidée? Sera-t-il possible de préciser le jour où ce double rameau de la puissance royale qui devait former le parlement et la Chambre des comptes, s'est détaché de la tige commune, puis celui où il s'est séparé en deux branches? L'entreprise serait pour le moins aussi ardue que de chercher dans les temps « où la royauté elle-même perd son origine » la formation du premier Conseil et sa relation possible avec le *mallum* germain ou les *graphions* de la première race. Bien des dissertations se sont déjà produites; mais, grâce à l'esprit de parti dont la plupart n'étaient que l'expression passionnée, grâce aux interprétations diverses tirées par la chicane des mêmes faits ou des mêmes textes, l'obscurité a subsisté et subsiste encore, à côté de légendes dont il n'est plus permis de faire aucun cas. On lit, par exemple, dans le livre si estimé de J. Hennequin, qu'il y avait, dès le temps de Louis le Jeune et de Philippe-Auguste, une Chambre des comptes, un président, des maîtres, le tout « ambulatif » et suivant le roi dans ses déplacements [1]. Mais le douzième siècle ne connaissait pas cette séparation des pouvoirs, et le mécanisme du gouvernement monarchique y était encore très-rudimentaire; le roi ne menait à sa suite qu'un Conseil, ou plutôt qu'une Cour, à la fois religieuse, politique et militaire, qui n'avait ni époque fixe ou lieu certain de réunion, ni règles précises, ni attributions déterminées; le cas échéant, cette réunion de personnages éclairés et puissants, où les prélats étaient en majorité, se renforçait de quelques clercs et légistes et devenait une Cour de justice. Il en fut ainsi tant que la royauté n'eut point la force suffisante pour régulariser son pouvoir, ni assez de stabilité pour créer une capitale et un centre gouvernemental. C'est seulement sous saint Louis que l'on voit ce Conseil se partager en deux sections : à l'une la justice, à l'autre les finances et le contrôle administratif. Peu à peu cette dernière section forme un corps distinct, stable et permanent; ce sont les « *gentes quæ ad nostros compotos deputantur.* » Premiers agents de la comptabilité qui s'organise et de la centralisation financière qu'active une main ferme, ces membres du Conseil deviennent les « maîtres de la Cour de France, » les « maîtres des comptes du roi », les « *venerabiles magistri compotorum;* » ils tiennent, à époques fixes, des sessions à Paris même, au Temple, c'est-à-dire auprès du Trésor royal, « *in compotis;* » ce sont eux qui reçoivent chaque année, progrès merveilleux de l'unification monarchique! les comptes des communes et ceux des magistrats royaux, baillis, prévôts, sénéchaux. Bientôt, selon l'expression de Jean de Saint-Just [2], tous ces « maîtres et clercs des comptes, grands et petits, » cessent de suivre le roi et sa

Origine de la Chambre.

---

1. *Guidon des finances*, p. 590.
2. Lettre écrite par J. de Saint-Just, le 17 novembre 1339, au chancelier, ap. *Mémorial* B, fol. vııxxııı, imprimée dans le recueil Gosset et dans le Chanteur, p. 201.

chancellerie. Enfin, les premières années du quatorzième siècle voient apparaître la dénomination de « Chambre des comptes. » Ce n'est plus que dans une occasion fortuite et par un dernier souvenir de leur existence ambulatoire que les gens des comptes vont une fois siéger à Vincennes, auprès du roi (en 1308); les ordonnances de Philippe le Bel achèvent la constitution et la composition de la Chambre, en excluant les prélats, barons ou autres gens du Conseil royal qui avaient conservé l'habitude d'entrer dans le lieu des séances, pour y causer « d'autre besogne[1]. » De son origine, de ses affinités premières avec le Conseil intime du roi, il reste ce nom de *Chambre*, qui rappellera à jamais le lieu secret du palais des anciens rois où se tenait en automne l'assemblée des principaux de la nation, lieu de faveur, où ne pénétraient que les élus, où se comptaient les revenus, et où le prince recevait les offrandes et les hommages de ses sujets[2].

Installation de la Chambre et du parlement.

Tels furent à peu près les progrès de la transformation ; elle se faisait parallèlement pour les « deux Cours matrices du royaume, les deux seules collatérales entre elles, auxquelles nulle autre ne peut s'assimiler. » Toutefois il est assez généralement admis, sur de bonnes preuves, et quoi qu'ait pu dire le parlement, que celui-ci fut le dernier à revêtir tous les caractères constitutifs d'un corps organisé, perpétuel et sédentaire. Cette thèse, posée au nom de la Chambre, a l'apparence d'une revendication intéressée ; mais, comme elle a été aussi combattue par d'éminents historiens, il n'est pas permis de passer sous silence les titres probants dont la Chambre prenait autorité pour s'intituler la « Cour la plus ancienne du royaume, » et pour rappeler à son rival tout-puissant et victorieux qu'ils avaient toujours vécu en parfaite égalité, mais qu'elle était sortie *avant lui* du Grand Conseil des rois, *à la suggestion des trois ordres du royaume*[3].

« Paris, ville métropolitaine de la France, » celle que les rois adoptèrent dès lors pour « la ville capitale et chef de toutes les autres, tant pour le lieu favorable où elle est assise, que pour la fertilité des pays

---

1. Sur ces premiers temps, voyez la *Dissertation historique* de le Chanteur, p. 15-47; les réquisitoires de M. Séguier, pour le parlement, et de M. Perrot, pour la Chambre, imprimés dans les pièces du conflit de 1769, et le Mémoire publié en 1780, à propos du conflit avec la Cour des aides, p. 220-287. Cf. G. Constans, *Traité de la Cour des monnoyes*, p. 11; Brussel, *Usage général des fiefs*, t. Ier, p. 473, note; *Ordonnances*, t. Ier, et *Historiens de la France*, t. XXI et XXII, passim ; Boutaric, *la France sous Philippe le Bel*, liv. IX, ch. 3, p. 234-241 ; Fr. Mérilhou, ap. *Revue de législation et de jurisprudence*, 1851 ; *Une liquidation communale sous Philippe le Hardi*, ap. *Annuaire-bulletin de la Soc. de l'Histoire de France*, 1872, p. 91, etc. J'ai signalé dans ce dernier article les pièces originales des premières années du quatorzième siècle provenant de la Chambre des comptes et conservées aujourd'hui à la Bib. Nat., *Chartes royales*, t. Ier. Voy. aussi la note 3 ci-après.
2. Sur cette dénomination de *Chambre* opposée à celle de *Cour*, voy. Ravaisson, *Rapport au ministre d'État* (1862), p. 39 et suiv. — On trouve, non sans étonnement, dans l'*Hist. littéraire de la France*, t. XXIV, p. 477, l'étymologie de *comput* appliquée à l'expression légèrement altérée de *Camera compotorum* pour *computorum*.
3. Voy. les n°s 516, 862, 882, 911, 943, etc. — Ce point de discussion a été très-amplement traité dans les Mémoires imprimés au siècle dernier par la Chambre. La pièce la plus favorable est l'ordonnance de 1256 sur la comptabilité des maires, qui, en effet, semble indiquer, dès le temps de saint Louis, une organisation plus avancée que ne le fut de longtemps celle du parlement. Le *Mercure* (mai 1705, p. 175) cite aussi la lettre par laquelle Philippe le Bel, en rendant le parlement sédentaire, dit aux gens des comptes que les nouveaux magistrats « erunt vobis sicuti fratres, et habitabunt vobiscum sub eodem tecto. » — Au milieu de pièces de Philippe le Bel ou de Louis X, tirées « d'un vieil livre escript de bien ancienne lettre, en papier, lequel est couvert de cuir rouge ouvré ou pardessus, » on lit ce qui suit : « Et après, oudict livre, entre les autres choses plusieurs dont cy devant est faict mémoire, sont registrées les recepcions de plusieurt enquestes et procès, par qui elles ont esté faictes, aussy par qui elles ont esté envoiées et baillées ou apportées. Et fault que oudict parlement n'estoit point assis comme il est huy, et que, avant qu'il feust assis et que le Palais feust faict, ou paravant de la façon duquel n'avoit point de lieu propre pour tenir ledict parlement, ains se tenoit puis çà, puis là, ainsy qu'il estoit délibéré par le Roy et son Conseil, assistant les bailliz, séneschaulx et aultres juges et les gens du Conseil qui estoient avec le Roy, maistres des requestes, avec le chancelier et aultres estans à court, et aussy aultres qu'il plaisoit au Roy et qui par la délibéracion de son Conseil estoient ordonnez à y estre mandez, les enquestes faictes qui touchoient le Roy se apportoient ou envoioient en la Chambre des comptes, pour illec estre visitées et jugées se ce touchoit ou apartenoit à la justice déléguée à icelle Chambre, et les aultres pour y estre gardées jusques au séjour du parlement, et, icelluy séant, y estre portées ou envoiées de par ladicte Chambre. » (Ms. du maître des comptes J. le Sueur d'Osny, Bibl. Nat., Fr. 2838, fol. 33 verso.) On voit donc que cette opinion d'antériorité était fort anciennement accréditée. Parmi les auteurs qui l'ont combattue, M. le comte Beugnot (Préf. du t. III des *Olim*, p. xviii, xxxi et xxxii) a dit que le parlement n'était plus ambulatoire depuis le milieu du treizième siècle, tandis que les gens des comptes n'étaient encore qu'une section préposée, sous la suprématie du parlement, à l'examen et à l'apurement des comptes apportés par les receveurs des droits du roi. L'argumentation de l'illustre éditeur des *Olim* repose presque uniquement sur ce qu'il croit la qualification de *magistri* réservée aux seuls membres du parlement, ce qui est en contradiction avec tous les documents indiqués plus haut, note 1, et p. xxi. Du reste, il y a des auteurs qui, tombant dans l'excès contraire, retardent la permanence du parlement et son établissement au Palais jusqu'à Charles V. Voy. C. d'Yanville, *la Chambre des comptes de Paris*, p. 64.

NOTICE PRÉLIMINAIRE.

circonvoisins et utilité des rivières qui y descendent, par le moyen desquelles elle est abondamment fournie de toutes commodités et nécessités[1], » Paris vit Philippe le Bel installer côte à côte le parlement et la Chambre dans le Palais, reconstruit à cet effet. « Et tout ainsi que les deux Compagnies avoient esté tirées d'un mesme corps, quand elles séjournoient près de nos Roys, aussi furent-elles logées dedans un mesme pourprix, au Palais Royal de Paris. Ces deux collèges furent du commencement appellez *Chambres*: mot de très-grande dignité envers nos anciens dans l'Europe, comme nous pouvons recueillir, tant de la Chambre consistoriale de Rome, que de la Chambre impériale en Allemagne. Les uns et les autres appellez *maistres* : ceux-là du parlement, ceux-cy des comptes. Autre mot qui prit grand pied sur le déclin de l'Empire de Rome. Et comme le parlement fut composé, partie de personnes ecclésiastiques, partie de laiz, aussi le fut la Chambre[2] . . . »

Les deux Cours devaient être uniques pour tout le royaume, chacune dans sa juridiction respective, et elles absorbèrent en effet les antiques institutions que l'on appelait l'Échiquier de Normandie, les Grands Jours de Troyes, etc.; mais cet état de choses ne dura pas toujours. Plus d'une fois l'extension du pouvoir monarchique ou les nécessités financières exigèrent la création de Chambres des comptes provinciales ; d'autre part, la politique engagea les rois à conserver, dans les provinces successivement annexées, les Cours de finances qui y fonctionnaient depuis des siècles, ou à tolérer les juridictions purement domaniales et féodales établies dans les apanages des princes. De même que le parlement fut démembré peu à peu par l'établissement de treize autres siéges, la Chambre des comptes de Paris se trouva aussi réduite à un ressort de quinze ou dix-huit généralités[3], sans que d'ailleurs ni l'une ni l'autre Cour perdissent cette importance morale, cette autorité dans les affaires de l'État qui en faisaient le Parlement et la Chambre par excellence.

Ressort de la Chambre.

Une tentative d'unification (édit de Moulins de 1566) n'eut point de résultats : quelques mois plus tard, les six Chambres provinciales furent rétablies. C'étaient alors Aix, Montpellier, Grenoble, Dijon, Blois et Nantes[4]. En 1580, la création de Rouen dépouilla la Chambre de Paris de l'ancienne juridiction de l'Échiquier normand, « au grand dommage de son honneur et réputation, si souvent touchés par créations et édits nouveaux[5]. » Puis, les troubles de la Ligue et la politique de Henri IV permirent à la Chambre de Montpellier, un simple bureau des finances, qui jusque-là ne recevait que les comptes des claveries, d'usurper la comptabilité des recettes générales, deniers extraordinaires, etc. du Languedoc, et de s'y maintenir, grâce à quelques sommes d'argent habilement distribuées[6]. Sous le cardinal de Richelieu, on put

Chambres des comptes provinciales.

1. Préambule de l'édit de mars 1554, n° 94. — Depuis lors, les deux Cours ne furent transférées qu'accidentellement en province. La Chambre alla à Bourges pendant la durée de l'occupation anglaise, à Tours et à Melun depuis la journée des Barricades jusqu'en avril 1594; chaque fois, une fraction dissidente resta à Paris. Sous la Fronde, la translation ordonnée en juillet 1652 ne s'exécuta pas. Au dix-huitième siècle, la Chambre fut le seul des tribunaux de Paris qui ne subit point le contre-coup des agitations parlementaires.

2. Ét. Pasquier, *Des recherches de la France*, éd. de 1621, p. 66 c. Comparez son discours, n° 212, p. 173.

3. Paris, Soissons, Amiens, Châlons, Orléans, Tours, Bourges, Moulins, Riom, Lyon, Poitiers, Limoges, Bordeaux, Montauban, la Rochelle, Flandres et Artois.

4. La Chambre d'Aix existait dès 1272 sous le nom de « Grande Cour royale de la Chambre des comptes et archives du comté de Provence. » Celle de Montpellier avait été, dit-on, créée en 1320, mais son organisation ne remontait qu'à 1522. Grenoble datait du quatorzième siècle; Dijon, du duc Philippe le Hardi ; Blois, ambulatoire au quatorzième siècle, était devenue sédentaire en 1401, par le fait du duc d'Orléans, frère de Charles VI; Nantes avait été créée par les ducs de Bretagne. Voyez les notices consacrées à chaque Cour dans les diverses éditions de l'*État de la France*, 1722, 1749, etc.

5. N° 185. — Les Anglais avoient établi une Chambre à Rouen lorsque « leurs sujets rebelles » les avaient chassés de Paris (juillet 1436), et Louis XI avait aussi autorisé son frère à en créer une en Normandie. En 1543, la création ordonnée par François Ier et même exécutée malgré les remontrances et le refus de concours des gens des comptes de Paris (n° 71 ; voy. le ms. Dupuy n° 384), avait finalement été révoquée. En 1580, il fallut plusieurs jussions pour que l'on livrât à Rouen tous les comptes normands depuis 1570, « ensemble les titres, lettres, papiers, documens et enseignemens concernant le domaine, revenu et finances de cette province. » — Selon les remontrances du 3 mai 1560 (impr. dans les Preuves de l'*Hist. de Paris* de D. Félibien, t. Ier, p. 558), il y avait eu aussi des projets d'érection pour Tours, Caen et Toulouse.

6. Voy. les remontrances prononcées par le P.P. le 23 janvier 1603 ; n° 334. Il réclamait non-seulement le rétablissement de sa Compagnie dans les droits qu'elle avait exercés de tout temps, mais même la réunion de toutes les Chambres à celle de Paris, comme l'avaient souvent demandé les États généraux. Henri IV, avec force louanges pour les gens des comptes, répondit que son intention était de réaliser leur vœu, mais qu'en attendant, la Chambre languedocienne était trop petite Compagnie pour qu'on lui rognât ses maigres attributions. Montpellier eut donc gain de cause ; on promit une indemnité à Messieurs des comptes pour cette diminution de ressort, mais ils ne l'obtinrent que sous la régence de Marie de Médicis.

racheter moyennant d'énormes créations d'offices l'établissement projeté d'une Chambre à Bordeaux (1628) et d'une Cour spéciale pour la comptabilité des rentes, des deniers patrimoniaux et octrois et des consignations, à l'hôtel de ville de Paris (1640)[1] ; mais la Chambre de Pau, établie par Henri II de Navarre en 1527, avait été confirmée, et son ressort agrandi de celui de la Chambre de Nérac[2].

Après ses grandes conquêtes, Louis XIV maintint une partie des Chambres qui exerçaient la juridiction financière dans les provinces nouvellement annexées. Ainsi, au dix-huitième siècle, nous comptons douze Chambres qui rayonnent autour de celle de Paris : Bar, Pau, Blois, Dijon, Nantes, Grenoble, Foix, Dôle, Montpellier, Nancy, Rouen et Aix. Quatre seulement, celles de Languedoc, de Normandie, de Provence et de Bourgogne, possèdent conjointement la juridiction des aides et portent le titre de *Cours*[3]. L'une des plus anciennes et des plus riches comme archives, la Chambre de Lille, n'existe plus qu'à l'état de dépôt, sous la garde des savants Godefroy, et son ressort, comprenant la Flandre, le Tournaisis, l'Artois, le Hainaut, le Namurois, est joint à Paris depuis la conquête de 1667[4]. Quant aux Chambres des princes apanagistes et des grands vassaux, Angers, le Mans, Moulins, Nevers, Penthièvre, Châteaudun, Laval, Alençon, Aire en Artois, la Fère, etc.[5], elles ont disparu les unes après les autres, aussi bien que les juridictions viagères créées pour les reines douairières Louise de Savoie, Éléonore d'Autriche et Catherine de Médicis ; la dernière Chambre d'apanage, je crois, a été celle de Vendôme. Nous verrons ailleurs les résultats de ces suppressions en ce qui touche la centralisation des archives domaniales et financières.

Ainsi que l'explique Hennequin[6], chacune de ces Chambres avait ses « pratiques de chicanerie » et se souciait peu de l'unité de jurisprudence, sauf celle de Normandie, à qui un arrêt du Conseil d'État avait fait « retenir tout ce qu'elle avait trouvé de bon » dans la Chambre de Paris ; toutefois, si le gouvernement l'eût toléré, cette dernière eût été volontiers prise pour modèle quant à l'élévation des droits d'enregistrement. Il n'y avait donc que très-peu de relations entre les Compagnies, relations d'amitié plutôt que d'affaires[7], et l'on n'avait pas à redouter de ce côté la même coalition qu'entre les parlements. Nous voyons quelquefois la Chambre de Paris faire des démarches pour des confrères menacés[8] ; lorsque l'abbé Terray et Maupeou comprirent celle de Rouen dans la disgrâce des parlements, Messieurs des comptes oublièrent que ce tribunal avait été constitué jadis à leurs dépens, et ils élevèrent la voix en sa faveur[9]. Quant à la suppression de la Chambre de Blois (1775), qui n'avait plus d'autre objet que le domaine de ce comté, elle fut accueillie par de très-faibles protestations en faveur de l'inamovibilité des offices[10]. Enfin, en 1790, le besoin général de l'unité l'emporta sur les résistances et les intérêts locaux[11]. L'Assemblée

---

1. Nos 458, 460, 461, 496. — Sur l'affaire de Bordeaux (il en avait déjà été question en 1590), voy. les *Hist. de Louis XIII* de Bernard et du P. Griffet. Après avoir entendu la remontrance prononcée au camp devant la Rochelle par le P.P. Nicolay, le roi s'écria : « La force du discours de cet homme-là est telle, que d'une mauvaise cause il seroit capable d'en faire une bonne ! »

2. En 1624. Plus tard, en 1691, cette Chambre fut incorporée au parlement de Béarn.

3. Voy. l'*Encyclopédie méthodique de Jurisprudence*, art. *Chambres des comptes*. — La Chambre de Bar avait été détachée de celle de Nancy en décembre 1670, puis supprimée au profit de celle de Paris, par une déclaration royale du 11 août 1671 ; mais cette mesure n'avait pu s'exécuter, et les deux Chambres étaient redevenues lorraines pour un temps, après la paix de Ryswyk. La Chambre de Metz avait été unie au parlement de cette ville ; il avait été aussi question, en 1695, d'en faire une Chambre des comptes, Cour des aides et finances. La Chambre de Foix n'était qu'une commission des États de cette petite province, qui tenait une seule session annuelle de quelques jours, sous la présidence de l'évêque de Pamiers. On a des histoires de la Chambre de Dijon et de celle de Nantes.

4. Voy. *les Savants Godefroy*, par le marquis de Godefroy-Ménilglaise, p. 160 et suiv., 379 et suiv. — Un projet de rétablissement de cette juridiction de Lille et de création d'une autre Chambre à Montauban avait coûté à celle de Paris plusieurs millions. (Nos 655 et 685.)

5. Voy. Choppin, *Œuvres*, t. II, p. 231 et 232 ; t. III, p. 6 et 7. Les Chambres d'Angers et du Mans avaient été supprimées par Charles VIII.

6. *Guidon des finances*, p. 594.

7. Voy. pourtant dans le *Plumitif*, 14 avril 1660, une lettre de la Chambre de Dijon, relative à la délimitation des ressorts respectifs.

8. Nos 905, 925.

9. No 869. Voy. Yanville, p. 270. — Quand cette Chambre fut rétablie (octobre 1774), l'édit fut enregistré sans difficulté, mais sous réserve des compensations données en 1580, lors de la première création, et qu'on s'était hâté de rayer partout. (*Plumitif*, 30 juin 1775.)

10. *Plumitif*, 12 août 1775 : « Le roi sera supplié, en tout temps et toutes occasions, de maintenir la loi de l'inamovibilité des offices, comme l'une des lois du royaume les plus précieuses pour l'intérêt dudit seigneur roi et de l'État entier... »

11. Voy. le remarquable mémoire : *Observations sur la suppression des Chambres des comptes*, etc., cité p. vi.

NOTICE PRÉLIMINAIRE.

nationale prononça la suppression que bien des rois avaient approuvée en principe; mais la Chambre de Paris, loin d'en profiter et de recouvrer l'universalité originelle de ses attributions et de son ressort, disparut elle-même dans cette transformation violente de la juridiction financière.

Ce serait, selon le mot de Pasquier, « une hérésie en l'histoire » de croire que la Chambre ne connaissait que des matières financières et de la *ligne de compte*. Ses attributions et ses pouvoirs étaient au contraire très-complexes, et il est intéressant d'examiner le mécanisme de ses rapports avec l'ordre public, l'administration des finances, la conservation du domaine royal, et de voir à l'œuvre sur tous les points cette Compagnie que les anciennes ordonnances qualifiaient pompeusement de « Cour souveraine, principale, première, seule et singulière du dernier ressort en tout le fait des comptes et des finances, arche et répositoire des titres et enseignemens de la couronne et du secret de l'État, gardienne de la régale et conservatrice des droits et domaines du roi. » On a pu dire avec justice que, sauf l'enregistrement des édits bursaux, les autres Cours souveraines n'étaient pas, en politique, aussi essentiellement liées au bonheur de l'État[1].

Ainsi que le parlement, la Chambre, dans les premiers temps de son existence, prenait une part directe au gouvernement, collaborant aux travaux du Conseil et à la rédaction des ordonnances, dressant et signant pour le roi les *lettres royaux* ou réglant le taux des monnaies; elle reçut même de Philippe de Valois, en un cas exceptionnel, toute l'autorité d'une régence, avec « pouvoir d'octroyer, jusqu'à certain temps, priviléges, grâces, rappeaux de ban, nobilitations, légitimations, de confirmer et renouveler priviléges, et généralement d'octroyer toutes manières de lettres, tant civiles que criminelles, en lacs de soie et cire verte, ou autrement, ainsi que les gens des comptes verront être à faire. » Longtemps encore le Conseil secret, composé des plus grands personnages du royaume, continua de rendre des ordonnances « par le Conseil tenu en la Chambre des comptes. » Plus rarement, les rois y venaient délibérer en personne sur les affaires importantes; le dernier exemple date de Louis XII et de l'année 1498. D'autres fois, c'étaient les présidents et maîtres qu'on appelait au Conseil[2]. Mais, lorsque le prince eut retiré à lui toutes les prérogatives de la souveraineté, il ne resta plus aux Cours, de cette partie de leurs pouvoirs primitifs, que l'*enregistrement* des actes de la royauté. Ce ne devait être qu'une pure formalité de conservation et de publication, où rien ne ressemblait à un pouvoir législatif et politique. Cependant, les rois admirent peu à peu que l'enregistrement fût précédé d'observations, de supplications, de *remontrances* en un mot, et que les tribunaux, regardant le souverain comme un économe de la fortune publique, s'arrogeassent le privilége de l'éclairer sur les besoins de l'État. De là à se considérer comme une représentation permanente de la nation et comme le contre-poids nécessaire du gouvernement royal, il n'y avait qu'un pas, et les Cours souveraines passèrent bientôt du terrain administratif ou judiciaire sur le terrain politique. Soutenues par les États généraux et par les peuples, poussées par les envieux et les ambitieux, tolérées et acceptées en fait, sinon en principe, par la royauté, elles firent de l'*enregistrement* une *vérification*, faute de laquelle les lois demeuraient « inutiles, caduques et sans exécution; » elles créèrent en un mot ce que nous appelons aujourd'hui un *système parlementaire*, où la monarchie trouva souvent une opposition difficile à vaincre, même en y employant l'adresse et les manéges familiers à l'entourage des princes[3].

Après avoir été qualifié par Pasquier d'« attrempance à la souveraineté, » après avoir été comparé au fait « d'un tabellion qui est destiné pour grossoyer les minutes et brevets des notaires, sans connoissance des causes, » l'exercice du droit de vérification et de son corollaire, le droit de remontrances, a trouvé des

Attributions de la Chambre.

Enregistrements.

Droit de remontrances.

---

1. Cet examen ne peut être que très-sommaire, et, pour le détail, je renvoie aux traités spéciaux, aux recueils, aux encyclopédies et surtout aux publications de la Chambre elle-même que j'ai signalées dans la Bibliographie. La table publiée en 1787, par M. Cl. de Boissy, sous le titre de *Juridiction et jurisprudence de la Chambre*, est le meilleur guide à suivre.
2. *Dissertation*, p. 23 et s.; *Mémoire* de 1780, p. 230 et s.
3. Voy. *Mémoires de Saint-Simon*, ch. CCCLXXIII et CCCCXXIII; Tocqueville, l'*Ancien régime et la Révolution*, p. 113, etc. Le plus récent historien des États généraux, M. G. Picot, a fait remarquer que les deux ordres, le clergé et le tiers-état, qui demandèrent en 1577 une confirmation officielle du droit des Cours, faisaient une exception pour les ordonnances dues à l'inspiration des États, comme étant émanées tout à la fois de la nation et du roi.

partisans et des défenseurs convaincus parmi les esprits éminents qui étaient tout dévoués au prince, mais qui n'aimaient pas le « pouvoir plus que monarchique. » Aux yeux du chancelier Daguesseau, c'était un troisième élément nécessaire à l'équilibre de toutes les sociétés humaines, entre « l'excès ou l'abus de la domination de la part des souverains, et l'excès ou l'abus de la liberté de la part des sujets[1]. » Montesquieu disait, vers le même temps : « Les corps qui ont le dépôt des lois n'obéissent jamais mieux que quand ils vont à pas tardifs et qu'ils apportent dans les affaires du prince cette réflexion qu'on ne peut guère attendre du défaut de lumières de la cour sur les lois de l'État, ni de la préoccupation de ses conseils[2]. » Peut-être, considérée plus froidement, à distance, ou mise en regard des résultats acquis, l'opposition parlementaire ne semble-t-elle plus aussi absolument louable. Les Cours s'habituèrent depuis la fin du quinzième siècle[3] à intervenir dans les principaux actes de la politique royale ; enorgueillies de ce devoir qu'elles croyaient « supérieur à toute considération, » préoccupées trop souvent de leurs prérogatives et de leurs priviléges, elles se laissèrent entraîner par mille courants contraires. Comme l'a dit un des plus récents panégyristes du parlement, « la magistrature en arriva à se faire le défenseur de tous les intérêts menacés, c'est-à-dire de tous les abus existants[4]. » Il serait donc bon de pouvoir étudier le rôle des Cours dans l'incroyable variété de questions qui, selon l'expression du même historien, ferait, d'un recueil général des remontrances, « la plus vaste encyclopédie du droit, de l'administration et de la politique de la France pendant cinq siècles[5]. » D'ailleurs, quel que soit le jugement porté sur le principe ou les conséquences de l'opposition parlementaire, on ne saurait oublier les noms illustres en qui elle se personnifie, ni méconnaître les vertus dont les Cours étaient le sanctuaire, et qui ont laissé leur marque indélébile dans nos mœurs, comme dans nos institutions.

Les actes royaux sur lesquels l'enregistrement obligatoire donnait à la Chambre des comptes le droit d'examen et de remontrances, étaient d'intérêt public ou d'intérêt privé.

<small>Enregistrement des actes d'intérêt public.</small>

Dans la première catégorie se rangeaient les actes législatifs, édits, chartes, déclarations, lettres patentes concernant les finances ou la législation générale et l'ordre public[6]. Primitivement, les édits étaient apportés au bureau par des princes ou des seigneurs de la suite du roi ; mais l'usage prévalut d'envoyer tous les actes au procureur général par l'intermédiaire du secrétaire d'État qui les avait dressés, avec trois lettres de cachet pour le ministère public, pour le P.P. et pour la Chambre elle-même. Le P.P. prenait connaissance de sa lettre et de l'acte à enregistrer, avant que le procureur général vînt présenter celui-ci au bureau, et c'était en connaissance de cause que, séance tenante, il confiait la pièce à un conseiller maître pour en faire le rapport, par-devant les deux bureaux, si c'était un édit ou des lettres patentes d'importance, par-devant les deux semestres, si l'acte intéressait la Chambre ou le public. Dès que l'enregistrement était prononcé, le greffier le consommait par une inscription mise au bas de l'acte, et le procureur général faisait remettre au secrétaire d'État ou au chancelier l'original, qui pouvait dès lors être imprimé et publié, mais avec la mention obligatoire de tous les enregistrements[7]. Dans le dernier siècle, au lieu d'un seul parchemin passant

---

1. *Fragments sur l'origine et l'usage des remontrances*, dans les *Œuvres*, t. XIII, p. 535 et suiv.
2. *Esprit des Lois*, liv. V, ch. 10.
3. Machiavel parle du droit accordé au parlement comme étant déjà une espèce de maxime constitutionnelle.
4. L. de Laborde, Préface du t. Ier des *Actes du parlement*, p. vij et viij.
5. La publication des remontrances, délibérations, discours, procès-verbaux, lettres, etc. du parlement a été entreprise une fois, vers l'an IX ou X, par un homme de loi, J.-J.-M. Blondel, ancien bibliothécaire du duc de Penthièvre, qui avait été chargé par ce prince de faire des extraits des registres dits *du Conseil*, et qui avait continué son travail pendant la Révolution. Mais les *Mémoires du parlement de Paris* devaient former 40 vol. in-4°, et il n'en a jamais paru que quatre, qui s'étendent de 1458 à 1595. Si imparfaite que soit cette publication, comme textes ou comme méthode, si incomplète qu'elle soit, même pour une période restreinte, les historiens, qui la connaissent à peine ou en ignorent l'existence, y trouveraient des documents de la plus haute valeur, que jamais ils n'auront le temps ni la patience d'aller chercher dans les registres originaux. L'œuvre de Blondel sera-t-elle jamais reprise ?
6. Sur les différentes manières par lesquelles se manifestait la volonté royale, voy. le *Guidon des finances*, le *Traicté* de Cl. de Beaune, le plan méthodique de M. Clément de Boissy et l'*Encycl. méthodique*. Cf. Desmaze, le *Parlement de Paris*, ch. XLV.
7. Le 3 juin 1588, la Chambre condamna un imprimeur qui avait omis sa vérification à faire un nouveau tirage, et le menaça, s'il récidivait, d'une amende de 100 livres. (*Plumitif*. — Voy. n° 137.)

NOTICE PRÉLIMINAIRE.

successivement du parlement à la Chambre, de la Chambre à la Cour des aides, etc., la chancellerie multiplia les copies authentiques, signées et scellées, pour éviter les conflits aussi bien que les lenteurs[1]. Alors, la Chambre garda son exemplaire, en notifiant simplement l'arrêt d'enregistrement ; mais, d'une façon ou de l'autre, les pièces devaient être transcrites aux Mémoriaux ou aux Chartes, sous la signature de l'un des greffiers en chef.

Si l'acte de la volonté royale soulevait des objections, le P.P. était chargé de choisir des commissaires, et, au besoin, il les assemblait à son hôtel, pour travailler avec eux. Quand leur rapport concluait à des modifications de fond ou de forme, l'enregistrement en faisait mention, parfois avec de longs considérants ; ou bien, chose beaucoup plus rare, on arrêtait que la pièce resterait au greffe jusqu'à nouvel ordre[2]. La Chambre ordonnait-elle qu'il fût fait des représentations, des remontrances, des supplications, les commissaires, ou plutôt le P.P. lui-même, en préparaient le texte ; on les examinait en assemblée générale, et, après les avoir fait enregistrer au Plumitif ou au Journal, sous la signature du rapporteur, du président et du greffier en chef, on nommait une députation pour les porter au roi aussitôt qu'il aurait fait connaître sa volonté par le parquet[3]. Nous verrons ailleurs le cérémonial de ces audiences. Au dix-huitième siècle, en raison de la longueur des remontrances et de leurs détails techniques, le P.P. cessa d'en lire le texte, et il les remit au prince en prononçant un discours plus bref et plus résumé. La réponse se faisait parfois attendre plusieurs mois, et rarement elle déférait aux vœux exprimés ; mais, si la Compagnie voulait persévérer, il lui restait la ressource de renouveler ses représentations, d'en appeler à l'opinion publique par l'impression, plus ou moins clandestine, du texte des remontrances, et de traîner les choses en longueur jusqu'à ce que des lettres de jussion la contraignissent à faire l'enregistrement « de l'exprès commandement du roi, » ou qu'un prince du sang vînt le prononcer en plein bureau, au nom du souverain ; solution suprême, dont la royauté, impatiente d'un contrôle qu'elle ne reconnaissait pas et qui devenait abusif, eut bientôt fait un abus non moins regrettable[4].

Préparation et présentation des remontrances.

Cet exposé du mécanisme est bien incomplet ; mais on en aura le commentaire dans les procès-verbaux de séances et les textes de remontrances que contient notre volume, ou dans les documents analogues que renferment en bien plus grand nombre les registres de la Chambre. C'est là qu'il faut suivre les vicissitudes de la lutte parlementaire depuis François Ier jusqu'à Louis XVI. Chaque roi, comme chaque époque, a son caractère particulier. Le faible Henri III dit : « Je le veux ! » et n'ajoute que quelque vaine menace ; Henri IV, plus habile, discute et riposte avec toute sa verve de roi-soldat, soutenue par le génie pratique de Sully ; sous Louis XIII, c'est le grand cardinal qui se charge, froidement, de mettre à la raison les Compagnies surexcitées par une régence presque aussi turbulente que la Ligue ; de même, Mazarin et Anne d'Autriche feront justice de la Fronde et de son levain, après quoi Louis XIV et Colbert n'auront plus qu'à porter les derniers coups. L'ordonnance de décembre 1665, les poursuites dirigées contre les magistrats, la révocation des privilèges de noblesse accordés en 1644, la transformation des Cours *souveraines* en Cours *supérieures*, l'ordonnance d'avril 1667 et la déclaration du 24 février 1673, calculées pour laisser une apparence de droit de représentations *après l'enregistrement*, consomment pour un demi-siècle l'anéantissement du régime parlementaire. A la vérité, il renaît dès le lendemain de la mort du grand roi, et le Régent s'empresse, dans sa reconnaissance, de rendre le droit de remontrances au parlement, puis à la Chambre ; mais c'est surtout pendant les trente dernières années du régime monarchique que l'opposition, devenue plus vive qu'elle n'a jamais été, nous fournira de tristes enseignements. N'y a-t-il pas comme la prévision du prochain avenir dans l'éloquence pénétrante, « la tristesse majestueuse et la résignation forcée, pleine d'une douleur profonde, » qui caractérisent les discours de nos Premiers Présidents ? Leur patriotisme les soutint jusqu'au bout dans

---

1. N°s 913 et 923.
2. N° 577. *Plumitif*, 19 septembre 1653.
3. L'historien de Thou raconte que les magistrats n'allaient jamais chez le roi sans un ordre exprès, et qu'ils avaient scrupule de dire devant lui, hors du tribunal, leur avis anticipé. (Liv. III, p. 53, et VI, p. 97.)
4. Voy. D.-B. Rives, introd. aux *Lettres inédites du chancelier Daguesseau*, p. CIV et suiv.

ces fonctions augustes, mais « moult mélancolieuses, » comme le dit une ancienne ordonnance ; plus l'obligation était douloureuse, plus leur semblait précis ce devoir qui les transformait en représentants de la nation et en tuteurs des libertés publiques. Que de fois nous les voyons gémir sur cette vanité des efforts de la Cour des finances, réduite à l'état de « fantôme inutile, tribunal dangereux et passif, bon pour légitimer des abus ! » Mais aussi, qu'elles nous semblent fatales cette erreur et cette inconscience du mal qui poussaient les Cours à affaiblir le pouvoir dont elles se réputaient avec fierté les plus fermes soutiens [1] !

Il n'y a point à insister ici sur le côté littéraire et le mérite oratoire des remontrances, discours ou harangues des Premiers Présidents : je présente un assez grand nombre de pièces de ce genre, et leur variété en fera, je crois, un utile appendice des travaux anciens ou récents sur l'éloquence parlementaire et sur ses rapports avec l'état politique et moral de chaque époque [2].

Lettres de cachet.

On a vu que l'envoi de la chancellerie ou des secrétaires d'État était toujours accompagné d'une lettre de cachet, ou lettre close. C'était par la même voie que le souverain notifiait aux Cours ses volontés ou les événements importants, en politique comme en administration. Ces lettres abondent dans les registres de la Chambre et dans les volumes de la correspondance des Premiers Présidents ; on s'en est peu servi jusqu'ici, bien qu'il n'y ait guère de documents aussi précis, aussi authentiques pour l'histoire des deux derniers siècles.

Enregistrement des actes d'intérêt privé.

Les chartes et lettres patentes intéressant un particulier, une communauté, une Compagnie, un ordre religieux, devaient être présentées à la Chambre, avec une requête d'enregistrement, par le procureur du requérant [3]. Dans cette catégorie se rangeaient les érections de terres en dignité, les établissements de foires, marchés, manufactures, etc., les permissions de clore ou de construire, les amortissements, les naturalisations, légitimations, anoblissements ou affranchissements, les lettres de noblesse, de concession d'armoiries ou de bourgeoisie, les permissions d'habiter à l'étranger, les dispenses pour mariage, les dons de droits domaniaux, les retraits féodaux, les exemptions de taille, les pensions, gratifications, remises et décharges, les provisions de gouverneur, les lettres d'intermédiat, d'honoraire ou de vétérance, les autres concessions de privilège, les dons d'octroi aux communautés, les baux de fermes générales ou particulières, les indemnités aux fermiers, etc. Toutes ces lettres, pour valoir à qui de droit, devaient s'enregistrer aux diverses juridictions dont relevait l'impétrant, sauf les naturalisations, pour lesquelles la Chambre des comptes de Paris était seule compétente dans tout le royaume. Fort jalouse de ce pouvoir exclusif, elle en avait fait débouter le parlement par les deux déclarations du 14 octobre 1571 et du 17 septembre 1582 [4] ; c'est par une exception tout extraordinaire que Jean Law fut dispensé de présenter ses lettres de naturalisation, de crainte qu'il ne se produisît quelque scandale, et le Régent dut employer « les autres marques de l'expresse volonté du roi, » quitte à désintéresser ensuite la Chambre par les réserves les plus précises [5]. D'ailleurs, la sévérité était la même pour les légitimations, qui amenaient souvent des affaires contentieuses [6], et dont l'enregis-

---

1. Voy. particulièrement le Mémoire présenté à l'Assemblée nationale, sous le titre de : *Observations sur la comptabilité et la juridiction de la Chambre des comptes.* 1789. — Dans cette dernière période de l'existence de la Chambre, l'enregistrement fut encore plus passif que sous Louis XIV ; voici la formule : « Lettres patentes du roi . . . sur décret de l'Assemblée nationale . . . . Vu . . . la Chambre a ordonné, ouï et ce requérant le procureur général du roi, lesdites lettres, ensemble le décret y contenu, être transcrits sur les registres de la Chambre et imprimés, publiés et affichés. »

2. Les Premiers Présidents avaient une attention spéciale à conserver les minutes de leurs discours ; cette partie de leurs collections remonte jusqu'au règne de Henri III, et en outre, Aymard-Jean Nicolay ou son frère, le premier président du Grand Conseil, firent faire une transcription générale qui nous a fourni certaines pièces dont le texte original a disparu.

Une notable quantité de ces discours ne furent pas prononcés, car il arriva souvent, à partir de Louis XIV, que l'audience fut refusée aux Cours ; ils n'en présentent pas moins l'expression, peut-être plus vive, des sentiments de la Chambre, et j'ai cru que quelques-uns devaient être reproduits, avec l'indication qu'ils furent *préparés*, et non *prononcés*.

3. Sur les requêtes, voyez l'instruction spéciale donnée par Jean Lescuyer dans l'*Instruction générale des finances*, p. 228-240. Cf. Bib. des Pr. Présidents, ms. 137, 2ᵐᵉ partie.

4. Voy. *Journal*, 24 janvier 1584, et 29 août 1740. — Les naturalisations s'enregistraient dans les *Chartes*, et il ne reste que des débris de l'immense collection antérieure à 1737, ou des répertoires tels que celui du ms. Fr. 7704, de 1635 à 1711. Voy. plus haut, p. xi.

5. N° 791.

6. Voy. *Journal*, 5 juin 1660, légitimation de Jean de Durfort ; *Plumitif*, 29 décembre 1739, légitimation de la

NOTICE PRÉLIMINAIRE. XXIX

trement au parlement était considéré comme superflu par certains juristes; pour les anoblissements, que le défaut d'insertion aux registres faisait regarder comme non avenus et faux [1], ou pour les priviléges, dans lesquels la Compagnie voyait avec raison autant de surcharges retombant sur le reste des contribuables.

L'enregistrement des dons, pensions et gratifications, comme la vérification des dépenses ordinaires ou extraordinaires du roi, était un point sur lequel la Chambre ne craignait pas la lutte et ne demandait même qu'à s'honorer par une courageuse résistance. « Quelquefois, écrit du Haillan en 1595, quelquefois elle y est trop sévère, mais c'est pour montrer qu'elle peut beaucoup. Ce sont gens qui se font faire la cour, et sont bien aises qu'on la leur fasse: toutes ces grandes Compagnies ont cette même humeur [2]. » Notre volume offre bien des exemples à l'appui du dire de l'historiographe, et il faudra revenir ailleurs sur l'abus des comptants et des certifications ; constatons seulement que la Chambre obtint en 1629 l'enregistrement obligatoire des pensions au-dessus de 3,000 l. accordées par lettres patentes, qu'elle maintint l'observation de cette loi si prudente jusqu'en 1678, et qu'elle la réclama pendant tout le siècle suivant [3].

Sous François Ier, lorsque le Trésor de l'Épargne se centralisa dans une tour du Louvre, le P.P., le second président et un maître des comptes furent commis à la garde des coffres, qui ne pouvaient être ouverts sans leur assistance [4]. Mais cette surveillance directe de la Chambre sur les deniers royaux, sa participation aux travaux monétaires, ou l'intervention du P.P. dans les aliénations de rentes constituées sur l'hôtel de ville, ne pouvaient être de longue durée. Avant la fin du seizième siècle, on n'en trouve plus traces. Toutefois, dans des temps beaucoup plus rapprochés de nous, sous Louis XV, deux maîtres des comptes figurent parmi les commissaires chargés de contrôler les opérations de la Caisse d'amortissement et les progrès de la libération des dettes de l'État [5].

L'enregistrement des actes d'intérêt privé était assujetti à certaines précautions, certaines formalités, dont la Chambre n'aimait pas à se départir. Non moins sévère que la chancellerie sur les qualifications prises par les intéressés, dont l'introduction dans un acte enregistré eût équivalu à une vérification officielle, nous la voyons, malgré l'ordre exprès du roi, refuser à un engagiste le titre du domaine engagé, ou contester aux Courtenay celui d'*illustre seigneur du sang royal*, à deux Rochechouart bien connus les titres de comte de Maure et de marquis de Chandenier, à Charles de Sévigné sa qualité de marquis, parce que la règle était de n'admettre aucun titre dans les requêtes sans bonnes preuves de l'érection en dignité et de la vérification faite conformément aux ordonnances [6]. De même, la signature d'un ministre, d'un maréchal de France, d'un secrétaire d'État, n'avait de valeur que si la Chambre avait vérifié les provisions, et encore, dans les lettres signées en commandement, le nom de famille était-il seul admis, à moins de dispenses spéciales, comme Louis XV en accorda au maréchal de Belle-Isle et au duc d'Aiguillon [7].

Vérification des qualités.

En parlant des droits, gages et profits de la Chambre, j'aurai lieu d'expliquer quels étaient les frais d'enregistrement et l'arbitraire de leur fixation. Cet arbitraire était excusable dans certains actes d'intérêt privé, lorsque la Chambre avait un moyen d'apprécier la situation sociale ou financière du requérant, ou le bénéfice que pouvait lui revenir de l'acte enregistré. Ainsi, pour un anoblissement, on remplaçait l'indemnité que le nouveau privilégié était censé devoir à ses co-paroissiens contribuables, par une *aumône* proportionnée à ses biens, à sa condition, et le P.P. fixait les épices d'après le nombre des enfants et la valeur des biens. Quoi de plus juste ! Le roi ne faisait jamais remise de la taxe de chancellerie, pour peu que l'anobli fût à

Frais d'enregistrement.

---

fille naturelle de M. le Duc qui prit le nom de du Mousel, puis celui de Verneuil, et épousa le comte de la Guiche. Le P.P. eut, à ce sujet, une correspondance avec une des princesses. (*Arch. Nicolay,* 31 L 20 à 23. Cf. *Journal de l'avocat Barbier.*)

1. N° 135. *Journal,* arrêt du 19 juillet 1660. — Quoique les anoblissements s'enregistrassent aussi au parlement et à la Cour des aides, la Chambre seule faisait l'enquête de vie et mœurs, selon un usage pratiqué de tout temps et confirmé par arrêt du Conseil du 18 juin 1597. Voy. le *Mémoire*

de 1780, p. 357 et suiv.
2. *Estat général de la France,* fol. 178 verso.
3. N° 835. *Encycl. méth. de Jurisprudence,* v° Pensions. Cf. Bodin, *De la République,* éd. de 1578, p. 547, 639 et 663-665, et Juvénal des Ursins, *Hist. de Charles VI,* p. 380.
4. N°° 53, 55 à 57, 63 et 63 bis. — 5. N° 849.
6. N° 517. *Plumitif,* 21 janvier 1609, 16 novembre 1626, 29 janvier 1636, 4 janvier 1644, 10 mars 1670, etc.
7. *Arch. Nicolay,* 72 L 438, lettre du P.P. au garde des sceaux de Miroménil.

XXX   CHAMBRE DES COMPTES.

son aise, tandis qu'il accordait volontiers cette grâce sur les lettres de don ou de pension délivrées à des serviteurs fidèles. La Chambre, de son côté, mais plus rarement, dans des cas tout à fait spéciaux, savait aussi sacrifier une partie de ses émoluments en faveur des établissements charitables, ou accorder le *gratis* à une abbesse du Val-de-Grâce, aux d'Assas, au maréchal de Boufflers, à Maurice de Saxe, aux parents du P.P., au maréchal de Toiras, à Massillon, « pour avoir fait les oraisons funèbres des deux Dauphins devant la Chambre, et pour son mérite personnel. » Tel autre postulant, au contraire, fût-ce une princesse du sang royal et une dignitaire de l'église, passait une demi-douzaine d'années à solliciter et épuisait jussions sur jussions, sans obtenir son enregistrement [1].

Juridiction de la Chambre sur les comptables.

En qualité de Cour souveraine des finances, la Chambre recevait, par l'intermédiaire du contrôleur général, toutes les lois concernant les comptables, leur personne, leurs fonctions, leur maniement, etc.; elle veillait ensuite à l'observation des règlements, se faisait présenter les comptes, et enfin les jugeait en dernier ressort [2]. Le nombre de ces comptes varia très-souvent, mais il fut toujours énorme; une liste des assignations envoyées le 24 octobre 1563 aux comptables en comprend plus de sept cents [3]; quatre-vingts ans plus tard, en dehors des comptes qui appartenaient à la chambre du Trésor et de ceux des rentes, fermes et traités, les présidiaux, audiences présidiales, domaines, deniers communs, greniers à sel, aides et équivalents, recettes du taillon et des finances, rentes provinciales, recettes générales des bois du ressort de la Chambre, etc. donnent un chiffre de quinze cents comptes environ. Plutôt que de faire une nomenclature approximative, je préfère renvoyer aux traités de la Chambre, et particulièrement au plan imprimé par M. de Boissy en 1787 [4].

Présentation et jugement des comptes.

La vérification des comptes offrait quatre phases distinctes : la présentation, l'examen, le rapport et le jugement. La présentation se faisait au grand bureau, dans le mois de janvier. Les comptables, en manteau et rabat, avec leurs procureurs en robe, commençaient par porter au P.P. les bourses de jetons qu'ils lui devaient. Au bureau, ils n'avaient qu'à prêter serment que leurs comptes étaient justes, complets et authentiques [5]. Ensuite, les comptables sortis, le P.P. paraphait les bordereaux remis par le procureur général et faisait porter chez lui ceux des comptes dont la distribution lui appartenait [6], laissant les autres à répartir par les distributeurs selon qu'ils devaient revenir à telle ou telle chambre des auditeurs [7]. On avait soin de confier les affaires difficiles et considérables aux plus anciens auditeurs ou aux plus capables. Après avoir examiné le compte et les états et acquits annexés, avec le comptable ou son

1. Nos 467, 699, 879, 901, etc. *Plumitif*, 15 février 1691, 18 janvier 1719. — Le fait du maréchal de Toiras est raconté par un de ses historiens (Baudier, p. 105) avec de curieux détails qui ne se trouvent pas dans le *Plumitif* (31 mars 1628 et 7 février 1629). Au lieu de le laisser attendre comme les autres solliciteurs, on lui offrit du feu et un déjeûner dans la chambre du Conseil et on lui envoya deux conseillers pour qu'il ne s'ennuyât point, tandis que chaque opinant, à l'exemple du P.P., prolongeait la délibération par un éloge du vainqueur de l'île de Ré. A l'unanimité des votes, son don fut vérifié sans épices, « honneur que la Chambre ne fait qu'au premier prince du sang royal. »
2. Suivant l'ordonnance du 18 juillet 1318, tous les receveurs, quel que fût leur maniement, devaient, au commencement et à la fin de chaque exercice, apporter et certifier par serment leurs états au vrai, qui répondaient ainsi de leur fidélité, et dont la centralisation formait un tableau exact de la situation générale des finances. (Beaumont, *Mémoires concernant les impositions*, t. IV, p. 404.) Cette attribution fut enlevée à la Chambre dans le cours du seizième siècle; mais, à partir de 1778, elle dut recevoir chaque année les états mensuels de tous les comptables (n° 902).
3. Fontanon, t. II, p. 658. Comparez une autre liste dans le *Plumitif*, 14 octobre 1614.
4. *Juridiction et jurisprudence de la Chambre*, p. 20-51. Cf. Cl. de Beaune, liv. I, p. 147-210.
5. A partir du 2 janvier 1552, on tint registre de ces présentations. (*Plumitif*, 24 septembre 1599.) Il n'en existe plus qu'un volume, de 1600 à 1612; P 2624. Voy. un formulaire de compte de l'extraordinaire des guerres dans l'*Instr. générale des finances* de J. Lescuyer, p. 209-227, et l'instruction pour *l'abréviation des comptes* arrêtée le 8 février 1686. (*Journal*.)
6. Comptes de la cour, des rentes, des fermes, des gages des Cours de Paris, des recettes des domaines et bois, des recettes générales des finances, de la capitation, du dixième et du cinquantième.
7. A la chambre du Trésor, tous les comptes de la maison du roi, de la guerre, de la marine, de l'artillerie, du marc d'or et des bâtiments; à la chambre de France, les comptes des généralités de Paris, Orléans, Soissons, Bourges et Moulins; à celle de Languedoc, les généralités de Lyon, Riom, Montauban, Limoges, Poitiers, Bordeaux, la Rochelle et Auch; à celle de Champagne, la généralité de Châlons; à celle d'Anjou, la généralité de Tours; et enfin, à la chambre des Monnaies, la généralité d'Amiens, l'Artois, les Flandres et le Hainaut. On verra plus loin, à l'article des auditeurs, comment ils étaient répartis, tous les trois ans, entre ces six chambres.

NOTICE PRÉLIMINAIRE.

procureur[1], l'auditeur était admis à faire son rapport au bureau et à prendre part au jugement. Pour cette dernière opération, un conseiller maître vérifiait un à un les acquits, cancellant les quittances des comptables et les contrats remboursés par le roi ; un autre suivait sur le compte précédemment rendu, vérifiant s'il y avait quelque changement et si le comptable avait satisfait aux arrêts; un troisième enfin, tenant le bordereau original, écrivait en marge, chapitre par chapitre, les termes de l'arrêt. Suivant les vices reconnus dans la présentation, dans les recettes ou dans les dépenses, la Chambre prononçait *l'injonction*, *l'indécision*, la *souffrance* (*supercession*), la *recette forcée*, la *radiation*, l'*amende*, les *intérêts*, la peine du *quadruple*, du *double* ou du *simple*, le *renvoi à la correction*. Alors venaient le règlement des taxations, l'exécution des arrêts, l'assiette des états finaux, la transmission du compte au parquet et sa remise dans les dépôts. Le contrôleur général des restes se chargeait de l'apurement et du recouvrement des débets. Si le comptable retrouvait des pièces pour se faire décharger de quelque partie laissée *en souffrance*, il présentait une *requête de rétablissement*, que jugeait le grand bureau. Plus tard, la correction reprenait le compte pour le soumettre à un nouvel examen. Cette recherche se faisait d'office, ou, le plus souvent, sur la requête du comptable, désireux d'obtenir un *quitus* définitif, et le P.P. désignait un correcteur pour relever toutes les *omissions*, *rétentions* ou *erreurs de calcul*, les *biscapits*, *doubles* et *faux emplois*, *fausses reprises*, etc. Sur le rapport du correcteur, qui, associé à un collègue, venait présenter l'*avis de correction* délibéré par l'ordre entier, un véritable procès s'engageait par écrit, avec instance, instruction contradictoire et rapport d'un conseiller maître. Le jugement rendu, le P.P. le faisait transcrire sur le compte corrigé. Quelquefois l'arrêt était au bénéfice du comptable ou d'un particulier ; parfois aussi, il se faisait un appointement de gré à gré entre l'intéressé et le procureur général. En dernier lieu, si le comptable interjetait appel, le procès de révision était jugé en chambre du Conseil, par une commission mi-partie de conseillers au parlement et de maîtres des comptes.

Tous les deniers perçus ou dépensés pour le roi dans l'étendue du ressort, tous les produits des octrois des villes dont les baux dépassaient un certain chiffre, sauf ceux de Paris[2], passaient ainsi sous le contrôle des divers ordres de la Chambre. Si le prince ou ses ministres voulaient y soustraire une de leurs opérations, il fallait recourir à quelque expédient : il y avait les acquits au comptant[3] pour dissimuler les dépenses irrégulières, les dons ou pensions ; ou bien on employait les émissions fictives, les ordonnances en blanc, les remises, que l'on avait soin de cacher aux yeux d'une Cour qui n'admit jamais un intérêt supérieur au denier dix-huit (5, 55 p. %), les taux usuraires de 15 et 18 p. % exigés par les prêteurs ou les banquiers du Trésor. Mais beaucoup de documents nous montrent la Chambre luttant courageusement et risquant ses droits utiles, ou même les attributions dont elle était si jalouse, plutôt que de laisser croire à sa complicité[4]. Rarement elle faillit à sa mission de faire observer les lois et respecter du roi lui-même les règlements établis par la volonté royale ; notre Cour des comptes moderne n'a pas oublié cette tradition de corps.

---

1. Tout le mécanisme de cette opération et celui du jugement sont expliqués longuement dans le *Guidon des finances*, p. 625 et suiv.; l'*Instruction générale* de J. Lescuyer, p. 112-147 ; le *Mémoire* de 1787, p. 250 et suiv.; l'*Encyclopédie*, etc. Cf. l'*Instruction sur la comptabilité en général* rédigée, en mai 1768, par M. de Moncrif, auditeur, pour la conférence du président de Paris ; le ms. original est conservé à la Bibl. Nat., ms. Fr. 11164, et il y en a une copie dans la Bibliothèque des Premiers Présidents, n° 131. Monteil (*Traité des matériaux*, t. Ier, p. 331 et suiv.) avait divers mss. analogues.

2. Depuis plusieurs siècles, Paris jouissait du privilège spécial de ne rendre des comptes qu'au roi lui-même, quoi qu'eussent tenté la Chambre et le parlement (n° 924). Quant aux biens patrimoniaux des villes, les receveurs et trésoriers n'en comptaient qu'aux bureaux des finances. Voy. *Dissertation* de le Chanteur, p. 52 et 53.

3. Toutes les ordonnances acquittées sous cette forme par le trésorier de l'Épargne n'étaient présentées qu'au chancelier et aux autres conseillers chargés de ce département, et lorsqu'elles revenaient à la Chambre, c'était sous la forme d'une simple *certification de comptant*, réputée suffisante pour la justification d'un article qui montait quelquefois (sous Louis XIV) à 10, 12 et 15 millions par quartier. Voy. *Lettres*, etc. de Colbert, publ. par M. P. Clément, t. VII, p. 203 et 204.

J'ai lu chez un auteur que les acquits patents des dépenses secrètes, après la vérification du Conseil, étaient apportés à la Chambre et brûlés dans un réchaud, et qu'on faisait prêter serment aux magistrats de ne rien révéler de ce qu'ils avaient vu. Cette opération se pratiquait en effet pour les billets et titres remboursés ; mais l'*Estat de la France* de 1648-49 (p. 451) dit qu'elle était faite par les ministres eux-mêmes, en Conseil.

4. Voy. n°^s 29 à 31, 33, 35, 42, 51, 68, 102, 166, 167, 172, 174, 188, 208, 874, 875, 876, etc. Cf. Bailly, *Hist. financière de la France*, t. II, p. 186 et suiv.

XXXII   CHAMBRE DES COMPTES.

Réception des comptables et ordonnateurs. — Les premiers organisateurs de la Chambre lui avaient donné la nomination de certains receveurs et officiers de finances ; cette attribution étant incompatible avec les devoirs du juge, Charles IV et Philippe de Valois la retirèrent[1]. Mais la Chambre resta toujours chargée de procéder à la réception des comptables et ordonnateurs, de faire les informations de vie, mœurs et origine, de recevoir les cautions, faire prêter serment, enregistrer les provisions, et enfin, d'installer l'officier dans ses fonctions[2]. Parmi les ordonnateurs supérieurs, quelques-uns, comme les intendants des mines, des provinces, des armées, de la marine et des galères, ou les commissaires et contrôleurs généraux des guerres, finirent par être dispensés de la réception ; d'autres, tels que les grands maîtres des eaux et forêts, l'imprimeur ordinaire du roi, le garde de sa Bibliothèque, ne prenaient pas séance sur les bancs de la Chambre. Je ne parlerai ici que de ceux qui avaient ce droit de séance, c'est-à-dire les trésoriers de France et autres officiers des bureaux des finances du ressort, le grand maître de l'artillerie, l'amiral de France, les surintendants des finances, des postes et des bâtiments, le contrôleur général des finances, — et je n'en parlerai qu'au point de vue des formalités et du cérémonial.

Trésoriers de France. — Le P.P. se réservait la distribution de toutes les requêtes en réception d'officiers ayant droit à la séance, tandis qu'il ne distribuait celles des autres récipiendaires que lorsqu'ils lui demandaient tel ou tel rapporteur. Pour les trésoriers de France, qui avaient longtemps fait partie du corps de la Chambre, les formalités de réception étaient exactement celles que nous verrons pratiquer pour les officiers de la Chambre eux-mêmes, et on se montrait tout aussi scrupuleux sur l'origine, la profession, la religion, les relations avec les comptables[3] ; la surveillance disciplinaire était fort sévère à leur égard, et la Chambre exigeait une résidence assidue, l'abstention de toutes opérations financières, etc.[4] Les trésoriers de France, une fois reçus, prenaient séance parmi les maîtres et siégeaient jusqu'à la levée du bureau, pour saluer en sortant les magistrats ; après quoi ils se rendaient, avec leur parrain, à l'hôtel Nicolay, pour faire au P.P. le présent ordinaire de boîtes de confitures. L'usage ne subsista pas de les faire installer par le doyen à leur siège de la Chambre du Trésor.

Ordonnateurs supérieurs. — Le grand maître de l'artillerie, le surintendant de la navigation et les autres officiers de la couronne se présentaient à la Chambre l'épée au côté et prenaient place au haut du banc des maîtres clercs, au-dessus de tous les conseillers[5]. Les honneurs extraordinaires rendus au duc du Maine, lorsqu'il fut reçu grand maître de l'artillerie, avaient été spécialement réglés par des ordres très-précis[6], et peut-être Louis XIV voulut-il éviter de nouvelles difficultés, lorsqu'il dispensa, un peu plus tard, le comte de Toulouse d'aller prendre séance comme amiral. De même, pour les surintendants des bâtiments, la préséance qu'on

---

1. Le second de ces princes, dans un mandement du 14 juillet 1349, dit aux gens des comptes : « Quand les receveurs sont faits par vous, ils ne comptent pas et s'enrichissent, et vous aussi. Nous vous avons établis pour ouïr et recevoir les comptes, et non pour faire payer ce qui est dû. » Une déclaration du 26 août 1413 donne encore à la Chambre le pouvoir d'élire « bonnes et suffisantes personnes aux prévôtés auxquelles il n'est pas encore pourvu. »
2. Sénéchaux et baillis, receveurs, vicomtes, contrôleurs, gardes des passages, trésoriers, changeur et clercs du Trésor, connétable, maréchaux de France, maître des arbalétriers et autres capitaines, maîtres et généraux des monnaies, maîtres des eaux et forêts, etc., tous recevaient leurs pouvoirs des mains de la Chambre. Voy. le chap. *De receptoribus* dans les manuels Fr. 10988, fol. 75 verso, et Lat. 12815, fol. 79 verso et suiv.
3. Mme de Pons, dame d'honneur de la duchesse de Berry, demandant l'agrément du P.P. pour l'avocat Procope-Couteaux, qui voudrait acquérir une charge de procureur du roi au bureau des finances de Paris, M. Nicolay répond : « Si son père n'est plus marchand épicier, et qu'avant d'être avocat, il n'ait point exercé lui-même ce commerce, il n'y a point de difficulté à le recevoir. » (*Arch. Nicolay*, 47 L 8.) — En 1658, il fallut plusieurs lettres de jussion pour forcer la Chambre à recevoir le sieur de Monteilz, qu'elle repoussait comme appartenant à la R. P. R. Le roi dut rappeler tous les édits de pacification, celui de Nantes entre autres, et faire valoir les services particuliers du récipiendaire. (*Plumitif*, 7 septembre 1658; *Arch. Nicolay*, 72 L 54.)
4. N°s 155 et 695. *Journal*, 15 février 1754; *Plumitif*, 10 juin 1616 et 25 février 1617.
5. A l'occasion de la réception de Henri de Daillon, comte du Lude, le registre dit : « Et est à observer que le greffier en chef l'a été prendre en la chambre du Conseil pour le faire entrer au bureau ; qu'aucun ne s'est levé pour l'installer, après son serment fait la main levée, M. le P.P. lui ayant seulement dit qu'il pouvait prendre la place qu'il lui a montrée. Et après la levée de la Chambre et quelque conversation au feu, ledit sieur grand maître est sorti, sans être reconduit d'aucuns huissiers, pour ne rien faire que ce qui se fait à l'amiral et aux autres officiers de la couronne. » (*Plumitif*, 20 septembre 1672. Cf. le procès-verbal de réception de M. de Brézé, surintendant de la navigation, ibid., 26 et 27 juillet 1644.)
6. N° 675.

leur donna sur le doyen, à partir de Colbert et de Louvois, ne leur fut accordée que par égard pour la qualité personnelle des récipiendaires [1].

Les contrôleurs généraux des finances, bien que pourvus d'une simple commission, étaient astreints, comme ordonnateurs, à la réception et au serment, mais non à l'information, et ils s'engageaient à envoyer leurs registres de contrôle six mois après chaque année expirée. On les recevait sans cérémonie, sans huissiers, bien qu'ils eussent, sinon une sorte de surintendance, du moins un pouvoir intermédiaire entre la Chambre et le roi ; mais l'usage s'introduisit que le P.P. leur adressât un compliment après la réception, et qu'ils lui fissent une réponse. Les mémoires ou journaux du dix-huitième siècle nous disent quel retentissement avaient ces séances, moitié académiques et moitié politiques [2]. Le contrôleur général, par la même faveur que le surintendant des bâtiments, s'asseyait au-dessus du doyen ; mais, dans l'affaire que l'on choisissait spécialement pour ce jour-là, il opinait le premier, comme dernier reçu [3].

Je n'ajouterai plus qu'un mot sur ce chapitre des réceptions : les frais et les épices, taxés par la Chambre selon la charge ou selon le personnage, étaient très-considérables, et l'on tendait toujours à les augmenter.

La régie et la conservation du domaine royal avaient été les premières attributions de la Chambre ; lorsque les trésoriers de France, détachés de la « Cour matrice, » eurent emporté avec eux, dans les bureaux des finances, le détail administratif, la Chambre garda la surintendance et le contrôle supérieur. Elle cessa de gérer le domaine, de faire les locations, les affermements ou les recouvrements, de régler la vente des grains, de diriger les baillis, sénéchaux, prévôts, receveurs et autres officiers royaux, ou de passer les baux du domaine de Paris [4] ; mais il lui resta : l'enregistrement de tous les actes intéressant le domaine et celui des dons domaniaux de toute nature, prélations, amortissements, confiscations, déshérences ou bâtardises, établissement ou suppression de communautés, exemptions de droits, créations de foires, marchés, péages, etc. ; la réception à foi et hommage, aveu et dénombrement des vassaux du roi, et le jugement en audience des oppositions incidentes ; la centralisation des actes féodaux reçus par les trésoriers de France pour les simples fiefs situés hors de la généralité de Paris ; la conservation de tous ces actes féodaux et des titres des propriétés royales ; la juridiction des régales et la réception des serments de fidélité dus par les prélats pour leur temporel ;

Juridiction domaniale.

L'enregistrement s'étendait aux actes comportant une modification quelconque du territoire du royaume, testaments royaux, contrats de mariage du souverain et de la famille royale, lettres d'apanage, traités de paix et d'alliance. Quant à ces derniers, la Chambre soutenait que les formalités d'enregistrement étaient obligatoires avant la publication ; elle se prétendait aussi en droit de fournir des commissaires pour la délimitation des nouvelles frontières ou les annexions de provinces et de villes [5]. Toute diminution du domaine, quelle qu'en fût la forme, rencontrait une résistance systématique chez les gens des comptes, car ils juraient, en entrant dans la Compagnie, de « ne consentir point l'aliénation des domaines du roi de tout leur pouvoir, » et ils n'avaient pas l'habitude, comme cela se pratiquait dans la Franche-Comté espagnole, de se faire relever de leur serment par l'autorité ecclésiastique. Nous voyons des exemples remarquables de

Enregistrement des actes domaniaux.

---

1. N° 656. *Plumitif*, 8 janvier 1664 et 2 décembre 1716.
2. Les deux derniers présidents de Nicolay acquirent une grande réputation dans ce genre d'éloquence, et, selon le témoignage de Rulhière, qu'il nous est facile de contrôler, « chaque discours était un portrait fidèle, crayonné d'une main hardie, mais légère et circonspecte, et d'habiles physionomistes auraient pu y reconnaître d'avance le destin de ces administrations passagères. » (N° 942.)
3. N°ᵉ 652, 860, 915, 916, etc. Voy. la réception de Particelli d'Hémery (qui avait été refusé comme maître des comptes) et celle de J.-B. Colbert, ap. *Plumitif*, 23 et 24 novembre 1643, 13 mai 1644, 9 novembre 1667. Cf. *Journal de Dangeau*, t. VII, p. 152, et ms. Lancelot 104, fol. 305.
Jean Law ne fut pas reçu, parce que la Chambre s'était refusée à enregistrer sa naturalisation. Necker ne se présenta pas non plus à la Chambre, n'ayant point le titre de contrôleur général ; cependant le P.P. avait préparé à son intention un très-important discours.
4. Voy. le *Protocole* (PP 95), ch. XIIII : « De tradicionibus ad tempus, vitam, vel imperpetuum. » Cf. Choppin, *Œuvres complètes*, ch. XV, t. II, p. 231 ; Fontanon, t. II, p. 616 ; Sauval, *Antiquités de Paris*, t. III, p. 617, etc.
5. N° 599. Voy., dans le *Plumitif*, 4 août 1660, 3 et 17 juin 1661, les précédents établis à l'occasion de la prise de possession des Flandres. — En 1774, le P.P. fut chargé de protester contre l'oubli des ministres qui n'avaient pas envoyé l'édit de réunion de la Lorraine et du Barrois. (*Arch. Nicolay*, 55 L 85 et 70 L 387.)

cette opposition se produire lors de l'érection du duché de Bar en souveraineté, par Henri III, et même sous Louis XIV, à l'occasion des lettres de pairie du duché d'Harcourt [1].

Évaluations.

En cas de formation d'apanage, de délivrance du douaire d'une reine, ou d'échange entre le roi et les particuliers, l'enregistrement des lettres royales n'était que provisoire jusqu'à ce que des commissaires, choisis par le roi dans les conseillers maîtres et les présidents, eussent fait une évaluation contradictoire, et que la chancellerie eût renvoyé des lettres de ratification [2]. Matière délicate, sur laquelle la Chambre et son chef avaient souvent à défendre les principes et les règles antiques contre l'influence des courtisans, des favoris ou des princes du sang. L'affaire de l'échange de Belle-Isle fut une véritable lutte, qui dura des années, et où l'opinion publique soutint énergiquement les gens des comptes [3].

Réception des actes de foi et hommage.

Tous les vassaux du roi dans la généralité de Paris et les seigneurs des terres titrées dans le reste du ressort de la Chambre [4] devaient, à chaque ouverture de fief, ou à chaque avènement nouveau, présenter requête pour être reçus par la Chambre à faire leur foi et hommage. Ils remplissaient ce devoir en personne et ne pouvaient se faire remplacer par un procureur qu'en vertu d'une *exoine* de maladie ou d'autre empêchement; s'ils étaient mineurs, on leur accordait répit jusqu'au temps de leur majorité féodale. Voici, d'après le *Protocole*, « la manière et les paroles » pour recevoir le vassal au bureau :

« Celuy qui faict l'hommage doit estre nue teste, dessaint et à genoulx, les mains joinctes. Puis, Monsr le Président ou celluy de Nosseigneurs qui le reçoit en son absence, le prent par les mains, le lieve
» et luy dit : « Vous devenez homme du Roy et luy faictes les foy et hommaige que tenu luy estes de faire,
» pour raison du fief, terre et seigneurie de. . . . tenu et mouvant dudict seigneur à cause de sa couronne,
» de son duchié et conté. . . (ou de son chastel et chastellenie de. . .). Et luy promettez foy et loyaulté
» et le servir envers tous et contre tous qui pevent vivre et mourir, sans nul excepter. Et se vous sçavez
» aucun qui soit murmurant contre sa personne ou couronne, vous l'en advertirez, procurerez son bien et
» éviterez son dommaige ; et généralement luy ferez tout ce que bon et loyal vassal doit et est tenu faire
» à son souverain seigneur. Et ainsy le promettez et jurez. » A quoy le suppliant doit respondre par sa
» bouche : « Oy, Monsieur : ainsi le promectz et jure. » Celluy de nosdictz seigneurs qui le reçoit le baise,
» puis luy dit : « Et je vous y reçoy, sauf le droit du Roy et l'autruy, et que vous baillerez en la Chambre de
» céans vostre adveu et dénombrement dedans temps deu, en la manière accoustumée. » Et doit estre enquis du suppliant combien vault son fief de revenu annuel, et, selon la valleur, taxer le chambellage à l'uissier [5]. »

Un dernier détail : si l'hommage était rendu par une dame, celle-ci se présentait sans gants ni mouches ni éventail, et portant la coiffe en arrière. Le président la baisait sur chaque joue.

Après cette cérémonie, le vassal signait et scellait l'acte de réception dressé par le greffier [6]. Dans les quarante jours, il devait fournir l'aveu et dénombrement de sa terre ; mais, le plus souvent, on lui accordait un répit pour cette opération très-compliquée, tandis que le moindre retard sur la foi et hommage sur le délai légal, qui était aussi de quarante jours, eût autorisé la Chambre à prononcer la saisie du fief. Tous les actes de foi et hommage, qu'ils eussent été passés par-devant le roi, le chancelier ou la Chambre, étaient centralisés au dépôt des Fiefs, sous la garde des auditeurs, avec les doubles de ceux que les trésoriers de France recevaient dans les bureaux des finances (sous l'attache de la Chambre), ou ceux qui avaient été restitués par les greffes des juridictions royales [7].

La réception des hommages, destinée à mettre « la féodalité à l'abri de toute usurpation, » était réglée par une jurisprudence spéciale, et la Chambre veillait soigneusement, chez elle, dans les provinces ou dans

---

1. Nos 164, 708, 709. Cf. Bodin, p. 630 et suiv.
2. Voy. un formulaire très-curieux pour les *prisées* ou *assiettes* de terre, au quinzième siècle, dans le Manuel Fr. 10988, fol. 245-255.
3. Nos 649, 658, 672, 677, 680, 689, 690, 752, 753, 755, 763, 769, 867, 918, etc.
4. La foi et hommage des terres titrées pouvait se faire entre les mains du roi lui-même ou du chancelier.
5. Reg. PP 95, cap. primum.
6. M. de Mas-Latrie a publié, dans l'*Histoire de l'Ile de Chypre*, docum., t. III, p. 741, l'hommage d'un maréchal de ce royaume (6 février 1362), d'après l'original conservé au Trésor des chartes.
7. Arrêts du 11 septembre 1703 et du 8 janvier 1709.

NOTICE PRÉLIMINAIRE. xxxv

les bureaux de la chancellerie, à la vérification minutieuse des titres de propriété, des qualifications de la terre et de celles du requérant [1].

La Chambre des comptes de Paris avait, seule pour toute la France, la juridiction des régales et le contrôle des relations féodales de l'épiscopat avec le roi ; seule, elle pouvait enregistrer le serment de fidélité dû par les nouveaux prélats et recevoir leur hommage pour les terres situées dans la mouvance du roi [2]. Double formalité, pour le spirituel et pour le temporel, que les gens des comptes regardaient comme un des plus solides fondements de l'indépendance de l'église ; ils ne manquaient pas d'ajouter cette formule : « Sans approbation des clauses contenues ès bulles et provisions apostoliques qui seroient contraires aux droits du roi, privilèges et libertés de l'église gallicane [3]. » Quelques évêques, ceux de Lyon, d'Autun, de Perpignan et d'Orange, de la Franche-Comté et des Pays-Bas, étant exempts de la régale, avaient longtemps refusé de faire enregistrer leur serment ; on finit par obtenir leur assimilation au reste de l'épiscopat français [4].

Régales et temporel des évêques.

Parmi les attributions domaniales de la Chambre, il faut citer la conservation des joyaux et meubles de la couronne. Contesté par Louis XII et par François Ier, surtout par ce dernier, qui fit arracher du Mémorial l'inventaire de ses joyaux [5], ce droit de surveillance fut rendu aux gens des comptes par Charles IX et Henri III, et ils surent, depuis lors, protéger ces trésors, aussi bien contre les dilapidations de la cour que contre les convoitises des princes ou des ligueurs [6]. Ils recevaient tous les cinq ans les comptes et les inventaires du garde-meuble, faisaient faire des récolements dans les occasions extraordinaires, et ordonnaient de toutes les aliénations nécessaires [7].

Joyaux et meubles de la couronne.

Dans l'étendue du domaine de Paris, où nous avons vu que la juridiction féodale de la Chambre était unique, cette Compagnie avait longtemps eu des attributions de détail, qui passèrent au bureau des finances de la généralité : l'ordonnancement de certains crédits assignés sur la recette ordinaire du domaine de Paris pour l'entretien de la Sainte-Chapelle, pour le payement des officiers de la Monnaie ou du chapelain de la Conciergerie, les réparations et menues dépenses du Châtelet ou du Bailliage, les frais de voyage des commissaires de la ville ou de conduite des prisonniers, l'entretien des ponts qui servaient à l'approvisionnement de la capitale [8] ; l'inspection de la voirie et la surveillance des ponts et chaussées, avenues, chemins, pavés [9]. En outre, le P.P. était toujours un des commissaires désignés par le roi pour présider aux grands travaux de la ville de Paris [10].

Ordonnancements, travaux de voirie, etc.

On pourrait encore considérer comme attribution domaniale le contrôle que la Chambre exerçait sur l'administration du célèbre collège de Navarre (anciennement dit de Champagne, fondation de Jeanne de Navarre, femme de Philippe le Bel), en vertu de la charte royale du 21 août 1321 [11]. Elle jugeait les différends survenus entre le proviseur et les élèves [12], commettait un auditeur pour assister à la vérification des comptes et veillait à la conservation de la bibliothèque [13].

Collège de Navarre.

---

1. Déclaration royale du 18 juillet 1702. *Plumitif*, 21 août 1738 et 20 juillet 1742.
2. Voy. Brussel, *Usage général des fiefs*, t. Ier, p. 21 et suiv.; et les pièces publiées par M. Quicherat à la suite des *Œuvres* de Th. Basin, évêque de Lisieux, t. IV, p. 215, 241, 248. Une certaine quantité de serments de fidélité et de déclarations de temporel sont conservés aux Arch. Nat., P 725-732 et 2889-2891.
3. *Plumitif*, 18 novembre 1634 et 16 janvier 1789 (serment de M. de Talleyrand, évêque d'Autun).
4. Déclaration du 28 décembre 1749.
5. *Mémorial*, déclaration du 24 août 1537. Ce cahier se trouve au Trésor des chartes, carton J 947, n° 4.
6. Nos 125, 250. *Mémorial* 3 P, fol. 314, inventaires du 1er août 1574 et du 12 mai 1575.
7. *Plumitif*, 19 décembre 1661 et 8 novembre 1715 ; *Journal*, 8 février 1716, règlement pour la vente des meubles et du linge du château de Marly. Cf. le Chanteur, p. 76-79, 333 et s. — Les droits de la Chambre s'étendaient-ils aux trésors municipaux ? Le 6 janvier 1612, il fut arrêté que le buffet d'argent de l'hôtel de ville de Paris, « comme objet précieux et inaliénable, » ne pourrait être vendu qu'avec la permission des gens des comptes, et qu'en attendant, il serait mis sous trois clefs, dont le prévôt des marchands, le procureur du roi et le greffier de la ville se chargeraient au greffe de la Chambre. (*Plumitif.*)
8. Nos 108, 138, 162 (reliage des registres des *Métiers*). *Journal*, 8 août, 3 et 11 sept. 1565 ; *Plumitif*, 1er fév. 1614.
9. Nos 108, 110, 132, etc. *Journal*, 8 juillet 1502, 6 août 1522, 10 juillet 1565 ; *Plumitif*, 27 novembre 1634. *Mémoire* de 1780, p. 149, preuves.
10. Nos 165, 176, 192 bis, etc.
11. Il existe, dans les archives de la Chambre, un recueil spécial sur ce collège, P 2908.
12. Voy. l'arrêt du 23 décembre 1705, impr. dans Gosset.
13. N° 808. Cf. le Chanteur, *Dissertation*, p. 74.

Administration du temporel de la Sainte-Chapelle.

Installée par Philippe le Bel à la porte même de la Sainte-Chapelle, au milieu des maisons canoniales qui bordaient l'enceinte sud-ouest du Palais, la Chambre, soit en raison de ce voisinage, soit en sa qualité de juridiction domaniale, eut la régie temporelle de l'édifice sacré et de toute la partie de l'enclos sur laquelle s'étendaient les pouvoirs spirituels du chanoine-trésorier. Lorsqu'aux revenus insuffisants donnés par saint Louis pour l'entretien de sa fondation Charles VII adjoignit le produit des régales, c'est-à-dire le revenu des évêchés vacants, et le rendit applicable pour une moitié aux chanoines, et pour l'autre aux besoins temporels de l'église[1], les gens des comptes furent chargés de surveiller l'emploi de cette seconde part, comme représentant un droit « annexé à la couronne, irrévocable et inséparable d'elle. » Il y avait à craindre les convoitises des nouveaux prélats, qui souvent parvenaient à se faire remettre indûment les régales, et, pour éviter pis, le rôle de la Chambre, du P.P. surtout, consista à régler des *compositions* amiables entre l'évêque et les chanoines et veiller à ce que les intérêts de ces derniers ne fussent pas lésés par quelque habileté peu louable[2]. Ce précaire état de choses dura jusqu'en 1641, que le cardinal de Richelieu, obligé de donner une compensation aux évêques, qui versaient à l'État une somme de cinq millions et demi, leur fit accorder la faculté de demander la remise des régales. Vainement la Chambre multiplia les remontrances, les lenteurs ou les supplications ; vainement, après avoir cédé aux menaces du chancelier et accordé l'enregistrement des lettres patentes, elle fit observer combien l'indemnité offerte à la Sainte-Chapelle, sous la forme de l'abbaye Saint-Nicaise de Reims, était médiocre et même dérisoire. « N'est-ce pas, s'écriait le P.P., en présence d'Anne d'Autriche, n'est-ce pas ajouter la raillerie à l'injure, pour la rendre plus sensible, en faisant croire à la Sainte-Chapelle et à la Chambre qu'on les dédommageroit par un bénéfice sans fruits et qui porte un nom qui passe pour ridicule dans la langue françoise ? » On lutta contre les manœuvres du clergé, qui voulait tirer parti de sa conquête, et les remontrances se poursuivirent avec un zèle infatigable. Enfin, en 1653, la misère croissante de la Sainte-Chapelle inspira au P.P. un nouveau discours, plus véhément que ses précédentes harangues et que tous les arrêtés de la Compagnie. Son éloquente hardiesse fit scandale ce jour-là à la cour : la reine-mère, outrée d'un si « mauvais courtisan » et de ses comparaisons « peu judicieuses » avec les Turcs, les Maures et les Philistins, l'interrompit par une « grande réprimande de blâmer ainsi le roi d'impiété[3]. » De si généreux combats n'amenèrent aucune concession utile[4], et ils ne valurent à la Chambre que l'ingratitude des chanoines, à qui une tutelle, si nécessaire qu'elle fût, semblait insupportable. Dans l'affaire fort longue de la régularisation de leurs droits sur l'abbaye Saint-Nicaise, ils manœuvrèrent de façon à supprimer toute l'autorité de Messieurs des comptes et à conserver pour eux-mêmes l'emploi de la seconde moitié des revenus. Si la Chambre, disaient-ils, a eu l'administration des régales, en raison de leur nature essentiellement domaniale, il n'en doit pas être de même des fruits d'un bénéfice ecclésiastique. Heureusement pour le salut de la Sainte-Chapelle, les ministres Pontchartrain et Desmaretz rejetèrent le pourvoi du trésorier et donnèrent gain de cause à la Chambre[5].

Entretien de la Sainte-Chapelle.

Celle-ci déléguait ses pouvoirs sur la Sainte-Chapelle au P.P., qui prenait pour assistants, avec l'approbation du bureau, un maître des comptes et un contrôleur spécial. Ce contrôleur était généralement un procureur, parfois le secrétaire du P.P., et il avait pour mission de veiller aux détails matériels, d'en référer

---

1. Lettres du 10 décembre 1438 et du 1ᵉʳ mars 1452. Chacun des successeurs de Charles VII, en montant sur le trône, renouvelait cette donation sa vie durant. Voy. Pasquier, *Recherches*, p. 303.
2. Nᵒˢ 32, 323, 326, 332, 333, 483, 484, etc.
3. Sur toute cette affaire, voy. les nᵒˢ 501, 502, 504, 510, 512, 543, 574 ; *Plumitif*, 23 octobre 1641, 13 février 1642, 24 et 27 janvier et 3 mars 1653 ; *Journal du président Barrillon*, Bib. Nat., ms. Fr. 3775, fol. 136 verso, et *Journal de Paris*, ms. Fr. 10275, p. 339, etc. En réalité, le bénéfice de Saint-Nicaise valait environ 15,000 livres ; mais les incursions des ennemis et les taxes le réduisaient momentanément à très peu de chose.
4. Les deux déclarations du 10 février 1673 et du 29 décembre 1674 ne firent que confirmer l'inaliénabilité de la régale au profit du roi et régler les rapports des évêques avec la Chambre, en ce qui concernait leur temporel. On sait que ce fut l'origine de l'affaire dite *de la régale*, où l'évêque de Pamiers joua un si grand rôle (nᵒ 632), et qui aboutit à la célèbre déclaration de 1682. Voy. *Lettres de Colbert*, t. VI, introd., p. LXIX à LXXI.
5. Lettre du P.P. au contrôleur général des finances, 20 août 1712, et mémoire joint. Cf. Morand, *Hist. de la Sainte-Chapelle*, p. 212 et 213.

NOTICE PRÉLIMINAIRE.

à la Compagnie, d'expédier les mandements, contrôler les dépenses, etc. La régie était assez compliquée ; tantôt il fallait pourvoir à l'entretien de l'église ou des maisons canoniales, et tantôt à la subsistance des enfants de chœur, de leurs maîtres de musique et de grammaire, des domestiques de la maîtrise, de l'organiste, du chirurgien, ou au remplacement de ce personnel[1]. Toutes ces questions se décidaient au grand bureau, où les chanoines devaient également présenter requête pour aliéner les objets hors d'usage, pour se procurer par la vente de quelques pièces d'orfévrerie les ressources nécessaires à leur subsistance, ou encore pour donner à l'hôpital des Quinze-Vingts les vieux ornements et les « vieils vestiges, » couches, matelas, couvertures de la maîtrise[2]. Enfin, la Chambre ordonnançait, chaque année, la rétribution allouée depuis Philippe le Bel aux religieux Jacobins, Cordeliers et Augustins pour leur assistance aux fêtes et processions qui se faisaient à la Sainte-Chapelle les jours de l'Invention de la Sainte-Croix ou de la Translation du Chef de saint Louis[3].

Lorsque l'incendie du 26 juillet 1630 eut détruit les combles de l'église et le clocher, « le plus beau et le plus parfait œuvre qui fût au monde, » Messieurs des comptes, qui avaient vaillamment combattu l'incendie avec leurs confrères du parlement et pourvu au salut des Reliques, furent chargés par le roi de faire dresser le devis des réparations et d'en diriger l'exécution[4]. Malgré leur zèle, la reconstruction ne se fit que lentement, et ce fut seulement en 1666, au service funèbre d'Anne d'Autriche, que les nouvelles cloches sonnèrent pour la première fois. Comme la charpente du clocher n'avait pas encore sa couverture de plomb, la Chambre demanda au roi et à Colbert d'employer à cette œuvre pie un revenant-bon de 16,000 livres qui venait des corrections; mais ce fonds avait déjà sa destination au Trésor royal, et Colbert, qui enleva de ce jour l'ordonnancement au P.P., ne fit achever la flèche et dorer le cul-de-lampe qu'en 1671[5]. Les cloches furent encore une fois refondues en 1738; la Chambre s'étant plainte de n'avoir pas été consultée sur cette opération, les chanoines se hâtèrent d'offrir le parrainage d'une cinquième cloche au P.P. Nicolay, qui eut pour commère la duchesse de Fleury, nièce du cardinal-ministre[6].

La juridiction des gens des comptes s'étendait encore, sans ingérence d'aucune autre autorité, sur les environs immédiats de la Sainte-Chapelle, et nous les voyons constamment mêlés à l'histoire de ce singulier fouillis de constructions parasites qui encombrait, empestait et assourdissait tous les alentours. Gens de métier et « mécaniques, » horlogers, tailleurs, marchands de tableaux, merciers, savetiers, brodeurs, libraires surtout, tout cela pullulait dans tous les coins de la cour, le long des murs de la Chapelle-Basse, sur les perrons de l'escalier qui conduisait à l'église supérieure, et jusque devant le grand portail. Plusieurs de ces échoppes-boutiques, celles de Barbin ou du perruquier du *Lutrin*, Didier dit *l'Amour*, ont eu leur illustration. La Chambre s'employait volontiers à faire place nette[7] ; mais, d'autres fois au contraire, elle était obligée, par obéissance au roi ou dans son propre intérêt, de faciliter de nouveaux établissements[8], soit contre la

Cour de la Sainte-Chapelle.

---

1. *Plumitif* et *Journal*, 17 juin 1760, 2 décembre 1783, 30 mars 1790, 7 juin 1791, etc. N° 792. — Le chirurgien était à la nomination du P.P.; l'organiste et le maître de musique au choix du chanoine-trésorier, sous la ratification de la Chambre. Parmi les fournitures, figurait celle du papier à musique (*Plumitif*, 27 avril 1610); mais en revanche, c'était le trésorier qui fournissait le parchemin aux gens des comptes, au parlement et aux secrétaires du roi, et il en comptait à la Chambre sur un registre particulier. Voy. Morand, op. laud., p. 108.
2. N° 251. *Journal*, 24 janvier 1587 et 13 septembre 1605 ; *Plumitif*, 9 février 1742, etc.
3. *Journal*, 20 février et 18 décembre 1783, 24 novembre 1784. Voy. Morand, p. 119, et le Nain de Tillemont, *Vie de saint Louis*, éd. de Gaulle, t. II, p. 417.
4. Voy. les procès-verbaux de l'incendie dans le *Plumitif* et dans le registre de l'hôtel de ville, H 1803, fol. 267 verso. Cf. la lettre du garde des sceaux à M. Molé, publ. dans les *Mémoires de Mathieu Molé*, t. II, p. 22.

5. *Plumitif*. Cf. Desmaze, *la Sainte-Chapelle de Paris*, p. 38 et 39. Depuis lors, l'ordonnancement des dépenses et la passation des marchés appartinrent au surintendant des bâtiments, et la direction des travaux aux trésoriers de France.
6. Cette cloche, qui sonnait l'*ut*, fut appelée Anne-Aymard. La première des quatre autres avait été nommée par le roi et la reine, la seconde par le dauphin et la dauphine, la troisième par M. Henriette et le duc d'Orléans, et la quatrième par M.me Adélaïde et le duc de Chartres. (Morand, p. 28 et 29.)
7. Voy. notamment la commission de 1526, ap. Preuves de l'*Histoire de Paris* de D. Félibien, t. III, p. 159 b ; Morand, op. laud., preuves, p. 103. Cf. *Plumitif*, 3 mars 1598, 30 mai 1600, 21 mars et 23 juin 1618, 13 et 20 mars 1627, etc.
8. En 1551, par exemple, elle permit à un brodeur, Jean de Lalain, et au libraire Guill. le Blanc de bâtir deux petites loges « en une place au bout d'en bas des degrés, tirant vers la Basse-Chapelle, près et joignant une petite salle

chapelle, soit au pied de son propre escalier et à l'encoignure de la rue de Galilée, où l'on vit longtemps une échoppe de savetier sous l'élégante « tournelle » du second bureau¹. L'aliénation domaniale de 1694 assura la propriété de toutes ces masures aux industriels qui les occupaient, et la Chambre, entourée, cernée de tous les côtés, ne put qu'interdire les constructions nouvelles, les appropriations autorisées à son insu, ou les métiers trop bruyants. Les perspectives du dix-septième et du dix-huitième siècle² donnent une triste idée de cette cour du Palais, et, selon le chanoine Morand, l'aspect était à peu près le même en 1789 qu'en 1526, malgré la réédification récente de la Chambre et la construction de l'îlot Sainte-Anne et de la rue Neuve-Saint-Louis, dont la régie avait été donnée à la Chambre pour en affecter les produits aux réparations des maisons canoniales³.

<small>Services à la Sainte-Chapelle.</small>

En dépit du voisinage et des prétentions des chanoines, la Sainte-Chapelle n'était pas la paroisse des gens des comptes⁴; ils appartenaient à Saint-Barthélemy, et c'était à la porte de cette église qu'ils faisaient apposer les affiches de criée des offices comptables⁵. Mais ils avaient coutume de se rendre en corps à la Sainte-Chapelle Haute le jour de l'Adoration de la Vraie Croix, pour y entendre la messe et les vêpres en musique⁶. C'était là aussi qu'ils faisaient chanter le *Te Deum* d'actions de grâces et célébrer les services funèbres pour les rois ou princes de la maison royale. En ces occasions, le P.P. prenait la seconde stalle de droite, près de la porte du chœur, au-dessous du trésorier, et les membres de la Chambre occupaient, avec les chanoines, le reste des stalles ou les banquettes disposées à cet effet. Des contestations, soit pour l'envoi des invitations aux cérémonies, que les chanoines voulaient se réserver, bien que l'ordonnance et les préparatifs incombassent à la Chambre, soit pour les honneurs de l'oraison funèbre, que le trésorier et le P.P. se disputaient, forcèrent plus d'une fois les ministres et le roi lui-même à intervenir dans ces graves questions d'étiquette et de préséance. On esquivait alors la difficulté par quelque moyen terme, ou bien on supprimait, par égard pour la bourse des chanoines, une pompe très-dispendieuse⁷.

<small>Garde des reliques.</small>

A partir du règne de Louis XIII, le P.P. joignit à ses fonctions d'administrateur de la Sainte-Chapelle la garde du Grand Trésor des Reliques. Celles-ci, au temps de Charles VII, étaient enfermées sous trois clefs, dont une restait aux mains du grand chambrier, la seconde en celles du chanoine-trésorier, et la troisième en celles de l'orfévre de la cour⁸; le roi venait lui-même ouvrir les châsses pour le Vendredi-Saint ou le jour de Pâques et pour les visites des princes étrangers⁹. Sous Louis XI, on adapta à la châsse des volets extérieurs d'argent doré, par-dessus la grille de fer également dorée, et on plaça des serrures aux quatre coins de chaque fermeture. Le roi conservait les clefs de la grille, et laissait celles des volets au trésorier, pour qu'il pût les ouvrir aux jours solennels et faire entrevoir les reliques au peuple¹⁰. Mais, lorsque Charles VIII passa en Italie, il confia les huit clefs à son trésorier Florimond Robertet; celui-ci, devenu bailli et concierge du Palais en 1513, les conserva jusqu'à sa mort, et alors sa veuve, par ordre de

---

basse où se porte le pain ordinaire des trésoriers, chantre, chanoines et chapelains de la Sainte-Chapelle, » parce qu'il y avait là « grand attrait d'ordures et immondices engendrant mauvais air aux gens des comptes montant et descendant lesdits degrés. » (*Mémorial*, 4 septembre 1551).

1. *Plumitif*, 30 mai 1600, 19 novembre 1613, 29 janvier 1614, 7 décembre 1619. — Ce fut entre les deux piliers du portail de la Basse-Chapelle que le garde-bonnets de la Compagnie eut longtemps son échoppe, à la place occupée antérieurement par un tailleur. (*Plumitif*, 16 octobre 1625, 25 juin 1627, 25 mars 1675.)

2. Voyez, en tête de cette Notice, la reproduction d'une ancienne estampe que M. le baron de Guilhermy nous a gracieusement permis d'emprunter à la *Description archéologique des monuments de Paris*.

3. Lettres patentes du 3 avril 1739.

4. Toutefois on trouve encore dans la Basse-Chapelle quelques tombes de membres de la Chambre, qui ont été indiquées par M. de Guilhermy.

5. Morand, p. 96. Voy., ap. *Mémoires mss. de Dongois* (Arch. Nat., LL 620, p. 473 et suiv.), la réfutation des prétentions du curé de Saint-Barthélemy.

6. Voy. le *Cérémonial*, à la date de la fête.

7. Nᵒ 730. Voy. *Cérémonial*, 13 juillet 1711 et 24 mai 1712; *Plumitif*, 18 et 21 mars 1766; Arch. Nicolay, 72 L 129-132 et 282.

8. *Poëme de Paris* d'Ant. Astésan, ap. *les Historiens de Paris aux XIVᵉ et XVᵉ siècles*, p. 535 et 537.

9. Morand, p. 217.

10. Voy. Desmaze, *la Sainte-Chapelle*, p. 81, et L. Paris, *Négociations sous François Iᵉʳ*, p. 547. Ce dernier auteur a publié le procès-verbal de l'ouverture des châsses pour l'ambassadeur venu de Hongrie en 1487. Les clefs avaient été envoyées par le roi au grand maître, et l'exhibition se fit en présence du trésorier, de l'abbé de Saint-Denis, d'un président du parlement, etc.; le greffier du parlement ajoute que plusieurs « notables gens » de la Cour, de la Chambre et de l'hôtel de ville vinrent à l'adoration.

NOTICE PRÉLIMINAIRE.   XXXIX

François Ier, les transmit au nouveau bailli, M. de Montmorency de la Rochepot, après un récolement solennel des reliques, où, à côté du premier président du parlement, la Chambre fut représentée par le P.P. Aymard Nicolay et deux maîtres des comptes[1]. De M. de la Rochepot, les clefs de la grille passèrent au connétable de Montmorency, son frère, qui les avait en 1560[2], et de qui sans doute elles revinrent au roi; mais celles des volets demeurèrent au trésorier. Ce dernier était également le gardien du reste des reliques, vases sacrés, argenterie, pierreries, etc., renfermé dans les trois armoires du revestiaire, et cela sous la surveillance de la Chambre, qui ne remettait les clefs à chaque nouveau chanoine entrant en charge qu'après un minutieux récolement du revestiaire par le P.P., ou tout au moins par deux maîtres des comptes. En outre, les trois chanoines-marguilliers devaient faire coucher leurs clercs et chapelains dans le « gîte » voisin et rendre compte de cette garde, tous les mois, au bureau[3]. On redoubla de soins et de sévérité lorsqu'un ciboire d'abord, puis le morceau de la Vraie Croix que les chanoines exposaient à l'adoration des fidèles, eurent disparu successivement[4]. Chassé de Paris par les barricades, Henri III emporta les clefs de la grande châsse, et il les avait dans ses coffres, ou même dans ses poches, lorsque Jacques Clément l'assassina à Saint-Cloud. La Chambre ligueuse et le duc de Mayenne s'empressèrent de faire remplacer les deux cadenas du premier guichet, et les clefs furent partagées entre l'évêque de Meaux, comme chanoine-trésorier, et le maître des comptes d'Alesso, en attendant que le P.P. Jean Nicolay, « qui était aux champs, » pût s'en charger[5]. Les choses restèrent à l'état provisoire jusqu'à ce que Henri IV rentrât dans Paris. Il reprit possession des clefs qui devaient être entre les mains du roi; mais le P.P. en eut une du treillis doré, une des volets, une de l'armoire placée au-dessous du treillis, et deux des cadenas fermant l'armoire de la Vraie Croix[6]. Depuis lors, quand il y avait lieu d'ouvrir les châsses, le roi envoyait ses clefs par un exempt des gardes, escorté de quatre archers, et il donnait l'ordre au P.P. ainsi qu'au trésorier de s'y trouver de leur côté[7]. Mais l'incendie de 1630 démontra les inconvénients de cette séparation des clefs. Les flammes ayant dévoré en un instant les combles de l'église, jeté à bas le clocher et menacé le corps de l'édifice, on craignit qu'elles n'atteignissent les Reliques; le roi se trouvait être absent, le P.P. était parti pour le semestre d'été, et ce fut seulement quand il fut arrivé, qu'on osa rompre les serrures et les grilles pour transporter le précieux contenu de la châsse au revestiaire, dans des coffres-forts apportés du voisinage; le procureur général y apposa le sceau de la Chambre, et l'on mura les portes[8]. Louis XIII se décida alors à remettre toutes les clefs au P.P.; on ne sait si ce fut provisoirement ou par commission définitive, mais elles restèrent depuis cette époque entre les mains de MM. Nicolay, malgré les réclamations du trésorier, qui ne pouvait plus faire d'exposition solennelle qu'avec le concours de la Chambre, sur un ordre exprès du roi[9]. Le P.P. seul, averti par lettre de cachet, avait le pouvoir de montrer les Reliques aux visiteurs de distinction; rarement, il se faisait remplacer par deux conseillers maîtres. L'ouverture des châsses et la présentation de chaque pièce s'exécutaient en grande pompe[10]. Quand le roi

---

1. N° 59. Cf. D. Félibien, Preuves, t. Ier, p. 151, et Morand, Preuves, p. 104-106.
2. Voy. les ordres donnés par François II au connétable et à sa femme, d'envoyer les clefs au président des comptes Luillier de Boulancourt et au doyen Griveau, chargés de montrer les Reliques à D. Ant. de Toledo. (L. Paris, op. laud., p. 545-548.)
3. Voy. les extraits du Plumitif et les inventaires de 1574 et 1596 dans les registres de la Sainte-Chapelle, Arch. Nat., LL 625-627.
4. Morand, p. 194 et 195, et Mémorial.
5. Plumitif, 9 août 1589. Morand (p. 200) raconte ces faits très-inexactement; mais on a les procès-verbaux dans le registre LL 626. — Peu après, l'évêque de Meaux, qui était trésorier, étant mort, et sa succession se trouvant disputée par plusieurs concurrents, toutes ses clefs furent remises au greffier Danès et plus tard partagées entre le président d'Ormesson, qui faisait alors les fonctions de premier président, le conseiller d'Alesso et le nouveau greffier. (Plumitif, 8 juillet 1592.)
6. Le conseiller maître Aymeret ne garda que les trois clefs d'une layette et la clef du milieu des grandes armoires, qui étaient passées de M. d'Alesso à M. le Coigneux. (Plumitif, 6 juin 1594. — N°s 272 et 288.)
7. Lettres du roi au P.P., 30 septembre 1624 et 31 août 1625, Arch. Nicolay, 23 L 13 et 14.
8. Cette installation dura assez longtemps, puisque nous voyons par une lettre autographe de Louis XIII au P.P. (n° 480) que les Reliques n'étaient pas encore visibles en 1634; on ne put montrer au légat Bichi que la Couronne d'épines.
9. Morand, p. 216; Mém. mss. de Dongois, LL 620, p. 415-417; Mémoire du trésorier, oct. 1688, Arch. Nicolay, 78 L 3.
10. Le Cérémonial contient beaucoup de procès-verbaux de ces visites; le plus intéressant est celui du 8 septembre

autorisait, chose très-rare et très-mal vue des chanoines, le prélèvement d'une petite parcelle du Bois de la Vraie Croix, la Chambre s'assemblait pour rendre un arrêt en conséquence de la lettre de cachet, et le P.P., assisté de deux conseillers maîtres, du procureur général, du greffier et du trésorier de la Sainte-Chapelle, dressait un procès-verbal détaillé de la cérémonie [1].

Conservation et inventaires des reliquaires.

La Chambre intervenait dans toutes les questions relatives aux reliquaires, aux châsses, aux objets précieux dont chaque souverain avait enrichi cet oratoire royal que Du Breul appelle le *palladium* de Paris. Aucune pièce ne pouvait être donnée, aliénée ou changée de destination sans l'ordre du roi, confirmé par Messieurs des comptes, et sans l'assistance de leurs commissaires. Un mandement de Philippe de Valois, pour la délivrance d'un camaïeu au pape, prouve que cette règle avait été observée de tout temps [2]. Nous voyons également la Chambre désigner les morceaux d'orfévrerie à vendre dans les moments de détresse [3], ou présider à la transformation de plusieurs ornements et vaisseaux en une grande châsse représentant la Sainte-Chapelle [4]. Enfin, c'était elle qui informait en cas de vol ou de délit commis au détriment de l'édifice sacré [5].

Les inventaires de tous les trésors et reliques étaient dressés par les gens des comptes [6] : celui de 1480 l'avait été par trois conseillers et un clerc ; nous avons vu que celui de 1533 se fit en présence du P.P. et de deux maîtres des comptes ; le plus intéressant de tous, l'inventaire de 1573, a été rédigé par les soins d'Antoine Nicolay, assisté d'un conseiller maître et d'un greffier [7]. Il en est de même de tous ceux que nous possédons d'époques plus récentes, et en outre les Premiers Présidents ne manquaient pas de faire un récolement officiel à leur entrée en fonctions [8].

Reliques de diverses églises.

Comme représentante du roi, la Chambre étendait ses pouvoirs sur quelques autres églises fondées ou enrichies par la maison de France. A Boulogne-sur-Seine, c'était elle qui, par un arrêt spécial, une fois chaque année, permettait que l'on portât en procession jusqu'à Notre-Dame de Longchamp le morceau de l'image miraculeuse de la Vierge de Boulogne-sur-Mer [9].

Elle avait aussi la charge de faire et de conserver les inventaires de la Sainte-Chapelle de Vincennes,

---

1694, dressé à l'occasion de la venue du roi et de la reine d'Angleterre. On déploya ce jour-là, par ordre de Louis XIV, une pompe extraordinaire.

Le Grand Trésor était renfermé dans une châsse tournant sur pivot, au-dessus de l'autel, et l'on y accédait de chaque côté par un petit escalier en vis, travaillé à jour et extrêmement étroit. Les volets extérieurs s'ouvraient par six clefs différentes, et la grille était retenue par une serrure à chacun des quatre coins. Un rideau cramoisi recouvrait les Reliques. Voy. les *Mémoires du duc de Luynes*, t. X, p. 145.

1. N°ˢ 625, 626. Cf. Luynes, loc. cit.; Morand, p. 192 et 223. — On voit au Musée des Archives Nationales, n° 393, le procès-verbal d'une délivrance faite par le roi Charles V lui-même.

Les lettres du duc de Mantoue et du P. Coton (n° 347) feraient croire que le P.P. avait à cette époque le droit de disposer de certaines reliques moins importantes, ou même du Bois sacré, pourvu que le pape et le roi eussent donné leur autorisation. On sait que, par un privilège unique, le premier président du parlement, étant en danger de mort, pouvait faire apporter la Relique chez lui.

2. *Musée des Archives*, n° 353, p. 202.
3. N°ˢ 104 et 251. Cf. Morand, p. 201, et le procès-verbal du 12 septembre 1692, dans le reg. LL 626, fol. vɪxxxi.
4. *Plumitif*, 20 mars 1626, 9 février et 26 mars 1627. — Le modèle fut livré par les orfèvres T. Baillin et J. le Mercier, et exécuté par Pigeart et sa femme. Cette châsse fut placée au-dessus de l'autel, avec l'inscription : « Hæc arca, in qua multæ reconduntur Sanctorum reliquiæ, fabricata est consilio et auctoritate Regi fidelissimæ computorum Cameræ, anno 1630... » (Inventaire de 1740).
5. Voyez, dans le *Plumitif*, 12 mars 1643, et dans Morand, p. 195-199, l'affaire des rubis balais que Henri III

avait détachés des reliquaires de la Sainte-Couronne et du Sang de N. S. On trouve aussi dans le *Plumitif*, 8 et 15 octobre 1605, les détails de poursuites faites à l'occasion d'un vol de statuettes d'argent ; le curé de la Chapelle-Basse et le fils d'une servante du chevecier, lequel se mêlait de faire de la pierre philosophale avec M. de Beringhen, furent compromis.

6. Le plus ancien de ceux que nous possédons, celui de 1341, est fait par les marguilliers, sur l'ordre de deux maîtres des comptes. Voy. l'étude publiée, en 1848, par M. Douët-d'Arcq, dans la *Revue archéologique*.

7. Il a été publié par M. Douët-d'Arcq d'après l'un des exemplaires conservés aux Archives Nationales.

8. La série de lettres cotée 78 L des *Arch. Nicolay* n'est composée que des inventaires ou des autres pièces relatives à la fonction dont les Premiers Présidents se montraient le plus honorés.

9. Je n'ai pas trouvé mention de cet usage dans les registres; cependant l'inscription placée à l'intérieur de l'édifice dit que « . . . . l'église porte le nom de N.-D. de Boulogne parce qu'elle est fille de N.-D. de Boulogne-sur-Mer. Les habitants et bourgeois de Paris ayant étés (*sic*) par ordre du Roy chercher l'image miraculeuse ditte N.-D. de Boulogne, dans laquelle il y a un morceau de l'ancienne et vénérable image de N.-D. de Boulogne-sur-Mer, cette relique est sous la protection du Roy, comme celles du Thrésor de la Ste-Chapelle ; elle ne peut sortir de l'église que par arrest de la Chambre des comptes, comme appartenant originairement au Roy, qui a permis qu'on la portât une fois par an, sous un dais et pieds nus, avec flambeaux et encens, à l'abbaye de l'Humilité de la Ste-Vierge, bâtie par Ste-Élisabethe et ditte N.-D. de Long-Champ. . . » Voy. Jubinal, *Dissertation sur trois images en plomb de N.-D. de Boulogne-sur-Mer*.

NOTICE PRÉLIMINAIRE.

de celle de Bourges et de l'abbaye de Saint-Denis. Pour Vincennes, il ne paraît pas que la clause insérée en ce sens dans l'acte de fondation de 1379 ait jamais reçu exécution [1]; cependant, nous voyons, en 1575, les gens des comptes chargés de régler le prix des vitraux [2]. Le premier inventaire du Trésor de Saint-Denis remontait à 1530 environ; en 1634, quand les Bénédictins de Saint-Maur prirent possession de l'abbaye, ils le firent renouveler par reconnaissance pour les services du P.P. Nicolay. En 1739, lorsque la Chambre nomma une commission, composée du P.P., du président de Paris et de deux conseillers maîtres, pour remplacer les inventaires détruits par l'incendie, les religieux affectèrent de s'y prêter par respect pour la Chambre plutôt que par devoir; de leur côté, les commissaires se contentèrent de viser le précédent procès-verbal, à charge que cette condescendance ne préjudicierait point à leurs droits réels [3]. La démolition de la Sainte-Chapelle de Bourges ayant été ordonnée en 1757, pour fournir à la dépense des réparations du logement de l'intendant, la Chambre refusa pendant dix ans l'enregistrement des lettres patentes, sous prétexte d'un défaut de comptabilité [4].

Enfin, arriva le triste jour de la condamnation de tous ces édifices vénérés et de la dispersion de leurs trésors inestimables; il fallut, par un dernier récolement, sanctionner le décret qui livrait au vandalisme légal les monuments tant de fois séculaires de la piété des rois [5]. Le 28 novembre 1790, la municipalité parisienne se fit remettre par le P.P. les clefs du Grand Trésor [6]; mais la Chambre, jusqu'à son dernier moment, tint à honneur d'assurer la subsistance du personnel de la Sainte-Chapelle, réduit aux ressources les plus modiques [7]. L'église elle-même, devenue dépôt d'archives, lieu de « débarras, » et miraculeusement préservée, ne perdit en 1793 que la flèche reconstruite jadis par les soins des gens des comptes, mais couverte des emblèmes proscrits de la royauté; restaurée soixante ans plus tard, elle est aujourd'hui le seul monument de cette partie du Palais qui soit resté debout après nos derniers désastres.

Le Trésor des chartes étant installé dans les étages supérieurs de la sacristie de la Sainte-Chapelle, au-dessus des reliques du revestiaire, ce dépôt, d'origine essentiellement domaniale [8], se trouva tout naturellement confié à la haute surveillance de la Chambre des comptes, qui exerça une influence morale et une autorité réelle sur les gardes du Trésor. Ceux-ci, à partir de 1333, prêtèrent serment au bureau, « *juramentum in talibus solitum*, » en prenant charge des clefs et des titres; plusieurs furent en même temps clercs du greffe (greffiers) de la Chambre, et, le premier trésorier nommé en titre par le roi Charles V, le plus célèbre de tous, Gérard de Montagu, étant devenu maître des comptes (1384), cette charge se transmit à ses successeurs, sans que d'ailleurs cela tirât à conséquence [9]. A partir de Dreux Budé (1449), on sentit les

Trésor des chartes.

---

1. Voy. un mémoire présenté au roi, en 1696, par le trésorier du chapitre. Il est imprimé.
2. N° 161.
3. *Mémorial* 6 E, fol. 338; *Plumitif*, 20 mai 1634, 25 juin et 4 juillet 1739. Cf. D. Félibien, *Hist. de l'abbaye de Saint-Denys*, p. 464.
4. L'affaire ne se termina qu'en 1767, par un compromis entre le P.P. et le contrôleur général de l'Averdy. (*Arch. Nicolay*, 70 L 249 et 273.)
5. Dès le 17 mars 1787, un conseiller d'État était venu apposer les scellés du roi sur le Trésor de la Sainte-Chapelle, et la Chambre avait tenu à ce que les siens fussent mis à côté. Quand arriva l'ordre de livrer à la Monnaie les pièces « non susceptibles d'être conservées (n° 951), » la Chambre chargea le P.P. et plusieurs commissaires de faire un dernier récolement, en fin duquel on lit : « Monseigneur aura la bonté d'observer que ce n'est pas la première fois que nos rois ont demandé l'argenterie des églises, et qu'on a eu beau chercher dans les antiquités de la Sainte-Chapelle si elle a livré son argenterie, jusqu'ici on n'en trouve point d'exemple; et la raison est, à ce qu'on croit, que l'argenterie de la Sainte-Chapelle est un dépôt qui ne doit servir que pour racheter la personne sacrée du roi en cas d'accident. » (*Arch. Nicolay*, 78 L 24; *Plumitif*, 29 novembre 1789.) Quoi que dise cette note, nous avons des exemples du contraire; n°ˢ 104 et 251.
6. N° 957.
7. *Plumitif* et *Journal*, 3 décembre 1789, 8 janvier et 5 juillet 1790, 7 juin 1791. — L'*Histoire de la Sainte-Chapelle royale du Palais*, que le chanoine Morand présenta, le 1ᵉʳ juillet 1790, à l'Assemblée nationale, est une protestation contre ces mesures destructives. L'auteur, associé aux travaux de l'inventaire des titres, s'aida en outre de documents que lui communiquèrent le P.P. de Nicolay et M. Lourdet, commissaire de la Chambre. — De nos jours, deux érudits magistrats, M. le baron de Guilhermy, de la Cour des comptes, et M. C. Desmaze, de la Cour d'appel, ont donné de nouvelles monographies de la Sainte-Chapelle.
8. Voy., parmi les ouvrages spéciaux, la notice de Dupuy, à la suite des *Traictez touchant les droits du Roy*; celles de Dessales, ap. *Mémoires présentés par divers savants à l'Académie des inscriptions et belles-lettres*, 1ʳᵉ série (1844), t. Iᵉʳ, p. 365 et suiv., et de M. Bordier, ap. *Archives de la France*, p. 128 et suiv.; un article de M. Boutaric, ap. *Bibliothèque de l'École des chartes*, 5ᵉ série, t. IV, p. 254, et Ravaisson, *Rapport au ministre d'État*, p. 47 et suiv.
9. Cette qualité de maître des comptes explique comment Gérard de Montagu put comprendre les *Mémoriaux* de la

inconvénients de ce cumul et surtout de l'excès d'autorité donné à la Chambre sur des archives qu'elle considérait trop facilement comme une partie intégrante de ses propres dépôts, et qu'on l'accusait en même temps de négliger ou de disperser. Les trésoriers des chartes ne furent donc plus maîtres des comptes; mais ils ne cessèrent pas d'être assermentés par la Chambre, et cette Compagnie resta, comme par le passé, l'intermédiaire obligé entre le roi et le Trésor pour tous les versements d'actes officiels, dont la remise était préalablement constatée dans ses registres, pour les recherches, déplacements et restitutions de pièces, ou pour les délivrances d'expéditions aux particuliers[1]. Ce fut aussi la Chambre qui fournit à Louis XI deux clercs (dont l'un était P. Amer) et un greffier pour dresser l'inventaire des layettes du Trésor[2]; elle eut encore mission, sous Louis XII, d'exécuter un nouveau récolement, et, sous François Ier, de surveiller l'œuvre de transcription imprudemment confiée au greffier du parlement Jean du Tillet[3].

Conservation des titres. — Le P.P. et le contrôleur de la Chambre veillaient à l'entretien et aux réparations du local occupé par le Trésor, de même qu'ils le faisaient pour les autres bâtiments de la Sainte-Chapelle[4]. Mais, depuis le règne de Louis XII ou même plus tôt, le Trésor était délaissé, les versements ne se faisaient plus, par suite de l'incurie des trésoriers ou de la formation d'autres archives, et, sous les toitures à moitié rompues de la sacristie, les pièces des layettes et les volumes gisaient pêle-mêle, en telle confusion, que François Ier, dès 1539, reprochait aux gens des comptes qu'il fût impossible de retrouver aucun document. Le mal ne fit qu'empirer lorsque la Chambre se laissa enlever ses antiques attributions de surveillance. Jean-Jacques de Mesmes ayant été pourvu de l'office de trésorier-garde des chartes et s'en étant démis avant d'entrer en exercice, des lettres patentes du mois de janvier 1582 réunirent ces fonctions à la charge de procureur général du parlement, sous prétexte que le service du parquet exigeait de trop fréquentes communications pour qu'il continuât de recourir aux lettres de cachet et à l'entremise de la Chambre des comptes. Ce fut, au dire de Dupuy et de tous les historiens, la ruine du dépôt[5], car les procureurs généraux avaient d'autres soucis que de veiller à sa conservation, et les portes demeurèrent dès lors toutes grandes ouvertes aux dilapidations déjà commencées par Jean du Tillet ou par le président Brisson. Les nouveaux trésoriers, bien qu'appartenant au parlement, devaient continuer à se faire recevoir par la Chambre; mais Jean et Jacques de la Guesle et Nicolas de Bellièvre furent les seuls qui se soumirent à cette clause. Après eux, Mathieu Molé, qui d'ailleurs eut le mérite de faire exécuter le classement et l'inventaire de P. Dupuy et Th. Godefroy, rompit ouvertement avec la Chambre et ne voulut pas se présenter devant elle, bien que ses provisions eussent été adressées aux gens des comptes. Ceux-ci mirent désormais *en souffrance* les gages attachés à l'office de trésorier et protestèrent, à chaque occasion, contre toute remise de titres qui pourrait être faite par les secrétaires d'État aux procureurs généraux, tant que ces derniers ne se seraient pas acquittés de leur devoir[6]. En 1697, les nouvelles démarches du P.P. Nicolay n'aboutirent qu'à un arrêt du Conseil, qui dispensa définitivement du serment les procureurs généraux et enjoignit de lever les souffrances mises sur leurs gages de garde du Trésor; ils ne furent plus astreints qu'à donner au greffier des comptes un récépissé des titres que la Chambre leur enverrait et à lui livrer également l'inventaire des pièces déposées par le roi ou les secrétaires d'État[7].

Chambre dans son savant inventaire des layettes du Trésor, Arch. Nat., JJ 281-282. Deux de ses fils exercèrent successivement les fonctions de premier président clerc des comptes et jouèrent un rôle important durant la dernière partie du règne de Charles VI. — La chronologie des successeurs de Gérard de Montagu est encore très-mal connue, et elle ne pourrait être élucidée qu'à l'aide des registres ou des manuels de la Chambre.

1. N°s 48, 72, 76, etc. *Mémorial*, 2 avril 1440; lettres patentes du 27 juillet 1504; *Créances et Mémorial*, 1529, 1530, 1544, 1564, 1565.
2. Par suite, Pierre Amer et le greffier Jean le Bègue, comme nous l'avons vu, avaient toute liberté de compulser les titres du dépôt royal et d'en faire des répertoires ou des extraits pour leurs manuels.
3. Dessales, p. 443-445, et Teulet, *Inventaire des layettes*, introd., p. xvj, xvij et liij. Bib. Nat., ms. Fr. 5503, fol. ccxx.
4. N° 139.
5. *Traictez touchant les droits du Roy*, p. 1012, et Bordier, op. laud., p. 144. On peut remarquer qu'en Bretagne, le Trésor des chartes des archives ducales, resté aux mains de la Chambre des comptes de Nantes, fut toujours bien conservé.
6. N°s 596, note, et 667.
7. Arch. Nat., O¹ 41, fol. 107; Bib. Nat., Mél. Clairambault, n° 334. Voy. Morand, p. 154, et Ravaisson, p. 235-242.

NOTICE PRÉLIMINAIRE. XLIII

Toutefois, la Chambre eut encore des relations avec le Trésor des chartes : quand un ministre éclairé[1] se préoccupa du sort déplorable de ce dépôt, de savants auditeurs des comptes, Rousseau et Caille du Fourny, puis Chevalier de Sourivière et Simon, furent choisis pour travailler au dépouillement scientifique des registres[2]. On sait que ce travail se poursuivit, sans que la direction des procureurs généraux produisît des résultats suffisants, jusqu'à la Révolution. A cette époque, le Trésor des chartes avait émigré dans les nouvelles constructions du Palais ; mais il ne tarda pas à revenir pour quelque temps sous les voûtes de la Sainte-Chapelle, et, par une singulière coïncidence, la Cour des comptes du dix-neuvième siècle y devait aussi trouver un asile provisoire pour ses archives, à côté des registres du parlement et non loin du chartrier si longtemps confié à la Chambre.

La jurisprudence de la Chambre, de même que ses attributions, fut réglée par une foule d'ordonnances successives. Presque toutes, y compris l'édit d'août 1598, avaient été préparées et rendues avec le concours des gens des comptes eux-mêmes ; mais, sous Louis XIV, le code de 1667-1670, contrairement à l'ancien usage, fut rédigé sans la participation de la Compagnie, et il motiva quelques tentatives de résistance, arrêtées par l'exil du P.P. Nicolas Nicolay et du rapporteur Lescuyer[3]. En dehors de ces lois fondamentales et constitutives, il y avait aussi les « règlements intérieurs ou les « styles formulaires de pratique », » renouvelés de temps en temps par la Compagnie et affichés dans la galerie et dans les chambres des auditeurs, « à ce que nul ne prétendît cause d'ignorance[4]. »

De cette jurisprudence fort compliquée, nous n'extrairons que ce qui a rapport aux arrêts, aux jugements en révision et à l'exercice de la juridiction contentieuse et criminelle ou de police.

Un arrêt ne passait qu'à deux voix de majorité ; avec une seule, il y avait partage, et l'affaire était remise aux deux bureaux réunis. Dans les réceptions d'officiers sujets à examen, les deux tiers des voix étaient nécessaires[5]. Anciennement, la cédule de l'arrêt était souscrite par quatre ou six des juges présents, et munie de leurs cachets ou *signets*[6] ; mais une ordonnance de 1566 commanda que tous les arrêts, dans toutes les Cours, fussent signés du président et du rapporteur, et l'édit de 1598 enjoignit à la Chambre d'inscrire la liste des magistrats délibérants sur chaque requête, aussi bien que sur les jugements de clôture des comptes[7].

L'affichage des arrêts se faisait par les soins des officiers royaux des provinces, considérés comme les substituts de la Chambre ; la signification et l'exécution, par ses huissiers ou par les sergents au Châtelet[8].

Les pourvois en révision d'arrêts ne pouvaient être portés devant une autre juridiction, ce qui eût exigé le transport des registres et compromis le secret de l'État ; mais, en cas d'appel, aux termes de l'ordonnance de 1319, la Chambre devait s'adjoindre trois ou quatre membres du parlement. Comme celui-ci, malgré

Jurisprudence de la Chambre.

Arrêts.

Révision des arrêts.

---

1. Le chancelier de Pontchartrain, ancien contrôleur général des finances et fils d'un président des comptes.
2. Teulet, p. xvij, et Bordier, p. 174.
3. N° 619. *Plumitif*, 12 décembre 1667, 26 et 30 octobre 1668. — Les règlements étaient faits et rendus en Conseil au rapport du contrôleur général des finances (n° 717). Colbert aurait voulu qu'ils fussent uniformément applicables à toutes les Chambres des comptes. Voy. ses *Lettres*, etc., publiées par M. P. Clément, t. VII, p. 266.
4. Voy. *Plumitif*, 23 mars 1602, 24 novembre 1604, 3 décembre 1653, 22 novembre 1658, 8 février 1659, 31 janvier 1674, etc. Cf. le formulaire ms. Fr. 14069 et les traités imprimés, ou le *Mémoire* de 1787, p. 62.
5. Aux causes d'audience, le président demandait d'abord l'avis des présidents ; à celles de rapport, il commençait par le rapporteur, puis interpellait les maîtres, en prenant à droite ou à gauche selon son gré, et passait enfin aux présidents, qu'il saluait du bonnet.
6. N° 25. Un de ces arrêts ou mandements, encore muni des cachets sur cire rouge, soutenus par une torsade de paille, se voit au *Musée des Archives*, n° 431. Cf. *Journal*,

20 août 1554 ; le Chanteur, *Dissertation*, p. 138, et N. de Wailly, *Éléments de paléographie*, t. II, p. 26 et 27. Quelques types de ces cachets ont été décrits dans l'*Inventaire des sceaux* des Archives, t. II, n°s 4441 à 4453. Au quatorzième siècle, c'étaient plutôt des pierres gravées que des armoiries. En fait de sceau de la Chambre elle-même, les registres ne mentionnent que celui qui servait à l'apposition des scellés, et il ne portait que les armes du roi, avec la légende : *Chambre des comptes.* (Journal, 27 janvier 1786.)
7. L'usage avait été, à la Chambre comme au parlement, d'inscrire cette liste en tête de chaque séance ; nous le voyons par l'important procès-verbal de 1555 (n° 95). Mais on n'en retrouve pas trace dans le *Plumitif*, où cependant les mentions d'arrêt sont signées du président et du rapporteur. — Les arrêts sur vérification de lettres patentes : « Vu par la Chambre... » s'enregistraient au *Mémorial* ; ceux « Sur la requête présentée par un tel... », au *Journal* ; ceux sur instance et appointement : « Entre tel et tel... », aux *Arrêts*.
8. *Créances*, 6 juillet 1620.

les défenses les plus précises, ne cherchait qu'à attirer à lui les pourvois et à dénier aux gens des comptes toute juridiction pénale, François Ier et Charles IX réglèrent ce point important de jurisprudence. Depuis lors, les révisions en matière civile furent toujours jugées par une commission mixte, que le roi convoquait à la Chambre même, mais dans la chambre du Conseil, et dont telle était la composition : d'une part, le premier président ou un président du parlement, avec cinq ou six conseillers; d'autre part, le P.P. de la Chambre ou un président, avec cinq ou six maîtres des comptes. En cas de partage, le roi évoquait l'affaire à lui [1].

Juridiction contentieuse et criminelle.

L'autorité incontestée de la Chambre, en tant que contrôle, vérification, apurement de la comptabilité, lui donnait le pouvoir de prononcer sur le *contentieux incident à la ligne de compte* et sur les contestations entre parties [2]. Ces procès se jugeaient au grand bureau, en audience publique, les mercredis et samedis, et les parties comparaissaient assistées d'avocats, pour lesquels on dressait une estrade en face du banc de la présidence. Après les plaidoiries, l'avocat général concluait, et le P.P. prenait les opinions, faisant d'abord un tour pour savoir si Messieurs étaient d'avis de juger, puis recueillant les avis des présidents, ceux de quelques maîtres, et terminant par pelotons, en disant aux derniers juges l'avis des premiers [3].

Contre les comptables absents ou faillis, — qu'ils comptassent ou non devant la Chambre, — celle-ci procédait par l'apposition des scellés, l'inventaire, la vente des meubles et l'application du produit; elle constatait les délits criminels par dénonciations, informations, emprisonnements, interrogatoires, confrontations, etc. Cette partie de sa juridiction est savamment étudiée dans le *Mémoire* de 1784 [4]. De toutes les opérations qu'elle comportait, celle même qui tenait le moins du criminel, l'apposition des scellés, était presque constamment l'objet de conflits avec le parlement, les Aides, le Châtelet, les Chambres de justice, le Conseil [5]; mais la limite de chaque juridiction était encore plus mal définie en ce qui concernait les jugements. Au petit criminel, la Chambre pouvait, seule et sans le concours de personne, prononcer contre un comptable l'amende, la suspension, la destitution, la vente [6]; mais, au grand criminel, l'insuffisance du nombre de gradués, et plus anciennement la présence d'une certaine quantité de clercs incapables de prononcer une condamnation capitale, exigeaient, comme pour les cas d'appel, l'adjonction supplémentaire de magistrats gradués pris dans une Cour supérieure et la formation d'une commission mixte siégeant en chambre du Conseil [7]. C'est ainsi que nous voyons, en 1546, cinq conseillers au Châtelet, deux présidents et

---

1. Voy. deux mémoires mss. sur cette jurisprudence, Bib. Nat., Fr. 16621, et Arch. Nat., P 2642. — On possède encore, en double (P 2616 et 2617), le registre des procès en révision, dont plusieurs ont une importance historique, comme ceux de Nic. Bernard, général des finances de Caen, du trésorier Jean Grolier, de Cl. du Bourg (voy. n° 107, et corrections, p. 768), des associés de Ch. Paulet, etc. Il existe à la Bib. de l'Arsenal, Jurisp. fr., ms. 103, une copie de ce registre, en tête de laquelle le procureur général de Fourqueux a écrit une bonne notice sur les révisions.

2. Voyez, dans le réquisitoire prononcé en 1769 par l'avocat général du parlement, M. Séguier (affaire des *Mélanges historiques*), la distinction qu'il fait entre le *préalable* et l'*incident* à la ligne de compte. Cf. le *Mémoire* de 1787, p. 248 et suiv.

3. C'était seulement dans ces affaires d'audience que les avocats plaidaient devant la Chambre, et néanmoins celle-ci tenta plusieurs fois de s'arroger sur le barreau des droits disciplinaires que le bâtonnier seul devait exercer. Voy. l'affaire du proviseur de Navarre en 1596 et 1597 et les arrêts du 4 décembre 1784 et du 10 mai 1785. (*Plumitif.*)

4. Pages 143-244. Cf. ms. Dupuy n° 384, *Mémoires sur la juridiction souveraine, criminelle et civile de la Chambre*; ms. Fr. 3889, fol 250 v. à 268, curieux mémoire du seizième siècle; Arch. Nat., P 2642, *Traité de la juridiction souveraine de la Chambre*, d'après les Mémoriaux et les Plumitifs; le *Recueil de la juridiction contentieuse* imprimée en 1726 et 1730 (ms. Mél. Clairambault n° 350, fol. 326 et s.), et l'article du *Répertoire de Jurisprudence*, t. III, p. 41 et suiv.

5. N°s 611, 733, 775. Voyez, dans le *Journal*, les remontrances présentées le 9 septembre 1770, à propos de scellés que le parlement avait fait rompre chez le complice d'un comptable. « Le parlement est le juge des vols ordinaires, mais non de ceux des deniers royaux; et, en quelque main qu'ils passent, c'est à la Cour des finances à en poursuivre le recouvrement. . . »

6. Voici un jugement rendu le 2 janvier 1587, pour crime de faux : « La Chambre ordonne que Laurens se démettra de son état de receveur des tailles de Baugé dedans six mois; autrement et à faute de ce faire, et ledit temps passé, il y sera pourvu par le roi. Lui fait inhibitions et défenses de s'immiscer ci-après en l'exercice d'icelui, ni d'autre état et office royal. Et outre, l'a condamné en 500 écus d'amende, à savoir : en 100 écus envers le roi et en 200 écus d'aumônes envers les pauvres de cette ville de Paris, 50 écus envers les Filles-Dieu, 50 écus envers les religieuses de l'Ave-Maria et 100 écus envers les Minimes lez Paris; et à tenir prison jusqu'à plain et entier payement desdites sommes. Prononcé au procureur général et audit Laurens, prisonnier, pour ce atteint entre les deux guichets de la Conciergerie. » (*Arrêts*; pièce imprimée dans Gosset.)

7. *Mémoire* de 1784, p. 444 à 489. Cf. *Répertoire de Jurisprudence*, t. III, p. 42, note.

NOTICE PRÉLIMINAIRE.

huit maîtres des comptes prononcer contre un faussaire l'amende honorable, le bannissement, etc.[1] Afin de couper court aux conflits et aux prétentions du parlement, Charles IX, en constituant la commission extraordinaire de 1566 pour la poursuite des malversations commises au fait des finances, régla définitivement la jurisprudence des révisions et des procès criminels. Les procédures préparatoires, jusqu'à la torture exclusivement, furent réservées à la Chambre, qui avait déjà une prison, lieu « bas et humide, » situé sous la montée du grand escalier et contigu à la Conciergerie et à l'hôtel du premier président du parlement[2]. A partir du jugement de torture, les gens du roi du parlement se rendaient à la Chambre pour prendre des conclusions de concert avec le procureur général des comptes. Alors se rassemblait en la chambre du Conseil la commission mixte, composée de sept représentants de chaque Compagnie. Elle jugeait dans le même style que les Chambres de justice qui avaient fonctionné si sévèrement sous François Ier; s'il était prononcé une peine corporelle, le greffier des comptes lisait l'arrêt au condamné, et l'exécution se faisait immédiatement dans la cour du Palais, devant la montée de la Chambre[3].

A la longue, et bien que les affaires criminelles fussent extrêmement rares[4], le parlement se lassa de ces déplacements, qui semblaient le mettre sous la sujétion de la Chambre : il prétendait que celle-ci devait se restreindre aux cas de production de fausses quittances ou de faux acquits, sans étendre son autorité jusqu'aux banqueroutes, aux vols de deniers royaux, ni même à la police intérieure de la Compagnie ; à plus forte raison s'efforçait-il de se réserver toute la juridiction criminelle. Mais, de son côté, la Chambre, jalouse d'avoir à elle seule des pouvoirs déjà accordés à ses cadettes, les Cours des aides et des Monnaies, se remplit peu à peu de gradués, et, lorsqu'elle en compta « douze fois plus que le parlement ne pouvait lui en envoyer, » elle demanda résolûment aux contrôleurs généraux des finances l'abolition des commissions mixtes, réclamant le droit de juger en dernier ressort les affaires criminelles dont l'opposition du parlement, sa mauvaise volonté, ses lenteurs, ses refus, semblaient multiplier chaque jour le nombre[5]. La Révolution trancha cette question.

Quant à la juridiction de police, il se pouvait que les gens des comptes l'eussent exercée sur tous les financiers en général, puisqu'on voit, vers 1335, un Lombard venir déclarer au bureau qu'il renonce à l'usure, pour le salut de son âme ; sur quoi, la Chambre prononce qu'il ne sera plus recherché à l'avenir[6]. Mais ils ne la conservèrent qu'à l'intérieur de leur hôtel et dans le rayon environnant, pour assurer la dignité de la Compagnie et la tranquillité de ses séances. L'un des plus anciens et des plus curieux exemples de ces jugements sommaires est celui du drapier Jean Haudry, condamné à l'amende, le 27 août 1318, pour avoir dit des « vilenies » de Messeigneurs des comptes[7].

Juridiction de police.

---

1. N° 73. — Il faut remarquer que le coupable était un clerc tonsuré et que la commission dut le rendre à l'officialité épiscopale, « pour faire et parfaire le procès, » à condition qu'il ne serait pas élargi sans en aviser le procureur général.

2. Ce lieu, qui avait été abandonné au premier huissier et au receveur des épices, fut rétabli en prison par lettres patentes du 22 mai 1656, « pour servir à l'exécution des arrêts de la Chambre envers les receveurs comptables, leurs cautions, commissionnaires et autres redevables des deniers du roi, soit par condamnations d'amendes, débets de comptes et autres occasions importantes. » (Impr. dans le recueil Gosset.) Voy. l'affaire Forcoal, n° 595, note.

3. N°s 61, 492, 635, etc. Voyez, dans le recueil Gosset, 17 janvier 1583, l'exécution de Nic. Vacher, receveur des barrages de Paris, convaincu de faussetés, péculat, etc. Il fut soumis à la question extraordinaire, pendu séance tenante et transporté à Montfaucon ; ses biens furent confisqués, après prélèvement de 3,000 écus pour les travaux de pavage. (Voy. n° 192 bis.) — Pour les procédures, voyez un arrêt du 5 mars 1574 (Journal), une commission du 19 du même mois (Mémorial), un arrêt pour faire crier à son de trompe un accusé (Plumitif, 20 juillet 1598), et les registres de la commission de 1566, Bibl. Nat., ms. Fr. 4529, et de la Chambre de justice de 1607, Fr. 4313.

4. Il n'y en eut pas entre celle de 1583 et l'affaire du vol des titres de 1682, dont la procédure est conservée sous la cote P 2618. Voy. Petitpied, Prérogatives des ecclésiastiques, p. 598 et suiv.

5. N°s 778 et 793. Plumitif et Journal, 29 mars 1761 ; Mémoire de 1784, p. 515 et 535. — En mars 1787, M. le Marié d'Aubigny présenta dans ce sens un mémoire, que le P.P. transmit à M. de Calonne. (Journal, 23 mars 1787; Arch. Nicolay, 72 L 651.) On en trouve une copie dans la collection Boissy, Bib. Nat., ms. Fr. 10997, fol. 412-415.

6. Mémorial B, fol. LXI verso.

7. « L'an mil iii^c xviii, le dimenche après la my aoust, xxviie jour d'aoust, Jean Haudry, drapier, paia l'amende aux seigneurs de la Chambre des comptes et en la main de Monsieur Regnault de Lor, sur ce qu'il avoit folement parlé en la présence de nosdictz seigneurs et dist ledict jour que l'en luy vouloit tollir le sien ; et Nosseigneurs dirent et respondirent que ilz n'estoient pas tolleurs. Sur ce en ladicte villennie que icelluy Jean avoit dict par deux fois ou trois, nosdictz seigneurs l'arestèrent et luy firent amender ; et icelluy Jean Haudry l'amenda en la main et à la volenté

L'amende et la réprimande étaient souvent infligées à des procureurs, à des huissiers insolents, ou même aux magistrats querelleurs¹. En 1653, le chantre de la Sainte-Chapelle (celui du *Lutrin*), Messire Jacques Barrin, qui, l'année précédente, portait alternativement le bâton de chœur ou l'épée de lieutenant de la compagnie colonelle du Palais, ayant proféré en pleine séance des paroles injurieuses pour la Compagnie, on le déclara indigne d'entrer au bureau et on pria le Chapitre d'envoyer désormais un représentant plus sage et plus modéré². En 1658, un sergent, coupable d'avoir arrêté dans la rue et conduit en prison un conseiller maître, est condamné à faire amende honorable, à genoux, tête et pieds nus, au bas des degrés de la Chambre, et à payer 6 liv. d'aumône pour les malades de l'Hôtel-Dieu³.

Au seizième siècle, les abords de la Chambre, comme ceux de tous les autres tribunaux, étaient infestés de laquais, badauds, vagabonds, bretteurs ou filous, contre lesquels la prison au pain et à l'eau, le carcan, la fustigation, étaient une protection bien insuffisante. Ni l'intervention des huissiers ou des sergents, qui souvent sortaient de la bagarre tout en loques et moulus de coups, ni les rafles exécutées par le prévôt de la maréchaussée aux heures où la montée s'encombrait de joueurs de dés et de « coupeurs de bourse et autres gens sans aveu qui n'ont ni mandille ni manteau, » ni l'autorité suprême du bailli du Palais, ne purent de longtemps déloger ce monde de coquins attiré par les boutiques, bouchons et tavernes qui pullulaient dans chaque encoignure de la Chambre ou de la Sainte-Chapelle. Il est vrai que le désordre était entretenu surtout par les valets de Messieurs de la Cour ou des comptes, bien sûrs d'échapper au châtiment, ou par les gens des chanoines, qui s'amusaient à lancer leurs paumes dans les verrières de la Chambre et à jeter des fusées par les fenêtres des bureaux⁴.

Comme annexe à sa juridiction de police, la Chambre avait eu de tout temps le droit de répression contre les libelles, factums et publications quelconques attentatoires à son honneur⁵ ; mais la sentence prononcée en 1768 contre les *Mélanges historiques* de Damiens de Gomicourt souleva un conflit des plus violents, où le parlement eut gain de cause, et il se fit exclusivement réserver l'exercice de la police et de la censure publique⁶.

Conflits avec les autres Compagnies.

Ce n'est pas la première fois que nous rencontrons ces conflits de Cour à Cour, résultat inévitable de la délimitation si imparfaite, et d'ailleurs si difficile, des pouvoirs judiciaires et administratifs, ou des fréquentes contestations de préséance. L'origine de la Chambre, la nature de ses fonctions, sa composition et ses attributions l'exposaient plus qu'aucun autre corps aux débats de chicane ou de cérémonial.

Conflits avec le parlement.

Avec le parlement, il n'y avait peut-être qu'un seul point sur lequel l'entente fût établie, et le principe en était essentiellement contestable. La Chambre et lui, se proclamant hautement « médiateurs entre le peuple et le roi, » refusaient l'un et l'autre de se faire représenter aux États généraux, comme « étant composés eux-mêmes des trois états, tenant un rang au-dessus de ces assemblées et étant juges de ce qui y était arrêté par la vérification⁷. » Sur toute autre question, politique, administrative, judiciaire, alors

desdictz seigneurs et espaulement de Monsieur Regnault de Lor, comme dict est. Et à ce furent présens M⁰⁰ Pierre de Condé, Monsʳ Regnault de Lor, chevallier, Martin des Essars, Giraut Guete, Guérin de Senlis, G. Dubois, maistres des comptes et trésoriers ; Guillaume Pizdoé, escuier du roy, Guillemin de Ressons et Bonnat de Lespine, receveur de Champaigne, avec plusieurs autres. » (Bib. Nat., ms. Fr. 2838, fol. 34.)

1. Nᵒˢ 111 et 112. *Plumitif*, 16 septembre 1598. Cf. *Répertoire de Jurisprudence*, t. III, p. 42, note, et le recueil Gosset, décembre 1460 et 31 décembre 1551.
2. *Plumitif*, 31 janvier 1653. — Quelques mois plus tard, la Chambre, pour l'amour de son doyen, supprima cet arrêté, et elle fit « rompre la minute et grosse, » séance tenante.
3. *Plumitif*, 6, 7 et 17 juin 1658.
4. Nᵒ 116, *Journal*, 25 octobre 1564 (impr. dans le

recueil Gosset) et 1ᵉʳ juillet 1570 ; *Plumitif*, 20 janvier 1583, 10 juillet 1587, 15 septembre 1588, 26 septembre 1597, 25 juin et 4 août 1599, 27 février 1601, 20 septembre 1612, 23 juillet et 31 août 1619, etc.

5. A la suite du différend qui a été indiqué plus haut en parlant du collége de Navarre, un factum produit par le proviseur Godin fut lacéré en plein bureau, ledit Godin ajourné ainsi que son imprimeur, blâmé et condamné à 100 liv. d'amende, avec défense de plus appeler des arrêts de la Compagnie, et l'avocat Goujon également blâmé pour avoir fait le factum.

6. Nᵒ 862. Voyez, dans le recueil imprimé à cette occasion, le réquisitoire de l'avocat général Perrot, p. 111 et suiv. Il a été reproduit en partie par Merlin, dans le *Répertoire de jurisprudence*, t. X, p. 486.

7. Nᵒˢ 374 et 545. Cf. Aug. Thierry, *Hist. du tiers-état*, t. II, p. 26.

NOTICE PRÉLIMINAIRE.

même que les deux Compagnies sœurs devaient réunir leurs efforts pour elles, pour le peuple ou contre le prince, l'accord ne pouvait se faire ou durait bien peu, et un volume suffirait à peine pour retracer les diverses péripéties d'une lutte qui remontait à l'origine de ces Cours et qui ne finit qu'avec elles. Bien que toutes deux eussent été « établies souveraines en leurs fonctions, indépendantes l'une de l'autre, et que chacune eût sa fonction séparée [1], » le parlement, devenu beaucoup plus puissant, affectait de professer dans ses actes solennels que la Chambre était « née sous les auspices des lois, formée dans le sein du parlement, et sans doute *établie avec son aveu*. » Il lui contestait son antériorité, cela va sans dire, et prétendait se reconnaître seul dans les ordonnances de saint Louis et dans les *gentes deputatæ ad compotos*. Il opposait sa qualité de « Cour » à celle de « Chambre, » comme un signe de souveraineté, encore bien qu'on eût dit pendant tout le quatorzième siècle « *Camera parlamenti,* » et que la juridiction des finances eût été très-souvent qualifiée de « Cour » dans les ordonnances ou les édits. Le même mélange d'éléments ecclésiastiques et laïques, la même distinction primitive entre les rapporteurs et les jugeurs, la réunion fréquente des deux corps et du Conseil du roi dans l'enceinte de la Chambre, pour former ce que l'on appelait alors « le grand et plein Conseil, » l'existence d'un seul procureur général pour les uns et les autres, tout, jusqu'à cette dénomination commune de « maîtres du parlement » et de « maîtres des comptes, » témoignait une confraternité, une collatéralité parfaite, comme dit Pasquier; et néanmoins le parlement ne parlait que de ses droits de supériorité [2]. Nous avons vu comment il se comportait à propos des commissions mixtes et des procès en révision ou au criminel; mais il déniait encore aux gens des comptes l'enregistrement en général, la connaissance des oppositions incidentes, la vérification des dons ou le ressort sur les baillis et sénéchaux, tout aussi bien que le contentieux civil ou la juridiction criminelle : il ne voulait leur laisser que la pure et simple *ligne de compte* ou les naturalisations [3]. De leur côté, ils s'empressaient de répondre par des empiétements analogues sur la juridiction voisine.

Tantôt, nous voyons le parlement et son avocat du roi, Lizet, avec une singulière violence de langage et dans un latin plus singulier encore, accuser les gens des comptes de « faire parler le roi en leurs sentences et de les sceller du scel dont on scelle les arrêts, quoiqu'ils ne soient souverains excepté en article de compte. » Ériger *cervicem contra superiores*, n'est-ce pas là le fait de vrais *Lucifériens* [4] ? Tantôt, on leur conteste le droit de « faire appeler les défauts (aux audiences du mercredi et du samedi) et plaider par avocats, publier édits, ordonnances et autres lettres patentes à huis ouverts, faire faire serment aux baillis et sénéchaux, et enfin, empêcher l'exécution des taxes faites par la Cour [5]. » Dans ces deux cas, la Chambre prouva et maintint, mais non sans peine, son autorité et sa possession de temps immémorial. Elle eut encore un pareil succès en juillet 1550. Le parlement la sommait de lui dépêcher deux députés et s'exprimait ainsi : « Bien que ceux de ladite Chambre soient souverains pour le regard de la ligne de compte, toutefois leurs personnes et leurs biens sont sujets à icelle Cour, et il ne faut point que ainsi ils se montrent désobéissans aux mandemens de ladite Cour comme ils font. « Il s'agissait cette fois d'un appel dévolu à la Chambre en vertu de l'édit de décembre 1520, et le roi répondit au parlement : « Notre

---

1. N° 492, p. 402, mémoire de 1638. La déclaration du 27 décembre 1556 s'exprime ainsi : « Par l'érection des deux Cours, l'une n'a sur l'autre aucune autorité, ains sont toutes deux en leur droit et respectivement connoissantes en dernier ressort. » Voy. le *Mémoire* de 1780, p. 189 et suiv.
2. *Dissertation* de le Chanteur, p. 5 et 6, 15 et suiv.; 29 et suiv., 84 et suiv.; *Mémoire* de 1780, p. 200 et suiv.; *Lettres historiques sur le parlement* (par le Paige, 1754), t. II, p. 217 et suiv.
3. Voy. le réquisitoire de M. Perrot, du 8 mai 1769, impr. dans les *Observations de la Chambre des comptes*, p. 46 et suiv.
4. N°s 15 et 16. — Le texte du procès-verbal de la séance du 6 mars 1519 et le langage prêté au P.P. Jean Nicolay par le greffier du parlement ne sont-ils pas inconciliables avec les deux lettres de cachet accordées immédiatement par le roi ? Les registres de la Chambre ne parlent pas de députés envoyés au parlement, et ceux-ci ne pouvaient compromettre, par des paroles aussi humbles, la dignité de leur Compagnie, lorsqu'ils avaient tous les moyens de se faire rendre justice, et par le roi, et par le Conseil. Voy. le réquisitoire indiqué plus haut, p. 14, 16 et suiv. — Le conflit, en lui-même, fit du bruit, car on trouve des copies du registre du parlement dans les anciennes collections manuscrites, et cette Cour s'en servit souvent comme d'un précédent favorable.
5. La Chambre fut défendue par le président Briçonnet; Lizet requérait encore pour le parlement. Voy. ap. *Observations*, etc., le réquisitoire de l'avocat général Séguier, p. 28.

Chambre des comptes n'est sujette qu'à nous immédiatement, et non à vous, ni à autre justice..... Si telles voies avoient lieu, les arrêts de notredite Chambre demeureroient illusoires et sans effet, au retardement de nos droits, deniers et finances, dont la connoissance ne vous appartient, laquelle nous vous avons par ci-devant défendue, et défendons par ces présentes[1]. »

Une des plus curieuses contestations de ce genre s'engagea vers la fin de l'année 1556, à l'occasion des cédules de *debentur* sur lesquelles chaque membre du parlement touchait ses gages et que Messieurs des comptes ne voulaient plus admettre, si elles n'étaient signées par les présidents de chambre, avec attestation du service de chaque conseiller ou justification de son absence. On peut lire dans un recueil moderne[2] les remontrances que le président Séguier alla présenter à Saint-Germain : c'était un véritable acte d'accusation contre la Chambre et ses officiers. Le parlement, soutenu par le cardinal de Lorraine, trouva un habile adversaire dans Michel de l'Hospital, alors chef suprême de la Chambre des comptes et bien en cour. Il parvint à faire modifier la décision du roi et à substituer des lettres patentes plus favorables en place de celles que le parlement avait envoyées naïvement à enregistrer. De là, séances tumultueuses de part et d'autre. L'Hospital refusa de comparaître devant la Cour, à moins que ce ne fût comme particulier, en son nom privé, et il semble que le parlement finit par abandonner la lutte et accepter le second texte des lettres patentes[3].

Le temps ne pouvait rendre ni moins vives ni moins fréquentes ces déplorables hostilités : on les revoit au dix-septième siècle telles qu'elles ont été au siècle précédent, et telles qu'elles seront au suivant. En dehors du terrain juridique, le cérémonial, les processions, les assemblées publiques où le parlement et la Chambre se rencontraient côte à côte, étaient autant d'occasions de conflits[4]. La scandaleuse algarade du 15 août 1638[5] trouva presque son pendant en 1667, lorsque le parlement prétendit s'interposer en juge suprême entre un auditeur insolent et les conseillers maîtres[6]. L'affaire du terrier général, celle du greffier Forcoal n'eurent pas moins de retentissement[7], et trop souvent les conséquences de ces conflits furent des plus tristes, non pas pour les greffiers ou huissiers, qui, de part et d'autre, savaient éviter les amendes, les prises de corps et autres peines dont les deux partis se menaçaient réciproquement, mais pour les malheureux prisonniers placés entre deux juridictions rivales, comme ce même Forcoal, ou comme le receveur Comptier, que l'obstination coupable du parlement à ne point former la commission mixte retint dans les fers pendant plus de douze ans; malgré les généreux efforts du chancelier Daguesseau, il mourut sans avoir été jugé[8].

Nécessairement, la Chambre, comme les autres Cours parisiennes, était convoquée aux assemblées de l'hôtel de ville ou aux réunions de la police générale qui se tenaient dans toutes les occasions extraordinaires, pour délibérer sur les intérêts municipaux[9]; mais elle ne cachait pas sa jalousie de l'autorité exceptionnelle laissée par prudence au parlement dans les cas de disette, de calamité publique, et nous la voyons, en 1741, lancer un arrêt fulminant à propos de ces *taxes des pauvres* que le parlement ordonnait sans lettres patentes, sans enregistrement. Elle eut alors le Conseil et le public contre elle, et ce fut tout au plus si le cardinal de Fleury, par amitié pour le P.P., put atténuer le coup[10]. On fit encore beaucoup de bruit, en 1769, du réquisitoire de l'avocat général Perrot et de l'arrêt de la Chambre contre les *Mélanges*

1. Arch. Nat., reg. du Parlement, X 1567, fol. 311 verso et suiv.; Bib. Nat., mss. Mél. Clairambault, n° 346, p. 371.
2. Blondel, *Mémoires du parlement*, t. II, p. 267-281.
3. Voy. les copies des procès-verbaux dans la collection des boîtes de M. le Marié d'Aubigny. Il y a du même temps un curieux exemple d'appel porté en parlement, contre les ordonnances, et Brillon (*Dictionnaire des arrêts*, t. II, p. 70) a reproduit les remontrances prononcées à cette occasion par le procureur général Brulart, au nom de la Cour.
4. N°s 37, 534, 541.
5. N°s 489, 490, 492. — Il en sera question plus loin,
à l'article du Cérémonial.
6. N° 615. — Comparez, au siècle précédent, la mésaventure du président de Thou envoyé par le roi pour régler la préséance entre deux présidents des comptes, et ne pouvant pénétrer dans le bureau (n° 65).
7. N°s 587, 594, 595.
8. N°s 778, 793. — Sur cette triste affaire, voy. le *Plumitif*. 24 janvier et 3 février 1726, 28 avril, 10 juin et 17 septembre 1730, 21 mai 1731, 5 novembre 1736, juin 1737, etc.
9. *Journal*, 19 mars 1571, 14 juin 1572, etc.
10. N°s 702 et 806. Cf. *Journal de Barbier*, janvier 1741; *Journal de Narbonne*, p. 491-493.

NOTICE PRÉLIMINAIRE.

historiques, qui attaquaient toute la magistrature en général et la Chambre en particulier[1]. L'affaire fut fort vive, comme l'attestent les journaux et chroniques du temps, on imprima force pièces, et, si la Chambre eut le dessous, ce ne fut pas sans avoir combattu vaillamment. C'est là un des épisodes les plus curieux de la grande lutte qu'elle soutenait depuis 1761 contre les juridictions rivales, et qui eût pu, tant elle était compliquée, se poursuivre bien au-delà de 1789[2].

Je me bornerai à noter les avantages remportés par la Chambre sur les maîtres des requêtes[3], pour passer immédiatement à la Cour des aides. Ce tribunal était un démembrement fort ancien de la juridiction financière[4], institué en second ordre pour veiller à la perception des aides ou tailles, et la Chambre ne lui reconnaissait qualité que pour juger et réprimer les exactions ou concussions des receveurs, mais non pas leurs retards à compter, leurs divertissements et autres délits analogues. Quoique cette délimitation eût été confirmée nettement par des déclarations royales ou des arrêts du Conseil rendus en présence du roi lui-même, les conflits, avec le temps, devinrent de plus en plus fréquents, à propos des rentes sur la ville, des poursuites contre les receveurs, des appositions de scellés chez les comptables, et surtout du « concours des premiers juges en ce qui concernait les fonctions de la Chambre[5]. » De part et d'autre, il se fit un grand étalage d'érudition : la Chambre, pour son compte, fouilla curieusement toutes ses archives, fit réunir des mémoires sous la direction du P.P.[6], imprima en 1726 et 1730 deux recueils d'édits, arrêts, etc. pour prouver sa juridiction contentieuse, et en 1780 l'important mémoire de M. de Boissy sur le concours universel qu'elle était en droit d'exiger de tous les juges, même de toutes les Cours et de l'administration[7]. Le roi fit étudier l'affaire par des conseillers d'État, auprès desquels on commit deux présidents et quatre maîtres des comptes ; néanmoins, les Aides parvinrent, d'empiétement en empiétement et grâce aux circonstances politiques, à usurper toute l'autorité sur les receveurs particuliers, qui cessèrent un jour de faire enregistrer leurs provisions à la Chambre et d'y prêter serment. Ce fut l'objet du second mémoire de M. de Boissy (1784), concluant à obtenir pour les gradués de la Compagnie le jugement de toutes les affaires criminelles et à réclamer la discussion des immeubles des comptables, « seul point par lequel la Cour des aides avait la connaissance d'objets relatifs à la comptabilité[8]. » Enfin, en 1787, la faillite énorme du trésorier de Saint-James, le décret lancé par la Cour des aides contre le receveur général de Tours et la cassation de celui dont la Chambre, de son côté, avait frappé un receveur particulier, renouvelèrent, plus violentes que jamais, toutes ces rivalités et donnèrent lieu à de remarquables remontrances[9].

Comme la Cour des aides, celle des Monnaies était une « éclipse » de la Chambre, mais de formation beaucoup plus récente. Jusque dans le seizième siècle, les généraux des Monnaies, quelles que fussent leurs prétentions à la sécession, firent partie du corps de la Chambre, marchant avec elle aux cérémonies, portant le costume des maîtres, siégeant dans un des « départements » de la Compagnie. Celle-ci avait alors dans ses attributions le contrôle en matière monétaire, la réception des conducteurs des travaux, l'expérimentation

Conflits avec la Cour des aides.

Relations avec la Cour des monnaies.

---

1. Le recueil de cette affaire, formé par M. le Marié d'Aubigny, se trouve à la bibliothèque des Archives Nationales, S. 1 35. Le brouillon original d'un des réquisitoires prononcés par M. Perrot est conservé à la Bib. Nat., mss. Nouv. acq. fr. in-4°, n° 713.
2. Pour les origines de cette lutte, voy. l'intéressante étude de M. le conseiller H. de Coral sur l'*Historique de la Cour des comptes.*
3. Nos 121 et 441.
4. La Chambre fixait cette création à l'an 1382. Voy. le *Mémoire* de 1784, p. 110 et suiv., et celui de 1780, p. 293 et suiv., 353 et suiv.
5. Nos 368, 764, 893, 911, etc.
6. Janvier 1727. Il en existe une copie écrite de la main de M. d'Aubigny, P 2646.
7. Voy. plus haut, p. V. *Plumitif,* 30 décembre 1779, 17 janvier, 10 avril, 6 mai, 31 juillet et 18 novembre 1780. — M. le Marié d'Aubigny avait fait aussi un Mémoire, et,

en 1763, MM. de la Baune, Portail, le Boullanger et Cassini en avaient dressé un autre à l'occasion de la procédure criminelle dirigée par la Cour des aides de Bordeaux contre le receveur des tailles de Sarlat. (*Plumitif,* 21 février 1763.) M. de Boissy, qui avait déjà publié sur les arrêts du parlement de 1766 et 1769 des *Observations* que j'aurais dû signaler dans la Bibliographie, présenta son *Mémoire* au bureau le 16 février 1780, et l'édition entière fut déposée au greffe, « pour en être fait tel usage que de raison. » Les Archives Nationales possèdent l'exemplaire de la Chambre, annoté par M. le Marié d'Aubigny. Malgré des divisions peu faciles à saisir, il y a un grand profit à tirer de ce document fait sur les pièces mêmes, par un magistrat profondément versé dans l'histoire de la Chambre, de ses attributions, de ses origines et des caractères primitifs de sa juridiction.
8. *Plumitif,* 16 février et 12 juillet 1784.
9. N° 926.

des engins, l'ordonnancement des gages, l'enregistrement des actes royaux¹. Mais, dès que la Cour des monnaies, créée en 1552 et devenue un corps indépendant, eut quitté sa première résidence ² pour s'installer dans la partie supérieure du bâtiment qui dominait la montée de la Chambre et attenait à l'hôtel du Bailliage³, elle ne voulut plus reconnaître d'autre suprématie que celle du parlement; et enfin, lorsque Louis XIV, en 1686, la transféra dans le Palais même, les relations, déjà fort tendues, se rompirent complètement. Afin d'effacer jusqu'aux traditions qui attestaient son origine secondaire, la Cour des monnaies refusa d'envoyer à la Chambre les députés que celle-ci mandait pour délibérer, non plus sur les difficultés d'un compte (ce fait se représentait régulièrement), mais sur des lettres patentes accordées aux trésoriers des Monnaies⁴. Malgré sa modération sur ce chapitre, la Chambre eut encore plus d'un conflit avec les Monnaies, notamment en 1788. Remarquons que, vers le même temps, le contrôleur général des finances, pour faire des essais d'espèces, choisit des commissaires dans la Chambre des comptes, aussi bien que dans le Conseil et la Cour des monnaies⁵.

Relations avec les trésoriers de France.

Sans aller chercher, comme l'a fait Fournival, l'origine des trésoriers de France et de la Chambre du Trésor dans la *Camera vetus thesauri* du roi Clovis ⁶, constatons seulement qu'en leur premier état connu, les trésoriers, ou généraux des finances, pouvaient, sans aucune incompatibilité, appartenir à la Chambre ⁷; qu'ils eurent, eux aussi, pour siège de leur juridiction, jusqu'au temps où Charles V les constitua en tribunal spécial, un des « départements » de l'hôtel des gens des comptes, la chambre du Trésor, qui garda toujours ce nom; et qu'enfin, reçus par la Chambre, installés au Trésor par le doyen des maîtres, avec droit d'entrée, séance et voix délibérative au bureau de toutes les Chambres des comptes, dans les affaires concernant les « *domanium et hereditagia domini Regis,* » ils conservèrent, je l'ai déjà dit, une complète assimilation avec les maîtres des comptes ⁸. Est-il nécessaire d'ajouter que les vingt-quatre bureaux des finances, héritiers multiples des trois ou quatre trésoriers qui suffisaient au mécanisme financier du quatorzième siècle, ne se firent aucun scrupule de s'arrondir aux dépens de la juridiction domaniale de leurs hospitaliers confrères? Au dix-huitième siècle, quand ils se sentiront en force pour engager la lutte sur cent points à la fois, et, soutenus par les commis des intendants des finances, excités et guidés par un de leurs collègues de Paris, Jacobé de Naurois, « homme ardent et téméraire, » ils réussiront presque toujours dans leurs entreprises. La Chambre de Paris ne considérait ces trésoriers que comme des substituts chargés de la réception des hommages de simples fiefs, de celle des cautions, de la publication des aveux, etc.; ils prirent pour tactique de lui opposer la seule force d'inertie, et, par exemple, d'envoyer à ses dépôts des actes inacceptables, tandis qu'ils s'attaquaient de çà ou de là aux Chambres des provinces et se formaient un arsenal de décisions particulières, d'arrêts de première instance. Nous avons vu ⁹ que la Chambre lança contre eux, en 1730, un Mémoire important; il fut suivi, en 1745, d'une réponse : *Mémoire sur les privilèges des trésoriers de France*. En 1750, à propos d'un nouveau conflit des bureaux avec la Chambre de Dijon, le procureur général de Fourqueux voulut devancer les attaques prévues et étouffer, de par l'autorité du

---

1. Nᵒˢ 78, 108, 742. Cf. Miraulmont, fol. 168 et 173 verso; G. Constans, *Traité de la Cour des monnoyes*, p. 11.
2. La chambre dite des Monnaies fut affectée aux auditeurs, et l'on y plaça les comptes des généralités du nord. Selon Constans (p. 14), on y voyait encore, un siècle plus tard, des restes de fourneaux à essais.
3. *Plumitif*, 15 février 1586.
4. Ibid., 18 septembre 1717.
5. Nᵒ 934.
6. *Recueil général des titres concernant . . . . . les présidens trésoriers de France*, etc., 1655, p. 8.
7. Ainsi faisaient le sire de Sully, Jean Gaulart, Jean de Hangest, l'évêque Philippe des Moulins, Nicolas de Fontenay, Nicolas de Plancy, Jean de Vaudetar, etc. Toute l'administration des finances était entre les mains de ces trésoriers.
8. Voy. plus haut, p. xxxii. — La place des trésoriers au grand bureau de la Chambre était la dernière, au-dessous des maîtres. Il y a dans le *Plumitif*, au 20 mars 1597, une curieuse séance où l'on voit Mᵉ Jean le Blanc, sieur de la Vallière, trésorier de France à Tours (quelque grand-père de la duchesse), batailler pour avoir séance au-dessous des présidents, ou du moins au-dessus des maîtres reçus depuis lui, disant qu'il « étoit ancien trésorier de France, et non des nouveaux créés pour nécessité, de ces trésoriers *à la douzaine*; qu'il étoit homme d'honneur et avoit bien peu mérité de la Compagnie pendant les troubles pour ne lui accorder sa requête; » et enfin, qu'il préférait se retirer. La Chambre n'en eut raison qu'en le menaçant de l'envoyer prisonnier à la Conciergerie, et lui infligea un blâme.
9. Voy. plus haut, p. v. On trouve plusieurs factums imprimés dans le ms. Mél. Clairambault nᵒ 350, p. 245 et s.

NOTICE PRÉLIMINAIRE.

Conseil royal, une guerre « aussi indécente que préjudiciable aux intérêts du roi, à ceux de ses vassaux et à tous les particuliers, » car la question domaniale se compliquait de celles des scellés chez les comptables, des injonctions, etc.; mais le P.P. Nicolay se refusa à entrer dans la voie des agressions[1]. Tous les matériaux réunis à cette occasion furent utilisés dans le Mémoire de 1779, le *Véritable état des trésoriers de France*, où sont discutés les huit principaux chefs de contestation portés en 1730 devant le Conseil, et qui fait connaître à fond les bureaux des finances et la Chambre du Trésor[2].

Il est assez difficile d'expliquer, si ce n'est au point de vue du domaine de Paris, pourquoi la Chambre, jusqu'au dix-septième siècle, eut une sorte d'autorité sur le Châtelet, expédiant les provisions des magistrats, assignant leurs gages, élisant les huit examinateurs (en 1320), dirigeant les opérations de l'élection des candidats aux fonctions de procureur du roi[3], faisant faire par ce magistrat une copie du *Livre des métiers* pour remplacer l'exemplaire détruit dans l'incendie de la chambre de France[4], renouvelant la reliure de ces mêmes registres des *Métiers* conservés au Châtelet, s'interposant auprès des prévôts des maréchaux pour qu'ils délivrassent plus exactement leurs procès-verbaux[5], ou enfin admonestant sévèrement le procureur du roi, appelé devant le bureau, à l'occasion du regrattage des parchemins volés dans les dépôts des comptes[6]. Quoi qu'il en soit, ces attaches, cette espèce de servilité disparurent; puis, les conflits s'engagèrent, particulièrement sur les scellés et inventaires, et ils étaient très-compliqués en 1788[7].

Relations avec le Châtelet.

Si les origines de la Chambre sont difficiles à établir, il en est à peu près de même de sa composition dans le premier siècle de son existence. Sous Philippe le Bel, aussi haut que l'on remonte avec quelque certitude, nous ne trouvons d'abord qu'un corps mal défini, où le roi fait entrer indifféremment et au jour le jour gens d'église, grands feudataires, courtisans, chevaliers, bourgeois ou légistes[8]. Puis, il paraît réduit à deux *seigneurs, souverains*, ou présidents, l'un clerc et l'autre lai, trois maîtres clercs, trois lais, les clercs de ces maîtres et leurs *scriptores*[9]. C'est la première forme à peu près régulière de cette Compagnie souveraine qui devait un jour compter près de trois cents magistrats ou officiers[10]. En 1319, une augmentation de personnel fut nécessaire pour liquider l'énorme masse de comptes arriérés, et, pendant les règnes suivants, il est presque impossible de reconnaître aucune succession suivie. Toutes les ordonnances attestent une instabilité capricieuse, au milieu de laquelle la *Filiation* et les armoristes ne peuvent faire que des erreurs; ce fut seulement à partir de 1388 que le nombre des officiers ordinaires se fixa à deux présidents, huit maîtres et douze clercs (auditeurs). A part la création de trois charges de correcteurs (1410 et 1483), les choses restèrent en cet état jusqu'à la fin du règne de Louis XII, la Chambre continuant à recevoir de temps à autre des maîtres extraordinaires[11] et à se recruter par moitié dans les deux éléments ecclésiastique et laïque[12]. Cependant, à la longue, les courtisans se dégoûtèrent de *changer leurs épées en écritoires*, selon

Composition de la Chambre.

---

1. N° 825. Arch. Nicolay, 41 L 84, 71 L 25 et 26.
2. Outre ces mémoires, voy. le Maistre, Brinon, du Haillan, Miraulmont, Choppin, du Breuil et surtout J. Bacquet.
3. En juillet 1454. Voy. le *Protocole*, PP 95, fol. viixx verso.
4. Bib. Nat., manuel Lat. 12815, fol. 128.
5. N°s 162 et 163.
6. *Plumitif*, 20 janvier 1596.
7. N° 940.
8. « Ce sont les maistres des comptes qui ont eu leurs mousles à la Toussainct iiiᵉ iiii : Premièrement, le comte de St-Pol. — L'évesque de Meaulx. — L'archidiacre de Bourges. — Le trésorier du Temple. — L'archidiacre de Vendosme. — Messire Enerran de Marigny. — Mᵉ Pierre de Belle-Perche. — Mᵉ Pierre de la Rêve. — Mᵉ Jean de Dompmartin. — Mᵉ Saince (de la Charmoye). — Guillaume de Hangest. — Regnault Barbou. — Geofroy Coquatrix. — Le trésorier d'Angers. — Monsʳ Guillaume de Harcourt. — Monsʳ Pierre de Vuirmes. » (Bib. Nat., ms. Fr. 2838, fol. 32 verso.)
9. Boutaric, *la France sous Philippe le Bel*, liv. IX, ch. 3. — Pasquier dit qu'il y avait trois maîtres clercs, et deux lais seulement. Cf. Petitpied, *Prérogatives des ecclésiastiques*, p. 621 et suiv., et voyez ci-après, p. LXIX.
10. *Almanach royal* de 1791, p. 293-303.
11. Non-seulement c'est une adjonction incessante d'officiers extraordinaires, institués soit pour récompenser des chevaliers, soit pour aider à l'expédition des affaires, ou pour assurer la majorité des votes au roi; mais encore on voit les officiers ordinaires paraître, disparaître et reparaître encore, ou passer d'une charge à une autre si rapidement, qu'ils semblent plutôt nommés par commission qu'en titre d'office. C'est ainsi que vingt-une présidents, ou souverains, comme on les appelait alors, tant clercs que lais, se succèdent dans le court intervalle de 1316 à 1347.
12. Cette particularité existait de toute ancienneté dans le parlement ambulatoire. Dès 1296, un prélat et un baron y siégeaient simultanément sur le banc des présidents, et les « prélats des comptes » y étaient également admis, « quand ils y pouvoient entendre. » (*Ordonnances*, t. XII, p. 354; Boutaric, op. laud., p. 197, 198, 202 et suiv.)

LII   *CHAMBRE DES COMPTES.*

l'expression d'Étienne Pasquier; les chevaliers et les maîtres extraordinaires abdiquèrent toutes prétentions judiciaires au profit des gens de loi ou des financiers [1]. De même, les gens d'église désertèrent peu à peu la Chambre, les charges de clercs ne furent plus exercées que par des laïques et des gens mariés [2], et la tradition seule leur assura certains droits de préséance : le premier président clerc fut définitivement le chef de la Compagnie; les successeurs des quatre maîtres clercs conservèrent le pas sur les maîtres lais [3], avec le banc le plus honorable au bureau, un droit de robe de 12 liv. 10 s. et quatre bourses en la chancellerie.

Créations d'offices.   L'entrée de Jean Nicolay à la Chambre, l'impulsion qu'un premier président exclusivement dévoué à ses fonctions donna aux travaux de la Compagnie, les réformes opérées tout aussitôt dans la discipline, et enfin la division en deux bureaux, amenèrent, dès 1511, une première augmentation de deux maîtres et quatre auditeurs; mais, depuis lors, ce fut surtout la vénalité des charges de justice et de finances, ressource commode pour la royauté, qui entraîna d'innombrables créations d'offices.

Le système d'élection, ou, pour mieux dire, de présentation à l'avancement par la Chambre elle-même, avait été longtemps respecté [4]; toutefois, l'usage des survivances et des résignations moyennant finance s'était introduit peu à peu, en dépit des répugnances de corps [5], et il avait fini par être à peu près accepté partout, dès le temps de Louis XI et de Charles VIII. Louis XII, heureux de profiter de l'ambition des classes riches, prêta les mains au commerce des charges; François Ier le pratiqua ouvertement, officiellement, et fit des « parties casuelles » un revenu domanial. Certaines Compagnies, le parlement surtout, ne persistèrent plus que pour la forme, pendant un temps, à protester contre les *compositions d'offices* faites « au grand dommage du roi, de la république et de l'état de sa justice, et foule de ses finances [6]. » La Chambre, de son côté, renouvelait ses remontrances chaque fois qu'un nouvel édit lui imposait quelque augmentation de personnel [7], et elle trouvait un écho complaisant dans les États généraux ou parmi les réformateurs [8]. Mais la nécessité du moment, les menées des traitants, la faiblesse du prince ou les besoins de sa cour ne permirent jamais d'écouter la voix des magistrats, ni de revenir, comme on le promettait si souvent, au beau temps de Louis XII. Pendant près de deux siècles, on ne s'arrêta plus sur cette pente. Quand Henri III monta sur le trône, la Chambre comptait déjà huit présidents, quarante maîtres, douze correcteurs, quarante-sept auditeurs, un avocat général et un procureur général, deux greffiers, deux gardes des livres, etc., c'est-à-dire quatre ou cinq fois ce qu'il y avait d'officiers cinquante ans auparavant; et cependant le dernier des Valois, « ingénieux à la ruine de soi et de son État, » créa encore seize maîtres, six correcteurs, douze auditeurs. Avec plus de souplesse que son prédécesseur, Henri IV chercha

---

1. Cette transformation fut d'un siècle en retard à la Chambre, parce que ce corps conserva plus longtemps son caractère de Conseil, et de Conseil intime, présidé par les plus grands seigneurs qu'il y eût autour du roi. Les deux derniers maîtres extraordinaires devinrent ordinaires par l'édit de décembre 1511. Cependant, Guillaume de Marillac, valet de chambre du roi et conducteur de la Monnaie de Paris, tenta, en 1555, d'y ressusciter une de ces charges à son profit, en attendant qu'il en vaquât une de maître ordinaire. (*Créances.*) Partout ailleurs, la prédominance des bourgeois sur les barons, des *magistri* sur les *milites*, était assurée dès la fin du règne de Charles VI.

2. Voy. les dispenses données le 30 août 1526, par François Ier, à son secrétaire Jean de Pomereu, pour se faire recevoir en une charge de maître clerc, bien que ses comptes de la recette des tailles d'Évreux fussent arriérés et qu'il ne fût ni homme d'église, ni gradué, ni « suffisamment lettré. » (*Mémorial*.)

3. Voy. Pasquier, *Recherches*, p. 70; Petitpied, *Prérogatives des ecclésiastiques*, p. 621-634, et le *Journal*, 8 avril 1507 (anc. st.).

4. Déclarations de 1406, 1411 et 1437. La première dit : « Comme, de toute ancienneté, pour le bien du domaine de notre couronne et de nos droits, ait été par nos prédécesseurs rois de France accoutumé de pourvoir au fait de notre Chambre des comptes de bonnes et suffisantes personnes, tant maîtres comme clercs, qui avoient vu et savoient faits de comptes, de tours d'écrits, ainsi qu'il est besoin en tel cas, et que, quand aucuns d'iceux maîtres alloient de vie à trépassement ou étoient pourvus à autre degré, étoient élus par iceux maîtres un ou deux des plus suffisans clercs d'iceux comptes, qui longuement avoient servi et qui savoient et connoissoient les besognes d'icelle Chambre et de notre domaine, et présentés à nosdits prédécesseurs, lesquels, ouï la relation desdits maîtres, les retenoient leurs conseillers et maîtres desdits comptes, etc. »

5. Voy. les curieux exemples cités par Pasquier, *Recherches*, liv. IV, ch. XVII, et Petitpied, op. laud., p. 183 et suiv.

6. Voy. l'incident relatif à la résignation de Michel de l'Hospital (1553) rapporté par M. Taillandier, ap. *Mém. de la Société des Antiquaires de France*, t. XV, p. 433 et 434.

7. N°s 18, 80, 94, 95, 97, 98, 114, 142, 181, 193, 199, etc.

8. Les arguments de Jean Bodin dans la *République*, qui parut en 1576, ne sont guère que la reproduction textuelle des remontrances présentées par la Chambre en 1573 (n°s 114 et 142).

NOTICE PRÉLIMINAIRE.

aussi dans les créations d'offices une ressource pour terminer sa lutte avec les Ligueurs et les Espagnols[1]. Plus tard, Sully opéra une révolution importante par l'institution du droit annuel.

Avant même que la vénalité fût une chose admise, les rois avaient très-fréquemment concédé le droit de passer résignation moyennant un profit pour l'État, profit taxé d'abord arbitrairement, puis réglé au tiers de la valeur estimative des charges. Une seule condition restait nécessaire pour que le traité de transmission fût valable, c'était que le résignant survécût au moins quarante jours après la signature, faute de quoi la charge revenait au roi et tombait bientôt entre les mains des favoris ou des riches, toujours prêts à « couvrir leur ignorance d'une robe d'officier. » Henri IV accorda à tous les officiers la dispense des quarante jours moyennant un droit annuel fixé au soixantième denier de l'évaluation. *Hérédité des offices.*

Ce fut la consécration de l'hérédité des charges, puisqu'il suffit dès lors de renouveler chaque année une procuration *ad resignandum* en blanc; ce fut aussi, ne l'oublions pas, l'affermissement d'une aristocratie utile, où l'instruction, le désintéressement, la dignité devinrent de rigueur, en même temps que le haut prix des charges était garant de la fidélité des titulaires et unissait leurs intérêts à ceux de la chose publique[2]. Du reste, l'État n'abandonnait point ses droits souverains, puisqu'il pouvait à volonté, par la suspension de l'annuel, par la révocation des survivances ou le remboursement des finances, en reprendre le libre exercice[3]; l'annuel ne donnait, en quelque sorte, que le droit de faire agréer au roi le successeur désigné, et, de fait, ce droit existait déjà dans les Cours souveraines, où beaucoup de familles se perpétuaient depuis deux siècles. Vivement combattu sous la régence de Marie de Médicis, défendu par ces mêmes Compagnies qui jadis avaient protesté si souvent contre l'hérédité et la vénalité[4], le droit annuel triompha définitivement, et il ne fut remplacé qu'en 1771 par un impôt analogue, le centième denier.

Pour en revenir aux créations d'offices qui accrurent encore, après Henri IV, le personnel de la Chambre, la plus considérable fut celle de décembre 1635. Elle ne comprenait pas moins de huit maîtres, sept correcteurs, dix auditeurs, un contrôleur des greffes, un premier huissier pour le second semestre, deux contrôleurs généraux des restes, trois relieurs, quatre huissiers et toute une chancellerie, où les sceaux devaient être tenus par l'ancien des maîtres du semestre; en outre, chacun des dix présidents était invité à prendre 2,000 l. d'augmentations de gages. On obtint du cardinal de Richelieu une réduction de huit offices sur le chiffre total[5]; mais, dès l'année suivante, les nécessités de la guerre le forcèrent encore à créer six maîtres, cinq correcteurs, huit auditeurs, et enfin, en 1640, un président, deux maîtres, deux correcteurs, deux auditeurs et quelques autres officiers[6]. Louis XIV, dans les grands embarras de la fin de son règne, ne fit que deux créations, l'une en 1690, l'autre en 1704. Celle-ci fut la dernière, et la Chambre se trouva définitivement constituée de deux cent quatre-vingt-quatre officiers, à savoir : le Premier Président, douze présidents, soixante-dix-huit maîtres, trente-huit correcteurs, quatre-vingt-deux auditeurs, un avocat général, un procureur général, deux greffiers en chef, un commis au Plumitif, deux commis du greffe, trois contrôleurs du greffe, un payeur des gages, un premier huissier, un contrôleur des restes, un garde des livres, vingt-neuf procureurs et trente huissiers, sans compter les autres charges inférieures dont la propriété appartenait à la Chambre et qu'elle faisait exercer par commission[7]. *Nombre des officiers.*

Le prix des charges vénales de toute espèce subissait des fluctuations en rapport avec l'état économique ou la situation politique du pays; mais la Chambre des comptes, dont on verra plus loin les gros profits, *Prix des charges.*

---

1. N° 297.
2. Sur cette importante question, laissée indécise par Rulhière dans sa réponse au P.P. de Nicolay (n° 942, p. 747), voy. Loiseau, *Traité des offices*, liv. Ier, ch. 12; Montesquieu, *Esprit des lois*, éd. in-12, t. Ier, p. 142; Forbonnais, *Recherches et considérations sur les finances*, t. Ier, p. 140-142; *Encyclopédie méthodique de Jurisprudence*, v^o Charges et Offices; Chéruel, *Hist. de l'administration monarchique*, t. Ier, p. 139; Baudrillart, *Jean Bodin*, p. 366 et suiv., etc.

3. Voy. la lettre du cardinal Dubois au P.P., n° 749, et l'édit de 1771, qui remplaça par le centième denier l'annuel et le prêt. Le prêt était un payement anticipé de l'annuel dans les trois premières années du renouvellement pour neuf ans. Les Cours souveraines s'étaient rachetées dès 1709.
4. N°s 362, 364, 378, 394, 396.
5. N° 486, note.
6. N° 496.
7. Voy. plus loin, p. LXI et suiv., le détail de tous les offices et de leurs fonctions.

tint toujours le premier rang sur la *cote* des offices, soit quand le commerce en était libre¹, soit lorsque l'établissement de l'annuel eut forcé le gouvernement à fixer le taux des charges par les évaluations successives de 1605, 1622, 1690, 1724 et 1771; et elle fut seule à ne point ressentir les effets de la dépréciation générale qui se produisit au milieu du dix-huitième siècle. N'achetait pas qui voulait, et l'annonce d'une charge de maître des comptes à vendre ne figurait que par hasard dans les *Affiches*². En dernier lieu, l'évaluation de décembre 1771, faite par les officiers eux-mêmes, à l'occasion du centième denier, fut la même qu'en 1690 : Premier Président, 550,000 liv.; présidents, 300,000 l.; maîtres, 144,000 l.; correcteurs, 81,000 l.; auditeurs, 72,000 l.; avocat général, 120,000 l.; procureur général, 500,000 l.; substitut, 27,000 l.; greffiers en chef, 115,000 l.; premier huissier, 62,000 l.; huissiers, 8,000 l.; contrôleur général des restes, 50,000 l.; payeur des gages, 456,000 l.; contrôleurs du payeur, 75,000 l.; garde des livres, 60,000 l.; contrôleurs du greffe, 20,000 l.; procureurs, 40,000 livres³. Soit, pour deux cent quatre-vingt-quatre officiers, un capital de près de 27 millions et demi⁴, non compris les finances payées par la Chambre elle-même. Ce fut sur ce pied qu'elle accepta, en 1790, la liquidation entreprise par l'Assemblée nationale ; mais le rapporteur du Comité de judicature conclut à ce que chaque finance fût remboursée d'après le contrat d'acquisition, déduction faite du montant des gages arriérés qui étaient généralement compris dans le prix⁵.

Comme tous les juges royaux, les officiers de la Chambre ne pouvaient être destitués ou privés de leur charge que pour forfaiture prononcée par les juges compétents; en ce cas, la charge confisquée était immédiatement remplacée par un nouvel office, qui se vendait au profit du roi⁶.

On se laissait volontiers vieillir sur les bancs de la Chambre, et rien n'est plus commun dans la *Filiation* que de voir un demi-siècle de service ou même plus. Après vingt ans d'exercice, le magistrat passait vétéran et pouvait, en résignant son office, obtenir des lettres d'honoraire ; mais les privilèges de ce titre étaient infiniment moindres à la Chambre qu'ailleurs : ils se bornaient à l'assistance aux processions ou à quelques exemptions sans importance, et il fallait des services exceptionnels pour qu'on y ajoutât le droit de séance et de voix délibérative⁷.

Formalités préliminaires de réception.

Avant de traiter d'une charge, tout aspirant, conduit par un maître des comptes, son parrain, devait aller en robe et, s'il était avocat, en bonnet carré, prendre l'agrément du P.P. Après la délivrance de ses provisions, il retournait lui demander un rapporteur pour sa réception, et allait remettre chez le conseiller désigné sa requête et ses lettres. Si la charge vaquait par mort, sans héritier qui pût prendre la succession, la Chambre indiquait ou appuyait un candidat, choisi de préférence dans les familles parlementaires ou attachées depuis longtemps à la Compagnie, et, en tous cas, le P.P. était le premier juge que la chancellerie consultât sur la valeur du sujet et l'opportunité de la présentation.

Le nouveau pourvu ayant requis réception, le procureur général faisait les procédures d'information, soit à la paroisse du récipiendaire, soit dans sa famille ou dans la ville qu'il avait habitée pendant les trois dernières années, sur ses « mœurs et conversation catholique⁸, » sa moralité, sa conduite au service du roi,

---

1. Elle veillait alors à ce que les transactions ne se fissent pas dans des conditions défavorables pour la Compagnie entière. En 1591, à Tours, Mᵉ Ezéchiel Vyon se présentant pour être reçu à une place de conseiller maître vacante par mort, on ordonna que « très-humbles remontrances seroient faites au roi sur la modicité de la finance payée par le suppliant pour la composition dudit office (5,000 écus pour la composition, 1,000 écus pour le marc d'or). » (*Mémorial*, 20 novembre 1591.)
2. *Journal de l'avocat Barbier*, t. III, p. 276 et 277. — Lettre du duc de la Vauguyon au P.P., 8 janvier 1761 , Arch. Nicolay, 36 L 58.
3. *Journal*, 20 décembre 1771.
4. Selon le nᵒ 921, le total ne devrait donner que 25,301,000 l., au lieu de 27,546,000 l.
5. Nᵒˢ 952 et 960. *Plumitif*, 9 et 25 janvier, 27 avril,

5 juin, 13 et 19 octobre, 16 décembre 1790. Voyez en outre les Mémoires imprimés par les officiers de divers ordres qui luttèrent jusqu'en 1792 ; ces pièces sont réunies dans la dernière boîte de la collection le Marié d'Aubigny, ou à la Bib. Nationale, L f ²⁷ 39-44. Le rapport de M. Vieillard à l'Assemblée contient de longs considérants sur l'origine et la valeur légale ou la valeur réelle des offices.
6. Voy. l'affaire de Louis de Monsigot, nᵒ 474, et ses suites dans le *Plumitif*, 3 septembre, 26 octobre et 10 décembre 1643.
7. Arch. Nicolay, 72 L 53 et 83.
8. Au seizième siècle, les protestants étaient fort mal vus de la Chambre, qui destitua le président Guy Arbaleste et un conseiller maître pour n'avoir pas donné leur procuration *ad resignandum*, comme le voulait la déclaration du 25 septembre 1568. Voy. Fontanon, t. IV, p. 254.

NOTICE PRÉLIMINAIRE.

ses affinités, alliances, etc. L'âge, qui devait être de quarante ans accomplis pour les présidents et de vingt-cinq pour les autres officiers, se prouvait soit par l'acte baptistaire, soit par une attestation de notoriété. On ne s'abstenait de ces informations que dans des circonstances extraordinaires, pour obéir à un ordre du roi ou prévenir son désir; mais, en beaucoup de cas, elles pouvaient aboutir à des refus de réception, prolongés pendant plusieurs années, et souvent il arrivait qu'un des ordres de la Chambre tînt à devoir de faire connaître au bureau l'indignité du candidat. C'était comme un dernier vestige de l'élection des magistrats par les Compagnies, une dernière protestation contre l'absolutisme royal[1]. Toutefois, on acceptait facilement, régulièrement même, les lettres de dispense pour défaut d'âge et de service ou pour cause de parenté aux degrés prohibés avec les présidents ou maîtres, et il se faisait beaucoup d'unions entre les familles des magistrats, moyennant des lettres dérogatoires à l'édit d'avril 1669; si les deux parents votaient de même sur une affaire, leurs voix ne comptaient que pour une[2]. Il y avait dispense générale de parenté et d'alliance pour les correcteurs et auditeurs.

La raison et la loi ne permettaient pas l'introduction dans le corps de la Chambre des anciens comptables que la correction pouvait ramener, tôt ou tard, devant le bureau; mais l'influence des financiers et la volonté d'un prince reconnaissant de leurs services étaient bien souvent plus fortes que le principe[3]. La Chambre ne pouvait que lutter par des remontrances, par des arrêtés, et veiller, dans les limites de son pouvoir, à l'exclusion de tous les comptables dont les comptes n'étaient pas définitivement apurés. Ce fut peu d'années après l'échec de Michel Particelli d'Hémery, refusé par la Chambre[4], que celle-ci obtint une nouvelle déclaration royale et arrêta que « quiconque seroit dorénavant pourvu d'un office de président, de conseiller, ou même de premier huissier et de garde des livres, devroit jurer au bureau qu'il n'avoit jamais exercé aucune charge comptable ni fait association, part ou intérêt avec comptables, partisans ou fermiers, et qu'il n'étoit enfant, gendre ou héritier des uns ni des autres[5]. » Depuis lors, cette *soumission*, dite de 1629, fut de rigueur pour tous les récipiendaires. En 1659, on y ajouta l'engagement de n'épouser aucune fille et héritière de traitant, partisan ou associé de traitant, pour prévenir « les abus qui se commettaient par aucuns des officiers après réception[6]. » Et cependant, ce n'étaient que des formalités, puisque l'ordonnance de 1669 ouvrit la Chambre aux anciens comptables, à la seule charge de faire apurer et corriger leurs comptes avant de se présenter[7]; il y eut même des dispenses pour cette dernière condition[8].

Cas d'exclusion.

---

1. N°s 146, 614 note et 675. *Journal*, 18 novembre 1570, 4 janvier et 12 février 1611; *Plumitif*, 28 juin 1603; *Mémoire* de 1787, p. 217-221; Arch. Nicolay, lettres de MM. de Maupeou et de Miroménil, 72 L 385, 387-389 et 472.
2. Le plus ancien des homonymes faisait suivre son nom de la lettre L, et le dernier reçu de la lettre P.
3. En 1412, dans ses fameuses remontrances, le prédicateur Eustache de Pavilly, prétendant que la Chambre, comme le parlement, renfermait tous les vices réunis et avait besoin d'être épurée, disait ceci : « Quoique plusieurs nouveaux membres aient été nommés depuis quelque temps, on n'aperçoit aucun progrès. Pourquoi s'en étonner, lorsqu'on y voit entrer un receveur des finances qui n'a point encore rendu compte de sa gestion ? Quelle garantie peut offrir une telle institution, quand celui dont la gestion doit être contrôlée est chargé de contrôler les autres ? » G. Picot, *Hist. des États généraux*, t. 1er, p. 264. — Cf. un passage des *Caquets de l'accouchée* (1623) sur la Chambre de Normandie : « Eh! Mademoiselle, je pensois que la Chambre des comptes fussent les juges des comptables! — Madame, autrefois la linotte et le chardonneret estoyent à part en diverses cages; mais à présent tout est en mesme vollière. »
4. *Plumitif*, 7 octobre 1624. Cf. l'historiette de d'Hémery dans Tallemant des Réaux, t. IV, p. 24. On peut rattacher à la même époque un discours prononcé, soit par le P.P., soit par l'avocat général, contre la réception d'un comptable normand. « Sachons, disait l'orateur, sachons empê-

cher que les mains gluantes de ceux qui manient les finances du roi ne les retiennent.... Les mêmes inconvéniens durent, soit qu'un comptable ait compté ou non; car, s'il y a de l'abus dans ses comptes, il en empêchera par son autorité la révision et réformation, et après, il sera toujours enclin à favoriser son semblable. » (Arch. Nicolay, 55 L 8.)
5. *Plumitif*, 19 mai 1629.
6. Ibid., 30 avril et 7 mai 1659. — Cette répugnance des alliés de traitants fut-elle pour quelque chose dans l'échec de Colbert, qui briguait la succession du président de Pontchartrain ? Il avait épousé Mlle Charron de Ménars, d'une famille de partisans opulents, mais suspects, et les chroniqueurs du temps disent que la Chambre le refusa obstinément.
7. Avant la réception, deux auditeurs faisaient le récolement des acquits du récipiendaire, et on les enfermait dans un coffre à trois clefs, dont une était déposée au greffe, une autre au parquet, et la troisième entre les mains du comptable lui-même.
8. Voy. les dispenses données en 1692 au président de Metz, ancien conseiller d'État et garde du Trésor royal (Arch. Nat., O 1 36, fol. 253 verso), et, en 1736, au président le Gendre, qui avait épousé la fille et petite-fille d'Edme-Joseph et Edme Roslin, anciens receveurs des tailles et octrois de l'élection d'Alençon et Sées. (*Plumitif*, 23 août 1736.)

CHAMBRE DES COMPTES.

La profession de procureur des comptes entraînait aussi l'exclusion, en raison des rapports avec les comptables, à moins que le récipiendaire ne fût démissionnaire depuis trois ans et qu'il ne prêtât serment de n'avoir conservé aucun intérêt dans son étude[1].

Sans avoir jamais été, que je croie, l'objet d'une ordonnance spéciale, le métier de marchand devenait un cas d'exclusion ou de dispense. On en trouve cent exemples curieux, depuis la « licence » donnée, en 1357, à Jacques le Flament, maître clerc des comptes, de « faire ou faire faire par ses gens fait de marchandise en draps de laine, nonobstant sondit office[2], » jusqu'à la réception de l'académicien Quinault, qui, selon Furetière, avoua que, « de vrai, il était fils d'un boulanger, mais que c'était un boulanger de petit pain[3]. » Pour ces fils de marchand, on se montrait moins rigoureux, à condition qu'ils ne feraient pas résidence « en maison où s'exerce la marchandise[4]. »

Enfin, voici un dernier cas rédhibitoire : « Sur ce qui a été remontré par le procureur général du roi, la Chambre a arrêté qu'à l'avenir il ne sera reçu ès offices du corps d'icelle aucunes personnes extraordinairement estropiées, ou qui aient autres incommodités notables et indécentes aux officiers de Cours souveraines, et que ceux qui y auront été ci-devant reçus ne pourront passer en autre charge, à peine de nullité des réceptions[5]. »

Cas d'incompatibilité. — Un cas d'incompatibilité, celui de la profession d'avocat, est bien connu par le fait d'Étienne Pasquier[6]; il en était d'autres encore. L'édit de Blois (1579) défendait aux membres de Cours souveraines ou inférieures de « prendre charge, directement ou indirectement, en quelque sorte et manière que ce fût, au spirituel ou au temporel, des affaires de personnes quelconques, » autres que le roi, la reine, la reine-mère et le frère du roi; mais les dispenses s'obtenaient bien facilement, et il suffira de citer les exemples du conseiller de Monsigot et du président Perrault pour prouver combien la Chambre, indépendamment des considérations de dignité, pouvait être embarrassée des relations de ses officiers avec les princes ou les courtisans[7]. On comprend aussi que la qualité de contrôleur général des finances ou d'intendant devait être peu conciliable avec les devoirs d'un président et les attributions de la Compagnie. Aussi, dans un temps, poussa-t-elle le scrupule jusqu'à interdire aux conseillers d'exercer des fonctions de commis (secrétaire ou directeur) auprès d'un secrétaire d'État[8]. Mais, lorsque ministres et commis furent devenus de grands personnages, on s'estima très-heureux d'admettre ces derniers ; le Contrôle général des finances devint tout particulièrement une vraie pépinière de maîtres des comptes, et il était rare que quelques-uns des premiers commis ou des intendants des finances ne figurassent pas sur les bancs de la Chambre[9].

Examens. — Si, toutes informations prises, rien ne s'opposait à la présentation du récipiendaire, l'examen était encore une ressource contre les intrus et les ignorants. Sans doute il n'avait pas été de rigueur dans les temps où la Chambre comptait autant et plus de grands seigneurs ou de gros courtisans que de juristes; mais nous le voyons usité dès le seizième siècle, et il fallait que le nouveau pourvu fût singulièrement appuyé par le roi même, pour faire passer sur son défaut « d'expérience au fait des finances et de savoir du droit[10]. » Néanmoins, l'absence de toute loi qui fixât les conditions de science nécessaires pour devenir maître des

---

1. *Plumitif*, 8 mai et 3 décembre 1637, 28 novembre et 5 décembre 1672, etc.
2. *Mémorial.* Impr. dans Gosset.
3. Quinault était d'ailleurs devenu le premier littérateur dramatique de son temps et le plus riche ; il avait les titres d'avocat au parlement, écuyer et valet de chambre du roi. Il fut reçu auditeur le 18 septembre 1671, après avoir été examiné sur la loi *Ne quis in sua causa judicet*, sans que le *Plumitif* parle d'aucune difficulté. Il eut une fille, qui se maria avec un autre auditeur, Charles le Brun, fils du peintre Nicolas et neveu du célèbre Charles le Brun.
Sur d'autres cas de marchandise, voy. les pièces n°° 194* (impr. dans Gosset), 226 et 820; *Plumitif*, 6 et 10 mai 1583, 1ᵉʳ juillet 1589, 7 août 1679, etc. Dans une de ces occasions, Ét. Pasquier, comme avocat général, conclut à l'admission, « si tant est que le candidat n'exerce plus depuis quatre ans. »
4. *Plumitif*, 10 février 1624.
5. *Plumitif*, 13 mars 1653. Cf. le livre VI de la Roche-Flavin, où sont énumérés les gens exclus du parlement : les furieux, les podagres, les boiteux ou les bossus, les anciens marchands, les fils de personnes viles, les infâmes, les aveugles, les sourds, les fils de paysans, les essorillés et les camards, ceux qui ne savent gouverner leur famille, etc.
6. N 209.
7. N°° 326 *bis*, 474 et 539. Voy. des dispenses dans les registres de la Maison du roi, O¹ 7, f. 272, et 24, f. 36 verso.
8. *Plumitif*, 26 octobre 1616.
9. N°° 671, 672, 688.
10. N°° 17 et 36.

comptes, tandis que les plus petites Cours de judicature exigeaient un titre d'avocat, maintint toujours la Chambre dans une espèce d'infériorité comme pouvoir juridique, et lui fit, fort injustement, une réputation d'ignorance consacrée par Rabelais au chapitre des *Apedeftes* [1], puis encore par les mémoires et les historiettes du dix-septième siècle, par les pasquils du dix-huitième. La réaction vint de la Compagnie elle-même, qui imposa aux nouveaux pourvus la formalité d'un interrogatoire sur les finances, et, s'ils se présentaient comme gradués, celle d'un examen sur la loi romaine [2]. De ce dernier examen, qui valait à peu près celui du parlement [3], s'ensuivait une division des conseillers en gens de *robe courte* et gens de *robe longue;* mais elle finit par disparaître, puisque tout le corps de la Chambre, à partir de 1660, porta la robe longue dans les cérémonies, et que, sous prétexte d'uniformité, le bonnet carré de l'avocat remplaça aussi la toque de velours noir pour tous indistinctement [4]. Ce n'était pas encore assez, et la Chambre, n'ayant pu, malgré les lettres patentes de 1646 et 1649, faire reconnaître au parlement la valeur de son examen [5], multiplia les plus louables efforts pour se recruter exclusivement dans le barreau. En 1729, elle comptait déjà plus de deux tiers de juges gradués; quarante ans plus tard, presque tous les membres de la Compagnie, auditeurs comme maîtres, étaient avocats, et enfin, en 1779, à la suite des mercuriales de M. le Marié d'Aubigny et sur le rapport de M. Clément de Boissy, la Chambre arrêta que, « sous le bon plaisir du roi et pour l'utilité du service, » on ne recevrait plus aucun président, maître, correcteur ou auditeur qui n'eût prêté le serment d'avocat [6]. Avec le temps, cette réforme devait certainement procurer à la Compagnie l'exercice entier de la juridiction criminelle et civile qui faisait l'objet de sa légitime convoitise [7].

Seuls, les présidents, qui étaient censés avoir exercé pendant dix ans dans une Cour souveraine, ou siégé au conseil d'État, ou plaidé pendant vingt ans, ne subissaient ni examen ni interrogatoire. Tout autre récipiendaire, après les conclusions du procureur général sur l'information, faisait demander au P.P., par le maître rapporteur, une loi romaine, que le commis au Plumitif distribuait huit jours d'avance aux deux semestres. Le moment de la réception venu et le rapport des provisions terminé, le nouveau pourvu, que son parrain avait amené saluer les magistrats à leur arrivée, était admis au bureau pour prononcer un bref

Réceptions.

---

1. Ἀπαίδευτοι, « non instruits. » Liv. V, ch. XVI, de *Gargantua et Pantagruel,* éditions le Duchat, de Marsy, Johanneau ou Rathery.
L'édition de Johanneau, avec de longues notes et l'intéressant commentaire de Ginguené, offre plusieurs erreurs de détail. Il est dit, par exemple (t. VII, p. 423), que, « quelques membres de la Cour des comptes actuelle ayant voulu joindre à leur titre celui d'avocat, pour avoir le droit de porter la chausse, le président s'y opposa, en faisant observer que, dans l'ancienne Chambre, il falloit, pour y entrer, *prouver qu'on n'étoit pas gradué.* »

2. Voici ce qu'on lit dans un *Mémoire sur l'autorité et la juridiction de la Chambre* écrit sous Louis XIII (Bib. Arsenal, ms. Jurispr. fr. n° 98, fol. 4) : « Pour montrer que les lettres et les sciences ne sont pas incompatibles avec les finances, et que ceux qui sont pourvus des charges de maîtres clercs doivent avoir pour le moins autant de capacité, d'étude et de suffisance que ceux qui siègent dans les parlemens et autres justices ordinaires, à cause des affaires qui se traitent devant eux, pour le jugement desquelles il est besoin d'entendre et savoir les lois romaines, la pratique et les ordonnances, et particulièrement pour celles du fisc, qui sont les plus ordinaires et des plus difficiles de toute la jurisprudence ; c'est pourquoi non-seulement les présidens et les maîtres clercs, qui sont au nombre de trente et à présent, tant de l'ancien établissement que de nouvelle création, ne sont pas les seuls dans la Chambre qui aient passé par les degrés de l'école, mais il y a encore plusieurs maîtres des comptes lais qui ne sont pas moins versés et consommés dans les sciences qu'eux, qui, tous les jours, se font recevoir en robe longue, aussi bien que quelques correcteurs et auditeurs qui sont interrogés sur la loi, la pratique et les ordonnances ; après lequel examen, qui est du moins aussi rigoureux que celui qui se fait dans le parlement, s'il ne l'est davantage, à cause des finances, qui est une science toute particulière de la Chambre, qui a sa théorie et sa pratique aussi bien que toutes les autres, qui peut douter que les officiers de la Chambre ne soient capables d'exercer toute sorte de magistrature, comme fit Jacques Luillier, auditeur des comptes, celle de premier président de la Cour des aides, l'an 1545 ? Et quoique la Chambre par ses comptes, par son établissement, fût mi-partie en clercs et lais, si est-ce que tous les officiers devoient être alors lettrés, puisque les arrêts s'enregistroient, et même les comptes étoient couchés en langue latine, comme ceux du parlement, ce qui l'a rendue toujours très-considérable, mais encore plus le mérite de ceux qui ont rempli ses charges. »

3. Selon le chancelier de l'Hospital, il y avait bien des fraudes au parlement, et l'on n'interrogeait guère que sur des choses triviales.
« . . . Rudibus sœpe et nulla virtute probatis,
Qui vix prima tenent elementa docente magistro. »

4. *État de la France* de 1749, t. V, p. 291. — Johanneau, dans son édition de Rabelais, a cité ce dicton appliqué, dit-il, à la Cour des aides :
« Hommes ignares et non lettrés,
Portant toques et non bonnets carrés. »

5. *Plumitif,* 29 mai 1646. Voy. *Mém. d'Ol. d'Ormesson,* t. Ier, p. 127 et 131 ; Bib. Mazarine, *Journal ms. de Dubuisson-Aubenay,* 17 janvier 1650, etc.

6. *Journal,* 1er juillet 1778, 20 janvier et 9 mars 1779.

7. Voy. plus haut, p. XLV.

CHAMBRE DES COMPTES.

discours, en français ou même en latin, et poser la loi. Après quoi, le P.P. et chaque maître successivement faisaient l'interrogatoire sur les finances¹. Les deux tiers des voix étaient nécessaires pour la réception. L'officier qui l'avait sollicitée revenait entendre le prononcé, debout auprès du P.P.; alors, il répétait de vive voix la soumission déjà signée par lui, conformément à l'arrêté de 1629, et, les deux mains posées sur le livre des Évangiles, il prêtait le serment de son ordre, selon le texte du registre *Ferré*². Si c'était un maître, le dernier président l'installait à son rang; si c'était un correcteur ou un auditeur, le doyen ou l'ancien des maîtres présents le conduisait à sa chambre et y faisait un petit discours³. Après la séance, le nouveau reçu allait remercier le P.P., à qui il offrait des boîtes de confitures, puis le conseiller qui l'avait installé et le rapporteur. Au lieu de l'ancien banquet de réception, il devait acquitter un droit de *festin*, qui fut porté jusqu'à 3,000 l. pour les présidents et 1,500 l. pour les maîtres et gens du roi, et qu'on employait en bougies pour les deux ordres, ou, dans les temps de grande misère, en distributions charitables⁴. En outre, depuis l'établissement de l'hôpital général de Paris, on lui paya une aumône, taxée au dixième des épices de la première année⁵. Enfin, lorsqu'un officier se mariait, il devait à la Compagnie un droit de *chevet*, fixé à 900 l. pour les présidents et 450 l. pour les autres ordres⁶. Le P.P. se prétendait exempt des droits de *festin* et de *chevet*. Tout officier *interrogé* pouvait être astreint à servir pendant les deux semestres de sa première année, sous peine de la piqûre. Aucun correcteur ou auditeur n'était reçu qu'après la remise des comptes et acquits confiés à son prédécesseur⁷.

Quand un magistrat montait d'un ordre à un autre, on ne faisait qu'une nouvelle information, suivie de la réception ordinaire par les deux semestres. Charles IX cassa l'arrêt de 1570 portant qu'il « serait procédé à interrogatoire de l'auditeur, pour, par après, s'il est trouvé suffisant et capable, être reçu au serment dudit office, et non autrement, encore qu'il voulût alléguer avoir été jà interrogé à son premier serment⁸. »

Les Gens des comptes.

On voit que la Chambre ne manquait pas absolument de garanties contre l'introduction de gens indignes ou incapables d'exercer les fonctions de la magistrature; et cependant il est peu de chroniqueurs qui, prenant l'exception pour la règle et suivant la tradition de Rabelais, n'aient traité les gens des comptes d'*apédeutes*, de lourdauds maladroits et ignorants, dépourvus d'esprit et de lettres. A cela la meilleure réponse est de relever quelques-uns des quinze cents noms que contient la *Filiation*, en commençant par ceux qui ont marqué dans les lettres ou les sciences. Nous avons vu ce qu'étaient les Saint-Just, les Montagu, Jean le Bègue, Pierre Amer ou Baronnat⁹, et je parlerai plus loin des deux Mignon. On doit

---

1. C'est à cet interrogatoire que répondaient les formulaires ou protocoles manuscrits et les traités imprimés. Voy. plus haut, p. III et IV, et ci-après, p. LXX, note 4.
Si le candidat était *faible*, on arrêtait que ses opinions ne compteraient pas de six mois, ou qu'il exercerait un an ou deux de suite, à peine de la piqûre. S'il se montrait incapable, sans rendre un arrêt injurieux, ni ébruiter les choses, son rapporteur le prévenait qu'il eût encore à étudier les ordonnances. (Bib. Nat., ms. Fr. 4273, p. 600 et s.)
2. Arch. Nat., KK 889, fol. 132 verso; texte du serment des présidents et maîtres : « Vous jurez Dieu, notre créateur, et ses saints Évangiles que vous servirez bien et loyaument le roi en cet office; que vous ne prendrez aucun don corrompable et défendu de droit; que vous obéirez aux commandemens de la Chambre; que vous tiendrez les affaires de la Chambre secrètes, et spécialement les opinions; que vous ne consentirez point l'aliénation du domaine du roi de votre pouvoir; que vous visiterez les ordonnances de céans et mettrez peine de les savoir, entendre et accomplir de votre pouvoir, et généralement ferez comme un bon officier doit faire en son office. » — Pour les correcteurs et auditeurs, il y avait obligation de ne pas quitter la Chambre avant l'heure réglementaire, ni Paris sans un congé; d'écrire les arrêts « bien et diligemment et de leur main; » de remettre les comptes en place,
etc. Les comptables et les protestants, au lieu de prêter le serment sur les Évangiles, levaient la main à Dieu.
3. Voy. n° 474, l'exemple unique d'une installation faite, séance tenante, par un prince et des conseillers d'État, porteurs de l'exprès commandement du roi.
4. *Plumitif*, 8 juillet 1623, 7 septembre 1634, 11 décembre 1638, 3 octobre 1644, 12 octobre 1656, etc. Les auditeurs se donnaient aussi des banquets et y invitaient quelques membres des autres ordres.
5. Lettre du P.P. au contrôleur général, 10 mars 1693, *Pap. du Contrôle général des finances*.
6. *Plumitif*, 10 janvier 1640, 14 avril, 12 mai et 21 août 1643, 27 mars 1676. — Voy. le *Dictionnaire* de Furetière, v° Chevet.
7. Ces formalités de rigueur sont longuement expliquées dans la 2ᵉ partie du ms. 137 de la Bibl. des Pr. Présidents et dans le ms. Fr. 4273 de la Bibl. Nationale.
8. N° 126 et lettres du 3 août 1573. Sur la promotion des auditeurs aux places vacantes de maîtres, pendant le quinzième siècle, voy. la *Dissertation* de le Chanteur, p. 92.
9. J'ai déjà dit que L. Baronnat, maître extraordinaire, fit en 1492 un traité pour prouver les droits de Charles VIII sur le royaume de Naples. Le manuscrit original, en tête duquel l'auteur est représenté en robe tannée, avec les cheveux longs et le chaperon avalé, offrant son livre au

NOTICE PRÉLIMINAIRE.

citer encore pour le quatorzième siècle l'évêque Guillaume de Champeaux et les trois chanceliers Miles et Guillaume de Dormans et Jean de Cherchemont. Voici maintenant un auteur dramatique, Jean Lapite, qui composa en 1498 le mystère représenté par la Chambre à l'entrée du roi Louis XII; un historien de saint Louis, le greffier Louis le Blanc[1]; un savant bibliophile, Jean Grolier, qui figure plus d'une fois sur les bancs du grand bureau, comme trésorier de France; l'auditeur Jacques Luillier, auteur de l'inventaire des titres du Bourbonnais, et pourvu plus tard de la charge de premier président de la Cour des aides; le maître des comptes Philibert de l'Orme, abbé d'Ivry, architecte de Henri II, de Diane de Poitiers et de Catherine de Médicis; le seigneur de Malestroit, auteur des *Paradoxes sur le faict des monnoyes;* Jean Hennequin et son annotateur, Vincent Gelée; Claude Pellejay, le secrétaire du duc d'Anjou dont la verve poétique rivalisait avec celle de notre avocat général Étienne Pasquier pour les beaux yeux d'une rimeuse célèbre, Catherine des Roches. Sous Louis XIV, je compte trois académiciens : le président Toussaint Rose, celui qui eut longtemps *la plume* du roi; l'auditeur Quinault, le premier de nos librettistes dramatiques, et le président du Metz, qui avait concouru avec Colbert à la création des Gobelins et à l'organisation de l'Académie de peinture. Un maître des comptes du même temps, Antoine Rossignol, avait gagné cette charge par son habileté à déchiffrer les papiers diplomatiques, habileté que lui conteste Tallemant des Réaux; son fils devint président. Un des principaux secrétaires du cardinal de Richelieu, Pierre Cherré, était arrivé par des services analogues. Il y avait aussi un numismate « très-curieux et connoissant, » au dire de G. Constans : c'était l'auditeur Gentien Charron. J'ai déjà cité Godet de Soudé et son *Dictionnaire des ennoblissements*, ainsi que Vyon d'Hérouval, qui, selon l'épitaphe écrite sur sa tombe, doit être considéré comme le véritable auteur de la plupart des ouvrages d'érudition publiés par ses amis. Cette famille de Vyon, dans la branche de Gaillonnet dont Tallemant a fait l'historiette, produisit trois autres générations d'auditeurs; mais c'est à tort qu'on donne le même titre au fils naturel de l'un de ces magistrats, connu comme bon poëte et bel esprit, sous le surnom de Dalibray. La science historique, dans cette fin du grand règne, compte parmi ses plus fervents adeptes le procureur général Rouillé du Coudray, les auditeurs Hubert, Caille du Fourny, Rousseau, Brussel, le garde des livres Denis Godefroy, fils du second historiographe de ce nom, et le greffier-plumitif Jean de Loffroy. Rousseau était en outre connu pour sa magnifique collection d'estampes, comme le maître des comptes Goret de Saint-Martin pour les bas-reliefs de son hôtel de la rue des Rats, l'auditeur Charles le Brun pour la collection de tableaux de son oncle qui ornait l'hôtel construit par Boffrand sur les fossés Saint-Victor, ou son confrère Jean-Louis Barré pour ses curiosités, manuscrits et gravures. Brussel eut un neveu, auditeur comme lui, qui publia des œuvres burlesques. Un autre auditeur, poëte plus sérieux et archéologue, B.-Ph. Moreau de Mautour, fut pensionnaire de l'Académie. Sous Louis XV, nous revendiquons le célèbre généalogiste et juge d'armes L.-P. d'Hozier, d'abord auditeur, puis maître des comptes pendant quarante ans, et trois Cassini, dont le nom, disait le P.P. Nicolay, « est considéré à la Chambre des comptes comme dans le ciel, et a droit aux grâces du roi dans la magistrature comme dans l'Académie des sciences. » Le biographe Dézallier d'Argenville et son fils, l'auteur du *Voyage pittoresque de Paris*, furent maîtres des comptes l'un après l'autre. Un de leurs collègues, C.-H. Piarron de Chamousset, est le grand philanthrope à qui l'on doit la réorganisation des hôpitaux, la petite poste aux lettres de Paris et la première idée des assurances contre l'incendie. Un autre, N.-F. Dupré de Saint-Maur, fut membre de l'Académie Française, comme traducteur de Milton et comme auteur de deux traités sur les monnaies. Un auditeur, M. de Junquières, est signalé par Bachaumont comme coupable d'avoir enfoui à la Chambre les dispositions littéraires dont il avait fait preuve sur la scène de la Comédie Italienne. Le dernier titulaire

---

roi, est conservé à la Bibl. Nat., ms. Fr. 5742. On y voit que ce travail fut fait par ordre de la Chambre, sur les titres que Baronnat avait rapportés d'Angers.

1. Louis le Blanc, déjà cité p. XVII, note 7, est l'auteur d'une Vie de saint Louis, dont la Bibl. Nationale possède le ms. original, Fr. 5711, et que le corps des merciers de Paris fit imprimer en 1666. Son fils, Étienne le Blanc, qui devint secrétaire de Louise de Savoie, fit pour le chancelier Duprat un recueil de traités passés entre la France et les puissances étrangères. Bibl. Nat., ms. Fr. 3912.

de l'office de premier huissier, Antoine de Léris, publia une *Méthode géographique* et les *Après-soupers de la campagne*. Enfin, en arrivant à la fin de cette liste trop sommaire, on doit rapprocher des travaux de MM. Clément de Boissy et le Marié d'Aubigny ceux de l'auditeur A.-N. de Saint-Genis, qui rivalisa de zèle avec l'avocat général pour recueillir plus de mille volumes d'édits, ordonnances, arrêts, etc. Cette collection, qui a été jusqu'en 1871 une des richesses les plus utiles de la Bibliothèque du Louvre, contenait quatre-vingts registres du parlement ou de la Chambre; rien n'en subsiste aujourd'hui.

Faut-il citer maintenant des noms historiques de ministres ou de favoris, les Briçonnet, les Dormans, les Coictier, les Bouré du Plessis, les d'Orgemont; ou ceux de trois prévôts des marchands, tous trois présidents des comptes : Guyot de Charmeaux, Danès de Marly et Jean Luillier? La famille de celui-ci, alliée, comme les Hennequin, aux Nicolay, fournit à la Chambre une grande quantité de magistrats marquants; les derniers en date, le procureur général Jérôme Luillier et son fils, François Luillier, ainsi que son petit-fils naturel, célèbre dans le monde des lettres sous le nom de Chapelle, ont été portraités par Tallemant, chez qui l'on trouve encore l'historiette du président Duret de Chevry, contrôleur général des finances, greffier des ordres du roi, bouffon et visionnaire. Dans les noms alliés aux souvenirs de la religion, n'oublions pas ceux des maîtres des comptes Acarie et Isaac le Maistre; la Chambre posséda aussi cinq Arnauld, Antoine, Jean, Isaac, David, Louis, et le président le Bouthillier, dont le fils, tenu sur les fonts par le cardinal de Richelieu, devait être l'abbé de Rancé. Michel le Tellier, mort conseiller maître en 1608, était l'aïeul du célèbre ministre de la guerre et chancelier. Louis Boucherat, qui porta ensuite la simarre violette, avait exercé pendant trois ans les fonctions de correcteur, sous les auspices d'un père qui fut doyen de la Chambre et qui laissa une grande réputation de mérite, de science et de probité. Sont encore connus, à divers titres, dans l'histoire du dix-septième siècle : le président de Flécelles, qu'on rencontre dans Tallemant, et qui eut pour belle-fille la célèbre Mme de Brégy; trois Goulas, Paul, Claude et Léonard; deux Phélypeaux, dont l'un fut président et transmit le souvenir d'une rare intégrité à son fils le chancelier de Pontchartrain; les cinq présidents Tambonneau; plusieurs auditeurs du nom de Dorat, descendants de ce poète de la Pléiade qui faisait des devises pour les jetons de la Chambre; trois Aubery, dont l'un, surnommé le président *Robert-le-Diable*, fut aussi célèbre pour la mauvaise conduite de sa femme que pour la dignité courageuse qu'il montra dans l'émeute du 4 juillet 1652. La chronique scandaleuse signale encore le maître des comptes Nicolas de Maupeou, qui était affilié, vers 1650, à une bande de gens de qualité exerçant le métier de voleurs sur les grands chemins; le correcteur Michel Oulry, qui, boiteux, bossu (comment avait-il été reçu?) et gâté de maladies, vit sa femme, la fille jeune et belle du célèbre graveur Jean Warin, s'empoisonner au bout de dix jours de mariage; le président Robert de la Fortelle, qui perdit au jeu le produit des exactions exécutées en Hollande par ordre de Louvois, et dont la Bruyère a gravé le type au chapitre des *Biens de la fortune*. Les trois procureurs généraux du nom de Fourqueux descendaient du médecin Bouvard, et la charge leur vint d'un beau-frère, l'érudit Rouillé du Coudray. Enfin, et pour couper court à cette nomenclature qui ne finirait point, je ne puis prononcer un nom plus sympathique que celui d'Auget de Montyon. Le père du célèbre philanthrope fut, de 1718 à 1741, conseiller maître; c'est le grand-père, doyen du bureau des finances de Paris, qui avait acquis en 1709 la baronnie de Montyon, près Meaux.

Ici, je devrais énumérer les membres de la Chambre qui ont occupé de hautes charges dans les autres Cours ou dans le Conseil, les maîtres des requêtes, les conseillers d'État, les intendants, les premiers commis ou secrétaires de ministres, etc.; mais ce sujet a été traité dans le *Mémoire* de 1787[1], et il convient plutôt d'indiquer les principales familles qui se perpétuèrent dans la Compagnie. Avant toutes les autres se placent les Nicolay, qui, dix fois de suite[2], furent revêtus de la Première Présidence. Puis viennent les de la Croix, qui comptent six ou sept conseillers maîtres pour le moins[3].

---

1. *Mémoire* de 1787, p. 227-229.
2. Le huitième, Antoine-Nicolas Nicolay, conseiller au parlement, mourut sans être entré en exercice.
3. Onze même, selon un placet, Arch. Nat., F^4 1184.

NOTICE PRÉLIMINAIRE.

Une charge de président resta durant cinq générations dans la famille Tambonneau, depuis Michel, nommé en 1553, jusqu'à Antoine-Michel, qui fut ambassadeur sous Louis XIV. Au parquet, la charge de procureur général fut exercée par trois Molinet, trois Girard et trois Bouvard de Fourqueux; celle d'avocat général par deux Pasquier et deux Dreux. Les autres noms que l'on rencontre le plus fréquemment dans la *Filiation* sont : Aubery, le Boullanger, Briçonnet, Cassini, Cherré, le Clerc de Lesseville, Denys, le Fèvre d'Ormesson et d'Eaubonne, Gobelin, du Gué, de Hacqueville, Hénin, Hennequin, Luillier, le Mairat, de Maupeou, Pichon, le Prévost. Mais, par une sorte de privilége, et à part les de la Croix, le nom de Nicolay est le seul qui ait subsisté sur les listes de la Chambre jusqu'à la suppression des Cours, tandis que toutes les lignées contemporaines de son élévation s'éloignaient ou disparaissaient. On peut voir d'ailleurs, par la belle publication de M. Coustant d'Yanville, qu'il y a peu de familles de l'aristocratie parlementaire et de la bourgeoisie parisienne qui ne soient représentées dans l'*Armorial* : d'Alesso, Amelot, Angran d'Alleray, Barentin, de Bragelongne, Camusat de Riancey, Chauvelin, Colbert, Daguesseau, Danès, Feydeau, Fieubet, Fréteau, de Guénégaud, Haincque de Saint-Senoch, Hotman, Huguet de Sémonville, Héricart de Thury, Lambert de Thorigny, de l'Escalopier, Leschassier, Loisson de Guinaumont, de Longueil de Maisons, de Louviers, de Loynes, de Lucé, de Machault, de Mesgrigny, de Mesmes, de Montholon, Musnier de Pleignes, Ogier, Pajot, Parent du Châtelet, de Paris, de Poussemothe de l'Estoile, le Ragois de Bretonvilliers, le Rebours, de Reffuge, Rouillé, Séguier, de Thou, du Tillet, le Tonnelier de Breteuil, de Vassoigne, de Vaudetar, de Vigny, Viole, Vyon, et tant d'autres.

On fait généralement remonter l'origine de la charge de Premier Président à l'ordonnance du 3 janvier 1316 (anc. st.), qui dit : « Est à savoir que le doyen de Bourges et le sire de Lor seront *souverains* établis par-dessous le seigneur de Sully, lequel est *souverain* établi, et en son absence feront garder et tenir ses ordonnances et y contraindront les autres. » Mais n'était-ce pas plutôt une surintendance analogue à celle que Henri II créa pour Michel de l'Hospital en 1554? A travers les indécisions des textes et les obscurités de la filiation, on distingue tantôt trois présidents, tantôt deux. Du jour où ce second titre finit par prévaloir, nous remarquons que l'une des deux charges prime l'autre; c'est celle du président clerc, ainsi qualifiée parce que, après avoir été exercée par les plus grands personnages de la cour, l'évêque de Troyes, Jean d'Aubigny, le connétable Gaucher de Châtillon, le sénéchal de Champagne, le grand-queux Jean de Nesle, elle resta, de 1343 à 1462, entre les mains des gens d'église. Vingt prélats s'y succédèrent tour à tour[1], tandis que la seconde charge, celle de président lai, était occupée par des seigneurs du premier rang, des maréchaux de France, ou par une série non interrompue de dix grands bouteilliers. C'était le temps où la Chambre, comme le parlement, se recrutait aussi bien dans le clergé que parmi les chevaliers et gens de cour. On conçoit que les uns et les autres de ces présidents ne devaient avoir qu'une autorité nominale, et qu'il était urgent de les remplacer par des légistes ou des financiers[2].

Sous Louis XI, un changement important se produisit. La charge de Premier Président clerc fut réunie d'abord à celle de président lai, entre les mains du grand chambellan Bertrand de Beauvau, seigneur de Précigny ; puis, elle retomba successivement aux mains de quatre laïques, Jean de Popincourt, Jean de la Driesche, Jacques Coictier, et enfin Pierre Doriole, qui avait été chancelier de France[3]. Doriole fut remplacé par un

Premier Président.

---

1. Petitpied, *Prérogatives des ecclésiastiques*, p. 604 et suiv. Il est dit dans des lettres du 10 février 1421 qu'il ne doit y avoir « aucuns prélats servant ordinairement, excepté le président. »

2. Le *Journal de Verdun* de février 1711 annonça comme devant paraître chez Édouard, libraire au Parvis Notre-Dame, une histoire de tous les Premiers Présidents de la Chambre des comptes de Paris, jusqu'au jour où cette juridiction avait cessé d'être unique (*sic*) ; mais on ne sache pas que cet ouvrage ait vu le jour.

3. On remarquera que ce fait d'un chancelier devenant P.P. de la Chambre s'est répété deux fois de nos jours : l'honorable premier président actuel de la Cour des comptes et son prédécesseur, M. Barthe, ont exercé l'un et l'autre les hautes fonctions de chef suprême de la justice.
Sur J. de la Driesche et P. Doriole, voyez Fournival, *Rec. général des titres des trésoriers de France*, p. 124 et suiv., et les exemplaires du registre de chancellerie de Doriole (1474-1480). Un de ces mss., Bib. de l'Arsenal, ms. Hist. 162, est suivi d'une ordonnance extraite du

évêque, le grand aumônier Geoffroi de Pompadour; mais celui-ci se faisait suppléer par un maître laï, Jean de Loubières, et ses successeurs furent des laïques, Jean Bourée, le célèbre ministre de Louis XI, et Denis de Bidaut, ancien trésorier. Lorsque l'élimination de l'élément ecclésiastique se consomma ainsi, vingt-trois présidents, sur les trente-six que compte la *Filiation* avant l'avénement des Nicolay, avaient été pris dans l'église. De là cette qualification de *Premier Président clerc,* qui, perpétuée à jamais dans le style de la chancellerie, nécessitait une dispense spéciale pour chaque nouveau pourvu laïque et marié¹.

Succession des neuf Nicolay.

A partir du jour où Jean Nicolay reçut la Première Présidence (22 juillet 1506), la charge acquit une stabilité définitive. Le chiffre de trente-six titulaires en deux siècles prouve combien les mutations avaient été fréquentes; au contraire, de 1506 à 1791, nous ne comptons que neuf Premiers Présidents, se succédant héréditairement de père en fils, vivant et mourant à la tête de leur Compagnie et resserrant à chaque génération les liens qui unissaient le nom de Nicolay à l'existence de la seconde Cour souveraine du royaume². Jean Nicolay, qui avait professé le droit avant d'entrer au parlement de Toulouse, ne siégea à la Chambre que douze ans; mais Aymard Nicolay (1518) y resta trente-cinq ans; Antoine Ier (1553), trente-quatre ans; Jean II (1587), trente-sept ans; Antoine II (1624), trente-deux ans; Nicolas (1656), trente ans; Jean-Aymard (1686), quarante-huit ans; Aymard-Jean (1734), trente-neuf ans; Aymard-Charles-Marie (1773-1791), dix-neuf ans³.

Aucune autre famille de la magistrature française ne saurait présenter une aussi longue succession de dignités et de services. De génération en génération, la Première Présidence devint un préciput d'honneur pour les aînés de la maison de Nicolay, et ils purent considérer l'attachement et l'affection de leur Compagnie comme le plus précieux des patrimoines. A l'un deux, celui qu'une mort prématurée enleva avant qu'il fût entré en exercice, le président de Paris adressait, en 1717, ce compliment de réception : « Vous êtes, Monsieur, le huitième de père en fils que la Chambre voit à sa tête depuis plus de deux siècles. Cet honneur si singulier et pour ainsi dire héréditaire ne peut être que l'effet d'un mérite héréditaire. Aucun de nos dix derniers rois n'a cessé d'étendre sur vos auteurs et sur leur postérité sa confiance et ses bienfaits, parce qu'aucun n'a cessé de recevoir des preuves de leur zèle et de leur fidélité, et le grand prince, auteur de ce dernier choix, semble avoir respecté celui de ses rois ses ancêtres. . . . . Un même amour de la gloire et du bien de la patrie, un même esprit de justice et de probité, une fermeté inébranlable pour la conservation des droits du roi et de la couronne, et une égale application à maintenir ceux de la Compagnie. . . c'étoient là les degrés par où l'on montoit aux honneurs, lorsque vos pères furent appelés à cette haute dignité. Leur mérite fut le seul prix dont ils la payèrent alors : c'est encore au même prix que leurs descendans s'y maintiennent⁴. »

Je ne m'étendrai pas sur ces titres de gloire; ils ont été trop dignement célébrés par la voix de Rulhière⁵, et les documents qui composent ce volume parleront encore plus éloquemment⁶.

Mémorial C; ce fait et la provenance du volume (de la bibl. Caumartin) feraient supposer que l'original se trouvait dans les dépôts de la Chambre.

1. Voy. les textes des provisions de P.P., n°⁵ 1, 14, 67, 86 et autres.

2. M. Am. Pichot, dans les *Souvenirs intimes de M. de Talleyrand,* p. 103, rapporte que « le prince de Condé (après la restauration de 1815) ne cessait d'appeler le marquis de Barbé-Marbois « *mon cher monsieur de Nico-lay.* » parce qu'il ne concevait pas qu'un autre qu'un Nicolay pût être premier président de la Cour des comptes. »

3. Les seules interruptions, de fait et non de droit, que l'on puisse constater dans cette glorieuse chronologie, sont : 1° les quelques semaines de l'année 1527 pendant lesquelles Aymard Nicolay, parti pour la cour ou pour le Languedoc, fut suppléé par l'archevêque d'Aix dans l'organisation définitive des deux bureaux (n° 40, p. 37); 2° les neuf années que Michel de l'Hospital siégea comme « chef et premier président, » sans que du reste Antoine Nicolay quittât ni son titre ni ses fonctions (n° 95); 3° les quatre années de guerre civile, de 1589 à 1593, pendant lesquelles Jean Nicolay, retiré à Goussainville ou suivant l'armée de Henri IV, ne présida ni à Tours ni à Paris (n°⁵ 248, 255 et 259); 4° enfin, les trois ans et demi que dura la suspension infligée par Louis XIV au P.P. Nicolas Nicolay (n°⁵ 618-624).

4. N° 857. Cf. le discours du procureur général, du 17 septembre 1773, n° 878. Voyez Pasquier, *Recherches,* liv. II, ch. V, p. 70, et Petitpied, *Prérogatives des ecclésiastiques,* p. 617-621.

5. N° 942; discours prononcé à l'Académie française, le 12 mars 1789, pour la réception du P.P. de Nicolay. L'illustre historien qui le recevait descendait-il d'un Pierre Rulhière, huissier des comptes en 1677?

6. Il a été imprimé, dans ce siècle-ci, en l'honneur des Premiers Présidents, un tableau in-folio plano de la chrono-

NOTICE PRÉLIMINAIRE.

Est-il besoin de dire qu'une longue et sévère éducation fortifiait, dans chaque héritier présomptif de la Première Présidence, les traditions soigneusement transmises de père en fils? Soit que l'aîné destiné à cette succession s'y préparât par un stage actif dans quelque autre charge de magistrature, soit qu'il payât d'abord sa dette à la patrie sur les champs de bataille, il complétait ses études de droit dans les écoles célèbres de la province ou à Paris. Mais d'ailleurs, quelle leçon eût valu pour l'enfant, pour le jeune homme, la vie de la famille parlementaire, les conseils journaliers du père, le contact de son expérience, et la fréquentation assidue de cette Bibliothèque où chacun tour à tour accumulait les livres et les manuscrits précieux? Aussitôt ses grades conquis, notre avocat, qu'il achetât ou non une charge de justice, tardait peu à obtenir la survivance de l'office de P.P. Cette transmission était préalablement l'objet d'arrangements de famille, qui sauvegardaient aussi bien les droits du père que ceux de ses futurs héritiers. On prenait en outre toutes les précautions possibles pour que la charge, substituée des uns aux autres, ne tombât point dans des mains étrangères[1]. Le prix d'estimation fut successivement fixé comme il suit: en 1537, à 36,000 l.; en 1551, à 34,000 l.; en 1623, à 250,000 l.; en 1656, à 300,000 l.; en 1665, à 400,000 l.; enfin, en 1690, 1724 et 1771, à 550,000 livres.

Après avoir obtenu l'agrément du roi et payé aux parties casuelles les droits de survivance et de mutation, le nouveau pourvu préparait lui-même ses provisions et les faisait présenter par quelque personnage de haut rang à la signature du secrétaire d'État[2]. L'enregistrement des provisions à la Chambre et la réception du survivancier entraînaient une longue suite de formalités, dont la première consistait à faire prendre de la bouche même du P.P. en exercice la confirmation de sa volonté. Après l'installation, le magistrat présidant la séance adressait un compliment au récipiendaire, et celui-ci lui répondait par un autre discours[3]. Enfin, un dîner splendide, dont les curieux menus ont été conservés, réunissait à l'hôtel Nicolay les principaux magistrats et les parents de leur futur chef.

Bien que reçu, le survivancier ne pouvait avoir ses entrées à la Chambre, pour s'y préparer à ses fonctions, que par une concession officielle de la Compagnie[4]. A plus forte raison n'était-il pas admis à exercer concurremment avec son père en attendant la retraite définitive de celui-ci[5]. C'est alors seulement qu'il s'installait avec de nouvelles formalités et prêtait le serment commun aux présidents et maîtres[6]; s'il n'avait pas encore assez d'âge et d'expérience, on le mettait pour quelque temps sous une espèce de tutelle bienveillante, qui durait le moins possible[7].

Sur son banc, le P.P., représentant la personne du roi, ne pouvait être primé que par le chancelier, et il ne cédait même pas le haut bout aux princes du sang. L'étiquette entre lui et la Compagnie était minutieusement réglée. Les magistrats, en opinant, devaient s'adresser au P.P. et dire: Monsieur, » et non: « Messieurs. » Quand on lui écrivait, la lettre était signée, au nom des « Gens des comptes, ses très-affectionnés confrères et bons amis, » par le greffier en chef, qui devait, de son côté, y joindre un détail particulier de l'affaire[8]. Dans toutes les occasions de condoléance, de maladie ou de compliment, c'était aussi le greffier en chef, ou pour le moins son second, que l'on envoyait à l'hôtel Nicolay, et leur rapport était consigné dans les registres[9]. Le second jour de l'an, tous les officiers allaient rendre leurs devoirs

Transmission de la charge.

Prérogatives du Premier Président.

---

logie de leur charge depuis le sire de Sully jusqu'en 1773; mais ce genuit est fort incomplet et inexact, même en ce qui touche les Nicolay, quoiqu'il ait été soi-disant présenté au P.P. Aymard-Charles-Marie de Nicolay.
1. Nos 424, 432, 646.
2. Nos 645 et 888.
3. Nos 67, 182, 788. Le premier discours dont j'aie retrouvé le texte est celui de 1656, n° 536.
4. Nos 201 et 434.
5. Au seizième siècle, nous voyons Aymard Nicolay exercer concurremment avec son père, et Dreux Hennequin avec Aymard, son beau-père; mais ce sont les seuls exemples d'un fait fort rare de tout temps. En 1773,

lorsque la Chambre essaya, sans succès, d'obtenir la concurrence pour le P.P. Aymard-Jean et son fils, déjà installé, on ne trouva dans le recueil Gosset que deux analogies, du 15 mai 1403 et du 30 novembre 1490. Cependant, deux procureurs généraux, MM. de Fourqueux, avaient aussi exercé père et fils ensemble, en 1716 et 1745. (Arch. Nicolay, 41 C 107.)
6. Voy. plus haut, p. LVIII, note 2.
7. Nos 14, 93, 182.
8. On a souvent cité, d'après le Mémorial O, une lettre du roi portant cette adresse: « A monseigneur le Président. » Ce ne pouvait être qu'une erreur de secrétaire.
9. Nos 777, 781, 785, 786, 959, etc.

au P.P.; la robe était de rigueur ce jour-là, même pour les familiers de la maison. Le P.P. recevait dans son cabinet et faisait asseoir chacun; il reconduisait les présidents jusqu'à l'escalier, et les autres magistrats jusqu'à la seconde porte de son appartement.

La veille de la Chandeleur, le recteur de l'Université, accompagné des procureurs des quatre nations, venait lui apporter un cierge, et, de part et d'autre, on prononçait un compliment en latin [1].

La simarre de cérémonie du P.P. était de velours noir, comme celle des présidents; devant le roi, il ne portait que la robe noire et le manteau court. En qualité de chef de Compagnie, il avait le titre de chevalier et sommait l'écu de ses armes d'un casque « taré et posé de front, la visière levée, mais grillée et fermée de barreaux à claire-vue [2]. » Seul de tous les premiers présidents, il drapait quand le roi prenait le grand deuil, prérogative réservée aux officiers de la couronne et aux grands officiers des maisons du roi ou des princes [3]. Par un autre privilège non moins spécial, Louis XIV avait accordé à deux magistrats seulement la permission de venir à Marly : à M. de Maisons, comme voisin, et au P.P. Jean-Aymard Nicolay, comme ancien mousquetaire. Cette haute faveur fut continuée depuis aux autres Nicolay [4].

A partir de 1570, le P.P. eut, ainsi que les présidents du parlement, le titre de « conseiller ordinaire du roi en ses conseils d'État et privé, » qui donnait l'entrée de droit dans toutes les Cours souveraines [5].

Ce ne fut que fort tard, en 1756, que le ministère de M. d'Argenson accorda le privilège de *franchise* et de *contre-seing* des lettres au P.P. et au procureur général [6].

Gages et droits du Premier Président.

Au commencement du seizième siècle, le P.P. touchait 1250 l. tournois de gages, 200 l. de droit de bûche [7], 100 l. de robe de Pâques, autant de droit de *Toussaint*, et 12 l. 10 s. de droit de *manteau*. Avec quelques menus droits, c'était un total de 1685 l. 1 s., qui s'accrut, en 1570, de 355 l. d'augmentations de gages et, en 1635, de 3,000 l., le tout acquis à deniers comptants [8].

Bien que cette rémunération se grossît de la part attribuée au P.P. dans les épices [9], il fallait qu'elle fût soutenue par des pensions pour que le chef de la Compagnie « eût d'autant meilleur et plus honorable moyen de s'entretenir en l'exercice de son état. » François Ier et Henri II en donnèrent une première, de 500 l. sur la recette générale de Paris; Charles IX une seconde, de 1200 l. sur l'Épargne, que Henri III porta à 2,000 l. Celle-ci se transforma, sous Louis XIII, en une pension de 3,600 l., et, sous Louis XIV, elle s'éleva à 9,600 l.; ce qui, réduit d'un quartier depuis 1648, ne faisait plus que 7,200 l.; mais, en outre, le P.P. avait une des allocations de gages du Conseil, de 1,500 l., attribuées à la Chambre [10]. En 1756, le ministère offrit encore une nouvelle pension à Aymard-Jean Nicolay, pour compenser ses frais de représentation; il refusa, parce que la guerre gênait depuis longtemps les finances, et son fils, en 1789, dans l'enthousiasme des offrandes patriotiques, remit toutes ces pensions à l'État, ne gardant que tout juste le strict intérêt d'une finance de 550,000 livres [11].

---

1. Nous avons plusieurs de ces discours « *Ad rectorem, pro cereo,* » dans le Recueil des harangues de Nicolas Nicolay.
2. Fournival, *Rec. des trésoriers*, p. 28 et 29 ; *État de la France de 1722*, t. IV, p. 402.
3. *Armorial* de Mlle Denys, discours préliminaire, p. xx. Cf. la pièce n° 715, qui semble avoir trait à cette prérogative, et les *Mémoires de Saint-Simon*, ch. CDXX.
4. N°s 721, 776, 853, 877 et 883. *Arch. Nicolay*, 46 C 9 et 70 L 56.
5. Voyez, au n° 124, les détails de l'opposition que le parlement ne manqua pas de faire en cette occasion, et dont l'avocat général Augustin de Thou fut le principal interprète. — L'ordonnance du 3 janvier 1673 confirma définitivement le titre de conseiller au Conseil privé aux officiers de la couronne, grands officiers de la maison du roi, chevaliers de l'ordre, gouverneurs et lieutenants généraux des provinces, secrétaires du cabinet et premier médecin du roi, premiers présidents des parlements et de la Chambre des comptes de Paris, présidents et gens du roi du parlement de Paris.
6. N° 801. *Arch. Nicolay*, 42 L 111, 36 L 69 et 70, 49 L 36.
7. Une quittance donnée au Trésor par Aymard Nicolay, le 1er juillet 1524, mentionne, à côté des gages de 1000 l. parisis par an, une simple somme de 20 l. p. (25 l. t) pour un quartier de ses « *jura lignorum.* »
8. Sur cette somme, la déclaration du 22 octobre 1648 supprima un quartier de 1,260 l.; mais, chaque année, le Trésor royal y suppléait par une indemnité de 1333 l. (*Arch. Nicolay*, 4 B 49.)
9. Il avait la part d'un maître et demi, et le maître prenait un auditeur et demi, plus 1/9 environ; c'était donc environ 87/36 ou 29/12 de part. Certains manuscrits (Bib. des Pr. Prés., n° 147 bis, p. 121) ne parlent pas de la fraction de 1/9.
10. N°s 79, 96, 150, 180, 518, 591. *Arch. Nicolay*, 4 B 49.
11. N°s 879 et 948.

NOTICE PRÉLIMINAIRE. LXV

L'un des droits les plus productifs de la charge était le *chauffage*. Primitivement, il se levait en nature. Charles IX avait accordé à Antoine Nicolay vingt cordes de bois, à prendre dans la forêt de Carnelle, pour sa maison de Presles, et, pendant la Fronde, le P.P. Antoine II, comme son collègue du parlement, avait fait élever cette concession à cent cordes, exigibles sur les ventes de la forêt de Compiègne; mais, à partir de 1669, Colbert, dans l'intérêt des forêts, convertit en argent tous ces chauffages. Le P.P. Nicolas Nicolay était alors interdit, sous le coup d'une disgrâce, et ce fut seulement quelques mois avant la mort de Louis XIV que Jean-Aymard put faire taxer son indemnité à 3,000 l., ainsi que l'avait été celle du premier président du parlement[1].

Le P.P. recevait encore de divers comptables trente-six bourses de jetons d'argent, du poids de trois marcs chacune, une autre, de quatre marcs deux onces, à chaque assemblée du clergé, et une de cinquante jetons, réduite à vingt, pour la fondation charitable du duc de Nevers[2]. D'autre part, les magistrats et les trésoriers de France, après leur réception, lui présentaient des boîtes de confitures.

Au renouvellement de l'année, la Compagnie offrait à son chef, ainsi qu'aux chancelier, contrôleur général et chef du Conseil des finances, une écritoire d'argent[3].

Sur les droits en nature auxquels participait le reste de la Chambre, le P.P. recevait : le sel (19 minots tous les trois ans), la bougie (400 livres par an), le sucre dû aux réceptions (400 livres environ), les jambons (190 livres), 36 bouteilles de vin de Champagne et 12 de Bourgogne. Enfin, les fermiers généraux lui offraient pour étrennes une corbeille de fleurs, 36 bouteilles de vin de Champagne, 12 de vin d'Espagne et autant de vin muscat, 24 boîtes de confitures, 50 livres d'huile d'olives, 4 barils d'olives et 50 livres de tabac. Vers 1773, ces droits en nature représentaient une valeur estimative de 2,352 l., ce qui, joint au total du produit en argent, 30,651 livres[4], donnait un revenu d'ensemble de 33,003 livres, c'est-à-dire un bénéfice de 5,503 l. en plus du denier vingt de la finance de 550,000 livres[5].

Dans ces calculs, on a fait la déduction du dixième de retenue (imposé en 1710) et de la capitation. A l'origine de celle-ci, en 1695, le P.P., taxé dans la 3ᵐᵉ classe, pour 1,000 l., avec les chefs des autres Cours supérieures de Paris, avait tenu à payer 1,500 livres comme le premier président du parlement, lequel était placé seul dans la 2ᵐᵉ classe, avec les princes, ducs, maréchaux de France, etc.[6]. Quand la capitation fut rétablie définitivement, en 1701, chaque Cour supérieure fut chargée de faire sa répartition particulière et les taux furent augmentés à plusieurs reprises[7].

Retenues et droits sur la charge.

Quant à l'impôt du droit annuel, il était d'usage que les magistrats supérieurs, Premiers Présidents, procureurs généraux, ou même simples présidents, s'en fissent faire remise chaque année par le roi[8]; lorsque l'édit de décembre 1709 eut permis aux Cours de le racheter sur le pied du denier seize, l'officier, devenu propriétaire de sa charge, fut pour toujours dégagé du droit de survivance et de l'obligation des quarante jours[9]. Restait le droit de mutation, lequel avait été d'abord du tiers de la valeur fictive, puis du huitième seulement, après l'établissement de l'annuel; cette même valeur, pour le P.P., fut portée de 36,000 l. à 60,000 l., et enfin, à 80,000 l., c'est-à-dire sept fois moins que la fixation légale. Mais le droit

---

1. Nᵒˢ 531 et 723.
2. *Arch. Nicolay*, 4 B 49. Cette prestation des comptables était réglée par un arrêt du Conseil du 18 septembre 1671.
3. *Plumitif*, 2 janvier 1723.
4. Gages (capitation et dixième déduits), 1,601 l. 10 s.; gages de secrétaire de la chambre, 400 l.; chauffage (dixième déduit), 2,700 l.; jetons, 4,500 l.; bourse commune (année moyenne), 650 l.; épices (a. m.), 10,725 l.; droits d'entrée et de chevet (a. m.), 100 l.; menues nécessités et écritoires, 360 l. 10 s.; droits d'évaluation (a. m.), 120 l.; droits d'écurie, 14 l.; pension sur la recette (dixième déduit), 450 l.; pension sur le Trésor (dixième déduit), 9,030 l.
5. *Arch. Nicolay*, 53 C 51.
6. *Gazette d'Amsterdam*, 1695, p. 69. — Il faut observer que, si la charge de P.P. de la Chambre pouvait parfois s'assimiler avec celle de premier président du parlement, elle en différait essentiellement par son caractère d'office vénal et héréditaire.
7. Dans le tarif de 1695, les présidents des comptes étaient de la 4ᵐᵉ classe (500 l.); le procureur général et le greffier en chef, ainsi que les premiers présidents des Chambres de province, de la 5ᵐᵉ classe (400 l.); les maîtres, comme les conseillers de toutes les Cours supérieures de Paris, de la 8ᵐᵉ (200 l.); les correcteurs et auditeurs, de la 9ᵐᵉ (150 l.).
8. Nᵒ 643. *Arch. Nicolay*, 70 L 353 et 358, lettre de M. de Calonne au P.P.
9. Nᵒ 706. La finance payée par le P.P., le 10 décembre 1710, s'éleva à 21,333 l. 6 s. 8 d.

i

CHAMBRE DES COMPTES.

de 10,000 l. pour le huitième denier s'augmentait de 5,000 l. pour la moitié en sus, 1,500 l. de deux sols pour livre et 3,628 l. 16 s. de droit de marc d'or[1].

Fonctions du Premier Président.

A l'intérieur de la Chambre, le service du P.P. était permanent. Lors de la division par semestres, en 1551, Aymard Nicolay avait opté pour l'Hiver; ce fut même une des raisons qui firent donner à Michel de l'Hospital une espèce de surintendance passagère sur les deux semestres. Antoine Nicolay, après le départ du chancelier, conserva le droit de siéger et de présider à sa volonté en tout temps, et ses successeurs y furent confirmés par deux arrêts solennels[2]. Malgré ce double service, le P.P. restait sujet, comme les autres magistrats, à la *piqûre* pendant le semestre de janvier, et il avait même besoin d'une dispense pour vaquer à certaines commissions; en 1641, Louis XIII lui accorda une dispense spéciale, « pour donner quelque prééminence particulière à la charge de P.P., unique et le chef de tous les officiers[3]. »

Le P.P. n'était pas récusable par les parties; mais, si une parenté pouvait rendre son vote suspect, il s'abstenait de lui-même, conformément à l'ordonnance, à moins que le bureau ne s'y opposât gracieusement[4].

Non-seulement la Chambre lui remettait, « attendu sa qualité, » les droits d'enregistrement ou de présentation d'hommage, mais encore elle se faisait un devoir d'accorder le *gratis* et la remise des épices aux personnes qui le touchaient de près[5].

Dans le cours des travaux ordinaires, le P.P. pouvait convoquer la Compagnie ou donner des audiences extraordinaires, outre celles des mercredis et samedis. C'était lui, ou le président siégeant à sa place, qui désignait les rapporteurs et commissaires, quand la Chambre en avait exprimé le vœu[6]. C'était à lui aussi qu'appartenait la distribution de toutes les requêtes tendant à un enregistrement; mais il n'usait de son droit que pour les édits, déclarations ou lettres patentes présentés au nom du roi, les baux, les corrections, et laissait le reste au doyen. A lui encore revenait le soin de désigner au roi et au chancelier les magistrats dignes de récompense ou les candidats les plus aptes à obtenir l'agrément pour les charges vacantes. Seul, il nommait à certains emplois ou commissions de la Chambre : les chapelains chargés de dire les messes quotidiennes, le commis au Plumitif, ceux du greffe (sur la présentation du greffier en chef), les buvetier, garçons de buvette, portier et commis chargé de l'huis du grand bureau, le garde-bonnets, et enfin, le contrôleur des bâtiments et de la Sainte-Chapelle. La Chambre, sur sa présentation, confirmait la nomination. Il avait, pour son propre compte, des secrétaires, et leur faisait généralement obtenir quelque emploi ou des gratifications.

C'était sur le P.P. que reposaient la discipline, la réputation, le crédit et l'union de la Compagnie, et cette tâche exigeait beaucoup d'adresse, beaucoup de fermeté, une connaissance approfondie des esprits. Tantôt, il fallait prendre les magistrats par l'intérêt, et la distribution des affaires, des commissions, des comptes, des gratifications, donnait le moyen d'agir directement; tantôt, l'affabilité et la bonté suffisaient, particulièrement auprès des subalternes. Au dehors, l'estime et l'amour de la Compagnie assuraient la dignité du P.P.; mais encore devait-il, sans se faire courtisan, cultiver la cour et y entretenir des relations suivies.

Sur les neuf Premiers Présidents du nom de Nicolay, deux seulement ne finirent pas leurs jours dans l'exercice de leurs fonctions. Ils obtinrent des lettres d'honoraire, qui leur conservaient les priviléges honorifiques, les titres et qualités « en tous actes, tant en jugement que dehors, » et le droit d'assister aux

---

1. Nos 67, 84, 879. Arch. Nicolay, 4 B 49.
2. Nos 373 et 592. *Plumitif*, 3 février et 24 juillet 1657.
3. Nos 192 *ter* et 498. Je ne sais si ces dernières lettres patentes ont été accordées réellement et enregistrées.
4. Nos 327, 613, 614, 652, 658.
5. No 62. Voy. la prestation de foi et hommage pour la seigneurie de Presles, n° 637, et pareil hommage pour la terre d'Osny, dans le *Journal*, 14 novembre 1731. — Dans le *Plumitif*, 12 juillet 1718, *gratis* pour Mgr de Chavigny, archevêque de Sens; 21 novembre 1719, pour l'abbé Bignon; 2 août 1743, pour le duc de Rochechouart; 20 mai 1745 et 19 février 1752, pour le comte de Brionne, etc.
6. Cette importante prérogative fut l'objet du grand conflit de 1761-62 entre les présidents et les maîtres. Voy. les pièces réunies sous le n° 844.

NOTICE PRÉLIMINAIRE.

séances, au-dessous du président, avec voix et opinion délibérative, mais sans présider en aucun cas, ni prendre gages, pensions ou épices [1].

J'ai déjà donné [2] le détail d'une des plus belles prérogatives du P.P., celle qui lui conférait l'administration de la Sainte-Chapelle et la garde des Reliques; j'ai dit qu'il eut jusqu'au temps de Colbert l'ordonnancement de toutes les dépenses concernant l'édifice sacré ou les bâtiments de la Chambre. Il faisait généralement partie de toutes les commissions importantes nommées par le roi, surtout pour les évaluations domaniales, et présidait de droit celles que formait la Chambre. Quand on envoyait une députation au roi, c'était au P.P. de la conduire et de porter la parole au nom de la Compagnie [3]; s'il y avait des remontrances à dresser, il était de règle de lui en confier la rédaction ou tout au moins la révision, puisqu'il avait la charge de les présenter [4]. Il se trouvait ainsi, avec le procureur général, l'intermédiaire ordinaire et obligé entre la Compagnie et le roi, soit que celui-ci permît l'exercice du droit de remontrances, ou qu'il le suspendît, comme cela eut lieu de 1673 à 1715.

Chef de la seconde Cour souveraine du royaume, le P.P. était convoqué de droit aux assemblées solennelles, telles que le sacre du roi [5], les réunions des Notables [6], les Conseils de régence ou les commissions constituées en cas d'absence du roi [7]; mais il n'assistait pas aux États généraux, puisque ni la Chambre ni le parlement ne voulaient y figurer [8].

Rappelons encore que le P.P. et deux ou trois autres membres de la Chambre furent chargés par François Ier et son successeur de la garde du Trésor de l'Épargne, quand il eut été centralisé dans une des tours du Louvre [9]. Au même siècle, c'était aussi le P.P. des comptes, avec celui du parlement, que le roi chargeait de régler l'émission des rentes sur l'hôtel de ville [10], ou de présider aux grands travaux de la capitale, aux constructions de ponts, etc. [11].

Antoine Nicolay fut même désigné par Charles IX pour être un des huit surintendants de la police de Paris, mais plutôt en qualité de bourgeois notable que comme chef de Compagnie [12].

Le P.P., pour des raisons de préséance, ne pouvait figurer dans les assemblées générales de police qui se tenaient, soit à l'hôtel de ville, soit au parlement, en temps de disette ou de crise politique, et qui réunissaient les représentants de toutes les Cours [13]; mais il était du nombre des administrateurs de l'Hôtel-Dieu et de l'hôpital général. C'est à ce titre qu'Aymard-Jean Nicolay, à côté de l'archevêque de Beaumont et du chancelier de Lamoignon, prit une part active aux luttes contre le parlement et les jansénistes [14].

En dehors de leur charge et de la Chambre des comptes, quelques-uns des Premiers Présidents exercèrent d'autres fonctions ou reçurent des commissions importantes, tantôt comme premiers commissaires aux États de Languedoc, auxquels se rattachaient encore les souvenirs de leur origine, tantôt comme conseillers au Conseil de Catherine de Médicis, commissaires pour le fait de ses comptes et surintendants de ses travaux et bâtiments [15]. Au dix-septième siècle, Antoine II et Nicolas Nicolay possédèrent la capitai-

Prérogatives et fonctions du P.P. à l'extérieur.

---

1. N°* 789, 878, 879, 888.
2. Voy. plus haut, p. XXXVI à XL.
3. Voyez, n° 830, le fait extraordinaire de la substitution d'un simple président au P.P. et de la rétractation d'un arrêté déjà pris ou des remontrances préparées en conséquence.
4. Le procureur général dit positivement que le P.P. est chargé toujours de la rédaction; *Plumitif*, 17 septembre 1756. Voy., sur les remontrances, p. XXVII.
5. N° 160. — Par le *Plumitif* du 12 novembre 1610, il semblerait que Jean Nicolay n'assista pas au sacre de Louis XIII.
6. N°* 197 bis, 445, 451, 925, etc. Arch. Nicolay, 80 L I à 5.
7. N°* 192 ter, 277 bis, 357 note, 450, 540.
8. En 1789, Aymard-Charles-Marie de Nicolay, comme son collègue du parlement, n'assista aux assemblées électorales qu'en qualité de gentilhomme. Nommé d'abord président de son département, puis premier électeur, il refusa la députation pour ne pas compromettre en quoi que ce fût la Compagnie dont il était le chef. N°* 943 et 944.
9. N°* 53 à 57, 63 et 63 bis. — Jean Bodin (*République*, livre VI, ch. II, p. 664) prétend que l'édit de 1556 déchargea à tout jamais les commissaires du Louvre et officiers de l'Épargne. « Tant y a que l'un des commissaires eut en pur don pour une fois 100,000 écus, si le bruit qui en courut partout étoit vrai. »
10. N° 64. Voy. Dom Félibien, passim.
11. N°* 165, 192 bis, 376, 395 bis.
12. N° 149. — On sait que les officiers des Cours souveraines, très-influents dans leur quartier, étaient presque toujours quarteniers, capitaines ou colonels de la garde bourgeoise.
13. N°* 662, 663, 673, 674.
14. N°* 647, 822, 827, 831, 899. Voy. le *Journal de Barbier*, août et septembre 1751, et le *Mémoire* de 1787, p. 241.
15. N°* 196, 197, 218, 222 et 223.

nerie des chasses de la forêt de Carnelle, qui assurait la jouissance de leurs terres de Presles et des environs. Au dix-huitième, Aymard-Jean Nicolay songea à acquérir la charge de prévôt de l'ordre du Saint-Esprit et fut longtemps désigné pour la dignité de chancelier de France[1]. Mais il était réservé à son fils, le neuvième sur notre liste de Premiers Présidents, de cumuler en une dernière fois tous les honneurs. L'Académie française, en appelant Aymard-Charles-Marie de Nicolay à la succession du marquis de Chastellux, voulut moins couronner l'orateur de l'assemblée des Notables, que l'héritier de cette longue série de magistrats qui s'étaient transmis à travers les siècles les traditions du patriotisme comme celles de l'éloquence[2]. Louis XVI l'éleva peu après à la dignité de chancelier de l'ordre du Saint-Esprit[3], et, cinq ans plus tard, le tribunal révolutionnaire consacrait à son tour le nom de Nicolay, en envoyant à l'échafaud de la place du Trône le P.P., son fils aîné, âgé de vingt-quatre ans, et son frère, l'ancien premier président du Grand Conseil.

Président lai.

On vient de voir qu'il avait toujours existé une charge de président lai[4], presque exclusivement occupée par des grands seigneurs, des favoris, des conseillers intimes. Les noms de Louis de Savoie, de Jacques de Bourbon-Préaux (arrière-petit-fils de saint Louis), du connétable de Châtillon, des maréchaux Mathieu de Trie et Robert Bertrand, des Coucy, des Melun, des Croy, des Bar, des Estouteville, des Sarrebruck, des Luxembourg, des Saint-Paul, des Beauvau, rapprochés de ceux des financiers ou des hommes de loi, rappelaient les origines et la composition primitive de la Chambre[5]. Pendant un temps même, de 1365 à 1418, les fonctions de président lai semblèrent s'immobiliser entre les mains des grands bouteillers et devenir une des attributions héréditaires de cette charge, considérée comme la plus intime parmi celles des grands officiers de la couronne. Ce fait se renouvela dix fois de suite dans l'espace d'un demi-siècle, et il semblerait avoir été confirmé et régularisé par les ordonnances de 1408 et 1411 ; cependant, on s'est accordé presque généralement pour reconnaître qu'il ne « tirait pas à conséquence. » Il cessa lorsque la Chambre fut forcée de se retirer en partie à Bourges[6]. Quant à la qualification de président *lai*, elle n'était pas moins illusoire que celle de président *clerc*, puisqu'elle fut portée, sous Charles VIII, par l'évêque de Lodève, et elle ne tarda pas à se transformer en celle de *second* président.

N'oublions pas que quatre des derniers présidens lais, Jean de la Driesche, Antoine de Beauvau, Jacques Coictier et Étienne de Vesc, possédèrent successivement l'office important de bailli et concierge du Palais, auquel étaient attachés beaucoup de droits domaniaux sur tout l'enclos royal et un vaste logement situé au bout de la Grande Salle[7].

Présidents.

Un *tiers* office fut créé en 1520, au profit de Gilles Berthelot, et un *quart* en 1544. Mais ces distinctions disparurent en 1553, et l'ordre de la préséance ou de l'avancement des présidents, « jusques à la première place, siège et lieu, icelui toutefois exclu et non compris, » ne se régla plus que sur l'ancienneté de réception, comme dans toutes les autres Cours. Neuf offices de présidents furent créés de 1553 à 1690 ; soit, douze en tout, partagés également par semestres.

Les présidents, sauf dispense, ne pouvaient être reçus qu'à l'âge de quarante ans et après dix années de judicature, moyennant quoi la Chambre les exemptait de toutes formalités de discours, de loi et d'interrogatoire. Leurs fonctions étaient de suppléer le P.P. pour tenir les audiences de rapport ou d'instance, recevoir les serments et hommages et prendre les votes des juges, « sans ôter le bonnet ni se découvrir. » Ils

---

1. Voy. le discours de l'avocat général, n° 922.
2. Voy. le discours de réception du P.P. et la réponse de Rulhière, n° 942.
3. N° 945.
4. Sur ce sujet, il y a encore bien des incertitudes. Voy. les notices placées en tête de chaque chapitre du t. III de la *Filiation*.
5. *Mémoire* de 1780, p. 252 et suiv.
6. Voy. le manuel de Jean le Bègue, ms. Lat. 12815, fol. 15 verso. Cf. n° 357, et Pasquier, *Recherches*, p. 69.
7. A la mort d'Étienne de Vesc, sa succession échappa aux gens des comptes et passa à son compagnon d'armes, Raoul de Lannoy, puis à Florimond Robertet, aux Montmorency, etc. Voy. Sauval, *Antiquités de Paris*, t. III, p. 389, 447, et passim ; Joly, *Offices de France*, t. II, p. 914 et suiv. Cf. le n° 59 et les lettres patentes accordées le 19 juin 1563 à Guill. de Montmorency-Thoré, ap. *Mémorial* 3 C, fol. 329.

NOTICE PRÉLIMINAIRE. LXIX

recevaient aussi des commissions du roi. Ils avaient le titre de chevalier, qui leur valait des droits de *manteau* et de *Toussaint*, et la qualité de conseiller du roi en ses conseils d'État et privé, avec entrée, séance, voix et opinion délibérative. Une déclaration du 30 novembre 1624 leur confirma la préséance sur les maîtres des requêtes. Suivant les statuts de l'ordre du Saint-Esprit, un président devait assister aux chapitres généraux et concourir à l'examen des comptes.

Sur les douze présidents, sept avaient 4,790 livres de gages, et les cinq autres 5,658 livres, à cause d'augmentations particulières acquises en 1622.

Pendant une soixantaine d'années, une charge de vice-président, destiné à suppléer le président laï, fut successivement occupée par des familiers du roi, Philippe le Bègue, le médecin Coictier, Grimaldi, du Tillet, Berthelot, etc. Mais, comme la Chambre, à chaque nomination, faisait une opposition de plus en plus vive, cet office fut supprimé en 1544, ou plutôt il se transforma en *quart* président.   Vice-président.

On a déjà vu qu'il y avait eu des maîtres clercs, des maîtres laïs, des maîtres surnuméraires et extraor-   Maîtres des comptes.
dinaires, mais qu'il ne subsista de ces distinctions qu'un titre de maître clerc attaché aux quatre plus anciennes charges[1]. Un texte cité plus loin[2] montrera en outre qu'une moitié des maîtres laïs, sous Philippe le Bel, était prise parmi les *chevaliers*, et l'autre parmi les *bourgeois*.

Les conseillers maîtres ordinaires, portés au nombre de soixante-dix-huit par la dernière création d'avril 1704 et partagés entre les deux semestres, avaient pour fonctions de faire le rapport sur les requêtes et instances ou sur les enregistrements, de juger les comptes ou les incidents contentieux, de délivrer les exécutoires pour recouvrement ou les mandements pour dépenses de la Chambre, d'aller apposer les scellés, faire les inventaires, etc. chez les comptables morts ou faillis, de faire les informations préalables aux enregistrements, d'arrêter et taxer les dépens des procès rapportés par eux. En dehors de la ligne de compte, ils recevaient souvent du roi ou de la Chambre des commissions spéciales pour l'administration des hôpitaux ou des Saintes-Chapelles, pour l'inspection des manufactures royales, les évaluations de domaines, la vérification des amortissements, la surveillance des meubles de la couronne, etc.[3]. L'un d'entre eux, dans chaque semestre, était chargé d'assister aux assemblées du Bureau des pauvres, conformément aux lettres d'établissement des hôpitaux[4].

Au bureau, ils parlaient sur demander audience, et leur qualité de maîtres *ordinaires* leur permettait de siéger et d'achever un rapport en dehors du semestre de leur charge.

Le plus ancien des maîtres se qualifiait doyen de la Chambre, et, entre autres profits et prérogatives, il percevait un droit de *chapeau de bièvre*, qui était de six aunes de satin, pour chaque installation de correcteur, auditeur ou trésorier de France.

Les titulaires des quatre anciennes charges de maître clerc prenaient bourse en la grande chancellerie, et dix-huit maîtres touchaient une pension de 1,500 livres chacun, sous le titre de *gages ordinaires du Conseil*. Cette assignation, qui conférait la qualité de conseiller d'État, n'était pas accordée à l'ancienneté, mais au mérite, sur la proposition du P.P.[5].

Les présidents et maîtres se considéraient comme formant à eux seuls le corps de la Chambre, ce qu'on appelait « messieurs des comptes. » Au quatorzième siècle, les justiciables les traitaient de « redoutables seigneurs, » et le roi, qui recevait lui-même leur serment et les prenait pour exécuteurs testamentaires ou pour membres du Conseil de régence, le roi les appelait « ses familiers[6]. » Le titre de « messire » des anciens chevaliers était réservé aux présidents; celui de « maître, » qui originairement s'appliquait aux plus

---

1. Voyez Petitpied, *Prérogatives des ecclésiastiques*, p. 621-634.
2. Voy. plus loin, p. LXXIX, note 6.
3. *Mémoire de 1787*, p. 241 et suiv.; *Rép. de jurisprudence*, t. XI, p. 198, et *Encycl. méthodique*, t. II, p. 422.
4. *Plumitif*, 29 mai 1634. *Mémoire de 1787*, p. 241.

5. N°ˢ 660, 688, p. 552, etc. *Arch. Nicolay*, 55 L 24 et 25. — Une suite de dossiers de la fin du dix-huitième siècle, contenant les demandes des conseillers maîtres, leurs états de service, les notes du P.P., les recommandations, etc., est conservée aux Archives Nationales, F⁴ 1184.
6. *Mémoire de 1780*, p. 254.

hauts dignitaires de la magistrature, alors que ceux de « monsieur » et de « madame » étaient portés exclusivement par les personnes du premier rang, ne fut remplacé pour les conseillers maîtres par celui de « monsieur » que dans le siècle dernier [1]. Lorsque quelques membres des deux ordres étaient envoyés en députation, la Chambre, dans ses lettres, les traitait de « messieurs, » et soussignait : « Vos humbles et plus affectionnés confrères à vous servir, LES GENS DES COMPTES [2]. » En qualité de Cour souveraine, elle exigeait que toute requête présentée par les procureurs fût adressée à « Nosseigneurs les Gens des comptes du Roi, » et cette qualification ne fut abolie qu'en 1790, par le décret du 23 juin [3]. En séance, le maître qui opinait devait dire : « Monsieur, » et s'adresser au P.P., comme représentant la personne royale. Si l'opinion se prolongeait, le P.P. se hâtait d'inviter le conseiller à se couvrir, pour que celui-ci semblât faire acte de déférence. « Si l'opinant erre au fait, ajoute le manuscrit qui donne ces détails intimes [4], le rapporteur ou le président le peut dire doucement et représenter ce qui est requis pour l'intelligence ; et cela est nécessaire pour l'honneur de la Compagnie, d'autant que d'autres maîtres pourroient être de l'avis de celui qui n'entend pas le fait. Mais le président ne peut interrompre le maître qui opine ; aussi lesdits maîtres ont la discrétion de ne point user de redites. Néanmoins, s'il arrive quelquefois que le maître demeure trop longtemps à donner son avis, M. le président lui dit : « Concluez. »

Présidents et maîtres faisaient de leurs profits casuels, c'est-à-dire des épices provenant des enregistrements ou du jugement des corrections et requêtes de rétablissement, ainsi que des droits d'entrée et de chevet, une bourse commune, commise aux soins d'un conseiller maître et maniée par le greffier-plumitif. Pour y prendre part, il fallait avoir servi au moins un jour par quartier, sauf le cas d'empêchement justifié [5].

Correcteurs.

Jusqu'en 1410, le travail de la correction avait été réparti entre les maîtres et les clercs : deux correcteurs furent créés alors ; l'édit d'avril 1704 en fixa le nombre définitif à trente-huit. On a vu ailleurs quelles étaient leurs fonctions [6] et de quelle manière ils les remplissaient. Au bureau, ils siégeaient en face des présidents, et jouissaient du droit de se faire entendre, toutes affaires cessant, à moins qu'un vote ne fût commencé. Placés entre les maîtres et les auditeurs, qualifiés en tous temps du titre de conseiller du roi et honorés parfois de la dignité de conseiller d'État [7], bien que certains d'entre eux, en revanche, exerçassent des offices de petite considération, les correcteurs firent plus d'une tentative pour s'assimiler aux maîtres, sous prétexte que leurs deux premiers prédécesseurs, ceux de 1410, appartenaient à cet ordre [8]. Après avoir failli réussir sous Charles IX, grâce à l'édit éphémère de Ripault, ils s'unirent aux auditeurs, dans le siècle suivant, pour réclamer au moins le droit d'assister aux séances d'enregistrement ou de se faire représenter dans les députations [9]. Sur ce dernier point, ils eurent gain de cause. Sur d'autres questions, les conflits continuèrent, et l'intervention du Conseil lui-même ne put jamais y mettre fin. Les correcteurs avaient fait imprimer, vers 1714, un factum justificatif intitulé : *Extraits des Mémoriaux* ; au grand mémoire

---

1. Voy. Pasquier, *Recherches*, liv. II, ch. III ; la *Dissertation* de le Chanteur, p. 95, et le *Mémoire* de 1787, p. 7.
2. *Plumitif*, 8 août 1628.
3. *Plumitif*, 12 juillet 1627. N° 955.
4. Bibl. Nat., ms. Fr. 4273. Ce volume contient, non-seulement le texte et l'interrogatoire de Cl. de Beaune, ou l' « *Abrégé des finances tant ordinaires qu'extraordinaires*, » mais aussi un autre questionnaire, des plus instructifs, intitulé : « *Mémoire sur l'usage et pratique de la Chambre des comptes de Paris*, » et écrit vers 1613, pour la Chambre de Montpellier, qui avait envoyé consulter ses confrères de Paris sur leurs us et coutumes. D'autres réponses furent fournies en 1617, par les conseillers de Lesseville et le Prévost, commis à cet effet.
5. *Plumitif*, 7 mars et 28 juin 1721.
6. Voy. plus haut, p. XXXI. — Sur les correcteurs, consultez : *Manuale P. Amari*, ms. Fr. 10988, fol. 182 ; *Guidon des finances*, p. 606 et 615 et suiv. ; J. Lescuyer, *Instruction*, etc., p. 104 et s. ; Cl. de Beaune, *Traicté*, p. 67 et suiv. ; *Maximes pour la correction des comptes*, ap. Recueil Fontanieu, n° CLXXVIII, p. 402 ; *Mémoire* de 1787, p. 141 et suiv., 268 et suiv. ; *Répertoire de jurisprudence* de Guyot, v° Correcteur ; un traité ms. du correcteur Marchais de Migneaux (1775), ouvrage fait sur les archives mêmes de l'ordre, Bib. Nat., ms. Fr. 10990 ; et le questionnaire rédigé pour l'usage de la Chambre de Montpellier, ms. Fr. 4273, p. 284 et suiv., 505-513 et 555-582. — La correction différait de la révision en ce que celle-ci ne pouvait se faire sans formalités extraordinaires et lettres du roi, tandis que les correcteurs travaillaient à rechercher les erreurs où et quand ils voulaient.
7. Voyez, dans le recueil Gosset, les pièces du 13 décembre 1532, du 10 juin 1566 et du 25 avril 1640.
8. En réalité, ce n'étaient que des clercs faisant fonctions de maîtres extraordinaires.
9. Voyez, entre autres exemples, la séance du 26 août 1672. (*Plumitif*.)

publié sous Louis XVI par les présidents et maîtres¹, ils répondirent par une protestation violente et injurieuse, qui fit scandale².

Les correcteurs formaient une bourse commune des épices provenant des corrections, des droits d'étape dus sur les comptes du taillon et des entrées des nouveaux officiers. Pour faciliter leurs recherches, particulièrement en ce qui concernait le Trésor royal, ils conservaient dans leur chambre tous les contrôles généraux et particuliers, les doubles des comptes des recettes générales et les registres d'avis de correction³.

Un des ouvrages les plus instructifs que nous possédions sur la Chambre, la *Dissertation historique et critique* de J.-L. Lechanteur⁴, repousse la confusion faite par Pasquier, Miraulmont, Villaret et bien d'autres auteurs entre les *petits clercs* des maîtres des comptes, attachés spécialement au service de ces conseillers, choisis et nommés par eux, et les dix ou douze *clercs d'aval* ou *d'en bas* que les ordonnances du quatorzième siècle nous font connaître comme les premiers ancêtres des auditeurs. La question vaudrait la peine d'être élucidée : de ces simples scribes ou secrétaires, qui logeaient chez les maîtres des comptes et ne pouvaient prendre femme et ménage que par une faveur exceptionnelle⁵, de ces clercs aux quatre-vingt-deux « conseillers du roi, auditeurs ordinaires en sa Chambre des comptes, » ayant séance et voix délibérative dans les affaires jugées à leur rapport, « attendu que ce sont les premiers juges sur le fait des finances, et l'importance de leurs charges et états⁶, » il y aurait toute une suite de transformations à étudier sur les nombreux documents que nous a laissés l'ordre le plus turbulent, le plus ambitieux, mais le plus laborieux.

On a vu⁷ les fonctions des auditeurs en tant qu'audition et jugement des comptes. C'étaient eux aussi qui donnaient l'*attache* sur tous les actes féodaux centralisés à la Chambre et qui avaient la garde des documents réunis dans les deux dépôts des Fiefs et des Terriers; seuls, ils pouvaient délivrer des extraits et des certificats⁸. Leurs honoraires, pris par préciput sur les épices des comptes, étaient très-considérables, et, dans beaucoup de cas, s'augmentaient de gratifications et de salaires extraordinaires⁹. Ils formaient, comme les correcteurs, une bourse commune des autres produits, prestations de devoirs féodaux, collations d'extraits, droits de Champagne, etc., et le partage s'en faisait tous les mois, par les soins du doyen de chaque semestre, en tenant compte des absences.

Bien que les auditeurs fussent partagés par semestres et répartis entre plusieurs chambres, à chacune desquelles étaient affectés un certain nombre de comptes¹⁰, leur nombre et l'abondance des pièces qu'ils

Auditeurs.

---

1. *Mémoire sur les demandes formées en 1775*, etc.
2. *Plumitif et Journal*, 28, 30 janvier et 7 février 1788.
3. Le singulier conflit soulevé à propos d'une convulsionnaire (n° 794) prouve qu'ils n'avaient point, à proprement parler, de dépôt particulier.
4. *Dissertation historique et critique sur la Chambre des comptes en général, et sur l'origine, l'état et les fonctions de ses différens officiers; servant de réfutation d'une opinion de Pasquier, adoptée par plusieurs auteurs.* 1765; 384 p. in-4°.
5. « Car un clerc n'est pas tenu qu'il ne conviegne que l'en li truisse despens, robbe, valet et cheval, là où il peut bien despendre tant et plus que ses gages ne montent, et si il y a la greigneure partie des clercs poures, qui, en bonne manière, ne pourroient pas commencer à tenir leurs mesnages permy leurs gages, à l'honneur du roy et de l'office. » Voy. les pièces imprimées dans Gosset, de 1319 à 1336.
6. Ordonnance de 1552. — Les auditeurs ne furent appelés que *maîtres* et non *messieurs* jusque vers le milieu du siècle dernier. Voy. d'ailleurs, sur la distinction honorifique des trois ordres, la conclusion générale du *Mémoire* de 1787, p. 226 et suiv., et p. 264.
7. Pages xxx et xxxi.
8. Deux auditeurs, choisis mensuellement, étaient astreints à venir tous les jours pour le service des dépôts, et un troisième pour la délivrance des extraits.
9. N° 649. *Mémoire* de 1787, p. 126 et suiv.
10. Il y avait eu sept chambres, désignées d'abord (compte du relieur de 1411, Arch. Nat., KK 1339) sous les noms de : Notaires, Sénéchaussées, France, Champagne, Normandie, Grand'chambre et Comptes particuliers; puis, sous ceux de Trésor, France, Normandie, Champagne, Anjou, Languedoc, et Monnaies. Celle du Trésor recevait les comptes de la maison du roi, de la guerre, de la marine, de l'artillerie, du marc d'or et des bâtiments; celle des Monnaies, les comptes des généralités flamandes; celle de France, les comptes des provinces du centre; celle de Languedoc, les comptes des provinces du midi, etc. Après la création de la Chambre des comptes de Rouen, il ne resta plus que six chambres, et, quand on reconstruisit les bâtiments, en 1740, on n'en fit que trois : la chambre des Auditeurs, celle des Fiefs et celle des Terriers; mais on conserva l'ancienne division pour la répartition du travail. Tous les trois ans, cette distribution se renouvelait : douze auditeurs par semestre servaient dans la chambre du Trésor, huit dans celles de France et de Languedoc, cinq dans celle des Monnaies, quatre dans celles de Champagne et d'Anjou. Jusqu'en 1716, on donna les comptes des années paires au semestre de janvier et ceux des années impaires au semestre de juillet. Pendant la première année, considérée comme un noviciat, les nouveaux auditeurs étaient de tous semestres et de toutes chambres.

avaient à examiner, les forçaient de travailler chez eux, et les maîtres ou présidents s'en plaignaient fort.

« Leur service, disait-on, est très-facile : ils peuvent demeurer à la campagne, veiller à leurs biens, s'y répandre dans leurs sociétés ; pourvu qu'ils viennent, dans une année, passer à Paris quelques matinées pour y faire le rapport de ce qu'ils ont examiné chez eux, personne ne peut y trouver à redire[1]. » Cependant, cet ordre compta, dans tous les temps, beaucoup de travailleurs actifs, érudits ; il rendit souvent de grands services au domaine royal, en rétablissant la régularité des hommages féodaux, si nécessaires pour assurer les délimitations et prévenir les usurpations[2] ; enfin, nous lui sommes redevables de la conservation des deux dépôts des Fiefs et des Terriers[3], avec lesquels sont arrivés aux Archives Nationales quelques débris d'une belle bibliothèque qui témoignent de l'esprit studieux et conservateur des auditeurs. Malheureusement, il n'est rien resté des registres où l'ordre inscrivait, de temps immémorial, ses délibérations particulières et tous les faits intéressants[4].

J'ai déjà parlé de luttes et de contestations séculaires avec les présidents et maîtres. Un de ces conflits eut pour objet la séance au grand bureau. C'était debout, entre le P.P. et le doyen, que les auditeurs avaient toujours reçu les communications et les ordres de la Chambre ; pour les rapports, ils s'asseyaient dans la chaire des gens du roi ou au banc des greffiers. Une transaction intervenue le 20 mars 1673 leur avait promis un siège fleurdelisé, « au lieu qui serait trouvé le plus commode ; » mais on ne songea à l'exécuter qu'en 1705, et, comme le banc fut construit contre l'une des fenêtres qui donnaient sur la cour du Palais, joignant le siège des greffiers, il fallut plusieurs séances et de très-dures objurgations du P.P. pour que les quatre députés qui représentaient l'ordre à la lecture des lettres du roi consentissent à s'y asseoir[5]. Apaisée sur ce point, la mésintelligence ne fit qu'empirer sur beaucoup d'autres, et il n'y eut plus de répit. C'est dans la *Dissertation* de le Chanteur ou dans le *Mémoire* de 1787 qu'il faut voir quelle séparation profonde existait entre les ordres et combien ces guerres intestines devaient être déplorables pour l'honneur des Compagnies et pour le bien des justiciables. Mais l'importance politique des enregistrements était singulièrement faite pour tenter deux ordres de nature aussi remuante que les correcteurs et les auditeurs, animés d'ailleurs par le feu de la jeunesse et par les traditions incertaines des premiers siècles.

Avocat général.

Le parquet des gens du roi comprenait un avocat général, un procureur général, un substitut. L'avocat et le procureur avaient été longtemps communs au parlement et à la Chambre ; ce fut seulement en 1479 que celle-ci eut un avocat du roi, qui s'intitula avocat général vers 1516. Ce magistrat avait son indépendance entière, et il précédait le procureur, même au parquet ; mais il ne le remplaçait pour la « plume » que dans certains cas pressants, au lieu que la « parole » lui était exclusivement réservée pour les réquisitions d'enregistrement, les plaidoiries ou les mercuriales. Seul de toute la Compagnie, l'avocat général n'entrait qu'à sa volonté.

Dans la filiation de cette charge, un nom se détache sur tous les autres, celui d'Étienne Pasquier, qui fut avocat général de 1585 à 1604, et qui eut son fils Théodore pour successeur[6]. Puis viennent deux membres de la famille Dreux ; Jean-Aymard Nicolay, qui hérita de la Première Présidence au bout de six ans de parquet, et dont nous possédons les plaidoyers autographes ; Angélique-Pierre Perrot, célèbre pour certains réquisitoires, et enfin, M. le Marié d'Aubigny.

Procureur général.

Le premier procureur du roi, créé par l'art. 49 de l'ordonnance du 23 décembre 1454, n'était que le même substitut qui, d'habitude, remplaçait à la Chambre le procureur du parlement ; il avait alors de très-petits gages, 200 l. parisis, et une position assez humble[7]. Le titre de procureur général se trouve à partir de 1516. Une seconde charge, « pour vaquer au second bureau et poursuivre les jugemens des

---

1. *Mémoire* de 1787, p. 287.
2. *Plumitif*, 7 mai 1765, 29 décembre 1766, 16 mai 1767, etc.
3. Ces dépôts seront décrits plus loin.
4. Le Chanteur, p. 2, etc., et *Mémoire* de 1787, p. 9.
5. *Plumitif*, cité dans le *Mémoire* de 1787, p. 204 et suiv.
6. N°° 209, 212, 343, etc.
7. *Arch.* Nicolay, lettre de M. de Fourqueux au P.P., 75 L 62 ; Trésor des chartes, J 967, lettre du procureur général G. du Molinet au chancelier, 15 février 1537.

NOTICE PRÉLIMINAIRE.

parties indécises, souffrances, débets de comptes, sans s'immiscer aux autres affaires, » fut aussitôt supprimée que créée. Le procureur général était l'intermédiaire régulier entre le roi et la Compagnie; ses fonctions[1] consistaient à présenter au bureau tous les envois et faire remettre les pièces au Conseil, après vérification et enregistrement; prendre des conclusions par écrit sur les requêtes ou chartes présentées par les particuliers; faire assigner les comptables ou dresser les rôles de poursuites extraordinaires; présenter au bureau tous les comptes, et, après le jugement, les renvoyer au dépôt du Garde des livres; poursuivre le recouvrement des charges laissées en souffrance, des parties sujettes à correction ou restées en indécision, des amendes prononcées contre les comptables, des droits seigneuriaux et féodaux dus au roi, etc. Le procureur général devait aussi veiller, dans quelque affaire que ce fût, à l'exécution des ordonnances et à la défense des droits du roi. Mais ses attributions étaient restreintes à la « plume; » l'avocat général seul devait porter la parole dans les affaires d'audience, et en outre, dans les cas urgents, il pouvait remplacer le procureur pour les scellés, descentes, commissions, etc. De là, entre les deux organes du ministère public, une guerre à outrance, que commença Jean-Aymard Nicolay, et qui se poursuivit sous ses successeurs[2].

Au point de vue de la finance, la charge de procureur général était la plus considérable après celle du P.P.; le prix en fut porté successivement à 360,000 l., puis à 500,000 l. Par une singulière anomalie, il ne recevait que deux tiers d'une part d'auditeur dans la distribution des épices, comme au temps où ses gages n'étaient que de 200 l. parisis. Il jouissait d'ailleurs du titre de conseiller d'État[3].

Le procureur général avait toujours eu la faculté de prendre des substituts à son choix, et il avait même racheté, moyennant finance, les offices créés en 1586 et 1640. L'édit de décembre 1690 mit de nouveau en vente deux offices de substituts gradués et deux non gradués; un seul de ces derniers fut levé aux parties casuelles, et il n'eut que cinq titulaires jusqu'à la Révolution.

Nous avons vu ce qu'étaient les greffiers en chef de la Chambre, appelés primitivement du nom de *notaires*, comme leurs confrères du parlement, et quelles traces ils ont laissées de leur érudition dans les archives préposées à leur garde[4]. Après avoir été au nombre de deux, trois ou quatre[5], l'ordonnance du 3 avril 1388 les réduisit à deux seulement. Ces charges furent érigées en titre d'office par lettres du 6 juillet 1521, et distinguées en *ancien* et *alternatif*; mais les deux greffiers, quel que fût le semestre ou l'exercice, pouvaient l'un ou l'autre faire mettre en forme et signer les arrêts, délivrer les exécutoires et les commissions; la séparation n'existait réellement qu'entre leurs minutes, qu'ils conservaient du reste dans le même dépôt, avec les registres constitutifs de la Chambre et les pièces originales. Ils avaient titre et qualité de secrétaires du roi pour pouvoir expédier les lettres sur foi et hommage. Leurs droits étaient réglés par des ordonnances royales ou des arrêts de la Chambre, et ils en faisaient bourse commune. Leurs charges ne valaient que 13 ou 14,000 l. en 1581; elles furent évaluées à 115,000 l. chacune en 1771.

Greffiers.

Chaque greffier en chef se choisissait deux clercs ou commis; il y avait en outre trois contrôleurs héréditaires du greffe créés sous Louis XIII et assimilés aux greffiers, et enfin, un commis au Plumitif ou greffier-plumitif, dont les importantes attributions ont déjà été indiquées[6]. Celui-ci était, comme je l'ai dit, nommé par la Chambre, sur la présentation du P.P.; lorsque Louis XIV, en 1691, créa deux offices de commis écrivains à la peau pour faire toutes les fonctions des clercs du greffe, y compris la rédaction du Plumitif, ce fut la Compagnie qui les acheta par une surenchère, et elle les unit au greffe[7].

La charge de garde des livres ne fut créée qu'en 1520; jusqu'alors, la conservation des livres, c'est-à-dire des comptes et des acquits, avait appartenu aux auditeurs seuls, et ceux-ci poussèrent la Chambre à faire

Garde des livres.

---

1. *Guidon des finances*, p. 632; Cl. de Beaune, p. 90 et s.
2. Nos 638, 691 à 693, 717, etc. — Les pièces de ces conflits, pour la période 1684-1705, ont été recueillies par l'avocat général le Marié d'Aubigny, et elles ne forment pas moins de trois volumes in-4°. Arch. Nat., P 2628-2630.
3. Voy. les pièces fournies par M. Girard à Colbert, en 1671; ms. Mél. Clairambault n° 350, p. 27 et suivantes.
4. Voy. plus haut, p. xiv et s., xvii et lix.
5. Voy. l'article du manuel de J. le Bègue, mss. Lat. 12815, fol. 114, et Fr. 10988, fol. 66 verso.
6. Voy. plus haut, p. xi et xii.
7. N° 659. *Journal*, 12 mai 1692.

j

une vive résistance lorsque François Ier pourvut, à leurs dépens, un protégé de la reine-mère, Jean le Conte, qui tout récemment encore était messager des comptes. Il fallut toutefois le recevoir, « sur peine d'inobédience¹. » Aux termes de l'édit, ce garde des livres ne devait faire que le déplacement des registres du greffe ou des liasses dont les auditeurs avaient besoin, sans qu'il lui fût permis de « voir dedans » ni de pénétrer dans les chambres où il n'était pas appelé ; mais, le Conte et ses successeurs s'étant déchargés de ces soins matériels sur le relieur, tandis que, d'autre part, les auditeurs laissaient au garde et à son compagnon d'office, créé en 1552, la liberté d'entrer et d'agir librement dans leurs chambres, où les documents se conservaient, répartis selon leur origine ou leur ancienneté, ces abus furent supprimés par le règlement du 22 novembre 1566. Bientôt, la création de divers dépôts exclusivement destinés à recevoir les pièces hors d'usage et la séparation définitive du greffe d'avec les documents de comptabilité assurèrent les attributions des gardes des livres et leur indépendance. Ils reçurent directement du procureur général les comptes jugés et des auditeurs les sacs d'acquits, avec leurs *ponandés*, pour classer les uns dans les armoires, les autres dans le sac commun où ils devaient prendre place. Ce furent eux aussi qui eurent charge de délivrer toutes les pièces nécessaires aux officiers de la Chambre, aux procureurs, aux personnes autorisées par le roi, et le droit de 8 sols ou d'un quart d'écu qu'ils prenaient pour chaque communication de volume ou de liasse, devint le véritable profit de leurs charges, dont les gages n'étaient que de 300 livres, avec quelques gratifications. Sous Louis XIV, les deux offices de gardes des livres furent supprimés provisoirement et réunis en une seule commission ; l'édit d'avril 1704 n'en rétablit qu'un seul, au profit de Denis Godefroy, fils aîné de l'historiographe². A chaque installation, le nouveau garde ne prêtait serment qu'après récolement de l'inventaire des dépôts ; cette opération durait plusieurs années, et il prenait en charge les différentes séries au fur et à mesure que les commissaires les avaient inventoriées.

Premier huissier.

Dans les anciens temps, le premier huissier, appelé simplement *huissier*, n'était qu'un surveillant, et, comme le « *materiale custode* » de la chancellerie secrète de Venise, il ne devait même pas savoir lire³. Selon les ordonnances, il avait charge de « mettre à point la grande chambre, le grand bureau et les autres chambres » avant sept heures en hiver et six en été ; puis, il se tenait entre les deux portes, pour reconnaître les arrivants par le guichet du premier huis et ne laisser entrer que les magistrats ou les comptables et leurs procureurs, à moins que ce ne fût jour d'audience publique. Une fois la séance commencée et jusqu'à la sortie, il restait « entre ou hors les huis, » une verge à la main, pour écarter les intrus ou annoncer les visites importantes. C'était lui encore qui piquait sur une feuille de présence les noms des officiers venus à la séance et qui relevait les absents. Il annonçait aux magistrats l'heure d'entrer et sonnait la cloche de sortie au commandement du président ; il veillait aux feux et à l'entretien des meubles, gardait les clefs des bâtiments et de la prison, et empêchait qu'aucun document ne fût emporté sans permission expresse. A ces fonctions, le premier huissier joignit pendant un temps celles de receveur-payeur, de sommelier-buvetier, de relieur ; mais on dut en former plus tard des commissions spéciales, et il ne lui en resta que les titres dans ses provisions d'office. Un logement lui était affecté au rez-de-chaussée intérieur de la Chambre, dans le corps de logis de gauche, avec une entrée située au-dessous du grand perron, et il reçut une indemnité lorsque le receveur des épices et ses commis lui enlevèrent une partie de ce local. Entre autres droits, il percevait : sur la recette ordinaire de Paris, six setiers de blé, comme sommelier, et 12 l. 5 sols, comme concierge ; sur chaque prestation de foi et hommage, un droit de *chambellage*, taxé par le président et le bureau d'après le revenu du fief⁴. Il était de tous semestres.

---

1. N° 22. *Créances*, année 1521, passim. — Jean le Conte, « M. de Voysinlieu, » passa auditeur en 1534, et, jusqu'en 1581, il servit cinq rois successivement, comme secrétaire intime ou intendant des finances et conseiller d'État.
2. Voy. l'article de ce garde des livres dans *Les savants Godefroy*, p. 239. On trouve quelques-uns de ses papiers dans le pf. 143 de la collection Godefroy, à l'Institut.

3. « Quod Nicolaus Malingre possit tenere officium hostiarii Cameræ, *quamvis sit cognoscens in scriptis*. » *Mémorial* de Bourges, coté H, fol. CLXIIII. Cf. Arm. Baschet, *Hist. de la chancellerie secrète de Venise*, p. 176.
4. Suivant les juristes, c'était un souvenir des libéralités que les vassaux faisaient au grand chambellan pour être admis en présence du roi. Voy. pl. haut, p. xxxiv.

NOTICE PRÉLIMINAIRE.   LXXV

La Chambre avait eu d'abord dix-huit « messagers à pied, » chargés de transmettre tout ce qui concernait le fait du domaine et du Trésor, moyennant des taxations qui étaient leurs seuls gages. En 1427, ils prirent le nom d'huissiers, en même temps que le concierge devenait premier huissier. Puis, on les porta, par des augmentations successives, au nombre de trente, tous créés en titre d'office. Ils n'étaient reçus qu'après examen en la chambre du Conseil et prestation de serment. Leurs fonctions étaient d'exécuter les commandements de la Compagnie, « tant dedans que dehors, » de porter les exploits et significations par tout le royaume, de faire les saisies féodales, d'assigner les comptables, etc.; mais ils ne pouvaient aller mettre à exécution les contraintes du contrôleur général des restes qu'avec la permission de la Chambre. Extrêmement redoutés dans les provinces, ils y commettaient trop souvent des exactions propres à détourner les communautés de rendre leurs comptes. Cinq d'entre eux par mois étaient de service à la Chambre, et touchaient 10 livres en dehors des droits qui leur étaient attribués sur le fonds des menues nécessités, pour leurs exploits, significations et voyages, ou sur les réceptions de divers officiers.

Huissiers.

Jusqu'à Henri II, le recouvrement et le maniement des *débets* et *restes de comptes* avaient été faits tour à tour par les trésoriers de France, les auditeurs, le changeur du Trésor ou les receveurs généraux des finances. Les deux offices de receveur général des restes en la Chambre créés en 1554[1] furent supprimés, après un siècle d'existence, par la déclaration du 10 décembre 1669, qui ordonna que les débets fussent portés directement au Trésor royal. Quant à la poursuite de ces mêmes restes, ç'avait été la principale, sinon l'unique attribution de l'office éphémère de second procureur général créé aussi en 1554; mais on le remplaça immédiatement par un solliciteur général ou contrôleur général des restes, dont la commission, donnée à Antoine, puis à Jean et à Isaac Arnauld, dans le temps que le produit du recouvrement était exclusivement affecté à Catherine de Médicis et à ses travaux des Tuileries[2], fut érigée en titre d'office, en décembre 1604, au profit d'un quatrième Arnauld. Après une courte suppression, cet office reparut en 1690, sous le titre de contrôleur général des restes et bons d'état du Conseil, et un édit de 1717 étendit à tout le royaume ses attributions, que Boucher d'Argis a longuement décrites[3]. Le titulaire, dans les cérémonies, prenait rang entre les auditeurs et les gens du roi[4].

Contrôleur général des restes.

Les gages des officiers de la Chambre avaient été payés primitivement par le changeur du Trésor, puis par le premier huissier. A partir de Charles IX, on créa successivement trois charges de receveurs-payeurs, qui tantôt furent réunies dans les mêmes mains et tantôt exercées par des officiers différents, puis trois offices de contrôleurs de ces payeurs; par arrêté du 7 avril 1643, les uns et les autres furent reconnus comme faisant partie du corps de la Chambre[5].

Receveurs-payeurs des gages.

Le recouvrement et la distribution mensuelle des épices furent faits d'abord par le premier huissier, ensuite par un commis spécial; lorsque les édits de 1691 et de 1708 créèrent l'un après l'autre deux offices héréditaires de receveurs des épices, amendes et autres revenus de la Chambre, celle-ci s'empressa de les racheter à grand prix et d'en confier les fonctions à un commis de son choix. En 1709, il fallut faire la même opération pour deux offices de trésoriers-receveurs généraux des épices et leurs contrôleurs, qui ne coûtèrent pas moins de 650,000 livres[6].

Receveur des épices.

Les fonctions du receveur des épices consistaient à faire « la recette, payement et distribution des droits d'épices, augmentations de gages, rentes, deux sols pour livre des épices et des amendes[7], etc., » tant aux officiers qu'aux créanciers de la Compagnie, et c'était encore lui qui, en cas d'insolvabilité d'un comptable, fournissait les avances, contre *remplage* sur un meilleur fonds. Son service se compliquait en outre

---

1. Édits de mars 1554 et du mois d'octobre suivant. Voy. *Journal*, 18 août 1559.
2. Nºˢ 144 et 179.
3. *Répertoire de Jurisprudence* et *Enc. méthodique*, au mot.
4. Nº 653.
5. Trois offices de payeurs et de contrôleurs des augmentations de gages créés sous Louis XIV furent supprimés dès qu'on remboursa ces augmentations, en 1719.
6. Nº 698. *Plumitif*, 30 mars 1718.
7. Sur les amendes qu'ils recouvraient, ils en livraient un tiers aux menues nécessités, et rendaient les deux autres tiers à la ferme du domaine. (*Plumitif*, 30 décembre 1673.)

de celui des emprunts faits en diverses circonstances par la Chambre¹, de celui des cautionnements, ou enfin, du recouvrement des intérêts des offices et fonds appartenant à la Compagnie²; maniement très-lourd, mais très-fructueux pour le commis-receveur, qui faisait généralement une grosse fortune à ce métier³. De plus, il avait, au rez-de-chaussée de la Chambre, un logement assez considérable, pris en partie sur celui du premier huissier, ayant la même entrée, que l'on distingue très-bien sur les anciennes perspectives de la façade, et aboutissant d'autre part à l'hôtel du premier président du parlement⁴. Ce fut là que s'écoulèrent l'enfance et la jeunesse de Voltaire; son père, François Arouet, ancien notaire, avait pris la commission de receveur en 1696, et, lorsqu'il mourut en 1721, il manifesta sa respectueuse reconnaissance pour le P.P. Nicolay en lui confiant, non-seulement la tutelle de ses deux fils, qui l'inquiétaient l'un et l'autre, à des titres différents, mais aussi leur héritage même⁵. Armand Arouet succéda à François, comme receveur par commission, et finit également ses jours au service de la Chambre; son logement avait été reconstruit après l'incendie de 1737 et subsista jusqu'en 1871⁶.

Le receveur des épices rendait cinq comptes par an, pour les revenus de la Chambre, les épices, les récompenses, les mortes-paies et le tiers des amendes prononcées par la Compagnie.

On verra ailleurs⁷ ce que c'était que la recette des *menues nécessités* de la Chambre, et comment s'en faisait le maniement, confié au greffier-plumitif.

Procureurs.   Les procureurs complétaient le corps de la Chambre. Au nombre de dix d'abord, puis de vingt-neuf, ils n'avaient été en principe que postulants, et tenaient alors leurs fonctions de la Compagnie, qui les aida longtemps à maintenir leur indépendance; mais elle disparut sous Louis XIV. Le P.P. Nicolas Nicolay, moins heureux que son père, qui avait fait retirer l'édit présenté en 1640, ne put empêcher l'érection des vingt-neuf offices créés par l'édit de février 1668, moyennant une finance de 3,000 livres pour chacun; sa vive résistance n'aboutit qu'à le faire suspendre, pendant trois ans et demi, avec le rapporteur qui s'était rendu l'interprète de la Compagnie⁸. Depuis cette époque, les procureurs, à qui l'on avait donné l'hérédité et beaucoup de priviléges, furent obligés de racheter successivement une foule de créations subsidiaires.

Leurs principales fonctions étaient de dresser les comptes de tous les comptables d'après les règles établies⁹, soit sur les acquits mêmes, soit sur les comptes précédents; de les présenter à l'un des deux bureaux et de les examiner avec les auditeurs désignés pour les ouïr; de présenter également les requêtes, de solliciter les expéditions de foi et hommage; en un mot, d'occuper et plaider en toutes affaires et instances. Ils ne pouvaient employer d'autres « solliciteurs ni particuliers » que les clercs ordinaires de leur étude, et ils devaient « entrer » aux mêmes heures que les auditeurs, à peine de 60 s. d'amende. Ils n'étaient admis à prendre une charge et à prêter serment qu'après avoir été examinés en chambre du Conseil par deux maîtres. Chaque nouveau reçu payait à ses confrères une bienvenue de 25 jetons d'argent. En outre, il y avait une

---

1. La *dette* de la Compagnie s'éleva très-haut, car il ne faut pas oublier que la guerre d'Espagne lui coûta près de 7 millions, et que le Trésor royal se trouvait parfois arriéré de 850,000 l. sur le payement des gages. N° 698 et 712.
2. En 1722 (*Plumitif*, 1ᵉʳ août), les principaux de ce chapitre montaient à 794,274 l., donnant 46,184 l. d'intérêts.
3. Un des plus riches, Simon-Charles le Moyne, institua le P.P. pour son héritier, en 1778.
4. N° 736. *Plumitif*, 1ᵉʳ juillet et 10 décembre 1621, 15 à 20 juillet 1666.
5. Voy. le discours de Rulhière, n° 942, p. 748.
6. N° 814. — J'ai indiqué quelques-uns des faits relatifs aux Arouet dans un article de l'*Annuaire-Bulletin de la Société de l'Histoire de France*, 1872, p. 58-60. Fr. Arouet, le père, avait fourni, en deux fois, un cautionnement de 240,000 livres, sur lequel Voltaire et son frère ne parvinrent à se faire rembourser 90,000 l. qu'après de longues et « diaboliques » procédures. Voy. *Plumitif* ou *Journal*, 1ᵉʳ et 10 septembre 1696, 23 décembre 1721, 29 janvier 1728 et 24 février 1745. Cf. les détails complémentaires du conseiller Pachau, dans le ms. de la Bib. de l'Institut, in-folio 211.
7. Voy. plus loin, p. LXXXII.
8. N° 618.
9. De très-anciennes ordonnances, confirmées ou corrigées à diverses reprises, fixaient la forme des comptes : le feuillet de parchemin devait avoir 12 pouces de long sur 10 de large, et celui de papier, 13 p. 1/2 sur 9 ou environ; 18 lignes par page sur le papier, de 3 ou 4 mots chacune, et 26 ou 27, de 5 ou 6 mots, sur le parchemin, avec les abréviations usuelles et une seule marge. « sans superfluité de langage. » Des « figures du calibre du parchemin, en bois, » étaient affichées en plusieurs endroits. Les règlements fixaient aussi les taxations, par feuillet d'écriture et par jour passé au jugement.
Voyez, dans le ms. Moreau 1089, p. 149 et suiv., les pièces d'un différend que le P.P. Nicolay eut avec les procureurs au sujet de la distribution des comptes.

distribution générale de jetons et de bougies au sortir de la messe annuelle que la communauté faisait dire, le jour de saint Nicolas, à Sainte-Croix-de-la-Bretonnerie¹. Par déclaration du 6 septembre 1500, il avait été reconnu que l'état de procureur des comptes ne dérogeait point à la noblesse.

Les clercs des vingt-neuf procureurs formaient une corporation analogue à la Bazoche des clercs du Palais ; elle s'appelait l'*Empire de Galilée*, soit de la rue sur laquelle la galerie des comptes prenait jour, soit d'un mot de basse latinité, qui aurait signifié *galerie*, et d'où serait venu le nom de la rue elle-même ².

<small>Les clercs et l'Empire de Galilée.</small>

Cette ancienne institution, que les Mémoriaux faisaient remonter au quatorzième siècle, ou même au treizième, semble avoir eu pour but de donner aux clercs la faculté de s'instruire dans des conférences ou à l'aide d'une bibliothèque d'édits et arrêts, et de faire juger leurs différends par un bureau composé de quinze membres, savoir : un empereur (titre oriental, approprié au nom de Galilée et bien supérieur à celui de *roi* de la Bazoche, mais aboli, au seizième siècle), un chancelier, deux maîtres des requêtes, etc. Les audiences étaient hebdomadaires et se tenaient dans la chambre du Conseil, « en habit décent, ayant le manteau percé et le bonnet ³. » Faute d'affaires litigieuses, on discutait une difficulté de finances, avec le concours de tous les sujets de l'Empire. Celui-ci ne relevait, en dernier ressort, que du doyen de la Chambre, son « protecteur et juge naturel ; » mais le procureur général des comptes veillait aussi à l'observation des statuts, où il faut remarquer la défense faite aux clercs de porter l'épée dans l'enclos de la Chambre ⁴. Le chancelier se nommait à l'élection, et le doyen, en place du P.P., l'installait avec discours, cérémonies et festin. Il avait le privilége de se faire recevoir procureur sans examen ⁵.

Comme leurs confrères de la Bazoche, les « suppôts de l'empire de Galilée » donnaient des fêtes publiques, et parfois les désordres ou les dépenses qui en résultaient en faisaient interdire le renouvellement pendant plusieurs années. On ne sait pas exactement quelles étaient ces réjouissances. Suivant les arrêts de la Chambre et les extraits de comptes cités par Sauval, les clercs, au temps de François Iᵉʳ, célébraient la fête des Rois et recevaient certaine somme de l'ordinaire du domaine, « tant pour les gâteaux, jeux et ébats faits en l'honneur et exaltation du roi, que pour extraits faits touchant le domaine, en ensuivant les bonnes coutumes et ordonnances dudit empire, » ou pour « danses morisques, momeries et autres triomphes que le roi veut et entend être faits par eux pour l'honneur et récréation de la reine ⁶. » Un des usages, pour cette fête des Rois, était d'aller distribuer des gâteaux aux présidents et maîtres des comptes, trésoriers et généraux des finances ; on conserva celui de faire la visite et d'offrir des bougies au doyen, au procureur général et aux vingt-neuf procureurs. Une autre cérémonie se célébrait aussi le 25 janvier, dans la Chapelle-Basse, pour la fête de saint Charlemagne, qui figurait comme patron sur le sceau de l'ordre ⁷. Pendant un temps, les clercs avaient été admis à faire partie du corps de la Chambre dans les cérémonies publiques ; ils figurèrent « gorgiasement habillés » à l'entrée de 1530.

Il reste à parler des officiers de la Chambre qui n'exerçaient que de simples emplois par commission et étaient presque tous nommés par le P.P., avec l'agrément de la Compagnie. En premier lieu il faut placer le contrôleur de la Sainte-Chapelle, qui aidait, comme on l'a déjà vu ⁸, le P.P. dans l'administration de l'édifice sacré, et qui eut le maniement des revenus de Saint-Nicaise après la suppres-

<small>Commissions diverses.</small>

---

1. *Journal*, 30 juin 1693.
2. Voy. la polémique de Boucher d'Argis et de l'abbé Lebeuf, ap. *Mercure de France*, déc. 1739, mars 1740 et mai 1741 ; *Variétés historiques*, t. III, p. 1 ; Moréri, etc.
3. Suivant les règlements, les clercs devaient porter la robe beaucoup plus courte que les procureurs, et une cape au lieu de bonnet.
4. Voy. le règlement de janvier 1705, impr. dans Gosset, qui fit un recueil spécial. L'exemplaire du Recueil Fontanieu (Bib. Nat.), vol. CLXXVIII, est suivi d'un tarif des droits à percevoir sur toutes les réceptions.

5. *Répertoire de jurisprudence*, v° Chancelier.
6. *Journal*, passim ; *Antiquités de Paris*, t. III, p. 538, 554, etc., et Ad. Fabre, *Études sur les clercs de la Bazoche*, p. 103 et suiv.
7. Voy. la description de sceau, que je crois inédite, dans le recueil de Clairambault sur la Pairie, Arch. Nat., KK 601, fol. 181.
L'empire avait des registres, sur lesquels la Chambre refusa de laisser faire une vérification demandée par la Bazoche. (*Plumitif*, 2 juillet 1748.)
8. Voy. plus haut, p. XXXVI.

sion du receveur général des régales. C'était lui aussi qui réglait toutes les dépenses d'entretien des bâtiments de la Chambre. Il siégeait dans un cabinet voisin de la chambre de la Commission.

Le P.P. nommait de même, ou du moins présentait les chapelains en titre pour dire chaque jour, au grand autel de la Chapelle-Basse, une première messe à l'entrée de la séance et une seconde à la levée. Une partie des magistrats ne manquait pas d'y assister. Des ornements spéciaux étaient affectés à cette chapellenie[1].

Buvetier. La commission de buvetier était un des démembrements de la charge de premier huissier, et celui-ci avait conservé le droit d'y nommer; toutefois, ce droit lui était déjà contesté, lorsque l'édit de mai 1704 créa des concierges-buvetiers dans toutes les Cours supérieures du royaume. La Chambre se hâta de rembourser la finance payée à son insu par un nommé Guesdon, et depuis lors elle agréa elle-même son buvetier sur la présentation du P.P.[2] Un conseiller maître et les autres commissaires aux menues nécessités étaient chargés de veiller à l'exécution des règlements rendus par la Chambre sur cette partie intéressante de son existence, et notamment à la bonne qualité des fournitures. Des arrêtés spéciaux augmentaient, selon le besoin des temps, le chiffre de la dépense journalière, assignée sur le fonds des menues nécessités : en 1687, on donnait 7,000 livres par an au buvetier en chef, qui se chargeait, à forfait, d'entretenir les deux buvettes, l'une réservée aux présidents, maîtres, correcteurs, etc., l'autre aux auditeurs. Vin, viandes assaisonnées, saucisses, langues et pieds de mouton, omelettes, beurre, petits pains, tel était le menu ordinaire des jours de non-jeûne, calculé pour cent trente personnes environ. Le vin était de deux qualités, et un apothicaire fournissait les liqueurs. En temps de misère, on se réduisait au pain et au vin; cela n'empêchait pas que les chansonniers ne criassent volontiers : « Aux gourmands[3] ! » Tous les magistrats et commis avaient droit, suivant leur grade, à l'une ou l'autre buvette, mais seulement lorsqu'ils étaient de service, et le buvetier ne devait faire aucune distribution en dehors de cette règle. Les buvettes étaient fournies de vaisselle, de meubles et d'ustensiles de tout genre; celle des présidents et maîtres avait des assiettes, saucières et salières d'argent. Défense était faite de laisser sortir aucun compte par le tour qui communiquait avec la cuisine. Un garçon, payé à part, servait dans chaque buvette. Les étrangers, les huissiers, les comptables ou les procureurs pouvaient y faire collation dans une pièce séparée[4].

Relieur. La commission de relieur avait aussi été détachée très-anciennement des attributions du premier huissier; comme il n'y avait pas encore de garde des livres, ce relieur, seul admis dans les dépôts, ne devait savoir lire ni écrire, et on lui faisait jurer qu'il ne l'apprendrait jamais[5]. Plus tard, la « multitude des comptes » força de renoncer à cette prohibition, puisqu'il fallait tenir un registre[6]. La fonction propre de cet emploi étant de relier les comptes à mesure que le garde des livres les avait inventoriés; le coût de l'opération était supporté par les comptables, qui en faisaient emploi dans la dépense commune. Mais ce fut aussi très-longtemps le relieur qui fournissait toutes les menues nécessités de la Chambre[7], et il était alors un vrai *factotum*, tantôt faisant des voyages lointains pour le compte du P.P. ou de la Chambre,

1. C'étaient, en 1574, les religieux des Billettes, voisins de l'hôtel Nicolay, qui célébraient la messe, moyennant une somme de 32 l. 5 s., « allouée de toute ancienneté. » (*Journal*, 21 février 1574 et 19 mai 1789; *Plumitif*, 29 juin 1624, 27 août et 22 décembre 1625, etc.)
2. Déclaration du 5 décembre 1705, enregistrée le 31.
3. N° 700. Voy. le Chansonnier Maurepas, à l'année 1693, et le *Journal de Barbier*, janvier 1741. Un éditeur moderne de Rabelais (éd. Johanneau, t. VII, p. 437, note) prétend que le déjeûner consistait en une omelette, du pain et du vin, et le goûter en un verre de vin et un biscuit. Passe pour les jours maigres! Voici d'ailleurs ce que virent Pantagruel et ses amis : « Lors, Gaigne-beaucoup nous mena en ung petit pressouer qui estoit caché sus le derrière, que l'on appelloit, en languaige de l'Isle, *Pithies*. Là ne demandez pas si maistre Jean se traicta, et Panurge; car saulcissons de Milan, coqs d'Indes, chappons, autardes, Malvoisie et toutes bonnes viandes estoient prestes et fort bien accoustrées. Ung petit bouteillier, voyant que Frère-Jean avoit donné une œillade amoureuse sus une bouteille qui estoit près d'ung buffet, séparée de la troupe bouteillique, dist à Pantagruel : « Monsieur, je voy que l'ung de vos » gens faict l'amour à ceste bouteille; je vous supplie bien » fort qu'il n'y soit touché, car c'est pour Messieurs. »
4. *Plumitif*, 17 avril 1586, 3 février 1599, 24 février 1600, 27 octobre 1616, 18 janvier 1624, 10 janvier 1656, 15 septembre 1687 (règlement), 10 juin 1785, 14 octobre 1790, etc.
5. *Mémorial* T, 30 juillet 1492: installation de G. Ogier, en remplacement d'Eust. d'Ingouville. Cf. Pasquier, *Recherches*, p. 102, et P.-L. Jacob, *Curiosités de l'histoire des arts*, p. 164.
6 et 7. Lescuyer, *Instruction générale*, p. 108 et 112.

NOTICE PRÉLIMINAIRE. LXXIX

et tantôt veillant, pour le garde des livres, au transport et à la communication des pièces. Trois offices de contrôleur-relieur, créés en 1635, furent tout aussitôt supprimés à la sollicitation d'Antoine Nicolay, et le relieur continua d'être nommé par la Chambre, sur la présentation du P.P., à charge de « ne transporter ni relier aucun compte hors de la Chambre, » et après information de vie et mœurs et prestation de serment [1].

La Chambre avait, dès le seizième siècle, un portier placé à l'entrée du grand bureau, pour empêcher qu'on n'y pénétrât sans permission ou avec l'épée. En 1741, après la reconstruction de l'hôtel, un second gardien fut placé sous la grande porte.   Portiers, garde-bonnets, commis, etc.

Le premier titulaire de la commission de garde-bonnets fut un certain Louis le Sueur, qui se qualifiait « serviteur de la Chambre. » Ayant obtenu, en 1641, la jouissance d'une petite boutique entre les deux piliers du portail de la Chapelle-Basse, pour y débiter papier, plumes, encre, canifs, cire d'Espagne, sacs et autres « nécessités, » il agrandit peu à peu son échoppe et y installa un lit « pour mieux veiller à la sûreté de sa marchandise ou des robes et bonnets de quelques-uns de Messieurs des comptes, » sous condition de tenir la place nette jusqu'au pied de la montée. En 1658, il obtint de se transférer dans un « lieu abandonné, plein d'immondices, contre le gros mur au-dessous de la galerie du garde des livres, près et attenant la poterne, dans la rue Saint-Louis, » et enfin, en 1660, on lui fit construire une loge sur le « parvis du grand degré [2]. »

Outre ces titulaires de commissions, l'entrée de la Chambre était encore permise à un commis de l'ordre des auditeurs, à celui du receveur des épices, aux secrétaires du P.P. et du procureur général, aux commis du contrôleur général des restes, du payeur des gages et du garde des livres, et au porte-bois ou crocheteur. L'*Almanach royal* de 1791 cite aussi un « courrier et guide pour les cérémonies » et un huissier-priseur. Enfin, la Chambre avait un architecte ordinaire, qui était en 1790 Simon-Christophe Hersant [3], et un imprimeur, dont les travaux étaient surveillés par deux commissaires choisis avec soin. Louis Cellot fut le premier breveté, en 1768 [4]; mais on avait plus anciennement employé l'imprimeur Mariette, de la famille des graveurs, et il y avait eu un correcteur des comptes de ce nom en 1751.

Chacun des offices de la Chambre avait son produit annuel et sa part dans les profits manuels ou casuels [5].   Gages et profits.
Au premier rang des produits annuels, il faut placer les gages, qui se décomposaient en gages anciens, c'est-à-dire l'intérêt payé par l'État pour la finance primitive de chaque office, en augmentations de gages acquises successivement moyennant d'autres finances, et en droits annexés [6]. Les gages des quatre Cours

---

1. Nᵒˢ 66 et 487. *Journal*, 5 mars 1574; *Plumitif*, 19 avril 1728.
2. *Journal*, 12 avril 1650 et 12 novembre 1658; *Plumitif*, 22 mars 1660.
3. *Journal*, 29 juillet 1790.
4. *Plumitif*, 23 mars et 30 juillet 1768. — L'Imprimerie royale continua, bien entendu, de fournir les édits, lettres patentes, etc.
5. Voy. *Juridiction et jurisprudence de la Chambre*, 1787, p. 4 et suiv.
6. Je dois reproduire ici un document inédit qui me semble particulièrement instructif, soit sur les appointements des gens des comptes, soit sur la composition de la Chambre vers le temps de Philippe le Bel. « En la Chambre des comptes ha IIII maistres clers et XIIII petiz clers, II chevaliers et II bourgeois, et I huisser. Et est assavoir que chacun des maistres clers prent par an de gaiges sus le Roy IIIIᶜ l. p., paiez par le Trésour. It. il prennent en l'escuierie chacun XXX s. p. pour une selle, III couvertes à chevaux, II foiz l'an, pour yver et pour esté, et prennent sus le Roy le restour de leur chevaux, c'est assavoir : pour palefroy, XL l. tournois, XX l. t. pour somer et XX l. t. pour roncin de escuier. It. il prennent

sus les *stipes* de Normandie chacun environ XL s. p. It. il prennent chacun X l. p. pour leur manteaux, à II foiz l'an. It. il prennent sus le Roy en la recepte de Champaigne. It. il prennent sus la chancellerie. It. il prennent ès guerres. — It. il prennent selles, chapiaus de bièvre, gans de bièvre et buche. Si font tous les lais et les trésoriers et tous leurs clers.
« It. l'uisser de la Chambre des comptes prent XII d. p. par jour et I muy de grain.
« It. les petiz clers prennent de gaiges sus le Roy chacun VI s. p. par jour et XXX l. pardessus, pour leur droiz.
« It. il prennent restour d'un cheval, ce qu'il leur couste, et prennent en l'escuierie II couvertures à chevaux II foiz l'an, pour yver et pour esté.
« It. il prennent toutes les monnoies contrefaites qui sont rendues en forfaiture du receveur du royaume.
« It. les II chevaliers prennent sus le Roy chacun IIIIᶜ l. p. de gaiges par an, et X l. pour manteaux, et restour pour chevaux, et III paires de couvertures pour leur chevaux, II foiz l'an.
« Monsʳ de Noviers et le sire de Biaugeu, chaucun IIᵐ l. C'est pour les deus IIIIᵐ l.
« It. Martin des Essars, I des bourgeois de la Chambre

LXXX   *CHAMBRE DES COMPTES.*

souveraines étaient assignés sur les crues de la ferme générale des gabelles. Nous avons vu quels étaient ceux de la charge de P.P.[1]; vers 1640 ou 1650, les présidents, qui avaient une augmentation en plus, celle de 1622, touchaient 5,658 l.; les maîtres, 1,800 l.; les correcteurs, 1,138 l. 15 s.; les auditeurs, 539 l.; l'avocat général, 1,468 l. 10 s.; le procureur général, 1,015 l.; les greffiers, l'un 933 l. 10 s., et l'autre 634 l. 6 s.; les gardes des livres, 200 l. Les labeurs et rémunérations extraordinaires comptaient à part[2]. A quoi il faut ajouter les droits d'expéditions, d'extraits, d'audition de comptes, de collation de pièces, d'informations, etc., fort nombreux, fort fructueux, mais taxés par le bureau de telle façon « qu'aucune plainte ni clameur n'en fût faite au grand et mauvais renom de tout le corps[3]. » Enfin venaient les épices, créées par Louis XII en décembre 1511, « afin de tant plus inciter les gens de ses comptes et incliner de le servir soigneusement, diligemment et loyalement à l'entretien des ordonnances, et qu'ils eussent mieux de quoi supporter leurs peines, travaux, frais et dépens, et pareillement à ce que ci-après les clercs et auditeurs n'eussent à prendre aucun don, posé que gratuitement leur fût offert par les officiers comptables, pour l'examen et audition de leurs comptes, *comme fait et toléré a été ci-devant,* laquelle chose pourroit être de dangereuse conséquence... »

Épices.

Il est impossible d'entrer ici dans le détail des épices dues pour chaque compte ou enregistrement, d'autant que la taxation en fut modifiée, c'est-à-dire augmentée, plusieurs fois, en 1511, 1632, 1743 ; mais j'ai déjà eu occasion d'en signaler l'énormité, qui était à peu près la même dans toutes les Cours[4]. En 1640, la recette est évaluée, par prévision, à près de 590,000 l.[5]; en 1752, elle monte à 2,878,651 l. 18 s. 10 d. Bien que justifié à plusieurs reprises par la Compagnie, cet accroissement prodigieux soulevait les récriminations des économistes ou des administrateurs. La lourdeur des droits empêchait très-souvent que les villes et communautés ne rendissent leurs comptes, et les exposait par conséquent aux poursuites et aux exactions non moins onéreuses des huissiers de la Chambre. Sur le chapitre des comptes des rentes, qui finirent par produire presque 500,000 l. d'épices par an, il se trouva que la juridiction des finances profitait et prospérait à mesure que la dette publique devenait plus écrasante. Aussi la plupart des ministres des finances, à partir de Sully, essayèrent-ils d'obtenir des réductions ou des fixations à forfait ; mais la lutte se terminait toujours au profit de la Chambre, qui préférait faire immédiatement des sacrifices pécuniaires, plutôt que de laisser entamer le faisceau de ses droits et de ses attributions. A peine certains contrôleurs généraux, tels que l'Averdy, Terray, Turgot, purent-ils pratiquer quelques réductions sur l'enregistrement des baux, les réceptions ou les comptes des rentes, et Necker n'y réussit que par hasard et pour un temps, lorsqu'il mit les fermes en régie. Aussitôt que l'on revint aux baux, les épices et les gratifications en bougies et en argent furent reportées à 80,000 livres d'une part et 33,000 livres de l'autre. Six comptes du Trésor royal représentaient alors 1,750,000 l. d'épices, et il en était à peu près de même pour les autres

---

des comptes, prent sus le Roy par an VIe l. et restour de chevaux. Jehan Billouart, l'autre bourgeois de la Chambre des comptes, prent IIIIe l. de gaiges par an.

« En la Chambre dou Trésour, ha III trésorers, c'est assavoir : Érart d'Alemant, Guillaume de Dyer et Pierres Forget. Et prennent sus le Roy chacun VIe l. p. de gaiges.

« It. Maistre Miles, clerc pour le Roy au Trésour, prent VI s. p. de gaiges par chacun jour, et LX l. par an en oultre pour son clerc, et X l. pour manteaux, et L s. sus les *stipes* de Normandie.

« It. les III trésorers ont III clers au Trésour, et prent chacun VI s. p. de gaiges.

« It. le champgeeur prent L l. de gaiges par an et VI l. p. sus les *stipes* de Normandie.

« It. l'uisser dou Trésour prent VIII d. p. de gaiges par jour. » (Rôle original sur parchemin ; Bibl. Nat., ms. Mél. Clairambault n° 346, p. 339.) Comparez les autres pièces anciennes, notamment celle des *Vadia et jura gentium compotorum,* qui est imprimée dans le premier Recueil de 1728, d'après le reg. *Croix,* fol. vixxxvi; ou bien les manuels, le *Protocole* PP 95, fol. viixxvi verso et suiv., et, dans le ms. Moreau n° 683, fol. 69, la copie prise par Bréquigny, sur le ms. Harléien 4362, d'une instruction et tarif pour délivrer les cédules de *debentur* ou les expéditions.

1. Voy. plus haut, p. LXIV.
2. Bib. des Pr. Présidents, ms. 147 *bis,* p. 31 et 32; *Mémoire* de 1787, p. 126-129.
3. Voy. l'art. 30 de l'ordonnance de 1454, les règlements arrêtés par la Chambre le 3 juin 1495 et le 19 juillet 1496 (*Journal*), et le n° 3.
4. Voyez le chap. XVI du tome Ier des *Parlements de France,* de M. de Bastard d'Estang ; *le Parlement de Paris,* de M. C. Desmaze, p. 127-172, et les articles de MM. Bordier, *Bull. de la Société de l'Histoire de France,* 1858, p. 340, et H. Lot, *Bibl. de l'École des chartes,* 1872, p. 558.
5. Bib. des Pr. Présidents, ms. 147 *bis,* p. 33-123, état détaillé de chaque compte. Cf. ibid., p. 205-210, le détail des épices dues pour chaque enregistrement ou réception.

services financiers¹. Les épices ne furent définitivement abolies que par le décret du 22 décembre 1790, en même temps que la présentation des comptes était suspendue. Alors aussi disparurent les bourses de jetons et les dons en nature, bougies, jambons, vins, qu'offraient certaines comptabilités².

Selon l'édit d'octobre 1708, les comptables devaient consigner une moitié de leurs épices dès le mois d'octobre de leur exercice, et l'autre dans le mois de mai de l'année suivante; mais on se montrait facile sur ce chapitre, et tout au plus poursuivait-on le versement dans la huitaine qui suivait la présentation du compte. Une somme annuelle de 10,000 l. était assignée sur la recette générale de Paris pour *remplage* des épices des comptables insolvables³; subsidiairement, on toléra jusqu'en 1629 que la Chambre assignât sur les restes, les débets ou les cahiers de frais le remboursement des avances que le receveur des épices ne pouvait recouvrer sur ses clients.

Le rapporteur de chaque affaire avait droit à la moitié des épices; le reste se mettait en commun, et la répartition s'en faisait chaque mois, par les soins de l'ancien des auditeurs et du receveur des épices, qui venaient faire signer par le P.P. le rôle où tous les officiers étaient employés selon la part afférente à chaque charge et selon les *entrées* constatées par la piqûre. L'auditeur avait 1 part, le correcteur 1 1/8, le maître 1 1/2 et 1/9, le président une part et demie de maître. Le procureur général ne prenait que 2/3 de part; l'avocat général, les greffiers, le premier huissier et le contrôleur général des restes touchaient, chaque semestre, une portion fixe, appelée *morte-paie*⁴.

Outre les épices ordinaires, il y avait les *récompenses*, c'est-à-dire l'indemnité de 2 ou 3,000 l. accordée sur la recette générale du taillon à propos de la Chambre de Montpellier, ou celles qu'on avait obtenues en 1582, quand la création de la Chambre de Rouen avait fait perdre le droit de *stipes et nobis* et les épices de la Normandie.

A côté des gages, dans les profits annuels, il ne faut pas oublier les quatre bourses de la grande chancellerie affectées depuis 1412 aux anciennes charges de maîtres clercs, les survivances⁵, les gages de secrétaires de la chambre du roi, les dix-huit pensions de gages du Conseil, et enfin, plusieurs revenants-bons, sur lesquels je vais donner quelques détails⁶.

Droits divers.

Comme toutes les Cours supérieures, la Chambre jouissait du droit de *franc-salé*, mais avec une particularité unique⁷ : elle seule, au lieu de prendre sa livraison au grenier à sel de Paris, faisait venir, tous les trois ans, par la Seine, une provision de 45 muids 1 setier 1 minot et 5/8, et la répartition entre les officiers s'exécutait à bord du bateau, sans rien payer que les droits de marchand et les frais du transport à domicile par les jurés hanouards⁸. Ce privilège spécial remontait à 1405; contesté plusieurs fois, et même supprimé pendant une année, comme « exception injuste, contraire à la loi et au bon ordre, et, en quelque façon, offensante pour les autres Cours, » il fut rétabli pour l'abbé Terray, en 1774⁹.

Franc-salé, bûche, droit d'écurie.

Le droit de *bûche*, qu'il ne faut pas confondre avec le *chauffage* du P.P.¹⁰, avait existé de tout temps; mais, après avoir été perçu en nature dans les forêts royales¹¹, puis sur le port de Grève, il fut réduit en

---

1. Nᵒˢ 356, 685, 734, 768, 874, 880, 885, 887, 890, 921, etc. Arch. Nicolay, 70 L 326, 327, 332, 371, 372, 418, etc. Voy. Bailly, *Hist. financière de la France*, t. II, p. 186 et suiv.
2. Nᵒ 958. Arch. Nicolay, 53 C 148. Voy. Monteil, *Traité des matériaux manuscrits*, t. Iᵉʳ, p. 330 et suiv.
3. *Guidon des finances*, p. 563.
4. Ms. Fr. 5316, fol. 71 verso.
5. Indemnité donnée à certaines charges lorsque Henri IV en avait révoqué les survivances.
6. On lit ceci dans les instructions et remontrances du 26 octobre 1430 : « Ils (les gens des comptes) ont accoutumé d'être assignés au commencement de l'an, pour l'année ensuivante, sur les deniers du roi, tant en France qu'en Normandie, et payés à deux termes, c'est assavoir Saint-Jean et Noël; et outre plus, leur avoient accoutumé

les rois leur faire par chacun an du bien, comme leur donner robes et autres biens, outre leursdits gages, pour être plus honorablement, et aussi que ailleurs ne pouvoient profiter, pour leur occupation continuelle en icelle Chambre. »
7. Peut-être ce privilège venait-il de ce que la Chambre veillait à la délivrance du sel accordé aux maisons religieuses sur le grenier de Paris.
8. La répartition, calculée sur la « dépense des hôtels, » se faisait à raison de deux setiers par président, un par maître, une mine par auditeur, etc. Les veuves y étaient comprises.
9. Plumitif, 7 août 1602. Arch. Nicolay, 70 L 329 à 331 et 43 L 58. Voy. *Encyclopédie méth. des finances*, vᵒ Franc-Salé.
10. Voy. plus haut, p. LXV.
11. Un arpent par président ou maître, un demi par clerc.

k

argent et confirmé ainsi par les ordonnances de 1539 et 1548 [1]. La même transformation se fit pour les droits d'écurie. Au temps où la Chambre primitive suivait le roi dans ses pérégrinations, il était naturel que chaque officier des comptes reçût de l'écurie royale l'entretien de sa monture, ainsi que les couvertures, harnais et ustensiles, carreaux, chaînettes, étrivières, plates-longes, etc.; mais, lorsque la Compagnie ne fut plus ambulatoire, le droit s'évalua en deniers : il était de 8 l. 11 s. 4 d. p. pour les présidents [2].

Menues nécessités.   J'ai déjà parlé des *menues nécessités*. Ce service comprenait non-seulement les fournitures de bureau, la buvette, le chauffage, l'éclairage, mais aussi l'entretien des bâtiments de la Chambre et les dépenses extraordinaires, taxes de voyage, charités, étrennes aux huissiers du Conseil, aux archers de la porte ou aux fourriers du roi, etc [3]. De temps immémorial, mais sans qu'on pût produire un titre justificatif, la dépense avait été assignée sur la recette générale de Paris ; le chiffre de l'allocation annuelle s'éleva à proportion de l'accroissement des offices ou de l'enchérissement de toutes choses, et l'on en rejeta une partie sur la recette générale de Soissons et sur le tiers des amendes infligées aux comptables ; mais, alors même que la somme eut été portée à 24,000 l., elle se trouvait presque toujours insuffisante, et la Compagnie devait recourir à des virements de fonds ou pratiquer toutes les réductions imaginables. Le service des menues nécessités avait été confié d'abord au premier huissier, puis au relieur, puis au payeur des gages ou à un receveur spécial créé en titre d'office ; il revint définitivement, par commission, au greffier-plumitif, qui payait sur les mandements et ordonnances des conseillers maîtres commis par semestre aux menues nécessités et rendait compte à la fin de chaque année. Quelques-uns des anciens rôles sur lesquels s'inscrivaient les fournitures faites par les relieurs, ou bien des comptes annuels du maniement des fonds, avec les pièces justificatives, ont été conservés [4]. Ces documents sont des plus curieux. Outre les dépenses d'entretien, ramonage, culture du jardin, rétablissement des cordes à puits, nettoiement des bureaux cinq fois par an, à Pâques, la Pentecôte, la mi-août, la Toussaint et Noël, on voit le détail des fournitures faites pour chaque « département » de la Chambre et de celles qui étaient allouées aux magistrats : d'une part, des sabliers de coquilles d'œuf, pour marquer l'heure à la porte du bureau, des almanachs dans chaque pièce, des sacs pour mettre les acquits et des peaux de parchemin pour lier les paquets d'actes de foi et hommage, l'encre, la poudre et les pierres-ponces, les écritoires garnies et étoffées, les verges et les décrottoires ; d'autre part, la livraison annuelle d'une rame de papier, une douzaine de peaux de parchemin, un cent de jetons de cuivre avec la bourse, un quarteron de plumes, trois canifs, trois racloirs, trois poinçons, un couteau, une demi-livre de cire d'Espagne rouge, deux douzaines de lacets, pour chaque officier. Il y a même des lunettes de verre ou de cristal pour les yeux fatigués. Toutes ces fournitures se prenaient, à prix débattu d'avance, chez des marchands attitrés, et la Chambre avait aussi des poëtes fort bien payés pour composer les devises des jetons de cuivre qui servaient à faire les calculs [5]. En outre, on offrait comme étrennes aux présidents des écritoires d'argent, dont la dépense montait à 800 l. par semestre, et l'on distribuait à chaque

---

1. Voy. les mss. Fr. 10988, fol. 66 v°, et Lat. 12815, fol. 114. Toutes les pièces sont imprimées dans le *Recueil concernant les priviléges*, de 1728.
2. Voy. la pièce *Vadia et jura* ; le compte de Tanneguy du Chastel (1460) cité par P. Anier, ms. Fr. 10988, fol. 158; celui de la maison du roi de 1648, Arch. Nat., KK 211, fol. xviii et suiv. Cf. Boutaric, *la France sous Philippe le Bel*, p. 236.
3. Ce dernier usage, qui avait la même origine que le droit d'écurie, ne cessa qu'après 1641. (*Mémoire de* 1780, p. 230.)
4. Voy. L. Delisle, *Catal. des actes de Philippe-Auguste*, p. 532, note 1 ; le *Catalogue Joursanvault*, n° 1112, et les fragments de rôles originaux, de 1411 à 1588, que Monteil avait réunis et qui sont maintenant aux Arch. Nat., KK 1339. Les Archives départementales des Bouches-du-Rhône possèdent une copie du compte de 1542-1543, dont M. Blancard a donné l'analyse dans son *Inventaire sommaire des Archives antérieures à* 1790, p. 73 et 74, reg. B 227.
5. Règlements du dernier avril 1555, du 28 juin 1600 et du 13 septembre 1687 ; *Journal*, 26 janvier, 23 avril, 8 et 15 mai 1574 ; *Plumitif*, 14 novembre 1589 et 13 mai 1603. N° 207.
Il ne faut pas confondre les jetons dont il est question ici, avec les jetons d'argent, également ornés de devises, que certains comptables offraient en présentant leurs comptes. Les premiers jetons, ou *jetoirs*, se manœuvraient sur un comptoir ou *abaque*, en changeant de valeur selon la colonne ou le sens dans lequel le calculateur les plaçait ; ils cessèrent d'être en usage à la fin du seizième siècle. On en trouve beaucoup de types différents, qui sont décrits dans la *Revue numismatique*, les *Fragments d'histoire métallique* de Fontenay ou l'*Histoire du jeton au moyen-âge* de Rouyer et Hucher. Les principaux officiers de la Chambre en faisaient frapper à leurs armes et devises; mais les numismates n'en signalent aucun qui porte le nom d'un Nicolay.

NOTICE PRÉLIMINAIRE. LXXXIII

officier des nécessaires de bureau (étuis et ciseaux), ainsi que des cassettes au chancelier et au contrôleur général des finances. Un arrêt du 15 mai 1730 réduisit d'un quart le fonds affecté à ces articles, en décidant que les ciseaux et écritoires ne seraient plus livrés en deniers, mais en nature, et que le commis aux menues nécessités ne fournirait plus d'encre pour le travail fait à l'extérieur.

Le cierge de la Chandeleur était un présent annuel que le chevecier de la Sainte-Chapelle offrait à chaque officier du corps de la Chambre; mais le chapitre se fit dispenser de cette distribution, pour cause de pauvreté, à partir de 1721 ¹. Droits de cierges, chapeaux,verres, roses, etc.

En qualité de commensaux de l'hôtel du roi, les gens des comptes avaient longtemps reçu de l'Argenterie deux ou trois *livrées* par an de vêtements, chapeaux de feutre en été et de bièvre (loutre) en hiver, mitaines d'étoffe, gants de peau de cerf, etc ². C'est là sans doute l'origine des droits de manteau, de robe de Pâques, d'écurie et de Toussaint ³, ainsi que du droit de *chapeau de bièvre* que l'ancien des conseillers maîtres percevait, sous la forme de six aunes de satin noir, pour chaque installation d'auditeur, correcteur ou trésorier. L'Argenterie était encore censée fournir le bonnet et la serge pour le deuil du roi, 8 aunes 1/2 ou 7 aunes 1/2 par officier; mais elle payait en deniers, suivant l'évaluation portée au procès-verbal de fourniture⁴.

On doit également attribuer la même explication et la même antiquité au droit de *verres*, que les gens des comptes touchaient en argent la surveille de la Pentecôte; à celui de *hareng*, assigné sur la recette ordinaire du Boulonnais, « pour la provision de carême⁵, » et enfin, à la distribution de chapeaux et bouquets de roses vermeilles qui se répétait chaque jour du 30 mai au 20 juin. Tant que cette dernière fourniture se fit en fleurs, la Chambre eut sa bouquetière; l'Italienne qui avait ce privilège en 1582 et qui, depuis cinquante-six ans, fournissait roses et boutons à Messieurs des comptes et aux trésoriers de France, obtint une allocation supplémentaire, « pour la cherté de toutes choses⁶. » En argent, le droit de *roses* s'évaluait à 37 s. 6 d., et l'ensemble des droits de verres, de Toussaint, de chapeaux de bièvre, de gants fourrés, d'écritoires garnies et étoffées représentait, au seizième siècle, un profit annuel de 40 l. 12 s. 6 d⁷.

Sur les droits de *dragées*, de *Rois* et de *bougies*, qui comptaient dans les menues nécessités, on trouve peu de détails, si ce n'est qu'ils se percevaient « *in antiquiorem causam* ⁸. » J'aurais volontiers entendu par droit de *Rois* la distribution de gâteaux que l'empire de Galilée faisait au 6 janvier. Les *bougies* étaient payées sur la redevance de bienvenue des nouveaux officiers ou sur leur droit de chevet. Droits de Champagne, stipes, pieds-forts, etc.

Il reste à dire un mot des droits de *Champagne*, de *Logres*, de *stipes et nobis* et de *pieds-forts*. Les deux premiers étaient une redevance que les gens des comptes touchaient sur les fermiers des prévôtés et domaines de Champagne et de Poitou ; ils s'éteignirent « sans récompense⁹. » Pour le droit de *stipes et nobis*, qui se percevait à raison d'un denier et demi ou trois deniers sur les fermes des domaines et bois de Normandie ¹⁰, et qui fut ensuite réglé à une somme fixe, il n'appartient à la Chambre de Paris que jusqu'à la création de celle de Rouen ou pendant sa suppression passagère¹¹; mais on s'en fit indemniser par une assignation fixe

---

1. Arch. Nicolay, 72 L 136.
2. Voy. la pièce *Vadia et jura*, et les livraisons de moufles des années 1304, 1309, 1310, 1315, dans le ms. Fr. 2838, fol. 32 verso à 34.
3. On a vu plus haut, p. LXXIX, note 6, ce que valaient ces droits au quatorzième siècle ; au seizième, ils étaient évalués ainsi pour les présidents : robe de Pâques, 80 l. p.; Toussaint, 36 l.; manteau de Toussaint, 10 l.; bûche, 180 l. (la livre parisis valant un quart de plus que la livre tournois). — Pour les maîtres, le droit de Toussaint n'était que de 16 l.; les correcteurs et auditeurs ne touchaient pas de droit de manteau. (Bib. Nat., ms. Fr. 5316, fol. 72.)
4. Voy. ceux de 1547, 1574, 1610 et 1643, ap. *Mémorial*. Cf. *Plumitif*, 17 janvier et 6 mai 1575, etc.
5. *Mémorial* S, fol. 269; *Journal*, 5 juin 1489 et 5 mars 1526; *Protocole*, fol. VII×XIX.
6. Nº 189. Sur cette « baillée des roses, » que les princes et pairs faisaient eux-mêmes aux parlements, et qui était également d'usage à la Chambre des comptes du duc d'Orléans, voy. le *Protocole*, fol. VII×XIX; du Tillet, *Recueil des Roys*, p. 376 et suiv.; la Roche-Flavin, *Les treize livres*, liv. x, ch. XXVII; Sauval, *Antiquités de Paris*, t. II, p. 446; *Mém. de la Société des sciences morales de Seine-et-Oise*, t. VIII, p. 199 et s.; Rittiez, *Hist. du Palais de Justice*, p. 63 et s.; *Catalogue Joursanvault*, nº 807; Cocheris, *Hist. du diocèse de Paris*, t. Ier, p. 189, etc.
7. *Journal*, 6 avril 1562.
8. *Plumitif*, 26 février 1599.
9. Cl. de Beaune, 2ᵉ partie, p. 51; Brussel, *Usage général*, p. 55; *Recueil des privilèges* de 1728. Cf. la pièce des *Vadia et jura* et les copies du ms. Harléien 4362, ap. ms. Moreau nº 683, p. 79 et 89.
10. Était-ce l'équivalent d'un chauffage ? *Stipes et nobis* signifie littéralement : « Bûches pour nous aussi. »
11. *Journal*, 21 juillet 1506, 12 mars 1509 et 9 juillet 1774.

sur le taillon. La fourniture de *pieds-forts* ou *bons-deniers* faite par les Monnaies à chaque nouvelle fabrication et à chaque changement d'effigie peut être considérée comme un dépôt légal d'étalons monétaires. La dépense était évaluée à 240 livres pour chaque pièce différente. En 1722, comme la perception se trouvait arriérée de trente années, pendant lesquelles les variations avaient été incessantes, les pieds-forts furent remplacés par une augmentation d'épices sur les comptes des boîtes des monnaies [1].

Charités. Si la Chambre était richement pourvue et entretenue, il faut ajouter qu'elle n'oubliait pas plus que les autres Cours les devoirs de la charité. En temps de carême, elle délivrait des mandements de 5 ou 10 livres à plus de quarante monastères de femmes, non-seulement de Paris ou des environs, mais de la Normandie, de la Picardie, du Languedoc même [2]. Chaque officier, à sa réception, *aumônait* une somme pour les pauvres du Grand Bureau et une autre pour ceux de l'hôpital général ; on employait au même usage les droits d'enregistrement taxés en certains cas, par exemple pour les lettres d'anoblissement, ou bien une partie des droits de festin et de chevet dus par les conseillers nouvellement reçus [3]. En cas d'épidémie, de disette, d'inondation, on s'imposait pour secourir les malheureux, et, tout en déclarant que chacun serait libre de contribuer selon sa volonté, on fixait le taux de souscription de chaque ordre [4] ; alors aussi, on sacrifiait les saucisses de la buvette [5].

Parfois, les charités étaient personnelles. Nous voyons un semestre commencer par le vote de 6 écus sur le fonds des aumônes pour le gentilhomme candiote « Paul Bapadopolvu, » ou par le prélèvement de 300 livres sur un droit de chevet, pour subvenir aux frais de maladie d'un ancien clerc du greffe [6]. Voici même des faits plus particuliers encore ! Sous Louis XIII, la Compagnie, « pour certaines considérations » et pendant trois ou quatre ans, employa une portion notable des droits de festin à payer au geôlier de la Conciergerie la nourriture d'Ezéchiel Vyon, qui avait été conseiller maître de 1592 à 1620 [7], et, en 1676, elle fit acquitter sur les menues nécessités une dette de 100 livres pour laquelle un auditeur était détenu au Châtelet, plus les frais, « moyennant qu'il ne fût détenu pour autre chose [8]. »

Privilèges et exemptions. Les privilèges attachés aux offices de la Chambre des comptes se multiplièrent à mesure que la vénalité des charges et la politique monarchique éloignaient de la magistrature la haute noblesse et les courtisans, pour faire place aux riches bourgeois ou aux légistes érudits [9].

Ainsi que les autres commensaux de la maison du roi, les gens des comptes eurent l'exemption des droits seigneuriaux pour tous fiefs et censives mouvant du roi, celle des droits de sceau, des décimes pour leurs bénéfices et de l'immatricule pour leurs rentes, des charges et contributions publiques, telles que taille, corvées, aides, gabelles, octrois, péages et passages, ban et arrière-ban, guet, garde civique, logement des gens de guerre, tutelle et curatelle, don de joyeux avènement, etc.[10]

Noblesse. Mais le privilège qui valait et comprenait tous les autres, en permettant de les transmettre aux enfants, c'était la noblesse, que Jean Bodin lui-même considérait comme indispensable aux fonctionnaires de la finance, si l'on voulait qu'ils fussent « incapables des bassesses des gens de moindre condition » et qu'ils eussent « cette générosité qui est si nécessaire pour les charges publiques et qui d'ordinaire est le partage d'une noble extraction [11]. » A la Chambre comme au

---

1. N° 885. Voy. G. Constans, *Traité de la Cour des monnoyes*, p. 84 et 240, et les lettres patentes du 19 juillet 1723. Les présidents, maîtres et correcteurs recevaient des *quadruples*, ou pièces quatre fois plus fortes que le type ; les autres officiers, des *doubles*. (Ms. Fr. 4273, p. 521.)
2. Voy., dans le *Journal*, l'état du 26 mars 1762.
3. Voy. plus haut, p. LVIII. — 4. N°⁵ 664 et 700.
5. Bib. Nat., ms. Fr. 12622, fol. 516.
6. *Plumitif*, 2 juillet 1603 et 10 janvier 1740.
7. Ibid., du 18 décembre 1627 au 23 décembre 1630. Le fils de ce conseiller obtint aussi une aumône le 31 mars 1653.
8. Ibid., 28 avril 1676.
9. On trouvera les titres de ces privilèges dans le premier volume imprimé en 1728 par le correcteur Gosset : *Recueil d'édits et lettres concernant les privilèges, exemptions et droits dont jouissent les officiers de la Chambre des comptes de Paris*. Cf. la 2ᵐᵉ partie du recueil de Fournival sur les Trésoriers de France, p. 600 et suiv., et le chap. XVII de l'ouvrage cité de M. de Bastard d'Estang.
10. Voy. le chapitre *Franchisie gentium compotorum* dans le manuel Fr. 10988, fol. 71-72. Charles VI alla jusqu'à demander pour eux, au pape Jean XXIII, le droit d'indult sur divers bénéfices. (*Mémorial* G, fol. 138.) — Selon le répertoire de M. de Boissy, une partie de ces exemptions s'éteignirent sans récompense, comme celles des entrées, droits sur les vins, droits seigneuriaux, etc. (*Juridiction*, p. 58.)
11. Cité par Fournival, p. 2.

NOTICE PRÉLIMINAIRE. LXXXV

parlement, il fallut longtemps qu'une charge eût été exercée pendant trois générations pour conférer la noblesse transmissible, « ce que nous appelons en France *gentilshommes*[1]. » Il y avait donc avantage, pour le petit nombre de magistrats qui étaient d'extraction roturière, à obtenir un anoblissement pur et simple, plutôt que d'attendre les effets de cette noblesse *graduelle*[2]. La noblesse immédiate, *au premier degré*, moyennant vingt années d'exercice, fut donnée presque en même temps aux cinq corps judiciaires de Paris, le parlement, les maîtres des requêtes, le Grand Conseil, la Chambre des comptes et la Cour des aides, par Anne d'Autriche et Mazarin, pour leur faire oublier qu'on enlevait les enregistrements « par ballots. » L'édit de janvier 1645, qui étendit l'exemption des droits seigneuriaux aux derniers ordres de la Chambre, jusqu'au greffier en chef et aux veuves demeurant en viduité, assura la noblesse transmissible à tous les officiers, pourvu qu'ils eussent siégé pendant vingt ans ou qu'ils mourussent en exercice ; et, comme conséquence de cet anoblissement en masse, le P.P. Antoine Nicolay, cinquième de sa race depuis plus de « huit vingts années consécutives, » obtint l'érection de la terre de Goussainville en marquisat[3]. Alors même que Louis XIV, pour tirer une éclatante vengeance des anciens frondeurs, eut retiré aux Cours la distinction concédée par sa mère, il resta des édits de 1644 et 1645 une espèce de tolérance, et, au bout de quarante ans, la noblesse au premier degré fut rendue définitivement à la Chambre par l'édit d'avril 1704, peu après que pareille grâce eut été faite au parlement et à la Cour des aides[4]. Ce n'était d'ailleurs qu'une compensation des énormes sacrifices d'argent que Louis XIV venait de demander à la magistrature.

Un autre privilège important était celui de *committimus au petit sceau*, c'est-à-dire le droit de faire évoquer les affaires civiles aux requêtes de l'hôtel ou du Palais[5]. En outre, les présidents et maîtres et les gens du roi, soutenus par la reconnaissance de la marquise d'Ancre, obtinrent de n'être jugés au criminel que par la grand'chambre du parlement de Paris, « la disparité entre Cours souveraines élevant le courage des juges inférieurs et avilissant l'honneur et l'autorité des Chambres des comptes, spécialement de celle de Paris, qui est la première et la plus ancienne de toutes les autres, et à laquelle seule, par préférence, cette grâce ne peut ni doit être déniée[6]. » La Chambre se fût même prétendue seule en droit de juger les crimes et les délits politiques de ses officiers, ou tout au moins d'en faire l'instruction ; mais jamais elle ne put l'obtenir, ni pour le président Perrault, ni pour le financier Bruant ou pour l'auditeur Maillard, compromis dans l'affaire des Poisons et exécuté par sentence de la Chambre ardente[7]. Tout au plus réussissait-elle à protéger la personne des magistrats et à maintenir leur *habeas corpus* contre les huissiers et sergents[8].

Privilèges judiciaires.

La plus ancienne ordonnance que nous possédions sur la discipline de la Chambre est celle du Vivier en Brie ; le *Mémoire* de 1787 a longuement étudié tous ces détails d'administration intérieure, ainsi que les pénalités dont la Compagnie usait selon les circonstances, depuis la privation de gages ou la suspension des épices, jusqu'à la radiation et la destitution[9]. Outre la lecture réglementaire des ordonnances à chaque rentrée de semestre, les mercuriales instituées en 1567, soit trimestrielles, soit mensuelles, eussent dû suffire pour rappeler les officiers à l'observation de la loi ; mais elles étaient promptement tombées en désuétude. On ne trouve que très-rarement dans les registres des allocutions, des remontrances du procureur général,

Discipline intérieure.

---

1. Fournival, p. 27.
2. Voy. le *Plumitif*, 2 septembre 1588.
3. N°ˢ 516 et 519.
4. N°ˢ 685 et 688. — Quelques années avant, lorsque l'enregistrement des armoiries avait été décrété, les chefs du parlement, de la Chambre et de la Cour des aides avaient été prévenus officieusement « d'exhorter les officiers à porter l'écu de leurs armes sans supports et sans couronne ni casque avec leur tare, pour donner exemple aux autres. » (Reg. du conseiller Pachau, Bibl. de l'Institut, ms. in-fol. 211.) Voy. la *Filiation* et les Armoriaux indiqués dans la Bibliographie, p. VI, et ci-dessus, p. LXIV, l'article du Premier Président.
5. *Encyclopédie méthodique de Jurisprudence*, v° *Committimus*.
6. Édit d'octobre 1613 ; *Plumitif*, 12 novembre 1613.
7. N°ˢ 539, 603, 615.
8. *Plumitif*, 6, 7 et 17 juin 1658.
9. *Mémoire* de 1787, p. 96-140. On y trouvera, sur la répartition du service, le règlement des fonctions de chaque ordre, l'accélération du travail, etc., beaucoup d'extraits du *Plumitif* que j'ai dû négliger ici.

Heures de séance

et c'est seulement en 1778 que nous voyons M. le Marié d'Aubigny, récemment promu aux fonctions d'avocat général, rétablir, comme « en des temps plus heureux, ces conférences familières où les collègues se fortifiaient mutuellement dans l'amour de leurs fonctions et le respect de leurs devoirs[1]. » L'assiduité était alors un fait très-rare : beaucoup de magistrats ne se faisaient pas scrupule de disparaître pendant des semaines, des mois, ou même l'année entière ; parfois, les deux bureaux réunis n'en représentaient pas un au complet, et, surtout aux assemblées générales, les officiers hors semestre faisaient trop souvent défaut. Les ordonnances étaient pourtant précises. L'une des plus anciennes dit ceci : « Que tous ceux des comptes viennent en la Chambre dès l'heure que le soleil se lève, ou assez tantôt après ; ceux qui ne viendront à cette heure, perdront leurs gages de la journée, spécialement s'ils n'ont loyal empêchement[2]. » L'ordonnance de Mehun-sur-Yèvre, de 1454, fixa les heures : en été, 6 h. 1/2 du matin et 3 h. de relevée; en hiver, 7 h. 1/2 du matin et 2 h. 1/2 de relevée; encore les clercs-auditeurs et les greffiers devaient-ils arriver une demi-heure avant les magistrats. A la longue, on retarda un peu l'entrée ; quant aux heures de relevée, on les variait selon les quatre saisons[3]. La levée du matin changeait aussi ; elle était annoncée au bureau par le premier huissier, en ces termes : « Ils sont dix (ou onze) heures, Messieurs ! » et la cloche avertissait le reste de la Chambre[4]. Aussitôt, le P.P. et les présidents descendaient à la buvette, ou s'en allaient, précédés jusqu'au bas des degrés par les huissiers frappant de leurs baguettes. Ceux des magistrats qui n'avaient pas assisté à la première messe des chapelains, dans la Basse-Chapelle, pouvaient alors se rendre à la seconde, qui se disait après cette sortie[5].

Vacances et jours fériés.

Outre les loisirs que procurait la division par semestres, il y avait des vacances régulières : la Chambre fermait ses portes du 20 septembre au 10 octobre (plus anciennement, du 27 octobre à la Saint-Martin). Mais que de jours chômés à l'occasion des fêtes religieuses, des réjouissances publiques ou des anniversaires ! Je compte sur le calendrier d'une *advaluatio* quarante-deux « *Curia vacat*[6], » et, dans le *Plumitif* de 1780, le total de ces jours de congé va à près de quatre-vingt-dix, sans compter les dimanches, ni les *relevées* des jeudis et samedis ou des veilles de grande fête. On voit que les réductions opérées par Louis XII ou Louis XIV n'avaient pas été trop rigoureuses ! En dehors des véritables fêtes et des temps consacrés, tels que les premiers jours de l'année, les jours gras, la quinzaine de Pâques ou l'octave de la Pentecôte, les saints particulièrement honorés par la Chambre étaient : les Rois, saint Hilaire, saint Charlemagne, saint Mathias, saint Marc, saint Barnabé, saint Pierre et saint Paul, sainte Madeleine, saint Jacques, saint Christophe, sainte Anne, saint Laurent, saint Barthélemy, saint Louis, saint Luc, saint Martin évêque, sainte Catherine, saint André, saint Nicolas et saint Thomas. Quand la fête tombait un dimanche, on la remettait au jour suivant. S'il faisait une trop grande gelée, si les eaux de la Seine débordaient jusque dans la cour et les chambres basses, on vaquait volontiers plusieurs jours ; s'il venait une épidémie, on se hâtait de demander la permission de quitter Paris, au prix de quelque enregistrement poursuivi depuis longtemps par les ministres[7] ; mais, pour partir, il fallait des lettres patentes du roi, de même que pour tenir une séance extraordinaire le dimanche ou retarder de quelques jours l'ouverture des vacances[8].

---

1. *Plumitif*, 2 janvier 1778.
2. Mémorial *Pater*, fol. xxviii, cité par Miraulmont, fol. 123. Sur ces heures d'entrée si matinales, voyez, dans le *Journal d'Olivier le Fèvre d'Ormesson*, t. II, p. 257, une séance tenue par le parlement à quatre heures du matin. Cf. les lettres latines du chancelier Michel de l'Hospital, ou le chap. XIII de l'*Essai historique sur les parlements de France*, de M. le conseiller de Bastard d'Estang, l'ouvrage le plus complet et le plus intéressant que nous possédions sur l'ancienne magistrature.
3. *Plumitif*, 14 novembre 1594, 2 janvier 1595, 5 février 1596, etc. Cf. la Roche-Flavin, p. 419 et 420.
4. L'ordonnance du 25 octobre 1320 défendait de sortir avant que l'heure de midi eût sonné à la Sainte-Chapelle.
5. Le célébrant devait attendre le P.P. Celui-ci se plaçait dans une stalle haute, du côté de l'Épître, où des carreaux étaient disposés pour lui et tous les autres présidents, tandis que les maîtres se mettaient du côté opposé. Après la messe, le chapelain venait présenter l'eau bénite.
6. Bib. Nat., ms. Fr. 4429. — « Dans le corps des ordonnances, il y en a une qui porte que la Chambre observera les mêmes fêtes que le parlement ; et néanmoins est rapporté un almanach sur lequel tous les fériés sont marquées. » (Ms. Fr. 4273, p. 522.)
7. N°ˢ 183, 404, etc. *Plumitif*, 25 février 1658, etc.
8. N°ˢ 24 et 727. Voy. un ordre donné en 1688 au P.P. pour faire travailler les auditeurs pendant la quinzaine de Pâques à l'examen des comptes de la marine que jugeait la commission de l'Arsenal. Arch. Nat., O¹ 32, fol. 92 verso. — Dans des temps plus anciens, le dimanche avait

NOTICE PRÉLIMINAIRE. LXXXVII

Aucun officier ne pouvait manquer aux séances de son semestre, ni quitter son travail, sans un congé dûment obtenu du bureau [1]. Les absences étaient constatées par le premier huissier; à neuf heures, il présentait la feuille de *piqûre* au P.P., et celui-ci en faisait porter le relevé, par le plus ancien maître, sur le registre qui servait à proportionner la part d'épices de chacun d'après le nombre de ses entrées [2]. En cas d'inexactitude flagrante, le P.P. pouvait lire la feuille en plein bureau, s'informer des officiers coupables et les faire admonester. Mais toutes ces prescriptions tombèrent en désuétude, par suite de l'augmentation excessive du personnel, et les mesures disciplinaires furent réservées pour des manquements plus graves. Quand un conseiller, par exemple, n'avait pas servi un seul jour du trimestre, il ne prenait pas sa part de la bourse commune; s'il ne paraissait de plusieurs années et ne conservait même plus de domicile à Paris [3], la Chambre prononçait une privation totale d'épices. Lorsqu'en outre il y avait inconduite ou immoralité notoire, de nature à compromettre la dignité du corps tout entier, la radiation des rôles et même l'interdiction étaient requises par le procureur général [4]. Le coupable ainsi atteint finissait, bon gré mal gré, par vendre son office et disparaître.

Piqûre et peines contre les absents.

La Chambre n'était ouverte au public, et l'on n'y pénétrait avec la canne et l'épée qu'aux deux jours d'audience [5] ou dans les séances solennelles d'enregistrement et de réception. En temps ordinaire, le premier huissier ne laissait passer que les comptables en jugement ou leurs commis, accompagnés des rapporteurs. Les clercs des procureurs eux-mêmes ne pouvaient venir qu'après s'être fait inscrire, et ils devaient avoir des « habits décents, avec un bonnet et les bras passés. » Défense expresse, de par l'ordonnance de 1454, de laisser séjourner, « soit dans la Chambre, soit dans le pourpris, aucun clerc, serviteur ou familier; » mais nous avons vu que la police n'était guère facile.

Police des séances.

La séance commencée [6], on ne pouvait plus se promener ni causer dans le grand bureau; les maîtres, en même temps que les présidents, se plaçaient selon leur ordre de réception, le doyen ou l'ancien à la tête du banc des clercs, contre le P.P., le second de l'autre côté, à la même hauteur, et ainsi de suite. Les plus jeunes conseillers restaient d'ordinaire dix ans sur les bancs d'en bas, vis-à-vis des présidents.

Prescriptions disciplinaires.

Le secret le plus absolu, à peine de privation d'office, était imposé, soit sur les délibérations, soit sur les pièces déposées au bureau. De là venaient les défenses de loger les comptables ou leurs commis, et même de s'allier à eux. Dès qu'il y avait alliance, parenté ou affaire d'intérêt avec le justiciable en cause, présidents, maîtres et clercs devaient se lever du bureau; seul, le P.P. ne se laissait récuser qu'à son gré. Les magistrats ne pouvaient : 1° poursuivre ou solliciter aucune affaire; 2° rien prendre au-delà des taxes allouées par le bureau; 3° recevoir « aucun don corrompable de personne, quelle qu'elle fût, qui eût à besogner en la Chambre, ni pension ni gages de personne que du roi. » Cette dernière prescription, quant aux présents des comptables, était strictement observée : nous voyons un trésorier des guerres réprimandé pour avoir offert successivement à huit ou dix conseillers une coupe d'argent doré, et un auditeur contraint à rendre trois boîtes de confitures et deux pains de sucre de deux livres acceptés par sa femme [7]. Mais c'était chose admise dans toutes les Cours que de recevoir la venaison, les pâtés, les paniers de vin, aussi bien que les présents réglementaires de certains comptables, et parfois, disent les mercuriales, on rencontrait les magistrats « revendant aux poulaillers et aux chambrières et serviteurs [8]. »

été indiqué pour jour de « conseil général, » réservé au jugement des enquêtes. Voy. l'art. 2 de l'ordonnance s. d. du reg. *Croix*, fol. LXIX, impr. dans le recueil Gosset.

1. N° 130. *Plumitif*, 28 juin 1603. L'ordonnance de 13.. (Mémorial *Noster*, fol. VIxxIII) accorda à chaque officier un mois par an, « pour entendre à leurs besognes et pour avoir et prendre un peu de récréation. » Auparavant, le congé était de deux mois.

2. Voy. le ms. Fr. 4273, p. 622. — Au parlement, on disait le « registre de la *pointe*, » et l'on passait à chaque conseiller quatre-vingts *piques* par an.

3. *Plumitif*, 4 et 12 août 1699, 14 mars 1712.
4. *Plumitif*, 12 septembre 1737. N°s 629 et 713.
5. Voy. le *Mémoire* de 1780, p. 204 et suiv.
6. Anciennement, l'huissier plaçait les clefs sur le bureau devant le P.P. Voy. le n° 65.
7. N° 157. *Journal*, 22 mai 1598.
8. Sur tous ces profits indirects, voyez, dans le t. XXIII des *Mém. de la Société des Antiquaires de France*, l'article de M. Bataillard intitulé : *Tableau des principaux abus existant dans le monde judiciaire au XVI° siècle*. M. d'Yanville a cité aussi un curieux exemple, p. 165 et 166. Monteil,

Division en deux bureaux.

La division en deux chambres ou bureaux avait existé de tout temps, mais à l'état facultatif et accidentel[1]; Louis XII et François Ier eurent beaucoup de peine à rendre ce partage définitif[2]. Le grand bureau, siégeant dans la salle principale et représentant plus particulièrement le corps de la Chambre, fut réservé aux premier et second présidents, et même les anciens maîtres s'en emparèrent pendant un certain temps; mais l'usage prévalut de faire passer chaque mois tous les magistrats de l'un à l'autre bureau. Un tableau dressé au commencement du semestre réglait ce roulement. On évita ainsi de graves inconvénients, ceux que présentait, par exemple, la division du parlement en grand'chambre et enquêtes.

Au grand bureau se faisaient la lecture des lettres de cachet et la vérification des lettres patentes ou autres actes émanés de l'autorité royale, les prestations de serment et de foi ou hommage, la réception des officiers de la Chambre et celle des ordonnateurs et comptables, le règlement des affaires intérieures de la Compagnie ou des détails administratifs de la Sainte-Chapelle, la présentation de tous les comptes et cahiers de frais, la taxation des voyages, informations, etc., le rapport et le jugement des quatre comptes du Trésor royal, des Monnaies, des menues nécessités et du contrôle général des restes, ainsi que du premier compte de chaque comptabilité, des cahiers de frais, et généralement de toutes requêtes et instances incidentes aux comptes, corrections, rétablissements de parties rayées ou supercédées, etc. C'était là aussi que se tenaient les audiences publiques de juridiction contentieuse, le mercredi et le samedi.

Au second bureau se rapportaient les avis de vérification des finances payées au roi pour offices, attributions de droits ou aliénations de domaine; les auditeurs y venaient faire leur rapport sur tous les comptes non réservés au grand bureau et sur les rétablissements des parties laissées en souffrance ou en indécision.

Au cas de partage des voix, de réception de lettres concernant « grosses choses d'importance et conséquence, » de jugement de comptes des recettes générales, de la guerre, du Trésor, etc., les deux bureaux se réunissaient[3].

Division par semestres.

Ce fut en 1552 que Henri II donna à la Chambre la division par semestres, déjà imposée, mais pour peu de temps, au parlement. La Compagnie entière, présidents, maîtres, correcteurs et auditeurs, se trouva dès lors scindée, par parts égales, en deux services, l'un de Janvier ou d'Hiver, l'autre de Juillet ou d'Été, avec obligation de présence pour chaque officier pendant son semestre. Ce n'était au fond qu'une manière de justifier la plus considérable création d'offices qu'on eût encore vue; mais l'édit royal allégua « le grand nombre des comptables, la longue visitation que requièrent les comptes des principaux d'entre eux, » ou la nécessité de donner aux gens des comptes « quelque intervalle de temps, les uns après les autres, pour prendre quelque repos de leur labeur, et que, par ce moyen, retournant audit labeur, ils soient plus aptes et mieux disposés à l'opter, soutenir et continuer. »

A cette répartition Charles IX voulut en substituer une autre, par trimestres, sous prétexte que les semestres avaient été déjà supprimés au parlement; mais ce changement n'eut pas plus de succès que le reste des réformes préparées par Michel de l'Hospital, et les semestres furent définitivement maintenus. Pour éviter que le service d'Été ne fût trop déconsidéré et déserté, il fut défendu, sous peine de perte d'office, de quitter le semestre indiqué à perpétuité pour chaque charge[4]. Toutefois, chaque conseiller avait le droit de prendre séance hors de son semestre.

Dès que l'intérêt de la Compagnie ou l'importance d'une affaire exigeaient le concours du corps entier,

---

dans un passage déjà mentionné du *Traité des matériaux*, t. Ier, p. 330 et suiv., dit que les payeurs des augmentations de gages donnaient des paires de ciseaux avec étui; certaines généralités envoyaient des jambons, des pâtés de canard, des vins du cru, etc.

1. Voy. l'ordonnance du reg. *Croix*, fol. LXVII (*Dissertation* de le Chanteur, p. 232 et suiv.); Philippe le Bel y commande aux maîtres, clercs et lais, de se partager en deux sections, pour « ouïr divisément en deux lieux » les comptes peu importants. L'ordonnance du dernier février 1378 est très-explicite : « Pour plus délivrer de comptes, les maîtres se partiront, tant clercs que lais, et sera la moitié à l'un desdits bureaux, et l'autre moitié à l'autre; car aussi y a-t-il deux bureaux..... Et quand un compte aura été ainsi examiné à l'un desdits bureaux, il sera rapporté, avec tous ses doutes, si aucuns en y a, en la présence de tous. »

2. Nos 6, 18, 39, 40 et 94.

3. Voy. le *Traicté* de Cl. de Beaune, p. 45-64.

4. Déclaration royale du 12 septembre 1554; *Plumitif*, 18 juin 1575, et no 130.

NOTICE PRÉLIMINAIRE.   LXXXIX

le P.P., ou, en son absence, le président de service, faisait convoquer à domicile les deux semestres[1]. Cela se pratiquait pour toutes les réceptions d'officiers sujets à examen et information, pour l'enregistrement des lois, ordonnances, etc. qui devaient retourner au Conseil, quelquefois pour une question de discipline intérieure, et enfin, pour l'ouverture de chaque semestre.

Cette première séance commençait par la lecture des règlements. Debout devant le siège des présidents, le greffier en chef lisait dans le registre *Ferré* l'ordonnance de 1598, et le commis au Plumitif celle de 1614. Les gens du roi siégeaient, et l'avocat général devait prononcer la mercuriale de rigueur, avant que le P.P. procédât à la nomination semestrielle des maîtres délégués aux différentes commissions : gages et affaires de la Compagnie, menues nécessités, buvette, distribution des comptes, états finaux, remplages, bois, taxes des huissiers, recette des épices, assemblées de police, etc. C'était également dans cette séance que s'arrêtait la liste de roulement mensuel entre le premier et le second bureau. D'habitude, les conseillers du semestre sortant, comme ceux du semestre entrant, allaient rendre leurs devoirs à l'hôtel Nicolay.

Ordre des séances.

Quant aux séances ordinaires et à la relation des différents services entre eux, si nous voulons nous en faire une idée exacte, il n'est besoin que de nous reporter à certaine description du seizième siècle écrite de main de maître, avec la minutie d'un rapport de témoin oculaire.

Nous avons déjà vu que Rabelais n'avait pas oublié la Chambre des comptes au cours de son voyage satirique ; c'est à elle qu'il a consacré le seizième chapitre du livre V : » *Comment Pantagruel arriva en l'Isle des Apedeftes à longs doigtz et mains crochuës, et des terribles adventures et monstres qu'il y veit*[2]. »

Pantagruel, Panurge et Frère-Jean assistent donc à une séance. « Gaigne-beaucoup (*c'est un procureur des comptes*) nous feit monter par ung petit degré caché en une chambre, par laquelle il nous montra les Messieurs qui estoient dans le grand pressouer (*le grand bureau*), auquel il nous dit qu'il n'estoit licite à homme d'y entrer sans congié ; mais que nous les voyrrions bien par ce petit goulet de fenestre, sans qu'ils nous veissent. Quand nous y feusmes, nous advisasmes dans un grand pressouer vingt ou vingt-cinq gros pendars à l'entour d'un grand bourreau (*bureau*) tout habillé de verd, qui s'entreregardoient, ayants les mains longues comme jambes de gruë, et les ongles de deux pieds pour le moins, car il leur est défendu de les rogner jamais, de sorte qu'ils leur deviennent croches comme rancons ou rivereaux (*hallebardes et gaffes à crochet*) ; et sus l'heure feut amenée une grosse grappe de vignes qu'on vendange en ce pays-là, du plant de l'Extraordinaire, qui souvent pend à eschalas. Si toust que la grappe feut là, ils la meirent au pressouer, et n'y eut grain dont pas ung ne pressurast de l'huile d'or, tant que la paovre grappe feut rapportée si seiche et espluchée, qu'il n'y avoit plus just ne liqueur du monde. Or nous contoit Gaigne-beaucoup qu'ils n'ont pas souvent ces grosses-là, mais qu'ils en ont tousjours d'aultres sus le pressouer. « Mais, mon com- » père, » dist Panurge, « en ont-ils de beaucoup de plants ? — Oui, » dist Gaigne-beaucoup ; « voyez-vous » bien ceste-là petite que voyez qu'on s'en va remettre au pressouer ? c'est celle du plant des Décimes : ils » en tirerent desjà l'aultre jour jusques au pressuraige, mais l'huile sentoit le coffre au prestre, et Messieurs » n'y trouvarent pas grands appigrets. — Pourquoy doncques, » dist Pantagruel, « la remettent-ils au pres- » souer ? — Pour veoir, » dist Gaigne-beaucoup, « s'il y ha poinct quelcque omission de just ou recepte dedans » le marc. — Et digne vertus ! » dist Frère-Jean, « appellez-vous ces gents-là Ignorants ? Comment diable ! » ils tireroient de l'huile d'ung mur. — Aussi font-ils, » dist Gaigne-beaucoup ; « car souvent ils mettent » au pressouer des chasteaulx, des parcs, des forests, et de tout en tirent l'or potable. — Vous voulez » portable, » dist Épistemon. — « Je dy potable, » dist Gaigne-beaucoup, « car l'on en boit céans maintes » bouteilles que l'on ne bevroit pas. Il y en ha de tant de plants, que l'on n'en sçait le nombre. Passez

---

1. On verra, au n° 844, p. 657, que certains opposants soutenaient que chaque officier, par une simple demande d'assemblée, pouvait saisir de plein droit les semestres. Parfois aussi (n° 582) il arrivait que le semestre en exercice se souciât peu de partager avec l'autre les bénéfices du travail. Cf. un mémoire dans le ms. Fr. 4273, p. 599 et suiv.

2. Il convient de rappeler que l'authenticité de ce dernier livre du *Pantagruel* n'est pas prouvée ; il ne fut imprimé qu'après la mort de Rabelais, et bien des commentateurs l'attribuent à Henri Estienne. Les allusions qui y abondent sembleraient se rapporter plutôt au règne de François I*er* qu'à une époque plus récente.

» jusques icy, et voyez dans ce courtil ; en voylà plus de mille qui n'attendent que l'heure d'estre pres-
» seurez. En voylà du plant général, voylà du particulier, des Fortifications, des Emprunts, des Dons, des
» Casüels, des Domaines, des Menus plaisirs, des Postes, des Offrandes, de la Maison. — Et qui est ceste
» grosse-là, à qui toutes ces petites sont à l'environ ? — C'est, » dist Gaigne-beaucoup, « de l'Espargne,
» qui est le meilleur plant de tout ce pays ; quand on en presseure de ce plant, six mois après il n'y ha
» pas ung des Messieurs qui ne s'en sente. »

La séance levée, les visiteurs entrent dans le *pressoir* même. Suit une nouvelle série de quolibets sur les termes techniques employés dans la comptabilité, sur le *double*, le *quadruple*, le *biscapit*, etc. « Par la royne des
» Andouilles, » dist Panurge, « toutes les hiéroglyphiques d'Égypte n'approcharent jamais de ce jargon ; que
» diable ces mots-là rencontrent de picques comme crottes de chièvre ! Mais pourquoy, mon compère, mon
» amy, appelle-on ces gents ici Ignorants (ἀπαίδευτοι, *apedeftes*) ? — Parce, » dist Gaigne-beaucoup, « qu'ils
» ne sont, et ne doivent nullement estre clercs, et que céans par leur ordonnance tout se doibt manier par
» ignorance, et n'y doibt avoir raison, sinon que : Messieurs l'ont dict, Messieurs le veulent, Messieurs
» l'ont ordonné. — Par le vray Dieu ! » dist Pantagruel, « puisqu'ils gaignent tant aulx grappes, le serment
» leur en peult beaucoup valoir. — En doubtez-vous ? » dist Gaigne-beaucoup. « Il n'est mois qu'ils n'en
» ayent : ce n'est pas comme en vos pays où le serment (*sarment*) ne vous vault rien qu'une fois l'année. »

« De là pour nous mener par mille petits pressouers, en sortant nous advisasmes ung aultre petit bourreau, à l'entour duquel estoient quatre ou cinq de ces Ignorants, crasseux, et choléres comme asnes à qui
l'on attache une fusée aux fesses, qui, sur ung petit pressouer qu'ils avoient là, repassoient encores le marc
des grappes après les aultres ; l'on les appelloit en languaige du pays *Courracteurs*. Ce sont les plus rébar-
batifs villains à les veoir que j'aye jamais apperceu. De ce grand pressouer nous passasmes par infinis petits
pressouers touts pleins de vendangeurs (*les auditeurs*) qui espluchent les grains avecques des ferrements qu'ils
appellent *articles de compte*, et finablement arrivasmes en une basse salle. . . . »

En sortant par la porte de derrière, ils rencontrent « ung vieil homme enchaisné, demy ignorant et demy
savant, comme ung androgyne de Diable, qui estoit de lunettes caparassonné, comme une tortue d'escailles,
et ne vivoit que d'une viende qu'ils appellent en leur patois *appellations*. » Ce « protonotaire, » du nom de
Revisit, c'est l'allégorie de la révision en chambre du Conseil, et, dit Panurge, « à veoir la trogne de ce
faulx villain *Revisit*, il est encore plus ignorant et meschant que ces paovres Ignorants icy, qui grappent
au moins mal qu'ils peuvent, sans longs procès, et qui en trois petits mots vendangent le clos sans tant
d'interlocutoires ny décrotoires, dont ces Chats-fourrez (*du parlement*) en sont bien faschez [1]. »

Cérémonial des séances solennelles.

Les documents curieux abondent sur le cérémonial qu'observait la Chambre, soit chez elle, soit en public. Voici tout d'abord quelques détails sur les séances solennelles.

Jusque dans le quinzième siècle, nous avons vu que le Conseil, le chancelier ou le roi lui-même venaient fréquemment à la Chambre. On a prétendu que celle-ci, en pareille occasion, ne faisait que prêter son terri-
toire, son local ; c'est une erreur, car les gens des comptes participaient non-seulement à la préparation, mais aussi à la rédaction des ordonnances discutées dans ces conseils, et c'étaient leurs propres greffiers qui les écrivaient, les signaient et en conservaient les originaux. De même que les grands seigneurs, prélats ou barons, avaient cessé d'assister aux séances de la Chambre, où ils ne pouvaient que gêner les gens de robe, le roi renonça aussi à y paraître en personne [2]. La dernière fois qu'on le vit siéger en plein bureau, et » tous messeigneurs des comptes debout à l'entour de leurs sièges accoutumés, » ce fut en 1498, quand Louis XII vint faire enregistrer le don de la garde des enfants du duc d'Alençon en faveur de Marguerite de Lorraine, leur mère [3]. Depuis lors, les souverains se réservèrent exclusivement pour les lits de justice

---

1. Rabelais, éd. le Duchat, t. II, p. 223 et suiv.; 2ᵉ éd. Burgaud des Marets et Rathery, t. II, p. 382 et suiv.
2. Voy. la *Dissertation* de le Chanteur, p. 23 et suiv., et le *Mémoire* de 1780, p. 130 et suiv.
3. *Mémorial*, 18 juillet 1498.— Une petite miniature ini-
tiale, en tête du manuel ou protocole ms. Fr. 4312, repré-

tenus en parlement, et c'est par extraordinaire que nous voyons Henri III ou Henri IV menacer les gens des comptes de leur faire une visite¹. Suivant l'importance que présentaient les affaires, des princes de la maison royale, de hauts dignitaires, le chancelier, le premier président du parlement, ou bien des personnages d'un ordre inférieur, un simple président, un gentilhomme ordinaire, même un huissier, venaient notifier, de vive voix ou par une lettre de cachet, la volonté et l'ordre du roi. On conçoit que les égards et la soumission variaient en proportion du rang de l'envoyé. Il fallait, par exemple, qu'il fût maréchal de France ou pair pour entrer au bureau avec son épée et ses éperons ; les chevaliers de l'ordre eux-mêmes n'avaient pas ce privilége². Ce fut à partir de Louis XIII que, pour les enregistrements d'édits « d'exprès commandement, » le roi se fit représenter à la Chambre par son frère ou le premier prince du sang, tandis qu'un autre prince de rang moins élevé se rendait à la Cour des aides³. L'Altesse Royale était accompagnée d'un ou deux officiers de la couronne, ducs et pairs ou maréchaux, et de deux conseillers d'État de robe longue, dont l'un prononçait le véritable réquisitoire d'enregistrement. Ces commissaires adjoints, qui recevaient une gratification spéciale⁴, allaient s'entendre, la veille de la séance, avec le P.P., et il leur rendait aussitôt cette visite. Quand le prince partait pour la Chambre, l'apparat était de nature à faire impression sur le public : carrosses à huit chevaux, gardes, livrées, maison entière, guet à cheval et à pied jusque sur le Pont-Neuf, gardes françaises et suisses dans la cour de la Sainte-Chapelle. Les gardes du corps du prince, tambour battant, venaient prendre possession de la montée et des antichambres ; dès que le cortége apparaissait, un major et quatre hommes, fusil sur l'épaule, chapeau sur la tête, pénétraient dans le grand bureau et fermaient l'espace entre le bureau et la cheminée⁵. Avant cette entrée, les magistrats s'étaient consultés sur la conduite à tenir, et ils députaient deux des plus anciens conseillers pour aller, tête découverte, recevoir l'envoyé royal au bas des degrés. Le prince prenait place au-dessous du P.P.; on lui avait préparé un coussin de velours pour s'asseoir et deux autres en guise de marche-pied. A sa suite entraient le cortége et les curieux, car la séance était publique. Le capitaine des gardes se plaçait contre la barre, tandis que les pairs ou maréchaux de France s'asseyaient au haut du banc des maîtres clercs, et les conseillers d'État de l'autre côté⁶. A partir de 1776, les frères du roi furent traités de « Monseigneur » par le P.P.⁷. Après les discours, le premier conseiller d'État, prenant chaque édit tour à tour, sur l'ordre du prince, se découvrait pour saluer le P.P., puis se recouvrait et disait en quelques mots la nature de l'édit avant que le secrétaire des commandements le donnât à lire au greffier. Le même commissaire, après que le prince avait fait requérir par les gens du roi, prononçait l'enregistrement et le faisait transcrire par le greffier; le secrétaire des commandements reprenait les expéditions enregistrées, pour les remettre au secrétaire d'État⁸.

On trouvera dans ce volume quelques exemples des semonces qui se faisaient au bureau pour les obsèques des membres de la Compagnie. S'il s'agissait d'un président ou de la femme d'un président, les crieurs jurés

Semonces et invitations.

---

sente Charles VIII présidant une séance. A sa droite, un conseiller, debout, lit un compte ; à sa gauche, un autre conseiller, assis, calcule à l'aide de jetons disposés sur le tapis vert du bureau. Au bas bout, un autre conseiller, également assis, mais découvert, tandis que les deux premiers ont leur toque noire, inscrit le texte de l'arrêt sur un parchemin.

1. N° 164, p. 129. — Selon les *Tablettes historiques* citées dans l'*Esprit d'Henry IV*, p. 60, ce prince disait « que Dieu lui feroit peut-être la grâce, dans sa vieillesse, d'aller deux ou trois fois la semaine au parlement et à la Chambre des comptes, comme y alloit le bon roi Louis XII, pour travailler à l'abréviation du service et mettre un si bon ordre à ses finances, qu'à l'avenir on ne pût plus dissiper. »
2. *Plumitif*, 21 avril 1626. Voy. l'épisode des obsèques de la reine d'Écosse, dans D. Félibien, *Preuves*, t. Iᵉʳ, p. 660-662.
3. Nᵒˢ 414 et 870.
4. Je ne sais s'il y a erreur dans la copie d'une ordonnance de 26,000 livres délivrée aux maréchaux du Plessis-Praslin et de Villeroy, pour avoir accompagné deux fois le duc d'Anjou, frère de Louis XIV, à la Chambre et à la Cour des Aides. Arch. Nat., O¹ 2, fol. 96 verso.
5. Voy. le procès-verbal du 19 mars 1776, imprimé par ordre de M. Daguesseau. Cf. le *Cérémonial*, 31 décembre 1663.
6. Voy. le *Cérémonial* et les *Extraits du Cérémonial de Saintot*, Arch. Nat., KK 594, passim.
7. Lettres patentes du 1ᵉʳ décembre 1776, imprimées. C'est ce qui explique la formule de début : « Monseigneur (j'obéis à l'ordre exprès du roi, mon souverain seigneur et maître)... »
8. La séance du 8 mai 1788 (n° 936) est, je crois, le seul cas où un de ces lits de justice de second ordre se soit tenu en dehors de la Chambre.

de la ville entraient dans le bureau, avec les parents et amis; un de ceux-ci, pris parmi les magistrats et placé au bout du banc bas, prononçait une espèce d'oraison funèbre. Pour les maîtres ou correcteurs, les crieurs ne dépassaient pas le perron; pour les auditeurs, ils restaient au bas de la montée. La séance était suspendue, afin qu'on pût assister en corps à l'enterrement. Cet usage, scrupuleusement suivi jusque dans le dix-septième siècle, ne subsista que pour les princes et grands dignitaires, aux obsèques desquels un maître des cérémonies, avec le cortége ordinaire de parents, de gentilshommes et de crieurs, conviait les Compagnies[1].

Des invitations d'un autre genre se répétaient périodiquement. Tous les deux ans, les bacheliers en théologie, vers le mois de janvier, et les bacheliers en médecine, vers le mois de juillet, venaient engager la Chambre pour leur paranymphe. A la semonce prononcée en latin, le P.P. répondait par un compliment dans la même langue. Nous avons quelques-uns de ces morceaux d'éloquence classique[2].

Au commencement d'août, un Père jésuite et son *socius* venaient prier la Compagnie de se faire représenter à la distribution des prix de leur collège Louis-le-Grand (ancien Clermont) et à la représentation dramatique ou à l'exercice de rhétorique qui la précédaient. Le P.P. désignait deux conseillers maîtres, choisis de préférence parmi ceux qui avaient des enfants au collège, et ces deux députés étaient traités avec toute sorte de distinctions[3].

Audiences royales. Quand les Compagnies obtenaient la permission d'offrir au roi leurs compliments de condoléance ou leurs félicitations, de même que pour la présentation des remontrances, elles ne pouvaient envoyer qu'une députation plus ou moins considérable, à moins que l'ordre ne fût donné de venir en corps de Cour. Dans ces occasions solennelles, qu'on se rendît à Versailles ou à l'armée, on marchait en grande pompe, avec une longue suite de carrosses à six et à quatre chevaux, escortés par la maréchaussée; partout sur le passage, magistrats, municipalités et officiers royaux rendaient les honneurs au cortège[4].

Les procès-verbaux décrivent l'étiquette minutieuse de la réception royale, et l'on sait si ce chapitre du Cérémonial était gros de prétentions et de conflits. Les gens des comptes pénétraient immédiatement après le parlement dans le cabinet du roi, qui recevait assis, mais se découvrait à l'entrée des députés. Le discours du P.P. était suivi d'une courte réponse du prince, et les magistrats faisaient la révérence en se retirant, tandis que le P.P. les nommait tour à tour[5]. Le lendemain, le chef de la députation déposait son rapport au bureau et donnait le texte des discours à insérer au Plumitif et au Cérémonial. En cas de représentation partielle, c'était le P.P. qui désignait les membres de chaque ordre. Longtemps les correcteurs et auditeurs n'avaient pu faire valoir leur prétention, plus ou moins affichée, de participer aux députations solennelles; mais ils avaient osé faire une manifestation scandaleuse à l'occasion de la mort d'Anne d'Autriche. Ce fut seulement en 1673 qu'ils obtinrent, par compromis, que dorénavant ils auraient des délégués, deux correcteurs et quatre auditeurs, aux séances de communications importantes, ainsi que dans les députations[6].

En dehors de ces convocations officielles, les présidents des comptes, comme ceux des autres Compagnies, allaient saluer le roi le premier jour de l'an; depuis la Régence, cette visite se fit seulement le jour de sainte Geneviève.

La députation qu'on chargeait de complimenter les chanceliers sur leur promotion n'était qu'une politesse du bureau, puisque ni le chancelier ni le garde des sceaux ne prenaient séance à la Chambre, et que tous deux se contentaient d'y faire enregistrer leurs provisions. On assistait toutefois à leurs obsèques.

Cérémonies religieuses. La longueur des procès-verbaux des processions publiques et autres cérémonies religieuses auxquelles la

---

1. Voy. les n°⁵ 91, 198, 206, 219, 232, 296, 337, etc., et le *Cérémonial*.
2. N°⁵ 285 et 617. *Plumitif*, 16 juin 1634, et Recueil des harangues du P.P. Nicolas Nicolay. Cf. le *Mercure*, septembre 1709, et Desmaze, *le Châtelet de Paris*, p. 377.
3. *Plumitif* et *Cérémonial*, 3 août 1647 et 9 août 1769.

Cf. le *Bulletin du Bibliophile*, 1870-71, p. 126.
4. N°⁵ 616, 813, 816, 817, 873, 889, etc.
5. N°⁵ 544, 653, 725, 774, etc.
6. N°⁵ 612 et 615. Cf. les *Mém. d'Ol. d'Ormesson*, t. II, p. 442; le *Cérémonial de Saintot*, KK 594, p. 376, et le *Mémoire* de 1787, p. 159-167.

NOTICE PRÉLIMINAIRE. XCIII

Chambre assistait, n'a pas permis d'en insérer beaucoup dans ce volume; le *Cérémonial françois* des Godefroy suppléera à cette omission forcée. Un des premiers soucis de la Chambre était de présenter au peuple de Paris une assistance nombreuse et brillante. Aussi forçait-elle, non-seulement les trésoriers de France, les généraux des Monnaies ou les conseillers du Trésor, mais les procureurs et leurs clercs, et même les comptables présents à Paris, à suivre en pompe les magistrats, avec force valets, pages, mulets, etc. [1]; et toute absence non légitimée était punie d'un fort retranchement d'épices [2]. On finit par régler qu'au refus des anciens, les huit derniers maîtres reçus, deux correcteurs et quatre auditeurs, de chaque semestre, seraient toujours tenus d'assister aux processions et cérémonies [3].

Il y avait trois processions annuelles, instituées en souvenir de l'entrée de Henri IV à Paris, de l'expulsion des Anglais par Charles VII, et du vœu solennel de Louis XIII à la Sainte-Vierge. — Processions.

Pour la première procession (22 mars), qui se faisait de Notre-Dame aux Grands-Augustins, mais que le conflit de 1638 obligea de réduire à une simple messe, l'invitation était répétée successivement par un maître des cérémonies et par le prévôt des marchands et les échevins [4]. Le P.P. se faisait remplacer par le dernier président de semestre, et le départ, ainsi que l'itinéraire de Messieurs des comptes, qui passaient par le quai des Orfèvres et le Pont-Neuf, étaient calculés de telle façon qu'ils arrivassent aux Augustins aussitôt après l'entrée du parlement. Le prieur et le sous-prieur venaient les recevoir au portail, et le maître des cérémonies les installait dans seize stalles hautes et sur les banquettes réservées. Soit que le trajet se fît à pied ou en carrosse, les archers de la ville formaient une escorte d'honneur.

L'anniversaire de l'expulsion des Anglais, auquel se rattachait le souvenir des services rendus à la cause royale par le maître des comptes Michel de Laillier, se célébrait moins solennellement; à Notre-Dame, le premier vendredi après Pâques. La Chambre, invitée seulement par deux échevins, ne députait que le dernier reçu des présidents, avec huit maîtres ou correcteurs et quatre auditeurs. La messe se disait à l'autel de la Vierge, devant lequel députés du parlement et gens des comptes alternaient sur le banc de dextre, tandis que Messieurs de la ville s'asseyaient à senestre, « en armes [5]. »

Pour la procession du 15 août, instituée par le vœu de Louis XIII, en 1638, la Chambre était prévenue par lettre de cachet. Elle se rendait à Notre-Dame en corps et en robes de cérémonie, sous la conduite du P.P., et suivait les rues Galande et Notre-Dame.

En tous les temps, la concurrence des Cours dans ces cérémonies publiques engendra des contestations de préséance entre le parlement, la Chambre des comptes, la Cour des aides et le corps de ville. De droit, la Chambre devait figurer à senestre du parlement et à la même hauteur; cette place lui était réservée partout, aux réceptions solennelles, aux lits de justice (du moins à ceux qui se tenaient en dehors du parlement) ou dans le chœur des églises, aussi bien qu'aux processions; si elle perdit parfois ce rang, ce ne fut que passagèrement et contre « l'ordre ancien [6]. » — Conflits de préséance.

Mais, si les Compagnies inférieures finirent par respecter l'ordre de choses établi, naturel et légal, les parlementaires n'en continuèrent pas moins leurs tentatives pour enlever aux gens des comptes l'espèce d'égalité qu'attestait la marche des deux corps sur le même rang, et particulièrement, pour les empêcher de « croiser » un à un les magistrats de la Cour, lorsqu'on quittait les places pour se mettre en procession. Nous voyons, par exemple, aux noces de la reine d'Angleterre, les présidents à mortier disputer le pas aux

---

1. Nos 5, 8, 37 et 49. *Mémorial*, 16 avril 1509. Cf. le *Cérémonial françois*, éd. de 1649, t. 1er, p. 498, et t. II, p. 935.
2. No 134. Pour le couronnement de Marie de Médicis, la retenue fut fixée à 300 l. au profit des Quatre-Mendiants et de l'Ave-Maria. (*Cérémonial*, 21 avril 1610.)
3. *Journal*, 21 avril 1731.
4. No 282. Cf. le *Mercure*, année 1738, p. 798, et Morand, *Hist. de la Sainte-Chapelle*, p. 202.
5. Nos 365 et 492, p. 400. Cf. le *Mercure*, 1738, p. 801. Les Aides n'y assistaient pas, étant réputés de création postérieure à 1436.
6. Nos 37 et 44. — Il convient de comparer les procès-verbaux qui se dressaient de part et d'autre. Voy. celui du 22 mars 1508 dans le registre de l'hôtel de ville, H 1778, fol. 203; ceux de 1523 dans D. Félibien, *Preuves*, t. 1er, p. 581, et de 1530 dans le *Cérémonial françois*, t. 1er, p. 506; un mémoire de l'année 1556, dans le ms. Dupuy 384, et le procès-verbal des obsèques de Marie-Élisabeth de France (9 avril 1578), dans le ms. Baluze 292, fol. 53. Cf. Papon, liv. IV, tit. 6, n. 16 et 18.

présidents des comptes jusqu'à ce que la pluie vienne séparer les rivaux et trancher le différend[1]. Mais rien n'égala la violence et, disons-le, la honte de ce « combat à coups de poing, » comme Voltaire l'intitule, qui interrompit la première célébration du vœu de Louis XIII[2]. Le Conseil s'étant trouvé impuissant à juger la question, c'est-à-dire à donner tort au parlement, l'une et l'autre Compagnie furent dispensées désormais d'assister à aucune procession générale qui pût nécessiter le croisement, et elles durent se rendre par des chemins différents à l'église et aux places qui étaient désignées à chacune. On n'invita même plus, jusqu'en 1676, pour la cérémonie du 15 août; quand Louis XIV se décida à y convoquer de nouveau les Compagnies, ce fut avec ces prescriptions, qui se renouvelaient chaque année : « Et parce que le différend que vous avez avec notre Cour de parlement n'est pas encore terminé, nous voulons, en attendant qu'il le soit et pour cette fois seulement, que vous ayez à vous rendre, avant le commencement de la procession, dans l'Archevêché, et que vous ayez à suivre ladite procession en l'ordre ordinaire et accoutumé, en sortant dudit lieu, notre intention étant que vous en sortiez ensuite par la porte du côté de l'horloge[3]. »

A la suite d'un autre scandale, les conseillers au parlement ayant refusé d'*alterner* avec le dernier des maîtres députés à la messe de l'Expulsion des Anglais, on profita de cette difficulté pour supprimer un anniversaire qui « rappeloit des jours désagréables pour la France, » et on le joignit à la cérémonie du 22 mars[4]. Celle-ci se célébra jusqu'en 1790. La Commune de Paris l'organisa une dernière fois, comme « propre à perpétuer le souvenir de l'époque à laquelle le meilleur des rois, vainqueur de la Ligue, est entré dans la capitale et est monté sur le trône de ses pères[5]. » Quant à l'anniversaire de la bataille de Moncontour, ce n'avait été certainement qu'une manifestation éphémère de l'ardeur des passions religieuses[6].

Cérémonies diverses.

En dehors de ces cérémonies annuelles, auxquelles il faut ajouter l'adoration de la Vraie Croix qui se célébrait spécialement pour la Chambre à la Sainte-Chapelle, il y avait assez souvent des processions extraordinaires et des descentes des reliques de Sainte-Geneviève à Notre-Dame, pour demander la pluie, la sécheresse, la paix, la conservation des fruits de la terre. Avertie par une lettre de cachet, la Chambre s'y rendait en corps, suivant le pont Saint-Michel, la rue de la Harpe, la place de Sorbonne, les rues des Cordeliers, Saint-Jacques et Saint-Étienne-des-Degrés. Au portail de l'église, le second assistant de l'abbé prononçait un compliment, le P.P. répondait, et l'on allait baiser la châsse de la sainte. En attendant le départ de la procession, Messieurs des comptes étaient priés à déjeuner dans la salle des Papes, et le parlement dans le grand réfectoire. La procession descendait ensuite à Notre-Dame, le parlement marchant à dextre et la Chambre à senestre, avec toutes les précautions requises pour qu'on n'eût pas à se croiser[7].

Aux *Te Deum*, la Chambre était aussi invitée par lettre de cachet, et elle occupait, comme aux autres cérémonies de Notre-Dame, seize stalles du côté gauche du chœur, en face du parlement, laissant le reste aux Aides et à la Ville. Le grand maître des cérémonies, exceptionnellement et en reconnaissance de ce qu'on lui donnait séance au-dessus du dernier des conseillers maîtres, venait recevoir la Compagnie jusqu'au milieu de la nef, « entre la figure de saint Christophe et celle du roi Philippe le Bel à cheval. » Dans les pompes funèbres, l'ordre des places changeait, à cause du « deuil; » la Chambre prenait les stalles de droite, tandis que le parlement se mettait à gauche[8]. A Saint-Denis, pour les obsèques royales, on offrait aux Cours, en arrivant, des rafraîchissements, thé, café, chocolat, etc., et,

---

1. N° 443. Voy. *Créances*, 25 octobre 1614.
2. N°s 489 et 492. — Cinquante ans plus tard, une bataille encore plus scandaleuse eut lieu à Aix, en pleine église, et la Cour des comptes de Provence ayant eu l'avantage de « rosser » le parlement, fut condamnée à assister à une grand'messe dans les stalles basses et à faire faire amende honorable, sur les marches de l'autel, par un de ses conseillers. — Bien que les Cours de notre temps ne prennent point les choses aussi vivement, je crois cependant qu'elles savent encore, sur ces questions de préséance, retrouver et défendre les traditions de leurs prédécesseurs de l'ancien régime.

3. Le parlement ayant manqué une fois à la procession, parce qu'il était exilé à Pontoise (1720), le chancelier proposa à la Chambre de prendre la droite sur la Cour des aides; mais elle fit mieux, se partagea en deux colonnes et marcha devant la Cour. (*Mém. de Mathieu Marais*, t. 1er, p. 383.)
4. *Plumitif*, 26 mars 1736. Cf. le *Mémoire* de 1780, p. 269, et celui de 1787, p. 263 et 264.
5. N° 953. — 6. N° 158.
7. *Plumitif* et *Cérémonial*, 6-8 juillet 1587, 29 mai 1652, 16 mai 1709, etc.
8. N° 653.

après le service, elles dînaient en grande pompe, chacune à part, sous la direction des maîtres de cérémonies. Enfin, lorsque la Compagnie était invitée à jeter l'eau bénite sur le corps d'un prince, elle y envoyait une députation, et la réception était faite selon une étiquette très-sévère, soit par les parents, soit par les officiers du château et ceux des cérémonies[1].

Il n'est pas douteux que la robe ne fût de rigueur dès le quatorzième siècle pour siéger sur les bancs fleurdelisés, puisque nous voyons la Chambre ordonner que, si un maître décède sans avoir légué sa robe de bureau à un de ses compagnons, on ne pourra la réclamer aux héritiers[2]. De plus, dans la vie ordinaire, les règlements enjoignaient aux clercs, sous peine de privation d'office, d'être « vêtus bien et diligemment, d'habits honnêtes, » d'avoir un manteau ou une housse fourrée, et de porter des chapeaux plutôt que des barettes[3]. Pour les cérémonies, le costume officiel ne s'uniformisa que peu à peu. En 1515, à l'entrée de François Ier, figurent « les seigneurs de la Chambre des comptes, les uns vestus de veloux noir, les autres de damas et de satin et de camelot tanné, et quasi tous ayans pourpoints de satin cramoisy, et les autres de veloux noir, la plupart d'entre eux ayans de grosses chaisnes d'or au col. » Cette description correspond assez exactement à notre miniature initiale du *Protocole*[4]. Mais, lors de l'entrée de la reine Éléonore, en 1530, les présidents sont habillés de velours noir, les maîtres de satin noir, les greffiers de taffetas noir et, quant aux correcteurs et auditeurs, nous avons la lettre royale qui leur commande de se présenter à la cérémonie « le plus honnêtement et honorablement, sans, pour cet effet, toutefois en entrer en aucune superflue dépense, ni à icelle s'astreindre outre leur gré, pouvoir ou faculté[5]. » Dix ans plus tard, les auditeurs ont la robe de taffetas noir à l'entrée de Charles-Quint[6].

Il fallut encore deux règlements, du 20 août 1573 et du 2 janvier 1588, confirmés par arrêts du Conseil, pour réprimer une « diversité licencieuse » d'habits qui, dans les assemblées publiques, faisait « murmurer plusieurs, et même des plus grands. » Le costume fut alors fixé ainsi : velours noir pour les gens, comme pour les conseillers d'État ; satin pour les maîtres, damas ou moire tabisée pour les correcteurs, taffetas pour les auditeurs. Les officiers inférieurs eurent le manteau de taffetas à manches et la toque de velours noir, les huissiers le manteau de drap noir. Jusqu'en 1660, on fit une distinction entre les magistrats de robe longue et ceux de robe courte : les robes des premiers devaient être à grandes manches, et celles des seconds devaient avoir le collet carré et descendre au-dessous du genou pour le moins, sans aucune « apparente découpure. » De même, la coiffure était le bonnet carré des avocats pour les gens de robe longue, tandis que ceux de robe courte portaient la simple toque de velours. Mais la robe de Palais et le bonnet carré devinrent d'uniforme pour tout le corps de la Chambre, y compris les officiers subalternes, à partir du mariage de Louis XIV ; seulement, on conserva longtemps encore l'usage du chapeau pour aller aux cérémonies publiques[7]. Les costumes ne changèrent plus jusqu'à la Révolution, malgré

Costumes de cérémonie.

1. Voy. *Plumitif*, 18 avril 1761.
2. *Mémorial* C, fol. 158 verso, 6 mars 1354.
3. Ordonnance du 3 avril 1388. Gosset a imprimé, d'après le *Mémorial* D, cet arrêt de 1362 : « Injunctum fuit omnibus clericis consociis, quantum decet, habeant et deferant epithogia longa honesta, ipsaque deferant in Camera et extra per villam continuo. Conjugati vero in mantellis foratis penna alba vel nigra et caputia forata similiter, vel epithogia curta, saltem ad honorem et decentiam Cameræ supradictæ, incedant, veniant et recedant. »
Les *Essais historiques sur Paris*, t. II, p. 268, prétendent que les gens des comptes portaient de grands ciseaux à la ceinture, « pour marquer leur pouvoir de rogner et de retrancher les mauvais emplois dans les comptes. » Il y avait peut-être des ciseaux dans le *calmar* ou nécessaire de bureau que l'on distingue en effet à la ceinture des maîtres des comptes dans une des miniatures du *Livre ferré*.
4. Dans la miniature du ms. PP 95, le personnage que sa place semble désigner comme Premier Président, porte une robe rouge, à reflets d'or, sur un pourpoint noir ; il a au cou une croix attachée à un collier d'or. Sa coiffure, la même que celle des onze autres assistants, est la toque noire. La figure est imberbe, les cheveux longs et bruns. Le personnage assis à l'angle gauche de la table, au bas bout, et dont l'attitude indique qu'il parle, n'a pas une robe rouge comme le président, ou noire comme les autres ; elle est plutôt grise, autant que le mauvais état des couleurs permet d'en juger. Ses cheveux sont blancs, et son collier diffère de celui du président. Ce doit être un envoyé du roi exposant sa créance.
5. *Cérémonial françois*, de Th. Godefroy, t. Ier, p. 267 et 498. N° 50.
6. Guiffrey, *Journal de Françoys Ier*, p. 297.
7. N°s 133, 443, 653 et 774. *Journal*, 7 août 1571, 20 et 28 août 1573, impr. dans le recueil Gosset ; *Plumitif*, 2 janvier 1588. Voy. Sauval, t. II, p. 394 ; Loffroy, p. 12 ;

les manœuvres des correcteurs, qui prétendaient s'assimiler aux maîtres et arborer la robe de satin[1].

L'épitoge n'était portée que par les gens du roi, quoiqu'elle paraisse avoir été en usage pour les Chambres de province[2]. Dans les grandes cérémonies, les magistrats ne mettaient que la robe ou soutane; à l'habitude, ils la couvraient du manteau flottant, à manches larges et relevées. En cas de deuil, les robes étaient généralement de drap et l'on nouait de grands crêpes autour du chapeau.

Les accessoires du costume varièrent nécessairement suivant les époques, c'est-à-dire la forme des manches, la coupe de la robe plus ou moins flottante, les manchettes, et surtout le col, qui était, au seizième siècle, la fraise tuyautée, bientôt abandonnée pour le col rabattu, puis pour le rabat à gros plis flottants et à dentelles, et enfin pour le simple rabat, à l'ecclésiastique[3].

Nous pouvons étudier ces transformations sur les portraits des Premiers Présidents Nicolay, mais avec une certaine réserve, car l'enlèvement des cadres par procédé révolutionnaire a nécessité un remaniement complet de la collection conservée aujourd'hui au château de Blet, et, dans le nombre des attributions actuelles, quelques-unes semblent douteuses. La toile italienne qui porte le nom de Jean Nicolay représente notre chancelier en pourpoint et haut-de-chausses de velours noir, sans robe ni manteau; la collerette est en guipure; moustaches et barbe carrée au menton. Jusqu'au règne de Louis XIV et jusqu'au beau portrait de Jean-Aymard Nicolay, peint peut-être par Rigaud, il est à remarquer que la robe flottante ou la soutane boutonnée ne sont ni de velours noir, ni de satin, mais d'une étoffe damassée à palmes, ainsi qu'on peut également s'en assurer sur le portrait de Nicolas Nicolay, gravé par Antoine Masson, en 1666. Antoine II, prédécesseur de Nicolas, est le dernier qui porte la moustache et la barbiche pointue. La barbe disparaît quand arrivent les perruques magistrales et les rabats flottants.

Costumes de ville.

En dehors du costume de Palais ou de cour, les habillements ordinaires de nos Premiers Présidents présentaient une grande variété, si l'on en juge par les inventaires du seizième siècle.

Lorsque Jean Nicolay mourut au Bourg-Saint-Andéol, où il s'était retiré depuis six ans, il avait encore : deux robes de taffetas sangle noir, une de satin noir doublé de demi-ostade, avec parements de velours noir, et une troisième de velours noir doublé de satin de même couleur; d'autres robes de cadis, de damas fourré de peaux de Lombardie, de camelot noir ou tanné fourré de penne noire, de drap gris fourré de blanc, etc.; des sayons de velours, de taffetas, de drap noir et de cadis; des robes courtes de drap noir bordé de velours; des pourpoints de satin, d'ostade et de velours cramoisi ou rouge, à hautes manches de satin tanné et violet; des collets de taffetas, de satin noir, de velours rouge; une simarre de damas noir doublé de drap; un « paleto » de satin et de damas, fourré de penne blanche; des chapeaux de soie à grand poil, de feutre couvert de taffetas et bordé de velours, ou tanné à long poil et garni de velours noir; des bonnets noirs à double rebras ou faits en barbute; des toques de deuil, un manteau de drap noir pour aller aux champs et une housse pour monter sur la mule[4].

Dans l'inventaire des habits du P. P. Aymard Nicolay, mort en 1553, on remarque : des robes noires de damas, taffetas, satin ou drap, et d'autres de taffetas et damas tannés, presque toutes bordées de velours et fourrées; des manteaux de drap noir et de taffetas de même couleur, à collet; des saies de velours, taffetas ou satin, noirs ou tannés; un casaquin de damas tanné fourré; des pourpoints de boucassin noir; une chemise de taffetas incarnat piqué à losanges[5].

Boulainvilliers, *État de la France*, t. I*er*, p. 36; *Lettres historiques sur le parlement*, 1754, t. II, p. 346, note.

1. *Cérémonial et Créances*, entrée de Marie de Médicis, 4 mai 1610. Cf. le *Mémoire* de 1787, p. 86 et suiv.

2. Le P.P. de la Chambre des comptes de Dôle ayant obtenu, par déclaration royale, de porter une épitoge d'hermine sur sa robe de velours noir, pour se distinguer des autres présidents, on trouva fort mauvais qu'il arborât une épitoge de cinq pieds de tour sur un et demi de hauteur, descendant par devant jusqu'au bas de la ceinture, par derrière jusque sur les reins, tandis qu'il était de règle, dans toutes les Chambres des comptes, de ne porter l'épitoge que jusqu'au coude, et surtout de ne faire aucune distinction de costume pour le P.P. (*Papiers du Contrôle général des finances*; intendance de Franche-Comté, 1694.)

3. Voy., sur ces variations, l'ouvrage de M. de Bastard, *les Parlements de France*, t. I*er*, p. 179 et 180.

4. Inventaire du 16 octobre 1527; Arch. Nicolay, 2 C 106.

5. Bib. Nat., ms. Fr. 11456. — A rapprocher du passage de Rabelais, chap. des *Apedeftes* : « Le premier à qui

NOTICE PRÉLIMINAIRE.

Il y a plus de variété dans l'inventaire fait à la mort de Marie de Billy, en 1597, car le P.P. Jean II était encore jeune, et sa femme fort élégante. Voici la robe ordinaire de drap noir à parements de velours noir, d'autres de taffetas à gros grain, de serge de Florence à parements de velours, et de satin noir à collet rabattu, ou à collet carré et manches longues; une soutane de damas, doublée de serge d'Arschot; des manteaux de drap de serge, pour aller à cheval; des hauts-de-chausses de satin ou de frise; une jupe de velours « à la reistre, » doublée de peluche, et une autre de taffetas; deux pourpoints, l'un piqué de camelot noir, et l'autre de coutil; encore quatre hauts-de-chausses de velours ras, de satin gris, de velours noir ou violet; une « grègue » de taffetas noir découpé; deux culottes de velours et de satin; plusieurs paires de canons en serge ou en velours ras imprimé; des chapeaux de feutre, deux capuchons de velours et de camelot, une barbute de serge noire doublée de revêche, etc [1].

La diversité des costumes de ville était, non sans raison, traitée de « licence et de dissolution » par les Compagnies; cependant elle avait fait tant de progrès sous Charles IX, qu'en 1571, le procureur général demanda à la Chambre d'ordonner que désormais les officiers eussent à se « comporter dans leurs habits et vêtemens selon l'honnêteté, décence et bienséance due à la dignité de leurs états, » et à « ne porter hauts bonnets, capes, manteaux que l'on appelle *reîtres*, épées, ni habillemens de couleur, quels qu'ils soient, sur peine de l'interdiction de l'entrée de la Chambre pour tel temps qu'elle avisera. » Défense fut faite également aux procureurs de se présenter avec le chapeau au lieu du bonnet, et à leurs clercs de porter des chapeaux, manteaux longs et bas de couleur. Enfin, en 1624 et 1625, on arrêta que tous les officiers seraient tenus de venir de leur logis avec la robe ou le manteau de séance, ou du moins de les revêtir dans l'antichambre du premier huissier, et ce fut à cette occasion que s'installa le garde des robes et bonnets [2]. Mais les règlements n'étaient guère observés par le commun des magistrats, comme le prouve l'historiette rapportée par Tallemant des Réaux, de ce maître des comptes que trois duellistes prirent à son cheval et à ses habits pour un vaillant cavalier, et qu'ils emmenèrent bon gré mal gré pour leur servir de quatrième. Il ne leur échappa que grâce à la vitesse de sa monture; mais, afin que pareille méprise ne se renouvelât plus, la Chambre, dit le chroniqueur, défendit de se déguiser désormais en gentilhomme [3]. Je n'ai pas rencontré cet arrêté dans les registres; pourtant il est certain qu'en 1684, sur une mercuriale du procureur général du parlement, une ordonnance royale enjoignit aux magistrats de la Cour, du Grand Conseil, des Aides et des Monnaies, sinon à ceux de la Chambre, qui ne sont point nommés dans ce texte, de ne plus porter que la robe fermée dans l'exercice de leurs fonctions, et partout ailleurs la robe noire, avec manteau et collet. En outre, ils étaient invités à éviter les lieux où ils ne pouvaient être vus « sans diminution de leur dignité [4]. » De là vient cette allusion de la Bruyère : « L'homme de robe ne sauroit guère danser au bal, paroître aux théâtres, renoncer aux habits simples et modestes, sans consentir à son propre avilissement; et il est étrange qu'il ait fallu une loi pour régler son extérieur et le contraindre ainsi à être grave et plus respecté [5]. » Bien que Louis XIV tînt lui-même la main à l'observation de cette

---

Épistemon s'adressa, estoit vestu d'une robbe gocourte, de couleur de roy (*tanné*); avoit le pourpoinct de demy ostade, à bas de manches de satin, et le hault estoit de chamois, le bonnet à la coquarde; homme d'assez bonne façon. » — On interroge ce naturel, surnommé Gagnebeaucoup, qui est un procureur, et Frère-Jean lui dit : « Vous aultres gens de bien, de quoy vivez-vous icy ? Sçaurions-nous boire en vostre voyrre? car je ne vous voy aulcuns outils que parchemins, cornets et plumes. » (Éd. le Duchat, t. II, p. 221.)

1. Arch. Nat., MM 754.
2. N° 133. *Plumitif*, 1ᵉʳ juillet 1587, 12 novembre 1624 et 4 juillet 1625. Voyez, dans les portefeuilles Gaignières (Cab. des Estampes), vol. IX, deux miniatures représentant un président ou un maître des comptes qui se rend à pied au Palais. Il est habillé de noir, avec la fraise et la toque, les gants à la main. Le pourpoint et les chausses sont recouverts d'un manteau à manches pendantes, qui ne tombe qu'à mi-cuisse. C'est évidemment un conseiller de robe-courte.
3. *Historiettes*, t. VI, p. 213.
4. Arch. Nat., reg. O¹ 28, fol. 121, 148 et 149; *Recueil des anciennes lois françaises*, t. XIX, p. 447. Les étudiants en droit furent même invités à ne porter que des habits modestes et point d'épée, sous peine de faire une quatrième année d'études. Selon un magistrat contemporain, cette loi somptuaire était une réponse du chancelier le Tellier au conseiller Chamillart, qui avait demandé la permission de quitter le manteau et le collet pour venir à Versailles faire la partie de billard du roi, ou au premier président de Novion, qui ne craignait pas de se montrer en cravate au Cours. (Bib. Nat., mss. *Mélanges de Lamare*, Fr. 23251, n° 1778.)
5. *Caractères*, éd. Servois, t. II, p. 186. Cf. l'essai his-

étiquette de convenance, Saint-Simon nous montre un conseiller d'État fort en faveur, M. de Caumartin, paraissant à la cour en juste-au-corps et manteau de velours, malgré les « huées » des courtisans; et bientôt, nous dit-il, il n'y eut plus que le velours pour les magistrats, puis les avocats, les médecins, les marchands, les apothicaires, et jusqu'aux gros procureurs[1]. La Chambre comptait, dans son nombreux personnel, plus d'un adepte de la galanterie et plus d'un sectateur de la mode, si l'on en croit les chroniques scandaleuses du dix-huitième siècle; elle se laissa entraîner comme les autres Compagnies, et l'avocat général d'Aubigny s'en plaignait en ces termes, dans la mercuriale du 2 janvier 1776 : « On rencontre plus fréquemment que jamais des magistrats qui semblent rougir de leur état, se permettant de se présenter habituellement, soit dans les sociétés, soit dans des endroits publics, avec des habits de couleur et un extérieur qui les assimile plutôt à des officiers de finance ou à de simples particuliers, qu'à des ministres de l'autorité souveraine. » Cependant le chef de la Compagnie donnait l'exemple de la soumission aux règlements. Sauf les visites à Marly, les Premiers Présidents ne paraissaient jamais devant le roi qu'en robe noire et manteau court, et, lorsqu'en 1754 Aymard-Jean Nicolay songea à acheter une des charges de l'ordre du Saint-Esprit, il fut retenu par l'impossibilité de quitter son costume pour celui de prévôt[2]. Réciproquement, la robe était de rigueur pour tous les ordres, quand on était convoqué à l'hôtel de la place Royale.

Luxe et existence à la ville.

Outre le costume, on sait que le luxe des magistrats et de toutes personnes ayant « office, état, charge, commission et maniement des finances, » fut longtemps réglementé par les lois somptuaires dans les moindres détails, depuis la dot des enfants jusqu'au « vivre et manger. » Mais, entre les ordonnances dressées sous François Ier par la « *Camera Consilii Turris quadratæ* » et celles de Henri III, l'écart est déjà bien sensible et marque fidèlement l'altération des mœurs et des habitudes sociales. La déclaration du 24 mars 1588 permet aux *demoiselles* femmes des magistrats de la Chambre et à leurs filles de porter des broderies, un serre-tête, un carcan, des pierreries ou des perles, une bague et des anneaux de pierreries en or, des chaînes à bracelets, des marques d'or à leurs patenôtres et chapelets, même des heures à couvercle d'or, émaillé ou non, etc.[3]. C'est un dernier effort des lois de restriction!

Coches et carrosses.

Il en fut de même pour les coches, que le parlement avait supplié Charles IX d'interdire à la ville. Jusque vers la fin du siècle, les chroniqueurs attestent que les premiers présidents de la Cour et de la Chambre furent seuls à se servir de ces véhicules primitifs, et que c'était une distinction tout à fait extraordinaire[4]. En effet, nous trouvons dans les inventaires déjà cités que le P.P. Aymard Nicolay et sa femme avaient une grande litière de cuir noir, garnie de drap vert, attelée de mulets, et une petite litière à bras, semblablement ornée. Trente ans plus tard, la grande litière est accompagnée d'une « charriotte, » façon de litière, couverte de cuir noir, et il y a trois chevaux dans l'écurie. En 1597, à la mort de la première présidente Marie de Billy, nous comptons : 1° le vieux chariot à quatre roues, couvert de cuir noir; 2° « une carrosse, » garnie de ses roues et ustensiles; 3° un petit coche, couvert de drap noir. Il y a dans l'écurie deux chevaux de coche sous poil bai clair, un roussin bai, un courtaud, un cinquième cheval et un mulet noir. Luxe des plus grands, puisque, cinquante ans auparavant, le premier président du parlement Gilles le Maître voyageait sur sa mule, accompagné de son clerc à pied et suivi d'une charrette garnie de paille que le fermier fournissait pour sa femme et sa fille, ainsi qu'un ânon pour la chambrière; quant au premier président de Thou, il ne prit un carrosse ou un coche qu'après son entrée en charge, pour aller au Louvre, et sa femme se contentait de monter en trousse derrière un cavalier. Mais l'usage des voitures se vulgarisa rapidement, et l'archevêque de Bourges, aux États de 1588, crut devoir tonner contre les personnes de médiocre condition qui commençaient à se montrer en coche; Sauval décrit celui dont se servait alors la femme d'un conseiller maître[5]. Vingt autres années se passent, et nous voyons le petit Dauphin

---

torique de M. de Bastard d'Estang sur les *Parlements de France*, t. Ier, p. 604 et suiv.
1. *Mémoires*, ch. CCXIX et DLV.
2. *Mém. de d'Argenson*, t. VIII, p. 237.
3. Impr. dans le recueil Gosset, en 1728.
4. Sauval, *Antiquités de Paris*, t. II, p. 190.
5. Ibid., p. 191.

NOTICE PRÉLIMINAIRE.

emprunter un carrosse à M. Gobelin, président des comptes [1]. Enfin, sous Louis XIV, en 1686, un simple auditeur des comptes ne craint pas de faire dorer sa voiture, « comme s'il étoit prince du sang ou ambassadeur [2]. » Quant au mulet ou à la mule, monture ordinaire du magistrat pour se rendre au Palais, l'usage n'en dut guère persister au-delà du règne de Henri IV; en 1605, M. de Nicolay-Sabran, de la branche de Languedoc, envoyant son fils étudier à l'Académie, sous la surveillance du P.P., adresse à celui-ci un petit mulet, « qui va assez bien l'amble, » et qu'il avait fait vœu de lui donner [3]. Aussitôt que les carrosses de place eurent été établis, en 1662, les magistrats de la Chambre et leurs confrères de la Cour ou du Châtelet furent des premiers à en user communément, « ce qui les fit augmenter de prix d'un sol [4]. »

La modestie et la simplicité étaient généralement de rigueur dans la magistrature; pourtant, à toutes les époques, un certain nombre de membres de la Chambre aimèrent à faire parade de richesse et de faste dans leurs maisons de ville ou dans leurs habitations des champs. Sous Charles VI, Guillebert de Metz cite « les hostels des évesques et prélas en grant quantité, des seigneurs de parlement, des seigneurs de la Chambre des comptes, des chevaliers, bourgois et divers officiers. » Les Bureau, Jacques Duchié (de Dussy), le maître des comptes extraordinaire Miles Baillet, nous apparaissent alors comme les types les plus remarquables de la haute bourgeoisie parisienne, riche, intelligente, amie des arts [5]. Plus tard, le président de la Driesche fait décorer l'hôtel d'Hercule de peintures à fresque, le vice-président J. Coictier élève dans la rue Saint-André-des-Arts le logis dont les sculptures allégoriques ont longtemps subsisté, et le président Gilles Berthelot, maire de Tours, fait construire le château d'Azay-le-Rideau, précurseur des merveilles de Chenonceaux. Au même siècle appartiennent les deux Pagevin, Claude, auditeur des comptes, et son père Jean, dont le vaste logis fit donner leur nom à une rue nouvelle. Sous Henri IV, l'hôtel dit de Sully, rue Saint-Antoine, est bâti par le maître des comptes de Neufbourg-Sourdaust. Sous Louis XIII et Louis XIV, le surintendant Tubeuf, plutôt financier que magistrat, fait construire le futur Palais-Mazarin, un château à Rueil et un château à Issy. Il est le type fastueux de toute une série de présidents des comptes : les deux Duret de Chevry, dont le second eut aussi dans la rue Neuve-des-Petits-Champs un bel hôtel que le cardinal Mazarin engloba dans son palais; les Lambert de Thorigny, qui firent décorer leur habitation par Eustache le Sueur, Charles le Brun, Romanelli, etc.; les le Ragois de Bretonvilliers, dont la magnifique demeure, « après le sérail le bâtiment du monde le mieux situé, » meublée splendidement, peinte par le Brun et Bourdon, enrichie d'une collection de tableaux, pouvait hardiment supporter le voisinage de l'hôtel Lambert [6]. A cette époque, l'île Notre-Dame et les quartiers de la rive gauche commençaient à hériter de la vogue qui avait longtemps retenu les familles parlementaires autour des églises Saint-Paul ou Saint-Jean-en-Grève, et il est peu de rues, depuis Saint-Victor jusqu'à l'extrémité de l'ancien territoire de Saint-Germain-des-Prés, où l'on ne rencontre des souvenirs de Messieurs des comptes. Cependant, une partie d'entre eux restèrent fidèles aux vieux quartiers, et de ce nombre étaient les Premiers Présidents, qui ne s'éloignèrent que très-peu du premier logis où s'était installé le fondateur de leur dynastie. Lorsque les progrès du luxe rendirent inhabitables les rues Sainte-Croix-de-la-Bretonnerie, Bourtibourg ou des Lions-Saint-Paul, on n'émigra pas au-delà de la place Royale, et l'hôtel de Chaulnes devint l'hôtel de Nicolay : demeure parfaitement appropriée à sa nouvelle destination, et qui, passée en des mains étrangères, mutilée, transformée, conserve encore son grand air de majesté sévère; mais il n'y reste plus traces de l'écusson à la levrette que fit disparaître la municipalité de 1790 [7].

Maisons de ville et des champs.

---

1. *Journal de J. Héroard*, t. Ier, p. 296.
2. *Les savants Godefroy*, p. 232.
3. Arch. Nicolay, 3 F 4. — 4. Sauval, t. II, p. 192.
5. *Paris et ses historiens*, p. 200, 331, 348 et 349.
6. Il faut lire l'historiette de Bretonvilliers dans Tallemant des Réaux, t. VI, p. 51. L'un des deux présidents (celui qui mourut en 1700, après quarante-trois années de service, et non son fils, auquel se rapporte la lettre n° 678, qui devrait être datée de 1709) était avare au milieu de ses splendeurs et « brûloit de l'huile, » par épargne, dans la chambre de ses enfans. » Il avait enlevé au président Lambert, son voisin et collègue, la fille du président Perrot de Saint-Dié.
7. N° 956.

C   *CHAMBRE DES COMPTES.*

  Comme leurs confrères du parlement, les magistrats de la Chambre étaient très-influents dans leur quartier, et la plupart se faisaient nommer capitaines ou colonels de la garde bourgeoise, et surtout marguilliers[1]. Presque tous aussi étaient propriétaires et seigneurs de quelque fief aux environs de Paris, et ils y déployaient généralement plus de luxe qu'on n'en trouvait à Goussainville, chez le chef de la Compagnie. Grâce à l'institution des semestres, la vie du Palais offrait à la Chambre des loisirs que n'avaient pas les autres Cours : cela explique la profusion de châteaux qui appartenaient à Messieurs des comptes, dans un rayon de plusieurs lieues autour de Paris ; il suffisait que la distance ne fût pas un obstacle pour répondre à une convocation extraordinaire des deux semestres, et encore avons-nous vu que les ordonnances disciplinaires n'étaient pas bien exactement appliquées[2].

  J'ajouterai que, si beaucoup de magistrats allaient à la cour, par devoir ou par goût, très-peu de femmes pouvaient s'y présenter, à cause des difficultés d'étiquette. Cependant les prétentions des conseillères au parlement, et encore plus particulièrement des présidentes à mortier, se déclarèrent peu à peu sous Louis XV. Non-seulement ces dames mettaient le grand habit pour assister au souper royal ou à la toilette d'une princesse ; mais, si l'on en croit la véhémente indignation d'un duc et pair d'ailleurs très-véridique, elles auraient voulu recevoir le salut du roi et s'asseoir[3] ! Au contraire, sous Louis XIV, on signalait les premières femmes de magistrats qui eussent pris des armoiries : c'étaient la chancelière Séguier et la présidente Amelot[4]. Seule, la femme du premier président du parlement avait un véritable rang, et pouvait précéder les comtesses et les marquises[5].

Construction de l'hôtel des comptes.
  Lorsque Philippe le Bel reconstruisit le Palais, son intention était de réunir dans une enceinte bien fermée et surveillée tous les trésors religieux, politiques, judiciaires et financiers de la royauté ; la place de la Chambre des comptes s'y trouva donc marquée à côté du Trésor royal, de la Sainte-Chapelle, des Chartes et du parlement. Des documents mis récemment en lumière prouvent, contrairement au dire de quelques historiens et d'une façon presque irréfutable, que, dès 1300, le Trésor et les gens des comptes, inséparables alors, avaient quitté le Temple pour le Palais ; ils ne retournèrent à leur ancien séjour que pendant la durée des travaux d'agrandissement exécutés, sous la direction d'Enguerrand de Marigny, du côté de la Sainte-Chapelle, de la place Saint-Michel et de l'île de Galilée, récemment acquise des religieux de Saint-Germain-des-Prés, c'est-à-dire dans cet angle sud-ouest de l'enceinte que la juridiction des comptes devait occuper durant cinq siècles et demi[6].

  Une ordonnance de 1358 passée par le Conseil « *in Camera compotorum superius ad galathas*[7], » semble préciser la situation des gens des comptes dans le voisinage des « hautes chambres à galathas » construites par le roi Jean au-dessus du bâtiment du parlement qui avait vue sur la Sainte-Chapelle et le jardin du Bailliage. Mais l'explication est douteuse, et malheureusement la première description de Paris qui parle d'une Chambre des comptes, celle de Guillebert de Metz, contemporain de Charles VI, n'est pas explicite : « Là (dans le Palais) est la chambre des seigneurs des comptes, des trésoriers, des receveurs, du concierge et d'autres officiers. Là est l'audience, etc[8]. » En vain cherche-t-on dans les chroniqueurs, dans quelques

---

1. N° 683. Malgré des recherches persévérantes, je n'ai pu trouver une pièce dont le titre promettait des révélations curieuses : le *Ballet des maîtres des comptes et des marguilliers*, œuvre du musicien Chevalier, qui était violon à la cour de Henri IV et de Louis XIII.
2. N° 354.
3. *Mémoires du duc de Luynes*, t. VIII, p. 378.
4. Bib. Nat., *Mélanges du conseiller de Lamare*, ms. Fr. 23251, n° 1512.
5. Ibid., ms. Mél. Clairambault n° 347, p. 14.
6. Voyez la composition passée le 21 mars 1312 par Philippe le Bel avec les Hospitaliers, impr. dans le recueil de Fournival, p. 35. Cf. Berty, *Revue archéologique*, t. XIV, p. 260, et Boutaric, *Mém. de la Société des Antiquaires de France*, t. XXVII, p. 9 et suiv. Sur l'île de Galilée, voy. le cartulaire de Saint-Germain-des-Prés, Bib. Arsenal, ms. H 326, fol. 241 et 246. — On sait que toute la pointe occidentale de la Cité se forma peu à peu par la réunion de diverses petites îles. L'une d'elles s'appela longtemps l'île aux *Juifs* (plus tard île des Treilles ou de Bussy), et cette dénomination expliquerait celle de *Galilée* plus facilement que ne le font toutes les étymologies proposées par les glossaires, par du Cange ou par l'abbé Lebeuf. Voy. le *Mercure*, décembre 1739 et mars 1740. Benvenuto Cellini, dans son traité *Dell' orificeria*, parle encore du sable qu'il extrait du « rivage de l'île de la Sainte-Chapelle. »
7. *Ordonnances*, t. III, p. 337.
8. *Paris et ses historiens*, p. 159.

NOTICE PRÉLIMINAIRE.

comptes du quatorzième et du quinzième siècle, et même dans les règlements intérieurs de la Chambre, d'autres éclaircissements sur les origines de l'hôtel des comptes. L'écusson mi-parti de France et de Bavière que l'on voyait encore, dans le siècle dernier, à l'intérieur de la cour, au-dessus de la porte d'une tourelle à escalier, indiquerait que la construction du corps de logis attenant au Bailliage remontait à Charles VI, ou plutôt à la reine Isabeau[1]. Le manuel de Jean le Bègue et les Mémoriaux nous apprennent aussi qu'un violent incendie détruisit, vers 1450, la pièce occupée par les clercs-auditeurs sous le nom de *chambre de France*. Est-ce à la réparation de cette partie des bâtiments que se rapporte un article du compte de l'ordinaire du domaine de Paris de 1471 cité par Sauval[2]? Mais nous avons la preuve plus authentique que Charles VIII, à son tour, éleva sur la rue de Galilée un corps de logis où ses armes étaient accompagnées d'une inscription commémorative en vers, dont la Cour des comptes a hérité[3]. Enfin, Louis XII et les architectes de la Renaissance complétèrent l'ensemble en rejoignant le bâtiment de Charles VIII à celui de Charles VI et à l'hôtel du Bailliage et en fermant la cour intérieure par un troisième édifice construit en regard du portail de la Sainte-Chapelle. Les travaux commencèrent vers 1504, sur l'emplacement de plusieurs maisons où logeaient alors un chanoine et les enfants de chœur de la Sainte-Chapelle, et la direction en fut confiée, dit-on, au fameux dominicain véronais Fra Giocondo, qui était chargé aussi des bâtiments du Palais et de l'embellissement de la grand'chambre[4]. Louis XII vint en personne s'établir au Bailliage, autant pour animer les ouvriers par sa présence, que pour « montrer l'honneur et révérence qu'il avoit à la justice[5]. » En 1507, selon le *Journal*, la Chambre arrêta que l'ordonnancement des dépenses à payer par les œuvres du roi se ferait sous la direction d'un des trésoriers de France, et elle confia la ratification à Jean Racine, procureur des comptes. En 1508, la façade nouvelle reçut la statue du roi, « *anno ætatis* 46; » en 1510, la maison où avait logé le premier huissier Marc Cenesme[6], maison sise entre la « montée » de la Chambre et les prisons de la Conciergerie, fut affectée à la maîtrise de la Sainte-Chapelle, en remplacement de celle dont on l'avait expropriée dans la rue de Galilée; et enfin, au mois de décembre 1511, les deux bureaux pouvaient s'installer dans le « corps d'hôtel édifié et construit par le roi depuis six ans en çà, » et relié par une galerie aux anciennes chambres, où se transportèrent les clercs et auditeurs[7].

Sous l'influence des artistes ramenés d'Italie et la direction du premier président Jean Nicolay, qui était revenu récemment de Naples et qui mettait à contribution toutes les recherches du nouveau style pour son hôtel du Bourg-Saint-Andéol, l'édifice de Fra Giocondo devint, sinon un chef-d'œuvre comparable aux merveilles voisines de la Sainte-Chapelle, du moins l'un des plus curieux spécimens parisiens de l'art de

---

1. C'est ce mur de l'hôtel du Bailliage que l'incendie de 1871 a mis à découvert.
2. *Antiquités de Paris*, t. III, p. 400. « Réparations des murs de pierre de taille et de moëllon qui sont, l'un entre la Sainte-Chapelle et la prison du trésorier d'icelle Sainte-Chapelle, et l'autre où pend pour le présent la grande porte étant sur le pavé devant la Chambre des comptes. »
3. Les armoiries de Charles VI et de Charles VIII se voyaient encore sur chacun des anciens bâtiments lorsque Ménard grava son armorial (1717).
L'inscription sur pierre, conservée après la reconstruction de 1740 et transférée cent ans plus tard dans l'escalier d'honneur du palais de la Cour des comptes, au quai d'Orsay, y est restée, au milieu des ruines et des décombres. M. le baron de Guilhermy a bien voulu me faire communiquer l'estampage pris par M. Pichot, pour le recueil des *Inscriptions du diocèse de Paris*.

Lan Mil. cccc. IIIIxx et VI.
Par Messrs du grant bureau.
Fut ordonné de cens rassis.
Faire ce corps dostel nouveau.
Qui fut devisé ainsy beau.
Par les correcteurs de céans.
Lesquels y plantèrent leur seau.

Comme gens en ce bien séans.
Lun deulx fut nommé maistre Pierre.
Et lautre et nom maistre Nicole.
Leurs surnoms lon y veult enquerre.
Cestoit Jouvelin et Viole.
Ilz firent si bon controrele.
Prenant garde sur les ouvriers.
Que tout fut fait bien men recole.
En moins dan et demy entiers.

4. M. Arm. Baschet, dans son étude sur l'*Histoire de la Chancellerie secrète de Venise*, p. 562, a signalé une dépêche de l'année 1504 où l'ambassadeur vénitien Fr. Morosini raconte que le moine est à la fois aux gages de la commune de Paris et du roi, mais que néanmoins il donne communication des secrets d'État qu'il peut surprendre.
5. La Roche-Flavin, *les Treize livres des Parlemens*; Taillandier, ap. *Mémoires sur les antiquités nationales*, t. XVII, p. 183 et suiv.
6. Marc Cenesme (ou Cename), seigneur de Luzarches, avait rempli du 25 février 1484 au 18 avril 1507 les fonctions de premier huissier, concierge et payeur de la Chambre.
7. Nos 4 et 6.

CHAMBRE DES COMPTES.

la Renaissance, encore mélangé du genre gothique. Il ne subit aucune modification importante durant deux siècles et demi, et l'on ne peut guère relever dans les registres que des « visitations générales, » des réparations de couvertures, de poutres et de solives, des travaux de dégagement ou d'embellissement au grand bureau, à la salle d'entrée, etc.[1] Les corps de logis anciens furent l'un et l'autre presque entièrement reconstruits ; mais cela ne changea point l'aspect intérieur et extérieur du bâtiment principal, tel qu'il sortit des mains de Fra Giocondo, tel qu'il était encore en 1737, lorsqu'il fut détruit par un de ces incendies qui dévastèrent tour à tour chaque région du Palais. Il nous en reste des perspectives, des vues d'ensemble ou de détail, et quelques descriptions malheureusement incomplètes[2].

La façade de la Chambre.

Sur la cour du Palais, la façade se composait de deux corps de logis distincts, mais attenants l'un à l'autre et de même ordonnance. Le premier, contigu au Bailliage et parallèle au portail de la Sainte-Chapelle, soutenait cette fameuse *montée* devant laquelle Pantagruel « fut en grande admiration, » lorsqu'il arriva au pays des *Apedeftes*[3]. Une arcade, surmontée de clochetons, portant au fronton les armes de Louis XII, avec les deux cerfs ailés pour supports, le porc-épic en pointe et cette devise : « *Regia Francorum probitas, Ludovicus honesti — Cultor, et etheree relligionis apex,* » donnait accès aux premières marches, à la suite desquelles, par un palier tournant à gauche, on atteignait un escalier de quarante ou cinquante degrés. Cette montée était recouverte d'un toit de même inclinaison, que soutenaient trois colonnes élégantes, et bordé d'une rampe à jour[4]. En haut, dans un grand vestibule ou péristyle, également ouvert, Pantagruel vit « en paysage les ruines presque de tout le monde, tant de potences de grands larrons, tant de gibets, de questions, que cela leur fit peur ; » mais ce n'est là, bien entendu, qu'une fiction inspirée par le souvenir récent des grandes exécutions de financiers faites sous François Ier, ou de la potence que parfois on dressait en face de la montée. Ce péristyle joignait le second bâtiment, élevé en pignon sur la cour du Palais, beaucoup plus haut de combles que le précédent, et éclairé par trois immenses corps de fenêtres dont les clochetons montaient au-dessus du toit, portant alternativement les armes de Louis XII (France et Milan) et celles d'Anne de Bretagne. Depuis le bas de la montée jusqu'à l'encoignure de la rue de Galilée (*alias* Nazareth ou Jérusalem), où une élégante tourelle à pans coupés et en porte-à-faux reliait le bâtiment aux constructions anciennes, toute cette façade était couverte de sculptures allégoriques, fleurs de lis, dauphins couronnés, initiales royales, etc.[5] Dans les intervalles des fenêtres et sur le montant de l'arcade du péristyle, cinq statues représentaient la Tempérance, la Prudence, Louis XII, la Justice et la Force, avec des inscriptions latines.

Distribution intérieure.

Entre le péristyle et le grand bureau[6], nous trouvons : 1° une antichambre, où stationnent d'ordinaire les solliciteurs et qui sert de salle d'attente pour les auditeurs, les comptables et les contrôleurs, le jour de leur réception ; 2° une autre salle d'attente, réservée aux maîtres, correcteurs et trésoriers de France, par laquelle on monte à l'étage supérieur de la Cour des monnaies, et où les magistrats ont longtemps serré leurs manteaux et bonnets ; 3° une galerie garnie d'armoires pour les procureurs et huissiers : c'est là que

---

1. *Plumitif*, 2 mars et 4 août 1600, 17 mars 1601, 20 octobre 1610, 16 mars 1612, 15 et 19 novembre 1613, 29 janvier et 14 juillet 1614, etc. Les travaux étaient dirigés par Jean Fontaine et Nicolas le Peuple, maîtres des œuvres des bâtiments du roi, sous la surveillance des commissaires de la Chambre.

2. Voyez, au Cabinet des Estampes, le portefeuille de la Topographie de Paris, n° I, 1. Outre les principales gravures et lithographies, on y trouve des lavis de la façade exécutés, vers la fin du dix-septième siècle, par Boudan, pour la collection de Gaignières, et un projet d'agrandissement qui peut provenir de l'architecte Robert de Cotte. Trois des planches de Gaignières ont été gravées dans l'*Histoire du Palais de justice* de Sauvan et Schmit. Les *Arts au moyen-âge* ont reproduit également un tableau peint, en 1705, par Martin, le rival de Van-der-Meulen, et conservé aujourd'hui au musée de Versailles ; mais cette vue, comme celles de Silvestre, tient un peu de la fantaisie.

3. Rabelais, édit. le Duchat, t. II, p. 222.

4. Il y avait beaucoup d'analogie entre cet escalier et celui que Louis XII fit également commencer par Fra Giocondo à la Sainte-Chapelle, et pour lequel le P.P. Jean Nicolay fut chargé, en 1521, de fournir des fonds de débets au trésorier des bâtiments. (*Journal* V, fol. 192, 16 avril 1521.) M. Lassus en a fait graver des fragments pour l'album de la *Sainte-Chapelle de Paris*, dont la notice historique a été écrite par M. le baron de Guilhermy.

5. Un des dauphins qui ornaient la tourelle a été recueilli dans les travaux du Palais de Justice et transporté au musée de Cluny. (*Catalogue*, p. 27, n° 66.)

6. Il n'y a pas de plan d'ensemble de l'intérieur du bâtiment ; mais on peut se guider sur le plan partiel gravé en tête de l'Armorial de Ménard (1717) et sur les planches du Terrier de Paris fait au commencement du même siècle. La description est assez bonne d'ailleurs dans le *Traicté* de Cl. de Beaune et dans les mss. analogues.

NOTICE PRÉLIMINAIRE.

le premier huissier tient la feuille de présence et que les grands seigneurs et dames viennent poursuivre leurs affaires, ou les présidents attendre leur réception.

Le grand bureau occupait toute la profondeur du bâtiment et était éclairé, d'un côté sur la cour du Palais, de l'autre sur la cour intérieure de la Chambre, par quatre hautes fenêtres à vitraux armoriés. La miniature du *Protocole*[1] reproduite en tête de nos Pièces justificatives donne très-fidèlement l'aspect intérieur de cette salle principale : le carrelage de marbre et de pierre de liais[2], la tenture de tapisserie fleurdelisée et les lambris ornés de peintures[3]; la table longue couverte d'un tapis vert, sur laquelle devaient toujours se trouver, outre le *Livre ferré*, un coffret de velours rouge contenant l'exemplaire des Évangiles pour prêter les serments, une autre layette où le P.P. enfermait les bordereaux des comptes, plusieurs livres de droit pour « donner la loi » aux officiers de robe longue, ou les recueils d'ordonnances et de coutumes, puis encore des écritoires et, plus anciennement, les jetoirs à calculer. Cette table, ou plutôt ce « bureau, » celui que Rabelais dit être « grand et beau, fait du *bois de la croix*, » est entouré de bancs, qui plus tard seront doublés, quand le nombre des maîtres se décuplera. En haut, tournant le dos à la cour du Palais, s'asseoient les présidents; à la droite du P.P., du côté de l'horloge qui a été substituée au sablier, les maîtres clercs; du côté de la cheminée et au « banc bas, » les maîtres lais. Aux environs de la cheminée, le banc des présidents est protégé par une « barre, » où se font les comparutions. A la droite du P.P., il y a encore une chaire pour les gens du roi et un pupitre recouvert d'un tapis vert pour le greffier et le commis au Plumitif, qui sont séparés du bureau par le tabouret du premier huissier. Les trésoriers de France prennent place sur le banc bas, en face des présidents[4]; les conseillers des Monnaies, sur un autre banc placé le long de la fenêtre, au-dessous des présidents; les correcteurs, au banc bas, du côté de la cheminée; quant aux auditeurs, nous avons vu quand et comment on leur assigna un petit banc placé derrière le P.P., du côté de l'horloge et joignant les greffiers[5].

Sur la tenture fleurdelisée se détache un tableau de crucifix du quinzième siècle, à peu près pareil à celui de la grand'chambre du parlement et de toutes les salles d'audience : on y distingue Jésus en croix, accompagné à droite de la Vierge, saint Denis et saint Charlemagne; à gauche, de la Madeleine, saint Éloi et saint Louis[6]. Ce fut, je crois, au-dessus de la cheminée que l'on plaça, en 1619, le portrait de Louis XIII commandé au peintre lorrain, Georges Lallemand, le maître du Poussin et de Philippe de Champaigne[7]. Thibaud Poissant encadra plus tard la toile dans un manteau de menuiserie soutenu par deux figures de bois de six pieds de haut, représentant la Justice et la Force[8]; mais le tableau fut changé en 1652, sans doute contre l'effigie du nouveau roi[9]. Sur une des parois de la salle figuraient jadis le calendrier et une copie fort ancienne de la même ordonnance du 31 juillet 1338 qui était transcrite en tête du *Livre ferré*[10].

Le grand bureau.

---

1. Voy. plus haut, p. xvi. Cf. la miniature beaucoup moins importante que j'ai signalée p. xc, note 3, d'après un ms. analogue aux *Protocoles* ou au *Livre ferré*.
2. *Plumitif*, 16 septembre 1693.
3. Cette ornementation et la tapisserie furent renouvelées une première fois sous la régence de Marie de Médicis, « sans toutefois aucun enrichissement d'or et d'argent aux fleurs de lis et bordures. » En 1729, les tapisseries, siéges et tapis étaient dans un tel état de vétusté, qu'on put à peine en employer les débris pour remplacer la garniture du second bureau; mais il ne fallut pas moins que les sollicitations instantes du P.P. et du conseiller maître d'Hozier, alors commis aux menues nécessités, pour obtenir un nouvel ameublement du cardinal de Fleury et du contrôleur général des finances. (*Plumitif*, 29 janvier 1614, 7 avril 1622, 16 septembre et 7 novembre 1729.)
4. N°s 86, note, et 95. *Mémoires sur les priviléges des trésoriers de France* (1745), p. 57.
5. Voy. plus haut, p. LXXII.
6. Voyez, sur ces crucifix, la Roche-Flavin, *les Treize livres des parlemens de France*, p. 303; Taillandier, *Mémoires sur les antiquités nationales*, t. XVII, p. 181 et suiv.; Boutaric, *Mém. de la Société des Antiquaires*, t. XXVII, p. 32 et suiv.
7. La Chambre ordonna de passer marché le 19 décembre 1618, et stipula qu'on déduirait sur le prix les 10 écus d'épices de la naturalisation du peintre, enregistrée le 3 septembre précédent.
8. *Plumitif*, 15 mai 1646. « Ce jour, la Chambre a arrêté qu'il sera fait un manteau de menuiserie à la cheminée du grand bureau, suivant le dessin représenté avec le tableau, pour le cadre d'icelle. » Le mémoire de Guillet de Saint-Georges, ap. *Mém. inédits de l'Académie de peinture et sculpture*, t. Ier, p. 320, dit que Poissant avait été présenté par le conseiller maître Goret de Saint-Martin, pour qui il avait fait des bas-reliefs dans son hôtel.
9. *Plumitif*, 23 janvier 1652. « Ce jour, la Chambre a ordonné que le tableau qui avoit été mis au-dessus de la cheminée du grand bureau sera baillé à M. de Guénegaud, conseiller maître, pour 20 louis d'or, qui seront payés aux menues nécessités. »
10. En suite d'une reproduction de cette ordonnance,

CIV   CHAMBRE DES COMPTES.

Selon Germain Brice[1], on conservait dans une autre salle des portraits originaux de princes et princesses du sang royal, depuis Charles V ; là aussi devait se trouver ce tableau allégorique de la Justice, entourée de génies et d'attributs et accompagnée d'une perspective de la grande galerie du Louvre, que l'abbesse de Maubuisson, tante du Régent, avait peint en témoignage de gratitude pour un enregistrement, et qui, après avoir échappé au désastre de 1737 ou aux proscriptions de 1792, a péri en 1871, dans l'incendie de la Cour des comptes[2].

Bureaux et chambres.   Le second bureau, situé à l'angle du bâtiment et en retour sur la rue de Galilée, est trop rarement cité dans les registres, pour qu'on en puisse rétablir la description. Outre le « bureau » carré, il y avait une table ronde sur laquelle les commissaires spéciaux faisaient la distribution des comptes. La salle de la Correction avait pour ornements une tenture à fleurs de lis, payée par Catherine de Médicis sur les restes qui servaient à ses constructions[3], et un Christ à la Madeleine de Bourdon[4]. Les auditeurs occupaient, soit en haut, soit en bas, sept chambres, dont les dénominations ont été déjà données[5], toutes encombrées de bureaux, de liasses, de coffres ou d'armoires pour les registres; plusieurs d'entre elles, placées dans un rez-de-chaussée humide, étaient presque régulièrement inondées par les eaux de la Seine.

Le parquet des gens du roi avait une chambre pour l'avocat et le procureur général, une autre pour les clercs, et un cabinet attenant. Les huissiers habitaient une salle à la portée de ces différents « départements, » pour répondre à l'appel des clochettes. Quant aux procureurs, ils se retiraient ordinairement dans une galerie située sous le second bureau, à côté de la chambre de Languedoc, et ils y avaient des bancs et des armoires pour serrer les comptes dont ils étaient chargés; c'était là qu'on les convoquait pour entendre la lecture des arrêtés de la Compagnie et qu'on affichait le texte des règlements. Cette galerie servait aussi de salle d'attente pour les comptables et gens étrangers à la Chambre.

Dans le corps de logis du nord attenant au Bailliage et qui fut reconstruit sous Louis XIII[6], étaient le greffe et ses annexes, plusieurs salles attribuées aux dépôts des auditeurs et du garde des livres ou au service de la recette des épices, les buvettes, la chambre du Trésor et quelques pièces secondaires, espèces de soupentes où l'on abandonnait les titres à la destruction; la chambre dite *de la Commission*, où se réunissaient les commissaires nommés par le roi ou la Chambre, mais que sa position au rez-de-chaussée rendait fort incommode ; et enfin, la chambre du Conseil, située au premier étage, au-dessous du local que la Cour des monnaies occupa jusqu'en 1686 et qui alors partagé entre le dépôt du Greffe et celui du Garde des livres[7]. On a dit ailleurs que la chambre du Conseil servait aux commissions mixtes créées exceptionnellement pour les cas de révision et les procès criminels intentés contre les financiers, ou aux séances des Chambres de justice que leur importance ne forçait pas de transférer à la Tour carrée ou à l'Arsenal[8]. On y voit aussi un Conseil mi-parti des deux Cours souveraines recevoir pour le roi le serment des échevins élus à l'hôtel de ville[9]. Plus ordinairement, les princes ou grands seigneurs envoyés en créance y attendaient que la Chambre fût prête à les recevoir. On y entrait par la seconde antichambre, et c'était la seule des salles d'audience qui eût son entrée particulière, non commandée par le grand bureau, pour montrer qu'elle était

---

relative à la présentation des comptes et à la prestation des serments, P. Amer, dans son manuel (ms. Fr. 10988, fol. 177 verso), ajoute : « Copie du tableau ancien, mis et atachié par moy à ung clou où il souloit estre en la Chambre des comptes, devant le grant bureau, lez le kalendrier, avant que le tapiz y feust. Et à présent est couvert dudict tapiz, pour le garder de froit, etc.; le lundi 2ᵐᵉ mars 1477. »
1. *Description de Paris*, t. II, p. 266.
2. Il était placé dans la salle des séances de la 1ʳᵉ chambre et portait cette inscription : « La princesse Louyse palatine a dessigné, peint et donné ce tableau. » (Communication de M. le baron de Guilhermy.)
3. Lettres du 7 juin 1584.
4. Thièry, *Guide des amateurs et des étrangers voyageurs*

à Paris, t. II, p. 33. Cf. ms. Fr. 4273, p. 629.
5. Voy. plus haut, p. LXXI, note 10.
6. *Plumitif*, 19 août 1608 et 30 septembre 1621.
7. *Journal*, 22 octobre 1533; *Plumitif*, 15 février 1586, 4 mars, 5 et 23 juillet 1687, 9 juillet 1688. Voy. le *Mercure galant*, oct. 1686, p. 182 et 183; Ménard, *la Chambre des comptes de Paris*, et l'arrêt du Conseil du 30 septembre 1686 (Arch. Nat., E 560). C'est évidemment à ce changement d'occupants que se rapporte le projet d'unification des deux combles conservé au cabinet des Estampes.
8. Dans les grandes occasions, comme en 1602, pour la poursuite des financiers, ou en 1661, pour le procès de Foucquet, on faisait des aménagements provisoires.
9. Procès-verbaux imprimés dans le *Cérémonial françois*, t. II, p. 684 et suiv.

NOTICE PRÉLIMINAIRE.

ouverte à tous les commissaires du roi; mais le P.P. en gardait les clefs, et personne ne pouvait y pénétrer sans qu'il apparût d'une commission en bonne forme[1].

Le corps de logis que je viens de décrire était en communication, par le mur mitoyen, avec l'hôtel du Bailliage, et de là avec le Palais même[2]. On louait quelques pièces aux premiers présidents du parlement, qui avaient remplacé les baillis dans leur habitation, et qui d'ailleurs gênèrent beaucoup les chambres du Trésor, de Languedoc et de Champagne par la construction d'un nouvel hôtel adossé à la cour de la Chambre des comptes[3].

Si j'ajoute que le rez-de-chaussée intérieur, indépendamment des pièces affectées aux auditeurs, était occupé par le premier huissier, à côté duquel on fit place plus tard au receveur des épices; que leur logement donnait sur une petite cour, agrémentée d'un jardinet; qu'il y avait un puits dans l'autre cour, et que l'on prenait en outre deux concessions d'eau, de quatre lignes chacune, sur le regard de la cour du Palais[4], j'aurai à peu près complété la description des bâtiments dont la plus grande partie disparut, au dix-huitième siècle, dans un incendie non moins funeste pour les beaux-arts que pour l'érudition.

Deux fois déjà, le feu avait atteint l'hôtel des comptes. En 1450, dans la chambre de France, la plus importante de celles qu'occupaient les auditeurs, il avait détruit, avec beaucoup de comptes et d'acquits, un certain nombre de registres précieux, parmi lesquels un des exemplaires du *Livre des Métiers*[5]. En 1618 et en 1630, on avait échappé aux désastres du Palais et de la Sainte-Chapelle[6]; l'incendie du 3 mars 1682, dans le second bureau, n'avait pas eu de gravité, aucun papier n'ayant été brûlé, grâce au soin pris immédiatement de jeter par les fenêtres les comptes qui remplissaient le galetas supérieur[7]. Tout au contraire, celui de 1737 occasionna des pertes immenses, irréparables.

Incendie de 1737.

Dans la nuit du samedi 26 octobre au dimanche 27, entre deux et trois heures du matin, on aperçut les flammes sortant du pavillon de la Chambre qui faisait face à la Sainte-Chapelle. Tout était désert dans l'enclos du Palais, fermé et abandonné par les magistrats, à l'occasion de la Saint-Simon et de la Toussaint, qui leur donnaient une semaine de congé; les gens des comptes, comme ceux du parlement, étaient presque tous partis pour la campagne, après la séance du samedi matin. Lorsque M. Hérault, lieutenant général de police, arriva avec le guet, les pompiers et les religieux mendiants, puis le prévôt des marchands, M. Turgot, et les gardes françaises et suisses, toute la partie nord-est des bâtiments et une moitié de la façade ne formaient plus qu'un vaste foyer, d'où un vent violent transportait des nuages de titres et de papiers calcinés jusqu'au Palais-Royal et dans la rue Montmartre. La foule accourue aux abords de la Cité se rappelait l'horrible désastre du mois d'août précédent, une partie de l'Hôtel-Dieu détruite, les enfants nouveaux-nés étouffés par la fumée, des religieuses, des moines, des soldats, des femmes en couches, des malades, écrasés sous les décombres[8]. L'épouvante, le désordre retardèrent l'organisation des secours, et, lorsque M. Hérault vit le feu maître du corps de logis où il trouvait d'abondants aliments dans les vieilles charpentes de bois de châtaignier et les boiseries ou les parquets, il ordonna qu'on se bornât à préserver,

---

1. N**os** 117 et 214. — Je ne sais où se trouvait une « chambre de la Reine, » dans laquelle s'installèrent les commissaires ligueurs de 1589 (n° 238).
2. *Journal*, 5 décembre 1556. Ordre au maître des œuvres de « parachever les planchers et établissement du corps d'hôtel qui se font pour la maison du Roi, au dedans du Palais, pour venir à la Chambre des comptes. »
3. *Plumitif*, 13 novembre 1617, 22 décembre 1707 et 26 novembre 1712. Le jardin du Roi, dont il est plusieurs fois question dans les registres (*Journal*, 3 octobre 1565 et 29 juillet 1569), était le jardin du Bailliage. Voy. Labat, *Recherches historiques sur l'Hôtel de la Présidence*.
4. Arch. Nat., H 1802 et 1803, fol. 302 verso. On se servit de la seconde concession pour alimenter un réservoir contre l'incendie, construit en 1621. Il y avait d'ailleurs des seaux de cuir entretenus à la même intention. Beaucoup plus tard, M. de Sartine s'entendit avec le P.P. Nicolay pour placer dans une dépendance de la Chambre la pompe à incendie qui était remisée chez le premier président du parlement. (*Arch. Nicolay*, 48 L 80.)
5. Manuel de P. Amer, ms. Fr. 10988, fol. 127 verso. Cf. la déclaration royale de 1465, ap. *Mémorial* M, fol. 226.
6. Voy. plus haut, p. xxvii et xxxix, et, sur l'incendie de 1618, la notice de M. Grün, en tête du tome I**er** des *Actes du parlement*, p. ccxlviii et suiv.
7. *Plumitif* et *Cérémonial*.
8. Ç'avait été une occasion pour le public d'exprimer le vœu que cet établissement fût transporté au-dessous de Paris, dans l'île aux Cygnes. (*Journal de l'avocat Barbier*, t. IV, p. 160; *Mercure*, année 1737, p. 2095.)

CVI   CHAMBRE DES COMPTES.

à l'aide des deux tiers des pompes, les bâtiments mitoyens, ceux de l'hôtel du premier président du parlement, où le feu, disait-on, avait pris naissance [1]. Ils furent sauvés par l'écroulement de l'édifice de la Chambre, où quelques soldats, moines et travailleurs furent blessés ou écrasés [2]. Trois greffes, plusieurs dépôts ou cabinets du garde des livres, deux dépôts des auditeurs, la chambre des Terriers, celles du Conseil et des procureurs, les antichambres et enfin le grand bureau presque entier étaient détruits; de toute la façade due à la munificence de Louis XII, de toutes ses merveilles de sculpture et d'architecture, il ne restait plus que des ruines. Si le feu eût gagné l'encoignure de la tourelle et les bâtiments annexes, où le dépôt de bois renfermait quatre cents voies et deux mille fagots, un pareil brasier eût défié tous les efforts des travailleurs; mais, grâce à la proximité de la rivière, qui fournissait des torrents d'eau, on parvint à circonscrire les flammes, et alors, mais bien tard, il fut possible de songer aux dépôts et aux papiers de la Chambre. Les magistrats, restés en ville ou prévenus à la campagne, étaient accourus en grand nombre, ayant à leur tête le P.P. Aymard-Jean Nicolay, qui, très-jeune encore, venait de quitter l'épée pour la robe et son régiment de dragons pour la charge primitivement dévolue à un frère aîné [3]. Tout le monde admirait son activité, son zèle infatigable, « son amour héréditaire dans sa maison pour le bien public et particulier. » Pendant trois nuits et deux jours, il anima par son exemple tout le personnel de la Chambre [4]. Parmi les plus empressés à le seconder étaient le greffier-plumitif, le premier huissier, le garde des livres, les secrétaires du P.P. et ceux du procureur général; on remarqua aussi une quinzaine de procureurs et une douzaine de clercs [5]. Mais que pouvaient ces efforts contre les flammes qui avaient tout d'abord attaqué les dépôts les plus précieux? Les titres ou les volumes qui n'étaient pas déjà détruits se trouvèrent gâtés par l'eau et la boue ou recroquevillés par l'effet de la chaleur. Ce qui parut susceptible d'être conservé, le P.P. le fit transporter à la place Royale, devant les fenêtres de son hôtel; on exposa à l'air ces débris, sous des tentes ou des bannes que la ville fournit généreusement. Les liasses moins maltraitées furent évacuées, en partie sur les Jacobins de la rue Saint-Jacques, où la Chambre avait déjà un dépôt annexe, en partie au couvent des Grands-Augustins, et même sur les bords de la rivière.

Construction du nouvel hôtel.

Le feu enfin éteint, il fallut pourvoir aux besoins les plus urgents. Le second bureau, seul sauvé, ne pouvait suffire pour les séances [6]; M. Nicolay demanda au cardinal de Fleury la portion du couvent des Grands-Augustins où avaient lieu ordinairement les assemblées générales du clergé. Mais les prélats ou les agents firent une vive résistance [7], de peur que le provisoire ne se prolongeât jusqu'à la prochaine session, et il fallut un ordre formel du roi pour faire livrer la grande salle et les cinq pièces qui servaient de bureaux. En attendant les appropriations, la Chambre vaqua du 5 au 25 février.

Le premier architecte du roi, Gabriel, chargé de la reconstruction des bâtiments incendiés, dressa, avec l'assentiment du contrôleur général Orry et du P.P., un plan « conforme à la dignité de la Chambre

---

1. Brice (*Description de Paris*, t. IV, p. 322) parle d'une cheminée de cet hôtel adossée à la Chambre. L'avocat Barbier, bien informé par ses relations directes avec les Nicolay, fait observer que, si le feu eût commencé, soit dans l'appartement du premier président le Peletier, soit dans ses cuisines ou ses écuries, il y eût tout consumé avant d'embraser le bâtiment voisin. Ne faut-il pas plutôt croire que les garçons de la buvette des comptes avaient mal éteint le feu allumé, en raison du grand froid, dans une des salles d'assemblée? Le rapport officiel (n° 796) dit seulement que le feu prit par le bâtiment « tenant d'un côté au grand escalier, et de l'autre à la maison du Bailliage, ayant vue d'une part sur la cour du Puits, et de l'autre sur la cour et jardin du premier huissier. »

2. Il y eut un singulier incident. Deux cadavres ayant été retirés des ruines, l'un d'eux fut reconnu par un limonadier et sa femme pour être le corps de leur fils, Louis-Nicolas Racine, et les commissaires de la Chambre avaient déjà fait inscrire en conséquence l'acte mortuaire sur les registres paroissiaux de Saint-Barthélemy, lorsque les parents revinrent annoncer que leur fils était vivant et qu'il fallait d'urgence rectifier cette inscription prématurée. Il s'ensuivit une information judiciaire, où le procureur général se porta plaignant contre les parents; mais ceux-ci furent renvoyés des fins de la plainte, on leur donna acte de leur rétractation, et il fut prononcé que le nom de leur fils serait rayé des registres, « à ce faire les dépositaires desdits registres contraints par toutes voies dues et raisonnables. » (*Plumitif*, 31 janvier 1738.)

3. Son père, le P.P. honoraire, était mort quelques jours auparavant.

4. N° 795. Cf. le *Journal de Barbier*, t. II, p. 170 et suiv., et Morand, *Hist. de la Sainte-Chapelle*, p. 305. J'ai en vain cherché l'article qui dut paraître dans le *Mercure*.

5. N° 796. *Plumitif*, passim.

6. On s'y réunit un instant le lundi 4 novembre, pour s'ajourner à la semaine suivante. (*Plumitif*.)

7. N° 797.

NOTICE PRÉLIMINAIRE.

et aux besoins du service. » Quoique l'on ne dût pas rester plus de deux ans aux Augustins, les travaux, dirigés par Aubry et Carpentier, ne furent terminés qu'en 1740 ; la Chambre prit possession de son nouvel hôtel le 3 mai, sans aucune cérémonie particulière[1].

Cette construction[2] occupait à peu près l'emplacement de l'ancienne ; mais on ne conserva de celle-ci que les fondations et les caves qui correspondaient aux chambres de France et d'Anjou, une partie des murs du quinzième siècle qui bordaient la rue de Galilée jusqu'à l'Arcade, et enfin l'Arcade elle-même et le pavillon Henri II, qui n'avait pas été atteint et où il suffit de réparer les murs du côté de la rivière et de remplacer le comble par un toit mansardé.

La façade sur la cour du Palais eut vingt-quatre toises de longueur, sur huit et demie environ de profondeur. Elle n'avait rien de remarquable, et son unique ornement était un portail monumental de vingt-un pieds et demi de largeur sur vingt-deux de haut, encadré entre deux couples de colonnes d'ordre dorique, avec une corniche et un tympan destiné à recevoir la plaque à inscription de marbre noir, soutenue par deux enfants. Au-dessus des corps de colonnes, Adam l'aîné[3] sculpta deux figures assises, de grandeur naturelle, représentant la Justice et la Prudence, en réminiscence des quatre Vertus et du Louis XII qui ornaient l'ancien bâtiment. La croisée de l'avant-corps se couronna d'une corniche aux armes de France, avec colliers, trophées, etc., et chacune des huit fenêtres du rez-de-chaussée fut ornée d'une tête sur cartouche.

Ce rez-de-chaussée, traversé par la voûte du portail, était tout entier voûté et destiné aux dépôts des comptes, y compris les deux ailes latérales et la galerie à arcades qui ferma la cour du côté de l'hôtel de la Première Présidence. A droite de l'entrée se déployait un grand escalier monumental, où l'on put utiliser une partie des marches de la « montée » de Fra Giocondo.

Le premier étage, où s'arrêtait l'escalier, fut partagé entre la salle des procureurs, le grand bureau, le second bureau, le cabinet du Conseil, celui du P.P. et une antichambre, le tout sur la façade ; dans l'aile de droite, le greffe, et dans celle de gauche, le parquet, prenant vue sur la rue de Galilée. Le second étage, bâti en attique, était réservé pour les chambres des auditeurs, celles de la Correction, la Commission et divers logements d'officiers.

La boiserie du grand bureau fut ornée de quatre colonnes cannelées, d'ordre ionique ; le pavé était en pierre de liais et pierre de Caen, et la cheminée, de marbre de Rance, fut surmontée d'un ouvrage de menuiserie sculptée entourant le portrait du roi. Quant à la table même, ou, comme disent les devis, au « grand bureau, » il fut fait « avec bâtis de bois de grosseur convenable pour porter le dessus, revêtu extérieurement de pilastres, entre des vides pour avancer les genoux, garnis de tiroirs autant qu'il étoit nécessaire ; le plancher sous les pieds, renfermé dans le carreau de liais ; siège de M. le P.P. et autres des deux côtés pour MM. les présidens ; le tout des mêmes mesures et façons qu'étoit l'ancien, qui a été détruit à l'incendie. » Outre le portrait du roi, on acheta deux tentures de tapisserie, et l'on remit la vieille horloge, qui, malgré son état de vétusté, ne céda la place qu'en 1766 à une œuvre magnifique exécutée par Berthoud, sous la direction du conseiller maître Cassini de Thury[4]. Quant au second bureau, il

---

1. Nos 799 et 805. Voy. *Plumitif*, passim, et *Arch. Nicolay*, 49 L 18, 19 et 111, 72 L 249.
2. Voyez les devis d'adjudication des travaux imprimés par les soins de la Surintendance des bâtiments et réunis en un volume qui est aujourd'hui classé dans les papiers de la Surintendance, Arch. Nationales, O¹ 1693.
Cette construction donna lieu, plus tard, à un curieux débat. Lorsque, en 1776, le Palais lui-même eut été brûlé, puis rebâti au moyen de la levée de 6 deniers par livre du principal de la capitation sur tous les contribuables du ressort du parlement de Paris, la Chambre, sous prétexte qu'on ne l'avait pas aidée à se relever de ses ruines, prétendit être dispensée de cette taxe ; mais on lui prouva que, si le parlement n'était pas justiciable des gens des comptes, en revanche ceux-ci relevaient du parlement tout aussi bien que les magistrats des autres Cours, qui n'avaient pas refusé de payer. (*Arch. Nicolay*, 70 L 417, lettre de M. Necker au P.P., 2 juin 1780.)
3. D'Argenville, qui était auditeur des comptes, dit, dans son *Voyage pittoresque de Paris*, 3ᵉ édition, p. 28, que ces statues étaient d'Adam le cadet. Chaque figure fut payée 626 livres à l'entrepreneur.
4. *Plumitif*, 27 janvier 1740, et *Journal*, 1ᵉʳ juillet 1767. Le prix de cette pendule, avec la boîte, les attributs et la grille qui l'entourait, dépassa 3,000 livres, et fut payé sur la bourse commune des présidents et maîtres.

CVIII   *CHAMBRE DES COMPTES.*

reçut un antique lambris fleurdelisé sauvé des flammes. L'académicien Dumont *le Romain* peignit trois crucifix pour les deux bureaux et la chambre du Conseil [1].

Les architectes prirent un soin tout particulier des pièces des étages supérieurs, voûtées comme celles du bas et également destinées aux dépôts du Greffe, des Fiefs et des Terriers.

On sait que ce nouvel hôtel, sous la Révolution, fut occupé par le Bureau de comptabilité, et que, plus tard, il fut attribué à la Cour des comptes, qui y siégea jusqu'en 1842. Lorsque le tribunal suprême des finances se transporta dans le palais du quai d'Orsay [2], il eut pour successeur le préfet de police, qui appropria à son usage les vastes salles du premier étage, sans cependant altérer absolument leur aspect primitif. En mars 1871, on pouvait encore y retrouver les principales dispositions du devis de 1738; mais, deux mois plus tard, l'insurrection de la Commune ne laissait que des ruines fumantes, et aujourd'hui, c'est un emplacement désert, sur lequel deux débris encore debout, le portail d'Adam et l'Arcade construite sous Henri II, rappellent aux rares visiteurs qui n'ont pas oublié leur vieux Paris, la Chambre des comptes du seizième siècle et celle du dix-huitième.

Dépôts de la Chambre.

Il a déjà été plus d'une fois question des dépôts où la Chambre gardait ses archives ; il y en avait quatre, distincts les uns des autres : le premier, celui du Greffe, était réservé aux registres et autres documents personnels à la Compagnie ; les trois autres, ceux des Fiefs, des Terriers et du Garde des livres, renfermaient les pièces domaniales ou financières reçues par les gens des comptes. Mais des siècles se passèrent avant que cette répartition fût bien régularisée, et il y eut jusque-là autant de négligence dans le classement que dans la conservation.

Dépôt du Greffe.

Dès le temps de Philippe le Bel, les *Olim* [3] constatent l'existence des registres de la Chambre et de ses archives : c'était là que l'on conservait les fameuses tablettes de cire de Florence, sur lesquelles le clerc Jean de Saint-Just, en qualité de trésorier de l'hôtel, avait inscrit les dépenses de la maison du roi. Bientôt, et à mesure que les différents corps dépositaires de l'autorité souveraine se développaient, chacun d'eux s'enrichit personnellement aux dépens du Trésor des chartes; la Chambre était au premier rang pour profiter des occasions favorables, elle ne se montra même pas très-discrète, mais le dépôt du Greffe ne fut longtemps qu'un « coffre commun, en la chambre du Conseil, » qui renfermait les Mémoriaux, les Chartes, un inventaire des documents dispersés dans les six chambres des auditeurs, et rien de plus [4]. Trois siècles plus tard, on y trouvait, outre les originaux des arrêts et des bordereaux de comptes, les procès-verbaux de scellés et autres de tout genre, les productions sur instance, les cahiers de frais, les informations sur lettres de provision, de don, de naturalisation, d'amortissement, etc., les douze séries de Mémoriaux, Plumitifs, Chartes, Journaux, Arrêts, Cautions, Créances, Cérémonial, Défauts et présentations de congés, Contrôles, Amendes et Avis de finances, un répertoire de toutes sortes d'arrêts et un « registre secret où s'écrivaient quelques arrêts secrets qui n'étaient communiqués ordinairement à personne [5]. » C'est également dans ce dépôt que certaines administrations, comme celle des ponts et chaussées, faisaient des versements réguliers [6], et les familles nobles pouvaient y déposer leurs titres et s'en faire délivrer des expéditions [7]. Outre les registres et les liasses désignées plus haut, le dépôt du Greffe garda longtemps un certain nombre de cartulaires ou de volumes d'une haute antiquité ; mais la plupart passèrent, sous Louis XIV, dans le dépôt des Fiefs ou dans celui des Terriers [8]. On y voyait figurée sur le tableau appelé *Genuit* la

---

1. Thiéry, *Guide des amateurs*, t. II, p. 32.
2. Voy. les plans conservés aux Arch. Nat., *Seine*, 3ᵉ classe, n° 1074.
3. T. II, p. 615 et 637.
4. Ordonnance du 3 avril 1388, art. 5. Cf. le *Mémoire* de 1787, p. 252 et 253.
5. Voy. ci-dessus, p. VIII et suiv., et le ms. Fr. 4273, p. 631 et 632. *Plumitif*, 9 juillet 1688.
6. L'ingénieur Perronet avait l'habitude de remettre chaque année l'état des plans et mémoires entrés dans son dépôt. Chaque versement était d'une quarantaine de volumes. Voy. le *Journal*; 11 mai 1790.
7. Sous Louis XVI, le duc de Grammont-Caderousse déposa ses titres et obtint qu'un conseiller maître fût chargé de collationner et d'authentiquer les copies sur les originaux conservés à la Bibliothèque du Roi. (*Plumitif*, 22 juin 1782. Cf. 19 janvier 1774, 12 juillet 1779, etc.)
8. Il suffira de signaler les trois cartulaires de Cham-

NOTICE PRÉLIMINAIRE.

filiation de tous les officiers et la date de leur réception, depuis 1296 et 1300[1]. Là encore reposèrent longtemps ces poinçons et caractères grecs de Robert Estienne dont les aventures sont bien connues dans les annales de la typographie[2].

Le dépôt était placé, à côté et au-dessus du greffe, dans le corps de logis contigu à l'hôtel du premier président du parlement et reconstruit sous Louis XIII. Bien que tenu avec soin et moins sujet à l'encombrement que les autres chartriers, il souffrait quelquefois de l'indiscrétion des visiteurs, de la dent des rongeurs ou de l'intempérie des saisons. A chaque changement de greffier, deux conseillers maîtres étaient chargés de faire un récolement minutieux, et, au besoin, de contraindre l'officier sortant à restituer, réparer ou rétablir les articles manquants ou endommagés[3]. Néanmoins il est certain que des registres d'une haute importance avaient déjà disparu lorsque l'incendie du 27 octobre 1737 détruisit presque entièrement le dépôt. Dans la reconstruction de l'hôtel, on donna au greffe quatre pièces et une salle voûtée, au bout de la galerie, à côté de celle du Garde des livres. Les registres les plus précieux, c'est-à-dire les Mémoriaux, Journaux, Plumitifs, etc., restèrent encore une trentaine d'années à découvert, sur des tablettes; ce fut seulement de 1767 à 1771 que MM. Cassini et le Marié d'Aubigny les installèrent dans des armoires en chêne, et classèrent les minutes nouvelles dans des boîtes en forme de livres in-folio[4].

Pour éviter, autant que possible, une seconde destruction, on fit faire, à partir de 1737, des transcrits et expéditions des Mémoriaux, Chartes, Arrêts et Journaux, et des doubles du Plumitif, authentiqués par les greffiers et séparés des originaux[5].

Tout ce dépôt, lorsque vint la Révolution, eut d'abord l'avantage d'être dédaigné par les commissaires destructeurs; des temps relativement plus calmes étant arrivés, une portion des registres fut recueillie à peu près intacte aux Archives Nationales, mais les doubles et les minutes et liasses disparurent ou furent gardés par le Bureau de comptabilité.

La création du dépôt des Fiefs se fit en 1664. Reconnaissant un grave inconvénient à ce que les actes de foi et hommage, les aveux, les déclarations de temporel, les serments de fidélité et tous les titres concernant les possessions du clergé ou les terres et seigneuries des vassaux du roi fussent dispersés dans les chambres des auditeurs, « en des lieux bas et humides, » où les eaux de la rivière venaient très-souvent les pourrir pendant l'hiver, la Compagnie, par arrêt du 15 mars 1664, ordonna de réunir ces titres en un seul dépôt, dans la chambre d'Anjou, et de les classer, suivant l'ordre des inventaires, dans des armoires, sous la garde de l'ordre des auditeurs, qui déléguerait à cet effet, pour chaque semestre, deux « commissaires et directeurs des fiefs. » Non-seulement ce dépôt s'enrichit, au commencement du siècle suivant, par la centralisation des actes de foi et hommage ou des aveux et dénombrements qui se trouvaient alors aux greffes des juridictions royales du ressort; mais les auditeurs, jaloux à l'excès de leur attribution, n'épar-

Dépôt des Fiefs.

---

pagne, du treizième siècle, si connus sous les dénominations de *Livre chartier des bailliages* (aujourd'hui aux Arch. Nat., KK 1064), de *Liber principum* (celui-ci considéré comme si précieux, que la Chambre, en 1646, fit faire un double, pour ménager l'original), et de *Liber ecclesiasticorum*, dont on possède une copie exécutée au dernier siècle par ordre de la Chambre; puis, un des exemplaires du *Livre des métiers de Paris*, recopié en 1452, pour remplacer l'original détruit dans l'incendie de la chambre de France, et brûlé à son tour en 1737. Plus anciennement le dépôt avait possédé, fort illégalement, deux registres précieux que le Trésor des chartes revendiqua comme siens, le *Registrum Curie*, dont la Chambre ne conserva qu'une copie, et le *Registrum vetus*. Sur ces registres et sur beaucoup d'autres de la même valeur, les inventaires du greffe, les manuels, les répertoires contiennent bien des détails qui ont échappé jusqu'ici aux curieux.

1. Le Chanteur, *Dissertation*, p. 47.

2. En installant le successeur du grand imprimeur royal, au mois de mars 1572, la Chambre lui avait enjoint de faire les démarches nécessaires pour recouvrer ces précieux types, et pour les déposer au greffe. (N° 137.) Ils y restèrent jusqu'au mois de décembre 1683, que l'imprimerie royale les reprit. Toutefois, en 1728, à la suite d'un récolement du dépôt, on retrouva encore quelques poinçons au fond d'une armoire et on les restitua, « estimation préalablement faite. » (*Plumitif*, 10 juin 1728.) Voy. *Notices et extraits des manuscrits de la Bibliothèque du Roi*, t. 1er, p. xxxvi et xci; *Bulletin du protestantisme français*, 4me année, p. 550 et suiv.

3. *Plumitif*, 3 septembre 1686, et *Journal*, 11 février 1694. On a plusieurs inventaires, de 1686 à 1726, dans les pff. PP 98-100 bis.

4. *Plumitif*, 6 août 1767, 19 janvier 1768 et 5 septembre 1771.

5. *Journal*, 15 avril 1771.

gnèrent ni les soins ni les dépenses pour le classement ou la conservation des documents. Personne ne pouvait pénétrer dans le dépôt sans être accompagné d'un des conseillers; les commissaires, à qui les clefs étaient remises solennellement, ne se dessaisissaient d'aucun titre du domaine royal sans l'autorisation du roi, et aucun extrait n'était délivré par eux qu'après arrêt préalable de la Chambre et collation en forme. Toutefois, l'érudition reproche aux auditeurs un fait regrettable : vers 1730, ils eurent la funeste idée de faire relier les aveux en énormes volumes, à peine maniables; comme les sceaux appendus ou apposés aux parchemins gênaient cette opération, on les détacha, et la cire fut livrée à la chancellerie[1]!

La situation du dépôt des Fiefs, à l'opposé du greffe, dans la partie méridionale de l'hôtel, le préserva de l'incendie de 1737. Après la reconstruction, il fut replacé et installé très-soigneusement, presque luxueusement, dans le même corps de logis qui longeait la rue de Galilée et prenait jour d'autre part sur la cour intérieure dite *de la Fontaine* ou *du Puits*[2]. Quand la Révolution vint menacer tout ce qui représentait un régime déchu et proscrit, les auditeurs, restés les derniers sur la brèche, se refusèrent à livrer les clefs de leurs dépôts, dont les portes durent être enfoncées, et c'est certainement à leur protestation énergique du 3 novembre 1791 que l'on doit la conservation de ces monuments féodaux et domaniaux de tous les âges, où la science et les intérêts privés trouvent chaque jour de nouvelles ressources[3].

Dépôt des Terriers.

Ainsi que son nom l'indique, le dépôt des Terriers fut créé pour recevoir les produits de ce travail du papier terrier que tour à tour Foucquet, Colbert et les contrôleurs généraux le Peletier et Pontchartrain poursuivirent durant un demi-siècle, sans jamais arriver à son achèvement. C'était à la Chambre des comptes de Paris que chaque intendant devait envoyer une copie collationnée du terrier de son département, ainsi qu'un double des inventaires que l'on s'occupa, à partir de 1688, d'exécuter d'une façon régulière dans les Chambres de province, les greffes, les bureaux des finances et les autres dépôts publics. Un arrêt du Conseil du 21 août 1691, dû au contrôleur général de Pontchartrain et au chancelier Boucherat, tous deux étroitement liés de souvenirs à la Chambre, créa ce dépôt central, indépendant de celui des Fiefs, et en confia la garde, avec pouvoir de délivrer les expéditions, au procureur général des comptes et à un conseiller-dépositaire, dont la charge fut rachetée par l'ordre des auditeurs. Les premiers versements se firent tout aussitôt : ils se composaient d'un certain nombre de registres ou pièces que Colbert avait très-illégalement enlevés aux sénéchaussées du Languedoc pour en enrichir sa bibliothèque, et de plus de deux cents volumes de papier terrier venant de huit généralités. Puis arrivèrent les états du domaine dressés par les trésoriers de France, les comptes du domaine antérieurs à 1660, les registres des évaluations, les titres conservés dans divers châteaux royaux, et beaucoup de terriers qui, jusque-là, étaient restés entre les mains des greffiers ou du garde des livres[4].

Toutefois, une centralisation aussi considérable ne pouvait être ni facile ni complète, et le *Mémoire d'observations des conseillers auditeurs* imprimé peu après l'avénement de Louis XIV constate que le dépôt n'avait pas reçu alors un quart des terriers et autres documents que les provinces devaient y verser. D'ailleurs, l'emplacement accordé au-dessus du greffe était tellement étroit, que les pièces anciennes ou les liasses apportées de certaines Chambres secondaires formaient par terre deux monceaux confus, tandis que les rouleaux du treizième siècle gisaient pêle-mêle dans un énorme coffre et seize grands sacs. L'auditeur

---

1. Voyez Huillard-Bréholles, notice préliminaire des *Titres de la maison ducale de Bourbon*, p. xv. Cf. la lettre du chancelier Daguesseau (1747), n° 821.

2. Voy., Arch. Nat., PP 90, un curieux volume sur vélin in-folio, dont chaque feuillet représente une des armoires, avec l'indication du classement. On possède aussi, sous la cote PP 95, le registre où s'inscrivaient les versements successifs, précédé d'un aperçu de l'état du dépôt au 10 avril 1745.

3. Voyez plus loin, p. cxxxi. Le dépôt des Fiefs forme actuellement, dans le fonds de la Chambre des comptes, une série de dix-sept cents portefeuilles ou registres, P 1-943. Voy. l'*Inventaire méthodique des Archives*, col. 331-338.

4. Lettres patentes du 17 août 1710. Sur le dernier point, Brussel (*Discours sur le dépôt des Terriers*, p. viii) constate que le greffe ne s'était pas entièrement déchargé des registres qui eussent dû venir aux Terriers, de même que le garde des livres était resté saisi d'une grande quantité d'aveux, dénombrements et déclarations dont la place eût été aux Fiefs.

NOTICE PRÉLIMINAIRE.   CXI

Rousseau, homme instruit et laborieux, mais trop peu soigneux, chargé par Louis XIV de mettre ce dépôt en ordre, n'avait fait qu'un arrangement provisoire, et, quoiqu'on eût dressé en 1717 une table alphabétique [1], il fallut plusieurs mois à Brussel, délégué par ses confrères, pour se rendre compte de la situation ou ramasser les pièces éparses. Ce fut pourtant de ce travail que sortirent les deux volumes publiés en 1727 sous le titre d'*Usage général des fiefs*, où l'on trouve, outre un discours préliminaire sur le dépôt des Terriers, des fragments considérables de ces précieux documents qui allaient bientôt disparaître dans les flammes [2]. Presque tout ce qui avait été amassé depuis 1691 fut brûlé, avec le greffe, en 1737. Mais la reconstitution fut courageusement entreprise [3], la province fournit des appoints très-considérables, et, grâce à la valeur réelle, positive, de ces titres de la propriété foncière et du domaine de l'État, les auditeurs purent soustraire les Terriers, comme les Fiefs, au vandalisme révolutionnaire [4].

En dehors de leur propre accroissement, les trois dépôts dont il vient d'être question s'enrichirent constamment de contingents étrangers, par la suppression successive des Chambres attachées aux apanages. Ce fut ainsi qu'en 1485, ils reçurent les archives de la Chambre des comptes d'Angers [5]; en 1523, celles du duché de Valois [6]; en 1531, les registres, titres et mélanges de la Chambre ducale de Bourbon, supprimée à la suite de la condamnation du connétable [7]; en 1532, les titres du comté de Forez et de la baronnie de Beaujolais, qui relevaient également de la Chambre de Moulins [8]; en 1584, ceux de la Chambre que le duc d'Anjou, frère du roi, avait eue à Tours [9]; en 1589, les comptes et acquits de la Chambre établie au Petit-Nesle pour Catherine de Médicis [10]; en 1594, tout ce qui s'était amassé à Tours pendant les six ou sept années que la Chambre royaliste y avait passées [11]; en 1596, les pièces retrouvées à la Rochelle chez les personnes commises par le roi, quand il n'était que Henri de Navarre, pour examiner les comptes de ses villes de Poitou et de Limousin [12]; en 1646, le Trésor des chartes des Bourbon-Vendôme et des comtes de Saint-Pol et les titres des domaines de Navarre, Dunkerque, Gravelines, etc., conservés jusque-là dans la Chambre des comptes de la Fère [13]; en 1712, le reste des archives de cette même Chambre, dont le ressort s'étendait en Picardie, en Flandres, en Cambrésis [14]; en 1717, les titres du duché de Vendôme, échu au roi à la mort du duc Louis-Joseph [15]; en 1741, ceux de la vicomté de Turenne, acquise du duc de Bouillon, et en 1744, ceux du duché de Châteauroux, revenu à la couronne [16]; en 1754, les titres des domaines de Versailles, Marly et dépendances, qui avaient dû primitivement former un cabinet spécial dans l'hôtel du Gouvernement, à Versailles [17]; en 1772, toutes les pièces de féodalité et de comptabilité qui se trouvaient au parlement de Dombes, supprimé par suite de l'acquisition de la principauté [18].

Vers la même époque, le chancelier de Maupeou ayant détruit la Chambre des comptes de Rouen et rendu

Versements des Chambres supprimées.

---

1. Arch. Nat., P 945.
2. Brussel ne considérait ces deux volumes que comme les préliminaires d'un Dictionnaire général des fiefs, dont il est resté des fragments et un projet, P 1112 et 1176 bis.
3. Dès 1745, on fit faire un nouveau répertoire. Voy. PP 94.
4. Ce dépôt occupe une notable partie de la série P. Voy. l'*Inventaire méthodique des Archives*, col. 337-360.
5. *Inventaire méthodique des Archives*, col. 339. C'est dans ce fonds que M. Lecoy de la Marche vient, tout récemment, de recueillir les précieux matériaux de son livre des *Comptes et Mémoriaux du roi René*, publié pour la Société de l'École des chartes, et qu'il a trouvé la majeure partie des éléments d'une future histoire du même prince. Les titres furent apportés successivement à Paris à partir de 1485. Un premier inventaire fut dressé en 1487, et un second, beaucoup plus détaillé, en 1541.
6. Sur cette Chambre, qui était d'origine très-ancienne, voy. un inventaire des titres de Monsieur, comte de Valois, fait le 8 avril 1328. Bib. Nat., ms. Fr. 5284, fol. 48-58.
7. L'auditeur Jacques Luillier fut envoyé à Moulins pour préparer la translation de ces archives, qui étaient parfaitement organisées; ce fut lui aussi qui présida à leur installation dans le vaste grenier du grand bureau et qui inventoria les titres dont la publication est actuellement poursuivie par l'administration des Archives Nationales.
8. Ils furent mis en la chambre d'Anjou, sur la cour du Palais. Voy. l'inventaire original, Bib. Nat., ms. Fr. 4474.
9. *Plumitif*, 19 janvier et 22 novembre 1584. L'inventaire est aux Arch. Nat., pf. PP 98.
10. *Plumitif*, 11 janvier 1589.
11. Ibid., 30 mars 1594. L'inventaire se trouve dans le pf. PP 98.
12. Ibid., 28 juin 1596.
13. Ibid., 30 octobre 1646. Inventaire dans PP 19 bis et KK 909.
14. Bib. Mazarine, mss. 2547 et 2548. Il existe un registre original de cette Chambre (années 1596 et 1597) à la Bib. Nat., ms. Fr. 18963.
15. *Inventaire méthodique des Archives*, col. 343.
16. *Plumitif*, 7 décembre 1717, 9 janvier et 5 mars 1738. Voy. le t. VIII du Bull. de la Société archéologique du Vendômois.
17. *Plumitif*, 3 septembre 1754. Arch. Nicolay, 66 L 72 et 73.
18. Arch. Nicolay, 72 L 367.

CHAMBRE DES COMPTES.

à celle de Paris son ancien ressort, M. de Moncrif, auditeur, fut chargé du transfert des archives de comptabilité qui formaient quatre dépôts distincts à Rouen, et il y joignit même les titres du duché de Longueville, conservés au bureau des finances. Le travail fut fort long, à cause du désordre où se trouvaient ces archives, et, quand elles arrivèrent à Paris, il fallut chercher des locaux chez les religieux Cordeliers et ressusciter l'ancienne chambre dite « de Normandie. » Mais, la Cour de Rouen ayant été rétablie dès 1775, on dut restituer minutes, registres et papiers, non sans difficultés. Sur les instances de Monsieur, qui avait l'intention de créer une Chambre particulière, on garda à Paris les titres et comptes du duché d'Alençon et du Perche[1]. Ceux du duché de Longueville et du comté de Montgommery ne furent rendus que plus tard[2].

En 1773, la Chambre du domaine de Moulins étant supprimée, on stipula, en enregistrant l'édit qui annonçait l'envoi à Paris d'un inventaire général, que celui-ci serait accompagné des originaux des actes de foi et hommage ou des aveux et dénombrements[3]. Quand l'édit de juillet 1775 fit disparaître la Chambre des comptes de Blois, l'une des plus anciennes et des plus riches du royaume[4], M. de Moncrif fut encore chargé d'opérer la réunion de ses dépôts à ceux de Paris : les travaux de déchiffrement, de classement et d'inventaire durèrent plusieurs années; comme on y avait dépensé 12,000 livres, le ministère se refusa à faire ajouter des répertoires alphabétiques et chronologiques[5]. On élimina des masses de titres qui avaient été endommagés par l'inondation de 1711, ou que les commissaires déclaraient complètement inutiles et même nuisibles, à cause de l'encombrement[6]; en outre, le duc d'Orléans se fit restituer les fonds considérables des apanages de Valois, de Soissonnais et du comté de Coucy, que le Palais-Royal réclamait depuis longtemps, et dont il avait fait faire un inventaire en 1750[7]. La translation des archives de Blois fut probablement une des dernières opérations de ce genre, avec celle des titres relatifs aux droits du roi en Picardie et en Champagne, que l'Autriche avait rendus à la suite du traité du 16 mai 1769[8].

Dépôts du Garde des livres.

Si considérables, si importants qu'ils fussent, ces dépôts n'étaient rien, pour ainsi dire, en comparaison de celui du Garde des livres, où affluaient chaque année et en masses toujours croissantes les volumes de comptes et les liasses d'acquits, états, quittances et pièces justificatives de toute espèce[9]. En outre, il ne faut pas oublier que les Chambres provinciales ou leurs justiciables devaient, de par les ordonnances, envoyer à Paris des doubles ou des extraits des comptes qu'elles recevaient, pour servir à la correction de ceux du Trésor royal, de l'ordinaire et extraordinaire des guerres, des ponts et chaussées, etc.[10]

Sans remonter, comme les rôles de l'Échiquier normand, jusqu'au-delà de 1150, cette partie des archives de la Chambre comprenait beaucoup de documents antérieurs à saint Louis, et l'on peut dire que l'accumulation avait été incessante depuis la fin du treizième siècle. Au quatorzième et au quinzième,

---

1. *Arch. Nicolay*, 49 L 128, 71 L 51, 59 et 62, 72 L 122, 184, 365 et 435. *Plumitif*, 1er juin et 19 septembre 1772, 27 février et 18 septembre 1773, 8 juin et 19 juillet 1774 et 1er septembre 1775. Une partie des procès-verbaux sont conservés aux Arch. Nat., K 211.
2. *Plumitif*, 19 septembre 1781.
3. *Plumitif*, 11 mai 1773.
4. Sur l'importance de ce dépôt, on peut consulter une note envoyée en 1712, au procureur général, par un maître des comptes de Blois, ap. ms. Lancelot, n° 149, fol. 204, et la correspondance du Cabinet des chartes, ms. Moreau 359, fol. 51 et suiv. Entre autres inventaires, voyez celui du quinzième siècle, Arch. Nat., K 210. Les titres n'avaient cessé d'être déposés à Blois en 1660, lorsque l'apanage de Gaston d'Orléans avait été réuni à la couronne.
5. *Plumitif* et *Journal*, 21 février, 2 mars et 16 mai 1781.
6. *Journal*, 30 juin 1779.
7. *Arch. Nicolay*, 71 L 32. Ces titres de l'apanage sont revenus, depuis la Révolution, aux Arch. Nationales, et les restes de la Chambre de Blois y sont également conservés. Quant aux documents vendus ou abandonnés, ils enrichirent certaines collections particulières, telles que le cabinet de M. de Joursanvault ou les magasins de Beaumarchais.
8. Lettres patentes du 8 décembre 1774. *Plumitif* et *Journal*, 24 janvier 1775 et 12 mars 1776. Voy. L. Delisle, *le Cabinet des manuscrits*, t. Ier, p. 418 et 419, et les extraits faits antérieurement à la restitution par Courchetet d'Esnans, mss. Moreau, nos 408-624.
9. Nous avons déjà vu plus haut que ces acquits, après toutes les opérations de jugement, étaient remis au garde des livres dans des sacs étiquetés d'un *ponandé*, c'est-à-dire d'un morceau de parchemin sur lequel le procureur avait écrit la nature du compte et son année, la chambre dont il dépendait, les noms du comptable, du rapporteur, du procureur, et enfin le sac général où chaque liasse devait entrer.
10. Ordonnance du 18 octobre 1563 et art. 35 de l'édit d'août 1669. Voyez, dans le *Journal*, 21 août 1665, un réquisitoire du procureur général contre les comptables réfractaires à l'art. 45 de l'ordonnance de 1557.

NOTICE PRÉLIMINAIRE.

l'encombrement, le désordre devinrent d'autant plus inquiétants, qu'on n'avait pas encore de local pour recevoir les documents hors d'usage, dont la présence dans les chambres des auditeurs ou des greffiers n'avait plus aucune raison d'être[1]. Malgré leur extension relative, les bâtiments qui avaient été, selon l'intention de Louis XII, disposés « pour y faire aucune quantité de chambres, pour en icelles mettre et garder les comptes clos et affinés, desquels y a de présent grande multitude et copiosité[2], » se trouvèrent bientôt insuffisants. Sous Henri II, toutes les chambres, les armoires, les greniers, les galetas, les soupentes regorgeaient de comptes, de liasses d'acquits, de registres empilés confusément les uns sur les autres, et il fallut enfin songer à un dépôt-annexe. Ce fut dans cette intention que les gens des comptes s'approprièrent une grande maison canoniale sise au coude de la rue de Jérusalem, en face de la petite porte de leur basse-cour, et s'étendant jusqu'à la poterne du bord de la rivière. Toutes les entrées et issues en furent murées, et l'on établit une communication unique avec la galerie de la Chambre au moyen d'une arcade jetée par-dessus la rue de Nazareth ou de Galilée. C'est l'élégant monument qui a été épargné par l'incendie de 1871. Que les masques et les sculptures délicates dont il est décoré soient ou non de Jean Goujon, il mérite, à tous égards, de trouver asile dans le futur Musée municipal de l'hôtel Carnavalet[3].

Vingt ans s'étaient à peine écoulés, que le garde des livres recommençait à se plaindre des greniers qui lui servaient de dépôts courants et où la pluie pénétrait de toutes parts[4]. En 1600, la visite générale exécutée par Jean Fontaine ayant signalé un danger imminent pour le grand bureau, dont le plafond pliait sous le poids des liasses et des « ormoires y étant, » Henri IV permit de bâtir une galerie au bout du « bâtiment neuf, » et d'exproprier partie de la maison de Me de Witte, chapelain de la Sainte-Chapelle. Ce fut dans cette « galerie neuve » que l'on évacua, en 1603, les liasses des galetas menacés[5].

Construction de nouveaux dépôts.

En outre, et dès l'année précédente, pour décharger également le plafond de la vieille chambre d'Anjou, on avait pris à loyer une vaste salle voûtée dépendant de la maison canoniale du chantre de la Sainte-Chapelle, où la Chambre royale s'était installée peu auparavant. Obtenu à grand'peine, pour six mois, puis reloué de terme en terme, malgré les chicanes du plus batailleur des Barrin qui portèrent successivement le bâton cantoral[6], ce magasin, qui d'ailleurs était plus propre à engendrer la pourriture qu'à conserver les liasses d'acquits, resta jusqu'à la Révolution l'annexe du dépôt du Garde des livres[7].

Mais chaque année amenait alors plus de sept ou huit cents comptes nouveaux et un million de pièces

---

1. Évidemment il ne s'agit pas de dépôt de cette nature dans l'ordonnance du 3 avril 1388 (a. s.) : « Toutes et quantes fois qu'il plaira aux maîtres des comptes et aux douze clercs, ou aucuns d'iceux, à aller à la voûte de la Chambre, soit au matin ou après dîner, si comme il a été à ce accoutumé d'ancienneté, que aucuns autres n'entrent en ladite voûte, excepté ceux du corps de la Chambre, tant pour honnêteté, que *pour les écrits qui sont en la ladite voûte*. »
2. N° 4.
3. J'ai donné le texte complet des lettres patentes du 26 janvier 1553 (n° 88) et analysé les comptes de la construction dans l'*Annuaire-Bulletin de la Société de l'Histoire de France*, janvier 1872, p. 54-60. Les lettres se trouvent reproduites dans le *Mémorial* 2 S, fol. 42, ainsi que celles du 16 juillet suivant, par lesquelles le roi presse la Chambre de commencer les travaux. Saint-Victor, dans le *Tableau de Paris*, t. Ier, p. 81, et l'auditeur Dézallier d'Argenville, dans son *Voyage pittoresque de Paris*, p. 28, semblent donner comme un fait admis que les quatorze masques soient de « Jean Gougeon, » et cette attribution a été reproduite depuis eux jusqu'à nos jours. M. le baron de Guilhermy, qui a détaillé les ornements de ce petit édifice dans sa *Description archéologique des monuments de Paris*, p. 303, rapporte en même temps une tradition recueillie par lui, avantque la Cour des comptes eût quitté le Palais, et suivant laquelle il y avait une communication entre la galerie de Henri II et une tourelle située de l'autre côté de la rue de Jérusalem, où Catherine de Médicis se serait livrée à ses observations astrologiques. Cette tourelle existait encore il y a très-peu d'années.

Nous avons conservé, parmi les plans conservés aux Archives Nationales, une perspective extérieure et une coupe intérieure de l'Arcade et de la galerie.
4. N° 140.
5. *Plumitif*, 5 avril, 4 octobre et 29 décembre 1601, 7 et 9 août 1603, 31 mars 1605. Registre paroissial de la Basse-Sainte-Chapelle, 27 septembre 1613. — C'est à cette époque qu'appartient l'escalier en chêne sculpté, aux chiffres de Henri IV, de Marie de Médicis et du Dauphin, conservé aujourd'hui au Musée de Cluny (*Catalogue*, n° 1976, p. 248). Il n'a été donné à cet établissement qu'après la transformation des anciens bâtiments du Palais, et M. de Guilhermy, dont les souvenirs sont si précieux pour tout ce qui touche l'ancienne Chambre, l'a connu servant encore de communication pour passer de la galerie de Henri II à l'Arcade de Nazareth, ainsi qu'on le voit dans un des plans indiqués ci-dessus.
6. Nous l'avons déjà rencontré : c'est le 3e du nom, le belliqueux chantre du *Lutrin*. Son règne fut marqué par tant de troubles dans le chapitre, qu'on abolit l'usage de l'élection quand il se démit, en 1683.
7. *Plumitif*, 4 février 1602, 1er et 2 octobre 1608. 20 août 1631, etc.

CXIV   *CHAMBRE DES COMPTES.*

justificatives, pour le moins; ni la salle Barrin, ni la galerie neuve, ni le gros pavillon carré qui remplaça en 1621 l'ancien corps de logis du greffe et de la chambre du Trésor, ne purent absorber l'encombrement qui débordait des galetas jusque dans les moindres passages ou recoins du bâtiment principal. De temps en temps, les gardes des livres obtenaient la permission d'empiler les acquits ayant trente ou quarante ans de date et de les emporter « ès lieux qu'ils verront plus commode; » d'autres fois même, ils demandaient à brûler les pièces, si on ne leur accordait de nouveaux dépôts[1]. Mais de quel côté établir ces dépôts, sinon sur cette partie du quai où aboutissait la galerie de Henri II? Il y eut donc grand émoi dans la Compagnie lorsque le premier président du parlement Nicolas le Jay commença, en 1626, le long de la rivière, des constructions particulières qui allaient enlever le terrain, masquer le jour et, au moyen d'un passage pratiqué à travers les maisons canoniales, attirer les carrosses et la foule jusque sous les fenêtres de la Chambre, devant la Sainte-Chapelle. Une ligue se conclut entre les chanoines et les gens des comptes pour entraver l'exécution des plans du premier président[2]. D'autre part, le P.P. Nicolay poursuivit patiemment ses démarches, et enfin, en 1641, il obtint tout à la fois un don de 70,000 livres sur la finance à recouvrer des six offices de contrôleurs des acquits de la Chambre créés l'année précédente, et une concession de cinquante toises de terrain à prendre tant dans le cours de la rivière que sur le quai, à partir de l'abreuvoir de la Poterne jusqu'à la rue de Harlay. Les lettres royales permettaient à la Chambre d'unir les galeries qu'elle construirait sur cet emplacement à celle de Henri II par « un passage soutenu d'une grande arcade au travers du quai. » Mais, à leur tour, les gens des comptes ne rencontrèrent pas moins de difficultés qu'ils n'en avaient suscité au premier président le Jay. D'abord, les fonds manquèrent, l'édit de création n'ayant rien produit; puis, au moment où l'on allait commencer les travaux à l'aide de sommes à recouvrer pour omissions de recette, les intérêts de la voirie et ceux des maisons déjà élevées sur le quai, en face du couvent des Grands-Augustins, finirent par prévaloir, malgré l'appui bienveillant du roi, et la construction fut indéfiniment suspendue[3].

Dépôts établis à l'extérieur.
Après une autre tentative infructueuse pour acquérir du chantre de la Sainte-Chapelle une maison qu'il possédait auprès de la Poterne, vis-à-vis la galerie neuve[4], la Chambre se résigna à prendre un grand parti, c'est-à-dire à former à l'extérieur, de l'autre côté de la rivière, un dépôt supplémentaire. En 1650, on loua, dans le couvent des frères prêcheurs Jacobins de la rue Saint-Jacques, un corridor de vingt toises de long, sept chambres, un vestibule, autant à l'étage supérieur, autant dans les greniers, et une cour ou jardin. Ce nouveau dépôt fut partagé, comme l'étaient déjà les « départements » de la Chambre même, entre les deux gardes des livres. Au moyen de quelques aménagements intérieurs, il put recevoir une énorme quantité de volumes et de liasses, surtout dans les dernières années du siècle, lorsque l'intervention combinée du contrôleur général des finances le Peletier, du P.P. Jean-Aymard Nicolay et du procureur général Rouillé du Coudray eut procuré les ressources nécessaires pour payer le loyer et faire un établissement à peu près définitif[5]. On y porta alors, à la suite de l'inventaire général ordonné en 1685, cinquante mille volumes ou liasses choisis parmi les moins nécessaires, antérieurs à 1630; puis, en 1695, deux mille deux cents volumes des rentes provinciales, qui firent de la place pour les correcteurs au-dessus de la galerie des procureurs, tandis que quatre cents sacs d'acquits de l'extraordinaire des guerres, qui surchargeaient le

---

1. *Plumitif*, 23 décembre 1620, 30 septembre 1621, 19 septembre 1631, 6 octobre 1632 et 8 juillet 1634. « Les lieux sont si remplis de comptes et d'acquits, disait le contrôleur général, qu'il n'y a plus de place pour mettre ceux qui s'y apportent journellement, même que plusieurs se pourrissent ès lieux bas et galetas, tant pour l'humidité, que pour les pluies et neiges qui surviennent aux saisons, que la confusion s'y engendre aussi, faute de place, et que les ouvriers qui travaillent aux réparations les déchirent et bouleversent. »
2. *Plumitif*, 20 novembre 1626, 29 avril, 13 et 16 juillet, 26 août et 6 septembre 1627, 4 et 5 mai, 8 août, 24 octobre 1628.
3. N° 497. *Plumitif*, 5 août 1631, 22 février, 14 mars, 23 avril, 16 mai, 21, 22 et 26 juin 1641, 11 avril 1642, etc.
4. *Plumitif*, 21 et 30 juin 1644. L'embarras du garde des livres était tel, qu'il dut prendre un bûcher situé au-dessus de la chambre de France pour y transporter les liasses qui écrasaient de nouveau le plafond du grand bureau. (Ibid., 9 avril 1646.)
5. Arrêté de la Chambre du 12 septembre 1650 et bail du 16; arrêt du Conseil du 24 novembre 1685; *Plumitif*, 27 avril 1676, etc.

NOTICE PRÉLIMINAIRE.

grand bureau, allaient pourrir à la salle Barrin. Enfin, en 1713, le P.P. obtint une augmentation de loyer et des fonds pour établir les armoires et les tablettes nécessaires[1]. Ainsi organisé, le dépôt des Jacobins rendit désormais de grands services, mais à la condition de se désencombrer de temps en temps, et nous verrons plus loin par quels moyens on y faisait le vide.

Quelles que fussent les ressources trouvées de ce côté, on pensa encore en 1666 aux terrains du bord de l'eau, et la Chambre fit même faire des devis par l'architecte Villedo ; mais Colbert, qui venait d'enlever au P.P. l'ordonnancement des dépenses de ce genre, s'opposa à toute construction. Une nouvelle tentative faite, d'après son avis, du côté des chanoines, n'eut pas plus de succès[2]. Sous le contrôleur général qui vint ensuite, le greffe et le dépôt des comptes gagnèrent du terrain par le déplacement de la Cour des monnaies[3]. Toutefois, c'était un soulagement bien insuffisant, et la Chambre multiplia ses démarches pour obtenir un second dépôt à l'extérieur. L'amitié du cardinal de Fleury pour le P.P. Jean-Aymard Nicolay fit espérer, en 1728, qu'on aurait un emplacement dans les galeries du Louvre ; mais le duc d'Antin, comme tous les surintendants des bâtiments, s'opposa à l'intrusion des magistrats dans l'ancienne demeure des rois[4]. Plus tard, M. de Silhouëtte offrit à son tour la chapelle Saint-Michel, située dans la cour du Palais ; mais les chanoines de la Sainte-Chapelle firent prévaloir des titres plus anciens[5]. Enfin, en 1770, faute de trouver un local dans les logements du vieux Louvre, ou de pouvoir former un dépôt central d'archives derrière une des façades de la place Louis XV, comme l'eût préféré le marquis de Marigny, on se décida à louer une partie des gigantesques réfectoires et des étages supérieurs du couvent des Cordeliers de la rue de l'Observance[6]. Malgré la dépense du loyer, malgré même le déblaiement légal de 1776[7], on conserva cette troisième annexe, et ce fut précisément là que commença, en 1792, l'exécution générale organisée par la Convention.

Il a déjà été parlé des répertoires méthodiques qui avaient pour but de faciliter les recherches dans les registres de la Chambre ; quelques mots sur les inventaires exécutés officiellement dans les divers dépôts que nous venons de décrire, feront apprécier les soins pris par la Compagnie pour la conservation des documents centralisés entre ses mains[8].

Inventaires des dépôts.

Le travail analytique exécuté vers 1289 sur le célèbre cartulaire connu sous le nom de *Liber principum et comitum Campaniæ* n'est qu'une table et ne représente qu'un fait isolé[9] ; mais l'ordonnance de janvier 1319 (anc. st.) prouve l'organisation régulière des classements et des inventaires : « Voulons et ordenons que inventoire soit fait de tous les escriptz de la Chambre, et les corrigiez mis d'une part, et les autres d'autre, et chascuns escriptz d'un pays mis ensemble en huches dévisément, et ceuls des diziesmes et des annates et des impositions d'autre part. » C'est évidemment à cet article que répond le travail exécuté entre 1325 et 1328 par Robert Mignon. Mignon était « petit clerc » d'un sien frère, Jean Mignon, maître clerc des comptes, lorsqu'il rédigea, « *salvo protectorum consilio,* » l'inventaire dont la « *Tabula major* » a seule été reproduite dans le recueil académique des *Historiens de la France*[10]. Malgré la modeste « annonce » du rédacteur, cet inventaire, document unique en son genre, donne l'énumération exacte de tous les comptes

---

1. *Plumitif*, 4 décembre 1688, 4 janvier et 10 février 1689, 16 septembre et 9 novembre 1695, 27 mars 1713. *Arch. Nicolay*, 70 L 159, 160, 162, 165 et 166. *Pap. du Contrôle général des finances*, Pièces justificatives des dépenses de 1688.
2. *Plumitif*, 29 mars et 26 juin 1666.
3. Voy. plus haut, p. I. et CIV.
4. N° 773.
5. *Arch. Nicolay*, 70 L 190. — Cette chapelle avait trois autels à la collation du chanoine-trésorier ; celui de N.-D. de la Garde était réservé à la confrérie des huissiers de la Chambre et à celle du Trésor.
6. N°ˢ 865 et 866. *Arch. Nicolay*, 41 L 141 et 70 L 297. — Sur ce couvent, dont les réfectoires, la marmite et le gril avaient une réputation légendaire, voy. la *Description*

de Paris de Piganiol de la Force, t. VI, p. 84.
7. Voy. plus loin, p. CXXVIII.
8. Voy. l'*Inventaire méthodique des Archives*, col. 369-380, et la Notice de feu M. Huillard-Bréholles en tête du Iᵉʳ volume des *Titres de la maison ducale de Bourbon*.
9. Elle est mentionnée dans une autre table du seizième siècle, venant de P. Pithou, ms. Dupuy 229, fol. 47-94.
10. T. XXI, p. 519-529. — Les savants continuateurs de D. Bouquet se sont servis du ms. Fr. 2833 et des copies des Mémoriaux P 2529, 2544, 2569 2590, et 2591, qui ne contiennent que les sommaires de l'inventaire, tandis que celui-ci, à lui seul, dans la copie faite pour Foucquet et passée ensuite des mains du président de Bretonvilliers à celles de M. de Caumartin (Bib. Nat., ms. Lat. 9069), forme un énorme volume de 1055 pages in-folio.

rendus depuis le treizième siècle jusqu'en 1327, et il fournit une foule de renseignements qu'on ne saurait trouver ailleurs, sur l'administration financière, la guerre, la marine, les affaires ecclésiastiques, etc. Il ne manquera pas, quelque jour, d'être publié et commenté en entier, et le nom de son auteur figurera avec honneur dans les annales de l'érudition du quatorzième siècle, où Jean Mignon est déjà inscrit comme fondateur d'un des principaux colléges de l'Université parisienne [1].

Les ordonnances subséquentes du 21 juin 1351, du 3 avril 1388 (anc. st.), du 23 décembre 1454, renferment les prescriptions les plus précises sur la séparation des titres, sur le récolement de tout ce que renfermaient les six chambres des auditeurs ou les armoires des maîtres des comptes, et sur la centralisation de ces inventaires dans le coffre commun qui servait de dépôt pour les registres du greffe. Nous avons plusieurs de ces inventaires partiels, depuis 1335 jusqu'au règne de Louis XII [2], et, en s'aidant des répertoires ou des manuels, il est très-facile de se figurer la composition et l'état matériel des archives. Il faut avouer que le désordre devait être un obstacle permanent à l'exécution du travail. Les rouleaux de comptes reposaient, à la vérité, dans des armoires cotées par lettres de l'alphabet [3]; mais les registres domaniaux, mais les comptes, mais les titres féodaux étaient dispersés partout, qui en une armoire ou dans une « souspendue, » qui dans un coffre, qui sur le sol même, et nous voyons que les érudits comme J. le Bègue ou P. Amer ne pouvaient désigner les volumes que par la couleur de leur couverture ou par le lieu dans lequel ils les trouvaient. Toutefois, c'était déjà un grand progrès d'avoir donné des tables à la plupart des registres importants, et enfin, au seizième siècle, les travaux d'analyse ou les répertoires exécutés par divers officiers, comme les greffiers Charpentier, le Blanc ou Formaget, l'auditeur Jacques Luillier, le conseiller maître Michel Tambonneau [4], ou le personnage anonyme chargé par la Compagnie de réunir en un seul code les ordonnances dispersées « *per tot immensa compotorum Camere volumina,* » et de les ranger « *sub congruis capitibus* [5], » ces travaux, dis-je, amenèrent une série de mesures conservatrices et deux importants règlements. On a vu plus haut [6] comment les auditeurs et greffiers avaient d'abord accueilli la création d'un garde des livres, et comment, par la suite, ils en vinrent à abandonner leurs chambres et les dépôts qu'elles contenaient à cet officier, qui n'eût dû avoir d'autre fonction que de porter et rapporter les documents pris en communication. Des registres et des acquits ayant été égarés ou détruits, le Conseil rétablit, par un nouvel édit de septembre 1566, l'état normal des choses; mais les auditeurs refusèrent de prendre en charge les comptes jugés et clos, « comme aussi ne seroit-il raisonnable et possible, eux étant mortels et

---

1. La dédicace est ainsi conçue : « Liber de inventario compotorum ordinariorum et extraordinariorum et aliorum per me, Robertum Mignon, ordinatis est, et alius compotus particularis. — Protestatus sum ego, Robertus Mignon, cum labilis sit memoria et omnium habere memoriam potius sit divinitatis quam humanitatis, si erraverim in aliquo, cum ex certa scientia non processerim, quod error hujusmodi mihi nec alteri non noceat in hoc opere, cujus sarcinam, salvo protectorum consilio, ausus fui aggredi, quam mei paupertas ingenii valuit indagare.
» Per Christum dominum nostrum, amen.

» In { male dictis correctionem / dubiis declarationem / omissis veniam / superfluis resecationem } deprecor nunc apponi. »

Jean Mignon, frère aîné de Robert et fondateur du collége qui prit son nom, était d'église; il avait commencé par être petit clerc de Sance de la Charmoye, en même temps que Jean de Saint-Just, et tous deux étaient devenus clercs du roi en 1315. Jean Mignon fut fait maître clerc par l'ordonnance de janvier 1319, et ne mourut que le 15 avril 1345. Quant à Robert, entré clerc sous les ordres de Jean le 15 janvier 1322, il céda cette fonction à un autre Jean Mignon dit *le jeune*, en octobre 1330, et ne devint clerc du roi que huit ans plus tard, le 29 mai 1338. Il conserva ce titre jusqu'au 14 décembre 1346. Voy. la *Filiation*, et la *Dissertation* de le Chanteur, p. 145-146 et 160. Sur la fondation du collége, voy. D. Félibien, t. Ier, p. 595.

2. Bib. Nat., mss. Fr. 2838, fol. 49-77, et 20692; Dupuy 229, fol. 134 et suiv.

3. Voy. le plan figuratif des armoires de la chambre de France, dans le ms. Lat. 9848, fol. 41 verso.
Au temps de R. Mignon, les comptes, qui étaient alors écrits sur rouleau, se classaient dans des sacs, par masses distinctes.

4. Ce conseiller exécuta en 1541 le classement des papiers de la Chambre des comptes d'Angers, déposés depuis 1485 dans la chambre d'Anjou, et il en fit le bel inventaire coté aujourd'hui PP 33.

5. Voy. la table méthodique qui devait précéder ce recueil, Bib. Nat., ms. V[c] Colbert 238. Je l'ai signalée plus haut, p. XVII; elle semble avoir été faite après 1511. Il y avait déjà un registre d'*Ordonnances*, mais il n'était pas méthodique et ne s'étendait que de 1424 à 1499. Une copie de la table de 1511 se trouve dans le ms. Fr. 4428, venant de M. de Mesmes, à côté d'un répertoire par ordre alphabétique de matières et d'un autre répertoire des dix-sept premiers registres des Chartes.

6. A l'article du garde des livres, p. LXXIV.

NOTICE PRÉLIMINAIRE.

non perpétuels, comme est la Chambre, qui est un corps, et lesdits auditeurs ne sont que membres séculiers, qui se changent et varient de jour en jour, par mort, résignation ou autrement. » Sur leurs remontrances, le chancelier de l'Hospital approuva l'idée de séparation déjà émise du temps qu'il présidait la Compagnie, et ce fut l'objet d'un règlement arrêté le 22 novembre 1566, par les semestres réunis [1]. Outre les mesures de surveillance prises à l'égard des procureurs et étrangers, il fut dit que les comptes et acquits antérieurs aux six dernières années seraient déposés dans les « vieilles chambres, » c'est-à-dire loin du travail journalier, sauf les comptes des ordinaires du domaine, des tailles, etc. et ceux de grande importance, de l'Épargne ou des trésoriers qui y prenaient assignation. Pour cette catégorie réservée, les quatre dernières années devaient être gardées à la Correction, les autres dans les deux chambres du Trésor et des Monnaies, et les acquits seulement dans les vieilles chambres. Les clefs des dépôts et des armoires seraient mises entre les mains des auditeurs, lesquels se trouveraient responsables et tiendraient dans chaque chambre un registre de sortie et de rentrée, ainsi que l'inventaire abrégé indispensable pour la séparation des documents par ancienneté. Le second règlement, de mars 1569, ajouta que, tous les trois ans, au roulement des chambres, les auditeurs feraient le récolement des inventaires; que chaque compte, remis, après la clôture, par le procureur général, serait relié avec le précédent ou placé à la suite, sous la même « épitaphe; » que, dès ce moment, le garde des livres en serait chargé et ne pourrait plus le sortir de la chambre à laquelle il appartenait, si ce n'est pour le service des bureaux ou de la correction. Afin d'éviter un désordre signalé par les commissaires aux inventaires, tous les comptes des recettes générales durent être à l'avenir dressés sur parchemin, ceux des recettes particulières sur papier, et les comptables eurent à fournir eux-mêmes leurs acquits dans le sac de toile marqué du ponandé [2].

Ces règlements furent suivis d'inventaires qui embrassèrent toutes les dépendances de la Chambre, y compris le greffe et même les papiers de la Chambre de justice dite de la Tour carrée, lesquels étaient restés chez la veuve du greffier Berruyer. L'honneur de ces travaux revient au P.P. Antoine Nicolay [3]. C'est alors qu'on institua l'usage du récolement préalable à l'installation de chaque garde des livres dans son département [4].

Au siècle suivant, on trouve la trace de quelques opérations partielles dans la partie domaniale des dépôts, comme le récolement des titres de la maison de Bourbon, qui étaient encore dispersés en diverses chambres et soupentes [5], ou les inventaires analytiques des aveux et hommages, souffrances, serments de fidélité, etc., dont les principaux, ceux des chambres de Normandie et de France, ont été conservés [6]. En 1643, sur la requête du procureur général, un inventaire général fut entrepris; mais, bien que le travail eût été confié à l'érudit le plus expert que possédât la Chambre, Vyon d'Hérouval, et qu'il lui eût été alloué à ce propos une gratification, l'œuvre n'avança que fort peu. Nous voyons encore en 1665 le même procureur général présenter une nouvelle commission royale pour d'Hérouval, le chargeant, avec le nombre de scribes nécessaires, de « mettre en ordre plusieurs papiers importans au roi qui sont dispersés au-dessus du greffe et autres endroits, sans qu'aucun en soit chargé. » C'était précisément sur cette partie du dépôt que le travail portait depuis 1643 [7]. Colbert, qui appréciait mieux qu'aucun de ses prédécesseurs l'utilité des archives domaniales et celle des inventaires, insista et fit stimuler la Chambre par le roi lui-même; le P.P. Nicolas Nicolay répondit que les ordres nécessaires étaient donnés et qu'il espérait faire achever en quatre

Inventaires du dix-septième siècle.

---

1. *Mémorial* 3 F, fol. 373 et suiv.
2. *Journal*, 10, 18 et 19 mars 1569.
3. Voy. son éloge, n° 216, p. 180.
4. L'un des gardes avait les chambres de France, d'Anjou et des Monnaies; l'autre, celles du Trésor, de Languedoc et de Champagne. Les dépôts des vieilles chambres et de la galerie devaient être partagés de même.
5. Ce travail fut exécuté à la requête du tuteur de Mlle de Montpensier, et un auditeur fut commis à la garde des clefs. (*Plumitif*, 20 mars 1614 et 24 janvier 1620.)

6. Arch. Nat., PP 21-23; mss. Ve Colbert 239 et 240.
7. *Plumitif*, 7 juillet 1643, 13 août 1646, 26 juin 1657, 18 mai 1665. Le 26 mars 1666, la Chambre décida que le travail serait continué, qu'on mettrait en ordre les comptes du domaine, et qu'on trierait les papiers à conserver dans ceux « qui sont en confusion, tant au-dessus des bureaux, qu'au-dessus du greffe. » Nous pouvons nous rendre compte du désordre des dépôts par celui qui règne dans les dépouillements exécutés alors par N.-C. de Sainte-Marthe. (Bib. Nat., mss. Fr. 20691 et 20692.)

mois l'opération « à peine commencée en vingt ans, » mais qu'il avait besoin d'être soutenu et garanti de tout trouble. Les quatre mois n'eussent même pas suffi pour le récolement des comptes, puisque quatre années ne donnèrent que trois volumes de ce travail préliminaire, malgré l'adjonction de plusieurs procureurs et la faculté donnée aux commissaires de travailler en tout semestre. Sans attendre que le récolement et la mise en ordre fussent terminés, on pourvut au classement des volumes dans leurs armoires ; ce fut l'objet d'un nouveau règlement, et l'on adjoignit à la commission trois auditeurs de chaque semestre, au nombre desquels était encore d'Hérouval, pour aider au rangement des acquits et papiers [1]. Vers le même temps, les deux charges de gardes des livres ayant été réunies par commission entre les mains de G. Argoud, Colbert se hâta de profiter de cette occasion pour réclamer énergiquement un classement et un inventaire complets. Son bibliothécaire, Carcavy, et le procureur général Girard furent chargés de surveiller le travail, que la Chambre confia à dix commissaires ; quelques fonds furent assignés pour faire des reliures, renouveler les sacs, réparer les armoires et tablettes. Les choses semblèrent d'abord marcher régulièrement [2] ; les inventaires partiels que nous possédons [3] montrent qu'il fut fait un arrangement assez acceptable chez les auditeurs, ainsi que dans les chambres et galeries données au garde des livres, et peut-être même dans le dépôt des Jacobins, où les comptes n'étaient séparés que par piles ; pourtant, en 1680, Colbert écrit, toujours sur le même ton, que le roi est mécontent de savoir les titres et papiers épars pêle-mêle, par terre, sans ordre, sans inventaire, tandis qu'ils pourraient « être de conséquence, tant pour ses domaines que pour l'histoire, » et d'Hérouval, quoiqu'il ne fût plus membre de la Chambre, dut reprendre les opérations [4]. L'auditeur Caille du Fourny lui fut alors donné pour collaborateur, et bientôt le successeur de Colbert, Claude le Peletier, ainsi que le nouveau procureur général commis en place de l'opiniâtre Girard, M. Rouillé du Coudray, activèrent la confection d'un inventaire général des comptes et des acquits, dont le double devait être envoyé au Contrôle général des finances [5].

D'autre part, du Fourny s'employa, non-seulement à la recherche des documents dispersés dans toutes les chambres, mais aussi à l'inventaire des archives qui étaient venues de la Fère en 1646, à celui des titres des acquisitions de Versailles, et enfin au classement des mémoires envoyés de plusieurs provinces ou au dépouillement des archives de la Lorraine [6]. C'était le temps où l'évacuation de l'étage occupé par la Cour des monnaies venait de donner un peu d'espace pour les dépôts du Greffe, et où Denis Godefroy, nommé

---

1. N° 613. *Plumitif*, 4 janvier 1667, 26 février, 27 juin et 19 août 1671, 18 mars 1672, 31 janvier 1674.
2. Le procureur général écrit à Colbert, le 17 juin 1671 : « Toutes choses sont à présent si bien disposées, que je puis vous assurer de la perfection du travail par son commancement. Il faut pourtant advouer, Monsieur, que la Chambre vous en a l'obligation, par l'attache que j'ay eue à suivre tous vos ordres et à presser la Compagnie de s'apliquer à ce travail par de fréquentes remonstrances, animées et fortifiées de vostre esprit. C'est ce qui a enfin déterminé la Chambre à nommer dix de Messieurs pour travailler à cinq bureaux séparez. Cet expédient a mieux réussy qu'on ne se le pouvoit imaginer, car, ces messieurs ne se contentans pas de travailler eux-mesmes plus que les gardes des livres les plus vigilans n'ont jamais fait, ils font encore venir leur vallet de chambre avec les clercs du s[r] Argoud, en sorte qu'il y a au moins vingt-quatre personnes qui travaillent dans la seule vûe de rendre un service à Sa Majesté qui luy soit agréable par vostre protection. Je suis encore obligé, Monsieur, de vous dire que ces messieurs font beaucoup de choses qu'on ne pourroit pas demander. J'auray l'honneur de vous en dire le détail à vostre retour. Cependant, je vous puis assurer que ce grand cahos commance à prendre forme, que l'on connoist mesme que nous aurons plus de place que nous n'avions cru, et qu'enfin nous sommes persuadez que l'on mettra ce travail à sa perfection dans un tems raisonnable, si vous voullez bien y donner quelque attention et ordonner quelque petit fond pour des menues despences qui sont à faire, tant pour escrivains, menuisiers, crocheteurs, que pour l'achat de toilles pour faire des sacqs, parce que vous vous souviendrez bien, Monsieur, que, par le dernier règlement, S. M. ne veult plus que la Chambre dispose d'aucun fond. » (Lettre originale, ms. Mél. Clairambault n° 350, p. 21.)
3. Voy. les rapports de plusieurs des conseillers dans le *Plumitif*, 29 mai et 31 juillet 1675, 22 juin 1677 ; un inventaire de comptes divers, dans le ms. Mél. Clairambault n° 248, et surtout les inventaires des comptes des domaines, dans le même fonds, n°[s] 244 et 247, et dans les Mél. Colbert, n° 52. Le commissaire Jacques Bernard, suivant les prescriptions déjà données en 1665, réunit toute cette série, bien reliée, cotée et numérotée, avec les anciens rouleaux, les seize volumes de prisées des biens confisqués durant l'occupation anglaise, et d'autres terriers ou titres importants, dans la galerie voisine du greffe, et il obtint du bureau, le 31 janvier 1676, qu'on prît les mesures nécessaires pour y maintenir l'ordre. Mais ce fut précisément la ruine de ces précieux documents ; l'incendie de 1737 les consuma des premiers, tandis que les parties plus éloignées du dépôt de la comptabilité échappaient aux flammes.
4. N° 633.
5. Arrêt du Conseil du 24 novembre 1685.
6. Arch. Nat., *Papiers du Contrôle général*, Pièces justificatives de 1687.

NOTICE PRÉLIMINAIRE. CXIX

aux fonctions de garde des livres, apportait à la Chambre un concours aussi laborieux qu'intelligent; le temps aussi où toutes les Compagnies de province, habilement stimulées, faisaient des classements et des inventaires, dont les doubles venaient se centraliser à Paris, au nouveau dépôt des Terriers. Mais nous ne savons même pas ce que produisirent les mesures prises depuis Colbert et les travaux de vrais savants, réellement attachés à leur œuvre; les inventaires qu'ils durent parfaire ont été évidemment détruits dans le grand incendie, et c'est à peine s'il reste quelques cahiers des récolements exécutés à chaque mutation de greffier ou de garde des livres, en 1686, 1712, 1722, 1726, etc[1]. Nous savons aussi qu'il y eut un nouveau récolement à l'occasion du remplacement de P.-F. de Moncrif, garde des livres, et surtout, que l'on fit alors des opérations de rangement, de reliage ou de vérification; il est permis d'en attribuer le mérite, soit au P.P. Jean-Aymard Nicolay, qui se complaisait lui-même à faire des extraits ou des analyses de comptes, soit à l'auditeur Brussel, dont les travaux ont été signalés ailleurs[2].

Le successeur de ce même P.P. obtint du contrôleur général et du cardinal de Fleury quelques fonds pour payer les frais d'inventaire, et même la promesse d'un local plus spacieux, peut-être au Louvre; mais l'incendie survint. Il fallut s'adonner entièrement à la réinstallation du nouvel hôtel et au rétablissement, en tant qu'il était possible, des dépôts du Greffe et des Terriers. En prenant possession de ses nouvelles galeries, le garde des livres reçut ordre de refaire un inventaire[3]; mais nous verrons plus loin[4] quelle était la vraie portée de cette mesure, et ce fut seulement en 1781 que l'on parla d'inventorier réellement tous les dépôts, intérieurs ou extérieurs, déjà débarrassés par la vente des pièces prétendues « inutiles[5]. » On croyait faire mieux que sous Louis XIV; néanmoins, le travail n'avança que très-lentement. Pour le dépôt des Fiefs, un auditeur, M. du Tramblay de Rubelles, prit l'initiative d'un plan d'inventaire raisonné des aveux, hommages et dénombrements, que le P.P. présenta au contrôleur général de Calonne. Une décision du Conseil, du 30 avril 1784, autorisa M. du Tramblay à faire commencer le travail, avec le concours de l'administration domaniale; mais, dès l'année suivante, cet auditeur passa conseiller maître, et cette mutation, jointe aux difficultés financières de l'époque, fit sans doute avorter un projet qui eût demandé de l'argent, du temps et de la constance[6].

La commission nommée en 1781 fonctionna concurremment avec celle qui était chargée depuis 1776, comme on le verra, de faire le vide dans les archives de la comptabilité; elle présenta, en mars 1790, un inventaire des dépôts intérieurs du garde des livres, et fit nommer deux délégués pour dresser le récolement des comptes réservés dans les annexes extérieures. Mais le jour était proche où des procédés encore plus expéditifs simplifieraient pour l'avenir tous les inventaires et confondraient dans l'anéantissement les traces du désordre ou les fruits du travail de plusieurs siècles.

Inventaires du dix-huitième siècle.

Il reste maintenant à voir quelles mesures matérielles la Chambre prenait pour la sûreté de ses dépôts et jusqu'à quel point l'intégrité des archives pouvait être garantie. Le principe fondamental était celui-ci : « Les livres, comptes et registres sont de grosse conséquence et fort dangereux à communiquer, pour les lettres et affaires des rois et du royaume contenus en iceux, et si secrets que les rois (et mêmement Charles le Quint dit *le Sage*), quand ils avoient à faire de leurs registres, les sont plutôt venus voir en propre personne en la Chambre, que souffrir en faire transport[7]. » Donc, nécessité absolue de ne laisser introduire dans les dépôts aucun étranger, quelle que fût sa personnalité, et d'avoir toute autorité sur les gardiens de

Règlements de conservation.

---

1. Arch. Nat., PP 98, 100 et 100 bis, et KK 892; Bib. de l'Arsenal, ms. Jurispr. fr. 109 (venant de M. de Fourqueux).
2. N° 766. *Plumitif*, 19 mai et 18 septembre 1727, 7 juin 1728, 9 avril 1729, etc.
3. Déclaration du 25 juin 1741.
4. Voyez p. CXXVII.
5. *Plumitif*, 26 juin 1781.

6. *Plumitif*, 6 février 1784. Arch. Nicolay, 71 L 109 et 110. — C'est peut-être à ce travail que se rapportait le manuscrit incomplet d'une *Table générale alphabétique du dépôt des Fiefs, pour servir au projet d'un nouvel inventaire par généralités*, cité par Monteil (*Traité des matériaux*, t. I", p. 286).
7. *Mémorial*, août 1521. Cf. le n° 36, où il est parlé d'un abbé de Saint-Bénigne de Dijon qui aurait emporté des titres.

CXX CHAMBRE DES COMPTES.

ces archives, greffiers, commis ou gardes des livres. Jusqu'à Louis XIV, ces principes furent parfaitement admis par le gouvernement royal, et la Chambre resta maîtresse chez elle¹. Toutefois, Sully, qui avait été fort mal accueilli un jour qu'il venait, avec le P.P. Nicolay, relever l'état des dons faits par son maître, et qui, d'autres fois, n'avait pu obtenir le déplacement d'un compte qu'on eût communiqué plus facilement au moindre traitant, Sully fit rendre en 1610 un règlement général, portant qu'aucun transport de documents ne se ferait plus d'autorité privée, à peine de suspension, mais que le roi pourrait ordonner la communication ou la sortie par lettres patentes vérifiées en assemblée des semestres ². Colbert, bien autrement absolu, fit dispenser ses agents de toute requête préalable³, et le secret des dépôts n'exista plus à partir de 1678, puisque l'entrée fut accordée aux traitants des debets, ou, plus tard, aux commis chargés de ce même recouvrement par le procureur général.

Communication des pièces.

En dehors des communications pour le service du roi, nous voyons maintes et maintes fois la Compagnie refuser ou n'accorder qu'avec force réserves celles que demandent les États généraux, les Notables, l'assemblée du Clergé, etc⁴. Si un tribunal étranger réclamait les pièces nécessaires pour quelque instruction criminelle, et que la Chambre ne pût faire prévaloir sa juridiction, elle ne laissait rien sortir qu'avec de strictes formalités, sur une lettre du secrétaire des commandements du roi et contre prise en charge des greffiers; toutefois, l'ordonnance de 1669 lui retira le droit de se prononcer *de commodo vel incommodo* ⁵.

A l'intérieur même, d'ordre à ordre, la sévérité des règlements était extrême, à ce point qu'aucun officier, pas même le procureur général ou le P.P., ne pouvait prendre un volume, une pièce sans l'assentiment du bureau et la constatation du garde du dépôt⁶. Les défenses étaient les mêmes pour les correcteurs, qui avaient le droit de déplacer les comptes, mais non les registres du greffe, ou pour les procureurs, leurs clercs et les commis ou solliciteurs, qui ne devaient point pénétrer dans l'enclos de la Chambre, « s'ils n'avaient ouverture et les bras passés hors de leurs manteaux, à peine de 10 l. parisis d'amende; » quelquefois même, le procureur général faisait infliger une peine disciplinaire aux contrevenants⁷.

Pour les simples particuliers, la difficulté d'obtenir une communication, voire même de pièces remises par eux, se compliquait de l'élévation des frais d'expédition ou d'extrait; cela suffisait souvent pour les détourner de faire le dépôt de leurs titres au greffe ou chez les auditeurs⁸. Au contraire, l'érudition jouissait de bien des privilèges, et elle en profita largement, du jour où l'on comprit quel parti l'histoire, la diplomatie, l'archéologie pouvaient tirer de dépôts aussi riches; mais n'abusa-t-elle pas? n'y eut-il pas parfois une contre-partie des désordres imputés jadis aux gens des comptes dans le Trésor des chartes? La tradition, appuyée sur de bonnes preuves, nous apprend que Jean du Tillet et Pierre Pithou furent aussi nuisibles à la Chambre qu'ils avaient été peu discrets dans la sacristie de la Sainte-Chapelle, et il est vrai que leurs meilleurs ouvrages sont basés sur des documents empruntés à ces deux dépôts, mais trop souvent égarés. A partir de cette fin du seizième siècle, les travailleurs affluent à la Chambre. Les uns rédigent des formulaires pour les secrétaires d'État, les autres recueillent des ordonnances dans les Mémoriaux ou des titres féodaux dans les cartulaires; Simon Fournival vient copier des textes pour les trésoriers de France, et l'abbé Nicolas-Charles de Sainte-Marthe passe une quinzaine d'années à glaner dans tous les dépôts des matériaux pour la continuation de l'*Histoire généalogique*, tandis que Pierre Dupuy, Théodore Godefroy, le surintendant

---

1. Voy., dans les *Créances* et le *Plumitif*, 24 et 25 janvier 1600, les remontrances contre l'aliénation du greffe.
2. Nᵒˢ 309, 331, 344 et 454.
3. Nᵒ 605. C'est sans doute ainsi qu'il put, d'accord avec Louvois, faire soustraire des acquits déjà annexés à un compte des fortifications, qui eussent compromis Vauban. (*Lettres de Colbert*, t. V, introd., p. v.)
4. Nᵒˢ 169 et 291. *Plumitif*, 26 novembre 1588 et 23 août 1605.
5. *Plumitif*, 26 juillet, 9 et 17 août 1668. Arch. Nicolay, 72 L 447.
6. Nᵒ 355. *Plumitif*, 4 avril 1653, 11 et 12 février 1669.

7. *Journal*, 5 octobre 1556; *Plumitif*, 30 août 1574, 6 mars 1613, 1ᵉʳ septembre 1626, 23 février 1627, 9 avril 1631 et 20 avril 1635. Tous les règlements relatifs à la communication des comptes aux procureurs sont résumés dans un dernier arrêté du 30 janvier 1784.
8. Nᵒ 900. — Les règlements différaient suivant les Cours. En Provence, les auditeurs archivaires ne faisaient rien payer pour un simple extrait; à Lille, les Godefroy fournissaient gratuitement les documents, aussi bien aux simples particuliers qu'aux administrations et fermes du roi. Mais partout on veillait à ne point communiquer légèrement des pièces compromettantes pour l'État.

NOTICE PRÉLIMINAIRE.

Foucquet, Colbert, Harlay, les hommes d'État ou les savants, enrichissent à l'envi leurs cabinets de copies de nos plus précieux registres. Les introducteurs ordinaires étaient des officiers de la Chambre, comme le doyen des auditeurs, Jacques Menant (1654-1699), qui fit beaucoup d'extraits et de copies, recueillis par la bibliothèque des Célestins, ou bien son confrère Antoine Vyon d'Hérouval (1635-1671), dont nous avons si souvent rencontré le nom. Celui-ci était une « providence » pour ses parents, les Sainte-Marthe, les Godefroy, et pour tous les savants du temps; il aida activement le P. Anselme à préparer l'*Histoire de la maison royale de France et des grands officiers de la Couronne,* qu'un autre auditeur, Honoré Caille du Fourny, devait remanier et enrichir à l'aide des titres, rôles, acquits, Mémoriaux, etc. Ce même du Fourny, dont nous avons dit les travaux d'inventaire, et qui avait fait, entre autres recueils, une Filiation des offices de la Chambre[1], était également l'ami et le fournisseur de Gaignières[2]. N'oublions pas non plus l'auditeur Pierre Chandelier (1664-1679), dont Colbert fit acheter les manuscrits en 1674, ni son collègue Claude-Bernard Rousseau (1676-1720), qui, comme collaborateur ou continuateur de Henri Sauval, enrichit les *Antiquités de Paris* de tant de fragments de comptes d'une valeur inappréciable. Pourquoi faut-il que ces magistrats érudits, mais souvent insensibles aux principes d'ordre les plus élémentaires, aient autorisé les esprits soupçonneux à expliquer bien des pertes et des détournements par une communication beaucoup trop généreuse, à tous venants, non-seulement de leurs propres notes ou de leurs extraits, mais des documents originaux de la Chambre ou du Trésor des chartes? Pourquoi retrouve-t-on également dans le catalogue d'un procureur général non moins ami de la science, M. Rouillé du Coudray, certains registres originaux qui n'eussent dû y être qu'en copie[3]? Autrement, et si l'abus n'avait été voisin du bien, il n'y aurait qu'à regretter que les historiens, les juristes et les compilateurs, Du Cange, Gaignières, Petitpied, Dom Félibien[4], le P. Daniel et tant d'autres, n'aient pas puisé plus largement dans les dépôts ouverts pour eux ; la destruction du greffe en 1737 eût peut-être été un peu mieux compensée qu'elle ne l'est par leurs copies ou leurs publications. Estimons-nous heureux toutefois d'avoir quelques volumes du recueil des *Ordonnances* imprimés ou préparés avant cette époque fatale : les chanceliers de Pontchartrain et Daguesseau s'entendirent à ce sujet avec le P.P., et les compilateurs Laurière, Loyer, Berroyer ou Secousse eurent toutes facilités pour consulter les registres[5]. Malgré ses pertes énormes et les embarras de la reconstitution des services, il semble que la Chambre ne dut point rester en dehors des programmes scientifiques tracés par M. Bertin et ses successeurs pour la création du Cabinet des chartes et de la Bibliothèque des finances ; mais je n'ai rien trouvé de précis.

Je ne terminerai pas ce chapitre sans parler des visites princières que la Chambre reçut à diverses reprises : le czar Pierre-le-Grand en 1717, l'empereur d'Autriche en 1777 et le roi de Suède en 1785[6]. Les *Mémoires secrets* racontent que l'on expliqua à Joseph II les fonctions de la Compagnie et qu'on lui lut la formule du serment que prêtaient les contrôleurs généraux des finances d'être fidèles aux commandements de Messieurs des comptes. Comme il voyait, quelques instants après, dans les dépôts, la signature de l'abbé Terray : « En voilà un, s'écria-t-il, qui n'a pas tardé à rompre son serment[7] ! » Terray n'était pas le seul de son espèce ; mais, quinze ans plus tard, à la veille de la catastrophe, le P.P. de Nicolay pouvait protester avec justice que sa Compagnie n'avait pas ménagé les avertissements.

Visites dans les dépôts.

---

1. Bib. Nat., ms. Mélanges Clairambault n° 494.
2. Voy. les extraits relatifs aux ducs de Bourbon, dans le ms. Fr. 22299 (anc. Gaign. 654 et 655).
3. Voyez le catalogue dans le ms. de la Bib. Nat., Lat. 17173, fol. 120 et 121.
4. Les continuateurs de Dom Félibien disent que le procureur général de Fourqueux (sans doute celui de qui viennent les manuscrits conservés à la Bibl. de l'Arsenal) leur a communiqué libéralement ses recueils d'édits, règlements, etc., mais que, n'ayant pu avoir entrée dans « de grandes archives, » parce qu' « elles n'étoient pas en ordre, et ne seront peut-être jamais, » ils ont dû recourir à des copies, et notamment à la collection de Mémoriaux Harlay-Coislin, conservée à Saint-Germain-des-Prés, (*Hist. de la ville de Paris,* t. III, préf., p. VI et VII.)
5. N° 737. Cf. *Historiens de la France,* t. XXII, p. 736 et suiv. L'alliance du greffier-plumitif Domilliers, homme très-studieux, avec Secousse dut encore aider à ces importantes communications. Secousse eut ses grandes entrées, puisqu'il fit communiquer au conseiller de la Cour des aides F.-B. Boulin les Mémoriaux qui pouvaient servir à compléter la Filiation de sa Compagnie. (Bib. Nat., ms. Mél. Clairambault n° 494 *bis.*)
6. N° 919.
7. *Mémoires secrets pour servir à l'histoire de la République des lettres,* 27 avril 1777.

CHAMBRE DES COMPTES.

Pertes subies par les dépôts.

On a souvent accusé les gens des comptes « d'indifférence ou de vandalisme, » et la juste susceptibilité des érudits a pu relever des preuves assez nombreuses de la dilapidation à laquelle les archives de la Chambre furent exposées de tout temps. Sans chercher des circonstances atténuantes autre part que dans les faits, et les faits les plus précis, sans dissimuler d'ailleurs que tout procédé de triage et d'élimination me semble plein de dangers et inconciliable avec les droits de l'histoire, j'ai déjà montré les embarras toujours renaissants du défaut de locaux et d'argent et leurs conséquences; je vais maintenant rapprocher les uns des autres quelques renseignements sur la nature des pertes que subirent en réalité les dépôts de la Chambre.

Tout d'abord, est-il des archives, soit de l'ancien régime, soit du nouveau, qui aient échappé à cette loi commune de déperdition? Le Trésor des chartes, le parlement lui-même et son greffe tant vanté en furent-ils plus exempts que d'autres[1]? Je ne parle point des Cours de province : il s'y passait des monstruosités indignes[2]. Étant donc admis que les mêmes cas se sont produits presque partout, mais qu'ils prennent ici une apparence plus grave, plus regrettable, en raison de l'importance des dépôts de la Chambre et de leur notoriété passée ou actuelle, il n'est pas sans intérêt de chercher dans quelles conditions tel ou tel fait s'est produit; comment, par exemple, on peut rencontrer sur un registre paroissial une feuille de compte de la Chambre aux deniers d'Henri III, sur ce volume des Archives nationales ou sur la couverture de ce terrier de la seigneurie de Goussainville un fragment de compte des guerres du quatorzième ou du quinzième siècle, sur ce carton de la Chambre des pairs une feuille de compte des rentes à côté d'un morceau de compte des boues et lanternes; comment les minutes originales des plus importantes lettres d'anoblissement, les minutes mêmes sur lesquelles se faisait l'enregistrement dans les volumes des Chartes, se retrouvent à la suite d'un répertoire de cette importante série exécuté sous Louis XIV[3]; comment, en 1648, un garde des livres de la Chambre pouvait coudre sans inventaire dans un magnifique fragment de compte de l'argenterie de 1359[4], après avoir délivré, en 1621, des extraits de comptes de l'Épargne dans des feuillets de comptes de l'hôtel de 1348[5]; comment encore il se fait que les savants éditeurs du tome XXII des *Historiens de la France*[6] aient retrouvé un rouleau des baillis et prévôts de l'année 1234 qui était en déficit dans les dépôts de la Chambre lorsque Brussel prépara ses listes de baillis; comment, en un mot, les choses sont arrivées à ce point que l'érudition s'estime trop heureuse aujourd'hui de rencontrer épars dans tous les fonds de nos Bibliothèques, dans les collections particulières, dans les cabinets d'autographes, à l'étranger ou dans les arrière-boutiques des regrattiers, des lots entiers de ces pièces dont la valeur, appréciée de tout temps, a centuplé pour nous.

Soustractions, tructions et ventes.

Bien que l'on prît toutes les précautions pour ne laisser d'autre issue ouverte que la porte où veillait le premier huissier, et que de sévères règlements enjoignissent aux correcteurs ou auditeurs de ne laisser aucune pièce en dehors des armoires et des pupitres disposés à cet effet[7], le Plumitif, pour les temps qui nous intéressent le plus spécialement, cite tantôt des vols commis par des personnes étrangères, et tantôt des faits à la charge des gens de la Chambre eux-mêmes. Beaucoup de soustractions devaient avoir un motif

---

1. Voy. le Mémoire de Dessales sur le Trésor des chartes et la *Notice* de M. Grün en tête du premier volume des *Actes du parlement*.
2. On lit dans les *Mélanges* du conseiller de Lamare (Bib. Nat., ms. Fr. 23251, n° 249) qu'un maître des comptes de Dijon transforma en chenets, pour son usage, une collection de matrices de sceaux des grandes maisons de Bourgogne.
À la Chambre de Rouen, la correspondance du procureur général avec le contrôleur général des finances, sous Louis XIV, ne nous montre que des dépôts insuffisants, mal gardés et exposés impunément aux soustractions. Voyez, dans *Les savants Godefroy*, p. 385, la description du chartrier d'Artois : un galetas de quinze pieds en carré, où gisaient pêle-mêle sacs et coffres, bourrés de titres, de sceaux brisés, de parchemins cassés, etc. On eût dit que tout cela avait été entassé de force, avec les pieds. Et cependant, ces provinces étaient vraiment attachées à tout ce qui leur rappelait une antique indépendance !
3. Bib. Nat., ms. Fr. 4139. Ce répertoire, précédé de considérations sur les anoblissements et leur enregistrement, est postérieur à 1668, et plus ancien de quelques années que celui du ms. Fr. 4834, où les naturalisations et légitimations sont aussi inventoriées, avec une table alphabétique.
4. Voy. le portefeuille PP 98.
5. Bib. de l'Institut, mss. Godefroy 143 et 144.
6. T. XXII, p. 565 et suiv.
7. *Journal*, 1ᵉʳ juillet 1534, et règlement du 22 novembre 1566.

NOTICE PRÉLIMINAIRE.

d'intérêt direct; c'est du moins ce qui semble vraisemblable pour les acquits des comptes d'Antoine Fayet ou les mandements joints aux liasses de la recette générale de Limoges[1]. Mais, en 1596, un auditeur avoue en plein bureau que sa femme, gênée par les vieux doubles de comptes entassés dans son grenier, a bien pu en vendre aux parcheminiers; ceux-ci les regrattent, et, vu la pénurie de parchemins de Bretagne, revendent comme neufs ces futurs palimpsestes[2]. En 1599, la Chambre envoie deux de ses huissiers saisir les voleurs qui ont « tiré furtivement quantité de parchemins des comptes du roi, par l'endroit d'une muraille présentement abattue, » et qui doivent les mettre en vente à la foire Saint-Laurent[3]. Les troubles de la Ligue avaient favorisé ces soustractions; de là sans doute la disparition, constatée en 1614[4], des acquits du receveur des rentes François de Vigny, que maintenant on retrouve dans tous les cabinets ou sur tous les catalogues de vente.

D'autres fois, ce sont des restitutions : le libraire Louis Vendôme apporte au bureau trois doubles de comptes, vieux d'un demi-siècle, qu'il a achetés d'une pauvre femme, et la Chambre retient l'un des trois, n'en ayant pas l'original[5]. Un inconnu rend au greffe un registre « qu'il dit lui être tombé entre les mains, et qu'il a reconnu avoir appartenu à la Chambre; » c'est l'original du *Protocole*[6]. Vers 1680, le greffier Richer restitue le troisième volume des Chartes des Anglais, perdu depuis longtemps ; mais il dénonce un autre registre du greffe passé de l'inventaire du procureur général Girard aux mains de l'auditeur Luthier de Saint-Martin[7]. Ce dernier fait, parfaitement prouvé, me permettrait peut-être de remettre en cause, avec Vyon d'Hérouval et ses collaborateurs, le successeur de M. Girard, Rouillé du Coudray, autre collectionneur érudit. Mais je me contente de rappeler la dangereuse complaisance de d'Hérouval à fournir à l'extérieur les documents les plus précieux, et de signaler de nouveau, dans le catalogue du procureur général en question[8], quelques originaux ou copies de registres célèbres.

Les registres, toutefois, avaient moins à craindre que les liasses d'acquits, si faciles à détacher, ou même que les volumes de comptes, dont la multiplicité rendait tout inventaire impossible ou illusoire. Voici, en 1678, un vol de peaux faisant partie des rouleaux de comptes anciens[9]. En 1682, des domestiques du premier président du parlement, aidés de quelques complices, pénètrent par un trou dans les dépôts ; ils y enlèvent soixante-sept volumes de comptes de l'extraordinaire des guerres, ce qui leur vaut la fustigation devant les degrés du Palais et devant ceux de la Chambre, puis le bannissement[10]. Ces soustractions criminelles, ou bien la tolérance dont jouissaient jusqu'à un certain point les gardes des livres, alimentaient un commerce bien connu : tantôt c'est un compte de la maison du roi et un de l'ordinaire des guerres, que la Chambre reprend dans une boutique de la rue de la Harpe, comme sortis de leur « dépôt naturel[11] ; » ou bien un libraire rapporte lui-même au parquet deux registres-journaux du Trésor de l'an 1342 et de l'an 1349[12]. La femme du relieur Pasdeloup fils vient, le 2 avril 1705, présenter une liasse d'acquits de la

---

1. *Plumitif*, 5, 6 et 9 août et 1er septembre 1583 ; 2 janvier 1587.
2. Ibid., 19 et 20 janvier 1596. « Ce jour, est comparu en la Chambre Me de Villemontée, procureur du roi au Châtelet de Paris ; auquel ayant été remontré l'abus et malversation qui se pouvoient commettre au débit et vente qui se faisoit par les parcheminiers de cette ville de Paris du vieil parchemin qu'ils raturent et regrattent, pour faire servir pour seconde fois, et que, cette licence leur étant permise et tolérée, il en pouvoit advenir de grands inconvéniens, et que, pour peu d'argent l'on pourroit adirer et faire perdre les titres des meilleures familles de Paris et les comptes comptables ; et outre, se pouvoit commettre de grandes faussetés, où le roi et public avoient grands intérêts ; et que la Chambre s'étonnoit qu'il n'y avoit donné ordre, attendu le rang qu'il tenoit en la police ; lequel a dit qu'il y avoit jà longtemps qu'il en avoit fait plainte, mais que le peu de parchemin qui se trouvoit à Paris, à cause des troubles, le rendoit si cher, que les greffiers, notaires et autres personnes qui l'emploient n'en pouvoient user, si leurs taxes et salaires n'étoient augmentés, ce qui avoit occasionné cette grande licence d'en user jusques à huy. Et à présent que les chemins commençoient à être plus libres pour en faire venir de Bretagne, il étoit sur le point d'en poursuivre règlement et, pour ôter la cherté du parchemin, faire faire défense aux greffiers, notaires et autres personnes de s'en servir, sinon ès actes portant hypothèques. Et, ledit règlement fait, feroit défenses à toutes personnes de plus en user, et auxdits parcheminiers de plus en faire regratter, vendre ni débiter. »
3. *Plumitif*, 9 août 1599.
4. Ibid., 31 juillet 1614.
5. Ibid., 30 janvier 1636.
6. Ibid., 31 décembre 1670.
7. *Journal*, 11 février 1694.
8. Bib. Nat., ms. Lat. 17173, fol. 120 et 121.
9. *Plumitif*, 28 mars 1678.
10. N° 635. *Journal*, 13 juillet 1682.
11. *Plumitif*, 31 janvier et 3 février 1689.
12. Ibid., 8 et 13 juillet 1699.

Chambre aux deniers, qu'un inconnu, embarrassé pour les vendre, lui a laissés entre les mains. Admonesté par le procureur général, le garde des livres répond que « ce désordre et beaucoup d'autres arrivent par la trop grande facilité que l'on a de laisser entrer toutes sortes de personnes. » La Chambre se hâte de renouveler les injonctions les plus sévères au premier huissier et au portier et fait défense à « tous imprimeurs, libraires, relieurs, parcheminiers et autres d'acheter des papiers et parchemins concernant les affaires du roi et de la Chambre, sans en avoir averti le procureur général. »

Vaines précautions ! C'est en ce temps-là que Gaignières, d'Hozier ou Clairambault, mis au fait des dépôts par leur ami d'Hérouval, purent acquérir des masses énormes de parchemins, et former, avec des milliers de mandements royaux, de quittances, de certificats, de rôles, de montres, ces belles collections dont la Bibliothèque s'enorgueillit aujourd'hui[1]. Et ils avaient force imitateurs, force rivaux, que nous connaissons moins, parce que leurs cabinets ont été dispersés !

Dépôts détruits par l'incendie.

Il est donc vrai que le mal existait depuis longtemps, et je reconnais que les pertes étaient déjà regrettables, énormes même, quand le terrible incendie raconté plus haut vint anéantir la partie des dépôts qui avait jusque-là le moins souffert. En 1450, le feu n'avait détruit qu'un petit nombre des registres, fort précieux il est vrai, conservés dans la chambre de France; en juillet 1630, le seul Plumitif du semestre précédent avait disparu; pas une pièce en 1682; mais, en 1737, si grand que fût le désastre au point de vue architectural, on peut dire que ce n'était rien en comparaison de la perte des dépôts incendiés. Tous regorgeaient de registres et de liasses : qu'on se rappelle ce que le greffe comprenait à lui seul[2]. Le garde des livres, qui occupait plusieurs locaux voisins, perdit, pour sa part, presque tous les comptes du domaine, les plus précieux, ceux que l'on consultait le plus souvent[3], et un nombre « infini, immense » de comptes de l'extraordinaire des guerres, de la marine, des galères, que leur valeur n'avait pas permis de reléguer dans les dépôts extérieurs[4]. Ces milliers de registres et de titres sur parchemin avaient été, ou engloutis dans les flammes, ou jetés à la hâte par les fenêtres, foulés aux pieds, dans l'eau et la boue, pendant deux jours, et enfin emportés pêle-mêle jusqu'à la place Royale. Ils ne restèrent que peu de temps sous les bannes que la ville avait prêtées à cet effet[5]. Des soins intelligents et patients purent encore retirer quelques fragments précieux, sinon des séries entières[6]; on a en outre la preuve que, malgré les injonctions d'un monitoire, des particuliers eurent l'habileté de soustraire de grandes richesses à ces monceaux d'apparence informe[7]. Mais, à la longue, la pourriture et l'infection devinrent telles, qu'il ne fut plus possible d'éviter une exécution nécessaire, et les débris du dépôt organisé sous les fenêtres du P.P. ne revinrent au Palais que pour être enfouis profondément dans la chaux[8].

---

1. Voy. L. Delisle, *le Cabinet des manuscrits*, t. Ier, p. 347 et 348. — Parmi les recueils moins connus et de formation beaucoup plus ancienne, je citerai trois volumes d'acquits et pièces justificatives des comptes d'un trésorier de l'extraordinaire des guerres, de 1569 à 1582. Ce recueil semble complet. Bib. Nat., mss. Fr. 7710-7712 (anc. suppl. Fr. 4742).
2. Voy., dans le *Plumitif*, un relevé du 9 juillet 1688, et ci-dessus, p. cviii.
3. Nous avons vu plus haut, p. cxviii, note 3, que cette série avait été mise à part dès 1665.
4. *Plumitif*, 11 juillet 1739. — La perte était telle, que le garde des livres estima à 900 liv. par an la diminution des profits qu'il faisait sur la délivrance des extraits aux procureurs. Cependant, une grande quantité de comptes que l'on avait cru brûlés, et qui n'étaient que communiqués aux procureurs, finirent par rentrer. (Ibid., 16 mars 1790.)
5. Voy. les quittances de fourniture des bannes, dans les papiers de la Ville, Arch. Nat., K 1051.
6. Voy. G. Brice, t. IV, p. 322, et le n° 796.
7. Un bénédictin studieux, dom J. le Noir, eut la patience de recomposer ainsi une soixantaine de volumes in-4°, représentant plus de cent mille titres, parmi lesquels étaient une grande quantité d'actes de foi et hommage ou d'enquêtes domaniales relatives à la Normandie, les mêmes peut-être que M. de Bréquigny alla plus tard transcrire à grands frais en Angleterre. Voy. Hippeau, *le Gouvernement de Normandie*, t. V, p. 488. — Beaucoup d'autres titres, qui doivent être de même provenance (parfois même ils portent des traces de feu ou de boue), reparaissent encore de nos jours, dans les ventes, dans les cabinets des collectionneurs. Le généalogiste de Courcelles dit, par exemple, avoir acquis de la collection d'un avocat au parlement, nommé Fabre, des rouleaux de comptes du treizième siècle et des quittances du quatorzième. Voy. *Généalogie de Jullien*, p. 5 et suiv. Enfin, on sait que Dom Pernot, religieux érudit du prieuré de Saint-Martin-des-Champs, alla recueillir chez les relieurs du Palais et de la rue Saint-Jacques les éléments d'une collection très-célèbre, collection qui fut merveilleusement classée, soit par les soins des Bénédictins, soit par ceux du ministre Bertin ; ce dernier voulait en faire comme un chartrier de la noblesse française, mais la Révolution ne l'épargna qu'à moitié. Voy. le 20me rapport du Bureau du triage des titres. Arch. Nat., AB v^e 4.
8. Arrêté de la Chambre du 26 novembre, n° 796.

NOTICE PRÉLIMINAIRE.

Il faut rendre justice à la Chambre, qui déploya une grande activité et ne recula devant aucune peine ou aucune dépense pour reconstituer de son mieux des dépôts non moins utiles au public et à l'État qu'à la Compagnie elle-même. Une commission de présidents et de maîtres, sous la direction supérieure de M. Nicolay, fut chargée de préparer le rétablissement des diverses archives et de pourvoir à toutes les conséquences d'une réorganisation à peu près complète. On commença par céder la place aux architectes qui demandaient instamment à jeter bas les bâtiments attaqués. La Chambre avait tout d'abord[1] ordonné le transport, tant aux Jacobins qu'aux Grands-Augustins, des comptes et acquits épargnés par le feu, du dépôt des Fiefs de la chambre d'Anjou et des registres des contrôles qui se trouvaient dans les chambres des auditeurs; mais il fallut en outre évacuer les chambres du Trésor, de Languedoc et de Champagne. Les comptes allèrent aux Augustins, ainsi qu'une partie des acquits; pour placer le reste, on vida la salle Barrin, qui était encombrée de rôles d'étapes, la plupart pourris et en si mauvais état qu'on dut les brûler dans une pièce voûtée[2].

La reconstitution des registres les plus essentiels à la Compagnie commença presque au lendemain de l'incendie; dès le mois de décembre, le cardinal de Fleury fit accorder une somme de 20,000 francs pour la transcription des Plumitifs[3]. Par un hasard heureux, le commis Domilliers avait gardé chez lui toute une série de doubles des registres qui appartenaient à sa charge: cinquante-deux volumes du Plumitif, dix de répertoires, les quatre des Créances et les trois du Cérémonial. Une déclaration royale ordonna la remise au greffe de ces registres, qui tinrent lieu d'originaux, après avoir été paraphés par MM. le Marié d'Aubigny et Cassini[4].

Pour les comptes de la recette des épices, on ne retrouva chez Armand Arouet que les doubles, signés et en bonne forme, de treize volumes relatifs à sa gestion ou à celle de son père depuis 1713; il les avait empruntés au greffe, sur récépissé. La Chambre en prescrivit la réintégration, ainsi que celle de divers arrêts ou procès-verbaux originaux retrouvés en même temps. Les registres de bourse commune avaient été détruits; mais un dépôt intéressant, celui des expéditions sur lettres patentes et arrêts demeurées en reste depuis 1587, subsistait en entier; il fut remis, en bonne forme, entre les mains du commis au Plumitif[5].

L'autorité royale fut invoquée pour la reconstitution des Mémoriaux et des Chartes. Une déclaration du 26 avril 1738 invita les détenteurs des titres enregistrés à la Chambre à représenter immédiatement leurs originaux, pour que la transcription en fût faite à nouveau et que les intéressés fussent assurés désormais de retrouver dans un dépôt public les documents « dont la perte exposerait leur état et leur fortune. » Particuliers, corps constitués, communautés laïques ou religieuses, séculières ou régulières, jouissant par la grâce royale de droits ou concessions quelconques, en vertu de chartes, lettres patentes, etc.; engagistes, acquéreurs ou échangistes du domaine royal, tous durent envoyer leurs titres au greffe des comptes, sans d'ailleurs employer le ministère des procureurs ni supporter les frais de transcription, pourvu que la représentation fût faite dans un délai fixé. La Chambre, de son côté, prit toutes les mesures voulues pour garantir et assurer les opérations. Douze conseillers maîtres furent chargés de recevoir les titres, d'en faire l'examen et la vérification, de constater à l'aide de l'ancienne table s'ils avaient été insérés aux Mémoriaux[6], de veiller à l'expédition, de collationner et parapher les transcrits, et enfin, de faire rendre les originaux, revêtus d'une mention spéciale. Tout était calculé pour calmer la défiance des détenteurs et les encourager à la communication, mais aussi pour prévenir l'introduction frauduleuse de titres douteux, insuffisants ou prescrits[7]. Les transcrits durent être immédiatement déposés au greffe, en liasses rangées par ordre chrono-

Reconstitution des registres détruits.

---

1. Arrêté du 4 février 1738.
2. *Plumitif*, 30 avril et 23 mai 1738.
3. Lettre du procureur général, déjà citée, n° 797.
4. Déclaration du 21 janvier 1738.
5. *Plumitif*, 20 mars 1738.
6. On reçut néanmoins une assez grande quantité d'actes qui ne figuraient pas dans la table, mais on eut soin de les distinguer par une mention spéciale.
7. Déclaration du 26 avril 1738; arrêtés de la Chambre du 23 mai 1738 et du 21 janvier 1743. — Suivant *la Pratique des Droits seigneuriaux* de la Poix de Freminville, il fut prescrit à tout acquéreur de seigneurie de faire faire un inventaire minutieux des titres qu'il y trouverait et de l'envoyer à la Chambre.

logique, jusqu'à ce qu'on reformât définitivement les registres ; seuls, les procès-verbaux d'évaluation et autres titres domaniaux qui ne rentraient ni dans la série des Mémoriaux, ni dans celle des Chartes, furent recopiés sur papier timbré.

La représentation, pour laquelle le délai primitif fut prorogé jusqu'au dernier décembre 1740[1], sembla d'abord donner un résultat assez satisfaisant, surtout de la part des communautés et des villes du ressort; mais ce zèle, provoqué et surexcité imprudemment, ne dura pas longtemps, et d'ailleurs il avait ses inconvénients, qui furent reconnus trop tard, lorsqu'on eut accepté bien des titres ou des textes suspects[2]. Il eût été moins dangereux et tout aussi productif de s'adresser de préférence, avant tout, aux dépôts publics et scientifiques, comme le Trésor des chartes, les greffes, les archives ministérielles, etc., ou aux collections particulières, mais authentiques, dans lesquelles il existait des copies anciennes d'une valeur incontestable[3]. Mais on recourut très-peu aux bibliothèques[4]. Puis, l'excès d'ardeur fit place à la négligence ; les déclarations, faute de pénalité suffisante, n'eurent plus d'effet sur personne, et les nouveaux Mémoriaux, moins complets même que certaines collections bien connues, ne renfermèrent peut-être pas la quinzième partie des anciens. Ces travaux de reconstitution sont toujours imparfaits, et la Cour des aides, après l'incendie de 1776, devait se trouver encore plus impuissante à rétablir ses registres secrets ou ses collections de lettres patentes. A la Chambre, le travail subit des longueurs interminables. En 1741, comme il avait déjà coûté près de 59,000 livres et produit plus de quatre-vingt-cinq mille rôles, représentant environ cent volumes de Mémoriaux ou de Chartes, sans compter les copies des Créances et du Cérémonial, les extraits faits pour dresser des tables[5], et enfin les pièces diverses, les commissaires se crurent arrivés au tiers de l'opération et promirent qu'elle ne durerait plus que quatre ans[6]. Mais, malgré l'affluence des copistes et le zèle des commissaires[7], malgré les sacrifices de la Chambre et les secours que le P.P. avait obtenus du cardinal de Fleury et du contrôleur général[8], cette prévision fut singulièrement dépassée. Non-seulement le travail durait encore en 1753, mais il fallut que la Chambre assignât, jusqu'à nouvel ordre, une somme annuelle de 6,000 liv., sur la recette des épices, pour l'entretien du bureau de rétablissement des registres[9]. La commission de conseillers maîtres continua à faire une compilation des tables et des registres du greffe, tandis que les auditeurs s'employaient à reconstituer le dépôt des Terriers, à mettre en ordre celui des

---

1. *Plumitif*, 27 janvier 1740. Après l'expiration des délais, on ne reçut plus les titres que par procureur et devant un bureau chargé d'en vérifier préalablement la valeur.

2. Voy. la correspondance échangée en 1764 entre le procureur général de Fourqueux et le ministre Bertin (Bib. Nat., ms. Moreau n° 360, fol. 32 et suiv.). M. de Fourqueux avoue que l'empressement à tout accepter n'a pas permis de se renfermer dans le cadre prescrit par la déclaration de 1738. « Des copies en forme spécieuse, datées du onzième siècle et faites sur des chartes beaucoup plus anciennes, ayant été représentées, on est parvenu, après beaucoup d'instances et de refus, à les comparer aux originaux. On a trouvé des différences et des additions considérables. On alléguoit, pour excuser les variations, la nécessité de corriger les fautes grammaticales des originaux; mais il étoit évident que les corrections avoient influé sur le sens et étendu sans bornes les droits résultant de ces anciens titres. »

3. C'est ce que M. Joly de Fleury père regrette qu'on n'ait pas fait, dans un long mémoire conservé parmi les papiers du Bureau du triage des titres; Arch. Nat., AB v° 4.

4. A la Bibliothèque du Roi, le ministre permit de consulter les inventaires, mais en réservant la communication et la transcription des pièces jusqu'à ce que l'opportunité eût été constatée, comme cela se passait au Trésor des chartes. (Arch. Nat., O¹ 268, fol. 475.) L'abbaye de Saint-Germain-des-Prés remit au P.P. un catalogue de tous les registres de la Chambre qui se trouvaient à Paris, chez les particuliers ou dans les établissements publics (n° 804); mais elle se garda de livrer son Mémorial original (voy. ci-dessus, p. x), ou bien on n'en prit pas une plus ample connaissance. J'ai déjà parlé du registre original de la bibliothèque Harléienne que Bréquigny offrait de copier, et dont le P.P. n'accepta qu'une vingtaine de pièces, qui sont restées dans les papiers de Moreau. (Voy. ci-dessus, p. xiv, note 5.) Enfin, M. Clément de Boissy ayant signalé, en 1774, une vente où la Compagnie pouvait acquérir près de six cents volumes manuscrits, de la Chambre, du parlement, de la Cour des aides ou du Trésor des chartes, l'opposition des correcteurs et auditeurs empêcha qu'on ne profitât de cette occasion. (*Plumitif* et *Journal*, 5 et 7 mars 1774.) Toutefois, il est probable qu'on fit quelques acquisitions de ce genre, puisque le fonds de la série P, aux Archives Nationales, renferme aujourd'hui un petit nombre de séries ou de volumes qui proviennent évidemment de différentes collections particulières du dix-septième siècle.

5. On a une certaine quantité de fiches faites à cette intention, P 2867-2876.

6. *Plumitif*, 23 mars 1741.

7. *Arch. Nicolay*, 49 L 20, 21, 23, 107, 108, etc.

8. *Plumitif*, 23 novembre 1737 et 27 janvier 1740.

9. Ce bureau était composé, outre le commis au Plumitif, d'un principal copiste, nommé Béatrix, qui rendit les plus grands services jusqu'en 1788, et de cinq commis. Il subsistait encore en 1791.

Fiefs et à y faire un nouveau répertoire par ordre alphabétique et par ordre de matières [1]. La Révolution seule interrompit le travail de transcription des Mémoriaux, dont le produit n'était pas encore réuni en volumes.

Les registres des Chartes ne furent pas reformés; les transcrits réunis à cette intention nous sont parvenus dans leur état primitif [2].

En reconstruisant la Chambre, l'architecte Gabriel n'avait eu garde de négliger les dépôts, voûtés pour la plupart et placés au rez-de-chaussée, dans de meilleures conditions que les anciens bâtiments; mais s'était-il abusé sur l'étendue des locaux? A peine installée dans son nouvel hôtel, il fallut que la Chambre sollicitât des mesures radicales. Par lettres patentes du 25 juin 1741, Messieurs des comptes furent chargés de faire *distraire, supprimer et rejeter* de leurs dépôts, « *de la manière et par les voies qu'ils aviseront bon être,* » tous les acquits des comptes d'impositions, fermes, octrois ou gages des Compagnies antérieurs à 1640, et devenus par conséquent *inutiles au service,* — après avoir toutefois réservé les édits, déclarations, arrêts, baux, etc. nécessaires pour sauvegarder les intérêts du roi ou du public [3].

Suppression des pièces inutiles.

C'était précis, et la responsabilité des gens des comptes se trouvait bien à couvert; pourtant ils ne purent se décider à exécuter ou même à enregistrer les lettres patentes qu'après avoir reçu l'assurance positive que le cardinal de Fleury et le contrôleur général approuvaient l'opération et permettaient d'employer le produit de la vente aux frais du triage [4]. On vendit donc des acquits; mais cet essai de débit dura peu, et il fut arrêté par l'intervention du chancelier Daguesseau, si bien fait pour comprendre la conservation des archives et l'importance des études historiques. Les collectionneurs avertis n'avaient pas tardé à retrouver ces pièces « inutiles » chez les beurrières ou les relieurs, qui les faisaient payer fort cher [5]; on savait d'autre part que les sceaux étaient détachés, fondus et vendus aux épiciers. Ce dernier fait, dont nous avons reconnu ailleurs la trop réelle exactitude, indigna le chancelier, et, au nom de son amitié pour M. Nicolay, il le pria de faire cesser « une destruction contre laquelle non-seulement les défenseurs des droits du roi, mais les amateurs de l'histoire, des généalogies et du droit public ne pouvaient manquer de s'élever hautement. » Un simple sursis, en opposition avec le texte formel des lettres patentes, ne suffit point à Daguesseau ; il obtint, en 1748, que toute vente cessât [6].

La Chambre s'y prêta d'autant plus volontiers, que certains des magistrats avaient accepté difficilement l'idée du triage pour des pièces « qui peuvent toujours être avantageuses au roi aux particuliers, et dont on ne reconnoît l'utilité que dans le moment que l'on en a besoin. » C'est là ce que répondit le P.P. à

---

1. Arrêté du 1er juin 1753, *Journal* et *Plumitif*. — En 1791, selon les notes du Bureau du triage des titres (Arch. Nat., AB v c 4), on comptait environ 180,000 pièces réunies pour les Mémoriaux et 60,000 collations de bénéfices, dons, provisions, engagements, etc.
2. Arch. Nat., cartons de la section Historique, K 164 à 175, et 176 à 193. Il est évident que les créateurs de cette section y ont fait entrer les transcrits de Chartes à cause de la similitude apparente avec le Trésor des chartes.
3. *Mémorial* P 2443, fol. 26 ; *Plumitif*, 11 juillet 1741.
4. Lettre du 2 juillet 1741, n° 807. L'enregistrement eut lieu le 1.E. — Nous verrons les mêmes procédés de « débarras » en 1791. Je me bornerai à ajouter que, par le temps de prétendue conservation où nous sommes, le principe subsiste encore de détruire, sinon de vendre, après un temps plus ou moins long, les documents dont l'accumulation paraît à redouter, et cette dilapidation est avouée à demi. Faut-il rappeler le nom de cette Cour impériale qui, en 1811, sur le rapport d'une commission spéciale et les conclusions conformes du procureur général, eût vendu tous les arrêts d'un parlement (50,000 liasses), si M. de Montalivet ne s'y fût opposé?
5. Le chevalier Blondeau du Charnage fut un des principaux acquéreurs. Dans le t. II de son *Dictionnaire des titres originaux* (p. 54 et suiv.), il raconte comment les parchemins, après l'incendie, se donnèrent d'abord à 4 sous la livre, pour monter plus tard à 6 liv. La moyenne était 3 liv., et, à défaut d'amateurs, les relieurs en donnaient 20 s. Éclairé par l'exemple du prieur de Saint-Martin-des-Champs, qui se fournissait de titres généalogiques chez « les relieurs, les faiseurs de requêtes, les épiciers, les beurrières, » Blondeau acquit en un an douze mille sept cent quarante-cinq pièces, que plus tard, en 1754, il vendit fort cher à la Bibliothèque du Roi. En six mois, il put refaire une collection, et, dès 1758, il revendait encore plus de quatre mille cinq cents titres. Désormais, il était le fournisseur breveté de la Bibliothèque, avec une sorte de pension annuelle du ministère, un dépisteur pour chercher les bonnes occasions, et même des jaloux ou des calomniateurs. Quand il publia son *Dictionnaire* (5 vol. in-12, de 1764 à 1774), il avait plus de soixante mille titres originaux, dont quinze mille quittances; mais son commerce ne se limitait pas aux provenances de la Chambre. Ses collections et celles de son neveu Jault finirent par revenir au Cabinet généalogique, en 1776 et 1777. (L. Delisle, *le Cabinet des manuscrits*, t. 1er, p. 555.)
6. N° 821.

M. de Séchelles, en 1755, lorsque ce contrôleur général, ne pouvant fournir de nouveaux dépôts et des emplacements immenses, lui demanda s'il n'était pas possible d'anéantir régulièrement, après un certain nombre d'années, les acquits « inutiles¹. » Telle était pourtant la situation, qu'il fallut enfin se rendre à l'évidence de la nécessité. L'encombrement augmentait tous les ans, et dans quelles proportions ! Un seul compte de rentes ne comportait pas moins de *vingt-cinq mille* pièces justificatives; chacun de ceux de la marine en représentait *soixante* ou *quatre-vingt mille*, et l'ensemble d'une seule année, pour le dépôt de la comptabilité, était évalué en moyenne à *douze cent mille* pièces². Que devenir, étant donnée la situation précaire des finances royales, que les contrôleurs généraux ne manquaient jamais d'opposer aux instances de la Chambre et du P.P. ? De nouvelles lettres patentes, du 9 juin 1776, autorisèrent à faire le triage des acquits antérieurs à 1720, en réservant toutefois, outre les pièces qui établissaient le droit des recettes et celui des parties prenantes, toutes celles, depuis 1666, sur lesquelles subsistaient des *souffrances*, des *parties rayées*, etc³. Ces lettres étaient rédigées dans les termes les plus honorables pour les gens des comptes : « Nous avons reconnu que notre confiance ne peut être mieux placée que dans les officiers de notre Chambre des comptes, qui, depuis plusieurs siècles, nous ont donné, ainsi qu'à nos prédécesseurs, des preuves de leur zèle et de leur attachement, soit par le meilleur ordre qu'ils ont constamment établi et maintenu dans ces différens dépôts, soit par l'activité et le travail continuel auquel ils se sont consacrés pour le rétablissement des titres précieux qui ont été détruits par l'incendie de 1737. » Mais, encore une fois, que faire devant cette « marée montante » qui eût débordé tous les bâtiments de la couronne les uns après les autres ? L'érudition la plus conservatrice eût-elle fourni un expédient?

Les lettres patentes furent enregistrées le 19 janvier 1778, et l'on commença l'exécution au dépôt des Jacobins en même temps que dans les fonds, récemment versés, de la Chambre des comptes de Blois⁴. La nombreuse commission nommée par la Chambre pour surveiller les opérations et présidée par le P.P. reçut encore en 1780 l'ordre de porter jusqu'à l'année 1750 la suppression des comptes jugés inutiles et de toutes les quittances et pièces accessoires sur lesquelles ne subsistait ni *partie rayée*, ni *débet clair*⁵. Elle fonctionna, à ce qu'il paraît, très-mollement, très-irrégulièrement⁶; la Révolution seule interrompit ses tristes travaux.

Collections formées par les particuliers. — Ajoutons tout de suite que bien des épaves précieuses furent sauvées. Depuis le commencement du siècle, les collectionneurs s'étaient multipliés, les uns pour l'art et la science, les autres pour le trafic, mais tous conservateurs par excellence. Blondeau du Charnage, son neveu Jault et Dom Pernot, prieur de Saint-Martin-des-Champs, avaient enrichi leurs cabinets du butin abandonné en 1741, et la Bibliothèque du Roi s'était heureusement trouvée en fonds pour racheter ces dépouilles opimes⁷. Cette fois encore, la Biblio-

---

1. N° 829. — C'est aussi ce qu'a exprimé, avec toute l'autorité de son expérience, M. de Laborde : « Onze mille six cent vingt-quatre liasses ou registres des comptes de la maison royale, anéantis comme papiers inutiles !.. Avec le peu qui reste, j'ai reconstitué jusque dans ses moindres détails, et avec mille particularités inattendues, le tableau des mœurs et des usages de plusieurs époques du moyen-âge... » (*Les Archives de la France*, p. 92.) Il s'agit ici, non pas d'une destruction imposée par la nécessité, mais de celle que consomma, par politique ou par ignorance, le gouvernement de 1792 et dont nous verrons plus loin les détails édifiants.

2. Voy. *Observations sur la suppression des Chambres de comptes*, 1790, p. 17 et 18. — Dès 1545, François Iᵉʳ était frappé de l'inconvénient qu'il y avait à faire un mandat en parchemin pour chaque partie payable sur l'Épargne. « Ce grand nombre d'acquits, disait-il, nous sont de grande dépense, à cause du parchemin, écriture, cire et voiture d'iceux; de grand'peine et occupation de temps aux secrétaires de nos finances à les signer, et à notre chancelier à les sceller et vérifier sur les rôles signés de notre main; et de grand travail, soin et danger aux trésoriers de notredite Épargne à les dresser, charroyer et garder jusques à ce qu'ils soient rendus en notre Chambre des comptes. » Il avait, en conséquence, substitué aux mandats un rôle en parchemin, faisant double avec les rôles originaux en papier, signés de la main royale, qui sont aujourd'hui conservés aux Archives. (*Mémorial*, lettres patentes du 7 avril 1545.) Mais ce n'avait été là qu'une réforme tout à fait accidentelle.

3. *Mémorial*, P 2515, fol. 46. Les considérants allèguent la difficulté de fournir les emplacements suffisants, la nécessité de maintenir les dépôts en sûreté et en bon ordre, malgré l'encombrement croissant, et la possibilité, grâce à la déclaration sur la comptabilité du 4 mai 1766, de diminuer de plus de moitié, sans aucun inconvénient, la surcharge des différents dépôts.

4. *Journal*, 30 juin 1779.

5. Lettres patentes du 19 juillet 1780, et *Plumitif* du 28 août.

6. *Plumitif*, 19 décembre 1788 et 16 mars 1790.

7. Voy. page précédente, note 5.

thèque et son Cabinet généalogique, Saint-Martin-des-Champs et ses archives nobiliaires[1], puis les collections privées, parmi lesquelles il faut citer celle du baron de Joursanvault, offrirent un asile à des quantités énormes de quittances, de montres, de chartes, dont le seul dépouillement, d'ici à longtemps, ne cessera d'épuiser des générations de travailleurs. L'historique de ces fonds offre un incident curieux :

En septembre 1784, les perquisitions pratiquées par la police chez l'abbé de Gévigney, garde du Cabinet généalogique de la Bibliothèque, firent découvrir non-seulement des volumes et des documents soustraits au dépôt dont il était le conservateur, mais aussi une immense quantité de titres provenant de la Chambre des comptes. L'abbé déclara qu'il les avait acquis, depuis trois ou quatre ans, chez les relieurs et les papetiers ; peut-être aussi en avait-il pris une partie dans les fonds cédés au roi par Blondeau et Jault. Pour se disculper, il dénonça d'autres personnes qui faisaient de semblables collections, entre autres un avocat du nom de Fabre, et surtout le sieur Caron de Beaumarchais, qui avait loué, chez les Capucins et les Jacobins de la rue Saint-Honoré ou dans d'autres couvents, d'immenses locaux pour entasser son butin et le détailler à loisir. Immédiatement, l'ancien lieutenant général de police Lenoir, qui était depuis un an garde de la Bibliothèque, fit mettre partout les scellés. La collection de l'abbé de Gévigney ayant été transportée à la rue Vivienne, pour reconnaître les objets soustraits, on trouva, comme provenance de la Chambre, des monceaux d'acquits, trente-trois rouleaux de comptes de la plus haute antiquité, cent trente-un paquets de mille pièces chacun, des provisions, des arrêts du Conseil, de la Chambre des comptes ou de la Cour des aides, treize mille sept cent trente-trois pièces de la Chambre des comptes de Blois, etc.; soit, soixante-quinze mille livres pesant. Quand l'inventaire fut fini, au commencement de 1785, la Bibliothèque prit possession du tout. Elle s'occupa ensuite des magasins de Beaumarchais restés sous les scellés depuis le mois de septembre. On ne voit pas au juste s'il y eut là une revendication, ou si ce fut le résultat d'une connivence singulière de M. Lenoir avec le spéculateur, comme le dit formellement un pamphlet contemporain[2]. Il semblerait, d'après l'interrogatoire de l'abbé de Gévigney, que celui-ci avait manœuvré pour faire acheter le fonds de Beaumarchais et y joindre ses propres collections, quelle que fût leur origine. Toujours est-il que l'auteur du *Mariage de Figaro* se prêta volontiers à une transaction. Le 12 mai 1785, il consentit que ses dépôts fussent dirigés sur la Bibliothèque, et envoya son neveu Guibert, avec un commis, pour faire les pesées, demandant seulement que « cet enlèvement fût ignoré, à cause des conséquences du bruit. » Il y avait soixante-onze mille quatre-vingt-deux livres de parchemins, que l'on paya 60,000 francs[3].

Nous savons aujourd'hui ce que contenait ce lot important, et l'érudition commence à en tirer parti, grâce aux travaux persévérants de la Conservation du Cabinet des manuscrits. Après en avoir extrait bon nombre de parchemins intéressants pour enrichir les dossiers généalogiques du Cabinet des titres, on est revenu à une simple division par nature de pièces. Plusieurs séries sont déjà classées chronologiquement, reliées et accessibles au public : 1° cinquante-cinq gros volumes de *Chartes royales*, renfermant plus de dix mille ordonnances, mandats de payement et rescriptions, depuis Philippe le Bel jusqu'à Louis XV; 2° dix-sept cents comptes de bouche et menus; 3° cent soixante-dix volumes de montres de gens de guerre, contenant environ quatorze mille pièces ; 4° neuf mille rôles de fouages[4]. Une cinquième série, la

Collections de Gévigney et de Beaumarchais.

---

1. Sur la formation de ce cabinet par Dom Pernot, voy. L. Delisle, op. laud., t. Ier, p. 555. Une faible partie de cette collection, vingt-deux paquets de quittances, sept de montres et un de commissions, serait entrée à la Bibliothèque du Roi; la Révolution aurait envoyé le reste aux Archives Nationales.
2. *L'an 1787. Précis de l'administration de la Bibliothèque du Roi sous M. Lenoir*, p. 10. Le pamphlétaire prétend que Beaumarchais et son neveu se réservèrent les meilleurs lots, et que l'acquisition de la Bibliothèque fut absolument « ridicule » et en dehors de toutes les formalités requises; mais, pièces en mains, il nous est facile de constater que l'affaire ne fut pas absolument mauvaise.

3. Arch. Nationales, dossier Y 11427. Voy. L. Delisle, *le Cabinet des manuscrits*, t. Ier, p. 551, et Ravaisson, *Rapport au ministre d'État*, p. 33, note. Ce dernier auteur a pensé, d'après un état des dépenses de la Bibliothèque du Roi conservé aux Archives, que Beaumarchais avait reçu commission de M. de Maurepas pour collectionner les parchemins de toutes provenances.
4. Les volumes les plus anciens contiennent presque exclusivement des pièces relatives à la Normandie, et il en est de même dans la plupart des collections formées antérieurement, aux dépens de la Chambre des comptes. Dépouillée de cette partie de son ressort, on conçoit qu'elle en ait rejeté de préférence les archives. M. Léopold Delisle,

CXXX   CHAMBRE DES COMPTES.

plus considérable, comprenant les quittances délivrées au Trésor et les autres pièces de comptabilité, se trouve actuellement en voie de formation ; il est probable qu'elle fournira de précieux renseignements pour l'histoire de la Chambre et des finances en général.

Suppression des Chambres des comptes.

Dans cet aperçu sommaire, il m'est arrivé plus d'une fois de faire allusion au sort qui attendait notre Chambre des comptes après cinq siècles d'une existence si utilement et si noblement remplie. Il faut donc dire comment une convulsion suprême fit disparaître l'antique juridiction et ne laissa subsister que quelques épaves matérielles du corps dont nous venons d'étudier l'organisation et le mécanisme.

La Chambre, qui avait dans son sein un certain nombre de partisans convaincus des idées de progrès et de réforme, offrit un concours, sinon enthousiaste, du moins très-sincère, à l'Assemblée nationale. Dans la réorganisation du gouvernement monarchique, elle pouvait espérer l'avènement d'une jurisprudence uniforme et de cette unité de juridiction que Messieurs des comptes avaient toujours réclamée et parfois approchée de très-près. Beaucoup d'esprits sérieux exprimaient en effet la nécessité d'une *Cour nationale de finances unique*, et la centralisation n'eût pas été inactive entre les mains des magistrats qui avaient sans relâche lutté contre le mal et indiqué les périls de la situation[1]. Mais le système destructif prévalut, et les mesures prises dès le mois de novembre 1789 contre la Sainte-Chapelle semblèrent, en ôtant aux Cours souveraines le *palladium* qui les abritait, leur présager le même sort. En effet, la liquidation des offices de magistrature commença dès le mois suivant[2]. Bientôt, l'abolition du régime féodal priva les Chambres des comptes de la majeure partie de leurs attributions et de leurs privilèges[3] ; puis, l'article XII du décret du 2 septembre 1790 annonça qu'elles « demeureraient supprimées aussitôt qu'il aurait été pourvu à un nouveau régime de comptabilité. » L'exécution ne fut pas aussi immédiate pour la Chambre de Paris que pour le parlement[4] ; il lui restait à subir les épreuves d'une longue année d'agonie, qu'elle employa, soit à assurer aux officiers le remboursement de leurs finances, soit à liquider la bourse commune de chaque ordre ou faire rentrer les sommes arriérées[5]. Un décret de l'Assemblée nationale, en date du 22 décembre 1790, interrompit toute présentation de comptes, interdit la consignation des épices pour ceux de l'année 1787 qui devaient être déposés avant le 31 décembre, et ordonna de restituer les sommes versées par anticipation[6]. Depuis lors, les séances, souvent suspendues par la gravité des événements, ne furent plus consacrées qu'à la présentation des avis de correction, à l'apurement de quelques affaires concernant des comptables condamnés, ou à la répartition des deniers en caisse et au règlement des diverses gestions[7].

Votée en principe le 2 septembre 1790, la suppression des Chambres des comptes fut enfin prononcée en 1791, à deux reprises différentes. Un premier décret du 4 juillet, promulgué le 25 août, ordonna que toutes fonctions cessassent du jour de la notification et que les directoires missent aussitôt les scellés sur les greffes, dépôts, mobiliers, etc. ; il devait être pourvu incessamment au remboursement des offices supprimés, selon le mode de liquidation adopté. Mais l'Assemblée avait négligé d'instituer une juridiction et des règlements nouveaux pour la reddition des comptes ; elle dut donc revenir sur son décret, discuter les diverses propositions soumises, décider qu'il n'y aurait pas de juridiction unique et que ce serait la Représentation nationale elle-même qui prononcerait l'apurement définitif[8] ; alors seulement, fut voté le décret

---

à qui nous devons la formation de ces séries, en a extrait, pour les *Mémoires de la Société de l'Histoire de Normandie* (1871), les matériaux de ses *Actes normands de la Chambre des comptes sous Philippe de Valois*. Cette savante publication suffirait à elle seule pour faire comprendre l'importance et le prix des documents de « rebut. »
 1. N°° 946, 947 et 950. Voy. ci-dessus, p. VI et XXIV.
 2. N°° 951, 952 et 957. Voy. ci-dessus, p. LIV.
 3. N°° 954 et 955.
 4. Le 6 septembre 1790, parut le décret de suppression des parlements. Celui de Paris tint sa dernière séance le 14 octobre, et il ne resta qu'une chambre des vacations, qu'un décret du 3 novembre maintint jusqu'à la nouvelle organisation judiciaire.
 5. N° 958.
 6. Par un autre décret du 17 février 1791, les officiers comptables supprimés les 12 et 14 novembre 1790 furent autorisés à faire liquider leurs comptes par l'ordonnateur du Trésor public.
 7. Voy. le dernier volume du *Plumitif*, Arch. Nat., P 2812 *bis*.
 8. Extrait du procès-verbal du 8 septembre 1791 : « Les

définitif du 17 septembre 1791. Le jour suivant était un dimanche; le lendemain, lundi matin, 19 septembre, les deux semestres tinrent une dernière séance avant les vacances annuelles[1]. Après avoir examiné une réclamation des administrateurs que Monsieur avait chargés de régir ses biens en son absence, puis un avis de correction sur les comptes de la recette générale de Bordeaux, on rendit un dernier arrêté, au rapport de M. Clément de Boissy, portant qu'il serait payé à Mlle Denys, sur les épices et revenants-bons, une somme de 8,000 livres, comme complément des frais de l'*Armorial*[2]. Ce vote terminé, on se sépara.

Le second décret de suppression ne fut promulgué que le 29 septembre; mais, dès le lundi 19, le P.P. avait reçu une lettre par laquelle le duc de la Rochefoucauld-Liancourt, comme président du département de Paris, lui notifiait l'exécution prochaine et urgente de la loi du 25 août. MM. Garnier et Thion de la Chaume devaient y procéder, en compagnie de M. de Pastoret, procureur général-syndic, avec « tous les égards dus à des magistrats qui ont bien mérité de la chose publique. » M. de Nicolaÿ répondit par un billet dont M. le Marié d'Aubigny nous a conservé le texte, protestation suprême, pleine d'une triste majesté. Le 22, M. de Pastoret notifia officiellement la loi et annonça que le directoire avait commis MM. Cretté et Thion de la Chaume pour fermer les dépôts[3]. Le même jour, le décret fut envoyé au greffier en chef, et, bien qu'il fût matériellement impossible d'en donner connaissance aux magistrats déjà dispersés, les scellés furent mis partout[4]. Au bout d'une semaine, par décret du 29 septembre, qui fut promulgué le 12 octobre, l'Assemblée nationale autorisa le directoire à faire lever ceux qui étaient apposés sur les livres et papiers, à nommer des gardiens provisoires et à délivrer les expéditions, conformément au décret précédemment rendu pour le parlement. Cette mesure ne fut pas exécutée avant le mois suivant, et alors elle rencontra de la part des auditeurs une résistance qui doit honorer à jamais cet ordre. Prévenus le 2 novembre, par l'administrateur du département, que la levée des scellés se ferait le lendemain et que le directoire avait nommé pour gardien provisoire un ancien commis de l'auditoriat, MM. de Malezieu et Rahault, commissaires aux fiefs, trouvèrent le moyen, en vingt-quatre heures, de réunir les auditeurs leurs confrères et de transmettre au gouvernement une protestation contre toute violation de dépôts qui importaient trop essentiellement « au bien de la chose publique, à la conservation des propriétés, comme à l'état civil des citoyens, » pour que les Comités pussent être admis à y puiser selon leurs besoins, ainsi qu'on agissait dans les autres Cours[5]. Ils faisaient valoir, à côté de l'intérêt général, celui des particuliers : « Chaque individu propriétaire de biens-fonds composant la Nation françoise est personnellement intéressé à la conservation de ces mêmes dépôts, puisque, suivant l'ancien droit des fiefs, on ne connoissoit en France nulle terre sans seigneur, nul fief sans seigneur dominant ou suzerain, et nul propriétaire de fief qui ne dût fournir, à chaque mutation, à son seigneur dominant, et de seigneur en seigneur jusqu'au roi, principe et point central de toute souveraineté, un état par tenans et aboutissans de ses fiefs, arrière-fiefs et héritages composans; d'où il résulte que, tous lesdits états étant fournis graduellement au roi pour tout le royaume, vérifiés par la Chambre des comptes et déposés dans les dépôts dont est question, chaque propriétaire de biens-fonds est assuré, en cas de contestation sur sa propriété, d'en retrouver dans lesdits dépôts la contenance, les limites ou les tenans et aboutissans, lorsqu'il est en état de suivre la gradation féodale, depuis le fief dont il relève jusqu'au fief mouvant du roi. » Cette protestation

Fermeture de la Chambre.

Protestations des auditeurs.

---

uns vouloient qu'il fût établi un tribunal unique pour recevoir les comptes et juger le contentieux de ces comptes, que ce tribunal fût composé de quarante-un juges, que les juges fussent élus par le peuple. D'autres vouloient qu'ils fussent pris parmi les membres des ci-devant Chambres des comptes, ou qu'ils fussent nommés par le roi. Après une très-longue discussion, qui a été renfermée sur le point de savoir s'il y auroit ou non un tribunal unique pour la comptabilité, l'Assemblée a décrété qu'il n'y aura pas de tribunal unique. »

1. Il n'y avait point eu de réunions du 9 au 15 septembre;
deux avis d'entérinement de correction, le 16 et le 17.
2. N° 962.
3. N°* 963 et 964 et dernier.
4. Ils avaient été apposés dès le 15 octobre 1790 au parlement, par la Municipalité venue solennellement et en corps. Les scellés avaient du moins l'avantage de protéger les documents contre l'Administration générale des domaines, à qui les décrets du 22 novembre 1790 et du 18 janvier 1791 permettaient de mettre tous les titres et renseignements en réquisition.
5. La loi du 7 mars 1790 l'avait annoncé.

fit gagner quelques jours; mais, le 9 novembre, arriva une sommation de livrer les clefs des Fiefs et des Terriers, faute de quoi les agents du directoire feraient ouvrir les portes par un serrurier. M. de Malezieu notifia de nouveau, par acte notarié, le refus de son ordre, ajoutant, entre autres moyens dilatoires, que l'Assemblée n'avait donné de pouvoir à ses commissaires délégués que pour les « registres et papiers de la Chambre, » c'est-à-dire le dépôt de la comptabilité. Le 12 novembre, seconde sommation; le 14, autre refus, déclaration d'opposition, nouvelle protestation de l'ordre et lettre de M. de Moncrif, où il était dit, par façon de considérant, que l'incendie des chartriers d'un grand nombre de châteaux et la dispersion des archives des abbayes et maisons conventuelles rendaient plus précieux encore les dépôts confiés aux auditeurs; ceux-ci en appelaient au roi, comme pouvant seul les décharger de leur engagement. Mais, le même jour, MM. Thion de la Chaume et Glot, commissaires du département, s'étant présentés à la Chambre, firent ouvrir les bureaux des auditeurs par le premier huissier de Léris et enfoncer à coups de marteau le tiroir contenant toutes les clefs des deux dépôts et de l'armoire des inventaires. Le 16, les deux commissaires aux fiefs ayant fait comparaître M. de Léris par-devant le notaire, pour rendre compte de ces faits, protestèrent contre les opérations du département, surtout contre le défaut de tout inventaire, et envoyèrent les pièces au ministre de l'Intérieur. « Voilà, disaient-ils, comme, en un instant, les titres les plus précieux du royaume sont passés, des mains d'une Compagnie respectable et qui avoit la plus grande responsabilité, en celles du département de Paris, qui n'en a fait ni inventaire ni récolement! C'est avec une véritable douleur que nous faisons parvenir ces faits à M. le ministre de l'Intérieur, le suppliant de les faire passer sous les yeux du roi, pour que S. M. puisse reconnoître notre fidélité et l'attachement sincère de MM. les auditeurs des comptes pour sa personne sacrée[1]. » Nous verrons un peu plus loin ce que devinrent ces dépôts et les autres archives de la Chambre; quant au personnel de la Compagnie, il se trouva bientôt dispersé par la tempête révolutionnaire. Un très-petit nombre de magistrats, sept en tout, furent proposés par le ministre des Contributions publiques pour faire partie du Bureau de comptabilité qui devait désormais vérifier les comptes et préparer les opérations de révision et de jugement définitif réservées à l'Assemblée. Deux seulement, M. de Prisye, conseiller maître depuis 1783, et M. Brière de Surgy, auditeur depuis 1785, furent nommés par le roi, avec le procureur des comptes Denormandie. Les douze autres membres furent pris dans les fermes, les régies ou l'administration supérieure des finances. M. de Prisye, en raison de son rang, fut le premier élu président du Bureau; il mourut quelques mois plus tard. M. de Surgy fut vice-président[2]. A la Trésorerie nationale, un autre membre de la Chambre, M. du Tramblay, figura en tête des commissaires.

Exécutions révolutionnaires.

Les événements survenus entre 1789 et 1791 ne laissaient plus de place aux espérances patriotiques que le P.P. de Nicolay avait partagées quelque temps avec une partie de la haute noblesse et des chefs de la magistrature. D'ailleurs, tout entier à ses devoirs envers sa Compagnie, il avait refusé de se mêler à l'action politique des États généraux et s'était borné à remettre, en offrande à la patrie et au roi, ses pensions de 10,000 livres, outre une contribution volontaire de 25,000 l., sur le produit net de son revenu[3]. Après la suppression de la Chambre, il se consacra à sa famille et habita alternativement Saint-Germain-en-Laye, où sa belle-mère, la marquise de Novion, était mourante, Rouen et l'hôtel de la place Royale. C'est dans cette dernière demeure qu'il passa les six premiers mois de 1793; mais la mort de Mme de Novion l'avait rappelé à Saint-Germain, quand le Comité de sûreté générale l'y fit arrêter, le 22 brumaire (12 novembre 1793), et l'envoya à la prison du Luxembourg, « pour mesure de sûreté publique. » Quel était son crime? Peu de temps auparavant, il venait de verser à la Caisse des emprunts volontaires une somme de 150,000 livres. Mais nos traditions disent qu'il avait écrit pour Louis XVI un mémoire

---

1. Voy. les pièces originales aux Arch. Nat., AB v ^e 4. Celles qui ont été imprimées se trouvent dans la dernière boîte de la collection le Marié d'Aubigny.
2. Voy. la loi du 12 février 1792, et M. d'Yanville, la Chambre des comptes, p. 320.
3. N° 948.

NOTICE PRÉLIMINAIRE. CXXXIII

de défense très-court, inspiré par le plus pur dévouement, par la reconnaissance la plus profonde des hautes faveurs dont le roi l'avait comblé et des bienfaits prodigués durant trois siècles à huit autres générations de Premiers Présidents. M. de Nicolay et ses illustres et vénérables compagnons de captivité étaient de ces criminels que réclamait Fouquier-Tinville, comme « masqués en patriotes pour en imposer au peuple, et, sous les apparences d'un zèle patriotique immodéré, voulant déchirer l'empire, pour le livrer aux despotes coalisés et à toutes les horreurs d'une guerre civile ! » En juillet 1794, les détenus du Luxembourg, accusés d'une prétendue conspiration par les plus vils dénonciateurs, comparurent, en *fournées* de cinquante ou soixante personnes, devant le tribunal révolutionnaire. M. de Nicolay se retrouva, à l'audience du 19 messidor, à côté du président Perrot, l'ancien avocat général que j'ai eu l'occasion de citer, et du fils de ce magistrat, jeune homme revêtu de la survivance de la charge. Les soixante-un accusés furent condamnés à mort, comme « coupables d'avoir conspiré contre la liberté et la sûreté du peuple en provoquant, par la révolte des prisons, par l'assassinat et par tous les moyens possibles, la dissolution de la Représentation nationale et le rétablissement de la royauté et de tout autre pouvoir tyrannique. » L'exécution eut lieu le soir même, sur la place du Trône. Deux jours plus tard, le fils aîné du P.P., emprisonné depuis le 12 octobre, comme *otage*, subissait le même sort sur cette même place; trois mois auparavant, Aymard-Charles-François de Nicolay, ancien premier président du Grand Conseil, avait précédé son frère et son neveu.

La Chambre ne fut pas frappée en corps, comme l'avaient été plusieurs parlements; mais, outre les trois victimes du 19 messidor, elle perdit sur les échafauds de Paris deux conseillers maîtres, MM. Puy de Vérine et Brillon de Saint-Cyr, et trois auditeurs, MM. Bellet, Ogier et de Moncrif. Ce dernier, âgé de soixante-quatorze ans et entré en fonctions dès 1744, était un des magistrats les plus actifs et les plus estimés de la Compagnie; il fut exécuté, avec son fils, le 9 thermidor, à la veille de la réaction.

Le Bureau de comptabilité proposé dès le mois de mars 1791 et annoncé par le décret du 4 juillet suivant, pour faire la vérification des comptes, avait été constitué par le titre II du décret du 17 septembre. Il devait avoir quinze membres, divisés en cinq sections, et nous avons vu où furent pris ces commissaires. Avant que le décret du 8-12 février 1792 réglât définitivement l'organisation du nouveau corps, on songea à l'installation matérielle. Plusieurs membres trouvaient impolitique de conserver les locaux de la Chambre et craignaient de montrer le désir de s'identifier avec un établissement ci-devant royal; d'ailleurs, deux tribunaux de police correctionnelle s'y étaient déjà introduits, et ils seraient difficiles à déloger. Cependant on se résigna provisoirement, par raison d'économie; en attendant que les tribunaux voulussent bien se transporter au Châtelet, la salle des correcteurs donna asile au Bureau, qui tint sa première séance le 1er février 1792. Un mois plus tard, grâce aux décrets du 8-12 février et du 29 suivant, le provisoire devint définitif. On renonça à se transférer, avec les immenses dépôts des comptes, dans l'église des Feuillants, reconnue insuffisante, et les commissaires furent autorisés à prendre les dispositions nécessaires pour l'installation des bureaux et pour l'ameublement, sous la surveillance de l'Assemblée nationale. L'appropriation fut facile; on respecta même, pour quelque temps, les souvenirs de l'ancienne Chambre. Mais, quand les idées eurent progressé, les commissaires chargèrent l'architecte de détruire « quelques signes de royauté, qui ne devaient plus blesser des yeux républicains, » et de les remplacer par la flamme tricolore et l'inscription que la Commune avait décrétée[1]. Ce ne fut que plus tard encore qu'on se débarrassa au profit du Musée de divers tableaux, parmi lesquels était un *Christ* de Dumont *le Romain*[2]. D'autres restèrent en place et, de succession en succession, arrivèrent à la Cour des comptes actuelle. Cette conservation était due en partie à quelques anciens serviteurs de la Chambre que le Département n'osa ou ne put expulser de leurs postes : le portier, qui tenait sa place depuis un demi-siècle; le garde des livres, Rolland, vieillard infirme, mais suppléé dans le service actif par son commis, et, quand ce commis eut été conduit à Sainte-

Installation du Bureau de comptabilité.

---

1. Séance du 8 juillet 1793. 2. Séance du 26 germinal an III.

Pélagie, par son gendre, que le Bureau invita à se tenir à la disposition du public[1]. La garde des anciens greffes avait été laissée au commis, Drouard du Bousset, qui remplit fidèlement son mandat[2]; mais, avec le temps, le Bureau se lassa de la présence de ce témoin importun, et il le fit sommer, par un arrêté du Comité des finances, de restituer locaux et dépôts. Du Bousset était alors commis dans les bureaux de l'Agence temporaire des titres; sur ses observations énergiques et devant ses refus persistants, la Commission de justice, police et tribunaux fit sceller, le 9 brumaire an III, tous ceux des dépôts du Greffe dont le Bureau de comptabilité ne se servait pas. Ce fut sans doute à la suite de cette opération que fut rendu le décret du 28 pluviôse, et que les registres du greffe passèrent dans une des sections des Archives récemment créées par Camus, sans avoir beaucoup souffert du vandalisme qui venait de disperser, dilapider et détruire les dépôts de la comptabilité.

Destruction des dépôts des comptes.

Nous avons vu comment les auditeurs, par leurs protestations réitérées, avaient pu convaincre les nouvelles autorités de la nécessité de sauvegarder les titres conservés aux Fiefs ou aux Terriers. L'intérêt du domaine et de la Nation y était aussi directement engagé, si ce n'est plus, que celui des particuliers: ces dépôts subsistèrent et formèrent un des premiers fonds des Archives Nationales. Mais celui du Garde des livres, par la nature de ses pièces plus purement « monarchiques » et historiques, ou par sa subdivision dans des locaux séparés, était voué d'avance à un triste sort. Sur la proposition de Condorcet une première loi fut adoptée par l'Assemblée nationale, le 24 juin 1792 :

« Considérant, disait-elle, qu'il existe dans plusieurs dépôts publics, comme la Bibliothèque Nationale, dans les greffes des Chambres des comptes, dans les archives des chapitres à preuves, etc., des titres généalogiques *qu'il serait dispendieux de conserver et qu'il est utile d'anéantir*. Art. I. Tous les titres généalogiques qui se trouveront dans un dépôt public, quel qu'il soit, seront brûlés, etc[3]. »

Deux mois plus tard, le 19 août 1792, un décret de l'Assemblée nationale ordonnait enfin la levée des scellés apposés depuis un an sur les archives des Chambres des comptes ou des autres tribunaux qui en faisaient les fonctions, pour en tirer les pièces de comptabilité nécessaires à l'apurement des comptes. L'article VI portait cette disposition spéciale : « Toutes les pièces de comptes définitivement jugés et soldés, ou qui remonteraient à une date antérieure à trente ans, seront rejetées des dépôts et *brûlés, comme papiers inutiles*. » Dans les départements, l'opération était confiée aux directoires; mais à Paris, pour les dépôts de l'ex-Chambre ou du ci-devant Conseil du roi, elle fut réservée au Bureau de comptabilité. Celui-ci nomma aussitôt des commissaires, MM. Colliat, Ramond, Brière de Surgy et Perchet de Cimery, pour préparer l'exécution du décret. Rendons-leur justice : ils y mirent quelques tempéraments. Brûler n'eût rien rapporté à la Nation, et ces parchemins ou ces papiers représentaient une valeur réelle, dont il était facile de tirer parti par la vente aux enchères, par le reblanchiment[4], ou enfin par la transformation en cartouches pour le service de l'artillerie[5]. Trois membres[6] furent donc chargés de solliciter un nouveau décret, que la Convention vota le 3 octobre : « Les comptes et pièces supprimées ne seront pas brûlés; mais les papiers et parchemins provenans de ces suppressions et les sacs qui les renferment seront vendus à l'enchère. . . . Les commissaires chargés desdites suppressions sont autorisés à mettre à la disposition du ministre de la Guerre et du ministre de la Marine les parchemins et sacs dont ils auront besoin pour le service de l'artillerie. — Sont exceptés de la vente les comptes définitivement jugés qui constateraient un

---

1. Séance du 16 juillet 1793.
2. Il avait reçu de M. le Marié d'Aubigny un médaillon en marbre qui avait été inventorié dans les effets de la Chambre, et il l'avait fait transporter chez lui; mais il le rapporta au Bureau le 7 floréal an II, comme appartenant à la Nation et devant rentrer au Garde-Meuble.
3. Voy. le texte dans Bordier, *Archives de la France*, p. 327, et dans l'étude de M. Boutaric sur le *Vandalisme révolutionnaire*, ap. *Revue des Questions historiques*, octobre 1872, p. 348-349.

4. Desmarest, de l'Académie des sciences, ayant offert un procédé pour reblanchir, on lui permit de l'expérimenter sur le premier volume du compte de l'Épargne de 1614.
5. Séances des 19 et 22 septembre et 2 octobre 1792. Lettre du ministre de la guerre Servan, annonçant qu'il accepte l'offre des cartouches faite par son collègue des Finances, Clavière.
6. Cette mission fut donnée à MM. Regardin, Denormandie et de Saint-Aubin.

NOTICE PRÉLIMINAIRE.

débet envers le Trésor public, quoique ces comptes aient une date antérieure à trente ans, sans cependant que les recherches contre les comptables puissent se porter au-delà de cent années[1]. »

Les commissaires se mirent aussitôt à l'œuvre dans le dépôt des Cordeliers, la seule des deux annexes qui eût subsisté[2]. Il fallut d'abord l'arracher à la section de Marseille (autrement dite de Marat ou du Théâtre-Français), qui avait déjà pris possession du couvent et commencé à démolir les rayons et tablettes sur lesquels les comptes étaient placés. Lutte difficile, où le directoire du département, intervenant au nom de la Nation, ne put obtenir qu'un sursis jusqu'à la fin de la vente des papiers et parchemins. Les deux dépôts, celui de la Chambre et celui des Cordeliers, ne comprenaient pas moins de cent dix mille volumes, et le travail des commissaires, après qu'ils eurent fait rentrer les comptes en déplacement, se fit sur les bases suivantes. On réserva les comptes des domaines; ceux du Trésor ne furent conservés qu'à partir de 1750, soit pour servir à une révision, soit parce qu'ils donnaient la suite des aliénations du domaine royal; dans la série des parties casuelles, on épargna les comptes relatifs à des offices non encore liquidés, ainsi que ceux qui avaient trait aux droits de féodalité supprimés, « pour ne pas laisser circuler, en les mettant en vente, des vestiges de droits féodaux dont pourraient abuser les hommes mal intentionnés. » Quant aux comptes des fermes générales, comme il était question de poursuivre la compagnie en restitution de profits illicites, on garda tout à partir de 1769. Les documents relatifs aux rentes sur l'État ne furent réservés que depuis 1750; mais, un peu plus tard, quand vint la loi sur le Grand-Livre, on suspendit l'encan, déjà commencé, des titres et contrats de constitution, pour « ne pas exposer en vente des comptes qui perpétueraient les traces des anciennes rentes que la Nation voulait éteindre; » il n'y avait plus qu'à chercher le moyen de « faire disparaître ces pièces sans danger pour la Nation, » ainsi que les papiers des parties casuelles devenus inutiles depuis les nouvelles lois sur la liquidation des offices et la rentrée en possession des domaines engagés ou aliénés. Quant aux registres de présentation et de distribution des comptes, ou à ceux des états finaux et des contrôles, on ne réserva que les plus récents, et, dans les bordereaux de comptes, un de chaque espèce, pour donner une idée de toutes les comptabilités[3].

Conformément aux termes de la loi du 3 octobre, les commissaires entreprirent de faire extraire les pièces des sacs où elles étaient renfermées, pour séparer les parchemins des papiers; mais, faute de fonds spéciaux, ils durent s'arrêter dès le 24 octobre, et Cambon les autorisa à faire faire le travail par entreprise. Avant que la vente commençât, le ministre de la Marine envoya des officiers examiner les parchemins et réserver ceux qui avaient un pied et plus de longueur[4]; il fit enlever ainsi, du seul dépôt des Cordeliers, pour faire des gargousses d'artillerie, trente-sept mille sept cent vingt-cinq livres pesant et deux cent soixante-sept sacs. Le ministre de la Guerre avait demandé aussi qu'on fît des ballots « composés de manière qu'il ne fût pas possible de rassembler les feuilles; » mais ses mandataires ne se présentèrent point, et ce service ne prit ni papiers ni parchemins[5].

La vente se fit enfin; les deux premières vacations, du 19 et du 26 novembre, rapportèrent à la Caisse de l'extraordinaire 1,715 liv. 14 s. pour huit mille trois cents livres de papier, et 7,609 liv. 6 s. pour seize mille sept cents livres de parchemin. Mais, entre le 26 novembre et le 3 décembre, une intervention inespérée put se produire.

Vente des comptes et acquits.

---

1. Décret promulgué le 7 octobre, et contresigné par Lebrun et Danton.
2. Les deux dépôts extérieurs existaient encore concurremment le 19 mars 1790; mais on ne trouve plus d'autre mention de celui des Jacobins. Peut-être les opérations de déblai pratiquées depuis 1776 avaient-elles fait assez de place pour qu'on se contentât d'une seule annexe.
3. Rapport du 6 ventôse an II.
4. Séance du 23 octobre 1792. — La même opération se fit à la Chambre des comptes de Rouen.
5. La manœuvre fut régularisée dans toute la France par une loi du 14 janvier 1793. Voy. M. de Laborde, les *Archives de la France pendant la Révolution*, notes, p. 222. « Il en résultera, disait le ministre, une grande économie, un soulagement pour le peuple, et toute considération particulière doit s'effacer devant l'avantage de détruire des titres dont la saine philosophie demande l'anéantissement. » — On sait qu'une partie des gargousses ainsi formées ont été retrouvées dans les arsenaux, il y a quelques années, et rendues à la science. Ce sont généralement des fragments de comptes du quinzième siècle. (Arch. Nat., K 530 ⁹ à 530 ¹³. Voy. le *Moniteur officiel*, 4 oct., 2 et 3 nov. 1854.)

Intervention de la commission des Monuments.

Avertie de la vente par les affiches publiques, la commission dite des Monuments ou des Savants[1] s'était enfin émue, et elle avait obtenu, par l'entremise du Comité d'instruction publique, une permission d'envoyer immédiatement au dépôt des Cordeliers six de ses membres, Ameilhon, Poirier, Puthod, d'Ormesson, de Bure et Mercier. Reçus le 28 novembre par M. de Saint-Aubin et le vieux Rolland, sous la surveillance de soi-disant hommes de peine délégués par le département, ils commencèrent l'examen d'une pile, mesurant huit toises cubes environ, de parchemins et de registres destinés à la vente prochaine. Dans cette première visite, malgré le manque d'aides et la difficulté d'aborder des monceaux aussi élevés, de manier des volumes qui pesaient parfois quinze ou vingt livres, de décoller les feuilles adhérentes par l'humidité, ou de lire des titres dans la demi-obscurité du chœur de l'église, les commissaires parvinrent à retirer une soixantaine de volumes, des comptes du quatorzième ou du quinzième siècle, des pièces intéressantes pour l'histoire, pour les monnaies, pour les finances, etc. Quant aux piles de papiers, ils ne les jugèrent pas « dignes d'une attention particulière. » Leur conclusion fut qu'il serait possible, avec quelques ouvriers, d'exécuter le même travail sur les piles au fur et à mesure qu'on les préparerait pour la vente, et que les hommes chargés du triage conformément à la loi pourraient eux-mêmes faire une première séparation des volumes remarquables par leur vétusté ou la forme du parchemin. « Le citoyen Saint-Aubin paroîtroit ne pas s'y refuser. » Et ils ajoutaient discrètement : « Il auroit été peut-être à désirer qu'on pût conserver, pour la forme de comptabilité, quelques modèles des comptes de chaque siècle, en choisissant un compte sur vingt ans, soit au hasard, soit suivant l'importance des évènemens historiques qui avoient pu augmenter les dépenses militaires dans une année plutôt que dans une autre; mais ce choix paroîtroit difficile, ou présenteroit l'apparence de la conservation d'un trop grand nombre de volumes... Si la commission le désire, on peut provisoirement réserver, parmi ce qui reste, quelques-uns des comptes de l'extraordinaire des guerres ou de la marine, ou particulièrement ceux des hôpitaux et des Monnoies, sauf à ne conserver par la suite, dans ces articles réservés, que ceux dont un examen plus approfondi assureroit l'utilité. » Mêmes conclusions pour les parchemins restés à la Chambre : « C'est là qu'on peut retrouver les choses les plus curieuses par leur antiquité et utilité pour l'histoire[2]. »

Opérations de triage.

Transmis le jour même au Comité d'instruction publique et déféré par celui-ci à la Convention, le rapport devint un décret, qui suspendait la vente, déjà arrêtée par le froid, et chargeait la commission des Monuments de « séparer les objets qui pourraient intéresser l'histoire, les sciences ou les arts[3]. » Deux commissaires, Poirier et Mullot, furent nommés pour présider au triage; ils commencèrent l'opération le 4 décembre, au lendemain de la troisième vacation et au moment où la Marine se faisait faire une livraison. Ils devaient continuer chaque jour, de manière à ne pas interrompre la vente; mais était-ce praticable, et pouvaient-ils mettre à leur examen la même célérité que les agents du Bureau de comptabilité déployaient à vendre tout pêle-mêle, afin d'évacuer plus tôt les Cordeliers ou de procurer de l'argent à la Nation, des gargousses à l'artillerie? Cette précipitation destructive, la rigueur extrême de la saison, les incommodités du local, la crainte de se rendre « suspects de royalisme et de féodalisme, sous prétexte que, dans les objets réservés, il était parlé de rois, de reines, de ducs, comtes et barons, » peut-être aussi les préjugés historiques et politiques des commissaires eux-mêmes, ne leur permirent pas de donner suite à leurs intentions premières et de « conserver pour la Nation les monumens les plus intéressans pour l'histoire, surtout de la marine, de l'artillerie et de tout ce qui concerne la milice françoise à des époques où les historiens, même contemporains, nous laissent une infinité de choses à désirer[4]. » Il ne semble pas que rien ait été sauvé aux Cordeliers.

---

1. Sur la composition de cette commission, voy. Boutaric, op. laud., ap. *Revue des questions historiques*, oct. 1872, p. 343.
2. L'original de ce rapport est conservé aux Archives Nationales, F¹⁷ 1263, et il a été publié en entier par M. Boutaric, dans son étude déjà citée, p. 377-380.
3. Décret du 27 novembre 1792.
4. Déposition des commissaires, Arch. Nat., AB v⁵ 4, et second rapport, du 27 août 1793, publié par M. Boutaric, loc. cit., p. 381.

NOTICE PRÉLIMINAIRE.

La vente reprit sans autre interruption. Au 25 mars 1793, elle avait produit plus de 157,000 livres, et le Bureau demanda une allocation pour continuer une exécution « si heureuse » dans les dépôts de la Chambre même. Le 10 mai, la Convention ayant accordé 15,000 livres, les opérations reprirent avec célérité, après que la Guerre et la Marine eurent envoyé de nouveaux officiers pour prélever leur part[1]. Le Bureau eut cependant l'attention de prévenir les Savants, et Poirier se transporta à la Chambre. Il y trouva le même désordre qu'aux Cordeliers, ayant été précédé par les ouvriers de la Comptabilité et par les envoyés de l'artillerie; tout au plus avait-on mis à part ce qui avait paru le plus ancien[2]. Dans ce « tas, » lui et ses collègues Ameilhon et d'Ormesson choisirent quatre cent soixante-cinq registres, représentant tous les genres de comptes, depuis Philippe-le-Bel jusqu'à Louis XV. Ils se hâtèrent de soustraire cette proie si minime au Bureau de la comptabilité, avec l'autorisation de l'Assemblée[3].

Pour assurer le succès de la vente, le Bureau n'avait rien négligé cette fois, et une circulaire avait invité les présidents des quarante-huit sections de Paris et les directoires des dix départements les plus voisins à multiplier les affiches[4]. Au jour dit, 1er juillet, la première vacation eut lieu et produisit 17,455 livres. La troisième fut la plus forte, elle monta à 34,413 livres. La vente se faisait dans le grand vestibule de la Chambre; un membre du directoire devait présider, mais, la plupart du temps, il ne vint pas et fut remplacé par les quatre commissaires désignés comme assistants par le Bureau de comptabilité.

Au milieu de l'opération, la commission des Monuments fit demander les comptes des Ligues suisses, sans doute pour servir à la liquidation déjà engagée avec nos voisins; le procureur-syndic du département et le ministre des Affaires étrangères insistèrent aussi pour la conservation de cette série et des pièces à l'appui. Le Bureau s'empressa de répondre qu'on avait eu soin de faire réserver tout ce que la loi exemptait de la vente; que d'ailleurs les dépôts étaient ouverts à toute heure pour les « Savants, » et qu'on les verrait avec plaisir y faire des recherches utiles[5]. Mais plusieurs registres de la série étaient déjà enlevés, et l'on n'en put sauver que quelques-uns. L'exécution générale fut aussi complète que possible, grâce à l'avidité des marchands, qui se disputaient le parchemin à 3 francs la livre; en comprenant les dépôts du Conseil[6], elle produisit une somme totale de 443,017 francs 18 sols, sans compter les parchemins livrés à la Marine. Il ne restait plus que les pièces pouvant aider à la poursuite de plus de 104 millions de débets, et celles qui, primitivement réservées pour la liquidation des offices, avaient été rendues inutiles par les lois promulguées depuis lors[7].

Le sort de celles-là ne devait être décidé que plus tard; en l'an V, sur la demande du ministre des Finances, le Bureau de comptabilité indiqua comme bons à « supprimer » onze mille sept cent soixante volumes ou sacs, dont il nous est resté l'état détaillé[8]. Après une seconde révision sans doute, ce chiffre fut augmenté, et on livra au Bureau du triage des titres quatorze mille cinq cents articles, plus deux caisses rapportées de Châlons-sur-Marne par les commissaires, et enfin une « quantité d'autres registres et liasses mis en réserve par la ci-devant commission des Monumens, qui étaient d'anciens comptes des maisons et menus plaisirs des ci-devant rois et reines de France et princes du sang, depuis Charles VI jusqu'à Louis XV, comptes de quelques domaines et autres pièces de ce genre. » Heureusement, le Bureau du

---

1. Le département de la Marine montrait une avidité insatiable. On le voit encore, à la date du 2 floréal an III, demander au Bureau des parchemins inutiles. Mais il ne restait plus rien.
2. Voy. sa lettre originale, du 28 juin (Arch. Nat., F¹⁷ 1263), publiée par M. Boutaric, p. 380.
3. Voy. le rapport du 27 août 1793, et l'état détaillé de ces registres, Arch. Nat., M 718. Cf. les articles portés sur l'*Inventaire méthodique des Archives*, col. 359-370.
4. Séance du 27 juin.
5. La commission commençait à être mal vue : le ministre de l'Intérieur l'accusait de manquer de *sobriété*, et on la remplaça bientôt par une commission *temporaire* des Arts. Voy. Boutaric, p. 353.
6. Les dépôts du Louvre, de Sainte-Croix-de-la-Bretonnerie, de la maison Sérilly et des greffes du Conseil et du bureau des finances.
7. Rapport du Bureau à l'Assemblée nationale, 24 février 1794. Voy. C. d'Yanville, *la Chambre des comptes de Paris*, p. 328 et 329.
8. Arch. Nat., M 718. Ce lot comprenait 3987 articles de comptabilités diverses antérieures à 1692, beaucoup de pièces de la Chambre de Blois, qu'on avait activement « éliminées » depuis un an, des états au vrai, des états de finances, 3612 registres du contrôle général antérieurs à 1759, 393 comptes du Trésor, etc.

triage déclara susceptibles de conservation, outre ce dernier lot, qui alla aux Archives Nationales après le triage, tous les volumes et liasses concernant les domaines du ressort de Blois. On ne livra au représentant de l'Intérieur que cent vingt-cinq mille livres pesant, à refondre et à convertir en papier[1].

Après avoir terminé la vente chez eux, les commissaires de la Comptabilité, MM. Colliat, Regardin, le Clerc de Saint-Aubin, Denormandie et autres, furent expédiés pour présider au triage des comptes des Chambres de province, retirer toutes les pièces qui prouvaient un débet, les envoyer à Paris, au Bureau, et, quant au reste, faire exécuter la loi du 19 août. Leurs opérations ne furent ni moins importantes, ni moins désastreuses dans les archives de ces Chambres ou dans celles des bureaux des finances ; en outre, ils avaient été devancés, en bien des lieux, par les directoires ignorants ou les administrations fanatiques des districts[2]. Mais du moins ils sauvèrent quelques caisses de titres domaniaux, en les faisant transférer au Bureau, d'où, plus tard, l'arrêté du 8 frimaire an II les fit passer aux Archives Nationales[3].

Agence et Bureau du triage.

A cette époque, un revirement tardif se fit enfin ; la Convention ou le gouvernement crurent qu'il était encore temps et qu'il serait généreux de revenir sur une mesure aussi absurde dans son vague que pernicieuse dans ses résultats. Au nom de l'intérêt public, une commission spéciale entreprit de « mettre des bornes au zèle *estimable* qui eût voulu tout livrer aux flammes et faire disparaître jusqu'aux moindres vestiges des monuments d'un régime abhorré. » L'Agence temporaire des titres ou le Bureau du triage, prenant la succession de la commission des Savants, se chargèrent de sauver tout ce qui pouvait intéresser l'histoire, les sciences et les arts. Mais Agence et Bureau opérèrent à leur façon, et d'ailleurs tant de ruines étaient déjà consommées ! On a prétendu que le gouvernement révolutionnaire avait eu soin de ne comprendre dans les ventes ou les auto-da-fé de 1793 que des « documents presque entièrement dépourvus de valeur historique ou littéraire ; » on a dit que, « à Paris, la destruction n'avait porté que sur des documents qui ne méritaient pas d'exciter des regrets. » Sans sortir de mon sujet, je crois avoir prouvé le contraire de ces assertions par le simple bilan des opérations faites dans les archives de la Chambre des comptes, et j'ai suffisamment indiqué la part qui revient soit au Bureau de comptabilité, soit à la Convention. On a vu aussi que les conservations partielles, bien minimes, ne furent dues qu'à l'intervention toute privée des quelques savants qui composaient la commission des Monuments. Quant à tenir compte aux destructeurs de ce qu'ils ont respecté la partie domaniale des dépôts de la comptabilité ou celle qui avait trait au recouvrement des débets, ce serait s'abuser étrangement : l'intérêt et les nécessités financières étaient leurs seuls mobiles[4].

Les dépôts des Fiefs, des Terriers et du Greffe.

Le 23 frimaire an II, deux commissaires du Conseil exécutif provisoire, Castel et Susane, escortés des chefs de section des nouvelles Archives Nationales, Cheyré et Mallet, se présentèrent à la Chambre, pour faire le triage et l'enlèvement ordonnés par la loi du 12 brumaire dans le dépôt des Fiefs et Terriers, qui était confié, depuis le 28 octobre 1791, à Pierre-François Domicille. Au nom des intérêts domaniaux et historiques, ce gardien argua des termes de sa prise en charge pour s'opposer à tout enlèvement ; mais il consentit que les commissaires préparassent la répartition entre les deux sections des Archives, quitte à s'en référer ensuite à la décision du ministre de l'Intérieur. Le 25, lorsque les quatre délégués reparurent, ils trouvèrent le citoyen la Chevardière, vice-président du département, qui déclara que les dépôts de la Chambre n'avaient été confiés qu'au département, qu'ils n'étaient pas nommés dans les lois relatives à la prise de possession par les Archives Nationales, et que seule la régie des domaines pouvait avoir des droits sur eux. On se retira[5].

---

1. Boutaric, p. 383 et 384.
2. Voy., sur les travaux exécutés à Nancy par Saint-Aubin, M. de Laborde, op. laud., p. 222 et suiv.
3. Séance du 11 nivôse an II.
4. Même dans le rapport de Grégoire à la Convention, sur ces opérations qui dès lors furent flétries du nom de *vandalisme*, M. Boutaric fait remarquer avec justesse (p. 327) qu'il n'est pas question de la destruction des dépôts d'archives publics ou particuliers. L'art avait peut-être repris ses droits ; mais on ne pouvait encore pardonner à l'histoire de représenter un passé proscrit. Camus le dit en propres termes : « On prit pour base de ne laisser rien subsister de ce qui porterait l'empreinte de la servitude, mais de conserver tout ce qui pourrait servir à constater la propriété, soit publique, soit particulière, ou servir à l'instruction. » Quoi qu'il en soit, ce fut là l'origine des Archives Nationales, organisées par la loi du 7 messidor an II.
5. Arch. Nat., M 718.

NOTICE PRÉLIMINAIRE.   CXXXIX

Le 29 brumaire an III, le Comité des archives autorisa l'Agence du triage à lever partout les scellés, et cette opération se fit le 29 frimaire à la Chambre. Dès le 3 ventôse suivant, le Bureau de comptabilité demanda que, conformément à l'article 12 de la loi du 28 pluviôse, on le débarrassât le plus tôt possible de tous les papiers étrangers à ses travaux[1]. Malgré ses insistances et faute de voitures (elles étaient toutes réquisitionnées pour l'extérieur), ce ne fut qu'en prairial et fructidor que l'Agence, de concert avec deux délégués du Bureau, put enlever les titres[2]. C'étaient sans doute ceux du dépôt des Fiefs. De l'an V à l'an VI, la plus grande partie des terriers et des autres séries indivisibles de registres partirent à leur tour pour le dépôt domanial du Louvre, où on leur fit place en détruisant les pièces judiciaires envoyées par le ministre de l'Intérieur[3].

Les 23 et 24 brumaire an VII, nous voyons le garde Cheyré accuser réception des Mémoriaux antérieurs à l'incendie, qui étaient encore en portefeuilles, de la suite jusqu'en 1783, des Plumitifs, des Arrêts, du *Répertoire doré*, du Cérémonial, du Journal et de presque toutes les collections du greffe. Ces versements du Bureau du triage des titres s'étaient faits successivement, à diverses reprises; il avait également remis plusieurs centaines de volumes, portefeuilles ou cartons d'aveux et hommages, une autre centaine de volumes du huitième denier ecclésiastique, cent quatorze cartons de minutes de reventes de biens de l'État, etc.[4] Comme le Bureau se plaignait encore d'avoir à sa charge des fonds plus considérables que ceux qu'il venait de livrer, il est probable que les opérations de transfert, et aussi de destruction, continuèrent; petit à petit les Archives Nationales recomposèrent à peu près le dépôt des Fiefs, celui des Terriers, celui du Greffe[5], tandis que les documents de comptabilité, indignement trafiqués, allaient enrichir indifféremment les relieurs, les épiciers ou les collectionneurs[6]. De ceux-là, je le répète, l'État ne conservait que les quelques centaines de volumes sauvées par la commission des Monuments, ou les fragments de séries laissés au Bureau de comptabilité et transmis par ce dernier à la Cour des comptes, qui les a presque entièrement perdus dans l'incendie de 1871.

En fait, le Bureau, qui avait si généreusement livré la plus belle partie de l'héritage de ses prédécesseurs, ne tarda pas à s'apercevoir que ces utiles archives lui faisaient défaut, qu'il ne pouvait s'en passer, et qu'il était urgent de réparer le mal. D'abord, il fit nommer par le Comité de salut public un archiviste, le citoyen Gilles, qui s'installa le 8 prairial an II. Puis, on s'occupa de mettre en ordre les épaves de la destruction, et, parfois, d'y adjoindre des collections indispensables, trouvées de côté ou d'autre, telles que les notes et observations sur la comptabilité séquestrées chez un auditeur émigré, Louvel de Valroger[7], la série de lois qui avait appartenu à l'ordre des auditeurs, et quelques autres recueils du même genre qui étaient encore au greffe en 1795[8].

Archives du Bureau de comptabilité.

---

1. Loi du 28 pluviôse, ch. III, art. 12. « L'Agence temporaire des titres fera transporter, sur la réquisition du Bureau de comptabilité, tous les titres, registres et papiers, étrangers à la comptabilité, existans dans les dépôts de la ci-devant Chambre des comptes de Paris, en présence des commissaires du Bureau de comptabilité, qui sont autorisés à retenir tous les livres, manuscrits et pièces relatifs à leur administration. »
2. Arch. Nat., Papiers du Bureau du triage, AB v^e 4.
3. Ibid., AB v^e 2; M 718, état détaillé de trois cent soixante-deux volumes venant des Fiefs ou des Terriers.
4. Arch. Nat., M 718.
5. Les alternatives de vie ou de mort qui accidentèrent la translation de ces divers fonds expliquent ce qu'il y a de peu rationnel dans la classification imposée par le garde des Archives à la série P. De plus, les agents du Triage, qui parlèrent un moment de faire une descente dans les dépôts judiciaires du parlement, pour voir ce qu'il y avait à « conserver ou rejeter en masse, » ces agents commirent certainement bien des dilapidations officielles dans les parties les moins solides, les moins résistantes, des fonds livrés par le Bureau de comptabilité. Tout ce qui était minutes,
pièces originales, feuilles volantes, dans le dépôt du Greffe, tout cela disparut, et c'est à peine si l'on en retrouve quelques débris, mis de côté pour leur importance dans les cartons de la section dite Historique, qui s'est formée par ces procédés.
6. On peut voir dans le *Traité des matériaux manuscrits*, t. Ier, p. 326 et suiv., quelles épaves Monteil, suivant pas à pas les errements de Blondeau du Charnage, sauva à sa manière. Il faut citer aussi les cabinets d'Hozier, de Courcelles, de Saint-Allais, etc., dont les dépouilles enrichissent aujourd'hui des spéculateurs d'un ordre inférieur.
7. Séance du 22 pluviôse an II.
8. Arrêté du Comité des finances du 15 vendémiaire an III. — Le Bureau ne s'appropria pas toutes les collections des auditeurs, puisque beaucoup de volumes, manuscrits et imprimés, qui portent l'*ex-libris* de l'ordre, se trouvent aux Archives Nationales, classés dans la bibliothèque ou dans différentes séries des dépôts. Quant au recueil de lois, il est probable qu'il ne valait point la collection formée par M. le Marié d'Aubigny et appartenant aujourd'hui aux Archives.

Les commissaires voulurent même, en l'an V, reprendre au dépôt domanial du Louvre ou au Bureau du triage des titres, non-seulement les tables et répertoires du greffe de l'ancienne Chambre, mais tous les registres, Plumitifs ou Mémoriaux, les minutes d'arrêts, etc., qu'ils avaient commencé à livrer, et qui leur étaient maintenant indispensables, disaient-ils, pour leurs travaux d'apurement de l'ancienne comptabilité; ils prétendaient d'ailleurs avoir droit à cette remise en vertu de l'article 6 du chapitre Ier de la loi du 28 pluviôse an III. La demande fut mal accueillie, soit par Cheyré, soit par le Bureau du triage, qui répondit longuement à Camus, garde des Archives de la République, et qui prouva sans peine combien l'allégation d'utilité pour les travaux de comptabilité était futile[1], combien il eût été dangereux d'exposer les manuscrits à de nouveaux risques. MM. de Villiers, Jouenne, Berger et Mars, membres du Bureau, se refusèrent à laisser sortir de leurs mains, pour quelque considération que ce fût, les titres déposés sur récépissés. Camus, de son côté, établit en principe que les Archives Nationales ou la Bibliothèque devaient conserver tout ce qui intéressait l'histoire, les Archives judiciaires tout ce qui était jugement, et les Archives domaniales tout ce qui pouvait aider à reconnaître les objets domaniaux.

En vain, les commissaires revinrent à la charge, répétant qu'ils étaient « le centre unique, le point de réunion de toutes les comptabilités publiques, anciennes et nouvelles; » que les objets réclamés n'étaient sortis des mains de la Comptabilité que par « inadvertance, la majeure partie sans inventaire ni décharge, et qu'ils faisaient partie intégrante, ou du moins fort essentielle, des pièces et matières de comptabilité; qu'ainsi c'était rétablir et faire repasser d'un dépôt dans un autre dépôt public ce qui n'aurait jamais dû en sortir, si la rapidité des opérations du triage avait permis d'en examiner toutes les parties. » Mais, dans cette seconde lettre, ils réduisaient déjà la portée de leurs réclamations, et le tout aboutit à une conférence que Drouard du Bousset et le commis Renard eurent avec les commis des Archives et du dépôt domanial. Les envoyés de la Comptabilité ne demandèrent, comme nécessaires au service de leur commission, qu'une table des registres par ordre de matières et deux volumes de tables des provisions et réceptions de comptables de 1634 à 1790. On les leur accorda sans peine. Probablement, du Bousset ne fut pas fâché de laisser ses anciennes archives sous la garde des hommes qui, tant bien que mal, avaient su les sauver[2].

Les Archives Nationales restèrent donc en possession de leur butin, qu'elles accrurent peu après des derniers volumes, registres, extraits ou tables du parlement, de la Chambre, des Conseils, de la Cour des aides, etc. qui se trouvaient encore au dépôt des Cordeliers[3].

Je ne veux pas faire ici l'historique du Bureau de comptabilité[4], ni des transformations que ce tribunal

---

[1]. Voici le principal passage de cette lettre remarquable : « Avant la Révolution, aucune des Cours n'avoit (par la nature, l'étendue et l'importance de ses attributions) été, comme la Chambre des comptes, dans l'obligation de multiplier les différentes sortes de registres qui y étoient tenus. S'il eût existé dans les greffes de la Chambre des comptes des registres *uniquement* consacrés à la *ligne de compte*, sans y comprendre d'autres objets relatifs, soit à l'ordre public, soit à des intérêts particuliers, étrangers à la comptabilité, il n'y auroit aucun inconvénient à les remettre aux commissaires : ils seroient aussi utilisés dans leurs mains, qu'ils se trouveroient inactifs dans les nôtres. Mais ces registres cumulent à la fois les détails des différentes fonctions de la Chambre des comptes ; ces fonctions se rapportent à diverses administrations ou à plusieurs établissemens littéraires, et ces circonstances nous paroissent ordonner impérieusement le dépôt de ces registres dans un point central, où seront données, sans déplacement, toutes les communications demandées, tant pour le service public, que pour l'intérêt des citoyens. Quant aux Mémoriaux, nous ne pouvons nous défendre de quelque surprise, en voyant la facilité avec laquelle on en fait la réclamation. Ces manuscrits sont connus et cités comme étant les registres les plus anciens, les plus complets, les plus intéressans sur l'histoire de la France et sur le mode de son administration depuis plusieurs siècles. Telle étoit, en effet, la nature de l'institution de la Chambre des comptes, que, sans avoir une part directe et active dans le gouvernement, la *ligne de compte* attiroit à sa juridiction tous les objets d'ordre public, et faisoit de ses registres une espèce d'*immatricule* des titres et des événemens. Cette observation, qui est commune à toutes les Chambres des comptes, est encore plus particulièrement applicable à celle de Paris, qui longtemps a été unique, et dont le ressort comprenoit encore en 1789 les deux tiers du territoire de la France. Ces Mémoriaux font un tout indivisible ; on ne peut en confier aucuns, sans les exposer à être égarés, comme l'ont été en différens temps plusieurs registres du Trésor des chartes et du parlement, dont la communication avoit aussi eu pour objet quelque raison d'utilité publique. »

[2]. Pièces et correspondance signées de MM. Regardin, Féval, Saucourt, Goussard et Colliat, ap. Arch. Nat., AB v² ; messidor et fructidor an V.

[3]. Lettre du ministre de l'intérieur à Camus, 16 pluviôse an VI.

[4]. Les états des premiers travaux de vérification sont conservés aux Arch. Nationales, dans les papiers du Comité

NOTICE PRÉLIMINAIRE.

subit jusqu'à ce que Napoléon Ier en fît enfin la Cour des comptes, où devaient prendre place nombre de magistrats et d'héritiers des officiers de l'ancienne Chambre, tandis que d'autres étaient appelés aux premières dignités de la justice ou aux plus hauts postes des finances. La Cour se trouva tout d'abord tellement encombrée par l'arriéré de travaux provenant du Bureau ou des anciennes Chambres, qu'il fut question, paraît-il, de livrer aux flammes les amas immenses de pièces et de documents de toute nature[1]; mais, heureusement, l'heure du vandalisme était passée. Tout au contraire, le premier président, M. de Barbé-Marbois, prit à tâche de reconstituer des archives avec les débris des anciens dépôts du Greffe, ou du moins avec ce qui n'avait pas été versé aux Archives Nationales. En même temps qu'on recherchait les pièces imprimées, on parvenait à racheter quelques-uns des registres qui avaient été dispersés : onze volumes magnifiques contenant des extraits des Mémoriaux, de 1137 à 1599; une autre copie en dix-huit volumes de pièces contenues aux Mémoriaux de 1322 à 1737, avec des tables chronologiques; cent neuf volumes (les doubles sans doute) des Mémoriaux de 1737 au 17 novembre 1790; enfin, sept volumes des Chartes et trente-six cartons de pièces détachées[2]. En 1812, la Cour ayant pris possession du dépôt des Carmes, qui contenait encore un grand nombre de liquidations du temps de la Révolution, et d'un autre dépôt considérable placé dans un hôtel de la rue Mignon, l'église abandonnée des Barnabites, dans la Cité, fut assignée pour réunir ces archives[3]. On y fit des galeries, qui prirent les noms de Colbert, Nicolay, Turgot, l'Hospital, et Machault. Par arrêté du 25 février 1815, un conseiller référendaire, M. Duchesne, érudit infatigable, fut chargé de faire un inventaire, qu'il termina en décembre 1819. Ce travail, aujourd'hui détruit, formait quatre volumes. Des travailleurs, tels que Monteil ou Isambert, purent dès lors être admis dans le dépôt[4].

Suivant un rapport du 25 janvier 1830, les archives de la Cour étaient classées dans les anciennes galeries et salles de la Chambre dont les noms suivent : galerie de Médicis (comptabilité antérieure à 1791), salles du Contrôle (tous les documents historiques de comptabilité et d'ordre intérieur de l'ancienne Chambre), galeries Henri IV et de Jérusalem, galerie de l'Arcade (fermes ou régies générales remontant à 1771 et registres-journaux de la compagnie des Indes), galerie des Combles du Nord (registres doubles du contrôle général des finances remontant au seizième siècle). Les papiers de comptabilité « susceptibles de suppression » occupaient six autres pièces : galerie de Henri III, salle de Nazareth, salle des Communes, galerie des Arcades, galerie du Trésor, salle de la Buvette. Enfin, la Cour avait deux dépôts en dehors de son hôtel : celui des Barnabites et celui de la Sainte-Chapelle (dix-sept cent quarante-trois cases), où étaient encore déposées les archives du parlement.

En 1842, la Cour céda à la Préfecture de police l'hôtel auquel étaient attachés tant de souvenirs, pour s'installer dans le palais monumental du quai d'Orsay. C'est là, en mai 1871, que les incendiaires de la Commune ont achevé l'œuvre de destruction commencée par leurs prédécesseurs de 1792. Après le vandalisme révolutionnaire et ses actes raisonnés, motivés, légaux, est venue la rage destructive des bandits de 1871. A tels pères, tels fils! On peut dire que la Chambre des comptes a souffert doublement; tandis que le feu consumait, avec une partie du Palais de justice, tout l'ancien hôtel des comptes et ses annexes, sauf le portail et l'Arcade de Nazareth, les flammes détruisaient, dans le palais du quai d'Orsay ou au dépôt de la rue de Lille, les archives dont nous venons de raconter la reconstitution, et en portaient les débris aux quatre coins de l'horizon.

Par une circonstance fortuite, quelques centaines de volumes ou de liasses qui avaient été mises à l'abri

Incendie de 1871.

---

de salut public, AF II 91. La comptabilité antérieure à la Révolution ne fut définitivement liquidée, telle quelle, qu'en 1801, lorsque furent créés deux bureaux supplémentaires, et qu'on eut donné des attributions de dernier ressort à cette Commission de comptabilité.

1. Yanville, p. 332.
2. On m'a dit aussi que la Cour recueillit une certaine quantité de volumes de M. le Marié d'Aubigny. Mais elle rendit aux Archives de l'Empire, en 1808, tous les comptes et pièces des domaines et des bois, dont quelques-uns remontaient au quinzième siècle. C'était une masse de plus de cinq mille trois cents volumes, avec les pièces à l'appui. On en trouve l'état détaillé dans le carton M 719.
3. Voy. Yanville, p. 335.
4. Les règlements du greffe ne m'ont pas permis d'obtenir la même faveur.

des dangers du siége, ont échappé à l'incendie. C'étaient des registres des parties casuelles ou du contrôle général des finances, et, parmi eux, les trois volumes originaux du Plumitif du Bureau de comptabilité, l'unique lien qui rattache le présent au passé; rien de plus. Avec le palais ont disparu toutes ces menues reliques que quelques mains pieuses avaient patiemment réunies, tableaux, meubles, portraits, objets d'art, manuscrits. Seules aujourd'hui, les Archives Nationales et la correspondance des Premiers Présidents peuvent nous dire ce que fut la Chambre des comptes de Paris.

La composition du volume de Pièces justificatives que nous présentons ici et qui doit être la base de l'histoire des Premiers Présidents, n'exige point de longs commentaires. Un millier de documents environ ont été choisis, d'après leur valeur respective, dans des collections infiniment plus considérables. Le texte des pièces originales, et surtout des pièces autographes, a été scrupuleusement respecté ; outre l'avantage de faire suivre époque par époque les variations de l'orthographe, parallèlement aux progrès de la langue, du style ou de l'éloquence, n'y avait-t-il pas un profit réel à conserver les caractères d'originalité et d'authenticité ? Au contraire, il était juste de n'employer qu'une orthographe de convention, aboutissant peu à peu aux règles modernes, pour les copies plus récentes, et notamment pour celles des registres de la Chambre reconstitués depuis 1737.

L'obligation de renouveler à chaque page les mêmes sacrifices qui ne sont que trop sensibles dans la Notice préliminaire justifiera, au besoin, l'absence de notes biographiques ou historiques, d'éclaircissements, de commentaires et de renvois, dont la place n'est point d'ailleurs dans un recueil de ce genre ; il eût été également superflu de multiplier les *rappels* des documents que peuvent fournir les recueils de la Chambre ou les autres ouvrages imprimés. Ces éliminations étaient de toute nécessité. Nous ne nous dissimulons pas les inconvénients d'un système qui soulève autant d'objections de la part des lecteurs qu'il laisse de regrets à l'éditeur ; toutefois, en donnant à ce volume, d'un intérêt général, plus de publicité que n'en recevra le corps même de l'ouvrage dont il est un appendice, nous espérons que l'on y reconnaîtra partout une constante impartialité et le respect des devoirs imposés à l'historien consciencieux.

Volume donné par M. de Wailly au Dépt. des mss. de la B.N. &
attribué au Dépt. des imprimés en 1881, quand on a pu mettre au Dépt. des
mss. un autre exemplaire du même volume, avec un titre différent qui le
rattache à l'Histoire de la maison de Nicolaï. (Voyez Lm³ 1321.)

L'exemplaire attribué en 1881 au Dépt. des mss. était un double provenu
d'un versement de livres (incomplets & autres) fait en 1881 à la Bibl. Nat.
par la Bibl. Mazarine, conformément à une autorisation du bureau des
bibliothèques.

à conserver.

CHAMBRE DES COMPTES

DE PARIS

CHAMBRE DES COMPTES
DE PARIS

PREMIERS PRÉSIDENTS

CHAMBRE DES COMPTES DE PARIS

PREMIERS PRÉSIDENTS
(1506-1791)

I

JEAN NICOLAY
fils de Jean Nicolay et de Bonne Audigier,
né au Bourg-Saint-Andéol en Vivarais;
chevalier, coseigneur de Saint-Marcel-d'Ardèche, du Bourg-Saint-Andéol, de Fromigières, Cousignac, etc., seigneur de l'île de Bel, de Saint-Victor-de-la-Coste en Languedoc et de Saint-Léger-des-Aubiers en Beauce; docteur et professeur ès lois, conseiller au parlement de Toulouse (20 décembre 1491), conseiller au Grand Conseil (août 1497), grand chancelier du royaume de Naples (1501-1504), maître des requêtes (27 mai 1503), pourvu le 22 juillet 1506 de l'office de Premier Président de la Chambre des comptes de Paris et installé le 5 octobre suivant; partagea l'exercice de ses fonctions avec son fils Aymard Nicolay, pourvu en survivance, à partir du mois de mars 1519, cessa de présider en 1521, et mourut en 1527, retiré au Bourg-Saint-Andéol.

I . 22 juillet 1506.
PROVISIONS DE PREMIER PRÉSIDENT POUR JEAN NICOLAY.

Louis, par la grace de Dieu Roy de France, à tous ceux qui ces présentes lettres verront, Salut. Sçavoir faisons que nous, réduisant à mémoire les grands, louables, vertueux et recommandables services que nous a faicts et continués par cy devant en nos plus grands, principaux et·espéciaux affaires nostre amé et féal conseiller maistre des requestes ordinaire de nostre hostel, Maistre Jehan Nicolas, tant oudit estat et office, comme aussi en plusieurs loingtains voyages et ambaxades, tant du temps de feu nostre très cher seigneur et cousin le roy Charles, dernier trespassé, que du nostre, que aussi ès estats et offices de conseiller en nos Grand Conseil et Cour de parlement de Thoulouse, et successivement depuis en l'office et estat de nostre chancelier de nostre royaume de Naples, lequel a vertueusement exercé tant que ledit royaume a esté en nostre obéissance; en touts lesquels estats, commission et office il s'est si vertueusement conduit et acquité au bien de nous et de justice, qu'il a bien mérité estre pourvu de quelque grand estat en nostre royaume; désirant à cette cause le reconnoistre envers luy et sa personne eslever, à ce que de plus en plus il soit tenu et enclin continuer envers nous en son bon propos et ferme vouloir, et que nos autres serviteurs à l'imitation de luy preignent exemple, à icelluy Maistre Jehan Nicolas, pour ces causes et autres à ce nous mouvans, avons donné et octroyé, donnons et octroyons de grace espéciale, par ces présentes, l'office de nostre conseiller président clerc et premier en nostre Chambre des comptes à Paris, que souloit tenir et exercer feu Denis de Bidaut, en son vivant chevallier, vaccant à présent par son trespas, comme l'est dit, pour icelluy office de nostre conseiller président clerc et premier en nostredite Chambre avoir, tenir et doresenavant exercer par ledit maistre Jehan Nicolas, aux honneurs, prérogatives, prééminences, authorités, libertés, franchises, gaiges, droits, chevauchées, robbes, manteaulx, prouffits et émoluments accoustumés et qui y appartiennent, tant qu'il nous plaira. Si donnons en mandement, par cesdites présentes, à nos amés et féaux les Gens de nosdits comptes que, prins et receu dudit maistre Jehan Nicolas le serment en tel cas accoustumé, icelluy reçoivent, mettent et instituent, ou facent mettre et instituer de par nous en possession et saisine dudit office, et d'icelluy, ensemble desdits honneurs, prérogatives, prééminences, authorités, libertés, franchises, gaiges, droits, chevauchées, robbes et manteaulx, prouffits et émoluments accoustumés, le facent, souffrent et laissent joir et user plainement et paisiblement, et à luy obéir et entendre de tous ceux et ainsi qu'il appartiendra ès choses touchants et regardants ledit office, osté et débouté d'iceluy tout autre illicite détenteur non ayant sur ce nos lettres de dons précédans en datte cesdites présentes; et avec ce, luy facent, par le commis au payement des gaiges et droits des officiers de nostredite Chambre des comptes présent et avenir, payer, bailler et délivrer les gaiges, robbes, manteaulx et autres droits audit office de président clerc et premier appartenants, et pour ce, faire expédier par le clerc et controlleur de nostre Trésor ses cédulles de *debentur* doresenavant par chacun an, aux termes et en la manière accoustumés. Et par rapportant cesdites présentes ou *vidimus* d'icelles fait soubs scel royal, ou la coppie deuement collationnée et signée en nostredite Chambre, pour une fois, avec lesdites cédulles de *debentur* et quittance sur ce suffisans seulement, nous voulons tout ce que payé et baillé luy aura esté à cette cause estre alloué ès comptes et rabatu de la recepte dudit commis présent et futur par nosdits Gens des comptes, auxquels derechef nous mandons ainsi le faire sans difficulté. En tesmoing de ce nous avons fait mettre nostre scel à cesdites présentes. Donné au Plessis lès Tours, le vingt deuxiesme jour de juillet, l'an de grace mil cinq cent et six, et de nostre règne le neufviesme. Ainsi signé : Par le Roy, vous présent, Deslandes ; et scellées sur double queue du grand scel de cire jaune.

Et sur le reply desdites lettres est écrit : *Magister Johannes Nicolas, supra nominatus, prestitit juramentum et receptus est in Camera compotorum domini nostri Regis ad officium presidentis clerici primi prefate Camere de quo supra cavetur, quinta die octobris, anno millesimo quingentesimo sexto. Sic signatum* : J. de Badouillier.

(Copie du XVIIIe siècle. — *Arch. Nicolay*, 2 C 93.)

2.   12 *Novembre* 1506.
RÉPRIMANDE AUX CORRECTEURS ET AUDITEURS.

Ce jourd'huy, les correcteurs de la Chambre de céans ont esté par Messieurs mandés venir au bureau. Auxquels il a esté dit et ordonné d'apporter par écrit tout ce qu'ils ont fait et trouvé ès comptes clos

LOUIS XII.

et rendus touchant le fait de leurs offices, pour, ce vu par mesdits seigneurs, en faire et ordonner comme de raison, et qu'ils le fassent le plus tost qu'ils pourront et en diligence.

Et pareillement ont esté mandés les clercs des comptes. Auxquels il a esté dit et remonstré que eux ou les aucuns d'eux ne sont pas soigneux ni diligens de venir en la Chambre de céans aux matins et après disnées, aux heures accoutumées, et que par ce le Roy et les parties y ont intérest. Pour laquelle cause leur a esté commandé et ordonné que doresnavant ils y viennent par chacun jour de Chambre auxdites heures accoutumées, et tout selon l'ordonnance sur ce faite par le roy Charles septième.

(*Journal.*)

3.
18 *Novembre* 1508.
DROITS D'EXPÉDITION DES AUDITEURS.

Pour ce qu'il est venu à la notice et connoissance [de la Chambre] que M⁰ Louis Ameil, clerc et auditeur des comptes de céans, a, puis deux ou trois jours en çà, de son autorité privée et sans en parler au bureau, expédié certain aveu et dénombrement de la terre et seigneurie de Chambry et autres seigneuries, naguères présenté céans de la partie d'Antoinette d'Orbec, veuve de feu Jean de Louans, et que, pour ladite vérification, ledit Ameil, de sadite autorité, auroit fait demander par Hugues Colletier, clerc du greffe de céans, au solliciteur de ladite veuve, la somme de 4 écus d'or, sans préalablement demander pour ce audit bureau aucune taxation, ainsy que faire se doit, en contrevenant directement contre les ordonnances de céans et contre le serment que ledit Ameil y a fait; et que, ainsy que a dit ledit solliciteur, iceluy Colletier, outre lesdits 4 écus, luy avoit encore demandé, pour son salaire d'avoir fait ladite expédition et pour avoir visité et feuilleté certains registres de céans à la requeste dudit solliciteur, la somme d'un écu, qui estoit en tout 5 écus. Et depuis, pour ce que ledit Ameil avoit esté averti que mesdits seigneurs avoient esté informés dudit taux excessif ainsy par luy demandé, et, pour cuider obvier à ce qu'il n'en fust par eux rédargué, avoit depuis renvoyé ledit Colletier vers ledit solliciteur luy demander pour luy 2 écus seulement; lesquels ledit solliciteur bailla, et demy écu pour le salaire et écritures dudit Colletier. Lesquels taux excessifs, qui ainsy pris et exigés pourroient tourner au grand scandale et déshonneur de toute la Cour de céans, mesdits seigneurs, pour estre de ce duement avertis et savoir la vérité des choses dessus dites par la bouche dudit Ameil, ont mandé iceluy Ameil. Auquel a esté remonstré ce que dessus est dit, et que ce dont ils avoient esté avertis qu'il avoit fait, estoit contre les ordonnances. A quoy ledit Ameil a répondu que, depuis le temps qu'il est céans, il n'a vu pratiquer autrement ladite ordonnance, et qu'il a toujours vu faire les expéditions des hommages et dénombremens par ses compagnons en la forme et manière qu'il a faite, là dessus dite, et de ce s'en rapportoit à eux, et que, s'il eust vu faire lesdites expéditions, ou que sesdits compagnons luy eussent dit, qu'il l'eust très volontiers fait; et qu'il ne l'avoit tout seul taxé, mais par l'avis de ses compagnons, lesquels y ont chacun autant que luy; et n'y avoit aucune taxation dessus écrite; et qu'il estoit accoutumé de faire grace aux parties, et de ne leur faire communément payer que la moitié de ce qu'on leur demandoit, comme a esté fait à la susdite, combien que les terres contenues aux hommages dessus dits estoient de grand revenu et comme de 1,000 à 1,200 liv. tournois. Disoit outre ledit Ameil qu'il n'avoit en la taxation dessus dite que la seizième partie; et outre, qu'il estoit le dernier desdits auditeurs venu et reçu en la Chambre des comptes. A cette cause, mesdits seigneurs, ouï la réponse dudit Ameil, ont mandé tous les auditeurs de ladite Chambre de céans; auxquels ils ont remonstré les choses dessus dites. Lesquels ont dit que, combien que la susdite expédition fust contre les ordonnances, que néanmoins ils l'avoient ainsy accoutumé faire, et de prendre gracieusement des parties, pour une bourse commune entre eux, le taux qu'il leur sembloit que lesdites choses valoient. Ouï lesquelles choses, mesdits seigneurs ont fait défenses expresses à iceux auditeurs de ne faire doresnavant aucune expédition d'hommages, dénombremens, ne autres choses quelconques, sans préalablement estre taxées et expédiées par mesdits seigneurs au bureau, ainsy que faire se doit et que l'ordonnance le contient ; et semblablement audit Ameil, sans ce toutefois que ce que dit est cy devant, au commencement du narré de ce présent appointement, luy tourne ores ne pour l'avenir à aucuns scandale, note ou vitupère. Et outre a esté mandé ledit Colletier, auquel, en la présence que dessus, a esté inhibé et défendu de ne visiter et feuilleter doresnavant les registres de céans, pour quelque personne ou cause que ce soit, si premièrement il ne luy estoit ordonné par mesdits seigneurs, sur peine d'estre privé de l'entrée de céans à jamais, ou d'autre amende que mesdits seigneurs verront estre à faire [1].

(*Journal.*)

1. La Chambre régla également, le 20 juin 1514, les écritures et les salaires des procureurs des comptes.

---

4.   25 *Mars* 1509 (*anc. st.*)
ÉCHANGE DE MAISONS POUR SERVIR AUX BATIMENS DE LA CHAMBRE.

Louis, par la grace de Dieu Roy de France, à tous ceux qui ces présentes lettres verront, Salut. Comme, pour plus diligemment et aysément clore et affiner les comptes de nos receveurs et autres nos officiers comptables, qui sont en grand nombre, eussions despieçà mandé et ordonné, tant de bouche que par écrit, à nos amés et féaux Gens de nos comptes à Paris croistre et augmenter l'édifice de nostre Chambre desdits comptes, tant pour y faire encore un bureau, à ce que doresnavant ils se puissent séparer et besogner à l'expédition et closture d'iceux comptes en deux bureaux, que pour y faire aucune quantité de chambres, pour en icelles mettre et garder lesdits comptes ainsy clos et affinés, desquels il y a de présent grande multitude et copiosité, tellement que, par la modicité du lieu et faute de place, avoit convenu par nécessité mettre plusieurs desdits comptes et acquits rendus sur iceux en lieux bas et étranglés, les uns sur les autres, sans ordre ; au moyen de quoy la plupart d'iceux y avoient esté trouvés pourris et gastés, ainsy que dès lors nous avions esté duement advertis. Et soit ainsy que, pour faire et accomplir les choses dessus dites, nosdits Gens des comptes et trésoriers ensemblement eussent avisé prendre la maison en laquelle paravant estoient logés les maistres et enfans de chœur de nostre Ste-Chapelle, contigue à nostredite Chambre, ensemble une autre maison joignant la devant dite et faisant le coin de l'entrée de Galilée, qui appartenoit à Mᵉ Dupeschin, chanoine de nostredite Ste-Chapelle, à cause de sadite prébende, qui estoient les lieux plus commodes et convenables à faire ledit édifice et augmentation ; et, pour récompense d'icelles, bailler audit Dupeschin, chanoine, et auxdits enfans de chœur et leurs maistres, et à leurs successeurs èsdites prébendes, puérilité et maistrise, une autre maison que souloit tenir nostre bien amé Marc Cenesme, sʳ de Luzarches, estant entre la montée de nostredite Chambre des comptes et les prisons de la Conciergerie de nostre Palais. En ensuivant lequel avis, et pour obtempérer à nosdits commandemens et ordonnances, nosdits Gens des comptes et trésoriers eussent dès lors fait abattre lesdites deux maisons, et icelles fait enclore et comprendre èsdites augmentations et accroissemens de nostredite Chambre des comptes, et, pour récompense et contr'échange d'icelles, baillèrent à nosdits chanoine, maistres et enfans de chœur la maison cy devant désignée, et icelle maison firent partir, diviser et approprier à chacun d'eux, selon la part et portion qui leur en pouvoit et devoit appartenir. Pour titre et sureté desquels chanoine, maistres et enfans en ladite maison est besoin avoir sur ce nos lettres de déclaration et ratification, ainsy que dit et remonstré nous a esté. Savoir faisons que nous, les choses dessus dites considérées, record et mémoratif de nosdits commandemens et ordonnances, désirant l'abréviation de la closture et affinement des comptes de nos officiers comptables, voulant aussy singulièrement lesdits comptes, qui nous sont vrays titres et documens par lesquels on a évidente notice des droits de nostre domaine et de nostre couronne de France, et pareillement les registres et autres écritures estant en nostredite Chambre, estre surement et sainement gardés et conservés, et en bon ordre, avons lesdites démolitions, édifices et accroissemens de nostredite Chambre des comptes, que nous avons

vus à l'œil, ensemble lesdites récompense et échange d'icelle maison ainsy baillée auxdits chanoine, maistres et enfans, loué, gréé, ratifié et approuvé . . . .
Donné à Paris, le 25me jour de mars, l'an de grace 1509, et de nostre règne le douzième.

LOUIS.
Pour le Roy : ROBERTET.
(<i>Mémorial</i>.)</div>

5.

29 Novembre 1510.
PROTESTATION CONTRE LE TRAITÉ DE BOURGES.

Le procureur du Roy nostre sire en la Chambre des comptes a protesté et proteste que, combien que par les traités de paix faits entre le Roy et le roy des Romains, tant en son nom, que comme manbour ou ayant la garde de l'archiduc d'Autriche, qu'on entend publier ce jourd'huy en ladite Chambre, ledit archiduc se dise duc de Bourgogne, et que ledit Roy nostredit seigneur se soit obligé à entretenir ledit traité de paix sur peine d'excommuniement et autres censures contenues audit traité, que ce ne puisse nuire ne préjudicier au Roy nostredit seigneur et ses successeurs Roys en la possession, jouissance, seigneurie et droit dudit duché de Bourgogne réuni à la couronne. Et aussy proteste que ladite submission sur lesdites censures ne oblige ne puisse lier le Roy nostredit seigneur, comme nulle et estant contraire et dérogeante aux droits, prérogatives et prééminences du Roy, à cause de sa couronne[1].

MOLINET.
(<i>Mémorial</i>.)</div>

1. Le traité ayant été signé à Bourges le 14 mars 1508, par lettres du même jour le roi avait invité le corps de ville de Paris à faire les processions et réjouissances accoutumées. La procession avait eu lieu le 23 mars, et la Chambre des comptes y avait assisté en corps, mais derrière le parlement, tandis que le prévôt et le corps de ville marchaient, à gauche, en regard du parlement : seul exemple de ce fait qu'on relève dans les registres.

6.

Décembre 1511.
ÉDIT DE BLOIS. — RÈGLEMENT GÉNÉRAL POUR LA CHAMBRE.

Louis, par la grace de Dieu Roy de France, à tous présens et à venir, Salut. Comme nostre Chambre des comptes ayt esté establie à Paris pour soutenir et connoistre, observer, entretenir et avoir la superintendance de tous et chacun les droits, domaines et finances de nostre royaume et couronne de France, et des titres, munimens et documens d'iceux, et nos gens et officiers d'icelle, chacun en son regard, pour vaquer et entendre, ouïr et examiner, clore et affiner les comptes des officiers et autres ayant charge, maniement et entremise du fait desdites finances ordinaires et extraordinaires, comptables en icelle Chambre, faire venir ens les deniers provenans à cause de nosdits comptes, et vider et expédier toutes autres matières et affaires touchant et concernant nosdits droits, domaines, finances et autres choses qui en dépendent, utiles et nécessaires pour la conservation d'iceux ; en quoy iceux nos officiers de nostredite Chambre ayent cy devant supporté de grandes charges, peines, travaux et labeurs, mesmement depuis nostre nouvel avènement à la couronne, que plusieurs principautés, duchés, comtés, terres et seigneuries nous sont advenus et ont esté réunis à icelle nostre couronne, et que par ce nosdits droits, domaines et finances en sont grandement accrus et augmentés . . . .

Organisation de la Chambre, qui sera dorénavant composée de deux présidents et douze maîtres ordinaires, faisant deux bureaux et deux chambres, dans le corps d'hôtel qui répond sur la Grande rue du Palais, construit depuis six ans. — Suppression de vingt des petites fêtes, veilles et surveilles des fêtes. Prolongation des matinées de carême jusqu'à 11 h. sonnées. — Règlement des épices.

Après la lecture des lettres dessusdites . . . . Messieurs Messire Jean Nicolas, ch^{er}, P.P., et Messire Jean Briçonnet, aussy ch^{er}, second président en icelle Chambre, ont verbalement déclaré audit bureau et volontairement consenti qu'ils ne veulent ne entendent prendre des épices et bienfaits déclarés en icelles lettres, sinon pour eux deux ensemble autant que trois conseillers et maistres desdits comptes, et ce en faveur et au profit des maistres des comptes seulement, nonobstant que, par le contenu d'icelles lettres, il soit dit que l'un d'eux prendra autant que deux desdits maistres des comptes . . . . . .

(*Mémorial.* — Impr. dans la collection Mariette.)

---

7.   1512.

DROITS D'ÉCURIE DES GENS DES COMPTES.

Roolle des sommes de deniers payées par Michel le Clerc, receveur du payement du fait de l'escuirie du Roy nostre sire, à M[essieurs les] présidens, maistres des comptes, clers du Roy nostredict sire, greffiers desdictz comptes, procureur et advocat d'icellui sire, et au clerc et [changeur du] Trésor, pour leurs droiz qu'ilz ont accoustumé avoir et prandre chascun an en ladicte escuirie, pour leurs chevaulx, au jour et [terme de] Toussaints. Et ce pour ledict terme de Toussaints mil cinq cens douze.

    Présidens. A chascun VIII l. XI s. IIII d. p.
        vallans X l. XIIII s. II d. t.

A Monseigneur Messire Jehan
Nicolay, ch^{er}, président clerc.   *habui.* NICOLAY.
A Monseigneur Messire Jehan
Briçonnet, ch^{er}, président lay.   *habui.* BRIC^t.

    Maistres des comptes. A chascun IIII l. V. s. VIII d. p.
        vallans CVII s. I d. t.

A Maistre Nicole Herbelot.   *habui.* HERBELOT.
A Maistre Jehan Vivien.   *habui.* VIVIEN.
A Maistre Jehan de Badouillier.   *habui.* B.
A Maistre Jehan Richier.   *habui.* RICHIER.
A Maistre Bertrand Lorfèvre.   B. LORFÈVRE.
A Maistre Eustache Luillier.   *habui.* E. LUILLIER.
A Monseigneur Messire Estienne
Petit, ch^{er}.   *habui.* E. PETIT.
A Maistre Charles de Canlers.   *habui.* DE CANLERS.
A Messire Loys de Poisieu, dit
Cadorat, ch^{er}.
A Maistre Gilles Berthelot.   *habui.* G. BERTHELOT.

    Correcteurs. A chascun IIII l. V s. VIII d. p.
        vallans CVII s. I d. t.

A Maistre Françoys de Montmirel.   *habui.* MONTMIREL.
A Maistre Nicole Viole.   *habui.* N. VIOLE.

Clercs des comptes et greffiers. A chascun LVIII s. IIII d. p.
        vallans LXXII s. XI d. t.

A Maistre Pierre Barthomier.   *habui.* BARTHOMIER.
A Maistre Pierre Leduc.   *habui.* LEDUC.
A Maistre Jehan de Sansac.   *habui.* J. DE SANSAC.

A Maistre Jehan le Prévost.   LE PRÉVOST.
A Maistre Jehan de Fontenay.   *habui.* J. FONTENAY.
A Maistre Jacques Andrault.   *habui.* ANDRAUT.
A Maistre Symon le Bègue.   *habui.* S. BÈGUE.
A Maistre Jehan Fraguier.   *habui.* J. FRAGUIER.
A Maistre Pierre Michon.   *habui.* MICHON.
A Maistre Jehan Brinon.   *habui.* J. BRINON.
A Maistre Symon Teste.   *habui.* S. TESTE.
A Maistre Loys Ameil.   *habui.* L. AMEIL.
A Maistre Charles d'Albyac.   *habui.* D'ALBYAC.
A Maistre Jehan le Clerc le
jeune.   *habui.* J. LE CLERC.
A Maistre Loys Thiboust.   *habui* THIBOUST.
A Maistre Loys de Villebresme.   *habui.* L. DE VILLEBRESME.
A Maistre Estienne Leblanc.   LEBLANC.
A Maistre Guillaume de Ba-
douillier.   *habui.* G. DE BADOUILLIER.

Procureur et advocat du Roy. A chascun LVIII s. IIII d. p.
        vallans LXXII s. XI d. t.

A Maistre Guillaume du Mol-
linet.   *habui.* MOLINET.
A Maistre Jehan de Harluz.   *habui.* DE HARLUS.

Clerc contrerolleur et changeur du Trésor. A chascun
LVIII s. IIII d. p. vallans LXXII s. XI d. t.

A Maistre Guillaume Ripault,
clerc et contrerolleur.   *habuit per me.* CHARMOLUE.
A Maistre Jacques Charmolue,
changeur.   *habui.* CHARMOLUE.

(Original. — Arch. Nat. *Cartons des Rois,* K 79, n° 7.)

8.   8 Janvier 1514 (anc. st.)
CONVOCATION POUR LES OBSÈQUES DU ROI.

Ce jourd'huy, Messieurs estant au bureau, ont ordonné que les généraux des monnoyes iront avec les auditeurs des comptes à l'obsèque du feu roy Louis douzième, dernier décédé, que Dieu absolve, en l'ordre qu'ils furent à l'entrée de la reine Marie, délaissée dudit feu roy Louis, par manière de provision, jusques à ce que par mesdits sieurs autrement en soit ordonné. Ce qui a esté prononcé à Mes Jean de Fontenay et Charles d'Albyac, clercs et auditeurs desdits comptes, par M. le président Messire Jean Nicolay, ch^{er}, estant au bureau[1].

(*Journal.*)

[1]. Les auditeurs ne s'étant pas conformés à cet ordre et ayant jeté la confusion dans la cérémonie du transport du corps à l'église Notre-Dame, le P.P., au moment de quitter l'Hôtel-Dieu pour suivre le convoi jusqu'à Saint-Denis, leur renouvela la même injonction, sous peine d'être suspendus.

Les auditeurs se portèrent appelants de cette décision, sous prétexte qu'il avait été jugé par les trois états et par le parlement, lors des obsèques de la reine Anne, que les généraux des monnaies ne faisaient pas partie de la Chambre.

9.   Avril 1514 (anc. st.)
DON DE L'HOTEL DE PIENNES AU CHANCELIER DU PRAT.

(*Mémorial.* — Impr. dans D. Félibien, *Preuves de l'Histoire de la ville de Paris*, t. Ier, p. 574.)

10.   29 Avril (1515.)
LETTRE DU ROI DEMANDANT UN EMPRUNT A LA CHAMBRE.

De par le Roy. Nos amés et féaux, combien que, depuis nostre avènement, nous nous soyons efforcé de tout nostre pouvoir faire paix et confédération et alliance avec tous les Roys, princes, communautés et autres nos circonvoisins, et mesmement avec les Suisses, afin de soulager nostre peuple et le faire vivre en bonne tranquillité, sans aucunement estre chargé ne travaillé, toutefois aucuns d'eux, principalement les Suisses, en continuant toujours leur mauvais et inique vouloir qu'ils ont eu à l'encontre de cettuy nostre royaume au vivant de feu nostre très cher seigneur et beau père le roy Louis, dernier décédé, que Dieu absolve, ont refusé nostredite alliance et délibéré, ainsy que puis naguères avons esté certainement averti, nous surprendre et descendre en icelui du costé du Dauphiné avec une grosse puissance, en intention de le piller, butiner et brusler; pour obvier à laquelle entreprise avons dressé un puissant ost et exercite à l'encontre d'eux et le garder et empescher d'entrer en nostre royaume, ainsy qu'il est plus que nécessaire, pour la dommageable conséquence à quoy se pourroit tourner. Et pour ce que ne se peut bonnement conduire, ainsy que chacun peut connoistre et entendre, sans grosses mises et dépenses, auxquelles nos finances de cette année ne pourroient aucunement y fournir sans estre secouru de nos bons et loyaux serviteurs, officiers et sujets, et sans les prier de nous octroyer, par manière de prest, quelque bonne somme pour ayder à satisfaire auxdites dépenses; à cette cause, pour subvenir à nostredit affaire, nous vous prions que nous veuillez prester la somme de 8,000 liv. tournois, et icelle mettre ès mains de nostre amé et féal conseiller Me Philibert Babou, commis à tenir le compte et faire le payement des frais extraordinaires de nos guerres, dedans le 15me jour de may prochainement venant, en prenant sa quittance seulement, par vertu de laquelle nous vous en ferons rembourser sur nos finances de l'année prochaine, sans y faire faute; en vous priant de rechef aussy que de vostre part ne nous veuillez faillir à cettuy nostre très grand besoin; autrement il en pourroit advenir inconvénient à nous et à nostredit royaume, dont croyons que ne voudriez estre cause. Et en ce faisant, nous ferez service à jamais que mettions en oubly. Donné à Montereau faut Yonne, le pénultième jour d'avril.

FRANÇOYS.
DE NEUFVILLE.
(*Mémorial.*)

---

11.   29 *Mars* (1516).
LETTRE DU ROI AU P. P. — DON DE MONTRICHART.

Monsr le président, j'escriptz présentement à vous et aux gens de ma Chambre des comptes en général, touchant ledict cession et transport que j'ay naguères fait au sénéschal d'Armagnac, maistre de mon artillerie, de la chastellenie de Montrichart et ses appartenances, aux charges et condicions contenues en mes lettres patentes que de ce luy en ay fait expédier, et comme plus à plain pourrez veoir par icelles. Et pour ce que je veulx et entends que, toutes difficultez cessans, elles soient vériffiées et entérinées audit sénéschal selon leur forme et teneur, en considération mesmement du très grant et très recommandable service que icelluy sénéschal m'a dernièrement fait à la victoire que, graces à Dieu, j'ay naguères obtenue au fait de ma conqueste de Millan, à ceste cause je vous en ay bien voulu particulièrement escripre et advertir de mon vouloir sur ce, qui est tel que vous dira plus à plain Maistre Jehan de la Chesnaye, mon notaire et secrétaire, lequel s'en va présentement par delà. Si vous prie, Monsr le président, le croire et adjouxter foy à ce qu'il vous dira en cest affaire de par moy, comme si moy mesmes le vous disoye de bouche, et faire et vous employer en cedit affaire de sorte qu'il ne me soit besoing d'en rescripre autres lettres. Et vous me ferez plaisir et service que j'auray très agréable, en ce faisant, car, au moien dudit service que m'a fait ledit sénéschal, qui est tel que assez avez peu entendre et que chacun scet, je désire grandement le bien et favorablement traicter. Si n'y vueillez faire faulte. Et adieu, Monsr le président. Escript à Lyon, le xxixme jour de mars.

FRANÇOYS.
DE NEUFVILLE.

L'adresse est : A Monsr le président Nicolay.

(Original. — *Arch. Nicolay*, 15 L 3.)

---

12.   *Novembre* 1516.
ALIÉNATION DE L'HOTEL SAINT-PAUL AU PROFIT DU SIEUR DE GENOUILLAC.

(*Mémorial.* — Impr. dans D. Félibien, *Preuves de l'Hist. de la ville de Paris*, t. Ier, p. 574.)

---

13.   12 *Février* 1518 (*anc. st.*)
COMMISSION POUR L'ÉCHANGE DE CHANTELOUP CONTRE LES TERRAINS DES TUILERIES.

(*Mémorial.* — Impr. dans D. Félibien, t. Ier, p. 576.)

14. 26 février-21 mars 1518 (anc. st.)

PROVISIONS DE LA CHARGE DE P.P. EN SURVIVANCE POUR AYMARD NICOLAY.

Françoys, par la grace de Dieu Roy de France, à tous ceux qui ces présentes lettres verront, Salut. Sçavoir faisons que nous inclinans libérallement à la suplication et requeste de nostre amé et féal cons^{er} et premier président de noz comptes à Paris, Jehan Nicolas, ch^{er}, lequel nous a dict et remonstré qu'il y a trente ans ou environ qu'il vint premièrement au service du feu roy Charles huictiesme, et le servit en l'estat de conseiller en son parlement de Thoulouse et au Grand Conseil, et depuis servit continuellement le feu roy Lois douziesme, nostre beau père, que Dieu absolve, en l'estat de chancellier ou royaulme de Naples, et après en l'office de maistre des requestes ordinaire, et depuis consécutivement audict office de premier président clerc en nostredicte Chambre des comptes à Paris, ouquel il nous a servy et sert encores de présent; èsquelz estatz, et aussy en plusieurs voyages et ambassades et grosses charges, il a servy et nous sert encores vertueusement, et espérons qu'il servira. Et considérant par nostredit conseiller que doresnavant il vient sur l'aage et ne pourroit pas sy bien porter les peynes et travaux qu'il a faict, désireroit, si estoit nostre bon plaisir, résigner sondict office de premier président clerc de noz comptes à Paris au proffict de Me Eymard Nicolas, licentié ès droictz, son filz, moyennant que ce fust au survivant d'eulx deux, en nous humblement requérant admectre icelle résignation en la forme dessusdicte, et sur ce octroyer et impétrer nostre grace. Pour ces causes, et en faveur des bons, louables et recommandables services que ledit Jehan Nicolas a faictz à nosdictz prédécesseurs Roys et nous, tant audict office que autrement, lesquelz méritent bien qu'il reçoive quelque grace et bénéfice de nous; confians par le bon et louable rapport qui fait nous a esté de la personne dudit Me Eymard Nicolas et de ses sens et suffisance, espérans que à l'exemple et imitation de sondict père il nous servira loyaulment audict office, et pour autres considérations à ce nous mouvans, avons de nostre grace espécial, par ces présentes, du consentement et à la requeste dudict Jehan Nicolas, son père, et par la résignation qu'il en a faicte en noz mains au proffict de sondict filz, donné et octroyé, donnons et octroyons audict Me Eymard Nicolas ledict office de premier président clerc de nozdictz comptes à Paris, pour ledict office avoir, tenir, entrer, assister et doresnavant exercer par luy, et aussy par ledict Jehan Nicolas, son père, l'un en l'absence de l'autre et par le survivant d'eulx deux, aux honneurs, auctoritez, prérogatives, préminances, libertez, franchises, gaiges, droictz d'espices, chevauchées, robbes, manteaux et autres droictz, profficts et esmolumens accoustumez et qui y appartiennent, tant qu'il nous plaira, sans ce que, par le trespas de l'un d'eulx, en puisse dire ou prétendre icelluy office estre vaccant ne impétrable sur le survivant, ne qu'il soit besoing audict survivant faire nouvel serment ne prétendre autres lettres ne possession que celles qu'il prendra en vertu de ces présentes. Par lesquelles donnons en mandement à noz amez et féaux les Gens de nozdictz comptes à Paris que, pris et receu dudict Me Eymard Nicolas le serment en tel cas accoustumé, icelluy reçoivent, mectent et instituent, etc. . . . . Car tel est nostre plaisir, nonobstant les révocations qui pourroient par cy devant avoir esté faictes par nos prédécesseurs et nous, et que pourrons cy après faire des survivances d'offices; et aussy nonobstant que ledit Me Eymard Nicolas soit homme lay et marié, et qu'on pourroit dire qu'il fust incapable de tenir et exercer ledict office de premier président clerc, à quoy semblablement nous avons, pour ceste fois et attendu ce que dessus, desrogé et desrogeons; et sans préjudice d'icelles en autres choses et quelzconques ordonnances, restrictions, mandemens ou deffences à ce contraires. En tesmoing de ce nous avons faict mectre nostre scel à cesdictes présentes. Donné à Paris, le vingt sixiesme jour de febvrier, l'an de grace mil cinq cens dix huict, et de nostre règne le cinquiesme. Ainsy signé : Par le Roy, le sire de Boissy, grand maistre de France, et autres présens, ROBERTET. »

Sur les lettres patentes de survivance cy dessus transcriptes, Messieurs ont ordonné que Me Eymard

Nicolas, licencié ès droictz, nommé en icelles, sera receu en l'office de président clerc en la Chambre de céans, au survivant de Messire Jehan Nicolas, ch[er], son père, et de luy, et fera le serment en tel cas requis et accoustumé, pour dudict office jouir ou lieu et siége accoustumé après le trespas dudict Messire Jehan Nicolas, sondict père, et non autrement. Et s'il advenoit que ledict Messire Jehan Nicolas allast de vie à trespas avant le temps de six ans à compter du jourd'huy, en ce cas ne tiendra ledict Eymard ledict lieu et siège de président clerc que lesdictz six ans ne soient passez et expirez, et néantmoings assistera et aura voix et opinion ledict Me Eymard Nicolas dès à présent, en l'absence toutesfois de sondict père, audict bureau, sans avoir ledict premier lieu, mais sera après celuy qui présidera, soit président lay, vi-président, ou conseiller et maistre desdictz comptes, et aussy sans prendre et percevoir aucunement les gaiges, droictz ne espices oudict office de président clerc appartenans du vivant de sondict père, mais demoureront oudict Messire Jehan Nicolas père, selon la résidence et assistance requises oudict office, et ensuivant lesdictes lettres. Sur le reply desquelles lettres sera mis : *Magister Emardus Nicolas in albo nominatus prestitit juramentum solitum et receptus est ad officium de quo in eodem albo cavetur, sub modifficationibus in registro super hoc hodierna die facto contentis, xj[a] die marcii, anno quo supra.* Le Blanc.

Du quatorziesme jour de mars mil V[c] dix huict.

Ce jourd'huy, Messire Nicolas de Neufville, ch[er], secrétaire des finances du Roy nostre sire et audiencier de France, est venu devers Messieurs séans au bureau, ausquelz il a présenté de par le Roy nostredict sire les lettres missives dont la teneur ensuit :

« De par le Roy. Noz amez et féaux, pour ce que nous voullons et entendons que le don que nous avons fait à nostre amé et féal conseiller et premier président clerc en la Chambre de noz comptes à Paris, Me Eymard Nicolas, dudict office de président, et au survivant de son père et de luy, sortisse son plain et entier effect, ainsy que noz lettres sur ce expédiées le contiennent ; à ceste cause, nous envoyons présentement par devers vous nostre amé et féal conseiller et audiencier de France, Me Nicolas de Neufville, pour vous dire et déclarer sur ce noz vouloir et intention. Sy voulons et vous mandons et enjoignons très expressément le croire et faire entièrement ce qu'il vous en dira, sans y faire aucun reffus, délay ou difficulté. Donné au port de Milly, le treiziesme jour de mars. Ainsy signé : FRANÇOYS. — Robertet. » Et sur lesdictes lettres estoit escript : « A noz amez et féaux les Gens de noz comptes à Paris. — Apportées le quatorziesme jour de mars mil cinq cens dix huict. »

Après la lecture desquelles a ledict de Neufville, en exposant sa créance, dit à mesdictz sieurs qu'il avoit charge expresse de par le Roy, nostredict seigneur, de leur dire que ledict seigneur avoit entendu qu'ilz faisoient difficulté de procedder à la réception de Me Eymard Nicolas en l'office de président des comptes, par la résignation de Messire Jehan Nicolas, ch[er], président desdictz comptes, son père, et que, sur les lettres à eulx sur ce octroyées par ledict seigneur, ilz faisoient quelques restrinctions. A ceste cause, leur faisoit dire icelluy seigneur que à luy appartenoit entièrement disposer des offices de son royaulme à plaisir, et que ilz ne autres n'y devoient faire aucunes restrinctions ne modiffications ; et partant, leur mandoit que, toutes difficultez cessantes et sans y faire restrinction aucune, ilz eussent à passer oultre et procedder à icelle réception de poinct en poinct selon la forme et teneur desdictes lettres sur ce par luy octroyées ausdictz Messire Jehan et Me Eymard Nicolas, père et filz, et, en ce faisant, bailler audict Me Eymard Nicolas le lieu et siège à l'office de président clerc apartenant ; ou qu'ilz eussent à luy dire les causes de leurs difficultez, ou bien qu'ilz en feissent advertir ledict seigneur, duquel il disoit estre chargé luy faire rapport de leur responce.

Auquel Me Nicolas de Neufville a esté dict par Messire Jehan Briçonnet, président desdictz comptes, qu'il mectroit la matière en termes, et que, après la conclusion prise en cest affaire, il en seroit adverty, et que au surplus la Chambre à son pouvoir feroit, en cest affaire et tous autres tousjours, en sorte que ledict seigneur auroit cause de se contenter d'elle. Et sur ce poinct s'est ledict de Neufville retiré dudict bureau. Et ce fait, a esté ladicte matière mise en délibération, et a par mesdictz sieurs esté conclud qu'ilz envoyroient devers le Roy nostredict seigneur MM. Messire Jehan Briçonnet, président, Mes Nicole Herbelot et Jehan Vivien, cons^{ers} et maistres desdictz comptes, luy faire aucunes remonstrances touchant cestedicte matière.

Du vendredy xviij^e mars audict an.

Ce jourd'huy, MM. Messire Jehan Briçonnet, ch^{er}, président, Me Nicole Herbelot, cons^{er} et maistre desdicts comptes, ont rapporté à Messieurs séans au bureau, que, en ensuivant l'ordonnance de mesdictz sieurs, ilz estoient partiz mardy quinziesme de ce mois pour aller vers ledict seigneur, estant à St-Germain en Laye, et que le jour d'hier ilz parlèrent au Roy nostredict seigneur, estant audict St-Germain, en l'absence de Me Jehan Vivien, aussy cons^{er} et maistre desdictz comptes, lequel s'en estoit venu dudict St-Germain en ceste ville de Paris, pour aucunes raisonnables causes; et qu'ilz avoient dict audict seigneur, entre autres choses, qu'ilz estoient envoiez devers luy de par ses Gens des comptes, parce que Messire Nicolas de Neufville, secrétaire de ses finances, estoit lundy dernier venu de par ledict seigneur, avec lettres de créance, devers eulx et leur auroit dict que ledict seigneur avoit esté adverty que, en proceddant par eux à l'enthérinement et vériffication des lettres de survivance par luy octroyées à Messire Jehan Nicolas, ch^{er}, président desdictz Comptes, et Me Eymard Nicolas, son filz, de l'office de président clerc desdictz comptes, ilz avoient fait quelques restrinctions et modifications, dont ledict seigneur n'estoit content, et que, à ceste cause, ilz eussent, toutes difficultez cessans et sans y faire restrinction ou modification aucune, à passer outre et procedder à icelle réception selon la forme et teneur des lettres qu'il luy en avoit pleu sur ce octroyer, ou à luy dire les causes de leurs difficultez, ou bien envoyer devers ledict seigneur aucuns d'entre eux pour l'advertir desdictes causes, difficultez et modifications; et que, à ceste cause, sa Chambre desdictz comptes les avoit envoyez devers luy pour luy dire et très humblement remonstrer que les restrinctions et modifications qu'ilz avoient mises en la réception dudict Me Eymard Nicolas estoient pour son grand bien, proffict et honneur, et qu'il est bien requis que en sadicte Chambre des comptes, en laquelle se traictent chacun jour plusieurs matières de grande importance, avoir gens et officiers expérimentez et mesmement à tenir le premier lieu, et qu'il est bien difficile que ledict Me Eymard Nicolas, lequel est jeune homme et lequel est sorty des estudes depuis peu de temps en çà, ayt l'expérience et exercitation requise en la personne de celuy qui doibt tenir ledict premier lieu en ladicte Chambre et mesmes au fait des finances, qui est le fait péculiaire et plus commung de ladicte Chambre. A l'occasion de quoy ilz trouvoient difficile et quasi impossible que présentement il peust exercer ledict office à l'honneur dudict seigneur et de ladicte Chambre. Par quoy auroient esté menez de mectre et apposer en sadicte réception les modifications contenues en l'expédition de ladicte Chambre faicte sur lesdictes lettres de survivance, qui sont que, sy ledict Nicolas père alloit de vie à trespas dans six ans prochains venans, à compter du jour de la réception dudict Me Eymard Nicolas, en ce cas ledict Me Eymard attenderoit lesdictz six ans, ou ce qui en resteroit à escheoir, avant que pouvoir tenir ledict premier lieu. Et que ledict Messire Jehan Nicolas, congnoissant que véritablement il seroit mal aisé et fort difficile audict Me Eymard Nicolas, sondict filz, présentement et pour le commencement tenir ledict premier lieu et porter la parolle, auroit requis Messieurs desdictz comptes luy préfixer et limiter temps et termes jusques à six ou huict mois seullement. Toutesfois lesdictz Gens des comptes ayant esgard à l'aage dudict Me Eymard Nicolas et considérans que, en peu de temps, à grand peyne, pourroit il avoir l'expérience requise à tenir ledict premier lieu, comme dict est, avoient advisé qu'il ne tiendroit ledict lieu jusques au temps contenu en l'expédition de ladicte Chambre; néantmoings que, sy, par cours de temps, l'on congnoissoit que ledict Me Eymard Nicolas prenoit peyne à entendre les affaires de ladicte Chambre en sorte qu'il peust tenir ledict premier lieu avant ledict temps révolu et expiré, et là où il plairoit audict seigneur que plustost il présidast en ladicte Chambre, que à temps seroit il d'y pourveoir.

Après lesquelles remonstrances, icelluy seigneur leur a dict telles parolles, ou semblables en effect et substance : que lesdictz Gens des comptes avoient le serment à luy pour son domaine, et que, sy ledict Me Eymard Nicolas ne sçavoit faire son office de président, ilz estoient pour le reprendre, dresser et enseigner ; et que, au demourant, il vouloit et entendoit garder son auctorité. Et à tant s'estoit ledict seigneur départy d'avec eux.

Et depuis, eu esgard à la créance dudict Messire Nicolas de Neufville et au rapport des dessusdictz Briçonnet et Herbelot, mesdictz seigneurs ont ordonné que ledict Me Eymard Nicolas sera receu en l'office de président clerc selon et en ensuivant les lettres à luy octroyées par ledict seigneur, et ce par l'exprès commandement d'icelluy seigneur. Et sur le reply desdictes lettres sera mis : *Prestitit juramentum solitum et receptus est ad officium de quo in albo, prout in registro, cavetur, xixa die marcii, anno quo supra.* LE BLANC.

Du lundy XXIe jour de mars mil Vc dix huict.

Ce jourd'huy, Me Eymard Nicolas, conser du Roy nostre sire et président clerc en la Chambre de céans, a remercyé Messieurs estans au bureau de l'honneur qu'il leur avoit pleu luy faire de le recevoir en leur Compaignie en l'estat et office de président clerc en ladicte Chambre, disant mectroit peyne de aprendre et entendre avec leur bon ayde ce qui est requis et nécessaire de sçavoir oudit estat et office de président clerc en ladicte Chambre ; mais, pour ce qu'il n'estoit expérimenté ou fait des finances et stille de ladicte Chambre, il requerroit à mesdictz sieurs que, pour le bien et proffict et honneur du Roy nostredict seigneur, de ladicte Chambre et de luy, il leur pleust que Messire Jehan Briçonnet, cher, président lay en icelle Chambre, portast la parolle et fist les responces qu'il est besoing de faire à celuy qui préside en ladicte Chambre, pour quelques jours, pendant lesquelz il mectroit peyne d'entendre le fait de ladicte Chambre. Oye par Messieurs laquelle requeste, ont fait retirer ledict Me Eymard Nicolas, et, ce fait, mis la matière en délibération. Laquelle conclutte, ont fait revenir audict bureau ledict Nicolas, auquel ilz ont dict que mesdictz sieurs avoient ouy et entendu sadicte requeste, laquelle estoit juste et raisonnable, et que, ayant esgard à icelle, ilz la luy octroyoient. Desquelles choses ont ordonné estre faict registre [1].

(Copie du XVIe siècle. — *Arch. Nicolay*, 3 C 62.)

[1]. Par lettres données à Saint-Germain le 1er mai 1519, enregistrées le 7 juin suivant, le roi, sur la prière de Jean Nicolay, accorda aux deux premiers présidents la jouissance des gages et droits suivant le temps qu'ils serviraient l'un et l'autre, et à Aymard Nicolay celle des épices selon la résidence qu'il ferait en la Chambre. (*Mémorial.*)

15.
6 Mars 1519 (anc. st.)
CONFLIT AVEC LE PARLEMENT SUR L'APPEL DES JUGEMENTS.

Ce jour, Messire Jean Nicolay, président, Mes Eustache Luillier et Étienne Petit, maistres des comptes, en ensuivant l'ordonnance de la Cour (de parlement), sont venus en icelle, et a récité ledit Nicolay, président, que, samedy dernier, au partir de céans, ils avoient communiqué à ceux des comptes ce que l'avocat du Roy avoit proposé et que la Cour leur avoit dit, et avoient ceux des comptes grand regret et estoient fort déplaisans que la Cour eust imagination qu'ils eussent voulu entreprendre sur l'autorité d'icelle, ce qu'ils ne voudroient faire pour rien, ne eux conduire autrement que ont fait leurs prédécesseurs, et qu'ils ne pensèrent jamais eux mettre en équalité de la Cour, parce qu'ils entendent la Cour qu'elle est souveraine et capitale de ce royaume, qui est juge de leurs biens et personnes ; et ce qu'ils avoient fait et pourchassé, l'avoient fait en ensuivant ce que leurs prédécesseurs avoient fait; et pour oster l'imagination que la Cour pourroit avoir en cette partie, ils avoient fait chercher leurs registres, depuis le règne de Philippe de Valois, l'an 1330, et avoient trouvé que, tant dudit feu roy Philippe que des roys Jean, Charles cinq, Charles six, Charles sept, Louis onze, Charles huit, Louis douze et jusques à ce règne, où ils avoient trouvé leurs sentences et jugemens intitulés des noms des Roys et cotés par arrests et jugemens, tout ainsy que celles dont est de présent question ; et, s'il plaisoit à la

Cour envoyer en ladite Chambre aucuns de conseillers de céans, ils leur montreroient lesdits registres. Suppliant à la Cour qu'elle n'ayt imagination qu'ils ayent voulu entreprendre autre que ce que leurs prédécesseurs ont fait, car ils ont plustost laissé couler et dissimuler de leur autorité, pour vivre en paix, que rien entreprendre ; et qu'ils n'ont rien fait sinon par autant que le Roy leur donne d'autorité, en quoy la Cour ne doit avoir regard.

Si les a fait la Cour retirer ; et, délibération sur ce prise, leur a esté dit par Maistre Thibault Baillet, président, que la Cour ne voudroit diminuer l'autorité de ceux des comptes, mais les y entretenir et conserver ainsy que raison veut ; et que la Cour enverra en ladite Chambre aucuns de la Cour pour voir lesdits registres, et, ce fait et le rapport des commis ouï, elle procèdera en la matière ainsy qu'il appartiendra par raison. Et depuis, la Cour a commis Mes André Verjus et François de Loynes, conseillers, et Jean le Lièvre, avocat du Roy en ladite Cour, pour aller en ladite Chambre des comptes[1].

(Arch. Nat., *Reg. du Parlement*, Conseil LXI.)

[1]. Le parlement avait déclaré que « vouloir ériger *cervicem contra superiores* est un crime détestable et lequel, ainsy que dit *in simili Archidiaconus, debet rigide puniri* sans grace ou rémission, et *Hortensius* les appelle *Luciferianos, et quasi incident* (?), *tertium caput legis Julie Majestatis*, d'autant qu'ils usurpent la juridiction souveraine qu'ils n'ont ; aussy, par arrest de la Cour de céans donné en plaidoirie, avoit esté inhibé et défendu à ceux des comptes de ne intituler leurs sentences et jugements arrests. » (*It.*, séance du 5 mars.)

---

16. 7 Mars 1519 (anc. st.)
LETTRE DU ROI AU PARLEMENT. — CONFLIT AVEC LA CHAMBRE.

De par le Roy. Nos amés et féaux, nous vous avons dernièrement écrit que eussiez à députer et envoyer devers nous aucuns de vous, pour les ouïr, avec autres députés de nostre Chambre des comptes, sur la contention de nosdites deux Cours, pour, ce fait et vous ouïs d'une part et d'autre, en ordonner, et que cependant n'eussiez à connoistre des appellations qui seroient interjetées de nostredite Chambre ; à laquelle écrivismes y envoyer de leur part. Et néanmoins, à la poursuite des conseillers généraux maistres de nos Monnoyes, qui se disent appelans de nosdits Gens des comptes, avez procédé et vous efforcez procéder à l'encontre d'eux par défaut et autrement, qui seroit et est contrevenir formellement à nosdites défenses, dont ne sommes content. Et à cette cause, vous défendons de rechef d'entreprendre aucune connoissance d'icelle appellation de nosdits généraux, sinon par révision en nostre chambre du Conseil, avec nosdits Gens des comptes, en ensuivant nos ordonnances et manière accoutumée, comme doresnavant aurez à vivre et conduire en telle affaire. Si n'y faites faute et difficulté. Donné à Cognac, le 7me jour du mois de mars 1519[1].

FRANÇOYS.
GÉDOYN.
(*Mémorial.*)

[1]. Bien que le roi eût formellement enjoint aux Gens des comptes de ne plus répondre aux sommations du parlement et de ne pas envoyer à la Cour les « sacs » de l'affaire, elle osa leur commander de nouveau de faire leur production, à peine de 1,000 marcs d'or d'amende. Le roi maintint les droits de la Chambre, ou plutôt les siens, comme il le disait, et évoqua à lui le différend. (*Mémorial*, lettre du 2 août 1520.) Le P.P. Jean Nicolay fut chargé d'aller soutenir les intérêts de la Compagnie, qui eut gain de cause par un réglement donné à Blois, en Conseil, au mois de décembre 1520. Ce réglement et les pièces antérieures ont été imprimés dans la collection Mariette.

---

17. Juillet-Septembre 1520.
RÉCEPTION D'UN MAITRE DES COMPTES.

Au commencement du mois de juillet 1520, le roi ayant fait don d'un office de conseiller maître à l'un de ses plus vieux serviteurs, le seigneur de Villaine, premier écuyer de l'écurie, et celui-ci l'ayant cédé à un clerc nommé

Jean Sallart, la Chambre refusa de recevoir le résignataire, sous prétexte qu'il était trop jeune et qu'il avait plusieurs parents ou alliés au sein de la Compagnie. Le roi, pour avoir raison de cette résistance, envoya l'évêque de Senlis et le seigneur de la Roche-Beaucourt, qui représentèrent que, « combien que ledit Sallart fust jeune d'âge, néanmoins il avoit étudié longuement, estoit clerc et entendu, avoit eu expérience de beaucoup de choses et esté approuvé par les Universités, et pris les degrés d'icelles, comme de licencié et autres degrés, et qu'il estoit plus requis de mettre un homme en jeune âge en estat et office, pour avoir expérience des choses, que de le mettre en âge de quarante-cinq ans; et davantage que le Roy l'avoit approuvé, et d'aller contre le vouloir dudit seigneur estoit espèce de sacrilége. Et, quant au second point, que le lignage que pouvoit avoir ledit Sallart avec aucuns des officiers de la Chambre n'estoit grand'chose, attendu qu'il n'estoit père, frère, ni cousin germain. »

Sur ces représentations, la Chambre consentit à examiner le récipiendaire, et il se trouva qu'il n'avait « aucune expérience au fait des finances et peu de savoir du droit. »

L'avocat du roi fut chargé d'aller rendre compte de ce résultat à Saint-Germain, où S. M. chassait. Il revint avec l'assurance du prince et de l'amiral Bonnivet que, puisque Sallart n'était ni savant ni capable, l'intention du roi ne pouvait être de l'imposer à la Chambre. Mais le seigneur de Villaine, qui était en faveur auprès de la reine-mère et qui tenait à ce que sa résignation eût ses effets, fit changer la décision, et, le 16 septembre suivant, le président Berthelot fut chargé de faire procéder à la réception de Sallart, sauf à ne lui donner qu'au bout d'un an voix délibérative. Ce qui fut fait le 28 septembre.

(*Mémorial* et *Créances*.)

---

18.   4 *Octobre* 1520.

FRAGMENT DE CRÉANCE DU BATARD DE SAVOIE.

. . . .

Le Roy m'a donné charge vous dire et déclarer qu'il ne se peut assez émerveiller de ce que vous n'avez expédié le fait des amortissemens, suivant ce qu'il vous a expressément mandé et fait entendre, et mesmement par M. le président Nicolay, à son dernier partement de Romorantin, auquel ledit seigneur dit et déclara amplement les causes pour lesquelles ses affaires requéroient que la commission desdits amortissemens sortist à effet et fust exécutée en la plus grande diligence que faire se pourroit.

Et aussy, Messeigneurs, je vous avise que le Roy ne se peut contenter de ce que vous avez mis en si longue dissimulation la dépesche d'iceux amortissemens et de ce que vous avez différé à le faire, vous avertissant que ledit affaire a esté bien vu et bien libellé en la présence dudit seigneur, en son Conseil, et qu'il n'a esté conclu sans bonne mesure et ample délibération.

Et aussy, Messeigneurs, je vous avise que le Roy a fait estat d'une grosse somme sans laquelle son estat de cette année ne se pourroit conduire, et à la faute de vous, Mesdits seigneurs des comptes, les affaires dudit seigneur et de son royaume pourroient tomber en grand inconvénient, que vous, Mesdits seigneurs, ne pourriez réparer, et dont le Roy ne se pourroit jamais contenter, et en auroit bonne et juste cause.

Pour quoy, Messeigneurs, je vous dis bien expressément que le Roy vous mande et commande faire incontinent ladite expédition, sans plus différer ne dissimuler, afin que ses affaires ne demeurent ne puissent tomber en inconvénient, vous avisant que autrement il ne sera content de ceux qui seront cause de l'empeschement, et y donnera telle provision qu'il leur fera entièrement et amplement entendre son mal talent'.

Aussy, Messeigneurs, il m'a donné charge de vous parler de la crue des officiers qu'il a, pour bonnes et justes causes, mise et établie en la Chambre des comptes, et, par spécial, pour faire et tenir un bureau, afin de plus grande expédition faire sur le fait des comptes des officiers et autres gens comptables, dont a esté fait, le temps passé, petite diligence, au dommage du Roy et à la charge de sa finance; vous avertissant que le Roy ne se peut contenter de vostre si grande dissimulation et de ce que ledit second bureau ne se tient ainsy que les lettres de la création et érection d'iceluy le contiennent plus à plain et que les causes sont déclarées.

Et pour ce, Messeigneurs, le Roy veut et vous mande que vous procédiez en cet affaire sans plus dissimuler ne le mettre en délay, et qu'il veut semblablement savoir à quoy il n'a tenu qu'il n'a esté fait, attendu que les gages sont ordonnés sans rien faire davantage.

Le Roy veut pareillement savoir à quoy il tient que les comptes des gros comptables ne sont vidés et clos, pour voir quel fonds il y a, tant des trésoriers des guerres, des commis de l'extraordinaire et des recettes générales, et m'a commandé le dit seigneur que je luy en sache répondre. Pour ce, je vous prie, Messeigneurs, que vous me bailliez par écrit ce qu'il vous en semble.

Aussy, Messeigneurs, j'ay charge de vous dire et demander s'il est venu beaucoup de restes à cause dudit second bureau, pour en faire rapport au Roy, qui le veut expressément savoir et entendre, et luy rapporter un estat. Aussy, Messeigneurs, j'ay charge de vous dire que vous n'ayez à donner aucuns mandemens pour distribution de deniers, soit à officiers comptables, commis à leurs nécessités, réparations, ou autres parties, si n'estoit pour leurs menues nécessités ordinaires. Et entend ledit seigneur que tous restes de comptes soient reçus par le changeur du Trésor, pour estre par luy employés et par ses acquits, ainsy que par iceluy seigneur sera ordonné, et ce sur peine de le recouvrer sur eux; et des restes des comptes et autres parties revenantes, et pareillement des compositions, nobilitations et légitimations qui n'auroient esté recouvrées jusqu'à présent, vous en envoyiez l'estat au vray, signé de vostre greffier.

Messeigneurs, je vous avise que le Roy m'a donné charge de vous dire qu'il vous mande par exprès que celuy ou ceux qui feront doute ou difficulté à l'expédition desdites deux matières, à savoir de la commission des amortissemens et de faire tenir le second bureau, qu'ils s'en viennent incontinent devers luy, quelque part qu'il soit, sans y faillir, sur peine de privation de leurs charges et offices, afin qu'il leur dise ou fasse dire son vouloir et ce qu'ils ne peuvent entendre ne comprendre en aucune manière[2].   (*Mémorial.*)

1. Par commission du 15 octobre, Jean Nicolay, Roger Barme, président au parlement, le président Berthelot et autres, furent chargés de régler les compositions pour l'amortissement des biens ecclésiastiques et de main-morte, en la Chambre même ou en autre lieu à leur choix (*Mémorial*. — Impr. dans la collection Mariette). La Chambre fit encore de grandes difficultés pour recevoir cette commission, et elle ne l'enregistra que le 7 mai 1521, après avoir envoyé le P.P. en parler au roi, qui était alors en Champagne.
2. Par édit donné à Saint-Germain-en-Laye au mois d'août 1520, « considérant la multiplicité des affaires estant en la Chambre des comptes et mesme le grand nombre d'officiers qui ont à compter chacun an en icelle », il avait été créé un président, un maître, un correcteur, quatre auditeurs, et il avait été ordonné que la Compagnie se partagerait en deux bureaux, un grand et un petit. Enfin, il avait été créé, par le même édit, un garde des comptes, registres, livres et papiers déposés dans les chambres des auditeurs et dans les « vieilles chambres ». Cet édit n'avait été accepté par la Chambre qu'après plusieurs jussions, et enregistré le 26 septembre, avec cette mention : *De expressis mandatis dicti domini nostri Regis, tam verbo quam scripto sæpius iteratis, usque ad ejus beneplacitum.* Ce fut pour quoi le roi envoya, le 4 octobre, le bâtard de Savoie, grand maître de France, qui fit rayer les mots : *usque ad ejus beneplacitum.* — Le 26 janvier suivant, fut fait un règlement pour le partage des affaires entre les deux bureaux.

---

19.   22 *Janvier* 1520 (*anc. st.*)
FONDATION ET VŒU DU ROI EN MÉMOIRE D'UN ACCIDENT.
(*Mémorial.* — Impr. dans D. Félibien, t. Ier, p. 577.)

---

20.   31 *Juillet* (1521).
LETTRE DU ROI AU P.P. — DEMANDE DE PRÊT.

Monsr le président, Pour ce qu'il m'est besoing promptement payer les gens de pié qui sont en la frontière de Champaigne, dont le payement eschera le VIIme du moys prochain, et qu'il y a quelques parties dont le trésorier Meigret a esté appoincté, qui ne pourront venir à temps pour servir audict payement, j'ay advisé vous escripre ceste présente, par laquelle je vous prie bien affectueusement que veueillez fournir comptant audict trésorier Meigret la somme de deux mil escuz d'or soleil, que je vous demande par forme de prest, en prenant la quictance dudict Meigret, par vertu de laquelle vous serez remboursé de ladicte somme par le sieur de St-Blançay, lequel j'ay chargé vous escripre que vostre remboursement se fera dedans la Toussains prochaine, en fournissant la quictance dudict Meigret. A quoy n'y aura faulte. Et, pour ce que cest affaire est fort pressé, je vous prye vous ayder de tous voz amys, en sorte que je soye secouru de ladicte somme. Autrement mon affaire pourroit tomber en inconvénient. Vous advisant que ce faisant me ferez plaisir que à jamais ne mectray en oubly, mais le recongnoistray quant il sera question de voz affaires. Et adieu, Monsr le président, qui vous ayt en sa garde. Escript à Comariein, le dernier jour de juillet[1].

FRANÇOYS.
ROBERTET.

L'adresse est : A Monsr le président Nicolaj.

(Original. — *Arch. Nicolay,* 15 L 7.)

[1]. Cette lettre et celle de la reine Louise de Savoie, mère du roi, qui l'accompagne (14 L 2), ont été imprimées par d'Hozier, *Armorial général,* t. V, 2e partie, Généalogie de Nicolay, p. 12 et 13.

---

21.   8 *Août* 1521.
DÉMISSION DU P.P. JEAN NICOLAY.

Françoys, etc. Comme, puis aucun temps en çà, pour plusieurs bonnes et justes causes et raisons et à la requeste de nostre amé et féal conser Jean Nicolas, cher, P.P. de nostre Chambre des comptes à Paris, nous eussions pourvu nostre amé et féal aussy conser Aymard Nicolas, aussy cher, seigneur de St-Victor, son fils, dudit office de P.P. en nostredite Chambre des comptes à Paris, au survivant d'eux deux, pour l'exercer en l'absence l'un de l'autre, ce qu'ils ont fait par aucun temps; toutefois, pour ce que ledit Jean Nicolas père désire de se décharger et démettre entièrement à sondit fils dudit office de président, il a envoyé devers nous sondit fils, avec sa procuration expresse pour renoncer entièrement à son profit le droit qu'il a et que luy avons réservé audit office de président, en nous humblement requérant que à ce le voulions recevoir et admettre, et sur ce octroyer audit Aymard Nicolay, son fils, nos lettres nécessaires. Savoir faisons que nous, considérant les bons, louables, laborieux et très recommandables services que nosdits conseillers père et fils nous ont faits et font chacun jour, tant au fait et exercice dudit office de président que en plusieurs autres manières, et espérons que ledit fils fera cy après; pour ces causes, et pour la très grande confiance qu'avons de luy et de ses sens, prudence, loyauté, prud'hommie et bonne diligence, icelle démission et renonciation ainsy faite en nos mains par le procureur dudit Jean Nicolas, cher, sur ce suffisamment fondé, au profit dudit Aymard Nicolas, sondit fils, dudit office de P.P. de nostredite Chambre des comptes à Paris, avons admise, admettons et avons agréable, et, en ce faisant, avons ledit office donné et octroyé, donnons et octroyons de nouvel et en tant que besoin est audit Aymard Nicolas, cher, purement et simplement, sans aucune réservation de survivance pour sondit père ne autre, et pour doresnavant nous y servir aux honneurs, etc. . . . . . . Sans ce qu'il soit tenu faire nouveau serment, ne se faire instituer de nouvel en iceluy. Si donnons en mandement, etc. . . . . . . Donné à Autun, le 8me aoust 1521.

Lecta et publicata in Camera computorum domini nostri Regis, et per nos ibi expedita, die   januarii, anno Domini 1521. LE BLANC.

(*Mémorial.*)

22.

20 Août 1521.
RÉCEPTION DU GARDE DES LIVRES.

Aujourd'huy matin, Messire Aymard Nicolay, P. P. des comptes, a apporté à Messeigneurs, au bureau de la Chambre de céans, les lettres missives du Roy portant créance sur luy, et aussy de Madame mère dudit seigneur Roy, nostre sire.

Ensuit la teneur desdites lettres missives : « De par le Roy. Nos amés et féaux, nonobstant les lettres bien expresses et amplement déclarées de nostre vouloir que dernièrement vous avons écrites, avez différé et délayé de recevoir et instituer Jean le Comte en l'estat et office de garde des livres, comptes, registres et papiers de nostre Chambre des comptes, que préalablement ne nous en eussiez averti et sur ce fait aucunes remonstrances. Dont n'avons cause de nous contenter, attendu la teneur de nosdites lettres. Et, combien que eussions délibéré de plus ne vous écrire, mais y pourvoir par autre voye, toutefois pourtant que nostre amé et féal conseiller et P.P. de nosdits comptes, Aymard Nicolay, cher, est de présent par deçà, luy en avons bien voulu dire nostre vouloir, lequel nous luy avons donné charge vous signifier, et commander très expressément faire recevoir et instituer incontinent ledit garde, comme puis naguères vous avons écrit, toutes excusations cessantes et autres choses, encore que aucuns de vous fussent absens. A cette cause, vous mandons, commandons et très expressément enjoignons, et à chacun de vous, sur peine d'inobédience, ainsy le faire, sans plus délayer ne pour ce nous écrire ne envoyer vers nous hommes exprès, car nous sommes duement avertis dudit affaire et y avons assez pensé et avisé que l'entendons très bien, et n'en voulons plus ouïr parler, mais voulons foy estre ajoutée à ce que vous en dira de par nous ledit président, comme si personnellement le vous disions, nonobstant quelques remonstrances que pourriez sur ce dire et alléguer, pour lesquelles ne voulons aucunement estre différé, jaçoit qu'il n'eust charge d'icelles nous dire et remonstrer ne autrement nous parler dudit affaire. Car ainsy nous a plu et plaist qu'il soit fait et accompli. Donné à Autun, le 11me jour du mois d'aoust. Signé : FRANÇOYS. »

Ensuivent les lettres de Madame mère du Roy : « Messeigneurs, je vous ay écrit de Cisteaux pour la réception de Jean le Comte en l'office de garde des livres, comptes, registres et papiers de la Chambre des comptes, et par mes lettres avertis que le vouloir du Roy, mon seigneur et fils, estoit qu'il fust reçu, pensant que, pour cette cause et en ma faveur, dussiez incontinent expédier, ce que néanmoins n'avez encore fait. Dont ledit seigneur est très mal content et irrité desdits délays, et avoit délibéré plus ne vous en écrire, mais autrement y pourvoir. Toutefois, ce jourd'huy, le P.P. desdits comptes estant par deçà, luy en a déclaré son vouloir, qui luy a chargé vous dire et commander très expressément le faire recevoir incontinent, ainsy qu'il a écrit dernièrement, sans pour ce luy en plus écrire ne envoyer vers luy, nonobstant quelques remonstrances que on sauroit dire ou alléguer au contraire. Et pour ce, de ma part vous prie que ledit le Comte soit incontinent expédié et reçu, sans que ledit seigneur n'en oye plus parler. Car je sais que faisant autrement, ne luy viendra à plaisir, mais y pourvoira en sorte que ceux qui sont cause desdits délays ne seront contens. Et adieu, Messeigneurs, je prie Dieu vous donner vos désirs et volontés. Écrit à Autun, le 11me aoust 1521. Signé : LOYSE. — Babou. »

Après la lecture desdites deux lettres, a dit ledit président, pour sa créance, que le Roy luy demanda, dimanche y eut huit jours, en la ville d'Autun, en présence de Mgr le grand maistre et de M. le président Berthelot, si les Gens des comptes avoient reçu en l'estat de garde des livres et comptes de ladite Chambre un nommé Jean le Comte. Auquel avoit répondu qu'il ne savoit, parce qu'il y avoit douze jours ou quinze qu'il n'avoit esté au bureau de ladite Chambre. Et mondit sr le grand maistre prenant la parole, dit audit seigneur que ledit le Comte n'avoit esté reçu. Lequel seigneur demanda à quoy il avoit tenu. A quoy répondit ledit président qu'il ne savoit la cause, et n'avoit charge de par ladite Chambre de luy parler de cet affaire, mais qu'il pensoit qu'icelle dite Chambre l'auroit averti des causes qui l'auroient mue de ne le recevoir. Et sur ce, ledit seigneur dit qu'il avoit bien entendu l'affaire, en avoit écrit par plusieurs fois à ladite Chambre, laquelle ne tenoit compte de ses lettres, et qu'il ne voyoit autres gens que ambassadeurs de la Chambre, qui en dépensoient son argent en voyages, lequel ne leur coustoit guères ; disant en outre qu'ils n'envoyassent plus si souvent vers luy, mais qu'il vouloit estre obéi de tout ce qu'il écrivoit et commandoit, et que, si on faisoit le contraire, il donneroit à connoistre qu'il estoit le maistre, et les en feroit repentir ; voulant expressément que ledit le Comte fust reçu, sans plus en ouïr en aucune façon et manière quelconque parler.

Après a dit ledit président que, ledit jour, de relevée, madite dame luy avoit dit que lesdits Gens des comptes avoient très grand tort de si souvent envoyer par devers ledit seigneur Roy, son fils, touchant l'affaire dudit Jean le Comte, vu qu'iceluy seigneur avoit bien entendu et estoit bien informé de l'affaire et en avoit par plusieurs fois écrit à ladite Chambre ; disant outre que, si on renvoyoit ledit le Comte, comme on avoit accoutumé, que ledit seigneur y pourvoiroit de sorte que lesdits Gens des comptes n'en seroient contens, et que de sa part elle les prioit qu'ils le reçussent en ensuivant le bon plaisir dudit seigneur, ou autrement elle seroit contrainte de laisser ladite Chambre au besoin.

Toutes lesquelles lettres de créance cy dessus insérées vues ; semblablement vu certains faits et moyens donnés par les auditeurs de ladite Chambre, le 17 mars 1520, aussy certains autres faits et moyens donnés par les greffiers d'icelle Chambre, le tout à l'encontre dudit le Comte, desquels la teneur est telle : « Les auditeurs des comptes, vu les lettres d'office de Jean le Comte, disent, sous correction de vous, Messeigneurs, que iceluy le Comte ne doit estre reçu et institué audit office sous le nom de garde des livres, comptes et papiers et registres, parce que la garde d'iceux leur appartient à chacun d'eux en son égard, excepté des registres du greffe, desquels la garde appartient aux greffiers, et de ceux du procureur du Roy, desquels semblablement ladite garde luy appartient. Ce seroit une chose étrange de donner la garde de tout le fait de la Chambre à une personne plébéienne et ignorant ledit fait d'icelle, et dont pourroit ensuir plusieurs inconvéniens, et les secrets des débets èsdite Chambre estre révélés, au préjudice du Roy et de la chose publique. Et aussy seroit contrevenir à l'ordonnance d'icelle Chambre. A cette cause requièrent iceux auditeurs n'estre procédé à la réception et institution dudit le Comte audit office, en quelque manière que ce soit, que préalablement lesdites lettres ne soient réformées, et, au lieu desdits mots de *Garde des livres, comptes et papiers*, soient mis ces mots *Porteur et reporteur desdits comptes*, pour iceux porter et reporter, selon que commandé luy sera par le bureau et officiers d'icelle Chambre tant seulement. Et où il aura fait réformer sesdites lettres en la qualité que dessus, et que vous, Mesdits seigneurs, verriez apparence et le voudriez instituer audit office, requièrent iceux auditeurs que à sadite institution luy fassiez jurer et promettre de ne regarder dedans lesdits comptes, pour obvier aux inconvéniens dessusdits, mais seulement les couvertures, sur lesquelles seront cotées les années, et les comptes desquels vous pourrez avoir affaire pour vous estre par luy portés....... Et outre, qu'il n'aura qu'une clef desdites chambres, pour éviter aux inconvéniens susdits. Mais luy pourront iceux auditeurs, en leur présence, faire raccoutrer et mettre lesdits comptes en leurs ordre et armoires. Et que les clauses et points susdits et autres tels que verrez estre à faire par raison, soient mis et insérés en son institution. Donné par Me Charles d'Albyac, auditeur, le 17me mars 1520. »

. . . .

Mesdits seigneurs ont avisé recevoir ledit Jean le Comte pour porter et reporter les comptes, liasses et acquits, sans qu'il luy loise autrement voir dedans iceux, sur peine de punition, à la charge qu'il obéira aux présidens et officiers de ladite Chambre et qu'il n'entrera en aucune desdites chambres que par le congé desdits auditeurs........

Præstitit juramentum sub modificationibus et restrictionibus, et prout in registo hodierna die facto cavetur, ordinatione Dominorum. Actum ad burellum, vigesimo tertio augusti, anno millesimo quingentesimo primo. LE BLANC.

(*Mémorial.*)

23.

18 *Décembre* 1521.

REMONTRANCES PRÉSENTÉES AU ROI PAR LE P.P. JEAN NICOLAY.

Le 18 décembre 1521, Jean Nicolay fut chargé par la Chambre de présenter des remontrances sur les dons que le roi avait faits à deux de ses serviteurs : à Michel, bâtard de Luppé, son maître d'hôtel ordinaire, la jouissance de la châtellenie d'Yanville, en Beauce, nonobstant la réunion générale du domaine qui venait d'être opérée et qui emportait révocation de toutes les aliénations de cette nature; au seigneur de la Guiche, la propriété à perpétuité de l'hôtel de la Reine, près Saint-Paul.

Lequel don ladite Chambre avoit toujours différé expédier, au moyen de ce que ledit hostel avoit esté donné par les manans et habitans de la ville de Paris à feu de bonne mémoire le roy Charles le Quint, à la charge qu'il demeureroit uni et incorporé au domaine dudit seigneur et de la couronne; lequel feu seigneur, en ensuivant ce, unit et incorpora inséparablement à toujours à sesdits domaine et couronne ledit hostel, et voulut et ordonna que, pour la reine sa femme et ses enfans, ledit hostel ne fust démembré ou séparé de la couronne. A cette cause, que la Chambre se vouloit bien acquitter envers luy, comme elle estoit tenue, de luy faire entendre cette matière. Ouï par lequel seigneur lesquelles remontrances, a dit audit Nicolay, ainsy que ledit Nicolay a relaté auxdits seigneurs, que ledit de Luppé luy avoit fait plusieurs bons services au fait de ses guerres, et dernièrement contre le Roy Catholique, en Hainaut; que, à cette cause, il vouloit et entendoit, nonobstant icelles remontrances, que ledit de Luppé jouist sa vie durant de ladite terre, seigneurie et chastellenie d'Yanville. Et, quant estoit dudit de la Guiche, que, combien qu'il luy eust donné ledit hostel de la Reine à luy et aux siens, néanmoins il ne vouloit pas qu'on luy expédiast ledit don, sinon pour en jouir sa vie durant seulement.

(*Mémorial.*)

II

AYMARD NICOLAY

fils de Jean Nicolay et de Claire de Vesc,

né au Bourg-Saint-Andéol,
chevalier, seigneur de Saint-Victor-de-la-Coste, Goussainville, Louvres, Orville, et coseigneur du Bourg,
Fromigières, Cousignac, etc.; pourvu de l'office de Premier Président en survivance de son père et
conjointement avec lui le 26 février 1519, mort dans l'exercice de ses fonctions le 27 septembre 1553.

---

24.   17 Septembre 1522.
EXPÉDITION DE LETTRES D'ENGAGEMENT FAITE A JOUR EXTRAORDINAIRE.

De par le Roy. Nos amés et féaux, pour aucune affaire de grande importance, qu'avons donné charge à nostre amé et féal conseiller l'archevesque d'Aix vous dire et déclarer, nous voulons, vous mandons et très expressément ordonnons vous trouver demain après disner en nostre Chambre des comptes, pour faire l'expédition desdits affaires, comme vous sera dit de par nous par ledit archevesque; et gardez que en ce il n'y ayt faute. Donné à St-Germain en Laye, le 8me jour de septembre. Ainsy signé : FRANÇOYS. — Robertet. » Et au dessous estoit écrit : « Apporté le 17me septembre 1522. »

Et, pour ce que lesdites lettres portoient créance sur luy, ledit archevesque a dit à mesdits seigneurs, pour sadite créance, que ledit seigneur luy avoit mandé et écrit, ainsy qu'il a fait apparoir, que incontinent ils eussent à expédier les lettres de l'engagement du domaine de Poitou, l'engagement du pied fourché de cette ville de Paris et la vendition des greffes du Chastelet, que ledit seigneur a faite à Messire Nicole de Neufville, cher, secrétaire de ses finances et seigneur de Villeroy, au réméré de 50,000 liv. tournois, sans y faire aucune difficulté; et que les affaires estoient si pressés que plus ne pouvoit estre, et falloit recouvrer 20,000 liv. tournois dudit seigneur de Villeroy, pour payer les gens de pied de Picardie, lesquelles ledit de Villeroy ne vouloit bailler sans avoir ses lettres expédiées par ladite Chambre.

A quoy mesdits seigneurs firent réponse qu'il n'estoit jour de Chambre, et que l'on n'avoit accoutumé expédier telles matières à jour extraordinaire : toutefois que, si c'estoit chose si pressée que l'affaire dudit seigneur en fust retardé, qu'ils l'expédieroient.

Auxquels a esté répondu par ledit archevesque que ainsy le falloit faire; autrement, que les affaires dudit seigneur en pourroient tomber en inconvénient.

Mesdits seigneurs, après avoir entendu ce que dessus est dit, ont expédié lesdites lettres de cedit jour; lesquelles ont esté portées audit de Villeroy, pour recouvrer lesdites 20,000 liv. Lesquelles il n'a voulu bailler, disant que l'expédition de ses lettres avoit esté faite à jour extraordinaire et qu'il ne bailleroit son argent si lesdites lettres n'estoient expédiées à jour ordinaire. Au moyen de quoy les a ledit archevesque rapportées à mesdits seigneurs, narrant ce que dessus est dit, et leur requérant les expédier d'un autre jour. Mesdits seigneurs connoissant la nécessité et affaires èsquelles ledit seigneur est pour avoir et recouvrer argent pour le payement de sesdits gens de guerre, ont ordonné lesdites lettres estre expédiées du 17me jour de septembre, comme contenu est en l'expédition cy dessus écrite.

(*Mémorial.*)

---

25.   10 *Octobre* 1523.
AMORTISSEMENT POUR LA GRANDE CONFRÉRIE.

Lettres d'amortissement données en faveur des abbé, doyen, prévost et confrères de la grande confrérie, par le roy Françoys premier, qui avoit commis pour la vérification dudit amortissement Maistres Roger Barme, président en nostre Cour de parlement à Paris; Jean Nicolas, ch^{er}, premier président de nosdits comptes; l'un des trésoriers de France ou des généraux conseillers par nous ordonnés sur le fait et gouvernement de nos finances; Maistres Jean Prévost, conseiller en nostredite Cour de parlement; Pierre Michon, clerc et auditeur en nostre Chambre desdits comptes, et Raoul Guiot, nostre notaire et secrétaire, contrôleur de l'audience de nostre chancellerie [1].

Donné à Paris, sous nos seings et cachets, le 10me jour d'octobre, l'an 1523.

Et en suite six cachets, dont le premier est en croix et les cinq autres en rond, et au-dessous de chacun desquels sont les signatures desdits sieurs :

BARME. NICOLAS. BERTHELOT. MICHON. GUIOT. PRÉVOST [2].

(Extrait. — Bibl. de l'Arsenal, ms. H 764 C, 2e partie, f° 8.)

1. Antérieurement à la date de cette pièce, dont l'original n'a pas été retrouvé, et par lettres du 4 novembre 1522, le P.P. Aymard Nicolay, avec le secrétaire Gédoyn, le président Berthelot, un trésorier de France, J. Prévost, P. Michon et R. Guiot, avait été chargé de continuer la commission donnée à son père le 15 octobre 1520. Pendant deux mois, la Chambre avait refusé d'enregistrer cette commission, parce que les hôpitaux et maladreries devaient être taxés à part. « En ce faisant, ils seroient plus travaillés que les autres, combien qu'ils soient plus à supporter, car autrement tous pauvres malades, dont aucuns souventes fois sont constitués en extrémité de maladie, seroient contraints de mourir et giser par les villes et aux champs sans secours, comme pauvres bestes. » L'enregistrement ne fut fait que le 31 janvier 1522 (anc. st.), après plusieurs créances et lettres du roi.

2. Suivant l'édit de 1511, cité plus haut, « ne seront signés, expédiés, dépeschés aucuns acquits, mandemens, attaches, vérifications ou autres expéditions des Gens des comptes, qu'avant la signature ils ne soient cachetés et scellés des cachets et scels de quatre à cinq des président et maistres des comptes, qu'ils seront et chacun d'eux seront tenus d'avoir avec eux pour cacheter et sceller lesdites expéditions qu'ils auront ainsy ordonnées. »

---

26.   12 *Mars* 1523 (*anc. st.*)
PROCÈS-VERBAL DE PROCESSION SOLENNELLE.

(*Mémorial.* — Impr. dans Godefroy, *Cérémonial françois*, t. II, p. 935, et dans D. Félibien, *Preuves de l'Histoire de la ville de Paris*, t. Ier, p. 581.)

---

27.   4 *Novembre* 1525.
TRAITÉS AVEC L'ANGLETERRE.

Cedit jour, sur ce que les prévost des marchands et échevins de la ville ont fait remonstrer à la Cour qu'ils se sont mis en devoir et fait diligence à eux possible d'appeler et mander les évesque, abbés, universités, chapitres et autres colléges et communautés des églises, les Gens des comptes, les généraux sur le fait de la justice des aydes et autres juridictions et officiers et communautés temporelles de cettedite ville, pour eux trouver en l'hostel commun d'icelle, pour entendre, aviser et délibérer en l'assemblée qui se fera sur les réponses qu'ils ont à faire aux lettres qui leur ont esté écrites par Madame mère du Roy, régente en France, pour le fait des traités de paix faits entre madite dame et le Roy d'Angleterre ; néanmoins les dessusdits n'ont voulu comparoistre, mesmement les Gens des comptes, et, ainsy qu'ils ont esté avertis, ont conclu en leur Chambre et fait registre qu'ils n'y comparoistront, avec inhibitions et défenses aux présidens, maistres des comptes, correcteurs, clercs et auditeurs et autres officiers de ladite Chambre des comptes de ne comparoir en ladite assemblée, en laquelle le peuple et communauté de la ville s'est présenté jà par deux diverses fois et n'ont voulu délibérer sur le fait desdits traités que premier les dessusdits mandés et appelés n'y fussent présens, pour avoir leur avis ; et que, à cette fin, lesdits prévost des marchands et échevins en avertiroient la Cour, pour obvier aux appellations qui s'en pourroient interjeter. Et, pour ce qu'ils sont grandement poursuivis et sollicités de par madite dame de luy faire réponse, requièrent commandement estre fait à tous les dessusdits, et mesmement auxdits Gens des comptes et généraux sur le fait de la justice des aydes, de eux trouver et comparoir en l'hostel commun de ladite ville, en l'assemblée qui sey fera, pour donner leur avis et conseil sur le fait desdits traités, sur telles peines qu'il plaira à ladite Cour ordonner ; et à tout le moins, qu'il leur soit permis que leurs commandemens et injonctions qu'ils feront aux dessusdits sur peine soient exécutoires nonobstant oppositions et appellations et sans préjudice d'icelles. La Cour a mandé deux des conseillers de ladite Chambre des comptes et deux des généraux de la justice ; et, après qu'ils ont esté venus, et que Messire Antoine le Viste, ch^{er}, président en ladite Cour, leur a remonstré les choses susdites et les inconvéniens qui en peuvent advenir, mesmement que ladite Cour sera contrainte d'en avertir madite dame, et qu'il leur a dit qu'ils eussent à déclarer les raisons pour lesquelles ils ne se veulent trouver en ladite assemblée, et que par Mes de Badouillier et Nicole Viole, cons^{ers} et maistres des comptes, a esté dit qu'ils ne savent si lesdits traités de paix s'adressent à ladite Chambre des comptes pour y estre vérifiés, ou si par le moyen d'iceux il y aura quelques autres lettres qui se pourront adresser à ladite Chambre, au moyen de quoy ils ont conclu de ne se trouver en ladite assemblée, et requièrent que la Cour leur baille délay pour rendre réponse jusques à lundy prochain, afin que ce pendant ils en puissent communiquer à leurs compagnons. Et que par lesdits deux conseillers des généraux de la justice a esté dit qu'ils n'ont jamais esté refusans de se trouver en ladite assemblée, si ce n'est par raison des obligations que madite dame demande, èsquelles ils ne veulent estre compris ; et, si aucuns d'eux estoient sommés, ils n'estoient en cette ville ; toutefois, si on les mande et appelle, ils se trouveront à ladite assemblée. . . . .

(*Journal*. — Extrait des registres du Parlement.)

28. 18 Décembre 1525.
RAPPORT FAIT PAR ORDRE DU ROI SUR SA CAPTIVITÉ.

Me Philibert Babou, ch^{er}, s^r de Thuisseau et de la Bourdaisière, cons^{er} du Roy et trésorier de France, est venu devers Messeigneurs, et a apporté lettres dudit seigneur et de madame sa mère, régente en France, dont la teneur suit : « De par le Roy. Nos amés et féaux, nous envoyons présentement par delà nostre amé et féal conseiller trésorier de France, Me Philibert Babou, porteur de cette présente, pour faire entendre, tant à nostre très chère et très amée dame et mère, régente en France, que à vous, comme à nos principaux et meilleurs sujets et serviteurs, le discours des choses qui ont esté par deçà mues, tant par nostre très chère et très amée sœur la duchesse d'Alençon, que par les ambassadeurs ordonnés avec elle pour le fait de nostre délivrance, avec ceux qui ont esté pour ce députés de la part de l'Empereur. Et, pour ce que ledit Babou, comme celuy qui a toujours assisté et esté présent à ce qui s'est jusques icy fait, vous en pourra bien au long et à la vérité avertir, à cette cause nous vous prions l'en vouloir croire, et au demeurant ajouter foy aux choses que nous lui avons sur ce donné charge vous dire, comme vous feriez à nostre personne. Donné à Madrid, le 28me novembre. Ainsy signé : FRANÇOYS.—Robertet. »

Ensuit la teneur de la lettre de Mme la Régente : « De par Madame, Régente de France. Très chers et bien amés, le Roy, nostre très cher seigneur et fils, envoye le s^r Babou devers vous pour faire entendre des nouvelles de sa santé, aussy de l'estat de ses affaires. Et encore que nous, sachions certainement la bonne et grande affection que vous avez au bien et conduite de sesdites affaires, ce néanmoins nous vous prions que vous vouliez continuer, et obéir et contenter ledit seigneur en ce qu'il vous fera dire par ledit Babou, le croyant au demeurant de ce que luy avons donné charge vous dire. Très chers et bien amés, Nostre Seigneur vous ayt en sa garde. Donné à St-Just sur Lyon, le 14me jour de décembre. Ainsy signé : LOYSE. »

Après lecture desquelles lettres, ledit Babou, exposant sa créance, a dit qu'il avoit eu charge d'iceluy seigneur venir en France, pour avertir Madame et ses loyaux sujets, et mesmement sa Cour de parlement et Chambre des comptes, de sa bonne et parfaite santé et prospérité, dont ledit Babou peut parler affirmativement, comme celuy qui l'a vu depuis trois semaines, le jurant et affirmant ainsy par sa foy et sur sa conscience, et mesme l'avoir vu, y aura samedy prochain trois semaines, en parfaite santé et aussy gaillard que le vit oncques ; et le veut bien dire et affirmer, pour la difficulté qu'il a trouvée par deçà, à Paris principalement. Est ledit seigneur très content de l'obéissance que, durant son absence, a esté portée à madite dame, en laquelle obéissance et union consiste la stabilité et conservation de son royaume et sujets, lequel autrement pourroit estre en danger de ruine ; priant continuer. Et sur ce a remonstré que, luy estant encore en Espagne, on a entendu plusieurs paroles des ennemis, qui sont une compagnie maligne, et entre autres les Bourguignons, disant qu'il y avoit plusieurs divisions entre les princes, entre les Cours et juridictions, et que Madame n'estoit pas obéie ; et semble bien qu'ils en parlent par affection, comme ceux qui y désirent schisme et division, afin de trouver bresche pour entamer le royaume. A quoy ledit Babou auroit suffisamment répondu et dit qu'il n'y avoit jamais eu division ni désobéissance, combien qu'ils eussent tenu le Roy mort en France plus de quinze jours ou trois semaines, et ne s'en trouveroit point, ains estoient unis et en parfaite union.

Et après la prise du Roy, comme il fut persuadé par le vice roi de Naples, et à sa persuasion, joint qu'il avoit mesuré le cœur de l'Empereur comme le sien, estimant qu'il luy feroit comme il luy eust voulu faire, s'est fait mener en Espagne, où il s'attendoit trouver quelque honnesteté et clémence, ce qu'il n'a fait, ains est de présent l'affaire en rupture totale. Ont lesdits ennemis suggéré sous main faire aller Mme la duchesse en Espagne, disant qu'elle appointeroit tout et ramèneroit le Roy. Ont esté faites plusieurs assemblées pour traiter et appointer ; mais finalement l'on a connu que leur intention n'estoit que pour mener le temps avec nous, retarder l'appointement d'Angleterre, et conduire leurs affaires avec le Pape et autres potentats d'Italie, lesquels cependant sont demeurés en suspens avec nous. Et fut lors avisé d'en avertir le Roy, et furent députés pour aller devers luy Mgr d'Embrun et ledit Babou. Fut depuis requis Mgr le Premier Président faire le voyage, qui est un personnage tant estimé de nous et de nos ennemis que rien plus. Fit ledit Premier Président rapport à iceluy seigneur des négociations et de tout ce qui avoit esté fait. Le tout ouï et entendu par le Roy, voyant qu'ils faisoient leur profit de la présence et sollicitation de Mme la Duchesse, conclut iceluy seigneur la renvoyer et tous les autres ; manda ledit Babou pour l'envoyer en France remonstrer ce que dessus ; appela madite dame la Duchesse et tous ceux qui estoient avec elle, leur conta le peu de clémence qu'il avoit trouvé en l'Empereur, déclarant qu'il estoit résolu se consoler avec patience en Dieu et souffrir plustost prison perpétuelle et la mort, le cas s'offrant, que accorder leurs impertinentes et démesurées demandes et faire chose qui luy fust vitupérable et tournast à la charge et foule de son peuple et sujets et dommage de son royaume. Là y eut grand' pitié, estant tous à genoux et en pleurs, voulant demeurer avec luy. Mais ledit seigneur les consola vertueusement et magnanimement, les admonestant vivre en bonne union et vraye obéissance envers Mme la Duchesse sa mère, à laquelle il manda assurer le fait d'Angleterre, duquel dépend la sureté de son affaire et celle du royaume, et renvoya ladite dame et tous les autres, retenant seulement ceux qui estoient nécessaires à luy. Au surplus, donna charge audit Babou leur dire qu'ils s'employent et fassent leur devoir pour faire passer l'obligation de la ville envers les Anglois.

Leur dit aussy, de par ledit seigneur, qu'il avoit ordonné des commissaires en la chambre du Conseil à bon respect, et qu'ils eussent à leur ayder de tout ce qui leur seroit nécessaire jusques à ce que ledit seigneur auroit repris en sa main ses finances, non voulant toutefois aucunement grêver la Chambre, ains l'entretenir en ses gages, droits, autorités, prééminences; disant qu'il avoit semblable charge de par Madame, quant à ladite obligation de la ville et chambre du Conseil, et espéroient iceux seigneur et dame que leur commission se termineroit dedans sept ou huit mois, et après feroit ledit seigneur conduire ses finances par ses Gens des comptes, suivant les ordonnances comme devant. Est ladite dame délibérée venir de bref par deçà et amener Mgr le Dauphin et Mgr d'Orléans, qui feront grande joye et consolation à tous.

Depuis qu'il est en France, luy sont venues nouvelles que, après le partement de Mme la Duchesse, jà en chemin, MM. d'Embrun et Premier Président se retirèrent vers l'Empereur à Tolède, et luy présentèrent lettres missives de la main du Roy, qui luy écrivoit, entre autres choses, qu'il entendoit bien que le temps de sa délivrance n'estoit pas venu, et que ce n'estoit ce qu'il luy avoit dit et fait dire; et sur ce, prirent congé dudit Empereur, qui leur dit que, pour donner à connoistre à tout le monde qu'il vouloit la paix, il députeroit un personnage d'autour de luy, qui iroit vers le Roy pour traiter l'appointement. Luy demandèrent qui? mais dit qu'il y penseroit. Et aucun temps après, comme trois jours, se retirèrent vers ledit Empereur pour savoir s'il y avoit pensé et prendre congé; qui leur dit que ouï, et avoit expédié le vice roy de Naples, le seigneur dom Hugues de Moncade, et Lallemand, secrétaire d'Estat dudit Empereur, comme Robertet en France.

Dit qu'ils désireroient bien faire retourner Mme la Duchesse, mais elle ne s'y arrestera pas sans grande cause, et estime qu'elle pourra estre incontinent après cette feste à Narbonne.

Sur quoy luy a esté dit que ladite Chambre, en général et en particulier, est très joyeuse de la convalescence et santé parfaite du Roy, et sera encore plus de sa délivrance, qu'elle désire sur toutes les choses du monde, comme la raison veut, et n'y a celuy qui ne soit prest d'exposer le corps et les biens pour ledit seigneur. Quant à l'obéissance, la Chambre a toujours obéi à Madame comme au Roy. Au regard de commissaires, ne leur a esté rien refusé, et n'ont eu et n'auront empeschement de la Chambre. Au surplus, ont tous les officiers fait leur devoir d'accorder l'obligation de la ville, mais se trouve grosse difficulté de la part des bourgeois et autres menus gens. Dont Mgr l'archevesque d'Aix, là présent, a porté témoignage, comme celuy qui le sait, disant que tous lesdits officiers ont fait tout leur plein devoir, mais ne l'ont pas gagné, pour la multitude des bourgeois et menu peuple qui a esté assemblé en trop grand nombre.

(Mémorial.)

---

29.   3 Juillet (1526).
LETTRE DU ROI A LA CHAMBRE. — DON A M. DE MONTPEZAT.

De par le Roy. Nos amés et féaux, pour aucunement rémunérer et récompenser nostre amé et féal le s^r de Montpezat, capitaine de cinquante hommes d'armes de nos ordonnances et gentilhomme de nostre chambre, des bons, grands, agréables et très recommandables services qu'il nous a par cy devant faits, tant par delà les monts, à la journée devant Pavie, où il fut pris prisonnier avec nous, que depuis pour nostre délivrance, pour laquelle il a fait plusieurs voyages en poste et diligence, au moyen desquels et des peines et travaux qu'il y avoit pris, il a esté par long espace de temps au lit, malade et en danger de mort, nous luy avons donné et octroyé tout le revenu, profit et émolument de la chastellenie, terre et seigneurie d'Yanville en Beauce, à l'avoir et prendre sa vie durant seulement, par les mains de tel personnage qu'il luy plaira commettre pour en faire la recette, et à commencer du jour du trépas du feu bastard de Luppé, auquel par cy devant avons fait don, à sa vie, d'iceluy revenu, ainsy qu'il est plus à plain contenu et déclaré ès lettres patentes de don que luy avons octroyées et fait expédier audit s^r de Montpezat, à vous adressantes, comme pourrez voir. Et, pour ce que nous désirons qu'il en jouisse et ayt, prenne et perçoive ledit revenu en la manière que dessus, nous voulons et vous mandons très expressément que vous procédez à luy vérifier et entériner nosdites lettres de don de point en point, selon leur forme et teneur, sans y faire aucune restriction ou difficulté, et en outre et avec ce, luy faites rendre bon et loyal compte dudit revenu depuis le trépas dudit feu bastard de Luppé jusques à présent, car nous voulons et entendons que ainsy se fasse, ainsy que nostre amé et féal conseiller et P.P. en nostre Chambre des comptes, Maistre Aymard Nicolay, avec lequel, après nous avoir allégué plusieurs raisons et ordonnances, nous avons longuement devisé de cette matière, et donné charge vous dire et déclarer. Si vous prions et mandons le croire et faire entièrement ce qu'il vous en dira de par nous, comme si nous mesme le vous avions dit et commandé; mais gardez, comme en ce et sur tant que désirez nous obéir et complaire, que n'y faites faute, autrement ne nous pourrions contenter de vous. Donné à Angoulesme, le 3me jour de juillet.

FRANÇOYS.
ROBERTET.
(*Mémorial* et *Créances*.)

---

30.   12 *Novembre* 1526.

DON FAIT PAR LE ROI A M. DE CANAPLES.

Le lundy 12me jour de novembre 1526, Messire Aymard Nicolay, ch^{er}, cons^{er} du Roy et P.P. en sa Chambre des comptes, a présenté à Nosseigneurs, au bureau, les lettres missives dudit seigneur dont la teneur s'ensuit : « De par le Roy. Nos amés et féaux, nous envoyons présentement en Languedoc nostre amé et féal conseiller et P.P. de nos comptes pour aucuns nos affaires qui nous touchent, et, pour ce que nous luy avons donné charge avant son partement vous dire aucunes choses touchant le don que nous avons fait au s^r de Canaples et à sa femme, de Mantes et de Meulan, à cette cause vous ajouterez foy à ce qu'il vous dira de par nous, tout ainsy que vous feriez à nous mesme. Et n'y faites faute, et vous nous ferez service en ce faisant. Donné à Écouen, le 9me jour de novembre. Signé : FRANÇOYS, et Robertet.» Au dessous desdites lettres estoit écrit ce qui s'ensuit : « Apportées par ledit Monsr le président, le 12mo novembre 1526. » Et au-dessous d'icelles lettres estoit aussy écrit : « A nos amés et féaux les Gens de nos comptes à Paris. »

Suivant lesquelles ledit président, exposant sa créance, a dit que, vendredy dernier, 9me du dit moys, luy estant à Écouen, le Roy luy ordonna de dire à mesdits sieurs des comptes qu'ils eussent à expédier le don par luy fait au seigneur de Canaples et à damoiselle Marie d'Acigné, sa femme, de la chastellenie, terre et seigneurie de Mantes et pont de Meulan. Remonstré par ledit président qu'il n'estoit question que de 19,000 liv. tournois, restant de 25,000 liv. tournois promises par Madame mère du Roy à icelle dame, en faveur du mariage dudit s^r de Canaples et d'elle, et néanmoins se trouvoit par les comptes que ledit don montoit à 4,000 liv. tournois, et, bien conduit ès mains d'un bon ménager, pourroit monter 6,000 liv. de rente; dont ledit seigneur s'ébahit, démontrant aucunement qu'il n'entendoit faire si gros don; ordonna néanmoins, après y avoir pensé, qu'il fust expédié et sans faire mention desdites 19,000 liv. tournois, à ce qu'il n'en eust plus de clameur. Et semblablement luy ordonna icelle dame ladite expédition, et que, en ce faisant, y fust gardé au plus près qu'on pourroit le droit du Roy, en sorte toutefois que ledit sieur et sa femme n'eussent plus occasion d'en retourner à plaintif devers iceux seigneur et dame.

Sur lesquelles lettres et créance l'affaire mise en délibération, attendu l'expédition jà faite audit Canaples et sa femme, qui est pour en jouir par les mains du receveur ordinaire jusques à ce qu'ils soient parpayés d'icelle somme de 19,000 liv. tournois restant desdites 25,000 liv., et qu'il n'appert point de lettres de provisions ou déclaration dudit seigneur de contraire, a esté avisé qu'on ne leur pouvoit, quant à présent, autre chose faire.

(Mémorial et Créances.)

31.
19-20 *Décembre* 1526.
DON FAIT PAR LE ROI A ANCHISE DE BOULOGNE.

Le 19 décembre 1526, l'évêque de Tarbes présenta à la Chambre des lettres de créance par lesquelles le roi le chargeait de faire vérifier le don de la terre de Saint-Macaire au profit de Messire Anchise de Boulogne.

Après lecture desquelles lettres, ledit évesque remonstra que ledit don fait par le Roy à Messire Anchise de Boulogne, sa vie durant, avoit esté bien débattu et entendu par ledit seigneur, et n'en avoit iceluy évesque de Tarbes ouï parler depuis longtemps, qu'en sa présence les lettres en furent présentées à sceller à Mgr le Chancelier; lequel, au moyen de plusieurs commandemens à luy auparavant sur ce faits par le Roy, ordonna premier que le s^r la valeur et revenu annuel, et qu'il jouiroit seulement de ce qui y seroit exprimé. Dont ledit Messire Anchise indigné, déchira ses lettres, et dit à Mgr le chancelier : « Voilà tes lettres! Fais en ce que tu voudras ; je vais prendre congé du Roy. » Ce que Mgr le Chancelier eust des   de peu de gens; et néanmoins les a depuis scellées telles que nosdits seigneurs les ont pu voir. Et ledit Messire Anchise de Boulogne, homme d'esprit et de service, donna le moyen des fortifications de Narbonne quand les ennemis s'efforcèrent y vouloir entrer, ensemble à   a fait aussy et est pour faire gros services audit seigneur; n'est aujourd'huy le temps ni la saison de le malcontenter; autrement pourroit se retirer avec les ennemis et faire de l'ennuy. Ne touche en rien l'affaire audit évesque de Tarbes et n'y est aucunement affecté, ains luy suffit d'obéir à ce qu'il a plu audit seigneur luy mander; toutefois a bien voulu remonstrer ce que dessus à mesdits seigneurs, à ce que sur tout ils puissent mieux aviser et y pourvoir à leurs bonnes discrétions. Auquel, par la bouche de Mr Jean Briçonnet, ch^{er}, président, a esté dit que dernièrement aucuns députés estant devers le Roy pour luy faire la révérence de par la Chambre, ledit seigneur leur commanda expédier trois choses, dont ledit don n'estoit point. Vray est, que après avoir pris congé dudit seigneur, virent que ledit de Boulogne parla à iceluy seigneur, lequel toutefois ne les rappela; bien virent qu'il parla à Mgr l'amiral, mais ne savent quel propos, sinon que depuis, prenant congé dudit s^r amiral, en son logis, il leur dit qu'il avoit charge d'iceluy seigneur leur dire qu'ils expédient ledit don et les affaires de poids et grosse conséquence, au moyen de l'aliénation du domaine du Roy, que mesdits sieurs sont tenus et ont juré garder ; à cette cause, y ont pu faire difficulté, joint que c'est forte place et en pays limitrophe. Et depuis n'en a esté parlé jusques à présent. Sur quoy, par ledit évesque de Tarbes a esté remonstré qu'il est du quartier, et que ledit lieu de St-Macaire est une villace, et y a bien quelque vieil chasteau, mais n'est forte place et n'est assise en pays limitrophe. Auquel a esté dit que la Compagnie, dont les aucuns sont dispensés par ordonnance du Roy pour d'autres affaires en ladite Chambre, sera demain assemblée pour en aviser, et ce fait, faire réponse par le greffier audit évesque de Tarbes, qui s'est retiré.

Et le lendemain 20me, l'affaire mis en délibération, la Compagnie assemblée, a esté avisé que, au moyen de la somme qui estoit grosse et que l'affaire estoit de poids, par conséquent qu'on n'y pouvoit entrer. Dont ledit s^r de Tarbes, suivant ce qui luy avoit esté dit le jour précédent, a esté avisé incontinent, environ neuf heures du matin, par moy, Chevalier, greffier, qui l'ay fait appeler à cette fin, estant au

Conseil du Roy en l'hostel de Mgr le Chancelier; lequel m'en a demandé acte ou réponse par écrit, pour la présenter au Roy; et, sur ce qui luy a esté dit par moy que n'est accoutumé, m'a prié d'en parler à nosdits seigneurs et luy en mander la réponse par un de ses gens, qu'il a, à cette fin, envoyé devers moy, offrant, s'il leur plaisoit, retourner devers eux. Auquel, après l'avoir remonstré à nosdits seigneurs, de leur ordonnance, j'ay fait réponse que le Roy ne leur en mandoit rien, ni semblablement audit sr de Tarbes, et que, à cette cause, joint qu'il n'est de coutume, ne pouvoient rien bailler par écrit.

(Mémorial et Créances.)

---

32.   21 *Janvier* 1526 *(anc. st.)*

DÉPUTATION AU SUJET D'UNE COMMUNICATION DE COMPTES ET DES RÉGALES.

Ce jour, Mes Aymard Nicolay, cher, conser du Roy et P.P. en sa Chambre des comptes, et Nicolas du Pré, conser et maistre desdits comptes, lesquels, par ordonnance de la Chambre, avoient esté envoyés devers Madame et Mgr le chancelier, ont rapporté au bureau que, jeudy dernier, ils arrivèrent à St-Germain en Laye, et le lendemain, après estre entrés en la chambre de mondit sr le chancelier, luy remonstrèrent que la Chambre avoit entendu par lettre du Roy qu'on avoit fait plainte qu'ils avoient refusé bailler aux commissaires par ledit seigneur ordonnés en sa chambre du Conseil le compte de Prud'homme et autres semblables de l'année finie 1523; toutefois se trouveroit qu'ils n'en avoient jamais fait refus, mais, en les baillant, en veulent avoir récépissé de l'un desdits commissaires, suivant ce que par le Roy et Madame a esté piéçà ordonné à aucuns de ladite Chambre à cette fin envoyés vers ladite dame, qui est à bonne et juste cause, parce que jà ont esté présentés en ladite Chambre, qui en est chargée, et le *traditur* mis sur iceux, et partant ne le peuvent faire sans décharge; à quoy lesdits commissaires ne veulent satisfaire, encore veulent qu'ils soient par ladite Chambre rendus aux comptables ou leurs procureurs, pour, ce fait, leur estre présentés par eux. A quoy par Mgr le Chancelier a esté dit que le différend estoit petit et qu'on y aviseroit quelque expédition.

Ont aussy fait semblables remonstrances à Mgr d'Alluyes, Messire Florimond Robertet, qui leur a dit qu'il en parleroit à madite dame pour y donner ordre, et de là sont allés pour faire lesdites remonstrances à icelle dame sur son disner; ont parlé à Messire Philibert Babou, qui leur a dit que à peine pourroïent parler à elle pour l'indisposition de sa personne, toutefois en feroit la diligence et leur feroit réponse. Et cependant ont ouï que ladite dame fit faire excuse envers Mr d'Albanie, qu'elle ne pouvoit pour l'heure parler à luy. Au moyen de quoy ont connu qu'il n'y avoit ordre. Et néanmoins ont attendu ledit Babou, qui leur en a autant dit, et tost après ont su de MM. le chancelier et Robertet que ladite dame avoit ordonné que lesdits comptes et acquits seroient mis ès mains du greffier et par luy baillés auxdits commissaires, dont seroit fait acte pour la décharge d'icelle Chambre; mais n'en apporta les lettres, parce qu'elles ont esté différées jusques à la venue du Roy.

Ce fait, leur a dit Mgr le chancelier que le Roy estoit très mal content de ladite Chambre pour les restrictions qu'ils ont faites sur les sermens de fidélité faits à Madame, lors régente, par l'évesque de Chartres et autres, qui semblent contempnement du pouvoir que ledit seigneur estime semblable au sien. A cette cause a délibéré ledit seigneur les mander en bon nombre, pour luy répondre qui les a mus. Ne voudroit Mgr le chancelier qu'ils fussent scandalisés, et pour ce les en vouloit bien avertir, pour y donner ordre en ce qu'ils pourroient avoir failli, sinon y aviser par eux, afin de pouvoir répondre aux questions qui leur pourront estre faites de par le Roy et par gens qui n'ont l'esprit au talon. A quoy par ledit président fut dit qu'ils tiennent, et aussy font les Gens du Roy de parlement, que le droit de régale est annexé à la couronne, irrévocable et inséparable d'elle, et que autrefoys a esté ainsy fait du temps du roy Jean et autres, et le tiennent tout commun en la Cour de parlement; le remerciant néanmoins dudit avertissement, dont feroient rapport à ladite Chambre.   *(Créances.)*

On trouve dans le même registre des Créances, à la date du 9 février suivant, des remontrances faites par la Chambre au sujet du droit de régale que les rois avaient abandonné de toute ancienneté à la Sainte-Chapelle, mais que néanmoins chaque nouvel évêque essayait de se faire concéder par faveur. Aux termes des anciennes chartes, une moitié des régales appartenait aux dignitaires de la Sainte-Chapelle, pour leurs fondations respectives, et l'autre servait à l'entretien de l'édifice sacré, des ornements, etc. Suivant les remontrances, on voit que l'entretien laissait à désirer : plusieurs verrières étaient rompues ; le plomb de la couverture, percé en divers endroits, livrait passage à la pluie. Cette couverture n'avait pas été réparée depuis dix ans, et les ornements, livres, etc. requéraient une dépense de plus de 20,000 liv. « Une pareille ruine ne fait pas grand honneur à ceux qui ont la charge de la Sainte-Chapelle, en laquelle sont les armes de la Passion du Rédempteur, inscrite et fondée en la ville de Paris, capitale du royaume, en laquelle chaque jour affluent plusieurs grands ambassadeurs et autres de nations étrangères, qui, par curiosité et grande singularité, désirent voir la Sainte-Chapelle, lesquels sont scandalisés, voyant cette désolation. »

Le roi répondit à ces remontrances « qu'il estoit joyeux de l'avertissement, et qu'il ne l'avoit jamais entendu ; que ses Gens des comptes tinssent bon, et qu'il tiendroit aussy bon de sa part. Sur quoy luy fut dit par les députés qu'il pouvoit remettre le tout sur eux, et qu'ils en doivent porter le faix, mais que son plaisir fust n'estre mal content d'eux s'ils n'expédioient tel don qui leur sembloit déraisonnable. » Mais le Conseil, par devant lequel comparurent le P.P. Nicolay et les autres députés de la Chambre, leur reprocha de ne pas rendre équitablement la justice sans acception de personne, et le chancelier leur dit que le roi savait qu'on avait voulu restreindre le pouvoir de régence de sa mère, durant sa captivité, qu'il en était fort mécontent, et que, s'il connaissait ceux qui avaient pris cette licence, « il les feroit fouler. » Il fut commandé au P.P. de faire députer quelques officiers de la Chambre pour répondre sur le fait du serment de fidélité des évêques, et de faire apporter les registres. « Sur quoy, par Me de Badouillier, maistre des comptes, fut dit, en forme d'interrogation : « Registres ? » voulant demander si le Roy entendoit qu'on apportast le corps et volume du registre, ou simplement l'extrait du serment de fidélité. A quoy par Mr de Vendosme fut dit que le Roy estoit par dessus les Cours, et non les Cours par dessus luy. Auquel par ledit Badouillier fut répondu que cet article estoit tenu pour confessé. Et sur ce, après ledit rapport, l'affaire mis en délibération, fut conclu qu'elle seroit expédiée *de expresso*, en faisant toutefois réformer les provisions de don, et qu'elles contiennent ces mots : *pour cette fois seulement;* et que par icelle ledit seigneur déclare qu'il ne fera cy après aucun don de régale, comme avoit esté dit au Conseil. »

Cependant ce ne fut qu'après deux nouvelles missives royales, et sur le consentement de Messieurs de la Sainte-Chapelle, que la Chambre enregistra ce don purement et simplement, comme le vouloit le roi.

33.   25 *Février* 1526 (anc. st.)

ENREGISTREMENT DE DIVERS DONS FAITS PAR LE ROI.

Aujourd'huy, Mre Aymard Nicolay, cher, consᵉʳ du Roy et P.P. en sa Chambre des comptes, a présenté à ladite Chambre lettres missives données à St-Germain en Laye le 23ᵐᵉ dudit mois, signées : Françoys, et Breton. Après lecture desquelles, a dit que, avant parler au Roy, lesdites lettres avoient esté expédiées et les avoit le prévost de Paris baillées à un courrier, qu'il fit contremander, pour les bailler audit sʳ président; lequel, après les avoir vues et remonstré au Roy le contenu, luy demanda s'il les avoit bien entendues. A quoy ledit seigneur fit réponse que oui, et luy dit, quant au premier point, qu'il fust secret sur leur vie. Quant au second, qui estoit don fait à Mr le grand maistre de Beaumont sur Oise, luy dit, quelque chose que luy eust esté promis en mariage, n'en avoit rien reçu; estoit ledit don fait en faveur de mariage, et vouloit qu'il sortist effet selon la forme et teneur de ces lettres. Quant au don fait à Matignon et d'Argouges, des terre et seigneurie de la Rochetesson, l'avoit fait de son propre mouvement, sans que jamais lesdits Matignon et d'Argouges luy en eussent fait demande, et le service qu'ils ont fait, d'avoir découvert à temps et heure l'entreprise et machination faite contre ledit seigneur et ses enfans et royaume, est tel et si grand, qu'il ne se pouvoit suffire à récompenser. Et luy a dit Mgr le Chancelier que les droits veulent qu'ils en soient récompensés du plus beau et du meilleur, à perpétuelle mémoire, et que à cette cause veut qu'ils soient expédiés, ensemble Messire Anchise de Boulogne, disant que la terre de St-Macaire pouvoit valoir 15 ou 16,000 liv. tournois, et toutefois l'expédition première n'est que pour 1,000 liv.; ayme mieux que ledit de Boulogne ayt le surplus, qu'il tombe au profit du receveur. A ce présent et assistant Mr de Lautrec, qui a voulu maintenir à semblable que le receveur faisoit son profit du surplus. Soutenu néanmoins formellement au contraire par ledit président que ledit receveur ne prenoit ledit surplus et en estoit comptable. Sur quoy néanmoins a dit ledit seigneur qu'il estoit homme de service et avoit présentement affaire de luy; à cette cause vouloit qu'il fust expédié. Aussy, quant à Messire Emiliano Forlano, auquel il avoit fait don de Neufville et Vitry, luy dit qu'il avoit donné à entendre le service qu'il luy avoit fait à deux de la Chambre, et qu'il avoit mis sa personne en danger; que tel service devoit estre reconnu; à cette cause vouloit qu'il fust expédié, et tous selon la forme et teneur de leurs lettres [1]. Et, sur la remonstrance qu'on leur pourroit bailler commission pour informer, dit ledit seigneur que non, mesme quant aux Italiens, et qu'ils n'avoient point d'argent pour fournir aux frais, qui seroient gros, et en viendroient demander audit seigneur, disant qu'il ne sauroit saillir de sa chambre sans les trouver et encontrer; qui luy vient à grosse fascherie, et que à cette cause soient expédiés. Et, au regard du verrier, après remonstrances du dommage que luy et autres usagiers peuvent faire en ses forests, dit qu'il fust expédié de son expédition. Luy dit outre, quant au don fait au vicomte d'Étoges de Pont Ste-Maxence, après avoir entendu dudit président qu'il avoit esté refusé, dit qu'il ne savoit que c'estoit, et qu'on ne les expédiast point.

(Mémorial et Créances.)

1. Cet Italien, parti de son pays pour délivrer le roi, avait été trahi par Léonard Champion, et condamné à l'estrapade. (*Créances.*)

34.
2 Mars 1526 (anc. st.)
COMMISSION POUR FAIRE ABATTRE DES CONSTRUCTIONS DANS LA COUR DU PALAIS.

(Mémorial. — Impr. dans D. Félibien, t. Ier, p. 159, et dans Morand, Hist. de la Sainte-Chapelle, pièces justif., p. 103.)

35.
11-15 Mars 1526 (anc. st.)
DON DE LA COMTÉ DE CASTRES A LA MARQUISE DE SALUCES.

Le lundy 11me jour de mars 1526, Messire Aymard Nicolay, cher, conser du Roy et P.P. en sa Chambre des comptes, a présenté au bureau les lettres du Roy portant créance sur luy, dont la teneur s'ensuit : « De par le Roy. Nos amés et féaux, nous avons dernièrement dit et déclaré à nostre amé et féal le sr de St-Victor, P.P. de nos comptes, nostre vouloir et intention touchant le fait de la comté de Castres, pour le vous faire entendre, afin que de point en point vous suiviez cela, sans plus y faire de difficulté; et, en outre, luy avons donné charge expresse de vous dire de nostre part que vous ayez incontinent à enregistrer ou faire enregistrer en nostre Chambre desdits comptes certaine quittance générale que avons par cy devant fait expédier à nostre amé et féal premier gentilhomme de nostre chambre, le prévost de Paris, de tout le fait et maniement de deniers et autres choses qu'il a eu de nous depuis qu'il est en nostre service, afin que en l'avenir l'on ne luy en puisse, ni pareillement à ses héritiers et successeurs, aucune chose demander; et que, si d'aventure il y a quelques-uns d'entre vous auxquels il semble que ledit prévost ne se soit si bien et duement acquitté dudit maniement qu'il devoit, et que l'on fust pour luy en demander ou quereller cy après aucune chose, que vous nous en veuillez incontinent avertir, afin que nous y pourvoyions ainsy que nous verrons estre affaire. Par quoy nous vous prions, et néanmoins enjoignons que vous veuilliez faire sur les deux points cy dessus touchés tout ce que vous dira de par nous ledit président. Et au surplus faites nous promptement réponse à la présente, afin que soyons avertis de ce que aurez fait en ce que dit est. Si ne veuillez faire faute, car tel est nostre plaisir. Donné à St-Germain en Laye, le 9me jour de mars 1526. Signé : FRANÇOYS, et Breton. »

Après lecture desquelles lettres, ledit président a dit que, jeudy, environ huit heures du matin, arriva à St-Germain, parla à Mgr le chancelier, et luy remonstra que le bailly Robertet leur avoit dernièrement dit de par ledit seigneur touchant la comté de Castres, et mesmement qu'il fust expédié quant à la juridiction, offices et bénéfices, qui estoit au contraire des lettres que ledit seigneur avoit écrites, de par lesquelles il avoit mandé surseoir. Ne put lors parler audit seigneur, parce qu'il avoit pris médecine, mais environ les trois heures de relevée, au moyen de l'avertissement du prévost de Paris, ledit seigneur estant en la chambre de Madame. Auquel il a remonstré ce que dessus, et que la Chambre avoit avisé de différer jusques à ce qu'elle eust entendu son bon plaisir. Sur quoy luy dit iceluy seigneur qu'ils avoient bien fait, et que ce qu'il en avoit fait faire estoit par importunité de Mme la marquise de Saluces, à laquelle il luy ordonna parler et luy dire qu'avoit commandé sa dépesche, et qu'il mist peine de la payer et contenter de bonnes raisons.

Alla voir ladite dame marquise, qui luy dit que la Chambre la faisoit longtemps demeurer en la cour, avoit plusieurs affaires, et avoit fait gros services audit seigneur, et en son service avoit perdu ses biens et d'abondant un de ses enfans; le Roy luy bailloit la comté de Castres, qui ne montoit que 3,000 liv., et ne luy avoit pas plus valu. A quoy fut dit par ledit président qu'elle valoit plus de 10,000 liv. Dit par elle que le receveur la menaçoit qu'elle n'en jouiroit que par ses mains, et luy feroit sa part; à cette cause n'y vouloit point aller sans tout avoir, mesme la justice, offices et bénéfices, disant que le Roy le vouloit et que, à cette cause, les Gens des comptes le devoient vouloir. Remonstra ledit président que la Chambre est astreinte par les ordonnances. A quoy fut dit par elle que le Roy les avoit faites et y pouvoit contrevenir. Luy mit en avant que le roy et reine de Navarre, qui estoient par dessus la loy, s'en estoient en semblable contentés. Laquelle dit qu'elle s'en rapportoit à eux; mais, quant à elle, ne s'en contenteroit point, et ne partiroit de cour qu'elle n'eust son expédition; demandant qui sera maistre, le Roy ou la Chambre? Et, sur la remonstrance que la Chambre estoit pour obéir et faire ce qu'elle doit, dit que donc verroit si le Roy sera maistre ou les Gens des comptes; verroit si le Roy seroit gentilhomme, et s'il luy tiendroit promesse. Et survint le s^r de la Roche Beaucourt, auquel elle conta tout, et que on avoit bien expédié aucuns Italiens, qui ne l'avoient point mérité et n'estoient de telle maison, remonstrant, supposé qu'elle fust femme, que néanmoins elle avoit fait et pouvoit faire gros services. Et sur ce, luy dit qu'il allast vers le Roy luy dire qu'elle estoit résolue ne partir de cour qu'elle n'eust ce qu'elle demandoit et que le Roy luy avoit promis, et ne ira jamais à Castres sans tout avoir premier que faire son entrée, et n'a pas fait les parties de grace.

Dit le Roy qu'elle pourroit bien estre trop opiniastre, et que ledit seigneur le pourroit bien autant estre, et n'en faire rien, joint mesme qu'elle n'a pas fait les parties qu'elle avoit donné à entendre avoir joint de son bien, et que à cette cause ne bailleroit jamais la justice; quant aux offices, estoit content, reste la sénéschaussée, et semblablement des bénéfices, hormis l'évesché, mais qu'il en parlast à Madame. A laquelle il ne put parler jusques au lendemain 8me, laquelle prévint que la marquise pourroit trop fascher et importuner ledit seigneur, et elle le renvoya à ladite marquise. A laquelle, après plusieurs remonstrances, la requit ne mettre la Chambre en cette nécessité de la refuser, disant que le Roy et Madame le vouloient, mais ne le peuvent faire. Sur ce dit, quant aux bénéfices, qu'elle est femme et n'en voudroit disposer ores que luy eussent esté baillés, et pour ce s'en passera; mais, quant à la justice et offices, estoit résolue d'en avoir l'expédition. A cette cause retourna à Madame, qui le renvoya à Mgr le Chancelier pour gagner ladite marquise; lequel, après quelques difficultés, dit qu'il iroit. Toutefois n'en fit rien, et luy dit qu'il avoit trouvé son homme, avec lequel il pensoit avoir gagné quelque chose.

Retourna derechef ledit président vers Madame, qui luy dit qu'on savoit la résolution du Roy. Attendu laquelle querelle d'icelle dame, il dit qu'il ne retourneroit plus devers ledit seigneur.

. . . .

CHAMBRE DES COMPTES.

Le 15me jour de mars, Mro Jean Robertet, cher, conser du Roy et secrétaire de ses finances, est venu devers la Chambre, au bureau, et a présenté lettres missives du Roy portant créance sur luy, dont la teneur s'ensuit. (*Nota* que lesdites lettres missives ne se sont trouvées en la liasse). Après lesquelles lues, a dit ledit Robertet que ledit seigneur depuis l'avoit envoyé, et, ce qu'il avoit dit et ordonné à Messire Aymard Nicolay, cher, P.P. céans, il a esté merveilleusement importuné de Mme la marquise de Saluces pour l'expédition du don à elle et Mr le marquis de Saluces, son fils, fait par ledit seigneur, du comté de Castres. A cette cause, la justice demeurant au Roy, veut qu'ils soient expédiés et leur soit laissée la nomination des offices et bénéfices, hormis l'office de sénéschal et l'évesché, suivant les lettres et provision que ledit seigneur leur en avoit fait expédier, qu'il a présentées, et dont il estoit chargé rapporter l'expédition. Bien a dit que présentement il avoit parlé au vicaire d'Ast, poursuivant l'affaire de ladite marquise, qui luy a dit que ladite dame se contentoit de l'expédition qui luy avoit esté faite, hors qu'elle vouloit jouir par ses mains et payeroit les gages au receveur, qui n'y auroit par ce moyen aucun intérest; disant par ledit bailly qu'elle est femme de service, et est besoin pour les affaires du Roy qu'elle vaille delà les monts.

(Mémorial et Créances.)

36. 8-16 *Avril* 1526 (*anc. st.*)
OFFICE DE VICE-PRÉSIDENT.

Le 8me jour d'avril 1526, avant Pasques, Mes Jean de Badouillier et Jean Sallart, consers et maistres des comptes, lesquels, par ordonnance du bureau, suivant les lettres missives du Roy, avoient esté envoyés par devers luy, ont rapporté qu'ils arrivèrent jeudi dernier, 4mo de ce mois, à St-Germain en Laye, où ils remonstrèrent audit seigneur qu'il avoit mandé à la Chambre recevoir Messire Octavien de Grimaldy en l'office de vi-président desdits comptes, ou envoyer d'eux pour luy faire entendre les causes de leur refus. Pour lesquelles ils remonstrèrent que ledit office est supernuméraire, qui avoit esté et devoit demeurer supprimé par le trépas de feu Me Hélie du Tillet, suivant sa réception; y a gros nombre de présidens; avec ce est ledit Grimaldy étranger, auquel et ses semblables les registres de la Chambre ne doivent estre communiqués, et ne doivent avoir connoissance des affaires secrètes, comme pouvoit estre celuy qui s'est dernièrement offert pour Mme la marquise de Saluces; il y a plusieurs lettres originales, qui pourroient estre détournées, comme quelques fois fut fait par l'abbé de St-Bénigne, qui transporta les titres du duché de Bourgogne; outre est crue de gages et charges sur le peuple, joint les grosses aliénations du domaine; qu'il plust, à ces causes, audit seigneur y aviser. Lequel leur fit réponse que, s'il estoit à faire, n'en feroit rien; toutefois est chose promise, à quoy ne pourroit contrevenir, et quant au Grimaldy, le tient fidèle, et pour ce veut qu'il soit reçu, et, où vacation y écherra, ou d'autres, demeurera ledit office supprimé; disant iceluy seigneur qu'il luy avoit presté 25,000 écus. Auquel fut répondu que luy vaudroit mieux perdre 50,000 écus que mettre en sa Chambre un office supernuméraire. Dit néanmoins, attendu ce que dessus, qu'il entendoit qu'il fust reçu. . . . .

Le 5me avril 1526, est venu au bureau Mre Jean le Breton, sr de Villandry, conser du Roy et secrétaire de ses finances, disant que ledit seigneur avoit entendu qu'ils avoient refusé recevoir Messire Octavien de Grimaldy en l'office de vi-président en la Chambre de céans, et s'arrestoient à sa barbe et bonnet et qu'il estoit étranger. Dont ledit seigneur s'est pris à rire, et l'avoit présentement envoyé leur dire qu'ils le reçoivent incontinent sans luy faire restriction ni modification; et luy avoit donné charge ne partir de céans qu'il ne fust reçu. Sur quoy a esté dit audit le Breton, quant à la barbe et au bonnet, n'en fut jamais parlé, et mesmes ne s'est on arresté à ce qu'il est étranger, attendu le vouloir dudit seigneur; et n'a point esté refusé entièrement, mais au contraire avisé de procéder à sa réception, pourvu qu'il soit suffisant; et sur ce remonstré que c'est de l'office de président, faut qu'il mette les affaires en termes, fasse les ouvertures, tellement qu'il y est requis un personnage de qualité qui puisse servir le Roy ; a esté commencé l'examiner, ainsy qu'il est de coutume faire des autres officiers, n'est pas encore l'examen résolu ; et luy fut dit que, dedans quatre, cinq ou six jours, il pourroit conférer avec quelques gens pour entendre plus amplement le train et affaire de céans, et, ce fait, retourner pour parachever ledit examen ; ce qu'il n'a fait, et, quand voudra retourner, la Chambre est preste de le ouïr, pour, ce fait, procéder à son affaire.

Ledit jour, de relevée, est retourné ledit M^{re} le Breton, disant qu'il avoit fait réponse au Roy de ce qui luy avoit esté dit le matin, et ne pensoit avoir rien oublié. Sur quoy luy a esté dit par iceluy seigneur qu'il l'entend bien ; disant néanmoins qu'il apprendra avec la Compagnie, et pour ce veut qu'il soit reçu, et l'a chargé ne partir jusques à ce, et estre présent aux opinions et luy porter par écrit le nom de ceux qui seront d'opinion contraire. Auquel a esté dit qu'on l'avoit ouï ; le croit bien la Chambre et de plus grand' chose ; toutefois sont gens de conseil, qui ne seroient pas loués de passer outre sur simple parole, sans lettres de créance du Roy sur luy. Lequel a répondu qu'il avoit fait ce que le Roy luy avoit ordonné, lequel il avertiroit de leur réponse, pour en faire son bon plaisir.

Et le lendemain ensuivant, 16me jour du mois d'avril avant Pasques, du matin, est retourné ledit le Breton, qui a apporté lettres missives du Roy dont la teneur s'ensuit : « De par le Roy. Nos amés et féaux, nous envoyasmes hier au matin devers vous nostre amé et féal conseiller et secrétaire de nos finances, Me Jean le Breton, pour vous déclarer et faire entendre de nostre part nostre vouloir et intention sur le fait de la réception de Messire Octavien de Grimaldy en l'office de président en nostre Chambre des comptes, dont l'avions paravant, pour plusieurs bonnes et raisonnables causes et raisons qui à ce nous ont mu et meuvent, pourvu, ainsy que pouvez avoir vu par nos lettres patentes de don que luy avons pour ce fait expédier, lesquelles il vous a piéça présentées. Lequel Me Jean le Breton nous a fait rapport bien au long de la réponse que luy avez sur ce faite et des causes et raisons qui vous avoient mus et mouvoient de différer et délayer la réception dudit Grimaldy. Et, après avoir entendu ledit rapport, et non content ni satisfait desdites raisons, nous le renvoyasmes derechef hier, l'après disnée, devers vous, pour vous dire et déclarer, une fois pour toutes et sans qu'il fust plus besoin de vous en écrire, ni que pour cet affaire nous renvoyassions aucun personnage devers vous, que vous eussiez incontinent et en sa présence, toutes excusations cessant et mises en arrière, à recevoir ledit Grimaldy ; et qu'il vous déclarast que, s'il se trouvoit quelques uns d'entre vous, en opinant sur cette matière, qui fissent quelque refus ou difficulté à icelle réception, qu'il avoit charge expresse de nous le mettre par écrit sur l'heure, pour après nous en faire le rapport, afin d'y pourvoir ainsy que verrions estre à faire. Sur quoy avez fait réponse, entre autres choses, audit le Breton, ainsy qu'il nous a rapporté, que, encore que vous ne fissiez aucun doute qu'il n'eust expresse charge de nous porter les paroles dessusdites, que néanmoins vous n'aviez accoutumé de ajouter totalement foy à tels propos sans qu'il y eust quelques lettres de nous de créance ou autres à vous adressant, et qu'il estoit bien requis et très raisonnable, pourvu qu'il nous plust ainsy le faire, afin de ne rompre l'ordre ancien, et que nous en écrivions un mot ; ce que avons bien voulu faire. Par quoy vous mandons et très expressément enjoignons, par la présente signée de nostre propre main, que, incontinent et sans plus différer ni user d'aucune dilation, longueur ou dissimulation, vous ayez à recevoir iceluy Grimaldy audit office de président selon la forme et teneur de nosdites lettres, sans y faire ni opposer aucune restriction, ni sans autrement vous arrester à l'examiner ne interroger. Et gardez de faire faute à ce que dessus, car tel est nostre vouloir et plaisir, ainsy que entendrez encore plus à plain par ledit Jean le Breton, porteur de cettes, lequel vous croirez entièrement de ce qu'il vous dira de nostre part touchant cet affaire, comme nostre personne. Donné à Paris, le 15me jour d'avril 1526. Signé : FRANÇOYS, et Robertet. » Et au dessus est écrit : « A nos amés et féaux les Gens de nos comptes. »

Lesquelles lettres il a employées pour toute créance ; et sur ce s'est retirée pour en délibérer. Ce fait, ont esté appelés lesdits le Breton et Grimaldy, et leur a esté lue la conclusion d'icelle réception, telle que contenue est au registre. Sur laquelle ledit Grimaldy a remonstré que le Roy luy a donné ledit office libéralement, ayant égard aux services qu'il luy avoit faits, pour lesquels il en estoit apovreié ; entend ledit seigneur qu'il soit reçu sans restriction ne modification; suppliant à cette cause le vouloir recevoir selon et ensuivant le bon plaisir du Roy. Auquel a esté dit que l'avis de la Chambre estoit tel que luy avoit esté lu, et que autrement ne pouvoit estre reçu, mais y pouvoit penser, si bon luy sembloit. Sur quoy ledit le Breton l'a conseillé se faire recevoir, disant que c'estoit le plus sûr et qu'il se pourroit pourvoir par après. Et sur ce se sont retirés ensemble, et, tost après retournés, s'est présenté ledit Me Octavien de Grimaldy, qui a fait le serment, présent iceluy le Breton[1].

(*Mémorial* et *Créances*.)

[1]. Octavien de Grimaldi ayant résigné en 1539 au profit de François de Rohan et fait obtenir à celui-ci des provisions, la Chambre put néanmoins faire parvenir ses remontrances au roi. qui déclara qu'il s'opposait à la réception du nouveau pourvu et que l'office serait supprimé à la mort du vice-président. (*Créances*, 18 juin 1539.)

37.

13 *Avril* 1526 (*anc. st.*)
CÉRÉMONIAL ET ORDRE DES PROCESSIONS PUBLIQUES.

Ce jour, toutes les chambres assemblées, Mes Jean de Badouillier et Nicole du Pré, consers du Roy et maistres des comptes, sont venus en la Cour de céans (du parlement), qui ont dit que les Gens des comptes ont esté avertis que la Cour avoit délibéré de faire dire demain après disner un *Te Deum*, et de faire lundy une procession pour rendre graces à Dieu de ce qu'il luy a plu nous rendre le Roy et le mettre en ce royaume ; qu'il y a quelque temps que lesdits Gens des comptes avoient délibéré de faire le semblable, mais qu'ils ont différé, pour savoir comment la Cour s'y prendroit ; qu'ils sont envoyés pour entendre s'il plaira à la Cour que lesdits des comptes se trouvent au *Te Deum* et à la procession en l'ordre et en la manière accoutumés, selon et ensuivant la coutume ancienne, qui a esté quelque temps différée. A quoy Me Charles Guillart, président en ladite Cour, leur a dit qu'ils se retirassent au greffe, et qu'on mettroit la matière en délibération. Et eux retirés, a esté avisé que on leur demandera en quel ordre et en quelle manière lesdits Gens des comptes entendent aller. Ce fait, ont esté lesdits Badouillier et du Pré mandés; auxquels ledit Guillart, président, a demandé la forme et manière que lesdits Gens des comptes vouloient tenir, s'il leur estoit permis par la Cour de se trouver à ladite procession. Sur quoy ledit Badouillier a répondu que lesdits Gens des comptes n'entendoient s'ingérer d'en entreprendre sur l'autorité de ladite Cour, mais se sont voulu mettre en leur devoir d'entretenir les coutumes anciennes pour le nouveau avènement et le rachat de la personne du Roy, pensant que, quand la Cour et lesdits Gens des comptes seront ensemble, le peuple en sera trop plus content ; et entendent lesdits Gens des comptes que la Cour tienne le costé dextre, et eux le costé senestre, ainsy que l'on a toujours accoutumé de faire. Et sur ce a ledit président Guillart dit qu'il est vray que la Cour avoit anciennement le costé dextre et lesdits Gens des comptes le costé senestre, et que les présidens de ladite Cour précédoient ceux de ladite Chambre, et ne venoient en leur ordre, mais marchoient après que les présidens de ladite Cour estoient passés ; qu'ils n'ont que deux huissiers, et néanmoins ils souloient amener tous leurs messagers, lesquels ils faisoient marcher devant eux, pour estre en aussy grand nombre que les huissiers de la Cour ; et, pour ce qu'ils sont petit nombre, ils vouloient appeler avec eux les généraux de la justice et les généraux des Monnoyes, les conseillers du Trésor, leurs clercs et auditeurs, les trésoriers et receveurs généraux et autres officiers comptables, pour se cuider faire le nombre aussy grand que celuy de la Cour, et tellement que, par plusieurs fois, il s'est trouvé que, pour ce qu'ils n'avoient compagnie assez grande, leurs valets, leurs pages et leurs mulets se mettoient aussy avant que les conseillers de ladite Cour, au grand déshonneur et désordre d'icelle. Au moyen de quoy fut avisé par la Cour qu'elle feroit ses actes publics à part, et depuis a toujours esté continué. Toutefois, la Cour n'en a encore délibéré, et, s'ils se veulent retirer en ladite Chambre des comptes, la matière sera mise en délibération, et leur fera savoir ce qui en sera ordonné. Et, après que lesdits Badouillier et du Pré ont esté retirés, la Cour a ordonné et ordonne que, vu le grand nombre des conseillers d'icelle, et mesmement de la crue de la nouvelle chambre des enquestes, que les rues qui sont entre ce Palais et l'église Nostre Dame sont étroites, le désordre qui y pourroit estre si lesdits Gens des comptes alloient quand et la Cour; que, pour le présent, lesdits Gens des comptes ne viendront audit *Te Deum*, ne à ladite procession qui se fera lundy prochain, mais pourront faire leur procession, si bon leur semble, à part, après que ladite Cour aura fait. Et a esté enjoint aux greffiers civil et des présentations aller dire ladite ordonnance aux Gens des comptes; ce qu'ils ont fait. Auxquels Mr Jean Nicolay, P.P. desdits comptes, a répondu que ce que lesdits Gens des comptes en avoient fait, estoit pour remettre les choses anciennes en leur estat et pour faire leur devoir envers la Cour, et qu'ils ne voudroient faire chose qu'ils pensassent estre pour entreprendre sur ladite Cour.

(*Journal.* — Extrait des registres du parlement.)

---

38.   23 *Septembre* 1527.
ARRÊT SUR LA DONATION VIAGÈRE DES TUILERIES A JEAN TIERCELIN.

(*Mémorial.* — Impr. dans D. Félibien, t. Ier, p. 595.)

---

39.   21 *Novembre* 1527.
SÉANCE DU CHANCELIER. — RÉVISION DES COMPTES.

Ce jour, Mgr le cardinal du Prat, archevesque de Sens, chancelier de France, accompagné de Mgr l'archevesque d'Aix, Me Mathieu Longuejoue, consʳ du Roy et maistre des requestes ordinaire de son hostel, et l'archidiacre du Prat, fils de Mgr le cardinal, est venu en la Chambre de céans. En laquelle, séant au premier lieu du bureau, au dessus de Messire Aymard Nicolay, ch^{er}, P.P., a demandé si tous y estoient assemblés ceux de la chambre du Conseil; auquel a esté dit que Messire Gilles Berthelot, ch^{er}, président, Mre Octavien de Grimaldy, Mes Jean Billon et Jean Teste, conseillers, défailloient par congé. Ce fait, a dit que, passé à quatre ans, le Roy considérant les gros et urgens affaires et charges qu'il avoit à supporter, désirant soulager son peuple, avoit ordonné certains commissaires en ladite chambre du Conseil pour voir, examiner, clore et affiner les comptes des plus gros comptables de ce royaume, afin de voir s'il y trouveroit fonds pour s'en ayder; à quoy auroient vaqué sans avoir mis fin à ladite commission. A cette cause l'avoit envoyé devers eux savoir si ce seroit le bien et profit dudit seigneur remettre tout au premier estat, ou continuer icelle commission en la chambre du Conseil ou au petit bureau de la Chambre des comptes, par les supposts d'icelle, ou autrement. A quoy, par Me Jean Brinon, consʳ et maistre des comptes et l'un des commissaires de la chambre du Conseil, a esté dit qu'ils y avoient vaqué, mais avoient eu plusieurs empeschemens, tant à contraindre les comptables, qui leur ont donné beaucoup de peine à former les difficultés qui sont par écrit, et lesquelles vues et entendues ne se trouvera qu'ils ayent perdu temps, et feront grand ayde, quelque part que l'affaire se démesle; empeschés semblablement et distrayés par le trépas de feu M^r de St-Mesmin; Mes Pierre Leduc et de Ferrières retardés aussy pour besogner au fait des intérests. Remonstrant outre que quasi tous les comptes à eux présentés sont examinés, toutefois n'y a rien clos, et aviseroit d'encore différer le jugement des difficultés et closture jusques à la fin. Sur ce enquis par Mgr le cardinal chancelier quand ils pourroient avoir fait, a dit qu'il ne savoit coter temps, et n'en répondra point. Lors ledit archevesque d'Aix prenant la parole, a dit que voirement ladite commission avoit esté ordonnée, laquelle pouvoit tourner audit seigneur à gros profit, mais avoit esté très mal exécutée, tant pour les distractions et empeschemens, que autrement; remonstrant qu'il y avoit encore plusieurs comptes à examiner, où Fraguier avoit toujours besogné soigneusement, qui estoit bon et notable personnage, bien entendu en son affaire; estoient et sont les commissaires d'icelle Chambre des comptes, en laquelle pouvoient mieux que ailleurs terminer les affaires, tenant deux bureaux; remonstrant qu'ils sont gens de bien, et l'a dit et rapporté au Roy et à son Conseil, qu'il n'eust fait s'il eust connu le contraire, ains l'eust dit, car il ne les craint point et n'a que faire d'eux. Et sur ce fut dit par Mgr le chancelier que véritablement il avoit toujours fait de la Chambre très honneste rapport; disant que, pour mieux terminer ladite commission, le Roy entend qu'ils tiennent deux bureaux et gens députés pour l'un et pour l'autre, et pour ce avisent eux départir et envoyer leurs noms; et, où se fera que aucuns soient récusés, ou que l'affaire requist toute la Compagnie, pourront faire communication ou assembler les deux bureaux.................. Ce fait luy a esté aussy remonstré que tout est retardé par les empeschemens qu'on leur donne au pays de Normandie, où leurs messagers et officiers souventesfois sont arrestés, ou séjournent pour avoir leurs *pareatis*, et ce pendant les parties se peuvent absenter, et par ce moyen sont retardés les deniers du Roy. Lequel a dit qu'on dresse une provision et qu'il la fera expédier, pour exploiter sans demander *pareatis* ni assistance............ Enquis s'il voudroit point parler aux Gens du Roy, a dit que oui. Au moyen de quoy ont esté appelés Mes François le Fèvre et Gervais du Molinet, avocat et procureur du Roy en la Chambre. Auxquels il a dit et remonstré que les affaires du Roy requéroient contrainte et diligence, estoit leur charge, et pour ce avisassent d'eux y employer, et, où ils en feront devoir et qu'on voye que les affaires se portent mieux qu'ils n'ont fait par cy devant, avisera de leur faire quelque bien [1]................

(*Créances.*)

[1]. L'archevêque d'Aix avait déjà été envoyé le 29 mars précédent pour recommander aux commissaires en la chambre du Conseil de vaquer, sans même désemparer les jours de fête, à leur commission, vu le pressant besoin de fonds pour la délivrance des enfants du roi; sinon, le roi serait contraint de les remplacer; ajoutant « avoir entendu qu'ils ont vécu par cy devant en division, sans garder l'obéissance que doivent les inférieurs aux supérieurs, dont le Roy est très mal content, et leur mande vivre doresnavant en paix et union, et qu'ils tiennent les affaires secrètes, sans les révéler ni faire aucunes menées ou pratiques avec les comptables. »

40.
10 Décembre 1527.
DIVISION DE LA CHAMBRE EN GRAND ET SECOND BUREAUX.

De par le Roy. Nos amés et féaux, après avoir révoqué la commission de la chambre du Conseil, nous avons ordonné et ordonnons que tous les comptes qui avoient esté présentés en ladite chambre du Conseil soient rendus, arrestés et clos en la Chambre des comptes, en deux bureaux. Et seront en chacun bureau un président et six maistres desdits comptes. Et, pour le commencement, mettront sur le grand bureau le compte de l'extraordinaire des guerres du trésorier Babou, auquel seront le président Nicolay, Boulancourt, Harlus, Badouillier, Pontillaud, Viole et Teste. Et au second bureau se mettra pour le commencement le compte de Aymard de la Colombière, trésorier du Dauphiné; et seront audit second bureau le président Briçonnet, Bouvron, Billon, Plancy, Hacqueville, Pomereu et du Pré. Et, iceux comptes desdits Babou et de la Colombière arrestés et clos, sera mis sur un chacun desdits bureaux les comptes qu'il sera avisé par la Compagnie estre le plus nécessaire à faire et à rendre et clore, et selon la qualité d'iceux y seront mis les personnages. Et, quand il y aura aucunes difficultés notables, s'assembleront lesdits deux bureaux pour icelles décider. Si aucuns des présidens ou maistres desdits comptes estoient récusés pour estre parens ou amis, ou pour avoir pratiqué avec les comptables, ou autres bonnes et justes causes, seront mis au lieu des autres tels qu'il sera avisé par la Compagnie, et les récusés seront en leur lieu. Les mercredys et samedys se dépescheront les défauts, requestes et autres matières de rapport. Et voulons que toutes les requestes soient prises et reçues par nos greffiers et huissiers de nostredite Chambre des comptes seulement, et après par eux portées à celuy de nos présidens qui présidera, lequel distribuera et baillera lesdites lettres et requestes à chacun des maistres de nos comptes, ainsy qu'il avisera pour le mieux, pour estre par eux rapportées audit bureau, et dépesché comme il sera ordonné. Et le semblable voulons estre fait de toutes autres matières qui gisent en rapport. Et, au regard des autres jours de la semaine, sera vaqué en diligence à l'expédition et closture desdits comptes, en faisant entière résidence audit bureau, s'il n'y avoit cause légitime et nécessaire. Nous avons ordonné à l'archevesque d'Aix se trouver ordinairement avec les dessusdits pour voir et entendre ce qui sera fait et conclu par eux, aucunes fois au grand bureau, autres fois au second, ainsy qu'il verra en estre besoin pour le bien et expédition de nos affaires. Et pareillement, quand bon luy semblera, visitera les chambres de nos correcteurs, auditeurs, et de nos procureur et avocat, pour les inciter et faire faire diligence à un chacun d'eux de ce qui concerne et appartient à leurs offices. Et outre ce, ledit archevesque, une fois la semaine et quand besoin sera, fera et despeschera auxdits bureaux et Chambre. Et sera appelé ledit archevesque à la closture de tous les comptes, et en apportera à nostre Conseil l'extrait de la closture, signé de l'auditeur ou du greffier de la Chambre. Lesquelles choses voulons estre observées sans y faire faute ne aucune difficulté. Donné à Paris, le 10me jour de décembre 1527.

FRANÇOYS.
Par le Roy : DE NEUFVILLE.

(*Mémorial.*)

41.
25 Mars 1527 (anc. st.)
LETTRE DE LA REINE-MÈRE AU P.P. — COMPTES DU TRÉSORIER BABOU.

Monsr le président, Babou m'a fait entendre la bonne dilligence dont vous avez usé à l'expédition de ses comptes, et tellement que vous estes sur la fin et closture d'iceulx, me remonstrant l'interestz que luy pourroit porter son absence et le besoing qu'il luy seroit d'estre par delà pour vous solliciter et ramentevoir les poinctz sur lesquelz vous pourriez fonder difficultez. Et pour ce, Monsr le président, que jà je vous ay fait savoir combien j'avoys à cueur les affaires dudict Babou, et que encores le pourrez vous myeulx conjecturer et de vous mesmes penser, pour le congnoistre mon serviteur tant intime et famillier comme il est, je vueil bien, Monsr le président, par la présente, vous dire que de la bonne dilligence dont vous avez usé au faict desdits comptes dudict Babou, je vous sçay tel et si bon gré que je vous feray sentir et toucher que vous m'avez fait plaisir et service plus que agréable et singullier entre tous ceulx que vous m'avez jamais faictz, et au demourant vous advertir et prier que, ne me povant passer dudict Babou, vous vueillez, pour l'amour de moy, entreprandre et porter ce faix et avoir ce privilleige en vostre Compaignye que ung tel et si spécial serviteur comme il m'est puisse estre despesché sans ce que son absence, causée de mon service, luy porte aucun dommaige. Et je vous asseure que, envers vous et la Chambre, je le recongnoistray. Et adieu, Monsr le président, lequel je prie vous avoir en sa saincte garde. Escript à Sainct Germain en Laye, le XXVe jour de mars.

LOYSE.
DEBERCLE.

(Original. — *Arch. Nicolay*, 14 L 1.)

42.
8 Avril 1527 (anc. st.)
DON A MADAME DE ROHAN.

Le mercredy absolu, 8me jour d'avril 1527, Messire Aymard Nicolay, qui avoit, à ce matin, assemblé la Chambre, a dit que, le jour d'hier, environ quatre heures de relevée, Me Pierre de Pestegny, trésorier des deniers casuels, alla vers luy et luy dit de par Mgr le chancelier que Mme de Rohan n'estoit contente de son expédition, en tant mesme qu'elle estoit de l'exprès mandement et commandement du Roy (*Don de Carentan*), et n'avoit voulu bailler deniers, ne en bailleroit, qu'elle n'eust autre expédition qui fust pure et simple, selon la forme et teneur de ses lettres; que une autre fois les deniers furent en danger d'estre dérobés, avoit esté dit à deux de la Chambre estant au Conseil étroit dudit seigneur; au moyen de quoy avoit eu ladite Chambre grand tort de faire ladite opposition, et pour ce avisassent d'y pourvoir, car les affaires du Roy en demeuroient et demeurent en arrière, joint que lesdits deniers estoient ordonnés pour le payement de dix mille lansquenets qu'on cherche pratiquer et lever pour les affaires du Roy et sureté du royaume; autrement mondit seigneur le chancelier est contraint s'en excuser et s'en décharger sur ladite Chambre pour l'inconvénient qui en peut advenir.

Sur ce a esté fait entrer ledit de Pestegny, qui en a autant dit en substance. . . . .

Sur quoy, l'affaire mise en délibération, a esté avisé d'envoyer devers mondit seigneur le cardinal chancelier; à cette fin députés Messire Aymard Nicolay, président, Mes Jean de Badouillier et Jean de Pomereu, conseillers, et moy, Chevalier, greffier.

Auquel, estant en son hostel, en cette ville de Paris, près les Augustins, a esté, par la bouche dudit président, remonstré sommairement et en substance ce que dessus. Lequel a fait réponse qu'ils avoient tort d'avoir fait telle expédition, attendu l'avertissement qui leur avoit esté sur ce fait et donné comme dessus, remonstrant que bonne est la maille qui sauve le denier, et qu'il fust besoin au Roy avoir eu lesdits deniers un mois et il ne luy eust autant cousté. Davantage estoient les affaires du Roy tels et si pressés, qu'il falloit clore les yeux. Se plaignoit ladite dame de Rohan seulement de ces mots « de l'exprès mandement et commandement du Roy, » déclarant par mondit seigneur le chancelier que le Roy nostredit seigneur vouloit qu'elle fust expédiée sans lesdits mots, et pour ce n'y fassent plus difficulté.

Dont rapport fait au bureau par ledit président, l'affaire mis en délibération, afin d'obéir audit seigneur et de peur de l'irriter, a esté conclu son expédition. . . . .

(*Créances.*)

---

43. *17-25 Juin 1528.*

RÉCEPTION DU PRÉSIDENT DE MORETTE.

Le mercredy 17me jour de juin 1528, Messire Aymard Nicolay, ch^er, cons^er du Roy et P.P. en la Chambre de céans, a dit rapporté au bureau que, le jeudy précédent, feste du St-Sacrement, 11me dudit mois, il avoit esté mandé par le Roy en son hostel des Tournelles. Où luy fut dit par iceluy seigneur que le seigneur de Morette luy avoit fait en diverses charges et ambassades plusieurs gros services, tant pour le recouvrement de sa seigneurie de Gesnes que autres voyages en Angleterre et ailleurs; en considération desquels, et qu'il n'en avoit esté récompensé, luy avoit donné l'office de président des comptes de Me Gilles Berthelot, seigneur d'Azay; disant que ses prédécesseurs de toute ancienneté ont accoutumé de récompenser leurs maistres d'hostel et autres serviteurs domestiques, du nombre desquels est ledit seigneur de Morette, de tels et semblables estats et autres de sadite Chambre des comptes, pour, après long et continuel service et travail environ les personnes desdits seigneurs Roys, leur donner repos. A cette cause entendoit qu'il fust reçu audit estat de président.

Auquel seigneur ledit président remonstra que ledit office avoit esté créé de son règne, et que iceluy seigneur, pour relever son peuple de charge, avoit voulu le supprimer; luy suppliant y aviser. Sur quoy luy dit iceluy seigneur qu'il avoit fait ledit don pour récompense, au lieu de deniers dont il estoit trop pressé, et pour ce vouloit, sans plus de difficulté ni remise, qu'il fust reçu; luy donnant charge le dire à ses Gens des comptes.

Ce jourd'huy, 22me juin 1528, M^r le bailly Messire Jean Robertet, ch^{er}, cons^{er} du Roy et secrétaire de ses finances, a présenté au bureau les lettres dont la teneur s'ensuit. . . . . Ce fait, a dit que ledit seigneur considérant les services que luy avoit faits ledit de Morette, gentilhomme de sa chambre, l'avoit en récompense pourvu dudit office de président, à ce qu'il pust se retirer et reposer à l'avenir en son honneur en la principale ville de son royaume; duquel office, attendu son savoir, dont ledit seigneur estoit assez informé parce qu'il estoit de sa maison et l'avoit souventesfois expérimenté, iceluy seigneur veut et entend ledit de Morette estre reçu, sans faire par eux sur luy autre examen, ne autrement renvoyer devers ledit seigneur, qui l'avoit chargé ne s'en aller que ledit Morette ne fust reçu. Auquel Robertet a esté dit par Messire Jean Briçonnet, ch^{er}, président, qu'il ne s'estoit trouvé audit affaire, bien avoit entendu que ladite Chambre, après avoir ouï la créance dudit Nicolay, P.P., avoit conclu envoyer devers ledit seigneur. Sur quoy ledit Robertet, prenant la parole, a dit que ledit seigneur savoit bien leur délibération, toutefois connoissoit le savoir, expérience et mérite dudit Morette, et pour ce vouloit, sans autrement renvoyer devers luy, ne interroger ledit Morette, qu'il fust reçu audit office, disant avoir charge d'iceluy seigneur de ne s'en aller que ladite réception ne fust faite. Auquel, retiré et rappelé, a esté dit pour réponse, suivant ce qui avoit esté délibéré, que ladite Chambre n'a jamais accoutumé procéder à la réception des offices d'icelle, mesme d'un président, sans appeler toute la Compagnie, et signamment les présidens; et ledit Briçonnet, comme dit est, est récusé, et ledit P.P. absent et autres du bureau. A cette cause avoit esté conclu les mander de relevée, pour, ce fait et délibération prise, luy faire réponse.

Lequel jour, de relevée, a esté avisé envoyer devers le Roy luy faire quelques remonstrances, et pour ce faire ont esté députés Messire Aymard Nicolay, P.P., et Me Jean Luillier, cons^{er} maistre des comptes.

Et le 25me jour dudit mois, est iceluy Robertet retourné audit bureau, pour avoir réponse. Sur quoy lesdits députés ont remonstré qu'ils n'avoient depuis trouvé opportunité ne moyen de parler audit seigneur, pour l'indisposition de sa personne. Remonstré aussy par ledit président que le Roy, outre la défense commune, luy avoit en particulier fait défense de ne plus retourner vers luy pour ledit Morette. Auxquels néanmoins a esté ordonné retourner pour remonstrer ce qui avoit esté avisé audit seigneur. Lesquels, le mesme jour, de relevée, ont rapporté, par la bouche dudit président, que eux arrivés au logis de Mr de Villeroy, ont su que le Roy s'en alloit au bois de Vincennes, ont néanmoins longtemps attendu, et qu'ils ont vu chacun se retirer, ce qu'ils ont fait de leur part pour aller disner; mais, en se retirant, est venu devers ledit président le seigneur de Lange, disant que M^r le grand maistre le demandoit. Au moyen de quoy y est allé, et luy entré en la garde robe d'iceluy seigneur, ledit grand maistre le prit par la main et a dit, en le tenant, audit seigneur que, s'il ne leur commandoit encore un coup l'expédition dudit Morette, ils n'en feroient rien. Sur quoy, par ledit seigneur a esté dit qu'il l'avoit commandé audit président, depuis au bailly Robertet, et de rechef le commandoit, disant qu'il n'en vouloit entendre autres remonstrances, et qu'on ne luy en parlast plus. Et sur ce s'est retiré, et a fermé la porte après luy.

(*Mémorial* et *Créances*.)

44.   10 *Septembre* 1528.
LIT DE JUSTICE ET DÉFI DE L'EMPEREUR AU ROI.

Le jeudi 10me jour de septembre 1528, Mes Jean de Badouillier et Jean Luillier, cons^{ers} maistres des comptes, ont rapporté au bureau que, suivant l'ordonnance d'iceluy, ils avoient présentement parlé à Mr le grand maistre, Messire Anne de Montmorency, chevalier de l'ordre, et luy avoient remonstré que la Chambre avoit entendu les préparatifs que le Roy avoit ledit jour ordonnés pour tenir son lit de justice à la table de marbre, au bout d'en haut de la Grande salle du Palais, pour ouïr mesmement la légation d'un héraut envoyé par l'élu Empereur, touchant quelques paroles de défi d'entre ledit seigneur et l'élu Empereur ; n'avoient, par cy devant esté faits tels actes sans les Gens des comptes ; qu'il luy plust à cette cause en parler audit seigneur, à ce que son bon plaisir fust ordonner les appeler. Lequel grand maistre leur fit réponse que le Roy nostredit seigneur entendoit qu'ils s'y trouvassent à la senestre de la Cour de parlement. Et tost après, Jean Malingre, commissaire au Chastelet de Paris et clerc au greffe desdits comptes, est entré au bureau, et a dit que, suivant ce qui luy avoit esté commandé, il avoit averti le seigneur de Nançay, Mr Gabriel de la Chastre, de la réponse cy dessus dudit grand maistre ; lequel de Nançay luy avoit dit qu'il avoit charge donner place et siège à ladite Chambre pour deux présidens et quatre des plus anciens maistres d'iceux comptes, et ne pouvoit plus, et que, s'il en venoit davantage, les feroit bien entrer, mais seroient contraints d'estre debout. Pour à quoy satisfaire, environ les deux heures de relevée, Messires Aymard Nicolay, cher, P.P., Octavien de Grimaldy, vi-président, et les maistres desdits comptes après, ou la plupart, ainsy qu'ils ont depuis rapporté, seroient partis du bureau d'iceux comptes, et eux entrés en la salle du Palais, ont esté conduits par les archers de la garde jusques au lieu préparé, où ils sont entrés après ladite Cour de parlement ; et, pour ce que le lieu cy dessus désigné à la senestre d'icelle Cour estoit jà pris et occupé par les maistres des requestes et conseillers du Grand Conseil, qui y estoient venus de haute heure, se sont assis pesle mesle avec ceux de ladite Cour, et ont ouï et vu ce qui a esté fait pour l'affaire cy dessus [1].

(Créances.)

---

1. Le *Mémorial* contient aussi, à la date du 15 janvier 1536, un procès-verbal du greffier envoyé au parlement pour assister au lit de justice où Charles-Quint fut déclaré coupable de félonie et ses biens confisqués. Cette pièce donne, avec le détail de la cérémonie, le texte du plaidoyer de Jacques Cappel et celui du jugement prononcé par le chancelier.

---

45.   7 Novembre 1528.
PRÊT DEMANDÉ A LA CHAMBRE.

Le 7me jour de novembre 1528, le seigneur de Montchenu, conser et premier maistre d'hostel du Roy, est venu au bureau, a présenté lettres missives dudit seigneur, dont la teneur s'ensuit. . . . .

Lequel, leur exposant sa créance, a dit qu'il estoit besoin et nécessité audit seigneur pourvoir promptement à quelque affaire pressé ; à cette cause l'avoit envoyé devers ses Gens des comptes et autres de ses bons officiers et serviteurs, pour recouvrer d'eux par emprunt jusques à la somme de 75,000 liv. tournois, selon les cotes à plain contenues au rôle sur ce fait, qu'il a exhibé, et montré par iceluy que lesdits Gens des comptes y estoient et sont couchés pour 10,000 liv. tournois ; dont il a, de par iceluy seigneur, fait demande par forme d'emprunt, remonstrant qu'ils feroient, en ce faisant, singulier service et plaisir audit seigneur, et néanmoins en seroient incontinent remboursés des deniers mesmes de ce présent quartier.

Auquel a esté fait réponse que, pour le présent, les présidens et la plupart des conseillers maistres des comptes qui en peuvent porter le principal sont absens ; avec ce, supposé qu'ils ayent eu leur acquit, toutefois ne sont entièrement remboursés des prests précédens ; au moyen de quoy et mesmement pour ladite absence, ne luy pouvoient, pour le présent, faire réponse, sinon qu'il ayt patience pour trois ou quatre jours, dedans lesquels ils attendent les absens, et cependant chercheroient tous moyens possibles de faire leur pouvoir.

(Créances.)

46.
27 Novembre 1529.
PROTESTATION CONTRE LE TRAITÉ DE MADRID.

Est comparu au greffe de la Chambre de céans Me Gervais du Molinet, conser du Roy et procureur général en ladite Chambre, lequel a déclaré que, en adhérant aux protestations et déclarations générales et particulières par cy devant par ses prédécesseurs et luy faites, il s'oppose à la publication des contrats faits par le Roy et l'Empereur, tant à Madrid, ledit seigneur estant prisonnier en Espagne, que à Cambray par Madame mère du Roy et Mme Marguerite, tante dudit Empereur, et proteste iceux débattre et impugner en temps et lieu. Et outre a déclaré que ledit seigneur a envoyé lettres patentes par lesquelles il a mandé audit procureur général en ladite Chambre consentir la publication et entérinement desdits contracts, et que, pour obéir audit seigneur Roy, et aussy dans la crainte d'empescher la délivrance de Messeigneurs le Dauphin et duc d'Orléans, enfans de France, estant de présent en ostages en Espagne pour ledit seigneur Roy, il est et sera contraint faire ledit consentement; lequel il proteste estre contre son vouloir, et aussy pour les causes dessusdites, et n'entend qu'il puisse préjudicier au Roy, ne à la chose publique. Desquelles opposition, protestation et déclaration ledit procureur général a demandé à moy, Pierre Chevalier, greffier de ladite Chambre, ce présent acte, pour luy servir ce que de raison.

(Mémorial et Journal.)

47.
20 Mars 1529 (anc. st.)
LETTRE DU ROI AU P.P. — ORDRE DE VENIR EN COUR.

Monsr le président, Pour ce que j'ay nécessairement à besongner de vous, incontinent la présente receue, partez et vous en venez par devers moy la part que je seray. Sy n'y vueillez faire faulte, et vous me ferez bien service en ce faisant. Et à Dieu, Monsr le président, qui vous ayt en sa garde. Escript à Bloys, le xxe jour de mars M Vc XXIX.

FRANÇOYS.
ROBERTET.

(Original. — Arch. Nicolay, 15 L 1.)

48.
8 Avril 1529 (anc. st.)
LETTRE DU ROI A LA CHAMBRE. — TRÉSOR DES CHARTES.

De par le Roy. Nos amez et féaux, Vous savez comme dernièrement nous vous avons mandé, par nostre très cher et bien amé secrétaire et valet de chambre ordinaire, Me Antoine Macault, que vous eussiez incontinent à faire chercher en nos Chambres des comptes et de nostre Trésor des chartes à Paris toutes les lettres et pièces originales dont il vous a parlé de nostre part; lesquelles, ainsy que depuis avons esté averti, ont esté trouvées. Et, pour autant qu'il est trop plus nécessaire et requis de les avoir, pour les faire fournir selon et ensuivant le traité de paix aux commis et députés de l'Empereur à la délivrance de nos très chers enfans les Dauphin et duc d'Orléans, à cette cause nous vous mandons et expressément enjoignons, d'autant que vous désirez la prompte liberté de nosdits enfans ou craignez la retardation de leur délivrance, que, incontinent et à toute diligence, vous ayez à nous envoyer toutes lesdites pièces. Mais gardez d'y faire faute, car tel est nostre plaisir. Donné à Tours, le 8me jour d'avril 1529, avant Pasques[1].

FRANÇOYS.
BRETON.

(Mémorial.)

---

1. La Chambre ayant prétendu une première fois qu'elle ne trouvait pas les pièces relatives au royaume de Naples, le roi avait répondu, le 23 mars, que le fait était « étrange », puisqu'il avait la preuve qu'elles avaient été remises par les « archifs » d'Aix au général Briçonnet et déposées en la chambre du Trésor.

49.

9 Juillet 1530.

PROCUREURS CONVOQUÉS POUR UNE PROCESSION.

Ce jourd'huy a esté dit à Mes Jacques Godart, Pierre Gelée, Georges la Goutte, Jean Rigolet et André du Tail, procureurs, que la Chambre avoit délibéré lundy prochain faire procession, et pour ce eussent à en avertir leurs compagnons et s'y trouver tous, heure de six heures, sur peine de 10 liv. parisis d'amende. Sur quoy par ledit Rigolet a esté remonstré qu'ils sont prests obéir, suppliant néanmoins, pour ce que dernièrement ils furent merveilleusement foulés des pages et mules, qu'il plust à la Chambre, tant pour eux que pour les comptables, y donner ordre. Auquel a esté dit que la Chambre y pourvoira.

(Cérémonial.)

50.

2 Mars 1530 (anc. st.)

LETTRE DU ROI AUX AUDITEURS. — COSTUMES DE CÉRÉMONIE.

De par le Roy. Nos amez et féaux, Pour vous avertir quel est nostre vouloir et intention sur la difficulté que avons entendu où vous estes touchant les accoutremens que devez porter à l'entrée de nostre très chère et très amée compagne la reine en cette ville de Paris, nous voulons et entendons que, quelques commandemens qui vous ayent en cet endroit, ces jours passés, esté faits, chacun de vous selon sa qualité, pouvoir et faculté se trouve à ladite entrée le plus honnestement et honorablement qu'il luy sera le plus possible, sans, pour cet effet, toutefois en entrer en aucune superflue dépense, ne à icelle vous astreindre outre vostre gré, pouvoir ou faculté. Si n'y veuillez faire faute, car tel est nostre plaisir. Donné à Paris, le 2me jour de mars 1530.

FRANÇOYS.
BRETON.

(Mémorial.)

51.

3 Mars 1530 (anc. st.)

DON A UN ÉCUYER DU ROI.

Ce jourd'huy, après avoir ouï la créance de par le Roy de Anne de Rennes, dit Michelet, premier huissier de la chambre dudit seigneur, pour le fait de l'écuyer Pithon, touchant le don de la chastellenie de Beauquesne; délibération sur ce prise; suivant icelle, de l'ordonnance du bureau à moy, Pierre Chevalier, notaire et secrétaire dudit seigneur et greffier en sa Chambre des comptes, j'ay dit audit Pithon, estant à l'entrée de ladite Chambre, où se tient l'huissier, que ladite Chambre avoit entendu ce que leur avoit dit de la part d'iceluy seigneur ledit Michelet, désirant la Compagnie luy faire plaisir; toutefois, attendu sa dépesche jà mis sur les lettres, on ne luy peut faire autre expédition sans lettres et nouvelle jussion du Roy. Lequel m'a mandé : quelles lettres? et si ce ne seroit pas assez de lettres missives. Auquel j'ay dit que non, et qu'il faudroit lettres commandées par ledit seigneur, sous son scel en simple queue; luy remonstrant que, pour la fantaisie qu'il avoit qu'on luy faisoit moins que à son prédécesseur, la Chambre avoit fait voir son expédition, qui n'estoit si ample que celle dudit Pithon; et davantage, s'il doutoit du chasteau ou forteresse, qu'il baillast sa requeste, et qu'il tinst pour certain que ladite Chambre luy en feroit faire délivrance. Sur quoy, jurant le Ventre Dieu, a dit qu'il jouiroit du chasteau, quiconque le veuille voir, parce qu'il en est capitaine et en a fait le serment ès mains de Mgr le légat chancelier. Et, sur la remonstrance qu'il avoit son expédition entière, et ne reste sinon qu'il prendroit le revenu par les mains du receveur, qui le traiteroit bien et en seroit payé sans peine, a dit qu'il entend bien que c'est comme celuy qui en a fait l'expérience, disant ces mots : « Leurs fièvres quartines. » Et, sur la remonstrance qu'il ne peut, attendu l'expédition jà faite, comme dessus, icelle réformer sans provision, et qu'il y pourvoiroit facilement, m'a dit qu'il en finira bien, mais, quand il l'aura, sera à recommencer; me demandant, comme courroucé, par quoy ils luy avoient brouillé et gasté les lettres dudit don, tant pour le *refutata* qu'il m'a monstré au dos, que pour l'expédition qui s'en est depuis ensuivie, couchée sur le reply d'icelles lettres. Auquel j'ay dit que j'avois fait ladite expédition par ordonnance et suivant la conclusion qui en avoit esté prise audit bureau, ainsy qu'il est accoustumé. Sur quoy m'a dit qu'ils luy rasent ce qu'ils y ont égratigné, et luy rendent ses lettres telles qu'il les présenta, et non pas luy faire telle expédition que le Roy n'entend point, [jurant] Dieu qu'il voudroit qu'ils fussent damnés, et qu'il connoist bien ce que le Roy luy en avoit dit, qu'il n'y avoit que part (?) et faveurs, et que s'il estoit de Paris, il eust tost esté expédié. Auquel j'ay remonstré qu'on luy a fait le mieux qu'on a pu, et qu'il doit considérer que l'expédition seroit étrange, s'il le prenoit par ses mains, qui est toute la difficulté qu'il pourroit prétendre, et que ce seroit en partie et d'autant destituer le receveur; et qu'il avoit esté aussy bien traité que homme que j'aye vu, et mieux que celuy auquel le Roy en avoit auparavant fait don. Sur quoy, jurant le Ventre Dieu, a demandé si on le vouloit comparer à son prédécesseur. Et, sur ce, moy greffier, appelé par l'huissier de la Chambre, enquis audit Pithon s'il vouloit ses lettres, m'a dit qu'il n'en vouloit point en cette sorte; lesquelles néanmoins luy ont esté depuis par moy baillées au lever d'icelle Chambre.

(*Mémorial* et *Créances*.)

---

52.   28 *Septembre* 1531.
CÉRÉMONIAL DES OBSÈQUES DES REINES.

Il a esté ordonné au bureau que par nous, de Riveron et de Machault, auditeurs céans, appelé avec nous tels procureurs et tels clercs que verrons, sera cherché par toutes les chambres et autres lieux de céans de l'ordre et usances observées sur le fait des obsèques des mères des Roys de France inhumées à St-Denys en France ou ailleurs.

1º A esté trouvé par nous un inventaire en la chambre du Trésor, où se trouve folio iiijxx vij:

« *Item in quodam libro compoti Petri de Suessione, thesaurarii, commissi per executores dicti defuncti Karoli quinti ad solvanda debita descendentia de expensis hospitiorum dicti domini Regis et regine Johanne de Borbonnio. — In uno libro compoti Francisci Chanteprime, de executione testamenti regis Karoli quinti, qui obiit decima sexta septembris millesimo trecentesimo octogesimo.* »

Le compte dudit Pierre de Soissons a esté trouvé en la vieille chambre du Trésor, commis par les exécuteurs du testament du roy Charles à payer les dettes dues à cause de la dépense des hostels d'iceluy seigneur et de Jeanne de Bourbon, la reine sa compagne. Les lettres patentes par vertu desquelles ledit compte a esté rendu sont datées du 15 octobre 1380.

Audit compte sont plusieurs parties de dépenses payées, tant pour les dettes du Roy que de ladite reine de Bourbon, et entre autres à Marie la Hausseur à Paris, par composition, pour deux coëffes de perles, un chef que la reine, que Dieu pardonne, emporta en terre, et trois paires de bocètes, avec plusieurs autres choses par elle délivrées pour l'atour de ladite dame, quand elle fut enterrée, 30 *francs d'or*. — Aux religieuses, prieure et couvent de la Saussoye près Paris, par composition à elles faite pour tous les palefroys, coursiers, chevaux de chars, charettes, sommiers, mulets quelconques, qui estoient du train de ladite reine, et que lesdites religieuses disoient leur appartenir par le trépas de ladite dame, 1,000 *livres*. — A Hennequin de Liége, pour le parfait de 1890 francs, pour la façon de deux tombes et plusieurs images pour mettre environ icelles, mises sur le corps du Roy et de la reine Jeanne de Bourbon, sa femme, en l'église de St-Denys. — A Jean Suché, charpentier, pour la huche de bois mise environ la tombe de marbre et d'albastre de la sépulture du Roy et de la reine, etc. Les autres parties ensuivant dudit chapitre sont autres frais pour raison de l'aube et accoutrement d'icelle.

Se trouve en la Chambre que, le mardy 4ᵐᵉ jour du mois de mars, mourut à Brie Comte Robert dame de bonne mémoire Madame Jeanne d'Évreux, reine de France et de Navarre, qui trépassa l'an 1377, et fut apportée à St-Antoine près Paris le samedy 8ᵐᵉ jour dudit mois, et le lendemain, jour de dimanche, fut apportée sur un lit à découvert, fors d'un délié couvrechef qu'elle avoit sur le visage, à Nostre Dame de Paris, à heure de vespres; et c'estoient les Gens de parlement qui tenoient le poële autour, et le prévost des marchands et les échevins portoient un poële d'or sur quatre lances au dessus du corps, et le Roy alla après le corps, de sa maison de St-Paul, dont il partit par l'huis de la conciergerie dudit hostel, quand le corps passoit, jusques à Nostre Dame de Paris. Et là furent vigiles de mort dites, le Roy présent, et le lendemain, jour de lundy, la messe chantée de *requiem* en ladite église par l'évesque de Paris. Et tantost après fut porté le corps au long de la ville de Paris, ainsy comme il avoit esté le jour précédent, le Roy allant après à pied, jusques à la porte St-Denys, et de là monta à cheval et convoya le corps jusques à St-Denys, là où son obsèque fut fait le lendemain, jour de mardy. Et, par l'ordonnance de ladite reine, n'eut point de luminaire en l'église Nostre Dame de Paris, que six cierges, pesant chacun six livres de cire, et autant à St-Denys, et douze torches pour convoyer le corps d'un lieu à un autre. Et le mercredy ensuivant, le Roy luy fit faire son service en ladite église de St-Denys, à ses dépens, et lors y eut très grand et très honneste luminaire. Et le jeudy ensuivant, 13ᵐᵉ jour dudit mois de mars, fut son cœur enterré aux Frères mineurs à Paris, aux pieds de son mary, le roy Charles. *Item*, le mercredy 13ᵐᵉ jour dudit mois, furent ses entrailles enterrées auprès celles de son mary, le Roy présent, si comme par avant avoit esté fait.

L'an de grace 1252 advint que la reine Blanche estant à Melun, si luy commença tout malement le cœur à douloir, et se partit pesante et chargée de mal, si fit charger son harnois et ses coffres, et vint à Paris hastivement. Là fut en si grande maladie, qu'il luy convint rendre l'âme. Quand elle fut morte, les nobles hommes du pays la portèrent parmy Paris en une chaire d'or, toute vestue comme reine, une couronne d'or en sa teste. Les processions la convoyèrent jusques à une abbaye de nonnains près Pontoise qu'elle avoit fait faire au temps qu'elle régnoit.

Quand Philippe, roy de France, fils de St-Louis, fut venu à Paris, qu'il désiroit moult à voir, il fut commandé que l'on ornast les corps qui avoient esté apportés de lointain pays à Paris, d'étrange terre. Quand ils furent prests et ornés, le bon roy Philippe prit son père et le conduisit jusques à Nostre Dame de Paris, avec les autres qui estoient trépassés en la voye. Si leur chanta l'on bien et hautement, et y avoit grand foison de luminaires autour les bières et grande compagnie de gens nobles et autres, qui toute la nuit veillèrent. Le lendemain matin, le roy Philippe prit son père et le troussa sur ses épaules, et se mit en la voye tout à pied pour aller droit à St-Denys. Avec ce allèrent grand plainté de noblesse de France, qui avec luy estoient. Toutes les religions de Paris yssirent bien et ordonnément à grande procession, disant le service de mort, en priant pour l'âme du bon Roy qui tant les aymoit. Archevesques, évesques, abbés furent revestus les mitres aux testes, les crosses ès poings, et allèrent tant qu'ils vinrent à St-Denys. Mais, avant qu'ils vinrent en la ville, le couvent leur vint au devant, et furent tous les moines revestus de chapes de soye, chacun un cierge en sa main, et reçurent honorablement le corps Monsieur St-Louis. Et, si comme l'on vouloit entrer en l'église, les portes furent fermées contre leur venue, la cause pour quoy? Ce fut pour ce que l'archevesque de Sens et l'évesque de Paris estoient revestus de leurs habits de prélature pour le corps de St-Louis enterrer et de ses compagnons, mais les moines de St-Denys ne le purent souffrir, parce qu'ils vouloient user de leurs franchises et avoir juridiction en leur église comme ils ont sur les autres de leur diocèse, car lesdits moines de St-Denys sont exempts, ne feroient rien pour archevesque ou évesque, s'il ne leur plaisoit. Le Roy estoit devant la porte, son père sur ses épaules, et les prélats et gens d'église, qui ne pouvoient entrer en l'église. Adonc fut commandé à l'évesque et archevesque qu'ils s'allassent dévestir, et qu'ils ne fissent point d'empeschement à si haute besogne. Quand ils s'en furent allés, les portes furent ouvertes, et le Roy entra dedans, et les barons et les prélats. Si commencèrent à chanter le service bien et diligemment, puis entrèrent les saintes reliques, etc.

La duchesse d'Orléans nommée Blanche, l'ancienne fille de feu Charles le Bel, fils de Philippe le Bel, alla de vie à trépas. Elle estoit de belle, honneste et sainte vie, et grande aumosnière aux pauvres, et en sa vie distribua tous ses biens meubles, et tellement qu'on y trouva comme rien. Le corps fut porté en sépulture à St-Denys, et y eut beau service de mort et obsèques notables, présent le roy Philippe de Valois, son frère, et faisoient le deuil les oncles du Roy et ceux du sang, etc.

Se trouve une intitulation de comptes contenant ce qui s'ensuit : « C'est le compte de Édouard Chadelin, bourgeois de Paris et général maistre des monnoyes du Roy nostre sire, pour faire et faire faire l'anniversaire de feu Madame Bonne de Béhaigne, duchesse de Normandie, et qui fut mère du Roy nostre sire, lequel anniversaire fut fait à Maubuisson près Pontoise, le 6 avril 1366, devant Pasques, et, le lendemain, 7me jour dudit mois, les choses dessusdites faites du commandement du Roy nostre sire de bouche, etc. »

En un mesme role et compte l'intitulation qui ensuit : « C'est le compte de Édouard Chadelin, général maistre des monnoyes du Roy, trésorier et commis à faire et faire faire l'obsèque et enterrement de feu Madame Jeanne de France, reine de Navarre et comtesse d'Évreux, et sœur du Roy nostre sire, laquelle feue Madame Jeanne trépassa en la cité d'Évreux le 3 novembre 1373, et fut apportée en l'église de St-Denys en France le 16 dudit mois, et furent chantées les vigiles en ladite église ledit 16me jour, après disner, et le lendemain au matin fut la messe chantée, et enterrée après ladite messe et service fait faire en ladite église et abbaye, qui fut le 17me dudit mois de novembre ensuivant. Lesquelles choses furent faites du commandement et ordonnance du Roy nostre sire, à St-Paul lès Paris. »

L'an 784 trépassa la reine Berthe, qui estoit dite *au grand pied*, mère de Charles Magne, qui femme avoit esté du feu roy Pépin, et fut ensépulturée à St-Denys auprès dudit Pépin, etc.

L'an 1251, après que Alphonse et Charles, frères de St-Louis, venant d'outre-mer, furent arrivés en France devers leur mère, la reine Blanche, la bonne dame trépassa, et fut enterrée en l'abbaye de Maubuisson près Pontoise, qu'elle avoit fondée et en icelle mis nonnains de Cisteaux.

(*Journal.*)

---

53.   7 *Février* 1531 (*anc. st.*)
ÉTABLISSEMENT DE L'ÉPARGNE AU LOUVRE.

Par l'ordonnance donnée à Blois le 23 décembre 1523, François Ier avait réglé que les deniers du domaine seraient reçus par le changeur du Trésor, et ceux des tailles, aides, gabelles et équivalent, par les receveurs généraux, pour de là les transmettre comptant à Blois, entre les mains du trésorier de l'Épargne, après en avoir déduit les sommes destinées au payement des fiefs, aumônes, gages et autres charges ordinaires. Mais les receveurs généraux n'exécutaient point cette ordonnance ; quelques-uns même divertissaient à leur profit les sommes que leur envoyaient les receveurs particuliers, tout en réclamant des frais énormes pour le recouvrement. Pour remédier à ces abus, il fut fait, à Rouen, le 7 février 1531, un autre règlement, en vingt articles.

Art. 1. Tous deniers quelconques, sauf ceux des deniers casuels et ceux affectés au payement des gages, aumônes, mortes-payes, etc., seront apportés directement en une des tours du château du Louvre et déposés dans des coffres « que pour cet effet nous y avons par cy devant fait mettre. »

Art. 3. Et pour la sureté de ces deniers, afin d'éviter au billonnage, trafic et abus qui par cy devant auroient esté commis au fait et administration d'iceux, à la grande charge et conscience de ceux qui l'ont fait, nous confiant par longue expérience des sens, loyauté, prud'hommie et bonne diligence de nos amés et féaux conseillers Aymard Nicolay et Jean Briçonnet, ch^{ers}, premier et second présidens de nos comptes à Paris, iceux avons commis et députés à la garde de partie des clefs desdites tours et coffres, et pour estre ouverts et fermés iceux coffres en leur présence toutes et quantes fois que besoin sera, tant pour y mettre les deniers qu'on y apportera, que pour en tirer ceux que nous ordonnerons y estre pris, afin que, en leurdite présence et non autrement, la recette et dépense sera faite. Et où l'un desdits présidens, par maladie ou autrement, sera occupé ailleurs, nous voulons que nostre amé et féal conseiller, maistre ordinaire de nosdits comptes, M° Nicolas Viole, soit subrogé au lieu de l'absent.

 Mais, comme ces trois personnages ne peuvent exercer des fonctions de comptables, la charge de la recette et de la dépense est confiée à Me Guillaume Prud'homme, général de Normandie et trésorier de l'Épargne, qui aura, pour cette raison, une des clefs. Les opérations devant être visées au contrôle de l'Épargne, une clef est aussi remise à l'un des deux contrôleurs. Deux archers de la bande de service, « des plus sûrs et féables, » seront continuellement chargés de la garde des coffres.

 Par l'art. 20, une somme annuelle de 1000 liv. est affectée pour les menus frais, comme achat de bois, tapis verts, jetons, papier et autres choses [1].

(Mémorial. — Impr. dans la collection Mariette.)

1. Le reste de l'ordonnance ne concerne que les détails de comptabilité. Par autres lettres du 4 mai 1533, le président Jean Luillier fut commis pour remplacer l'un des deux principaux commissaires, en cas d'absence; puis, le 6 juillet 1537, il leur fut adjoint régulièrement.

Le règlement de 1532 fut renouvelé deux fois par Henri II, le 12 avril 1547 et au mois d'octobre 1556; mais l'organisation n'était plus la même sous Henri IV; alors les trois clefs étaient confiées au surintendant, au contrôleur général et au trésorier de quartier.

54.
14 Juin 1532.
ORDONNANCE DÉFENDANT AUX COMPTABLES DE JOUER LES DENIERS DU ROI.

(Mémorial. — Impr. dans la collection Mariette.)

55.
23 Mars 1532 (anc. st.)
LETTRE DU ROI A SES COMMISSAIRES. — INVENTAIRE AU LOUVRE.

De par le Roy. Noz amez et féaulx, nostre amé et féal conseiller et premier gentilhomme de nostre chambre, le seigneur de Verez, gouverneur de Paris, nous a dit que, suyvant nostre commandement verbal, il a mis les choses contenues et déclérées en ung cayer de papier signé de nostre main en la salle qui est sur le logeiz où se tient nostre concierge du Louvre, et nous a requis que en vueillons faire faire ung inventaire, ce que nous luy avons accordé. A ceste cause, nous voullons et vous mandons très expressément que vous vous enquerez qui a la clef et garde desdictes choses, et que vous en faictes bon et loyal inventaire, lequel vous nous envoyerez, et remettrez toutes les choses contenues en icelluy ou lieu où elles sont de présent, soubz la charge de celluy que vous trouverez en avoir la garde, jusques à ce que par nous autrement en soit ordonné. Donné à Guyse, le xxiij^e jour de mars M V^c XXXII.

FRANÇOYS.
BAYARD.

L'adresse est : A noz amez et féaulx conseillers et présidens de noz comptes, Émard Nicolay et Jehan Briçonnet, ch^{ers}.

(Original. — Arch. Nicolay, 15 L 2.)

56.
24 Mars 1532 (anc. st.)
ORDONNANCE DE PAYEMENT SUR LES DENIERS DE L'ÉPARGNE.

Françoys, par la grace de Dieu Roy de France, à nostre amé et féal conseiller trésorier et receveur général de nos finances extraordinaires et parties casuelles, Me Jehan Laguette, Salut et dillection.

Nous voulons et vous mandons que des deniers de vostre recepte générale prouvenans desdites finances extraordinaires et parties casuelles, qui seront portez et mis ès coffres de nostre chastel du Louvre à Paris establys pour lesdits deniers, vous paiez, baillez et délivrez comptant, en la présence de nos amez et féaulx premier et second présidens de nos comptes, Émard Nicolas et Jehan Briçonnet, chevaliers, à nostre cher et bien amé Léonnard de Bembo la somme de quatre cens livres tournois, auquel nous l'avons ordonnée et ordonnons par ces présentes, sur et à déduction de plus grand somme qu'il dict et prétend luy estre deue. Et par rapportant cesdites présentes signées de nostre main et quitance dudit de Bembo sur ce suffisante seullement, nous voulons ladite somme de iiij^c l. t. estre passée et allouée en voz comptes et rabattue de vostredite recepte générale par nos amez et féaulx les Gens de nos comptes, ausquelz nous mandons ainsi le faire sans difficulté. Car tel est nostre plaisir, nonobstant quelzconques ordonnances, restrinctions, mandemens ou deffences à ce contraires. Donné à Marle, le xxiiij^e jour de mars, l'an de grace mil cinq cens trente et deux, et de nostre règne le dix neufviesme.

FRANÇOYS.
Par le Roy : BRETON.
(Original. — *Cabinet des titres.*)

57.
19 Avril 1533.
QUITTANCE DÉLIVRÉE PAR LE P.P. AUX PARTIES CASUELLES.

Nous, Émard Nicolas, chevalier, conseiller du Roy nostre sire, premier président en sa Chambre des comptes, confessons avoir eu et receu ce jourd'hui comptant de Me Jehan Laguette, aussi conseiller dudit seigneur, trésorier et receveur général de ses finances extraordinaires et parties, ès présences de Messire Jehan Briçonnet, chevalier, aussi conseiller d'icelluy seigneur, président de sez comptes, et Me Nicolas Viole, aussi conseiller dudit seigneur et maistre desdits comptes, la somme de mil livres tournois, en quatre cens quarante quatre escuz d'or soleil en or, au feur de xlv s. t. pièce, et xx s. t. en monnoye de douzains, des deniers tirez des coffres du Louvre, présens les dessusdits. Et ce pour le parfait parpayement de la somme de trois mil livres tournois, dont le Roy nostredit seigneur nous a fait don, en faveur et recognoissance des bons et agréables services que luy avons par cy devant faictz en nostredit estat et office, et qu'il espère que encores ferons à l'advenir. De laquelle somme de m l. nous nous tenons contant et bien paié, et en avons quicté et quictons ledit Me Jehan Laguette, trésorier et receveur général susdit, et tous autres. En tesmoing de ce nous avons signé ces présentes de nostre main, le dix neufviesme jour d'avril mil cinq cens trente et trois, aprez Pasques.

E. NICOLAS.
(Original. — *Cabinet des titres.*)

58.
3 Mars 1533 (anc. st.)
CONFIRMATION DE L'AFFRANCHISSEMENT D'UN SERF.

Les Gens des comptes du Roy nostre sire. Vu la requeste à nous présentée de la partie de Jean Thomas, dit Vallet, demeurant à Argillières, requérant par icelle que le voulussions manumettre et affranchir de la servitude à laquelle il estoit advenu et retourné envers le Roy nostredit seigneur au moyen de manumission et affranchissement qui luy ont esté faits de sa personne par Hue de Linanges, baron dudit Argillières, et Madeleine de Grandpré, sa femme, dame dudit lieu, desquels il estoit auparavant homme de serve condition ; vu aussy les lettres de manumission et affranchissement octroyées audit suppliant par lesdits seigneur et dame d'Argillières, le tout cy attaché sous l'un de nos signets, et tout considéré ce qui en cette partie faisoit à considérer, consentons, pour et au nom dudit seigneur, la manumission et affranchissement de la personne d'iceluy suppliant de toute la servitude en quoy il pourroit estre retourné envers ledit seigneur à la cause dessusdite, moyennant la somme de 3 écus soleil, qu'il a pour ce payée, donnée et délivrée comptant, et qui a esté convertie en aumosne, suivant le décret mis sur ladite requeste. Donné sous nosdits signets, le 13me jours de mars 1533.

(*Mémorial.*)

59.   *22 Mars 1533 (anc. st.)*
VISITE ET INVENTAIRE DES RELIQUES DE LA SAINTE-CHAPELLE.

Ce jour, se sont trouvés en la Ste-Chapelle du Palais à Paris haut et puissant seigneur Messire Françoys de Montmorency, seigneur de la Rochepot, chevalier de l'ordre du Roy, bailly et concierge du Palais; l'archevesque de Vienne; l'évesque d'Angoulesme, trésorier de ladite Chapelle; nobles personnes Messeigneurs Pierre Lizet, cher, conser dudit seigneur et P.P. en [sa Cour de parlement, et Messire Aymard Nicolay, aussy cher et conser dudict seigneur et P.P.] en sa Chambre des comptes; Mes Jean Brinon et Dreux Hennequin, consers maistres desdits comptes; Jean Hamelin, notaire et secrétaire dudit seigneur et son premier aumosnier; Claude de Sermisy et Denis de Bidaut, chanoines de ladite Chapelle du Palais, et dame Michelle Gaillard, veuve de feu Messire Florimond Robertet, en son vivant cher, conser dudit seigneur et trésorier de France. A laquelle dame veuve dudit Robertet ledit seigneur de la Rochepot a déclaré, en présence de moy souscrit, Pierre Chevalier, notaire et secrétaire dudit seigneur et greffier de sa Chambre des comptes, pour ce mandé, que le Roy luy avoit adressé ses lettres patentes pour prendre et recevoir d'elle les clefs des Saintes Reliques estant en ladite Ste-Chapelle; dont ledit seigneur luy envoyoit la décharge, qu'il luy présentoit, pour satisfaire au bon plaisir dudit seigneur. Laquelle a fait réponse que, depuis le temps de feu Charles, que Dieu absolve, roy de France, estant au royaume de Naples, le défunt son mary en avoit eu la charge; après son trépas, avoit envoyé les clefs audit seigneur par Me Claude Robertet, aussy conser dudit seigneur et trésorier de France, son fils, auquel ledit seigneur dit qu'il gardast les clefs jusques à ce qu'autrement en seroit ordonné. Depuis, le Roy estant dernièrement en cette ville, luy a icelle dame demandé à qui son plaisir estoit qu'on les baillast, qui luy ordonna de les donner audit seigneur de la Rochepot, comme présentement il mande faire par icelles lettres. A cette cause, en obéissant auxdites lettres, et voyant sa décharge, a donné et délivré audit seigneur de la Rochepot huit clefs en deux trousseaux, qu'elle disoit estre toutes les clefs estant en sa possession d'icelles Saintes Reliques, affirmant n'en avoir autres. Lesquelles huit clefs iceluy de la Rochepot a reçues, et, en ce faisant, fourni ladite décharge ès mains d'icelle dame.

. . . .

Ancien inventaire des Reliques.

I. La Sainte Couronne d'épines de N. S. Jésus Christ.
II. La Sainte Croix.
III. Du sang de Nostre Sauveur.
IV. Les drapeaux d'enfance de N. S., èsquels il fut enveloppé en son jeune âge.
V. Une grande partie du bois de la Sainte Croix.
VI. Du sang qui par miracle fut distillé d'une image de N. S. qui avoit esté frappée par un infidèle.
VII. La chaisne, ou lien de fer fait en forme d'anneau, duquel on croit que N. S. fut lié.
VIII. La Sainte Treille, insérée à la table où est la face de N. S. Jésus Christ.
IX. Une grande partie de la pierre du Sépulcre de N. S.
X. Du lait de la benoiste Vierge Marie.
XI. Le fer de la Sainte Lance, duquel fut percé en la Croix le costé de N. S.

XII. Une autre croix moyenne, laquelle les anciens appeloient *triomphale*, parce que les empereurs avoient de coutume de la porter en bataille, en espérance de victoire contre leurs ennemys.

XIII. Le mantel de pourpre que les chevaliers donnèrent à N. S. en se moquant de luy.

XIV. La ronce qu'ils mirent à la main de N. S. au lieu de sceptre.

XV. L'éponge qu'ils luy donnèrent en la Croix, pleine de vinaigre, quand il dit *sitio*.

XVI. Une partie du suaire auquel fut enveloppé son corps au sépulcre.

XVII. Le linceul que N. S. avoit quand il lava les pieds à ses disciples et duquel il essuya leursdits pieds.

XVIII. La verge de Moïse.

XIX. La haute partie du chef du benoist Saint Jean-Baptiste.

XX. Le chef de Saint Blaise.

XXI. Le chef de Saint Simon.

XXII. Le chef de Saint Clément.

. . . .

Tous lesquels reliquaires, ainsy enchassés qu'ils sont, moyennant ladite décharge, ont esté donnés et mis en garde ès mains dudit seigneur de la Rochepot, lequel s'en est chargé suivant lesdites lettres et bon plaisir d'iceluy seigneur. Fait ès présences des dessus nommés et plusieurs autres, le dimanche de la Passion de nostre rédempteur Jésus Christ, le 22 mars 1533.

Signé : de Montmorency. Paulmier, archevesque de Vienne. Philippe, évesque d'Angoulesme. Pierre Lizet. Aymard Nicolay. de Brinon. Hennequin. de Sermisy. Bidaut. Chastillon. Hotman[1].

(*Mémorial*.)

[1]. Comme successeur des anciens présidents des comptes en la conciergerie du Palais, le seigneur de la Rochepot eut un logement composé de maison, chambre, logis et terrasse, au bout de la grande salle du Palais, et une rente de 600 liv. sur l'ordinaire de Paris et le revenu des places, bancs, etc. de ladite salle. (Table des *Mémoriaux*.)

60.
2 Septembre 1534.
LETTRES DE NATURALISATION.

Ce jourd'huy, sont venus au bureau Mrs Robert de Montmirel et René Brisson, conseillers du Roy en sa Cour de parlement, lesquels ont remonstré qu'ils estoient envoyés de par la Grand'chambre des enquestes d'icelle Cour, remonstrer que èsdites enquestes ils estoient sur le jugement d'un procès pour raison de la succession d'un étranger né et natif de Namur, qui auroit esté naturalisé par le Roy, et ses lettres expédiées en la Chambre de céans; estoit décédé, délaissé une sœur qui n'estoit originaire, avoit esté naturalisée, mais s'estoit, quatre mois avant ladite succession échue, retirée, et encore n'estoit demeurante en cedit royaume lors du trépas et échute d'icelle succession dudit défunt son frère, et mesmement vouloit prétendre ladite succession comme plus prochaine, sous couleur que le défunt son frère estoit naturalisé; d'autre part, prétendant icelle succession un cousin germain d'iceluy défunt qui estoit originaire natif de ce royaume et demeurant en iceluy lors de ladite succession échue, partant comme capable, joint la clause et restriction ordinaire que fait ladite Chambre de céans, *proviso quod hæredes sint regnicolæ*, disoit devoir estre préféré à ladite sœur, qui estoit incapable pour les causes que dessus; et, pour la difficulté mue sur ladite restriction, avoient esté envoyés pour en entendre l'interprétation d'icelle Chambre et savoir s'il estoit besoin que lesdits héritiers fussent règnigènes et règnicoles ensemble, ou s'il suffisoit qu'ils fussent règnicoles tant seulement. Auxquels a esté dit que la Chambre en conféreroit, pour, ce fait, leur faire réponse.

Laquelle, après en avoir délibéré, a envoyé faire ladite réponse par moy, Chevalier, greffier desdits comptes. Et, pour ce faire, suis allé en ladite Cour, où j'ay fait appeler lesdits de Montmirel et Brisson.

Lesquels, après avoir averti lesdits conseillers de ladite Grand'chambre des enquestes, m'ont fait entrer en icelle. Auxquels j'ay dit que ladite Chambre des comptes, le fait entendu tel que dessus, estoit d'avis que ladite sœur, combien qu'elle eust esté naturalisée, attendu sa retraite quatre mois auparavant ladite succession échue, n'estoit capable de pouvoir appréhender ladite succession. Et quant à ces mots : *proviso quod hæredes sint regnicolæ*, s'entendent comme des enfants du défunt naturalisé, ou autres ses héritiers qui fussent originaires nés en ce royaume, ou naturalisés, avec l'expédition sur ce desdits comptes, et d'abondant qu'ils soient règnicoles, comme peut estre ledit cousin germain par le cas cy dessus.

(*Journal.*)

61.   3 *Octobre* (1534).
LETTRE DU ROI AU P.P. — PROCÈS EN CHAMBRE DU CONSEIL.

Monsr le président, vous sçavez le procès d'entre mon procureur et Jehan Lalemant le jeune, naguères trésorier et receveur général de Languedoc, touchant l'obmission de recepte qu'il a faicte ou compte qu'il a rendu des Suysses. Lequel j'ay ordonné estre évocqué en la chambre du Conseil et y estre diffiny comme il appartient, en toute bonne raison et justice, et que là vous assisterez et cinq des Gens de mes comptes, lesquelz vous prie choisir et me nommer, et qu'ilz ne soient aucunement suspectz. Et m'envoiez incontinant leurs noms par escript par ce porteur, que j'envoie exprez devers vous, afin de les faire mectre en la commission qui s'en despeschera, comme j'escriptz plus amplement au premier président de ma Court de parlement, lequel y présidera, avecques cinq conseillers de madicte Court que semblablement il nommera. Et pour ce, Monsr le président, je vous advertiz que, incontinant que auray sa responce et la vostre, et les noms des personnaiges que luy et vous m'aurez nommez, je feray despescher les commissions et lettres neccessaires pour cest affaire, lesquelles vous envoiray, pour y vacquer et faire besongner le plus diligemment que faire ce pourra. Et fault que nommez gens qu'on puisse recouvrer promptement. Et adieu, Monsr le président, qui vous ait en sa garde. Escript à Sainct Germain en Laie, le iije jour d'octobre.

FRANÇOYS.
DE NEUFVILLE.
(*Arch. Nicolay*, 15 L 8.)

62.   15 *Décembre* 1535.
REMISE DE DROITS SEIGNEURIAUX POUR LE P.P.

Les Gens des comptes du Roy nostre sire. Vu les lettres patentes dudit seigneur données à Dijon le 12me jour de novembre dernier passé, par lesquelles ledit seigneur nous mande que par le receveur ordinaire de Valoys fassions tenir quitte et déchargé Messire Aymard Nicolay, cher, seigneur de St-Victor, conser du Roy et P.P. de ses comptes, de la somme de 250 écus d'or soleil qu'il doit audit seigneur pour les droits seigneuriaux des terres et seigneuries de Moreul lès la Ferté-Millon, le donjon de Crespy, l'étang de Tavetz, les fourcières d'Antilly et la maison et terres de Chavigny, assis au duché de Valoys, nonobstant l'ordonnance par laquelle est dit que tels dons ne doivent estre expédiés que pour la moitié et autres ordonnances par luy faites sur ses finances faisant mention expressément que tous les deniers d'icelles doivent estre portés et mis ès coffres de son chasteau du Louvre, auxquelles il déroge, ensemble à la dérogatoire de la dérogatoire d'icelles, et quelconques autres ordonnances, restrictions, mandemens ou défenses à ce contraires, comme plus à plein le contiennent lesdites lettres ; vu aussy certaine requeste à nous sur ce présentée, ensemble l'expédition dont en icelle est faite mention, le tout cy attaché sous l'un de nos signets ; considéré le contenu desdites lettres patentes, requeste et expédition, et ce qui en cette partie faisoit à considérer, consentons l'entérinement desdites lettres selon leur forme et teneur. Donné sous nosdits signets, le 15™⁰ jour de décembre, l'an 1535.

CHEVALIER.
(*Mémorial.*)

63.   16 Mai 1536.
MANDEMENT POUR TIRER DES DENIERS DES COFFRES DE L'ÉPARGNE.

Françoys, etc. A nos amez et féaux cons^{ers} et présidens en nostre Chambre des comptes à Paris, Aymard Nicolay et Jean Briçonnet, ch^{ers}, commissaires par nous ordonnés au bureau de nostre Épargne au Louvre à Paris, Mes Pierre Michon et Étienne le Blanc, contrôleurs d'icelle Épargne, Salut et dilection. Comme, pour satisfaire et fournir au payement de tous les deniers que nous avons encore en trésor réservé en Épargne, en vostre présence cy devant mis en certains coffres commis en vostre garde, en nostre chastel du Louvre à Paris, lesdits coffres fermans de quatre différentes clefs, dont nous avons l'une, nostre amé et féal chancelier une autre, les seigneurs de Montmorency et de Brion chacun une autre, celle dudit de Brion, à cause de son absence en nostre service hors de nostre royaume, gardée de présent par ledit seigneur de Montmorency, et à cette fin faire tirer desdits coffres tous lesdits deniers; pour à quoy pourvoir, avec l'entière et parfaite confiance que nous avons de nostre amé et féal cons^{er} et maistre ordinaire de nos comptes, Me Thomas Rapouel, luy avons présentement délivré et fait mettre en ses mains lesdites quatre clefs. Pour ce est il que nous vous mandons et expressément enjoignons qu'assistant avec vous nostredit cons^{er}, Me Thomas Rapouel, porteur desdites clefs, et l'ouverture par luy faite en vostre présence de nosdits coffres, vous en ferez entièrement tirer tout ce qui est de présent, en quelques espèces et à quelque somme que le tout se puisse monter, outre les 500,000 liv. tournois naguères de nostre ordonnance livrés de nosdits coffres, et lesdits deniers qu'ainsy seront par vous tirés desdits coffres, délivrez à nostre amé et féal cons^{er} et trésorier de nostre Épargne, Me Guillaume Prud'homme, ou à son commis porteur de sa quittance, le rendant de ce comptable envers nous. Auquel trésorier nous l'avons ordonné et ordonnons par ces présentes pour convertir en nosdits affaires ainsy que par nos mandemens et acquits luy sera ordonné. Laquelle quittance originale, spécialement enregistrée ès registres et contrôles de nostre Épargne, vous porterez et délivrerez en nostre Chambre des comptes, pour y estre pareillement enregistrée et là gardée, à la vérification de la recette dudit trésorier de nostre Épargne. Et de la délivrance d'icelle quittance recouvrerez certification de ladite Chambre où elle soit de mot à mot transcrite. Laquelle certification, avec ces présentes, voulons estre mise ès coffres dont auront esté tirés lesdits deniers, ou l'un d'iceux fermant èsdites clefs, pour, iceux refermés, par ledit Rapouel nous rapporter lesdites clefs, ainsy que luy avons ordonné. Et moyennant ladite quittance, qu'ainsy sera mise en nostredite Chambre des comptes, rendant de ce comptable envers nous ledit trésorier de nostre Épargne, vous avons, et tous autres qu'il appartiendra, en tant que métier est ou seroit, déchargés et déchargeons à pur et à plain desdits deniers par cesdites présentes, pour ce signées de nostre main, sans que, pour avoir esté iceux deniers en vostre garde èsdits coffres, on vous en puisse, ores et pour le temps à venir, aucune chose demander. Donné à Montbrison, le 16™⁰ jour de may, l'an de grace 1536, et de nostre règne le vingt troisième[1].

FRANÇOYS.
Par le Roy : BRETON.
(*Mémorial.*)

---

[1]. Suivant la quittance transcrite en suite, les commissaires livrèrent au trésorier 1,159,812 liv. 6 s. 1 d. tournois, savoir : 510,063 écus d'or soleil (à 45 s. t. pièce); 369 écus couronnés (à 43 s. 6 d. t.); 160 écus vieux (à 51 s. 6 d. t.); 877 ducats (à 45 s. 6 d. t.); 221 angelots (à 46 s. t.); 175 réaux (à 47 s. 3 d. t.); 16 riddes 1/2 (à 47 s. t.); 37 francs à pied et à cheval (à 48 s. 6 d.); 450 lions (à 53 s.); 82 nobles roses (à 100 s.); 162 nobles Henrys 1/2 (à 4 l. 12 s.); 51 Philippes (à 27 s.); 529 oboles (à 21 s. 6 d.); 169 oboles (à 33 s. 6 d.).

64. (1536).
PROTESTATION SUR UNE CONSTITUTION DE RENTES.

Nous soubscriptz certiffions que, incontinent après la commission pour vendre et constituer rente au prévost des marchans et eschevins de ceste ville de Paris sur les aydes du Roy, pour les cent mil francz baillez par plusieurs bourgeois, marchans et autres habitans de ladicte ville pour les affaires dudict seigneur, au pris du denier douze, fut présentée à Maistre Pierre Lizet, premier président en la Court de parlement, et à nous, commissaires députez par icelle pour faire lesdictes vendition et constitution de rente, ledict premier président et nous, toutes fois et quantes qu'en avons esté requis de par ledict prévost des marchans et eschevins, tous autres affaires postposez, y avons vacqué et entendu. Et y a ledict premier président, quant avons esté devers luy, à la requeste et sollicitation desdictz prévost des marchans et eschevins, vacqué et entendu si soigneusement et diligemment, qu'il nous semble n'estre possible de plus. Et incontinent après avoir leu les lettres de commission, fut entre nous advisé la forme de passer le contract, et fut déclarée, pour en dresser la minute, à M⁰ Christofle de Thou, advocat en la Court de parlement et eschevin de ladicte ville, et au procureur de ladicte ville, qui nous avoit faict assembler. Lesquelx en firent dresser une minute, que ledict premier président n'auroit trouvée raisonnable, et la reffit en autre forme plus convenable, laquelle fut par nous trouvée bonne. Et nous dist et déclara dès lors ledict premier président qu'il avoit par plusieurs foys envoyé devers ledict prévost des marchans, pour luy renvoyer ladicte minute qu'il avoit dressée et venir passer le contract selon icelle. Et finablement sur ladicte minute dressée par ledict premier président ledict contract fut passé, deux ou trois jours après la feste de Noël, et eust esté passée plus tost, si ledict prévost des marchans et eschevins eussent poursuivy et sollicité. Et sommes asseurez que si lesdictz bourgeois, marchans et autres habitans de ladicte ville qui ont forny ladicte somme de cent mil francz, n'ont eu desdictz prévost des marchans et eschevins de ceste-dicte ville de Paris bien tost après leurs asseurences et constitutions de rentes particulières, la faulte ne vient aulcunement dudict premier président ne de nous.

E. NICOLAY. A. DE THOU.

(Original. — Bib. Nat., mss. Dupuy, n° 511, f° 134.)

---

65. 8 Mai 1537.
LETTRE DU PRÉSIDENT DE THOU AU CHANCELIER. — OPPOSITION DE LA CHAMBRE A L'EXÉCUTION D'UN ARRÊT.

Monseigneur, vous sçavez qu'il a pleu au Roy commectre à aulcuns de Messrs les présidens et conseillers de la Court la congnoissance et décision en dernier ressort des différendz d'entre Messrs Dauvet et Luillier, touchant les prérogatives de leurs offices de présidens en la Chambre des comptes, et à moy l'instruction du procez. Laquelle faicte à mon rapport, c'est ensuyvy arrest provisionnal donné conformément aux offres et consentemens des parties, ung an a moins douze ou quinze jours. Et, pour ce que ledict arrest avoit esté donné, comme dict est, juxte le consentement desdictes parties, et que l'on extimoit que elles mesmes exécuteroient ledict arrest, ne fut lors procédé à l'exécution dudict arrest. Aussi n'a elle esté demandée jusques à ung jour de la sepmaine passée, que Monsr Dauvet me présenta son exécutoire, disant qu'il s'estoit du tout mis en son debvoir d'exécuter ledict arrest par la voye amyable, ce qu'il n'auroit peu faire; me requérant à ceste cause commission pour faire adjourner par devant moy ledict sr Luillier, pour venir veoir procéder à l'exécution dudict arrest. Ce que luy octroyé. Et, au jour assigné audict Luillier en vertu de madicte commission, ne seroit comparu, et contre luy donné deffault, en vertu duquel ay ordonné que me transporteroys le lendemain en la Chambre des comptes pour procéder à l'exécution dudict arrest, comme de raison. Suyvant laquelle ordonnance, le jour d'hier, me transporté en ladicte Chambre des comptes, demanday à l'huissier gardant la porte si Monsr Nicolay, premier président, estoit léans. Qui me dict que non et que Monsr le président Briçonnet présidoit, et luy avoit donné charge dire audict sr Dauvet, quant il seroyt arrivé, qu'il parlast à luy, au moyen de quoy ledict huissier fist sçavoir audict Briçonnet la venue dudict sr Dauvet. Auquel Briçonnet remonstray qu'il estoit honneste que parlasse ung mot à mesdictz srs des comptes, affin qu'ils eussent à faire exécuter ledict arrest par la voye amyable ; ce qu'il trouva bon, et me dict qu'il leur alloit dire. Et tost après retourna, me disant qu'ils l'avoient faict retirer et vouloient délibérer ensemble. Peu après vint par devers moy le greffier le Maistre, ayant charge, comme il disoit, desdictz srs des comptes de sçavoir de moy que je leur vouloys. Auquel greffier feis response que je leur diroys, et qu'il leur pleust me oyr et faire entrer en leur Chambre. Oye ma response, ledict greffier, après l'avoir donnée à entendre à mesdictz srs des comptes, me vient dire que je me retirasse jusques à ung aultre jour, et que je ne pourroys parler à eulx, pour aulcuns empeschemens qu'ils avoient. Je remonstray audict greffier que je vouloys parler à eulx de par le Roy, qu'il ne escheoit aulcune remise, et leur allast dire. Ce qu'il fist, et retourna vers moy, disant qu'il avoit charge de me demander les lettres de charge que je avoys du Roy, pour les porter à mesdictz srs. Luy remonstray que ce n'estoit la façon de faire, et que, parlant à eulx, leur monstreroys ma charge, et non aultrement. Oye ma response, se retire ledict greffier en la Chambre et ferme l'huys sur luy. Quoy voyant et que c'estoit une vraye illusion à justice, faitz commandement de par le Roy à l'huissier de ladicte Chambre ayant les clefz et gardant l'huys, sur peine de estre déclairé désobéyssant au Roy et à justice et de prison, qu'il eust à me faire ouverture de ladicte Chambre pour aller exposer à mesdictz srs la charge que je avoys de par le Roy. Lequel huissier entré en ladicte Chambre, me déclaire qu'il avoit récité à mesdictz srs les commandemens que luy avoys faictz, qu'il leur avoit laissé les clefz sur leur bureau, par commandement qu'ils luy en avoient faict, et qu'il ne me sçauroit ouvrir ladicte Chambre. Luy remonstray qu'il ne se debvoit dessaisir desdictes clefz, veu le commandement que luy avoys faict. A ceste cause, luy feis derechef commandement une foys, deux foys et troys foys, de faire ouverture de ladicte Chambre, ce qu'il reffusa faire. Pour lequel reffuz, qui me sembla estre désobéyssance au Roy, l'envoyé prisonnier en la Conciergerye. Depuis, mesdictz srs des comptes m'ont envoyé signiffier une ordonnance signée de leur greffier, par laquelle ils m'enjoignent de faire mectre leur huissier hors de prison, sur peine de deux mil livres tournoys. Et pour ce, Monseigneur, que je ne pense, en ce regard, estre leur responsable, mais seullement au Roy et à vous, Mondict seigneur, je leur ay respondu que me garderoys de mesprandre.

Monseigneur, je vous ay bien voulu advertir de la vérité en faict tel que dessus, adce que ne soyez prévenu d'aultres qui vous pourroient donner entendre le faict aultrement qu'il n'est.

Monseigneur, je priray Nostre Seigneur vous donne en santé très bonne vye et longue. A Paris, ce viije jour de may.

Vostre très humble et très obéissant serviteur.
A. DE THOU.

(Orig. autographe. — Bib. Nat., mss. Dupuy, n° 511, f° 106.)

66. 18 Mai 1537.
MANDAT DE PAYEMENT POUR LE RELIEUR ET GARDE DES COMPTES.

Les Gens des comptes du Roy nostre sire à Paris, à Me Symon Testu, recepveur des aydes du Mayne, Salut. Nous vous mandons que, des deniers de vostre recepte de ceste présente année, ou d'aultre dont avez à conter, vous paiez et délivrez à Anthoine le Maire, relieur des livres et registres de la Chambre des comptes dudit seigneur, la somme de vingt et cinq livres, que nous luy avons taxée et ordonnée, taxons et ordonnons par ces présentes, pour ses peines et sallaires d'avoir, puys ung an en çà ou environ, cherché en dilligence en ladite Chambre plusieurs comptes, acquictz et lyasses, et yceulx avoir porté et rapporté par diverses foys de lieu en autre où estoyt besoing et nécessité, et aussi pour le récompenser de plusieurs autres grosses peines et vaccations qu'il a euz à diverses foys et en plusieurs voyages et commissions, le tout pour les affaires du Roy nostredit seigneur, et dont il n'a eu aucune récompense. Et en rapportant cesdites présentes, avec quictance dudit le Maire sur ce suffisante seullement, ladite somme de xxv l. t. sera allouée en voz comptes et rabatue de vostredite recepte, partout où il appartiendra, sans difficulté. Donné soubz l'ung de noz signetz, le dix huictiesme jour de may, l'an mil cinq cens trente sept.

E. NICOLAS.
(Original. — Cabinet des Titres.)

67. 30 Juin 1537.
PROVISIONS DE L'OFFICE DE P.P. EN SURVIVANCE POUR DREUX HENNEQUIN.

Françoys, etc. Nous inclinans libéralement à la supplication et requeste de nostre amé et féal conser et premier président clerc de nostre Chambre des comptes à Paris, Émard Nicolay, cher, lequel nous a très-humblement supplié voulloir admectre la résignation qu'il désiroit faire en noz mains au prouffict de nostre amé et féal conseiller notaire et secrétaire, et maistre ordinaire de noz comptes, Me Dreux Hennequin, son gendre, en survivance d'eulx deux, de sondict office de premier président clerc de nosdictz comptes; pour ces causes, et en considération, faveur et recongnoissance des bons, grandz et agréables services que ledict Nicolay nous a par cy devant et dès long temps faictz, tant en l'exercice dudict office de premier président clerc, que en plusieurs voyages et charges d'importance, èsquelles il s'est vertueusement acquicté et employé, faict encores chacun jour, et espérons qu'il continuera de bien en mieulx cy après; confians aussi de la personne dudict Me Dreux Hennequin, son gendre, et de ses sens, suffisance et expérience, et ayans regard au bon debvoir qu'il a ordinairement faict à l'exercice de sondict office de maistre de nosdictz comptes, espérans qu'il nous servira bien et loyaument audict office de premier président clerc; avons, de nostre grace espécial, par ces présentes, et du consentement et à la requeste dudict Émard Nicolay, son beau père, et par la résignation qu'il a faicte en noz mains par son procureur suffisamment fondé de lectres de procuration quant à ce, au prouffict de sondict gendre et au survivant d'eulx deux, donné et octroié, donnons et octroions audict Me Dreux Hennequin ledict office de premier président clerc de nosdictz comptes à Paris, pour ledict office avoir, tenir, entrer, assister et doresnavant exercer par luy et aussi par ledict Émard Nicolay, son beau père, l'un en l'absence de l'autre et par le survivant d'eulx deux. . . . . Donné à Fontainebleau, le dernier jour de juing, l'an de grace mil cinq cens trente sept, et de nostre reigne le vingt troisiesme. Par le Roy : BRETON.

Prestitit juramentum solitum et receptus est Magister Drocus Hennequin, in albo nominatus, in Camera compotorum domini nostri Regis, ad officium de quo in eodem albo, prout in registro, cavetur, sexta julii, anno quo supra. LE MAISTRE.

(Copie du XVIe siècle. — Arch. Nicolay, 4 C 1.)

Aujourd'huy, 6me juillet 1537, en délibérant par la Chambre sur la réception de Me Dreux Hennequin, conser notaire et secrétaire du Roy, maistre ordinaire desdits comptes, en l'office de P.P. clerc desdits comptes, à luy réservé à condition de survivance par Me Aymard Nicolay, cher, son beau père, et après lecture faite au bureau de certaines lettres missives sur ce écrites à ladite Chambre par ledit Nicolay, dont la teneur ensuit : « Messeigneurs, j'ay différé jusques à cette heure vous présenter les lettres qu'il a plu au Roy octroyer à Mr d'Assy, mon gendre, et à moy, espérant que Nostre Seigneur me feroit cette grace de vous faire la requeste en personne, comme je désirois; mais, puisqu'il luy plaist que je demeure en cette sorte, son bon vouloir et plaisir soient faits. Messeigneurs, je suis contraint, pour aucunes raisons que j'ay dites à Mr le président Briçonnet, qui m'a fait cet honneur prendre la peine me venir voir, vous supplier très humblement qu'il vous plaise vouloir recevoir Mr d'Assy, mon gendre, suivant le vouloir du Roy, et en ce faisant, Messeigneurs, nous obligerez de tant plus vous faire service. Messeigneurs, il a plu au Roy aussy pourvoir Me Michel Tambonneau de l'office de maistre des comptes, et, pour ce que je le connois si homme de bien, d'honneur et de bon savoir, je vous puis plus hardiment assurer que le Roy et la Chambre en seront très bien servis, comme j'espère, aydant Dieu, vous connoistrez par effet. Vous suppliant, Messeigneurs, que vostre bon plaisir soit l'avoir pour recommandé en si bonne et brève expédition qu'il désire. Et incontinent qu'il plaira à Dieu me faire la grace que je pourray aller, je feray mon devoir de vous rendre pour tous vos bienfaits les graces en général et particulier si très humbles et les plus affectionnées que me sera possible. Messeigneurs, je me recommande toujours très humblement à vos bonnes graces, et prie à Dieu vous donner très bonne et longue vie. De Paris, en vostre maison, ce vendredy matin. Messeigneurs, j'ay supplié le Roy qu'il luy plust me laisser les gages et à Mr d'Assy, mon gendre, les épices, ce qu'il luy a plu faire. Vous suppliant, Messeigneurs, que vostre bon plaisir soit le vouloir ainsy dépescher. Vostre très humble et obéissant serviteur et frère. Nicolay. » Et sur le dos d'icelles missives : « A Messeigneurs, Messeigneurs des comptes à Paris. » — Ladite Chambre a mis ès mains de moy, Pierre le Maistre, greffier, lesdites lettres, me ordonnant aller devers ledit Nicolay, en son hostel rue de la Bretonnerie, pour luy communiquer lesdites lettres, et ce faisant, recevoir de luy actuel consentement du contenu. Ce que j'ay fait et accompli ledit jour, parlant audit Nicolay; lequel, en avouant lesdites lettres par luy écrites, m'a dit qu'il consentoit et agréoit leur contenu, et mesmement le dernier article d'icelles[1].

(*Mémorial.*)

1. Le P.P. avait payé aux parties casuelles, le 1er juillet, 4,000 écus d'or sol., pour droits de résignation, et son gendre lui avait donné une somme de 16,000 liv. (*Arch. Nicolay*, 4 C 3 et 6.) — Dreux Hennequin, n'étant que secrétaire du roi, avait remplacé son beau-frère, Jean Luillier, comme maître des comptes, le 19 novembre 1531. Le 6 septembre 1536, il avait épousé Renée Nicolay. Il mourut en 1550, et sa veuve épousa en secondes noces, le 2 mai 1552, le président Jean Luillier de Boulancourt, veuf lui-même de Anne Hennequin.

68.   8 *Janvier* 1538 (*anc. st.*)
DON D'UN OFFICE AU BARBIER DU ROI.

Le mardy 8me jour de janvier 1538, par ordonnance du bureau à moy, Chevalier, greffier, me suis transporté par devers Me Guillaume Prud'homme, conser du Roy, général de ses finances et trésorier de son Épargne, pour accorder avec luy certaine créance qu'il avoit le jour précédent fait apporter de par le Roy audit bureau. Lequel m'a dit que, ledit jour précédent, 7me dudit mois, s'estoit trouvé en la chambre dudit seigneur; auquel parlant des contrôleurs nouvellement créés, et mesmement du contrôle des aydes et tailles de Chasteaudun et Bonneval, dont il avoit pourvu Jean le Prestre, son valet de chambre et barbier ordinaire, pour ce qu'auparavant Mgr le chancelier luy avoit donné charge dire de par luy audit seigneur, comme en semblable estimoit ledit Prud'homme, que c'estoient offices inutiles, et néanmoins tournoient à grand charge dudit seigneur et de son peuple, en auroit iceluy Prud'homme fait les remonstrances audit seigneur. Lequel luy auroit fait réponse qu'il estoit question de marier sondit barbier, ne pouvoit ledit mariage sortir effet sans avoir quelque estat, et pour ce l'avoit pourvu dudit office de contrôleur, auquel il vouloit et entendoit qu'il fust receu; et donna charge audit Prud'homme dire auxdits Gens des comptes, pour l'effet dudit mariage, qu'ils eussent à le recevoir audit office de contrôleur, à la charge toutefois qu'il sera tenu, incontinent ou tost après ledit mariage, rapporter et présenter ses lettres audit seigneur; lequel, si bon luy semble, le pourra entretenir audit estat de contrôleur; sinon, qu'il luy soit onéreux et à la chose publique, luy en faire récompense, ainsy qu'il avisera; et dont ils pourront faire un registre.

(*Créances.*)

69.
17 Décembre 1539.
ENTRÉE DE L'EMPEREUR CHARLES-QUINT A PARIS.

Aujourd'huy, 17me décembre 1539, Me Charles de Pierrevive, seigneur de Lézigny, conser du Roy, trésorier de France, a présenté à la Chambre les lettres du Roy, nostredit seigneur, dont la teneur ensuit . . . . Après la lecture desquelles, ledit seigneur de Lézigny, exposant sa créance, a dit que le Roy luy avoit donné charge dire à la Chambre qu'elle se prepare et tienne preste au jour de l'entrée que fera en bref en cette ville l'empereur Charles d'Autriche, roy des Espagnes, afin d'aller au devant de luy au lieu que jà pour ce faisoit ordonner pour ladite entrée, luy faisant honneur et tel qu'on devroit faire à la personne du Roy nostre sire.

(Créances.)

70.
12 Décembre 1540.
LETTRE DU ROI AU P.P. — COMMISSION POUR LES ILES DU RHONE.

Monsr le président, vous verrez la commission que je vous ay faict addresser et expédier pour le faict des ysles et molins estans sur la rivière du Rosne, et les causes qui à ce m'ont meu et meuvent; qui me gardera de vous en dire riens davantage, sinon que je vous prie et ordonne, Monsr le président, vacquer et besongner à l'exécution de ladicte commission en la meilleure diligence qu'il vous sera possible. Et vous me ferez service très agréable. Priant Dieu, Monsr le président, qu'il vous ayt en sa saincte et digne garde. Escript de Fontainebleau, le xije jour de décembre mil Vc XL.

FRANÇOYS.
BRETON.

(Original. — Arch. Nicolay, 15 L 9.)

71.
8 Janvier 1543 *(anc. st.)*
LETTRE DU ROI AU P.P. ET AUTRES. — INSTALLATION DE LA CHAMBRE DES COMPTES DE ROUEN.

De par le Roy. Noz amez et féaulx, nous avons entendu par le sr de Sainct Ciergue, nostre lieutenant général et gouverneur en Touraine, le contenu en la lettre que luy avez escripte, et que n'estiez encore partiz pour exécuter la commission que vous avons naguères adressée pour aller en nostre ville de Rouen vacquer et entendre à l'introduction et installation des officiers de nostre Chambre des comptes par nous naguères érigée en ladicte ville. Et, d'autant que ledit retardement nous est d'importance et pourroit estre cause du retardement de noz affaires, nous vous mandons et enjoignons que ayez incontinant à partir et vous transporter audict lieu de Rouen. Et illec procederez au faict de vostredicte commission, et gardez qu'il n'y ayt faulte. Nous vous envoyons avec la présente lettre de nous pour recevoir argent pour subvenir à vostre despence. Donné à Fontainebleau, le viije jour de janvier, l'an mil cinq cens quarante troys [1].

FRANÇOYS.
BOCHETEL.

L'adresse est : A noz amez et féaulx conseillers, Émard Nicolas, cher, premier président, Mes Nicolas Violle, maistre ordinaire, et Denis Picot, auditeur de noz comptes à Paris.

(Arch. Nicolay, 15 L 10.)

---

1. Le 6 novembre précédent, la Chambre avait fait présenter au garde des sceaux, en l'absence du roi, de longues et vives remontrances sur les inconvénients de cette création (Bib. Nat., mss. Dupuy, n° 384, f° 2). A la réception des nouveaux ordres, elle envoya le P.P. et Me Viole demander une compensation à cette création (Bibl. Nat., ms. Fr. 2968, f° 52), et le Roi accorda la connaissance des comptes des décimes.

FRANÇOIS I.

72.
10 Septembre 1544.
MESURES PRISES A L'APPROCHE DES ENNEMIS.

Ce jourd'huy, M⁰ Dreux Hennequin, conser du Roy et P.P. en la Chambre de céans, après lecture des lettres missives dudit seigneur et créance sur icelles du sr de St-Ciergue, a dit au bureau que, le jour d'hier, Messieurs Aymard Nicolay, cher, président, et luy, parlèrent au Roy sur le transport des lettres, titres, papiers, enseignemens et registres estant au Trésor de ses chartres et Chambre des comptes, pour le doute de l'inconvénient des ennemys qui s'approchoient. A quoy ledit seigneur demanda où estoient les présidens de ses parlemens, et, sur la réponse qu'ils n'estoient encore venus, dit iceluy seigneur qu'il estoit venu par deçà pour pourvoir à tout, et espéroit, Dieu aydant, y donner si bon ordre qu'il n'en adviendroit inconvénient; et, quant à la force et gens de guerre qu'il faisoit bon avoir pour la sureté de sa personne et de sa ville de Paris et sujets, avoit pourvu de les loger aux faubourgs et villages environnans, pour résister aux ennemys, sans qu'il loge ni gens de cheval ni gens de pied en sa ville de Paris; déclarant par exprès qu'il vouloit et entendoit que sa Cour de parlement et toutes les autres Cours et juridictions vaquent ordinairement au fait et exercice de sa justice et juridictions et charges à eux données et commises respectivement, ainsy qu'ils doivent et sont tenus faire, et sans discontinuer pour lesdits ennemys, auxquels, à l'ayde de Dieu, diligence et providence qu'il y pourra mettre, donnera ordre en sorte que sadite ville et sujets demeureront en sureté.

(Créances.)

73.
1ᵉʳ Mars 1545 (anc. st.)
CONTREFAÇON DU SEING D'UN PRÉSIDENT.

Vu par la Chambre les charges, informations et procès criminel fait par autorité de ladite Chambre, à la requeste du procureur général du Roy en icelle, à l'encontre de Grégoire Jobert, natif de la ville de Troyes en Champagne, naguères clerc de M⁰ Jean Luillier, conser du Roy et président en icelle Chambre, à présent prisonnier au Petit Chastelet, pour raison de falsifications de plusieurs seings manuels dudit Luillier, avec un paraphe par ledit Jobert faussement mis et apposé en certaines taxations et mandemens intitulés : *les Gens des comptes du Roy nostre sire*, les aucunes d'icelles employées ès comptes rendus et clos en ladite Chambre, et les autres trouvées, tant en la possession d'aucuns comptables qu'en la possession dudit Grégoire Jobert; suppositions de noms mis et écrits par luy èsdites taxations et ès quittances endossées au dos d'icelles, et deniers du Roy par luy mal pris en vertu desdites taxations et quittances; la confession sur ce faite par ledit Jobert, avec les récolement et confrontation à luy faits; la requeste présentée par le promoteur de l'évesque de Paris, le 17ᵐᵉ jour du mois de février dernier passé, tendant à ce que ledit Jobert, comme clerc tonsuré, fust renvoyé ès prisons épiscopales d'iceluy évesque, avec ses charges et informations pour ester à droit; l'extrait fait de la lettre de couronne d'iceluy Jobert, attaché à ladite requeste; les conclusions du procureur général du Roy, auquel lesdites taxations, informations, confessions dudit Jobert, réquisitoire et lettres de couronne ont esté communiqués; et le tout sur ce considéré, la Chambre, pour réparation du cas privilégié, a condamné et condamne ledit Jobert à faire amende honorable au bureau d'icelle, nu teste et pieds nus, ayant lesdites taxations pendues au col, tenant en ses mains une torche de cire ardente du poids de trois livres, et dire et proférer que faussement et malicieusement il a fait, fabriqué et écrit ledit seing Luillier et paraphe mis èsdites taxations, illudé et abusé les auditeurs de ladite Chambre et secrétaires du Roy par devant lesquels il a supposé lesdits noms et passé lesdites quittances, aussy les receveurs et comptables dudit seigneur auxquels il a donné lesdites taxations et reçu d'eux la plupart des sommes y déclarées et mentionnées; dont il requerra pardon et mercy à Dieu, au Roy, à la justice et audit Messire Jean Luillier, président; et seront en sa présence cancellées lesdites taxations, comme fausses, et lesdites parties couchées et employées èsdits comptes rayées, le comptable qui les aura payées à ce faire appelé ; et de ladite Chambre sera ledit Grégoire Jobert amené sur la pierre de marbre en la cour du Palais, où il fera semblable amende honorable ; et en cent livres tournois d'amende envers le Roy, eu égard à la pauvreté et qualité de sa personne. Et si l'a banni et bannit de ce royaume jusques à quatre ans. Et outre, a icelledite Chambre condamné iceluy Jobert à rendre et restituer auxdits comptables les deniers mal pris et reçus d'eux en vertu desdites fausses taxations et quittances, et à tenir prison jusques à plain payement et satisfaction d'iceux ; au payement desquels seront employés les deniers trouvés en la possession dudit Jobert, jusques à la concurrence d'iceux, par les mains du greffier de ladite Chambre, auquel lesdits deniers ont esté donnés. Et, pour le regard du délit commun, icelledite Chambre a rendu et rend iceluy Grégoire Jobert audit évesque de Paris, ou son official, pour luy faire et parfaire son procès comme clerc tonsuré ; auquel ladite Chambre a fait défenses de ne procéder à l'élargissement d'iceluy Jobert sans sur ce ouïr ou appeler suffisamment ledit procureur général. Prononcé au bureau de la Chambre des comptes à Paris, assistant ledit Grégoire Jobert, qui a fait ladite amende honorable, tant audit bureau que sur la pierre de marbre de la cour du Palais, le 1er jour du mois de mars, l'an 1545.

Juges qui ont assisté au jugement dudit procès, desquels les noms ensuivent cy après :

Mgr le président Dauvet ; Mgr le président Poncher ; Messeigneurs de Hacqueville, de la Croix, Pomereu, Pétremol, Viole, du Val, Séguier, Arbaleste, conseillers maistres ; Messeigneurs de Bragelongne, le Comte, Breton, Fraguier et Maulevault, conseillers du Chastelet.

(*Mémorial.*)

74.
25 Septembre 1547.
COMMISSION AU P.P. POUR ASSISTER AUX ÉTATS DE LANGUEDOC.

De par le Roy. Nostre amé et féal, nous vous avons ordonné l'un de noz commissaires pour vous trouver de par nous à l'assemblée des gens des troys estatz de nostre païs de Languedoc qu'avons ordonné et mandé eulx assembler en nostre ville de Carcassonne, au seiziesme jour d'octobre prochain venant, pour, après leur avoir esté par vous et autres noz commissaires à ce ordonnez remonstré noz affaires, leur requérir et demander la somme contenue en la commission que pour ce en avons faict expédier, pour ayder à fournir aux grands et urgens affaires qu'avons à supporter. A ceste cause, vous prions et néantmoings mandons vous trouver ausdictz jour et lieu de ladicte assemblée, et faire tant que lesdictz des estatz nous octroyent libérallement ladicte somme, aux termes et ainsi qu'il est contenu en ladicte commission. Et en ce faisant, vous nous ferez agréable service. Donné à Fontainebleau, le xxve jour de septembre, l'an mil cinq cent quarente sept.

HENRY.
CLAUSSE.

(Original. — *Arch. Nicolay, 16 L 1.*)

75.
5 Octobre 1547.
CONFIRMATION DE LA CHAMBRE POUR LE NOUVEL AVÈNEMENT.

De par le Roy. Nos amés et féaux, nous avons commandé la confirmation de vos offices, et néanmoins aussy commandé l'expédition en général en estre encore différée jusques après la feste St-Martin prochaine, pour aucunes causes qui à ce nous meuvent. Toutefois, où il y auroit aucuns de vous qui plus tost voudront particulièrement lever leur confirmation, ils se pourront retirer par devers le général de la Chesnaye, lequel leur en fera faire l'expédition........

HENRY.
CLAUSSE.

(*Mémorial.* — Impr. dans la collection Mariette.)

HENRI II.

76. *27 Juin 1548.*
REMISE DE TITRES DU TRÉSOR DES CHARTES.

De par le Roy. Nos amés et féaux, parce qu'il est de besoin que nous fassions voir aucuns articles de traité de paix et alliance faits du temps du feu Roy nostre très honoré seigneur et père, que Dieu absolve, avec les cantons et ligues de Suisse, à cette cause nous vous avons bien voulu despescher ce courrier par exprès, afin que vous faites incontinent chercher au Trésor des chartres lesdits traités, qui sont en nombre de trois, lesquels vous délivrerez et donnerez audit courrier, après les avoir bien fait couvrir et envelopper et encaisser, de sorte qu'ils ne se puissent gaster par eau ou autrement, pour nous les apporter en diligence, là par où nous serons. Si n'y veuillez faire faute, car tel est nostre plaisir. Donné à Marras, le 23ᵐᵉ jour du mois de juin 1548. Signé : HENRY, et plus bas, Duthier.

Suit l'énumération des cinq traités conclus avec les cantons suisses de 1515 à 1539.

En la présence de moy soussigné, notaire secrétaire du Roy et greffier en la Chambre des comptes, Pierre Loiseau, dessus nommé courrier et chevaucheur ordinaire de l'écurie dudit seigneur, comparant audit greffe, a ce jourd'huy pris et reçu les cinq traités originaux mentionnés ès cinq articles dessus écrits, iceux traités pris au Trésor des chartres dudit seigneur et apportés par le trésorier desdites chartres, Mᵉ Sébastien le Rouillé, devers ladite Chambre, qui luy en a fait laisser des copies collationnées, et ce fait délivrés audit Loiseau, suivant lesdites lettres du Roy, enveloppés et empaquetés dedans une mallette de cuir, avec toile cirée pour obvier au danger des pluyes; desquels traités, après que ledit Loiseau a esté requis et interpellé par moy de signer le présent inventaire, a dit et affirmé qu'il ne sait écrire, iceluy Loiseau a reconnu ladite délivrance ainsy à luy faite desdits traités, et ce faisant a promis les porter surement et présenter audit seigneur le plus tost que faire se pourra, en telle diligence qu'il est chargé de faire. En témoin de quoy, j'ay signé la présente de mon seing manuel y mis, le 27ᵐᵉ jour du mois de juin 1548.

(*Mémorial.*)

77. *9 Avril 1551.*
LETTRE DU ROI A SES COMMISSAIRES POUR LE SEL.

Noz amez et féaulx, ayant entendu la maladye survenue au président Nicolaj, qui estoit autant de retardement au faict de l'exécucion de la commission que nous vous avons décernée pour faire le calcul des composicions du sel, nous avons en son lieu subrogé le président Boulencourt, ainsi que vous verrez par noz lettres patentes que luy en avons fait expédier, où nous avons semblablement nommé, commis, et depputté avec vous et luy nostre amé et féal conseiller et maistre de noz comptes, Mᵉ Claude de Thudert, pour vacquer et entendre à ladicte exécucion d'icelle commission, affin que vous soyez plus grande compaignie et que vous usez de meilleure dilligence que vous n'avez faict jusques icy, dont n'avons occasion d'estre contens, car vous sçavez comme nous avons faict estat des deniers provenans desdictes composicions pour nous subvenir et aider à l'urgente nécessité de noz affaires de guerre, qui ne permectent aucune dilacion ne retardement au recouvrement des deniers pour ce ordonnez et destynez. Et toutesfois faisant ce que vous faictes, ainsi que sommes advertyz, nous nous trouverons en cest endroit bien loing de nostre attente. Par quoy nous vous mandons, commandons et très expressément enjoignons que au faict de ladicte exécucion d'icelle vostre commission vous proceddez et usez de continuelle dilligence, sans vous divertir à autres actes, ne y faire aucune despence ne fraiz, sinon les nécessaires et par ordonnance, délibéracion, certifficacion et signature de vous tous, en vertu desquelles le receveur général de noz finances establiz à Paris, Mᵉ Jacques Marcel, fournira les deniers, et non autrement. Auquel Marcel vous enjoingdrez de par nous qu'il ayt à nous envoier de moys en moys l'estat desdictz fraiz, sans y faire aucune faulte. Et au surplus, quant vous besoignerez et vacquerez à la dessusdicte commission, nous voullons et entendons que tousjours le président Boulencourt ou ledict maistre des comptes de Thudert y soit présent et assistant, et pour cause. Sy n'y vueillez faire faulte, car tel est nostre plaisir. Donné à Joinville, le ixe jour d'avril 1551[1].

HENRY.
DUTHIER.

(Original. — Arch. Nicolay, 64 L 113.)

[1]. La commission était composée du P.P., du président G. Bailly, du conseiller maitre P. Hesselin et de l'auditeur D. Picot (64 L 110 et 112).

78.   13 Avril - 2 Mai 1551.
ÉPREUVE DES BALANCIERS DE LA NOUVELLE MONNAIE.

Le lundy 13me jour du mois d'avril 1551 après Pasques, Guillaume de Marillac, valet de chambre du Roy, a fait présenter à la Chambre certaines lettres dudit seigneur pour estre reçu par ladite Chambre au serment de l'estat, charge et commission de conducteur de la Monnoye nouvellement par ledit seigneur ordonnée estre faite en sa maison des Étuves, au bout du jardin de son Palais, à Paris ; lesquelles lettres vues au bureau, parce que auparavant les généraux des monnoyes estoient venus devers icelle Chambre pour estre ouïs et empescher l'entérinement desdites lettres, auroit esté ordonné les porter auxdits généraux, pour les voir, dire et bailler par écrit dedans trois jours ce que bon leur sembleroit. Lesquelles iceux généraux, après en avoir pris copie, auroient rendues, et dit que dedans lesdits trois jours bailleroient leurs remonstrances par écrit ; qu'ils ont baillées sous la signature de Langlois, leur greffier, le vendredy ensuivant, 17me dudit mois, présentées à icelle Chambre incontinent, et d'icelles, de l'ordonnance du bureau, baillé le mesme jour copie audit de Marillac, qui auroit baillé sa réponse le lundy 20me, présentée au bureau, qui auroit ordonné qu'il répondroit plus amplement auxdites remonstrances à luy faites savoir, le mesme jour ; à quoy par ledit de Marillac a esté satisfait le mercredy ensuivant, 22me.

Vu lesquelles réponses, l'affaire mise en délibération, a esté avisé et ordonné par la Chambre que, pour apprendre la vérité du fait qui s'offre, afin de la faire entendre au Roy, au bien de luy et soulagement de son peuple, trois de MM. les présidens et quatre de MM. les conseillers et maistres en ladite Chambre se transporteront au premier jour audit hostel et maison des Étuves, sise au bout du jardin du Palais, où à présent est dressé l'engin, moulin et presse par ledit Marillac préparé et présenté pour servir à faire et fabriquer monnoyes ; illec verront iceux commis et députés, lesdits généraux des monnoyes ou aucuns d'eux à ce présens et appelés, l'ouvrage dudit engin, prendront l'expérience actuelle des effets d'iceluy, spécialement si ladite monnoye conviendra en poids et sera de recours.

Suivant laquelle délibération, le 29me jour desdits mois et an, de relevée, sont comparus en ladite maison MM. Mes François Alamant, Jean Luillier et Guillaume Bailly, présidens ; Antoine Pétremol, Jean Viole, Pierre Fraguier, Geoffroy Luillier et Nicolas Herbelot, cons^{ers} maistres, et en leur compagnie Me Jean Groslier, aussy cons^{er} du Roy et trésorier de France, et Me Pierre le Maistre, notaire et secrétaire du Roy et greffier en ladite Chambre. Auxquels de la part dudit Marillac a esté remonstré que l'expérience dudit engin avoit piéça esté connue par le Roy en sa présence, qui l'avoit approuvé, vouloit et entendoit l'usage d'iceluy estre pratiqué, comme l'ayant trouvé bien profitable et de grande et prompte fabrication, d'autant que avec l'ayde d'iceluy une personne seule pouvoit plus faire en une semaine que beaucoup de personnes en grand temps, et en outre en estoit l'invention et exécution fort propre pour du tout anéantir les faux monnoyeurs. Toutefois, s'il plaisoit auxdits seigneurs députés voir à l'œil ledit ouvrage, pour en avoir eux mesmes oculaire preuve, ne refusoit le faire. Mais, parce que, sur son propos, seroient entrés MM. Claude Vachot, président, Philippe de Lautier et Jacques Pinatel, généraux desdites Monnoyes, auroit ledit Marillac dit qu'il n'entendoit que lesdits généraux des monnoyes y fussent appelés. A quoy par ledit s^r président Alamant a esté remonstré audit Marillac que ce que la Chambre avoit ordonné n'estoit pour contrevenir au vouloir et intention du Roy, mais en obtempérant au contenu de sesdites lettres patentes, et pour en leurs consciences le conseiller audit affaire, ainsy qu'ils estoient tenus faire. Et de la part desdits généraux a esté dit que, pour avoir connoissance actuelle du fait présent et en faire pleine preuve, est requis que ledit Marillac fasse une fonte de billon de quarante à cinquante marcs, icelle jette en sable, table, réaux ou autre forme qu'il luy plaira, et après soit passé par ledit engin et filière, pour estre coupé des poids de deux deniers deux grains et deux deniers sept grains, et, lorsque le poids y sera, pourra estre vue l'expérience du recours, et si les deniers qui sortiront des lames ou plates, reviendront du mesme poids ou à un grain près l'un de l'autre. Ne se faut de prime face fonder ou fier à l'argent pur dont ledit Marillac a exhibé aucunes plates, qu'il dit avoir dressées audit moulin, car entre l'argent fin et ledit billon se trouve grande différence, et ne sont lesdits métaux de pareille obéissance.

A quoy ledit Marillac a fait réponse que, pour le présent, ne pouvoit fondre, et n'avoit son engin prest pour en faire telle quantité, et néanmoins, en la présence des susdits et autres, a fait une plate d'argent par son moulin, par deux ou trois diverses fois; après l'avoir par ledit moulin étendue, l'a fait passer par la filière aussy deux ou trois diverses fois, et, ce fait, icelle plate portée au coupeur et réduite en forme de monnoye ronde, non imprimée, au nombre de douze ou quinze pièces, lesquelles rapportées à la balance et poids, ne se sont trouvées égales ni de recours, ains différentes de poids et différente grandeur et oculaire, par luy reconnue.

Et aussy ledit Marillac dit audit Pinatel qu'il luy envoyast quérir trois ou quatre bandes de billon qu'il avoit jetées en sable en la Monnoye de Nesle. Icelles apportées, ledit Marillac en a fait passer trois par ledit engin à plusieurs et diverses fois l'une après l'autre, et de l'une d'icelles a coupé quatre pièces, l'une pesant cinq deniers, la deuxième trois deniers dix grains, la troisième cinq deniers, et la quatrième cinq deniers quatre grains. A la preuve duquel billon ne s'est aussy trouvé recours. Et ce fait, quelque temps après, ledit Marillac a remonstré que c'estoit la première fois que cette faute estoit advenue; que, à la vérité, si ladite monnoye n'estoit de recours, tout l'effet dudit engin estoit inutile. Et quelque temps après, regardant le susdit engin, a remonstré qu'il ne s'en falloit ébahir, parce que la filière, qui estoit le principal jugement dudit recours, estoit entr'ouverte en un endroit plus qu'en l'autre, requérant qu'il luy fust permis de la remonter, et icelle montée en son vray point, la vérité dudit recours se pourra trouver. Mais, parce que cela estoit un peu long et que l'heure du service de la Chambre dû au Roy s'approchoit, le négoce a esté remis au lendemain, dix heures du matin.

A laquelle heure sont comparus lesdits s^{rs} Alamant et Groslier, députés, aussy lesdits s^{rs} Vachot, de Lautier et Pinatel, audit lieu des Étuves, où ont esté rapportées par iceluy Pinatel lesdites bandes ou plates, et données audit Marillac; lequel, avant vouloir faire preuves des susdites bandes, a fait passer audit moulin ou engin une lame d'argent pesant, comme l'on disoit, cinq onces ou environ, par plusieurs fois, et après par ladite filière quatre fois. Ce fait, passant au coupeur, a fait et tiré de ladite lame vingt six pièces, desquelles a esté fait poids comme s'ensuit, ledit s^r Alamant tenant la balance, et ledit s^r Vachot y mettant et déchargeant : la première pièce trouvée foible d'un grain seulement; la deuxième *idem*; la troisième demy grain ; la quatrième égale; la cinquième foible de demy grain; la sixième *idem*; la septième juste; la huitième *idem*; la neuvième forte d'un demy quart de grain; la dixième juste; la onzième foible d'un demy quart de grain; la douzième *idem*; la treizième foible de trois quarts de grain. Et si a ledit s^r Vachot pris la balance : la quatorzième juste; la quinzième *idem*; la seizième *idem*; la dix septième *idem*; la dix huitième foible d'un huitième de grain; la dix neuvième *idem*; la vingtième *idem*; la vingt unième *idem*; la vingt deuxième *idem*; la vingt troisième juste; la vingt quatrième foible d'un quart de grain; la vingt cinquième juste. Toutes lesdites pièces pesées à l'encontre de l'une des vingt six prises à l'improviste. Et, ledit poids fait, ont lesdits généraux remonstré que les dessusdites pièces n'avoient été passées pour revenir à poids certain, et estoit requis passer les susdites bandes dudit Pinatel par ledit engin et filière pour revenir èsdits poids de deux deniers deux grains et deux deniers sept grains. Et depuis a esté encore pesée par ledit Marillac l'une desdites lames, de laquelle ont esté coupées trois pièces, lesquelles pièces ont esté trouvées : la première du poids de deux deniers huit grains juste; la deuxième de deux deniers sept grains, et la tierce de deux deniers huit grains et demy, sans que ladite lame ayt esté passée par la justification de la filière; le tout pour montre de l'assurance dudit recours de la part dudit Marillac. Lequel en cet endroit a remonstré que, n'estant encore les engins prests et au point où ils doivent demeurer, ne se voudroit mettre au hazard de faire si grande fonte que requièrent lesdits généraux, et que leurs premières oppositions ne font mention de ce dont ils parlent à présent; requérant néanmoins estre rapporté comme une lame issue de la fonte de Nesle, tirée premièrement douze ou quinze fois à l'engin tireur, estant encore de l'époisseur de plus d'un teston, depuis, sans estre recuite, fut tirée jusques à l'époisseur telle que les susdites vingt six pièces, et ont esté coupées sans aucun feu ou charbon, en quoy l'on peut voir un grand épargne. Et ce pour répondre à ce que le jour précédent luy avoit esté objecté par l'un desdits généraux, qu'il faudroit grands frais, feu et dépense.

Ce fait, a esté le surplus de ladite lame repassé par ladite filière et puis mis au coupeur, et en a esté tiré onze pièces, pesées comme les précédentes: la première deux deniers sept grains; la deuxième deux deniers huit grains; la troisième *idem;* la quatrième *idem;* la cinquième *idem;* la sixième deux deniers sept grains trois quarts; la septième *idem;* la huitième *idem;* la neuvième *idem;* la dixième et onzième deux deniers huit grains.

Et ce fait, a ledit Marillac remonstré, sur ce que les susdits généraux ont persisté que, pour parvenir à la perfection de la preuve d'un engin, est besoin ouvrer jusques à quarante ou cinquante marcs, qu'il est d'accord en cela, mais quant à présent, qu'il est sur ses préparatifs, et n'a lieu ni engin parfaits pour procéder à telle quantité d'ouvrage, et que de soy fonder et arrester là, c'est pure simplesse, car, si en l'expérience d'un marc l'on connoist son dire véritable par expérience, l'on peut arguer facilement que en plus grande quantité s'exécutera l'affaire en semblable; lesdits généraux soutenant au contraire.

Et sur ce a aussy requis ledit Marillac que les pièces monnoyées, avec le modèle envoyé d'Allemagne, soient montrées au Roy, pour voir la beauté du monnoyage; par la commodité duquel modèle il espère faire autant monnoyer le jour que couper.

Toutes lesquelles remonstrances, réponses et réquisitions ainsy faites que dit est, d'une part et d'autre, depuis rapportées devers ladite Chambre, et lecture faite d'icelles au bureau, le samedy 2me may ensuivant, l'affaire mise en délibération sur ce, ladite Chambre a ordonné et ordonne, avant que passer outre à la réception du serment dudit Marillac, que lesdits s^{rs} Alamant et Fraguier, qui pour autres affaires ont esté chargés par ladite Chambre aller devers le Roy, feront entendre audit seigneur le discours dessusdit, pour, ce fait et l'intention dudit seigneur sur ce reçue, en faire, aviser et ordonner selon son bon plaisir.

(Mémorial.)

79.

18 Août 1551.
CONFIRMATION DE LA PENSION DU P.P.

Les Gens des comptes du Roy nostre sire. Vu les lettres patentes dudit seigneur données à Fontainebleau le 14me du mois de janvier 1547, signées de sa main et d'un secrétaire de ses finances, auxquelles ces présentes sont attachées sous un de nos signets, par lesquelles ledit seigneur a confirmé à Messire Aymard Nicolay, ch^{er}, cons^{er} dudit seigneur et P.P. de ses comptes, le don à luy cy devant fait par le feu Roy dernier décédé, que Dieu absolve, de la somme de cinq cents livres tournois par manière de pension, et laquelle ledit seigneur, en tant que besoin seroit, luy donne et octroye outre et par dessus les gages et droits qu'il a à cause de sondit estat et office, à icelle somme avoir et prendre doresnavant par chacun an tant qu'il tiendra et exercera ledit office, à commencer du jour du trépas dudit feu Roy, par ses simples quittances, des premiers et plus clairs deniers provenans des restes et débets en quoy ont esté et seront trouvés redevables envers ledit seigneur ses officiers comptables en la Chambre de céans, et ce par les mains du trésorier de l'Épargne ou par ses mandemens expédiés sur le receveur général de ses finances établi à Paris ou tel autre de ses receveurs généraux qu'il verra bon estre, selon et suivant l'ordre des finances, comme plus à plein le contiennent lesdites lettres; vu aussy la requeste à nous sur ce présentée par Messire Aymard Nicolay, et tout considéré, consentons l'entérinement desdites lettres selon leur forme et teneur. Donné sous nosdits signets, le 18me jour d'aoust, l'an 1551.

CHEVALIER.

(*Mémorial*.)

80.   *Février* 1551 (*anc. st.*)
CRÉATION D'OFFICES EN LA CHAMBRE, PARTAGE DES SEMESTRES ET RÉGLEMENT GÉNÉRAL.

(*Mémorial*. — Impr. dans D. Félibien, t. Ier, p. 314, et dans la collection Mariette.)

81.   18 *Février* 1551 (*anc. st.*)
LETTRE DU ROI AU P.P. — FONTE DE LA VAISSELLE D'ARGENT.

Monsr le président, j'ay présentement dépesché le s^r de Vaulx, mon conseiller et maistre d'hostel ordinaire, pour aller à Paris, et avec vous, ung président ou l'un des généraulx de mes monnoyes, et quelque autre bon et notable personnaige, suivant mes lettres de commission et povoir que je vous feray expédier à ceste fin, prendre, empruncter et faire recevoir par le receveur général de mes finances estably à Paris toute la vaisselle d'argent que l'on me vouldra prester, tant en ma ville de Paris qu'ailleurs, pour faire batre et convertir en monnoye, à ce appellez deux des plus expérimentez orfèvres dudit Paris pour faire peser, priser et estimer ladite vaisselle. Et affin de commancer des premiers pour donner exemple, j'escriptz au s^r de Lézigny, mon conseiller et maistre d'hostel, qu'il ait à fournir et mectre ès mains dudit receveur général de Paris, Me Jacques Marcel, tout ce qu'il a en garde de ma vaisselle d'argent blanche, que vous ferez prendre de luy, appellez lesditz orfèvres, pour après la faire mectre et consigner par ledit receveur général ès mains de Marilhac, ayant charge de ma nouvelle Monnoye, pour la convertir en testons et demyz testons, suivant ce que je luy ay ordonné. A quoy vous et les autres tiendrez la main pour y faire faire diligence en cest endroict. Et vous me ferez service très agréable. Priant Dieu, Monsr le président, qu'il vous aict en sa très sainte garde. Escript à Chantilly, le xviij^e jour de février mil V^c LI [1].

HENRY.
DUTHIER.

(Original. — Arch. Nicolay, 16 L 2.)

1. Le P.P. eut pouvoir pour faire les essais de monnaies, comme on le voit par un procès-verbal des 4 et 5 juillet 1553 conservé dans les papiers de cette série, 16 L 27.

82.   1er *Mars* 1551 (*anc. st.*)
LETTRE DE CACHET POUR DEMANDER LA VAISSELLE D'ARGENT.

De par le Roy. Cher et bien amé, sachant que vous avez quantité de vaisselle d'argent dont vous vous pouvez commodément passer, et estans noz affaires et desseings tels que nous sommes contraincts faire faire et forger une bonne et grosse somme de monnoye d'argent, nous avons advisé nous ayder en cest endroict des facultez de noz plus aysez subjectz et de ceulx que pensons nous estre plus affectionnez, du nombre desquelz nous vous estimons. A ceste cause, nous vous prions nous voulloir de tant gratiffier que de nous faire prest de vostredicte vaisselle et icelle faire délivrer ès mains du receveur général de noz finances à Paris, M⁰ Jacques Marcel, par sa quictance; rapportant laquelle nous vous en ferons paier et rembourser si tost que noz affaires le pourront porter. Laquelle délivrance se fera présens certains bons et notables personnages que nous avons à ce depputez, affin que le prix et valleur d'icelle soit mis en compte pour vous en faire satisfaire. Et vous nous ferez service très agréable en ce faisant. Donné à Folembray, le premier jour de mars 1551 [1].

HENRY.
DE LAUBESPINE.
(Original. — Arch. Nicolay, 16 L 5.)

[1]. Seize lettres semblables sont envoyées en blanc au P.P. pour les souscrire des noms qu'il jugera convenable. Le secrétaire du roi, le Conte, écrit à ce sujet, le 17 mars : « ... Mgr du Mortier eust escript à la cour, à Monsʳ le garde des sceaulx ou à Monsʳ de Beauregard, pour faire expédier et vous envoyer les cinquante ou soixante lettres missives que demandez pour lever encores de la vaisselle, mais il a différé ce faire jusques il ait autres de voz nouvelles et que luy envoyez par estat les noms et qualités de ceulx ausquelz il les fault adresser, à ce que par mesme moyen et d'une mesme main elles soient escriptes et subscriptes, et que on ne puisse arguer que on y ait choisy qui on a voulu. Il est bien d'oppinion et désireroit comme vous que on n'en portast point que de blanche et de petite façon, pour obvier à la grande perte que est en l'autre ; mais on n'y sçauroit remeddier ne pourveoir, et fault prendre ce que vous en est présenté, de quelque sorte que ce soit, considéré l'affaire où le Roy est de présent et que mesmes il y en a aucuns qui en baillent qui ont auctorité et faveur, qui le vueillent ainsi... » (Arch. Nicolay, 3 C 95.)

Le Trésor royal n'ayant pu faire le remboursement promis, les prêteurs reçurent, en échange de leur vaisselle, des engagements de droits d'aides ou autres. (Arch. Nicolay, 16 L 25.)

---

83.   10 Mars 1551 (anc.ˢ st.)
LETTRE DU ROI A SES COMMISSAIRES SUR LE FAIT DES VAISSELLES.

De par le Roy. Noz amez et féaulx, pour vous satisfaire au contenu du mémoire que, par le receveur Beaulieu, présent porteur, avez envoyé à nostre cousin le connestable, touchant les difficultez que vous faictes sur le fait du roolle des vaisselles d'argent que vous avons envoyé et des haultes justices que l'on vous demande à vendre, en vertu de la commission que vous avons décernée pour l'engaigement de portion de nostre domaine à condition de rachapt, nous ferons advertir ceulx dudict roolle qui sont de présent près de nous, pour vous envoyer leurs vaisselles. Par quoy ne vous sera besoing envoyer devers eulx. Mais quant aux autres, qui ne sont près de nous ny à Paris, vous leur envoierez le plus tost que pourrez, par gens exprès, noz lettres closes que vous avons cy devant envoyées à eulx adressans, lesquelles vous accompaignerez de quelque lettre honneste de vous, pour les advertir du temps qu'ilz pourront vous envoyer leursdictes vaisselles et de la promesse que pour raison d'icelles leur ferez bailler, pour de brief en avoir de nous remboursement ; les fraiz du port desquelles lettres vous ferez paier par nostre receveur général de Paris, selon la taxe raisonnable que par vous ou les deux de vous voulons en estre faicte et estre par les Gens de noz comptes passée et alouée ès comptes de nostredict receveur général, en vertu de ces présentes ou du *vidimus* d'icelles. Et quant à ce que demandez savoir, en quelles de noz Monnoyes vouldrons ladicte vaisselle estre délivrée pour estre monnoyée, si tost que Marilhac nous aura advertiz de la quantité de l'ouvrage qu'il pourra faire en nostre Monnoie des Estuves de la poincte de nostre Palais, nous vous en ferons savoir nostre intention. Et au surplus, quant ausdictes haultes justices, nous ne voulons aucunes estre par vous vendues, si ce n'est en vendant les lieux desquelz elles deppendent. Vous priant de faire en l'une et l'autre de ces deux charges et commissions la meilleure dilligence que vous pourrez, et vous nous ferez service que nous aurons très agréable. Donné à Reims, le xᵉ jour de mars 1551.

HENRY.
DE LAUBESPINE.

L'adresse est : A noz amez et féaulx les commissaires par nous depputez en nostre ville de Paris sur l'engaigement de portion de nostre domaine à condition de rachapt et sur l'emprunt des vaisselles d'argent d'aucuns princes, preslatz et autres noz officiers et subgectz, pour subvenir au faict de noz présentes guerres.

(Original. — *Arch. Nicolay*, 16 L 22.)

84.   13 Mars 1551 (anc. st.)
LETTRES DE MM. DU MORTIER ET DE MARCHAUMONT AU P.P. — SURVIVANCE DE L'OFFICE DE P.P.

Monseigneur, ce matin l'occasion s'est offert si à propos, que la survivance de vostre office de président a esté accordée par le Roy en faveur de vous et de Monsieur vostre filz. Quelque jour vous en entendrez le discours et façon par le secrétaire de la présente et moy, quant j'auray moyen de vous veoir. En somme, une heure peult plus que ung an. *Plus etenim fati valet hora benigni, quam si te Veneris commendet epistola Marti.* Or, pour conclusion, il fault fournir trois mil escuz, et envoyer vostre procuracion contenant la clause dont m'avez parlé, qui ne tend qu'à vous faire prester l'obéissance deue par mondict sr vostre filz, laquelle, je suis asseuré, voulez plus retenir à son advantaige que par deffiance que vous ayez de son devoir. Monsr de Marchaulmont en fera vostre dépesche, comme celuy dont plus aisément la pourrez recouvrer. Il y a icy ung huissier de la Court que j'espère despescher ce soir, et par lequel je vous redoubleray le contenu en la présente. Et néantmoins, avant que d'aller au Conseil, je me suis advisé de advanturer ce mot par la poste ordinaire, par lequel au surplus je vous suppliray communiquer à Monseigneur de Chartres le contenu en la présente, pour la participacion qu'il recevra de vostre contantement, et aussi pour luy faire entendre que je ne bougeray d'icy, encores que le Roy en desloge mardi ; auquel je mandray aujourd'huy ou demain plus amplement de mes nouvelles. En cest endroict feray fin, pour me recommander très humblement à sa bonne grace et à la vostre, y comprenant Madame la présidente et Madame la baillifve, priant Dieu vous donner à tous le bien que désirez. C'est de Reyms, le dimenche matin, xiije de mars 1551.

Vostre très humble serviteur perpétuel.

GUILLART.

Monseigneur, ce matin Monseigneur le connestable a parlé au Roy de vostre survivance en présence de tous Messeigneurs du Conseil, et a l'on fait ce qu'on a peu pour vous faire quicter pour ijm escuz ; mais la neccessité du temps n'a permys qu'en eussiez meilleur marché que de trois mil escuz. Pour lequel pris elle vous a esté accordée, et en ay prins le commandement. Et, en attendant que vous aiez envoyé vostre procuracion et argent, j'en ay despesché le brevet, dont je vous envoie le double, aiant baillé l'original au trésorier Rageau. Je suis bien d'advis, Monseigneur, qu'avecques lesdictes procuracion et argent, vous envoiez le double de la survivance de vous et de feu Monsr d'Assy, et que me mandez si, à cause du nouvel édict, il y fauldra riens changer. Au demourant, Monseigneur, j'ay sceu comme vous avez esté fort tourmenté de la goutte depuis naguères, de quoy il me déplaist bien fort. . . . . . Et me recommandant très humblement à vostre bonne grace et à celle de Madame ma cousine, je suplieray Nostre Seigneur vous donner, Monseigneur, en santé longue vye. De Reims, le xije jour de mars 1551 [1].

Vostre très humble et très obéissant serviteur et cousin.

CLAUSSE.

(Originaux. — *Arch. Nicolay*, 3 C 87 et 88.)

[1]. Jean le Conte, ancien garde des livres de la Chambre, devenu intendant des finances, écrit, le 17 mars, au P.P. : «...Quant à vostre affaire, je ne doubte que, tost après vosdites lettres escriptes, en avez eu nouvelles certaines, tant de la part de Monseigneur du Mortier, que de Monsr de Marchaulmont, et vous puis bien dire et asseurer qu'il

conduict l'œuvre si prudentement, que facilement le Roy se condescendist et accorda vostre survivance, et y feustes ramentu et vostre nom célébré au contantement dudit seigneur et à vostre honneur, et le sçay en vérité pour y avoir esté présent et le tout entendu. » (3 C 95.)

Voici le texte du brevet : « Aujourd'huy, xiij⁰ jour de mars, l'an mil VcLI, le Roy estant à Reins, en son Conseil, en considération des bons et recommandables services que Messire Aymar Nicolay, seigneur de St-Victor, premier président en sa Chambre des comptes à Paris, a cy devant faictz, tant au feu Roy, que Dieu absoille, que à luy depuis son advénement à la couronne, non seullement au faict dudict estat et office, mais aussi en plusieurs autres charges et commissions d'importance où il a esté employé, a accordé la résignation que ledict Nicolai désire faire, à condicion de survivance, de sondict office de premier président des comptes, au prouffit de Mᵉ   Nicolay, son filz aisné, en baillant pour ce par luy comptant la somme de trois mil escuz soleil ès mains du trésorier et receveur général de ses finances extraordinaires et parties casuelles, et m'a comandé en expédier les lettres pour ce requises et neccessaires. » (*Arch. Nicolay*, 3 C 89.)

85.
20 Mars 1551 (anc. st.)
LETTRE DE LA CONNÉTABLE DE MONTMORENCY AU P.P.

Monsʳ le président, après avoir entendu qu'il a pleu au Roy faire don à mon filz Dampville de quelques amendes qui restent à recepvoir, et que le voulloir et intencion du Roy est que son don luy soyt entériné, et sçaichant qu'il estoyt empesché par troys nommez Moyencourt, Nançay et Desguerres, lesquelz, ainsy que gens de conseil m'ont asseurée, n'ont rien ausdites amendes, actandu que le don qu'ilz dient avoir est suranné et dépesché après l'an et jour, et mesmes après l'expédition de mondit filz Dampville, ainsy que Monsʳ le garde des sceaulx l'a certifié, ce qui est notamment contre les édictz et ordonnances du Roy, je vous ay bien voullu escripre la présente pour vous pryer bien affectueusement avoir le bon droict de mondit filz en bonne et briefve justice recommandé, vous asseurant, Monsʳ le président, que l'occasion se présentant de me revancher envers vous, que m'y emploiray de bien bon cueur, duquel prye le Créateur vous donner, Monsʳ le président, bonne et longue vie. De Challons en Champaigne, ce xxᵉ mars 1551.

Vostre antyèremant bonne amye,
MADELENE DE SAVOYE.

(Original. — *Arch. Nicolay*, 3 C 101.)

86.
26 Mars 1551 (anc. st.)
PROVISIONS DE L'OFFICE DE P.P. EN SURVIVANCE POUR ANTOINE NICOLAY.

Henry, etc. Sçavoir faisons que nous, aians regard et considéracion aux bons et recommandables services que nostre amé et féal conseiller et premier président clerc de nostre Chambre des comptes à Paris, Aymar Nicolai, chᵉʳ, sʳ de Sainct Victor, a faictz au feu Roy nostre très honnoré seigneur et père, que Dieu absoille, et à nous pareillement depuis nostre advénement à la couronne, tant au faict dudict estat de premier président, que en plusieurs charges et commissions d'importance où il a esté employé pour nostre service, èsquelles il a si bien faict son debvoir à nostre contentement et satisfaction, qu'il mérite que nous ayons en singulière recommandacion, non seullement luy, mais aussi nostre amé et féal conseiller en nostre Chastellet à Paris, Mᵉ Anthoine Nicolai, son filz, lequel, comme nous espérons, fera à son imitacion pour nous bien et loiaulment servir audict office de premier président clerc ; pour ces causes et autres bonnes considéracions à ce nous mouvans, et à plain confians de la personne dudict Mᵉ Anthoine Nicolai et de ses sens, suffisance, loiaulté, preud'hommye et bonne diligence, à icelluy, pour ces causes et autres à ce nous mouvans, avons donné et octroyé, donnons et octroyons par ces présentes ledict office de premier président de nostredicte Chambre des comptes à Paris, que soulloit cy devant tenir et exercer, tient et exerce encores de présent ledict Aymar Nicolai, son père, lequel, de noz gré, voulloir et consentement, s'en est aujourd'huy desmis et icelluy résigné en noz mains par son procureur suffisamment fondé de lettres de procuration quant à ce, au prouffict dudict Me Anthoine Nicolai, à condition toutesfois de la survivance d'eulx deux ; pour ledict office avoir, tenir et doresenavant exercer par lesdictz père et filz, l'un en l'absence de l'autre et par le survivant d'eulx deux, aux honneurs, auctoritez, prérogatives, prééminances, franchises, libertez, gaiges, droictz d'espices, chevaulchées, robbes, manteaulx, et autres droictz, prouffictz et esmolumens accoustumez et qui y appartiennent, tant qu'il nous plaira, sans que, par le trespas du premier déceddant, l'on puisse dire ou prétendre ledict office estre vaccant ny impétrable sur le survivant; auquel, si bon ne luy semble, ne sera besoing en avoir ny obtenir de nous autres lettres ny provisions que cesdictes présentes, ne prendre autre possession dudict office que celle que en a jà prinse ledict Aymar Nicolai père, et qu'en prendra, en vertu de cesdictes présentes, ledict Me Anthoine Nicolai filz. Si donnons en mandement par ces mesmes présentes à noz amez et féaulx les Gens de nosdictz comptes à Paris que, prins et receu dudict Me Anthoine Nicolai le serment en tel cas requis et accoustumé, icelluy reçoivent, mectent et instituent de par nous en possession et saisine dudict office à condicion de ladicte survivance, et d'icelluy, ensemble des honneurs, auctoritez, prérogatives, prééminances, franchises, libertez, gaiges, droictz d'espices, chevaulchées, robbes, manteaulx, et autres droictz, prouffictz et esmolumens dessusdictz, facent, souffrent et laissent joyr et user plainement et paisiblement, sçavoir est ledict Aymar Nicolai père sa vye durant, et ledict Me Anthoine Nicolai filz après son trespas, s'il le survit, et à eulx respectivement obéyr et entendre de tous ceulx et ainsi qu'il appartiendra ès choses touchans et concernans ledict office, pourveu que le résignant vive quarente jours après la dacte de ces présentes; et avec ce facent, par le receveur ou commis au paiement des gaiges et droictz de ladicte Chambre, iceulx gaiges, droictz d'espices, chevaulchées, robbes, manteaulx et autres droictz paier, bailler et délivrer audict Aymar Nicolai père, sadicte vie durant, et audict Anthoine Nicolai filz après son trespas, s'il le survit, comme dessus est dict, doresenavant par chacun an, aux termes et en la manière accoustumée. Et par rapportant cesdictes présentes ou *vidimus* d'icelles faict soubz scel royal, pour une fois, avecques les cédulles de *debentur* bien et deuement expédiées, et quictance sur ce suffisante seullement, nous voullons lesdictz gaiges et droictz et tout ce que paié, baillé et délivré aura esté à ceste cause, estre passez et allouez ès comptes et rabatuz de la recepte dudict receveur et paieur de nosdictz comptes par nozdictz Gens des comptes, leur mandant ainsi le faire sans aucune difficulté. Car tel est nostre plaisir, nonobstant les révocacions génералles faictes, tant par le feu Roy nostre très honnoré seigneur et père, que par nous, et que pourrions faire cy après, èsquelles ne voullons et entendons lesdictz père et filz estre comprins en quelque manière que ce soit, mais, en tant que le besoing est ou seroit, les en avons exceptez et exemptez, exceptons et exemptons, de nostre grace espécial, plaine puissance et auctorité royal, par cesdictes présentes. Et oultre, si par inadvertance, importunité de requérans ou autrement, nous ou noz successeurs feissions cy après don ou aucune provision dudict office, par le trespas du premier déceddant, à quelque personne que ce soit, voullons et entendons que ledict don ou provision ne sorte aucun effect, ains, de présent comme pour lors et dès lors comme de présent, les avons révocquez, cassez et adnullez, révocquons et déclairons nulz et de nul effect et valleur. Nonobstant aussi que lesdictz Nicolai père et filz soient hommes laiz et mariez, et que l'on pourroit dire qu'ils feussent, et chacun d'eulx, incapables de tenir et exercer ledict office de premier président clerc. A quoy semblablement nous avons, pour ceste fois et attendu ce que dessus, de mesme grace et auctorité, dérogé, et, sans préjudice d'icelles en autres choses, dérogeons par cesdictes présentes, et à quelzconques ordonnances, statutz, observances, restrinctions, mandemens ou deffences à ce contraires, ensemble à la dérogatoyre de la dérogatoyre d'icelles. En tesmoing de ce, nous avons faict mectre nostre scel à cesdictes présentes. Donné à Joinville, le xxvj^e jour de mars, l'an de grace mil cinq cens cinquante ung, et de nostre règne le cinquiesme.

Sur le repli est écrit : Par le Roy : CLAUSSE.

Ledict Me Anthoine Nicolay a faict le serment accoustumé et a esté receu audict office à la survivance de Messire Émar Nicolay, son père, et de luy, suyvant la teneur de ces présentes et ainsy qu'il est contenu au registre, le vingt septiesme jour de septembre, l'an mil V⁰ cinquante trois.

G. CHEVALIER.

Au dos est écrit : Présentées à la Chambre le viij⁰ mars M V⁰ cinquante deux.

G. CHEVALIER [1].

(Original. — *Arch. Nicolay,* 12 C 2.)

[1]. Ces provisions ne furent enregistrées à la Chambre que le 27 septembre 1553, et à la condition que, si Aymard Nicolay venait à mourir avant deux ans révolus, son survivancier ne prendrait point rang tant que le délai ne serait pas écoulé et jusque-là siégerait au-dessous de tous les présidents. Dans le cas où il ne se trouverait aucun président, il s'asseoirait au banc « où souloient se mettre les généraux des finances » et laisserait la présidence et la parole au plus ancien des maîtres. Au dehors il ne précéderait pas les présidents. Du reste, il aurait opinion et voix délibérative, et serait même tenu d'une présence assidue pendant l'un et l'autre semestre, à peine de la piqûre. Il lui était défendu d'exercer son office de conseiller au Châtelet.

87.   9 *Avril* (1552).
LETTRE DU CARDINAL DU BELLAY AUX COMMISSAIRES DU ROI.

Messieurs, j'ay veu les letres qu'il a pleu au Roy et à vous m'escrire. Quant à vous donner présent effect du contenu, il n'est en mon pouvoir, parce que j'ay esté contrainct vendre la meileure partye de ma vaisselle et engaiger le reste pour envoyer argent à Rome, que je y debvoys en bien grande quantité, et encores doibz partie, tant du principal que intérestz, et estoys en prochain danger d'estre déclaré, censuré et attaché ès portes et carrefours, si je n'eusse trouvé argent de madicte vaisselle. Toutesfois je mectray peine retirer au plustost que je pourray ce qu'il m'en reste d'engaigée, estant prest et appareillé non seulement l'exposer pour le service du Roy, mais tous mes biens, ensenble la propre vye. A quoy ne fauldray, Dieu aydant, que je prie, Messieurs, vous donner sa grace, me recommandant bien fort en la vostre. De Sainct Maur, ce ix⁰ d'apvril [1].

Vostre meilleur amy à vous faire service.

J. CARDINAL DU BELLAY.

(Original. — *Arch. Nicolay,* 37 L 2.)

[1]. Une autre série de lettres (39 L 1 à 3) renferme les réponses de trois évêques, ceux de Chartres, d'Autun et de Lavaur. Le premier seul s'empresse d'offrir ce qu'il a de vaisselle. Le second n'en possède point, et se dit engagé de toutes parts pour payer les frais de ses bulles (10,800 liv.) ; et, pour comble de gêne, le cardinal de Ferrare, archevêque d'Aix, a saisi le revenu de la première année de son évêché. Quant à l'évêque de Lavaur, dont la vaisselle était réputée magnifique, il dit l'avoir vendue avec son patrimoine, par suite d'embarras qui lui sont survenus depuis cinq ans. — L'évêque de Chartres fut remboursé en droits d'aides (16 L 25).

88.   26 *Janvier* 1552 (*anc. st.*)
CONSTRUCTION DE LA GALERIE ET DE L'ARCADE DE LA RUE DE NAZARETH.

Henry, etc., à noz amez et féaulx les Gens de noz comptes à Paris, Salut et dillection. Comme nous avons esté par cy devant advertiz que les chambres des correcteurs, clercs et auditeurs de nozditz comptes et les aulmoyres estans en ycelles, pareillement les greniers qui sont au dessus, [sont] tellement rempliz et chargez d'une grande multitude de comptes, liasses, papiers, registres, contrerolles et autres tiltres et enseignemens, que l'on est contrainct en mectre une partie en plaine terre, confuzément les ungs sur les autres, de sorte qu'il est difficile, quant l'on a affaire de quelqu'un desditz comptes, de le pouvoir promptement trouver, comme il est bien souvent requis pour nostre service ; au moyen de quoy estoit besoing, comme encores est neccessaire, y pourveoir et donner ordre pour l'avenir, actandu mesmement le grant nombre d'autres comptes qui se présentent et apportent chascun jour en ladicte Chambre ; suyvant lequel advertissement nous avons faict veoir et visiter nostredicte Chambre

par aucuns de vous et autres noz officiers, et pareillement les maisons circonvoisines d'icelle, pour adviser et regarder . . . . De laquelle veue et visitation il nous auroit esté faict rapport, et par icelluy aurions trouvé que. . . . .
il ne se trouve lieu ne maison plus commode et appropoz pour l'accroissement d'icelle Chambre, que la maison à nous apartenant, en laquelle Maistres Noël Cibot et Jehan Duvivier, chappellains de la Saincte Chapelle de nostre Pallais, sont de présent demourans, tirant à la porte respondant sur la rivière, à cause que facillement l'on y pourra aller de nostredicte Chambre des comptes, faisans ung arc sur la rue estant entre ladicte Chambre et ladicte maison. . . . . Nous, à ces causes, désirans que les comptes . . . . et registres soient soigneusement gardez. . . . . avons voullu . . . . que la maison en laquelle sont de présent demourans lesdictz deux chappellains soit par vous prinse pour l'accroissement de nostredicte Chambre des comptes. . . . . A ceste fin, voullons aussy et entendons que touttes les portes, entrées et yssues de ladicte maison, tant hault que bas, soyent condampnées et murées, et qu'il soit faict un arc de pierre de taille sur la rue estant entre nostredicte Chambre des comptes et ladicte maison, pareillement toutes les autres réparations qui y seront nécessaires, affin que lesditz comptes puissent estre en sureté. . . . . . . Aussy, qu'il n'y ayt autre entrée en ladicte maison sinon celle qui se praticquera sur ledict arc, comme dict est, respondant à la gallerie par laquelle on va du grand bureau de nostredicte Chambre des comptes en celles desdicts clercs et auditeurs. Si vous mandons, etc. . . . . Donné à Sainct Germain en Laye, le 26me janvier 1552, et de nostre règne le 6me.

HENRY.

Par le Roy : DE LAUBESPINE.

(Arch. Nat., KK 339, fo II verso [1].)

1. Ce registre est le compte original des dépenses de construction, et il donne des détails sur l'arcade dite *de Nazareth*, qui est aujourd'hui le dernier reste des anciens bâtiments de la Chambre.
Le marché de la maçonnerie fut passé avec Guillaume le Breton, maître maçon juré du roi en l'office de maçonnerie et matières. En 1555 et 1556, il reçut 4,300 liv., et il continuait encore le travail à la date du 4 mars 1556 (anc. st.). Il avait tout préparé (fo VIxxV), mais il n'acheva pas par lui-même, et ce furent les ouvriers dénommés aux folios XX et suiv. qui amenèrent l'ouvrage à perfection, du mois de juillet à la fin de l'année 1558.
Frais payés le 4 septembre 1557, fo XXXVII : « A quatre tacherons, tailleurs de pierre, pour dix thoises de pierre de taille (de Saint-Leu) qu'ilz ont taillée pour employer à l'aultre costé de l'arcade. »   C s. t.
« A Jehan le Breton, tailleur de pierres, filz dudit maistre Guillaume le Breton, pour cinq journées, laquelle somme sera déduite audit Guillaume sur le parfaict payement de son ouvraige.   L s. t. »
Même mention pendant les semaines suivantes.
fos LVI et suiv. Octobre 1557. Construction du grand pavillon ; quatre croisées.
fo LXI. « Pour avoir rempli de plastre les reins de dessus de l'arcade. »
fo LXII vo. A Pierre Feultre, pour douze toises de « naselles » qu'il a faites au pourtour du grand pavillon.
fo LXIIII vo. Fondations pour soutenir les deux colonnes de la salle ; les deux croisées de l'arcade.

fo LXXVI vo. Frais d'enlèvement des gravois que les constructions ont laissés dans la grande cour du Palais, pour le mariage de la reine d'Écosse.
Quittance du 16 juillet 1558 : carrelage des chambres.
fo CIII vo. Travail de la semaine commençant le 10 décembre 1558 : « A Jehan Chrestien, tailleur de pierres, pour avoir faict les deux armoiries qui sont aux deux huisseries de l'arcade, l'une du Roy, l'autre de la royne, par marché faict avec luy par ledit Breton.   15 liv. t.
« A Nicolas Bertrand, maçon, pour avoyr rehaulsé la cloison faisant séparation de la Chambre et de la gallerie.
        C s. t.
« A Pierre Feultre et Raulequin Maurice, pour avoyr pendu les croisées de la Chambre et arcades.   C s. t.
« A Me Jehan Périgon, maistre potier et paveur de petit carreau, pour 55 toises 1/2 de petit pavé et petit carreau
        88 l. t. »
Le maître charpentier s'appelle Gervais Rigolet. Il reçoit en tout 1949 l. 6 s. 6 d. t.
fo CVI vo. Couverture de la voûte qui traverse du corps de la Chambre au corps neuf.
fo CVII. Ouvrages de charpenterie faits, tant au corps d'hôtel neuf, qu'au pavillon et montée faite en forme de tente sur la cour dudit corps d'hôtel.
fo CXV. Menuiserie faite par Raoulland Maillard :
        1,042 l. t.
fo CXIX. Serrurerie par Pierre de Lestre.
fo CXX. Vitrerie par Me Nicolas de Beaurain.
La somme totale de la dépense fut de 14,388 liv. 11 d. t.

89.

5 Avril (1553).

LETTRE DES COMMISSAIRES DU ROI A L'ÉVÊQUE D'AUXERRE.

Monseigneur, nous avons receü lettres du Roy à nous adressans, avec autres que ledict seigneur vous escript, et par lesdictes lettres il nous mande vous envoyer homme exprès pour vous porter celles qui s'adressent à vous, par lesquelles il vous faict entendre sa volunté. Nous vous prions satisfaire au contenu des dictes lectres et nous envoyer par escript par cedict porteur la response, telle qu'il vous plaira faire. Ledict seigneur nous a commis et depputez pour estre présens à la délivrance et réception de l'emprunct qu'il entend faire desdictes vaisselles, pour les veoir priser et estimer et mectre ès mains de Marcel, receveur général de Paris, pour en bailler son récepicé à tous ceulx qui en vouldront prester. A ceste cause, s'il vous plaist en envoyer, le plus tost que le pourrez faire sera le mieulx pour le service dudict seigneur.

Monseigneur, après noz humbles recommandacions à vostre bonne grace, nous prions le Créateur vous donner en santé bonne et longue vie. Escript à Paris, ce cinquiesme jour de avril.

Voz humbles serviteurs.

E. NICOLAY. LUILLIER. DE PIERREVIVE. DE LAUTIER.

(Original. — Bib. Nat., mss. Gaignières, n° 316, f° 109.)

90.   1er Août 1553.
CONFIRMATION DES DROITS ET JURIDICTION DE LA CHAMBRE.

(Copie du XVIIe siècle. *Arch. Nicolay*, 73 L 7.
— Impr. dans la collection Mariette.)

91.   28 *Septembre* 1553.
SEMONCE AU PARLEMENT POUR L'ENTERREMENT DU P.P. AYMARD NICOLAY.

Du jeudy 28 septembre 1553.
Les parens et amys de feu Émard Nicolay, en son vivant premier président en la Chambre des comptes, sont venuz supplier la Court de faire cest honneur au défunct que de se trouver ce jourd'huy après disner, entre trois à quatre heures, à l'enterrement du corps en l'église St-Merry, et demain au service qui y sera faict.

(Arch. Nat., *Reg. du Parlement*, Conseil CXI.)

III

ANTOINE NICOLAY,

fils d'Aymard Nicolay et d'Anne Baillet,

né à Paris vers 1526,

chevalier, seigneur de Goussainville, Louvres, Orville et Presles, conseiller au Châtelet (1549), *pourvu de l'office de Premier Président en survivance le 26 mars* 1552, *entré en fonctions le 27 septembre* 1553, *nommé conseiller au Conseil privé le* 1er *août* 1570, *conseiller au Conseil de la reine-mère Catherine de Médicis et commissaire sur le fait de ses comptes, mort dans l'exercice de ses fonctions le* 5 *mai* 1587.

92.
30 Décembre 1553.
DÉCLARATION RÉGLANT LE RANG DES PRÉSIDENTS ENTRE EUX.

(*Mémorial.* — Impr. dans la collection Mariette.)

93.
9 Mars 1553 (anc. st.)
INSTALLATION DU P.P. ANTOINE NICOLAY.

La Chambre assemblée, pour faire droit sur la requeste présentée le jour précédent par Me Anthoine Nicolay, cons^{er} du Roy et premier président en icelle, tendant à fin d'estre deschargé des restrinctions et charges contenues au registre faict sur sa réception, et, en ce faisant, receu purement et simplement en l'exercice et jouissance de son estat, pour les causes contenues en sadicte requeste ; Mes François Alamant et Jehan Luillier, aussy cons^{ers} dudict seigneur et présidentz en ladicte Chambre, retirez en cest affaire, et Me Guillaume Bailly, aussy cons^{er} dudict seigneur et président desdictz comptes, absent ; ledict sieur premier président a déclaré au bureau que l'occasion pour laquelle il avoit présenté sa requeste estoit parce qu'il est chargé du service ordinaire et continuel par sa réception, depuis laquelle les anciens maistres ont tousjours faict difficulté de présider en sa présence, et, craignant que le service du Roy fust, en ce faisant, empesché ou différé, avoit esté constrainct plusieurs fois de présider ; et en fin, craignant qu'on luy en peust quelque chose imputer, auroict présenté sa requeste, par laquelle il ne prétend aultre chose que ce qu'il plaira à la Chambre d'ordonner pour le service du Roy. Ce faict, et ledict sieur premier président retiré, les conseillers et maistres estans en ladicte Chambre et séans au bureau, ont tous ensemble déclarez qu'ilz ont eu telle congnoissance de l'expérience et dilligence dudict sieur premier président, depuis sa réception, qu'ilz le tiennent suffisant, non seullement de présider, mais tenir le premier lieu et exercer son estat sans aucune restriction ; qu'à ceste cause, en l'absence desdictz sieurs trois aultres présidentz, le plus ancien d'entre eulx n'avoit jamais présidé, mais avoient tousjours faict présider ledict sieur premier président, comme ilz feront encores cy après. Et ont davantage lesdictz conseillers et maistres dict et déclaré qu'ilz entendent, pour leur regard, que ledict Me Anthoine Nicolay tienne la place et lieu de premier président, sans avoir esgard aux conditions contenues au registre faict sur sa réception, parce que les restrinctions et charges qui se donnent pour doubte de suffisance, la suffisance congneue, se peuvent modérer et changer ; et que, ce faisant, sera pour le bien de la Chambre et service du Roy. Lesquelles remonstrances et déclarations ont faictes au bureau de la Chambre des comptes, ce jourd'huy neufiesme mars, moy, notaire et secrétaire dudict seigneur et greffier desdictz comptes, présent. Signé : Chevalier.

(Copie du temps. — Arch. Nicolay, 12 C 8.)

94.
Mars 1553 (anc. st.)
CRÉATION D'OFFICES EN LA CHAMBRE.

Henry, etc. Comme nos prédécesseurs Roys, de bonne mémoire, ayent choisi et élu pour la ville capitale et chef de toutes les autres nostre bonne ville et cité de Paris, tant pour le lieu favorable où elle est assise, que pour la fertilité des pays circonvoisins et utilité des rivières qui y descendent, par le moyen desquelles elle est abondamnent fournie de toutes commodités et nécessités, et, considérant que le vray fondement de toutes républiques est la distribution de la justice, y ont établi les premiers parlement et Chambre des comptes, en telle lumière et splendeur que chacun peut voir ; et depuis, ayant accru et augmenté les limites de leur royaume et uni à iceluy plusieurs grandes seigneuries, tant par droit successif que par conqueste, il s'y est fait accroissement et multiplication de peuples de toutes nations, tels que l'on peut voir pour le jourd'huy ; le tout principalement au moyen de la bonne justice qu'ils ont fait administrer à toutes personnes, sous laquelle non seulement les sujets et originaires, mais plusieurs étrangers, pour eux conserver, ont voulu vivre et eux retirer, tellement qu'il a esté besoin croistre lesdits parlement et Chambre des comptes de plus grand nombre d'officiers qu'il n'y avoit par les premières institutions et créations. Et toutefois, quelque crue et augmentation que nosdits prédécesseurs et nous y ayons faite, mesmement à ladite Chambre des comptes, nous voyons apertement le nombre des présidens et maistres des comptes et autres officiers en icelle n'estre suffisant pour vider, non seulement ce qui provient de l'ordinaire, mais un nombre infini de requestes desquelles nous eussions bien voulu leur faire renvoy. . .

Création de deux présidents, six maîtres, deux correcteurs, un second procureur du roi et un receveur général des restes.

(*Mémorial.* — Impr. dans la collection Mariette.)

95.
Janvier et Février 1554 (anc. st.)
PREMIÈRE PRÉSIDENCE DE MICHEL DE L'HOSPITAL.

Aujourd'huy lundy, 21me jour de janvier 1554, après lecture faicte au bureau, ouquel estoient Messrs Maistres Anthoine Nicolaj, premier, François Alamant et Guy Arbaleste, présidens ;

Claude de la Croix,	Claude Guyot,	Guillaume Chevalier,
Jehan Viole,	Claude le Roux,	Nicolas de Manneville
Tristand du Val,	Nicolas le Jay,	et Guillaume Gelinard,
Anthoine Pétremol,	Françoys Barguyn,	conseillers maistres, et
Geoffroy Luillier,	Françoys de Hacqueville,	Me Jehan Groslier, trésorier de France
Charles Chevalier,	Odart Hennequin,	en oultre Seyne et Yonne ;

des lettres patentes du Roy en forme d'eedict, données à St-Germain en Laye, au présent moys, signées : HENRY, et sur le reply, Par le Roy : de Laubespine, et icelles contenans création d'office d'ung septiesme président en la Chambre de céans, lequel ledict seigneur veult estre chef et le premier président en icelle, en pareilles aucthoritez, gaiges et droictz que avoient accoustumé prendre les premiers présidens en ladicte Chambre, tant luy que ses successeurs oudict estat, demourantz toutesfois Messrs Maistres Anthoine Nicolaj et aultres présidens en leurs droictz, gaiges, pensions et aultres droictz accoustumez; avecq lequel eedict il y avoit lectres closes, dont la teneur ensuict : « Noz amés et féaulx, nous vous envoyons présentement certain eedict par nous faict sur la création et érection d'ung chef et premier président que voulons establir aux deux semestres de nostre Chambre des comptes, à l'entérinement et vérification duquel nous vous mandons, commendons et ordonnons très expressément procedder, et icelluy faire lire, publier et enregistrer, sans y faire aucune restriction, modification ne difficulté. Car tel est nostre plaisir. Donné à St-Germain en Laye, le 20me jour de janvier 1554. Signé : HENRY, et plus bas, de Laubespine. » Et au doz : « A noz amez et féaulz les Gens de noz comptes à Paris. »

L'affaire mys en délibération, et lecture aussy faicte des conclusions baillées de la part du procureur général, auquel ledict eedict auroict esté communiqué, telles qu'il ensuict : « Veu par le procureur général du Roy en la Chambre des comptes l'eedict . . . . Dict ledict procureur général que par ledict suppression est faicte de l'aucthorité et tiltre de l'office de premier président en icelle Chambre que tient Monsr Maistre Anthoine Nicolaj, et que la loy et ordonnance deffendent que l'office ou bénéfice d'ung vivant ne se peult impétrer que en deux cas, ou par forfaicture, ou de son consentement, ce que ledict procureur général n'a veu ne entendu en la personne dudict président Nicolaj. A ceste cause, avant que prendre plus amples conclusions, requiert que on luy face apparoir du consentement dudict Nicolaj. Signé : du Molinet. »

Ayant la Chambre esgard à certaine ordonnance accoustumée en icelle d'ancienneté, contenant, quant il a esté question de création et réception d'officiers en ladicte Chambre, que les absens du corps du bureau doibvent estre appelez, auroit ordonné à Gilles Desnoz et Pierre de Launay, huissiers, eulx transporter ès maisons de Messrs :

Mes Jehan Luillier,	Nicolas Séguier,	Jehan le Conte,
Guillaume Bailly,	Pierre Fraguier,	Nicole Cotton,
Michel Tambonneau,	Pierre Pignard,	Jehan d'Alesso,
présidens;	Paris Hesselin,	

conseillers maistres, de présent absens, pour leur signiffier et les advertir d'eulx trouver en ladicte Chambre au lendemain matin. Ce que depuis, et ledict jour de lendemain, lesdictz huissiers rapportèrent avoir accomply par leurs exploictz mis et baillez par escript.

Auquel 22me jour, matin, assistans au bureau lesdictz srs Nicolaj, Alamant et Arbaleste, présidens;

De la Croix,	Luillier,	G. Chevalier,
Viole,	Fraguier,	Manneville,
Hennequin,	C. Chevalier,	Barguyn,
Hacqueville,	Pignard,	Le Jay,
Du Val,	Guyot,	Cotton et Gelinard,

conseillers maistres; et après que lesdictz srs Bailly, Tambonneau et Hesselin, estans en la chambre du Conseil, ont esté par les huissiers dessusdictz plusieurs fois appellez, requis et interpellez de venir, à quoy n'ont satisfaict, bien seroient venuz lesdictz Tambonneau et Hesselin dire qu'ilz avoient à expédier certains affaires pressez à eulx commis par lettres patentes du Roy et, ce dict, se seroient levez et retournez en ladicte chambre du Conseil, sans vouloir demeurer audict bureau; et affin de vacquer par la Chambre en dilligence à l'accomplissement du voulloir du Roy et obvier à perte de temps, après lecture itérative dudict eedict, ensemble desdictes conclusions, auroit ledict sieur Nicolaj exposé que ledict procureur général, par ses conclusions, requéroit, avant que consentir ou dissentir l'émologation dudict eedict, que l'on luy feist apparoir du consentement dudict Nicolaj, pour les causes contenues en ses conclusions; disoit ledict sr Nicolaj que ledict eedict ne le touche seullement, ains les aultres cinq présidens, desquelz il est le premier, d'aultant que celuy qui est second sera tiers, et consecquemment des aultres ; à ceste cause suplioit la Chambre adviser si ledict procureur général bailleroit aultres conclusions, ou si ledict Nicolaj satisferoit à sesdictes conclusions, ce qu'il feroit incontinant et sans délay, après qu'il en seroit par ladicte Chambre ordonné, ne voulant par ce aucunement retarder l'intention et voulloir du Roy. Et ce dict, se seroit retiré.

L'affaire mis en délibération, auroict esté conclud de surseoir jusques au lendemain, et ce pendant retourneroient lesdictz huissiers devers les absens, pour de rechef les admonester de venir.

. . . .

Et le 24me jour desdictz mois et an, matin, assistans au bureau lesdictz srs Nicolaj, Alamant, Arbaleste et Tambonneau, présidens ;

De la Croix,	Hacqueville,	Le Jay,	Gelinard,
Viole,	C. Chevalier,	Cotton,	Luillier,
Du Val,	Guyot,	Manneville,	Pignard
Pétremol,	Hennequin,	G. Chevalier	et Séguier,

conseillers maistres ; après que ledict Desnoz, huissier, auroict rapporté avoir esté ès domicilles des aultres srs desdictz comptes absens, et de ce mis et baillé son rapport devers ladicte Chambre ; que ledict sr Nicolaj auroit percisté et suplié la Compagnie faire response à sesdictes remonstrances ; luy retiré et lecture itérative faicte dudict eedict, auroict esté advisé, avant que faire droict sur les conclusions dudict procureur général, requeste verbale et remonstrance dudict sr Nicolaj, qu'il seroit procedé à délibérer sur ledict eedict, et néantmoings ledict procureur général présentement appellé et admonesté plus avant du motif de sesdictes conclusions. Auquel procureur général comparant au bureau, garny de Me Jehan Prévost, son advocat, auroict esté remonstré que la Chambre estoit entrée en délibération sur ses conclusions, sur ce mesmement que par icelles requéroit que on leur feist appareoir du consentement dudict sr Nicolaj ; dont ledict Nicolaj adverty, auroit faict certaines remonstrances ; lesquelles veues, avant que faire droict sur icelles, trouvoit la Chambre expédient remonstrer audict procureur général que par sesdictes conclusions il ne touchoit que ung particullièrement, sans conclure cathécoricquement ; désiroit icelle Chambre entendre son motif et s'il avoit aultre plus ample considération à desduire. A quoy ledict procureur général, par l'organe dudict advocat, en respondant à ce que dessus, auroict dict que, quant audict eedict, duquel le Roy leur avoit mandé requérir et demander la publication, que, dès le lundy préceddent, ilz avoient baillé conclusions, lesquelles ilz estimoient justes et raisonnables, tant par la raison de la loy que de l'ordonnance, qui ne veullent en aucune manière que l'office d'ung vivant se puisse impétrer ou en partie ou en tout, que ès deux cas contenuz en leursdictes conclusions, dont l'ung n'est poinct advenu en la personne dudict sr Nicolaj, qui est la forfaicture ; quant à l'autre, qui est le consentement, ne sçavent s'il l'a baillé au Roy, ou non. Partant, auroient requis que on eust à leur faire apparoir, attendu que ledict tiltre de son estat, qui estoit de premier président en ladicte Chambre, estoit supprimé par l'eedict quant audict sr Nicolaj, et que, quant aux aultres présidens de ladicte Chambre, ignorent leur intérest, et est à eulx, si aulcun intérest ils y prétendent, de le desduire, et non audict procureur général, lequel n'a intérest que à la confirmation de l'ordonnance et de la loy ; qui est ce que l'a meu de bailler ses conclusions, èsquelles il persistoit.

Ce faict et ledict procureur général retiré, aiant ledict sr Nicolaj entendu qu'il avoit esté appellé et ouy, auroit requis avoir communicquation de la response ; ce que, luy Nicolaj retiré et l'affaire délibéré, auroict esté accordé. Et suivant ce, ledict Nicolaj appellé et séant en son lieu, après lecture faicte en sa présence de la response dudict procureur général dessus transcripte, auroict exposé que, pour obvier à la longueur de l'expédition dudict eedict, pour ce que, par les conclusions dudict procureur général, le faict qui s'offre luy touchoit particullièrement, ne pouvoit parler comme juge, mais seullement comme particullier et privé ;

et comme tel, auroict dict que ce que toute sa vie avoit plus désiré et désiroit, estoit de obéyr au Roy et luy faire très humble service, et suivant cela avoit agréable ce qui luy plaist ordonner par son eedict ; requérant ce estre escript et enregistré, et qu'il pleust à la Compagnie trouver bon qu'il se retirast, d'aultant qu'il ne s'y pouvoit trouver comme juge ; ladicte response depuis leue audict procureur général, qui en auroict demandé et eu coppie, pour en conférer avec son advocat et en venir au lendemain.

Auquel jour suivant, 25me desdictz mois et an, matin, assistans au bureau lesdictz s^{rs} Arbaleste et Tambonneau, présidens ;

De la Croix,	Luillier,	Hennequin,	Le Jay,
Viole,	C. Chevalier,	G. Chevalier,	Manneville
Du Val,	Guyot,	Cotton,	et Gelinard,

conseillers maistres ; ledict s^r Nicolaj tousjours comparant et néantmoings soy retirant dudict bureau, pour la cause devant escripte, la Chambre voyant la Compagnie en petit nombre et beaucoup moindre que ès jours précéddens, auroit ordonné audict Desnoz, huissier, et aultres ses compaignons, aller ès maisons des aultres s^{rs} absens, pour leur signiffier de venir, et de ladicte signiffication faire bon et vray rapport, ensemble des responses qui leur seroient faictes en chacun lieu. Ce que, depuis et au mesme matin, ledict Desnoz auroit relaté avoir faict et accomply, ainsi que plus à plain estoit porté par son rapport. Et au mesme instant, par ledict procureur général, garny de son advocat, comme dessus, auroient esté apportées audict bureau et présentées à la Compagnie dessus dessignée les lectres closes du Roy desquelles la teneur ensuict : « De par le Roy. Noz amez et féaulx, nous avons, ces jours passez, faict expédier noz lectres d'eedict portans création et érection d'ung premier président en nostre Chambre des comptes, lesquelles vous auroient esté présentées, pour procedder à l'enthérinement desdictes lectres, ainsi qu'il vous est plus amplement mandé par icelles. Et, pour ce que depuis nous n'avons poinct entendu s'il y avoit par vous esté satisfaict, ainsi que nous désirons singulièrement pour aucunes bonnes causes et considérations à ce nous mouvans, à ceste cause nous avons advisé vous rescripre encores la présente, vous priant et néantmoings mandant très expressément que, sans remectre cela en aultre longueur ou dilation, vous aiez à procedder à ladicte vériffication et enthérinement, si jà faict ne l'avez, le plus dilligemment qu'il sera possible et suivant ce qui vous est plus amplement mandé par nosdictes lectres d'eedict, ou bien nous advertissez incontinant des causes de vostre dilation, retardement ou reffuz, afin que, cela entendu, nous advisions à y pourveoir ainsi que verrons estre raisonnable. Et gardez d'y faire faulte, car tel est nostre plaisir. Donné à St-Germain en Laye, le 24me jour de janvier 1554. Signées : HENRY, et plus bas, de Laubespine. » Et au doz : « A noz amez et féaulx les Gens de nos comptes à Paris. »

Lesquelles lectres leues audict bureau, ensemble aultres audict procureur général adressées à mesme fin que celle contenue ès lectres cy dessus insérées, ledict procureur général retiré et en l'instant retourné avec aultres et secondes conclusions, dont la teneur ensuict : « Veu par le procureur général du Roy en la Chambre des comptes la response faicte par Monsieur Me Anthoine Nicolaj, conseiller du Roy et premier président en ladicte Chambre, par laquelle il dict que ce que toute sa vie il a plus désiré et désire a esté et est de obéyr au Roy et luy faire très humble service, et suivant ce, a agréable ce qu'il luy plaist ordonner par son eedict, ce qu'il requiert estre escript et enregistré ; veu aussi les lectres missives du Roy, du 20me janvier 1554, données à St-Germain en Laye, par lesquelles ledict seigneur mande ausdictz procureur général et advocat du Roy en icelle Chambre présenter à ladicte Chambre ledict eedict, avec les lectres missives dudict seigneur addressantes à icelle Chambre, pour procedder à la vériffication d'icelluy, et icelle vériffication poursuir et requérir ; aultres lectres du 24me jour dudict mois, qu'il a présentement receues, avec aultres addressantes à ladicte Chambre, pour poursuivre ladicte vériffication ; dict que obéissant au vouloir et mandement dudict seigneur, qu'il requiert la publication dudict eedict et, ladicte publication faicte, luy estre rendu pour le renvoyer audict seigneur, ainsi qu'il luy est mandé. Signé : du Molinet. »

Icelluy procureur général retiré, auroict esté délibéré sur le présent négoce et conclud, à ce que l'on y puisse asseoir résolution, que, encores ceste fois pour touttes, avant que y entrer plus oultre, seroit envoyé devers les absens, mesmes devers ledict sieur Alamant, président, attendu qu'il avoit tousjours assisté audict affaire ès jours prochains précedens. Ce que promptement auroit esté ordonné faire ausdictz Desnoz et de Launay, huissiers, ausquelz auroient esté baillées lesdictes lectres closes, pour les communicquer et monstrer ausdictz absens et, ce faisant, les admonester de venir à la relevée dudict jour pour besongner audict affaire, et oultre leur déclarer que, au reffuz de y obéir, ladicte Chambre protestoit s'en excuser sur eulx envers le Roy et l'en advertir.

A laquelle rellevée dudict jour 25me, assistans au bureau lesdictz s^{rs} Alamant, Arbaleste et Tambonneau, présidens ;

De la Croix,	Pétremol,	Hennequin,	Manneville,
Viole,	Séguier,	Hacqueville,	Cotton
Du Val,	C. Chevalier,	Le Jay,	et Gelinard,
Luillier,	Guyot,	G. Chevalier,	

conseillers maistres ; ledict s^r Nicolaj comparant et néantmoings retiré, comme dessus ; après lecture faicte des lectres closes du Roy et secondes conclusions dudict procureur général devant transcriptes, eue par lesdictz sieurs grande et meure délibération sur le contenu audict eedict, et considéré la consequence d'icelluy, tous concordablement auroient conclud et arresté que, pour le bien et service du Roy et conservation d'icelle Chambre en l'honneur et intégrité, fidellité, craincte, obéissance et vigilance avec laquelle elle a de tout temps versé au service de son prince, seront remonstrez audict seigneur et à son privé Conseil certains poinctz pertinens et nécessaires d'estre entenduz, pour, ce faict et la volonté dudict seigneur sur ce plus à plain receue, icelle accomplir à son pouvoir, comme elle a tousjours accoustumé faire. Et à ceste fin, auroient esté nommez et depputez lesdictz s^{rs} Alamant et Tambonneau, présidens, pour, avec aucuns desdictz cons^{ers} maistres, eulx transporter devers le Roy et luy faire entendre le contenu ès articles qui s'ensuivent :

« Sera remonstré au Roy par les Gens des comptes que, en proceddant à la délibération de l'eedict faict par ledict seigneur en ce présent moys de janvier, contenant la création d'ung office de chef et premier président en icelle, après plusieurs considérations mises en avant, ladicte Chambre a advisé faire très humbles remonstrances au Roy sur trois poinctz sur lesquelz ledict eedict est fondé, pareillement sur la consecquence de la création dudict office.

« Le premier, sur ce que, entre aultres choses, ledict eedict contient que les affaires qui se traictent en ladicte Chambre ne sont pas recherchez avec tel debvoir qu'il est requis pour le service dudict seigneur.

« Le second, que cela procedde des parentez et alliances estans en ladicte Chambre.

« Et le tiers, que les officiers d'ung semestre ne peuvent avoir congnoissance des faictz et jugemens de l'aultre semestre comme celuy qui aura esté en tous les deux.

« Or, quant au premier poinct, qui est du debvoir et service que la Chambre doibt au Roy, sera remonstré que ladicte Chambre a tousjours vertueusement, sincèrement versé en tous affaires qu'il a pleu audict seigneur et ses prédécesseurs Roys luy commectre et attribuer, et en iceulx faict tel debvoir, qu'il n'y a Court souveraine en ce royaume qui ait le service dudict seigneur et le bien de ses affaires en plus grande révérence et recommandation, ne qui avec plus grande légalité y procedde, que faict ladicte Chambre. Laquelle, pour ceste cause, suplie très humblement ledict seigneur que son bon plaisir soit lever et oster la mauvaise opinion qu'il en pourroit avoir conceue.

« Au regard des parentez et alliances, sera aussi remonstré que ladicte Chambre ne les a entenduz ne congneu qu'elles aient porté aucun intérest, préjudice ou dommaige audict seigneur, ne à son service. Car, si elle en eust congnoissance, elle n'eust failly d'en advertir ledict seigneur, comme elle doibt pour le debvoir et serment qu'elle a à luy.

« Et où il plairoit audict seigneur faire cocter les poinctz, faictz et articles èsquels l'on prétend luy avoir esté faict tort à ladicte Chambre en général et particullier, est preste de s'en purger.

« Et en tant que touche les affaires des deux semestres, sera remonstré que facillement l'on peult en avoir congnoissance, tant par les registres du greffe de ladicte Chambre, que par les comptes sur lesquels l'on se reigle tousjours; aussi, que les affaires de ladicte Chambre ne sont pas si grans ne tellement concathenez, qu'ilz ne se puissent vuider par chacun mois, et par plus forte raison en ung semestre. Ce néantmoings, ladicte Chambre pourra encores mectre tel et si bon ordre que les officiers d'ung semestre auroient congnoissance des affaires de l'aultre semestre, sans créer, soubz couleur de ce, ung nouveau président, qui ne seroit que multiplication d'officiers et charges grandes pour les finances dudict seigneur, consecquemment pour le peuple.

« Et quant à ladicte création, elle a semblé à ladicte Chambre de grande consecquence pour plusieurs raisons : la première, pour ce qu'il y a jà ung chef et premier président en ladicte Chambre, qui est Me Anthoine Nicolaj, pourveu par le Roy dudict office, duquel il est titulaire, receu, admis et aprouvé par icelle Chambre, et qu'elle n'a congneu aulcune faulte ne malversation en luy, mais a faict honnestement son debvoir audict estat, comme il faict encores chacun jour; la seconde, que, de droict divin et humain, l'on ne peult destituer ou pourveoir aux offices et bénéfices des vivans que par mort ou forfaicture, ce qui se faict sy ledict eedict a lieu contre les ordonnances des Roys de France, qu'ilz promectent à leur advènement garder et entretenir; la troiziesme, que, en supprimant seullement la qualité dudict Nicolaj, le Roy faict préjudice aux cinq aultres présidens de ladicte Chambre, pour le regard de leur scéance, rang, ordre et priorité, comme il est notoire; et la quatriesme, que, combien que ledict Nicolaj ayt déclaré à ladicte Chambre qu'il est très humble serviteur du Roy et qu'il a le contenu dudict eedict pour agréable, ce néantmoings ladicte Chambre, considérant la consecquence de telle déclaration, faisant l'office et debvoir tel que les menbres sont tenuz faire pour le chef, a prins la hardiesse, se confiant et asseurant en la bonté du Roy, qui l'a tousjours bénignement ouye en ses remonstrances, de luy faire entendre et très humblement remonstrer que ceste voie luy a semblé de très mauvais exemple, laquelle aultres pourroient imitter et ensuivre.

« Supliant très humblement ledict seigneur vouloir prandre lesdictes remonstrances en bonne part, comme il a accoustumé, et croire et estimer que ce que ladicte Chambre a faict, est pour soy acquicter du debvoir et serment qu'elle a au bien, proufficit, honneur, direction et conduicte des affaires et finances dudict seigneur.

« Aussi, que non seullement elle faict remonstrances pour ce qui pourroit concerner le corps d'icelle Chambre et la tranquilité, repoz et asseurance de tous les magistrats de ce royaulme, mais principallement pour ce qu'elle a trouvé que l'exécution dudict eedict regarde directement contre le bien des affaires dudict seigneur, attendu qu'il est tout notoire que, par le moien de la vendition des offices, ledict seigneur a, depuis trois ans, gracieusement tiré de ses officiers et subjectz la somme de cinq à six millions de livres, dont il a esté grandement secouru en ses affaires de guerre, et son peuple d'aultant soulagé; tellement qu'il est à doubter que, où l'on verra ung premier président privé de son tiltre, et les cinq aultres présidens de leur scéance et degré, sans résignations ne forfaictures, peu de personnes se pourroient asseurer d'entrer en semblables, plus grandes ou moindres estatz, et contracter avec le Roy. Car, si ledict eedict a lieu, il n'y a estat en ce royaulme, tant grand ou petit, qui soit asseuré. »

Et le mercredy, 30me desdictz mois et an, cinq heures de rellevée, auroict ladicte Chambre ordonné à moy, le Maistre, greffier soubzsigné, aller exprès devers lesdictz srs Alamant et Tambonneau, présidens, en leurs hostelz, leur porter et laisser lesdictz articles, aux fins que dessus.

Et le lendemain jeudy, dernier de janvier, heure de sept heures du matin, estant allé èsdictz hostelz, trouvay que lesdictz sieurs Alamant et Tambonneau estoient absens et hors la ville, et n'estoient leurs servantes, ausquelles je parlay, certaines de leur retour. Ce que aurois à l'instant rapporté au bureau.

Lequel, à ceste cause, le lendemain, vendredy matin, y assistans lesdictz s^rs Arbaleste, président;

De la Croix,	Luillier,	Guyot,
Viole,	Hesselin,	Barguyn,
Du Val,	G. Chevalier,	Hennequin,
Pétremol,	Hacqueville,	Manneville et Gelinard,

conseillers maistres; après avoir envoyé derechef ledict Desnoz huissier èsdictz hostelz desdictz sieurs Alamant et Tambonneau, présidens, et rapporté qu'on luy avoit dict chez ledict s^r Alamant qu'il estoit au Louvre, et ledict s^r Tambonneau encores aux champs, auroict ladicte Chambre depputé ledict s^r Arbaleste, président, et avec luy lesdictz s^rs Viole, Luillier, Guyot et G. Chevalier, cons^ers maistres, pour promptement eulx transporter devers le Roy, estant au chastel du Louvre, et illec, tant audict seigneur que à Messrs les révérendissime cardinal de Lorraine, connestable, garde des sceaulx et aultres personnages du privé Conseil du Roy, faire entendre les causes et raisons pour lesquelles la Chambre n'auroict eu plustost moien de faire entendre au Roy ce qu'elle trouvoit estre nécessaire à remonstrer audict seigneur avant que parvenir à la publication de l'eedict dont est question.

Et le lundy, 4me de febvrier audict an 1554, assistans au bureau lesdictz s^rs Arbaleste, président;

De la Croix,	Hacqueville,	G. Chevalier,
Luillier,	Guyot,	Cotton,
Du Val,	Hennequin,	Manneville
C. Chevalier,	Barguyn,	et Gelinard,

conseillers maistres; ledict s^r Nicolaj aussi comparant et retiré pour les causes que dessus; après que lesdictz s^rs depputez, par l'organe dudict sieur Arbaleste, auroient faict au long entendre ce que par eulx avoit esté accomply en ce négoce ès deux jours précedens, samedy 2me, jour de Chandeleur, et dimenche, 3me febvrier; mesmement que proposant à Mgr le connestable les excuses de la Chambre en ce qu'elle n'avoit peu plustost aller devers le Roy pour le faict dudict eedict, icelluy s^r connestable auroict expressément dict ausdictz depputez qu'il convenoit et estoit nécessaire que lesdictz s^rs Alamant et Tambonneau, nommez par la Chambre pour faire les remonstrances, fussent appellez, et lesdictes remonstrances par eulx présentées et rapportées; à ceste cause, auroient lesdictz depputez, par plusieurs fois durant les deux jours dessusdictz, envoié devers ledict s^r Alamant ledict Gilles Desnoz, huissier, ainsi que par son rapport, baillé par escript, pouvoit apparoir, contenant les responses dudict s^r Alamant.

Et depuis, ce jourd'huy matin, entrée de Chambre, seroit venu ung serviteur dudict s^r Alamant, qui auroict apporté et présenté audict s^r Arbaleste ung billet en pappier, contenant ce qui ensuict: « Le président Alamant suplie très humblement Messieurs des comptes de l'excuser de faire au Roy certaines remonstrances qui luy ont ce jourd'huy matin esté baillées par l'huissier Desnoz, pour plusieurs raisons, et entre aultres: la première, pour son indisposition, pensant éviter laquelle il auroit prins l'air des champs une lieue icy autour, dont il seroit retourné plus indisposé que devant; la seconde, encores qu'il ait esté au pourparlé d'aucunes remonstrances qui furent faictes au petit bureau de la Chambre', il n'a pas esté à la délibération et conclusion qui en a esté faicte par la Compagnie; la tierce, que il ne peult selon sa conscience conseiller au Roy le contraire de ce que porte son ordonnance, laquelle il a juré garder, portant icelle ordonnance règlement sur les alliances qui se trouvent en Courts souveraines, ce qui n'est poinct contenu èsdictes remonstrances. Faict le 2me jour de febvrier, l'an 1554. Signé: Alamant. » Ledict billet ou mémorial attaché aux articles de remonstrances cy devant transcriptz, lesquelz articles ledict Desnoz auroict portez et laissez, par commandement desdictz depputez, audict s^r Alamant, pour les veoir et soy instruire du contenu.

Lequel billet veu et leu au bureau, de la part dudict s^r Hennequin, cons^er maistre, auroict esté remonstré que, depuis douze ou treize ans en çà, à la sollicitation dudict Alamant, il auroict esté poursuivy en la chambre d'Anjou pour le faict du sel, dont il luy a cousté cent ou six vingtz mil livres; au moien de quoy ledict s^r Alamant a eu tousjours en opinion que ledict Hennequin et ses parens ont conceu contre luy; et soy voullant purger de toute suspicion, auroict suplié la Compagnie de l'exempter de cest affaire, et ce dict, se seroit retiré. Semblablement, auroict esté remonstré par ledict s^r Luillier, aussi cons^{er} maistre, que entre le s^r de Boulencourt, Me Jehan Luillier, président en ladicte Chambre, son frère, d'une part, et ledict s^r Alamant, d'aultre, y avoit procès pendans et indécis. Et encores par ledict s^r Barguyn aultres remonstrances affin d'estre excusé d'assister. Et se seroient lesdictz s^{rs} Hennequin, Luillier et Barguyn retirez, supliant la Chambre les exempter de l'assistance.

L'affaire mis en délibération, auroit esté ordonné ausdictz s^{rs} Luillier et Hennequin eulx abstenir, et, quant audict s^r Barguyn, qu'il assisteroit. Et sur le principal du présent négoce, qui estoit de délibérer sur les excuses dudict s^r Alamant dessus transcriptes, auroit ordonné la Chambre ausdictz s^r de la Croix et Cotton, aussy à moy, le Maistre, greffier, en leur compagnie, aller en l'hostel dudict s^r Alamant, le interpeler encores ceste fois de venir à la Chambre à la rellevée dudict jour, de ce faire l'exhorter, affin d'aller devers le Roy faire lesdictes remonstrances; en ce faisant, voir à l'œil l'estat, disposition ou indisposition de sa personne, et, pour mieulx en certiorer la Compagnie, mener deux médecins non suspectz.

Pour à quoy satisfaire, feirent lesdictz s^{rs} de la Croix et Cotton appeller Mes Jehan Legrain et Jehan Degorris, médecins; ausquelz auroient faict faire le serment en tel cas requis. Ce faict, se seroient transportez devers ledict s^r Alamant; auquel, estant en son hostel, près le Temple, heure de unze heures du matin, par ledict s^r de la Croix auroict esté exposé que la Chambre avoit veu ses excuses, qu'elle ne trouvoit suffisantes pour soy exempter d'une si urgente charge, à laquelle luy mesmes s'estoit condescendu quant le Roy seroit en ceste ville, et ne debvoit, pour l'article porté par ses excuses concernant les parentés et alliances, différer; et où persévérer vouldroit alléguer indisposition et maladie, trouvoit la Chambre nécessaire, pour la descharge et acquict, tant d'elle que de luy Alamant, à cause de la longueur et temps qui se passoit au faict dudict eedict, de prier deux médecins prendre la peine de le visiter et toucher.

A quoy ledict s^r Alamant auroict faict response qu'il s'estoit trouvé indisposé, comme encores se trouvoit, et avoit veu le jour précedent du Monceau, médecin, qui luy conseilla de soy purger, parce qu'il a ung caterre qui est en danger de tumber à syathicque; et, quant il se trouveroit bien, que encores il ne pourroit faire lesdictes remonstrances, tant pour les causes qu'il a envoyé suplier la Chambre prandre, que aussi aultres qu'il a à desduire au Roy, quant il luy plaira commander; supliant encores de rechef ladicte Chambre de l'excuser. Et au surplus, qu'il n'a encores veu, depuis qu'il est à la Chambre, praticquer ceste forme de faire, d'envoyer médecins pour veoir sa santé, quelque affaire qui soit oncques survenu à la Chambre, et ne peult estimer d'où cela procedde. Au demourant, a esté adverty que l'on a faict entendre au Roy et à M. le connestable que luy seul avoit dressé et faict les remonstrances, qui est une vraye calomnie et imposture, de quelque endroict qu'elle puisse avoir esté dicte; mesmes que la Chambre sçait bien qu'elles ont esté faictes par aultres que par luy; vray est qu'il les a veues, mais il n'a jamais esté à la délibération qui en fust faicte, ne en lieu pour en dire son oppinion. Et, quant ne seroit son indisposition, il mectroit aultant ou plus de peine, comme il espère faire, de soy purger de ceste imposture envers le Roy et Messieurs de son Conseil, comme de faire aultre chose. Et ne pourroit aller de rellevée ne à la Chambre ne jusques au Louvre; mesmement que sondict caterre accoustumé luy tumbe par intervalle, en sorte qu'il demeure tout courbé, et ne pourroit aultrement sortir qu'il ne soit guéry. Requérant coppie, signée du greffier, de la présente response.

Ce faict, et après que, du consentement dudict s^r Alamant, lesdictz Legrain et Degorris, médecins, auroient esté appellez, veu, touché et enquis ledict s^r Alamant de son indisposition, feirent et baillèrent par escript leur rapport de ladicte visitation en la forme qui s'ensuict : « Nous soubzsignez certiffions que, par l'ordonnance de Messrs des comptes, avons ce jourd'huy veu et visité Monsieur Me François

Alamant, président des comptes, lequel nous avons interrogé de sa disposition, et nous a respondu qu'il a eu ces jours passez une grande deffluxion et rheume sur les yeulx et de présent sur l'espine du doz, le contraignant de se courber, ainsi qu'il dict. Toutesfois nous l'avons trouvé assis en une chaise, sans fiebvre et sans aultre accident que nous avons peu apercevoir et congnoistre ou à l'œil ou à le toucher et manier. Et en tesmoignage de ce, nous avons signé ceste présente de noz seings mannuelz, ce 4me jour de febvrier, l'an 1554. Signé : Legrain et Degorris. »

Et ledict jour, 4me de febvrier, de rellevée, assistans au bureau lesdictz s^{rs} Arbaleste et Tambonneau, présidens,

De la Croix,	C. Chevalier,	G. Chevalier,
Du Val,	Guyot,	Barguyn
Hacqueville,	Cotton,	et Manneville,

conseillers maistres ; lesdictz s^{rs} Nicolaj, Luillier et Hennequin comparans et néantmoing retirez, pour les causes que dessus ; après récit faict au bureau par lesdictz s^{rs} de la Croix et Cotton, commissaires, de la visitation à eulx commise dessus déclarée, et lecture faicte de la response dudict s^{r} Alamant et rapport desdictz médecins devant transcriptz, et qu'il auroict esté passé par opinion que aulcune coppie signée ne seroit baillée audict s^{r} Alamant de sadicte response, sauf à en ordonner plus à plain, s'il bailloit sa requeste à ceste fin ; l'affaire mis en délibération, ayant la Chambre esgard au debvoir par elle faict envers ledict s^{r} Alamant et à sa contumace, auroit faict appeller Sébastien de Gandouyn, huissier en icelle, et luy auroict enjoinct de aller promptement mectre à exécution l'ordonnance de laquelle la teneur ensuict : « De par Nosseigneurs des comptes, il est ordonné à Sébastien de Gandouyn, huissier en la Chambre desdictz comptes, aller présentement en l'hostel de Monsieur Me François Alamant, cons^{er} du Roy et président desdictz comptes, illec faire à icelluy s^{r} Alamant commandement exprès de par ladicte Chambre de venir et soy trouver demain matin, heure de huict heures, au bureau d'icelle Chambre, tant pour servir à sondict office de président, que pour aller devers le Roy et Messrs de son privé Conseil faire entendre certaines remonstrances pour le bien et service dudict seigneur, ausquelles ledict s^{r} Alamant a esté, avec aultres, depputé, et ce en peine de suspension de sondict office de président pour ung an, au cas où il sera deffaillant ; laquelle suspension audict cas ladicte Chambre, *ex nunc prout ex tunc*, a jugée et juge. Faict de l'ordonnance que dessus, le 4me jour de febvrier 1554, avant cinq heures de rellevée. Signée : le Maistre. » Et au doz l'an et jour contenuz au blanc.

Et estant la Chambre en délibération sur ladicte ordonnance, seroit survenu Me Jehan Prévost, advocat du Roy en icelle, disant estre envoyé exprès de la part de Mgr le garde des sceaulx de France, lequel avoit faict appeller en son logis, au doianné Sainct Germain de l'Auxerois, Me Guillaume Bailly, l'ung des présidens en ladicte Chambre, et luy, Prévost ; et luy auroict dict que de la part dudict s^{r} Alamant il avoit receu après midy une coppie des excuses d'icelluy Alamant, dont semblable coppie est cy devant transcripte ; par lesquelles estoit porté qu'il, Alamant, n'avoit assisté à faire et dresser les remonstrances de ladicte Chambre sur l'eedict dont est question ; désiroit ledict sieur garde entendre la vérité de ce, et pour ce faire, prioit ladicte Chambre envoyer vers luy. A quoy ledict s^{r} Arbaleste se seroit offert présentement.

Et le lendemain mardy, 5me dudict mois de febvrier audict an, matin, assistans au bureau esdictz s^{rs} Alamant et Arbaleste, présidens ;

De la Croix,	C. Chevalier,	Hacqueville,
Viole,	Guyot,	Barguyn,
Du Val,	G. Chevalier,	Manneville
Séguier,	Cotton,	et Gelinard,

conseillers maistres ; lesdictz s^{rs} Nicolaj et Hennequin comparans et néantmoings retirez, pour les causes que dessus ; après que de la part dudict s^{r} Alamant a esté exhibé ung pappier escript, contenant ce qui

HENRI II.

ensuict : « François Alamant, conseiller du Roy et président en la Chambre de céans, a remonstré, en présence de Messieurs, que la Chambre luy feist commandement le jour d'hier de soy trouver ce matin céans pour aller devers le Roy et Messrs de son privé Conseil faire entendre certaines remonstrances pour le bien et service dudict seigneur, ausquelles ledict Alamant a esté, avec d'aultres, depputé; a dict que la vérité est qu'il fut leu, a quelque temps, au petit bureau d'icelle Chambre, en la présence de trois ou quatre de Messieurs et de luy, quelques remonstrances concernans l'eedict faict sur la création de l'office d'ung premier président en la Chambre de céans, mais que ce n'estoit le lieu où il en debvoit dire son oppinion; et depuis n'a esté à la délibération et conclusion d'icelles. Aussi a remonstré que, depuis ladicte lecture ainsi ouye, il a entendu que l'intention du Roy est que ledict eedict dont question est sorte son effect et soit publié. A l'occasion de quoy, et pour n'estre trouvé contrevenir à son voulloir, il a déclairé que, comme très humble et très obéissant serviteur et subject dudict seigneur, il consent la lecture et publication. Suplie humblement la Chambre que, tout ainsi qu'après pareil consentement faict par Monsr le président Nicolaj, ladicte Chambre l'a receu soy déporter de plus assister audict négoce, que en semblable elle permecte à icelluy Alamant de soy déporter. Requérant au surplus acte de la présente déclaration, et sans approuver jurisdiction devant ceulx du corps qu'il a cy devant récusez. Signé : Alamant. » Et ce dict, se seroit retiré pareillement ledict Viole, au moien d'aulcuns procès et différends qu'il disoit estre pendans entre ledict sr Alamant et luy.

Lors par ledict sieur Arbaleste auroict esté faict récit que ledict seigneur garde des scelz, devers lequel luy Arbaleste et aultres auroient esté, qu'ilz avoient faict entendre audict sieur comme ledict sr Alamant avoit tousjours assisté à délibérer sur l'expédition de l'eedict, jusques au jour auquel l'on auroict besongné aux remonstrances; lesquelles il, Alamant, avoit veues, et à icelles adjousté aulcuns articles et aulcuns aultres corrigez. Sur quoy ledict sieur garde auroict faict response que, le lendemain, au lever du Roy, il mecteroit peine de faire tout entendre audict seigneur; et ce pendant, que la Chambre pouvoit continuer à l'expédition de l'affaire principal.

Eue sur ce délibération, ledict sr Alamant appellé pour luy remonstrer qu'il estoit expédient qu'il allast vers le Roy faire les remonstrances, entrant au bureau, auroict demandé si les dessus nommez pour présens auroient assisté, après la lecture du pappier, à délibérer sur icelluy; remonstrant qu'il y en avoit plusieurs qui ne se y debvoient trouver, mesmes Messrs les Hennequins et Chevaliers, en choses qui les concernent particullièrement; mais en chose qui touchoit le faict du Roy, mesmement le faict de l'eedict, duquel il avoit ce jourd'huy consenty la publication, n'entendoit bailler aucunes causes de récusation, à ce que cy après l'on ne peust dire que sa récusation en empeschast l'exécution; ains supplioit Messieurs, se conformant au voulloir du Roy, de expédier ledict eedict et le publier promptement, sans attendre à la relevée; requérant acte luy estre baillé de tout son dire, pour luy servir ce que de raison; protestant faire déclarer nul tout ce qui avoit esté faict contre luy, comme ayant esté faict par personnes privées, n'ayans pouvoir de jurisdiction sur luy, et en compagnie de juges récusez, contre lesquelz avoit cinquante arrestz de récusations jugées. Et ce dict, se seroit retiré.

L'affaire mis en délibération, assistans les dessus nommez, auroict esté ordonné que, nonobstant le contenu aux remonstrances dudict sr Alamant par luy ce jourd'huy baillées et prochaines dessus transcriptes, attendu qu'il est question d'un faict public, concernant le bien du Roy et de ladicte Chambre, ne touchant en rien le faict particullier dudict sr Alamant, aiant aussi regard que les récusations par luy mises en avant cedict jour estoient depuis l'arrest donné le jour précedent et à luy signiffié par ledict de Gandouyn, huissier, que ledict sr Alamant obéiroict au contenu d'icelluy arrest, sur la peine y déclairée. Ce que, luy, Alamant, appellé, auroict esté leu et prononcé en sa présence. A quoy auroict faict response qu'il demandoit coppie du présent arrest et de ce qui avoit esté faict contre luy, pour regarder ce qu'il avoit à faire, supliant la Chambre ordonner que ladicte coppie luy feust délivrée. Et à ces fins, se seroit encores retiré.

Eue ce sur ce délibération, et ledict sr Alamant appellé, auroict esté dict par ladicte Chambre que, avant d'avoir par ledict sr Alamant ladicte coppie, estoit expédient qu'il eust à déclairer s'il entendoit obéir à l'arrest d'icelle devant transcript. A quoy auroict respondu que, quant la Chambre ordonneroit quelque chose le concernant en compagnie de personnes non suspectz ne récusez, il n'y avoit officier en icelle, depuis le plus grand jusques au petit, qui portast plus d'obéissance et dévotion au service que luy; persistant tousjours à avoir par escript ce que luy avoit esté dict et prononcé, pour, icelluy eu et veu, faire de sa part ce que de raison.

Et ledict jour de relevée, 5me febvrier an susdict, assistans au bureau lesdictz srs Alamant et Arbaleste, présidens;

De la Croix,	C. Chevalier,	Hennequin,	G. Chevalier
Du Val,	Hacqueville,	Barguyn,	et Gelinard,
Luillier,	Guyot,	Manneville,	

conseillers maistres; ledict sr Nicolaj comparant et retiré comme dessus; peu devant l'heure de trois heures, seroit venu par devers la Chambre Me [Pierre] de Picquet, secrétaire dudict sieur garde des scelz, disant avoir charge de par le sieur garde dire à la Chambre qu'elle envoyast l'ung de la Compagnie vers luy; pour entendre la volonté du Roy. Et pour y satisfaire, auroict esté commis ledict sr Guyot.

Luy party, et la Compagnie entrée en délibération sur le présent négoce, auroict ledict sr Alamant déclairé ce que ensuict : Que ce jourd'huy matin, sur, oultre et par dessus les remonstrances par luy faictes pour ne porter au Roy la parolle des remonstrances que vous avez faict signer par vostre greffier, vous avez ordonné que, en peine de suspension de son office, il y obéiroict. Et, combien que ce jugement soit donné par aulcunes personnes qui n'ont eu puissance de ce faire, et qu'il entend s'en pourvoir par la voye que de raison, aussi que la pluspart d'icelles remonstrances sont contre son advis, et que sçachant la volonté du Roy, il ayt ce matin consenty et requis la publication d'icelluy eedict, pour tousjours se conformer au voulloir dudict seigneur; néantmoings, pour obvier au scandalle à luy préparé, a déclairé que, en luy baillant les proccedures et prétenduz jugemens sur ce intervenuz, il offre, comme contrainct, de aller demain faire icelles remonstrances, avec Mr Tambonneau, desnommé en icelles, aux protestations que, si le Roy ou Messieurs de son Conseil luy en demandent son advis particullier, de leur dire en sa conscience ce qui luy en semble. Et ce dict, se seroit ledict sr Alamant retiré.

Et peu après, ledict sr Guyot retourné, la Compagnie assemblée, où assistoient lesdictz srs Nicolaj, Alamant et Arbaleste, présidens;

De la Croix,	C. Chevalier,	Hennequin,
Luillier,	Guyot,	Gelinard,
Du Val,	Hacqueville,	Manneville
Hesselin,	Barguyn,	et Chevalier,

conseillers maistres, auroict rapporté que ledict sieur garde luy avoit dict que le Roy avoit faict lire en son Conseil certains articles de remonstrances; nonobstant lesquelles entendoit et vouloit que la Chambre eust à passer oultre à la publication dudict eedict. Et, sur ce que il, Guyot, auroict remonstré audict sieur garde que la Chambre avoit depputé lesdictz srs Alamant et Tambonneau, auroict ledict sieur garde respondu que lesdictz depputez avoient trop tardé; toutesfois, s'ilz venoient demain matin, il les feroit ouyr. Ce faict, lesdictz Nicolaj et Alamant, Hesselin, Luillier et Hennequin levez et retirez, lecture faicte de la déclaration dudict Alamant dessus insérée, et le rapport dudict Guyot entendu, eue délibération, auroict la Chambre ordonné, et audict Alamant, pour ce présent et appellé, de rechef dict et prononcé que, le lendemain matin, heure de sept heures, il eust à soy trouver céans, pour, en la compagnie de l'ung des aultres présidens et deux des maistres, aller au lever du Roy au Louvre, illec porter audict seigneur la parolle du contenu èsdictes remonstrances. Tant seullement ce qu'il auroict accordé faire en luy baillant par escript ladicte ordonnance, signée du greffier, avec coppie aussi signée de toute la proceddure et acte de ses remonstrances et protestations, et faisant venir ledict sʳ Tambonneau, président, nommé avec luy. Sur quoy auroict esté promptement délibéré et conclud, pour la briefvetté du temps et absence dudict Tambonneau, qu'il seroit dict de rechef audict Alamant qu'il obéiroit sans attendre ledict Tambonneau et, pour satisfaire à l'acte et coppie par luy requis, auroict avec luy le greffier, garny dudict eedict et de ce qui avoit esté faict et délibéré sur icelluy, pour, si besoing estoit, en faire foy. A quoy ledict sʳ Alamant se seroit condescendu.

Et suivant ce, lendemain 6ᵐᵒ dudict mois de février, mercredy, huict heures du matin, comparans au bureau lesdictz sʳˢ Alamant, Guyot et G. Chevalier, et en leur compagnie moy, le Maistre, greffier, par les mains duquel ledict sʳ Alamant auroict voulu recevoir les articles desdictes remonstrances, requérant estre faict registre de l'heure, et qu'il les recepvoit soubz les protestations par luy faictes le jour précéddent, sans les réitérer; se seroient transportez audict Louvre devers le Roy. Auquel lieu, en la chambre dudict seigneur, où assistoient Mgr le révérendissime cardinal de Lorraine, Mgr le duc de Montmorency, pair et connestable, Messire Jehan Bertrand, chᵉʳ, garde desdictz scelz, Messire Jacques d'Albon, chevalier de l'ordre, sieur de St-André, mareschal de France, lieutenant général et gouverneur des païs de Bourbonnois, Lyonnois, Forestz et Beaujolois, et Messire Cosme Clausse, chᵉʳ, sieur de Marchaumont et de Fleury, consᵉʳ du Roy et secrétaire de ses finances, auroient, par l'organe dudict Alamant, président, exposé et faict entendre attentivement et en bonne audience le contenu entièrement èsdictes remonstrances. Lesquelles ouyes, auroict ledict seigneur faict response en ces termes : « J'ay ouy et entendu voz remonstrances. Quant à l'eedict, c'est ung eedict que j'ay faict pour bonnes causes; vous passerez oultre pour ce coup. »

Et depuis, lesdictz sʳˢ depputez retournez à l'instant, et rapport par eulx faict de ce que dessus au bureau, où assistoient lesdictz sʳˢ Nicolaj, Alamant, Arbaleste et Tambonneau, présidens;

De la Croix,	C. Chevalier,	Hennequin,
Luillier,	Guyot,	G. Chevalier,
Du Val,	Barguyn,	Manneville et Gelinard,

conseillers maistres; voulans délibérer sur la publication dudict eedict, se seroit retiré ledict sʳ Nicolaj, semblablement ledict sʳ Alamant, lequel exhorté de demourer, auroict remonstré que jà il en avoit dict son advis, mesmes suplié la Compagnie de le publier; par quoy, de se rendre juge, estoit faire chose indigne de son office; toutesfois aux protestations que dessus, si la Chambre l'ordonnoit, il assisteroit. Ce qui auroict esté remys en son arbitrage; et lors dict qu'il estoit contant soy abstenir.

Ce faict, et la matière mise en délibération, auroict esté ordonné que sur le reply dudict eedict seroit mis : « *Lecta, publicata et registrata de expresso mandato domini nostri Regis, et audita credentia deputatorum a Camera, procuratore dicti domini Regis audito, sexta februarii, anno in albo contento.* Le Maistre. »

Après laquelle expédition auroict ledict sʳ Alamant remonstré les injunctions et commendemens à luy faictz en ce négoce de l'ordonnance de ladicte Chambre, sur lesquelz il avoit tousjours protesté de se pourveoir; requéroit à ces fins coppie luy estre baillée, signée du greffier, de tout ce qui avoit esté sur ce faict et ordonné; et ce dict, se seroit retiré. Et, pour ce que lesdictz sʳˢ Nicolaj, Arbaleste, Viole, Luillier, Hennequin, C. Chevalier et plusieurs aultres se seroient levez et retirez, la Compagnie se voyant en nombre moings que suffisant, n'auroict depuis passé plus avant audict affaire.

« Henry, par la grace de Dieu Roy de France, à tous présens et advenir. Comme, après avoir congneu les abus et malversations qui s'estoient cy devant commises par aulcuns noz officiers comptables qui retenoient en leurs mains plusieurs grandes sommes de deniers de leurs charges, sans rendre compte du maniement d'icelles au temps qu'ilz debvoient, nous eussions, pour faire cesser lesdictz abus, faict lesdictz comptables alternatifz, et ordonné qu'ilz rendroient compte, dedans l'an après le maniement qu'ilz auroient eu de nozdictz deniers, du faict de leursdictes charges; et, pour mieulx et dilligemment y satisfaire, nous aurions augmenté le nombre des officiers de nostre Chambre des comptes à Paris, estimans que, pour la vigilance de plusieurs ministres, noz affaires seroient mieulx esclarciz, les subterfuges de noz comptables congneuz, les faultes qu'ilz feroient au maniement d'iceulx descouvertes, et toutes choses touchans le faict de nozdictes finances tellement digérées que à nozdictz comptables seroit osté tout moien d'abuser de nozdictz deniers, et à nous l'occasion d'en chercher, quant le besoing de noz affaires le requiert, à grands intérest et aliénation de nostre domaine et par aultres moiens telz que nous avons esté contrainctz mectre en avant pour le bien, conduicte et nécessité de nozdictz affaires, tuition et deffence de nostre royaulme; toutesfois, encores qu'il soit croyable que la pluspart des officiers de nostredicte Chambre y aient faict et facent leur debvoir et s'y employent en la dilligence et fidellité qu'ilz nous doibvent, si est ce que nous congnoissons évidemment que beaucoup de choses de ce qui se passe par nostredicte Chambre ne sont pas recherchées et observées au bien et prouffict de nostre service, avecques le soigneulx regard qu'il seroit nécessaire, et jugeons cela provenir, tant pour raison des parentez et alliances qui sont en ladicte Chambre, que de la division et département qu'avons dernièrement faict par semestre desdictz officiers en icelle nostredicte Chambre, d'aultant que ceulx de l'ung semestre ne peuvent avoir la congnoissance des jugemens et faictz de l'aultre semestre, comme celuy qui aura esté en tous les deux; pour à quoy pourveoir seroit besoing y avoir ung chef qui soit pour continuellement y résider, servir et présider à tous les deux semestres, lequel, avec ceste assiduité et continuel regard, sera pour y tenir les membres et aultres officiers d'icelle en meilleur debvoir, et aura l'œil à l'observation plus estroicte de noz ordonnances qu'il n'a esté faict jusques icy. Ce que, pour ceste occasion et aultres grandes et raisonnables considérations, et après avoir faict informer par certains notables personnages et avoir veu ladicte information et eu leurs advis, par délibération des princes de nostre sang et aultres gens et notables personnages de nostre Conseil estans lez nous, avons trouvé raisonnable de faire. Sçavoir faisons que nous, ces choses considérées, et pour plusieurs aultres bonnes causes et raisons à ce nous mouvans, avons, par eedict perpétuel et irrévocable, faict, créé et érigé, faisons, créons et érigeons par la teneur de ces présentes ung office de nostre conseiller et président en nostredicte Chambre des comptes, pour doresnavant estre chef et premier président en icelle Chambre par dessus et oultre le nombre des six qui y sont de présent; lesquelz nous voulons et entendons demourer et présider en leursdictz estatz en l'ordre qui s'ensuict, c'est assavoir: après ledict premier président qui sera par nous pourveu, Me Anthoine Nicolaj, et les cinq aultres selon leur ordre et rang accoustumé. Et lequel premier président qui sera par nous pourveu dudict estat, comme dict est, précedera lesdictz six aultres et devant eulx tiendra le premier lieu et scéances en toutes choses, avec telz et semblables droictz d'espices, manteaulx, buches, authoritez, prérogatives, prééminances, franchises, libertés, gaiges, pension, prouffictz, revenuz et esmolumens que ont accoustumé avoir et jouir les premiers présidens en ladicte Chambre, et sans diminution pour ledict Nicolaj et ses successeurs en sondict office des gaiges, pension, droictz, prouffictz et esmolumens qu'il en souloit prendre par cy devant. Lesquelz gaiges, droictz, pension, nous avons ordonné et ordonnons audict premier président et aultres successeurs en son lieu et office de premier président, qui par nous y seront pourveuz, par ces présentes signées de nostre main, à prandre par les mains du recepveur et paieur de ladicte Chambre, ainsi que les aultres officiers d'icelle ont accoustumé les avoir. Et, affin que ledict premier président puisse avoir moien satisfaire en cest endroict à nostre intention, voulons, ordonnons et nous plaist qu'il entre en ladicte Chambre et exerce icelluy estat et office de premier président durant toute l'année entière, et préside à tous les deux semestres par dessus lesdictz aultres six présidens, sans ce que, soubz umbre du département par nous faict des officiers de nostredicte Chambre pour y servir six mois l'an seulement, il puisse estre empesché en l'exercice dudict office, ores ne pour l'advenir, en quelque manière que ce soict. Et auquel office nous pourvoirons de personnage digne et de la qualité requise. Et doresnavant, quand vaccation y escherra, y sera semblablement par nous et noz successeurs pourveu. Sy donnons en mandement, etc.......... Car tel est nostre plaisir, nonobstant l'érection de nostredicte Chambre des comptes et quelzconques eedictz et statuz, ordonnances et restrinctions, mandemens ou deffences à ce contraires, ausquelz nous avons, de nostre plaine puissance, aucthorité roial, dérogé et dérogeons par ces présentes, ausquelles, en tesmoing de ce, nous avons faict mectre nostre scel, sauf en aultre chose nostre droict, et l'autruy en toutes. Donné à St-Germain en Laye, ou mois de janvier, l'an de grace mil cinq cens cinquante quatre, et de nostre règne le huictiesme. Ainsy signé : HENRY; et sur le reply, Par le Roy : de Laubespine, *visa;* et scellé en laz de soye de cire verte.

« *Lecta, publicata et registrata de expresso mandato domini nostri Regis, et audita credentia deputatorum a Camera, procuratore generali dicti domini audito, sexta februarii, anno in albo contento.* LE MAISTRE. »

« Henry, etc. Comme par noz lettres d'eedict du mois de janvier dernier, et pour les bonnes et grandes causes et considérations y contenues, nous ayons faict, créé et érigé ung office de premier président en nostre Chambre des comptes à Paris, pour présider à tous les deux semestres d'icelle Chambre et précedder en toutes choses les six aultres présidens qui y sont de présent, à telz et semblables gaiges et droictz que ont accoustumé d'avoir et prendre ceulx qui ont tenu le lieu et estat de premier président en icelle Chambre, ainsi qu'il est plus à plain contenu et déclaré oudict eedict, qui a esté leu, publié et enregistré en ladicte Chambre; auquel estat de premier président n'avons encores pourveu, comme il est très requis et nécessaire faire, de personnage d'entière intégrité et probité, et qui soit digne de tenir et exercer ung tel et sy important estat et office. Sçavoir faisons que nous, ayans mis en considération les grans sens, suffizance, vertus, loyaulté, preud'hommie, expérience et bonne dilligence qui sont en la personne de nostre amé et féal conseiller et maistre des requestes de nostre hostel, Maistre Michel de l'Hospital, et congneu par expérience avec quelle sincérité, soigneux et vigilant debvoir il s'est acquicté ès estatz et charges d'importance èsquelles l'avons cy devant emploié pour nostre service, et l'affection qu'il porte au bien d'icelluy; estimans par ce que ne pourrions faire élection de personnage qui soit pour mieulx et vertueusement exercer ledict estat et office de premier président, ainsi que nous désirons et qu'il est requis pour le bien de nostre service; à icelluy de l'Hospital, pour ces causes et aultres bonnes considérations à ce nous mouvans, avons donné et octroié, donnons et octroions par ces présentes ledict office de premier président en nostredicte Chambre des comptes à Paris, ainsi que dict est, par nous nouvellement créé, auquel n'a esté par nous pourveu, pour l'avoir, tenir et doresnavant exercer par ledict de l'Hospital, etc. .... Car tel est nostre plaisir. En tesmoing de quoy nous avons faict mectre nostre scel à cesdictes présentes. Donné à Paris, le sixiesme jour de febvrier, l'an de grace mil cinq cens cinquante quatre, et de nostre règne le huictiesme. Signé sur le reply : Par le Roy : de Laubespine, et scellé sur double queue de cire jaulne.

« Et sur ledict reply est escript : *Prestitit juramentum et receptus est in Camera computorum domini nostri Regis ad officium de quo in albo, duodecima februarii, anno in eodem albo contento.* LE MAISTRE. »

(Copie du XVIIe siècle. — Arch. Nicolay, 12 C 9.)

96.
10 Avril 1554 (anc. st.)
CONFIRMATION DE PENSION POUR LE P.P. ANTOINE NICOLAY.

Henry, etc., à nos amés et féaux les Gens de nos comptes, trésoriers de France et généraux de nos finances, Salut et dilection. Savoir faisons que, en pourvoyant par cy devant, et dès le 26me mars 1551, nostre amé et féal conseiller Me Antoine Nicolay de l'office de P.P. clerc en nostre Chambre desdits comptes à Paris, par la résignation et démission qu'en fit lors en nos mains feu Me Aymard Nicolay, son père, et de nostre vouloir et consentement, au profit dudit Me Antoine Nicolay, son fils, à condition toutefois de survivance d'eux deux, pour ledit office dès lors en avant tenir et exercer par lesdits père et fils, l'un en l'absence de l'autre et par le survivant d'eux deux, nous avons voulu et entendu, comme encore voulons et entendons, que ledit Me Antoine Nicolay, après le trépas de sondit père, jouisse des honneurs, autorités, prérogatives, prééminences, franchises, libertés, gages, droits d'épices, chevauchées, robes, manteaux, profits et tous autres émolumens appartenans audit office de P.P., ensemble de la pension de 500 liv. tournois affectée audit estat, laquelle a toujours eue, avoit et percevoit ledit feu Me Aymard Nicolay, pendant qu'il a tenu et exercé ledit estat et office et jusques au jour de son trépas, afin qu'il eust d'autant meilleur et plus honorable moyen de s'entretenir en l'exercice d'iceluy estat. Auquel s'estant depuis ledit trépas iceluy Me Antoine Nicolay, son fils, employé fidèlement et diligemment, à nostre contentement, et pour l'espérance que nous avons que, à l'imitation de sondit père, il continuera de bien en mieux à nous faire service, non seulement en sondit estat, mais aussy en autres charges et commissions où nous le pourrons employer cy après, nous avons bonne et grande occasion de luy continuer ladite pension, à commencer du jour du trépas de sondit père, comme aussy nous l'avons encore et derechef déclaré, voulu et confirmé par l'édit par nous naguères fait, pour aucunes causes à ce nous mouvant, de l'érection d'un premier président et chef de six autres qui déjà estoient en nostredite Chambre, pour ledit office de chef et premier président estre exercé selon et ainsy qu'il est contenu par iceluy édit. Suivant lequel voulant ledit Me Antoine Nicolay estre payé, ensemble ses successeurs en sondit office, comme l'a esté feu sondit père, de ladite pension de 500 liv. tournois, à commencer, comme dit est, du jour dudit trépas et à continuer doresnavant par chacun an, par les receveurs généraux de nos finances respectivement établis en nostre ville de Paris, présens et à venir, par les simples quittances dudit Me Antoine Nicolay et sesdits successeurs en iceluy office, et sur les clairs deniers de ladite recette générale, ce qu'il doute que lesdits receveurs généraux voulussent faire, encore que ledit édit d'érection le porte et contienne spécialement, sans exprès mandement de nous ; requérant ledit Me Antoine Nicolay luy vouloir sur ce octroyer nos lettres requises et nécessaires ; nous, pour ces causes et autres à ce nous mouvant, vous mandons et à chacun de vous, si comme à luy appartiendra, que par lesdits receveurs généraux de nosdites finances audit Paris, chacun en son regard, vous faites bailler et délivrer comptant audit Me Antoine Nicolay ladite somme de 500 liv. tournois de pension .... Car tel est nostre plaisir, nonobstant l'ordonnance de nostre Épargne, par laquelle est dit que toutes pensions seront payées par les trésoriers d'icelle .... Donné à Fontainebleau, le 10me jour d'avril, l'an de grace 1554 avant Pasques, et de nostre règne le neuvième.

HENRY.
DE LAUBESPINE.
(*Mémorial.*)

97.
18 Août 1555.
OFFICES CLERCS ET OFFICES LAÏQUES.

Henry, etc., à nos amés et féaux les Gens des comptes à Paris, Salut. Comme puis naguères nous ayons, par édit perpétuel et irrévocable, créé et érigé en nostre Chambre des comptes six conseillers et maistres ordinaires de nosdits comptes et autres officiers en icelle, outre autre création précédemment par nous aussy faite, en l'année 1551, d'autres huit maistres ordinaires de nosdits comptes et autres nos officiers ; et pour ce que, par iceluy nostre édit de création, nous n'avons fait aucune déclaration ne distinction de ceux qui auroient le titre de clercs et de ceux qui auroient le titre de lays conseillers et maistres ordinaires de nosdits comptes, comme nous n'avions aussy fait par ledit précédent édit, d'autant qu'on ne savoit lors en quel ordre ne de quel rang et costé ils seroient reçus et installés ; ayant depuis esté averti que nos amés et féaux Me Guillaume Chevalier, Me Jean d'Alesso, sr de Lezeau, et Me Pierre de Valles, par nous dernièrement pourvus, ont par vous esté reçus èsdits offices et installés du costé et rang des clercs, et Mᵉ Pierre Cotton, Mᵉ Guillaume Gelinard et Mᵉ Miles Perrot, aussy par nous pourvus des autres trois offices de nos conseillers et maistres, lesquels ont esté aussy par vous reçus et installés du costé et rang des lays; ne voulant l'ordre premier de l'érection d'icelle nostredite Chambre, ne mesme la création et augmentation nouvelle de nos offices en icelle, estre aucunement immué ne perverti, ains le conserver, et nos officiers en nostredite Chambre estre entretenus en l'ordre ancien et selon la première création et institution d'icelle. Pour ces causes et autres à ce nous mouvant, et afin que nostredite Chambre demeure composée selon et ensuivant son érection, par moitié et en égal nombre de clercs et de lays conseillers maistres de nosdits comptes, voulons que lesdits trois conseillers et maistres clercs de nosdits comptes dessus premiers nommés, par vous reçus et installés audit rang et costé des maistres clercs anciens, ayent le titre de maistres clercs, et qu'ils jouissent des droits de manteaux auxdits offices appartenans, tels et ainsy que font les anciens et nouveaux pourvus de pareils offices de maistres clercs ordinaires de nosdits comptes, et qu'ils ont cy devant accoutumé d'avoir et prendre à cause dudit titre de maistre clerc ordinaire, pour tenir en égalité et faire partie de ceux qui tiennent ou tiendront lesdits offices de maistres clercs de nosdits comptes...... Donné à St-Germain en Laye, le 18ᵐᵉ jour d'aoust, l'an de grace 1555, et de nostre règne le neuvième.

HENRY.

Par le Roy en son Conseil : BURGENSIS.

(*Mémorial.*)

---

98.   11 *Février* 1555 *(anc. st.)*
JUSSION POUR L'ENREGISTREMENT D'UNE CRÉATION D'OFFICES.

De par le Roy. Nos amés et féaux, nous avons vu la lettre que vous avez écrite à nostre très cher et très amé cousin le duc de Montmorency, pair et connestable de France, du 8ᵐᵒ de ce mois, et entendu par icelle l'occasion qui vous a encore fait différer à procéder à la publication de l'édit par nous fait sur la nouvelle érection de deux conseillers et maistres en nostre Chambre des comptes. Et, pour ce que nous ne sommes pas délibéré pour cela de nous divertir de nostre première intention et résolution que nous vous avons jà par tant de fois fait savoir, à cette cause nous vous mandons, commandons et expressément enjoignons que, toutes longueurs, remises et difficultés cessant, et sans vous donner la peine de plus renvoyer devers nous pour cet effet, ni à nous de vous en écrire et expédier autre ne plus exprès mandement que ces présentes, signées de nostre main, vous ayez à procéder à la publication dudit édit et en cela satisfaire à nos vouloir et intention. Et n'y faites faute, car tel est nostre plaisir. Donné à Cheverny, le 11ᵐᵉ jour de février 1555.

HENRY.

BOURDIN.

(*Mémorial.*)

---

99.   16 *Janvier* 1557 *(anc. st.)*
COMMISSION POUR PROCÉDER A UNE TAXE SUR LES GENS AISÉS.

(*Mémorial.* — Impr. dans D. Félibien, t. Iᵉʳ, p. 656.)

---

100.   29 *Mai* 1559.
FRAIS DU CARROUSEL ROYAL.

Les Gens des comptes du Roy nostre sire. Vu les lettres patentes dudit seigneur données à Paris le 19ᵐᵉ jour de ce présent mois, signées de sa main et d'un secrétaire de ses finances, auxquelles ces présentes sont attachées sous l'un de nos signets, par lesquelles, et pour les causes y contenues, ledit seigneur permet et accorde aux prévost des marchands et échevins de cette ville de Paris que, pour satisfaire aux frais qu'il leur a convenu et conviendra faire pour et à cause des lices et échafauds qu'ils font construire et dresser en la rue Champagne, avec le portail et entrée desdites lices du costé de la rue St-Paul, ensemble à faire les peintures et autres frais à ce nécessaires que ledit seigneur fera faire après la célébration des noces de Mme Élisabeth, fille dudit seigneur, et de Mme Marguerite, sa sœur, ainsy qu'il fut fait et exécuté aux entrées dudit seigneur et de la reine, ils puissent prendre les deniers sur les plus valeurs des aydes et impositions cy devant mises sus en ladite ville de Paris, par permission d'iceluy seigneur et du feu Roy, jusques à la concurrence de la somme à laquelle se monteront lesdits frais, après les rentes constituées sur icelles aydes et impositions et frais préalablement payés et acquittés; la requeste à nous sur ce présentée de la part desdits prévost des marchands et échevins; consentons l'entérinement desdites lettres selon leur forme et teneur. Donné sur nosdits signets, le 29 may 1559.

(*Mémorial.*)

101.   3 *Mai* 1560.

REMONTRANCES AU SUJET DE LA CRÉATION D'UNE CHAMBRE DES COMPTES DE LA REINE-MÈRE.

9 *et* 10 *Août* 1560.

LETTRE DE LA CHAMBRE A M. LE CARDINAL DE LORRAINE, ET RÉPONSE. CÉRÉMONIAL DES SÉANCES.

12 *Août* 1560.

OBSÈQUES DE LA REINE-RÉGENTE D'ÉCOSSE.

(*Mémorial.* — Impr. dans D. Félibien, t. Ier, p. 658, 660 et 661.)

102.   31 *Mars* 1560 (*anc. st.*)

LETTRE DU ROI A LA CHAMBRE. — RÉDUCTION DE DÉPENSES.

De par le Roy. Nos amés et féaux, pour ce que, pour le bien de nos affaires, nous ne voulons estre faits aucuns frais sur nos finances, sinon ceux qui se trouveront estre très nécessaires, nous vous mandons et ordonnons par la présente que vous n'ayez à ordonner aucune dépense pour les édifices des maisons de la Ste-Chapelle, ni semblablement pour les réparations desdites maisons, mais vous ayez à enjoindre aux chanoines de ladite Ste-Chapelle d'entretenir de couvertures et menues réparations leurs logis, jusques à ce que par nous autrement en ayt esté ordonné. Aussy, pour ce que nous voulons savoir et entendre que se montent les droits de chauffage que ont accoutumé prendre les maistres des eaux et forests et nos autres officiers desdites forests, et l'origine et commencement desdits droits, vous ayez à nous envoyer ce que en trouverez en ladite Chambre, et si c'est en nature ou en argent qu'il leur fut octroyé. Et par mesme moyen, vous nous enverrez aussy par estat les charges qui sont sur la recette générale de Dauphiné, mesmement les dons faits à vie et à temps en ladite charge. Et outre, ferez voir pour combien de revenu la terre de Crécy fut donnée au duc de Somme, lorsque la reine Léonore entra en la jouissance de la terre de

Hangest. Dont nous avertirez, et nous enverrez le tout le plus diligemment que faire se pourra. Et à ce ne faites faute, car tel est nostre plaisir. Donné à Fontainebleau, le dernier jour du mois de mars 1560.

CHARLES.
HURAULT.
(*Mémorial.*)

103.   11 *Mai* 1561.
LETTRE DU ROI A LA CHAMBRE. — RÉUNION DES ÉTATS.

De par le Roy. Nos amés et féaux, ayant su les menées qui furent faites aux Estats dernièrement tenus en nostre ville de Paris, qui ne tendoient qu'à remuer et troubler beaucoup de choses, au dommage du public et du bien de nostre service, nous fumes mû par bon et mûr avis et conseil d'indire de nouveau l'assemblée desdits Estats au 25me de ce mois, qui depuis a esté remise au 28me. Et, pour ce que nous venons d'estre averti que, pour la contention et différend qui est entre le prévost dudit Paris et le prévost des marchands de ladite ville sur l'autorité et prééminence de faire ladite assemblée, plusieurs notables personnages du tiers estat feroient difficulté de s'y trouver, en danger d'y voir le mesme désordre et confusion qui a esté en ladite première assemblée; à cette cause, désirant y pourvoir au mieux qu'il nous sera possible, nous écrivons aux Gens de nostre Cour de parlement qu'ils ayent à députer deux des présidens de ladite Cour pour comparoistre en ladite assemblée et y faire le devoir que nous espérons de leur fidélité et affection. Et voulant et entendant qu'il y ayt aussy nombre notable de ceux de nostre Chambre des comptes, nous vous mandons que vous ayez à en députer, tant des présidens que des maistres, correcteurs, et auditeurs; auxquels nous commandons et ordonnons de comparoistre en la maison épiscopale de nostredite ville de Paris, au jour assigné pour ladite assemblée, et là tenir main de leur part à ce que nous puissions estre aydé et secouru en nos affaires ainsy que la nécessité, qui en est assez connue d'un chacun, le requiert nécessairement, sans permettre que, pour certaines particulières passions de gens de petite condition et basse qualité, et par brigues et menées, nous soyons traversé et empesché en si raisonnable chose que celle dont nous faisons requérir nos bons et loyaux sujets. Mais n'y faites faute, car tel est nostre plaisir. Donné à Fère en Tardenois, le 11me jour de may 1561.

CHARLES.
BOURDIN.

Suivant lesquelles lettres, le 16me desdits mois et an, les deux semestres appelés et assemblés, pour satisfaire au vouloir dudit seigneur et suivant iceluy, ont esté nommés et élus MM. les présidens Nicolay et   , et en l'absence dudit s^r Nicolay, M^r le président Luillier; de la Croix, du Val, Hesselin et Chevalier, maistres des comptes; le Lièvre et Aurillot, collecteurs; Barthélemy et Lambert, auditeurs.

(*Mémorial.*)

104.   2 *Juin* 1562.
FONTE D'UNE PARTIE DES RELIQUAIRES DE LA SAINTE-CHAPELLE.

Charles, etc., à nos amés et féaux les Gens de nos comptes à Paris, Salut. Nos très chers et bien amés les trésorier, chanoines et chapitre de nostre Ste-Chapelle du Palais à Paris nous ont remonstré que, pour leur part et portion de la somme de 300,000 liv. tournois que les gens du clergé des provinces de Reims, Sens et Rouen nous ont accordé fournir promptement et par avance, attendant que icelle somme ayt esté départie et livrée sur tous ceux de nostre royaume, pays, terres et seigneuries de nostre obéissance qui ont accoutumé payer décimes, pour subvenir aux grands frais et dépenses qu'il nous convient supporter pour la guerre en laquelle nous sommes contraint d'entrer, pour pacifier les troubles qui sont à présent en nostre royaume et nous faire rendre l'obéissance qui nous est due par nos sujets, ils ont esté cotisés à la somme de 10,000 liv. tournois; laquelle ils n'ont aucun moyen de fournir, si ce n'est en vendant ou faisant fondre et convertir en monnoyes usuaires, à nos coins et armes, aucuns des reliquaires, effigies, vaisseaux et autres meubles précieux estant en leur Trésor, suivant que pour cettuy effet l'avons permis à eux et autres églises desdites provinces, par nos lettres patentes du 30me jour du mois de may dernier passé. Et pour ce que les dessus nommés sont chargés et responsables de tous lesdits reliquaires, vaisseaux et autres meubles précieux, par inventaire estant en nostredite Chambre, ils ne doivent y toucher pour les vendre ni fondre, sans en estre par vous déchargés sur ledit inventaire. A cette cause, nous vous mandons, commandons et expressément enjoignons que vous ayez à commettre et députer un des présidens et l'un des maistres de nosdits comptes, pour eux transporter audit Trésor, et, appelés avec eux deux maistres orfèvres, ils ayent à faire voir et visiter lesdits reliquaires, effigies et autres meubles précieux, et d'iceux faire prendre les moins nécessaires et sur lesquels y aura le moins de perte, jusques à la valeur de ladite somme de 10,000 liv. tournois. Et, pour éviter qu'il n'en soit pris pour plus grande somme, feront peser iceux reliquaires et autres meubles et joyaux ainsy choisis, et porter en nostre ancienne Monnoye de Paris, pour de l'or et l'argent en estre fait essais, et, selon iceux, supputation et calcul de leur juste valeur; à la charge que lesdits trésorier, chanoines et chapitre s'obligeront que, après qu'icelledite somme ou partie leur aura esté rendue et restituée, ils seront tenus la remployer en achat d'autres reliquaires, vaisseaux, effigies et autres meubles précieux, ainsy qu'il leur sera par nous ordonné. . . . . Donné au Bois de Vincennes, le 2me jour de juin, l'an de grace 1562, et de nostre règne le deuxième.

                   CHARLES.
          Par le Roy en son Conseil : BURGENSIS.
                     (*Mémorial.*)

---

105.   26 *Août* 1562.
       GARDE BOURGEOISE DE PARIS.

Sur la remonstrance verbale ce jourd'huy faite à la Chambre par aucuns des conseillers maistres et autres officiers en icelle, de ce que les capitaines et leurs lieutenans ès dizaines de cette ville, qu'aucuns d'eux s'efforcent, et de fait leur ont fait faire commandement de envoyer chacun respectivement gens à cheval pour la conduite de l'artillerie hors la ville, en quoy lesdits officiers se trouvent surchargés et foulés; attendu ce que cy devant a esté observé, l'affaire mis en délibération, ladite Chambre, vu les registres d'icelle, et sans déroger aux priviléges y contenus, a ordonné et ordonne que lesdits officiers ne seront aucunement tenus ni contraignables de envoyer hors la ville, ains seulement de bailler et fournir chacun d'eux un homme suffisant dedans ladite ville, pour la garde et sureté d'icelle, tant de jour que de nuit, aux jours ordinaires et nuits ordinaires et accoutumés pour tels effets. Et sera le présent arrest signifié à tous lesdits capitaines et leurs lieutenans, à ce qu'ils n'en prétendent cause d'ignorance.

                    (*Journal.*)

---

106.   24 *Septembre* 1563.
SUPPRESSION DE L'OFFICE DE CHEF ET PREMIER PRÉSIDENT.

Charles, etc. Encores que, par nostre eedict faict à Orléans, au mois de janvier mil V^c LX, nous ayons suprimé, advenant mort ou forfaicture, tous offices de judicature et de finances et tous aultres créez et érigez, pour quelque occasion que ce soit, depuis le règne et décedz de nostre très honnoré seigneur et bisayeul le roy Loys douziesme, sans ce que nous ou noz successeurs à la couronne y puissions pourveoir, et deffendu par icelluy eedict à noz Courtz de parlement, Chambre de noz comptes et tous aultres noz officiers avoir aucun esgard aux lettres de provision qui pourroient estre obtenues au contraire par importunité ou aultrement; toutesfois, pour ce que l'estat et office de chef et premier président en nostre Chambre des comptes à Paris, nouvellement et du règne de feu nostre très honnoré seigneur et père le roy Henry, que Dieu absolve, créé et érigé par dessus et outre le nombre de six aultres présidentz qui lors y estoient, auroit vacqué au précedent icelluy eedict, par la promotion de nostre très cher et féal Me Michel de l'Hospital en l'estat et office de nostre chancellier, aucuns pourroient estimer iceluy estat de chef et premier président n'estre compris audict eedict. A quoy désirans remédier et oster toute occasion de plus pourveoir à icelluy estat à l'advenir; congnoissans les causes pour lesquelles il fut créé et érigé estre cessées, tant par le bon ordre que ledict chancellier a mis en noz affaires estans en ladicte Chambre, que par la peine et soing que les aultres présidentz d'icelle ont depuis prise de le imiter et ensuivre à leur pouvoir; et pareillement pour descharger noz finances des gaiges, pention et droictz qui furent attribuez audict office par la création d'icelluy; nous, pour ces causes et aultres bonnes considérations à ce nous mouvans, avons, par l'advis et délibération des gens de nostre Conseil, dict, déclaré, voullu et ordonné, disons, déclarons, voullons, ordonnons et nous plaist, par ces présentes signées de nostre main, que ledict estat et office de chef et premier président en nostre Chambre des comptes ainsy créé et érigé, comme dict est, est et demeure à tousjours estainct, suprimé et aboly. . . . . sans ce que, pour quelque cause, raison ny occasion que ce soit ou puisse estre, il y soit ne puisse estre, ores ne pour l'advenir, par nous ny noz successeurs, aucunement pourveu. Et où par après, par importunité de requérans ou aultrement, aucune provision en seroit faicte et expédiée, icelle, dès à présent comme pour lors et dès lors comme à présent, avons révocquée, cassée et adnullée. . . . . Donné à Meulan, le vingt quatriesme jour de septembre, l'an de grace mil cinq cens soixante trois, et de nostre règne le troisiesme.

CHARLES.

Par le Roy en son Conseil : HURAULT.

(Copie du XVIIe siècle. Arch. Nicolay, 12 C 9. — Impr. dans la collection Mariette.)

---

107.   28 Juin 1564.

POURSUITES CONTRE LE TRÉSORIER DU BOURG.

Ce jourd'huy, 28 juin 1564, nous, Guillaume Chevalier, Jean Prévost et Guillaume du Molinet, consers du Roy, maistre ordinaire, avocat et procureur général dudit seigneur en sa Chambre des comptes, commis et députés par ordonnance de ladite Chambre pour faire entendre au Roy et à Messieurs de son Conseil l'estat des affaires de Me Claude du Bourg, secrétaire de ses finances et cy devant trésorier de l'extraordinaire des guerres, et aussy pour satisfaire à un cahier de plaintes et doléances présenté à S. M. par ledit du Bourg, suivant l'arrest dudit Conseil tenu à Troyes le 15me jour d'avril dernier passé, après avoir rendu raison à ladite Chambre de nostre légation, nous avons, par ordonnance d'icelle, pour plus ample témoignage des choses qui se sont passées en cet affaire et de ce qu'il a plu au Roy nous commander, signé ces présentes, pour estre mises au greffe et servir de créance, ainsy qu'il est accoutumé.

Le 7me de ce mois, le Roy nous fit ouïr en son Conseil tenu à Mascon, auquel assistoient Messeigneurs les cardinaux de Bourbon et de Guise, les prince de Mantoue et duc d'Aumale, les connestable et chancelier, MM. de Boisy, de Crussol, de Cypierre, de Lansac, d'Orléans, de Limoges, de Laubespine, Bourdin, de l'Isle et de la Case Dieu: Nous proposasmes tout ce qui estoit de nostre charge, et ledit du Bourg fut ouï de sa part en personne ; et après que lesdits s^{rs} du Conseil eurent longuement avisé sur cet affaire, M^r le chancelier nous prononça ce qui fut arresté, et commença en cette sorte : « Le Roy et les seigneurs de son Conseil se contentant de l'office que la Chambre a fait en l'affaire du trésorier du Bourg, et principalement du devoir du président Nicolay, lequel le Roy tient pour un bon juge et se contente de luy et de vous, il lève les défenses faites à la Chambre de procéder contre ledit du Bourg, et ordonne qu'il sera pris au corps et mené prisonnier à Paris, pour répondre à ladite Chambre et estre par elle procédé en ses affaires ainsy qu'elle avisera par raison. Et pour oster audit du Bourg toutes occasions de se plaindre et l'acheminer en l'expédition de ses affaires, vous direz au président Nicolay que le Conseil le conseille et le prie de se déporter des affaires dudit du Bourg, non qu'il y ayt homme en cette compagnie qui se soit laissé persuader par ses paroles et qui ayt autre opinion dudit Nicolay que d'un bon juge, mais pour ne laisser audit du Bourg aucune cause de laquelle il se puisse couvrir pour retarder l'expédition de ses affaires. » Ce pendant, l'huissier qui nous avoit appelé se saisit de la personne dudit du Bourg, et le mit entre les mains du prévost de l'hostel, par ordonnance dudit Conseil[1].

(Créances.)

1. Dès le 25 octobre 1563, le roi avait fait ordonner à la Chambre de dépêcher la vérification des comptes du trésorier Claude du Bourg, afin qu'il pût partir en mission pour le Levant, ou de lui envoyer rendre compte des raisons qui retardaient cette vérification. La Chambre avait obtenu qu'on lui adjoignît deux membres du Conseil privé, les présidents Séguier et de Harlay, pour faire la procédure en chambre du Conseil. Mais le trésorier ayant récusé, pour quelque raison personnelle, le P.P. Nicolay, un nouvel envoyé du roi était venu, le 8 février 1564, enjoindre de juger l'affaire, avec l'assistance des deux commissaires, non point en chambre du Conseil, mais dans la Chambre même et à l'ordinaire, pour ôter au trésorier toute possibilité de récuser ses juges ou de nier la validité du jugement.

Malgré la décision du Conseil royal, le trésorier obtint sa mise en liberté et fit imprimer une sorte de factum contre la Chambre, intitulé : *Oraison prononcée à Messieurs des comptes par le seigneur de la Guérine, Maistre Claude du Bourg, conseiller du Roy et secrétaire de ses finances*, sur laquelle il a esté incontinent eslargy des prisons de la Conciergerie du Palais à Paris, ésquelles il estoit détenu par ordonnance desdicts Gens des comptes : avec une épistre escripte et envoyée par ledict seigneur du Bourg à un sien confrère et compagnon d'office (25 octobre 1564). — On lit dans cette pièce, au f° 7 verso : « Pour la fin de ce propos, je remetteray au jugement de la Chambre qui est celuy des deux qui semble plus mériter d'elle, ou l'un qui, pour son ambition et passion particulière, a puis naguères recherché la Royne et monseigneur le Chancellier de rompre le semextre et asservir les membres dont toutesfois il est le chef, ou l'autre qui, pour la divertion de ceste servitude et continuation de ceste commune et assuete liberté, a, soubs nom de personnage néantmoins grave et aggréable, procuré faire revivre et renaistre l'office de feu Monsieur le président Boullancourt. Et, combien que l'un ne l'autre de ces deux stratagesmes ayt encores réussy, si est il à penser et croire que la force du dernier a du moins empesché et diverty l'intention et complot du premier. »

L'affaire se prolongea, car on trouve au *Mémorial* une lettre du roi du 29 mai 1566, ordonnant à la Chambre de nommer, pour le même jugement en chambre du Conseil, un président et cinq maîtres « non suspects ni récusés par ledit du Bourg. »

---

108.   Janvier 1564 (anc. st.)
REMONTRANCES PRÉSENTÉES AU ROI.

Pour le fait du Pont au Change.

Sera remonstré à iceluy seigneur que, depuis un mois, les habitans dudit pont, en ensuivant les rapports et avertissemens faits cy devant par les maistres des œuvres dudit seigneur, et eux connoissant et sentant petit à petit que les maisons d'une part et d'autre dudit pont commençoient à lascher par telle et si grande pente qu'il estoit à craindre une totale ruine dudit pont, joint les grandes eaux et glaces qui peuvent advenir en ce présent hiver, se sont adressés au lieutenant civil, premier juge de la police, luy ayant fait entendre ce que dessus, luy requérant d'y pourvoir, principalement à l'éminent péril. Lequel lieutenant n'ayant pouvoir d'ordonner d'aucuns deniers pour cet effet, eut recours à la Cour de parlement; laquelle le renvoya à la Chambre, où il vint en personne faire entendre ce que dessus et le contenu aux rapports et visitations desdits jurés, à cette fin baillés audit Miron pour les porter et faire voir audit seigneur; protestant iceluy lieutenant, si aucun péril et inconvénient en advenoit, de n'en estre aucunement tenu, et s'en décharger sur ladite Chambre; remonstrant que, au temps de la ruine du pont Nostre Dame, le Roy lors régnant s'en adressa aux lieutenans civil, criminel et prévost des marchands, qui en furent en peine. Dont il auroit, pour sa décharge, requis acte, qui luy auroit esté octroyé.

Semblables remonstrances et protestations furent faites le jour mesme par les prévost des marchands et échevins en personne.

Sur quoy, ladite Chambre a ordonné que visitation en seroit promptement faite par l'un des présidens et deux maistres d'icelle, avec le trésorier de la charge, lesdits prévost et échevins, ensemble les maistres des œuvres en bon nombre, et autres gens à ce connoissans. En la présence desquels tous les dessusdits, à l'instant mesme, se transportèrent ès environs dudit pont, tant dehors que dedans, et le firent voir et visiter par lesdits jurés et maistres des œuvres, ainsy qu'il appert par leur rapport, à cette fin baillé audit Miron. Par lequel, entre autres choses, l'on a connu que l'une des causes de ladite ruine et péril procède de l'entreprise que aucuns desdits habitans ont faite en étendant, tant en longueur qu'en hauteur, sur les deux ailes et costés dudit pont leurs maisons, cours et enceintes, avec des caves suspendues, et inégalité desdites maisons, qui fait que le poids et charge dudit pont n'estant égal, a causé ledit danger et apparence de ruine. Pour à quoy remédier, sont lesdits maistres des œuvres d'avis que, au môyen de la pente qui se trouve ès pieux et arbres nécessaires pour soutenir ledit pont, il est besoin de décharger ledit pont, démolir et débastir et retrancher lesdites saillies et les hauteurs d'aucuns desdits édifices et maisons, aussy faire et construire des piles de pierre de taille, sur lesquelles sera ledit pont porté à plat et comme il est, au lieu desdits pieux de bois.

Et par ce que, pour ledit retranchement rapporté estre nécessaire, et avant que d'y pouvoir toucher, est besoin voir et juger sommairement les baux et titres dont se vantent lesdits habitans, ce que ladite Chambre n'a osé entreprendre sans avoir sur ce plus ample pouvoir et autorité dudit seigneur, à quoy il luy plaira pourvoir promptement, ainsy que le cas le requiert, sera sur ce averti ledit seigneur que, en voyant lesdits titres, ladite Chambre pourra découvrir et connoistre plusieurs choses à l'avantage et profit dudit seigneur; mesmement le peu de profit et revenu annuel que ledit seigneur a dudit pont, qui n'est que de 100 sols tournois ou environ de chacune maison, s'estant ledit seigneur chargé des réparations, lesquelles le trésorier de la charge dit avoir, depuis qu'il est en ladite charge, monté environ 100,000 écus soleil, encore que ledit seigneur n'en ayt reçu, par l'engagement qui en a esté fait, que la somme de 30,814 liv. 7 s. 6 d. tournois seulement; et, s'il falloit procéder à la revente, en pourroit iceluy seigneur tirer beaucoup plus grande somme de deniers, attendu que, en cédant et transportant de l'un à l'autre les maisons estant sur ledit pont, il se trouve qu'ils les font valoir la somme de 3, 4 et jusques à 5,000 livres.

Ce que sentant lesdits habitans estre remué par ladite Chambre pour le service dudit seigneur, ont présenté requeste tendant à ce que nouvelle visitation fust faite par bourgeois et autres visiteurs et maistres jurés que les premiers, pour après entrer en quelques offres pour la construction desdites piles et réparations ; ce que ladite Chambre a accordé et permis.

Et d'autant que lesdits habitans, après s'estre assemblés et ladite visitation faite, n'ont pu tomber d'accord sur lesdites offres, tenant cet affaire en longueur, il est très requis, pour le service dudit seigneur et accélérer la résolution desdits habitans sur lesdites offres, que ledit seigneur envoye lettres patentes contenant le pouvoir dont cy dessus est fait mention.

Pour le fait de l'aliénation du domaine.

. . . .

Pour certaines appellations de comptables.

. . . .

Touchant l'édit portant défense à la Chambre d'ordonner des finances.

Sera remonstré audit seigneur que par ledit édit la Chambre se sent grandement troublée et notée, et ne peut connoistre par iceluy que un mécontentement de S. M., au lieu de sa bonne grace, qu'elle pense mériter par ses grands, continuels et laborieux services, et n'a jamais pensé à avoir intelligence avec les comptables pour lever le fonds de leurs charges, comme il est porté par ledit édit, mais au contraire ne tendent tous leurs labeurs qu'à les conserver et ménager, aussy à réprimer les fautes et abus qui s'y commettent. Et, où se trouveroit que la Chambre eust ordonné d'aucuns deniers, ce a esté la recette générale de Paris, comme elle a accoutumé de tout temps, et pour parties ordinaires et extraordinaires pressées et forcées, comme nourriture des enfans de chœur de la Ste-Chapelle, luminaire et couverture de plomb d'icelle, gages des officiers de la Monnoye, réparations des prisons et auditoire du Chastelet, réfection des ponts de St-Cloud, Poissy, St-Maur, Juvisy, Charenton, Gournay, et autres bastimens du Roy, et accroissement de ladite Chambre fait par son commandement et autorité, le tout revenant à 10 ou 20,000 liv. le plus, pour l'année présente, au moyen de la rupture desdits ponts advenue à cause des guerres et troubles survenus en ce royaume. Et, sans le soin que la Chambre a de pourvoir et ordonner des dépenses nécessaires et forcées à mesure que la nécessité le requiert, mesme pour le fait des ponts et autres estant sur les chemins et avenues de Paris, au lieu de 2,000 liv., il cousteroit 10,000 liv. au Roy davantage. Ce que les trésoriers de l'Épargne et intendans des finances n'ont fait particulièrement entendre au Roy, comme ils devoient, avant que de faire un si léger et mauvais rapport contre une telle Compagnie.

Et espèrent lesdits Gens des comptes faire connoistre audit seigneur que, en tout et partout, ils se sont saintement et sincèrement conduits au fait desdites finances, et que, si aucun désordre il y a, il ne procède aucunement d'eux, ainsy qu'ils ont délibéré faire entendre en temps et lieu.

Ce pendant ils supplient très humblement ledit seigneur commander ledit édit estre réformé pour le regard de ladite Chambre, et la maintenir toujours en son autorité ancienne et de coutume, comme celle qui a cet honneur d'estre la première Cour souveraine establie pour le fait de ses finances. En quoy faisant, seront les comptables dudit seigneur plus obéissans à ladite Chambre, et conséquemment ses affaires plus autorisés, son service plus accommodé.

. . . .

Le 1er jour de février 1564, nous, Robert Miron, cons^{er} du Roy et maistre ordinaire en sa Chambre des comptes à Paris, député par ladite Chambre pour aller devers S. M. faire entendre aucunes choses concernant son service et affaires de ladite Chambre, avons rapporté en créance, sur l'instruction à nous baillée, en date du 2me janvier dernier, ce qui est contenu cy après.

Le Roy séant en son Conseil, tenu à Carcassonne le 16me jour dudit mois de janvier, après avoir entendu l'éminent péril qui estoit au pont aux Changeurs, et les rapports et avis donnés par les maistres des œuvres et gens à ce connoissans, a avisé faire faire ledit pont de piles de pierre, pour estre iceluy porté à plat. Voulant attribuer la connoissance et jugement des baux et titres des habitans et détenteurs des maisons estant sur ledit pont, le rachat et vente et revente desdites maisons, ensemble la démolition, avec nouvelle construction desdites piles et maisons, à ladite Chambre, en a fait expédier les lettres pour ce nécessaires, en date du 16me janvier; lesquelles ont par ledit Miron esté mises au greffe de ladite Chambre.

Entend Sadite Majesté que ladite Chambre sache du prévost des marchands et échevins quel moyen il y auroit de secourir Sadite Majesté de quelques deniers pour la réfection dudit pont, si tant est que la revente d'iceluy ou offres desdits habitans à présent détenteurs desdites maisons n'y puissent suffire. Aussy que, de sa part, ladite Chambre regarde quelque expédient d'ailleurs pour recouvrer argent, ainsy qu'il a fiance qu'en cette Compagnie il n'y a personne qui ne s'efforce soulager ses finances en ce qu'il est nécessaire.

Sera fait estat par estimation de ce que pourroient couster lesdites piles, réfection dudit pont et maisons, et le temps que l'on pourra mettre à le réédifier, afin d'en avertir Sadite Majesté, pour en ordonner par après son bon plaisir.

. . . .

A esté rapporté l'édit portant défense aux gouverneurs, lieutenans généraux, capitaines, Chambres des comptes, d'ordonner des finances, sinon èsdites Chambres pour les menues nécessités et affaires d'icelles; duquel n'est comprise ladite Chambre, et veut Sadite Majesté qu'elle ordonne desdits deniers pour ses affaires, ainsy qu'elle a accoutumé. . . . .   (*Créances.*)

CHARLES IX.

109.   *24 Février 1564 (anc. st.)*

CONFLIT ENTRE LA CHAMBRE ET LE PARLEMENT.

Du mercredy xiiij^me jour de febvrier M V^c LXIIII. Ce jour, M. le mareschal de Montmorency, lieutenant général et gouverneur pour le Roy en ceste ville de Paris et Isle de France, les Grand'chambre et Tournelle assemblées, a dict que hier, environ les neuf heures, présens les évesque de Paris, l'ung des présidens et quatre maistres des comptes, vindrent vers luy faire plaincte de ce que l'on procédoyt contre eulx les Gens du Roy de ladicte Chambre et leurs huissiers, au moyen d'unes lettres d'évocation concernans l'effect du général de la Chesnaye, jusques à ordonner que lesdictz Gens des comptes viendroient céans. Et encores ladicte Cour auroit ordonné au faict du Bourg que les deux greffiers des comptes et ung clerc du greffe apporteroient quelques pappiers desdictz comptes céans, à peine de deux mil livres parisis d'amende. Luy remonstrèrent que jamais leurs pappiers ne sortoient de la Chambre, et voyant le Roy si éloigné, ilz ne pouvoient avoir recours que à luy, qui représentoit icy sa personne. Ce que voyant par ledit seigneur mareschal que cela estoit mal à propos pour le service du Roy, que ces deux Compaignyes eussent contention et altercas ensemble, que le service qu'ilz doibvent au Roy en estoit retardé en ces disputes, et les voyages pour aller et venir devers Sa Majesté estoient de grans fraiz, pour le grand zèle qu'il a au service du Roy et le respect qu'il porte à ceste Compaignye, de laquelle il a ceste honneur d'estre, il auroit advisé de venir en cestedicte Court, pour la prier de faire en sorte qu'il n'y ayt poinct de picques les ungs contre les autres. Auquel sieur mareschal a esté faict entendre par Monsieur le premier président et Monsieur le président Séguier le discours et mérite du faict, tant dudict de la Chesnaye, que du Bourg, et comme les choses avoient passé, chacun en ce qu'ilz y ont assisté. Et sur ce, Me Baptiste du Mesnil, advocat du Roy, assisté du procureur général dudict seigneur, a dict que, combien que les Gens des comptes soient en grande faulte et notable, si est que eulx se plaignent et crient les premiers, et toute la faulte qui est en eulx est de ne vouloir venir conférer en ceste Compaignye et communicquer ensemble. Et sur ce, ledict sieur mareschal de Montmorency a dict à la Court que lesdictz Gens des comptes prenoient ce faict si avant et si grand aigreur qu'ilz passèrent plus avant en propos qu'il n'en a faict le récit, jusques à dire à grens regret que, si ceste Court passoyt oultre, tant pour le faict de la condamnation des deux mil livres parisis, que mandement des Gens desdictz comptes, ilz sont délibérez de ne venyr icy, et ne pouvoyt la Court congnoistre de l'affaire, puys qu'il y avoit évocation; ilz fermeront leur Chambre et s'en iront hors de la ville, eulx, les Gens du Roy, leurs greffiers et huissiers. Prenant tesmoignage ledict sieur mareschal desdictz évesque de Paris, président de leur Chambre et sieur de Boistaillé, dudict dire qu'il s'estoit réservé à dyre, puis qu'il n'y veoyt autre ordre, et a prié ladicte Court de composer les choses par la doulceur. De quoy ledict sieur mareschal a demandé acte. Et sur ce, lesdictz Gens du Roy retirez, la matière mise en délibération, a esté arresté que ledict sieur mareschal de Montmorency mandera l'évesque de Paris, président de St-André, le sieur de Boistaillé et les advocat et procureur généraulx du Roy, et quelque nombre de Gens desdictz comptes, et les prira de laisser et déposer toutes affections, et leurs seront faicts entendre les édictz et ordonnances anciennes et la doulceur dont la Court a usé aux choses qui se sont passées, pour, leur response faicte, le faire entendre à ladicte Court.

(Arch. Nat., *Reg. du Parlement*, Conseil VII^xx III.)

---

110.   *14 et 16 Mai 1565.*

RÉPARATION DU PONT-AU-CHANGE.

Sur la remonstrance faite à la Chambre par le procureur général, que, par les rapports de la visitation du pont aux Changeurs en cette ville, faits par les maistres des œuvres de maçonnerie et charpenterie, sur le péril auquel est à présent ledit pont, et des causes d'iceluy péril; par lequel rapport apparoissoit évidemment la faute procéder des charges estant sur iceluy, tant en hauteur, élargissemens, saillies souterraines et souspendues qui auroient esté faites et entreprises par les particuliers habitans, sans autorité et permission à tout le moins valable, partant tenus du dommage qui pourroit procéder à cause de ce; requéroit à cette cause ledit procureur général, attendu le péril éminent et oculaire dont ledit pont est menacé, estre sur ce par ladite Chambre pourvu, et, en ce faisant, ordonner les particuliers habitans desquels peut procéder cette faute, en attendant que le Roy eust ordonné de la réfection d'iceluy, estre condamnés aux frais et réparations requises et nécessaires pour mettre hors de péril éminent ledit pont. Vu les lettres patentes dudit seigneur du   par lesquelles est mandé à ladite Chambre ordonner et pourvoir sur la réfection, réparation et entretènement d'iceluy ; l'affaire mis en délibération, et tout considéré, la Chambre, attendu la nécessité urgente de l'affaire dont est question, qui importe grandement au bien et service dudit seigneur et du public, ordonne que les réparations nécessaires à faire audit pont et forges estant sur iceluy et pour le mettre hors de danger, seront faites présens ou appelés les propriétaires et locataires des forges, chacun en son regard; dont les deniers se prendront sur ledit seigneur par forme d'avance, le tout par manière de provision, et jusques à ce que par ledit seigneur ou ladite Chambre autrement en ayt esté ordonné ; et que à faire et souffrir lesdites réparations lesdits particuliers habitans ou leurs députés seront contraints, nonobstant oppositions ou appellations quelconques, et sans préjudice d'icelles, sauf cy après icelles faites, d'ordonner à quels dépens et de les répéter sur lesdits propriétaires, si faire se doit. Lequel arrest ladite Chambre ordonne leur estre signifié, à ce qu'ils n'en prétendent cause d'ignorance. Prononcé audit procureur général et à Me Julien de Merens le jeune, procureur desdits habitans, le 14 may 1565. Signé : Nicolay et Hesselin.

La Chambre voulant pourvoir à la réparation du pont aux Changeurs suivant ce qui luy a esté ordonné par le Roy, et après que les commissaires par elle députés pour entendre à ladite réparation ont esté ouïs sur les causes de la corruption des poitrails, poutres, jouées et amoisemens des palées dudit pont, a ordonné et ordonne par provision que les particuliers habitans sur ledit pont feront revestir de plomb ou fer blanc tous les lieux et endroits par où les excrémens naturels, urines et eaux pour leurs affaires et nécessités ont à tomber dans la rivière, en telle sorte que ledit plomb ou fer blanc outrepasse d'un pied entier le bois qui pourroit recevoir dommage par la chute desdites eaux et ordures, et ce dedans huitaine, sous peine à chacun tenant ouvroir entier de 50 liv. parisis d'amende, laquelle, à faute de ce faire dans ledit temps, sera levée sans déport, pour les deniers estre employés à l'effet susdit, par l'ordre de ladite Chambre, et ainsy que de raison. Fait le 16 may 1565. Signé : Marillac et Arbaleste. Prononcé au procureur général du Roy et à Me Jullien de Merens le jeune, procureur desdits habitans, lesdits jour et an.

(Journal.)

III.
16 Janvier 1565 (anc. st.)
INSOLENCE DES PROCUREURS ENVERS LE P.P.

Le 16me janvier 1565, Me Françoys Pineau, receveur et payeur des gages et droits des officiers de la Chambre des comptes, ayant requis au bureau le remboursement des épices par luy avancées ès comptes clos, interrogé sur l'occasion pour laquelle lesdits procureurs ne payent lesdites épices, suivant les arrests par elle cy devant donnés, et pourquoy, a dit que, à la vérité, quand il a demandé et fait demander lesdites épices auxdits procureurs, ils se moquoient de luy, et qu'il est échappé à aucuns desdits procureurs de dire que les arrests donnés estoient des arrests de M. le président Nicolay, et que trois jours après ils n'estoient valables, de façon que lesdits procureurs ne tiennent compte d'obéir et satisfaire auxdits arrests. Et interpellé de déclarer qui estoient ceux desdits procureurs qui avoient tenu lesdits propos et les nommer, a dit ne les pouvoir dire au vray, et n'en avoit souvenance. Sur quoy, ledit s^r président Nicolay, séant au bureau, a dit que lesdits arrests ont esté donnés avec grande connoissance de cause, et non par luy; requérant la Chambre, d'autant qu'il estoit question de son autorité, luy pourvoir. Et sur ce, s'estant retiré, l'affaire mis en délibération, ledit Pineau de rechef mandé au bureau, luy a esté enjoint de nommer celuy desdits procureurs qui a dit lesdits propos. A dit et persévéré ne le pouvoir dire au vray, et, après serment par luy fait, a dit, quant à présent, n'en avoir bonne souvenance, et qu'il y pensera. Sur quoy, la Chambre a ordonné que le contenu cy dessus sera communiqué au procureur général du Roy, pour, luy ouï, ordonner ce que de raison.

(*Journal.*)

---

112.   30 *Mars* 1565 (*anc. st.*)
INSOLENCE D'UN HUISSIER.

Sur la plainte verbale de ce jourd'huy faite au bureau par Me Nicolas Aurillot, cons^{er} du Roy et correcteur en cette Chambre, de l'irrévérence faite à Me Jean du Pré, aussy cons^{er} et correcteur en icelle, par l'huissier Oudineau; auquel ledit du Pré auroit demandé pourquoy il ne venoit à la chambre des correcteurs quand ils sonnent leur cloche, et que par trois ou quatre fois ils l'avoient sonné, sans que luy ne autre de ses compagnons huissiers se fust ingéré d'y venir, à quoy ledit Oudineau auroit répondu arrogamment qu'il n'iroit point au son de ladite cloche, et que anciennement ils n'avoient accoutumé d'en avoir en leur chambre; requérant, attendu que lesdits correcteurs ont ordinairement affaire d'huissiers pour porter et rapporter les comptes dont ils peuvent avoir affaire pour le service du Roy, il plust à ladite Chambre leur pourvoir. Sur quoy, après que lesdits du Pré et Oudineau ont esté mandés et ouïs au bureau, l'affaire mis en délibération, ladite Chambre, pour l'irrévérence portée par ledit huissier Oudineau audit du Pré, l'a condamné et condamne en 10 liv. parisis d'amende, et luy a enjoint, ensemble à tous ses compagnons huissiers, de servir lesdicts correcteurs à toutes heures et leur porter pareil honneur et révérence que à Messieurs d'icelle Chambre. Dit audit Oudineau et à ses compagnons huissiers du service de ce présent mois, pour ce mandés audit bureau, auxquels a esté enjoint d'en avertir les autres huissiers de ladite Chambre, à ce qu'ils n'en prétendent cause d'ignorance, le pénultième jour de mars 1565, suivant l'ancienne coutume, de 66 suivant l'édit. Prononcé à Messrs les correcteurs et à M^r le procureur général, le 1er jour d'avril audit an [1].

(*Journal.*)

1. C'est à partir de l'année 1566 que la Chambre adopte définitivement la nouvelle computation.

---

113.   2 *Mai* 1566.
COMMISSION POUR INFORMER CONTRE LES TRÉSORIERS DES GUERRES.

Charles, etc. A nos amés et féaux Messires Jean de Morvilliers, Sébastien de Laubespine, évesque de Limoges, Jacques du Faur, abbé de la Case Dieu, Christophe de Harlay, président en nostre Cour de parlement à Paris, tous conseillers au Conseil privé; Messire Antoine Nicolay, P.P. en nostre Chambre des comptes à Paris, Me Geoffroy Luillier, seigneur de Coulanges, Me Jean Bélot, Me Guillaume Chevalier, seigneur de Bagneux, Me Claude Guyot et Me Guillaume de Marillac, maistres ordinaires en nostredite Chambre, Salut. Nous, averti et acertainé de plusieurs malversations et falsifications cy devant commises au fait du payement de l'ordinaire et extraordinaire de nos guerres, artillerie, réparations et marine, par falsifications de rôles de monstres, suppositions de noms et autres semblables moyens que ne voulons passer sous dissimulation et bon semblant; nous, à ces causes, désirant éclaircir la vérité de si pernicieux actes, à plein confiant de vos sens, prud'hommie, loyauté et intégrité, vous avons commis, ordonnés et députés, commettons, ordonnons et députons par ces présentes, vous mandons, et aux trois de vous enjoignons, pourvu que l'un de nosdits conseillers en nostredit Conseil y soit et assiste, informer diligemment desdites malversations et faussetés et de tout ce que connoistrez en dépendre, décréter contre tous ceux, de quelque qualité qu'ils soient, que trouverez chargés, et procéder à leur faire et parfaire leur procès criminel et extraordinaire jusques au jugement définitif exclusivement, nonobstant oppositions ou empeschemens ou appellations quelconques, pour, après iceluy instruit, nous en faire rapport, afin d'y pourvoir comme nous verrons et jugerons estre à faire. Et, parce qu'il sera besoin vérifier lesdites faussetés sur les pièces rapportées aux comptes cy devant rendus en nostredite Chambre des comptes, vous enjoignons et ordonnons vous transporter en tel lieu d'icelle qu'aviserez, pour vaquer et procéder, au plus tost que faire se pourra, au fait de vérification des faits et articles qui vous seront donnés par écrit par Me Antoine Joulet, seigneur de Chastillon, conseiller en la prévosté de Paris, lequel nous avons, par ces présentes, fait, commis et ordonné, faisons, commettons et ordonnons nostre procureur en cette matière............ Mandons et ordonnons aux Gens de nosdits comptes vous faire ouverture de ladite Chambre et faire donner et administrer tous registres, comptes, liasses et papiers que besoin sera et dont vous les requerrez, sans y faire aucune difficulté. Car tel est nostre plaisir........... Donné à St-Maur des Fossés, le 2me jour du mois de may, l'an de grace 1566, et de nostre règne le sixième.

Par le Roy en son Conseil : DE LAUBESPINE.

(*Mémorial.*)

114.   10, 11 et 13 Mai 1566.
REMONTRANCES AU ROI SUR L'ÉDIT DE MOULINS.

L'an 1566, le vendredy 10me de may, nous, Guillaume Bailly et Guy Arbaleste, cons^{ers} du Roy et présidens en sa Chambre des comptes, Tristan du Val, Pierre Pignard, Claude Guyot, Nicolas le Jay, François de Hacqueville, Guillaume Chevalier, François Godart, Robert Miron et François Dolu, cons^{ers} maistres en icelle; Eustache Allegrain et Nicolas Aurillot, cons^{ers} correcteurs; Pierre Parent, Nicolas Barthélemy, Jean Duderé, François Lambert et Georges Danés, aussy cons^{ers} dudit seigneur et auditeurs en ladite Chambre, nous sommes transportés au lieu et chasteau de St-Maur des Fossés, où le Roy et la reine sa mère estoient. Auxquels, après nous estre présentés et avoir demandé audience de la part de ladite Chambre, il plut nous l'accorder l'après disnée dudit jour, en la chambre de S. M. et en la présence de Messeigneurs ses frères d'Anjou et d'Alençon, le prince de Navarre, MM. les cardinaux de Bourbon, de Lorraine et de Guise, duc de Montpensier, Mgr le chancelier, MM. de Montmorency, mareschal de France, et Chastillon, amiral de France, les s^{rs} d'Andelot, de Gonnor, d'Estrées, de Morvilliers, évesque de Limoges, de Lansac et de Laubespine, conseillers au Conseil privé de S. M. Fut par nous, Bailly, président, assisté desdits s^{rs} maistres, correcteurs et auditeurs, proposé et prononcé à bouche le contenu en certain cahier de remontrances signé: de Baugy, greffier de ladite Chambre et secrétaire dudit seigneur, du 6me mars dernier, sur le fait de l'édit ordonné par S. M. et envoyé à ladite Chambre pour y estre publié et registré, donné à Moulins, au mois de février dernier passé, concernant le bail à ferme de son domaine, aydes et gabelles, suppression d'offices comptables, qu'il veut estre exercés par commission et à temps, suppression de six Chambres des comptes, et réduction de celle de Paris au nombre de sa première institution, avec suppression des autres officiers d'icelle; lesquelles remontrances auroient esté auparavant murement délibérées et arrestées. Et après ladite audience, nous fut ordonné retirer. Et quelque temps après rappelés et mandés, nous fut par Mgr le chancelier, en la présence de Sadite Majesté et desdits princes et seigneurs de son Conseil, fait certaines remontrances concernant le fait dudit édit et service de S. M., et entre autres choses, que S. M. trouvoit étrange que la Chambre insistoit tant à défendre et soutenir les comptables, et qu'elle savoit mieux que nul autre le trop grand nombre d'iceux et les charges et désordres qui en provenoient à Sadite Majesté; toutefois qu'elle se vouloit ayder et servir d'aucuns articles desdites remonstrances et du conseil et avis de ladite Chambre; et quant au corps d'icelle, S. M. n'entendoit aucunement diminuer l'autorité d'icelle, mais au contraire, supprimant les autres Chambres de ce royaume et réduisant les affaires qui y estoient à icelle, c'estoit toujours augmenter et accroistre son autorité; n'ayant occasion de se plaindre, pour n'estre S. M. en volonté d'y toucher, mais bien que, si les affaires d'icelle à l'avenir requéroient d'entendre à faire réduction de ladite Chambre, ce ne seroit sans y bien penser et rendre contens les officiers d'icelle Chambre. Et sur ce, nous dit ledit seigneur chancelier que le Roy luy avoit commandé que sa volonté estoit que ledit édit fust publié purement et simplement, sans nulle restriction ni longueur. Sur quoy, fut par nous suppliée Sadite Majesté d'ordonner déclaration et provision en estre expédiée. A quoy nous fut fait réponse par la reine et ledit seigneur chancelier, réitérée par plusieurs fois, que la Chambre se devoit assurer et fier en la parole du Roy. Et enfin nous ordonna Sadite Majesté de faire et suivre ce que ledit seigneur chancelier nous avoit dit et commandé, et nous ordonna de laisser le cahier desdites remonstrances ès mains dudit sieur de Laubespine; ce qui fut par nous fait. Signé : Bailly, Arbaleste, du Val, Guyot, le Jay, de Hacqueville, Chevalier, Godart, Miron, Dolu, Allegrain, Aurillot, Parent, Duderé, Lambert et Danès.

Et le lendemain, 11me desdits mois et an, nous susdits aurions rapporté ce que dessus à ladite Chambre, les deux semestres d'icelle pour ce assemblés. Laquelle nous ordonna de rechef nous transporter devers ledit seigneur chancelier, avec créance nouvelle, pour le supplier de déclarer l'intention d'icelle Majesté sur les articles desdites remonstrances qu'il luy plaisoit recevoir, et trouver bon qu'il luy plust les coter et spécifier, pour les suivre ou modifier ledit édit; aussy le supplier d'expédier une déclaration particulière portant exemption de ladite Chambre du contenu audit édit, suivant la volonté de S. M. par ledit sieur déclarée. Ce que nous fismes le mesme jour, et, après luy avoir fait entendre l'intention de ladite Chambre, nous fit réponse que l'intention de Sadite Majesté n'estoit de toucher à ladite Chambre, comme il avoit fait entendre le jour précédent, et qu'il n'y avoit rien de préjugé pour icelle, mais que la Compagnie procédast à la publication dudit édit, après laquelle le Roy se réservoit encore de faire une nomination et élection des officiers de ladite Chambre, et que, jusques à ce, l'on ne pouvoit dire ledit édit estre exécuté, ni avoir aucun effet pour le regard d'icelle Chambre.

Ce que nous avons semblablement rapporté et dit à ladite Chambre, ce lundy 13mo desdits mois et an; laquelle nous a ordonné de faire rédiger le tout par écrit, et faire enregistrer ensemble ledit cahier de remonstrances. Ce que nous avons fait[1].

(*Mémorial.*)

1. Ces remonstrances furent imprimées en 1573, à Paris, chez P. l'Huillier. C'est à ce propos que J. Bodin a écrit, dans le liv. VI de *la République* (p. 668), ce qui suit:
« Il se trouva un président des comptes, faisant les remonstrances de la Chambre à Sainct Maur des Fossez, qui dist au Roy haut et clair, que la suppression des officiers estoit pernicieuse au public, et dommageable à ses finances: veu que pour trois augmentations d'offices de la Chambre des comptes seulement, on avoit payé six cents mil livres et plus ; mais il ne dist pas que c'estoit de l'eau fraische, qui redouble l'accès de celuy qui a la fièvre : car on sçait bien que le Roy, ou le peuple, paye les gages à la pluspart des officiers à la raison des dix ou vingt pour cent : qui fut la principale cause de la suppression des officiers alternatifs, portée par l'édict du roy François II. On ne remonstra pas aussi les prérogatives des officiers de la Chambre des comptes : à sçavoir les gages ordinaires qu'ils ont, le droict de busche, le droict de robe de Pasque, le droict de Toussaincts, le droict de rose, le droict des harancs, le droict de Roys, le droict d'escuyrie, le droict de verre, le droict de sel blanc : outre le papier, le parchemin, les plumes, les gettons, les bourses, la bougie, la cire rouge, et jusques aux tranche-plumes, poinçons, racloirs et lacets : on ne remonstra pas que les autres profits des offices montoyent beaucoup plus que les gages : on ne dist pas aussi qu'au lieu de sept, il n'y avoit qu'une Chambre des comptes : et au lieu de deux cents officiers ou environ, qui sont en la Chambre des comptes de Paris, qu'il n'y avoit seulement qu'un thrésorier de France, président de la Chambre, quatre maistres des comptes clercs, par l'érection qui en fut faicte à Viviers en Brie l'an M. CCC. XIX. Depuis on y adjousta quatre laiz, qui suffisoyent pour tous les comptables, estant le royaume de Navarre et tout le bas pays entre les mains des Roys de France. Et néantmoins de nostre aage on a veu que ceux qui avoyent pillé les deniers du Roy et des sugetz sont eschapez, qui sont demeurez redevables de grandes sommes, et infinis autres qui n'ont jamais compté. Et qui plus est, il se trouva n'a pas longtemps un comptable qui demeura saisi d'une notable et grande somme de deniers, desquels il demeura en reste par son compte, et par collusion avec un seigneur qui avoit part au tiers, en obtint don du reste : et pour sa descharge présenta le brevet de don du Roy faict au seigneur : de sorte que pour avoir la raison des comptables, il faut souvent député des

commissaires à doubles frais : et la faute n'en peut estre imputée qu'à ceux là qui sont érigez en tiltre d'officiers à ceste fin..... Puis donc que les comptables et maistres des comptes est un mal nécessaire, comme disoit Alexandre Sévère empereur, il faut en avoir le moins qu'on pourra : car l'argent du Roy diminuera tousjours, plus il passera par les mains de tant d'officiers. »

La Chambre ne procéda à l'enregistrement de l'édit que sur une nouvelle jussion, apportée le 16 mai par le maréchal de Montmorency, et ce fut avec plusieurs réserves. D'ailleurs, l'ordonnance de Moulins n'eut pas une longue durée, car les édits d'août 1568 et de mars 1583 rétablirent huit Chambres des comptes provinciales : Dijon, Nantes, Montpellier, Grenoble, Aix, Blois, Rouen et Pau.

---

115.   5 Août 1566.
RAPPORT SUR L'ÉTAT DU PONT-AU-CHANGE.

Ce jourd'huy, 5 aoust 1566, est comparu en personne au greffe de la Chambre de céans Me Paris Hesselin, conser du Roy et maistre ordinaire en ladite Chambre, qui a dit que ledit jour il s'est transporté par devers et à la personne de Messire Anthoine Nicolay, aussy conser dudit seigneur et P.P. en icelle, estant en la chambre du Conseil, commis par ladite Chambre et comme premier avec autres, pour luy communiquer un rapport de visitation fait de l'ordonnance d'icelle, suivant le vouloir du Roy, par les députés y dénommés, et pour aviser et pourvoir au péril éminent qui se présente à présent audit pont. A quoy ledit sr Nicolay n'a voulu entendre, ains a renvoyé ledit Hesselin sans le vouloir ouïr. A quoy ledit Hesselin, afin de n'estre repris de négligence, au cas qu'il advinst cy après aucun inconvénient audit pont, a protesté de n'en estre tenu et qu'il ne luy en puisse estre imputé aucune chose, et à cette fin a mis ladite visitation audit greffe, pour estre par le greffier de rechef exhibée et montrée audit sr Nicolay, pour y procéder comme estant le premier, ainsy que dit est [1].

(*Journal.*)

1. La Chambre avait été chargée, par lettres du 5 janvier précédent (D. Félibien, I, 981), de faire reconstruire le pont en pierre de taille. Elle obtint, le 8 août, une somme de 8,000 liv. pour faire les réparations urgentes, mais ne put se faire délivrer que 2,000 liv., et ce fut seulement sur les instances et les ordres réitérés de la Compagnie, avec promesse qu'on donnerait des assignations pour le reste des frais, que le maître des œuvres de charpenterie, Jean le Peuple, voulut bien se mettre à l'ouvrage. Le 27 août, il fut ordonné aux habitants de quitter leurs maisons ; mais plusieurs des culées s'affaissaient déjà, et les réparations ne purent se faire qu'avec le plus grand danger.

---

116.   23 Octobre 1566.
ÉLARGISSEMENT D'UN PRISONNIER DE LA CHAMBRE.

Aujourd'huy, 23 octobre 1566, de relevée, assistans au bureau Messeigneurs Bailly et Tambonneau, présidents, Séguier, Hesselin, Pignart, de Hacqueville, le Jay, de Valles, Morin, Miron et Dolu, consers et maistres, a esté ordonné à moy, greffier soussigné, aller en la Conciergerie et faire mettre hors d'icelle un nommé François Cauchois, serviteur du sr du Fay, écuyer du marquis de Nesle, qui avoit esté envoyé prisonnier en ladite Conciergerie, de l'ordonnance verbale de mesdits sieurs, par Jérosme Simon, huissier en la Chambre, pour avoir esté trouvé jouant aux dés sur les degrés de ladite Chambre, et luy faire défenses de par icelle de n'y plus jouer à l'avenir, sur peine de la hart. Suivant laquelle ordonnance, assisté dudit Simon, je me suis à l'instant transporté en ladite Conciergerie, de laquelle j'ay fait sortir et élargir ledit Cauchois, auquel j'ay notifié lesdites défenses, à ce que cy après il n'en puisse prétendre cause d'ignorance.

(*Journal.*)

---

117.   Mars 1567.
RÉGLEMENT DE LA CHAMBRE. — SUPPRESSION DES SEMESTRES.

Charles, etc........ Combien que telle séparation d'officiers en mesme corps ayt depuis causé plusieurs incommodités et inconvéniens au public et à nostre service, outre le retardement des audiences, jugement et closture des comptes de nosdits officiers comptables, et des autres expéditions qui doivent estre faites par nosdits Gens des comptes; et partant, ayant eu juste et raisonnable cause de faire cesser lesdits semestres, remettre et réunir nosdits officiers en la forme de l'exercice annuel, tout ainsy que nostredit feu seigneur et père, de son vivant, réunit les présidens et conseillers de nostre Cour de parlement à Paris, lesquels, par semblable création, il avoit divisés en deux services semestres; néanmoins, pour ce qu'il estoit malaysé que tous nosdits officiers fussent employés ès bureaux de ladite Chambre, nous avons différé ladite réunion jusqu'à présent qu'aucuns desdits officiers sont décédés. . . . . .

Art. 1. Doresnavant, à commencer du 1er jour d'avril prochain, les présidens, maistres des comptes, correcteurs, auditeurs et autres officiers en nostredite Chambre des comptes serviront à l'avenir toute l'année, et non par semestre et demy année. Auront toutefois nosdits Gens des comptes à chacun d'eux, par manière de provision, et selon le département et règlement qui sera par eux avisé, trois mois de vacations, sans diminution de leurs gages, droits et épices durant ledit temps.

. . . .

Art. 10. Enjoignons à nostre amé et féal P.P. en ladite Chambre garder la clef de la porte du Conseil par laquelle on entre sur le degré du greffe, sans la bailler que pour affaire et nécessité urgente.

. . . .

Art. 12. Et, pour l'observation, tant des ordonnances de nos prédécesseurs Roys que de nous et des présentes, voulons et ordonnons que, suivant la forme de tous temps gardée en nostre Cour de parlement à Paris, soit tenue mercuriale en nostredite Chambre des comptes, et ce de trois mois en trois mois; enjoignant à nos avocat et procureur général en ladite Chambre proposer en ladite mercuriale ce qu'ils auroient avisé estre requis pour nostre service, et nous faire envoyer ladite mercuriale dans le mois, au plus tard, qu'elle aura esté tenue. . . . .

Donné à Fontainebleau, au mois de mars, l'an de grace 1567, et de nostre règne le septième.

Par le Roy estant en son Conseil: DE LAUBESPINE.

(*Mémorial.* — Impr. dans la collection Mariette.)

1. La division de la Chambre en deux semestres avait été réglée le 12 septembre 1554. (Déclaration impr. dans la collection Mariette.)
La Chambre protesta à plusieurs reprises contre la nouvelle organisation de 1567, et présenta par trois fois ses remontrances au roi. On lui donna satisfaction au mois de décembre suivant, en rétablissant tous les offices vacants (deux présidents, deux maîtres, trois correcteurs et trois auditeurs), qui, aux termes de l'édit de janvier 1560, devaient s'éteindre par le fait même de la vacance (la même mesure de rétablissement avait déjà été appliquée à la plupart des offices comptables), en réorganisant le service semestriel, et en révoquant les derniers édits contraires, notamment celui de Moulins.

---

118. 24 Janvier 1568.
BREVET D'UNE CHARGE D'AUDITEUR POUR LE FILS DU P.P.

Aujourd'huy, xxiiijme jour de janvier, l'an mil cinq cens soixante huict, le Roy estant à Paris, ayant, dès qu'il estoit à Carcassonne, pour beaucoup de bonnes considérations, accordé à Monsr Nicolay, premier président en sa Chambre des comptes de Paris, mesmes en faveur des notables services qu'il a cy devant faictz et faict ordinairement au bien de ceste couronne, le premier estat et office de notaire et secrétaire de Sa Majesté, pour en pourveoir et le mectre au nom de l'un de ses filz; ce que n'ayant poinct encores sorty d'effect, comme sadicte Majesté l'eust bien désiré, luy a en cette considération ledict seigneur, qui veult que ledict sr Nicolay se ressente du fruict de ses labeurs, accordé et faict don, au lieu dudict estat de notaire et secrétaire, de l'un des deux estatz et offices d'auditeurs de ses comptes audict Paris, à présens en taxe à la somme de huict mille livres tournois chacun, en fournissant par iceluy sr Nicolay comptant ès mains du trésorier de ses partyes casuelles pareille somme de huict mil livres, par forme de prest seullement; laquelle somme ledict seigneur veult et entend luy estre remboursée en troys années, en chacune d'icelles par esgalle portion, ou en moings de temps, si faire se peult, et que, pour seureté d'icelle, il luy soit expédié acquict et baillé mandement et assignation vallable, en sorte que dans ledict temps il soit payé et remboursé de ladicte somme; ordonnant aux trésoriers de son Espargne d'y satisfaire. En tesmoing de quoy Sadicte Majesté m'a commandé en expédier audict s^r Nicolay le présent brevet et toutes les lettres d'acquict et provision pour l'effect de ce que dessus nécessaires, le s^r de Lanssac présent.

De Neufville.

(Original. — Arch. Nicolay, 12 C 85.)

119. 26 Juillet 1568.
PRÊT DEMANDÉ A LA CHAMBRE.

Ce jourd'huy, M^e [Nicolas] de Verdun, cons^{er} du Roy et intendant de ses finances, estant venu et entré au bureau, auroit présenté une lettre close de S. M., portant créance sur luy. . . . .

Et après que d'icelle a esté fait lecture, ledit de Verdun, avant que de déclarer sadite créance, auroit requis et supplié la Chambre faire convoquer et assembler tous les officiers de l'enclos d'icelle, à savoir : les correcteurs, auditeurs, Gens du Roy et autres. Auquel auroit esté dit par la bouche de Messire Antoine Nicolay, ch^{er}, cons^{er} du Roy et P.P. en icelle, la Compagnie estre en nombre compétent et l'assemblée estre assez suffisante pour entendre ce qu'il avoit à luy dire, d'autant que la plus grande et meilleure partie desdits correcteurs et auditeurs et Gens du Roy estoit illec présente. Sur quoy ledit de Verdun estant satisfait, auroit dit S. M. luy avoir enjoint et commandé venir en icelle pour luy faire entendre l'urgente et extrême nécessité de deniers en laquelle pour le présent elle se voit réduite et constituée, estant quasi tous les deniers de ses recettes générales engagés et hypothéqués pour le payement et solde des reistres naguères venus et entrés en ce royaume, à l'occasion des derniers troubles, qui provient principalement au moyen des grandes et excessives dépenses qu'elle a depuis quelque temps esté contrainte de supporter pour la solde et entretènement, tant de plusieurs compagnies de sa gendarmerie, auxquelles est encore dû trois quartiers entiers, que d'une infinité de compagnies de gens de pied mises en garnison en plusieurs villes et places de ce royaume, plus par contrainte que autrement, ne pouvant employer ladite gendarmerie que, au préalable, elle ne soit du moins satisfaite et payée de deux quartiers ; et que, si elle eust eu moyen de ce faire, son intention estoit, long temps a, de soulager et délivrer son peuple de la foule et oppression desdits gens de pied, ce que bonnement elle ne pouvoit faire que, au préalable, ladite gendarmerie ne fust payée d'une partie de ce qui leur estoit dû ; ne délibérant de désemparer de forces, ni laisser ses villes et places vides et dégarnies de gens, pour tomber encore en pareils troubles et inconvéniens qu'elle a fait par le passé, mesme depuis naguères ; et que, pour à ce obvier, délibéroit, et vouloit en cela conformer et suivre les traces et vestiges de ses prédécesseurs Roys, de s'ayder principalement de sadite gendarmerie, en laquelle elle vouloit désormais se reposer et remettre entièrement la manutention de son Estat et de son peuple. Pour à quoy parvenir, elle avoit longtemps sondé le gué et cherché tous les moyens à elle possibles de recouvrer argent. Toutefois il ne s'en présentoit aucun pour le présent, quelques recherches et perquisitions qu'on ayt su faire, si ce n'estoit par le moyen de l'édit de résignation des offices de ce royaume déclarés vénaux, naguères fait par Sadite Majesté pour obvier aux emprunts et impositions qu'elle eust esté contrainte mettre sur son pauvre peuple, pour satisfaire aux grandes et excessives sommes de deniers dues auxdites compagnies de gendarmerie. Par le moyen duquel édit Sadite Majesté faisoit estat de recouvrer dans peu de temps grosses sommes de deniers, estant fait pour le soulagement et conservation de plusieurs bonnes familles de ce royaume, la plupart desquelles, pour le désir et affection qu'elles avoient de servir Sadite Majesté, ont vendu la meilleure partie de leurs biens pour avoir moyen d'acheter des estats et offices honorables, lesquels, à l'occasion dudit édit, demeureront conservés et gardés à ceux qui y voudront entrer. Toutefois Sadite Majesté se trouvant déçue de son intention et bien éloignée de son attente, ne s'estant encore présenté aucun qui, avec une si bonne, honneste et avantageuse condition, y ayt voulu entrer, et par ce moyen l'ayder et secourir en cette extrême et urgente nécessité en laquelle depuis quelque temps elle s'est vue réduite et constituée, elle s'est avisée, attendant qu'il se présente autre meilleur moyen par lequel elle puisse estre secourue, d'avoir recours à cette Compagnie, qu'elle estime tenir le premier rang en ce royaume de ceux qui luy sont et doivent estre très affectionnés et zélateurs de la conservation de son Estat. A cette cause, elle auroit chargé iceluy de Verdun de faire entendre à ladite Chambre cette grande et extrême nécessité, et que, pour y pourvoir et donner quelque ordre, elle s'estoit avisé de deux moyens, èsquels elle prioit la Chambre de vouloir entrer : l'un, dudit édit des résignations, auquel, si elle vouloit entrer en corps, faisant la planche et montrant le chemin aux autres, Sadite Majesté s'assuroit que beaucoup d'autres la suivroient, et, par ce moyen, qu'elle ne faudroit incontinent d'estre secourue d'une bonne grosse somme de deniers; et au demeurant, si elle ne pouvoit tout fournir à une fois et à un seul payement, que Sadite Majesté se contenteroit qu'elle baille les deux tiers des sommes èsquelles les officiers d'icelle Chambre estoient taxés dedans un mois ou six semaines, et le reste dans la fin du mois de décembre prochain. Et l'autre moyen est que, si la Compagnie ne trouvant cette condition bonne et avantageuse, n'y veuille entrer, au moins estant affectionnée à son service, comme elle est et s'est toujours montrée, elle regarde de l'ayder et secourir de quelque autre somme de deniers: Messieurs les présidens, de 5,000 liv.; Messieurs les maistres, de 3,000 liv.; les correcteurs, de 2,000 liv.; les Gens du Roy, de 2,000 liv., et les auditeurs, de 1,500 liv. De toutes lesquelles sommes elle promet leur en bailler telle et bonne sureté qu'ils aviseront, pour les en faire rembourser dedans ledit mois de décembre prochain. Outre lequel remboursement, il a charge de Sadite Majesté et de la reine sa mère dire à la Compagnie que, pour le bon et prompt secours qu'elle espère recevoir d'elle, n'estant éconduite de sa demande, elle leur fera paroistre cy après le zèle et affection qu'elle a d'en avoir sa revanche, les gratifiant en tout ce qui les concernera et en général et en particulier. Et est ce qu'il a dit. Sur quoy, auroit esté dit à iceluy de Verdun qu'il se retirast, et que la Chambre délibéreroit pour répondre sur ce qu'il avoit dit et proposé.

Et lesdits jour et an, de relevée, ledit de Verdun de retour, luy auroit esté dit que la Chambre le prioit de rapporter au Roy qu'elle continuoit en ses premiers erremens et délibérations, qui sont fondés sur les termes portés par la lecture de l'édit; suppliant au demeurant S. M. la faire jouir du bénéfice d'iceluy. Et quant au prest par elle demandé, que la Chambre avoit sondé tous les moyens à elle possibles, tant en général que en particulier, de la pouvoir ayder et secourir de quelque bonne et notable somme de deniers, mais enfin elle s'est trouvée tant dénuée de moyens, à l'occasion des pertes et ruines que un chacun a souffertes en son particulier, pendant les troubles et divisions passés, que, pour le présent, il luy a esté du tout impossible de rendre quelque témoignage du zèle et dévotion qu'ils ont de la secourir en l'affliction et nécessité qui se présente. Et sur ce, ledit de Verdun a expliqué que le prest demandé par Sadite Majesté estoit fondé sur la taxe du tiers denier de leurs offices; s'assurant que, si la Chambre se vouloit assembler et faire quelque honneste offre en corps, elle recevroit traitement tel et si gracieux, qu'elle auroit occasion de contentement. Dont a esté fait ce registre, de l'ordonnance de la Chambre.

(*Créances.*)

---

120.   *8 Octobre 1568.*

CERTIFICAT DE BOURGEOISIE POUR LE P.P.

A tous ceulx qui ces présentes lectres verront, Nicolas Legendre, ch[er], seigneur de Villeroy, baron de la Chappelle la Reine, Maigny et d'Alaincourt, conseiller du Roy, secrétaire de ses finances et thrésaurier de son ordre, prévost des marchans et eschevins de la ville de Paris, Salut. Sçavoir faisons et certiffions que noble homme Messire Anthoine Nicolay, seigneur d'Orville et de Presles, conseiller du

Roy et premier président en sa Chambre des comptes à Paris, est bourgeois stationnaire, citoien, manant et habitant de ceste ville, luy et sa famille, long temps a, au quartier de M° Hervé Bergeon, commis quartenier de ladicte ville, rue Bourtibour, et comme tel, a payé et contribué aux fraiz de ladicte ville et affaires, ainsy que de tout avons esté suffizamment certiffiez, et partant, suivant les privileiges et exemptions donnez par les Roys de France à ladicte ville, n'est tenu aller ne envoyer au ban ny arrière ban, pour quelque cause ou mandement de ban que ce soit. En tesmoing de ce nous avons mis à ces présentes le scel de ladicte prévosté des marchans. Ce fut faict le huictiesme jour d'octobre, l'an mil cinq cens soixante huict.

HÉVERARD, commis. — *Gratis.*

(Original. — Arch. Nicolay, 12 C 84.)

---

121.   19 *Octobre* 1568.
ENQUÊTE SUR LA RELIGION DES OFFICIERS DE LA CHAMBRE.

Ce jourd'huy, du matin, les deux semestres assemblés, Messire Antoine Nicolay, ch^{er}, cons^{er} et P.P. en la Chambre de céans, a dit et rapporté au bureau que, suivant la charge qui en avoit esté commise, le samedy 16me desdits mois et an, tant à luy que à Mes Guillaume Bailly, aussy cons^{er}, président en icelle, Paris Hesselin et Guillaume de Marillac, pareillement cons^{ers} maistres en icelle, ils se sont transportés devers le Roy, estant pour lors en son hostel, au Palais, à Paris. Auquel ils auroient fait entendre que, ledit jour de samedy, M° Pierre de St-Martin, M° Arnoul Boucher, président au Grand Conseil, et M° Adrien de Thou, tous maistres des requestes de son hostel, seroient venus en ladite Chambre, garnis d'un brevet qu'ils disoient leur avoir esté baillé par S. M., lequel, à cette fin, ils auroient exhibé, pour, suivant iceluy, s'informer et enquérir bien et diligemment par tous les siéges et juridictions de cette ville, entre lesquels ladite Chambre tient un des premiers rangs, par la bouche mesme de tous et chacuns les officiers respectivement, de ceux qui sont de la Prétendue Religion, de ceux qui portent les armes contre Sadite Majesté et adhèrent et favorisent à ceux qui les portent, de ceux de ladite Religion qui se sont doucement contenus sous la tolérance des édits, de ceux qui sont présens ou se sont absentés de l'exercice de leurs estats, et depuis quel temps ; et de fait, voulant procéder à l'exécution de leurs commissions, auroient voulu prendre et recevoir des présidens, conseillers et maistres, lors séans en corps, par serment, leurs déclarations sur le contenu audit brevet. A quoy la Chambre auroit fait difficultés, d'autant qu'ils estoient inférieurs au corps d'icelle, qu'il eust esté trouvé fort étrange, et à elle malséant pour la manutention de son autorité, que d'autres luy eussent commandé et présidé en la présence des présidens lors y assistans, joint avec que cela se pourra facilement exécuter par elle. Et, parce qu'elle auroit connu lesdits maistres des requestes n'estre contens et satisfaits de la susdite réponse, s'estant retirés et sortis du bureau sur les termes de s'en plaindre à S. M., elle auroit à l'instant avisé d'envoyer lesdits Nicolay, Bailly, Hesselin et Marillac par devant elle, pour luy faire entendre comme le tout s'estoit passé, mesme le bon devoir et diligence dont cy devant elle avoit usé suivant son commandement pour faire faire la profession de foy à tous les officiers de l'enclos d'icelle ; s'assurant que, quand Sadite Majesté s'en seroit informée, elle en trouveroit bien peu qui eussent fait le semblable ; la suppliant très humblement se contenter du devoir auquel ladite Chambre s'est mise pour satisfaire et entièrement se conformer à son intention, en quoy elle délibéroit persister cy après, ainsy qu'elle a toujours fait par le passé. Ce que S. M. trouvant bon et le prenant de bonne part, leur auroit dit qu'elle estoit assez informée du bon et fidèle devoir de ladite Chambre, et ce qu'elle en faisoit estoit pour estre plus amplement éclaircie du contenu au susdit brevet, d'autant que cela pour le présent importoit grandement à son Estat, au bien et succès de ses affaires. Sur quoy lesdits députés luy auroient dit la Chambre estre preste d'obéir à son commandement, mais qu'elle le supplioit très humblement que ce fust selon la forme accoutumée estre gardée en ladite Chambre, par les officiers d'icelle, et non par commissaires extraordinaires. Et sur cela, le sʳ de Lansac, prenant la parole, auroit dit y avoir apparence et que la Chambre avoit en cela quelque raison, voulant en cela conserver son autorité. Ce que Sadite Majesté auroit trouvé bon, et leur auroit dit que la Chambre en fist comme elle l'entendoit et ainsy qu'elle avoit accoutumé. Ce fait, lesdits députés se seroient transportés par devant la reine, à laquelle ils auroient fait entendre ce que dessus; qui leur auroit fait pareille et semblable réponse. Et est ce qu'ils ont dit et rapporté; dont a esté fait le présent registre, lesdits jour et an.

(*Créances.*)

122.   22 et 27 *Octobre* 1568.
REMONTRANCES SUR UNE CRÉATION D'OFFICES EN LA CHAMBRE.

Ce jourd'huy, vendredy 22ᵐᵉ octobre 1568, de relevée, délibérant par la Chambre, les deux semestres assemblés, sur l'édit fait par le Roy en ce présent mois d'octobre, contenant création et érection nouvelle d'un président et un maistre des comptes en icelle, aux mesmes et semblables honneurs, autorités, prérogatives, prééminences, franchises, libertés, gages, épices, pensions, droits, profits, revenus et émolumens que les autres qui en sont à présent pourvus, a esté ordonné, avant procéder à la publication dudit édit, remontrances en estre faites à S. M., pour sur icelles ouïr et entendre son intention.

Et le 27ᵐᵉ desdits mois et an, du matin, vigile saint Simon, saint Jude, seroit venu en ladite Chambre le sʳ de la Genessie, gentilhomme servant du Roy, qui auroit dit, parlant à Messieurs au bureau, avoir charge de leur dire que ledit seigneur leur mande publier présentement ledit édit, trouvant fort mauvais de ce qu'ils ont tant différé, d'autant qu'ils savoient trop mieux son intention, et que, s'ils avoient quelques difficultés ou remonstrances à luy faire, ils eussent à se transporter incontinent devers S. M., pour ce qu'elle vouloit ledit édit estre publié ledit jour, du matin. Suivant laquelle créance, après avoir de rechef mis cet affaire en délibération, la Chambre auroit commis et député Messire Antoine Nicolay, chᵉʳ, premier, Mᵉˢ Guillaume Bailly, présidens, et Paris Hesselin, maistre en icelle. Lesquels à l'instant se voulant transporter devers S. M., auroient trouvé le sʳ de Morvilliers, et ayant longuement discouru ensemblement de leur créance et sur le profit, utilité et conséquence dudit édit, en fin les auroit renvoyés à la reine, qu'il disoit estre fort résolue à la publication dudit édit. Et voulant s'acheminer devers elle, seroit intervenu le sʳ de Lansac, qui les auroit menés au Roy. Auquel ils auroient dit que la Chambre les auroit envoyés devers S. M. pour la supplier très humblement de ne prendre de mauvaise part si elle n'avoit encore publié ledit édit suivant son intention, et que ce n'estoit pour désobéir en cela ni en autres choses à ses commandemens, auxquels elle se vouloit conformer entièrement, et que ce qu'elle en faisoit estoit plus à l'occasion du grand et excessif nombre d'officiers qui estoient en la Chambre, que pour autre fin; d'autant que la multiplicité des estats rendoit bien souvent les Compagnies odieuses et contemptibles envers plusieurs personnes, et que ce seroit un grand bien et assurance, tant pour l'accélération et succès de ses affaires et des particuliers, que pour la manutention de l'autorité d'icelle Chambre, si elle pouvoit estre réduite au nombre ancien. Joint aussy que l'édit général duquel cettuy dépendoit, n'avoit esté envoyé en ladite Chambre pour estre publié, comme en la Cour de parlement. A quoy Sadite Majesté leur auroit dit que l'édit de création qu'elle avoit fait de deux officiers en ladite Chambre, n'estoit pour multiplier le nombre des officiers d'icelle, et qu'ils pouvoient bien savoir à quelle fin cela se faisoit. Et sur ce, lesdits sʳˢ députés auroient répliqué qu'à la vérité on avoit quelque opinion que cet édit estoit fondé principalement à l'occasion de deux officiers en icelle que l'on estimoit estre de la Religion; l'un desquels estoit prest de se démettre de son office et le résigner à telle personne catholique que S. M. avisera, luy permettant et donnant terme compétent de ce faire, dont la Chambre le supplioit très humblement en sa faveur, et ne vouloir envers luy user de la rigueur portée par les édits sur ce récentement faits, estant beaucoup plus doux et gracieux de s'en démettre de son consentement que autrement. Sur quoy Sadite

Majesté leur auroit dit qu'il baillast sa requeste, et que l'on y aviseroit, et au demeurant, qu'il vouloit ledit édit estre publié dans ce jourd'huy ; toutefois n'entendoit accroistre le nombre des officiers d'icelle et y mettre un davantage.

De là, les présens députés seroient allés trouver la reine, à laquelle ils auroient fait entendre tout ce que dessus. Qui auroit fait réponse que, à la vérité, cet édit estoit fait en considération de ceux de la Religion, desquels le Roy ne se vouloit plus servir à l'avenir, pour quelque temps qui advienne, qu'il n'estoit plus enfant, et que, par cet édit, il vouloit commencer à se faire obéir, et à cette cause, son intention et la sienne estoit que ledit édit fust publié, sans toutefois, par là ni autrement, vouloir accroistre ni augmenter le nombre des officiers en ladite Chambre. A quoy les présens députés auroient répliqué que, s'il se fait quelque pacification cy après, ceux qui auront esté supprimés, voudroient rentrer en leurs estats et offices. Et sur ce, ladite dame leur auroit dit qu'ils n'y rentreroient point, et que plutost, ce cas advenant, l'on regardera à leur bailler rentes sur l'hostel de la ville de Paris ou les assigner ailleurs, ainsy qu'il sera avisé.

Ce que lesdits députés, à l'instant, ledit jour, de relevée, auroient rapporté à ladite Chambre ; dont a esté fait ce registre de l'ordonnance d'icelle.

(Créances.)

123. Septembre 1570.
ÉDIT RÉTABLISSANT LA DISTINCTION DES ORDRES DE LA CHAMBRE.

Par l'édit de Ripault (août 1570), il avait été dit que dorénavant, dans toutes les Chambres des comptes, les correcteurs et auditeurs prendraient le même titre et jouiraient des mêmes gages, droits, privilèges, etc. que les conseillers maîtres, « avec permission de monter par antiquité ésdites places et offices de maistres, sans aucune confusion toutefois de leurs charges et fonctions. » Sur les remontrances présentées, tant par la Cour de parlement, que par la Chambre, le nouvel édit rétablit les choses en l'état où elles avaient été de tout temps, pour la Chambre de Paris, et annule les dispositions de celui du mois d'août.

Enregistré au parlement le 7 septembre, et le 12 à la Chambre.

(Mémorial. — Impr. dans la collection Mariette.)

124. 18 Septembre-20 Novembre 1570.
RÉCEPTION DU P.P. AU PARLEMENT EN QUALITÉ DE CONSEILLER AU CONSEIL PRIVÉ.

Du lundy xviij^{me} jour de septembre MV^{c}LXX. Ont esté présentées à la chambre les lettres closes du Roy desquelles la teneur enssuit : « De par le Roy. Noz amez et féaulx, nous avons naguières, pour plusieurs bonnes et grandes raisons, retenu au nombre des conseillers de nostre Conseil privé nostre amé et féal conseiller et premier président en nostre Chambre des comptes, Me Anthoine Nicolay ; lequel nous désirons faire joyr des auctoritez, prérogatives et prééminences affectez audict estat de conseiller en nostredict privé Conseil ; quy faict que nous luy avons faict expédier noz lettres patentes pour avoir entrée et scéance en nostre Court de parlement de Paris. De l'effect et contenu desquelles nous voullons, vous mandons et enjoignons qu'en le faisant joyr, vous aiez, incontinent la présente receue, à le recevoyr et admectre en nostredicte Court pour y avoir scéance et voix deslibérative, comme l'un des aultres conseillers d'ycelle, sans y user d'aucune longueur, reffus ou difficulté. Car tel est nostre plaisir. Donné à Monceaulx, le quinziesme jour de septembre M V^c LXX. Ainsy signé : CHARLES, et plus bas, de Neufville. » Et au dos est escript : « A noz amez et féaulx les Gens tenans nostre Court de parlement à Paris, ou la chambre par nous ordonnée au temps des vaccations. » Et au dessoubz : « Receue le dix huitiesme jour de septembre V^c LXX. » Et n'y a esté riens faict.

Du jeudi xxviij^{me} jour de septembre. Me Guillaume Dubois, notaire et secrétaire du Roy et secrétaire ordinaire de ses finances, a dict à la Chambre qu'il a eu commandement du Roy venir céans et dire à la Compaignie, comme cy devant ledict seigneur avoit dict à Monsr le premier président, et encores le jour d'hier à M^r le président de Morsent, qu'il voulloyt et commandoyt que son eedict naguières octroyé aux Gens de ses comptes fust vériffyé, et encores d'abondant l'avoyt chargé dire qu'il commandoyt et voulloyt icelluy estre vériffyé et publyé ce jourd'huy, comme ensemblement il voulloyt estre faict pour le regard de la scéance et entrée qu'il a donnée en sadicte Court au président Nycolay, son conseiller en son Conseil privé. Auquel Duboys a esté respondu par Monsr le premier président : quant audict Nicolay, qu'il fust dernièrement arresté, puys que la deslibération fust faicte sur la fin du parlement, les Grand'chambre et Tournelle assemblées, par laquelle fut dict que l'on verroyt les requestes donnez en cas et matières semblables, qu'elle n'y pouvoyt toucher jusques au premier jour après la Sainct Martin prochain venant. Et quant à l'eedict concernant lesdictz Gens des comptes, que ladicte chambre n'y pouvoyt toucher ne les vériffyer, estant question de domayne et de les publyer, sinon le parlement assemblé. Et néantmoings, d'aultant qu'il y a eu quelque déclaration et commission expédiée adressée à ladite chambre pour les vériffier, lesquelles ne se trouvent, s'il plaist audict seigneur en faire expédier une auttre, l'on mandera les présydens et conseillers de la Grand'chambre quy se trouveront en ceste ville, affin d'y adviser.

Du sabmedy xxxme et dernier jour de septembre M V^c LXX. Ce jour, ainsy que l'on voulloyt délibérer sur l'eedict du Roy obtenu par les Messieurs des comptes, concernant leurs prévilléges à eulx portez par icelluy, Me Guillaume Dubois, secrétaire ordinaire des finances, est venu en la chambre et apporté une commission adressante à icelle chambre, affin de vériffier l'eedict susdict, et dict avoir faict entendre au Roy ce qui luy fust dict le dernier jour en ceste chambre, et qu'il luy avoit commandé de ce qu'il désyroyt et voulloyt par mesme moien estre procedé à la réception de Me Anthoine Nicolay, premier président des comptes, d'aultant qu'il est chef d'une Compaignie, et que sa réception ne puisse tirer à conséquence. Ce faict, luy retiré, et le procureur général du Roy et Me Augustin de Thou, advocat dudit seigneur, mandez, ont dict, par ledict de Thou, qu'ilz ne pœuvent consentyr la vérification desdictes lettres d'eedict, mais l'empeschent formellement, car les préviléges sont trop grandz et immenses, et, sy on a baillé ou promis quelques deniers pour subvenir aux affaires et nécessité où le Roy est de présent, il ne fault pour cela en demander une sy grande et excessive rescompense, mais se contenter d'en estre remboursé ; joinct que l'on dict qu'il y a auttres lettres par lezquelles sont augmentés les gaiges de III^c liv. t. à chacun, qui seroyt prendre prouffict à raison de denier huict, d'aultant qu'il ny a que II^m V^c liv. t. que l'on paye, avecq la diminution notoire et oculaire qui en adviendra au domayne du Roy, qui est quasy du tout allyéné ou engaigé, et que les princes de France qui ont leur appanage, les dames douairières et les fermiers dudict domayne y sentans de la perte et dyminution, s'en plaindront et feront instance, qui admènera encores une plus grande confusion que jamays ; et néantmoings, que le meilleur sera de veoyr les prétendus préviléges mentionnez èsdictes lettres. A tant, eulx retirez et la matière mise en deslibération, a esté arresté, avant que procedder à la vériffication desdictes lettres, les préviléges y mentionnez, dont lesdictz Gens des comptes prétendent avoir joy et joissent, seront mis devers la Court, pour estre communiquez audict procureur général, et, iceulx veuz, et sur les conclusions dudict procureur général, estre en oultre procedé ainsy qu'il appartiendra.

Du mercredy xvme novembre M V^c LXX. Veues par la Cour, les Grand'chambre et Tournelle assemblées, les lettres du Roy données à Sainct Germain en Laye, le premier jour d'aoust dernier, signées : Par le Roy, de Neufville ; par lesquelles, et pour les causes déclarées en icelles, ledit seigneur ayant retenu Me Anthoine Nicolay, premier président en la Chambre de ses comptes à Paris, conseiller en son Conseil privé, il luy permect entrer ès Cours souveraines de son roiaulme, Grand Conseil, Chambre desdictz comptes et Court des aides, y avoir scéance et voix délibérative selon et ainsy que l'ordre est gardé à l'endroict des auttres conseillers dudict privé Conseil ; les conclusions du procureur général du Roy, tant premières que secondes ;

le rapport de Messire Cristhofle de Thou, chevallier, premier président, député de ladicte Court pour faire remonstrances audict seigneur Roy sur la conséquence desdictes lettres; la déclaration de sa volonté portée par ledict rapport, et les mandemens dudict seigneur à ladicte Court et à la chambre des vacations de la volonté dudict seigneur, par Messire Pierre de Gondy, évesque de Paris, sur le registre de ladicte chambre, qui se soict réservé à en délibérer incontinant après l'ouverture du parlement à Sainct Martin; auttre rapport de la volonté dudict seigneur faict aujourd'huy en ladicte Court, par ledict Messire Pierre de Gondy, évesque de Paris; et tout considéré, ladicte Court, lesdictes Grand'chambre et Tournelle assemblées, obtempérant à la volonté du Roy, sans le tirer à conséquance, a ordonné que ledict M° Anthoine joyra de l'effect et contenu èsdictes lettres, en faisant le serment requis et accoustumé, information préallablement faicte sur ses vie, meurs et religion. Et a ladicte Court, en vériffiant lesdictes lettres, arresté qu'il ne sera plus procedé à l'enthérinement de semblables lettres, conformément à la volonté du Roy tesmoignée par lesdictz députez.

Du lundy xxme novembre M V^c LXX. Ce jour, après avoir veu par la Court l'information faicte d'office et de l'ordonnance d'icelle, à la requeste du procureur général du Roy, sur la vie, meurs et religion de M° Anthoine Nicolay, chevallier, conseiller du Roy et premier président en sa Chambre des comptes à Paris, retenu conseiller au Conseil privé du Roy, suyvant l'arrest d'icelle du quinzyesme de ce mois; la matière mise en délibération, y a arresté qu'il sera receu, suivant les lettres et arrest susdict, à faire le serment au cas appartenant, faisant profession de sa foy. Et à tant mandé, a faict le serment et a esté receu en icelle Court, et a faict profession de sa foy et l'a jurée.

(Arch. Nat., *Reg. du Parlement*, Conseil VIII^{xx} III et VIII^{xx} IV.)

125.   5 Novembre 1570.
INVENTAIRE DES JOYAUX DE LA COURONNE.

Ce jourd'huy, le Roy Charles neuvième estant logé en l'abbaye de St-Germain des Prés lès Paris, en regardant par la reine Catherine, mère de S. M., si les deux inventaires des bagües affectées et incorporées à la couronne, lesquelles elle a eues en garde depuis la mort du feu roy Françoys deuxième, dernier décédé, aussy son fils, à savoir : le premier desdits inventaires fait à Fontainebleau, le 26me jour de février 1560, et l'autre en cette ville de Paris, le 22me jour de novembre 1568, estoient complets et que rien n'en défaillist, a ladite dame trouvé que lesdits deux inventaires estoient entièrement complets, tant des bagues anciennes de ladite couronne, que de celles qui y ont depuis esté augmentées, mises et achetées, et aussy de celles qu'icelle dame mère du Roy y a données des siennes. De toutes lesquelles bagues et pierreries mises ensemble, après toutefois les avoir vues et vérifiées les unes après les autres sur chacun article dudit dernier inventaire, iceluy seigneur a voulu et ordonné en estre fait de nouveau ce présent inventaire et nouvelle prisée, par Claude Marcel, à présent prévost des marchands de sa ville de Paris, et François Desjardins, orfèvre et lapidaire de S. M., selon l'ordre et ainsy qu'elles ont esté mises ès accoutremens qui sont préparés pour servir aux noces de Sadite Majesté et de la reine Élisabeth, sa future femme; voulant Sadite Majesté que lesdites pierreries et bijoux soient si soigneusement gardés, qu'aucune chose ne s'en puisse perdre ou égarer, ni seulement changer d'œuvre, ni invertir en quelque façon que ce soit, sans qu'il se fasse par son autorité et en la présence de deux des conseillers en son Conseil privé et un de ses quatre secrétaires d'Estat, afin d'en faire mémoire au bout de ce présent inventaire. Duquel Sadite Majesté a aussy pareillement voulu et commandé en estre fait quatre semblables, qu'elle a signés de sa main : l'un, qui demeurera ès mains d'icelle dame reine, sa mère, pour sa décharge; l'autre, qui sera mis au coffre desdites bagues et pierreries; l'autre au Trésor des chartres de France, en la Ste-Chapelle du Palais à Paris, et l'autre pour estre mis en sa Chambre des comptes audit lieu de Paris, comme Sadite Majesté veut estre fait, et iceluy estre délivré au P.P. de sadite Chambre des comptes et à son procureur général en icelle, pour mettre par eux ou faire mettre ledit inventaire avec les autres chartres et papiers du domaine de cette couronne, afin que toutes lesdites bagues et pierreries qui sont incorporées, censées et faites propres de ladite couronne, soient si soigneusement gardées, qu'aucune chose ne s'en puisse perdre ni égarer, et que le contenu de cet inventaire, autorisé du seing de S. M., soit toujours pour confirmer et affecter lesdites pierreries et bagues à icelle couronne, et par conséquent inaliénable d'icelle.

Ensuit la teneur d'un inventaire desdites bagues et pierreries, du 26 avril 1571, par lequel elles sont évaluées à 567,882 écus [1].

(*Mémorial.*)

1. Par déclaration du 24 août 1537, François Ier avait retiré à la Chambre la connaissance de ce qui concernait les joyaux de la couronne et l'argent de menus plaisirs ou de jeu du roi. Il avai. même ordonné la destruction de tous les comptes, acquits, inventaires, etc. qui pouvaient se trouver à la Chambre. (*Mémorial.*)

126. 16 Novembre 1570.
INTERROGATOIRE ET EXAMEN DES AUDITEURS.

Ce jourd'huy, la Chambre, les deux semestres assemblés, a, par aucunes causes à ce la mouvant, ordonné et ordonne qu'où par cy après aucuns des cons^{ers} auditeurs d'icelle viendroient à résigner leurs estats pour se faire pourvoir de ceux de cons^{ers} maistres ou correcteurs en ladite Chambre, en ce cas sera procédé à leur interrogatoire, pour, par après, s'ils sont trouvés suffisans et capables, estre reçus au serment desdits offices, et non autrement, encore qu'ils voulussent alléguer avoir esté jà interrogés à leur premier serment dudit estat d'auditeur. Et pareillement ordonne qu'aux informations qui se feront à l'avenir sur la vie, mœurs et religion d'aucuns officiers nouveaux venans et entrans au corps d'icelle, ils et chacun d'eux seront tenus de faire examiner le curé ou vicaire de leur paroisse, pour déposer de leurdite religion.

(*Journal.*)

127. 19 Mars 1571.
CONVOCATION A L'ASSEMBLÉE DE VILLE.

Ce jourd'huy, Mes François d'Auvergne, sieur d'Ampont, et Simon Crosse, échevins de la ville de Paris, estant au bureau de la Chambre, ont remonstré à icelle qu'il auroit esté, puis peu de jours, accordé au Roy par ladite ville la somme de 300,000 liv., pour subvenir en ses urgens affaires, et ce de l'avis et consentement de plusieurs présidens, conseillers, tant des Cours de parlement, de ladite Chambre, qu'autres, à cette fin convoqués et assemblés en l'hostel de ladite ville, et que de présent ne restoit plus qu'à faire la taxe et département de ladite somme sur les particuliers d'icelle ville; pour quoy faire estoit de besoin qu'il y assistast aucuns des présidens, cons^{ers} et maistres en ladite Chambre; suppliant et requérant à cette fin lesdits d'Auvergne et Crosse qu'il plust à icelle Chambre en vouloir nommer, députer et commettre tels qu'elle aviseroit. Sur quoy, eux retirés, l'affaire mis en délibération, la Chambre a commis et députe Mes Geoffroy Luillier, Pierre Hesselin, François d'Argillières et Jacques de Baugy, cons^{ers} et maistres ordinaires en icelle, pour assister en l'hostel de ladite ville à voir faire ladite taxe et département d'icelle somme de 300,000 liv. Lesquels à cette fin elle a dispensé de la piqure pour le temps qu'ils vaqueront. Ce qui leur a esté à l'instant prononcé.

(*Journal.*)

128. 6 Avril 1571.
FRAIS DU GARDE DES LIVRES.

Sur la requeste présentée à la Chambre par Jean Royer, garde des livres d'icelle, contenant que, durant les mois de juillet, aoust et septembre et my octobre 1568, il se seroit offert plusieurs affaires pour le service du Roy et de ladite Chambre, à l'exécution desquelles ledit suppliant auroit vaqué de l'ordonnance d'icelle, ordinairement et extraordinairement, à chercher et administrer, tant au grand que second bureau, chambre du Conseil, aux conseillers correcteurs et procureur général dudit seigneur en icelle, plusieurs comptes anciens et modernes, tant des recettes générales, ordinaires qu'extraordinaires des guerres, de l'argenterie dudit seigneur, solde de cinquante mille hommes, aydes, tailles, comptes particuliers et toutes les décimes; et outre vaqué depuis le 15 septembre dernier jusques à présent, qui sont sept mois entiers, durant les semestres de juillet 1568 et 1570, durant lesquels iceluy suppliant auroit fait faire et mis ès bureaux des conseillers auditeurs et vieilles chambres la quantité de quatre vingts ponandés, contenant chacune une feuille de papier, pour lesquelles il auroit déboursé 15 liv., dont il n'auroit eu aucun remboursement. Requéroit à cette cause iceluy suppliant qu'il plust à ladite Chambre dire iceluy suppliant estre remboursé desdites ponandés par le receveur et commis à faire la recette des menues nécessités d'icelle Chambre, et, en ce faisant, luy faire telle taxe qu'elle aviseroit luy estre décernée pour raison de ce que dessus. Vu ladite requeste, l'arrest d'icelle du 16 septembre 1570, par lequel est ordonné que ledit suppliant rentrera en exercice de son estat de garde, à la charge d'observer le règlement en la garde des comptes et liasses, tel qu'il estoit lors dudit arrest; les comptes des menues nécessités de ladite Chambre rendus et clos en icelle pour les années 1565 et 1567, par lesquels appert avoir esté taxé audit suppliant par chacun semestre la somme de 50 liv. tournois, outre ses frais; et tout considéré, la Chambre ayant égard au contenu en ladite requeste, a ordonné et taxé audit suppliant la somme de 50 liv. tournois, pour tous frais et vacations extraordinaires par luy faits jusqu'au dernier jour de décembre 1570 dernier passé, sans tirer à conséquence; de laquelle luy sera délivré mandement sur M⁰ Simon de la Vergne, commis au payement des menues nécessités. Et néanmoins, fait icelle Chambre défenses audit Royer de ne plus à l'avenir présenter semblables requestes pour avoir aucune taxe, soit pour frais et vacations extraordinaires, sans premier faire apparoir d'un estat qu'il sera tenu présenter avec ladite requeste, contenant les vacations et frais qui auront esté par luy faits, duement signé et certifié par les officiers d'icelle auxquels il aura administré ces comptes et liasses, sur peine d'estre privé de la taxe par luy prétendue.

(*Journal.*)

129. 10 *Avril* 1571.
DON AU CAPITAINE DE LUYNES.

Vu par la Chambre les lettres patentes du Roy données à St-Germain en Laye le 3 aoust 1570, signées de sa main, et plus bas : Par le Roy, M. le duc de Montmorency, pair et mareschal de France, présent, de Neufville, adressantes aux trésoriers de France et général des finances établis à Montpellier, par lesquelles ledit seigneur veut et leur mande faire, par le receveur ordinaire de Nismes et autres de ses receveurs et comptables qu'il appartiendra, et des deniers provenans et qui proviendront des lods et ventes, treizièmes, quints et requints, et autres droits et devoirs seigneuriaux et féodaux audit seigneur dus, advenus et échus, ou qui luy pourroient cy après advenir, échoir et estre dus en sa sénéchaussée de Beaucaire, payer, bailler et délivrer comptant au sʳ de Luynes, chevalier de l'ordre, capitaine et gouverneur de la ville et chasteau de Beaucaire, la somme de 3,000 liv. tournois, de laquelle, en considération des bons et recommandables services qu'il luy a dès longtemps faits, et mesmement pendant les derniers troubles et en toutes les occasions qui se sont présentées, et pour luy ayder à supporter les dépenses qu'il a faites et fait chaque jour à cette occasion, et luy donner moyen de se relever des pertes qu'il a souffertes, ledit seigneur luy a fait don, selon et ainsy qu'il est plus au long contenu èsdites lettres, vérifiées par lesdits trésoriers de France, le 4 décembre audit an 1570; requeste présentée à ladite Chambre par ledit sʳ de Luynes, à fin de vérification d'icelles lettres, sur laquelle auroit esté ordonné icelles estre communiquées au procureur général dudit seigneur en ladite Chambre, lequel auroit déclaré, attendu l'estat des affaires du Roy, n'en pouvoir consentir l'entérinement ; autres lettres patentes dudit seigneur, données au chasteau de Boulogne lès Paris, le 26 février dernier, contenant mandement et jussion très expresse à ladite Chambre, sans s'arrester ni avoir égard aux susdites conclusions dudit procureur général, auquel S. M. impose sur ce silence, passer, vérifier et entériner lesdites lettres de don, sans y user d'aucune restriction ni modification, refus ou difficulté, le faisant jouir et user d'iceluy pleinement et paisiblement de point en point, selon la forme et teneur ; autre requeste présentée à la Chambre par ledit sr de Luynes, aux fins de la précédente ; conclusions sur ce dudit procureur général, auquel le tout a esté communiqué ; et tout considéré, la Chambre, ayant égard auxdites lettres, a ordonné et enjoint au receveur ordinaire de Beaucaire et Nismes d'employer ledit don de 3,000 liv. en son compte, pour, à la reddition d'iceluy, estre fait droit au suppliant, les charges ordinaires estant sur les recettes préalablement acquittées.

(*Journal.*)

130.   2 *Juillet* 1571.
CONGÉ ACCORDÉ A UN MAITRE DES COMPTES.

Sur la requeste présentée à la Chambre par Me Christophe de Thou, conser du Roy et maistre ordinaire en icelle, tendant à ce qu'il luy plust ordonner de son semestre et par mesme moyen luy octroyer deux mois de l'an qu'il est tenu de faire service, afin qu'il puisse vaquer à ses affaires sans qu'il soit pendant ledit temps sujet à la piqure, attendu qu'il a servi sept mois entiers et plus en sondit estat ; vu ladite requeste, et tout considéré, la Chambre, en faisant droit sur ladite requeste, a ordonné et ordonne que ledit de Thou servira au semestre de janvier, et luy a donné et donne délay de six semaines, à commencer du 1er octobre prochain ; attendant lequel temps ladite Chambre l'a dispensé de servir en icelle, et luy permet vaquer à ses affaires [1].

(*Journal.*)

[1]. Ce changement de semestre donna lieu, lors du remplacement de Me de Thou par Me J. Château, à un autre arrêt, du 18 juin 1575.

131.   6 *Juillet* 1571.
PERMISSION DE CONSTRUIRE REFUSÉE PAR LA CHAMBRE.

Aujourd'huy est comparu au greffe de la Chambre de céans Me Julien de Morienne, procureur en icelle, et procureur de Messire Antoine Nicolay, cher, conser du Roy en son privé Conseil et P.P. en ladite Chambre ; lequel, audit nom, s'est opposé et oppose à la vérification et entérinement de certaines prétendues lettres patentes que l'on dit avoir esté obtenues par un nommé Daubonne, bailly de Chaumont, et un nommé le Pelletier, contenant permission de bastir et ériger deux moulins, l'un à vent, l'autre à eau ; requiert, par mesme moyen, l'adjonction du procureur général du Roy, d'autant que ledit seigneur est son garant, pour les causes qu'il déduira en temps et lieu. De laquelle opposition il a requis acte, pour luy servir et valoir ce que de raison ; qui luy a esté octroyé, en vertu de ladite requeste à cette fin présentée à ladite Chambre, lesdits jour et an.

(*Journal.*)

132.   3 *Août* 1571.
INSPECTION DES PONTS ET CHAUSSÉES.

Ce jourd'huy, la Chambre duement avertie des démolitions et réparations nécessaires à faire, tant ès ponts de Gournay, Charenton, St-Maur, que des pavés des chemins d'iceux, et voulant pourvoir auxdites réparations, et pour aucunes causes à ce la mouvant, a commis et député Mes Nicolas Luillier, conser président, et Pierre Pignard, conser maistre ordinaire en icelle, appelés le maistre des œuvres, maistres paveurs et autres que besoin sera, eux transporter sur lesdits ponts et chemins pour voir quelles réparations sont nécessaires à faire ; ce fait, ordonner par lesdits Luillier et Pignard, ou l'un d'eux en l'absence de l'autre, desdites réparations d'iceux ponts et pavés, ainsy qu'ils verront estre à faire par raison, selon et ensuivant les rapports des visitations qui en seront à cette fin faits et dressés par lesdits maistres des œuvres et par eux, l'occasion s'en présentant. Ce qui leur a esté à l'instant prononcé[1].

(*Journal*.)

1. Autres commissions à trois conseillers maîtres pour se transporter pareillement « hors la porte St-Honoré, pont du Bas-Roule ; hors la porte St-Denys et dépendances ; pont de St-Cloud, passage près les Minimes de Nigeon et chaussée de Chaillot, » — et à Mes P. de Valles et Chr. de Thou, pour visiter le chemin de Chartres.

133.   7 Août 1571.
ARRÊT POUR L'HABILLEMENT DES GENS DES COMPTES.

Sur la remonstrance verbalement faite par le procureur général du Roy en la Chambre des comptes, que, comme la modestie en paroles et en faits est bien séante et requise en toutes personnes, et spécialement ès personnes constituées en degré souverain de judicature, ainsy est il de la modestie des habits et vestemens, par lesquels ordinairement on fait jugement, soit en bien, soit en mal, de l'intérieur de l'homme ; laquelle modestie l'on voit pour le jourd'huy estre en si peu d'estime, mesme entre aucuns des officiers de ladite Chambre, que, si la licence de soy habiller à sa volonté, sans le respect que chacun doit avoir à son estat, n'est retenue, il est à craindre que la Compagnie n'en tombe en mépris et contempnement, comme il semble que petit à petit elle s'y achemine ; qui est cause que, pour empescher que le mal ne prenne plus avant racine, il requéroit la Chambre d'y interposer son autorité et pourvoir, comme elle sait et connoist le cas le requérir. Sur quoy, l'affaire mis en délibération, la Chambre a ordonné que doresnavant, à commencer du jourd'huy, les officiers d'icelle, chacun en son regard, se comporteront en leurs habits et vestemens selon l'honnesteté, décence et bienséance due à la dignité de leurs estats ; c'est à savoir : ceux de robe longue, en la forme et manière de laquelle leurs prédécesseurs ont usé et qui est encore pour le jourd'huy reçue ès autres Cours souveraines de ce royaume ; et pour le regard des autres officiers, seront aussy vestus de leurs robes courtes, pendantes toutefois jusqu'au dessous du genou pour le moins, le tout sans aucune apparente découpure, et autres sayes honnestes et de longueur suffisante, sans aussy qu'il soit loisible à aucuns des officiers susdits se présenter en public habillés d'autre façon que celle cy dessus déclarée et prescrite, ni porter hauts bonnets, capes, manteaux que l'on appelle *reistres*, épées, ni habillemens de couleur, quels qu'ils soient, sur peine de l'interdiction de l'entrée de ladite Chambre pour tel temps qu'elle avisera.

(*Journal*. — Impr. dans la collection Mariette.)

134.   21 Août 1571.
MAITRE DES COMPTES PUNI POUR S'ÊTRE ABSENTÉ.

Sur les lettres patentes du Roy données à St-Père lès Melun, le 18 juillet dernier passé, signées de sa main, et plus bas, Par le Roy en son Conseil : Fizes, contenant mandement à la Chambre de faire, par le receveur des droits d'épices desdits officiers d'icelle, payer, satisfaire et rembourser Me Oudart Hennequin, conser maistre ordinaire en ladite Chambre, de la somme à quoy monte la moitié de sesdites épices du mois de mars dernier, dont il auroit esté privé par ladite Chambre pour avoir abandonné la Compagnie assemblée le 6 dudit mois, jour de l'entrée dudit seigneur, pour saluer S. M., ce qu'il auroit esté contraint faire au moyen d'un mal de teste qui luy advint ; faisant Sadite Majesté, en tant que de besoin est ou seroit, don d'icelle somme audit Hennequin, ainsy qu'il est contenu èsdites lettres; la requeste par luy présentée à ladite Chambre, tendant à fin de vérification d'icelles; ouï ledit Hennequin, pour ce mandé au bureau, et de luy pris le serment sur le contenu èsdites lettres, et tout considéré, la Chambre ne peut entrer à la vérification et entérinement d'icelles lettres.

(*Journal.*)

135. 4 *Septembre* 1571.
ENREGISTREMENT OBLIGATOIRE DES LETTRES DE NOBLESSE.

Sur la requeste présentée à la Chambre par Mme Jeanne Marchant, veuve de feu Me Adrien Quinart, un peu auparavant son décès juge et lieutenant général en Touraine, contenant que, au procès naguères pendant ès requestes du Palais et dévolu par appel en la Cour de parlement, entre ladite suppliante d'une part et Mes Macé et Claude Marchant, ses frères germains............ Lesquels Marchant auroient soutenu estre nobles et issus de noble lignée, et, pour justification de leurs droits, auroient produit audit procès la copie des prétendues lettres originales de noblesse de feu Jean Marchant, leur aïeul, lesquelles lettres ne se trouvoient enregistrées ès livres des chartres de la Chambre, et partant fausses, comme il est vraysemblable. Requéroit à cette cause, attendu que lesdites lettres ne sont, comme dit est, registrées èsdits registres, qu'il plust à ladite Chambre luy pourvoir sur ce. Vu laquelle requeste, conclusions du procureur général dudit seigneur, auquel le tout a esté communiqué, et tout considéré, la Chambre a ordonné et ordonne qu'à la requeste de ladite suppliante, le procureur général joint avec elle, pour l'intérest du Roy et du public, lesdits Macé et Claude Marchant mettront au greffe de ladite Chambre les susdites lettres, pour, icelles par lesdits procureur général et suppliante vues, estre ordonné ce que de raison.

(*Journal.*)

136. 7 *Octobre* 1571.
REMONTRANCES PRÉSENTÉES PAR LE PRÉSIDENT BAILLY. — RÉPONSES DU ROI.

Premièrement. Savoir le bon plaisir du Roy sur le fait de la provision en l'estat de trésorier de France en la charge et généralité de Bourges, dont est pourvu Me Guy Arbaleste, s^r de la Borde, estant de la R. P. R., parce qu'il n'a encore esté reçu personne en cette qualité en la Cour de parlement ni en ladite Chambre, depuis l'édit de pacification.

Le Roy veut et entend que Me Guy Arbaleste soit reçu audit estat de trésorier de France suivant les lettres de jussion qui luy ont esté dépeschées.

Sera par mesme moyen parlé des naturalités obtenues par plusieurs étrangers et présentées à la Chambre, mesme par les Flamands, qui se confessent et font profession de ladite R. P. R., à quoy l'édit de pacification ne pourvoit aucunement, et que l'ouverture en seroit de la conséquence que S. M. peut juger concernant son Estat.

S. M. ne se rendra si facile désormais à accorder lesdites lettres de naturalité, voulant néanmoins que celles qu'elle voudra faire dépescher soient vérifiées par lesdits sieurs des comptes, pourvu que les clauses accoutumées y soient insérées, sans qu'ils prennent connoissance de la religion des personnes par qui elles seront obtenues.

S. M. veut et entend que les pourvus des estats de trésoriers de France et généraux des finances soient examinés et interrogés désormais par ladite Chambre, pour faire preuve de leur suffisance, ainsy que font les maistres des comptes.

. . . .

Pour les raisons contenues au présent article, que S. M. a bien considéré, elle veut et entend que le compte de la recette générale du Dauphiné se rende en la Chambre des comptes à Paris.

. . . .

De l'estat envoyé par Messieurs les princes et signé d'eux, contenant la recette faite par un nommé Bénard, pendant les troubles, de, l'ordonnance desdits seigneurs princes et sous leur autorité, tant des receveurs et fermiers de S. M., que tous autres receveurs et collecteurs, revenant à 1,444,952 liv. 5 s. ob. tournois, et, en argent en masse, 216 marcs 3 onces. Sur quoy sera fait entendre à S. M. la conséquence et importance de ce fait, suivant les sommations et remonstrances faites par ledit s^r président Bailly auxdits s^{rs} princes, à la Rochelle, dernièrement qu'il y fut envoyé par Sadite Majesté. . . . . Joint que ledit président a montré à Sadite Majesté, à son retour de la Rochelle, un estat de 1,200,000 liv. et tant d'une seule recette générale, qui est Poitiers, des restes à recouvrer et deniers prétendus pris dans le ressort de ladite recette seule. Dont est aysé à inférer que ce qu'il a esté pris aux autres recettes excède de beaucoup la somme dudit estat envoyé par lesdits s^{rs} princes.

S. M. y pourvoira.

. . . .

La conséquence de ne faire point compter des deniers du clergé, tant pour l'intérest que le Roy a en la recette, que pour avoir connoissance de l'employ desdits deniers, qui sont destinés par édit au payement de plusieurs rentes et rachat d'icelles, ce qui n'est entendu ni connu que par les délégués dudit clergé, qui sont juges en leur cause et mettent sus telles sommes que bon leur semble.

S. M., après avoir esté éclaircie de chose qu'elle désire savoir pour le fait des deniers dudit clergé, se résoudra de l'ordre qu'il sera bon de tenir pour le fait du compte d'iceux deniers.

. . . .

Fait à Blois, le 7me jour d'octobre 1571.

CHARLES.
BRULART.
(*Créances.*)

137.
29 Mars 1572.
CARACTÈRES ET POINÇONS GRECS DE ROBERT ESTIENNE.

Sur la requeste présentée à la Chambre par Frédéric Morel, imprimeur ordinaire du Roy, tant en hébreu, grec, latin, que françoys, contenant que, suivant les lettres patentes dudit seigneur du 4 mars 1571, il auroit esté reçu audit estat d'imprimeur, vacant par le décès de défunt Robert Estienne, et, à cette fin, lesdites lettres publiées et registrées en la Cour de parlement, ouï sur ce le procureur général dudit seigneur, suivant les clauses portées par icelles et sans aucune restriction ni modification; et depuis, par arrest de ladite Chambre du 25 may ensuivant, elle auroit entériné lesdites lettres, ordonné qu'elles seroient semblablement registrées ès registres d'icelle, pour jouir par ledit suppliant dudit estat d'imprimeur ordinaire dudit seigneur, aux gages accoutumés, qui estoient de 225 liv. tournois par an, limité par ledit arrest, à la charge toutefois que ledit suppliant ne pourroit à l'avenir imprimer aucun édit où il y auroit adresse à la Chambre sans avoir la vérification d'icelle, et outre, avant qu'il pust recevoir aucune chose desdits gages, il feroit diligence retirer des héritiers dudit défunt Robert Estienne, son prédécesseur, les caractères, poinçons, moules et matrices des lettres grecques, pour en estre fait inventaire en la présence du procureur général dudit seigneur, qui s'en chargeroit au greffe, et à cette fin luy seroit délivrée commission pour faire lesdites diligences à l'encontre desdits héritiers, lesquels, en leur refus, seroient ajournés en ladite Chambre pour faire la délivrance desdits poinçons audit suppliant. En vertu duquel arrest et commission le suppliant auroit fait ajourner la veuve dudit défunt Robert Estienne; et

depuis, ayant esté averti que les poinçons avoient esté baillés et mis ès mains de feu M° Gilles Bourdin, procureur général dudit seigneur en ladite Cour, et les moules et caractères des lettres grecques et autres ustensiles servant audit estat d'imprimeur estre demeurés ès mains d'un nommé Jean Bienné, successeur de défunt Guillaume Morel, luy vivant, imprimeur dudit seigneur ès lettres grecques, auroit semblablement fait ajourner en ladite Chambre, en vertu dudit arrest et commission, dame Isabeau Fizes, veuve dudit Bourdin, et ledit Bienné, aux fins contenues par ledit arrest, et, à faute de comparoir par les dessusdits, les supplians auroient contre eux obtenu défaut . . . .
La Chambre a ordonné et ordonne que lesdites veuves Bourdin et Estienne et Jean Bienné seront, à la requeste dudit suppliant, ledit procureur général joint avec luy, ajournés à comparoir en personnes en icelle, afin d'eux purger par serment quels caractères, poinçons et matrices ils peuvent avoir entre leurs mains appartenans audit seigneur, concernant lesdites lettres grecques. . . . . . .

(*Journal.*)

138.   3 Mai 1572.
CHAPELAIN DE LA CONCIERGERIE.

Sur la requeste présentée à la Chambre par Jean de la Fosse, prestre, curé de St-Barthélemy en la Cité de Paris, contenant que, par arrest de la Cour de parlement du 23 juillet 1571, luy auroit esté ordonné, du consentement du procureur du Roy en icelle, la somme de 60 liv. parisis, à les avoir et prendre sur les premiers deniers provenant des amendes adjugées audit seigneur par ladite Cour, et ce, par les mains du receveur d'icelles amendes, pour faire dire et célébrer le service divin en la Conciergerie du Palais, à savoir : tous les dimanches, une basse messe avec l'eau bénite, et aux quatre festes solennelles et de Nostre Dame, Ascension et Feste Dieu, grand'messe et vespres; ensemble, les vigiles desdits jours et autres festes, une basse messe seulement; et outre, lesdits jours et festes solennelles, confesser, faire ou faire faire admonitions chrétiennes aux prisonniers, et administrer les sacremens de confession et de l'autel auxdites festes solennelles et autres jours; pareillement faire procession et prière par le préau de la Conciergerie auxdits jours de dimanches, et faire les prosnes accoustumés, ainsy qu'il est plus au long contenu et déclaré par ledit arrest ; pour avoir le payement de laquelle somme de 60 liv. parisis il se seroit retiré par devers ledit receveur, qui auroit esté refusant de ce faire sans avoir sur ce ordonnance et mandement de ladite Chambre; qui seroit à son grand préjudice et dommage, attendu qu'il est contraint entretenir à ses dépens un homme d'église de ladite chapelle ; requéroit à cette cause ledit suppliant qu'il plust à ladite Chambre luy vouloir sur ce pourvoir. Vu ladite requeste, ledit arrest cy dessus mentionné, tout considéré, la Chambre a ordonné et ordonne que ledit suppliant sera payé de la somme de 60 liv. parisis par chacun an. . . . . . .

(*Journal.*)

139.   5 Juillet 1572.
RÉPARATIONS AU DÉPOT DU TRÉSOR DES CHARTES.

Ce jourd'huy, Monsieur M° Antoine Nicolay, cher, conser du roy en son privé Conseil et P.P. en sa Chambre des comptes, assisté de moy, Danès, notaire secrétaire dudit seigneur, greffier en icelle, M° Julien de Morienne, contrôleur des réparations de la Ste-Chapelle, et André Poiret, maistre couvreur, s'est transporté en la montée du Trésor des chartres, où ayant vu les réparations nécessaires à y faire pour éviter à l'éminent péril qui se présentoit, ensemble ès couvertures dudit Trésor et chèvecerie de ladite Ste-Chapelle, qui estoient rompues, à l'occasion desquelles les pluyes faisoient grand dommage èsdits lieux, a icelui sr président ordonné et ordonne qu'il sera procédé à la réfection des réparations nécessaires à faire, tant èsdite montée que couvertures, le plus promptement que faire se pourra, pour éviter à plus grande ruine et démolition desdits lieux, comme chose très nécessaire.

(Journal.)

140.   13 Août 1572.
RÉPARATIONS AUX DÉPOTS DES COMPTES.

Sur la remonstrance verbale ce jourd'huy faite à la Chambre par Me Jean Royer, garde des livres d'icelle, que, au moyen de ce que les greniers de ladite Chambre estoient en plusieurs lieux et endroits découverts, les comptes, liasses, papiers et acquits estant en iceux estoient, à l'occasion des continuelles pluyes, mouillés, gastés et en danger de se pourrir; requérant, pour la conservation desdits papiers, qu'il plust à icelle procéder à la vérification des réparations, ainsy qu'elle aviseroit; sur quoy, luy retiré, l'affaire mis en délibération, la Chambre a ordonné et ordonne que, en la présence de Me Pierre Pignard, cons^{er} maistre ordinaire en icelle, qu'elle a à cette fin commis et député, la couverture desdits greniers sera vue et visitée par le maistre des œuvres et un couvreur, lesquels, à cette fin, se transporteront en icelle et feront bon et fidèle rapport de ladite visitation, qu'ils bailleront par écrit à ladite Chambre, pour, iceluy vu, estre par elle ordonné sur la réfection desdites réparations ainsy qu'il appartiendra.

(Journal.)

141.   5 Janvier 1573.
REMPLACEMENT DES OFFICIERS PROTESTANTS.

Ce jourd'huy, Messire Antoine Nicolay, ch^{er}, cons^{er} du Roy en son privé Conseil et P.P. en la Chambre de céans, séant au bureau, a dit que, le jour d'hier, estant au Louvre, S. M. luy commanda de faire entendre à ladite Chambre que son vouloir et intention estoit que, se présentant cy après en icelle Chambre aucuns officiers ayant la résignation de ceux de la Nouvelle Religion, pour estre reçus au serment des estats dont ils avoient esté pourvus au lieu desdits de la Religion, qu'il ne soit par elle procédé à leurdite réception, jusqu'à ce qu'il luy soit au préalable apparu que les deniers à quoy aura esté composé de la vente desdits estats, ayent esté mis en constitution de rentes sur l'hostel de cette ville de Paris, ès mains du receveur d'icelles.

(Créances.)

142.   25 Mai - 7 Juin 1573.
REMONTRANCES SUR UNE CRÉATION D'OFFICES EN LA CHAMBRE.

Le 25 mai 1573, René, comte de Sansac, vicomte héréditaire de Poitou, chevalier de l'ordre du roi, son chambellan et conseiller en son Conseil privé, colonel général de la noblesse de l'arrière-ban et surintendant général des fortifications du royaume, apporta à la Chambre l'édit de création de deux présidents, huit maîtres, quatre correcteurs, dix auditeurs et deux huissiers. Après le discours d'usage sur les regrets du roi et la nécessité des temps, il avertit la Chambre qu'elle pouvait envoyer ses remontrances au prince, mais qu'il serait impossible à celui-ci de s'y rendre tant que ses affaires ne seraient pas en meilleure voie. La Chambre députa le président Tambonneau et quelques autres, qui portèrent les remontrances à Fontainebleau et furent reçus le 7 du mois de juin. La substance de ces remontrances fut à peu près telle qu'il suit :

La multiplication des officiers, si préjudiciable qu'elle soit pour le roi et ses sujets, l'est encore plus en la Chambre des comptes qu'ailleurs, et cela pour deux considérations : la première, que le roi paie non-seulement les gages des officiers des comptes, mais encore ces profits que les autres Compagnies prennent sur les particuliers; la seconde, que les titres et papiers conservés dans les dépôts de la Chambre ont toujours été regardés comme trop importants pour qu'on en pût divulguer le secret à un grand nombre d'officiers.

CHARLES IX.

De fait il n'y a pas longtemps que, pour l'expédition de toutes les affaires qui se traitent aujourd'huy en la Chambre, il n'y avoit que deux présidens, dix maistres, deux correcteurs et seize auditeurs, qui se trouvoient plus que suffisans à l'entier exercement de leurs charges et offices. Depuis, par succession de temps, comme la corruption des mœurs et l'ambition ont pullulé, les officiers de la Chambre, par l'importunité d'aucuns poursuivans, ont esté multipliés un à un jusqu'à quelque plus grand nombre.

A la création de 1551, on fut obligé d'imaginer la division par semestres pour ne pas encombrer les bureaux. Par deux autres créations on arriva au nombre de six présidents, vingt-huit maîtres, huit correcteurs et trente-deux auditeurs, et ce nombre parut si excessif, que depuis, loin de l'augmenter, on l'eût voulu restreindre, si cela avait pu se faire sans « la trop grande injure » pour les officiers.

Mais aujourd'hui, on veut augmenter la Compagnie d'autant d'officiers qu'il en suffisait jadis pour expédier toutes les affaires, et c'est à peine s'il y a moyen d'employer et de loger ceux qui sont actuellement en charge : le bureau des présidents et maistres, la chambre des correcteurs et les sept chambres des auditeurs sont déjà pleins outre mesure.

Outre cette impossibilité, et en ce temps si corrompu, il peut advenir un si grand danger et inconvénient de mettre en une Cour et si promptement un si grand nombre d'officiers, qu'il est malaysé qu'il n'y entre quelqu'un qui soit d'autres qualité et condition qu'il n'est requis pour l'importance de ces estats; ce qui est plus à craindre en cette Compagnie qu'en nulle autre, parce que les autres sont tellement conduites, que chaque partie à son tour et à loisir peut remonstrer ce qui fait pour la justification de son droit; mais en la Chambre, où les affaires se traitent entre le Roy et son comptable, il faut que les juges suppléent et considèrent ce qu'il convient pour le droit de S. M.; en quoy est requis d'avoir une grande prud'hommie et intégrité. . . . .

Et si le fonds des finances de S. M. est moindre qu'il ne devroit estre, la Chambre en est la plus déplaisante, et s'est toujours opposée, et a résisté tant qu'elle a pu pour empescher l'importunité des poursuivans. Aussy, en cette création, elle a senti la malveillance de plusieurs, qui seroient bien ayses de la ruine de la Compagnie. Mais ce qu'elle en a toujours fait, n'a esté que pour la conservation du bien et des finances du Roy et pour le bien de son service, qu'elle ne peut maintenir sans l'ayde de S. M., avec laquelle elle peut tout, et ne peut rien sans elle.

La réponse du roi, comme celle de son envoyé, fut qu'il était contraint de céder aux nécessités les plus urgentes, mais qu'il avait l'espoir de pouvoir un jour supprimer par extinction les nouveaux offices et ramener alors la Compagnie au même nombre de charges que sous le roi Louis XII.

(*Créances.*)

143.
14 Septembre 1573.
ENTRÉE SOLENNELLE DU ROI DE POLOGNE.

. . . .

Ce jour de ladite entrée d'iceluy seigneur Roy de Pologne, ladite Chambre assemblée en corps et mesmes habits que dessus, seroit partie du Palais après les généraux de la justice des aydes, et seroit allée vers ledit seigneur Roy de Pologne, estant hors la porte St-Antoine, en une salle construite de neuf toises, élevée de douze marches ou environ, près et joignant le couvent des religieuses dudit St-Antoine. Où estant mesdits seigneurs, après avoir fait la révérence audit seigneur Roy de Pologne, qui estoit accompagné de Mgr le duc d'Alençon, son frère, du roy de Navarre, assis à ses costés, et autres princes et seigneurs estant debout, Mgr le chancelier appuyé derrière la chaise dudit seigneur Roy de Pologne, Messire Antoine Nicolay, cher, conser de S. M. en son privé Conseil et P.P. desdits comptes, ayant mis le genou en terre devant ledit seigneur Roy de Pologne, et s'estant approché de luy et estant debout, tout découvert, luy auroit fait la harangue et porté la parole pour ladite Chambre; laquelle iceluy seigneur Roy de Pologne, parlant audit sr Nicolay, auroit remerciée. Ce fait, estant mesdits seigneurs descendus, arrivèrent Messieurs de la Cour, aussy vestus de robes longues et rouges, vers ledit seigneur Roy de Pologne, pour en semblable luy faire la révérence. Et au mesme instant, revint icelle Chambre en la grande salle du Palais à Paris, où estoit Sadite Majesté, qui y reçut peu après ledit seigneur Roy de Pologne, au devant duquel Sadite Majesté seroit allée jusques au portail estant à l'entrée de ladite salle, où il le festoya, comme il fit en semblable, tant mesdits sieurs de la Cour, que de la Chambre et généraux des aydes [1].

(Mémorial.)

[1]. La Chambre avait assisté précédemment aux cérémonies de Notre-Dame et de la grande salle du Palais, où le nouveau roi avait reçu notification solennelle de son élection, prêté serment, etc. Voy. D. Félibien, t. Ier, p. 717 et 718.

144. 1573-1577.
LETTRES PATENTES, CONTRAT ET ARRÊTS POUR LES DÉPENSES DE LA CONSTRUCTION DES TUILERIES.

(Copies du temps. *Arch. Nicolay*, 17 L 2 et 3 et 18 L 1. — Impr. dans la *Topographie historique du vieux Paris*, t. II, p. 192-201.)

145. 2 Janvier 1574.
REMONTRANCES PRÉSENTÉES PAR LE CONSEILLER MIRON. — RÉPONSES DU ROI.

Instructions pour les remonstrances que feront au Roy et à Nosseigneurs de son Conseil privé Mes Robert Miron et Élie du Tillet, cons^{ers} du Roy et maistres ordinaires en sa Chambre des comptes, par elle députés et envoyés vers S. M. pour luy faire entendre certains faits concernant son service et bien de ses affaires.

Premièrement, sera remonstré que, par les lettres patentes en forme de chartre que S. M. a fait expédier au mois de novembre dernier, pour anoblir trente personnes au pays de Normandie, encore qu'ils soient de la qualité portée par lesdites lettres, il est du tout contrevenu à l'ordre et règlement fait par les prédécesseurs Roys, lesquels, de tout temps et ancienneté, se sont rendus très difficiles en l'octroy et concession de lettres d'anoblissement, pour la charge que telles lettres apportent aux habitans des pays, paroisses et lieux où ceux qui sont anoblis font leur résidence, spécialement audit pays de Normandie. Et si quelques fois telles ouvertures se sont faites, afin d'estre accommodé d'une bonne somme de deniers, ou pressé par aucuns princes et seigneurs de les gratifier d'anoblir deux, trois, ou plus grand nombre de personnes, ce a esté avec grandes difficultés que telles lettres sont passées, avec plusieurs commandemens à bouche et par écrit, comme grandement préjudiciables au peuple, lequel se trouve aujourd'huy chargé de si grandes tailles que chacun sait.

Et encore que par ledit édit il soit expressément porté que ceux qui seront anoblis ne se trouvent avoir payé tailles, si est ce que lesdits anoblissemens ne s'étendent seulement pour les tailles, mais pour une infinité d'autres subsides, comme des huitièmes, quatrièmes des vins, menus boires et autres denrées desquelles se trouvent garnis ceux qui sont riches et opulens et qui occupent grandes possessions.

Ceux qui ont esté cy devant anoblis, soit par composition de finance ou don d'icelle, ont toujours, sans aucune difficulté, payé indemnité à la paroisse où ils sont habitans, et ne s'est fait autrement, d'autant que Leurs Majestés, comme princes souverains qui peuvent anoblir, ont, en ce faisant, voulu rendre telle justice et équité à leurs peuples qu'ils n'ont rien fait à leur préjudice. Et se sont contentés lesdits anoblis de cette grace et faveur, laquelle tourne à leurs successeurs en droite ligne, voire jusques à un nombre infini, comme il s'en pourra faire par la présente création plus de deux cents, sans demander exemption d'indemniser les habitans des paroisses où les biens sont situés, comme il est porté par ledit édit, taxés et modérés par lesdits Gens des comptes, ainsy qu'il s'est encore fait nouvellement en vérifiant certain anoblissement donné au lieutenant de Vernon pour grands services et récompense mesme d'un estat de conseiller en la Cour de parlement de Rouen qui luy avoit esté donné par S. M., lequel ne s'est trouvé chargé de payer l'indemnité au peuple des paroisses où ses biens estoient situés. Toutefois, par lesdites lettres, lesdits trente nobles seroient quittes de ladite indemnité, encore que la personne qui se veut faire anoblir, le plus souvent paye autant de tailles que le tiers ou le quart de ladite paroisse.

Les riches et aysés, par le moyen desdits anoblissements, qui leur cousteront peu au regard de leurs facultés, n'aspireront plus à estre pourvus d'estats qui se vendent en ladite province, pour estre affranchis ou autorisés, et, advenant vacation d'iceux, ne s'en trouvera telle somme de deniers comme il s'est fait par le passé.

L'incommodité qu'apportera l'anoblissement de ceux qui sont habitans des villes franches est assez notoire, encore que leurs prédécesseurs n'ayent payé tailles, d'autant qu'ils n'ont aucune noblesse, ains une seule exemption provenant du privilége spécial de la ville, tellement que, s'ils vont demeurer aux champs, ils ne peuvent estre exempts desdites tailles, et ne laissent, encore qu'ils soient habitués èsdites villes franches, de payer les aydes et subsides que payent les roturiers ; dont ils seront exempts, s'ils sont anoblis.

Lesdits bourgeois, habitués èsdites villes franches, sont contraints de bailler leurs terres à ferme aux roturiers et contribuables aux tailles ; lesquelles, s'ils sont ainsy anoblis, ils tiendront en leurs mains et les feront profiter, incommodant d'autant la paroisse de ce qu'elle estoit soulagée de ceux qui tenoient lesdites terres.

Davantage, s'il est tiré des villes grand nombre de personnes roturières pour estre anoblies, elles demeureront dépeuplées des plus riches et aysés, et chargées d'autant d'emprunts, subventions et autres subsides que le plat pays est chargé de tailles. Ceux ayant acheté un anoblissement se retireront aux villages où leurs biens sont assis, chose grandement préjudiciable èsdites villes, èsquelles les bourgeois, marchands, leurs enfans, ne seront retenus que pour les priviléges d'icelles. Et où il plairoit à S. M. ordonner que lesdites lettres fussent vérifiées, seroit beaucoup moins dommageable de ne prendre aucuns habitans des villes franches, s'ils n'estoient issus de famille honorable et que leurs pères eussent vécu noblement, sans faire trafic de marchandises ni autre acte dérogeant à noblesse.

Durant le règne du roy Henry, se trouvent plusieurs défenses très expresses avoir esté faites à la Chambre des comptes de ne procéder à aucune vérification de lettres d'anoblissement au pays de Normandie, comme estant celuy qui porte une bonne part des tailles et subsides de ce royaume et où il se trouve gens riches et aysés qui ne craindront pas donner 1,800, voire 2,000 écus, pour estre anoblis, et payeront encore l'indemnité ès lieux et paroisses ; de sorte que, si cette ouverture estoit faite, il s'en trouveroit grand nombre qui feroient les conditions du Roy et du peuple meilleures qu'il n'est porté par lesdites lettres.

Est à considérer que, en l'année 1567, le Roy leva une bonne et grande somme de deniers moyennant quelques exemptions que obtenoient aucuns dudit pays de Normandie pour n'estre haussés à plus grande somme de deniers et crues que ce qu'ils payoient lors de l'expédition desdites lettres, et payoient pour icelles 10, 12 et jusqu'à 15 écus, et auparavant l'impétration d'icelles, de 40 ou 50 livres qu'ils payoient de tailles, ils se faisoient modérer à 100 sols tournois, pour toujours demeurer par après à ladite somme, par vertu de leursdites lettres, et, en ce faisant, le reste de la paroisse où ils estoient habitués demeure surchargé.

Il se trouvera par la commission qui fut expédiée à l'un des commissaires dénommés èsdites lettres, au mois de décembre 1570, qu'il avoit charge expresse de faire savoir à toutes personnes lesquelles depuis quarante ans avoient obtenu lettres d'anoblissement ou affranchissement de payer tailles, les veuves et enfans, d'apporter par devant lesdits commissaires lesdites lettres, avec certification qu'ils avoient accompli les charges portées par la vérification d'icelles, ne tendant à autre effet ladite commission sinon pour venir à un règlement de tailles et voir les paroisses qui seroient trop chargées desdites tailles au moyen desdits anoblissemens ou affranchissements, et s'il y auroit moyen d'iceux casser et révoquer.

Par l'édit donné au mois de janvier 1568, S. M. auroit créé et institué le nombre de six cent soixante dix neuf personnes qu'il vouloit estre anoblies par toutes les provinces de son royaume, contenu en un estat attaché audit édit, pensant estre par ce moyen secouru d'une grande et bonne somme de deniers. Lequel édit fut, suivant le commandement exprès de Sadite Majesté, publié et vérifié en la Cour de parlement à Paris et Chambre desdits comptes. Toutefois depuis, connoissant l'importunité desdits anoblissemens, la foule et oppression qu'ils apporteroient au pauvre peuple, Sadite Majesté révoqua ledit édit, et n'a sorti aucun effet. Et encore que par l'estat attaché audit édit il fust ordonné en estre anoblis audit pays de Normandie jusqu'à la quantité de vingt un seulement, à savoir quinze pour le bailliage de Rouen et six pour celuy de Caen, néanmoins, par l'édit de la vérification duquel est à présent question, il en est créé trente, sans distinction de la quantité qui doit estre en chacun bailliage, de manière qu'il seroit loisible auxdits commissaires de tirer tous les nobles d'un seul bailliage et des villes franches, lesquelles demeureroient en cette occasion dénuées et dépouillées de ceux qui ont plus de moyen et sont riches et aysés.

Et d'autant qu'il est question de la création desdits trente nobles en ladite province de Normandie, à laquelle doivent estre les formes anciennes et accoustumées gardées et observées, et les lettres particulières de chacun desdits anoblis adressées à ladite Chambre, ainsy qu'il est accoustumé de tout temps et ancienneté, comme il semble estre aussy plus que nécessaire et de justice que lesdites lettres, comme a esté ledit édit de 1568, soient au préalable vérifiées en ladite Cour de parlement de Rouen, appelés les procureurs et députés des estats dudit pays de Normandie, lesquels peuvent plus clairement voir et connoistre particulièrement l'intérêt que y a le pauvre peuple, au soulagement et décharge duquel voyant Sadite Majesté disposée, ladite Chambre n'a su ni dû moins faire, pour la connoissance qu'elle a des grandes tailles que porte ledit pays, et auquel à l'avenir, attendu le nombre effréné de personnes nobles qui pourroient succéder desdits trente anoblissemens, Sadite Majesté sera contrainte faire plusieurs rabais et modérations ès paroisses desquelles lesdits anoblis auront esté retirés, comme possédant la plupart des biens de ladite paroisse, à la grande diminution de ses finances, que de luy faire très humbles remonstrances pour continuer en cette bonne volonté vers sondit peuple et ne permettre que lesdites lettres d'anoblissement desdites trente personnes portent effet.

Sera pareillement remonstré à Sadite Majesté la grande charge du nombre excessif de provisions de secrétaires signant en finance, qui se trouve revenir à 30,000 liv. ou plus chacun an, et que, pour la révérence que ladite Chambre a portée aux lettres et jussions qui lui ont esté naguères dépeschées, ils ont ordonné la provision de Me Simon Nicolas estre registrée, et qu'elle seroit suppliée très humblement que son bon plaisir soit fermer la porte à telle importunité.

Qu'il se trouve certain personnage pourvu en l'estat de receveur général des finances établi à Limoges, lequel n'ayant encore atteint l'âge de dix neuf ans, il semble que telle charge mérite bien estre maniée par personnage de plus grand âge et expérience. Toutefois, rapportant par luy à ladite Chambre lettres de dispense pour estre reçu au serment dudit estat, nonobstant son bas âge, ladite Chambre, avant que d'entrer au jugement desdites lettres de dispense, a bien voulu sur ce savoir et entendre la volonté de Sadite Majesté, pour icelle ensuivre ainsy qu'il sera commandé et ordonné. Fait le 2me jour dudit mois de janvier 1574. Signé : Danès.

Nous, Robert Miron, conser du Roy et maistre ordinaire en sa Chambre des comptes, suivant l'ordonnance d'icelle et instructions à nous baillées, cy devant transcrites, en date du 2me du présent mois de janvier 1574, sommes transporté à St-Germain en Laye, devers S. M., pour luy faire entendre le contenu èsdites remonstrances et rapporter sur ce sa volonté, telle qu'elle est contenue cy après.

Premièrement, en ce qui concernoit l'anoblissement de trente personnes que Sadite Majesté vouloit et entendoit estre créées nobles au pays et duché de Normandie, et pour les causes et ainsy qu'il est contenu ès lettres patentes qui en avoient esté expédiées à cette fin en forme de chartre, au mois de 1573, et adressées à ladite Chambre, Sadite Majesté, après avoir bien au long entendu les remonstrances par nous faites, a déclaré que l'importance desdites lettres et conséquence d'icelles avoient esté bien et murement délibérées et considérées en son Conseil avant que les faire expédier, mais que l'urgente nécessité de ses affaires le pressoit en sorte qu'il estoit contraint, pour estre secouru d'une bonne et grande somme de deniers, s'ayder des moyens portés par lesdites lettres; joint que ceux qui doivent estre ainsy anoblis, se trouveroient personnages de telle qualité qu'ils mériteroient bien estre gratifiés desdits anoblissemens, et, comme n'ayant payé taille, son peuple n'en pouvoit recevoir incommodité; à cette cause, qu'il vouloit et ordonnoit que nous eussions à faire entendre de sa part à ladite Chambre qu'elle eust à passer outre à la vérification et entérinement desdites lettres, selon leur forme et teneur.

Quant au grand nombre des provisions de secrétaires signant en finance qu'il avoit plu à Sadite Majesté octroyer à plusieurs personnes, lequel apportoit charge excessive en ses finances, comme il a esté bien au long remonstré, a déclaré que doresnavant elle fera prendre garde de n'accorder aucunes provisions, et se déchargera Sadite Majesté de telles importunités.

Et sur le dernier point et article desdites remonstrances, pour le bas age auquel se trouvoit un nommé Me Jean de Cordes, pourvu de l'estat de receveur général des finances établi au bureau nouvellement créé et établi en la ville de Limoges, Sadite Majesté nous commanda le faire entendre à Mgr le chancelier; ce qui fut par nous fait. Lequel nous déclara n'avoir entendu l'age dudit de Cordes estre de dix neuf à vingt ans, lorsque lesdites lettres de provision furent par luy scellées, mais qu'il pensoit estre proche de la vingt cinquième année d'un an ou quinze mois, et qu'il trouvoit fort bon et à propos pour le service de Sadite Majesté et bien de ses affaires que ledit de Cordes ne fust reçu par ladite Chambre au serment dudit office de receveur général des finances audit Limoges, jusques à ce qu'il eust l'age dessus dit.

(*Créances.*)

146.
11 *Janvier* 1574.
INFORMATION PRÉALABLE DE VIE ET MŒURS.

Ce jourd'huy, la Chambre délibérant sur les lettres patentes du Roy du 8 octobre dernier passé, contenant provision de la personne de Me Savinien de Cyrano, notaire et secrétaire dudit seigneur, en l'office de conseiller et auditeur en icelle, des dix nouvellement créés par édit du mois de may aussy dernier, et après avoir vu l'information faite de l'ordonnance de ladite Chambre, le 14 novembre ensuivant, sur la vie, mœurs et conversation catholique dudit de Cyrano, autre information aussy sur ce faite d'office le 29 décembre, certification du curé de l'église et paroisse St-Eustache, en laquelle iceluy Cyrano est demeurant, du 28 dudit mois, ensemble les conclusions du procureur général dudit seigneur, auquel le tout avoit esté communiqué, la Chambre a ordonné et ordonne que ledit de Cyrano ne sera reçu au serment dudit office de conseiller auditeur en icelle.

(*Journal.*)

147.
26 *Janvier* 1574.
FOURNITURE DE JETONS POUR LA CHAMBRE.

Sur la requeste présentée à la Chambre par Aubry Olivier, maistre ouvrier et conducteur des engins de la Monnoye du Moulin en cette ville de Paris et fournissant les jetons nécessaires pour le service du

Roy aux officiers de ladite Chambre, tendant, pour les causes y contenues, qu'il plust à icelle avoir égard à ce que l'étain qu'il luy convient acheter pour faire lesdits jetons est, depuis trois ans en çà, enchéri de plus de moitié, à l'entretènement des serviteurs qu'il luy conviënt avoir pour besogner, et à la chèreté des vivres, luy augmenter le prix desdits jetons, qui n'estoit que de 25 sols tournois pour chacun cent, jusques à 30 sols, et, en ce faisant, ordonner qu'il luy sera payé à cette raison de la quantité de huit milliers qu'il a fournis, par Me Simon de Lavergne, commis au payement des menues nécessités et affaires de ladite Chambre. Vu ladite requeste, tout considéré, la Chambre a ordonné et ordonne qu'il sera délivré mandement audit suppliant sur ledit de Lavergne, pour estre payé des jetons à luy dus à raison de 30 sols tournois par cent, tant pour le présent que pour l'avenir[1].

(Journal.)

1. Pour la même raison de chèreté des matières, étoffes ou fer-blanc, Jean Berthelin, qui fournissait depuis vingt ans les lacets à enfiler les acquits, obtint que le prix en serait porté à 32 s. 6 d. la grosse. (Séance du 23 avril 1574.)

---

148.   5 Mars 1574.
RELIEUR DES COMPTES ET REGISTRES.

Ce jourd'huy, la Chambre duement avertie du décès de Jean Prévost, en son vivant commis par elle à relier les comptes et registres d'icelle, a, en considération des longs services par luy faits à ladite Chambre, tant en l'estat d'huissier qu'en ladite commission, par l'espace de trente ans ou environ, et aussy de ce qu'il auroit délaissé sa veuve chargée d'une fille preste à marier, avec peu de moyens de luy trouver party, permis et permet à ladite veuve de luy nommer pour l'exercice de ladite commission telle personne que bon luy semblera ; lequel à cette fin sera par elle reçu au serment d'icelle, information préalablement faite sur sa vie, mœurs, conversation et religion catholique.

(Journal.)

---

149.   18 Mars 1574.
COMMISSION POUR LA POLICE DE LA VILLE DE PARIS.

Le Roy désirant conserver et maintenir sa bonne ville et cité de Paris en tout repos et tranquilité et entendre journellement comme toutes choses s'y passeront, Sa Majesté a advisé, pour donner aide et assistance aux prévost des marchans et eschevins de ladite ville, que les huict personnaiges qui seront cy après déclairez demeurent résidens ès quatre principaulx quartiers d'icelle ville, assavoir : les srs Premier Président et de Versigny, pour le quartier de l'Université; pour la Cité, le lieutenant civil et Claude Aubery, conseiller de ville ; pour le quartier de la porte Baudais, le président Nicolaj et Marcel, intendant des finances, aussi conseiller de ville, et pour le quartier des Halles, le président de Neuilly et de Leuville. Chacun desdictz huict personnaiges aura la superintendance sur les commissaires, capitaines, quartiniers, cinquantiniers et dixainiers, et génerallement sur tous les officiers qui sont subjectz à la police, tant du costé du prévost de Paris que du costé du prévost des marchans, pour sçavoir et entendre par chacun jour qui sera arrivé en la ville, soit qu'ilz logent aux hostelleries ou aultres lieux, et, là où il se trouveroit quelque soubson, adviseront de le faire entendre au Roy, pour y estre pourveu par Sa Majesté.

Ceulx qui auront charge de l'Université, auront le soing sur les portes de St-Germain des Prez, St-Jacques et St-Marcel, pour aller, soir et matin, et de nuict, s'il est besoing, veoir si elles seront bien fermées durant la nuict et quelle garde il y aura ; et feront tenir la main qu'il ne loge aucunes personnes dans les faulxbourgs, sinon les habitans, qui seront soigneux à faire fermer les barrières du faulxbourg et contre escarpe, où se fera garde, principallement au bout du faulxbourg St-Jacques, pour les paquetz.

Ceulx du costé de la porte Baudays auront le soing de la porte St-Anthoine et porte St-Martin, et tiendront la main à faire bonne garde de nuict pour ladicte porte St-Anthoine, principallement pendant que

Sa Majesté sera au Bois de Vincennes, et feront fermer la herse du bout du faulxbourg St-Martin, avec les aultres choses qui seront ès advenues le long de la contre escarpe.

Ceulx du quartier des Halles auront le soing sur les portes St-Denys et St-Honoré, et tiendront la main de faire bonne garde de nuict à la porte St-Denys; feront aussi fermer les herses des boutz des faulxbourgs, avec les advenues des contre escarpes.

Ceulx de la Cité n'auront charge sur aucune porte, ains yront seullement dans le Pallais, en la grande église Nostre Dame, et aultres lieux publicqs de ladicte Cité, pour veoir s'ilz congnoistront quelques gens extraordinaires et non accoustumez, pour en donner advis.

Tous les huict dessusdictz donneront instruction, avec lesdictz prévost des marchans et eschevins, aux capitaines qui seront dans leur département, pour empescher qu'il ne soit offensé personne, et qu'ilz soient toujours bien advertis de ce qui se fera dans leursdictz départements, et, lorsque chacun capitaine et ses gens seront aux portes, que l'ordre soit estably à faire aultre garde que l'on ne faict maintenant, demandant à tous ceulx qui entreront d'où ilz viennent, ce qu'ilz auront appris de dehors, et, là où il y auroit quelque chose digne d'advertissement, en communiqueront par bonne intelligence ensemble avec lesdictz prévost des marchans et eschevins, et, pour ce faire, s'assembleront toutes et quantes fois que besoing sera et verront estre bien à propos, pour faire bien effectuer le contenu en ce mémoire.

Que ceulx qui entreront avec pistolles, harquebuzes ou aultres armes offensives, les laisseront à la porte, sinon ou cas qu'ilz feussent congneuz par le capitaine ou aultre de la compaignie, qui les certiffiera gens de bien, et seront baillées les armes en garde à l'hoste du logis où ilz logeront, lequel se chargera de ne les rendre, sinon que lors du partement ou retour, et seront portées lesdictes armes à la porte par ledict hoste ou les siens, affin que l'on n'en puisse abuser.

Chacun desdictz personnaiges depputez verra en son quartier quelz gens il y aura, soubz chacun capitaine, pouvant porter les armes, [dont] il pourra faire estat, soient harquebuziers ou picqueurs, pour faire service de jour et de nuict.

Si doresnavant l'on veult faire guet bourgeois, sera faict quatre grans corps de garde dans ladicte ville de Paris, de tel nombre chacun que le quartier le pourra porter, assavoir : ung à la place Maubert, ung aultre au marché Pallu, ung aultre à la Grève et ung aultre aux Halles ; et seront assis aux advenues, ainsi qu'il sera advisé, de petitz corps de garde de trois ou quatre hommes seullement, qui auront en toutes lesdictes advenues sentinelles, qui se prendront desdictz grans corps de garde.

Le chevalier du guet marchera avec ses gens de cheval ainsi qu'il a accoustumé, et, quand à ses gens de pied, en prendra quelque partie pour l'accompaigner, et le reste les employera ainsi qu'il sera advisé.

Sera envoyé souvent au dehors de la ville de Paris pour sçavoir qui y sera logé prest d'arriver en icelle, et, de tout ce que l'on pourra aprendre digne d'advertissement, en sera donné advis ; et seront envoyez ung homme ou deux à chacune des villes de Corbeil, Montlehéry, Trapes, Montfort, Poissy, Ponthoize, Senlis, Beaumont, Meaulx et Laigny, pour veoir qui va et qui vient, affin d'advertir souvent lesdictz prévost des marchans et eschevins de ce qu'ilz auront peu aprendre èsdictes villes, et estre par les dessus dictz pourveu à ladicte ville de Paris selon qu'ilz verront que besoing sera.

Sera aussi advisé par lesdictz huict depputez, avec lesdictz prévost des marchans et eschevins, aux aultres choses qui pourront estre nécessaires en ladicte ville pour la conservation et repos d'icelle, et en dresser et envoier, si besoing est, mémoires à Sadicte Majesté, laquelle sera par chacun jour advertie de ce qui se sera passé en ladicte ville.

Faict au Bois de Vincennes, le Roy estant en son Conseil, le xviij^{me} jour de mars 1574.

Signé : CHARLES, et plus bas, Pinart.

Copié sur l'original en papier.
D'HOZIER-DE SÉRIGNY.

(Arch. Nicolay, 12 C 17.)

150.
4 Avril 1574.
QUITTANCE DE LA PENSION DU P.P.

Nous, Anthoine de Nicolay, chevalier, seigneur de   , conseiller du Roy en son privé Conseil et Premier Président en sa Chambre des comptes à Paris, confessons avoir eu et receu comptant de Me Pierre Chaillou, aussy conseiller dudict seigneur et receveur général de ses finances à Paris, la somme de six vingtz cinq livres tournoiz en provenans, à nous ordonnée à cause de nostredict estat de Premier Président en ladicte Chambre, pour nostre pension durant le quartier de janvier, febvrier et mars dernier passé, à raison de IIII^c liv. par an. De laquelle somme de VI^{xx}V liv. nous nous tenons contant et bien payé, et en avons quicté et quictons ledict Me Pierre Chaillou, receveur général susdict, et tous autres. Tesmoing nostre seing manuel, cy mis le quatriesme jour d'apvril mil cinq cens soixante quatorze.

A. NICOLAY.

(Original. — Arch. Nicolay, 12 C 18.)

151.
26 Mai 1574.
OBSÈQUES DU GRAND DUC DE TOSCANE.

L'an 1574, le 24me jour de may, seroit venu en la Chambre le s^r d'Ivray, maistre d'hostel du Roy, lequel, entré au bureau par permission d'icelle, auroit dit que ledit seigneur l'auroit envoyé par devers elle pour l'avertir que sa volonté estoit que Messieurs d'icelle eussent, mercredy prochain, l'après disnée, et le jour suivant, au matin, à se trouver en la grande église de Paris, au service et obsèques qui se doivent faire pour feu de bonne et louable mémoire le très illustre seigneur Cosme de Médicis, luy vivant grand duc de Toscane et Florence. A quoy luy auroit esté répondu que la Chambre feroit son devoir au contentement de S. M.

Et le mercredy suivant, de relevée, 26me desdits mois et an, mesdits sieurs seroient allés à ladite église, où entrés dans le chœur d'icelle, auroient pris place aux hautes chaises du costé senestre, vers l'autel, et après eux les officiers de la Cour des aydes, qui auroient esté suivis par les prévost des marchands et échevins de cette ville, et au costé dextre estoient les présidens, conseillers et autres officiers de la Cour de parlement, qui auroient pareillement assisté aux vigiles et divin service qui fut dit en ladite église.

Et le lendemain matin, mesdits sieurs assistèrent comme dessus à la messe, qui fut célébrée par Révérend Père en Dieu Messire Pierre de Gondy, évesque de Paris; après l'offerte de laquelle fut prononcée l'oraison funèbre dudit défunt par vénérable et discrète personne Me Arnauld Sorbin, dit de Ste-Foy, toulousain, docteur en théologie et prédicateur de S. M.; par laquelle, entre autres choses, il auroit déduit et déclaré l'origine de la maison de Médicis estre descendue d'un gentilhomme françois nommé Édouard de Médicis, estant de son vivant au service du très chrétien roy Charles Magne, que Dieu absolve, et demeura ledit Médicis en Italie, après que S. M. eut chassé les Lombards dudit pays. Comme aussy il a récité que, pour ses armes, il prit cinq globes ou boules de fer, pour avoir vaincu un tyran qui se tenoit audit pays, lequel portoit ordinairement pour combattre, quand il faisoit ses tyrannies, une masse au bout de laquelle il y avoit lesdites cinq boules de fer, laquelle ledit Édouard rapporta, après l'avoir vaincu et défait, et, en mémoire dudit pays de France dont il estoit sorti, mit dans sesdites armoiries, au plus haut de l'écusson, un petit écu dedans lequel il y a trois fleurs de lys.

Laquelle messe estant dite, le s^r de Lansac, chevalier de l'ordre du Roy et capitaine de cent gentils-hommes, a dit à mesdits sieurs que la reine luy avoit donné charge de les remercier d'avoir assisté audit service, comme estant bons serviteurs de S. M.

Fait par moy, greffier de ladite Chambre soussigné, les jours et an susdits. Signé : DE LA FONTAINE.

(Cérémonial.)

152.
27 Juin et 15 Septembre 1574.
LETTRES DU ROI HENRI III A LA CHAMBRE.

De par le Roy. Nos amés et féaux, nous avons entendu, par vos lettres du dernier jour de may, la publication que vous avez faite du pouvoir de régence de nostre royaume au nom de la reine, nostre très honorée dame et mère, suivant l'intention du feu Roy, nostre très honoré sieur et frère, que Dieu absolve, et l'obéissance que vous nous promettez luy rendre en attendant nostre retour, de vous et de nos bons sujets fort désiré; qui est le plus grand contentement que nous puissions recevoir, le service le plus agréable que vous nous sauriez faire, et la meilleure preuve que vous nous pouviez rendre de vostre fidélité et bonne affection envers nous. Continuez donc d'obéir à la reine, nostredite dame et mère, comme vous pouvez avoir assez clairement entendu estre nostre intention par le pouvoir que nous luy en avons envoyé et les lettres que nous vous en avons écrites depuis douze ou quinze jours, ayant l'œil et le soin que vous devez à l'ordre et conservation de nos finances, et vous nous trouverez, tant qu'il plaira à Dieu nous donner la vie, aussy bon Roy que nous sommes certain et assuré que vous nous serez bons et fidèles serviteurs et sujets. Donné à Vienne en Autriche, le 27me jour de juin 1574.

HENRY.

Ruzé.

La Chambre reçut, le 6 septembre suivant, les lettres de confirmation accordées par le nouveau roi et, le 19 du même mois, autres lettres, écrites de Lyon, par lesquelles S. M. lui disait « avoir eu très grand contentement de la grande affection qu'elle a montrée à son obéissance et de celle qu'elle a rendue à la reine, sa mère. » Celle-ci avait fait prévenir la Compagnie, par le P.P., dès le 17 août, qu'on se préparât à envoyer une députation à son fils aussitôt qu'il serait entré en France, mais on reçut contre-ordre le 22 septembre.

Ce jour, Jean de Paix, maistre de la poste de cette ville, a apporté lettres closes du Roy, et, après lecture faite d'icelles, a esté ordonné qu'elles seront registrées au livre des *Mémoriaux*.

De par le Roy. Nos amés et féaux, ayant entendu de nostre amé et féal chancelier que, pour satisfaire à vostre devoir et faire ainsy qu'il est accoutumé, vous avez député aucuns de vostre Compagnie pour venir vers nous nous faire et rendre ce qui nous est dû de vostre part à nostre avènement à cette couronne; mais, pour ce que nous espérons d'icy à quelque temps nous approcher et tourner du costé de Paris, il ne sera pas de besoin que veniez vers nous jusques à ce que le vous fassions entendre. Vous recommandant ce pendant le bon devoir dont vous avez accoutumé d'user en vos charges, ainsy que nous nous en assurons. Donné à Lyon, le 15me jour de septembre 1574.

HENRY.

PINART.

(*Mémorial* et *Plumitif*.)

153.
28 Juin 1574.
COMMUNICATION DE ROLES CONSERVÉS DANS LES DÉPOTS.

A esté ordonné au Conseil à M^r le P.P. de la Chambre des comptes, Messire Antoine Nicolay, s^r d'Orville, d'apporter tous et chacun les rôles de confirmations du feu roy Henry et les mettre ès mains de Mgr le chancelier, lesquels montent à quatorze volumes, contenant quatre vingt douze rôles. Ce qu'il auroit fait par ordonnance dudit Conseil, ce jourd'huy. Fait audit Conseil privé tenu le 28 juin 1574.

Signé : CLAUSSE.

(*Journal.*)

154.   17 *Juillet* 1574.
OBSÈQUES DU ROI CHARLES IX.

(*Cérémonial.* — Impr. dans D. Félibien,
Preuves, t. I*er*, p. 719.)

---

155.   5 *Août* 1574.
RÉCEPTION DE MICHEL MAUPEOU EN LA CHARGE DE GÉNÉRAL DES FINANCES.

Ce jourd'huy, est venu au bureau Me René Dolu, conser du Roy et secrétaire de ses finances, qui a dit à la Chambre que la reine mère dudit seigneur, régente en France, l'avoit envoyé luy dire de sa part qu'elle eust à recevoir Me Michel Maupeou en l'estat de général des finances à Montpellier, parce qu'il est besoin de l'envoyer en Languedoc pour aucunes affaires concernant grandement le service de S. M., et que, à cette fin, ladite dame écrivoit lettres, qu'il a présentées à la Chambre. Luy retiré, et lecture faite desdites lettres, mondit sr le président Bailly a dit que, le jour d'hier, estant au Conseil, où estoient MM. le chancelier, de Limoges, de Morvilliers et autres, luy fut dit par ledit sr chancelier quelle difficulté ladite Chambre faisoit de recevoir ledit Maupeou audit estat de général des finances à Montpellier. A quoy ledit sr Bailly auroit répondu qu'il y avoit pour plus de 200,000 liv. de souffrances sur ses comptes de receveur général de Toulouse. Lors, luy fut dit par ledit sr de Morvilliers qu'on l'avoit bien entendu, et que ce n'estoient que parties reprises que son compagnon luy auroit baillées, lesquelles il luy a depuis rendues, et que, à cette cause, ladite Chambre eust à le recevoir, parce que l'on estoit pressé de l'envoyer en Languedoc pour aucunes affaires secrètes concernant le service du Roy.

(*Créances.*)

---

156.   30 *Août* 1574.
TRANSCRIPTION DU REGISTRE *CROIX*.

A esté ordonné à Me de la Fontaine, greffier en la Chambre, de faire copier le livre coté ✝, et iceluy collationner, pour après le mettre en un lieu séparé, pour n'estre plus tiré d'iceluy, sinon par ordonnance de ladite Chambre, et iceluy qui sera collationné, de le mettre en évidence quand il sera ordonné; et, à cette fin, sera fait taxe à celuy qui le mettra au net et copiera.

(*Plumitif.*)

---

157.   9 *Septembre* 1574.
PRÉSENTS OFFERTS PAR UN COMPTABLE.

Sur la plainte faite au bureau par Me Jean Aymeret, conser du Roy et maistre ordinaire, que, le   dernier, Me Guillaume Hérouard, trésorier des réparations, fortifications et avitaillemens de Champagne, seroit allé en sa maison pour le remercier de la bonne et brève expédition qu'il avoit receue de luy au fait de sa taxe, et luy auroit présenté une coupe d'argent vermeil doré, que ledit Aymeret auroit refusé prendre de luy, disant qu'il avoit tort et s'en plaindroit à la Chambre, Mo de Valles a dit le semblable luy avoir esté fait par ledit Hérouard. A cette cause, supplioit la Chambre de le mander et entendre qui l'avoit mu de ce faire. Mandé sur ce le procureur général du Roy, qui a requis que ledit Hérouard soit ouï; mandé de Lafa, son procureur, et sur ce enquis, a dit qu'il se tenoit près de St-Bon, et qu'il estoit de présent à Sucy. Ouï aussy Me Antoine Arnault, conser auditeur, qui a semblablement dit que ledit Hérouard luy avoit présenté une coupe d'argent doré, qu'il avoit refusée;

enquis si ç'avoit esté son serviteur ou luy, a dit que ç'avoit esté ledit Hérouard. Et sur ces propos, M⁰ Évrard, cons⁰ʳ maistre ordinaire, a dit de soy mesme que ledit Hérouard luy en avoit cy devant présenté une, qui estoit d'argent vermeil doré, avec son couvercle doré de vermeil. Lesdits Aymeret, de Valles et Évrard retirés, ouï de rechef ledit procureur général du Roy, qui a requis verbalement ledit Hérouard estre ajourné à comparoir en personne, l'affaire mise en délibération, les deux bureaux assemblés, la Chambre a ordonné que ledit Hérouard sera ajourné à comparoir en personne [1].

(Plumitif.)

[1]. Le 16 septembre, le rapport fut présenté. Le président Luillier et MM. Aurillot, du Tillet et de Mesgrigny se retirèrent, parce qu'ils avaient eu offre de la même coupe. M⁰ Aymeret déclara se contenter de la reconnaissance faite devant la Chambre par Hérouard, et la Chambre ordonna que ce dernier recevrait une réprimande en plein bureau, sans amende.

158.
1ᵉʳ Octobre 1574.
ANNIVERSAIRE DE LA BATAILLE DE MONCONTOUR.

Ce jourd'huy, la plupart des deux bureaux assemblés, et après avoir sur ce délibéré, a esté arresté et résolu que l'on n'entrera en la Chambre le lundy prochain, 4ᵐᵉ du présent mois, parce que l'on n'a pas accoutumé de venir le 3ᵐᵉ dudit présent mois, à raison de la victoire obtenue par le feu roy Charles, neuvième du nom, dernier décédé, que Dieu absolve, à Moncontour, contre ceux de la nouvelle opinion, comme en semblable a fait la Cour de parlement.

(Plumitif.)

159.
12 Octobre 1574.
RÉCUSATION DE JUGES.

Ce jourd'huy, voulant par la Chambre commencer à juger le procès d'entre le procureur général du Roy et M⁰ François Miron et Louis Malherbe, a esté mandé ledit Miron. Auquel, estant au bureau, a esté remonstré qu'il avoit cy devant présenté requeste à l'encontre de Mᵉˢ Antoine Nicolay, P.P., et François Dolu, président en icelle Chambre, et Mᵉˢ Geoffroy Luillier, sʳ de Coulanges, et François d'Elbène, consᵉʳˢ maistres ordinaires en icelle, leurs parens et alliés, afin de se déporter et de n'assister aux jugemens et arrests qui pourroient intervenir en ladite Chambre pour le fait dudit Miron; et enquis si sous ces mots : « et leurs alliés, » il les entendoit tous récuser, a dit que, par les requestes qu'il a présentées, il n'a entendu récuser que lesdits sʳˢ présidens Nicolay et Crespin, Luillier, de Marseilles, le Coigneux et Dodieu, consᵉʳˢ maistres ordinaires, parce qu'ils luy ont toujours esté et sont encore suspects, et que, si aucuns de Messeigneurs autres que les susdits premiers s'en veulent déporter d'eux mesmes, cela dépend de leur religion, à laquelle il s'en rapporte.

(Journal.)

160.
23 Février 1575.
ASSISTANCE DU P.P. AU SACRE DU ROI.

Mandement délivré à Mʳ le président Nicolay de la somme de 195 liv. tournois, pour quatorze journées entières qu'il a vaqué, tant à aller, séjourner que retourner, en la ville de Reims, saluer le Roy et assister à son sacre, comme il est accoutumé.

(Plumitif.)

161.
8 Juin 1575.
VITRAUX DE LA SAINTE-CHAPELLE DE VINCENNES.

Les Gens des comptes du Roy nostre sire à M⁰ Simon de Lavergne, commis au payement des menues nécessités et affaires de la Chambre desdits comptes, Salut. Nous vous mandons que, des deniers estant entre vos mains pour la réparation de la Ste-Chapelle du Bois de Vincennes, payez et bailliez comptant à Laurent Marchant, maistre vitrier en cette ville de Paris, la somme de 300 liv. tournois, que luy avons ordonnée par avance sur la somme de 2,200 liv. à laquelle ont esté marchandés les ouvrages nécessaires estre faits aux vitres de ladite Ste-Chapelle. . . . .

(*Journal.*)

---

162. 25 Juin 1575.
RELIURE DES REGISTRES DU CHATELET.

Sur ce qui a esté remonstré à la Chambre par le procureur du Roy au Chastelet de Paris qu'une partie des registres qu'il a en sa garde, concernant la justice du Roy en la ville, prévosté et vicomté de Paris, et spécialement ceux desdits registres èsquels sont enregistrés les ordonnances et règlemens des métiers de ladite ville et droits dus audit seigneur Roy par lesdits métiers, sont usés à force de les manier, lacérés et rompus, et est besoin de les renouveler, pour éviter à la perte d'iceux; la Chambre a ordonné et ordonne que Me Martin Repichon, receveur ordinaire de Paris, payera et baillera comptant audit procureur du Roy la somme de six vingts livres parisis, des premiers deniers qui proviendront des droits d'aubaine, confiscations et amendes. Et, en rapportant par luy le présent arrest, avec quittance dudit procureur du Roy, comme il avoit reçu ladite somme pour employer à l'effet que dessus, ladite somme de six vingts livres parisis luy sera passée et allouée en la dépense de ses comptes.

(*Journal.*)

---

163. 25 Juin 1575.
PROCÈS-VERBAUX DE LA MARÉCHAUSSÉE.

Sur la remonstrance ce jourd'huy faite à la Chambre par le procureur du Roy au Chastelet de Paris, que les prévosts des mareschaux sont tenus luy bailler les procès verbaux des captures et saisies qu'ils font, tant des personnes que de leurs biens, néanmoins il ne luy a esté possible, depuis six ans qu'il est pourvu de son estat, d'en pouvoir retirer aucun, quelque diligence qu'il ayt pu faire à l'encontre d'eux; à cette cause, requéroit qu'il plust à ladite Chambre luy pourvoir sur ce. L'affaire mise en délibération, et tout considéré, la Chambre a ordonné et ordonne que commandement sera fait auxdits prévosts des mareschaux de bailler incontinent et sans délay audit procureur du Roy tous et chacun les procès verbaux qu'ils ont cy devant faits et feront cy après des captures et saisies de biens, sur peine de radiation de leurs gages et d'amende arbitraire.

(*Journal.*)

---

164. 14-28 Novembre 1575.
ENREGISTREMENT DES LETTRES DE SOUVERAINETÉ DU DUCHÉ DE BAR.

Du 14 novembre 1575. Cedit jour, et à l'instant, ledit sr président Bailly a aussy rapporté qu'après luy avoir parlé du fait dudit de Laval et se retirant, ledit seigneur Roy l'auroit de rechef appelé, et luy auroit dit qu'il estoit sans cesse importuné pour faire entériner les lettres du duc de Lorraine, pour la transaction de Bar, ce qu'il avoit commandé et enjoint plusieurs fois à la Chambre, tant par lettres de jussion que par créances, mesme auroit ordonné particulièrement au président Nicolay de le luy dire de sa part; néanmoins on n'en auroit tenu compte; ce qu'il trouvoit fort étrange, et de n'obéir à ses commandemens, fondés et occasionnés sur grandes, importantes et secrètes raisons, que S. M. ne peut et ne veut déclarer, d'autant qu'elles concernent son Estat et la pacification des troubles qui règnent de présent en ce royaume.

Aussy, que lesdites lettres avoient esté vérifiées en sa Cour de parlement, qui ne s'y estoit rendue si difficile; bien est vray qu'il y avoit assisté, pour expression plus grande de sa volonté, ce qui devoit suffire et contenter ladite Chambre, sans luy plus donner de peine. Néanmoins, plutost qu'il ne fust fait, il iroit en ladite Chambre, pour la décharger du doute qu'elle en pourroit recevoir. A quoy ledit s^r président Bailly auroit répondu que ce que la Chambre en fait n'est que pour son bien et service, d'autant que c'est une aliénation de son domaine et souveraineté de trop grande importance et conséquence, suivant les remonstrances qui jà luy en ont esté faites par diverses fois, mesme en plein Conseil, par plusieurs présidens et maistres de sadite Chambre, pour le zèle et affection qu'ils portent à la conservation de son domaine, duquel S. M. ne peut disposer au préjudice de ses successeurs à la couronne; suppliant Sadite Majesté ne trouver mauvais ce que la Chambre en a fait et le prendre en bonne part, parce que sa religion et le serment qu'elle a fait à Dieu et audit seigneur l'astreignent à l'empescher et garder que ledit domaine ne soit aliéné, comme semblablement S. M. en a fait serment à son avènement à la couronne. A quoy par ledit seigneur auroit esté répliqué que ses vouloir et intention estoient que lesdites lettres soient incontinent vérifiées, pour aucunes causes et considérations qu'il avoit dites en secret audit s^r président Bailly, dont toutefois il ne vouloit estre fait mention, le priant d'affection fort grande, et en ces mesmes termes, de le dire ainsy à la Chambre, et qu'il iroit plutost en personne, comme il l'a dit, si elle luy vouloit donner cette peine. Qui est ce qu'il a dit avoir de créance dudit seigneur.

Du 21 novembre 1575. Ce jourd'huy, M^r le président Bailly a rapporté que, ce jourd'huy, sur les dix heures, seroit venu un valet de chambre du Roy luy dire que la Chambre eust à députer deux présidens et cinq ou six conseillers maistres, avec le procureur du Roy. Et estant descendus pour aller ouïr la messe, à l'issue d'icelle, seroit venu un huissier du Conseil privé, qui auroit dit audit s^r président Bailly et à M^r le président Dolu qu'ils n'eussent à aller à l'heure présente trouver le Roy, mais incontinent après disner. Ce que firent lesdits Bailly et Dolu, présidens, Hesselin, Hennequin, Aurillot et d'Argillières et autres maistres des comptes, accompagnés de Me Guillaume du Molinet, procureur général du Roy en sadite Chambre. Et estant arrivés au chasteau du Louvre, après avoir salué Sadite Majesté, accompagnée de plusieurs princes, cardinaux et seigneurs de son Conseil, qui estoient en une chambre basse préparée pour sondit Conseil, dit et prononça ces mots : Qu'il trouvoit étrange que sa Chambre des comptes avoit tant de fois refusé l'expédition de Bar, et que tels refus n'estoient qu'une contradiction à ses commandemens et volonté, qu'il avoit par plusieurs fois, de bouche et par écrit, déclarée et reiterée à plusieurs et divers officiers d'icelle Chambre, pour plusieurs causes et considérations importantes et secrètes à son Estat, mesme pour le bien de la trève et paix commencée et préparée; et que, pour cet effet et pour en déclarer plus amplement sa volonté, il avoit pris la peine de se transporter en sa Cour de parlement, accompagné de plusieurs princes et seigneurs, pour faire vérifier la transaction dudit Bar, et que cela doit suffire à toutes ses Cours, officiers et sujets, sans plus luy donner de peine et importunité. A quoy par ledit s^r président Bailly, accompagné des dessus dits cons^{ers} maistres et procureur général dudit seigneur, fut supplié à Sadite Majesté de prendre en bonne part tels refus de sadite Chambre, qui ne tendoient qu'à la conservation de son bien et souveraineté, à laquelle il ne pouvoit valablement renoncer au préjudice de ses successeurs Roys, et que telles ouvertures peuvent apporter exemple et imitation à autres princes pour fonder semblables demandes et querelles, laissant à sa prudence et à Messieurs de son Conseil les considérations particulières qui en peuvent dépendre selon les affaires présentes de cet Estat et la calamité de ce règne. Et au regard de ce qu'il a plû à Sadite Majesté d'alléguer de sa présence et peine qu'il luy a plu prendre de se transporter en sa Cour de parlement pour cet effet, peut ladite Chambre prendre et adapter cela à son avantage et excuse de ne procéder à telle vérification, d'autant que la présence de Sadite Majesté a fait connoistre son commandement extraordinaire et contre la façon de procéder en sa justice; sur quoy sa Chambre estoit rendue plus timide d'y entrer, voyant le refus de sa Cour de parlement, et d'autant plus excusable envers Sadite Majesté, dont elle le supplioit très humblement, et de vouloir permettre la liberté en sa justice et la connoissance de cause, ainsy qu'il est accoutumé de tout temps. Au surplus, que, par le contexte des lettres et provision concernant ledit fait de Bar, il est expressément porté que S. M. veut gratifier ledit s^r duc de Lorraine et qu'il jouisse de ladite souveraineté et choses y déclarées, pour luy et ses successeurs descendans de luy, ses officiers, vassaux et sujets, et en quoy appert que c'est une forme de don et libéralité sans titre et restreinte à ses hoirs et race, de sorte que ledit seigneur duc se devoit contenter de l'expédition de ladite Chambre, conforme aux conclusions de son procureur général en icelle, qui est d'en jouir par forme de don et bienfait et tant qu'il plaira à Sadite Majesté, et non à perpétuité, comme il veut. Sur quoy, quelque seigneur dudit Conseil fit réponse que la Chambre n'avoit point de juridiction contentieuse, et que ladite Cour estoit la seule et vraye Cour et juge du domaine, et que, ayant vérifié ladite transaction, ladite Chambre n'en devoit plus faire de difficultés et les registrer seulement. A quoy ledit s^r président répliqua que ladite Chambre n'estoit faite seulement pour les registrer, mais pour avoir connoissance de cause et juger juridiquement et souverainement, comme ladite Cour, et avec pareille autorité, ainsy que par toutes les chartres des Roys prédécesseurs, mesme de Charles sixième et Charles septième, estoit expressément porté et déclaré. Ce que S. M. approuva dès lors, imposant silence audit seigneur, et toutefois commanda aux dessus dits présidens et maistres de publier et vérifier ladite transaction, et que l'on ne luy donnast plus occasion d'en parler.

Et le samedy 26me jour dudit mois de novembre audit an, du matin, Me Guillaume du Molinet, cons^{er} du Roy et son procureur général en ladite Chambre, a rapporté au bureau que, mercredy dernier, S. M. l'avoit mandé par un huissier du privé Conseil. Et estant allé au Louvre, comme il entroit audit Conseil, ledit seigneur se levoit pour en sortir, et le voulant suivre ledit procureur général, M^r le chancelier l'auroit appelé et dit que Sadite Majesté l'avoit envoyé quérir pour luy dire que la Chambre avoit vérifié les lettres dudit s^r duc de Lorraine, touchant la souveraineté de Bar, et mis sur le reply d'icelles ces mots : « Du très exprès commandement du Roy, par plusieurs et diverses fois réitéré. » De quoy le Conseil dudit duc se plaignoit, et que la Cour de parlement ne l'avoit fait. A cette cause, qu'il eust à le faire entendre de sa part à ladite Chambre, et qu'elle eust à faire oster lesdits mots et les faire registrer purement et simplement, d'autant que c'estoient ses vouloir et intention. Et, sur ce que ledit procureur général auroit répondu audit s^r chancelier que ce que la Chambre en avoit fait estoit chose accoutumée et ordinaire quand on a reçu plusieurs commandemens, comme elle avoit fait, et que ladite Cour de parlement en use ainsy quand semblables affaires se présentent, à quoy ledit s^r chancelier auroit répondu que l'intention de S. M. estoit que cesdits mots fussent ostés, pour le désir qu'elle avoit de gratifier ledit s^r duc de Lorraine, pour beaucoup d'occasions qu'elle ne vouloit estre entendues, et qu'il eust à le dire ainsy à ladite Chambre, et de ce en seroit fait rapport à S. M. cedit jour de samedy, sur les dix heures du matin.

Et le lundy, 28me jour dudit mois de novembre, du matin, ledit procureur général a rapporté que, samedy dernier, suivant ce qui luy avoit esté ordonné par la Chambre, il auroit esté au Louvre. Où ayant trouvé ledit s^r chancelier, MM. les cardinaux de Lorraine, de Guise, d'Este et autres seigneurs du Conseil privé du Roy, et lui ayant rapporté ce que la Chambre luy avoit dit, ledit s^r chancelier luy dit qu'il se retirast par devers le Roy pour le luy faire entendre. Ce que ledit procureur général auroit fait à l'instant. A quoy S. M. auroit répondu que le Conseil dudit sieur duc ne trouvoit pas mauvais que l'on eust mis : « De l'exprès commandement du Roy, » mais ces mots : « Par plusieurs et diverses fois réitéré; » à cette cause, que la Chambre les fist oster; trouvant fort étrange et mauvais de les avoir mis sur les lettres contre son intention et attendu tant de commandemens qu'il en avoit faits à la Chambre, et que, à cette fin, elle eust à les oster, et qu'elle n'en ouist plus parler [1].

(Créances.)

---

[1]. Le roi renouvela encore cette injonction le 29 décembre suivant.

HENRI III.

165.
18 Juillet 1576.
RÉPARATION DU PONT SAINT-MICHEL.

Anthoine Nicollai, ch^{er}, s^r d'Orville et de Presle, cons^{er} du Roy en son privé Conseil et premier président en sa Chambre des comptes; Claude de Troyes, s^r de Boisregnault, cons^{er} dudict seigneur et trésorier de France en la généralité d'oultre Seyne et Yonne establie à Paris, et Pierre Séguier, aussi cons^{er} dudict seigneur et lieutenant civil de la prévosté de Paris, commissaires ordonnez et depputez par ledict seigneur pour le faict de la réparation du pont St-Michel à Paris, à François Meneust, trésorier et paieur des œuvres, édiffices et bastimens du Roy, réparation et entretènement d'iceulx, Salut. Nous vous mandons que, des deniers dont avez esté assigné en l'année dernière mil V^c LXXV, sur Me Denis Bodin, receveur général des ventes de bois, pour employer au faict de vostre office et mesmes à la réparation dudict pont St-Michel, vous paiez, baillez et délivrez comtant à Pierre Richer, maistre des œuvres de pavé dudict seigneur, la somme de deux cens cinquante livres tournois, que nous luy avons ordonnée et ordonnons par ces présentes, pour les ouvraiges et réparations de pavé de grez faictz, levez et rassis de neuf audict pont St-Michel, de nostre ordonnance, à cause de la démolition qu'il a convenu faire pour mectre et asseoir les pieux et poultres nécessaires pour la réparation d'icelluy, et par nous à icelle somme arrestées et modérées, suivant le rapport de visitation qui en a esté faict de nostre ordonnance par Jacques Gambart et Jehan du Vivier, maistres paveurs à Paris, vériffiées et contrerollées par Me Médéric de Donon, contrerolleur général desdictz bastimens. Et rapportant cesdictes présentes, le rapport de visitation et réception desdictz ouvraiges et quittance dudict Richer sur ce suffisante seullement, ladicte somme de II^c L liv. vous sera passée et allouée en la despence de voz comptes et rabatue de la recepte d'iceulx partout où il appartiendra, sans difficulté. Faict à Paris, le xviij^{me} jour de juillet mil V^c soixante seize.

NICOLAY. DE TROYES.

Au dos : Contrerollé et enregistré au contrerolle général des bastimens du Roy, le xviij^{me} jour de juillet 1576.

DE DONON.

(Original. — Arch. Nicolay, 12 C 19.)

166.
28 Août 1576.
AUDIENCE DU ROI. — FERMES ET PENSIONS.

. . . .

S. M. dit qu'elle entendoit que les deux rabais par elle octroyés au sieur Ludovico d'Adjaceto, l'un de 14,000 liv. et l'autre de 80,000 liv. tournois, fussent vérifiés par la Chambre, sans y faire aucune difficulté, d'autant que ledit d'Adjaceto veut entrer en party avec ledit seigneur et luy fait prest d'une bonne somme de deniers pour le subvenir en ses urgens et pressans affaires, à quoy iceluy d'Adjaceto ne veut entendre que préalablement lesdits rabais ne soient vérifiés; à cette cause, que ladite Chambre eust à passer outre, et que tels estoient ses vouloir et intention. Mesme auroit baillé audit s^r président Dolu un petit billet de papier pour mémoire dudit d'Adjaceto. A quoy luy estant remonstré par ledit s^r président que S. M. voit comme ledit d'Adjaceto se vouloit contregager, Sadite Majesté luy répondit qu'on luy donnast autre moyen de recouvrer deniers, et qu'ils en parloient bien à leur ayse; que ce qu'il en faisoit estoit pour leur bien et repos, afin de pouvoir mettre hors les étrangers. Et s'adressant audit s^r Miron, qui luy en avoit aussy fait quelque remonstrance, luy dit qu'il assistoit en son Conseil aussy bien qu'en la Chambre, et qu'il voyoit bien la peine où il estoit de trouver moyens de mettre hors les étrangers, et qu'il ne pouvoit trouver bon que la Chambre fist tant de refus après avoir entendu sa volonté si expresse.

Lors s'estant lesdits députés retirés d'avec ledit seigneur, seroient allés trouver Mgr le chancelier, auquel ledit s^r président auroit fait entendre ce qu'ils avoient dit au Roy et son intention sur ce, suppliant ledit s^r chancelier de les faire ouïr au privé Conseil, afin qu'ils eussent quelque règlement pour la décharge de ladite Chambre ; autrement, qu'ils ne pourroient refuser de vérifier toutes les pensions que Sadite Majesté octroye de jour en jour. A quoy ledit s^r chancelier auroit fait réponse que de sa part il fait tout devoir de résister le plus qu'il peut et de le remonstrer à S. M.; que la Chambre de son costé eust à faire du mieux qu'elle pourroit, en attendant qu'on y donnast meilleur ordre, et qu'il voyoit bien qu'il seroit nécessaire de révoquer en général toutes telles provisions accordées sur les recettes générales[1].

(Créances.)

[1]. Autre créance sur le même sujet, rapportée le 3 février précédent.

---

167.   7 Septembre 1576.
VÉRIFICATION DES PENSIONS.

Ce jourd'huy, du matin, Me Robert Miron, cons^er du Roy et maistre ordinaire en sa Chambre des comptes, a rapporté que, le Roy estant le jour d'hier en son Conseil, luy fut remonstré par aucuns de Messieurs dudit Conseil le désordre qui estoit en l'estat de ses finances, pour plusieurs pensions qui estoient par luy assignées sur les recettes générales de ce royaume, au moyen desquelles, quand l'on penseroit tirer de l'argent d'icelles, il ne s'y trouveroit aucune chose. Auquel propos ledit Miron remonstra à S. M. qu'il y en avoit encore sur le bureau de ladite Chambre pour plus de 10,000 liv. à vérifier, et la supplioit d'y aviser. A quoy ledit seigneur dit qu'il ne demandoit pas mieux que d'y mettre un bon ordre, ce qui se pourroit faire en la prochaine assemblée des Estats. Et depuis, Sadite Majesté auroit appelé ledit Miron, et commandé de dire à ladite Chambre qu'elle eust à vérifier toutes les pensions qu'elle avoit accordées et octroyées, qui estoient présentées à icelle Chambre, voulant faire effectuer la promesse qu'il en avoit faite aux impétrans d'icelles, attendant que l'on avisast sur cet affaire auxdits Estats, où il espéroit que ordre s'y donneroit.

(Créances.)

---

168.   26 Octobre 1576.
PERMISSION DE RÉSIGNER L'OFFICE DE P.P.

Henry, etc. Par édit du mois de juillet dernier, publié tant en nos Cour de parlement que Chambre des comptes, les 9me et 13me jours d'aoust ensuivant, aurions voulu et permis que tous nos sujets tenant estats et offices, à gages ou sans gages, qui payeront le tiers denier de la valeur d'iceux en nos parties casuelles, dans trois mois lors ensuivans, à compter du jour de la publication d'iceluy nostre édit, puissent résigner leurs offices en faveur de leurs enfans, gendres, ou autres personnes que bon leur semblera, et aux conditions portées par ledit édit. [Suivant] lequel, et aux conditions susdites, nostre amé et féal conseiller en nostre Conseil privé et P.P. en nostredite Chambre des comptes, Me Antoine Nicolay, auroit payé comptant et mis ès mains du trésorier de nos parties casuelles, Me Pierre Mollan, par sa quittance du 5me de septembre dernier, de laquelle et dudit édit les copies sont cy attachées, la somme de 8,000 liv. tournois, à laquelle a esté taxé en nostredit Conseil privé le tiers denier de sondit office de premier président pour jouir de la survivance aux gages et droits y attribués. Savoir faisons que, pour ces causes et autres à ce nous mouvant, suivant ledit édit, avons audit Me Antoine Nicolay permis, accordé et octroyé, permettons, octroyons et accordons, par ces présentes, résigner quand bon luy semblera ledit estat et office à personne capable, sans nous payer finance, ni qu'il soit besoin qu'il vive quarante jours après ladite résignation, dont nous l'avons dispensé et relevé, dispensons et relevons par ces présentes. Aussy, advenant qu'il décède avant que d'avoir résigné ledit office, l'avons réservé et réservons à sa veuve, enfans et héritiers, pour en faire leur profit et par nous y pourvoir, à leur nomination, de telle personne capable qu'ils aviseront, sans aussy nous payer finance. Et si ledit Nicolay avoit résigné ledit office à son fils, et s'il venoit à décéder avant luy, voulons qu'il rentre en la possession d'iceluy, pour en avoir derechef [à] disposer, ou, en cas qu'il n'en ayt disposé, sadite veuve, enfans ou autres héritiers y puissent faire comme si ladite résignation ne fust advenue, sans nous payer finance, et par la forme et manière prescrite par ledit édit et déclaration sur iceluy. Si donnons en mandement, etc. . . . . . Donné à Paris, le 5me jour de septembre, l'an de grâce 1576, et de nostre règne le troisième.

Par le Roy : DOLU.

(*Mémorial.*)

169.   21 Janvier 1577.
COMMUNICATION DE COMPTES AUX ÉTATS GÉNÉRAUX.

En réponse à la lettre écrite par le roi le 11 de ce mois, la Chambre remontre à S. M. qu'il est impossible d'envoyer immédiatement les comptes demandés, des seize dernières années. Ceux de l'Épargne forment au moins trente volumes, et ceux des Dettes en représentent treize; tel compte particulier des Dettes demanderait huit jours pour la vérification et le récolement des acquits. D'ailleurs, le transport des papiers déposés en la Chambre est si expressément défendu, que les rois avaient autrefois l'habitude de les venir consulter eux-mêmes, pour éviter que rien ne fût perdu ou détourné dans une intention criminelle. Il est donc de toute impossibilité que des commissaires se chargent, sous leur responsabilité, d'un déplacement de ce genre; mais le roi peut envoyer telles personnes qu'il voudra, et la Chambre s'empressera de communiquer tout ce qui leur sera utile.

Par cette voye, il sera pourvu à tous les inconvéniens cy devant allégués, et si l'ancien ordre établi par vos prédécesseurs Roys de France sur la conservation de vos finances n'aura esté violé. Et en attendant sur ce vostre intention, lesdits Gens de vos comptes seront préparés à mettre à part les comptes et pièces des acquits en la plus grande diligence que faire se pourra.

Ces remontrances furent portées à Blois, et le roi répondit par la lettre suivante :

De par le Roy. Nos amés et féaux, nous avons reçu les lettres que nous avez écrites par nostre amé et féal conser et maistre ordinaire en nostre Chambre des comptes, Me François du Val, un de vos confrères, du 21me janvier dernier passé, par lesquelles, et ce que particulièrement et bien au long nous a dit et remonstré de vostre part ledit du Val, suivant la charge que luy en aviez baillée de bouche et par écrit, nous avons de tant plus connu le singulier dessein que vous avez au bien de nostre service, et eu fort agréable vostre bon avis, moyen et expédient sur l'exécution de nos lettres closes et patentes que vous avions cy devant envoyées. Lequel avis a pareillement esté reçu et trouvé bon par les gens des trois estats de nostre royaume assemblés en cette ville par nostre commandement. Au moyen de quoy nous voulons que, au plus tost que faire se pourra, l'exécution s'en ensuive, et vous mandons que, comme ledit avis est venu de vous, vous mettiez telle diligence à l'exécution d'iceluy, que nous ayons toujours occasion d'estimer vostre affection et promptitude en choses qui concernent et importent de tant nostre service, ainsy que plus au long vous entendrez par ledit du Val, auquel vous ajouterez entière foy et créance. Écrit à Bloys, le 2me jour de février, l'an 1577 [1].

HENRY.
DE NEUFVILLE.

(*Créances.*)

1. Le PP. assistait aux États en qualité de chef de la Compagnie et de membre du Conseil privé. Le 31 décembre 1576, il avait été chargé d'expliquer successivement aux trois ordres le « fonds des finances » du roi, et particulièrement la nécessité d'acquitter les dettes ; mais on n'avait accueilli son discours qu'avec réserve ; chaque ordre avait nommé des commissaires pour examiner les pièces justificatives, c'est-à-dire les comptes, et on trouvait fort mauvais qu'il ne fût produit que des états abrégés, et point d'originaux. Voy. la *Relation journalière* du député J. Bodin, dans le recueil *Des États généraux et autres assemblées nationales* (1789), t. XIII, p. 212-315; le *Journal des séances du Conseil privé pendant les États de Blois* du duc de Nevers (Bib. Nat., ms. Fr. 3297) imprimé par Lenglet-Dufresnoy dans son édition du *Journal de l'Estoile*, t. III, p. 66 et suiv.; les *Mémoires de Nevers*; l'*Histoire de J. A. de Thou*, t. VII, p. 464, etc.

170. 9 Mars 1577.
DON AU DUC D'UZÈS.

Ce jourd'huy, du matin, est venu au bureau, par permission de la Chambre, Mre Jacques de Crussol, chevalier de l'ordre du Roy, pair de France et duc d'Uzès; et luy ayant esté donné séance au costé senestre dudit bureau, a présenté à icelle Chambre, de la part de S. M., une lettre close de laquelle la teneur ensuit : « De par le Roy. Nos amés et féaux, ayant mis en considération les grandes pertes et ruines que nostre cher et bien amé cousin le duc d'Uzès, pair de France, a faites en ses biens et maisons au pays de Languedoc, nous faisant service, estant la plupart d'icelles occupées par ceux de la nouvelle opinion, nous luy avons fait don de l'usufruit du comté de Pezénas audit pays de Languedoc, jusqu'à certain temps, et sur ce fait expédier nos lettres patentes, lesquelles nostre Cour de parlement à Touiouse a vérifiées. Et pour ce que vous pourriez faire difficulté faire le semblable auparavant qu'ayons pris la résolution sur les cahiers et articles à nous baillés par les trois ordres des Estats de nostre royaume, nous avons avisé vous faire cette lettre, pour vous dire et mander que, sans attendre ladite résolution, ni autre plus exprès commandement que ces présentes signées de nostre main', vous ayez à procéder incontinent à l'enregistrement et vérification de nosdites lettres, et de leur effet et contenu faire jouir et user nostre cousin pleinement, tout ainsy qu'elles le contiennent. Car tel est nostre plaisir. Donné à Bloys, le 2me jour de mars 1577. Signées : HENRY, et contresignées : de Neufville; et suscrites : A nos amés et féaux les Gens de nos comptes à Paris. »

Et après lecture faite d'icelles lettres, ledit s^r duc a supplié ladite Chambre que, conformément auxdites lettres de don, il luy plust icelles vérifier et entériner selon leur forme et teneur, ayant égard que ceux de la nouvelle opinion luy détiennent et occupent de ses biens pour plus de 40,000 liv. de rente, estant ledit comté de Pezénas de peu de revenu, qui ne peut estre chacun an de plus de 5,000 liv., comme la Chambre peut connoistre par les comptes qui ont esté rendus en icelle; et il demeurera obligé de faire service à cette Compagnie, quand les occasions s'en présenteront et qu'il luy plaira faire cet honneur de l'employer, tant en général qu'en particulier. Et sur ce s'est retiré.

(*Créances*.)

171. Septembre 1577.
DON D'UN OFFICE DE CONSEILLER AU PARLEMENT POUR JEAN NICOLAY.

Plaise au Roy accorder au président Nicolai qu'en payant par luy aux parties casuelles les trois mil cinq cens escuz à quoy est taxé l'office de conseiller en la Court de parlement de Paris vaccant par la mort du feu président Roger, duquel office il désire faire pourveoir son filz, qu'il en sera remboursé en deux années prochaines sur ses deniers ordinaires, comme il a ci devant esté accordé à plusieurs autres qui ont prins de Sa Majesté semblables offices[1].

Accordé. HENRY.

(Original. — *Arch. Nicolay*, 13 C 3.)

1. L'ordonnance de remboursement, datée du 26 janvier 1578, est au *Cabinet des titres*.

172. (*Octobre* 1577.)
LETTRE DU ROI AU P.P. — VÉRIFICATION DE DON.

Monsieur le président, pour certenes bonnes et très afectées (?) de moy et grandes occasyons, j'ai faict expédier cest aquyst pour le s^r de Carouges, qu'ille désire qu'il soyct véryfié promptemant et ranvoyay an mes propres mayns par le couryer exprès que j'ay seullemant anvoyay pour cest effect. J'ay aussi chargé Villeroy vous an parler et faire antandre combyen se fayct importe an mon particulier servyce, lequel je vous comande et recomande avoyr sur toutes autres afaires pour recomandé, et sur tant que vous désyrez me fayre servysse très agréable. Mais si vous me deutes et voulutes jamays contanter, faytes le ainsy que je le vous escryts. Je le vous recomande ancores un coup sur toutes choses. Adyeu, M^{sr} le présidant, lequel je prye vous conserver.

HENRY.

(Orig. autographe. — Arch. Nicolay, 19 L 7.)

173.   11 Octobre 1577.
ÉDIT DE PACIFICATION. — DISCOURS DE M. DE LA MOTHE-FÉNELON.

Ce jourd'huy, du matin, sont venus en la Chambre, par permission d'icelle, le s^r comte des Cars et le s^r de la Mothe Fénelon, chevalier de l'ordre du Roy et conseillers en son privé Conseil. . . . . . . Et, après lecture faite des lettres closes du Roy, le s^r de la Mothe Fénelon a dit que ledit s^r comte des Cars et luy avoient créance de S. M. de dire à icelle Chambre, outre le contenu en ladite lettre, ce qui est cy après écrit et qu'il a proféré comme s'ensuit :

« Les mesmes choses de l'intention du Roy que nous avons dites sur son présent édit à Messieurs de la Cour de parlement, icelles mesmes nous déduirons maintenant en cette vostre vénérable, vertueuse et honorable Compagnie. C'est qu'ayant le Roy quelque occasion de penser que son royaume, lequel est grandement débauché et rempli de trop de licence, pour la continuation des guerres, ne soit maintenant en estat de recevoir la paix, ou, l'ayant reçue, de ne la savoir bien retenir ni conserver, il désire qu'il y soit le mieux et le plus promptement que faire se pourra, et a S. M. opinion que nulle chose (après Dieu) y peut si bien pourvoir que l'autorité que Dieu luy a donnée sur ses sujets, et celle souveraine autorité qu'il a communiquée à ses parlemens et à ses autres Cours souveraines de ce royaume. Car, si de la sienne autorité et celle de sesdits parlemens et la vostre ne nous vient à ce coup, avec cette paix, le rétablissement de nos affaires, il ne faut pas penser que nous soyons encore arrivés à la fin de nos maux, ains à la veille de voir bientost la ruine et l'entière désolation de l'Estat. La paix a esté conclue, Messieurs, sous le bon plaisir de S. M., par la prudence sienne et sa magnanimité ; et, par les sages conseils que la reine sa mère luy a donnés, avec le travail et diligence que Mgr le duc de Montpensier, sur tous, et les autres seigneurs députés qui estoient avec luy y ont mis, l'édit en est fait. S. M. a député M^r le comte des Cars et moy devers Mgr l'illustrissime et révérendissime cardinal de Bourbon, son lieutenant général en cette ville, et devers sa Cour de parlement et devers vous, Messieurs, pour le vous apporter. La lecture duquel fera voir que S. M. a eu fort grand soin que la dignité de ses Cours souveraines qui ont icy leur siège fust bien conservée, et que les commodités de cette ville ne fussent en rien altérées ni changées ; et, sans qu'il ayt rien cousté, ni qu'il faille rien débourser, ni que les étrangers s'en soient meslés, la paix, grâce à Dieu, est réussie, avantageuse à la religion catholique autant qu'il s'est pu faire, très honorable pour S. M. et pour la réputation de ses affaires, et d'un estimable profit pour ses pauvres sujets ; et telle se tiendra, Messieurs, si elle est bien exécutée, si elle est gardée et entretenue, et si elle peut recevoir quelque établissement et durée en ce pauvre royaume. Comme, au contraire, si elle n'est point observée et si elle vient encore une fois à se rompre, de quelle part que vienne la rupture, il est indubitable qu'elle tournera très pernicieuse à la religion catholique, honteuse et fort dommageable à S. M., et d'une finale et entière extermination, sans espoir de ressource, à son Estat, selon que nous en avons trop éprouvé, ès troubles de ce royaume, que ont concouru et concourront toujours, toutes les fois qu'ils se relèveront, trois grands inconvéniens, qui sont, chacun à part soy, fort dangereux, mais, unis ensemble, ils sont d'un extrême péril. Car quel plus grand danger, ni quel plus extrême péril pourroit courir cet Estat, que de se voir exposé à la furieuse et obstinée opiniastreté de ceux de la nouvelle religion, qui se prétendent réformés, et ne se laissent jamais persuader, et aux armes et aux entreprises et pratiques et contributions et autres moyens rebelles qu'ils tiennent pour se fortifier, et incursions et forces des étrangers qu'ils introduisent ordinairement dans le royaume? Une telle rébellion, sages seigneurs, formée ès cœurs des sujets sur une violente opinion de religion, et appuyée d'une nation armée qui est voisine et puissante, et toujours prompte de les venir ayder, non par petits et légers secours, comme elle souloit, mais avec de grandes armées, comme pour faire conqueste, est d'une très mauvaise conséquence, et le malheur est qu'on ne sauroit si peu toucher un de ces trois inconvéniens, que les autres ne se meuvent, et, pour si peu qu'on en advienne aux armes, les trois se rallient ensemble et ébranlent les plus surs fondemens de l'Estat. La paix seule, Messieurs, est celle qui peut désunir et séparer ces inconvéniens, et qui les peut, avec le temps, surmonter et rompre. Si, par l'autorité de S. M. et des juges souverains de son royaume, il est pourvu que ceux du contraire party se trouvent maintenant assurés ès choses qui leur sont permises par la paix, il est à espérer qu'ils cesseront de se rebeller et qu'ils oublieront peu à peu la pratique des étrangers, et Dieu, s'il luy plaist, envverra puis après, par la continuation de la paix, puisqu'il ne l'a voulu faire par la continuation de la guerre, les moyens à S. M. comme il pourra ramener ceux cy à l'union de la sainte église catholique, apostolique et romaine, selon que c'est son affectionné désir. Pour donc séparer et tenir écartés ces trois grands inconvéniens l'un de l'autre et garder qu'ils ne soient doresnavant si dangereux comme quand ils sont unis, S. M. désire que la paix soit établie en son royaume sans y user de longueurs ni difficultés, selon toutefois le règlement et l'ordre que son édit et ses Cours souveraines y donneront, et non autrement; car, s'il falloit que ceux du contraire party y procédassent d'eux mesmes, ce seroit se constituer nouveaux chefs sur eux, ainsy qu'ils ont toujours fait, ou confirmer de plus en plus ceux qu'ils ont déjà, afin de prendre cet établissement de leur main, et adviendroit que, ne leur assistant l'autorité du Roy et celle de ses Cours souveraines, et par faute de magistrat, ils viendroient à s'ayder d'une autre non légitime autorité et faire plusieurs choses contre le magistrat, en danger d'altérer la paix et nous remettre aux troubles comme devant. C'est pourquoy S. M. entend que, par les décrets de sa Cour de parlement, et les vostres en ce qui touchera la juridiction de cette Chambre, les choses accordées par la paix soient entièrement accomplies ès provinces de deçà, afin que le roy de Navarre et ceux qui l'ont suivi les gardent et observent de leur part, sans en rien oster ni outrepasser aux provinces de delà. Et de tant que le moyen d'y procéder et l'ordre qu'il y faut tenir vous est assez connu, et qu'il y en a règle et articles de la paix, nous nous contenterons de vous présenter simplement l'édit de la part du Roy, et vous supplions bien humblement que, comme S. M. l'a eu très agréable et l'a approuvé en tout ce qu'il contient, qui l'a soussigné de sa main et y a fait apposer son grand sceau, que de mesme vous le veuilliez agréablement recevoir et l'approuver, et iceluy faire lire, publier et enregistrer en cette vostre Chambre, selon sa forme et teneur, sans restriction ni modification, ainsy que S. M. le vous mande, et que le fassiez, en ce qui vous concernera, diligemment entretenir et garder. Qui est ce que nous avons de créance vous dire de la part de Sadite Majesté. »

(Créances.)

174.

27 Décembre 1577.
DON AU CAPITAINE DE PUYGAILLARD.

Aujourd'huy, xxvij^{me} jour de décembre mil V^c soixante dix sept, le Roy estant à Paris, bien et deuement informé du reffuz faict par Messieurs de sa Chambre des comptes sur la vérification du don qu'il a cy devant, et dès le iiij^{me} jour de septembre dernier, faict au s^r de Puigaillard, ch^{er} de son ordre, conseiller en son Conseil privé et cappitaine de cinquante lances de ses ordonnances, de la somme de vingt cinq mil livres tournoiz, à icelle avoir et prandre également par moictyé sur les deniers provenans, tant des deux feuz de fouage que ledict seigneur a ordonné estre venduz à perpétuité ou faculté de rachapt perpétuel, que aussi d'une personne que iceluy seigneur a voulu par son édict estre exemptez en chacune parroisse de ce royaume des tailles et creues d'icelles ; et voullant iceluy don, nonobstant ledict reffuz, sortir son plein et entier effect, tant en considération des grandz, vertueux, agréables et recommandables services par luy cy devant faictz à ceste couronne et continue encores chacun jour, au faict des guerres et ailleurs où il est employé pour le service dudict seigneur, que pour aucunement le récompenser des grandz fraiz et despences qu'il a esté et est contrainct supporter à l'occasion de ce, et mesmement en ces dernières guerres et prise de Brouage, ainsi qu'il est plus particullièrement exprimé aux lettres pattentes qui luy en ont esté à ces fins expédiées ; Sa Majesté, pour les mesmes raisons et aultres à ce la mouvans, a, en présence et apprès oy sur ledict reffuz le s^r de Nicolay, aussi cons^{er} en son privé Conseil et premier président en ladicte Chambre des comptes, très expressément commandé au trésorier de son Espargne, Me François Sabathier, de paier et acquicter audict s^r de Puigaillard ladicte somme de xxv^m livres, de la nature et comme il est porté par ledict don, et icelle employer en son compte, auquel ledict seigneur veult et ordonne qu'elle soit purement et simplement passée et allouée par mesdictz sieurs des comptes, sans y faire autre reffuz ne difficulté, mesmes sur ce que iceluy don n'auroit esté au préallable vériffié par ladicte Chambre des comptes suyvant les ordonnances, ausquelles, pour cest effect, Sadicte Majesté a, pour ceste foys et sans tirer à conséquence, dérogé, et en oultre ordonné bien expressément audict s^r de Nicolay, premier président, tenir la main à l'alocation de ladicte somme au· compte dudict trésorier de l'Espargne Sabathier, en sorte qu'il n'y interviene cy après aultre difficulté, ne qu'il soyt besoing en avoir recours davantage à elle ; m'ayant, en tesmoing de ce, aussi commandé expédier ce présent brevet contenant sa vollonté expresse, pour servir et valloir, tant audict s^r de Puigaillard que pareillement audict trésorier de l'Espargne ; lequel elle a voullu signer de sa propre main.

HENRY.

PINART.

Je certiffie le commendement susdict avoir esté faict très exprès, moy présent, audict trésorier de l'Espargne par Sa Majesté, laquelle m'a aussi, par mesme moyen, commandé de faire sur ce entendre sa volunté à sa Chambre des comptes, à ce qu'elle ne face aucune difficulté à l'ocattion de ladicte somme en la despence du compte dudict trésorier de l'Espargne.

NICOLAY.

(Original. — *Arch. Nicolay*, 12 C 20.)

175.   *Mars* 1578.
REMONTRANCES SUR UNE CRÉATION D'OFFICES.

Le 4 mars 1578, la Chambre avait reçu le cardinal de Bourbon, chargé de faire vérifier et publier l'édit de création d'un cinquième trésorier de France en chaque généralité, nonobstant tous arrêts contraires et quel que fût le désir de la Chambre de faire des remontrances, « que S. M. tenoit pour toutes faites et bien entendues. » Le président Tambonneau répondit qu'en effet la Chambre avait résolu d'envoyer une députation au roi et préparé des remontrances, mais que ces remontrances n'avaient pu encore être relues et examinées en assemblée générale, comme c'était l'usage ; que le roi était le maître de faire tout ce qu'il voulait, mais que la Chambre aussi était tenue de lui faire entendre quel préjudice résultait de chaque nouvelle création, de même que chez les Romains il ne se publiait pas une loi sans qu'un orateur éloquent se chargeât d'en expliquer au peuple, réuni sur le *forum*, les avantages et les inconvénients. Après le départ du cardinal, un conseiller alla demander au P.P. qu'il prît la peine de venir examiner les remontrances et se chargeât de les présenter au roi, comme chef de la Compagnie. Le premier président fut trouvé chez le chancelier ; mais il s'excusa, comme étant retenu jusqu'au soir et devant se trouver au Louvre le lendemain dès six heures du matin, et il dit que le président Tambonneau eût à présenter les remontrances.

Sire, vostre édit du mois de juillet dernier contient establissement nouveau d'un cinquième trésorier général, un greffier et deux huissiers en chacune généralité de vostre royaume.

Vostre peuple, aux Estats tenus à Blois, vous fit entendre ses misères et pauvreté, advenues principalement pour la création nouvelle d'infinis officiers des finances, que la nécessité de vos affaires, pendant les troubles, vous avoit fait établir, et à cette cause vous supplia très humblement les vouloir supprimer ; et vous, comme prince débonnaire, ayant pitié de vos sujets, leur donnastes assurance d'y entendre. Et de fait avez député certains personnages de vostre Conseil pour vous donner avis sur lesdites plaintes et doléances ; à quoy ils travaillent de jour à autre. Si cependant, au préjudice de ladite requeste, érigez de nouveaux estats, vous ostez à vostre peuple l'espérance qu'il avoit que vous, ayant pitié et compassion de ses afflictions, luy accorderiez ce qu'il demandoit.

Depuis l'avènement à la couronne du feu roy Charles, dernier décédé, que Dieu absolve, et le vostre jusques à présent, les officiers de vostre royaume n'ont pas esté seulement doublés par nouvelle création, mais triplés, si ainsy se peut dire. Toutefois, les deniers provenus de la taxe et composition d'iceux ne sont entrés actuellement en vos finances que pour deux tiers au plus, et pour cela ne laissez de demeurer chargé du total des gages et droits attribués auxdits offices.

Et, pour le vous témoigner, Sire, la taxe desdits offices créés depuis l'année 1568 se monte à la somme de 11,430,000 liv., de laquelle n'est actuellement tourné à vostre profit que la somme de sept millions tant de mille livres. Et toutefois vos finances sont chargées, pour le payement des gages, droits et profits attribués auxdits. offices par vos édits de création, de la somme de un million, voire de 1,200,000 livres.

Outre lesquels officiers, qui sont en très grand nombre, s'en est encore créé davantage que ne se peut compter, la plupart desquels n'est entrée èsdites parties casuelles, comme les greffiers des tailles, gardenotes, priseurs et vendeurs, regrattiers, cabaretiers et plusieurs autres, lesquels ne peuvent estre établis qu'à la foule et oppression de vos sujets, car le profit et émolument desdits offices ne se prend ailleurs qu'en leurs bourses ; tellement que, au lieu de prendre haleine des pauvretés et misères souffertes à l'occasion des guerres passées, ainsy qu'ils espéroient par l'établissement de la paix, ils se voyent en continuelle oppression et calamité, de façon que la paix ne leur apporte rien de meilleur que la guerre.

Tout Estat bien policé et ordonné rejette les nouvelles loys et nouveaux officiers, et pour cette raison les Locriens avoient ordonné que celuy qui parloit d'inventer nouvelle loy, la proposast ayant la corde au col, pour estre estranglé sur le champ, si elle ne se trouvoit bonne ; qui fut cause de les maintenir cent ans sans faire aucune nouvelle loy. Toutefois, quand la nécessité ou l'utilité publique le requièrent, les loys et officiers se peuvent ériger ; mais, au fait de l'édit qui se présente, il n'y a nécessité, et encore moins d'utilité. Et vous plaira, Sire, remarquer que les causes motives de la création portées par ledit édit sont plus pour la suppression de ceux jà établis, que pour en créer de nouveaux.

Il y a des charges où le nombre d'officiers est requis ; encore doit il estre certain et limité, et, où deux peuvent suffire, il n'est besoin d'y mettre un troisième ; autrement, il y auroit confusion. La charge des finances est de celles là, et le désordre que l'on y voit de présent ne provient que d'un nombre d'officiers qui y est si grand et infini, qu'on en pourroit faire un quatrième estat.

En l'an 1403, régnant Charles sixième, n'y avoit en tout ce royaume que deux trésoriers, et néanmoins, pour la surcharge qui se trouvoit lors sur le domaine, à cause des grands gages, droits et autres profits qu'ils prenoient, et pour le désordre et confusion qu'ils y apportoient, en vérifiant par eux infinis dons, et autrement sous les propres mots déclaré, ils furent suspendus, et l'administration de leur charge commise à la Chambre des comptes. Par là se voit que dès lors tels estats estoient inutiles, puisque ladite Chambre, outre sa fonction ordinaire, y pouvoit satisfaire. Quelque temps après, ledit roy Charles, par importunité et poursuites d'aucuns, rétablit lesdits trésoriers et en ajouta deux autres ; mais les inconvéniens qu'apporta cette nouvelle création les firent révoquer auparavant la fin de l'an de leur création, et réduire au nombre de deux.

De toutes choses créées, les plus nettes et parfaites sont les principes et commencemens de chacune d'icelles, si bien que, quand le cours du temps y apporte corruption et que l'on y a voulu pourvoir, le meilleur moyen a esté de reprendre lesdits principes et remettre les choses en leur premier estat. Et qu'ainsy soit, tant et si longuement que le premier établissement de vos finances a esté entretenu, la conduite et direction d'icelle a esté bonne, et vos prédécesseurs ont toujours eu fonds pour subvenir à leurs affaires; mais depuis qu'on a presté l'oreille à plusieurs personnes d'esprit sans repos, qui ont inventé et mis sus plusieurs offices nouveaux, l'on a vu vos finances diminuer, et y entrer confusion, pour la multiplication desdits officiers.

Tels personnages auteurs de création nouvelle eussent mieux fait, si, premier que de vous en conseiller telle érection, ils vous eussent donné moyen d'en payer les gages d'ailleurs que du fonds de vos finances ou de la bourse de vostre peuple.

La première création desdits trésoriers n'estoit que d'un, et quelque temps après, du règne du roy Charles sixième, en fut créé un autre, pour avoir l'œil et le soin sur vos domaines et finances, tant ordinaires qu'extraordinaires, comme aussy sur vos maisons, chasteaux et édifices. Auquel établissement ils sont longuement demeurés. Depuis, vostre domaine estant accru par les réunions faites d'iceluy, et les finances extraordinaires de beaucoup augmentées par le moyen des aydes qui se levèrent pour la guerre et autrement, au lieu desdits deux trésoriers, y en fut mis quatre. Et tost après, soit qu'ils se voulussent décharger de partie du devoir qu'ils devoient en leurs charges, ou qu'il fust ainsy avisé pour le mieux, lesdits trésoriers furent déchargés de l'administration desdites aydes levées pour la guerre, et en fut donnée la charge à quatre personnages créés exprès, que l'on appeloit généraux sur le fait des subsides et aydes de la guerre. Depuis, et en l'an 1551, les charges desdits trésoriers et généraux furent jointes, unies et incorporées ensemble, et, au lieu d'icelles qui estoient huit, en fut fait dix sept, que l'on appeloit trésoriers seulement; lesquelles, tost après, furent démembrées, et, de dix sept trésoriers qu'il y avoit, en fut fait trente quatre, à savoir : dix sept trésoriers de France, et dix sept généraux des finances.

En ce nombre ils sont demeurés jusques en l'année 1566, qu'ils furent réduits à sept, et en l'année suivante rétablis, plus pour la nécessité de la guerre qui survint lors, que pour besoin qui en fust.

Ès années 1570 et 1571, pour pareilles raisons, lesdites charges furent faites alternatives, tellement que, d'un qui estoit par la première institution, ils sont maintenant venus à soixante et seize, encore que le domaine ne soit tel et de si grande étendue qu'il estoit, pour les apanages, douaires, aliénations et engagemens d'iceluy; de façon que de présent, au lieu d'ajouter les dix neuf créés par vostredit édit, il seroit plus expédient de réduire le nombre de ceux qui sont jà établis, qui n'est ni nécessaire ni profitable.

Et néanmoins, il vous plaira considérer, Sire, que, quelque accroissement desdits officiers que la nécessité du temps ayt apporté, jamais l'on n'en est venu jusque là de changer l'ancienne forme et façon observée dès le premier établissement, comme l'on veut faire par cet édit, par lequel on établit de nouveau dix neuf corps et collège en vostredit royaume, qui est d'une fort grande conséquence; et que, quand l'on pensera venir à la réduction, comme toujours a esté telle l'intention de vous et de vos prédécesseurs, cela ne se pourra si facilement faire ni exécuter, à cause de la juridiction et autorité qui leur aura esté ainsy attribuée, qui néanmoins n'est aucunement nécessaire. Car leur charge et fonction par ledit édit n'est autre ni plus grande que celle de ceux qui sont jà établis; et, quand vos finances seroient bien réglées selon leur premier établissement, et tout vostre domaine remis et réuni à vostre couronne, encore lesdits trésoriers généraux ne seroient occupés en l'exercice de leurs estats qu'une petite partie de l'année; ce qui a toujours esté reconnu et témoigné par vos prédécesseurs, d'autant que, quand ils ont voulu régler leurs affaires et finances et réduire leurs officiers, ils ont toujours commencé par la suppression ou suspension desdits trésoriers généraux.

Et quant aux huissiers et greffiers créés par ledit édit, ils sont encore moins nécessaires, et si peu profitables, que, depuis le premier établissement desdits trésoriers jusques à présent, jamais n'a esté pensé à une telle nouveauté.

Par ces raisons, Sire, il se voit à l'œil qu'il n'y a aucun besoin et moins nécessité d'ériger tels nouveaux estats. Et quant au profit que l'on vous fait entendre en pouvoir provenir, il est fort petit, et, eu égard aux charges qu'à l'occasion d'iceux vous mettez sur vos finances, et combien que la nécessité de vos affaires soit très grande, si est ce que vos bons serviteurs et officiers ne doivent souffrir que, sous couleur d'estre secouru de si petite somme, vous payiez par chacun an si gros intérest, et pensant vous retirer d'une nécessité, vous tombiez dans une plus grande. Car les deniers qui peuvent venir de ladite taxe et composition d'offices et attribution de nouveaux droits aux officiers qui sont jà establis, ne monteront que environ neuf vingt mille écus. Et toutefois vos finances se trouvent chargées, par le moyen dudit édit, de cinquante huit mille et plus, pour la première année, et, pour les suivantes, de quarante cinq mille cinq cents; si bien qu'en trois années et demie, ou quatre au plus, vous leur payerez le denier entier desdits estats, ores que desdits neuf vingt mille écus, sort principal desdits offices, suivant la taxe qui en a esté faite, la moitié ne tournera à l'avantage de vos finances et décharge de vos affaires, au moyen des dons et modération jà faite sur iceux.

Aussy se voit il, au grand regret de vos bons serviteurs, que, tant plus on est cy devant entré en nouvelles créations, sous le mesme prétexte que celuy de présent, qui est la nécessité de vos affaires, tant plus cette nécessité est accrue; ce qui est sans comparaison plus à craindre par l'effet de cet édit, que par aucun des autres précédens.

Sont les raisons et considérations, Sire, qui ont mu les Gens de vos comptes de ne vérifier cet édit, en la délibération duquel ne s'est trouvé aucune diversité d'opinion, comme le plus souvent en semblables choses il advient, car toutes les voix ont esté d'avis qu'il n'y avoit lieu aucun à cette nouvelle création d'offices.

Sire, vos Gens des comptes reconnoissent que les commandemens que leur avez faits de procéder à la vérification dudit édit viennent de l'importunité que vous en font les auteurs d'iceluy, auxquels seuls il profite; mais, s'il vous plaist, Sire, leur importunité ne surmontera la raison, au désordre de vos finances et à la grande foule de vostre peuple, le bien et repos duquel doit estre l'objet de vostre loy. La loy est vostre œuvre, et vous estes l'image de Dieu. Dieu est très bon et très juste. Devons-nous donc penser ou croire qu'ayez dit ou fait aucune chose qui ne soit bonne et raisonnable? Les anciens voulant portraire un bon Roy, ont portrait avec luy la déesse Thémis, qui est la justice et la raison, faisant entendre par là que le Roy ne parloit que par la bouche de ladite Thémis.

Cela nous a fait croire, Sire, que prendriez en bonne part les très humbles remonstrances que nous vous faisons, et vous en supplions très humblement. Nous avons fait serment à Dieu et à vous de ne vérifier rien qui soit contre vostre service, à la foule et oppression de vostre peuple; nous ferions faute grande, de laquelle vous et vos successeurs à jamais nous pourriez blasmer, et l'ire de Dieu, qui venge et chastie les parjures, ne partiroit de dessus nos testes, si nous vérifiions un édit de telle et si grande conséquence. Nos consciences en seroient chargées, lesquelles Dieu s'est à luy seul réservées, pour les luy estre rendues par nous pures, nettes et saintes, et telles qu'il les a départies à un chacun de nous, quand il nous a mis sur terre.

(Créances.)

176.
8 Avril 1578.
LETTRES PATENTES POUR LA CONSTRUCTION DU PONT-NEUF.

Ce jour, après avoir vu par la Cour les lettres patentes du Roy données à Paris le 16mo mars dernier, par lesquelles ledit seigneur a commis et député Messire Christophe de Thou, cher, premier président en icelle; Maistres Pomponne de Bellièvre, aussy président en icelle, Antoine Nicolay, premier président ès comptes, Augustin de Thou, Jean de la Guesle et Barnabé Brisson, avocats et procureur généraux dudit seigneur, Jean Camus, sr de St-Bonnet, intendant des finances, tous conseillers au Conseil privé dudit seigneur; les trésoriers de France et généraux des finances établis à Paris; M. Pierre Séguier, lieutenant civil en la prévosté de Paris; les prévost des marchands et échevins de cette ville; Claude Marcel, intendant des finances, et les procureurs dudit seigneur au Chastelet et de l'hostel de ville, pour pourvoir au bastiment et édification d'un nouveau pont sur la rivière de Seine, pour le soulagement des ponts Nostre Dame et au Change; les conclusions du procureur général du Roy, et tout considéré, ladite Cour a ordonné que lesdites lettres seront registrées ès registres d'icelle.

(*Reg. du Parlement.* — Impr. dans D. Félibien, *Preuves*, t. III, p. 7.)

---

177.   13 Avril 1578.

LETTRE DU ROI A LA CHAMBRE. — SUSPENSION DES OFFICIERS DE FINANCES.

De par le Roy. Nos amés et féaux, il y a déjà quelques jours que la suspension de nos officiers comptables, qu'avons faite avec grande et mure délibération, comme il est porté par icelle, vous a esté envoyée pour la vérifier. Toutefois, à ce que nous avons entendu, au lieu de ce faire promptement, comme le vous avions demandé, estoit et est requis pour le bien de nostre service, vous auriez reçu et appointé aucunes requestes d'iceux officiers, tenant cet affaire en longueur, ce qui est pour apporter très grand préjudice à nostre service, et seroit encore davantage si cet affaire n'estoit promptement expédié. Et à cette cause, nous voulons et vous mandons que, sans avoir égard aux requestes et remonstrances qui vous ont esté et pourront encore estre présentées, ou oppositions formées, vous ne failliez, incontinent la présente reçue, tous autres affaires cessans et sans attendre aucun autre commandement de nous que ces présentes, à vérifier purement et simplement nosdites lettres de suspension, sans y faire aucune restriction, modification ni difficulté, ayant commandé à ce porteur, l'un de nos valets de chambre, vous apporter cesdites présentes, par lesquelles vous mandons aussy nous renvoyer dans ledit jour de demain vostre arrest d'icelle vérification. Et vous nous ferez service très agréable. Donné à Olinville, le 13me jour d'avril 1578.

Et plus bas estoient écrits de la propre main du Roy ces mots : « Que je n'ouye plus parler de ce fait avec l'exécution, car je ne trouve pas bon qu'il se trouve difficulté sur ce que j'ay fort à cœur. Je suis vostre Roy, qui vous le commande[1]. »

HENRY.
PINART.
(*Créances.*)

[1]. Les lettres patentes portant suspension furent révoquées le 26 avril, conformément aux remontrances. (Coll. Mariette.)

---

178.   5 Mai 1578.

DON A LA REINE DE NAVARRE.

Ce jourd'huy, de relevée, Messire Jean Tambonneau, conser du Roy en son privé Conseil et président en sa Chambre des comptes, séant au bureau d'icelle, a dit que, le jour d'hier, un gentilhomme, nommé Maniquet, luy fut dire de la part de S. M. qu'il eust, et Me Jean Jousselin, aussy conser et maistre ordinaire en sadite Chambre, à l'aller trouver au chasteau du Louvre, pour entendre son vouloir et intention sur ce qu'il désiroit leur dire. Ce que lesdits srs Tambonneau et Jousselin auroient fait. Où estant arrivés au Louvre, après avoir salué ledit seigneur, S. M. leur auroit dit qu'elle les avoit mandés pour leur dire que son intention estoit que le don par elle fait à la reine de Navarre, de la somme de 51,933 écus à prendre sur les offices de conseillers généraux subsidiaires des Monnoyes, prévosts, greffiers et autres officiers desdites Monnoyes nouvellement créés, fust vérifié par sa Chambre purement et simplement, et qu'ils eussent à luy dire de sa part. Et par ledit s^r président auroit esté remonstré que la somme estoit fort grande, et qu'il luy plust considérer la misère et calamité du temps ; que c'estoit une nouvelle création d'officiers, dont il ne revenoit aucune chose à S. M., et que, outre l'immensité du don, il demeureroit encore chargé de payer tous les ans plus de 20,000 liv. de gages, qui tournoit grandement à la foule de son peuple. Et par Sadite Majesté fut répliqué que cela estoit bon à remonstrer en autre endroit, mais qu'il falloit considérer la qualité de ladite dame, qui estoit sa propre sœur ; aussy, que ces deniers là estoient destinés pour son voyage qu'elle alloit faire par devers le roy de Navarre, qui l'avoit jà mandée deux ou trois fois, et craignoit que, s'il ne luy envoyoit, il ne luy suscitast une guerre qui importeroit grandement son Estat. Et, pour cette cause, vouloit que ledit don fust vérifié purement et simplement, et que sa Chambre eust à y satisfaire.

(*Créances*.)

179.   *Mai 1578.*
ÉDIT ROYAL ET ARRÊT DE LA CHAMBRE POUR LES DÉPENSES DE LA CONSTRUCTION DES TUILERIES.

(*Mémorial*. — Impr. dans la collection Mariette.)

180.   *23 Décembre 1578.*
AUGMENTATION DE PENSION POUR LE P.P.

Vu par la Chambre les lettres patentes du Roy données à Paris le 9me jour de janvier 1578, signées : HENRY, et plus bas, Par le Roy : Fizes, adressantes aux généraux des finances en la charge et généralité d'outre Seine et Yonne établie à Paris, contenant que le feu roy Charles, dernier décédé, que Dieu absolve, considérant les services que Messire Antoine Nicolay, s^r d'Orville, cons^{er} du Roy en son Conseil privé et P.P. en ladite Chambre, luy faisoit èsdits estats, luy auroit, dès le 3me jour de février 1571, pour aucunement le récompenser, accordé la somme de 1200 liv. tournois par chacun an, par forme de pension, à icelle avoir et prendre sur les deniers de l'Épargne, sur laquelle il auroit toujours esté payé et satisfait jusques en 1575, que S. M. luy a, par ses lettres patentes du 2me jour de may audit an 1575, icelle pension confirmé, et l'assignation commué sur les deniers revenans bons du payement des gages et droits des présidens, conseillers et autres officiers de ladite Chambre. Toutefois, ayant depuis mis en considération les mérites dudit s^r d'Orville impétrant et services qu'il a audit feu seigneur et à Sadite Majesté faits, tant èsdits estats que ès autres charges et commissions où il a cy devant esté employé, elle auroit avisé, pour le gratifier et d'autant l'affectionner à son service, de luy augmenter ladite pension de la somme de 800 liv. tournois par an, qui feroit en tout 2,000 liv. tournois, qui est telle et pareille pension dont jouissent plusieurs autres conseillers dudit Conseil privé, et, en ce faisant, le faire payer des arrérages à cause de ladite augmentation, depuis le jour que ladite pension luy auroit esté accordée jusques à présent, ainsy qu'il est plus à plein déclaré par lesdites lettres, dont la copie est cy attachée sous le contrescel de la chancellerie. A cette cause, S. M. désirant que ce que dessus soit effectué, mande, commande et très expressément enjoint auxdits généraux des finances que, par les receveurs et payeurs desdits gages et droits et des deniers revenans bons de l'assignation à eux ordonnée pour ledit payement, ils fassent payer, bailler et délivrer comptant doresnavant par chacun an, de quartier en quartier, audit impétrant la somme de 2,000 liv. .... comme plus [à plein] le contiennent lesdites lettres, vérifiées par lesdits généraux le 1er jour de février ensuivant audit an 1578; autres lettres patentes dudit seigneur données à Paris le 19me jour de ce présent mois de décembre, signées : Par le Conseil, Olier, adressantes à ladite Chambre, contenant le relief d'adresse des précédentes, avec mandement très exprès de les vérifier

HENRI III.

et entériner selon leur forme et teneur ; la requeste présentée à icelle Chambre par ledit impétrant. . . . . Tout considéré, la Chambre, en entérinant lesdites lettres, a ordonné. . . . . . . que, pour le regard de l'avenir, prendra ledit impétrant ladite pension de 2,000 liv. tournois en l'Épargne, comme les autres pensionnaires ont accoutumé faire. Fait le 23me jour de décembre 1578.

DANÈS.
(*Mémorial.*)

181. 26 Juillet 1579.
REMONTRANCES SUR UNE CRÉATION D'OFFICES EN LA CHAMBRE.

Plaira à S. M. de considérer que, comme nul Estat ne se peut bien maintenir s'il n'a la religion et la justice pour garder les sujets en union et concorde, en réparant les torts et débats qui peuvent survenir entre eux, les armes pour repousser l'effort de l'étranger ou rebelle, et les finances, tant pour orner et enrichir l'un, comme pour donner force et support à l'autre, aussy ne peuvent ces trois faits estre bien conduits, s'il n'y a quelque bon ordre et règlement au fait des ministres et officiers qui en ont la charge.

Entre les autres points de ce bon ordre, l'un des principaux est le petit nombre. Car, si en général le commun dire est véritable, que où est la multitude, là aussy est le désordre et confusion, spécialement cela se trouve avéré en l'établissement et création des magistrats et officiers. C'est pourquoy vos prédécesseurs, Sire, voulant redresser et assurer l'estat de vostre monarchie, et pensant, pour ne pouvoir satisfaire à tout, suivant le conseil du sage Jethro, beau père de Moïse, approuvé et autorisé par la Majesté divine en ses Saintes Écritures, à se décharger de l'administration de la justice et des finances, établirent certains magistrats en chacune de ces fonctions, signamment deux Cours souveraines de vostre Parlement et Chambre des comptes à Paris, et ce avec le moindre nombre qu'il leur fut possible. Car, sans reprendre ce fait de plus loin que du temps du feu roy Louis XII, il n'y avoit, lors de son décès en l'an 1514, pour tous officiers en la Chambre des comptes, que deux présidens, un vi-président, onze maistres, trois correcteurs, seize auditeurs, un avocat, un procureur général et deux greffiers. Et maintenant la mesme Chambre se trouve remplie de huit présidens, quarante maistres, douze correcteurs, quarante huit auditeurs, un avocat, un procureur général, deux greffiers et deux gardes des livres, sans les huissiers ; qui est un nombre si exorbitant et excessif, que les anciens qui ont le plus approché de ce premier temps s'en trouvent tout honteux et confus, et comme déplaisans en eux mesmes, et les nouveaux ont bientost connu par expérience que c'est un mal et désordre insupportable. Aussy, estant le nombre des officiers, non seulement en la Chambre, mais encore aux autres Compagnies, ainsy accru et augmenté d'années en années, partie pour quelques bonnes et justes occasions, partie pour la misère et calamité du temps, à cause des guerres tant étrangères que civiles, quand il s'est présenté quelque moyen et espérance de respirer et que vous et vos prédécesseurs, Sire, ont pensé de remettre les affaires, sinon du tout en leur première et ancienne intégrité, au moins en quelque meilleur ordre et estat, au soulagement de leurs pauvres sujets, ils ont toujours fait dessein de réduire et modérer ce nombre effréné, en inclinant en cela fort volontairement à l'instante prière et remonstrance des trois estats. Signamment, Sire, en la dernière assemblée de vos Estats tenus à Blois, V. M. se peut remémorer combien instamment et justement pareille et semblable requeste luy en fut faite, quelle ferme espérance elle a donnée à l'octroyer et effectuer, et, qui plus est, la bonne résolution que depuis elle en a prise avec son Conseil, laquelle résolution est encore en la Cour de parlement, pour, avec son approbation et autorité, la faire divulguer partout, publier et observer.

Si maintenant, suivant l'édit qui a esté présenté en la Chambre, on venoit à faire une nouvelle création de quatre maistres des comptes, V. M. considérera, s'il luy plaist, ce que non seulement vos sujets, mais aussy les étrangers (qui ne veillent que trop à épier nos actions) pourroient dire et juger d'un tel et si soudain changement, et quelle espérance peut demeurer aux pauvres sujets de voir quelque meilleure réformation et règlement assuré aux autres articles qui sont de moins ou plus d'importance que la multitude d'officiers. C'est à quoy il semble à vos officiers des comptes, sous vostre bénigne supportation, Sire, que vous devez le plus penser, pour ce qu'ils estiment qu'il n'y a rien qui ayt plus diminué vostre crédit, soit envers vos sujets, soit envers les étrangers, et apporté de défiance à ceux qui ont à négocier avec V. M., ni qui fasse moins respecter et honorer les résolutions de vostre Conseil, que telles variétés, mutations et changemens de volonté; ce qui ne peut mieux estre réparé que maintenant, par une exécution entière et inviolable de vostre édit général, signamment en ce qui concerne la réduction d'officiers.

Encore s'il y avoit quelque couleur ou raison apparente pour cette nouvelle création autre que la nécessité. Car qu'on regarde tous les édits semblables depuis le règne de vostre ayeul le grand roy Françoys, on ne trouvera point que la nécessité fort pressante et urgente en ayt esté la seule cause ; mais ont esté telles nouvelles créations pour autres raisons et occasions de quelque nouvel et meilleur règlement pour le bien de la justice et soulagement du peuple. Aussy, n'ayant égard qu'à la nécessité, qui est ce qui ne connoist que, tant plus on en fait et publie de tels édits, tant plus la nécessité est accrue, tant plus les finances sont raccourcies, et tant plus le pauvre peuple foulé et oppressé?

Les Gens de vos comptes, Sire, ne peuvent qu'avec un regret et déplaisir incroyable voir, par le compte de vos parties casuelles pour l'année 1577 seule, sans aller rechercher aux autres, que, de la somme de 1,736,000 liv. tournois à quoy montent les deniers provenus des nouvelles créations et augmentations de gages et offices en ladite année seulement, il n'en est entré actuellement en vostre Épargne que la somme de 600,000 liv., qui n'est pas ce qu'il convient payer chacun an pour lesdits gages.

Les nouvelles créations et augmentations d'officiers qui cy devant ont esté faites en la Chambre, ont esté pour la plupart à cause de l'affluence et multiplication d'affaires qui y survenoient de temps en temps; mais maintenant on en a tant diverti et détourné ailleurs, qu'il seroit trop plus besoin d'en modérer et réduire le nombre par mort, que de l'accroistre.

En l'an 1566, il n'y avoit entre les officiers de la Chambre des comptes que vingt huit maistres, lesquels néanmoins on voulut supprimer et réduire au nombre ancien, par édit lors dressé et en partie vérifié; laquelle suppression, bien qu'elle fust fort préjudiciable à chacun des particuliers, estoit néanmoins trouvée si à propos et si avantageuse pour le bien du royaume, que, s'il y eust eu moyen de faire le remboursement, elle eust esté exécutée. Cela estant ainsy, qui ne connoist à vue d'œil combien, aujourd'huy que le nombre desdits maistres est accru jusques à quarante, il est dommageable au public d'y en ajouter encore quatre ?

Aussy, suivant cela, en la dernière crue faite l'an 1573 par le feu roy Charles, vostre frère, de bonne mémoire, par la réponse de sa propre bouche qu'il fit aux justes remonstrances qui lors luy en furent faites, registrées aux registres de la Chambre, il promit disertement et saintement, non seulement qu'il ne seroit plus de là en avant fait aucune autre crue d'officiers en icelle Chambre, mais, au contraire, qu'il les supprimeroit par mort et réduiroit au nombre ancien du temps du feu roy Louis douzième. Partant, il se peut dire, sous l'humble respect et révérence de V. M., que ceux qui ont mis en avant l'ouverture de cet édit, ont, pour ne dire rien pis, eu peu d'égards à vostre réputation, au bien de vos affaires, à la juste cause et forme accoutumée de faire tels édits, et à la pernicieuse conséquence et importance de la publication de celuy cy. Car il n'a autre cause ni prétexte que la nécessité d'ayder en partie aux frais d'un voyage, duquel vos très humbles sujets et officiers désirent l'issue et événement estre tel que V. M. l'espère; mais, quoy qu'il en advienne, il luy plaira de considérer à quel préjudice luy pourra tourner, et quelle opinion les étrangers pourront prendre de l'estat et affaires de ce royaume, quand ils entendront que, après tant de troubles et de désordres, dès les premiers commencemens de pacification et espérance de meilleur ordre, pour la seule nécessité d'ayder aux frais d'un voyage, sans autre raison ni occasion,

HENRI III.

contre le bien des affaires, contre la réformation requise et accordée et contre le bon règlement jà résolu, il aura fallu faire un tel édit; et en outre considérer aussy et peser, s'il luy plaist, si elle pourroit trouver bon que, en la conduite et direction de sa justice ou de ses finances, fust pratiqué ce qui est blasmé aux actions privées de chacun particulier, par un proverbe vulgaire qui dit que : nécessité contraint à choses déshonnestes et déraisonnables. Les affaires du royaume seroient réduites à un pauvre et piteux estat, si, pour trouver une si petite somme que de 60 ou 80,000 liv. tournois, il estoit force de rompre la haye jà plissée et à peine liée d'un si bon et si saint règlement, promis, résolu et espéré, avant qu'on ayt commencé d'en ressentir aucun bien ni soulagement, fors de la seule espérance. Il seroit bien plus expédient et plus raisonnable de modérer et retrancher tant de dépenses excessives comme il s'en voit par les comptes, et ne se rendre si bon et facile à ceux qui, sans avoir égard à une nécessité si étroite, demandent à toute heure, opportunément et importunément. L'ancien proverbe sera toujours véritable que : c'est au besoin que l'on connoist l'amy, et, quoy que ce soit, il seroit beaucoup moins dommageable, mesme pour le soulagement des finances, de tenter plutost toute autre voye, que de venir à nouvelle création d'offices, voire et dust on prendre l'argent à intérest du denier huit, et encore du denier six.

Que si la nécessité estoit telle qu'on ne pust y pourvoir par autre moyen que par création nouvelle d'officiers, encore que ce moyen semble peut estre plus prompt en la Chambre des comptes que ès autres Compagnies, pour le plus grand repos et liberté qui y peut estre avec honneur, si est ce que c'est le lieu le plus mal à propos de tous, principalement pour la charge des finances, qui est un des points à quoy on doit aujourd'huy avoir autant d'égards. Car, aux autres Compagnies, pour la plupart, le Roy ne paye que les simples gages, et les autres profits et émolumens se prennent de la bourse des particuliers; mais en la Chambre des comptes, tout le profit et émolument que les officiers en icelle peuvent espérer, vient nuement et directement du fonds des finances, sans qu'ils prennent aucune chose des particuliers.

Et d'ailleurs, les anciens qui ont premièrement établi l'ordre des finances, n'ont trouvé rien meilleur que de communiquer la connoissance et administration d'icelle à moins de personnes qu'ils pouvoient. Il n'y a pas si longtemps, Sire, que, quand vos bons et loyaux sujets et officiers entendirent la belle et digne proposition que V. M. fit en son Conseil du singulier désir et sérieux propos qu'elle avoit de remettre, en tant qu'il luy seroit possible, la conduite et gouvernement des affaires de son royaume en son ancienne droiture et splendeur, en quoy elle protesta de ne céder à aucun de ses ancestres, tous lesdits officiers en reçurent une merveilleuse joye et allégresse incroyable, et entrèrent comme en assurance de voir encore de leur temps reluire les fleurons de la couronne. Maintenant, s'ils voyent S. M. aussy facile à condescendre à la volonté de ceux qui luy donnent autre conseil, comme elle est pleine de douceur et de bonté, voilà leur espérance évanouie, et s'en iront perdant tout cœur de plus s'employer soigneusement et fidèlement à son service, bien qu'ils y soient entièrement voués et dédiés.

Pour fin de ces remonstrances, il ne peust estre omis que V. M. n'entend point comme il ne seroit raisonnable que cette nouvelle création fust préjudiciable ou dommageable aux anciens officiers jà établis, et que les nouveaux fussent frustrés de ce qui leur devroit appartenir à cause de leur office. Comme aussy l'édit porte la provision pour l'assignation, tant des gages que des épices et autres droits et émolumens des quatre nouveaux à créer; mais cette assignation, pour le regard des épices, à les augmenter sur les comptes, est non seulement difficile, mais impossible à exécuter, tant pour ce que la part qui peut appartenir sur chacun compte à quatre nouveaux officiers, à la proportion de cent quatorze anciens, qui premièrement a esté simplement taxée, puis doublée, et depuis, par nécessité de la crue des officiers, sur le doublement tiercée, ne se peut bonnement ni commodément départir, égaler et augmenter sur chacun desdits comptes, pour ce que la plupart des comptes du domaine, dont les épices appartiennent aux officiers de la Chambre, ne sont néanmoins rendus en icelle, ains par devant les officiers des sieurs qui en jouissent, ou en apanage, ou en dot ou douaire, ou autrement, de sorte que ladite augmentation ne s'y sauroit plus faire ; et quant aux autres comptes, il se trouve souvent que, en une bonne partie d'iceux, le fonds n'en peut porter les épices, et d'en faire désormais le remplage ailleurs, comme par octroy des prédécesseurs Roys il estoit permis auxdits officiers des comptes, cela ne se peut plus faire aujourd'huy, à cause du party pour les restes des comptes ; et de les employer sur la recette générale, il y a aussy peu d'apparence, car ainsy que les finances sont aujourd'huy conduites et gouvernées, au lieu que plusieurs particuliers à qui on donne les principales charges et intendances doivent reconnoistre les officiers des comptes comme les juges souverains anciennement établis par les prédécesseurs Roys pour le fait et direction d'icelles, il conviendroit que lesdits officiers devinssent poursuivans et supplians envers eux, ce qui seroit non seulement malséant, mais aussy contre le bien des affaires de S. M.; encore n'y avanceroient ils guères.

Car, de fait, lesdits officiers ne se trouvent aujourd'huy guères bien assignés de leurs gages, et encore moins de leurs menues nécessités, sans lesquelles toutefois le service de la Chambre ne se peut conduire ni entretenir, car, pour les en assigner, l'on a révoqué des dons pitoyables et aumosnes en lieux saints des deniers provenans des légitimations et naturalités, l'assignation desquels ne peut satisfaire à la quatrième partie de ce qu'il convient pour lesdites nécessités.

Et quant aux pensions des principaux officiers d'icelle Chambre, qui leur tiennent lieu de gages et leur ont esté attribuées sur la recette générale, par édit de leur création, moyennant la finance qu'ils en ont payée, elles ont esté rejetées de l'estat de la recette générale et remises sur l'Épargne, de sorte que, s'ils en veulent estre payés, ils sont contraints, contre la dignité de leur estat et le bien du service qu'ils doivent à S. M., qui en dépend, aller prier et supplier ceux qui doivent rendre compte devant eux ; encore bien souvent telles supplications et poursuites sont en vain.

Pour ces considérations, les Gens des comptes supplient très humblement S. M. ne trouver mauvais le refus qu'ils font, non de luy obéir, mais de vérifier en temps si importun un édit si inutile et si dommageable et de si pernicieuse conséquence, estant tous étroitement obligés à la conservation et accroissement du bien de ses affaires par le dû de leurs charges.

> Ces remontrances furent présentées par écrit, le roi étant au Louvre, et le président Dolu y ajouta un discours où il insistait particulièrement sur le contraste d'une pareille création avec les promesses faites aux États de Blois.

Ce que dessus ainsy dit et prononcé, sans aucune interruption, le Roy prit la parole, et répondit de sa bouche qu'il recevoit de bonne part les remonstrances que luy faisoient ses officiers, selon les occurrences et occasions des affaires qui se présentoient, mesmement celles qui luy estoient présentement faites par ses officiers des comptes ; qu'il avoit bien pensé et considéré tout cela et ce que l'on luy pouvoit dire du désordre et incommodité qui provient du grand nombre d'officiers; mais que pour cela il ne pouvoit laisser son frère, qu'il ne le secourust en une si grande et si haute entreprise que d'acquérir un royaume, lequel ses officiers des comptes ne lui pourroient pas bailler, et que, la nécessité de ses affaires estant si grande, comme mesme ils la connoissoient, ils ne devoient trouver si étrange ce moyen, qui estoit un des plus prompts qui se fust présenté pour secourir son frère d'une bonne somme de deniers ; que la création nouvelle de quatre maistres des comptes ne luy estoit pas de si grande importance que l'entretien de l'amitié, concorde et bonne intelligence d'entre luy et son frère, telle qu'on la voyoit, et que, si après avoir entendu sa volonté si expresse par dessus leurs remonstrances, ils ne venoient à publier cet édit incontinent, ils feroient une faute à son service si grande, qu'ils ne la pourroient pas réparer, et qu'ils eussent à le bien faire entendre à sa Chambre; que, pour avoir fait cet édit, sa foy n'estoit point engagée, d'autant que l'édit sur la résolution des cahiers qui estoit en sa Cour de parlement n'estoit encore vérifié ; qu'après la vérification, il estoit bien résolu de le faire inviolablement garder et observer, mesme en ce qui touche la nouvelle création d'officiers et réduction de ceux qui sont jà établis ; mais ce pendant, qu'il estoit Roy, aussy bien que ses prédécesseurs, qu'il avoit la puissance et autorité en son royaume de disposer de ses officiers, et de les accroistre et diminuer ainsy que bon luy sembleroit et qu'il trouveroit pour le mieux pour la nécessité de ses affaires ; que ses officiers des comptes savoient bien luy dire que ce moyen de trouver deniers par nouvelle création d'officiers n'estoit bon ni à propos, mais qu'ils ne luy en enseigneroient point d'autres; qu'ils luy en enseignassent quelques uns, et il lairroit cettuy là; qu'ils se disoient ses bons serviteurs et officiers : si tels ils estoient, qu'ils le secourussent, luy et son frère, en cette nécessité, où ils ne le pouvoient faire en meilleure occasion; que cela ne leur seroit si difficile; qu'ils estoient un grand nombre, et tous riches et aysés, ce seroit peu à chacun; et partant, qu'ils avisassent l'un ou l'autre, ou de le secourir de pareille somme que celle que l'on pourroit retirer desdits quatre maistres, ou qu'ils ne faillissent à vérifier promptement l'édit; ou bien qu'il savoit le moyen comme il se feroit obéir.

Puis il ajouta, avec démonstration d'affection grande, qu'on avoit dit et rapporté en la Chambre que, en faveur de son frère et en présence de ses officiers ou domestiques, il commandoit bien la publication de cet édit, et néanmoins qu'il ne s'en soucioit pas tant et ne l'avoit en si grande affection; propos qui ne tendoit qu'à rompre l'union et accord qui estoit entre luy et son frère, laquelle chacun pouvoit savoir de quelle importance elle estoit pour le bien et repos du royaume.

Sur lequel propos mondit sieur frère du Roy, illec présent, voulut prendre la parole, disant au Roy qu'il ne luy en avoit point parlé; mais le Roy ne le laissa passer plus outre. Et lors luy fut remonstré par les dessus dits députés que, sauf la révérence de S. M., cela n'avoit point esté dit en la Chambre, et que c'estoit une invention de quelques malins esprits, mal affectionnés au bien et repos du royaume.

Et luy voulant lors toucher quelques points particuliers des remonstrances par écrit, comme en la dernière création d'officiers que le feu roy Charles, son frère, fit en la Chambre, l'an 1573, il promit expressément qu'il ne s'y en feroit plus nulle autre, et encore que, en toutes les créations nouvelles du temps du grand roy Françoys, son ayeul, et depuis, il ne s'en trouvoit point qui fust causée sur la seule nécessité, mais qu'il y avoit toujours quelque autre prétexte et occasion, le Roy répliqua soudain et promptement qu'il n'estoit pas moins roy que ses prédécesseurs, pour avoir cette puissance de créer de nouveaux officiers aussy bien qu'eux, et que, si on n'avoit point par cy devant vu de telle création pour semblable cause, qu'on la verroit maintenant.

Lors, les remonstrances par écrit furent mises ès mains du s^r de Cheverny, garde des sceaux, qui dit qu'on les pourroit lire l'après disnée au Conseil. Et cependant le Roy commanda aux députés de dire à la Chambre qu'elle ne fist faute à publier l'édit suivant sa volonté, et que les difficultés si grandes que ladite Chambre trouvoit en cette création, n'estoient pas tant pour l'intérest public que pour le sien propre; qu'elle voudroit bien n'estre composée que de douze officiers, parce que les estats en vaudroient mieux, et seroient plus honorés.

Luy estant remonstré, que, sauf la révérence de S. M., ce n'estoit point leur intérêt qui les mouvoit, et qu'il n'y en avoit rien dans les remonstrances, le Roy insista, et dit qu'il savoit bien que c'estoit cela, et que, s'il n'estoit écrit, il avoit esté omis, et partant, qu'on luy ajoutast (?) que c'estoit le principal point des remonstrances.

A quoy lesdits députés, craignant d'irriter davantage S. M., répondirent qu'ils ne faudroient de rapporter le tout à ladite Chambre et luy faire entendre la volonté expresse de Sadite Majesté. De laquelle voulant prendre congé, Monsieur s'adressa au Roy, luy disant que, le lendemain lundy, veille de Ste-Anne, la Chambre n'entroit point, que le jour d'après il estoit feste, que la dilation de cette affaire luy portoit grand dommage; qu'il plust au Roy commander que la Compagnie fust mandée et assemblée pour entrer lundy matin, afin de procéder à la publication de l'édit.

Sur quoy, estant remonstré au Roy qu'il y avoit plusieurs festes de suite, et que la plupart des officiers estoient absens, estant allés à leurs commodités en leurs maisons des champs, il commanda ce nonobstant qu'on ne faillist à s'assembler, et que plutost on les envoyast quérir aux champs, et nous enjoignit d'y tenir la main.

Suivant lequel commandement fut mandé l'un des huissiers du service, qui avertit ses compagnons; lesquels se distribuèrent pour avertir tous Messieurs présidens et maistres, tant de l'un que de l'autre semestre, qu'ils ne faillissent, pour obéir au commandement du Roy, de venir et entrer lundy matin en la Chambre.

(Créances.)

Malgré l'ordre exprès de procéder à l'enregistrement dès la séance suivante, la Chambre ne se trouva pas en nombre pour délibérer valablement, et le même président alla encore demander au garde des sceaux un répit de deux jours. Mr de Cheverny l'accorda; mais, en ami, il conseilla de se conformer aux ordres du roi, ayant connaissance de beaucoup de choses que les Gens des comptes ne savaient pas et craignant que, s'ils faisaient les mêmes difficultés après l'exprès commandement du roi, ils n'eussent pis, c'est-à-dire que le roi ne créât encore deux présidents et douze maîtres, qu'il ne fît conseillers maîtres tous les correcteurs et auditeurs, ou même qu'il n'établît ailleurs une autre Chambre des comptes; il valait donc mieux ne pas s'arrêter si scrupuleusement aux termes de droit, et choisir entre deux maux le moindre. En effet, le roi leur fit savoir, le jour suivant, qu'il était fort outré de ce retard, et que, s'ils ne procédaient aussitôt à la vérification, ils pouvaient être assurés qu'il ferait quelque chose à quoi ils n'avaient pensé jusque là, et ce, dedans la matinée suivante. La Chambre dut donc céder, et elle envoya aussitôt porter la nouvelle au roi, pour désarmer son courroux et réclamer sa protection contre les calomnies qui avaient déjà couru à propos de cette résistance. S. M. rendit justice à ses officiers et leur accorda des lettres de déclaration portant qu'il ne serait plus désormais question d'aucune augmentation de la Chambre.

Quelques jours plus tard, le payement des droits et gages des nouveaux officiers fut assigné sur les recettes générales des finances, ou, à défaut de fonds, sur l'Épargne.

---

182. *Décembre 1579 à Mars 1580.*

SURVIVANCE DE L'OFFICE DE P.P. POUR JEAN NICOLAY.

Henry, par la grace de Dieu Roy de France et de Poloigne, à tous ceulx qui ces présentes lettres verront, Salut. Par nostre édict du moys de juillet M V_c LXXVI, publié et registré en nostre Court de parlement et Chambre de noz comptes, nous aurions, par meure délibération et pour les causes et considérations y contenues, permis et accordé à toutes personnes qui tiennent estatz et offices royaulx, à gaiges ou sans gaiges, du nombre et qualité de ceulx qui ont esté tenuz et réputez vénaulx, qu'en payant par eulx en noz partyes casuelles le tiers denier de la valleur de leursditz offices dedans trois moys après la publication dudict édict, suyvant la taxe qui en seroit pour ce faicte en nostre Conseil, ilz puissent, quant bon leur semblera, résigner leursditz estatz et offices à personnes capables, sans nous payer pour cest effect aucune finance, aux charges et conditions portées par nostredict édict. Suyvant lequel nostre amé et féal Messire Anthoine Nicolay, conseiller en nostre Conseil d'Estat et premier président en nostredicte Chambre des comptes, auroit, dès le vme jour de septembre ensuivant, fourny et payé comptant en nozdictes partyes casuelles la somme de II^m VI^c LXVI escus II liv. tournoys, pour joyr par luy et ses héritiers du bénéfice de nostredict édict pour la résignation de sondict estat et office à survivance, et depuis nous auroit encores fourny, suyvant la déclaration par nous faicte sur ledict édict, du xvme jour de juillet dernier, la somme de XIII^c XXXIII escus I liv. tournois pour le supléement de la juste valleur du tiers denier dudict office, qui est en tout la somme de IIII^m escus. Sçavoir faisons que nous, ayant esgard aux grandz, recommandables et continuelz services que ledict Nicolay nous a, et à noz prédécesseurs, faictz, tant audict estat, que ès charges et commissions où il a esté employé, espérant que, à son imitation, nostre aussy amé et féal conseiller en nostre Court de parlement, Me Jehan Nicolay, son filz, qu'il nous a nommé pour tenir ledit estat à survivance, continuera de mesme, et après qu'il nous est apparu des quictances de la finance par luy, ainsi que dict est, payée ès mains des trésoriers de nozdictes partyes casuelles, dont les coppies sont cy attachées, avons à icelluy Nicolay père accordé et octroyé, accordons et octroyons la résignation de sondict office à la condition de survivance de luy et dudict Me Jehan Nicolay, son filz, pour en joyr par eulx à la survivance l'un de l'autre, suyvant le bénéfice de nostredict premier édict, aux honneurs, auctoritez, prééminances, franchises, libertez, gaiges, pensions, droictz, espices, proficlz, revenuz et esmolumens accoustumez et qui y appartiennent, sans que par le trespas du premier décédé l'on puisse dire ne prétendre ledict office vaccant ou impétrable sur le survivant ; auquel nous avons, dès à présent, en tant que besoing est ou seroit, réservé et réservons icelluy, comme s'il en eust esté seul possesseur et pourveu ; aussi sans qu'il soit besoing audict survivant en avoir ny obtenir de nous aulcunes lettres de don ou provision que cesdictes présentes, ne faire aulcun serment par ledict Messire Anthoine Nicolay père que celuy qu'il a faict lors de sa réception, et celuy qu'en fera ledict Jehan Nicolay, son filz, en vertu de cesdictes présentes. Si donnons, etc. . . . . . . Donné à Paris, le xvj^{me} jour de décembre, l'an de grace mil cinq cens soixante dix neuf, et de nostre règne le sixiesme.

Sur le repli est écrit : Par le Roy en son Conseil : DOLU.

Soit montré au procureur général du Roy. Fait le xixme jour de janvier M V^c IIII^{xx}. Signé : DE BAUGY.
A Nosseigneurs des comptes.

Suplyent humblement Anthoine Nicolay, ch^{er}, cons^{er} du Roy en son Conseil d'Estat, premier président desdictz comptes, et Jean Nicolay, aussi cons^{er} dudict seigneur en sa Cour de parlement à Paris, qu'il vous plaise veoir les lettres patantes d'icelluy sieur données à Paris le xvj^{me} décembre M V^c LXXIX dernier passé, cy atachées, et suivant icelles recevoir ledict Jean Nicolay filz au serment dudict estat et office de premier président, à la survivance dudict Anthoine, son père, et de luy, selon et ainsy qu'il est porté et contenu par lesdictes lettres et que Sa Majesté le veult et vous mande par icelles. Et vous ferez bien. Signé : A. NICOLAY.

Après qu'il aura esté informé de la vye, mœurs et conversation catholique dudict Me Jean Nicolay, supliant, je feray ce que de raison. Signé : DU MOLINET.

Veu l'information faicte sur la vye, mœurs et conversation catholique du supliant, je consens iceluy supliant, Me Jean Nicolay, estre receu au serment dudict office de premier président, à la charge qu'il ne pourra exercer ledict office qu'il n'ait atainct l'aage de trente ans. Signé : DU MOLINET.

Veu par la Chambre les lettres patentes. . . . . la requeste présentée à ladite Chambre par lesdictz Nicolay père et filz aux fins que dessus, de l'ordonnance d'icelle communicquée au procureur général du Roy ; ses conclusions sur ce ; l'information faitte sur la vie, mœurs et conversation catholicque dudict Nicolay filz ; aultres conclusions prinses sur icelle par ledict procureur général, et tout considéré, la Chambre a ordonné et ordonne que ledict Me Jehan Nicolay sera receu audict office de premier président en icelle et prestera le serment accoustumé, à la survivance dudict Messire Anthoine Nicolay, son père, ainsi qu'il est porté par lesdictes lettres, à la charge que ledict Messire Anthoine Nicolay père exercera ledict office sa vie durant. Et s'il advenoit que ledict Nicolay père allast de vie à trespas avant que ledict Me Jehan Nicolay eust attainct l'aage de trente ans, en ce cas iceluy Me Jehan Nicolay aura scéance, voix et opinion délibérative en son lieu et place de premier président, mais ne pourra demander les voix ny porter la parolle, conclure ne prononcer les délibérations et arrestz, jusques à ce qu'il ayct attainct ledict aage de trente ans. Faict le vingt sixiesme jour de janvier, l'an mil cinq cent quatre vingtz.

Suivant lequel arrest ledict Me Jehan Nicolay a esté receu audict office de premier président, et d'iceluy faict et presté le serment en tel cas requis et accoustumé, et à l'instant installé, lesdictz jour et an.

Extraict des registres de la Chambre des comptes.

DANÈS.

Aujourd'huy, xxiiij^{me} jour de mars mil cinq cens quatre vingtz, le Roy estant à Paris, a, en inclinant à la requeste à luy faicte par le s^r de Dorville, cons^{er} en son Conseil privé et premier président en sa Chambre des comptes, et en contemplation des bons, fidelles et labourieux services qu'il a faictz jusques icy à cest Estat et couronne, favorablement accordé que Me Jehan Nicolaj, son filz, conseiller en la Court de parlement de Paris, exerce et puisse exercer ledict estat et office de conseiller tant et si longuement que sondict père exercera celluy de premier président, et, advenant qu'il entre audict exercice dudict estat de premier président, duquel il a esté par Sa Majesté pourveu à la survivance d'icelluy sondict père, il puisse et luy soit loysible résigner dans les six moys après suivans ledict estat et office de conseiller à personnage capable et de la qualité requise, sans pour ce paier finance, de laquelle ledict seigneur luy a, dès à present comme pour lors, faict don par le présent brevet, qu'il m'a commandé d'en expédier et signer.

BRULART.

(Originaux. — Arch. Nicolay, 13 C 7, 8, 10 et 13.)

---

183.   28 *Juillet*, 17 *et* 18 *Août* 1580.
CONGÉ DONNÉ A L'OCCASION D'UNE ÉPIDÉMIE
Lettre du roi à la Chambre.

De par le Roy. Nos amés et féaux, nous espérons et attendons de la grace de Dieu que, pour les bonnes et continuelles prières qui luy sont faites, et par le bon ordre et police que nous avons ordonné estre mis en nostre ville de Paris, la maladie contagieuse qui y est aujourd'huy, cessera. A l'occasion de laquelle sachant que plusieurs personnes se retirent aux champs, mesme aucuns de vostre corps, et craignant par ce moyen que peu à peu le service que vous devez en nostre Chambre des comptes soit discontinué, s'il n'y estoit pourvu, à cette cause, nous nous faisons la présente pour vous dire, mander et ordonner vous ayez à demeurer et continuer vostredit service, sans, à l'occasion de ladite maladie, vous absenter et retirer de nostredite ville de Paris. Et si aucuns, sur ce mesme prétexte et fondement, s'en estoient déjà allés, nous voulons qu'ils soient par vous mandés et rappelés incontinent, les chargeant de retourner sur telles peines que vous aviserez, à ce que nostredit service ne soit discontinué. Car tel est nostre plaisir. Donné à St-Maur des Fossés, le 28me jour de juillet 1580.

HENRY.
PINART.

Lettre de la Chambre au garde des sceaux.

Monseigneur, nous vous supplions bien humblement nous excuser envers S. M. si nous n'avons pu satisfaire à son intention portée par les lettres de jussion qu'il auroit fait expédier, pour estre par nous procédé à la vérification de ses édits, et ce à cause du petit nombre auquel nous sommes, et que la plupart de nos confrères qui avoient esté aux premières délibérations, se sont trouvés absens de cette ville, sans lesquels nous n'avons pu enfreindre les arrests sur ce par nous donnés, leurdite absence fondée sur le danger de peste grand et notoire à chacun qui est de présent en cettedite ville, mesme jusques en la maison de nostre receveur dépendant de l'enclos de cette Chambre, dont est parti depuis trois jours en çà deux personnes atteintes de ladite maladie; qui seroit cause, que, continuant l'entrée en icelle, nous sommes en grand péril, s'il n'estoit par Sadite Majesté sur ce pourvu. Vous supplions de rechef, Monseigneur, le vouloir faire entendre à Sadite Majesté, à ce qu'il luy plaise nous dispenser pour quelque temps du service que luy devons en sadite Chambre, ou bien nous ordonner tel autre lieu hors cette ville qu'elle avisera, où, avec sureté de nos personnes et conservation de nos vies, puissions continuer en sondit service le dû de nos charges. Ce faisant, Monseigneur, vous augmenterez d'autant l'obligation que cette Compagnie vous a pour les bons offices qu'elle a reçus de vous. Le porteur de cette, l'un des greffiers de cettedite Chambre, vous en informera plus particulièrement; lequel vous supplions croire de ce qu'il vous dira de nostre part, comme nous mesmes. Monseigneur, nous prions le Créateur vous donner en parfaite santé longue et contente vie. A Paris, ce 17me aoust 1580.

Vos très humbles et obéissans serviteurs.
Les GENS DES COMPTES du Roy nostre sire.

HENRI III.

Réponse du Roi.

De par le Roy. Nos amés et féaux, nous avons présentement vu les lettres qu'avez écrites à nostre amé et féal garde des sceaux, et bien considéré le contenu en icelles. Sur quoy nous avons résolu que vous manderez vos confrères qui sont absens et hors nostre bonne ville et cité de Paris, afin qu'ils ne faillent de venir incontinent ; et vous, avec eux ensemblement, entrerez en nostredite Chambre des comptes un jour ou deux seulement, dedans lesquels vous aurez bien satisfait à ce que vous avons mandé pour la vérification de nos édits par nos lettres de jussion, lesquelles de rechef vous mandons suivre de point en point, sans y faire aucune difficulté, ni user d'aucune longueur. Et cela fait, nous vous donnons congé et excusons de la séance et entrée de nostredite Chambre jusques à ce qu'il ayt plu à Dieu apaiser le cours de la peste, la contagion de laquelle estant en la maison de vostre receveur, comme écrivez, ne pourra, pour si peu que alliez en nostredite Chambre, vous apporter aucun danger, quand les portes et fenestres d'icelle maison seront bien fermées, comme nous ne doutons pas qu'ayez fait incontinent et que ferez faire. Chargeant par ces présentes vous, les présidens, et nostre procureur général en nostredite Chambre, de mander incontinent lesdits absens de vostre corps, et faire au demeurant promptement satisfaire à ce que dessus. Et vous ferez vostre devoir et chose qui nous sera bien agréable. Donné à St-Maur des Fossés, le jeudi 18ᵐᵉ aoust 1580.

Nos amés et féaux, il importe tant au bien de nos affaires et service que la vérification pure et simple soit faite de nosdits édits, suivant les jussions que vous avons envoyées de rechef. Vous commandons très expressément de vous assembler et y satisfaire, toutes difficultés et excuses cessantes [1].

HENRY.

PINART.

(*Créances.*)

[1]. Par lettres données à Fontainebleau le 9 septembre, le roi « considérant qu'estant la contagion grande en la ville de Paris, les Gens des comptes courent continuellement danger et péril de leur vie, et qu'il ne seroit raisonnable que, hasardant et perdant leur vie en faisant service à Sadite Majesté et profitant au public, leurs estats et offices fussent aussy hasardés et perdus pour leurs veuves ou héritiers, » assura, en cas de décès, jusqu'à la Saint-Martin, la propriété des offices aux héritiers du défunt. (*Mémorial.*)

184.   *24 Novembre 1580.*
LETTRE DE LA REINE-MÈRE AU P.P. — SÉPULTURE DES VALOIS.

Monsʳ le président, je trouve bon ce que vous m'avez escript touchant la garde des marbres qui sont à St-Denis, recognoissant que, s'il n'y a quelqu'un qui ayt l'œil tout ainsi que avoit le défunct grand prieur, que la plus part se perdront, escrivant suivant vostre advis au grand prieur qui est à présent qu'il ayt à me faire ce servisse que d'en vouloir prandre la peinne, et que luy et vous en fassiez faire un bon inventaire, afin que riens ne s'en puisse dépérir. Parachevez cela avec luy quand vous aurez commodité d'y aller, afin que, en attendant les moiens de pouvoir continuer à ladite sépulture, au moins lesditz marbres se puissent conserver, avec asseurance du contantement que j'ay du soin que vous prenez à la conservation et parachèvement d'un œuvre que j'ay telement à cœur. Priant Dieu, Monsʳ le président, vous avoir en sa sainte garde. Escript à Blois, ce xxiiijᵐᵉ novembre 1580.

CATERINE.

DE LAUBESPINE.

(Original. — Arch. Nat., *Cartons des rois,* K 102, n° 2ᵉ.)

185.   *17 Février 1581.*
REMONTRANCES SUR LE MAUVAIS PAYEMENT DES GAGES.

Mémoire et instruction que la Chambre a avisé bailler à MM. Dodieu et Legrand, allant en cour pour les affaires particulières d'icelle Chambre, outre et par dessus le mémoire général à eux ce jourd'huy baillé, lorsque le contenu audit mémoire général sera décidé et terminé.

Remonstreront le peu de gages et droits qu'ont les officiers d'icelle, eu égard à la valeur et finance de leurs offices; qu'anciennement, et en temps beaucoup plus doux et gracieux et que le revenu des terres, sans comparaison, venoit plus à propos, le plat pays n'estant mangé des gens d'armes comme il a esté puis quelques années, ils estoient fort bien payés de leursdits gages, sans arrest ou reculement; mais depuis quelque temps, encore qu'ils s'acquittent sincèrement de leur devoir et continuent en la mesme forme et volonté de leurs anciens èsdits estats, ils voyent à tous propos leursdits gages arrestés, et reçoivent en cela tel et semblable traitement qu'une infinité d'autres officiers, qui ont fort peu de gages, mais ont beaucoup de beaux droits qu'ils perçoivent et augmentent tous les jours. Partant, sera suppliée S. M. de laisser à ladite Chambre l'entière jouissance desdits gages, si faire se peut et les affaires de Sadite Majesté le peuvent permettre, et mander au receveur général de Paris délivrer l'assignation des deux quartiers arrestés en l'année dernière, sinon permettre à ladite Chambre faire fonds d'icelle sur tel receveur et comptable qui se trouvera avoir fonds, et à cette fin prendre seulement une lettre close à elle adressante, pour ce que, si l'on prenoit un acquit patent, il pourroit estre découvert, et les autres Compagnies voudroient faire le semblable.

Et pour ce que ladite Chambre a esté avertie que, en l'estat général des finances fait pour l'année présente 1581, n'a esté employé que trois quartiers des gages des officiers d'icelle, en quoy y auroit encore un quartier reculé ou arresté, Sadite Majesté sera suppliée en faire main levée à ladite Chambre et mander au receveur général de Paris en faire délivrance au payeur desdits gages, lorsqu'ils écherront, ayant égard aux grandes pertes et diminutions que ladite Chambre souffre en ses droits, par le moyen des fréquentes et ordinaires créations qui se font d'officiers, par le moyen desquelles l'on en oste et éclipse une bonne partie, sans que ladite Chambre en ayt oncques donné occasion, n'ayant rien en plus grande recommandation que de s'acquitter de son devoir pour la conservation des droits et domaines de S. M.

Et s'ils trouvent en cour quelqu'un de la Chambre des comptes nouvellement établie en Normandie, ou qu'ils jugent l'occasion se présenter d'en parler, remonstreront modestement le grand préjudice et dommage que la Chambre des comptes de Paris a en cet établissement, non seulement pour la perte et diminution de ses droits, mais aussy de son honneur et réputation, qu'ils voyent si souvent toucher par créations et édits nouveaux, qui ne tendent qu'à la ruine d'icelle, foule du peuple, et à obscurcir sans aucun profit le plus clair des finances de Sa Majesté. . . . .

(Créances.)

---

186.   12 *Juillet* 1581.
ENGAGEMENT DES JOYAUX DE LA COURONNE.

Ce jourd'huy, estant au bureau avec Messieurs du service ordinaire de juillet Messire Antoine Nicolay, cher, conser du Roy en son Conseil privé et P.P., et Me Benoit Mylon, sr de Vuideville, aussy président; venu après l'heure Messire Guillaume Bailly, aussy conser dudit seigneur en sondit Conseil et président en ladite Chambre, en présence des autres députés avec luy pour faire remonstrances à Sadite Majesté, en a fait son rapport à ladite Chambre ainsy qu'il ensuit.

Et le 12me jour desdits mois et an lesdits députés ont rapporté que, le 11me dudit mois de juillet, ils seroient allés trouver le Roy à St-Maur des Fossés, suivant le mandement de Sadite Majesté, et estant audit St-Maur, en la chambre de la reine sa mère, Sadite Majesté seroit venue à la porte du cabinet de ladite reine, et auroit appelé ledit président Bailly et les dessus dits. Lesquels, par la bouche dudit Bailly, luy auroient dit que la Chambre les avoit délégués pour aller recevoir ses commandemens. A quoy Sadite Majesté, fort émue, leur auroit dit qu'elle estoit fort mal contente que ladite Chambre s'opposoit tant à ses commandemens et volontés pour la vérification du contrat de l'engagement de trois bagues et rubis de la couronne envers un piémontois nommé Sébastien Zamet, lequel il vouloit, sur toutes choses, estre expédié,

HENRI III.

et ne passer aucunement au parlement. Sur quoy, ledit président Bailly luy auroit fait réponse que ladite Chambre les avoit délégués avec la plus grande tristesse et douleur qu'elle eut jamais, au moyen d'une créance qui leur avoit esté rapportée par un de ses valets de chambre, nommé de Couppe, devant hier, portant quelques paroles par lesquelles ladite Chambre connoissoit bien que Sadite Majesté estoit irritée et émue par quelques faux rapports et mauvais offices de quelqu'un qui ne portoit pas bonne volonté aux Gens de ses comptes, et par aventure sans fondement; et que ladite Chambre n'avoit pas faute d'envieux et ennemis, qu'elle acquiert pour son service et pour les résistances qu'elle faisoit aux dons qu'aucuns poursuivent, voulant conserver son bien et finance avec toute religion, n'espérant et mettant son appui qu'en la protection et bonne grace de S. M., et que maintenant elle s'en voit bien éloignée, d'autant que Sadite Majesté luy avoit mandé qu'elle se vouloit prendre pour ledit refus à ceux qui auroient opiné au contraire, et non au corps, qui estoit une chose extraordinaire et non jamais vue ni pratiquée; que ce qui avoit esté de difficultés estoit advenu, non d'aucun zèle de contradiction, ains pour la seule sureté et conservation de son bien et de la couronne, comme très affectionnés serviteurs, et pour l'entretènement de son ordonnance signée de sa propre main, qui luy auroit esté à l'instant représentée par ledit président Bailly, estant transcrite à la fin de l'inventaire des bagues de la couronne estant au greffe de ladite Chambre, où leur leçon estoit écrite, qui déclare lesdites bagues incorporées et affectées à la couronne et inaliénables; que ladite créance mettoit tous ses officiers de ladite Chambre en défiance et suspicion l'un de l'autre, pour l'infidélité, révélation des opinions et trahison, de sorte que ladite Compagnie estoit en un merveilleux trouble; qu'elle n'avoit fait aucun arrest, ains seulement fait dire à l'un des intendans de ses finances qu'il seroit bon de faire enregistrer ledit contrat en la Cour de parlement, comme pour chose domaniale, suivant l'édit de Moulins de l'an 1566, qui le portoit expressément, et conformément à un semblable engagement qui avoit été fait par le sr de Foix ès mains de la seigneurie de Venise, vérifié en la Cour de parlement; davantage, qu'il y avoit plusieurs suretés omises audit contrat, qui estoient aux autres semblables, et mesme la consignation desdites bagues ès mains de quelque personne solvable, avec signification aux ambassadeurs du Roy de la vente trois mois devant que le pouvoir faire, comme a esté fait avec ledit Zamet, mesme l'année passée, et de son consentement; et, autre chose concernant ce fait, que lesdits rubis se peuvent casser et rompre.

Sur ce, S. M., en reculant ledit livre et inventaire et refusant le voir et lire, auroit dit qu'il ne falloit point tant de paroles, et qu'il se feroit bien obéir; que ladite Chambre en avoit bien passé d'autres, et qu'il vouloit savoir les opinions, qu'il les sauroit, et qu'il en feroit chastier; qu'il vouloit estre obéi, et qu'il en savoit bien les moyens; qu'un particulier trouvoit bien les moyens de se venger, et qu'il sauroit bien en faire davantage comme Roy, et faire connoistre qu'il estoit nostre Roy, disant ces mots : « Allez-vous en, et le faites dépescher selon ma volonté, si vous ne voulez que pis vous vienne; » et qu'ils verroient ce qui en adviendroit; qu'il ne vouloit pas laisser perdre lesdites bagues, et qu'il les retireroit, et d'autres choses plus grandes qu'il délibéroit de faire, si Dieu luy faisoit la grace de mettre son royaume en paix; qu'il révoquoit tout ce qui estoit auxdites ordonnances et inventaire, et qu'il estoit par dessus.

Lors, ledit président Bailly luy fit réponse que, comme Roy et chef de la justice, il pouvoit bien assister et présider aux délibérations de toutes Cours et Conseils, et en ce connoistre et entendre les opinions; mais supplioit S. M. de l'excuser s'il luy disoit qu'il estoit indigne d'elle et de sa grandeur et réputation de s'enquérir à part des opinions des particuliers ayant opiné en son absence, en toute liberté de conscience, intégrité et sureté, comme ils ont accoutumé de tous temps; suppliant très humblement Sadite Majesté se vouloir modérer et tempérer en telles affections, qui n'ont jamais esté pratiquées par ses prédécesseurs ni luy, que l'on avoit toujours connu plein de clémence, droiture et bonté en toutes ses actions.

Et sur ce, Sadite Majesté luy dit par plusieurs fois et réitérant son commandement, avec un visage irrité et courroucé, qu'il s'en allast et sesdits compagnons, pour faire entendre aux autres ses officiers de ladite Chambre sadite volonté et icelle faire exécuter de point en point, selon la teneur dudit contrat, dedans le lendemain. Ce que les dessus dits délégués luy promirent faire selon leur pouvoir et en faire leur rapport, la suppliant de croire que ladite Compagnie luy seroit toujours obéissante, aussy qu'il luy plust prendre en bonne part leurs remonstrances et difficultés, qui ne tendoient qu'à la conservation de son bien et finances, et exécution de leurs devoirs et décharge de leurs consciences et de celle de Sadite Majesté.

Ce fait, Sadite Majesté commanda aux dessus dits de faire expédier un rétablissement de quelque partie concernant le s^r de Chemerault, grand mareschal de ses logis, lequel il vouloit estre expédié sans aucune difficulté. Signé : Bailly et N. Luillier, présidens, Aymeret, O. Hennequin, de Pleurre et de Villemor, cons^{ors} maistres ordinaires.

Après lequel rapport, voulant Messieurs délibérer de ce qu'ils avoient à faire sur le registrement dudit contrat ainsy expressément commandé par S. M., pour ce que ledit s^r de Vuideville, président, se trouve l'un des dénommés contractans par S. M. audit contrat, il s'est retiré, et, cela fait, l'affaire mis en délibération, la Chambre, pour éviter d'encourir plus avant l'indignation du Roy, qu'elle connut estre si fort irrité, et pour luy obéir plutost qu'approuver ledit contrat, lequel estoit jà exécuté avant estre envoyé à ladite Chambre pour le registrer, ouï le procureur général du Roy, a ordonné, pour cette fois seulement, que ledit contrat seroit registré du très exprès commandement du Roy par plusieurs fois réitéré, et ouï la créance susdite, et, par mesme moyen, que ce registre en seroit fait pour sa décharge, à ce que, si d'aventure, à l'occasion dudit contrat, il advenoit inconvénient des bagues y mentionnées ou d'aucune d'icelles, elle n'en soit responsable.

(*Créances.*)

187.
23 *Octobre* 1581.
AUDIENCE DU ROI. — ENREGISTREMENT D'ÉDITS.

Ledit jour, après midy, iceux délégués, séans au bureau, ont rapporté, par la bouche dudit s^r président Dolu, que, suivant l'ordonnance de la Chambre, s'estant acheminés au Louvre, comme dit est, ils auroient attendu quelque temps en la chambre de S. M., puis auroient esté appelés au cabinet, le Roy y estant en son lit, et auprès d'iceluy le s^r de Cheverny, garde des sceaux, le cardinal de Guise, le s^r d'Aumale, les s^{rs} Marcel et Mylon, intendans des finances, Mollan, trésorier de l'Épargne, et autres. En présence desquels, S. M. prenant la parole, auroit premièrement fait plainte auxdits délégués de ce que, estant premièrement venus, ils s'en seroient si soudain retournés, et que de plus grands seigneurs, ou mandés ou venant pour quelque affaire trouver S. M., attendoient bien demy heure ou une heure. Sur quoy luy fut remonstré que la cause pour quoy ils s'en estoient si soudain retournés, estoit que l'huissier de chambre leur avoit rapporté que S. M. estoit au lit, non encore éveillée, lequel avoit défendu de laisser entrer personne, et que pour le matin on ne pourroit parler à S. M. Sur quoy ayant Sadite Majesté averti que, une autre fois, on ne fust si soudain à partir sans attendre, commença à leur dire qu'elle les avoit mandés pour deux points : le premier, pour la vérification de quelques édits de création de certains bureaux d'élection à Chastillon sur Indre et autres, qu'il avoit jà commandée plusieurs fois, à quoy la Chambre auroit eu peu d'égards, dont il n'estoit content, et que la Chambre s'arrestoit à des formalités de s'enquérir sur la commodité ou incommodité, laquelle il savoit assez. A quoy luy fut remonstré que c'estoit la forme de la Chambre accoutumée en tels cas, et que le fait de la justice demandoit cette inquisition et aussy l'avis et consentement des officiers. Répliqua Sadite Majesté qu'il savoit bien qu'il en avoit passé d'autres où on n'avoit point gardé cette forme; que, si cela estoit commun et qu'il se fust toujours fait, il le trouveroit bon, mais puisqu'il en avoit passé d'autres autrement, comme il en estoit bien averti, il vouloit aussy que les édits fussent vérifiés dans le lendemain, sans s'arrester à ladite forme, et qu'il n'y eust faute; autrement, qu'il sauroit bien se ressentir de la désobéissance qu'on feroit à ses commandemens, mesme qu'il s'en prendroit à ceux à qui il donnoit charge de faire entendre sa volonté;

que les officiers de sa Chambre auroient, pour le moins une fois l'année, à passer par ses mains. Le second point que S. M. commanda, fut la vérification de l'édit de création des receveurs généraux des bois, qu'elle fit entendre importer beaucoup pour son service, attendu la nécessité de ses affaires. Sur quoy, luy estant remonstré que ces offices viendroient à grande charge de ses finances et que les gages emporteroient presque tous les deniers qui devroient venir en ses recettes, mesme qu'il y avoit telle province dont la recette ne montoit pas à 12,000 écus par an, S. M. fit entendre qu'il savoit bien que toutes ses créations n'estoient point bonnes, mais qu'il en venoit de l'argent comptant, dont ses affaires avoient besoin; que, si son royaume estoit en tel estat que du temps de ses prédécesseurs, les officiers de sa Chambre ne seroient tant en peine d'avoir si souvent de ses commandemens, à quoy il espéroit un jour donner quelque bon ordre; que les Gens de son Conseil estoient pour le moins aussy sujets que ses officiers de la Chambre, et que, connoissant mieux ses affaires et la nécessité d'icelles, après que les édits avoient passé par son Conseil, il ne falloit plus y faire tant de difficultés. A cette cause, qu'il n'y eust faute que dans le lendemain ils fussent vérifiés. *(Créances.)*

188.   11 Janvier 1582.
REMONTRANCES PRÉSENTÉES AU SUJET DES TRAITANTS.

Le président Tambonneau représente au roi que le contrat fait avec Jean Charron, pour la vente des offices de receveurs et de collecteurs des tailles, aux conditions de 10 sols par écu, excède tout ce qu'on peut imaginer comme usure, et serait surtout du plus mauvais exemple pour les partisans.

A quoy S. M., avec mécontentement, luy auroit demandé s'il avoit homme qui le veuille faire à meilleur marché. Lequel s^r président luy auroit répondu que non, mais que, si ledit party estoit proclamé, comme on a accoutumé de faire aux baux des fermes, qu'il s'en pourroit trouver. Sur quoy auroit esté dit par Sadite Majesté qu'ils en parloient bien à leurs ayses et pensoient qu'il fust obéi par tout son royaume, aux lointaines provinces, comme il estoit icy, usant de ces mots : « Vous ne voyez pas plus que la longueur de vostre nez, et ne savez en quel estat sont mes affaires, auxquelles vous ne servez que d'empescher, faisant les difficultés que vous faites; » et qu'ils ne devoient point venir par devers elle sans luy présenter homme qui fist sa condition meilleure; et partant, vouloit qu'ils fissent ce qu'il leur commandoit. Sur quoy, ledit s^r Tambonneau luy auroit remonstré que ce que la Chambre en faisoit n'estoit que pour le zèle qu'elle avoit et auroit toujours au bien de son service, et que, pour son devoir, elle estoit contrainte de luy faire lesdites remonstrances, les officiers d'icelle ne prenant rien et n'ayant aucun intérest en ce fait, sinon d'autant qu'ils affectionnent le bien de son service, comme ses très humbles et affectionnés sujets et serviteurs; mais que, s'il plaisoit à S. M. faire proclamer ledit party, qu'il s'en pourroit présenter, comme il a esté dit, qui le feroient à meilleur marché.

(Créances.)

Le 19 du même mois, le président Guyot et les députés de la Chambre allèrent présenter au roi les remontrances dressées sur le fait du même traité, et l'avertirent qu'il s'offrait un partisan pour prendre l'affaire à un taux moindre du quart, et que d'ailleurs on pouvait la mettre en régie entre les mains de l'État, sans s'adresser aux partisans. A cela le roi répondit que ses officiers ne sauraient déployer la même activité qu'un contractant qui y trouvait son profit et son intérêt, et que la Chambre devait, sans plus de retards, vérifier ce traité. Il envoya même des lettres de jussion pour empêcher plus longue délibération.

189.   6 Avril 1582.
BOUQUETIÈRE DE LA CHAMBRE.

Sur la requeste présentée à la Chambre par Marie Cirany, contenant que, depuis cinquante six ans ou environ, elle auroit toujours fourni les roses et boutons qui sont délivrés en icelle et aux trésoriers généraux de France, par chacune année, durant les mois de may et juin, dont elle n'a esté payée qu'à raison de 12 deniers parisis pour cent, ce qu'elle ne peut plus faire pour ledit prix, attendu que, depuis sept ou huit ans en çà, elle a toujours reçu perte, faisant ladite fourniture de roses, pour la chereté de toutes choses; à cette cause, requéroit ladite suppliante qu'il plust à ladite Chambre ordonner que doresnavant elle sera payée par le receveur des menues nécessités de ladite Chambre à raison de 2 sols parisis pour chacun cent desdites roses et boutons qu'elle fournira en icelle et auxdits trésoriers généraux, afin qu'elle ayt moyen de pouvoir supporter les frais qu'il luy convient faire, faisant la distribution desdites roses. Vu ladite requeste et tout considéré, la Chambre a ordonné et ordonne que, au lieu de 37 sols 6 deniers tournois, sera employée au rôle la somme de 50 sols tournois, pour ledit droit de roses, attendu la chereté d'icelles, et sera le présent arrest signifié à Me Simon de Lavergne, payeur des menues nécessités.

(*Journal.*)

190. 30 *Juin et 6 Juillet* 1582.
AUDIENCE DU ROI. — FERME DU SEL.

Ce jourd'huy, 30me juin 1582, Barrat, valet de Chambre du Roy . . . . . . est revenu en la Chambre apporter autres lettres closes écrites de la main propre dudit seigneur et cy de mot à mot transcrites : « Messieurs, ne faillez d'estre lundy à Fontainebleau à coucher, tous ceux qui se sont trouvés à l'arrest donné sur le fait du sel, sur peine de désobéissance; et n'y manquez, car c'est vostre Roy qui vous écrit de sa propre main. » Et plus bas : « HENRY. »

Après lecture d'icelles, ledit Barrat a esté prié de faire entendre à S. M. que, s'il luy plaisoit, le président Tambonneau, avec le rapporteur dudit contrat, l'iroient à l'instant trouver pour luy rendre raison de ce qu'il désiroit savoir, ou lundy à Fontainebleau, suivant son commandement; mais que, d'y aller tous, outre ce qu'il n'estoit nécessaire, cela apporteroit retardement aux affaires de S. M. en ladite Chambre, en laquelle, ledit jour de lundy, les deux semestres se devoient assembler pour son service. Tost après, ledit Barrat est encore revenu à ladite Chambre luy dire qu'après avoir remonstré ce que dessus audit seigneur de sa part, il luy avoit commandé de luy venir dire qu'il ne les vouloit ouïr en cette ville, et qu'elle eust à satisfaire à sa volonté portée par sesdites lettres closes. Auquel a esté dit par ledit sr président que la Chambre obéiroit au commandement de S. M. Luy retiré, a esté arresté que ledit sr président Tambonneau, accompagné de ceux qui avoient assisté audit arrest, partiroient ledit jour de lundy pour aller audit Fontainebleau trouver Sadite Majesté; mais, pour l'indisposition de quelques uns d'entre eux et légitime excuse des autres, ledit sr président est parti ledit jour, assisté de MM. Aurillot, Michon, Barthélemy et Chauvelin seulement.

Et le vendredy matin, 6me du mois de juillet suivant, ledit sr Tambonneau, président, séant au bureau, a rapporté que, estant arrivés à Fontainebleau le mardy précédent, ils le firent entendre par un huissier à Mgr de Cheverny, garde des sceaux de France, estant lors au Conseil, auquel se parloit de l'affaire du sel et du différend qui estoit entre Champin et le Lièvre, qui fut lors accordé audit Conseil. Et leur fut dit par ledit sr de Cheverny et par Mr Nicolay, P.P. en ladite Chambre, qui furent trouvés en son logis audit Fontainebleau, que le Roy vouloit le lendemain parler à eux, sur les sept heures du matin, et qu'ils ne faillissent à se trouver à ladite heure au chasteau. Suivant ce, ledit jour de lendemain, mercredy, 4e dudit mois, ils furent, à ladite heure de sept heures, au chasteau, où on leur vint dire que le Roy vouloit parler à eux. Et estant entrés au cabinet, S. M. leur dit qu'elle les avoit mandés pour leur parler de l'arrest que la Chambre avoit donné sur le contrat du sel fait avec Champin, qu'il trouvoit fort mauvais, vouloit et leur commandoit qu'ils eussent à rhabiller la faute qu'ils avoient faite aux restrictions portées par ledit arrest; lequel il vouloit estre cassé et annullé et réformé suivant son intention, qu'il avoit tant de fois fait entendre à ladite Chambre, sans qu'il en ouïst plus parler; et qu'ils gardassent d'y faire faute.

Auquel ledit s^r président dit que ladite Chambre avoit donné ledit arrest avec sincérité de conscience, sans y avoir apporté passion d'une part ni d'autre, mais que, en justice, il n'estoit possible contenter toutes les parties. A quoy fut répliqué par ledit seigneur que ladite Chambre avoit mis par son arrest des choses qu'elle ne devoit mettre, et entre autres, que les deniers ne pourroient estre divertis ailleurs ; en quoy la Chambre entreprenoit de disposer de son bien. Et par ledit s^r président fut dit que ladite Chambre n'avoit, en ce faisant, que suivi ce qui avoit esté fait auparavant sur les contrats de Faure et du Lièvre, et que cette clause n'avoit esté mise que pour le bien de son service, et mesme que ladite Chambre, lorsqu'elle avoit vérifié les édits nouveaux à elle adressés, elle avoit toujours ajouté : « A la charge que les deniers seront employés aux urgens affaires de S. M., sur peine de les répéter sur les donataires, » afin que S. M. pust tirer fruit desdits édits; et que les mesmes raisons avoient mu ladite Chambre d'apposer ladite clause audit contrat, ce qu'elle avoit fait seulement pour le zèle et affection qu'elle portoit à son service. Et par S. M. fut dit qu'elle n'avoit que faire de leur affection, et qu'il falloit que ladite Chambre fist connoistre l'affection qu'elle portoit à son service en luy obéissant et observant ses commandemens.

Davantage, ledit s^r président luy dit que ladite Chambre avoit tenu en surséance une partie de 60,000 écus qui estoit ordonnée pour les frais dudit le Lièvre, d'autant qu'il n'apparoissoit de déclaration desdits frais, ni de l'intention de S. M. Laquelle leur dit qu'elle avoit accordé ladite somme audit le Lièvre, et qu'il vouloit et entendoit qu'il l'eust ; ajoutant qu'ils eussent à luy obéir et réformer audit arrest ; autrement, qu'il s'en prendroit, entre autres, audit s^r président et aux quatre maistres qui l'accompagnoient ; aussy, qu'ils eussent à vérifier les débets dus audit le Lièvre et participe pour recouvrement du second demy parisis, sans s'arrester que la levée du second demy parisis ne fust vérifiée, ensemble le contrat fait pour raison d'iceluy ; et que le tout avoit esté bien vu et entendu en son Conseil.

Lors, ledit s^r président luy dit qu'il avoit entendu que S. M. avoit quelque particulier mécontentement de luy, qu'il croyoit provenir de quelques mauvais rapports faits à S. M. contre vérité, par personnes qui luy pouvoient estre mal affectionnées, et qu'ils jugeoient mal de ses actions, d'autant qu'il ne s'estoit jamais comporté en sa charge et autres commissions ès quelles il avoit esté employé depuis dix neuf ans, tant par le défunt roy Charles que par S. M., autrement que doit et est tenu faire un homme de bien, très fidèle et très affectionné au service de S. M. ; et que tel mécontentement luy venoit mal à propos, si S. M. continuoit en son opinion, d'autant qu'il rentroit encore en semestre, au lieu de feu Mr Bailly, président en ladite Chambre, naguères décédé. Auquel iceluy seigneur dit qu'il estoit voirement courroucé contre luy, pour ce que, quand il préside, il n'a vu que refus, et n'estoit point obéi ; toutefois, qu'il fist son devoir. Et ledit s^r président supplia très humblement S. M. considérer que les affaires se jugent par délibération et pluralité de voix de la Compagnie, les opinions de laquelle n'estoient en sa disposition, et que le plus souvent il convenoit à celuy qui préside prononcer les arrests contre sa propre opinion. Partant, supplioit S. M. de croire qu'il ne luy avoit jamais fait office que de très fidèle serviteur. Auquel ledit seigneur dit qu'il savoit assez que les opinions de la Compagnie n'estoient en sa disposition, mais celuy qui préside peut user de remonstrances envers la Compagnie, qui servent pour effectuer sa volonté ; et outre, qu'il ne trouvoit mauvais que la Chambre luy fist remonstrances des difficultés qui se présentoient en ses affaires, mais qu'après avoir entendu sa volonté, qu'il ne vouloit tant de refus, mais estre obéi. Ledit s^r président fit réponse que S. M. avoit envoyé tant de commandemens l'un sur l'autre, mesme pris la peine d'écrire de sa propre main trois ou quatre lettres closes touchant ledit contrat du sel, joint qu'elle n'estoit arrestée en lieu assuré, que ladite Chambre n'avoit eu moyen de luy faire remonstrances. A quoy ledit seigneur dit que lesdites remonstrances se pouvoient faire en son Conseil, qui les luy eust fait entendre ; ajoutant encore qu'ils fissent son commandement et réformassent ledit arrest, et pour cet effet fissent rassembler tous ceux qui y avoient esté. Et commanda audit s^r de Cheverny, présent, de faire expédier en diligence lettres patentes à cette fin.

(Créances.)

191.
25 Juillet 1582.
LETTRE DU P.P. AU GRAND PRIEUR DE SAINT-DENIS.
SÉPULTURE DES VALOIS.

Monsieur, je vous avoys par cy devant escript, en l'absence de Messieurs Mollé et du Serceau, que vous eussiez à faire mectre plus d'ouvriers au bastiment de la sépulture qu'il n'y en a, pour ce que la Royne me l'a ainsi commandé, sur le subject que vous luy avez escript. Ce que je vous confirmeray encores par la présente, et de le dire à M° Pierre des Illes, que j'estime qu'il ne s'i rendra pas rétif. Et, quand à l'argent qui se doibt distribuer par sepmaine, je vous prie, en l'absence desdictz sieurs, le faire ordonner suivant le nombre des ouvriers que vous y verez. Et si lesdictz sieurs sont à Paris, vous vous en remecterez à eulx. J'espère que je m'en retourneray bien tost de ce lieu et que je vous reveray. Et affin de contanter la Royne, je vous prie, aussi tost qu'il y aura augmentation d'ouvriers, luy mander et luy tesmoigner la dilligence que l'on faist à son bastiment, car elle en aura grand contantement. Me recommandant bien fort à vostre bonne grace, et priant Dieu vous donner,

Monsieur, en santé bonne et longue vye. De Fontainebleau, ce xxvme juillet 1582.

Vostre plus affectionné amy et serviteur.

A. NICOLAY.

(Original. — Arch. Nat., *Cartons des Rois*, K 102, n° 3 ¹⁷.)

192.
9 Décembre 1582.
PROCESSION FAITE A L'OCCASION DE LA RÉFORME DU CALENDRIER.

(*Mémorial*. — Impr. dans D. Félibien, t. Ier, p. 734.)

193.
Mars 1583.
REMONTRANCES AU ROI ET SÉANCE DU CARDINAL DE BOURBON.
CRÉATION D'OFFICES EN LA CHAMBRE.

Sire, si c'estoit icy la première crue d'officiers faite depuis vostre avènement à la couronne, les Gens de vos comptes se mettroient en devoir de vous remonstrer très humblement tant le dommage et incommodité, que le désordre et confusion qui en provient, à la grande charge de vos finances premièrement, et à la foule de vos pauvres sujets. Mais d'autant que V. M. en a jà esté plusieurs fois avertie, selon les autres occurrences qui se sont offertes, ils supplient seulement Vostredite Majesté, en cette occasion, vouloir considérer que, vostre édit fait sur les plaintes et doléances des Estats de vostre royaume publié et vérifié, tous vos sujets en général estoient entrés en certaine espérance de voir de là en avant finir ce désordre qui avoit pris cours pendant les troubles et calamités précédentes. Toutefois, il se trouve depuis avoir esté de nouveau créé et établi un si grand nombre d'officiers de toute sorte, que la finance provenue de la composition d'iceux n'a monté pas moins de douze millions de livres, sans en ce comprendre la dernière année 1582 et la finance payée pour l'augmentation des gages d'officiers jà établis, dont il est impossible que V. M. en ayt esté du tout servie et secourue comme elle devoit, attendu que, après icelle création, elle se trouve aussy peu apaisée en ses finances qu'auparavant, et cependant la charge entière des gages et émolumens d'iceux offices en deviendra si grande, que, pour cette occasion, elle est contrainte, tous les ans, faire lever nouvelle crue de tailles et impositions sur ses sujets.

« Et pour le particulier de l'édit qui se présente, touchant quatre nouveaux maistres et deux auditeurs, les Gens de vos comptes, qui, depuis dix ou douze ans en çà, se trouvoient presque doubles du nombre jà auparavant trop augmenté, se tenoient aussy pour assurés de ne plus voir telle augmentation d'officiers en leur Compagnie, principalement du temps de vostre règne, qu'ils supplient la divine Majesté vouloir bien heurer et continuer pour longues années. Cette assurance qu'ils prenoient n'estoit vaine : ils estoient introduits à ce faire par plusieurs causes et considérations, dont la principale estoit l'expresse parole et promesse spéciale de V. M., signée de vostre main, scellée et passée par édit registré en leurs registres, laquelle non seulement faisoit démonstrance du regret qu'avoit lors V. M. de venir à telle nouvelle création, mais aussy déclaroit l'occasion principale et urgente d'une concorde si nécessaire, qui le contraignoit à ce faire, et conséquemment le ferme propos et volonté délibérée qu'elle avoit de ne plus faire aucune nouvelle crue en la Chambre, estant V. M. bien avertie combien en icelle Compagnie, autant et plus qu'en nulle autre des officiers de ce royaume, le grand nombre est au dommage de son service et surcharge de ses finances.

« Chose qui est très véritable, d'autant qu'il a toujours esté estimé que la connoissance, aussy bien que le maniement de vos finances, devoit estre communiquée à moins de personnes que faire se pouvoit, et que tous les gages, profits et émolumens des officiers de sa Chambre se prennent directement sur vos finances, ce qui ne se fait aux autres officiers. Et qui plus confirmoit les Gens de vos comptes en cette assurance, estoit que, depuis la susdite déclaration, V. M. avoit de nouvel créé et érigé une Chambre des comptes en Normandie, qui n'emporta pas moins du tiers des affaires et occupations ordinaires de celle de Paris, et partant devroit plutost occasionner une réduction d'officiers en icelle, que de les accroistre et augmenter.

« Et, combien que ce fust chose très séante à V. M. de ne se divertir d'un si saint propos, voire qu'il se présenteroit des occasions bien preignantes, si est ce que l'édit n'en révoque aucune, et ne peuvent les Gens de vos comptes bonnement le comprendre. Car de mettre en avant la nécessité de vos affaires, ils supplient V. M. les supporter s'ils vous disent qu'ils ne la peuvent trouver si grande pour ce regard, attendu que, par le dernier compte de vostre Épargne, rendu pour l'année 1581, ils trouvent que la recette monte à la somme de trente millions de livres. Et quant au remboursement de la somme de 40,000 écus prestée à V. M., à quoy on prétend les deniers de cette nouvelle création estre destinés, ce n'est chose si pressée et urgente que ceux qui, en ce prest, ont déclaré leur bonne volonté à l'endroit de V. M., ne la puissent continuer et attendre qu'il se fasse fonds d'ailleurs pour leurdit remboursement, en leur payant cependant l'intérest de leurs deniers, qui sera beaucoup plus gracieux et au soulagement de vos finances, que les gages et droits qu'il conviendroit payer aux nouveaux officiers, suivant ledit édit.

« Pour lesquelles considérations, vosdits Gens des comptes supplient Vostredite Majesté les vouloir excuser de la publication de cet édit, et plutost ordonner aux intendans des finances faire fonds pour le susdit remboursement sur les deniers extraordinaires qui se pourroient lever en la présente année, à l'occasion des édits qu'il a plu à V. M. faire naguères publier.

« En quoy faisant, Sire, V. M. ne contreviendra à la publication de ses édits, gardera sa parole et promesse spéciale faite aux Gens de ses comptes, diminuera la charge de ses finances, et si d'ailleurs vos pauvres sujets se sentent aucunement chargés à l'occasion des autres levées et nouveaux édits, ils s'en trouveront aussy d'autre part soulagés, quand les deniers en provenans seront bien et utilement dépensés pour vostre service.

« Fait en la Chambre des comptes, le 14me jour de mars, l'an 1583. »

L'édit avait été apporté dès le mois d'octobre précédent, et suivi de jussions réitérées du roi. Les remontrances de la Chambre furent présentées le 14 mars, non par le P.P., mais par le président Dolu. Le roi, sans attendre la conclusion, « rompit le discours, et dit que ce n'estoit aux Gens de ses comptes d'entendre si avant aux causes de ses affaires; que, si les affaires de son royaume estoient bien réglées, comme il le désiroit, les Gens de ses comptes ne seroient en peine de luy faire remonstrances, et que luy mesme y donneroit bon ordre; mais que la nécessité estoit telle, qu'il estoit contraint de demander plusieurs choses que luy mesme ne trouvoit pas bonnes. »

Le 22 mars, le cardinal de Bourbon vint requérir l'enregistrement, non-seulement pour cet édit, mais pour un certain nombre d'autres édits ou lettres dont la vérification était également retardée depuis longtemps. (Procès-verbal impr. dans D. Félibien, *Preuves*, t. 1er, p. 744.) Le P.P. prit alors la parole.

Ledit sr Nicolay a dit audit sr cardinal que la Chambre s'estoit toujours montrée très obéissante aux commandemens de S. M. et très affectionnée au bien de son service, et que, si elle n'avoit vérifié aucun desdits édits sur lesquels elle avoit jà délibéré, c'estoit pour les avoir trouvés du tout contraires au bien de son service, comme en premier lieu celuy des quatre maistres, que ladite Chambre, sans entrer en considération de son intérest particulier, avoit trouvé apporter par trop de préjudice au service de S. M., tant pour la surcharge des gages, qui estoit grande, que pour la confusion que le nombre effréné d'officiers apportoit en ladite Chambre, plus dangereuse qu'en toute autre Compagnie. Pour laquelle considération aussy, lors d'une dernière création de quatre maistres commandée à l'instante prière et poursuite de Monseigneur frère du Roy, S. M. avoit, par promesse expresse et spéciale, accordé à ladite Chambre de n'y plus faire aucune création d'officiers ; et néanmoins, maintenant, sous ombre d'une nécessité que l'on disoit estre, on vouloit encore introduire quatre maistres et deux auditeurs, combien que ladite Chambre pust véritablement dire qu'elle ne la connoissoit telle, pour ce qu'elle voyoit plus qu'autre Compagnie de ce royaume le fonds des finances de S. M. n'estre si petit que l'on dit, par la recette de l'année 1581, qui s'est montée à trente millions de livres ; et si, par le passé, on tenoit que pour huit millions de livres les Roys pouvoient suffisamment pourvoir aux affaires et manutention de leur Estat, à plus forte raison pour ladite somme, qui excédoit trois fois la première, et mesme en l'année dernière, que l'on dit la recette monter quinze millions de livres, il estoit fort aysé à Messieurs des finances de trouver le fonds nécessaire pour le remboursement de la dette pour laquelle l'on dit cette création nouvelle avoir esté occasionnée. Joint que, par l'exemple des choses passées, S. M. n'a pas toujours profité de la finance provenant de la création d'offices, comme il se vérifie par les comptes des parties casuelles cy devant rendus. Pour ces causes et autres portées par les remonstrances qui avoient esté faites à S. M. par la Chambre, lesquelles il ne vouloit répéter, icelle Chambre prioit S. M. de la dispenser de la vérification dudit édit, et se contenter du nombre d'officiers, qui jà estoit beaucoup trop grand en icelle. . . . . . .

Malgré les instances du cardinal, le P.P. persista à maintenir le refus de la Chambre. Il fallut envoyer demander des ordres au roi, tandis que ses commissaires allaient entendre la messe à la Sainte-Chapelle, et, la réponse arrivée, le cardinal fit faire l'enregistrement par exprès commandement.

(*Créances*.)

194.
6, 7 et 10 Mai 1583.
RÉCEPTION EN UN OFFICE D'AUDITEUR REFUSÉE A UN MARCHAND.

(*Plumitif*. — Impr. dans la collection Mariette.)

195.
16 Mai 1583.
RETRANCHEMENT DE GAGES AUX RECEVEURS.

Le président Guyot de Charmeaux rapporte qu'il s'est rendu au Louvre pour expliquer au Conseil que la Chambre ne peut enregistrer la déclaration sans entendre les receveurs à qui l'on retranche des gages ou des taxations.

A quoy Mgr de Cheverny, garde des sceaux de France, auroit dit que le Roy avoit cet affaire si à cœur, pour ce qu'il touchoit Mme de Vaudemont, sa belle mère, qu'il ne faudroit à prier la Chambre de passer outre à la vérification de ladite déclaration, d'autant mesme qu'il ne vouloit qu'elle s'en retournast en Lorraine sans recevoir quelque gratification de Sadite Majesté, avec ce que la reine, épouse dudit seigneur, entrant dernièrement en la chambre de S. M., s'estoit mise à pleurer, de fascherie qu'elle portoit des refus que ladite Chambre faisoit à la vérification de ladite déclaration ; ce qui avoit mu ledit seigneur d'envoyer en ladite Chambre Mgr le cardinal de Bourbon pour la faire vérifier ; et que ledit seigneur luy dit depuis que, si cet affaire eust touché un particulier, il eust jà trouvé des amys en ladite Chambre pour le faire passer ; mais, pour ce que ladite dame de Vaudemont ne dépendoit que de S. M., ladite Chambre y faisoit telles contrariétés; qu'il vouloit absolument qu'elle passat outre à ladite vérification et n'y fist aucune difficulté ; ce que ledit sr de Cheverny prioit ladite Chambre de vouloir faire, pour ce qu'il savoit bien que les refus qu'elle en feroit ne serviroient que d'aigrir le Roy contre elle, et qu'enfin elle seroit forcée. Davantage, ledit sr de Cheverny luy auroit dit que S. M. vouloit aussy que le rabais de 25,000 écus fait à Gondy sur la douane de Lyon fust vérifié; qu'il avoit esté fait pour un bon ménage, d'autant que le Conseil dudit seigneur avoit prévu que, s'il eust esté jà formé à Lyon, il eust échu audit Gondy plus de 50,000 écus par an, comme ils avoient esté avertis.

(Créances.)

196. 20 Juillet 1583.
LETTRE DU P.P. AU GRAND-PRIEUR DE SAINT-DENIS. — SÉPULTURE DES VALOIS.

Monsr, j'ay accordé avec Monsr Pillon de la façon des deux figures que la royne veult estre faites en la sépulture, dont Sa Majesté s'est chargée de fournir le marbre, suyvant l'ordonnance que avez eu du Roy. Vous luy ferez doncques délivrer le bloc de pierre qui a esté marqué pour cest effect, pour le débiter sur le lieu, comme il a délibéré, car il seroit trop lourd à le faire venir en ceste ville. Me recommandant bien fort à vostre bonne grace, et priant Dieu vous donner,

Monsr, en bonne santé, heureuse et longue vie. De Paris, ce xxme juillet 1583.

Vostre plus affectionné amy et serviteur.

A. NICOLAY.

(Orig. autographe. — Arch. Nat., Cartons des Rois, K 102, n° 3 10.)

197. (1583.)
LETTRES DU P.P. SUR LA CONSTRUCTION DE LA SÉPULTURE DES VALOIS.

(A la Reine-Mère.)

Madame, ayant esté adverty par le seigneur Sypion que aucuns de Messieurs les commissaires qui ont esté par les provinces tandent à la révocation de l'édict des cabaretiez et du contract que ledict Sardiny a avecq Voz Majestez, soubz prétexte d'un intérest que les subjects du Roy y peulvent avoir, j'ay prins la hardiesse, Madame, très humblement remonstrer à Vostre Majesté que, si cela avoit lieu, se seroit du tout révoquer et anéantir l'assignation de la sépulture, laisser cest œuvre imparfaict, à la honte de ceste France qui n'a pas encores eu le cœur de penser mettre à couvert ce grand roy Henry, vostre seigneur, dont tous les estrangiers en font très mal leur prouffict. Ce que je supplie très humblement Vostre Majesté prendre en bonne part, comme de celluy qui en est infiniment ulcéré et qui désireroit avoir cest heur de veoir de son temps cest œuvre en sa perfection et servir comme il a faict jusques à ceste heure vostre commandement, car je prévoys que, si cest œuvre est délaissé, l'on treuvera difficilement assignation si certaine et asseurée comme celle cy. Ce que j'eusse voulontiers proposé à Vostre Majesté à bouche, si ma santé l'eust peu porter, estant retenu au lict depuis deux moys, d'une malladie qui ne me peult laisser, à cause de l'incommodité du temps.

Madame, je prie Dieu donner à Vostre Majesté, en très bonne santé, très heureuse, très longue et contante vie.

(*Au chancelier de la Reine-Mère?*)

Monsieur, avecq Messire le seigneur Scipion Sardiny, je prévoys ce bel œuvre que nous avons entrepris pour la sépulture devoir demeurer à la honte de ceste France, si vous n'y mettez la main et ne luy aydez à la conservation de son contract, car l'on m'a adverty que aucuns des commissaires en debvoient faire plaincte à ceste assemblée, soubz prétexte du préjudice que le peuple en peult recevoir. Mais, quand il seroit ainsy, il vauldroit mieulx le souffrir et tollérer pour quelque temps, et veoir cest œuvre en sa perfection, que de souffrir ceste assignation estre révocquée, ce que, je croys, sera aysé d'obtenir des provinces, quand ilz sçauront où les deniers sont employez. Car naturellement ceste France est obligée à mettre à couvert leurs Roys desquelz ilz ont esté commandez, et les pourveoir des sépultures les plus belles que l'on peult, sans les laisser à découvert, comme ilz sont, et hors du corps de l'église, qui me desplait le plus. Dont je ne vous en diray dadvantage, sachant combien vous affectionnez cest œuvre.

Monsieur, je pense, en escrivant ce mot, que, si vous treuvez les choses disposées à la continuation du contract de Sardinj, qu'il se lachera fort à augmenter d'aultant l'assignation comme il a jà promis, qui est de trente mil escuz oultre les aultres trente ausquelz il est jà obligé par son contract, si plus vous ne pouvez tirer de luy. Car j'estime que, pour soixante ou quatre vingt mil escuz au plus, nous rendrons en sa perfection cest œuvre, et le tout joinct à la grande église.

Je suis encores au lict et ma femme, qui est [*trois mots illisibles*] nous retirer du mal qui nous tient, à cause de l'incommodité du temps.

Je vous supplie humblement, Monsieur, d'avoir en recommandation le faict de mon homme, greffier de Beaumont, que l'on m'a dit estre traversé de la Bistrade et aultres ses compagnons partisans, soubz prétexte qu'il est à moy et se revancher de ce que je n'ay pas voulu signer leurs estats comme ilz vouloient, dont il vous peult souvenir, quand je fuz chargé de la vérification d'iceulx par le surintendant de la Reyne.

Monsieur, je vous b[aise] très h[umblement les mains].

(Minutes originales. — Arch. Nat., *Cartons des Rois*, K 102, n° 2 **.)

198.
15 Octobre 1583.
SEMONCE POUR LES OBSÈQUES DE LA MÈRE DU P.P.

Ce jour, M⁰ François Dolu, conser du Roy et président en la Chambre, assisté des parens et amys de feu dame [Anne] Baillet, veuve de feu Messire Aymard Nicolay, en son vivant chor, P.P. en la Chambre de céans, a supplié la Compagnie de faire cet honneur à ladite veuve et auxdits parens et amys d'assister à l'enterrement de ladite Baillet, qui se fera ce jourd'huy matin, en l'église St-Merry. A quoy a esté répondu par M. le président Tambonneau que la Chambre fera à ladite Baillet tout l'honneur qui luy sera possible et qu'il est accoutumé faire en semblable cas. Lesdits parens et amys retirés, ladite Chambre s'est levée peu après.

(*Plumitif.*)

199.
10 et 24 Janvier 1584.
REMONTRANCES SUR UNE CRÉATION D'OFFICES EN LA CHAMBRE.

Le 10 janvier, le P.P. rapporte qu'il s'est transporté la veille au Louvre, avec le président Guyot et un conseiller maître.

Ils auroient trouvé le Roy en sa chambre, qui leur auroit dit qu'il les avoit mandés pour savoir ce qu'ils avoient fait des édits qu'il avoit envoyés en ladite Chambre, dont il avoit une liste, qu'il auroit lue à l'instant, disant qu'avec regret il avoit fait lesdits édits de création d'officiers, mesme celuy des quatre maistres nouveaux en ladite Chambre, en laquelle il se ressouvenoit bien avoir promis ne faire plus aucune nouvelle création, lorsqu'autre édit de création de pareil nombre de quatre maistres fut vérifié, ajoutant en ces termes : « Excusez-moy si je le fais et le vous commande, car la nécessité, qui n'a point de loys, me contraint à ce faire. » A quoy ledit s^r P.P. fit réponse que, quant audit édit de quatre maistres, S. M. avoit touché un des principaux points des remonstrances que ladite Chambre pourroit faire sur icelle, laquelle estoit déjà remplie de si grand nombre d'officiers, que la multiplicité la rendoit contemptible.

. . . .

Ce jourd'huy, 24me janvier 1584, du matin, Messire Jean Tambonneau, cons^{er} du Roy en son Conseil d'Estat et président en sa Chambre des comptes, séant au bureau, a rapporté que, suivant le commandement dudit seigneur porté par ses lettres closes du   jour de   , envoyées en ladite Chambre le 18me jour dudit mois de janvier, il, assisté de MM. Dolu, aussy cons^{er} dudit seigneur et président en ladite Chambre, d'Argillières, de Marseilles, le Coigneux et Dodieu, cons^{ers} maistres en icelle, s'estoit transporté à St-Germain en Laye ; où estant arrivés le dimanche 22me jour dudit présent mois, sur les huit heures du matin, et désirant, avant se présenter à S. M., parler à Mgr de Cheverny, chancelier de France. . . . . Et le Roy passant par sa chambre pour se retirer en son cabinet, ledit s^r chancelier les auroit présentés à S. M., et dit que c'estoient Messieurs des comptes, qui avoient esté par luy mandés. Et après que par ledit seigneur eut esté demandé audit s^r chancelier à quelle fin, et qu'iceluy s^r chancelier luy eut répondu que c'estoit pour les quatre maistres, ledit seigneur dit à mesdits sieurs qu'il trouvoit fort mauvais la longueur de laquelle ils avoient usé à la réception desdits quatre maistres, vu les commandemens qu'il en avoit faits à la Chambre, mesme dernièrement audit s^r Dolu, président, Sadite Majesté estant à Paris ; qu'ils avoient baillé leurs deniers sous la foy publique de ses édits ; qu'il n'y avoit point de raison de les tenir en telle longueur ; que pas un de mesdits sieurs, s'il estoit en leur place, ne trouveroit bon qu'on leur en fist ainsy, et qu'il falloit faire pareil jugement aux autres comme on le voudroit pour soy, ajoutant en ces termes : « De la façon que vous usez, il faudroit que nous fussions deux testes en un chaperon et que fussiez Roy avec moy. C'est à vous à obéir, sans vous opposer à ma volonté. » Lors, ledit s^r président auroit dit audit seigneur que la Chambre le supplioit de faire à l'endroit desdits quatre maistres comme elle faisoit à l'endroit de ceux qu'il supprimoit, à savoir de leur bailler rente de leurs deniers en attendant la commodité de leur remboursement. Et voulant continuer à faire sur ce autres remonstrances à S. M., fut interrompu par ledit seigneur Roy, qui luy dit : « Est-ce en vostre Compagnie que j'en ay supprimé ? » Auquel estant répondu que non, poursuivit disant : « Vous me dites cela. Quand j'aurois la volonté de le faire, pour ce que vous me le dites, je n'en feray rien. Je vous veux montrer que je veux estre obéi. Je suis vostre Roy : c'est à moy à faire et défaire les officiers, mettre et démettre, créer et supprimer, ainsy qu'il me plaist. » Et voulant ledit s^r Tambonneau répondre audit seigneur, ne fut écouté. Ains poursuivit encore S. M., disant à mesdits sieurs en ces termes : « Savez vous qu'il y a? Je ne veux plus avoir la teste rompue de cecy. Je ne vous donne délay que jusques à la Chandeleur prochain ; si dedans ce temps vous ne m'avez obéi, je feray en vostre Compagnie ce qu'on ne vit jamais. »

(*Créances.*)

---

200. *Février et Mars 1584.*

ENREGISTREMENT DE DIVERS ÉDITS.

Ce jourd'huy, 24me février 1584, du matin, Messire Antoine Nicolay, ch^{er}, cons^{er} du Roy en son Conseil d'Estat et P.P. en la Chambre de céans, séant au bureau, a rapporté que, le jour d'hier, il reçut commandement de la part de S. M. d'estre le lendemain matin à son lever, où il s'estoit trouvé ce jourd'huy, assisté de MM. Dolu, aussy cons^{er} dudit seigneur et président en ladite Chambre, Dodieu, cons^{er} maistre, et Mangot, procureur général dudit seigneur en icelle Chambre. Auxquels S. M. auroit dit qu'il avoit entendu le renvoy que la Chambre luy avoit fait de l'édit de suppression des officiers des finances et des opposans à la vérification d'iceluy, pour leur estre pourvu sur leur opposition ; ce qu'il ne trouvoit à propos, pour ce que ce seroit réduire les affaires à si grande longueur, pour le grand nombre desdits officiers qui prétendent intérest audit édit, que l'exécution d'iceluy en demeureroit du tout sans effet, si on vouloit attendre qu'il eust esté pourvu à tous lesdits opposans ; et pour ce, vouloit et entendoit que ledit édit de suppression fust dépesché sans préjudice des oppositions. A quoy ledit s^r président auroit répondu que, pour garder les formes de la justice et le droit d'un chacun, on ne pouvoit vérifier un édit qu'on n'eust préalablement pourvu aux intéressés et vidé leurs oppositions ; autrement, ce seroit frapper le coup, et puis envoyer chercher le remède. Et par ledit seigneur répliqué qu'il n'estoit question icy comme de procès de particulier à particulier, ains du bien et repos du public, qui devoit estre préféré ; qu'il ne vouloit point de telles longueurs, qui feroient trop de préjudice à ses affaires et seroient peut estre cause que quelques uns desdits officiers supprimés pourroient emporter ses deniers, quoy advenant, ceux desdits officiers des comptes qui auroient esté si opiniastres que d'empescher la publication dudit édit, luy en répondroient, et s'en prendroit à eux ; et pour ce, que ladite Chambre eust incontinent à vérifier ledit édit. Ajoutant qu'il vouloit diminuer le nombre desdits officiers, et estoit résolu de ne se plus servir de ceux supprimés par ledit édit, à l'intérest desquels il pourvoiroit, attendant qu'ils pussent estre remboursés, pour la rente qu'il leur avoit ordonnée, outre laquelle il les conservoit en leurs priviléges. Sur ce, ledit s^r président dit audit seigneur que les édits de création des trésoriers généraux de France avoient esté vérifiés par la Cour de parlement, à laquelle appartenoit en premier lieu de délier ce qu'elle avoit lié ; qu'il seroit bon de séparer lesdits trésoriers généraux d'entre le nombre général des supprimés par ledit édit et les mettre par un édit à part, qui fust adressé à ladite Cour, et par un autre ceux qui estoient de la juridiction naturelle de la Chambre. A quoy ledit seigneur dit que ce seroit toujours tirer les affaires en longueur, et que ladite Cour n'y avoit que voir, et pour ce, que la Chambre vérifiast ledit édit, en tant qu'à elle estoit. Et par ledit s^r président fut dit qu'il feroit entendre à ladite Chambre l'intention de S. M. Auquel S. M. répliqua soudain en ces termes : « Il n'est pas besoin de luy faire entendre. Je veux que ledit édit passe ; vous ne me sauriez faire plus grand déplaisir que de tirer cet affaire en longueur. Et pour ce, ne faillez à m'obéir. »

Et poursuivant, auroit dit à mesdits sieurs qu'il vouloit que la Chambre vérifiast le contrat de constitution de 2,000 et tant écus de rente qu'il avoit accordé au s^r duc de Montpensier, sans qu'il y fust plus fait aucun refus. A quoy ledit s^r président auroit dit que la Chambre s'arrestoit à la mauvaise façon dudit contrat et à la conséquence qu'il tiroit après soy, pour ce qu'il n'avoit esté déboursé actuellement aucuns deniers pour le sort principal de la dette ; ains que c'estoit un comptant de S. M., et que telle ouverture estoit périlleuse et grandement préjudiciable aux affaires et service de Sadite Majesté. Laquelle auroit encore dit qu'elle avoit promis audit s^r de Montpensier la somme portée par ladite constitution, pour luy tenir lieu de récompense, et qu'il vouloit qu'elle passast ; et quant à ses comptans, il les avoit réglés de sorte que pour l'avenir ils n'apporteroient aucun dommage à ses affaires. Après ce, leur auroit parlé d'un contrat de [Pierre] Legendre, pour le régalement des tailles, lequel il entendoit aussy estre vérifié par ladite Chambre.

Ce jourd'huy lundy, 5me mars 1584, du matin, le s^r de Lenoncourt, conser^r au Conseil d'Estat du Roy, est venu à la Chambre, de la part dudit seigneur, luy dire qu'il estoit chargé de faire entendre à ladite Chambre le malcontentement qu'iceluy seigneur avoit qu'elle n'avoit promptement, et suivant le commandement qu'il avoit donné à aucuns des consers^{ers} présidens et maistres d'icelle, procédé à la vérification de l'édit de suppression des officiers ; que S. M. luy avoit commandé de dire à ladite Chambre que, sans délayer, elle eust promptement à procéder à la vérification dudit édit de suppression, sans aucune restriction ni modification, pour ce que telle prompte vérification importoit grandement à son service, d'autant qu'il estoit à craindre, si ceux officiers supprimés qui estoient jà entrés en maniement y demeuroient davantage, qu'ils n'emportassent les deniers de S. M., ce qui viendroit fort mal à propos pour les affaires qui se traitent aujourd'huy concernant cest Estat. Estoit en outre chargé de dire à ladite Chambre, de la part dudit seigneur, qu'il estoit Roy, vouloit estre obéi; qu'il n'y avoit personne qui sust mieux entendre ses affaires, l'utilité et profit d'icelles que luy mesme et ses conseillers d'Estat; ne voulant point de controleurs, ni que la Chambre controlast ses actions, laquelle estoit établie, avec les autres Cours souveraines, de ce royaume, pour luy obéir et faire ses commandemens; si elle ne luy obéissoit en ce qui s'offroit maintenant, ledit seigneur feroit chose où elle ne prendroit plaisir; et pour ce, qu'elle eust pour tant aujourd'huy à vérifier ledit édit, et à renvoyer à S. M. la résolution qu'elle auroit prise sur iceluy. De sa part, ayant vu la disposition dudit seigneur et la ferme opinion et volonté qu'il avoit de faire passer cet affaire, il prioit la Chambre de le contenter et ne l'aigrir plus qu'il estoit.

A quoy auroit esté répondu par Mr Dolu, conser dudit seigneur et président en ladite Chambre, séant au bureau, qu'icelle Chambre n'avoit jamais pensé à controler les actions de S. M., luy estant très obéissante et très affectionnée à son service comme elle estoit, et luy faisoit bien mal de se voir lapider pour une bonne œuvre. Car, tout ainsy que le lien de l'amitié estoit limité *usque ad aras*, aussy les Cours souveraines avoient les loys et ordonnances qui bornoient leur pouvoir, lesquelles les officiers d'icelles juroient observer et garder de tout leur pouvoir, lorsqu'ils estoient reçus èsdites Cours; que ladite Chambre avoit fait ce qu'elle avoit pu pour contenter S. M., quand elle avoit vérifié ladite suppression pour les officiers créés depuis l'édit fait sur les doléances des Estats tenus à Bloys, pour ce qu'ils n'avoient esté estimés dignes de telle faveur que les autres créés auparavant, entre lesquels il s'en trouvoit de création ancienne de plus de deux cents ans, lesquels ladite Chambre n'avoit estimé raisonnable de rendre de pareille condition que les officiers nouveaux et les déposséder sans les rembourser auparavant; autrement, ç'eust esté leur faire un tort duquel la conscience des officiers de ladite Chambre fust demeurée chargée et responsable devant Dieu.

Lors, ledit sr de Lenoncourt auroit dit que le Roy estoit persuadé en sa conscience qu'il ne faisoit point de tort auxdits officiers, pour ce qu'il leur donnoit rente à eux et à leurs héritiers des deniers qu'ils avoient déboursés pour leurs offices, desquels il avoit bonne volonté de les rembourser si tost que les moyens luy en seroient présentés, mais à présent il estoit impossible; que ledit édit de suppression estoit nécessaire et profitable au public et au bien de ses affaires, ayant esté fait à la postulation principalement de son peuple, lequel s'en trouveroit beaucoup soulagé, le bien de ses affaires accommodé, et le particulier n'y perdroit rien, car S. M. avoit eu de grandes plaintes du nombre effréné des officiers qui estoient en ce royaume, pour auxquelles pourvoir il avoit, avec grande délibération et mur conseil, fait iceluy édit de suppression.

Et par ledit sr président fut répondu que ce qu'il venoit de dire, touchoit ce qui s'estoit passé en la délibération de la Chambre sur ledit édit, mais que, sur le commandement présent de S. M., ladite Chambre délibéreroit si tost que la Compagnie pourroit estre assemblée, comme estoit la coutume en affaires de telle importance; qui seroit dans ce jour, de relevée.

Ce jourd'huy, 9me mars 1584, du matin, Messire Antoine Nicolay, cher, conser du Roy en son Conseil d'Estat et P.P. en sa Chambre des comptes, séant au bureau, a rapporté que, le 6me du présent mois, il porta audit seigneur l'arrest que ladite Chambre avoit donné sur l'édit de suppression des officiers des finances, suivant le commandement que la Chambre en avoit eu de S. M. A laquelle il fit entendre qu'icelle Chambre, pour la révérence de sesdits commandemens, avoit procédé à la vérification dudit édit, encore qu'il luy fust demeuré un scrupule sur la conscience que, avec son autorité, les officiers anciens fussent dépossédés sans actuel remboursement; toutefois ladite Chambre avoit espéré que S. M. leur y pourvoiroit, et, à cette occasion, l'avoit chargé de supplier en son nom Sadite Majesté de faire rembourser lesdits anciens officiers le plus tost que faire se pourroit, et, en attendant, leur donner et assigner leur rente avec telle sureté, qu'ils en pussent disposer et s'en ayder à leur besoin. A quoy ledit seigneur dit qu'il entendoit les rembourser au plus tost qu'il en auroit le moyen, et, ce pendant, leur donner la rente et les en faire bien payer; mesme l'estat desdites rentes estoit jà fait en son Conseil, envers lequel il vouloit que ledict sr président traitast pour le payement desdites rentes, au cas qu'il y eust faute, et l'en avertist librement.

Après ce, ledit sr président luy présenta ledit arrest; lequel il luy commanda de porter à Mgr le chancelier, sans le voir ni lire autrement. Auquel sr chancelier iceluy sr président porta à l'instant ledit arrest. Et le jour d'hier, s'estant trouvé au Conseil d'Estat d'iceluy seigneur, comme il luy estoit commandé, à l'issue dudit Conseil S. M. l'appela, et luy dit qu'il luy avoit fait entendre le mardy précédent que la Chambre avoit vérifié ledit édit de suppression, et luy demanda pourquoy elle avoit mis ces mots « pour luy obéir, » qui n'estoient accoutumés. A quoy ledit sr président dit que ladite Chambre avoit usé de ce terme pour exprimer clairement l'expresse volonté de S. M., et qu'elle n'avoit pas estimé pécher en ce faisant. A quoy ledit seigneur dit : « Contentez vous de mettre ce que vous avez accoutumé, comme : *de mon très exprès commandement, par plusieurs fois réitéré;* mais ne me faites point de nouvelletés, principalement à ce qui se voit en public, et contentez vous des formes ordinaires. Dans vos registres mettez tout ce que vous voudrez, mais je ne veux point que ces mots demeurent à la vue du peuple[1]. »

(*Créances.*)

1. Selon le *Plumitif*, les mots « pour luy obéir » ne furent effacés que dans l'arrêt destiné à l'impression, et la Chambre les maintint dans ses registres.

201.   5 Juin 1584.
PERMISSION D'ENTRER EN LA CHAMBRE ACCORDÉE A JEAN NICOLAY.

Du cinquiesme jour de juin mil Vc iiiixx iiij.

Sur la requeste verballement faicte à la Chambre par Messire Anthoine Nicolay, cher, conseiller du Roy en son Conseil d'Estat et premier président en icelle, tendant à ce qu'il luy plust permettre l'entrée d'icelle à Me Jehan Nicolay, son filz, aussi conseiller dudict seigneur et maistre des requestes ordinaires de son hostel, jà receu à sa survivance audict estat et office de premier président, affin de venir veoir ordinairement au greffe de ladicte Chambre les eedictz, ordonnances, registres, arrestz et expéditions faictes en icelle, pour servir à son instruction lorsqu'il viendra à tenir et exercer ledict office de premier président ; luy retiré, l'affaire mise en délibération, les deux semestres assemblez pour audict effect tout considérer, la Chambre a ordonné et ordonne que ledict Me Jehan Nicolay aura l'entrée en icelle requise par ledict Messire Anthoine Nicolay père, et à cest effect enjoinct à Ferrand le Fèvre, commis à la garde des huictz et portes, de laisser entrer ledict Nicolay filz aux jours et entrées ordinaires d'icelle. Prononcé audict le Fèvre, le vjme desdictz mois et an.

(*Original.* — Arch. Nicolay, 13 C 15.)

202.   Juillet 1584.
COMMISSION POUR LA RECHERCHE DES MALVERSATIONS DE FINANCES.

(*Mémorial.* — Impr. dans la collection Mariette.)

203.   9 et 15 Octobre 1584.
ORDONNANCES ROYALES INTERDISANT LES OFFICES DE LA CHAMBRE
AUX COMPTABLES OU COMMIS.

(*Mémorial.* — Impr. dans la collection Mariette.)

204.   18 Février 1585.
ASSASSINAT D'UN MAITRE DES COMPTES. — ANOBLISSEMENT DE CHICOT.

Ce jourd'huy, du matin, Messire Antoine Nicolay, cher, conser du Roy en son Conseil d'Estat et P. P. en la Chambre, séant au bureau, a rapporté que, samedy, 16me dudit mois, ayant reçu commandement de la part du Roy, par le sr de Montigny, d'aller trouver S. M., il s'achemina au chasteau du Louvre, où, assisté de MM. Guyot, président, de Dormans et Dodieu, consers maistres en ladite Chambre, il fut trouver Mgr le chancelier. Auquel il remonstra de la part de ladite Chambre le regret et juste douleur qu'icelle Chambre portoit de l'assassinat commis en la personne de Me François Gelinard, conser maistre en icelle, le   jour du mois de février, venant en ladite Chambre faire le service qu'il devoit à cause de sondit office, duquel l'auteur n'avoit pu estre appréhendé ni connu; et en auroit encore plus d'occasion, si l'office dudit Me François Gelinard n'estoit conservé à sa femme et enfans, advenant son décès, vu que ledit assassinat avoit esté commis en la personne dudit Gelinard en s'acheminant pour le service du Roy; priant ledit sr chancelier de commander la recherche du meurtrier et tenir la main à la conservation dudit office pour la femme et enfans dudit Me François Gelinard. A quoy ledit sr chancelier auroit dit qu'il avoit jà travaillé pour avoir connoissance et faire faire justice dudit assassinat, qu'il avoit fort à cœur, à laquelle fin il avoit mandé le lieutenant criminel de cette ville de Paris, illec présent, pour entendre quelle diligence il en avoit faite; et quant à la conservation dudit estat, qu'il y apporteroit tout ce qui luy seroit possible, outre le grand désir qu'il en avoit.

Après ce, ledit sr P.P., assisté comme dessus, auroit esté trouver S. M. à l'issue de son disner. Laquelle luy auroit dit qu'elle l'avoit mandé pour luy parler des lettres d'anoblissement qu'il avoit accordées à Antoine d'Anglarez, dit Chicot; qu'il savoit bien les causes qui avoient mu la Chambre de les refuser; toutefois il le vouloit gratifier de ce titre, qu'il donnoit à beaucoup d'autres qui ne luy faisoient tant de service que ledit Chicot, lequel luy faisoit passer le temps, et que les autres quelquefois le faschoient; et pour ce, commandoit qu'il fust expédié, et que ledit Chicot ne retournast plus à luy pour ce fait. Lors, ledit sr P.P. auroit pris occasion de réitérer à S. M. les remonstrances par luy faites audit sr chancelier sur l'assassinat commis en la personne dudit Me François Gelinard, et de le supplier très humblement, de la part de ladite Chambre, mettre en considération que c'estoit en venant faire le service qu'il devoit à S. M. à cause de son office, pour s'en souvenir s'il advenoit que ledit Gelinard décédast et que S. M. fust prévenue de quelqu'un qui luy demandast ledit office en don, afin de le conserver par Sadite Majesté, s'il luy plaisoit, pour les femme et enfans dudit Gelinard. A quoy S. M. auroit dit qu'il estoit raisonnable, le vouloit et entendoit ainsy, et qu'ils eussent à en bailler le mémoire audit sr chancelier; demandant si le meurtrier estoit pris. Et ayant ledit sr P.P. fait réponse que l'on n'avoit pu encore en avoir certaines nouvelles et remercié S. M., se seroit retiré avec lesdits sieurs qui l'assistoient.

(*Créances.*)

---

205.   12 Avril 1585.
DON AU GRAND PRÉVOT DE RICHELIEU.

Le président Dolu et un conseiller maître sont allés expliquer au roi que la Chambre, devant enregistrer une assignation de 167,000 écus, plus les intérêts, accordée à M. de Richelieu, n'a eu aucunes preuves que le grand prévôt eût avancé 6,000 écus et vendu à S. M. un diamant de 75,000 écus.

Sur quoy, S. M. leur répondit qu'elle savoit bien ce que c'estoit, que le sr de Richelieu venoit de l'en remémorer; qu'il estoit vray que par son commandement il avoit payé et acquitté la somme de 6,000 écus en certain lieu et endroit que S. M. ne vouloit estre autrement su ni déclaré, dont elle estoit assez informée, et qu'elle avoit aussy acheté de luy le diamant dont estoit parlé auxdites lettres d'assignation. Lors estant Sadite Majesté interpellée par ledit sr président si elle entendoit avoir acheté ledit diamant la somme de 75,000 écus, qui estoit une bien grande et notable somme, elle répondit que oui, qu'elle l'avoit autant acheté. A cette occasion, ledit sr président luy dit qu'il y avoit encore une autre difficulté, à savoir qu'il se trouvoit par les registres de la Chambre que, quand les prédécesseurs Roys avoient fait quelque notable acquisition de chose immeuble ou de quelque bague et joyau de grand prix équipollent à immeuble, comme estoit le diamant dont est question, qui se trouvoit de plus haut prix que pas un des autres de la couronne; le plus riche desquels ne se trouve prisé en inventaire que 65,000 écus, et la perle y pendant 1,200 écus, ils avoient déclaré qu'ils entendoie..t telle chose estre incorporée au domaine de la couronne, pour demeurer inaliénable; s'il plaisoit pas à Sadite Majesté qu'autant en fust fait du diamant dont est question, et qu'il fust mis en l'inventaire des bagues de la couronne? Sur quoy, S. M. fit réponse que non, qu'elle ne l'entendoit pas, que ceux qui viendroient après luy en trouveroient assez; si Dieu luy donnoit un fils, elle aviseroit ce qu'elle en feroit, mais que la Chambre ne s'arrestast à cela, et qu'elle eust à vérifier les lettres dudit de Richelieu.

(Créances.)

206.
9 Juillet 1585.
SEMONCE POUR LES OBSÈQUES DE MADAME DE BOULANCOURT.

Le mardy neufiesme jour de julliet mil V^c quatre vingt et cinq, a esté faict la semonce pour Damoiselle Renée Nicolay, veufve de feu Monsr Lullier, président en la Chambre des comptes, seigneur de Boulancourt, par Monsieur Guyot, seigneur de Charmeaulx, président en ladicte Chambre, combien que ladicte damoiselle soyt decedée et enterrée quarante jours auparavant; et le lendemain la Chambre a vacqué pour assister au service qui a esté faict en l'église St-Marry [1].

DE HACQUEVILLE.

(Note du temps. — Arch. Nat., reg. KK 889, f° 165.)

1. Le lundi 3 juin, Mr de Dormans avait annoncé à la Compagnie « que la feue damoiselle de Boulancourt estoit décédée depuis trois jours de la maladie contagieuse de peste; laquelle avoit esté visitée par plusieurs de ses enfans, gendres et alliés, n'estimant qu'elle fust atteinte de ladite maladie, et, entre autres, par Me Françoys de Marseilles, cons^{er} maistre, son gendre, lequel, à cause de ce, craignoit que la Compagnie se pust scandaliser, s'il venoit si tost en la Chambre; avant que ce faire, l'avoit prié de supplier ladite Chambre, en son nom, d'avoir agréable son entrée en icelle, ou bien l'exempter du service et de la piqure pour le temps qu'il luy plairoit. » La Chambre avait accordé cette dispense jusqu'au lendemain de la Trinité. (<i>Plumitif.</i>)

207.
19 Juillet 1585.
DEVISES DES JETONS DE LA CHAMBRE.

Ce jour, la Chambre a taxé à Jean Daurat, poëte du Roy, la somme de 50 écus sur les menues nécessités d'icelle, en considération qu'il a fait les devises des jetons de ladite Chambre depuis sept ou huit ans, dont il n'a eu aucune reconnoissance.

(Plumitif.)

208.
28 Août 1585.
DON A JEAN BODIN.

Le 21 août, la reine-mère avait envoyé son aumônier demander la vérification d'un don de 4,000 écus, à prendre sur les deux sols pour livre des ventiers des forêts royales, au profit de Jean Bodin, s^r de Montguichet, « tant pour récompense de son estat de maistre des eaux et forests de feu Monseigneur, que pour ses services: d'autant que ladite dame désiroit envoyer ledit Bodin en Normandie, pour la réformation des forests. »

Le président Tambonneau rapporte qu'il est allé expliquer au chancelier que la Chambre trouve les clauses de ce don étranges, inusitées et extraordinaires, au point de douter qu'elles soient connues du roi et du chancelier.

A quoy ledit s^r chancelier auroit dit que, si la Chambre avoit trouvé lesdites clauses étranges, le Roy et Messieurs de son Conseil auroient encore trouvé plus étrange l'arrest de ladite Chambre qui faisoit défense audit Bodin d'obtenir d'autres lettres pour la vérification de son don, et avoit commandé lesdites lettres de jussion estre expédiées, estant en colère des termes dudit arrest, disant, puisque ladite Chambre

HENRI III.

défendoit d'avoir recours à S. M., à qui elle vouloit qu'on eust recours? Et par ledit sr président auroit esté dit que la Chambre, en donnant ledit arrest, avoit considéré que le don estoit fait audit Bodin au lieu du remboursement de la finance qu'il prétendoit avoir payée à feu Mgr le duc d'Anjou pour l'office de grand maistre de ses eaux et forests, duquel le Roy n'estoit nullement tenu ; ayant d'ailleurs avertissement que ledit Bodin n'en avoit oncques payé aucune chose audit feu seigneur, ains que c'estoit un don fait au sieur de Fervacques, et qu'il avoit grande occasion de se contenter de la vérification que ladite Chambre avoit faite des deux tiers dudit don; laquelle estoit établie pour suivre les ordonnances de S. M. eu égard à la qualité et mérite des personnes, et au temps modérer et retrancher les dons de S. M. Pour cette cause, ayant jugé que ledit Bodin se devoit contenter de 8,000 liv. qu'elle luy avoit vérifiées, et voyant son importunité, afin de luy en couper le chemin, auroit donné ledit arrest, qui n'estoit que pour le service de S. M. Et par ledit sr chancelier auroit esté encore dit que ledit Bodin avoit cy devant fait des services à S. M., laquelle l'avoit voulu gratifier dudit don, au lieu dudit remboursement, qu'elle ne luy avoit voulu accorder, pour éviter à la conséquence, et, pour ce, vouloit qu'il fust expédié, et que ladite Chambre passast outre. Néanmoins, pour contenter ladite Chambre des comptes, auroit fait reprendre lesdites lettres de jussion, et dit qu'elles seroient réformées.

(Créances.)

---

209. **17 Octobre 1585.**
RÉCEPTION D'ÉTIENNE PASQUIER EN L'OFFICE D'AVOCAT DU ROI.

La Chambre, délibérant sur les lettres de provisions de Me Étienne Pasquier en l'office d'avocat du Roy, après avoir vu les conclusions du procureur général du Roy, qui auroit requis que ledit Pasquier fust ouï, a arresté que ledit Pasquier sera appelé au bureau et enquis s'il entend exercer l'office d'avocat au Palais comme il a fait cy devant. Lequel entré au bureau et sur ce enquis, a dit que l'office d'avocat consiste en trois choses : en la plaidoirie, en l'écriture et en la consultation. Quant à la plaidoirie, il l'abjuroit et s'en sevroit, si ce n'est pour le service du Roy. Pour le regard de l'écriture, aussy il ne s'en trouveroit aucune signée de luy, car, s'il avoit quelque seigneur affecté pour lequel il voulust travailler, il avoit un fils nourri avocat au Palais, qui signeroit en son lieu. Quant à la consultation, il supplioit la Compagnie de considérer que, si on luy interdisoit la consultation, il achèteroit ledit office trop cher : c'estoit un degré qu'il avoit acquis par long labeur et longues années, lequel il désiroit se conserver, non pour l'avarice de sa bourse, mais pour l'avarice de son honneur, l'avarice du temps et de ses compagnons. A cette cause, supplioit humblement la Compagnie, puisqu'ainsy estoit que l'office d'avocat du Roy en la Chambre ne requéroit point du tout un homme qui ne nourrist point une oisiveté en son esprit, de luy permettre de consulter, dont il usera avec un tel honneur et respect, que la Chambre en aura contentement[1].

(Plumitif.)

1. Le 21 du même mois, la Chambre arrêta que, lorsqu'on voudrait procéder à la réception, le nouveau pourvu ne serait reçu qu'à la charge d'observer les défenses faites aux avocats du roi de postuler.

---

210. **14 Novembre 1585.**
PAYEMENT DE JOYAUX PRÊTÉS AU ROI.

Ce jourdhuy, Me Oudard Hennequin, conser du Roy et maistre ordinaire de ses comptes, a rapporté que, le jour d'hier, de relevée, il fut, en ensuivant l'ordonnance de ladite Chambre, assisté de Me Guy Pignard, aussy conser dudit seigneur et maistre ordinaire de ses comptes, trouver Mgr le chancelier, pour entendre ce qui estoit de la partie de 10,000 écus accordée par le Roy à la dame de Castellane, au lieu de quelques bagues prises d'elle, par lettres patentes de S. M. du pénultième jour d'octobre dernier.

Lequel s^r chancelier leur auroit dit que, lorsque le Roy estoit sur son partement pour s'acheminer en Pologne, il luy commanda d'emprunter argent pour faire sondit voyage; ce qu'il fit sur son crédit jusques à la somme de 200,000 liv., et mesme la dame de Castellane presta et donna toutes ses bagues. Ce qu'estant rapporté à Sadite Majesté, luy auroit dès lors fait promesse, de sa main, de la somme de 10,000 écus, qu'il avoit estimé valoir lesdites bagues, et depuis, estant arrivé en son royaume de Pologne, auroit commandé audit s^r chancelier de faire délivrer promptement à ladite dame de Castellane ladite somme de 10,000 écus. Laquelle ledit s^r chancelier fit porter et offrit bientost après luy mesme à ladite dame, qui eut le cœur si grand, qu'elle ne la voulut jamais recevoir, disant que S. M. en avoit lors trop affaire pour subvenir à ses urgens affaires, et que, une autre fois que sesdits affaires seroient en meilleur estat, il la feroit satisfaire de ladite somme. Ce qui depuis auroit mu Sadite Majesté de luy faire donner l'assignation desdits 10,000 écus; de laquelle n'ayant pu estre payée, il auroit voulu qu'elle en reçust la rente au denier douze, attendant l'actuel payement de ladite somme. De quoy il pouvoit assurer ladite Chambre, et que c'estoit chose que Sadite Majesté avoit bien entendue et vouloit sortir effet. . . . .

(*Créances.*)

211. (*Avril 1586.*)
LETTRE DU ROI AU P. P. — REMISE A UN FERMIER.

Monsieur le présydant, je ne me prans pas à vous de ce que le faict de Cabaret n'est pas dépesché, car je m'asure que vous afecté trop ce que j'ay afecté, comme je vous déclare que j'ay sessy extrèmemant. Mais si j'an découvre qui, pour faire les bons valets, s'oposent à ma voulonté, je leur aprandray à ne suivre mes intentyons. Et dites le ardimant à celuy ou ceulx qui seront si maladvysez que de se metre an tel bourbyer. Il i a na an vostre Compagnye que, sy je panssoys qui luy aportassent l'ampeschemant, je les ay byen sceu chasser d'auprès de moy, je leur sçauroys byen faire plus. Je vous an parle an colère, et que l'on ne m'y mète davantaige, et que soudyn le dyct fayct soyct expédyé. Je le vous [*quatre mots rognés*] et de . . . . . sans modificatyon, ny sans ryen altérer à ce qui est comprins an cella [*mot rogné*] mon intantyon. Dyeu vous conserve.

HENRY.

L'adresse est : A Monsr présydant Nicolay.

(Orig. autographe. — *Arch. Nicolay*, 19 L 3.)

212. 25 et 26 Juin 1586.
SÉANCES DU COMTE DE SOISSONS. — INTERDICTION DE LA CHAMBRE.

Ce jourd'huy, 25me juin. . . . . Mgr Charles de Bourbon, comte de Soissons, estant entré au bureau l'épée au costé, assisté de MM. Renaud de Beaune, archevesque de Bourges, et Charles des Cars, évesque de Langres, et des s^rs de Lansac et de la Vauguyon, chevaliers des deux ordres du Roy, qui sont aussy entrés avec ledit s^r comte, sans épée, ledit s^r comte auroit pris place au rang et séance des présidens, au dessous de Messire Antoine Nicolay, ch^er, P.P., lesdits s^rs de Beaune et des Cars au premier rang des cons^ers maistres clercs, et lesdits s^rs de Lansac et de la Vauguyon au premier rang des cons^ers maistres lays. Ce fait, auroit ledit s^r comte de Soissons présenté lettres closes de S. M., desquelles la teneur s'ensuit. . . . .

Après laquelle lecture, ledit s^r comte de Soissons auroit dit que le Roy l'avoit député et commis pour venir en la Chambre, assisté des sieurs dessus dits, luy faire entendre, prier et commander de sa part qu'elle eust à vérifier les édits contenus au mémoire qu'il auroit à l'instant fait représenter, écrit en ces termes : « Estat des édits . . . . ; » et croire que l'estat présent des affaires de S. M. et les grandes et extraordinaires dépenses qu'elle estoit contrainte supporter pour l'entretènement des armées qu'elle avoit sur les bras, comme chacun savoit

HENRI III.

assez, l'avoient induit et forcé à faire lesdits édits, lesquels, encore qu'ils fussent rudes, toutefois S. M. avoit esté contrainte et nécessitée de les faire, n'ayant d'ailleurs moyens pour recouvrer deniers dont il ne se pouvoit passer pour l'entretènement de sesdites armées, ayant toutefois délibéré, en temps plus heureux, de réduire toutes choses en meilleur estat et ordre. Prioit à cette cause ladite Chambre, de la part de Sadite Majesté, de vouloir présentement et en toute diligence vaquer à la publication desdits édits, sans y user autrement de formalités, pour ce qu'il avoit commandement de ne partir de ladite Chambre que tous lesdits édits ne fussent publiés en sa présence.

A quoy ledit sr Nicolay auroit dit que la Chambre estoit très humble et très obéissante aux commandemens de S. M. et très affectionnée au bien de son service, et que, s'il plaist au Roy luy laisser la liberté de délibérer sur lesdits édits, elle essayera de luy rendre tout contentement ; que l'ordre de justice aux Cours souveraines estoit de voir, peser murement les édits qui leur estoient envoyés, avant que les publier, et que n'ayant encore vu aucun de ceux représentés sur le bureau tout maintenant, elle ne pouvoit en un instant procéder à ladite publication, pour ce qu'il estoit requis du temps pour aviser à ce qui estoit du service de S. M. et conservation du public.

Et par ledit sr comte de Soissons a esté dit que l'intention du Roy est qu'il soit fait en ladite Chambre comme il a esté fait au parlement. Car, encore que S. M. reconnoisse bien que lesdits édits sont fort extraordinaires, toutefois n'ayant meilleur moyen d'ailleurs et contraint de la nécessité, misère et calamité du temps, il estoit contraint de les faire passer pour s'ayder des deniers qui en proviendroient, ayant d'ailleurs vendu son domaine et le bien de l'église pour subvenir aux grands affaires qu'il a à supporter. Prioit encore à cette occasion ladite Chambre de vouloir procéder promptement à la publication desdits édits, suivant la volonté de S. M., pour ce que le retardement seroit fort dommageable et empescheroit que S. M. ne tirast le secours qu'elle s'estoit promis desdits édits pour soudoyer les armées.

Et encore par ledit sr président fut dit qu'entre lesdits édits, celuy de l'hérédité des offices estoit grandement plein de défaveur et injurieux contre les officiers, pour ce qu'il seroit bien étrange à un vieil officier qui n'auroit moyen de payer la valeur de son office, d'estre déchassé après avoir longtemps servi, et ce luy seroit une pauvre récompense de ses services, et à ceux mesmes de ladite Chambre, qui s'estoient toujours montrés zélateurs et très fidèles serviteurs de Sadite Majesté et que ladite Chambre avoit entendu estre compris les premiers audit édit, et seuls entre les officiers des autres Cours souveraines, comme le parlement et les généraux des aydes, qui en estoient exceptés. Sur quoy, et sur les autres particularités desdits édits, ladite Chambre désireroit représenter à S. M. l'intérest et dommage que lesdits édits pourroient apporter au bien de son service, s'il plaisoit à S. M. les ouïr, mesme comme la rigueur dudit édit de l'hérédité des offices estoit sans exemple des prédécesseurs, et luy montrer l'impossibilité de l'exécution dudit édit ; et à tout le moins, si ledit sr comte vouloit passer outre à la publication dudit édit, que ladite Chambre le prioit de faire entendre au Roy ses remonstrances.

Et lors, par ledit sr archevesque de Bourges, prenant la parole, fut dit que le Roy avoit délibéré d'adoucir et tempérer beaucoup la rigueur dudit édit de l'hérédité des offices, quand ce viendroit à l'exécution, et que la Chambre essayast de contenter Sadite Majesté.

Sur quoy, ledit sr Nicolay, reprenant la parole et s'adressant audit sr comte, auroit dit que ladite Chambre l'avoit chargé de le prier de la dispenser de la délibération si prompte desdits édits, et que, s'il luy plaisoit user du pouvoir qu'il avoit de Sadite Majesté, faire le pouvoir ; mais que, quant à luy, il ne pouvoit prononcer sur la publication desdits édits ; qu'au parlement, le Roi avoit prononcé, et non le P.P., et que ledit sr comte de Soissons pouvoit user du pouvoir qui luy estoit donné par le Roy et prononcer, si bon luy sembloit.

Et à l'instant, Me Étienne Pasquier, avocat général du Roy, ayant esté mandé, et entendu par ledit sr P.P. ce qui s'estoit passé audit bureau, afin qu'il eust à requérir pour le Roy ce qu'il verroit bon estre, a dit que là où la volonté du Roy estoit, il n'estoit besoin de son consentement, puisque le Roy vouloit que lesdits édits fussent publiés, et n'y avoit celuy qui ne le dust vouloir, puisque la nécessité pressoit. Toutefois, adressant sa parole à Mr le comte de Soissons et à la Compagnie, a dit en cette façon : « Monsieur, et vous, Messieurs, le plus grand heur et honneur que je pourrois avoir seroit si, en l'action qui se présente, j'adressois ma parole au Roy. En ce défaut, je me sens très honoré de parler à un prince du sang, pour le respect et révérence que naturellement nous portons à tels seigneurs, et spécialement à vous, Monsieur, en la jeunesse duquel nous lisons mille faveurs et une infinité de bénédictions de Dieu. Nous ne doutons point que le commandement du Roy qui vous a acheminé en ce lieu, est pour subvenir aux affaires de S. M., qui est une chose à quoy nous tous devons conspirer communément. La dévotion du Roy est grande de rendre l'estat de la France en une religion catholique, apostolique et romaine ; la mesme dévotion séjourne en nous tous. C'est pourquoy l'on nous propose icy dix huit édits que l'on désire estre passés sous l'autorité de vostre présence. La nécessité certes semble le commander, mais une autre nécessité semble aussy s'y opposer. Il me souvient que Thémistocle passant par l'isle d'Andros, avec un grand ost, voulant tirer argent pour le défray de son armée des habitans, et les voyant aucunement rétifs, il leur dit qu'il y venoit assisté de deux puissans dieux qui les induiroient à ce faire, de l'amour et de la force, voulant dire que, s'il ne pouvoit obtenir d'amitié ce qu'il demandoit, il l'obtiendroit par force. A ce luy fut répondu par les autres que, contre ces deux grands dieux, ils opposeroient deux grandes déesses, la pauvreté et l'impossibilité, qui n'estoit pas vrayment une petite défense contre la demande de ce grand capitaine. Je m'attacheray seulement maintenant à ce mot d'impossibilité, comme servant plus (à mon jugement) à ce qui se présente entre nous.

« Le premier conseil que l'on doit donner à son Roy, est de ne proposer point de loy qui ne se puisse exécuter, car de ce il advient un méchef, qu'estant la loy publiée, et ne pouvant estre exécutée, c'est accoutumer loisiblement le sujet de n'obéir point au souverain magistrat, et par conséquent est de tant sa majesté ravalée, ce que nul bon sujet ne doit souhaiter. Je passeray les autres édits qui nous sont icy proposés, pour chacun desquels il y a plusieurs grandes remonstrances à faire, et me contenteray de parler de l'édit des offices héréditaires, qui est le premier de ce nom en ce sujet qui fut oncques projeté en cette France, lequel je pense ne pouvoir sortir effet, quelques mémoires et instructions que l'on en ayt donnés au Roy. Il n'y a pas d'or et d'argent monnoyés courans par toute la France pour y fournir, et quand il y en auroit assez, la considération n'est pas petite que, voulant donner vie à cet édit, on amortit en tous ceux qui ont offices et estats royaux une dévotion émerveillable qu'ils avoient envers leur Roy ; chose qu'il faut craindre en toute saison, et par spécial en temps d'une guerre civile et aigue, telle qu'est celle que nous voyons aujourd'huy avoir vogue. Ceux qui ont sagement discouru sur le fait des républiques, sont d'avis que de la multitude des officiers résultoit à la longue la ruine d'un Estat ancien, et que cela, à vray dire, estoit tout ainsy que du lierre, lequel rampant le long d'une vieille paroy, faisant démonstration extérieure de la soutenir, la ruinoit intérieurement. Toutefois, on excuse cette multiplicité en temps de guerre civile, parce que, comme ainsy soit que sur toutes choses il faille lors craindre la subversion de l'Estat, aussy, plus vous avez d'officiers qui ont leur fortune liée avec la couronne, et plus vous avez de gens qui s'étudient à la manutention d'icelle, tellement que ce sont ceux là qui, en telles altérations d'esprits, empeschent que les villes ne se prennent d'elles mesmes, et font qu'elles se conservent en leurs anciens devoirs envers leurs princes. Donnez leur occasion de bannir d'eux cette bonne volonté : vous trouverez sans y penser le prince estre véritablement dénué de gardes, encore qu'il soit environné d'une infinité de gens d'armes pour sa protection et sauve garde ; et, par spécial, nos Roys ont eu ce perpétuel objet en eux, de gratifier sur tous leurs sujets les Parisiens, pour leur fidélité, et aussy pour le grand support et ayde qu'ils ont tiré d'eux lors des afflictions publiques générales de leur royaume.

« Ce que j'ay dit jusques icy, concerne le général de la France ; ce que je diray cy après, regarde le particulier de la Chambre. Je ne suis point avocat de cette Chambre, ains ay cet honneur d'estre avocat du Roy en icelle. C'est pourquoy, parlant maintenant pour la Chambre, je pense aussy faire œuvre méritoire pour le service du Roy. Je vois que, pour premier point de l'édit, on y a mis cette Chambre avec toutes les autres Chambres des comptes de cette France. De ma part, mon opinion est que le Roy n'entend rendre aucuns estats héréditaires sinon ceux qu'il estime n'estre de judicature, comme sont ceux que nous pouvons recueillir de la liste qui est attachée à l'édit. Et que mon opinion soit véritable, je le tire de ce que ni les parlemens, ni Grand Conseil, ni Cours des généraux de sa justice sur le fait des aydes n'y sont compris, ni mesme les séneschaux, baillys, prévosts, viguiers, vicomtes, chastelains, non pas mesme les vice baillys et prévosts des mareschaux. Il faut donc nécessairement qu'il estime les estats de cette Chambre n'estre de judicature, car autrement vraysemblablement ne les y eust il compris, non plus que les dessus dits. Or, qu'ils soient de judicature, il n'en faut faire nul doute des choses dont la juridiction leur est attribuée, aussy bien que le Grand Conseil et les généraux de sa justice en ce qui est de leur gibier. Voire que tant s'en faut que l'on les doive estimer autres, qu'au contraire cette Chambre a toujours esté collatérale en grandeur à la Cour de parlement. Il y a deux espèces de justice : l'une, que l'on appelle commentative, qui concerne les commerces et contrats des hommes; l'autre, distributive, qui est pour la distribution et département des honneurs et des peines. Pour la première, fut introduite la Cour de parlement, et encore pour la distribution et département des peines; pour la seconde, qui va à la distribution des honneurs et libéralités de nostre prince, fut instituée cette Chambre, et en outre pour la conservation du nerf de la république, qui sont les finances; en quoy nous pouvons chastier ceux qui faillent, tout aussy bien que la Cour de parlement en ce qui est de son sujet. Et furent ces deux grands corps et collèges introduits de toute ancienneté par la France, comme les deux bras de la justice, dont la Cour de parlement estoit estimée le bras dextre, et cette Chambre le senestre. De là vient, soit par hazard ou par discours, qu'entrant dedans ce Palais, séjour ancien de nos Rois, la rresséance du parlement se présente à nos yeux du costé droit, et celle de cette Chambre du senestre; de là qu'allant aux assemblées publiques et solennelles, nous costoyons le parlement, luy délaissant seulement le costé droit dessus nous; de là que les Compagnies furent anciennement appelées Chambres, qui n'estoient pas mots de petite dignité ès grands Estats, depuis la venue de Hugues Capet, car encore les voyons nous dedans Rome, en la Chambre consistoriale, et sous l'Empire, en la Chambre impériale. Ainsy appela-t-on ces deux corps en France Chambres, l'une du parlement, et l'autre des comptes, comme les deux premières Compagnies de France. Et combien que ce mot ne soit aujourd'huy si fréquent pour le parlement, mais qu'au lieu d'iceluy nous ayons naturalisé une parole aubaine, l'appelant Cour de parlement, qui vient du latin *Curia*, si est ce qu'encore pouvons remarquer cette ancienneté en ses membres, en ce que nous divisons cette Cour de parlement par la Grand'chambre, en laquelle gist vrayment le parlement, et davantage par les cinq chambres des enquestes. D'ailleurs, furent les officiers de l'une et l'autre Compagnie appelés maistres, les uns du parlement, les autres des comptes, comme encore l'on peut recueillir des vieux registres; mot qui ne s'approprioit qu'aux grands estats, témoin les maistres des requestes et autres.

« Bref, nous avons toujours symbolisé en grandeur avec la Cour de parlement, tellement que l'on peut dire de ces deux Compagnies ce que l'on disoit anciennement de Démosthène et Cicéron ; que Démosthène avoit esté cause que Cicéron n'avoit pu estre le premier en l'oratoire, mais aussy que, pour contr'échange, Cicéron avoit fait que Démosthène ne fust le premier. Pareillement, si la Cour de parlement a fait que la Chambre des comptes ne fust la première Compagnie de France, aussy la Chambre des comptes a esté cause que la Cour de parlement ne fust la seule première.

» Au bout de tout cela, se trouvant tant de conformités et rencontres entre le parlement et la Chambre, de vouloir mettre maintenant les estats de la Chambre entre les héréditaires, comme n'estant de judicature, je crois que le Roy ne l'entendit oncques. Reste tant seulement un point, qui est que l'on nous dira que les estats de la Chambre sont vénaux. Je le vous accorde ; mais où sont maintenant les estats en France qui ne le soient ? Il n'y a en cecy différence de nous à la Cour de parlement, sinon que, combien que les estats se vendent tant en l'une que l'autre Compagnie, toutefois icy, par une grande religion, recevant un maistre des comptes, correcteur et auditeur, on ne prend point serment d'eux, savoir s'ils ont acheté leurs estats ou non, chose qui se pratique de mesme façon, tant au Grand conseil qu'aux généraux de la justice. Et en la Cour de parlement, par une autre considération, ils exigent le serment de ceux qu'ils reçoivent, ayant plus d'égard à ce qui dust estre fait qu'à ce qui se fait. Ainsy, de quelque façon que l'on veuille ménager cet édit, il n'y a, sauf correction, nul propos de mettre les estats de cette Chambre entre les héréditaires. Nostre Roy est grand de toutes sortes de grandeurs, plein de piété en son âme, plein de capacité en son esprit. Toutefois, en l'abondance de toutes choses, il a une disette qui luy est commune et familière avec tous princes souverains. Car, combien qu'il soit de soy capable de toutes choses bonnes et grandes, si est ce qu'estant assiégé de tant d'affaires comme il est, il ne voit le plus souvent que par les yeux, il n'ouït que par les oreilles des seigneurs qui luy assistent. Je m'assure qu'il est si bon et sage prince, que, ces remonstrances luy estant bien et duement faites, il se départira de l'exécution de l'édit. C'est pourquoy, avant que passer plus outre, je requiers que remonstrances très humbles luy en soient faites pour le regard de cet édit. Et, quant aux autres, en les lisant, j'aviseray quelles conclusions j'auray à prendre, pour n'en avoir jamais eu communication. »

Lors, ledit s^r comte, prenant la parole, auroit prié ladite Chambre se résoudre à la publication desdits édits, attendu l'expresse volonté de Sadite Majesté, et ayant entendu dudit s^r P.P. qu'il ne pouvoit prononcer sur la publication desdits édits, auroit continué et dit qu'il estoit bien quelquefois nécessaire, comme il estoit à présent, contrepeser la nécessité de la guerre avec l'interest du public ; qu'il savoit bien que le Roy avoit regret de faire lesdits édits, mais qu'il y estoit contraint, et que, puisque ladite Chambre ne vouloit publier tous lesdits édits, à tout le moins qu'elle publiast ceux qu'elle trouveroit le moins importans et plus faciles, afin que le Roy connust qu'elle s'estoit rendue contumace ; et, pour les autres, qu'il feroit volontiers entendre à S. M. les remonstrances de la Chambre, mesme ce qui la concernoit en particulier en celuy de l'hérédité des offices. A quoy ladite Chambre se seroit accordée.

Ce fait, ayant, en la présence dudit s^r comte de Soissons et desdits s^{rs} de Beaune, des Cars, de Lansac et de la Vauguyon, délibéré sur lesdits édits : de constitution de 6,000 écus de rente sur la ferme du poisson ; de 80,000 écus de rente sur le sel ; des receveurs et payeurs des prévosts des mareschaux ; des greffes des notifications ; d'un président et trésorier de France en chacun bureau ; des trésoriers alternatifs et receveurs alternatifs des épices ; de 12,000 écus de rente sur le sel et 3,000 écus de rente, elle a ordonné que sur le reply desdits édits il sera mis : « Lu, publié et registré du très exprès commandement du Roy, ouï l'avocat général dudit seigneur, en la présence de Mgr le comte de Soissons, assisté des s^{rs} archevesque de Bourges, évesque de Langres, de Lansac et de la Vauguyon, après avoir ouï la déclaration expresse de la volonté de S. M. rapportée par la bouche dudit s^r comte de Soissons, et aux modifications, pour le regard desdits édits de constitution de 6,000 écus de rente, si tant est que le fonds sur lequel lesdites rentes sont assignées le puisse porter, sans préjudicier aux rentes anciennes, et à la charge que personne ne pourra estre contraint à prendre desdites rentes et que les deniers qui proviendront desdites constitutions seront employés aux urgens affaires du Roy ; et pour celuy de receveur des épices, que ce sera à la charge qu'il n'y aura aucun receveur des épices en ladite Chambre ; et à ceux desdits payeurs et prévosts des mareschaux, greffes des notifications et d'un président des trésoriers de France en chacun bureau, qu'il y sera ajouté : *à la charge que les deniers seront employés aux urgens affaires du Roy.* » Ce fait, ledit s^r comte de Soissons, assisté comme dessus, s'est retiré, et a esté accompagné jusques à la porte de ladite Chambre par lesdits s^{rs} Aymeret et de Pleurre.

Et le lendemain, 26me juin 1586, après que ledit s^r comte de Soissons auroit pris séance au mesme rang que le jour précédent, ... ledit s^r comte auroit dit que, suivant ce qui s'étoit passé le jour d'hier matin en la Compagnie, il avoit fait entendre à S. M. la bonne volonté et affection que la Chambre avoit au bien de ses affaires et service, et luy auroit quand et quand, avec lesdits sieurs qui l'assistoient, représenté ce que la Chambre luy avoit remonstré le jour d'hier, et pour le bien public, et pour le fait particulier d'icelle. Et encore qu'il y eust apporté tout ce qu'il avoit pu, pour la bonne volonté qu'il portoit à la Compagnie, toutefois, du désir qu'il avoit eu que S. M. goustast les remonstrances qu'ils luy avoient

HENRI III.

faites, nommément pour le particulier de ladite Chambre, il ne luy estoit demeuré que l'obéissance au commandement que S. M. luy avoit fait derechef de venir en icelle luy dire de la part de Sadite Majesté que le besoin de ses affaires, tel et si grand que chacun le connoissoit, l'avoit contraint de recourir à ces moyens extraordinaires, dont il estoit marry, et pour ce qu'il n'avoit autres moyens d'y subvenir, sa volonté estoit que lesdits édits fussent publiés et registrés aujourd'huy ; qu'il s'estoit toujours montré et montroit bon roy à ses sujets, et qu'en l'exécution desdits édits, il se trouveroit plus doux et traitable, selon les occurrences ; toutefois il vouloit que lesdits édits fussent publiés et registrés purement et sans modification ; prioit à cette occasion la Chambre d'y vaquer présentement.

A quoy ledit s^r P.P. auroit dit qu'il le remercioit humblement, au nom de la Compagnie, de la bonne volonté et du bon office qu'il luy auroit fait envers S. M. ; qu'il avoit charge d'icelle de luy représenter sa doléance et son impuissance sur la publication desdits édits, et mesme sur celuy de l'hérédité des offices, duquel S. M. ne tireroit pas grand secours, pour ce qu'il n'y avoit personne qui se disposast à le secourir par les moyens dudit édit ; et particulièrement luy remonstroit, pour ladite Chambre, que les officiers d'icelle estoient personnes qui avoient plus de soin de faire leurs charges avec honneur et réputation, que de s'enrichir par le moyen de leurs offices ; qu'aujourd'huy, en vertu dudit édit, de les déposséder, et les autres officiers compris audit édit, de leurs offices, pour n'avoir moyen de bailler de l'argent, ce seroit susciter une clameur si grande de tous lesdits officiers, leurs femmes et enfans, que tout le monde en aura pitié ; et qu'il avoit charge de la Compagnie luy dire qu'elle ne pouvoit vérifier lesdits édits, ni luy prononcer sur la publication d'iceux, mesme qu'elle avoit tel intérest audit édit de l'hérédité, qu'elle estoit plutost pour supplier le Roy qu'il la reçust à opposition à la publication d'iceluy, que d'en connoistre comme juge, en sorte qu'elle avoit délibéré de ne se trouver à la publication.

A quoy ledit s^r comte de Soissons auroit dit qu'il n'apportoit avec soy que l'obéissance qu'il devoit au Roy, qui luy avoit commandé de venir en ladite Chambre pour la publication desdits édits, et que, puisqu'elle n'y vouloit procéder, il useroit du pouvoir et commandement exprès qu'il avoit de Sadite Majesté, et prononceroit au nom de Sadite Majesté la publication desdits édits.

Ce qu'il auroit dit en la présence de Me Étienne Pasquier, avocat général dudit seigneur, qui seroit survenu peu auparavant. Et comme il commençoit à déployer un petit billet de papier qu'il avoit en la main, tous les présidens et cons^{ers} maistres de ladite Chambre qui estoient au bureau seroient sortis dudit bureau, et entrés au second bureau de ladite Chambre ; pendant et à l'instant de laquelle sortie ledit s^r comte de Soissons auroit prononcé en ces termes : « Du commandement exprès que j'ay du Roy, je dis que sur le reply desdits édits sera mis : *Lu, publié et registré, ouï le procureur général du Roy,* » et commandé à moy, Robert Danès, notaire et secrétaire du Roy, et greffier en sadite Chambre, de mettre : *Lu, publié et registré* sur lesdits édits.

A quoy estoient présens Messire Antoine Nicolay, P.P. susdit, et ledit Me Étienne Pasquier, avocat dudit seigneur. Et, comme lesdits s^{rs} présidens et cons^{ers} maistres sortoient à la foule hors dudit bureau, ledit s^r comte de Soissons auroit dit que le Roy ne trouveroit point bon telle façon de faire, et qu'ils retournassent. A quoy ne luy auroit esté fait aucune réponse, sinon que ledit s^r P.P., qui estoit demeuré, luy auroit dit qu'il avoit charge de la Compagnie de se retirer, mais qu'il demeureroit pour luy faire compagnie. Et, à la prière dudit s^r comte, seroit allé vers lesdits s^{rs} présidens et cons^{ers} maistres, pour les prier de sa part de retourner au bureau. Lequel auroit rapporté, après conférer avec eux, qu'ils supplioient ledit s^r comte de les en excuser, et qu'ils ne pouvoient. Et le mesme auroit rapporté ledit Me Étienne Pasquier, que ledit s^r comte auroit depuis prié y retourner.

Quoy fait, ledit s^r comte, assisté desdits sieurs qui l'avoient accompagné, seroit sorti du bureau de ladite Chambre, en la compagnie dudit s^r P.P. et dudit avocat général ; et, comme il estoit proche des fenestres qui regardent ledit bureau, lesdits s^{rs} Aymeret et Hennequin le seroient venus trouver et l'auroient conduit, avec lesdits sieurs qui l'avoient assisté de la part du Roy, jusques hors la porte de ladite Chambre, estant ledit s^r P.P. demeuré en icelle Chambre.

Déclaration royale.

Henry, etc., à nostre très amé et féal conseiller en nostre Conseil privé et d'Estat et P.P. en nostre Chambre des comptes, Mᵉ Antoine Nicolay, Salut. Comme nous eussions commis et député par nos lettres patentes et closes nostre très cher et amé cousin le comte de Soissons, pour, assisté de nos amés et féaux conseillers en nostre Conseil d'Estat les sʳˢ archevesque de Bourges, évesque de Langres, et les sʳˢ de Lansac et de la Vauguyon, aller de nostre part en nostre Chambre des comptes à Paris, afin de faire lire, publier et registrer en nostredite Chambre aucuns édits, que nous avons nous mesme naguères fait lire, publier et registrer en nostre Cour de parlement, pour estre plus promptement secouru des deniers que nous espérons par le moyen desdits édits, pour subvenir à la grande et extrême dépense que chacun voit et sait que sommes contraint faire pour subvenir au payement des armées et autres grandes forces qu'aurons en la plupart des provinces de nostre royaume, pour réduire tous nos sujets à un seul exercice de nostre religion catholique, apostolique et romaine ; et soit ainsy que nostredit cousin, assisté des sieurs dessusdits, soit entré au grand bureau de nostredite Chambre, où il a présenté nos lettres closes et créance et exposé la charge que nous luy avions donnée par icelles nosdites lettres, et le pouvoir en forme patente que luy avons fait expédier, toutefois, au lieu de nous satisfaire et obéir en cet endroit, se seroient ceux d'icelle Chambre qui y estoient séans, retirés, au mépris de nostre autorité et désobéissance à nostre commandement, vouloir et intention, fondés sur si grandes et légitimes raisons, tant importantes au bien de nostre Estat. Ce qu'ayant mis en délibération, séant en nostre Conseil, où le tout a esté murement considéré, nous avons, par ces présentes signées de nostre main, suspendu et suspendons tous ceux de nostredite Chambre des comptes à Paris, tant du présent que du prochain semestre, ensemble nos avocat et procureur généraux en icelle, qui estoient séans audit grand bureau, lorsque nostredit cousin, assisté desdits sieurs de nostredit Conseil, y est entré; leur interdisant par cesdites présentes doresnavant l'entrée de nostredite Chambre et la perception de leurs gages, épices et droits à cause de leurs offices; vous exceptant toutefois de cette suspension et interdiction, d'autant que n'avez désemparé, ains estes demeuré séant en iceluy grand bureau de nostre Chambre, avec nostredit cousin et nosdits conseillers d'Estat. Vous mandons et commandons très expressément, et sur tant que craignez nous désobéir, de faire lire, enregistrer, garder et observer en nostredite Chambre cesdites présentes, par lesquelles vous mandons, après avoir satisfait à ce que dessus, venir, dès le jour de demain, seul, nous trouver en ce lieu, d'autant que nous tenons les autres indignes de l'honneur de nostre présence, et nous apporter, signés du greffier de nostredite Chambre, les noms et surnoms de ceux qui estoient ce matin séans audit grand bureau d'icelle. Car tel est nostre plaisir. Donné à St-Maur des Fossés, le 26ᵐᵉ jour de juin de l'an de grace 1586, et de nostre règne le treizième.

HENRY.
Par le Roy : PINART.

A la suite de cette déclaration, le roi désigna, par lettres patentes du 3 juillet, une commission composée du P.P., de deux présidents, quatorze maîtres et un certain nombre d'auditeurs et correcteurs, pour expédier les affaires. La Chambre chargea le P.P. et quelques députés d'intercéder auprès de la reine-mère ou du chancelier, et ensuite du roi lui-même. Ce dernier répondit qu'il ne pouvait revenir sur sa déclaration, tant que les édits, y compris celui de l'hérédité, n'auraient été enregistrés, « pour ce qu'il importoit à son honneur que ledit édit fust publié comme les autres, à ce que le peuple connust que l'autorité luy estoit demeurée; toutefois, ne feroit pas faire et observer l'édit, et donnoit sa parole qu'il n'auroit aucun lieu. » Sur cette réponse, la Chambre fit renouveler sa requête « de lever l'interdiction générale faite à tous les officiers du corps de ladite assemblée, et, ou il ne le voudroit, pour prétendre avoir esté offensé, luy sera remonstré que tout ce qui a esté fait, l'a esté par tout le corps de ladite Chambre, lequel ne peut se séparer ni démembrer. »

Ce jour, 15ᵐᵉ juillet 1586, Messire Antoine Nicolay, chᵉʳ, P.P., a rapporté que, suivant ce qui avoit esté le jour d'hier résolu par la Compagnie, il, assisté des nommés par la Compagnie, auroit fait au Roy la supplication et requeste arrestée le jour précédent, de remettre tous les officiers de la Chambre en corps, en considération du service qu'il avoit cy devant reçu d'eux, lequel corps ne se pouvoit désunir et démembrer, et que quant à eux, pour luy rendre l'obéissance qu'ils doivent, ils s'estoient démis du titre et honneur d'officiers pour prendre le nom de commissaires, nom odieux, mal voulu et reçu d'un chacun, toutefois l'avoient accepté pour rendre témoignage de leur volonté, qui a esté et sera de ne le désobéir en tous ses commandemens. A quoy ledit seigneur auroit fait réponse qu'il estoit très content d'eux, et leur auroit dit en ces termes : « Je vous suis amy en général et particulier, et vous feray plaisir. » Et en signe de ce, avoit ordonné estre expédié lettres pour le rétablissement des officiers de la Chambre, fors de ceux qui n'en estoient capables, qui estoient ceux qui s'estoient levés, quand il envoya Mgr le comte de Soissons pour vérifier lesdits édits.

Lors, ledit sr P.P. auroit supplié le Roy que le corps de la Chambre ne fust séparé, ains qu'il luy plust rallier les officiers d'icelle les uns avec les autres, pour faire le dû de leurs charges, afin que la jalousie et l'envie ne pust entrer et prendre place au cœur des officiers du corps de ladite Compagnie, lesquels avoient esté toujours très unis d'une mesme volonté et en bonne amitié, n'ayant rien devant les yeux que la conservation du bien de son service.

A quoy ledit seigneur auroit dit en ces termes : « Ne m'en parlez pas davantage, et contentez vous pour cette heure. » Et ledit sr P.P. de rechef l'auroit supplié très humblement de réunir lesdits officiers, desquels, luy estant le chef, il ne pourroit supporter la division qu'avec un grand déplaisir. Auquel S. M. auroit fait réponse en ces termes : « Je ne peux vous l'accorder, et pour ce contentez vous. »

Sur quoy, ledit sr P.P. voyant que ledit seigneur estoit arresté là et qu'il ne pouvoit obtenir davantage, auroit supplié S. M. que, puisqu'elle estoit résolue à ce fait, au moins qu'il plust à sa bonté faire ce bien auxdits officiers qu'il ne trouvoit bon de remettre encore, de les ouïr en leurs excuses et défenses. A quoy S. M. auroit dit qu'il enverroit le lendemain le rétablissement de la Compagnie, fors de ceux qu'il avoit cy devant dit ; laquelle il vouloit faire sa volonté, qui estoit qu'il enverroit dans deux jours en ladite Chambre aucuns conseillers de son Conseil d'Estat pour vérifier les édits en leur présence, sans qu'ils opinassent, et qu'ils n'eussent à se lever comme avoient fait les autres ; et, ce fait, qu'il les rendroit contens pour le rétablissement de tous les officiers de ladite Chambre ; disant particulièrement audit sr P. P. qu'il l'assurast sur sa parole et crust qu'il la tiendroit, mais vouloit estre obéi.

> Le 16 juillet, le maréchal d'Aumont vint requérir l'enregistrement pur et simple, avec injonction spéciale au P.P. de le faire prononcer ainsi. Le P.P. répondit que, « quant à luy, il ne pouvoit ordonner sur ladite publication sans délibération préalable, et que ce que les présidens et maistres demeureroient pour présens à ladite publication, estoit seulement pour rendre obéissance au Roy et à son exprès commandement de ne se lever, ce qu'ils eussent fait autrement. » Après l'enregistrement, il déclara de nouveau que la Chambre n'y avait donné aucun consentement.
> Le même jour, la Chambre l'envoya prier de renouveler ses requêtes au roi.

A quoy ledit sr P.P. auroit dit qu'il ne manqueroit jamais de bonne volonté en toute chose qui concernoit le corps de la Chambre, et que, pour le fait qui s'offre, ils estoient témoins de ses actions et de ce qu'il en avoit fait : comme encore tout fraischement sorti de la Chambre, il se seroit transporté par devers M. le chancelier. . . . . Ce fait, auroit esté trouver S. M., à laquelle ayant fait entendre comme lesdits édits avoient esté vérifiés suivant sa volonté et tout ce que dessus, il l'auroit très humblement suppliée, en considération de l'obéissance que luy avoient portée lesdits officiers en la vérification desdits édits, vouloir rétablir leurs confrères et compagnons. . . . . . A quoy par S. M. a esté dit qu'il estoit fort content des officiers de la Chambre, et quant au rétablissement des autres officiers interdits, il ne luy disoit ni bien ni mal, mais qu'il enverroit demain en sa Cour de parlement un édit de survivance pour y estre vérifié, et après en ladite Chambre ; ce qu'ayant fait, il verroit ce qu'il feroit.

De là, se seroit transporté vers la reine mère dudit seigneur, à laquelle il avoit fait semblable requeste, la priant, suivant la promesse qu'elle leur avoit cy devant faite, faire tant envers S. M., qu'il luy plust rétablir lesdits officiers. Ce qu'elle luy avoit promis faire, comme elle avoit fait cy devant, et qu'il s'assurast d'elle. Estant ce qu'il avoit fait depuis qu'il estoit sorti de la Chambre.

De quoy ledit sr président Bailly l'auroit remercié au nom d'icelle, le priant néanmoins de vouloir tant faire pour cette Compagnie d'y tenir toujours la main, et de prendre la peine de venir en ladite Chambre. A quoy il auroit dit ne pouvoir si tost y venir.

Déclaration royale.

Henry, etc. En rétablissant naguères les officiers de nostre Chambre des comptes auxquels nous avions, pour certaines causes et considérations, interdit et suspendu l'exercice de leurs offices, nous aurions excepté les présidens et maistres de nosdits comptes qui s'estoient retirés et avoient désemparé et quitté de nostredite Chambre, lorsque nostre très cher et très amé cousin le comte de Soissons y estoit pour faire vérifier aucuns de nos édits, selon la charge et pouvoir que luy en avions baillé. Mais ayant esté depuis bien informé que ce qu'ils firent en cela, a esté sans penser faire chose qui nous fust désagréable ni préjudiciable à nostre service, du bien et conservation duquel ils se sont montrés toujours zélateurs et très affectionnés, à ces causes, suivant la remonstrance qui nous a esté faite par nostre très honorée dame et mère, nous avons, de nostre grace spéciale, pleine puissance et autorité royale, remis, réintégré et rétabli, remettons, réintégrons et rétablissons en leurs estats et offices lesdits présidens et maistres de nos comptes . . . . Donné à Paris le 22me juillet, l'an de grace 1586, et de nostre règne le treizième.

HENRY.

Par le Roy : PINART.

(*Mémorial.* — Impr. dans Félibien, t. Ier, p. 748 à 764.)

---

213.   (*Janvier 1587 ?*)
DISCOURS DU P.P. AU ROI. — VOL DE COMPTES.

Sire, nous sommes députtez par les Gens de voz comptes pour venir faire la révérance à Vostre Majesté, rendre l'honneur que nous vous debvons comme à nostre souverain naturel, seigneur, maistre et Roy, tesmoigner, Sire, la volonté continuelle que nous avons à vostre service, à l'observation de voz ordonnances, et très humble obéissance à voz commandementz.

Nous avons entendu, Sire, que l'on a voulu persuader Vostre Majesté des quelques mauvais offices et services qui se font en vostre Chambre, soustenant et favorisant les comptables en leurs faultes et mauvaises actions. Dont, Sire, nous demeurons infiniment estonnez, ne saichant qui peult estre l'hauteur de telles impostures et calomnies. Si c'estoit, Sire, pour la substraction des liasses et affraction de portes advenue en vostre Chambre il y a quelque temps, nous vous supplions très humblement croire que la Chambre n'est aulcunement consentante à telles faultes, et que à son très grant regret cela est advenu. Elle y use de tout debvoir et faict toute la diligence qu'elle a peu pour en cognoistre l'hauteur; mais, comme cela inopinément et à nostre desceu est advenu, aussy, Sire, si secrètement a il esté exécuté qu'il n'est pas possible d'en avoir aultre cognoissance. Nous avons pour l'advenir donné ung si bon ordre et reiglement, que tel inconvénient n'adviendra plus. Nous vous supplions très humblement nous conserver la mesme opinion, bon nom et réputation que les Roys voz prédécesseurs ont eu de ceste Compaignie, et, s'il y avoit si après quelqu'un si malheureux que de nous vouloir contrarier, nous supplions très humblement Vostre Majesté, Sire, nous faire tant d'honneur que de nous ouyr en noz deffences et justifications, et recepvoir cependant pour un tesmoignage de nostre fidélité et bonne volonté à vostre service [*un mot illisible*] les biens et ce qu'il a pleu à Dieu nous donner en ce monde.

(Minute autographe. — *Arch. Nicolay*, 73 L 8.)

HENRI III.

214.
6 *Mars* 1587.
DÉFENSE D'ENTRER EN LA CHAMBRE DU CONSEIL.

Ce jour, la Chambre avertie que Messire Antoine Nicolay, cons^{er} du Roy en son Conseil d'Estat et P.P., estoit en la chambre du Conseil, et Mes Pierre de Fitte et Adrien Pétremol et [Thomas?] de Bragelongne avec luy, qui vouloient travailler à l'évaluation des domaines dont jouissoit la feue reine d'Écosse, à quoy ils disoient avoir esté commis par le Roy, sans qu'il fust toutefois apparu à la Chambre de leur commission; ne leur estant, à cette cause, loisible par les anciens règlemens de ladite Chambre d'avoir l'entrée en ladite chambre du Conseil; l'affaire mise en délibération, a esté arresté que ledit s^r P.P. sera prié de venir au bureau, et qu'il luy sera dit que la Chambre ne peut permettre que lesdits de Fitte et Pétremol entrent en ladite chambre du Conseil, pour y besogner, sans la permission d'icelle, afin qu'il le leur fasse entendre.

(*Plumitif.*)

215. (*s. d.*)
LETTRE DU ROI AU P.P. — ENREGISTREMENT D'ÉDIT.

Monsieur le président, je m'an vois coucher à Paris, et rien ne m'y mène que la résolue voulonté an laquele je suys immuable, quoy que se soict, d'estre obéy. Je le vous dis dès aujourd'huy, affyn que, comme mon serviteur très fidèle et homme de bien et saige, vous donniez ordre que dans demyn ma voulonté soict effectuée. Car, si elle ne l'est, je serai très marry d'estre forcé à se que je monstreray. Je sçai que vous et le président Tambonneau voulez suivre ma voulonté, et croyez que, ce faisant, se sera le bonheur de vostre Compagnie, car je suis aresté à me faire obéyr. Voilà mon dernyer mot. Dieu vous conserve. Montrez ceste letre au président Tambonneau.

HENRY.

Jamais faict ne m'a tant touché que cettui sy.

L'adresse est : A Monsieur le président Nicollai.

(Orig. autographe. — Arch. Nicolay, 19 L 5.)

216. ### ÉLOGE DU P.P. ANTOINE NICOLAY.

Recepta gallicis armis Neapoli, cum Rex victor assertum bellica virtute imperium legibus et justitia tuendum esse non ignoraret, ea senatum in urbe constituit, cancellariique dignitati virum præfecit inter cæteros Galliæ togatos illa tempestate nobilem, Joannem Nicolaium, in Gallia Narbonensi claro inter suos loco natum, qui et paulò mox Lutetiam reversus, primòquidem libellorum supplicum in regia magister, inde vero supremæ rationum Curiæ primarius præses a rege Ludovico XII dici meruit. Functus est eo munere plures annos, donec ætate jam gravior, abdicatis reipublicæ curis et suffecto suum in locum Æmario filio, patriam inter cæteras Galliæ regiones unam delegit, cujus in sinu tranquillum senectuti nidum pòneret, ac in ipso tandem S. Andeoli ad Rhodanum oppidulo (ubi majorum domus [et veteres] erant penates) animam de Gallico imperio bene meritam Deo reddidit.

Æmario natus est hic Antonius, qui, et ipse paterni magistratûs hæres, ad quatuor et triginta amplius annos eum splendidissimè tenuit, ejus itidem postea relicto successore Joanne filio, libellorum quoque supplicum antea magistro, cujus eximiis virtutibus hodieque fruitur, ac utinam diu fruatur tanto felix alumno Lutetia! Itaque quod rarò, ac ne rarò quidem hactenus ulli contigit, hoc ornatissimæ Nicolaiorum familiæ singulari superum benignitate concessum est, ut quatuor ex ea summi viri seriatim et ex ordine hunc honorem, qui suo in genere supremus est, integro jam seculo possiderent.

Cæterum in Antonio viguerunt animi dotes quam plurimæ; magnum enim fuit ejus in omni re judicium, magnum et indefessum recti studium, dignaque amplissimi ordinis principe viro gravitas, et incomparabilis in munere administrando tum fides, tum vigilantia, ut in eos qui regias opes et pecuniam publicam impuris manibus tractabant, nemo vel inquireret exactiùs, vel majori cum severitate animadverteret. Qua hominis integritate, non minus quàm officii *quod gerebat amplitudine, permoti Reges, intimis eum regni Consiliis et arcanis ultrò ac libenter admisere. His igitur titulis honestatus, et florebat existimatione, et magnam apud omnes auctoritatem obtinebat. Ac ne ad solidam ejus fortunam desiderari quidquam posset, hanc etiam ornabant paternæ et avitæ opes, innocenter partæ et habitæ.*

Statura fuit procera sed recta, colore non satis vivido, nec valetudine multum stabili, qui nimirum inexhausta sanguinis copia laborans, frequentiore pleuritidis incommodo conflictaretur. Hoc tamen habitu vir frugi et sobrius, pervenit ad annum vitæ LXII, ac postremò, pridie nonas maias, anno salutis CIƆ.IƆ.XXCVII, in ædibus atque adeò in amplexu P. Amorii, senatoris clarissimi, quem pro veteri necessitudine inviserat, ictu sanguinis extinctus est. Interfuerat paulò ante sanctiori Consilio principis, ibique, ut incredibili ardebat erga rempublicam studio, sententiam de maximis regni negotiis tanta contentione dixerat, ut hæc inde repentina mors ei contigisse credatur. Sepultus est Lutetiæ, ad Medirici fanum, in Ballictorum sacello, qua ex familia, inter Parisienses maximè illustri et veteri, maternam originem ducebat.

(*Gallorum doctrina illustrum, qui nostra patrumque memoria floruerunt, elogia. . . . . auctore Scævola Sammarthano,* 1602, p. 154.)

Le premier de la famille des Nicolay qui est venu du Languedoc s'habituer à Paris, a esté feu Messire Jehan Nicolay, premièrement conseiller au parlement de Tholoze, puis appellé par le roy Charles huictiesme en son Grand Conseil, pour ses bonnes lettres, et mené au voiage de Naples, fut honoré par luy de la quallité de chancellier audict royaulme, où il acquist une grande réputation de doctrine et probité. Après la perte d'icelluy, retournant en France, fut récompensé de ses services d'un office de maistre des requestes, par le roy Louis douziesme, et, tost après, de celluy de premier président en sa Chambre des comptes à Paris. Se voyant vieil et usé, laissa l'exercice de sa charge à Messire Aymar Nicolay, son filz unicque, et s'en retourna en Languedoc passer le reste de ses jours en sa maison, size au Bourg St-Andéol, proche du Rhosne, où il vescut quelques années fort religieusement.

De cest office de premier président feu Messire Anthoine Nicolay fut pourveu à la survivance dudict Aymar, son père, et a icelluy exercé l'espace de trente quatre ans, estant au jour de son decedz le plus antien président de France et le plus antien officier de sa Compagnie.

Il estoit grandement amateur du publicq et affectionné à la conservation des droictz de cette couronne, dont il avoit une particulière intelligence, laquelle il avoit tirée des tiltres et des registres qui sont en la Chambre, disposez en ung très bel ordre par sa diligence et travail.

Mais il n'a pas eu moins de soing d'orner et embellir ce précieux thrésaur de la France que la piété de noz roys a déposé en la Saincte Chapelle, laquelle reluict à présent des ouvraiges qu'il y a ordonnez.

En sa charge, il estoit sévère et crainct aussy de ceux qui versoient mal au manyment et administration des finances du Roy. A quoy sembloit ayder sa haulte stature, et le port et visaige grave qu'il avoit, convenable à l'auctorité que son aage et sa longue expérience luy avoient acquise. Aussy avoit il le cœur grand et généreux, la parolle aggréable et persuasifve, l'esprit clair et universel, le jugement subtil, et surtout les mains nettes, quallitez qui l'ont rendu bienvenu et estimé de quatre de noz Roys qu'il a servys.

Il est décédé en l'an soixante et deuxiesme de son aage, le cinquiesme jour de may mil cinq cens quatre vingtz sept, trois heures après son retour du Conseil du Roy, où il avoit parlé pour le bien de son service avec ung tel zèle, liberté et contention d'esprit, que le sang eschauffé luy causa une fluxion soudaine, qui le suffocqua comme il devisoit familièrement avec Monsieur Damours, conseiller au parlement, son particulier amy, déplorant les malheurs qu'il prévoyoit debvoir arryver à la France, dont le regret luy a advancé ses jours.

Son filz unicque, Messire Jehan Nicolay, lors maistre des requestes, luy a succédé en cette charge, tellement qu'il est le quatriesme de père en filz qui exerce ledict office de premier président des comptes, depuis cent ans.

Icelluy Messire Anthoine est enterré à Sainct Médéric, avecques ses père et mère, en la chappelle des Bailletz, maison illustre et antienne, dont il estoit yssu de par sadicte mère.

(Minute originale. — *Arch. Nicolay,* 12 C 22.)

IV

JEAN II NICOLAY

fils d'Antoine Nicolay et de Jeanne Luillier,

né à Paris vers 1553,

chevalier, seigneur de Goussainville, Presles, Yvors, Bernay, etc., conseiller au parlement de Paris (25 septembre 1577), maître des requêtes (6 juillet 1582), pourvu de l'office de Premier Président en survivance le 16 décembre 1579, entré en fonctions le 6 mai 1587, conseiller aux Conseils d'État et privé du roi, conseiller au Conseil de la reine-mère et commissaire sur le fait de ses comptes, mort dans l'exercice de ses fonctions le 30 mai 1624.

---

217.   6 Mai 1587.

INSTALLATION DU P.P. JEAN NICOLAY.

L'an mil cinq cens quatre vingtz sept, le mercredy vj^{me} jour de may, au matin, Messire Jean Nicolay, fils de Messire Anthoine Nicolay, ayant été pourveu dès l'année 15[79] de l'office de conseiller du Roy en son Conseil d'Estat et premier président en ceste Chambre et receu en iceluy pour en joïr après le décedz dudict Messire Anthoine, son père, fust receu, estant eagé de trente trois ans ou environ, et installé en la place et exercice pur et simple dudict estat et office[1].

(Note du temps. — Arch. Nat., reg. KK 889, f° 165 verso.)

1. Le 2 juillet, il fut commis, en remplacement de son père, avec le conseiller maître Aymeret, « pour vaquer aux menues nécessités et affaires de la Ste-Chapelle et des enfans de chœur, ainsy qu'il est accoutumé. » (*Plumitif.*)

---

218.   8 Mai 1587.

PROVISIONS DE CONSEILLER AU CONSEIL DE LA REINE-MÈRE
ET DE COMMISSAIRE AU FAIT DE SES COMPTES.

Caterine, par la grace de Dieu Royne de France, Mère du Roy, à tous ceulx qui ces présentes lettres verront, Salut. Estant advenu le décedz de Messire Anthoine Nicolaj, conseiller du Roy, nostre très cher seigneur et filz, en son Conseil d'Estat, premier président en sa Chambre des comptes, aussy conseiller en nostre Conseil, et espérans que M⁰ Jehan Nicolaj, son filz, succédant ès charges et offices de sondict père, s'en aquictera avec l'affection et fidélité requises au bien de nostre service; pour ces causes, avons icelluy M⁰ Jehan Nicolaj retenu et retenons en l'estat de conseiller en nostre Conseil, que soulloit naguères tenir et exercer sondict feu père, pour en joyr aux honneurs, authoritez, prérogatives, prééminences, franchises, prévilléges, libertez, exemptions, livraisons, hostelages, droictz, profifctz, revenus et esmolumens accoustumez et audict estat appartenans, et aux gaiges de six vingtz treize escuz ung tiers par an, telz et semblables que les avoit ledict défunt, tant qu'il nous plaira. Sy donnons en mandement à nostre très cher et féal chancelier, Messire Martin de Beaulne, abbé de Réaulmont, conseiller du Roy, nostre très cher seigneur et filz, en son Conseil d'Estat, que, dudict M⁰ Jehan Nicolaj pris et receu le serment pour ce deu et accoustumé, icelluy mecte et institue, ou face mectre et instituer de par nous en possession et saisine dudict estat, et d'icelluy, ensemble des honneurs, etc. . . . . . Mandons en oultre à nostre amé et féal conseiller, trésorier et receveur général de noz finances, présent et à venir, que lesdictz gaiges, etc. . . . . . Car tel est nostre plaisir. En tesmoing de ce nous avons faict mectre nostre scel à cesdictes présentes. Données à Paris le viij^{me} jour de may, l'an de grace mil V^c quatre vingt sept.

CATERINE.

Sur le repli est écrit : Par la Royne mère du Roy : DE LAUBESPINE.

Aujourd'huy, xxme de juillet mil V^c quatre vingtz sept, la Roine mère du Roy estant à Paris, Messire Jean Nicolaj, dénommé au blanc des présentes, a faict et presté entre les mains de Monsieur de Roiaulmont, chancellier de ladicte dame Royne, le serment requis et accoustumé pour l'estat de conseillier au Conseil de Sa Majesté, aux gages ordinaires de vj^{xx} xiij escuz xx s. par an. Auquel estat mondict s^r le chancellier l'a receu et en icelluy institué, moy, conseillier audict Conseil et secrétaire de Sa Majesté, présent.

DELACROIX.

Caterine, etc. Après le décedz de Messire Anthoine Nicolaj, conseiller du Roy, nostre très cher seigneur et filz, en son Conseil d'Estat, premier président en sa Chambre des comptes, aussy conseiller en nostre Conseil et l'un des commissaires depputez pour l'audition, examen et closture des comptes de noz officiers comptables, M⁰ Jehan Nicolaj, son filz, luy ayant succédé ès estatz, charges et offices qu'il tenoit du Roy, nostredict seigneur et filz, nous avons aussy désiré de l'employer aux mesmes charges et commissions que sondict père tenoit de nous, avec asseurance qu'il les exercera avec aultant de zèle, affection et intégrité que nous avons receu de contentement et satisfaction des services de sondict père. Pour ces causes et aultres à ce nous mouvans, avons icelluy Nicolaj, premier président en la Chambre des comptes du Roy, nostredict seigneur et filz, commis et depputé, commectons et depputons pour, au lieu et place de sondict père, et avec les commissaires sur le faict de noz comptes, entendre et vaquer à l'audition et closture d'iceux en la Chambre du Trésor, au Pallais à Paris, selon qu'il est accoustumé, et aux mesmes pouvoirs, authoritez, prérogatives, prééminences et droictz dont jouissoit icelluy deffunct son père. Sy donnons en mandement, etc. . . . . . . Voullans ces présentes estre leues en l'assemblée desdictz commissaires et registrées en leurs registres, et, en vertu d'icelles ou de la coppye collationnée seullement, lesdictz droictz estre payez et distribuez audict président Nicolaj par ses simples quictances tant seullement. Car tel est nostre plaisir. En tesmoing de ce nous avons faict mectre nostre scel à cesdictes présentes. Données à Paris, le viij^{me} jour de mai, l'an de grace mil V^c quatre vingtz sept.

CATERINE.

Sur le repli est écrit : Par la Royne mère du Roy : DE LAUBESPINE.

Suit la prestation de serment.

(Originaux. — *Arch. Nicolay*, 13 C 18 et 19 [1].)

[1]. Le P.P. avait obtenu dès le 6 mai un brevet de ces deux charges. (*Arch. Nicolay*, 13 C 17.)

HENRI III.

219.   11 Mai 1587.
SEMONCE POUR LES OBSÈQUES DU P.P. ANTOINE NICOLAY.

Ce jour, Me Charles Bailly, cons^er du Roy et président en la Chambre de céans, assisté des parens et amys de feu Messire Antoine Nicolay, ch^er, cons^er du Roy en son Conseil d'Estat et P.P. en la Chambre, a supplié la Compagnie de faire cet honneur à la mémoire dudit défunt et autres ses parens et amys, d'assister à l'enterrement d'iceluy défunt, qui se fera ce jourd'huy, à trois heures de relevée, en l'église de St-Médéric. A quoy a esté répondu par M. le président Guyot que ladite Chambre fera très volontiers à la mémoire dudit défunt tout l'honneur qu'il luy sera possible. Lesdits parens et amys retirés, a esté ordonné que la Chambre vaquera de relevée, et encore le lendemain tout le jour. Et peu après, les crieurs de cette ville de Paris sont, par permission de la Chambre et au nombre de dix sept, entrés au grand bureau d'icelle, pris place de rang le long et joignant les fenestres qui regardent ledit grand bureau, et ayant par deux fois sonné de leurs clochettes, l'un deux a proféré à haute voix : « Nobles et dévotes personnes, priez Dieu pour l'ame de défunt noble homme Messire Antoine Nicolay, en son vivant chevalier, seigneur de Goussainville et de Presles, conseiller du Roy en ses Conseils d'Estat et privé et premier président en sa Chambre des comptes, lequel est trépassé en son hostel, rue Bourtibourg. Priez Dieu qu'il en ayt l'ame. »

(*Plumitif.*)

---

220.   30 Septembre 1587.
SÉANCE DU CARDINAL DE VENDOME. — CRÉATION D'OFFICES EN LA CHAMBRE.

Discours du cardinal et réponse du président J. Tambonneau.

Harangue de l'avocat général Étienne Pasquier.

Enregistrement de l'édit de création de deux présidents et douze maîtres des comptes, avec protestation que la Chambre n'y donne aucun consentement.

Discours de M. de Bellièvre[1].

(*Mémorial.* — Impr. dans D. Félibien, t. Ier, p. 764 à 770.)

1. Sur de nouvelles remontrances, le roi révoqua l'édit et le remplaça par une création de quatre maîtres, quatre correcteurs, quatre auditeurs et quatre huissiers. (Édit du mois de décembre, impr. dans la collection Mariette.)

---

221.   11 Octobre 1587.
LETTRE DE M. LE FÉRON AU P.P. — AFFAIRES D'ÉTAT.

Monsieur, sy vous prenez plaisir à la lecture de mes lectres, je ne me tiens moings honoré de l'envoy et du subject des vostres; ausquelles satisfaisant en ce que j'ay recognu vous estre plus en recommandacion et contentement, je vous diray que, ce matin, Messieurs les président et procureur général de la Guesle, et autres après eulx, m'ont asseuré que Monsieur Mangot se porte mieulx et est presque hors de dangier. Je vous nomme mes autheurs, d'aultant que l'on faict ordinairement courir divers bruictz de ceulx qui ont des offices, bénéfices ou aultres choses dont la vacation faict remuer les hommes, vous pouvant bien asseurer que les parens et amys dudict s^r Mangot l'ont tenu sy désespéré, que la Royne, nostre maistresse, à leur supplication et requeste, fit une dépesche au Roy pour faire accorder aux veuve et héritiers x^m escus en don, puisque Sa Majesté n'avoit eu agréable la résignation avec dispense des xl jours faicte au proffict de Mr Pasquier. Toutesfois, tenez pour vérité, selon que je l'ay sceu d'homme à qui Mr de Grosbois, beau père dudict s^r Mangot, l'a dict : il se porte mieulx.

Suivant ce que je vous avois escript, hier, sur les neuf heures du matin, Messieurs les archevesque, évesques et aultres des églises cathédralles, couventz et monastaires de Paris et faulxbourgs, comme

St-Victor et les Chartreux, se trouvèrent en la chambre de la royne, où Sa Majesté, présens Messieurs du Conseil dudict seigneur, fit entendre l'estat des affaires de ce royaulme, la nécessité en laquelle il est maintenant réduict, et le besoing auquel Sa Majesté se trouve à présent, pour l'entretènement de l'armée qu'elle a sur les bras pour empescher les desseings des estrangers ennemys, selon que Monsieur le mareschal de Biron, qui pour cest effect avoit esté envoyé par Sa Majesté, leur feroit plus particullièrement entendre. Ledict sr mareschal commença à discourir sur ladicte nécessité, et remarquay en sa harangue ung traict d'homme de guerre, que les gensdarmes et soldatz ne peuvent pas bien obéir sans faire serment, lequel n'est pas aussi par eulx presté sans la paye. Monseigneur le cardinal de Bourbon respondit pour le clergé qu'ilz s'assembleroient ce jourd'hui pour adviser sur ce qui leur estoit possible, afin d'en rendre response à Sa Majesté. L'on m'a dict que l'on mectera en avant des receveurs alternatifs particuliers des décimes, des receveurs généraulx de chacune province et controlleurs généraulx pour lesdictes décimes, attendant la vente des L^m escus de rente.

Messieurs de parlement ont ce jourd'hui esté haranguez par Sa Majesté, afin que de leur part ilz secourrent le Roi par la vériffication des eedictz qui sont par devers eulx. Brief, il ne se parle que de nécessité et faulte d'argent. La création et provision de la Chambre des comptes doibt faire la meilleure partie du secours, mais les prétenduz partisans ne veullent encores conclure et moings estre nommez.

Le Roy est encores à Pithiviers, et doibt demain partir pour aller à Nemours, attendant qu'il saiche la résolution desdictz estrangers, et quel chemin ilz tiendront, estans maintenant vers le passaige de Loire, car ilz ont traversé Seine et Yonne. Monsieur de Guise n'a pas peu les suivre.

C'est tout ce qui me vient en mémoire pour ceste heure, digne de vous escrire. Ce pendant, je vous supplie de m'excuser sy ceste lettre est brouillée, mal ornée et pollie pour vous estre envoyée, mais je suis sy pressé, que je n'ay aultre plus grand loisir de l'estendre et dilater, ny en subject, ny en excuses. Sur l'asseurance desquelles je vous baise très humblement les mains, priant Dieu, Monsieur, qu'il vous donne très longue et heureuse vye. A Paris, le xj^{me} octobre 1587.

Vostre très humble serviteur.
Féron.

(Orig. autographe. — Arch. Nicolay, 13 C 147.)

---

222.   12 *Novembre* 1587.

COMMISSION DE SURINTENDANT DE LA SÉPULTURE DES VALOIS.

Henry, par la grace de Dieu Roy de France et de Polongne, à nostre amé et féal conseiller en nostre Conseil d'Estat et premier président en nostre Chambre des comptes de Paris, Me Jehan Nicolai, sr de Presles, Salut. Comme estant puis naguères décedé nostre amé et féal conser, le sr d'Orville, vostre feu père, qui avoit la charge et superintendance de nostre bastiment que faisons faire en l'église St-Denis en France, pour la sépulture de feu nostre très honoré sr et père le roy Henry, que Dieu absolve, soit à ceste occasion besoing de commectre en son lieu personnaige d'authorité, à nous seur et féable, savoir faisons que nous confians entièrement de voz mérites et intégrité, vous avons commis, ordonné et depputé, commettons, ordonnons et depputons, par ces présentes, avec plain pouvoir, puissance, auctorité et mandement spécial d'ordonner entièrement de la charge, conduicte et superintendance du bastiment de ladicte sépulture, et y vacquer et entendre jusques à l'entière perfection dudict bastiment, conclure et arrester tous les pris et marchez qu'il conviendra pour ce faire avec les maistres entrepreneurs et aultres personnes, de quelque vaccation qu'ilz soient, que verrez estre bons et utiles pour estre emploiez au faict et parachèvement dudict bastiment, veoir, vériffier et faire thoiser par telles personnes capables qu'adviserez tous et chacuns lesdictz ouvraiges, pour savoir s'ilz ont esté bien et deuement faictz selon le devis, pris et marchez qui en ont esté cy devant faictz par vostredict feu père, et ceulx que pouriez faire cy après; ordonner de tous et chacuns les fraiz et despences licites et convenables pour ledict bastiment, les faire paier aux entrepreneurs, ouvriers et autres personnes, selon et à mesure qu'ilz travailleront ou fourniront de mathériaulx et aultres choses, soit par advance, parfaict paiement ou aultrement, ainsy que verrez estre requis et nécessaire, et ce par le trésorier de noz œuvres, édiffices et bastimens, présent et advenir, des deniers que pour ce luy ferons assigner et délivrer, et de ce en signer et expédier voz ordonnances, mandemens, roolles, certiffications et tous aultres acquictz que pour ce seront nécessaires audict trésorier; lesquelz, ensemble lesdictz pris et marchez, nous avons, dès à présent comme pour lors et dès lors comme à présent, validez et auctorisez, vallidons et auctorisons, voullons et nous plaist estre de tel effect et valleur que si par nous avoient esté faictz et arrestez, et qu'en rapportant par ledict trésorier de noz bastimens *vidimus* des présentes, avec lesdictz devis, marchez et thoisez, où besoing sera, ensemble lesdictes ordonnances, rescriptions, roolles, cahiers de fraiz et aultres acquictz par vous signez, certifiez et expédiez, avec les quictances des parties prenantes où elles escherront, nous voullons tout ce à quoy monteront lesdictz fraiz estre passé et alloué en la despence des comptes et rabatu de la recepte dudict trésorier de nosdictz bastimens, présent et advenir, par noz amez et féaulx les Gens de noz comptes à Paris, ausquelz nous mandons ainsy le faire faire sans difficulté. Car tel est nostre plaisir. Donné à Paris, le xij^{me} jour de novembre, l'an de grace mil V^c quatre vingtz sept, et de nostre reigne le quatorziesme.

Par le Roy en son Conseil : GUYBERT.

(Original. — Arch. Nat., *Cartons des Rois*, K 102, n° 2⁴.)

---

223. (*Novembre 1587.*)
LETTRE DU P.P. A LA REINE-MÈRE. — SÉPULTURE DES VALOIS.

Madame, puisqu'il a pleu à Vostre Majesté me tant honorer que de me continuer la charge que feu mon père avoit en vostre bastiment de la sépulture, je ne veulx obmectre une seulle occasion de vous y servir, toutesfois avec tel respect à Vostre Majesté, que je ne m'advanceray d'y entreprandre chose aucune que par vostre congé et permission et avec l'obéissance que je doibz à voz commandemens. Madame, Vostre Majesté se souviendra, s'il luy plaist, que les marbres qui furent amenez de Rouen pour estre employez à la construction de ladicte sépulture, furent mis en despost à St-Denys et baillez en guarde à feu monsieur le grand prieur, dont il bailla son récépissé conforme à l'inventaire qui en fust faict dès lors, pour y avoir recours quant il en seroit besoing et par ce moien obvier qu'il ne s'y commist aucun désordre ou larcin. A quoy ledict sieur grand prieur a eu l'œil tandis qu'il a vescu, et après luy ung homme d'esglise séculier demourant à St-Denys, lequel je trouvé, après le décès de feu mon père, s'entremectre de ceste charge et tenir le controlle des journées des ouvriers, suivant le commandement que Vostre Majesté luy en avoit faict. Et d'aultant, Madame, qu'il est décédé depuis naguères, et que j'ay estimé estre à propos renouveller l'inventaire des marbres qu'il avoit en sa guarde, pour veoir quelles pièces ont esté employées et celles qui restent en nature en l'astellier, j'ay retiré les pappiers qu'il avoit en sa possession concernant la sépulture, aussi tost que le soubpçon qui estoit en sa maison du mauvais aer en a esté hors, et eusse jà vacqué à faire faire l'inventaire et thoisé desdictz marbres, n'eust esté que je ne l'ay voulu entreprandre sans la licence et commandement exprès de Vostre Majesté, que j'actenderay pour m'i employer avec toute la fidelité qu'il me sera possible, recevant à très grand heur, Madame, de vous pouvoir servir en cest endroict, comme en tous aultres où il plaira à Vostre Majesté m'honorer de ses commandemens.

Madame, je prie Dieu donner à Vostre Majesté très heureuse et très longue et contante vye.

De Paris, ce

Vostre très humble, très obéissant et très soubmis serviteur et sujet.

(Minute originale. — Arch. Nat., *Cartons des Rois*, K 102, n° 2¹⁴.)

224.

12-23 Mai 1588.
JOURNÉE DES BARRICADES. — DÉPART DU ROI.

Du jeudy 12me may 1588.

Ce jour, est venu à la Chambre Dubut, valet de chambre du Roy, qui a dit avoir commandement dudit seigneur de dire à ladite Chambre que les officiers d'icelle fissent leurs charges et fonctions comme ils avoient accoutumé, et ne différassent sous ombre des forces que S. M. avoit ce matin fait mettre en armes en aucunes des places de cette ville, ce qui estoit seulement pour favoriser une recherche qui se devoit faire l'après disnée d'aucuns malveillans à son service.

Et sur les dix heures dudit jour fut rapporté à Messieurs que le peuple de cette ville s'émouvoit et s'armoit, occasion que Messieurs avisèrent se retirer chacun en son quartier. Et s'estant ladite émotion augmentée de sorte que l'après disnée tout estoit en armes, ce qui auroit encore continué le jour suivant, lesdits sieurs n'auroient pu venir en ladite Chambre que le samedy 14me dudit mois, où ils entendirent le départ du Roy de cette ville le jour précédent, de relevée. Sur quoy ils avisèrent de députer par devers la reine mère dudit seigneur MM. Nicolay et Tambonneau, présidens en ladite Chambre, pour, au nom de la Compagnie, luy faire entendre le regret et déplaisir du soudain départ de S. M. sans avoir reçu ses commandemens, et, en son absence, alloient vers elle pour recevoir les siens. Ce qu'ils firent à l'instant, s'estant transportés en l'hostel de ladite dame.

Du lundy 16me may 1588.

Ce jour, le sr Nicolay, P.P., séant au bureau, a rapporté que, ledit jour de samedy, il, assisté dudit sr Tambonneau, aussy président, fut trouver ladite dame reine, à laquelle il fit entendre la charge qu'il avoit de la Compagnie, et l'auroit suppliée de leur faire entendre, en l'absence du Roy, ce que la Chambre avoit à faire à l'avenir. Laquelle leur dit qu'elle leur feroit la mesme réponse qu'elle avoit faite aux députés de la Cour de parlement, qui estoit que le Roy luy avoit mandé qu'il ne s'en estoit point allé pour les laisser et abandonner, et entendoit qu'ils entrassent en ladite Chambre pour faire leurs charges et fonctions comme ils avoient accoutumé et comme faisoit le parlement, les assurant qu'elle ne bougeroit de cette ville; que de sa part, elle feroit ce qu'elle pourroit pour leur conservation, connoissant le bon zèle qu'ils avoient au service de S. M.

Et après, ledit sr P.P. auroit proposé à la Compagnie qu'il avoit entendu que le parlement avoit député vers le Roy aucuns d'entre eux, comme aussy le Grand Conseil, et qu'il seroit à propos que ladite Chambre fist de mesme. L'affaire mise en délibération, la Chambre a député MM. Guyot, président, du Hamel et le Grand, maistres, et le procureur général dudit seigneur, pour aller trouver S. M. et luy témoigner à bouche le regret et déplaisir de son si soudain départ, ensemble pour recevoir ses commandemens et luy rendre l'honneur et l'obéissance telle que lui doivent ses très humbles sujets, officiers et serviteurs. Et a aussy esté avisé, avant le départ desdits srs députés, le faire savoir à ladite dame reine; auquel effet seroient partis pour l'aller trouver en son hostel lesdits srs Nicolay et Guyot, présidens, du Hamel et le Grand, maistres, et ledit procureur général.

Et ledit jour, de relevée, ledit sr Nicolay, P.P., a rapporté qu'ayant fait entendre à ladite dame reine la résolution que ladite Chambre avoit prise de députer vers S. M., elle l'avoit eu très agréable, les avoit assurés qu'elle ne bougeroit de cette ville et embrasseroit toujours leur conservation, les priant de demeurer en cette bonne volonté qu'ils avoient de servir le Roy, d'y continuer et faire leur charge à l'accoutumée, et semondre et entretenir leurs amys de pareille bonne affection envers S. M.

Du lundy 23me may 1588.

Ce jour, Me Antoine Guyot, sr de Charmeaux, conser du Roy et président en sa Chambre des comptes, séant au bureau, a rapporté que, suivant ce qui avoit esté arresté par ladite Chambre, il partit de cette ville le 16me dudit mois, assisté de Mes Louis du Hamel et Jean le Grand, aussy consers dudit seigneur et maistres ordinaires de ses comptes, et du procureur général dudit seigneur en ladite Chambre, pour s'acheminer en la ville de Chartres, vers S. M., où ils arrivèrent le 18me ensuivant, sur les heures de relevée. Et ayant premièrement vu et conféré avec Mgr le chancelier, les srs de Villeroy, secrétaire d'Estat, et de Bellièvre, conser au Conseil d'Estat de S. M., ledit sr chancelier leur dit qu'il les présenteroit et feroit parler audit seigneur quand ils voudroient. Et, de fait, le lendemain matin, 19me dudit mois, s'estant trouvés en l'hostel de S. M., où elle voulut tenir Conseil avant que donner audience, sur les dix heures, les sieurs dudit Conseil sortis, ledit seigneur les fit appeler. Auquel s'estant présentés, ledit sr président, assisté desdits srs du Hamel, le Grand et dudit procureur général, ayant mis un genou en terre, ledit seigneur luy auroit dit et répété par trois fois qu'il se levast, ce que ledit président n'auroit fait jusques à ce que, ayant commencé à dire audit seigneur que « les officiers de sa Chambre des comptes, ses très humbles et très obéissans sujets et serviteurs, les avoient députés par devers S. M., » ledit seigneur luy auroit encore dit qu'il se levast. Et lors s'estant, luy et lesdits sieurs qui l'accompagnoient, levés, auroit suivi, et dit audit seigneur que ses officiers de sa Chambre des comptes, ses très humbles sujets et serviteurs, les avoient députés vers S. M. pour luy témoigner la douleur et regret qu'ils avoient pour se voir privés de l'honneur de sa présence sans avoir reçu ses commandemens, et aussy pour luy représenter l'entière dévotion que tous sesdits officiers, assemblés par délibération solennelle, avoient de demeurer à son service, se représentant que, pour l'obligation de leurs charges et offices, ils estoient beaucoup plus étroitement liés avec S. M. que nuls autres, tant à la conservation de sa dignité et majesté royale, comme pour la manutention de son Estat; le suppliant, ainsy que le prophète David, que, comme avec pleurs et gémissemens ils estoient venus se présenter à S. M., luy apportant le fruit de leurs semences, qui estoient les offres et protestation de leur fidèle service, ils pussent retourner récréés du bon visage de S. M., avec quelque exaltation et consolation. Auxquels ledit seigneur auroit dit que le plus grand désir qu'il avoit eu en sa vie, avoit esté de tirer l'obéissance de ses sujets par humanité et douceur, et principalement de ceux de sa ville de Paris, qu'il avoit aymée voire avec passion et jalousie, comme il avoit montré par sa présence et ordinaire demeure en ladite ville, dont tous estats s'estoient ressentis, les mécaniques et artisans y avoient gagné leur vie, le marchand débité sa marchandise, et un grand nombre des autres s'estoient ressentis de sa libéralité et bienfait. Et quant à ce qui estoit advenu en ladite ville, il n'en attribuoit la cause à beaucoup de gens de bien qui y estoient, et encore qu'il eust esté fort offensé, toutefois que, par l'exemple de Dieu, à l'image et moule duquel il estimoit les Roys estre composés, préférant la clémence à la rigueur, il avoit les bras ouverts pour, si on luy demandoit la grâce, l'accorder; mais, si on ne lui rendoit la satisfaction et reconnoissance qui luy estoit due, comme au seigneur souverain, il avoit le bras assez fort, le courage assez grand et de bons serviteurs pour se faire reconnoistre par la force, la voye de laquelle il ne tenteroit toutefois qu'à l'extrémité. Estoit bien ayse d'entendre la bonne volonté de ses officiers de sa Chambre des comptes, et les prioit de luy demeurer fidèles serviteurs.

A quoy ledit sr président luy auroit dit qu'il cautionnoit et assuroit la présente protestation, outre la religion du serment de fidélité qu'ils avoient de tout temps presté à S. M., et que, en la délibération qui avoit esté prise en ladite Chambre, il ne s'estoit remarqué qu'une union de volontés, dont il avoit charge d'assurer S. M. A laquelle il auroit encore dit que, après son départ, la reine mère, comme ayant charge de S. M., avoit fait entendre à ladite Chambre qu'elle eust à continuer son exercice à l'ordinaire; sur quoy ladite Chambre désiroit estre éclaircie de la volonté dudit seigneur. Lequel leur auroit dit que son intention estoit qu'ils continuassent et fissent ce que ladite dame leur diroit, se présentant quelque difficulté; à laquelle, tant qu'elle demeureroit à Paris, il avoit donné tout pouvoir.

Et sur les cinq heures du mesme jour, ledit sr président, avec lesdits sieurs qui l'assistoient, seroient allés prendre congé de S. M., laquelle leur auroit répété les mesmes paroles qu'elle avoit fait la matinée. Et le lendemain au matin, 21.me dudit mois, seroient partis de ladite ville de Chartres.

(*Plumitif*.)

225.   20 Mai 1588.
ENREGISTREMENT ET RESTRICTION DES DONS. — RÈGLEMENT
POUR LES COMPTANTS.

(*Mémorial.* — Impr. dans la collection Mariette.)

---

226.   1ᵉʳ Juin 1588.
RÉCEPTION D'UN ANCIEN MARCHAND.

Ledit jour, Mᵉ Étienne Pasquier, avocat général du Roy, pour le procureur général dudit seigneur, prenant ses conclusions sur les lettres de provisions de Mᵉ [Guillaume] de Caen, pourvu de l'un des quatre offices de maistre ordinaire en la Chambre dernièrement créés, a conclu, pour le général, que les marchands ne soient cy après admis aux offices de la Chambre, et, pour le particulier dudit de Caen, que si la vérité est qu'il ayt esté quatre ans sans faire l'exercice de la marchandise, que la porte ne luy soit point fermée ; et a requis qu'il en soit informé.

(*Plumitif.*)

---

227.   14 Juillet 1588.
LETTRE DU ROI A LA CHAMBRE. — RÈGLEMENT DE FINANCES.

De par le Roy. Nos amés et féaux, désirant, pour quelque bon ordre, pourvoir et remédier à plusieurs abus qui se sont commis depuis quelques années au maniement et distribution de nos finances, à la grande foule du peuple et diminution d'icelles, nous voulons, vous mandons et très expressément enjoignons, par la présente signée de nostre main, qu'ayez à députer trois ou quatre d'entre vous, pour, par eux repris les édits et ordonnances faites par nos prédécesseurs Roys de France de bonne mémoire, que Dieu absolve, et nous, sur le fait et ordre au maniement de nosdites finances, ils ayent à dresser quelque bon règlement, que nous envoyiez clos et scellé, pour, iceluy vu en nostre Conseil, ordonner ce qu'aviserons estre à faire au bien de nostre service et soulagement de nos sujets. A quoy, toutes choses cessantes, vous vaquerez, sur tant que vous tenez cher et en recommandation le bien de nos affaires. Car tel est nostre plaisir. Donné à Rouen, le 14ᵐᵉ jour de juillet 1588 [1].

HENRY.
BRULART.
(*Mémorial.*)

[1]. A cette lettre est jointe une pièce intitulée : *Avis que la Chambre donne au Roy suivant ses commandemens et lettres de S. M., pour pourvoir aux abus et désordres nouvellement introduits en ses finances*; datée du 12 août, et signée : Nicolay, le Fèvre, du Hamel, Binot, Thibault, Gelée, de Kerquifinen.

---

228.   29 Juillet 1588.
ÉDIT D'UNION.

Ce jour, la Chambre, les deux semestres assemblés, ayant délibéré sur l'édit de l'Union présenté le jour d'hier par le procureur général du Roy, a ordonné qu'il sera lu, publié et registré, ce requérant le procureur général du Roy, portes ouvertes et les consᵉʳˢ correcteurs, auditeurs, huissiers, procureurs et autres estant du corps de ladite Chambre, mandés au bureau ; à la charge que, le plus tost que faire se pourra, l'estat des deniers qui ont esté pris tant aux recettes générales, particulières, fermiers, comptables et autres, depuis le 12 may dernier, sera mis au greffe de ladite Chambre, pour servir de controle à ceux qui prétendront leur décharge.

Et à l'instant, lesdits cons^{ers} correcteurs, auditeurs, huissiers et autres estant en ladite Chambre ont esté mandés, et en leur présence ledit édit a esté lu et publié par Me Robert Danès, greffier en ladite Chambre. Ce fait, Me Jean Tambonneau, cons^{er} du Roy et président en icelle, qui ledit jour présidoit, s'estant mis de genoux, a juré sur les Saints Évangiles, entre les mains de Me Antoine Guyot, aussy président, d'observer le contenu audit édit; comme aussy consécutivement ont fait ledit s^r Guyot et autres officiers, tant présidens, maistres, correcteurs, auditeurs, procureur du Roy, greffiers et huissiers de ladite Chambre; et, pour confirmation dudit acte, l'ont signé en un role en parchemin.

(*Plumitif.*)

229.   23 Août 1588.
LETTRE DE LA REINE-MÈRE AU P.P. — ENREGISTREMENT DE DON.

Monsr le président, le s^r de la Roche, qui est à moy, s'en va par delà poursuivre à la Chambre des comptes la vériffication du don de la somme de quatre mil escuz qu'il a pleu au Roy monsieur mon filz luy faire en ma faveur et considération et en contemplation des bons et agréables services qu'il luy a faictz, comme il faict et continue encores chacun jour. Et d'aultant que je désire l'assister et favoriser en tout ce qu'il m'est possible, en considération des services qu'en mon particulier il m'a faictz et faict ordinairement, je vous prie voulloir, pour l'amour de moy et de la bien affectionnée prière que je vous fais, tenir la main, ainsy que je me promectz que vous ferez, à ce que ladicte Chambre, sans difficulté, procede à la vériffication de sondict don, suivant et conformément à l'intention du Roy mondict filz, remonstrant de ma part à ladicte Chambre l'honneur que ledict s^r de la Roche a de servir ordinairement le Roy mondict filz et moy en plusieurs charges et occasions qui luy sont par nous commises et desquelles il s'acquicte très dignement, qui le rend très recommandable et méritant ce bienfaict. Vous asseurant que, pour l'amitié et bonne volunté que je luy porte, vous ferez chose qui me sera très agréable, pour l'envye que j'ay de le veoir jouissant de ce bienfaict, qui luy a, comme dict est, en ma considération esté accordé. Je prie Dieu, Monsr le président, vous avoir en sa saincte garde. Escript à Chartres, le xxiiij^{me} jour d'aoust 1588.

                                                                                               CATERINE.

(*Autog.*) Je vous prye ne fayre sy faulte de le fayre véryvyer.   DE LAUBESPINE.

(*Original.* — *Arch. Nicolay*, 18 L 2.)

230.   14 Novembre 1588.
REMONTRANCES PRÉSENTÉES AUX ÉTATS DE BLOIS.

La Chambre, après avoir entendu l'avertissement donné par lettres de M^r le président Tambonneau de ce qui se propose aux Estats contre ladite Chambre, ayant, les deux semestres assemblés, délibéré ce qu'il sera à propos d'y remonstrer, a arresté qu'il sera écrit audit s^r Tambonneau et à Messieurs qui sont en cour qu'il n'est expédient d'entrer en aucune ouverture ou capitulation d'une somme limitée pour tous gages et épices de chacun président, maistre ou autres officiers; au contraire, qu'il sera remonstré aux députés desdits Estats le fondement que la Chambre a de prendre ses épices, par lettres patentes du feu roy Louis XII, de l'an 1511, lesquelles ne se sont augmentées qu'à mesure de la création des officiers de la Chambre, et que ladite Chambre se contente de prendre ses épices et droits à la façon ancienne des prédécesseurs.

(*Plumitif.*)

Le 26 du même mois, le roi ayant fait demander par Me Barthélemy, conseiller maître, les comptes du domaine rendus à la Chambre depuis l'an 1500, à raison d'un par dix années, pour que les États pussent s'éclairer sur la consistance et le revenu du domaine, la Chambre fit remettre les comptes des recettes ordinaires de la généralité de Paris, avec les états ; mais elle objecta l'impossibilité de fournir ceux des autres généralités.

Le 13 décembre, le procureur général demanda et obtint commission « pour faire amener et conduire en la Chambre ceux que l'on prétend avoir fait les prests de plusieurs grandes sommes de deniers employées au compte de l'Espargne 1586, lesquels sont notoirement pauvres, pour estre interrogés par leur bouche sur la vérité d'iceux prests, et ordonner qu'il sera informé des mauvaises pratiques dont on a usé auxdits prests. » Le travail, extraits et remontrances, fut fait par l'auditeur Boucherat, et, le 23 du même mois, deux maîtres et l'auditeur rapporteur de ce compte (rendu par Jacques le Roy) le portèrent à Blois, pour faire voir au roi, en compagnie des présidents Tambonneau et Guyot, les difficultés de la vérification.

Le 9 janvier suivant, la Chambre députa encore le président Bailly et les conseillers Aymeret et de Saint-Germain pour aller à Blois, si l'assemblée de l'hôtel de ville décidait d'envoyer une députation au roi.

---

231. 26 Janvier 1589.
PRIÈRES ET PROCESSION POUR LA PAIX.

Ledit jour, la Chambre a arresté et avisé que, les jours de lundy et jeudy de chacune semaine, elle fera prières à Dieu pour la tranquillité et repos de ce royaume. . . . .

Et suivant ce, ladite Chambre, en corps, se seroit, cedit jour, entre neuf et dix heures, acheminée en ladite Ste-Chapelle, de laquelle, avec le clergé d'icelle, elle seroit partie à l'instant et assisté à ladite procession, qui auroit passé par la galerie des Merciers, descendu les grands degrés du Palais, sortie par la principale porte de la cour du Palais et rentrée par l'autre, seroit retournée en ladite Ste-Chapelle, en laquelle la grand'messe auroit esté célébrée, ladite Chambre y assistant en corps.

(Plumitif.)

---

232. 27 Janvier 1589.
FUNÉRAILLES SOLENNELLES DE MESSIEURS DE GUISE.

Messieurs Rolland et Cotteblanche, échevins de Paris, et Brigard, procureur du Roy de ladite ville, accompagnés d'un bon nombre de bourgeois d'icelle, sont venus à la Chambre, et, entrés au bureau, ledit Roland a dit que ladite ville, se sentant en particulier grandement obligée à feus MM. les cardinal et duc de Guise, naguères meurtris et assassinés à Blois, l'assemblée des Estats généraux tenant, comme en général tout ce royaume, pour les rares vertus et piété dont eux et leurs prédécesseurs estoient doués, ayant plusieurs fois exposé leurs biens et leur vie pour la défense de nostre religion et de cet Estat, comme récemment ils en auroient fait preuve, au grand avantage de ce royaume, contre l'armée des étrangers conduite par les hérétiques, avoit arresté de rendre à la mémoire desdits défunts le dernier honneur qui estoit dû à leurs mérites, faisant faire leurs obsèques et funérailles en l'église Nostre Dame de Paris ; à cette cause, prioit la Chambre de vouloir assister en corps, comme toutes les autres Cours, dimanche prochain, en ladite église Nostre Dame, aux vigiles, et le lendemain au service que ladite ville y faisoit célébrer pour les ames desdits défunts sieurs princes. A quoy par M. le P.P., séant au bureau, après avoir discouru sur les vertus et mérites desdits feus sieurs princes, a esté dit que la Chambre assisteroit volontiers aux service et prières qui se devoient faire pour les ames desdits défunts, et rendroit à leur mémoire les honneurs et devoirs accoutumés.

Eux retirés, peu après seroient entrés au grand bureau les crieurs de cette ville, au nombre de vingt trois, vestus de robes de deuil, avec les armoiries desdits feus sieurs au devant et derrière de leurs robes, et ayant sonné par deux fois leurs clochettes, l'un d'iceux, un peu plus avancé que les autres, a prononcé à haute voix ces mots : « Nobles et dévotes personnes, priez Dieu pour les ames d'illustrissime et révérendissime prince et prélat Louis, cardinal de Guise, archevesque et duc de Reims, premier pair de

France, élu président de l'ordre ecclésiastique en l'assemblée des Estats généraux tenus à Blois; et de très haut, très puissant, très magnanime et illustre, belliqueux, victorieux Henry de Lorraine, duc de Guise, pair et grand maistre de France, gouverneur de Brie et Champagne, lieutenant général du Roy en toutes ses armées, lesquels ont esté cruellement et inhumainement meurtris et assassinés, pour soutenir et défendre le service de Dieu et la chose publique, en la ville de Blois, à savoir : ledit s^r duc de Guise, le vendredy 23me jour de décembre, et ledit s^r cardinal, le samedy 24me jour dudit mois dernier passé, y estant l'assemblée desdits Estats généraux; pour les ames desquels et obsèques en l'église de Paris, dimanche, après midy, seront dites vespres et vigiles des morts, pour y estre le lendemain fait le service solennel. Priez Dieu qu'il en ayt les ames. »

(Plumitif.)

1. Le 17 juin, la Chambre députa un président, sept maîtres, deux correcteurs et six auditeurs aux obsèques de M. de Roncherolles-Menneville, tué devant Senlis « pour la défense de la cause de Dieu et de la religion catholique. »

---

233.   3 *Février* 1589.
SERMENT DE LA LIGUE ET CONSEIL GÉNÉRAL DE L'UNION.

Ledit jour, la Chambre, les deux semestres assemblés, lecture faite de la forme du serment apporté le jour de mercredy, 1er février, après avoir ouï le procureur général du Roy en ses conclusions, a trouvé ladite forme de serment d'Union très bonne et ordonné qu'elle sera jurée par les officiers d'icelle sur les Saints Évangiles ; et ayant mandé au bureau les cons^ers correcteurs et auditeurs estant en ladite Chambre, leur a fait entendre ladite résolution et fait faire lecture de ladite forme de serment.

Et à l'instant mesme, Messire Jean Nicolay, ch^er, P.P. en ladite Chambre, se levant de sa place, les genoux en terre et les mains mises sur les Saints Évangiles, a juré selon la forme dudit serment l'observation de ladite Union, et après luy consécutivement les présidens, cons^ers maistres, correcteurs, auditeurs, procureur général, greffiers et gardes des livres estant lors en icelle Chambre ; lesquels, pour témoignage de ce, ont chacun d'eux soussigné le role demeuré au greffe d'icelle Chambre.

(Plumitif.)

Le 11 du même mois, deux échevins vinrent inviter la Chambre à participer à « l'établissement d'un Conseil qui résidera en cette ville pour le maniement des affaires importantes qui se présenteront doresnavant, tant pour l'Estat, que pour les finances. » Dans les séances suivantes, on enregistra les règlements de police et de finances dressés à l'hôtel de ville, ainsi que le « role et liste des noms des princes catholiques et gens du Conseil général pour pourvoir à l'entretènement de l'Union et conservation de la R. C. A. et R. et de l'Estat. » Le 27 février, les mêmes échevins demandèrent qu'on envoyât des députés à « l'assemblée générale qui se fait pour aviser des suretés qu'on pourra donner à ceux qui feront prest de deniers pour subvenir à la nécessité des affaires. »

---

234.   *Février* 1589.
ÉDIT ET DÉCLARATION ROYALE TRANSFÉRANT LA CHAMBRE A TOURS.

24 *Mars* 1589.
INSTALLATION DE LA CHAMBRE A TOURS.

(*Mémorial.* — Impr. dans D. Félibien, t. Ier, p. 779 à 782.)

---

235.   *Mars* 1589 (*à Tours.*)
CRÉATION D'OFFICES EN LA CHAMBRE.

Création de quatre maîtres des comptes, deux correcteurs et quatre auditeurs, pour compléter la Chambre de

Tours; à charge de suppression de pareil nombre d'offices des conseillers qui ne se rendront pas à leur poste dans le délai fixé.

Enregistré à charge que, tant que les troubles dureront, il ne sera pourvu à aucun office vacant par mort ou forfaiture.

(*Mémorial.* — Impr. dans la collection Mariette.)

236.
8 *Avril* 1589.
QUITTANCE DE PRÊT A L'UNION.

Je, Françoys de Vigny, receveur de la ville de Paris, confesse avoir receu comptant de Messire Jehan Nicolay, sieur de Goussainville, la somme de mil escuz sol, en quartz d'escuz et testons, dont ledict sieur a faict prest pour partie de la somme de xxiiij^m escuz, pour subvenir à la délivrance de Monsieur le prévost des marchans de Paris, icelle somme de mil escuz sol ordonnée estre mise en mes mains suivant le mandement du Conseil général de l'Union, datté du vj^{me} jour du présent mois. Laquelle je luy prometz rendre et payer des deniers qui me seront ordonnez et dont me sera faict fondz par Messieurs les prévost des marchans et eschevins de ladicte ville. Faict à Paris, le huictiesme jour d'avril mil V^c quatre vingtz neuf. Et est asçavoir que j'ay faict et expédié pareille et semblable quictance que la présente audict sieur, laquelle et icelle ne serviront que d'un seul et mesme acquict.

DE VIGNY.

(Original. — *Arch. Nicolay,* 13 C 53.)

237.
21 *Avril* 1589.
CONSEILLER DEMANDÉ PAR L'UNION POUR ALLER EN MISSION.

Ledit jour, les s^{rs} de Machault, conseiller au parlement, et le Beauclerc, trésorier général de France en Picardie, conseillers au Conseil général de l'Union, sont venus à la Chambre; et entrés, ayant pris place au banc d'en bas, au dessous des cons^{ers} maistres, ledit s^r de Machault a dit avoir charge du Conseil général de faire entendre à ladite Chambre qu'estant très grand besoin, pour les affaires qui se présentent en Champagne pour le fait des finances, d'y envoyer quelqu'un suffisant, capable et versé aux affaires desdites finances, il avoit semblé audit Conseil que telle connoissance dépendoit de la fonction de ladite Chambre; à cette cause, avoit avisé de la prier, comme il faisoit de la part dudit Conseil, de nommer un des cons^{ers} maistres en icelle pour s'y acheminer promptement, d'autant que l'affaire requéroit célérité et y avoit danger que, si de bref il n'y estoit pourvu, les deniers, qui se montoient à notables sommes, seroient divertis au préjudice du bien public, et notamment de cette ville. Outre laquelle prière, il avoit charge dudit Conseil de dire à la Chambre qu'après ladite nomination, elle usast de l'autorité qu'elle avoit sur les officiers d'icelle pour contraindre celuy qui seroit nommé d'accepter la charge, comme faisoit la Cour, laquelle, quand elle avoit nommé quelqu'un des conseillers pour aller en commission et qu'il estoit passé par délibération, se faisoit obéir; en quoy ladite Chambre avoit pareille autorité sur les officiers d'icelle. Et ce faisant, ledit Conseil assuroit celuy qui seroit nommé de le faire conduire, avec le s^r de Menneville et ses forces, jusqu'en lieu d'assurance tel qu'il désireroit, et qu'il seroit content et satisfait, et prenoit sa maison en sa protection et sauve garde. A quoy a esté dit par Mgr le P.P. que, ce matin, la Chambre ayant entendu le mesme par M^r le Fèvre, président, il avoit mis ladite nomination en délibération, mais que, pour le regard de la contrainte, ladite Chambre estimoit qu'elle n'avoit cette autorité, ains de faire faire par les officiers d'icelle le dû de leurs charges durant le temps qu'ils doivent le service; bien les pourroit elle prier et semondre par bonnes raisons, comme elle feroit très volontiers, pour le désir qu'elle avoit du bien des affaires, estant en ce joints avec lesdits sieurs du Conseil; et que, de relevée, elle en résoudroit. Et, par parenthèse, auroit dit qu'il avoit esté fait plainte à ladite Chambre de ce que on avoit

HENRI III.

esté en la maison d'aucuns des consers maistres en icelle, fouiller avec gens et maçons, ce qui ne se pouvoit faire sans grand scandale des voisins, auxquels en ce temps, à la moindre occasion, quelque personne d'honneur et de bonne vie que ce soit, il demeure une opinion sinistre; ce qui avoit dégousté plusieurs de faire ce voyage, craignant que, durant leur absence, il ne leur advinst de mesme. A cette cause, les prioit d'en parler à Messieurs du Conseil, afin de n'ordonner à l'avenir semblables commissions, mais, désirant quelque chose d'aucuns des officiers d'icelle, les mander par devers eux.

(*Plumitif*.)

238.   26 Juin 1589.
COMMISSION POUR LA VENTE DES BIENS DES PROTESTANTS.

Ce jour, de relevée, la Chambre a ordonné à Me Jean Gosset, l'un des gardes des livres d'icelle, de délivrer à Me   Fontanon, procureur en la Chambre établie au Trésor pour la vente des biens de ceux de la R. P. R., autant des clefs servant aux deux premières portes de la chambre appelée la *chambre de la Reine*, pour servir tant que la commission durera, à la charge de rendre lesdites clefs en fin d'icelle commission.

(*Plumitif*.)

239.   19 Juillet 1589.
LETTRE DU ROI AU P.P. — DEMANDE DE PRÊT.

Monsr le président, il n'y a personne qui puisse mieux que vous sçavoir l'estat de mes affaires et comme, pour subvenir aux grandes despences que j'ay sur les bras, j'ay besoing du secours de mes bons subjectz pour réprimer l'effrontée témérité de ceux qui ne tendent qu'à la subvertion et usurpation de ceste monarchie, par la plus horible et détestable confuzion dont il ait esté jamais mémoire, comme ilz ont desjà bien commancé. Je vous prie de me secourir en ceste urgente nécessité de la somme de six mil escus, par forme de prest, dont je me pourray servir à l'endroict de ceux qui plus me presseront de leur paiement, affin d'en tirer plus longue assistance et les contenir en telle police et modestie, que mon peuple en reçoive moings d'incommodité. A quoy vous n'aurez perte que de l'attente, car mon intention est de vous en faire rembourser si tost que j'en auray le moyen. Tant plus l'on s'esvertuera, tant plus je congnoistray la bonne volonté que l'on a en mon endroict et au salut de ce royaume, à quoy chacun doibt travailler et apporter tout ce qui est en sa puissance, pour estre tant plus tost délivré des misères qui aultrement l'accableront, et affin de parvenir à quelque bon et heureux repos, à la conservation des gens de bien et à l'entière ruyne de ceux qui seront recongneuz adhérens et proditeurs de leur patrie. Priant sur ce Nostre Seigneur vous avoir, Monsr le président, en sa saincte et digne garde. Escrit au camp devant Pontoise, le xixme jour de juillet 1589.

(*Autog.*) Je connoitray an sessy l'afection que vous m'y portés.

HENRY.
Ruzé.

(Original. — *Arch. Nicolay*, 19 L 1.)

240.   18 Août 1589 (à Tours.)
ASSASSINAT DU ROI HENRI III.

Cedit jour, Me Pierre Habert, conser notaire et secrétaire du Roy, de la maison et couronne de France et de ses finances, est venu en la Chambre, de la part de MM. les cardinaux de Vendosme et de Lenoncourt et autres du Conseil établi par S. M. à Tours, prier la Compagnie de se trouver dimanche prochain, 20me dudit mois d'aoust, en l'église de Monsieur St-Gatien de Tours, pour assister aux vigiles qu'ils feront faire ledit jour, après vespres, en ladite église et le dimanche ensuivant, 27mo dudit mois, en l'église de Monsieur St-Martin de Tours, pour l'ame de défunt très chrestien roy de France et de Pologne Henry, troisième du nom, que Dieu absolve, assassiné au milieu de son camp et armée, estant à St-Cloud lès Paris, et dans son cabinet, d'un coup de couteau, par un religieux des Jacobins de Paris, nommé Jacques Clément, natif de Sens, le [1er] dudit mois, à sept heures du matin ou environ, que S. M., se confiant par trop à telles gens, auroit voulu faire entrer audit cabinet pour savoir plus particulièrement ce qu'il avoit à luy faire entendre en secret qui importoit grandement le bien de ses affaires et service; lequel, au lieu de ce faire, poussé du malin esprit, après luy avoir seulement présenté quelques lettres supposées, et feignant luy vouloir dire sa créance, luy a traitreusement donné ledit coup, d'un couteau qu'il avoit tiré de sa manche. Lequel religieux à l'instant fut tué dans ledit cabinet par le s^r de Bellegarde, son grand écuyer, et autres estant en iceluy. Auquel défunt roy Henry, quatrième du nom, roy de Navarre, a succédé.

(*Mémorial.*)

241. — 28 *Août* 1589.
MESURES PRISES PAR L'UNION CONTRE LES ABSENTS.

Ledit jour, Me Robert Danès, greffier en la Chambre, a dit à Messieurs, au bureau, que Léonard Radot, huissier du Conseil général de l'Union des catholiques, luy avoit baillé à la porte un arrest dudit Conseil, par lequel mesdits sieurs sont priés de ne recevoir à l'exercice de leurs estats ceux de ladite Chambre qui s'estoient absentés de cette ville, autres que M. le président Nicolay, ou qui ont eu mainlevée des défenses qui ont esté faites d'exercer, jusques à ce qu'autrement en ayt esté ordonné, et enjoint audit Danès de le présenter auxdits sieurs et bailler acte de la réception audit huissier. Lecture faite duquel arrest, la Chambre ayant sur ce délibéré, a ordonné que ledit Me Robert Danès baillera certification comme il a reçu l'arrest dudit huissier, lequel il a présenté à Messieurs, au bureau. Et outre ce, ladite Chambre a ordonné que les deux semestres seront assemblés pour en délibérer au premier jour [1].

(*Plumitif.*)

[1]. Cette signification avait été refusée la veille, sous prétexte qu'elle n'était pas adressée à la Chambre. Le 18 du même mois, il avait été arrêté que les officiers du semestre absents seraient maintenus au rôle, mais non payés, tant qu'il n'aurait pas été vérifié s'ils étaient en leurs maisons des champs ou ailleurs.

242. — 17 et 18 *Mars* 1590 (à *Tours*).
RÉJOUISSANCES POUR LES VICTOIRES DU ROI.

Ce jour, entre huit et neuf heures du matin, Me Claude Marcel, cons^{er} du Roy, intendant et controleur général de ses finances, est venu en la Chambre, de la part de MM. les cardinaux de Vendosme et de Lenoncourt et gens du Conseil dudit seigneur estant en cette ville de Tours, pour faire entendre à ladite Chambre comme lesdits seigneurs présentement avoient eu lettres de S. M. comme, le mercredy 14me dudit mois, il avoit donné la bataille et remporté telle victoire sur ses ennemys, que la plupart principalement des étrangers y seroient demeurés morts ou rendus, et le reste en vau de route, avec tel épouvantement, qu'il ne pouvoit encore assurer où estoient fuis les chefs de leur armée, principalement le duc de Mayenne, le duc de Nemours et chevalier d'Aumale, et que, dans peu de jours, S. M. leur en manderoit les particularités, et qu'en attendant, l'on fist prières publiques et procession générale pour remercier Dieu de la grace qu'il luy avoit faite de luy donner cette victoire; et que, pour y satisfaire, lesdits s^{rs} cardinaux feroient chanter le *Te Deum* en l'église de Monsieur St-Gatien de Tours, à onze heures. Où la Chambre, après s'estre réjouie de cette grande et signalée nouvelle, promit d'y assister.

Et de fait, entre dix et onze heures, la Chambre se leva, et furent tous en corps en ladite église, où ils trouvèrent par les rues le peuple fort réjoui de cette bonne nouvelle, ayant tous fermé leurs boutiques pour aller remercier Dieu, et en ladite église si grande multitude de peuple qui estoient allés pour le mesme effet, et dans le chœur MM. les cardinaux, plusieurs évesques, les gens du Conseil, la Cour de parlement, la ville, le présidial et grand nombre d'autres officiers et personnages retirés en cettedite ville; lesquels, tous ensemble avec le peuple, après le *Te Deum* chanté et que ceux du clergé eurent commencé à chanter Vive le Roy! en musique, sans attendre qu'ils eussent parachevé, crièrent avec une telle allégresse Vive le Roy! et si longtemps, qu'ils montroient tous avoir une singulière joye de cette bonne nouvelle. L'artillerie fut tirée, et, auparavant que partir de ladite église, il fut résolu par lesdits srs cardinaux d'en faire le semblable en l'église St-Martin dudit Tours, à trois heures après midy, et ensemble feux de joye, ce qui fut fait.

Ladite Chambre assemblée à deux heures après disner, fut en corps en ladite église, où ils trouvèrent tous les dessus dits et si grand nombre de peuple, que l'on ne pouvoit passer pour aller au chœur. Et après le *Te Deum* chanté, le peuple commença semblablement à crier Vive le Roy! avec grande allégresse. Et MM. les cardinaux, avant que de sortir, avisèrent, tant pour satisfaire à la volonté de S. M., que louer Dieu de cette heureuse victoire, de faire le lendemain matin procession générale dudit St-Gatien en l'église Nostre-Dame de la Riche hors les portes de ladite ville, où toutes les Compagnies et habitans se trouvèrent. Cela fait, lesdits srs cardinaux s'acheminèrent au Carroy Jean de Beaune, où la ville avoit fait préparer le feu de joye, qui y fut consommé en leur présence et de plusieurs et grande multitude de ceux de la ville, et l'artillerie tirée en signe d'allégresse. Le soir, les feux de joye furent aussy faits par toute la ville, avec grande réjouissance, tant par les ecclésiastiques, que les autres manans habitans.

Le même jour, deux échevins vinrent inviter la Chambre à assister, en corps, le lendemain, à la procession générale où se trouverait le légat du pape et où seraient portées les châsses de saint Marcel et de sainte Geneviève, « pour impétrer de la divine Majesté quelque bon conseil et secours aux affaires occurrens. »

Du dimanche 18me mars 1590.

Cedit jour, la Chambre s'assembla pareillement entre sept et huit heures du matin, pour aller en ladite procession, et s'acheminèrent en corps en ladite église, d'où, avec tous les susnommés, après avoir ouï une grande messe et plusieurs psaumes à la louange de Dieu, et crié à haute voix par tous les assistans Vive le Roy! comme ils avoient fait auparavant, toutes les paroisses entrant en ladite église pour accompagner la procession générale, ils partirent de ladite église Nostre-Dame de la Riche, et passant par la porte de la Riche, ils trouvèrent tous les capitaines de ladite ville et de la garnison, accompagnés de leurs soldats, qui, au passage de ladite procession, firent pareillement feux de joye, en signe d'allégresse, une salve d'arquebusade fort belle, et tirèrent l'artillerie. Et de là ils allèrent à ladite église de Nostre-Dame de la Riche, où il y avoit une telle multitude de peuple, que l'on ne pouvoit entrer en ladite église qu'avec étrange presse; où fut dit la messe, comme dessus est fait mention.

(*Mémorial.*)

243.
21 Mars 1590.
DISPENSE DE SERVICE POUR LE PRÉVOT DES MARCHANDS.

Sur la requeste de Me Michel Marteau, conser maistre en la Chambre, prévost des marchands et échevin de la ville de Paris, à fin que, attendu les continuels et importans affaires où il est ordinairement occupé pour le public, il soit dispensé du service de son semestre et payé de ses épices durant iceluy, la Chambre l'a déchargé de la piqure durant sondit semestre, et a ordonné qu'il sera payé de la somme à laquelle se monteront ses épices de sondit semestre, sur le fonds qui se pourra trouver, tant qu'il plaira à la Chambre, et sans tirer à conséquence.

(*Plumitif.*)

244.
7 Mai 1590.
COUPE AU BOIS DE BOULOGNE.

Monsieur le duc de Nemours et le sr Vetus sont venus à la Chambre, la prier de vouloir vérifier une coupe de trois mille pieds d'arbres au bois de Boulogne, attendu l'urgente nécessité du temps, pour avoir moyen de donner quelque contentement aux soldats qui sont aux faubourgs, qu'il est nécessaire de retirer en cette ville pour résister à l'effort du roy de Navarre, qui est le seul moyen de les contenter à présent. Auquel a esté remonstré qu'il n'y avoit que le nombre de huit de Messieurs, et que, en affaire de telle importance, on avoit accoutumé d'estre les deux bureaux ensemble, et que la Chambre ne pouvoit en si petit nombre délibérer sur lesdites lettres. Lequel sr de Nemours a dit que, en l'extrême nécessité qui presse, la Chambre ne se devoit tant arrester aux formalités, et auroit insisté de plus en plus que ladite vérification fust faite promptement; autrement, qu'il y avoit danger d'estre abandonné desdits gens de guerre. Luy retiré, la Chambre, attendu la nécessité du temps, a ordonné les lettres pour ladite coupe de bois estre registrées[1].

(Plumitif.)

[1]. Cet enregistrement était refusé depuis le mois précédent. — Le 27 février, à la requête des religieuses du couvent de l'Humilité Notre-Dame de Longchamp, la Chambre avait fait défense de couper aucun arbre du bois, sous peine de s'en prendre aux contrevenants, à leurs enfants, héritiers ou ayant-cause.

245.
Juillet 1590 (à Tours.)
MORT DU CARDINAL DE BOURBON.

Le jour   , sont venues nouvelles de la mort de Charles, cardinal de Bourbon, qui mourut le [9me jour de may], estant prisonnier pour avoir conspiré contre l'Estat, à la persuasion du duc de Guise, ledit cardinal oncle du roy Henry quatrième, à présent régnant, lequel, après la mort de Henry troisième, que Dieu absolve, a esté élu par la Ligue roy, encore qu'il ne le fust, pour couvrir mieux les desseins dudit duc de Guise et gagner davantage le peuple, et sous son nom et autorité s'establir, puis après empiéter le royaume et en priver le vray, naturel et légitime roy, Henry quatrième, à présent régnant, pour tel reconnu de tous les officiers de la couronne et de la plupart de la noblesse et des villes, excepté ceux et celles qui, infectés du poison de la maison de Lorraine et des fausses prédications qu'ils ont faussement faites aux peuples, très aysés à mener par tels gens, s'y sont laissés offusquer, et délaisser ce que Dieu commande, pour accourir à la ruine qu'il promet à ceux qui vont au contraire de ses commandemens.

(Mémorial.)

246.
4 Août 1590.
DÉPUTATION POUR LA CONVERSION DU ROI.

Ledit jour, la Chambre, les deux semestres assemblés, après avoir ouï le rapport fait par Me Olivier le Fèvre, sr d'Ormesson, président en icelle, de la résolution prise en l'assemblée générale faite et tenue en la salle St-Louis par les députés à cet effet, a délibéré si on fera registre de ladite résolution. Et a esté arresté qu'il en sera fait registre. Laquelle résolution de ladite assemblée a esté telle : que MM. les cardinal de Gondy, évesque de Paris, et l'archevesque de Lyon ont esté députés devers le roy de Navarre, pour luy dire qu'il ne se peut bonnement sauver que par sa conversion, et après, pour aviser par eux, avec Mr du Mayne, des moyens de la conservation de la religion et de cette ville de Paris; et après, qu'on ne refusera passeport à aucun de ceux qui se voudroient retirer par nécessité, et que leurs biens, femmes et enfans seront et demeureront en la protection de Messieurs de la ville, et qu'il ne leur sera fait aucun dommage en leurs biens. Avant laquelle résolution, il s'estoit mu question, savoir s'il est permis à gens ecclésiastiques de traiter avec un roy hérétique pour sa conversion, et en tout cas pour la conservation de la ville de Paris, en l'extrême nécessité qui y est de présent; et avoit esté résolu par M^r le légat et les docteurs que oui.

(*Plumitif.*)

---

247.   30 *Janvier* 1591.
NOMINATION D'UN AVOCAT GÉNÉRAL PAR LE DUC DE MAYENNE.

Sur les lettres patentes du s^r duc de Mayenne, par lesquelles il a commis Me Jean Pichonnat, avocat en parlement, à l'estat et office d'avocat du Roy en la Chambre des comptes, duquel estoit cy devant pourvu Me Étienne Pasquier, retiré en ville ennemie, la Chambre ne peut entrer en l'entérinement desdites lettres [1].

(*Plumitif.*)

1. La Chambre ne consentit à recevoir cet avocat qu'en 1593; le 12 janvier, elle donna ordre de faire l'information d'usage.

---

248.   22 *Février* 1591.
RÉTABLISSEMENT DU P.P. EN SES FONCTIONS.

Henry, par la grace de Dieu Roy de France et de Navarre, à noz amez et féaulx les Gens tenans nostre Chambre des comptes transférée à Tours, Salut et dillection. Nous sommes duement informez que nostre amé et féal conseiller en nostre Conseil d'Estat et premier président en nostredicte Chambre, Me Jehan Nicolay, receut commandement du deffunct Roy, nostre très cher et très honnoré seigneur et frère, que Dieu absolve, peu après la mort du feu duc de Guise, de continuer à faire sa charge en nostre ville de Paris jusques à ce qu'il eust de luy autre commandement, et ce pour y maintenir et procurer ce qui estoit de son service. Au moyen de quoy il n'auroit osé désemparer ladicte ville, en laquelle il eust esté constitué prisonnier avec noz autres officiers, sinon qu'il s'absenta, cacha et lattita. Et voiant les désordres qui s'y faisoient et que luy estoit impossible d'y faire son debvoir, se retira dès le mois de may mil V^c iiij^{xx} neuf en sa maison aux champs, aiant esté contrainct de signer et faire le serment de la Ligue, ainsy que plusieurs et des principaux de noz aultres officiers; où il auroit attendu les siéges de Pontoise et de Paris, qui estoient jà fort proches et résoluz, ausquelz il auroit assisté et faict plusieurs services; et lors de nostre voyage à Dieppe et à Arques, seroit, par nostre commandement et permission, allé en nostredicte ville de Paris, tant pour en tirer sa famille, que pour aultres secrettes particularitez, où il auroit seullement séjourné cinq ou six jours, et désirant continuer ce qui estoit de nostre commandement, auroit séjourné en sadicte maison aux champs tout l'hivert; et nous seroit venu peu après trouver au siége que nous aurions mis devant ladicte ville de Paris, où il auroit assisté, nous y faisant de bons et signalez services et assistant en nostre Conseil d'Estat, mesmes nous aiant en noz urgans affaires secouru de bonne et notable somme de deniers, tant du sien que sur son crédit. Et d'autant qu'il ne seroit pas raisonnable, attendu le service que ledict s^r Nicolay nous a faict, tant ausdictz siéges de Pontoyse, Paris, en nostre Conseil d'Estat, que de ses moyens, que les reiglemens qui ont esté faictz pendant ledict temps en nostredicte Chambre luy apportassent préjudice, soit en ce que par iceux il est dict que la réception des officiers qui se présenteront passera des deux tiers des voix des juges qui y auront assisté, soit en ce qu'il est dit qu'ilz présenteront leurs lettres en personne et que le procureur général n'aura poinct moins de six mois pour informer de leurs comportemens, avons déclaré et déclarons, par ces présentes signées de nostre main, que le séjour et retardement dudict s^r Nicolay a esté pour les raisons susdictes; le tenant et réputant, voullant qu'il soit tenu et réputté par vous comme s'il avoit rendu le service actuel en nostredicte Chambre dès la translation d'icelle, et, comme tel, il puisse et luy soit loysible entrer en ladicte Chambre et y exercer sondict office ainsy qu'il a faict cy devant, sans souffrir qu'il luy soit donné aucun empeschement, soit à raison dudict serment de la Ligue, séjour, reiglemens par vous faictz, et aultres choses quelzconques, que ne voullons avoir lieu en son endroit, pour ces causes et aultres particullières considérations à ce nous mouvans, et dont nous l'avons dispencé et dispençons, vous mandant faire registrer ces présentes en voz registres, pour incontinant après se rendre par ledict s^r Nicolay au service qu'il nous doibt en nostredicte Chambre. Car tel est nostre plaisir. Donné au camp devant Chartres, le vingt deuxiesme febvrier, l'an de grace mil cinq cens quatre vingtz unze, et de nostre règne le deuxiesme.

HENRY.

Par le Roy : POTIER.

(Original. — Arch. Nicolay, 13 C 20.)

249.
8 Avril 1591.
EXIL DE CINQ MAITRES DES COMPTES.

Sur la requeste verbalement faite à la Chambre par MM. Jacques de Pleurre, Charles le Conte, Jean Lescuyer, Pierre de Pleurre et Nicolas le Prévost, consers du Roy et maistres ordinaires en ladite Chambre, remonstrant qu'il leur auroit esté envoyé à chacun particullièrement lettres closes du s^r duc de Mayenne, par lesquelles leur est mandé qu'ils ayent à se départir de l'exercice de leurs estats pour quelque temps et se retirer de la ville de Paris pour aller en quelque autre ville de ce party, ou en quelque maison aux champs, pour y vivre en repos et sureté; qu'il leur feroit donner les passeports et sauvegardes nécessaires; leur promettant sur son honneur que, pendant leur absence, ils ne recevroient à Paris ou en autre lieu où il ayt pouvoir aucun dommage ni déplaisir en leurs personnes et biens, qui leur seront entièrement conservés, et sans que leur absence puisse leur apporter aucun préjudice à l'avenir; auxquelles s'estant résolus d'obéir, ils avoient estimé ne devoir partir sans prendre congé de ladite Chambre et la supplier, attendu que leur absence est forcée et ne provient de leur faute, de leur en donner acte et ordonner que, toutes fois et quantes qu'ils y voudront entrer, ils y seront reçus, et au surplus, pendant leurdite absence, tenus et réputés pour présens. Ouï laquelle requeste, et vu lesdites lettres closes, quatre en date du 26 mars et la cinquième du 28 dudit mois, écrites du chasteau du Bois de Vincennes, souscrites : « Vostre très affectionné amy, Charles de Lorraine; » l'affaire mise en délibération, la Chambre, les deux semestres assemblés, a ordonné et ordonne que les supplians auront acte du congé par eux pris.

Ledit jour, la Chambre délibérant sur la susdite requeste verbale à elle faite par lesdits sieurs prenant congé d'icelle, a, les deux semestres assemblés, ordonné que, nonobstant leur absence, ils seront tenus pour présens et participeront aux émolumens de ladite Chambre comme présens, dont toutefois ne leur sera délivré aucun acte, mais sera le présent arrest registré au plumitif, pour y avoir recours.

(Plumitif.)

250.
31 Mai 1591.
MEUBLES DE LA COURONNE.

Ledit jour, Mathieu d'Herbanes, tapissier du Roy, ayant la garde des meubles de S. M. qui estoient au galetas du chasteau du Louvre, a remonstré à la Chambre que, le jour d'hier, à sept heures du soir, les dames duchesses de Mayenne et de Montpensier allèrent au Louvre avec un serrurier pour faire ouvrir les portes dudit galetas, y arrivant ledit d'Herbanes en mesme temps, au mandement desdites dames, qui leur fit ouverture dudit galetas pour éviter à la rupture desdites portes. Dedans lequel lesdites dames firent emporter trois hauts dais, deux sans queue, et un avec la queue, de velours noir, avec passemens, crépines et franges de soye noire; un autre moyen dais, avec le fond, la queue et double pente de velours noir, garni de franges, passemens et crépines, et plusieurs tapisseries, tant de velours que de damas noir; un prie-dieu de damas noir, haut et bas, en chacun desquels y a une image en broderie, les custodes de damas, et un de taffetas noir; un écran de satin d'argent embouti de noir, trois chaises à dossier de velours noir et une de velours cramoisi, un entour de bure, quatre courtepointes de toile de Hollande et une courtepointe de taffetas noir, trois matelas de chacun trois pieds de large, et plusieurs autres petites besognes, dont elles ont baillé décharge, signée de leur main, au s^r de la Fuye, lieutenant du s^r de Rivaudes, capitaine du Louvre, pour la bailler audit d'Herbanes; lequel s^r de la Fuye ne la luy veut délivrer jusques à ce qu'il luy ayt délivré plusieurs accoutremens de bure, un habit de castor et une grande robe de damas gris doublée de peluche, lesquels meubles il a fait mettre à part et tirer hors de la garde robe, et dit qu'il en a le don du s^r duc de Mayenne. Outre, ont lesdites dames fait mettre à part un tour de lit de bure grise, qu'elles ont envoyé quérir ce matin. Davantage a dit que, voyant que lesdites dames vouloient faire emporter ce que dessus, il leur auroit remonstré que c'estoient des meubles de la couronne, qu'il en estoit chargé par inventaire de Messieurs des comptes, et qu'avant de les prendre, il estoit besoin leur en parler et en avoir décharge. Lesquelles luy dirent qu'elles luy en bailleroient décharge, et que l'on en avoit bien pris de plus précieux que ceux là, desquels ledit s^r duc de Mayenne avoit baillé décharge, laquelle elles luy bailleroient et feroient bailler par ledit s^r duc de Mayenne, telle qu'il n'en seroit point en peine. Requérant ledit d'Herbanes à ladite Chambre acte de sa remonstrance, à ce qu'à l'avenir on ne luy puisse rien imputer et l'accuser y avoir de sa faute. Luy retiré, a esté ordonné que le substitut du procureur général ira, de la part de la Chambre, par devers lesdites dames, pour leur remonstrer que lesdits meubles estant audit galetas du Louvre sont meubles de la couronne, auxquels il n'est loisible de toucher, et qu'inventaire en avoit esté cy devant fait par les commissaires à ce députés par ladite Chambre, dont ledit d'Herbanes estoit chargé, à ce qu'elles considèrent la conséquence du préjudice qui est fait en la prise desdits meubles, contre toutes les formes accoutumées, lesquels sont inaliénables, comme le domaine.

(*Plumitif.*)

Dès le 21 août 1589, la Chambre avait chargé Mes Aymeret et de Pleurre d'inventorier les meubles déposés à l'hôtel de Bourbon et d'empêcher qu'on n'en enlevât rien sous prétexte de créance ou de permission de M. de Mayenne. Sommé par le Conseil de l'Union de laisser engager par Mr de la Bourdaisière quelques meubles ou tapisseries, en compensation de ce que les royalistes avaient pillé sa maison et de ce qu'il avait perdu son équipage au siège de Pontoise, le procureur général avait remontré qu'on ne devait ni vendre ni engager sans permission bien vérifiée et cause très-nécessaire des meubles aussi « exquis et rares » que ceux de la couronne; que, si l'on accordait cette récompense à Mr de la Bourdaisière, tous les autres gentilshommes en voudraient avoir autant. Malgré les insistances du Conseil, la Chambre avait continué à répondre qu'elle ne pouvait « toucher à son arrest. » Avec les meubles se trouvait « une librairie d'un bon nombre de livres exquis apportés du chasteau de Fontainebleau, » et la Chambre l'avait comprise dans son ordre d'inventorier; mais Gosselin, garde de cette bibliothèque, et le président Brisson, qui en avait été nommé maître par le duc de Mayenne, s'étaient opposés à ce que cette partie de la commission s'exécutât. La Chambre réclamait encore à ce sujet, auprès de Mr de Mayenne, en 1593. (*Plumitif,* 9, 11 et 13 septembre 1589; 22 septembre 1593.)

251.   6 *Juillet* 1591.
VENTE D'ARGENTERIE DE LA SAINTE-CHAPELLE.

M^{es} des Cheverts, Poncet et Gallois, chanoines de la Ste-Chapelle, ont rapporté à la Chambre qu'ayant fait entendre au s^r évesque de Plaisance, vice légat en France, l'extrême nécessité en laquelle ils estoient réduits et l'avis que la Chambre désiroit avoir de luy sur la permission qu'ils demandoient de pouvoir vendre quelque argenterie pour leur subvenir, il avoit trouvé bon que, pour subvenir à ladite nécessité, lesdits vaisseaux sacrés fussent vendus, plutost que de délaisser ledit saint service, car, puisque c'estoit permis pour la rédemption des captifs, à plus forte raison pour l'entretènement du service divin ; mais que d'en bailler congé par écrit, il ne pouvoit, estant sa charge expirée par la venue du nonce de Sa Sainteté en France [1].

(Plumitif.)

1. Après plusieurs refus, la Chambre, le 25 mai 1592, permit de vendre deux grands bassins d'argent ornés de deux grands émaux et pesant, sans ces émaux, quinze marcs et demi.

252.
8 Août 1591.
RÉCEPTION D'UN CONSEILLER MAITRE.

Sur la requeste de Me Barnabé de Cerisiers, conser maistre en la Chambre, à fin de luy permettre d'entrer en l'exercice de son estat, vu l'acte de serment de l'Union par luy presté ès mains du prévost des marchands et échevins de cette ville, du 6me dudit mois d'aoust, une lettre écrite à la Chambre par Mr le duc de Mayenne, le 4me dudit mois, a esté ordonné que Me Anselme Huguenat, conser maistre, rapporteur de ladite requeste, dira au suppliant qu'il sera le bien venu, sans qu'il en soit fait arrest, mais seulement en sera fait mention en ce présent registre.

(Plumitif.)

253.
5 Avril 1592.
JUSSION POUR LA RECONNAISSANCE DES DETTES DU FEU ROI.

(Mémorial. — Impr. dans le *Recueil des anciennes lois françaises* d'Isambert, t. XV, p. 67.)

254.
8 Juin 1592.
CONFECTION DES CAHIERS DU TIERS-ÉTAT.

Sur la requeste de Me Louis d'Orléans, avocat général du Roy au parlement, à fin d'ordonner que Me Jean Couart, receveur de l'imposition des 45 sols pour muid de vin, luy payera la somme de 300 écus à luy taxée pour la confection des cahiers du tiers estat, à la charge d'estre allouée en son compte, la Chambre ayant égard aux service et voyages du suppliant, a ordonné qu'il sera payé par le receveur ou fermier dudit impost, et ladite somme passée au compte qui sera présenté en ladite Chambre.

(Plumitif.)

255.
29 Octobre 1592.
RÉTABLISSEMENT DU P.P. EN SES FONCTIONS.

Henry, par la grace de Dieu Roy de France et de Navarre, à noz amez et féaux les Gens de noz comptes transférés à Tours, Salut et dillection. Dès le xxijme febvrier iiijxx xj, nous aurions faict expédier noz lettres de déclaration concernant nostre amé et féal conseiller en nostre Conseil d'Estat et premier président en nostre Chambre des comptes, Me Jehan Nicolay, lesquelles, pour inconvénient advenu par les chemins, et pour la malladie et indisposition dont il a esté détenu l'espace de plus de quinze mois, qui luy en a empesché le recouvrement et le soing de tous aultres affaires, ne vous auroient peu estre cy tost présentées. Et d'autant que depuis, par noz lettres pattantes du premier jour d'avril dernier, nous aurions faict un reiglement pour le restablissement des officiers qui sont demeurez ès villes et places rebelles et ne se sont retirés en nostre obéissance dedans le temps porté par noz eedictz, et la forme que nous voullons estre gardée pour lesdictz restablissemens; lequel raiglement, pour les causes portées par nosdictes lettres et déclaration, dont nous sommes bien mémoratif, nous n'entendons avoir lieu et estre praticqué à l'endroit dudict Nicolay, qui, pour s'estre retiré de nostre ville de Paris dès le moys de may iiij^{xx}ix, paradvent noz eedictz et déclarations, avoir assisté au deffunct Roy, nostre très cher. et très honnoré seigneur et frère, que Dieu absolve, aux siéges de Ponthoise et Paris et en son Conseil d'Estat, et pour nous avoir pareillement assisté au siége que depuis nous avons faict mectre devant ladicte ville de Paris, et semblablement en nostredict Conseil, nous avoir secouru, en l'urgente nécessité de noz affaires, de ses moyens et de ceux de ses amis, et estre tousjours depuis demeuré en lieu de nostre obéissance et retenu en sa maison par la longueur de sa maladie, ne peut estre compris audict reiglement; joinct aussi que ce seroit chose totallement contraire à nostre intention et volunté, qui a tousjours esté de recognoistre la fidellité dudict Nicolay et l'affection qu'il a au bien de nostre service, nous, à ces causes, et pour ce que ainsy nous plaist, vous mandons que vous aiez à faire enregistrer lesdictes lettres du xxij^{me} febvrier iiij^{xx} xj, ensemble les présentes, par la mesme forme et manière et ainsy qu'il vous est mandé en icelles, sans que, à raison dudict reiglement du premier jour d'avril, il luy puisse estre faict aucun empeschement, ne voullans icelluy reiglement, pour les causes susdictes, avoir lieu à l'endroit dudict Nicollay; lequel, suivant nosdictes lettres, et incontinant qu'elles auront par vous esté registrées, nous voulons se rendre au service qu'il nous doibt à nostredicte Chambre. Car tel est nostre plaisir. Donné à St-Denis, le xxixme jour de octobre, l'an de grace mil cinq cens quatre vingtz douze, et de nostre règne le quatrième[1].

HENRY.

Par le Roy : POTIER.

(Original. — Arch. Nicolay, 13 C 21.)

1. Cette pièce a. été imprimée par D. Félibien, *Preuves*, t. 1er, p. 802. — Le P.P. se fit en outre délivrer par le greffier du Conseil d'État, le 3 novembre 1592 et les 15 avril et 3 août 1593, des certificats de son service assidu au Conseil depuis le mois de juillet 1592. (*Arch. Nicolay*, 13 C 24 à 26.)

256.　　　　　　30 *Octobre* 1592.

REMONTRANCES AU DUC DE MAYENNE.

Les prévost des marchands, échevins, et le procureur de la ville de Paris sont venus à la Chambre la prier de députer ce jourd'huy, de relevée, à l'assemblée générale qui se fait à ladite ville, pour aviser aux remonstrances qu'on fera au s^r duc de Mayenne sur la nécessité extrême de ladite ville. Ont esté députés MM. le Coigneux, de St-Germain, Rouillé, Amelot, le Sueur et Martin.

A esté délibéré s'il sera donné avis au s^r duc de Mayenne suivant le mémoire lu au bureau par Me Amelot, et a esté arresté que ledit avis sera suivi, mesme l'article de semondre le roy de Navarre de se faire catholique.

Après la délibération conclue, M^e d'Alesso a demandé acte de ce qu'il n'est d'avis de la semonce portée par ledit mémoire, pour ce que ce fait touche sa conscience. Empesché par la Compagnie, ledit s^r d'Alesso sortant du bureau, a dit qu'il feroit rompre en bonne compagnie ladite résolution, dans trois jours.

Ledit mémoire signé par Me Adrien Danès, greffier, de l'ordonnance de ladite Chambre.

(*Plumitif.*)

257.　　　　　　18 *Mars* 1593 (*à Tours.*)

REMONTRANCES AU ROI SUR L'ALIÉNATION DU DOMAINE.

La Chambre avait déjà envoyé, le 11 mars, un président et deux maîtres représenter au roi qu'il serait impossible à la Compagnie de contribuer de plus de 6,000 écus aux frais du siège de Paris, et lui remontrer en même temps tous les inconvénients de l'édit d'aliénation du domaine et les raisons qui le rendaient inacceptable à des officiers chargés de faire observer les lois.

Le 16 du même mois, le roi fit venir de nouveau les députés au jardin de Montifroy, où il les reçut, assisté de Mr de Montpensier, de l'évêque de Nantes, des secrétaires d'État, etc. Le président Guyot lui présenta les remontrances, qui sont transcrites textuellement au *Mémorial*.

Lesquelles remontrances S. M. ayant entendues avec une grande patience, doux et bénin accueil, leur auroit répondu qu'il reconnoissoit qu'avec beaucoup de grandes et suffisantes raisons ils luy avoient fait leurs remonstrances, qu'il estoit bien ayse d'avoir entendu l'importance de ce fait, qu'il louoit et approuvoit beaucoup leurs saintes intentions; mais que le mal estoit si grand d'ailleurs, que, de deux grands maux, le plus sage avoit de coutume de subir le moindre, et la nécessité estoit telle en ses affaires, qu'il estoit plus utile d'abandonner une partie que de perdre le tout; que si, par faute de gens de guerre, ou pour estre abandonné des étrangers qui l'avoient bien et fidèlement servi, il venoit à se perdre en une bataille, que non seulement il perdoit deux ou trois baronnies, mais aussy la monarchie tout entière, et que, quand il plairoit à Dieu le rendre paisible [maistre] de son royaume par le moyen du secours qu'il attendoit présentement, il en resteroit beaucoup plus à ceux qui régneroient après luy, que si, pour conserver chaque partie singulière, il venoit à perdre le principal. Le tout, que la faute de moyens estoit telle dedans son royaume, que le plus souvent les nécessités de la table de sa personne luy venoient à défaillir; que les dettes et nécessités n'estoient point venues de son temps, de ses défauts, ni de son mauvais ménage; au contraire, qu'il avoit trouvé cet Estat, quand il estoit venu à la couronne, engagé de toutes parts, plein de tumultes, de feu et d'armes; qu'il y avoit employé sa personne et ses moyens, mesme qu'il avoit consenti l'aliénation de ses patrimoines et domaines particuliers de la maison de Navarre, pour ne vouloir rien épargner à ayder et relever ce grand Estat; que ce secours n'en estoit suffisant, s'il ne touchoit au domaine de la couronne; que cette nécessité estoit découverte à tous les étrangers et à ses sujets, mais qu'eux le savoient plus particulièrement et certainement que pas un autre, pour la connoissance qu'ils avoient de l'administration de ses finances; qu'il n'en avoit point abusé depuis son règne, qu'il n'avoit jamais voulu user de comptans, ni d'immenses libéralités.

A quoy luy auroit esté répondu que la nécessité n'estoit qu'en apparence, que ceux qui abusoient de ses deniers ne se ressentoient aucunement de cette nécessité; au contraire, qu'il n'y avoit qu'abondance dans leurs maisons, à leur suite; qu'il sembloit que l'on entretenoit industrieusement cette nécessité pour faire toujours leur profit des nouveautés qu'elle produisoit; que la levée de deniers sur son peuple n'estoit moindre que du temps de ses prédécesseurs, la recette en l'Épargne estoit composée de semblables sommes et de semblables moyens, et néanmoins, qu'il ne se payoit que bien petite partie des gages des officiers et arrérages des rentes; que, quand il luy plairoit, on luy feroit entendre plus particulièrement d'où procédoit la nécessité, et les remèdes que l'on y pouvoit apporter.

Sur quoy, auroit enfin, après avoir longtemps douté, comme sembloit à voir, S. M. prononcé que la nécessité et l'estat présent de ses affaires vouloient que l'édit eust lieu; qu'il vouloit que, sans plus retourner, l'édit fust vérifié sans difficulté, que c'estoit chose résolue, qu'il n'en vouloit plus ouïr parler.

Lors, luy fut dit qu'ils en feroient leur rapport à la Chambre, de son exprès commandement . . . . . .

(*Mémorial*.)

---

258.   19 Mai 1593.

ÉTATS DE PARIS.

La Chambre a député, pour se trouver au Louvre, à l'assemblée des Estats, ce jourd'huy, suivant la semonce à elle faite de la part de Mr le duc de Mayenne, MM. d'Ormesson et Bailly, présidens, le Coigneux, de St-Germain, Rouillé, Hotman, Amelot et le Sueur, maistres.

(*Plumitif*.)

259.   4 Août 1593.
RÉTABLISSEMENT DU P.P. EN SES FONCTIONS.

Aujourd'huy, quatriesme jour d'aoust mil cinq cens quatre vingtz et treize, le sieur Nicolay, conseiller du Roy en son Conseil d'Estat et premier président en sa Chambre des comptes, ayant receu commandement verbal de Sa Majesté de se transporter à Tours pour y faire sa charge de premier président en ladicte Chambre, a faict à Sa Majesté le serment de fidélité qu'il estoit tenu luy prester comme à son prince naturel et souverain, a promis luy guarder foy et loyaulté et le servir envers et contre tous, sans nul excepter ni réserver, et a renoncé au serment de la Ligue faict en la ville de Paris, comme ayant esté extorqué de luy par violence et menaces. Dont Sadicte Majesté m'a commandé luy délivrer le présent acte, ensemble toutes expéditions nécessaires pour la fonction de sadicte charge. Faict à St-Denys, les jour et an susdictz.

HENRY.

POTIER.

Henry, par la grace de Dieu Roy de France et de Navarre, à noz amez et féaulx les Gens tenans nostre Chambre des comptes transférée à Tours, Salut et dilection. Nous aurions faict expédier noz lettres de déclaration à vous addressantes sur le faict de nostre amé et féal conseiller en nostre Conseil d'Estat et premier président en nostredicte Chambre, Me Jehan Nicolay, dès le vingt deuxiesme febvrier mil V^c quatre vingtz unze, et vingt neufviesme octobre mil V^c iiij^{xx} douze; lesquelles désirant vous présenter en personne et s'estant pour cest effect acheminé au mois de décembre dernier vers vous, pour se rendre en nostredicte Chambre au mois de janvier ensuivant, nous l'aurions, pour certaines considérations, retenu en nostre ville de Chartres près de nous, où il nous auroit servy en plusieurs occurrences, jusques à ce que voulans révocquer le commerce de Paris et à ceste fin faire fondz d'une somme notable pour l'entretènement des garnisons voisines, nous luy aurions commandé nous secourir, avec les aultres conseillers en nostre Conseil et plus spéciaulx serviteurs, de ses moiens et crédit de ses amis; pour quoy faire il auroit vacqué jusques à nostre retour à Mantes, qu'ayant résolu la conférence et estant sur les termes d'une trefve, nous nous serions servy de luy avec beaucoup de contentement et satisfaction; et aiant désiré convocquer en nostre ville de St-Denis aucuns des principaulx de noz officiers pour assister à nostre réduction, ledict Nicolay, par nostre commandement, s'y seroit rendu et servy en nostre Conseil, et, la publication de la trefve aiant depuis faict cesser le subject de son séjour près nostre personne, luy aurions commandé d'aller incontinant en nostredicte Chambre faire sa charge de premier président, selon qu'a tousjours esté son intention et zèle à nostre service. A ces causes, ne voulant que le temps durant lequel il a esté retenu par nostre commandement et pour les occasions susdictes, luy puisse estre imputé, joinct les services qu'il nous a faictz durant icelluy, l'affection et fidélité qu'il a tousjours tesmoigné au bien de noz affaires, et encores pour les causes portées par noz précédentes lettres, dont nous sommes bien mémoratifz, vous mandons et néantmoins enjoignons très expressément que vous aiez à faire, souffrir et laisser jouyr ledict Nicolay de sondict estat de premier président en nostredicte Chambre, nonobstant ledict séjour, serment par luy faict, et sans que les règlemens faictz et concernans noz officiers qui ne se sont renduz à l'exercice de leurs charges dans le temps porté par noz ordonnances, luy puissent préjudicier, comme n'aiantz esté par nous faictz pour estre praticquez à l'endroict de ceulx qui se trouveront assistez des considérations particulières et telles que dessus; lesquelz demeurans en leur force, comme est nostre intention, pour les cas esquelz ilz ont esté ordonnez, vous n'observerez au faict dudict Nicolay, dont, en tant que besoing seroit, de nostre certaine science, plaine puissance et auctorité royale, nous l'avons dispensé et dispensons par ces présentes. Car tel est nostre plaisir. Donné à Sainct Denis, le iiij^{me} jour d'aoust, l'an de grace mil cinq cens quatre vingtz treize, et de nostre règne le cinquiesme.

HENRY.

Par le Roy : POTIER.

Registrées en la Chambre des comptes transférée à Tours, oy sur ce le procureur général du Roy, pour joir par l'impétrant de l'effect et contenu en icelles, selon leur forme et teneur. Et en ce faisant, sera adverty par le greffier de ladicte Chambre de venir prendre sa place et exercer son office suivant le vouloir et intention de Sa Majesté. Le dix septiesme jour d'aoust mil cinq cens quatre vingtz treze[1].

Par ordonnance de la Chambre : PINEAU.

(Original. — Arch. Nicolay, 13 C 22 et 23.)

1. Cette pièce a été imprimée par D. Félibien, *Preuves*, t. III, p. 802.

---

260. 18 *Octobre* (1593.)
LETTRE DU ROI AU P.P. — RÉCEPTION D'UN TRÉSORIER PROTESTANT.

Monsieur le présydent, j'ay accordé à Feret, cegrétayre de ma chambre, un estat de trésoryer de France en la généralyté de Poytou quy a vacqué despuys quelques jours. Je vous prye de tenyr la mayn à sa récepcyon, lors qu'yl ce présentera pour cest efect, nonobstant la relygyon. Les servyces qu'yl me fayt assyduellemant me font afectyonner cela, en quoy vous ferés chose quy me cera très agréable. Et sur ce, Mr le présydent, Dieu vous ayt en sa garde. Ce xviij^{me} octobre, à Mantes.

HENRY.

L'adresse est : A Mr de Presle, premyer présydent en ma Chambre des comptes.

(Orig. autographe. — Arch. Nicolay, 21 L 17.)

---

261. 23 *Novembre* 1593.
PROTESTATION CONTRE LA CHAMBRE DE MELUN.

Les Gens du Roy sont venus au bureau, et dit que, par les prétendus commissaires de la Chambre des comptes de Tours estant à Melun, avoit esté faite une ordonnance, qui portoit défense à tous comptables des généralités de Paris, Picardie et Champagne de compter ailleurs qu'en la prétendue Chambre de Melun, à peine de 500 écus d'amende, et défenses de compter en la Chambre des comptes de Paris, comme estant interdite à cause de sa rébellion, et autres termes rigoureux, indignes et insolens; requérant que ledit prétendu arrest fust déclaré nul, et, comme tel, cassé et lacéré, que défenses fussent faites à tous comptables de compter ailleurs qu'en la Chambre, à peine de 1,000 écus d'amende et de privation de leurs offices, et que commission leur soit délivrée pour informer contre celuy qui a requis ledit prétendu arrest et ceux qui y ont délibéré, et que tous huissiers et sergens qui exécuteront les commissions de ladite prétendue Chambre de Melun, seront pris au corps et amenés prisonniers en la Conciergerie, pour répondre à leurs conclusions. A esté ordonné qu'ils bailleront leurs conclusions par écrit, pour en estre délibéré au premier jour; et ce pendant en sera parlé à Mr le duc de Mayenne.

(*Plumitif.*)

---

262. 17 *Janvier* 1594.
LETTRE DU ROI AU P.P. — DON A LA REINE.

Monsr le président, vous verrez les lettres patentes que j'ay faict expédier pour ung don de deux cens mil escus que je fais à la Royne mon espouse, et une pension de seize mil six cens soixante six escus deux tiers. Et pour ce que c'est chose qui importe infiniment au bien de mes affaires, je vous ay bien voullu faire la présente pour vous prier de tenir la main à la vérifficcation desdictes lettres, de sorte qu'elle ne tire en aucune longueur, qui pourroit estre préjudiciable à mon service, ainsy que plus particulièrement vous poura faire entendre le s^r de Hérard, cons^{er} en mon Conseil privé de Navarre. Sur lequel me remettant, je ne vous en diray davantage, et prieray Dieu qu'il vous ayt, Monsr le président, en sa sainte et digne garde. Escript à Mantes, le xvij^me jour de janvier 1594.

HENRY.
Ruzé.

(*Autog.*) Par le sr du Plessys quy s'an va par delà, vous antandrés plus partyculyèremant ce quy est de mon yntansyon. Croyés le comme moy mesme¹.

L'adresse est : A Monsr Nicolay, conser en mon Conseil d'Estat et premier président en ma Chambre des comptes, à Tours.

(Original. — *Arch. Nicolay*, 21 L 1.)

1. Quatre jours plus tard, le roi envoya au P.P. une autre lettre par l'avocat général Servin. (*Arch. Nicolay*, 21 L 2.)

263. 1er Février 1594.
DOUBLEMENT DES DROITS ET GAGES DE LA CHAMBRE.

Les lettres patentes du sr duc de Mayenne, contenant don aux officiers de la Chambre du double de leurs gages et droits anciens, pour en jouir du 1er janvier 1589 et tant que les présens troubles dureront, ont esté vérifiées, pour en jouir par les officiers de ladite Chambre qui ont actuellement résidé en cette ville de Paris et autres lieux de ce party jusques à présent, depuis les troubles commencés, et ceux qui ont esté depuis reçus, ensemble par les veuves et héritiers des décédés audit party, jusqu'au jour de leur décès.

(*Plumitif.*)

264. 1er Février 1594.
LETTRE DU ROI AU P.P. — ORDRE D'ENVOYER DES DÉPUTÉS.

Monsr le président, si vous ne sçaviez l'estat de mes affaires et comme, selon les occurrances, je suis contrainct avoir recours à ceulx de mes subjectz que je recongnois avoir de l'affection à mon service, pour tirer secours et commodité de leurs moiens, en les asseurant des parties qui leur sont deues du passé, ou à personnes dont ilz ont le droict, je ne trouverois pas estrange la longueur dont vostre Compagnie use à depputer ung des présidens et maistres ordinaires de ma Chambre des comptes, pour me venir trouver suivant l'arrest de mon Conseil et lettres closes que je vous ay naguières envoyées. Mais, vous estant mesdictes affaires assez congneues, et combien il est très important au bien de mon service qu'il soit effectué, il me semble qu'il n'estoit besoing de me remettre à faire la recherge que présentement je fais au corps de madicte Chambre sur ce subject. Outre laquelle je vous ay bien voulu particulièrement faire ce mot, pour vous dire que vous me ferez service agréable de tenir la main à disposer vostredicte Compagnie de commettre ung desdictz présidans et maistres ordinaires pour me venir trouver au plus tost, affin de pourvoir au reiglement nécessaire mentionné audict arrest, ainsy qu'il sera jugé utile pour le bien de mes affaires et service, que vous avez tousjours eu en singulière recommandation. Je prie Dieu sur ce, Monsr le président, qu'il vous tienne en sa sainte et digne garde. Escript à Mantes, le premier jour de février 1594.

HENRY.
Ruzé.

(Original. — *Arch. Nicolay*, 21 L 4.)

265. 3 Février 1594.
LETTRE DU PROCUREUR GÉNÉRAL AU P.P.

Monsieur, Nous sommes arrivés en ceste ville de Chartres le ij^me de ce moys, aians fait de petites journées, à cause du grand bagage qui nous suivoit, qu'il falloit tenir serré pour le danger; encor en avons perdu deux charrettes et ung marchant, qui demeurèrent sur la Guerche, près Marchenoir, les ligueurs nous aians suivy despuis Blois jusques par deçà Bonneval, et s'estans présentés à descouvert par trois fois, environ trante, à la faveur du boys. Arrivans à Marchenoir, sur les sept heures, au cler de la lune, nous y trouvasmes la royne logée avec son train. Madame d'Angolesme eut une chambre pour elle et ses femmes, et je vous laisse à pancer s'il y en eust de mal pourveuz. Nous avons trouvé en ceste ville un grand bruit que le Conseil s'y en venoit et debvoit partir ce jourd'huy; mays la vérité est que le Roy partit mardy de Mante pour aller à la Ferté Millon, où la mine a esté esventée; il dist au partir que, sçelon qu'il verroit la contenance de l'ennemy, il advertiroit le Conseil, car, s'il ne s'advançoit point, le Roy viendroit à Chartres et mandroit au Conseil s'y acheminer; s'il advançoit pour venir au siége, le Conseil pourroit estre mandé pour s'aprocher de luy; ce seroit pour aller vers Meaux, ou en ces quartiers là. Voilà pourquoy je ne veux perdre l'occasion de m'en aller demain en la mesme compagnie que je suis venu.

Monsieur, j'ay aprins de l'huissier Chevalier ce qu'il vous dira de son emprisonnement. . . . . . . Je suis résolu d'en parler avec grande plainte à Monsieur le chancelier. . . . . . . Mais je ne le feray pas, si je ne suis provoqué, pour la raison susdite, attandant le commandement de la Chambre, et que je crains de nous faire des ennemis pour la cause de Montpellier, où je voy que les gens dudit Montpellier ont du crédit et donné une mauvaise atteinte; car Parent, qui estoit accusé à la Chambre par le controlleur Girard d'avoir fait de faux rolles des compagnies de feu Mr de Chastillon, a gaigné son procès au Conseil, et Girard condamné en cinq cens escuz d'amande. . . . .

Monsieur, si le Roy retourne, c'est pour son sacre, et suis fort estonné si l'on avoit oblié d'y inviter la Chambre, et ay quelque opinion que ceste lettre qui a esté escripte d'envoier quelques ungs de Messieurs, soit aultant pour cela que pour les arrestz de l'Espargne. . . . .

Monsieur, je prie Dieu qu'il vous donne très bonne et longue vie, et vous baise les mains très humblement. A Chartres, ce iij^{me} février 1594.

Monsieur, présentement est venu nouvelles d'une trefve pour trois moys, pour Orléans, Bourges, Tours et Chartres.

Vostre très humble et très affectionné serviteur.

DREUX.

L'adresse est: à Monsieur, Monsieur de Goussainville et de Presles, conseiller du Roy en son Conseil d'Estat et premier président des comptes, à Tours.

(Orig. autographe. — Arch. Nicolay, 13 C 176.)

266.
3 *Février* 1594.

LETTRE DU TRÉSORIER DU TREMBLAY AU P.P.

Monsieur, je vous escripvyz mardi, par Mr Vazet, que le conte Charles estoit en Picardye avec une armée estrangère, et que Sa Majesté partoit pour aller à la Ferté, où il trouveroit Monsieur l'Admiral prest à lever le siége, si desjà il ne l'avoit levé. Sa Majesté, qui a couschée ceste nuict à Sanlys, et qui couschera aujourd'huy en son armée, où elle espère trouver les vj^m Suisses, a mandé à Monsieur de Matignon, à Monsieur d'O, à Monsieur de la Trimouille, à Monsieur du Plessys Mornay, et à tous ceulx qu'elle avoit laissé ycy pour nous escorter à Chartres, de l'aller trouver en dilligence, et qu'il estoit résolu de combatre ledit sr conte Charles. Tous les catholiques partiront ce matin, mais ceulx de la religion se veullent conserver pour une autre occasion, ainsi qu'on jugea hier au Conseil par leurs discours. Vous en sçaurez des nouvelles par eulx mesmes, ou par mon cousin, qui vous baillera la présente. Messieurs de Tyron

Desportes et Jamet ont promis au Roy de luy rendre la responce de Messieurs de Mayenne et de Villars dedans aujourd'huy, la part qu'il sera. Ceulx d'Orléans sont encores en ceste ville, fort contans; le Roy leur a accordé trefve de trois mois et d'aller faire son entrée à Orléans si tost qu'il sera sacré. Monsieur de la Chastre a promis de l'y venir trouver et de luy mener à la fin de mois ou au xvme mars trois cens maistres. Sa Majesté aura en ce temps là, ou à la fin d'avril, une grosse et puissante armée, et argent pour la paier six mois, pendant lesquelz elle ne perdra pas temps. Cela est cause qu'il a esté nécessaire refaire six foyz noz estatz des garnisons, pour trouver argent pour ladite armée, et en fin Monsieur d'O a tant cherché et travaillé, qu'il a trouvé ce fondz là. Vous serez à Chartres auparavant que nous, si vous y venez avec Monsieur de Souvré, car nous n'avons point d'escorte, ce qui fasche fort ceulx qui y ont leurs femmes et leurs amyes.

Monsieur, je me recommande très humblement à voz bonnes grâces. Dieu vous donne en parfaicte santé très bonne et plus contente vye. De Mante, ce iij^{me} février 1594.

Vostre très humble et très obéissant et plus affectionné.

DUTRAMBLAY.

Excusez, je vous supplie, Monsieur. Le partement de ceulx qui vont trouver le Roy et ceulx qui vont en Guyenne, en Poitou et en Piedmont, sont cause que j'ay esté contrainct faire fin à la présente plus tost que je ne désire.

(Orig. autographe. — Arch. Nicolay, 13 C 177.)

267.   4 *Février* 1594.

LETTRE DE M. DE SANCY AU P.P.

De Mante, le 4 febvrier 1594.

Monsieur, Comme je suis prest de partir d'icy pour m'en aller trouver le Roy, qui s'est acheminé du premier de moys vers la Ferté Millon, Monsieur de Rosny l'aisné vient de me prier d'accompagner ce porteur d'un mot de supplication en vostre endroict, sur ung affaire qu'il a à faire passer en la Chambre des comptes. C'est, Monsieur, pour y faire vériffier une déclaration que le Roy a faicte, par laquelle Sa Majesté entend qu'en enchérissant par ledit sieur de Rosny sur la terre de Moret la moictié de ce pourquoy elle est engaigée à Monsieur de St-Germain de Thou, et remboursant actuellement ledit s^r de St-Germain, tant de son principal que de ses fraiz et loyaulx coustz, ladite terre luy soit adjugée, sans qu'aultre soit receu à surenchérir, parce que Sadite Majesté veult, au plus tost que ses affaires le pourront permettre, retirer du tout ladite terre, pour l'adjoindre au domaine de Fontainebleau, et, en ceste considération, la tenir engaigée pour le moins d'argent qu'il se pourra. Et d'aultant que desjà ledit s^r de Rosny a la cappitainerye dudit Moret, j'ay pensé que ledit s^r de St-Germain ne sera marry retirer l'argent qu'il a baillé de ladite terre, pour n'avoir que démesler avec ung aultre, aussy que Sadite Majesté recepvra quelques secours de ladite enchère dudit s^r de Rosny . . . . Vous obligerez en ce que dessus ledit s^r de Rosny et moy de nouvel à vostre service, auquel je seray tousjours trouvé prest et disposé, estant, Monsieur,

Vostre bien humble et affectionné cousin et serviteur.

SANCY.

(*Autog.*) Excusez, je vous supplie de ce que je ne vous escry de ma main. Je suis si mal et si accablé d'importunitez en ce subit partement, qu'il ne m'ha seulement pas esté possible d'escrire un mot à Monsieur le premier président.

(Original. — Arch. *Nicolay*, 13 C 178.)

268.   7 *Février* (1594.)

LETTRE DU PROCUREUR GÉNÉRAL AU P.P.

Monsieur, Nous arrivasmes hyer assez tard en ceste ville de Mantes, aians demeuré dix jours entiers par les champs, avec beaucoup d'incommodité, pour le grand nombre que nous estions, et arrivans icy, avons trouvé le bagage chargé pour mener à Chartres, où le Conseil s'en va, que nous n'eussions espéré, voians que le Roy s'est esloigné vers la Champaigne. Aussy n'est ce pas pour aller droit à Chartres, car Monsieur le chancelier s'en va à Esclimont, Monsieur d'O à Dreux, et ne se rassembleront de dix jours. Voilà pourquoy je demeureray icy deux jours, pour m'en aller avec Monsieur d'Avaugour, car ilz partent présentement plus de six cens chevaux, qui auront beaucoup d'incommodité de logis, dont je suis bien las. Ma première veue a esté de Monsieur d'O, m'estant trouvé logé près de luy, qui me dist que tout ce qu'il avoit peu faire pour la Chambre, ce avoit esté de faire ordonner que je serois ouy, et que ces gens de Montpellier pressoient fort. Il fut interrompu par des nouvelles du Roy, qui luy mandoit qu'il print garde à ceste ville, et qu'il y avoit entreprise. J'y suis retourné ce matin, où j'ay receu beaucoup de contantement, car il embrasse cest affaire, et le prant, comme il doibt, pour le service du Roy, et m'en a fait beaucoup de démonstration. J'ay despuis rencontré Mr de Lorme, qui m'a dit que Monsieur d'O s'estoit fort formalisé pour la Chambre. Entre aultres propoz, ledit sieur d'O m'a dit que nous avions bien fait d'avoir parlé à Monsieur de Matignon, et qu'il avoit voulu parler, mays que ledit sieur d'O luy avoit représenté la promesse qu'il nous avoit faite.

Quant à Monsieur le chancelier, il me fyt ung très bon acueil, et me demanda qui me menoit; sa chambre estoit pleine de gens. Luy aiant fait ma responce que j'estois assigné de l'ordonnance du Conseil pour l'affaire que poursuivent Messieurs des comptes de Montpellier, dont le Conseil mesmes devoit estre le deffenseur pour le service du Roy, sans m'avoir mandé pour cela, il se retourna, et devant plusieurs, où estoyent Monsieur de Sève, maistre des requestes, et Martin, secrétaire, il me dist qu'il failloit qu'il me dist tous les maux qu'il nous avoit faitz, et commença à réciter que ung huissier estoit venu avec une prise de corps, pour prendre un des principaux officiers de la chancellerie; que, n'ayant respecté ce corps là, dont ledit sieur est le chef, qu'aussy l'avoit il envoié prisonnier, mays qu'il l'avoit aussy tost fait sortir. Je reprins le fait au vray, tant du premier adjournement, que de la responce portée par l'exploit, recordé du décret d'adjournement personnel et du *pareatis* que j'avois demandé par mes lettres que je luy avois escriptes. Lors, Monsieur de Sève dist que la Chambre avoit eu raison. Sur quoy, ledit sieur repartit que l'exploit du premier huissier estoit faux, qu'il y avoit beaucoup de gens présens qui tesmoignent le contraire, et encor que la Chambre luy pouvoit bien déférer cest honneur que de l'advertir devant que de décréter; que la Court de parlement le fait bien en cas semblable, quand il y a quelque chose contre quelqu'ung du corps de la chancellerie. Et là dessus, me dist qu'il y avoit bien une aultre pleinte que l'on faisoit de la Chambre; c'est qu'elle avoit fait raier des adresses qui estoyent dans des lettres de provision d'offices aux trésoriers de France; qu'il n'apartenoit à personne toucher à des lettres scellées de l'effigie du Roy, et que c'estoient faulcetés. Je répliquay que la Chambre n'avoit point fait cela, qu'elle, ny aucung des particuliers d'icelle, n'estoient faulsaires, mays que pouvoit estre que aucungs des pourveuz voians que l'édit de création de tels offices portoit que les trésoriers n'en prandroient aucune congnoissance, ilz avoyent eux mesmes rayé et cordonné. Ce fut tout, et lors survint Monsieur d'O, et le gouverneur de la ville et aultres. Je l'ay aussy reveu ce matin, mays il estoit tout botté, et ne m'a aultre chose dit, sinon que nous parlerions des affaires à Chartres. J'oublie à vous dire que l'ung et l'autre m'ont demandé s'il venoit pas de Messieurs des comptes, et qu'il estoit nécessaire pour quelque reiglement aux affaires de l'Espargne. Monsieur d'O principalement m'y a insisté, et comme remonstré qu'il falloit s'accommoder aux occasions, qu'il s'en présentoit de nouvelles tous les jours. J'ay dit que la Chambre estoit à présent fort occuppée à l'audition du compte de l'Espargne, mays que puis que l'on parloit du sacre du Roy, que c'estoit ung acte auquel la Chambre avoit tousjours eu cest honneur d'assister par ses députés, y estant invitée; que c'estoit une occasion qui se présentoit de faire ce qu'ilz demandent par mesme moyen.

Monsieur, le principal motif que j'ay aprins de M^r le trésorier de l'Espargne, c'est que, pour la réduction des villes qui capitulent, il fault bailler de grandes sommes; j'en ay veu à l'œil quelque chose pour l'une des meilleures; mays ceux qui prenent, ne veulent pas estre nommés, de sorte que l'on veult faire payer sans dire à qui, par certification de aulcuns des principaux de Messieurs du Conseil. J'en ay veu ung; c'est comme une forme de comtant de vij^{xx} mil escuz, et la certification de Messieurs le chancelier, de Matignon, d'O, et encor de deux aultres. Je vous dis cela pour advis, et le trésorier de l'Espargne fait difficulté si la Chambre n'est informée et consentante à cela. J'apren qu'ilz s'aydent à paier des deniers qui ne viennent (?) pas au Roy.

Monsieur, je prie Dieu qu'il vous donne très bonne et heureuse vie, et vous baise les mains très humblement. De Mante, ce lundy vij^{me} février.

Vostre très humble et très affectionné serviteur.
Dreux.

(Orig. autographe. — *Arch. Nicolay*, 13 C 179.)

269.
22 Mars 1594.
ENTRÉE DU ROI A PARIS.

Le mardy 22me mars 1594, du matin, le Roy, par le moyen de l'intelligence qu'il avoit avec le s^r de Brissac, mareschal de France, gouverneur de cette ville de Paris, les prévost des marchands, échevins, et grand nombre de ses officiers et bons bourgeois, estant entré en armes en ladite ville, après avoir remercié Dieu en l'église Nostre-Dame du bon succès de la réduction de ladite ville en son obéissance, sans meurtre ni pillage, se seroit retiré en son chasteau du Louvre, et auroit fait publier par toute la ville à son de trompettes sa déclaration pour l'union et conservation de ses sujets de ladite ville en leurs estats, offices et bénéfices. Et le lendemain, 23me dudit mois de mars, Messieurs des comptes s'estant assemblés en la Chambre desdits comptes pour savoir ce qu'ils avoient à faire, mesme s'ils continueroient l'exercice de leurs charges suivant ladite déclaration publiée, auroient eu avis de différer, à l'instar du parlement, jusqu'à ce que, M^r le chancelier venu, le Roy eust ordonné sur ce son bon plaisir.

(*Plumitif.*)

270.
28 Mars 1594.
SERMENT GÉNÉRAL DE FIDÉLITÉ AU ROI.

Vous jurez et attestez devant Dieu et les Saints Évangiles que vous reconnoissez de cœur et d'affection pour vostre roy et prince naturel et légitime Henry quatrième, Roy de France et de Navarre, à présent régnant; promettez à S. M., sur vos biens et honneurs, de luy garder la foy et loyauté, avec toute révérence et parfaite obéissance, et pour la conservation de son Estat et couronne, et ayder et exposer vos vies et biens pour son service et manutention de son Estat; promettez, en outre, de n'avoir jamais communication, pratique et intelligence avec ceux qui se sont élevés en armes contre Sadite Majesté et tous autres qui se pourroient élever cy après, que nous déclarons ennemys de l'Estat et les nostres particuliers. Vous renoncez à toutes ligues, sermens et associations que vous pourriez avoir cy devant faits à l'occasion de la malice du temps, contre et au préjudice de la présente déclaration; reconnoissez, en toute humilité, avoir à grace spéciale la bonté et clémence dont il a plu au Roy user envers vous; de quoy vous luy rendez graces très humbles, et suppliez le Créateur, de toute vostre affection, le conserver longuement et heureusement, et luy donner victoire sur ses ennemys. Pour témoignage de quoy, vous signerez [1].

(Copie du temps. — Arch. Nat., reg. KK 889, f° 167.)

1. Le serment fut reçu et la réintégration prononcée le 28 mars, par le chancelier, siégeant à la place du P.P. et assisté de l'évêque de Langres, du maréchal de Retz, de MM. de Ventadour, de Bellièvre, d'O, etc. Le président d'Ormesson et cinquante-sept présidents, maîtres ou auditeurs étaient présents. Dans la séance du 5 juillet suivant, la Chambre décida que nul des officiers ou procureurs ne pourrait avoir entrée sans prêter ce serment. (*Plumitif*.)

271.
Mars 1594.
CRÉATION D'UN NEUVIÈME OFFICE DE PRÉSIDENT POUR JEAN LUILLIER, PRÉVOT DES MARCHANDS.

(*Mémorial.* — Impr. dans la collection Mariette.)

272.
6 Juin 1594.
CLEFS DES CHASSES DE LA SAINTE-CHAPELLE.

Ledit jour, M° Olivier le Fèvre, s' d'Ormesson, président, et M° Antoine le Coigneux, cons'' maistre, ont remis à la Chambre les clefs des treillis et armoires où reposent les reliques de la Ste-Chapelle, lesquelles avoient esté mises en leurs mains suivant l'arrest du 16 juillet 1592; lesquelles ont esté à l'instant baillées, savoir : à M' Nicolay, P.P., une clef du treillis doré et une de l'armoire en bois qui couvre ledit treillis, une autre de l'armoire d'en bas qui est au dessous des treillis et deux autres clefs des cadenas des grandes armoires où repose la Vraye Croix, qu'avoit ledit s' d'Ormesson; et à M° Jean Aymeret, cons'' maistre, trois clefs d'une layette couverte d'un cuir noir, à laquelle il y a trois serrures, et la clef du milieu desdites grandes armoires, qu'avoit le s' d'Alesso, cons'' maistre, lequel les avoit laissées audit s' le Coigneux.

(*Plumitif*.)

273.
21 Juin 1594.
ENREGISTREMENT D'ÉDITS. — VICTOIRES DU ROI.

Ce jourd'huy, le s' marquis de Pisany est venu à la Chambre; lequel ayant laissé l'épée à la porte et ayant pris place au premier rang de MM. les cons''' maistres, a porté créance à la Compagnie, de la part de Messieurs du Conseil, desquels il avoit esté député pour luy faire part des bonnes nouvelles reçues par un courrier exprès de l'heureux succès que le Roy a eu contre ses ennemis, et pour la prier et conjurer de la part desdits sieurs de procéder à la vérification de l'édit des receveurs et payeurs des rentes de la ville de Paris, duquel S. M. attendoit un notable secours, lequel s'il luy manquoit et qu'à faute de commodité il arrivast désordre en son armée, la France en recevroit une extrême perte et danger d'estre soumise à la tyrannie espagnole, de laquelle ledit s' marquis pouvoit parler avec expérience, pour avoir pratiqué cette nation, insupportable à toute autre par sa domination; qu'estant bon François et ayant toute sa vie servi le Roy en cette qualité, il estimeroit estre indigne de ce nom, s'il n'en rendoit des témoignages, ce qu'il pensoit n'estre hors de propos de représenter à la Compagnie, laquelle il supplioit prendre en bonne part le discours qu'il en avoit fait, et la connoissoit s'estant toujours montrée très affectionnée au service de S. M., voulant en cette occasion luy en rendre encore les témoignages tels qu'elle espéroit, et attendu d'autant plus que Sadite Majesté estoit aujourd'huy réduite en extrême nécessité [1].

(*Créances*.)

1. Le procès-verbal est précédé d'une copie de la lettre écrite par le roi à M' d'O, datée du camp devant Laon, 18 juin. Cette lettre est imprimée dans les *Mémoires de la Ligue*, t. VI, p. 129, et dans le *Recueil des lettres missives de Henri IV*, publié par M' Berger de Xivrey, t. IV, p. 176. Elle se terminait par ces mots, écrits de la main du roi : « Vous

aurez reçu par la Varenne ce que je vous ay mandé sur le fait des édits, et ceux aussy auxquels j'ay écrit, voulant croire qu'ils y satisferont. Sinon, mandez moy, je vous prie, par ce porteur, le refus qu'ils en feront, et que ce soit par écrit. » Il s'agissait de l'édit de création de six receveurs et quatre contrôleurs des rentes que le roi avait envoyé dès le 27 mai, en faisant dire à la Chambre que cette création était désirée par les rentiers et leur donnerait le moyen d'être payés chacun selon son assignation ; que d'ailleurs les temps étaient plus mauvais que jamais, que l'ennemi, « continuant en ses anciennes pratiques à tenir ce royaume en guerres civiles, » empêchait les villes d'Amiens, Beauvais et autres de rentrer dans le devoir, que l'armée ne subsistait que par les vivandiers, et qu'on attendait le produit des édits pour pourvoir à la dépense. L'édit ne fut enregistré que le 26 septembre.

274.   30 *Juin* 1594.
LETTRE DU ROI AU P.P. — ENREGISTREMENT D'ÉDITS.

Monsr le président, je vous ay assez clairement faict entendre l'estat de ma nécessité et conjuré aultant que j'ay peu d'y pourveoir par la vériffication de mes édictz, de voz moyens particuliers, ou telz aultres que vous aviseriez estre plus à propos. Mais, comme si le mal ne vous touchoit poinct en ma personne, en ma réputation et en la ruyne de ce royaume, je ne sentz aucun fruict de ma plaincte. Ce n'est pas ce que vous m'aviez promis à mon partement, ny ce que j'attendoys de vous, car je puis dire avecq véryté que voz Compagnyes m'ostent la victoire de la main, perdent ma réputation et ruynent mon Estat, au lieu du repos qui luy estoit très certain et très asseuré, pour le mectre en perpétuelle guerre et en faire triumpher l'Espagnol. Si j'ay occasion de me doulloir, et de vous, et de vostre Compagnye, j'en appelle Dieu à tesmoing et tous ceulx qui ont du zelle et de l'affection à cet Estat. Ostez moy doncques cette juste douleur, et donnez y tel ordre que je ne soys poinct contrainct de venir aux extrémitez ausquelles il semble que par force on me veuille précipiter, car je suis résolu de me faire plus tost obéyr par ceux qui me doibvent obéissance, que de me perdre et mon Estat, et n'y a poinct de rigueur si grande au monde qui ne soyt plaine de justice devant Dieu et devant les hommes, quant il s'agist de conserver la personne de vostre Roy et son Estat, préférable à tous particulliers et membres de ce corps entier. Je vous prye encores une foys que vostre Compagnye me donne plus de contentement qu'elle n'a faict jusques à cette heure, depuis son retour en ma bonne ville de Paris, et me faictes responce accompagnée de quelque bon effect. Priant sur ce Nostre Seigneur vous avoir, Monsr le président, en sa saincte garde. Escrit à Coucy, le dernier jour de juing 1594.

HENRY.
RUZÉ.

(*Autog.*) Si le suyet de mes édys estoyt pour amployer à quelques folles despances, la rygueur et la longueur dont vous usés auroyt quelque aparance de justyce; mes estant pour le byen du royaume, et vouloyr plustot donner l'Estat et la couronne à l'Espagnol, que de secouryr et par ce moyan garder vostre Roy et l'Estat de péryr, cela est sans excuse et contre toute rayson et justyce. Obéyssés doncques, et conservés an ce fesant vostre Roy, son royaume et ses bonnes graces tout ansamble.

(Original. — *Arch. Nicolay*, 21 L 14.)

275.   5 *Juillet* 1594.
JETONS FRAPPÉS A LA DEVISE DE CHARLES X.

Ce jour, Me François Mallet, conser auditeur, mandé au bureau, luy a esté représenté un jeton d'argent auquel estoit cette devise : d'un costé, *Vacante lilio dux me regit optimus*, et de l'autre, *Carolo a Lotha clavum regni tenente*. Et enquis s'il estoit pas semblable à ceux que Me Charles Hotman fit faire, estant en sa commission à Lyon, a dit qu'ils estoient pareils et que c'estoit une mesme devise.

Ledit jour, la Chambre délibérant si Me Charles Hotman, conser maistre, seroit employé aux roles des épices des mois de may et juin, ayant esté déclaré, mesme les Gens du Roy ayant pris conclusions contre luy, a esté ordonné qu'il demeurera èsdits roles, de grace particulière, et employé selon ses piqures¹.

(*Plumitif.*)

1. Mᵉ Hotman avait été dénoncé par Mᵉ Étienne Pasquier, et la Chambre, dans la séance du jour précédent, lui avait ordonné, « pour aucunes considérations, » de se démettre de sa charge. Il fut remplacé le 12 juillet.

276.   17 Octobre 1594.
MÉMOIRE POUR LE RACHAT DES RENTES.

Messire Jean Nicolay, consᵉʳ du Roy et P.P. en la Chambre, a rapporté un mémoire faisant mention des moyens pour racheter les rentes de la ville de Paris et payer les arrérages, afin d'estre vu par la Compagnie et que chacun y apporte du sien en ce qui sera du profit et service du Roy et de l'utilité publique. Lequel ayant esté lu, a esté ordonné qu'il en sera pris et retenu une copie au greffe, pour la communiquer à Messieurs¹.

(*Plumitif.*)

1. L'année suivante, le P.P. fit partie d'une commission formée dans le sein du Conseil et partagée en trois classes ou chambres, pour recueillir tous les renseignements sur le même sujet. (*Plumitif*, 21 juin 1595.)

277.   25 Octobre 1594.
ENREGISTREMENT D'ÉDITS.

Ce jourd'huy, Mʳ le président Tambonneau a rapporté à la Chambre que, le jour d'hier, il fut mandé, avec MM. les présidens Bailly et Luillier et Mᵃ Aymeret, consᵉʳ maistre, par le Roy, pour l'aller trouver en son chasteau du Louvre, à l'issue de la Chambre ; où il se seroit transporté avec Messieurs pour entendre de S. M. sa volonté. Laquelle leur avoit dit qu'il importoit beaucoup pour son service que la déclaration qu'il leur avoit envoyée fust vérifiée, et que la Compagnie luy faisoit un grand tort à ses affaires, qui estoient si pressées, qu'il falloit que, dès le jour ensuivant, Mʳ le mareschal de Bouillon fist quinze lieues pour aller sur les frontières de Picardie s'opposer à ses ennemys, qui se disposoient d'y faire quelque effort ; qu'une heure de retardement luy importoit de beaucoup. Pour lesquelles causes il vouloit et leur commandoit très expressément qu'ils vérifiassent ladite déclaration, nonobstant les oppositions faites par aucuns des financiers, desquelles il se réservoit la connoissance pour leur faire droit, et que, dans le jour de demain, il vouloit qu'ils en fissent une fin. Lequel sʳ président luy auroit répondu qu'ils avoient en cela gardé les formes ordinaires de la justice et de ses ordonnances, qui contraignoient les juges de donner trois jours à ceux qui s'opposoient, pour donner leurs causes d'opposition, et que ce qui leur retenoit à la vérification d'une infinité d'édits qui se présentent, estoit le peu de secours qu'ils connoissoient que S. M. en recevoit, pour les partys qui s'en faisoient, où l'on faisoit entrer plus de la moitié en dettes telles quelles¹. A quoy elle auroit répondu que sa volonté estoit d'y apporter de la réformation, et que, pour cet effet, il vouloit faire assembler personnes de son Conseil, mesme de ceux de sa Chambre des comptes, pour tous ensemble y apporter un règlement pour le bien de son service et soulagement de son peuple, et que, lorsque ledit règlement seroit fait, il le feroit garder inviolablement, qu'il diroit mesme aux princes qu'ils ne le priassent plus d'aucune chose contraire à ses ordonnances².

(*Créances.*)

1. On venait de créer des trésoriers, receveurs généraux, contrôleurs généraux et provinciaux et receveurs particuliers des impositions foraines et droits d'entrée, puis des contrôleurs provinciaux du sel, et enfin on avait imposé aux officiers de finance des augmentations de gages au denier huit. Le produit de tous ces édits était escompté par avance chez les traitants, et le roi avait déjà mandé, par deux fois, les Cours pour leur représenter « la nécessité de ses affaires. » (*Créances*, 19 septembre.) — Ce même jour, 25 octobre, Mʳ de Sancy vint presser la Chambre au sujet des augmentations de gages, dont le bénéfice devait servir à rembourser une somme de 80,000 écus et à payer 40,000 écus d'arrérages aux rentiers. Le P.P. lui répondit.

2. Le 2 janvier suivant, la Chambre, en vérifiant les lettres données pour l'établissement du nouveau Conseil des finances, commit le P.P. et plusieurs autres députés pour présenter au roi les anciens règlements sur la distribution des finances. (*Plumitif.*)

278.
4 Janvier 1595.
ATTENTAT DE JEAN CHATEL.

Monsieur Nicolay, P.P., a dit qu'estant le jour d'hier chez Mr de Harlay, premier président de la Cour, avec autres seigneurs assemblés pour le bien et affaires de la ville, le sr de Rodes, chevalier du St-Esprit et maistre des cérémonies, avoit fait entendre audit sr de Harlay et à luy que S. M. avoit résolu de faire faire procession générale le jour de demain, 5 du présent mois, et luy avoit commandé de leur dire, afin que lesdites Cours eussent à s'y trouver; ce que, pour sa décharge, il leur déclaroit.

(*Plumitif.*)

279.
23 Février 1595.
REMONTRANCES PRÉSENTÉES PAR LE P.P. — RÉPONSE DU ROI.

Sire, nous avons esté députés par vostre Chambre des comptes pour venir faire, en toute humilité, remonstrances à V. M. du dommage et signalé préjudice qu'elle reçoit en la création nouvelle des offices des receveurs des parties casuelles qu'il vous a plu ordonner estre établis en certaines provinces de ce royaume, pour le soulagement, comme l'on dit, de vos sujets et le bien de vostre service. Ce que nous supplions très humblement V. M., Sire, d'avoir agréable, comme estant un vœu solennel en nos charges, duquel nous nous acquittons pour un témoignage particulier de nostre fidélité et que nous ne désirons en une seule occasion défaillir à nostre devoir.

« Sire, c'est chose reconnue d'un chacun, et que l'expérience nous a apprise à nostre grand regret, que tous édits nouveaux sont odieux à vostre peuple et reçus de mauvais œil par les Compagnies souveraines auxquelles ils sont adressés. Mais ceux qui portent avec soy création nouvelle d'offices, le sont encore plus que les autres, d'autant que, pour un secours de deniers bien petit, et souvent imaginaire, V. M. s'oblige au payement des gages et droits si excessifs et onéreux à vos finances, que les plus clairs deniers de vos restes y sont employés, et V. M. frustrée du fruit qu'elle en devoit espérer.

« De là procède en partie la faute de fonds qui se trouve en vos recettes générales, et que les assignations manquent au payement des rentes constituées sur la ville de Paris, qui n'est pas une légère défaveur à vos affaires, puisque ce défaut est suffisant d'altérer les cœurs et la bienveillance de vos sujets.

« Mais j'ose dire encore, Sire, que plus il y a d'officiers en une charge, plus il y a d'yeux ouverts à leur profit et celuy de leurs amys, autant de mauvais serviteurs qui dissipent le bien de leur maistre, et est comme un poison familier insensible, qui résoud et consomme peu à peu les nerfs de vostre Estat, car vos finances, Sire, sont les nerfs de la monarchie, vostre noblesse les bras, et vous en estes le chef.

« Toutes ces considérations ne nous ont point retenus, depuis six mois, de vérifier plusieurs édits assez extraordinaires qui nous ont esté présentés de la part de V. M., sur l'espérance que Messieurs de vostre Conseil nous avoient donnée que le secours qui en proviendroit feroit cesser la nécessité, qui sembloit avoir quelque lustre et couleur de justice à nous relascher à ces extrémités.

« Mais, maintenant que nous voyons, par cette création nouvelle de receveurs provinciaux, que l'on entame vostre autorité, et que la puissance souveraine unie à vos couronnes est mise à l'encan ès bureaux des trésoriers de France, reconnus dès longtemps estre la source des désordres de vos finances; d'autre part, que l'on charge de 25 ou 30,000 liv. tous les ans, de gages, de droits de ports et voitures de deniers, le fonds de vos parties casuelles, qui est le plus clair denier et le plus prompt secours et revenu qu'il vous reste pour satisfaire aux dépenses de V. M., revenu qui, bien que funeste et luctueux qu'il soit, néanmoins se reçoit jour à jour et de mois en mois à la suite de vostre cour; d'ailleurs, que le trésor, qui a toujours esté affranchi durant ces troubles de la main des gouverneurs, est à présent laissé à leur discrétion, nous ne pouvons, Sire, comme vos très humbles et très fidèles serviteurs et officiers, que nous ne vous en fassions la plainte et vous remonstrions les monopoles qui s'en feront et commettront cy après aux enchères ès provinces éloignées, que les règlemens portés par vostre édit n'y seront observés, et que ceux là seuls seront préférés à la charge des offices, qui se trouveront avoir le plus d'amys et de supposts.

« Sire, la vénalité des offices nous a plongés en ce malheur depuis quelques années, que l'on n'a plus d'égard aux facultés des poursuivans, ains seulement au prix qu'ils en offrent, encore que bien souvent ils n'y ayent aucune part. Cela est cause qu'ils sont contraints de se licencier en leurs charges, pour acquitter leurs dettes aux dépens de V. M., et vaudroit mieux relascher du prix des offices et y employer des personnes de moyens et de qualité, que l'honneur et la crainte retiendroient en leur devoir.

« C'est pourquoy les Gens de vos comptes vous supplient très humblement ne point changer la forme ancienne établie par les Roys vos prédécesseurs en vos parties casuelles, et retenir toujours à vous cette marque royale de la distribution des offices, avec le choix de commettre des hommes qui auront le plus de mérite et seront reconnus estre vos serviteurs. Autrement, il sera loisible à vos ennemys d'avancer à prix d'argent ceux qui leur seront reconnus estre serviteurs et plus affectionnés, et par ce moyen anéantir vos droits et réserver vos deniers à leur profit.

« Davantage, c'est faciliter la voye aux faussetés et suppositions de résignation pour empescher la vacation d'un office, lequel autrement vous seroit acquis; c'est rejeter sur vous le risque du port des deniers, que les poursuivans apportent eux mesmes, à leurs périls et fortunes, ès coffres de vos parties casuelles. Bref, c'est exclure des charges d'une province ceux qui en seront éloignés, et mesme dégouster vos officiers d'aspirer à un plus haut degré, voyant désormais la porte close à la faveur et gratification de leur prince, et leurs services postposés aux enchères de ceux qui auront le plus d'argent.

« Et, afin de n'omettre l'intérest de vos sujets qu'un désir honorable de servir leur prince fait souvent hazarder la meilleure partie de leur fortune, c'est grandement, Sire, les vexer et travailler, que de leur donner la peine et les consumer en frais d'aller à des bureaux éloignés de leur demeure mettre leurs enchères et porter leur argent, pour puis après se rendre en vostre cour à la poursuite de leurs provisions et de leur réception.

« Je ne doute point, Sire, qu'à toutes ces raisons, bien que justes qu'elles soient, l'on oppose vostre nécessité, les armes des ennemys ès frontières de ce royaume, l'entretènement des vostres, et la non jouissance de vos recettes générales, affectées la plupart à l'acquit des compositions des villes nouvellement réduites en vostre obéissance. Tout cela, Sire, à la vérité, requiert un très grand fonds et mérite d'estre mis en considération. Mais, d'autre part, quand nous nous représentons les dépenses excessives couchées ès comptes de vostre Épargne rendus en la Chambre depuis vostre avènement à la couronne, quand nous considérons les remboursemens des prests imaginaires faits du temps du feu Roy votre prédécesseur et des offices levés en ses parties casuelles, pour assurer de mauvaises dettes, infinis voyages et achats de chevaux, simulés pour couvrir des dons, et autres parties de dépenses faites en certains endroits, dont V. M. ne veut estre faite déclaration, montans, en la seule année 1593, à plus de 1,100,000 écus, sans y comprendre les dons vérifiés et autres de 1,000 écus expédiés sous noms supposés, nous ne saurions présumer vostre nécessité estre telle comme l'on publie, puisqu'en un siècle si troublé comme le nostre et auquel à grand'peine reste il à vostre peuple la voix plaintive pour se douloir de sa chétive et pitoyable condition, vos finances ont esté si peu ménagées, qu'elles semblent avoir esté mises à l'abandon.

« Nous avons espéré, Sire, que Messieurs de vostre Conseil, ordonnés par V. M. pour avoir l'œil à la conduite et direction de vos finances, seroient assistés de tel bonheur en leur établissement, qu'ils purgeroient vostre Épargne de tels désordres et arresteroient le cours de la violente poursuite des donations que nous avons continuellement sur les bras. Mais, Sire, il est besoin que vous mesme y mettiez la main à bon escient, et que désormais les déguisemens du passé soient rejetés de vos finances, et surtout que l'usage des parties à moitié dettes et entières soit banni pour jamais de vostre cour, comme estant un secours qui affoiblit, un remède qui mine et consomme avant le temps la substance de vostre peuple et les plus clairs deniers de V. M.

« Par ce moyen, Sire, vous acquerriez la bienveillance de vos sujets, rendriez heureuses vos entreprises, et Dieu, qui régit le cœur des Roys, tient en sa main les victoires, fortifiera tellement le bras de V. M., qu'en bref l'on verra reluire vos trophées, à la ruine entière de vos ennemys. »

Ce propos fini, le Roy, adressant la parole auxdits députés, leur dit en ces termes :

« Messieurs, je reçois de bonne part vos remonstrances. Je sais bien que tous édits nouveaux sont toujours odieux ; je l'ay fait avec autant de regret que vous en avez, et, sans la nécessité de mes affaires, vous ne seriez en peine de m'en venir faire des remonstrances, que je reçois bien ; mais quand vous avez su ma volonté, vous deviez passer outre et ne vous arrester aux formalités que pourriez faire en autre temps. J'ay, depuis quelques années, fait vivre ma gendarmerie presque miraculeusement, sans argent, à la foule et ruine toutefois de mon peuple, qui n'a plus aucun moyen. Il faut donc que j'aye recours aux moyens qui me restent. Cet édit a esté vu en mon Conseil et par moy, qui avons assez de jugement pour connoistre ce qui est pour le bien de cet Estat ; nous trouvons qu'il se doit faire et que j'en tireray un grand secours, sans lequel je ne puis m'acheminer en mon voyage de Lyon, où il est nécessaire que j'aille promptement pour faire teste à mes ennemys, sur lesquels j'espère remporter la victoire, et après establir meilleur ordre en mes affaires que par le passé. Vous m'avez dit la charge qu'apporte cet édit en mes finances, et que vous connoissez ma nécessité ; mais vous ne m'apportez point de remède pour m'en tirer et moyen pour faire vivre mes armées. Si vous me faisiez offre de 2 ou 3,000 écus chacun, ou me donniez avis de prendre vos gages ou ceux des trésoriers de France, ce seroit un moyen pour ne point faire des édits ; mais vous voulez estre bien payés, et pensez avoir beaucoup fait quand vous m'avez fait des remonstrances pleines de beaux discours et de belles paroles, et puis vous allez vous chauffer et faire tout à vostre commodité. Car, si seulement il y a vacation, vous ne la voulez perdre, quelque affaire pressée que ce soit, et dites : « Nous avons accoutumé vaquer toujours ce jour là. » Il vous est aysé d'en parler ; mais personne ne peut donner si bon ordre à la conservation de cet Estat que moy, qui y ay tout intérest, car mes ennemys n'en veulent pas à vous, mais à moy, à ma vie et à mon Estat. Vous m'avez dit que ma noblesse estoit mes bras, et que j'estois le chef. Je sais bien, à la vérité, que tous membres du corps ont chacun en particulier diverses fonctions, et toutefois tendent tous à l'obéissance du chef ; il seroit messéant que les jambes voulussent faire l'office du chef, il faut qu'elles luy obéissent ; comme le chef a le jugement de connoistre ce qui est de leur utilité, si les jambes, les bras ou autres membres vouloient résister à cette obéissance, le chef, de son autorité, les y contraindroit. »

Le P.P. répliqua que la Chambre avait vérifié les édits les moins dommageables, comme pouvaient l'attester Messieurs du Conseil, mais que celui dont il était maintenant question tendait directement à détruire l'autorité du roi.

Et à l'instant auroit esté fait réponse qu'il ne tenoit que de Dieu son autorité, qu'il sauroit bien conserver avec son épée, et que ce n'estoit que toutes formalités, èsquelles il ne falloit s'arrester. Puis ajouta qu'il ne faisoit point de folles ni inutiles dépenses, comme les Roys ses prédécesseurs.

Sur ce, luy auroit esté remonstré par ledit s^r président qu'il avoit charge de la Compagnie de luy représenter que, depuis deux mois seulement, l'on avoit vu sur le bureau plus de six vingt mille livres de dons à vérifier ; qu'il ne disoit pas pour retrancher, moins encore pour conserver ses bienfaits et libéralités, principalement à l'endroit de sa noblesse, laquelle l'avoit si dignement servi durant ces troubles, qu'elle n'avoit épargné ni ses biens ni son sang pour la défense de cette couronne et empescher la chute et dissipation de cet Estat, mais le disoit à propos d'infinis pensionnaires, secrétaires de sa Chambre et de ses finances, qui marchandoient et butinoient à vue d'œil les fruits de sa libéralité ; supplioit S. M., au nom de la Chambre, qu'ensuivant les édits des Roys ses prédécesseurs, il luy plust ordonner que tous dons seroient acquittés en fin d'année, les charges comptables et autres privilégiées préalablement payées.

Lors, auroit esté répliqué par S. M. que c'estoit à nous à serrer le bondon.

Sur quoy, luy auroit esté remonstré par ledit s^r président que, pourvu qu'il luy plust lascher la main à ses officiers, ils feroient leur devoir, mais que, dès lors qu'il avoit honoré l'un de ses serviteurs de quelque bienfait, il ne cessoit jamais, à force de jussions, d'en poursuivre l'exécution.

Et comme il eut esté dit par aucuns des seigneurs de son Conseil que l'on nous feroit voir par le menu les dépenses auxquelles les deniers provenans des édits cy devant vérifiés, et mesme de celuy dont on poursuivoit la vérification, estoient destinés, le Roy se seroit départi, en disant ces mots : « Vous en discourrez amplement avec M^r le chancelier et ceux de mon Conseil cy présens, auxquels et à vous je remets le tout, ayant de ma part pris mes conclusions comme procureur général en l'édit que vous avez à vérifier. » Et en s'en allant, auroit dit que nous faisions des difficultés en un fait dont il estoit prié par Madame sa sœur. A quoy auroit esté répondu par ledit s^r président qu'il estoit question d'une grace et bienfait dont S. M. s'estoit relaschée en faveur de ses sujets de Béarn, pour demeurer quittes à l'avenir des droits de la foraine, et que la Chambre n'y avoit fait autre difficulté, sinon qu'ils jouiroient de ce privilège et exemption tant qu'il plairoit à S. M.; que c'estoit termes d'honneur et de reconnoissance, dignes d'un sujet à l'endroit de son prince; qu'il n'y avoit François lequel n'avouast tenir ses fortunes des bonnes graces du Roy, mesme les officiers leurs offices; qu'en ce fait particulier, la Chambre ne s'estoit rien proposé de funeste; toutefois, que si S. M. désiroit cette clause estre levée, qu'il en rapporteroit à la Compagnie. Et à l'instant, auroit esté dit par S. M. qu'en faveur de sa sœur il le vouloit ainsy.

Davantage, S. M. auroit commandé le fait des controleurs de sa maison, auxquels l'on avoit rayé les gages pour les attribuer à un autre qu'il tenoit pour ennemy du feu Roy et le sien. Dit en outre qu'il se vouloit servir d'eux, pour la confiance qu'il avoit en leur fidélité.

Et depuis, en particulier, auroit demandé audit s^r président ce que l'on avoit fait touchant l'édit de la religion. A quoy auroit esté répondu qu'il n'avoit esté présenté à la Chambre par son procureur général que samedy dernier; qu'à l'instant il avoit esté distribué au rapporteur, là présent, et que la Chambre avoit résolu, le jour mesme, d'en remettre la délibération au 1er jour de mars, afin qu'il n'y eust aucune interruption. Signé : NICOLAY et BINET[1].

(Mémorial.)

1. La Chambre persistant à refuser l'enregistrement, le roi fit venir encore le P.P. et lui donna ordre de faire procéder sans plus de délai à cette vérification, disant en colère « qu'il sembloit que les officiers de sa Chambre prissent plaisir à refuser tout ce qu'il y envoyoit et, en ce faisant, à ruiner ses affaires de gaieté de cœur;...... qu'il vouloit qu'ils sussent bien qu'il ne jetoit rien par la fenestre. » *(Créances, 3 mars.)*

280.
11 Mars 1595.
DÉPUTATION AU CONSEIL DES FINANCES.

Ce jourd'huy, Messire Jean Nicolay, cons^{er} du Roy en son Conseil d'Estat et P.P. en la Chambre des comptes, a exposé à Messieurs que, le jour d'hier, de relevée, suivant le commandement qu'il avoit reçu le matin, assisté de MM. de Charmeaux, président, du Hamel, le Grand, de Bragelongne et de Longueil, conseillers et maistres, ils auroient esté au chasteau, et, entrés au Conseil des finances de S. M., où estoient MM. le duc de Nevers, le chancelier, de Schonberg, de Sancy et les quatre intendans des finances, ayant pris séance, ledit s^r duc de Nevers auroit dit avoir commandement exprès de Sadite Majesté leur faire entendre comme, depuis l'establissement dudit Conseil, toutes choses s'estoient passées en l'administration de ses finances, tant en recettes que dépenses, comme eux représentant le corps de la Chambre, à laquelle en appartient la connoissance, en attendant que les comptes y fussent rendus, pour ce pendant en estre plus capables, ayant fait dresser estat contenant la recette, qui consiste, tant en ce qui est provenu de la vente des offices nouvellement créés par édits vérifiés, que des présens faits par les sieurs du Conseil et aucuns bourgeois de ladite ville, ensemble employ et dépense desdits deniers, afin que, par telle communication et vérification dudit estat, ils puissent connoistre plus clairement la nécessité urgente en laquelle ils estoient pour secourir le Roy en ses affaires, motif et vray sujet pour lequel ils estoient pressés de Sadite Majesté et sollicités de vérifier les édits qui leur auroient esté envoyés.

Et à l'instant, a esté dit par ledit s^r de Sancy qu'il avoit longtemps désiré que lesdits sieurs des comptes eussent cette communication dudit estat, afin que, dès à présent, sans attendre la reddition des comptes, ils pussent connoistre la grande dépense que ledit seigneur a esté contraint de faire, et comme, avec tout ménage, il avoit travaillé et travailloit journellement pour trouver moyen d'y satisfaire; aussy, pour lever la calomnie qu'on leur imposoit, et que chacun puisse connoistre clairement leurs actions.

A quoy par ledit s^r président fut dit qu'il n'y avoit aucun en leur Compagnie qui ne parlast avec tout respect et révérence desdits sieurs du Conseil, sans jamais avoir ouï aucune parole à leur désavantage, les suppliant de le croire; et quant à l'estat qu'ils désiroient leur communiquer, que ce n'estoit chose qu'ils eussent désirée, estant assurés de leur prudence, telle qu'ils ne faisoient rien que pour le service dudit seigneur, auquel seul ils avoient à rendre compte de leurs actions, et non à autre; aussy, qu'ayant esté appelés par commandement du Roy, sans savoir le particulier sujet, ils ne s'estoient nullement préparés. Et pour le regard des édits qu'ils n'avoient vérifiés, les supplioit de croire que ce n'estoit pour aucunement contrevenir à la volonté de S. M., ains pour les avoir trouvés très préjudiciables à la grandeur et autorité d'icelle, desquelles vérifications ils pouvoient estre blamés à l'avenir, et leur conscience chargée.

Et néanmoins ladite remonstrance, ne laissèrent lesdits sieurs du Conseil de persister à leur première proposition et représenter ledit estat, contenant en recette les prests cy dessus, ensemble ce qui estoit provenu desdits édits nouveaux, confessant avoir esté fait party des offices d'iceux avec un nommé Cenamy, pour recouvrer argent plus facilement et promptement. Et à mesure qu'ils montroient la recette de ce que dessus, vérifioient la dépense; et sur chacun desdits édits et prests virent qu'en la dépense il n'y avoit aucun don, disant lesdits sieurs du Conseil ne s'en estre passé aucun par devant eux pour estre assignés sur les deniers, tant provenans desdits édits, que de ceux des tailles et crues extraordinaires, ains sur ceux desquels il n'a esté fait estat, leur déduisant plus au long les charges qui sont sur les finances de Sadite Majesté.

Outre ledit premier estat, ont voulu pareillement représenter celuy de la dépense qu'il a convenu faire pour la réduction des villes en l'obéissance de Sadite Majesté, lequel ils désiroient qu'il demeurast en ladite Chambre. Et par ledit s^r président leur fut dit qu'il les prioit trouver bon qu'il demeurast entre les mains de Sadite Majesté, afin de n'altérer les volontés d'aucuns.

Ce fait, ledit s^r de Nevers leur auroit dit qu'il pensoit mériter du public pour, laissant ses affaires, s'estre réduit à vaquer journellement depuis le matin jusques au soir à celles du Roy, et que, les connoissant confidens à son service, il avoit dès longtemps désiré leur communiquer lesdits estats, leur faire paroistre comme il s'y seroit comporté et le tout passé audit Conseil, afin qu'ils connussent que les deniers provenus desdits édits ont esté utilement employés pour le service et affaires dudit seigneur; les priant le faire entendre à la Chambre, afin qu'elle ne se rendist à l'avenir si difficile à la vérification des édits qui seront envoyés par S. M. pour y estre vérifiés, estant le seul moyen pour subvenir à ses affaires, les autres deniers n'estant bastans pour satisfaire aux charges qui leur auroient esté cy devant déduites, quelque retranchement, réduction et bon ménage que lesdits sieurs du Conseil se seroient pu aviser; qu'il espéroit que, l'édit des receveurs provinciaux des parties casuelles ayant lieu et établi, en reviendroit de profit audit seigneur plus de six vingt mille écus d'augmentation par an.

Ledit s^r président luy auroit remonstré la dévotion que les officiers de ladite Chambre avoient toujours eue au service de S. M.; que leur refus estoit fondé sur grandes raisons, contenues aux remonstrances que luy avoient faites, lesquelles il estimoit avoir esté bien reçues d'icelle[1].

(*Créances.*)

---

[1]. Le même jour, M^r le duc de Montpensier vint requérir l'enregistrement des édits par commandement exprès du roi. La Chambre, avant l'entrée du prince, arrêta qu'on le supplieroit de différer la publication, « du moins des édits qu'ils n'ont encore vus, le laissant à en délibérer avec toute liberté, comme on a accoutumé en tel cas, » mais que, s'il vouloit passer outre, on luy déclareroit que « leurs présence et silence n'apportoient aucun consentement, aveu et approbation à telle vérification, et que, s'ils sont demeurés en leurs places et séances, ç'a esté pour la révérence qu'ils luy portent, représentant en ce lieu la personne de S. M. » (*Journal.*)

Le procès-verbal de la séance, d'après le *Mémorial*, est imprimé dans les *Preuves* de D. Félibien, t. II, p. 16 et 17.

281.   15 *Mars* 1595.

AUDIENCE DU ROI. — RÉGLEMENT DE FINANCES.

Ce jourd'huy, Messire Jean Nicolay, cons^{er} du Roy en son Conseil d'Estat, P.P. en sa Chambre des comptes, a exposé à Messieurs que, suivant le commandement qu'il avoit reçu, assisté de MM. de Charmeaux, aussy président, du Hamel, le Conte, conseillers et maistres de ladite Chambre, et le procureur général en icelle, il auroit esté, le jour d'hier, de relevée, au chasteau du Louvre. Et entrés au Conseil, leur fut dit par Mr de Nevers que le Roy seul les avoit mandés, et non eux. Et à l'instant, Mgr le chancelier, assisté de MM. de Bourges, Schonberg et de Sancy, levés dudit Conseil, eux de compagnie, allèrent trouver S. M. au lit, pour avoir pris ce jour médecine. Et après très humbles révérences, leur fut dit par ledit seigneur qu'il avoit grand contentement de la forme qu'ils avoient tenue à la vérification des édits qu'il avoit envoyé faire le jour précédent par M^r le duc de Montpensier, estant bien marry néanmoins d'avoir usé de telles voyes, mais que la nécessité de ses affaires luy avoit contraint; que, desdits édits, il y en avoit deux réservés, et trouvoit étranges les difficultés qu'ils avoient faites sur celuy de l'aliénation de son domaine pour 244,000 écus, vu que dès longtemps il auroit esté vérifié à la Cour de parlement, et au préalable que l'on eust fait l'ouverture du remboursement des rentes constituées sur la ville de Paris; aussy, que ses deniers avoient esté dès longtemps destinés pour le payement des Suisses, lesquels, comme chacun devoit reconnoistre, luy avoient fait de très grands et signalés services, et, afin de leur donner contentement, comme il estoit raisonnable, vouloit qu'ils eussent à procéder à ladite vérification, désirant conserver l'alliance qu'il avoit faite avec eux.

Par ledit s^r P.P. luy a esté dit qu'ils n'ont eu aucune connoissance que cette affaire concernast lesdits Suisses, n'y ayant eu aucun de leur part qui leur en eust parlé et fait poursuite, estimant qu'ils eussent esté satisfaits de longtemps de ce qui seroit provenu d'autres édits que la Chambre avoit vérifiés en cette considération; que mesdits sieurs du Conseil présens en pouvoient rendre assuré témoignage, et, comme la Cour avoit vérifié l'aliénation de sondit domaine pour ladite somme, il estoit bien à propos que ladite vérification en fust faite par les voyes ordinaires, et qu'il rapporteroit son commandement à ladite Chambre.

Sur ce, ledit seigneur luy auroit dit en ces termes: « Je vous prie de le vérifier. Vous ne savez pas mes affaires et le tourment et travail que j'ay en l'esprit, qui me cause quelquefois d'user de rudes paroles. Vous devez travailler pour moy, et moy pour mes sujets, comme je fais, et lesquels je désire mettre en repos, ayant eu beaucoup de mal à cette occasion. Pour ce, je vous prie de rechef, vérifiant ledit édit, me relever des poursuites que me font lesdits Suisses. »

Plus, continuant, auroit dit qu'il auroit fait faire un règlement en son Conseil pour l'ordre qu'il entendoit estre observé à l'administration de ses finances, et ne savoit pourquoy ils faisoient difficulté de le vérifier. Sur quoy, luy fut dit par ledit s^r P.P. que ladite Chambre y avoit trouvé beaucoup de défectuosités, et que, pour le bien de son service, il luy sembloit qu'il y estoit besoin d'y ajouter.

A quoy par ledit seigneur fut dit qu'il ne doutoit de leur affection et que leur intention ne tendist au bien de ses affaires; trouvoit bon qu'ils prissent communication avec les sieurs de son Conseil, pour, au susdit règlement, y apporter une bonne résolution ensemblement; et qu'il désiroit que sondit Conseil nouvellement établi et eux eussent une mesme intelligence, et que, s'il se résolvoit quelque chose audit Conseil qui leur semblast préjudicier le bien de son service, il trouvoit bon d'en estre averti, comme il désire le semblable desdits sieurs du Conseil, au cas que les officiers de sadite Chambre ne s'acquittassent duement de leur devoir; estimant néanmoins que tous ne tendoient qu'à une mesme fin.

De là, s'estant lesdits s^{rs} chancelier et du Conseil retirés, avec lesdits s^{rs} présidens et maistres, audit Conseil, où ils trouvèrent encore lesdits s^{rs} de Nevers, mareschal de Retz et autres seigneurs, ledit s^r chancelier rapporta ce que par Sadite Majesté avoit esté dit, le désir qu'elle avoit de ladite communication pour ledit règlement sur ses finances, et la réciproque intelligence qu'il entendoit qu'ils eussent. Et ayant discouru plus au long sur le fait dudit règlement, notamment sur les dons, ledit s^r P.P. Nicolay leur remonstra que la Chambre ne s'estoit jamais rendue difficile à vérifier les dons pour les princes et autres seigneurs de mérite, témoin beaucoup de vérifications de tels dons qui se sont faites nouvellement sans un second commandement et jussion, et qu'il n'estoit raisonnable qu'il en demandast mesme gratification; que, pour les intérests que l'on vouloit faire passer par un role, ladite Chambre l'avoit jugé estre chose très préjudiciable au service de Sadite Majesté; qu'il estoit expédient de connoistre ceux qui faisoient les prests, sans qu'il n'y eust aucun déguisement ou soupçon, n'y pouvant y avoir trop de lumière.

Ledit s^r de Nevers dit qu'il louoit leur intention, laquelle il reconnoissoit estre pour le bien et service de Sadite Majesté, et que, pour parvenir au règlement qu'elle désiroit, il les prioit d'apporter jeudy, 16me du présent, auquel jour ils auroient remis ladite conférence et communication, ce qu'ils en auroient rédigé par écrit, pour, le tout vu ensemblement, en faire une bonne résolution.

Ledit s^r P.P. a dit outre qu'ils auroient esté trouver Madame, sœur du Roy. Et ayant esté mandés par elle, à cette fin, leur auroit dit que tout le domaine qu'elle avoit en Béarn, estoit saisi à la requeste des Martins de Bordeaux, pour leur estre engagé au remboursement des sommes de deniers qu'ils avoient prestées au Roy pour le secours de la France, au moyen de laquelle saisie elle avoit grand intérest, pour ne recevoir aucune chose de son revenu; et afin de satisfaire auxdits Martins, ledit seigneur désirant qu'elle jouisse de sondit revenu, les auroit assignés sur la ferme de la comptablie de Bordeaux, leur en ayant fait faire bail; lequel elle les prioit vérifier, pour la relever des intérests qu'elle souffroit en la non jouissance de sondit revenu.

Ce que ledit s^r P.P. luy auroit promis rapporter à ladite Chambre, pour, à son désir, aviser à luy donner contentement, ainsy qu'elle avisera estre raisonnable pour le service du Roy[1].

(*Créances.*)

1. Ce procès-verbal est à tort daté de 1594 et classé à cette année dans les *Créances.*

282. 20 Mars 1595.
ANNIVERSAIRE DE LA REDDITION DE PARIS.

Le prévost des marchands et quatre échevins de cette ville de Paris sont venus prier Messieurs de se trouver mercredy matin, 22 du présent mois, à sept heures, en la grande église Nostre-Dame, pour assister à la procession qui se fera ledit jour et ira dudit lieu en l'église des Augustins, où se dira la messe avec actions de graces de ce que, tel jour, il y a un an, il luy plut réduire ladite ville en l'obéissance du Roy.

A laquelle procession mesdits sieurs assistèrent ledit jour, en robes de soye, à l'opposite de Messieurs de la Cour, revestus de leurs robes rouges.

(*Plumitif.*)

283. 22 Mars 1595.
ALIÉNATION DU DOMAINE.

Cejourd'huy, M^e [Jean] Luillier, consr du Roy et président en sa Chambre des comptes, a dit à Messieurs que, suivant la députation de ladite Chambre et commandement qu'elle auroit reçu ledit jour de S. M. pour l'aller trouver, assisté de M^e [Charles] Amelot, aussy cons^{er} et maistre, ils furent au chasteau du Louvre. Où estant allés au Conseil des finances, leur fut dit que c'estoit le Roy qui les demandoit, et à cet effet le s^r de Sancy, conseiller audit Conseil, les mena par devers Sadite Majesté. Et estant au cabinet où Sadite Majesté se rendit quelque temps après, leur demanda pourquoy la Chambre n'avoit vérifié son édit pour la vendition de son domaine et aydes, ayant plusieurs fois dit à aucuns de ladite Chambre son intention, leur disant ces mots : « Vous gastez toutes mes affaires ! » Et sur ce, ledit s^r président luy dit qu'ils n'avoient esté refusans, ains ordonné seulement qu'il seroit communiqué aux prévost des marchands et eschevins, d'autant que les rentes de la ville de Paris estoient assignées sur ledit domaine et aydes, et ne pouvoient passer outre au préalable ladite communication et les avoir ouïs. A quoy ledit seigneur leur dit qu'il n'avoit que faire de cela et de telle communication, et, sous ombre de 50 liv. de rente qu'ils pouvoient y avoir chacun, ils gastoient ses armées, seul moyen de garantir l'Estat, qui estoit près d'estre perdu, et quand il le sera, lesdites rentes seront bien assurées. Et partant, vouloit qu'ils eussent à le vérifier, et que, s'ils ne le faisoient pas, il les feroit rembourser, pour en mettre d'autres qui luy obéiroient. Ledit s^r président luy remonstra que tel édit desdites rentes contrevenoit à celuy qu'il avoit envoyé à la Cour sur le moyen du rachat desdites rentes. Et à ce, luy dit que celuy dont il estoit à présent question, estoit préalable, et les deniers destinés pour ses armées, et pour ce falloit qu'il fust vérifié, et ce dedans le lendemain matin. A quoy ledit s^r président fit réponse qu'il feroit entendre ses commandemens à ladite Chambre.

(Créances.)

---

284. *(Septembre 1595.)*
HARANGUE DU P.P. AU ROI.

Sire, ce que par noz vœuz et continuelles prières nous avons demandé à Dieu, qu'au milieu de tant d'orages et de tempestes que vostre royaulme a souffert ces jours passez, il luy pleust jecter ses yeulx sur nous et vous donner une heureuse victoire sur ce grand nombre d'estrangers qui estoient entrés jusques au sein de la France pour la troubler, cela mesme, Sire, voire beaucoup plus encores que tous voz subjectz ensemble n'eussent osé souhaitter, il nous a donné par sa grace et divine bonté, vous ramenant en ce lieu comme au port de vostre navigation, victorieux et triumphant des despouilles de voz ennemys, redoubté de tous les princes estrangers, aymé et honnoré de vostre peuple, qui, oultre l'obligation naturelle qu'il vous a, Sire, doibt à Vostre Majesté le repos que par vostre prudence et saige conducite vous luy avez acquis.

C'est ung bien, Sire, d'autant plus à estimer, que le péril, ou plustost la ruine qui nous regardoit, a esté grande et proche de tumber sur nous, et ne se peult proprement dire estre ung œuvre des hommes, mais de Dieu, ou bien d'ung grand Roy, tel que vous estes, Sire, conduict de l'esprit de Dieu, bataillant de ses armes et soubz ses enseignes, d'avoir, non seullement empesché les passaiges à une armée estrangère, composée de tant de milliers d'hommes et de différentes nations, mais, en moins de troys moys, l'avoir tellement ruynée et mise en pouldre, qu'il n'en reste aucunes marques, sinon celles, Sire, qu'ilz vous ont laissées pour ung tesmoignage à jamais de leur perte et déshonneur.

Et comme il advient ordinairement, par ung temps obscur, qu'aussy tost que la nuée commance à se résouldre et que l'on apperceoit les rayons du soleil et la clerté de ceste belle et agréable lumière, soubdain chacun reprent ses esprizt, et d'un geste et visaige gay manifeste son ayse et la joye qu'il en reçoit, aussy, depuis que vostre peuple, Sire, a veu ceste armée d'estrangers en désordre fuyr la lumière et splendeur de Vostre Majesté, et que, pour le comble de son heur, il a commancé à jouyr de l'honneur de vostre présence, aussy tost ung chacun s'en est esjouy, soubdain l'on a veu vostre peuple loüer et bénir vostre règne, vostre noblesse publier voz vertuz et la magnanimité de vostre cueur, voz officiers d'une commune voix applaudir à cest ayse et acclamation publicque : bref, n'y eut ung seul de tous voz subjectz, Sire, lequel vous voyant arriver de voz armées, n'ayt estimé estre remply de vostre gloire et esclairé des rayons de vostre grandeur.

Et nous, Sire, qui avons cest honneur d'estre du nombre de voz très humbles subjectz et officiers, qui avons esté deputez par vostre Chambre des comptes pour venir féliciter Vostre Majesté, nous accourons à la joye et congratulation publicque, et vous apportons, Sire, au lieu des présens que les anciens offroient à leurs princes, quand ilz retournoient de la guerre en triumphe, noz cueurs, noz volontez et une ferme et entière obéissance à vostre service; vous suppliant très humblement, Sire, que, comme nostre Compagnye vous a tousjours esté très fidelle, il vous plaise aussy la maintenir et conserver en son entier et luy faire ceste faveur particulière de la rendre participante de l'honneur de voz bonnes graces.

Autre harangue.

Sire, nous avons esté députez par vostre Chambre des comptes pour venir en toutte humilité saluer Vostre Majesté, vous tesmoigner, Sire, l'aise et le contantement que nous recevons en noz ames de l'honneur de vostre présence, et les graces que nous rendons à Dieu de tout nostre cœur du succez et bon heur qui vous a accompaigné en vostre voyage.

Heureux le puis je dire, puisque il a pleu à Dieu vous préserver du péril de ce grand et hazardeux combat auquel vostre valleur et générosité vous engaigea, Sire, dès lors que vous eustes la nouvelle de l'armée de voz ennemys. Mais plus heureux est il d'avoir à mesme jour couppé la chesne qui les tenoit uniz et conjurez à la ruine de la France, de sorte que, en ung instant, l'on ayt veu l'estranger quicter d'effroy voz provinces, et le Françoys l'estranger pour se jecter à voz pieds.

Sire, ce n'est pas peu de gloire à ung grand prince, tel que vous estes, en la révolte d'ung nombre infini de villes et soublèvement presque universel de voz sujectz, d'avoir en si peu de temps, comme nous avons veu l'an passé, regangné le cœur de tant de peuples, attiré tant de villes à vostre obéissance, et fléchy par vostre clémence et bonté naturelle les volontez de ceux qui estoient les plus entiers et endurciz en la rébellion.

Mais aussy vostre gloire ne sera pas moindre à la postérité d'avoir naguères, en personne et les armes au poing, reconquiz des provinces entières et contrainct les chefz du party contraire à vostre autorité vous recongnoistre pour le prince souverain et recevoir de vostre main libéralle et victorieuse le rang, les biens et les honneurs qu'il vous plaist qu'ilz tiennent en ce royaulme à l'advenir; et d'avoir oultre cella, Sire, en mesme temps, eu la nouvelle de l'accomplissement des vœuz de tous voz bons sujectz et de l'accueil honorable que Sa Sainctété a faict à voz serviteurs, pour preuve de sa bienveillance envers vous et vostre couronne.

Ne sont ce pas, Sire, aultant d'effectz de la grace de Dieu qui reluict sur vous, aultant de prospéritez qui méritent que ce dernier voyage de Vostre Majesté soit remarqué entre tous les autres le plus heureux? Chascung croyoit, Sire, et le souhaittions ainsy pour le bien de la France et vostre repos en particulier, que ces derniers faictz d'armes de Vostre Majesté apporteroient quelque relasche à voz peines et aux travaulx continuelz que vous supportez. Mais Dieu, qui a accoustumé de donner tousjours de l'exercice aux ames généreuses et qui se délecte que son nom soit glorifié et ses œuvres renduz admirables par le ministère des princes et des Roys qu'il a ordonnez pour la conduicte et gouvernement de ses peuples, ce grand Dieu des batailles, Sire, vous présente maintenant ungne nouvelle victoire et de nouveaux trophées au Cambrésis, pour accroistre de plus en plus vostre gloire et la réputation du nom des Françoys.

Puissiés vous donc, Sire, comme ung second Hercule, purger la France de ces monstres qui renaissent tous les ans, et, comme ung second Auguste, clorre le temple de Janus, c'est à dire establir une paix universelle en vostre royaulme, de sorte que Vostre Majesté y soit recongneue et vénérée de touz, vostre justice honorée, vostre peuple soulagé de l'oppression grave qu'il souffre de si long temps, que vostre sceptre soit tousjours formidable aux nations estrangères, et que vostre couronne florisse sur vostre chef aultant d'années que noz prières sont dévotes et ardentes envers Dieu pour la continuation de voz jours.

Ce sont les vœux que nous luy offrons chascung jour pour la félicité de vostre règne, et à vous, Sire, nous présentons noz très humbles services, avec la continuation de vostre fidélité, et nous supplions très humblement voulloir tousjours honnorer nostre corps de voz bonnes graces.

(Minutes originales. — *Arch. Nicolay,* 54 L 1 et 4.)

285.
29 Janvier 1596.
PARANYMPHE DE LA FACULTÉ DE THÉOLOGIE.

Est venu à la Chambre frère Salomon Liévin, religieux du collége des Jacobins de cette ville, présenté pour faire le paranymphe en la Faculté de théologie, cette présente année. Lequel, assisté de plusieurs bacheliers de son cours en ladite Faculté, a prononcé en latin à ladite Chambre, les deux bureaux assemblés, la semonce d'assister audit paranymphe, qui se fera la semaine prochaine audit couvent des Jacobins, en la salle du collége de Sorbonne et au collége royal de Navarre. Auquel a esté fait réponse par M^r le P.P.

(*Plumitif.*)

286.
28 Mars 1596.
OPPOSITION DU CORPS DE VILLE A UN ENREGISTREMENT.

Le prévôt des marchands vient rapporter à la Chambre que, sur l'avis du corps de ville, la Cour des aides a refusé d'enregistrer deux édits, l'un pour le doublement des impositions anciennes, l'autre pour la continuation de l'imposition extraordinaire, mais que M^r le prince de Conti est allé lui-même prononcer l'enregistrement, sans les formalités requises, sans le consentement de la Cour, et comme par surprise. La ville supplie donc la Chambre d'envoyer des remontrances au roi, ainsi que le feront Messieurs des aides.

Auquel auroit esté remonstré par M^r le P.P. qu'ils devoient s'opposer à la vérification, sans y user de tant de longueurs; que cela eust empesché la vérification; toutefois, puisque cela estoit advenu sans leur su et extraordinairement, que la Chambre députeroit fort volontiers de la Compagnie pour aller trouver le Roy, pour luy faire remonstrances de l'importance desdits édits pour le bien de son service et soulagement du peuple.

Le procureur général, parlant par Me Denis Pasquier, avocat général, a aussy remonstré, parlant audit prévost des marchands, que, en la qualité qu'ils tiennent, ils se doivent opposer à l'exécution desdits édits, comme méchans, estant très méchans et pernicieux et contre le service du Roy et bien du peuple, jusqu'à ce que remonstrances ayent esté faites à S. M.

Ledit s^r prévost des marchands a dit qu'il s'employera toujours de tout son pouvoir au soulagement du peuple, et qu'il a esté à la Cour de parlement faire pareilles remonstrances.

(*Plumitif.*)

287.
1er Avril 1596.
TAXE POUR LES PAUVRES.

Les semestres assemblés, M^r le président de Charmeaux a remonstré qu'il n'y avoit plus de moyen de nourrir les pauvres, si l'on ne continuoit pareille levée au présent mois d'avril que l'on avoit fait les deux mois passés, et, pour y satisfaire, qu'à l'assemblée générale avoit esté avisé qu'il falloit emprunter 10 ou 12,000 écus des plus aysés de Paris, à la charge de remboursement dans ce mesme mois sur les deniers de ladite levée; que l'on avoit avisé que le prévost des marchands enverroit par les maisons des bourgeois pour voir ceux qui pourroient entrer en cette avance, et, pour le regard des Cours, que les présidens d'icelles admonesteroient chacun en leur corps d'y vouloir entrer, et en feroient rapport à la première assemblée, pour voir quelle assistance on en pourroit avoir. Suivant ce, supplioit Messieurs assistans d'aviser si leur commodité permettoit d'entrer èsdites avances, à la charge dudit remboursement. Sur quoy, ayant délibéré, la Chambre a ordonné qu'il seroit fait un role de ceux qui voudroient entrer èsdites avances, et ce pendant, puisque ledit sieur retournoit à ladite assemblée, qu'il certifieroit la Chambre des assurances dudit remboursement. . . . .

Et à l'instant, est venu en ladite Chambre le prévost des marchands et échevins, qui ont remonstré que la Cour n'avoit encore résolu, et que ce pendant, pour ce qu'il se trouvoit jusques à quatorze mille pauvres, et que le fonds de leur nourriture ne pouvoit monter plus de 10,000 écus par mois, qui n'estoit que les deux tiers du mois, ils venoient supplier la Chambre d'y avoir égard; et davantage, qu'il est plus temps que jamais d'y donner ordre, pour ce que jà la peste estoit auxdits pauvres, comme en beaucoup de lieux à l'entour de Paris, mesme à Gonesse; les supplioient, ceux qui auroient moyen d'entrer aux avances qu'il estoit besoin faire, d'y entrer, d'autant que la levée des quartiers ne pouvoit estre si prompte que la nécessité le requéroit; et avoit de son costé trouvé avances par les quartiers jusques à 2,400 écus sol; que le remboursement desdites avances estoit assuré, et que le receveur en fera ses promesses, en sa qualité, de faire ledit remboursement [1].

(Plumitif.)

[1]. Depuis deux mois, les Cours et le corps de ville tenaient des assemblées générales en la salle Saint-Louis pour mettre ordre à l'affluence des pauvres, qui venaient principalement de la Picardie, entièrement ruinée par la guerre. Dans la séance du 12 février, la Chambre, sollicitée par le procureur général du parlement, comme étant composée des « plus riches et aysés de la ville et ceux qui estoient le mieux payés de leurs gages, » n'avait promis que 400 écus par mois, attendu que les gages n'étaient pas payés depuis un an et que personne ne jouissait de son bien.

288.
2 Juillet 1596.
LETTRE DU ROI AU P.P. — INVENTAIRE DE LA SAINTE-CHAPELLE.

Monsr le président, d'aultant que j'ay esté adverty que, depuis le dernier inventaire qui a esté faict des bagues et joyaux du Trésor de la Ste-Chapelle, il y a quelque chose de changé, je désire qu'il s'en face un nouveau, et pour cest effect j'envoye les clefz dudict Trésor que j'ay par devers moy au sr de Fresnes, secrétaire de mes commandemens, avec lequel je veulx que vous, le sr d'Incarville et l'évesque de Meaulx, qui est trésorier de ladicte Ste-Chapelle, vous assembliez pour y travailler, et ce le plus promptement qu'il vous sera possible, affin que ledict sr de Fresnes, à qui j'ay commandé de me venir trouver au premier jour, me puisse apporter ledict inventaire. Et n'estant la présente à aultre effect, je ne vous la feray plus longue, priant Dieu, Monsr le président, vous avoir en sa saincte garde. Escript à Abbeville, le ijme juillet 1596.

HENRY.
De Neufville.

(Original. — Arch. Nicolay, 21 L 22.)

289.
7 Juillet 1596.
LETTRE DE CRÉANCE POUR LE CONTROLEUR GÉNÉRAL DES FINANCES.

De par le Roy. Nos amés et féaux, vous avez assez entendu par ceux de nostre Conseil l'estat de nos affaires sur cette frontière, et quels sont nos peines et travaux pour empescher que nos ennemys ne fassent plus grands progrès sur ce royaume. Mais nous n'avons rien tant contraire à nos desseins que nos serviteurs mesmes, parce que, ne pouvant soutenir cette guerre, qui est d'une dépense incroyable, que par moyens extraordinaires, ainsy qu'il est notoire à chacun, vous y apportez tant de difficultés, que par là vous empeschez du tout l'entretènement de nostre armée; aussy elle dépérit à toute heure visiblement, au grand hazard de nostre personne et danger de nostre Estat, ce qui n'est si aysé à représenter par écrit comme il est facile à croire à ceux qui le voyent journellement. A ces causes, nous ordonnons au sr d'Incarville, conseiller en nostre Conseil d'Estat et controleur général de nos finances, vous aller voir de nostre part, pour vous faire entendre de rechef plus particulièrement nostre intention, tant sur le fait de la douane de Lyon et contrat des parties casuelles pour le sr de Gondy, que du contrat des Suisses, qui sont les seuls moyens auxquels à présent nous espérons, et desquels nous ne pouvons nous prévaloir que par vostre ministère accoutumé, croyant ledit sr d'Incarville sur ce sujet comme nous mesme. Nous avons su les arrests de refus que vous donnastes hier, dont nous recevons beaucoup de mécontentement, et voulons que vous rhabilliez ce qui s'est passé, en sorte que promptement nous en puissions tirer le secours que nous attendons, avec lesdits gens de nostre Conseil, que nous avons mandés nous venir trouver, nous remettant au surplus sur ledit sr d'Incarville. Priant Dieu vous avoir, nos amés et féaux, en sa sainte garde. Donné à Wailly, le 7me juillet 1596 [1].

HENRY.
DE NEUFVILLE.
(*Créances.*)

---

[1]. Le jour suivant, Mr d'Incarville prit séance. Interrogé sur l'emploi des fonds qu'on disait prêtés par Gondi, il ne voulut le dire que dans la chambre du Conseil, au P.P. et à un seul conseiller, en présence du procureur général, et le P.P. revint dire que jamais destination n'avait été plus utile ni plus louable. Quant à la diminution d'un quart sur le prix du bail de la douane, qui était le motif de la résistance de la Chambre, elle venait, suivant le roi, de l'appauvrissement du peuple, de la diminution du trafic et de l'occupation de Calais par les Anglais; mais il persistait à croire qu'il y auroit plus d'avantage à affermer qu'à mettre en régie. Le 19 juillet, sur nouvelle créance de M. de Bellièvre, et après avoir entendu les moyens d'opposition des officiers de la douane de Lyon, la Chambre donna sa vérification.

---

290.   Juillet-Août 1596.
ÉPIDÉMIE A PARIS.

Du 27 juillet. Me de Pincé a rapporté que Me Wyon et luy furent le jour d'hier à la police, où se trouvèrent des présidens et conseillers de la Cour, des médecins de la Faculté, chirurgiens et barbiers, et autres, pour le fait des maladies. Où fut résolu de prendre une maison sise rue des Vignes, pour les pestiférés qui se guérissent, pour ce que l'on portoit tous les malades à l'hostel Dieu, et fut rapporté qu'il se reconnoissoit qu'il en réchappoit plus audit hostel Dieu qu'ailleurs; que l'on avoit avisé de faire mettre douze barbiers et quelques médecins qui seroient gagés, et, pour fournir aux frais, que l'on lèveroit un mois ou deux des pauvres. Fut aussy résolu que l'on prendroit la porte du Temple pour mettre les délinquans qui se trouveroient entachés de la contagion ou infectés. Fut aussy proposé si l'on pourroit contraindre les locataires de sortir quand ils seroient infectés, et n'en fut rien résolu.

Du 2 aoust. Les Gens du Roy ont rapporté que, le jour d'hier, suivant la charge que la Compagnie leur avoit donnée, ils furent trouver le Roy. Auquel ils remonstrèrent que, à cause de la contagion, les comptables n'osoient plus venir à Paris pour rendre leurs comptes, et que, ladite maladie continuant, l'on ne les pourroit contraindre venir compter; pour quoy le supplièrent de la part de la Chambre leur permettre qu'ils se pussent retirer en leurs maisons des champs, pour sureté de leurs personnes, jusques à la St-Martin; et que le Roy leur dit qu'il avoit reçu beaucoup de mécontentement de ladite Chambre en ce qu'elle se rendoit tant contraire à son vouloir, et de la longueur qu'elle apportoit à la vérification de ses édits, qui estoit cause qu'il en recevoit plus d'incommodité et perte que de profit. Et luy ayant remonstré que tout ce que faisoit la Chambre n'estoit que pour le bien de son service, et qu'elle avoit vérifié ses édits de 3 deniers d'attribution aux receveurs et controleurs des tailles, contrat de ses parties casuelles et bail de douane de Lyon, et après plusieurs propos qu'il leur avoit dits, enfin qu'il avoit pris terme de six jours pour faire réponse à sa Cour de parlement sur pareille requeste, et que par mesme moyen il leur feroit réponse et feroit pareil traitement à ladite Chambre qu'à la Cour.

Du 3 aoust. Me Wyon a rapporté que, le jour d'hier, il fut à la police générale avec Me le Tellier. Où fut rapporté que tous les malades qui estoient à l'hostel Dieu estoient tous frappés de peste, et qu'il y en avoit beaucoup, voire la plus grande partie, qui n'avoient moyen de se faire panser, jusques au nombre de quatre cens. Et fut avisé, sur la remonstrance de l'un des maistres dudit hostel Dieu, que l'on trouveroit moyen de secourir promptement ledit hostel Dieu de 600 écus. L'on fit faire serment à un médecin qui se présenta et à un barbier, auxquels on devoit avancer, savoir : audit médecin 60 écus, et audit barbier 25 écus, pour un mois et demy de leurs gages. Fut avisé, pour éviter que l'on ne jetast plus les corps dans les rues, que le guet iroit deux fois de nuit, et que les chariots de l'hostel Dieu iroient recevoir les corps des décédés, pour les porter avec les autres ; qu'il seroit publié partout faire des feux et jeter de l'eau au soir et tenir les rues nettes.

Du 7 aoust. M° Wyon a rapporté que, le jour d'hier, fut avisé qu'en la rue des Vignes y auroit trois maisons pour les pestiférés, à savoir : l'une, pour ceux qui auront commodité de se faire panser et médicamenter par officiers, qui est la maison de Rieussant ; autre, pour ceux qui auront moyen de donner un écu par jour pour leur faire panser ; une autre, pour les mendians, qui seront traités par les officiers gagés et des levées de deniers à cet effet. Plus, qu'il avoit charge de communiquer à la Compagnie pour les enterremens, parce que les habitans de Paris ont cette religion et dévotion de vouloir estre enterrés au lieu de leurs ancestres, pour en faire rapport. Fut aussy résolu que les malades que l'on voudroit transporter hors leurs maisons seroient transportés à toutes heures, et que les porteurs auroient verge blanche et une sonnette.

Du 8 aoust. Les deux bureaux assemblés, la Chambre délibérant sur les lettres de cachet du Roy du 8 de ce présent mois, par lesquelles S. M. mande à la Chambre qu'elle ayt à vérifier le contrat fait avec le s^r de Gondy pour la douane de Lyon, auparavant que de prendre le congé qu'il luy a donné, a ordonné et ordonne que lesdites lettres seront registrées, et que ladite Chambre désemparera mercredy prochain, jusques au jour de St-Martin ; ce qui a esté à l'instant prononcé aux cons^{ers} correcteurs et auditeurs, pour ce mandés.

Ensuit la teneur desdites lettres de cachet :

« De par le Roy. Nos amés et féaux, nous avons plusieurs fois fait entendre, par nos lettres et par nostre commandement verbal, que nostre volonté est que le contrat fait avec le s^r de Gondy soit promptement vérifié. Il importe grandement à nostre service que ladite vérification ne soit davantage retardée ; qui est cause que nous voulons et vous mandons que, toutes affaires cessantes, vous vaquiez à la vérification dudit contrat, lequel nous entendons et voulons estre vérifié auparavant que vous puissiez prendre le congé que nous vous avons donné à cause des maladies. A quoy vous ne ferez faute, d'autant que vous aymez le bien de nostre service. Donné à Monceaux, le 8me jour d'aoust 1596. »

HENRY.
POTIER.
(*Plumitif.*)

---

291. 18 *Novembre* 1596.
ENVOI DE PIÈCES AUX ÉTATS DE ROUEN.

Ce jour, la Chambre, délibérant sur l'envoy des estats et extraits faits pour envoyer à Rouen, suivant les lettres du Roy, a commis M^e [Nicolas] le Camus, cons^{er} auditeur, pour lesdits estats et extraits estre portés audit Rouen, pour, s'il se trouve quelque difficulté sur iceux, en donner l'éclaircissement ; et a ordonné mandement estre délivré aux controleurs et maistres des postes de Paris et Rouen luy délivrer les chevaux qui luy seront nécessaires.

(*Plumitif.*)

---

292. 27 *Décembre* 1596.
LETTRE D'UN TRÉSORIER AU P.P.

Monsieur. . . . . Je vous supplie très humblement de croire que s'est la plus grande pitié au monde que d'estre en ceste misérable province, reconnoissant le désespoir auquel le peuple est. Et de faict, après ses années si mauvoises et mesmes la dernière, ilz espéroient quelque solaigement pour ceste année par le moyen des tailles. Mais maintenant, ayant receu les mandemens des esleuz, sont si estonnez de se retrouver si surchargez, leur cotte estant plus haulte du tiers de la principalle taille et de la moityé pour la creue des guarnisons, qu'ilz sortent hors leurs maisons, vont errans, et vandent tous leurs vaches, meubles et bestiaux. Tenant pour certin l'impossibilité qui est de lever sur eux ceste taille, ilz aiment mieux en tirer de l'argent pour leur nourriture en aultre terre, que de veoir les sergens les vendre, et au bout confiner et mourir en une prison. S'est chose si pitoiable, que je ne le puis vous le représenter, et croyent que tout est perdu, disans qu'ilz croioient que l'assemblée causeroit plus de considération pour le peuple, mais s'est au contraire. Vous sçavez que, par le moyen de la généralité de Soissons, l'ellection de Laon, qui est l'une des plus grandes, est ostée de nostre généralité, et estant de nostre généralité, le principal et creues incorporées ne montoit l'année dernière que à la somme de viij^{xx} tant de mil escuz, et ceste année, ceste ellection dehors, elle monte ij^c tant de mil escuz seulement. La creue des guarnisons, l'année dernière, ne montoit que iiij^{xx} mil escuz et tant ; maintenant, pour la présente, vij^{xx} tant de mil escuz, qui est presque la moityé plus que le passé. Croiez, Monsieur, que telles demandes extraordinaires causent le désespoir et font qu'il ne se recevra le quart en l'année prochaine, et ne se recevant, ceux qui y seront assignez, pour tirer d'eux ce qu'ilz ne pourront bailler, feront mille et milles extorcions et cruaultez, où nous ne pourrons apporter aulcun remède, et au contraire ceux qui voudront estre payez nous représenteront estre pour le service du Roy. Je serois bien heureux d'estre supprimé et hors de ma charge, car je ne puis servir le Roy comme j'ay volonté et manier le peuple ; et ne sont que malédictions et facheries incroiables. Je vous supplie, comme père du peuple que vous este, voulloir faire rapporter ses commissions et après voz remonstrances causer du bien aux affaires de Sa Majesté, les faisant révocquer et ne donnant au peuple que ce qu'il pourra porter. Leurs volontez demoureront bonnes envers Sadicte Majesté, et elle sera secourue, et se sera donner moyen audict peuple se remectre. . . . . La voix de deçà est venue que vous faictes connoistre à ceste assemblée combien vous aimez le peuple, car beaucoup de choses sont rapportées de là à vostre honneur. Chacun aussy prie Dieu pour vous, et désireroit l'on que tous vous ressamblassent. Je prie à Dieu qu'il vous donne accomplissement de voz sainctes intentions et longue et heureuse [vie], avec créance que ne aurez jamais homme qui vous soit plus affectionné et humble serviteur. De Chaalons, ce xxvij^{me} jour de décembre 1596.

GODET.

La gendarmerye, au reste, ne bouge de ceste misérable province.

(Orig. autographe. — *Arch. Nicolay*, 13 C 182.)

293.

30 *Janvier* 1597.

ÉTATS DE ROUEN.

Ce jour, Me Vivien, cons^{er} maistre, a rapporté avoir esté à Rouen, suivant la commission qu'il a eue de ladite Chambre. Où estant arrivé, il fut trouver MM. les présidens Nicolay et Tambonneau, auxquels il présenta les lettres que ladite Chambre leur avoit écrites. Et luy fut dit par ledit s^r président Nicolay que les mémoires qui avoient esté baillés contre ladite Chambre avoient esté mis sur le bureau et fort disputés ledit jour, tellement qu'ils ne furent d'avis de parler sitost de leurs gages, mais qu'il communiquast avec les députés de la Cour de parlement, qui estoient arrivés audit Rouen à mesme effet ; ce qu'il fit, et ayant appris desdits députés de la Cour de parlement ce qu'ils avoient fait pour leurs gages, il fut trouver le s^r de Saldagne, qui luy dit qu'il fist un estat de ce qui estoit dû à la Chambre ; lequel il dressa aussitost, avec M^o de Bordeaux, receveur, et trouvèrent qu'il estoit dû à ladite Chambre, pour 1596, 17,000 tant d'écus, et pour la présente 1597, 13,000 tant d'écus, par estimation, pour ne savoir au vray ce qui proviendroit des assignations du sel. De quoy luy fut fait pareille expédition qu'auxdits députés du parlement ; laquelle il a présentée au bureau, avec lettres qu'écrivoient à la Compagnie lesdits s^{rs} présidens, dont auroit esté fait lecture, mesme dudit arrest du 24 de ce mois, par lequel est ordonné que les officiers de la Chambre seront assignés, tant des 17,233 écus 12 sols, que desdits 13,199 écus 12 sols, sur les menus exécutoires qui se pourroient présenter en la présente année. Plus, a dit que lesdits sieurs luy demandèrent si la Chambre avoit point eu avis des mémoires qui avoient esté baillés contre elle. Auxquels il fit réponse que la Chambre en avoit quelques mémoires, mais qu'elle les avoit trouvés de si peu de conséquence et frivoles, qu'elle s'en estoit aucunement souciée, comme aussy il n'avoit aucune charge de la Compagnie d'en parler.

Dit aussy qu'il parla auxdits s^{rs} présidens de ce que les receveurs généraux de Rouen et Caen n'avoient envoyé en la Chambre que les extraits de leurs comptes, de quoy les cons^{ers} correcteurs avoient fait plainte, pour ce qu'ils ne pouvoient, sur lesdits extraits, faire la correction du compte de l'Espargne.

Leur dit aussy que le lieutenant civil avoit obtenu une commission pour informer contre quelques fermiers, mesme pour le fermier de la busche de Paris, pour le rabais par luy obtenu, duquel la Chambre estoit saisie; ce qu'ils avoient trouvé étrange, et s'estant enquis de ladite commission, leur avoit dit qu'elle avoit esté obtenue par surprise, et le secrétaire d'Estat qui l'avoit signée, surpris. Et luy ont donné charge dire à la Compagnie qu'elle surseoie le jugement dudit rabais.

Plus, leur parla du fait de Me de Bordeaux, lequel s'estant transporté aux champs pour informer contre les receveurs, en vertu d'une commission de la Chambre, en fut empesché par un conseiller de la Cour des aydes qui estoit audit lieu pour mesme effet, lequel fit défenses audit s^r de Bordeaux d'exécuter sa commission, sur peine de l'amende, se disant ledit conseiller seul juge et commissaire pour cet effet; ce que lesdits sieurs auroient aussy trouvé fort étrange, et croit que s'il eust eu pièces pour justifier de ce, qu'il eust fait quelque chose pour le bien de ladite Chambre [1].

(*Plumitif.*)

1. Le 10 février, le P.P. et le président Tambonneau rentrèrent à la Chambre, et M^r d'Ormesson les remercia de ce qu'ils avaient fait pour la conservation de l'autorité, dignité et juridiction de la Compagnie.

294.   7 *Mars* 1597.

RÈGLEMENT INTÉRIEUR DE LA CHAMBRE.

Ce jour, les deux semestres assemblés, les Gens du Roy sont venus au bureau, qui ont supplié la Compagnie de regarder à ce qui estoit de règle de bonnes mœurs en tout le corps de la Chambre, soit en eux, que en ce qui concerne le bureau, les cons^{ers} correcteurs, cons^{ers} auditeurs et tous les autres officiers, pour en faire un règlement certain, réformer et corriger les abus et fautes passés, à ce qu'à l'avenir chacun se règle et conforme aux ordonnances, et, s'il se trouve bon, en dresser des articles, pour y estre gardés et observés.

Et s'estant retirés, M^r le P.P. Nicolay a pris la parole et remonstré qu'estant à l'assemblée de Rouen, M^r le chancelier luy dit, et à M^r le président Tambonneau, qu'il y avoit quelques plaintes du corps de la Chambre, et qu'il les prioit faire tant que la ladite Chambre, d'elle mesme, avisast à ce qui estoit nécessaire de réformer, sans attendre que le Roy y apportast son autorité. Et pour ce que depuis leur retour s'estoit présenté des abus contre les règlemens anciens, la Chambre avoit trouvé bon faire assembler ce jourd'huy les deux semestres, pour aviser audit règlement.

L'affaire mise en délibération, la Chambre a ordonné que deux de MM. les présidens, avec deux de Messieurs de chaque semestre, s'assembleront en la chambre du Conseil pour dresser les articles dudit règlement, et, pour ce faire, qu'il seroit présentement mandé deux desdits cons^{ers} correcteurs et deux desdits cons^{ers} auditeurs, pour leur faire entendre ladite résolution, à ce qu'ils ayent à faire dresser les mémoires qu'ils aviseront estre nécessaires. . . . .

(*Plumitif.*)

295.
15 Mars 1597.
REMONTRANCES DE LA VILLE DE PARIS AU ROI.

Ce jour, sont venus au bureau les prévost des marchands et échevins de cette ville de Paris, lesquels ont remonstré que, pour obvier aux désordres qui pourroient advenir pour les entreprises des ennemys, ils avoient fait assembler le Conseil de ladite ville, ensemble les colonels pour le fait des gardes d'icelle, à l'effet d'aviser à la fortification générale et aux munitions, dont elle estoit trop dégarnie, soit d'artillerie, poudres, qu'autres munitions, et à tout ce qui estoit nécessaire pour la conservation de ladite ville en l'obéissance du Roy, et aux moyens d'en recouvrer, attendu le peu de revenu qu'il y avoit, lequel n'estoit suffisant pour subvenir aux nécessités ordinaires d'icelle. A laquelle assemblée, et par l'avis d'icelle, avoit esté résolu de supplier le Roy faire démolir les forteresses de St-Denis, Pierrefonds, citadelles de Corbeil, Melun et autres que S. M. jugera nécessaire, et de vouloir commander à Mr de Vic de demeurer à Paris; requérir la cessation de l'impost du commerce; supplier Messieurs des Cours vouloir députer aucuns d'eux pour, avec la ville, obtenir du Conseil ce qui proviendra dudit impost du commerce pour les quinze jours qui restent d'iceluy, pour estre lesdits deniers employés à partie des plus nécessaires réparations, pourtours des portes et murs de cette ville; supplier lesdites Cours que l'édit fait sur les défenses des manufactures étrangères de soyes, perles et bagues soit gardé, et que dès à présent l'usage des bagues, perles et pierreries soit défendu; supplier le Roy, tant de la part desdites Cours, que de ladite ville, vouloir établir, au plus tost que faire se pourra, un Conseil en cette ville de Paris, pour pourvoir aux affaires et obvier aux désordres. Ce qu'ils avoient fait rédiger par écrit, et estimé estre de leur devoir le faire savoir à la Chambre, laquelle ils supplioient, comme ils avoient fait la Cour de parlement et alloient continuer aux autres Cours, de les assister à ce faire et requérir, selon qu'ils jugeroient l'importance et la nécessité. Et à cette fin, ont laissé autant de ladite résolution prise en ladite assemblée de ville, contenant ce que dessus.

Sur quoy la Chambre ayant délibéré, a commis et député MM. les présidens de Charmeaux et de Marly, MM. le Conte, le Grand et de Bragelongne, cons^{ers} maistres, pour eux conformer selon que Messieurs de la Cour de parlement feront.

(Plumitif.)

296.
21 Mars 1597.
SEMONCE POUR LES OBSÈQUES DE LA PREMIÈRE PRÉSIDENTE.

Ce jour, [est venu] Mr le président de Charmeaux, assisté de MM. de Blancmesnil, président en la Cour de parlement, Mr de Hacqueville, président au Grand Conseil, MM. Danès, de Boulancourt et Luillier, présidens en ladite Chambre, de plusieurs conseillers en la Cour de parlement et maistres des comptes, et autres parens et amys de feu dame Marie de Billy, vivante femme de Messire Jean Nicolay, cher, seigneur de Goussainville, P.P. en icelle Chambre; lequel a prié la Compagnie de faire cet honneur à la mémoire de ladite défunte, audit sr président Nicolay et auxdits parens et amys, d'assister au convoy du corps de ladite défunte, cedit jour, à quatre heures, en l'église St-Paul, sa paroisse. Auquel a esté fait réponse par Mr le président Tambonneau que la Chambre feroit audit convoy tout l'honneur qu'il luy sera possible et qu'il est accoutumé faire en semblable cas. Ce fait, sont partis, et peu après sont entrés les crieurs et semonneurs ordinaires de cette ville, avec armoiries; lesquels ayant pris place contre les murailles, vers les fenestres de la basse cour, après le son de leurs cloches, ont fait la prière accoutumée, contenant, entre autres choses, que le corps seroit porté ledit jour, de relevée, en ladite église St-Paul, paroisse de ladite défunte.

(Plumitif.)

Généalogie de feue Madame de Goussainville, pour servir à la semonce faicte en la Chambre.

Dame Marie de Billy, femme de Messire Jean Nicolay, chevalier, cons^{er} du Roy en ses Conseils d'Estat et privé, premier président en sa Chambre des comptes, seigneur de Goussainville, estoit fille de feu Messire Louis de Billy, chevalier de l'ordre du Roy, seigneur et baron de Courville, lieutenant de la compaignie de feu Monsieur le connestable, auquel il avoit l'honneur d'appartenir, et de dame Félice de Rosny, sa mère; estoit petite fille de feu Messire François de Billy, chevalier, baron dudict Courville, et de dame Marie de Beaumanoir, son ayeule; ledict François de Billy fils de Messire Perseval de Billy, baron dudict Courville, et de dame Louyse de Vieuxpont; ledict Perseval fils de Messire Jean de Billy, sieur de Mauregard et d'Hyvort, et de dame Marguerite d'Orgemont; ledict Jean fils de Messire Antoine de Billy et de Pernelle de Villers.

Par ceste généalogie se voit la maison des de Billy estre très noble et très ancienne, remarquée entre les aultres d'une singulière piété et doctrine.

Celle de Rosny ne l'est moins, y ayant eu une fille de ce nom mariée en celle de Dreux, et est alliée en la maison de Mongomery, des Roches Trenchelyon et de Brezay.

Celle de Beaumanoir est une fort encienne race, issue de Bretaigne, et y en a de présent en France de ce nom honorés de la qualité de mareschaux de France, recognus pour leurs mérites et valeur.

Celle de Vieuxpont est une des plus anciennes familles de Normandie.

Seroit chose infinie de poursuivre par ordre tous les ayeuls et ayeules de ladicte dame, de son chef très recommandable, car elle estoit, oultre la beaulté du corps, douée d'un très grand cœur, généreux et magnanime, officieuse et secourable à ses amis, sans y espargner ses moyens, sa peine et sa propre santé, libérale envers les pauvres, humble et courtoise envers ung chacun, d'ung esprit vif et prompt, et toutesfois d'une rencontre et parole fort humaine et gracieuse.

Fut mariée en l'aage de douze ans, et a demeuré en mariage avec ledict sieur président l'espace de dix neuf ans, ayant eu huict enfants, quatre masles et quatre femelles, dont il en reste à la famille six seulement, à sçavoir: trois fils et trois filles.

Est décédée en l'an trente et uniesme de son aage, d'une pleurésie qui a précédé et suivi son accouchement.

Sa fin a esté vrayement chrestienne, ayant receu tous les charactères et sacrements de l'église, avec une admirable et fervente dévotion et mespris du monde, ayant les yeulx continuellement fichés sur la croix, les prières en la bouche et le cœur à Dieu jusques à son dernier souspir.

(Original. — *Arch. Nicolay*, 13 C 56.)

297.
Mai 1597.
REMONTRANCES SUR UNE CRÉATION D'OFFICES EN LA CHAMBRE.

Du 5 may. M^r le P.P. Nicolay a rapporté qu'il y eut hier huit jours que le Roy manda MM. les présidens Tambonneau, de Charmeaux, d'Ormesson et luy pour l'aller trouver à St-Germain, et le mesme jour les contremanda, pour différer à jeudy ensuivant, qui fut jeudy dernier. Et ledit jour, se transportèrent audit St-Germain, où ils arrivèrent assez tard, qui fut cause qu'ils ne purent saluer M^r le chancelier en son logis, pour ce qu'il estoit au chasteau, où ils furent trouver S. M., comme pareillement y furent MM. les présidens de la Cour de parlement, M^r le procureur général de ladite Cour et les présidens de la Cour des aydes. Et estant tous assemblés en la chambre du Conseil, le Roy estant assis, après leur avoir commandé de s'asseoir, fut fort longtemps à leur proposer ses affaires, tant de la guerre que de sa maison, la nécessité où elles estoient, qui seroit long à réciter, mais particulièrement leur dit qu'il savoit que son peuple rejetoit tout le désordre et nécessité présente sur ceux qui avoient manié ses finances, qui en avoient commis et commettoient plusieurs malversations, et qu'il désiroit le contenter.

Pour ce regard, vouloit que recherche en fust faite, que l'on fist justice de ceux qui avoient malversé, et, au contraire, de ceux qui avoient bien servi, comme il reconnoissoit qu'il y en avoit, qu'ils fussent récompensés de leurs services ; et à cette fin, leur donner des juges et faire une Chambre pour en avoir connoissance. Et s'adressant à Mr le chancelier, luy auroit commandé de luy dire la forme que l'on y avoit autrefois tenue, afin que le mesme ordre y fust gardé, et que le désordre qu'il connoissoit y estre fust retranché. A quoy mondit sr le chancelier luy dit que, en l'an 1574, fut établi une Chambre, que l'on appeloit la Chambre du Bailliage, composée d'aucuns présidens et conseillers de la Cour de parlement, Chambre des comptes et Cour des aydes ; et en l'année 85 et 86, une autre Chambre, que l'on appeloit la Chambre royale, qui fut composée de mesmes juges, qui attiroit avec elle les compositions des trésoriers et receveurs qui s'en ensuivirent. Ce que S. M. luy dit vouloir estre de rechef établi des juges de ladite Cour de parlement, Chambre des comptes, et qu'il entendoit que ledit sr P.P. y présidast.

Plus, leur dit qu'il avoit un extrême regret et déplaisir de ce que, sans exploit de guerre, les Espagnols, ennemys de la France, avoient tant surpris de villes en la Picardie, et notamment la ville d'Amiens ; que cela estoit advenu, non qu'il n'eust donné plusieurs avertissemens aux habitans d'icelle de prendre garde à eux, et qu'il y avoit entreprise sur ladite ville et par la mesme porte par laquelle ils ont esté surpris, à ce qu'ils eussent à prendre garde à eux et recevoir des garnisons qu'il leur a voulu bailler des Suisses pour la garde de leurs ville et portes, et que n'y ayant point de sa faute, comme il n'y en avoit, reconnoissoit que c'estoit une seule punition de Dieu ; qu'il avoit esté averti que les ennemis vouloient garnir ladite ville de vivres et munitions et en faire un magasin pour subvenir à leur affaire de la guerre, ce que faisant, il ne pouvoit pas seulement espérer que Paris fust frontière et ne courust grands hazards, mais nous pouvoit assurer que tout le pays jusques à la rivière couroit mesme fortune ; qu'il luy vient un autre mal tout nouveau sur les bras, du costé de Bretagne, par les entreprises que faisoit le duc de Mercure ; que la trève s'en alloit rompre, à cause de quoy il luy estoit impossible pouvoir plus espérer de secours de ladite province ni du Poitou, soit d'hommes ou argent, et que ses recettes dudit pays ne suffisoient pas pour fournir aux frais de la guerre d'icelle ; que d'estimer tirer quelque chose de la Picardie, estoit chose du tout éloignée de la raison, mais au contraire, qu'il luy convenoit y avoir toujours une forte armée et faire un blocus audit Amiens, pour empescher ceux du dedans à faire des entreprises, et forcer ses ennemys, ou de donner une bataille, ou faire la paix, à laquelle il presteroit toujours consentement, afin de soulager son peuple ; qu'il s'estoit résolu de se contenter des cinq millions que l'on luy avoit offerts à l'assemblée de Rouen ; mais, par le moyen de ce grand changement d'affaires, il reconnoissoit qu'il sera impossible qu'il les puisse toucher, pour la ruine du pays ; et pour ces occurences survenues, il estoit pressé de trouver 600,000 écus, à savoir 300,000 écus comptant, et le reste dans le jour de St-Jean, tant pour payer 200,000 écus aux Suisses, pour ne perdre leur alliance, que pour la solde de son armée et ne donner sujet aux soldats de s'en départir ; que sa ville de Paris s'estoit résolue de l'assister de 120,000 écus, et le reste le devoit prendre sur les autres villes ; et pour ce que cela ne suffisoit pour satisfaire à ses pressées et urgentes affaires, connues à un chacun, il avoit avisé et résolu s'ayder de moyens extraordinaires, qui estoit de faire une création nouvelle d'officiers en aucunes de ses Cours, et particulièrement, pour le fait de la Chambre, d'y ériger deux présidens.

Prioit la Chambre de croire qu'il n'avoit rien omis à remonstrer à S. M. ce qu'il luy avoit semblé estre à propos pour empescher cette création d'offices, comme pareillement avoient fait Messieurs de la Cour de parlement et Cour des aydes. Mais, nonobstant lesdites remonstrances, Sadite Majesté leur avoit remonstré qu'il n'avoit pas envie de se perdre ; qu'il savoit mieux les affaires de cet Estat qu'eux ; que l'Estat estant perdu, ils n'estoient plus rien, et que, pour cette occasion, ils devoient regarder plutost à leur conservation qu'aux loys et ordonnances, qui avoient esté faites en temps de paix, et non en temps de guerre.

Ce qu'il leur dit de rechef le lendemain, qu'ils le furent saluer et prendre congé.

Et au mesme instant, est venu au bureau le sr Croise, valet de chambre ordinaire du Roy, qui a apporté un paquet de S. M. adressant à la Chambre, qu'il a dit luy avoir esté baillé ce jourd'huy à St-Germain, pour l'apporter. Ce fait, s'est retiré. Auquel paquet a esté trouvé un édit de création de deux présidens, huit maistres, deux correcteurs et quatre auditeurs, avec lettres de cachet adressantes à Mr le P.P. Nicolay, une adressante au corps de la Chambre, laquelle toutefois estant ouverte, a semblé avoir esté faite pour la Cour des aydes, pour ce qu'elle fait mention de quelque création d'officiers créés en icelle Cour ; plus, une autre pour Mr le procureur général. Lequel édit a esté mis ès mains dudit procureur général ; et, pour sur ce délibérer, la Chambre a ordonné que les semestres seront assemblés demain.

Du 6 may. La Chambre, les deux semestres assemblés, avertie qu'aucuns, mus d'une ambition démesurée, et pour leur profit et intérest particulier, ont poursuivi un édit de nouvelle création de divers offices en icelle et fait offres de sommes excessives de deniers pour estre pourvus d'iceux, au préjudice du bien du service du Roy et honneur de ladite Chambre, a ordonné et ordonne qu'à la requeste du procureur général, il sera informé contre lesdits poursuivans ; et où il se présentera aucun d'eux qui se soit fait pourvoir desdits offices poursuivis par lesdites voyes, ne sera procédé à sa réception, ains déclaré indigne de son remboursement, suivant les ordonnances.

Du 12 may. Le procureur général du Roy a rapporté à la Chambre que, samedy dernier, il luy fut dit, de la part de Mr de Sancy, que le Roy avoit commandé qu'il allast trouver S. M. aux Tuileries, à dix heures ; ce qu'il auroit fait. Et estant entré dans le jardin, trouva ledict sr de Sancy, qui luy dit que le Roy s'en alloit à la messe aux Capucins, et enquis par ledit procureur général s'il savoit pour quoy il estoit mandé, luy dit que c'estoit pour un arrest que la Chambre avoit donné. Et s'estant ledit procureur général avancé, auroit trouvé S. M., accompagnée de Mr le prince de Conty et de Mr de Villeroy et quelques autres, en la grande allée dudit jardin. Qui premièrement dit qu'il s'en allast trouver Mr le chancelier, auquel il avoit commandé sa volonté ; et après, auroit demandé si les Gens de sa Chambre des comptes estoient si mal avisés d'avoir donné un arrest dont on luy avoit parlé, et que, s'ils s'oublioient tant que de faire telles choses, il les osteroit de leurs chaises. A quoy ayant répondu qu'il supplioit S. M. d'entendre la vérité ; que la Chambre s'estant assemblée pour délibérer de l'édit apporté en icelle par un sien valet de chambre, il avoit esté dit qu'il y avoit plusieurs qui avoient de grandes prétentions de dettes contre S. M., lesquels s'estoient avancés de dire qu'ils entreroient aux offices de ladite Chambre et que lors ils feroient tellement avec les comptables, qu'ils se feroient payer de très notables sommes, et pour cette cause avoient levé les offices devant qu'ils fussent créés ; et que, s'il y avoit arrest, c'estoit qu'il seroit informé contre ces gens là ; toutefois, qu'il n'avoit point encor vu ledit arrest. Et outre, ayant passé et supplié S. M. de croire qu'un des grands maux qui estoient à ses finances estoit que trop de gens s'en entremettoient, et que, s'il y avoit Compagnie en laquelle le nombre d'officiers fust dangereux, c'estoit sa Chambre des comptes, S. M. rompit la parole, et dit audit procureur général qu'il ne se meslast point de cela, et qu'elle aymoit mieux à présent une compagnie de gens d'armes, parce que, si tout estoit perdu, la Chambre et les autres Compagnies seroient trop peu de chose ; qu'elle avoit commandé à Mr le chancelier sa volonté ; que ledit procureur général ne faillist pas de l'aller trouver et faire promptement ce qu'il luy diroit.

A quoy obéissant, seroit allé trouver ledit sr chancelier, qui luy dit que le Roy estoit fort marry d'un arrest que la Chambre avoit donné ; en ayant esté averti incontinent à son arrivée en cette ville, avoit envoyé au devant dudit sr chancelier, qui n'estoit pas si tost parti de St-Germain, pour le haster de venir, comme il auroit fait, et estoit venu le matin de St-Germain et arrivé devant neuf heures ; et que le Roy trouvoit fort mauvais que la Chambre voulust faire informer contre ceux qui l'ont voulu secourir de leurs moyens en cette nécessité, et dire qu'ils n'entreroient point en la Chambre et que l'on leur feroit perdre leur argent ; que le Roy prenoit cela fort mal, et vouloit que la minute de l'arrest luy fust apportée ; et, pour ce qu'il estoit près de midy et qu'il falloit, à une heure, estre au Conseil, où S. M. seroit, attendant ledit arrest, que ledit procureur général l'allast quérir et apporter. Et, entre plusieurs propos, dit que le Roy pourroit estre stimulé de faire une Chambre des comptes à Bordeaux et une autre à Tours.

Et s'estant retiré ledit procureur général, après avoir fait les excuses susdites et dit qu'il estimoit qu'il n'y avoit rien par écrit de cet arrest, sans dire la difficulté qu'il y avoit de retirer ladite minute, afin de gagner temps jusques à lundy, auroit vu Me Danès, greffier. Et sur les deux heures, retournant au Louvre, trouva devant la chapelle de Bourbon Longuet, huissier du Conseil, qui dit avoir charge du Roy de l'aller quérir, et qu'il estoit en son Conseil, où il l'attendoit, et ce qu'il luy avoit commandé. Où estant monté, et trouvant S. M. avec MM. le connestable, cardinal de Gondy, M^r le chancelier et quelques autres, luy auroit esté dit par S. M. où estoit l'arrest qu'il demandoit ? A quoy ayant répondu que, depuis deux heures, il avoit cherché et fait chercher le greffier, mais, à cause que ce jour ils n'estoient tous sujets à aller à la Chambre, il estoit allé à deux ou trois lieues de cette ville, et devoit retourner sur le soir, S. M. répliqua qu'il vouloit avoir cet arrest, et que, s'il ne le luy apportoit, il se courroucerroit ; commanda de rechef de se retirer et l'apporter, et M^r le chancelier ajouta que c'estoit le plumitif que S. M. demandoit.

Et sur les sept heures du soir, retourna un homme de la part de M^r le chancelier, qui demandoit ledit procureur général, afin qu'il portast ce que le Roy avoit commandé. Auquel fut dit que ledit procureur estoit absent.

Et le dimanche, dès six heures du matin, alla ledit procureur général trouver M^r le chancelier, et luy remonstra l'absence légitime du greffier, parce qu'estant un samedy et dimanche qu'il ne devoit sujétion à la Chambre, il estoit allé aux champs ; que, quand bien il seroit en ville, il feroit difficulté de se dessaisir de l'arrest sans en avoir parlé à la Chambre, laquelle s'assembloit le lendemain, et qu'il luy feroit entendre le commandement du Roy, auquel elle satisferoit à son pouvoir. Dont ledit s^r chancelier sembla ne se contenter, disant que, si M^r le P.P. et ledit procureur général vouloient, ils pourroient faire apporter ledit arrest ; toutefois, qu'il feroit vers le Roy du mieux qu'il pourroit.

Du 13 may. Le procureur général a rapporté que, le jour d'hier, matin, suivant la charge qu'il plut à la Chambre luy donner, il fut, avec le greffier Danès, au chasteau du Louvre, pour porter au Roy l'arrest donné par la Chambre sur l'édit de création de divers offices en icelle. Où estant, pour ce que le Roy n'estoit encore levé, luy fit dire par M^r le chancelier qu'il eust patience, et cependant luy demanda s'il avoit ledit arrest. Et luy ayant baillé, le monstra à MM. de Gondy, conseiller, de Sancy et autres seigneurs du Conseil, qui le trouvèrent fort rude. Ce fait, luy rendirent jusques à ce que le Roy fust venu, qui arriva peu après en la chambre du Conseil. Qui aussitost luy demanda ledit arrest, et luy ayant présenté, après qu'ils en eurent fait lecture, demanda aux sieurs de son Conseil ce qu'il falloit faire. Auquel ledit s^r chancelier dit que ladite Chambre avoit fait une grande entreprise contre son autorité, qu'il falloit casser ledit arrest et le faire rayer du registre. Et non content, ledit s^r chancelier dit encore audit procureur général en ces termes : que cela avoit esté fait le matin en ladite Chambre. A quoy ayant répliqué qu'il supplioit S. M. ne croire point que ladite Chambre l'eust voulu faire ainsy, S. M. luy demanda à voir le plumitif, lequel luy fut représenté par ledit Danès, greffier, et à l'instant fut ledit arrest collationné sur ce qu'il luy en avoit esté baillé et sur ledit registre, qui leur fut aussitost rendu.

Du 22 may. Messire Jean Nicolay, ch^{er}, cons^{er} du Roy en son Conseil d'Estat et P.P. en sa Chambre des comptes, a exposé à Messieurs. . . . . . . que, le jour d'hier, suivant le commandement qu'il avoit reçu de Sadite Majesté, et Me Gilles le Coigneux, cons^{er} et maistre, il auroit esté trouver iceluy en son chasteau du Louvre ; et estant montés en sa chambre, luy ayant fait savoir qu'ils y estoient, on les fit entrer au cabinet où estoient tous Messieurs du Conseil ; où peu après ledit seigneur se trouva, et s'adressant à luy particulièrement, luy demanda si c'estoit tout ce qu'il avoit amené de Messieurs, ne voyant que ledit s^r le Coigneux et luy. Auquel il fit réponse que tous ceux qu'il avoit mandés estoient venus. Ce fait, luy fit plainte de ce qu'il n'avoit rapporté à la Compagnie de ce qu'il luy avoit dit à St-Germain, qu'il estimoit qu'il ne l'avoit fait pour ce qu'elle eust vérifié ledit édit qu'il avoit envoyé.

A quoy il luy répliqua qu'il avoit bons témoins, jusques au nombre de quarante et cinquante, de ce qu'il en avoit rapporté et n'y avoit rien omis, mais que S. M. ne leur avoit parlé audit St-Germain que de deux présidens seulement, et ayant la Chambre reçu cet édit de création de si grand nombre d'officiers, l'avoit trouvé si préjudiciable au bien de son service, que tant s'en faut qu'il en fallust créer de nouveaux, qu'il estoit plus nécessaire d'en retrancher.

Sadite Majesté luy dit que, puisqu'il n'y alloit que de son intérest, ladite Chambre ne devoit estre si tardive à ladite vérification, et qu'il eust voulu qu'il luy eust cousté 100,000 écus, et que ledit édit eust esté vérifié il y a huit jours, pour ce qu'il eust touché l'argent pour s'en servir à la nécessité présente, comme encore il espéroit, estant vérifié, de toucher dans quatre jours; et qu'il feroit plus à présent de dix mille hommes pour la reprise d'Amiens, qu'il ne feroit pour quarante mille hommes quand son ennemy sera plus fort en la Champagne. Et de fait, leur montra un mémoire du secours qu'il espéroit tirer, tant dudit édit, que des autres qu'il avoit faits ès autres Cours, aymant mieux mettre tout son peuple en chemise et luy pareillement, pour sauver l'Estat du danger où il estoit, ayant reçu nouvelles du mareschal de Biron, commandant en l'armée, que le cardinal d'Autriche armoit tout ce qu'il pouvoit pour secourir ledit Amiens, et pour à quoy obvier, il partiroit dedans deux jours, et qu'il se résolvoit d'y mourir plutost; qu'il connoissoit la nécessité plus que nulle autre personne, et le besoin qu'il avoit d'y pourvoir promptement; qu'il vouloit estre obéi; qu'il avoit commencé par ceux du bonnet rond, et continueroit par ceux d'épée; et, connoissant ses affaires mieux que nul autre, il vouloit que ledit édit fust vérifié. Leur commanda que dès ce matin ils eussent à avertir la Chambre d'y procéder, toutes choses cessantes, et qu'elle ne luy donnast point la peine d'envoyer un prince, ce qu'il feroit dès le lendemain, au cas qu'elle ne le vérifie.

Sur ce, ledit sr président luy dit qu'ils avoient mandé les semestres pour, cedit jour matin, suivant son commandement, en délibérer, et qu'il ne feroit faute de proposer à la Compagnie sa volonté absolue.

Luy dit outre S. M. qu'il ne faillist pas de dire qu'il entendoit et vouloit que ledit édit fust entièrement exécuté et vérifié, sans y faire aucune restriction, pour ce qu'il en avoit fait estat en la nécessité présente où estoient les affaires de cet Estat, et que la Cour auroit occasion de se plaindre; ne vouloit qu'elle en eust sujet; aussy, qu'il vouloit estre obéi et savoit mieux les nécessités et affaires de cet Estat, que ceux de ladite Chambre; aussy, que c'estoit à luy à y pourvoir comme il vouloit faire.

Et par ledit sr président luy fut dit que la Chambre estoit fort affectionnée à le servir, obéir et secourir, mais qu'elle désiroit que ce fust en chose où S. M. et le public ne reçussent tant d'intérest comme elle faisoit en ladite création, de laquelle il recevoit peu de secours, pour estre lesdits offices vendus à vil prix, et néanmoins apportoit grande charge à ses finances.

Leur répliqua derechef qu'ils laissassent à présent son intérest particulier, et que celuy du public luy estoit plus grand, s'il perdoit la Picardie à faute de pourvoir promptement; et derechef leur dit qu'il se feroit bien obéir.

Leur parla aussy de l'arrest que ladite Chambre avoit donné cy devant, disant qu'elle le vouloit rendre roy d'Yvetot et l'empescher de faire ce qu'il trouvoit à propos pour le bien de cet Estat, et qu'il vouloit bien leur dire qu'il se feroit bien obéir, et le vouloit estre; qu'il trouvoit etrange qu'elle s'estoit opposée, ou avoit fait refus de vérifier ses lettres patentes pour Abbeville, pour avoir moyen aux habitans d'employer 3,000 écus aux fortifications de ladite ville, sous couleur que les officiers n'en rendoient compte à ladite Chambre; qu'il avoit pour agréables lesdites dépenses faites pour lesdites fortifications, attendu la nécessité présente.

Sur quoy, fut répondu par ledit sr président que, encore qu'il ne fust au jugement desdites lettres, toutefois il estimoit que ce que la Chambre en avoit fait, n'estoit que pour avoir un bon estat et controle desdites réparations et de l'employ desdits deniers.

Enfin, il leur commanda de faire en sorte que, dès ce matin, la Chambre eust à procéder à la vérification dudit édit, et luy faire savoir incontinent après ce qui en auroit esté fait; et où elle ne le vérifieroit, qu'il enverroit un prince pour ce faire; que non seulement il vouloit qu'il fust vérifié, mais aussy que les officiers fussent reçus, et plutost suspendroit la Chambre pour tel temps, qu'elle connoistroit qu'il auroit désagréable ses contraventions; et se vouloit servir de ce secours en la nécessité présente. Ce qu'il dit avec tant d'affection, qu'il reconnut qu'il estoit en colère de la longueur que la Chambre y apportoit; que tout ce qu'il luy pouvoit répondre, il en faisoit son profit contre ladite Chambre.

(*Plumitif* et *Créances*.)

Une première fois, le roi fit venir les officiers de la Chambre pour leur remontrer que, au moment de partir pour l'armée, il se trouvait arrêté par leur refus d'enregistrement, et qu'il « s'en alloit accompagné de sept ou huit hommes seulement, et estoit contraint de se cacher, pour ne pouvoir accorder à sa noblesse aucun secours pour les ayder à s'équiper pour le suivre; . . . . qu'il estoit question de sauver l'Estat, et qu'après que les affaires seroient en sureté, l'on pourvoiroit à ce qui seroit nécessaire pour le règlement de ses finances et affaires. » Après deux autres créances et des menaces d'envoyer le connétable installer les maîtres de nouvelle création, « ce qui tourneroit à déplaisir » à la Chambre, il y eut une transaction, et le roi, par lettres enregistrées le 23 juin, réduisit la création à quatre maîtres, deux correcteurs et quatre auditeurs. (*Plumitif*, séances des 6, 14, 18 et 23 juin.)

298.
16 Mai (1597).
LETTRE DU ROI AU P.P. — OCTROIS D'ORLÉANS.

Monsr le présydant, vous vous souvenés byen du commandemant que je vous fey dernyèrement à Paris pour la véryfycasyon d'un don de la somme de cynq mylle escus que j'ay fet à ceus de ma vylle d'Orléans, à prandre tous les ans sur le tyers de la pancarte et sol pour lyvre que j'ay ordonné estre estably an ladyte vylle, ansamble du restablyssemant de quelques partyes quy ont esté rayées sur eus pour des denyers qu'yls ont employés pour les aférès de leur vylle et que je leur ay remys par le trayté que j'ay fet avec eus, lorsqu'yls ce remyrent an mon obéyssance. Et ay ceu que la dyfyculté que ceus de ma Chambre des comptes an font, est fondée sur chose quy ymporte à leurs pryvyleyges, desquels je veus et antans qu'yls jouyssent. C'et pourquoy je vous fay ce mot, pour vous prier de le faire antandre de ma part à ceus de vostre Compagnye et tenyr la mayn à ce que ma volonté soyt an cela suyvye et exécutée. Et vous me ferés an cella cervyce très agréable. Sur ce, Dieu vous ayt, Mr le présydant, an sa garde. Ce xvjme may, à Saynt Germayn an Laye.

HENRY.

(Orig. autographe. — Arch. Nicolay, 21 L 12.)

299.
Juin et Juillet 1597.
SIÉGE D'AMIENS. — ENREGISTREMENT D'ÉDITS.

Ce jourd'huy, 28 juin, Mr le P.P. a rapporté que Mr de Beaulieu, greffier du Conseil, luy est allé dire en son logis que le Roy le demandoit, et qu'il menast avec luy le plus de Messieurs qu'il pourroit. Et tout aussitost auroit envoyé au logis de MM. le Grand, de Bragelongne et de Maisons, ses voisins, et Mr le président de Marly, et tous ensemble seroient allés trouver le Roy au Louvre. Où ils ont trouvé le Roy en son Conseil, qui leur a dit qu'il avoit fondé la dépense du siége d'Amiens en partie sur l'édit des offices comptables triennaux, et, sans le prompt secours qu'il espère en tirer, il ne pouvoit continuer ledit siége, ce qui importoit tant à l'Estat, qu'il estoit résolu n'y épargner rien; et trouvoit mauvais de ce que la Chambre y usoit de tant de longueurs, qui ne luy apportoient que toutes incommodités, et avoit résolu, tout botté qu'il estoit, de demeurer en cette ville jusques à ce que ledit édit fust vérifié, encore que le séjour qu'il fait par deçà soit à son grand regret, pour le besoin qu'il a d'estre en son armée.

Auquel il avoit dit que la Chambre n'avoit pas pu plus tost procéder à ladite vérification, et qu'elle avoit jugé qu'il falloit rendre la justice à ceux qui la demandoient. Sur ce, se seroit enquis qui ils estoient, et ayant entendu d'aucuns de son Conseil que c'estoit de ses officiers domestiques, auroit demandé s'ils se vouloient opposer à sa volonté et qui ils estoient, et qu'il les feroit tous mettre en prison. Leur auroit outre dit que, si la Chambre continuoit à recevoir tous les jours telles oppositions, elles remettroient si loin ses affaires, qu'il n'en viendroit rien de bon, et estoit impossible de les régler tout en un mesme jour. C'est pour quoy, attendu l'urgente nécessité de sesdites affaires, leur auroit commandé de faire assembler tout à l'instant la Compagnie, pour venir en ladite Chambre et, toutes affaires cessantes et sans discontinuer, vérifier ledit édit purement et simplement, et tout à l'instant elle eust à luy envoyer l'arrest de vérification, par les Gens du Roy; et pour ce faire, auroit fait expédier un arrest en son Conseil, et qu'outre son arrest, son commandement estoit plus exprès, et attendoit monter à cheval jusques à ce; et leur auroit fait délivrer ledit arrest, avec la jussion.

> M. de Sancy était déjà venu, au commencement de la séance, pour presser l'enregistrement. Le roi envoya encore, dans l'après-dînée, le contrôleur général, et la Chambre procéda enfin à l'enregistrement, mais « du très exprès commandement dudit seigneur, par plusieurs fois réitéré, tant de bouche que par écrit, sans préjudice des oppositions. »

Ce jourd'huy, 8 juillet, est venu au bureau le s^r d'Incarville, cons^{er} du Roy et controleur général de ses finances, lequel a apporté lettres de cachet de S. M. portant mandement à ladite Chambre de vérifier l'édit des receveurs et controleurs triennaux des aydes et tailles, pour subvenir aux dépenses du siége d'Amiens, entretenir son armée, la faire vivre en bonne police et avoir moyen de résister aux effets de ses ennemis et de l'Estat, avec créance audit s^r d'Incarville de représenter à ladite Chambre le besoin qu'il a dudit secours et la nécessité de ses affaires.

Lecture faite de laquelle lettre, ledit s^r d'Incarville a dit que le Roy luy avoit écrit et mandé venir en la Chambre pour trois raisons : la première, considérant le bon secours qu'il avoit tiré, tant des officiers de la Chambre nouvellement créés, qui estoit de 90,000 écus, que de l'édit des receveurs généraux des finances triennaux, qui estoit de pareille somme et plus, par le moyen desquels ladite Chambre se pouvoit vanter, non seulement d'avoir fait un grand service au Roy, mais d'avoir sauvé la France, pour avoir esté cause que l'on a payé aux Suisses 260,000 écus pour renouveler leur alliance, qui autrement eust esté rompue, et de ce que la gendarmerie de son armée d'Amiens ayant esté bien payée, comme elle avoit esté jusques à huy, avoit résisté, et que les vivres y estoient à bon prix; mais, pour la longueur dudit siége, qu'il estoit contraint entretenir de moyens extraordinaires, n'en pouvant des ordinaires, il avoit, pour le soulagement de ses sujets et pour avoir moyen de s'opposer aux desseins de ses ennemys, fait de nouveau ledit édit des receveurs et controleurs triennaux des tailles, sur lequel il avoit fondé toute son espérance pour la solde et entretenement de sadite armée et du secours qu'il avoit mandé et qui luy devoit arriver dedans sept à huit jours, de sept à huit mille hommes de pied et quinze cens ou deux mille chevaux de renfort, parce que ses ennemys mettroient tous leurs efforts à le troubler et empescher en cette grande entreprise, et avoient fait amas de leurs forces, pour luy faire lever le siége ou pour surprendre des villes, comme ils avoient voulu faire Beauvais ces jours passés. Pour quoy avoit commandement de dire à la Chambre qu'elle eust à vérifier ledit édit, à ce qu'il en fust secouru; autrement, si elle ne le vérifioit, elle seroit cause, s'il advenoit faute du siége, que l'on en rejetteroit la faute sur elle, faute de secours, pour ne l'avoir vérifié, et que c'estoit la seule espérance qu'ils avoient de trouver de l'argent, et qu'aussitost qu'il seroit vérifié, l'argent estoit comptant; qu'il y avoit en cette ville plus de quarante personnes qui attendoient après pour prendre lesdits offices.

La seconde affaire dont le Roy luy avoit mandé, estoit pour l'édit de la Flèche, qu'il désiroit que le siége présidial qu'il y avoit créé et qui avoit esté vérifié à la Cour dudit lieu, tant pour le secours qu'il en espéroit tirer, que pour ce que ledit lieu luy appartient et qu'il y avoit esté nourri et élevé, à l'instar du feu roy Françoys, qui fit le siége présidial d'Angoulesme pour y avoir esté nourri [1].

Et la troisième, pour la constitution de rente faite au s^r de Vitry de 15 ou 1600 écus sur les tailles de l'élection de Meaux; que le Roy désiroit gratifier ledit s^r de Vitry, tant pour ce qu'il avoit esté le premier qui s'estoit rendu en son obéissance et qui avoit montré le chemin aux autres sans récompense, et que depuis il a toujours servi, comme il fait encore, S. M. fort fidèlement; aussy, que sa dette estoit fort bien reconnue, tant pour argent presté, que pour blés qu'il a fournis à bon prix pour la nourriture de l'armée devant Laon.

Par quoy supplioit la Chambre de vouloir contenter le Roy et luy faire ce bon service de vérifier lesdits édits pour subvenir à l'extrême nécessité de ses affaires audit siège d'Amiens, et que c'estoit le seul moyen de le secourir, et ne s'en pouvoit trouver autre à présent plus prompt, sans lequel il seroit contraint quitter et abandonner cette grande entreprise, au grand préjudice de ses affaires et de toute la France.

Ce jourd'huy, 14 juillet, le s^r de Caumartin, cons^{er} du Roy en son Conseil d'Estat et président en son Grand Conseil, est venu au bureau, lequel a présenté des lettres de cachet de S. M. adressantes à ladite Chambre.

Après la lecture desquelles faite par le greffier, a dit que S. M. le renvoyant par deçà pour quelques services qu'il avoit plu luy commander, l'a chargé expressément de les venir trouver de sa part, pour leur faire entendre la résolution qu'il a prise, avec les capitaines et chefs de son armée, d'assiéger la ville d'Amiens; que la représentation de cette place, le nombre de gens de guerre qui sont dedans, préparés à ce dont ils sont menacés, il y a jà quelque temps, fait assez connoistre la grandeur de cette entreprise, laquelle n'est pas moins périlleuse que nécessaire et digne de la magnanimité du Roy; qu'il espère que Dieu favorisera la justice de ses armes et luy fera la grace de reconquérir sur ses ennemys ce que le désordre restant du malheur des divisions passées leur a fait gagner sur nous; mais qu'il est besoing que S. M. soit assistée et secourue de ses bons sujets en cette dernière extrémité de ses affaires; qu'il expose tous les jours sa personne à mille sortes de périls et dangers; qu'il est maintenant logé à la portée du canon des ennemys, pour nostre conservation et défense, pour nous garantir d'une insupportable tyrannie et nous délivrer du plus cruel joug de servitude qui soit au monde. Il demande que la Chambre contribue, non point également avec luy, mais, au lieu de sa vie qu'il hazarde pour nous, qu'elle témoigne son affection et la fidélité qu'elle luy doit, par quelque secours d'argent dont il puisse estre aydé pour nous conserver; que jusques à présent il a esté assisté de ses bons sujets plus que nul autre de ses prédécesseurs, comme aussy n'y eut il jamais Roy qui ayt tant travaillé pour délivrer ses sujets des misères de la guerre, dont il n'a point esté cause; qu'il ne falloit point perdre en cette occasion l'honneur que l'on avoit acquis en le servant, ni le délaisser en ce besoin plus grand qu'il en eut oncques; que l'ennemy est en nos entrailles, qu'il a franchi les anciennes bornes du royaume, qu'il n'est qu'à deux journées de la capitale ville et tient une des clefs de la France; que Dieu nous met en main les moyens de les chasser honteusement et nous acquérir par une paix honorable un assuré repos pour tout le reste de nos jours, mais que, pour y parvenir, il faut faire un dernier effort, il faut, comme l'on dit, jeter l'ancre sacrée; que l'exemple des habitans d'Amiens et le rigoureux traitement qu'ils reçoivent ne donnent que trop sujet d'appréhender le malheur qui leur est arrivé, plus à craindre que mille morts; que, pour le détourner, le Roy les prie, les exhorte et conjure, par la fidélité qu'ils luy doivent, par l'affection qu'il leur porte, par le désir qu'il a de les conserver plus que sa propre vie, de le secourir par prest de quelque notable somme de deniers dont il puisse supporter les frais de son armée, puisque les autres moyens luy manquent d'ailleurs, et donner sujet à leur exemple à tous les autres de n'épargner point ce que l'on doit mépriser pour maintenir sa liberté, pour la défense de sa patrie et pour demeurer François. Ainsy que S. M. leur a fait entendre par d'autres lettres qui leur furent hier présentées, elle espère les mesmes secours de ses Cours souveraines. Que davantage, Sadite Majesté les prie de ne se rendre point si difficiles à la réception des officiers qu'elle a nouvellement créés, mesme du s^r de Roissy, pourvu d'un des estats de président de la Chambre, desquels l'on n'a tiré encore aucuns fruits, pour les rigueurs dont l'on menace ceux qui désiroient se faire pourvoir desdits offices, ainsy que l'on a fait entendre à S. M.; qu'elle en est fort offensée, estimant que ce sont voyes indirectes pour s'opposer à sa volonté. Outre ce qu'il leur en écrit, qu'il luy a très expressément commandé de leur dire que, s'ils ne se disposent à les recevoir sans y apporter des difficultés extraordinaires, qu'il y pourvoira d'une autre façon, aussy peu agréable à eux qu'à luy, qui ne désire que leur bien, et qu'il ne fait cette création d'officiers que pour tirer quelques secours pour la conservation de son Estat et d'eux mesmes; que cette nécessité, que chacun reconnoist assez, doit faire cesser toute autre considération, et principalement ceux qui regardent plus le particulier que le public; que le dit sr de Caumartin les supplie d'y céder et de faciliter eux mesmes l'exécution de la volonté du Roy, en sorte qu'il en reçoive le contentement, et eux l'honneur d'avoir obéi et servi à sauver l'Estat, qui est la plus belle ambition que l'on sauroit avoir; ce qu'il croit qu'ils désiroient.

(*Plumitif* et *Créances*.)

Lettre du roi au P.P.

Monsr le président, vous pouvez sçavoir journellement, par les adviz qui vont par delà, l'estat de ce siége et ce qu'il me fault patir avecq mon armée pour en venir à bout, comme j'espère de faire avecq l'ayde de Dieu, sy je suis assisté de moyens pour pouvoir subsister et subvenir à une si grande despence que celle de ceste entreprise, incroyable à ceulx qui ne l'ont point veue, et la plus grande qui ayt esté faicte en France depuis plusieurs siècles. Vous avez veu l'estat de mes affaires, et en sçavez autant que personne. Je ne puis sans moyens extraordinaires soustenir ce fardeau sy pesant, et sans user de viollence, chose que je ne feray jamais à l'endroict de mes sugetz. Je n'en ay point trouvé de plus expédient que par la création de nouveaux offices d'aucuns de mes officiers comptables et de controleurs en telles charges, dont j'envoye mon eedict en ma Chambre des comptes, pour estre vériffié. A quoy je vous prie tenir la main que la vériffication s'en face promptement. Je vous y convye par vostre debvoir, par le service que vous me debvez, et par le salut de mon royaume, qui semble aujourd'huy estre attaché au bon ou mauvais succedz de ceste entreprise. Faictes le aussy pour l'amour de moy, qui suis en ce péril pour sauver l'Estat et pour cercher le repos de mes sugetz, au hazard de ma vye, exposée à tous momens à ce danger. J'ay eu tant de tesmoignages de vostre affection et de vostre fidélité, que je ne veulx doubter qu'en ceste occasion vous ne me serviez comme vous avez tousjours faict, mais le fruict en sera dautant plus grand sy vous le faictes promptement, car je n'ay autre moyen que cestuy cy pour la perfection de l'ouvrage que j'ay commancé. Faictes que j'en sois secouru, et y apportez vostre dextérité accoustumée. Priant Dieu vous avoir, Monsr le président, en sa sainte garde. Escript en nostre camp devant Amyens, le xxixme jour de juillet 1597[1].

HENRY.

POTIER.

(Original. — Arch. Nicolay, 21 L 23.)

---

1. Malgré l'intérêt particulier que le roi marquait à la ville de la Flèche, la Chambre refusa plusieurs fois d'enregistrer l'édit du présidial, sous prétexte que cette création forcerait à donner quelque compensation aux présidiaux du Mans et d'Angers, sans que le nouveau siège fût de grand rapport. Les mêmes considérations avaient été présentées par le parlement, et pourtant il avait fini par procéder à l'enregistrement. Le 10 septembre, Mr de Rosny vint lui-même à la Chambre, et, tout en reconnaissant plus d'un défaut dans cette création, il demanda qu'on passât outre, puisque le parlement s'y était bien résigné, et que d'ailleurs l'argent en était déjà consommé.

2. Le 11 août, Mr d'Incarville apporta des lettres de jussion, et l'enregistrement fut prononcé, « ayant égard à l'urgente nécessité des affaires; à la charge que les deniers ne pourront estre employés ailleurs que pour le payement des gens de guerre, mesme pour ceux qui sont au siège d'Amiens, à peine de les répéter sur ceux qui les auront reçus, et que le trésorier des parties casuelles ne pourra expédier ni délivrer aucune des quittances qu'il n'ayt reçu actuellement les sommes de deniers portées par icelles, et que, par ses mains, iceux deniers seront mis en celles du trésorier de l'extraordinaire de la guerre, pour estre employés au payement desdits gens de guerre; et sans préjudice des oppositions, pour lesquelles se retireront les opposans par devers S. M., pour leur estre fait droit. » (*Plumitif*.)

---

300.   20 *Septembre* (1597.)
LETTRE DU ROI AU P.P. — DON D'OFFICE.

Monsr le présydant, les cervyces que m'ont randus le sr des Cures et ses frères, on fayt que je leur ay acordé l'estat du feu sr du Boys, pour estre exercé par moytyé par ses dys frères. Yls vous portent la déclaratyon que j'an ay faytte, à la véryfycatyon de laquelle je vous prye d'aporter tout ce quy vous sera possyble à ce qu'yls soyent promtemant expédyés, d'autant qu'à l'yssue de ce syége, je veus yncontynant aller aylleurs, là où j'auray besoyn de leur cervyce. Et m'assurant byen que vous n'y manquerés pas et que vous afectyonnés tous ceus quy me cervent byen, comme yls font, je pryeray Dyeu, Mr le présydant, qu'yl vous tyenne an sa saynte garde. Ce xxme septambre, au camp d'Amyen.

HENRY.

(Orig. autographe. — Arch. Nicolay, 21 L 15.)

301. (28 Octobre 1597.)
HARANGUE DU P.P. AU ROI.

Sire, les Gens de voz comptes, voz très humbles et très obéissans serviteurs et officiers, nous ont députez vers Vostre Majesté pour lui tesmoigner l'aise et le contantement que nous recevons tous en noz ames de l'honneur de vostre présence, et les graces que nous rendons à Dieu de tout nostre cœur, de veoir la France restablye en son ancienne splendeur et réputation par le succez et bon heur de voz armes et la victoire qu'il lui a pleu vous donner sur voz ennemys.

Victoire, Sire, plus glorieuse que le sang des batailles, car Dieu ne donne pas tousjours l'yssue favorable aux plus valheureux; mais, d'estre formidable aux ennemys et dissiper leurs plus puissantes armées de sa seulle présence, ce a esté tousjours vostre gloire et ung heur qui a accompagné vostre magnanimité.

Sire, il seroit à désirer que vostre ville d'Amiens n'eust oncques esté surprise par les Espagnolz et que la Picardie eust esté exempte des ruines et de la désolation qu'elle souffre à ceste occasion; mais, puis qu'il a pleu à Dieu chastier ce peuple aveuglé de ses délices et endurcy en sa désobéissance, Vostre Majesté ne pouvoit rencontrer un sujet plus remarquable pour faire sentir à ses ennemys son invincible couraige, vostre noblesse ne pouvoit estre conviée d'occasion plus importante à vous servir de son sang, voz villes de leurs moyens, et vostre peuple de sa substance. De sorte, Sire, que l'on peult dire à juste raison que Dieu a voulu vous préparer ce théatre pour faire veoir en mesme temps à toutte la Chrestienté la valleur d'ung grand Roy et la bienveillance de très bons sujectz.

Sire, nous lisons en l'histoire grecque qu'un des rois de Macédoine, voulant ung jour monstrer à des ambassadeurs estrangers les forces de son royaulme, leur feist veoir par rencontre ses enfans qui le venoient ambrasser. Vostre Majesté, Sire, père très bénin de son peuple, a faict veoir ceste foys aux estrangers les Francoys uniz en respect et obéissance envers leur prince, accourans de touttes parts à son service. Voz provinces mesmes les plus eslongnées ont voulu de leur part contribuer à ce tesmoignage public de fidélité.

Tellement, Sire, qu'à présent touttes noz mauvaises fortunes sont changées en une signalée prospérité, nostre deuil en ung chant de triomphe, et la gloire de voz ennemys en ung extreme déshonneur! Aussi ne sçaurions nous demander à Dieu, pour le comble de noz heurs, aultre félicité sinon qu'il vous prolonge, Sire, très longuement voz jours. Nous ne lui demanderons plus de biens, plus d'honneur, plus de repos et d'espérance que nous en avons; nous le supplierons seullement d'une grace qu'un ancien disoit à l'empereur Trajan comprendre en soy touttes les aultres, la vye heureuse et la conservation de nostre prince.

Nostre Compagnye, Sire, laquelle a tousjours eu une particulière dévotion à vostre service, et qui, en ceste dernière occasion, a tesmoigné aultant que nulle aultre sentir voz peines et le danger public, vous supplye la vouloir tousjours honorer de vostre bonne grace et recevoir en bonne part cette submission d'honneurs qu'elle rend à Vostre Majesté, ains vous faict asseurance et protestation d'y continuer, sans jamais y manquer. Car vrayement, Sire, vous estes le lien qui entretenez l'Estat en son entier, vous estes l'esprit qui animez ce nombre infiny de peuple qui vous honore, lequel ne seroit rien qu'ung corps inutile, exposé en proye, s'il n'estoit sousteñu de l'ame publicque qui le maintient [1].

(Minute autographe. — *Arch. Nicolay*, 54 L 3.)

[1]. Le roi fit bon accueil aux députés, qui l'étaient venus saluer à Notre-Dame, et il leur dit « qu'il avoit reçu beaucoup de contentement du secours qu'il avoit reçu de la Chambre en la nécessité de la reprise d'Amiens, et n'estimoit moins ledit secours que celuy qui luy avoit esté fait par ceux qui y avoient exposé leur vie et sang. » (*Plumitif*.)

302.   2 Novembre (1597?).
LETTRE DU ROI AU P.P. — TRAVAUX DE FONTAINEBLEAU.

Monsr le présydant, je vous fay ce mot pour vous dyre que j'ay commandé que l'on preyne à Saynt Denys les marbres blancs nécessayres pour la fontayne et chemynée que j'ay ordonnée estre fayte à Fontaynebleau. Pour ce, vous les ferés délyvrer à celluy que le sr de la Grange le Roy vous adressera pour les prandre. Et cete cy n'estant à autre fyn, Dieu vous ayt, Mr le présydant, an sa garde. Ce 2me novembre, à Monceaus.

HENRY.

(Orig. autographe. — *Arch. Nicolay*, 21 L 18.)

303.   9 Février 1598.
AUDIENCE DE DÉPART DU ROI.

Ce jour, Mr le président de Charmeaux a rapporté que, ce matin........ ils ont trouvé le Roy tout botté et prest à monter à cheval, et l'ayant salué de la part de la Chambre et dit qu'ils alloient recevoir ses commandemens, ayant entendu son partement, S. M. leur dit qu'il se déroboit pour s'en aller, qu'il faisoit tout au contraire d'aucuns de ses prédécesseurs, qui sortoient en triomphe et revenoient quelquefois sans avoir beaucoup fait; qu'il espéroit revenir en triomphe et mettre à ce coup au joug ses ennemis de Bretagne; que ce pendant, s'il se présentoit quelque chose pour luy en la Chambre, il les prioit d'apporter le plus de facilité qu'elle pourroit, afin qu'il soit secouru en temps dû [1].

(*Plumitif*.)

[1]. Le 8 juin suivant, le P.P. conduisit la députation pour le retour du roi, qui fut fort courtois et leur dit, entre autres choses, que Dieu lui avait donné la paix qu'il avait fort longtemps poursuivie et désirée, et que, comme il avait recommandé la justice au parlement, il leur recommandait ses finances, dont ils étaient souverains, et qu'ils prissent garde qu'il ne fût plus rien dérobé. — On trouve dans les mss. Harlay (Bib. Nat., Fr. 16517, f° 262) une harangue prononcée par le président de Charmeaux, au sujet de la paix, le 1er juin 1598.

304.   17 Mars (1598).
LETTRE DU ROI AU P.P. — BATIMENTS ROYAUX.

Monsr le présydant, je vous prye vous randre aussy soygneus et afectyonné de favoryser mes bastymans et quelques moyans que je y ay afectés, comme je me le suys tousyours promys et que je désyre l'avancemant d'yceus. Sy à mon retour je trouve que par vostre moyan l'on avance besongne, je vous an sauray fort bon gré. Fetes le, je vous prye. An aucune autre chose ne puys je rechercher vostre afectyon où les éfés me soyent plus agréables. Vous estes tesmoyn de ma passyon; sy vous m'aymés, favoysés la. Je vous an prye, et de crere que j'auray mémoyre de ce que vous ferés pour mon cervyce. Dieu vous ayt, Mr le présydant, an sa garde. Ce xvijme mars, à Angers [1].

HENRY.

(Orig. autographe. — *Arch. Nicolay*, 21 L 27.)

[1]. Pour subvenir à la dépense des bâtiments, le roi avait attribué aux grènetiers 12 deniers pour livre sur tous les deniers d'octroi, gages des présidiaux, ou levées extraordinaires. La Chambre refusa l'enregistrement, et, après deux créances sans résultat, le roi consentit à réduire cette attribution à 8 deniers. (*Créances*, 5 mai, 15, 19 et 25 juin.)

305.
31 *Mars et* 1er *Avril* 1598.
INSTALLATION DE L'ÉVÊQUE DE PARIS.

(*Cérémonial.* — Impr. dans le *Cérémonial françois*, t. II, p. 874.)

306.
30 *Avril* 1598.
LETTRE DU ROI A M. DE ROSNY. — JUSSION POUR LA CHAMBRE.

Monsieur de Rosny, je vous envoye ce courrier exprès, avec mes lettres de jussion pour ma Chambre des comptes, affin de lever les modifications qu'elle a mises au registrement des articles secrets que j'ay accordez à mon cousin le duc de Mercure. Elle s'est tant oubliée pour penser que je les envoyois pour en avoir advis et les mettre en délibération. En telles affaires, je ne communique mon pouvoir à personne, et à moy seul appartient en mon royaulme d'accorder, traicter, faire guerre ou paix, ainsy qu'il me plaira. Ce a esté une grande témérité aux officiers de madicte Chambre de penser diminuer un *iota* de ce que j'ay accordé; nulle Compagnie de mon royaulme n'a esté si présomptueuse. Aussy ne les fais-je pas juges ny arbitres de telles choses : cela ne s'achepte point aux parties casuelles. Faictes donc entendre ma volonté à madicte Chambre, et qu'elle obéisse incontinent à mes commandemens, car je veux tenir inviolablement ce que j'ay promis; et m'envoyés incontinent l'arrest dudict registrement pur et simple par ce porteur. Priant Dieu vous avoir en sa saincte garde. Escript à Nantes, le dernier avril 1598.

HENRY.
DE NEUFVILLE.

(Impr. dans les *Œconomies royales*, t. Ier, p. 476, et dans les *Lettres missives*, t. IV, p. 970.)

307.
30 *Juin* 1598.
DÉCLARATION POUR LA RÉVOCATION DES SURVIVANCES.

(*Mémorial.* — Impr. dans la collection Mariette[1].)

1. A l'occasion de cette révocation, le président Guyot de Charmeaux présenta des remontrances, dont une copie se trouve dans le ms. de la Bibl. Nat. Fr. 16517 (anc. Harlay, n° 32), f° 278.

308.
Août 1598.
RÈGLEMENT POUR LES CHAMBRES DES COMPTES ET LES COMPTABLES.

(*Mémorial.* — Impr. dans la collection Mariette.)

309.
30 *Septembre* 1598.
ENQUÊTE SUR LES DONS DU ROI.

Le Roi a donné commission au P.P. pour faire, avec Mr de Rosny et Me de Neufbourg, conseiller maître, un relevé de tous les dons qu'il a accordés depuis son avènement à la couronne, et de tout ce qui a été dépensé en frais pour l'extraordinaire des guerres; ce relevé en double, l'un pour « mettre en la boëste », l'autre pour Mr de Rosny[1]. Celui-ci n'étant pas officier de la Chambre, et ne pouvant s'occuper d'un semblable travail que par extraordinaire, on demande au P.P. qu'il fasse réformer la commission, avec adresse à la Chambre.

(*Créances.*)

1. Les dons avaient été, tout récemment, plus nombreux que jamais : 10,000 écus à Mr de Bellegarde, pour services rendus à Quillebeuf; 200,000 écus au duc de Mayenne, pour sa soumission; 900,000 écus au duc de Lorraine; 200,000 écus à la Toscane, pour la restitution du château d'If; 33,000 écus à l'Électrice palatine; 120,000 écus à Mr de Brissac, pour ses services en Bretagne, etc. (*Créances*, passim.) Encore le roi avait-il pris des mesures sévères pour empêcher que les courtisans ne divisassent les dons qu'ils obtenaient en plusieurs acquits de 1000 écus, et ne les fissent passer à la Chambre sous des noms supposés. (*Plumitif*, 27 mars et 8 mai 1596. — *Créances*, 8 janvier 1598.)

310.
14 Octobre 1598.
VÉRIFICATION D'UN CONTRAT PASSÉ AVEC ZAMET.

Ce jourd'huy, est venu au bureau le s^r de Rosny, conseiller du Roy en ses Conseils d'Estat et privé, qui a dit qu'il reçut, le jour d'hier, lettres du Roy touchant le party du s^r Zamet, par lesquelles S. M. luy commande d'apporter en cette Chambre la jussion qu'elle a fait expédier sur le contrat dudit Zamet; que la nécessité d'argent le contraint à ce, pour ce qu'ils sont contraints trouver tous les mois 70,000 écus pour les gardes et régimens que Sadite Majesté entretient; qu'elle est en colère contre la Chambre du refus qu'elle a fait de le vérifier; que, en son particulier, il reconnoist ledit contrat estre préjudiciable au Roy et au public, mais, ne sachant où prendre argent, ils sont contraints s'ayder de cette voye, et que les affaires de la France estoient cause qu'ils prenoient pour leur ayder, par avance sur l'année prochaine, plus de 100,000 écus, pour quoy prioit la Chambre de ne tenir cette affaire en longueur. Et sur ce qu'il luy a esté remonstré que la ville s'estoit opposée à la vérification dudit contrat, a dit que le Roy sera bien ayse, et Messieurs du Conseil, que ladite ville entre en cette avance et fasse en sorte que le Roy ne reçoive tant de perte.

Et peu après, sont venus au bureau les prévost des marchands et échevins de ladite ville, auxquels ayant esté montrée ladite jussion, pour en prendre communication, ont dit avoir intérest audit contrat pour la somme de 29,000 tant d'écus de rente, dont ils ont hypothèque sur les imposts et billots de Bretagne et sur l'assignation de Bourges. A quoy a esté dit par ledit s^r de Rosny, pour ce appelé au bureau, que la vérité estoit telle que ladite ville avoit assignation et hypothèque sur les imposts et billots de Bretagne, mais que l'assignation baillée audit Zamet estoit sur le doublement affecté aux Suisses pour leur licenciement, qui se lève pour un an seulement, auquel doublement ladite ville n'avoit aucun intérest, estant baux séparés. Quant à l'assignation des 90,000 écus sur la recette générale de Bourges, qu'elle n'estoit affectée à ladite ville que pour 3,000 écus de rente, qui se pouvoient remplacer ailleurs. Ce fait, lesdits prévost et échevins ont requis lesdites lettres leur estre communiquées, et que dans huy ils donneront leur déclaration sur icelles. Lesquelles leur ont esté baillées [1].

(Plumitif et Créances.)

[1]. La Chambre persistant dans son refus, Mr de Rosny vint encore le 14 novembre suivant, et renouvela plus expressément les représentations dont le roi l'avait chargé. L'enregistrement fut fait le 18. — Déjà, le 15 janvier précédent, M^r d'Incarville était venu demander la vérification de lettres patentes pour le remboursement de 160,000 écus que Zamet avait prêtés sans intérêts, mais en y faisant entrer un tiers « en bonnes dettes. » La nécessité urgente, disait-on, avait forcé le roi et son Conseil à « prendre cette voye là pour trouver de l'argent comptant, plutost que de faire nouvelle création d'officiers, qui ne venoit qu'à charge sur ses finances. »

311.
29 Décembre 1598.
DON A M. DE BRISSAC.

Ce jour, est venu au bureau le s^r d'Incarville, qui a présenté lettres de cachet de S. M. portant créance pour la vérification de l'acquit de 120,000 écus au s^r de Brissac. Lecture faite desquelles, ledit s^r d'Incarville a dit qu'en l'année 1594, lors de la réduction de cette ville, le Roy voulant gratifier le s^r de Brissac du grand et signalé service qu'il luy avoit fait, l'avoit fait assigner de ladite somme pour en estre payé sur les deniers provenans de la vente du domaine de Normandie; mais, pour ce que les commissaires avoient jà exécuté leur commission, il n'en avoit pu recevoir aucune chose, et, reconnoissant S. M. les grands services qu'il avoit depuis reçus dudit s^r de Brissac en sa province de Bretagne, désire le rendre content et le faire payer de ladite somme; et à cette fin, luy avoit fait expédier un acquit de réassignation adressant à ladite Chambre pour le vérifier. Mais, pour ce qu'il y a une difficulté à laquelle elle se pourroit arrester, qui est qu'il ne se trouvera aucune chose de ladite partie employée en l'Épargne, estant comprise en un comptant de plus grande somme, S. M. désire qu'elle passe par dessus cette difficulté; qu'elle a tant ce personnage en recommandation, qu'elle l'estime estre cause que beaucoup de villes se sont réduites en son obéissance depuis celle de Paris [1].

Plus, a dit que le Roy n'entend qu'aucuns comptables qui ont esté taxés à la taxe des financiers se puissent rembourser de leurs taxes ou faire rembourser; et à cette fin, a présenté lettres patentes que S. M. en a commandé estre expédiées.

(*Plumitif* et *Créances*.)

[1]. Dans la séance, avant de procéder à l'enregistrement, la Chambre ordonna que le roi serait supplié de « fournir un estat des sommes accordées pour les réductions des villes; » mais le roi envoya, le jeudi 31, un de ses écuyers répondre que Mr de Brissac était pressé de regagner la Bretagne, et qu'il fallait d'urgence procéder à la vérification de son acquit; ce qui fut fait, moyennant décharge sur le compte de l'Épargne.

---

312.   19 *Janvier* 1599.
REMONTRANCES PRÉSENTÉES PAR LE P.P. — RÉPONSES DU ROI.

En attendant l'entrée du roi au Conseil, le P.P. explique au chancelier que, malgré la nécessité bien connue d'avoir 50,000 écus pour les frais des noces de Madame, la Chambre ne sauroit enregistrer l'édit de suppression des officiers du sel et le contrat de bail passé avec Claude Josse, en raison des oppositions formées par les marchands ou les officiers.

Et sur la conclusion de ce propos, seroit arrivé le Roy, assisté de MM. les ducs de Montpensier, du Mayne, mareschal de Lavardin, et plusieurs autres seigneurs de son Conseil; lesquels ayant pris leur séance par le commandement du Roy, S. M. s'adressant audit s^r P.P., qui lors se seroit approché de sa chaire, luy auroit demandé le sujet de la longueur que la Chambre apportoit à la vérification de l'édit et contrat susdits.

A quoy ledit s^r P.P. auroit fait réponse qu'il en avoit jà discouru les raisons à M^r le chancelier, fondées en justice et appuyées de l'autorité de ses commandemens, auxquels la Chambre avoit toujours rendu l'honneur et le respect qu'elle devoit; que l'ordre judiciaire pratiqué en ce royaume requéroit, avant toutes choses, que l'on fist droit à ceux qui s'opposent à la vérification d'un contrat auquel ils prétendent avoir quelque intérest; que la Chambre avoit les mains liées d'une interdiction, et attendoit le jugement de son Conseil; suppliant S. M. qu'il luy plust considérer que la longueur ne venoit de la part de ladite Chambre.

A quoy auroit esté répliqué par M^r le chancelier que la Chambre devoit passer à la susdite vérification, sans préjudice des oppositions, pour le jugement desquelles les particuliers se retireroient par devers le Roy en son Conseil; que souvent elle avoit ainsy prononcé, et, combien que, le jour précédent, le Conseil eust fait droit aux marchands adjudicataires, si est ce que l'on ne devoit attendre le semblable au regard des officiers, d'autant qu'ils estoient en plus grand nombre, absens et répandus par les généralités, et trop entiers en leurs demandes, vu le fonds que le Roy avoit affecté par année à leur remboursement et à la continuation de la rente au denier dix de la finance qu'ils montreroient avoir payée sans fraude, attendant qu'ils fussent actuellement remboursés.

Ce propos achevé par M^r le chancelier, mondit s^r le P.P. ayant demandé permission au Roy d'y répondre, auroit dit en ces termes :

« Sire, puisqu'il plaist à V. M. m'honorer d'une si favorable audience, je luy représenteray sur ce sujet, en peu de propos, qu'encore que les officiers du sel soient à grande charge à vos finances, et que l'on dust souhaiter que oncques ils n'eussent esté créés, toutefois, à présent qu'ils ont serment à V. M. et depuis quatre ou cinq ans exercé paisiblement leurs charges, et davantage levé leurs offices en vos parties casuelles au fort des troubles, et depuis suppléé suivant vos édits et déclarations, il ne seroit trouvé raisonnable de les destituer sans les rembourser actuellement du prix de leurs offices; encore auroient ils occasion de se douloir d'estre renvoyés en leurs maisons privés du caractère qu'ils ont esté officiers de leur prince, qui est le titre d'honneur auquel vos sujets aspirent le plus ; tellement qu'ils semblent estre aucunement excusables en leurs plaintes et opposition formée en la Chambre, de laquelle ils ont imploré l'ayde et intercession envers V. M., comme d'un corps qu'ils estiment estre obligé à leur conservation. Et de vérifier l'édit de leur suppression sans préjudice de leur opposition, seroit les priver de leurs offices avant que d'estre condamnés.

« Sire, faire la loy est une marque de puissance souveraine; mais l'observer soy mesme est l'effet d'une royale justice et magnanimité. V. M. a créé durant les troubles les officiers du sel par édits solennels, qui ont esté vérifiés en vostre Chambre des comptes. D'enfreindre à présent cette loy par une autre contraire, au dommage de ceux qui ont de bonne foy contracté avec vous, seroit les priver de ce qu'ils possèdent à juste titre, et, n'ayant point forfait, les rendre sans honneur. »

Ce propos interrompu par le Roy, auroit dit audit sr P.P. que la Chambre favorisoit les officiers du sel, du tout inutiles à son service et dont les gages et droits absorbent la plus grande partie des deniers de ses gabelles; que cette charge estoit cause que les rentes du sel estoient mal payées, et combien que la continuation des troubles en ce royaume, que Dieu luy avoit fait la grace de pacifier, et la nécessité de ses affaires, qui croissoit de jour à autre à cause de la pauvreté de son peuple, luy présentassent assez d'occasions de s'ayder de tous les deniers du sel, toutefois qu'il avoit volontiers postposé son intérest au bien de ses sujets qui avoient des rentes sur cette nature, ayant laissé fonds au contrat de Josse pour en payer chacun an les quatre quartiers entiers. Ajoutant que la Chambre devoit considérer cette obligation particulière que ses sujets luy avoient, outre celle de leur conservation, pour laquelle il n'avoit oncques rien épargné, et ne se point arrester à des formalités qui concernoient seulement un petit nombre d'officiers, puisqu'il s'agissoit d'un bien général. Finalement, qu'il vouloit estre obéi et toucher l'avance que Josse estoit obligé de luy fournir après la vérification de son contrat, pour un sujet lequel ne pouvoit tirer davantage en longueur. Partant, luy commandoit de faire entendre sa volonté dès l'après disnée à sa Chambre, afin que l'édit et contrat susdits fussent incontinent vérifiés.

Davantage, luy fut dit par S. M. qu'elle avoit délibéré de régler ses affaires d'autre façon qu'elles n'avoient esté conduites au passé; qu'il savoit bien avoir esté dérobé, vouloit y prendre garde de plus près, et mesme avoit choisi deux jours la semaine èsquels il assisteroit en son Conseil, pour y entendre les plaintes de ses sujets et les remonstrances de ses officiers; luy commandant de s'y trouver souvent et l'avertir de ce qui se passeroit en sa Chambre des comptes au préjudice du règlement qu'il y avoit envoyé, lequel il vouloit à l'avenir estre observé; luy demandant pourquoy il n'estoit point encore registré?

A quoy auroit esté répondu par le P.P. que ce règlement avoit esté de longtemps désiré et souhaité par la Chambre, pour y rétablir l'ordre et la discipline ancienne, dont, à l'occasion des troubles, l'on s'estoit aucunement dispensé; que les articles d'iceluy avoient esté mis par luy ès mains de Mr le chancelier, pour les voir et considérer, lequel les avoit retenus assez longuement, et mesme y en avoit ajouté aucuns concernant l'examen des comptes, dont les auditeurs s'estoient plaints à la Chambre; que, pour maintenir toujours l'union et concorde qui doit estre en tous les ordres d'icelle, elle auroit ordonné au greffier délivrer copie dudit règlement aux correcteurs et auditeurs, afin que chacun remonstrast à la Chambre l'intérest qu'il y pourroit avoir.

Ce que Sadite Majesté auroit déclaré avoir agréable, mais aussy qu'elle ne trouvoit pas bon la puissance que les auditeurs se donnoient d'ajouter des parties aux comptes, lesquels ils gardoient trop longtemps, et en estoient les maistres. Fut ajouté par Mr le chancelier qu'ils signoient seuls les estats finaux, et qu'il estoit nécessaire que les maistres des comptes les examinassent avec eux, et que le président signast l'estat final; qu'autrefois cet ordre avoit esté observé en la Chambre, et que les officiers d'icelle s'y estoient volontairement accommodés.

A quoy ledit sr P.P. auroit répondu qu'il en avoit vu des remarques ès registres d'icelle, mais reconnoist aussy s'estre rencontré tant de difficulté en l'exécution de ce nouvel établissement, qu'il auroit esté tost après révoqué; que le règlement susdit ne seroit pas un lien assez fort à ceux qui voudroient mal user en leur charge; que les auditeurs et autres officiers de ladite Chambre avoient leur honneur trop en recommandation pour faire chose contraire à leur devoir et qui pust déplaire à Sadite Majesté; la suppliant très humblement ne vouloir concevoir aucune opinion sinistre de leurs déportemens.

Sur ce, S. M. auroit dit qu'elle en avoit eu des plaintes, partant vouloit que le règlement fust observé; davantage, qu'elle estoit avertie que la Chambre faisoit difficulté de suivre les estats et roles dressés et arrestés en son Conseil; qu'il estoit Roy, ne vouloit qu'autre que luy ordonnast de ses finances.

A quoy ledit s^r P.P. auroit répondu que l'intention de tous lesdits officiers de sa Chambre n'avoit oncques esté autre sinon d'honorer ses commandemens et le reconnoistre pour leur prince souverain; qu'ils n'ignoroient point qu'à luy seul appartenoit d'ordonner de ses finances; aussy, que la Chambre ne s'estoit point avantagée à la direction d'icelles, mais en avoit toujours déféré l'honneur à S. M. ou bien à Messieurs de son Conseil; toutefois, ne pouvoit dissimuler le reculement ordinaire des charges ès estats qui estoient dressés en sondit Conseil, dont la Chambre recevoit tous les jours diverses plaintes, tantost des ecclésiastiques, faute de payement de leurs fiefs et aumosnes, une fois des officiers, mal satisfaits de leurs gages, nonobstant leurs services continuels et le risque qu'ils courent de la perte de leurs offices, une autre fois des rentiers, auxquels, si l'on ordonne au commencement de l'année un quartier ou demy année de leurs rentes, par un autre estat expédié en fin d'année il est retranché. Remonstroit en outre que tels reculemens de parties légitimes et diversité d'estats en une mesme année estoient contraires aux ordonnances des Roys ses prédécesseurs, vérifiées en ladite Chambre, auxquelles elle se sentoit plus obligée qu'à ce nouvel usage, que la nécessité avoit introduit, mais que souvent l'intérest des particuliers estoit cause d'entretenir. Pour ces considérations, supplioit très humblement S. M. d'excuser ladite Chambre si elle se rendoit difficile à l'enregistrement des deux articles contenus au règlement susdit, concernant les estats et roles expédiés en sondit Conseil, si ce n'est qu'ils fussent conformes à ses édits et qu'en iceux la justice fust rendue à ses sujets.

A quoy le Roy auroit soudain répliqué que lesdites rentes et gages le ruinoient, et qu'il n'avoit pas moyen de les payer entièrement; que telles charges n'avoient esté créées de son temps; quant aux fiefs et aumosnes, vouloit qu'ils fussent les premiers acquittés, et n'avoit moins de piété que ses prédécesseurs; mais que, si l'on retranchoit pour quelque nécessité un quartier des rentes ou gages, sa Chambre ne devoit faire difficulté ensuivre les estats de sondit Conseil. Lors, ledit s^r P.P. auroit supplié S. M. trouver bon, puisque son intention n'estoit que tels retranchemens eussent lieu pour toujours, ains seulement selon les occurrences, que ces deux articles ne fussent compris audit règlement, lequel seroit vu et publié en forme d'édit, mais plutost laissé à la religion et fidélité de ses officiers en ladite Chambre, qui n'apporteroient moins de considération à ses nécessités, que de jugement à ce qu'il n'en fust abusé.

A l'instant, le Roy se seroit levé de sa chaire, et commandé audit s^r P.P. de tenir la main à la vérification du susdit édit et contrat du sel et règlement de la Chambre.

(Créances.)

---

313.   17 <i>et</i> 31 <i>Mars</i> 1599.
AUDIENCES DU ROI. — ÉDIT DE NANTES.

Ce jourd'huy, 17 mars, Messire Jean Nicolay, ch^{er}, cons^{er} du Roy en ses Conseils d'Estat et privé et P.P. en sa Chambre des comptes, a rapporté que, suivant le commandement qu'il avoit reçu de S. M. lundy dernier, et avertissement de la part de Messieurs du Conseil, par Fauchet, huissier audit Conseil, qui seroit venu ledit jour au bureau, MM. les présidens de Charmeaux, Danès, Luillier, quatre de MM. les maistres et luy se transportèrent le jour d'hier, à une heure de relevée, au logis de Mr de Villeroy, à Conflans, pour trouver S. M. Où estant arrivés, seroient montés en la chambre où estoit le Roy, couché sur son lit, qui sommeilloit, et MM. les connestable, chancelier, de Bellièvre, de Maisse, de Rosny, le Plessis de Mornay et plusieurs autres seigneurs, qui tenoient forme de Conseil. Et devant que le Roy se levast, ledit s^r de Rosny vint à eux pour leur dire sommairement ce que S. M. avoit à leur faire entendre et pourquoy ils avoient esté mandés : que l'occasion principale, comme il jugeoit, estoit pour l'édit de ceux de la Religion; qu'il savoit bien qu'il ne leur avoit point encore esté présenté, et toutefois que S. M. avoit entendu qu'ils savoient bien que c'estoit ès mains des Gens du Roy et ce qui les concernoit en iceluy ; qu'il y avoit deux articles principalement auxquels la Chambre pourroit s'arrester, et, auparavant qu'ils en reçussent le commandement du Roy, vouloit bien en conférer avec eux.

A quoy ledit s^r P.P. luy fit réponse que la Chambre n'avoit encore pensé à s'arrester sur aucun article dudit édit, parce qu'il n'y avoit esté présenté; de là jugeoient que les Gens du Roy leur avoient fait cette proposition de difficulté, et que cela les avoit promus à faire cette assemblée.

Et continuant, ledit s^r de Rosny leur dit que ces deux articles concernoient, savoir : le premier et principal, que le Roy entendoit que les officiers fussent indifféremment reçus et admis d'une et d'autre religion aux Cours souveraines ; l'autre, la reddition des comptes de ceux qui avoient eu le maniement des deniers levés pour ceux de ladite Religion. Quant au premier, qu'ils estimoient que ladite Chambre ne s'y devoit point arrester, parce que l'édit est général ; que, s'y arrestant, la Cour des aydes feroit le semblable, ainsy, que ce ne seroit jamais fait ; joint que ce n'estoit de la Chambre comme au parlement, où il y avoit des juges choisis pour ceux de la Religion et y avoit une chambre de l'Édit ; aussy, que le Roy s'estoit réservé à y pourvoir quelques officiers de ladite Religion, et que, en la Chambre, il n'y en pouvoit entrer que par elle mesme et par le moyen des résignations des officiers y estant jà establis, parce que l'intention du Roy n'estoit point d'y créer officiers nouveaux, pour éviter la charge de ses finances ; et quant aux officiers qui viendroient à vaquer, qu'ils estoient supprimés suivant ces édits y vérifiés ; aussy, que ceux de ladite Religion disoient qu'il leur estoit indifférent d'y entrer ou non, mais qu'ils désiroient de n'en estre point exclus, que c'estoit chose qui dépendoit de la volonté du Roy.

Quant à l'autre article, concernant les comptes du maniement des deniers de ceux de ladite Religion, qu'il y en avoit peu davantage ; que le Roy entendoit qu'ils fussent ouïs par commissaires qu'il nommeroit ; que ce n'estoit de mesme à ceux de la Ligue, d'autant que, à la Ligue, il y avoit un chef de party qui validoit les ordonnances des gouverneurs, et que, à ceux de la Religion, il n'y avoit aucun chef, et que chacun avoit manié son pays comme il avoit pu, sans règle ni forme ; que le Roy vouloit empescher qu'à l'avenir il n'y eust plus de party, et estoit seul chef de son peuple ; que la cause principale qui leur faisoit demander des juges, estoit qu'en leur maniement il n'y avoit commencement, fin, ni ordre quelconque ; c'est pour quoy le Roy vouloit leur oster tout doute de crainte.

Et ce fait, le Roy s'estant levé de son lit, auroit parlé à eux, qui leur avoit dit chose semblable. Depuis, seroit sorti de ladite Chambre et entré en un cabinet, où il les auroit fait entrer, et se voyant seul avec eux, leur auroit dit qu'il les avoit mandés pour leur dire la mesme chose qu'il avoit dite à son parlement, qui estoit qu'il avoit eu envie de faire deux mariages en France : le premier, de sa sœur unique, et l'autre, de ses sujets les uns avec les autres ; qu'il avoit fait l'un et l'autre, et ne restoit qu'à faire vérifier l'édit qu'il avoit fait pour l'union de ses sujets ; que son parlement y avoit satisfait, et espéroit le mesme de la Chambre et Cour des aydes, mais que la longueur qu'elle luy apportoit luy faisoit grand préjudice.

A quoy il luy auroit répliqué que la Chambre n'avoit encore esté d'aucune longueur audit édit, parce qu'il n'y avoit esté présenté ; qu'ils n'avoient point appris ce qui concernoit en iceluy le fait de la Chambre, sinon ce qu'ils en venoient d'apprendre du s^r de Rosny ; et lors il connut bien que le Roy vouloit estre aydé. Pour quoy continua à luy dire que quant à ce qui concernoit les comptes du maniement fait par ceux de la Religion, qu'il y avoit moyen d'en sortir à son contentement, mais quant aux officiers, que cela dépendoit des vœux et suffrages des juges, lorsqu'elle en délibéreroit.

Que Sadite Majesté luy dit aussy que plusieurs pensoient qu'il y avoit autre chose audit édit que ce qui y estoit; qu'il n'avoit point de volonté de créer en ladite Chambre plus d'officiers qu'il n'y en avoit, mais au contraire de supprimer ceux qui viendroient à vaquer, comme ils sont jà supprimés; que, s'il y en entroit aucuns de la Religion, ce ne pouvoit estre que par résignations. En regardant MM. les présidens et maistres, leur auroit dit qu'il s'assuroit bien qu'ils n'auroient pas volonté de résigner à aucun de ladite Religion, tellement que ladite Chambre ne pouvoit point avoir de sinistre opinion pour ce regard; que ceux de ladite Religion se plaignoient de leur costé, tout ainsy que nous de l'autre; qu'il avoit envie de rendre tout le monde content, et faire en sórte que la messe soit célébrée par toute la France, ce qu'il espéroit, et dans peu de temps.

Pour quoy Sadite Majesté luy auroit commandé de mettre ledit édit en délibération incontinent, sans y apporter aucune longueur, les priant de s'assurer de son intention, qu'il ne vouloit introduire en la Chambre aucuns officiers nouveaux, et qu'il n'y en pouvoit entrer de ladite Religion que par le moyen d'elle mesme et par résignations. Pour le regard des comptes, d'autant qu'il n'y avoit point de chef de party, qu'ils ne rapporteroient point d'ordonnances du roy de Navarre, comme auparavant son avènement à la couronne; vouloit leur lever ce scrupule et éviter aux contentions; que, pour cet effet, il entendoit leur donner des commissaires pour ouïr lesdits comptes.

Et sur ce, prit occasion de demander au Roy s'il entendoit que lesdits comptes ouïs ou les doubles fussent apportés en ladite Chambre, et qu'il ne seroit raisonnable de le faire s'ils n'avoient esté jugés en icelle. A quoy il leur auroit dit qu'il entendoit, pour contenter lesdits de la Religion, tirer des juges de la Chambre pour ouïr lesdits comptes avec lesdits commissaires qu'il nommeroit de son Conseil, pour y travailler en la chambre du Conseil; pour l'exécution de son intention, qu'il vouloit que ceux de son Conseil conférassent avec ceux de ladite Chambre, et que la dignité d'icelle Chambre soit conservée, et que les juges ou commissaires qui seront nommés s'accordent avec eux.

Ce fait, comme ils furent près de sortir, Mr le chancelier leur parla du règlement, et dit au Roy que la Chambre faisoit difficulté de faire registrer, pour deux articles qui concernoient plus le fait des trésoriers de France que le fait de ladite Chambre.

Sur quoy, il dit à S. M. que lesdits deux articles ne regardoient point tant son service au fait de la Chambre, que ceux de son Conseil; que ladite Chambre s'estoit toujours attachée à suivre ses ordonnances et estats faits en sondit Conseil; que les mesmes articles avoient cy devant esté promenés au Conseil, où présidoit feu Mr de Nevers, et pour ce que l'exécution ne s'en estoit pu suivre, cela mouvoit la Chambre faire difficulté de les passer, pour se conformer aux estats dressés en son Conseil, où, le plus souvent, n'estoit rien employé pour les charges ordinaires.

A quoy le Roy luy dit que, pour le passé, cela estoit bon, mais, à présent que l'on se régloit mieux, ils devoient espérer un bon ordre. Et s'adressant à eux, leur auroit demandé s'ils commençoient pas à en connoistre les fruits? A cela luy auroit dit que la Chambre n'en pouvoit encore rien connoistre que de parole, et ne pouvoit voir l'effet que deux ans après.

Sur ce, le sr de Rosny, prenant la parole, auroit dit au Roy que la Chambre craignoit un reculement de gages et rentes, mais qu'il estoit impossible que S. M. pust acquitter entièrement les charges, rentes et gages, et que, s'il se faisoit quelque reculement, estoit pour la malice des comptables, qui ne faisoient les diligences requises pour recevoir les deniers de leurs charges, à cause de quoy S. M. ne pouvoit avoir ces assignations; et faisoient lesdits comptables cela tout à propos afin d'avoir fonds sur leurs restes, pour y profiter au double; que c'estoit chose qui se connoissoit assez en la Chambre.

Auquel il auroit dit qu'il se connoissoit bien que quelques comptables faisoient mal leur devoir, mais non tous, et, quand il se trouvoit qu'ils avoient fonds, ladite Chambre le destinoit, comme il est fort raisonnable, plutost aux charges, comme fiefs et aumosnes, rentes, gages d'officiers, que non pas ordonner que ledit fonds entre aux restes, estant plus utile que de pauvres gens en reçoivent quelque chose, que les frustrer entièrement de leur dû. En somme, que le différend estoit sur la crainte que Messieurs du Conseil avoient que la Chambre ne veuille suivre les estats qui seroient par eux dressés aux receveurs, et sur ce que ladite Chambre craignoit que lesdits sieurs du Conseil laissent en arrière les gages, rentes et charges ordinaires, et fassent une règle générale de nécessité.

Dit aussy qu'il dit au Roy, sur ce fait, que quand la Chambre avoit vu des gages employés au préjudice d'un reculement, qu'elle s'y estoit arrestée, et, au lieu de l'employ desdits gages, y avoit quelquefois fait employer des fiefs et aumosnes ou rentes constituées, qui estoient entièrement reculés, et qu'elle s'estoit toujours en cela conformée à la volonté du Roy et suivi les premiers estats faits en son Conseil.

Enfin, supplia le Roy de demeurer toujours en cette bonne opinion qu'il avoit de cette Compagnie et croire qu'elle le serviroit toujours et s'accommoderoit à ses nécessités. Dit outre audit sr de Rosny que Messieurs du Conseil et luy se devoient confier à la Chambre, comme ladite Chambre se confieroit à eux. Et au sortir, luy dit outre que, si lesdits sieurs du Conseil vouloient que lesdits articles eussent lieu pour le regard des trésoriers de France, qu'ils en pouvoient faire une déclaration particulière, hors dudit règlement.

A assuré la Compagnie que toute cette conférence avoit esté pleine d'honneur pour le respect de la Chambre; qu'ils avoient esté fort bien reçus, et que le Roy avoit eu pour agréable la liberté honneste qu'ils y avoient apportée.

Ce jourd'huy, 31 mars, Messire Antoine Guyot, cher, consor du Roy en ses Conseils d'Estat et privé et président en sa Chambre des comptes, a présenté lettre de cachet du Roy portant créance à ladite Chambre de son intention, qu'il a fait entendre audit sieur et MM. de Pleurre et le Conte, consers maistres, aussy par elle députés vers S. M.; de laquelle la teneur ensuit : « Nos amés et féaux, nous avons reçu vos remonstrances et entendu ce que le sr de Charmeaux et autres vos députés nous ont dit de vostre part. Sur quoy nous leur avons fait entendre nostre intention et volonté, et n'y ajouterons autre chose sinon que, comme la conservation de cet Estat et de la religion catholique nous touche de plus près qu'à nul autre de nostre royaume, aussy nous sont ils plus recommandés, et en avons eu et avons toujours plus de soin qu'autre que ce soit, et n'y espargnerons nostre peine ni nostre propre vie. Et partant, vous ne ferez faute de passer outre à la vérification de nostre édit, selon sa forme et teneur, sans aucune modification. Car tel est nostre plaisir. Donné en nos déserts de Fontainebleau, le 29me jour de mars 1599. Signé : HENRY, et plus bas, RUZÉ. »

Lecture faite de laquelle, ledit sr président a rapporté que, suivant ce qu'il avoit plu à la Chambre le commettre avec lesdits srs de Pleurre et le Conte, consers et maistres, pour aller trouver S. M. pour les remonstrances qu'elle avoit fait dresser pour luy présenter sur l'édit fait avec ceux de la Religion Prétendue Réformée, ils se seroient acheminés dès samedy dernier à Fontainebleau, où ils seroient arrivés le dimanche, à sept heures du matin, et à l'heure mesme se seroient transportés au chasteau, où ils auroient trouvé que S. M. estoit partie pour aller ouïr la messe à St-Mathurin, où elle avoit envoyé sa chapelle, dont ne seroit revenue que sur les cinq heures du soir. A laquelle heure se seroient tenus à l'entrée pour l'attendre; laquelle ils avoient saluée à l'entrée du perron, et luy dit ledit sr président comme, suivant ses lettres, il auroit esté député de ladite Chambre, avec ses confrères, pour les remonstrances que la Chambre avoit à luy faire sur cet édit; qu'il se pouvoit souvenir comme, ces jours passés, les ayant mandés pour ce mesme effet à Conflans, il luy avoit plu leur donner assurance que, si la Chambre avoit quelques remonstrances à luy faire, il les recevroit toujours de bonne part; c'est pour quoy ils estoient venus pour luy représenter quelques défauts et particularités de très grande conséquence. A quoy il leur auroit dit qu'ils estoient les bien venus, mais que, pour l'heure, il avoit un mal de teste et qu'il ne les pouvoit ouïr que le lendemain, et que, s'il n'estoit empesché d'une médecine qu'il avoit à prendre, il les feroit appeler dès le matin, ou de quelque autre heure du jour. Et le conduisant jusques en sa chambre, il leur auroit demandé s'ils avoient vu sa maison, et autres propos de bonne réception. Et après quelque temps, ils auroient pris congé de luy pour ce jour.

Et le lendemain, sur les huit heures du matin, ils seroient allés au chasteau, où ils virent que l'on refusoit l'entrée de la chambre aux princes et seigneurs, pour la douleur de sa médecine, mesme aux s^{rs} secrétaires d'Estat, comme pareillement leur fut dit que le Roy reposoit et qu'ils ne pouvoient parler à luy que sur l'après disnée. C'est pourquoy, sur le midy, estant retournés au chasteau, trouvèrent que le Roy se trouvoit encore mal; leur fut dit qu'ils auroient de la peine à parler à luy plus tost que sur le soir. Toutefois Beringhen, valet de chambre, quelque temps après, estant sorti, fit entendre au Roy comme ils attendoient toujours, et tost après les auroit fait entrer avec les s^{rs} secrétaires d'Estat. Où ils auroient trouvé le Roy couché sur son lit, et après ledit s^r président luy avoir fait les humbles soumissions de la part de la Chambre, auroit commencé à luy dire comme sur son mandement ils estoient venus, aussy sur la confiance de sa bonté et humanité accoutumée, par laquelle il s'est toujours laissé toucher aux vœux et humbles remonstrances des Cours souveraines, aussy pour crainte que quelque jour leur silence en chose de si grande importance ne leur fust imputé pour crime formé. Non que ce fust pour y apporter longueur, d'autant que l'édit ayant esté présenté à la Chambre, aussitost auroit esté distribué à Mr de Pleurre, qui n'auroit eu qu'un jour pour s'en appester, et le lendemain les semestres auroient esté assemblés, où auroit esté ledit édit lu, et le jour d'après délibéré; en sorte que, la résolution estant prise de luy en faire les très humbles remonstrances, seroient partis le jour ensuivant, non pour s'opposer ou contredire ses saintes et justes intentions, au contraire luy protester leur humble obéissance; car, encore qu'ils ne pussent jeter la vue sur cet édit qu'avec les ressentimens d'une extrême tristesse, les soupirs au cœur et les larmes aux yeux, si est ce qu'ils vouloient croire que S. M. s'y estoit résolue avec un si solide jugement et pour la nécessité du temps, que, passant par dessus les difficultés générales, ils s'arrestoient seulement à ce qui regardoit le devoir de leurs charges.

A quoy le Roy, prenant la parole, luy dit qu'ils avoient eu assez de temps pour pleurer et sécher leurs yeux depuis le temps que ce mesme édit avoit esté fait par feu son frère le Roy dernier décédé, qui avoit, avec cet édit, apporté la paix en France, et, pour éviter aux guerres prestes à mouvoir et renouveler, que, pour le bien de cette mesme paix, il avoit trouvé estre nécessaire accorder à ceux de la Prétendue Religion cet édit; qu'il les avoit mandés exprès pour leur faire entendre à bouche sa volonté sur iceluy, et qu'il savoit bien qu'ils auroient plus d'assurance à ce qu'il leur en diroit, qu'à tout ce qu'il leur en pourroit mander. Sur quoy, ledit s^r président luy auroit dit que, pour espérer et rétablir la paix avec les hommes, il falloit la commencer avec Dieu, et que le moyen d'en jouir longuement, c'estoit que, comme les conditions de l'édit estoient semblables à celuy du feu Roy, aussy qu'il luy plust les rendre semblables en l'exécution.

Et connoissant qu'il n'avoit de loisir de lire lesdites remonstrances qu'il avoit par écrit, après les avoir présentées au Roy, qui les mit entre les mains de Mr de Beaulieu, secrétaire d'Estat, commença à luy remonstrer qu'il sembloit fort raisonnable, non seulement que ceux de ce party qui avoient pris les deniers de ses recettes, tant générales que particulières, eussent à rapporter un estat desdits deniers, pour en rendre compte, comme il avoit esté cy devant pratiqué par les autres édits de pacification, tant avec ceux de la Religion que de la Ligue, ces dernières années, mais aussy eussent à bailler par écrit les noms, surnoms et demeurances de ceux qui avoient manié les deniers de cette cause, pour en venir compter, comme il avoit esté fait par le passé.

A quoy le Roy auroit fait réponse qu'il jugeoit cela de justice, qu'il avoit donné de son temps cet estat, et s'assuroit qu'ils le feroient suivant ce qui luy avoit esté promis par le traité et ce qui leur avoit esté confirmé en sa présence par le s^r de Fresnes, secrétaire d'Estat; mais que, pour cette raison, il n'estoit point besoin d'en faire mention par l'édit, cela ne serviroit qu'à leur donner des traverses, estant chose promise et arrestée; et que, pour la reddition des comptes, il établiroit commissaires, partie de son Conseil et partie de sa Chambre, en sa chambre du Conseil, où il entendoit que son procureur fist appeler les comptables par les formes ordinaires.

Sur quoy, ledit sr président luy auroit représenté de quelle conséquence en ses affaires estoient les articles par lesquels il donnoit entrée à toutes sortes d'offices à ceux de la Religion Prétendue Réformée; que cela estoit autant ou plus considérable aux charges comptables qu'en nulles autres, d'autant que c'estoit le moyen, s'ils entroient aux recettes générales et particulières, de saisir ceux du party de tous les deniers de France; que c'estoient autant de trésors assemblés pour fournir aux dépenses de la guerre et se rendre maistres des places et des hommes.

A quoy il leur auroit dit qu'il n'y avoit point de party en France, qu'il empescheroit bien que de son vivant il y en eust autres; qu'il vouloit bien que la Chambre et tout son peuple connust et sust assurément qu'il estoit de la Religion Catholique, Apostolique et Romaine, et non par feintise; qu'il y vouloit vivre et mourir, qu'il feroit toujours paroistre le zèle qu'il y avoit, et mesme qu'il estoit prince de foy, qu'il l'avoit toujours montré, et que ses sujets n'avoient aucun sujet de douter de sa religion; qu'il estoit assuré que le Pape trouvoit bon ce qui se passoit.

A quoy ledit sr président luy auroit remonstré combien il estoit préjudiciable qu'ils fussent admis aux charges des trésoriers généraux de France, d'autant qu'ils estoient dans les villes les premiers d'honneurs, de parentés, de biens et de crédit, et encore plus qu'ils pussent parvenir aux offices de la Chambre, pour ce que, si peu qu'ils y pourroient entrer, ne faudroient aussitost d'y mettre la division, puisque ce qui a de coutume de lier et unir plus étroitement les hommes les uns avec les autres y défaudroit, qui est l'union de religion.

Et lors, le Roy leur auroit représenté ce qu'il leur avoit dit à Conflans, qu'il n'entendoit pour jamais faire créations d'offices nouvelles, ni en ladite Chambre des comptes, ni aux bureaux des trésoriers; que son intention estoit de supprimer par mort les uns et les autres, et que par ce moyen ils pourroient se garantir, moyennant qu'eux mesmes se gardassent de résigner leurs offices à ceux de ladite Religion; que cela dépendoit d'eux et du bon zèle qu'ils avoient à la conservation de ladite religion. En somme, qu'ils ne gagnoient rien de plus différer à la vérification de cet édit; qu'il falloit qu'il fust exécuté pour le bien de l'Estat, repos et tranquillité de ses sujets; qu'il les prioit de se reposer sur sa foy et sur ce qu'il leur avoit dit cy devant, et qu'il ne seroit jamais autre que très bon catholique; qu'il leur en savoit gré, mais que l'on ne fist plus de difficultés sur cet édit, et qu'on eust à le passer purement et simplement, selon son vouloir et intention.

Sur ce, à cause des inquiétudes que le Roy recevoit de sa médecine, se seroit levé, et se levant, leur auroit donné congé, avec témoignage d'un bon visage et du bonheur de ces bonnes nouvelles.

(Créances.)

---

314.   3 Avril (1599).

LETTRE DU ROI AU P.P. — ALIÉNATION AU PROFIT DE M. DE BASSOMPIERRE.

Monsⁿ le présydant, vous antandrés par Mr le chancelyer ce que je luy escrys touchant la dame de Bassompyerre et ses anfans, et sur cella ce que je désyre de vous. Je vous prye d'aporter tout ce quy an dépandra et vous y amployer de toute vostre afecyon à ce qu'yls resoyvent tout le contantemant qu'yls ce prometent pour ce regard, comme chose que je veus, puys qu'yl y va de ma promesse, fete par un trayté avec mon frère le duc de Lorrayne, lequel je veus estre ynvyolablemant observé. Croyés qu'an ce fesant, vous me ferés cervyce très agréable, car ceus que je resoys des anfans dudyt feu sr de Bassompyerre veullent que je les afectyonne. Ce que me prometant que vous ferés de vostre part, je ne vous an dyray davantage, pour vous pryer de crere Mr le chancelyer, et Dieu vous avoyr, Mr le présydant, an sa garde. Ce 3ᵐᵉ avryl, à Fontaynebleau.

HENRY.

(Orig. autographe. — Arch. Nicolay, 21 L 8.)

315.
20 Avril (1599.)
LETTRE DU ROI AU P.P. — VÉRIFICATION D'ACQUIT.

Monsr le présydant, c'est pour vous dyre que, suyvuant les lettres de jussyon que j'ay fet espédyer à la Seygneurye de Genève, vous ayés à tenyr la mayn et fere an sorte qu'yl soyt passé outre à la véryfycasyon de ce quy leur est deu, nonobstant vostre arrest de refus et conformémant à ladyte jussyon, comme chose que je veus et vous commande très expressémant, d'autant qu'yl y va an cela de mon cervyce. Sur ce, Dieu vous ayt, Mr le présydant, an sa garde. Ce xxme avryl, à Fontaynebleau.

HENRY.

(Orig. autographe. — *Arch. Nicolay*, 21 L 10.)

316.
1er Mai (1599.)
LETTRE DU ROI AU P.P. — COMMISSION DU PAPIER TERRIER.

Monsr le présydant, j'avoys mandé le sr Vyon, Me de mes comptes, pour luy commander l'exécusyon de la commyssyon que je luy ay fet délyvrer touchant la confectyon des papyers terryers, recherche de l'usurpasyon de mon dommayne et la véryfycasyon des levées de denyers quy se sont fetes pandant ces troubles an ma provynce de Pycardye. M'ayant icelluy remonstré qu'yl ceroyt plus à propos de dyférer jusques à quelque tams l'exécusyon de ladyte commyssyon, pour les resons qu'yl m'a fet antandre, nonobstant lesquelles je luy ay fort expressémant commandé ne la dyférer, ayns qu'yl ayt à exécuter promptemant ma volonté portée par mes lettres patantes et ce transporter an madyte provynce aussy tost, pour voyr et conoytre sur les lyeus ce quy ceroyt nécessayre pour le byen de mon cervyce, et m'an donner avys, pour sur ce luy fere antandre ma volonté, et d'autant qu'yl est besoyn de fere regystrer mesdytes lettres patantes an ma Chambre des comptes, vous ne faudrés de fere procéder promptemant audyt regystremant, à ce qu'à faute de ce yl ne retarde à s'achemyner an ladyte provynce pour l'exécusyon de mes lettres de commyssyon. Yl vous fera plus partyculyèremant antandre et à madyte Chambre le commandemant qu'yl an a receu de moy, quy ne vous an dyray davantage, pour pryer Dyeu vous avoyr, Mr le présydant, an sa garde. Ce premyer de may, à Saynt Germayn an Laye.

HENRY.

(Orig. autographe. — *Arch. Nicolay*, 21 L 11.)

317.
25 Mai et 5 Juillet 1599.
CONFÉRENCES AVEC LE ROI. — RÈGLEMENT DE LA CHAMBRE.

Le 25 mai, le P.P. rend compte du voyage des députés à Fontainebleau. A la première visite, le roi était en train de s'habiller et prêt à partir pour la messe, mais il les vit de bon œil. Plus tard, comme il sortait de dîner, ils se représentèrent devant lui, avec les députés du parlement de Bretagne; mais il les quitta encore, pour aller au sermon, et les laissa aux mains de Mr de Rosny, qui leur expliqua pourquoi ils avaient été mandés.

Qui estoit de trois affaires : l'une, concernant la déclaration pour les deux articles distraits du règlement, par lesquels le Roy veut obliger la Chambre à ne passer aucunes choses ès comptes que ce qui sera employé ès estats envoyés de son Conseil; la seconde, une plainte qu'il luy fit de l'arrest donné sur le compte de Hillaire, receveur général des finances à Orléans; la troisième, pour le contrat fait à Jean du Bois pour l'imposition du sol pour livre des marchandises entrant à Paris, montant à la somme de 62,000 écus.

Auquel il dit : en premier lieu, que ladite déclaration avoit esté refusée pour ce qu'elle n'avoit esté trouvée juste par la Chambre. Sur ce, ledit sr de Rosny leur dit que ce qui courrouçoit le Roy, estoit de ce que ladite Chambre luy avoit promis. Luy répliqua qu'il avoit dit au Roy que ces deux articles empescheroient la vérification du règlement de la Chambre, et qu'il ne luy avoit fait aucune autre promesse.

Sur ce contestèrent grandement, et fut contraint luy dire, encore que la Chambre n'y fust aucunement obligée, mais aux formes ordinaires, que le Roy se pouvoit bien passer de faire vérifier ladite déclaration en ladite Chambre, puisqu'elle exécutoit sa volonté, en ce qu'elle avoit égard aux estats du Conseil.

Pour le second point, qui est de l'arrest donné sur ledit compte de Hillaire, luy cota quatre choses que la Chambre avoit faites contre luy : la première, que l'on avoit parlé de luy en l'apostille du compte avec un grand mépris, en plusieurs endroits, où l'on disoit seulement: *ledit de Rosny*; qu'il avoit cet honneur d'estre gentilhomme, et qu'il estoit fondé d'une commission du Roy; qu'elle n'avoit dû parler de luy comme d'une personne vile et abjecte, comme elle avoit fait par ledit arrest, ni ordonner qu'exécutoire et contraintes seroient déclarés contre luy, comme contre un simple comptable. La troisième, que, le comptable ayant présenté requeste pour le rétablissement, la Chambre avoit ordonné que le tout seroit communiqué aux prévost des marchands et échevins; que c'estoit le mettre en doute et en combustion contre le peuple. Et la quatrième, qu'il avoit occasion de se plaindre de luy, qui, faisant profession de son amitié, ne l'avoit averti de ce qui s'estoit passé en cette affaire.

A quoy il luy auroit dit : en premier lieu, que ledit arrest avoit, de vérité, esté dressé fort amèrement (?), et qu'il avoit eu raison s'en plaindre, mais qu'il n'avoit point dû croire que la Chambre eust intention d'ordonner le recouvrement de ladite somme sur luy, et qu'elle avoit plutost estimé qu'il la feroit rétablir; que ce qu'elle en avoit fait, estoit pour donner à connoistre au comptable que la Chambre ne vouloit permettre tels divertissemens, pour le maintenir au devoir de sa charge ; et, afin qu'il connust que c'estoit méprise et non dessein, qu'il avoit présidé au compte où avoit esté représenté l'estat qu'il avoit dressé; que c'estoit apostille de luy, et non des trésoriers de France, et contraire à celuy desdits trésoriers; que la Chambre l'avoit approuvé, loué son ouvrage et déféré à son travail, plutost qu'à celuy d'iceux trésoriers, et partant, n'avoit point sujet de s'en plaindre ; que sa plainte de ne l'avoir averti n'estoit point recevable, qu'il savoit le serment qu'il avoit à la Chambre de ne révéler les secrets d'icelle, que cela ne luy estoit jamais advenu et ne luy adviendroit point.

Quant au bail, qu'il se pouvoit assurer qu'il ne seroit jamais vérifié ; que la Chambre n'avoit accoutumé de vérifier tels contrats, et notamment cettuy, où la dépense estoit couchée par le menu, n'estant raisonnable que les bourgeois de Paris rachetassent leur bien, payant ledit impost, pour payer des dettes mal créées, au lieu d'en payer leurs rentes; et partant, pouvoit bien retirer ledit contrat.

Et après quelques contestations sur ce fait, ledit sr de Rosny les laissa pour aller au devant du Roy, qui revenoit de vespres, et ne furent si tost appelés par S. M. Pour quoy se retirèrent en la galerie, où le Roy se rendit, sur les quatre heures et demie, où estoient Mr de Bouillon, MM. le chancelier, de Bellièvre, de Luxembourg, les quatre secrétaires d'Estat et plusieurs autres seigneurs, encore que le lieu fust assez étroit. Et connurent bien que le Roy s'estoit disposé de les interroger, car, s'adressant à luy, luy demanda ce qu'il avoit fait de ce qu'il luy avoit promis à Conflans, et où estoient ceux qui estoient avec luy.

Auquel il fit réponse que Mr le président de Charmeaux y estoit, et de là prit sujet de le prévenir : luy dit que le règlement qu'il avoit envoyé, avoit esté reçu et embrassé de la Chambre comme chose qu'elle avoit désiré d'un commun consentement de tous les officiers des deux semestres assemblés ; qu'il y avoit jà trois semaines et plus qu'il s'observoit, que nul comptable n'estoit dispensé d'apporter à la présentation de son compte un estat de la recette et dépense, et s'estoient volontairement assujettis de les parapher ; que les auditeurs auxquels les comptes estoient distribués, les rapportoient à la présentation, et que sur les estats les maistres des comptes écrivoient en abrégé les arrests qui intervenoient; que c'estoit une servitude à laquelle leurs majeurs ne s'estoient jamais soumis; qu'ils le faisoient pour son respect et pour obéir à ses commandemens.

A quoy S. M. leur dit que ce qu'ils avoient fait leur estoit avantageux, et que ses affaires demeuroient en arrière. Luy répliqua que ce que ladite Chambre avoit délaissé ladite déclaration, estoit pour le bien de son service.

Et luy ayant demandé pourquoy l'on luy avoit promis, voyant qu'il n'estoit à propos de luy contredire, luy dit que la Chambre avoit accoutumé de passer tout ce qui estoit ès estats de son Conseil, sans qu'elle y fust astreinte, parce que cette clause leur faisoit préjudice et à la dignité de leurs estats. Pour quoy le supplia de leur déclarer s'il n'attendoit pas qu'ils fissent leurs charges comme leurs prédécesseurs avoient fait, passer et allouer ès comptes ce qui estoit de justice, suivant les ordonnances, et y rayer les parties mal employées. A quoy il leur dit qu'il l'entendoit ainsy. Et reprenant la parole, luy dit que, si cette clause avoit lieu, ils ne seroient plus juges. Mr de Fresnes, qui estoit présent, luy dit que cette clause ne se pouvoit entendre que pour les parties qui seroient employées ès estats conformes aux ordonnances, ou pour les nécessités des affaires du Roy, et que les trésoriers de France y devoient obéir.

Ledit s^r P.P. remonstra aussy à S. M. qu'il y avoit une autre clause qui touchoit à l'honneur de tous les officiers de la Chambre, en ce qui est porté sur peine de répétition; que cela estoit fort extraordinaire; qu'ils n'avoient rien que le bien du Roy en recommandation en l'exercice de leurs charges, et de vouloir répéter sur eux ce qu'ils avoient ordonné conforme aux ordonnances, qu'il n'y avoit point de justice, et qu'ils sont obligés à la rendre. S. M. leur dit qu'ils vouloient faire les censeurs du peuple, et qu'il ne vouloit point qu'ils ordonnassent de ses finances.

Sur ce, luy représenta que, s'il advenoit que, au commencement de l'année, il eust reculé un quartier des gages des trésoriers de France et demy année des rentes, et que, par ses estats, il eust pris une somme par préférence, sans laisser fonds pour les non valeurs, comme il ne s'en laisse aucun par lesdits estats, il faudroit faire tomber lesdites non valeurs sur lesdites rentes et charges ordinaires, parce que lesdits trésoriers généraux, quelque reculement qu'il y ayt, se font toujours faire fonds, et ne leur peuvent les receveurs leur résister.

Sadite Majesté luy dit qu'il voyoit bien que la Chambre vouloit que sa partie fust la dernière acquittée, mais qu'il falloit, tout au contraire, qu'elle fust la première, pour vivre, et le surplus, qu'il allast comme il pourroit; que sa maison estoit aussy plus privilégiée que toutes les autres charges, rentes et gages; qu'il savoit bien que les trésoriers de France se licencioient; qu'il y en avoit deux qui avoient ajournement personnel, qui devoient comparoir l'un de ces jours; qu'il les feroit chastier, pour montrer exemple aux autres. Et s'adressant à M^r le chancelier, luy auroit dit qu'il en estoit cause, et qu'il en devoit avoir fait pendre une douzaine.

Ce fait, ledit s^r chancelier prit la parole, et leur dit qu'ils ne devoient faire difficulté de vérifier ladite déclaration, puisqu'ils l'observoient. Auquel il répliqua qu'il n'en estoit pas grand besoin, puisque, sans ladite vérification, la Chambre ne délaissoit de l'observer, joint qu'elle préjudicioit trop à la dignité de leurs offices et au bien du service du Roy. Et luy dit qu'il sembloit que le Roy eust quelque mauvaise et sinistre opinion ou défiance de la Chambre.

Et de mesme, M^r le président de Charmeaux, prenant aussy la parole, dit au Roy que les officiers de la Chambre avoient toujours vécu et exercé leurs charges suivant les ordonnances, avec toute sincérité, pour le bien de son service, et n'avoit sujet d'entrer en aucune défiance d'eux. A quoy S. M. leur auroit dit qu'il n'en avoit point de défiance, n'en vouloit point avoir, mais qu'il ne s'y vouloit point fier. Enfin, leur dit qu'il vouloit que ladite déclaration fust vérifiée et enregistrée, et qu'ils luy donnassent ce contentement.

Ce fait, S. M. leur parla de l'arrest donné contre ledit s^r de Rosny, et qu'il désiroit savoir comme cette affaire s'estoit passée. Auquel il dit qu'il en avoit parlé au s^r de Rosny. Sadite Majesté luy répliqua que ledit s^r de Rosny estoit content, mais qu'il ne l'estoit pas. A quoy il luy répliqua que c'estoit un bon vieil auditeur; qu'il ne s'estoit pas peiné de dresser ledit arrest comme il l'auroit dû, mais que la Chambre n'y avoit jamais apporté aucun mauvais jugement.

M^r le chancelier auroit aussy dit au Roy qu'il ne se trouveroit plus personne qui voulust exécuter ces commissions.

Comme aussy, ledit sr de Rosny luy auroit dit qu'il avoit fait tout ce qu'il avoit pu en ladite commission pour amasser le plus d'argent qu'il avoit pu, pour luy servir au siége d'Amiens, et que, s'il eust pu en trouver davantage, il l'eust pris et fait amener, connoissant le besoin qu'en avoit S. M.; qu'il luy en avoit rendu bon compte, et n'estoit encore payé de son voyage.

Le Roy leur dit aussy que l'on le rendoit reliquataire, et que la Chambre constituoit des dettes sur luy. Auquel il dit qu'il n'en avoit point vu, et que la Chambre observoit étroitement que S. M. ne fust aucunement redevable aux comptables. S. M., se tournant vers ledit sr de Rosny, luy dit : « Vous le savez bien? » Lequel dit qu'il y avoit le débet de Parent. A quoy il répliqua que ledit débet procédoit des avances que l'on luy avoit fait faire par ordonnance du Conseil, et ce pendant, que les rentes demeuroient en arrière, à l'occasion de quoy plusieurs femmes veuves et enfans orphelins, ou pauvres gens, qui n'avoient autres biens que les rentes leurs devanciers leur avoient laissées, mouroient de faim; que nos vies et nos biens estoient à luy, et, s'il luy plaisoit, il pouvoit ordonner ledit débet estre rayé.

Mr le chancelier, prenant la parole, dit que le Roy vouloit que les dettes fussent payées, mais que ce fust quand il y en auroit le moyen.

Le Roy leur répliqua, et dit qu'il savoit bien que l'on employoit des parties en ses comptes; qu'ils estoient trop (?); qu'il se pouvoit maintenant dire Roy de France; après l'avoir conquise, vouloit estre obéi de tout le monde, et que, ceux qui ne luy obéiroient, il savoit bien le moyen de les faire obéir par une feuille de papier.

De là vint à leur parler du contrat du sol pour livre des marchandises entrant à Paris; que Mr de Rosny luy en avoit rapporté ce qu'ils luy avoient dit sur iceluy; qu'il louoit la Chambre de ce qu'elle en avoit fait, et luy en savoit bon gré; qu'il vouloit que les formes fussent gardées, et qu'il falloit réformer ledit contrat.

Leur demanda ce qu'ils avoient fait touchant l'édit des élus. Auquel il dit que la Chambre avoit entendu qu'il y avoit un autre édit en la Cour de parlement, qui concernoit le fait des trésoriers généraux de France; qu'il y avoit de la connexité avec celuy des élus, et avoient différé de le voir jusqu'à ce que celuy des trésoriers généraux leur fust envoyé.

A quoy S. M. leur répliqua qu'ils s'opposoient à ses volontés, comme la Cour de parlement; et s'adressant à Mr le procureur général de ladite Cour, qui y estoit pareillement, luy dit qu'ils ne faisoient rien du premier coup, et ne considéroient que telle longueur apportoit un grand retard au bien de ses affaires. Et revenant à parler à luy et à Mr le président de Charmeaux, leur dit qu'il vouloit qu'ils en parlassent à part, sans plus attendre celuy desdits trésoriers généraux.

Leur parla aussy de l'office du secrétaire Maugeaut, de trésorier de France à Orléans; que Gondy en avoit reçu l'argent, lequel il ne vouloit rendre. A cela luy dit qu'ils avoient un édit vérifié en la Chambre, portant suppression desdits offices, vacation advenant par mort, comme cettuy avoit fait; que, auparavant que d'y pouvoir entrer, il faudroit un autre édit, vérifié tant en la Cour qu'en la Chambre.

Sur ce S. M. leur dit qu'ils y avoient contrevenu. Auquel il répliqua qu'ils n'estimoient y avoir contrevenu, pour ce que celuy qui avoit esté reçu venoit par résignation que S. M. avoit accordée en faveur de la veuve, qui estoit une affaire pleine de commisération; aussy, que lors il n'y avoit aucune opposition; que, s'il n'y eust résignation, quelque compassion qui s'y fust présentée, ou de la veuve ou enfans, la Chambre se fust tenue en la rigueur des édits, plutost que de faire une brèche si grande qu'elle feroit, si elle y contrevenoit.

Que c'estoit là tout ce qui s'estoit passé avec S. M. Et a représenté à la Chambre que Sadite Majesté leur avoit parlé de toutes ses affaires avec paroles plus rudes et amples qu'il n'a rapporté, quelques raisons qu'ils luy ayent pu représenter, qui estoient contredites avec une action telle, qu'il leur avoit semblé estre fort à propos pour ce jour ne contester davantage, et promit au Roy de rapporter à la Compagnie ce qu'il leur avoit dit. De quoy S. M. le reprenant, luy avoit dit qu'il ne vouloit point seulement qu'il le rapportast, mais vouloit qu'ils exécutassent ses commandemens.

Après luy avoir fait demander congé, seroit venu à eux, les auroit embrassés, et dit qu'ils fissent ce qu'il leur avoit commandé.

Aucuns de Messieurs du Conseil les prièrent de contenter le Roy, vérifier cette déclaration, et que, ce fait, toutes choses demeureroient en l'estat qu'elles sont, et n'en seroit plus parlé; leur promirent que ladite déclaration et contrat seroient réformés.

Ce jourd'huy, 5ᵐᵉ juillet, Messire Jean Nicolay, cheᵣ, consᵉʳ du Roy en ses Conseils d'Estat et privé et P.P. en sa Chambre des comptes, a rapporté que, samedy dernier, sur les neuf heures du soir, le Roy luy envoya un valet de chambre pour l'avertir qu'il eust à se trouver le lendemain au Louvre, sur les dix heures du matin, avec Mʳ le président Tambonneau et Mʳ le procureur général, et que, à cette fin, il les en fist avertir; ce qu'il fit. Et ledit jour de lendemain, qui fut le jour d'hier, à ladite heure de neuf du matin, furent ensemblement trouver S. M. en son chasteau du Louvre. Où estant, S. M. les fit entrer avec luy en un cabinet où estoient seulement les sʳˢ de Rosny et de Bellièvre; que le Roy tenoit un papier en sa main, contenant les mémoires de ce qu'il avoit à dire, tant à Messieurs de la Cour de parlement qu'à eux.

Et leur demanda en premier lieu de ce qu'il s'estoit passé des deux articles distraits du règlement de la Chambre. Auquel il dit que la Chambre avoit ordonné qu'ils seroient registrés, pour avoir lieu en tant que les estats qui seroient dressés en son Conseil seroient conformes aux ordonnances de ses prédécesseurs Roys et de luy.

A quoy S. M. luy dit qu'il eust autant valu qu'elle n'eust rien fait, parce que c'estoit proprement le refuser, au lieu de le vérifier.

Sur ce, Mʳ le président Tambonneau, prenant la parole, luy auroit dit qu'il n'estoit pas raisonnable de les vérifier autrement, et que S. M. leur avoit toujours protesté qu'il vouloit que la justice fust gardée à tout le monde, et notamment pour les fiefs et aumosnes, gages d'officiers et rentiers. A quoy il leur répliqua qu'il l'entendoit ainsy, mais que c'estoit en tant que faire se pourroit, et que son royaume estoit tellement chargé de dettes, que, si toutes les charges estoient acquittées, il n'y auroit pas de reste 300,000 écus pour entretenir sa maison.

Luy fut remonstré que la Chambre s'estoit toujours accommodée à ses nécessités, et, lorsqu'elle avoit vu des retranchemens de gages ou rentes pour quelques quartiers, elle les avoit passés; c'est pourquoy S. M. se pouvoit assurer que ladite Chambre ne s'arresteroit si précisément auxdites ordonnances, qu'elle n'ayt égard aux nécessités de ses affaires; mais elle craignoit que Messieurs du Conseil voulussent faire un retranchement entier, avec le temps, par leurs estats, de toutes les charges ordinaires.

Nonobstant lesquelles remonstrances, S. M. leur dit qu'il vouloit lesdits deux articles estre vérifiés, parce que, autrement, Messieurs de son Conseil ne pouvoient faire estat certain de ses finances au commencement de l'année, craignant qu'au préjudice de l'estat qu'ils dresseroient, la Chambre se voulust dispenser de faire employer et passer des parties, sous couleur desdites ordonnances; et en ce faisant, il n'y auroit jamais rien d'arresté.

Luy auroit esté de rechef remonstré que, s'il entendoit que ledit règlement n'eust lieu que pour un an ou autre temps, la Chambre s'y pourroit arrester. A quoy il leur auroit répliqué que non.

Sur ce, Mʳ de Bellièvre, prenant la parole, leur auroit dit qu'ils pouvoient ordonner que ladite déclaration seroit registrée par provision et jusques à ce qu'autrement en fust ordonné.

Plus, S. M. leur parla d'une autre affaire concernant le fait des élus; qu'il ne se contentoit pas de la vérification que la Chambre en avoit faite, et leur dit que cette vérification n'estoit que passer par dessus, sans exécuter rien de sa volonté, mais qu'il savoit bien à quoy il tenoit, et que l'on luy avoit dit que la Chambre avoit craint de passer outre, de peur qu'après il en fust fait de mesme aux officiers d'icelle.

A quoy il répliqua que ceux qui luy avoient dit cela, ne savoient pas qu'il se trouveroit peu d'officiers en ladite Chambre qui fussent sujets à réduction de gages, pour la grande finance qu'ils avoient payée de leurs offices, et n'y pouvoit avoir que ceux qui furent pourvus à Tours, qui les avoient eus à quelque meilleur marché, mais que lors l'argent estoit plus cher, et se peut faire que ceux qui avoient lesdits offices devoient encore la rente de l'argent qu'ils avoient emprunté pour y employer, dont S. M. s'estoit servie en la plus grande nécessité de ses affaires; qui ne seroit raisonnable qu'ayant hazardé leur bien et leur vie pour le suivre en un temps si fascheux, qu'ils reçussent perte et diminution en leurs offices.

Plus, leur parla des lettres de déclaration pour les réassignations, dont la Chambre s'estoit réservé la vérification; que les parties demeuroient toujours chargées de peines et vacations.

A quoy il fit réponse que S. M. avoit toute occasion de contentement de ladite vérification, parce qu'il estoit besoin pour son service de connoistre pour quoy les dettes estoient dues; que Messieurs de son Conseil le reconnoissoient nécessaire, et la Chambre s'en chargeoit sans prendre épices.

Que Mr de Rosny leur dit que c'estoit toujours peine aux officiers domestiques, qui se faschoient d'attendre après leur expédition. Auquel il dit que, si l'on vouloit distraire lesdits officiers, il n'y alloit pas grand intérest, parce qu'ils rapportoient certificat des trésoriers de ce qui leur estoit dû.

Pour ce chef, estime que le Roy et mesdits sieurs de son Conseil sont contens.

Plus, la quatrième chose dont il leur parla, dit que le Roy estoit fort offensé de l'expédition de Maugeaut, pourvu de l'office de trésorier de France à Orléans par le décès d'un nommé Lasne, parce qu'il en avoit touché les deniers, et qu'il ne les vouloit rendre; que la Chambre avoit reçu un nommé Bégon contre l'édit de suppression; qu'il avoit envoyé sa déclaration pour la suspension desdites suppressions jusques au 1er janvier dernier, et qu'il n'y avoit plus de conséquence. Partant, vouloit qu'elle eust à recevoir ledit Maugeaut, sans luy donner plus de peine de recourir vers S. M.

Et voulant prendre congé de S. M., leur auroit dit de rechef qu'il vouloit que lesdits édits et déclarations fussent vérifiés, et qu'il n'en ouïst plus parler.

(Créances.)

---

318.   28 Juin 1599.
DESTITUTION D'UN AUDITEUR.

La Chambre délibérant sur le procès faict à la requeste de procureur général du Roy contre Me Jacques Lescuyer, cons^{er} du Roy et auditeur de ses comptes, a arresté et ordonné qu'il sera dict audict Lescuyer qu'il ayt à se deffaire de sondict office dans ung an; autrement, et à faulte de ce faire, et ledict temps passé, luy sera prononcé, et l'entrée de la Chambre interdicte. Faict ce vingt huictiesme jour de juing mil cinq cens quatre vingtz dix neuf [1].

NICOLAY.   LE PRÉVOST.

(Original. — Arch. Nicolay, 73 L 12.)

1. Le procureur général avait porté plainte contre cet auditeur, et la Chambre avait, dès le 25 du même mois, interdit provisoirement l'entrée des séances à l'accusé.

---

319.   18 Novembre 1599.
AUDIENCE DU ROI. — RÈGLEMENT DE LA CHAMBRE ET BAUX DE FERMES.

Le président Tambonneau rapporte qu'il s'est rendu l'avant-veille au jardin des Tuileries, avec le président Bailly et deux maîtres, MM. de Beaurains et de Mesgrigny, après avoir eu d'abord une explication « fort violente » avec Mr de Rosny. Le roi se promenait sur la terrasse, en compagnie du chancelier.

Après avoir quelque temps attendu sur ladite terrasse que le Roy eust fait avec M^r le chancelier, il les auroit appelés, et s'adressant audit s^r président Tambonneau, luy auroit demandé pourquoy ils n'avoient fait ce qu'il leur avoit commandé, sans luy donner autre éclaircissement de ce qu'il vouloit dire, occasion pour quoy ledit sʳ président luy auroit demandé si c'estoit touchant le règlement? A quoy il luy auroit dit que oui.

Sur ce, luy auroit fait réponse que la Chambre le supplioit très humblement la vouloir dispenser du registrement d'iceluy, parce que ce seroit un trop grand préjudice à son service et à l'honneur et autorité de ladite Chambre; qu'il pouvoit advenir qu'il n'auroit pas toujours Mʳ de Rosny avec luy, et qu'un autre ne regarderoit pas tant ce qui est de son service, pour n'entendre pas les affaires; que néanmoins, depuis que ledit règlement y avoit esté apporté, elle s'estoit tellement astreinte à l'observation d'iceluy, que S. M. et Messieurs de son Conseil n'avoient point de sujet de s'en plaindre; que Mʳ le chancelier l'avoit pu connoistre, ayant scellé des lettres de jussion pour une partie de 500 et tant d'écus, laquelle, bien que justement eust esté employée en un compte, toutefois elle l'auroit rayée, parce qu'elle n'estoit sur l'estat de son Conseil, s'arrestant plutost ladite Chambre à l'observation dudit règlement, qu'à la justice de l'employ de ladite partie, comme il estoit apparu au sʳ chancelier par l'arrest de radiation d'icelle, faisant mention dudit règlement; lequel, par lesdites lettres de jussion à fin de faire passer ladite partie, y avoit laissé glisser la clause dérogatoire à iceluy; que, puisque la Chambre s'astreignoit à l'entière observation, supplioit S. M. et Messieurs de son Conseil trouver bon qu'il ne fust registré en icelle, sur la promesse qu'ils luy auroient faite de rechef de le faire observer et suivre sa volonté, sauf, s'il y avoit aucunes parties mal employées, de les pouvoir rayer.

A quoy S. M. luy auroit dit qu'il l'entendoit ainsy, et que la Chambre rayast tout ce qu'elle verroit estre à son préjudice.

Et sur ce mesme sujet, ledit sʳ de Beaurains ayant dit à S. M. qu'ils estoient obligés par le serment qu'ils prestent en leurs charges, non seulement de leur honneur, mais de leur vie, à suivre les ordonnances, S. M., se tournant vers luy, luy auroit demandé s'il avoit vu beaucoup mourir de ceux qui y avoient contrevenu?

Plus, leur parla du bail de Calais et autres fermes, dont ils avoient ordonné la communication aux prévost des marchands et échevins, leur disant qu'ils estoient ses officiers, et non de la ville, et qu'ils ne devoient exciter lesdits prévost et échevins à s'opposer; que cela devoit venir d'eux à demander ladite communication; qu'il avoit résolu et arresté de faire payer l'assignation de ladite ville par les voyes ordinaires, et n'auroit dû la Chambre astreindre lesdits fermiers de bailler caution à icelle ville; estant chargés par leur bail de bailler caution pour 50 et tant de mille écus, que c'estoit assez, et qu'il entendoit estre payé premier que ladite ville. Sur ce, ledit sʳ président luy auroit répliqué qu'elle avoit suivi en cela ce qui avoit esté ordonné aux baux précédens, et que les précédens fermiers avoient fourni caution à ladite ville pour son assignation seulement, outre celle baillée aux receveurs de S. M.

Qu'ils avoient eu plusieurs autres propos avec le Roy, lequel ils avoient trouvé en assez bonne humeur, et tout ce qu'ils avoient pu faire avec luy, estoit que ledit règlement ne seroit registré, à condition toutefois que la Chambre s'y conformeroit et observeroit; ce qu'ils luy promirent.

(Créances.)

---

320. 1ᵉʳ Mars 1600.
LETTRE DU PRINCE D'ANHALT AU P.P. — COMMISSION D'ALIÉNATION.

A Amberg, ce premier de mars 1600.

Monsieur, Ayant esté assigné par Sa Majesté d'un million soixante treize mil quatre cens quarante neuf escus vingt cinq sols sur la revente de toutes ses aydes anciennes, et, par mesme moyen, m'ayant laissé la nomination des commissaires pour l'exécution de son édict, j'ay pensé que je ne pourrois nommer à Sa Majesté personne qui peust mieux que vous recognoistre le mérite et privilége de ma debte, pour le rang que vous tenez et la charge que vous soustenez en France, m'asseurant qu'en conservant les droitz de Sa Majesté, vous aurez en recommandation la foy qui se doit garder à ceux qui sont d'ancienneté serviteurs et alliez de ceste couronne. Je vous supplie donc, Monsieur, trouver bon ceste nomination, et m'obligerez d'en prendre revenche en toute occasion que désirerez de moy, qui suis et seray pour tousjours,

Monsieur,

Vostre très affectionné amy à vous faire service.

CHRISTIAN, P. D'ANHALT.

(Original. — *Arch. Nicolay,* 33 L. 1.)

---

321. 3 *Juin* 1600.
AUDIENCE DU ROI. — RÉCEPTION DU PRÉSIDENT D'ORMESSON.

Le P.P., mandé au logis de Zamet, s'y est rendu, après l'enterrement de feu M^r d'Ormesson, en compagnie du chancelier, et il y a trouvé une partie du parlement et de la Cour des aides.

Après avoir attendu quelque temps, on les fit entrer en la chambre du Roy, qui leur dit les avoir mandés, estant sur son partement, pour leur recommander le devoir de leurs charges pendant son absence, et particulièrement les affaires qui le concernoient; les prioit de n'estre point si longs à exécuter ses commandemens que par le passé. Et voyant qu'il les touchoit à leur honneur, luy dit qu'il n'avoit connu que la Chambre eust fait aucune chose contre ses commandemens; le pria de coter en quoy elle y avoit contrevenu, pour luy en rendre raison.

S. M. luy dit qu'ils avoient esté bien diligens à recevoir le fils de feu M^r le président d'Ormesson.

A quoy il luy répliqua que la Chambre ne l'avoit reçu depuis ledit décès, et qu'il l'estoit de longtemps, en vertu des lettres du défunt Roy; que, depuis son avènement à la couronne, il avoit approuvé tous les édits de survivance, par déclarations qui avoient esté vérifiées par ses parlemens et Cours, et mesme en ladite Chambre, et que le fils du feu s^r président n'avoit fait que prendre sa place, laquelle la Chambre ne luy pouvoit refuser; qu'en cela, ni l'officier, n'avoient estimé faire chose contraire au bien de son service.

Sur ce, Sadite Majesté luy auroit dit qu'il défendist seulement la Chambre; pour le regard de l'officier, qu'il en viendroit bien à bout. Et s'adressant à M^r le chancelier, luy auroit dit qu'il estoit maistre des requestes, et qu'il retinst ses lettres de provision.

Auroit de rechef prié le Roy leur dire s'il luy restoit point quelque chose contre la Chambre, à ce qu'il ne luy en demeurast aucune sinistre opinion. Lequel luy dit qu'ils savoient bien ce qu'ils luy avoient promis à Conflans, et que depuis ils y avoient contrevenu. A quoy il luy auroit répliqué qu'ils estoient bien mémoratifs de ce qu'ils luy avoient promis à Conflans, aussy qu'ils n'y avoient, ni la Chambre, aucunement contrevenu; que M^r le chancelier en pouvoit assurer S. M., laquelle il supplioit croire que la Chambre se rendoit fort religieuse à l'observation de ses commandemens, et qu'il ne se trouveroit point qu'elle l'eust depuis rendu redevable envers les comptables.

De quoy il fut fort content, les embrassa et remercia de leur bonne volonté, et les pria de continuer et d'embrasser ses affaires pendant son absence. Et depuis, se promena quelque temps avec eux, leur remonstrant un visage plein de contentement et de bonne volonté et affection qu'il portoit à ladite Chambre.

(*Créances.*)

---

322. 26 *Juin* (1600?).
LETTRE DU ROI AU P.P. — DÉGAGEMENT DE JOYAUX.

Monsr le présydant, j'ay donné charge à Vexyn, quy vous randra cete cy, de vous parler d'un afere quy m'ymporte, pour retyrer un récépycé quy est an ma Chambre des comptes de de Besze de

Genève, de certaynes bagues quy sont à moy et luy furent, yl y a quelque tams, myses an dépost par Rotan, et lesquelles ledyt de Besze ne me veut randre qu'an luy randant son récépycé, lequel pour cet efet vous ferés metre antre les mayns dudyt Vexyn pour me le raporter, comme je le luy ay commandé. Et sur ce, Dieu vous ayt, Mʳ le présydant, en sa garde. Ce xxvjᵐᵉ juyn, à Fontaynebleau.

HENRY.

(Orig. autographe. — Arch. Nicolay, 21 L 13.)

323.   28 *Décembre* (1600.)
LETTRE DU ROI AU P.P. — RÉGALE DE CHARTRES.

Monsʳ le présydant, je vous fay ce mot de ma mayn an faveur de l'évesque de Chartres pour vous dyre que vous me ferés cervyce très agréable de fere lever la saysye que ceus de ma Chambre des comptes ont fet fere des fruys et revenus de l'évesché de Chartres pour les droys de régale, ancores que l'évesque dudyt lyeu an ayt accordé et passé transactyon avec ceus de ma Ste-Chapelle, ausquels ledyt droyt apartyent. Je vous recommande fort afectueusement cet afere, comme touchant à personne que j'ayme et que je désyre qu'yl jouysse du byen que je luy ay fet. Les cervyces que j'ay receus des syens et qu'yl me contynue, font que je vous recommande cella de tout mon cœur, comme chose que j'afectyonne. Et sur ce, Dieu vous ayt, Mʳ le présydant, an sa garde. Ce xxviijᵐᵉ désambre, à Lyon.

HENRY.

(Orig. autographe. — Arch. Nicolay, 21 L 21.)

324.   19 *et* 24 *Janvier* 1601.
FACTUM CONTRE LA CHAMBRE.

Du 19 janvier. Ouï au bureau Jean Richer, imprimeur, demeurant rue St-Jean de Latran, sur le *factum* qu'il a imprimé à la requeste de Mᵉ Jean Bertrand, et tout considéré, la Chambre a ordonné que ledit Richer sera blasmé, et à luy fait défenses de plus imprimer, ni permettre estre imprimé dans sa maison aucuns *factums* ni autres choses contre l'honneur de ses magistrats et de ladite Chambre, sur peine d'estre puni et chastié ; et si l'a condamné en un écu d'amende, pour convertir en aumosnes. Suivant lequel arrest, a esté à l'instant mandé au bureau, et a esté blasmé.

Du 24 janvier. Sur la requeste de Mᵉ Jean Bertrand, commis à la recette des usures, la Chambre a ordonné que, pour raison de l'arrest contre luy donné, il ne pourra encourir aucune note d'infamie [1].

(*Plumitif*.)

1. Jean Bertrand, emprisonné pour le fait de ce factum qui était dirigé contre Jacques Rapillard, sʳ de la Mothe, et qui, paraît-il, touchait tout particulièrement le P.P., avait été condamné à dire en plein bureau « qu'indiscrètement, témérairement et contre vérité il avoit fait le factum, dont il se repentoit. » (Séances des 15 et 16 janvier.)

325.   (31 *Janvier* 1601.)
HARANGUE DU P.P. SUR LES VICTOIRES ET LE MARIAGE DU ROI.

Sire, les Gens de voz comptes, voz très humbles et très obéissans serviteurs et officiers, nous ont député vers Vostre Majesté pour luy rendre au nom de tout le corps l'honneur et les submissions qu'ilz luy doibvent, comme à leur prince naturel et souverain ; aussy pour vous tesmoigner, Sire, le contantement qu'ilz reçoivent en leurs ames de vostre heureux retour en ceste ville, et les graces qu'ilz rendent à Dieu de tout leur ceur des signalées bénédictions dont il luy a pleu accompaigner le voyage et les conquestes de Vostre Majesté, qui sont d'aultant plus admirables, Sire, que l'assiette des lieux et l'incommodité des saisons résistoient à voz entreprises : tellement que l'on peult dire avec raison que vous avez forcé non seullement les forteresses des hommes, mais aussy les rempars de la nature, que Dieu semble avoir voulu opposer à voz armes affin d'eslever dadvantaige vostre gloire et rendre exemplaire à toute l'Europe le chastiment d'une infidélité.

Car, encores que le nombre fust infiny de voz victoires, et que la réputation de vostre nom respandue par l'univers semblast ne pouvoir estre accreüe, ny enrichie d'aultre nouvelle conqueste, toutesfois, Sire, Dieu vous avoit encores réservée celle cy, présaige de plus grandes, affin que le mesme bras qui a dissipé la rébellion en ce royaulme, fust aussy vengeur de l'usurpation, et que ceste main victorieuse que toutes les nations honorent et chérissent, pour estre le symbole d'une foy inviolable, chastiast à leur veüe et comme sur ung théatre la desloyaulté de l'usurpateur.

Jugement de Dieu grand et admirable, que la justice des despouilles et entreprises faictes sur la France ayt esté réservée à vous, Sire, qui en estes le restaurateur, et, comme l'injure faicte à la Grèce du rapt d'Hélaine ne peult estre vengée que par le valheureux Achille, aussy que celle qu'a receue la France en la surprise du marquizat n'ayt sceu estre effacée que par vous, Sire, qui estes l'honneur, la gloire et l'Achille des Francoys, affin que la satisfaction feust aussy exemplaire que l'offense, la surprise réparée par une conqueste d'ung duché au lieu d'ung marquisat, du tiltre d'honneur le plus illustre des siens pour le moindre des vostres, à sa veue et de toutes ses forces assemblées ensemble, plustost pour tesmoigner sa honte, que l'empescher.

Sire, l'honneur que vous remportez de ceste conqueste et les louanges et acclamations que vous en rend vostre peuple, n'eussent pas esté sy plaisantes, ny tant aggréables à Vostre Majesté, si Dieu n'eust permis que celle qu'il vous a donnée pour compagne de vostre vie, l'eust aussy esté de vostre bonne fortune ; si ceste excellente et vertueuse princesse (partaige du ciel plustost que choix des hommes) n'eust esté associée à la gloire de vostre triumphe, et ne vous eust rencontré au millieu de voz délices, environné de princes, de cappitaines et de soldatz victorieux. Il falloit, Sire, qu'elle vous veist en vostre lustre, non pas revestu de vostre habillement royal, mais paré d'ung ornement qui vous suit partout, tousjours vous environne, et accompagnera pour jamais vostre mémoire, affin que, par ung présaige heureux à la France et à toutte la Chrestienté, elle jugeast quelle seroit la générosité des enfants que Dieu fera naistre, s'il luy plaist, bientost de vostre mariage, et qu'elle eust dez ceste heure le contantement en elle mesmes de penser debvoir estre ung jour mère de Roys aussy belliqueux, aussy généreux et magnanimes que leur père, nourrissons de la France, laquelle ne tient sa gloire et sa réputation, j'oze dire son estre (après Dieu), que de vous, Sire, qui l'avez relevée de sa cheutte, ralliée en ses divisions, et pollicée avec ung si bon ordre et louable exemple, qu'au lieu des monstres qu'elle enfantoit, elle ne produira désormais que des vrays et naturelz François.

Et, comme les jours de nostre naissance ne nous semblent point plus heureux et aggréables que ceux ausquelz nous avons esté conservez, aussy la France recongnoistra tousjours vous avoir, et aux vostres, Sire, autant d'obligations de son estre comme à ceux mesmes qui en ont esté les premiers fondateurs.

Mais nous, Sire, qui avons veu de noz ieux et resenty en noz propres fortunes les effectz admirables de vostre proüesse et le succez de la protection charitable que vous avez pris de ceste monarchie, lorsqu'elle estoit au comble de ses afflictions, mériterions d'estre blasmez d'ingratitude envers Vostre Majesté, si nous n'en avions une continuelle souvenance, et ne faisions prières solemnelles à Dieu pour vostre conservation, non pas seullement tous les ans, comme les Romains pour celle de leurs empereurs, mais tous les jours et à toutes les heures, et de mesme cœur et affection que les premiers chrestiens soloient demander à Dieu pour leurs princes souverains qu'il leur donnast une vie longue et heureuse, des enfans bien naiz, ung peuple obéissant et ung règne paisible. Car, sans la doulceur de la paix, toutes les autres prospéritez ne seroient qu'amertumes ; aussy Dieu, voulant rendre vostre siècle heureux et vostre nom tout auguste, a couronné voz travaulx d'une paix générale, tant dedans que dehors vostre royaulme.

Mais ceste paix, Sire, est d'aultant plus honorable à Vostre Majesté, que vous ne l'avez point acquise aux despens de vostre couronne, ny du sang de vostre noblesse, ny de la ruyne de voz sujectz, mais à la poincte de vostre espée, conservant l'ung et l'autre et rejectant tout le dommaige et le blasme sur voz ennemiz. Tellement que les graces que nous en rendrons à Dieu ne seront point accompagnées de larmes et de soupirs, comme estoient celles de noz devanciers.

L'on n'oira désormais en public que des voix de resjouissance et de louange en l'honneur de Vostre Majesté. Les pères souhaitteront nombre d'enfans en leurs familles, et les enfans longues années à leurs pères, affin que les ungs ayent la gloire d'estre naiz, les aultres d'avoir vescu soubz le règne du plus grand et du plus redoubté monarque de la Chrestienté. Vostre peuple des champs s'évertura de cultiver la terre, celluy des villes de les embellir, les hommes de lettres de faire fleurir les muses, et les magistratz de faire régner la justice soubz les loix et l'auctorité de Vostre Majesté. Et tous ensemble, comme membres d'un mesme corps, ou plustost comme enfanz eslevez et conservez soubz les aisles d'ung père très débonnaire, conspireront à l'honneur et à la grandeur de ceste monarchie. Bref, Sire, c'est ung eage doré et ung siècle de bénédictions qui renaist.

Quand à nous, Sire, qui avons l'honneur d'estre du nombre de voz officiers, et qui ne cherchons point d'heur en ce monde que vostre service, ny d'honneur qu'en l'obéissance de voz commandementz, nous continuerons de vous rendre ce debvoir toutes noz vies et de mesme affection que nous vous desdions et consacrons noz cœurs et noz volontez, pour devenir à jamais voz très humbles et très fidèles serviteurs [1].

(Minute autographe. — *Arch. Nicolay*, 54 L 5.)

1. Le 16 février, le P.P. alla saluer la reine, et le chancelier répondit pour cette princesse. (*Plumitif.*)

---

326.   1ᵉʳ *Février* 1601.
LETTRE DU CARDINAL D'OSSAT AU P.P. — RÉGALE DE BAYEUX.

Monsieur,   J'ay entendu par Monsieur le président Ruellé combien volontiers il vous pleust dernièrement vous employer pour moy au faict de la régale de l'évesché de Bayeux, dont je vous remertie très affectueusement et humblement, vous asseurant que je me sens grandement obligé envers vous de cette démonstration de vostre bonne volonté envers moy, et que je le recognoistray à toutes les occasions qui se présenteront de vous faire service, comme, sans cela, j'y estois desjà affectionné, pour les bons services que vous avez faicts au Roy et à la coronne. A tant je me recommande bien humblement à vostre bonne grace, priant Dieu qu'il vous doint,

Monsieur,   En parfaicte santé, longue et heureuse vie. De Rome, ce premier febvrier 1601.

Vostre humble serviteur.

A. CARD. D'OSSAT.

(Original. — *Arch. Nicolay*, 37 L 3.)

---

327.   25 *Juin* 1601.
OFFICE DU PRÉSIDENT JEAN LUILLIER. — ABSTENTION DU P.P.

Ce jour, sur la présentation des lettres de provision obtenues par Mᵉ Jean de Vienne de l'office de conseiller du Roy et président en la Chambre, par la résignation de feu Messire Jean Luillier, vivant président en icelle, Mʳ le P.P. a remonstré qu'il est parent et allié des veuve et enfans dudit défunt, et que, suivant l'ordonnance, il se déportoit d'assister au jugement desdites lettres. Et de fait, se seroit levé et sorti du bureau, comme pareillement Mᵉ [Jean] de Longueil, consᵉʳ maistre, qui a dit estre aussy parent et allié de ladite veuve et enfans. Sur quoy, ayant délibéré, la Chambre a ordonné, attendu qu'il y alloit du fait général et du particulier, qu'ils seroient appelés. Ce qui auroit esté fait ; et leur ayant esté prononcé ce que la Chambre avoit ordonné, ledit sr P.P. a de rechef remonstré que ladite veuve et enfans ont un notable intérest en cet affaire, lequel il est en question juger, et qu'estant parent et allié au deuxième degré, il estimoit, estant dans les termes de l'ordonnance, qu'il ne pouvoit assister, et supplioit la Chambre de l'en dispenser ; et se seroit retiré.

Sur quoy, ayant de rechef délibéré, la Chambre l'a dispensé d'assister au jugement desdites lettres, et a remis à délibérer sur icelles au 1er jour de juillet, que les semestres seront assemblés.

(*Plumitif.*)

328.
28 *Septembre* 1601.
NAISSANCE DU DAUPHIN.

Ce jourd'huy, vendredy, veille de St-Michel, 28me septembre 1601, du matin, Messire Jean Nicolay, cher, conser du Roy en ses Conseils d'Estat et privé et P.P. en la Chambre de céans, est venu au grand bureau. Lequel, après avoir fait appeler Messieurs qui estoient au petit bureau, et en la présence des Gens du Roy, a dit que, ce matin, entre les cinq et six heures, le sr de la Varenne, controleur général des postes, l'estoit venu trouver en sa maison, et luy avoit donné des lettres de la part du Roy adressantes à ladite Chambre, lesquelles, à la vérité, il avoit ouvertes, estimant que la Compagnie ne le trouveroit mauvais. Et à l'instant, les ayant présentées sur le bureau et mises entre les mains d'un des greffiers de ladite Chambre soussigné, lecture aussitost a esté faite d'icelles par ledit greffier, desquelles la teneur ensuit :

« De par le Roy. Nos amés et féaux, entre tant de miraculeux témoignages de l'assistance divine que l'on a pu remarquer en nostre faveur depuis nostre avènement à cette couronne, il n'y en a un seul qui nous ayt fait ressentir plus vivement les effets de sa bonté, que l'heureux accouchement de la reine, nostre très chère et très amée épouse et compagne, qui vient présentement de mettre au monde un fils, dont nous recevons une joye que nous ne pouvons assez exprimer. Mais, comme les calamités publiques nous ont toujours plus ému, durant nos misères passées, que la considération de nostre particulier intérest, aussy ne recevons nous pas tant de plaisir et de contentement pour ce qui nous touche en cette naissance, que pour le bien général de nos sujets, qui auront bonne part en cette occasion de réjouissance. Dont nous vous avons bien voulu avertir par la présente, et par icelle vous mander, comme nous faisons, que vous assistiez aux processions générales que nous mandons estre faites, afin que, par le moyen des bonnes prières publiques et particulières d'un chacun, nostredit fils puisse rencontrer un gracieux et favorable accueil de la divine bonté, et, par sa sainte grace, estre nourri et élevé à sa gloire et à son honneur, et que, multipliant encore ses bénédictions sur nous, nous puissions luy donner des enseignemens pour le faire cheminer toute sa vie en sa crainte et en son amour, et en bienveillance à nosdits sujets. Si n'y faites faute, sur tant qu'aymez le bien de nostre service, car tel est nostre plaisir. Donné à Fontainebleau, le 27me jour de septembre 1601. Signé : HENRY, et plus bas, Ruzé. » Plus, à costé est écrit : « Nous vous envoyons le sr de la Varenne, controleur général de nos postes, exprès pour vous porter cette nouvelle[1]. »

(*Cérémonial.*)

---

[1]. Cette pièce, avec le procès-verbal de la cérémonie, a été imprimée par Godefroy, dans le *Cérémonial françois*, t. II, p. 166. — La lettre circulaire que la Chambre reçut pour la naissance de la première fille du roi, le 22 novembre 1602, est imprimée dans les *Lettres missives d'Henri IV*, t. V, p. 702.

329.
1601-1602.
LETTRES DE SC. DE SAINTE-MARTHE AU P.P. — ÉLOGE D'ANTOINE NICOLAY.

Poitiers, ce vme de septembre.

Monseigneur, Il y a quelque temps que je receus les lettres dont il vous a pleu m'honorer pour responce à celles par lesquelles je vous advertissois du désir que j'ay d'embellir mon livre de l'Éloge de

Monseigneur vostre père. Et lors Monsieur d'Amours estoit en ceste ville, qui me fit ce bien de me donner quelques mémoires, sur lesquelz j'en ay esbauché ce peu que je vous envoie présentement, vous suppliant prendre la peine de le voir, pour y adjouster ou diminuer et corriger ce que vous verrez bon estre. Vous sçavez que c'est autre chose de faire un Éloge que non pas une Vie, parce que l'Éloge doit estre succinct, qui me fait vous supplier le recevoir d'aussy bonne part que s'il estoit plus estendu. Et crains bien qu'il y ait une autre plus grande faulte en ce qui est du langage, que vous ne trouverez assez poly ny digne d'un tel sujet. Toutesfois, vous aurez, s'il vous plaist, esgard à la bonne volonté. Le libraire n'attend que cela pour achever l'impression, qui est desjà toute avancée, car je n'ay voulu qu'il passat outre, sans que le livre fust honoré de vostre nom. C'est pourquoy je vous supplie très humblement m'honorer de vostre responce dez le voiage de ce messager, s'il est possible sans vous importuner, et ne laisser, s'il vous plaist, de m'envoier les mémoires que vous pouviez avoir préparez, parce que je seray bien ayse d'y adjouster encore quelque chose et enrichir d'autant cet Éloge, duquel je fay plus d'estat que d'autre qui soit en mon livre. Ce pendant et tousjours je demeureray, Monseigneur,

Vostre très humble et affectionné serviteur.

SAINTEMARTHE.

———

Poitiers, ce iij^{me} jour d'octobre 1601.

Monseigneur, ce m'est un grand heur, que ce mauvays petit ouvrage que je vous ay envoyé vous ayt esté agréable plus qu'il ne mérite, et vous remercye très humblement de la peine qu'il vous a pleu prendre de m'envoyer de quoy le réformer et enrichir, ce que j'ay faict au moins mal qu'il m'a esté possible, ainsy que pourrez voyr, s'il vous plaist. Vous suppliant me fayre le bien de me le renvoyer après l'avoyr veu, d'autant que l'imprimeur n'attend plus que cela pour achever le livre. J'ay pris grand plaisir à voyr les papiers qu'il vous ha pleu me communiquer, et mesmes y ay apris des choses qui concernent l'antiquité de voz charges. Je ne faudray de les vous renvoyer par voye bien asseurée, incontinant après l'impression parachevée. Je crains que mes enfans ne soyent de présent à Paris, et qu'ilz ne puissent avoyr l'honneur de vous présenter ceste cy, dont je vous supplie les excuser, si ainsi est, et me fayre l'honneur de me tenir tousjours, Monseigneur, pour,

Vostre très humble et affectionné serviteur.

SAINTEMARTHE.

———

A Poitiers, ce xxvj^{me} janvier.

Monseigneur, je vous renvoye les papiers dont il vous a pleu me fayre part, et vous en remercie très humblement. Je les accompagne d'un exemplaire des *Éloges*, qui ont en fin esté achevez d'imprimer, et assez mal, à mon grand regret, car nous avons icy un imprimeur qui a de beaux charactères, mais il n'est pas bien correct, qui a esté cause qu'il s'y est trouvé quelques fautes, lesquelles je vous supplie de vouloyr excuser et ne laisser d'avoyr le livre pour agréable, mesmement en ce qui concerne la mémoyre de Messeigneurs voz ancestres, prenant cela pour un gage tel que je puis du fidelle et affectionné service que je désire avoyr l'honneur de vous rendre toute ma vie, afin de reconnoistre en quelque sorte la bonne faveur qu'il vous plaist me départir, et estre tousjours tenu de vous, Monseigneur, pour

Vostre très humble et fidelle serviteur.

SAINTEMARTHE [1].

(Orig. autographes. — *Arch. Nicolay*, 13 C 193 à 195.)

1. Voy. ci-dessus l'Éloge du P.P. Antoine Nicolay, inséré sous le n° 216.

---

330.   8 *Mars* (1602.)
LETTRE DU ROI AU P.P. — DON A M. DE CASTELNAU.

Monsr le présydant, ayant cy devant fet don au s^r de Castelnau de la somme de sys mylle escus à prandre sur les denyers provenans ou quy provyendront des amandes de la recherche des concussyons comyses par les esleus et autres ofycyers des eslectyons de mon royaume, ainsy que vous verrés par le don que je luy an ay fet espédyer, je vous fay ce mot pour vous dyre que je veus et antands que vous ayés à tenyr la mayn et fere an sorte que, suyvant le pouvoyr que vous avés an vostre Compagnye, ledyt don soyt véryfyé sans aucune restrynctyon ny modyfycatyon et au plus tost que fere ce pourra, attandu les longs et sygnallés cervyces dudyt s^r de Castelnau et la grande despance qu'yl a fet et fet ordynayremant à ceste occasyon. Et ceste cy n'estant à autre fyn, Dieu vous ayt, M^r le présydant, an sa garde. Ce viij^{me} mars, à Fontaynebleau.

HENRY.

(Orig. autographe. — *Arch. Nicolay*, 21 L 5.)

331.   16 Avril (1602?).
LETTRE DU ROI AU P.P. — COMMUNICATION DE COMPTES.

Monsr le présydant, je ne puys vous celler que je trouve fort estrange, veu ce que je vous ay dyt et escryt, de ce que ceus de ma Chambre des comptes refusent de fere efectuer la commyssyon que j'ay cy devant fet espédyer pour avoyr la coppye des comptes des trésoryers de mes partyes casuelles et du marc d'or. C'et pourquoy je vous fay ce mot, pour vous dyre que vous ne façyés faute de fere délyvrer à M^r le chancelyer les orygynaus desdys comptes, pour, sur yceus, fere ce que je luy ay commandé, et de vous sollyciter à ce que je soys obéy, car c'est chose que j'afectyonne. Cete cy n'estant à autre fyn, Dieu vous ayt, M^r le présydant, an sa saynte et dygne garde. Ce xvj^{me} avryl, à Fontaynebleau.

HENRY.

(Orig. autographe. — *Arch. Nicolay*, 21 L 9.)

332.   16 Avril 1602.
LETTRE DU ROI AU P.P. — RÉGALE DE DOL.

Monsr de Goussainville, le conseiller Revol m'ayant faict plainte que mon procureur général en ma Chambre des comptes, en vertu d'une ordonnance d'icelle, a faict saisir le temporel de l'évesché de Dol, qui est la seulle marque de la recognoissance des longs services du feu s^r Revol, son père, prétendant que la province de Bretagne est subjecte au droict de régale, je vous en ay bien voulu escrire ceste lettre, par laquelle je vous deffendz de troubler ou inquiéter soubz ce prétexte, en aucune façon, ledict Revol en sa jouissance et perception des fruictz et revenu dudict évesché, actendu que l'on n'a jamais esté en possession de ladicte régale en ladicte province de Bretagne. Vous ne ferez poinct chose sans exemple et qui n'ayt esté practiquée depuis peu et mesmes en faveur du cardinal d'Ossat. Vous advisant que, si, au préjudice du commandement que je vous fais par ceste lectre, vous continuez à faire molester ledict Revol, je luy feray faire justice en mon Conseil d'Estat. Mais je me promectz que vous aimerez mieulx me contenter en un subject que je désire et affectionne; et vous me ferez service très agréable. Priant Dieu, Monsr de Goussainville, qu'il vous ayt en sa sainte et digne garde. Escript à Fontainebleau, le xvj^{me} jour d'avril 1602.

HENRY.

DE NEUFVILLE.

(Original. — *Arch. Nicolay*, 21 L 24.)

333.   7 Août 1602.
RÉGALE DE L'ARCHEVÊCHÉ DE SENS.

Ce jour, M^r le P.P. a dit avoir vu que la Chambre avoit vérifié les lettres de serment de fidélité presté au Roy par M^r l'archevesque de Bourges pour l'archevesché de Sens, et que, si elle l'eust ouï, il eust fait entendre qu'il n'avoit esté reçu pour la régale dudit archevesché de Sens que 100 écus, et se fust voulu éclaircir comme il avoit esté fait pour le reste. Et, sur ce qui luy a esté dit qu'il estoit apparu du contrat fait avec les chanoines de la Ste-Chapelle, vérifié en ladite Chambre, a dit qu'il apparoissoit au compte de Bordeaux, lors receveur, n'avoir esté reçu que lesdits 100 écus, encore que le contrat fist mention de 800 écus ; et le maintenoit de faux.

Ce fait, a esté mandé M⁰ Gallois, chanoine de la Ste-Chapelle. Lequel a dit que ledit sʳ de Bourges les manda audit temps en son logis, et leur dit qu'il vouloit composer de ladite régale, mais qu'il n'en vouloit rien payer; qu'ils savoient sa qualité, et avoit moyen de leur faire du bien. D'ailleurs mesme leur promit de leur faire donner 2,000 écus sur une vente de bois, parce qu'ils luy dirent qu'ils estoient pauvres. Dont ils avertirent la Chambre en la manière accoutumée. Et quelque temps après, les manda pour disner en son logis, avec aucuns de Messieurs de la Chambre députés, et après disner, leur fit passer ledit contrat portant lesdits 800 écus, et fut montré de l'argent en un sac aux notaires, et non touché par eux. Plus, leur promit ledit sʳ de Bourges qu'il leur bailleroit une promesse de 100 écus par chacun an, jusques à ce qu'il eust ses bulles, et en bailla seulement une de 100 écus pour une fois à Mʳ de Damesainte, chanoine de Nostre Dame, qui a esté touchée par ledit de Bordeaux, qui en a compté.

(*Plumitif*.)

334. 23 Janvier 1603.
REMONTRANCES PRÉSENTÉES PAR LE P.P. — RÉPONSES DU ROI.

Sire, les Gens de vos comptes, vos très humbles et très obéissans serviteurs, officiers et sujets, ayant esté avertis que les officiers de vostre Chambre des comptes de Montpellier continuent leurs poursuites pour obtenir de V. M. une augmentation de leur pouvoir et juridiction, au dommage de son service et au préjudice de nos fonctions, nous ont députés vers elle pour la supplier très humblement nous vouloir maintenir en l'exercice et juridiction ancienne en laquelle il plut aux Roys vos prédécesseurs, d'heureuse mémoire, nous établir et instituer, et que nous avons conservée sous leur autorité, par tous les devoirs en nos charges que l'on sauroit désirer de nostre fidélité.

« Sire, vostre Chambre des comptes de Montpellier n'estoit anciennement qu'un petit bureau, moindre que celuy de vos trésoriers de France, auquel se rendoient seulement les comptes des claveries, car ceux des recettes générales de vos finances, de la foraine, payement de vos Cours souveraines, trésoriers et recettes de vos domaines se rendoient à Paris. Cet ordre a esté continuellement observé jusques en l'année 1589, que ceux de Montpellier, voyant le feu des troubles allumé en tous les endroits de ce royaume, V. M. commander en personne en ses armées et chacun jour exposée au péril de sa vie pour la restauration de son Estat, vos officiers épandus en plusieurs villes de vostre obéissance, et vostre Chambre des comptes de Paris transférée à Tours, auroient choisi le temps et l'occasion propre à leur dessein de faire distraire de vostre Chambre et se faire attribuer la connoissance des comptes des recettes susdites et du maniement des deniers extraordinaires qui se lèvent en Languedoc, sans que vostre procureur général ayt oncques esté ouï, ni que les officiers de vostre Chambre ayent eu moyen de représenter à V. M. le dommage notable qu'elle en recevoit. Aussy, le bruit des armes, qui retentissoit par toute la France, eust lors interrompu le son de leur voix et empesché l'effet de leurs remontrances, jaçoit que V. M. ayt toujours eu les oreilles ouvertes pour les ouïr bénignement.

« Nous avons donc laissé passer le torrent et le débordement des troubles, et néanmoins vécu en cette espérance de vostre justice et bonté royale que, quand il auroit plu à Dieu vous donner la paix, comme par sa grace et le succès de vos héroïques entreprises il est advenu depuis quatre ans, V. M. nous réintégreroit en nostre ancienne juridiction, de laquelle nous avions esté spoliés injustement.

« Cette espérance, Sire, que nous avons eue de recueillir un jour les tables de nostre naufrage dans le repos et la tranquillité publique, a esté suivie du fruit que nous nous estions promis des victoires et trophées que vostre valeur et courage invincible vous a acquis. Car, V. M. ayant esté duement informée par la relation, non seulement de Messieurs de son Conseil, mais aussy des commissaires qu'elle avoit envoyés en Languedoc pour la direction de ses finances, que vostre Chambre des comptes de Montpellier abusoit journellement du pouvoir qu'elle luy avoit octroyé durant les troubles, à nostre préjudice, elle luy auroit retranché, par son édit du mois d'aoust dernier, et rendu à vostre Chambre des comptes de Paris l'audition des comptes, tant des recettes générales des finances, que du taillon et gabelles des généralités de Toulouse et Béziers, enjoignant à son procureur général de poursuivre les comptables des charges susdites de venir compter devant nous, sur les peines portées par ses ordonnances. Cet édit, Sire, fut vérifié en nostre Compagnie le 20me du mesme mois, avec un tel applaudissement de tous les officiers d'icelle, que la joye qu'ils reçurent d'avoir recouvré l'ancienne juridiction de leurs charges, fut beaucoup plus grande que celle qu'ils avoient ressentie, à la fin des troubles, estant rentrés en leurs maisons.

« Tost après la vérification de cet édit, vostre Chambre envoya des huissiers en Languedoc, afin d'ajourner les comptables susdits pour venir rendre leurs comptes en cette ville. Dont ceux de Montpellier furent tellement indignés, qu'ils députèrent des officiers de leur corps pour se transporter ès bureaux desdites généralités et se saisir des acquits des comptables, afin d'empescher qu'ils ne pussent obéir et satisfaire à vos commandemens. En mesme temps furent dépeschés par eux en cette ville d'autres officiers, pour supplier V. M. d'ordonner la révocation de son édit ; et sommes avertis qu'à présent ils se promettent de l'obtenir, s'appuyant plutost sur les offres qu'ils font d'argent, que sur la justice de leur cause.

« Car quelle apparence y auroit il, Sire, de nous oster d'une main ce que depuis six mois il vous a plu nous rendre de l'autre, mesmement pour l'attribuer à une Compagnie, laquelle estant éloignée de vos yeux, se licencie d'abuser plus hardiment de son autorité? Je ne parleray point, Sire, de l'aliénation de plusieurs parts et portions de vostre domaine, ni des constitutions de rentes sur vos tailles qu'ils ont faites au profit de quelques particuliers, et n'exagéreray point aussy leurs refus d'envoyer les doubles des comptes des recettes générales pour servir à la correction des comptes de vostre Épargne, de crainte qu'ils ont eue de mettre en vue les dons, voyages et remboursemens qu'ils y ont employés contre vos ordonnances. Je craindrois, Sire, m'étendant plus au long à coter tels désordres, que V. M. ne pensast que ce fust plutost par passion que pour le bien de son service. Mais je luy puis représenter avec vérité que, si elle est conseillée de révoquer son édit, sous prétexte de tirer quelques secours de deniers des officiers de Montpellier, elle chargera ses finances d'une récompense laquelle nous sera loyalement due pour nous indemniser de l'émolument qui sera retranché du revenu ordinaire de nos offices.

« Cette perte néanmoins nous seroit aucunement supportable, si elle ne tiroit après soy quelque note préjudiciable à nostre honneur et réputation. Car jamais l'on n'accusera Messieurs de vostre Conseil d'inconstance et de légèreté, d'avoir conseillé V. M. de nous oster si soudainement la connoissance des comptes qu'elle nous avoit rendue par leur prudent avis et délibération fort solennelle ; mais bien, Sire, l'on pourra nous reprocher à l'avenir, ou d'avoir eu moins de mérite et faveur que ceux de Montpellier pour conserver le pouvoir que les Roys vos prédécesseurs et vous nous ont attribué, ou bien d'en avoir mésusé depuis la vérification de vostre édit.

« Et toutefois, Sire, nos registres sont remplis d'éloges et de termes d'honneur que V. M. a souvent prononcés de sa bouche, témoignant le contentement qu'elle a eu de nos déportemens à son service, non seulement durant les troubles, mais aussy depuis le retour de vostre Chambre en cette ville. Cela nous fait espérer que, comme il a plu à Dieu, détournant son ire de la France, commencer par vous d'y faire reluire sa justice, vous rendant vostre couronne entière et parfaite en sa rondeur, sans qu'aucun se puisse vanter de l'avoir entamée, combien que plusieurs se soient efforcés de soustraire de vostre obéissance un grand nombre de vos sujets et de vos villes, en sorte qu'il sembloit que l'on voulust partager vostre Estat et le diviser en plusieurs petites monarchies, qu'aussy, voulant imiter les actions de celuy duquel vous estes l'image, vous ne permettrez que vostre Chambre des comptes de Montpellier se puisse glorifier de s'estre accrue de nos dépouilles et augmenté son pouvoir de la diminution du nostre.

« Considérez, s'il vous plaist, Sire, que V. M., par sa clémence et bonté royale, a rétabli tous ses sujets rebelles en la jouissance de leurs biens et en l'exercice de leurs charges, voire mesme donné la vie aux étrangers qui estoient accourus à la ruine et dissipation de vostre Estat. Et nous, qui avons abandonné volontairement nos biens et nos maisons pour nous renfermer dans vostre ville de Tours, à l'abry de vos loys et sous l'appuy de vos armes, qui n'avons désiré autre fortune que la vostre, ains détesté tout party contraire à vostre autorité, serions nous seuls frustrés de la justice favorable que vous avez rendue à vos propres ennemis?

« Non, Sire, cette pensée n'entrera jamais en nos ames. Mais plutost nous prendrons assurance de la grande connoissance que vous avez du bien de vos affaires, que V. M. ne nous conservera pas seulement nostre juridiction ancienne qu'elle nous a rendue par son dernier édit, mais qu'elle réunira un jour toutes ses Chambres des comptes à celle de Paris, selon qu'elle en a esté souventes fois requise par les Estats généraux de son royaume. »

Le Roy, prenant la parole, fit réponse que les remonstrances qui luy avoient esté présentement faites, estoient colorées de raisons bien spécieuses ; avoit pris plaisir d'entendre ce qui luy avoit esté représenté de la part de sa Chambre, se louoit d'elle et de ses déportemens à son service, dont luy en avoit esté fait un bon récit par M^r le chancelier et Mr de Rosny; que sadite Chambre estoit un grand corps, la juridiction duquel estoit de longue étendue, qu'elle avoit la connoissance des plus sérieuses affaires de son Estat, de sorte qu'elle ne se pouvoit plaindre de la juridiction attribuée à la Chambre des comptes de Montpellier, laquelle estoit une petite Compagnie, qui seroit sans exercice, si on luy retranchoit ce qui luy avoit esté octroyé moyennant finance que les officiers d'icelle en avoient payée. Reconnoissoit qu'ils s'estoient mal conduits en leurs charges et désobéi à ses commandemens, les en avoit voulu chastier, en retranchant leur pouvoir et juridiction ; mais qu'il l'avoit fait pour les intimider, et non pour les priver de leur exercice, espérant que la crainte qu'ils auroient d'en déchoir à l'avenir, s'ils ne faisoient mieux, les rendroit plus obéissans à ses ordonnances et commandemens.

Et à l'instant, se seroit levé, prestant toutefois l'oreille audit s^r P.P., lequel auroit ajouté à ses remonstrances que les officiers de Montpellier se trouveroient avoir esté remboursés de la finance qu'ils avoient payée pour l'augmentation de leur juridiction, et néanmoins ne laissoient de percevoir les émolumens que S. M. pensoit leur avoir attribués à titre onéreux, jouissoient la plupart d'entre eux de plusieurs pensions qu'ils se faisoient payer par les receveurs généraux, au désu de S. M.; que l'intention de sa Chambre des comptes de Paris n'estoit pas de demander la suppression entière de celle de Montpellier, mais seulement de vendiquer la juridiction qui luy avoit esté de tout temps attribuée, et dont S. M. ne luy avoit rendu que la moindre partie par son édit dernier, la plus grande ayant esté laissée à celle de Montpellier, comme le payement des Cours souveraines, la recette générale de la foraine et sa trésorerie des domaines, qui estoient en grand nombre, et autres recettes extraordinaires, dont ils se devoient contenter ; que les comptes des recettes générales des finances de S. M. estoient tellement nécessaires à la Chambre des comptes de Paris, que sans iceux ils ne pouvoient procéder à la correction des comptes de son Épargne, qui estoit un défaut grandement important à son service.

A quoy fut répondu par Sadite Majesté qu'il le croyoit ainsy, et communiqueroit à son Conseil les raisons qui luy avoient esté représentées ; que son intention estoit de régler ses affaires avec le temps de telle sorte qu'il réuniroit non seulement toutes les recettes générales, mais toutes les Chambres des comptes à celle de Paris, ayant jugé de longue main que c'estoit le bien de ses affaires ; mais que nous devions considérer que toutes choses ne se peuvent pas accomplir si tost que l'on le pourroit désirer, et qu'il espéroit de faire voir avec le temps les effets de ses bonnes intentions. Commandoit auxdits députés de continuer à le bien servir[1].

Et voyant ledit s⁽ʳ⁾ P.P. que Sadite Majesté se vouloit retirer, luy auroit dit en ces termes, avec une grande soumission :

« Sire, puisqu'il a plu à V. M. d'ouïr avec tant de bénignité les très humbles remonstrances que vos Gens des comptes vous ont faites par nôstre bouche concernant le bien de vostre service, ils vous supplient très humblement avoir agréable qu'ils se jettent à vos pieds pour implorer vostre grace et favorable justice en un fait qui les touche en général et en particulier.

« Le feu Roy vostre prédécesseur, et vous, Sire, avez fait des édits touchant les survivances de vos officiers, qui ont esté vérifiés en toutes vos Cours souveraines ; survivances qui sont les vrais biens des Compagnies et le seul moyen de les entretenir en leur splendeur, d'autant que, sur l'espérance du fruit d'icelles, les officiers vieillissent en leurs charges, et par ainsy y acquièrent la suffisance nécessaire pour vous y servir dignement. Mais cette espérance, qui nourrissoit et encourageoit un bon nombre d'officiers de la Chambre au service de V. M., leur est à présent retranchée par une déclaration non vérifiée, et qui toutefois s'observe avec beaucoup de rigueur, portant révocation desdites survivances, en sorte qu'il est à craindre que les anciens officiers ne pensent qu'à résigner leurs offices, ce qui seroit fort dommageable au bien de vos affaires. Et ce qui leur est plus grief, est qu'ils voyent la plupart des comptables, leurs inférieurs et justiciables, jouir du fruit de leurs survivances, et leurs résignataires admis à l'exercice des plus grandes charges de vos finances, et eux tellement défavorisés, qu'au lieu de recevoir une pareille grace, ils courent chaque jour hazard de la perte de leurs offices et de voir une désolation en leurs familles, au lieu de la récompense que méritent les officiers de leur qualité, la profession desquels est plutost de thésauriser de l'honneur que des biens, chose qui devroit inciter V. M., à l'exemple de ses prédécesseurs, de leur faire un traitement favorable, pour les obliger de continuer longuement en leur fonction. »

Le Roy, ayant rompu ce propos, auroit dit que telles survivances luy estoient préjudiciables, en tant que c'estoit perpétuer les offices ès maisons de ses officiers, lesquels il avoit indemnisés par son édit de révocation ; toutefois n'estoit point marry de ce qui luy avoit esté représenté sur ce sujet, et en communiqueroit avec son Conseil.

Ledit s⁽ʳ⁾ P.P. auroit ajouté que la Chambre l'avoit chargé de luy faire entendre que depuis naguères avoit esté présenté en icelle un acquit de don que S. M. avoit fait au s⁽ʳ⁾ de St-Blancard de tous et chacuns les biens, tant meubles qu'immeubles, qui auroient appartenu au feu mareschal de Biron, condamné et exécuté à mort pour des crimes si odieux et détestables ; qu'il n'y avoit eu un seul des officiers de sa Chambre lequel, ayant ouï la lecture de l'arrest, n'eust esté prévenu d'une juste indignation contre sa mémoire, plutost que d'incliner à gratifier ses héritiers ; que les loys des empereurs romains avoient esté si rigoureuses pour la punition de tels forfaits, qu'elles ne punissoient pas seulement les coupables, mais étendoient leur rigueur sur leurs enfans, afin que, par l'exemple de leur misère, les méchans fussent détournés de telles impiétés. Supplioit très humblement S. M., au nom de toute la Compagnie, de la dispenser de la vérification du don susdit.

A quoy auroit esté répliqué par S. M. qu'elle louoit leur zèle et l'affection qu'ils avoient à sa personne; que cette difficulté leur estoit bien séante, comme à luy d'user de grace et de sa clémence accoutumée envers ceux qui ne l'avoient point offensé ; que ledit s⁽ʳ⁾ de St-Blancard estoit de cette qualité, duquel il se serviroit aussy volontiers, et des autres parens dudit feu mareschal, comme il avoit du regret à la faute qu'il avoit commise ; que chacun savoit combien il avoit désiré de le réduire et sauver, s'il eust pu sans faire tort à son Estat et à M⁽ʳ⁾ le Dauphin, lequel il délibéroit de faire nourrir avec un tel soin, et auprès de luy tant de jeunesses bien nées et conduites avec un si bon exemple, que ce seroit une pépinière d'honneur et de vertus pour rétablir ce que la licence des guerres avoit corrompu et dépravé en la plupart de ses sujets. Vouloit et entendoit que la Chambre vérifiast ledit don sans plus y apporter de difficulté. Qu'il ne vouloit ressembler aux princes qui font mourir leurs sujets pour avoir leurs biens; qu'au contraire, il vouloit donner de son bien pour leur conserver la vie ; que son cœur n'estoit pas de s'enrichir de telles dépouilles ;

pardonnoit volontiers à ses ennemys, selon les commandemens de Dieu, et ne luy restoit aucun esprit de vengeance, ains une affection paternelle envers son peuple, pour l'utilité duquel il reconnoissoit que Dieu luy avoit mis le sceptre en main. Aussy n'avoit il rien tant en recommandation que de se porter, sans aucune considération de sa santé, mesme de sa propre vie, aux occasions où il jugeoit sa présence estre requise pour la conservation d'iceluy.

Et après s'estre longuement étendu sur ce discours, auquel il faisoit paroistre prendre plaisir, leur auroit commandé d'avoir l'œil aux deniers de son taillon, ajoutant qu'il s'estoit rendu des comptes où la Chambre avoit esté surprise; trouvoit bon qu'à l'avenir ses officiers l'allassent trouver pour luy faire entendre les affaires qui se présenteroient en ladite Chambre importantes au bien de son service, leur enjoignant ne pas ajouter foy légèrement à toutes les lettres et expéditions qui leur seroient portées; qu'il estoit prince assez communicatif à ses spéciaux serviteurs et officiers, de sorte qu'ils ne devoient point craindre de se présenter à luy aux occasions qui s'en offriroient.

Ce propos fini, lesdits srs députés se seroient retirés, après avoir pris congé de Sadite Majesté.

(Plumitif et Créances.)

1. Ce fut seulement sous la Régence que la reine-mère fit indemniser la Chambre de l'amoindrissement de juridiction que lui causoit la Chambre de Montpellier. (Plumitif, 21 janvier 1613.)

335.
10 Juin 1603.
DÉPUTATION POUR SALUER LE ROI.

Ce jour, Mr le P.P. a fait rapport de ce que, suivant la charge qu'il avoit plu à la Chambre luy donner, ils estoient allés, MM. les présidens de Boulancourt, de Marly, de Pleurre, le Grand, Lescuyer et de Longueil, et le procureur général, saluer le Roy de la part de ladite Chambre; lequel ils avoient trouvé fort à propos qui s'en revenoit des Tuileries pour disner. Et dit que S. M. les avoit reçus de bon œil; leur dit qu'il avoit beaucoup de contentement de leur bon comportement, les prioit de continuer. Puis après, leur parla de la continuation de ses bastimens et peintures; que Dieu lui feroit la grace de les voir parachever; qu'il se portoit bien, grace à Dieu. Leur parla aussy de Mr le Dauphin.

(Plumitif.)

336.
4 Août 1603.
AUDIENCE DU ROI. — RÉCEPTION DU PRÉSIDENT GOBELIN.

Ce jour, Mr le P.P. a rapporté que, le jour d'hier. . . . . ils se trouvèrent au logis du sr Zamet, devant que le Roy eust disné, et, en attendant, on les fit entrer en une salle proche où il disnoit. Et peu après, estant levé de table, il y seroit entré, avec la reine et les princes. S. M. ayant fait un tour, estant devant la cheminée de ladite salle, les fit approcher, et leur dit qu'il les avoit mandés pour leur dire qu'il avoit pourvu Mr Gobelin de l'office de président en la Chambre (vacant par la résignation et mort du président de Charmeaux), et vouloit savoir d'eux ce qu'ils avoient fait. Auquel il dit que la Chambre n'avoit encore rien fait, et qu'elle s'assembloit le lendemain pour en délibérer.

A quoy il leur dit ces mots : « A bon maistre bon serviteur. » Et pour ce qu'il ne savoit pourquoy il leur avoit dit ces mots, il luy répliqua que la Chambre s'estoit toujours rendue fort affectionnée à son service, et n'estimoit pas qu'il eust aucun sujet de s'en plaindre. Il leur dit qu'il le savoit bien, et s'en louoit fort, mais qu'ils faisoient en la Chambre comme en la Cour de parlement, et s'arrestoient aux ordonnances; qu'il savoit bien qu'il y avoit des ordonnances contraires, et qu'il les avoit faites. Il luy répliqua que la Chambre avoit pour loy et fondement ses ordonnances, et de ses prédécesseurs, auxquelles ils estoient astreints se comporter et régler. Il leur dit de rechef qu'il les avoit faites, qu'il les pouvoit rompre et en dispenser ledit sʳ Gobelin, lequel il vouloit estre reçu, à ce que la Chambre n'y apportast aucun refus; sans entrer plus avant en discours, sinon qu'il leur fit démonstrations de bienveillance à ladite Chambre.

Ce fait, les Gens du Roy ont aussy dit qu'après que les députés furent sortis, ainsy qu'ils alloient après, le Roy les appela pour leur dire qu'ils fissent que sa Chambre ne s'accoutumast point à attendre tant de jussions [1].

(*Plumitif.*)

[1]. Mʳ Gobelin avait servi le roi bien avant son avènement et au plus fort des troubles, mais en qualité de comptable, et le roi avait dû lui accorder une dispense spéciale pour remplacer le président de Charmeaux. Néanmoins la Chambre résista durant plusieurs mois. Outre des lettres particulières au P.P., à l'avocat général ou à Mʳ Tambonneau, elle reçut le 5 décembre une lettre de jussion expresse portant que, « comme les loys et ordonnances dépendent de l'autorité royale, aussy font les dispenses et priviléges, dont les Roys ont accoutumé d'user selon les mérites des personnes qu'ils veulent gratifier, mesme en choses qui ne répugnent aux loys divines et naturelles et qui sont purement de droit positif, comme le règlement qui exclut le sʳ Gobelin, et qui n'est, à la vérité, autre chose qu'une ordonnance de police, pour éviter des inconvéniens, lesquels se peuvent empescher par autres moyens. » Ajoutant que le roi Henri III avait usé de semblables dispenses pour Mʳ de Vuideville, et que le prince qui avait sauvé l'État méritait bien les mêmes égards. Malgré ces injonctions et les menaces qui les suivaient, la Chambre ne passa outre qu'après la clôture des comptes du nouveau président. (*Créances* et *Plumitif.*) Voy. plus loin, n° 340.

---

337. *30 Août et 3 Septembre 1603.*

SEMONCE POUR LES OBSÈQUES DE LA MÈRE DU P.P.

Du 30 aoust. Ce jour, Mʳ le président de Boulancourt a rapporté qu'il avoit eu avis de Mʳ le P.P. que Madame sa mère étoit décédée, et qu'il prioit la Chambre luy rendre l'honneur tel qu'elle avoit fait à feu Madame de St-Victor, qui estoit aussy veuve de P.P., comme sadite mère. Et s'estant levé, les bureaux assemblés, la Chambre a ordonné qu'il seroit fait semonce en icelle comme il avoit esté fait pour ladite feue dame de St-Victor.

Du 3 septembre. Ce jour, Mʳ le président Bailly, assisté de MM. de Blancmesnil, président en la Cour de parlement, de Boulancourt, président en ladite Chambre, d'Assy, naguères président ès requestes du Palais, Courtin, conseiller en ladite Cour de parlement, de Mesgrigny, le Féron, Aymeret, consᵉʳˢ maistres, de Marcilly, gentilhomme ordinaire de la chambre du Roy, et plusieurs autres seigneurs, parens et amys de feu dame Jeanne Luillier, vivante dame de Presles, veuve de Messire Jean Nicolay, vivant chᵉʳ, consᵉʳ du Roy en ses Conseils d'Estat et privé et P.P. en ladite Chambre, seigneur de Goussainville, a prié la Compagnie faire cet honneur à Mʳ le P.P., à la mémoire de ladite défunte sa mère, et auxdits parens et amys, d'assister au convoy du corps d'icelle défunte, cedit jour, à dix heures du matin, en l'église de St-Médéric. A quoy Mʳ le président Tambonneau a fait réponse que la Chambre feroit à la mémoire de ladite défunte tout l'honneur qu'elle avoit accoutumé faire en semblable cas.

Et s'estant retirés hors ladite Chambre, les crieurs et semonneurs ordinaires de cette ville de Paris y seroient entrés, avec leurs armoiries; lesquels, rangés contre les murailles, vers les fenestres de la basse cour, après le son de leurs cloches, ont fait la semonce et prières accoutumées, contenant entre autres choses que le corps de ladite défunte seroit porté en ladite église de St-Médéric.

(*Plumitif.*)

Mémoire pour la semonce de feu Madame la présidente Nicolay.

Dame Jehanne Luillier, dame de Presles, fille de Mʳᵉ Jehan Luillier, chevallier, sʳ de Boullencourt, de St-Mesmin, Champsenets, d'Augerville la Rivière, Presle et Nantoillet, consᵉʳ du Roy et président en sa Chambre des comptes, et de dame Anne Hennequin.

Ledict Mʳᵉ Jehan Luillier fils de Eustache Luillier, chevallier, sʳ de St-Mesmin, et de dame Marye Cueur, sieur et dame des susdictes terres.

Ladicte dame Anne Hennequin, fille de Michel Hennequin et de damoyselle Catherine Gobaille, sieur et dame de Cury, Lévry, Préaulx et Assy.

270   CHAMBRE DES COMPTES.

Ladicte dame Jehanne Luillier, en l'an Vc LI, aagée de dix huict ans, feust maryée à Mre Anthoyne Nicolay, chevallier, s^r de Goussinville et d'Orville, cons^er du Roy en ses Conseils d'Estat et privé, premier président en sa Chambre des comptes, fils de Mre Émar Nicolay, s^r de St-Victor, chevallier, aussy premier président en sa Chambre des comptes, et de dame Anne Baillet, dame de St-Victor et de Goussinville.

A resté avec son mary trente six ans, en viduité seize ans trois moys; est décédée l'an LXIXe de son aage; n'a eu que ung fils, Mre Jehan Nicolay, chevallier, s^r de Goussinville et de Presle, cons^er du Roy en ses Conseils d'Estat et privé, premier président en sa Chambre des comptes, quy avoit espousé dame Marye de Bylly, dame de Courville et d'Yvor.

(Original. — Arch. Nicolay, 12 C 149.)

338.
11 Octobre 1603.
COMMISSION POUR LA CHAMBRE ROYALE.

Ce jour, M^r le P.P. a présenté au bureau lettres de cachet que S. M. luy a écrites, par lesquelles Sadite Majesté veut et luy ordonne de commettre le s^r de la Grange-Courtin et MM. Langlois, maistre des requestes de son hostel, de Beaurains, maistre des comptes, et Barentin, conseiller en la Cour des aydes, pour aller avec ledit s^r P.P., conjointement ou séparément, en la Chambre, voir les originaux des comptes, liasses et acquits d'iceux, pour vérifier les doubles employs, omissions de recette, confrontations des comptes particuliers aux recettes générales, l'Épargne, ordinaire et extraordinaire des guerres, et des autres faux acquits qui y peuvent estre passés, les grandes taxations passées aux comptables pour ports et voitures de deniers, erreurs de calcul, généralement toutes autres malversations, afin de punir les fautes; et de favoriser l'entrée desdits commissaires en ladite Chambre et y tenir la main. De laquelle lecture a esté faite au bureau.

Ce fait, a dit qu'il a présenté ladite lettre en ladite Chambre afin qu'elle ne fasse de difficultés de donner l'entrée auxdits commissaires, que c'est en exécution d'autres lettres patentes de S. M., registrées en ladite Chambre; pour ce qu'il faisoit estat s'en aller aux champs, et craignoit que pendant son absence lesdits conseillers y eussent à faire.

(Plumitif.)

339.
14 et 16 Novembre 1603.
LETTRES DU ROI AU P.P. — PAYEURS DES RENTES.

Monsr le président, comme je suis journellement inquietté des plainctes que l'on me faict du désordre qui se commet au maniement des rentes constituées à l'hostel de ma ville de Paris, et que le plus grand mal et deffault se recongnoist procéder de la multiplicité des offices que j'ay establiz à la recepte et payement desdictes rentes, à quoy véritablement la nécessité de mes affaires, plus tost qu'aultre apparence d'utilité publicque, a donné lieu, je me suis résolu d'y pourveoir, et ay, avec beaucoup de considérations et meure délibération que j'ay faict en mon Conseil de cest affaire, trouvé nécessaire la suppression desdits offices de recepveurs et payeurs, qui sont à présent au nombre de six, pour les rejoindre et réunir tous en un seul office de recepveur et payeur. J'en envoye l'édict en ma Chambre des comptes, où je désire qu'il soit aussi tost registré qu'il y sera présenté, affin que le remède ne tarde davantage à estre apporté à ce mal si déplorable; auquel je veulx et vous mande, sur tant que je sçay que vous estes affectionné au public et portez à regret cette confusion du payement desdictes rentes, que vous teniez la main et y donniez tout l'advancement qui y sera requis de l'authorité de vostre charge; comme vous ferez aussi à l'exécution du surplus de ce que vous verrez avoir esté par moy ordonné, estant en mon Conseil, pour estre informé au vray de ce qui peult avoir esté commis d'abuz et malversations ausdictes rentes, pour y pourveoir plus expressément par les voies et moiens que cest affaire méritera. M'asseurant du soing que vous aurez de faire effectuer, en ce que dessus et dépend de l'exécution dudict arrest, ce que vous y verez de ma volonté absolue, je prieray Dieu qu'il vous ayt, Monsr le président, en sa sainte garde. Escrit à Fontaynebleau, le xiiij^e jour de novembre 1603.

HENRY.

POTIER.

Mr Nycolay, je vous anvoye mon édyt de supressyon des sys ofyces de receveurs des rantes de ma vylle de Parys, que je désyre estre véryfyé au premyer jour, aynsy que la justyce et le soulagemant de mes suyès m'a convyé à les suprymer. Pour les mesmes consydérasyons, vous devés estre porté à an véryfyer la supressyon, ce que je m'assure que vous ferés, toutes aferes cessantes, sachant bien l'afectyon que vous avés à mon cervyce et aus aferes que je vous recommande partyculyèremant, comme celle cy. Sur ce, Dieu vous ayt, Mr Nycolay, an sa saynte et dygne garde. Ce xvj^{me} novambre, à Fontenebleau.

HENRY.

(Orig. autographe. — Arch. Nicolay,
63 L 209 et 21 L 19.)

---

340.   20 *Décembre* 1603.
AUDIENCE DU ROI. — RÉCEPTION DU PRÉSIDENT GOBELIN.

Ce jourd'huy, Messire Jean Nicolay, ch^{er}, cons^{er} du Roy en ses Conseils d'Estat et privé, P.P. en la Chambre de céans, a rapporté que, dès le 11me jour de ce mois, suivant le mandement du Roy, il fut, avec MM. les présidens Tambonneau, Bailly, Luillier et de Marly, et MM. de Pleurre, de Beaurains, de Mesgrigny, Lescuyer et autres de MM. les cons^{ers} et maistres, avec les Gens du Roy, trouver S. M. Et pour ce faire, se trouvèrent en l'église St-Germain de l'Auxerrois, sur le midy ; où estant, en attendant lesdits Gens du Roy, qui ne s'y trouvèrent si tost, ils envoyèrent savoir si le Roy avoit disné, et, sur le rapport qui leur fut fait qu'il achevoit de disner, s'en allèrent au Louvre, où ils le trouvèrent encore à table, qui fut cause qu'ils entrèrent en son cabinet des Livres. Et aussitost que le Roy fut levé de table, il prit la reine par la main et l'amena audit cabinet, et s'approchant d'eux, leur dit qu'il les avoit mandés pour plusieurs affaires, qu'il leur déclara, dont il avoit fait son rapport dès le lendemain à la Chambre d'aucunes, comme de l'édit d'érection en titre d'office d'intendant des turcies et levées au profit des s^{rs} de la Clavelle et des Cures, et pour la suppression des receveurs et payeurs des rentes de la ville, et réservé la première affaire dont S. M. leur parla, qui estoit pour le fait du s^r Gobelin, jusques à ce que les deux semestres eussent esté assemblés pour cet effet, comme elle estoit ce jourd'huy.

Que le Roy leur dit qu'il leur avoit fait plusieurs commandemens, tant à bouche que par écrit, de le recevoir en l'office de président dont il l'avoit pourvu ; qu'il s'étonnoit comme la Chambre se rendoit si réfractaire à ses commandemens, et qu'au lieu d'y satisfaire, ils se roidissoient au contraire, usant de si grandes longueurs, qu'ils faisoient plus paroistre le mépris que l'obéissance ; que ledit s^r Gobelin savoit bien qu'il y en avoit en la Compagnie qui ne luy vouloient point de bien, mais, comme il n'estoit haï de tous, il y en avoit qui luy rapportoient tout ce qui se passoit ; qu'ils ne craignoient rien de ce faire ; qu'il falloit qu'il fust reçu audit office, et le vouloit. Plus, leur dit qu'il y avoit des ordonnances qui y répugnoient, mais qu'il l'en avoit dispensé, pour les bons services qu'il luy avoit faits.

Sur quoy, il remonstra à S. M. que ledit s^r Gobelin ne se pouvoit plaindre que la Chambre eust usé d'aucune longueur en son affaire jusqu'au jour qu'il avoit présenté ses lettres en icelle, pour ce que ses comptes n'avoient que peu auparavant esté remis au parquet. Depuis, s'il y avoit eu du temps, cela provenoit des grandes charges qu'il avoit exercées par l'espace de trente ans, qui estoient les trois plus grandes des finances, comme l'artillerie, l'extraordinaire des guerres et l'Épargne, dont les comptes n'avoient esté corrigés, comme il estoit nécessaire, auparavant sa réception.

A cela il leur dit que ladite correction ne dépendoit point dudit Gobelin, ains de la Chambre, et que c'estoit toujours chercher des longueurs; qu'elle avoit bien passé par dessus pour d'autres, qu'il leur nommeroit quelque jour, et qu'en cela ils faisoient des Roys et ordonnateurs; mais qu'il avoit l'avantage sur eux, pour ce qu'il les pouvoit casser, s'ils n'obéissoient à ses commandemens; qu'il vouloit que ledit sr Gobelin fust reçu, sans qu'ils s'arrestassent plus auxdites ordonnances, correction, ni formalités; que si c'estoit pour leurs parens, ils n'y useroient de tant de remises.

A quoy il luy répliqua que ladite Chambre ne s'estoit jamais rendue réfractaire à ses commandemens, et, quand elle avoit connu que les affaires de S. M. le requéroient, ils s'estoient relaschés des ordonnances pour y obéir; que si autres avoient autrefois esté admis en ladite Chambre, ce n'avoit esté sans qu'elle y eust fait des difficultés, et estoit advenu depuis que le feu Roy avoit voulu chasser ceux qui y avoient ainsy esté institués; et davantage, que ceux qui y estoient entrés avoient quelque temps auparavant délaissé leurs charges comptables, et que leurs comptes avoient pu estre corrigés.

A cela fut ajouté par Mr le président Tambonneau que, pendant ces troubles, S. M. avoit fait expédier pareilles dispenses, qui n'avoient eu aucun lieu, pour la conséquence, bien mesme qu'aucuns n'eussent esté comptables en titre d'office.

A quoy leur fut répliqué par Sadite Majesté qu'en ce temps là, ils estoient des Roys, et luy n'estoit rien. Ce fait, auroit pris la reine par la main, et luy auroit dit : « Madame, ces Cours souveraines veulent qu'on leur envoye des jussions! » Et se tournant vers eux, leur auroit dit : « Ne vaudroit il pas mieux que vous me contentiez tout d'un coup, que d'attendre tant de jussions et commandemens, puisqu'il faut qu'il soit reçu? Je le veux, et le vous commande, et qu'il n'en soit plus parlé! »

Ce fait, le Roy se seroit retiré avec la reine.

Plus, a dit qu'il avoit omis à dire que Mr le président Tambonneau avoit aussy dit à S. M. que, quand ce seroit pour le plus moindre officier de la Chambre, qu'elle avoit toujours accoutumé de faire récoler les acquits auparavant que procéder à sa réception; que c'estoit chose qui ne se pouvoit si tost faire. Et que le Roy avoit fait réponse que ce n'estoit que formalité, à quoy ils pouvoient bien remédier[1].

(*Créances*.)

[1]. Le lundi 22, Mr de Loménie apporta une lettre de cachet, au reçu de laquelle la Chambre enregistra la dispense donnée à Mr Gobelin, et, le jour suivant, sur la requête de ce président, six auditeurs furent commis à l'examen des acquits de ses comptes. Malgré les jussions réitérées, la terminaison de cette affaire fut encore retardée par le défaut de certains acquits, et le président Gobelin ne fut reçu à prêter serment que le 6 avril 1604. (*Plumitif*.)

341. — 12 et 17 Mars (1604).
LETTRES DU ROI AU P.P. — PAYEURS DES RENTES.

Monsr Nycolay, je me suys ynformé an ce lyeu sy vous avés receu Montauban an vostre Chambre. J'ay apryns que vous l'avés ancores ranvoyé par devers le prévost des marchans, byen qu'an ma présance luy et les eschevyns vous dyrent qu'yls ne s'y oposoyt plus et que cella despandoyt de vous. Vous avés requys un arrest, que je vous ay fet espédyer, et me promytes que l'ayant vous le recevryés. Toutes foys, au préjudyce de mon peuple, quy ce playnt à moy de n'estre poynt payé, vous ranvoyés tousyours ledyt Montauban savoyr sy ledyt prévost des marchans se veut ancores oposer. Yl samble que vous avés anvye qu'yl aporte ancores de la dyfyculté, byen que vous soyés par dessus, et que ceus de vostre Compagnye ny vous n'ayent guères de soyn de ce quy est de mes commandemans et du byen publyc. Voyant de sy grandes longueurs an cet afere, cella fet cryer une ynfynyté de pauvres gens, quy, par leurs playntes, sont tousyours à mes oreylles, ce quy me déplet fort, pour le soyn partyculyer que j'ay de leur soulagement, an sorte que, pour ne les plus ouyr, je veus que, tous aferes cessans, vous véryfyés mon édyt, et, sans vous arrester à la propoſysyon que je vous ay fete du rachapt de mes rantes, à recevoyr ledyt Montauban an la commyssyon que je luy ay donnée, afyn que tous les rantyers, antre lesquels est une ynfynyté de pauvres, soyent payés et satysfès, et que l'ordre que je veus aporter à cete fyn soyt observé à l'avenyr. Sur ce, Dieu vous ayt, Mr Nicolay, en sa saynte et dygne garde. Ce xij^{me} mars, à Chantylly.

HENRY.

Mr Nycolay, je ne vous veus celler le mescontantemant que j'ay de vous et de ceus de vostre Compagnye, de ce que, veu les commandemans que je vous ay cy devant fès, tant de bouche que par plusyeurs de mes lettres, touchant la réceptyon de Montauban, cella n'ayt ancores esté fet, et que je n'aye esté obéy. C'et pourquoy je vous fay ancor ce mot, pour vous dyre que, sy vous désyrés me fere cervyce très agréable et que je conoysse que vous afectyonnés ce que j'afectyonne, vous ne facyés faute, yncontynant, de fere procéder à la réceptyon dudyt Montauban, et que je trouve cella fet à mon arryvée à Parys. Car aussy byen est ce chose que je veus, et quy cera, et où la longueur ne cert que de nuyre au byen de mes aferes et servyce et fere que mon pauvre peuple (duquel j'ayme et afectyonne le soulagemant) crye. Que je n'oye donc plus parler de cet afere, et que je soys obéy, et que j'aye contantemant de vous sur ce suyet. Sur ce, Dieu vous ayt, Mr Nycolay, an sa saynte et dygne garde. Ce xvij^{me} mars, à Merlou.

HENRY.

(Orig. autographes. — *Arch. Nicolay,* 21 L 6 et 7.)

342.
23 et 29 Mars 1604.
REMONTRANCES PRÉSENTÉES PAR LE P.P. — PAYEURS DES RENTES.

Ce jourd'huy, 23me mars, Messire Jean Nicolay, ch^{er}, cons^{er} du Roy en ses Conseils d'Estat et privé et P.P. en sa Chambre, a rapporté à Messieurs que, le jour d'hier, à l'issue de la messe aux Augustins, un valet de chambre du Roy luy fut dire avoir commandement de S. M. luy dire que luy, avec autres présidens et des anciens cons^{ers} et maistres, et les avocat et procureur généraux en icelle, eussent à l'aller trouver à l'issue de son disner; auquel il dit qu'ils s'y trouveroient. Et suivant ce, luy, assisté de MM. le Fèvre, président, de Pleurre l'aisné, le Conte, le Grand et de Pleurre le jeune, cons^{ers} et maistres, et lesdits avocat et procureur généraux, se rendirent au Louvre. Et entrés au cabinet, peu de temps après, Sadite Majesté y survint, tenant la reine par la main. Et l'ayant salué, leur dit qu'il les avoit mandés pour les tancer, mais qu'il ne vouloit parler à eux en la présence de tant de personnes, et, à cet effet, leur commanda d'eux retirer au cabinet de ladite dame reine, où incontinent il se rendroit. Et y estant allés et Sadite Majesté s'y estant rendue, où seulement estoient ladite dame, MM. de Montpensier, de St-Paul, et le s^r de Villeroy, secrétaire d'Estat, il leur dit que, par le passé, il se louoit d'eux, pour estre obéissans à ses commandemens, mais à présent avoit sujet de s'en mécontenter; que, par plusieurs et diverses fois, il leur avoit commandé de vérifier l'édit de suppression des six receveurs des rentes de la ville et de vérifier la commission qu'il avoit fait expédier pour le payement des arrérages d'icelle, sous le nom de Me Jean de Moisset, dit Montauban, et, au lieu de luy obéir, ils résistoient à sa volonté; qu'il sçavoit que cette résistance estoit fortifiée d'aucuns officiers de sa Chambre, qui estoient conseillers de ville, qui supportoient le prévost des marchands en leurs oppositions; qu'il feroit qu'il n'y auroit plus d'officiers en ladite ville, ains de bons et notables bourgeois, et quant à eux, s'ils ne luy obéissoient et n'expédioient l'édit de Montauban suivant son désir, qu'il commettroit en leur lieu et les renverroit en leurs maisons, puisqu'ils ne luy vouloient obéir.

Sur quoy, il luy remonstra que ledit édit de suppression estoit contre les ordonnances prohibitives de destituer officiers qu'en cas de forfaiture; qu'ils avoient esté créés par luy, et par le mesme édit il avoit laissé la nomination auxdits prévosts des marchands, qui estoient ceux qui devoient avoir l'œil sur lesdites rentes, pour faire les estats. D'ailleurs, ils attendoient l'effet des remonstrances et ouvertures que luy devoient faire les députés des Cours, suivant son mandement, pour aviser au rachat des rentes.

Sur ce, Sadite Majesté leur dit qu'il estoit plus sage à l'age de cinquante ans qu'à quarante six et quarante huit ; qu'il savoit mieux leur bien qu'eux et lesdits prévosts et échevins ; aussy, qu'ils avoient mal usé de ladite nomination, d'autant qu'ils avoient connu la malversation desdits officiers, et néanmoins ils n'y donnoient ordre, et, pour ce, vouloit qu'ils luy obéissent, sans que ledit de Montauban eust plus la peine de retourner vers luy pour cette affaire.

Sur quoy, il dit à Sadite Majesté qu'il feroit entendre à la Chambre son commandement.

A ce, Sadite Majesté luy répliqua : « Entendez-vous seulement le faire entendre? Je veux que vous parliez affirmativement. Vous représentez ma personne en mon absence. Et que dans demain cette affaire soit terminée suivant ma volonté. Les prévosts des marchands n'ont sujet de plainte ; ils ont les deniers par devers eux, ayant les clefs des coffres en l'hostel de ville. »

Plus, leur dit qu'il y avoit une affaire en ladite Chambre qui concernoit le bien de son service, contre un nommé la Fosse, trésorier de l'ordinaire des guerres, mauvais comptable, au compte duquel se trouvoient des parties employées qu'il n'avoit jamais entendues ; désiroit aussy que cette affaire là fust jugée. A quoy ils luy dirent que la Chambre ayant reçu sa commission sur ce sujet, elle avoit aussitost ordonné la correction dudit compte, qui depuis avoit esté faite et rapportée ; mais qu'elle ne se pouvoit juger sans ouïr la partie.

Sur ce, leur dit que la partie dont estoit question estoit employée contre les règlemens faits pour la distribution des deniers du taillon ; que celuy de ses secrétaires d'Estat qui avoit accoutumé de signer les ordonnances, ne les avoit signées. A quoy il avoit repliqué que la Chambre, jugeant ledit compte, avoit reconnu que les ordonnances et acquits estoient signés d'un secrétaire de son Conseil, ou en commandement.

Et à l'instant, S. M. appela ledit s^r de Villeroy, et luy demanda que c'estoit, luy disant qu'il n'avoit donné aucun commandement pour ledit divertissement. Lequel s^r de Villeroy luy dit que le s^r de Beaulieu Ruzé avoit, en son absence, expédié quelques ordonnances, mais non de celles qui avoient causé ledit divertissement.

A quoy ledit s^r président auroit dit qu'en la dépense dudit compte, il y avoit plusieurs parties comptables ; que celles dont estoit question, prétendues diverties, estoient sous le nom du trésorier de l'Épargne, qui en pouvoit rendre raison, s'il plaisoit à S. M. le mander, et qu'en jugeant ladite correction, s'il estoit besoin, la Chambre le manderoit pour en avoir lumière. Sur quoy, S. M. leur dit : « Voilà donc ce qui me touche qui est passé sans me le faire entendre, et ce que je vous commande. »

Ce fait, ledit s^r P.P. prit occasion de luy dire qu'il y avoit un acquit en la Chambre de 100,000 écus pour M^r le comte de Soissons, que ladite Chambre trouvoit grand pour le temps, et qu'elle désiroit savoir de S. M. si elle désiroit qu'il fust expédié.

A quoy Sadite Majesté leur auroit déclaré que ledit s^r comte estoit son parent, qu'il vouloit qu'il jouist dudit don et que ses vouloir et intention estoient tels ; qu'il avoit fait un autre don cy devant audit s^r comte, mais que l'assignation en estoit révoquée ; leur déclarant de rechef qu'il vouloit estre obéi. Et à l'instant, se seroient retirés.

Ce jourd'huy, 29me mars, Messire Jean Nicolay, ch^er, cons^er du Roy en ses Conseils d'Estat et privé et P.P. en sa Chambre des comptes, a rapporté que, suivant ce que S. M. avoit, samedy dernier, du matin, mandé à la Chambre qu'elle eust à député aucuns des présidens, cons^ers et maistres en icelle, avec les Gens du Roy, pour l'aller trouver ledit jour, à onze heures, pour luy faire entendre verbalement les remonstrances qu'elle avoit ordonné luy estre faites sur l'édit de suppression des six receveurs et payeurs des rentes constituées sur l'hostel de cette ville de Paris et commission de Me Jean Moisset, dit Montauban, pour l'exercice desdites charges, auparavant que procéder à la vérification d'iceux édit et commission, il fut, avec MM. de Boulancourt, président, de Pleurre l'aisné, de St-Germain, de Longueil, le Rouillé, Gelée, cons^{ers} et maistres, par elle commis, avec les avocat et procureur généraux du Roy, à ladite heure, au Louvre, où ils trouvèrent aucuns de Messieurs du Conseil et Beringhen, premier valet de chambre, qui les mena au cabinet des Livres, où estant, ledit Beringhen fut dire au Roy qu'ils estoient venus; et que S. M. leur manda par ledit Beringhen qu'il s'en alloit au sermon et que, à l'issue, il les ouïroit. Et de fait, à l'instant, Sadite Majesté seroit descendue, et s'en seroit allée au sermon, où aucuns d'eux furent aussy.

Et à l'issue du sermon, se seroient tous lesdits députés assemblés audit cabinet des Livres, où ils furent conduits par ledit s^r de Beringhen, et tost après survint le Roy, avec les s^{rs} Zamet, de Loménie et de la Varenne; et, à la suite, Montauban estant entré, S. M. luy auroit commandé se retirer. Puis, dit auxdits députés que par plusieurs fois il leur auroit commandé, tant à bouche que par écrit, de vérifier la commission qu'il avoit adressée audit Montauban pour faire la recette des deniers des rentes et payement d'icelles, et qu'ils n'avoient tenu compte de son commandement.

Et à l'instant, ledit s^r P.P., prenant la parole, luy auroit remonstré en ces termes :

« Sire, encore que par plusieurs fois il ayt plu à V. M. nous faire entendre sa volonté sur la suppression des six offices de receveurs et payeurs des rentes constituées sur l'hostel de cette ville, ensemble sur la commission décernée en mesme temps à Me Jean Moisset, dit Montauban, et que, comme vos très humbles et obéissans serviteurs et officiers, nous n'ayons rien en plus grande recommandation, en toutes nos délibérations, que d'obéir à vos commandemens, mesmement lors qu'ils nous sont prononcés de vostre bouche, toutefois, Sire, nous avons estimé estre obligés, en nous humiliant devant vostre grandeur et majesté royale, de rendre encore ce devoir au public et à nos charges de luy représenter que, comme toutes les actions louables des hommes doivent commencer par l'honneur qu'il convient rendre à Dieu, puis par la connoissance et service qui est dû à leur prince naturel et souverain, aussy avons nous commencé cette année et ce semestre (*Ici commence la minute originale, mais incomplète, du discours.* Arch. Nicolay, § § L 1 1) par luy prononcer de vive voix les vœux que chascun de nous en particulier a présenté à Dieu à ce renouvellement d'année, pour la continuation du bon hœur de vostre règne et de la grandeur et prospérité de Vostre Majesté, que Dieu par sa grace veuille accroistre et prolonger aultant d'années que voz mérites et vertuz héroïcques, Sire, ont obligé voz peuples et nous de le souhaitter.

« C'est aussi pour vous représenter, Sire, qu'à l'exemple de noz majeurs, nous avons renouvellé les promesses et sermentz solennelz de l'honneur et obéissance que nous debvons touts à l'observation de voz ordonnances. Sermentz, Sire, ausquelz nous nous sentons si estroictement liez, et pour la conservation du bien de vostre service et le deub de noz charges, que nous croyons manquer à l'ung et à l'autre, quand il nous en fault dispenser.

« C'est pourquoy nous supplions très humblement Vostre Majesté, Sire, ne prendre en mauvaise part si nous opposons quelquefoys la justice de voz eedictz à l'avarice et ambition desmesurée des parties qui nous poursuyvent.

« L'honneur que Vostre Majesté leur faict de leur vouloir du bien, les enhardit bien souvent d'entreprendre et d'exécuter avec violence ce dont ils seroient justement reprins et punissables par vos loix.

« L'une des plus justes et plus antiennes de vostre royaulme, Sire, et qui a esté inviolablement gardée jusques à présent, est celle qui conserve et maintient voz officiers en l'exercice de leurs charges, sans en pouvoir estre destituez, sinon en troy cas : de mort, forfaicture, ou résignation.

« Et combien que la puissance que Dieu a mise en la main des Roys (images visibles de la divinité), soit très grande et absoluë sur leurs subjectz, toutesfoys, Sire, leur bonté, justice et magnanimité a tousjours esté telle, qu'ilz ont voulu assubjectir cette puissance souveraine à leurs propres loix, traicter avec leurs peuples comme pères débonnaires avec leurs enfans, s'obligeantz à l'entretènement de leurs contractz et provisions émologuez en leurs Cours souveraines, à la justice desquelles il leur a pleu remettre la décision de leurs droictz, et s'abaisser de leur grandeur pour s'accommoder à la fortune et condition de leurs subjectz. Et disoit très bien un antien consul romain, addressant sa parole à l'empereur Trajan, que, sans la correspondance qui doibt estre de bonne foy entre les princes et leurs peuples, et la liaison sainte et honorable des loix, qui unissent leurs volontez en une obligation mutuelle, la société des hommes demoureroit languissante, et les princes mal secouruz des moyens de leurs subjectz.

« Et comme il a pleu à Dieu vous eslever au throsne royal de cette monarchie, aussi vous a il doué des graces et perfections requises en un grand roy, mais singulièrement d'une foy inviolable en voz promesses, soubz l'asseurance desquelles voz subjectz reposent et voz officiers vous servent, sans autre craincte que celle que tout homme de bien doibt avoir devant les yeux, de faillir et de vous offencer.

« Il vous a pleu, Sire, dès l'année M. V^c IIII^{xx} XIIII, créer six recepveurs des rentes de vostre ville de Paris, qui ont esté receuz en vostre Chambre et jouy paisiblement de leurs offices, sans avoir oncques esté accusez, ny reprins en justice, qui est le seul cas auquel voz ordonnances permectent de les destituër. Car, de les vouloir rembourser contre leur gré, sans ung eedict deuëment vériffié, par menaces et intimidations, saysie de leurs biens et emprisonnement de leurs personnes, à l'appétit et poursuycte de quelque particullier désireux d'entrer en leur place, c'est une voye, sire, qui n'a point encores esté tenue en ce royaulme, et que la clémence et bonté de Vostre Majesté n'a permis d'estre ouverte à la licence des plus riches et des plus puissantz, pour déposséder les plus foibles, et d'advanture les plus innocentz, de leurs offices; c'est, au lieu de l'honneur qu'ilz ont pensé acquérir à vostre service, les combler d'ignominie et diffamer leur postérité.

« Ce n'est pas, Sire, que nous les voulions excuser, s'ilz ont failly et malversé en leurs charges : la justice est tousjours ouverte, et les juges disposez à recepvoir les plainctes. La punition ne seroit pas assez exemplaire de les supprimer; il fauldroit les priver de leurs offices, et les punir encores plus rigoureusement, selon la qualité de leurs délictz.

« Mais, de commancer par l'exécution avant la condemnation, destituër des officiers avant qu'ilz soient accusez, les supprimer, non pour esteindre leurs charges, mais les réunir en ung seul office, lequel pourra tomber en main de personne peu recongneuë et expérimentée en ung si grand maniment, et qui sera contrainct se reposer sur la loyaulté de plusieurs ses commis, plus subjectz à corruption que les comptables mesmes, en tant qu'ilz courent le hasard de la perte de leurs offices et de la ruyne de leurs cautions, c'est faire une playe, Sire, aultant dommageable à Vostre Majesté, qu'elle sera honteuse aux officiers qui seront destituez soubz l'appuy de vostre authorité.

« D'ailleurs, Sire, Vostre Majesté considérera, s'il luy plaist, que les rentes constituées sur l'hostel de ville de Paris sont assignées sur troys natures de deniers différentes, asscavoir : le clergé, les aydes et les receptes générales, et que l'expérience a faict congnoistre qu'ung seul homme ne peut suffire à ung si grand maniment sans y apporter de la confusion. Mais, quand il est départy entre plusieurs personnes, chacune veille au recouvrement de ses assignations, qui sont la pluspart espanduës en plusieurs générallitez et soubz la main des trésoriers de France, qui le plus souvent retardent les deniers, et contraingnent les recepveurs de la ville de consommer leur année en diligences, sans en recueillir grand fruict.

« Et, de penser confondre les natures, pour remplacer le deffault des unes par l'affoiblissement des aultres, c'est innover aux contractz et introduire un meslange préjudiciable aux rentiers, duquel Vostre Majesté recepvroit à l'advenir de si grandes clameurs, qu'elle auroit regret d'avoir changé l'ordre qui a esté observé jusques à présent.

« Desjà les bonnes familles de Paris, et non seulement de Paris, mais aussi des autres meilleures villes de la France, vous font leurs plainctes, Sire, par la bouche des prévost des marchans et eschevins, assistez du Conseil de la ville, et s'opposent à la vérifficcation de l'eedict et de la commission de Montauban, n'a guères artisan, et plus propre à quelque manufacture, qu'à manier les deniers publicqs, deniers ausquelz le clergé, les princes et toutz les ordres de ce royaulme ont inthérest, et ausquelz consistent les facultez de plusieurs veufves, pupiles et orphelins que Dieu a mis en vostre protection. Vous supplient toutz ne point permectre que la meilleure partie de leurs biens soit mise en la garde d'ung seul recepveur, mais plustost de plusieurs, pour éviter à semblables inconvénientz qui sont arrivez n'a guères à de voz trésoriers et recepveurs généraulx de voz finances.

« Que si les recepveurs qui sont à présent en charge ne sont agréables à Vostre Majesté, il fault choysir de notables bourgeoys de cette ville, gens qui ayent la preud'hommie, suffisance et expérience requise, et des moyens pour soubztenir ung si grand faix et respondre d'un maniment qui touche à tant de personnes et de si grande qualité. *(Ici s'arrête la minute § § L 11.)*

« Ne permettez donc, s'il vous plaist, Sire, que l'on dise qu'au temps qu'il a plu à Dieu vous donner sa paix et faire la grace à V. M. rétablir les désordres que les troubles passés avoient apportés en ce royaume, qu'au temps que les loys sont en honneur, vos règlemens en vigueur, et toutes choses plus exactement dispensées qu'elles n'ont esté par le passé, qu'il se lise en nos registres des officiers avoir esté destitués et honteusement dépossédés de leurs offices sans aucune forme de procès, au profit d'un particulier incapable d'une si grande charge et qui a jà rendu ses actions suspectes par des compositions et contrelettres illicites et réprouvées par vos ordonnances. Par ce moyen, Sire, V. M. encouragera ses autres officiers à continuer le très humble et fidèle service qu'ils luy doivent.

« Que si, au contraire, ils jugent, par la vérification de cet édit de suppression, qu'à l'avenir leurs offices et leur honneur seront exposés aux enchères de ceux qui auront le plus d'argent ou le plus de faveur, il est à craindre qu'ils ne se laissent aller à des voyes préjudiciables au bien de vos affaires, voyant si peu d'assurance à leur établissement.

« Ce sont les raisons, Sire, que vostre Chambre nous a chargés représenter de vive voix à V. M., non pour contredire et résister à ses volontés, mais pour un témoignage de l'affection qu'elle a au bien de son service, et que vostre peuple continue de plus en plus à bénir le siècle heureux auquel il a plu à Dieu luy faire ressentir les effets de vostre invincible courage et la douceur et clémence de vostre bon naturel. Supplie très humblement V. M. la vouloir toujours honorer de sa bienveillance, et tenir les officiers d'icelle pour ses très humbles et affectionnés serviteurs. »

Ce discours fini, le Roy auroit répondu qu'il n'iroit point au devin ni à l'oracle pour répondre aux raisons qui luy avoient esté représentées; qu'elles estoient bien foibles.

« Vous dites, dit-il, que les anciennes ordonnances portent que les officiers ne peuvent estre destitués, sinon en trois cas : de mort, forfaiture ou résignation. Mais c'estoit au temps que l'on donnoit les offices, et que les hommes y estoient appelés par leurs mérites et vertus. A présent que l'on les achète, en les remboursant, je les puis renvoyer en leurs maisons, mesmement des officiers de la qualité des receveurs de la ville, à la création desquels vous avez tant résisté, et, à présent que je les veux supprimer, pour leurs malversations, vous vous opposez à ma volonté, les supportez, et défendez leur cause et celle des prévost des marchands et échevins, comme si vous estiez leurs protecteurs. Ils vous ont donné de l'argent pour les défendre, et vous payent vos rentes par avance et faveur, et ne voulez que cela soit vu ni su. »

A quoy auroit esté répondu par ledit s^r P.P. que les officiers de sa Chambre n'avoient aucune habitude avec les susdits receveurs, faisoient service à S. M. en leurs charges avec toute innocence et intégrité, et que leur profession n'estoit point de se laisser aller à la corruption.

Le Roy, interrompant ce propos, ajouta que la plupart des officiers de la Chambre estoient amys ou parens des prévost des marchands et échevins, qui avoient connivé aux larcins desdits receveurs ; qu'ils n'avoient pas eu le soin et l'affection de leur faire rendre leurs comptes en ladite ville; qu'il estoit mal séant à ses officiers de la Chambre de se roidir au fait de ladite suppression, et de se lascher si facilement ès autres affaires mauvaises qu'il savoit estre passées en la Chambre, comme du trésorier la Fosse, qui y avoit trouvé de bons amys. Ne vouloit plus ouïr parler de contradiction à sa volonté, et vouloit estre obéi en ce qu'il commandoit, ne vouloit rien qui ne fust juste; que les bonnes familles de Paris n'avoueroient point ce qui luy avoit esté remonstré. Puis, élevant sa parole en grand courroux, auroit par plusieurs fois réitéré ces mots : « Si vous ne vérifiez lundy matin l'édit de suppression et la commission de Montauban, je vous suspendray tous mardy et vous renverray en vos maisons, et commettray en vos places. Vous ne vous souvenez plus du temps auquel vous estiez tous réfugiés et écartés en plusieurs lieux, bannis de vos maisons, où je vous ay remis. Les Roys mes prédécesseurs vous ont donné trop d'autorité ; je la rabaisseray. Vous parlez de l'insuffisance de Montauban : il est assez capable de cette charge, et ne faut point tant de capacité à manier mes finances ; l'on y a apporté cy devant trop d'artifices et de subtilité. Beringhen manie tous les ans plus de 60,000 écus de mon argent, et m'en rend fort bon compte ; c'est un étranger, qui n'est point nourri en finance, mais il est homme de bien. Toutes vos actions ne tendent qu'à me mettre en colère. Vous avez rayé une partie de 2,000 écus qui touche mon fils de Vendosme. »

« Plus, dit-il en se retirant, vous faites bien des difficultés au fait de Gobelin, encore qu'il m'ayt bien servi. Je voudrois qu'il n'entrast jamais comptable en ma Chambre des comptes ; mais, puisqu'il y en a qui y ont esté admis, je veux qu'il soit reçu. »

Et en finissant son propos, après avoir encore parlé de la commission dudit de Montauban et suppression des receveurs de la ville, s'en retournant en son cabinet d'en bas, pour disner, dit avec aigreur : « Souvenez vous de ce que je vous ay promis. Si lundy matin vous ne satisfaites à mon commandement, je vous feray connoistre que je suis vostre Roy, et mardy je vous suspendray tous, et commettray en vos places. »

(*Créances.*)

Après ce rapport, la Chambre ordonna qu'il fût informé tout à la fois des malversations des six receveurs et des vie et mœurs de Moisset. Mais, le lendemain, le P.P. vint annoncer que MM. de Rosny et de Sillery étaient venus le prier de s'entremettre pour la terminaison de cette affaire, craignant que, « si elle n'estoit bien vidée, S. M. n'en devinst malade. » Aussitôt Moisset fut admis à prêter serment, en se soumettant toutefois à la perte de ses offices, s'il se trouvait qu'il eût jamais été « entaché d'aucune fausseté. » (*Plumitif.*)

343.

27 Août 1604.
SURVIVANCE DE L'OFFICE D'AVOCAT GÉNÉRAL.

Sur la requeste présentée à la Chambre par Me Étienne Pasquier, conser et avocat général en ladite Chambre, contenant que, par lettres patentes du 11 mars 1588, le feu Roy dernier décédé auroit pourvu Me Théodore Pasquier, fils dudit suppliant, avocat en la Cour de parlement, dudit estat d'avocat général, à sa survivance, auquel il auroit esté reçu le 4 may ensuivant, à la charge que ledit suppliant exerceroit tant qu'il pourroit, ce qu'il auroit fait jusques à présent, qu'il estoit entré en l'age de soixante seize ans ; requéroit qu'il plust à ladite Chambre se contenter du service qu'il avoit rendu en ladite charge, et, en ce faisant, ordonner que la démission qu'il en avoit faite en faveur de sondit fils, seroit reçue et registrée au greffe d'icelle, pour, par ledit Me Théodore Pasquier, exercer dorénavant ledit estat, ainsy que le contient ladite requeste. Vu laquelle . . . . et tout considéré, la Chambre a ordonné et ordonne que ledit Me Théodore Pasquier, fils dudit suppliant, exercera dorénavant ledit office de conseiller et avocat général en icelle, au lieu d'iceluy suppliant, son père, à condition de survivance.

(*Journal.*)

344.

1er Décembre 1604.
AUDIENCE DU ROI. — COMMUNICATION DE COMPTES.

Le président Tambonneau rapporte qu'il s'est rendu au Louvre pour rendre compte du retard de la Chambre à enregistrer l'édit de suppression de la Chambre royale.

Le roi a demandé ensuite pourquoi on avait refusé de faire transporter chez Mʳ de Rosny les comptes du payement des rentes assignées sur le clergé. Il a répondu que la Chambre ne saurait faire plus que de communiquer ces comptes dans une salle séparée ; les défenses de rien laisser sortir sont si expresses, qu'on a vu un roi venir lui-même consulter un compte.

Sur quoy, Sadite Majesté leur auroit dit qu'ils avoient bien vu davantage; que les Roys ses prédécesseurs recousoient leur pourpoint, mais quant à luy, il savoit bien se faire obéir et le vouloit estre, et pour ce entendoit que ladite Chambre permist le transport desdits comptes, pour les communiquer audit sʳ de Rosny, pour faire ce qu'il luy avoit commandé.

Ce fait, ils luy auroient répliqué que quand bien il n'y auroit ordonnance portant défenses de faire ledit transport, que la Chambre ne le pouvoit permettre sans lettres patentes expresses de S. M. Sur ce, Sadite Majesté luy auroit répliqué qu'il en avoit écrit par deux fois de sa main à ladite Chambre, et s'en devoit contenter. Ledit sʳ de Rosny, qui estoit présent, leur auroit dit que s'il n'estoit question que de lettres patentes, qu'il en feroit expédier dès ledit jour.

(Créances.)

Les lettres patentes ayant été données, la Chambre dut permettre de transporter les comptes à l'Arsenal, sous la surveillance d'un conseiller maître. Mais, quelques années plus tard, la Chambre ayant intenté une poursuite criminelle contre un nommé Herbin qui s'était trouvé détenteur de comptes intéressant les affaires de Zamet, le duc de Sully déclara à l'avocat général que « c'estoit une grande honte que, quand il avoit eu affaire de comptes pour le service du Roy, il avoit fallu des lettres patentes, et encore ils estoient conduits par l'un de MM. les maistres; et un sans qualité, et qui ne savoit parler, en avoit vingt huit ou trente en sa maison; qui estoit bien observer et garder les ordonnances! » (*Plumitif*, 1ᵉʳ et 2 octobre 1609.) A la suite de cette affaire, et sur la requête du procureur général, le roi rendit, le 4 janvier 1610, une déclaration portant règlement pour la communication des comptes et défense d'en transporter aucun au dehors sans lettres patentes ou sans arrêt de la Chambre. (Impr. dans la collection Mariette.)

345.

13 *Août* (1606.)

LETTRE DU ROI AU P.P. — RELIQUES DE LA SAINTE-CHAPELLE.

Monsʳ Nycolay, désyrant fere voyr à ma seur la duchesse de Mantoue les relyques de la Saynte Chapelle de ceste vylle, je vous fay ce mot par ce porteur exprès, afyn que, par luy ou quelq'un des vostres, vous anvoyés les clefs. Mès yl faut qu'elles soyent demayn au soyr an cete vylle, pour ce qu'elle désyre voyr lesdytes relyques mardy, jour de la feste Nostre Dame. Et ceste cy n'estant à autre fin, Dieu vous ayt, Mʳ Nycolay, an sa garde. Ce dymanche au soyr, xiijᵐᵉ aut, à Parys [1].

HENRY.

(Orig. autographe. — *Arch. Nicolay*, 21 L 26.)

[1]. La reine elle-même amena sa sœur, avec toutes les princesses, le 15 août. « Leurs prières finies, ledit sʳ P.P. leur auroit montré, en la présence du P. Coton, jésuite, venu avec la reine, qui auroit pris le surplis, pour l'absence de Mʳ le trésorier de ladite église, en général et particulier lesdites Saintes Reliques, leur déclarant à leur désir le contenu d'icelles; dont ladite duchesse de Mantoue auroit reçu grand contentement. » (*Cérémonial*.)

346.

22 *Août* 1606.

DON AU COLLÉGE DES JÉSUITES DE LA FLÈCHE.

Ce jour, Mʳ le président Bailly a rapporté que, le jour d'hier, le Roy le manda, ensemble Mʳ Vivien, pour l'aller trouver à l'issue de son disner ; et suivant ledit mandement, se trouvèrent au Louvre après midy, où ils l'attendirent en la galerie jusques à son retour des Tuileries. Et estant arrivés au Louvre, il leur dit qu'il les avoit mandés pour le don qu'il avoit fait aux Jésuites de la Flèche, de 300,000 liv., et qu'il vouloit que la Chambre le vérifiast. Auquel il auroit fait réponse que ledit don avoit esté présenté, et que ladite Chambre avoit ordonné qu'il en seroit parlé à S. M., pour l'immensité d'iceluy, attendu la qualité desdits Jésuites. A quoy Sadite Majesté leur avoit répliqué que ce n'estoit point un don fait aux Jésuites, mais pour faire bastir un collége et y faire ce qui seroit nécessaire ; que c'estoit un bon œuvre, et, une remarque, le bien en demeureroit en France; que lesdits Jésuites estoient gens de bien et qui travailloient pour le public, et non pour eux ; qu'il vouloit que ledit don passast. Et depuis, le Roy et la reine s'estant retirés au cabinet des Livres pour faire prester le serment aux prévost des marchands et échevins de cette ville, après ledit serment presté, ils luy demandèrent si S. M. trouveroit bon, la Chambre vérifiant ledit don, que ce fust à la charge d'en compter, afin que l'on connoisse à l'avenir que c'est un bienfait et de sa fondation. Lequel leur dit qu'il le trouveroit fort bon, et qu'ils en parlassent à M^r le garde des sceaux ; ce qu'ils auroient à l'instant fait, qui l'auroit aussy trouvé fort bon.

(*Créances.*)

347.
6 Septembre 1606.
LETTRES DE M. DE MANTOUE ET DU PÈRE COTON AU P.P. — RELIQUES DE LA SAINTE-CHAPELLE.

Monsieur, je vous prie de m'obliger de tant de bien que de m'envoyer des relicques de la Ste-Chappelle, de celles néantmoins dont vous pouvez disposer, sans celles qui sont réservées en trop grande dévotion. Je veux croire que vous ne récuserez de le faire, estant asseuré que Sa Saincteté le trouvera bon. C'est pourquoy je vous envoye le brief du Pape, pour vous faire connoistre et vous asseurer que le pouvez faire sans scrupule. Je m'asseure que vous chérirez mon amitié, et trouverez tousjours autant de bonne volonté en moy pour vous faire chose agréable, que je prie Dieu vous avoir en sa sainte et digne garde. De Fontainebelleau, le 6me jour de septembre 1606.

Je n'ay pas voulu vous parler de la volonté du Roy, pour ce que vous verrez auprès de celle cy une lettre du Père Cotton, qui vous asseurera que Sa Majesté chérit que j'aye des relicques de la sacristie. Obligez moy de ce bien, et suis

Vostre bien affectionné amy.

J. D. FERDINANDE GONSAGUES.

A Fontainebleau, le 6me de septembre 1606.

Monsieur, le seigneur Dom Ferdinand, nepveu du Roy et filz de Madame la duchesse de Mantoüe, fut chés vous à Paris, pour vous supplier de luy faire avoir des reliques de la Ste-Chapelle qui se peuvent communiquer. Estimant que, dans la sacristie ou ailleurs, il y a moien d'en recouvrer, comme aussy de Ste-Geneviefve et de St-Germain des Prez, il vous escrit à ce qu'il vous plaise de prendre la peine de faire cette cueillette à son nom, estant pressé de son départ soudain après le baptesme, qui sera le 7me de septembre, vigile N. D. Il a aussy estimé que cette page y serviroit de quelque chose. Je l'ai donc tracée, tant pour satisfaire à ses louables désirs, que pour avoir le bien de vous saluer en toute humilité et affection, et de me dire, plus que je ne le puis exprimer par ce muët langage,

Monsieur,

Vostre serviteur très humble en N. S.

PIERRE COTON,
de la Compagnie de Jésus.

Ledit seigneur dom Ferdinand se promet par vostre moyen une bonne pièce de la Vraie Croix. Il vous plairra de ne l'esconduire.

(*Originaux. — Arch. Nicolay,* 78 L 1 et 2.)

348.
25 Septembre (1606?)
LETTRE DU ROI AU P.P. — ENREGISTREMENT DE DON.

Monsr le présydant, sur les dyfycultés que les Gans de mes comptes ont fetes de procéder à la véryfycasyon de certeyn don de la somme de quinse mylle escus que j'ay fet au s^r de Saynt Germayn, je leur ay fet espédyer mes lettres de jussyon, et vous an ay byen voullu partyculyèremant fere ce mot, pour vous dyre que les resons pour lesquelles je luy ay fet ledyt don sont telles, que ma volonté est qu'yl an jouysse et qu'yl soyt véryfyé, ce que vous ferés antandre au cors de vostre Compagnye, à ce que ma volonté soyt an cella suyvye. A quoy, pour vostre partyculyer, vous tyendrés la meyn de tout vostre pouvoyr, autant que vous désyrés me fere cervyce très agréable. Et cete cy n'estant à autre fyn, je pryeray Dieu qu'yl vous ayt, M^r le présydant, an sa saynte garde. Ce xxvme ceptambre, à Fontaynebleau.

HENRY.

(Orig. autographe. — *Arch. Nicolay*, 21 L 16.)

349.
2 Mai 1607.
LETTRE DU ROI AU P.P. — ACCOMMODEMENT ENTRE LE PAPE ET VENISE.

Monsr Nicolay, ayant, pour l'honneur de Dieu et bien de la relligion, recherché toutes les occasions à moy possibles pour appaiser la dissension née entre nostre St-Père le Pappe et la Seigneurye de Venize, je priay mon cousin le cardinal de Joyeuse de s'acheminer à Rome à cest effect. Ce qu'il fist, et, après avoir communicqué à Sa Sainteté et collége des cardinaux les moyens que je luy avois proposez là dessus, et sceu d'eulx les poinctz sur lesquelz Sadicte Sainteté désiroit avoir satisfaction avant que de lever ses censures ecclésiasticques, il partit de là le quatriesme d'avril dernier, et arriva à Venize le neufviesme; où, ayant eu audience le mardy ensuivant, après plusieurs grandes contestations et assemblées pour ce tenues par ladicte Seigneurye en *pregadi*, il fut résolu que le manifeste publié contre l'interdit de Sa Sainteté seroit révocqué, et le décret en seroit mis en main de mondict cousin le cardinal; que, pour les lettres ducalles, il seroit déclaré n'en avoir esté publié aucunes contenans protestations de nullité d'icelles censures; que les deux prisonniers seroient remis aux depputez de Sa Sainteté par les mains du s^r de Fresnes Canaye, mon ambassadeur, et que les ecclésiasticques et relligieux seroient restabliz en l'estat qu'ilz estoient avant lesdictes censures. Ce qui ayant esté accomply, mondict cousin alla au collége, où il donna l'absollution au doge et autres principaulx de la Républicque, en présence dudict s^r de Fresnes, et incontinant après en l'église patriarchalle, dire la messe, où assista si grande multitude de peuple et avecq tant de joye et consolation, qu'à peyne mondict cousin le cardinal se peust exempter de la presse. En toute ceste négotiation, il a esté remarqué que les ambassadeurs d'Espaigne n'y ont eu aultre part que celle qu'il a pleu audict cardinal de leur donner. Voylà ce qui c'est passé en ceste réconciliation, dont je vous ay bien voulu donner advis, afin que vous en faciez participens tous mes bons serviteurs. Et n'estant la présente à autre fin, je prieray la bonté divine, Monsr Nicolay, vous tenir en toute prospérité. Escript à Fontainebleau, le ij^{me} jour de may 1607.

HENRY.
DE LOMÉNIE.

(Original. — *Arch. Nicolay*, 21 L 28.)

350.
2 Octobre 1607.
RÉQUISITOIRE DU PROCUREUR GÉNÉRAL. — AMNISTIE DES FINANCIERS.

Ce jour, la Chambre, les bureaux assemblés, voulant délibérer sur l'édit d'abolition des Chambres royale et de justice, contenant l'abolition accordée aux officiers des finances, le procureur général, présent, a remonstré que, dernièrement, sur la présentation qu'il fit dudit édit, avec ses conclusions prises sur iceluy, voulant ouvrir les motifs et raisons de sesdites conclusions, auroit esté avisé que, lorsque ladite Chambre délibéreroit sur ledit édit, il seroit ouï. Requéroit, puisqu'elle estoit assemblée pour cet effet, qu'il luy plust l'ouïr. Ce que luy estant accordé, a dit qu'il y avoit des clauses dans ledit édit qui méritoient : l'une, d'estre étendue et amplifiée, comme celle par laquelle le simple ès quatre cas seulement est réservé, à savoir : l'omission de recette, la fausse reprise, l'erreur de calcul et les parties deux ou plusieurs fois employées, et y ajoutant les parties employées et passées ès comptes en vertu de faux acquits, noms supposés et pour fausses causes, pour estre le tout par luy poursuivi, à fin civile seulement et en ladite Chambre, juge naturel de telle matière ; et qu'ainsy se doivent prendre les termes dudit édit d'abolition, où la réserve desdits cas est pour en faire poursuite par devant les juges ordinaires ; et de fait, qu'aux précédentes révocations, la réserve du simple de tels cas avoit esté renvoyée par devant les Chambres des comptes.

L'autre clause qui méritoit estre restreinte, que c'estoit en la forme et non en la substance de ladite abolition, puisqu'il avoit plu au Roy, par sa clémence et bonté, leur remettre telles fautes passées, qui est que les officiers de finances eussent à déclarer, dans certain temps que ladite Chambre limitera, au greffe, en personne ou par procureur duement fondé de procuration, qu'au cas qu'il se trouvast dans leurs comptes omissions de recette, fausses reprises, erreurs de calcul, qui va à la rétention de deniers, parties deux ou plusieurs fois employées ou en vertu de faux acquits, qu'ils s'entendoient ayder du bénéfice de l'édit, autrement déchus, et que tous abolitionnaires présentent eux mesmes leurs lettres aux Compagnies où ils les veulent faire entériner, nu teste, à genoux et l'audience tenant, en présence desquels, comme pour leur faire faire une espèce d'amende honorable, l'on en feroit lecture ; qu'il ne désiroit point cette rigueur, aussy estoit ce un général qui obtenoit telles lettres, où les bons et les coupables estoient confondus, ce qui ne se pouvoit faire autrement, quand c'estoit un corps ou une communauté qui avoit failli ; que l'on ne pouvoit trop retenir et brider ceux qui ont manié et manient les finances du Roy, dont la plupart s'y mettoient, soit par inclination, soit par occasion, que l'on dit tenter, pour y profiter et faire ses affaires, comme l'on dit maintenant ; que s'il se pouvoit encore mieux faire, comme plusieurs yeux voyent mieux qu'un, qu'il en supplioit et requéroit la Chambre. Au reste, que le moyen seul pour empescher l'établissement de ces Chambres royales et de justice, qui ont esté si fréquentes depuis vingt ans, c'estoit que la Chambre punist rigoureusement et sans dissimulation les fautes, abus et malversations, et principalement les faussetés des comptables ; qu'il ne falloit qu'en cela le vouloir, d'autant qu'elle le pouvoit, estant la vraye Chambre de justice et juge naturel de telles recherches[1]. *(Plumitif.)*

---

1. La Chambre de justice s'était installée le 17 mai précédent, dans la chambre du Conseil, en attendant que le roi lui eût affecté un autre local.

351.

11 *Février* 1608.
AUDIENCE DU ROI. — RÉCEPTION D'UN CORRECTEUR.

Cedit jour, Messire Jean Nicolay, cher, conser du Roy en son Conseil d'Estat et P.P. en la Chambre de céans, a rapporté que, suivant le mandement du Roy de samedy dernier, Mr le président de Marly et luy, avec l'avocat général, pour l'absence du procureur général du Roy, furent au Louvre, sur les onze à douze heures du matin, pour entendre ce que S. M. leur vouloit. Et n'ayant pu rien faire cette journée, remirent au lendemain, à pareille heure, où ils retournèrent et trouvèrent que Sadite Majesté estoit à table ; pour quoy entrèrent en son cabinet proche, où ils l'attendirent quelque temps, que, sortant de table, les vint trouver avec sa robe de chambre, assisté de plusieurs princes et seigneurs. Et s'approchant d'eux, S. M. le prit par la main, avec ledit sr président de Marly, et les tira à part près la fenestre qui regarde sur l'eau. Leur dit au commencement qu'il avoit esté quelque peu indisposé, mais que ce n'estoit rien, et qu'il les avoit mandés pour leur parler d'une affaire dont il s'estoit jà traité en sa Chambre des comptes et sur laquelle elle avoit donné plusieurs refus ; que c'estoit pour l'office de correcteur dont Renouard, l'un de ses secrétaires, avoit esté pourvu.

Et pour ce que Sadite Majesté fit là une pause, il prit occasion de luy dire que ladite Chambre avoit estimé que le traité de M^r le duc de Mayenne eust esté entièrement accompli, en ce que depuis dix ou onze ans il n'en avoit parlé; que ce long temps avoit fait croire qu'il s'en estoit contenté.

A quoy Sadite Majesté leur auroit répliqué : « Vous dites que ledit traité est accompli. Oui, selon vous ; mais non, selon moy, parce que, par ledit traité de mon cousin le duc de Mayenne, je luy ay fait du bien, mais pour ses mérites je luy en veux faire davantage. » Et néanmoins, que cela estoit encore de son traité. Plus, leur dit que ledit s^r Renouard luy avoit rendu un service signalé, sans dire quel, mais qu'il luy avoit sauvé 150,000 liv.; qu'il estoit bon serviteur, et vouloit reconnoistre sa fidélité; qu'il luy estoit très approuvé de se servir de luy ; que sa Chambre des comptes avoit jusques icy bien fait de refuser cet affaire, mais, à présent, qu'il avoit affection de contenter sondit cousin ledit s^r duc de Mayenne en cet affaire, qui dépendoit encore de son traité, et ledit Renouard de ce service signalé. Il leur commanda de dire à sadite Chambre des comptes qu'il vouloit que cet affaire passast ; et ce faisant, qu'elle luy feroit service agréable.

(*Créances.*)

352.
24 et 25 Septembre 1608.
LETTRES DU P.P. AU GREFFIER DE LA CHAMBRE.

De Goussainville, le xxiiij^{me} septembre 1608.

Monsr le greffier, j'ay receu présentement une lettre de la Chambre, à laquelle je ne faictz point de responce, d'aultant que j'espère estre à Paris, Dieu aydant, samedy au plus tard, et rompray mes desseins de faire un plus long voyage, pour la contenter et servir de ce que je pourray. Dont vous donnerez advis à Monsieur le président Bailly, ou à Monsieur le président de Boulancourt. Ne vous pouvant céler que j'ay trouvé un peu estrange que vous n'ayez accompagné ladicte lettre de l'une des vostres, comme voz prédécesseurs en ont tousjours usé en mon endroict, pour m'informer particullièrement des affaires qui se traictent et du subject que l'on prend de me révocquer de mes maisons des champs. Vous pouvez réparer cela par un lacquays, que j'attendray icy de vostre part jusques à demain au soir. Me recommandant très affectueusement à vostre bonne grace, je demeureray,

Monsieur le greffier,

Vostre très affectionné et serviable amy.

J. NICOLAY.

De Goussainville, le xxvme de septembre 1608.

Monsieur le greffier, voz lettres m'ont mis hors d'une grande peine, car je croyois qu'il s'agit de la conservation de l'honneur de la Chambre, veu l'alarme chaulde que l'on m'a donnée assez cruëment, et par voz lettres j'ay apprins qu'il n'est question que d'argent. Toutesfoys, je ne laisseray de continuër en mon premier desseing de me rendre, Dieu aydant, à Paris samedy prochain. Ce qu'attendant, je me recommande à vostre bonne grace, et demeureray, etc.

J. NICOLAY.

(Orig. autographes. — *Arch. Nicolay*, 75 L 2 et 3.)

353.
17 Avril 1609.
LETTRE DU CARDINAL DU PERRON AU P.P.

De la Guette, ce 17 avril 1609.

Monsieur, j'ay beaucoup de regret de n'avoir peu estre à Paris pour vous faire moy mesme la prière que je vous ay faitte par ma précédente, et en mon absence ne presserois je pas cest affaire, si ce n'estoit que, l'évesché d'Évreux estant en la main d'un autre, les saisies qui se font pour ce sujet retournent toutes à mon intérest et préjudice. Cela est cause que je vous réitère encore la mesme prière, et que j'ay donné charge au sieur Pietre, qui fait mes affaires par delà, de vous en supplier, ou au moins pour demander main levée en mon nom, en attendant qu'à mon retour je satisface à ce que vous jugerez raisonnable. Au reste, la gratification que je recevray de vous en ceste occasion ne peut estre, à mon avis, tirée à conséquence, ayant en mon particulier des considérations plus favorables, comme d'avoir travaillé à ramener le Roy au giron de l'église et servy d'instrument à la réconciliation de Sa Majesté avec le Siége Apostolique, qui est cause que, se faisant aujourd'huy des cardinaux en France, Messieurs de la Ste-Chapelle jouissent desdittes régales du cardinalat. Je me promets toute assistance et courtoisie de vostre amitié, et espère de mettre encore ceste obligation avec tant d'autres que vous avez acquises sur moy, qui suis,

Monsieur,

Vostre plus affectionné et obligé amy et serviteur.

J. Card. du Perron.

(Original. — *Arch. Nicolay*, 37 L 5.)

354.

20 *et* 23 *Octobre* 1609.

LETTRE DE LA CHAMBRE AU P.P. — RÉPONSE DU P.P.

Monsieur, Estans Messieurs du Conseil de retour, la Chambre a estimé vous en donner advis et vous prier (si voz affaires le peuvent permectre) vous rendre par deçà pour continuer la bonne volenté que vous avez tousjours tesmoignée aux affaires générales de ladicte Chambre, et mesme pour reprendre les derniers erremens de la conférance qu'avez eue avec Monsieur le duc de Sully. Ce faisant, vous obligerez ladicte Chambre. Priant Dieu vous donner,

Monsieur, en santé bonne et longue vie. De la Chambre des comptes, ce xxme jour d'octobre M. VI^c neuf.

Voz très affectionnez confrères et bons amys.

Les Gens des comptes du Roy nostre sire.

De Presles, ce vendredi matin, 23me d'octobre 1609.

Messieurs, J'avois proposé, à mon partement de Paris, de séjourner en mes maisons des champs et ne m'en retourner par delà que pour y passer les festes prochaines, ayant jugé par les effectz que ma présence n'estoit pas beaucoup requise pour lors au service de la Compagnie ; de sorte que j'avois convié mes enfans à me venir veoir en ce lieu, où Monsieur le greffier m'a treuvé arrivé seullement de mecredi au soir.

Et quand à ce qu'il vous plaist me tesmoigner le désir que vous avez que je m'en retourne pour continuer la conférence que j'ay eüe avec Monsieur le duc de Sully, vous sçavés, Messieurs, que je l'ay faicte de mon propre instinct et sans charge de vous, ny aultre desseing que de vous soulager, aultant qu'il m'estoit poscible, en la longeur de vostre peine. Aussy avés vous, il y a fort long temps, député nombre de Messieurs pour avoir l'œuil à cest affaire. Permectés, Messieurs, qu'ilz achèvent ce qu'ilz ont heureusement commancé. Les projectz et les instructions en sont touttes dressées, eux fort instruictz, et Messieurs du Conseil bien disposés à y mectre la dernière main. Je ne laisseray toutesfois d'advancer mon retour pour vous complaire, et me rendray, Dieu aydant, à Paris lundi au plus tard, tant je suis désireux de vous faire paroistre que je n'ay aultre volonté que la vostre, et que je n'ay rien de si cher que le bien du général de la Chambre et vostre contantement en particulier. Sur ce, je priray Dieu vous continuer ses graces, et je demeureray,

Messieurs, Vostre bien humble serviteur.

J. Nicolay.

(Originaux. — *Arch. Nicolay*, 75 L 4 et 1.)

HENRI IV.

355.   19 Novembre 1609.
COMPTES PRIS EN COMMUNICATION PAR LE P.P.

Ce jour, M^r le P.P. a remonstré qu'il estoit des commissaires des francs fiefs et nouveaux acquests, et que, pour chercher quelques instructions, il avoit fait, le jour d'hier, transporter en son logis deux comptes desdits francs fiefs, avec les liasses des acquits ; qu'il s'oublia le jour d'hier d'en parler à la Compagnie, et la prie de le trouver bon ; qu'il les fera rapporter dans le lendemain.

(*Plumitif.*)

---

356.   7 Janvier 1610.
CONFIRMATION DES ÉPICES ET MENUES NÉCESSITÉS DE LA CHAMBRE.

Cedit jour, Messire Jean Nicolay, cons^{er} du Roy en ses Conseils d'Estat et privé et P.P. en la Chambre de céans, a exposé au bureau qu'ayant esté, au mois d'octobre dernier, prié par la Chambre, par lettres et de voix, de continuer les conférences qu'il avoit eues à diverses fois avec M^r le duc de Sully sur le fait des épices et menues nécessités d'icelle, pour luy faire reconnoistre par titres et raisons véritables et justes que les officiers qui ont servi les Roys en ladite Chambre depuis l'an 1511, que la charte des épices fut réglée et ordonnée par le roy Louis XIIme, ne se seroient point départis, en la perception d'icelles, du pied qui leur auroit esté lors prescrit, et en suite d'iceux leurs successeurs jusqu'à présent, en sorte que ce seroit offenser la mémoire des uns et la réputation des autres et l'intégrité de tous, de vouloir retrancher quelque chose auxdites épices, ce qui n'estoit point arrivé mesme au temps des plus grands troubles et nécessités de ce royaume, non seulement pour la considération de la finance que chacun officier avoit bien payée aux parties casuelles et du travail assidu qu'il rend en la fonction de sa charge, sans aucune dispense de la piqure, mais aussy pour le respect de l'usage ancien, suivi de si longues années, qu'il estoit un titre plus que suffisant pour conserver et maintenir la Chambre en sa possession. . . . .

Auroit esté dit par ledit s^r P.P. que, au commencement du mois de novembre dernier, il avoit fait rédiger par écrit un estat (?), par Me Guillemin, cons^{er} auditeur, auquel le pied des épices des comptes et gestion susdites avoit esté réglé et égalé, autant que faire se pouvoit ; duquel il avoit laissé une copie audit s^r duc, pour la considérer à son loisir, ensemble un extrait de l'article des menues nécessités de la Chambre. . . . . . . Mais, d'autant que ledit s^r duc n'avoit eu lors loisir de résoudre les susdites particularités, à cause des affaires importantes dont il estoit distrait, le tout fut remis à sa commodité.

Et le mardy 5me du présent mois, ledit s^r P.P. auroit esté trouver ledit s^r duc pour le remercier de la part de la Chambre, comme il avoit fait à l'endroit de M^r le Chancelier, de la résolution qui auroit esté naguères prise au Conseil du Roy, au rapport de Mr de Maupeou, que les menues nécessités de la Chambre seroient à l'avenir employées ès estats des recettes générales de Paris et Soissons, comme elles avoient accoutumé, à savoir : 10,000 liv. sur Paris, et 6,000 liv. sur Soissons. . . . .

Et au regard des épices, dit ledit s^r duc, avec témoignage de bienveillance envers la Chambre, que le Roy, ayant esté duement informé du droit ancien des officiers d'icelle en la perception desdites épices, trouvoit bon qu'ils en jouissent et les perçussent selon qu'ils avoient accoutumé. . . . . Témoigna en outre désirer, comme il avoit toujours fait, une mutuelle correspondance avec la Chambre ès affaires concernant le service du Roy, et qu'elle se conformast le plus qu'il luy seroit possible aux estats du Conseil de S. M., afin que les receveurs généraux et particuliers n'eussent plus de prétextes de divertir les deniers de leur recette. . . . . Dont ledit s^r P.P. remercia ledit s^r duc de la part de ladite Chambre, avec offres convenables au bien et au repos qu'il luy avoit plu luy moyenner, l'assurant qu'elle n'en perdroit jamais la mémoire, non plus que la volonté de le servir.

Ce rapport ainsy fait, Mr le président Danès, prenant la parole pour la Compagnie, auroit dit que, par le discours dudit sieur P.P., plus long qu'ennuyeux, il paroissoit du soin et peine qu'il avoit eus et portés pour l'avancement du bien et affaires de ladite Chambre ; qu'elle avoit sujet de rendre graces de ce que, la justice de sa cause ayant esté reconnue, les droits, tant d'épices, menues nécessités, qu'autres d'icelle, avoient esté conservés, et de le remercier de ce qu'il avoit pris la peine de faire pour ladite Chambre, laquelle luy en demeureroit, comme luy, en particulier obligée.

Et à l'instant, le procureur général du Roy a remonstré que, puisqu'il s'estoit trouvé à ce rapport fait par mondit sr le P.P., il estimoit que son devoir estoit de requérir qu'il fust fait et dressé procès verbal de tout ce qu'avoit dit et exposé, fait et géré en ces affaires ledit sr P.P., comme ils avoient esté conduits et achevés si heureusement, au gré et contentement de toute la Chambre, d'autant que, depuis deux ans en çà, que l'on a révoqué en doute les droits, menues nécessités et épices de ladite Chambre, les registres et plumitifs estoient chargés de plusieurs rapports, paroles de créance et conférence d'aucuns de MM. les présidens et maistres à ce députés, avec Messieurs du Conseil du Roy, sur ce sujet, qui s'en seroient dignement acquittés, comme ledit sr P.P. a reconnu, en rendant l'honneur à chacun qui a travaillé et coopéré à cet œuvre, et aussy afin qu'à l'avenir on voye comme honorablement cette Compagnie en est sortie, tant par la justification de son bon droit, que par la faveur de Mr le duc de Sully et l'entremise principalement dudit sr P.P. ; ce qui a esté ordonné [1].

(*Plumitif* et *Créances*.)

1. Cf. le procès-verbal du 7 septembre précédent, au même registre des *Créances*.

357.   (12 Mai 1610.)

LETTRE DU PROCUREUR GÉNÉRAL AU P.P. — AFFAIRES DE LA CHAMBRE.

Monsieur,   Ce matin, je m'estois résolu de ne sortir point, tant à cause du mauvais temps, que pour me reposer et regarder à quelques affaires particuliers que j'avois ; mais voz lettres et l'adviz que me donniez m'ont fait rompre cette résolution, de sorte qu'au mesme instant, je m'en suis allé à la Chambre, où j'ay exposé ce que me mandiez, qui a esté trouvé à propos. Et pour l'effectuer, Monsieur, ont esté députtez Messrs de Marlj, Lescuyer, de Pleurre, et moy avec eux. A l'yssue du disner, nous avons veu Monsieur le chancelier et luy avons fait entendre le suget de nostre voyage. Nous avons eu de bonnes parolles de luy, qui seront suivies des effetz. L'honneur, Monsieur, vous sera deu principallement de cette action. J'aj prié Mrs Ladvocat, Mallet et Guillemyn de vous voir. J'estime qu'ilz l'auront fait. Ledit sr Guillemyn m'a dit qu'estiez en peyne qui estoyt président en l'an 1405, à cause d'un compte qui se trouve cloz *presente magno magistro hospitii*. Je vous diraj sur ce, Monsieur, que je trouve par mes mémoyres que c'estoient Mre Jacques de Bourbon, grand bouteillier de France, et l'évesque de Chartres. Voici le tesmoignage que nous en avons dans noz registres, au registre F, fol. 73 :

« *Dominus Almaricus de Ordeomonte, alias Orgemont, miles, de magno consilio et magister requestarum hospitii regii, institutus consiliarius et magister compotorum primo loco post præsidentem, dominum Jacobum de Borbonio, magnum buticularium Franciæ et episcopum Carnotensem.* »

En suite duquel Jacques de Bourbon il y a eu trois autres grandz bouteilliers de France premiers présidens, ce qui a fait estimer mal que les grandz bouteilliers estoient premiers présidens, car, après ces quatre, ce furent des évesques qui furent premiers présidens, et puis des personnes layes. Voylà, Monsieur, dont je vous ay voulu donner adviz ce jourd'huy. Demain, suyvant ce que l'on nous a raporté du parlement, la Chambre cessera et n'entrera, à cause du couronnement de la Royne [1]. Bon soir, Monsieur.

Vostre très humble et obéyssant serviteur,

LUILLIER.

(Orig. autographe. — Arch. Nicolay, 75 L 46.)

1. Sur le couronnement de la reine et sur la contestation qui s'éleva dans la Chambre à propos du costume de cérémonie des correcteurs, voy. les pièces du *Plumitif* et du *Cérémonial* imprimées par Godefroy, dans le *Cérémonial françois*, t. 1ᵉʳ, p. 594 à 601.

Le 20 mars précédent, le roi, étant dans le dessein de rejoindre son armée, avait fait dresser un règlement « establissant la reine pour régente, assistée d'un Conseil sans lequel elle ne pourra rien délibérer, composé, conformément au roolle qui en a esté dressé par le Roy, de Messieurs les cardinaux de Joyeuse et du Perron, ducs de Mayenne, Montmorency et Montbazon, mareschaux de Brissac et de Fervaques, et de Messieurs de Chasteauneuf, garde sceau de la régence, de Harlay et Nicolaï, de Chasteauvieux, de Liancourt, de Pontcarré, de Gesvres, de Villemontée et de Maupeou ; lequel Conseil néantmoins ne résoudra rien de grande conséquence, qui ne soit conforme à la générale instruction dressée par iceluy, ou que Sa Majesté n'en soit advertie. » Voy. *Œconomies royales* de Sully (éd. Michaud et Poujoulat), t. II, p. 373.

358. 14 Mai 1610.

SOUPER SOLENNEL POUR L'ENTRÉE DE LA REINE. — MORT DU ROI HENRI IV.

Cedit jour, a esté arresté que tous Messieurs se trouveront dimanche matin, sur les neuf heures, en ladite Chambre. Et pour ce faire, a esté ordonné et enjoint à quatre huissiers de service d'aller par les maisons de MM. les présidens, maistres, correcteurs et auditeurs du service de juillet, les avertir de se trouver dimanche en ladite Chambre à ladite heure, et de laisser billets et mémoires signés d'eux ès maisons où ils ne trouveront lesdits sieurs en personnes, afin que leurs gens les en avertissent. A aussy esté mandé deux correcteurs et quatre auditeurs du service, auxquels a esté déclarée ladite résolution, pour en avertir leurs confrères.

Et à l'instant, l'huissier de la porte seroit venu au bureau, qui auroit dit que Mᵉ Coquet, conseʳ du Roy et controleur général de sa maison, estoit à la porte, qui demandoit à parler à Messieurs de la part du Roy. Auquel auroit esté ordonné le faire entrer. Et s'estant approché près Mʳ le P.P., auroit dit qu'il avoit commandement du Roy de venir prier Messieurs de la Chambre de vouloir se trouver dimanche prochain au souper qui se feroit après l'entrée en la grande salle du Palais ; qu'il avoit esté prier Messieurs du parlement, et s'en alloit faire de mesme à Messieurs de la Cour des aydes, et que les tables pour Messieurs de la Cour de parlement et de ladite Chambre seroient au bout l'une de l'autre, sans intervalle que pour passer un homme entre deux pour servir, du costé de la Chambre dorée, et Messieurs de la Cour des aydes, de l'hostel de ville et le Chastelet seroient du costé de la Galerie, et que l'on donneroit si bon ordre, qu'il n'y auroit aucune confusion ; et que, après souper, leur seroit gardé un échafaud pour se retirer et voir le bal. Et sur ce qu'il auroit esté enquis combien il y pourroit avoir de places pour Messieurs des comptes, a dit qu'il y en pourroit avoir pour quelque cinquante. Et pour ce que depuis auroit esté rapporté qu'il n'y auroit place que pour environ quarante, ladite Chambre a arresté qu'il n'y auroit que quatre de MM. les présidens, vingt de MM. les maistres, quatre correcteurs et huit auditeurs.

L'an 1610, le vendredy 14ᵐᵉ jour du mois de may, qui fut le lendemain du sacre et couronnement de la reine fait à St-Denis, et la surveille de l'entrée qu'elle devoit faire en cette ville de Paris, vinrent nouvelles à la Chambre, sur les cinq heures du soir, de la blessure du Roy, et, peu après, de son décès, lequel fut confirmé par Mʳ le procureur général, retournant en diligence du Louvre, où le Conseil se tenoit, pour en donner avis à la Chambre et requérir que Mʳ le P.P., qui estoit lors absent, fust mandé et prié de se transporter à l'instant en icelle, afin d'aviser avec les officiers qui y restoient à ce qui estoit nécessaire de faire en cette occurrence et accident si funeste et inopiné. Et ledit sʳ P.P. estant arrivé, fut conclu que luy et MM. les présidens Danès et le Fèvre, et MM. Lescuyer, de Pleurre et de Pincé, conseʳˢ maistres, et MM. les Gens du Roy, se transporteroient à l'heure mesme au Louvre, pour y saluer le Roy et la reine sa mère, et luy offrir tout service et obéissance de la part de la Chambre, et recevoir l'honneur de leur commandement.

Lesdits sieurs prirent leur chemin par le Pont Neuf, à cause des corps de garde qui estoient posés ès places de la ville, pour la sureté d'icelle ; trouvèrent néanmoins le passage dudit pont fermé par les compagnies du régiment des gardes du Roy, mais, leurs capitaines leur ayant fait ouverture, ils continuèrent leur chemin et arrivèrent à la barrière du Louvre, où ils furent recueillis par Mr de Créquy, qui commandoit aux troupes qui la gardoient, et ledit sieur leur ayant fait ouvrir la porte du chasteau, les fit conduire jusques au cabinet de la reine, où le Roy survint. Aux pieds duquel M^r le P.P. se prosterna, et Messieurs aussy qui l'accompagnoient, et, par la bouche dudit s^r, le reconnurent au nom de la Chambre pour leur prince souverain, puisque Dieu les avoit privés du défunt Roy son père, leur bon maistre, et vraymont père très débonnaire de ses sujets, et le plus vaillant, le plus magnanime et victorieux prince qui ayt oncques régné en la France, et le miroir de clémence de tous les monarques des siècles à venir. Luy offrirent l'obéissance et la fidélité que des officiers, sujets et serviteurs très humbles doivent à leur Roy naturel, le suppliant les vouloir toujours aymer et autoriser en la fonction de leurs charges à son service et avoir agréables les prières qu'ils faisoient présentement à Dieu qu'il luy plust bénir sa tendre jeunesse, prolonger ses ans jusques à une vieillesse chenue, et rendre son règne moins pénible, mais aussy remarquable en grandeur, puissance et félicité qu'a esté celuy du feu Roy son père, des vertus duquel il devoit estre imitateur, comme il estoit héritier, non seulement de sa couronne, mais aussy de la bienveillance de tous ses sujets.

Ledit seigneur, averti par Mr de Souvré, son gouverneur, les embrassa et remercia volontiers, et soudain entra dans le petit cabinet de la reine, d'où elle sortit après, pour prendre l'air en son grand cabinet et respirer d'un grand saisissement et défaillance qui l'avoit prise un peu auparavant. Cette princesse arrivant, fut admirée de tous, de la grande constance et majesté qu'elle montroit en son visage, lequel néanmoins témoignoit assez son extrême douleur. Et ayant aperçu lesdits sieurs, s'avança, estant appuyée sur le bras de Mgr le prince de Conty.

Lors, M^r le P.P. se prosterna à ses pieds, et elle luy ayant fait l'honneur de le relever, il luy dit en ces termes :

« Madame, ce petit nombre d'officiers, lequel, en ce luctueux spectacle et général étonnement, s'est rallié en vostre Chambre pour vous venir représenter le corps et le cœur de toute nostre Compagnie, vous apporte ses larmes, vous offre ses biens, et est prest d'exposer sa vie jusques au dernier soupir pour le service du Roy vostre fils, et celuy de V. M. C'est peu, Madame, ce que nous vous offrons, au regard de la perte très grande que vous avez faite, nous aussy, vos très humbles sujets et très affectionnés serviteurs et officiers ; mais c'est tout ce qu'il a plu à Dieu nous laisser pour déplorer nostre malheur et vous rendre une preuve assurée de l'hommage que nous vous faisons maintenant de bouche, de nostre obéissance et fidélité.

« Nous avons perdu, Madame, nostre père, nostre maistre et nostre bon Roy. Les deux qualités dernières sont communes à tous les princes souverains ; mais la première est due singulièrement au feu Roy, puisque tant de fois il nous a sauvés du naufrage et relevé la France de sa chute, au péril de sa vie, laquelle Dieu luy avoit donnée et miraculeusement conservée parmy les armes pour le bonheur de la Chrestienté, mais à présent il la luy a ostée, pour nous punir de nos péchés.

« Madame, soyez, s'il vous plaist, maintenant mère, non seulement du Roy et de Messeigneurs vos enfans, mais aussy de tout le peuple que Dieu a mis sous vostre prudente et charitable conduite, attendant la majorité de nostre Roy. Les deux colonnes principales qui soutiennent heureusement la couronne des Roys et qui affermiront, Dieu aydant, celle que vous reçustes hier à St-Denis, avec tant d'honneur et de joye, des mains de son église, sont la piété et la justice. Nous prions Dieu, Madame, qu'il vous fasse toujours la grace de faire toujours régner et florir l'une et l'autre en ce royaume, et imprimer si avant au cœur du Roy ces deux royales vertus, que vous soyez une seconde reine Blanche en sa nourriture, comme jà vous l'estes en mérites et en réputation. Et luy, Madame, qu'il vous soit un fils obéissant et vray successeur du roy Saint Louis, duquel il porte le nom par un heureux présage.

« Nous vous offrons de rechef, au nom de tous les officiers de vostre Chambre absens, une affection si fidèle et si entière au service du Roy et de V. M., que la vie nous manquera plutost à tous, qu'un seul défaille à son devoir. »

La Reine, prenant la parole, dit qu'elle n'avoit jamais douté de leur bonne volonté, affection et fidélité, qu'elle s'en assuroit encore, les prioit de continuer toujours à bien servir le Roy son fils; et, jetant plusieurs soupirs, fut contrainte de s'asseoir auprès du Roy, pour prendre l'air d'une fenestre.

Peu de temps après, ledit sr P.P. voyant qu'il se faisoit tard, supplia ladite dame trouver bon que mesdits sieurs et luy se retirassent chacun en son quartier, afin de contenir le peuple de leurs dixaines en repos et en l'obéissance due au Roy et à S. M.

Ainsy partant du cabinet de ladite dame, ils furent conduits par le capitaine Rigault hors du chasteau du Louvre et jusques au lieu où estoit leur carrosse, proche de la rue Saint-Honoré; et prenant leur chemin par le logis de Mr le chancelier, pour le saluer, ne le trouvant point, chacun se retira en son logis.

Ce que dessus a esté rapporté au bureau par Mr le P.P., ce jourd'huy, 15me du présent mois, les deux semestres estant assemblés, et deux des correcteurs et six auditeurs du service appelés, les Gens du Roy présens, afin d'entendre par sa bouche ledit rapport, agréer et ratifier de cœur et d'affection les offres, promesses et soumissions que lesdits sieurs avoient rendus au Roy et à la reine au nom de toute la Chambre. Les prioit et conjuroit, par l'amour et charité que chacun doit à sa patrie et à son prince naturel, et par les obligations que tous les officiers ont au Roy défunt, et les bons citoyens à la conservation de la ville de leur naissance, de se tenir tous bien unis et affermis à ne manquer jamais à ce devoir et ne se rien proposer devant les yeux que la concorde et amitié franche et loyale les uns envers les autres; que le Roy ne mouroit point en France, ains vivoit toujours en la personne de son successeur; partant, que la Chambre ne devoit permettre qu'il y eust aucune cessation de travail en la fonction ordinaire d'un seul des officiers d'icelle; exhortoit les susdits correcteurs et auditeurs qui estoient là présens de reprendre la suite de leur ouvrage et d'avertir leurs collègues de faire le semblable, afin que le Roy qu'il avoit plu à Dieu donner à la France, fust servi comme il appartient; que le bon exemple que la Chambre donneroit, tiendroit les comptables en leur devoir et feroit que le peuple, étonné de ce changement si récent et inopiné, se rassureroit, et par ainsy, que la ville capitale demeureroit en paix, et les autres villes à son imitation; que déjà, par la grace et providence de Dieu et le bon ordre que MM. les princes, officiers de la couronne et plusieurs seigneurs et gentilshommes estant en la ville [ont mis], avec la grande vigilance des magistrats et l'obéissance du peuple tout éploré, se voyoit un calme et tranquillité publique, laquelle à peine l'on eust osé espérer en un accident si funeste et une perte si générale, de sorte que chacun sembloit avoir occasion de se promettre plus de faveur du ciel à l'avenir que l'estat des choses présentes ne montroit d'apparence; que cela devoit semondre tous les ordres à s'encourager les uns les autres à bien servir et persévérer jusques à la fin, quelques empeschemens qui se puissent présenter à la rencontre. Partant, supplioit toute la Compagnie de s'évertuer en cette occurrence, offrant de sa part y contribuer son soin et sa diligence, avec tous les moyens qu'il plaira à Dieu luy en donner.

Et ayant mondit sr le P.P. fini le rapport, Mr le président Danès, prenant la parole, auroit dit ce qui s'ensuit : « Monsieur, ayant, avec Messieurs, entendu par vostre discours l'action que vous fistes hier, de laquelle j'ay esté spectateur et participant, vous y ayant accompagné avec peu de Messieurs de la Chambre, mais qui, en leur petit nombre, représentoient néanmoins le corps entier, en laquelle, selon que vostre trop juste douleur, qui nous est, et à toute la France, commune, vous pouvoit permettre, vous fistes et rendistes, premièrement au Roy, puis à la reine sa mère, toutes les soumissions et devoirs que l'estat présent des affaires sembloit requérir de nous; leur fistes au nom de ladite Chambre tous offres de fidélité et obéissance, et protestastes d'employer fidèlement et courageusement, avec nos vies, tout ce qu'il a plu à Dieu nous donner de biens et de moyens pour le service de Leurs Majestés, sans jamais nous en départir, pour quelque sujet que ce soit; ce qu'ils prirent en bonne part, et témoignèrent par les remerciemens qu'ils en firent l'avoir eu fort agréable. La Chambre vous remerciant, ne peut qu'elle ne loue cette action, qu'elle n'avoue et agrée tous les offres qu'il vous a plu faire de sa part, qu'à présent elle confirme, avec ferme et constante résolution de demeurer tous unis en mesme affection de les effectuer et de mourir plutost que de manquer en rien que ce soit de tout ce qu'elle estimera estre du bien et service de Leursdites Majestés, y estant obligés, non seulement par le devoir de nos charges, mais par la loy qu'avec le lait nous avons sucée dés nostre naissance. ·»

Ce fait, M^r le procureur général auroit dit : « Messieurs, nous ne pouvons rien ajouter aux larmes, prières et remonstrances que M^r le P.P. vient présentement de vous faire, d'autant que les larmes aux yeux du chef de la Compagnie témoignent une douleur extrême que ressent tout le corps de la perte de nostre maistre, grand Roy, grand prince, toujours heureux, toujours victorieux jusques à sa mort, et les belles remonstrances et exhortations qu'il vous a faites, un désir de rendre la mesme sujétion et obéissance à nostre Roy que cette Compagnie a toujours rendue au Roy défunt, son père. Je vous y vois, Messieurs, si portés et si disposés, avec l'assurance que M^r le président Danès nous en a donnée, parlant et répondant pour ce regard pour toute la Compagnie, qu'en douter, ce seroit n'ajouter pas foy à ses paroles, ni à vostre fidélité, telle que nous devons. Et afin que ceux qui viendront après nous voyent et apprennent le regret et déplaisir que ladite Chambre a senti d'un si funeste accident, et le devoir, reconnoissance et obéissance qu'elle a, au mesme instant, rendus à son Roy, légitime successeur par le droit du sang et de la loy du royaume, et à la reine sa mère, nous requérons que registre soit fait de tout ce que dessus. »

Ce que la Chambre ayant ainsy ordonné, pour cet effet, nous, cons^{or} notaire et secrétaire du Roy et greffier de ladite Chambre soussigné, en aurions dressé le présent acte en forme de procès verbal, les jour et an que dessus [1].

(Créances.)

[1]. Le P.P. remplaça le président Bailly, indisposé, pour conduire la députation qui alla saluer le roi à son retour du sacre, le 7 novembre. Le roi les remercia, « et leur dit qu'il les tenoit pour ses bons serviteurs. » (*Plumitif*, 12 novembre 1610.)

359.

3 *Décembre* 1610.

CONFÉRENCE AVEC LE DUC DE SULLY.

Ce jourd'huy, M^r le P.P. a rapporté qu'il avoit à exposer ce qui s'estoit passé mardy dernier, jour de St-André, au logis de M^r le duc de Sully, à l'assemblée qui y fut faite, et quelles affaires y furent agitées concernant cette Compagnie ; que trois jours il y estoit allé pour affaires particulières, pour ce qu'il ne l'avoit vú depuis son retour, lequel il trouva qui dépeschoit le s^r Renouard pour le prier d'assembler en son logis aucuns de MM. les présidens, maistres et Gens du Roy, et l'avertir du jour et heure qu'il s'y trouveroit, pour leur proposer quelques affaires concernant la connexité de sa charge et de la Chambre. Auquel il dit qu'il le prioit trouver bon que la Compagnie luy déférast l'honneur qu'il leur vouloit faire, et que ce fust chez luy que l'assemblée se fist. Que ledit s^r duc luy dit derechef qu'il le prioit d'assembler en son logis aucuns de MM. les présidens et maistres des plus anciens, et, qu'il luy fist savoir le jour et heure, il ne feroit faute de s'y trouver. Qu'il en conféra avec MM. les présidens de Laubespine, de Marly et Duret ; que M^r le président Tambonneau estoit malade, pour quoy ne le fit prier de s'y trouver ; MM. de Beaurains et le Bigot, pour l'absence de M^r le procureur général du Roy, Mr Hesselin luy ayant mandé qu'il le prioit de l'excuser pour ledit jour, pour quelque affaire qu'il avoit iceluy jour ; et fut avisé entre eux de remettre ladite conférence avec ledit s^r duc de Sully après la fin du mois. Et que M^r le président Duret leur dit que ledit s^r duc de Sully désiroit que ladite conférence se fist chez ledit s^r P.P., et qu'il s'y trouveroit.

Toutefois s'estant assemblés ledit jour de mardy dernier, mesdits s^{rs} les présidens Danès, de Laubespine, Gobelin et Duret, et MM. de Beaurains, de Bragelongne, le Conte et le Bigot, cons^{ers} et maistres, avisèrent qu'il valoit mieux l'aller voir à l'Arsenal ; où ils arrivèrent sur les deux heures de relevée. Que ledit s^r duc vint au devant d'eux, fasché de ce qu'ils avoient pris la peine d'aller chez luy, les fit entrer en son cabinet, et, après quelques propos de remerciemens, les fit asseoir, et estant tous assis et le monde retiré, estant seuls, leur parla avec grande confidence.

Leur dit qu'ils savoient combien il y avoit de connexité entre sa charge et celles qu'ils faisoient en leur fonction ; qu'il avoit plu au feu Roy la luy constituer, et luy avoit fait promettre de le servir fidèlement, et mesme plusieurs fois luy avoit fait promettre d'y servir son fils, s'il advenoit qu'il décédast devant luy; que, depuis son décès, la reine avoit trouvé bon qu'il continuast la direction des finances, et luy avoit promis autant qu'elle trouveroit qu'il y seroit utile, comme il avoit promis audit défunt seigneur Roy. Que ce discours qu'il leur faisoit, estoit, à son avis, pour les inciter à bien faire leurs charges, car il leur dit que, depuis le décès de Sadite Majesté, il trouvoit l'Estat chargé de grandes dépenses en plusieurs façons, tant à cause du couronnement de la reine, des obsèques du feu Roy, du sacre du Roy à présent régnant, que de la guerre, ce qui avoit constitué l'Estat fort en arrière. Et encore la reine estoit comme contrainte, par importunités ou autrement, d'accorder de grandes pensions. Et craignoit qu'à faute de bon ménage, ce fonds que le feu Roy avoit fait pour subvenir aux affaires de l'Estat ne fust épuisé, et qu'il fallust avoir recours aux moyens extraordinaires. Que le feu Roy ne vouloit que l'on touchast audit fonds que pour grandes affaires, et encore falloit lettres patentes vérifiées, comme il avoit esté fait en deux occasions du vivant dudit feu seigneur Roy; que, jusques icy, il y avoit apporté le meilleur ménage qu'il avoit pu, mais qu'à l'avenir il craignoit qu'il fallust enfler la recette pour subvenir aux pensions et dons ; qu'il avoit prié la reine d'y mettre la main, que c'estoit affermir l'Estat du Roy son fils et conserver son règne, que d'entretenir l'amitié de son peuple et le décharger, plutost que de le surcharger.

Leur dit que les corps avoient un grand pouvoir pendant la minorité du Roy, et notamment la Chambre en la dispensation de ses finances, qui estoient le soutien de l'Estat ; la prioit de vouloir se roidir à ce qu'il ne se passast rien que bien à propos, et considérer les personnes à qui le Roy feroit des dons.

Il leur dit davantage que, par le passé et du temps du feu roy Henry troisième, l'on avoit usé de mauvais ménage, principalement pour le fait des comptans ou certifications; qu'il avoit supplié la reine qu'elle ne permist qu'il en fust usé, et notamment de certifications, et que si elle estoit contrainte d'user de comptans, que ce fust avec telle règle et modération, qu'il y parust peu ; que c'estoit un acquit qui doit estre signé de la main du Roy, mais, à cause de sa minorité, qu'elle les devoit signer, s'il s'en expédioit, et qu'il dresseroit un mémoire et instruction sur lequel, s'il estoit trouvé bon, il feroit expédier lettres patentes à la Chambre, afin qu'il n'y fust apporté aucun mauvais ménage ; et que Messieurs, tant de l'un que de l'autre service, y tinssent la main. Quant aux dons, qu'il y avoit de mauvaises lettres à la Chambre pour vérifier ceux faits sur les parties casuelles, et qu'il falloit casser cette ordonnance et la révoquer, d'autant qu'il y avoit plusieurs édits révoqués dont l'on poursuivoit le rétablissement, pour l'espérance du don des deniers qui en proviendroient ; que, en vérifiant lesdits dons, la Chambre devoit avoir égard aux mérites de ceux qui les obtiendroient ; que le Roy y pouvoit estre violenté, et le corps de la Chambre non ; que l'on avoit, pour la dernière guerre, tiré quatre millions de la Bastille; qu'il en restoit encore, et, comme ils avoient esté tirés en vertu de lettres, il feroit expédier un acquit pour y remettre ce qui en restoit, afin que l'on ne touche point à ce fonds que pour grands et importans sujets.

Que ledit sr P.P., reprenant la parole, luy dit que les douleurs qui restoient à Messieurs de cette Compagnie ne leur ostoient la mémoire du bon service qu'il avoit fait au feu Roy ; le prioit de vouloir continuer ce bon devoir au Roy et à la reine ; que, de leur part, ils feroient toujours ce qu'ils jugeroient du bien et service de Leurs Majestés et de l'Estat, mais que les Cours estoient quelquefois violentées, comme la Chambre l'avoit esté en aucunes affaires, où elle avoit résisté tout ce qu'elle avoit pu, enfin contrainte d'obéir, pour ce que leur résistance n'avoit esté trouvée bonne. Le prioient de dire à la reine qu'ils la supplient croire que la Chambre s'y estoit toujours portée selon qu'elle avoit jugé le bien du service du Roy et de l'Estat. Qu'il luy avoit parlé desdits comptans ; qu'il seroit bon n'en user point et faire toutes choses à découvert, et ne s'ayder aucunement de certifications.

A quoy ledit sr duc de Sully luy auroit dit qu'il se pouvoit présenter des affaires et occurrences où l'on ne se pouvoit passer d'en user, pour ce qu'elles ne se pouvoient découvrir.

Enfin, les prioit d'apporter leurs vœux et suffrages pour coopérer avec luy en l'administration des finances du Roy, et de bonne heure prévoir les accidens qui peuvent survenir. Il luy dit que, si la reine et Messieurs du Conseil se laschoient à violenter par trop la Chambre de jussions, elle se pouvoit aussy lascher, estant tous hommes; qu'ils n'avoient que leurs remonstrances et plaintes, et à en faire bons registres, pour leur décharge, mais qu'ils résisteroient aux importunités le plus qu'ils pourroient.

Qu'en cette conférence, ils avoient esté presque trois heures.

Plus a dit avoir omis à dire à la Chambre que, devant cette conférence, il avoit vu Mr le chancelier, qui avoit trouvé bon qu'elle se fist, et luy avoit dit que luy et Mr de Sully en avoient conféré.

(Créances.)

360.   1er Février 1611.
TRÉSOR DE LA BASTILLE.

Ce jourd'huy, la Chambre délibérant sur les lettres de déclaration du Roy portant décharge pour les srs duc de Sully, de Vienne et de Maupeou des deniers mis au trésor du chasteau de la Bastille, et le règlement que S. M. veut estre observé à l'avenir pour la garde desdits deniers, Mr le P.P. a rapporté que, l'un des jours derniers, la reine le manda; et l'estant allé trouver au chasteau du Louvre, à l'issue de son disner, en son petit cabinet, auquel estoient Mr le chancelier et autres Messieurs du Conseil, luy auroit dit qu'elle l'avoit mandé pour faire entendre qu'elle avoit retiré la capitainerie du chasteau de la Bastille du sr duc de Sully, qui volontairement la luy avoit remise en ses mains et l'avoit suppliée luy vouloir donner une décharge des deniers estant audit trésor de la Bastille, dont il disoit estre chargé en la Chambre; qu'elle désiroit luy donner tout contentement.

A laquelle dame il avoit fait réponse qu'il n'estimoit pas que ledit sr duc de Sully fust chargé desdits deniers par acte qui eust été registré en la Chambre; d'ailleurs, que les trésoriers de l'Épargne en comptoient au profit du Roy, en sorte qu'il sembloit n'estre pas nécessaire que la décharge qu'il désiroit fust vérifiée. A quoy le sr président Jeannin avoit répliqué que ledit sr duc de Sully avoit signé et certifié les bordereaux des espèces desdits deniers et avoit une des clefs dudit trésor, ce qui le rendoit aucunement responsable de la garde d'iceluy; c'est pourquoy il désiroit en avoir une décharge, laquelle fust vérifiée par la Chambre, selon que la justice et ses services le requéroient.

Sur quoy, mondit sr le P.P. auroit dit à la reine que s'il plaisoit à S. M. que l'affaire passast ainsy, et qu'elle commandast les lettres de décharge estre expédiées, qu'il représenteroit à la Chambre ce qui estoit de sa volonté et le commandement qu'elle luy en auroit fait.

Ajouta aussy ladite dame que le Roy avoit fait par son avis un don de 300,000 liv. audit sr duc de Sully, pour le récompenser de recommandables services qu'il avoit faits au feu Roy et à cette couronne, dont elle désiroit le reconnoistre, et que, ce don estant présenté à la Chambre, elle n'y fist point difficulté. Ce que ledit sr P.P. se chargea de faire entendre à ladite Chambre de la part de S. M., lorsque les susdites deux affaires seroient traitées.

Sur quoy, ladite Chambre a ordonné qu'après que vérification aura esté faite des deniers mis au trésor de la Bastille, en présence des dénommés auxdites lettres, et de la quittance du trésorier de l'Épargne estant en charge, sera fait droit.

(Plumitif et Créances.)

361.   22 Février 1611.
REMISE DES DROITS SEIGNEURIAUX DU MARQUISAT D'ANCRE.

Ce jourd'huy,..... Mr le P.P. a dit qu'il y avoit quelques jours que la reine le manda pour luy faire entendre son intention et volonté sur le don des droits seigneuriaux dudit marquisat d'Ancre, qu'elle désiroit qu'il fust vérifié purement et simplement, et que ladite marquise jouist de la grace et libéralité du Roy entièrement. A quoy ledit sr P.P. auroit répondu que le feu Roy, d'heureuse mémoire, ayant reçu les plaintes des trésoriers généraux de France de chacun bureau, de la faute de fonds qui se trouvoit aux recettes du domaine pour le payement des charges, auroit fait une ordonnance, laquelle estoit registrée au greffe de la Chambre, et luy auroit enjoint de ne vérifier à l'avenir aucuns dons de droits seigneuriaux que pour la moitié, et les remises d'iceux pour les deux tiers; que le don fait à ladite dame marquise estoit une remise d'une somme notable, eu égard au prix de son acquisition et à la coutume des lieux, en sorte que, vérifiant ledit don pour le tout, c'estoit contrevenir à l'ordonnance faite par le feu Roy et altérer d'autant le fonds destiné pour le payement des charges, qui consistoient en fiefs et aumosnes dues à des pauvres monastères fondés par les défunts Roys et seigneurs particuliers, gages d'officiers qui rendoient la justice en première instance aux sujets de S. M., ouvrages et réparations des maisons et hostels du Roy, qu'il falloit entretenir de peur qu'elles ne tombassent en ruine, frais de justice, sans lesquels elle ne pourroit estre rendue et administrée comme il appartient; ce que ledit sr P.P. auroit supplié S. M. de mettre en considération, et se représenter que, cette brèche estant faite à la loy par son commandement, S. M. pourroit, à l'avenir, estre requise et de rechef importunée par des grands d'y déroger, et par ainsy, qu'une ordonnance si sainte et juridique n'auroit plus de lieu. A quoy ladite dame auroit répondu que chacun savoit combien de longues années ladite marquise estoit à son service, qu'elle luy confioit le soin de sa personne, qu'il n'estoit question que du tiers du prix de l'acquisition; davantage, qu'elle n'entendoit qu'il fust dérogé à l'ordonnance que cette seule fois, vouloit qu'à l'avenir elle fust gardée et observée inviolablement, pour les raisons et considérations qui luy avoient esté représentées par ledit sr P.P., auquel elle commandoit d'en faire rapport à ladite Chambre.

(*Créances.*)

362.   30 *Septembre* 1611.
REMONTRANCES SUR LE DROIT ANNUEL.

Ce jour, Mr l'avocat général a rapporté au bureau que Mr le P.P. l'avoit mandé ce matin, pour luy faire voir l'estat de sa disposition, et qu'il avoit vu ledit sr P.P. estre fort indisposé d'un rhume; l'avoit prié de dire à la Chambre de l'excuser s'il ne pouvoit venir, comme il avoit promis; qu'il en estoit fort fasché, pour le désir qu'il avoit de servir la Chambre en ce qu'elle l'avoit député, s'y estoit mesme préparé, comme il luy avoit fait apparoir par les mémoires qu'il avoit dressés, et prioit Mr le président Bailly vouloir prendre la peine de se charger de cette commission.

(*Plumitif.*)

Le président Bailly présenta en effet les remontrances, le 2 octobre.

La Chambre se plaignait des nouvelles conditions insérées dans le projet de bail du droit annuel : il y était dit que les héritiers des officiers qui mourraient après avoir payé régulièrement la taxe du soixantième denier pour jouir de la dispense des quarante jours, ne toucheraient plus, sur le prix de vente de l'office, que le double de l'estimation arbitraire représentée par ce soixantième denier, et que le surplus reviendrait au roi; que, d'un autre côté, l'officier lui-même ne pourrait, en cas de résignation, toucher le prix entier de son office que s'il survivait quarante jours. C'était, comme le dit le président Bailly, ôter toute sécurité aux transactions, et même faire désirer par les résignataires que leur vendeur mourût avant l'expiration des quarante jours, pour obtenir remise de la partie du prix revenant au roi.

Le chancelier répondit, au nom de la reine, que le but, en mettant ces conditions à l'annuel, était d'arrêter la hausse excessive du prix des offices, mais que, si on ne l'approuvait pas, il serait facile de rétablir la recette des parties casuelles, comme le feu roi en avait eu le projet. Le président répliqua que les parties casuelles rapporteraient moitié moins que le bail de l'annuel, et qu'il était plus simple de rayer du projet de bail les nouvelles clauses, ce qui ne toucherait nullement le fermier. Le chancelier promit que la reine réfléchirait, et qu'elle aurait recours aux anciens édits pour supprimer les offices qui viendraient à vaquer par mort.

CHAMBRE DES COMPTES.

363.
31 Janvier 1612.

REMONTRANCES DU PROCUREUR GÉNÉRAL. — DON AU PRINCE DE CONDÉ.

Remonstrances faites au bureau par le procureur général sur le don de 300,000 liv. fait à M^r le prince de Condé.

Que cette Compagnie estant, entre toutes les souveraines de ce royaume, celle qui juge du maniement et dispensation des finances et des dons et bienfaits, mesme auparavant qu'ils puissent estre payés, suivant l'ordonnance faite en pleins Estats et en la majorité de nos Roys, elle devoit, à présent que nous sommes tombés sous la minorité de nostre Roy, régis et gouvernés par le prudent avis et conseil de la reine régente sa mère, avoir l'œil et faire tout son pouvoir que les finances du royaume, comme à présent deniers pupillaires, fussent bien et utilement employées ; ne passer ni vérifier les dons qu'il plaira à Leurs Majestés faire qu'avec une grande connoissance de cause et retenue, les charges et dépenses ordinaires de l'Estat entièrement payées, comme vouloient les ordonnances ; que, sur toutes autres vertus, après la religion et la justice, colonnes de l'Estat, la libéralité, mesme celle qui tient de l'excès, estoit louable aux grands Roys et princes, comme estant les chaisnes d'or dont ils lioient les cœurs et retenoient les bonnes volontés de leurs sujets, mais que cet excès estoit sujet à estre retranché et réglé par leurs officiers et ministres qui, comme eux, estoient préposés et ordonnés pour cet effet ; néanmoins, qu'il offroit présentement de faire voir à la Chambre que, depuis vingt mois seulement que le feu Roy, d'heureuse mémoire, estoit décédé, il s'estoit présenté pour trois millions de livres de dons à prendre sur les deniers de l'Épargne, tous vérifiés en la Chambre, excepté celuy fait à Mr de Guise, lequel, après avoir esté refusé par deux ou trois fois, a esté enfin vérifié pour le quart seulement, outre encore plus d'un million de livres de prétendues dettes, qui se pouvoient dire équipoller à dons, et que le temps seul de la minorité du Roy avoit fait demander ; que, parmy ces dons faits depuis le décès du feu Roy, il s'en trouveroit cinq faits audit seigneur prince de Condé, l'un de 300,000 liv., l'autre de 60,000 liv., le troisième de 9,000 liv., le quatrième de 13,000 et tant de livres, et le cinquième de 60,000 liv., vérifié depuis deux mois seulement. Cette somme de trois millions de livres ne pouvant estre payée des moyens et revenus ordinaires du Roy, eu égard aux pensions, qui ont esté excessivement augmentées depuis le décès du feu Roy, est sur quoy la Chambre fera remonstrances, s'il luy plaist.

Lorsque cela viendra à sa connoissance, il faudra, ces dépenses continuant, prendre par force et s'ayder des deniers qui sont au chasteau de la Bastille, mis en réserve par le feu Roy, pour en estre tirés seulement lorsqu'il arrivera guerres étrangères, ce que Dieu ne veuille, suivant deux de ses lettres patentes, registrées en la Chambre, et les arrests intervenus sur icelles ; et, ces deniers là consommés, qui ne dureront non plus que feu de paille, continuant lesdits dons immenses et les pensions excessives, l'on viendra par après à augmenter les tailles et subsides et faire de nouvelles levées sur le peuple, ou retrancher des charges ordinaires, comme gages et rentes, dont l'un est impossible, parce que le peuple n'en peut plus, et l'autre non faisable ni expédient pour le bien et repos de cet Estat. Donc, prévoyant tels inconvéniens, et pour les éviter, s'il est possible, luy, procureur général, s'est opposé et oppose à la vérification de ce don de 60,000 liv., joint que, lorsque le don de 300,000 liv. fut vérifié, ledit procureur général s'en remit à la Chambre, à cause de la qualité dudit seigneur prince, par protestation toutefois de s'opposer dorénavant à tous dons immenses ; estimant d'ailleurs que cette opposition servira d'exemple pour retenir tous les autres princes et seigneurs de demander, ou au moins de demander sommes modérées[1].

(*Plumitif*.)

---

1. Suivant d'autres remontrances présentées à la reine le 14 décembre 1613, par le président Bailly, le total des dons vérifiés, c'est-à-dire supérieurs à 3,000 liv., s'élevoit alors à plus de 9,600,000 livres. La reine répondit « qu'à la vérité les pensions et dons estoient grands, mais qu'elle les avoit accordés pour bonnes causes, et qu'il luy estoit nécessaire de donner, pour entretenir la paix dans le royaume ; qu'elle n'en tiroit aucun profit, et qu'il ne se trouveroit point de régence en France en laquelle il y eust eu une si longue, si grande, si heureuse paix, comme durant la sienne ; qu'il cousteroit beaucoup et y auroit plus de désordre, s'il falloit faire rouler un canon pour le fait de la guerre. » (*Créances*.)

364.
29 Mars 1612.
LETTRE DU ROI AU P.P. — DROIT ANNUEL.

Monsr Nicollaj, les considérations pour lesquelles j'avoys faict le bail du droict annuel en la forme qu'il est de présent, n'estoient autres que pour avoir d'aultant plus de moyen de gratiffier les vefves et héritiers de mes officiers aux occasions et selon leurs mérites, et pouvoir aussi faire choix des personnes les plus dignes et capables des charges, comme aussi diminuer le pris excessif d'icelles. Et néanmoings, plusieurs d'entre eulx estiment qu'elles sont à leur préjudice et rendent leur condition pire que le préceddant bail; ce qui m'a faict résouldre, comme je le mande présentement à ma Chambre des comptes, de les faire jouyr pour toute cette année du bénéfice dudict droit annuel en la mesme forme et aux conditions qu'ilz en ont jouy les années préceddentes, en vertu dudict préceddant bail. Dont je désire qu'ilz ayent advis au plustost, et me ferez service fort agréable de tenir la main que madicte Chambre des comptes satisface à ce que je luy en ordonne, affin que tous mesdictz officiers congnoissent le soing que j'ay de leur bien et contentement, et soyent d'aultant plus affectionnez au fidelle debvoir de leurs charges. Sur ce, je prie Dieu qu'il vous ayt, Monsr Nicollaj, en sa sainte garde. Escrit à Paris, le xxixme jour de mars 1612[1].

LOUIS.
DE LOMÉNIE.

(Original. — Arch. Nicolay, 64 L 225.)

[1]. Le 30 mars, quànd cette nouvelle fut apportée à la Chambre, le P.P., qui était allé à la campagne, fut rappelé pour porter les remerciements de la Compagnie à la reine ; ce qui s'exécuta le 2 avril. (Créances.)

365.
27 Avril 1612.
ANNIVERSAIRE DE LA DÉLIVRANCE DE PARIS.

Ce jour, Mes Jean Perrot et [Nicolas] Poussepain, deux des échevins, sont venus prier la Chambre vouloir assister à la procession de la réduction des Anglois. Ledit sr Perrot a remonstré que ladite réduction fut faite le 22 avril 1436, auquel temps feu Me Michel de Laillier, maistre des comptes, estoit l'un des premiers qui s'entremit en cette réduction, qui fut honoré par le connestable de la qualité de prévost des marchands, par la faute de celuy qui l'estoit auparavant, et fut confirmé en cette qualité plusieurs années.

(Plumitif.)

366.
14 Juin 1612.
LETTRE DE M. DE VILLEROY. — MALADIE DU P.P.

Extraict d'une lettre de Monseigneur de Villeroy, escripte au sieur Roussellet le xiiijme juin 1612.

Monsr Roussellet, je loue Dieu de la meilleure disposition de Monsieur le président Nicolay, de laquelle vous m'avez donné advis par vostre lettre du douziesme, et prie sa bonté divine de la luy rendre aussy entière et asseurée que je la désire pour moy mesme. L'amytyé qui est entre nous a esté commencée par noz pères, continuée par nous, et sera, comme j'espère, entretenue et observée de mesme affection par noz enfens, ce qui nous oblige d'avoir soing de part et d'autre de tout ce qui leur touchera. De quoy je seray tousjours prest de m'acquiter en touttes occasions, désirant qu'il sache que j'ay trouvé la royne, quant je luy ay parlé de son indisposition, très marrye et en peinc d'icelle, et non moings désireuse et disposée de le favoriser et gratifier les siens, de sorte qu'il a tout subgect de s'en louer et de luy en estre redebvable. Or, qu'il ne pense et s'estudye qu'à recouvrer ses premières forces, affin de pouvoir jouir longues années de la bienveillance et protection de Sa Majesté et de l'assistance et service de ses amys à son contantement. Et continuez à me faire sçavoir de ses nouvelles.

(Copie du temps. — Arch. Nicolay, 44 L 3.)

367. 29 *Septembre* 1612.

LETTRE DE LA REINE-MÈRE AU P.P. — COMMISSION POUR LES QUATRE CAS RÉSERVÉS.

Monsr Nicolay, vous sçavez que je vous ay parlé plusieurs fois et vous ay faict parler par les s^rs d'Attichy et d'Argouges de l'intérest que j'ay pour la restitution du simple des quatre cas réservés par l'eedict d'abolition faict en faveur des officiers des finances, à cause du don qu'il auroit pleu au feu Roy mon seigneur me faire; dont la commission pour la recherche en a esté puis naguères expédiée, en laquelle vous estes le premier nommé, comme vous verrez par la coppie que j'ay commandé vous estre envoiée, estant nécessaire, pour ceste occasion et pour le soing que je désire que vous en aiez, que vous vous transportiez incontinant en ceste ville pour y faire dilligemment travailler, comme je vous en prie, tant pour le bien de la justice que pour le mien particulier. Et m'asseurant de vostre bonne volonté, je prieray Dieu, Monsr Nicolay, qu'il vous conserve en sa sainte et digne garde. Escrit à Paris, le xxixme jour de septembre 1612.

MARIE.

PHÉLYPEAUX.

Lettres de commission.

Louis, par la grace de Dieu Roy de France et de Navarre, à noz amez et féaux conseillers en noz Conseilz d'Estat et privé, Mes Jehan Nicolay, premier président en nostre Chambre des comptes à Paris, Charles Duret, s^r de Chevry, aussy président en icelle, Pierre Thibault, Jehan Lescuyer, Jehan le Picart, Nicolas le Prévost, Raoul le Féron, Ezéchiel Vyon, Louys le Bigot, Claude Violle, cons^ers et maistres ordinaires en nostredite Chambre, Salut. Par noz lettres pattentes du troisiesme jour du présent mois, nous aurions, en suitte et conséquence de l'eedit d'abolition du moys de septembre 1607, accordées par feu nostre très honoré seigneur et père, que Dieu absolve, à tous noz officiers comptables, clercz et commis, et autres lettres de déclaration sur ce intervenues du xvme octobre 1609 et viij^me aoust 1611, ordonné qu'à faulte de s'estre nozdits officiers comptables defféré dans le temps à eux préfix, et restitué le simple des quatre cas par nous réservez et qu'ilz retiennent injustement en leurs mains, il seroit procceddé contre eux suivant et au désir dudit eedit et lettres pattentes cy dessus datées, par les commissaires qui seroient par nous commis et depputez; et ne pouvant pour cest effect faire meilleur choix et ellection que de voz personnes, tant pour la grande congnoissance que vous avez en telles affaires, que de voz fidelles affections qu'avez tousjours tesmoigné avoir au bien de noz affaires et services; pour ces causes, nous vous aurions commis, ordonnez et depputez, commettons, ordonnons et depputons par ces présentes pour, à la dilligence de nostre procureur général en nostredite Chambre, procedder, au nombre de sept, pour l'absence des autres, incessamment et sans aucune discontinuation, aux jours et heures que vous adviserez et assemblerez en la chambre du Conseil de nostredite Chambre, à la recherche, jugement et condempnation souverainement contre nosdits officiers comptables, pour la restitution à nous deue du simple par eux injustement retenu en leurs mains des quatre cas réservés par ledit eedit d'abolition, ensemble du quadruple, peines et amandes par eux encourues pour n'avoir par eux satisfaict à nosdites lettres de déclaration et dans le temps à eux préfix; en laquelle chambre du Conseil de nostredite Chambre, aux jours et heures que vous vous assemblerez, voullons, ordonnons et enjoignons très expressément à noz conseillers correcteurs en nostredite Chambre de faire leur rapport par devant vous de leurs corrections, tout ainsy qu'ilz ont accoustumé de faire au grand bureau d'icelle; ausquelz correcteurs, à la dilligence de nostre procureur général, seront baillez par les gardes des livres tous comptes, liasses, acquictz et autres pièces dont ilz auront besoing, pour estre par vous instruictz et jugez, les formes en tel cas observez. Et d'autant que, pour l'exécution de voz jugemens interlocutoires, instructions, exécutions d'iceux, il sera besoing de commettre et subdéléguer quelques ungs d'entre vous ou autres noz officiers sur les lieux, nous nous réservons à y pourveoir et commettre selon que le jugerons à propos. Voulans en outre que Mes Jehan Bourlon et Edmon Berthelin, cons^{ers} et secrétaires de nous, maison et couronne de France, greffiers en nostre Chambre, facent toutes les expéditions qui seront nécessaires de tout ce qui sera par vous géré, ordonné et exécutté pour l'effect de ceste nostre volonté, tout ainsy qu'ilz ont accoustumé faire en ce qui regarde les expéditions de nostredite Chambre, et qu'ilz en tiennent bon et fidel registre à part et séparé, pour y avoir recours quand requis en sera. De ce faire vous donnons pouvoir, commission et mandement spécial. Car tel est nostre plaisir. Donné à Paris, le troisiesme jour d'aoust, l'an de grace 1612, et de nostre règne le troisiesme.

(Original et copie. — *Arch. Nicolay*, 22 L 2 et 73 L 18.)

368.
24 et 25 Janvier 1613.
CONFLIT AVEC LA COUR DES AIDES.

Ce jour, sur ce que le procureur général a remonstré qu'arrivant en la Chambre, il avoit vu contre la porte d'icelle certain placard intitulé : *Extrait des registres de la Cour des aydes*, et l'ayant lu, auroit reconnu que c'estoit un arrest de ladite Cour sur le fait et payement des rentes, ordre et distribution d'icelles, auxquels ladite Cour des aydes prétend avoir esté contrevenu, et, de fait, que par ledit arrest est ordonné qu'il sera informé des abus et malversations qui se commettoient au payement desdites rentes, et que ledit arrest seroit imprimé et affiché par les carrefours de cette ville et faubourgs de Paris. Et d'autant qu'il estimoit, tant par l'affiche d'iceluy arrest à l'entrée de ladite Chambre, comme dit est, que par la teneur d'iceluy, y avoir entreprise faite par ladite Cour des aydes sur l'autorité et juridiction de ladite Chambre, et qu'il n'appartenoit qu'au Roy et à icelle Chambre, sous le bon plaisir de S. M., de faire règlement sur le payement et distribution des deniers royaux, abus, malversations et rétentions de deniers, requéroit qu'il plust à ladite Chambre ordonner que ledit placard seroit enlevé, et autres, si aucuns estoient affichés autour d'icelle Chambre, iceux apportés au bureau et mis en ses mains, pour, ce fait, prendre par luy telles conclusions que de raison ; et ce pendant, qu'il seroit informé contre celuy ou ceux qui, par témérité ou entreprise, auroient mis et affiché lesdits placards contre et à l'entour d'icelle Chambre. L'affaire mise en délibération, la Chambre a ordonné que lesdits placards seront présentement enlevés et ostés, et iceux apportés au bureau ; et, pour ce faire, a commis Blondeau et Maugrain, huissiers, lesquels à l'instant ont rapporté l'un desdits placards entier et quelques restes et morceaux d'un autre, qui ont esté mis ès mains dudit procureur général, pour prendre telles conclusions que de raison.

Et le lendemain, ledit procureur général a remonstré qu'il avoit communiqué de cette affaire avec Me Claude Mérault, cons^{er} auditeur en ladite Chambre et l'un des échevins de la ville, et qu'il estimoit à propos de mander les prévost des marchands et échevins de ladite ville au premier jour. Sur quoy, ladite Chambre a ordonné que les prévost des marchands et échevins seront mandés à samedy prochain, pour estre ouïs. Et à l'instant a esté commandé à Robichon, commis au greffe, de leur faire savoir ce jourd'huy. Et a ledit procureur général mis ledit placard au greffe.

(*Plumitif.*)

369.
15 Octobre 1613.
ENREGISTREMENT DEMANDÉ PAR LA REINE-MÈRE.

Le procureur général rapporte qu'il s'est rendu à la cour pour diverses affaires.

La reine, avertie que luy, procureur général, estoit en cour, luy fit dire par le s^r Phélypeaux, son secrétaire, qu'il l'allast trouver. Y estant allé le lendemain, à l'issue du disner, S. M. luy dit que le feu Roy luy avoit fait don des deniers provenans de la création des secrétaires de la chambre du Roy, qu'elle avoit différé de faire faire les expéditions jusques au commencement de cette année, que l'on luy avoit fait entendre que la Chambre ne les avoit pas trouvées en bonne forme, et d'ailleurs, ignorant que ce fust un don que le feu Roy luy avoit fait, qu'elle ne l'avoit voulu passer, ains ordonné qu'elle seroit suppliée que l'on les réduisist à un certain nombre, tel qu'il luy plairoit. Ajouta que, depuis le décès du feu Roy, elle avoit fait du bien à tout le monde, sans s'en faire à elle mesme; que ces biens qu'elle avoit faits, soit en pensions ou en dons, bien que grands et excessifs, avoient esté par conseil et nécessité, pour nous donner et conserver la paix; que, grace à Dieu, elle n'avoit point esté trompée ni déçue, et que particulièrement les officiers et le peuple en avoient ressenti le fruit; que, par plusieurs fois et selon les occurrences, elle avoit commandé la vérification de quelques édits et dons à la chambre; mais, à présent, qu'elle la vouloit prier pour la vérification dudit édit de création des secrétaires de la Chambre; qu'elle luy commandoit d'user de ces termes à la Chambre. Et en passant, luy parla des secrétaires des finances qui avoient esté vérifiés du temps du feu Roy; et que la reine luy avoit nommé celuy en faveur duquel ladite Chambre l'avoit fait, qui en eut tous les deniers, ou la plus grande partie, et qu'elle croyoit mériter davantage; que, pour le regard de luy, procureur général, elle s'assuroit de son service, et, afin qu'icelle Chambre ajoutast plus de foy et de créance à ses paroles, qu'en luy faisant mettre l'édit en main, elle luy feroit donner des lettres du Roy, remettant le reste à ce qu'il en diroit sur ce. Qu'il luy promit tout service et obéissance, et qu'en luy obéissant, il croyoit faire chose agréable au Roy, et que fidèlement il feroit entendre à la Chambre tout ce que S. M. luy auroit commandé de sa part.

Et à l'instant, a présenté lesdites lettres closes du Roy à ladite Chambre, mises ès mains de M^r le Bigot, cons^er maistre, qui en auroit fait lecture.

(Plumitif.)

---

370.   *12 Janvier 1614.*
LETTRE DU CONNÉTABLE AU P.P.

De la Grange des Prez lez Pezénas, ce xij^me janvier 1614.

Monsieur,   Vous trouverez cy enclose la coppie d'une ordonnance qui vous sera présentée par le s^r Guillemyne, commissaire ordinaire des guerres, que j'ay faicte pour retrancher les abbuz qui se commettent au préjudice des ordonnances du Roy pour les commissaires des guerres. Il vous plairra, Monsieur, de faire ordonner par la Chambre qu'elle sera registrée au greffe d'icelle, affin qu'elle soit observée. Vous priant de me tenir en voz bonnes graces, et m'aymer comme vostre bon voysin. Et où j'auray moyen de vous servir, je le feray de bon cœur, duquel je suis,
            Monsieur,

Vostre très affectionné et plus obéyssant amy pour vous servir.
                    MONTMORENCY.
        (Original. — *Arch. Nicolay*, 71 L 2.)

---

371.   *22 Février 1614.*
TRÉSOR DE LA BASTILLE.

Ce jour, M^r le P.P. a rapporté que, suivant le commandement de la reine régente fait le jour d'hier par un huissier du Conseil du Roy venu en la Chambre, sur les neuf heures du matin, MM. les présidens de service, quatre de MM. les maistres des plus anciens et M^r le procureur général la furent trouver, à l'issue de son disner, en son petit cabinet du Louvre, où estoient M^r le chancelier et M^r le président Jeannin. Et ladite dame, prenant la parole, leur auroit dit qu'elle les avoit mandés pour leur faire entendre que, depuis la mort du feu Roy et durant le temps de sa régence, elle s'estoit évertuée, autant qu'il luy avoit esté possible, de maintenir la paix en ce royaume, pour en remettre le gouvernement entre les mains du Roy au temps de sa majorité; que Dieu luy avoit fait la grace de soulager le peuple et gratifier les princes et les grands du royaume par bienfaits et libéralités, selon que les affaires du Roy l'avoient pu permettre, et pensoit les avoir tous obligés à rendre au Roy l'obéissance qui luy estoit due; néanmoins, qu'elle voyoit bien, et chacun le pouvoit aussy connoistre, que quelques uns vouloient troubler le repos public, à quoy elle estoit résolue de s'opposer et faire obéir le Roy; qu'à cette fin, elle seroit contrainte de prendre les armes, à son grand regret, et se servir des deniers qui estoient en réserve à la Bastille, plutost que de surcharger le peuple de nouvelles crues et impositions; que c'estoit là le sujet pour lequel elle les avoit mandés, afin de disposer la Chambre à consentir qu'il fust tiré de ladite Bastille jusqu'à un million de livres, pour fournir aux frais de la guerre, si d'aventure le mal croissoit.

Dit outre Sadite Majesté (avec un visage et des paroles qui témoignoient sa douleur) qu'elle avoit espéré achever sa régence en paix, comme elle l'avoit heureusement commencée et continuée jusqu'à présent, mais qu'il sembloit que l'on luy enviast ce bonheur, et que l'on n'avoit su patienter encore sept ou huit mois, que le Roy auroit atteint l'age de sa majorité; que l'on verroit lors si les affaires seroient mieux conduites et administrées que du temps de sa régence; ajoutant que Mr de Ventadour estoit de retour de son voyage sans aucun fruit.

A quoy auroit esté répondu par ledit s^r P.P. qu'il n'y avoit un seul de tous les officiers de la Chambre, non seulement là présens, mais aussy absens, lequel ne regrettast avec larmes l'éloignement de quelqu'un de MM. les princes d'auprès du Roy et de S. M., et la crainte qu'elle avoit de voir ce royaume en trouble et le Roy mal obéi; que chacun estoit témoin du soin vrayment maternel et de la peine que S. M. avoit prise sans aucun relasche, depuis la mort du feu Roy; au gouvernement de cet Estat et à la nourriture et instruction du Roy son fils en la piété et en toutes sortes de vertus héroïques, convenables à sa grandeur. Aussy espéroient ils qu'avec la grace de Dieu et la prudente conduite de S. M. et de Messieurs de son Conseil, ce feu qui commençoit à naistre seroit plus tost éteint qu'allumé, dont chacun prenoit jà un bon augure de quelques uns que l'on disoit avoir esté envoyés vers le Roy de la part de M^r le Prince, pour assurer Leurs Majestés de son obéissance et fidélité; que, si les affaires prenoient un autre chemin, et qu'il fallust lever les armes pour faire obéir le Roy, il n'y avoit trésor si précieux et si sacré lequel il ne fust loisible d'entamer pour l'employer en un sujet si juste et important au bien de cet Estat; qu'à la vérité, le feu Roy avoit amassé les deniers qui estoient en la Bastille avec un grand soin, ménage et travail, et, par deux de ses lettres patentes registrées en la Chambre, expressément défendu de les en tirer, si ce n'estoit pour les affaires de la guerre très importantes et en vertu de lettres patentes adressantes à ladite Chambre, qui seroient expédiées à cette fin. Supplioit S. M. de n'y point mettre la main, mesmement en la minorité du Roy, si ce n'estoit à toute extrémité, d'autant que la réputation des armes du feu Roy et de ses deniers mis en épargne avoit empesché les étrangers d'entreprendre contre luy et maintenu ses sujets en leur devoir.

Ladite dame, se tournant vers M^r le chancelier et M^r le président Jeannin, auroit dit qu'ils savoient combien elle avoit esté religieuse à conserver lesdits deniers, auxquels n'avoit esté touché que pour la guerre de Juliers, et que, s'il estoit nécessaire de s'en servir en cette occasion, elle auroit soin de les faire remplacer. Puis, adressant sa parole auxdits sieurs des comptes, les auroit assurés de ce que dessus, ajoutant qu'ils savoient bien comme les finances estoient conduites et ménagées, et que la nécessité commençoit à se glisser aux affaires du Roy, à l'occasion des grandes dépenses que S. M. estoit contrainte supporter pour la manutention de la paix.

A quoy ledit s^r P.P. auroit répondu qu'à la vérité les officiers de la Chambre devoient estre mieux informés que nuls autres de la dispensation des finances du Roy, mais que, depuis le décès du feu Roy, ceux qui estoient là présens du corps de la Chambre n'avoient pas eu ce bonheur d'en pouvoir voir le maniement et reconnoistre les nécessités présentes que S. M. leur exposoit; néanmoins, qu'ils feroient rapport à la Chambre de ce qu'il plaisoit à Sadite Majesté leur commander.

Lors, M' le chancelier auroit dit que le Roy avoit fait un règlement en son Conseil pour la Chambre, lequel y seroit envoyé au premier jour.

Et comme les officiers de ladite Chambre prenoient congé de Sadite Majesté, elle leur auroit recommandé des affaires qui touchoient M' le duc de Guise et M' le comte de St-Paul, desquelles il seroit fait rapport en bref en ladite Chambre; ajoutant que c'estoient des princes qui servoient bien le Roy.

Finalement, ladite dame les auroit priés de continuer l'affection qu'ils avoient toujours montré avoir au bien de son service; dont ledit s' P.P. l'auroit assurée, de la part de toute la Compagnie, laquelle serviroit d'exemple à tous les sujets du Roy de l'obéissance et fidélité qu'ils devoient à leur prince naturel.

(*Plumitif* et *Créances*.)

Le 28 février, sur autre commandement de procéder à la vérification des lettres patentes du roi pour tirer un million de livres de la Bastille, la Chambre ordonna l'enregistrement. Le 27 mai, la reine demanda à prendre de nouveau un million et demi, pour licencier les troupes étrangères, qui faisaient de grands ravages. Les lettres n'ayant été enregistrées que pour un million, la reine fit venir, le 2 juin, les députés de la Chambre, et leur représenta que les armées ruinaient le peuple, ce qui était double perte pour le roi, parce qu'il fallait toujours payer les gens de guerre; autrement, ils vivraient, comme ils faisaient déjà, sur le peuple, lequel étant ruiné, ne pourrait payer la taille, et il faudrait l'en décharger. A quoi le président de Marly fit réponse que la Chambre considérait ces deniers comme si sacrés, qu'on n'y devoit toucher qu'avec grande nécessité; le million devait suffire, et c'était ôter les forces de l'État d'en tirer davantage.

Néanmoins, sur nouvelle jussion, les lettres patentes pour les 500,000 liv. de surplus furent enregistrées le 10 juin. Voy. les pièces du *Plumitif* et autres imprimées dans la *Revue rétrospective*, année 1834, t. II, pages 118-122, d'après le ms. Dupuy 91.

372. *Février* 1614.
ÉDIT PORTANT RÈGLEMENT POUR LA CHAMBRE.

Confirmation du règlement d'août 1598.

« Afin que tous les officiers de ladite Chambre puissent avoir une plus parfaite et entière connoissance de l'ordre et administration des finances et de la gestion de chacun des comptables, » chaque compte sera, d'année en année, présenté et jugé alternativement en l'un et en l'autre semestre.

Règlements divers pour les officiers comptables.

Défense à la Chambre de faire aucune entrée extraordinaire ou à volonté, sans commandement exprès.

Dorénavant les mercuriales se tiendront tous les trois mois. Les présidents et trois des plus anciens maîtres y viendront représenter les contraventions aux ordonnances, et les feront juger immédiatement.

Les règlements seront lus à l'ouverture de chaque semestre [1].

(*Plumitif*. — Impr. dans la collection Mariette.)

1. Le dimanche 23 février, le P.P. et les présidents ayant été mandés chez le chancelier pour prendre connaissance de ce règlement, qui avait été préparé par la direction des finances, le P.P. protesta tout d'abord que, « si la Chambre eust esté avertie des plaintes, elle y eust pourvu sur le réquisitoire de M' le procureur général du Roy. » (*Plumitif*, 25 février.) — L'enregistrement de l'édit ne fut fait que le 13 mai, avec de grandes réserves ou modifications.

373. 21 *Juin* 1614.
ARRÊT POUR LA SÉANCE DU P.P. AUX DEUX SEMESTRES.

Sur le différend meu entre Mre Jehan Nicolay, premier président en la Chambre des comptes de Paris, et Mre Charles Bailly, aussy président en ladite Chambre, pour raison de l'entrée et séance dudit président Nicolay en icelle durant le semestre de juillet; veu par le Roy, en son Conseil, les escritures, mémoires, tiltres et pièces mises par lesdites parties par devant les commissaires à ce depputés suivant l'arrest du Conseil du xiij^{me} may dernier; lettres de provision de l'office de premier président en ladite Chambre, du xxvj^{me} janvier mil cinq cens quatre vingtz, au nom dudit Nicolay; autres lettres de provision dudit office et arrestz de réception en iceluy, des cinquiesme octobre mil cinq cens six, huictiesme aoust et deuxiesme janvier mil cinq cens vingt ung, et vingt septiesme septembre mil cinq cens cinquante troys;

. . . .

autre eedit du moys de mars MDLXVII, portant restablissement dudit semestre; autre eedit du moys de novembre MDLXXX ung, portant distribution du service des officiers de la Chambre des comptes de Normandie par semestres, et que le premier président en ladite Chambre des comptes pourroit assister et présider èsdites deux séances en la qualité de premier président, quant il voudra, ainsy qu'il est fait et observé en la Chambre des comptes de Paris; extraits des registres de plusieurs années de ladite Chambre des comptes de Paris, des closéures de plusieurs comptes de l'Espargne, ordinaire et extraordinaire des guerres, et autres arrestées ès moys de juillet et autres subséquens dudit semestre, les premiers présidens de ladite Chambre y séans; autre extrait de plusieurs créances rendues et receues par lesditz premiers présidens durant ledit semestre de juillet; après que les parties ont pris respectivement communication de leursdites productions et ont esté ouyes en personne audit Conseil;

Le Roy, en son Conseil, a ordonné et ordonne que ledit président Nicolay, suivant la liberté laissée aux officiers de ladite Chambre par ledit eedit du mois de febvrier mil cinq cens cinquante ung, pourra, durant ledit semestre de juillet, entrer en ladite Chambre, y seoir et présider en qualité de premier président, toutes les fois que bon luy semblera, sans qu'il y puisse estre troublé ni empesché par ledit président Bailly ou autre plus antien des présidens destinez au service dudit semestre.

Du xxj^{me} jour de juing 1614, à Paris.

BRULART. BOCHART CHAMPIGNY.
L. DOLLÉ.

(*Original.* — Arch. Nat., *Conseil des finances*, E 45.)

374.

19 Juin 1614.
PRÉPARATION DES CAHIERS POUR LES ÉTATS.

Le prévôt des marchands et les échevins viennent prier la Chambre de député aux assemblées qui se feront pour la préparation des cahiers de remontrances, en vue de la réunion des États indiquée pour le 15 septembre, dans la ville de Sens. Mais, à l'exemple du parlement, qui a refusé de député sous prétexte que les cahiers des États lui seront présentés à vérifier, la Chambre, sur la requête de l'avocat général et « pour la conservation de son autorité, » répond par un refus.

(*Plumitif.*)

375.

5 Juillet 1614.
AUDIENCE DE DÉPART DU ROI.

Ce jour, M^r le P.P. a envoyé prier la Chambre de l'excuser si, estant retenu en sa maison de quelque indisposition qui luy estoit survenue, il envoyoit sa créance par écrit de ce qui s'estoit passé le jour d'hier au Louvre, au lieu de l'exposer au bureau de vive voix, selon qu'il l'avoit projeté et eust bien désiré le pouvoir faire. De laquelle a esté fait lecture à l'instant, contenant que, le jeudy 3, sur les six heures du soir, un valet de chambre de la reine l'estoit venu trouver en sa maison, de la part de S. M., pour l'avertir qu'il eust a se rendre au Louvre le lendemain, sur les onze heures du matin; ce qu'il auroit fait, en la compagnie de M^r le président Gobelin. Et estant arrivés en la chambre où l'on a accoutumé de tenir le Conseil, y auroient trouvé grand nombre de MM. les présidens, conseillers et Gens du Roy, du parlement, et plusieurs de Messieurs, tant présidens que maistres et Gens du Roy, de la Chambre, qui estoient jà arrivés, à savoir : MM. Danès, Tambonneau et Duret, présidens; MM. Hesselin, le Lièvre, Hallé et Wyon, cons^{ers} maistres, et M^r l'avocat général. Depuis leur arrivée, Messieurs de la Cour des aydes seroient survenus, et, tous en suite les uns des autres, selon l'ordre des Compagnies, auroient esté conduits en la galerie où estoient le Roy et la reine, assistés d'un grand nombre, tant de princes, officiers de la couronne, qu'autre noblesse. Messieurs du parlement s'estant retirés, mesdits sieurs des comptes se seroient approchés de Leurs Majestés, qui estoient assises : le Roy à main dextre de la reine, et près de luy M^r le chancelier ; à la senestre de ladite dame estoient MM. les cardinaux de Joyeuse et de Bonzy, MM. de Guise, MM. les ducs d'Épernon et de Ventadour, et M^r le mareschal de Lavardin, et quelques autres seigneurs dont il ne se souvient. Mondit s^r le P.P. voyant que Leurs Majestés ne prenoient point la parole pour exposer à Messieurs des comptes le sujet de leur convocation, se seroit avancé de leur représenter qu'ayant esté avertis de les venir trouver, ils apportoient à Leurs Majestés le mesme cœur, affection et fidélité qu'ils avoient toujours rendus à leurs commandemens ; qu'il couroit un bruit que Leursdites Majestés proposoient de faire un voyage, lequel causeroit du regret et de l'ennuy de leur absence, non seulement à leurs officiers, mais aussy à tous les habitans de la ville, leurs bons et fidèles sujets.

La reine, prenant la parole, leur auroit dit qu'elle avoit témoigné par ses actions passées combien elle avoit désiré maintenir la paix en ce royaume, laquelle, comme la Chambre savoit mieux que toute autre Compagnie, elle avoit esté contrainte acheter bien chèrement des deniers qui avoient esté tirés du trésor de la Bastille, à son grand regret ; que le pauvre peuple avoit ressenti les effets de ces derniers mouvemens, lesquels n'estoient encore apaisés, comme elle s'estoit promis, d'autant que Mr de Vendosme continuoit de tenir sur pied des gens de guerre en Bretagne, prenoit des villes et travailloit beaucoup les sujets du Roy ; d'autre part, que M^r le Prince estoit près de Poitiers, avec beaucoup de troupes, dont les habitans estoient intimidés et le plat pays en trouble ; ce qui obligeoit Leurs Majestés de s'acheminer à Orléans et partir dès aujourd'huy, afin d'assurer les villes, contenir les sujets du Roy en leur devoir, et d'assoupir le trouble qui restoit en ce royaume, par les meilleurs moyens dont elles se pourroient aviser ; que Leurs Majestés laissoient en cette ville un Conseil pour la conduite des affaires qui se présenteroient. Les prioit de tenir la main en leur Compagnie et dans la ville à ce que le Roy fust toujours servi et obéi.

Ledit s^r P.P., adressant sa parole au Roy, luy auroit dit que les voyages des Roys ès provinces de leurs royaumes ressemblent au cours du soleil, lequel réjouit par son aspect et bonifie par ses influences les lieux qu'il éclaire et échauffe de ses rayons ; espéroit que S. M. trouveroit tous ses sujets, de quelque qualité qu'ils fussent, disposés à luy rendre obéissance.

Puis, adressant sa parole à la reine, luy auroit témoigné que chacun reconnoissoit la peine et le travail qu'elle avoit pris sans cesse depuis sa régence au gouvernement de cet Estat et à maintenir la paix et l'autorité du Roy en ce royaume, dont tous les sujets de S. M. luy avoient une extrême obligation ; que Dieu béniroit son voyage et ses louables desseins, qui seroient accompagnés des vœux et prières que tous les officiers de sa Chambre présenteroient chacun jour à Dieu pour la conservation de Leurs Majestés, le bien de leurs affaires et réputation de leur Estat.

Ce propos fini, M^r le chancelier auroit dit que Mr de Maupeou, intendant des finances, avoit une déclaration pour la Chambre ; de laquelle il n'auroit exposé le sujet.

Le Roy, se levant de sa chaire, lorsque lesdits officiers vouloient prendre congé de luy, leur auroit dit qu'il leur recommandoit son service, et ledit s^r P.P. l'auroit assuré, de la part de tous les officiers de sadite Chambre, qu'ils ne manqueroient jamais, ni en général, ni en particulier, à l'obéissance et fidélité qu'ils luy doivent, comme à leur prince naturel et souverain ; qu'ils n'espéroient en ce monde aucun bien ni félicité qu'en sa grandeur. Prioit Dieu de luy fortifier le bras et fléchir le cœur de ses sujets en la reconnoissance de l'honneur et obéissance qu'ils luy doivent, de sorte que, comme S. M. est héritier de la couronne du feu Roy son père, qu'elle le soit aussy de ses vertus héroïques, de son bonheur et de sa réputation [1].

(*Plumitif.*)

---

1. Le 11 septembre suivant, le P.P. conduisit la députation pour le retour du roi.

376.
23 Août 1614.
PROCÈS-VERBAL D'ÉRECTION DE LA STATUE DU ROI HENRI IV.

A la très glorieuse et immortelle mémoire du très auguste et invincible Henry le Grand, quatriesme du nom, Roy de France et de Navarre. Le sérénissime grand duc de Thoscane Ferdinend, meu de zelle vers la postérité, feist faire et jecter en bronze, par l'exelent sculpteur Jehan de Boulongne, ceste efigie, représentant Sa Majesté très chrestienne, à cheval, que le sérénissime grand duc Cosme, second du nom, feist achever d'élaborer par le sieur Pietro Taca, son sculpteur, et l'envoya en très digne présent, soubz la conduicte du chevalier Pescholini, agent de Son Altesse Sérénissime, et d'Anthonio Guido, ingénieur, à la très chrestienne et très auguste Marie de Médicis, royne régente en France, après le décedz de ce grand Roy, soubz le règne du très auguste Louys, treiziesme du nom, Roy de France et de Navarre. Par le commandement très exprès duquel et de ladicte dame royne sa mère, Messieurs de Verdun, premier président en la Court de parlement de Paris, Nicolaj, premier président en la Chambre des comptes dudict Paris, de Belièvre, procureur général de Sa Majesté, Lefébure, du Moulin, de Gaulmont, Godeffroy, Vallée, Hotman, Almeras, de Donon et le Gras, trésoriers généraulx de France audict Paris, tous commissaires ayans l'intendance de la construction du Pont Neuf de Paris, ont, au milieu d'iceluy, assistez des sieurs Pietro de Francavilla, premier sculpteur de Leurs Majestez, et Francisco Bordoni, leur sculpteur ordinaire, faict dresser et poser avec solemnpité cestedicte efigie sur le piédestal à ceste fin érigé. Assistans à ce Messieurs de Sainct Brisson Séguier, prévost de Paris, de Mesmes, son lieutenant civil, Myron, prévost des marchandz de ladicte ville, Desnœudz, Desprez, Pasquier et Huault, eschevins d'icelle, l'an mil six cens quatorze, le vingt troisiesme jour d'aoust.

Et lesdictz an et jour, avant midy, est comparu par devant Simon Moufle et Louys Lecamus, nottaires gardenottes du Roy nostre sire en son Chastellet de Paris, soubzsignez, ledict sieur Pietro de Francavilla, lequel leur a requis acte du contenu cy dessus, qu'il a déclairé contenir vérité. A luy octroyé le présent, à telle fin que de raison. Et a signé cy dessoubz.

PIETRO DE FRANCHAVILLA.
MOUFLE. LECAMUS.
(Original. — Arch. Nat., *Musée*, n° 782.)

377.
4 Avril 1615.
RÉPRIMANDE POUR UNE ASSEMBLÉE EXTRAORDINAIRE.

Dès le 15 janvier, le procureur général, en s'opposant à l'enregistrement d'un don de 80,000 livres accordé à M. de Bertichères, contre remise du gouvernement d'Aigues-Mortes, « trafic bien plus honteux que la vénalité des offices dont les Estats faisoient tant de plaintes, » avait déclaré que, pour lui, il « estoit las et ennuyé de tant de dons. » Le 2 avril, il avait fait dire, par M⁰ Dreux, avocat général, que, si la Chambre cherchait des remèdes au désordre des finances, il ne voyait rien à innover, mais seulement à examiner les comptes de l'Épargne, « la mer des finances; » qu'on y verrait tous les dons, récompenses ou pensions attribués, depuis la mort du feu roi, à des gens qui n'avaient ni mérite, ni qualité. Conformément à ce réquisitoire, la Chambre avait nommé des présidents et des maîtres de chaque semestre pour vaquer à l'enquête ; mais, dès le jour suivant, le roi avait fait mander le P.P., deux présidents et quatre maîtres.

Ce jourd'huy, Mʳ le P.P. a rapporté au bureau que . . . . le Roy, prenant la parole, luy auroit dit qu'il les avoit mandés pour leur dire qu'il avoit esté averti que les officiers de sa Chambre y faisoient des assemblées contraires à son autorité, et qu'il leur défendoit de se plus assembler, disant ces mots : « Ne le faites plus, je vous le défends. »

La reine poursuivant son discours, ledit sʳ P.P. luy auroit remonstré en ces termes :

« Sire, l'assemblée qui fut faite jeudy dernier en vostre Chambre, estoit des deux semestres, qui avoient esté convoqués pour la réception d'un auditeur de vos comptes, suivant la forme de tout temps pratiquée à la réception des officiers du corps d'icelle et fondée en l'observation de vos ordonnances. Ensuite, il fut parlé du compte que M⁰ Étienne Puget, trésorier de vostre Épargne, est tenu de rendre en vostre Chambre de sa gestion de 1613. Et d'autant que vos officiers qui servent en ce semestre n'ont pas telle connoissance de l'administration de vos finances et maniement d'icelles, depuis vostre avénement à la couronne, qu'il seroit requis pour le bien de vostre service, il avoit esté avisé en ladite assemblée qu'aucuns de MM. les présidens et cons^{ers} maistres s'employeroient à faire quelques extraits sommaires des comptes de vostre Épargne rendus peu auparavant le décès du feu Roy vostre père, de très heureuse mémoire, et de ceux qui ont esté clos durant vostre minorité, afin que les officiers qui doivent assister au premier jour à l'examen et cloture du compte dudit M⁰ Étienne Puget, ayent une plus entière et parfaite intelligence de l'ordre qui se tient en vos finances.

« Voilà, Sire, les deux affaires qui ont esté traitées en l'assemblée susdite, lesquelles ne tendent qu'au bien de vostre service, à la décharge des officiers de vostre Chambre et à la manutention de vostre autorité, laquelle ils révèrent comme ils sont obligés, et servent d'exemple en la fonction de leurs charges à vos autres sujets de l'obéissance et fidélité qu'ils doivent à V. M. »

Davantage, ledit s^r P.P. ajouta que la plupart des officiers qui estoient là présens, avec beaucoup d'autres du corps de la Chambre, avoient esté, les uns, exilés de leurs maisons et spoliés de leurs biens, les autres, emprisonnés pour le service du feu Roy, durant les troubles, témoignant en cela leur zèle et affection à son service. Supplioit très humblement S. M. ne donner point de lieu aux sinistres impressions et rapports qu'on luy pourroit faire des assemblées et actions innocentes des officiers de sadite Chambre, ains présumer toujours le bien de leur part et s'assurer qu'ils continueroient de plus en plus en leur fidélité.

A quoy fut répondu par M^r le chancelier, lequel estoit proche le Roy, que S. M. estoit bien informée de leurs bons déportemens à son service, mais que telles assemblées n'estoient pas beaucoup nécessaires, et seroient plus louables en autres temps et occasions.

(*Plumitif* et *Créances*.)

378.
11 Mai 1615.
REMONTRANCES PRÉSENTÉES PAR LE P.P. — DROIT ANNUEL.

Sire, voicy la troisième fois que les Gens de vos comptes, vos très humbles et très obéissans serviteurs, officiers et sujets, se présentent devant V. M. pour recueillir le fruit de leurs espérances, fondées sur la vérité de vos paroles qui ont esté cy devant rapportées en nostre Compagnie par nos collègues et depuis registrées dedans nos registres, pour un témoignage à la postérité de vostre bonté vrayment royale et de la protection qu'il vous plaist prendre de vos officiers . . . .

Jamais le consul Flaminius ne reçut tant d'honneur et de louanges des Grecs, lorsqu'il leur prononça l'arrest de leur liberté de la part du peuple romain, que V. M. recevra de bénédictions de ses officiers, lorsqu'il luy aura plu les affranchir de la servitude et de la rigueur des quarante jours. Car, en un jour, Sire, voire mesme en une heure, V. M. obligera cent mille ames épandues par toutes les villes et provinces de vostre royaume, qui béniront le siècle heureux de vostre gouvernement . . . .

Sire, ce ne seroit que des redites ennuyeuses à V. M., de luy vouloir représenter les raisons et les considérations sur lesquelles est fondée la justice de leur cause. Elles ont esté amplement déduites par nos collègues qui ont eu l'honneur de parler devant vous, de sorte que ce seroit moissonner la grace qui leur en est due, si je voulois m'étendre plus au long sur ce mesme sujet. Je feray donc comme les voyageurs, lesquels entrant dedans un beau et spacieux parterre, se contentent de cueillir les fleurs qui n'ont esté reconnues de ceux qui les ont devancés . . . .

Le sceptre que V. M. porte en sa main droite, est la marque et le symbole de sa puissance souveraine.

Mais, Sire, considérez, s'il vous plaist, que le mesme Dieu qui vous fait porter le sceptre en une main, vous fait aussy tenir en l'autre celle de justice, pour nous enseigner que ces deux puissances doivent estre tenues en une égale balance et marcher d'un mesme pas, comme deux germaines issues d'un mesme père, qui est Dieu, lequel vous fait part de sa divinité . . . .

Caton disoit que de son temps l'on voyoit au Capitole de Rome la statue de la Foy si proche de celle de Jupiter, qu'il sembloit que ce fust la figure d'une fille à costé de son père. Sire, les grands princes et monarques de la terre (que le poëte Homère dit estre les enfans et les nourrissons de Jupiter) n'approchent en rien plus près de la divinité, qu'en tant qu'ils sont véritables en leurs promesses et immuables en leurs volontés . . . .

L'empereur Auguste disoit ordinairement que ceux qui poursuivent un gain avec leur dommage, ressemblent aux pescheurs qui peschent avec un hameçon d'or, d'autant que la perte qu'ils font est plus grande que leur prise. La clause des quarante jours est l'hameçon d'or duquel vos prédécesseurs se sont servis pour jouir du prix des offices de leurs officiers, lorsqu'ils ont esté prévenus de mort avant le temps. Cette loy, Sire, vous est utile, je le confesse; mais elle distrait et aliène de V. M. le cœur et l'affection de ses officiers, qui est un trésor que la guerre et les partialités ne vous sauroient ravir ni épuiser . . . . .

Mais je suis enseigné par un ancien docteur de l'église qu'il n'y a point de raisons plus fortes et plus puissantes en la bouche d'un enfant pour fléchir le cœur de son père, d'un serviteur envers son maistre, et d'un sujet envers son prince naturel, que de n'en point user et de n'en point alléguer, mais au contraire se soumettre humblement à ses volontés et toujours bien espérer de sa justice, clémence et débonnaireté. Nous mettons donc à vos pieds, Sire, nos biens, nos vies, nos honneurs et nos dignités. Disposez en comme il vous plaira. Quand il ne nous resteroit autre bien que celuy de la parole, nous l'employerons toujours volontiers à publier et magnifier vos graces et vos bienfaits et ceux que la France a reçus de la reine, à la prudente conduite et magnanimité de laquelle elle doit son repos et sa conservation, et à prier Dieu sans cesse qu'il bénisse vostre règne, augmente vos ans des nostres et vous élève en tel degré d'honneur et de gloire, qu'aucun monarque de la terre ne vous puisse égaler en grandeur et en réputation. . . . .

Ensuivez donc, s'il vous plaist, Sire, l'exemple, et prenez le conseil que l'empereur Vespasien donnoit aux grands princes et monarques tels que vous estes, de ne laisser jamais partir aucun de leur présence avec un visage triste et un cœur affligé. Nous aurons néanmoins le visage et le cœur toujours semblables au bien de vostre service, quelque loy rigoureuse qu'il vous plaise nous imposer, car nous n'avons que l'obéissance en la bouche et le respect en la volonté.

Toutefois, Sire, s'il plaist à V. M. nous accorder la très humble requeste que nous luy faisons au nom de ses officiers, nous recueillerons toutes les puissances de nos ames pour les employer désormais, en la fonction de nos charges, au bien de cet Estat et au très humble service de V. M.[1]

(Créances.)

1. Par arrêt du Conseil, le roi avait annoncé que, sur les remontrances des États, il s'était résolu à révoquer le droit annuel et à supprimer la vénalité et l'hérédité des charges, mais que, pour éviter la ruine des familles qui avaient compté, sur la foi des dernières déclarations, que l'annuel serait continué jusqu'au 1er janvier 1618, on différerait jusqu'à cette époque la révocation du droit annuel et la réduction des charges, tant de judicature que de finance, au nombre porté par l'ordonnance de Blois. — En l'absence du P.P., qui était alors indisposé, le président Duret de Chevry avait présenté deux fois, le 4 et le 19 janvier, des remontrances sur le même sujet. Ses discours sont insérés textuellement au *Plumitif*, et ont été imprimés dans le *Mercure françois*, t. III, 2º partie, p. 363-374.

379.

17 *Juin* 1615.
TRÉSOR DE LA BASTILLE.

Rapport du P.P. sur l'audience donnée la veille, au Louvre.

S'estant approchés de ladite dame reine, leur auroit dit que le Roy l'avoit priée de leur faire entendre qu'à l'occasion du voyage auquel Leurs Majestés devoient s'acheminer en bref pour le mariage de Sadite Majesté et celuy de Madame sa sœur, il estoit besoin de faire un grand fonds de deniers, outre celuy de l'année courante, lequel estoit destiné aux dépenses ordinaires; que les dépenses de ces deux mariages seroient grandes et ne se pouvoient plus différer; espéroit que ce seroit la crise de tous les maux de cet Estat, et que l'on ne devoit rien épargner pour parvenir à un si grand bien; que la saison n'estoit pas disposée à surcharger le peuple de levées et impositions nouvelles, de sorte qu'il falloit avoir recours aux deniers qui estoient réservés en la Bastille, pour s'en ayder en cette nécessité urgente; que le Roy avoit résolu d'en tirer 1,200,000 liv., et que l'acquit en seroit en bref envoyé en la Chambre. Les prioit tous de n'y point apporter de longueurs ni de difficultés.

A quoy auroit esté répondu par ledit sr P.P. qu'il rapporteroit fidèlement à la Chambre ce qu'il plaisoit à S. M. leur commander, mais que la créance qu'il exposeroit par son commandement estoit bien différente de celle qu'il avoit rapportée l'an passé, laquelle estoit enregistrée au greffe de ladite Chambre, qui estoit telle que Sadite Majesté avoit promis de faire remplacer les deniers tirés lors de la Bastille avant que l'année fust expirée; ce que Mr le président Jeannin, séant au bureau de ladite Chambre, auroit depuis confirmé. De sorte que, sur cette espérance, la Compagnie s'estoit disposée à consentir que la somme de 2,500,000 liv. mentionnée par deux déclarations de S. M. fust tirée de ladite Bastille, pour éteindre le feu lequel sembloit s'allumer dans le royaume à l'occasion des derniers mouvemens, que Dieu, par sa grace, avoit assoupis et pacifiés par la prudente conduite de S. M.

Mr le président Jeannin, prenant la parole, auroit dit que tant s'en faut que le Roy eust pu user de ménage pour faire faire le remplacement susdit; que les affaires de S. M., telles que chacun savoit, l'auroient contraint d'augmenter ses dépenses l'an passé de plus d'un million de livres, mais qu'aussitost que le voyage seroit achevé et les mariages accomplys, toutes choses seroient plus calmes dedans le royaume, et par ainsy, qu'il seroit plus aysé de faire ledit remplacement par le retranchement des gens de guerre, des pensions et autres dépenses extraordinaires, qui estoient grandement accrues depuis le décès du feu Roy, pour des nécessités si considérables, que l'on n'avoit pu y résister.

A quoy auroit esté répliqué par ledit sr P.P., adressant sa parole à la reine, que le mariage du Roy et celuy de Madame sa sœur estoient si privilégiés, que l'on ne devoit plaindre aucune sorte de dépense pour les avancer, d'autant que cela affermiroit la paix et la tranquillité dedans le royaume; mais aussy que telles dépenses pouvoient avoir esté prévues de longue main par Messieurs des finances, et qu'il vaudroit mieux que chacun se retranchast en sa maison des superfluités, qui n'apportent que du luxe, que d'épuiser le trésor de la Bastille, que le feu Roy y a mis en épargne en plusieurs années, avec beaucoup de soin et de travail; que ce trésor, conjoint à la valeur de ce grand monarque, avoit servi de terreur à ses ennemys, et contenoit encore à présent en crainte et obéissance les sujets de S. M. La supplioit très humblement ne prendre en mauvaise part si, ayant la parole en la bouche pour tous ses collègues là présens, il luy représentoit que, par le compte de l'Épargne qui estoit sur le bureau, l'on reconnoissoit la cause en partie des nécessités qui contraignoient d'avoir recours aux deniers de la Bastille, ce que tous les officiers de ladite Chambre déploroient grandement, comme très affectionnés serviteurs qu'ils estoient de Leurs Majestés, et innocens de ce désordre.

. . . . . . Et comme les députés de la Chambre prenoient congé de ladite dame reine, elle les auroit de rechef priés instamment de faire en sorte qu'il ne se trouvast point de difficultés à la vérification des lettres qui seroient présentées à la Chambre par le procureur général, aux fins de tirer de la Bastille la susdite somme de 1,200,000 livres [1]. *(Créances.)*

---

[1]. A cinq reprises différentes, malgré les jussions ou les ordres donnés de vive voix, la Chambre persista à refuser l'enregistrement, et la reine dut y suppléer par un arrêt du Conseil. (*Créances et Plumitif*, du 17 juin au 11 juillet.) Le 15 juillet, le roi, la cour et le Conseil se transportèrent à la Bastille. Messieurs de la direction des finances refusèrent d'abord de livrer les clefs du trésor, si l'on ne les garantissait de toutes poursuites de la Chambre; le trésorier de l'Épargne, Phélypeaux, représenta particulièrement qu'il était déjà responsable des 2,500,000 liv. enlevées précédemment; mais le roi répondit que sa présence et son commandement exprès suffiraient pour tous, et il fit procéder à l'extraction des caisses. — Les 14 et 16 août suivant, on enleva de la même façon 1,300,000 livres. — Voy. les procès-verbaux et les états de distribution dans le ms. Dupuy 94, fos 38 et suiv., 48 et suiv.

380. (Août 1615.)
HARANGUE DU P.P. POUR LE DÉPART DU ROI.

Sire, c'est une coustume ancienne, laquelle a toujours esté soigneusement observée par les Compagnies souveraines qu'il a pleu aux Roys voz prédécesseurs establir en ceste ville pour rendre la justice à leurs subjectz, de venir en corps saluer Leurs Majestez, recevoir l'honneur de leurs commandemens et réclamer les graces du ciel pour le succez de leurs entreprises, aultant de fois qu'elles se sont disposées de faire des voiages loingtains, soit pour expéditions militaires, soit pour mariages, soit aussi pour se faire veoir à leurs peuples et les contenir en leur debvoir d'obéissance.

Souvent, Sire, nostre Compagnie s'est acquittée d'ung semblable devoir envers le feu Roy vostre père, de très heureuse mémoire, lorsqu'il estoit prest de monter à cheval pour reconquérir son royaulme et donner des batailles à ses ennemys. Mais nous ne luy avons jamais rendu ces submissions de meilleur courage, sinon lorsqu'il alla recevoir la royne vostre mère pour son espouse et la couronner de ses liz florissantz, comme la princesse du monde la plus acomplie en touttes sortes de vertus et la plus digne de prendre part à sa grandeur et à sa réputation.

Les autres voiages et entreprises qu'il faisoit durant la guerre, ne respiroient que le sang et la mortalité. Nous estions tous les jours en craincte de sa personne, comme les Israëlites de celle de David, et pensions à toutte heure estre à la veille de voir esteindre la lampe et la belle lumière des François, de sorte que les complimens d'honneur et de respect que nous luy rendions, estoient meslez de larmes et de tristesse; touttes choses nous présageoient une longue suitte de malheurs, et ne voyons aucune fin aux troubles et aux divisions qui avoient cours en ce royaulme.

Mais, aussi tost que nous le vismes partir pour aller acomplir les solemnitez de son mariage, nous espérames que la royne seroit comme la colombe qui aporteroit en France le rameau d'olive, ou bien comme ung aultre arc en ciel que Dieu faisoit paroistre sur nostre orizon, pour nous asseurer que son ire estoit appaisée et que le déluge de noz malheurs seroit désormais changé en ung printemps de touttes sortes de prospéritez.

Jugez doncques, Sire, s'il vous plaist, quelle joye nous debvons maintenant ressentir en noz ames, et tous voz peuples avec nous, de vous veoir entreprendre ung voiage, non pour donner des batailles sanglantes à voz ennemys ou bien assiéger des places rebelles à Vostre Majesté, non pour conquérir des sceptres et des couronnes au péril de vostre vie, mais pour vous lyer d'une estroicte et mutuelle aliance avec le Roy Catholicque, pour la conservation de voz personnes sacrées, le repos de voz subjectz et la paix universelle de la Chrestienté.

Vous allez recevoir une jeune princesse pour vostre épouse, mais aussi vous donnez en eschange une sœur en mariage, touttes deux esgalles en aages, en mérites et en singulière beauté. Vous donnez une branche de laurier pour recevoir ung rameau d'olive, ou, pour mieux dire, vous donnez ung fleuron de liz blanc pour accepter ung bouton de rose vermeille, tous deux si excellens, qu'ils surpassent les autres fleurs de nostre siècle en bon odeur et suavité. Elles ont esté l'une et l'autre cueillies dedans les deux plus beaux paradis terrestres de la Chrestienté : je dy paradis d'aultant que la piété et la justice y reignent, les sciences y florissent, et l'obéissance des peuples envers leur prince naturel y est en singulière recommandation.

Quel contentement pensez vous, Sire, qu'auront les subjectz de l'une et l'autre nation de veoir leurs Roys régner ensemble comme deux frères, joindre leurs armes et leurs courages pour faire craindre et honorer Dieu en leurs terres comme il appartient, planter la foy dedans les pais infidelles et en chasser l'athéisme et l'incrédulité!

Mais, Sire, comme le ciel est plus doulx et plus béning, la terre plus fertile et plantureuse en ung lieu qu'elle n'est en l'autre, aussy les esprits et les mœurs y sont bien dissemblables, et, pour dire beaucoup en peu de parolles, Vostre Majesté, Sire, commande à des Francoys, et les Francoys obéissent à ung Roy très chrestien[1].

(Minute autographe. — *Arch. Nicolay*, 54 L 10.)

1. Ce discours ne dut pas être prononcé par le P.P. Ce fut le président de Laubespine qui alla prendre congé du roi, le 6 août. (*Créances*.)

---

381.   *7 Octobre* 1615.
DÉNONCIATIONS CONTRE LES COMPTABLES.

Ce jour, le procureur général est venu au bureau, où, après les bureaux assemblés, a dit que, depuis quelques jours, Jean de Beaufort avoit présenté plusieurs requestes : la première, de dénonciation de plusieurs officiers comptables et des principaux, dont il avoit baillé les noms par un mémoire y attaché, pour plusieurs abus et malversations, et particulièrement pour des acquits prétendus faux rapportés sur leurs comptes ; ce que lesdits officiers ayant révoqué à injure et diffamation, auroient présenté requeste à fin de réparation contre ledit de Beaufort, comme calomniateur. Sur lesquelles deux requestes, par arrest du 22 septembre dernier, avoit esté ordonné, avant faire droit, que ledit de Beaufort coteroit les parties singulières employées dans les comptes qu'il prétendoit estre sujettes à restitution, aux peines de l'ordonnance. A quoy satisfaisant en partie, il avoit présenté autre requeste, et à icelle attaché un estat contenant les acquits prétendus faux rapportés ès comptes de feu Me Jean du Tremblay, pour les années 1594 et 1596, et requis luy estre pourvu de commissaires non suspects pour l'instruction desdits faux et autres cas y mentionnés. Laquelle requeste luy estant communiquée, bien qu'il voye que ladite recherche estoit pour le faux, que lesdits officiers comptables prétendoient estre aboli, tant pour le criminel que pour le civil, par l'abolition vérifiée, tant en parlement qu'en ladite Chambre, néanmoins, à cause de sa protestation et déclaration pour le civil dudit faux, qui alloit à la restitution du simple seulement, prétendant que par ledit édit d'abolition n'y avoit que le crime aboli, et en déclarant d'abondant qu'il ne se pouvoit départir de ladite protestation, auroit conclu à ce qu'il plust à ladite Chambre commettre deux de Messieurs conseillers maistres pour l'instruction dudit faux, à fin civile seulement, et par les formes accoutumées et contenues en sesdites conclusions. Et d'abondant, qu'au mesme temps, lesdits trésoriers dénommés avoient présenté requeste aux mesmes fins de réparation, à faute d'avoir par ledit de Beaufort coté dans le temps à luy préfix ; et d'ailleurs, que la veuve dudit du Tremblay avoit aussy présenté requeste à fin d'avoir communication de la dénonciation faite contre ledit défunt son mary, qui avoit esté ordonné luy estre communiquée. Remonstroit à ladite Chambre qu'il estoit de son devoir et bien du service du Roy qu'il plust considérer le temps et la saison où nous estions, la guerre presque allumée par toute la France, Sa Majesté éloignée, les divisions et altérations d'esprit, qu'il falloit plutost unir et adoucir qu'aigrir, et d'abondant, que quand il seroit question, après les procédures, d'assigner lesdits officiers dénoncés, qu'en un mot ils exciperoient de leur édit d'abolition, qui abolit notamment toutes lesdites prétendues faussetés et crimes, dont mention est faite en la requeste dudit de Beaufort, du 2 de ce mois, et, pour le dire sans prévarication, estant la vérité, que lesdits cas et crimes énoncés par ladite requeste semblent estre transférés de mot à mot dudit édit en icelle requeste, comme il se reconnoistroit par la conférence, et que, quand luy, procureur général, mettroit en avant sadite déclaration, douteroit qu'elle fust considérable autant que ledit édit, arrest de vérification sur iceluy et autres intervenus sur la déclaration du 8 aoust 1611 ; et qu'en tous cas, il faudroit qu'il eust recours à S. M., pour entendre sur ce sa volonté. Requéroit qu'il plust à ladite Chambre surseoir lesdites procédures en connoissance de cause de ladite recherche, imposant silence auxdits officiers comptables et audit de Beaufort, jusqu'au retour de S. M. et qu'autrement par Sadite Majesté en eust esté ordonné, et icelle Chambre ouïe en ses remonstrances ; et ce pendant, que toutes lesdites requestes et pièces fussent mises au greffe, pour y avoir recours en temps et lieu, ainsy que de raison.

LOUIS XIII. 309

Sur quoy ayant délibéré, la Chambre a ordonné qu'il sera passé outre au jugement desdites requestes. (*Plumitif.*)

Une seconde fois, le 19 novembre, sur une autre requête des trésoriers, le procureur général répéta que le temps était peu propice à de pareilles recherches, et demanda encore que les poursuites fussent suspendues jusqu'au retour du roi ; mais la Chambre désigna un procureur pour occuper au nom du dénonciateur. Dans la suite, ce dernier ayant demandé à récuser un certain nombre de juges, il lui fut répondu qu'il pourrait seulement récuser, dans chaque affaire, suivant la règle, les parents et alliés de l'inculpé. De délai en délai, et faute par le délateur de présenter ses moyens de faux, la Chambre sursit au jugement jusqu'à ce qu'il eût été fait droit sur la requête présentée conjointement par les comptables. (*Plumitif*, 11 et 16 janvier, 22 février et 29 avril 1616.) — Beaufort renouvela encore ses dénonciations en 1619, et, à cette occasion, le procureur général requit contre lui une amende de 1,000 livres, s'il ne faisait ses productions sous trois jours. (*Plumitif*, 23 et 26 janvier, 1er mars 1619.)

382. 6 *Février* 1616.
LETTRES DE LA REINE-MÈRE ET DE M. DE PONTCHARTRAIN AU P.P.

Monsr Nicollay, j'ay receu la lettre que vous m'avez escritte pour me marquer les ressentimens de joye que vous et ceux de vostre Compagnie avez eu, ayant esté, par la singulière bénédiction de Dieu, préservée de l'accident qui arriva dernièrement en ceste ville. Les offices que vous m'en avez rendus, à leur nom et au vostre, m'ont esté très agréables, qui me sont des tesmoignages certains de la dévotion et bonne volonté que vous tous avez en mon endroict, mesmes des prières et remerciemens que vous en avez faictes à sa divine bonté. Aussi veux je en conserver le souvenir en ce qui s'offrira pour le général de ladite Compagnie, et vostre particulier contentement et des vostres. Prenez en toute asseurance. Et sur ce, je prieray Dieu, Monsr Nicollay, qu'il vous tienne en sa sainte garde. Escrit à Tours, le vj^{me} jour de febvrier 1616.

MARIE.

PHÉLYPEAUX.

A Tours, le vj^{me} février 1616.

Monsieur, J'ay présenté à la royne ma maistresse la lettre que vous luy avez escritte sur le contentement que vous et Messieurs de la Chambre des comptes tesmoignez avoir eu de son heureuse conservation en cet accident qui arriva dernièrement où elle estoit logée. Nous en devons véritablement bien rendre graces au bon Dieu, et de ce qu'il y a eu si peu de mal, veu le danger qui estoit grand. Ceux qui y avoient esté blessez se portent quasi bien tous. Celluy qui sera le plus malaisé à guarir, se nomme Monsr de Messignac, de Poictou, qui y eut une des cuisses toute froissée. Je ne vous diray point le gré que Sa Majesté vous sçait du soing que vous avez eu de luy en escrire, vous le connoistrez assez par celle qu'elle vous en faict. Je vous asseureray doncq de sa bonne santé, de celle du Roy et de la royne son espouse. Les commissaires de la part de Leurs Majestez se préparent pour se trouver à Loudun au temps et jour assigné, mais nous avons Monsieur le duc de Vendosme qui est descendu en Bretaigne et faict douter de ses desseings. Je vous baise très humblement les mains, et demeureray toute ma vye,

Monsieur, Vostre très humble serviteur.

PHÉLIPEAUX.

(Originaux. — *Arch. Nicolay*, 22 L 3 et 4.)

383. (18 *Mai* 1616.)
HARANGUES DU P.P. POUR LE MARIAGE DU ROI.

Au Roi.

Sire, les Gens de voz Comptes, voz très humbles et très obéissantz serviteurs, officiers et subjectz, nous ont députez vers Vostre Majesté pour luy tesmoigner l'aise et le contantement que nous recevons tous en noz ames, et les graces que nous rendons à Dieu de tout nostre cœur de vostre précieux retour en ceste ville, et vous renouveler aussy les vœux de l'obéissance et fidélité que nous avons eus tousjours en la bouche comme au cœur, durant vostre voiage de Guienne, sans que les ventz contraires de ces derniers mouvementz ayent eu le pouvoir de nous faire perdre de veue le pole de leur navigation en ceste mer orageuse de Paris, en laquelle mer iceulx et noz affections ont toujours esté portées et arrestées sur la personne sacrée de Vostre Majesté, laquelle seulle, après Dieu, préside à nostre conduicte en touttes noz actions, et singulièrement ez functions de noz charges à son service.

C'est aussi, Sire, pour vous rendre graces très humbles de la commisération que vous avez eu de vostre pauvre peuple, gémissant soubz le faix de l'insolence des gens de guerre, et de la paix qu'il vous a pleu luy donner. En quoy Vostre Majesté s'est acquis une gloire et louange qui s'espendra par toutte la Chrestienté, et l'obligation que la France vous en a, sera d'aussi longue durée en la mémoire des bons François, qu'ilz se souviendront du jour de leur conservation.

Sire, j'advoue que c'est une vertu vrayement royale et digne d'un grand monarque, tel que vous estes, de veincre les armes à la main et de donner la loy à ses ennemys; mais aussi est ce une action vrayement paternelle de relascher quelques foix de son auctorité pour délivrer ses subjectz d'oppression, et les faire vivre en concorde les uns avec les autres. C'est pourquoy les anciens ont appellé les Roys les pasteurs des peuples, d'autant qu'ilz sont obligez d'oublier leurs propres intéretz pour veiller à la guarde et à la conservation de leur troupeau.

Vous avez, Sire, recongneu par expérience, durant ces derniers troubles, que la guerre est la dissipation d'ung Estat, l'affoiblissement de l'auctorité royale et la source de touttes sortes d'impiétez; que la paix, au contraire, est ung don de Dieu et le cimentz des monarchies; qu'elle faict régner les Roys avec justice et ployer leurs subjectz soubz leur puissance et auctorité.

Mais, Sire, comme ung bien ne mérite pas de porter ce tiltre, s'il n'est solide et de longue durée, aussi Vostre Majesté a voulu affermir pour jamais la paix en ce royaulme, prenant alliance avec le Roy Catholique et choisissant pour vostre épouse sa fille aisnée, princesse très illustre et incomparable en touttes sortes de vertus et de perfections.

Suivent plusieurs paragraphes raturés, dont le dernier est conçu en ces termes :

Nous espérons aussi, Sire, que, Voz Majestez joignant quelques jours leurs forces ensemble, vous porterez voz armes, soubz les bannières arborées de la France, assisté de vostre brave et généreuse noblesse, ès terres eslongnées, pour, à l'exemple du roy Saint Louis, y planter la foy chrestienne et en chasser l'infidélité.

Fault remercier la royne du soing qu'elle a eu de la personne du Roy durant son voiage, et des peynes et fatigues incroiables qu'elle a supportées l'espace de près de neuf mois pour maintenir l'autorité royale et s'opposer constamment à la ruyne et désolation de cest Estat.

Le Roy est comme ung soleil, et elle comme l'estoile du matin, laquelle devance le soleil à son lever et le suit en sa cource et en son couchant, sans jamais le perdre de veue.

La Royne espouse du Roy est comme ung second arc en ciel que Dieu faict paroistre sur l'orizon de la France. Elle est aussy comme la colombe ayant apporté au Roy le rameau d'olive, c'est à dire sa foy conjucalle, vray présage de la paix que Dieu nous devoit donner.

Conclusion adressante la parolle au Roy pour le suplier d'asister tousjours ses officiers des influances de son auctorité, eux qui sont comme de petites estoiles attachées au firmament de la justice, et n'ayans aultre lumière que celle qu'ilz empruntent des rayons de sa grandeur.

Ledict sr premier président, de crainte qu'il eust d'estre ennuyeux à Sa Majesté, laquelle il recogneust estre fatiguée de l'extrême chaleur qui estoit dans sa chambre, à cause de la presse, finit en ces termes :

« Et partant, Sire, ainsi que touttes les lignes du cercle aboutissent à leur centre, et que les eaues qui se respendent sur la terre retournent volontiers à leur Océan, aussi les graces que nous rendons maintenant au profond de noz cœurs à ces deux grandes roynes de l'heur que nous possédons par la grace et bonté divine, retournent à Vostre Majesté, comme à leur source naturelle. Car c'est d'elle que nous attendons la félicité de nostre siècle, lequel a besoin plus que jamais de sa prudente conduicte et de sa puissante protection.

« C'est à elle aussi que nous rapportons tous noz soings et noz labeurs en la function de noz charges, èsquelles n'ayant autre but ny passion que celle qui concerne le bien de vostre service, faictes nous l'honneur, s'il vous plaist, Sire, de nous continuer la grace de vostre bienveillance et de nous appuyer tousjours de vostre auctorité. »

La response du Roy fut qu'il leur sçavoit très bon gré du fidelle service qu'ilz luy avoient rendu durant son absence, les prioit de continuer comme ilz avoient tousjours faict.

A la Reine-Mère.

(*Le début manque.*) ... que Dieu vœuille bénir d'une heureuse lignée et le combler d'aultant de graces et faveurs du ciel, que nous luy en demandons chascun jour en noz prières, car il est l'esprit qui anime ce nombre infiny d'hommes que Dieu a mis soubz son gouvernement, il est le soleil qui dissipe tous les nuages de rébellions dont ce corps monarchique est souvent afligé.

Et vous, Madame, ressemblez ceste belle estoille du matin laquelle devance le soleil à son lever et l'accompagne en sa course, sans jamais le perdre de vœue. Vostre Majesté a précédé nostre soleil au gouvernement de cest Estat, et le devance maintenant à son arivée en cette ville.

Ne le perdez jamais de vœue, s'il vous plaist, et l'assistez toujours de voz prudence, avis et conseil, comme vous avez faict jusques à présent.

Et nous, Madame, qui avons l'honneur d'estre ses officiers, et qui sommes attachez comme de petites estoilles au firmament de la justice, n'ayant aultre lumière en noz charges que celle que nous empruntons de sa grandeur, vous suplions très humblement de le nous rendre favorable, et nous asister aussy de vostre auctorité à ce que nous puissions continuer en la function de noz charges avec l'intégrité, obéissance et fidélité à laquelle nous sommes obligez par toutte sorte de debvoirs.

A la Reine.

Madame, ceste compagnie d'officiers que vous voyez avec tant d'humilité se prosterner devant vous, a esté députée de tout le corps de la Chambre des comptes pour venir rendre à Vostre Majesté l'honneur et les submissions qu'ilz luy doibvent, puisqu'il a pleu à Dieu vous eslever au throsne royal de ceste monarchie et couronner vostre chef de la plus noble et plus riche couronne qui soit en l'univers.

Et bien que le commandement que nous en avons receu du Roy nous soit à tous une loy inviolable, toutesfois, Madame, nous apportons encores à ce debvoir (oultre les veux de nostre obéissance) ung désir particulier et naturel aux François d'honorer et servir leurs princes souverains, mesmement quand ils sont douez des graces et des rares vertus qui reluisent en vous. Car, dès lors que nous eusmes recongneu le choix que Dieu avoit faict de voz mérites pour la consolation du Roy nostre bon maistre en ung saint et sacré lien de mariage, soudain nos ieux et noz cœurs tornèrent vers vous, comme à l'aurore qui présaige une belle et heureuse journée, et commenceasmes de ressentir en noz ames les effectz d'une affection très dévote à vostre service.

Mais à présent que nous avons l'honneur de remarquer en vostre visaige les perfections dont l'object surpasse en tout la réputation, nous sommes d'aultant plus excitez à vous rendre cest hommaige, qu'ung chascung de nous est juge à veüe d'œuil de son bonheur et de celui qui reguarde toute la France, à laquelle Dieu semble vous avoir réservée comme un gaige très asseuré de son repos.

Puissiez vous donc, Madame, y vivre aussi longuement et y régner aussi heureusement en la société conjugalle avec nostre Roy, comme nous espérons de veoir bien tost autour de vous ung bon nombre de beaux enfans, portant sur leur front la valleur de leur père, la vertu de leur mère et la noblesse et prudence de leurs ayeulx.

Veuillez aussy, Madame, puisqu'il a pleu à Dieu vous honorer de ceste couronne, seconder aussi constamment les sainctes inclinations qu'a le Roy au bien de la justice et au soulagement de ses subjectz, comme souvent ils vous réclameront à mère débonnaire et charitable en leurs adversitez, qualité qui n'est pas moins scéante à vostre grandeur, qu'elle est convenable à la doulceur de vostre bon naturel.

Tel estoit cy devant l'estat de ceste monarchie, qu'à grand'peine pensions nous la revoir en son entier, tant elle estoit agitée d'oraiges et en danger d'estre submergée dans les flotz de ses divisions. Dieu a suscité nostre Roy, comme un saige et courageux pilotte au meilleu de la tourmente. C'est à lui, Madame, à qui est deub l'honneur et la gloire de nostre conservation; le vaisseau périssoit sans son extrême vigilance, et n'eussions jamais surgy au port, si lui mesme ne nous y eust conduictz.

Mais, tout ainsi qu'après le déluge universel du monde, Dieu voullant consoler ses serviteurs, il leur donna ung signal de son alliance, par lequel ilz purent comprendre de n'estre jamais subjectz à semblables inondations, aussi, Madame, estes vous ceste belle Iris que Dieu faict reluire en la France à l'yssue de noz troubles et de noz divisions, affin que, vous voyant, nous soyons sauvez, et que, vous parlant, nous soyons asseurez de ne retumber jamais au précipice de telz malheurs.

(Minutes autographes. — *Arch. Nicolay*, 54 L 9, 11, 14 et 21.)

384.

10 *Juin* 1616.
DON A M. DE LUYNES.

Don au sr de Luynes, premier gentilhomme ordinaire de S. M., de la somme de 100,000 liv. sur deniers extraordinaires de l'Épargne. — Vérifié pour moitié. Mr de Serres, rapporteur.

(*Plumitif.*)

385.

(*Juin* 1616.)
REMONTRANCES SUR L'ÉDIT DE PACIFICATION.

Sire, les Gens de voz comptes, voz très humbles et très obéissans serviteurs, officiers et subjectz, nous ont députe vers Vostre Majesté pour luy représenter, avec l'humilité convenable à leur profession, qu'ayans jecté les yeux et meurement considéré les articles de l'eedict de pacification que vostre procureur général leur a présenté de vostre part pour en délibérer, ilz se sont trouvez réduictz en une grande perplexité. Car, d'un costé, l'on leur a faict entendre que c'est ung contract solennel, auquel il n'est loysible de rien retrancher, et que ce seroict troubler le repoz publicq et violer la foy que Vostre Majesté a donnée à Monsieur le Prince et à ceux qui l'ont suivy, d'y vouloir apporter quelque modification; d'aultre part aussi, Sire, ilz jugent qu'il contient des clauses si préjudiciables à vostre auctorité, qu'ilz penseroient mancquer au debvoir de leurs charges, s'ilz espargnoient la vérité de craincte de desplaire à ceux qui en veullent tirer profit à vostre dommage. De sorte que, encores que la considération de la doulceur de la paix, de laquelle nous commençons à gouster les fruictz, et de la qualité de ceux qui l'ont heureusement procurée pour vostre service nous deust fermer la bouche en ceste occasion, toutesfois, Sire, le serment que nous avons à Vostre Majesté, et la liberté qu'il luy plaist nous donner d'oppiner sur ses eedictz en noz consciences, nous contraindroit de rompre le silence et de nous escrier, comme fist jadis ung filz muet duquel l'on meurtrissoit le père, voyant l'attentast et l'entreprise que l'on faict sur vostre auctorité, de laquelle nous ne debvons estre moins jaloux que de nostre honneur, voires mesme de nostre propre vye.

(Minute autographe. — *Arch. Nicolay*, 55 L 10.)

386.
2 Septembre 1616.
AUDIENCE DU ROI. — ARRESTATION DU PRINCE DE CONDÉ.

Ce jourd'huy, Monsieur le premier président a rapporté au bureau que, le jour d'hier ....
eux arrivez en la grand chambre de la royne, mère du Roy, y trouvèrent le Roy assis au chevet du lict de parade de ladicte dame, elle près de Sa Majesté, M⁁r le guarde des sceaux et plusieurs de Messieurs du Conseil ès environs, et toutte ladicte chambre si remplie de noblesse, qu'à peine lesdictz sieurs des comptes approchèrent de Leurs Majestez.

Le Roy leur dist qu'il les avoit mandez pour leur faire entendre que, ce mattin, il avoit faict arrester Monsieur le Prince, pour bonnes considérations, qui leur seroient représentées par Monsieur le guarde des sceaux. Lequel à l'instant, prenant la parolle, auroict exposé qu'il croyoit que chascun estoict adverti de ce qui s'estoict passé; que le Roy ayant eu advis que quelques ungs vouloient entreprendre sur sa personne, celle de la royne sa mère, et sur son Estat, s'appuyant en cela du nom et auctorité de Monsieur le Prince, auroict jugé estre à propoz de leur en oster tout prétexte et moyen, s'asseurant dudict seigneur Prince, lequel Sa Majesté auroict faict arrester, non pour luy faire aucun mal ny desplaisir, ains pour le tenir près de soy et le traicter comme ung prince de sa qualité; que Sa Majesté estoit obligée, selon Dieu et la loy de nature, guarentir sa personne sacrée de péril et ses subjectz de troubles et d'oppression; qu'elle ne s'estoit résolue à ceste action qu'à l'extrémité. Leur auroict voulu faire cest honneur de les en informer et de ses droictes et royalles intentions en ceste occasion, affin d'en faire rapport à sa Chambre, et que chascun sceut que Sa Majesté, comme ung bon Roy et père charitable de son peuple, n'a aultre but que de maintenir la paix entre ses subjectz et retrancher tout prétexte et occasion de mouvementz.

Ce discours de M⁁r le guarde des sceaux estant fini, ledict s⁁r premier président, adressant sa parolle au Roy, luy auroict dict en ces termes : « Sire, tout l'honneur et la gloire que chascun de nous recherche en la function de sa charge à vostre service, gist en l'obéissance et fidélité qu'il doibt à voz commandementz, sans dessain de s'enquérir trop curieusement des conseilz et résolutions que Votre Majesté prend au gouvernement de son Estat. Car, selon le dire d'ung ancien, les pensées des Roys sont secrètes et profondes, et n'est loysible à leurs subjectz de s'en informer. Toutesfois, Sire, nous regrettons grandement la peine et le travail que ces accidentz icy peuvent apporter à Vostre Majesté, très débonnaire envers ses subjectz et serviteurs, et prions Dieu, qui tient en sa main les cœurs des hommes, vouloir changer celluy des ennemys de vostre personne, de celle de la royne vostre mère et de vostre Estat, leur faire sentir et recongnoistre leurs fautes, et donner à Vostre Majesté ung règne paisible et heureux, avec touttes sortes de prospéritez. »

Ajoutant ledict s⁁r premier président que telz estoient les souhaictz et les vœux ordinaires de tous les officiers de sa Chambre, laquelle estoit ung grand corps, inspiré d'ung mesme esprit à son service; qu'elle avoit tesmoigné sa fidélité inviolable durant son absence, en ces derniers mouvementz, redoubleroict encores son affection, estant animée et fortifiée de l'honneur de sa présence et protection royale; que chascun d'eux en produiroict les effectz, non seullement en l'exercice de la justice en sa charge, mais aussi en la manutention de la paix, concorde et tranquilité publicque dedans sa ville, selon le pouvoir qu'il en auroict en son quartier. Supplioict très humblement Sa Majesté d'excuser ses officiers qui estoient là présentz, si, en ceste occurence, ilz n'estoient venuz trouver Sa Majesté en plus grande compagnie, d'aultant que la Chambre vaccoit l'après dînée, mais que, le lendemain mattin, ilz feroient une fidelle relation au corps d'icelle de ce qu'il auroict pleu à Sa Majesté leur faire entendre de sa bouche et par mondict s⁁r le guarde des sceaux.

Puis, mondict s⁁r premier président prenant congé du Roy et tournant sa veue vers la royne sa mère, pour la saluer, elle luy auroict dict en ces termes : « Vous avez tous véritablement bien et fidellement servy le Roy durant son absence de ceste ville. Continuez de plus en plus, estant présent, au besoing qu'il a de ses bons serviteurs. »

(Minute autographe. — *Arch. Nicolay*, 54 L 12.)

CHAMBRE DES COMPTES.

387.

13 *Février* 1617.

ENLÈVEMENT DE LA FILLE DU PRÉSIDENT DE VIENNE.

Ce jour, M^r le président de Mesmes a dit que, ce matin, sur les cinq heures, les parens des damoiselles de Vienne luy avoient envoyé un mémoire pour le prier de se trouver en la Chambre et convier Messieurs à députer vers le Roy et la reine, pour supplier Leurs Majestés de laisser faire justice du rapt fait en la personne de Marie de Vienne, l'aisnée desdites demoiselles, ce qu'il faisoit, tant pour s'acquitter de la prière qui luy en avoit esté faite, que pour avertir la Chambre que, le jour d'hier, sur les huit à neuf heures du soir, ladite damoiselle fut enlevée de la maison de sa grand'mère, en laquelle elle estoit demeurante, par gens dont il n'estoit autrement averti que par soupçons, et fut suivie d'une damoiselle sienne gouvernante ; que, estant question de la sureté publique en la ville capitale du royaume, cette Compagnie, estant la seconde sédentaire en ladite ville, devoit estre informée de ce fait, pour y pourvoir selon sa prudence accoutumée ; que la première et plus grande marque de souveraineté estoit de rendre la justice ; que, entre toutes les actions de la justice, la principale estoit de réparer le tort fait à autruy ; que, entre tous les torts, il n'y en avoit point un plus grand que de ravir une fille d'entre les bras de sa mère. Prioit la Chambre de pourvoir à cette action ainsy qu'elle verroit bon estre, par députation et remonstrances vers Leurs Majestés.

M^r le P.P., prenant la parole, en la présence de MM. les Gens du Roy, qui avoient esté mandés sur ce sujet, auroit dit qu'il déploroit grandement le malheur du siècle auquel se trouvoient des hommes si téméraires que d'oser, en plein jour, le Roy estant en cette ville, en la face de son parlement et de toutes les Compagnies souveraines, enlever à main armée une jeune fille issue de père et grand père jadis présidens de la Chambre, et alliée de plusieurs personnes d'honneur et de qualité, d'entre les bras de sa grand'mère et de son tuteur ; que c'estoit un rapt, lequel ne pouvoit estre assez exagéré et grièvement puni. Ajoutant que le bruit estoit tout commun que ce malheur estoit arrivé par la faute de la gouvernante de ladite fille, laquelle avoit esté corrompue par argent et avoit esté compagne de son enlèvement ; qu'il y avoit deux puissans démons lesquels à présent exerçoient leur tyrannie, séduisant les ames et pervertissant tout droit divin et humain : l'ambition et l'avarice ; que le premier excitoit les troubles et les rébellions dont la France est travaillée, le second affligeoit non seulement les maisons particulières, comme celle où le rapt a esté commis, mais, selon les bruits de la ville, se glissoit bien avant dans les lieux les plus saints et les plus augustes et qui doivent par dessus tous les autres reluire en justice, innocence et intégrité. Et bien que la remonstrance qu'avoit présentement faite M^r le président des Arches, fust accompagnée de beaucoup de bonnes considérations, n'estimoit toutefois, selon son jugement, estre à propos que la Chambre députast vers S. M. pour la supplier que justice en fust faite, d'autant que le parlement et les magistrats qui ont en main la police en feroient leur devoir, mais bien que MM. les Gens du Roy pourroient avertir M^r le garde des sceaux de la juste douleur de cette famille affligée et de celle de tous les pères qui peuvent courir semblable fortune, si, par son prudent avis et conseil, il ne plaist au Roi d'y pourvoir et remédier ; remettant néanmoins à MM. les Gens du Roy de requérir, et à la Chambre d'ordonner, selon les ouvertures qui seroient faites, ce qu'elle jugeroit estre pour le mieux en cette occurrence.

Après, M^r le procureur général auroit dit que M^r le P.P. avoit exagéré cet acte fait dans Paris, à la face du Roy et de la reine sa mère, de la Cour de parlement et des magistrats constitués et ordonnés pour la police et sureté de cette ville, mais qu'il estoit à croire que Leurs Majestés et M^r le garde des sceaux ne lairoient ce fait impuni, et que les parens pourroient faire leurs plaintes, et mesme au parlement, qui leur rendra toute sorte de justice. Or, en ce que ledit s^r P.P., en parlant et exagérant ce fait, avoit dit que l'argent corrompoit tout, passoit partout, et déploré la corruption du siècle, et insisté sur ce que luy, procureur général, voyoit bien que, plutost par prudence que par dissimulation du mal, il retenoit à dire sur les bruits sinistres qui ont cours depuis six semaines en çà par la ville, et mesme dans la Chambre, de quelque argent que l'on disoit avoir esté distribué pour une affaire jugée au semestre passé, que, si la prudence et la patience luy échappoient sur ce propos de siècle corrompu et que l'argent faisoit tout, qu'il estoit de son devoir; mais que, l'accusation ou le bruit n'estant contre un particulier, mais contre plusieurs, que c'est ce qui l'auroit fait subsister, attendant que l'on en parlast plus clairement; que Messieurs disoient, que Messieurs parloient; que s'il y avoit quelqu'un qui pust en parler plus particulièrement que par bruit commun, que luy, procureur général, le supplioit de parler; que, de se taire davantage dorénavant, ce seroit crime, mais qu'en telle affaire, il attendoit de la Compagnie que l'on luy prescrivist sur ce un ordre, une procédure, pour y parvenir à la vérité ou à la calomnie, afin de n'y rien gaster. Supplioit la Chambre d'y pourvoir, et Messieurs, s'ils en savoient quelque particularité, de la dire. Qu'au demeurant, pour venir au premier affaire proposé, sur lequel, par permission de Dieu, cettuy cy s'estoit enté et entamé, avec grande considération Mr le P.P. avoit estimé que l'on en devoit laisser faire à Leurs Majestés, Mr le garde des sceaux et à la justice, sans députation; que néanmoins il seroit à propos que d'office luy, procureur général, en parlast au garde des sceaux et luy représentast la plainte faite en cette Compagnie, à qui ce fait touchoit grandement, comme remplie des meilleures et plus notables familles de cette ville.

(Plumitif.)

A la suite de ce réquisitoire, Me Vivien, conseiller maître, interpellé par la Chambre, déclare que, étant allé au bureau du sr de Sancerre, contrôleur général de l'argenterie, et parlant de la vérification de l'édit des triennaux, le contrôleur lui a répondu « que ladite vérification leur coustoit bonne. — A quoy ledit sr Vivien luy répliqua que c'estoit à luy à qui il parloit, et qu'il luy donnoit du poignard dans le cœur. — Ledit de Sancerre luy dit qu'il n'entendoit pas parler de luy, Vivien, et qu'il seroit bien marry de l'avoir offensé. »

Immédiatement, et sans désemparer, la Chambre fait comparaître Sancerre, et l'interroge sur ses allégations. Sancerre reconnaît être indirectement intéressé en l'affaire des triennaux, mais nie qu'il se soit occupé de la vérification de l'édit, ou qu'il ait jamais tenu aucun des propos rapportés par Me Vivien. — « Enquis s'il tient pas Me Vivien pour homme de bien. — A dit que oui, et qu'il le tient pour fort homme de bien. — Enquis qui sont ceux qui sont du party. — A dit que c'est MM. le Charron, la Barre, Bardeau, Hureau, le Bret, Payen, Baudin, Dampierre, le Maire, et autres qu'il ne peut dire; et a signé. »

Le jour suivant, les semestres assemblés commirent deux conseillers maîtres pour interroger les quatre premiers de ces financiers; mais on ne voit pas que l'affaire ait eu d'autres suites.

388. 5 Mai 1617.
AUDIENCE DE DÉPART DU ROI.

Ce jour, Mr le P.P. a rapporté au bureau que, suivant la députation faite par la Chambre mercredy dernier, 3 du présent mois, MM. les présidens de service et six de MM. les maistres plus anciens, et MM. les Gens du Roy se seroient rendus au Louvre, à la levée de ladite Chambre, à l'exemple de Messieurs du parlement, pour y saluer le Roy, que l'on disoit se disposer à sortir de la ville pour aller prendre l'air au Bois de Vincennes. Arrivés qu'ils furent en la grande galerie, furent appelés par le sr de Bonneville et conduits au cabinet des Livres, où le Roy estoit assis, assisté de Mr le comte de Soissons, de MM. les chancelier, garde des sceaux, de Villeroy, et de plusieurs autres de Messieurs du Conseil. Ledit sr P.P., accompagné des dessus dits officiers de la Chambre, après avoir salué S. M., luy auroit fait entendre que ladite Chambre les avoit députés pour venir recevoir l'honneur de ses commandemens avant son partement de cette ville, et luy représenter le contentement que tous ses officiers recevoient en leurs ames, et les graces qu'ils rendoient à Dieu de tout leur cœur, de la résolution que Sadite Majesté avoit prise de tenir désormais le gouvernail de son Estat et de prendre en sa main la conduite de ses affaires, par le bon avis et conseil des anciens ministres et serviteurs du feu Roy son père, de très heureuse mémoire ; que cette résolution apporteroit un grand bien et repos à ses sujets, voyant que S. M., à l'exemple du roy Saint Louis, duquel elle porte le sceptre et le nom glorieux, se donneroit la peine et le soin de prester l'oreille à leurs doléances, et, comme un père vigilant et débonnaire, pourvoiroit à leurs nécessités ; que ce ne seroit pas aussy peu d'honneur, d'appuy et de consolation à ses officiers qu'il plust à S. M. éclairer de ses yeux et connoistre leurs actions et déportemens à son service, et d'avoir agréable qu'ils luy en donnassent compte ès occasions importantes qui s'en pourroient présenter ; qu'un ancien capitaine, estant un jour interrogé pourquoy il se préparoit au combat avec tant d'ardeur et de courage, ne répondit autre chose sinon qu'il espéroit d'avoir l'honneur de combattre et hazarder sa vie à la vue de l'empereur ; que, entre les ennemys qui molestent le plus son Estat, il y en avoit deux principaux auxquels les officiers de sa Chambre avoient chacun jour à résister : l'ambition et l'avarice, qui s'estoient glissées bien avant dedans les cœurs de la plupart de ses sujets ; mais qu'eux, qui avoient l'honneur de représenter en cette action publique le corps de sa Chambre, ne manqueroient jamais de vigilance et d'affection à les surmonter, tandis qu'ils auroient S. M. pour juge et témoin de leur fidélité. La supplioient très humblement les vouloir protéger de sa bienveillance et autorité en la fonction de leurs charges, et recevoir la protestation qu'ils luy faisoient de la continuation de leur obéissance, de laquelle ils avoient toujours rendu aux Roys ses prédécesseurs et à S. M. des preuves si véritables, que l'on n'en pourroit douter à l'avenir.

Le Roy, prenant la parole, leur auroit dit qu'il estoit bien informé du devoir qu'ils avoient toujours rendu en leurs charges, les prioit de continuer à le bien servir, et qu'il leur seroit bon maistre.

M^r le chancelier, prenant occasion de parler des officiers de la Chambre, dit en ces termes : « Sire, ce sont de bonnes gens ; ils servent V. M. avec affection. » Puis, adressant sa parole vers lesdits s^{rs} députés, leur dit que le Roy entendoit qu'ils s'adressent à l'avenir à la seule personne de S. M. pour luy donner compte des affaires concernant leurs charges.

(*Plumitif.*)

389.
31 Juillet 1617.
DÉPOUILLES DU MARÉCHAL D'ANCRE.

Don à François de la Rivière et Gabriel Cochart, archers de la prévosté de l'hostel, de la somme de 8,000 liv., à prendre sur les deniers provenans des lettres de change, promesses et obligations trouvées dans les pochettes du feu mareschal d'Ancre. — Vérifié. Mr Barthélemy, rapporteur.

Sur la requeste du procureur général, la Chambre a ordonné que l'inventaire fait par les s^{rs} Maupeou et Arnault, cons^{ers} d'Estat et intendans des finances, le 26 avril dernier, des papiers que les nommés de la Rivière, exempt, et Cochart, archer de la prévosté de l'hostel, avoient pris dans les pochettes du mareschal d'Ancre, le 24 dudit mois, et mis en leurs mains par commandement de S. M., et l'arrest de la Cour de parlement, du 8 de ce présent mois, donné contre ledit défunt mareschal d'Ancre et Léonor Galigay, seront registrés ès registres et mémoriaux de ladite Chambre, pour servir à la poursuite des droits du Roy et recouvrement des sommes mentionnées èsdits papiers, ainsy que de raison.

(*Plumitif.*)

390.
28 Août 1617.
LETTRE DU GRAND MAITRE DE MALTE AU P.P.

M^{onsr}, Les services que, depuis quinze ans, le chevalier du Mesnil, mon secrétaire françois, m'a renduz et à nostre Relligion, oultre ceulx qu'elle en avoit receuz auparavant, joinctz à sa fidélité et à son mérite, m'ont convyé à luy départir tout l'honneur qu'il pouvoit espérer en nostre ordre, dont je l'ay faict chevalier, et, en vertu des bulles de nostre chappittre général, conceddé tous les prévilléges dont jouissent noz autres chevaliers et relligieulx. Ce qu'ayant pleu au Roy confirmer par ses lettres pattentes en forme de déclaration, expédiées en faveur dudict du Mesnil, sur la très humble suplication que je luy en ay faict faire par nostre ambassadeur quy estoit lors résident près de Sa Majesté, dont il désire la vériffication en la Chambre des comptes, je donne charge à nostredict ambassadeur d'en faire la réquisition en mon nom en ladicte Chambre, et de vous prier particullièrement, comme je faictz, de voulloir estre favorable en ceste affaire à ce que ledict du Mesnil en reçoipve la vérification pure et simple. Et je recepvray ceste gratiffication comme chose dont je vous demeureray obligé à jamais, pour m'en revancher partout où j'en auray le moyen, de pareille affection que je prye Dieu,

Monsieur, qu'il vous donne en parfaicte santé longue et heureuse vye. A Malte, le 28 aoust 1617.

Vostre bien affectionné serviteur,
le grand maistre, WIGNACOURT.

(Original. — Arch. Nicolay, 13 C 263.)

391.   21 Novembre 1617.
DON DES BIENS DU MARÉCHAL D'ANCRE.

Jussion obtenue par le sr mareschal de Vitry sur son don de 200,000 liv. — Vérifié pour moitié, à prendre sur les deniers provenans des biens du feu mareschal d'Ancre et sa femme. Mr Wyon, rapporteur.

(Plumitif.)

392.   24 Novembre 1617.
DÉPART DU P.P. POUR L'ASSEMBLÉE DES NOTABLES.

Ce jour, Mr le P.P. est venu au bureau, qui a pris congé de la Compagnie, estant sur son partement pour aller à l'assemblée de Rouen.

(Plumitif.)

393.   27 Novembre 1617.
RÉQUISITOIRE DU PROCUREUR GÉNÉRAL. — VÉRIFICATION DES DONS.

Don à Mre Charles d'Albert, sr de Luynes, de la somme de 100,000 liv., sur les deniers tant ordinaires qu'extraordinaires, en faveur de son mariage. — Vérifié. Mr le Lièvre, rapporteur.

Don au sr duc de Nevers de la somme de 150,000 liv.—Vérifié pour moitié, les charges payées, comme il est contenu en l'arrest. Mr du Lac, rapporteur.

Ce jour, la Chambre, délibérant sur le don fait au sr duc de Nevers de 150,000 liv., à prendre en deux années, les charges de l'Épargne acquittées, pour récompense de la charge de colonel de la cavalerie légère que ledit sr duc auroit volontairement remise ès mains de S. M., auroit mandé le procureur général, qui auroit requis d'estre ouï sur ledit don. Lequel estant venu au bureau, a dit qu'ayant reconnu l'affaire dont est question d'importance et conséquence, il avoit requis d'estre ouï, et que d'ailleurs il pourroit parler d'autres affaires, ce que ladite Chambre auroit préjugé, ayant assemblé les bureaux.

Qu'il avoit remonstré précédemment la nécessité des affaires du Roy; que, ces jours passés, ladite Chambre délibérant sur autres affaires, l'on eust dit qu'il n'y avoit point de nécessité, et que la recette et dépense de cette année estoient pareilles; et néanmoins, qu'il savoit de science certaine que la dépense excédoit la recette de plus de deux millions, que l'on avoit assignées sur les deniers de l'année prochaine, dont l'on pourroit sans doute s'étonner en l'assemblée convoquée à Rouen, eu égard aux grandes sommes de deniers qui sont provenues de tant de moyens extraordinaires, comme de la création des triennaux et autres offices, vente et revente des greffes et commissaires des tailles. Et, sur ce que ladite assemblée jetteroit les yeux sur Mr le P.P. et luy pour en répondre, reconnoistroit luy, procureur général, bien que la faute vienne premièrement de plus haut, ne voulant nommer ni taxer personne, néanmoins que c'estoit la vérité que la Chambre y avoit contribué, n'ayant assez résisté à telles dépenses; qu'il ne se trouveroit don d'importance vérifié, qu'il n'y eust eu plusieurs précédens commandemens du Roy et de la reine mère, en sa régence; quant aux lettres de jussion, qu'elles n'avoient jamais manqué, et que, la plupart du temps, un arrest de refus estoit suivi tost de telles lettres.

Pour son regard, qu'il montreroit par écrit comme non seulement luy, procureur général, ne s'estoit pas contenté d'empescher, mais s'estoit opposé à la vérification de tels dons immenses, et desquelles oppositions il avoit des actes. Quant aux pensions excédant de plus de moitié celles du temps du feu Roy, qu'aux premiers comptes de l'Épargne rendus après le décès dudit feu seigneur Roy, la Chambre voyant ledit excès sur le chapitre desdites pensions, elle auroit ordonné remonstrances estre faites sur ce au Roy, lesquelles furent faites de la part de ladite Chambre à la reine mère, lors régente. Depuis, aux autres comptes suivans, ladite Chambre, voyant que l'excès continuoit, voire augmentoit, auroit rayé les augmentations de pensions, et icelles réduit comme elles estoient du temps du feu Roy, en 1609, et le surplus, ensemble les nouvelles pensions, rayé sur les parties prenantes; et que de ce il en feroit apparoir par bons extraits, et d'autres, si besoin estoit, servans à la justification de cette Compagnie, comme la vérité et son devoir luy obligeoient. Et que si MM. les ecclésiastiques, seigneurs, gentilshommes et autres officiers de ladite assemblée parloient à ceux appelés du corps de ladite Chambre en icelle, qu'il avoit fait provision de bons mémoires pour répondre, comme il s'assuroit pareillement que feroit Mr le P.P.

Pour revenir au don dudit sr duc de Nevers, que, la cause dudit don [estant] fondée sur une récompense de ce que ledit sr duc auroit remis libéralement la charge de colonel de la cavalerie légère ès mains du Roy, bien que luy, procureur général, n'approuvoit la cause, pour la conséquence de rendre les charges militaires, capitaineries et gouvernemens vénaux, mesme que le Roy, sous prétexte de récompense, les achetast de ses sujets, toutefois il auroit demandé le titre dudit sr duc à ceux qui sollicitoient ses affaires. Ne l'ayant voulu représenter, et dit qu'il estoit rapporté ès comptes de l'ordinaire des guerres 1610, auroit vu ledit compte, où les six premiers mois sont employés sous le nom de Mme la comtesse d'Auvergne, pour l'appointement de colonel de ladite cavalerie légère, par ordonnance du feu Roy, et depuis, dans l'estat de la guerre, les autres appointemens, pour le nom, sont en blanc, mais, par le compte, sont remplis et employés sous le nom de Mr de Nevers, qui est le seul titre, comme il croit, que ledit sr de Nevers avoit, le feu Roy ne lui en ayant commis que l'exercice. Donc, si, après la délivrance de prison de Mr le comte d'Auvergne, colonel de la cavalerie, le Roy luy a rendu sa charge, ledit sr duc n'en pouvoit justement aller contre ou prétendre récompense.

Tiercement, l'immensité du don, eu égard, non à la qualité dudit sr duc (car il y en a d'autres de moindres en qualité, et possible en services, qui en ont eu de plus grands), mais à la nécessité cy dessus représentée. Toutefois, qu'il jugeoit raisonnable de luy donner quelque contentement, et non un refus, principalement la Chambre venant de vérifier un autre don; autrement, que cela apporteroit de la jalousie, envie et mécontentement, que l'on devoit surtout éviter. Donc, ayant aucunement égard à la nécessité des affaires du Roy, et que ledit sr duc de Nevers avoit aussy bien mérité qu'autres à qui le Roy avoit fait du bien, qu'il consentoit la vérification et registrement desdites lettres pour 50,000 liv. seulement, payables en l'année prochaine, les charges ordinaires de l'Épargne acquittées, et ce, par forme de pur don et bienfait, sans approbation de ladite récompense.

(*Plumitif.*)

394.

12 Décembre 1617.

LETTRE DU PRÉSIDENT DES ARCHES AU P.P. — DROIT ANNUEL.

A Paris, ce 12 décembre 1617.

Monsieur, j'ay différé vous faire part des résolutions de la Chambre par mes lettres, jusques à ce que Messrs du parlement se fussent fermés en la leur, comme le jour d'hier, par la députation qu'ilz firent de Mons*r* le président d'Hacqueville et nombre de Messieurs, tant de la Grande Chambre que des enquestes et requestes, pour faire à Sa Magesté les supplications très humbles pour la continuation du droict annuel. Messieurs de la Chambre en avoient faict aultant quelques jours auparavant, et m'avoient faict cet honneur me nommer, avec six de M*rs* les maistres, tant de l'ung que de l'aultre service; mais la maladie survenue à Madame des Arches, ma mère, par dessus quatre vingts trois ans qu'elle a, m'avoit faict subsister et m'en excuser. Depuis, Dieu a voulu qu'elle aye résisté à une fiebvre très ardente, et que, par une segonde députation, j'ay esté prié prendre cette charge, je ne l'ay peu refuser, en résolution touttefois de suivre Mess*rs* du parlement, et non aultrement. Si bien ou mal, vous en laisse le jugement. Si sçais je bien que, touttes fois que l'on aborde son prince avec très humbles supplications, on ne peult faillir, ancores que l'on n'obtienne de son Roy tout ce que l'on luy demande, principalement quant c'est de la part de ses plus vrays et loyaux serviteurs. C'est pourquoy, Monsieur, vous supplie de tant que vous aymés la Compagnie, de laquelle vous estes le premier, me faire cet honneur de me donner en particulier de vos meilleurs advis sur ce subject qui reguarde le général, mesmes d'en vouloir par occasion communicquer à Messeigneurs le chancelier et le garde des sceaux. Mons*r* Berthelin, qui a voulu prendre le devant, me fera, s'il vous plaist, recepvoir de vos nouvelles. Vous asseurant que, si les maçons ne m'eussent chassé de ma maison, pour tenir les champs par l'espace de six mois, je n'eusse mancqué recepvoir à vostre partement l'honneur de vos commendemens, que j'exécuteray tousjours fort constamment et d'aussi bon cœur que je prie Dieu,

Monsieur, vous donner en santé très longue et heureuse vie.

Vostre très humble et obéissant serviteur.
J. J. DE MESMES.
(Orig. autographe. — *Arch. Nicolay*, 75 L 5.)

---

395. 16 Décembre 1617.
LETTRE DE LA CHAMBRE AU P.P. — DROIT ANNUEL.

Monsieur, Les commissaires de ceste Compagnie depputez vers le Roy pour le droict annuel estans résoluz de partir concurramment avec Messieurs du parlement lundy prochain, nous avons advisé vous en donner advis par ce porteur, que vous envoyons exprès, vous priant de favorizer noz veuz et bonnes intentions pour ce subject. Nous remettons au surplus sur ce que lesdits sieurs commissaires vous en diront de nostre part. Ne ferons ceste plus longue, sinon pour prier Dieu vous donner,

Monsieur, en santé bonne et longue vie. De la Chambre des comptes, ce seiziesme décembre mil six cens dix sept.

Voz très affectionnez confrères et bons amis,
LES GENS DES COMPTES du Roy nostre sire.
BOURLON.
(Original. — *Arch. Nicolay*, 75 L 7.)

---

396. 2 Janvier 1618.
DÉPUTATION A ROUEN. — DROIT ANNUEL.

Le président de Mesmes rapporte qu'il est arrivé à Rouen le 21 décembre, avec les autres députés.

Auquel jour, tout ce qu'ils purent faire, après s'estre logés, fut de voir M*r* le président Nicolay, à qui la Chambre, quelques jours auparavant, avoit écrit par un huissier envoyé exprès pour cet effet, sur les sept heures du soir seulement, pour ce qu'il avoit esté enfermé ce jour là dans l'assemblée convoquée de toutes les parts du royaume en ladite ville. Et après luy avoir présenté les recommandations de la Compagnie, s'estre réjoui avec eux de leur arrivée et enquis particulièrement de la santé de tous Messieurs, ledit s^r P.P. leur auroit dit qu'il avoit vu M^r le chancelier et M^r le garde des sceaux, chacun en leur maison, pour les prier de disposer l'esprit du Roy de leur donner audience fructueuse et favorable ; ce qu'ils luy auroient promis de faire. Qu'ils envoyèrent Me Edmond Berthelin, greffier, qui estoit arrivé audit Rouen un peu devant eux, qui les avoit grandement assistés, tant à les loger, qu'à ce qui estoit de la commission qui leur avoit esté donnée, vers M^r le président de Hacqueville, pour luy donner avis de leur arrivée, et qu'ils n'estoient délibérés le devancer en aucune sorte de compliment, ains de le suivre, le priant de les tenir avertis de ce qu'il avoit volonté de faire.

Le jour suivant, ils allèrent saluer le chancelier, le garde des sceaux et le président Jeannin, pour les disposer en leur faveur et obtenir l'audience du roi. Sur le soir, le P.P. les prévint qu'ils seraient reçus le lendemain matin, à l'abbaye Saint-Ouen, où logeait le roi. Ils s'y rendirent en conséquence, et se rencontrèrent avec les députations du parlement, de la Cour des aides et des trésoriers de France de diverses généralités.

Peu après, le roi arriva dans la galerie, suivi de sa cour, et entendit tout d'abord les remontrances du parlement, présentées par le président de Hacqueville. Puis, le président de Mesmes dit au nom de la Chambre :

« Sire, voicy la quatrième fois que les Gens des comptes, vos très humbles et très obéissans serviteurs, officiers et sujets, se présentent à V. M., tant pour eux, que pour les autres officiers de France, pour vous demander la liberté de disposer de leurs offices, comme ils ont fait depuis treize ans, et payer le droit annuel. Voicy le jour heureux que pouvez, Sire, d'une parole de vostre bouche acquérir les bénédictions de cent mille ames, trésor inestimable à un Estat. Cette requeste, qui tend à mettre infinies familles en repos, calmer les esprits de plusieurs pères alarmés entre l'espoir et la crainte, et à conserver vos plus fidèles et plus anciens serviteurs dedans leurs charges, a esté trouvée si juste, que, toutes les fois qu'elle vous a esté présentée, elle a esté tout aussitost entérinée à tous les officiers de la France. Maintenant que le temps presse, vos officiers de la Chambre des comptes nous ont deputés, petits en nombre, grands en affection, vers Vostre Royale Majesté, pour vous réitérer les mesmes très humbles supplications à elle faites, et vous en rafraischir les moyens.

« Et pour ce que ces mesmes raisons vous ont esté cy devant doctement et élégamment déduites et représentées par Messieurs mes collègues qui m'ont précédé, je feray, Sire, comme les cosmographes, qui veulent en peu de cartes faire voir un grand pays : ils se contentent de coter sommairement les villes et endroits, afin que la connoissance plus prompte et facile en demeure.

« Cette requeste, tendant à la continuation du droit annuel, est fondée sur la parole et promesse du feu roy Henry le Grand, de très glorieuse mémoire, vostre père, prince aussy grand et admirable en l'établissement de ses loys, comme victorieux et redoutable en ses armes, sur le profit et utilité qu'il en a reçue et qu'en recevez journellement, sur le long temps qu'il y a qu'il est établi et qu'il dure au grand contentement de vos plus fidèles serviteurs, sur les services que vos officiers vous ont rendus et rendent journellement en la fonction pénible de leurs charges et ailleurs, et sur la pitié et commisération, voire sur les clameurs de tant de veuves et orphelins qui sont à la veille de leur ruine, si cette faculté leur est ostée.

« Sire, le feu Roy vostre père, par sa déclaration du 12 décembre 1604, vérifiée et registrée par son chancelier qui estoit lors le sceau de l'audience de France tenant, estant en pleine prospérité et sureté de ses affaires, a voulu, comme par un contrat fait entre S. M. et ses officiers, que ce droit ayt esté établi au lieu des survivances. Ce brave prince, sage, âgé, expérimenté, bien obéi partout, absolu en son empire, a cru que ce droit annuel luy estoit un outil d'Estat, un instrument de police, un moyen de réparer les brèches et ruines des guerres civiles, de conserver ses anciens serviteurs, augmenter ses finances et rendre les rayons de son autorité moins communicables à ceux qui en peuvent abuser. Il a voulu couronner ses trophées de ce trait admirable de prudence. Les officiers y ont volontairement obéi, le temps l'a confirmé.

« La parole des Roys est sainte et immuable, pour ce qu'ils approchent de plus près de la divinité que le reste des hommes. Aussy les poëtes disent que les princes sont les enfans de Jupiter, à qui seul, entre tous les dieux, il appartient de donner la félicité publique. Le plus grand honneur que jamais l'empereur Tibère ayt pu faire à Auguste, son prédécesseur, grand monarque de l'empire romain, comme vous l'estes des François, fut que, parmy les inscriptions honorables de ses trophées et grandes victoires, il fit graver les braves loys qu'il avoit establies pour la conservation de son Estat. Il ne seroit maintenant à propos (quelque avis et conseil que l'on puisse donner au contraire) que V. M., entrant maintenant au commencement de son règne très heureux, voulust abolir la plus sainte et légitime loy de feu son père. Ce seroit, Sire, faire injure à la mémoire, entamer la foy et accuser le jugement du plus grand prince de la terre.

« L'on me dira que cette grace n'a esté accordée que pour six ans. Cela n'est point. Le temps de six ans est le terme ordinaire de donner les fermes : il est à croire que S. M. défunte en vouloit faire autant de ce droit ; autrement Sadite Majesté, très prudente en ses Conseils et très charitable envers ses peuples, y eust fait apposer quelque clause portant avertissement aux officiers de ne se pas attendre à la continuation ; ce qu'il n'a fait. Il y alloit de sa conscience : un père charitable ne trompe jamais ses enfans.

« Sire, si vous considérez le profit et faites comparaison du temps des survivances à celuy cy, vous trouverez qu'au lieu que les survivances consommoient tout à un coup le revenu de plusieurs années, celle cy, par une contribution très volontaire et la plus agréable qui se puisse imaginer, pleine de bénédictions et de souhaits, met au fonds de vos finances plus de 12 ou 1,500,000 liv. de revenu, et ce, en la saison de l'année que recevez le moins et estes obligé à dépendre le plus, en laquelle bien souvent estes contraint payer de gros intérests, à cause des avances qui vous sont faites. C'est une mamelle de lait qui soulage, une source qui ne tarit point, une veine de sang qui coule doucement, au grand contentement de toutes les parties du corps. Si vous considérez le temps que ce droit a esté établi, c'est en pleine paix. Les jurisconsultes nous apprennent que le temps de dix ans est appelé long, pour ce qu'il est suffisant, non seulement pour établir une loy et faire approuver une coutume, qui a pareille force et autorité que la loy, mais aussy pour acquérir une prescription. Et de fait, les terres qui sont une fois entrées dedans vostre domaine par l'espace de dix ans, changent de nature, et sont censées estre de vostre domaine sacré et estre inaliénables. Or, il y a treize ans que ce droit a esté continué, que, sous la foy publique et parole royale de V. M., vos officiers n'ont pas seulement payé tous les ans, mais la plupart ont de bonne foy acheté bien et chèrement leurs offices, ont levé des augmentations de gages et attributions de droits, soit en vos parties casuelles, ou par les enchères faites en vostre Conseil, sur ce seulement que l'on en pouvoit disposer comme de sa chose propre. Il ne seroit raisonnable de leur rompre et violer cette foy à présent que toute la France jouit d'une félicité publique, sous les heureux auspices de vostre gouvernement. Il ne seroit raisonnable que vos officiers, seuls entre tant de peuples que Dieu a mis sous vostre domination, eussent un si juste sujet de se plaindre, les officiers, dis je, qui, pris d'un courage généreux, ont toujours assisté les Roys leurs seigneurs et résisté courageusement à toutes les entreprises faites contre leurs personnes par qui que ce soit, ont conservé les droits de vostre couronne et domaine, quand, par la violence des guerres étrangères, on a esté contraint d'en aliéner.

« Et parce que les dernières bonnes actions doivent estre les premières en vostre mémoire, à ces derniers mouvemens, qui est ce qui a retenu les villes en vostre obéissance, sinon vos officiers, qui se sont trouvés fort puissans et bien apparentés ? Les mesures [*alias* missives] qui en ont esté prises sont encore dans la mémoire d'un chacun, que, sans les officiers, ils eussent fait ce qu'ils n'ont osé entreprendre. Aussy le feu Roy vostre père, en ses propos plus familiers, disoit qu'il avoit gagné plus de batailles par le moyen de ses officiers, que par ses propres armes, d'autant que ses officiers, épandus par tout vostre royaume, luy estoient autant de citadelles, autant de garnisons pour la conservation de son Estat, qui ne tirent de V. M. autre solde que l'honneur et la gloire de vous servir fidèlement en leurs charges.

« Sire, c'est une pitié grandement considérable que la plupart des officiers portent, comme le philosophe, toutes leurs richesses sur eux; lesquels, se confiant avec raison en la foy publique, ont employé en leurs offices, non leurs biens seulement, mais celuy de leurs femmes, et emprunté de plusieurs personnes qui n'ont autre moyen de vivre que la rente de leurs deniers, et nulle autre garantie de leurs rentes que les offices de leurs débiteurs, lesquels, estant exclus de la grace, demeurent ruinés, non seulement en leurs familles, mais encore, comme la chute d'une maison en attire plusieurs autres, de leurs créanciers. On verra des veuves et pauvres enfans orphelins crier miséricorde, réduits à des mendicités pitoyables et à des vies pleines d'ignominie; car c'est une puissante contrainte que la nécessité, elle prostitue facilement les corps et les ames à toutes sortes de corruptions et de débauches. On verra beaucoup d'officiers rigoureusement traités de leur vivant par leurs créanciers, contraints de vendre leurs terres, et ceux qui n'en ont point, contraints de vendre leurs offices en leur présence et dans leurs sièges, lesquels n'estant suffisans, on les contraindra de faire cession et monter sur la pierre d'opprobre, au lieu du siège où ils rendoient auparavant la justice au nom de V. M., ou bien finir leur vie dans une misérable prison. Quelle pitié, Sire, ou plutost quelle horreur! Si l'imagination seule en donne de l'effroy, que sera ce des effets?

« Ce ne sont point des fables, déguisemens ou inventions d'orateur; ce sont les formes ordinaires de la justice, les peines et afflictions des débiteurs insolvables, que les créanciers, indignés de perdre, déchireroient volontiers en pièces, s'ils en avoient encore la licence, comme ils ont eu autrefois.

« Ostez donc, Sire, ostez de vostre esprit cette pomme de discorde qui se remonstre en la distribution des charges, et, en conservant la parole sacrée du feu Roy vostre père, tenez et retenez à vous les corps des officiers de France inséparablement unis, comme feudataires [*alias* fondateurs] de vostre seule couronne, et ne permettez que cette sage et prudente loy de l'annuel soit violée de vostre temps. Prenez le conseil qu'Aristote donnoit à Alexandre, que jamais personne n'eust à partir de devant sa présence mal content, et, en continuant le droit annuel, donnez à vos officiers de vostre Chambre des comptes, qui nous attendent avec impatience, les fruits qu'ils ont toujours espérés de leurs services; et ils employeront leurs biens, leurs vies et toutes les plus fortes puissances de leurs ames à vous bien servir, comme ils ont fait par le passé, et à prier Dieu pour la prospérité royale de V. M. »

Le roi répondit qu'il avait bien entendu leurs raisons, et qu'il en confèrerait avec le Conseil. De son côté, le président Jeannin leur assura que rien n'avait été omis, et que leurs remontrances étaient bien reçues.

Le dimanche 24me dudit mois, furent, dès le matin, remercier Mr le chancelier de la bénigne audience qu'ils avoient eue du Roy, le prièrent de leur vouloir continuer sa bienveillance, et luy demandèrent ce qu'ils avoient à faire. Qui leur dit qu'ils avoient esté très favorablement ouïs du Roy; qu'en semblables occasions S. M. avoit accoutumé luy demander son avis et à autres de Messieurs de son Conseil, et dire le sien, mais qu'elle s'estoit trouvée lassée après tant de discours sur le mesme sujet, qu'elle les avoit remis à une autre fois pour en délibérer, en sorte qu'ils devoient attendre après la solennité de la feste.

Qu'ils furent aussy chez Mr le garde des sceaux, pour le remercier; qui leur dit aussy qu'il estoit bien ayse de ce que le Roy les avoit ouïs.

Furent disner chez le sr de Luynes, qui les avoit envoyé convier dès le soir précédent, tous les corps et premiers présidens, tant du parlement, Chambre des comptes, que Cour des aydes et lieutenant civil de Paris; où estoient Mr le duc de Montbazon, Mr de Brantes, capitaine des gardes, le sr de Marcilly et autres gentilshommes. Après disner, parlèrent audit sr de Luynes du droit annuel, tous ensemblement et particulièrement, pour la recommandation des officiers. Que ledit sr de Luynes leur dit qu'il avoit jà commencé à faire pour les officiers, et leur donna de fort honnestes paroles en général, les assurant de l'affection qu'il avoit de servir la Chambre. Le Roy le manda, et se retirèrent le reste du jour.

Le lundy, jour de Noël, se donnèrent aux dévotions, et disnèrent tous au logis de Mr le président Nicolay, et avec eux Mr le procureur général de la Chambre et Mr de Flécelles.

Le mardy, furent mandés pour se trouver au logis du Roy, où ils se rendirent après la messe de Mr le chancelier, sur les dix heures, et entrèrent avec luy dedans la galerie, après Messieurs du parlement. Ledit seigneur Roy y arriva tost après, accompagné de Mr le comte de Soissons, les ducs de Guise, de Joinville, d'Épernon, et autres seigneurs et gentilshommes, et estant assis en sa chaise, fit approcher lesdits sieurs du parlement; lesquels ayant pris congé et s'estant retirés, furent commandés d'approcher. Le Roy leur dit qu'il n'avoit encore eu les avis de ces messieurs qu'il avoit assemblés ; que les ayant, il considéreroit leurs raisons avec leurs avis, et leur feroit savoir sa volonté.

Il luy dit qu'ils le supplioient très humblement ce pendant tenir les choses en estat, s'il mésavenoit à aucuns de ses officiers, que les veuves et héritiers ne fussent de pire condition que les autres, et qu'il luy plust de les honorer de ses commandemens. Il leur fit réponse qu'en peu de temps ils entendroient sa volonté, et qu'ils pouvoient s'en retourner à Paris.

Supplièrent S. M. les tenir toujours ses très humbles et très fidèles serviteurs et officiers. Ce fait, se retirèrent.

Le mercredy, furent prendre congé de Mr le chancelier, auquel il dit qu'il ne rapporteroit à la Chambre le contentement qu'elle avoit espéré ; que cette grande plainte de tous les officiers en général de la France estoit de si grand poids, qu'elle méritoit bien d'y penser ; le supplioient qu'elle fust mise en considération par S. M. Il leur dit que le Roy leur feroit savoir sa volonté.

De là, furent aussy prendre congé de Mr le garde des sceaux, auquel ils firent pareilles prières. Lequel leur dit qu'il serviroit toujours de son pouvoir la Compagnie.

Allèrent aussy dire adieu à Mr le président Nicolay, qui leur témoigna grand regret de ce qu'ils ne sortoient plus contens, avec des offres de contribuer en ce qui luy seroit possible au désir de la Compagnie. Partirent le lendemain jeudy, et ne se purent rendre icy plus tost que dimanche.

Supplioit très humblement la Compagnie le pardonner s'il n'avoit servi si utilement qu'elle auroit pu désirer, ni satisfait à la charge qu'il luy avoit plu luy donner, si dignement qu'elle mérite [1].

(*Plumitif* et *Créances*.)

1. Par arrêt et lettres patentes du 15 janvier 1618 (impr. dans la collection Mariette), le roi supprima l'annuel et la dispense des quarante jours, mais maintint provisoirement la vénalité des charges.

397.

19 *Février* 1618.

ASSEMBLÉE TENUE AU SUJET DES RENTES.

Deux conseillers maîtres, MM. de Longueil et Benoise, rapportent qu'ils se sont rendus chez le chancelier, sur son invitation, et s'y sont rencontrés avec plusieurs députés du Conseil, du parlement et de la Cour des aides, le cardinal de la Rochefoucauld, l'évêque de Paris, d'autres prélats, et quelques-uns des secrétaires d'État ou des ministres.

Le chancelier a demandé, au nom du roi, pourquoi le payement des rentes était retardé, et particulièrement celui des rentes du clergé, sur lesquelles le receveur général se plaignait d'être en avance de plus d'un demi-million. Le cardinal a répondu que ce retard venait de l'impossibilité de faire les recouvrements dans les provinces éloignées, en ajoutant que le parlement n'avait pas le droit de considérer le receveur général du clergé comme son justiciable. Sur quoi Mr le premier président du parlement a répliqué que la Cour avait dû accueillir la plainte présentée par une cinquantaine de bourgeois, et nommer deux commissaires pour faire une enquête, mais non pour demander des comptes.

Le chancelier a clos la séance en invitant les Compagnies à se joindre au corps de ville pour pourvoir promptement aux payements, selon l'intention du roi.

Les deux conseillers, en se retirant, ont fait observer au chancelier qu'ils n'étaient pas les représentants habituels de la Chambre pour ces sortes d'assemblées; mais il leur a été répondu que le roi entendait nommer lui-même à ces commissions.

(*Créances*.)

398.
31 Mars 1618.
LETTRE DU BARON DE SENNECEY AU P.P.

De Madrid, ce dernier mars 1618.

Monsieur, Vostre lettre du 20me febvrier me fust rendue le 23me de celuy cy, et ay esté bien ayse d'estre assuré de la continuation de vostre bonne santé, pour s'estre passé quelque temps sans avoir receu l'honneur de vos nouvelles, vous estant treuvé en l'assemblée de Rouan et occupé en affaires si utiles au bien du royaume, qu'il n'estoit pas raisonnable pour lors de vous importuner. Nous attandons d'aprendre les bons règlements qu'aurés procuré, et espérons de les veoir si religieusement observés, que nos voisins auront occasion d'envier nostre bonheur, admirer nostre changement en bien, et nous croire plus sages que par le passé. Dieu veille conduire le tout à son honneur et à sa gloire, et nous faire jouir d'une longue paix, sous le règne de nostre Roy, duquel nous faisons valoir icy les actions et la conduicte le mieux qu'il est possible. J'ay ressenti, Monsieur, comme vous pouvés croire, la mort de Mr de Villeroy, et, outre l'intérest général, j'en avois occasion en mon particulier, pour l'honneur et faveur qu'il me faisoit. J'espère recepvoir celuy de vous veoir avant que l'année s'achève, et après vous avoir baisé bien humblement les mains, j'oseray vous assurer que je seray toute ma vie,
Monsieur, Vostre bien humble et très affectionné serviteur.

SENECEY.

(Orig. autographe. — *Arch. Nicolay*, 13 C 267.)

399.
28 et 31 Janvier 1619.
SURVIVANCE DE L'OFFICE DE P.P. POUR ANTOINE NICOLAY.

Louis, etc. . . . Ayant mis en considération les longs et recommandables services que noz chers et bien amez conseillers en noz Conseils et premiers présidens en nostre Chambre des comptes, Jehan, Aymard et Anthoine Nicolay ont renduz aux Roys noz prédécesseurs (d'heureuse mémoire); estans aussy deuement informez des grandz, laborieux et continuelz services que nostre très honoré seigneur et père et nous avons receu de Jehan Nicolay, aussy conseiller en nozdictz Conseilz et premier président en nostredicte Chambre, depuis quarente deux ans et plus, tant ès offices de conseiller en nostre Cour de parlement, maistre des requestes ordinaires de nostre hostel, premier président en nostredicte Chambre, qu'en plusieurs commissions importantes au bien de nostre service, desquelles il s'est dignement acquitté ; et affin de faire congnoistre combien nous en demeurons contents et satisfaictz, nous luy avons accordé la très humble supplication et prière qu'il nous a faicte en faveur de Me Anthoine Nicolay, son filz, nostre conseiller en nostre Cour de parlement, espérans qu'à l'imitation et exemple de ses ancestres, il continuera à nous servir très fidellement. A ces causes et autres considérations à ce nous mouvans, avons donné et octroyé, donnons et octroyons, par ces présentes signées de nostre main, audict Me Anthoine Nicolay, conseiller en nostredicte Cour de parlement, l'office de premier président clerc en nostredicte Chambre des comptes, duquel icelluy Jehan Nicolay père s'est volontairement desmis en noz mains, par la résignation pure et simple qu'il en a ce jourd'huy faicte en faveur de sondict filz. . . . . nonobstant noz eedictz et ordonnances portans que l'office de premier président clerc en nostredicte Chambre ne peult estre exercé par homme lay et marié. . . . . Données à Paris, le xxviij^{me} jour de janvier, l'an de grace mil six cens dix neuf, et de nostre règne le neufviesme.

LOUIS.

Par le Roy : DE LOMÉNIE.

Louis, etc. . . . . A noz amez et féaux conseillers les Gens de noz Comptes à Paris, Salut. Encores que, par noz lettres patentes du xxviij^{me} de ce moys, inclinans à la très humble prière et supplication de nostre amé et féal conseiller en noz Conseilz et premier président en nostre Chambre des comptes, Jehan Nicolaj, nous ayons, par sa résignation, donné à M⁰ Anthoine Nicolaj, son filz, conseiller en nostre Cour de parlement, l'estat et office de premier président clerc en nostredicte Chambre, affin qu'estant touché de l'exemple de ses ancestres, Jehan, Aymard, Anthoine et Jehan Nicolaj, et des recommandables services qu'ilz ont renduz aux Roys noz prédécesseurs et à nous en ladicte charge, il continue à nous y servir fidellement ; néantmoings, sur l'asseurance que nous avons en l'intégrité, suffisance et longue expérience dudict Jehan Nicolaj père, laquelle il s'est acquise par l'espace de quarente deux ans et plus, et qu'il a faict recongnoistre en touttes les charges où il a esté employé, tant en celle de conseiller en nostredicte Cour, maistre des requestes ordinaires de nostre hostel, premier président en nostredicte Chambre, qu'en plusieurs autres commissions importantes au bien de nostre service, dont il s'est très dignement acquitté, désirant luy tesmoigner le contentement que nous en avons, et pour le bien de noz affaires, nous luy avons, de grace spécialle, plaine puissance et auctorité royalle, permis et permettons, par ces présentes signées de nostre main, de continuer l'exercice de ladicte charge de premier président en nostredicte Chambre des comptes pendant le temps de trois ans, nonobstant la résignation qu'il en a faicte en noz mains en faveur dudict Anthoine Nicolaj, son filz, et qu'il jouisse durant ledict temps des mesmes honneurs, auctoricez, prérogatives, prééminences, franchises, libertez, gaiges, droictz, proffictz, revenuz et esmolumens audict office de premier président appartenans, tout ainsy qu'il faisoit auparavant sadicte résignation, demeurant toutesfois le tiltre de l'office audict Anthoine Nicolaj filz. Si vous mandons et ordonnons que ces présentes vous faictes lire et registrer, et du contenu jouyr et user plainement et paisiblement ledict Nicolaj père, cessans et faisans cesser tous troubles et empeschemens à ce contraires. Car tel est nostre plaisir. Donné à Paris, le dernier jour de janvier, l'an de grace mil six cens dix neuf, et de nostre règne le neufviesme.

LOUIS.

Par le Roy : DE LOMÉNIE.

(Originaux. — *Arch. Nicolay*, 21 C 15 et 13 C 34.)

400.   30 *Avril* 1619.
SÉANCE DU COMTE DE SOISSONS. — ALIÉNATION DU DOMAINE ET DES AIDES.

Ledit sʳ comte, ayant salué la Compagnie, auroit dit que le Roy avoit résolu de faire vérifier en la Chambre quelques édits qui importoient au bien de son service, comme il estoit porté par ses lettres de cachet adressantes à ladite Chambre et par les lettres du pouvoir qu'il luy en avoit fait expédier, et commandé de venir exprès en icelle Chambre, ainsy que plus particulièrement ledit sʳ de Chasteauneuf feroit entendre à la Compagnie.

Lequel ayant reçu commandement de mondit sʳ comte de prendre la parole, luy auroit premièrement présenté lesdites lettres de cachet et pouvoir susdit, afin qu'il ordonnast au greffier de ladite Chambre d'en faire la lecture. Ce qu'ayant esté fait par Mᵉ Jean Bourlon, l'un des greffiers, ledit sʳ de Chasteauneuf auroit exposé que le Roy avoit commandé audit sʳ comte de venir en ladite Chambre, et à Messieurs de son Conseil qui estoient là présens, de l'accompagner, pour y représenter la nécessité de ses affaires, et comme Sadite Majesté avoit esté contrainte faire de grandes dépenses pour les mariages, tant de Madame sa sœur avec Mʳ le prince de Piémont, que de Mˡˡᵉ de Vendosme avec Mʳ le duc d'Elbeuf, outre les grandes charges que Sadite Majesté avoit à supporter à cause des trois armées qu'elle avoit mises sus pour s'opposer aux mauvais desseins de ceux qui vouloient troubler son Estat, au mépris de son autorité et à la ruine de ses sujets; que S. M. avoit mieux aymé prendre sur soy le secours d'argent dont elle avoit besoin, que de surcharger son peuple de tailles et impositions nouvelles ; avoit fait expédier deux édits, qu'elle vouloit faire vérifier, l'un pour la revente de son domaine, grueries et grairies, l'autre pour l'aliénation de

300,000 liv. de revenu de ses aydes ; que cette revente du domaine n'apportoit autre incommodité sinon que le domaine cy devant aliéné demeuroit engagé à plus haut prix qu'il n'avoit premièrement esté vendu ; et au regard de l'aliénation des aydes, estoit à considérer que, par le renouvellement du dernier bail d'icelles, le prix estoit augmenté d'une somme notable, laquelle entroit en son Épargne, en sorte que c'estoit un meilleur ménage de tirer cette somme de 300,000 liv. de revenu annuel sur celuy des aydes, que de prendre de l'argent à gros intérests pour subvenir à la nécessité présente ; que S. M. usoit à regret de cette forme de faire vérifier ses édits, mais avoit craint que la Chambre, religieuse comme elle est, n'apportast des longueurs et difficultés à la vérification d'iceux, et par ainsy, que le secours prompt que S. M. en attendoit, pour la solde des gens de guerre répandus en plusieurs provinces de ce royaume, ne fust retardé. Espéroit que, les troubles cessans, le Roy laisseroit à la Chambre la liberté de délibérer murement des édits, selon qu'elle a fait au passé, au grand contentement de S. M.

Lors, Mr le P.P., adressant sa parole audit sr comte de Soissons, luy auroit dit que la Chambre se promettoit de la justice et bonté du Roy, dont S. M. rend chacun jour des preuves signalées, qu'elle n'enverroit point à la Chambre des édits pour y estre vérifiés par voyes extraordinaires, mais plutost pour les examiner et en délibérer à loisir, mesmement quand il s'agit de l'aliénation de son domaine, d'autant qu'il est dur aux juges préposés à la garde et à la conservation d'iceluy, laquelle ils ont saintement jurée à l'entrée de leurs charges, d'en voir ordonner l'engagement avec une multiplication d'enchères à si haut prix, que l'aliénation en demeure comme perpétuelle ; ce qui eust esté remonstré à S. M. par les officiers de sa Chambre, s'il luy eust plu leur permettre de faire en cet endroit action de juges et grandement affectionnés au bien de son service, et non pas d'estre en silence tandis qu'en leur présence l'arrest sera prononcé par son commandement absolu.

Ce n'est pas, ajouta ledit sr P.P., continuant à parler à mondit sr le comte, que la Chambre ne tinst à beaucoup d'honneur de le voir assis au mesme lieu où elle avoit autrefois vu Monsieur son père, duquel il représente la vive image et les héroïques vertus ; mais, si, d'un costé, on a craint quelque longueur des délibérations ordinaires, où les choses sont pesées à la balance de la justice, d'autre part aussy l'assurance des acquéreurs et la fermeté des aliénations a dû estre considérée, pour en espérer en cette sorte un plus grand secours et utilité pour S. M.

Que la vente des grueries en la forest d'Orléans a esté autant de fois condamnée qu'elle a esté proposée, du règne du feu roy Henry le Grand, de glorieuse mémoire, d'autant que c'est un moyen pour ruiner entièrement la forest, aliénant les grueries, que les propriétaires du bois s'efforceront d'acquérir, le couperont et essarteront à discrétion, afin que le Roy n'y puisse jamais rien prétendre. Par ainsy, que cette marque auguste de ce noble duché, premier apanage des fils de France, estant ostée, ou, en la plupart des gardes, défigurée, endommagera grandement le corps de ladite forest, avec peu de profit.

Que l'aliénation des corps des fermes des aydes pour 300,000 liv. de revenu annuel sera fort mal reçue des prévost des marchands et échevins de cette ville, et par conséquent de tous les rentiers assignés sur cette nature, lesquels ne reçoivent que trois quartiers de leurs rentes, encore est ce sur les arrérages des années passées, et craindront que ce nouvel engagement du corps des fermes n'apporte un affoiblissement à leur hypothèque, ce qui pourra causer de grandes clameurs.

Que si néanmoins il eust plu au Roy laisser aux officiers de sa Chambre leurs voix et suffrages libres, joignant la prudence à la justice, ils se fussent évertués de contenter S. M. au besoin qui leur avoit esté représenté, n'ignorant pas que souvent les sages pilotes jettent en mer une partie de leur charge pour soulager le vaisseau. Mais puisqu'il avoit plu à S. M. ordonner qu'il en fust usé autrement, supplioit, au nom de tous les officiers de la Chambre, ledit sr comte ne point interpréter leur silence à aucun consentement qu'ils prestassent à ce qu'il luy plairoit ordonner sur ce sujet, ains à une entière soumission et obéissance qu'ils rendront en toutes occasions aux commandemens de S. M.

A quoy ledit sr de Chasteauneuf auroit répliqué que, dès l'année 1570, lesdites grueries et grairies auroient esté vendues, et depuis retirées par le Roy ; qu'il n'en venoit pas grand revenu à S. M.; et pour le regard desdites aydes, que les 300,000 liv. de revenu se prendroient sur la plus valeur du dernier bail, qui avoit esté naguères registré en la Chambre.

Ce discours fini par ledit sʳ de Chasteauneuf, mondit sʳ le comte auroit ordonné audit Mᵉ Jean Bourlon, greffier, de faire lecture à haute voix desdits deux édits.

A quoy ayant satisfait, Dreux, avocat général, pour le procureur général, a représenté que le consentement n'estoit nécessaire où estoit l'exprès commandement du Roy.

Que s'il plaisoit audit seigneur procéder à l'exécution du pouvoir qu'il avoit de S. M., qu'ils ne le pouvoient empescher. Le supplioient néanmoins que ce fust sans préjudicier aux oppositions desdits officiers et usagers, qui se pourvoiroient par devers S. M. pour leur estre fait droit ainsy que de raison; à la réservation des duchés, marquisats, comtés, forteresses, maisons royales, forests, havres, ports de mer et autres places d'importance, de la nomination aux offices et bénéfices, et des foy et hommages, et à la charge que les commissaires pour la revente feroient registrer en la Chambre leur commission, auparavant qu'ils pussent procéder à l'exécution d'icelle; que lesdits commissaires ne pourroient vendre aucune portion dudit domaine, qu'ils ne laissassent fonds suffisans pour le payement des charges ordinaires et anciennes; que les acquéreurs ne pourroient estre dépossédés, qu'au préalable ils n'eussent esté remboursés de la finance qu'ils auroient actuellement payée aux coffres du Roy, laquelle ils seroient tenus faire vérifier par la Chambre; que les contrats et adjudications faits par les commissaires seroient registrés en la Chambre, auparavant que les acquéreurs pussent jouir du contenu en iceux ; que le trésorier de l'Épargne feroit recette, par chapitre séparé, des deniers provenans de ladite aliénation, sans les pouvoir divertir à autres effets que ceux contenus audit édit, à peine du quadruple et d'en répondre par les ordonnateurs en leurs propres et privés noms; et que ledit édit seroit exécuté dans six mois, suivant et conformément à l'arrest de vérification desdites lettres d'aliénation de l'année 1591.

Que, pour le regard de l'aliénation des 300,000 liv. du corps des aydes, ils supplioient ledit seigneur d'en considérer l'importance et la conséquence. Que S. M. avoit, par édits généraux et particuliers, aliéné le général et particulier de ses aydes, sur lesquelles avoient esté constituées plusieurs rentes; que le pauvre peuple, se confiant en la foy publique, avoit présenté le plus clair de son bien pour l'acquisition de telles rentes, desquelles S. M. avoit retranché un quartier. A ce retranchement, combien de cris! Si on engageoit le fonds desdites aydes, sur lequel, moyennant le retranchement dudit quartier, Messieurs du Conseil faisoient quelque bon ménage, que pouvoit attendre le pauvre peuple, qu'une totale ruine de leurs rentes? Outre cette aliénation, les rabais ordinaires et les guerres survenantes ostoient la jouissance aux fermiers ; cette non jouissance advenant, le pouvoir estoit osté aux fermiers de payer; ce payement cessant, que ledit seigneur pouvoit juger que des pleurs et plaintes venoient les rumeurs, et des rumeurs on tomboit dans de grands accidens, qu'il savoit trop mieux se représenter et prévoir.

Que, s'il plaisoit audit seigneur exécuter son pouvoir, ils ne le pouvoient empescher. Le supplioient toutefois que ce fust à la charge qu'il ne pourroit estre vendu et aliéné desdites aydes que pour 300,000 liv. de revenu, et que, pour ce, évaluation seroit faite desdites aydes à aliéner, ainsy qu'il est accoutumé, de dix années une commune; que les deniers en provenans seroient employés aux affaires de la guerre seulement, et non ailleurs, à peine du quadruple et d'en répondre par les ordonnateurs en leurs propres et privés noms; que ladite vente ne pourra préjudicier aux hypothèques générales et particulières des prévost des marchands et autres particuliers, et que le trésorier de l'Épargne ou autres qui feront la recette desdits deniers seront tenus en compter en la Chambre, ensemble du sol pour livre à payer par les adjudicataires.

Après lesquelles remonstrances, ledit sʳ comte de Soissons auroit prié ledit sʳ de Chasteauneuf de prononcer ; ce qu'il auroit fait en ces termes : « Le Roy a ordonné et ordonne que sur le reply desdits deux édits sera mis : *Lu, publié et registré en la Chambre des comptes, ouï son procureur général.* »

CHAMBRE DES COMPTES.

Ce fait, ledit s^r comte se seroit levé et salué la Compagnie, comme pareillement lesdits s^{rs} mareschal de Brissac, de Chasteauneuf, de Pontcarré et de Boissise, et se sont retirés, conduits jusque sur le perron de ladite Chambre par lesdits s^{rs} le Conte et de Longueil.

(*Plumitif* et *Créances*.)

---

401. 2 *Mai* 1619.
LETTRE DU ROI AU P.P. — CRÉANCE POUR M. DE CASTILLE.

Monsr Nicolaj, ayant esté informé que l'arrest prononcé en ma Chambre des comptes lors que mon cousin le comte de Soissons y estoit séant, sur les édictz qu'il y avoit portez de ma part, a esté changé, je n'ay peu en demeurer contant, soit pour le préjudice que tel procedder apporteroit au bien de mon service, ou pour la conséquence périlleuse qu'il tireroit après soy. Ces considérations m'ont faict résouldre d'envoyer vers vous le s^r de Castille, conseiller en mon Conseil d'Estat et intendant de mes finances, pour vous tesmoigner sur ce suget mon sentiment. Il vous dira comme je désire que l'arrest soit couché ainsi qu'il a esté prononcé. Auquel me remettant, je prieray Dieu qu'il vous ait, Monsr Nicolaj, en sa sainte et digne garde. Escrit à St-Germain en Laye, le ij^{me} jour de may 1619.

LOUIS.
DE LOMÉNIE.

(Original. — *Arch. Nicolay*, 30 L 3.)

---

402. 7 *Mai* 1619.
AUDIENCE DE DÉPART DU ROI.

Le P.P. rapporte que les députés se sont transportés, le 5, à Saint-Germain-en-Laye. Après s'être reposés chez M^r le duc de Montbazon, et en attendant que le roi eût dîné, ils se sont rendus dans leurs carrosses au Château neuf, où Mr de Luynes les avait conviés à dîner.

Dès leur partement, ils furent recueillis à l'entrée dudit Chasteau neuf par le s^r de Cadenet, frère dudit s^r de Luynes, et menés en une salle basse, en laquelle Messieurs de la Cour des aydes se trouvèrent avec eux. Quelque temps après, le s^r de Brantes, dernier frère dudit s^r de Luynes, les vint quérir pour disner en la galerie proche de la chambre dudit s^r de Luynes. Messieurs du parlement, de la Chambre et Cour des aydes disnèrent tous à une mesme table, de la longueur de ladite galerie, et ledit s^r de Luynes fut assis au bout d'en haut d'icelle, et disna avec eux. Et pour ce que ladite table ne se trouva capable de recevoir tous ceux qui estoient conviés, ledit s^r de Montbazon emmena disner quelques uns en la chambre dudit s^r de Luynes, et disna avec eux.

Les trois Compagnies furent reçues successivement par le roi, environné de son Conseil et des courtisans. Le roi leur fit exposer par le chancelier que le danger de la contagion l'avait empêché de passer par Paris; qu'il y laissait ses pouvoirs à M^r le comte de Soissons, avec deux compagnies de gendarmes et de chevau-légers; qu'il ne comptait pas s'avancer plus loin qu'Orléans, que Mr de Béthune et le cardinal de la Rochefoucauld étaient allés l'un après l'autre trouver la reine-mère, et que la négociation était en bonne voie.

Le P.P. répondit en substance :

Que la plus grande faveur qu'un prince puisse départir à ses serviteurs, est de les honorer de sa présence et de les assurer de sa bienveillance pour marque de fidélité; que S. M. ne se pouvoit éloigner si loin, que son nom glorieux et son autorité souveraine ne leur fust toujours présente et devant les yeux; qu'en tout lieu ils l'accompagneroient de cœur et d'affection à son service; qu'il n'estoit besoin de leur laisser des forces pour la sureté de la ville; qu'elle se conserveroit d'elle mesme, sous la prudente conduite des magistrats que S. M. y laissoit; que la vraye force des Roys et des grands monarques gist en la bienveillance de leurs sujets et en la sincère administration de la justice par leurs officiers; que S. M. estoit vrayment aymée et honorée de son peuple de Paris, ce qu'elle eust reconnu à l'œil, des voix et acclamations publiques, s'il luy eust plu se faire voir à leurs concitoyens; que sa Chambre continueroit à rendre la justice, conserver ses droits et à maintenir la concorde et union entre ses sujets autant qu'il luy seroit possible, avec la mesme innocence et intégrité qu'elle a fait au passé.

Ne vouloient pénétrer trop avant dans les conseils secrets de S. M., ni s'enquérir curieusement des causes pour lesquelles il avoit envoyé vers la reine, sa mère. Croyoient que leurs cœurs et leurs désirs estoient si bien unis ensemble, qu'ils ne conspiroient qu'au bien et à la réputation de cet Estat. Se contentoient de prier Dieu vouloir bénir et faire prospérer tous ses desseins et entreprises, qui ne tendoient qu'au repos de son pauvre peuple, duquel il est le père.

Rendoient graces très humbles à S. M. de ce qu'il luy plaisoit leur donner part aux affaires publiques qu'il traitoit; n'aspiroient autre gloire qu'en servant fidèllement S. M. en la fonction de leurs charges, d'estre protégés sous les ailes de sa grandeur et de son autorité.

Prirent congé de S. M., et, après avoir fait quelque séjour en une salle basse, pour se rafraischir, se disposèrent pour leur retour.

(*Plumitif.*)

---

403. 29 *Juillet* 1619.
LETTRE DU ROI AU P.P. — DON A LOUIS NICOLAY.

Monsr Nicolaj, je n'ai peu desnier à mon cousin le duc de Nevers la lettre qu'il m'a demandé, adressante à ceux de ma Chambre des comptes, par laquelle je leur mande qu'ilz ayent à luy rendre les papiers et arreztz concernant un don et descharge que je luy ay accordée de la somme de dix huict mil quatre cens cinquante sept livres, qu'il m'avoit exposé avoir esté pris, pendant les mouvemens des années six cens seize et dix sept, par ma cousine la duchesse de Nevers; ensemble coppie d'un don de la somme de vingt mil livres qu'en considération de voz services et de ceulx du sr de Presles, vostre filz, je luy ay accordée sur les deniers exposez avoir esté pris et qui estoient ez mains des receveurs pendant lesdits mouvemens, en l'estendue de la généralité d'Orléans, quoy que la chose soit juste, affin que, le tout m'estant représenté, j'ordonne et déclare ma volonté. Sy est ce que je ne l'ay voulu faire sans vous en advertir, affin que, puisque ladite somme est prétendue par mondit cousin et ledit sr de Presles, vous l'en advisiés, et qu'il ayt moyen de deffendre son droict, auquel j'auray bon esgard, et, en toutes occasions, de vous tesmoigner la satisfaction que j'ay de voz services et de l'estime que je fays de vous. Priant Dieu qu'il vous ayt, Monsr Nicolaj, en sa sainte garde. Escrit au Plessis lez Tours, le xxixme jour de juillet 1619.
LOUIS.
DE LOMÉNIE.

(Original. — *Arch. Nicolay,* 61 L 66.)

---

404. 8 *Août* 1619.
CONGÉ DONNÉ A LA CHAMBRE. — ÉPIDÉMIE A PARIS.

De par le Roy. Nos amés et féaux, nous avons mis en bonne considération ce que nous a représenté de vostre part le sr Girard, nostre procureur général en nostre Chambre des comptes, et, y joignant nostre bonne volonté en vostre endroit, nous vous accordons bien volontiers, selon vostre désir, la discontinuation de vos séances et du service que vous nous devez en nostredite Chambre, jusques au 1er jour d'octobre prochain, pendant lequel temps nous espérons que Dieu, prenant pitié de nostre peuple et ayant égard à nos supplications, délivrera nostre bonne ville de Paris du mal de la contagion dont elle est affligée; nous promettant aussy que, toutes affaires particulières postposées et avant vostre séparation, vous vaquerez à celles qui concernent le bien de nostre service. Il s'en présente deux devant vous qui, outre l'utilité qu'elles nous apporteront et de soulagement en la nécessité présente, sont d'autant plus justes, que nul n'y est intéressé. Par deux diverses fois vous en avez ouï parler, et notamment de celle dont l'édit vous a esté adressé pour rendre domaniaux les greffes des bureaux des trésoriers de France, qui ne peut recevoir difficulté, n'y ayant qu'eux seuls qui ne le soient de toutes les juridictions établies en ce royaume; et, quant à l'autre, il ne s'y change rien, c'est seulement pour rendre héréditaires les trois deniers qui se lèvent par les receveurs des tailles et qui leur sont attribués, en payant en nos coffres les sommes auxquelles ils seront taxés en nostre Conseil. A ces causes, nous vous mandons et ordonnons, et très expressément enjoignons que nosdits deux édits vous ayez à faire lire et enregistrer auparavant vostre séparation, pour avoir lieu à estre exécutés selon leur forme et teneur. Si n'y faites faute, sur toute la fidélité et affection que vous avez toujours portée au bien de nos affaires et service. Car tel est nostre plaisir. Donné au Plessis lez Tours, le 8me jour d'aoust 1619[1].

LOUIS.
DE LOMÉNIE.
(Créances.)

[1]. La contagion ayant redoublé de violence, le roi prorogea ce congé jusqu'à la St-Martin, et accorda des sûretés spéciales pour la conservation des offices d'un président et de six conseillers qui restaient à Paris avec mission de représenter la Chambre aux assemblées générales de police. — En 1623, la Chambre obtint encore un congé pour le même motif, à condition également d'enregistrer un édit qui lui était présenté. (*Créances*, 1er septembre 1623.)

---

405. 9 Août 1619.
LETTRE DU DUC DE NEVERS AU P.P. — DON A LOUIS NICOLAY.

De Tours, ce 9me aoust 1619.

Monsieur, j'ay veu par ce qu'il vous a pleu m'escrire que, lors que vous avés obtenu au nom de M^r vostre fils don de quelques deniers que l'on disoit estre recélés, vous n'aviés pas creu qu'ils m'eussent esté donnés par le Roy, pour estre employés au parachèvemant d'un monastère de pauvres religieuses Carmélites, déjà fort avancé et basty de l'argent de feu ma fame; ce que j'ay creu facilement, et que vous aviés en cela esté prévenu, non seullement pour ma considération, qui vous ay tousjours fort honoré, mais encore davantage pour celle de tant de pauvres filles désireuses de servir Dieu en cette maison, qui demeure imparfaite et descouverte par ce retardemant. Non que je ne loue en cela la libéralité que le Roy a désiré de vous faire, bien deue à vos services, qui méritent d'estre récompensés de beaucoup plus, et dont je m'assure, faisant l'estat qu'il fait de vous, qu'il n'en perdra aucune occasion, mais de le faire aux despens d'une maison dédiée à Dieu et de tant de pauvres filles qui y sont vouées. Sa Majesté ne désire pas de le faire, non plus que vous, Monsieur, je m'assure, de le plus rechercher, ayant apris ces considérations. Et pour mon particulier, vous pourrés voir quel y peut estre mon intérest et comme je n'espère pas de m'en enrichir. Qui d'ailleurs plains infiniment les afflictions domestiques que vous avés receues, M^r le procureur général et vous, ayant esprouvé depuis quelque tams combien elles sont sensibles. Qui est tout ce que je vous diray pour cette fois, après vous avoir assuré que je suis,

Monsieur,

Vostre très affectionné à vous faire service.
LE DUC DE NEVERS.

(Orig. autographe. — Arch. Nicolay, 36 L 1.)

406. (1619.)
LETTRE DU PÈRE DE BÉRULLE AU P.P. — AFFAIRE DE M. DE NEVERS.

Monsieur, j'ai veu Monsieur de Nevers fort ferme et fort bien espérant en son affaire, et, luy parlant de la signature fausse du receveur, il m'a dit que le Roy et le Conseil fut informé de cela dès avant que d'obtenir la donation, et que le Roy et Monsr le président Jannin s'en souviennent bien encores, et qu'il leur exposa comme il n'avoit point touché cet argent, et que le Roy lui dit que, ce nonobstant, il vouloit luy donner, ayant perdu et despensé du sien cent mil escuz pour cette guerre là. Il m'adjousta qu'ayant satisfait au Roy et au Conseil de cette particularité là, il ne se mettoit pas en peine pour la formalité, ce qui est considérable, ce me semble. J'ay creu vous en debvoir advertir, et vous assurer que je suis,

Monsieur,

Vostre très humble et très obéissant serviteur.

P. DE BÉRULLE, prestre de l'Oratoire.

(Original. — *Arch. Nicolay*, 13 C 355.)

---

407. 18 *Septembre* 1619.
LETTRE DU CONNÉTABLE AU P.P.

A Tours, ce xviij^{me} septembre 1619.

Monsieur, Quant ce ne seroit pour l'amour de vous, ce sera pour celuy de M^r vostre fils que je vous serviray. Assurés vous an, je vous suplie, et an la chose qu'il désire de moy je n'espargneray ny mon soin ny ma paine pour la voir réussir à vostre contantemant, comme je feray tout autre que vous désirerés, puis que j'ay promis d'estre,

Monsieur,

Vostre très humble serviteur.

DE LUYNES.

(Orig. autographe. — *Arch. Nicolay*, 34 L 1.)

---

408. (13 *Décembre* 1619.)
HARANGUE DU P.P. POUR LE RETOUR DU ROI.

Sire, voicy le septiesme mois accomply que les Gens de voz comptes, voz très humbles et très obéissans serviteurs et officiers, ont esté privez de l'honneur de vostre présence, et que Vostre Majesté s'est tenue eslongnée de ceste ville, pour le bien de son Estat et le repos de ses subjectz. Mais, Sire, si, d'un costé, nous avons esté ennuyez et desplaisans de vostre longue absence, d'autant que la présence d'ung bon Roy (selon le dire du sage) est la joie et la consolation de son peuple, nous avons maintenant grande occasion de louer Dieu de vostre heureux retour en ceste ville, car, après avoir, comme un bon père, soulagé vostre pauvre peuple d'ung nombre infiny de gens de guerre qui le molestoient, l'on a veu Vostre Majesté s'advancer avec une extresme allégresse pour aller recevoir la Royne sa mère et luy tesmoigner par ung doux acceuil les effectz de vostre bienveillance et sincère amitié en son endroict, digne d'ung filz débonaire et d'ung Roy très chrestien, duquel les actions doibvent servir d'exemple et de mirouer à tous ses subjectz.

Les poëtes ont feinct une Cérès voiageant par le monde pour rencontrer sa fille, que l'on avoit eslongnée de sa présence, encores qu'elle l'eust tousjours aymée et chérie tendrement. Ceste déesse faisoit porter devant soi des flambeaux allumez au feu du mont Œthna, et remplissoit la terre de fruictz et d'aultres biens en abondance, dont les hommes luy rendoient des honneurs et des graces qui ne convenoient qu'à la Divinité. Vostre Majesté, Sire, a esté devancée en son voiage, non par des flambeaux allumez au feu terrestre et matériel, mais par des lumières de l'église et par des seigneurs de grande qualité, signalez en piété et embrazez du feu de la charité que tout bon François doibt avoir à procurer la paix dans vostre roiaulme et l'obéissance deue à voz commandemens.

Mais, Sire, les biens que Cérès espanchoit sur la terre, n'approchoient en rien des fruictz dont Vostre Majesté a remply les bonnes ames qui tascheront de vous imiter, car vous avez faict recongnoistre en ceste entreveue tant de marques de vostre bonté et magnanimité royale, que la postérité ne cessera jamais de vous en bénir.

Les naturalistes nous enseignent qu'il y a ung certain aage en la vie de l'homme, auquel le sang se renouvelle dedans les veines, et que le cœur a ceste propriété d'en attirer à soy le plus pur pour servir à sa conservation. Vostre Majesté, Sire, est vraiement le cœur de ce grand corps monarchicq de la France, laquelle tient après Dieu son estre et son lustre de vous. Vostre noblesse en est le sang, bouillant de couraige et de générosité; elle se renouvelle de siècle en siècle, pour servir à la garde et à la deffense de vostre personne sacrée. Car l'espée qu'elle porte, Sire, ne doibt estre employée que pour vostre service et la manutention de vostre Estat, soubz les enseignes arborées de la Croix qu'elle porte de vostre grace en cest ordre et milice des chevaliers dont vous avez désiré croistre le nombre, affin d'estre comme ung nouveau rempart contre l'hérésie, la rebellion et l'infidélité.

Voilà, Sire, comme Vostre Majesté couronne glorieusement touttes ses actions héroïcques durant son voiage de sept mois. Ce nombre de sept a tousjours esté réputé le symbole du repos, comme cellui de 8 figure la béatitude. Nous espérons aussi, Sire, qu'après tant de troubles et de mouvemens passez, Dieu maintiendra longuement la paix en vostre roiaulme, soubz vostre main puissante et souveraine, et la rendra si heureuse et florissante, que Vostre Majesté sera aimée, servie et honorée autant ou plus qu'aucun de ses prédécesseurs, et que le règne de Vostre Majesté surpassera en touttes choses cellui des Roys voz devanciers.

(Minute autographe. — Arch. Nicolay, 54 L 15.)

---

409. *(24 Février 1620.)*
DISCOURS DU P.P. AU PRINCE DE CONDÉ. — ENREGISTREMENT D'ÉDITS.

La Chambre, prévenue par le bruit public que le roi enverrait M' le Prince pour faire enregistrer les cinq édits qui étaient sur le bureau, avait députe, le 19 février, les Gens du roi pour obtenir qu'il ne fût pas usé de cette voie extraordinaire, ou bien qu'on laissât le temps de présenter des remontrances. Le chancelier, le garde des sceaux, le surintendant avaient répondu qu'ils feraient tous leurs efforts auprès du roi, mais que sans doute ce qui s'était passé au parlement entraînerait S. M. à requérir de cette façon l'enregistrement. En effet, le lundi 24, M' le Prince vint prendre séance. Il commença par s'excuser d'avoir accepté une telle mission et par expliquer que, si le roi recourait à l'enregistrement forcé, c'était, non pas pour employer le produit des édits en dons et en dépenses inutiles, mais pour envoyer des troupes en Champagne et en Poitou, contre les protestants. Pour cet objet, la lenteur des délibérations ordinaires eût eu les plus graves conséquences. A ce discours, le P.P. répondit:

Monsieur, voicy la deuxiesme fois depuis neuf mois que le Roy a esté conseillé d'envoyer en ceste Compagnie Messieurs les princes de son sang, assistez d'aucuns seigneurs de son Conseil, pour y faire lire et publier des eedictz de son auctorité absolue, encores qu'ilz nous soient addressez pour en dellibérer à l'exemple de noz majeurs.

Mais, Monsieur, vostre présence (que la Chambre a tousjours honorée), au lieu de nous animer et encourager à donner noz voix et noz suffrages à la vériffication de ces eedictz, nous impose maintenant ung silence honteux à des juges, et nous rend muetz en noz places, comme si nous manquions de suffisance en nostre function, ou d'affection au service de Sa Majesté.

L'expérience que nous avons acquis depuis longues années au service des Roys, nous doit exempter du soubçon de l'ung, et nostre fidélité de l'autre, car je puis dire qu'il ne s'est présenté occasion, depuis trente années, de servir les Roys en la nécessité urgente de leurs affaires, où nous n'ayons courageusement tesmoigné par effect nostre zèle et affection inviolable à leur service. Nous n'avons pas attendu la présence de Messieurs les princes, mais avons librement embrassé les moyens extraordinaires qui nous ont esté proposez pour remédier aux accidentz funestes qui se présentoient. Tesmoing l'eedict des triennaulx, dont le Roy fut secouru de cinq millions de livres et plus, ores que Sa Majesté fut absente et eslongnée de cette ville. Et du temps du feu roy Henry le Grand (de glorieuse mémoire), celluy mesme des triennaulx premièrement créez (duquel l'on tira près d'ung million d'or) fut cause en partie de la reprise d'Amyens et du bon hœur de la France. Et pour ne poinct mectre en oubly ce qui se passa céans en l'an iiij^{xx} sept, lors qu'une grande armée de reistres approcha de ceste ville, et que le roy Henry troisiesme (d'heureuse mémoire) se voullut préparer pour les aller combattre, ce prince débonnaire et judicieux feist l'honneur à la Chambre de mander au Louvre ung bon nombre des officiers d'icelle, ausquelz il exposa la nécessité qu'il avoit d'argent pour souldoyer son armée, les pria de se porter volontiers à la vériffication des eedictz qu'il leur avoit envoyé, attendu qu'il s'agissoit du salut de son Estat : les ungs furent reffuzez, dont Sa Majesté ne se teint offensé, les autres bien receuz, considéré le péril éminent auquel le Roy s'alloit exposer en personne. Bref, il réussit ung tel fruict de la vériffication franche et volontaire de la Chambre, que Sa Majesté en eust un grand contentement.

Considérez, s'il vous plaist, Monsieur, comme, ez trois occasions remarquables et importantes au bien de l'Estat que je vous ay cottées, il n'a esté besoing d'avoir recours à des publications d'eedictz par la voye que vous tenez maintenant, autant contraire à l'establissement des Compagnies souveraines, que la violence répugne à la justice. Lors, l'ennemy estoit à noz portes, et la France remplye de gens de guerre qui la saccageoient. Maintenant, elle est (par la grace de Dieu) paisible, le Roy en bonne intelligence et allyé avec les princes ses voisins, chéry et révéré de son peuple, et ce qui est le plus à estimer, c'est que Sa Majesté est servie et honorée de Messieurs les princes, et elle aussi les ayme et gratiffie, comme un père ses enffans. En cela gist le plus précieux trésor et la force invincible de son Estat, et par ainsy nous voilà véritablement affranchiz de la crainte d'aucun mouvement dans le roiaulme.

Que s'il est question de secourir l'Empereur affligé par les protestans, et de faire obéyr par force ceux de la Religion prétendue réformée qui continuent de se tenir en corps d'assemblée à Loudun, contre les deffences du Roy, encores que les guerres civiles doivent estre évitées autant que faire se peult, néant-moings, Monsieur, vous pouvez asseurer le Roy que, lorsqu'il s'agira de la gloire de Dieu et de la manutention de son auctorité roialle, nous ne donnerons pas seullement noz voix et noz suffrages à des moyens extraordinaires, mais nous y contribuerons volontiers les nostres, voire mesme noz vies, pour tesmoigner que nous sommes vrais catholicques et bons François.

Mais, s'il arrive, par quelque mauvais conseil, que les deniers qui proviendront de ces eedictz nouveaux soient employez au proffict des particuliers, et non du bien publicq (ce que, Monsieur, vous nous asseurez ne debvoir advenir), Dieu, qui est jaloux de sa gloire et que son nom serve de prétexte pour abuzer des finances du Roy et de la substance de son peuple, sçaura bien chastier en temps et lieu ceux qui auront esté autheurs du divertissement.

Monsieur, je liz au visage de M^{rs} de nostre Compagnie qu'ilz ont peine à croire que les affaires du Roy soient réduictes en telle nécessité qu'il vous a pleu leur exposer, veu le grand nombre de dons immenses qu'ilz voient ordinairement sur ce bureau. Les pensions, estatz et entretènemens employez en l'Espargne ne sont poinct diminuez, nonobstant la résolution prise en l'assemblée de Rouen. Il fauldroit, Monsieur, pour estouffer ce monstre de nécessité, s'employer avec autant de soing à diminuer la despence qu'à augmenter la recepte, et que les grands du roiaulme commençassent à se réduire à quelque médiocrité convenable à leurs qualitez, soulageans les finances du Roy, et donnans au publicq l'excès de leurs despences.

Car l'opulence et la superfluité est si grande en tous les ordres, qu'il est mal aisé de croire que les affaires du Roy soient autant en arrière que l'on le publie. Cela est cause que les Compagnies souveraines se rendent difficilles à vériffier les eedictz, voians que c'est un mal incurable qui renouvelle tous les ans.

Monsieur, la Chambre espéroit que, Dieu vous aiant faict naistre le premier prince du sang et bien voullu du Roy pour voz grandz mérittes, vous vous employeriez en ceste occasion à conserver la liberté de noz offices; que vous seriez nostre intercesseur envers Sa Majesté, pour la dissuader d'user de sa puissance et autoricté absolue au mespris et diminution des charges dont il luy a pleu nous honorer.

Nous recongnoissons assez que nous ne sommes que de petites lumières attachées au firmament de la roiauité, et que, si peu d'esclat que nous avons en la function de noz offices, nous l'empruntons du Roy, qui est nostre unicque soleil; que, sy parfois il luy plaist retirer à soy les rayons de sa souveraine puissance, laquelle il communicque aux juges pour se soulager en l'exercice de la justice qu'il doibt à ses subjectz, lors nous restons comme des plantes flétries et languissantes, estans privez des influences royalles qui nous faisoient lever le chef. Et partant, Monsieur, vous nous voyez à présent, à nostre grand regret, mornes et taciturnes en noz places, mais non pas insensibles au préjudice que le Roy se faict de nous fermer la bouche, quand il a plus de besoing de prester l'oreille favorable à noz remonstrances. Nous luy ferions recongnoistre la vérité de la perte qu'il fera en la publication précipitée de ces nouveaux eedictz, dont quelque partisant se prévauldra, recueillant le fruict des revenuz de Sa Majesté avant qu'il soit parvenu en sa maturité.

Voilà, Monsieur, ce que produict cest éclipse que nous souffrons maintenant de nostre ancienne liberté par l'interposition de vostre pouvoir présentement leu en ceste Compagnie. Et puisque vous recongnoissez que ceste voie est extraordinaire et de tout temps mal receue, trouvez bon que je m'acquicte de la charge que la Chambre m'a donnée de vous supplier de surceoir l'exécution de vostre commission jusques à ce qu'elle ayt satisfaict aux très humbles remonstrances qu'elle a arresté faire à Sa Majesté pour le bien de ses affaires.

Que s'il voust plaist passer outre à la vériffication de ces eedictz nouveaux, dont la substance nous a esté célée jusques à présent, au moings que nostre présence et nostre silence ne nous soit imputé cy après à aucun adveu et consentement que nous y aions presté, mais au seul respect et profonde obéissance que nous rendrons touttes nos vies au Roy, comme à nostre prince naturel et souverain.

(Minute autographe. — *Arch. Nicolay*, 55 L 6 et 7.)

---

410. (24 *Novembre* 1620.)
HARANGUE DU P.P. POUR LE RETOUR DU ROI.

Sire, les Gens de voz comptes, voz très humbles et très obéissans serviteurs, officiers et subjectz, tous remplis de joie de vostre heureuse arrivée en ceste ville, victorieux et triomphant, non des despouilles de voz ennemys, mais des cœurs de voz subjectz, condamnent volontiers les craintes et les appréhensions qu'ilz ont eu qu'il arrivast quelque sinistre accident à Vostre Majesté, la voiant partir soudainement avec peu de trouppes, pour aller dissiper un nuage, lequel grosissoit d'heure à aultre et sembloit menasser la France de grandz malheurs. Car, bien que la Providence divine ne soit jamais oysifve, ains au contraire qu'elle veille sans cesse sur la personne des Roys, touttesfois, Sire, la crainte que l'on a de perdre ce que l'on tient bien cher, faict que l'on n'est jamais en repos ny asseuré, sinon lorsque l'oraige est passé et que le pilotte et la barque sont arrivez à bon port. De sorte qu'il est pardonnable aux enffans et aux serviteurs de gémir et trembler d'effroy, quand ils voient leur père et leur maistre s'exposer au hazard des événemens doubteux d'une guerre civile.

Et partant, Sire, comme nous avons eu le visage couvert de dœuil et de tristesse à vostre partement, nous trésaillons maintenant de joie à vostre retour glorieux, vous voyant porter l'olive et les palmes et couvrir de voz aesles paternelles tous voz subjectz uniz ensemble en mesme vœu d'obéissance et de fidélité. Car les armes que Vostre Majesté a levées, n'ont point esté employées à respandre leur sang, mais plustost à l'estancher; vous avez mieux aymé (à l'imitation d'ung valeureux capitaine romain) conserver la vie au moindre de voz serviteurs, que de ruyner et deffaire mille de voz ennemys.

Et comme la miséricorde de Dieu surpasse en éminence tous ses œuvres, ne plus ne moings que l'huille surnage touttes les auttres liqueurs, ainsy Vostre Majesté a volontiers préféré sa clémence à la rigueur de sa justice. Vous n'avez désiré de vaincre que pour pardonner aux vaincuz.

Sire, tant de succedz et de prospéritez qui vous ont heureusement accompagné en toutte la suitte de vostre voiage, sont aultant de preuves asseurées que les conseilz que vous avez suivy vous ont esté inspirez du ciel, et que Dieu vous a conduict par la main, voire mesme (comme dict l'Escripture) vous a porté sur les aesles de ses aigles. Aussy luy en avez vous rendu des graces et des recongnoissances si exemplaires, qu'au lieu de jouir de la paix et du repos qu'il vous avoit donné, et venir recevoir en ceste ville les acclamations de vostre peuple, vous avez voulu passer jusques aux confins de vostre royaulme, et là, faire comme une oblation saincte de voz palmes à Sa Majesté divine, employant vostre nom victorieux à protéger ceux quy servent à ses autelz et qu'elle a appelez à la garde de son sanctuaire, pour les faire jouir paisiblement de leurs dignitez et revenuz ecclésiastiques, dont ilz avoient esté injustement spoliez par le malheur des guerres civiles. En sorte, Sire, que ce n'est pas seulement par droict successif, mais par vostre propre vertu, que vous méritez le nom de filz aisné de l'Église de Dieu, puisque Vostre Majesté n'a pas espargné sa propre personne pour conserver l'héritage de ce grand père de famille, lequel, selon noz désirs et noz vœux, prolongera voz jours en longues années et augmentera de plus en plus le nombre de voz palmes; à l'abry desquelles permettez (s'il vous plaist), Sire, aux officiers de nostre Compagnie de pouvoir posseder et exercer en repos et asseurance les charges dont il a pleu au feu Roy vostre père et à Vostre Majesté les honorer.

La palme a ceste propriété de produire des fruictz doux et suaves et qui n'ont aucune amertume. Le droit annuel, qu'il a pleu à Vostre Majesté accorder à voz officiers, leur est ung fruit délicieux, issu de voz palmes. C'est un tesmoignage publicq du contentement que vous avez de leur fidélité. Nous vous en rendons graces très humbles, Sire, et vous supplions ne poinct permettre que la douceur et consolation d'ung tel bienfaict soit meslée dans l'amertume des conditions que l'on y veult adjouster, bien différentes de celles quy ont eu lieu du règne du feu roy Henry le Grand, vostre père, et du vostre.

Ainsy, nous implorons la grace et protection de Vostre Majesté, et consacrons à vostre service noz veilles, noz labeurs et nostre aage, sans jamais manquer en une seulle occasion au devoir de nostre fidélité[1].

(Minute autographe. — Arch. Nicolay, 54 L 13.)

[1]. Le 15 février suivant, Mr le duc de Luynes fit annoncer par le président Duret que, dès qu'il avait su la rigueur de la déclaration donnée au Mans et les plaintes des Compagnies, il s'était employé en leur faveur auprès du roi, et avait enfin obtenu que le droit annuel serait continué aux mêmes conditions que sous le règne précédent. Le P.P., au nom de la Compagnie, répondit par des protestations de gratitude envers Mr de Luynes, chargeant le président Duret de le remercier, « et qu'elle chériroit toujours le bien de son amitié. » (Plumitif.)

411. 5 Avril 1621.
SÉANCE DU PRINCE DE CONDÉ. — ENREGISTREMENT D'ÉDITS.

Ce jour, Mr le P.P. a représenté que, montant en la Chambre, il avoit appris que Mgr le prince de Condé estoit en la chambre du Conseil, attendant que Messieurs fussent arrivés et assis en leurs places; qu'il estimoit que c'estoit pour la vérification de quelques édits, dont il n'avoit aucune connoissance; luy sembloit estre à propos aviser à ce qui seroit bon de faire lorsque ledit seigneur prince seroit entré. Sur quoy ayant esté délibéré, auroit esté arresté que mondit sr le P.P. feroit par sa prudence comme il avoit accoutumé en telles occurrences.

L'heure sonnée, ont esté députés Mes Jean de Longueil et Jean Lescuyer, plus anciens de MM. les maistres, pour aller au devant de mondit seigneur le prince; et comme ils estoient prests à sortir hors de la Chambre, Ferrand le Fèvre, huissier de la porte, seroit venu dire à Messieurs que les quatre échevins et le greffier demandoient à entrer; auquel auroit esté ordonné de leur permettre l'entrée. Estant approchés du bureau, ont remonstré qu'ils avoient esté avertis que ce jourd'huy le Roy vouloit faire vérifier en la Chambre la jussion sur l'édit de création des offices de receveurs et controleurs généraux triennaux des rentes de la ville de Paris, bien que, par arrest du Conseil, ils eussent esté supprimés. Supplioient la Chambre les vouloir recevoir opposans, et, à cette fin, auroient présenté leur requeste, avec la copie dudit arrest de suppression desdits offices. Sur quoy, ladite Chambre leur auroit donné acte de leur opposition, et néanmoins mondit s^r le P.P. les auroit avertis que, mondit seigneur estant en ladite chambre du Conseil, ils le pouvoient voir et luy faire entendre le contenu en leurs remonstrances.

Et comme ils sortoient, auroient rencontré ledit seigneur prince à la porte; auquel ils auroient fait entendre qu'ils venoient de présenter leur requeste à la Chambre pour estre reçus opposans à la vérification de la jussion expédiée sur l'édit des triennaux, en ce qui concernoit les receveurs et controleurs généraux triennaux des rentes sur ladite ville, qui avoient esté supprimés par arrest du Conseil, le suppliant de différer de prononcer sur ladite jussion jusques à ce qu'ils eussent esté amplement ouïs en leurs causes d'opposition. Lequel seigneur prince, sans leur faire aucune réponse, seroit entré en ladite Chambre, conduit par lesdits s^{rs} de Longueil et Lescuyer jusques au banc de MM. les présidens, auquel il auroit pris sa séance, proche de mondit s^r le P.P., au dessus de MM. Tambonneau, Potier et Aubery, aussy présidens, et MM. de Chasteauneuf et président Jeannin, qui l'assistoient, au banc des conseillers et maistres lays, au dessus dudit s^r de Longueil. Les portes n'ayant pu estre si tost refermées, seroient entrés plusieurs gentilshommes de la suite de mondit seigneur le prince, lesdits échevins et autres personnes en confusion.

Le silence fait, ledit seigneur prince ayant salué la Compagnie et appelé le greffier, s'estant présentés Mes Jean Bourlon et Jacques Gobelin, cons^{ers} secrétaires du Roy et greffiers en ladite Chambre, auroit mis entre les mains dudit Bourlon une lettre de cachet adressante à la Chambre, pour en faire lecture.

. . . .

Ce fait, mondit seigneur le prince a dit en substance que, ce jourd'huy, dès les cinq heures du matin, le Roy l'avoit mandé pour le charger de la commission dont il estoit porteur; qu'il s'en estoit excusé dès samedy dernier, lorsque Sadite Majesté luy donna une autre commission pour faire vérifier en la Cour des aydes l'édit de la création des sergens collecteurs et de l'érection du sceau en chacun grenier ; qu'il estimoit que Monsieur, frère de S. M., seroit commandé de venir en cette Compagnie pour la publication des édits qui la concernoient; qu'il trouvoit à la vérité telles voyes extraordinaires, mais que, S. M. luy ayant dit qu'elle avoit arresté en son Conseil qu'il seroit porteur de ladite commission, afin de faire entendre à la Compagnie les causes desdits édits, comme en ayant quelque particulière connoissance, avoit estimé que l'obéissance valoit mieux que sacrifice ; partant, avoit accepté ladite charge par le commandement de S. M.; qu'il estoit notoire que, dedans et dehors le royaume, les armées se levoient ; que les Roys voisins avoient quelques desseins particuliers, qu'on ne pouvoit reconnoistre ; qu'il se faisoit des assemblées dans la France sans permission du Roy, mesme contre sa volonté ; que ceux de la R. P. R. s'estoient retirés en la ville de la Rochelle avec leurs députés, qu'ils ne vouloient s'en départir, quelque commandement qu'ils en eussent reçu du Roy, encore que S. M. eust déclaré criminels lesdits députés; que le s^r de Chastillon en Languedoc et le s^r de la Force en Guyenne estoient armés et sembloient vouloir forcer les villes de S. M. et contraindre ceux du parlement de Toulouse de rendre quelques prisonniers desquels ils s'estoient saisis, menaçoient les présidens et conseillers de la Cour de mettre le feu dans leurs maisons, s'ils ne les rendoient ; qu'il estoit raisonnable que le Roy fust le maistre et obéi, et, pour ce faire, estoit nécessaire d'avoir des moyens pour mettre sus et soudoyer des gens de guerre, afin que la force demeurast à S. M., et que ceux de la R. P. R., ne voulant demeurer aux termes de leurs édits, que le Roy vouloit entretenir et garder, fussent retenus dans les termes de l'obéissance, ce qui ne se pourroit autrement faire. Ajouta que, l'année passée, Sadite Majesté avoit prudemment, valeureusement et heureusement exécuté ses bons desseins, en sorte qu'en peu de temps elle vit son royaume en paix, nonobstant les menées et intelligences qu'avoient les plus grands; que Sadite Majesté désiroit plutost surcharger ses finances que son peuple, voulant prendre ses moyens extraordinaires sur soy mesme, en aliénant 400,000 liv. de rente sur le revenu de ses gabelles, ainsy qu'il avoit esté fait par ses prédécesseurs, et en faisant exécuter généralement son édit des triennaux pour lesdits receveurs et controleurs des rentes, tout ainsy qu'il avoit esté exécuté pour tous les autres comptables de la France, et en aliénant aussy les deniers revenans bons des sceaux de ses chancelleries, où il se commettoit de grands désordres; qu'il y avoit plusieurs autres grandes et fortes raisons, que, pour la briéveté du temps, il omettoit ; que la Chambre ne devoit trouver mauvaise son action, ains l'imputer à la nécessité urgente des affaires de Sadite Majesté et au temps qui pressoit, ce qui avoit porté le Roy à partir dès ce matin, afin que sa présence pust donner de la terreur aux plus désobéissans; que déjà le parlement avoit vérifié l'édit des 400,000 liv. de rente, le Roy y séant, où il avoit esté reçu avec un grand applaudissement.

Ayant fini son discours, mondit s' le P.P., après avoir salué ledit seigneur prince, luy auroit dit en ces termes :

« Monsieur, si le Roy a esté reçu en son parlement avec l'honneur et l'applaudissement qui luy est dû (bien que le sujet qui l'a contraint d'y tenir son lit de justice soit à regretter), vous ne recevrez moins d'accueil et de respect en cette Compagnie, où vous avez maintenant l'honneur de le représenter. Mais je ne sais s'il ne me seroit point mieux séant en cette occasion de garder le silence, que d'ouvrir la bouche pour parler. Car, puisqu'il s'agit d'obéir au commandement de S. M. et de la vérification de ses édits, dont nous n'avons pas eu seulement la vue, d'ailleurs que la délibération et résolution d'iceux nous est interdite par le pouvoir qu'il luy a plu vous donner, il semble plus convenable à nostre profession d'estre seulement auditeurs de ce que vous ordonnerez, que faire de nostre part aucune fonction de juges, aussy que nos remonstrances (bien que justes et considérables) ne produiront aucun fruit.

« D'autre costé, je crains qu'en me taisant, je paroisse estre déserteur de la charge qui m'a esté donnée par la Chambre, laquelle se plaint et regrette avec raison de se voir si souvent violentée, elle qui ne respire que le bien du service du Roy, et qui se promettoit d'estre appuyée en sa fonction de vous, Monsieur, qui estes le premier prince de son sang, chef de ses Conseils, et doué de toutes les qualités et conditions requises en un grand prince.

« En cette perplexité, je me contenteray de vous rafraischir la mémoire de l'assurance que vous donnastes à la Chambre l'an passé, que ce seroit la dernière fois que S. M. enverroit icy Messieurs les princes de son sang pour la vérification de ses édits par voyes extraordinaires. Considérez, s'il vous plaist, Monsieur, que cette parole nous a esté donnée et prononcée de vostre propre bouche, qu'elle est non seulement gravée dans nostre mémoire, mais aussy insérée dans nos registres, en sorte que la postérité qui les lira trouvera bien étrange de voir un changement si soudain en peu de temps.

« Vous savez, Monsieur, mieux que nul autre, que comme la personne des Roys est sacrée, qu'aussy leur parole doit estre inviolable, et que les effets de leur autorité absolue ne s'insinuent jamais si volontiers dans les cœurs de leurs sujets, que ceux qui ont passé par l'alambic de la justice de ses corps souverains. Il se lit en l'histoire de France que l'un de nos Roys disoit ordinairement à ceux qui avoient l'honneur de l'approcher que, quand la foy seroit bannie du monde, il la faudroit trouver dans la bouche du Prince, quoyqu'il ne puisse estre forcé de tenir sa parole.

« Nous souffrons aussy, par l'humble obéissance que nous portons à la volonté du Roy, l'éclipse du plus grand honneur que nous possédions en nos charges, de pouvoir donner avis en nos consciences sur les édits qui nous sont présentés de sa part.

« Que si cette liberté, convenable aux juges souverains et utile à S. M., nous estoit à présent laissée, nous vous représenterions que les trois édits mentionnés en vostre pouvoir ne sont pas en estat d'estre vérifiés, car celuy de l'aliénation des deniers revenans bons de l'émolument du sceau des grandes et petites chancelleries est contredit par plusieurs opposans, qui attendent que l'on leur rende justice; la création des receveurs et controleurs triennaux des rentes constituées sur l'hostel de cette ville a esté cy devant révoquée par le Roy, en faveur de sa bonne ville de Paris, les échevins de laquelle ont ce matin présenté requeste à la Chambre pour s'opposer de rechef à la vérification de cette nouvelle création.

« Sera-t-il dit, Monsieur, que ce grand corps de ville, l'œil de la France et le séjour délicieux de nos Roys, ne puisse jouir de la faveur que le Roy luy a faite de l'exempter de cette crue d'officiers, inutile et à charge à ses finances, et peut estre dommageable aux rentiers, et que vous, Monsieur, ne soyez point touché de la supplication très humble que les échevins vous ont faite à l'entrée de cette Chambre, de surseoir de prononcer sur cet édit jusques à ce qu'ils ayent eu l'honneur de faire leurs remonstrances au Roy et implorer la continuation de sa grace?

« Ils n'ont pas moins d'intérêt à l'édit pour constituer 400,000 liv. de rente sur le sel, qu'il convenoit leur communiquer, selon les formes anciennes et accoutumées. Que si le mélange des dettes semble attirer les acquéreurs, le défaut de vérification par les voyes ordinaires les refroidira d'y employer leur argent.

« Et par ainsy, la précipitation dont l'on use en ces trois affaires, les défavorisera grandement, et n'y aura que les partisans qui en tireront le plus clair denier, et peut estre que les donataires, pensionnaires et les trésoriers, sous prétexte de leurs avances, y auront la meilleure part.

« Et si l'on continue d'épuiser cette année la moitié des revenus du Roy de l'année prochaine, comme vous nous assurez que l'on a fait l'an passé, à raison des mouvemens et des traités qui ont esté faits pour établir la paix en ce royaume, et que la source de tant de moyens extraordinaires que l'on invente chacun jour commence d'estre tarie, le Roy néanmoins demeurant chargé de gages, de droits et attributions nouvelles, sans que l'on pense en aucune façon à retrancher les dépenses excessives et superflues, ains au contraire que l'on aliène de jour à autre les domaines et les aydes de S. M., j'ose dire, Monsieur, avec regret, que le Roy se trouvera si dénué de moyens à l'avenir, qu'il sera contraint de surcharger son peuple, et peut estre de demander raison de sa nécessité à ceux qui auront eu la conduite et le maniement de ses affaires.

« Vous savez, Monsieur, que nous ne contribuons rien du nostre à tels avis, ains au contraire que c'est pour la deuxième fois que nous vous en représentons en ce lieu la conséquence. Les Gens du Roy, qui entendront présentement la lecture des trois édits, et qui savent la vérité de ce que je vous ay exposé succinctement de la part de la Chambre, vous déduiront plus au long ce que leur charge requiert en cette occasion. Et nous, Monsieur, vous supplions d'estre envers S. M., absente de cette ville, l'organe de nos saintes et louables intentions à son service, ne prenant, s'il vous plaist, le silence que nous presterons par honneur à ce qu'il vous plaira d'ordonner, pour un aveu et consentement de la Chambre à la vérification de tels édits, dont elle est innocente; nous réservant de faire entendre au Roy, lorsqu'il luy plaira de nous ouïr selon sa justice et bonté accoutumée, ce que la Compagnie vous a présentement remonstré par ma bouche, non si dignement que le sujet le mérite et que vostre favorable audience et suffisance en toutes choses le requiert, mais c'est avec la mesme sincérité et affection que chacun de nous apporte, en la fonction de sa charge, au bien du service de S. M. »

Après ce discours, le prince ayant fait lire par le greffier les trois édits qu'il avait apportés, l'avocat général Dreux fit à son tour ses remontrances, en forme de réquisitoire. Puis, le prince prononça l'enregistrement, avec cette réserve, que les assignations des rentes précédentes ne pourraient être retranchées, reculées ou diminuées, et que, pour les autres édits, les opposants se pourvoiraient par-devers le roi.

(*Plumitif* et *Créances*.)

412.
29 Avril 1621.
LETTRE DU ROI AU P.P. — CRÉANCE POUR MONSIEUR.

Monsr Nicolay, le besoing que j'ay de faire pourveoir promptement à la nécessité de mes affaires, affin de les mettre en estat que je puisse maintenir mon aucthorité et donner un repos asseuré à mon royaume, m'a donné subjet de commander à mon frère le duc d'Anjou d'entrer en ma Chambre des comptes, assisté des srs d'Ornano, de Chasteauneuf et Jeannin, conseillers en mon Conseil d'Estat, pour y faire entendre mes intentions et volontez sur ce qui y sera proposé. Je vous prie de vous y joindre aussy, et d'aporter pour le prompt acheminement de ces affaires ce que je me suis tousjours promis de vostre fidélité et affection à mon service. Sur ce, je prie Dieu, Monsr Nicolay, vous avoir en sa sainte garde. Escrit à Malesherbes, le xxixme jour d'avril 1621, au soir.

LOUIS.
PHÉLYPEAUX.

(Original. — Arch. Nicolay, 30 L 2.)

413.
(Avril 1621.)
LETTRE DU PRINCE DE CONDÉ AU P.P. — VÉRIFICATION DE DON.

Monsieur, chacun sçait les services que je rendis l'année passée au Roy en la conduite de son armée, dont je n'ay désiré autre récompence que le contentement d'avoir fait mon debvoir. Il a pleu néantmoings à Sa Majesté, en considération des grandes despences que j'y ay supportées, de me faire don de deux cent mille livres, à prendre sur les deniers extraordinaires et dont ne seroit fait estat. Je ne me plains pas, car, en quelque façon que la libéralité de Sa Majesté me soit faite, j'en ay obligation à sa bonté. Mais j'ay appris qu'il fut dit à la Chambre dernièrement que les deniers dudit don m'estoient asseurez sur les édits que j'y avois porté à vériffier. Sur quoy je vous ay bien voulu faire la présente, pour vous supplier de croire que cela n'est point, et que je ne sceu l'honneur que Sa Majesté me fit de me commender d'aller à la Chambre qu'au matin et au poinct mesme de son partement, ainsy que vous fera entendre plus particulièrement Monsieur Vignier, auquel j'ay donné charge de vous présenter à vériffier les lettres dudit don, que je vous supplie de vouloir favoriser de vostre auctorité, ainsy que vous avez accoustumé de m'obliger. Et je demeureray de plus en plus, à tousjours,

Monsieur,

Vostre bien humble et affectionné amy et serviteur.
HENRY DE BOURBON.

(Orig. autographe. — Arch. Nicolay, 31 L 1.)

414.
4 Mai 1621.
SÉANCE DE MONSIEUR. — ENREGISTREMENT D'ÉDITS.

Ce jour, Mr le P.P. a rapporté au bureau que, dimanche dernier, Mr le procureur général du Roy l'alla trouver en son logis, et luy dit qu'il avoit vu Mgr le chancelier, lequel luy avoit fait entendre que le Roy avoit commandé à Monsieur, son frère, de venir en cette Chambre et en la Cour des aydes, pour la vérification de quelques édits. Luy avoit demandé s'il avoit point vu des exemples en cas semblables, pour s'y conformer. Auroit fait réponse qu'il n'en avoit point vu ni lu dans les registres de la Chambre. Ce qui auroit convié ledit sr P.P. d'aller saluer mondit seigneur le chancelier, nouvellement arrivé de Fontainebleau en cette ville, lequel luy parla de ce que ledit procureur général luy avoit exposé, ajoutant qu'il estoit bien raisonnable de rendre plus d'honneur à mondit seigneur, frère unique du Roy, qu'à Messieurs les princes de son sang qui avoient cy devant exécuté de semblables commissions en la Chambre, et qu'il seroit assisté des s^rs d'Ornano, son gouverneur, de Chasteauneuf et président Jeannin, conseillers d'Estat, et de son capitaine des gardes ; que ledit s^r d'Ornano n'abandonnoit jamais la personne de mondit seigneur et prendroit séance au banc de MM. les maistres clercs, afin d'estre plus proche de luy, et lesdits s^rs de Chasteauneuf et président Jeannin de l'autre costé, au banc de MM. les maistres lays.

Et pour ce que l'heure pressoit, mondit s^r le P.P. pria la Chambre de députer ceux qui devoient aller au devant de mondit seigneur pour le recevoir, et luy prescrire et faire entendre ses intentions en cette occurrence, afin de les accomplir, d'autant qu'il ne paroissoit en aucun registre que les frères du Roy fussent oncques venus en la Chambre pour y prendre séance au bureau.

L'affaire mise en délibération, la Chambre auroit arresté que de MM. les cons^ers et maistres plus anciens iroient au devant de mondit seigneur, non seulement jusque sur le perron, comme à Messieurs les princes du sang, mais jusques au bas des degrés de la montée de la Chambre. Et fut remis à la prudence de mondit s^r le P.P. de dire et faire ce qu'il jugeroit à propos, comme il avoit cy devant fait à l'arrivée de Messieurs les princes du sang, au contentement de toute la Compagnie.

Tost après, Me Jacques le Fèvre, premier huissier, seroit venu avertir Messieurs qu'il y avoit plusieurs gentilshommes à la porte, qui luy avoient dit qu'il eust à avertir Messieurs de l'arrivée de mondit seigneur.

Furent députés MM. de Longueil et Lescuyer, cons^ers et maistres, qui s'acheminèrent au devant dudit seigneur. Les portes ouvertes, seroient premièrement entrés les huissiers de ladite Chambre, pour luy faire place, estant conduit par lesdits s^rs de Longueil et Lescuyer, suivi dudit s^r colonel, son gouverneur, jusques au banc de MM. les présidens, qui se seroient tous levés en leurs places pour faire passage à mondit seigneur ; seroit monté, et pris séance proche mondit s^r le P.P., où luy auroient esté préparés trois carreaux de velours, l'un pour s'asseoir et les deux autres pour luy servir de marche-pied, au dessus de MM. les présidens Potier, Gobelin, Jubert, Aubery et Goussault. Et quant audit s^r d'Ornano, auroit pris sa place au banc des s^rs maistres clercs, et lesdits s^rs de Chasteauneuf et Jeannin, qui suivoient, auroient pris séance au haut du banc de MM. les cons^ers et maistres lays. Puis seroient entrés le capitaine des gardes et le secrétaire des commandemens de mondit seigneur et porteur des lettres closes du Roy, de sa commission et de l'édit, et en troupe plusieurs gentilshommes de sa maison et autres personnes de différentes qualités, selon qu'ils avoient eu la commodité de se glisser dans ladite Chambre avant que les portes d'icelle eussent pu estre fermées par quelques archers de la garde de mondit seigneur. Ledit capitaine des gardes se seroit venu placer et tenir debout derrière ledit s^r d'Ornano, et ledit secrétaire proche de luy, afin de délivrer les papiers, lorsqu'il luy seroit commandé.

Le propos dudit s^r de Chasteauneuf fini, mondit s^r le P.P. s'est levé, et puis, s'estant incliné vers mondit seigneur pour le saluer, s'est rassis en sa place et luy a dit en ces termes :

« Monsieur, cette Compagnie ne pouvoit recevoir plus d'honneur et de contentement. . . . .

« La Compagnie s'étonne grandement d'avoir vu depuis deux ans Messieurs les princes du sang seoir en ce lieu par le commandement du Roy, pour y vérifier plusieurs édits à la surcharge de ses finances, sans que nous ayons fait aucun office de juges, mais plutost d'auditeurs de ce qui estoit par eux ordonné.

« Et par ainsy, Monsieur, l'action que vous faites maintenant, par le respect et l'obéissance que vous rendez aux volontés du Roy, sera comptée pour la quatrième vérification faite en cette Compagnie par voye extraordinaire depuis le temps susdit, et n'y a pas un mois d'intervalle entre la pénultième et celle cy, laquelle Messieurs du Conseil qui vous assistent attribuent aux longueurs qu'ils disent que nous apportons à la vérification des édits de S. M., combien que, depuis ceux de la création des triennaux, auxquels nous avons cy devant donné les mains, pour la nécessité urgente des affaires, il n'en ayt esté présenté un seul pour estre mis en délibération : comme si, maintenant que le Roy a le pied à l'étrier et l'épée à la main pour se faire obéir de ceux qui troublent l'Estat, nous estions moins sensibles et affectionnés à son service, que nous avons esté au passé.

« Permettez moy donc, s'il vous plaist, Monsieur, de demander, au nom de la Chambre, à Messieurs du Conseil icy présens, qui ont esté les interprètes de la volonté du Roy et de la vostre, jusques à quand nous serons serviteurs inutiles et sans fonct.ons à la vérification des édits de S. M., bien que ce soient les affaires les plus importantes à son service et à la sureté des biens de ses sujets, car les édits des Roys sont autant de contrats qu'ils passent avec leurs peuples, et les Cours qui les vérifient, après en avoir soigneusement examiné le mérite, sont les plèges envers eux de la parole du prince, lequel a établi et autorisé les juges à cette fin. Les dons, les rabais, les validations et autres telles affaires qui nous sont adressées, ne regardent que les particuliers ; les comptes que nous jugeons ordinairement concernent les dépenses jà faites, auxquelles il y a peu de remède. Mais les édits, qui enlèvent les fortunes d'un chacun et qui disposent des choses estant encore en leur naissance, nous sont inconnus, par cette forme nouvellement introduite et bien contraire à l'ancien établissement de cette monarchie ; dont nous ne saurions accuser que les partisans, qui observent la nécessité du Roy pour profiter du malheur public, prenant avantage de se distraire de la vue et de la juridiction des juges souverains, qui savent les profits excessifs qu'ils font en temps calamiteux, tandis que la noblesse épanche courageusement son sang, et que les officiers, assez contens de la médiocrité de leurs fortunes, sont toujours prests de contribuer, je ne diray pas seulement leurs suffrages et leur vœux, mais aussy leurs vies et leurs biens pour le service du Roy. . . . . »

(*Plumitif* et *Créances*.)

415.
10 et 24 *Mai* 1621.
LETTRES DE M. DE LUÇON AU P.P. — DON A LA REINE-MÈRE.

De Blois, ce 10me may 1621.

Monsieur, Monsr d'Argouges m'ayant mandé ce qui s'est passé en l'affaire de la reyne, je ne puis que je ne vous tesmoigne en estre estrèmement estonné, veu la parole qu'il vous avoit pleu me donner de la faire vérifier purement et simplement, ou d'en arrester la vérification. Ce qui m'en fasche, est que j'avois donné cette asseurance à Sa Majesté de vostre part. C'est ce qui fait que je vous suplie me mander par quel moyen on peut remédier à ceste affaire, afin que, suivant vostre conseil, on y puisse réparer au contentement de Sa Majesté ce qui y a esté fait. J'attendray de vos nouvelles sur ce subjet. Et ce pendant, je vous conjure de me croire véritablement,

Monsieur,

Vostre très humble serviteur.

ARMAND, éves. de Luçon.

De Bourgueil, ce 24me may 1621.

Monsieur, Ayant veu ce qu'il vous pleust m'escrire par vostre lettre, j'ay creu devoir prendre la plume pour vous dire que j'avois fait entendre à la reyne ce que vous m'avez dit de son affaire. Mais, quoy quelle eust désiré qu'elle eust passé comme vous l'aviez proposé vous mesme, elle ne laisse de ressentir la façon avec laquelle vous luy avez tesmoigné vostre affection en ceste occasion. Je vous suplie donc, Monsieur, ne vous mettre point en peine pour ce regard, et vous asseurer que, là où Sa Majesté pourra vous faire paroistre sa bonne volonté, elle s'y portera très volontiers. Pour moy, j'auray tousjours à faveur particulière les occasions qui me donneront moyen de vous servir et vous faire voir que personne n'est plus véritablement que moy,

Monsieur,

Vostre très humble serviteur.

ARMAND, éves. de Luçon.

(Orig. autographes. — *Arch. Nicolay*, 37 L 8 et 9.)

CHAMBRE DES COMPTES.

416. 5 *Août et* 28 *Septembre* 1621.
LETTRES DU ROI AU P.P. — VICTOIRES EN LANGUEDOC.

Monsr Nicollaj, oultre la lettre que j'escris présentement à ma Chambre des comptes, à laquelle vous aurez part, j'ay bien voulu vous faire la présente pour vous dire que, Dieu me continuant ses bénédictions, m'a faict la grace de réduire Clérac soubz mon obéissance, les habitans et gens de guerre qui estoient dedans s'estans soubzmis à me demander la vye et leurs biens, me remettre la place et leurs armes, à desmolir toutes les fortiffications et me fournir cent cinquante mil livres pour le payement de mes gens de guerre; à quoy je les ay receuz et abstrainctz à vivre cy après comme mes autres subjectz, soubz le bénéfice de mes eedictz, et sans jamais porter les armes contre mon service. Vous sçaurez aussy qu'au partir d'icy, je m'achemine à Montauban, et ferez part de ces nouvelles à mes bons serviteurs, afin que chacun en son particullier en loue Dieu, comme je fays. Le priant qu'il vous ayt, Monsr Nicollaj, en sa sainte garde. Escrit au camp de Thonnens, le vme jour d'aoust 1621.   LOUIS.

DE LOMÉNIE.

Monsr Nicollaj, la bénédiction de Dieu paroist sur moy en tout ce qui arrive, et, par sa providence, il conduict les choses jusques à ung tel poinct, qu'il en veult estre recongneu l'autheur. Vous avez sceu comme, depuis quelques jours, ceulx qui se sont révoltez ayant assemblé des forces, partye en furent deffaictes par les miennes, commandées par mon cousin le duc d'Angoulesme, ce qui leur fit perdre espérence d'ozer entreprendre de secourir Montauban de vive force, et les porta, s'advantageant du pays, à chercher chemin et le rafraischissement des leurs par d'autres voyes. Du costé où estoit logé ledit duc d'Angoulesme, ilz firent la teste de leur armée, d'où, à la fille, ilz firent desbander quinze cens hommes, qui gaingnèrent Lombes, et de là, passans par des lieux inaccessibles pour la cavallerie, se rendirent dans St-Anthonin, ce que je sceus à l'instant, et commancé à donner ordre qu'ilz ne peussent se jetter dans Montauban. De faict, après avoir gaingné une forest distante d'une lieue de la ville, ilz n'ozèrent tanter le hazard, et, par diverses foys, ilz ont esté contrainctz de regaingner leur fort, ce qui leur estoit facile à cause de l'assiette du pays. Mais en fin, vaincus par la nécessité, portez d'un courage téméraire, ilz sont partiz cette nuict, et ayans passé par des lieux qu'ilz avoient faict recongnoistre et où il estoit impossible de faire garde, ilz s'estoyent coullez jusques auprès de mon camp, là où ilz commanceoyent à croire d'estre à sauveté. Mais les retranchemens les ayant obligez à se préparer à les forcer, ilz ont esté descouvertz, et ont si vivement esté repoussez, que quatre ou cinq cens sont demeurez sur la place. Le reste a pris la fuitte, la plus part blessez. Quelques ungs pourtant, au nombre de soixante ou quatre vingtz, par les costez de ceulx qui les combattoyent, se sont jettez dans les fossez de la ville, les hommes de commandement restez sur la place pris, blessez ou tuez, et plusieurs de leurs drappaux. En cette deffaicte et au lieu il se peult congnoistre ce que je vous ay dict de la providence de Dieu, qui a aussy fortiffié le courage aux miens, qui ont faict merveille, et notamment le sr de Bassompierre, le collonnel et les Suisses, et le régiment de Normandye, qui ont hardiment soustenu et chargé. De cette bonne nouvelle, j'ay pensé qu'il estoit à propos de vous faire part, d'où vous en pourrez encores espérer une meilleure, qui sera en bref la prise de la ville. Du depuis, trois cens qui s'en estoyent fuiz et qui se rassembloyent, ont esté rencontrez par le comte d'Ayen et deffaictz, et leurs chefz pris. Beaufort, qui estoit le chef de tous, et celluy qui commandoit dans St-Anthonin, qui avoit charge d'une partye, ont esté de ceulx qui sont restez prisonniers dès ce matin. Vous pourrez faire part de ce que je vous mande à ceulx que vous congnoissez affectionnez au bien de mon service, affin qu'ilz participent à ma joye. Priant Dieu qu'il vous ayt, Monsr Nicollaj, en sa sainte et digne garde. Escrit au camp devant Montauban, le xxviijme jour de septembre 1621.

LOUIS.

DE LOMÉNIE.

(Originaux. — *Arch. Nicolay*, 23 L 6 et 7.)

LOUIS XIII.

417.
21 Octobre 1621.
LETTRE DU CONNÉTABLE AU P.P.

Au camp devant Montauban, le 21 octobre 1621.

Monsieur, je tiendray tousjours pour un bonheur de rencontrer des ocasions de vous servir, désirant dès long temps vous pouvoir rendre des tesmongnages de mon affection, et suis bien aise de la charge que vous me mandez avoir donnée à vostre filz, puisque c'est vostre contantemant et le sien. Assurez vous que je l'assisteray entièremant en tout ce qu'il aura affaire de moy, car il n'y a personne au monde quy vous soit plus asseurément acquise. Obligez moy doncq tousjours de la faveur de vos bonnes graces, et me croiez pour jamais,

Monsieur,

Vostre très affectionné serviteur.

DE LUYNES.

(Original. — Arch. Nicolay, 34 L 2.)

418.
28 Décembre 1621.
LETTRE DU ROI AU P.P.— SUPPRESSION D'UNE CHARGE.

Monsr de Gousainville, j'ay révoqué les provisions que l'on avoit tirées de moy, au préjudice de mon service, d'une charge nommée secrétaire des camps et armées de France, avec deffences à Me Louis Monsigot, qui en estoit pourveu, de s'en servir, envoyant pour cet effect mes lettres patentes de ladicte révocquation à ma Chambre des comptes, pour les enregistrer. Au moyen de quoy je désire que vous teniez la main à ce que mon intention soit suyvie, comme je m'asseure que vous sçaurez bien faire, puisque ladite charge est imaginaire, sans besoin et à la diminution de mes finances. A tant, je prie Dieu, Monsr de Gousainville, qu'il vous ayt en sa sainte garde. Escrit à Bordeaux, le xxviij^{me} décembre 1621.

LOUIS.

DE LOMÉNIE.

(Original. — Arch. Nicolay, 60 L 136.)

419.
24 Janvier 1622.
LETTRE DU GARDE DES SCEAUX AU P.P. — AFFAIRES DE FINANCES.

D'Orléans, ce xxiiij^{me} jour de janvier 1622, au soir, à la haste.

Monsieur, vostre lettre du xxme de ce moys, que j'ay présentement receue par les mains de Monsr de Marsilly, m'occasionne davantage de louer Dieu de vostre convalescence, que vous n'avez esté de le remercier de ma promotion (que je n'ay recherchée ny espérée, et moins méritée, à mon foible jugement), car, aiant le bien de vous cognoistre depuis trente cinq ans et plus, et de sçavoir combien vous avés servi et servés tous les jours dignement et utilement le Roy en vostre charge, je désire aussi avec passion que vous la puissiés et vueilliés exercer longuement, pour y continuer le soing et la peine qui avés prins, et aider par vostre prudence et sage conduicte à réparer les désordres qui se commectent tous les jours sur les finances du Roy, lesquels luy ostent les moyens de les employer plus utilement, tant contre ses ennemys domestiques, qu'estrangers. En quoy je vous promectz, Monsieur, que vous serez puissamment assisté de la justice et authoritté de Sa Majesté et qu'après cella, je seconderay vos bonnes et sainctes intentions de toute l'industrie et servisse qui dépendront de moy. Je m'asseure aussi, Monsieur, que Sadite Majesté, qui a prins la conduicte et direction de tous ses principaulx affaires (aulxquels elle vacque tous les jours), vous tesmoignera que vous luy fairés en cella servisse très agréable, et vous accroistrés par mesme moyen la bonne et grande réputation que vous, Monsieur, et les vostres avés acquise en ceste première charge. En

laquelle je prie Dieu qu'il vous conserve longues années, avec aultant de santé et prospéritté que vous en souhaitte, Monsieur,
Vostre plus humble et très obéissant serviteur.

M. DE VIC.

(Orig. autographe. — *Arch. Nicolay*, 72 L 14.)

420.
29 Janvier 1622.

HARANGUE DU P.P. POUR LE RETOUR DU ROI.

Sire, cette Compagnie d'officiers que vous voyez maintenant se présenter devant V. M. pour luy rendre l'honneur et les soumissions qui luy sont dues comme à nostre prince naturel et souverain très auguste et toujours victorieux, a esté députée du corps de vostre Chambre pour vous témoigner, Sire, la joye et le contentement que nous ressentons tous en nos ames de l'honneur de vostre présence, et les graces que nous rendons à Dieu de tout nostre cœur de ce qu'il luy a plu exaucer nos vœux et nos prières pour la conservation de vostre personne sacrée, en laquelle consiste le comble de nostre bonheur.

C'est aussy pour contribuer nos voix, comme nos cœurs, aux acclamations publiques de vostre peuple et au concert honorable des Cours souveraines établies en cette ville par les Roys vos prédécesseurs pour rendre la justice à vos sujets. Ils paroissent différens en ordres, comme ils le sont en leurs fonctions, mais ils n'ont tous qu'un mesme esprit pour exalter et magnifier les victoires que V. M. a remportées sur l'hérésie et sur la rébellion, qui sont deux monstres que le Ciel a réservés à vos armes, comme à l'Hercule, non seulement de la France, mais de toute la Chrestienté, afin que la postérité connoisse et admire tout ensemble vostre piété à embrasser la défense de la cause de Dieu, vostre constance et résolution à supporter les fatigues de la guerre, et vostre magnanimité royale à mépriser les périls, dont il a plu à Dieu, par sa grace, vous préserver miraculeusement, encore que plusieurs y ayent répandu leur sang, sacrifié leurs vies, au regret de la France, mais à leur grand honneur et réputation, puisque, au jugement chrestien, ceux qui meurent en guerre pour le service de leur prince, sont réputés vivre heureux et en gloire jusques au grand jour de l'éternité.

V. M., Sire, avoit appris dès sa première jeunesse, par la lecture des histoires, combien la valeur des François est recommandable, et singulièrement de vostre généreuse noblesse, car il n'y a partie du monde habitable où elle n'ayt porté ses armes et planté ses trophées sous les enseignes arborées de la croix, à l'honneur de vos lys et à l'advancement de nostre religion. Et comme ces nobles ames et généreux courages ont vu à l'œil que V. M. ne cède en rien à la prouesse et magnanimité des Roys ses devanciers, aussy vous avez reconnu, Sire, par expérience que vous estes Roy de la plus valeureuse et obéissante nation qui soit en l'univers, car ceux qui ont levé leurs armes contre vostre service, et qui refusent de vous ouvrir les portes de vos villes, comme celles de leurs cœurs, ne méritent pas de porter le nom des François : ce sont autant d'ennemys jurés de vostre dignité royale, et qui, sous un faux prétexte de rébellion, bastissent un Estat populaire dans vostre royaume, à la ruine et subversion de cette monarchie.

Mais Dieu, protecteur des bons Roys, et qui ne laisse point impunis les attentats qui se commettent contre ses vives images, vous réserve de nouveaux trophées de leur infidélité. C'est l'espérance, Sire, de tous vos bons sujets et serviteurs, qui n'ont cessé, durant vostre absence, de lever les mains au ciel pour vostre conservation. Et nous, en la fonction de nos charges, n'avons rien omis de nostre devoir ès occasions qui nous ont esté présentées de la part de V. M. Il n'a point esté besoin d'avoir recours à des voyes extraordinaires, ni réclamer vostre puissance absolue, pour obtenir de vostre Chambre les secours nécessaires à la solde et entretènement de vos armes. Elle a fait assez paroistre en ses délibérations l'inclination qu'elle a au bien de vos affaires. V. M. le reconnoistra ainsy, quand il luy plaira se donner la peine d'en avoir une particulière connoissance, comme nous l'en supplions très humblement.

Il en arrivera double bien, Sire : l'un, que ceux qui se licencient par trop à leur profit particulier, seront retenus de crainte d'encourir vostre indignation ; l'autre, que ceux qui ne se proposent rien devant leurs yeux que le bien de vostre service, seront encouragés de plus en plus à bien faire, ayant l'honneur d'avoir V. M. pour juge oculaire de leurs actions, car il n'y a rien qui ayt tant de pouvoir sur les esprits des hommes bien nés, que l'espérance qu'ils ont d'estre agréables à celuy qui tient en sa main leur honneur et toute leur bonne fortune.

Sire, je reconnois au visage de Messieurs les princes et de Messieurs de vostre Conseil icy présens, que je me devois plutost porter à des remerciemens et actions de graces à V. M. de ce qu'elle a déjà pris (comme un bon pilote) le gouvernail de ses affaires, qu'à la supplier maintenant d'en vouloir prendre la peine. Loué soit Dieu, Sire, que, par ses saintes inspirations, vous avez si heureusement devancé nos désirs et prévenu le temps de nos espérances !

En quoy V. M. imite le roy Saint Louis, duquel vous portez le sceptre et le nom glorieux. Ce prince donnoit volontiers audience à tous ceux qui la luy demandoient, autant pauvres que riches, distribuoit les charges, les honneurs et ses bienfaits aux choix des personnes et considération de leurs mérites. Faisant ainsy, Sire, vous acquerrez la bénédiction de vostre peuple, la bienveillance de vos serviteurs, et ménagerez, comme un bon père de famille, les fruits de vos revenus, qui sont grands à la vérité, mais aussy ont ils besoin d'estre éclairés des yeux de V. M., pour donner ordre aux dépenses excessives que vous supportez, dont nous vous donnerons compte plus particulièrement, selon le dû de nos charges, lorsqu'il vous plaira le nous commander.

Ce pendant, Sire, Messieurs de vostre Conseil, nourris de longue main aux affaires du feu Roy vostre père, de glorieuse mémoire, et aux vostres, et très affectionnés au bien de vostre Estat, vous feront les ouvertures de ce qui surcharge le fonds de vos finances et des remèdes qu'il y a de vous en soulager, et nous, de nostre part, continuerons de vous rendre le très humble service auquel nous sommes obligés, et donnerons toujours exemple de droiture, d'innocence, de frugalité à ceux qui doivent se règler sur le modèle de nos actions; vous suppliant très humblement, Sire, nous laisser cy après (à l'exemple des Roys vos prédécesseurs) la liberté de nos suffrages, et, en vous bien servant, nous honorer de vostre bienveillance et de l'appuy de vostre autorité.

La réponse du Roy fut telle : « Je prends en bonne part vos remonstrances. J'ay déjà commencé de prendre le soin de mes affaires, et continueray. Servez bien toujours. »

(*Plumitif* et *Créances*.)

421.
11 Mars 1622.
PAYEMENT DU HUITIÈME DENIER PAR LE P.P.

Aujourd'huy, xj^{me} mars mil six cens vingt deux, le Roy estant à Paris, sur ce qui luy a esté représenté par le s^r Nicollaj, conseiller en son Conseil d'Estat et premier président en sa Chambre des comptes, que la grace qu'il auroit pleu à Sa Majesté luy faire en luy accordant la survivance de son office de premier président en faveur de son filz aysné, conseiller en la Cour de parlement, luy demeure à présent inutile et infructueuse par le moyen de l'establissement du droict annuel, qui révocque toutes survivances, Sadicte Majesté désirant tesmoigner audit s^r président le contentement qu'elle a de ses longs, fidelles, signalez et recommandables services depuis quarente cinq ans, luy a de nouveau permis et accordé de résigner, quant bon luy semblera, à ladicte condition de survivance, sondict office de premier président à sondict filz aisné, conseiller en la Cour de parlement, en payant par luy le huictiesme denier à quoy il sera taxé pour ladicte résignation, suivant le prévilleige dudict droict annuel, et en continuant de payer icelluy droict pendant le temps porté par les lettres patentes de déclaration expédiées pour cet effect. Et ledict temps expiré et le payement dudict droict cessant, ledict sr Nicollaj père sera tenu d'opter s'il vouldra retenir ledict office ou le délaisser à sondict filz, et, à faulte de ce faire, ledict office vacquera par le décedz dudict sr Nicollaj père. Et au cas qu'il le voullust résigner à aultre qu'à sondict filz, il le pourra faire sans payer aultre finance que celle qu'il aura jà payée pour ladicte résignation en faveur de sondict filz. En tesmoing de quoy Sadicte Majesté m'a commandé le présent brevet en estre expédié, et, en vertu d'icelluy, toutes lettres et provisions nécessaires, par moy, son conseiller d'Estat et secrétaire de ses commandemens et finances.

LOUIS.
DE LOMÉNIE.
(Original. — Arch. Nicolay, 21 C 18.)

---

422. 19 Mars 1622.
SÉANCE DU PRINCE DE CONDÉ. — ENREGISTREMENT D'ÉDITS.

. . . . Mr le P.P. a proposé d'aviser à ce qui estoit à faire, et, ayant esté sur ce délibéré, la Chambre a arresté que ledit sr P.P. feroit par sa prudence comme il avoit accoutumé en telles occurrences.

A l'instant, seroit entré ledit seigneur prince de Condé, assisté des srs de Chasteauneuf et président Jeannin. . . . . Seroient aussy entrés à la foule plusieurs gentilshommes de la suite dudit seigneur prince, et autres personnes de toutes qualités, devant que les portes ayent pu estre fermées.

Le silence fait, ledit seigneur prince ayant demandé le greffier, se seroient présentés Mes Jean Bourlon et Jacques Gobelin, consers secrétaires du Roy et greffiers de ladite Chambre; auquel Bourlon il auroit baillé un paquet dans lequel estoient une lettre de cachet adressante à icelle Chambre et la commission et pouvoir dudit seigneur prince.

. . . . Ce fait, ledit seigneur prince a dit en substance :

« Messieurs, je lis en vos visages que le sujet qui m'amène en ce lieu ne vous est pas agréable. Aussy me suis je, par plusieurs fois, excusé d'y venir et supplié le Roy d'y envoyer Monsieur son frère, croyant que sa qualité vous feroit recevoir plus volontiers les édits que je vous apporte, estant présentés de sa main ; mais enfin j'ay esté contraint d'obéir aux commandemens de S. M., ce que je m'assure que cette Compagnie, composée de tant de dignes personnages, saura bien considérer.

« Vous savez, Messieurs, mieux que nuls autres, les troubles que le Roy a heureusement pacifiés depuis trois ou quatre ans en ce royaume, et les dépenses excessives qu'il luy a convenu supporter à cette occasion. Chacun croyoit la paix estre bien établie, quand ceux de la Rochelle ont commencé de tenir une assemblée sans la permission de S. M., et, nonobstant ses défenses, l'ont continuée et fait soulever plusieurs villes dans le Poitou, la Guyenne et le Languedoc, avec dessein de se distraire de l'obéissance du Roy et établir un Estat populaire dans ce royaume, par le moyen de leurs cercles et du pouvoir qu'ils se donnent de commettre aux offices et aux charges de leur propre autorité.

« Vous n'ignorez pas aussy, Messieurs, qu'ils ont repris Clairac et maltraité les bons sujets du Roy, et taschent chacun jour de faire progrès, avec les forces qu'ils peuvent ramasser.

« C'est pourquoy le Roy s'est résolu de partir dans peu de jours pour les aller ranger à leur devoir, et ne fait qu'attendre le secours d'argent que les partisans luy promettent après que les édits mentionnés en mon pouvoir auront esté vérifiés, et, jusques à ce, refusent de faire aucunes avances, ce qui est cause que S. M. n'a pu attendre la délibération de ses Cours, qui tirent ordinairement les affaires en longueur, estant nécessaire de faire marcher promptement les troupes, pour prévenir la saison des chaleurs et des maladies, qui ont plus affligé l'an passé l'armée du Roy, que les forces de ses ennemys.

« Je sais bien que Mr le P.P. me dira tantost que cette forme de vérifier des édits est extraordinaire et trop fréquente, et que le Roy avoit promis à la Chambre de n'en plus user, mais au contraire la laisser délibérer à loisir sur iceux, quand l'occasion s'en présenteroit. A quoy je répondray qu'il seroit à souhaiter que le partement du Roy ne fust point si prompt, et qu'il eust des moyens d'ailleurs pour fournir à la dépense de cinq ou six armées qu'il luy convient entretenir en mesme temps ; que cette nécessité qui presse S. M., est si urgente et si puissante, que les Roys mesmes sont contraints bien souvent de ployer sous la violence de ses loys. »

Ajouta aussy ledit seigneur prince qu'il se souvenoit bien y avoir un an que, le lundy de Pasques, il vint en la Chambre pour mesme effet, espérant que, quand S. M. auroit pacifié les troubles de son royaume, elle useroit d'un meilleur ménage en ses affaires et laisseroit aux Compagnies souveraines leur liberté accoutumée, selon que leurs louables déportemens à son service le méritoient. Prioit la Chambre d'avoir agréable ce qu'il luy avoit exposé de la part de Sadite Majesté.

Ayant ledit seigneur prince fini son discours, mondit sr le P.P., après l'avoir salué, auroit pris la parole et dit en ces termes :

« Monsieur, c'est chose rare en ce siècle icy, et néanmoins fort louable et digne d'admiration, de voir un grand prince, tel que vous estes, estre doué des qualités requises en un grand orateur. Vostre naissance et vos mérites, témoignés au pouvoir dont il a plu au Roy vous honorer, rendent preuve de l'un, et vostre bien dire de l'autre. Car vous ne vous estes pas contenté de nous avoir exposé disertement vostre créance, mais vous avez aussy voulu prévenir nos plaintes et y répondre, avant que les avoir ouïes et écouté la justice d'icelles, comme nous espérons que vous ferez après les avoir entendues.

« Monsieur, la Chambre ne doute point que vous n'ayez regret de l'honorer si souvent de vostre présence pour nous clore la bouche à tous de la part du Roy, en un temps auquel nous la devrions avoir ouverte pour son service, vu le grand nombre d'édits mentionnés en vostre pouvoir, duquel le greffier a fait présentement lecture. L'assurance qu'il a plu à S. M. nous donner ces jours passés, en vostre présence, de ne point apposer son autorité absolue à la liberté de nos suffrages, nous donnoit espérance et le courage de la servir utilement en la nécessité de ses affaires et mesme au gré de ses officiers ; mais à présent, nous nous voyons déchus de nostre attente, encore que nous n'ayons laissé passer un seul jour sans délibérer sur deux ou trois édits que le procureur général nous a présentés seulement depuis six jours, en sorte que l'on ne nous sauroit accuser de longueurs en cet endroit, si l'on ne veut appeler injuste la considération que nous avons apportée aux remonstrances et oppositions formées par les élus, non seulement de cette ville, mais aussy des élections de la plupart des généralités qui se sentent intéressées en ces nouvelles créations. Nous avons aussy pesé les offres qu'aucuns d'eux ont faites de lever les offices aux parties casuelles et secourir S. M. de leurs moyens, et, bien qu'il y eust apparence de surseoir le jugement de l'édit qui les concernoit, toutefois la Chambre, sans délayer davantage, l'a vérifié, avec certaine modification portée par son arrest, qu'elle a néanmoins soumise au bon plaisir du Roy.

« Jugez, Monsieur, le devoir auquel nous sommes mis, pour vous soulager de la peine que vous prenez, avec regret de changer les formes essentielles et de tout temps usitées en la vérification des édits de S. M.

« Considérez aussy, s'il vous plaist, combien de sortes de vexations les élus ont supportées en ces dernières années, ores qu'ils travailloient continuellement dans les villes, avec les autres officiers, à maintenir le peuple en obéissance et bienveillance envers le Roy, faisant le département des tailles le plus également qu'ils peuvent, afin de rendre ce revenu annuel, espreint de la substance des contribuables, plus aysé à supporter.

« Ne seroit il pas plus raisonnable d'accepter les offres de ces officiers, que de les abandonner à la rigueur des partisans, qui profiteront sur eux et sur le Roy ? Ne seroit il pas aussy plus utile et honorable à S. M. d'user de grace envers ses serviteurs, que d'enrichir des donneurs d'avis qui ne veillent qu'à observer sa nécessité, et ne vivent que de la misère publique ?

« Monsieur, ce grand nombre d'édits desquels je ne vois seulement que la couverture, inconnus aux officiers de cette Compagnie, qui en devroient estre les juges, joint ce pouvoir que le Roy vous a donné de prononcer sur iceux sans aucune remise, me fait grandement connoistre à regret que toutes les remonstrances que je vous pourrois faire, et toutes les raisons que je vous pourrois alléguer sur ce sujet, pour dignement satisfaire aux intentions de la Chambre, vous seroient ennuyeuses, et à nous inutiles, considéré que nous sommes à la veille du partement du Roy pour aller couper chemin aux progrès que ses sujets rebelles taschent de faire, surprenant et pillant les villes de son obéissance. C'est pourquoy je changeray de termes en cette action publique, et, remettant en une autre saison plus calme et mieux réglée que celle cy les raisons et les remonstrances que la justice nous suggère, je me porteray aux prières et aux supplications vers Dieu. Car que nous reste-t-il plus à présent, que les vœux ad ce qu'il luy plaise protéger nostre Roy sous les ailes de sa providence, bénir ses desseins et saintes entreprises, et ne luy point imputer la surcharge que tous ces édits apporteront à son peuple, d'ailleurs assez travaillé du passage et séjour des gens de guerre et de la soif insatiable des partisans et de leurs associés !

« Et vous, Monsieur, qui aurez l'honneur de l'approcher de plus près que nul autre en ses armées, pour la proximité du sang dont vous luy attouchez, et vostre générosité naturelle digne de vostre naissance, ayez l'œil, s'il vous plaist, ouvert à sa conservation, et modérez aux occasions l'ardeur de son magnanime courage, afin que S. M. ne se précipite point dans les périls, car sa vie nous doit estre plus chère que la nostre.

« Il se lit en l'histoire sainte que David, faisant un jour la guerre aux Philistins, se mesla si avant en un combat, qu'il pensa y perdre la vie. Le peuple, qui l'aymoit et l'honoroit, comme estant l'oint de Dieu et en qui il avoit toute son espérance, protesta de ne plus permettre qu'il s'exposast aux dangers, de crainte, dit le texte, qu'il n'éteignist la lampe d'Israël. Monsieur, ne permettez (autant que vous le pourrez) qu'il mésavienne à nostre Roy, et que la lampe des François, qui surpasse en éclat toutes les autres lumières de la terre, soit éteinte à nostre confusion. Il est le flambeau qui nous éclaire durant la nuit de nos tribulations, il est le phare qui nous introduira, Dieu aydant, à voiles déployées, dans le port de la tranquillité publique.

« Mais, d'autant que l'endurcissement de ses sujets rebelles est tel, qu'ils ne fléchiront jamais que par la force et que, sans la dispensation légitime des deniers qui proviendront de ces nouveaux édits, les forces du Roy ne pourront demeurer longuement en corps d'armée, nous vous supplions, Monsieur, tenir la main à ce qu'ils ne soient divertis comme au passé, ains au contraire employés à la solde et entretènement des compagnies, tant de pied que de cheval, remplies du nombre requis par les ordonnances. Ce sera quelque sorte de consolation au pauvre peuple, quand il verra que les deniers que S. M. lève sur luy tourneront au bien public et de son service. Mais nous, Monsieur, continuerons de déplorer avec raison l'usage que l'on introduit d'an en an de vérifier les édits en cette Compagnie, non seulement sans y estre délibérés par les juges, mais aussy lus au long par le greffier, qui est une forme bien contraire à la profession à laquelle il a plu au Roy nous appeler. C'est pourquoy je vous supplie ne point trouver mauvais si je m'acquitte de la charge qui m'a esté donnée par cette Compagnie, de vous exposer que, par honneur et obéissance, elle se contient à présent en silence, sans néanmoins approuver le contenu en ces nouveaux édits, puisqu'elle ne les a point vus ni considérés comme il appartient, se réservant de les examiner à loisir et les exécuter selon qu'ils se trouveront conformes aux ordonnances de S. M. et aux arrests et règlemens de la Chambre, que nous avons tous promis et juré d'observer inviolablement. »

Ce discours de mondit sr le P.P. estant achevé, ledit seigneur prince auroit ordonné audit Bourlon, greffier, de faire lecture desdits édits; ce qu'il auroit fait l'un après l'autre, à mesure que ledit seigneur les luy auroit fait délivrer et selon l'ordre qui ensuit. . . . .

<small>Après la lecture des treize édits et le réquisitoire de l'avocat général, le prince prononce l'enregistrement, « ce consentant le procureur général du Roy. »</small>

(Plumitif et Créances.)

LOUIS XIII.

423.
Mars 1622.
SURVIVANCE DE L'OFFICE DE P.P. POUR ANTOINE NICOLAY.

Louis, etc. .... Ayant mis en considération les signalez et recommandables services que les feus s^{rs} premiers présidens en nostre Chambre des comptes, Jehan, Aymard et Anthoine Nicolai avoient successivement rendus aux feus Roys nos prédécesseurs en ladicte charge, et ceux que nostre amé et féal conseiller en nos Conseils d'Estat et privé, Jehan Nicolaj, à présent aussi premier président en nostredicte Chambre, a rendus, depuis quarente cinq ans, aux feus Roys Henry troiziesme, Henry le Grand, nostre très honoré seigneur et père, que Dieu absolve, et à nous, depuis nostre avènement à la couronne, tant en l'exercice d'icelle charge, que auparavant en celles de conseiller en nostre Cour de parlement et maistre des requestes ordinaires de nostre hostel, lesquels il nous continue encores journellement, et, à son imitation, nostre aussi amé et féal Anthoine Nicolai, son fils aisné, en le charge de conseiller en nostre Cour ; affin de tesmoigner combien nous en recevons de contentement, nous aurions eu pour agréable la résignation que ledict s^r Nicolai père auroit faite de sondict office de premier président en faveur dudict Anthoine, son fils aisné, et icelle admise gratuitement par nos lettres pattentes du xxviij^{me} janvier mil six cens dix neuf, et néantmoings, par autres nos lettres pattentes, ordonné qu'il continueroit encores l'exercice de ladite charge. Et sur ce que le restablissement du paiement du droit annuel et dispence des quarente jours, où ledict office est compris, est advenu auparavant que lesdicts s^{rs} Nicolai se soient prévalus de nosdictes lettres, iceluy s^r Nicolai père, porté d'une singulière et paternelle affection envers sondict fils de le veoir pourveu et installé en sa charge avant son décéds, nous auroit supplié et requis d'user envers luy et sondict fils de la mesme grace que nosdicts prédécesseurs Roys avoient octroyée à ses devanciers, et, pour ce, luy permettre de résigner sondict office à sondict fils, à condition de survivance. Sçavoir faisons que, inclinans libéralement à la suplication dudict s^r Nicolai père, et pour luy tesmoigner de nouveau, et à sondict fils, le contentement que nous avons de leursdicts services, et autres bonnes considérations à ce nous mouvans, et à plain confians de la personne dudict Me Anthoine Nicolai fils, et de ses sens, suffisance, loyauté, preudhommie, expérience et bonne diligence, fidélité et affection qu'il a tousjours portée au bien de nos affaires et service, nous, de nostre grace spécialle, plaine puissance et authorité royalle, avons à iceluy Nicolai fils donné et octroié, donnons et octroyons, par ces présentes signées de nostre main, ledict estat et office de nostre conseiller et premier président clerc en nostre Chambre des comptes à Paris, que tient et exerce ledit s^r Nicolai, son père. . . . . Donné à Paris au mois de mars, l'an de grace mil six cens vingt deux, et de nostre règne le douziesme. LOUIS.

Par le Roy : DE LOMÉNIE.

Sur le repli est écrit: Registrées en la Chambre des comptes, ouy le procureur général du Roy, pour jouir par les impettrans de l'effect et contenu en icelles, sellon leur forme et teneur. Et a esté ledict Me Anthoine Nicolay receu au serment dudict office de premier président, et à l'instant installé, à la charge que ledict Messire Jehan Nicolay père l'exercera sa vye durant, ou tant qu'il poura, comme il est contenu en l'arrest de ce fait, les semestres assemblez, le dix septiesme jour de may mil six cens vingt trois.

BOURLON.

(Original. — *Arch. Nicolay*, 21 C 20.)

---

424. *(s. d.)*
RECONNAISSANCE PASSÉE PAR ANTOINE NICOLAY AU SUJET DE L'OFFICE DE P.P.

Aujourd'hui est comparu par devant les notaires gardenottes du Roy nostre sire en son Chastelet de Paris soubzsignés, Monsieur Me Anthoine Nicolay, s^r d'Yvor, conseiller du Roy en sa Cour de parlement à Paris, y demeurant rue Bourtibourg, parroisse St-Paul, à présant pourveu et receu en l'estat et office de conseiller du Roy en ses Conseils d'Estat et privé et premier président en sa Chambre des comptes à Paris, à la survivance de Messire Jehan Nicolay, son père, jouissant d'iceluy. Lequel a dict et déclaré qu'ayant tous les jours de sa vie receu nouveaux bienfaicts dudict sieur président son père, et des tesmognages de sa bonne volonté sy grandz, qu'il peult dire avoir excedé ce qui est d'une affection vraymant paternelle, de mesme que son intention a tousjours esté, lorsqu'il luy a faict le bien duquel il jouist à présent, de s'en charger, non comme d'une chose donnée, laquelle sembleroit luy appartenir, mais comme ayant esté mise en sa garde et obligé de la représanter audict sieur son père lors de ses commandements, pour en disposer tout ainsy que bon luy semblera; ayant ledict sieur d'Yvor faict entendre ausdicts notaires que son désir est (ne pouvant respondre en aucune façon aux advantages qu'il tient dudict sieur son père, et principallement au dernier qu'il luy a procuré en sa charge de premier président, laquelle il luy donne soubz le bon plaisir du Roy, pour en jouir après luy, sy c'est la volonté de Dieu qu'il le survive) de tenir ceste grace et faveur de luy précairement, ne voulant ledict s^r d'Yvor que l'on puisse dire que le filz quy a trouvé très doux de vivre toute sa vye soubz les commandements d'un sy bon père et soubz l'aucthorité que la nature et la loy luy donne sur les siens, aye esté cause que son pouvoir aye esté comme diminué et altéré, s'estant retranché ledict s^r président en faveur de son filz de la libre disposition qu'il avoit dudict office. C'est pourquoy il auroit déclaré ausdicts notaires que, combien qu'il semble que, par sa réception audict estat et office de premier président en ladicte Chambre des comptes, ledict sieur son père ne puisse actuellement disposer dudict office au proffict de quy bon luy semble, ce néanmoingz iceluy sieur d'Yvor, désirant laisser audict sieur président son père un entier pouvoir sur tout ce quy luy pourroit jamais appartenir, et particulièrement sur ledict office, tout ainsy qu'il avoit auparavant la réception dudict s^r d'Yvor audict estat et office de premier président en ladicte Chambre des comptes, s'en est d'iceluy volontairement desmis et desmect au proffict de sondict père, soubz le bon plaisir toutesfois de Sadicte Majesté, pour en disposer ou luy laysser ainsy que bon luy semblera, n'entendant que les lettres de survivance par ledict s^r d'Yvor obtenues de Sadicte Majesté dudict estat et office, ny l'acte de réception à iceluy, puissent empescher la volonté et disposition de sondict père; ains, nonobstant icelles lettres et réception, consent que toutes provisions soient expédiées à celuy duquel sondict sieur et père fera eslection. Dont et de ce que dessus iceluy sieur d'Yvor a requis acte ausdicts notaires.

(Projet. — *Arch. Nicolay,* 21 C 23.)

425.
17 Avril 1622.
LETTRE DU ROI A LA CHAMBRE. — DÉFAITE DES PROTESTANTS.

Nos amés et féaux, depuis nostre partement de Paris, nous avons toujours espéré que Dieu, protecteur des Roys et juste vengeur des crimes horribles, nous livreroit ceux qui non seulement s'estoient attaqués à nostre autorité, mais, pour se rendre plus redoutables, commettoient mille maux dans les lieux destinés à le servir et contre nos propres sujets. Nous assurant donc sur cette providence et au courage que nous recounoissions en nos soldats, nous devons cela à leur valeur que de les louer, et à l'assistance que nous y avons eue de nostre très cher et très amé cousin le prince de Condé, de n'omettre à le nommer; et luy et tous ceux de nostre armée avoueront aussy qu'à nostre résolution, que nous tenons que Dieu nous avoit destinée, et à nostre diligence la victoire est due, l'attribuant néanmoins à la divine bonté. Ayant appris à Nantes que Soubise et son armée, composée de cinq mille hommes de pied, de cinq cens maistres et trois cens mousquetaires à cheval, s'estoient emparés de l'isle de Riez, en fortifioient les avenues, et espéroient s'y défendre, ou du moins, huit jours après, s'en retirer à la faveur de leurs vaisseaux, dont la rade estoit pleine, nous nous y acheminons en diligence, et, le lendemain de nostre arrivée à Challans, où, devant le soir nous avions donné les ordres pour les attaquer de divers endroits, nous montasmes à cheval dès l'aube du jour, et, avec nostre cavalerie, nous nous trouvasmes vis à vis de Riez, où se faisoit l'une des attaques par des troupes du comte de la Rochefoucauld, luy en commandant une autre assez proche de là, et nostre cousin le prince de Condé d'un autre costé, avec partie du régiment de nos gardes, où il s'avança par une chaussée très difficile jusqu'à la vue de l'ennemy, séparé seulement d'un ruisseau, guéable au dire de ceux du pays, qui fit mine de le vouloir charger. Dont nous ayant donné avis, et que c'estoit le lieu par où les isles pouvoient estre forcées, nous y courusmes au galop par le mesme chemin, et, à nostre abord, nous trouvasmes la mer au montant, qui nous empescha de passer le bras qui nous séparoit d'avec l'armée des rebelles; ce qui nous fit résoudre de camper, et, au descendant, d'entreprendre ce que les ennemys n'avoient osé. L'heure venue, nous montons à cheval, et ayant ouï le rapport de ceux que nous avions ordonnés pour aller reconnoistre le gué, qu'il estoit impossible que l'infanterie y passat, nous estant mis à la teste de nostre cavalerie, nous entrasmes le premier dans le pays ennemy, où nous fusmes suivi de nostre infanterie, qui eut de l'eau bien haut. Nous nous mismes en ordre de combatre, à la teste de nostre compagnie de gendarmes, donnasmes celle de nosdits chevau-légers à nostredit cousin le prince de Condé, celle de nostre cousin le duc de Guise à nostre cousin le comte de Soissons, celle du s^r des Roches Baritault et quelques gentilshommes volontaires que la reine, nostre très honorée dame et mère, nous avoit envoyés, à nostre frère naturel le duc de Vendosme; commandé au s^r de Bassompierre de mener les coureurs, à nostre cousin le mareschal de Vitry de le soutenir, et à nostredit cousin le prince de Condé après. Puis, nous et les autres, selon son ordre, marchasmes, assistés de plusieurs seigneurs qualifiés, entre autres, de nostre frère naturel le grand prieur de France, de nos cousins les ducs de Fronsac et de Retz, le mareschal de Praslin, marquis de Courtanvaux et de Nesle, et du s^r comte de Schonberg, que nous avions réservé auprès de nous, pour estre servi et assisté de son épée et de son conseil au besoin, et sans attendre davantage nostre infanterie, qui se hastoit de nous joindre, nous fusmes droit au logement des ennemys, que nous trouvasmes embarqués en partie. Lesquels, au nombre de quatre mille cinq cens, à nostre vue, jetèrent les armes, crièrent miséricorde. Mais les paysans, pour se venger des maux qu'ils en avoient reçus, se sont mis après, et n'ont pu se retenir qu'ils n'en ayent tué bon nombre. Ce pendant, ledit Soubise, abandonnant laschement ses gens, s'enfuit avec sa cavalerie, et, par un lieu nommé la Barre, s'est sauvé, laissant quatorze vaisseaux, son canon et équipage, dont nous sommes, comme du champ, resté le maistre. Cette action est assez mémorable pour devoir estre sue, c'est pourquoy nous la vous mandons; et, comme c'est Dieu qui nous a conduit, et qui a dénié à ceux qui fioient leur salut à la mer de ne les point emporter, il est raisonnable qu'on luy en rende graces. Nous avons ordonné par toutes les églises cathédrales de ce royaume un *Te Deum*, et désirons que vous assistiez à celuy de Nostre Dame de Paris, au jour qui sera à ce destiné, avec prières à la divine bonté qu'il luy plaise nous continuer ses bénédictions au repos et tranquillité de nostre Estat et de nos pauvres sujets. A quoy nous sommes assuré que vous contribuerez bien volontiers ce qui sera du devoir de vos charges et de vos affections accoutumées envers nous. Qui prions Dieu vous avoir en sa sainte garde. Écrit à Aspremont, le 17 avril 1622.

LOUIS.

DE LOMÉNIE.

Depuis cette lettre écrite, je viens d'avoir nouvelles du comte de la Rochefoucauld, que la Chaume, que je luy avois envoyé investir, s'est rendu; que cent cinquante des ennemys ont esté encore tués, et quatre cens pris prisonniers; que son lieutenant, le s^r de Bayers, avec trente maistres, en a chargé soixante, les a défaits, et en tient trente prisonniers.

(*Plumitif* et *Cérémonial*.)

---

426.   27 Mai 1622.

LETTRE DU ROI AU P.P. — REDDITION DE LA VILLE DE SAINTE-FOY.

M^{onsr} Nicolaj, vous avez peu sçavoir que, après la réduction de Royan, je m'estois résolu de m'acheminer en ceste province, où, les villes de Cleyrac et Mont de Marsan réduittes en mon obéissance, j'avoys ordonné à mon cousin le prince de Condé d'investir Ste-Foy. Ce qu'ayant faict, j'ay désiré de la réduire à son debvoir et conserver mes soldatz et mes subjectz. L'entremise de ceux que j'ay choisiz (favorisez à mon occasion du ciel) a esté sy heureuse, que le s^r de la Force s'est non seullement remis en mon obéissance, mais y a aussi induict les habitans, et a en cela rendu preuve du désir qu'il en avoit de longtamps, avec espérance de rentrer en mes bonnes graces. Ce qui s'est passé en sorte que j'ay esté maistre de leurs volontés, et ce que j'ay escrit a esté receu avecq joye. J'espère demain y faire mon entrée, et, y ayant establi l'ordre nécessaire, je passeray oultre, vers la haulte Guyenne et le Languedoc, où ung chacun m'appelle, et, avecq l'ayde de Dieu, en qui je mectz ma fiance, j'espère la continuation de mes progrez, dont je vous donneray advis. Cependant, vous ferez part de ceste nouvelle à ceux de vostre Compagnye et autres mes bons serviteurs, et je prieray Dieu qu'il vous ayt, Monsr Nicolaj, en sa sainte garde. Escrit au camp de St-Aulaye, le xxiiij^{me} jour de may 1622.

Ce porteur vous dira qu'il m'a laissé dans Ste-Foy ce jourd'huy, xxvij^{me} may.

                                               LOUIS.
                                            DE LOMÉNIE.

(Original. — Arch. *Nicolay*, 23 L 10.)

---

427.   23 *Juin* 1622.

LETTRE DE M. DE LA VILLE-AUX-CLERCS AU P.P. — PRISE DE SAINT-ANTONIN.

Ce xxiij^{me} juing 1622.

Monsieur,   Celle dont il vous a pleu m'honnorer sur le subject du traicté de Saincte Foy, m'a esté rendue. Je joindray l'obligation que je vous ay de la souvenance qu'avez de moy aux précédantes faveurs que j'ay receu de vous, et, sy mes services vous peuvent rendre quelque tesmoignage de mon affection et de l'estime que je faictz de la conservation de vostre amityé, ce me seroit un grand bonheur; mais, cela ne pouvant réussir sy tost que je le désirerois, la volonté me restera tousjours entière pour en rechercher les occasions. Je croys que vous serez très ayse d'apprendre la continuation du bon succedz des armes du Roy et comme, en moings de huict jours, ceulx de St-Anthonin, quoy que bien fortiffiez et qu'ilz fussent quantité de bons hommes, ont esté contrainctz de se rendre à la discrétion de Sa Majesté, laquelle, miséricordieuse, s'est contentée d'en faire pendre six des plus mutins et de faire desmanteller la ville. Voylà ce que je vous peus dire pour ce coup, et que je suis,

      Monsieur,

                      Vostre plus humble et affectionné serviteur.
                                            DE LOMÉNIE.

(Original. — Arch. *Nicolay*, 75 L 9.)

---

428.   18 *Novembre* 1622.

LETTRE DE L'AMIRAL AU P.P. — REDDITION DE LA ROCHELLE.

A la rade de la Rochelle, à bord du navire admiral, le xviij^{me} novembre 1622.

Monsieur,   J'ay donné charge à ce gentil homme, présent porteur, de vous voir et visiter de ma part, et de vous informer de ce qui s'est passé en ce quartier en l'exécution de la paix, que les Rochelois ont trouvée fort à propoz, le Roy ayant usé de sa bonté et clémance en temps qu'ilz en avoient grand besoing. Et me remettant à cedit porteur de vous en dire ce qu'il en sçayt, je vous supplieré de croire que vous n'aymerez jamais personne qui soit plus que moy,

      Monsieur,

                      Vostre très affectionné à vous fere service.
                                      GUYSE.

LOUIS XIII.

(*Autog.*) Monsieur, vous me ferés la faveur, s'il vous plet, de m'emer toujours et vous aseurer de mon afection et service.

(Original. — Arch. Nicolay, 47 L 1.)

429. 12 Janvier 1623.
COMPLIMENT POUR LE RETOUR DU ROI.

La Chambre, invitée à saluer le roi, revenant de Languedoc, députe trois présidents et onze maîtres, et envoie le greffier savoir si le P.P. pourra s'y trouver de son côté. Le P.P. répond qu'il « remercie la Chambre de l'honneur qu'elle luy avoit fait de l'envoyer visiter ; qu'il eust bien désiré que Dieu luy eust abrégé une année de vie, et luy eust donné ce jour pour servir la Chambre en cette action, mais que son indisposition l'en empesche ; qu'il prie M^r le président Gobelin d'en vouloir prendre la peine. »

Le roi répond au compliment du président Gobelin que « Dieu l'avoit grandement favorisé en son voyage, ayant plus fait en un an que ses prédécesseurs en cinquante ; qu'il avoit donné la paix à ses sujets, pour donner ordre et régler ses affaires. »

(*Plumitif.*)

430. 18 Janvier 1623.
LETTRE DE L'ÉVÊQUE DE MONTPELLIER AU P.P. — VÉRIFICATION DE DON.

Ce 18 janvier 1623.

Monsieur, Il a pleu à Sa Majesté de m'acorder un don de 6,000 liv., qui doibt estre vérifié devant vous, en considération des pertes et du ravage de tout le temporel de mon évesché. Ce m'a esté une occasion bien prétieuse de me représenter à vous avec les mesmes sentimentz d'honneur et de respect que j'ay tousjours porté à vostre qualité, et davantage à vos mérites, et, me souvenant des anciens tesmoignages de vostre bienveillance en mon endroit, dont je conserve religieusement la souvenance, j'ay prins cette confiance de croire que vous n'auriés point désagréable la très humble prière que je vous fais de me favoriser en la vérification de ce don. Je sçay que vostre justice ne refuseroit pas à ma nécessité, si elle luy estoit cognue, ce que j'implore maintenant de vostre faveur, encor que ma nécessité reçoive cette consolation de voir tous les jours la conversion de plusieurs ames, qui me rend riche et glorieux au milieu de ma pauvreté. C'est le fruit des armes du Roy en cette ville, que Dieu veult bénir, parce qu'elles sont saintes et regardent sa gloire ; et si vous avés le loisir et le désir d'aprandre l'estat de cette province, laquelle a veu fondre sur soy le dernier orage de la guerre civile contre les rebelles, Monsr de Plantade, général en la Cour des aydes et député en court par le corps des catholiques, vous le dira particulièrement. Et moy, je vous assureray par ces lignes que je désire vivre et mourir,

Monsieur,

Vostre très humble et très affectionné serviteur.

PIERRE, év. de Montpelier.

(Orig. autographe. — Arch. Nicolay, 39 L 7.)

431. 6 Mars 1623.
AUDIENCE DE DÉPART DU ROI.

Ce jour . . . . M^r le président Gobelin a rapporté que, suivant la députation susdite, mesdits s^{rs} les commissaires, luy et les Gens du Roy seroient allés au Louvre, où le s^r de Sauveterre se seroit trouvé aussitost qu'eux, qui les auroit fait monter au cabinet des Livres, où le Roy se seroit rendu, et avec luy MM. de Puysieulx et d'Ocquerre, secrétaires d'Estat, MM. de Vendosme et marquis de Rosny, et autres seigneurs; que S. M. leur avoit dit qu'elle les avoit mandés pour leur dire qu'elle avoit fait mettre ès mains du procureur général deux édits qu'elle désiroit faire vérifier en la Chambre, et désiroit qu'elle y travaille incontinent, ayant affaire d'argent; que ce seroient les derniers dont ladite Chambre seroit poursuivie.

Que sadite Majesté ne leur auroit pas fait grand discours, estant sur son partement, bottée, avec son manteau de chasse, et tenant un oiseau sur la main.

(*Plumitif.*)

432.
15 Mai 1623.
CONTRAT POUR LA TRANSMISSION DE L'OFFICE DE P.P.

Aujourd'huy est comparu par devant André Guyon et Estienne Contesse, notaires gardenottes du Roy nostre sire en son Chastellet de Paris soubzsignez, Messire Jehan Nicolay, chevalier, conseiller du Roy en ses Conseilz d'Estat et privé, premier président de sa Chambre des comptes à Paris, seigneur de Goussainville et de Presles, demeurant rue de Bourtibourg, parroisse Sainct Paul. Lequel considérant que ladicte charge de premier président en ladicte Chambre des comptes luy est advenue par la résignation de deffunct Messire Anthoine Nicolay, son père, qui l'avoit eue de Messire Émard Nicolay, ayeul dudict seigneur président, et ledict Émard, de feu Messire Jehan Nicolay, son bizayeul, aussy veult il que Monsieur Me Anthoine Nicolay, son filz aisné, conseiller en la Cour de parlement, seigneur d'Ivor, reçoipve de luy le mesme honneur et gratiffication, sur l'espérance qu'il a que sondict filz aura le mesme désir et émulation d'ensuivre les traces de ses devanciers, et que, par ce moyen, leur maison continuera d'estre honnorée de ladicte charge de père en filz, au contentement des Roys. Et ayant ledict seigneur président, en considération de ses longs services, obtenu de Sa Majesté la survivance de ladicte charge et pouvoir d'en disposer, il auroit communicqué son intention, mesmes le pris qu'il entend l'estimer, à Messieurs ses aultres enfans, lesquelz il auroit trouvez sy unis en l'amour fraternel, que, se privans de leur intérest particulier, il en auroit receu tout le contentement qu'il eust peu désirer. Et à ce subject, il auroit faict entendre son intention audict sieur son filz aisné, lequel l'auroit et a volontairement acceptée et eue pour agréable, et très humblement remercyé ledit seigneur président de son affection paternelle et du soing particullier qu'il a de son advancement, mesmes prié ledict seigneur président de voulloir faire expédier soubz son nom (sy elles ne le sont) les provisions dudict office à ladicte condition de survivance, et y imposer tel pris et conditions qu'il luy plaira, pour en jouir par ledict sieur d'Ivor après le décedz dudict seigneur son père. A ceste cause, et pour par ledict seigneur président rendre son intention inviolable, et qu'après son décedz il n'y puisse avoir entre sesdictz enfans aulcune difficulté pour le pris de ladicte charge et disposition d'icelle, de sa pure et libéralle volonté à ledict seigneur président dict et déclaré qu'il veult et entend qu'après son décedz, les provisions qu'il a faict expédier dudict office soubz le nom dudict sieur d'Ivor, à condition de survivance, et les aultres lettres, quictances et pièces qu'il aura concernans icelluy, soient baillez et délivrez à icelluy sieur d'Ivor, son filz aisné, sans aucune difficulté, pour par luy entrer en exercice et jouir de ladicte charge de premier président en la Chambre des comptes du jour du décedz dudict seigneur son père.

Laquelle charge, à cette fin, icelluy seigneur président a délaissée et délaisse audict sieur d'Ivor, son filz, pour ce présent et acceptant, pour et moyennant la somme de deux cens cinquante mil livres tournoiz. A quoy ledict seigneur président a estimé ladicte charge, fraiz du huictiesme denier et aultres qu'il aura faictz à cause de ce. Laquelle somme ledict sieur d'Ivor a promis et sera tenu apporter et payer à la succession dudict seigneur président, son père, quant elle sera ouverte, pour estre mise et partagée avecq les aultres biens d'icelle entre ledict sieur d'Ivor et ses frères et sœurs, aux rapportz et esgallemens nécessaires suivant la coustume, et sans que ledit sieur d'Ivor soit tenu de rapporter, à cause de la somme susdicte, plus grandz intérestz qu'à proportion de ce que rapporteront sesdictz frères et sœurs. Le tout sans confuzion ne diminution de ses droictz et précipuz d'aisnesse paternelz et maternelz, et à la charge et condition expresse que ledict sieur d'Ivor ne pourra vendre ledict office, ny en disposer, dix ans durant, à compter du jour qu'il sera entré en exercice d'icelluy, si ce n'estoit que par indisposition il luy feust impossible de continuer d'y servir, auquel cas seullement il en pourra disposer au proffict de l'un de ses frères qui vouldra et pourra dignement exercer ladicte charge de premier président, et pour le mesme pris de deux cens cinquante mil livres, et à condition expresse que sondict frère ne pourra aussy vendre ny disposer dudict office dix ans durant, à compter du jour qu'il sera entré à l'exercice d'icelluy, sy ce n'est que par semblable indisposition il ne puisse continuer d'y servir. Et à deffault de l'un desdictz frères, ou que, y ayant ledict frère esté admis, il feust contrainct par indisposition de s'en deffaire (comme dict est), l'un et l'autre le pourront faire à aultre personne capable et agréable à Sa Majesté. En quoy faisant, celluy qui vendra dans lesdictes dix années, sera tenu rendre et payer à sesdictz frères et sœurs, leurs hoirs et ayans cause, pour supplement de pris oultre lesdictz deux cens cinquante mil livres tournoiz, les quatre quinctz de ce à quoy montera le pris qu'il aura vendu ledict office, après qu'il se sera remboursé sur le tout desdictz deux cens cinquante mil livres tz. qu'il aura payez. Lesquelz quatre quinctz seront partagez entre sesdictz frères et sœurs, leurs hoirs et ayans cause, par souches, l'aultre quinct demeurant nettement à celluy qui aura vendu, pour sa part de ladicte plus vallue. Et affin que ladicte vente et le pris d'icelle soient cogneuz ausdictz frères et sœurs, lorsque ledict sieur d'Ivor ou sondict frère disposeront dudict office, le résignant sera tenu d'en advertir sesdictz frères et sœurs ung mois auparavant ladicte disposition, pour y surenchérir, si bon leur semble, dans ledict temps, et en estre le pris partagé, ainsy que dict est, pour ce que, aultrement et sans ces charges et conditions, ledict seigneur président n'eust faict le présent contract et délaissé audict sieur d'Ivor et à sondict frère ladicte charge pour le pris susdict, gratieux et modéré au regard du pris que les offices sont à présent vendus entre les particuliers, par le malheur du siècle, lequel n'a délaissé d'avoir cours (quoyqu'excessif), encores que le droict annuel ayt esté révocqué pendant quelques années. Moyennant lequel pris et à cesdictes charges et conditions, a ledict sieur d'Ivor accepté ledict office et faict le présent contract, promettant y satisfaire, tant par luy que par celluy de sesdictz frères en faveur duquel il aura disposé d'icelluy office. Car ainsy, etc. Promettans, etc. Obligeans, etc. Chacun en droict soy. Renonceans d'une part et d'aultre. Faict et passé double en la maison dudict seigneur président, où est logé ledict sieur d'Ivor, en ladicte rue de Bourtibourg, l'an mil six cens vingt trois, le lundy quinziesme jour de may, après midy. Et ont lesdictz seigneur président et sieur d'Ivor, son filz, signé en la minutte des présentes, avecq lesdictz notaires soubzignez, demeurée vers ledict Contesse, l'un d'iceulx. Cestuy pour ledict seigneur président.

CONTESSE.

(Grosse originale. — Arch. Nicolay, 21 C 27.)

433.

26 Mai 1623.
LETTRE DU ROI AU P.P. — ENREGISTREMENT D'ÉDIT.

Monsr Nicollaj, je m'estois promis que la congnoissance que vous avez de la nécessité de mes affaires, vostre créance et auctorité en vostre Compagnye et vostre affection à mon service, dont j'ay receu jusques icy beaucoup de bons effectz, auroient assez de pouvoir pour me faire recevoir le contentement que j'attendois sur le subject de l'enregistrement de mon eedict de création de deux greffiers et deux maistres clercz héréditaires en chacune eslection en chef de mon royaume. Mais j'ay sceu qu'au lieu de satisfaire à mon intention et volonté, ceux de vostredicte Compagnie ont refuzé de procedder à l'enregistrement de mondict eedict. Sur quoy j'ay faict expédier mes lectres patentes de jussion, suyvant lesquelles j'attendz encore ceste preuve de vostre affection à mon service, que vous vous emploierez et ferez en sorte que mondict eedict sera purement et simplement, et sans plus de longueur ny retardement, registré en ma Chambre des comptes ; ce que je me prometz de vostre soing accoustumé, et d'aultant plus que le secours qui doibt provenir de l'exécution de mondict eedict est nécessaire pour faire valloir toutes les despences, périlz et peynes que j'ay supportées les années dernières pour acquérir la paix à mes subjectz, et l'establir et conserver. A quoy m'asseurant que vous ne vouldrez manquer, je prieray le Créateur vous avoir, Monsr Nicollaj, en sa sainte et digne garde. Escrit à Fontainebleau, le xxvjme jour de may 1623.

LOUIS.

DE LOMÉNIE.

(Original. — Arch. Nicolay, 64 L 148.)

---

434.   27 Mai 1623.
PERMISSION D'ENTRER EN LA CHAMBRE ACCORDÉE A ANTOINE NICOLAY.

Ce jour, les semestres assemblés, sur la requeste verbalement faite par Messire Jean Nicolay, cher, conser du Roy en son Conseil d'Estat et P.P. en la Chambre, tendant à ce qu'il plust à la Chambre permettre l'entrée d'icelle à Me Antoine Nicolay, aussy conseiller du Roy en sa Cour de parlement et reçu à sa survivance audit estat et office de P.P., afin de voir ordinairement au greffe de ladite Chambre les édits, ordonnances, arrests et expéditions faites en icelle, pour servir à son instruction, lorsqu'il viendra à exercer ledit office de P.P.; luy retiré, l'affaire mise en délibération, les deux semestres assemblés pour autre effet, tout considéré, la Chambre a ordonné que ledit Me Antoine Nicolay aura l'entrée en icelle requise par ledit Messire Jean Nicolay père, et, à cet effet, enjoint à Me Jacques le Fèvre, premier huissier et commis à la garde des huis et portes, de laisser entrer ledit Me Nicolay fils aux jours et entrées ordinaires d'icelle. Prononcé audit le Fèvre, pour ce appelé au bureau, ledit jour.

(Plumitif.)

---

435.   12 Juin 1623.
LETTRE DU ROI AU P.P. — JUSSION A LA CHAMBRE.

Monsr Nicolaj, j'envoye mes lettres patentes en forme de jussion sur l'édit des greffiers et maistres clercz aux ellections de ce royaume. J'aurois bien désiré que les officiers de ma Chambre des comptes, entrans en considération de la nécessité de mes affaires, m'eussent rendu plus promptement le service auquel ils sont obligez, puisqu'ilz ne peuvent ignorer que le nombre des puissantes armées, tant par terre que par mer, que j'ay soudoiées depuis deux ans et plus pour affermir mon auctorité et asseurer la paix et le repos à mes subjectz, m'ont forcé à consommer par avance la meilleure partie de mon revenu de l'année présente, et que je ne puis satisfaire, ny aux despences de ma maison, ny à l'entretènement des gens de guerre que je tiens sur pied pour la seureté de mon Estat, si je ne suis assisté de moyens extraordinaires, à l'avancement desquelz mesditz officiers doibvent plustost donner les mains, qu'en les retardant, me jetter dans toutes sortes d'incommoditez. Mais je croy que ce que je vous représente maintenant, et l'exprés commandement que je leur fais, les convira à obéir à ma volonté, et qu'au premier jour je recevray le contentement que je me prometz de vostre sage et affectionnée conduite, dont j'ay recueilli les fruictz autant de fois que je vous ay fait connoistre qu'il y alloit de mon service et du bien de mon Estat. Sur ce, je prie Dieu, Monsr Nicolay, vous tenir en sa sainte et digne garde. Escrit à Fontainebleau, ce xijme jour de juing 1623.

LOUIS.

DE LOMÉNIE.

(Original. — Arch. Nicolay, 64 L 150.)

LOUIS XIII.

436.

29 Août 1623.

JUSSION POUR ENREGISTREMENT D'ÉDIT.

De par le Roy. Nos amés et féaux, lors de l'expédition de nostre édit de création des deux offices de gardes héréditaires des mesures et des lieutenans ès greniers à sel de nostre royaume, nous avons bien considéré les charges et inconvéniens qu'il pourroit apporter, tant à nos finances, que envers nos sujets ; mais, de tous nos moyens que nous observons pour remettre nos affaires en bon ordre, cettuy estant le dernier qui nous reste à exécuter, et ayant très murement considéré que l'avantage que nous en recevrons surpasse de beaucoup l'incommodité que nous en supporterons à la diminution de nostre revenu, puisque, à l'avenir, nous espérons satisfaire à toutes les dépenses ordinaires de nostre royaume de nostre revenu, sans avoir recours à de semblables moyens, et que le peu de charge qu'en supporteront nos sujets n'est égal au bien qu'ils en recevront en général, et mesme les plus pauvres en leur particulier, d'autant que, si, faute dudit moyen, ledit ordre demeuroit à estre établi, nous serions contraint de temps en temps de les charger et surcharger de nouvelles impositions ; à ces causes, nous vous mandons et très expressément enjoignons que, suivant la teneur de nos lettres de jussion que recevrez avec ces présentes, vous ayez, tous affaires cessans, à faire lire, publier et registrer nostredit édit selon sa forme et teneur, sans y plus user de remise, comme vous le témoignera plus particulièrement le sr Tronçon, conseiller en nostre Conseil d'Estat et secrétaire de nostre cabinet, que nous envoyons vers vous à cet effet. Et à ce ne faites faute, sur tant que désirez nous rendre fidèle et agréable service, et le bien général de nostre royaume. Car tel est nostre plaisir. Donné à St-Germain en Laye, le 29me jour d'aoust 1623.

LOUIS.
DE LOMÉNIE.
(Créances.)

437.

23 Avril 1624.

RÉPRIMANDE FAITE PAR LE ROI AUX DÉPUTÉS DE LA CHAMBRE.

Les présidents Gobelin et Aubery rapportent qu'ils ont eu audience du roi, le 18, à Compiègne, pour présenter les remontrances sur le rétablissement des élections en Guyenne. S. M. ayant commencé tout d'abord par témoigner un vif ressentiment, Mr Gobelin lui a expliqué les motifs de l'arrêt et des modifications qui y sont insérées.

« . . . . La Chambre a aussy considéré que ce grand nombre d'officiers ne pouvoit estre établi qu'à la foule et oppression des pauvres, parce que les plus riches se feroient pourvoir de ces offices, et seroient exempts des tailles et autres impositions, et le reste du pauvre peuple, qui ne fait plus que languir et soupirer, pour le mal et douleur qu'il souffre, seroit surchargé de la part et portion que les exempts contribuoient au payement de vos tailles. Davantage, elle a remarqué, Sire, que la multiplicité des officiers estoit très pernicieuse à toute sorte d'estat, mais principalement celle des élus, qui tirent, comme des sangsues, le sang du peuple, et ne peuvent s'enrichir que des dépouilles de vos pauvres sujets.

« A ces raisons j'ajouteray, Sire, que nous n'avons pas estimé que V. M. eust besoin de deniers extraordinaires, parce que, l'année passée, on vérifia cinq édits en vostre Chambre des comptes, dont on a tiré pour le moins 20 millions de livres, lesquels, ayant esté bien ménagés, doivent avoir donné un grand secours aux affaires de V. M. . . . . »

Ce discours achevé, Mr le garde des sceaux prit la parole, et dit :

« Messieurs, le Roy vous a mandés pour vous dire qu'il trouve fort étranges les longueurs que vous apportez en la vérification de ses édits, et particulièrement en celuy du rétablissement des élus de Guyenne, qui est l'un des plus nécessaires pour l'établissement de l'autorité du Roy en cette province. »

Que luy mesme pouvoit témoigner qu'estant à la suite de S. M. en son voyage de Guyenne, les députés des villes du pays, mesme ceux d'Agenois, supplièrent le Roy, tant pour l'extrême oppression qu'ils ressentoient des excessives levées de deniers faites sur eux, que pour l'éloignement d'aucunes paroisses du corps d'élection, vouloir rétablir les anciennes élections et les augmenter des deux nouvellement créées.

Que, si d'aventure on avoit augmenté le nombre d'officiers et les gages, la nécessité où estoient lors réduites les affaires du Roy pendant le siége de Montpellier en avoit esté la seule cause, et que nous devions considérer que la vérification de cet édit ne nous appartenoit que pour les gages, d'autant qu'il estoit jà vérifié au parlement de Bordeaux, en la Chambre des comptes de Montpellier, et exécuté.

« J'ay aussy charge de vous dire, Messieurs, qu'il n'y a qu'aux affaires du Roy où vous trouviez des difficultés et apportiez des longueurs ; et aux vostres particulières, vous n'en trouvez aucune. Vous faites des bons d'Estat que vous employez en vos affaires particulières, vous couvrez les fautes des partisans et des comptables, et, quand on veut faire des recherches, vous vous y opposez, et ne peut on tirer aucune expédition de vous. Vous avez vos corrections et révisions ; si vous les pratiquiez, nous n'aurions que faire de commissions extraordinaires. Vous en estes les juges naturels ; aydez nous, et conspirez avec nous au bien de l'Estat. »

Mr de la Vieuville, en qualité de surintendant des finances, ajouta que, « depuis qu'il avoit l'honneur de servir le Roy en ses affaires, il y avoit apporté un tel ménage, qu'il croyoit qu'on ne l'accuseroit pas de profusion, et néanmoins on ne laissoit pas dans la Compagnie de blasmer le gouvernement et ceux qui en avoient la conduite; » que du reste, le roi prenait lui-même la peine d'être le principal directeur de ses finances, de connaître la dépense par le menu et d'arrêter les états; que lui, n'était que le ministre.

Au mesme instant, le Roy, prenant la parole, dit : « Oui, il est vray. Il y en a qui parlent licencieusement, et vous, M^r le président Aubery, aussy, le premier. S'il y avoit quelque chose à redire, vous en diriez encore davantage. Si vous ne devenez plus sage, je vous déchargeray d'en prendre la peine. »

Le président, comme frappé d'un coup de foudre, put à peine se défendre, et en appeler au témoignage de ses confrères et au souvenir des services qu'il rendait depuis vingt-cinq ans en diverses charges. A quoi le roi répondit : « Vous ferez bien. J'ay bien d'autres choses à vous dire, que vous avez faites ailleurs, mais je ne vous en parleray pas à cette heure. »

Le rapport fini, le président Aubery dit à la Chambre :

« Messieurs, en mon malheur, que je puis nommer ainsy, puisqu'il m'a cousté de mauvaises paroles de mon maistre, j'ay une consolation, que vous estes, tous qui estes icy présens, témoins de ce qui se passa de ma part, et que ce que je vous ay rapporté avoir dit au Roy, est très véritable. J'ay reçu ce qui m'a esté dit de sa part avec actions de graces, comme j'y suis obligé ; j'essayeray d'en faire mon profit à l'avenir. »

(*Plumitif.*)

V

ANTOINE II NICOLAY

fils de Jean Nicolay et de Marie de Billy,

baptisé à Paris le 26 janvier 1590,

chevalier, marquis de Goussainville, seigneur de Presles, Yvors, etc., conseiller au parlement de Bretagne (8 août 1613), puis au parlement de Paris (janvier 1615), pourvu de l'office de Premier Président en survivance le 28 janvier 1619 et le 11 mars 1622, entré en fonctions le 3 juin 1624, conseiller du roi en ses Conseils d'État et privé, mort dans l'exercice de ses fonctions le 19 mars 1656.

---

438. 3 Juin 1624.
INSTALLATION DU P.P. ANTOINE NICOLAY.

Ce jour (lundy), Messire Antoine Nicolay, ch^{er}, cy devant, et dès le 17 may 1623, reçu au serment de l'office de premier président en la Chambre, à la survivance de feu Mre Jean Nicolay, son père, décédé le dernier jour de may dernier, a pris sa place au premier lieu et a commencé à faire le service actuel dudit office de premier président.

(*Plumitif.*)

---

439. 5 Août 1624.
AUDIENCE DU ROI. — AFFAIRES D'ÉTAT.

Ce jour, M^r le président Tambonneau a rapporté que, suivant le mandement du Roy porté par ses lettres de cachet du 1er de ce mois, M^r le président le Coigneux, M^r le procureur général et luy furent, samedy dernier, 3 du présent mois, coucher à St-Cloud, au logis dudit s^r président le Coigneux, et le lendemain, dimanche, en partirent pour aller à St-Germain. . . . .
Après midy, Mr de Montbazon les mena au Chasteau neuf, où le s^r de la Ville aux Clercs, secrétaire d'Estat, les vint prendre et conduire en la salle du Conseil, où estoit le Roy, assis en sa chaire ; à costé de luy, MM. les cardinaux de la Rochefoucauld et de Richelieu ; de l'autre costé, ledit s^r garde des sceaux, les s^{rs} de Bullion, de la Vieuville, les s^{rs} secrétaires, et autres seigneurs. S'estant approchés et ayant salué

le Roy, S. M. leur auroit dit qu'elle les avoit mandés pour leur dire qu'elle avoit tout contentement de leur bon service, les prioit de continuer; qu'ils pouvoient avoir appris que l'on disoit qu'il vouloit faire quelque changement en son Conseil; qu'il n'y avoit pas pensé, et qu'il savoit maintenir ceux qui le servoient bien; qne Mr le garde des sceaux leur diroit le surplus de sa volonté.

Que ledit sr garde des sceaux, prenant la parole, leur auroit dit : « Messieurs, vous voyez comme le Roy vous a dit qu'il a reçu contentement de vos déportemens, et qu'il vous prie de continuer à le bien servir; » que S. M. avoit plusieurs affaires sur les bras, tant en Allemagne que Suisse, et pour le mariage qui se traitoit, à cause de quoy elle pourroit avoir besoin d'estre secourue d'argent de quelques édits qu'elle enverroit. « Elle vous prie de les expédier promptement, pour ce que les longueurs mettent le plus souvent les affaires en tel estat, ou les consomment en tels frais, qu'il en revient peu d'utilité. »

Ayant fini, ledit sr président Tambonneau auroit pris la parole et dit à S. M. : « Sire, nous ne saurions estre instruits avec plus d'autorité que par les paroles qu'il vous plaist nous tenir, et supplie très humblement V. M. de croire que tous les bruits qui courent ne peuvent démouvoir la constante résolution que les officiers de vostre Chambre des comptes ont au bien de vostre service et du public[1]. »

(*Plumitif* et *Créances*.)

---

[1]. Ce fut seulement le 13 que le roi annonça la disgrâce et l'arrestation de Mr de la Vieuville, surintendant des finances. Le texte de la circulaire est imprimé dans les *Lettres du cardinal de Richelieu*, t. II, p. 25.

---

440.   *26 Septembre 1624.*

REMONTRANCES PRÉSENTÉES PAR LE P.P. — CRÉATION D'OFFICES.

Sire, je supplie très humblement V. M. de croire que la difficulté que vostre Chambre des comptes a apportée à la vérification de l'édit qu'il [vous] a plu luy envoyer pour la création d'un second commissaire des tailles en chaque paroisse, n'a point esté pour résister à vostre volonté, à laquelle nous nous rendrons toujours très obéissans, mais pour représenter seulement à V. M., selon le dû de nos charges dont il luy a plu nous honorer, comme la création de tant d'officiers publics sera ruineuse et pernicieuse, car l'on fait tout à coup et en un jour, par cet édit, plus de cinquante mille officiers commissaires des tailles, y ayant en vostre royaume plus de cent dix sept mille paroisses. L'on oste à de pauvres collecteurs, nécessaires dans les paroisses pour poursuivre le payement des tailles, leur juste salaire, pour le donner à des commissaires qui seront commissaires sans commission, ne seront officiers que de nom, sans fonction, sans exercice, inutiles à V. M. et au public.

« Il sera impossible dorénavant, Sire, de trouver des collecteurs qui veuillent quitter le soin de leur maison, de leur famille, et leur labeur journalier, pour poursuivre le payement des tailles sans récompense et sans rémunération, de sorte que les communautés seront obligées et contraintes de faire une nouvelle attribution de 6 deniers pour livre aux collecteurs pour le droit de leur collecte. Voilà vos tailles augmentées d'une quarantième portion.

« Sire, il est à craindre que V. M., laquelle a toujours eu pour but de modérer les impositions et soulager son peuple, ne soit frustrée de ses saintes intentions, et que la taille ne vienne à tel excès, par ces moyens indirects et obliques, qu'enfin le pauvre peuple ne soit contraint de quitter ses maisons, son habitation et le labourage, ne pouvant plus tirer de la terre ses alimens de quoy se nourrir et payer la taille, dont nous voyons déjà des dispositions et des commencemens, à nostre très grand regret.

« Sire, ce que je représente à V. M., n'est point pour nous rendre contraires à ce qu'elle désire, vous assurant que je représenteray à vostre Chambre des comptes ce qui est de vostre volonté et de vos commandemens, laquelle n'a jamais eu autre but en ses actions sinon le bien du service de V. M. et de ses affaires. »

LOUIS XIII.

Ce discours fini en cette sorte, Mʳ le garde des sceaux répliqua que l'on ne devoit point craindre que le public reçust du préjudice de la vérification de cet édit, d'autant que, si d'un costé l'on faisoit une création de nouveaux officiers, l'on faisoit, par le mesme édit, une suppression de sergens des tailles.

Cela fait, le Roy dit : « Je le veux. »

(*Plumitif* et *Créances.*)

441.
22 Octobre 1624.
COMPTES PARTICULIERS DE LA REINE.

Ce jour, la Chambre, les bureaux assemblés, procédant à la vérification du don fait à la reine de la somme de 600,000 liv. sur l'Épargne, pour employer à l'acquit de ses dettes, a arresté que sur le Plumitif sera fait mention que, à l'avenir, suivant le règlement de 1598, le Roy ne pourra estre rendu redevable au jugement des comptes qui seront rendus en ladite Chambre par le trésorier de ladite dame reine, et que le présent arrest sera signifié, à la requeste du procureur général du Roy, à son trésorier, à ce qu'il n'en prétende cause d'ignorance [1].

(*Plumitif.*)

1. Dans le même compte, la Chambre raya une somme de 18,000 liv. portée au nom de la reine pour l'année 1619.

442.
Avril 1625.
REMONTRANCES PRÉSENTÉES PAR LE P.P. — CONFLIT AVEC LES MAITRES DES REQUÊTES.

Par lettres du 30 novembre 1624, enregistrées à la Chambre le 31 janvier suivant, le roi avait confirmé les présidents des comptes dans leur préséance sur les maîtres des requêtes, en toutes occasions, et nonobstant la déclaration antérieurement accordée, « par inadvertance », à leurs compétiteurs. Cependant, un de ceux-ci ayant contesté la présidence de la Chambre de justice au président Jubert, ce dernier en porta plainte à sa Compagnie, et le P.P., ou l'un des autres présidents, prononça à cette occasion le discours qui suit :

Messieurs, je me souviens d'avoir leu autresfois, dans un autheur de nostre temps, qu'il y avoit à Athènes une statue de Minerve composée d'une grande quantité de pièces, où Phidias, qui en estoit l'ouvrier, s'estoit gravé luy mesme. Et les pièces de la statue estoient si bien liées, et avec tant de proportion, les unes aux autres, qu'il estoit impossible de tirer l'image de l'ouvrier, que la statue ne tumbast par morceaux.

Nous sommes autant de statues de Minerve. L'image que nous avons à conserver aujourd'huy, c'est l'honneur de la Compagnie. C'est là où toutes nos pensées, nos actions, toutes nos puissances se doivent rapporter. Autrement, la statue, qui est cette Compagnie honorable et ancienne et que nos prédécesseurs nous ont conservée par leurs vertus depuis tant de siècles entière, sans que l'on ayt jamais peu blesser ny offenser son honneur ou son authorité, s'en yra par terre.

Messieurs, nous boutons tous à un mesme poinct, tant ceux qui ont esté establis par le Roy commissaires en la Chambre de justice, que nous, qui sommes préposez pour l'économie, le bon mesnage et la conservation de ses finances. Nous ne debvons avoir, ny les uns, ny les autres, que le service du Roy devant les yeux. En cecy, je croy que nous n'aprendrons de personne.

Et toutesfois, ce seroit nous accuser nous mesmes, ou d'ignorance, ou de peu d'affection au service de Sa Majesté, si ce qui est de nostre charge, si ce qui est de nostre congnoissance, de nostre function, si ce qui deppend de nos jugemens, par une espèce de nonchalance et d'insensibilité, comme disent les Grecs : ἀναισθησία, estoit remis au jugement d'autruy et d'une autre Compagnie. C'est le Roy et ses prédécesseurs, d'heureuse mémoyre, qui nous ont establys. Le pouvoir qu'ils nous ont donné, est attaché à la dignité de nos charges. Nous n'avons autre apuy ny fermeté que sur la baze de la royauté. Nous ne recognoissons personne que

Sa Majesté, que nostre prince; nous n'avons poinct d'autre législateur que luy. Il est la loy vivante, il est comme l'autel devant lequel nous fleschissons le genouil. C'est luy qui establist les ordonnances, les règlemens publics. Et m'estonne bien fort comment il peult entrer en l'esprit de ceux qui n'ont poinct un plus grand honneur que de se pouvoir dire nos confrères, de menasser ceux de cette Compagnie de prison, s'ils n'obéissent à leurs ordonnances et aux loix nouvelles qu'ils font tous les jours.

Menasser un officier du Roy et de nostre Compagnie, et très homme de bien, qui ne le cédera, ny en probité, ny en intégrité, à qui que ce soit, de le faire mettre prisonnier par des archers, comme si les désordres et corruptions venoient de nous! Pour qui ces archers et soldats? *Hæc novi judicii nova forma terret oculos.*

Si l'on nous oste le jugement des corrections, de quoy demeurerons nous juges? Est ce pas heurter visiblement l'authorité de la Chambre? C'est nous despouiller de l'authorité, de la dignité que la constitution de l'Estat, que le Roy a tousjours donné à cette Compagnye.

Je ne pense pas que cela soit porté par l'establissement de la Chambre de justice. Si d'avanture, dans les corrections jugées, dans les comptes clos et autres affaires terminées en la Chambre, il est énoncé quelque chose concernant la jurisdiction de la Chambre de justice, alors ils le peuvent faire représenter.

Il est fascheux que nous soyons aujourd'huy obligez de nous plaindre en nostre propre cause, nous qui recevons les plaintes d'autruy.

Il me semble avoir ouy dire que quelqu'un de la Compagnye en avoit parlé à Monsieur le chancelier, que l'on luy avoit représenté ce qui estoit de nostre intérêt.

Vous sçavez, Messieurs, que *ejus est interpretari legem, cujus est condere.*

Cependant, mon opinion est que nous ne debvons rien quitter du nostre. Il faut que nous conservions *mordicus* ce qui est de l'authorité de nos charges.

Entre les Romains il y avoit deux grands personnages : l'un s'appeloit Fabius Maximus, et l'autre Marcellus. Marcellus estoit propre par son courage à estendre les limites de la république; ils l'appeloient leur espée. Et Fabius Maximus, par sa prudence et par une grande dextérité, sçavoit conserver les choses acquises; ils l'appeloient leur bouclier, et en faisoient plus d'estat que de l'autre. Ils tenoient qu'il y avoit plus d'honneur, plus de gloire à conserver, que non pas d'acquérir. Aussi les Lacédémoniens punissoient plus rigoureusement le soldat qui avoit perdu son bouclier en une bataille, que celuy qui avoit laissé tomber son espée.

Conservons donc ce qui nous apartient, ce qui est de l'authorité de nos charges, de l'honneur de la Compagnie, afin que nous ne soyons pas appelez ῥίψασπιδες.

(Original. — *Arch. Nicolay*, 55 L 19.)

Le 30 avril, la Chambre députa, pour aller trouver le roi au Louvre, le jour même, quatre présidents et dix maîtres, sous la conduite du P.P., qui présenta ces remontrances :

« Sire, un ancien a écrit que le monde est un temple auquel Dieu se délecte d'habiter, et que les Roys en sont les autels . . . .

« Les présidens de vostre Chambre des comptes, Sire, établis et commis de tout temps par les Roys vos prédécesseurs, d'heureuse mémoire, pour le ménage, l'économie et conservation des finances de vostre royaume, sont aujourd'huy obligés, contraints et nécessités de se prosterner aux pieds de V. M., pour estre soutenus et conservés, par la puissance et autorité de leur prince souverain, dans le pouvoir qui est attaché à la dignité de leurs charges, dans ce qui est l'honneur et autorité d'une si grande, auguste et honorable Compagnie, laquelle n'a autre appuy ni fermeté que sur la base de la royauté et qu'à la faveur de V. M.

« Sire, je ne pouvois souhaiter en ce monde plus d'honneur et de contentement qu'au malheur et déplaisir qui accompagne aujourd'huy mes confrères, pour estre troublés en la fonction et autorité de leurs charges, par ceux mesmes qui les devroient seconder pour le bien de vostre service, de me voir maintenant aux pieds de V. M., pour luy représenter un attentat injurieux et de [plus] mauvais exemple que l'on puisse commettre contre vostre autorité. . . . .

« La première institution des maistres des requestes consistoit à se tenir à certaines heures du jour à la porte du palais royal, et là ils prenoient tous les placets qu'on vouloit présenter au Roy, et les représentoient après à S. M. Depuis que leur nombre et leur pouvoir a esté accru, ils ont eu rang, séance et voix délibérative dans toutes les Compagnies souveraines; mais ils n'ont jamais prétendu avoir rang par dessus les présidens des parlemens et Chambres des comptes. La raison en est que les présidens, représentant spécialement la personne du Roy, sont chefs de Compagnie. . . . .

« S'ils ont cru, lors de la création de la Chambre de justice, que le président de la Chambre des comptes ne les devoit présider, ils devoient protester contre l'infériorité du rang qu'ils tiennent après les présidens de la Chambre, en laquelle le président de la Chambre a toujours procédé, en l'absence de celuy du parlement, depuis cent ans. . . . .

« Tous les jours, les maistres des requestes quittent leurs charges pour devenir présidens en la Chambre des comptes. De dire que ce soit pour leur utilité particulière : premièrement, ce seroit faire tort à l'innocence et intégrité dans laquelle ils vivent; secondement, la fortune qui se peut faire en nos charges est si médiocre, qu'on ne sauroit montrer que ceux qui ont eu l'honneur de posséder l'espace de cent cinquante ans la charge de P.P. avant moy, ayent jamais acquis pour dix écus de bien. . . . .

« Nous supplions très humblement V. M. qu'il luy plaise faire punir et chastier l'insolence de ce particulier, lequel a esté si téméraire et présomptueux que de vouloir réformer luy seul vos loys, celles de vos pères et des Roys vos prédécesseurs, de glorieuse mémoire, afin qu'à l'avenir il puisse servir d'exemple à ceux qui, à son imitation, voudroient, témérairement, indiscrètement et scandaleusement, arrester le service de V. M. »

Ayant fini, S. M. luy dit : « J'ay fort bien entendu ce que vous m'avez représenté : je rendray la justice aux uns et aux autres, et à chacun ce qui luy appartient. Je vous remercie de la diligence que vous avez apportée à la vérification de mes édits. »

Le 10 juin, la Chambre reçut et enregistra l'édit de révocation de la Chambre de justice; mais, le lendemain et le 30 du même mois, elle envoya encore à Fontainebleau quatre maîtres, un président et le procureur général, pour obtenir justice du roi. L'affaire resta indécise.

(Plumitif.)

443.
11 *Mai* 1625.
NOCES DE LA REINE D'ANGLETERRE.

La Compagnie se rendit à pied, en robes de satin, jusqu'au cloître de Notre-Dame, et se présenta pour entrer par une porte latérale, la grande porte étant fermée par des échafauds.

Estant arrivés, attendant l'ouverture de l'église, seroient venus Messieurs de la Cour de parlement, lesquels envoyèrent le secrétaire de M^r le premier président d'icelle Cour prier Mr Nicolay, P.P., de leur faire voye pour passer et entrer devant eux. Auquel auroit esté dit par mondit s^r P.P. qu'il dist audit sieur que, s'il désiroit avancer, il luy quitteroit la droite, mais qu'il prendroit la gauche. Ledit secrétaire ayant fait entendre à mondit s^r le premier président cette réponse, il l'auroit renvoyé audit s^r Nicolay, P.P., pour la seconde fois, s'informer de luy s'il n'entendoit pas laisser passer MM. les présidens au mortier avant MM. les présidens de la Chambre. Lequel luy auroit fait réponse qu'en telles cérémonies ils avoient accoutumé de marcher en ligne de parallèle. Messieurs de la Cour, ennuyés d'attendre par la pluie qu'il faisoit, se retirèrent en la maison de M^r le doyen, audit cloistre, et Messieurs de la Chambre au logis de Mr Loysel, conseiller en ladite Cour et chanoine de ladite église.

Du costé du chœur, à main gauche, vers le cloistre, estoient Messieurs de la Chambre des comptes, vestus, à savoir: M^r le P.P. Nicolay et les autres présidens, de robes de velours noir, leurs bonnets carrés et toques sur leurs testes, selon comme ils estoient de longue ou courte robe; MM. les maistres des comptes au dessous d'eux, vestus de leurs robes et manteaux à manches de satin; sur le rebord, et dans les basses chaires, estoient MM. les correcteurs et auditeurs, vis à vis ledit P.P. de la Chambre. Dans les basses chaires estoient MM. les procureur général, avocat et greffier de ladite Chambre, et plus bas, les huissiers, avec leurs manteaux à manches, leurs toques de camelot, et la baguette en la main. . . . . . .

(*Cérémonial* et *Reg. du bureau de la ville*. — Imp. dans le *Cérémonial François*, t. II, p. 100 et 117.)

444.
16 Mai 1625.
HARANGUE DU P.P. AU LÉGAT.

Quam grata futura sit toti Galliæ in omnem ævi posteritatisque memoriam hodiernæ diei recordatio, qua te, Cardinalis dignissime, superatis Alpibus, prospere atque feliciter huc perductum intuetur, resque eo deductas ut, te auctore, de concordia omnium et solemni pace minime desperet, ordo procerum, togatorum collegia et civium primores, et nostra regiarum rationum Camera, inter faustas acclamationes populi, cuncta prospera et felicia ominantis, admirabili quodam genere gratulationis, modo protestantur. Non parum enim ad hujus florentissimi regni felicitatem collaturum hunc tuum optatissimum in Galliam adventum omnes ordines et sperant et sibi polliceri audent. Neque quisquam est qui dubitet, pro ea ingenii dexteritate qua polles vigesque, pro ea prudentia quæ tibi in hac ætate divinitus concessa est, cum tanta dignitate merito conjuncta, orientis flammæ initia, per quam omnia circum exarsura crudeli incendio plerique rerum non prorsus ignari verentur, restinctum iri.

Admirantur omnes judicium subtile, industriam vehementem et inusitatam; adventus tui felicitatem in cælum eximiis laudibus ferunt, qui desperatæ pacis, ut fama est, conficiendæ inter duos potentissimos reges implicatum turbidumque negotium generose divineque susceperis, graviter appositeque tractaturus sis, et tandem, ut omnes boni optant, prospere atque salutariter confecturus.

Ad hanc rem singulare Summi Pontificis (quem tantopere Galli, ut decet, venerantur in terris) studium et insignis auctoritas momenti plurimum allatura est, iis consiliis approbandis, quæ honesta, tuta, decora Galliæ atque usu omnibus commoda esse censeantur.

Quid enim, vel ad dignitatem religionis, vel ad Italiæ salutem, vel ad Christiani orbis præsidium auspicato consuli perficique potest sine auctoritate tanti Pontificis, qui earum rerum summus arbiter et disceptator esse solet, postquam eximia pietate illustrique studio insignem dat operam ut dissidentes componat, et reipublicæ christianæ vulnera uno concordiæ remedio sanentur, ac præclare diis ac hominibus testatum esse velit neque ardens studium, neque vehementes preces, neque diligentiam in optimo sacrorum principe defuisse, tunc maxime cum veteris odii flamma, compressa aliquandiu, in multo atrocius quam antea belli incendium exarsura credatur?

Quem igitur dignitatis, amplitudinis et gloriæ proventum christiano nomini non afferet tuus hic tam felix, tam lætus omnibus adventus, Cardinalis illustrissime? Maxime cum tanta moderatissimi Regis nostri sit religio, tantumque pacis et concordiæ studium, ut nihil regali fastigio dignius atque præstantius existimet, quam omnia consilia ad verum decus, ad solidam pietatem et ad animi magnitudinem revocare, quippe qui non adumbratam, sed veram et vividam et a fonte ipso propriæ virtutis profluentem gloriam sectetur.

Perge igitur, princeps Cardinalis optime, virtutis tuæ specimen in pace, qua nihil optabilius est, nihil salutarius, et privatim et publice componenda, christianis omnibus dare, et hanc, quantulacumque est, ordinis nostri gratulationem, eo quo fit affectu, ea qua exhibetur animorum hilaritate, amplectere.

Σοὶ δὲ θέοι τόσα δοῖεν, ὅσα φρεσὶ μενοινᾷς.

RÉPONSE DU LÉGAT AU P.P.

(*Quod percepi et memoria teneri licuit, ita se habet.*)

Non existimarem me parum beatum, si possem aliquo digno obsequio testari affectum singularem quo semper

Galliam prosecutus est Pontifex Summus, et ardentissimum studium meum ad consociandas duorum potentissimorum Regum voluntates et procurandam duobus florentissimis regnis profundam pacem.

Fateor tantas mihi non esse vires, neque tantum ingenium, ut sperem posse me rem catholicis omnibus utilissimam ad optatum exitum perducere. Itaque, cum quidquid industriæ meæ fuerit impendero, si quod intendo non perfecero, ad Deum et preces confugiam, vosque oro ut vestras meis adjungatis, ut inde fructum quem optatis percipiatis, et religio catholica incrementum, quod solet hæresis in ipsis bellis civilibus assumere.

Ladite harangue finie, ledit s^r légat fit remerciement à mesdits sieurs, puis leur donna ses bénédictions. Ledit s^r légat avoit autour de luy plusieurs prélats, seigneurs et gentilshommes italiens de sa suite, et douze pages habillés de velours couleur de pensée.

Messieurs des comptes estant sortis, la Cour des aydes y fut après, qui parlèrent en françois, et ensuite MM. les archevesques et évesques[1]. . . . .

(*Cérémonial.*)

[1]. L'entrée solennelle se fit par le faubourg Saint-Jacques. Le logement de la Chambre avait été marqué à l'Épée royale; mais, à la porte Saint-Michel, l'affluence du populaire força les députés de quitter leurs carrosses et de traverser à pied le cimetière Saint-Magloire, pour joindre l'hôtellerie des Trois-Poissons. De là, ils allèrent trouver le légat dans la cour de l'église Saint-Magloire, où il était assis sous un dais et faisant face à la porte par où les Compagnies entraient. Quand les Gens des comptes se présentèrent, après le parlement, le légat, mettant son bonnet à la main, fit deux pas au-devant d'eux et se tint debout jusqu'à ce que le P.P. commençât sa harangue. Alors, il s'assit dans sa chaire et se couvrit.

Au mois de septembre suivant, le légat vint visiter les reliques de la Sainte-Chapelle, dont le P.P. lui fit les honneurs, conformément aux ordres du roi. (Lettre du roi, du dernier août. Arch. Nicolay, 23 L 14.)

445.

1er *Octobre* 1625.

ASSEMBLÉE DE FONTAINEBLEAU. — AFFAIRES DE LA VALTELINE.

Ce jour, Me Simon Dreux, conseiller du Roy et son avocat en la Chambre, a rapporté que, ce matin, M^r le P.P. luy avoit envoyé un des siens pour le prier de faire entendre à la Chambre que, le jour d'hier, le frisson l'ayant pris, il ne l'avoit quitté jusques à présent; qu'il estimoit qu'on le feroit saigner, et qu'il ne savoit quand il plairoit à Dieu luy renvoyer la santé pour faire entendre à ladite Chambre, suivant le commandement du Roy, ce qui s'estoit passé en l'assemblée générale faite à Fontainebleau; qu'il luy envoyoit le mémoire qu'ils avoient dressé ensemble, suivant lequel, et ce qu'il pouvoit avoir recueilli, il feroit récit à la Compagnie.

Qu'avec la licence d'icelle Chambre, il représenteroit que, les lettres de cachet de S. M. ayant esté apportées au logis de M^r le procureur général en un paquet, dans lequel ouvert, et s'y estant trouvé une lettre adressante au dit s^r P.P., elle luy auroit esté à l'instant portée en sa maison de Presles. Lequel l'ayant reçu, se seroit rendu en cette ville ledit jour, sur les neuf heures du soir, pour partir le lendemain, à six heures du matin, suivant le commandement du Roy, qui ne donnoit que ledit jour. Que celle adressante à M^r le procureur général ne luy fut donnée que vendredy, à cinq heures, à la levée de ladite Chambre; qu'il vouloit aller trouver ledit s^r P.P. pour s'excuser de ce voyage, la lettre ne luy estant adressante et le service du Roy demeurant; ne trouvant ledit s^r P.P. arrivé, il se retira en sa maison, en laquelle, sur les neuf heures du soir, mondit s^r P.P. luy manda se tenir prest le lendemain, à six heures du matin, et qu'il conviendroit qu'il allast en diligence.

Que ledit jour lendemain, samedy 27me septembre dernier, ils partirent, allèrent disner à Essonnes, où ledit s^r P.P. se trouva mal, et fut contraint se reposer près de deux heures; qui fut cause qu'ils arrivèrent assez tard à Fontainebleau, où il avoit envoyé un gentilhomme, qui luy vint donner avis que S. M. avoit commandé qu'on logeast tous les mandés de ses Cours souveraines dans la cour des Cuisines du chasteau, et qu'il n'y avoit qu'une chambre à deux. Que, pour ce, il avoit retenu deux chambres au logis du s^r Lopineau, concierge dudit chasteau, lesquelles deux chambres ledit s^r P.P. auroit prises, à cause de son indisposition. En chemin, ils auroient rencontré M^r le procureur général de la Cour des aydes seul, qui auroit dit que M^r le président Chevalier estoit malade, que le s^r président Maupeou avoit les gouttes, et que MM. les autres présidens de ladite Cour estoient en leurs maisons aux champs. Messieurs de la Cour de parlement n'y arrivèrent que le dimanche, et furent logés ès maisons de ladite cour des Cuisines.

Que, dès le samedy au soir, ils furent avertis que S. M. avoit commandé de les traiter tous en la chambre des Ambassadeurs, qui est proche le logement qu'elle leur avoit ordonné, et y furent traités royalement.

Le lundy 29 septembre, sur les deux heures après midy, le Roy envoya quérir lesdits sieurs mandés, qui ayant esté conduits par le s^r Jacquinot, premier valet de chambre, en la salle du chasteau, où plusieurs prélats et seigneurs arrivèrent, S. M. y seroit arrivée après. S'estant assise, la reine sa mère à son costé, assistée de Monsieur, de MM. de Longueville, grand prieur, ducs de Chevreuse et d'Elbeuf, et MM. les cardinaux de Sourdis, de la Rochefoucauld, de Richelieu et de la Valette, de MM. le chancelier, de Schonberg, de Champigny, de Marillac, des quatre secrétaires d'Estat, plusieurs conseillers de son Conseil, des intendans de ses finances et d'un grand nombre de prélats, noblesse, et autres officiers, leur dit qu'il avoit fait faire cette assemblée pour luy faire représenter ce qui s'estoit passé en la légation de M^r le légat, pour, avec les bons avis d'icelle, faire réponse à ses propositions et moyens pour la paix de la Valteline; qu'iceluy s^r légat n'avoit voulu attendre cette délibération, et s'estoit retiré inopinément de sa cour, et néanmoins il continuoit en cette résolution, et désiroit avoir sur lesdites propositions les bons avis de ladite assemblée; que M^r le chancelier feroit entendre le mérite de l'affaire.

Ledit seigneur chancelier auroit fait entendre à la compagnie que, par le traité de Madrid fait en 1601, avoit esté nommément arresté que S. M. et le roy d'Espagne n'entreprendroient aucune chose sur leurs alliés, confédérés et amys; que, ce mot d'amys estant général, Leurs Majestés avoient désiré en faire interprétation; en laquelle interprétation les Grisons, Valtelins et Suisses y furent compris. Néanmoins, lesdits Suisses et Grisons sur la diversité de religion ayant eu différent, le roy d'Espagne en auroit pris tel avantage, qu'il se seroit emparé en partie dudit pays, et, sur la plainte que S. M. en fit, auroit esté convenu que la Valteline demeureroit en dépost ès mains de Sa Sainteté pour trois mois, pendant lesquels seroit avisé des moyens pour la paix. Que Sadite Majesté, par son ambassadeur, le s^r commandeur de Sillery, avoit fait proposer plusieurs moyens, auroit aussy reçu quelques propositions, qui n'ayant esté trouvées bonnes, en auroit esté proposé d'autres de la part du roy d'Espagne, d'oster la souveraineté dudit pays; ce que ledit s^r de Sillery refusa, mais, pour certaines considérations pressées de son retour, passa cette composition, sur laquelle néanmoins l'ambassadeur dudit roy d'Espagne ne se voulut arrester qu'elle ne fust ratifiée du Roy, reconnoissant bien qu'elle ne luy seroit agréable. Aussitost qu'elle fut venue à sa connoissance, il dépescha le s^r de Béthune pour désavouer ledit s^r de Sillery et moyenner de la paix à conditions honorables, sinon, consentir plutost que les forts fussent rendus au roy d'Espagne. Lesquels ayant esté rendus, le s^r marquis de Cœuvres fut envoyé en ambasade vers Sa Sainteté, pour se plaindre de l'invasion que le roy d'Espagne faisoit de ce pays, qui appartenoit à ses amys et confédérés; que l'intention de S. M. estoit de le recouvrer de gré ou de force, et, pour ce, faire ligue avec les Vénitiens et duc de Savoye; et par leurs forces ont emporté toutes les forteresses : ne restoit que le fort de Rives tenu par le roy d'Espagne. Sa Sainteté, voyant cette guerre avoir porté les armes du Roy vers l'Italie et seigneurie de Gênes, avoit fait prier S. M. de poser les armes, et fait savoir qu'elle enverroit vers S. M. son légat *a latere*. S. M. auroit fait prier Sa Sainteté de la laisser faire, et de ne se mettre point en peine de cette guerre; qu'elle espéroit avoir par armes ce que le roy d'Espagne devoit donner à ses prières; néanmoins, qu'elle ne refuseroit les conditions de paix honorables. Sa Sainteté ayant donc envoyé M^r le cardinal Barberin, son neveu, légat *a latere* pour cet effet, il auroit fait entendre à S. M. de jour à autre nouvelles propositions, qui n'ayant esté trouvées raisonnables, il en auroit proposé deux, sans lesquelles il auroit déclaré n'avoir pouvoir de traiter : la première, de rendre par S. M., avant toutes choses, tous les forts qu'elle avoit pris; l'autre, d'oster aux Grisons la souveraineté sur les Valtelins. Sur lesquelles propositions S. M. luy auroit répondu qu'elle assembleroit ses principaux officiers de ses Cours, et qu'elle luy feroit entendre la résolution. Après laquelle réponse, ledit s^r légat, sans autre congé, se seroit retiré.

C'estoit le sujet sur lequel S. M. faisoit l'assemblée, et désiroit prendre avis. Que M^r le cardinal de Richelieu et Mr de Schonberg avoient traité plus particulièrement avec luy, qui feroient entendre les difficultés qui s'estoient présentées.

Ledit s^r chancelier ayant fini, ledit s^r de Schonberg dit que, S. M. ayant donné la charge à M^r le cardinal de Richelieu et à luy de la légation dudit s^r légat, après les premières conférences, il jugea qu'elle n'estoit que pour différer et retarder les victoires du Roy, ayant fait plusieurs propositions vagues, sur lesquelles n'y avoit lieu de répondre, et cependant ralentir l'ardeur des François, pour croistre les forces de l'Espagnol, qui a suscité la rébellion des sujets du roy de la R. P. R. Et voyant la diversité des succès des armes, il avoit enfin déclaré qu'il ne pouvoit faire aucun traité, que, premièrement et avant toutes choses, S. M. ne remist tous les forts par elle pris en la Valteline, et qu'elle ne consentist la souveraineté des Grisons estre ostée sur les Valtelins; que Sa Sainteté avoit fait consulter cette affaire, et qu'en conscience elle ne pouvoit rien faire que cela ne fust, d'autant qu'il ne seroit raisonnable que les catholiques Valtelins fussent commandés par les Grisons de la R. P. R. Que le s^r de Richelieu et luy avoient fait réponse que ces propositions estoient de l'exécution du traité de paix qui devoit premièrement estre résolu ; qu'il importoit grandement à S. M. de conserver ce qu'il avoit acquis avec tant de peine, de coust, de perte d'hommes, et qu'il n'estoit raisonnable de demeurer en la mesme incertitude que cy devant; que ces propositions luy estoient tellement désavantageuses, qu'aucun de son Conseil ne luy pourroit en conscience conseiller; qu'ils en parleroient à S. M., qui luy feroit entendre son intention.

Ce qu'ayant esté rapporté au Roy, il auroit dit audit s^r cardinal, que, pour son contentement, il feroit une assemblée des plus notables de son royaume et de ses Cours souveraines, et que, suivant son avis, S. M. luy feroit entendre sa résolution. Incontinent après, le dit s^r cardinal seroit parti inopinément de la cour.

Que la réponse de S. M. estoit pleine de prudence, et qu'en telles et si importantes affaires, telles et si grandes assemblées avoient esté faites du temps de Charles neuf, Henry trois, Henry quatre, et par S. M., en sa ville de Rouen.

Que son avis estoit que S. M. écrivist audit s^r cardinal légat que, par l'avis de son Conseil, elle ne pouvoit entendre à ses propositions; que néanmoins elle estoit toujours preste de recevoir toutes conditions de paix honorables à son Estat et à ses alliés et confédérés.

Ledit s^r de Schonberg ayant fini, M^r le chancelier prit la parole et dit en ces termes : « Messieurs, le Roy m'a commandé de vous dire qu'il ne vouloit prendre l'opinion d'un chacun, mais que si aucun de la compagnie avoit quelque autre chose à dire ou représenter pour ou contre l'avis entendu, que S. M. l'auroit très agréable, et qu'elle l'en prioit. »

Après ce discours, un grand silence, aucun ne parlant; et lors, M^r le chancelier, en parlant à M^r le premier président du parlement, dit : « Monsieur, il semble que vous ayez quelque chose à dire. » Lors, ledit s^r premier président auroit fait la révérence, et dit en ces mots : « Sire, V. M. a fait un si digne choix des personnes de M^r le cardinal de Richelieu, de M^r le chancelier et de M^r le mareschal de Schonberg, que nous n'avons rien à ajouter à leurs bons avis. »

Ce discours fini, un grand silence fut quelque temps ; puis, M^r le cardinal de Richelieu, se levant, dit : « Sire, MM. le chancelier et de Schonberg ont représenté à V. M. ce qui estoit du mérite de cette affaire dès son origine. Depuis trois ans qu'il a plu à V. M. me faire cette faveur que de m'appeler à ses Conseils, je puis assurer à toute cette grande assemblée que V. M. s'est toujours portée à rechercher la paix en la Valteline par toutes les conditions les plus honorables pour l'une et l'autre couronne, en voulant conserver ce qui appartient à vos alliés et confédérés. Nous n'avons vu de la part du roy d'Espagne que des connivences et délays pour oster la mémoire de cette affaire à V. M., qui est si importante au bien de vostre Estat, que, la Valteline demeurant ès mains du roy d'Espagne, il auroit le passage libre jusque dans vostre royaume sans résistance. Un chacun sait que la guerre est la ruine des Estats et des personnes; que la paix, au contraire, est une tranquillité publique, qui apporte accroissement à toutes choses. Il faut aussy, pour conserver cette tranquillité, faire plutost la guerre pour un temps, que de permettre qu'une puissance contraire s'élève en telle sorte, que nous ne la puissions trouver, estant perdue. Cette affaire se juge plutost par le passé et par l'avenir, que par le présent. Nous avons vu les ennemys de cette couronne s'accroistre par les délays, et les courages des François se refroidir par les entremetteurs de la paix, en sorte que, les plus puissans se retirant, les soldats se débandent, nos armées ont esté défaites, nos alliés et voisins et nous opprimés. L'avenir est plus considérable : si nous laissons nos alliés et confédérés dans l'oppression, nous ne trouverons plus de supports ni d'alliances; nos voisins nous quitteront pour suivre le party d'Espagne, comme trop faibles, ou pour manquer de valeur et de courage.

« Je sais bien que l'on peut dire que, pour faire la guerre, il faut des hommes et de l'argent, et qu'il y a de la nécessité en vos affaires. Cette nécessité n'est point telle, Sire, que Messieurs qui ont le maniement de vos finances, cy présens, n'assurent que V. M. a du fonds pour faire quatre montres, sans toucher à vos moyens extraordinaires et à vostre revenu de l'année prochaine.

« Bref, Sire, l'honneur et les Majestés Royales sont inséparables. C'est pourquoy j'estime que V. M. doit écrire à Sa Sainteté et à Mr le légat que, par l'avis de son Conseil et de ses Cours, elle ne peut recevoir les propositions qui luy ont esté faites de sa part, bien qu'elle est toujours preste d'entendre aux conditions de la paix honorables pour les deux couronnes. »

Ce discours fini, Mr le cardinal de Sourdis fut d'avis que S. M. devoit prier Sa Sainteté de rechercher meilleures conditions de la paix. Puis, Mr le cardinal de la Valette dit qu'estant à Rome, on n'estimoit pas lesdites propositions devoir estre faites. Mr de Bassompierre dit qu'estant en Espagne, les conditions de paix qui se proposoient estoient beaucoup plus avantageuses à S. M.

Le Roy après fit approcher Mr le cardinal de la Rochefoucauld, qui dit que tel conseil qu'il plairoit à S. M. de prendre, que ce seroit le meilleur.

Lors, S. M. dit : « Je récriray à Sa Sainteté que, par l'avis de cette assemblée, je ne puis entendre à ses propositions ; que néanmoins je ne refuseray point les conditions de la paix, pourvu qu'elles soient honorables aux deux couronnes et à leurs alliés. »

Puis, s'adressant à Messieurs des Cours mandés, leur dit en ces termes : « Je veux que vous fassiez entendre à vos Compagnies tout ce qui s'est passé en cette assemblée. »

(*Plumitif* et *Créances*.)

---

446. (Janvier 1626.)

LETTRE DE L'ABBESSE DE CHELLES AU P.P. — VÉRIFICATION DE PENSION.

Monsieur, Vous m'avez si particulièrement obligée en la vérification si promte et si favorable des lettres de pension qu'il a pleu au Roy me donner, que je n'ay point voullu manquer de vous en remertier très humblement aussy tost que j'ay receu ceste bone nouvelle. Le resentiment, Monsieur, m'en demeurera au cœur toute ma vie, pour vous en rendre service en ce qu'il vous plaira m'en juger capable, et demeurer,

Monsieur,

Vostre très affectionée cousine.

Sr MARIE H. DE BOURBON. L.

(Orig. autographe. — Arch. Nicolay, 31 L 4.)

447.
5 Mars 1626.
LETTRE DU ROI AU P.P. — CRÉANCE POUR LE DUC D'ANJOU.

Monsr Nicolaj, l'affection très estroite que mon frère unicque le duc d'Anjou tesmoingne au bien de mes affaires et de mon Estat, a faict que je l'ay choisy pour se transporter en ma Chambre des comptes, y faire entendre mes intentions sur les affaires desquelles je l'ay chargé, très importantes à mon service, à la conservation de la dignité de cette couronne et à la seureté du repos publicq. C'est pourquoy j'ay bien voulu vous en advertir par la présente, affin que vous ayez soing que mondict frère soyt receu avec tout l'honneur et respect deub à sa qualité, dignité de sa personne, et qu'il soyt adjousté foy et obéy à tout ce qu'il dira de ma part, comme si madicte Chambre l'entendoit de ma propre bouche. Vos prédécesseurs en vostre charge, et vous à leur imitation, avez tousjours porté tant de fidélité et affection au bien de mon service, que je me promectz qu'en cette occasion vous continuerez, et n'obmettrez rien de ce qui y est requis. En ceste asseurance, je prie Dieu qu'il vous ayt, Monsr Nicolaj, en sa sainte et digne garde. Escrit à Paris, le cinquiesme jour de mars 1626.

LOUIS.
DE LOMÉNIE.

(Original. — *Arch. Nicolay*, 23 L 15.)

448.
4 Mai 1626.
LETTRE DU ROI AU P.P. — ENREGISTREMENT D'ÉDIT.

Monsr Nicollaj, estant nécessaire que mon eedict de la paix par moy donnée à mes subjects de la Religion Prétendue Réformée qui s'estoient départiz de leur debvoir, soyt vériffié et enregistré en ma Chambre des comptes, selon l'addresse qui luy en a esté faicte, à ceste fin je luy envoye, et luy mande et ordonne qu'elle ayt, incontinant et tous autres affaires cessans, à proceder à la lecture et enregistrement de mondit eedict, pour avoir lieu et estre exécuté selon sa forme et teneur, et vous fays la présente afin que vous teniez la main, par l'auctorité de vostre charge, à ce que ma volonté soyt en cela suivie et exécutée. Ce que me promectant de vostre soing et affection accoustumez au bien de mon service, je ne vous en diray davantage, sinon pour prier Dieu qu'il vous ayt, Monsr Nicolaj, en sa sainte garde. Escrit à Fontainebleau, le iiijme jour de may 1626.

LOUIS.
DE LOMÉNIE.

(Original. — *Arch. Nicolay*, 59 L 73.)

449.
(1er Juin 1626.)
HARANGUE DU P.P. POUR LE DÉPART DU ROI.

Les Gens de voz comptes, voz très humbles et très obéissans serviteurs, officiers et subjectz, nous ont depputé vers Vostre Majesté pour luy représenter qu'aians esté advertis de son partement de ceste ville pour se rendre en son armée, ilz ont estimé estre de leur debvoir de venir recevoir l'honneur de ses commandemens et vous asseurer de vive voix de la continuation de leur fidélité à vostre service, autant en vostre absence comme en vostre présence, encores que l'eslongnement de Vostre Majesté ne leur apporte pas moings d'ennuy et de desplaisir, qu'ilz en reçoivent de la désobéissance et rébellion de ceulx qui ont ozé lever les armes contre vostre auctorité.

En quoy, Sire, ilz font paroistre avoir bien tost mis en oubly les obligations grandes et signalées qu'ilz ont à Vostre Majesté, et que la ruine et désolation de leur patrie ne leur est pas sy sensible et considérable que leurs interestz particuliers.

C'est ung malheur, Sire, grandement déplorable par tous voz bons subjectz et serviteurs, de voir la France, laquelle estoit cy devant si paisible et abondante en touttes sortes de biens, redoubtée de touttes les nations estrangères, par la prudence et valeur invincible du feu Roy vostre père, et, depuis son décedz, par la vigilance et magnanimité de la Roine vostre mère, estre agittée si souvent de troubles et de divisions, mesmement par la faction des grandz de vostre royaume, que je puis dire avoir esté comblez d'honneurs et de bienfaitz par Vostre Majesté autant qu'ilz ont peu désirer. Noz registres font foy des dons immenses et des autres gratiffications dont il a pleu à Vostre Majesté les honorer, et sommes tous tesmoings comme depuis naguières elle leur a ouvert les trésors de ses graces, les conviant de la venir trouver pour receuillir le fruict de sa clémence et débonnaireté.

Mais Dieu, qui tient en sa main le cœur des Rois et qui a mis en la vostre le glaive de sa justice, vous inspire maintenant d'en employer le tranchant pour coupper la racine du mal, en sorte que jamais plus il ne puisse renaistre au préjudice de vostre auctorité. A quoy nous ne pouvons contribuer autre chose du nostre, sinon de servir de lumière à ceulz qui sont desvoiez de leur droict chemin, les attirans par nostre exemple au port asseuré de vostre clémence, auquel tous les bons François doibvent surgir, car hors icelluy il n'y a poinct d'honneur, ny d'espérance de salut.

Voz ennemiz se promectent de pouvoir mectre ensemble quelques forces pour s'opposer à voz desseins ; mais Dieu permettra qu'elles se convertiront contre eulx mesmes, puis qu'ilz les emploient contre leur propre païs.

Vostre Majesté, Sire, au contraire, mect aux champs une puissante armée, non pour ruiner ses villes ni respandre le sang de ses pauvres sujectz, mais pour retirer les unes des mains de ceulx qui les occupent, et délivrer les autres de l'oppression et de la captivité en laquelle ilz sont détenuz.

Vostre desseing, Sire, n'est pas de conquérir des provinces pour les annexer à vostre couronne, mais plustost pour réunir des cœurs alliénez de leurs debvoirs, les ploier soubz le joug légitime de voz loix, et faire vivre tous voz peuples en concorde et en tranquillité.

(Minute autographe. — *Arch. Nicolay*, 54 L 15 bis.)

---

450. 17 Juin 1626.

LETTRE DU ROI AU P.P. — COMMISSION GÉNÉRALE EN L'ABSENCE DU ROI.

Monsr Nicolai, ne pouvant, pour plusieurs considérations importantes au bien de mon Estat et repos de mes subjectz, estre de retour en ma bonne ville de Paris au temps que je m'estois promis, il y pourra, pendant mon absence, survenir des affaires ausquelles il sera nécessaire de veiller. C'est pourquoy j'ay estimé que je ne pouvois mieux pourvoir au soing que j'en doy avoir, que d'en donner la charge à mon cousin le comte de Soissons, afin que, par sa présence et auctorité, mes subjectz soient maintenuz en paix et tranquilité. A cette fin, je luy escritz présentement qu'aux occasions qui le requéreront, il vous appelle avec mes autres conseillers d'Estat, ausquelz j'escritz pareillement à mesme fin, pour tous ensemble, adviser à ce qui sera besoing et plus expédient pour mon service et le bien de madicte bonne ville, soyt pour les despesches que vous recevrez de moy, soyt pour celles que mondict cousin et vous aurez subject de me faire en toutes autres occurrences. Dont je me reposeray sur vous tous en la fidélité et affection que je sçay [que] vous avez tousjours eue au bien de mes affaires et service. Et sur ce, je prie Dieu qu'il vous ayt, Monsr Nicolai, en sa sainte garde. Escrit à Bloys, le xvij^{me} jour de juin 1626.

LOUIS.
DE LOMÉNIE.

(Original. — *Arch. Nicolay*, 23 L 16.)

451.   15 *Novembre* 1626.
       LETTRE DU ROI AU P.P. — ASSEMBLÉE DES NOTABLES.

Monsr Nicolay, ayant estimé que le bien de mes affaires et service requéroit qu'aucunes propositions les concernans fussent délibérées par gens de diverses conditions les plus qualifiez de mon Estat, j'ay pensé, veu l'estime en laquelle vous estes et le rang que vous tenez, ne pouvoir faire meilleur choix que de vous, qui, en cette occasion, ne me manquerez de vostre affection et fidélité accoustumée. J'indique l'ouverture de cette assemblée, qui, veu ceulx dont elle est composée, peult et doibt estre nommée de Notables, à lundy prochainement venant, xxiij^{me} du présent, en mon chasteau de St-Germain en Laye, où je désire que vous vous rendiez pour cet effect, affin d'assister à ladicte ouverture et ouyr ce qui vous sera proposé de ma part. Ce que m'asseurant que vous effectuerez, je prie Dieu, Monsr Nicolay, qu'il vous ayt en sa sainte garde. Escrit à St-Germain en Laye, le xvme jour de novembre 1626[1].

                                                          LOUIS.
                                                          DE LOMÉNIE.
                              (Original. — *Arch. Nicolay*, 23 L. 17.)

1. L'ouverture de l'assemblée eut lieu le 2 décembre, au Louvre. Le 4, le P.P. fit prévenir la Chambre « qu'il luy estoit survenu un grand accident depuis hier, duquel il estoit grandement blessé, en telle façon qu'il luy estoit impossible d'assister à l'assemblée des Notables, et qu'il prioit la Chambre d'avertir S. M. » Le président de Chevry fut désigné par le roi, au lieu du P.P.
Le 15 décembre, le procureur général, qui assistait aussi à l'assemblée, obtint de la Chambre, sur la demande du duc d'Orléans, qu'on délivreroit aux Notables une copie des états au vrai de l'Épargne, des années 1608 et 1609. (*Plumitif*.)

---

452.   *Décembre* 1626.
       ASSEMBLÉE DES NOTABLES. — REMONTRANCES PRÉSENTÉES PAR LE P.P.

Sire, deux choses les plus puissantes sur les esprits des hommes ont porté les Gens de vos comptes à nous députer vers V. M. : l'une est la considération de l'honneur et obéissance que tous vos officiers doivent rendre à vos commandemens ; l'autre est le vif ressentiment que chacun d'eux doit avoir en son ame de son devoir envers son prince, en la charge dont il luy a plu l'honorer.

   Sire, autrefois cette Compagnie ayant l'honneur de saluer V. M., elle luy fit entendre qu'elle vouloit prendre en main le gouvernement des affaires de son Estat, et luy commanda de ne s'adresser à autre qu'à sa seule personne pour luy donner compte de ses actions. Depuis ce temps, Sire, outre plusieurs affaires importans au bien de vostre service, èsquels nous nous sommes employés, nous avons ouï le rapport du compte de vostre Épargne, qui est la Grande Mer de vos finances, où nous avons aperçu tant de gouffres profonds, tant de routes égarées et périlleuses à vostre Estat, que nous penserions manquer à nostre devoir et à vostre commandement, si, avant la fin de ce semestre, nous ne luy faisions entendre une fidèle relation des rencontres que nous avons faites sur cet Océan, durant le temps de nostre navigation.

   Sire, les poëtes ont feint qu'il y avoit en certains endroits de la mer Méditerranée des gouffres et des bouillons d'eau, qu'ils appeloient Charybdes, lesquels engloutissoient les vaisseaux tout à coup, en sorte qu'il n'en restoit non plus de marques ni d'apparence que si jamais ils n'eussent esté sur mer. L'on peut dire le semblable de la mer de vostre Épargne, en laquelle il y a certains chapitres de dépense intitulés : *Comptans en vos mains*, lesquels absorbent les plus clairs deniers de vos finances ; et, bien qu'il semble que V. M. les ayt touchés, toutefois la vérité est qu'ils ont esté dévorés par des Charybdes, c'est à dire par des gens insatiables et qui publient bien souvent n'avoir reçu aucun bienfait de V. M., jaçoit que le tout soit tourné à leur profit. Ainsy, le souvenir de vos libéralités en leur endroit estant du tout éteint en leur mémoire, ils prennent de faux prétextes de mécontentement pour se porter plus hardiment à la désobéissance, et bien souvent à la rébellion.

   Cet usage de comptans, Sire, ne sert pas seulement de voile pour couvrir l'ingratitude des donataires qui ne veulent pas estre réputés du nombre de ceux qu'il vous a plu d'obliger, mais il ayde aussy à déguiser les usures de plusieurs qui prestent de l'argent à V. M. à si gros intérests, qu'ils rougiroient de honte de le confesser. Tellement que vostre nom très auguste, que les anciens avoient toujours en la bouche, quand ils vouloient affirmer quelque vérité, est employé maintenant pour valider des suppositions et déguisemens autant contraires à l'innocence de la justice, que le soleil est ennemy des ténèbres, et V. M. du parjure et de l'impiété.

Sire, j'ay dit que vostre Épargne est une mer, en laquelle il y a des gouffres et des abismes profonds et bien périlleux ; j'ajoute que cette mer n'est que trop souvent battue par une sorte de pirates qui vous enlèvent les plus clairs deniers de vos revenus avant qu'ils soient arrivés au port auquel ils doivent estre conduits et voiturés. Ce sont ceux que l'on appelle faiseurs de partys, qui, pour un petit secours de deniers, tirés bien souvent de vos coffres, et non des leurs, se font adjuger le revenu de vos recettes et le prix de vos fermes, avant que les termes en soient échus. Cela, n'est ce pas moissonner le fruit avant qu'il soit en sa maturité, et observer le temps de vostre nécessité pour sucer le sang de vostre pauvre peuple, avant qu'il ayt eu le loisir de le tirer de ses veines pour en servir V. M. ?

Encore seroient ils aucunement supportables, s'ils vous faisoient autant de part du gain excessif qu'ils font en leurs partys, comme ils en récoltent sur vos coffres la perte imaginaire, laquelle néanmoins engendre ces dédommagemens dont toute la France parle avec une juste plainte et indignation. Car pourquoy donnent ils des pots de vin pour estre préférés au bail des fermes de V. M., s'ils ne veulent prendre le risque de l'événement des bonnes et des mauvaises années ? Mais, Sire, pour en parler franchement et avec vérité, les pots de vin se donnent pour enrichir les courtiers et les amys des fermiers qui se présentent au bail de vos fermes, et les dédommagemens sont accordés en faveur des partisans et de ceux qui les protégent aux dépens de V. M. Ainsy, l'on butine sur vous autant à la fin comme au commencement des affaires qui se traitent sous l'apparence de vostre utilité. Mais le pis est que les conditions de tels traités sont déguisées aux officiers de vostre Chambre, auxquels néanmoins on les adresse pour les vérifier, et par conséquent les rendre responsables du péché duquel ils sont innocens.

Mais, Sire, la considération des guerres intestines, de la misère de vostre pauvre peuple et de vostre nécessité, qu'on leur a toujours mise devant les yeux, par un prétexte fort spécieux, leur a esté si sensible, que, d'ardeur qu'ils ont eue de voir la paix en vostre royaume et l'autorité de V. M. rétablie en iceluy, ils ont plutost embrassé les moyens que l'on apportoit pour parvenir à un si bon résultat, qu'ils n'ont eu de curiosité à les examiner.

A présent, Sire, qu'il a plu à Dieu calmer tous les orages et la tempeste qui menaçoient la France d'un naufrage, et vous inspirer de jeter les yeux sur vos affaires et prester l'oreille à de meilleurs conseils, nous ne vous parlerons point des dons que vous faites ouvertement à vos serviteurs pour récompense de leur mérite, car cela est digne de vostre grandeur, joint qu'ils sont sujets à la vérification de vostre Chambre, de sorte que, comme la grace en est due à V. M., qui en est la source, aussy l'excès nous en doit estre imputé, puisque vostre bonté nous donne le pouvoir de les retrancher. Mais, Sire, je diray un mot, avec vostre permission, des estats, gages et appointemens qui ont esté doublés, voire triplés, depuis le décès du feu Roy vostre père, de très heureuse mémoire.

Ce grand prince avoit réglé ses affaires avec une telle prudence et égalité, que chacun se contentoit de la condition à laquelle il l'avoit réduit ; celuy qui recevoit peu de sa main libérale, se tenoit plus heureux et plus obligé du jugement qu'un si grand monarque faisoit de son mérite, que de la récompense qu'il touchoit de ses services ; de sorte que le prix de la vertu ne consistoit pas en l'argent, mais en l'estime qu'en faisoit le plus vertueux prince de son siècle.

Depuis son décès, Sire, et durant vostre minorité, chacun n'a pensé qu'à se rendre nécessaire par des ombrages de mécontentement, et, mettant en oubly la charité que tout homme de bien doit avoir envers sa patrie, sans considération de ses intérests, a commencé de postposer le public au particulier et demander augmentation de gages et d'appointemens, si que, l'un servant d'exemple à plusieurs, enfin quasi tous, ou par faveur, ou par importunité, ont rendu ordinaire ce qui n'avoit jamais eu lieu de mémoire des hommes. Mais, Sire, comme il y a des saisons en l'année èsquelles les eaux qui avoient esté débordées durant l'hiver retournent aysément à leur ancien canal, tantost par l'industrie des hommes, qui tranchent et remparent puissamment contre l'inondation, tantost par la faveur du ciel, qui, par un doux printemps, dessèche les terres abreuvées; aussy, nous voyant, par la grace et bonté divine, estre arrivés à la plus douce saison de vostre règne (car, depuis la mort du feu Roy, nous avons vécu en un continuel hiver et débordement), il est temps désormais, Sire, de trancher et remparer sous vostre main puissante contre l'avarice et l'ambition qui nous ont pensé submerger, et forcer constamment les désirs insatiables de vos sujets de retourner à leur ancienne frugalité et se contenter des gages et appointemens que le feu Roy vostre père leur avoit prescrits ès estats de ses finances.

C'est là, Sire, ce lit et le sein de vos graces et bienfaits auquel chacun se doit renfermer, sans vouloir outrepasser les bornes que le feu Roy avoit si saintement établies de son vivant.

Cette retraite dedans le canal de ses loys et ordonnances, qu'il vous plaira renouveler, rendra les campagnes riches et plantureuses, c'est à dire vostre peuple soulagé de l'excès des daces et impositions qu'il a supporté durant le torrent des guerres civiles, et règlera le désir démesuré que plusieurs ont eu d'enrichir leurs familles de la substance de vos pauvres sujets. Or, il n'y a rien qui portera plus volontiers et les grands et les petits à cette réformation, sinon l'exemple que Messieurs de vos finances en donneront, montrant les premiers le chemin que chacun doit tenir pour se réduire à une honneste médiocrité. Car celuy qui veut imposer une règle à autruy et la luy faire gouster, en doit le premier tenir la mesure; et puis dire hardiment, Sire, que, si Messieurs de vostre Conseil, qui doivent estre comme les lumières de vostre cour, éclairées sans cesse du soleil de vostre autorité, voire les premières roues qui font mouvoir vostre Estat, ne se disposent de leur part à faire agir les autres selon les règles de vos ordonnances, il n'y a juges ni magistrats, voire Compagnie souveraine, qui puisse ajuster la balance que Messieurs de vostre Conseil tiendront avec faveur et inégalité.

Je poursuivray, Sire, mon discours pour ne point oublier à parler de l'excès des taxes et cahiers de frais de vos trésoriers et comptables, lesquels ne voudroient pas cheminer, mesme prendre la plume ou le jeton, sans se faire payer de leurs peines par V. M., tant ces personnes là sont attachées au gain. Aussy, on les voit devenir riches et opulens en peu d'années. Ce sont eux qui prennent la cresme de vos finances, se partageant les premiers, sous prétexte de leurs taxations, lesquelles ils ont achetées à vil prix, de sorte qu'ils se trouvent bien souvent estre remboursés en deux ou trois années de l'argent qu'ils ont financé dans vos coffres, sur lequel encore ont ils glané quelque don, passé dans un comptant, par la faveur et intelligence de leurs bons amys. Que si, par bon ménage, vostre Chambre s'efforce de réduire leurs déclarations et cahiers de frais, ils crient, ils se plaignent, et publient que la foy publique est violée, que les estats de leur attribution (qui ont esté vérifiés par force ou par pratique) font pour eux, que ce sont les titres de leurs prétentions; obtiennent des lettres de rétablissement et des jussions sans nombre.

A ce désordre des cahiers de frais excessifs des comptables, l'on peut ajouter celuy des clercs et commis des intendans de vos finances, lesquels gratifient leurs domestiques, les uns des autres, comme bon leur semble, et, au lieu d'avoir l'œil à l'accélération des affaires de V. M., selon le dû de leurs charges, ils s'en reposent sur un prétendu solliciteur des affaires de vostre Conseil, aux gages de 1,200 écus, qui est un appointement aussy peu considérable que la qualité. L'on en peut dire autant de celle du controleur des restes des estats et des fermes de V. M., attribuée à un seul des intendans, jaçoit que chacun d'eux dust faire cette charge à mesure qu'il vérifie l'estat qui luy est baillé.

Bref, comme ils se déchargent volontiers de peine aux dépens de V. M., ainsy vos comptables ne demandent qu'à faire naistre de nouveaux prétextes de travail, afin d'avoir sujet de prétendre de nouveaux profits.

Sire, le feu Roy vostre père, de très glorieuse mémoire, a esté de son temps un César, pour avoir, en moins d'années que luy, reconquis et subjugué la France, qui estoit son propre héritage. Ses grands exploits ont esté sur terre; mais ceux de Pompée, surnommé le Grand, furent sur la mer, lorsqu'il la purgea de corsaires qui l'infestoient. Soyez, Sire, un César en valeur et en clémence tout ensemble dedans les belles campagnes et pourpris de la justice ; soyez aussy un Pompée sur la mer de vos finances, lesquelles vous purgerez, s'il vous plaist, de tous ces pirates qui courent en plein jour et à voiles déployées pour butiner vos revenus. Ce faisant, Sire, V. M. épargnera chacun an de grandes sommes de deniers, pour remplacer ceux qui ont esté épuisés depuis tant d'années, tantost en vertu de lettres patentes de V. M. vérifiées en vostre Chambre, tantost de vostre puissance absolue et sans aucune vérification.

Mais, Sire, qui pourroit croire qu'une partie des deniers que V. M. doit avoir touchés en suite de tant d'édits vérifiés en vostre Chambre, que l'on nous disoit estre destinés aux affaires de la guerre, et non ailleurs, eust esté employée à payer des pensions? Et toutefois nous en avons vu la dépense dedans le compte de vostre Épargne, et non sans étonnement ; car la plupart des pensions qui se payent à présent ont esté accordées ou augmentées par V. M., lors de son avènement à la couronne, en un temps calme et paisible, vostre royaume estant abondant en toutes sortes de biens et de commodités, et vos coffres si remplis d'argent monnoyé, que le commerce commençoit à cesser, faute d'espèces courantes entre les mains de vos sujets. Aussy ce fut une grande prudence à V. M. de retenir la noblesse, avec les princes, à vostre suite, pour obvier aux factions (compagnes ordinaires de l'oisiveté) et aux assemblées qui se font souvent dans les provinces, comme les nuées en la moyenne région de l'air, lorsqu'elles sont éloignées des rayons du soleil.

Toutefois, Sire, vos libéralités et bienfaits ne sauroient estre mieux employés qu'à vostre noblesse, puisqu'elle a l'honneur de porter les armes et d'exposer courageusement sa vie pour le service de V. M. et la manutention de sa grandeur, dans laquelle repose la paix et la tranquillité de son Estat, de sorte qu'elle achète au prix de son sang l'argent que vous luy donnez, pour en dépenser deux fois autant de son patrimoine, et laisser bien souvent ses enfans nécessiteux.

Mais il n'en est pas ainsy de vos principaux comptables, lesquels bastissent sans péril leur fortune à vostre suite et font leurs maisons en l'exercice de leurs charges, et toutefois ne laissent d'employer en leurs comptes, outre leurs gages, des pensions extraordinaires, chacun de 1,200 écus.

Cette dépense de pensions excessives et continuelles contraint aujourd'huy V. M. d'avoir recours à plusieurs moyens extraordinaires, qui chargent tellement votre Estat, que si V. M. n'y pourvoit par un bon ordre et règlement, ou vostre peuple secouera le joug (ce que Dieu ne veuille permettre), ou bien il fondra sous le faix de sa pauvreté. Prenez donc en main sa cause, s'il vous plaist, Sire, car c'est la vostre, et tellement vostre, que, sans son secours, vos revenus seroient réduits au petit pied, vostre royaume sans forces entretenues pour le garder des entreprises et invasions des princes vos voisins.

Bref, comme le cœur est le principe de la vie du corps humain, et le foye la partie qui entretient la masse du sang dont le corps est substanté, ainsy vostre peuple est la partie de ce corps monarchique qui fournit à son aliment, tandis que vous, Sire, qui en estes le cœur noble et très précieux, donnez la vie et le mouvement à toutes les parties de ce tout, qui seroit en pièces, voire en poudre, sans ce premier et dernier mouvant qui le maintient.

Puissiez vous, Sire, par la grace et bonté divine, vivant longuement et régnant heureusement en ce monde, rendre vostre peuple jouissant de cette félicité, vous révérant et obéissant, comme celuy qui le couvre (après Dieu) des ailes de sa puissance, à l'ombre desquelles nous autres, vos très humbles et fidèles officiers, produirons en nos charges des fruits dignes de ce grand et royal pourpris de la justice, laquelle un ancien a dit prendre ses racines et porter ses fleurs et ses odeurs dedans le ciel, non pour un espace d'années, comme les fruits de la terre, mais durant le grand jour de l'Éternité.

(Copie du temps. Bibl. Nat., ms. Fr. 4808, f° 20. — Impr. dans le *Mercure françois*, t. XII, p. 762, dans le *Trésor des harangues*, 2ᵐᵉ partie, p. 55, et dans la réimpression du *Moniteur*, introd., p. 65.)

LOUIS XIII.

453. 5 *Janvier* 1627.
LETTRE DU ROI AU P.P. — APANAGE DU DUC D'ORLÉANS.

Monsr Nicolaj, j'envoye à ma Chambre des Comptes mes lettres patentes en forme de chartre contenant le don et délaiz par moy faict à mon frère unicque, le duc d'Orléans, des duchez dudit Orléans, de celuy de Chartres et du comté de Bloys, pour son appannage, avec autres mes lettres patentes portant permission à mondit frère, sa vye durant, de me nommer aux bénéfices concistoriaux de l'estendue desdits duchez et comté, excepté aux éveschez, comme aussy de me nommer aux offices et commissions extraordinaires y desnommez, ainsy que plus au long le contiennent mesdites lettres; et mande à madite Chambre qu'elle ayt, incontinant et tous autres affaires cessans, à faire lire, publier et registrer icelles mesdites lettres, pour avoir lieu et estre exécutées, gardées et observées selon leur forme et teneur, et sans qu'il y soit usé d'aucune remise ny difficulté, restrinction ny modiffication quelconque. Et vous faictz la présente afin que vous y teniez la main par l'auctorité de vostre charge et le crédit que vous avez en la Compagnie, en sorte que mon intention soyt en cela suivye. Ce que me promettant de vostre soing et affection accoustumés au bien de mes affaires et service, je prie Dieu qu'il vous ayt, Monsr Nicolaj, en sa sainte garde. Escrit à Paris, le vme jour de janvier 1627.

LOUIS.

DE LOMÉNIE.

(Original. — *Arch. Nicolay*, 66 L 286.)

---

454. 25 *Avril* 1627.
LETTRE DU ROI AU P.P. — COMPTES DE L'EXTRAORDINAIRE DES GUERRES.

Monsr de Goussinville, estant adverty de la retraicte du trésorier de Villoutreys au couvent des Carmes deschaussez, et qu'il a cy devant compté en ma Chambre des comptes de son maniment de l'extraordinaire de mes guerres et cavallerie légère de l'année 1619, sans avoir pour ce vériffié estat en mon Conseil, comme il debvoit, j'escris présentement au corps de madite Chambre, et je vous fais aussy particulièrement la présente, affin que vous teniez main que, par mon procureur général en icelle, tous les volumes et acquictz originaux du compte dudit de Villoutreys de ladite année 1619 soient incontinant délivrez et mis ès mains du sr marquis d'Effiat, chevalier de mes ordres, conseiller en mon Conseil d'Estat et surintendant de mes finances, qui s'en chargera, pour les veoir et renvoyer en madite Chambre après avoir satisfait à ce que je luy ay ordonné pour ce regard. En quoy me promettant la prompte obéissance que j'attend de vostre affection à mon service, je prie Dieu, Monsr de Goussinville, qu'il vous ayt en sa saincte garde. Escript à Paris, le xxvme jour d'apvril 1627.

LOUIS.

DE LOMÉNIE.

(Original. — *Arch. Nicolay*, 60 L 138.)

---

455. 18 *Novembre* 1627.
RÉQUISITOIRE DU PROCUREUR GÉNÉRAL CONTRE LES FINANCIERS.

Messieurs, c'est avec douleur que le sujet de cette cause nous fait souvenir du nom de ceux dont la terre sembloit avoir couvert les défauts, et qui, aux dernières actions de leur vie, ont confirmé le dire de cet ancien qui demande le lendemain de la mort des hommes pour savoir des nouvelles de leurs prospérités; « car, passant devant leur palais, je les ay demandés, et ils n'y sont plus : leur mémoire est convertie en abomination. » Ainsy, nous voyons en cette cause des créanciers disputer à qui perdra le moins, pour avoir presté à des hommes à qui tout ne suffisoit pas et qui ont de quoy se vanter, aussy bien que ces soldats qui mirent l'empire aux enchères et l'adjugèrent à Julius Salvius, qu'ils ont acheté et vendu l'Estat, à la faveur de ce misérable nom de partisans qui a plus fait vieillir la bonne fortune de la France depuis soixante ans, qu'elle n'avoit auparavant fait en douze cens ans que nous comptons de sa durée.

(*Ici un blanc laissé dans le texte.*)

Ce dit un auteur ancien, en parlant de cette sorte de gens à l'empereur Théodose.

Nous ne voulons pas dire, Messieurs, que tous ceux qui plaident en cette cause ayent mis la main à cet ouvrage, quoyque leur argent ayt servi à faire valoir ce mauvais nom : ils l'ont pu prester innocemment, sous la foy de la réputation publique, qui les a trompés. Mais nous voulons dire qu'il leur est arrivé comme à Cadmus, lequel, semant les dents du Minotaure, vit, au lieu d'épis, sortir de terre des hommes qui faisoient la guerre à celuy qui les avoit semés.

Les parties qui plaident ont semé leur argent en une terre de laquelle ils se promettoient une moisson peut estre trop abondante : au lieu de voir des épis, ils trouvent des épines, des procès, des difficultés, au péril de voir perdre leur principal et leurs contentions, comme ces hommes armés périrent les uns par les autres. Ils passent outre : ils ne se contentent pas de se consommer par le temps et par les contestations qu'ils ont les uns avec les autres; ils sont causes, par leur longueur, que l'inventaire dudit feu Payen ne peut estre parachevé.

Les droits et priviléges du fisc sont notoires à un chacun. . . . .

(*Plumitif.*)

---

456.   15 *Décembre* 1627.
LETTRE DU ROI AU P.P. — VÉRIFICATION DE DON.

Monsr Nicollay, le sr de Thoiras, gouverneur et mon lieutenant général en mes pays d'Aulnis, ville et gouvernement de la Rochelle, isle et citadelle de Sainct Martin de Ré, ne pouvant aller en personne poursuivre la vériffication des lettres patentes en forme d'acquict patent que je luy ay faict expédier pour la somme de cent mil livres, dont je l'ay voullu gratifier en considération de ses fidelles services, mesmes de ceux qu'il m'a renduz depuis n'aguères en la deffense de ladite citadelle de Sainct Martin de Ré contre les Anglois, à cause qu'il est retenu en sa charge de mareschal de camp en mon armée, où il sert actuellement, j'escris à ma Chambre des comptes de procedder incontinant et sans retardement à la vériffication pure et simple de mesdites lettres, afin qu'en suitte ledit sr de Thoiras reçoive l'effect de la grace que je luy ay voulu accorder par icelles. Sur quoy je vous ay voulu faire ceste cy pour vous recommander de prendre soing de faire accomplir par madite Chambre ce qui est de ma vollonté sur ce suject, et vous y employer comme pour une personne qui m'est en particulière considération. Sur ce, je prie Dieu, Monsr Nicollay, vous avoir en sa saincte garde. Escript au camp d'Aistré, le xvme jour de décembre 1627.

LOUIS.

PHÉLYPEAUX.

(Original. — *Arch. Nicolay*, 61 L 70.)

---

457.   15 *Janvier* 1628.
LETTRE DU GARDE DES SCEAUX A LA CHAMBRE. — SIÉGE DE LA ROCHELLE.

Au camp devant la Rochelle, le 15 janvier 1628.

Messieurs, La maladie de Monsr le surintendant des finances nous ayant empesché de traiter des affaires dont vous avez pris la peyne de m'écrire, ce porteur s'en retourne devers vous, pour ne perdre davantage de tems dans un séjour si incommode que celuy-cy. Si tost que sa santé luy permettra d'agir en affaires de poids, cette affaire sera des premières que nous agiterons pour chercher les moyens de vostre contentement en tout ce que je pourray, comme je feray volontiers en toutte autre occasion. Mais, à mon avis, cela ne doit pas retarder la réception des officiers qui se présentent, en quoy la liberté des suffrages est à suivre les dispositions souveraines et juger des conditions des personnes qui se présentent, sur lesquelles, selon l'ordre que les ordonnances ont estably, il y a lieu de délibérer, et non sur les provisions expédiées suivant les édicts. Et, à mon avis, ce ne seroit pas bon conseil de mettre l'affaire en contestation entre le Roy et vous, ny le moyen plus aysé de parvenir à ce que vous désirez. L'estat de ces affaires ne me permet pas de m'estendre davantage, et fais fin, vous assurant qu'en tout ce qui se présentera je prendray soin de tout ce que la Compagnie désirera, et la serviray de tout mon pouvoir. Je prye Dieu vous donner en sa grace heureuse et longue vye, et suis,

Messieurs,

Vostre humble et plus affectionné serviteur.

DE MARILLAC.

(Orig. autographe. — *Arch. Nicolay*, 72 L 16.)

---

458. *6 Février* 1628.

LETTRE DU GARDE DES SCEAUX AU P.P. — RETOUR DU ROI.

Au camp devant la Rochelle, le 6 février 1628.

Monsieur, Le Roy faisant estat de partir d'icy dans trois jours, pour aller faire un tour à Paris et revenir incontinent en son armée, et m'ayant commandé de le suivre, je ne respondray pas plus particulièrement aux lettres que vous avez pris la peyne de m'escrire, pour ce qu'il y a plusieurs choses qui ne se peuvent pas écrire, qui néantmoins importent de beaucoup à la conduite de cette affaire. C'est pourquoy, espérant estre dans peu de tems à Paris, je remettray à ce tems là ce que j'en estime, et fais fin, priant Dieu vous donner en sa grace heureuse et longue vie. Et suis,

Monsieur,

Vostre humble et plus affectionné serviteur.

DE MARILLAC.

Je ne veux pas oublier de faire mes très affectionnées recommandations à Mad^{me} la P. Présidente, ma belle fille.

(Orig. autographe. — *Arch. Nicolay*, 72 L 17.)

---

459. 21 *Juin* 1628.

LETTRE DE M. LE BEAUCLERC AU P.P. — VÉRIFICATION DE PENSION.

Du camp devant la Rochelle, le xxj^{me} juin 1628.

Monsr, Je fay un si asseuré fondement sur voz parolles, que je ne doute aucunement de l'exécution d'icelles. Vous me promistes dernièrement vostre assistance pour la vérification des lettres que mon filz a cy devant obtenu sur la pention de III^m liv. que le Roy luy a accordé sur les deniers du marc d'or, comme l'ont eu ses prédécesseurs en sa charge de grand prévost de l'Ordre. J'en ay faict expédier une jussion, suivant laquelle je vous supplie que lesdites premières lettres puissent estre vérifiées purement, sans aucun terme que tant qu'il demeurera possesseur de ladite charge, comme je n'en veux point mettre d'autre que celuy de la fin de ma vie à me dire tousjours,

Monsieur,

Vostre bien humble et plus affectionné serviteur.

LE BEAUCLERC.

(Original. — *Arch. Nicolay*, 71 L 3.)

460.   8 *Juillet* 1628.
LETTRE DU PROCUREUR GÉNÉRAL AU P.P. — CRÉATION D'UNE CHAMBRE
A BORDEAUX.
De Paris, ce viij^{me} juillet 1628.

Monsr, sur l'advis que j'ay donné à la Chambre qu'il avoit esté résolu au Conseil du Roy, et au rapport de Monsr de Préaux Chasteauneuf, d'establir une Chambre des comptes à Bordeaux, composée des généralitez de Bordeaux et de Lymoges, la Compagnie a arresté d'assembler les semestres mardy prochain, les ayant priez de différer jusques à ce jour, à cause de vostre absence. C'est pourquoy je vous supplie, Monsieur, vouloir vous acheminer en ceste ville au plus tost, pour luy départir vos bons et prudentz conseilz sur un fait si important. L'édit en est sceelé, publié au sceau, et le partisan, qui est Buhy Masprault, ne demande autre establissement que par MM. les maistres des requestes. On veut nous faire croire qu'il y a desjà quelque argent d'advance donné sur ledit édit. J'ay pris charge de la Compagnie de vous faire ces lignes, pour vous supplier de vouloir vous treuver en ladite assemblée. Ce que me promettant, après vous [avoir] baisé bien humblement les mains, je demeureray, etc.

L. GIRARD.

(Orig. autographe. — *Arch. Nicolay*, 75 L 11.)

---

461.   3 *Août* 1628.
LETTRE DES DÉPUTÉS ENVOYÉS AU ROI.

Au camp devant la Rochelle, ce 3me aoust 1628.

Messieurs, estans arrivez en ce lieu, nous avons estimé que nous debvions vous en donner aussitost advis, pour vous rendre tousjours raison de nos actions, et vous tesmoigner l'affection que nous apporterons à l'exécution de nostre commission. Nous sommes maintenant occupez à rechercher l'heure de la commodité du Roy pour nous ouyr par les formes accoustumées, n'y ayant que son séjour à Surgères qui nous y doibve en apparence apporter de la longueur. Ceulx que nous avons veuz aux rencontres, nous veulent faire croire que nous sommes icy désirez plustot qu'attenduz. Nous tascherons de tout nostre pouvoir d'accomplir ce pour quoy nous avons esté députez. Ce pendant nous vous pouvons dire que nous sommes assez commodément logez, par la faveur de Monsieur le cardinal, qui a eu agréable de nous accommoder de la maison du Pont de la Pierre en laquelle il a cy devant logé. Ce sera le seul subject de la présente, que nous finirons par la prière que nous faisons à Dieu pour la conservation de la Chambre, en quallité de,

Messieurs,

Voz très humbles et très affectionnez serviteurs et confrères [1].

A. NICOLAY.   DE FLÉCELLES.
TEXIER.   CHAILLOU.

(Original. — *Arch. Nicolay*, 75 L 12.)

[1]. Le 11 juillet, au reçu d'une lettre du garde des sceaux, les semestres assemblés avaient député le P.P., le président de Flécelles et huit maîtres, pour aller, avec le procureur général, présenter au roi les remontrances préparées par les correcteurs et auditeurs, au sujet de la création d'une Chambre des comptes à Bordeaux. La députation revint à Paris le 19 septembre, et, le 22, Mr de Flécelles, en l'absence du P.P., présenta un long compte-rendu. (*Plumitif.*) — Le 25 octobre, la Chambre enregistra l'édit portant suppression de la Chambre de Bordeaux.

---

462.   12 *Décembre* 1628.
LETTRE DU ROI AU P.P. — ORDRE D'ENVOYER UN CONSEILLER.

De St-Germain en Laye, ce 12 décembre 1628.

Monsr Nicollaj, ayant esté adverty que le s^r Pille, maistre ordinaire en ma Chambre des comptes, a congnoissance d'un affaire qui importe à mon service, dont je désire estre esclaircy par sa bouche, je vous escris cette lettre; laquelle receue, vous luy direz de ma part qu'il me vienne incontinant trouver. Et je prieray Dieu qu'il vous ayt en sa sainte garde.

LOUIS.

(Orig. autographe. — *Arch. Nicolay*, 23 L 18.)

463.   26 Décembre 1628.
HARANGUE DU P.P. POUR LE RETOUR DU ROI.

Sire, comme nous ne devons jamais venir en la présence de Dieu les mains vuides, ainsi, Sire, vous qui estes son oingt et son image en terre, devons faire le mesme, nous présentans à Vostre sacrée Majesté.

Nous vous apportons doncques, Sire, et mettons à vos pieds tous nos vœux, nostre fidélité et nostre obéissance, à vos yeux nostre humilité, à vos oreilles la joye, l'allégresse et le contentement que vostre Cour et Chambre des comptes, que nous représentons icy, a de l'heureux et plus prompt retour de Vostre Majesté en vostre bonne ville de Paris, capitale et siége de vostre empire, mais non pas seulement nous, Sire, mais tout vostre peuple. Et à la vérité, Vostre Majesté absente, tout y est triste, tout y est morne, tout y est sombre, comme si nous estions en plaine nuit, principalement quand nous sçavons que vous estes au milieu de vos armées, que Vostre Majesté met le premier la main à l'œuvre, non sans grands périls et dangers de vostre sacrée personne et infinies peines et fatigues que autre que Vostre Majesté ne pourroit supporter. Mais, bon Dieu! c'est sa cause, c'est son honneur, c'est sa gloire qui vous fait faire et endurer tout cela, beaucoup plus fascheux et pénible que les cilices et disciplines des plus religieux et réformés de votre royaume. Aussy, Sire, nous croyons assurément que, comme vostre grand ayeul a esté canonisé en l'église pour ses vertus chrestiennes, qu'il a employées principalement au recouvrement de la Terre saincte et en chasser les Infidèles, que vous le serez pour avoir repoussé les Anglois, anciens ennemis de vostre France, recouvré vos villes des mains de vos sujets rebelles à Dieu et à vous, et y établi son service et la Religion catholique, sans altération de vos édits de pacification, car Dieu aime mieux l'obéissance que sacrifice.

Toutes les assemblées de gens de guerre, armées et siéges de villes, depuis quatre ou cinq ans en çà que Vostre Majesté travaille incessamment et infatigablement à cet œuvre de Dieu, ne se sont pu faire sans de grandes dépenses, à quoy bonne partie de vostre revenu a esté employée, et encores, n'y suffisant, beaucoup de moyens extraordinaires. En ce qui a dépendu de l'auctorité et du pouvoir de vostre Chambre des comptes, que Vostre Majesté et les Rois ses prédécesseurs luy ont donné, il se peut dire (sans vanité) qu'elle a bien et fidèlement servi Vostre Majesté. Elle vous proteste par nos bouches de continuer et de faire encores mieux à l'advenir, s'il se peut, et en cas que la nécessité de vos affaires et la continuation d'une si juste et saincte guerre le requière. Espérant que, cessant, Vostre Majesté, bonne et juste comme elle est, travaillera au soulagement de son pauvre peuple et au ménagement de ses finances, qu'à la vérité cette saison ne peut porter.

Nous en supplions très humblement Vostre Majesté : nous y contribuerons tout ce qui est et sera du devoir et pouvoir de nos charges, autant toutefois qu'elle aura agréable.

(Copies du temps. — Bib. de l'Arsenal, mss. Conrart, in-f°, T. VIII, f° 129; Bib. Nat., ms. Fr. 23327, f° 109.)

464.   13 Janvier 1629.
LETTRE DU ROI AU P.P. — ENREGISTREMENT D'ÉDIT.

Monsr de Nicolay, envoyant en ma Chambre des comptes mon eedict du présent mois portant création en tiltre d'office formé ès bureaux de mes finances establis en chacune des généralitez de Thoulouze et Béziers de trois receveurs et payeurs des gaiges et augmentations, droits de busche, d'espices et autres droits des présidens et trésoriers de France èsdites généralitez, ensemble des gaiges des greffiers, concierges et huissiers desdits bureaux, je l'ay voulu accompaigner de la présente, pour vous dire que vous ayez à tenir la main à ce qu'il soit promtement vériffié, sans atendre mes lettres de jussion sur ce sujet. C'est chose que j'affectionne et que je désire. Je sçay le crédit que vos mérites vous ont acquis en madicte Chambre et l'affection que vous avez à mon service, ce qui m'empeschera de vous en dire davantage, sinon pour prier Dieu qu'il vous ait, Monsʳ de Nicolaj, en sa sainte et digne garde. Escrit à Paris, le xiij^{me} jour de janvier 1629.

LOUIS.
Le Beauclerc.

(Original. — *Arch. Nicolay*, 65 L 128.)

---

465.   15 *Janvier* 1629.
LETTRE DU ROI AU P.P. — RÉGENCE DE LA REINE-MÈRE.

Monsʳ Nicollai, ayant faict expédier mes lettres patentes contenans le plain et entier pouvoir que j'ay donné à la Royne madame ma mère, pour, en mon absence et pendant mon voyage, pourveoir à tout ce qui sera du bien de mes affaires et service ès quartiers de deçà Loyre et provinces circonvoisines, dont je seray esloigné, et généralement faire, ordonner et exécuter pour mondict service en mon absence tout ce que je ferois et faire pourrois, si présent en personne y estois, ainsy que plus au long il est spécifié et déclaré par mesdictes lettres patentes, que j'envoye présentement à la Chambre des comptes, j'ay bien voullu, oultre ce que je luy en escritz, vous faire particullièrement cette cy, affin que vous teniez la main par l'auctorité de vostre charge à ce que madicte Chambre des comptes ayt, incontinant et tous aultres affaires cessans, à faire enregistrer mes susdictes lettres, et le contenu en icelles garder et exécuter plainement. A quoy m'asseurant que vous vous employerez bien volontiers en vostre fidélité et affection accoustumée au bien de mesdicts affaires et service, je prie Dieu qu'il vous ayt, Monsʳ Nicollai, en sa saincte garde. Escrit à Paris, le xvme jour de janvier 1629.

LOUIS.
De Loménie.

(Original. — *Arch. Nicolay*, 77 L 3.)

---

466.   15 *Janvier* 1629.
LETTRE DU ROI AU P.P. — ENREGISTREMENT D'ÉDIT.

Monsʳ Nicollaj, envoyant à ma Chambre des comptes mon eedict de ce moys, leu, publié et enregistré en ma Cour de parlement, y séant en mon lict de justice, par lequel, suivant les cahiers et mémoires des Notables par moy cy devant assemblez pour la réformation des abuz et désordres qui depuis longtemps se sont glissez en cettuy mon royaume, à mon grand regret, j'ay pourveu à l'ordre qu'il est besoing qu'un chacun tienne et observe, tant en l'exercice de la justice, que de toute autre condition et estat, pour l'acquict de ma conscience et le soullagement de tous mes subjectz, j'ay bien voulu vous faire particullièrement la présente, affin que vous teniez la main par l'auctorité de vostre charge à ce que madicte Chambre ayt, incontinant et tous aultres affaires cessans et postposez, à faire aussy lire, publier et registrer mondict eedict, et le contenu en icelluy garder et faire garder, observer et entretenir inviolablement. A quoy m'asseurant que vous vous employerez bien volontiers en vostre fidélité et affection accoustumée au bien de mon service et de cet Estat, je prie Dieu qu'il vous ayt, Monsʳ Nicollaj, en sa saincte garde. Escrit à Paris, le xvme jour de janvier 1629.

LOUIS.
De Loménie.

(Original. — *Arch. Nicolay*, 30 L 4.)

467.   (Mai 1629?)
LETTRE DE LA COADJUTRICE DE FONTEVRAULT AU P.P.—VÉRIFICATION DE PENSION.

Monsieur, j'ayrois tout subject de craindre de vous estre importune pour vous rompre tant de fois la teste sur une mesme affaire, sens la connessance que j'ay de vostre courtaisie et piété, qui me font espérer que vous n'ayrés désagréable que je vous réitère par celle cy mes très humbles requestes à ce qu'il vous plaise favoriser la juste demende que, je cray, vous doit estre bientost présentée pour la vérification de ma pention ma vie durant, et qu'il vous plaise avoir considération des mauvais traictements qu'on m'a faict en vostre Chambre, qui m'a faict souffrir infinité d'incommodités depuis scinq ans, et obligée à des dépences qui esgalent ladite pention. C'est la troisiesme jussion qu'il m'a fallu avoir sur se subject. Faicte moy la grace, je vous suplie, Monsieur, qu'elle ne me soit pas inutille comme les précédentes, et qu'apuyant mon bon droict de vostre authorité et crédit, je puisse, par vostre moyen, obtenir l'intérinement de ma requeste, qu'on ne peut avec raison me refuser, l'ayant accordé à feu ma très chère et regrettée sœur, de laquelle je suis l'aynée. Je demende donc, Monsieur, qu'on ne me traicte point avec plus de rigœur qu'elle; se que j'espère par vostre seule courtaisie et faveur, en laquelle je me confie d'autant plus, que l'alience qui est entre nos proches m'en donne subject. Par laquelle je vous conjure, Monsieur, m'en faire ressentir les effects en ce rencontre, et se me sera une nouvelle obligation de prier tous les jours de ma vie Nostre Seigneur pour vostre heureuse prospérité, qui sera très parfaicte, sy elle esgalle les souhaits,

Monsieur, de
Vostre humble et très affectionée servante.
Sr J. BAPTISTE DE BOURBON.

(Orig. autographe. — *Arch. Nicolay*, 31 L 7.)

---

468.   28 Juillet 1629.
LETTRE DU PROCUREUR GÉNÉRAL AU P.P. — NOUVELLES DE LA COUR.

A Paris, ce xxviij^{me} juillet 1629.

Monsr, ayant appris vostre retour de Forges, j'ay creu qu'auriez agréable que je vous fisse part des nouvelles que j'ay apprises ce matin à Luxembourg de Mr Bautru Nogent, lequel est arrivé à mydy. Il m'a assuré que le Roy passeroit par Fontainebleau, et, pour cest effet, on y envoye ceste nuit des carrosses de relaiz. Il ne m'a peu assurer le jour que Sa Majesté arriveroit en ceste ville, mais il croit qu'elle pourra arriver lundy ou mardy prochain, et prendra plaisir à venir surprendre les reynes. La reyne mère prent touz les jours ses eaues de Pougues; Monsr le garde des seaux n'est pas beaucoup esloigné du Roy; Messrs le cardinal et surintendant ne viendront encore si tost; le mariage de Monsr de la Milleraye (nepveu de Monsr le cardinal) et de Mad^{lle} d'Effiat, qui se devoit faire à Effiat, est différé. Messieurs de nostre Compagnie (j'entendz les principaulx) m'ont demandé souvent de vos nouvelles, et m'ont enquis s'ilz n'auroyent pas l'honneur de vous accompagner pour aller saluer le Roy. Ilz m'ont tesmoigné le désirer passionément. Je vous suplie, Monsieur, pour l'honneur et l'advantage de la Compagnie, si vostre commodité le peut permettre, que nous soyons encore tesmoings d'une si belle action. Sur cette espérance, je vous baise bien humblement les mains, et suis,

Monsieur,
Vostre très humble et très affectionné serviteur.
L. GIRARD.

(Orig. autographe. — *Arch. Nicolay*, 77 L 4.)

CHAMBRE DES COMPTES.

469.
15 Janvier 1630.
CONFIRMATION DU BREVET DE CONSEILLER AUX CONSEILS D'ÉTAT ET PRIVÉ POUR LE P.P.

Louis, par la grace de Dieu, Roy de France et de Navarre, à nostre amé et féal conseiller en nos Conseils d'Estat et privé et premier président en nostre Chambre des comptes à Paris, le sr Nicolaj, Salut. Ayant jugé, pour le bien de nostre service, qu'il nous convient retrancher le grand nombre de ceux qui souloient entrer en nos Conseils, et le réduire à certaines personnes choisies qui eussent les qualitez requises à un tel honneur et dignité et à une function si importante, affin que, nosdits Conseils n'estans remplis que de personnages plains de mérites, nos subjects les eussent en plus de respect, les estrangers en plus grande réputation, et nous plus asseurez d'y estre servis selon nos intentions et comme y apartient, nous avons, par les règlemens faits pour nosdits Conseils, révocqué tous les brevets cy devant accordez pour ladite charge de conseiller en nosdits Conseils, non pour priver de ceste charge et qualité ceux qui l'ont méritée et ausquels elle a esté octroyée par nous ou nos prédécesseurs Roys, avec bonne congnoissance de leurs services, de leurs vertus et de leurs expériances aux affaires de ce royaume, mais pour les y maintenir et conserver par préférence à tous autres, en leur octroyant nos lettres pattentes, comme un tiltre plus autenticque, éminent et convenable à ceste dignité. A ces causes, de l'advis de la royne, nostre très honorée dame et mère, des princes de nostre sang et des gens de nostre Conseil, et sachant combien vous nous avez dignement et fidèlement servi en toutes les charges et occasions où vous avez esté employé pour nos affaires et celles du public, et le service que nous rendez chacun jour en vostredite charge de premier président en nostredite Chambre, nous vous avons maintenu et conservé, maintenons et conservons, et, en tant que besoin est, esleu et ordonné, eslisons et ordonnons, par ces présentes signées de nostre main, nostre conseiller en nos Conseils d'Estat et privé, pour y tenir vostre rang et scéance suivant nostre dernier règlement, sans que pour ce soyez tenu faire autre serment que celuy que vous avez cy devant presté, et pour jouir des honneurs, prérogatives et prééminances apartenans à ladite charge, ensemble des gages et apoinctemens, ainsi qu'avez accoustumé, et qui seront employez en nos estats arrestez en nostre Conseil et signez de nostre main. Voulons et entendons que tous nos officiers, justiciers et subjects vous recognoissent, comme il est requis, à un de nos conseillers en nosdits Conseils. Car tel est nostre plaisir. Donné à Paris, le xvme jour de janvier, l'an de grace mil six cens et trente, et de nostre règne le xxjme.

LOUIS.
Par le Roy : DE LOMÉNIE.

(Original. — Arch. Nicolay, 21 C 32.)

470.
16 Mai 1630.
LETTRE DU ROI AU P.P. — PRISE DE CHAMBÉRY.

Monsr Nicolay, les justes desseings pour lesquelz je me suis acheminé en Savoye réussissans au premier esclat de mes armes, par la réduction de la ville de Chamberry en mon obéissance, je ne puis désormais que bien espérer du reste et, dans cette joye, en faire part à mes bons officiers et subjectz, pour y prendre celle qu'ilz doibvent. Dont ayant escrit à ceux de ma Chambre des comptes, j'ay bien voullu particulièrement vous faire la présente pour vous en informer, et comme, ayant accordé aux habitans de ladicte ville la vye, l'honneur et les biens, et receu d'eulx le serment de fidélité, j'y ay faict entrer les garnisons nécessaires pour sa conservation en mon obéissance, et suis prest à me porter ailleurs, espérant de pareilz succez de la bonté divine, que je prie vous avoir, Monsr Nicolay, en sa sainte garde. Escrit au camp de Barault, le xvjme jour de may 1630.

LOUIS.
DE LOMÉNIE.

(Original. — Arch. Nicolay, 23 L 20.)

471.

10 Février 1631.
SÉANCE DU COMTE DE SOISSONS. — DISCOURS DU P.P.

Le 10ᵐᵉ jour de février 1631, Mʳ le comte de Soissons, accompagné des sʳˢ Vignier et Lebret, conseillers d'Estat, aiant apporté plusieurs édicts pour estre vériffiez en la Chambre des comptes, en sa présence, après lecture de la commission par laquelle le Roy envoioit ledict sʳ prince pour l'effet susdict, Mʳ Vignier dit que les édiz des Roys de la première race estoient bien différentz de ceulx d'à présent, d'autant que les premiers ne portoient que menaces, qui faisoient horreur au peuple, ainsy que le rapporte Grégoire de Tours, mais qu'à présent le Roy y proceddoit avecq bien plus de douceur, et que l'intention de ses édiz n'estoit que pour le bien de la paix et le repos de son peuple. Toucha ledict sʳ Vignier quelques choses des victoires du Roy, tant contre ses subjects rebelles, que contre les estrangers; fit une belle gradation, que la paix ne se pouvoit avoir sans la guerre, et celle cy sans soldatz et argent, et par conséquent sans édiz; appela à tesmoins Messieurs des comptes s'il n'estoit pas vray que, soubz les autres Roys, il s'estoit fait plus de dons immenses et despences superflues que soubz le Roy à présent régnant, et que Messieurs de la Chambre estoient bien informez, par les vériffications qu'ilz en faisoient, que ceux qui gouvernoient l'Estat y proceddoient avec tant de retenue, que rien plus, et que ceux qui avoient l'honneur d'entrer aux Conseils du Roy en devoient estre creux, et promettoient que les levées qui se faisoient en conséquence de ces édiz seroient utillement employées au soulagement du peuple, et que, s'il n'en arrivoyt ainsy, il vouloyt bien en souffrir le reproche, et que la pierre luy en fust jettée; qu'il exhortoit Messieurs de proceder présentement à ceste vérification, affin que l'ouvrage encommencé par le Roy au secours qu'il donne à ses alliez ne soyt pas délaissé à faulte d'argent, et qu'il ne soyt pas dit de luy comme de celuy de l'Évangile : « *Hic voluit ædificare, et non potuit consummare.* »

Mʳ le premier président Nicolay dit qu'il n'estoyt pas besoing, pour leur faire recepvoir les édiz que l'on apportoyt, d'employer tant d'éloquentes parolles pour estaler les louanges du Roy. « Vous principallement, dit il, dont les innocentes actions ont tousjours tendu au bien de son service. Qui ne sçayt que ce prince nous a esté donné de Dieu pour restorer cest Estat et le restablir en son ancienne splendeur? Qui ne veoyt sa piété envers Dieu, son zèle ardent au restablissement de la religion et le soing paternel qu'il a du bien de son peuple? Qui, à son advènement, a estouffé les séditions domestiques; qui a dompté la rébellion de ses subjetz, et qui, les aiant réunis à son obéissance, nous a tous faict jouir d'une heureuse et abondante paix, de sorte que nous ne sçavons pas facilement nous résouldre si nous devons plus à la valeur de ses armes, qu'à sa clémence et mansuétude? Mais, Messieurs, au point que nous pensions estre de jouir du fruict de ses labeurs, dont le principal est le soulagement du peuple, de veoir que l'on nous apporte de nouveaux édiz, pour les vérifier sur le champ, sans y apporter la délibération nécessaire, c'est ce qui nous estonne merveilleusement, et qui nous fait soupçonner qu'ilz ne soient rien moins que pour le soulagement du peuple, et que c'est l'avarice des partisans qui les a extorquez.

« Messieurs, on dit que la palme porte des fruictz extrêmement doux et savoureux. C'estoyt justement ce que nous nous estions promis des palmes et des victoires du Roy ; mais, bien au contraire, au lieu de ceste douceur et de ceste félicité que le pauvre peuple attendoit, nous voyons bien qu'il ne goustera que fascheries et amertumes, et, quelque chose que l'on nous veille faire croire, l'argent qui viendra de ces nouveaux édiz n'est pas pour réussir au bien du service du Roy, mais à l'advantage et au proffit des partisans qui en donnent les advis; de sorte que le peuple en demeurera plus opprimé, et le Roy n'en sera pas plus riche. St-Jean Chrisostome (pardonnez moy, Monsieur, si je tiens ce discours : je parle icy devant les sçavans) dit que les princes qui pensent s'enrichir par l'imposition des tributz et la pauvreté de leur peuple, ne moissonnent que de la calamité, parce que de l'abondance du peuple naist la richesse du prince, parce que le peuple, estant apauvry, ne peult fournir, ny au trafficq, ny à l'agriculture et autres nécessitez de l'Estat. Il faudroit que nous fussions entièrement stupides et hébétés, et que nous n'eussions autre sentiment que celuy des oreilles, si on nous pouvoit persuader le contraire de ce que nous voions tous les jours.

« Monsieur, les Rois voz prédécesseurs ont establÿ, il y a plusieurs siècles, cette grande Compagnie des comptes, à laquelle j'ay l'honneur de présider, quoyqu'indigne ; ilz nous ont, dis je, establis pour estre les directeurs, examinateurs et censeurs de l'administration de leur domaine. Ilz ont pensé que, lorsqu'une sy grande Compagnie auroyt examiné une affaire et l'auroyt approuvée, le peuple la recevroyt avec plus de satisfaction, les magistrats estans les médiateurs entre les Rois et leurs peuples. C'est pourquoy, quand ils sçauroient que ces édiz auroyent passé sans avoir la censure et l'examen de cette Compagnie, ils auroient grand sujet de croire que ce n'est pas pour leur soulagement, ny pour le bien du service du Roy, car autrement on n'appréhenderoyt pas de nous en donner communication pour en délibérer, à nous qui, par le devoir de noz consciences et par l'obligation du serment que nous avons faict à Sa Majesté, sommes tenuz de procurer et d'avancer ce qui est du bien de son Estat.

« Mais, pour entrer au mérite des édiz que l'on nous présente, tant s'en fault qu'il arrive du bien d'une nouvelle création d'officiers, qu'au contraire c'est un brigandage public, que l'on arme du prétexte de la justice ; et, aprez tout, nous voyons que le Roy n'en est pas plus soulagé, et que le proffit est pour les seulz partisans et donneurs d'advis. Quand au surplus, nous pouvons dire, aveq l'expérience et la connoissance que nous avons, que les plus clairs deniers des receptes sont employés au payement des gaiges de ces nouveaux officiers, qui sont maintenant augmentez et multipliez jusques à tel nombre, qu'il n'y a plus d'affaire qui n'ait son officier, de sorte que cette corruption est passée jusques à tel point, qu'un siècle entier ne sera pas suffisant pour la pouvoir refformer.

« On nous allègue la nécessité du temps et la charge de l'Estat, pour nous faire entrer en cette vériffication ; mais pense on que nous soions oiseaux de passage qui se laissent emporter au mouvement de l'air et aux divers changementz de saisons ? Ou bien les magistrats et Compagnies souveraines sont elles comme ces estoilles qui se laissent emporter au mouvement du premier mobile et aux révolutions des autres sphères ? Faudroit il que les intérestz et mouvemens des partisans nous emportent sans résistance, contre l'honneur de noz charges, le salut de la patrie et le serment que nous avons faict au Roy de le bien et courageusement servir et luy représenter les nécessitez de son peuple, dont il doit estre aussy soigneux que de sa propre vie ? Autrefois, l'empereur Domitian ayant esté adverty de quelque prédiction que l'on le devoit tuer en le saluant, de peur d'estre surpris et affin de pouvoir veoir la contenance de tous ceux qui l'aprocheroient, fit bastir dans son palais impérial des salles et des galeries d'une pierre luisante et esclatante comme miroirs, à ce que, de quelque costé qu'il se tournast, il peust descouvrir ce qui se faisoyt autour de luy. Ingénieux artifice, d'une grande despense, mais d'une misérable condition. Noz Rois Très Chrestiens, voz prédécesseurs, Monsieur, autant soigneux du salut de leur peuple que de leur propre personne, ont faict bastir un palais, lequel ils ont garni et estoffé, non de pierres muettes et de miroirs qui ne portent la vérité que par réflexion, mais de pierres blanches, luisantes et animées par le ton de la voix et par la candeur d'une bonne conscience : ce sont les juges et magistratz, tant ceux qui sont commis pour rendre la justice distributive, que ceux qui sont establis de tout temps pour la direction de leurs finances, non pour leur faire une simple réflexion, mais une fidelle relation de ce qui concerne les intérestz et les nécessitez du peuple. Car, la grandeur et majesté des souverains ne les pouvant facilement communiquer et familiariser aveq leurs subjetz, ilz ont establÿ les magistratz et Compagnies souveraines, qui sont comme les canaux par lesquelz leurs volontez et ordonnances se dérivent sur le peuple, lequel, aussy réciproquement, estant en souffrance et calamité, faict par iceux remonter ses plaintes jusques à l'oreille du prince.

« C'est, Monsieur, ce que nous luy ferions entendre, si nous avions le bonheur de luy faire noz très humbles remonstrances sur l'occurence de ses édiz, ainsy que faisoient ceux qui ont tenu noz charges, lorsqu'ilz ont veu qu'on voulloyt faire préjudice au bien public. Ce n'est pas que nous voulions entreprendre sur l'aucthorité de noz souverains, ny que pensions partager avec eux l'empire absolu qu'ils ont sur leurs subjectz. Quelque lustre et quelque splendeur que nous aions en qualité de magistratz, nous la tenons du Roy, comme de nostre soleil et de nostre principe, et la main de la justice n'a de force que celle qui luy est donnée par le bras qui la soutient et qui l'appuye; et s'il y en a qui vueillent soustenir des propositions contraires, nous les tenons pour criminelz de lèze majesté. Mais aussi sçavons nous bien faire la différence d'entre les justes volontez de nostre bon Roy, d'aveq les mouvemens qui luy sont donnez par les partisans et inventeurs d'advis, et sçavons bien discerner la véritable raison d'aveq les faux prétextes.

« Peult estre, Messieurs, que vous aurez remarqué ce que rapporte Athénée, que, du temps d'Antigonus, il parut une merveilleuse fontaine, dont la nature estoyt telle, qu'oultre qu'elle estoyt extrêmement agréable à boire, elle donnoyt encores des contentemens qui passoient jusques à l'esprit, de sorte qu'elle estoyt recherchée de tout le monde. Mais il arriva que les officiers d'Antigonus, faisans les bons mesnagers, voulurent prendre tribut de ceux qui venoient à ses eaux; mais la justice divine voulut que cette source tarit. Nous avons grand sujet de craindre que Dieu voyant les impositions et les levées qui se font sur le peuple, les tributz qui se prennent sur les fruictz de la terre, qu'il ne retire ses bénédictions et cette abondance dont [il] bénit ce royaume; car, à vray dire, nous voylà tantost réduitz au terme où tombèrent les subjectz de l'empire romain, du temps de Salvian, évesque de Marseille, lequel nous asseure que la paix de lors estoit plus insuportable, à cause des tributz, que n'avoit esté la guerre des Goths et des Vuandales, contre lesquelz on avoit résisté et tenu ferme, mais que la paix, avec ses impositions, faisoit abandonner les maisons et le païs, pour se retirer aveq les Barbares. *Una et consentiens hic romana plebis oratio, ut liceat eis vitam quam agunt, agere cum Barbaris.* Combien y a il de familles de gens de bien en France, lesquelz ne pouvant plus vaquer à leur négoce et à leur agriculture, sont contrainctz d'abandonner le lieu de leur naissance, pour aller vivre sous un ciel plus doux et plus clément!

« Ce que je vous dis, Monsieur, ne sont point des plaintes affectées; vous les pouviez lire, sans que je parlasse, sur le visage de tous ceux de cette Compagnie. Mais la charge en laquelle je suis m'aiant obligé de parler, je vous fais entendre leurs sentimens, à sçavoir que tant s'en fault que nous contribuions quelque chose à la vériffication de ces édiz, qu'au contraire nous protestons d'en empescher l'exécution [1]. »

(Copie du temps. — Bib. Nat., mss. Dupuy, n° 94, f° 209.)

1. Le procès-verbal inséré au *Plumitif* ne contient que le récit de l'entrée du prince et s'arrête au moment où M' Vignier prit la parole.

472.
23 *Février* 1631.
LETTRE DU ROI A LA CHAMBRE. — RUPTURE AVEC LA REINE-MÈRE.

(Copie du temps. Arch. Nicolay, 77 L 8. — Impr. dans le *Mercure françois*, t. XVII, p. 130, et dans les *Mémoires de Mathieu Molé*, publiés par A. Champollion-Figeac, t. II, p. 35-37.)

473.
28 *Février* 1633.
LETTRE DU DUC DE BELLEGARDE AU P.P.

A Asnois, ce xxviij^{me} febvrier 1633.

Monsieur, L'affection que j'ay eue de tout temps au service de ceux de vostre maison et au vostre particulier, et les tesmoignages que j'ay receus en toute sorte d'occasions de la faveur que vous me faites de m'aymer, m'ont tousjours bien persuadé que mes disgraces n'y auroient point aporté de changement, et que j'ay encores la mesme part en vostre bienveillance que vous m'y avés promise; comme je vous proteste que le temps, l'absence, ny mes malheurs, n'ont peu aporter, ny n'aporteront jamais aulcune altération au désir que j'ay de vous faire voir par toutes mes actions que je suis et veux estre toute ma vie,

      Monsieur,

        Vostre bien humble et très affectionné serviteur.

           ROGER DE BELLEGARDE.

     (Orig. autographe. — Arch. *Nicolay*, 36 L 2.)

474.
12 Avril 1633.
SÉANCE DU COMTE DE SOISSONS. — CONFISCATION D'UNE CHARGE.

Tandis que le roi se rend au parlement, M^r le comte de Soissons vient à la Chambre, assisté de M^r le maréchal de Saint-Luc et de MM. Aubery et Talon, conseillers d'État, pour prononcer la confiscation de la charge de Mr Louis de Monsigot et son remplacement par un autre office de conseiller maître, au profit de Me Charles-Emmanuel des Rues, conseiller correcteur.

Le P.P. répond à Mr Aubery, et proteste que la Chambre ne peut ni agir, ni même donner son consentement.

Le prince prononce l'enregistrement, après avoir entendu les remontrances de l'avocat général; puis, il présente au P.P. les provisions du nouveau maître et sa requête pour être reçu.

Lesquelles lettres et requeste mondit seigneur le comte auroit présentées audit s^r P.P., pour les mettre ès mains de l'un des conseillers maistres de la Compagnie, tel qu'il luy plairoit. Lequel s^r P.P. auroit dit à mondit seigneur le comte que la Compagnie avoit arresté qu'il seroit prié et requis de les dispenser de faire aucune fonction en leurs charges, sinon que ce fust avec la liberté accoutumée; prière qu'il auroit reçue en bonne part. Et auroit à l'instant mis icelles lettres et requeste ès mains dudit s^r Talon, conseiller d'Estat, qui l'auroit baillée audit Bourlon, pour en faire lecture. Et icelle faite, ayant pris conseil, ledit s^r Talon auroit mis sur ladite requeste qu'elle seroit montrée au procureur général; ce qu'il auroit à l'instant fait. Lequel procureur général auroit conclu sur icelle que, du très exprès commandement du Roy, porté par mondit seigneur le comte, il n'empeschoit qu'il fust informé des vie, mœurs et religion du suppliant.

Au mesme instant, lesdits s^{rs} Aubery, Talon et mareschal de St-Luc ayant pris conseil, auroient, en conséquence desdites conclusions, commis ledit s^r Talon, et ledit *committitur* signé dudit s^r Aubery. Lequel s^r Talon se seroit levé du bureau et transporté en la chambre du Conseil lès la Chambre des comptes, où il auroit procédé et fait ladite information, et, icelle faite, rapportée au bureau, mise ès mains dudit procureur général, qui auroit à l'instant pris ses conclusions en cesdits mots : « Du très exprès commandement du Roy, porté par mondit seigneur le comte, le procureur général n'empesche le suppliant estre reçu au serment dudit office, à la charge d'observer les règlements de ladite Chambre du 19 may 1629. » Lesquelles conclusions rapportées, et lecture faite d'icelles par ledit Bourlon, greffier, après avoir pris le conseil comme dessus, ledit s^r Aubery auroit écrit l'arrest sur ladite requeste en ces termes : « Le Roy a ordonné et ordonne que le suppliant sera reçu au serment dudit office. Signé : Aubery. » Et à l'instant, ledit Desrues appelé au bureau, ledit s^r Aubery, par le commandement de mondit seigneur le comte, luy auroit prononcé ledit arrest. Ce fait, ledit seigneur luy auroit fait mettre la main sur les Saints Évangiles, et luy auroit ledit s^r Aubery lu les articles dudit serment, registrés au registre Ferré de ladite Chambre, qu'il auroit juré et promis garder et observer. Après lequel serment, ledit s^r Tallon se seroit levé dudit bureau, et allé installer ledit Desrues au banc bas des conseillers maistres, ainsy qu'il est accoutumé. Et devant que de se lever, mondit seigneur le comte auroit fait écrire sur le reply desdites lettres de provision, par l'un des clercs du greffe de ladite Chambre, l'acte de réception, et iceluy fait signer en sa présence par ledit Bourlon, par son très exprès commandement, après en avoir pris avis desdits s^{rs} mareschal de St-Luc, Aubery et Talon.

Ce fait, mondit seigneur le comte, ensemble lesdits s^rs mareschal de St-Luc, Aubery et Talon, se sont levés et salué la Compagnie, et auroient lesdits s^rs Lescuyer et Michon conduit mondit seigneur le comte jusqu'au bas des grands degrés de ladite Chambre.

(*Plumitif.*)

---

475. *8 Juin 1633.*
LETTRE DU ROI AU P.P. — DÉFENSE DE PROCÉDER.

Monsr Nicolay, encores que vous ayez part à la lettre que j'escris à la Compagnie sur le sujet du différend qui est entre les trésoriers généraux de ma maison et les controleurs de leurs charges, je vous ay bien voulu faire celle cy pour vous dire que je n'ay pas été satisfaict qu'ilz ayent continué leurs poursuites après le jugement que j'ay rendu sur leurs prétentions, et que, voulant de nouveau en estre le juge, j'ay retenu et réservé à ma personne la cognoissance du faict, et deffendu à ma Chambre des comptes de passer outre à l'instruction ny au jugement de ce procez, à peine de nullité. A quoy vous tiendrez la main, à ce que, contre mon intention, qui leur apparoistra par la lettre que je leur escris, ne soit rien advancé en ceste affaire. A quoy m'asseurant que vous apporterez ce qui deppendra de vous par l'auctorité de vostre charge, je ne vous en diray davantage que pour prier Dieu qu'il vous ayt, Monsr Nicolay, en sa sainte garde. Escrit à Versailles, le viij^me jour de juin 1633.

LOUIS.
DE LOMÉNIE.

(Original. — *Arch. Nicolay,* 66 L 1.)

---

476. *19 Septembre 1633.*
LETTRE DU ROI A LA CHAMBRE. — AFFAIRES D'ÉTAT.

De par le Roy. Noz amez et féaulx, ayant dissipé depuis quelques années en çà, par l'assistance divine, les factions qui ont si longtemps agité cest Estat durant les reignes des Roys noz prédécesseurs et le nostre, et, en mesme temps, Dieu nous ayant aussy faict ceste grace de garantir noz bons voisins et alliez de l'oppression qui les menaçoit, après tant de peynes et de dangers, ausquelz de très bon cueur nous avons exposé nostre propre personne en tous les voyages et siéges que nous avons faictz, avec des despences excessives, pour acquérir enfin le repos et soulager nostre pauvre peuple, comme nous estions sur le point de jouir du fruict de noz travaulx et de noz veilles, nous avons recongneu, mais trop tard, à nostre grand regret, que, lors que nous avons esté occuppez en l'exécution de si louables desseings, tant dedans que dehors nostre royaume, les ennemis de la tranquillité publicque, prenant le temps de nostre absence, ont incessamment travaillé pour nous plonger en de nouveaulx troubles plus dangereux, en séparant d'avec nous les personnes qui ne debvoient jamais avoir d'aultres pensées que d'y estre tousjours estroictement unies. Nous attendons qu'il plaise à Dieu leur toucher les cœurs pour les faire rentrer en eulx mesmes, par leurs propres recongnoissances de leurs faultes; mais nous aurions creu manquer à ce que nous debvons à nostre Estat, sy, après tant de justes subjectz de plaintes que nous a donnez nostre cousin le duc de Lorraine, lequel a beaucoup contribué à ce mal, tant par sa mauvaise inclination contre nostredict Estat, que par les pernitieulx conseilz que les siens luy ont donnez, nous [n']en avions le ressentiment que mérite le procedé dont il a usé envers nous, recommenceant tousjours à nous donner en toutes occasions nouveaulx subjectz de mescontentement, et ayant manqué à toutes les choses qu'il nous avoit promises. Nous avions oublié qu'en toutes les importantes actions où il nous avoit veu occupez, il avoit aultant de fois faict des levées de gens de guerre, pour nous donner jalousie et, s'il eust peu, faire diversion à noz armées; nous ne nous souvenions pas non plus des desplaisirs sensibles que nous avons receuz de luy, ayant par diverses fois retiré nostre frère unicque, le duc d'Orléans, dans ses Estatz, pour continuer à le soubstraire d'avec nous;

nous demeurions dans les termes des traictez faictz entre nous et luy à Vic, le dernier jour de décembre mil six cens trente et ung, et à Liverdun, le xxvj^me juing XVI^c XXXII. Mais il y a contrevenu de tous poinctz, par les levées de gens de guerre qu'il a faictes contre nostre gré, par les diverses intelligences, praticques et menées, et par les entreprises et actes d'hostilité sur noz alliez, contre la teneur expresse desdictz traitez, suivant lesquelz il estoit aussi tenu de satisfaire à ce qu'il debvoit, il y a si longtemps, qui est de nous rendre hommage à cause du duché de Bar, mouvant de nostre couronne, à quoy il n'a point obéy depuis qu'il est duc, comme aussy il a négligé d'envoier, conformément ausdictz traictez, des commissaires pour régler avec les nostres beaucoup d'usurpations qu'il a faictes dans les Trois Éveschez, et dont nous voulions sortir par ceste voye de doulceur. Tous ces manquemens nous ayant obligez à nous acheminer en ces quartiers pour le porter à la raison, au lieu de se mectre en son debvoir, il a envoyé diverses foys par devers nous, pour nous amuser, nostre cousin le cardinal de Lorraine, son frère, le trompant le premier. Et, ce que nous avions peine à croire après les choses qui se sont passées, il nous a faict déclarer le mariage prétendu faict entre nostredict frère unicque, le duc d'Orléans, et la princesse Margueritte, leur sœur, contre l'expresse deffence que ledict duc de Lorraine en avoit eue de nostre part par ceulx qu'il avoit envoyez et employez vers nous pour en avoir la permission, et contre les promesses solemnelles qu'il a plusieurs fois réitérées, avec grands sermens de ne point attenter à une telle action, qu'il sçavoit bien que nous ne pourrions jamais approuver, tenans lieu de père, comme nous faisons, à nostredict frère unicque, le duc d'Orléans. Ce mariage estant clandestin et en effect un rapt commis contre nous et nostre Estat, aussy a il esté tenu caché ung long espace de temps, et ledict duc de Lorraine ne l'a manifesté que lorsqu'il s'est veu pressé, comme s'il eust entrepris d'augmenter de plus en plus les fautes qu'il a commises contre nous et nostre couronne. L'ordre que nous avions donné, peu de jours avant nostre acheminement en ces quartiers, de faire advancer nostre armée vers Nancy, l'ayant contrainct de s'en esloigner et l'ayant aussy empesché d'y augmenter le nombre [de troupes] qu'il y avoit mis, comme il a jugé qu'il ne la pourroit défendre contre noz armes et que nostre résolution estoit de luy oster au moings pour ung temps, s'il se portoit à nous contenter, ce qui luy avoit tant de fois donné l'asseurance de faire des levées de gens de guerre, dans la confiance qu'il avoit de ceste place, qui est, à la vérité, une des meilleures de l'Europe et des plus régulièrement fortiffiées, en une scituation trop opportune pour la communication des ennemis de nostre Estat, il a faict continuer une négotiation par nostredict cousin le cardinal de Lorraine, son frère, qui, après plusieurs allées et venues, a signé par son ordre ung traicté, lequel il a luy mesme ratiffié ung jour après, pour nous mectre Nancy en depost entre les mains, ainsy qu'il estoit convenu. Mais, en mesme temps, le duc de Lorraine, par ung manquement insigne, a faict glisser dans Nancy un ordre contraire, que ledict cardinal de Lorraine nous feist incontinant sçavoir, nous protestant que c'estoit à son desceu. Cependant les travaulx que nous avions faict commancer n'ont point esté discontinuez d'un seul moment, et les circonvalations et les fortz que nous avons ordonnez allentour de la ville sont sy advancez, que, ledict duc de Lorraine voyant qu'avec l'ayde de Dieu, la place ne nous pouvoit eschapper par la force de noz armes, il a faict recommancer une négotiation près de nous par le marquis de Chanvalon et par le s^r de Contrisson, et mesmes nous a faict très humblement supplier que nous eussions agréable une entreveue entre nostre cousin le cardinal de Richelieu, de nostre part, et luy, laquelle nous avons bien voullu permectre, encores que le procedé dudict duc nous donne subject de doubter s'il la demande avec la bonne intention qu'il seroit à désirer pour son bien mesme; ce que l'événement nous fera bien tost recongnoistre. Voilà au vray l'estat présent de noz affaires, dont nous avons bien voulu vous informer, nous asseurans que vous accompagnerez noz bons desseings de voz vœuz, et que vous y contribuerez, lorsqu'il sera besoing, tout ce qui deppendra de vous. A quoy nous vous exhortons. Donné au camp devant Nancy, le dix neufiesme jour de septembre 1633. LOUIS.

DE L'OMÉNIE.

(Copie du temps. — *Arch. Nicolay*, 23 L 21.)

477.   (1634?)
LETTRES DU DUC DE LORRAINE AU P.P. — ENREGISTREMENT DE TRAITÉ.

De Soissons (?), ce samedy veille de Pasques.

Monsieur, puisqu'il ne reste plus qu'à ceux de vostre Compagnie que ce qui reste de la vérification de l'édict ne soyt effectué, je me promets que bientost nous en verrons la fin, tant parce que c'est chose qui doibt estre désirée de tous les gens de bien, que pour ce que je sçay que vous vous y emploierés avecq la mesme affection que je me suis tousjours promise de vostre amytié. Je vous en veux suplier par ce mot, et de creyre que vous devés tenir la mienne aussy certaine que d'aucun que vous ayiés en ce monde. Si jamais il se présente occasion de vous servir, les preuves que je vous en rendray me feront congnoistre aussy véritable comme je suys,
      Monsieur,
         Vostre très affectionné à vous servir.
             CHARLES DE LORRAINE.
       (Orig. autographe. — *Arch. Nicolay*, 33 L 2.)

Monsieur le président, je me recongnoy beaucoup vostre obligé des témoignaje que m'a rendu Monsr de Champvalon de la bonne et favorable justice que vous désirés aporter à l'espédition des aferes de mon treté de pais et des efés qu'il m'en fet espérer par vostre faveur et autorité, que je say que vous raportés en toutes occasions à se que vous congnoisés estre de l'intention du Roy. Mais, par se que ledit sr de Champvalon m'a mandé qu'il estoit besoin d'une quitanse générale des neuf sans mil escus contenu en mon treté, moiennant le paiement des deux sans cinquante mil que je dois resevoir, suyvant la volonté de Sa Majesté, et que sans cela Messieurs de la Chambre des conte ne peuvent passer outre à la vérification de mondit treté, je luy envoie ladite quitanse en la forme qu'il me la demande, et vous fais par même moyen, Monsieur le président, tous les plus afecsionnés remersiemens que je puis de vos bons ofises. Feu Monsieur le Président, vostre père, estoit tant de mes bons amys, qu'en la congnoisanse que vous en avés et de l'assuranse que vous me donnaste dernièrement, je ne puis espérer que la continuation de l'amitié qu'il me portoit en vous, à qui je randray en récompense, en toute ocasions, les preuves que vous désirerés de selle que vous veut toujour porter,
      Monsieur le président,
         Vostre très afecsionné et parfait amy.
             CHARLES.
    (Impr. dans l'*Armorial général*, reg. V, 2me partie, Article de Nicolay, p. 21.)

478.   (1634.)
ÉTABLISSEMENT DE LA CONGRÉGATION DE SAINT-MAUR A SAINT-DENIS.

Mémoire pour Monseigneur le premier président de la Chambre des comptes.

Monseigneur, Monseigneur l'éminentissime cardinal de la Rochefoucault, avec Messieurs les maistres des requestes depputez commissaires par Sa Majesté pour establir les religieux Bénédictins de la congrégation de St-Maur en l'abbaye de St-Denis en France, ordonnèrent, entre aultres choses, que les reliques et ornemens de ladicte abbaye seroient livrez par inventaire ausdictz religieux Bénédictins de St-Maur, qui s'en chargeroient ; laquelle ordonnance a esté depuis confirmée par arrest du Conseil d'Estat, à Nancy.

Néantmoins, comme ce vint à l'exécution desdictz arrestz et ordonnance, Messieurs les maistres des requestes depputez pour ce subject, afin d'entretenir en bonne intelligence et amitié lesdictz religieux Bénédictins de St-Maur avec les religieux anciens dudict St-Denis, du consentement desdictz de St-Maur, ordonnèrent que les clefz du lieu du Trésor seroient données aux seulz religieux de St-Maur, mais que les quatre clefz des armoires demeureroient comme auparavant, sçavoir : une à dom Firmin Pingré, comme grand prieur ; une à dom Baltazar de Bragelonne, comme soubz prieur; une à dom Charles le Roulier, comme chantre, et l'aultre à dom Jean le Jay, comme trésorier. Cela estant de la façon, ilz sont demeurez en paix.

Nous vous prions, Monseigneur, de laisser les choses en ce mesme estat.

(Original. — Arch. Nat., *Cartons des Rois*, K 102, n° 2 ª.)

479. (1634.)
LETTRES DE L'ABBESSE DU VAL-DE-GRACE AU P.P. — REMISE D'ÉPICES.

J H S.   † M A R.
Benedictus.

Monseigneur, nostre divin Jésus soit la plénitude de vostre ame. Nous vous demandons très-humblement pardon, Monseigneur, de nostre trop grande importunité ; mais les effects que nous avons receus de vostre bonté et charitable assistance nous font encor prendre la liberté de vous supplier très-humblement, Monseigneur, de nous vouloir assister de vostre pouvoir, qui peut tout pour le petit affaire que nous avons encore à la Chambre des comptes, qui est qu'on nous demande deux cens quarente huit escus d'espices pour la vérification et enregistrement de nos lettres d'amortissement. On nous avoit faict entendre, Monseigneur, que vostre bonté nous les avoit faict passer avec celles de la jussion de nostre bled. La Reyne nous en apporta les premières nouvelles, et Sa Majesté nous dit que nous vous en avions toutes les obligations, parce que c'estoit par vostre moyen que nous avions receu les charitez, où elle prenoit grand part, et cognoissant bien que sa considération, Monseigneur, vous portoit à assister ses pauvres filles, qui ont très-grande nécessité d'un pouvoir aussi puissant que le vostre, que nous vous supplions très-humblement, Monseigneur, de vouloir exercer à l'endroit de cette petite communauté, qui sera obligée d'offrir ces petites et indignes prières à Nostre Seigneur pour vostre conservation et prospérité, et nous en particulier, de mesme affection que nous désirons avoir l'honneur de nous pouvoir dire

Vostre très-humble, très-obéissante et indigne servante en Nostre Seigneur.

Sʳ DE ST-ESTIENNE,
ind. abbesse du Val de Grace.

Monseigneur, nostre bon Dieu soit l'éternel partage de vostre ame. Nous croirions par trop manquer à nostre devoir, Monseigneur, si nous ne vous tesmoignions les ressentimens des obligations que ceste communauté vous a, Monseigneur, de la faveur que vous nous avez faicte de nous faire passer nos lettres d'amortissement gratis, ce que nous ne pouvions espérer que d'une puissance et bonté telle que la vostre, Monseigneur. Si nostre bonne reyne eust esté en cette ville, nous n'eussions manqué de faire cognoistre à Sa Majesté l'assistance qu'en sa considération ses pauvres filles ont receue de vostre charité, Monseigneur; mais ce sera à son retour, ne la voulant priver du contentement qu'elle reçoit du bien qu'on faict à sa pauvre maison. Vous suppliant très-humblement, Monseigneur, d'en estre le protecteur, vous asseurant qu'il n'y aura jamais personne qui se ressente plus estroitement obligée que nous d'offrir nos petites et indignes prières à la divine bonté pour vostre conservation et prospérité, et de ce qui vous est de plus cher en ce monde. C'est la supplication de celle qui est, par toutes sortes de devoirs et d'obligations, Monseigneur,

Vostre très-humble, très-obéissante et indigne servante en Nostre Seigneur.

Sʳ DE ST-ESTIENNE,
ind. abbesse du Val de Grace.

(Originaux. — *Arch. Nicolay*, 21 C 125 et 126.)

LOUIS XIII.

480.
28 Juillet et 13 Août 1634.
LETTRES DU ROI AU P.P. — RELIQUES DE LA SAINTE-CHAPELLE.

Monsr Nicolay, voullant témoigner en tout ce qui me sera possible à mon cousin le cardinal Bichy, cy devant nonce de Sa Sainteté, la satisfaction que j'ay de ses déportemens et de sa personne pendant qu'il a esté prez de moy, j'ay bien volontiers accordé à sa piété et dévotion qu'il puisse veoir, avant que s'en aller, mon Trésor et Reliques de ma Ste-Chapelle de Paris, dont vous avez les clefz. Pour cet effect, j'ay creu que dimanche prochain seroyt le jour le plus commode, et l'ay remiz à ce temps là, auquel vous ne manquerez de vous y rendre, et luy faire cognoistre de ma part comme je vous l'ay particulièrement recommandé. Priant Dieu vous avoir, Mr Nicolay, en sa sainte garde. Escrit à Chantilly, ce xxviij^{me} jour de juillet 1634.

LOUIS.

Mr Nicolay, je vous ay cy devant fait entendre par ma lectre comme je désirois que mon cousin le cardinal Bichy eust cette satisfaction, avant que partir de France, de veoir mon Trésor et Reliques de ma Ste-Chapelle. Et depuis ayant sceu que vous n'auriez peu luy donner ce contentement, parce que lesdictes Reliques ne sont point en ordre depuis l'incendie arrivé à madicte Ste-Chapelle, je n'ay peu reffuzer à ses instantes prières et à sa dévotion de les luy faire veoir, en quelque estat qu'elles soyent. C'est pourquoy du moingz je désire que vous luy faciez veoir la Couronne d'espines de Nostre Seigneur, et que, pour le reste, vous luy faciez des excuzes, comme je luy en feray de ma part. Priant Dieu vous avoir, Mr Nicolay, en sa sainte garde. Escrit à Chantilly, ce xiij^{me} jour d'aoust 1634.

LOUIS.

(Orig. autographes. — *Arch. Nicolay*, 23 L 22 et 23.)

481.
9 Avril 1635.
LETTRE DU ROI AU P.P. — RÉCEPTION DU PRÉSIDENT CORNUEL.

Monsr Nicolaj, ne désirant pas que la réception du sr Cornuel en la charge de président en vostre Compaignie soit plus longtemps retardée soubs prétexte de quelques petis emplois de finance qu'il a cy devant euz, dont les comptes sont appurés, et aussy estant personne que j'ay en singulière affection, pour son mérite et sa suffisance, qui m'ont porté à l'appeller à la charge d'intendant de mes finances, je vous ay bien voulu faire celle cy pour vous dire que vous me ferez service très agréable de vous employer de tout vostre pouvoir à ce qu'au premier jour il soit proceddé à sa réception et installation en ladite charge de président, sans qu'il y soit apporté aucune difficulté ny retardement, soubz quelque prétexte que ce puisse estre, ayant besoing de son service dans le voiage où je suis prest de m'acheminer. Ce que me promettant de vostre affection à mon service, je ne vous en diray davantage que pour prier Dieu qu'il vous ait, Monsr Nicolaj, en sa sainte garde. Escrit à St-Germain en Laye, le ixme jour d'avril 1635.

LOUIS.
DE LOMÉNIE.

(Original. — *Arch. Nicolay*, 65 L 17.)

482.
28 Avril 1635.
LETTRE DU MÉDECIN DU ROI AU P.P. — VÉRIFICATION DE DON.

De Compiegne, ce xxviij ap. 1635.

Monsieur, sçachant que le don que m'a faict le Roy des démolitions de la citadelle de Ste-Foy, de laquelle commission est délivrée, dépendoit de vostre ratification et approbation, la présente se porte à vous supplier humblement de pareille gratiffication, à ce que je recognoisse vostre bienveillance estre correspondente aux bonnes graces de Sa Majesté, laquelle, à vray dire, ne croit pas que le don vaille la peine; mais, tel qu'il se trouvera, ne feust il d'aucune valeur, parce qu'il y a douze ans que touttes les maisons y furent ruinées et n'y a plus resté que la terre et quelques huttes, néantmoins sa bonne affection et la vostre me sera autant sensible et obligeante comme si le don valloit beaucoup, et vous prometz de rechercher touts les moyens de publier ce bienfaict, pour lequel je demeureray à jamais,

Monsieur,

Vostre très obéissant et très affectionné serviteur.

BOUVARD.

Le Roy, par la grace de Dieu, continuant son bon comportement de santé.

(Orig. autographe. — *Arch. Nicolay*, 21 C 109.)

483.
2 Juin 1635.
LETTRE DE L'ABBÉ DU PERRON AU P.P. — RÉGALE D'ANGOULÊME.

A Londre, 2 juin 1635.

Monsieur, le Roy m'ayant faict l'honneur de me nommer à l'évesché d'Angoulesme, je prens la hardiesse d'implorer par ces lignes vostre protection pour obtenir quelque courtoisie de la régale dudit évesché. Encor que la petitesse de son revenu, la dépense que la charge dont le Roy m'a gratifié auprès de la reyne de la Grande Bretagne, sa sœur, de son grand aumosnier, m'oblige de soustenir, et le favorable traittement que reçoivent d'ordinaire tous ceux qui sont nommez aux éveschez me doivent faire espérer les effectz de vostre bonté, néanmoins, Monsieur, je ne veux estre redevable de la grace qu'il vous plaira de me faire en ce rencontre à aucune autre considération qu'à la seule inclination que vous avez d'obliger des personnes à vostre service. A quoy je demeureray éternellement attaché, non seulement comme neveu de feu Monsr le cardinal du Perron et de feu Monsr l'archevesque de Sens, mes oncles, qui ont esté honorez de l'amitié de feu Monsieur le premier président, vostre père, mais aussy comme m'y sentant estroitement engagé par les tesmoignages que j'ose me promettre de vostre courtoisie et générosité, dont j'auray toute ma vie le ressentiment qu'une telle faveur mérite. Je prie Dieu qu'il vous comble de toute sorte de contentemens, et qu'il me face la grace de pouvoir, par mes très humbles devoirs, me rendre digne du tiltre de,

Monsieur,

Vostre très humble et très obéissant serviteur.

DU PERRON.

(Orig. autographe. — *Arch. Nicolay*, 37 L 6.)

484.
16 Juin 1635.
LETTRE DE LA REINE D'ANGLETERRE AU P.P. — RÉGALE D'ANGOULÊME.

Monsieur le premier président, ayant le Roy mon frère gratifié en ma considération le sieur abbé du Perron, mon grand ausmonier, de l'évesché d'Angoulesme, je vous ay bien voulu prier de luy vouloir faire recevoir la mesme courtoisie pour ce qui est de la régale dudict évesché, qu'ont accoustumé de recepvoir ceulx qui l'ont précédé. La faveur que vous avés faict ces jours passés à touts mes domestiques, pour mon respect, en vérifiant gratuitement les lettres de naturalité que j'avois obtenues pour eulx et faict présenter en vostre Chambre par le sieur d'Almeras, me faict espérer que vous ne me vouldriés pas refuser une seconde courtoisie, que je me sens obligée à vous demander en faveur d'un de mes principaulx serviteurs, qui n'a point eu de part en la première, et qui m'a rendu, et continue de me rendre tous les jours, comme aussi à la religion, de si bons et si utiles services, que vous ne pouvés doubter que ce que

LOUIS XIII.

vous ferés pour luy en ce rencontre, n'accroistra pas extrêmement l'obligation que je recognois vous avoir desjà pour ce que vous avés faict pour le reste de ma famille. Et avec cest' asseurance, je prie Dieu, Monsieur le premier président, qu'il vous tienne en sa saincte garde. Donné à Greenwiche, ce seiziesme de juin 1635[1].

Vostre bonne amie.
HENRIETTE MARIE.

(Original. — Arch. Nicolay, 24 L 1.)

1. L'abbé du Perron écrit encore, le 22 août, pour remercier le PP. de lui avoir fait accorder ce que la reine avait demandé pour lui, et il proteste de la reconnaissance de cette princesse (37 L 7).

---

485.   28 Août 1635.
RÉQUISITOIRE CONTRE LES GENS DE MAIN MORTE.

Ce jour, le procureur général, venu au bureau, a dit que, suivant l'arrest de la Chambre du 22me de ce mois, il avoit esté voir Mr le garde des sceaux, et luy auroit remonstré que jusqu'à présent il n'avoit pu trouver autres moyens pour empescher les nouveaux établissemens de religions, que d'avoir recours à luy et de luy remonstrer la conséquence, par la multiplicité et effréné nombre d'amortissemens sans payer aucune finance, par le moyen desquels les gens de main morte se rendoient possesseurs de la meilleure partie de toutes les terres et domaines, qu'ils rendoient inutiles à S. M. et voudroient rendre déchargés de dixmes, tailles, francs fiefs et nouveaux acquests et autres droits; l'auroit supplié de n'expédier à l'avenir aucune lettre de nouveaux établissemens de couvens, qui surchargent le public. Lequel dit sr garde des sceaux luy auroit dit qu'il recevoit de bonne part sa remonstrance et qu'il avoit esté autant retenu en l'expédition de telles lettres qu'aucun de ses prédécesseurs, pour en purger la conséquence, et le seroit davantage à l'avenir; et néanmoins prioit la Chambre ne faire aucune difficulté sur l'enregistrement des lettres d'amortissement des religieuses Carmélites de Pontoise.

(Créances.)

---

486.   18 Mars et 3 Avril 1636.
DÉPUTATION AU ROI ET AU CARDINAL. — CRÉATION D'OFFICES EN LA CHAMBRE.

Ce jour, Mr le P.P. a fait la relation de ce qui s'est passé, suivant la députation du 10 de ce mois et l'arresté du 14 ensuivant, pour remercier le Roy de la grace que S. M. a faite à la Chambre en la modération de huit officiers en icelle, de ceux créés par édit du mois de décembre dernier. Et dit qu'ayant eu commandement exprès du Roy de l'aller trouver, lesdits sieurs commissaires et luy se rendirent le jour d'hier à St-Germain en Laye, sur les dix heures du matin, où incontinent après arrivèrent Messieurs du parlement, qui eurent audience dans le cabinet du Roy; et qu'après, lesdits sieurs députés entrèrent audit cabinet, où estoit le Roy, assisté de Mr le chancelier et des srs de Léon, d'Ormesson, Lebret, Morangis, de Lezeau et plusieurs autres; que S. M. les reçut de fort bon visage, et, après que Mr le P.P. l'eut remercié au nom de la Compagnie et supplié très humblement d'augmenter ladite grace, ainsy que ledit sr P.P. a représenté au long au bureau, S. M. leur auroit répondu que comme la Chambre avoit esté la première à luy témoigner son obéissance, qu'il avoit souhaité qu'elle fust la première à recevoir la grace; qu'il estoit bien marry que ses affaires ne luy permettoient pas de l'augmenter, et que lesdits sieurs députés savoient bien en quel estat elles estoient et le besoin qu'il avoit d'argent. Qu'estant lesdits sieurs députés sortis dudit cabinet, ils furent menés au chasteau, où ils disnèrent en une salle proche de celle où estoient lesdits sieurs du parlement . . . .

Du 3 avril. Mr le P.P. a rapporté que, suivant la députation du 18 mars dernier, MM. les députés et luy furent, dès le mercredy de la Semaine Sainte, à Rueil, où estant arrivés sur les deux heures après midy, ils furent reçus à l'entrée du chasteau par le sr de la Folaine, et plus avant par le sr comte de Nogent; qu'incontinent après lesdits sieurs les menèrent en la chambre de Mr le cardinal, qu'ils trouvèrent au lit, et plusieurs chaises à l'entour, sur lesquelles il pria MM. les députés de s'asseoir; et qu'estant assis, il fit audit sieur cardinal les remerciemens que mondit sr le P.P. a représentés au long; que ledit sr cardinal les reçut de si bon visage, et leur fit des complimens si grands, remerciant la Chambre de l'honneur qu'elle luy faisoit, qu'il ne s'en pouvoit faire davantage. Et se seroient retirés [1].

(*Plumitif et Créances.*)

1. Les nécessités de la guerre, la difficulté d'entretenir une armée de près de deux cent cinquante mille hommes, et enfin l'épuisement du Trésor avaient amené la création d'offices plus considérable que toutes les autres : huit maîtres, sept correcteurs, dix auditeurs, un contrôleur héréditaire des greffes, un premier huissier au semestre de juillet, deux nouveaux contrôleurs généraux des restes, trois relieurs, quatre huissiers, et enfin une chancellerie composée d'un audiencier, un contrôleur, un chauffe-cire et un clerc d'audience, les sceaux étant tenus tour à tour par les anciens maîtres de chaque semestre, pour sceller toutes les expéditions de la Chambre. Cette création était adoucie par quelques compensations, telles que l'augmentation des épices ou l'établissement de droits de chancellerie; mais aussi elle comprenait l'obligation pour les dix présidents de prendre chacun 2,000 liv. d'augmentations de gages. L'édit avait été enregistré par exprès commandement, en présence du duc d'Orléans, le 20 décembre 1635; ce fut seulement au mois d'avril suivant que le roi fit droit aux remontrances de la Chambre, en réduisant la création de deux maîtres et autant de correcteurs et d'auditeurs, et en supprimant les offices de troisième contrôleur général des restes et de premier huissier du semestre de juillet. (Édits impr. dans la collection Mariette.)

---

487. 9 *Avril* 1636.
LETTRE DU ROI AU P.P. — RÉCEPTION D'UN RELIEUR DES COMPTES.

Monsr Nicolay, ayant eu pour agréable que le nommé Jacquier se feist pourvoir des trois charges de nouvelle création de controlleur et relieur des comptes de ma Chambre, je désire aussy qu'il y soyt receu, puisque je l'ay creu capable de m'y servir et le public, sur la cognoissance que j'ay de sa probité. C'est pourquoy je vous faiz la présente, affin que vous appuyez sa réception par le crédit et l'authorité de vostre charge dans ma Chambre des comptes, m'asseurant bien qu'après vous avoir témoigné que c'est choze que j'affectionne, vous vous y employerez bien volontiers et l'aurez pour recommandé de ma part. Aussy je prie Dieu vous avoir, Mr Nicolay, en sa sainte garde. Escrit à Escoüan, ce ixme jour d'apvril 1636.

LOUIS.

(Orig. autographe. — *Arch. Nicolay*, 23 L 24.)

---

488. 5 *Août* 1636.
ENTRETIEN D'UNE TROUPE DE GENS DE GUERRE PAR LA CHAMBRE.

Ce jour, Mr le P.P. a rapporté que, suivant la députation du jour d'hier, MM. les députés et luy se rendirent au Louvre sur les deux heures de relevée; où estant, ils furent conduits dans le cabinet des Livres, où ils trouvèrent MM. du Parlement, qui incontinent après, lesdits srs du parlement et eux, furent appelés et entrèrent ensemblement dans la chambre du Roy, dans laquelle ils trouvèrent Sa Majesté, assistée de MM. le cardinal de Richelieu et le chancelier et autres de Messieurs du Conseil, avec plusieurs seigneurs et gentilshommes; que S. M., s'adressant à eux, leur dit qu'il ne désiroit point les entretenir des affaires de son Estat, d'autant qu'elles n'estoient en l'estat qu'il désireroit pour le bien d'iceluy; qu'il les avoit mandés pour tirer quelque secours d'eux, sans lequel l'Estat et sa personne mesme couroient hazard; qu'il prioit que chacun officier l'assistast de quelques soldats payés pour deux mois, ainsy que faisoient Messieurs du Conseil. Que, S. M. ayant fini, ledit sr P.P. luy répondit qu'il rapporteroit à la Chambre les intentions de S. M. Et se seroient retirés. . . . .

LOUIS XIII.

Cedit jour, la Chambre, les semestres assemblés, délibérant sur le rapport fait par les commissaires, et après que les cons^{ers} correcteurs et auditeurs ont esté mandés séparément, et à eux fait entendre l'intention du Roy sur laquelle la Chambre délibéroit, et après en avoir conféré à leurs confrères, et qu'ils se sont rapportés à ce qu'il plairoit à ladite Chambre en ordonner, a ordonné et ordonne qu'en l'occasion qui se présente, importante au service de S. M., salut et manutention de l'Estat, tous les officiers d'icelle entretiendront pendant deux mois douze cens hommes de gens de guerre à pied, françois, et que, pour cet effet, il sera fait emprunt jusques à la somme de 41,000 liv.; de laquelle somme et intérests d'icelle chacun des officiers, tant d'ancienne que nouvelle création, portera sa part et portion suivant le département qui fut fait par la Chambre en 1628[1].

(Plumitif.)

[1]. Le surlendemain, le P.P. et plusieurs députés allèrent annoncer cette résolution au roi, qui les reçut fort bien, les remercia de leur bonne volonté, et dit qu'il s'en tenait d'autant plus satisfait, que la Chambre était la première à donner l'exemple aux autres Cours; qu'il s'en souviendrait à l'occasion.

---

489. 11-15 Août 1638.
PROCESSION DU VŒU DE LOUIS XIII.

Le 11 août, le procureur général présente un exemplaire des lettres patentes du 10 février, accompagné d'autres lettres de cachet ainsi conçues :

« De par le Roy. Nos amés et féaux, désirant que la cérémonie que nous avons ordonné estre faite en l'église cathédrale de Paris, comme ès autres églises de nostre royaume, le jour et feste de l'Assomption de la Bienheureuse Vierge Marie, s'accomplisse avec tout l'éclat et honneur qu'il convient, nous voulons et vous mandons que, conformément au contenu de nos lettres de déclaration du 10 février dernier, par lesquelles nous mettons nostre personne, nos sujets et nostre royaume en sa protection, vous ayez à vous rendre en corps, en la manière accoutumée, en ladite église cathédrale de Paris, le jour et feste de l'Assomption prochaine, pour assister à ladite cérémonie, comme chose que nous avons en singulière recommandation, et afin qu'elle se fasse avec toute la décence qui y est requise. Nous voulons aussy qu'il soit par vous laissé aux ecclésiastiques six chaises à chacun costé du chœur de ladite église où ladite cérémonie se fera. Si n'y faites faute, car tel est nostre plaisir. Donné à Abbeville, le 6 aoust 1638. Signé : LOUIS, et au bas, De Loménie. »

Après laquelle lecture, la Chambre a ordonné que lesdites lettres de cachet, avec la copie desdites lettres du 10 février dernier, demeureroient au greffe, et que, suivant icelles, Messieurs se trouveront en la Chambre, dimanche prochain, deux heures de relevée, 15 de ce présent mois, en robes de soye, pour assister à ladite procession ; et, d'autant que c'est un établissement nouveau, et que la volonté du Roy est que ladite procession se fasse avec éclat, que Messieurs du semestre de janvier en seront avertis, pour s'y trouver. Et a esté enjoint aux huissiers d'aller ès maisons de mesdits sieurs.

Du 13 aoust 1638. M^r le président Aubery a dit qu'il estoit venu exprès en la Chambre l'avertir qu'il avoit avis certain que les présidens du parlement avoient résolu d'entreprendre de passer tous, à la sortie du chœur de l'église de Nostre Dame, à la procession qui se doit faire dimanche, 15 de ce mois, avant qu'aucuns de MM. les présidens de la Chambre sortissent dudit chœur ; à ce qu'il plust à la Chambre aviser, le cas arrivant, ce qu'il seroit expédient de faire pour la conservation de l'ordre qui avoit accoutumé de s'observer pour faire marcher la Compagnie en son rang.

La Chambre, les bureaux assemblés, a ordonné que MM. les présidens Aubery et Larcher, et MM. Hallé, Viole, Perrochel, Rouillé se transporteront vers M^r le chancelier, le prier de donner ordre à ce que la Chambre soit conservée en son rang ; et, pour entendre la relation desdits s^{rs} commissaires, que les semestres seront assemblés ce jourd'huy, de relevée.

Dudit jour, de relevée, les semestres assemblés. Mʳ le président Aubery a rapporté que MM. les députés et luy avoient vu ce matin Mʳ le chancelier sur l'entreprise que vouloient faire MM. les présidens de la Cour de parlement, contre l'ordre qui avoit toujours esté observé, au sortir du chœur de Nostre Dame, pour conserver le rang que la Chambre a tenu de tout temps ès processions générales, et qu'après luy avoir représenté les inconvéniens qui en pouvoient arriver et la possession en laquelle les officiers de la Chambre estoient de marcher, à la sortie du chœur de l'église de Nostre Dame, en se croisant les uns sur les autres, pour reprendre leur rang, que ledit sʳ chancelier leur avoit dit que, si le Roy estoit en cette ville, il luy en parleroit, mais que, n'y estant point, il ne savoit que faire, et que s'en entremettant, il ne feroit peut estre que montrer sa foiblesse, et qu'en cela l'autorité demeureroit foible. Que luy ayant esté répondu par ledit sʳ président Aubery qu'ils avoient grand avantage à parler à luy, d'autant qu'il avoit vu pratiquer plusieurs fois l'ordre qui se doit observer ès processions et lors du croisement qui se faisoit à la porte du chœur de Nostre Dame, à quoy il auroit répliqué qu'il ne se souvenoit point comme il en avoit esté usé, et reprenant incontinent après son discours, auroit dit qu'il en avoit esté usé différemment, que néanmoins il ne croyoit pas que l'on en vinst aux extrémités, et qu'il en parleroit à Mʳ le procureur général du parlement. Et se seroient retirés.

La Chambre, après avoir ouï ledit rapport, a arresté que la Compagnie se trouvera en corps à ladite procession, pour marcher au rang qui luy a esté donné par les Roys, et à cette fin observé par chacun des officiers d'icelle ce qui s'est toujours pratiqué au sortir du chœur de Nostre Dame.

Du dimanche 15 aoust. La Chambre s'estant transportée, sur les quatre heures après midy, en l'église de Nostre Dame, pour obéir au commandement de S. M. porté par ses lettres de cachet du 6 de ce mois, pour assister à la procession générale mentionnée èsdites lettres, où estant arrivée et pris place dans les chaires du chœur à main gauche, et le clergé estant sorti, Mʳ le premier président du parlement seroit descendu de sa place pour suivre ledit clergé, et au mesme temps Mʳ le P.P. de la Chambre seroit pareillement descendu pour prendre son rang à main senestre ; mais, à l'instant mesme, Mʳ le président Potier se seroit levé de sa place, et, levant la main, auroit dit à Mʳ le P.P. de la Chambre : « N'avancez pas, il faut que tous les présidens marchent devant vous. » A quoy mondit sʳ le P.P. de la Chambre répondant, aussy la main haute : « Je tiendray mon rang comme mes prédécesseurs l'ont tenu, » et estant mondit sʳ le P.P. de la Chambre descendu, ledit sʳ premier président du parlement l'auroit arresté et pris par le collet, disant : « Il faut que vous laissiez passer tous les présidens devant vous. » Après quoy, mondit sʳ le P.P. de la Chambre et autres présidens ses confrères auroient suivi en leur rang, à quoy ils auroient esté empeschés et repoussés avec violence et menaces, coups de coude et grande clameur, qui auroit donné un très mauvais exemple au public. Mesme auroit ledit sʳ premier président du parlement pris une hallebarde et menacé mondit sʳ le P.P. de la Chambre de le tuer ; ce qu'il auroit peut estre fait, s'il n'avoit esté empesché par trois ou quatre de MM. les maistres. Et un conseiller d'église, nommé Mᵉ Yvon, auroit pris une épée, qu'il auroit tirée nue, et menacé mesdits sʳˢ les présidens et maistres de les en frapper, et le sʳ de Villoutreys pris un baston, avec autres ; mesme deux autres conseillers de ladite Cour, dans un tel désordre, auroient commandé à trois huissiers du parlement de se saisir du président de Marle, l'un des présidens de ladite Chambre, et commandé auxdits huissiers en ces termes : « Menez le prisonnier de nostre ordonnance ; c'est un insolent ! » Aussitost lesdits huissiers se seroient saisis de luy, pour ce faire ; ce qu'ils eussent fait, s'ils n'eussent esté empeschés par trois ou quatre de MM. les maistres, qui l'auroient reçu des mains desdits huissiers. Ce qui auroit esté au grand scandale du public, de sorte que tout l'ordre de la procession s'est troublé, et s'est rencontré dans la nef de ladite église un tel désordre et confusion, que sembloit que les ennemis fussent entrés en ladite église, le peuple fuyant de costé et d'autre. Mesme ledit sʳ premier président du parlement, encore que l'on ne luy fist ni dist aucune chose qui le pust offenser, ni en son rang, ni en sa personne, auroit menacé les présidens et consʳˢ maistres de les frapper et de les envoyer prisonniers. A quoy ils luy auroient répondu courageusement et dit que, s'il l'entreprenoit, ils luy rendroient, et qu'il se gardast bien de l'entreprendre. Et après tout ce désordre et confusion, MM. les présidens de la Chambre ayant rassemblé quelques uns de la Compagnie, pour ne quitter point leur place et rang et aller à la procession comme il leur avoit esté commandé par le Roy, ledit sr premier président du parlement se seroit de rechef présenté hors la porte de l'église, et dit qu'il empescheroit absolument que ladite Chambre allast à ladite procession, usant de ces termes : « Vous n'irez point du tout ; » prenant une hallebarde d'un archer, pour molester la Compagnie, assisté de plusieurs jeunes conseillers, sans aucun président, qui ne menaçoient rien moins que de tuer, et commandé aux exempts et archers qui estoient à l'entour de luy, avec plusieurs de ses domestiques, d'empescher ladite Compagnie de passer. Nonobstant quoy aucuns desdits srs présidens auroient continué de suivre au costé senestre, pour joindre le clergé ; mais ils auroient encore esté empeschés et repoussés avec plus grande violence au bout de la rue Nostre Dame, joignant le Marché Neuf, par les exempts et archers susdits, criant tous d'une voix, ledit sr premier président du parlement avec eux : « Tue ! tue ! » Quoy voyant, et pour éviter qu'il n'arrivast meurtre, et peut estre sédition publique, se seroient retirés, et venus en la Chambre dresser le présent procès verbal, qu'ils certifient au Roy estre véritable, et supplient S. M. leur rendre justice.

Addition au procès-verbal.

Le mardy 17me jour du mois d'aoust, au matin, MM. les présidens et maistres estant au grand bureau et se faisant représenter le procès verbal qui avoit esté dressé le 15me jour de ce mois, jour et feste de l'Assomption de la Vierge Marie, sur les six à sept heures du soir, par ceux des officiers de la Chambre qui s'estoient rendus en icelle à l'instant, des violences et voyes de fait qui venoient d'estre commises, tant contre Mr le P.P. de ladite Chambre, que contre autres de MM. les présidens et plusieurs officiers d'icelle qui estoient en l'église de Nostre Dame, pour assister à la procession générale, selon le commandement du Roy, et ce, tant par le premier président du parlement, qu'en après par les autres présidens et officiers dudit parlement, ont reconnu qu'il avoit esté omis de dire que, les huissiers et greffier de ladite Chambre sortant du chœur avec ceux de la Cour de parlement, les uns meslés dans les autres, et se voulant mettre au costé senestre, pour estre au devant de la Chambre et faire ranger le monde, comme est la coutume, plusieurs archers du guet, qui estoient audit costé senestre, leur présentèrent les pointes de leurs hallebardes, disant qu'ils ne passeroient pas, et qu'ils avoient commandement de Mr le premier président du parlement de ne laisser passer aucun officier de la Chambre, que premièrement MM. les présidens de la Cour ne fussent sortis. Et nonobstant ce, lesdits huissiers s'efforcèrent de se ranger à la main senestre, comme ils firent, et, dans cet effort, un desdits archers auroit blessé à la teste Cuissot, l'un desdits huissiers. Qu'à l'instant que le premier président du parlement eut arresté Mr le P.P. de la Chambre, pour l'empescher d'aller prendre sa place à la main gauche, Mr le duc de Montbazon se joignit avec ledit premier président du parlement, disant au sr P.P. de la Chambre : « Vous ne passerez pas. J'ay commandement du Roy de ne vous point laisser passer que MM. les présidens du parlement ne soient tous passés. » Et Mr le P.P. de la Chambre dit aussitost qu'il ne recevoit point de commandemens pour ce qui regardoit sa charge que du Roy ou de Mr le chancelier, et qu'il prendroit sa place accoutumée. Pendant ces propos, arriva le président de Novion, et en mesme temps Mr le président Aubery, lequel, comme il vouloit, selon l'usage ordinaire, aller passer à la main senestre dudit sr de Novion, ledit sr de Montbazon se jeta sur ledit sr président Aubery, et le prit par le collet, disant : « Vous ne passerez pas que MM. les présidens du parlement ne soient passés. » Ledit sr président Aubery s'efforçant de se dépestrer le mieux qu'il pouvoit dudit sr de Montbazon et du président de Novion, qui le tenoit aussy, ledit sr de Montbazon mit l'épée à la main, et, la tenant haute, cria aux archers : « Tuez ! tuez ! je vous avoue. » A cette voix, les autres présidens de la Chambre sortirent du chœur de Nostre Dame, pour savoir d'où venoit un tel tumulte et une parole si extraordinaire, et, comme ledit tumulte alloit s'augmentant, cela obligea plusieurs de MM. les maistres des comptes, correcteurs et auditeurs de s'avancer, ce qui dégagea lesdits srs P.P. de la Chambre et président Aubery des mains du premier président du parlement et desdits s^{rs} de Montbazon et Novion. Et lesdits s^{rs} présidens de la Chambre se croyant assez libres pour aller prendre leurs places à la main senestre, voulant y passer, six archers leur présentèrent les pointes de leurs hallebardes, disant qu'ils ne passeroient pas que tous MM. les présidens de la Cour ne fussent passés. Et en mesme temps survinrent plusieurs conseillers du parlement, entre lesquels le s^r Yvon, conseiller, sortant du chœur de l'église Nostre Dame, rencontrant à sa main droite un archer, luy demanda sa hallebarde, et, la luy refusant, disant ne la pouvoir quitter, il luy donna un grand soufflet, et luy arracha des mains de force ladite hallebarde. Ce que voyant, un de MM. les maistres des comptes empoigna aussitost la hante de la hallebarde entre les mains dudict s^r Yvon, pour l'empescher d'en offenser quelqu'un, luy disant : « Monsieur, que pensez-vous faire ? Vous ne songez pas où vous estes et que, s'il vous estoit arrivé de frapper quelqu'un, vous seriez cause de grands malheurs ! » Et en tirant l'un contre l'autre, la hante de ladite hallebarde, que tenoit ledit s^r maistre des comptes, se rompit en ses mains, et la presse qui survint les sépara. Et tost après, le s^r de Villoutreys, conseiller du parlement, fut vu se saisir d'un baston, duquel voulant offenser des officiers de la Chambre, il en fut encore empesché par plusieurs desdits officiers, lesquels se meslèrent avec plusieurs de ceux de la Cour de parlement; un desquels prit une épée nue à la main, qu'il arracha à un des archers, et se mettoit au devant d'aucuns des officiers de la Chambre, pour les empescher de passer et d'aller prendre leur place en la nef. Et sur cette émotion et confusion, aucuns des officiers de la Chambre sortirent de l'église dans le cloistre, du costé du puits, et les autres vinrent chercher le reste de leur Compagnie dans la nef de ladite église, et trouvèrent M^r le P.P. de la Chambre et MM. les présidens Aubery, Larcher, de Flécelles et Tambonneau ensemble, qui estoient en rang, à la main gauche, dans ladite nef, près la grande porte. Et là, bien que tous lesdits officiers pussent marcher et suivre le clergé qui s'avançoit, néanmoins ne voulant de leur part manquer en aucune des formes qui ont accoutumé de s'observer en pareilles actions, ils s'arrestèrent, attendant Messieurs de la Cour de parlement. Et estant en cette attente, ils virent venir le premier président du parlement, environné de grand nombre de ses domestiques et de quantité d'archers du guet; lequel voyant lesdits sieurs de la Chambre à la main gauche, se vint jeter sur eux, les fit reculer avec ses gens et archers, disant qu'il vouloit prendre la place où ils estoient, qu'il se mettroit où il luy plairoit, et qu'il n'y avoit point de contestation pour luy. Et à l'instant, il se trouva suivi par Mr de Montbazon, du s^r président Séguier, de trois de MM. les maistres des requestes et de plusieurs conseillers de la Cour, et ledit s^r de Montbazon fut entendu criant aux archers : « Allons, enfans ! conduisez seulement le parlement ! » Lesdits sieurs de la Chambre, voyant cette violence, y cédèrent, et néanmoins, pour le désir qu'ils avoient d'obéir au commandement du Roy et de participer aux prières publiques, après que ledit premier président du parlement eut passé ladite porte de Nostre Dame avec ceux qui le suivoient, ils essayèrent de se mettre en leurs places, allant à la file les uns des autres; et, pendant qu'ils cheminoient, aucuns d'eux furent traités injurieusement par les domestiques dudit s^r président et archers qui l'accompagnoient, ce qu'ils n'eussent osé entreprendre sans son commandement. Et sur ce que les officiers de la Chambre se plaignoient, dans le parvis de Nostre Dame, touchant les injures, violences et excès qui se commettoient contre eux, ledit premier président du parlement prit une hallebarde, dont il vouloit offenser un de Messieurs des comptes, qu'il regarda en le menaçant et baissant ladite hallebarde, comme pour l'offenser; et en mesme temps elle luy fut arrachée des mains. Et alors ledit premier président commença de rechef à crier : « Tuez ! tuez ! Vous estes bien avoués. » Et incontinent fut vu un homme vestu de gris, lequel mit l'épée à la main et la présenta à M^r le P.P. de la Chambre, jurant le nom de Dieu, disant : « Si quelqu'un passe, je le tueray ! » Et fut bien douze ou quinze pas en cette action, et, la presse survenant, il fut jeté sur la main droite. Et ce pendant Messieurs de la Chambre ne laissèrent de s'avancer et se rendirent le mieux qu'ils purent jusqu'au bout de la rue de Nostre Dame; où estant, on leur fit tous les excès et violences contenues au procès verbal cy dessus; ce qui les obligea de se retirer.

(Plumitif.)

490.
4 Septembre 1638.
LETTRE DU PRÉSIDENT DE FLÉCELLES AU P.P. — CONFLIT AVEC LE PARLEMENT.

A Paris, le samedi 4 septembre 1638.

Monsieur, nous attendons d'heure à aultre la délivrance de la royne et les commandemens que nous aurons du Roy sur ce subject. Nous avons sceu que Monsr le P.P. du parlement, prévoyant cela, a esté trouver Monsieur le chancelier, et a fort longtemps demeuré avec luy, et que ce voyage a esté pour le porter à rien ordonner par provision sur nos différends, que ce ne fut à l'advantage de sa Compagnie; et sur cela, la nostre désireroit qu'il vous pleust venir icy aujourd'huy, pour, vous seul, aller veoir mondit sieur le Chancelier et l'entretenir sur le mesme affaire, le suppliant de ne nous point faire tort en ce rencontre. Hier, sur le soir, à la levée de la Chambre, tous Messieurs en parlèrent de cette sorte. J'ai creu estre de mon debvoir et du service que je vous ay voué, de vous en donner advis. Ce désir est plain de raisons, et son effect bien à propos. Chacun craint que nostre silence ne nuise à la Chambre, et qu'il est bon de faire ce qui est en nostre pouvoir. Venant icy aujourd'huy, vous vous y trouverez tout porté pour la cérémonie et pour aller à St-Germain faire les complimens à Sa Majesté, car j'estime que tout s'effectuera au plus tard dans lundi prochain, et, si on a à parler à Monsieur le chancelier, il est nécessaire que ce soit aujourd'huy, pour ce qu'il doibt aller près du Roy, dès qu'il sçaura que la royne sera en travail. Je vous donne le bon jour et suis, etc.

DE FLÉCELLES.

(Orig. autographe. — Arch. Nicolay, 75 L 19.)

491.
9 Septembre 1638.
NAISSANCE DU DAUPHIN.

Ce jour, les semestres assemblés, Mr le P.P. a rapporté que, suivant la députation du 6 de ce mois, Mr le procureur général ayant vu Mr le chancelier et su de luy que le Roy donneroit audience à MM. les députés de la Chambre à St-Germain en Laye, sur les quatre heures du soir, mesdits sieurs, suivant cet ordre, s'assemblèrent en la Chambre, et se rendirent audit St-Germain à trois heures; furent descendre à l'hostel de Chevreuse, qui leur avoit esté préparé; qu'aussitost le sr Riquetti, exempt des gardes, les vint trouver, et, leur ayant représenté qu'ils estoient trop éloignés du chasteau, les y conduisit en la chambre du sr de Tresmes, capitaine des gardes. Partirent de ladite chambre incontinent après, et se rendirent, par le commandement du Roy, en la chambre de S. M., accompagnés dudit sr Riquetti, le sr de Loménie, secrétaire des commandemens, estant empesché à présenter Messieurs du parlement, qui eurent les premiers audience. Que le Roy les ayant fait avancer, et mondit sr le P.P. fait le compliment à S. M. et témoigné l'ayse et le contentement que tous les officiers de la Chambre avoient de l'heureuse naissance de Mgr le Dauphin, le Roy, prenant la parole, leur auroit dit en ces termes : « Ce n'est pas d'aujourd'huy que j'ay reconnu l'affection que les officiers de ma Chambre ont à mon service, et je suis bien ayse que tous mes sujets prennent part à la grace que Dieu m'a faite. Je m'en souviendray, pour le témoigner à la Compagnie aux occasions. »

Et s'estant retirés, ils furent conduits en la chambre de Mgr le Dauphin, où ils furent fort bien reçus par Mme de Lansac, sa gouvernante, et autres dames. Et ayant appris que Messieurs du parlement n'avoient fait aucun compliment, ils n'en firent point aussy, et après luy avoir fait la révérence, ils se retirèrent, et furent conduits en une chambre du chasteau, où la collation leur fut présentée. Et vint ledit sr de Loménie vers eux, faire ses excuses de ce qu'il n'avoit présenté la Compagnie ainsy qu'il est accoutumé. Et après, s'en revinrent en cette ville, en laquelle ils arrivèrent sur les neuf heures du soir.

(Plumitif et Créances.)

492. 9 Octobre 1638.
MÉMOIRE AU CARDINAL SUR LE CONFLIT DE LA CHAMBRE ET DU PARLEMENT.

Messieurs les présidens de la Cour de parlement s'avisèrent, le 15me jour d'aoust dernier, feste de l'Assomption de la Vierge (que le Roy avoit ordonné une procession générale pour l'accomplissement de son vœu), de vouloir empescher MM. les présidens de la Chambre de se croiser avec eux et, par ce moyen, de mener leur Compagnie prendre sa place à la main senestre de la Cour de parlement, en mesme temps que ladite Cour alloit prendre la sienne à la main droite, comme l'usage observé de temps immémorial le requéroit.

Lesdits s^{rs} présidens ayant fait ce trouble, pour essayer de faire connoistre qu'ils l'ont pu faire, ou pour s'en excuser, ont fait mettre ès mains de S. É. plusieurs extraits, qu'ils disent avoir tirés des registres de la Cour, avec autres pièces et un mémoire de leurs moyens. La Chambre, ayant su la forme que tenoient lesdits s^{rs} présidens, en a usé de mesme, et a fait tirer de ses registres et du Cérémonial les extraits des pièces y contenues, qui parlent nettement de l'ordre gardé depuis plus de cent ans en pareilles cérémonies, et a fait un mémoire raisonné desdites pièces. Par lesdits extraits il paroist que la Chambre a toujours esté coste à coste et vis à vis du parlement, à la main senestre, et que, pour prendre sa place aux processions générales à la main senestre, en mesme temps que le parlement va prendre la sienne à la droite, les présidens des Compagnies et tous les autres officiers se sont croisés, chacun président du parlement et chacun conseiller de la Cour ayant toujours pris en passant la main droite sur le président et sur le maistre des comptes qui a passé avec luy. Et par aucunes des pièces baillées par lesdits s^{rs} présidens de la Cour, il y en a qui portent que lesdits présidens ont tous passé devant MM. les présidens des comptes et que, la Chambre marchant en procession, ses présidens n'ont marché que vis à vis des maistres des requestes et conseillers de ladite Cour; ce qui néanmoins n'a jamais esté vu.

Il est donc question d'examiner la validité des pièces des uns et des autres, et faire voir le défaut d'icelles et tout le fond de l'affaire.

Lesdits s^{rs} présidens de la Cour rapportent un mémoire pris dans les Mémoires de Du Tillet, greffier de ladite Cour, d'un prétendu ordre expédié en 1534 pour une seule cérémonie, qui se devoit faire le jour suivant de sa date. Le contenu en ce mémoire ne peut estre admis, n'estant en la forme des règlemens qui se faisoient lors, qui estoit qu'aucun secrétaire d'Estat ne signoit quelque résultat des intentions du Roy que ce fust, qu'il ne prist les noms de ceux qui avoient esté présens à la résolution. Et se peut dire que ledit Du Tillet ne l'a mis que pour favoriser le parlement au préjudice de la Chambre, dans les registres de laquelle, ni dans le Cérémonial, il ne se trouve rien d'écrit de ladite cérémonie. Et pour ce est à croire que ledit nouvel ordre proposé n'a pas esté exécuté, tant pour ce qu'il est contraire au règlement du 11 juin 1528, qui a esté fait pour servir à toujours par le mesme roy François Ier, et en forme authentique, qui est par l'avis d'officiers de la couronne présens à la délibération et arresté dudit règlement, que pour ce que le parlement n'auroit pas recherché d'avoir les lettres de l'an 1557.

Pour lesdites lettres de 1557 alléguées par lesdits s^{rs} présidens du parlement, elles n'ont jamais eu de lieu, et ont esté avortées à l'instant de leur conception et désavouées par le roy Henri II, comme obtenues par surprise, ainsy qu'il se voit bien nettement en l'extrait du susdit Cérémonial, et en ce qui a esté usité depuis ledit temps jusques à maintenant.

La procession des Anglois alléguée par lesdits s^{rs} présidens du parlement ne sert de rien au fait dont il s'agit, car il ne se fait point de procession, mais bien se célèbre une haute messe en la nef, à l'autel de la Vierge, et il n'y a que deux rangs de bancs en ladite nef : sur celuy de main droite se mettent un président du parlement, joignant luy un président de la Chambre; au dessous desdits présidens, des conseillers de la Cour, et après eux les maistres des comptes, sans les Gens du Roy; tellement que ce ne sont que députés particuliers, et non des Compagnies en corps; et sur les bancs de la main senestre, et vis à vis desdits officiers, sont Messieurs de la ville, en armes, qui est une forme qui n'est pas usitée. Et néanmoins, quand lesdits officiers desdites Compagnies sortent de l'église, ceux du parlement prennent la main droite, et ceux de la Chambre la senestre.

Pour la cérémonie des obsèques des empereurs, il se trouve dans le Cérémonial de la Chambre qu'en celle de Ferdinand elle a esté assise aux hautes chaires du chœur de Nostre Dame, à main senestre, et le parlement vis à vis, à main droite; et pour celle de Maximilien, il n'y a audit Mémorial que le transcrit des lettres closes du Roy, la créance du maistre des cérémonies, la semonce, et comme la Compagnie y a assisté en corps, et toujours vis à vis du parlement.

Et pour celles observées aux obsèques de feu M^r le duc d'Anjou, en l'année 1584, rapportées dans le Cérémonial de Godefroy, auteur qui devroit estre suspect à la Chambre, pour estre avocat du parlement, il se voit que la Chambre a esté placée dans le chœur de Nostre Dame vis à vis dudit parlement, de sorte qu'il n'y a rien èsdites obsèques qui contredise au rang que tient la Chambre.

Lesdits s^{rs} présidens du parlement font fort sur les commissions de la Chambre de justice ou francs fiefs. Elles ne servent aussy de rien au fait en question, car les présidens de la Chambre ne contestent point la séance devant les présidens de la Cour, et se contentent d'estre assis en mesme banc avec eux, en leur main senestre, en l'exécution de telles commissions.

La cérémonie de la procession faite à Ste-Geneviève en l'an 1615 est au long dans les Mémoriaux et le Cérémonial de la Chambre, semblable à l'extrait qui en a esté tiré, et confirme nettement la possession des présidens de la Chambre.

Mais, pour oster tout doute sur ce que lesdits mémoires des s^{rs} présidens du parlement sont dissemblables aux extraits des registres et Mémoriaux de la Chambre ès choses dont le parlement veut avoir avantage sur ladite Chambre, sera dit, sans crainte d'aucun reproche, que la Chambre maintient ses registres très véritables et faits dans la bonne foy et avec grand soin, pour ce que lesdits registres ne sont tenus que pour faire foy à la postérité et servir de titres en toutes les affaires des Roys et de leur couronne et des particuliers qui ont contracté avec Leurs Majestés pendant leurs règnes, ou obtenu d'elles des graces, bienfaits et priviléges; en sorte que, si on doutoit de leur vérité, il n'y auroit aucune sureté pour la conservation des interests de Leursdites Majestés et droits de leurs couronnes, ni pour leurs sujets.

Et contre les avantages imaginaires que lesdits présidens du parlement veulent avoir sur la Chambre des comptes, sera pareillement représenté que, pour les renverser, il ne faut que considérer l'usage, lequel ne peut estre caché, puisque tant de milliers d'hommes en sont les témoins oculaires, depuis les plus anciens de ce siècle jusques aux plus jeunes, en une infinité de cérémonies publiques célébrées depuis tant d'années, et dont le Parlement est mesme le témoin et l'observateur, puisque les conseillers, qui se règlent sur leurs présidens, se sont toujours croisés un à un avec les maistres, correcteurs et auditeurs des comptes, avec civilité, et sans aucune difficulté ni contradiction.

Cet usage fait voir que la Chambre a toujours esté coste à coste et vis à vis du parlement, sans qu'une Compagnie ayt avancé devant l'autre, tant aux processions, que dans le chœur de Nostre Dame ou ailleurs, et sans qu'entre lesdites Compagnies ni leurs chefs il y ayt eu aucun différend pour cela.

Ce qui s'est passé entre MM. les premiers présidens de Harlay, de Verdun, de Hacqueville, Champigny et M^r le premier président d'à présent, jusques au susdit jour 15me aoust dernier, et MM. Nicolay père et fils, premiers présidens de la Chambre, depuis quarante deux ans qu'ils ont possédé leurs charges, en fait foy : dont il se doit tirer une preuve certaine que ce qui est écrit dans les registres de la Chambre est véritable, et que les prétentions desdits s^{rs} présidens de la Cour sont imaginaires.

Que si l'on objecte quelque chose au contraire, c'est un particulier intéressé qui le dit en son propre fait, et qui est contredit infinies fois par le public.

Et ce mesme usage est aussy rendu véritable par l'interruption que lesdits présidens du parlement y ont voulu apporter à la dernière cérémonie, car le grand trouble qui y arriva ne fust jamais advenu, si lesdits présidens n'eussent point menacé ceux de la Chambre de ne les pas laisser passer en leur ordre, et que le premier président de ladite Cour eust passé comme il avoit accoutumé, sans arrester celuy de la Chambre, pour l'empescher de passer en sa place.

Cet usage, ainsy prouvé et tenu pour tel qu'il est, tire après soy une conséquence infaillible, qui est que, puisque lesdites Compagnies vont coste à coste et vis à vis l'une de l'autre, que, comme dans le chœur de l'église Nostre Dame, elles paroissent en public, chascune de leur costé en pareil rang et séance que l'autre, il faut, de nécessité, que, sortant pour la procession, elles soient l'une et l'autre en semblable rang devant le peuple qui les voit dans la nef. Et cette sortie, qui est à proprement parler un défilement, après que les deux premiers présidens des Compagnies sont sortis, avec civilité réciproque, se continue et achève, dans le particulier de tous les autres officiers, si promptement et dans un lieu si obscur, qu'à peine le peuple qui est dans le chœur et celuy qui est dans la nef s'en peuvent apercevoir, et seulement ne paroist que les officiers qui sont à la teste de chacune Compagnie. Et néanmoins tout s'y passe avec tel honneur pour le parlement, que chacun officier de la Chambre, rencontrant celuy du parlement avec lequel il doit se croiser, luy laisse prendre la main droite, et passe au dessous, pour gagner la main senestre.

Lesdits s^{rs} présidens du parlement voyant que ces raisons les convainquent, ils veulent se prévaloir d'une maxime qu'ils tiennent, qui est que leur banc ne se sépare point. Cela est vray lorsqu'ils sont assis pour rendre justice et lorsque la Cour se présente en corps au public : aussy sont ils assis de suite dans le chœur de ladite église, où la Cour se fait voir, et aussy se rencontrent ils ensemble en la nef, après estre sortis dudit chœur en leur rang, sans estre divisés, quand la Cour est en corps. Et ce croisement qui se fait n'est que pour donner la droite au parlement et la senestre à la Chambre en mesme temps, et ne peut nuire à la prééminence et dignité d'aucun des officiers des Compagnies.

Ils disent encore que jamais aucun de MM. les présidens de la Chambre n'a passé devant eux en particulier. On en demeure d'accord, et on ne le voudroit pas entreprendre. Aussy, lorsqu'un d'eux se présente pour sortir dudit chœur, et qu'un président de la Chambre va au rencontre, celuy cy cède et prend le dessous. Mais pour cela, de prétendre par lesdits présidens de la Cour qu'en un passage qui n'est qu'un chemin emprunté par la nécessité, pour donner moyen à chacun officier desdites Compagnies de se rendre promptement où il se doit placer, que tous ensemble doivent passer devant tous les présidens de la Chambre, c'est une prétention hors de toute raison, qui n'a pour fondement que de nuire à la Chambre et de mettre une division entre tous les conseillers de ladite Cour et les maistres des comptes.

La raison est que chacun conseiller en particulier prétend devoir estre joint à son doyen, ainsy que MM. les présidens de la Cour à leur premier président, et n'en pouvoir estre séparé; et c'est ce qui fait qu'ils ne veulent laisser passer devant eux aucun conseiller des autres parlemens, quelque ancienneté qu'il ayt par dessus eux.

Tellement que, d'une querelle faite de gaieté de cœur par des particuliers, pour une ambition imaginaire, les deux Compagnies se trouveront divisées dans le général pour jamais, lesquelles, jusques à présent, ont esté unies, se respectant l'une l'autre, comme la raison et le service du Roy le veulent.

Lesdits s^{rs} présidens du parlement, pour donner plus de poids à leur entreprise, veulent élever leur Compagnie fort haut, et abaisser celle de la Chambre. En quoy ils ont tort, parce qu'ils ne considèrent pas que l'une et l'autre n'ont d'autorité, fonction et rang que ce qu'il plaist aux Roys leur donner, que l'une et l'autre sont établies souveraines en leurs fonctions, indépendantes l'une de l'autre, et que chacune a sa fonction séparée. L'une est établie pour rendre la justice distributive aux sujets du Roy qui sont dans son ressort, selon les coutumes des lieux, à la décharge de la conscience de S. M., et l'autre, pour agir dans les affaires de ses finances et revenus et domaines de sa couronne, et les juger et conserver dans les termes prescrits par les ordonnances, et outre juger généralement toutes sortes de graces, bienfaits et priviléges et infinies autres affaires d'importance. Si la Cour de parlement a des prééminences, la Chambre n'en a pas de moindres, puisqu'elle fera voir que des Roys, occupés en des guerres sur les frontières de leur royaume, luy ont donné pendant certain temps le pouvoir de conférer des graces et concessions perpétuelles ou à temps, graces de rappel de ban, lettres de noblesse, de légitimation, de renouvellement ou confirmation de priviléges, et que des plus grands du royaume, jusques à des princes du sang, ont tenu à honneur de tenir la place de premier président de ladite Compagnie.

Lesdits s^{rs} présidens viennent encore au particulier des officiers de la Chambre, et disent qu'ils sont leurs justiciables et ont demandé d'estre jugés en la grand'chambre pour fait de crime.

Voilà mal prendre ses mesures! L'attribution de cette juridiction ne regarde que le particulier des officiers, et non la Chambre en corps, qui, pour le fait des particuliers, ne peut estre altérée en son rang et dignité. Et cela a esté demandé plutost pour obvier aux entreprises et surprises des officiers de l'ordinaire, que pour autre cause. Et il ne se trouvera peut estre pas un seul officier de la Chambre qui ayt eu besoin de ce privilége, et qui l'ayt réclamé. Néanmoins, si on veut le prendre de cette sorte, lesdits s^{rs} présidens n'ont point de quoy se glorifier par dessus les présidens de la Chambre, puisqu'il n'y a un seul d'entre eux qui n'ayt eu des affaires en la Chambre, qui n'ayt esté soumis à ses arrests, et ne les ayt de bon cœur approuvés.

Après toutes ces raisons examinées, ce qu'il a plu au Roy régler par son édit du mois de février 1633 entre le parlement de Dijon et la Chambre des comptes de Bourgogne, pour leur rang et séance dans les églises et processions générales, et la forme de leur sortie des chœurs desdites églises, qui est de se croiser les uns dans les autres, fait connoistre que S. M. et son Conseil sont bien informés de la vérité du susdit usage, et fait conclure avec toute sorte de justice que lesdits s^{rs} présidens du parlement ont tort de vouloir innover et heurter le corps d'une Compagnie entière, pour satisfaire à leur particulière ambition.

S. É. donc se trouvant, comme il y a raison de croire qu'elle doit estre, satisfaite sur la connoissance du fond du différend susdit, elle fera rendre justice à un chacun, en faisant ordonner que tous les officiers desdites Compagnies se croiseront pour sortir du chœur de Nostre Dame et des autres églises où elles se trouveront, soit pour aller aux processions, ou pour se retirer après les cérémonies célébrées; et, ce faisant, que le premier président de la Cour de parlement sortira le premier, et celuy de la Chambre des comptes après, et ainsy de suite les autres présidens et officiers desdites Compagnies, en se croisant l'un l'autre, afin que, d'un mesme temps, ceux dudit parlement se rendent à la main droite, et ceux de la Chambre à la senestre, pour cheminer coste à coste et vis à vis les uns des autres.

Que s'il estoit fait autrement, ce seroit diminuer le rang qu'il a plu aux Roys donner à la Chambre et la déshonorer dans le public; et le parlement ne peut estre intéressé, ni aucun officier d'iceluy, dans cet ordre, puisque son vray honneur en telles cérémonies n'est que de paroistre dans ledit public en corps tenant la main droite, et la Chambre la senestre, et non en se croisant en un simple lieu de passage.

. (Copie. — Collection le Marié d'Aubigny.)

493.

17 Octobre 1638.
PLACET ADRESSÉ PAR UN EMPLOYÉ DES FERMES AU P.P.

A Paris, ce 17 octobre 1638.

Monseigneur, les fermiers ont de coutume de faire leurs estat tous les ans à la St-Remy, et moy, ayant recognu qu'il estoit fais, et que je n'y estois point, je estés chieux M^r le Barbier, pour sçavoir de luy s'il avoit la volonté de servir de moy. Il m'a fait responce que leurs estat n'estoit point signé, et que l'asamblé se faisoit à Thury, à un village qui est à deus lieux de Paris, et que là on verroit si on se serviroit de moy. Je n'é point manquer de m'y trouver, où tant arivés, ils commançois à disner. Il furent bien quatre heures à table. En estant sorty, ils se retire dans unne pestiste chambre, où estant asis à l'entour d'unne table, il me font apeler et me demande ce que je voulois. Je leurs ay respondu que je désirois estre paier des gaige qu'ils me devois, et Mr Barbier me fais responce que je ne devois point parler de sy peu de chose, et disoit que je n'avois point servir, et qu'il ne me devoit rien, et que, puis qu'il procuroit avecque les autres de me faire anploier, que je me devois contanter. Je luy ay fait responce que j'avois plus à faire de mon argent que de son enploy, et que je l'avois très bien servis, que s'estoit la raison qu'il me payats. Ils ons tous fais responce qu'ils estois vos très humbles serviteurs, et qu'ils vous iroient vous trouver pour vous dire les plainte qu'il font contre moy, et que vous leurs donniers trois homme an ma place, qu'ils les anploiront. Je leurs ay fait responce que, puis qu'il ne savois paier un homme de vostre part, qu'à grand peine en perois il trois. Aussitot ils commance à jurer contre moy, et il i an hu un de la compagnie quy me die que je estois bien a fronter de parler sy hardiment devant eux, et me demande de quel pais j'étois. Je luy ay fais responce que j'étois d'un si bon pais, que vous estiés quapable de randre témoignage de moy, et que vostre puissance estoit assé grande de me donner un autre employ sans leur an prier. Antandant ses parolles, ils me font meltre de hors un peu plus viste que je n'eus voulu. Le lendemain je retourné au logis de M^r le Barbier, afin qu'il hue à me paier de ce qu'il me debvoit, et il a commandé que l'on me donnats la somme de cent sinquante livres, et que l'on tire un quittance géneralle de moy de tout le tamps que je servir; et il me doit deux cens livres. Cela faict bien mal au cœur de donner unne quittance d'un argent que l'on ne reçoit point. C'est pourquoy je serois bien heureux de sçavoir vostre volonté auparavant de le faire; et, se faisant, il poura monstrer comme il m'aura paié, et le n'y pourez pas constredire. Et pour leur témoigner, Monseigneur, que vostre puissance est assé grande pour me faire enploier sans leurs an prier, il y a Monsieur des Broche, qui est mestre des comptes, et qui est fermier des trois livres nouvellement impossée sur chacun muid de vin, quy se seroit bien heureux d'anploier un homme de vostre part. Il luy manque un homme à la porte de Richelieu, d'où je suis sorty. S'il y avoit un moyen que je fust anploier, par ce moyen là se seroit leurs rendre le desplaisir qu'il me font. Se faisant, je séré tenu et obligé de prier Dieu pour vostre prospérité et santé, et demeure,

Monseigneur,

Vostre très humble et très obbéissant serviteur.

ARGUILLE.

(Orig. autographe. — *Arch. Nicolay*, 21 C 112.)

494.   4 *Janvier* 1639.
LETTRE DU PROCUREUR GÉNÉRAL AU P.P. — AFFAIRES DE LA CHAMBRE.

A Paris, le 4 janvier 1639.

Monsieur, ce matin, la Compagnie, après la lecture des ordonnances et distribution des charges, se promettoit de vous supplier, ainsy qu'elle l'avoit cy devant arresté, de voir Monsr le cardinal, avec quelques uns de la Compagnie, telz que vous voudriez choisir, touchant l'annuel; mais, à cause de vostre absence, elle a remis à en parler vendredy prochain, auquel les semestres seront assemblez pour ce subject. Elle a creu qu'une action si importante estoit deüe à un si digne chef. On tient comme assuré que le parlement aura contentement entier, en vérifiant l'édit des procureurs et quelques autres qu'on ne sçait pas encores. Ceulx de la Chambre doivent avoir grande peur. On se souvient à la Cour de l'affirmation et soubmission que feu M^r le président Cornuel fit à sa réception; je ne sçay si cela se convertira simplement en dommages et interestz, pour donner tempz cependant au gendre de la maison de faire corriger et appurer les comptes de son père. M^r le président le Camus prent de luy mesmes le loisir qu'il ne se pouvoit donner le mois passé. Mr Poinville, après s'estre plaint à quelques uns de la Compagnie et au parquet du desny de justice touchant son affaire, m'a dit avoir donné requeste au Conseil, et mise entre les mains d'un conseiller d'Estat. Je l'en ay dissuadé autant que j'ay peu, et parlé à la pluspart de ses commissaires, pour terminer l'affaire[1]. Je suis, etc.

L. GIRARD.

(Orig. autographe. — *Arch. Nicolay*, 75 L 20.)

1. Le 29 avril suivant, la Chambre députa le P.P. à Rueil, pour l'annuel. Les envoyés furent introduits par Mr de Nogent-Bautru dans « la salle du chasteau, où estoient plusieurs personnes, comme officiers, et nombre de gentilshommes, attendant ledit s^r cardinal ; lequel sortit aussitost de sa chambre, les ayant aperçus, et vint, et prit mondit s^r le P.P. par la main, et les mena vers une des fenestres de la salle. Auquel s^r cardinal ledit s^r P.P. ayant fait le compliment et prière de la Chambre, il leur dit qu'il avoit toujours eu de l'affection pour la Compagnie, de laquelle il avoit toutes sortes de faveurs, et qu'il n'estoit pas juste de la séparer ni distinguer de la Cour de parlement ; que l'affaire dudit parlement estoit preste d'estre accommodée, et que, cela fait, il espéroit que la Chambre auroit contentement. » (*Créances*.) Par déclaration du 15 mai 1639 (impr. dans la collection Mariette), la Chambre fut admise à l'annuel, sans payer le huitième denier de l'évaluation des charges. Mais le roi fit surseoir la publication et l'exécution de cette déclaration jusqu'à ce que la Chambre eût supprimé les réserves spéciales qu'elle faisait contre les officiers de création récente. (*Plumitif*, 30 mai et 20 juin.)

495.
21 *Janvier* 1639.
LETTRE DU ROI AU P.P. — VÉRIFICATION DE DON.

Monsr Nicolay, vous aurez peu veoir, par les lettres de don que j'ay fait expédier au s^r marquis de Mortemer, que mon intention a esté de le gratiffier de quelques terres joignant le cours des Thuilleries, que j'aurois cy devant fait payer aux propriétaires. Pour la vérification desquelles lettres ayant sceu que l'on inquiette ledict marquis par touttes sortes de chicaneries qui retardent l'effect de mon intention, je vous faiz la présente pour vous témoigner que je désire qu'il en jouysse conformément ausdictes lettres, le tout dans la justice seullement. Et je prie Dieu vous avoir, Mr Nicolay, en sa saincte garde. Escrit à Versailles, ce xxj^me jour de janvier 1639.

LOUIS.

(Orig. autographe. — *Arch. Nicolay*, 23 L 26.)

496.
(*Août* 1640.)
LETTRE DU SURINTENDANT DES FINANCES AU P.P. — COUR DES COMPTES DE L'HOTEL DE VILLE.

Monsieur, depuis six sepmaines qu'il y a que j'ay traicté avecq vous sur les affaires de la Chambre et convenu des conditions, j'en ay tousjours attendu l'exécution. Je m'estonne du long temps qui s'est passé depuis, sans que ces conditions, ratifiées par la Chambre, ayent esté exécutées. Je vous supplie de mettre fin à cest affaire, et la terminer au plus tard dans la fin de cette sepmaine. Autrement, j'auray subject de me plaindre, et seray obligé, pour le bien du service du Roy, de me servir des moyens qui seront jugez nécessaires. J'attendray sur ce vostre résolution, et demeureray, etc.

BULLION.

(*Autog.*) Monsieur, je faits plus estat de vostre parole que de toutes les obligations du monde. Je vous suplie terminer cette affaire, affin que le Roy ne soit contraint de se servir d'autres moyens, qui pourroyent donner de l'incommodité à la Chambre [1].

(Original. — *Arch. Nicolay*, 75 L 47.)

1. Par édit du mois de mai précédent, il avait été créé une Cour des comptes souveraine en l'hôtel de ville de Paris, pour juger les comptes des rentes constituées, ceux des deniers communs ou d'octroi de toutes les villes du royaume et ceux des consignations de toutes les Cours et juridictions. La Chambre avait chargé le P.P. de faire retirer cet édit et d'accepter plutôt, s'il le fallait, une création d'offices pour la valeur d'un million. La création fut d'un président, deux maîtres, deux correcteurs, deux auditeurs, etc. ; moyennant quoi le roi s'engageait à ne jamais créer de Chambre ni de Cour à Paris ou dans le ressort. (*Créances*, 5 septembre et 24 octobre 1640. — Édit du mois d'octobre, impr. dans la collection Mariette.)

497.
18 *Avril* 1641.
DON DE TERRAIN POUR L'AGRANDISSEMENT DE LA CHAMBRE.

Louis, etc. Nostre Chambre des comptes estant, dès le commencement de son institution, le lieu et dépost public où sont apportés et conservés tous les comptes, acquits, enseignemens, titres et documens concernant nos finances et les droits du domaine de nostre couronne, il s'est fait, par le temps, un si grand amas de papiers, qui augmente de jour en jour, que les chambres, galeries et autres lieux à ce destinés ne sont plus capables de les contenir, les planchers estant tellement chargés, que, pour éviter le péril imminent, l'on a esté contraint de les étayer en plusieurs endroits, de sorte que le bon ordre qui a esté établi en nostredite Chambre et gardé jusques à présent avec beaucoup de soin, pour, avec facilité et à point nommé, trouver les papiers dont l'on a besoin pour nos affaires, se pourroit changer et tourner en confusion, faute de les pouvoir ranger, n'y ayant lieu et espace suffisant à cet effet. Et comme il seroit de grande conséquence et préjudice, tant pour nostre intérest, que pour celuy du public, d'oster de nostredite Chambre aucuns desdits papiers, pour faire place aux autres, -les officiers de nostredite Chambre nous ont, par plusieurs bonnes raisons, fait connoistre qu'il estoit du tout nécessaire d'accroistre l'étendue d'icelle par de nouveaux bastimens. A quoy désirant pourvoir . . . . voulons et nous plaist que, des deniers qui ont esté et seront par nous destinés, il soit basti et construit des galeries, chambres et autres lieux commodes à mettre et ranger papiers, sur une place de cinquante toises de longueur qui sera prise sur le quay du costé du Palais regardant le couvent des Grands Augustins, depuis la poterne de la petite porte du Palais, tirant vers le Pont Neuf, jusques à la concurrence desdites cinquante toises, sur toute la largeur que la place pourra porter, tant sur ledit quay, que dans le canal sur la rivière, sans entreprendre sur la rue, d'un droit alignement des maisons qui sont déjà construites sur le mesme quay. Et afin de joindre ledit nouveau bastiment avec l'ancien, par le moyen de la galerie neuve de la Chambre qui aboutit sur ledit quay, sera tiré un passage, soutenu d'une grande arcade au travers dudit quay, de telle longueur et largeur qu'il sera jugé nécessaire par les architectes qui seront commis à cet effet. Le tout, suivant les plans, élévations et devis qui en seront arrestés et paraphés par le sr de Noyers, nostre conseiller, secrétaire d'Estat et de nos commandemens, surintendant et ordonnateur général des bastimens. Laquelle place, en toute la longueur et largeur cy dessus spécifiée, ensemble les bastimens qui seront élevés sur icelle, nous avons joints, unis et incorporés, et voulons estre tenus et réputés de l'enclos et pourpris de nostre Chambre des comptes de Paris. . . . . à laquelle nous avons délaissé, dès à présent et pour toujours, la libre, pleine et entière disposition, tout ainsy et en la mesme forme et manière qu'elle l'a à présent des autres lieux et bastimens qui sont de l'enclos et étendue de toute nostredite Chambre des comptes . . . . Donné à St-Germain en Laye, le 18me jour d'avril, l'an de grace 1641, et de nostre règne le trente unième.

LOUIS.
SUBLET.
(*Mémorial*.)

498.

1641.

EXEMPTION DE LA PIQÛRE POUR LE P.P.

Louis, etc. Les premières places de nos Cours souveraines ont tousjours esté, envers nos prédécesseurs et nous, en si grande et particulière recommandation, que nous nous sommes efforcez de les remplir de personnes de très grandz mérites, afin qu'à leurs exemples les autres officiers desdites Cours se conduisent en l'exercice de leurs charges, et aussy que, par leur vigilence et assiduité, ils empeschent les abus qui se pourroient glisser dans leurs Compagnies, et répriment ceux qui s'i seroient coulez. Entre lesquelles Cours souveraines nostre Chambre des comptes est une des premières et plus nécessaires, veu qu'en icelle se traictent les affaires concernans nos domaines et finances, par le moien desquelles nostre maison et les grandes armées que nous sommes obligez mettre sur pied et entretenir, pour empescher les desseings et entreprises de nos ennemys, subcistent. En laquelle Compagnie la première place a tousjours esté remplie de personnages de telles probitez, suffisances et expériences, que nos prédécesseurs en ont eu, comme nous avons à présent, tout le contentement qu'il se peult désirer, et particulièrement depuis l'année mil cinq cens six, que le roy Louis XII® voulant recognoistre les signalez services que Messire Jean Nicolay, chevalier, conseiller et maistre des requestes ordinaire de son hostel, luy avoit rendus, tant en ladite charge, qu'en cele de son chancellier au royaulme de Naples et en aultres employs, et, pour l'eslever à un grade d'honneur esgal à ses mérites et services, luy auroit donné l'office de premier président en nostredite Chambre, vaccant par le décedz de M^ro Denis Bidault; laquelle il auroit exercée, et ses enfans, jusques à présent, ausquelz de père en fils elle a esté transmise, et par ce moien conservée à sa maison et postérité, l'exerçant à présent Messire Antoine Nicolay, chevalier, conseiller en nos Conseils, et cinquiesme premier président en nostredite Chambre dudit nom de Nicolay. Et d'autant que, par l'eedict du mois d'octobre mil cinq cens cinquante un, portant création de nombre d'officiers en icelle et establissement des semestres, Messire Émard Nicolay, chevalier, lors premier président, par le département qui se fit des officiers de nostredite Chambre, prist le service de janvier, pour y servir continuellement, avec obligation de la picqueure pour les jours qu'il n'entreroit, ne laissant touttefois, suivant ledit eedict, de continuer et faire l'exercice de sadite charge au semestre de juillet, comme chef de l'un et l'autre semestre, ledit département de semestres n'ayant esté faict pour empescher ny oster la liberté aux officiers d'icelle de rendre, sy bon leur sembloit, service continuel, mais seulement afin que la multitude qui, par ceste création, se fût rencontrée au bureau de nostredite Chambre, n'empeschast ny retardast les affaires concernans nostredit service, et aussy afin qu'estans obligez, chacun en leur semestre, d'entrer en icelle aux jours et heures ordinaires, à peyne de ladite picqueure, ils se rendissent plus vigilens et soigneux à vacquer aux affaires qui s'i traictent; de sorte qu'à l'exemple dudit Messire Émard Nicolay, ses successeurs en ladite charge ont tousjours continué à servir audit semestre de janvier par obligation de ladite picqueure, et en celuy de juillet pour l'affection qu'ils ont eue au bien de nos affaires, comme faict encores à présent ledit sieur Nicolay, premier président en nostredite Chambre. Auquel, pour donner quelque prééminance particulière à sa charge de premier président en nostredite Chambre, unicque en icelle, et le chef de tous les officiers, et aussy en considération de sesdits services, nous avons estimé à propos le descharger, et ses successeurs en ladite charge, de ladite picqueure, afin qu'ils puissent nous rendre le service en tel temps et lieu que nos affaires requerront, et vacquer à leurs affaires domestiques, lorsque les nostres pourront plus aysément et commodément le permettre. A ces causes, après avoir faict veoir en nostre Conseil ledit eedict du mois d'octobre mil cinq cens cinquante un, d'establissement desdits semestres, le département d'iceux du xvij^me febvrier audit an, de l'advis d'iceluy, et afin que ledit sieur Nicolay continue à nous rendre à l'advenir avec assiduité et affection le service qu'il nous a rendu jusques à présent en l'un et l'autre desdits semestres, et pour d'autant plus le gratiffier, de nostre plaine puissance et authorité royalle, nous l'avons deschargé et deschargeons, luy et ses successeurs en ladite charge de premier président en nostredite Chambre, de ladite picqueure. Voulons et nous plaist que, à l'advenir, ils ne soient subjectz à icelle, ny compris ès roolles que tient le premier huissier de nostredite Chambre, sans que, pour raison de ladite descharge, il leur soit fait aucune déduction des espices qui leur appartiennent. Si donnons en mandement à nos amez et féaux conseillers les Gens de nosdits comptes à Paris que ces présentes ils facent registrer, et du contenu en icelles jouir et user ledit s^r Nicolay, premier président en nostredite Chambre, et ses successeurs en ladite charge, sans souffrir ny permettre qu'ils y soient troublez ny empeschez en quelque sorte et manière que ce soit; desfendant audit premier huissier de nostredite Chambre les comprendre audit roolle des picqueures, nonobstant tous eedicts, déclarations, règlemens et arrests concernans lesdits semestres et picqueures, ausquelz, pour ce regard, nous avons dérogé et dérogeons par cesdites présentes. Car tel est nostre plaisir. Donné à Paris, l'an de grace mil six cens quarente un, et de nostre règne le trente deuxiesme.

LOUIS.
Par le Roy : DE LOMÉNIE.
(Original. — Arch. Nicolay, 21 C 36.)

499.
9 Juillet 1641.
LETTRE DU PROCUREUR GÉNÉRAL AU P.P. — BATAILLE DE LA MARFÉE.

A Paris, le ixme juillet 1641.

Monsieur, le premier courrier, arrivé hier au soir, qui a apporté la nouvelle de la desfaite de l'armée de Monsr le mareschal de Chastillon, a esté suivy d'un autre courrier, arrivé à unze heures, despesché à Mr de Longueville, qui estoit à Coulomiers, qui luy a porté la nouvelle de la mort de Monsr le Conte. Il l'a envoyé au Roy, et est venu à l'instant mesmes à Bagnolet treuver Mad^{me} la Contesse, pour l'entretenir et la disposer de loing à recevoir ceste mauvaise nouvelle. La bataille entièrement gagnée, mesmes le canon pris, quelques cavaliers de Mr de Chastillon parurent. M^r le Conte, seul, accompagné seulement de partie de ses gardes, voulut les aller recognoistre, pour les pousser, et leva sa vizière. Un d'eux luy porta un coup de pistolet à l'œil gauche : une bale luy creva l'œil et luy percea la teste, l'autre bale luy demeura dans la teste, et tomba mort ; et fut à l'instant recueilly par le trompette de ses gardes, et mis dans une charette et porté à Sedan. Voilà une grande journée perduë et gagnée en mesme temps, et la rébellion aussy tost esteinte qu'allumée. Mr de Guyse estoit au Liége. Ceste dernière nouvelle empeschera l'interruption sans doubte du siége d'Aire, qui autrement eust esté à craindre.

Je vous baise bien humblement les mains, et suis, etc.

L. GIRARD.

(Orig. autographe. — *Arch. Nicolay*, 75 L 23.)

500.
10 Juillet 1641.
LETTRE DU ROI AU P.P. — LEVÉE DE TROUPES.

Monsr Nicolai, je ne doubte point que l'accident arrivé à l'entrée des ennemis en ma province de Champagne ne vous ayt beaucoup touché, comme aussy tous mes fidelles serviteurs et subjectz de ma bonne ville de Paris. Et quoy que le chef des rebelles et des ennemis y soit demeuré sur la place, et conséquemmant que leur perte donne un grand contrepoidz à leur advantage, néantmoins, comme, pour empescher les suittes de ce mal, il importe d'aller au devant des ennemis avec de grandes forces, je ne me contente pas de marcher présentement en personne en ladicte province avec l'armée qui est près de moy en Picardie, et je veux faire lever au plus tost jusques à huict ou dix mil hommes de pied, tant en madicte ville, qu'en l'eslection d'icelle et aux autres qui en sont voisines. Et parce que je me prometz beaucoup de l'affection de mes principaux serviteurs en ce rencontre, et particulièrement de la vostre, je vous faicts cette lettre pour vous convier et exhorter, autant qu'il m'est possible, de contribuer tout ce qui dépendra de vous pour l'advancement de cette levée, de laquelle adressant particulièrement les ordres à M^r le chancelier et au s^r Bouthillier, surintendant de mes finances, qui vous en feront sçavoir mes intentions. Et vous asseureray seulement que je conserveray tousjours le souvenir du service que vous m'aurez rendu en une occasion si importante, et que je vous en recongnoistreray en toutes celles qui s'offriront pour vostre advantage. Priant Dieu qu'il vous ayt, Monsr Nicolai, en sa sainte garde. Escrit à Nesle, le xme jour de juillet 1641.

LOUIS.

SUBLET.

(Original. — *Arch. Nicolay*, 23 L 28.)

501.
14 et 24 Octobre 1641.
LETTRES DU PROCUREUR GÉNÉRAL AU P.P. — AFFAIRE DES RÉGALES.

Ce xiiij^{me} octobre 1641.

Monsieur, je vous donnay advis, il y a trois ou quatre jours, que Monsieur le chancelier m'avoit mandé et demandé un estat de la recepte des régales des dix ou douze dernières anneez, suivant l'ordre particulier qu'il en avoit du Roy; dont je fis rapport à la Chambre, laquelle jugea à propos que je feisse adjouster à l'estat de la recepte celuy de la despense. Ce qu'ayant fait, mondit s' le chancelier m'envoya par deux différentes fois presser de le luy porter, en ayant parlé à M' Perrochel, qui s'estoit trouvé chez luy, et marqué en quelque façon ma longueur. C'est pourquoy je fus obligé, sur un troisiesme mandement, de luy porter, et, par la conférence que j'eux assez longue avec luy sur ce subject, je recognuz que l'intension du Roy et de Mons' le cardinal estoyent de récompenser les chanoines de la Ste-Chapelle (pour ce qui les concerne) de quelque bénéfice à peu près équipolent. Et voulant approfondir davantage leur dessein, je m'estendis sur la dignité du droit de régale, si auguste et ancien, et qu'il seroit à craindre que quelque changement, quel qu'il fust, ne luy donnast atteinte ou diminution. Il me dit que l'intension du Roy estoit de conserver tousjours la mainmise et saisye, les sermentz de fidélité, les lettres sur ledit serment, le registrement d'icelles, mais que le Roy pourroit, comme il le jugeroit plus à propos, et selon son bon plaisir, donner les fruitz *futuro successori*. L'assemblée des ecclésiasticques tenuë l'esté dernier à Mantes a peu produire ses fruitz nouveaux : ils n'ont manqué, à toutes leurs assemblées, de déclamer contre la régale. Les deniers qu'on tire d'eux doibt faire appréhender quelque changement, ou du moins, qu'on ne les veuille leurer de quelque espérance pour quelque tempz, ou jusques à parfayt payement. Quelques spéculatifz rapportent ceste nouveauté sur quelque différent qu'on pourroit avoir avec Rome en conséquence de ceste dernière bulle, pour se pouvoir passer d'eulx et n'estre obligé d'attendre le plomb, qui est pezant et tardif. Quoy qu'il en soit, toute nouveauté estant dangereuse, ce changement mériteroit bien vostre présence et vostre protection puissante pour un droit si excellent, qu'avez tousjours si soigneusement et heureusement conservé et accreu, comme je n'ay manqué de représenter à Monsieur le chancelier. Je vous supplie, Monsieur, y donner les remèdes que vous jugerez nécessaires, qu'autre que vous ne peut bien sçavoir, puisqu'en estes le principal directeur de ce droit tout royal. En attendant sur ce vos ordres, je demeureray, etc.

L. GIRARD.

———————

A Paris, le xxiiij^{me} octobre 1641.

Monsieur, je receuz avant hier celle qu'il vous a pleu m'escripre, et crois vous avoir donné advis du commandement bien exprès que Mons' le chancelier m'avoit fait de luy porter incontinant un estat de la recepte des régales, suivant l'ordre bien particulier qu'il en avoit de Son Éminence. Ce que n'ayant toutes-fois voulu faire sans en avoir l'ordre et l'adveu de la Compagnie, après une seconde recharge et plainte de ma longueur, la Compagnie ayant treuvé à propos que j'adjoutasse à l'estat de la recepte celuy de la despense, ayant encores temporizé, Mons' le chancelier se plaignit par une troisiesme fois de ma longueur et du peu de soing et d'obéissance que je rendois aux commandementz du Roy et à ses ordres, dont il parla à M' Perrochel et à un de mes proches, qui m'en donnèrent advis. Ce qui m'obligea d'exécuter l'ordre de la Compagnie inséré dans le Plumitif, de luy porter, non des extraitz collationnez, mais un simple estat et sommaire, comme il l'avoit demandé. Il me dit d'abord que je satisfaisois bien tard à ses ordres, et qu'il avoit la main à la plume, escrivant en court pour fonder son retardement sur ma longueur. Du depuis, il envoya le s' Cebret à la Chambre, affin qu'elle luy envoyast un de M" les présidents, quatre maistres et le procureur général, sans dire le subjet. Il nous dit en substance la charge qu'il m'avoit donnée, il y avoit quelques jours, et que j'avois satisfait, mais trop tard, à l'ordre qu'il m'avoit donné ; que le Roy vouloit récompenser la Ste-Chapelle de ce qui la regardoit, d'un bénéfice équipolent ou de plus grand revenu ; que, Rome n'estant pas bien maintenant avec la France, les expéditions des évesques trop longues, et consé-quemment la régale de plus longue durée, les consommoit en fraiz; que Sa Majesté pourroit gratifier ceulx qui luy plairoit de tout ou de partie, pour le payement de leurs expéditions, sans faire préjudice à son droit. Et sur ce qu'on luy représenta les grandes debtes de la Ste-Chapelle, dont les chanoines n'avoyent pas encore donné mémoire, il dit qu'on n'en avoit pas besoing; que toutesfois, s'ilz vouloyent luy donner, il l'envoiroit à Son Éminence. Il est aizé à juger que Mons' le chancelier n'a, quant à présent, aucun pouvoir, ni aucun ordre pour le fondz de ceste affaire, mais qu'il a satisfait seulement à l'ordre qui luy avoit esté donné ; ce que les chanoines cognoissent bien, et tesmoignent vouloir avoir recours à Monsr le cardinal. La Chambre a cessé ce jourd'huy, manque d'affaires. Le retour du Roy et de Son Éminence sont encore retardez. Aire tient tousjours et ne manque de munitions, mais le secours ne luy peut estre donné que du ciel. On ne veut désemparer si tost, de peur que l'ennemy ne face quelque entreprise : la plus grande partie des troupes seront laissées sur les frontières, affin d'harceler et incommoder l'ennemy. Mr de St-Preuil a la vie sauve. Monsr et Madme du Hallier ont ordre d'aller à leur maison, vers l'Orléanois. Je vous baise bien humblement les mains, et suis, etc.

L. GIRARD.

(Orig. autographes. — *Arch. Nicolay*, 75 L 24 et 25.)

---

502. 21 *Décembre* 1641.
LETTRE DU ROI AU P.P. — AFFAIRE DES RÉGALES.

Monsr Nicolaj, envoyant à ma Chambre des comptes mes lettres pattentes par lesquelles je me suis départy en faveur des archevesques et évesques de ce royaume du droict de régale qui m'appartenoit sur le revenu des archeveschez et éveschez pendant la vaccance d'iceux, et, par mesme moien, pourveu au désintéressement de ma Ste-Chappelle, par l'union que j'y ay faicte de l'abbaye de St-Nicaise de Reims, au lieu du revenu desdites régalles qui leur avoit esté affecté, je vous en ay bien voulu donner advis par celle cy, affin que vous vous employiez de tout vostre pouvoir à ce que lesdites lettres soient promptement registrées en madite Chambre selon leur forme et teneur, sans qu'il y soit apporté aucune longueur ny difficulté quelconque. En quoy vous me ferez service très agréable. Et sur ce, je prie Dieu qu'il vous ayt, Monsr Nicolay, en sa sainte garde. Escrit à St-Germain en Laye, le xxjme jour de décembre 1641.

LOUIS.
DE LOMÉNIE.

(Original. — *Arch. Nicolay*, 59 L 10.)

---

503. 11 *Janvier* 1642.
LETTRE DU CARDINAL DE RICHELIEU AU P.P. — RÉCEPTION D'UN CONSEILLER.

De Ruel, ce 11me janvier 1642.

Monsieur, aiant trouvé bon que l'un de mes secrétaires, qui vous rendra la présente, eust l'honneur d'avoir une charge en vostre Chambre, je prends la plume pour vous conjurer de le favoriser, non seulement en vostre particulier, autant que vous pourrez en sa réception, mais aussy d'employer à cette fin le crédit que vous avez envers le corps dont vous estes chef, à ce qu'il le traitte favorablement en ma considération. Je me promets cet effect de vostre courtoisie et de la leur, en revanche duquel vous en recevrez de mon ressentiment en toutes occasions où j'auray lieu de vous tesmoigner l'estime que je fais de vostre personne et de celles qui composent vostre Compagnie, et le désir que j'ay de vous servir tous, comme estant,

Monsieur, Vostre très affectionné à vous rendre service.

LE CARD. DE RICHELIEU [1].

(Original. — *Arch. Nicolay*, 37 L 13.)

---

1. Le 16 août précédent, le cardinal avait déjà mis en réquisition l'autorité du P.P. pour obtenir la réception de Dalibert, serviteur de Mr le Prince. (37 L 12.) Mais, malgré la dispense que le récipiendaire avait obtenue pour sa participation aux affaires des traitants, et même malgré l'intervention directe de Mr le Prince, qui fit venir chez lui les députés de la Chambre pour leur déclarer la volonté expresse du roi et du cardinal, la Chambre refusa de recevoir Dalibert, qui, au bout de près de deux ans, résigna l'office, sans y avoir été reçu, en faveur de Denis de Saint-Genis. (*Plumitif*, 7 octobre et 18 décembre 1641, 21 février, 16, 17 et 23 mai 1642, 6 mars 1643.)

LOUIS XIII.

504.   *19 Février 1642.*

LETTRE DU CHANCELIER AU P.P. — AFFAIRE DES RÉGALES.

A Paris, ce xix*me* février 1642.

Monsieur, Il y a desjà quelque temps que j'ay faict mettre ez mains de M*r* le procureur général de la Chambre la déclaration du Roy touchant les régales, pour en demander la vériffication; mais, comme j'apprends que c'est vostre absence qui arreste ceste affaire, je vous prie, Monsieur, par ces lignes que je vous faictz exprez, de vous donner la peyne de venir icy au plus tost pour ce sujet, d'aultant plus que lesdites lettres sont vériffiées au parlement. Vous sçavez combien Monsieur le cardinal a ceste affaire en recommandation, ses soings ayant procuré cet advantage et grace aux archevesques et évesques du royaume, et je serois marry, comme vostre amy, que l'on creust que le retardement de ce qui reste à faire provinst de vous[1]. C'est un advis que je vous ay voulu donner, comme estant avec affection,

Monsieur,

Vostre bien humble et très affectionné serviteur.

SÉGUIER.

1. La déclaration fut vérifiée dès le samedi suivant, 22 février.

(*Original.* — *Arch. Nicolay,* 72 L 22.)

---

505.   *30 Mai 1642.*

LETTRE DU ROI AU P.P. — DUCHÉ DE MONACO.

Mons*r* Nicolaj, par le traitté que j'ay eu agréable de faire avec mon cousin le prince de Monaco, je luy ay promis de le récompenser des biens qu'il a abandonnés dans le royaume de Naples pour se mettre en ma protection, luy en donnant en France de pareil revenu, en titre de duché et pairie pour luy, et de marquisat et comté pour son filz. A quoy voulant satisfaire en partie, j'ay fait expédier sur ce sujet mes lettres patentes, qui seront présentées à ma Chambre des comptes, avec des lettres de naturalité pour ledit prince. Elles seront mises entre les mains de mon procureur général, affin qu'il face les diligences et réquisitions nécessaires pour les faire registrer. Vous ferez chose qui me sera très agréable de vous employer, avec l'attention que vous avez pour tout ce qui regarde mon service, à surmonter toutes les difficultez qui se pourront rencontrer en cette affaire. Elles ne doivent pas estre considérées, ce me semble, en comparaison de l'avantage que l'action dudit prince donne à la France, non seulement à cause que, par ce moyen, il se trouve une garnison françoise dans Monaco, l'une des plus importantes places d'Italie, mais encore parce qu'elle fait voir la confiance que l'on peut avoir en la justice, aussy bien qu'en la puissance de mes armes. Sur ce, je prie Dieu qu'il vous ayt, Mons*r* Nicolaj, en sa sainte garde. Escrit au camp devant Perpignan, le xxx*me* may 1642.

LOUIS.

BOUTHILLIER.

(*Original.* — *Arch. Nicolay,* 23 L 29.)

---

506.   *15 Septembre 1642.*

LETTRE DU ROI A LA CHAMBRE. — SIÉGE DE PERPIGNAN.

(*Copie du temps. Arch. Nicolay,* 23 L 30. — Impr. dans les *Mém. de Math. Molé,* t. III, p. 26.)

507.
1ᵉʳ Décembre 1642.
DÉCLARATION DU ROI CONTRE LE DUC D'ORLÉANS.
(*Mémorial.*—Impr. dans les *Mémoires de Mathieu Molé*, t. IV, Appendice, p. 286.)

508.
Avril 1643.
LETTRES DU PROCUREUR GÉNÉRAL AU P.P. — MALADIE DU ROI.

Ce xviij^me avril, à six heures du matin.

Monsieur, j'envoyay hier au soir chez vous un billet, touchant la régence de la reyne ; mais, doubtant qu'il ne vous ait esté envoyé, je le convertiray en ses lignes.

Monsieur est déclaré par le Roi lieutenant général de la couronne et chef des armes de France. Monsieur le Prince, chef du Conseil. La reyne, régente. On croit que ce soit par forme de testament, sur lequel il y aura déclaration. Monsʳ le cardinal Mazarin, Monsʳ le chancelier et Messieurs Bouthilier père et filz, ministres. On adjouste qu'ilz ne pourront estre dépossédez que par félonie.

Monsʳ le cardinal Mazarin et Monsʳ de Chavigny vindrent hier au soir dire la nouvelle à Monsieur.

Sa Majesté est tousjours en mesme estat, tantost mieulx, tantost mal ; la maladie est un flux hépatique.

Les Espagnolz ont fait difficulté d'entendre à la trefve ou cessation d'armes.

Je suis, etc.

Monsieur, hier Sa Majesté se fit peigner, frizer et mettre de la poudre sur ses cheveux, mais ne voulut absolument prendre une médecine de rubarbe, quelque instante prière et supplication que Monsʳ le Prince luy en fit, luy disant qu'il estoit à ses peuples, et non à soy mesme, et que peut-estre l'estranger n'attendoit que sa mort pour entrer dans le royaume. Demanda à ses médecins s'ils l'assuroyent de sa guarison, s'il la prenoit ; ce qu'ilz n'osèrent faire. Leur dit que, s'il voioit la mort, ou la prise de ceste rubarbe, il choisiroit plustost la mort. Il disna assis. Il soupa, et fit appeler sa musique, chanta sa basse, et dit qu'il espéroit qu'il n'en mourroit pas.

Je suis, etc.

Monsieur, je viens d'aprendre présentement que le Roy prit hier un orge mondé, à cinq heures, qui l'a fait reposer ; qu'il a l'esprit fort tranquille, et que ce matin il a pris un bouillon.

Monsieur le Prince vient d'arriver en ceste ville.

On révoque en doubte que Mʳ de Longueville soit grand maistre, et Mʳ de Beaufort grand escuyer. Aucuns donnent ceste dernière charge à Mʳ le duc de St-Simon, et la sienne de premier escuyer à Monsʳ le commandeur de Souvré. Mʳ du Hallier mareschal de France.

Je suis, etc.

Ce xxᵐᵉ avril 1643.

Monsieur, je croy que la bonne nouvelle sera parvenuë jusques à vous. Sa Majesté a dormy sept heures, a pris médecine de rubarbe, qui a fait grand effet. Elle a joué du luth et fait chanter sa musique. Monsieur le chancelier, Mʳ le surintendant et Mʳ Tubeuf sont revenuz. Mʳ d'Émery est controoleur général et va à Coulogne avec Mʳ d'Avau.

Ce qu'il y a plus de certain des charges données, est le baston de mareschal de France à Monsʳ du Hallier, la lieutenance du gouvernement de Bretagne à Mʳ le marquis de Gèvre, la démission de laquelle Monsʳ de la Milleraye a donnée moyennant la démission du gouvernement en chef, que Monsʳ de Vendosme a donnée à mondit sʳ de la Milleraye. Ce faisant, sa charge de grand escuyer a esté assurément donnée à Monsʳ de Beaufort, et par ainsy mesdits sʳˢ de Vendosme et de la Milleraye se sont accommodez et deviennent amys. Il n'y a encore aucune certitude pour les autres charges. La reyne a tenu Conseil, en ayant esté suppliée par Messieurs les ministres; Sa Majesté en fit grande difficulté, et ne voulut y entendre qu'elle n'y eust esté conviée, mesme commandée par le Roy.

Je suis, etc.

———

Ce dimanche, à sept heures du matin.

Monsieur, les nouvelles de la santé du Roy vont de bien en mieulx, se portant mieux qu'il ne faisoit hier. Il est vray toutefois que ceste nuit a esté un peu mauvaise, mais cela luy arrive tousjours de deux jours l'un.

Je suis, etc.

———

Ce lundy, à neuf heures du matin.

Monsieur, je vous manday hier que la santé du Roy estoit beaucoup meilleure, bien que la nuit eust esté un peu mauvaise, y en ayant tousjours de deux l'une plus mauvaise que l'autre. Il fit donner la collation aux filles de la reyne.

Du depuis, et ceste nuit, il s'est porté plus mal, en sorte qu'il y a beaucoup à craindre. Sa Majesté a recours seulement aux graces du ciel, et non aux remèdes des médecins, n'en voulant entendre parler. Monsr le président le Bailleul a fait faire une neufvaine à St-Spire par son commandement, auquel Sa Majesté a dévotion. Monsr le duc de Beaufort a la garde particulière de Monseigneur le Dauphin. Depuis ce qui se passa la semaine dernière à St-Germain, ce qui s'est dit des charges du gouvernement a esté plus par propositions que par résolutions.

Je suis, etc.

L. GIRARD.

(Orig. autographes. — Arch. Nicolay, 75 L 26 à 31.)

---

509. 14 Mai 1643.

LETTRE DU ROI LOUIS XIV AU P.P. — CONFIRMATION DE LA CHAMBRE.

Monsr Nicolay, dans l'extrême affliction qui me touche par la perte que je viens de faire du feu Roy mon seigneur et père, me trouvant chargé par les obligations de sa succession de vaquer dès l'entrée de mon règne à l'establissement d'un bon ordre en toutes choses, j'ay faict savoir par une lettre expresse à ma Chambre des comptes que mon intention est que les officiers d'icelle continuent les functions de leurs charges, nonobstant cette mutation, en attendant qu'ilz m'ayent faict et presté le serment en pareil cas requis et accoustumé, et reçu de moy la continuation de leursdites charges. De quoy aussi en particulier j'ay bien voulu vous donner part, affin que, selon l'auctorité et prééminence du rang que vous tenez en cette Compagnie, vous fassiez que ma volonté y soit effectuée. Et m'en assurant sur vos soings, aussi bien que de la continuation de vostre zèle et affection ès choses qui concerneront mon service, je ne vous feray la présente plus longue. Priant Dieu qu'il vous ait, Monsr Nicolay, en sa sainte garde. Escrit à St-Germain en Laye, le xiiijme jour de may 1643 [1].

LOUIS.

DE GUÉNEGAUD.

(Original. — Arch. Nicolay, 26 L 1.)

---

[1]. La lettre destinée à la Chambre fut présentée le 15 mai, par le procureur général. Le texte en est pareil à celui de la lettre au parlement, qui est imprimé dans les *Mémoires de Math. Molé*, t. III, p. 53.

Le jour suivant, les députés de la Chambre furent reçus par le jeune roi et sa mère, au Louvre, dans la galerie des Peintures. Le P.P., « par un beau et excellent discours, » présenta l'assurance des sentiments de la Compagnie, et la régente répondit : « Je vous remercie de vos bonnes volontés. » (*Plumitif.*)

510.
1ᵉʳ Juillet et 24 Novembre 1643.
REMONTRANCES PRÉSENTÉES PAR LE P.P. — RÉGALES.

Ce jour, les semestres assemblés, Mʳ le P.P. a rapporté que, la reine ayant donné jour à hier pour ouïr les remonstrances que la Chambre avoit ordonné estre faites touchant les régales, MM. les députés partirent, et se rendirent au Louvre sur les quatre heures après disner; où estant, furent conduits dans le cabinet des Livres, où se tenoit le Conseil du Roy. Qu'approchant le cabinet, ils trouvèrent Mʳ le duc d'Orléans, et, l'ayant mondit sʳ le P.P. prié d'estre témoin de l'action qui alloit estre faite, il luy répondit avec un visage riant qu'il le vouloit bien, et aussitost rentra dans le cabinet. Qu'estant les sʳˢ députés entrés en iceluy, trouvèrent la reine, mère de S. M., assise, et à costé d'elle ledit sʳ duc d'Orléans, le cardinal Mazarin et autres, et de l'autre costé, Mʳ le chancelier, Mʳ le surintendant, les quatre secrétaires d'Estat et autres. Après s'estre approchés et fait les révérences à S. M., mondit sʳ le P.P. auroit fait lesdites remonstrances sur la conséquence du don desdites régales aux archevesques et évesques, et le préjudice que cela apportoit aux affaires et service de la Ste-Chapelle. Sur quoy, ladite dame reine auroit dit auxdits sʳˢ députés en ces termes : « Je désire que l'on en use ainsy que l'on a fait du vivant du feu Roy mon seigneur, jusqu'à ce que j'aye ordonné du contraire. Et baillez vos mémoires. » Et ensuite mesdits sieurs se seroient retirés.

Du 24 novembre. Ce jour, les bureaux assemblés, Mʳ le P.P. a rapporté que, suivant l'heure donnée par la reine mère du Roy au procureur général de S. M. pour présenter à ladite dame reine les mémoires concernant les régales, MM. les députés de la Chambre se rendirent hier, trois heures de relevée, au Palais Royal; où estant arrivés, ils y trouvèrent les chanoines de la Ste-Chapelle. Qu'incontinent après, ils furent introduits au cabinet auquel estoit ladite dame reine, accompagnée de grand nombre de princes et princesses, seigneurs et dames, Mʳ le Prince estant à son costé droit et Mʳ le chancelier à gauche. Mesdits sʳˢ les députés s'estant approchés et fait la révérence, mondit sʳ le P.P. auroit représenté à ladite dame reine, par un beau et éloquent discours, ce qui estoit du mérite desdites régales et de la nécessité de la Ste-Chapelle, et finissant en présentant lesdits mémoires à ladite dame reine, auroit dit à S. M. que, si elle avoit agréable de venir voir ses belles Reliques, elles luy diroient bien mieux le tort qui leur estoit fait et la nécessité de ladite Ste-Chapelle. Sur quoy, ladite dame reine auroit dit en ces termes : « Mʳ le président, vous m'avez prévenue; j'iray un de ces jours voir les Saintes Reliques, et vous promets que je me feray lire exactement vos mémoires, et rendray justice. » Et à l'instant, se seroient mesdits sieurs retirés [1].

(Plumitif.)

[1]. La reine promit de donner une récompense à la Sainte-Chapelle, et fit expliquer que le don des régales ne serait fait que sur le pourvoi du prélat, au gré du roi lui-même, et par lettres vérifiées en la Chambre, pour bien constater le droit absolu de la couronne. *(Plumitif, 29 décembre 1643.)*

511.
21 Octobre 1643.
LETTRE DU ROI AU P.P. — DOUAIRE DE LA REINE-MÈRE.

Monsʳ Nicolay, bien que je sois extresmement obligé à l'amour et à la tendresse que la royne régente, madame ma mère, me tesmoigne par les soings qu'elle prend de mon éducation et du gouvernement de cet Estat, je le suis encores par la mort du feu Roy, mon très honoré seigneur et père, de satisfaire aux conditions du contract de mariage passé entr'eux, et, pour luy tesmoigner que je pense à ses intérez, pendant qu'elle travaille pour les miens, j'ay faict expédier mes lettres patentes pour le remplacement de ses deniers dotaux et l'asseurance de son douaire, que j'ay ordonné estre présentées à ma Chambre des comptes. Et encores que vous ayez part à la lettre particulière que je luy escritz sur ce sujet, j'ay bien voulu néanmoins vous faire celle cy, pour vous exhorter d'employer le crédit et l'auctorité que vostre charge vous donne dans vostre Compagnie affin qu'elle procède sans difficulté ny retardement quelconque à la vériffication et enregistrement de mesdites lettres, et que madite dame et mère jouisse de ce qu'elles contiennent selon mon intention. Ce que me promettant de l'affection que vous avez à mon service et pour ce qui regarde le sien, je ne vous la feray plus expresse, et prie Dieu qu'il vous ayt, Monsr Nicolay, en sa saincte garde. Escrit à Paris, le xxjme jour d'octobre 1643.

LOUIS.
DE GUÉNEGAUD.

(Original. — Arch. Nicolay, 66 L 289.)

512. 8 et 29 Avril 1644.

LETTRES DU PROCUREUR GÉNÉRAL AU P.P. — AFFAIRES DE LA CHAMBRE.

Ce viijme avril 1644.

Monsieur, le bruit ayant couru ce jourd'huy de la venuë d'un prince à la Chambre pour la vérification de quelques éditz, j'ay veu Mrs d'Émery et Tubeuf particulièrement chez eux, pour en sçavoir la vérité, et ensuite Monsieur le surintendant; lesquelz, particulièrement chez eux et conjointement chez mondit sr le surintendant, en sa présence, m'ont dit que ceste résolution avoit esté prise d'envoyer Monsieur le duc d'Orléans à la Chambre et Monsieur le Prince à la Cour des aydes, parce qu'ayant besoing d'une prompte vérification, la Compagnie peut estre n'useroit de la diligence requise, et que, les traitantz ne voulantz donner leurs deniers qu'après la vérification, ilz se trouvoyent obligez d'avoir recours à ses moyens extraordinaires, parce que la campagne commençoit à les presser. Je leur ay fait mes remonstrances bien au long, fondées sur la nouveauté, et qu'il estoit inouy que, pendant la minorité des Roys, aucuns princes fussent venuz à la Chambre; que, pendant la minorité du feu Roy, cela n'avoit esté practiqué. Ilz m'ont respondu que, pendant ceste minorité, il n'y avoit eu guerre, qu'elle n'avoit commencé qu'à la majorité du Roy, et qu'alors la Bastille estoit remplie de finances. Je leur ay remonstré les grandz et signalez services renduz par la Compagnie au feu Roy, en pareilles occasions. Enfin, les ayant en quelque façon esmeuz et fait subsister, ilz m'ont promis de m'envoyer la copie de leurs éditz, pour les faire voir aux anciens de la Compagnie, et que la pluspart d'iceulx, au nombre de douze ou treize, n'estoyent qu'augmentations de gages à quelques officiers, dont la pluspart demeuroyent d'accord pour estre deschargez de la Chambre de justice, du droit royal et de l'advènement du Roy à la couronne, et qu'ilz n'estoyent à la charge du peuple; que Monsr le président Tubeuf et peut estre Mr d'Émery viendroyent lundy à la Chambre, pour voir la pensée de la Compagnie sur ces éditz, et que, selon icelle, on prendroit résolution au Conseil. Par là je recognois que, si la Compagnie se dispose à la vérification, avec concert de ces messieurs, la Compagnie évitera l'orage, qui est de conséquence pendant ceste minorité, ce premier exemple pouvant avoir de la suite.

Au surplus, Monsieur, j'ay veu plusieurs fois Monsr le chancelier, et pressé vivement sur le faiţ de régale. Il m'a promis qu'il envoyeroit quérir Mrs les agentz du clergé, et, nonobstant les raisons que je luy ay peu répliquer, il veut leur en parler, afin de n'avoir ensuite les ecclésiastiques sur les bras. Je vous baise bien humblement les mains, et suis, etc.

L. GIRARD.

A Paris, ce mardy matin, xixme avril 1644.

Monsieur, les éditz ne m'ont encore esté envoyez. Ce sera dans peu, ainsy que Monsieur d'Émery m'a dit. Hier, à une heure après midy, Mrs les archevesque de Narbone et évesque de Meaux et les deux agentz du clergé parlèrent à Monsr le chancelier de l'affaire de la régale, en suite d'autres leurs affaires. J'apris de Monsieur de Meaux qu'ilz insistèrent particulièrement à empescher la clause d'affectation à œuvres pies, d'autant, disent ilz, que la reyne seroit importunée des moines pour leur faire don de ses fruitz, et qu'ilz aymeroyent beaucoup mieulx qu'on remist l'affaire en pareil estat qu'elle estoit auparavant la révocation du don fait à la Ste-Chapelle. Hier, au matin, ilz en parlèrent à la reyne et à Monsieur le cardinal Mazarin, et ce matin ils en doivent parler à Monsieur le duc d'Orléans et à Monsieur le Prince. Je vous baise bien humblement les mains, et suis, etc.

L. GIRARD.

(Orig. autographes. — *Arch. Nicolay*, 75 L 33 et 34.)

---

513. 5 Mai 1644.
CONFIRMATION DU RANG DES PRÉSIDENTS DES COMPTES DANS LES CONSEILS DU ROI.

(*Mémorial*. — Impr. dans la collection Mariette.)

---

514. 22 Juin 1644.
LETTRE DU DUC D'ORLÉANS AU P.P. — VÉRIFICATION DE DON.

Du camp devant Gravelines, ce 22 juin 1644.

Monsieur Nicolaj, bien que les services que le s^r de Lambert, mareschal des camps et armées du Roy, mon seigneur et neveu, a rendus à Leurs Majestez en plusieurs occasions importantes, et qu'il continue encore en celle cy, soient assez considérables pour vous convier d'appuyer du crédit et de l'authorité que vous avez dans vostre Compagnie la juste poursuitte qu'il fait de la jouissance pour dix années d'un péage qui luy a esté accordée pour la récompense du gouvernement de Metz, que sa fidélité et sa valeur avoient mérité, je suis obligé néantmoins, dans la part que je prends à tout ce qui le touche, de joindre ma recommandation à son mérite, et de vous prier de toute mon affection de surmonter les difficultez qui s'y pourront rencontrer, et de croire que la protection que vous donnerez à son intérest me sera aussy agréable que sy c'estoit pour le mien propre, et qu'en tout ce que vous aurez à désirer de moy, vous connoitrez, par le plaisir que vous luy ferez, celluy que je prendray de vous témoigner que je suis parfaitement,

Monsieur Nicolaj,

Vostre bien bon amy.

GASTON.

(Original. — *Arch. Nicolay*, 48 L 5.)

---

515. 28 Septembre 1644.
LETTRE DU CARDINAL MAZARIN AU P.P. — OFFRES DE SERVICE.

28 septembre 1644.

Monsieur, quand je receus la lettre que vous avez pris la peine de m'escrire en recommandation du sieur de St-Ouyn, quoy que les abbayes que vous demandez pour lui ne fussent pas encore vacantes, on avoit eu des advis plusieurs jours auparavant de l'extrémité de la maladie de celui qui les possédoit, et la Reine, à qui plus de vingt personnes en avoient déjà parlé, se trouvoit comme engagée. Néanmoins, la passion que j'ay de vous tesmoigner l'estime de vostre recommandation, me fit prendre temps à vous répondre, pour voir si je n'aurois point moyen de mesnager quelque chose dans ce rencontre pour l'advantage dudict s^r de St-Ouyn et vostre satisfaction. Il m'a esté tout à fait impossible d'y rien faire; dont j'aurois plus de déplaisir, sans l'asseurance que j'ay qu'il ne manquera pas d'autres occasions semblables de réparer, peut estre avec advantage, ce que ledit sieur de St-Ouyn a manqué d'avoir en celle cy. Je vous prie de prendre confiance en la parole que je vous donne d'en avoir soing, sans mesme que vous en fassiez autre instance, désirant passionnément de vous faire paroistre que personne ne peut estre plus sincèrement que moy, etc.

(Copie du temps. — Bib. Mazarine, *Lettres de Mazarin*, ms. H 1719, f° 313 verso.)

516. Janvier 1645.
CONCESSION DE NOBLESSE ET CONFIRMATION DE PRIVILÉGES POUR LA CHAMBRE.

Louis, etc. Les employs les plus importans dans les Estats estant toujours récompensés par les Princes en marques d'honneur, tant pour ce que les actions vertueuses ne peuvent recevoir une plus excellente reconnoissance, que pour témoigner par eux leur affection envers ceux qu'ils honorent desdits employs, les rendre plus recommandables à leurs sujets, et convier pour le bien de leurs affaires et du public ceux qui sont des meilleures familles à se rendre capables pour y estre appelés, et estant certain que les plus considérables sont ceux pour la fonction desquels les Roys déposent une partie de leur autorité souveraine, nous pouvons à bon droit tenir en cette estime nos officiers de nostre Chambre des comptes à Paris, laquelle, de temps immémorial, nos prédécesseurs Roys, selon l'intention des trois ordres du royaume, ont établie et ordonnée pour juger et décider en matière de nos finances, suivant nos ordonnances et des Roys nos prédécesseurs, et avoir un soin particulier de la conservation du domaine de nostre couronne, droits et revenus en dépendans. C'est pourquoy nos prédécesseurs Roys, qui ont eu une très particulière connoissance de la dignité de leurs fonctions et des fidèles services que lesdits officiers leur ont rendus, ont voulu les faire jouir de tous les priviléges concédés et appartenans par les loys du royaume à juges et officiers souverains; mesme le roy Charles IX, d'heureuse mémoire, octroya aux présidens et maistres de ladite Chambre l'exemption et décharge du payement des droits seigneuriaux en tout ce en quoy ils pouvoient estre tenus et obligés. Ce que par nous et nostre Conseil considéré, nous avons estimé raisonnable que, de nostre part, nous les fissions jouir de toutes les graces et priviléges que mérite la dignité de leurs charges et offices et l'entière confiance que nous avons, ainsy que nos prédécesseurs, en leur fidélité et sincère affection envers nous et nostredite couronne, pour de si grandes et importantes affaires qui leur sont commises et soumises à leur conduite et jugement. Savoir faisons que, cette affaire mise en délibération en nostre Conseil, où estoient la reine régente, nostre très honorée dame et mère, nostre très cher et très amé oncle le duc d'Orléans et nostre très cher et très amé cousin le prince de Condé, et autres grands et notables personnages, de leur avis et de nostre certaine science, pleine puissance et autorité royale, nous avons dit et déclaré, disons et déclarons, par ces présentes signées de nostre main, que les présidens, maistres ordinaires, correcteurs et auditeurs, avocat et procureur généraux et greffier en chef de nostre Chambre des comptes, présentement pourvus desdits offices, et qui le seront cy après, soient nobles, et les tenons pour tels. Voulons et nous plaist qu'ils jouissent, eux et leurs veuves demeurantes en viduité, leur postérité et lignée, tant masles que femelles, nés et à naistre, des mesmes droits, priviléges, franchises, immunités, rangs, séances et prééminences que les autres nobles de race, barons et gentilshommes de nostre royaume; soient capables de parvenir à tous honneurs, charges et dignités, pourvu que lesdits officiers ayent servi vingt années, ou qu'ils décèdent revestus desdits offices, nonobstant qu'ils ne fussent issus de noble et ancienne race. Et pour le regard de ceux desdits officiers de nostredite Chambre qui sont nobles d'extraction et par leur naissance, nous voulons que ces présentes leur servent d'accroissement de générosité. Et d'autant que le feu roy Charles IX, par ses lettres patentes en forme de charte, données à Paris au mois de septembre 1570, registrées en nostre Cour de parlement de Paris et en nostredite Chambre les 8ᵐᵉ et 24ᵐᵉ jours de janvier 1571, auroit, entre autres choses, par lesdites lettres, octroyé auxdits présidens et maistres de nostredite Chambre, et à leurs successeurs èsdits offices, l'exemption et décharge du payement des droits, devoirs, profits féodaux et seigneuriaux quel-

conques, soit à cause d'acquisitions, échanges, titres successifs, dons, ou autre manière que ce soit, pour héritages mouvans en fief ou tenus en censive de nous ou d'aucun membre de nostre domaine, sans que les veuves desdits officiers y ayent esté comprises, nous voulons et nous plaist, par cesdites présentes, que ledit privilége s'étende au bénéfice de leursdites veuves demeurantes en viduité, pour en jouir par elles tout ainsy qu'eussent fait leurs marys de leur vivant. Comme aussy nous octroyons et concédons pareille grace et privilége à nosdits correcteurs et auditeurs, avocat et procureur généraux, et audit greffier en chef de nostredite Chambre, et à leurs veuves demeurantes en viduité . . . .
Donné à Paris, au mois de janvier, l'an de grace 1645, et de nostre règne le deuxième.

LOUIS.

Par le Roy, la reine régente, sa mère, présente : DE GUÉNEGAUD.

(*Mémorial*. — Impr. dans la collection Mariette.)

517.

29 Janvier 1645.

LETTRE DU ROI AU P.P. — CONCESSION DE TITRE.

Monsr Nicolay, sur le refus qu'a faict ma Chambre des comptes d'enregistrer mes lettres patentes portant permission au sr vicomte d'Arpajon, chevalier de mes ordres, de prendre, et ses successeurs, le tiltre et qualité de comte de Rhodez, tant et sy longuement que durera l'engagement qui luy a esté faict de la meilleure partie du domaine dudit comté, et de réunir les autres pars engagées à d'autres personnes, en leur remboursant du pris de leur engagement, je luy ayt faict expédier mes lettres de jussion très expresses pour luy ordonner de procéder, tous affaires cessans, à l'enregistrement pur et simple desdites lettres patentes. Sur quoy, je vous ay pareillement voulu faire celle cy, de l'advis de la royne régente, madame ma mère, et vous dire que vous ayez à tenir la main audit enregistrement et vous y employer selon le pouvoir et auctorité de vostre charge, en sorte que cet affaire ne reçoive plus de retardement ny difficulté. Et me promettant que vous y satisferez, je ne la vous feray plus expresse, et prie Dieu qu'il vous ayt, Monsr Nicolay, en sa sainte garde. Escrit à Paris, le xxixme jour de janvier 1645.

LOUIS.

PHÉLYPEAUX.

(Original. — *Arch. Nicolay*, 66 L 122.)

518.

25 Avril 1645.

QUITTANCE DE LA PENSION ET DES GAGES DU CONSEIL DU P.P.

Nous, Anthoine Nicolay, conseiller du Roy en ses Conseils et premier président en sa Chambre des comptes à Paris, confessons avoir receu comptant de Mre Claude de Guénegaud, aussy conseiller du Roy en ses Conseils et trésorier de son Espargne, la somme de quatre mil deux cens livres à nous ordonnée par Sa Majesté pour trois quartiers de nostre pention et appointcements du Conseil, de l'année dernière m. vjc quarante quatre, à cause de nostredicte charge. De laquelle somme de iiijm ijc livres nous nous tenons contens, et en quittons ledict sieur de Guénegaud, trésorier de l'Espargne susdicte, et tous autres. Faict à Paris, le vingt cinquiesme jour d'avril mil six cens quarante cinq.

A. NICOLAY.

Pour servir de quictance de quatre mil deux cent livres, pour ma pention et gages du Conseil durant trois quartiers de l'année dernière 1644[1].

(Original. — *Arch. Nicolay*, 21 C 58.)

---

1. Suivant une quittance du 31 décembre 1640, le P.P. continuait à toucher la pension de 500 liv. sur la recette générale des finances de Paris. (21 C 57.)

519. Mai 1645.
LETTRES D'ÉRECTION DU MARQUISAT DE GOUSSAINVILLE POUR LE P.P.

Louis, par la grace de Dieu Roy de France et de Navarre, à tous présens et à venir, salut. Voulant, à l'imitation des feuz Roys, recognoistre les personnes vertueuzes et de noble extraction qui (à l'exemple de leurs prédécesseurs) ont rendu à cette couronne des services autant fidelz que recommandables, et pour ce laisser et donner des marques à la postérité de leurs vertueuzes actions et de la satisfaction que nous en avons, sçavoir faisons que, mettant en considération les services continuelz que nous rend nostre amé et féal conseiller en noz Conseilz d'Estat et privé et premier président en nostre Chambre des comptes le sieur Antoine Nicolay, seigneur de Goussainville, en sadite charge, et pareillement ceux que ses ayeulz, depuis plus de huict vingtz années consécutives, ont rendu à cest Estat, tant en la mesme charge, que aux très grands employs dont ilz ont esté honnorez par les feuz Roys, dedans et dehors ce royaulme, et en recognoistre iceluy s^r Nicolay et ses descendans naiz et à naistre en loyal mariage; informez d'ailleurs que sadite terre et seigneurie de Goussainville, scituée dans le ressort de nostre Chastelet de Paris, est de belle estendue et de grand revenu, en laquelle y a haulte, moyenne et basse justice, exercée par officiers dont les appellations ressortent par devant nostre prévost de Gonnesse, et de laquelle terre et seigneurie il y a grand nombre de fiefz et de valeur, assiz tant audit Goussainville qu'ès environs, qui en sont tenus et mouvans, en sorte qu'elle peult avec raison porter le tiltre de Marquizat; pour ces causes et autres bonnes considérations, de l'advis de la royne régente, nostre très honnorée dame et mère, et de nostre propre mouvement, grace spécialle, plaine puissance et aucthorité royalle, avons créé, érigé et eslevé, créons, érigeons et eslevons, par ces présentes signées de nostre main, en tiltre, nom et dignité de Marquizat ladite terre et seigneurie de Goussainville, pour doresnavant la tenir et posséder, en jouir et user par ledit s^r Nicolay, ses hoirs, successeurs et ayans cause, avec tous les droictz, honneurs, prérogatives, prééminences, aucthoritez, priviléges, rangz et libertez, tant en fait de guerre, assemblée de noblesse, que autrement, dont jouissent et ont acoustumé jouir les autres Marquis de nostre royaulme. Voulons et nous plaist qu'iceluy s^r Nicolay et sesdits successeurs Marquis de Goussainville portent sur leurs armoiries et blasons toutes et telles enseignes, sommiers, marques et tiltres qui peuvent appartenir à Marquis, et soient tenus, censez et réputez telz, tant en jugement que dehors; que tous les vassaulx et subjectz deppendans de ladite terre et Marquizat de Goussainville, faisant cy après leur foy et hommage, baillant leurs adveuz, dénombrementz et recognoissances, soient tenus de ce faire audit s^r Nicolay et ses successeurs seigneurs dudit Goussainville, en qualité de Marquis dudit Goussainville, la justice exercée et administrée audit tiltre par les officiers qui sont jà establys, et d'en ressortir les appellations de leurs jugemens en nostre Cour de parlement de Paris, sans néanmoings préjudicier aux seigneurs desquelz ladite terre de Goussainville, ses appartenances et deppendances sont mouvans. A la charge aussy qu'advenant faute d'hoirs masles, ledit Marquizat retournera en son premier tiltre et seigneurie. Sy donnons en mandement à nos amez et féaulx conseillers les Gens tenans nostre Cour de parlement et Chambre de noz comptes à Paris, et tous autres noz justiciers et officiers, et à chacun d'eulx endroit soy, ainsy qu'il appartiendra, que ces présentes ilz ayent à faire lire, publier et registrer, et du contenu en icelles facent, souffrent et laissent jouir et uzer ledit s^r Nicolay, ses hoirs et ayans cause, nais et à naistre en loyal mariage, et leurs vassaulx facent icelles entretenir, garder et observer, et cesser tous troubles et empeschemens au contraire, nonobstant tous eeditz, ordonnances et autres tiltres à ce contraires, mesmes à celles par lesquelles il est ordonné qu'au deffault d'hoirs masles les Duchez, Marquizatz et Comtez seront unis à nostre couronne, et autres clauses expresses y apposées; mesmes aux desrogatoires des desrogatoires y contenues, lesquelles ne voulons ny entendons nuyre ny préjudicier à nostre présente volonté; ayant expressément excepté et réservé, exceptons et réservons d'icelles ledit Marquizat de Goussainville, sans laquelle condition ledit s^r Nicolay n'auroit accepté nostre présente grace. Car tel est nostre plaisir. Et afin que ce soit chose ferme et stable à tousjours, nous avons

fait mettre nostre scel à cesdites présentes, sauf en autres choses nostre droit, et celuy de l'autruy en toutes. Donné à Paris, au mois de may, l'an de grace mil six cens quarante cinq, et de nostre règne le troisiesme.
LOUIS.
Par le Roy, la reyne régente, sa mère, présente : DE LOMÉNIE.

Sur le repli est écrit : Registrées, ouy le procureur général du Roy, pour jouir par l'impétrant, ses hoirs et ayans cause, de l'effect et contenu en icelles, aux charges y portées, à Paris, en parlement, le sixiesme jour de septembre mil six cens quarante cinq. DU TILLET.

Registrées en la Chambre des comptes, ouy et ce consentant le procureur général, pour jouir par ledit sieur impétrant, ses hoirs, successeurs et ayans cause, de l'effect et contenu en icelles, selon leur forme et teneur, le quatorziesme jour de décembre mil six cens quarante cinq. BOURLON.

(Original. — *Arch. Nicolay*, 21 C 52.)

---

520. 9 *Novembre* 1645.
HARANGUE DU P.P. A LA REINE DE POLOGNE.

Cedit jour, Messieurs s'estant assemblés en la Chambre, seroient partis d'icelle sur les trois heures, conduits par Mr le P.P., en corps et habits de cérémonie. Estant descendus dans la cour du Palais, ils seroient montés en carrosses et sortis d'icelle par la porte St-Louis, et allés au long du quay qui regarde celuy des Augustins et par dessus le Pont Neuf, vers l'hostel de Nevers. Où estant proches, et à cause de la multitude de carrosses, seroient descendus et allés audit hostel au mesme ordre que celuy qu'ils avoient tenu au sortir de ladite Chambre. Et estant arrivés en la cour dudit hostel, ils auroient esté reçus par le sr Saintot, ayde des cérémonies, et conduits dans une salle basse; où ayant esté quelque temps, les srs de Rodes, grand maistre desdites cérémonies, et de Berlize, introducteur des ambassadeurs, seroient venus reprendre la Compagnie et l'auroient menée dans la chambre où estoit la reine de Pologne, qui estoit assise sur un fauteuil, et plusieurs dames, damoiselles et grand nombre de Polonois alentour. Et estant la Compagnie à la vue de ladite dame reine, elle se seroit levée de son siége, et estant debout, Mr le P.P. et la Compagnie s'estant approchés, après les révérences faites, mondit sr le P.P. auroit dit en ces mots :

« Madame, ceux qui ont voulu prescrire les règles de la parfaite obéissance ont esté, ce semble, un peu sévères en ce qu'ils ont osté les mains et les yeux à ceux qui sont obligés de la chérir et d'en faire profession : les mains, pour leur oster tout moyen de résister au commandement absolu de leur prince, et les yeux pour ne voir pas mesme ce qui pourroit peut-estre arrester leur considération.

« J'avoue néanmoins à Vostre Majesté, et vous le dis au nom de toute nostre Compagnie, que, si les loys peuvent se rendre équitables, elles le doivent estre sous le règne d'un Roy françois, et, entre les françois, le plus puissant monarque qui ayt jamais tenu l'empire, puisque de son seul bras il protège ses sujets et que, comme un autre Argus, il a les yeux partout. C'est aussy ce qui nous dessille les yeux, et fait, Madame, que, sans nous y intéresser plus avant dans la perte que la France souffre par vostre absence, nous contribuons plus volontiers nos vœux, comme nos cœurs, aux acclamations publiques de joye de la royale guirlande qui vient couronner vostre teste, laquelle vous a esté ménagée par la main puissante de nostre reine, que vos mérites vous ont acquise, et que la commune acclamation et applaudissement du peuple vous a prédite.

« L'on dit, Madame, que les herbes les moins odorantes qui naissent parmy les lys en retiennent l'odeur. Que sera-ce donc d'une plante verdoyante et toute sainte qui se transplante avec sa racine nourrie en cette cour et sur le modèle d'une si grande et si vertueuse reine? Bon augure certes pour nous, grand bonheur pour la Pologne, qui va recueillir les doux fruits d'une très heureuse naissance !

« Que si, en la personne de celle où nous ne voyons que toutes choses dignes d'admiration, il se rencontre quelque lieu pour nos souhaits, trouvez bon, s'il vous plaist, Madame, que, pour la grandeur de vostre réputation, pour l'accomplissement des perfections de ce grand Roy vostre époux, et pour le bonheur de la Chrestienté, nous suppliions la Majesté Divine, en vostre présence, qu'il luy plaise, par l'entremise de ce grand prince, établir un doux repos, non seulement en la France, non seulement dans nos familles, mais de donner la paix à tant de puissans monarques, non pour un peu de temps, mais pour longues années, dont la postérité ressentira le fruit après nous. Et par ainsy la gloire de Vos Majestés ira croissant d'age en age, et vos noms glorieux seront éternisés en la mémoire des hommes.

« Que le Ciel donc, ému de l'éclat de nos voix et de l'ardeur de nos prières, puisse combler de ses graces le règne de Vos Majestés ; qu'il puisse toujours remplir vostre cœur, Madame, de vertus convenables à vostre grandeur. Bref, que vostre couronne florisse sur vostre chef autant d'années que nos prières sont dévotes et ardentes envers Dieu pour la continuation de vos jours. »

Mondit s^r le P.P. ayant fini, ladite dame reine, après avoir salué la Compagnie, l'auroit remerciée, et dit qu'elle estoit élevée à cet honneur par la bonté de la reine, et qu'en toutes occasions elle serviroit la Compagnie en général, et tous les officiers d'icelle en particulier.

Ayant fini, après les révérences faites, mesdits sieurs se seroient retirés.

(Copie du XVIIIe siècle. Arch. Nicolay, 54 L 18. — *Plumitif* et *Cérémonial*.)

---

521.   16 Novembre 1646.
LETTRE DU ROI AU P.P. — ENREGISTREMENT DE LETTRES PATENTES.

Monsr Nicolay, m'estant trouvé obligé de pourvoir à la descharge du trésorier de mon Espargne, Me Claude de Guénegaud, de la somme de cent cinquante mil livres dont il auroit donné ses rescriptions à plusieurs particuliers qui, en me faisant des prestz dans les nécessitez pressantes de la guerre, m'auroient obligé de prendre pour deniers comptans plusieurs provisions d'offices et quitances de finances montans à ladite somme de cent cinquante mil livres, j'aurois ordonné, par mes lettres du xixme mars 1645, qu'en raportant par ledit trésorier de l'Espargne lesdites provisions et quitances de finances, la susdite somme seroit passée et allouée en la despence de ses comptes. Et comme mon intention est que lesdites lettres ayent leur effect, n'estant pas juste que ceux qui se sont engagez de bonne foy pour moy y sucombent, je vous fais cette lettre en particulier pour vous dire, avec l'advis de la reyne régente, madame ma mère, que vous me ferez service très agréable en vous emploiant de tout vostre pouvoir à ce que mes susdites lettres soient enregistrées purement et simplement en ma Chambre des comptes, sans qu'il y soit apporté aucune longueur ny difficulté quelconque. Priant Dieu qu'il vous tienne, Monsr Nicolay, en sa sainte garde. Escrit à Paris, le xvj^{me} jour de novembre 1646.

LOUIS.
DE GUÉNEGAUD.

(Original. — *Arch. Nicolay*, 67 L 77.)

---

522.   27 Septembre 1647.
LETTRE DU PRINCE DE MONACO AU P.P. — VÉRIFICATION D'ÉCHANGE.

A Monaco, le 27 de septembre 1647.

Monsieur, la vériffication de mes lettres patentes portant l'eschange de 42^m liv. annuelles que j'avois sur la doane de Valence en d'autres droictz de pareil revenu dans le Dauphiné, a trouvé d'autant plus de facilité à s'achever dans vostre Chambre, que vous vous y estes porté avec affection pour donner à ma faveur le mouvement à tout vostre corps. J'en ay sceu le destail par M**r** le baron de Rians, mon intendant, et vous en dois, avec toute ma maison, de si grandes obligations, que je ne prétends point y satisfaire en partie par cette lettre. Ce sera aux occasions, Monsieur, que vous m'offrirez, et que je vous demande, que vous reconnoistrez que, si bien cet eschange estoit fondé sur la justice de mon traitté, je ne le veux pas moins devoir à l'assistance que vous m'avez prestée, et à la générosité avec laquelle vous avez voulu m'obliger à estre toute ma vie passionément,

Monsieur,

Vostre bien humble et très affectionné serviteur.
HONORÉ P. DE MONACO.
(Orig. autographe. — *Arch. Nicolay*, 33 L 3.)

523.   14 *Février* 1648.
LETTRE DE M. ALMERAS AU P.P. — RENOUVELLEMENT DE L'ANNUEL.

A Paris, ce 14**me** février 1648, à midi.

Monsieur, Mons**r** Guérapin est venu ce matin, à la levée de la Chambre, nous avertir que l'on est sur le point d'envoyer le droict annuel à Messieurs du parlement seulz, sans qu'il se parle des autres Compagnies. En cette occurance, vous estes, d'un commung vœu de la Compagnie, non seullement souhaité, mais jugé absolument nécessaire icy pour résouldre et agir aux choses qui sont à faire et aussy importantes qu'il s'en soit jamais présenté, pour beaucoup de raisons qui seroient trop longues à escrire et que vous pouvés bien juger. Il n'y a aucun moment à perdre, et l'affaire presse. J'ay esté chargé de vous en donner aviz et vous prier de vous rendre icy au plus tost. C'est ce que nous attendons tous avec impatience, et moy plus que nul autre, qui suis, etc.

ALMERAS.
(Orig. autographe. — *Arch. Nicolay*, 75 L 39.)

524.   28 *Avril* 1648.
SÉANCE DU DUC D'ORLÉANS. — DISCOURS DU P.P.

Le vingt-huictiesme d'avril, Monsieur le duc d'Orléans monta à la Chambre des comptes, et Monsieur le prince de Conty à la Cour des aydes, car Monsieur le Prince estoit desjà party pour l'armée.

Ils entendirent l'un et l'autre des vérités qui leur estoient cachées. Car, comme l'on ne pouvoit plus dissimuler les maux de l'Estat et les désordres qu'on y entretenoit par des artifices honteux et infâmes, cela donnoit encore plus de liberté à parler à des princes qui estoient les plus intéressés dans les malheurs qui se préparoient et dans les crimes des ministres, parce que les peuples les regardent tousjours comme ceux qui doivent particulièrement s'y opposer et les deffendre de ces horribles tyrannies.

Toutes les cérémonies accoustumées ayant esté faites pour la séance de Son Altesse Royale, Monsieur le président Nicolay fit sa harangue en ces termes :

« Monsieur, la joye que cette Compagnie reçoit de vostre présence, est beaucoup diminuée, lors qu'elle vient à jetter les yeux sur le sujet qui vous y ameine, et qu'elle considère que l'on se sert d'une voye si ordinaire et si fréquente afin de luy oster toutes les marques d'honneur et d'authorité qui luy ont esté données par nos Roys; on nous ferme la bouche, on nous oste la parole, on nous traite de mesme que si nous n'avions pas assez de suffisance pour connoistre ce qui est utile à l'Estat, et que si nous manquions de fidélité et d'affection pour contribuer à la gloire du Prince et au bien de ses affaires. Cette puissance et cette authorité absolue avec laquelle l'on nous veut oster la liberté de nos sentimens, a tousjours esté réprouvée par la plus juste et la plus saine polytique. Et de fait, c'est renverser les fondemens de cet

Estat, c'est rompre le lien qui unit la souveraine puissance avec les sujets, c'est destruire le canal qui sert à faire passer les volontez du Roy pour les faire entendre à son peuple. Plus l'authorité est souveraine et absolue, plus elle a d'intérest de conserver la dignité des puissances souveraines : car les volontez des Roys ne sont jamais mieux receues par leurs peuples, que lors qu'elles passent par les suffrages de ces augustes Compagnies. Ainsi, Monsieur, il ne sera pas dit qu'en présence d'une si illustre et honnorable assemblée, d'un si glorieux prince, aux yeux de mes enfans et de mes neveux, j'aye déguisé mes sentimens et dégénéré de la vertu de mes ancestres, et particulièrement de quatre, dont je porte le nom, et qui ont occupé la mesme place que je tiens aujourd'huy. Trouvez donc bon, Monsieur, que je vous dise en un mot la cause de nos maux et de nos désordres. Il y a un homme dans l'Estat, qui abuse de la puissance souveraine et qui règne en la place du Roy, qui croit qu'il peut s'enrichir de la fortune des particuliers et de leurs dépouilles, et qui, après avoir consommé les biens du royaume et converty tout à son utilité particulière, et de ses infâmes partisans, travaille tant qu'il peut pour entrer dans les premières dignitez de la magistrature, s'imaginant y trouver son azile et l'impunité de tous ses crimes et de tous ses brigandages. Il y a longtemps, Monsieur, que tous ces désordres ont commencé, et néantmoins l'on ne veut pas laisser la liberté au misérable de se plaindre, l'on ne veut pas mesme souffrir que les Compagnies souveraines, qui sont les protecteurs des peuples, représentent leurs maux : on étouffe leur voix, de peur qu'elle leur soit salutaire, ou qu'elle leur serve tout au moins de consolation. Quand Noé fit son arche pour se garantir avec sa famille des naufrages de la nature, Dieu luy commanda de ne faire qu'une seule fenestre, qui seroit au haut et au sommet de l'arche, afin que, n'estant point ouverte d'aucun autre costé, il ne peust que regarder le ciel, d'où il espéroit tout son secours et sa conservation. Voilà, Monsieur, l'estat présent de la France : les peuples n'attendent plus leur salut et leur vie que de la bonté de Dieu ; il n'y a plus de justice sur la terre, puisqu'on estouffe les bons sentimens des princes, et qu'on veut faire tout passer par la force et par la violence. Enfin, comme le feu des Vestales ne pouvoit jamais estre rallumé qu'aux rayons du soleil, lors qu'il avoit esté esteint par quelque malheureuse fortune, les désordres sont si grands aujourd'huy dans le royaume, que l'on peut dire aussi que les choses n'y sçauroient estre restablies que par une forme de miracle ; ce ne peut estre l'ouvrage de la terre, mais seulement celuy du ciel. Qu'il nous soit donc permis, Monsieur, de jetter les yeux de ce costé-là, et d'implorer son assistance, vous priant toutefois de vous ressouvenir que nostre silence n'est point un aveu, ny un consentement aux édits qu'on vous fait apporter aujourd'huy, afin que tout le monde sçache que nous n'avons jamais favorisé les voleries et les dérèglemens de l'Estat. »

(Impr. dans l'*Histoire du temps*, édit. de 1649, in-4°, p. 40.)

Ce discours est fort différent dans la version conservée par l'*Histoire du temps* (les *Archives Nicolay* en possèdent une copie, 55 L 20), et dans la plaquette imprimée en 1649 sous le titre de : *Harangue faite à Monsieur le duc d'Orléans par Monsieur Nicolai, premier président en la Chambre des comptes*. (A Paris. M. DC. XLIX. 7 pages in-4°.) Cette dernière harangue est beaucoup plus longue (le *Plumitif* dit qu'elle dura cinq quarts d'heure). La différence des deux versions commence à la phrase : « La volonté des Roys est mieux exercée par leurs sujets, lors qu'elle passe par les suffrages de ces augustes Compagnies. » Voici le texte, très-incorrect d'ailleurs, de la plaquette (p. 4) :

On lit dans l'Exode que les lampes d'argent qui composoient le chandelier à sept branches, estoient assises sur des fleurs de lys : tesmoignage asseuré que les juges, qui sont des lampes qui esclairent le peuple et qui leur rendent les oracles de la justice, doivent estre appuyez sur des puissances souveraines, dont la justice est une marque en ce royaume. Et de vray, que pourrions-nous faire, dans la foiblesse où on nous a réduits, si nous ne sommes appuyez de l'authorité du Roy, de la reine régente sa mère, et de la vostre, Monsieur, qui estes le bras droit de cet Estat ? Et ce sont ces frères qui, en l'absence de leurs frères, doivent servir de père à leurs neveux, d'où nous espérons beaucoup de générosité. Si celuy qui a fait la proposition au Conseil de vous donner la peine de venir en cette Chambre, plustost pour satisfaire à son intérest particulier, que celuy de l'Estat, a eu dessein en cela de choquer nostre authorité et d'entreprendre sur l'authorité de nos charges, pour augmenter la sienne, devoit-il pas faire réflexion sur l'estime que nos Roys ont toujours faite de cette Compagnie, sur la fidélité qu'elle a tesmoignée en toutes occasions au service du Roy? Ne sçait-il pas que cette Chambre est un petit ciel en terre, dans laquelle toutes les personnes qui la composent n'ont qu'un cœur pour le service du Roy? Ne devoit-il pas faire du moins réflexion sur la voye dont il a conseillé de se servir en cette occasion? Les loix déclarent que celuy est un usurpateur, qui veut s'emparer par des voyes extraordinaires ce qu'il estime luy estre deu, et n'estre pas d'un cœur de France, et faire des serviteurs mal affectionnez. Si nous avons failly en quelque chose, la justice du Roy n'est-elle pas toujours souveraine? Nous ne sommes pas assez punis par le silence qu'on nous impose; il faudroit, en ce cas, nous priver de nos charges. Mais, de nous fermer la bouche à l'appétit de quelques particuliers, n'est-ce pas, au lieu de pouvoirs et honneurs que les Roys ont accordés à cette Compagnie, la combler d'ignominie? Sera-t-il dit qu'en présence d'une si honorable Compagnie, d'un si généreux prince, aux yeux de ma femme, de mes enfans et de mes neveux, que j'aye dégénéré à la vertu de mes ancestres, et particulièrement de quatre dont je porte le nom, et tiens la mesme place qu'ils ont autresfois occupée? Que l'on me fasse passer devant les yeux des oppalles pour des diamans, et que l'on me fasse avaler des boutons de fer pour des pillules certaines; non, car je puis dire en vérité que les remèdes sont plus propres à nourrir et fomenter le mal qu'à le guérir. Noé fit faire les fenestres de l'arche où il se retira, non du costé d'où il peust découvrir la misère universelle et estre tesmoin de la mort d'une infinité de personnes, d'autant qu'il n'y voyoit aucun secours et que quantité de charognes auroient peu infecter l'arche; il la fit faire au haut, parce qu'il ne pouvoit attendre son secours que du ciel. Ainsi, de quelque costé que la France se tourne, on ne voit que misères et désolations; il faut qu'elle lève les yeux en haut, puisqu'elle ne peut attendre son secours que de ce costé-là. On tasche d'oster à Leurs Majestez la peine des misères de son peuple, de peur que, leurs cœurs estans attendris par un si pitoyable spectacle, ils ne fissent cesser les violences dont ils usent pour les augmenter. Les poëtes feignent que Cérès, voyageant pour trouver sa fille qu'elle avoit perdue, faisoit porter ses flambeaux devant elle, allumez au feu du mont Etnat, et qu'en mesme temps qu'elle voyageoit, elle espandoit une abondance de fruicts sur ses peuples. Sa Majesté est devenue, dans ses actions et dans le pas qu'elle fait (?) voir sa justice, non par des feux matériels, comme ceux du mont Etnat, mais par des feux spirituels qui tirent toute leur lumière du ciel, dont la justice est descendue. Les juges aussi espérans que Sa Majesté, à l'exemple de cette déesse, respandra ses fruicts de joyes et de paix et de fidélité sur ses sujets, cette espérance fait que le peuple ne s'abandonnera pas au désespoir, auquel il se void entièrement plongé, s'il n'estoit arrosé de la bénignité et clémence du Roy. Nous espérons aussi estre protégez en sa bonté dans les persécutions qu'excitent contre nous des particuliers, qui ne souhaitent rien avec plus de passion que de voir nostre authorité anéantie. Celui qui sçait n'est-il pas obligé de dire ce qu'il sçait, lorsqu'il y va du service du Roy? Je sçais qu'il y a des personnes tellement ennemies des Compagnies souveraines en général, et de leur chef en particulier, qui ont pratiqué toutes sortes de moyens pour rendre leurs actions criminelles aux yeux de la reyne régente et de son Conseil. Mais nostre grande reyne a la veue trop perçante, et est trop bien informée de leur fidélité, pour se laisser surprendre à ces artifices lasches et meschans. Ils sont, d'autre costé, trop fervens dans leurs innocences pour les espouvanter dans leurs poursuittes, estans asseurez que plus leurs actions passeront par les mains de l'envie et de la calomnie, plus elles en sortiront nettes et esclatantes. Mais l'on se sert en ces actions de l'authorité royale, on dit que c'est par le commandement du Roy. Quelle apparence de voir que le Roy se lie les pieds soy-mesme!

Je puis dire avec asseurance que ces actions ne se faisoient autresfois de la sorte, et je puis citer l'exemple de tous les Roys, de l'authorité desquels on ne se couvroit pas pour faire ces violences. On peut dire aussi que l'innocence et la simplicité résidoit en ce temps-là dans les cœurs, que ces Compagnies estoient les retraites de la vertu, que les magistrats y estoient appellez par le mérite, et non pas par argent, au lieu que maintenant la vénalité des offices a fait que ceux qui estoient les plus ennemis de la justice sont plus aspres à en rechercher les charges, de sorte qu'il semble qu'elles ne servent que pour mettre à couvert leurs crimes et leurs violences, et les faire rougir du sang qu'ils ont tiré des veines des peuples. On ne doit point trouver estrange si je me sers de ces paroles que dist autrefois un corsaire à l'empereur Trajan, que, dans la correspondance qui se trouve entre les princes et les sujets, la souveraineté est foible et languissante, et les peuples viennent souvent à perdre la crainte du mal, ne perdant la crainte du bien. Le feu sacré estant autrefois gardé par les vierges vestales, alors qu'il estoit esteint, il n'estoit pas permis de l'allumer qu'aux rayons du soleil. Ce feu sacré est celuy qui conserve les juges, qui se communique aux peuples par la justice qu'ils rendent; que si ce feu vient à estre esteint, nous ne sçaurions le r'allumer qu'aux rayons de la puissance souveraine, qui est nostre soleil d'où nous tirons toute nostre lumière. L'authorité royale ressemble à l'ame qui anime le corps, qui ne peut estre divisée ny en soy ny du corps, sans estre cause en mesme temps de la ruine de son tout qu'à la confusion (?). Et donc, si cette puissance est divisée, si des particuliers et des partisans s'en servent pour venir à bout de leurs pernicieux desseins, si on nous ferme la bouche, on nous veut faire passer une balle d'édicts, dont nous ne voyons que la couverture. Que si nos bouches sont fermées et si nos mains sont liées, pour nous empescher de parler et de nous défendre, à tout le moins nous sera-t-il permis de lever les yeux vers le ciel pour implorer son secours sur nostre Roy et sur son royaume, et il nous sera permis de dire que nostre silence n'est point un advis ny un consentement aux édicts que nous allons vérifier, pour faire voir que nous sommes véritables serviteurs du Roy.

(Imprimé. — *Arch. Nicolay*, 55 L 22.)

525.
15 *Juin* 1648.
LETTRE DU ROI AU P.P. — JONCTION DES COURS.

Monsr Nicolai, sur l'advis que j'ay eu que ma Cour de parlement avoit envoyé en ma Chambre des comptes pour l'advertir de la résolution qu'elle avoit prise, suivant son arresté, de continuer la jonction avec cette Compagnie, et pour l'inviter de se trouver par ses depputez en la chambre de St-Louis, j'ordonne à madite Chambre, par la lettre que je luy escris présentement, que, conformément aux deffences que je luy avois faictes, elle n'ait à depputer aucun de son corps pour se trouver en cette assemblée, sur peine de désobéissance et d'encourir mon indignation. Et encores que vous aiez bonne part à cette lettre, je ne laisse pas, avec l'advis de la reyne régente, madame ma mère, de vous exhorter, par celle que je vous faictz en particulier, d'employer l'auctorité que vous avez dans cette Compagnie pour la disposer de suivre ma volonté. C'est ce que je me promets de l'affection que vous avez pour mon service. Ce pendant, je prie Dieu qu'il vous ait, Monsr Nicolai, en sa sainte garde. Escrit à Paris, le xvme jour de juin 1648 [1].

LOUIS.
DE GUÉNEGAUD.

(Original. — *Arch. Nicolay*, 26 L 5.)

[1]. Le 16, au matin, la Chambre reçut pareille lettre de la main de l'avocat général. Néanmoins elle députa, pour conférer avec les commissaires des autres Compagnies, six conseillers maîtres : MM. Perrochel, Bailly, de la Grange, Lescuyer, de Longueil et de Falconis. Dans l'après-midi, Mr Perrochel ayant fait savoir qu'il était gardé à vue par un exempt, on le remplaça par Mr le Fèvre. Le jour suivant, Mr Bailly fit son rapport sur la conférence. (*Plumitif*. — Ce registre renvoie, pour les comptes-rendus de toutes les assemblées, à un procès-verbal qui n'existe plus.)

526.
8 *Juillet* 1648.
CONFÉRENCE DES COURS AVEC LE DUC D'ORLÉANS.

Ce jour, les semestres assemblés, le sr Radigues, secrétaire de la Cour, venu et introduit au bureau, a dit avoir eu ordre de la Cour de dire à la Compagnie qu'ayant accordé à Mr le duc d'Orléans la conférence par luy requise en son palais avec les députés des Cours souveraines, elle alloit députer deux conseillers d'icelle de chacune chambre, autres que les commissaires de la chambre de St-Louis, pour, ce jourd'huy, quatre heures de relevée, se trouver audit palais d'Orléans; à ce qu'il plust à la Chambre députer deux de MM. les maistres pour se trouver à ladite conférence, à ladite heure.

...... Auroit esté arresté qu'il n'y auroit que deux de MM. les maistres qui iroient à ladite conférence, ainsy que faisoient Messieurs du Grand Conseil et Cour des aydes, comme n'estant question en cette conférence que de l'arrest de la Cour du 4 de ce mois, portant révocation des intendans de justice, contenue en la première proposition faite en la chambre St-Louis; avec ordre auxdits conseillers maistres de ne parler, comme [n'] estant les députés de ladite Chambre en nombre égal audit parlement, et selon la dignité de la Chambre. Et pour ce faire, a commis MM. Boucherat et Almeras, consers maistres.

(*Plumitif.*)

527.   3 Août 1648.
SÉANCE DU DUC D'ORLÉANS. — DISCOURS DU P.P.

Le lundy 3 aoust 1648, Mr le duc d'Orléans fut à la Chambre des comptes, et Mr le prince de Conty à la Cour des aydes, pour y faire vérifier la déclaration que le Roi avoit portée au parlement le vendredy précédent. La lettre de cachet ayant esté leue et les cérémonies faites, Monsieur le duc dit deux ou trois paroles; mais Mr de Valençay d'Estampes, qui luy avoit esté donné, avec un autre conseiller d'Estat, pour l'assister dans cette action, fit un discours assez bien imaginé, s'il n'eust point parlé si avantageusement d'un ministre qui estoit desjà très odieux au public. . . . . . .

Monsieur le président Nicolaï dit que la reyne devoit estre bien satisfaite aujourd'huy d'entendre des acclamations publiques et de recevoir des bénédictions sur la simple monstre d'une meilleure fortune, et qu'on nous faisoit seulement espérer; qu'elle devoit rendre graces à Dieu de l'avoir divertie de suivre tant de pernicieux conseils qui luy avoient esté donnez au commencement de toutes les assemblées. Car, au lieu qu'elle ne recevoit à présent que des remercimens des faveurs qu'elle faisoit à ses officiers, elle n'eust veu que des vefves qui luy eussent demandé leurs maris avec des accens tristes et lugubres, et des enfans tout éplorez qui luy eussent demandé leurs pères. Que, de leur part, ils avoient aussi une joye secrette et qui ne pouvoit pas s'exprimer, de voir que toutes leurs bonnes intentions estoient reconnues, et que la reyne promettoit d'enchérir mesme sur eux par sa bonté et par sa grace. Et de fait, il estoit temps de jetter les ieux sur le déplorable estat de la France, qui couroit furieuse à sa ruine, et qui deschiroit elle-mesme ses propres entrailles. Car, comme les finances pouvoient passer pour le sang et la force de l'Estat, on les avoit tellement consommées par des artifices et des moyens injustes, que l'on pouvoit dire que tout estoit épuisé, et qu'il ne restoit plus que les derniers souspirs, ou plutost le désespoir ou la rage, qui avoit perdu les plus florissans Estats et les Républiques les plus puissantes. Qu'il y avoit un désordre entre tous les autres qu'il ne pouvoit dissimuler, sçavoir les abus qui se commettoient sous le prétexte spécieux des comptans. Que, sous Henry IV, qui estoit un prince qui roulloit de grands desseins dans sa teste et qui avoit commencé nos alliances et nos intelligences estrangères, les comptans ne se montoient qu'à deux millions cinq cens mil livres; que, dans la minorité du deffunct Roy, ils n'estoient que de dix-neuf cens mil livres; mais à présent, quoy que nous ne payassions personne, et que la pluspart de nos alliez nous abandonnassent, pour leur manquer de parole, on les faisoit monter à des soixante millions. Enfin, ce qu'il y avoit de plus estrange, estoit de ce que l'on choisissoit des sujets et des prétextes spécieux pour couvrir ce brigandage, parce que, dans ces sommes immenses et prodigieuses, l'on y vouloit comprendre la pension de la reyne d'Angleterre et celle de quelques princes estrangers et de nos alliez, avec la despense et les réparations des chemins publics. Que toute cette despense estoit trop juste pour la mettre sous le titre des comptans. Car, pour la reyne d'Angleterre, c'estoit une princesse, laquelle estoit tante du Roy, et ainsi, par le devoir de la nature, le Roy lui devoit ce secours et cette assistance. Il luy devoit pareillement par sa vertu, estant de la générosité des grands princes d'estre touchez des malheurs de ceux qui portent des couronnes, et de leur donner un azyle et de quoy soustenir leur grandeur. Que c'estoit donc faire injure au Roy de vouloir estouffer sa magnificence et sa libéralité ; c'estoit ruiner son bienfait, qui est le plus grand de tous les crimes. Que c'estoit cette sorte de despenses qu'il falloit publier, et non pas les tenir secrètes, parce qu'outre que les vertus esclatantes des princes les font régner dans le cœur de leurs subjets, et que c'est par là principalement qu'ils règnent, elles entretiennent encore le crédit et la réputation chez les estrangers et chez les voisins, d'autant que le bien plaist à tout le monde, et qu'il se respand par tout. A l'esgard des pensions de nos alliez, c'estoit encore une invention pour couvrir les abus, que de les vouloir faire passer pour des comptans. Qu'il n'y pouvoit avoir un meilleur employ, et qui deust estre plus connu à tout le monde. Que, comme les assistances qu'ils nous rendoient estoient toutes publiques, puis qu'ils donnoient des batailles pour nous et qu'ils avoient continuellement les armes à la main, il n'y avoit rien à craindre que la Chambre chargeast ses registres des récompenses qu'on leur donnoit, et que tout le monde en fust instruit. Il n'estoit pas moins honteux ny moins captieux de confondre encore avec les comptans la despense des chemins publics. Car, outre que c'est une despense nécessaire dans un Estat pour entretenir par là le commerce et la correspondance entre les provinces, c'est une grande satisfaction au peuple de voir que ce qu'on y lève pour cela est très utilement employé. Qu'il supplioit donc Monsieur d'instruire la reyne de tous ces abus, qui estoient les plus grands et les premiers qui devoient estre corrigez dans les finances.

Il fit voir en suite la recepte et la despense de l'Estat, et comme, les anciens droits, sçavoir les tailles, les gabelles, les aydes, le domaine et les autres fermes, sans parler des nouvelles impositions et des taxes extraordinaires, estant bien mesnagés, il y avoit de quoy payer toutes les armées, ensemble les officiers, et soustenir toutes les autres charges du royaume. Et après luy avoir représenté tous ces désordres, il luy fit voir qu'il ne falloit jamais changer les anciennes loix, et qu'un Estat n'estoit jamais heureux, s'il n'estoit tempéré par un gouvernement aristocratique. Que cette puissance absolue et sans bornes, dont les souverains faisoient tant d'estime, et dont ils estoient si jaloux, estoit une puissance aveugle, qui ruinoit plutost leur authorité qu'elle ne la conserveroit. Enfin, que nos Roys n'avoient retenu ces mots dans leurs édits : *Car tel est nostre plaisir*, que pour rendre leur domination plus vénérable et plus mistérieuse, et non pas pour ne point obéir à la raison et ne prendre conseil de personne.

(Impr. dans l'*Histoire du Temps*, p. 161.)

Cette version est entièrement conforme au discours même, qui est conservé dans les Archives Nicolay, 55 L 21. — Le 9 décembre suivant, la cour envoya à l'enregistrement une déclaration sur les finances, dont les principales clauses étaient celles-ci : il ne sera plus expédié de comptants pour les prêts et avances, ni pour les frais de recouvrement et les remises aux traitants, qui seront passés dans les rôles de l'Épargne. — Les intérêts des avances réglés à 10 p. o/o. — Les intérêts et frais de recouvrement des impositions fixés à 3 sols pour livre. — Les remises pour traités d'affaires extraordinaires ne pourront excéder un quart. — Les deniers empruntés seront remboursés suivant liquidation faite en Conseil, sur les revenus ordinaires et d'un fonds laissé à cet effet dans les états. — Toutes personnes de qualité quelconque seront libres de s'engager dans les prêts et traités, sans déroger à la noblesse ni contrevenir aux ordonnances.

Cette déclaration fut retirée peu après.

L'exemplaire conservé dans le ms. Baluze n° 291, f°s 87 et 88, est suivi d'observations sur ce règlement, si dangereux en ce qu'il sanctionnait l'usage des comptants et des prêts.

528. 24 Août 1648.
LETTRE DU ROI AU P.P. — VICTOIRE DE LENS.

Monsr Nicolaj, me sentant obligé de faire rendre graces à Dieu de la signalée victoire qu'il luy a pleu de donner à mes armes en la bataille que mon cousin le prince de Condé a gaignée le xxme de ce mois près de Lens en Artois, contre les armées d'Espagne et de Lorraine, en laquelle toute l'infanterie des ennemis et la meilleure partie de leur cavalerie a estée deffaicte, quarante pièces de canon ont esté prises avec tout leur attirail, munitions et bagages, cinq à six mil hommes tuez, autant ou plus de prisonniers, entre lesquels le général Beck et plusieurs autres chefs, officiers et gens de marque se trouvent, d'où il y a subject d'espérer de très utiles et heureuses suittes pour ce royaume et pour la Chrestienté, j'ay résolu de faire chanter le *Te Deum* mercredy prochain, xxvj^{me} de ce mois, à neuf heures du matin, et mesme de m'y trouver en personne, avec la reyne régente, madame ma mère. Et comme je désire que cette action s'accomplisse avec solennité, je mande à ma Chambre des comptes d'y assister en corps. Ce que j'ay bien voulu, de l'advis de madite dame et mère, la reyne régente, vous faire sçavoir en particulier, afin que vous preniez soing, ainsy que vous avez accoustumé en pareilles occasions, que madite Chambre ne manque pas de s'y trouver, suivant la charge que j'ay donnée au maistre de mes cérémonies de vous le dire plus particulièrement. Et sur ce, je prie Dieu qu'il vous ayt, Monsr Nicolaj, en sa saincte garde. Escrit à Paris, le xxiiij^{me} jour d'aoust 1648.

LOUIS.

DE GUÉNEGAUD.

(Original. — Arch. *Nicolay,* 26 L 6.)

529. 27 *Août* 1648.

CONDOLÉANCES SUR LA DÉTENTION DES MEMBRES DU PARLEMENT.

Ce jour, les semestres assemblés, la Chambre a commis MM. Aubery, président, Chaillou, le Clerc, de Paris, Mandat, Bailly et de la Grange, cons^{ers} maistres, pour aller témoigner à Messieurs du parlement la part que la Chambre prend au déplaisir qu'ils ont pour la détention de Mr Broussel, conseiller en la grand'chambre, et de Mr de Blancmesnil, président aux enquestes, arrivée le jour d'hier.

(*Plumitif.*)

530. *Octobre et Novembre* 1648.

REMONTRANCES SUR LE DÉSORDRE DES FINANCES.

Lettres de la Chambre au P.P.

De la Chambre des comptes, ce dixiesme octobre 1648.

Monsieur, ayant esté commis cinq de Messieurs les présidens et maistres, par arrest du cinquiesme septembre dernier, pour faire remonstrances au Roy, tant de vive voix que par escript, sur les désordres des finances, tant en suitte de la déclaration de Sa Majesté apportée par M^r le duc d'Orléans le troisiesme aoust préceddent, que propositions faites en la chambre St-Louis, nous avons arresté ce matin d'assembler les semestres lundy prochain, douziesme de ce mois, pour adviser ce qu'il convient faire pour l'exécution desdites délibération et remonstrances, qui ont esté dressées par lesdits sieurs commissaires. Et comme l'affaire presse et est très importante à l'honneur et authorité de cette Compagnie, nous avons estimé vous en devoir donner advis par la présente, et vous prier vouloir vous y trouver, pour continuer la bonne volonté que vous avez tousjours tesmoignée en semblables occasions. Ce faisant, vous obligerez la Chambre. Priant Dieu vous donner, etc.

De la Chambre des comptes, ce xij^{me} octobre 1648.

Monsieur, nous vous escrivismes samedy dernier, pour vous prier vouloir vous trouver en la Chambre ce jourd'huy, lundy xij^{me} octobre 1648, que les semestres seroient assemblez pour adviser ce qui estoit à faire sur les remonstrances ordonnées estre faictes à Leurs Majestez, de vive voix et par escript, par arrest du vme septembre dernier, sur les désordres des finances, et mesmes sur le contenu de la déclaration de Sa

Majesté apportée par Monsieur le duc d'Orléans le troisiesme du mois d'aoust précédent. Et comme cette affaire presse extrêmement, nous n'avons pas laissé, par vostre absence, de faire faire lecture desdites remonstrances dressées par Messieurs nos députez, qui ont esté par nous approuvées; et reste à sçavoir si vous aurez agréable porter la parolle pour faire lesdites remonstrances de vive voix, en présentant à Leurs Majestés celles par escript. Et pour ce, nous vous prions de vous rendre en la Chambre pour y assister demain au matin; et ou vostre commodité ne vous permettroit de faire lesdites remonstrances, nous vous prions aussy de le nous mander par ce porteur. Priant Dieu qu'il vous donne,

Monsieur,

En santé bonne et longue vie.

Vos très affectionnez confrères et bons amis,·

Les Gens des Comptes du Roy nostre sire.

Bourlon.

Lettre de l'avocat général au P.P.

A St-Germain, le xvj^{me} octobre 1648.

Monseigneur, ce matin, je n'ay manqué d'aller chez M^r le président Tubeuf, pour luy faire entendre mes actions et le prier de joindre ses prières envers Monseigneur le chancelier, affin d'avoir audiance. M'estant esveillé de craincte de perdre l'occasion, je fus chez mondit seigneur; où, après avoir eu patience de quelque temps, je luy dis que j'avois fait sçavoir à la Chambre sa responce, et que j'avois estimé ne la debvoir porter, d'autant que le retour sans ordre me seroit imputé à légèreté; que, s'il plaisoit à la Chambre avoir aggréable mon retour et sa responce, de craincte de ne le rencontrer, que j'estimois debvoir recevoir ses commandementz; si non, que j'aurois l'honneur de le revoir ce mesme jour, pour luy faire entendre la délibération de la Chambre. Ce fait, je serois retourné au logis de mondit sieur le président Tubeuf, auquel j'ay fait entendre ce qui s'estoit passé; et s'estant offert d'apporter pour le service de la Chambre ce qui seroit de son possible, si tost que j'ay receu celle qu'il a pleu à la Chambre de m'escrire, je me serois transporté au logis de mondit sieur le président, pour luy en donner cognoissance. Et ne le rencontrant, pour ne perdre temps, j'ay esté chez mondit seigneur le chancelier, que j'aurois trouvé avec Monsieur de Léon; en présence duquel je luy aurois dit que la Chambre avoit arresté que je me transporterois vers luy pour le prier de rechef de sa part de nous faire donner l'audiance dans ce jour, et qu'il sçavoit que je debvois rendre l'obbéissance à la Chambre. Il me dist que, s'il pouvoit, qu'il le feroit, et que si ce n'estoit dans ce jour, que ce seroit demain. A la sortie, je fus pour trouver mondit s^r le président. Ne le trouvant en son logis, n'ozant aller dans le chasteau sans y rendre les respects que je doibs aux rencontres, j'envoyé Varenne affin qu'il fist en sorte que je peusse entretenir mondit sieur en tel lieu qu'il luy plairoit, s'il ne trouvoit bon que je l'attendisse à son logis, où j'estois. Il se donna la peyne d'y venir, et, après la lecture de la lettre de la Chambre, nous fusmes conjointement au logis de mondit seigneur le chancelier, où il l'entretint séparément; et, peu de temps après, estantz sortis, interrompus par la venüe de Monsieur le Prince et de Monsieur de Longueville, qui vindrent dans la salle basse où le Conseil s'assembloit pour les affaires de Normandie, il me dist que mondit seigneur le chancelier luy avoit dit qu'il voyoit qu'il estoit près de cinq heures; que, le Conseil de Normandie ayant esté résolu à ce jour, il ne pouvoit le rompre; qu'il seroit trop tard pour aller veoir Leurs Majestez, et que demain il feroit son possible pour nous faire avoir audiance, et qu'il estimoit qu'il falloit se donner cette patience.

De tout ce que dessus, j'ay estimé en debvoir donner advis à la Chambre et à vous, selon que l'huissier Desprez m'a dit que vous le désiriez. Je suis,

Monseigneur,

Vostre très humble et très obbéissant serviteur.

Dreux.

(Originaux. — *Arch. Nicolay*, 75 L 40, 41 et 42.)

CHAMBRE DES COMPTES.

Présentation des Remontrances.

Le jeudy 5 novembre, M.r le P.P. a rapporté que MM. les députés par arrest du 15 octobre dernier s'estant assemblés en la Chambre le 27 dudit mois, sortirent tous ensemble, sur les dix à onze heures du matin, pour aller trouver Leurs Majestés à St-Germain en Laye, et se mirent en divers carrosses; qu'ils arrivèrent audit lieu de St-Germain entre une et deux heures après midy, allèrent descendre en la basse cour du chasteau, furent reçus en la maison de la Capitainerie par des officiers de la maison du Roy qui les attendoient, ainsy qu'avoient esté peu de jours auparavant MM. les députés du parlement; qu'incontinent après leur arrivée, ils furent visités de la part du Roy par le s.r du Plessis de Guénegaud, secrétaire d'Estat, et le s.r Saintot, maistre des cérémonies, et après, par leurs amys particuliers. Que, sur les quatre heures, lesdits s.rs de Guénegaud et Saintot vinrent quérir en la grande chambre haute de ladite Capitainerie lesdits s.rs députés, et les conduisirent dans le Vieux Chasteau jusque dans le cabinet du Roy, où on a accoutumé de tenir le conseil secret de S. M. Où estant (et à trois pas de distance de S. M. et de la reine régente, sa mère, qui estoient chacun en une chaire à bras de moyenne hauteur), ils virent que Leurs Majestés estoient assistées de part et d'autre de M.r le duc d'Anjou, frère de S. M., de M.r le duc d'Orléans, oncle de Sadite Majesté, de MM. les princes de Condé et de Conty, de M.r le duc de Longueville, le s.r cardinal Mazarin, le s.r duc d'Elbeuf, M.r le chancelier, des s.rs mareschaux de la Meilleraye, surintendant des finances, et de Villeroy, gouverneur du Roy, des s.rs de Morangis et d'Aligre, directeurs des finances, et des s.rs de Brienne, de la Vrillière, de Guénegaud et le Tellier, secrétaires des commandemens; et derrière les chaires du Roy et de la reine estoient M.me la princesse douairière de Condé, la dame de Sennecey, dame d'honneur de la reine, le s.r marquis de Jarzé, capitaine des gardes du corps du Roy, le s.r Guitaut, capitaine des gardes de la reine; et derrière tous les susdits, il y avoit autres seigneurs, chevaliers du St-Esprit, et du Conseil. Et lesdits s.rs députés estant devant Leurs Majestés, et après leur avoir rendu le salut accoutumé, ledit s.r P.P. commença son discours et remonstrances.

Lesquelles finies, la reine prit la parole, et dit ces mots : « Messieurs, je reçois vos remonstrances en bonne part; je les feray voir en mon Conseil, et vous feray entendre mon intention. » Et ledit s.r P.P. tenant en main lesdites remonstrances par écrit de la Chambre, arrestées le 14 dudit mois d'octobre, dont ledit s.r avoit parlé en son discours, il présenta lesdites remonstrances à Leurs Majestés, et ladite dame reine commanda à M.r le chancelier de les recevoir; et à l'instant mondit s.r le P.P. les mit en ses mains.

Et ensuite, après avoir esté fait par chacun de mesdits s.rs les députés la révérence à Leurs Majestés, ils sortirent dudit cabinet, et furent reconduits par ledit s.r de Guénegaud jusqu'au bas de l'escalier du département du Roy, et après, par ledit s.r Saintot, qui les reconduisit en ladite Capitainerie et les fit entrer en une grande salle basse, où ils trouvèrent plusieurs de MM. les maistres d'hostel en quartier, avec les controleurs de S. M. et autres officiers de la maison, qui leur présentèrent la collation. Et peu après, tous lesdits s.rs députés partirent dudit St-Germain, et retournèrent en cette ville de Paris dans les mesmes carrosses qui les avoient amenés.

(*Plumitif.*)

Le très-long texte des remontrances se trouve dans la partie de l'*Histoire du temps* qui a été réimprimée dans les Archives curieuses de l'histoire de France, 2.e série, t. VII, p. 253. — Elles existent aussi en copie authentique dans le ms. de la Bib. Nat. Fr. 18483 (anc. Séguier), f.o 10, et en plaquette imprimée de 16 pages, sous le titre de *Remonstrances très-humbles que présente au Roy et à la reyne régente mère de Sa Majesté la Chambre des comptes : sur les moyens par lesquels les deniers provenus depuis plusieurs années. . . . . . ont esté dissipez à la ruyne des affaires de Sa Majesté et de son Estat, et à la foulle et oppression de ses bons sujets*, dans la collection le Marié d'Aubigny. Suivant le *Plumitif*, elles avaient été préparées par le président de Flécelles et quatre maîtres, puis revues par le P.P. avant la présentation. (Séances du 5 septembre et du 13 octobre).

A la suite de l'audience, le chancelier promit une prompte et favorable réponse. Dès le 9 du même mois de novembre, le roi envoya à l'enregistrement sa déclaration du 22 octobre, « contenant plusieurs points et règlemens importans pour le bien, soulagement et décharge de ses sujets, et mesme encore pour la bonne administration, tant de la justice, que des finances. » (Lettre au P.P., 30 L 8.) Mais la Chambre n'enregistra cette déclaration, dont Mʳ Boucherat fit le rapport, que le 27 novembre, avec de grandes modifications et en arrêtant que, si quelqu'un de Messieurs recevait un ordre de suspension, d'interdiction ou d'exil, il serait tenu d'avertir la Chambre, pour qu'elle y pourvût comme de raison. (*Plumitif.* — Impr. dans l'*Histoire du temps*, p. 297, et dans la collection Mariette.)

---

531. 10 *Décembre* 1648.
DROIT DE CHAUFFAGE DU P.P.

Louis, etc. A nos amés et féaux les Gens tenant nostre Cour de parlement et Chambre de nos comptes à Paris, aux grands maistres, enquesteurs et généraux réformateurs de nos eaux et forests au département de l'Isle de France et maistrise de Compiègne, ou leurs lieutenans, Salut. Désirant reconnoistre en quelque sorte les bons et agréables services que nostre amé et féal le sʳ Nicolay, marquis de Goussainville, conseiller en nos Conseils, P.P. en nostredite Chambre, a rendus au feu Roy, d'heureuse mémoire, nostre très honoré seigneur, que Dieu absolve, et à nous journellement, en ladite charge, depuis vingt cinq ans, et auparavant en celle de conseiller en nos Cours de parlemens de Rennes et de Paris, et luy donner le moyen de les continuer; pour ces causes et autres à ce nous mouvant, de l'avis de la reine régente, nostre très honorée dame et mère, et de nostre grace spéciale, pleine puissance et autorité royale, luy avons donné, octroyé et accordé, donnons, octroyons et accordons, par ces présentes, pour ce signées de nostre main, la quantité de cent cordes de bois par chacun an, pour son chauffage, en nos forests de Compiègne, par les mains des marchands adjudicataires des ventes qui se font annuellement en icelles, tout ainsy et en la mesme forme qu'en jouissent les autres usagers; lequel chauffage nous avons joint et annexé, joignons et annexons à ladite charge de premier président de nos comptes. Si voulons et vous mandons qu'en faisant jouir et user ledit sʳ Nicolay de nostredite présente grace et octroy, vous ayez, par nos officiers èsdites forests qu'il appartiendra, à luy faire bailler et délivrer par chacun an ladite quantité de cent cordes de bois; et rapportant par ceux à qui ce pourra toucher ces présentes, ou copie d'icelles duement collationnées par l'un de nos amés et féaux conseillers et secrétaires, pour une fois seulement, avec quittance dudit sʳ Nicolay, nous voulons tous ceux qu'il appartiendra en estre tenus quittes et déchargés partout où besoin sera, sans aucune difficulté. Car tel est nostre plaisir . . . . Donné à Paris, le 10ᵐᵉ jour de décembre, l'an de grace 1648, et de nostre règne le sixième [1].

LOUIS.

Par le Roy, la reine régente, sa mère, présente : DE GUÉNEGAUD.

(*Mémorial.*)

[1]. En 1573, le P.P. Antoine Nicolay, premier du nom, avait obtenu un chauffage de vingt cordes de bois, à prendre en la forêt de Carnelle, pour sa maison de Presles. (Répertoire du *Mémorial* NNN, fᵒ 204.)

---

532. *Décembre* 1648 *et Janvier* 1649.
DÉCLARATION SUR LES PRÊTS ET AVANCES. — DÉPART DE LA COUR.

Le 21 décembre, le roi fait venir les députés de la Chambre, auxquels se joint le P.P., et il leur demande de vérifier la déclaration relative aux prêts et avances des tailles, qui sont nécessaires pour entretenir les armées de Catalogne.

Le 30 décembre, le parlement fait prier la Chambre de surseoir à l'enregistrement et de lui envoyer des députés. Ceux-ci s'étant rendus en la Cour, et le président Aubery, qui les conduisait, ayant été admis à la place d'honneur ordinairement donnée aux premiers présidents des autres parlements, le P.P. Molé explique que la déclaration royale semble être une contravention à celle du 22 octobre, qui a rétabli le bon ordre, et que, pour cette raison, la Cour désire en conférer avec la Chambre. (*Plumitif.*)

(*Nota.* Le *Plumitif* du premier semestre de l'année 1649 est en déficit.)

Le 2 janvier 1649, la Chambre envoya son greffier en chef annoncer au parlement que la reine-régente avait retiré la déclaration. Mais, le mercredi suivant, toute la cour quitta secrètement Paris, en transférant le parlement à Montargis, la Chambre à Orléans, le Grand Conseil à Nantes, etc. Le parlement refusa de prendre connaissance des lettres de translation; la Chambre et la Cour des aides firent parvenir leurs remontrances à la reine, à Saint-Germain. Les députés du parlement ne purent se faire recevoir, et la harangue de Mr Amelot, de la Cour des aides, fut mal accueillie; au contraire, celle de la Chambre fit une telle impression sur la reine, que, après une délibération de deux heures, elle rappela les députés, qui s'en allaient, pour leur promettre que, pourvu que le parlement seul obéît à l'ordre de translation, la Chambre pourrait rester à Paris, et le roi y rentrerait immédiatement. Elle offrit même des logements aux députés; mais ceux-ci préférèrent s'en retourner, et, dès le lendemain, la jonction s'accomplit entre les Compagnies, au nom de leur droit et de leur devoir, qui étaient de remontrer au roi ce qui leur semblait nécessaire pour le bien de l'État. (*Mémoires de Math. Molé; Mém. d'Olivier d'Ormesson; Journal ms. de Dubuisson-Aubenay.*)

533.
16 *Janvier* 1649.
EMPRUNT CONTRACTÉ PAR LA CHAMBRE.

Ce seiziesme jour de janvier mil six cens quarante neuf, la Chambre, les semestres assemblez, délibérant sur l'exécution de l'arrest d'icelle du dixiesme de ce mois, en ce que regarde l'emprunt des deux cens mil livres y mentionnez, a ordonné et ordonne que, pour le recouvrement de ladicte somme, Messires Anthoine Nicolay, chevalier, conseiller du Roy en ses Conseils et premier président en ladicte Chambre, Robert Aubry, Michel Larcher et Jean de Flécelles, aussy conseillers èsdits Conseils et présidens en icelle; Mes Jean Chaillou, Nicolas Leclerc, Guillaume Perrochel, Nicolas de Paris, François du Gué, Jean le Boullanger, Charles Bailly, René Almeras, Aubin Lesné et François Lescuyer, conseillers du Roy et maistres ordinaires en ladicte Chambre, prendront deniers à constitution de rentes au denier vingt, et, à cette fin, qu'ils en passeront tous contractz de constitution pour ce nécessaires aux personnes qui fourniront lesdicts ij^c m. livres, ou partie d'iceux; ausquelles rentes ils s'obligeront solidairement en leurs noms privez et eux faisans et portans forts de ceux cy dessus nommez qui se trouveront absens de cettedicte ville de Paris lors de la passation desdicts contractz, et de leur faire iceux ratiffier dans huict jours après leur retour en cettedicte ville. Et, pour faire fondz pour le payement des arrérages desdictes rentes qui seront ainsy constituées, lesquels arrérages montent pour chacun an à la somme de dix mil livres, que les espices des comptes, et spécialement celles des mois de may, juin, novembre et décembre de chacun semestre y demeureront affectées, et lesquels arrérages Me Achilles du Four, receveur payeur desdictes espices, sera tenu payer aux propriétaires desdictes rentes huict jours après chacune demye année escheue; [lequel,] pour son remboursement, retiendra, sur chacun desdicts mois de may, juin, novembre et décembre de chacune année la somme de huict mil huict cens vingt livres seize sols, pour les parts et portions desdicts arrérages qui seront deubs par lesdicts présidens, maistres, correcteurs et auditeurs; comme aussy retiendra, sur ce qu'il pourra devoir d'espices aux advocat, procureur généraux, greffiers et premier huissier, la somme de trois cens trente huict livres deux sols par chacun an, à raison : pour l'advocat général, de xxxv livres; pour le procureur général, de lxxv livres xij sols; des deux greffiers, ix^{xx} x livres, et du premier huissier, de xxxvij livres x sols. Et pour le regard de huict cens quarante une livres deux sols restans desdicts x mil livres, il en fera le recouvrement, sçavoir : des deux substitudz dudict procureur général, xxxv livres xviij sols; des trois receveurs et payeurs des gages, cj livres xvij sols; des deux gardes des livres, xlv livres; des controlleurs du greffe, liij livres; du controlleur général des restes, iiij^{xx} iiij livres; des deux receveurs généraux des restes, xxxiij livres x sols; du controlleur du Trésor, xj livres; des trois controlleurs des gages, cj livres xvij sols, et des vingt neuf procureurs, iij^c lxxv livres, pour leurs parts et portions desdicts arrérages. Et raportant par ledict du Four les quictances du payement, etc. . . . . . .
Ordonne en outre ladicte Chambre qu'en cas que les deniers provenans des susdictes espices ne soient

suffisans pour acquicter les arrérages de toutes lesdictes rentes constituées en vertu desdicts arrestz, que ce qu'il s'en deffaudra sera pris sur les deniers des gages desdicts officiers des quartiers de janvier et juillet de chacune année, à proportion de ce qui sera deub desdicts arrérages par chacun officier, et, au deffault de fondz sur lesdictes espices et gages, chacun desdicts officiers payera audict du Four ce qu'il devra pour sa part desdicts arrérages desdictes rentes, pour en faire le payement aux particuliers rentiers. Et pour la seureté du principal desdicts x mil livres de rentes qui se constitueront pour ladicte somme de ij^c mil livres, a ladicte Chambre, conformément à son arrest du vij^{me} mars м. vj^c xxxvij, déclaré que les offices et biens de tous les officiers d'icelle y demeureront affectez, obligez et ypotecquez, et que les résignataires d'iceux ne seront receus qu'ilz n'ayent faict au bureau leur submission que leurs offices et biens demeureront garendz desdictes rentes. Et ordonne icelle Chambre qu'elle acquictera et indemnisera lesdicts commissaires, tant du principal qu'arrérages desdictes rentes, et fera faire les rachapts et admortissemens d'icelles dans un an, à ce que lesdicts officiers qui s'y sont particullièrement obligez n'en reçoivent et n'en puissent recevoir aucune perte et dommage. Et pour faire la recepte desdicts deux cens mil livres, a ladicte Chambre commis Me Charles de la Grange, conseiller maistre ordinaire en icelle.

Extraict des registres de la Chambre des comptes.

BOURLON.

(Copie du temps. — *Arch. Nicolay*, 21 C 38.)

L'assemblée générale, tenue à l'hôtel de ville le 13 janvier, vota une levée de fonds sur les Compagnies ou les divers corps; la Chambre fut cotisée à 900,000 liv., la Cour des aides à 280,000 liv., le Grand Conseil à 32,000 liv., etc. Le 18 janvier, on délibéra sur les moyens de trouver des fonds, et le président Aubery déclara à l'assemblée que Messieurs des comptes avaient envoyé chez tous les receveurs, mais qu'il ne s'était trouvé d'argent qu'aux gabelles, 200,000 livres environ ; que ce fonds était réservé pour le service des rentes, et qu'il fallait avant tout mettre de l'ordre dans les dépenses et ne pas payer les troupes parisiennes plus cher que le roi ne soldait les siennes. Sur cette observation, l'assemblée se sépara sans rien résoudre.

De son côté, le Conseil, réuni à Saint-Germain, émit, le 15 février, un rôle de taxes à lever sur les seigneuries des principaux habitants de Paris : en tête, figuraient le premier président Molé, cotisé à 8,000 liv. pour ses terres de Champlâtreux, et le P.P. Nicolay de même, pour la terre de Goussainville. Le parlement défendit d'acquitter ces taxes.

---

534. 30 *Mars*, 1er *et* 28 *Avril* 1649.
LETTRES DU ROI AU P.P. — PAIX DE RUEIL.

Le 12 février, un héraut s'étant présenté de la part du roi, le parlement avait refusé de le recevoir, sous prétexte que la ville ne devait pas être traitée en pays ennemi, et il s'était contenté d'envoyer à Saint-Germain les gens du roi, pour savoir les intentions de la cour. A la Chambre, une partie des officiers était plus favorablement disposée à un accommodement ; mais ceux qui représentaient le parti frondeur avaient fait remettre la délibération, et les premiers, parmi lesquels le président Tambonneau fut convaincu en plein parlement de correspondance avec Saint-Germain, durent pour la plupart sortir de Paris.

Enfin, le parlement résolut d'envoyer des députés à la conférence qui lui était offerte à Rueil, et il invita les autres Cours à députer également deux conseillers ou présidents de chaque corps. La Chambre voulait avoir six représentants, le Grand Conseil et la Cour des aides quatre chacun, de façon à égaler ou dépasser en nombre la députation du parlement ; mais celui-ci maintint sa première proposition, et la Chambre ne députa que deux maîtres, MM. Paris et Lescuyer, auxquels on autorisa le P.P. Nicolay à s'adjoindre, pour « sa qualité et le mérite particulier de sa personne. » Les trois députés des comptes signèrent le premier traité de Rueil (11 mars). — Original. Bibl. Nat. *Cinq cents Colbert* [Papiers Molé], t. III, p. 92); mais ils ne prirent pas part à la suite des conférences, non plus que les représentants de la Cour des aides et de la ville.

Monsr Nicolaj, j'escris à ma Chambre des comptes sur le sujet de la déclaration que j'ay fait expédier en suitte des articles accordez à la conférence de Ruel, que j'envoye à ma Cour de parlement de Paris, pour y estre vériffiée selon sa forme et teneur. Et quoy que vous ayez grande part à la lettre que je luy en envoye, j'ay bien voulu vous en donner advis par celle cy, que je vous fais de l'advis de la reyne régente, madame ma mère, pour vous dire que vous ayez à vous employer selon le devoir de vostre charge à ce qu'il ne se passe rien en vostre Compagnie de contraire à mes intentions sur ce sujet, et qu'elle contribue tout ce qui sera de son pouvoir pour l'exécution de ladite déclaration, pour rendre à mes peuples le repos et la tranquillité qu'ils avoyent avant ces mouvementz. Ce qu'espérant de vostre fidélité et de l'affection que vous avez témoignée en tous les rencontres au bien de mon service, je ne vous feray la présente plus longue que pour prier Dieu qu'il vous ayt, Monsr Nicolaj, en sa sainte garde. Écrit à St-Germain en Laye, le xxxme jour de mars 1649.

LOUIS.

DE GUÉNEGAUD.

Monsr Nicolaj, j'envoye à ma Chambre des comptes la déclaration que j'ay fait expédier en suitte des articles accordez à la conférance de Ruel pour le restablissement du repos et de la tranquillité publique. Et quoy que vous ayez part à la lettre que j'escris à la Compagnie sur ce sujet, je vous ay bien voulu faire celle cy en particulier, par l'advis de la reyne régente, madame ma mère, pour vous dire que, selon vostre affection accoustumée, vous ayez à vous employer de tout vostre pouvoir à ce qu'elle soit promptement vériffiée selon sa forme et teneur, sans qu'il y soit aporté aucune longueur ny difficulté. Et sur ce, je prie Dieu qu'il vous ayt, Monsr Nicolaj, en sa sainte garde. Écrit à St-Germain en Laye, le premier jour d'avril 1649.

LOUIS.

DE GUÉNEGAUD.

Monsr Nicolay, escrivant à ma Chambre des comptes pour luy faire entendre l'obligation que j'ay de m'acheminer avec mes forces vers la frontière de Flandres, pour m'oposer aux desseins des ennemis qui y ont assiégé deux places importantes, comme j'estois sur le point de retourner en ma bonne ville de Paris, je vous ay bien voulu faire celle cy en particulier, de l'avis de la reyne régente, madame ma mère, pour vous exhorter à continuer vos soins et empescher qu'il ne se passe aucune chose préjudiciable au bien de mon service et au repos de mes subjectz, ainsi que je me le promertz de vostre prudence et affection accoustumée. Priant Dieu qu'il vous ait, Monsr Nicolay, en sa sainte garde. Escrit à St-Germain en Laye, le xxviijme jour d'avril 1649.

LOUIS.

DE GUÉNEGAUD.

(Originaux. — *Arch. Nicolay*, 26 L 9, 10 et 11.)

535.   31 *Mai* 1649.

PROVISIONS DE L'OFFICE DE P.P. EN SURVIVANCE POUR NICOLAS NICOLAY.

Louis, etc. Aians une particulière connoissance des recommandables services rendus au feu Roy, nostre très honoré seigneur et père, de glorieuse mémoire, à nous et à cet Estat par nostre amé et féal conseiller en nos Conseils d'Estat et privé Antoine Nicolay, premier président en nostre Chambre des comptes de Paris, en la fonction de ladite charge de premier président et en diverses affaires et ocurences importantes, et voulans luy tesmoigner et au public la satisfaction parfaicte qui nous en demeure, avec l'estime singulière que nous faisons d'un personnage de si rare vertu et mérite, nous avons eu agréable la supplication qu'il nous a faicte d'admettre la résignation de sondit office de premier président en nostredite Chambre en faveur de Nicolas Nicolay, nostre conseiller en nostre Grand Conseil, son filz, à condition toutesfois de survivance, sachans que sondit filz a commencé de faire connoistre, dans les fonctions de la charge qu'il possède et en

diverses ocasions, toute la capacité, connoissance des lettres et des affaires, la probité, l'intégrité, la fidélité et l'affection à nostre service et autres bonnes qualitez requises pour se bien acquitter d'une charge aussi importante que celle de premier président en nostredite Chambre des comptes, dans laquelle il sera plus capable de nous servir qu'aucun autre, non seulement par sa propre suffisance et inclination vertueuse, mais par les instructions de son père et par les bons exemples qu'il luy donne et qui luy ont esté laissez par ses ayeuls, qui, avant sondit père, ont, jusques au nombre de quatre, remply ladite charge et servy les Roys nos prédécesseurs très dignement en icelle et en d'autres emplois rellevez, dedans et dehors le royaume, ce qui fait que cette charge ne peut estre confiée à des personnes de qui le nom, la réputation et les services soient en plus grande recommandation que lesdits s^{rs} Nicolaj père et filz. Nous, pour ces causes et autres bonnes considérations à ce nous mouvans, de l'advis de la reyne régente, nostre très honorée dame et mère, avons audit s^r Nicolaj filz donné et octroié, donnons et octroions, par ces présentes signées de nostre main, ledit estat et office de nostre conseiller et premier président clerc en nostre Chambre des comptes à Paris que tient et exerce ledit s^r Nicolaj, son père, lequel s'en est desmis en nos mains en sa faveur, à ladite condition de survivance, par sa procuration cy attachée soubs le contrescel de nostre chancellerie. . . . . . .
A condition qu'il ne pourra exercer ledit office de premier président qu'après avoir servy dix années, soit en ladite charge de conseiller au Grand Conseil qu'il tient à présent, ou autre de judicature qui luy peut acquérir ladite ancienneté de service. . . . .
Donné à Compiègne, le dernier jour de may, l'an de grace mil six cens quarante neuf, et de nostre règne le septiesme.

LOUIS.

Par le Roy, la reyne régente, sa mère, présente : DE GUÉNEGAUD.

Registrées en la Chambre des comptes, ouy le procureur général du Roy, pour jouir par lesdits sieurs Nicolaj père et fils impétrans de l'effect et contenu en icelles. Et a esté ledit Mre Nicolas Nicolaj receu au serment dudit office de premier président en icelle, à la charge que ledit Mre Anthoine Nicolaj père continuera l'exercice dudit office sa vie durant, et sans que ledit Mre Nicolas Nicolaj puisse exercer ledit office, qu'il n'ayt acquis les dix années de service mentionnées ès susdites lettres, sinon en cas de décedz dudit sieur son père, comme il est contenu en l'arrest sur ce faict le vingt sixiesme jour de juin mil six cens quarante neuf[1].

BOURLON.

(Original. — Arch. Nicolay, 27 C 4.)

[1]. Suivant un extrait du *Plumitif*, aujourd'hui perdu, les correcteurs députèrent quatre d'entre eux pour aller féliciter MM. Nicolay père et fils.

---

536.   26 Juin 1649.
DISCOURS DE RÉCEPTION DE NICOLAS NICOLAY.

Messieurs, vous trouveriez étrange si, dans l'étonnement général où est tout le public de la grace que je reçois aujourd'huy de vous, vous me voyiez seul qui ne fust point étonné, estant cause que tous les autres le sont, et ayant tant de sujets de l'estre. Car, quand je considère que je ne saurois faire une partie de cet illustre corps sans que mon père, qui a le bonheur d'en estre le chef, s'en détache, que je ne saurois estre élevé en ce lieu d'honneur sans qu'il s'abaisse, que je ne puis monter à la gloire de mes ancestres que par les mesmes degrés que je le vois descendre, que ma bonne fortune ne peut estre bastie que sur les ruines; enfin, quand je fais réflexion que sa chute doit estre le prix de mon bonheur, pour lors, Messieurs, je me sens tout surpris et admire jusqu'à quel point peut aller la charité paternelle, qui a produit pour moy dans mon père un effet approchant des miracles et qui a esté aussy surprenant comme il estoit peu attendu, puisque mon père, passant les bornes ordinaires de l'affection des pères envers leurs enfans, ne s'est pas contenté de m'avoir donné la vie, d'avoir travaillé avec soin à mon éducation, mais a voulu couronner aujourd'huy les obligations infinies que je luy ay, en m'assurant une dignité si éminente dans cet auguste sénat dans lequel je dois établir mon repos et trouver le bonheur du reste de ma vie.

Mais, Messieurs, le sujet du plus grand étonnement du public vient de cette Compagnie, qui, par une bonté sans exemple, a voulu me recevoir dans une charge de laquelle ma suffisance estoit aussy éloignée pour la pouvoir dignement exercer, comme mon age et mes forces pour la pouvoir soutenir. Car, encore qu'en la survivance de cette charge mon père ayt fait paroistre plus de tendresse en la souhaitant, Leurs Majestés plus de puissance en nous la donnant, vous, Messieurs, avez témoigné plus de générosité en l'agréant. C'est un ouvrage que les vœux et l'amour de mon père ont commencé, que le souverain pouvoir de Leurs Majestés a avancé, et que la généreuse bienveillance de cette Compagnie a achevé d'autant plus facilement, qu'elle a accoutumé, il y a longtemps, de recevoir le fils en la charge de son père. En sorte que je puis dire que l'affection de cette illustre Compagnie pour nostre maison ne luy est pas moins héréditaire que la charge de premier président, et que, si la bonté de nos Roys a esté le principe de nostre bonheur, la vostre, Messieurs, en a esté l'appuy et la conservation.

C'est pourquoy, Messieurs, je lève les yeux au ciel pour demander à Dieu la grace de me rendre capable d'exercer un jour une dignité si éminente et si relevée, et de m'acquitter du très humble service que je dois à la Chambre et à vous, qui m'avez enhardi et encouragé, par vostre bienveillance, à y oser aspirer.

Je continueray ce pendant de servir le Roy en son Grand Conseil, et publieray en tous lieux l'obligation que je vous ay d'avoir chéri en ma personne le surnom que je porte ; duquel j'espère, Dieu aydant, ne point dégénérer, mais au contraire m'efforceray d'imiter ces exemples domestiques et de répondre à l'espérance qu'il vous a plu concevoir de moy, que, succédant à la charge de mes pères, je succéderois à leurs mérites et à la bonne odeur de leurs actions.

(Copie du XVIIIme siècle. — *Arch. Nicolay*, 54 L 18 bis.)

537.   7 Juillet 1649.
LETTRE AU P.P. — COMPLIMENTS POUR LA SURVIVANCE.

De Joigny, ce 7me juillet 1649.

Monsieur, vostre illustre nom est comme cette huile dont parle le sage dans ses cantiques, laquelle respendüe rend une si douce et si suave odeur, qu'elle embasme tout le monde, depuis le plus petit jusques au plus grand ; et ceste odeur est ceste haulte réputation que toutes vos belles actions vous ont acquise, qui, par une douce violence, attire les cœurs d'un chascun, et passe si avant, qu'elle pénétre jusques aux endroicts les plus reculez de la France. Je vous advoüe bien (Monsieur) que l'honneur que j'ay de vostre cognoissance, et de vos mérites par conséquent, m'avoient assez imbeu de leurs parfums, pour conserver éternellement en moy la suavité de leur odeur ; et les obligations que je vous ay, me rafreschissoient assez la mémoire de vostre nom, pour n'en pas laisser eschapper la douceur, estant un bien que je tenois renfermé dans moy mesme, sans en faire part à aulcun. Mais, comme vostre réputation s'est respendüe par tout, elle m'a faict cognoistre que, le propre du bien estant de se communicquer, j'aurois tort de receler une joye en moy que tout le monde vous tesmoigne avec des acclamations nompareilles : et c'est (Monsieur) ce qui m'oblige de vous faire parroistre mon resentiment, qui est tel, que j'eusse eu meilleure grace de le taire, si la voix publique ne me forçoit de vous tracer ici quelques lignes pour l'exprimer. Or, ceste voix estant celle de Dieu, et ses bénédictions les récompences des vertus, il en fault inférer que les vostres ont tousjours esté si relevées, que le monde n'en pouvant parler qu'avec admiration, il exprime vos louanges par ses applaudissements continuelz. Et c'est (Monsieur) dans ceste pencée, que j'estime que vous avez si heureusement réüssy dans tous ces mouvements derniers, que Dieu secondant vos bonnes inclinations et les généreuses résolutions que vous avez tousjours eu pour le soulagement du publicq, il vous a faict l'un de ceux qui ont calmé l'orage, détourné le foudre et la tempeste qui estoient prests de nous accabler; dont, après Dieu, nous vous avons des obligations infinies, et qui par conséquent nous portent à des recognoissances éternelles. C'est aussy dans ceste considération que toute la France peut croire que la reyne, aultant judicieuse que bonne, pour luy témoigner combien vos services luy ont esté aggréables dans toutes les bonnes occasions, elle vous a voulu donner des marques de ses gratitudes par la survivance de vostre charge qu'elle vous a accordée pour Monsieur vostre filz, aussy digne héritier de vos biens que de vos vertus. Je ne croy pas vous faire injure de vous avancer ces parolles, puisqu'il a desjà l'approbation de tout le monde. Aussy semble-t'il que Dieu a versé des graces si abondamment sur luy, que l'on peut dire, sans vous offencer, qu'il vous despouille en quelque façon de vostre gloire, et oste dessus vostre teste un fleuron de vostre coronne. Mais, si la sagesse du filz est la joye et la consolation du père, je ne doubte point que vous n'ayez esté ravy que ses mérites luy ayent acquis ceste place, que les vostres et la longue suitte de vos travaux vous ont conservée jusques icy, comme tous vos ayeulx l'ont faict passer en vous par leurs vertus. Ainsy pouvons nous dire véritablement que ceste charge est tellement attachée à vostre maison, qu'elle n'en peut estre non plus séparée que l'accident de son subject, parce que vostre sang est toujours si esgal, qu'il ne produict point d'aultres que des esprits capables de remplir la place que vous occuppez maintenant à si bon tiltre. En laquelle je prie Dieu que vous subsistiez aussy longtemps et heureusement que je souhaicte demeurer,

Monsieur,

Vostre très humble, très obéissant et très obligé serviteur.

Le ......

(La signature est enlevée.)

(Original. — Arch. Nicolay, 21 C 41.)

538.
11 Août 1649.
LETTRE DU ROI AU P.P. — RENTRÉE DE LA COUR A PARIS.

Monsr Nicolay, faisant sçavoir à ma Chambre des comptes de Paris la résolution que j'ay prise de me rendre en madite ville l'un des jours de la semaine prochaine, après avoir considéré que mon séjour par deçà n'estoit plus nécessaire, ayant pourveu, par mon voyage sur la frontière de Picardie, à toutes les choses qui regardoyent la seureté et le bien de mon Estat et de mon service, et jugeant à propos de donner à tous mes bons subjectz de ladite ville la satisfaction qu'ils m'ont plusieurs fois demandée de mon retour en icelle, j'ay voulu, par l'advis de la royne régente, madame ma mère, vous en donner part, m'asseurant bien que vous en recevrez un contentement particulier. A quoy je n'adjousteray rien par cette lettre, que pour vous asseurer de la continuation de ma bonne vollonté en vostre endroict. Priant Dieu qu'il vous ayt, Monsr Nicolay, en sa sainte garde. Escrit à Compiègne, le xjme aoust 1649 [1].

LOUIS.
Le Tellier.

(Original. — Arch. Nicolay, 26 L 12.)

1. Le roi et la reine-mère reçurent les compliments des Compagnies le 19 août. Le P.P. parla au nom de la Chambre.

539.
Janvier 1650.
REMONTRANCES EN FAVEUR DU PRÉSIDENT PERRAULT.

Le 20, la Chambre avait été convoquée au Palais Royal, pour entendre les motifs de l'arrestation des princes. Le jour suivant arriva la lettre de cachet, qui, « pour sa longueur », fut insérée à la fin du registre du *Plumitif*.

Du lundy 24 janvier. Mr Almeras, faisant la charge de procureur général, a dit que, ce matin, Mr le chancelier luy avoit envoyé un des siens le prier de le venir voir avant que d'entrer en la Chambre ; que, estant allé trouver ledit sʳ chancelier, il l'auroit trouvé retiré seul dans son cabinet, et l'ayant fait avertir, il l'auroit fait entrer et dit : la reine ayant eu avis de l'assemblée qui se devoit faire ce matin des deux semestres, sur le sujet de la détention de Mʳ le président Perrault, elle luy avoit commandé de l'envoyer quérir et luy dire de la part de S. M. qu'il fist entendre à la Compagnie qu'elle estimoit cette assemblée inutile, puisqu'elle ne pouvoit aboutir à autre chose qu'à faire des remonstrances sur cette détention ; qu'elle déclaroit dès à présent que non seulement l'intention de Leurs Majestés n'estoit de blesser en façon quelconque ni le général ni le particulier de la Compagnie, ni faire aucun préjudice aux droits, priviléges, autorité et dignité d'icelle ; au contraire, que Leurs Majestés entendoient que les anciennes ordonnances, et mesme celle du mois d'octobre 1648, soient religieusement gardées et observées ; mais que, ledit sʳ Perrault ayant du vraysemblable part aux secrets de Mʳ le Prince, comme estant dans sa confidence et intendant de sa maison et de ses affaires, elle auroit esté obligée de le faire arrester au mesme temps que mondit sʳ le Prince, de la détention duquel la Compagnie avoit su les raisons par la lettre que S. M. luy avoit envoyée ; que, passant plus outre, elle leur déclaroit ne pouvoir à présent donner autre lumière ni éclaircissement des causes de cette détention, sans faire préjudice notable à l'Estat et au service du Roy.

Et ensuite, la Chambre a ordonné qu'il sera député trois de MM. les présidens et douze de MM. les maistres pour aller voir la reine et luy faire très humbles remonstrances au sujet de la détention de Mʳ le président Perrault ; et pour ce faire, a commis MM. Larcher, Tambonneau et Duret, présidens, le Boulanger, Mandat, Bailly, de la Grange, Coynard, Feydeau, de Coulanges, le Mairat, de la Croix, Hubert, Leschassier et Mérault, conseillers maistres.

Du mercredy 26 janvier . . . . Ce jour, Mʳ le président Larcher rapporta que, le jour d'hier, sur les cinq heures de relevée, les députés de la Chambre partirent d'icelle et, estant arrivés au Palais Royal, furent reçus dans la salle des Ambassadeurs par Mʳ du Plessis de Guénegaud, secrétaire d'Estat, et le sʳ Saintot, maistre des cérémonies ; auquel lieu ils demeurèrent quelque temps, en attendant que la reine fust de retour de la ville, où elle estoit allée. Que, sur les sept heures, ladite dame reine estant de retour, ils furent avertis par ledit sʳ du Plessis de Guénegaud. Que Leurs Majestés estoient dans la galerie de la Reine et avoient fait assembler Son Altesse Royale, Mʳ le cardinal Mazarin, Mʳ le chancelier, Mʳ le duc de Vendosme, Mʳ le mareschal de Villeroy, Mʳ le mareschal de Gramont, les premiers gentilshommes de la chambre, avec nombre de chevaliers du St-Esprit et les capitaines des gardes et les secrétaires d'Estat. Que lesdits sʳˢ deputés furent conduits par ledit sʳ de Guénegaud dans ladite galerie, en laquelle l'obscurité estoit si grande, à cause de la nuit, qu'à peine pouvoit-on discerner le grand nombre de noblesse qui y estoit aux environs de la reine. Après que lesdits sʳˢ députés se furent approchés de Leurs Majestés et fait les révérences accoutumées, ledit sʳ président Larcher dit :

« Sire, l'honneur que vostre Chambre des comptes reçut l'année passée à St-Germain en Laye, quand V. M., Madame, témoigna publiquement la satisfaction qu'elle avoit de nostre conduite en l'exécution des commandemens de V. M , nous oste tout sujet d'appréhender qu'elle ne reçoive de bonne part les très humbles supplications que nous avons ordre de luy faire sur le sujet de la détention du président Perrault dans le chasteau du Bois de Vincennes, puisqu'elles ne tendent pas à contredire les volontés de V. M., bien au contraire à en demander, avec toute sorte de respect, l'exécution.

« L'expérience nous fait bien voir que les plus grandes affaires se commencent souvent par des occasions bien fort éloignées des pensées de ceux qui n'y sont pas nourris, car l'événement, juge capable des choses, nous fait bien connoistre que V. M. ne pouvoit mieux guérir les maux dont la France a esté menacée depuis sa régence, et que, de tenter d'autres remèdes, estoit les rendre incurables.

« Nous avons appris par la dernière déclaration de V. M. les justes sujets qu'elle a eus de s'assurer de Mʳ le Prince et de ses plus proches. Cette mesme déclaration porte en mots exprès que celle du mois d'octobre

1648 sera inviolablement gardée : c'est pourquoy nous prenons la liberté de prier V. M. de nous vouloir accorder le président Perrault pour le faire entendre sur le chef de son accusation, instruire son procès dans les formes, et le condamner, s'il est coupable. Ne souffrez pas, Madame, que d'autres juges que nous viennent le demander à V. M. Puisqu'il a l'honneur d'estre du corps de la Chambre, nous avons sujet de le réclamer aujourd'huy.

« Il est vray qu'il nous a esté rapporté que V. M. avoit dit qu'il n'avoit pas esté arresté comme président des comptes, mais pour avoir eu bonne part dans les conseils de Mr le Prince. Peut-estre a-t-il pris soin de ses affaires avec beaucoup de zèle, pensant satisfaire aux obligations dont il estoit redevable à la mémoire de feu Monsieur son père; mais, Madame, d'autres présidens, aussy bien que luy, ont procuré les avantages de cette maison. S'ils l'ont fait, ils n'ont pas eu intention de desservir Vos Majestés, bien au contraire leur obéir, puisqu'elles l'ont agréé, quand il leur a esté commandé de ce faire par lettres patentes scellées du grand sceau ; et pouvons assurer V. M. que le président Perrault, depuis le temps qu'il s'est trouvé dans les affaires de Mr le Prince, n'a pris aucuns gages ni pensions de luy.

« Trouvez bon, Madame, que nous réclamions en ce rencontre l'autorité de V. M., l'assistance de Son Altesse vrayment Royale et de la justice qui préside icy dans vos Conseils. C'est le trésor public, où les nécessités publiques trouvent ces armes précieuses qui les secourent.

« Nous ne doutons pas, Madame, que les maximes d'Estat n'ordonnent en ce rencontre que l'on tire et que l'on cherche des preuves de toutes choses, et que l'on s'assure des personnes qui donnent le moindre ombrage, parce que la perte d'un particulier n'empesche pas l'Estat de subsister, mais la ruine de l'Estat tire avec soy celle de tous les sujets du Roy. Mais, Madame, après un inventaire exact fait de tous les papiers du président Perrault, par un juge non suspect, pendant huit jours, on peut informer V. M. si les papiers sont papiers d'Estat, ou d'affaires. Si ces papiers ou ses actions le rendent criminel, nos intentions ne sont pas d'interrompre le cours de la justice; tant s'en faut. S'il est coupable, nous la souhaitons si exemplaire, qu'à l'avenir, Sire, vos sujets et vos officiers se conservent dans la fidélité, l'honneur et le respect qu'ils doivent à leur Roy, et, par les exemples des malheurs d'autruy, préviennent le mal d'un dangereux aveuglement, capable de donner des soupçons par une mauvaise conduite.

« Le devoir de nos charges exige de nous que nous regardions passer les mécontentemens des grands comme des orages, que chacun se tienne à couvert et n'ouvre la fenestre que pour estre spectateur des effets de cette nature, sans jamais y prendre aucun intérest.

« C'est bien assez, Madame. Nous ne souhaitons plus qu'une seule chose, qui comprend tout, le salut et la santé du Roy : que les anges tutélaires de la France travaillent jour et nuit pour la conservation de sa personne sacrée, de V. M., Madame, de Son Altesse Royale, de toute la maison royale et des personnes fidèles et signalées qui assistent icy dans les Conseils, et vous veuillent protéger, Sire, comme le prince le plus aymé de ses sujets qui jamais ayt tenu le sceptre en sa main. »

Ledit sr président Larcher ayant fini, la reine dit que Mr le chancelier diroit à MM. les députés sa volonté.

Mr le chancelier dit : « La reine reçoit de bonne part les remonstrances que vous luy avez faites. Vostre Compagnie a sujet de plaindre le président Perrault, vostre confrère. Ce n'a pas esté comme président des comptes qu'il a esté fait prisonnier, mais comme ayant eu part aux conseils secrets de Mr le Prince. La reine ayant esté obligée, pour le bien de l'Estat, de le faire arrester, elle a aussy eu des raisons particulières, qu'elle ne vous peut dire présentement, pour s'assurer du président Perrault. Que si, dans la suite du temps, le Roy se trouve obligé de luy faire faire son procès, la déclaration du mois d'octobre 1648 sera exécutée, et l'on vous assure de le renvoyer à ses juges ordinaires. »

Du 29 janvier. Mr le président Larcher a rapporté que. . . . . la reine leur dit : « Messieurs, je vous ay mandés pour vous dire que je suis obligée de faire un voyage avec le Roy. Je laisse icy Monsieur.

S'il s'offre quelque occasion importante, vous prendrez ses ordres et continuerez à faire toutes les choses qui seront nécessaires pour le service du Roy. »

Ayant fini, ledit sʳ président Larcher dit : « Permettez, Sire, aux officiers de vostre Chambre des comptes, vos très humbles officiers et sujets, de témoigner à V. M. le juste ressentiment qu'ils ont de voir que les contraintes pour le bien de son Estat l'obligent d'entreprendre un périlleux voyage pendant une saison si rude et si fascheuse. Le retour de Vos Majestés dans Paris luy avoit redonné la liberté en un temps qu'elle voyoit ce navire qu'elle porte pour ses armes dans un penchant proche du naufrage, parmy les précipices où le peu de connoissance qu'elle avoit sur les routes d'une mer orageuse l'avoit conduite. Mais vos prières, Madame, ont adouci en ce rencontre l'indignation de la Providence divine contre ce royaume. Nous ne doutons pas que Vos Majestés ne sachent bien [faire] en toutes façons, sans combattre contre vos propres sujets, et que, si quelqu'un s'oppose à leurs volontés, elles réduiront les affaires à tel point, que, par nécessité, toutes choses se réduiront par leur persévérance.

« Nous savons bien que les desseins de Vos Majestés sont si justes, et seront si judicieusement conduits, qu'ils nous ostent tous sujets d'appréhender que rien puisse en empescher le progrès. Mais ce que nous craignons aujourd'huy que nous voyons la fortune de la France si diversement attaquée, est que vos personnes sacrées ne se trouvent engagées dans quelque péril, car ce seroit comme en une voute ébranler les principales pierres sur lesquelles tout l'édifice est soutenu.

« Aussy, nous ne demandons point à Dieu le rétablissement de nos fortunes chancelantes, mais que sa divine bonté favorise les justes intentions de V. M., et luy permette d'éteindre toutes les factions qui semblent s'élever dans cet Estat, afin que la France jouisse bientost des fruits de la paix domestique et générale, et qu'à l'avenir, Sire, les plus ambitieux de vos sujets ne cherchent la gloire qu'en leur obéissance.

« Nous ferons entendre à la Chambre le sujet du voyage de Vos Majestés et les ordres qu'elles viennent de nous prescrire. Elle ne manquera pas de les exécuter fidèlement et de donner en tout temps à Vos Majestés des marques de sa respectueuse conduite ¹. »

(Copie. *Arch. Nicolay*, 54 L 19 et 20. — *Plumitif* et *Cérémonial*.)

1. Le 11 mai suivant, la Chambre fut encore priée par le prisonnier de réitérer ses remontrances ; mais elle ne voulut pas délibérer sur cette requête. Le 15 décembre, nouvelle supplication : la Chambre chargea le P.P. de mener une députation à la reine, mais celle-ci se fit dire malade, et le procureur général ne put obtenir une audience avant le 26 janvier 1651. Cette fois, la reine accueillit favorablement les remontrances ; néanmoins elle différa encore sa réponse, et Mʳ Perrault ne sortit de Vincennes que le 12 février. Le 23, il vint reprendre sa place à la Chambre et remercia ses collègues de leur sollicitude. Durant sa détention, il n'avait cessé d'être compris dans tous les rôles de gages, épices ou vacations. La Chambre envoya remercier la reine ; la harangue (qui ne doit pas être du P.P.) est conservée dans le volume des *Archives Nicolay*, 54 L 22.

540.   4 Juillet 1650.
LETTRE DU ROI AU P.P. — VOYAGE DE GUYENNE.

Monsⁱ Nicolaj, vous verrez par la lettre que j'escris à ma Chambre des comptes de Paris la résolution que j'ay prise de m'acheminer en ma province de Guyenne pour y pacifier les troubles qui s'y sont eslevez, et les raisons qui m'obligent de laisser icy mon oncle le duc d'Orléans. Et bien que vous ayez part à cette lettre, j'ay bien voulu néantmoins vous escrire celle cy en particulier pour vous dire, de l'advis de la reyne régente, madame ma mère, que, selon le debvoir de vostre charge et l'affection que vous avez tousjours tesmoignée pour les choses qui concernent mon service, vous ayez à empescher pandant mon absence qu'il n'arrive aucun trouble, désordre ny entreprise au préjudice de mon auctorité et du repos de mes sujets, et advertir mondit oncle de tout ce qui surviendra en l'estendue de vostre pouvoir qui sera de quelque considération et importance. Vous asseurant que le service que vous continuerez de me rendre en cette occasion me sera en estime particulière. Ce que je me prometz de vostre vigilance ordinaire, et je prie Dieu qu'il vous ayt, Monsr Nicolaj, en sa saincte garde. Escrit à Paris, le iiijme jour de juillet 1650 [1].

LOUIS.

DE GUÉNEGAUD.

(Original. — Arch. Nicolay, 26 L 14.)

[1]. Le 1er jour du mois, le P.P. avait conduit les députés au Palais Royal pour prendre congé du roi et avait prononcé la harangue d'usage. (*Plumitif.*)

---

541.   27 et 30 Août 1650.
CONFÉRENCE DES COURS AVEC LE DUC D'ORLÉANS.

Le 22 août, la Chambre, priée par le duc d'Orléans d'envoyer ses députés à une assemblée générale des Cours souveraines qui devait se tenir dans son palais, au sujet des affaires politiques, avait fait demander pour les députés qu'elle enverrait le rang que les rois leur avaient toujours donné en regard du parlement; représentant que si, à la conférence de 1648, elle n'avait député que deux maîtres, ç'avait été un effet de la nécessité « d'un temps plein de chaleur et d'émotion populaire, » et déclarant, pour son dernier mot, qu'elle entendait que son président fût assis vis-à-vis de celui du parlement, et les maîtres en face des conseillers de la Cour.

Du samedy 27 aoust. Mr le président Aubery a rapporté que, MM. les députés et luy s'estant rendus le jour d'hier, à l'heure à eux prescrite, au palais d'Orléans, ils montèrent en la salle des Gardes, en laquelle ils trouvèrent Son Altesse Royale, qui leur dit qu'ils estoient venus de bonne heure, et les pria de passer en la galerie, en laquelle ils trouvèrent une table, au bout de laquelle estoit la chaise de Sadite Altesse et plusieurs sièges aux deux costés; qu'incontinent après, l'ordre desdits sièges fut changé, et la chaise de Sadite Altesse mise du costé droit de ladite table, et au dessous, après un pied de distance, plusieurs sièges ployans, et de l'autre costé, la place vis-à-vis la chaise de Sadite Altesse fut laissée vide, et ensuite fut placé plusieurs autres sièges ployans; que ce changement obligea lesdits srs députés d'envoyer Mr le procureur général vers Sadite Altesse, pour savoir la séance qui leur seroit donnée. Lequel estant revenu avec le sr Fromont, secrétaire des commandemens de Sadite Altesse, leur fut dit que Mr le garde des sceaux prendroit la seconde place, qui estoit la première du costé gauche de ladite table; qu'au dessous de Son Altesse, qui estoit la troisième place, se mettroit Mr le surintendant; qu'au dessous de Mr le garde des sceaux se mettroient Messieurs du parlement, et au dessous du surintendant, Messieurs des comptes. Et après quelques contestations entre lesdits srs députés, ledit sr Fromont et Mr de Choisy, chancelier de Sadite Altesse, qui seroient survenus, ledit sr procureur général fut prié de retourner vers Sadite Altesse, la prier de trouver bon que lesdits srs députés fussent conservés au rang qui leur appartenoit, ou bien, suivant l'ordre à eux donné par la Compagnie, qu'ils se retirassent. Ce qui ayant esté fait par ledit procureur général, Sadite Altesse royale entra en ladite galerie et vint à eux avec un visage riant, et leur dit que, ne voulant faire préjudice aux uns ni aux autres, il feroit entendre audit procureur général les propositions qui se faisoient pour le bien de l'Estat, qui les rapporteroit à la Compagnie, pour en délibérer. Et après que lesdits srs députés eurent fait la revérence à Sadite Altesse, elle s'avançant dans ladite galerie, ils se retirèrent, et, en passant par la chambre où estoient Mr le garde des sceaux et Mr le surintendant, ils s'entresaluèrent, et furent reconduits par ledit sr Fromont jusqu'à leur carrosse.

Du mardy 30 aoust. Propositions faites pour les nécessités de l'Estat :

La première, de faire une déclaration portant permission d'engager et recevoir par avance le droit annuel de tous les officiers du royaume, pour les années 1651, 1652 et 1653.

Une déclaration pour l'extinction de la Chambre de justice, comme il a esté fait en 1643 et 1645.

Nommer des commissaires du parlement et de la Chambre des comptes pour l'affaire des rentes rachetées, ou bien en décharger ceux qui en ont reçu le remboursement, moyennant le payement de la taxe qui sera faite sur eux.

Le retranchement de quelque chose sur le revenu des propriétaires et engagistes des aydes, des offices de regrattiers et autres, qui jouissent de tous leurs revenus entiers, plus favorablement mesme que les officiers des Compagnies souveraines, qui souffrent retranchement d'un quartier de leurs gages.

La revente du domaine de l'édit des mareschaussées.

Un édit d'aliénation d'un million de livres de rentes sur les fermes des cinq grosses fermes, des entrées et du convoy de Bordeaux.

(Plumitif.)

---

23 Janvier 1651.

542. LETTRE DE M. DE SAINTOT AU P.P. — AUDIENCE DE LA REINE-MÈRE.

A Paris, ce xxiij^{me} janvier 1651.

Monsieur, tout présentement je viens d'avoir ordre de Sa Majesté et de Monsieur le garde des sceaux pour vous dire que la reyne s'estant trouvé un peu indisposée ce matin, elle ne poura entendre ny donner d'aujord'huy audience à Messieurs de la Chambre, ainsi qu'elle pensoit les veoir aujord'huy à cinq heures. L'on vous fera sçavoir dans un jour ou deux, ou demain, selon sa santé, le jour qu'elle donnera pour ce subject, et je ne manqueray, suivant leurs commandemens, d'aller vous trouver à la Chambre après midy, affin de le vous dire de bouche, et que la Chambre soit advertye du changement qu'il y a. D'aujord'huy, vous aurez agréable de leur faire sçavoir que cela est remis, affin que Messieurs de la Chambre ne preigne pas la peyne de venir aujord'huy au Palais Royal. Vous asseurant que je suis, etc.[1]

(Original. — Arch. Nicolay, 74 L 16.)

1. Cette lettre est sans suscription, et les derniers mots de la formule de salutation et la signature ont été rognés par le relieur.

---

17 Mai 1651.

543. ARRÊT DE LA CHAMBRE SUR LE FAIT DES RÉGALES.

Sur ce qui a esté représenté à la Chambre par le procureur général du Roy que le droit de régale, qui donne à S. M. la jouissance du revenu des archeveschés et éveschés de ce royaume, ensemble la provision de plein droit aux bénéfices qui en dépendent, depuis le décès ou démission des archevesques et évesques jusqu'à la prestation de serment de fidélité du successeur et main-levée qui luy est accordée par la Chambre, est un des premiers, plus nobles et plus anciens droits de la couronne, et une marque de l'autorité et souveraineté des Roys de France sur les archevesques et évesques de ce royaume et sur les revenus qu'ils possèdent, desquels ils ne peuvent entrer en jouissance, ni mesme pourvoir aux bénéfices qui en dépendent, sur les bulles qui leur sont octroyées par N. S. P. le Pape à la nomination de S. M., qu'ils ne luy ayent, pour raison d'iceux, fait le serment de fidélité et iceluy fait registrer en la Chambre; et bien que ce droit soit un droit inaliénable du domaine, dont les Roys n'estant qu'usufruitiers, ils n'en peuvent priver leurs successeurs Roys, néanmoins le feu roy Louis XIII, ne pouvant rien refuser aux sentimens et sollicitations de son premier ministre, qui vouloit s'autoriser auprès de Messieurs du clergé et leur faire sentir les effets de son souverain crédit, permit qu'il se servist de son nom pour obtenir des lettres en forme d'édit, du mois de décembre 1641, portant don aux archevesques et évesques du revenu desdits bénéfices pendant le temps de la régale, qui est en effet une aliénation de ce beau, ancien et important droit de la régale, au préjudice des loys et statuts du royaume; lesquelles lettres luy furent expédiées, et la vérification poursuivie et violemment emportée, par brigues et sollicitations continuelles et lettres de jussion, sans avoir égard aux arrests de refus, raisons et remonstrances verbales qui, à diverses fois, en furent lors faites. Requéroit ledit procureur général, attendu le préjudice notable qui par ce moyen est fait aux droits de la couronne et au Roy à présent régnant, qui n'a pu estre dépouillé de ce qui luy est advenu et échu par sa légitime succession, non plus que ses successeurs Roys, qui ont toujours la faculté de rentrer en la possession de leur domaine, qu'il plust à ladite Chambre ordonner que le Roy rentrera de plein droit en la jouissance dudit droit de régale et toutes ses circonstances et dépendances, nonobstant et sans avoir égard auxdites lettres d'aliénation du mois de décembre 1641. Tout considéré, la Chambre a ordonné et ordonne que le Roy demeurera dans la pleine et entière possession dudit droit de régale, pour en disposer et ordonner ainsy qu'il verra bon estre, et qu'à l'avenir, vacation advenant des archeveschés et éveschés, les revenus en seront saisis à la requeste du procureur général, et à iceux établis bons et suffisans commissaires, pour en jouir pendant la régale et jusqu'à ce que les archevesques et évesques nommés ayent presté le serment de fidélité et obtenu main-levée de la Chambre en la manière accoutumée; desquels revenus lesdits commissaires seront tenus rendre comptes et porter les deniers ès mains du receveur des régales. Enjoint au procureur général de tenir la main à l'exécution du présent arrest.

(*Journal.* — Imprimé.)

544. 18 Août 1651.
AUDIENCE DU ROI. — DÉCLARATION CONTRE M. LE PRINCE.

Ce jour, M' le P.P. a rapporté que MM. les députés s'estant assemblés hier de relevée en la Chambre, seroient partis d'icelle et se seroient rendus sur les quatre heures au Palais Royal; où estant arrivés, ils furent reçus par M' le mareschal de l'Hospital et par le s' Saintot, qui les conduisirent en la salle des Ambassadeurs, en laquelle ils auroient attendu quelque temps, que, M' le duc d'Orléans estant arrivé et monté au Conseil, lesdits s'' mareschal de l'Hospital et de Saintot seroient venus quérir mesdits s'' députés et les auroient conduits dans le grand cabinet de la reine, où le Roy estoit assis dans un fauteuil et la reine assise aussy dans un autre fauteuil, à la gauche de S. M.; à costé du Roy estoient ledit s' duc d'Orléans, M' le prince de Conty, M' le mareschal de Villeroy, et à costé de la reine, M' le chancelier, et derrière eux grand nombre de seigneurs et dames. Que, mesdits s'' les députés ayant fait leurs révérences ordinaires à Leurs Majestés et s'estant approchés, ladite dame reine leur auroit dit que le Roy les avoit mandés pour leur faire entendre ses intentions, qui estoient portées par une déclaration, de laquelle leur seroit fait lecture. En suite de quoy, M' de Loménie, secrétaire d'Estat, en auroit fait lecture sur une copie bastonnée en plusieurs lieux. Après quoy, mondit s' P.P. auroit assuré Leurs Majestés de l'obéissance de la Compagnie, à laquelle leur naissance et le devoir de leurs charges les obligeoient, et qu'ils perdroient plutost la vie, que souffrir qu'un seul d'eux défaillist à la fidélité due au service du Roy. Et après avoir réitéré lesdites révérences, ils se seroient retirés, et furent remenés et reconduits par lesdits s'' mareschal de l'Hospital et Saintot. Auxquels mondit s' le P.P. ayant dit que la Compagnie avoit esté traittée autrement qu'à l'ordinaire, pour ne luy avoir pas esté donnée l'audience immédiatement après le parlement, ainsy qu'il a esté de tout temps accoutumé, lesquelles paroles ayant esté à l'instant rapportées à la reine par lesdits sieurs, ils seroient venus dire à mesdits s'' les députés, de la part de ladite reine, que ce qui avoit esté cause que S. M. avoit donné l'audience au parlement dès ce matin et remis la Chambre à cette après-disnée, avoit esté pour donner quelque soulagement au Roy, qui auroit esté ennuyé de deux audiences si longues en suite l'une de l'autre; néanmoins, qu'à l'avenir pareille chose n'arriveroit. Et ensuite, mesdits s'' les députés se seroient retirés.

Cedit jour, M' le procureur général a apporté et présenté ladite déclaration du Roy cy-dessus, en deux feuilles de papier, signée : de Guénegaud, datée du 17me de ce mois; laquelle mondit s' le P.P. auroit mise ès mains de M' Perrochel, conseiller maistre, qui en auroit fait lecture ainsy qu'il ensuit :

« C'est avec un extrême déplaisir qu'après toutes les déclarations que nous avons cy-devant faites avec tant de solennité contre le retour du cardinal Mazarini, nous voyons que les ennemis du repos de l'Estat se servent encore de ce prétexte pour y fomenter les divisions qu'ils y ont allumées. C'est ce qui nous a obligé de vous envoyer quérir, pour vous déclarer de nouveau que nous voulons et entendons exclure pour jamais ledit cardinal, non seulement de nos Conseils, mais de nostre royaume, pays et places de nostre obéissance et protection; faisant défense à tous nos sujets d'avoir aucune correspondance avec luy, enjoignant très expressément que toutes personnes qui contreviendront à cette nostre volonté, encourrent les peines portées par les anciennes ordonnances des Roys nos prédécesseurs et par les arrests de nos Cours souveraines ; voulant que toutes déclarations nécessaires pour cela soient expédiées. Après vous avoir donné ces assurances, et à tous nos sujets, nous ne pouvons plus dissimuler, sans blesser nostre autorité, ce qui se passe. Un chacun sait les graces que la maison de nostre cousin le prince de Condé, et luy en particulier, ont reçues du feu Roy, de glorieuse mémoire, nostre très honoré seigneur et père, et de la reine régente, nostre très honorée dame et mère. Après avoir accordé sa liberté aux instantes prières de nostre très cher et très amé oncle le duc d'Orléans et aux très humbles supplications de nostre parlement de Paris, après luy avoir rendu le rang qu'il avoit dans nos Conseils, restitué les gouvernemens des provinces et places que luy et les siens tiennent en nostre royaume, en si grand nombre, qu'il est aysé de juger que celuy qui les a désirés vouloit plutost prendre le chemin de se faire craindre, que de se faire aymer ; après avoir rétabli les troupes levées sous son nom, capables de composer une armée ; après luy avoir accordé l'échange du gouvernement de Bourgogne avec celuy de Guyenne, luy ayant permis de retenir les places dans la province qu'il laissoit, ce qui ne s'estoit jamais pratiqué ; après luy avoir fait payer les sommes immenses qu'il disoit luy estre dues d'arrérages de pensions, d'appointemens, de désintéressemens, de montres de ses troupes et garnisons, qui sont telles, que, pour le contenter, on a esté contraint de divertir les fonds destinés à l'entretien de nostre maison et subsistance de nos armées ; bref, n'ayant rien omis de ce qui pouvoit luy apporter une entière satisfaction et le disposer à employer les bonnes qualités que Dieu luy a données et qu'il a fait paroistre autrefois à l'avantage de nostre service, nous avions conçu cette espérance, lorsqu'à nostre très grand regret, elle a esté trompée par des actions bien contraires aux protestations qu'il nous avoit faites solennellement dans l'assemblée de nostre parlement. Nous ne dirons rien de ce qu'aussitost après sa liberté, l'ardeur de ses poursuites nous porta à faire les changemens que vous avez vus dedans les Conseils. Cette entreprise luy ayant réussi, il prit la hardiesse d'accuser et se plaindre de la conduite de trois de nos officiers ou de la reine, nostre très honorée dame et mère, laquelle leur commanda de se retirer, non seulement de nostre cour, mais de nostre bonne ville de Paris, pour oster à nostredit cousin tout prétexte et tout sujet de plaintes, et pour étouffer les tumultes qu'il excitoit. Nous espérions que toutes ces graces le disposeroient à nous complaire en quelque chose, ou, pour le moins, l'empescheroient de continuer ses mauvais desseins, lorsqu'avec un extrême regret, nous avons vu des effets tout contraires à ceux que nos bontés avoient tasché de provoquer. Nous avons remarqué qu'après que nostre très cher et très amé oncle le duc d'Orléans luy a donné de nostre part et a porté à nostre parlement nos paroles royales qui luy offroient toutes les suretés qu'il pouvoit désirer et qu'il avoit requises, il demeura quelques jours sans se pouvoir résoudre à nous voir, quoyqu'il se fust rencontré une fois à nostre passage. Enfin, pressé par nostredit oncle et par nostredit parlement de nous rendre ses devoirs, il prit résolution de nous voir une seule fois, où il fut reçu par nous et par la reine, nostre très honorée dame et mère, avec toutes les démonstrations d'une parfaite bienveillance, qui eust esté capable de le guérir de ses appréhensions, si elles ne venoient plutost de sa propre conscience, que des mauvais offices qu'il veut croire luy estre rendus. Nous sommes obligé de vous dire ce qui est venu à nostre connoissance touchant ses menées, tant au dedans que dehors nostre royaume. Pour commencer par les choses qui sont publiques, chacun a vu que nostredit cousin s'est absenté depuis deux mois de nos Conseils, qu'il décrie dans nos parlemens et partout ailleurs, disant qu'il ne pouvoit se fier à nous ni à ceux qui nous approchoient, ayant écrit à tous nosdits parlemens et quelques unes des bonnes villes pour leur donner de mauvaises impressions de nos intentions, engageant en mesme temps dans toutes nos provinces plusieurs gentilshommes et soldats à prendre les armes aussitost qu'ils en seroient requis de sa part. Il a aussy, dans nostre bonne ville de Paris (ce qui donne le mouvement à toutes les autres), fait semer de mauvais bruits de nos intentions. Nous avons appris aussy qu'il renforçoit les garnisons des places que nous luy avions confiées, les munissoit de toutes choses nécessaires et faisoit, sans nos ordres, travailler en diligence aux fortifications, employant à cela nos sujets et les contraignant d'abandonner leurs récoltes. Il a fait retirer nos cousines, sa femme et sa sœur, dans le fort chasteau de Mouron. Il a ramassé de toutes parts des sommes notables de deniers. Enfin, il a pratiqué publiquement tout ce qui nous peut donner sujet de croire ses mauvaises intentions. Nous avons esté confirmé en cette croyance par les avis certains que nous avons reçus de divers endroits des intelligences qu'il formoit avec les ennemys, tant à Bruxelles avec l'archiduc, que dans le camp avec le comte de Fuensaldagne, faisant escorter ses courriers jusque dans les portes de Cambray par quelque cavalerie tirée des troupes qui n'obéissent qu'à luy seul. Ces pratiques estant faites à notre insu, sans nos passeports et contre nostre volonté, qui peut douter de son intelligence avec ceux contre lesquels nous sommes en guerre ouverte? Il n'a voulu non plus faire sortir les Espagnols de la ville de Stenay, ainsy qu'il s'estoit obligé, cette seule condition ayant esté exigée de luy lorsqu'il fut sorti de prison. Sa conduite est cause que dom Estevan de Gamara s'est approché de la Meuse avec son armée, qu'il a ravitaillé Mouzon, et s'est conservé le passage de Dun, qui met en contribution une partie de la Champagne, pour donner aussy plus de moyens à nos ennemys d'entreprendre contre nous et arrester les progrès que nostre armée, plus puissante que la leur, pourroit faire dans les Pays Bas. Par une entreprise qui n'a jamais esté vue dans nostre royaume, quelques ordres exprès qui ayent esté donnés, ceux qui commandoient ses troupes n'ont jamais voulu obéir aux commandemens que nous leur avons faits de joindre les siennes aux corps d'armée où elles avoient esté destinées par nous et par nostre oncle le duc d'Orléans, ce qui a renversé jusques à présent tous nos desseins, tant à cause de la juste défiance que nous avons eue de ceux de nostredit cousin, comme aussy pour ce qu'il a donné loisir aux ennemys de se reconnoistre et de se mettre en estat de s'opposer à nos forces, outre que leur résolution s'est augmentée par les espérances, ou, pour mieux dire, par les assurances qu'on leur a données de quelques mouvemens dans nostre royaume.

« Nous ne pouvons nous empescher de vous dire les désolations que les gens de guerre commandés par nostredit cousin ont faites, et qu'ils continuent de faire, en se maintenant entre la Picardie et la Champagne, qu'ils achèvent de ruiner, au lieu d'estre dans le pays ennemy à leur faire guerre. La liberté que ses troupes prennent de piller nos sujets fait aussy que plusieurs de nos soldats abandonnent nostre camp pour vivre dans la licence qui est dans le sien. Nous avons bien voulu vous donner part de toutes ces choses, encore que la plus grande partie vous fust déjà connue. Nous croyons que vous jugerez, par ces déportemens publics de nostre cousin, que ses menées secrètes ne sont pas moins dangereuses. La connoissance que nous en avons, ne nous permet pas de le dissimuler plus longtemps sans abandonner le gouvernail de cet Estat, que Dieu nous a mis en main et que nous sommes résolu à tenir avec fermeté. Nous savons que, si nous n'apportons un prompt remède aux désordres qu'on veut jeter dans nostre Estat, nous ne pouvons obliger nos ennemys d'entendre à la paix que nous désirons de conclure, ni réformer les abus qui se sont glissés dans nostre royaume, ainsy agité par tant de pernicieux desseins et entreprises, si nous ne les prévenions et en arrestions le cours, comme nous sommes résolu faire, par tous les moyens possibles, dans l'assurance que nous avons, et que vous nous avez toujours témoignée, de vostre fidélité et affection à maintenir nostre autorité, entretenir nos sujets dans l'obéissance qu'ils nous doivent, et que nous nous assurons que vous continuerez à apporter tout ce qui dépendra de vos soins pour faire valoir nos bonnes intentions pour le bien et le repos de nostre royaume. Fait à Paris, le 17me jour d'aoust 1651. Signé : LOUIS, et plus bas, de Guénegaud. »

Après laquelle lecture, Mr le président Perrault, prenant la parole, auroit dit qu'il avoit charge de Mr le

Prince de dire à la Compagnie qu'aussitost qu'il auroit rendu raison de ses actions à Messieurs du parlement, il viendroit en cette Chambre se justifier de ce qui est contenu contre luy par ladite déclaration.

(*Plumitif* et *Cérémonial.*)

545. 19 *Août* 1651.
CONVOCATION DES ÉTATS GÉNÉRAUX.

Ce jour, les prévost des marchands et échevins de cette ville de Paris, assistés du procureur du Roy et du greffier de ladite ville, venus au bureau, ont dit, que, estant avertis que S. M. avoit arresté l'assemblée des Estats généraux, le 8me septembre prochain, en la ville de Tours, ils supplioient la Chambre de vouloir députer aucuns de Messieurs pour se trouver en ladite assemblée des Estats. Sur quoy, Mr le P.P. leur auroit répondu que la Chambre n'auroit en ce rencontre accoutumé de députer, et qu'elle les remercioit de leur civilité.

(*Plumitif* et *Cérémonial.*)

546. 9 *Septembre* 1651.
LETTRE DU ROI AU P.P. — CHANGEMENT DE MINISTÈRE.

Monsr Nicolay, bien que vous ayez bonne part à la lettre que j'escris à ma Chambre des comptes, par laquelle je luy fais sçavoir que j'ay rappellé près de moy le sr marquis de Chasteauneuf pour avoir la première et principale direction de mes affaires, que j'ay donné la garde des sceaux de France au sr Molé, premier président en ma Cour de parlement de Paris, et la superintendance de mes finances au sr marquis de la Vieuville, je vous ay bien voulu faire encore celle cy en particulier, pour vous recommander instamment de contribuer de tout vostre pouvoir, selon l'auctorité que vostre charge vous donne dans la Compagnie, à ce que toutes choses concourent au bien de mon service et au repos de l'Estat, et que ma volonté soit exécutée ponctuellement, ainsy que je m'en repose sur vous. Priant Dieu qu'il vous ait, Monsr Nicolay, en sa sainte garde. Escrit à Paris, le ixme jour de septembre 1651.

LOUIS.
DE GUÉNÉGAUD.

(*Original.* — *Arch. Nicolay,* 65 L 18.)

547. 11 *Septembre* 1651.
HARANGUE DU P.P. POUR LA MAJORITÉ DU ROI.

Sire, voicy vos officiers des comptes, vos très humbles et très obéissans serviteurs et sujets, lesquels, pleins d'affection au bien de vostre couronne et de fidélité à vostre service, de soumission à vos volontés, de respect pour V. M., de joye et de ravissement de vous voir enfin arrivé à une puissance aussy souveraine que légitime, viennent rendre hommage à vostre grandeur, consacrer leurs biens et leurs vies à V. M., la reconnoistre comme la divinité visible des François, et regarder vostre trosne comme un petit ciel en terre, dans lequel vous estes élevé au dessus de tous les hommes.

Nous avons déjà eu deux jours de satisfaction pour nous dans l'illustre vie de V. M.: celuy de vostre naissance, et celuy auquel vous succédastes au plus grand prince de la terre; mais celuy-cy surpasse de beaucoup les deux premiers. Le premier fut le jour des joyes de la France, le second fut le jour de ses consolations; mais celuy-cy se peut justement nommer celuy de son salut. Dans l'un, vous nous réjouistes comme Dauphin; dans l'autre, vous nous consolastes comme Roy; mais aujourd'huy, vous nous aymez comme souverain.

La France soupiroit il y a longtemps après ce jour, autant souhaitable qu'il estoit souhaité, et, voyant que le ciel avoit exempté l'enfance de V. M. de toutes les infirmités ordinaires à cet age, et qu'en naissant vous aviez tous les dons que les autres n'acquièrent que par le bénéfice des travaux et du temps, auroit souhaité de pouvoir précipiter la course du soleil, pour le voir bientost arriver à cette année, que l'on peut nommer l'année des vœux et des désirs de tous les peuples. Elle a toujours regardé la quatorzième année de vostre age comme la fin de ses troubles et le commencement de son repos, comme l'établissement de l'autorité royale, la terreur des ennemys et l'écueil contre lequel se devoit briser l'ambition des factieux. Enfin, elle a toujours cru que toutes sortes de bonheurs et une paix de longue durée devoient estre les doux et agréables fruits de la majorité. Car y a-t-il quelque chose de grand, Sire, que l'on ne puisse attendre de V. M., après tant de présages de vostre future grandeur? Vostre naissance miraculeuse, l'extraordinaire maturité de vostre jugement, vos inclinations toutes royales et toutes portées aux choses hautes et relevées, et ce *César* que vous avez rendu françois par vostre esprit, pour en surpasser bientost la gloire par vostre valeur et vostre courage, ne sont-ce pas autant de marques certaines du bonheur que le ciel nous prépare sous les auspices du règne de V. M.?

Mais, Sire, V. M. se souviendra, s'il luy plaist, que sa digne mère, cette princesse incomparable, est le principe de tant d'espérances, le fondement et la source de toutes vos royales qualités, et la cause de tant de nobles effets. Ses travaux vous ont fait naistre, ses soins vous ont élevé, son éducation vous a formé, ses exemples vous ont instruit, sa prudence et sa générosité ont conservé vostre Estat et maintenu vostre autorité, autant qu'elle le pouvoit estre dans des conjonctures si fascheuses et si délicates.

(Copie du XVIIIe siècle. — Arch. Nicolay, 50 L, f° 40.)

548.

16 Mars 1652.

ASSEMBLÉES DE LA CHAMBRE SAINT-LOUIS.

Ce jour, la Chambre, délibérant sur le rapport fait par les commissaires députés pour l'assemblée de la chambre St-Louis, des propositions à eux faites par les députés de la Cour de parlement sur le fait des rentes et gages, a arresté que les députés répondront aux députés du parlement qui se doivent trouver mardy 19 en la chambre St-Louis que, pour le fait des gages, on n'a point jusques icy reçu aucune plainte de la part des payeurs qui fasse connoistre qu'ils ne soient pas payés à l'ordinaire; que, si néanmoins il y arrivoit quelque manquement, les commissaires des gages en pourroient conférer ensemble en la manière accoutumée ; et, s'ils ne se trouvent assez puissans pour y apporter le remède, ils en avertiront leurs Compagnies. Et pour le regard des rentes, que la Chambre estime que l'assemblée s'en doit faire à l'hostel de ville, et que, quand les prévost des marchands et échevins y convieront les Cours souveraines, la Chambre est preste d'y envoyer ses députés pour y contribuer de leurs suffrages. Et que du présent arrest il sera donné avis à Messieurs de la Cour des aydes par les greffiers de ladite Chambre [1].

(*Plumitif.*)

1. Le récit des assemblées précédentes et de celles qui suivirent est constamment renvoyé du *Plumitif* à un procès-verbal qui ne se retrouve plus. Il en est de même des procès-verbaux des matinées, que la Chambre, à partir du 29 avril, consacra à délibérer sur les gages des Cours souveraines, le droit annuel et la jonction des Cours.

549.

22 Avril 1652.

SÉANCE ET DÉCLARATION DES PRINCES. — DISCOURS DU P.P.

Ce jour, les semestres assemblés, est venu au bureau le s^r Goulas, secrétaire des commandemens de Mgr le duc d'Orléans, qui auroit donné avis à la Compagnie que ledit seigneur duc venoit ce matin en la Chambre, avec M^r le prince de Condé, pour luy faire entendre ses intentions.

Et sur les huit heures du matin, le premier huissier a averti la Chambre que ledit seigneur duc d'Orléans et Mʳ le prince de Condé estoient au bas de l'escalier. Sur quoy auroient esté deputés MM. Chaillou, doyen, et le Boulanger, conseillers maistres, pour les aller recevoir; lesquels à l'instant se seroient levés et allés au devant d'eux et les auroient reçus sur le degré, où ils les auroient trouvés assistés de Mʳ de Beaufort, grand maistre, chef et surintendant général de la navigation et commerce de France, et de plusieurs seigneurs et gentilshommes, marchant au devant dudit seigneur duc d'Orléans son capitaine des gardes et ledit sʳ Goulas. Lesquels ils auroient conduits, par le costé de la cheminée, au grand bureau, au banc de MM. les présidens, auquel ledit seigneur duc d'Orléans et le sʳ prince de Condé sont montés et pris séance proche et au dessous de Mʳ le P.P. et au dessus de Mʳ le président Perrault; et ledit sʳ duc de Beaufort auroit aussy pris séance au haut du banc de MM. les conseillers maistres, du costé de la cheminée.

Le silence fait, mondit seigneur le duc d'Orléans a dit: « Messieurs, il n'est pas besoin de dire les désordres que le cardinal Mazarin a causés par les troupes des garnisons qu'il a tirées des places de Flandres et autres qu'il a abandonnées pour sa sureté, puisqu'ils sont assez connus, mesme Gravelines en danger d'estre pris par les ennemys; » que, pour l'éloigner et demander la paix générale au Roy, le parlement a résolu une nouvelle députation, ainsy que la Chambre a su par son arresté; estime qu'elle en fera le mesme; et qu'il est venu en cette Compagnie pour la convier à ce faire et joindre ses prières à S. M. à cet effet. A déclaré qu'il n'a pris les armes que pour maintenir les déclarations de S. M. et l'expulsion du cardinal Mazarin hors du royaume; qu'aussitost qu'il en sera éloigné, qu'il mettra les armes bas, qu'il a prises pour s'opposer à ses desseins, ne souhaitant autre chose que ledit éloignement, pour sa sureté et de toute la maison royale, dont ledit cardinal avoit juré l'entière destruction.

Ensuite, Mʳ le prince de Condé a dit: « Messieurs, l'éloignement du cardinal Mazarin est si nécessaire à l'Estat, qu'il est à prier le Roy de ce faire; » et qu'il ne luy appartient, après Son Altesse Royale, d'en convier la Compagnie; et fait mesme déclaration et protestation que Sadite Altesse.

Mʳ le P.P. a répondu en substance que la Compagnie a telle estime pour Son Altesse Royale, qu'elle ne peut croire que le tout ne soit à bonne fin.

Et sur ce, lecture ayant esté faite des pièces envoyées par la Cour, énoncées en son arresté dudit jour, 13 du présent mois, en présence des Gens du Roy, Dreux, avocat général de S. M., a dit et conclu à ce qu'il plust à la Chambre député vers Sadite Majesté pour luy faire entendre la déclaration de Son Altesse Royale et celle dudit sʳ prince de Condé, et prier S. M. d'éloigner le cardinal Mazarin et donner la paix à ses sujets; et que toutes les Chambres des comptes seront convoquées de faire le semblable.

Après quoy, ayant esté délibéré, a esté arresté ce qui ensuit: ce jour, la Chambre, les semestres assemblés, Mʳ le duc d'Orléans y estant et le sʳ prince de Condé, ayant délibéré sur l'arrest de la Cour de parlement du 13 du présent mois d'avril, pièces énoncées en iceluy envoyées de ladite Cour et déclarations faites par ledit seigneur duc d'Orléans et ledit sʳ prince de Condé; et [après] que Dreux, pour le procureur général du Roy, a esté ouï en ses conclusions, a arresté qu'il sera fait registre de la déclaration faite par Mʳ le duc d'Orléans et de celle dudit sʳ prince de Condé, et qu'il sera député pour faire remonstrances au Roy de vive voix, pour prier S. M. d'éloigner le cardinal Mazarin et donner la paix à ses sujets. Et à cet effet, a commis et député Mʳ le P.P., MM. Perrochel, Boucherat, Bailly, Almeras, de la Grange, Lescuyer, Leschassier, Chaillou, P. Guérin, le Bossu-le-Jau, de Guénegaud et le Fèvre, conseillers et maistres [1].

(*Plumitif.*)

Discours du P.P. aux Princes.

Ceux qui ont à parler à V. A. R. en faveur de l'autorité du Roy, ont cet avantage qu'ils n'ont point besoin d'apporter de raisonnemens étudiés pour la persuader. L'intérest qu'elle a dans la conservation de la puissance royale doit avoir plus de force sur son esprit, que toute l'éloquence que l'on y pourroit employer. On ne sauroit donner aucune atteinte à l'autorité du Roy, que les princes en mesme temps n'en reçoivent le contre-coup. Les parties du corps humain n'ont pas plus d'intérest à la conservation du cœur, le ruisseau à celle de la source, les rayons à celle du soleil, que les princes à celle de l'autorité du Roy. Le Roy est le cœur qui vivifie les princes, comme les plus nobles parties du corps monarchique; c'est la source d'où dérive toute leur grandeur, et le soleil d'où ils tirent toute leur gloire, leur éclat et leur puissance. En sorte que, quand un prince travaille pour diminuer l'autorité du Roy, il travaille en mesme temps à flétrir le principe de sa vie, à faire tarir sa source, à obscurcir les premières causes de ses plus vives lumières.

Comme il n'y peut avoir de princes sans un Roy, aussy il n'y peut avoir de grands princes sans un grand Roy, la puissance duquel a toujours esté la mesure et la règle de celle des princes. Quand un prince souffre qu'on méprise l'autorité du Roy, il instruit les peuples au mépris de luy mesme.

Les princes ne doivent pas avoir la foiblesse ordinaire des peuples, de mépriser toujours le gouvernement présent. C'est un mal plus attaché à la condition qu'à la personne des princes. Ils peschent souvent innocemment, et, d'abandonner leur cause, parce qu'il y a quelque chose dans leur gouvernement qui déplaise, c'est reprocher à Dieu d'avoir fait un mauvais choix de ceux qui doivent estre les lieutenans et les vivantes images de sa divinité.

(Copie du XVIIIe siècle. — Arch. Nicolay, 50 L, f° 41 verso.)

1. « Du samedy 11 may 1652, M^r le P.P. a fait récit à la Compagnie des remonstrances par luy faites au Roy, suivant l'arrest du 22 avril dernier, ainsy qu'il est contenu au procès verbal de ce fait. »

---

550.   (6 Mai 1652.)
AUDIENCE DU ROI. — DISCOURS DU P.P.

Sire, le reproche qu'on vient de nous faire, d'avoir donné entrée à S. A. R. et à M^r le Prince en vostre Chambre des comptes, ne nous jette point la confusion dans l'ame, le regret dans le cœur, ni la honte et la confusion sur le front. Nous n'avons pu fuir leur venue sans trahir laschement le devoir de nos charges, sans faire tort au nom qu'ils ont l'honneur de porter, et sans blesser le caractère de V. M., que le bonheur de la naissance a imprimé sur leurs personnes. Le rejaillissement de la gloire de V. M., Sire, qui paroist sur leurs visages, ne permettoit pas ce mépris. La royauté est une onction qui consacre tout ce qui la touche, qui rend augustes tous ceux qui en approchent. Nous avons cru, Sire, que S. A. R. et M^r le Prince ne pouvoient recevoir de nous cet injurieux refus sans offenser la source d'où dérive toute leur grandeur, le soleil d'où ils empruntent toutes leurs lumières, et le principe de leur élévation et de leur gloire. Ç'a donc esté la qualité d'oncle et de cousin de V. M. qui leur a ouvert la porte de vostre Chambre des comptes, dans laquelle s'ils eussent entré avec des desseins préjudiciables au bien de vostre service, ils les auroient quittés avec nous.

Ces deux grands princes peuvent rendre témoignage à la vérité, qu'ils n'ont jamais ouï maintenir l'autorité de V. M. avec plus de zèle, représenter mieux l'abaissement de tous les hommes au dessous d'elle, détester la guerre et souhaiter la paix avec plus de passion et de vœux, que par vos officiers des comptes. En sorte que l'on peut dire que MM. les Princes ne sont venus en nostre Compagnie que pour estre les illustres témoins de nostre inviolable fidélité au bien de vostre service.

C'est là la faute qui nous a mérité ce reproche : c'est ainsy que nous nous rendons criminels, en taschant de conserver le respect et ce que nous devons à V. M.

(Copie du XVIIIe siècle. — Arch. Nicolay, 50 L, f° 42 verso.)

---

551.   12 Juin 1652.
LETTRE DU MARÉCHAL DE VILLEROY AU P.P.

A Melun, ce 12me juin 1652.

Monsieur, je n'ay peu refuser cette lettre à un garçon de la chambre du Roy, nommé la Rivière, qui a désiré que je vous écrivisse en sa faveur pour l'exempter d'aller à la garde. Je ne sçais s'il y a de la justice à sa prétention, ou s'il n'y en a pas. Mais je vous suplie très humblement de luy acorder cette grace, et me faire celle de croire que personne du monde ne vous honore davantage et n'est plus véritablement que moy, etc.

VILLEROY.

(Original. — Arch. Nicolay, 44 L 6.)

552.   3 Juillet 1652.
PROTESTATION EN FAVEUR DE LA PAIX.

Ce jour, la Chambre, les semestres assemblés, a arresté que les députés d'icelle qui iront à l'assemblée qui se tiendra demain, 4 de ce mois, en l'hostel de cette ville de Paris, témoigneront à ladite assemblée que, dès le 21 juin dernier, les sentimens de la Compagnie avoient esté, et sont encore à présent que les Compagnies, corps et communautés ecclésiastiques et séculières seroient excités et invités de demander la paix au Roy et de revenir en cette ville de Paris[1].

(Plumitif et Cérémonial.)

[1]. L'assemblée de l'hôtel de ville fut interrompue par l'attaque des séditieux, et une partie des députés, ceux qui avaient la plus haute réputation de gens sages et modérés, furent égorgés par la populace. La Chambre, qui y perdit un conseiller maître, M⁽ʳ⁾ Miron, colonel de quartier, n'eut point séance jusqu'au 9.

553.   (Juillet 1652.)
DISCOURS PRÉPARÉ PAR LE P.P. POUR RÉPONDRE AU MESSAGE DES PRINCES.

Discours pour dire à ceux que le duc d'Orléans, déclaré lieutenant général du Roy par arrest du parlement de juillet 1652, pourroit envoyer à la Chambre pour y faire reconnoistre un nouveau Conseil d'Estat.

Messieurs, parce que vous pourriez estre surpris de voir la foiblesse extraordinaire de nos cœurs par les marques qui en paroissent sur nos visages, je me sens obligé de vous faire connoistre le sujet de nos déplaisirs et la vraye cause de nos douleurs.

Dans la créance que nous avons toujours eue que l'union de la maison royale estoit l'ame de l'Estat, le lien de l'autorité du Roy, le nœud de nostre bonheur et la source de nostre repos, nous n'avons rien plus ardemment souhaité que de voir une parfaite intelligence se maintenir entre le Roy et les grands du royaume. Ç'a esté là le plus ordinaire sujet de nos vœux, le motif de nos plus ardentes prières, et, si le ciel les avoit écoutées, le Roy seroit obéi sans contradiction, les princes seroient sans ennemys, les peuples dans le repos, et cette Compagnie dans la joye.

La Chambre des comptes a toujours réglé ses actions sur l'autorité de S. M., qu'elle regarde comme la mesure de ses contentemens, aussy bien que de son pouvoir.

Que nostre douleur est donc juste, voyant que l'autorité du Roy est affoiblie par la fatale discorde que le mauvais génie de l'Estat a jetée entre les premières personnes du royaume! Comment des officiers qui ont le cœur vraiment françois, ne seroient-ils pas sensiblement touchés de voir leur patrie désolée et estre la fable de toutes les nations de la terre, et que celle qui estoit autrefois la terreur de ses ennemys, soit maintenant l'objet de leurs mépris, la matière de leurs railleries, le théatre de leur fureur et une proie exposée à leur avarice? Comment pourrions-nous voir sans fondre en larmes le triste changement du plus florissant royaume de la terre, qui a toujours esté l'œil du monde, l'ornement de l'Europe, les délices de la nature et l'ame du commerce de tout l'univers?

Ah! France, ma chère patrie, j'ay de la peine à te connoistre parmy les horribles confusions où je te vois enveloppée! Tu n'es plus celle qui portois autrefois les armes victorieuses sur les terres de tes ennemys. Je vois toutes tes joyes changées en funérailles, tes triomphes en deuil, tes lauriers flétris, le fruit de tes victoires perdu, tes plus vives lumières éteintes et ta gloire obscurcie. Les maux que tu souffres sont grands ; mais, si on les compare à ceux dont tu es menacée, ils n'en sont que l'ombre, l'ébauchement et une foible peinture, si ceux qui en sont les auteurs laissent grossir davantage la colère de Dieu contre eux et attendent que les vengeances du ciel éclatent sur leurs testes. En sorte qu'on peut dire que les peuples qui sont consommés par les flambeaux de la guerre civile, sont malheureux ; mais plus malheureux ceux qui les peuvent éteindre, et ne le veulent pas.

Voilà, Messieurs, le sujet de nos larmes. Mais celuy de nos consolations est bien grand, puisqu'il est fondé sur l'assurance que nous avons que S. A. R. veille à nostre conservation, que les désordres présens en ses mains seront l'instrument de notre salut, qu'elle tirera le bien de nos maux, et qu'elle employera les orages et les tempestes qui agitent l'Estat pour nous pousser au port où nous gousterons la douceur du repos.

C'est aujourd'huy S. A. R. qui conduit le vaisseau qui porte la fortune de l'Estat, dont le naufrage seroit infaillible, si ce grand prince ne travailloit à affermir l'autorité du Roy, qui est l'ancre du salut de la monarchie, la base de toutes nos fortunes et le principe de tout nostre bonheur. S. A. R. a plus d'intérest que nous à la manutention de l'autorité souveraine, qui le fait estre grand prince, oncle du plus grand roy de la terre, le pouvoir duquel est la règle du sien.

Estant donc bien assurés des bonnes intentions de S. A. R., nous sommes prests de les seconder, dans la créance que nous avons qu'elles tendent seulement à maintenir l'autorité de S. M., pour la conservation de laquelle on nous trouvera toujours disposés à consacrer nos biens, nos vies et nos dignités.

(Copie du XVIIIe siècle. — Arch. Nicolay, 50 L, f° 44.)

---

554.   29 Juillet 1652.
SÉANCE DES PRINCES. — FORMATION D'UN CONSEIL.

. . . .

Le silence fait, mondit s^r le duc d'Orléans auroit dit en ces termes : « Messieurs, vous savez comme la nécessité présente de l'Estat a fait que Messieurs du parlement m'ont convié d'en prendre le soin, et, pour le faire, m'ont donné la qualité de lieutenant, pour le continuer tant et si longuement que le cardinal Mazarin sera en France. Ce qu'ayant accepté, et demandé un Conseil pour estre témoin de mes actions, ils auroient remis à mon choix de nommer ceux qu'il me plairoit, qui seroient obligés de s'y trouver. Dont j'ay bien voulu faire part à cette Compagnie, pour en avoir l'approbation, dont je fais grande estime. »

A quoy M^r le P.P. auroit répondu que la Compagnie estime tant de la prudence de S. A. R., qu'elle conduira le tout en bonne fin. Ensuite, M^r le Boultz, conseiller maistre, nommé pour procureur général en l'absence des Gens du Roy, a parlé et conclu à ce qu'il soit remis à la prudence de S. A. R. de nommer tels de Messieurs qu'il luy plairoit pour ledit Conseil. Sur quoy ayant esté délibéré, a esté arresté ce qui ensuit : « Ce jour, la Chambre, les semestres assemblés, M^r le duc d'Orléans et M^r le prince de Condé estant survenus, et ayant dit que le parlement l'avoit convié de continuer ses soins pour la conservation de l'Estat et, à cet effet, nommé lieutenant général tant et si longuement que le cardinal Mazarin sera en France, et prendre tel Conseil qu'il avisera pour estre témoin de ses actions, que la Cour avoit remis à son choix, et que ceux que S. A. R. nommeroit seroient obligés de s'y trouver ; ouï Me Louis le Boultz, conseiller maistre, nommé pour procureur général pour l'absence des Gens du Roy, la Chambre a remis à la prudence de S. A. R. de nommer tels de Messieurs qu'il luy plaira, pour se trouver audit Conseil. »

Et à l'instant, Sadite Altesse Royale a nommé MM. Aubery et Larcher, présidens [1].

(Plumitif et Cérémonial.)

---

1. Le même jour, le duc d'Orléans annonça à l'assemblée de l'hôtel de ville qu'il donnait la lieutenance des armées au prince de Condé et le gouvernement à son neveu, le duc de Beaufort. Puis, il demanda des fonds pour lever des troupes et travailler à l'expulsion du cardinal Mazarin. Séance tenante, on rétablit, à cette intention, les droits d'entrée et autres, et l'on taxa les portes cochères à 75 liv., les portes carrées à 30 liv. et les autres à 15 liv. ; mais cette première imposition fut réduite à 25 liv., 10 liv. et 5 liv. La Chambre ayant reçu avis de cette décision, différa de jour en jour de donner l'approbation qui lui était demandée.

CHAMBRE DES COMPTES.

12 *Août* 1652.

555. LETTRE DU ROI AU P.P. — TRANSLATION DE LA CHAMBRE A PONTOISE.

Monsr Nicolay, j'envoye à ma Chambre des comptes la déclaration que j'ay fait expédier pour la transférer en ma ville de Pontoise. Comme j'entendz qu'elle soit exécutée selon sa forme et sa teneur, et que cette Compagnie obéisse à ma volonté sans aucun retardement, je désire aussy que vous employez le crédit et l'auctorité que vostre charge vous donne, pour la disposer à me rendre l'obéissance que je me prometz de sa fidellité et de vostre entremise. C'est ce que j'espère de vostre affection pour mon service. Ce pendant, je prie Dieu qu'il vous ayt, Monsr Nicolay, en sa sainte garde. Escrit à Pontoise, le xij^{me} jour d'aoust 1652.

LOUIS.

De Guénegaud.

Lettres patentes.

Louis, etc. Nous avons, par nos lettres de déclaration dont la coppie est cy attachée soubz le contre scel de nostre chancellerie, et pour les justes causes y contenues, transféré nostre Cour de parlement de Paris en nostre ville de Ponthoise; et parce que les importantes considérations qui nous ont obligé à faire cette translation subsistent encores, et que la tiranie que continuent d'exercer les chefs de la rébellion sur tous nos officiers les prive de toute liberté, nous avons creu que nous debvions rendre nostre Chambre des comptes de Paris participante du soing que nous avons eu de la seureté de nostredite Cour. A ces causes, de l'advis de nostre Conseil, où estoit la reyne, nostre très honorée dame et mère, et plusieurs princes, ducs, pairs, officiers de nostre couronne, et autres grands et notables personnages de nostredit Conseil, de nostre certaine science, plaine puissance et authorité royalle, nous avons, par ces présentes signées de nostre main, transféré, et transférons nostredite Chambre des comptes de Paris en nostre ville de Ponthoise. Voulons et entendons que tous les présidens, maistres, correcteurs, auditeurs, advocat et procureur général, greffier, huissiers, procureurs, et tous autres officiers et suppostz ayent à s'y rendre incessamment pour y faire la fonction de leurs charges avec le mesme pouvoir, jurisdiction et authorité qu'ils faisoient auparavant dans nostre bonne ville de Paris. Et ce pendant, jusques à ce qu'ils ayent satisfait à nostre commandement, nous leur avons interdit et interdisons dès à présent toutes fonctions et exercices de leursdites charges, à peine de faux et d'estre procédé contre ceux qui auroient refusé d'obéir, comme contre rebelles et désobéissans, selon la rigueur de nos ordonnances. Avons fait et faisons très expresses inhibitions et deffences à tous nos subjetz, de quelque quallité et condition qu'ils soient, de se pourvoir à l'advenir par devant eulx, ny ailleurs que par devant les Gens de ladite Chambre qui se trouveront assemblez en ladite ville de Ponthoise. Le tout, à peine de nullité, de désobéissance, et d'estre les contrevenans déclarez criminels de lèze majesté. Voulons et entendons qu'en cas de refus par lesdits greffier, huissiers, procureurs et tous autres officiers de ladite Chambre, de se rendre en ladite ville, les Gens de nostredite Chambre qui s'y trouveront assemblez en puissent commettre d'autres en leurs places, et que ceux des officiers de nostredite Chambre qui demeureront à Paris soient privez de tous gages antiens et nouveaux, avec deffences aux receveurs, à peine de répétition contre eulx, de payer à autres qu'à ceux qui seront actuellement servans en ladite ville de Ponthoise, suivant l'estat qui en sera dressé par le greffier de nostredite Chambre, certiffié par nostre procureur général. Ordonnons et mandons à nos amez et féaux les présidens, maistres, correcteurs, auditeurs, et autres de nostre Chambre des comptes, estant de présent en nostredite ville de Paris, qu'ils ayent à cesser toutes les fonctions de leurs charges dans ladite ville de Paris après la lecteure des présentes, et à se rendre incessamment à nostredite ville de Ponthoise, pour y continuer les fonctions de leursdites charges. Enjoignant à nostre procureur général de faire pour l'exécution de nostre vollonté toutes les poursuittes et dilligences nécessaires. Car tel est nostre plaisir. En tesmoing de quoy nous avons faict mestre notre scel à cesdites présentes. Donné à Ponthoise, le dousiesme jour d'aoust, l'an de grace mil vj^c cinquante deux, et de nostre règne le dixiesme. Signé: LOUIS, et sur le reply, Par le Roy: de Guénegaud ; et scellé du grand sceau de cire jaulne.

(Original et copie du temps. — *Arch. Nicolay*, 26 L 15 et 74 L 19.)

---

556.   13-23 *Août* 1652.
LETTRES DU PROCUREUR GÉNÉRAL A M. DU PLESSIS GUÉNEGAUD, SECRÉTAIRE D'ÉTAT.

A Paris, le 13 aoust 1652.

Monsieur, j'ay receu les despesches du Roy qu'il vous a plû m'adresser avec la vostre. Je ferois mes diligences plus promptes pour suivre ce qui m'est ordonné par Sa Majesté, n'estoit que voicy trois jours durant lesquels la Chambre n'entrera poinct, à cause des deux festes et de la veille ; tellement, Monsieur, que ce ne pourra estre que pour samedy prochain. Je ne manqueray de vous advertir en mesme temps de ce qui se sera passé, estant, etc.

A Paris, le 17 aoust 1652.

Monsieur, j'ay présenté ce matin à la Chambre la despeche que vous m'avez envoiée ; mais, comme elle a veu que c'estoit une translation du bureau des trésoriers de France de Paris à Ponthoise, où la Compagnie n'a aucun intérest, elle l'a remise entre les mains de Monsieur de Lesseville, n'y aiant poinct lieu d'y délibérer. C'est ce qui m'empesche de faire autre diligence pour l'exécution des volontez du Roy jusques à nouvel ordre. Lequel attendant, avec l'honneur de vos commandemens, je continueray à me dire, etc.

A Paris, le 22 aoust 1652.

Monsieur, depuis que je vous ay mandé par ma lettre du 17 que la translation des trésoriers de France avoit esté mise entre les mains de Monsieur de Lesseville, la Chambre n'aiant peu opiner sur icelle, j'ay faict ordonner le jour suivant qu'elle me seroit remise entre les mains ; en suitte de quoy j'ay faict mon possible pour retirer celle de la Chambre qui estoit entre les mains du greffier des trésoriers de France, ce qui m'a esté impossible d'obtenir de luy sans la délibération du bureau, qui ne s'est peu assembler qu'aujourd'huy. Et présentement elle vient de m'estre remise entre les mains. Sy l'on entroit après dînée, je n'attenderois pas à demain à la présenter. Je ne manqueray de vous donner advis de ce qui s'y passera, comme aussy de ce qui sera résolu par la Chambre sur la déclaration que Messieurs les Princes y sont venus faire ce matin. Je vous en envoie la coppie, l'original estant au greffe. Je demeure, etc.

A Paris, le 23 aoust 1652.

Monsieur, pour ne poinct perdre de temps et advencer le service du Roy le plus qui m'a esté possible, j'ay présenté ce matin les lettres de translation, ausquelles j'ay attaché mes conclusions par escrit, sans attendre qu'elles m'eussent esté communicquées par la Chambre, ce qui auroit tiré à longueur à cause des deux festes qui suivent, pour ne perdre l'occasion des semestres assemblés sur la déclaration de Messieurs les Princes. Je vous envoie ce qui a esté résolu sur l'une et sur l'autre affaire, avec le nombre des députez. Vous jugerez bien, Monsieur, que je n'ay peu faire en cela plus de diligence, n'aiant receu qu'hyer sur le midy nostre translation, puisque mesme nous n'avons pas esté devancez par la Cour des aydes, quoy qu'elle eust receu son pacquet sept ou huit jours auparavant. J'espère de vostre bonté que vous me ferez bien la faveur de rendre ce tesmoignage où il en sera besoing, et que vous m'honnorerez tousjours de vos commandemens. Estant, etc.

(Duplicata. — *Arch. Nicolay*, 74 L 21.)

557.

22 Août 1652.

SÉANCE ET DÉCLARATION DES PRINCES.

Ce jour, les semestres assemblés. . . . .
le silence fait, ledit s^r duc d'Orléans auroit dit que sa venue en la Chambre estoit au sujet de la sortie du s^r cardinal Mazarin hors de la cour, et pour réitérer la déclaration qu'il a cy-devant faite, qu'aussitost qu'il seroit hors le royaume, il mettroit les armes bas, en faisant expédier des lettres d'amnistie générale; laquelle déclaration il auroit fait rédiger par écrit, signée de luy et dudit s^r prince de Condé. Laquelle ayant esté présentée par Me Fromont, secrétaire des commandemens de S. A. R., elle auroit esté mise par M^r le P.P. ès mains de M^r le doyen, lequel en auroit fait lecture ainsy qu'il ensuit : « La résolution qu'a prise le Roy de faire sortir le cardinal Mazarin hors le royaume, dans la conjoncture présente, justifie d'une telle sorte ce que nous avons fait pour l'empescher d'y rentrer et depuis qu'il est de retour, que personne ne peut point blasmer nostre conduite avec raison, et aussy ceux qui ont voulu autoriser sa demeure en France, n'ont eu la hardiesse d'alléguer autre chose sinon qu'il n'estoit que le prétexte de la guerre et qu'elle avoit des causes que son éloignement ne seroit pas capable d'oster. Mais, comme nous protestons qu'il a esté le seul et principal motif qui nous a mis les armes à la main, nous venons dans la Compagnie pour l'assurer que nous sommes prests de les poser et d'exécuter sincèrement les déclarations que nous y avons faites, présupposant que sa sortie hors du royaume soit effective, et pourvu qu'il plaise à S. M. de faire ce qu'il convient pour le repos de l'Estat et ce qui s'est toujours pratiqué en de semblables occasions, qui consiste seulement à donner une amnistie en bonne forme et éloigner les troupes des environs de Paris, et retirer celles qui sont dans la Guyenne et dans les provinces, pour les employer ailleurs sur les frontières, et rétablir les choses au mesme estat qu'elles estoient avant les présens mouvemens, et particulièrement ce qui concerne la réunion du parlement, et donner une route et sureté pour la retraite des troupes étrangères qui sont sous nostre commandement. Nous sommes tout disposés à envoyer exprès à S. M. pour luy faire entendre les mesmes choses, avec tout le respect que nous luy devons, ne doutant point que la Compagnie ne le juge ainsy à propos, et à nous conformer aux sentimens qu'elle prendra dans une occasion aussy importante que celle-cy et d'où dépend la tranquillité publique. En témoin de quoy nous avons signé la présente déclaration. Fait à Paris, le 22 aoust 1652. Signé : Gaston, et au dessous, Louis de Bourbon [1]. »

Après laquelle lecture, ledit s^r prince de Condé auroit fait pareilles déclarations que ledit s^r duc d'Orléans.

Et ensuite, mondit s^r le P.P. auroit remercié, au nom de la Compagnie, lesdits s^rs duc d'Orléans et prince de Condé de la bonne volonté qu'ils témoignoient avoir pour le bien de l'Estat, pour la paix et tranquillité du royaume. Et ce fait, se seroient lesdits s^rs duc d'Orléans et prince de Condé levés, auroient salué la Compagnie, et seroient sortis par le mesme costé de la cheminée; et ont esté reconduits par lesdits s^rs doyen et Perrochel, ainsy qu'il est accoutumé.

(Plumitif et Cérémonial.)

1. Cette déclaration fut imprimée chez Denis de Cay, imprimeur et libraire ordinaire de la Chambre des comptes, en l'Isle du Palais, au Soleil d'or. (Exemplaire imprimé. *Arch. Nicolay,* 74 L 22.)

558.

(23 Août 1652.)

DISCOURS DU P.P. A LA CHAMBRE. — RENTRÉE DE LA COUR A PARIS.

Messieurs, il seroit à souhaiter que la dernière déclaration que S. A. R. et M^r le Prince ont faite en cette Compagnie, afin de témoigner leurs volontés pour la paix, ressemblast à la première, qui ne parloit ni d'amnistie, ni d'éloignement des troupes des environs de Paris, ni de retirer celles qui sont en Guyenne, ni de rétablir les choses au mesme estat qu'elles estoient avant les présens mouvemens, mais qui sembloit attacher nostre repos au seul éloignement du cardinal Mazarin. Il me semble que ce que l'on a ajouté en la dernière déclaration n'estoit point nécessaire, et que le Roy, en éloignant le cardinal Mazarin, ne nous donnoit pas un sujet de luy présenter de nouvelles conditions de paix, mais nous imposoit une loy de devoir, de soumission et de reconnoissance.

Il est bien plus raisonnable de députer vers S. M. pour deux fins : pour la remercier du bien de la paix, et pour la supplier de revenir en sa bonne ville de Paris. Ce procédé sera plus juste, plus respectueux, plus digne de la grandeur de S. M., et duquel on peut espérer un effet plus heureux.

Le retour du Roy en cette ville est le fondement de tous nos désirs, et enferme en soy l'effet de toutes nos demandes, supposant une amnistie générale. Nos supplications ne sauroient procurer à Paris la présence de son maistre, sans luy en procurer en mesme temps l'amour et la bienveillance, qui est la base de nostre bonheur et l'appuy de nostre repos.

(Copie du XVIIIe siècle. — *Arch. Nicolay*, 50 L, f° 48 verso.)

Ce même jour, après lecture de la déclaration apportée la veille et conclusions du procureur général, la Chambre, qui rendit les mêmes arrêts que les autres Cours souveraines pour le payement des rentes, ordonna que la déclaration fût mise au greffe, et députa le P.P., trois présidents et douze maîtres pour aller remercier le roi de l'éloignement du cardinal, le supplier de donner la paix à ses sujets et de revenir à Paris, et, en même temps, lui expliquer les difficultés qui s'opposaient à l'exécution des ordres de translation. Mais le roi refusa de recevoir les députés tant que la Chambre ne serait pas installée à Pontoise. (*Plumitif.*)

Le P.P. avait préparé la harangue qui suit, pour demander le retour à Paris :

Sire, quand V. M. sortit de Paris pour entreprendre son dernier voyage, elle laissa une douleur extrême dans le cœur de ses bons serviteurs, qui prévoyoient les fatigues et les travaux que V. M. alloit supporter. Mais le ciel, qui avoit pris en main vostre protection, favorisant vos armes, nous a donné, durant vostre absence, de grandes consolations, voyant que vos travaux alloient de jour en jour appuyant vostre autorité, qu'ils affermissoient vostre couronne et assuroient vostre repos. Néanmoins, Sire, tous ces avantages sembleroient imparfaits, si V. M. ne faisoit bientost voir à ses peuples de Paris le principe de leur bonheur. La conduite miraculeuse de V. M. en son voyage ne peut avoir toute l'étendue de la gloire qu'elle mérite, si Paris ne voit l'auteur de tant de merveilles : V. M. a pu vaincre partout, mais elle ne sauroit triompher qu'à Paris. Si les louanges et les acclamations publiques et tous les autres témoignages d'honneur sont le seul et vray salaire des grandes actions des princes, c'est en vostre ville de Paris seulement où V. M. peut recevoir avantageusement cette glorieuse récompense.

C'est là, Sire, où est le temple de l'honneur et la source inépuisable de louanges ; c'est là où la vertu trouve son prix, et les actions héroïques leur estime ; c'est là où les cris de Vive le Roy! sont plus précieux qu'en tous les lieux de la terre, parce que cette grande ville relève merveilleusement tous les ornemens de l'honneur et conserve tous les monumens de la gloire.

Il n'y a point de lieu en tout vostre royaume où la présence de V. M. apporte une consolation plus douce, une satisfaction plus universelle et une joye plus parfaite.

Quoyque Dieu soit présent en tous lieux, et qu'il soit environné partout de splendeurs et de gloire, néanmoins il a voulu la faire éclater particulièrement dans un des lieux qu'il a choisis. La lumière du soleil est égale en tous les lieux de sa course, mais elle ne nous paroist jamais plus pure que quand il a atteint la plus haute partie du ciel. L'ame du corps humain ne donne des marques de l'excellence de sa nature qu'en la teste seulement.

Vos pères, Sire, qui ont esté les dieux visibles des François, les soleils éclatans de cette monarchie et les ames qui ont animé le corps de cet Estat, ont voulu que Paris fust le ciel sur lequel leur trosne fust appuyé, que ce fust la partie la plus éminente de leur royaume et le chef de toutes les autres villes.

C'est en cette maistresse des villes qu'ils ont enfermé le destin de la monarchie et le *palladium* fatal et sacré auquel est attaché le sort du royaume et la durée de la couronne. C'est cette auguste demeure que vos prédécesseurs ont consacrée par leur présence, par leur estime et par leur amour. C'est là qu'ils ont établi ce navire et vaisseau si précieux qui porte la fortune de l'Estat. Le ciel en a donné la conduite à

V. M. et vous en a mis le gouvernail en main : V. M. ne sauroit l'abandonner longtemps sans péril et sans qu'il s'excite quelques fascheux orages, qui ne se peuvent dissiper que par la présence de V. M.

(Copie du XVIIIe siècle. — Arch. Nicolay, 50 L, f° 49.)

---

559. 25 et 28 Août 1652.
LETTRES DE M. DU PLESSIS-GUÉNEGAUD AU PROCUREUR GÉNÉRAL. TRANSLATION DE LA CHAMBRE.

De Compiègne, le xxvme aoust 1652.

Monsieur, j'ay fait veoir au Roy la lettre que vous m'avez escrite et la déclaration que Messieurs les Princes ont faicte à la Chambre, que vous m'avez envoyée. Et pour réponce, je vous diray que Sa Majesté veut estre obéye, qu'elle entend que ces messieurs se rendent à Pontoise pour y faire leurs charges, suivant la teneur de sa déclaration du xij^{me} de ce mois et l'ordre qu'ilz en ont receu. Alors qu'ilz y seront arrivez et que vous m'en aurez donné l'avis, elle leur fera sçavoir sa volonté sur le sujet de la députation qu'ilz prétendent faire vers elle et des passeportz qu'ilz demandent. C'est ce que vous leur ferez entendre, s'il vous plaist, et ce qu'elle m'a commandé de vous escrire pour cet effect. Les asseurances qu'a Sa Majesté de l'obéissance de cette Compagnie ne luy permettent pas de doutter des bonnes intentions qu'elle a pour son service, ny qu'en vostre particulier vous ne luy rendiez tousjours les preuves qu'elle doit attendre de vostre affection et du devoir de vostre charge. Je continueray à l'entretenir dans cet opinion, et à vous témoigner que je suis, etc.

DUPLESSIS.

(28 août 1652.)

Monsieur, si vous avez receu la lettre que je vous ay escritte le xxvme de ce moys en réponce de deux des vostres, vous aurez sceu ce que le Roy désire de Messieurs de la Chambre, et, quoy que celle du xxvj^{me} que je receuz encores hier de vostre part, ne contienne autre chose que les précédentes, je n'ay pas laissé d'en faire la lecture au Roy dans son Conseil, pour ne rien ommettre de ce que Messieurs de vostre Compagnie pouvoient attendre de moy. Mais, comme Sa Majesté entend toujours qu'elle obéisse à ses ordres et qu'elle se conforme à sa déclaration, elle m'a commandé aussi de vous mander de sa part qu'elle ne peut approuver sa députation qu'elle ne se soit rendue à Pontoise, mais qu'aussy tost que ces Messieurs y seront arrivez et qu'elle en aura l'advis, elle leur envoyera les passeportz et l'escorte qui sera nécessaire pour la seureté de ceux qui sont députez, et que, d'en user autrement, elle ne les peut agréer. C'est, en satisfaisant à vostre désir, ce que peut vous dire sur ce sujet, etc.

DUPLESSIS.

(Originaux. — Arch. Nicolay, 74 L 25 et 27.)

Réponse du procureur général.

A Paris, le dernier aoust 1652.

Monsieur, j'ay receu celle qu'il vous a pleu m'escrire par le retour de l'huissier de la Chambre, et, comme je veux estre exact à vous rendre compte de jour à autre de ce qui s'y passe, je vous diray que, jeudy matin, aiant faict entendre les ordres du Roy portez par vostre lettre, la Chambre blasma l'huissier de n'avoir pas rendu en main propre la lettre qui s'adressoit à Monseigneur le garde des sceaux, et mesme de n'en avoir poinct tiré la response. Néantmoins, sur l'instance que je fis pour l'assemblée des semestres, elle ordonna que ce seroit pour le lendemain vendredy. Mais, Monsieur Goulas estant survenu de la part de Son Altesse Royalle, pour les prier de surceoir à ce jourd'huy, parce qu'elle désiroit s'y trouver, il y fut déféré, et ce matin, avant que Messieurs les Princes s'y soient rendus, les correcteurs et auditeurs ont formé un incident sur ce qu'ils prétendent que, les lettres leur estant adressées aussy bien qu'aux présidens et maistres, ils doivent assister du moins par députez à la délibération qui s'y prendra ; ce qu'aucuns croient avoir esté suscité. Quoy qu'il en soit, cela, avec la venue de Messieurs les Princes, a esté cause qu'on n'a peu rien faire ce matin, et qu'à leur prierre, l'assemblée a esté remise à mardy, voulant se trouver à celle du parlement qui se doit tenir lundy. Je vous ay une particulière obligation, Monsieur, des bontés qu'il vous plaist me tesmoigner. Sy je ne suis assez heureux de les mériter, j'en conserveray du moins tous les ressentimens que vous devez attendre de celui qui est parfaitement, etc.

(Duplicata. — Arch. Nicolay, 74 L 28.)

560.   31 Août et 4 Septembre 1652.
SÉANCES DES PRINCES. — DÉPUTATION EN COUR.

. . . . Le silence fait, ledit seigneur duc d'Orléans a dit qu'il venoit pour rendre raison de ce qui s'est fait, comme il a toujours observé, pour parvenir à la paix. Qui estoit qu'ayant écrit au s^r duc de Damville de supplier le Roy de sa part de luy envoyer des passeports pour le s^r mareschal d'Étampes et Goulas, secrétaire de ses commandemens, pour luy, et pour le s^r comte de Fiesque, pour ledit s^r prince, il avoit esté fait réponse qu'en mettant les armes bas et recevant l'amnistie qui avoit esté envoyée et vérifiée à Pontoise, il seroit baillé tous passeports nécessaires. Auroit ajouté que ladite amnistie avoit dû estre faite avec luy de concert, ainsy qu'il s'est toujours pratiqué en pareilles rencontres, et de quoy il n'avoit pu dès lors donner avis à la Compagnie, pour quelques affaires qui lui estoient survenues, ce qui l'auroit encore obligé d'écrire au Roy, qui luy avoit fait mesme réponse que la précédente, par ses lettres missives, que ledit seigneur duc a représentées, et qui disoient davantage que ledit seigneur duc n'avoit besoin de passeports et qu'au moyen de ladite amnistie, il pouvoit aller en cour en toute sureté. Et dit outre qu'il avoit appris que la Chambre avoit reçu lettres de la cour, ce qui le faisoit la supplier de bien considérer ce qu'elle avoit à résoudre sur cette affaire, et que toutes les Compagnies de Paris et de toute la France devoient s'unir et travailler de concert pour parvenir à la paix ; quant à luy, qu'il protestoit de nouveau qu'il n'avoit d'autre intention, et feroit tout son possible pour y parvenir.

Et ensuite, a esté dit par ledit s^r prince de Condé que la lettre qu'il avoit écrite au Roy, aux mesmes fins que celle dudit s^r duc d'Orléans, n'avoit esté ouverte, et que ceux qui estoient près du Roy l'avoient conseillé de la renvoyer toute cachetée . . . .

Sur quoy, ledit seigneur duc d'Orléans auroit supplié la Chambre de remettre la délibération sur lesdites lettres de translation à mardy prochain, attendu qu'il estoit obligé d'aller lundy au parlement. . . . . .

Le mardi 3 septembre, le duc fut retenu par la délibération du parlement, et il envoya le prince de Condé prier de sa part la Chambre de remettre au lendemain.

Du mercredy 4 septembre. Me Perthuis, l'un des quatre secrétaires de la Cour, venu et introduit au bureau, a dit qu'il estoit envoyé vers la Compagnie par Messieurs du parlement, pour la prier de se conformer à ce qui fut hier résolu au parlement, qui est de députer vers le Roy, pour le remercier de l'éloignement du cardinal Mazarin, le prier de revenir en cette ville de Paris, et de prier M^r le duc d'Orléans de mettre présentement les armes bas. Et se seroit retiré.

Cedit jour, le premier huissier, venu au bureau, auroit averti Messieurs que M^r le duc d'Orléans et M^r le prince de Condé venoient en la Chambre, accompagnés de quantité de noblesse. . . . .

Ledit s^r duc d'Orléans auroit dit qu'avant toutes choses, il estoit besoin de voir la réponse de M^r le duc de Damville à la sienne, la lettre qu'il avoit écrite au Roy, et la réponse que S. M. luy avoit faite, avec l'arrest d'hier de la Cour de parlement. . . . .

Après quoy, ledit seigneur duc auroit dit de rechef qu'il avoit fait en ce rencontre tout ce qui se pouvoit désirer de luy, mais qu'il estoit obligé de dire que, lors premièrement qu'il avoit esté traité d'accommodement, il s'y estoit porté entièrement, sans témoigner d'y estre engagé d'intérest que de l'éloignement du cardinal Mazarin ; et que les choses avoient esté bien changées depuis le temps, par l'établissement du parlement de Pontoise, qui avoit vérifié l'amnistie, laquelle il n'estimoit estre en bonne forme ; et mesme que, par la lettre que S. M. luy avoit écrite, il est dit qu'après qu'il auroit renoncé à tous traités et associations qu'il avoit faits avec l'Espagne, il luy seroit donné tous les passeports qu'il pourroit désirer. A quoy il estoit obligé de répondre qu'il n'avoit aucun traité ni intelligence avec l'Espagne, et partant, que cela ne luy devoit estre imputé. Aussy, qu'il se conformeroit à tout ce que les Cours souveraines et l'hostel de ville ordonneroient. Priant la Compagnie se vouloir conformer à ce qui fut ordonné hier au parlement.

Ayant fini, mondit sr le Prince auroit dit qu'estant accusé par lesdites lettres de S. M. d'avoir intelligence avec la république d'Angleterre pour troubler l'Estat, qu'il auroit esté bien ridicule d'avoir ces pensées.

Et après, Mr Boucherat, rapporteur desdites lettres, auroit fait son rapport d'icelles, en présence dudit sr duc d'Orléans et dudit sr prince de Condé. Sur quoy auroit esté ordonné que l'arrest du 23 aoust dernier sera exécuté, que le procureur général ira en cour pour obtenir les passeports et escortes nécessaires, et que la Chambre cessera jusques au retour dudit procureur général et qu'autrement par ladite Chambre en ayt esté ordonné.

(Plumitif.)

561. *Septembre 1652.*
LETTRES DU PROCUREUR GÉNÉRAL A M. DU PLESSIS GUÉNEGAUD.

De Paris, le 4me septembre 1652.

Monsieur, quoyque Messieurs les Princes aient voulu estre présens ce matin à la délibération de la Chambre, elle n'a pas laissé, les semestres assemblez, de résoudre une cessation, et ce pendant, m'a ordonné d'aller en cour, pour affaires dont j'auray l'honneur de vous entretenir. Mais, comme je ne puis exécuter les ordres de la Chambre sans avoir un passeport pour moy, avec quelque escorte ou trompette, je vous supplie, Monsieur, de me les vouloir moyenner, et de me faire l'honneur de me croire toujours, etc.

Réponse de M. du Plessis-Guénegaud.

De Compiègne, le 7me septembre 1652.

Monsieur, j'ay receu vostre lettre du 4me, par laquelle vous demandez un passeport pour venir auprès du Roy luy faire entendre plusieurs choses qui se sont passées dans les dernières délibérations prises dans vostre Compagnie. Vostre lettre a esté leüe dans le Conseil, en présence du Roy. Sa Majesté m'a commandé de vous faire la mesme responce pour vous que je vous ay desjà faicte, qui est que l'on ne peut pas vous recevoir que la Compagnie n'ait obéy à la déclaration de Sa Majesté qui luy ordonne de se rendre à Pontoise. Après quoy l'on vous envoira tous les passeportz nécessaires, tant pour vous, que pour Messieurs de vostre Compagnie. Je suis, etc.

DUPLESSIS.

Monsieur, après avoir porté au Roy les soubmissions de la Chambre des comptes aux ordres de Sa Majesté, je n'ay autre chose à vous faire sçavoir, sinon qu'elle continue toujours dans le mesme dessein de se rendre à Ponthoise dans le jour qui luy est prescrit. Et pour cet effect, je fus trouver, il y a trois jours, Monsieur le duc d'Orléans, pour luy demander des passeportz ; lesquels ayant remis de me donner jusques à ce qu'il en eust parlé au parlement et à l'hostel de ville, je le priay de s'en vouloir souvenir à l'assemblée qui se tint hier. Où je sceus que véritablement il en avoit parlé, mais que la Compagnie ne fit poinct de response et passa à une autre affaire. Je pris de là le subject de retourner voir Son Altesse Roialle dès hier au soir, afin de ne poinct perdre de temps. Je luy dis que je venois le remercier de ce qu'il s'estoit souvenu de nous. A quoy il me replicqua qu'on y avoit faict difficulté. Je luy respondis là dessus que la retenue avec laquelle le parlement en avoit usé, nous estoit avantageuse, ne croiant pas qu'il fust de son devoir ny de son pouvoir d'aporter aucun retardement à nostre obéissance. Il m'advoüa que l'on n'avoit pas opiné, mais que plusieurs luy avoient dit qu'il ne falloit poinct nous accorder des passeportz ; néantmoins, que sur l'instance que j'en fesois, qu'il en parleroit samedy prochain, et que, dans le 10me, auquel jour je luy dis qu'expiroit l'ordre qui nous avoit esté envoié par le Roy, nous verrions du changement aux affaires. Je continueray, Monsieur, mes sollicitations auprès de Son Altesse Roialle, et ne manqueray pas de vous advertir ponctuellement de ce qui se passera, afin de satisfaire au devoir de ma charge et à la passion que j'ay de vous tesmoigner en toutes sortes de rencontres que je suis parfaitement, etc.

Monsieur, suivant ce que je vous mandois par ma précédente, je fus hier trouver Monsieur le duc d'Orléans, pour le faire souvenir des passeportz dont il m'avoit dit vouloir encore parler hier matin au parlement et de m'en donner ensuitte sa résolution. L'advis qu'il eut du décampement de l'armée du Roy ne luy aiant pas permis de se trouver à l'assemblée, il me remit encore à lundy pour en faire opiner, de sorte que la Compagnie attendera encore ce temps là. Après quoy je la voy résolue de s'assembler pour obéyr aux ordres du Roy dans le temps qui luy est prescript. Je suis, etc.

(Duplicata et original. — *Arch. Nicolay*, 74 L 30, 31 et 45.)

562.   12 *Septembre* 1652.
PASSE-PORT POUR LE PROCUREUR GÉNÉRAL.

De par les prévost des marchands et eschevins de la ville de Paris. Capitaines et gardes des portes de ceste ville, laissez librement et seurement passer par icelles Monsieur Girard, conseiller du Roy en ses conseils et son procureur général en sa Chambre des comptes, s'en allant en cour pour obtenir des passeports et escorte nécessaire pour les sieurs depputez de ladite Chambre; et ce, avec ses domestiques, chevaux, carrosse, armes, bagage, esquipages et escorte, sans permettre qu'il luy soit fait aucun empeschement. Donné au bureau de la ville, le douziesme jour de septembre mil six cens cinquante deux [1].

                        LEVIEULX.   GERVAIS.
                              ORRY.

(Orig. sur formule imprimée. — *Arch. Nicolay*, 74 L 34.)

[1]. Le procureur général n'avait pu obtenir le passeport que devait lui fournir le duc d'Orléans; s'étant rendu au palais du prince, celui-ci s'était encore borné à le prier de ne point écrire en cour. Mais, quand la Chambre eut eu connaissance de la dernière lettre de Mr du Plessis, le président Aubery, en l'absence du P.P., réunit la Compagnie chez lui, et de là en séance, où il fut arrêté que les lettres du 12 août ordonnant la translation à Pontoise seraient enregistrées, et que le procureur général irait en cour pour préparer l'installation. Par *retentum*, il était convenu que les officiers du semestre iraient à Pontoise en corps, et aussi nombreux que possible. Cet arrêt ayant été communiqué aux correcteurs et auditeurs, ils annoncèrent que, depuis plusieurs jours, une lettre de cachet leur avait enjoint de se rendre à Pontoise sans en donner avis au reste de la Chambre, mais qu'ils n'avaient pas voulu abandonner la Compagnie, et persévéreraient toujours dans leurs traditions de respect et d'obéissance. (*Plumitif*, séance du 12 septembre.) Le même jour, le procureur général reçut enfin ses passeports du duc d'Orléans et du roi, et put partir. Il était de retour le surlendemain. (*Arch. Nicolay*, 74 L 32, 33 et 36.)

563.   15 *Septembre* 1652.
LETTRE DU ROI AU P.P. — TRANSLATION DE LA CHAMBRE.

Monsr de Nicolaj, l'obéissance que ma Chambre des comptes m'a rendue, par l'enregistrement qu'elle a ordonné des lettres de translation que je luy avois envoyée, m'a esté très agréable. Je n'attendois pas une moindre preuve de sa fidellité que celle qu'elle m'en a rendue sur ce sujet, et vous pouvez l'asseurer que j'en suis très satisfait. J'ay donné les ordres nécessaires pour faire préparer les logemens des officiers de ma Chambre en ma ville de Pontoise et un lieu propre pour tenir leur scéance dans le couvent des Cordelliers. Je leur envoye les passeportz qu'ilz m'ont fait demander pour y pouvoir aller en seureté, et, s'ilz ont quelqu'autre chose à désirer pour cela, ilz n'auront qu'à me le faire sçavoir, pour l'obtenir. On m'a donné avis que le temps de leurs vaccations devoit commancer au xxme du présent mois, et qu'ilz n'avoient accoustumé d'entrer en ma Chambre qu'au xme du prochain. Et parce que cet intervalle leur pourra donner moyen de pourveoir à leurs affaires particulières et de se préparer pour leur départ de ma ville de Paris, je trouve bon qu'ilz s'en servent et qu'ilz se rendent seulement en ma ville de Pontoise, pour y faire leurs charges, au jour que doit commancer leur entrée. C'est ce que je désire que vous leur fassiez entendre de ma part. Comme je sçay ce que peut vostre exemple et vostre crédit dans cette Compagnie, et que vostre affection en ce rencontre n'a pas moins paru qu'en tous les autres qui vous ont acquis mon estime et ma bienveillance, vous devez croire aussy que j'en conserveray le souvenir, et que je prendray plaisir de vous le témoigner en tout ce qui s'offrira pour vostre avantage. Ce pendant, je prie Dieu qu'il vous ayt, Monsr de Nicolaj, en sa sainte garde. Escrit à Compiègne, le xvme jour de septembre 1652.

LOUIS.

DE GUÉNEGAUD.

(Original. — Arch. Nicolay, 26 L 17.)

---

564. 15 Septembre 1652.

PASSE-PORT POUR LE P.P.

De par le Roy. Chefz, officiers et commandans nos trouppes, cavalliers, soldatz et tous autres qu'il apartiendra, le s^r de Nicolay, conseiller en nostre Conseil d'Estat et premier président en nostre Chambre des comptes de Paris, transférée à Ponthoise, sortant de nostre ville de Paris pour aller suivant nos ordres en celle de Ponthoise, nous voullons qu'avec ses gens, son carrosse, chevaux, armes, esquipage et escorte, vous ayez à le laisser passer en toute liberté et seureté. Car tel est nostre plaisir. Donné à Compiègne, le 15 septembre 1652. Signé : LOUIS, et plus bas, Par le Roy : de Guénegaud.

(Duplicata. — Arch. Nicolay, 74 L 43.)

---

565. 19 Septembre 1652.

LETTRE DU ROI AU P.P. — ORDRE D'ASSEMBLER LA CHAMBRE.

Monsr de Nicolaj, l'obéissance que ma Chambre des comptes de Paris m'a rendue, par l'enregistrement de la translation que je luy avois envoyée, ne me permet pas de la laisser plus longtemps sans luy témoigner la satisfaction que j'en ay, et sans luy faire sçavoir que j'ay pourveu à tout ce qu'elle m'a fait demander pour son logement en ma ville de Pontoise, et pour la seureté que je désire qu'elle trouve par les chemins en y allant, et que j'ay mesmes consenty qu'elle ne s'y rendist qu'au dixième du mois prochain, que doivent finir leurs vaccations, affin que chascun eust le temps de pourveoir à ses affaires particulières et de se préparer pour son départ de Paris. Je vous adresse la lettre que j'escris à cette Compagnie sur ce sujet ; mais, parce que sa translation ne luy permet pas de faire aucunes assemblées qu'après son establissement au lieu que je luy ay destiné pour cet effet, je désire que, pour luy faire rendre ma lettre et pour luy en faire entendre la lecture, vous l'assembliez dans vostre maison seulement, et non ailleurs. C'est ce que je remetz à vostre prudence, et ce que je me prometz du respect que cette Compagnie rend tousjours à mes ordres. Ce pendant, je prie Dieu qu'il vous ayt, Monsr de Nicolaj, en sa sainte garde. Escrit à Compiègne, le xixme jour de septembre 1652.

LOUIS.
DE GUÉNEGAUD.

(Original. — Arch. Nicolay, 26 L 18.)

566. 11 Octobre 1652.
LETTRES DU PROCUREUR GÉNÉRAL ET DU PRÉSIDENT TUBEUF AU P.P.
AUDIENCE DU ROI.

A Pontoise, ce xj octobre 1652.

Monsieur, ayant dessein de vous rendre un compte très exact du détail de mon voyage et de ce que j'y ay négocié, je vous diray qu'un peu après que la Compagnie eut arresté que j'irois à la cour, j'apris que Monsieur le duc de Joieuse s'y en alloit le lendemain, 9me, avec quantité de personnes de qualité et grande escorte, qui estoit bien de deux cent chevaux. Je partis avec luy sur les deux heures ; nous arivasmes à Poissy sur les six heures, fort heureusement et sans aucun mauvais rencontre. Monsieur de Joieuse estant à cheval, passa outre et s'en alla à Pontoise; mais, comme j'estois en carrosse, et qu'il falloit passer le bacq, qui est fort petit, et que la nuict aprochoit, je demeuré à Poissy, sçachant que Madame la duchesse de Nemours devoit faire la mesme chose. Elle partit le landemain, pour aller à Gisors ; mais, comme elle avoit plusieurs carrosses à sa suitte, je ne pus passer que sur les unze heures. Je me rendis à Pontoise à trois heures. La première chose que je fis, ce fut de donner vostre lettre à Monsieur le président Tubeuf et de l'entretenir du sujet de mon voyage. Après quoy, il prist la peine de venir avec moy chez Monsieur le chancelier, qui estoit sorty. Nous trouvasmes Monsieur le garde des sceaux, auquel il lut la fin de vostre lettre, et par après je l'entreteins à fond des raisons qui avoient empesché la Chambre de sortir de Paris. Il les receut très bien, et me dit que l'obéissance de la Compagnie estoit l'essentiel, et que dix ou douze jours de retardement ne changeoient poinct la chose, et qu'il sçavoit que les grandes Compagnies ne marchoient pas si facillement. J'allay de là chez Monsieur de Guénegaud, que je ne trouvay point. Ensuitte, ayant apris que l'heure du Conseil approchoit et que le Roy partiroit aujourd'huy pour aller à Mante, et lundy au plus tart à St-Germain, j'allay au chasteau, où je trouvay Monsieur le chancellier, et, après luy avoir rendu compte de la sincérité des intentions de la Chambre, il me confirma (en termes fort obligeans pour la Compagnie) tout ce que Monsieur le garde des sceaux m'avoit dit, et, me menant dans la chambre du Roy, où estoit toute la cour, il me dit qu'il en alloit parler à Sa Majesté ; ce que je luy vis faire, un peu auparavant le Conseil. Il disposa si bien l'esprit de Leurs Majestez, qu'après que je leur eus représentay les raisons pour lesquelles la Chambre ne s'estoit poinct encore rendue à Pontoise, le Roy les agréa, et la reyne remarqua particullièrement celle du séjour que le Roy avoit faict à Pontoise et du descampement de l'armée des Princes, et dit que le Roy ne doutoit point de la sincérité des intentions de sa Chambre des comptes, ny de l'exécution de son obéissance, et que ce fust au plus tost. La manière avecq laquelle la reyne prononcea ces dernières parolles me fit juger que l'intention du Roy estoit de nous donner encor quelque délay. C'est pourquoy, après m'estre retiré, j'allay trouver Monsieur le chancellier, qui me dit que nos affaires alloient bien, et que je pouvois vous mander que le retardement de dix ou douze jours ne nous seroit point imputé à désobéissance ; pendant lequel temps la Chambre pouroit prendre ses mesures. Tout le monde s'estant retiré, je saluay Monsieur le surintendant et Monsieur le mareschal de l'Hospital (qui a esté fait ministre). Il me promist qu'il entretiendroit la reyne du zèle de la Compagnie. Je suis retourné ce matin chez Monsieur le garde des sceaux, ne l'aiant poinct veu hyer au soir au Conseil. Il m'a dit qu'il avoit parlé au Roy de l'affaire de la Compagnie, et que le Roy m'ayant donné ses ordres, qu'il n'avoit rien à y adjouster, sinon qu'il serviroit la Chambre en toutes sortes de rencontres. Après quoy, il m'a fait la faveur de me parler du départ du Roy et de me dire que Sa Majesté pourroit aller bientost à Paris. Et en prenant congé de luy, il m'a chargé de vous faire ses baise mains. J'aurois esté rendre compte en personne à la Compagnie de ce que j'ay fait, n'eust esté que la seureté n'est pas encore entière, s'en allant par St-Denis, et de l'autre costé, j'y vois beaucoup de longueur et d'incertitude, personne ne pouvant asseurer où la cour ira, quant elle sera à Mantes; on dit bien à St-Germain, mais cela n'est pas seur; outre que la cour est si grosse, que l'on est fort incommodé où elle est : à peine y trouve-t-on un lit pour soy. Mais la plus forte raison est que les ministres m'ont tesmoigné qu'il seroit bon que je demeurasse à Pontoise pour faire disposer les Cordeliers et faire marquer les logis; mais, comme je n'en ay point d'ordre de la Chambre, je n'agiray en quelque façon que ce soit sans sçavoir auparavant sa volonté, à laquelle je me conformeray absolument, n'aiant poinct de plus forte passion que celle de son service. En attendant l'honneur de vos commandemens, je demeureray, etc.

GIRARD.

A Pontoise, ce xj^{me} octobre 1652.

Monsieur, les excuses de la Chambre ont esté receues de Leurs Majestez avec tant de bonté, et de Messieurs le chancelier et garde des seaux si favorablement, qu'il y a tout subject de croire que le souvenir de leur dernière obéissance et du signalé service qu'elle a rendu à l'Estat subsiste encores fortement. Monsieur le procureur général a creu debvoir demeurer icy et y attendre les ordres de la Chambre pour ses logementz et pour les autres choses qui y sont à faire. Maintenant que la cour en desloge, elle y recevra beaucoup moins d'incommodité. Nous allons coucher à Mantes aujourd'huy, et lundi à St-Germain. Partout où je seray, vous aurez en moy, etc.

TUBEUF.

(Orig. autographes. — *Arch. Nicolay*, 73 L 24 et 25.)

567.

16 Octobre 1652.
LETTRE DE L'AVOCAT GÉNÉRAL AU PROCUREUR GÉNÉRAL.

De Paris, ce 16me octobre 1652.

Monsieur, j'ay receu celle que vous m'avez faict l'honneur de m'escrire le 11 de ce mois, à laquelle je n'ay voulu faire response qu'après que la Compagnie s'est assemblée chez Monsieur le premier président, où la lettre que vous luy escriviez a esté leue. Tout le monde a esté fort satisfait de vostre négotiation; l'on y a arresté que vous feriez appester les Cordeliers et marquer les logis pour les officiers de la Chambre, et qu'après, vous retourneriez en cour pour faire connoistre à Sa Majesté la persévérance de la Compagnie dans la résolution d'obéir ponctuellement à tous ses ordres. Un chacun espère néantmoins que, les choses se disposant à un accommodement, l'on se contentera de l'obéissance de la Chambre, et que, par vostre prudence, vous disposerez l'esprit du Conseil à nous envoyer des lettres pattentes affin de continuer la fonction de nos charges en cette ville. C'est, Monsieur, à quoy vous devez travailler, et pour l'authorité royalle, et pour la conservation de l'honneur de nostre Compagnie, que vous ménagez toujours parfaictement bien.

Pour vous rendre compte de ce que j'ay fait chez Monsr le duc d'Orléans pour les passeports de la Chambre, je vous diray que, le jour mesme de vostre départ, j'allay au pallais d'Orléans, où ayant treuvé Son Altesse dans le cabinet de Madame, je luy dis que la Chambre, après avoir registré les lettres pattentes du Roy portant translation, la Compagnie avoit résolu de se rendre le dixiesme en la ville de Ponthoise; que j'avois ordre de le supplier d'accorder les passeports nécessaires pour la sortie de la Chambre. Monsieur le duc d'Orléans me dit qu'il en vouloit conférer avec le parlement; je pris la liberté de luy respondre que la Chambre ne reconnoissoit point les ordres du parlement, qu'elle attendoit ceux de Son Altesse; que je le suppliois au nom de la Compagnie de n'apporter aucun obstacle à la résolution que la Chambre avoit prise d'obéir au Roy. Il me dit qu'il ne se vouloit pas brouiller avec le parlement, et qu'il ne nous en accorderoit point sans en avoir communiqué. Le jeudy et vendredy, Monsieur n'alla point au Palais ; samedy, il s'y treuva, mais il ne parla en aucune façon des passeports de la Chambre ; de telle sorte que, dimanche au matin, je retournay au palais d'Orléans. Monsieur me dist d'abord que j'eusse un peu de patience, et qu'il me parleroit dans un moment. Un peu après, l'ayant resalué, il me parla assez bas, et me dict qu'il me rendroit response aussy tost que le duc de Loraine seroit party ; mais, comme il estoit fort tard, j'allé treuver Monsieur le premier président pour l'informer de tout ce que j'avois fait chez Monsieur. Il me tesmoigna qu'il ne treuvoit pas à propos que je pressasse Son Altesse Royale, qu'il falloit attendre de vos nouvelles, qu'il y avoit espérance que les affaires changeroient de face. Aujourd'huy, dans l'assemblée, l'on n'a pas treuvé bon que je retournasse chez Monsieur pour les passeports. Voylà tout ce qui s'est fait depuis que vous estes party. En attendant de vos nouvelles, je vous supplie de me conserver la qualité de, etc.

Dreux.

J'oubliois à vous mander que la Compagnie a voulu que vous fussiez chargé de faire les diligences pour la main levée de nos gages, et de vous en faire délivrer l'arrest. Monsieur le premier président m'a dist qu'il en escriroit aussy à Monsieur le président Tubœuf.

(Orig. autographe. — Arch. Nicolay, 74 L 47.)

568.
21 Octobre 1652.
LETTRE DU ROI AU P.P. — RENTRÉE DE LA COUR A PARIS.

Monsr de Nicolaj, les submissions de ma bonne ville de Paris et le généreux effort qu'elle a fait pour se délivrer de l'opression où la faction rebelle l'avoit réduitte, m'ont fait résoudre d'aller asseurer son repos par ma présence et d'y restablir les Compagnies que j'en avois retirées. J'envoye à ma Chambre des comptes les lettres patentes que j'ay fait expédier pour son regard, et je désire qu'en me continuant les preuves de l'affection que vous avez pour mon service, vous teniez la main que cette Compagnie se conforme à ce que luy prescris sur ce sujet. C'est ce que j'attendz de vostre entremise et de son obéissance. Ce pendant, je prie Dieu qu'il vous ayt, Monsr de Nicolaj, en sa sainte garde. Escrit à St-Germain en Laye, le xxj^{me} jour d'octobre 1652.

LOUIS.
De Guénegaud.

Lettres patentes pour le rétablissement de la Chambre.

Louis, etc. Come nous n'eusmes autre dessein, en transférant, par nos lettres patentes du xij^{me} du mois d'aoust dernier, nostre Chambre des comptes de Paris en nostre ville de Pontoize, que de la guarantir du péril où elle se trouvoit alors sous la domination d'une faction rebelle et de la mettre en un lieu ou elle pût exercer sa fonction en toute seureté, à présent que la fidélité et le courage des habitans de nostre bonne ville de Paris l'ont emporté sur le dessein qu'avoient les autheurs des troubles présents de les tenir toujours captifs ; que, par leur généreuze resolution, ils se sont délivrez de cette tirannie ; que les diverses députations et les soumissions qu'ils nous ont faites, nous ont assez témoigné le regret qu'ils avoient de s'estre laissé engager dans une si cruelle oppression, et que, pour asseurer leur repos et leur donner de continuelles marques de nostre bienveillance, nous avons résolu d'y aller en personne, nous avons cru que nous y pouvions faire revenir les Compagnies que nous en avions retirées, et que chacune d'elles y pourroit désormais demeurer en seureté et nous y servir et le publiq librement, selon le devoir de leurs charges. Nous, pour ces causes, de l'avis de nostre Conseil, où estoient la reyne, nostre trez honnorée dame et mère, plusieurs princes, ducz, pairs, officiers de nostre couronne, et autres grands et notables personnages de nostre Conseil, de nostre certaine science, plaine puissance et authorité royalle, avons remis et restably, et, par ces présentes, signées de nostre main, remettons et restablissons nostredite Chambre des comptes, transférée audit Pontoize, en nostredite ville de Paris. Voulons et entendons que tous les présidens, maistres, correcteurs, auditeurs, advocat et procureur général, greffiers, huissiers, procureurs et tous autres officiers et supots de cette Compagnie ayent à s'y rendre incessamment, pour y faire la fonction de leurs charges et pour y recevoir nos ordres, ainsi qu'ils avoient accoustumé avant ladite translation. Car tel est nostre plaisir. En témoin de quoy nous avons fait mettre nostre scel à cesdites présentes. Donné à St-Germain en Laye, le vingt et un jour d'octobre, l'an de grace mil six cens cinquante deux, et de nostre règne le dixième. Signé : LOUIS, et sur le reply, Par le Roy : De Guénegaud ; et scellées du grand sceau de cire jaune.

Registrées à la Chambre, le vingt deux desdits mois et an.

(Original et copie du temps. — *Arch. Nicolay*, 26 L 19 et 74 L 50.)

569. (29 *Octobre* 1652.)

HARANGUE DU P.P. AU ROI SUR LE RÉTABLISSEMENT DE LA PAIX.

Sire, si nous avions cru jusqu'à présent que c'est le hazard qui fait le partage des couronnes, et que c'est une fortune aveugle qui élève un homme au dessus de tous les autres, pour les conduire et pour les commander ; si vostre naissance extraordinaire et les miracles de vostre vie n'estoient pas des preuves suffisantes pour nous assurer que c'est Dieu seul qui vous a mis le sceptre en main et qui nous a soumis à vostre empire, nous serions aujourd'huy détrompés de cette erreur, et serions contraints d'avouer que nostre prince est l'enfant du ciel et l'ouvrage de la divinité.

Quoyque toutes les parties de vostre vie donnent des marques de cette vérité, il n'y en a toutefois point de plus sensibles que celles qui paroissent en l'établissement de nostre repos et de la paix de ce royaume. Vos sujets, s'oubliant de leur devoir, ont bien pu faire ces guerres civiles et les troubles de cet Estat ; mais, quand ils ont voulu calmer l'orage qu'ils avoient excité, leurs efforts ont esté vains, leurs persuasions inutiles, et leurs entreprises sans succès. Les prières mesmes, qui ont tant de fois désarmé la colère de Dieu et arresté le cours de ses vengeances, n'ont point esté écoutées, parce que celles qui vous ont esté adressées n'estoient pas accompagnées de la soumission et de tout le respect qui est dû à la grandeur de V. M. La prudence humaine n'a pu faire la paix, et Dieu l'a refusée aux vœux les plus religieusement conçus et aux plus ardentes prières, parce qu'il falloit que vostre personne sacrée, moindre que la divinité, mais plus élevée que tous les hommes, donnast le repos aux François, quand ils le demanderoient sans réserves, sans conditions, et avec une obéissance aveugle aux volontés de leur maistre.

Lorsque Noé, ennuyé de voir flotter les restes du genre humain sur les eaux de ce funeste déluge, lascha la colombe pour apprendre l'estat du monde, elle ne rapporta pas dès la première fois le rameau d'olive, symbole de la paix et de la réconciliation de Dieu avec les hommes ; mais ce fut lorsque les eaux, en se retirant, découvrirent la cime des plus hautes montagnes qu'elles avoient inondées, et quand elles commencèrent de s'abaisser.

Sire, les premières supplications qui vous ont esté faites pour obtenir la paix de V. M., ne nous ont pas raporté ce rameau d'olive tant désiré, que lorsque cette mer orageuse de l'ambition qui nous avoit gagnés jusque par dessus la teste s'est abaissée pour rendre hommage à vostre grandeur, et quand l'orgueil des hommes s'est abattu à vos pieds pour recevoir la loy de vostre puissance souveraine.

Ah ! Sire, que cette paix que V. M. nous donne sera douce, puisqu'elle est le fruit de vostre bonté ! qu'elle sera solide, puisqu'elle sera appuyée sur vostre puissance ! qu'elle sera de longue durée, puisqu'elle commence par l'union de la maison royale et qu'elle est agréable aux fidèles serviteurs qui croient que vostre autorité n'a reçu aucune diminution et qu'elle n'a pas acheté la paix, mais qu'elle l'a donnée à ses peuples !

LOUIS XIV.

Le ciel fait bien connoistre aujourd'huy aux François que leur fortune est attachée à vostre volonté, qu'ils ne peuvent estre que ce qu'il vous plaira, que leur bonheur dépend de vostre bonté, leur repos de vostre autorité, leur gloire consiste à vous obéir, et qu'ils ne peuvent estre heureux, s'ils ne sont fidèles.

Il semble que Dieu n'a permis ces derniers troubles que pour servir d'une instruction salutaire aux grands du royaume, aux officiers et au peuple : aux grands, pour leur faire voir que les parties du corps humain n'ont pas plus d'intérest à la conservation du cœur, qu'ils en ont à la conservation de vostre autorité ; aux officiers, pour leur enseigner à ne se départir jamais des intérests de V. M. et pour leur faire entendre que comme vostre souverain pouvoir est le principe de leur établissement, de leur honneur et de leur dignité, qu'il en est aussy la base et le fondement qui les soutient ; aux peuples, pour leur faire connoistre que leur obéissance fait leur repos, et que leur soumission à V. M. est la mesure et la règle de leur bonheur.

(Copie du XVIIIe siècle. — *Arch. Nicolay,* 54 L 24.)

---

570. (s. d.)
LETTRE DU P.P. A LA REINE-MÈRE.

Madame, ayant toujours estimé que le premier de nos biens estoit celuy de plaire à V. M., quand j'aurois fait perte de tous les autres, j'en serois maintenant parfaitement consolé et en croirois estre avantageusement récompensé, après les marques d'honneur et de bienveillance que V. M. m'a données en m'accordant une faveur, considérable en soy, mais beaucoup plus pour la bonté extraordinaire avec laquelle vous me l'avez faite, qui m'oblige, Madame, à vous rendre mille actions de graces, et à demeurer dans une inviolable fidélité au bien de vostre service, de laquelle rien n'est capable de me séparer, ni de m'empescher de dire avec vérité que je suis, etc [1].

(Copie du XVIIIe siècle. — *Arch. Nicolay,* 50 L, f° 51.)

1. La régente avait accordé 9,000 liv. au P.P., en dédommagement des pertes que le séjour de l'armée à Goussainville lui avait fait subir.

---

571. 17 Décembre 1652.
LETTRE DU ROI AU P.P. — DÉCLARATION SUR LES COMPTANTS.

Le 5 décembre, le roi avait ordonné à la Chambre de lever les modifications qu'elle avait introduites dans l'enregistrement de la déclaration du mois d'octobre, sur les acquits de comptant; la Chambre persistant dans son arrêt, le procureur général fut mandé, le 11, au Louvre, où le chancelier d'abord, et la reine ensuite, lui signifièrent que S. M. était très-mécontente de la Chambre, qu'il fallait procéder incessamment à la vérification, ou bien qu'on trouverait le moyen de se faire obéir.

Le jeudi 12, la Chambre délibéra, et arrêta que : vu la déclaration du 22 octobre 1648, portant que tous dons, gratifications, voyages, récompenses, remboursements, emplois, gages et appointements, achats, suppléments d'ambassades, dépenses de bâtiments, remises d'intérests et avances ne figureraient plus aux comptants ; considérant que, en 1582, les comptants montaient à 715,538 liv.; en 1585, à 1,894,928 liv.; en 1588, à 488,395 liv.; de 1608 à 1615, à 3 millions par année; de 1616 à 1620, à 6,550,000 liv. environ par année; de 1620 à 1630, à 13,000,000 liv.; que, de 1630 à 1643, ils montèrent parfois jusqu'à 62 millions et plus; en 1643, ils furent de 48,200,000 liv.; en 1644, de 59,457,000 liv.; en 1645, de 57,700,000 liv.; en 1646, de 58,800,000 liv.; et enfin qu'il était à noter que le roi, par une déclaration du 20 mai 1588, pour couper le mal en sa racine, avait réduit à 10,000 écus par mois les deniers de comptant; en conséquence, et malgré l'avis du roi, il y avait lieu de confirmer les précédents arrêts portant que les parties de dons, voyages, etc. ne seraient plus employées dans les comptants, mais en ligne de compte de l'Épargne, suivant l'ordre ancien.

Cette délibération donna lieu à une nouvelle déclaration royale, que le duc d'Anjou fut chargé de faire enregistrer le 17 décembre, et que le roi annonça au P.P. par cette lettre de cachet :

De par le Roy. Nostre amé et féal, comme nostre auctorité et l'estat de nos affaires ne nous permettent pas de souffrir que nostre Chambre des comptes tienne plus longtemps les comptans dont nous sommes obligez de nous servir pour l'exécution de nos desseins, dans les limites dont elle a prétendu borner nostre pouvoir pour ce regard, nous luy faisons entendre nostre intention sur ce sujet par la déclaration que nous avons fait expédier, et que nostre très cher et très amé frère unique le duc d'Anjou luy porte, avec le pouvoir de la faire enregistrer en sa présence. C'est pourquoy nous vous mandons et enjoignons très expressément que vous ayez à requérir nostredite Chambre en nostre nom que, toutes affaires cessantes, elle ayt à procéder purement et simplement à l'enregistrement de nostre déclaration, et à n'y apporter aucune modification, restriction, ny difficulté. Et n'y faites faute, car tel est nostre plaisir. Donné à Paris, le xvij^{me} décembre 1652. LOUIS.

DE GUÉNEGAUD.

(Original. — *Arch. Nicolay*, 74 L 56.)

Lettres patentes portant cassation des arrêts de la Chambre.

Louis, etc. La déclaration du 22 octobre 1648 ayant esté présentée en nostre Chambre des comptes, elle auroit dès lors, entre autres choses, par son arrest du 27 novembre audit an, ordonné, sur le huitième article d'icelle, que les comptans ne pourroient excéder par chacun an trois millions de livres. Ce qui nous auroit donné sujet, pour des raisons importantes au bien de nostre service, de casser ledit arrest par nostre déclaration du 4me du présent mois, et d'ordonner à nostredite Chambre des comptes de passer et allouer purement et simplement, en la manière accoutumée qu'elle a jusques icy observée, les sommes qui sont et seront [passées] cy après, par certifications aux acquits de comptant, dans les comptes des trésoriers de nostre Épargne, encore qu'elles excèdent la somme de trois millions de livres par chacun an. Laquelle déclaration ayant esté présentée en nostredite Chambre des comptes, elle auroit, par son arrest du 12me du présent mois, ordonné que les arrests par elle cy-devant rendus seroient exécutés. A ces causes, après avoir considéré combien il estoit important de ne pas souffrir que nostredite Chambre des comptes, qui n'a esté établie que pour examiner les comptes qui sont rendus par nos officiers de nos finances, entreprist de faire une loy pour régler les comptans, qui est un attentat sans exemple sur nostre autorité et de très dangereuse conséquence, puisqu'il n'appartient qu'à la seule puissance royale de faire des loys; déclarant que nostre intention n'est pas, en cassant l'arrest de nostredite Chambre, de nous servir des comptans pour la dissipation de nos finances, mais seulement pour réprimer l'injuste entreprise de nos officiers, de nous servir à l'avenir desdits comptans avec toute la modération que la nécessité et le bien de nos affaires le pourront permettre, nous réservant de faire tel règlement que nous jugerons à propos pour empescher qu'il ne soit cy-après commis aucun abus à l'usage desdits comptans, nous avons, pour ces considérations. . . . . . révoqué et annulé le règlement fait sur les comptans par l'arrest de nostredite Chambre des comptes du 27me novembre 1648, et tout le contenu en iceluy; ensemble les arrests par elle depuis rendus le 23me novembre dernier et 12me du présent mois; ce faisant, enjoint et enjoignons aux trésoriers de nostre Épargne de payer toutes les sommes que nous leur avons ordonné et ordonnerons cy-après estre payées par ordonnances de comptant pour les dépenses secrètes et importantes de nos affaires et le bien de nostre Estat. . . . . . . Donné à Paris, le 17me jour de décembre, l'an de grace 1652 [1].

(*Mémorial.*)

---

[1]. Ces lettres furent apportées par M^r le duc d'Anjou, assisté de MM. du Plessis-Praslin et de Villeroy, de la Poterie et de Miroménil, conseillers ordinaires de S. M. en ses Conseils. Le procès-verbal de la séance (18 décembre) n'est représenté dans le *Plumitif* que par la formule initiale : « Cedit jour, sur les neuf heures du matin, seroit venu au bureau. » Le reste du mois est également en déficit.
Une copie de la commission du prince est conservée dans les registres du secrétariat de la Maison du roi (Arch. Nat., O¹ 10, f° 15). On trouve deux minutes des lettres portant cassation dans le ms. de la Bib. Nat. Fr. 18483. Elles sont précédées d'une instruction intitulée : « Mémoire de Monseigneur contre l'entreprise de la Chambre des comptes de Paris, qui vouloit régler le revenu du Roy à sa fantaisie et luy empescher de disposer de son revenu selon son bon plaisir, et signamment régler les comptans à trois millions, en conséquence de la déclaration de l'an 1648. »
Malgré les termes formels de la déclaration royale, la Chambre, dans la séance du 27 juin 1653, prit encore un arrêté analogue à celui du 12 décembre.

572.   30 Décembre 1652.
CHAMBRE SOUVERAINE DES FRANCS-FIEFS, NOUVEAUX ACQUÊTS ET AMORTISSEMENTS.

Lettres de commission nommant MM. de Nesmond, second président du parlement, Nicolay, P.P. de la Chambre des comptes, Larcher, président des comptes, quatre conseillers en parlement, cinq maîtres des comptes, deux trésoriers de France, etc., pour tenir ladite Chambre et procéder à la recherche et liquidation des droits dus au roi.

(*Mémorial*. — Impr. dans la collection Mariette.)

---

573.   3 Janvier 1653.
LETTRE DU ROI AU P.P. — CRÉANCE POUR LE DUC D'ANJOU.

Monsr de Nicolaj, chascun sçait assez que la guerre estrangère et la civille ont espuisé mes finances et ruyné mes sujetz, et que, sans m'ayder de quelques moyens extraordinaires, il m'est impossible désormais de soustenir les dépences que l'intérest de cet Estat m'oblige encores de faire. De tous les moyens qu'on m'a proposez pour y subvenir, j'ay choisy ceux qui sont contenus dans les eeditz et les déclarations que j'ay donné pouvoir à mon frère unique le duc d'Anjou de faire publier et enregistrer en ma Chambre des comptes en sa présence, parce qu'ilz m'ont semblé les plus innocens et les moins préjudiciables à mes sujetz. Et quoy que vous ayez une bonne part à la lettre que j'escris à vostre Compagnie pour luy ordonner de se conformer à ce que mondit frère luy fera entendre plus particulièrement de ma part sur ce sujet, je ne laisse pas de vous exhorter par celle cy en particulier de contribuer pour cet effet la mesme affection pour mon service que vous m'avez témoignée en tous autres rencontres, et de vous asseurer que l'effet que je me promets de vostre entremise et de vostre crédit pour disposer vostre Compagnie à ce que je désire d'elle présentement, me sera fort agréable. Ce pendant, je prie Dieu qu'il vous ayt, Monsr de Nicolaj, en sa sainte garde. Escrit à Paris, le iiijme jour de janvier 1653 [1].

LOUIS.
DE GUÉNEGAUD.

(Original. — Arch. Nicolay, 30 L 9.)

[1]. La séance n'eut lieu que le 7 janvier. M. de Villemontée parla pour le prince, et le P.P. répondit. La Chambre ayant tardé à rendre les édits, le surintendant des finances lui fit représenter par le procureur général que « le Roy en n'avoit besoin, pour n'avoir autres moyens de subvenir à ses armées que les deniers qu'il en pouvoit tirer; qu'il y en avoit, entre lesdits édits, deux d'iceux qui regardoient la Compagnie: l'un, concernant les augmentations de finance, par lequel il sembloit que les officiers des Cours souveraines y estoient compris; mais qu'il pouvoit l'assurer qu'il feroit expédier arrest par lequel les officiers des Cours souveraines seroient exceptés dudit édit; et pour l'autre, que c'estoit celuy des greffes, que les greffiers de ladite Chambre seroient traités tout ainsy que ceux du parlement, et qu'ils ne payeroient rien; dont il luy donnoit parole. » Les édits furent aussitôt renvoyés. (*Plumitif*, 7 janvier, 13 et 27 mars.)

---

574.   3 Mars 1653.
REMONTRANCES PRÉSENTÉES PAR LE P.P. — RÉGALES.

C'est avec une extrême douleur que je me vois obligé de me présenter aujourd'huy devant Vos Majestés, Sire et Madame, puisqu'en faisant éclater nos justes plaintes pour la Ste-Chapelle, je vais causer de l'affliction dans l'esprit de tous les gens de bien, attirer une honte sur toute ma nation et donner aux peuples voisins une mauvaise opinion de la piété et de la religion des François. Car, quand ils sauront que le plus auguste, le plus saint et le plus sacré temple de la terre, basti par le plus saint des Roys, où sont renfermés les plus pieux mystères de nostre rédemption (que l'on peut appeler une source continuelle des miracles et du bonheur de cette monarchie), quand, dis-je, ils sauront que ce mesme temple où Dieu est aussy présent que dans les cieux, au cœur de la capitale du royaume, aux yeux de tous les hommes, est abandonné à la dernière des nécessités, plus négligé et plus méprisé que le moindre de tous les lieux profanes de cette grande ville, ils ne pourront croire autre chose sinon que les François ne croyent pas beaucoup en Celuy qui les a sauvés, puisqu'ils ont si peu de soin pour conserver les plus considérables instrumens de leur salut.

Prévoyant que j'allois charger ma patrie de cette confusion par le récit des misères de ceux qui chantent les louanges de Dieu jour et nuit en ce saint lieu, j'eusse souhaité que vostre Chambre des comptes, Sire, ne m'eust point donné la commission de parler devant V. M., et me fusse volontiers excusé, si je n'eusse appréhendé de me rendre criminel par mon silence de lèse-majesté divine et humaine, en dissimulant un mal qui doit attirer les vengeances du ciel sur nous, si l'on n'y apporte un prompt remède, et duquel V. M. rendroit ses officiers coupables, s'ils ne l'avertissoient de la ruine et désolation dans laquelle ce sacré temple est près de tomber, depuis que les régales qui faisoient sa subsistance et son maintien luy ont esté injustement ostées par les importunités faites à ce grand ministre, lequel, ne pouvant rien refuser à ce puissant corps, n'a pu empescher qu'il n'ayt abusé de son souverain pouvoir pour commettre le plus grand des crimes, en procurant la destruction d'un lieu où les services et les adorations que l'on rend à la divinité luy sont plus agréables qu'en tout autre lieu de la terre.

Ceux qui, à l'avenir, jugeront de cette entreprise avec plus de liberté, l'attribueront à une impiété; ceux qui en parleront avec plus de modération, avoueront que, de quelque costé que l'on regarde leur conduite, on n'y découvrira rien que de blasmable, et que l'on ne luy sauroit donner d'excuse supportable.

Feu M^r le cardinal, pour gratifier ceux qui estoient appelés à la dignité d'évesque, souffrit qu'on leur remist le droit de régale, ou les exemptast de le payer, et, les traitant de la sorte, leur laissast le moyen de se soustraire à la puissance légitime et au droit de souveraineté que les Roys ont sur les évesques et sur tout l'estat ecclésiastique. Mais, afin de couvrir l'injustice qu'ils faisoient à la Ste-Chapelle et pour adoucir l'injure que nous recevions, l'on détacha de l'archevesché de Reims l'abbaye de St-Nicaise, et elle nous fut donnée en la place des régales. La plus grande partie des terres de ce bénéfice n'est d'aucun revenu, pour estre sur la frontière; à présent, il ne rapporte pas 2,000 liv., et, dans la plus profonde paix, n'en vaut pas sept; en sorte que l'on peut dire que l'on ajoutoit la raillerie à l'injure, pour la rendre plus sensible, en nous faisant croire que l'on nous dédommageoit par un bénéfice sans fruits et qui porte un nom qui passe pour ridicule dans nostre langue.

Nous ne nous tusmes pas lors, Madame, voyant le tort que l'on faisoit à Dieu et aux hommes, et fismes tout ce que nostre conscience et le devoir de nos charges exigeoient de nostre zèle; mais nos vœux furent étouffés, et nos plaintes ne furent point entendues.

C'est donc à présent, Sire, que vous estes véritablement souverain et maistre absolu des graces et de nostre bonne fortune; c'est maintenant le règne de vos vertus, et que l'empire de vostre piété ne peut recevoir de contredits; c'est à présent que le plus vénérable temple de l'univers va recevoir des mains de V. M. son rétablissement et appuyer l'éternité de sa durée sur le bienfait que nous attendons de vostre bonté.

Mais, Sire, la nécessité de la Ste-Chapelle est arrivée à un tel point, qu'elle demande un prompt secours de V. M.; elle est venue à un tel excès, que nous n'avons pas de quoy entretenir les luminaires, ni habiller les enfans de chœur, qui est le comble de la misère; de sorte que l'on peut dire que le lieu le plus aymé, le plus favorisé et le plus chéri du ciel est le plus méprisé et le plus abandonné des hommes.

Dans cet abandonnement, Madame, nous sommes à la veille de voir ce royal édifice faire une épouvantable ruine, et c'est un espèce de miracle de voir le clocher se soutenir. Il semble que la puissante vertu qui sort des Saintes Reliques qui sont gardées sous la voute, empesche la chute, en attendant les effets de vostre charité et de vostre piété incomparable.

Si nous nous arrestons à considérer le prix de ces Saintes Reliques et la vertu que la divinité leur a communiquée, nous ne ferons point de difficulté de croire que le bonheur de cet Estat est attaché à leur conservation et qu'elles sont le vray *palladium* duquel dépend le destin de la France et la durée de cette monarchie. Sont ces divins mystères plus puissans que la loy salique; c'est cette sainte Couronne d'épines qui a maintenu celle des Bourbons sur leur teste, et qui rendra, si elle n'est point méprisée, le royaume de cette maison éternel, comme celuy de Dieu, dont elle a couronné le chef.

Quand je fais réflexion sur la vie de V. M., Madame, et que j'y remarque les graces et bénédictions du ciel qui ont accompagné vostre heureux gouvernement, la fécondité miraculeuse qui vous a apporté tant de joye et de consolations avec le nom de mère, les bénédictions du ciel qui vous ont accompagnée, la honte et la confusion qui a chargé le front de tous ceux qui ont traversé vostre régence, nous devons avouer que c'est un effet que le ciel a produit par la vertu de ces mystères adorables pour la conservation desquels nous venons implorer V. M.

C'est donc aujourd'huy, Sire, que V. M., rendant le droit des régales à la Ste-Chapelle, doit rendre à la couronne un de ses plus beaux fleurons et conserver celle qu'a portée Celuy qui maintient la vostre sur vostre teste. Nous espérons cette grace de vostre bonté, et d'autant plus facilement, qu'il ne se trouvera personne qui y apporte opposition et qui témoigne par de justes plaintes y estre intéressé. Nous n'en craignons pas de la part de ces dignes successeurs des apostres, ces premières testes de la hiérarchie de l'église, ces vives lumières de la vertu, ces intelligences épurées, ces interprètes de la volonté de Dieu, ces fondemens de la foy, ces arbitres de la vérité, ces sages directeurs des fidèles, ces exemples de piété et de religion, et ces dieux sur la terre.

Quelle apparence y auroit-il d'appréhender que ces grandes ames qui ont tout méprisé pour suivre le Sauveur, s'opposent aux pieux et charitables desseins que V. M. peut avoir pour un temple qui garde les précieux gages de l'amour de Dieu envers cet Estat dont ils ont l'honneur de faire une partie? Avec quel front MM. les évesques voudroient-ils solliciter V. M. d'abandonner la Ste-Chapelle, de négliger les adorables Reliques qu'elle contient et de souffrir que ce saint édifice, qui a toujours passé pour un miracle dans l'architecture, pour un petit ciel en terre et pour un vénérable monument de la piété de Blanche de Castille et du digne fils d'une si digne mère, se précipite dans une ruine inévitable et dans un désordre sans ressource? Ne craindroient-ils point que le Maistre qu'ils adorent, qui disoit autrefois, dans l'abandonnement de tous les hommes, qu'il n'avoit pas où reposer son chef, ne leur fist un jour cette mesme plainte, et ne leur dist qu'ils avoient esté cause qu'il n'auroit pas trouvé dans ce royaume un lieu assuré pour reposer les instrumens de sa Passion? Mais ce seroit là le dernier des opprobres, la plus grande des confusions et le comble de l'impiété. Ils ne seront pas si malheureux pour mépriser le principe de nostre bonheur, assez libertins pour n'y point croire, assez intéressés pour préférer un peu d'argent aux choses les plus saintes.

Plutost, Messieurs, que d'en venir à cette extrémité, faisons au moins une action religieuse dans nostre religion, et soyons pieux dans nostre impiété; chassons de chez nous ces Saintes Reliques, afin de laisser périr cette Ste-Chapelle avec moins de crime; envoyons-les chez les ennemys de cet Estat pour y trouver du respect; donnons-leur cet avantage de se pouvoir justement glorifier d'estre plus religieux et catholiques que nous; faisons comme ces Philistins infidèles, renvoyons cette Arche d'alliance à de meilleurs chrestiens que nous, de peur que, si elle est plus longtemps méprisée parmy nous, elle n'attire la colère et les vengeances de Dieu sur nous.

Mais, Sire, j'ay trop bonne opinion de ces messieurs pour craindre des sollicitations de leur part contraires à nos prières. Je les crois trop pieux pour vouloir que Vos Majestés abandonnent ce qu'il y a de plus auguste et de plus saint en leur royaume, trop désintéressés pour convertir à leur usage ce qui est consacré à Dieu, et trop prudens pour venir faire la plus incivile et déraisonnable prière qui se puisse faire à V. M., qui est de souffrir que le temple basti par les mains de deux personnes les plus divines qui soient jamais sorties de la maison de France ou d'Espagne, où les fleurs de lys et les tours se voyent en tous les endroits où l'on puisse jeter les yeux, de souffrir, dis-je, que le temple qui doit estre le monument éternel de la piété de ces deux plus illustres maisons du monde, tombe et périsse à la vue d'un des successeurs de St-Louis et d'une princesse de la maison d'Espagne.

(Ici le P.P. fut interrompu par la reine, qui ne lui permit pas de prononcer la suite de son discours.)

Au reste, Sire, les sollicitations et les brigues ne pourroient pas estre reçues en ce lieu où les intérests de la couronne sont conservés et maintenus avec tant de zèle et de vigueur. On sait l'atteinte que l'on a donnée à la régale, quand on a remis le droit de régale à MM. les évesques. Il se peut dire que la régale est la seule marque de l'obéissance, de l'honneur, du respect et de la sujétion que MM. les évesques et archevesques, premiers pasteurs de l'église gallicane, doivent au Roy par les loys divines et humaines. C'est la seule reconnoissance du souverain pouvoir que nos Roys ont sur les ecclésiastiques et en l'église. Bref, c'est le plus excellent diamant de la couronne. Aussy Philippe de Valois, en son édit de l'an 1334, dit que la régale luy appartient à cause de la noblesse de sa couronne.

L'histoire nous apprend-elle pas les infortunes que le corps du royaume reçut sous Louis le Débonnaire, pour avoir renoncé aux droits de souveraineté dont les Roys ses prédécesseurs avoient joui sur les ecclésiastiques, et que les Roys de la famille de Capet voyant que la régale estoit le plus ancien domaine de la couronne, que c'estoit la vraye dot que la république apportoit à son prince, de laquelle les Roys ne sont qu'usufruitiers, obligés par les loys fondamentales de l'Estat de la conserver à leurs successeurs, bien instruits aussy qu'ils estoient de ce qui avoit servi à la translation du royaume de la famille de Clovis en celle de Capet, pour y remédier et en empescher la division à l'avenir, ils introduisirent la loy des apanages et laissèrent à leurs enfans ces préceptes de se conserver les fruits des bénéfices, sans en permettre jamais l'aliénation?

Ce sont préceptes qui n'appartiennent qu'à ceux qui sont nés pour régner; aussy ils sont donnés par un père à ses enfans, par un Roy à ses successeurs, enregistrés dans les archives et les trésors de l'histoire, pour estre suivis comme les vrayes et naturelles règles du gouvernement royal. Ce sont les charges de la royauté, et les maximes que nos Roys ont suivies pour maintenir la monarchie françoise et les peuples unis sous l'obéissance d'un Roy.

Il n'y a pas un de ces puissans génies qui composent le Conseil du Roy qui, en considérant l'importance de ce droit, n'avoue qu'il vaudroit mieux avoir perdu une des provinces de ce royaume, que d'en souffrir plus longtemps l'aliénation. C'est un droit, Sire, que vous ne tenez ni par permission, ni par aucun accord fait avec les peuples : c'est comme un joyau enchâssé en vostre diadème et en vostre couronne. C'est vostre seule puissance souveraine qui vous le donne ; on ne sauroit vous l'oster, qu'en mesme temps l'on n'apporte de la diminution au domaine que vous avez sur tous vos sujets, et qu'on ne rompe les liens sacrés qui les attachent à l'empire de V. M.

C'est ce droit que nos princes ont conservé avec tant de soin, et dont l'on n'a jamais souffert l'aliénation. C'est le seul fondement sur lequel est appuyée la nomination que vous faites des archevesques et des évesques. C'est ce droit duquel Vos Majestés ne se peuvent destituer sans blesser leur conscience. Ne seroit-ce pas agir contre l'intention de vos prédécesseurs, qui l'ont destiné pour le service de Dieu, que de le donner à des particuliers qui ne l'ont point encore mérité, pour n'avoir fait aucune fonction d'évesque durant la vacance ? Ne seroit-ce pas déposséder Vos Majestés d'une des plus considérables prérogatives de la royauté, pour mettre des particuliers en leur place ? Nos princes, accordant le droit de régale à la Ste-Chapelle, ont-ils pas, Messieurs, témoigné par cette action le dessein qu'ils avoient de maintenir un droit si important à la royauté ? Ils jugèrent que ce n'estoit pas l'aliéner de la couronne que d'en donner l'usufruit au lieu où se garde la couronne de Celuy qui maintient la couronne sur la teste des Roys; que ce n'estoit pas se dépouiller de cet avantage, mais le rendre éternel à toute leur postérité, que de le porter aux pieds de Celuy de qui ils le tenoient, avec leur estre, leur dignité et leur puissance. Ainsy, ces sages princes ont considéré le droit de régale comme un des plus précieux joyaux de la couronne, la Ste-Chapelle comme un lieu d'asile où ils le pouvoient mettre à couvert des entreprises profanes des avares et des ambitieux.

Le procédé de MM. les évesques est bien différent du nostre en ce rencontre. Qu'avons-nous fait, en donnant nostre arrest ? Nous avons voulu relever l'autorité royale, à laquelle on avoit donné atteinte; nous avons rétabli un des plus considérables droits de la souveraineté, affoiblie en cette partie; nous avons empesché que le Roy ne fist des graces qui luy fussent désavantageuses; nous avons prévenu les ruines de la Ste-Chapelle, et tout d'un temps sauvé MM. les évesques d'un scandale qu'ils alloient donner à toute la Chrestienté et d'un reproche éternel qu'on leur auroit fait, comme aux auteurs de la désolation de ce temple; enfin, nous avons conservé le lieu où se gardent la Croix, la Couronne et les Clous de Celuy sans la miséricorde duquel il n'y auroit point d'évesques.

Voilà les grands sujets de plainte que nous avons donnés à MM. les évesques! Voilà l'injure que nous leur avons faite! Voilà le préjudice que nos arrests leur font souffrir!

Si ces messieurs avoient bien pris garde à ce qu'ils entreprennent, ils ne nous auroient point inquiétés en la fonction de nos charges. A quoy tendent tous ces obstacles qu'ils nous apportent, sinon à se soustraire de la puissance royale et diminuer les droits de la couronne, à prescrire des loys à la libéralité et à la bonté de Vos Majestés, à vouloir que vous donniez des éveschés sans réserve, que vous leur fassiez de grands biens en souffrant de grands maux, et que vostre libéralité ne s'exerce jamais en leur endroit sans que vostre autorité reçoive une fascheuse playe?

Voicy un effet tout extraordinaire, Sire! Voicy une chose inouie! C'est un monstre dans la nature des bienfaits. Où a-t-on jamais vu que ceux qui reçoivent des graces veulent donner la loy à leurs bienfaiteurs, leur refuser les marques d'une juste reconnoissance, et prétendre de grandes faveurs sans aucune condition?

Mais ce qu'il y a de plus étrange, c'est que ces messieurs se mettent en peine de procurer des avantages à ceux qui ne sont point, à des évesques dans l'idée, à des personnes qui n'ont point d'estre. Ils se plaignent comme d'une injure, et il n'y a personne qui la reçoive. Les évesques qui sont déjà établis en leurs dignités ne sont point intéressés dans leurs droits de régale, encore moins ceux qui ne sont point évesques, et il n'y en a point qui ne courust volontiers le danger de payer la régale. Quand je considère donc qui sont nos parties, je n'en trouve point, et il me semble que nous exercions cette ancienne espèce de combattre que les Grecs appeloient εἰκονομαχία, car, à dire vray, nous combattons avec des ombres et n'avons à vaincre que des fantosmes, puisqu'il ne se trouve personne qui se puisse dire estre offensé par nos arrests.

Mais, Messieurs, vostre entreprise passe bien plus loin; vous voulez bien recevoir la foy et hommage et le serment de fidélité de ceux qui tiennent des fiefs de vous et de vos vassaux, de quelque religion qu'ils soient, mesme de la Prétendue Réformée, et, pour les obliger à ce devoir, vous avez obtenu des lettres patentes de nos Roys en 1568, qui ont esté vérifiées en parlement en 1571. Vous voulez bien que l'on vous rende les soumissions et les droits seigneuriaux, et vous refusez de les rendre au Roy, qui est vostre maistre et souverain seigneur, et vous ne voulez reconnoistre ses officiers établis de longue main en ses Cours souveraines pour rendre la justice à ses sujets et pour recevoir les hommages qui sont dus à nos princes souverains. Quoy! les exemples de vos prédécesseurs, qui n'ont jamais manqué à ces reconnoissances, et dont nos registres font foy, ne vous toucheront-ils point? N'appréhendez-vous point que la noblesse, qui épanche tous les jours son sang et sacrifie sa vie pour le service du Roy et la défense de sa patrie, et qui laisse bien souvent ses enfans nécessiteux, ne prétende avec raison la mesme dispense que vous poursuivez, et que les droits de la cour ne se perdent insensiblement?

Nous espérons, Sire, que Messieurs de vostre Conseil, qui doivent estre comme les lumières de vostre cour, éclairées sans cesse du soleil de vostre autorité, voire les premières roues qui font mouvoir les machines de vostre Estat, représenteront à V. M. ce que leur affection au bien de vostre service requiert en cette occurrence. Et ce pendant, nous vous prions, Messieurs les évesques, que vous fassiez réflexion sur vos prétentions; nous vous demandons l'exemple de l'obéissance aux lois de l'Estat et soumission à l'autorité du Roy et de gratitude envers Leurs Majestés, dont vous estes les créatures.

Vostre piété donc, Madame, sans la persuasion de nos paroles, vous sollicite aujourd'huy à ne pas laisser passer une occasion que le ciel vous présente, à faire une action de justice, de charité et de sainteté qui a esté réservée à la plus juste, la plus charitable et la meilleure princesse de la terre. Il semble que tout autre règne que le vostre n'en soit pas digne, et que Dieu veut récompenser vostre vertu en luy donnant une si heureuse matière de s'exercer et de laisser un si éclatant monument à la gloire de vostre nom. Si une autre puissance que la vostre, Madame, avoit fait ce chef d'œuvre de piété, ce seroit pour vous une disgrace digne de vos larmes, et pourriez dire un jour avoir perdu la plus belle et la plus religieuse action que puisse faire une si grande princesse. La piété donc incomparable de V. M. exige cela de vostre puissance, et vos vertus, Sire, veulent que vostre autorité s'employe à faire une action digne de la mémoire de tous les siècles à venir.

Ainsy V. M., Sire, relèvera un ouvrage ruineux où est ce précieux trésor de tous les chrestiens, réveillera le zèle des François pour respecter ces adorables mystères de nostre religion, rendra à la couronne un de ses plus beaux fleurons, retirera de l'abisme d'une extrême misère des personnes dévouées au service de Dieu, attirera les graces du ciel sur Vos Majestés, et un bonheur éternel sur tous les peuples que Dieu a soumis à l'empire de V. M.[1]

(Copie du temps. — Bib. Nat., ms. Fr. 23353, pièce 26.)

[1]. Une indisposition ne permit pas au P.P. de venir le surlendemain rendre compte de cette audience; il se fit suppléer par le président Aubery, qui déposa les remontrances sur le bureau; la Chambre en ordonna la transcription dans ses registres, mais on ne les y retrouve plus. (*Plumitif* et *Cérémonial*.)

575.
2 Juillet 1653.
LETTRE DE MADEMOISELLE AU P.P. — VÉRIFICATION DE DON.

à Blois, le 2me de juillet 1653.

Monsieur Nicolai, les difficultez que l'on fit à la Chambre, il y a quelques mois, d'enregistrer les lettres patentes du Roy mon seigneur par lesquelles il m'est accordé une somme de huit mille livres à prendre par chacun an sur les gabelles de Lyonnois, pour quelque dédommagement qui m'est deu par Sa Majesté, m'ont obligé de faire demander une jussion, qui m'a esté accordée depuis. Je ne croy pas que la Compagnie voulust me faire perdre un avantage de cette importance, dont j'ay tousjours joui, et Monsieur pour moy durant ma minorité; et comme j'espère beaucoup de vostre justice et de vostre affection pour mes interestz en cette rencontre, je vous prie de trouver bon que le sr Nau, intendant de mes affaires, qui vous rendra cette lettre, vous informe de tout ce qui fonde mon droit en cela; mais je sçay qu'il sera indubitable, et conséquemment l'enregistrement desdites lettres, s'il vous plaist de le favorizer. Je vous en auray une très estroitte obligation, et vous feray paroistre, en toutes les occasions que j'auray, que je suis,

Monsieur Nicolai,

Vostre affectionnée amie.
ANNE MARIE LOUISE D'ORLÉANS.

(Original. — Arch. Nicolay, 32 L 1.)

576.
15 Décembre 1653.
SUPPLIQUE POUR LES CONSEILLERS EXILÉS.

Le P.P. rapporte qu'il s'est rendu le vendredi 12 à l'audience du roi, au Louvre, et qu'il lui a adressé un compliment, après que les députés du parlement eurent parlé.

Ensuite, adressa ses paroles à la reine en ces termes : « Madame, nous avons appris que ces messieurs qui nous ont devancés ont demandé avec instance le retour de leurs confrères, ce qui nous fait supplier

LOUIS XIV.

S. M. pour le retour des nostres. » A quoy S. M. répondit : « J'y feray réflexion. » Et ensuite, Messieurs se retirèrent, ayant rendu leurs civilités à Leurs Majestés.

(*Plumitif* et *Cérémonial*.)

577.
9-19 *Mars* 1654.
ENREGISTREMENT D'ÉDITS.

Le 9 mars 1654, le duc d'Anjou vient requérir l'enregistrement des édits portant suppression des élus et des officiers des rentes. (Le procès-verbal de la séance est en déficit aux registres.)

Le jour suivant, la Chambre arrête qu'il sera fait des remontrances solennelles par quatre présidents et seize maltres, et qu'on ne rendra pas les édits jusqu'à nouvel ordre. Comme cette délibération venait de finir, deux huissiers à la chaîne apportent un arrêt rendu en Conseil la veille même, portant évocation des oppositions formées contre les édits, avec défense expresse à la Chambre d'en connaître, ou aux officiers de se pourvoir devant elle. Aussitôt après, le secrétaire du Conseil, François Bossuet, vient réclamer les édits.

Sur quoy, luy retiré en la chambre du Conseil et l'affaire mise en délibération, auroit esté arresté qu'il seroit fait réponse que l'enregistrement n'avoit pu estre fait depuis que lesdits édits avoient esté apportés ; que néanmoins, s'il les désiroit en l'estat qu'ils estoient, il les pouvoit emporter, et qu'à cette fin ils seroient remis sur le bureau. Ce qui auroit esté à l'instant fait par Me Pierre Denis, greffier, qui les avoit représentés. Et ledit Bossuet rentré, luy auroit esté fait ladite réponse cy-dessus, par ledit sr président Aubery, lequel voyant que ledit Bossuet ne savoit que répondre, il luy auroit demandé quelle estoit l'intention de Messieurs du Conseil, ou d'attendre que l'enregistrement desdits édits fust fait, pour les délivrer, ou bien de les faire retirer en l'estat qu'ils estoient. Sur quoy, il auroit répondu ne savoir l'intention desdits sieurs du Conseil, mais que s'il plaisoit à la Chambre luy permettre d'emporter lesdits édits en l'estat qu'ils estoient, que, si lesdits sieurs du Conseil les désiroient en autre forme, il les rapporteroit dans ce jour, ou demain matin au plus tard. Et luy a esté dit qu'il les pouvoit prendre, et, en cas qu'il les rapportast, qu'il les viendroit mettre sur le bureau. Ce qu'il auroit promis faire. Et à l'instant, auroit pris les édits et iceux emporté.

Le mercredi 11, le même greffier rapporte les édits.

Lesquels il auroit à l'instant mis sur le bureau, et a dit qu'en celuy concernant la suppression des élus, il y avoit de changé le mot de « deux », et au lieu d'iceluy, mis celuy de « trois », qui regardoit le troisième receveur des tailles de Paris, qui estoit réservé par cette réformation, au lieu qu'auparavant il estoit supprimé. Auroit de plus dit que le Roy et Messieurs du Conseil espéroient de la Chambre la prompte expédition desdits édits. Et il se seroit retiré.

La Chambre ne consentit à faire l'enregistrement et à renvoyer les édits que le 19 mars, « sur la remonstrance faite par le procureur général qu'il estoit poursuivi par Messieurs du Conseil. »

(*Plumitif* et *Cérémonial*.)

578.
29 *Avril* et 15 *Juillet* 1654.
LETTRES DU ROI AU P.P. — SUPPRESSION D'OFFICES.

Monsr de Nicolaj, après m'estre aperceu que le nombre de ceux qui prenoient le tiltre de mes maistres d'hostel et de mes gentilzhommes servans, et qui se prévaloient des priviléges attribuez à ces charges, passoit à l'infini et apportoit un notable préjudice à mes autres sujetz et au service mesme de ma personne, j'ay résolu de le réduire et de révoquer le surplus. Comme j'entendz que la déclaration que j'en ay faict expédier soit exactement observée et que ma Chambre des comptes y tienne la main et la fasse enregistrer pour cet effet, je désire aussy que vous apportiez tout ce qui dépendra de vostre soing et de l'auctorité de vostre charge affin que cette Compagnie se conforme à ce que je luy prescris sur ce sujet. C'est ce que je me promets de vostre affection. Ce pendant je prie Dieu qu'il vous ayt, Monsr de Nicolaj, en sa sainte garde. Escrit à Paris, le xxixme jour d'avril 1654.

LOUIS.
DE GUÉNEGAUD.

Monsr de Nicolaj, le refus qu'a faict ma Chambre des comptes de procéder à l'enregistrement de ma déclaration pour la réduction d'un grand nombre d'officiers de ma maison que vous sçavez ne m'estre pas moins inutiles qu'à charge au public, m'a d'autant plus surpris, que je ne puis pas m'imaginer quelles raisons elle a eu pour retarder l'exécution d'un règlement si utile pour mon service et pour le soulagement de mes sujetz. La jussion que j'ay fait expédier sur cette déclaration et la lettre dont je l'accompagne fera bien connoistre à cette Compagnie le mécontentement que son procédé me donne; et comme je ne doute point que vous n'aportiez tout ce qui dépend de vostre auctorité et de vostre affection pour disposer ma Chambre des comptes à faire promptement ce que je luy ordonne sur ce sujet, je ne vous en feray cette lettre plus expresse, que pour vous asseurer que le service que vous me rendrez en ce rencontre me sera très agréable. Ce pendant je prie Dieu qu'il vous ayt, Monsr de Nicolaj, en sa sainte garde. Escrit à Sedan, le xvme jour de juillet 1654[1].

LOUIS.
DE GUÉNEGAUD.

(Originaux. — Arch. Nicolay, 66 L 4 et 5.)

[1]. A propos de cette opposition, Colbert écrivait au cardinal Mazarin : « Les Compagnies agissent à présent d'une manière insuportable. Je crois que Mr du Plessis envoyera promptement une jussion. Nous aurons asseurément le mesme refus à la Cour des aydes, ces Compagnies estans singes l'une de l'autre. » Et Mazarin répond : « Il n'y a pas moyen de souffrir le procédé de ces gens-là. » (Lettre du 13 juillet 1654, ap. ms. Baluze 176.)

579.
20 Juillet 1654.
LETTRE DU ROI AU P.P. — PENSION DU PRINCE DE CONTI.

De par le Roy. Nostre amé et féal, nous avons trouvé si mauvais le refus que la Chambre a apporté à la vériffication des lettres que nous avons accordées à nostre très cher et bien amé cousin le prince de Conty, portant don de cinquante mil livres de pention, avec celle de cent mil livres que nous luy avons desjà octroyées pour subvenir aux grandes despenses ausquelles sa naissance l'oblige, qu'ayant fait expédier nos lettres de jussion sur ce sujet, nous voulons et entendons que vous ayez à faire en nostre nom toutes les réquisitions qui seront nécessaires pour l'exécution de nostre volonté, en sorte que, sans aucun retard ny modification quelconque, nostredit cousin puisse joüyr de l'effect de nosdites lettres. N'y faictes donc faute, car tel est nostre plaisir. Donné à Sedan, ce xxme jour de juillet 1654.

LOUIS.
DE LOMÉNIE.

(Original. — Arch. Nicolay, 74 L 67.)

580.
(6 septembre 1654.)
COMPLIMENT DU P.P. AU ROI REVENANT DU SACRE ET DE L'ARMÉE.

Sire, les naturalistes nous apprennent qu'il y a une pierre à laquelle la nature a donné une vertu si merveilleuse et si puissante, que celuy qui la porte est capable d'éteindre les plus grands embrasemens, ou de demeurer au milieu des flammes sans en estre aucunement endommagé. Vous estes cette pierre précieuse, Sire, qui avez éteint, ces jours passés, les feux qui s'estoient allumés en quelques-unes de vos provinces et qui se fussent bientost répandus pour consumer cette puissante monarchie.

Mais, Sire, vous avez heureusement étouffé ces embrasemens dans leur naissance, non par communication secrète empruntée de la nature, mais par la vertu admirable de l'onction sacrée que vous avez reçue, avec vostre couronne, des mains de la divinité.

(Copie du XVIIIme siècle. — *Arch. Nicolay*, 54 L 25.)

---

581.   18 Septembre 1654.
LETTRE DU ROI AU PROCUREUR GÉNÉRAL. — JUSSION A LA CHAMBRE.

De par le Roy. Nostre amé et féal, voicy une seconde et dernière jussion que nous avons fait expédier sur la réduction de nos maistres d'hostel et gentilzhommes servans, pour obliger nostre Chambre des comptes d'enregistrer promptement la déclaration que vous luy avez présentée de nostre part sur ce sujet. Vous verrez bien, par ce qu'elle contient, quelz sont nos sentimens sur le refus qu'elle en a fait. Et d'autant que nous ne pourions souffrir un plus long retardement sans luy faire ressentir les effetz de nostre indignation, nous vous mandons et enjoignons très expressément que vous ayez à faire touttes les poursuittes et les réquisitions nécessaires pour obtenir l'effet de cette jussion, et à nous informer, dans le temps qu'elle vous prescrit, de la dilligence que cette Compagnie y aura apportée. Et n'y faites faute, car tel est nostre plaisir. Donné à Paris, ce xviij^me jour de septembre 1654.

LOUIS.
DE GUÉNEGAUD.

(Original. — *Arch. Nicolay*, 74 L 68.)

---

582.   5 Mars 1655.
CONTESTATION ENTRE LES SEMESTRES.

Ce jour, Mr Almeras, conseiller maistre, a représenté que, suivant l'ordre qu'il avoit receu de la Compagnie, il a vu M^r le P.P., lequel il a prié de prendre la peine de venir à la Chambre ce jourd'huy, sur le sujet de ce qui se passe entre Messieurs de l'un et l'autre semestre. A laquelle prière, ledit s^r P.P. ayant dit audit s^r Almeras n'y pouvoir satisfaire, pour son indisposition, et que, sitost que sa santé luy permettroit, il s'y rendroit, ce pendant luy auroit mis un mémoire de ce qu'il luy a dit estre jugé en la conférence tenue en son logis entre aucuns de Messieurs de l'un et l'autre semestre. Lequel ayant représenté et fait lecture d'iceluy, la Chambre a ordonné que ledit mémoire représenté par ledit s^r Almeras sera mis au greffe d'icelle, représenté et transcrit au Plumitif, et dont la teneur ensuit :

« En l'assemblée fut prononcé que, pour éviter les chicanes et contestations que l'on veut faire naistre entre nous et qui nous pourroient jeter dans de grands embarras, en quoy le service du Roy se trouveroit principalement blessé, nous avons arresté qu'il estoit à propos de remettre ce différend à la volonté du Roy; que Mme de Chastillon pouvoit se retirer vers S. M., obtenir des lettres de jussion en sa faveur, et qu'elles seroient jugées les semestres assemblés, conjointement avec Messieurs de juillet, pour montrer que nous ne voulons avoir qu'un mesme esprit et que nous devons tous estre attachés par un commun désir à maintenir la dignité de la Compagnie et faire le service du Roy. Ce qui fut approuvé par toute l'assemblée, composée d'officiers très prudens, très modérés et très zélés pour le maintien de la Chambre. »

(*Plumitif.*)

---

583.   20 Mars 1655.
SÉANCE DU DUC D'ANJOU. — ENREGISTREMENT D'ÉDITS.

Ce jour, l'huissier de la porte a rapporté que M^r le duc d'Anjou estoit entré en la cour du Palais avec le Roy, qui alloit au parlement, et, ouï la messe en la Ste-Chapelle avec S. M., descendoit les degrés d'icelle pour venir en la Chambre. . . . . . Le silence fait, ledit seigneur duc, après avoir salué la

Compagnie, a dit en ces termes : « Messieurs, le Roy, mon seigneur, m'a commandé venir en cette Compagnie pour faire publier quelques édits, dont Mʳ de Machault vous dira le reste. » . . . .

Le discours dudit sʳ de Machault fini, mondit sʳ le P.P. auroit pris la parole, après s'estre levé et salué debout ledit seigneur duc, et auroit fait de très belles remonstrances sur l'importance de telles vérifications ; a dit audit seigneur duc que la Chambre, en cette occasion et en toutes autres, fera toujours paroistre le zèle et l'affection qu'elle a au bien du service de S. M.

Ensuite, ledit sʳ de Varangeville auroit présenté à mondit sʳ le P.P. les édits les uns après les autres, qui les auroit à mesme temps mis ès mains du sʳ Richer, greffier, lequel en auroit fait lecture. . . . .

(*Plumitif.*)

---

584. (*s. d.*)

LETTRE DE MADAME DU JARDIN AU P.P. — PAUVRES ET COUVENTS DE PARIS.

Paix en Dieu.

Monsieur, les bonnes nouvelles qu'il vous a pleu me donner pour response sur les articles des pauvres, me consolent fort, comme celles qui me tesmoignent et font entendre le grand désir que vous avez de les mettre en exécution. Les pauvres malades de l'Hostel Dieu sont heureux d'avoir un protecteur lequel ne pense de leur soulagement pour le présent seulement, mais plus, qui regarde l'advenir et s'efforce d'affermir de son temps les choses qui leurs sont utiles et nécessaires. Je n'ay point retenu coppie de ces articles, Monsieur. Il me semble que Madamoiselle Tiersaut en doibt avoir une, qu'elle communiquera à Madame Oursel ; car, encore que vostre médecin se monstre affectionné au bon règlement que vous luy avez proposé, si faut il avoir l'œil sur luy et remarquer le soin qu'il prendra de s'en rendre fidelle et charitable observateur, ni ayant point de doubte que, si dès l'entrée de son exercice il ne l'embrasse avec zèle et ferveur, mal aiséement s'y portera il puis après. Pour recoignoistre sa diligence, les dames vous serviront, estant informées de vostre intention par les articles. Voilà, Monsieur, ce que maintenant me restoit à dire pour le médecin, lequel a trop de bonheur d'estre employé à secourir et soulager ceux qui garderont la porte du ciel. J'ay d'autres pauvres à vous recomander, Monsieur, entre lesquelle je suis. C'est que j'ay donné au prieuré une rente assignée sur la recepte géneralle de Paris, de laquelle beaucoup d'arrérages sont deus auparavent la réduction des rentes à la moitié. Je me suis souvenue, Monsieur, qu'ès années dernières, vostre faveur avoit fait toucher à l'Hostel Dieu quelque argent venant de semblables rentes (dont la despense fut faite par moy et mise en linge). Je désircrois que par elle mesme se peust tirer quelque chose pour nous aider. Vous sçavez que les monastères qui batissent sont toujours nécessiteux ; le nostre en est là, et de telle sorte que la chappelle est demeurée aux fondemens. Je vous supplye très humblement, Monsieur, de penser un peu à cela ; je vous supplye au nom de toute la famille religieuse, laquelle ne perd point le souvenir des bons offices qu'elle a receus de vous. Je sçay que vous révérez leur condition et leur estat, qui est sainct ; je sçay aussi que vous chérissez les pauvres, entre lesquels elles sont d'affection et de profession. Toutes ces dignes qualitez ensemble me persuadent que, s'il y a moyen, vous ne nous refuserez vostre aide, vostre charité ne pouvant laisser perdre une occasion de faire miséricorde. Dieu sera la récompense de ces œuvres. Je l'en supplye, et que sans cesse il multiplie sur vous et les vostres ses bénédictions.

Je crains fort que ceste lettre ne vous importune à cause de sa longueur.

Monsieur,

Je suis vostre humble servante.

S. HABERT.

(Orig. autographe. — *Arch. Nicolay*, 2(C 143.)

VI

NICOLAS NICOLAY

fils d'Antoine Nicolay et de Marie Amelot,

baptisé à Paris le 19 février 1633,

chevalier, marquis de Goussainville, seigneur de Presles, Yvors, etc., conseiller au Grand Conseil (février 1648), grand rapporteur en la chancellerie de France, pourvu de l'office de Premier Président en survivance le 31 mai 1649, entré en fonctions le 20 mars 1656, conseiller du roi en ses Conseils d'État et privé et en sa direction des finances, mort dans l'exercice de ses fonctions le 20 février 1686.

585.

20 *Mars* 1656.

INSTALLATION DU P.P. NICOLAS NICOLAY.

Ce jour, du matin, la Chambre avertie du décès de Mr le P.P., advenu le jour d'hier, et que Mre Nicolas Nicolay, cher, conseiller du Roy en ses Conseils, reçu à la survivance dudit feu sr Nicolay, son père, estoit à la chambre du Conseil, luy auroit esté mandé par Me François le Cocq, conseiller secrétaire du Roy et greffier en la Chambre, de l'ordre de Mr le président Blondeau, que Messieurs estoient assis, et qu'il pouvoit venir prendre sa place. Ce que luy ayant esté rapporté, seroit à l'instant entré et conduit par ledit sr le Cocq, greffier, et pris séance ordinaire et accoutumée aux Premiers Présidents.

(*Plumitif.*)

Discours du P.P.

Messieurs, il me seroit bien difficile de témoigner à la Compagnie la grandeur de ma reconnoissance dans le temps que je dois témoigner l'excès de mon affliction, de mesler un ressouvenir agréable de la grace que je reçus de vous il y a quelques années, avec la douleur extrême que je ressens de la perte de mon père, qui me procura tous les avantages que vous me fistes.

Ce fut luy qui, prévenant mes prières, obtint du Roy la survivance de sa charge pour m'en revestir, vous sollicita de son propre mouvement de la vérifier, et descendit de cette place avec joye, pour me donner la satisfaction d'y monter. Vous m'y reçustes, Messieurs, avec une bonté égale à la sienne; vous étendistes la grace que S. M. m'avoit faite, et ordonnastes par vostre arrest que la condition des dix années de service contenue dans le style ordinaire des lettres de survivance auroit lieu durant la vie de mon père et finiroit avec luy. Bien que cette faveur estoit excessive, je peux dire qu'elle estoit juste et qu'encore qu'elle fust extraordinaire, elle n'estoit pas déraisonnable. Les services que mes ancestres ont rendus dans la Compagnie un si long espace de temps, la probité avec laquelle ils ont agi, le détachement qu'ils ont eu de leurs intérests particuliers, et la forte passion qu'ils ont toujours conservée de faire le bien du Roy et celuy du public, justifioient ce que vous faisiez pour le dernier de leur nom et le sixième de père en fils en leur charge de premier président. Il estoit juste que la Compagnie leur fist quelque grace, puisqu'ils n'en avoient jamais demandé qu'à elle, et que vous leur donnassiez après leur mort quelque récompense honorable, puisque, pendant leur vie, ils avoient toujours méprisé les utiles.

Mais, Messieurs, c'estoit une justice que vous rendiez à leur nom que je portois, c'estoit une faveur que vous faisiez à ma personne. Ils avoient travaillé, vous avez voulu que je cueillisse le fruit de leurs travaux; ils avoient mérité, vous m'avez donné la récompense de leurs mérites; ils avoient servi près de deux siècles en leurs charges, vous m'avez presté, vous m'avez rendu, vous m'avez avancé deux années de leurs services. Vous m'en eussiez baillé davantage, si elles m'eussent esté nécessaires; vostre arrest ne les limitoit pas, et, s'il eust esté suivi d'une mort inopinée de mon père, il se fust trouvé qu'une heure, une heure seule m'eust donné mon temps de service.

Cette grace, Messieurs, est si considérable, qu'elle obligeroit le plus ingrat des hommes d'estre reconnoissant, qu'elle forceroit l'ingratitude mesme de changer de nature. Jugez par là des effets qu'elle a produits en moy, qui ay toujours eu toutes les dispositions du monde à vous honorer, qui ay esté élevé par les soins d'un père qui m'apprenoit dès mon enfance à respecter la Compagnie et qui me disoit continuellement que je ne devois vivre heureux, si je ne vivois avec vous.

Si vous y faites réflexion, Messieurs, et sur la grace que vous m'avez faite, il vous sera plus aysé de deviner mes sentimens, qu'il ne me seroit de vous les dire. Vostre imagination peut concevoir ce que mes paroles ne peuvent pas vous expliquer : vous croirez facilement que ma reconnoissance est extrême, aussy bien que vos bienfaits; que je suis sensible comme je le dois aux obligations que je vous ay, et conserveray toute ma vie le ressouvenir des bontés que vous m'avez témoignées de si bonne heure.

(Copie du XVIIIe siècle. — *Arch. Nicolay*, 54 L 25 bis.)

---

586.   25 *Mai* 1656.
LETTRE DU DUC D'ORLÉANS AU P.P. — VÉRIFICATION DE DON.

A Blois, ce 25 may 1656.

Monsr Nicolaj, ayant sceu la perte que vous avés faite et que vous estes maintenant en une charge qui a esté depuis sy longtemps et sy dignement exercée par vos prédécesseurs, je commance à vous faire une prière pour favoriser un bon œuvre. Les Pères Jésuistes de cette ville ont obtenu des lettres du Roy, mon seigneur et nepveu, pour une coupe de bois dans les six forests de mon apennage, et, comme j'y ay consenty jusques à la somme de trente neuf mil tant de livres, pour estre employés à la couverture de leur église, j'ay subject de m'intéresser aussy à la perfection de ce saint ouvrage. Aussy est ce ce qui me convie à vous escripre ces lignes, pour vous prier d'estre favorable à la prompte vérifification de leurs lettres, et pour vous asseurer que vous me ferés un plaisir très singulier en cette occasion, et que je suis parfaitement,

  Monsr Nicolaj,
     Vostre bien bon amy.
        GASTON.

(Orig. autographe. — *Arch. Nicolay*, 48 L 4.)

587.
20 Juillet 1656.

COMMISSION POUR LA CONFECTION DU PAPIER TERRIER DU DOMAINE.

Louis, etc., à nostre amé et féal le s^r Nicolay, conseiller en nos Conseils, P.P. en nostre Chambre des comptes de Paris, et aussy à nostre cher et féal le s^r Tambonneau, conseiller en nosdits Conseils et président en icelle, et à nos amés et féaux conseillers les s^{rs} le Clerc, Perrochel, Boucherat, Bailly, Lescuyer, Mérault, de Coulanges, de Guénegaud, Berthemet et Godefroy, maistres des comptes; Boyer, Villiers, la Mouche et Menant, auditeurs en ladite Chambre, Salut. Par nos lettres patentes en forme de déclaration, du 20me jour du présent mois, nous avons ordonné qu'il seroit, à la réquisition de nostre procureur général en nostredite Chambre des comptes, procédé à la confection d'un papier terrier de tout ce qui est dans le ressort de nostredite Chambre des comptes relevant et dépendant de nos domaines, tant en fief, roture, qu'autre bien de quelque nature et condition qu'il puisse estre, détenu par ecclésiastiques, séculiers, communautés, quoyqu'amorties, ou autres, à quelque titre d'engagement ou aliénation que ce soit. Et parce que la poursuite dudit papier terrier mérite le soin et l'application particulière d'une personne dont la fidélité, capacité et bonne diligence nous fust connue, nous avons, par nosdites lettres, nommé Claude Joubert pour, à la réquisition de nostredit procureur général, poursuite et diligence d'iceluy Joubert, faire toutes les poursuites qui seront nécessaires à faire pour l'avancement et confection dudit papier terrier à faire dans l'étendue et ressort de nostredite Chambre des comptes de Paris; et outre, par nos mesmes lettres, nous avons pareillement nommé Philippe Parque et Jacques Duchesne l'aisné, notaires au Chastelet de Paris, à l'exclusion de tous autres, avec la faculté de subdéléguer en tels endroits dudit ressort de nostre Chambre des comptes de Paris les notaires et tabellions qu'ils aviseront bon estre, pour recevoir et passer les déclarations par spécifications, tenans et aboutissans d'iceux; le tout, suivant et ainsy que le contiennent plus au long nosdites lettres. Pour l'exécution desquelles ayant résolu d'établir des commissaires, que nous voulons estre dits et dénommés « l'Assemblée de nos commissaires généraux pour le papier terrier de nostre domaine », et, pour composer et établir ladite assemblée, de commettre des personnes d'intégrité et suffisance convenables, avec les pouvoirs et autorités nécessaires; et ne pouvant, en cette occasion, faire un plus digne choix que de vos personnes, à ces causes, nous vous avons commis et députés, commettons et députons, par ces présentes signées de nostre main, pour tenir et composer ladite Assemblée, et en icelle procéder à la confection d'un papier terrier de tout ce qui est dans le ressort de nostredite Chambre des comptes de Paris, relevant et dépendant de nos domaines, tant en fief, roture, que autre bien, de quelque nature, qualité et condition qu'il puisse estre, détenu par ecclésiastiques, séculiers, communautés, quoyqu'amorties, ou autres, à quelque titre d'engagement ou aliénation que ce soit. Et à cette fin décernerez vos arrests et ordonnances, à ce qu'à la requeste de nostredit procureur général, poursuite et diligence dudit Joubert, nosdites lettres soient publiées et affichées dans tout le ressort de nostredite Chambre des comptes de Paris; mesme qu'il en sera fait lecture aux prosnes des paroisses et partout ailleurs que besoin sera, avec injonction à tous les propriétaires et détenteurs desdits biens de passer leurs déclarations et requérir de vous l'enregistrement d'icelles au greffe de vostre commission, dans les temps et conformément à nosdites lettres, sur les peines y contenues. Pour quoy prendrez vos vacations en la manière accoutumée, et taxerez audit Joubert, pour le rembourser des frais qui sont à faire pour faire faire les publications et affiches, et pour ses peines et vacations, ce que vous jugerez raisonnable, comme aussy auxdits notaires, ensemble aux huissiers, sergens et autres qui travailleront en exécution de nosdites lettres patentes et des présentes, le tout à prendre sur lesdits propriétaires et détenteurs. Voulant que, pour procéder et avancer plus commodément ledit papier terrier, vous subdéléguiez dans chacune élection du ressort de nostredite Chambre des comptes de Paris des juges et officiers que besoin sera, avec faculté de commettre pour greffiers, à l'effet desdites subdélégations, telles personnes qu'ils aviseront bon estre; le tout, avec les pouvoirs et conditions que vous limiterez, selon l'exigence des cas; faisant contraindre toutes personnes publiques de fournir et mettre ès mains dudit Joubert tous les renseignemens dont il aura besoin pour parvenir audit terrier, moyennant salaires raisonnables, suivant la liquidation qui en sera faite en nostredite Assemblée. De ce faire, et généralement toutes les autres choses nécessaires pour l'entière exécution de nosdites lettres patentes et des présentes, nous vous avons donné et donnons plein pouvoir, autorité et mandement spécial, vous en attribuant, et de tous les différends qui pourroient naistre en conséquence, circonstances et dépendances, toute cour, juridiction et connoissance, privativement à tous nos autres juges et officiers généralement; leur défendant d'en prendre aucune connoissance, à peine de nullité de tout ce qui seroit par eux fait au préjudice de la juridiction de nostredite Assemblée. Les arrests de laquelle qui seront par vous rendus, nous voulons estre souverainement et en dernier ressort et de mesme force et vertu que les arrests des autres Compagnies souveraines, et qu'ils soient exécutés par tout le ressort de nostredite Chambre des comptes de Paris; enjoignant à tous nos juges et officiers d'y déférer et obéir, et à tous nos huissiers et sergens de les mettre à exécution, ensemble tout ce qui sera par vous décerné et ordonné, sans demander autre congé ni *pareatis*; vaquant à tout ce que dessus le plus diligemment que faire le pourrez, vous assemblant à cette fin en tel lieu de nostredite Chambre des comptes que vous trouverez à propos et aux jours et heures les plus convenables. Comme aussy nous vous donnons pouvoir de commettre et établir pour greffier de ladite Assemblée telle personne que vous aviserez bon estre; auquel nous donnons pouvoir d'expédier et signer tous arrests et autres actes qui seront par vous décernés, dont il sera payé suivant la taxe qui en sera faite en icelle. Car tel est nostre plaisir, nonobstant toutes choses contraires, auxquelles nous avons dérogé et dérogeons par ces présentes. Donné à la Fère, le 20me jour de juillet, l'an de grace 1656, et de nostre règne le quatorzième [1].

LOUIS.

Par le Roy : PHÉLYPEAUX.

(Copie. — Collection le Marié d'Aubigny.)

[1]. Cette commission et ses attributions extraordinaires amenèrent un conflit entre la Chambre et le parlement : de part et d'autre, il y eut cassation d'arrests, décrets de prise de corps contre les rapporteurs et les imprimeurs, et même, le parlement ayant annoncé que ses huissiers iraient saisir au corps Mr de Lesseville, doyen de la Chambre et rapporteur d'un dernier arrêt, la Compagnie dut envoyer au domicile de ce conseiller deux de ses collègues, pour le protéger au besoin, tandis que Mr Boucherat irait porter plainte au chancelier. Le 23 octobre, une députation solennelle, composée de trois présidents et seize maîtres, conduits par le P.P., se rendit à Vincennes, pour présenter les remontrances de la Chambre. « Après avoir salué le Roy en la manière accoutumée, Mr le P.P. s'acquitta des remonstrances dont il estoit chargé par la Compagnie. Lorsqu'il eut fini, le Roy dit : « Je vous rendray justice. » Et parce que le bruit qui s'estoit écoulé avoit empesché d'entendre bien distinctement la réponse de S. M., Mr le cardinal s'avança, et luy dit : « Le Roy a promis de vous rendre justice. » Et S. M. voyant qu'il n'avoit pas esté ouï, répéta les mesmes paroles qu'il avoit dites au commencement. » (*Plumitif* et *Cérémonial*.)

---

588.   9 *Septembre* 1656.

COMPLIMENT A LA REINE DE SUÈDE.

Sur l'ordre du roi, la Chambre se rend, en habits de cérémonie, au Louvre, pour saluer la reine de Suède, arrivée la veille. Le P.P. ayant fait annoncer qu'il était malade et ne pouvait conduire la Compagnie, le compliment est prononcé par Mr le président Aubery [1].

(*Plumitif* et *Cérémonial*.)

[1]. Le P.P. avait préparé une harangue, dont la copie est conservée dans les *Arch. Nicolay*, 54 L. 26.

---

589.   14 *Septembre* 1656.

LETTRE DU ROI AU P.P. — MESURES CONTRE LA MENDICITÉ.

Monsr Nicolay, ne pouvant plus dissimuler les désordres causez par la mandicité et oysiveté des pauvres de l'un et l'autre sexe de ma bonne ville et fauxbourgs de Paris, qui depuis quelques années sont venus à un excez insuportable, je me suis enfin résolu d'y pourvoir par mes lettres pattentes du mois de may dernier, adressantes à ma Chambre des comptes, par lesquelles j'ay ordonné qu'ils seront enfermez, employez, nourris et entretenus dans un hospital général, dont je laisse la conduite et direction aux srs directeurs et administrateurs que j'ay choisis et nommez aux termes et en la manière portez par mesdites lettres et règlement y attaché, que j'envoye à madite Chambre des comptes, pour y estre enregistrées et exécutées selon leur forme et teneur. Et comme je me suis proposé, dans l'acomplissement de ce grand œuvre, la gloire et l'honneur de Dieu et de l'église et la satisfaction publique, je vous fais cette lettre pour vous tesmoigner mes intentions et vous exhorter d'y tenir la main en tout ce qui dépendra de l'auctorité de vostre charge, y apportant de vostre part tous les soins et la dilligence requis en pareille occurence; vous assurant que vous ne pouvez faire chose qui me soit plus agréable. Et n'ayant rien à vous dire sur ce sujet de plus exprès, je ne vous feray la présente plus expresse. Priant Dieu qu'il vous ayt, Monsr Nicolay, en sa sainte garde. Escrit à Compiègne, le xiiijme septembre 1656.

LOUIS.
DE GUÉNEGAUD.
(Original. — Arch. Nicolay, 62 L 52.)

590.   5 Mai 1657.
LETTRE DU PRINCE DE MONACO AU P.P. — ENREGISTREMENT D'ÉDIT.

A Monaco, le 5me may 1657.

Monsieur, bien que je n'eusse pas lieu de doubter qu'à la considération de Monsr le marquis de Vardes, vostre beau frère, qui me fait l'honneur de m'eymer, l'affaire du commissariat de cette garnison ne vous feut en particulière recommandation, l'asseurance toutefois que le sr Lanfant m'en a donnée, par le récit qu'il vient de me faire de la bonne justice qu'il vous a pleu de me rendre et de la prottection généreuse que vous avés eu la bonté de luy despartir, en faisant cesser tous les obstacles et oppositions qui s'estoient rencontrées en vostre Chambre au regard dudit affaire, m'oblige, Monsieur, de vous en rendre mes très humbles remerciemans et de vous faire connoistre par ces lignes le véritable ressentiment que j'ay de vos faveurs; vous supliant très humblement de croire que je ne désire rien plus que les occasions de vous pouvoir tesmoigner l'ardent désir que j'ay de m'en revancher en quelque façon et de me dire tousjours passionément,

Monsieur,
Vostre très humble et très obligé serviteur.
HONORÉ P. DE MONACO.
(Original. — Arch. Nicolay, 33 L 4.)

591.   4 Septembre 1657 et 3 Juin 1658.
PENSIONS DU P.P.

Du 4 septembre 1657. Lettres de pension pour Mre Nicolas Nicolay, cher, conseiller du Roy en ses conseils et P.P. en la Chambre, de la somme de 3,600 liv., à prendre sur les deniers, tant ordinaires qu'extraordinaires, de l'Épargne. — Vérifiées. Mr Perrochel, rapporteur.

Du 3 juin 1658. Lettres de pension à Mre Nicolas Nicolay, conseiller du Roy en ses Conseils et P.P. en la Chambre, de 6,000 liv. d'augmentation de pension et appointemens, pour, avec les 3,600 liv. dont il jouit, faire 9,600 liv., à prendre actuellement sur les deniers, tant ordinaires qu'extraordinaires, de l'Épargne. — Vérifiées, pour jouir par ledit impétrant de l'effet et contenu en icelles, selon leur forme et teneur. Mr Bailly, rapporteur.

(Plumitif.)

592. *Juin-Août* 1657.
LETTRES DU CHANCELIER A M. LE TELLIER. — CONFLIT ENTRE LE P.P. ET LE PRÉSIDENT TAMBONNEAU.

A Paris, le 28me juin 1657.

Monsieur, J'ay observé exactement l'ordre qu'il a pleu au Roy me donner pour prendre un advis sur les différendz de Mr le premier président de la Chambre des comptes et Mr le président Tambonneau. Je les ay entendus en particulier; ensuitte, ilz m'ont mis leurs papiers, avecq un inventaire. Tout a esté examiné avecq Mrs les surintendants et huict conseillers d'Estat, qui ont esté acceptez par les parties. L'on a jugé que l'on pouvoit donner advis à Sa Majesté que l'on ne pouvoit rien changer en l'arrest qui avoit esté rendu sur les mesmes différendz en mil six cents quatorze, et qu'il estoit nécessaire d'ordonner qu'il seroit exécutté selon sa forme et teneur, et, ce faisant, que Mr le premier président Nicolaj, suivant la liberté laissée aux officiers de ladicte Chambre par l'eedict du mois de febvrier 1651, pourra, durant ledict semestre de juillet, entrer en ladicte Chambre, y seoir et présider en qualité de premier président toutes les fois que bon luy semblera, sans qu'il y puisse estre troublé ny empesché par ledict président Tambonneau, ou autre plus antien des présidentz destinez au service dudict semestre, et que les lettres en forme de commission seront expédiées sur l'arrest de 1614 et le présent, addressantes à la Chambre des comptes, portant commandement de les registrer et de tenir la main à l'exécution. C'est, Monsieur, le résultat de la résolution prise sur lesdicts différendz. Sur quoy, nous attendrons la volonté de Sa Majesté. Demeurant,

Monsieur,
Vostre bien humble et très affectionné serviteur.
SÉGUIER.

5 juillet 1657.

Monsieur, J'ay receu présentement la dépesche du Roy qu'il vous a plu m'envoyer pour responce à celle que je vous avois escripte sur le différend de Mr le président Nicolaj et Mr le président Tambonneau. Je feray expédier l'arrest en commandement, pour le vous envoyer promptement. Je juge bien que Mr le président Tambonneau ne sera pas content de la résolution que nous avons prise, mais je vous puis asseurer que je n'ay point veu une meilleure cause que celle de Mr le premier président, et qui a esté très mal deffendue de sa part. La Chambre jugera les difficultez qui surviendront, et je suis fort persuadé que les prétentions de Mr le président Tambonneau ne seront pas trouvées meilleures en cette Compagnie, si ce n'est par les présidents, qui sont intéressez en sa cause; il seroit inutile de vous représenter les raisons de l'avis que l'on a pris, qui sont si fortes, qu'il est difficile de les contredire. . . . .

SÉGUIER.

3 aoust 1657.

Monsieur, Je vous envoye la minute de l'arrest que Messieurs les surintendants ont jugé à propos de donner sur les différendz de Mr le premier président Nicolay et le président Tambonneau. On a pensé qu'il n'y avoit pas d'apparence, après que le premier arrest a esté scellé, mis entre les mains du procureur général de la Chambre des comptes, pour le présenter à sa Compagnie, d'en faire expédier un autre contre l'advis des commissaires qui avoient esté commis pour terminer cest affaire, et qu'il estoit plus dans les formes que le Roy explicquât ses intentions sur les termes du premier arrest, ainsy que vous verrez par la minute de celuy que je vous envoye, que je n'ay peu plus tôt faire expédier à cause de l'absence de Messieurs les surintendants. Vous prendrez la payne, Monsieur, de m'envoyer la grosse au plus tôt, avec une commission adressante à la Chambre des comptes pour l'enregistrement. . . . .

SÉGUIER.

(Originaux. — Bib. Nat., ms. Fr. 6894, fos 31, 33 et 39.)

593.

13 Août 1658.

HARANGUE DU P.P. POUR LE RETOUR ET LA GUÉRISON DU ROI.

Sire, nos vœux sont maintenant exaucés : V. M. est de retour, après avoir triomphé de ses ennemis et assuré la fortune chancelante de l'Estat par le recouvrement d'une santé mille fois plus précieuse à la France que vos plus illustres victoires. Vous revenez, après nous avoir comblés de gloire, rétablir dans nos cœurs la joye qu'un mal insolent en avoit bannie; vous revenez, après avoir gagné de grandes batailles, nous faire jouir des douceurs de la victoire; enfin, Sire, après avoir jeté la terreur chez vos ennemys, V. M. vient dissiper les craintes mortelles que sa maladie avoit répandues par tout le royaume.

En effet, Sire, durant ce temps malheureux qui devoit décider du salut de l'Estat, une noire tristesse régnoit dans les cœurs de tous vos sujets : ils voyoient leur perte assurée dans la vostre, et faisoient assez connoistre par leur violente douleur que la fortune publique n'estoit fondée que sur la conservation de V. M.

Toutefois, Sire, bien qu'ils eussent au rétablissement de vostre santé cet intérest pressant, ils estoient moins emportés à la désirer par ces sages réflexions, que par un amour désintéressé qu'ils ont pour vostre personne.

Disons donc que la cruelle maladie de V. M. luy a esté aussy glorieuse que les victoires, et que l'affliction générale qu'elle a versée sur toute la France, ne luy doit pas estre moins chère que la défaite entière de ses ennemys. Le gain d'une grande bataille et la conqueste d'une partie de la Flandre ont esté véritablement des marques éclatantes de son courage et de sa puissance; mais les continuelles inquiétudes et les mortelles appréhensions de ses peuples ont esté autant de preuves irréprochables de la justice et de la douceur de son gouvernement.

Mais pourquoy avoir rappelé de si fascheuses idées? Nous sommes venus pour témoigner nostre joye à V. M., et cependant nous ne luy parlons que de nos douleurs. Ne vaut-il pas mieux perdre à jamais une triste mémoire dans les pensées de nostre bonheur et des véritables plaisirs que nous ressentons à la vue de V. M.? Nous souhaitons, Sire, qu'ils ne soient jamais troublés par son éloignement, car les efforts de nos ennemys nous sont bien moins redoutables que les effets de son courage : elle peut vaincre par la force de sa fortune et par la prudence de ses conseils; mais, s'il falloit, pour faire déclarer la victoire, employer toujours sa personne sacrée, nous aymerions mieux renoncer à tous les triomphes, que de nous résoudre à les acheter au prix de son absence.

Aussy osons-nous croire que dorénavant V. M. considérera les grands témoignages qu'ont rendus ses peuples de leur deuil, qui semblent assez la conjurer de ne plus hazarder, en une seule personne, la fortune de vostre Estat. Si cette réflexion est trop foible pour retenir les bouillans mouvemens de vostre courage, agréez, Sire, que nous vous suppliions d'écouter en faveur de la France les prudens avis de ce grand ministre qui, malgré les nobles inquiétudes et les peines continuelles qu'il prend pour l'accroissement de ce royaume, nous a bien fait voir, durant vostre maladie, qu'il ne donnoit pas les premiers soins à la gloire de l'Estat, et qu'il estoit encore plus passionné pour la personne, que pour la grandeur de V. M.

Si ce n'est pas assez pour vaincre cette ardeur naturelle qui vous fait mépriser les périls, tournez, Sire, les yeux sur cette grande reine. Elle partage vos travaux; ménagez donc vos peines pour épargner les siennes, et ne préférez pas vostre gloire à son repos. Elle a veillé des nuits, elle a versé des larmes, elle a meslé des soins particuliers aux tendresses d'une mère; ayez donc à l'avenir plus de soin d'une vie glorieuse, nécessaire à vos sujets, et dont dépend celle de la plus grande princesse et de la meilleure mère du monde.

Nous l'espérons, Sire, et cette espérance fait que nous nous abandonnons entièrement à la joye. Nous avons tremblé durant la maladie de V. M., nous voyons ses forces rétablies; nous avons esté sensiblement touchés de son absence, nous la voyons de retour ; enfin, nous craignions qu'elle ne s'exposast quelque jour à de nouveaux périls, et nous osons nous persuader qu'elle donnera quelque chose aux ferventes prières de la France, et qu'elle relaschera de cette ardeur magnanime qui fait également trembler ses sujets et ses ennemys.

Comment donc pouvoir à présent expliquer à V. M. les sentiments des officiers de cette Compagnie? Il n'y a pas de si vive éloquence qui pust trouver des pensées assez nobles, ni des paroles assez fortes pour exprimer l'excès de leur contentement. Aussy les grandes passions sont muettes : leur douleur n'a paru que sur leur visage, c'est là que leur joye se fera voir, comme dans toutes leurs actions une obéissance soumise et une fidélité inviolable au service de V. M.

(Copie du XVIIIme siècle. — *Arch. Nicolay*, 54 L 27.)

---

594.   13 Décembre 1658.
LETTRE DU CHANCELIER AU PROCUREUR GÉNÉRAL. — AFFAIRE FORCOAL.

A Lyon, ce 13 décembre 1658.

Monsieur, j'ay veu par la lettre que vous avez pris la peyne de m'escrire et par les pièces y joinctes qui m'ont esté mises en main par le sr Rozereau, de vostre Compagnie, l'emprisonnement qui a esté fait de la personne du sieur Forcoal, faulte de payement des espices dues à cause de la ferme des aydes. Il y a longtemps que j'eusse bien désiré, pour le repos de ces deux frères, qu'ilz se fussent acquitez envers vous de ceste debte privilégiée; mais, comme ilz sont en demeure, et qu'ilz n'ont eu soin d'y satisfaire, ce sont eulx seuls qui sont cause de leur désordre. On ne m'a point présenté d'arrest pour cet eslargissement. Sy on m'en parle, vous pouvez asseurer la Compagnie que, non seulement en ceste occasion, mais en toutes celles qui regarderont ses intherestz, soit en général ou en particulier, je seray tousjours très ayse d'avoir moyen de la servir. Vous asseurant que je suis aux effetz,

Monsieur,

Vostre très affectionné serviteur.

SÉGUIER.

(Original. — *Arch. Nicolay*, 74 L 108.)

---

595.   16 Décembre 1658.
LETTRE DU CARDINAL MAZARIN AU P.P. — AFFAIRE FORCOAL.

A Lion, le 16 décembre 1658.

Monsieur, Vous m'avez rendu justice de croire que je ne considererois pas tant les intérestz d'un particulier que ceux d'une Compagnie aussi illustre que la vostre et pour laquelle j'ay tousjours eu une estime singulière. Il ne m'a pas esté difficile de faire valoir les raisons que le sr Roussereau m'a alléguées, pour justiffier la conduite qu'elle a tenue dans l'affaire du sr Forcoal, parce qu'elles n'ont pas moins de force que d'équité, et vous verrez, par la lettre que Mr le chancelier escrit à Mr le procureur général de la Chambre, que ledit sr Forcoal ne trouvera pas au Conseil toute la protection dont il s'estoit flatté[1]. Je vous prie d'asseurer la Compagnie que je serois très aise de rencontrer des occasions plus essencielles de l'obliger, et d'estre persuadé en vostre particulier qu'on ne peut estre plus fortement que je suis,

Monsieur,

Vostre très affectioné serviteur.

LE CARD. MAZARINI.

(Original. — *Arch. Nicolay*, 27 C 19 bis.)

1. Emmanuel Forcoal, l'un des héritiers de Jacques Forcoal, en son vivant caution et intéressé de la ferme générale des aides, était poursuivi pour payement de 72,000 liv. qu'on lui réclamait sur les épices des comptes de la ferme, et la Chambre l'avait fait conduire dans sa prison particulière le 3 décembre. Il y fut maintenu malgré un arrêt du Conseil qui avait ordonné sa mise en liberté, et un autre arrêt de la Chambre de l'édit, qui décréta la translation du prisonnier à la Conciergerie. Ce dernier arrêt fut cassé par la Chambre, dans la séance du 3 mars 1659, et l'on prit un certain nombre d'archers et de gardes salariés pour assurer la prison contre toute tentative.

Le 18 du même mois, Mr de Carnavalet, lieutenant des gardes du corps, se présenta, assisté d'un exempt et de quatre archers. Admis au bureau, il annonça que le roi l'avait chargé de tirer Forcoal de sa prison, et le P.P. répondit qu'il pouvait exécuter sa mission. « Après quoy ledit s^r de Carnavalet se seroit retiré du bureau, et, descendu le perron, conduit par un huissier, à la porte d'en bas, du costé de M^r le premier président du parlement, seroit entré, accompagné de ses assistans, et retiré ledit Forcoal, qu'il auroit fait sortir par la mesme porte d'en bas. » De là, le prisonnier fut conduit à la Bastille. Le 3 avril, le P.P. alla, à raison de cette translation, présenter des remontrances au roi et réclamer le privilège de prison dont la Chambre avait toujours joui. Le roi promit de faire justice ; néanmoins il donna, le mois suivant, une déclaration portant que, en accordant et en confirmant récemment à la Chambre le droit d'avoir une prison, il n'avait pas entendu préjudicier à l'autorité du parlement, et que Forcoal serait, en conséquence, réintégré à la Conciergerie. La Chambre, prévenue par le chancelier avant que la déclaration fût scellée, protesta qu'elle se trouvait fort blessée de cette décision et maintenait son droit. (Séance du 12 mai 1659. — Voy. les extraits du *Plumitif* imprimés par Mr Ravaisson dans les *Archives de la Bastille*, t. 1er, p. 12-27.)

---

596. 4 *Avril* 1659.
SÉANCE DE MONSIEUR. — ENREGISTREMENT D'ÉDITS.

Le P.P. fait son rapport sur l'audience que le roi a donnée la veille, au Louvre, et où S. M. a reçu favorablement les remontrances présentées au sujet de la prison de la Chambre.

Le même jour, M^r le duc d'Anjou vient prendre séance au bureau et requérir l'enregistrement de divers édits. Après un discours de M^r d'Ormesson et la lecture des lettres de créance, le P.P. fait, « avec une éloquence et abondance de paroles des plus exquises, ses remontrances, tant sur l'obéissance et fidélité des officiers de la Chambre au service du Roy, que sur la liberté des suffrages qui leur est ostée au jugement des édits par les voyes extraordinaires de la publication et enregistrement d'iceux, et sur le peu d'avantage qui, par ce moyen, en peut revenir à S. M. »

Ensuite, le greffier donne lecture des dix-neuf édits ou déclarations, et, après le discours de l'avocat général, M^r d'Ormesson prononce l'enregistrement, « du très exprès commandement du Roy ¹. »

(*Plumitif* et *Cérémonial*.)

1. L'enregistrement fut porté sur chaque édit, sauf ceux de l'établissement d'un Hôtel des chartes et de l'aliénation des octrois, qui furent déposés au greffe. La Chambre, dans la séance du 8, défendit au greffier en chef de s'en dessaisir jusqu'à nouvel ordre, et elle nomma une commission pour « faire recherche de tout ce qui concerne l'établissement du Trésor des chartes, et, sur ce qu'ils en trouveront, dresser les mémoires des raisons que ladite Chambre a de s'opposer à l'exécution dudit édit. » Le procureur général alla représenter au surintendant que la Chambre avait, depuis plus de trois siècles, la direction du Trésor des chartes, et que la création nouvelle des intendants et autres officiers des chartes était un préjudice direct son autorité, sans utilité pour le public ; d'ailleurs, la Chambre devait intervenir dans les détails de la construction de l'hôtel projeté, puisqu'elle se faisait aux dépens du roi et sur un fonds de la Sainte-Chapelle. Le surintendant répondit que, pour donner satisfaction à ces réclamations, il tiendrait volontiers une conférence chez le P.P., mais que, si la Chambre « prétendoit avoir eu pour le passé la direction des chartes, le parlement ne le prétendoit pas moins, et qu'il en trouveroit peut-estre plus de preuves dans ses registres, que la Chambre. » (Séance du 14 juin.) Enfin, le 18 mars 1660, la Chambre reçut l'édit de suppression des intendants des chartes et du contrôleur-concierge de l'Hôtel des chartes, rendu à la sollicitation de ses commissaires. Avant d'en faire lecture, le doyen des maîtres, Mr Boucherat, représenta à la Compagnie « le zèle et le soin que M^r le P.P. avoit apportés à cette affaire, par la recherche qu'il avoit pris la peine de faire de tous les titres et enseignemens concernant l'autorité de ladite Chambre sur le fait desdites chartes, dont il s'estoit si utilement servi aux conférences qu'il avoit eues avec M^r le procureur général surintendant, qui luy avoit fait connoistre la justice que ladite Chambre avoit à demander ladite suppression. Ajouta aussy qu'il ne se pouvoit pas agir avec plus de candeur, sincérité et affection que mondit s^r le procureur général surintendant avoit fait sur ce sujet, ainsy que la Compagnie en voyoit les effets par ledit édit de suppression ; ce qui méritoit bien une reconnoissance de la part de la Compagnie à mondit s^r le P.P. et à M^r le procureur général surintendant. »

---

597. 18 *Juillet* 1659.
LETTRE DU ROI AU P.P. — NÉGOCIATIONS DE PAIX.

Monsr Nicolay, donnant part à ma Chambre des comptes de Paris de la résolution que j'ay prise de partir dans les derniers jours de ce mois pour m'acheminer en ma province de Guyenne, sur la frontière de laquelle mon cousin le cardinal Mazarini s'est advancé pour conclurre la paix générale, désirant employer tous les moyens que Dieu a mis en mon pouvoir pour un effet si important à toutte la Chrestienté, j'ordonne aux officiers de madite Chambre d'apporter tout ce qui dépendra d'eux pour faire que pendant mon voyage il ne se passe rien qui puisse préjudicier à mon service, et j'ay bien voullu vous en donner advis par cette lettre, et vous dire que vous ayez à tenir la main, selon l'auctorité de vostre charge, à l'exécution de ce qui est en cela de ma volonté. Ce que me promettant de vos soins et de vostre affection accoustumée, je ne vous feray la présente plus longue que pour prier Dieu qu'il vous ayt, Monsr Nicolay, en sa sainte garde. Escrit à Fontainebleau, le xviijme juillet 1659.

LOUIS.

Le Tellier.

(Original. — Arch. Nicolay, 26 L 22.)

598.   17 Mars 1660.
LETTRE DU ROI AU P.P. — PROTESTATIONS CONTRE LES LEVÉES.

Monsr Nicolay, ayant esté informé que quelques particuliers intéressez en des levées que j'ay cy devant ordonné estre faictes pour avoir lieu pendant la guerre, soit en vertu d'eedictz ou déclarations enregistrées en mes Cours souveraines, ou d'arrestz de mon Conseil, prétendent, à cause de la paix, se pourvoir contre lesdites levées et les faire cesser, et bien que mon intention soit de soulager mes subjectz autant qu'il se pourra et de leur faire ressentir la doulceur de cette paix, néantmoins, comme, depuis le peu de temps qu'elle est conclue, il ne m'a pas esté possible de diminuer les despenses de l'Estat, estant obligé de maintenir encore un grand nombre de trouppes jusqu'à ce que ce qui a esté convenu ayt esté entièrement exécuté, et mesmes de subvenir à d'autres nouvelles despenses, je vous faictz cette lettre pour vous dire que mon intention est que vous empeschiez qu'il ne soit faict aucune proposition en ma Chambre des comptes de Paris pour faire cesser lesdites levées, ny qu'il soit rien ordonné sur ce subject jusques à mon retour en ma bonne ville de Paris. Et m'asseurant que vous satisferez à ce qui est en cela de ma vollonté, je ne vous feray la présente plus longue que pour prier Dieu qu'il vous ayt, Monsr Nicolay, en sa sainte garde. Escrit à Arles, le xvijme mars 1660.

LOUIS.

Le Tellier.

(Original. — Arch. Nicolay, 26 L 24.)

599.   5 Mai 1660.
LETTRE DU CARDINAL MAZARIN AU P.P. — OFFRES DE SERVICE.

A Bayonne, le 5me may 1660.

Monsieur, J'ay esté très aise de sçavoir l'intérest et les raisons que Messieurs de la Chambre des comptes ont de prétendre que le Roy députe des commissaires de leur corps pour faire la réunion à l'ancien domaine de Sa Majesté de ce qu'elle a acquis par le présent traité de paix, parce que je m'en pourray prévaloir pour leur procurer la grace qu'ils désirent. Mais, comme le Roy n'a guières accoustumé de rien résoudre sur de semblables matières que par l'advis de Mr le chancelier, je croy qu'il sera bon que vous vous adressiez à luy pour luy faire connoistre le fondement de vostre prétention, afin qu'il en informe Sa Majesté. Après quoy, je m'employeray très volontiers auprès d'elle pour faire avoir à vostre Compagnie toute la satisfaction qu'elle peut souhaiter, et je vous prie de l'asseurer que, dans toutes les autres occasions qui se présenteront, je n'oublieray rien pour luy faire conserver ses droicts et ses prérogatives, sçachant le zèle et la fidélité qu'elle a eüe dans tous les temps pour le service du Roy, et luy estant obligé en mon particulier de la manière dont elle en a usé dans tout ce qui m'a regardé. Outre ces motifs là, la considération que j'ay pour vous m'en sera encore un fort puissant pour me faire faire toutes les choses qui pourront estre advantageuses à une Compagnie à laquelle vous présidez, puis qu'on ne peut estre avec plus d'estime et de sincérité que je suis,

Monsieur,

Vostre très affectionné serviteur.

Le card. Mazarini.

(Original. — Arch. Nicolay, 27 C 19 ter.)

600. (9 ou 10 Août 1660.)
DÉPUTATION AU CARDINAL MAZARIN. — HARANGUE DU P.P.

Dès le 25 mai, la Chambre avait décidé qu'il serait fait des félicitations au cardinal Mazarin sur la conclusion de la paix; mais la députation ne fut nommée que le 7 août, après l'enregistrement du traité et sur l'initiative du P.P. L'audience dut avoir lieu le 9 ou le 10 du même mois, et le P.P. en rendit compte dans la séance du 11; mais cet article est resté en blanc dans le *Plumitif*, ainsi que la délibération du 25 mai.

Le 4 du même mois, le P.P. et les députés avaient été admis à présenter leurs compliments au roi et aux deux reines, qui étaient alors à Vincennes. Les minutes des discours du P.P. sont jointes à celle de la harangue adressée au cardinal.

Monsieur, la gloire de V. É. est au dessus de toutes les louanges, et nostre esprit, qui peut à peine comprendre la grandeur de vos actions, ne trouve point aujourd'huy de paroles qui puissent répondre à ses pensées et expliquer ses sentiments. V. É. vient de donner la paix à la France : nous sommes encore dans l'étonnement; elle a trompé l'espérance des peuples, elle a fait ce qu'ils s'imaginoient estre impossible ; elle estoit conclue, ils ne la croyoient pas.

En effet, il semble qu'une guerre de tant d'années ne pouvoit finir en si peu de temps, qu'il falloit plus de deux mois pour réconcilier deux nations qui avoient fait couler des rivières de leur sang, qui mettoient leur gloire à se détruire, qui rendoient graces à Dieu de leur défaite. Autrefois, lorsque l'on parloit de terminer une guerre de peu d'années, il falloit autant de temps pour arrester le lieu de la conférence, pour donner le loisir aux plénipotentiaires des deux partis de se connoistre, d'ouvrir leurs propositions, de finir la première de leurs disputes, qu'il en a fallu en cette occasion pour conclure, pour signer, pour publier le traité de paix.

En vérité, Monsieur, si nous n'avions nulle connoissance de l'histoire, si nous ne savions que cette guerre estoit une guerre de vingt cinq années, la plus longue, la plus opiniastre, la plus sanglante qui ayt esté en France depuis l'establissement de la monarchie, la facilité de l'action diminueroit de la grandeur de l'ouvrage, et l'on ne s'imagineroit jamais que ce qui a esté conclu en si peu de temps, estoit tenu pour désespéré, mesme par les personnes qui donnent le plus de liberté à leurs espérances. Mais, comme la France et l'Espagne sont des théatres où les choses se passent à la veüe de l'univers, ce qui, inconnu, eust esté au dessus de la foy des peuples, s'estant passé à leurs yeux, les plonge dans l'admiration, et fait qu'après beaucoup de réflexions, ils attribuent à la prudence, à la sagesse, au génie de V. É. ce que, soubs un autre ministère, ils ne pourroient attribuer qu'à des causes surnaturelles.

C'estoit elle qui avoit fait triompher la France durant la guerre; c'est elle encore qui establit son repos par la paix et qui assure le bonheur de la postérité par un heureux mariage. Ainsy, Monsieur, le temps passé vous doit sa gloire, le présent sa félicité, l'advenir ses espérances.

Ces grands succeds, qui ont estonné tout le monde, ne nous ont point surpris. Vous avés répandu toute nostre gloire au dehors, et au dedans vostre ame n'en a pas esté éblouye. En effet, la France est aujourd'huy superbe de ses avantages, et V. É. n'en est point émue ; la France est fière de vos bienfaits, et l'esprit de V. É. ne s'est point eslevé pour l'en avoir comblée ; la France fait vanité de cette paix plus illustre que ses victoires, et ce n'est pas depuis au visage, aux actions, aux paroles de V. É., que l'on s'est apperceu que c'est elle seule qui l'a conclue.

Vostre esprit donc, Monsieur, est eslevé au dessus de ces actions; il opère de grandes choses, mais il est encore plus grand que ce qu'il opère. Aussi espérons nous de voir le bien de cet Estat s'augmenter de jour en jour. V. É. n'a rien de réservé pour ce royaume : elle l'a conduit durant la guerre, elle le conduira durant la paix; elle a fait craindre la force de nos armes, elle fera envier la douceur de nostre repos; elle a vaincu nos ennemis, elle fera cesser nos désordres; elle a rempli l'Estat de gloire, elle le comblera de félicité.

Alors, ce sera l'abondance, la fertilité, les richesses des peuples qui publieront vos louanges. Ces bouches muettes seront plus éloquentes que nos discours, et V. É. plus satisfaite de leurs éloges.

Cependant, puisque nous n'avons plus rien à désirer pour le bonheur de la France, trouvés bon, Monsieur, que nous fassions des souhaits pour nostre Compagnie, et que nous vous suplions d'agréer ses respects et d'estre persuadé qu'elle n'a pas esté chercher dans ses registres des exemples pour honorer des actions qui n'ont pas leurs semblables dans les histoires.

(Minute autographe. — *Arch. Nicolay,* 57 L 23.)

---

601.   (Mars 1661.)
DISCOURS DU P.P. AU ROI — CONSERVATION DES FORÊTS.

Sire, ce n'est point l'intérêt de vos peuples qui nous amène : la facilité avec laquelle V. M. écoute tout le monde, fait que quiconque peut s'expliquer n'a pas beaucoup besoin d'un secours étranger. C'est l'intérêt de vos forests, que nous sommes obligés de secourir dans leur silence, et de leur prester des paroles, afin qu'elles ayent cet avantage que tout le monde trouve en ce temps-cy, de pouvoir représenter leurs raisons à V. M. et d'estre entendues avant que d'estre condamnées.

La saison, Sire, leur est avantageuse : elles estoient mortes durant l'hiver, elles commencent à renaistre, et il semble que ce soit une espèce de cruauté de les envoyer à la mort au moment de leur naissance. Elles reverdissent, elles vont embellir la terre, pour plaire à celuy qui mérite d'en estre le maistre, et je suis assuré, Sire, que, si leur condamnation pouvoit estre différée jusqu'au voyage de V. M., celle de Fontainebleau donneroit une favorable protection à toutes les autres. Ce sont, Sire, des forests, mais elles ont paru raisonnables, elles se sont revestues de vert avant le temps, elles ont ri à tout le monde et ont semblé se réjouir, aussy bien que l'Estat, à l'instant que V. M. a pris connoissance de ses affaires. Et avec justice, puisqu'elles devoient espérer d'estre traitées comme estant plus à V. M. que les biens de son royaume, faisant partie de son sacré domaine, contribuant à l'embellissement de ses maisons royales et à l'innocence de ses plaisirs.

Si elles pouvoient, Sire, se racheter de la peine qui les menace, elles offriroient des biches et des cerfs au divertissement de V. M., elles luy présenteroient de l'ombre pendant la chaleur et prendroient la charge de le délasser de ses soins importans et de ses nobles inquiétudes. Elles ne considèrent pas leur seul intérêt; elles parlent encore pour ces glorieux animaux qui les habitent, qui sont nés pour les délices des Roys, et qui se plaindroient infailliblement d'estre troublés dans leur repos par le son de la cognée, eux qui n'ont accoutumé de l'estre que par la voix des chiens et par le bruit des cors.

Les poëtes, Sire, ont feint que les divinités habitoient les forests, qu'elles se revestoient de l'écorce des arbres; qu'y mettre le fer, c'estoit commettre un sacrilége et verser le sang des dieux et des déesses. Ce qu'ils disoient par fiction, ne le pouvons-nous pas dire en vérité, puisque nos Roys, les divinités visibles de la terre, s'y divertissent, s'y défatiguent de leurs soins, et que tout bon François doit estimer un crime le renversement de leurs plaisirs?

Mais je m'aperçois, Sire, que ces raisons ne font nulle impression sur l'esprit de V. M., qu'elle abandonne sans peine ses divertissemens à la nécessité de ses affaires, et qu'elle ayme beaucoup mieux prendre sur ses plaisirs que sur ses peuples. Ces pensées, Sire, sont grandes, sont louables, sont illustres, sont dignes de la majesté d'un prince qui prend seul le timon de ses affaires et qui conduit son royaume, un corps composé de tant d'esprits différens, dans un age où les hommes ont de la peine à se conduire eux-mesmes.

La fable nous a représenté autrefois un Jupiter dans le ciel, qui estoit toujours monté sur son aigle et qui avoit des foudres en main, qu'il n'a jamais prestés à personne. L'aigle des Roys est leur trosne, et leur foudre est leur puissance, qu'ils ne doivent jamais communiquer; et comme tous leurs peuples sont également leurs sujets, ils se doivent réserver une égale autorité sur tous leurs peuples.

Mais je reviens à mon discours et à parler des difficultés essentielles, difficultés d'Estat, qui sont claires, visibles, intelligibles, et qui ont retardé la vérification de la coupe de vos forests.

En effet, Sire, la Chambre pouvoit-elle, en conscience, dans la fidélité qu'elle doit à V. M., sans luy en parler, priver son Estat des biens les plus nécessaires aux hommes, dont la nature leur a fait présent sans qu'on l'en ayt sollicitée? Je sais, Sire, que j'ay eu l'honneur d'en parler à V. M., qu'elle m'a expliqué ses volontés; mais mon esprit est plus foible que celuy de la Compagnie où j'ai l'honneur de présider, et si mes raisons ont esté écoutées de V. M., les siennes doivent espérer d'en estre exaucées.

L'on coupe, par l'édit qui nous est envoyé, trois mille quatre cens arpens de haute futaye et quatorze mille de bois taillis. Que l'on nous montre une coupe aussy extraordinaire dans les temps passés : si l'on en a fait une, je ne dis pas semblable, mais approchant de celle-cy, non pas dans un temps tranquille, mais dans les nécessités les plus urgentes de la France, au milieu de la guerre, nous avouons avoir failli, de ne l'avoir pas ordonnée en pleine paix. Mais si, dans les siècles les plus malheureux, lorsque le feu estoit en tous les coins du royaume, l'on a épargné ce sacré domaine de nos Roys, pourquoy luy faire faire naufrage au port, sous un règne florissant, dans la bonace et la tranquillité de l'Estat?

Les arbres, Sire, sont nécessaires pour fournir vos peuples de bois. Les couper, c'est les priver d'un élément et les exposer à la rigueur des saisons. Il n'y a point d'exagération dans mes paroles : cette grande abondance sera suivie d'une grande stérilité. Il faut, Sire, que cette coupe extraordinaire, ou fasse cesser les coupes ordinaires, ou les diminue, car il est aysé de comprendre que l'on ne peut pas couper des arbres où il n'y en a plus, et qu'une forest où il y a moins de bois qu'il n'y en avoit, ne peut pas porter les mesmes coupes qu'elle souffroit quand il y en avoit davantage. S'il en est ainsy, il faut que le feu enchérisse, il faut augmenter la dépense des bastimens et celle de la construction de vos vaisseaux et de vos galères. Car les forests, en quoy la France est fertile, semblent donner droit à V. M. et la rendre, pour ainsy dire, maistresse des quatre élémens; elles prennent racine dans la terre, elles vous font dominer sur les eaux, elles fournissent du feu à vos sujets et servent à leurs édifices et à les défendre des injures de l'air. Que si ce royaume estoit privé de leur secours, ce que nous devons appréhender, puisque la plus grande partie des forests est ruinée, de quel costé pourroit-il recevoir du soulagement? Si la terre manque une année de porter des blés, l'Estat souffre, mais il peut estre secouru dans sa nécessité par ses voisins, et souvent mesme la fertilité de l'année qui suit récompense la stérilité de la précédente. Mais ce n'est pas icy de mesme. Le bois ne se transporte pas sans des frais excessifs, et s'il le falloit aller chercher dans les royaumes étrangers, dans les extrémités de la Suède et de la Norvège, il y a peu de personnes qui se pussent chauffer sans se ruiner.

Il faut des siècles pour le voir revenir; la main qui l'a coupé ne le voit point renaistre, et, si l'on se doit réjouir que les forests poussent de nouveaux arbres, c'est la postérité, et non pas nous. Et ce ne sont pas de vaines craintes, ni des terreurs paniques, puisque l'on vit, sous le règne de Charles VII, pour quelques coupes extraordinaires, Paris réduit aux dernières extrémités. Aussy Henry III, poussé par ces considérations importantes, ordonna que les coupes ordinaires commenceroient par la plus haute et ancienne haute futaye, voulant seulement décharger ses forests d'une vieillesse inutile et qui estoit sur son déclin; il réduisit leur coupe de cent ans en cent ans, et celle des taillis de dix années en dix années.

Ces coupes, Sire, composent les revenus ordinaires de vos bois, qui, par des canaux différens, sont conduits en vostre Épargne. Que demande-t-on aujourd'huy de nous? Je supplie très humblement V. M. de m'entendre : voicy la principale cause de nostre résistance; nous condamnons nostre procédé, si cette raison n'est pas bonne.

L'on veut, Sire, que nous approuvions que l'on prenne des revenus qui n'écherront que dans vingt ou trente années, pour fournir aux dépenses de celle-cy. Comme si nous ne savions pas que tous les jours V. M. fait ses efforts, que sa passion la plus violente est de remettre les affaires dans leur cours naturel, afin de pouvoir faire connoistre à tout le monde combien les soins et les veilles des grands princes sont utiles à leurs sujets! Si donc V. M. n'approuve pas qu'en 1661 l'on ayt empiété sur 62, que diroit-elle, si ses officiers, des personnes qu'elle a préposées pour maintenir l'ordre, qui ne s'en peuvent départir sans crime, avoient souffert, mais que dis-je souffert! avoient contribué et donné leur ministère afin qu'en l'année 1661, l'on mangeast l'année 67 et l'année 80?

Et d'autant plus, Sire, qu'avec le temps et le bon ménage, l'on se peut remettre dans les autres revenus, parce qu'il n'y a que les arrérages qui en sont reculés; mais ceux-cy, V. M. ne les retrouvera jamais, parce que couper les forests, c'est absorber les fonds et le revenu tout ensemble. Le domaine des bois est le seul qui reste à V. M.; tous les autres sont aliénés. Veut-on songer à la priver de son seul revenu ordinaire, dans un temps où elle songe à se dépouiller elle-mesme, en faveur de son peuple, de ses revenus extraordinaires? Cela est impossible. Les affaires de la France ne sont pas encore en assez bon estat pour que V. M. puisse remettre d'un costé à ses sujets, et souffrir que ses officiers luy ostent de l'autre. Pour seconder ses royales intentions et pouvoir décharger l'Estat d'une partie des impositions, il est nécessaire d'augmenter le domaine, et non pas le diminuer.

V. M. pénètre ces raisons mieux que personne, elle dont l'esprit perce les affaires les plus épineuses et qui a ébloui de ses clartés et de ses lumières les ministres les plus consommés. Mais, Sire, elles sont encore soutenues par la considération du peu de profit qui en retourne à V. M. De ce qui vaut, je le dis hardiment, parce que je sais que je dis la vérité, de ce qui vaut 4 à 5 millions, quelque bon marché que l'on fasse, quelque soin que l'on se donne, à peine en pourra-t-on tirer 15 à 1,600,000 livres.

C'est cette réflexion qui a conservé les forests si longtemps : l'on n'a pas voulu, pour des sommes médiocres, perdre des revenus considérables. Lorsque l'on met par terre une si grande quantité de bois, l'abondance en diminue la valeur. Et puis, les petits marchands n'oseroient les regarder : il s'en trouve peu qui ayent les reins assez forts pour entreprendre de si grands marchés : celuy qui se présente y met le prix qu'il luy plaist. C'est pourquoy Henry IV, ce grand modèle que V. M. s'est proposé de suivre, si elle ne l'a déjà surpassé, réduisit les ventes à vingt et trente arpens. Voyez, Sire, s'il jugea que l'on ne pouvoit pas vendre quarante arpens ce qu'ils valoient, à cause de la trop grande quantité, si l'on en pourra pousser et mettre quatre mille à leur juste prix.

Je sais, et je le sais à regret, que c'est quasi une loy du royaume, une coutume qui a pris encore de plus fortes racines en ce temps-cy, de ne vendre les biens de nos Roys au plus que le tiers de ce qu'ils valent. L'on a, Sire, engagé vos domaines, l'on a créé des rentes sur les tailles et sur les fermes, l'on a fait des traités qui ont enrichi des gens de néant. Mais vos domaines ont esté aliénés à faculté de rachat, c'est à dire que V. M. y peut rentrer, rendant les deniers qu'elle a reçus; mais, à l'égard des rentes, l'on fait des retranchemens qui font que les particuliers, dans la suite des temps, ont souvent à charge ce qu'ils avoient eu d'abord à vil prix; et pour les traités mesmes, l'on taxe quelquefois les partisans, et l'on leur fait rendre quelque chose de ce qu'ils ont pris, bien qu'il leur en reste vingt fois davantage. A l'égard de vos bois, Sire, l'on ne les peut vendre qu'une fois; V. M. n'en peut jamais tirer que le premier prix. Elle n'y peut rentrer, parce que, les arbres coupés, il n'y a plus de fonds; elle n'en peut retenir, parce qu'aussitost ils sont vendus et dispersés en des lieux différens; elle ne peut faire rapporter aux marchands une partie de leur gain, parce que, jusqu'à présent, les taxes ont respecté le commerce légitime.

L'on vendra donc moins le fonds de ce domaine, que l'on n'a vendu la superficie des autres. Mais l'on couvre ces difficultés d'un prétexte spécieux, et l'on veut que ce soit un ménage pour V. M., de couper les forests de l'apanage de Monsieur, avant qu'il s'en mette en possession.

Plust à Dieu que cette raison eust quelque fondement; il me seroit aysé de la combattre, par la considération que mérite la naissance de Monsieur. Les paroles me naistroient en la bouche pour défendre les libéralités de V. M. en sa personne. Mais il est vray que les bois de haute futaye n'ont jamais fait partie des apanages, que ceux qui en ont esté les maistres n'ont jamais eu droit de faire aucune coupe extraordinaire sans de nouvelles lettres de concession de V. M., vérifiées dans les Compagnies souveraines.

Après avoir, ce me semble, assez satisfait aux difficultés de cet édit, il ne me reste plus, Sire, qu'à supplier très humblement V. M. d'approfondir nos intentions et de fouiller dans nos cœurs.

Nostre résistance ne peut avoir d'autre fondement que le bien de vostre service. Que l'on coupe les forests d'Orléans, de Retz, de Montargis, de Blois, la Chambre n'y gagne, ni n'y perd, si ce n'est en tant qu'elle considère les intérests de V. M. comme les intérests de V. M. dont elle fait partie. Elle ne peut avoir d'autre but que de s'attacher étroitement à vos volontés. Sa juridiction est de faire rendre compte : les comptables y résistent et ne l'ayment pas; de vérifier les dons : souvent elle les modère, et excite des chagrins contre soy; l'on luy apporte des édits : elle explique leur nature et leurs difficultés. Peut-estre trouve-t-on à dire à la liberté de ses paroles; elle est comme ces intendans qui veillent au profit de leur maistre et qui, l'avertissant fidèlement des désordres de sa maison, attirent la haine des autres domestiques. Que peut-elle faire dans cette adversion universelle, que de s'efforcer de mériter les bonnes graces de V. M., de l'assurer que toutes ces considérations ne la détourneront jamais de son devoir, qu'elle ayme mieux déplaire à tout le monde que de ne pas servir son Roy, et qu'elle sera, Sire, assez satisfaite, si vous recevez quelquefois aussy favorablement ses paroles qu'elle obéira toujours exactement aux volontés de V. M.[1]?

(Copie. — *Recueil des harangues du P.P. Nicolas Nicolay*, p. 175.)

1. L'édit fut enregistré le 26 mars, avec une réserve expresse pour le parc de Chambord et à la condition que les coupes ne se feraient qu'en six années. (*Plumitif.*)

602.
29 Août 1661.
AUDIENCE DU ROI. — AFFAIRES DE LA CHAMBRE.

Ce jour, M^r le P.P. a fait rapport à la Compagnie qu'ayant esté en cour à Fontainebleau, particulièrement pour les affaires qui la concernent, de quatre natures, il a cru luy en devoir rendre raison.

Premier, pour les rangs et marches avec Messieurs du parlement, qu'il en a parlé au Roy et à M^r le chancelier, qui a répondu qu'au retour de S. M. de Bretagne, l'on y donneroit ordre, et que Messieurs du parlement n'avoient pas encore donné leurs mémoires.

Pour l'arrest du Conseil en vertu duquel Raguin fait des poursuites contre les comptables, qu'il a fait plainte à M^r le chancelier dudit arrest, et représenté qu'il blesse beaucoup l'autorité de la Chambre, la voye luy estant ouverte par celuy envoyé à ladite Chambre; qui luy dit qu'on luy envoyast l'arrest, afin d'y pourvoir. Et sur ce, le procureur général mandé, luy a esté ordonné de voir M^r le chancelier.

Pour les hommages à faire par les ecclésiastiques et déclarations à bailler de leur temporel, qu'il en avoit aussy parlé au Roy; que S. M. luy dit qu'il entendoit que lesdits ecclésiastiques rendissent les foy et hommages et fournissent déclaration de leur temporel. Et pour cela, ledit s^r P.P. a dit qu'il en parleroit de la part du Roy aux agens du clergé.

Et à l'égard des édits qui concernent plusieurs suppressions d'offices, il en avoit aussy parlé au Roy, qui luy avoit dit qu'il ne doutoit point de la fidélité de la Compagnie, et que Monsieur n'iroit point à la Chambre, comme il avoit esté résolu le jour de devant.

Et à l'instant, le procureur général mandé, luy a esté ordonné de voir Mʳ le chancelier, pour demander la révocation de l'arrest dudit Raguin.

(Plumitif.)

603.   15 et 17 Décembre 1661.
POURSUITES DE LA CHAMBRE DE JUSTICE CONTRE UN MAITRE DES COMPTES.

La Chambre des comptes ayant appris les décrets lancés contre Mʳ Bruant, conseiller maître, députe d'abord les gens du roi, puis un président et trois maîtres, pour recommander au chancelier les priviléges de la Compagnie, laquelle est seule en droit de juger ses officiers et de les destituer pour manquement aux soumissions qu'ils font lors de leur réception, comme en est accusé Mʳ Bruant. « Il est constant qu'il n'y a personne qui ayt le droit d'en prétendre la connoissance au préjudice de ladite Chambre : s'il est coupable, S. M. et le public peuvent attendre autant de justice de la rigueur de ses loys, que de tous autres juges qui en pourroient connoistre ; et s'il est innocent, il n'est pas juste qu'on luy dénie la justification d'une personne qui a eu l'honneur d'estre de son corps. » A cela le chancelier répond que l'intention du roi n'est nullement de porter atteinte aux priviléges de la Compagnie, mais que la Chambre de justice, par édit vérifié en la Chambre, a été instituée pour juger toutes personnes indistinctement, de quelque condition et de quelque qualité qu'elles fussent. Mʳ Bruant n'a pas seulement manqué à ses soumissions en se faisant traitant (ce qui serait un simple cas de discipline), mais il est chargé d'autres crimes, dont la connaissance est exclusivement réservée à la Chambre de justice. Dans ces conditions, il n'y a pas plus de priviléges pour les Compagnies, que pour les secrétaires du roi ou même pour les cardinaux, car le roi ne sauroit donner de privilége contre lui-même.

Malgré cette réponse formelle, les députés, au nom de l'honneur de la Compagnie, qui doit rejeter de son sein l'accusé, s'il est coupable, insistent pour que le chancelier renouvelle ses instances auprès du roi.

Le 17 décembre, les gens du roi viennent rapporter que S. M. s'est refusée à admettre aucun privilége « pour un crime extraordinaire comme celuy de péculat et de déprédation des deniers publics ; autrement, il y auroit peu de personnes qui n'éludassent la Chambre de justice, parce que la plupart qui ont esté dans les affaires sont secrétaires du Roy, qui prétendroient jouir de leurs priviléges ; . . . . que, quand la Chambre auroit des traités où ledit sʳ Bruant auroit eu part, elle pouvoit déclarer sa charge impétrable en conséquence de sa soumission. »

Après quoy, Mʳ le P.P. a dit que, le mesme jour d'hier, sur les trois heures de relevée, il fut au Louvre pour voir le Roy. Et monté à sa chambre, il y trouva Mʳ le Prince, qui le présenta à S. M., qui s'avança et s'approcha de luy près d'une fenestre. Et l'ayant saluée et rendu ses civilités sur son retour, ne l'ayant vue depuis, il l'assura qu'il n'avoit point de Compagnie plus soumise à ses ordres que celle de sa Chambre des comptes. Sur quoy, le Roy luy dit qu'il en avoit reconnoissance, et qu'il le chargeoit de luy dire qu'il la traiteroit toujours avec distinction. Le supplia, puisque la Chambre estoit assez heureuse pour estre en cette situation dans son esprit, en cas que l'on luy voulust donner des impressions contraires, de le mander, et espéroit de luy rendre bon compte de tout ce qui dépendroit de la Compagnie. Et après, luy parla des mémoires qui luy estoient demandés par le procureur du Roy de la Chambre de justice, contraires à son service et aux formes qui s'estoient observées jusqu'à présent ; qu'il venoit l'assurer que, pour les délivrer dans les formes de la justice, il ne falloit pas deux heures de retardement ; qu'il la supplioit de luy dire sa volonté. Et sur ce, luy auroit dit qu'il n'entendoit point qu'il fust rien innové à ce qui s'estoit observé[1].

(Plumitif.)

---

1. Malgré cette protestation, la Chambre de justice continuant à instruire contre Bruant, Messieurs des comptes arrêtèrent, le 14 juillet 1662, que remontrances seraient faites au roi, et que, d'ailleurs, les procédures seraient considérées comme nulles.

La commission du 15 novembre 1661 avait désigné le président de Pontchartrain et les conseillers maîtres de Moucy et le Bossu-le-Jau pour représenter la Chambre des comptes à la Chambre de justice. Celle-ci tint ses séances dans la chambre du Conseil, comme à l'ordinaire ; mais, en raison de l'importance des procès, elle obtint de faire quelques appropriations provisoires dans cette partie des bâtiments.

Par édit du mois d'octobre 1667, la charge de Bruant fut supprimée, pour n'être rétablie que plus tard, en octobre 1674.

604.

(Février 1662.)

HARANGUE PRÉPARÉE PAR LE P.P. POUR LA SÉANCE DE MONSIEUR.
CESSION DE LA LORRAINE

Cette harangue ne fut pas prononcée : Monsieur accompagna le roi au parlement, le 27 février, pour y faire enregistrer le traité, qui ne fut point présenté à la Chambre. On n'y envoya que dans les derniers jours de cette même année le traité conclu à Munster en 1648. (Lettre du roi au P.P., 14 décembre 1662. *Arch. Nicolay*, 26 L 27.)

Monsieur, nous avons d'autant plus de sujets de voir avec joye la Lorraine de nouveau incorporée à cet Estat, qu'elle a esté la première partie de la Gaule soumise par les armes victorieuses de nos Roys, et qu'il devroit estre dur et fascheux aux François de laisser en des mains étrangères ces grandes marques du courage et de la valeur de leurs ancestres. Pharamond et Clodion, après avoir passé le Rhin, s'en rendirent les maistres. Il estoit donc bien juste qu'elle retournast un jour à la France, puisqu'elle fut un des premiers héritages de nos princes, et qu'elle se trouvast dans la succession des fondateurs de cette monarchie.

Mais, Monsieur, qui eust osé s'attendre à de nouvelles conquestes au milieu de la paix, et qui eust pu espérer que, par le seul effort de la prudence, sans troupes et sans armée, l'on réunist à l'Estat un pays qui a fait autrefois le partage d'un des premiers descendans de Charlemagne? En effet, Lothaire a donné son nom à la Lorraine; et, comme il en fut Roy, nous pouvons dire que le petit-fils de Henry le Grand a cette gloire, d'avoir, d'un coup de plume, rendu le royaume de ce petit-fils de Charlemagne une province dépendante de sa couronne.

C'est un passage que S. M. a bouché à l'Espagne, et, si nous estions assez malheureux pour, quelque jour, voir rallumer entre les deux couronnes un feu qui est si bien éteint, au moins ne craindrions-nous plus que les troupes d'Italie passassent à travers la Lorraine pour venir combattre les nostres dans les Pays Bas. Si ce traité, Monsieur, ferme une porte à l'Espagne, il en ouvre une à la France, qui met l'Alsace en sureté et qui doit faire trembler l'Allemagne, si elle fait réflexion qu'un prince qui subjugue les souverainetés par l'adresse de ses paroles a droit d'aspirer par la force de ses armes à la conqueste de tout le monde. C'est aussy un chemin que S. M. s'est fait au secours de ses alliés, et elle doit estre, Monsieur, bien satisfaite d'avoir travaillé encore plus pour eux que pour elle, puisqu'en cela il y va de sa gloire, parce qu'il y va mesme de son intérest.

Mais, sans considérer la Lorraine comme un passage, et la prenant en elle-mesme, quel avantage ne revient-il pas au Roy d'avoir ajouté à son royaume une province fertile et abondante? Et quel avantage n'est-ce pas d'avoir soumis, sans qu'il en ayt cousté une seule goutte de sang à ses sujets, un pays qui a fait périr les princes et les armées qui ont voulu s'en emparer? En effet, Charles, duc de Bourgogne, fit tous ses efforts pour s'en rendre le maistre, et sa mort, avec la défaite de ses troupes, devant Nancy, justifie bien que les victoires de l'esprit sont plus assurées que celles qui s'obtiennent par les armes, comme elles sont plus glorieuses, parce qu'il y a moins de personnes qui les partagent.

Ces officiers donc, Monsieur, sont, aussy bien que le reste de l'Estat, dans l'admiration d'une action si importante; et si quelque chose peut modérer leur plaisir, c'est seulement de voir encore leur liberté étouffée, de ne pouvoir maintenant exprimer leurs sentiments, ni contribuer mesme de leurs suffrages à cette consommation de la conqueste de la Lorraine.

Mais, comme l'esprit du Roy a donné le premier branle à cette affaire, il est juste qu'elle trouve sa perfection dans son autorité. Aussy bien, Messieurs, devons-nous reconnoistre que l'on ne nous fait pas grand tort aujourd'huy de nous obliger de nous taire, puisque, si nous avions une liberté entière de parler, ne trouvant pas de louanges dignes d'un si grand ouvrage, nous ne pourrions pas mieux l'honorer que par nostre silence.

(Copie. — *Recueil des harangues du P.P. Nicolas Nicolay*, p. 267.)

605. *Juin 1664.*
LETTRE DU ROI AU P.P. — COMMUNICATION DE TITRES DOMANIAUX.

Monsr Nicolay, ayant ordonné au sr Colbert, conseiller en mon Conseil royal et intendant de mes finances, de faire tirer de ma Chambre des comptes divers mémoires concernans les domaines de la couronne, je vous faits cette lettre pour vous dire que je désire que vous teniez la main à ce que les personnes qui seront envoyées par ledit sr Colbert à cet effet, ayent l'entrée libre en ladite Chambre, et qu'ils puissent tirer avec facilité tous les mémoires dont ils auront besoin, sans estre obligez de présenter requeste à ladite Chambre. De quoy me promettant que vous aurez un soin tout particulier, puisqu'il s'agit en cela de mon service et du bien de mes affaires, je ne vous feray la présente plus expresse, et prie Dieu qu'il vous ait, Monsr Nicolay, en sa sainte garde. Escrit à Fontainebleau, le   jour de juin 1664.

LOUIS.
DE GUÉNEGAUD.

(Original. — Arch. Nicolay, 66 L 183.)

---

606. *12 Juillet (1664).*
LETTRE DU P.P. A M. COLBERT. — AFFAIRES DE FINANCES.

Ce 12 juillet.

Monsieur, je croy qu'il n'y a rien de plus juste que d'obliger Mr le Tillier à tenir compte au Roy de ce qu'il a receu au delà de la finance qu'il a payée pour la charge de controlleur général; mais il me semble que c'est en esloigner beaucoup sa recherche, que de la remettre à la vériffication des acquits qu'il a obtenus pour ses charges d'intendant des finances. En effect, j'ay appris de son raporteur, que je n'ay pu entretenir plus tost, qu'il ne les sollicite point, et que mesme il en esloigne le jugement, joint que ces affaires paroissent divisées et n'avoir rien de commun. Si vous le trouviés bon, Monsieur, le procureur général de la Chambre pourroit présenter requeste contre luy, l'obliger de raporter ses quittances de finance, et justifier le remboursement qu'il a receu de Mrs d'Herval et Breteuil. Comme il n'en sera point fait mention dans les comptes de l'Espargne, parce qu'il a receu le payement directement des particuliers, et non pas du Roy, il est à craindre qu'on n'en entende plus parler avec le temps. Les thrésoriers de l'extraordinaire des guerres sollicitent aussy, et demandent audience. Je suis persuadé, Monsieur, qu'ils ont eu l'honneur de vous entretenir de leurs intérests. Il y a peut estre quelque chose qui répugne aux ordonnances et à l'ancienne forme des finances. Je suis,

Monsieur,

Vostre très humble et très obéyssant serviteur.

N. NICOLAY.

(Orig. autographe. — Bib. Nat., mss. *Mélanges Colbert*, n° 122, f° 387.)

---

607. *(9 Août 1664.)*
HARANGUE DU P.P. AU LÉGAT.

Quod nobis jamdiu haud contigerat, Eminentissime Cardinalis Legate, quod, vigente Gallos inter ac Romanos consueta concordia, vix sperandum videbatur, ut Sedis Apostolicæ legatum in Gallia intueri atque in eo Christi in terris vicarium omni obsequio ac reverentia venerari liceret, id nunc orta nobis ex momentaneo dissidio æterna pax præstat. Sic ex venenis remedia nobis divina providentia comparat; sic repentinis ex malis et quorum nos causæ latent, insperata sæpenumero bona et optandos effectus habitura proveniunt. Et vero, cum tanta semper coronæ francicæ cum romanis infulis conjunctio fuerit, cum tot mutuis officiis, quasi nativo quodam nexu, devincta a tot jam retro *sæculis sint suprema hæc duo Christiani Orbis capita, fieri haudquaquam potest quin vel ipsa dissensionum semina in majus ipsis arctiusque consortium vertant.*

Datæ sunt quippe Summo Pontifici claves regni cælorum, indultus Regi Christianissimo princeps inter terrarum dominos locus; illi religiosum atque interius in animas, huic exterius in corpora imperium datum, utrumque a solo Deo, nullis utrumque legibus definitum.

Hæc duo imperia, quæ non magis quam corpus et animam dissociari par est, feliciter nunc tuo adventu in pristinum redeunt nativæ consociationis ac benevolentiæ gradum.

Hæc nobis votorum summa, hic bonorum omnium cumulus est; hinc in Alexandrum et Ludovicum, saluti publicæ cuncta postponentes, gloria immortalis; hinc in subjectos utrique populos, imo in universum Orbem Christianum, cum incredibili gaudio, fructus amplissimus; hinc denique in te, Cardinalis Eminentissime, tantarum interpretem confirmatoremque rerum, decus eximium redundabit.

(Copie. — *Recueil des harangues du P.P. Nicolas Nicolay*, p. 46.)

608.
24 Août 1664.
LETTRE DU ROI AU P.P. — COMPAGNIE DES INDES.

Monsr Nicolai, j'ai commandé que l'on porte deux déclarations de ma part en ma Chambre des comptes de Paris pour l'establissement d'une Compagnie des Indes orientales, et je vous escris cette lettre pour vous expliquer mon intention, qui est qu'après en avoir facilité par vos soins l'enregistrement pur et simple, vous invitiés en mon nom les officiers de madite Chambre d'entrer dans cette Compagnie. Vous les pouvés asseurer que, comme c'est mon ouvrage et que tout mon royaume en recevra un advantage indicible, je considérerai comme une preuve de l'affection qu'ils ont pour moy et de leur zèle pour le bien public l'intérest qu'ils y prendront, et que ce ne me sera pas une désagréable marque pour les distinguer des autres dans la distribution de mes graces. Je suis trop persuadé de vostre capacité et de vostre aplication aux choses que j'ai à cœur, pour croire qu'il soit besoin de vous en dire davantage. Aussi je finis la présente, priant Dieu qu'il vous ayt, Mr Nicolai, en sa sainte garde. Escrit à Vincennes, le 24me d'aoust 1664.

LOUIS.

(Orig. écrit de la main du secrétaire du cabinet. — *Arch. Nicolay*, 26 L 30.)

609.
8 Janvier 1665.
SOUSCRIPTION A LA COMPAGNIE DES INDES.

Ce jour, Mr Nicolay, P.P., a rapporté que, le jour d'hier, à midy, le Roy le manda au Louvre, et luy dit qu'il avoit beaucoup de satisfaction de la manière avec laquelle les officiers de la Chambre avoient pris intérests au Commerce des Indes orientales; qu'ils avoient donné l'exemple et la faisoient distinguer des autres Compagnies, et qu'il désiroit que ceux qui n'avoient pas encore signé le role prissent la résolution finale sur ce sujet, afin que tous ceux qui auront signé tiennent leur argent prest pour entrer en payement au premier jour. Et sur ce que Mr le P.P. luy avoit demandé s'il laissoit la liberté de choisir les Indes orientales ou occidentales, comme on luy avoit déjà dit de la part de S. M., Sadite Majesté luy auroit répondu que oui [1].

Sur quoy, mondit sr le P.P. l'ayant remercié de la satisfaction qu'il témoignoit avoir reçue de la Chambre, luy protesta qu'elle auroit le mesme zèle pour toutes les autres affaires qui se présentoient pour son service; entre lesquelles la Chambre avoit mesme une contestation avec les officiers du Chastelet de Paris, protégés par la Cour de parlement, pour raison des scellés qu'elle est en possession d'apposer ès maisons des comptables, après leur décès ou faillite, et que, comme MM. les maistres des requestes, qui composent en partie les Conseils d'Estat et privé, sont aussy du corps dudit parlement, la Chambre avoit aussy sujet de les tenir suspects pour ce regard et de supplier très humblement le Roy, comme il faisoit, d'évoquer ce différend à sa personne, en son Conseil royal. Laquelle proposition S. M. avoit écoutée et reçue bénignement, avec promesse de rendre réponse au premier jour. Après quoy, il s'estoit retiré.

Comme aussy a ledit sr P.P. rapporté que, le mesme jour d'hier, il avoit esté visité par l'un des directeurs du Commerce des Indes occidentales, lequel, en conséquence de la liberté que le Roy laissoit aux officiers de la Chambre de s'intéresser au Commerce des Indes orientales ou occidentales, à leur choix, l'avoit prié d'exciter Messieurs de s'intéresser aux occidentales. Et sur ce que Mr le P.P. luy auroit répondu que les occidentales n'estoient pas si commodes, parce qu'il y falloit payer tout comptant; au contraire, aux orientales, on ne payoit qu'en trois termes d'an en an, par égales portions, ledit directeur auroit répliqué que, pour faire favoriser sa proposition, il feroit accorder, dans sa Compagnie, des termes et accommodemens par les payemens.

(*Plumitif.*)

1. Plus tard, plus de quatre-vingts officiers des comptes ayant renoncé à leur souscription par signification authentique, et le roi ayant eu occasion de le constater lors du renouvellement des rôles de l'annuel, il en témoigna hautement son déplaisir au contrôleur général. Celui-ci répondit que sans doute la Chambre n'avait pas su qu'il était possible de retirer la renonciation et d'opérer le second versement, comme l'avaient fait le parlement de Bretagne, la Cour des Monnaies et d'autres Compagnies ou particuliers.

Sur quoi, le roi lui ordonna d'avertir les renonçants de se déterminer sous quatre jours ; sinon, « S. M. prendroit résolution de ce qu'elle auroit à faire. » (*Plumitif*, 16 et 17 janvier 1669).

---

610. (14 *Janvier* 1665?)

SÉANCE DE MONSIEUR. — DISCOURS DU P.P.

Monsieur, une des choses du monde les plus difficiles, à mon sens, est de se préparer sans en avoir le temps, de discourir sans matière, et de raisonner sur des affaires dont on n'a pas la connoissance. C'est pourquoy, Monsieur, j'avoue que j'ay trouvé d'abord quelque difficulté à faire paroistre devant vous un discours plein de cette négligence que la précipitation mène avec elle, à présenter à tous ceux qui m'écoutent des paroles vaines et inutiles, faute de sujet, dans une journée où l'on doit présumer qu'il s'agit d'affaires très importantes, et enfin à exprimer les sentimens et les pensées de cette illustre Compagnie sur des édits de S. M., dans l'incertitude de ce qu'ils contiennent.

Autrefois, Monsieur, pour connoistre si les édits estoient avantageux à S. M., l'on n'avoit pas besoin de nos paroles : il n'y avoit qu'à regarder s'ils estoient vérifiés par la liberté de nos suffrages. Pourquoy? Parce que, si l'on considère l'institution des autres Compagnies, l'on trouvera qu'elles ont esté établies pour vider les différends des particuliers ; mais si l'on jette les yeux sur nos fonctions, l'on connoistra aussitost qu'elles ne tendent qu'à l'avantage de S. M. et à l'augmentation des droits de sa couronne. Aussy nous avons résisté dans tous les temps avec vigueur pour en empescher la diminution ; vous le savez, Monsieur, et les peines que vous vous estes données de venir souvent en cette auguste Compagnie, en peuvent servir d'illustres témoignages. Pour ce qui touche les siècles plus éloignés, j'en rapporteray seulement un exemple.

Au temps, Monsieur, où cette Compagnie estoit quasi la seule Chambre des comptes de ce royaume, le roy Louis XII fit don à Marguerite de Lorraine, veuve de Réné, duc d'Alençon, de la garde noble de ses enfans dans les terres qu'ils avoient en Normandie. Ces lettres furent présentées, et refusées à la Chambre, parce que c'estoit une espèce d'aliénation du domaine de S. M. Le duc de Lorraine vint deux fois prendre séance icy et apporter les ordres du Roy sur cette affaire ; elles ne furent pas vérifiées. Le roy Louis XII y vint en personne, le 18 du mois d'aoust de l'année 1498 ; mais il connut le zèle et la passion de cette Compagnie par la difficulté de son obéissance. Enfin, après avoir mandé au Louvre une partie des officiers de sa Chambre des comptes, après avoir écouté leurs très humbles remonstrances et fait savoir sa dernière volonté, les lettres furent vérifiées.

Pourquoi ay-je rapporté cet exemple? Est-ce pour faire voir que c'est pour l'avantage des Roys que l'on ne cède pas quelquefois si tost à leur autorité? Si ce n'est pour cela, au moins, Monsieur, sera-ce pour donner à connoistre à tout le monde que des personnes qui ont su résister avec respect à des lettres contraires aux intérests de leur prince, sauront toujours vérifier avec joye celles qui seront utiles à son service et avantageuses à son Estat.

Par quelle raison donc n'a-t-on pas abandonné celles-cy à la liberté de nos suffrages? Par quelle raison nous en a-t-on caché la connoissance? Est-ce qu'elles portent préjudice aux intérests de S. M.? Pour cela mesme elles devroient estre délibérées. Est-ce que le bien du peuple s'y trouve intéressé? Pour moy, il ne me viendra jamais en pensée qu'elles puissent estre désavantageuses à la France, puisqu'elles partent d'un prince qui a su porter la félicité jusque dans les royaumes étrangers. S. M. cherche le bonheur de ses peuples dans les extrémités du monde ; pourroit-il ne se pas rencontrer dans ses édits? Certes, il seroit difficile de se le persuader. Il n'y a qu'à regarder S. M. dans ses Conseils, qu'à considérer les peines, les travaux et les soins qu'elle se donne. Où en pourroit-elle trouver le fruit et la véritable récompense, si ce n'est dans le bonheur de son peuple et le bien général du monde? Les particuliers, aussy bien que les Roys, peuvent contribuer à leur bonheur particulier ; mais il est réservé seulement à la gloire des grands monarques d'illustrer leur siècle et de distinguer leur règne par la félicité de leurs sujets.

Le corps de l'Estat, Monsieur, a déjà ressenti assez les effets des soins glorieux de S. M. et de son application toute royale. Il est temps, il est temps que le bien découle jusqu'aux parties singulières qui le composent. Nous l'espérons de sa bonté ; nous l'espérons de sa générosité et de la grandeur de son courage ; et nous en aurons une assurance encore plus grande, si vous voulez bien, Monsieur, représenter quelquefois à S. M. que, comme les richesses et les trésors des Roys sont des preuves infaillibles de la grandeur de leurs couronnes, l'amour et la félicité de leurs peuples sont des marques éternelles pour la postérité des vertus éminentes de leurs personnes.

(Copie. — *Recueil des harangues du P.P. Nicolas Nicolay*, p. 281.)

---

611.   28 *Avril* (1665).

LETTRE DU P.P. A M. COLBERT. — AFFAIRE DES SCELLÉS.

Ce 28 avril.

Monsieur, j'ay appris que le Roy avoit fait escrire à Mr le chancellier. Comme je ne doute pas que ce ne soit un effect de vos soings, vous trouverés bon que je vous témoigne l'obligation que la Compagnie vous en a. En vérité, il n'y a rien de plus extraordinaire que la manière dont cette affaire a esté décidée : l'on a nommé cinq commissaires nouveaux, sans nous en advertir, et sans que nous pussions par conséquent les instruire de nos raisons ; Mr le raporteur a fait son raport sans avoir dit que nous eussions jamais obtenu un arrest du Conseil sur ces matières, et, dans la production que nous luy avons mise entre les mains, il y en a un volume imprimé ; et puis, pour achever, il a fait entendre que nous estions très satisfaits du dernier arrest du Conseil qui a esté donné au raport de Mr de Fieubet, et vous sçavés, Monsieur, que je vous ay toujours dit que c'estoit le seul dont nous avions sujet de nous plaindre, et que la Chambre demandoit que l'affaire fust portée devant le Roy, de crainte que l'on n'en rendit un semblable à celuy là. Voilà, Monsieur, comme cela s'est passé, et Mr Pussort, qui a esté des juges, vous en pourra rendre un fidèle témoignage. Je ne voy pas sur quoy, après que S. M. m'avoit témoigné qu'elle souhaitoit que vous prissiés le soing de cette affaire, Mr le chancelier s'en est voulu charger pour luy rendre si bonne justice. Je vous suplie d'en vouloir reprendre la conduitte. Elle est aysée à redresser, si vous le voulés, et vous voulés toujours ce qui est avantageux au service du Roy. La Compagnie vous en aura une obligation particulière[1]. Je suis, etc.

N. NICOLAY.

(*Orig. autographe.* — Bibl. Nat., mss. *Mélanges Colbert*, n° 128 bis, f° 1153.)

1. La Chambre avait chargé le P.P. de soutenir ses intérêts dans l'affaire de l'apposition des scellés chez les comptables décédés, et M⁰ Nicolay avait fait tous ses efforts pour que la cause fût rapportée directement devant le roi, sans passer par le Conseil; mais le chancelier s'y était opposé, malgré l'assentiment du roi, et avait traîné en longueur l'instruction de l'affaire, et même empêché que le P.P. arrivât jusqu'au roi. (*Plumitif*, 10, 21 et 28 mars. — Le P.P. avait préparé des remontrances, dont une copie est conservée dans le *Recueil de ses harangues*, p. 51 à 99.)

La Chambre ayant su qu'un arrêt provisionnel avait été rendu contre elle le 23 avril, chargea, le 4 mai, le procureur général de se transporter à Saint-Germain, pour arrêter la signature et donner avis au P.P. de la première occasion de voir le roi. Le P.P. obtint en effet que l'arrêt ne serait pas définitif tant que l'affaire n'aurait été jugée en Conseil devant le roi lui-même. Mais, malgré cette promesse, l'arrêt fut signé et délivré. Sur la plainte du parquet, le chancelier répondit que S. M. n'avait pu prendre le temps de juger l'affaire, et M⁰ Colbert ajouta que le roi n'avait pas voulu surseoir davantage à l'exécution de la décision du Conseil.

La Chambre résolut aussitôt de réclamer auprès du roi la conservation de sa juridiction et de lui demander un nouveau jugement, en remplaçant M⁰ Poncet, comme rapporteur, par M⁰ Pussort. Le P.P. et six maîtres furent chargés de la rédaction des remontrances. (Séances des 7 mai et 5 juin.)

612. 29 *Janvier* 1666.
COMPLIMENT AU ROI SUR LA MORT DE LA REINE-MÈRE.

Ce jour, M⁰ Nicolay, P.P., voulant faire la relation de ce qui s'est passé dans la députation de la Chambre vers le Roy, et question mue si les conseillers correcteurs et auditeurs seront mandés pour l'entendre, ou avertis seulement par un huissier que l'on l'alloit faire, sans les y mander, les Gens du Roy sur ce ouïs et l'affaire mise en délibération, la Chambre a ordonné que lesdits conseillers correcteurs et auditeurs ne seront mandés à ladite relation, ni avertis d'icelle, mais seulement que les portes seront ouvertes en la manière accoutumée.

Ce fait, mondit s⁰ le P.P. a fait ladite relation, et dit que MM. les députés de la Chambre estant partis le 27 du présent mois, sur les huit heures du matin, pour aller vers le Roy, à St-Germain en Laye, et luy faire les complimens de condoléance ordonnés luy estre faits par l'arresté du 23 du présent mois, estoient arrivés audit St-Germain sur les dix heures et descendus de leurs carrosses dans la cour des Cuisines, et s'estoient assemblés dans l'appartement de M⁰ de Lionne, secrétaire d'Estat, en attendant que le s⁰ Dupin, ayde des cérémonies, fust venu les recevoir pour les conduire au Vieil Chasteau, où logent Leurs Majestés; dans lequel appartement estant, comme dit est, grand nombre de conseillers correcteurs et auditeurs, au préjudice de l'arresté de la Chambre du 24 du présent mois, seroient entrés en foule dans ladite chambre, ce que voyant, lesdits s⁰ˢ députés se seroient retirés dans une autre chambre et auroient envoyé les Gens du Roy vers M⁰ le Tellier, secrétaire d'Estat, pour remédier à ce désordre par l'autorité du Roy. Et incontinent après, ledit s⁰ Dupin, ayde des cérémonies, seroit venu recevoir lesdits s⁰ˢ députés et les auroit conduits dans la cour du Vieil Chasteau, en l'appartement du s⁰ mareschal de Turenne, dans une salle où lesdits conseillers correcteurs et auditeurs, qui avoient suivi lesdits députés, entrèrent encore tumultuairement et avec grande confusion et scandale, jusqu'à ce que ledit s⁰ le Tellier, secrétaire d'Estat, estant venu en ladite salle, leur auroit dit de la part du Roy que S. M. leur défendoit de monter avec lesdits s⁰ˢ députés et leur enjoignoit de se retirer, sauf à leur estre fait droit sur leurs prétentions, s'ils justifioient y estre bien fondés, et, à cette fin, que S. M. feroit examiner leurs mémoires en son Conseil. Au moyen de quoy, lesdits conseillers correcteurs et auditeurs s'estoient retirés.

Et un quart d'heure après, M⁰ le Tellier de Louvois, secrétaire d'Estat à la survivance dudit s⁰ le Tellier, son père, précédé dudit s⁰ Dupin, ayde des cérémonies, seroit entré en ladite salle, auroit répété et réitéré l'ordre du Roy touchant les conseillers correcteurs et auditeurs, et auroit conduit lesdits s⁰ˢ députés à l'audience du Roy, en la chambre de S. M. Où, après les révérences dues et accoutumées, ledit s⁰ P.P., à la teste desdits s⁰ˢ députés, auroit fait à S. M. le compliment de condoléance de la Chambre au sujet de la mort de la feue reine Anne d'Autriche, sa mère. Auquel compliment Sadite Majesté auroit répondu qu'elle ne doutoit point de la fidélité et affection de la Chambre, en ayant reçu des preuves en toutes occasions; qu'aussy se pouvoit-elle assurer de sa protection et de ses graces en toutes occurrences. Après quoy, lesdits s⁰ˢ députés ayant réitéré leurs profondes révérences, se seroient retirés, conduits jusqu'à la porte de l'antichambre du Roy par ledit s' de Louvois, qui leur auroit dit d'attendre dans l'appartement de M' de Turenne que la reine eust entendu la messe, pour la saluer.

Auquel appartement ayant esté conduits par ledit s' Dupin, ayde des cérémonies, ledit s' de Louvois y seroit venu quelque temps après les quérir, et les auroit conduits dans la chambre de ladite dame reine. Où, ayant fait leurs profondes révérences, ledit s' P.P. luy auroit fait, au nom de la Chambre, un compliment de condoléance sur le mesme sujet. A quoy S. M. auroit répondu qu'elle remercioit la Chambre, qu'elle luy donneroit en toutes occasions des marques de son souvenir et de sa reconnoissance. Ce fait, lesdits s" députés, après l'avoir de rechef saluée, se seroient retirés, conduits par ledit s' de Louvois jusqu'à la porte de l'antichambre de ladite dame reine, et par ledit s' Dupin, ayde des cérémonies, jusqu'au bas de l'escalier, dans la cour, où lesdits s" députés se sont séparés[1]. (*Plumitif* et *Cérémonial*.)

[1]. La contestation entre les ordres, portée au Conseil royal, ne fut terminée que le 20 mars 1673, par une transaction et un règlement de la Chambre elle-même, qui donna rang aux correcteurs et auditeurs dans toutes les députations solênnelles, et fixa également les conditions dans lesquelles ils devaient participer, soit aux actes, soit aux travaux de la Compagnie. (*Journal*. — Impr. dans la collection Mariette, 9 janvier, 17 et 20 mars 1673.)

613.

(1666-1667.)

LETTRES DU P.P. A M. COLBERT. — AFFAIRES DE LA CHAMBRE.

Ce 2 septembre (1666).

Monsieur, vous m'avés fait l'honneur de me recommander deux affaires : l'une des estats des rentes ; je croy que les auditeurs de la Chambre vous les ont mis entre les mains ; et l'autre, qui regarde les antiens fermiers des gabelles, qui a esté jugée aujourd'huy de la manière que vous le pouviés désirer.

Je vous suplie, Monsieur, d'estre persuadé que j'aurai toujours une très grande joie, lorsque je pourrai vous témoigner que je suis, etc.

N. Nicolay.

(Décembre 1666.)

Monsieur, vous m'avés envoyé M' Marin pour me dire de la part du Roy de faire travailler incessament à l'inventaire des comptes. Aussitost, j'ay donné les ordres nécessaires, et j'espère que ce qui à peine a esté commencé en 20 ans, sera achevé en quatre mois. Je vous suplie seulement, Monsieur, si quelqu'un vouloit troubler ce travail, d'en parler à S. M., afin qu'elle m'appuye de son authorité, et de considérer que les finances et le reste du royaume ne seroit pas dans l'estat où il est, si elle n'avoit soutenu vos veilles et vos soings. Je suis, etc.

N. Nicolay.

Ce 10 (janvier 1667).

Monsieu', il est arrivé ce matin à la Chambre une affaire dont je ne puis vous rendre compte par le détail. Comme elle regarde le service du Roy, j'ay prié M' des Chiens de vous en entretenir. Il vous dira la conversation que j'ay eue avec M' le chancellier, qui l'a trouvée très importante. Je vous suplie, Monsieur, de n'y point considérer ma personne, mais l'interest de S. M., que j'ay l'honneur de représenter à ma place. Je suis, etc.

N. Nicolay.

(Orig. autographes. — Bib. Nat., mss. *Mélanges Colbert*, n°s 140, f° 54 ; 142, f° 312, et 143, f° 52.)

614.

Janvier 1667.

RÉCUSATION DU P.P. PAR LE RECEVEUR DES ÉPICES.

Le 8 janvier, la Chambre ayant commencé à juger, dans la liquidation de Claude de Fleur, receveur des épices, une omission de deniers reçus indûment, et ayant permis à quelques conseillers de s'abstenir comme créanciers du comptable, celui-ci présenta, le surlendemain, deux requêtes en récusation du P.P. et de sept autres maîtres, qui « ne se sont pas contentés de se vanter en divers endroits qu'ils empescheroient bien le fils dudit de Fleur d'estre reçu en l'office de maistre des comptes dont il est pourvu, mais encore auroient sollicité plusieurs des autres présidens et maistres d'estre contraires à ladite réception et à toutes les autres affaires dudit de Fleur. » Le P.P. se retira aussitôt, en déclarant qu'il s'en rapportait « à la religion et aux consciences de Messieurs s'il estoit capable d'une telle vanité; » puis, revenant, comme les autres récusés, au barreau, il repoussa toute récusation à son égard et demanda communication de la requête, pour y répondre le jour suivant.

Du 11 janvier. Mr Nicolay, P.P., a dit . . . . au fond, qu'il prétendoit qu'ayant l'honneur d'estre premier président de la Compagnie, il n'estoit point récusable; que, pour établir le contraire, l'on avoit rapporté trois exemples, ès personnes de feu Mr Chevalier, premier président de la Cour des aydes, de feu Mr Aubery, président en la Chambre, et de feu Mr Molé, premier président au parlement; qu'à l'égard de Mr Chevalier, les causes de récusation portoient accusation de concussion, et ainsy, que c'estoit un procès; qu'à l'égard de Mr Aubery, il ne pouvoit y avoir quelque déférence, parce qu'encore que, tenant la première place, il ne fust récusable, qu'il le pouvoit devenir, le P.P. survenant, ce qui ne pouvoit jamais arriver au P.P., et qu'après tout, ledit sr Aubery ayant en cette occasion la place de P.P. et son privilège à conserver, il n'avoit pas pu, en l'abandonnant, faire préjudice au P.P.; et qu'au regard de Mr Molé, il n'avoit quitté sa place que dans une occasion où les troubles étouffoient l'autorité légitime, c'est pourquoy il avoit protesté que cette action ne pourroit préjudicier au privilège de sa charge; de sorte que, si un premier président avoit prétendu ce privilège et protesté qu'on n'y pouvoit préjudicier, il estoit de l'intérest de sa dignité, et mesme de l'honneur de la Chambre, qui fraternise en tout avec le parlement, de conserver le mesme privilège et de protester que l'arrest d'hier n'y pourroit préjudicier. Qu'il prioit donc la Chambre de luy donner acte de ses protestations. Et ce fait, s'est retiré.

La Chambre, y compris même les autres récusés, donna acte de cette protestation au P.P., pour que l'arrêt de la veille ne pût lui préjudicier. Le jour suivant, le P.P. annonça que le roi évoquait l'affaire, et il obtint la remise des pièces pour les donner au chancelier.

Le roi fit appeler le procureur général le 21 du même mois, et lui dit « qu'il estoit fort satisfait de la conduite de Mr le P.P., qu'il avoit vu les requestes de récusation de de Fleur et les mémoires de Mr le P.P., qu'il trouvoit son procédé fort net, et qu'il avoit renvoyé le jugement desdites requestes à la Chambre, » suivant la demande du P.P. lui-même.

La Chambre procéda au jugement de l'incident le 24 janvier.

« Lecture finie desdites deux requestes, Mr le P.P., se levant de sa place et sortant du bureau, a dit qu'il n'avoit autre chose à dire sinon que tout cela estoit faux. Ce que n'ayant pas esté [trouvé] suffisant, mondit sr le P.P. ayant esté de rechef averti, pris sa place et ensuite passé le barreau, a dit que, de Fleur prenant Messieurs à témoins, il les prenoit aussy à témoins, se rapportant à eux, et qu'il n'avoit autre chose à dire. »

Tour à tour, chacun des conseillers récusés ayant également protesté que les allégations faites à son égard étaient fausses et ne pouvaient, tout au plus, avoir trait qu'à des conversations tenues en dehors du bureau, au feu ou à la buvette, la Chambre ordonna de mettre sur les requêtes : *Auditi maneant*, et passa, en présence de tous les officiers revenus à leurs places, au jugement de la réclamation que faisait le nouveau receveur des épices contre Claude de Fleur [1].

(Plumitif.)

---

[1]. Plus tard, de Fleur ayant fait porter plainte au roi, par son fils lui-même, de ce que la Chambre persistait à ne pas le recevoir comme conseiller maître, le P.P. alla à trois reprises différentes expliquer à S. M. que l'édit de 1598 ne permettait pas de procéder à la réception du fils avant que les comptes du père eussent été apurés. A ce sujet, quelqu'un de la Compagnie ayant été consulté en particulier par le roi, et ayant répondu que le cas était « problématique, » le P.P. fit déclarer par la Chambre que ce qu'il en avait dit lui-même était bien le sens précis des édits et l'opinion de la Compagnie. Enfin, le roi fit entendre que, plus il y avait de difficultés, plus il serait reconnaissant si l'on passait outre, et il se porta même garant de la solvabilité de l'ancien receveur, de sorte que la Chambre dut procéder à la réception. Par égard pour la parole royale, il n'y eut point d'information des vie, mœurs et religion. (Séance du 14 mai 1667.)

LOUIS XIV.

615.
Mars-Mai 1667.
CONFLIT ENTRE LA CHAMBRE ET LE PARLEMENT.

Du 23 mars. Sur ce que Mʳ le président Tubeuf a dit qu'il avoit à informer la Chambre de ce qui se passa le jour d'hier en l'église du grand couvent des Augustins, entre Mʳ Mandat, conseiller maistre, et Mᵉ Joseph Bruneau, conseiller auditeur, les bureaux ont esté assemblés et les Gens du Roy mandés. Après quoy, ledit sʳ président Tubeuf a dit que, la Compagnie estant hier arrivée en l'église des Augustins, les chaires hautes destinées pour la Chambre auroient esté remplies par deux de MM. les présidens, neuf de MM. les maistres, quatre des conseillers correcteurs et un des conseillers auditeurs. Et se seroit encore trouvé quatre conseillers auditeurs, savoir : Mᵉˢ François de Valles, Laurent Faverolles, Pierre Chandelier et Joseph Bruneau; lesquels, au lieu de se placer aux chaires basses, ou bien de doubler les cinq chaires hautes occupées par les quatre correcteurs et Mᵉ Gobelin, ancien des auditeurs, auroient affecté de doubler celles où estoient MM. les maistres. Ce qui ayant excité murmures, et ledit sʳ président Tubeuf ayant vu ce désordre, auroit dit et fait dire par plusieurs fois auxdits quatre auditeurs de se retirer plus bas et de doubler vis à vis des conseillers correcteurs et auditeurs. Ce que n'ayant voulu faire, cela auroit donné sujet à Mʳ Mandat, conseiller maistre, de dire audit Mᵉ Joseph Bruneau, conseiller auditeur, qui s'estoit mis devant luy, de passer plus bas, suivant l'ordre de la Chambre; ce qu'il auroit encore refusé de faire. Et ledit Bruneau ayant dit quelques paroles injurieuses audit sʳ Mandat, ledit sʳ Mandat l'auroit pressé, en luy mettant la main sur l'épaule, d'obéir aux ordres de la Chambre. Sur quoy, ledit Bruneau luy auroit dit qu'il n'en feroit rien, qu'il estoit à sa place, et ensuite auroit ajouté plusieurs injures fort outrageantes audit sʳ Mandat, qui l'obligèrent de luy prendre de la main une poignée de ses cheveux. Ce que sentant ledit Bruneau, il prit aussy de sa main les cheveux dudit sʳ Mandat; dont s'ensuivit quelque bruit, qui cessa incontinent après, par les soins que la Chambre prit de l'apaiser et par les déférences que les parties rendirent enfin aux ordres de la Chambre. Après quoy ledit Bruneau, averti de sa faute et pressé par ses confrères, se seroit avancé vers les conseillers correcteurs, comme auroient fait ensuite les trois autres auditeurs, pour laisser libre le devant des chaires où estoient MM. les maistres. Et ce fait, la messe ayant esté dite et le service achevé, la Compagnie s'estant retirée, ledit sʳ président Tubeuf joignit ledit sʳ Mandat, et tira sa parole de ne rien demander audit Bruneau de l'insulte qui luy avoit esté faite, et que le lendemain la Chambre luy en feroit justice. Et ensuite, ledit sʳ président Tubeuf rencontrant en son chemin, vers le cloistre dudit couvent, ledit Bruneau, assisté dudit Mᵉ Chandelier, son confrère, auxquels se joignit le sʳ Dreux, avocat général, ledit Bruneau luy dit qu'ils s'en alloient chez luy, luy demander pardon de ce qui s'estoit passé, mais que, s'estant vu maltraiter des genoux et des pieds dudit sʳ Mandat, pour le faire oster de sa place qu'il avoit prise devant luy, il avouoit luy avoir dit qu'il luy avoit déjà fait une sottise, et qu'il ne luy en fist pas une seconde. Ce qu'entendu par ledit sʳ président Tubeuf, après avoir blasmé ledit Bruneau du refus par luy fait d'obéir aux ordres de la Chambre et des paroles injurieuses par luy dites au sʳ Mandat, il auroit aussy pris sa parole de ne rien demander audit sʳ Mandat sur ce qui s'estoit passé, et luy auroit dit que, s'il avoit quelque chose à luy dire, il le luy feroit savoir le lendemain matin à la Chambre. Et depuis, ledit sʳ président Tubeuf ayant rencontré l'après-disnée ledit sʳ Mandat et ledit sʳ Dreux, il apprit dudit sʳ Mandat les injures atroces que ledit Bruneau luy avoit dites, qui l'avoient obligé à luy prendre les cheveux, dont ledit Bruneau ne luy avoit point parlé. De toutes lesquelles choses ledit sʳ président Tubeuf croyoit devoir informer la Chambre, pour y pourvoir.

Sur quoy, ouï ledit sʳ Mandat, qui a remonstré que, voulant obliger ledit Bruneau à obéir aux ordres de la Chambre de se mettre au dessous des chaires de MM. les maistres, ledit Bruneau luy auroit dit des paroles si indécentes et si injurieuses, qu'il s'abstenoit de les répéter, pour la révérence qu'il porte au bureau, mais telles qu'il n'auroit pas pu en dire de plus outrageuses à son valet de chambre, s'il l'avoit offensé; que cet outrage l'avoit emporté de luy jeter la main aux cheveux, mais que, hors ce premier mouvement, et aussitost que la Chambre eut interposé son autorité, il l'avoit relasché et s'estoit contenu dans le respect dû au lieu et à la Chambre.

Après laquelle remonstrance, ledit s^r Mandat retiré, le procureur général ouï en ses conclusions, qui a requis qu'il soit informé du fait à sa requeste, luy pareillement retiré, et tout considéré, la Chambre a ordonné que le Roy sera averti au plus tost par ledit s^r président Tubeuf du contenu cy-dessus, dont sera fait registre pour cet effet, et cependant, qu'à la requeste du procureur général, il sera informé de ce qui s'est passé en ladite église des Augustins, sur l'entreprise desdits Mes François de Valles, Laurent Faverolles, Pierre Chandelier et Joseph Bruneau, et sur le différend survenu, en conséquence de ladite désobéissance, entre ledit s^r Mandat et ledit Bruneau, circonstances et dépendances. Et a commis à cette fin Mr François Lescuyer, conseiller maistre. *(Plumitif.)*

<small>A la suite de cet incident, l'auditeur Bruneau en ayant appelé au parlement et ayant obtenu un arrêt d'évocation des chambres assemblées, il y eut entre les deux Compagnies un échange d'arrêts, de cassations, d'assignations, etc., qui se prolongea malgré les ordres du roi, évoquant à lui-même et à son Conseil le différend. Le P.P. essaya, en se rendant en personne à la cour, d'obtenir une audience du roi; mais S. M. ne voulut recevoir que le rapport du chancelier, sans comparution des parties intéressées, ni présentation des remontrances que le P.P. avoit préparées et qu'il fit remettre au chancelier.</small>

Remontrances.

Sire, si nous ne sommes pas venus sur le champ porter nos plaintes à V. M. contre les officiers du parlement de Paris, dans une affaire où ils ont abandonné la justice qui leur est confiée pour avoir recours à la violence, ce n'est pas que nous ayons balancé un seul moment pour prendre un chemin où ceux qui ont la raison de leur costé trouvent toujours une protection assurée. Mais c'est, Sire, que nous avons cru qu'il falloit prendre du temps pour approfondir une affaire si importante et pour digérer avec loisir le ressentiment que le traitement indigne du parlement de Paris avoit répandu dans nos cœurs, afin qu'instruits à fond de nos droits et dépouillés de toutes passions devant un monarque si juste, nous pussions seulement faire paroistre la vérité.

Je ne crois pas néanmoins, Sire, qu'il soit nécessaire de répéter ici à V. M. ce qui s'est passé en l'église des Augustins, l'entreprise des auditeurs des comptes, le peu d'obéissance du s^r Bruneau, le différend qu'il eut avec Mr Mandat, conseiller maistre. V. M. a déjà esté informée de toutes ces choses de la part de la Chambre, et, bien loin d'en vouloir renouveler le souvenir, je souhaiterois qu'elles n'eussent jamais esté, ou qu'elles eussent esté ensevelies dans un éternel silence. Mais il n'est pas toujours au pouvoir des Compagnies de cacher le désordre de leurs officiers, et l'entreprise du s^r Bruneau avoit esté si publique et si contraire à la discipline qui est le ressort et l'ame de la Chambre, corps composé d'ordres différens, qu'elle ne l'a pu dissimuler, ni s'empescher, sur le rapport de M^r le président Tubeuf, d'ordonner qu'il en fust informé.

Le s^r Bruneau, Sire, afin que personne ne pust douter des injures atroces qu'il a dites à Mr Mandat (car qui pourroit douter maintenant qu'il ne se soit emporté contre un particulier, maistre des comptes, puisqu'il a bien eu la hardiesse de traiter indignement sa Compagnie), présenta au parlement une requeste injurieuse à la Chambre, et, dans le parlement, le premier pas que l'on fit, fut de le recevoir appelant des arrests d'une Compagnie souveraine.

Certes, je ne puis encore revenir de l'étonnement dans lequel ce procédé m'a mis. Le parlement veut-il avoir luy seul la souveraineté en France, le parlement croit-il que tous les officiers du royaume doivent estre subordonnés à son autorité? Ce ne sont pas là des prétentions du temps. S'il y a eu des conjonctures d'affaires où le parlement a pu se mettre ces imaginations en teste, il est temps de les quitter. Nous avons un prince en France qui sait non seulement maintenir sa toute-puissance en luy-mesme, mais qui la saura bien conserver aussy dans les sujets où il l'a distribuée, et qui n'ignore pas qu'il est de l'intérêt de la couronne de ne pas rassembler toute l'autorité en un seul corps, afin qu'il n'y ayt personne qui puisse dire en France ce que disoient autrefois ces anges au ciel : « Je serois semblable au Tout-Puissant. »

Mais nous avons reçu, pourront-ils dire, dans les temps passés, plusieurs appels des arrests de la Chambre. Mais aussy, Sire, ce ne sont point icy les premières entreprises du parlement, et, s'il suffisoit de dire : « Nous l'avons voulu, nous l'avons entrepris, » pour en établir le droit, nous avouerions qu'ils ont raison. Mais si, toutes les fois qu'ils l'ont voulu, ils l'ont voulu injustement; si, toutes les fois qu'ils l'ont entrepris, il leur a esté défendu de l'entreprendre par les déclarations des Roys, dire : « Ce n'est pas la première fois que nous l'avons fait, » n'est-ce pas vouloir excuser une faute par la multiplicité des mesmes fautes, et montrer que non seulement ils sont tombés dans le crime d'ambition, voulant s'élever au dessus de leurs égaux, mais aussy dans le crime de désobéissance, passant sans respect et sans raison sur mille et mille défenses émanées du trosne et de la part du souverain?

La Chambre, Sire, auroit bien plus le droit de recevoir l'appel des arrests du parlement, que le parlement n'en a de recevoir l'appel des arrests de la Chambre, puisque, si l'un n'est pas permis à la Chambre, l'autre a esté absolument défendu au parlement. En effet, qu'ils rapportent ces arrests des temps passés, sur lesquels ils se fondent : nous ferons voir qu'ils ont esté cassés par les déclarations des Roys, et ils ne sauroient se vanter d'avoir combattu pour ce sujet avec nous, qu'en mesme temps nous ne leur remettions devant les yeux la témérité de l'entreprise et la honte de leur défaite.

Mais, Sire, avec la permission de V. M., je reviens à l'affaire des Augustins, qui estoit si peu de la juridiction du parlement, qu'elle se passa à sa vue, sans que jamais personne entre eux crust s'en devoir attribuer la connoissance; et avec raison, car de quoy auroient-ils voulu connoistre? de l'arrest de la Chambre prononcé par M^r le président Tubeuf? de la désobéissance d'un auditeur? de l'action de Mr Mandat, Sire, qui n'estoit qu'une suite de l'arrest et de la désobéissance, puisque, si le s^r Bruneau avoit obéi, Mr Mandat n'auroit point eu de différend avec luy?

Il faut donc que le parlement veuille connoistre de la discipline des Compagnies.

Ainsy, quand un auditeur ne voudra pas rapporter un compte, il faudra aller au parlement! Quand il ne voudra pas mettre un estat final, il faudra solliciter la grand'chambre! Il la faudra instruire en la ligne de compte! Dieux, quelle peine! instruire la grand'chambre! car j'ay ouï dire qu'à ces ages l'on n'apprend pas trop aysément.

Si cela estoit, Sire, lorsqu'un auditeur, un correcteur, un maistre s'écarteroient du devoir de leur charge, personne n'en pourroit faire la punition. En effet, ce ne seroit pas la Chambre : ce n'est pas que les Roys ne l'ayent ordonné, mais parlement ne le veut pas. Ce ne seroit pas le parlement, car il ne sait pas ce qui se passe dans la Chambre, et personne ne luy en porteroit jamais les plaintes. Car, à dire le vray, qui se plaindroit? Seroit-ce l'officier qui auroit commis la faute? il en craindroit la punition. Seroit-ce le procureur général de la Chambre? il n'est point procureur général au parlement. Seroit-ce la Chambre mesme? les Compagnies ne se rendent jamais parties. Il faudroit donc, de nécessité, que les fautes y demeurassent impunies, et néanmoins, Sire, il n'y a point de lieu où les fautes soient si importantes que dans une Compagnie où l'on traite des finances et des affaires de V. M. Ils ne peuvent donc point connoistre, par ces raisons, d'un fait de discipline, et je ne crois mesme pas qu'ils le prétendent. Mais, s'ils ne le prétendent pas, pourquoy, dans une information faite sur le rapport d'un de MM. les présidens, et non pas sur la plainte d'un particulier, dans un fait de pure police qui s'est passé en exécution des ordres de la Chambre, ont-ils donné un si sanglant arrest contre le nostre?

J'en rendray, Sire, une belle raison à V. M. C'est qu'ils ont cassé nostre premier arrest sans l'avoir vu. Et comment l'auroient-ils vu? Il n'estoit pas signifié, il n'estoit pas mesme encore expédié!

Où est la justice du parlement! L'on disoit qu'il y avoit tant et tant de procédures, que l'on y plaidoit dix ans avant que de pouvoir avoir un arrest définitif; que V. M. mesme travailloit à l'abréviation de ces longueurs. Mais ils ont abrégé déjà trois fois plus que V. M. ne désiroit, car je n'ay point ouï dire qu'elle eust jamais ordonné que l'on cassast un arrest sans l'avoir vu. Et encore, où cela se fait-il? Dans la grand'chambre! Jusque là j'avois toujours cru que la chaleur du sang se refroidissoit avec l'age; je m'étois imaginé que la grand'chambre estoit le lieu où se tempéroit le feu des enquestes. Mais, après ce que nous avons vu, à quoy nous devons-nous attendre? Et si, dans le parlement, les vieillards, dans nos affaires, font les jeunes gens, que ne feront pas les jeunes gens, si nous avons jamais affaire à tout le parlement ensemble?

Mais, Sire, afin de ne pas défendre seulement nostre arrest, qui n'a esté donné que dans un fait de discipline, comme j'ay eu l'honneur de le remarquer à V. M., mais aussy pour conserver à la Chambre toute l'étendue de la juridiction qui luy a esté donnée, je soutiens, et je feray voir clair comme le jour, quand mesme l'action de Mr Mandat n'auroit point esté une suite de l'ordre de la Compagnie et qu'elle seroit de particulier à particulier, s'estant passée dans le corps assemblé par les ordres de V. M., je feray voir, dis-je, que la Chambre seule avoit droit d'en connoistre.

En effet, Sire, la juridiction criminelle nous est attribuée sur nos officiers par les déclarations de 1408, 1460, 1464, 1520, 1550. Que peuvent donc dire Messieurs du parlement? S'ils avouent que les Roys ont pu nous donner cette attribution, ils sont condamnés; s'ils contestent l'autorité des Roys, ils sont coupables.

Mais peut-estre diront-ils que ces déclarations doivent estre vérifiées au parlement. En vérité, Sire, la puissance royale seroit bien dépendante, si elle ne donnoit pas d'elle-mesme le caractère d'autorité. Nous n'en avons jamais vu user autrement dans le royaume. Les parlemens, créés par les Roys, s'établissent eux-mesmes. Les attributions données à certains juges pour des affaires particulières ne sont pas mesme vérifiées au parlement, et avec raison, car V. M. seule, Sire, est la source de l'autorité et des juridictions, et les sources retiennent leurs eaux et les font couler par d'autres lits, sans prendre auparavant la permission des canaux qu'elles abandonnent. Il ne nous importe donc pas que ces déclarations soient vérifiées au parlement, et, s'il ne nous importe pas qu'elles y soient vérifiées, il nous importe encore moins qu'elles y ayent esté vérifiées avec modifications. Car, si leur vérification n'est point du tout nécessaire, il est indifférent comme elle soit. D'autant plus que ces déclarations ne nous donnent pas la juridiction criminelle sur nos officiers, mais qu'elles déclarent seulement que nous l'avons eue de tout temps. Elles ont esté expédiées, Sire (et je supplie très humblement V. M. de le remarquer), sur les contestations du parlement et de la Chambre, non pas par forme d'attribution, mais par forme de jugement, les mémoires ayant esté donnés de part et d'autre et les premiers présidens des deux Compagnies ayant esté ouïs dans les Conseils de V. M.

Si le parlement dit donc : « Nous ne les avons pas vérifiées; ». ou « Nous les avons vérifiées, mais avec modifications, » il parlera aussy juste qu'une partie qui auroit perdu son procès au parlement et qui diroit : « Qu'importe! Je ne vérifieray pas l'arrest, ou bien je le modifieray, et, par les restrictions que j'y mettray, j'en empescheray bien l'exécution. » Car, dans les différends qui ont donné lieu à nos déclarations, le parlement et la Chambre estoient parties, et les Roys estoient les juges.

Mais ne diront-ils pas que la juridiction criminelle sur nos officiers nous est seulement attribuée pour ce qui se passe au dedans de la Chambre, et non pas au dehors? Il n'y a qu'à lire nos déclarations pour voir le contraire. Mais n'importe! Il fait trop dangereux avoir raison et contester avec le parlement; je demeure d'accord de ce qu'il veut. Mais, si nous n'avons pas la connoissance des affaires criminelles au dehors, nous n'en avons pas moins la connoissance de celle-ci. En effet, Sire, la Chambre n'est point les murailles qui l'environnent; c'est cet esprit de justice répandu dans tous les juges, c'est l'autorité de V. M. communiquée à tous ces officiers, ce sont enfin ces personnes qui, ayant reçu un certain caractère de juridiction, sont assemblées par une convocation légitime. Autrement, le sénat romain n'auroit jamais esté sénat, parce qu'il ne s'assembloit qu'en des lieux incertains; autrement, le parlement de Paris n'estoit point parlement lorsqu'il estoit ambulatoire; autrement, lorsque V. M. mande aux Compagnies d'aller aux processions et aux cérémonies, il faudroit qu'elles fissent marcher leurs parois et leurs murailles.

Qu'ils ne le contestent pas davantage ; je les convaincray par eux-mesmes. Le parlement, Sire, se vante publiquement que, dans ces lieux, en l'absence de V. M., il représente sa personne sacrée. Le parlement représente la personne sacrée de V. M. : c'est donc comme la Chambre des comptes la représente, comme la Cour des aydes la représente, chacune en sa juridiction ayant en elle quelques étincelles de cette autorité souveraine émanée de V. M. et renfermée tout entière en sa personne. Mais enfin, le parlement dit qu'il a l'honneur de représenter V. M. en ces cérémonies. Le parlement se trouve donc en ces lieux, et l'on n'y voit point néanmoins les boutiques des marchands, les bancs des avocats, les siéges des juges! Le parlement est donc parlement mesme hors le Palais, quand il est assemblé par une convocation légitime. Et la Chambre ne sera pas la Chambre, lorsqu'elle sera assemblée par les mesmes voyes et en vertu des ordres de V. M.? Qu'ils en donnent la différence, ou qu'ils avouent que ce qui se passe en ces cérémonies entre nos officiers, ou dans la Chambre, est de nostre connoissance, conformément à nos déclarations. Et, si cela est, comme cela est infailliblement, le parlement ayant tort dans le fonds, comment soutiendra-t-il un procédé qu'il ne pourroit pas mesme défendre, si, dans le fonds, il avoit la raison de son costé?

En effet, mercredy 30 mars, M^r le chancelier envoya ordre aux procureurs généraux des deux Compagnies de se trouver chez luy à onze heures, pour entendre les volontés de V. M. Le parlement voudroit bien s'en défendre, et soutenir qu'il n'a esté mandé qu'à deux heures après midy ; mais nous nous en rapportons à la sagesse de M^r le chancelier s'il auroit voulu désarmer une Compagnie et mettre les armes à l'autre, nous nous en rapportons à ses lumières si l'on n'a pas fait toujours part aux deux Compagnies des ordres souverains au mesme instant. Nous nous en rapportons enfin à la passion qu'il a pour le service de V. M. s'il n'est pas de la gloire, je n'oserois dire de l'intérêt de la couronne, de maintenir toujours ces deux Compagnies dans un si juste équilibre, que le moindre grain de l'autorité royale élève l'une et abaisse l'autre.

Les ordres ont donc esté donnés en mesme temps, et la personne qui vint à dix heures du matin à la Chambre nous le fit entendre de cette manière. Cependant, qu'arrive-t-il? La Chambre obéit ; le parlement prend les armes. Il envoye quérir en diligence le lieutenant de robe courte, le prévost de l'Isle, le chevalier du guet, avec leurs archers. Par malheur, cela ne fut prest qu'à deux heures après midy, après les ordres de V. M. donnés, suivant leur calcul mesme. N'importe! L'on met un huissier du parlement à la teste de toutes ces troupes. Cet huissier, fier de se voir commander un petit corps d'armée et tout glorieux de faire l'ancien métier de ses maistres, s'avance dans la grande cour du Palais, fait sonner trois trompettes qu'il avoit avec luy ; puis, ayant donné le loisir au peuple de s'assembler, il fait lecture d'un arrest du parlement injurieux à la Chambre et le fait placarder en plusieurs endroits.

Enflé de ce succès, il s'avance vers la Chambre des comptes, qui, dans un esprit pacifique, travailloit pour le service de V. M. Là, il fait une seconde lecture de l'arrest du parlement, qui ordonnoit qu'un de nos arrests seroit lacéré. En conséquence, il le lacère, le déchire en plusieurs morceaux, le foule aux pieds à nos yeux, et, tout d'une main, placarde celuy du parlement à nos murailles. Ensuite, il continue sa marche, et fait la mesme chose dans toutes les places publiques et dans tous les carrefours de Paris. Puis, pour rafraischir ses troupes, fatiguées de tant de glorieux exploits, il les vient mettre en garnison chez nos huissiers. Il va aussy pour les établir dans la maison de nostre greffier ; mais, comme il trouve la porte fermée, il dit : « Attendez un moment ; je vais quérir l'ordre pour rompre les portes. »

Où puis-je maintenant prendre des paroles pour détester une action si indigne de la justice ? Venir faire une injure sanglante à des officiers, dans un temps où ils travaillent pour le service de V. M., dans un temps où ils se reposent à l'ombre de son autorité et de ses ordres ! Venir lacérer nostre arrest à nos yeux ! Dieu! qu'avoit donc fait ce malheureux arrest?

L'on a vu, Sire, des personnes avoir conjuré contre l'Estat ; l'on a vu des personnes avoir voulu livrer les places du royaume, l'on les a vues, dis-je, ces personnes convaincues et jugées criminelles par le plus éclairé ministre qui ayt jamais esté en France, jugées criminelles à un point que l'on ne crust pas qu'ils pussent estre sauvés par leurs propres frères ; l'on les a abandonnées, ces personnes, à la justice du parlement. Qu'en est-il arrivé? L'on les a jugés, l'on les a dégradés, l'on a déchiré leur robe à l'audience. Ils en ont esté quittes enfin pour une robe déchirée.

Qu'avoit donc fait ce malheureux arrest, je le répète encore, pour estre traité avec plus d'indignité?

En effet, ils ne l'ont pas lacéré dans l'enclos de leurs murailles, mais dans les places publiques ; ce n'a point esté l'action d'un moment, mais il a esté promené quatre heures, avec des archers et des trompettes. Est-ce que V. M. leur avoit livré l'un afin qu'ils luy fissent son procès, et qu'elle avoit défendu que l'on fist des poursuites contre l'autre?

Non, non, Sire ; ce n'est point cela. Nostre arrest estoit criminel véritablement. Il n'avoit point voulu livrer les places du royaume, il n'avoit point entrepris contre la majesté royale, il n'avoit point eu d'intelligences défendues ; mais il avoit commis un plus grand crime pour le Palais : il avoit voulu repousser par de simples paroles les injures atroces du parlement.

Certes, quand je vois un si grand emportement dans la justice, je ne puis assez admirer la modération de nos Roys. L'on a vu des arrests du parlement de Paris donnés contre la tranquillité publique, contre la majesté royale, contre la base et les fondemens de la monarchie. Cependant, a-t-on envoyé le régiment des gardes pour déchirer ces arrests aux yeux des juges? A-t-on pris des timbales et des trompettes pour en avertir les peuples? La sagesse des Roys a esté bien plus grande. Ils se sont simplement transportés au Palais, ils se sont fait représenter leurs registres, et se sont contentés d'en oster les feuilles et les minutes. Mais ils n'ont jamais fait déchirer ces arrests à la vue des officiers qui en sont comme les pères, bien qu'en ces cas-là mesmes les enfans de ces pères ne fussent que des monstres et des prodiges.

Je peux donc dire au parlement de Paris ce que, dans Virgile, Priam dit à Pyrrhus, qui venoit d'égorger un de ses enfans à ses yeux :

Qui nati coram me cernere lethum
Fecisti, et patrios fœdasti funere vultus.

Les gens du parlement, Sire, sont des gens barbares et inhumains ; ils font déchirer et mettre en pièces les enfans en présence des pères, ils souillent les yeux des pères du meurtre et du carnage de leurs enfans.

Néanmoins, leur vengeance n'est pas encore assouvie, et ces demy-dieux, ces grands magistrats, ces hommes sans passions, qui se donnent la liberté de censurer quelquefois les garnisons établies pour des choses essentielles, pour le payement des dettes de l'Estat, en établissent eux-mesmes chez les officiers de la justice, sans en avoir d'autre raison que leur colère. Car pourquoy mettre garnison chez le greffier de la Chambre, dans une maison où est le dépost public, où sont les deniers sacrés de la justice? Pourquoy la mettre chez nos huissiers? Est-ce qu'ils ont obéi à nos ordres? ce sont nos officiers, et les loys leur commandent. Est-ce parce qu'ils ont oublié, dans la signification de leur exploit, la qualité de procureur général? M^r le procureur général du parlement, Sire, par sa naissance, par sa dignité, par son propre mérite, est au dessus de la bévue d'un huissier tremblant. Est-ce parce qu'ils ont esté porteurs de quelques pièces qui n'estoient pas agréables au parlement? Que ces messieurs viennent à St-Germain ; ils verront que la sagesse, la modération, la justice, toutes les divines vertus de V. M. l'obligent souvent à recevoir des placets contre elle-mesme.

Ce n'est pas aussy cela. Toutes ces garnisons, tous ces soldats, toutes ces trompettes, tout cet équipage ne regarde point la Chambre ; ils pouvoient faire faire par deux huissiers ce qu'ils ont fait exécuter par deux cens hommes. Cette ostentation n'est bonne que pour le peuple, il n'y a que le peuple qui en puisse concevoir quelque estime du parlement. Le parlement est bien ayse de maintenir la créance de son autorité parmy les peuples.

Nous supplions très humblement V. M., Sire, de vouloir oster au public cette pensée de supériorité que le parlement a voulu luy imprimer. Avec le peuple, les armes de la ville, le parlement colère comme il est, si V. M. estoit éloignée, personne ne seroit en sureté. Car que n'est-il pas capable d'entreprendre? Les Roys ont défendu au parlement de recevoir les appels de nos arrests; le parlement se met peu en peine de ces défenses. Les Roys nous ont donné la justice criminelle sur nos officiers; le parlement veut nous l'oster. Les Roys ont créé des lieutenans de robe courte, des prévosts de l'Isle, des archers, pour estre les ministres communs de la justice; le parlement les prend pour luy. Parleray-je mesme de nostre pas à Notre-Dame? Il l'a pris par la violence; nous le redemandons, Sire, avec justice.

Nous ne saurions savoir pourquoy le parlement veut prendre tant d'avantages sur la Chambre. Si leur institution est ancienne, la nostre ne l'est pas moins; s'il juge les affaires des particuliers, nous connoissons de celle des Roys; s'ils sont violens, nous sommes modérés; s'ils se font justice dans leur colère, quand nous sommes offensés, nous venons mesme la demander, mais nous venons la demander au plus grand Roy du monde.

Nous espérons, Sire, de l'obtenir; nous en supplions, nous en conjurons V. M. Mes paroles ont fait voir imparfaitement la grandeur de l'outrage; il est bien mieux gravé dans l'esprit de tous nos officiers. S'ils avoient reçu seuls l'injure, elle seroit toujours énorme; mais elle est digne d'une réparation publique et exemplaire, puisqu'ils l'ont reçue publiquement, se reposant à l'abry de vos ordres, Sire, et à l'ombre du nom et de la grandeur de V. M.

(Copie. — *Recueil des harangues du P.P. Nicolas Nicolay*, p. 139.)

La Chambre concluait à ce que le parlement fût dessaisi du différend Bruneau et son arrêt tiré des registres et lacéré, « pour réparer l'injure faite aux Gens des comptes et garder l'égalité d'entre les deux Compagnies. »

En attendant le jour du jugement, chaque partie se rendit en sollicitation chez tous les membres du Conseil. Les députés de la Chambre trouvèrent partout un accueil favorable, si ce n'est chez Mr Colbert, qui leur fit répondre la première fois, par son portier, « qu'il estoit enfermé et ne vouloit voir personne. »

Le 13 mai, l'affaire fut enfin discutée au Conseil de justice, le roi ayant paru promettre sa faveur, si la Chambre le satisfaisait sur un autre point, qui était la réception d'un nouveau conseiller maître. Bien que ce Conseil contînt un certain nombre de personnages notoirement attachés au parlement, la Chambre eut gain de cause: cassation des arrêts et procédures du parlement, maintien de l'ancienne juridiction, évocation du différend au Conseil. (Arrêt du 14 mai, impr. dans la collection Mariette.)

Dès le 16, Me Bruneau, muni d'un arrêt du Conseil, fut admis à reprendre ses fonctions. (*Plumitif.*)

616.
9 Septembre 1667.
DÉPUTATION AU ROI. — COMPLIMENT SUR SES VICTOIRES.

Ce jour, Mr Nicolay, P.P., a fait relation de ce qui s'est passé dans la députation de la Chambre vers le Roy, et a dit que, les députés de ladite Chambre estant partis de Paris dimanche dernier, sur les dix heures du matin, en sept carrosses à six chevaux, escortés par une brigade de vingt-cinq archers du lieutenant de robe courte, commandés par un lieutenant, ils arrivèrent le soir à Senlis, où ils eurent nouvelles que le Roy leur donneroit audience à Mouchy le lendemain, lundy matin. Lesdits députés furent salués et complimentés par le présidial, par l'élection, le corps de ville, qui présenta le vin de ladite ville, et le chapitre de la mesme ville de Senlis. Duquel lieu ils allèrent ledit jour coucher à Compiègne; où ayant esté avertis par le s^r Saintot, maistre des cérémonies, de la part du Roy, que l'heure de l'audience seroit le lendemain à huit heures et demye, parce que le Roy vouloit partir à neuf, ils se rendirent le lendemain à Mouchy sur les sept heures et demye, et, parce qu'il n'estoit pas jour chez le Roy, ils se promenèrent dans le jardin quelque temps. Après lequel, ils entrèrent dans une grande salle, d'où ledit s^r Saintot, maistre des cérémonies, les ayant fait passer dans une autre chambre proche de celle du Roy, où ils trouvèrent MM. les députés du parlement et de la Cour des aydes, lesdits sieurs du parlement furent incontinent après introduits vers le Roy par le s^r de Guénégaud, secrétaire d'Estat, et ledit s^r Saintot.

Eux sortis, lesdits s^rs députés de la Chambre furent pareillement et par les mesmes introduits vers le Roy. Auquel ayant fait leurs profondes révérences, ainsy qu'il est accoutumé, ledit s^r P.P. luy fit un discours au nom de la Compagnie, partie sur le bonheur de ses conquestes, partie sur les dangers où son courage exposoit sa personne, et enfin sur les très humbles prières que toute la France en général et la Chambre en particulier luy faisoient pour les délivrer à l'avenir de leurs craintes, en laissant conquérir la Flandre par ses capitaines et se réservant à vaincre son grand courage, que tous ses sujets regardoient comme le plus grand ennemy de leur repos; et que c'estoient là les souhaits que faisoit la Chambre pour ce qu'il y a de plus grand dans le monde. A quoy le Roy répondit qu'il n'attendoit pas moins de sa Chambre des comptes, de laquelle il avoit toujours reçu beaucoup de témoignages d'amitié; qu'aussy ne manqueroit-il pas, dans toutes les occasions, d'en avoir toute la reconnoissance.

Après quoy, lesdits s^rs députés ayant de rechef salué le Roy, se retirèrent, et se rendirent le mesme jour, mardy, à Creil, d'où ils sont retournés en cette ville.

Laquelle relation finie, M^r le président Duret, au nom de la Chambre, a remercié M^r le P.P. d'avoir si bien et si dignement exprimé au Roy les sentiments de ladite Chambre sur le sujet de son voyage et de son retour de Flandres. Et ce fait, la Chambre s'est levée[1].

(*Plumitif* et *Cérémonial*.)

1. Au mois de juillet précédent, les Cours ayant manifesté l'intention de faire leurs compliments sur le même sujet, le roi n'avait admis que les premiers présidents et les parquets, et leur avait dit qu'il avait encore fait trop peu de choses pour mériter une députation; quant à ce qu'on disait des dangers qu'il avait courus, il ne s'étaient pas aussi exposé qu'on le croyait, et n'avait point été en péril. (*Plumitif* et *Cérémonial*, 18 juillet 1667.)

617.
(6 Février 1668?)
COMPLIMENT DU P.P. AUX ÉTUDIANTS EN THÉOLOGIE.

Si optandum unquam ecclesiæque Dei utile fuit sacræ Facultatis sobolem felici propagatione succrescere, priscisque theologis suos quotidie ac genuinos fœtus adnasci, qui sanctissimam divinarum litterarum velut hereditatem possent legitime cernere, hoc maxime tempore ejus fecunditatis decus summis expetendum votis videtur, quo Christi domini ager, lolio (quantum vix unquam alias) impune grassante, majores haud dubie cultorum copias exigit, qui semen infelix radicibus evellant.

Eo quippe nunc ventum temeritatis est, ut suavissimum Jesu Optimi Maximi jugum plerique detrectent atque alterius ductum fastidiant, dum insipientissimus quisque sibi ipsi plus satis sapit. Cœci duces aliis se præbent, maluntque, proprio currentes arbitrio, turpiter incidere in errorum barathrum, quam alieno monitu rectum iter inoffenso pede insistere.

Hinc est quod tot ubique novarum opinionum monstra quotidie prodeunt, atque, hydræ more, innumera uno ex corpore capita ostentant, vix acutissimo fidei gladio exscindenda.

Quapropter haud mediocrem, ut par est, voluptatem capimus, vobisque ex animo gratulamur, Theologiæ candidati, quod, studii vestri emenso per laudabiles sudores stadio, petitam diuturnis laboribus metam nunc tandem feliciter attingitis.

Hæc, vestræ quietis ecclesiasticæque pacis causa, in transcursu prudentiæ vestræ a nobis commendata, vos, ut speramus, æqui bonique consuletis, nec hujus ordinis monita aspernabimini, cujus officia sincerumque in commoda vestra affectum et experti estis huc usque, et sæpius adhuc experiri licebit.

Interim sacrum agonem vestrum frequentia sua, quoad vacaverit, decorare gestiet ordo amplissimus, triumphum certe vestrum omnibus votis atque amicissimis plausibus prosequetur[1].

(Copie. — *Recueil des harangues du P.P. Nicolas Nicolay*, p. 36.)

1. Le 12 juillet suivant, le P.P. répondit « très doctement et très élégamment » à l'invitation des étudiants en médecine. (*Plumitif*.) La copie de plusieurs réponses de ce genre, sur l'éloge de la médecine, est conservée dans le même recueil, ainsi que celle des harangues au recteur de l'Université.

618.
23 Septembre 1668.
ARRÊT DU CONSEIL RENDU CONTRE LE P.P. ET LE RAPPORTEUR.

Le 8 février, les procureurs étaient venus prier la Chambre de faire révoquer l'édit d'érection de leurs charges en titre d'offices, et la Chambre, dans la séance du 10, avait chargé spécialement le P.P. de poursuivre cette affaire et d'obtenir la révocation, comme l'avait fait son père en 1640. Sur ses premières démarches, le contrôleur général avait consenti que la présentation de l'édit fût différée, et promis de faire lire au roi les remontrances des procureurs. Le 26 mars, le P.P. ayant été admis à voir S. M., avait obtenu l'assurance que la question serait posée au Conseil, bien que le produit de cette affaire eût été donné d'avance à Monsieur. Ce prince et Mr Colbert lui avaient également répondu qu'ils ne s'opposeraient pas à la révocation, pourvu qu'on trouvât ailleurs une assignation équivalente. (Séance du 9 avril.)

A son retour d'un voyage en Languedoc, le P.P. apprit que le roi voulait maintenir l'édit et le faire exécuter ; mais néanmoins, le 11 septembre suivant, la Chambre refusa solennellement son enregistrement. Elle vaqua du 20 septembre au 10 octobre, et n'apprit qu'à la rentrée la suspension prononcée contre le P.P. et le rapporteur.

Veu par le Roy, estant en son Conseil, l'arrest de la Chambre des comptes de Paris rendu, les semestres assemblés, le unziesme septembre 1668, par lequel, sur les lettres patentes en forme d'édit, en datte du mois de febvrier audit an, portant nouvelle création et érection en titre d'offices formés de vingt neuf charges de procureurs en ladite Chambre, qui seroient tenus de prendre des lettres de provision de S. M., sur les quittances du receveur général des revenus casuels des sommes auxquelles lesdits offices seront taxés au Conseil royal des finances, et sur les quittances du marc d'or, en la forme ordinaire, lesquelles sommes seroient payées par lesdits procureurs dans un mois, du jour de la signification qui leur en seroit faite, ladite Chambre auroit ordonné qu'elle ne peut entrer en l'enregistrement desdites lettres ; ouy le rapport du sr Pussort, conseiller ordinaire de S. M. en ses Conseils, et tout considéré ;

Le Roy, estant en son Conseil, a cassé et annullé, casse et annulle ledit arrest de la Chambre des comptes de Paris rendu, les semestres assemblés, le unziesme septembre 1668, comme contraire à son ordonnance du mois d'avril 1667 et un attentat à son authorité. Ordonne S. M. que ledit arrest sera tiré des registres de ladite Chambre, et le présent arrest mis en sa place, et que le premier président de ladite Chambre des comptes et Me Lescuier, rapporteur dudit arrest, seront adjournés à comparoir au premier jour en personne par devant les commissaires qui seront nommés par S. M., pour répondre sur les faits concernans ledit arrest ; et ce pendant les a S. M. interdits de l'exercice et fonction de leurs charges, leur faisant deffences de s'y immiscer, jusqu'à ce qu'autrement en ayt esté ordonné par S. M.

Le 23 septembre 1668, à St-Germain en Laye.

SÉGUIER.   PUSSORT.

(Original. — Arch. Nat., *Conseil*, E 1748.)

619.
Octobre 1668.
EXIL DU P.P. ET DU RAPPORTEUR.

Du 15 octobre. Me Hubert Guilminaut, commis du greffe, venu au bureau, a remonstré que, suivant l'ordre de la Chambre du 10 du présent mois, il s'estoit transporté vers Mr Lescuyer, conseiller maistre, à Faverolles en Normandie. Auquel lieu estant arrivé vendredy dernier, 12 du présent mois, sur les neuf heures du matin, il auroit fait audit sr Lescuyer le compliment dont la Chambre l'avoit chargé. Lequel sr Lescuyer luy avoit dit qu'il estoit très obligé à la Chambre de l'honneur qu'elle luy faisoit, dont il la remercioit avec tout le respect qu'il luy doit. Comme aussy, Me Jean de Loffroy, commis au Plumitif, a représenté qu'ayant, par ordre de la Chambre, accompagné ledit Guilminaut d'une lettre d'avis audit sr Lescuyer, ledit sr Lescuyer luy auroit fait réponse qu'il avoit reçu ladite lettre et l'obligeant compliment qui luy a esté fait de la part de la Chambre, avec tout le respect qui luy est dû et la reconnaissance que luy peut rendre ledit sr Lescuyer, comme il paroissoit par ladite lettre, qu'il a représentée et lue au bureau.

Cedit jour, les Gens du Roy mandés, MM. de la Croix et le Fèvre, conseillers maistres, ont, en présence du procureur général, fait relation que, suivant les arrests de la Chambre des 10 et 12 du présent mois, ils allèrent hier trouver Mr le P.P. à Goussainville. Où estant arrivés sur les onze heures du matin, ils luy firent, de la part de ladite Chambre, le compliment qu'elle luy a ordonné estre fait par ledit arrest du 10; dont il les remercia au nom de ladite Chambre, et de l'honneur qu'elle luy faisoit par ladite députation. Qu'ensuite ils luy dirent qu'encore que la Chambre prist toute la part qu'elle devoit en cette affaire, d'autant plus qu'elle luy estoit arrivée pour une chose commune à tout le bureau, néanmoins elle n'avoit pas voulu faire aucune démarche, ni mesme prendre aucune résolution sur les moyens de luy procurer et obtenir du Roy son rétablissement, sans le consulter luy-mesme. C'est pourquoy ils le supplioient, de la part de ladite Chambre, de leur dire ses sentimens sur ce sujet, afin que, les rapportant par eux à ladite Chambre, elle pust s'y conformer et luy rendre tous les offices possibles. A quoy ledit sr P.P. leur auroit répondu qu'il remercioit de rechef la Chambre, et eux, commissaires, en particulier, mais qu'estant interdit, il n'avoit plus de voix ni d'avis à donner, jusqu'à ce qu'il plust au Roy le rétablir dans sa fonction; qu'il avoit écrit à S. M. pour sa justification; qu'au retour de Sadite Majesté du voyage de Chambord, il rechercheroit à l'en informer encore de vive voix. Après laquelle réponse, ledit sr P.P. s'estant entretenu avec lesdits srs commissaires des affaires de la Chambre, leur auroit dit que, celles de Me Claude de Fleur, cy-devant commis à la recette des épices, estant presque toutes jugées, il n'estoit pas nécessaire d'attendre son rétablissement pour juger le reste, et que, si ce reste estoit en estat, il estoit à propos de terminer cette affaire.

Laquelle relation finie, ouï ledit procureur général, qui a dit que, l'arrest d'interdiction luy estant inconnu, pour ne luy avoir esté montré ni signifié, il n'avoit point de conclusions à prendre, et néanmoins estimoit que, Mr le P.P. en ayant écrit au Roy et se proposant de luy en parler à son retour, il estoit à propos d'attendre le retour et la réponse du Roy; l'affaire mise en considération, et tout considéré, la Chambre a arresté de différer jusqu'au retour de S. M.

(*Plumitif* et *Cérémonial*.)

Arrêt du Conseil ordonnant de comparoir.

Le Roy s'estant fait représenter les quatre arrests rendus en son Conseil, S. M. y estant, le 23me septembre dernier, par le premier desquels S. M., en cassant l'arrest de la Chambre des comptes de Paris rendu, les semestres assemblés, le 11me dudit mois; par les second, troisiesme et quatriesme, ceux du parlement de Paris du 13me juillet, de la Chambre de l'édit dudit parlement de Paris du 23me avril, et de la Chambre de l'édit du parlement de Rouen du 24me juillet aussy dernier, auroit, entre autres choses, ordonné que le premier président de ladite Chambre des comptes de Paris, Lescuyer, maistre des comptes, raporteur dudit arrest de ladite Chambre dudit jour 11me septembre, et les raporteurs desdits arrests du parlement de Paris, Chambre de l'édit dudit parlement de Paris et de celle du parlement de Rouen des 23me avril, 13me et 24me juillet, aussy dernier, seroient adjournés à comparoir au premier jour en personne, par devant lesdits commissaires qui seroient nommés par S. M., pour respondre sur les faits concernans lesdits arrests, et que ce pendant ils demeureroient interdits de l'exercice et fonction de leurs charges. S. M. s'estant fait aussy représenter les exploits de signification desdits arrests et d'adjournement faits au sr Nicolay, premier président de ladite Chambre des comptes, Lescuyer, maistre des comptes, Perrot et Canaye, conseillers audit parlement de Paris, et Voisin de Neufbosc, conseiller audit parlement de Rouen, raporteurs desdits arrests, des 29me septembre, 5me et 10me du présent mois d'octobre, et voulant pourvoir à l'entière exécution desdits arrests;

S. M., estant en son Conseil, a ordonné et ordonne que lesdits arrests du 23me septembre dernier seront exécutés selon leur forme et teneur. . . . .

Ce 27me octobre 1668, à St-Germain en Laye.

SÉGUIER.   PUSSORT.

(Original. — Arch. Nat., *Conseil*, E 1748.)

Supplique du P.P. au Roi.

Sire, l'on m'a signifié ces jours-cy un arrest de vostre Conseil qui m'interdit de la fonction de ma charge et qui ordonne que je seray assigné à comparoir en personne pour répondre devant les commissaires qui seront nommés à cet effet. Je supplie, Sire, très humblement V. M. d'estre persuadée que j'obéiray toujours avec un très profond respect à tous ses ordres, et qu'il n'y a personne dans son royaume devant qui je ne rende compte avec joye de toute ma vie, lorsque V. M. me fera l'honneur de me le commander. Mais aussy, Sire, j'ose conjurer ardemment V. M. de vouloir bien recevoir les premiers éclaircissemens de ma conduite, et de souffrir que je luy dise la manière dont j'ay agi dans une affaire qui m'a attiré un traitement d'autant plus rude, que j'appréhende qu'il n'ayt laissé à V. M. une impression contraire à la fidélité et à l'obéissance que j'ay toujours eue à son service.

Lorsque l'édit des procureurs, Sire, fut apporté à vostre Chambre des comptes, la Compagnie m'ordonna d'avoir l'honneur de voir V. M. et de luy représenter les difficultés qui s'y trouvoient. Je la supplie très humblement, Sire, avec tout le respect et la soumission dont je puis estre capable, de se ressouvenir qu'elle eut la bonté de me dire que c'estoit une affaire dont elle avoit fait don à Monsieur, et que mesme elle trouva bon que j'allasse luy en parler. Je le fis, Sire, et il reçut ma très humble supplication avec tant de bonté et de bienveillance pour la Compagnie, qu'il voulut bien que je l'assurasse qu'il se chargeoit, dans la mesme matinée, d'entretenir V. M. de cette affaire. Il est vray que, quelque temps après, ses officiers recommencèrent leurs sollicitations dans la Chambre, et que l'on me vint apporter de nouveaux ordres de V. M.; mais il est vray aussy que je les fis savoir aussitost à la Compagnie. Enfin, les derniers me furent apportés par le s^r de Béchameil, qui portoient (je supplie très humblement V. M. de remarquer ces termes) : *Ordre de faire prononcer sur l'édit, de quelque manière que ce fust.* Je crus, Sire, me devoir servir des précédens, qui estoient plus formels, et ne pas parler de ce dernier, qui pouvoit recevoir différentes explications, afin de faciliter, dans toutes les choses qui dépendoient de moy, l'enregistrement de la déclaration. Voilà, Sire, la conduite que j'ay tenue jusqu'à l'arrest de la Chambre. V. M. m'a donné ses ordres, je les ay fait connoistre; elle m'a commandé de mettre une affaire en deliberation, j'ay exécuté sa volonté; l'on m'a apporté un ordre équivoque, je me suis seulement servi de ceux qui pouvoient laisser le moins de doute dans les esprits dans le temps de la délibération. Je n'avois donc plus rien à dire, puisque tous les ordres estoient donnés, d'autant plus mesme que les raisons dont l'on se servoit, si elles n'alloient pas à l'enregistrement des lettres, au moins estoient-elles toutes fondées sur le bien de vostre service. Mais, depuis l'arrest de la Chambre, Sire, depuis que j'ay ouï dire que quelques-uns de Messieurs de vostre Conseil se plaignoient que l'on n'avoit pas observé le code, que n'ay-je pas fait? J'envoyay prier le s^r de Béchameil de passer chez moy : je le priay de témoigner que la pensée de la Chambre n'avoit point esté de blesser les ordonnances ; que, si l'on jugeoit à propos, je rassemblerois les semestres, et que j'estois assuré qu'elle seroit ravie de faire entendre ses raisons à V. M. Je passay plus avant, Sire : je dis que si c'estoit une affaire que vous voulussiez absolument, qu'il la falloit faire ; que je croyois qu'il y avoit seulement deux choses dont la Compagnie pourroit vous supplier très humblement: l'une, au cas qu'il fallust déposséder nos procureurs, de nous en donner de capables de dresser les comptes de V. M.; l'autre, de pourvoir à leur remboursement. Et sur ce qu'il me fut répliqué qu'il montoit à des sommes considérables, et que les dernières charges avoient esté vendues 28,000 livres, j'avoue, Sire, que la passion de faire réussir l'affaire me fit dire que, si l'on les régloit à 18,000 livres, les procureurs aymeroient mieux payer leur taxe, qu'on disoit monter à 5,000 livres, que de perdre une fois autant et n'être plus dans leurs fonctions.

Voilà, Sire, ce qui s'est passé. Si j'ay manqué au service que j'ay voué à V. M., je luy en demande très humblement pardon ; la volonté n'y a rien contribué, et j'ose dire encore, jusqu'à ce que la bouche royale de V. M. m'ayt condamné, que je croiray toujours ne m'estre point éloigné de mon devoir. Aussy, tout interdit que je suis, je prends la liberté de luy demander une grace: c'est, Sire, si vous me croyez coupable, de me renvoyer devant quel juge il vous plaira; je ne puis assez souffrir. Mais, si V. M. a la bonté de croire que je l'ay toujours servie avec la passion du monde la plus ardente, je la conjure de vouloir considérer que je suis le premier d'une famille qui sert les Roys depuis longtemps, marqué au coin de l'infidélité et de la désobéissance, et que c'est une extrême douleur à un officier qui cherche moins tous les autres avantages que la gloire de bien servir. J'espère, Sire, que V. M. aura assez de bonté pour vouloir effacer cette tache, qui me demeureroit éternellement. Je l'en conjure encore du profond de mon cœur, mais je la supplie de ne m'accorder cette faveur qu'après qu'elle sera pleinement persuadée que je seray toute ma vie ce que j'ay esté jusqu'à présent, avec la dernière fidélité et le dernier dévouement,

Sire,

de V. M. le très humble, très obéissant et très fidèle serviteur et sujet [1].

N. NICOLAY.

(Copie du XVIIIe siècle. — *Arch. Nicolay*, 75 L 45.)

1. Un mémoire justificatif du P.P. se trouve dans un des manuscrits de Gaignières, Bib. nat., ms. Fr. 21404, f°s 55 et suiv., sous ce titre : « Motifs de l'arrêt du 11 septembre 1668 intervenu sur l'édit de création en titre d'office des procureurs en la Chambre des comptes de Paris. »
Le délai primitivement fixé par la Chambre pour reprendre la délibération du 15 octobre en faveur des exilés, fut prolongé jusqu'après la fête de la Toussaint, et les registres ne font mention d'aucune démarche dans ce sens avant la séance du 13 août 1669, où Monsieur étant venu requérir l'enregistrement de dix-sept édits, dont était celui des vingt-neuf procureurs, le président Gallard, chargé de la remontrance, pria le prince d'employer son crédit pour obtenir le rappel du P.P.

620.

(Décembre 1668.)

LETTRE DU P.P. AU CHANCELIER SUR SON INTERDICTION.

Monseigneur, la bonté que vous avez de vouloir bien vous charger de parler de mon afaire au Roy, me fait prendre la liberté de vous envoïer les mémoires qui la concernent. Ce n'est pas que je prétende me dispenser par là d'obéir et de donner les dernières marques de ma soumission; mais c'est afin que, lors que vous conoîtrés pleinement que la Chambre n'a point contrevenu au code, ni atenté à l'autorité souveraine, vous dissipiés par vos lumières les nuages dont l'on a voulu obscurcir la vérité, pour l'empêcher de paroître devant le trône de S. M.

Si ma conscience, Monseigneur, me reprochoit de n'avoir pas fait mon devoir dans cette ocasion, je l'avoüerois librement, et je dirois avec l'orateur romain : « *Ac si scelestum est amare patriam, pertuli pœnarum satis;* si ce m'est un crime d'avoir aimé la Chambre et d'avoir eu quelque pente à maintenir ses oficiers, j'ay soufert assez de peine. » Il y a deux mois que je suis interdit, et que je porte les marques de la disgrace et de l'indignation du souverain. Mais ce n'est point là ma défense, puisqu'il est véritable que j'ay toûjours tout sacrifié au service de S. M., et que je suis prest encore d'y sacrifier l'honneur de ma charge, qui m'est plus cher que ma propre vie. En éfet, Monseigneur, si le Roy persiste à me donner des commissaires, je vous suplie très humblement de luy dire que je ne les refuseray point, mais que je tiendrois à grâce qu'il commuât ma peine à un an de Bastille, ou à deux ans d'interdiction. Je ne puis sans la dernière douleur voir noircir en moy la dignité d'une charge qui apartient à S. M. et dans les fonctions de laquelle j'ay l'honneur de représenter sa personne sacrée. De quel front verrois-je dorénavant Monsieur à ma gauche et, dans peu de tems, Monseigneur le Daufin, si j'avois paru comme un coupable, chapeau bas et la main levée, devant des commissaires qui ne seroient pas même mes juges, si j'avois commis (j'ay horreur de le dire) un crime de lèze majesté.

Néanmoins, Monseigneur, j'abandonne tout à vôtre prudence, avec une ferme espérance que la justice de S. M., qui se répand sur le dernier de ses sujets, viendra enfin me retirer de sa disgrâce et me rétablir avec honneur dans une charge qui, aïant passé par tant de mains fidelles, m'auroit apris, toute muette qu'elle est, à le servir. Je donnerois jusqu'à la dernière goute de mon sang pour persuader S. M. de mes véritables sentimens sur ce sujet par plusieurs raisons, mais particulièrement, Monseigneur, afin de ne point paroître indigne de l'honneur que vous me faites de m'avoüer pour vôtre parent, ny de la profession que je fais d'être avec la dernière passion,

      Monseigneur,

         Vôtre très-humble et très-obéissant serviteur.

                N. NICOLAY.

     (Original. — Bib. Nat., ms. Fr. 17396, f° 50.)

---

621. (1669.)
DISCOURS PRÉPARÉ PAR LE P.P. POUR UNE SÉANCE DE MONSIEUR.

Monsieur, les soins continuels que S. M. donne à la conduite de son Estat et l'application infatigable avec laquelle elle préside à ses Conseils, nous guérissent aujourd'huy de ces justes appréhensions dont nous estions touchés autrefois, lorsque nous voyions venir dans cette Compagnie des édits par des voyes extraordinaires. Nous estions persuadés que l'on évitoit alors de soumettre les affaires aux suffrages des juges, de crainte qu'ils n'en découvrissent l'injustice par leurs lumières et qu'ils ne s'opposassent à leur exécution avec cette constance et cette fermeté qui a toujours esté le plus noble partage des gens de bien.

Et certes, Monsieur, l'on avoit quelque raison de dérober à nostre connoissance ce qui estoit contraire à l'avantage de l'Estat, puisque, dans ce temps où tous les ordres s'estoient relaschés, cette illustre Compagnie redoubloit de vigueur pour soutenir la gloire et les intérests du souverain.

Si l'on fait difficulté de m'en croire, je m'en rapporte à la Chambre de justice. Que l'on luy demande, et qu'elle dise elle-mesme, sans nous ménager, quelle a esté la source du désordre qu'elle a vu dans les finances : si cette source s'est trouvée dans les parties des comptes que l'on a laissées libres à nostre juridiction, nous demeurons d'accord que nous sommes coupables, incapables d'estre officiers, indignes d'estre sujets d'un si grand prince.

Car quel plus grand crime que d'avoir esté cause en ces temps-là des recherches qui se font en celuy-cy, véritablement justes en ce qu'elles abaissent la fortune de ces gens qui n'avoient point marché sur d'autres degrés pour s'élever que des traités ; nécessaires, puisqu'augmentant les revenus de l'Épargne, elles donnent moyen de diminuer les impositions des peuples, mais fascheuses néanmoins, en ce qu'elles sont opposées à l'humeur de nostre monarque, et que, si elles satisfont sa justice, elles combattent sa bonté, sa clémence et la plus grande partie des vertus qui la composent !

Si cela est donc, je le répète encore, nous sommes coupables ; mais au contraire, si tout ce qui a jamais paru devant nous a toujours esté réglé par le bien du service de nos Roys, la Chambre ne mérite-t-elle pas de grandes louanges, d'avoir travaillé, quand les autres se sont relaschés ; d'avoir conservé, quand les autres ont dissipé, et d'avoir maintenu la justice dans les finances, quand elle estoit le mépris du monde et le jouet des temps?

Cependant l'on ne peut douter qu'elle n'ayt fait pleinement son devoir, puisque, dans un si grand nombre de comptes qui se sont présentés, tout se trouve dans l'ordre en ce qui dépend d'elle, et dans la dernière régularité. Véritablement, à l'Épargne il y a eu des désordres dans les remises, mais ce n'est pas la Chambre qui les examine ; dans les ordonnances et différences de fonds, mais on luy en a osté la connoissance ; dans les passages des billets, mais cette partie du compte de l'Épargne a d'autres juges.

Ce n'est pas que je veuille blasmer la conduite de Messieurs du Conseil qui ont eu l'examen des comptans, qui comprennent toutes ces parties ; mais au moins, qu'ils louent la diligence de cette auguste Compagnie, puisqu'elle a travaillé avec tant de soin, avec une si grande application, que, dans tous les comptes du royaume qui sont quasi soumis à sa juridiction, à peine a-t-on trouvé de quoy faire un traité de 5 à 600,000 livres, et que, dans le seul qui a passé devant eux, qui n'est qu'une petite parcelle de celuy de l'Épargne, il y a plus de six vingts millions à recouvrer. Je sais qu'ils n'estoient pas les maistres, qu'il y avoit des personnes à la teste des finances dont ils avoient à craindre l'autorité ; mais n'eussions-nous pas eu les mesmes raisons, si ce n'est que nous estions persuadés, comme nous le sommes encore, que, lorsqu'il s'agit du service de S. M. et de maintenir sa justice, il faut compter pour rien les interdictions et les autres peines?

C'est en ces temps-là, Monsieur, où ces officiers ont fait preuve de fidélité. Car, à dire le vray, ce n'est point ce terme-cy ou celuy-là, refus ou remonstrances, quand ils opèrent la mesme chose, de pures distinctions de grammaire, qui font un François et un sujet passionné pour la grandeur de son Roy, mais seulement le cœur et la manière de le servir. Aussy les Roys nous ont-ils donné toute l'autorité. Combien d'ordonnances nous enjoignent de refuser les lettres qui nous sont présentées! que dis-je les lettres? Combien y en a-t-il qui ordonnent de refuser les jussions, et avec raison, puisqu'il est véritable que, quasi toutes les fois que la Chambre vérifie, elle diminue le fonds des finances, et que, toutes les fois qu'elle ne vérifie pas, elle l'augmente, ou au moins elle le conserve!

Mais je n'entreray point dans ce détail, dont la preuve seroit aysée. Il suffit d'avoir fait voir pourquoy nous avions sujet d'appréhender, lorsque les affaires ne venoient pas alors par les voyes ordinaires. Il faut faire voir maintenant pourquoy nous avons sujet de bien espérer de ce qu'elles prennent un différent chemin en ce temps-cy.

Il ne me sera pas difficile, Monsieur, si j'ose porter les yeux jusques au trône, de considérer le prince qui nous les envoye. Que peut-il à présent souhaiter pour la perfection de sa gloire? De prendre des villes, de gagner des batailles? luy qui a subjugué des provinces en un moment, et qui a su vaincre en une saison où à peine peut-on marcher. De mettre l'ordre dans son royaume? luy qui a réformé les abus qui s'y estoient glissés depuis tant d'années, et qui a mis les finances en estat de soutenir ses magnificences, de satisfaire à ses libéralités et d'entretenir ses armées, sans avoir besoin de secours extraordinaires.

Ce n'est point cela. Quoy donc? Ces grandes réformations, cette extrême rigueur que l'on a tenue pour rétablir le bien public, a beaucoup altéré celuy des particuliers, et l'on juge d'ordinaire des vertus des grands Roys par la félicité de leurs peuples.

C'est à quoy S. M. veut travailler sans nous en faire part, et nous sommes trop jaloux de ses propres intérests pour n'y pas renoncer avec joye. Si autrefois les édits donnoient de la terreur, parce qu'ils estoient les ouvrages des gens d'affaires, quelle confiance ne doivent-ils pas donner, à présent qu'ils sont le fruit des veilles d'un si grand monarque? Et, s'ils estoient à craindre parce qu'ils estoient les productions de l'indigence et des finances épuisées, ne seront-ils pas chéris, à présent qu'ils sortent du milieu de l'opulence et qu'il y a apparence qu'ils rendront à la France une partie de ce que les autres luy ont osté? Nous avons, Monsieur, d'autant plus sujet de l'espérer, qu'ils nous sont présentés de vostre main, et que nous savons la forte inclination que vous avez toujours eue pour la justice.

Car enfin il n'y a pas lieu de croire que le bruit des tambours et des trompettes, que cette intrépidité que vous avez témoignée dans les périls, que ce grand courage qui, dans les dernières campagnes, a fait faire à un fils de France les fonctions d'un simple soldat, que toutes ces vertus tumultueuses et militaires ayent étouffé des vertus plus douces dans vostre cœur, et que la paix ne vous ayt pas rendu cette bonté et cette équité naturelle que vous aviez avant la guerre, qui faisoient la meilleure partie de vostre gloire et qui y entrent assurément pour quelque part. Au moins en avons-nous esté persuadés.

En effet, qui pourroit croire que nous eussions pu manquer de respect pour vostre naissance, d'admiration pour vostre personne et de considération pour les affaires recommandées en vostre nom? Nous ne l'avons point fait, Monsieur; nous ne l'avons point fait, mais nous avons cru que vous vouliez la justice préférablement à toutes choses. Si nous en eussions douté, le premier venu nous en eust éclaircis; l'on nous l'eust assuré des extrémités du royaume. C'est une réputation répandue généralement par tout le monde, et nous avons pu peut-estre nous tromper dans le discernement de la justice, mais nous ne nous tromperons jamais, quand nous aurons des sentiments si avantageux de vostre gloire.

LOUIS XIV.

Aussy, Monsieur, croyons-nous ne nous estre pas tout à fait rendu indigne de vostre protection, que nous osons vous demander auprès de S. M. Nous avons esté assez malheureux pour porter depuis peu des marques de sa disgrace, et néanmoins, quand nous repassons les yeux sur vingt années de charge, nous ne trouvons que de pures intentions de le servir. Nous espérons que, si vous avez la bonté de nous l'accorder, S. M. sera persuadée de nostre zèle, et qu'elle voudra bien nous faire la grace de croire que, si nous n'avons jamais manqué d'obéissance à ses ordres, nous n'aurions pas eu la pensée de commencer dans une occasion où nous aurions eu la dernière joye de pouvoir témoigner, Monsieur, le profond respect que nous avons, avec toute la France, pour vostre personne, et celuy que nous devons, encore plus particulièrement que les autres, à l'avantage que nous avons d'estre honorés quelquefois de vostre présence.

(Copie. — *Recueil des harangues du P.P. Nicolas Nicolay*, p. 225.)

622. Août 1669.
RÈGLEMENT POUR LES CHAMBRES DES COMPTES ET LES COMPTABLES.

(*Mémorial*. — Impr. dans la collection Mariette.)

623. 14 Décembre 1671.
LETTRE DE M. COLBERT AU P.P.

Ce 14me décembre 1671.

Monsieur, j'ay leu au Roy la lettre que vous avez pris la peine de m'escrire. Sa Majesté m'a ordonné de vous faire sçavoir en response qu'elle vouloit que vous exécutassiez l'arrest du Conseil qui a esté donné contre vous en sa présence. Je suis,

Monsieur,
Vostre très humble et très obéissant serviteur.
COLBERT.

(Orig. autographe. — *Arch. Nicolay*, 72 L 18.)

624. 11 Janvier 1672.
ARRÊT DU CONSEIL RELEVANT LE P.P. ET LE RAPPORTEUR DE LEUR INTERDICTION.

Veu par le Roy, estant en son Conseil, l'arrest d'iceluy du xxiij^{me} septembre 1668 ; . . . . . . signification dudit arrest auxdits sieurs Nicolay et Lescuyer, du cinquiesme jour de novembre audit an ; interrogatoires par eux prestés en exécution desdits arrests, par devant lesdits sieurs Pussort et Voisin, commissaires à ce députés, les xxviij^{me} décembre 1671 et vj^{me} du présent mois ; ouy le rapport desdits sieurs Pussort et Voisin, et tout considéré ;

Le Roy, estant en son Conseil, a levé et osté, lève et oste l'interdiction ordonnée par lesdits arrests des xxiij^{me} septembre et xxvij^{me} octobre 1668 ; et en conséquence a Sa Majesté renvoyé et renvoye lesdits sieurs Nicolay et Lescuyer en l'exercice et fonction de leurs charges.

St-Germain en Laye, le xj^{me} janvier 1672.

SÉGUIER.   PUSSORT.   VOYSIN.

(Original. — *Arch. Nat., Conseil*, E 1766, f° 19.)

Le P.P., qui reparut en séance dès le 8 janvier, conduisit les députés le 26 avril suivant, pour prendre congé du roi, qui rejoignait l'armée. (*Plumitif*.)

625.
20 Juin 1672.
LETTRE DU ROI AU P.P. — BOIS DE LA VRAIE CROIX.

Monsr Nicolay, la reyne ma femme ayant dévotion de faire faire un reliquaire pour mon fils le duc d'Anjou, et désirant avoir à cet effet de la Vraye Croix qui est conservée dans le Trésor de la Ste-Chapelle du Palais à Paris, dont vous avez la garde, je vous fais cette lettre pour vous dire que mon intention est que vous ayez à faire ouvrir au sr évesque de Coustances, trésorier de ladite Ste-Chapelle, les armoires dans lesquelles le reliquaire de la Vraye Croix est enfermé, en présence de ceux qui doivent y assister et avec l'observation des cérémonies nécessaires, pour estre pris par ledit sr évesque de Coustances une petite portion de la Vraye Croix et par luy apportée à la reyne, avec le procez verbal que vous en dresserez et dont vous laisserez copie audit Trésor de ladite Chapelle et en ma Chambre des comptes. Et la présente n'estant à autre fin, je prie Dieu qu'il vous ayt, Monsr Nicolay, en sa sainte garde. Escrit à St-Germain en Laye, le xxme juin 1672.

MARIE TÉRÈSE.
COLBERT.

(Original. — Arch. Nicolay, 27 L 1.)

626.
21 Juin 1672.
EXTRACTION D'UN MORCEAU DE LA VRAIE CROIX.

Ce jour, Messire Nicolas Nicolay, cher, conseiller du Roy en ses Conseils, P.P. en sa Chambre des comptes, s'est rendu en la Ste-Chapelle du Palais, assisté de MM. François Lescuyer et François du Lieu, aussy conseillers du Roy en ses Conseils et maistres ordinaires en icelle Chambre, de Me Pierre Richer, conseiller secrétaire du Roy et greffier d'icelle Chambre, et de Me Jean de Loffroy, contrôleur de ladite Ste-Chapelle, pour, en exécution de la lettre de cachet du Roy du [20] du présent mois, adressante audit sr P.P., et de l'arrest de la Chambre de ce jour donné en conséquence, faire ouverture du grand tabernacle des Reliques estant derrière et au dessus de l'autel de ladite Ste-Chapelle et en faire tirer et extraire un petit morceau du Bois de la Croix de Nostre Seigneur, pour estre porté à la reine, aux fins d'en faire et donner le reliquaire à Mgr le duc d'Anjou, fils de France, suivant et au désir de ladite lettre de cachet. Auquel lieu estant, s'y seroient trouvés Messire Claude Auvry, aussy conseiller du Roy en ses Conseils, ancien évesque de Coustances et trésorier de ladite Ste-Chapelle, Mes Jacques Barrin, chantre en dignité, Christophe Barjot, Gilles Dongois, Charles du Tronchay et François Olivier, chanoines, et autres chapelains, chantres et clercs de ladite Ste-Chapelle; en la présence desquels ledit sr P.P. auroit, avec les clefs du tabernacle, dont il est dépositaire, fait faire ouverture d'iceluy par Mathieu Estable, maistre serrurier à Paris, mandé à cet effet. Laquelle ouverture faite, lesdits srs assistans ayant adoré lesdites Saintes Reliques, la Vraye Croix à deux branches auroit esté tirée hors du tabernacle par ledit sr Auvry, trésorier, aydé et assisté par lesdits srs Barrin et du Tronchay, prestres, ayant étoles, et couchée en toute révérence sur un linge et tapis mis sur une plate-forme au devant de l'ouverture du tabernacle. Il en auroit esté scié par Pierre Loir, orfèvre, aussy mandé à cet effet, un petit morceau du pied de ladite Croix, d'environ demy-pouce de haut, sur l'épaisseur et largeur dudit bois de ladite Croix; lequel petit morceau du Bois a esté à l'instant mis dans un linge, entre les mains dudit sr Auvry, trésorier, pour le porter à ladite dame reine, aux fins de ladite lettre de cachet du Roy. Et quant à la poudre de sciure, elle a esté recueillie sur du papier et donnée à quelques-uns des assistans qui l'ont désirée et demandée pour la faire enchasser précieusement et la révérer en reliquaires. Ce fait, lesdites Saintes Reliques de rechef adorées, tant par les assistans, que par le petit nombre de personnes particulières de l'un et l'autre sexe qui s'estoient trouvées dans ladite église, ledit précieux Bois de la Vraye Croix a esté recouvert et remis, ainsy que les autres Reliques, dans leur lieu, audit tabernacle; lequel tabernacle a esté refermé, premièrement du treillis de fer avec quatre clefs et quatre serrures différentes aux quatre coins, et en second lieu, des deux portes de cuivre doré avec six autres clefs et six serrures différentes en divers endroits desdites deux portes; lesquelles quatre clefs d'une part attachées ensemble et six clefs d'autre attachées ensemble ont esté remises par ledit serrurier, au fur et à mesure de chacune fermeture, ès mains dudit de Loffroy, contrôleur, et par luy sur le champ entre les mains dudit s^r Nicolay, P.P., qui en est dépositaire. En suite de quoy, chacun s'est retiré.

Dont et de tout ce que dessus a esté dressé le présent procès verbal, de l'ordre dudit s^r P.P., par moy, conseiller secrétaire du Roy et greffier de ladite Chambre des comptes, lesdits jour et an, 21me juin 1672. RICHER.

(*Cérémonial.*)

627. 24 Février 1673.
DÉCLARATION RÉGLANT L'ENREGISTREMENT DES ÉDITS, LETTRES PATENTES, ETC.

Louis, etc. Comme il importe à nostre service et au bien de nostre Estat que nos ordonnances, édits, déclarations et lettres patentes concernant les affaires publiques, émanées de nostre autorité et propre mouvement, soient incessamment registrées en nos Cours, pour estre publiées et exécutées, nous aurions, pour prévenir les longueurs desdits enregistremens, entre autres choses, ordonné, par les articles II et V du titre Ier de nostre ordonnance du mois d'avril 1667, que nos Cours qui se trouveroient dans le lieu de nostre séjour seroient tenues de nous représenter ce qu'elles jugeroient à propos sur le contenu èsdites ordonnances, édits, déclarations et lettres patentes, dans la huitaine après leur délibération, et les Compagnies qui en seroient plus éloignées, dans six semaines; après lequel temps, elles seroient tenues pour publiées et registrées. Et d'autant que les différentes interprétations qui seroient données aux dispositions desdits articles pourroient estre préjudiciables à nostre service et au bien de nostre royaume, par le retardement de l'exécution de nos ordres, nous avons estimé à propos d'expliquer sur ce nos intentions par nos lettres de déclaration à ce nécessaires. A ces causes, de l'avis de nostre Conseil, qui a vu lesdits articles II et V du titre Ier de nostre ordonnance du mois d'avril 1667, et de nostre certaine science, pleine puissance et autorité royale, nous avons dit et déclaré, et, par ces présentes signées de nostre main, disons et déclarons, voulons et nous plaist que nos procureurs généraux qui recevront nosdites ordonnances, édits, déclarations et lettres patentes expédiées pour affaires publiques, soit de justice ou de finance, émanées de nostre seule autorité et propre mouvement, sans partie, avec nos lettres de cachet portant nos ordres pour l'enregistrement d'icelles, soient tenus de s'en charger sur le registre du maistre des courriers, ou d'en donner leur certification en forme à ceux qui leur rendront les dépesches de nostre part. Comme aussy, qu'incontinent que nos procureurs généraux auront reçu nos lettres, ils en informent le P.P. ou celuy qui présidera en son absence, luy demandant, si besoin est, l'assemblée des chambres ou semestres, laquelle le P.P. convoquera dans trois jours; où nos procureurs généraux présenteront les édits, ordonnances, déclarations et lettres patentes dont ils seront chargés, avec nos lettres de cachet. Le P.P. distribuera sur le champ nos lettres patentes, sur lesquelles le conseiller rapporteur mettra le *soit montré*, et les rendra à nostre procureur général avant la levée de la séance. Nos procureurs généraux donneront, dans vingt-quatre heures après, leurs conclusions sur le contenu auxdites lettres, et les rendront au conseiller rapporteur. Trois jours après, le conseiller rapporteur en fera son rapport, et, à cet effet, celuy qui présidera assemblera les chambres ou semestres en la manière accoutumée, et fera délibérer sur icelles, toutes affaires cessant, mesme la visite et jugement des procès criminels et les propres affaires des Compagnies. Défendons à nos Cours de recevoir aucunes oppositions à l'enregistrement de nosdites lettres patentes, aux greffiers d'icelles de les enregistrer, et à tous huissiers d'en faire la signification, à peine de suspension de leurs charges, soit qu'elles soient faites de la part des corps, communautés ou particuliers, de quelque qualité qu'ils puissent estre, ou par les syndics, procureurs généraux ou assemblées de communautés; sauf à eux à se retirer par-devers nous, pour leur estre pourvu. Voulons que nos Cours ayent à enregistrer purement et simplement nos lettres patentes, sans aucune modification, restriction, ni autres clauses qui en puissent surseoir ou empescher la pleine et entière exécution. Et néanmoins, où nos Cours, en délibérant sur lesdites lettres, jugeroient nécessaire de nous faire leurs remonstrances sur le contenu, le registre en sera chargé et l'arresté rédigé, après toutefois que l'arrest d'enregistrement pur et simple aura esté donné et séparément rédigé. Et en conséquence, celuy qui aura présidé pourvoira à ce que les remonstrances soient dressées dans la huitaine, par les commissaires de la Compagnie qui seront par luy députés, pour estre délivrées à nostre procureur général, avec l'arrest qui les aura ordonnées; dont il se chargera au greffe. Les remonstrances nous seront faites ou présentées dans la huitaine par nos Cours de nostre bonne ville de Paris ou autres qui se trouveront dans le lieu de nostre séjour, et dans six semaines par nos autres Cours des provinces. En cas que, sur le rapport qui nous sera fait des remonstrances, nous les jugions mal fondées et n'y devoir avoir aucun égard, nous ferons savoir nos intentions à nostre procureur général, pour en donner avis aux Compagnies et tenir la main à l'exécution de nos ordonnances, édits et déclarations qui auront donné lieu aux remonstrances. Et où elles nous sembleront bien fondées, et que nous trouverons à propos d'y déférer en tout ou partie, nous enverrons à cet effet nos déclarations aux Compagnies, dont nos procureurs généraux se chargeront comme dessus, et provoqueront l'assemblée des chambres ou semestres, les présenteront, avec nos lettres de cachet, au P.P., en pleine séance, et en requerront l'enregistrement pur et simple. Ce que nos Cours seront tenues de faire, sans qu'aucun des officiers puisse ouvrir aucun avis contraire, ni nos Cours ordonner aucune nouvelle remonstrance sur nos premières et secondes lettres, à peine d'interdiction, laquelle ne pourra estre levée sans nos lettres, signées de nostre exprès commandement par l'un de nos secrétaires d'Estat, et scellées de nostre grand sceau; nous réservant d'user de plus grandes peines, s'il y échet, et sans que la présente clause puisse estre censée comminatoire, ni éludée, pour quelque cause et sous quelque prétexte que ce puisse estre. Les greffiers tiendront leurs feuilles des avis et toutes les délibérations qui seront prises sur le sujet desdites lettres, lesquelles ils feront parapher, avant la levée des séances, par celuy qui aura présidé, et remettront lesdites feuilles ès mains de nos procureurs généraux, pour nous estre envoyées; et à cet effet, les greffiers assisteront à la présentation qui sera faite de nosdites lettres par nos procureurs généraux et à toutes les délibérations qui seront prises sur icelles, nonobstant tous usages à ce contraires. N'entendons néanmoins comprendre aux dispositions cy-dessus nos lettres patentes expédiées sous le nom et profit des particuliers, à l'égard desquelles les oppositions pourront estre reçues, et nos Cours ordonner qu'avant y faire droit, elles seront communiquées aux parties. Si donnons en mandement, etc . . . . Donné à Versailles, le 24me jour de février, l'an de grace 1673, et de nostre règne le trentième. Signé : LOUIS, et plus bas, Par le Roy : Colbert; et scellé du grand sceau de cire jaune.

Lues, publiées et registrées, ouï et requérant le procureur général du Roy, pour estre exécutées selon leur forme et teneur. A Paris en parlement, le Roy y séant en son lit de justice, le 23me mars 1673. DU TILLET.

Lues, publiées et registrées en la Chambre des comptes, ouï et ce consentant le procureur général du Roy, du très exprès commandement de S. M., porté par Mr le duc d'Orléans, son frère unique, venu exprès en ladite Chambre, assisté du sr du Plessis-Praslin, mareschal, duc et pair de France, et des srs Pussort et de Benard-Rezé, conseillers d'Estat ordinaires, le 23me mars 1673 [1]. RICHER.

Lues, publiées et registrées du très exprès commandement du Roy, porté par Mr le prince de Condé, premier prince du sang, assisté du sr de Grancey, mareschal de France, et des srs Voysin et de Fieubet, conseillers d'Estat ordinaires, ouï et requérant son procureur général, pour estre exécutées selon leur

LOUIS XIV.

forme et teneur; et ordonné que copies collationnées à l'original seront envoyées ès sièges des élections, greniers à sel et autres du ressort de la Cour, pour y estre pareillement lues, publiées et registrées; enjoint aux substituts dudit procureur général du Roy èsdits sièges de faire toutes réquisitions et diligences pour ce nécessaires, qui seront tenus d'en certifier au mois. A Paris, en la Cour des aydes, les chambres assemblées, le 23ᵐᵉ de mars 1673. BOUCHER.

(*Mémorial*. — Impr. dans la collection Mariette.)

1. Le *Plumitif* donne, suivant les formules ordinaires, le procès-verbal de la séance. « Mʳ Pussort a fait un long discours, rémpli de recherches curieuses et puissantes raisons pour montrer la nécessité de faire succéder la guerre à la paix, afin de maintenir par la force la tranquillité de l'Estat, conserver les conquestes glorieuses du Roy, donner protection à ses alliés, et persuader aux officiers et sujets du Roy de contribuer à une si louable fin par l'exécution des édits et déclarations que S. M. envoyoit. Après lequel discours, Mʳ le P.P. en a fait un avec son éloquence et sa facilité ordinaires, marquant le profond respect et la parfaite obéissance de la Chambre pour tout ce que le Roy ordonne pour la gloire de son Estat, pour la protection de ses alliés et pour le bien de son peuple. »

Discours du P.P.

Monsieur, puisque la guerre ne peut réussir sans argent, et que les édits vérifiés sont la matière des triomphes, nous devons avoir une joye extrême de contribuer de nos suffrages aux avantages de S. M. et d'estre, pour ainsy dire, les premiers instrumens de ses victoires.

En effet, dans un temps où toute l'Europe est en armes, où les peuples étrangers font des fonds extraordinaires, ou pour se défendre eux-mesmes, ou pour secourir leurs alliés, les François pourroient-ils refuser de contribuer à la gloire de leur prince, quand la plupart des autres nations ne contribuent qu'à la honte et à la confusion de leur patrie? Car enfin, que l'on voye les dépenses de la Hollande et celles d'une partie de l'Allemagne; qu'en ont-ils recueilli, sinon, les uns d'avoir basti quelques ponts de bateaux pour se retirer ensuite avec perte et précipitation, et les autres, la consolation d'avoir vu consomer par leurs alliés des biens qu'ils comptoient dorénavant moins à eux qu'au courage et à la fortune des victorieux?

Autrefois, on se plaignoit en France des levées qui se faisoient, non pas pour maintenir la grandeur et la réputation de l'Estat (en effet, qui s'en pourroit plaindre), mais de ce que souvent elles n'estoient pas appliquées à la fin glorieuse où elles avoient été destinées. Mais aujourd'huy, quelque grandes que puissent estre les sommes qu'on a levées, l'intérest qu'elles ont rapporté surpasse de beaucoup le principal, puisqu'à compter les édits vérifiés en un hiver et les villes prises en un printemps, il n'y a point d'édit qui ne se puisse vanter d'avoir produit plus d'une ville à la France.

Aussy, si l'on demandoit aux ennemys s'ils souhaitent ou s'ils craignent la vérification des édits qui sont présentés aux Compagnies souveraines, je crois que, s'ils disoient la vérité, ils avoueroient qu'ils l'appréhendent beaucoup plus qu'ils ne la désirent.

Quoy! ce que craint la Hollande et ses alliés, la France ne le feroit pas avec joye? et nous refuserions l'honneur de les faire trembler de nos places, dans un temps où nous avons vu que la rigueur de la saison passée ne les a pu mettre à couvert de l'insulte de nos soldats? Si nous en avions eu la moindre pensée, vous ne l'approuveriez pas, Monsieur, puisqu'ayant exposé une vie aussy précieuse que la vostre à des périls et des travaux continuels, vous avez laissé un illustre exemple aux peuples de sacrifier ce qu'ils ont de plus cher à la gloire de la France et au juste ressentiment de S. M.

Mais peut-estre pourroit-on dire que les revenus ordinaires de l'Estat devroient suffire pour soutenir la dépense d'une guerre qui n'entre encore que dans sa seconde année? Quant à moy, Monsieur, je suis persuadé que, pour des actions communes, il ne faut que des dépenses ordinaires; mais, lorsqu'on voit conquérir des provinces dans un temps qui suffiroit à peine pour prendre une ville un peu fortifiée, ruiner en trois mois des peuples qui avoient amassé chez eux l'or et les richesses de toute la terre, passer des fleuves sans en partager les eaux, miracle des François, comme l'autre fut celui des Hébreux, je suis persuadé, dis-je, qu'on ne doit pas se plaindre qu'on fasse des fonds extraordinaires, quand ils produisent des actions qui leur ressemblent.

Nous voyons, dans l'art, qu'on donne souvent des matières précieuses à des ouvriers excellens, qui en retranchent la plus grande partie, et ne laissent pas, par la forme qu'ils donnent à ce qui reste, d'en augmenter le prix. Le Roy est le grand artisan de son Estat. Encore qu'il paroisse que les biens de ses sujets qui passent entre ses mains diminuent pour eux, cela n'est pas néanmoins, puisqu'il est vray de dire que la grandeur d'un royaume consiste moins dans son abondance que dans sa réputation, dans sa propre puissance que dans l'abaissement de ses ennemys. Que servirent, dans les siècles passés, tant de richesses à Darius? Qu'ont servi, dans les temps présens, tant de biens à la Hollande? Il s'est trouvé chez eux des peuples pour contribuer, mais il ne s'est pas trouvé de prince pour vaincre. Se trouveroit-il en France un prince victorieux, et des peuples qui ne contribuassent pas volontiers à ses victoires? Cela ne doit pas estre, Monsieur, puisque mesme les François ne peuvent mieux mettre leur fortune qu'entre les mains de S. M., ni prendre des assurances plus certaines de leur bonheur que sa propre félicité.

Car enfin, si, dans la morale, les philosophes ne veulent pas qu'un particulier soit entièrement heureux s'il se rencontre quelque malheureux dans sa famille ou parmy ses amys, le bonheur des Roys ne peut estre parfait s'il ne se répand sur leurs sujets, qui sont l'objet principal de leurs veilles et de leurs soins.

Nous laissons donc l'ancienne coutume de parler en ces occasions-cy en faveur des peuples, puisque leurs intérests ne peuvent estre mieux confiés qu'à leur souverain. En effet, lorsque nous voyons S. M. travailler avec une si noble ardeur à la ruine de ses ennemys, que ne devons-nous pas espérer d'elle en faveur de ses sujets, puisque c'est le caractère de la mesme vertu qui porte à détruire les uns et à faire la félicité des autres? Si les particuliers, à la vue de ses édits, n'ont pas aujourd'huy tout ce qu'ils désirent, au moins ils doivent trouver une partie de leur consolation dans la gloire de l'Estat et dans la réputation de leur prince, et faire quelquefois cette réflexion qu'au moment qu'il y a des François qui se plaignent, ce sont les François qui font trembler toute la terre.

Nous ne regardons donc plus, Monsieur, toutes ces déclarations qui nous sont apportées avec le mesme visage que nous avions autrefois, et si nous nous plaignons encore de voir ces officiers dans le silence, ce n'est pas que nous leur souhaitassions la parole afin qu'ils s'expliquassent sur des édits que le Roy examine l'hiver dans ses Conseils, et qu'il employe l'esté à la teste de ses armées, mais plutost afin qu'ils pussent m'ayder à célébrer les triomphes de S. M. et parler dignement de ses victoires.

Mais, puisqu'ils ne le peuvent pas, et mesme que la véritable louange des grandes actions est le temps que la mémoire en dure et la manière dont elles passent à la postérité, nous laisserons à nos neveux le soin de rendre justice à celles de S. M., qui doivent estre l'étonnement des siècles à venir, comme elles ont esté l'honneur du nostre, et nous nous contenterons de demander au ciel qu'il seconde de plus en plus la grandeur de ses desseins, qu'il continue d'attacher la fortune à sa vertu, qu'il augmente sa gloire et la vostre, Monsieur, qui a égalé en deux campagnes celle de vos ancestres, et qui la surpassera infiniment, si les occasions répondent toujours à vostre courage et si les vœux sont exaucés de ceux qui ne peuvent témoigner que par l'ardeur de leurs désirs la profonde vénération qu'ils ont pour vos vertus et la reconnoissance éternelle qu'ils auront de vos bontés.

(Copie. — *Recueil des harangues du P.P. Nicolas Nicolay*, p. 257.)

628.
18 Avril 1678.
COMPLIMENT DU P.P. AU ROI. — PRISE DE GAND ET YPRES.

(Copie. — *Recueil des harangues du P.P. Nicolas Nicolay*, p. 353. — Impr. dans le *Mercure galant*, avril 1678, p. 351.)

629.
22 Août 1679.
LETTRE DU ROI AU P.P. — INTERDICTION D'UN CONSEILLER.

Monsr Nicolay, la conduite du sr Lambert, maistre ordinaire de ma Chambre des comptes, l'ayant rendu indigne d'exercer cette charge, j'écris aux officiers de madite Chambre des comptes, et leur enjoins de ne luy donner à l'avenir entrée, séance, ni voix délibérative. C'est à quoy je désire que vous teniez la main, suivant l'autorité de vostre charge. Et m'assurant que vous exécuterez ponctuellement ce qui est en cela de ma volonté, je prie Dieu qu'il vous ayt, Monsr Nicolay, en sa sainte garde. Écrit à St-Germain en Laye, le 22me d'aoust 1679.

LOUIS.
COLBERT.

(Copie. — Arch. Nat., Reg. O¹ 23, f° 280.)

630.
(6 Septembre 1679.)
HARANGUE DU P.P. A LA REINE D'ESPAGNE.

(Minute. *Arch. Nicolay*, 54 L 36. — Impr. dans le *Mercure galant*, septembre 1679, p. 308.)

631.
18 Janvier 1680.
PROVISIONS D'AVOCAT GÉNÉRAL POUR JEAN-AYMARD NICOLAY.

Louis, etc. Savoir faisons qu'estant bien informé des bonnes qualités qui sont en la personne de nostre très cher et bien amé Jean-Aymard Nicolay, avocat au parlement, et de ses sens, suffisance, loyauté, prud'hommie, capacité et expérience au fait de judicature; pour ces causes, nous luy avons donné et octroyé, donnons et octroyons par ces présentes l'estat et office de nostre conseiller avocat général en nostre Chambre des comptes à Paris, que tenoit et exerçoit cy-devant nostre amé et féal Me Guillaume Dreux, par le décès duquel nous auroit esté présenté nostre très cher et bien amé Claude Érard, avocat au parlement, que nous avons pourvu dudit office; lequel n'ayant voulu se faire recevoir en iceluy, s'en est volontairement démis en nos mains en faveur dudit Nicolay, par sa procuration cy attachée sous nostre contre-scel. Au sceau et expédition duquel office ayant esté formé opposition au titre par Jean Mareschal, avocat en parlement, et Émery Dreux, chanoine et chantre de l'église de Paris, et Jean Dreux, sr de Creuilly, son frère, ils en ont esté déboutés par arrest de nostre Conseil privé, donné contradictoirement avec les créanciers de la succession dudit Guillaume Dreux, le 20me mars 1679. Pour ledit office avoir, tenir, etc. . . . . . Pourvu toutefois qu'il n'ayt en nostre Chambre des comptes aucuns parens ou alliés que nostre amé et féal le sr Nicolay, P.P. en icelle, son père, et qu'il ayt atteint l'âge de vingt et un ans' sept mois, ayant esté dispensé des cinq ans cinq mois qui luy manquent pour faire les vingt-sept années accomplies suivant nos ordonnances; ensemble, du degré de parenté dudit sieur son père, par nos lettres patentes du 24me jour de décembre dernier. Le tout, à peine de nullité des présentes et de sa réception, et autres peines portées par nos édits, ordonnances et déclarations et arrests sur ce intervenus. . . . . Donné à St-Germain en Laye, le 18me jour de janvier, l'an de grace 1680, et de nostre règne le trente-septième.

Par le Roy : RICHER.

(*Mémorial.*)

Le 23 janvier, Jean-Aymard Nicolay sollicita sa réception et prit pour texte de son examen la loi *De donationibus inter virum et uxorem*. Le 27 du même mois, il présenta les lettres de dispense qu'il avait obtenues le 24 décembre, tant pour l'âge, que pour la parenté qui l'unissait au P.P., et il fut admis à prêter serment, « après avoir rendu sa loy, fait preuve de sa suffisance, et fait les affirmation et soumission portées par le règlement du 19 may 1629. » (*Plumitif.*)

Les minutes autographes des plaidoyers qu'il prononça, au nom du roi, de 1680 à 1686, ont été réunies par lui en un volume qui fait partie de la bibliothèque des Premiers Présidents.

---

632.   26 Février 1680.
LETTRE DE L'ÉVÊQUE DE PAMIERS AU P.P. — RÉGALE.

A Pamies, le 26me de février 1680.

Monsieur, j'ay apris avec douleur qu'on avoit voulu faire accroire au Roy que la difficulté que je fais d'exécutter les déclarations de Sa Majesté sur le sujet de la régale étoit un effect de chagrin, d'entêtement et de deffaut de respect et de soumission pour ses ordres, et non pas de la seule crainte d'offencer Dieu en ne conservant pas les droits de l'église qu'il a pleu à sa divine providence me confier, quoyque j'en fusse très-indigne. C'est pourquoy, Monsieur, j'ay creu pouvoir prendre la liberté de vous prier de lire les raisons de ma conduite dans un traité que j'ay fait imprimer sur cette matière et que j'ay donné ordre à une personne de joindre à cette lettre et de vous l'envoyer d'Avignon, afin qu'il vous plaise d'en éclaircir Sa Majesté, n'ayant rien plus à cœur, après ce que je doibs à Dieu, que de rendre au Roy l'obéissance que je luy ay vouée. Mais, comme il paroit même par les registres de votre Cour, mon diocèze n'ayant jamais été sujet à la régale, je ne puis pas faire, sans offencer Dieu, ce que le Roy désire. Je conserveray chèrement, Monsieur, le souvenir de ce bienfait durant toute ma vie, et prieray Dieu qu'il vous comble de toutes ses graces, étant très-parfaitement, etc.

FRANÇOIS, év. de Pamies.

(Original. — *Arch. Nicolay*, 39 L 11.)

---

633.   19 Décembre 1680.
LETTRE DE M. COLBERT AU P.P. — INVENTAIRES DES DÉPOTS.

A St-Germain, le 19me décembre 1680.

Monsieur, le Roy ayant appris que beaucoup de titres et de papiers dans la Chambre des comptes sont jettez indifféremment dans les chambres, sans inventaires et sans estre mis en ordre, et qu'ils peuvent estre de conséquence, tant pour ses domaines, que pour l'histoire, Sa Majesté m'ordonne de vous faire sçavoir qu'elle désire que vous ordonniez de sa part à Mr d'Hérouval de s'appliquer avec soin à reconnoistre tous ces titres, à les mettre par ordre et en faire des inventaires. Je suis, etc.

COLBERT.

(Original. — *Arch. Nicolay*, 72 L 20.)

---

634.   3 Décembre 1681.
AUDIENCE DU ROI. — PLAINTES CONTRE LA CHAMBRE.

Ce jour, Mr le P.P. a dit qu'ayant, le jour d'hier, reçu ordre de la part du Roy de se rendre dans le jour près de S. M., il estoit parti aussitost. Et arrivé à St-Germain en Laye sur les quatre heures de relevée, le Roy l'avoit fait entrer en sa chambre, où il estoit seul, et luy avoit dit qu'il avoit désiré luy parler pour se plaindre de quelques affaires qui s'estoient passées contre son service en la Chambre, dont on avoit parlé dans son Conseil de finances, afin qu'il en avertist les officiers de ladite Chambre pour y mettre ordre; autrement, qu'il seroit obligé d'y remédier en son Conseil. A quoy mondit sr le P.P. auroit répondu qu'il estoit extrêmement surpris que le Roy se plaignist de la Chambre dans un temps où elle avoit toute l'application, le zèle et la chaleur imaginables pour servir S. M. Luy répliqua qu'il ne se plaignoit pas de luy en particulier ; qu'au contraire, il avoit sujet de s'en louer et se reposoit de ses affaires quand il y estoit ; qu'il ne désiroit que la mesme justice que l'on rend aux particuliers, sans aucune faveur. A quoy mondit s^r le P.P. ayant encore répondu qu'il n'avoit esté absent que dans le temps des vacances, pendant lequel temps il ne s'estoit traité d'affaires d'importance, et que, s'il plaisoit à S. M. d'entrer dans quelque détail, il tascheroit à la satisfaire, en luy donnant les motifs et les raisons des arrests de la Chambre, le Roy luy auroit dit qu'il sauroit le détail par Mr Colbert, contrôleur général des finances, l'ayant chargé de le luy faire savoir. Sur quoy, mondit s^r le P.P. s'estoit retiré, ayant fait agréer au Roy qu'il luy vinst rendre raison de la conduite de la Chambre sur le particulier, quand il l'auroit appris. Qu'il s'estoit, à cette fin, rendu chez Mr Colbert, qui luy dit qu'en général le Roy se plaignoit des officiers de la Chambre, mesme s'expliqua de quelque détail qui s'apprendra dans la suite. Dont et de quoy mondit s^r le P.P. a rapporté sa créance à la Chambre, suivant l'ordre qu'il en a reçu du Roy.

(*Plumitif.*)

635.   4 Septembre 1682.
CONDAMNATION PRONONCÉE POUR VOL DE COMPTES.

Vu par les juges députés par la Cour de parlement et Chambre des comptes, séans en la chambre du Conseil lès ladite Chambre des comptes, le procès criminel fait en ladite Chambre à la requeste du procureur général du Roy en icelle, demandeur et accusateur contre Adrien Alexandre, maistre distillateur et marchand d'eau-de-vie et autres liqueurs; Françoise de Chantelou, sa femme ; Pierre Marconnet, page de musique de Messire Potier de Novion, premier président en ladite Cour de parlement ; Antoine Manoux, servant aux écuries dudit s^r premier président ; Marie la Fronde, veuve Louis Febien, vivant savetier à Paris, défendeurs, accusés, prisonniers en la Conciergerie du Palais; le nommé Gotot, dit Delorme, aussy accusé et contumax ; arrest de ladite Chambre du 26 may dernier, donné sur la requeste de Mes Nicolas le Prévost et Martin de Beaufort, procureurs en ladite Chambre, chargés de l'apurement des comptes de l'extraordinaire des guerres et cavalerie légère, tant de deçà que delà les monts, savoir : ledit de Beaufort, de ceux rendus par défunt Me Guillaume Brossier, et ledit Prévost, de ceux rendus par Me Guillaume Charron; contenant qu'estant chargés, chacun à leur égard, desdits comptes envers le garde des livres, ils les auroient mis dans un lieu à eux indiqué par ledit garde des livres, fermant à clef et enclos en ladite Chambre, afin que, si le public en avoit besoin, il pust en avoir communication ; mais, Mes Chevallier et Chauffour, qui travailloient conjointement aux apuremens desdits comptes, estant venus le 25 dudit mois de may, deux heures de relevée, pour travailler sur lesdits comptes, auroient esté surpris de trouver la plupart des comptes restans en désordre et plusieurs acquits jetés par terre, et, ayant fait perquisition dans ledit lieu, y auroient aussy trouvé une sablière ou pièce de bois sciée, ce qui donnoit ouverture dans ledit lieu, par où on y estoit entré, et on en avoit emporté soixante-sept volumes de comptes. . . . .
Les juges, pour réparation des cas mentionnés au procès, ont condamné et condamnent ledit Alexandre d'estre battu et fustigé nu de verges, au pied des grands degrés du Palais et de ceux de la Chambre des comptes, et par les carrefours et lieux accoutumés de cette ville. Ce fait, ont banni lesdits Alexandre et Marconnet de cette ville, prévosté et vicomté de Paris, pour cinq ans, enjoint à eux de garder leur ban, aux peines portées par la déclaration du Roy du 31 may dernier, et condamné chacun en 10 liv. d'amende vers le Roy, et solidairement et par corps au payement de la somme qu'il conviendra pour faire rétablir lesdits comptes en question ; ordonnent que le livre et papiers dudit Alexandre luy seront rendus, ce faisant, le dépositaire et gardien déchargé ; et, à l'égard desdits Manoux et Françoise de Chantelou, après que, pour ce mandés en ladite Chambre, ont esté admonestés, les condamnent aumosner au pain des prisonniers de la Conciergerie du Palais chacun la somme de 4 liv. Ont renvoyé lesdites Marie la Fronde et Martine Boucher de l'accusation contre elles intentée ; ordonnent que les prisons seront ouvertes à ladite la Fronde.

Déclarant la contumace bien instruite contre ledit Hotot, dit Delorme, et en adjugeant le profit, l'ont banni de cette ville, prévosté et vicomté de Paris pour trois ans, enjoint à luy de garder son ban sous les mesmes peines.

(*Journal.*)

---

636. 9 *Février* 1683.
LETTRE DE M. COLBERT AU P.P. — AFFAIRES DE LA CHAMBRE.

A Versailles, le 9me febvrier 1683.

Monsieur, je vous advoüe que j'ay tardé jusqu'à présent, et que je tarde encore de rendre compte au Roy de ce qui concerne les épices des comptes des domaines, et qu'il y a mesme beaucoup de choses que Sa Majesté a ordonné de faire, qui doibvent estre précédées par l'arresté de ces comptes, que j'ay évité et retardé jusqu'à présent, parce que je ne suis pas persuadé que l'explication de cette affaire puisse rendre un bon office à la Chambre des comptes auprès de Sa Majesté. Ainsy, vous voulez bien que je vous dise que le meilleur advis que je vous puisse donner dans cette affaire, est de l'expédier sans aucun retardement. Je suis, etc.

COLBERT.

(Original. — *Arch. Nicolay,* 72 L 21.)

---

637. 11 *Février* 1683.
PRESTATION DE FOI ET HOMMAGE FAITE POUR LE P.P.

Ce jour, Mre Jean-Aymard Nicolay, cher, seigneur d'Yvors, conseiller du Roy en ses Conseils, avocat général en la Chambre, au nom et comme procureur fondé de procuration de Mre Nicolas Nicolay, cher, marquis de Goussainville, seigneur d'Yvors et de Presles, conseiller du Roy en ses Conseils, P.P. en la Chambre, son père, passée par devant Benoit et Moufle, notaires au Chastelet de Paris, le 9me des présens mois et an, a fait au Roy, audit nom de procureur, au bureau de ladite Chambre, où présidoit Mr le président le Ragois, les foy et hommage que ledit sr Nicolay, son père, doit et est tenu faire à S. M. pour raison des deux tiers en la terre et seigneurie de Presles, appartenances et dépendances d'icelle, située dans le bailliage de Senlis, relevant de S. M. à cause de son comté de Beaumont, audit sr Nicolay père appartenant comme fils aisné et principal héritier de défunt Messire Antoine Nicolay, vivant cher, conseiller du Roy en ses Conseils, P.P. en sa Chambre des comptes, seigneur desdites terres, son père. A quoy il a esté reçu, et le droit de chambellage tiré à néant, attendu son privilège.

(*Plumitif.*)

---

638. 10 *Décembre* 1683.
CONFLIT ENTRE L'AVOCAT GÉNÉRAL ET LE PROCUREUR GÉNÉRAL.

Ce jour, Mre Jean-Aymard Nicolay, avocat général, venu au bureau, a demandé acte de la protestation qu'il fait que la présentation des édits du Roy et remonstrances que le procureur général fait seul ne luy pourront nuire ni préjudicier. Sur quoy, luy retiré et l'affaire mise en délibération, la Chambre a donné acte audit avocat général de sa protestation cy-dessus, laquelle est cy insérée selon sa teneur, qui ensuit : « Messieurs, comme nous sommes en règlement au Conseil, Mr le procureur général et moy, au sujet de nos charges, et que nous avons l'un et l'autre reçu ordre de ne rien innover, nous avions lieu d'espérer que Mr le procureur général, pour ces ordres supérieurs, auroit le mesme égard et la mesme obéissance qui nous obligent de les suivre. Cependant, nous voyons tout le contraire, et, outre qu'il ne nous communique d'aucune affaire, comme il le doit, c'est qu'il s'ingère mesme de présenter les édits seul, qui est la plus noble et principale fonction de nostre office. Mais comment le fait-il? Tantost hors l'heure, comme il fit hier; tantost faisant semblant d'aller à la présentation, tantost feignant d'autres affaires, feintes indignes d'une personne de son caractère et contraires à la dignité du parquet. Nous vous demanderions, Messieurs, d'estre maintenu dans nos droits, si nous n'avions les mains liées, nostre instance de règlement estant devant le Roy, dont nous avons lieu d'attendre la mesme justice qu'il rend à tous ses sujets. Cependant, comme Mr le procureur général prétend s'établir icy une possession qui, dans la suite, pourroit nous estre désavantageuse, et qu'il a grand soin, comme nous avons appris, de faire faire mention sur les Plumitifs de ce qu'il présente seul les édits, et mesme de ce qu'il vient au bureau, à nostre insu, faire quelquefois des réquisitions et des remonstrances seul, nous requérons qu'il nous soit donné acte de la protestation que nous faisons que la présentation des édits et des remonstrances faite par Mr le procureur général seul, à nostre insu, ne pourra nous nuire ni préjudicier, et que la présente protestation soit transcrite et insérée sur le Plumitif, pour la conservation de nos droits. »

(Plumitif.)

L'affaire avait pris naissance le 27 avril précédent, au sujet de l'assistance aux procès-verbaux, et elle avait été portée d'abord devant le chancelier et le contrôleur général; mais le roi l'avait évoquée à lui le 1er mai, et en avait confié l'examen à trois conseillers d'État, MM. Boucherat, de Bezons et Pussort. Elle fut terminée le 18 avril 1684, par un jugement rendu en présence du roi lui-même, avec de longs considérants, et conçu en ces termes : « Ordonne que ledit avocat général précédera en tous lieux, mesme en la Chambre et au parquet, ledit procureur général. Portera ledit avocat général seul la parole, et prendra les conclusions sur l'enregistrement des édits et déclarations qui seront portés en ladite Chambre des comptes de l'ordre de S. M., lorsque la publication s'en fera à l'audience, et pareillement en toutes affaires qui seront aussy plaidées et jugées en l'audience. Et fera ledit procureur général seul toutes les fonctions qui concernent et dépendent de la plume. Pourra néanmoins ledit avocat général, en cas d'absence, maladie ou légitime empeschement dudit procureur général, assister aux scellés, descentes et commissions faites de l'autorité de la Chambre, soit dedans ou dehors ladite Chambre, dans les procès verbaux desquels il sera dit qu'il y assiste pour le procureur général ; et seront les émolumens qui en proviendront partagés entre eux, conformément à la convention du 22 aoust 1626. Les inventaires de production, avertissemens, requestes, contredits et autres écritures seront faits par le procureur général seul, dans les instances de correction et autres affaires où il sera partie, et seront lesdites instances de correction jugées en la manière accoutumée, et sans qu'en aucun cas elles puissent estre portées à l'audience. Et sur le surplus des demandes desdites parties contenues en leurs requestes des 17 juillet 1683 et 17 mars 1684, S. M. les a mis et met hors de Cour et de procès, dépens compensés. » *(Mémorial. — Impr. dans la collection Mariette.)*

---

639.   2 Août 1684.

REMPLACEMENT DU PROCUREUR GÉNÉRAL PAR COMMISSION.

Louis, etc. Nous avions résolu de pourvoir nostre amé et féal le sr Girard, nostre procureur général en nostredite Chambre, de la charge de président en icelle vacante par la mort du sr Bétauld, et de substituer un autre en sa place pour remplir ladite charge de procureur général, sur la démission que nous luy avions ordonné d'en remettre en nos revenus casuels. Mais, ledit sr Girard s'estant rendu indigne de la grâce que nous avions bien voulu luy faire en cela, par la mauvaise conduite qu'il a tenue à cette occasion, nous luy avons fait ordonner de sortir de nostre bonne ville de Paris et d'aller faire son séjour en basse Normandie jusques à nouvel ordre de nous. Et estant cependant nécessaire de commettre à l'exercice de ladite charge de procureur général, dont les fonctions sont importantes au bien de nos affaires et service, à ces causes, et nous confiant en la personne de nostre amé et féal cy-devant conseiller en nostre Grand Conseil et grand rapporteur en la chancellerie de France, le sr Rouillé du Coudray, pour les preuves qu'il a données, en l'exercice desdites charges, d'une grande suffisance et capacité et d'un zèle et affection singulière à nostre service, iceluy sr Rouillé avons commis, ordonné et établi, commettons, ordonnons et établissons, par ces présentes signées de nostre main, pour faire les fonctions de la charge de nostre procureur général en nostredite Chambre des comptes de Paris, au lieu dudit sr Girard . . . .

Nonobstant que les comptes dont ledit s^r Rouillé peut estre tenu, en quelque manière que ce soit, ne soient apurés, ayant à cet effet dérogé et dérogeant à nostre déclaration du mois d'aoust 1669 et autres à ce contraires, pour cette fois seulement, sans tirer à conséquence. Car tel est nostre plaisir. Donné à Versailles, le 2me jour du mois d'aoust, l'an de grâce 1684, et de nostre règne le quarante-deuxième.

LOUIS.
Par le Roy : COLBERT.
(*Mémorial*.)

Une première fois la commission avait été envoyée; mais, sur les objections que faisait la Chambre contre la qualité d'ancien comptable, le roi avait fait écrire par Mr de Seignelay au P.P. (*Arch. Nicolay*, 71 L 4) qu'il donnait cette commission de son propre mouvement et qu'il la maintenait, sauf à y introduire la clause dérogatoire. En effet, la commission revint ainsi modifiée, le 6 août, le même jour que Mr Girard recevait l'ordre de partir pour Carentan; mais le P.P. y fit encore supprimer la clause d'information préalable, pour qu'il n'y eût plus qu'à faire présenter les lettres par l'avocat général, Mr Nicolay fils, et à recevoir le serment. L'installation se fit dans ces conditions le 8 août, et Mr de Seignelay écrivit le même jour au P.P. : « S. M. a paru très satisfaite de l'exactitude avec laquelle vous avez exécuté ce qui estoit de ses intentions au sujet de la réception de Mr Rouillé. Aussy est-il vray qu'il n'y a rien à y ajouter, et que vostre conduite à cet égard doit vous mettre au-dessus de toute sorte de mauvais offices..... » Mr Girard ne donna sa démission que le 8 juin 1686, et reçut, outre la permission de revenir à Paris, les témoignages de la satisfaction du roi. (Arch. Nat., Reg. O¹ 28, f°s 239, 243 v°, 246 v°, 259 v° et 492; 30, f° 237.)

640. 21 Septembre 1684.
LETTRE DU P.P. AU CONTROLEUR GÉNÉRAL. — TRAVAIL DES AUDITEURS.

De Paris, le 21 septembre 1684.

Monsieur, je vous envoye les mémoires que les auditeurs m'ont mis entre les mains, où l'on voit le temps qu'ils ont servi et les apointemens qu'ils ont receu. Il me paroit que ces officiers se sont acquités de leur devoir. J'ay comencé, Monsieur, à prendre communication des requêtes de rétablissement du temps que Mr Colbert vint chés moy pour m'enjoindre de la part de S. M. de me donner tout entier à la commission des débets. J'ay soutenu ce travail avec plaisir, par la satisfaction que le Roy en a témoigné et par les avantages qui en sont revenus au Thrésor royal. Je ne prens de relache que les vacations du parlement. Ce temps m'est nécessaire pour régler mes affaires domestiques. Il est nécessaire aux auditeurs pour exécuter les arrêts rendus à leur raport, et aux comptables pour retourner à leurs terres. Aussi, Monsieur, durant six années, personne ne s'est plaind du défaut d'expédition, même dans la première chaleur des poursuittes. Cette année, où je ne suis parti que le 16me septembre, le 17me on a crié que les affaires demeuroient. A peine néanmoins ai je trouvé à mon retour de quoy m'occuper. D'où viennent ces cris? Vous le devinés, Monsieur, vous qui avés été élevé dans les Compagnies. Cependant, il me semble que les personnes publiques ne doivent pas entrer dans ces cabales, porter des plaintes jusques à Fontainebleau, sans raison, et me faire un crime de mes propres services. Je suis avec respect, etc.

N. NICOLAY.

(Orig. autographe. — Arch. Nat., *Pap. du Contrôle général des finances*.)

641. 28 Novembre 1684.
AUDIENCE DU ROI. — RÉCEPTION DE DEUX PRÉSIDENTS.

Ce jour, M^r le P.P. a dit que, conformément à l'arresté de la Chambre du 14 du présent mois, il avoit esté vendredy dernier à Versailles, où il avoit dit au Roy que les officiers de la Chambre l'avoient chargé de témoigner à S. M. leur profonde obéissance; qu'ils avoient enregistré les lettres de M^r le président Tambonneau suivant les ordres qu'ils avoient reçus, et qu'ils estoient prests à faire la mesme chose pour Mr Roze, si S. M. l'ordonnoit; qu'ils souhaitoient seulement qu'elle fust informée du droit qu'ils avoient de jouir des épices des officiers qui n'estoient pas reçus ou absens. Sur quoy, le Roy auroit répondu qu'il estoit bien informé du droit de la Chambre, et qu'il savoit qu'il avoit fait une chose tout extraordinaire; mais que, comme il avoit donné ses ordres, il souhaitoit qu'ils fussent exécutés.

(*Plumitif*.)

642. (1684.)

LETTRE DU P.P. AU CONTROLEUR GÉNÉRAL. — CERTIFICATIONS DU TRÉSOR.

Monsieur, l'usage des certifications est contraire aux antiennes ordonnances, qui ont défendu les contre-lettres, aux nouvelles, qui défendent en termes formels les certiffications, et au serment des comptables, qui affirment à la présentation de leurs comptes que les parties qu'ils emploient sont entièrement payées. Il est étonnant que Mr Colbert, qui les avoit bannies avec plus de sévérité que personne, les ait introduittes au Thrésor royal. Peut être a t'il voulu conserver des fons sans en donner connoissance, pour s'en servir dans les pressantes nécessités de l'État, ou pour donner de vaines espérances d'un prompt payement aux assignés, ou pour d'autres raisons qu'il est dificile de pénétrer. Mais enfin, Monsieur, je serai persuadé, jusques à ce qu'on m'ait détrompé par les registres particuliers de recette et de dépense, que les certifications ont laissé un fond aux gardes du Thrésor royal, dont Mr le controlleur général vouloit disposer. Si elles n'avoient pas laissé de fond en leurs mains, on ne feroit pas aujourd'huy une recette par certiffications, qui tient lieu d'une recette en argent, et qui est consommée par des dépenses véritables. Vous verrés, Monsieur, par le mémoire que j'ay l'honneur de vous envoyer, ma pensée, qui n'est pas conforme aux sentimens de Mr de Paris. Il veut bien se trouver demain chés moy, avec les procureurs du Thrésor royal, et vous rendre compte de la conversation. Je suis avec respect, etc.

N. NICOLAY.

(Orig. autographe. — Arch. Nat., *Pap. du Contrôle général des finances*.)

643. 1685.

LETTRES DU CONTROLEUR GÉNÉRAL AU P.P. — AFFAIRES DIVERSES.

A Versailles, le 17 janvier 1685.

Monsieur, le Roy a commandé un arrêt sur vostre capitainerie, et il fut expédié hier, par lequel, en conformité de l'avis de Mr le grand maistre, Sa Majesté vous maintient dans ladite capitainerie et ordonne que, pour en expédier l'état et des officiers, vous vous retirerez par devers elle. C'est à Mr de Seignelay, comme secrétaire de la maison du Roy, que vous devez vous adresser pour cela. Je souhaitterois avoir pu contribuer à vostre satisfaction plus promptement.

J'ay envoyé par ordre du Roy à Mr le procureur général de la Chambre un arrêt et des lettres patentes pour la consommation de l'affaire de la Caisse des emprunts. Sa Majesté a donné tous ses soins, son application et son argent pour finir cette importante matière le plus nettement qu'il a été possible.

Je ne puis, Monsieur, m'empescher de persister à ce que j'avois chargé le sr Testu de vous dire de ma part, que, puisque dans les dernières années vous n'aviez pas été gratifié de vostre droit annuel, il étoit bienséant que vous prissiez la peine d'en dire un mot au Roy, pour obtenir la petite grace que vous désirez. C'est une chose que vous pouvez, ce me semble, demander très honnêtement au Roy, à l'exemple de plusieurs autres officiers qui ne sont pas si considérables que vous, et l'expérience m'aprend tous les jours que le Roy veut que des personnes de vostre poste s'adressent directement à luy, et que rien ne dispose mieux Sa Majesté à répondre favorablement. Si j'avois eu l'honneur de vous dire que je me chargerois d'en faire l'ouverture au Roy, ou je me suis mépris (ce qui m'arrive souvent), ou j'avois entendu que cela étoit ordinaire. Je vous donne mes avis avec la sincérité d'une personne qui est très véritablement et avec estime, etc.

LE PELETIER.

A Versailles, le 5 août 1685.

Monsieur, j'ay été obligé de demander à Mr le procureur général de la Chambre quelles étoient ses conclusions sur l'affaire des srs Duvau et Valentinay, afin de pouvoir recevoir les ordres du Roy sur la lettre que vous m'avez fait l'honneur de m'escrire. Sa Majesté m'a commandé de vous faire sçavoir qu'elle attend de sa Chambre des comptes et de vostre zèle ordinaire pour le bien de ses affaires qu'on ne se départira pas des règles accoutumées et de la voye pratiquée en pareilles occasions pour la décharge des comptables. Vous sçavez, Monsieur, en affaires de mesme nature, ce qu'il a plu au Roy de vous dire à vous mesme et de vous faire dire par Mgr le chancelier. Je suis, etc.

LE PELETIER.

A Versailles, le 11 décembre 1685.

Monsieur, j'ay porté ce matin chez le Roy la lettre que vous m'avez fait l'honneur de m'escrire et le projet d'arrêt de la Chambre. Sa Majesté m'a prévenu, et a bien voulu nous faire la relation de vostre audience d'hier. J'ai leu le projet d'arrêt de la Chambre que vous m'aviez envoyé. Mr le chancelier a remarqué au Roy que l'arrêt ne parloit point des corrections qui seroient ordonnées à l'avenir au profit de Sa Majesté, et a répété ce qu'il avoit déjà raporté de la réponce qu'il avoit faite à Mr vostre fils. Sur quoy, le Roy m'a commandé, Monsieur, de vous faire sçavoir que, si la Chambre pourvoit sufisamment, par l'arrêt que vous aurez agréable de m'envoyer, à l'exécution des arrêts de correction qui sont au profit de Sa Majesté, je suprimeray par son ordre l'arrêt du Conseil et les lettres patentes que le Roy avoit commandées. J'attendray, s'il vous plaist, de voz nouvelles là dessus pour avoir l'honneur d'en rendre compte au Roy. Je suis, avec le respect que je dois, etc.[1]

LE PELETIER.

(Originaux. — Arch. Nicolay, 43 L 2, 72 L 23 et 43 L 4.)

1. Le Conseil d'État rendit, le 8 janvier suivant, un arrêt chargeant le procureur général, les auditeurs et le contrôleur général des restes de pourvoir à la levée des arrêts de correction et à l'exécution des condamnations.

644.

24 Octobre 1685.

MALADIE DU CHANCELIER.

Ce jour, la Chambre informée que Mr le chancelier le Tellier estoit fort malade, a ordonné à Me Pierre Richer, greffier en chef, d'aller présentement luy rendre visite sur ce sujet, de la part de ladite Chambre, et savoir l'estat de sa santé. Lequel sr Richer estant de retour, a rapporté que, n'ayant pu parler à Mr le chancelier, ni à Mme son épouse, il avoit parlé au sr de Junquières, son principal secrétaire, qui luy auroit promis qu'il feroit savoir à mondit sieur le compliment de la Chambre; qu'il n'avoit point dormi la nuit dernière, et que son mal estoit la poitrine fort échauffée et qui s'emplissoit; néanmoins, que n'ayant point de fièvre, s'il pouvoit dormir, que l'on en espéroit la guérison.

(Cérémonial.)

Le successeur de Mr Le Tellier, le chancelier Boucherat, en recevant, à Fontainebleau, les premiers compliments du procureur général, lui protesta qu'il considérait la Chambre comme sa « mère. ».

VII

JEAN-AYMARD NICOLAY

fils de Nicolas Nicolay et d'Élisabeth de Fieubet,

baptisé à Paris le 15 mai 1658,

chevalier, marquis de Goussainville, seigneur de Presles, Yvors, Orgerus, Villebourg, Osny, etc., mousquetaire noir (1677); pourvu de l'office d'avocat général en la Chambre des comptes le 27 janvier 1680, et de celui de Premier Président le 26 février 1686, entré en fonctions le 5 mars suivant, conseiller du roi en ses Conseils d'État et privé; se démit de ses fonctions le 5 avril 1684, obtint des lettres de Premier Président honoraire le 26 des mêmes mois et an, et mourut le 5 octobre 1737.

---

645.   23 Février 1686.
LETTRE DU CONTROLEUR GÉNÉRAL AU P.P. — EXPÉDITION DES PROVISIONS.

A Versailles, le 23 février 1686.

Monsieur, si le Roy eust tenu son Conseil ce matin, j'aurois envoyé, en sortant de chez Sa Majesté, au sr Richer, l'expédition du rolle pour votre charge. Mais, comme son indisposition a empesché le Conseil, et que je n'ay pas trouvé occasion ce soir d'avoir l'honneur de voir le Roy extraordinairement, je ne pourray recevoir ses ordres que demain matin, et je feray mesme qu'il plaise à Sa Majesté les donner à Mr de Seignelay pour la signature de voz provisions. Permettez moy de vous donner avis, avec la sincérité que je vous dois, qu'il est bon que vous fassiez présenter voz provisions, en parchemin et toutes prestes à signer, à Mr de Seignelay, par quelqu'un de considération, si vous ne l'avez point fait. Je suis très véritablement, etc.

LE PELETIER.

(Original. — *Arch. Nicolay*, 43 L 5.)

---

646.   26 Février 1686.
PROVISIONS DE LA CHARGE DE P.P. POUR JEAN-AYMARD NICOLAY.

Louis, etc. Estant bien informez des bonnes qualitez qui sont en la personne de nostre amé et féal conseiller, nostre advocat général en nostre Chambre des comptes de Paris, Me Jean Aymar Nicolay, et des grands et recommandables services que ses prédécesseurs, au nombre de six, ont successivement rendus, depuis l'année mil cinq cens six jusques à présent, dans la charge de premier président en nostredite Chambre des comptes, qu'ils ont exercée si dignement, et désirant luy donner des marques de la satisfaction que nous en avons; à ces causes et autres à ce nous mouvant, nous avons audit s^r Nicolay donné et octroyé, donnons et octroyons, par ces présentes signées de nostre main, l'estat et office de conseiller ordinaire en nos Conseils, premier président clerc en nostre Chambre des comptes de Paris, que tenoit et exerçoit cy devant le s^r Nicolay, son père, dernier paisible possesseur d'iceluy; lequel estant décédé le vingtiesme du présent mois, qu'il avoit payé l'annuel, Nicolas Nicolay, seigneur de Presles, colonel du régiment d'Auvergne, et demoiselle Marie Élizabeth Nicolay, ses frère et sœur, conjointement avec ledit Jean Aymar Nicolay enfans et héritiers dudit deffunt leur père, nous ont nommé et présenté ledit Jean Aymar Nicolay, par leur nomination cy attachée soubs le contrescel de nostre chancellerie. Pour ledit office avoir, tenir et doresnavant exercer, en jouïr et user par ledit s^r Jean Aymar Nicolay aux honneurs, authoritez, prérogatives, prééminences, priviléges, exemptions, franchises, libertez, gages, droits, fruits, profits, revenus et esmolumens accoustumez et y appartenans, tels et semblables qu'en a jouy ou deub jouir ledit s^r Nicolay son père, et ce, tant qu'il nous plaira. Encore qu'il n'ayt vescu les quarente jours portez par nos ordonnances, de la règle desquelles, attendu le droit annuel pour ce payé, nous avons relevé ledit s^r Nicolay fils par ces présentes. Pourveu toutefois qu'il n'ayt en nostre Chambre des comptes aucuns parens ou alliez aux degrez prohibez par nos ordonnances, à peine de nullité des présentes, et qu'il ayt atteint l'aage de vingt sept ans dix mois accomplis, l'ayant dispensé du surplus pour avoir les quarente années requises par nos édits et règlemens, ensemble du service, suivant nos lettres de dispense cy attachées. Si donnons, etc. . . . . Car tel est nostre plaisir. En témoin de quoy nous avons fait mettre nostre scel à cesdites présentes. Donné à Versailles, le vingt sixiesme jour de février, l'an de grace mil six cens quatre vingts six, et de nostre règne le quarente troisiesme. LOUIS.

Par le Roy : COLBERT.

Ledict Messire Jean Aymar Nicolay a esté receu en l'estat et office de conseiller ordinaire ès Conseils du Roy, premier président clerc en la Chambre des comptes de Paris, mentionné en ces présentes, et d'iceluy fait et presté le serment en tel cas requis et accoustumé en ladicte Chambre, ouy le procureur général de Sa Majesté, information préalablement faicte sur ses vie, mœurs, aage et religion catholicque, apostolicque et romaine, affection et fidélité au service de Sadicte Majesté, par Me François Lescuyer, conseiller maistre ordinaire et doyen de ladicte Chambre, à ce commis, après qu'il a fait les affirmation et soumission portées par le règlement du dix neuf may MVI^c vingt neuf ; les semestres assemblez, le cinquiesme jour de mars mil six cens quatre vingt six. MACQUERON.

(Original. — Arch. Nicolay, 32 C 6.)

Jean-Aymard Nicolay avait dû primitivement être reçu en survivance de son père, et il avait, à cette occasion, préparé le discours qui suit :

Messieurs, si je vous supplie aujourd'hui de vouloir bien me recevoir dans la charge que mon père a remplie pendant trente-deux ans, je ne m'y suis point déterminé par ce sentiment naturel qui inspire à tous les hommes le désir de succéder aux charges que leurs pères ont occupées ; j'ai pensé que je pouvois aspirer à l'honneur d'être officier dans une Compagnie également respectable par son antiquité et par l'éclat de la justice qu'elle rend aux sujets du Roi, qui n'ont dans ce tribunal rien à craindre d'une artificieuse procédure, et que leur probité y rend toujours maîtres de leur sort. J'ai cru aussi qu'étant encore fort jeune, il m'étoit permis d'espérer de servir longtemps le Roi sous un chef si universellement respecté et aimé, que je n'ose m'étendre sur son éloge, dans la crainte que mes expressions ne soient fort au-dessous des idées que la Chambre et le public en ont conçues. Vous pardonnerez sans doute, Messieurs, une pareille timidité à un jeune militaire, à qui il est plus aisé de concevoir des sentiments de respect et d'admiration, que de les bien exprimer.

(Copie. — Arch. Nicolay, 50 L, f° 80 verso.)

A son installation, le nouveau P.P. ne prononça pas non plus cet autre discours qu'il avait préparé pour réponse au compliment du président de Chevry :

Monsieur, je suis extrêmement sensible aux marques d'estime que la Compagnie me fait l'honneur de me donner par vostre bouche ; elles font connoistre que vous chérissez le souvenir d'un père dont je pleure la perte et dont j'honore la mémoire.

Il a servi trente années avec vous, ses ayeux ont servi près de deux siècles avec les vostres, et, pendant tout ce temps, ils se sont apliquez à rendre la justice aux peuples et à soutenir la dignité de cet auguste corps. Je dois aux bontez du Roy la place qu'ils ont occupée ; il reconnoist en moy leurs services, il fait grace à la personne en faveur du nom, persuadé que j'ay puisé dans leur sang le mesme zèle qu'ils ont toujours fait éclater pour la gloire de cette monarchie.

Aussi m'étois-je donné à sa personne sacrée dès ma plus tendre jeunesse, et, dans l'ouverture d'une seule de ses campagnes, j'eus le temps de me convaincre par mes propres yeux des prodiges qu'on a tant de peine à croire sur la foy de la renommée.

Je vivois dans cet heureux état à la suitte glorieuse d'un tel maître, lorsque, pour consoler ma famille d'un premier malheur, il se fit un plaisir de me rendre à elle, ou plustost à vous, Messieurs.

La sagesse de ce prince a préveu que je pourrois le servir utilement dans la robe, éclairé par vos lumières et instruit par vos exemples ; il consomme aujourd'huy son ouvrage, Messieurs, il répand sur moy ses graces à pleines mains. Il me charge à la vérité d'un fardeau peu proportioné à mes forces et à mon âge, mais il sçait que vous voudrez bien m'aider à le soutenir, et que de ma part je ne manquerai pas de me faire une loix de vos avis et de ces mesmes décisions qui en servent à toute la France.

(Minute autographe. — *Arch. Nicolay*, 54 L 43 *bis*.)

647.
4 Avril 1686.

INSTALLATION DU P.P. COMME ADMINISTRATEUR DE L'HOTEL-DIEU.

Ce jour, les semestres assemblés, Mr le P.P. s'estant levé et sorti de la Chambre sur les neuf heures, y seroit revenu quelque temps après, et, remis en sa place, a dit que, depuis quelques jours, les srs administrateurs de l'hôtel-Dieu de Paris l'avoient été prier chez lui d'agréer de remplir la place de l'un des premiers administrateurs dudit hôtel-Dieu, au lieu de feu Mr son père, en qualité de P.P. de la Chambre, ainsi que fait Mr le premier président du parlement. Ce que leur ayant accordé, lesdits directeurs se seroient chargés de voir les prévôt des marchands et échevins de cette ville, les Gens du Roi et Mr le premier président du parlement, pour convenir du jour auquel il en pourroit faire le serment pour ce dû et accoutumé, audit parlement. Lequel jour ayant été pris d'un commun consentement à ce jourd'hui, lesdits directeurs l'étoient venus chercher en la Chambre, pour l'accompagner audit parlement. Dont l'ayant fait avertir à sa place, cela l'avoit obligé de se lever et de se transporter audit parlement, où il avoit été précédé par deux huissiers de la Chambre jusques à la Ste-Chapelle, et accompagné par lesdits directeurs jusques au parquet, au dehors duquel il avoit été reçu par deux substituts, qui l'ayant fait entrer audit parquet, il auroit trouvé lesdits Gens du Roi debout et les prévôt des marchands et échevins. Et un moment après, Dongois, secrétaire de ladite Cour et commis au Plumitif d'icelle, étoit venu l'avertir que ladite Cour l'attendoit. Ce qu'entendu, lesdits Gens du Roi, marchant les premiers, l'auroient conduit à la grand'chambre, accompagné desdits prévôt des marchands et échevins et desdits directeurs. Où étant, il y auroit pris place sur le banc des Gens du Roi, et les prévôt des marchands et échevins de l'autre côté. Lesquels prévôt des marchands et échevins, par la bouche du sr président de Fourcy, prévôt des marchands, auroient fait un petit discours sur le sujet, avec éloge à la mémoire de feu Mr le P.P. ; et ensuite Mr le premier président du parlement lui auroit fait faire le serment ordinaire pour ladite administration. Quoi fait, il s'étoit retiré, précédant les Gens du Roi et prévôt des marchands et échevins jusques au parquet, dont il auroit été reconduit par lesdits directeurs de l'hôtel-Dieu jusques à la porte du grand bureau de la Chambre.

(*Plumitif.*)

648.   11 *Décembre* 1686.
LETTRE DU CONTROLEUR GÉNÉRAL AU P.P. — AFFAIRES DE LA CHAMBRE.

A Versailles, le 11 décembre 1686.

Monsieur, je croyois aller cette semaine à Paris et faire moy mesme réponce à voz lettres; mais, comme je ne puis partir d'icy, trouvez bon que je vous dise que Mr de Louvois ne peut prendre d'impression contre voz bonnes intentions sur des discours de personne. Vous devez être persuadé qu'il vous rend toute justice et vous met au dessus de tout cela. Pour l'affaire de Mrs les auditeurs, je n'ay pu encore en rendre compte au Roy, parce que vous jugez bien que l'on ne parle à Sa Majesté que de chose pressée. Je suis, avec le respect que je dois, etc.

LE PELETIER.

(Original. — *Arch. Nicolay*, 43 L 7.)

649.   29 *Novembre* (1687).
LETTRE DU P.P. AU CONTROLEUR GÉNÉRAL. — ÉCHANGE.

Ce samedy 29 novembre.

Monsieur, comme je ne fus pas assez heureux l'autre jour pour vous trouver, vous voulez bien que je vous fasse icy mon compliment, et que je vous assure que je m'intéresse, autant que j'y suis obligé par inclination et par reconnoissance, à la nouvelle dignité de Mr vostre fils et à la joie que vous en resentez. J'aurois eu l'honneur de vous en aller féliciter, si Mr Courtin ne me débauchoit demain, ce qui fait que je prens cette occasion pour vous parler de l'affaire de Mr de la Feuillade et de vous envoyer l'abrégé des bois qui sont compris dans l'étendue des terres que le Roy lui a donné en échange à la Marche. Pour en faire l'évaluation, nous n'avons point d'autre pièce que l'avis des grands maîtres et maîtres particuliers des eaux et forêts. Il y a leurs procès verbaux et ceux qui furent faits en 1670 par Mr le Féron. Ces derniers sont bien différens des autres; ils font mention que ces forêts sont belles de beaux bois, et les autres les déprisent au dernier point, ce qui me les rend fort suspects, d'autant plus que j'ay veu les avis des officiers jusques icy fort préjudiciables aux intérêts du Roy. Comme nous n'avons que ces pièces, je n'ay pas cru devoir rien décider là dessus sans avoir eu l'honneur, Monsieur, de vous en communiquer auparavant. Il y a deux sortes de bois, les haults bois et les taillis. A l'égard des taillis, on pourroit voir ce que les seigneurs particuliers qui sont dans le voisinage de ces terres les vendent, et prendre pied là dessus; à l'égard des autres, je crois que vous pourriez, Monsieur, y envoyer un homme de confiance; car, de donner pour 18 ou 19 mil livres treize cens arpens de bois, j'y ay bien de la peine. J'en joint un abrégé à ma lettre.

Je parlé, il y eu dimanche huit jour, au Roy, pour les 400 livres qui estoient emploiez ordinairement dans les comptes de sa maison pour l'auditeur qui le raportoit, et luy en laissé mesme un mémoire. Je vous prie, Monsieur, de vouloir bien l'en faire souvenir. S'est une petite gratification pour ces officiers, qui sont ceux de la Chambre qui travaillent davantage, et qu'on donne à ceux d'entre eux qui se distinguent. Je vous prie de vouloir bien leur accorder vostre appuy, et me croire avec respect, etc.

A. NICOLAY.

(Orig. autographe. — Arch Nat., *Pap. du Contrôle général des finances.*)

650.
19 Janvier 1689.
LETTRE DU CHEF DU CONSEIL DES FINANCES AU P.P.

A Versailles, le 19 janvier 1689.

Monsieur, j'auray toute l'attention dont je suis capable à l'affaire de la surannation des lettres en cire verte, si elle se rapporte devant moy, et à tout ce qui aura rapport à vostre Chambre ou à vous.

Je fus bien fâché, le dernier jour, de ne pouvoir vous attendre. On me vint avertir pour aller chez le Roy. Vous sçavez, Monsieur, que je ne suis pas le maistre de pareilles choses. Partout où je le seray, je trouveray du plaisir à vous marquer la considération avec laquelle je suis, etc.

LE DUC DE BEAUVILLIER.

(Original. — Arch. Nicolay, 36 L 3.)

651.
29 Juillet 1689.
LEVÉE D'AUGMENTATIONS DE GAGES.

Ce jour, Mr Nicolay, P.P., a dit que, le Roi ayant créé depuis peu 600,000 liv. d'augmentations de gages à ceux des officiers de ses Compagnies souveraines et autres qui en voudroient acquérir, au denier dix-huit, il avoit été dimanche dernier à Versailles, et avoit vu Mr le contrôleur général des finances pour affaires particulières. Lequel lui auroit témoigné que c'étoit faire un service très agréable au Roi, dans la nécessité des affaires présentes de l'État, que d'en prendre, le Châtelet, la Cour des aides et quelques autres Compagnies l'ayant déjà fait, du moins par paroles d'engagement. Sur quoi, ledit sr P.P. ayant assemblé le jour d'hier chez lui MM. les présidens et les anciens de MM. les conseillers maîtres, comme il avoit fait auparavant les anciens conseillers correcteurs et auditeurs, et leur en ayant communiqué, il les auroit bien trouvés disposés à donner toutes satisfactions au Roy sur ce sujet, comme en toute autre occasion ; de sorte que, comme cette affaire regardoit toute la Compagnie, il estimoit que, pour la consommer, il falloit assembler les semestres pour prendre sur ce une résolution décisive si on prendra, et combien on prendra de ladite augmentation de gages. Laquelle proposition tous Messieurs ayant approuvée du bonnet, les huissiers ont été mandés et chargés d'assembler les semestres demain matin. Et à l'instant, le commis au Plumitif a, par ordre du bureau, averti les conseillers auditeurs et correcteurs ; lesquels, venus par leurs députés, deux des conseillers correcteurs et quatre des conseillers auditeurs, ont esté informés par Mr le P.P. du sujet de ladite assemblée des semestres à demain, à ce qu'ils n'en ignorent.

(Plumitif.)

652.
16 Octobre 1689.
LETTRE DU CONTROLEUR GÉNÉRAL AU P.P. — RÉCEPTION.

A Paris, 16 octobre 1689.

Monsieur, j'allay hier chez vous pour vous rendre mes devoirs et pour prendre avec vous les mesures nécessaires pour ma réception à la Chambre. Vous estiés à la campagne, Monsieur, d'où l'on me dit que vous deviés revenir le lendemain ; ce qui fist que je n'eust pas l'honneur de vous escrire aussitost. Mais, comme j'aprends que vous ne reviendrés pas sitost, je crois devoir vous dire, Monsieur, qu'il y a eu un *soit monstré* mis sur ma requeste, et que j'espère estre receu mercredy. Vostre absence et le degré de parenté qui m'unist à vous ne vous permettant pas de faire cette fonction à mon esgard, je ne puis mieux remplir tous mes devoirs au vostre, qu'en vous assurant qu'on ne peut estre plus que je suis, etc.

PONTCHARTRAIN.

(Orig. autographe. — Arch. Nicolay, 41 L 1.)

653.

6-10 Mai 1690.

DÉPUTATIONS ET HARANGUES POUR LA MORT DE LA DAUPHINE.

Madame la Dauphine mourut le 20me avril 1690. Le 22, le procureur général vint en donner avis à la Chambre, qui le chargea de sçavoir de S. M. si le Roy trouveroit bon qu'on luy fît compliment. Le Roy l'aiant agréé, il le fit sçavoir à la Chambre, et j'en reçus avis premièrement par une lettre de Mr de Seignelai, et ensuite par une seconde je fus averti que ce seroit pour le 6me may 90.

Le 6me may, nous nous rendîmes à Versailles, et fûmes receus dans la salle des Ambassadeurs. Sur les deux heures et demy, Mr de Seignelai, secrétaire d'État, le grand, le maître et aide des cérémonies nous vinrent avertir et nous conduisirent chez le Roy. Mr le duc de Gèvres, gouverneur de Paris, vint nous recevoir sur la montée, et il nous reconduisit ensuite jusques là. Mr de Seignelai ne nous reconduisit point; dont toute la Compagnie aiant été très scandalisée et prête à en faire plainte, Mr de Saintot, maître des cérémonies, me fit excuse de sa part, conduisant la Compagnie chez Monseigneur, disant qu'il n'avoit peu suivre, et à cause de la presse, et parce que la Compagnie alloit trop vite, et nous receumes ses excuses. Mr de Blainville, grand maître des cérémonies, dit que le secrétaire d'État ne reconduisoit point. Sur quoy, je luy répliqué qu'il étoit mal informé, et que son père l'avoit toujours pratiqué de cette manière; que plusieurs de Messieurs qui étoient là présens l'avoient veu. Et en effet, cela avoit toujours été ainsi usité.

Le 10me may, je fis récit à la Compagnie de ce qui s'estoit passé, et je redis mes complimens. Mr le président Larcher me fit un compliment de remerciment, et j'y répondis ce qui suit : « Je suis heureux, Monsieur, si, au jugement d'un magistrat aussi éclairé que vous l'estes, j'ay peu mériter de n'estre pas désavoüé par une Compagnie composée de tant de personnes illustres par leur capacité et leur vertu. »

Le service se fit le lundy, à St-Denys, 5me juin. Nous feumes en doute si on iroit en bonnet carré ou en chapeau. Nous résolumes de prendre le bonnet, ce que nous fismes néanmoins seulement à l'entrée de l'église, aiant été en chapeau depuis Ste-Marie, lieu où nous nous étions tous rendus chacun séparément, jusques à l'entrée du portail, où nous prîmes nos bonnets. Nous arrivâmes après le parlement et la Cour des aydes. Il y avoit deux places entre MM. les princes et moy. Mr le duc de Bourgogne menoit le deüil. Il y eut difficulté à Ste-Marie pour sçavoir si le maître des cérémonies nous y devroit prendre, et pour sçavoir quelle place le controlleur des restes occupoit en cette occasion. Il fust convenu que le grand maître ou maître des cérémonies viendroit seulement à la porte de l'église nous recevoir, comme il fit, et le controlleur des restes marcha après les auditeurs, devant les avocat et procureur généraux.

Le 15 juin, au service à Notre-Dame, nous fusmes conduits par les gardes de la ville. La Cour des monoies, le présidial et l'élection n'y étoient point, qui avoient été à St-Denys. Les princesses étoient à droite, comme elles y sont toujours lors du deüil d'une princesse, parce qu'elles le font et que les princes font le deüil lorsqu'il s'agit d'une cérémonie pour un prince.

Il y eut de singulier que, Mr le duc de Bourgogne estant à gauche avec Monsieur, il y eut deux places entre les princes et moy, et, comme Madame n'estoit point de l'autre costé, mais seulement Mme la Princesse, il n'y eut qu'un siége vuide entre les princesses et le parlement, de manière que le second président du parlement avoit la droite sur moy; ce qui m'obligea d'en faire sur le champ mes remontrances à Monsieur, qui me dit qu'on avoit appréhendé que, si on laissoit deux places entre les princesses et le parlement, les princesses ne tirassent cet exemple à conséquence, mais que le Roy y pourvoiroit; ce qui me fit résoudre à en parler au Roy. Ce que je fis le dimanche, et il me répondit que son intention n'étoit point de troubler l'égalité; que c'estoit un cas fortuit, qui pouvoit arriver du costé du parlement comme du costé de la Chambre, si du costé de la Chambre il n'y avoit que des princes, et qu'il y eût Madame par exemple du costé du parlement, ce qui reculeroit le parlement de deux places. Et luy aiant dit qu'en ce cas, nous n'étions point laisez; mais que, s'il arrivoit, j'avois peine à croire que le parlement souffrît la Chambre au dessus de luy sans luy en faire remontrance, le Roy me dit de dire à Saintot qu'il luy en parlât; ce qu'il fit, et le jeudy suivant le s^r Saintot m'aporta un mémoire, qu'il me fit voir, et qu'il ne voulut point me laisser, me disant que le Roy luy avoit ainsi ordonné, par où il vouloit prouver que nous n'étions point laisez, et qu'il étoit plus honorable d'estre reculé par M^r le duc de Bourgogne de deux places, que d'une par Mmes les princesses, et qu'on ne regardoit pas en ce cas où estoient les princes, si le second président du parlement avoit la droite sur moy, ou non, car le parlement ne régloit pas ses places, mais que c'estoient les princes, et que je n'estois pas toujours vis à vis le premier président du parlement, comme au service de Monsieur le Prince, où le parlement estoit à gauche, les princes et la Chambre à droite, et le premier président assis vis à vis la chaire qui estoit restée vuide entre les princes et moy.

Sur quoy, luy aiant fait mes réponces, qu'il trouva bonnes, nous demeurâmes d'accord qu'il n'y avoit que deux expédiens, qui étoient de laisser six places aux princes, dont il y en auroit deux vuides en hault, de manière que M^r le duc de Bourgogne se trouveroit au dessus des princesses, ou bien que le parlement choisît un des costez fixe, de manière qu'il n'eût plus le choix comme il avoit, et qu'il courût le risque, en cas qu'il se trouvât des fils de Roys de son costé, de se trouver au dessous de la Chambre.

Sur quoy, en aiant parlé le dimanche suivant au Roy, il m'ordonna de dire à Saintot de luy raporter tous ses mémoires, pour régler cela.

Harangue au Roy.

Sire, il est bien juste que ceux que V. M. fait jouir des douceurs de son règne, s'intéressent dans tout ce qui peut troubler la sérénité de sa vie. Nous nous acquittons fidèlement de ce triste devoir, et nos tendres sentimens vous rendent aujourd'huy un hommage aussi glorieux, que nos acclamations dans les plus beaux jours de vos triomphes. Ce héros si ferme dans le péril ne se défend pas d'obéir aux loix de la nature, et cette ame toujours au dessus de la fortune, n'est pas toujours inaccessible à la douleur.

Quels regrets aussi ne mérite pas une princesse que le choix de V. M. immortalise, et dont l'heureuse fécondité assure à la France, ou pour mieux dire au monde entier, des imitateurs de vos vertus!

Ils auront le temps, Sire, de se former à loisir sur vos exemples, et d'aprendre sous un si grand maître l'art de vaincre et le secret de régner sur les cœurs.

Mais ces douces espérances viennent s'offrir à contre temps. L'affliction du souverain fait en ce jour l'affliction publique, et nous devons tous, moy, Sire, plus qu'un autre, à un monarque si prompt à répandre ses bienfaits pour adoucir nos pertes domestiques, nous luy devons, dis je, et toute nostre reconnoissance et toute nostre sensibilité.

Harangue à Monseigneur.

Monseigneur, quelle triste nécessité d'avoir à renouveler vostre douleur sur la perte d'une princesse qui ne vivoit que pour vous! Elle mérita vostre tendresse et vostre estime par tout ce que la naissance et la vertu avoient pu rassembler pour luy faire dignement partager vos grandes destinées. Combien, malgré ses allarmes, fust elle sensible, Monseigneur, à la veüe de vos premiers lauriers, et, sans le coup fatal qui vient de vous l'enlever, que de gloire ne pourroit elle pas attendre en un temps où la prudence d'un Roy qui ne permet rien aux caprices de la fortune, vous charge de remettre l'Europe dans son devoir!

Que, dans la vaine espérance d'enfraindre impunément les loix qu'un sage conquérant luy a prescriptes, elle réunisse les républiques et les monarchies, les souverains légitimes et les usurpateurs, les envieux et les ingrats, ce n'est pas trop pour vostre valeur de toute l'Europe; les exploits du fils sçauront la forcer de recourir à la paix dont elle n'a joüi tant de fois que par la modération du père.

La présence d'un jeune héros m'inspire desjà le présage de ses victoires et des paroles, Monseigneur, moins propres à déplorer nostre malheur qu'à célébrer vos triomphes. Ils nous feroient trembler, ces triomphes, pour une des plus précieuses testes du monde, si le ciel ne sembloit ne nous avoir ravi nostre auguste princesse que pour en faire le génie heureux qui veille à la garde d'un prince que son grand cœur ne va que trop commetre à de nouveaux hazards.

(Minute autographe. — *Arch. Nicolay*, 54 L 45 et 46.)

654.   24 Juillet 1690.
LETTRE DU CONTROLEUR GÉNÉRAL AU P.P. — MÉMOIRES SUR LES FINANCES.

A Versailles, 24 juillet 1690.

J'ay leu, Monsieur, avec plaisir les deux mémoires que vous m'avés envoïés. Ils sont très curieux et fort recherchés, et je ne vois pas pourquoy vous ne les donneriés pas tous deux. L'emprunt de cinq millions cinq cent mille livres que fait le clergé est toute une autre espèce d'emprunt que celuy qu'il fait ordinairement, et si cette différence a quelque chose de désavantageux au Roy, suivant vostre pensée, elle a d'un autre costé quelque chose de fort avantageux à ceux qui la presteront, et c'est ce que le Roy a regardé...
..... M^r l'abbé d'Hervault sera païé quand il vous plaira. Le fonds en fust fait trois jours après que vous en eustes parlé. Je feray demain pour les habitans de Goussainville tout ce qui dépendra, Monsieur, de vostre très humble et très obéissant serviteur.

PONTCHARTRAIN.

(Orig. autographe. — Arch. Nicolay, 41 L 2.)

655.   6 Novembre 1690.
LETTRE DU P.P. AU CONTROLEUR GÉNÉRAL. — PROJET DE CRÉATION D'UNE CHAMBRE A LILLE.

A Paris, le vj^{me} novembre 1690.

J'ay assemblé aujourd'huy les semestres, Monsieur, pour satisfaire le plus promptement qu'il est possible à l'inclination que j'ay de faire ce qui peut vous estre le plus agréable, et je vous envoie la deliberation qui a été faite. Bien qu'elle ne contienne point de proposition positive, que Messieurs n'ont pas cru devoir faire, de crainte de s'avancer trop ou trop peu, néanmoins, comme ils ont remis leur authorité entre les mains des commissaires, nous travaillerons incessamment à digérer la matière davantage, afin de satisfaire en mesme temps, et au zèle que nous avons pour le service du Roy, et à celuy qui nous presse pour le bien de la Compagnie. Je les assembleré icy demain matin, et j'aurai l'honneur de vous voir la semaine prochaine, étant obligé de retourner sur la fin de celle cy à ma campagne, pour quelques affaires domestiques. Cependant, Monsieur, comme MM. les présidens Larcher et Tambonneau comptent vous rendre leur devoir avant ce temps, si vous vouliez bien expliquer à l'un ou à l'autre vos intentions, je feré mon possible, après les avoir apris, afin que la Compagnie s'i conforme le plus agréablement qu'il sera possible. J'espère que, si elle fait des efforts de son costé, vous voudrez bien aussi, Monsieur, qu'elle se resente de l'inclination que vous m'avez toujour témoigné avoir de luy rendre de bons offices. Je suis, etc.

A. NICOLAY.

Délibération de la Chambre.

La Chambre, les semestres assemblés, a commis, avec M^r le P.P., MM. les présidens Larcher et Tambonneau, MM. de la Croix, doyen, Binet, etc., pour aviser aux moïens de prévenir l'édit de création de la Chambre des comptes de Lille et pour faire telles propositions qui puissent estre agréables au Roy et d'un secours convenable à l'estat présent des affaires[1]. . . . .

(Orig. autographe. — Arch. Nat., *Pap. du Contrôle général des finances*.)

[1]. La Chambre se racheta moyennant une création de deux présidents, quatre maîtres, autant de correcteurs et d'auditeurs, etc. Par le même édit, la fixation de la charge de P.P. fut portée à 550,000 liv. au lieu de 400,000 liv.; celles des présidents et du procureur général furent élevées à 300,000 liv. (*Plumitif*, 12 décembre 1690.)

656.   5 Novembre 1691.
LETTRE DU P.P. AU CONTROLEUR GÉNÉRAL. — RÉCEPTION.

Ce 5 novembre 91, à Paris.

Monsieur, je vous suis fort obligé d'avoir bien voulu expliquer à Sa Majesté les raisons que la Compagnie pouvoit avoir de ne pas accorder à Mr de Villacerf la place qu'il demandoit au dessus de M^r le doyen, et parce qu'elle n'avoit jamais été donnée aux surintendans des batimens, mais à la personne de Mʳ de Louvois, et qu'il sembloit qu'il auroit fallu, pour la forme, une lettre de cachet adressante à la Chambre, et non pas une simple lettre pour moy. Comme S. M. ordonne que Mʳ de Villacerf jouisse du mesme rang et que la Compagnie reçoive les ordres de cette manière, vous ne devez pas douter, Monsieur, que tout le monde n'aille au devant de ce qui peut être agréable à S. M. Je croiois mesme, avant que j'eusse receu cette seconde lettre, qu'on auroit peu le faire, et, me servant de la liberté que vous m'aviez donné de montrer la première que vous aviez pris la peine de m'écrire, comme un ordre du Roy, je n'eus point l'honneur d'en parler à S. M. dans cette veüe, et j'attendois tous les jours que Mʳ de Villacerf se présentast pour estre receu. Je suis, etc¹.

A. NICOLAY.

(Orig. autographe. — Arch. Nat., *Pap. du Contrôle général des finances.*)

1. Le contrôleur général avait écrit, le 24 et le 30 du mois d'octobre, que la Chambre n'avait aucun droit de refuser la séance ordinaire sous prétexte que Mʳ de Villacerf ne possédait que la commission, et non le titre de la charge de surintendant des bâtiments. Le roi déclarait de son côté que si l'on manquait, directement ou indirectement, à ses injonctions, il en rendrait le P.P. responsable. (Arch. Nicolay, 70 L 2 et 3.)

657. *Février* 1692.
LETTRE DU CONTROLEUR GÉNÉRAL AU P.P. — COMMIS A LA PEAU.

A Versailles, le   février 1692.

Monsieur, j'ay leu au Roy la lettre que vous m'avez escrite à l'occasion de l'enregistrement de la déclaration qui a uny les deux offices de commis à la peau créez dans la Chambre des comptes, avec la fonction du Plumitif, aux deux charges de greffiers en chef. Sa Majesté m'a commandé de vous dire qu'il n'est pas d'usage, dans les édits et déclarations, d'ordonner que les offices seront remplis de personnes agréables aux Compagnies, mais bien de personnes capables, comme cette déclaration le porte, et qu'il conviendroit encore moins que vous missiez une modification dans l'arrest d'enregistrement, telle que vous la proposez. Ainsy, Sa Majesté désire que vous fassiez enregistrer cette déclaration purement et simplement. Je vous prie de le faire incessamment, attendu que la difficulté qui a esté formée à cet enregistrement retarde le payement de la somme que ces greffiers doivent payer pour l'union de ces deux offices. Je suis, etc.

PONTCHARTRAIN.
(Original. — Arch. Nicolay, 70 L 4.)

658. 23 *Février* 1692.
LETTRE DU DUC DE CHEVREUSE AU P.P. — ÉCHANGE.

A Versailles, le samedy 23ᵐᵉ février 1692.

J'ay esté trois fois chez vous, Monsieur, pendant les 24 heures que je viens de passer à Paris, sans avoir pu vous joindre, et je me suis trouvé obligé de revenir icy hier au soir. Je voulois vous demander avec instance de ne me point donner Mʳ du Lieu pour commissaire, non qu'il ne soit honneste homme et qu'on ne m'ait mesme assuré qu'il seroit bien aise de me faire plaisir, mais parce que j'ay besoin d'expédition et que son témpéramment ne l'y porte pas. L'eschange de Chevreuse est vraye et réelle en touttes ses circonstances. Ainsy, elle n'a pas besoin de faveur. Mais elle seroit d'une grande discussion à qui ne s'y prendroit pas bien, et, au contraire, peut estre approfondie et terminée, non seulement en peu de semaines, mais mesme en peu de jours, si on la tourne comme il faut. Je ne crains pour cela ni les gens sévères, ni les gens de bien, mais les gents qui s'attachent aux choses inutiles et qui se chargent de plus d'affaires qu'ils n'en peuvent expédier. En un mot, Monsieur, pour n'en pas dire davantage dans une matière où vous m'entendez bien, ayez la bonté de me donner ceux que vous m'avez choisis, je veux dire Mrs de Bretonvilliers, président, du Faur et Pachau, maistres, du Fourni et le Bel, auditeurs, et me faittes le plaisir de ne leur joindre nul autre. C'est une grace que je vous demande avec la dernière instance, et, comme je sçais que vous en estes le maistre, je l'attenday, s'il vous plaist, de l'amitié que vous avez bien voulu me témoigner, dont j'avoüe que je ne puis recevoir une plus sensible marque. J'espère avoir l'honneur de vous voir dans deux ou trois jours, et suis toujours, Monsieur, avec tous les sentiments d'estime et d'amitié que vous méritez, parfaitement à vous.

Le duc de Chevreuse.

Je ne vous parle plus, Monsieur, de la proposition que vous m'avez bien voulu faire d'estre vous mesme le premier de mes commissaires. La parenté rendroit la chose trop suspecte, et il m'est important de ne laisser aucun doubte dans le public en cette occasion. Mais je n'espère pas moins de vos bons offices, que j'aurois attendu de vostre équité et de vostre justice.

Comme j'apprends que le contract et les lettres patentes de ratification sont maintenant remises avec les lettres de cachet à M^r le procureur général, qui vous les communiquera sans doute incessamment, ne pourrois-je pas espérer que vous donnerez dès lundy prochain l'arrest d'enregistrement et de nomination des commissaires ? Je vous en serois très obligé, si cela estoit possible. Excusez ma liberté, Monsieur, et ayez la bonté de me garder le secret sur l'exclusion que je vous demande, car je serois fasché que cela pust faire de la peine à celuy qu'elle regarde.

(Orig. autographe. — Arch. Nicolay, 36 L 16.)

---

659.   9 Mai 1692.

LETTRE DU P.P. AU CONTROLEUR GÉNÉRAL. — COMMIS AU PLUMITIF.

A Paris, le 9 may 1692.

Monsieur, je crois avoir desjà eu l'honneur de vous représenter combien la place de commis au Plumitif, qu'on a ordonné par un arrest du Conseil estre faite par des commis à la peau, estoit importante au service. Non seulement il est nécessaire d'avoir un homme d'une grande capacité, mais il fault qu'il soit d'une probité reconüe; car, comme il dresse tous les arrêts, vous sçavez mieux que moy, Monsieur, qu'un mot obmis ou ajouté les peut bien changer de face, et, si cela arrivoit, aparamant ce ne seroit pour faire l'avantage du Roy. Quelque apliqué que soit une personne qui préside et qui sine les arrêts, il est difficile de répondre de n'estre pas quelquefois surpris, et, s'il arrivoit que nous le fussions et qu'on en fist justice, on ne manqueroit pas de dire que ce seroit en haine de celuy qui seroit entré dans cette place sans l'agrément de la Chambre.

J'ajouteré que, cette place n'étant plus aux greffiers, comme elle l'étoit par la déclaration, nous tombons dans un inconvénient encor plus grand. S'est qu'il n'y aura plus de seureté dans le dépost du greffe, car il est dit par l'arrest du Conseil que ces commis à la peau auront des clefs des minutes, et, s'ils en ont, il sera difficile de juger s'il se commet quelque fausseté, ou par soustraction, ou par altération de quelque minute, ou bien en mettant au greffe des pièces qui n'i sont pas. Qui on en rendra responsable, ou des greffiers, ou des commis à la peau ?

Ces inconvéniens, Monsieur, et d'autres encor qu'on peut craindre, ont fait résoudre Messieurs de la Chambre de lever cette charge. Aiant envoié chez les traittans pour sçavoir en quel état cela étoit, on m'a dit qu'il y avoit eu une quittance de finance expédiée hier, sous le nom d'un nommé Bulot, que personne ne connoist, à 26,000 liv. et les 2 sols pour livre. J'ay aussitost fait assembler plusieurs de Messieurs, et nous avons fait une enchère à 27,333 liv., suivant le cours des enchères. Mais, comme il ne convient guère à une Compagnie de se mettre aux enchères, ils vous prient, Monsieur, et moy aussi, de nous faciliter cette affaire. Elle est bien plus pesante pour la Chambre que pour des étrangers, parce que nous n'achèterons que dans le dessein de faire justice aux greffiers sur leurs places de petit commis, pour lesquelles ils ont paié cinq finances, et qui auroient peult estre occasion de vous importuner, Monsieur, si on les dépossédoit sans remboursement, ce qu'ils ne doivent pas craindre, la Chambre aiant résolüe de les contenter sur ce chapitre et sur leur depost, dont nous leur laisserons l'entière disposition.

Je vous prie aussi, Monsieur, de vouloir bien que j'aie l'honneur de finir cette affaire avec vous, sans passer d'avantage par les mains des traittans, ny de Mr d'Armenonville, et de trouver bon que je me rende chez vous pour cela, aussitost que vous serez à Paris. Vous assurant ce pendant que je suis avec respect, etc.

A. NICOLAY.

(Original.— Arch. Nat., *Pap. du Contrôle général des finances.*)

---

660.   13 Octobre 1692.
LETTRE DU P.P. AU CONTROLEUR GÉNÉRAL. — GAGES DU CONSEIL.

Le 13ᵐᵉ octobre 1692.

On m'a dit, Monsieur, que le Roi arrêtoit l'état au vrai du Thrésor royal 1689. Je vous prie, Monsieur, de vouloir bien ne point faire arrêter celuy des gages du Conseil pour Messieurs de la Chambre, que je n'en aye auparavant communiqué avec vous. Si vous vouliez bien que cela roulât sur les plus anciens, cela seroit sans envie et nous délivreroit de toutes les cabales qui sont à la Chambre, qui ne finiront jamais que par cette voie, ou en excluant des graces les personnes qui s'en meslent, qui ont ordinairement beaucoup plus de manège et de vivacité que les plus gens de bien, sur qui ils l'emportent ; ce qui fait aimer l'intrigue et négliger la vertu. Je suis, etc.

A. NICOLAY.

(Original. — Arch. Nat., *Pap. du Contrôle général des finances.*)

---

661.   16 Novembre 1692.
LETTRE DU CONTROLEUR GÉNÉRAL AU P.P. — AUGMENTATIONS DE GAGES.

A Versailles, 16 novembre 1692.

Quelque zèle que je croie que vous aiés, Monsieur, pour l'exécution des ordres du Roy et pour l'avantage de vostre Compagnie, il est de mon devoir de vous exciter à presser le plus que vous pourés la levée des augmentations de gages à la faveur desquelles on peut estre receu à la polette ; mais il est encore plus de mon devoir pour le service du Roy, et pour vostre intérest particulier, de vous dire que les discours que vous tenez dans vostre Compagnie, et l'assurance que vous luy donnés que le temps de prendre ces augmentations de gages et d'entrer à l'annuel sera prorogé, est la chose du monde la plus opposée aux intentions du Roy, la plus dénuée de tout fondement, et la plus capable de vous attirer de trop justes reproches de la part du Roy, si Sa Majesté en estoit informée. Je souhaite que ce que je vous mande icy pour vous mesme, estant fondé sur l'intérest que je prends à ce qui vous regarde, puisse vous estre agréable, et que vous connoissiés par là, comme par le reste de mes actions, que je suis, etc [1].

PONTCHARTRAIN.

(Orig. autographe. — *Arch. Nicolay*, 41 L 5.)

---

[1]. Mr de Pontchartrain écrit, le même jour, à M. de Harlay, premier président du parlement : « Je ne connois guère de plus mauvais auteur que Mr Nicolay, et peut estre pourrois je dire pis ; mais, pour ne parler que de la nouvelle qu'il débite, je puis vous assurer qu'elle n'a aucun fondement, et qu'il est de vostre zèle pour le service du Roi de détromper tous ceux qui seroient dans cette erreur et de presser le plus que vous pourés l'entière exécution de ce que vous avés si bien commencé. » (Bib. Nat., ms. Fr. 17425, f⁰ 35.)

Dès le 14 décembre, le P.P. annonce à Mr de Pontchartrain que la Chambre est à même de verser aux parties casuelles toute sa part dans les augmentations de gages, et même plus, s'il en est besoin. Il fournissait pour sa quote-part 24,000 liv., et chaque président, 20,000 liv. (Arch. Nat., *Pap. du Contrôle général.*)

662.
16 Juillet 1693.
LETTRE DU P.P. AU PREMIER PRÉSIDENT DU PARLEMENT. — DISETTE.

A Paris, le 16 juillet 93.

J'ay été, Monsieur, aujourd'huy à Goussainville, pour la descente que vous prîtes la peine d'ordoner dernièrement. Comme je suis curieux de m'informer de ce qui se passe pour le bled, j'ay apris que lundy il y avoit eu au marché de Gonesse un désordre assez grand, qu'on n'avoit commancé à vendre que sur les trois à quatre heures après midy, et que le premier boulangé qui avoit acheté du bled, à 21 liv. le septier, avoit été pillé et sa charette renversée, et bien battu par les autres boulangers, qui vouloient obliger les laboureurs de donner leurs bleds à un certain prix, moindre que celuy qu'ils l'auroient voulu vendre, sur ce qu'ils disoient qu'à Paris on les obligeoit de vendre leur pain comme si le bled eut été à bon marché ; et ils insultèrent le boulangé, parce qu'il avoit acheté trop cher.

Il me paroist à craindre que les laboureurs ne se retirent des marchez, si on veut mettre un prix à leurs marchandises, et que les boulangers n'aportent plus de pain à Paris, si on veut régler le prix du pain, celuy du bled n'étant point réglé.

Les soins, Monsieur, que vous prenez si utilement pour le bien public, m'ont fait croire que je devois vous informer de ces choses, qui me paroissent estre d'une importance très grande, et qui ne seront rien, lorsque vous en serez instruit. Je suis avec respect, etc.

A. NICOLAY.

(Original. — Bib. Nat., ms. Fr. 17426, f° 225.)

663.
30 Septembre 1693.
LETTRE DU P.P. AU CONTROLEUR GÉNÉRAL. — DISETTE.

Ce 30 septembre 93.

J'ay fait, Monsieur, réflexion sur la peine où tout le monde est pour la cherté du pain, et, quoy que ce ne soit pas là trop mon affaire, et qu'on me puisse dire que je sort de ma sphère, néanmoins je crois qu'on en peut sortir quelque fois, lors qu'il s'agit d'un bien public.

Quelque diligence, Monsieur, que vous fassiez pour le recouvrement des bleds, peut estre ne sera-t-il pas aussi prompt et aussi entier que vous le souhaitteriez. Cependant il fault que le peuple vive. S'il n'a pas de bled suffisament, une grande abondance de vin pourroit aider à sa subsistance. Il n'y en a pas beaucoup cette année ; mais, si le transport dans les païs étrangers en étoit défendu, je ne fais aucun doute qu'il ne se donnast à beaucoup meilleur marché. Cette défense de transporter des vins n'est pas sans exemple, et peut se fonder sur la loy 1re au code *Quæ res exportari*, dont voicy les termes : *Ad barbaricum transferendi vini, olei et liquaminis nullam quisquam habeat facultatem, nec gustus quidem causa, aut usus commerciorum.*

Il y auroit peut estre considération à faire, et sur la diminution qu'en pourroient souffrir les fermes du Roy, et sur l'interruption que cela pourroit aporter au commerce. Vous en sçavez mieux que personne, Monsieur, les conséquences. S'est une pensée qui m'est venu, et que l'amitié que vous m'avez bien voulu témoigner fait que je hazarde, et dont vous vous servirez, Monsieur, si vous la trouvez bonne. Sinon, vous me pardonnerez d'en avoir fait l'ouverture, et voudrez bien estre persuadé que je ne l'ai fait que par zèle et par le respect avec lequel je suis, etc.

A. NICOLAY.

Peut estre, Monsieur, ce que souffriroient les fermiers par la perte des droits de sortie, seroit compansé par les droits d'entrée dans les villes où on en paie, qui seroient plus forts. Voicy aussi le temps de songer à cela, car les vins s'enlèvent promptement, et cela mérite qu'on y songe.

(Orig. autographe. — Arch. Nat., *Pap. du Contrôle général des finances*.)

664.
28 *Novembre* 1693.
CONTRIBUTION POUR LES PAUVRES

Ce jour, la Chambre, les semestres assemblés, délibérant sur l'arrêté fait en la chambre St-Louis, en l'assemblée générale de police tenue en icelle pour le soulagement des pauvres, et notamment sur ce qu'il y fut résolu de contribuer par chacun particulier volontairement ce qu'il jugeroit raisonnable, a arrêté, du consentement unanime de MM. les présidens, maîtres, correcteurs et auditeurs, avocat et procureur généraux en icelle Chambre, et autres officiers, qu'il sera donné pour lesdites aumônes, savoir : par Mr le P.P., 600 liv.; par chacun de MM. les présidens, 400 liv.; par chacun maître, 200 liv.; par chaque correcteur, 150 liv.; par chaque auditeur et le contrôleur général des restes, 100 liv.; par l'avocat général, 200 liv.; par le procureur général, 300 liv.; par les greffiers en chef, 200 liv. chacun, et par le premier huissier, 100 liv.; en deux payemens, dont le premier incessamment, et le second au mois de mars.

(*Plumitif* et *Journal*.)

Suivant un rapport au bureau des pauvres, que le P.P. transmit à la Chambre le 17 août 1695, la recette des aumônes et charités extraordinaires se monta, pendant l'année 1694, à 423,815 liv. 4 s., à partager entre l'hôtel-Dieu, l'hôpital général et les Enfants-Trouvés. (*Plumitif*.)

665.
17 *Avril* 1694.
LETTRE DU P.P. AU PREMIER PRÉSIDENT DU PARLEMENT. — DISETTE.

De Goussainville, le 17 avril 1694.

Je ne croiré pas avoir perdu tout mon temps à la campagne, si je puis vous informer de ce qui se passe en ce quartier cy, touchant le pain et les boulangers ; au moins aurai je gagné de vous faire souvenir de moy.

Depuis que les commissaires imposent la nécessité aux boulangers de donner leur pain pour un certain prix dans les marchez, il en est tombé plusieurs entièrement, et tous les autres presque ne cuisent plus qu'un quart ou un tiers de ce qu'ils cuisoient, parce qu'effectivement ils ont perdu presque toute leur petite fortune, non seulement ne fesant pas le gain qu'ils devroient faire pour nourrir leurs maisons et leurs chevaux, qui sont fort chers à entretenir, mais mesme ne retirant pas de leur pain ce que le bled leur coûte. Les plus forts et ceux qui cuisoient de meilleur bled, ont souffert plus que les autres ; car on les a obligé de donner leur pain pour le mesme prix que les autres, quoyque les uns achetassent le bled jusques à quarante une et deux livres, et que les autres ne l'achetassent que trente et une et trente deux livres. Il est à craindre, si on n'y aporte remède, que, dans un mois ou six semaines, il n'aille plus à Paris que très peu de boulangers de ces quartiers cy, et que la ville ne s'en ressente.

Le bon bled passe encor 40 livres à Gonesse.

J'ay fait une supputation de ce qu'ils devoient vendre la livre de pain blanc, sur une expérience que j'en ai fait faire icy sur deux septiers de bled.

Les deux septiers de bleds, le son et les recoupes ostées, m'ont produit 360 livres de pain ; s'est par septier 180 livres, mesme le droit que prend le meunier pour moudre osté.

	liv.	s.
Je compte l'achat du septier de bled	40	00
Frais pour l'aller quérir à Gonesse ou Damartin	1	00
Frais pour le blutter	0	10
Frais pour faire le pain et pour le cuire	0	10
Pour le voiturer à Paris, estant en pain	1	00
Pour les frais du débit, la nourriture et gain du boulanger et de ses gens, et intérest de l'avance de son argent	3	00
Total :	46	00

Ce septier de bled, qui revient à 46 liv. au boulanger, avec tous les frais et le gain qu'il y doit faire, produisant 180 livres de pain, s'est 5 s. 2 d. ou environ que chaque livre de pain doit estre vendüe.

Mais il y a le son et la recoupe que retire le boulanger, qui luy valent bien encore quatre livres ou cent sols; sur quoy il est nécessaire qu'il paie la taille, un loyer de maison et des gages de domestiques, et répare les accidens qui luy peuvent arriver, comme mort de chevaux, charette rompue, etc.

Vous direz, Monsieur, sans doute, en voiant ma lettre, que je suis d'un grand loisir pour faire cette anatomie. Je l'avoüe, et il faut dans un Estat aussi des gens oisifs comme d'autres gens. Je souhaitterois que vous voulussiés bien, pour vostre santé, l'estre aussi quelquefois, et croire que personne n'y prend plus d'intérest que moy, et n'est avec plus d'estime et de respect, etc.

A. NICOLAY.

(Orig. autographe. — Bib. Nat., ms. Fr. 17428, f° 46.)

666.   13 *Février* (1695).

LETTRE DE MADAME DE MAINTENON AU P.P. — MAISON DE SAINT-CYR.

Le 13 février.

Monsieur, je sai avec quelle bonté vous en usés pour tout ce qui regarde les dames de St-Louis. Je vous en rends mille graces, Monsieur, et je vous demande la continuation de vostre protection pour une maison qui, ce me semble, n'en est pas indigne. Je suis, Monsieur, avec l'estime, la recognoissance et la considération que je dois,

Monsieur,

Vostre très humble et très obéissante servante.

MAINTENON.

(Orig. autographe. — Arch. Nicolay, 46 L 4.)

667.   26 *Février et* 16 *Juillet* 1697.

LETTRES DU P.P. AU CONTROLEUR GÉNÉRAL. — TRÉSOR DES CHARTES.

A Paris, le 26 feb. 97.

Monsieur, M^r le procureur général de la Chambre m'aiant apris que Sa Majesté avoit ordonné à Mr de Pompone de faire remettre au Thrésor des chartres les tiltres qui sont chez Mr de Torcy, nous avons cru le devoir informer de la jurisdiction que la Chambre a eu de tout temps sur ce dépost; que M^r le procureur général du parlement, comme thrésorier des chartres, y doit, en conséquence de ses lettres de provision et des lettres qui réunissent cet office à celuy de procureur général du parlement, prêter serment; sans quoy il ne peut exercer un office où il ne seroit pas receu. Je lui présenté là dessus un mémoire sommaire, dont vous voulez bien, Monsieur, que j'aie l'honneur de vous envoyer autant, en attendant qu'on puisse vous en présenter de plus amples. . . . .

A. NICOLAY.

A Paris, le 13me juillet 1697.

. . . . . . M^r le procureur général du parlement ne preste point serment entre les mains du Roy, et celuy qu'il preste au parlement ne regarde point son office des chartres. Ainsy, il seroit plus régulier qu'il fust fait par ses successeurs, n'y ayant point d'officier sans serment.

A l'égard des pièces qui passeront directement entre ses mains, par la voye de M^{rs} les secrétaires d'Estat, dont la Chambre pourroit ne point avoir de connoissance, si elle ne l'avoit que du garde des chartres, qui pourroit chercher à la luy oster, il sembleroit à désirer que M^{rs} les secrétaires d'Estat en voulussent bien donner avis à la Chambre, lorsque cela arrive. Je suis avec respect, etc [1].

A. NICOLAY.

(Originaux. — Arch. Nat., *Pap. du Contrôle général des finances*.)

1. Par arrêt du Conseil du 9 juillet, notifié le même jour à la Chambre, le procureur général avait été dispensé du serment, les souffrances mises par la Chambre sur les gages de garde du Trésor avaient été levées, et la remise des pièces au Trésor réglée à nouveau. (*Mémorial.* — Impr. dans Morand, *Histoire de la Sainte-Chapelle*, p. 154.)

668.   10 Mars (1697).
LETTRE DU PRINCE DE CONTI AU P.P.

Ce dimanche, 10me de mars.

L'on vous portera demain, Monsieur, une opposition que je fais au brevet de prélation accordé à Mr de Lassé. J'espère que vous y aurez attention, et que vous voudrez bien ne point passer outre sans entendre mais raisons. J'ai été chez vous pour vous prier de me faire ce plaisir. Je vous prie d'estre persuadé, Monsieur, que personne n'a plus d'estime pour vous que moy, ny plus d'envie de vous la marquer.

LOUIS ARMAND DE BOURBON.

(Orig. autographe. — Arch. Nicolay, 31 L 29.)

669.   16 Novembre 1697.
PRÊT FAIT PAR LE P.P. A LA CHAMBRE.

Sur la requête présentée à la Chambre par Mre Jean-Aymard Nicolay, ch^{er}, marquis de Goussainville, conseiller du Roy en ses Conseils et P.P. en la Chambre, contenant qu'il avoit en deniers comptans la somme de 22,000 liv., qu'il offroit de prêter à la Chambre au denier vingt-deux, pour être employée, avec subrogation, au rachat d'aucunes rentes par elle dues à cause de l'emprunt par elle fait pour l'acquisition de l'augmentation de gages attribuée par l'édit du mois de juillet 1689. . . . .
Vu ladite requête et tout considéré, la Chambre a commis et commet MM. de la Tour, Charpentier, de la Baune et Cherré, conseillers maîtres, pour recevoir les deniers du suppliant, lui en passer nouveau contrat de constitution et faire le remboursement de pareille somme de rentes de celles constituées par les commissaires de ladite Chambre en vertu d'arrêt d'icelle du   ; en retirer les quittances et décharges nécessaires, et faire pour raison de ce toutes les subrogations et autres actes que besoin sera ; le tout, aux frais et dépens dudit suppliant.

(*Journal.*)

670.   (25 Novembre 1697.)
COMPLIMENT DU P.P. AU ROI SUR LA CONCLUSION DE PAIX.

Sire, après avoir rendu au ciel nos actions de graces, quels remercimens ne devons nous point à V. M. pour le repos qu'elle donne à l'Europe ! Elle a veu la calamité de son peuple, elle en a été touchée, et, pour le soulager, toutes les conditions de paix luy ont paru désirables. Que les autres se souviennent avec étonnement des conquestes que vous fesiez lorsque vous commandiez vos armées en personne, des prises des villes qui sembloient tomber devant vous ; cette dernière action, qui fait connoitre quel a toujours été vostre cœur pour vos subjets, ne méritera pas d'estre moins estimée, considérée dans vostre histoire.

Les victoires, il est vrai, ont quelque chose de plus brillant ; mais les avantages qui en proviennent ne sont point sans des pertes considérables, souvent pour l'État, toujours pour les particuliers. Les fruits de la paix ne sont point meslés d'amertume, toute la terre les gouste avec plaisir. Quel sera le contentement de V. M., dont la sagesse les aura produits dans leur temps !

Quelle vie sera, Sire, plus illustre que la vostre ! Après avoir, dans vostre jeunesse, cueilli les lauriers dont on ceint la teste des conquérans, receu les aplaudissemens qui accompagnent la victoire, dans un age plus avancé vous jouirez et du plaisir de pouveoir rendre [heureux] ceux qui vivent sous vostre empire, et des bénédictions de vos peuples.

(Minute autographe. — *Arch. Nicolay*, 54 L 72.)

671.
19 *Décembre* 1697.
LETTRE DU MINISTRE DE LA MARINE AU P.P. — RÉCEPTION.

A Versailles, le 19 décembre 1697.

Monsieur, M. le Vasseur, un de mes commis, m'ayant dit le scrupule qu'on a de le recevoir à sa charge de maistre des comptes, sous prétexte qu'il ne travaille pas immédiatement sous moy, je dois vous informer qu'il est un très honneste homme, qu'il sert parfaitement bien le Roy en sa charge de commissaire de la marine, dont il est pourveu depuis longtemps. J'ay dans les bureaux plusieurs commis auxquels je donne mes ordres pour l'exécution de ce qui regarde le service du Roy; il s'acquitte bien de ceux dont je le charge, et il mérite de la part de la Chambre toutes les considérations que la bonne conduite qu'il tient depuis longtemps doit luy attirer. Je souhaite, pour l'avantage de la Chambre, qu'il se présente souvent de tels sujets pour en remplir les charges. Je le renvoyeray à Paris jeudy matin, pour poursuivre sa réception; vous me ferez beaucoup de plaisir de le faire expédier tout le plus tost qu'il se pourra, parce que j'ay besoin de luy, et d'estre bien persuadé que je vous seray fort obligé de tout ce que vous ferez pour luy. Je suis, etc.

PONTCHARTRAIN.

(Original. — *Arch. Nicolay*, 70 L 25.)

672.
15 *Octobre* 1698.
LETTRE DU PREMIER COMMIS DES FINANCES AU P.P.

A Fontainebleau, le 15me octobre 1698.

L'affaire des augmentations de gages n'a passé, Monsieur, par les mains d'aucun intendant des finances, mais bien d'un Mr Villaut, homme, entre nous, qui ne manque pas d'esprit, mais brutal, et entesté au point qu'il n'y a pas un homme sage qui, le connoissant, voulust se compromettre à discuter avec luy si deux et deux font quatre; et le meilleur sera toujours de s'adresser directement à Mr de Pontchartrain. Pour le fonds de l'affaire, j'auray l'honneur de vous dire, Monsieur, qu'il m'a paru, par ce que j'en ay veu, que l'on a suivy dans cette affaire ce qui fut fait en 1685 pour le remboursement des esleus suprimez; mais je ne me souviens pas comment il en fut usé pour lors pour ce qui regarde les frais de la Chambre. Vous pouriez, Monsieur, si vous l'avez agréable, en ordonner, avant toutes choses, la vérification.

Mr de Pontchartrain m'a remis la lettre que vous avez pris la peine de luy escrire sur l'eschange de Pontoyse. Il est entièrement de vostre advis sur la nécessité d'observer exactement tout ce qui est des règles et de l'usage ordinaire de la Chambre dans les eschanges. Il m'a mesme paru surpris de ce que la Chambre doubtoit de son droit sur cela, parce qu'il croit que le contract d'eschange de Mr de Chevreuse a esté de mesme envoyé avec des lettres de cachet, sans que cela ayt empesché le cours des procédures ordinaires de la Chambre. Il m'a cependant dit de m'asseurer certainement de ce dernier fait, et, comme il n'est pas possible de le faire icy, trouvez bon, Monsieur, que je prenne la liberté de vous demander ce qui en est.

Pour ce qui est de l'affaire du bonhomme Mr Hocquart, après vous avoir remercié de toutes vos bontez, permettez moy de vous en demander l'accomplissement par un enregistrement de ses lettres; et en voicy les raisons.

Beurey est un homme sur les parolles duquel il y a bien peu de fonds à faire, et sur sa dilligence encore moins; mais, quand il scroit plus dilligent, les fonds pour rendre les comptes de Moufle ne pouvant estre encore si tost assemblez, il est absolument impossible qu'il rende ces comptes aussy dilligemment qu'il faudroit pour la descharge de Mr Hocquart, qui, de moment à autre, tombe dans des foiblesses de très mauvais augure pour un homme de 85 ans. D'allieurs, il employe le peu qu'il a de vigueur et d'esprit à me tourmenter touts les jours de placets qu'il m'adresse pour Mr de Pontchartrain, ou de reproches de ce que je ne plaide pas bien sa cause auprès de vous, Monsieur. Son filz le commissaire de marine, qui a demandé, comme une grande récompense de 24 années de service, qu'on le mette à couvert de toute inquiétude, la mort de son père, qui paroist très prochaine, arrivant, me fait à peu près les mesmes compliments. Enfin, Monsieur, mil détails de cette nature et la justice de l'affaire au fonds m'obligent à vous suplier très respectueusement et très instamment de la faire finir. Cela augmentera les obligations que je vous ay, mais ne peut augmenter le respect et l'attachement sincer avec lequel je suis, etc.

D'HÉRICOURT.

(Orig. autographe. — Arch. Nicolay, 48 L 12.)

673. 25 Novembre 1698.
LETTRE DU P.P. AU CONTROLEUR GÉNÉRAL. — DISETTE.

A Goussainville, ce 25 novembre 1698.

Monsieur, je suis venu icy, à Goussainville, dans le dessein d'y passer deux jours uniquement pour m'informer de ce qui avoit peu donner lieu à un mémoire qu'on m'a dit qui avoit été présenté, et qui contenoit que j'avois des bleds pour nourrir Paris pendant six mois. J'aurois bien désiré que cela eût été de cette manière, plus tost pour le bien du peuple que pour le mien; mais, comme je sçavois que je n'en avois point du tout, et que je ne pouvois pas aussi croire que M^r le lieutenant de police, qui avoit tenu un discours semblable au mémoire assés publiquement, ne fust pas au moins à peu près informé, j'ay cru devoir m'enquérir exactement s'il n'y en avoit point chez les fermiers et les laboureurs de mon village, ce qui auroit peu donner lieu au mémoire et au discour. Après une perquisition exacte, j'ay trouvé, non seulement qu'ils n'avoient aucun bled vieux, mais mesme que celuy de l'année ne rendoit que la moitié des années ordinaires, non seulement dans ma terre, mais dans les terres voisines, et qu'il n'y avoit presque point d'avoine dans ma terre, à cause de la gresle qui y tomba au mois de juin. Ainsi, si Messieurs de la police comptent sur ces bleds pour la nourriture de Paris, et si les avis qu'ils reçoivent ressemblent tous à celuy là, ils se tromperont, et le public en souffrira. J'ay cru, Monsieur, comme vous estes à la teste des affaires, et que j'ay l'honneur de vous apartenir, devoir vous informer de ce détail, et que le bled, qui valut à Gonesse, le dernier marché, entre 24 liv. et 27 liv., enchérira, à ce qu'on dit, considérablement en ce païs; et vous assurer en mesme temps du respect avec lequel je suis, etc.

A. NICOLAY.

(Orig. autographe. — Arch. Nat., Pap. du Contrôle général des finances.)

1. Vers le même temps, l'archevêque de Paris écrit au P.P., en réponse aux nouvelles qu'il lui donnait de Gonesse, que le roi s'occupe activement d'arrêter les spéculations des marchands et des laboureurs, et qu'il fait venir des blés de l'étranger. (Lettre autographe, s. d., Arch. Nicolay, 38 L 4.)

674. 2 Décembre 1698.
LETTRE DU P.P. AU PREMIER PRÉSIDENT DU PARLEMENT. — ACCAPAREMENT DE BLÉS.

A Paris, le 2 décembre 98.

Pour vous demander, Monsieur, réparation contre M^r d'Argenson, il faut justifier la calomnie par pièce; pour cela, j'ay demandé à mon homme les baux de ma terre, sur lesquels je vous prie de jetter les yeux. Vous connoistrez que je l'afferme toute entière en argent, et que je n'en tire aucun bled. Restera que j'en ai-je acheté ; pour lors, je le priré de vous produire le vendeur. Je souhaitte tellement, Monsieur, que vous me continuiez l'honneur de vos bonnes graces et de vostre estime, que je ne puis souffrir les plus légères impressions qu'on auroit voulu vous donner qui iroient à l'altérer, et je suis bien aise que vous connoissiez celuy qui est, avec respect et reconnoissance, etc.

A. NICOLAY.

Si il ne vous estoit point incommode, je vous ferez voir aussi, Monsieur, ce qui me reste des mémoires du moulin que tient mon homme, et cela depuis dix ans.

(Orig. autographe. — Bib. Nat., ms. Fr. 17434, f° 65.)

675.
31 *Juillet* 1699.

RÉCEPTION DU DUC DU MAINE.

Ce jour, Mʳ le P.P. a dit que, s'étant rendu à Versailles pour recevoir les ordres du Roi au sujet de la réception de Mʳ le duc du Maine en l'office de grand maître et capitaine général de l'artillerie, S. M. l'avoit chargé de dire à la Compagnie qu'il souhaitoit, et même ordonnoit, que l'on donnât rang et séance immédiatement après celui de Messieurs qui auroit l'honneur de présider à la Compagnie, premièrement à Messieurs les princes du sang, et ensuite à Messieurs ses enfans légitimés, seulement lorsqu'ils seroient pourvus d'offices qui les engageroient de se faire recevoir en la Chambre, comme en l'occasion qui se présente pour la réception de Mʳ le duc du Maine ; et que son intention étoit qu'il fût dispensé de l'information des vie et mœurs.

Sur quoi, la Chambre, ayant délibéré, a arrêté qu'elle se conformeroit aux ordres du Roi [1].

(*Plumitif.*)

1. Mʳ le duc du Maine fut reçu le 1ᵉʳ août, par le P.P., qui ne le traita que de *Monsieur*, et non d'*Altesse*.
Le duc répondit au discours par un compliment fort honnête pour toute la Compagnie. Il était en habit et manteau de damas noir, l'épée au côté, le bâton à la main ; il se tint debout et tête nue pour prêter le serment. Ensuite, on procéda à une vérification de lettres de don, dans laquelle le P.P. fit opiner le prince, en le nommant du titre de sa charge. (Discours du P.P. Arch. Nicolay, 54 L 55.)

676.
19 *Novembre* 1699.

LETTRE DU CONTROLEUR GÉNÉRAL AU P.P. — CONVERSION DE RENTES.

Ce 19 novembre 1699.

Vous sçaurés, Monsieur, avant qu'il soit peu, par la publication d'un édict, que le Roy suprime deux millions de rentes au denier dix huit, et que Sa Majesté en crée en mesme temps deux millions au denier vint. Si le suplément réussit, c'est un secours pour restablir une partie des dépenses du passé, sans augmenter celles des estats du Roy, et le moien le plus doux pour avoir de l'argent. Ceux qui ne voudront pas faire la conversion, trouveront une grande exactitude dans les remboursements ; je travaille depuis longtemps à faire des fonds pour cela, et je vous advoue que je serés bien fasché de les perdre de veue. Je vous parle avec cette confiance, parce que je compte sur vous, et que j'espère qu'estant à la teste d'une des premières Compagnies, vous me ferés plaisir, en ce que vous pourrés, en parlant advantageusement de ce mouvement, qui n'a rien que de bon ; car, dans le temps que le Roy travaille à restablir ses affaires, il assure les rentes. Je cherche du secours chés mes amis ; l'affaire est importante pour moi, je vous serai très obligé de m'aider en ce que vous pourrés. Je suis, etc.

CHAMILLART.

(Orig. autographe. — Arch. Nicolay, 41 L 32.)

677.
21 Décembre 1699.
LETTRE DU CONTROLEUR GÉNÉRAL AU P.P. — ÉCHANGES.

Ce 21 décembre 1699.

Monsʳ le Bel m'a instruit, Monsieur, de l'estat auquel est présentement l'échange de Chevreuse et Montfort. J'en ai rendu compte au Roy.

J'ai en mesme temps informé Sa Majesté de celui de Mʳ de la Feuillade. Vous pouvés aller vostre chemin. S'il revient au Conseil lorsque la Chambre aura fait son devoir, ce sera pour lors qu'il faudra qu'il compte avec Sa Majesté.

Si l'affaire des correcteurs et auditeurs vient jusques à moi, je ferai mon devoir. Je suis, etc.

CHAMILLART.

Ne me cités point, je vous prie, sur l'affaire de Mʳ de la Feuillade.

(Orig. autographe. — Arch. Nicolay, 41 L 34.)

678.
7 Juillet (1700).
LETTRE DU P.P. AU CONTROLEUR GÉNÉRAL. — NOMINATION D'UN PRÉSIDENT.

A Goussainville, ce 7 juillet.

J'aprend, Monsieur, avec beaucoup de regret la mort de Mʳ le président de Bretonvilliers, qui avoit toutes les qualitez qu'on peut désirer dans un magistrat; nous aurons bien de la peine à réparer cette perte, mais nous espérons que vous voudrez bien, Monsieur, nous la rendre plus légère, en nous donnant à sa place un successeur qui luy ressemble, au moins autant qu'on le peut espérer en ce temps cy. S'il nous venoit quelque personne qui naturellement ne fust pas destiné à présider aux Compagnies, la dignité de la nostre seroit entièrement perdue. J'espère que vous voudrez bien ne point donner vostre agrément qu'aux personnes que vous jugerez dignes d'estre souhaittez par la Chambre, et que vous voudrez bien estre persuadé de l'attachement entier avec lequel je suis, etc.

A. NICOLAY.

(Orig. autographe. — Arch. Nat., *Pap. du Contrôle général des finances*.)

679.
24 Novembre 1700.
LETTRE DU CONTROLEUR GÉNÉRAL AU P.P. — REMERCIEMENTS.

Ce 24 novembre 1700.

Vous me trouverés tousjours, Monsieur, fidel à mes amis, plain de bonnes intentions et plus occuppé d'une bonne réputation que de touts les honneurs du monde. L'élévation au ministère ne me donnera pas plus de vanité que la place de controleur général, et vous me retrouverés à Montfermeil tel que vous m'i avés veü, tousjours plus à vous que personne et très véritablement, etc.

CHAMILLART.

(Orig. autographe. — Arch. Nicolay, 41 L 41.)

680.
28 Novembre 1700.
LETTRE DU DUC DE CHEVREUSE AU P.P. — COMMISSION D'ÉVALUATION.

A Versailles, le 28ᵐᵉ novembre 1700.

J'allay hier chez vous, Monsieur, à Paris, pour vous faire une prière. Nous venons de perdre Mʳ de Beaulieu, l'un des commissaires que vous avez nommé pour l'évaluation de Chevreuse et Montfort. Il en reste encore 4, sçavoir : Mrs Barthélemy, le Mairat, Lavocat et le Bel. C'en est assez pour le peu qui reste à faire, car il n'est presque plus question que de lire le procez verbal de descente sur les lieux et quelques baux. Moins il y aura de commissaires pour ce reste, plus on ira viste, car il est plus aisé de rassembler quatre personnes, que d'en rassembler cinq et six. Ces quatre sont tous instruits; sept ou huit séances avanceront bien cette affaire, si elles ne l'achèvent. D'ailleurs, l'arrest marque qu'il suffit de quatre en cas d'absence ou de maladie des autres. Trouvez donc bon, s'il vous plaist, que ces messieurs continuent, ou plus tost achèvent sans nouveau compagnon, et me croyez tousjours, plus que personne, etc.

Le duc de Chevreuse.

Si j'avois pu vous trouver hier, je vous aurois plus fatigué que vous ne pensez, car je ne serois point sorti de chez vous, Monsieur, jusqu'à ce que vous m'eussiez dit le compliment au roy d'Espagne qui a fait icy tant de bruit, et dont on a parlé partout d'une manière si distinguée. Mais, pour m'avoir évité cette fois, vous n'estes pas encore quitte de mes importunitez [1].

(Orig. autographe. — Arch. Nicolay, 36 L 19.)

1. Le *Mercure galant* publia, dans son volume de janvier 1701, p. 75, une prétendue harangue du P.P. au roi d'Espagne, qu'il reconnut fausse dans le volume suivant (février 1701, p. 359).

---

681.   8 *Juin* 1701.

LETTRE DU CONTROLEUR GÉNÉRAL AU P.P. — BANQUEROUTE DE TRÉSORIERS.

Ce 8me juin 1701.

Vous este un prophète de malheur, qui vous réjouissés, Monsieur, aux dépends de qui il appartiendra. L'affaire des s^rs de Sauvion et la Touanne est désagréable dans toutes ses circonstances; le Roy a esté obligé d'en faire la sienne, pour conserver son crédit et secourir le public; la déclaration sera envoiée à la Chambre. On a esté obligé d'aller au plus pressé. Le retardement des comptes n'a point augmenté le désordre, car ils ne doivent rien au Roy, ou peu, et vous auriés pu mettre un *partant quitte,* que le public n'en auroit pas esté plus soulagé. Je ne vous réponds rien sur le reste de vostre lettre : il fault un peu de temps pour digérer cette matière. J'en ai traicté une autre avec Mr de Pontchartrain, qui est bien en colère d'une lettre que vous lui avés escritte sur l'arrest qui a esté rendu à mon raport. Il l'a signé, et je l'envoie à M^r le président Rossignol, qui en sera brouillé avec lui, pour ne s'estre pas expliqué avant de me remettre la requeste. Il s'en tirera comme il pourra. Je suis très véritablement, etc.

Chamillart.

(Orig. autographe. — Arch. Nicolay, 41 L 45.)

---

682.   16 *Septembre* 1701.

COMPLIMENT DU P.P. AU PRÉTENDANT D'ANGLETERRE.

Sire, s'il est permis de pleurer un Roy saint, plus grand mille fois par sa religion que par les couronnes qu'il a sacrifiées pour elle, nous venons mêler nos larmes à celles de V. M., et tascher de modérer sa douleur en la partageant. Mais pourquoy pleurer un prince que la religion révère, que la voix des peuples canonise, que l'éternité couronne; un Roy qui sera dans la suitte des siècles le modèle des rois chrétiens, et la preuve invincible que la foy qui les sanctifie vaut mieux que tous les diadèmes qui les distinguent?

Ce sont, Sire, les sentimens que ce grand Roy vous inspira par ses exemples, et que ses dernières paroles, qui sont pour vous autant d'oracles, ont gravés pour toujours dans le cœur de V. M. Aussi venons nous avec joye, par les ordres et à l'exemple de notre grand monarque, reconnoitre dans votre personne sacrée les caractères augustes de la royauté, publier les droits incontestables de votre naissance, révérer cette foy héroïque que vous regardez comme la plus noble portion de votre héritage, et qui doit bientôt monter avec vous sur un throne dont vous n'êtes éloigné que pour elle.

C'est ce que nous attendons, Sire, et des vœux continuels que nous allons former pour V. M., et de la tendre amitié d'un monarque que l'Europe regarde comme le vengeur des droits légitimes et l'appuy des thrônes chancelans. C'est ce que nous attendons surtout de la sagesse de ce Dieu qui tient dans ses mains le cœur des sujets comme celuy des princes, et qui sçait se servir selon ses desseins, tantôt de l'infidélité des peuples pour sanctifier les rois, et tantôt de la foy des rois pour convertir les peuples.

(Minute autographe. — Arch. Nicolay, 54 L 61.)

683.   28 Novembre 1701.
LETTRE DE M. DE LA VRILLIÈRE AU P.P. — PRÉDICATEUR DU CARÊME.

A Versailles, ce 28 novembre 1701.

Monsieur, comme j'aprends que vous avez succédé à Mr de Crèvecœur dans la place de premier marguillier de la paroisse de St-Paul, je vous prie instament de vouloir bien nommer le Père le Roy, religieux carme, pour prescher dans cette église le carême qu'il luy avoit destiné; de quoy M^r le curé vous rendra témoignage, vous marquant qu'il a esté fort aplaudy lorsqu'il y a presché. Je vous en seray obligé, et vous assure que j'auray bien de la joye qu'il se présente des occasions de vous faire connoitre qu'on ne peut être plus parfaitement que je suis, etc.

LA VRILLIÈRE.

Réponse du P.P.

Le 29 novembre 1701.

Monsieur, plaignez moy, je vous prie, et soyez persuadé que je suis bien mortifié de me trouver engagé pour les carêmes où j'ay à nommer, qu'on m'avoit retenus avant même que je fusse nommé marguillier. Cette occasion de pouvoir faire ce que vous auriez souhaité de moy m'eust été bien chère, car je rechercheray toujours avec empressement toutes celles où je pourray vous marquer combien je suis véritablement, etc.

(Original. — Arch. Nicolay, 44 L 8.)

684.   21 Mars 1702.
MALADIE DU P.P.

Ce jour, Me Pierre-Eustache Richer, greffier en chef, a dit qu'étant allé le jour d'hier à l'hôtel de M^r le P.P., suivant l'ordre qu'il avoit reçu de la Chambre, il avoit trouvé Mlle Nicolay, sa sœur, dans l'antichambre, qui lui dit que mondit s^r le P.P. avoit déjà eu quelques accès de fièvre double tierce continue, mais que, comme elle n'étoit accompagnée d'aucun accident, les médecins n'y trouvoient aucun danger. Et l'ayant introduit dans la chambre et auprès du lit de M^r le P.P., il lui auroit fait les complimens dont la Chambre l'avoit chargé. A quoi mondit s^r le P.P. auroit répondu qu'il étoit très obligé à la Chambre de l'honneur qu'elle lui faisoit, et à chacun de Messieurs en particulier des marques qu'ils lui donnoient de leur affection, et qu'il emploieroit les premiers momens de sa santé à leur en témoigner sa reconnoissance.

(*Plumitif et Cérémonial.*)

685.   26 Novembre 1702.
LETTRE DU CONTROLEUR GÉNÉRAL AU P.P. — AUGMENTATIONS DE GAGES.

Ce 26 novembre 1702.

Je commencerai, Monsieur, par vous rendre milles graces de l'intérest que vous voulés bien prendre au mariage de ma fille, et après avoir parlé de ce qui me regarde, je répondrai à l'article de vostre lettre qui parle des augmentations de gages. Il n'i a aucune Compagnie qui soit plus en estat d'en prendre que la Chambre des comptes de Paris, et elle ne sçauroit trop faire, quand elle trouve des occasions de secourir le Roy à des conditions qui lui sont moins à charge qu'aux autres. Elle n'a point d'embarras pour assurer le fonds des arrérages aux créantiers qui lui prestent; ils se peuvent prendre sur les espices. C'est ce qui la mettra en estat de trouver de l'argent par préférance à toutes les autres Compagnies, et j'adjousterai encore que la Chambre des comptes est la seule Compagnie du roiaume qui profite de la guerre. Elle trouve de grands advantages par les dépenses qui triplent dans ces temps cy, et, sans vous expliquer plus au long des raisons qui vous sont connuës, sans vous parler d'une création de Chambre à Montauban, le Roy se promet de vostre zelle que vous déterminerés M^{rs} les officiers de la Chambre des comptes à prendre des augmentations de gages ou rentes pour une somme pareille à celle qu'ils prirent l'année dernière. L'intérest sera paié au denier seize, et, pour faciliter les moiens de paier, Sa Majesté donnera plusieurs termes au choix des Compagnies, jusques au dernier juin prochain. Ceux qui paieront en décembre jouiront à commencer du premier octobre; les autres, du premier janvier. Le Roy a demandé au parlement la mesme somme ; j'espère que vous ne ferés pas moins bien qu'eux. Je suis, etc.

CHAMILLART.

(Orig. autographe. — *Arch. Nicolay*, 41 L 54.)

Le 29 du même mois, le contrôleur général renouvelle ses instances, en envoyant, de la part du roi, une copie de la délibération du parlement. Le 1er décembre, le P.P. répond que la Chambre s'est soumise à fournir les 1,727,995 liv. demandées, et il ajoute : « Nos officiers m'ont député en corps ce matin, au sujet de la noblesse, pour vous prier de la leur faire accorder par le Roy, s'il étoit possible, remontrant qu'ayant été accordée au parlement et à la Cour des aides dans la dernière création, la Chambre fut oubliée en ce temps là pour ce privilége, et qu'il y a quelque chose même d'indécent qu'une Cour moins considérable que la Chambre, comme est la Cour des aides, jouisse de ce privilége, et que la Chambre, qui travaille incessamment aux affaires du Roy, en soit privée. Si vous pouviez, Monsieur, nous faire accorder cette grace par S. M., je vous en serois très obligé en mon particulier. » (*Arch. Nicolay*, 70 L 78 à 81.)

---

686.   13 *Octobre* 1703.
LETTRE A M. DESMARETZ, DIRECTEUR DES FINANCES. — DÉNONCIATION CONTRE LA CHAMBRE.

A Dourdan, le 13me octobre 1703.

Monsieur, d'autant que feu Mr Colbert rechercha de son temps tous les moyens possibles afin d'oster tous les abus qui faisoient se dissiper les finances du Roy inutillement, et qu'il n'a pu oster tous ceux qui se pratiquoient et qui se pratiquent actuellement dans la Chambre des comptes de Paris par de certains officiers qui y font des fortunes très considérables, parce que ceux qui luy donnèrent des mémoires ne les luy firent pas cognoistre tous, ou bien ne luy déclarèrent pas les moyens d'en empescher la continuation, ayant apris avec joye que Sa Majesté, qui a une grande confiance dans vostre capacité et dans vostre mérite, vous avoit choisy depuis peu pour mettre un bon ordre dans ses finances et pour en empescher la disipation inutille, et que vous n'avez pas moings de zèle et de passion pour la conservation des intérêts de Sadite Majesté qu'en avoit ce très sage et très excellent ministre, et que vous serez bien aise de les cognoistre afin d'y remédier, c'est ce qui me fait prendre la liberté de vous escrire ces lignes pour vous donner avis, Monsieur, qu'ayant passé une bonne partie de ma jeunesse dans ladite Chambre, j'ay eu le loisir de remarquer tous lesdits abus, et les moyens d'en interrompre le cours, ce qui espargnera au moins 50,000 liv. toutes les années à Sadite Majesté. Et c'est ce qui me fait offrir, moyennant une juste et honneste récompense en deniers comptant pour moy, avec un bon employ dans les cinq grosses fermes pour l'un de mes frères, de vous en donner tous les éclaircissements nécessaires, qui seront déduits dans le mémoire que je me donneray l'honneur de luy aller présenter, après avoir seu ses intentions et receu vos ordres. En les attendant, je suis avec respect,

Monsieur,

Vostre très humble et très obéissant serviteur.

MOUETTE,
qui a eu l'honneur de dédier une histoire à Monsr le marquis de Torcy, vostre illustre parent.

(Original. — Arch. Nat., *Pap. du Contrôle général des finances.*)

---

687.   15 *Octobre* 1703.
LETTRE DU P.P. A M. DESMARETZ. — COMPLIMENTS.

A Paris, ce 15 octobre 1703.

Monsieur, on vous doit en une occasion comme celle cy un compliment. Je vous assure que le mien est bien sincère, et que j'ay une véritable joie de vous voir dans une place qui me donnera lieu d'estre quelquefois en commerce d'affaire avec une personne pour qui j'ai depuis longtemps une estime véritable. Ce comerce me sera d'autant plus agréable, que j'espère que le concert si nécessaire entre Messieurs du Conseil et de la Chambre pour l'administration des finances sera entier entre vous et moy, et que j'auré des occasions plus fréquentes de vous marquer toute la sincérité avec la quel je suis, etc.

A. NICOLAY.

(Orig. autographe. — Arch. Nat., *Pap. du Contrôle général des finances.*)

---

688.   1703 *et* 1704.
LETTRES DU CONTROLEUR GÉNÉRAL AU P.P. — AFFAIRES DE FINANCES.

A Versailles, le 28 décembre 1703.

Si vous estiez absolument détaché, Monsieur, de l'opinion qu'un premier président est engagé d'honneur à soustenir sa Compagnie sans consulter la justice et la raison, je vous demanderois vostre advis sur une proposition qui m'a esté faitte. Quoy que j'apréhende qu'elle ne soit pas favorable, je veux néantmoins essayer de vous mettre dans les intérests du controlleur général des finances, qui a besoin de tout pour soustenir la gloire de cette campagne. J'espère qu'après y avoir fait vos refflexions, vous me serez favorable. Je suis, etc.

CHAMILLART.

A Marli, ce 12 mars 1704.

J'ai peine à croire, Monsieur, que cette proposition soit de vostre goust. C'est la suitte d'une guerre aussi pesante que celle cy qui détermine en pareille occassion. Je vous demande vos conseils et vostre secours pour vous faire le moins de mal que je pourrai. Je m'en vais demain à l'Estang, où je serai jusques à samedi. J'i attendrai de vos nouvelles. Je suis, etc.

CHAMILLART.

A Versailles, ce 23me avril 1704.

Monsieur, je vous suis très obligé de la part que vous voulez bien prendre à mon indisposition. J'espère qu'avec le secours du quinquina, j'en seray bientost entièrement quitte. Je n'eus hier, pour quatrième accès, qu'un petit ressentiment, peu marqué, qui fut mesme fort diminué par la nouvelle que nous aporta le major général de l'infanterie de Languedoc de la deffaite entière des deux grosses troupes des camizards des Sévennes, au nombre de dix huit cent, que Monsieur le maréchal de Montrevel attaqua et batit le 15me de ce mois; de manière qu'il n'en est pas resté plus de cent cinquante. J'avois desjà apris par M^r de St-Hilaire le succès des espreuves qu'il a faites du triple canon de l'invention du religieux italien. Nous avons grand besoin de nouveaux moyens d'en imposer aux ennemis. Si le Seigneur favorise nos bonnes intentions, la campagne que l'on va commencer ne sera pas moins heureuse pour les armes du Roy que la dernière. Je souhaite d'avoir souvent occasion de vous faire part de quelque événement avantageux, et vous prie de me croire très parfaitement, etc.

CHAMILLART.

A Marli, ce 6me avril 1704.

Plus j'examine vostre proposition, Monsieur, et plus je me confirme dans la pensée de soulager la Chambre en général des nouvelles augmentations de gages qu'elle offre de prendre pour supléer à ce qui manquera pour remplir le million que Sa Majesté est obligée de tirer de cette Compagnie pour fournir aux dépenses de la guerre. Elle peut souffrir une création de 4 maistres, au lieu de deux, et de six correcteurs, au lieu de quatre. Ce changement pourra faire trouver quelque chose de plus que le million, mais en mesme temps cette augmentation facilitera les graces que vous demandés à vostre Compagnie, et vous conserverés la tranquilité dans mes bureaux, où j'ai quatre hommes qui ont le mesme désir de se faire maistres des comptes. Je vous les nommerai pour vous seul. J'ai promis aux deux premiers ; jugés de mon embarras si vous ne me fournissés pas les moiens de satisfaire les deux autres. L'un est Pinsonneau ; l'autre Chavigné, de très bonne famille, qui est auprès de moi il y a douze ans. Les deux autres, le fils de Tourmon et le s^r Esprit. Je vous demande réponse sur le président Tambonneau, et vous prie d'estre bien persuadé que personne n'est plus véritablement que moi, etc.

CHAMILLART.

A Paris, ce 18 avril 1704.

Vous jugerés aisément, Monsieur, de l'acablement où j'ai esté, puisqu'il ne m'a pas esté possible de trouver le moment de vous faire part de la résolution que le Roy a prise sur les différens projets pour la Chambre des comptes. Sa Majesté a bien voulu leur accorder la noblesse, comme au parlement et à la Cour des aides. M^{rs} les présidents y aiant intérêt pour leurs charges, Sa Majesté a jugé à propos de les comprendre pour chacun dix mille francs dans l'estat que vous trouverés cy joint. Je vous prie de charger quelqu'un de discuter les autres conditions avec M^r d'Armenonville, et d'estre persuadé que je suis plus que personne, etc.

CHAMILLART.

> Le projet de création de nouveaux officiers était accueilli plus mal par la Chambre que le parlement n'avait osé le faire, et le P.P. avait été chargé d'en faire améliorer les conditions. Le 7 mai, il rendit compte aux semestres assemblés du résultat des négociations qu'il avait menées avec l'assentiment des présidents et maîtres. L'édit portait, en dernière clause, concession de noblesse héréditaire pour tous les officiers des comptes, y compris le premier huissier, pourvu qu'ils eussent servi vingt ans, ou qu'ils décédassent en exercice. Après avoir remercié le P.P. de ses soins, la Chambre arrêta de prendre en corps 120,000 livres d'augmentations de gages, pour parfaire le million demandé par le roi. (*Plumitif.* — Impr. dans *la Chambre des comptes de Paris*, p. 242.) Comme compensation, et sans qu'il en fût rien dit dans l'édit, le contrôleur général fit attribuer à la Chambre deux pensions de 1,500 liv., des gages du Conseil. (*Arch. Nicolay*, 70 L 91 et 92. — *Plumitif*, 7 juin 1704.)

A Fontainebleau, le 16 septembre 1704.

Monsieur, le Roy ayant esté informé que plusieurs officiers de votre Compagnie n'ont pas satisfait aux engagements volontaires qu'ils avoient pris d'acquérir rentes ou augmentations de gages pour une pareille somme que celle qu'ils avoient payée lors du renouvellement de l'annuel, en 1701, et qu'un pareil exemple donnoit lieu à ceux qui ont plus de zèle pour son service de se plaindre de leur peu d'exactitude, qui donnoit lieu à les confondre avec eux, Sa Majesté, qui ne veut pas souffrir un pareil abus, m'a commandé d'expédier un arrest par lequel il sera ordonné que ceux qui n'ont point encore pris des augmentations de gages, seront tenus de les acquérir avant le dernier décembre prochain, et, faute par eux d'y satisfaire, ils ne seront pas admis à l'annuel. Sa Majesté m'a commandé en mesme temps de vous demander un estat exact de tous les officiers de votre Compagnie qui n'y ont pas satisfait. Je vous prie de me l'envoyer incessamment, afin que je le puisse remettre au trésorier des revenus casuels avant l'ouverture de l'annuel, pour qu'il luy serve de règle. Je suis, etc.

CHAMILLART.

(Originaux. — *Arch. Nicolay*, 70 L 90, 41 L 59, 60, 62, 63, et 70 L 95.)

689.   10 Mai 1705.
LETTRE DE M. D'ARMENONVILLE AU P.P. — DON A MADAME DE MAINTENON.

A Paris, ce 10 may 1705.

Je vous renvoye, Monsieur, les secondes lettres patentes qui ont esté expédiées pour Madame de Maintenon et que Mr de Fourqueux m'a renvoyées, avec une commission pour informer, Messieurs de la Chambre n'ayant voulu procéder à l'enregistrement sans cette information préalable. Il faut qu'ils n'ayent pas bien examiné de quoy il estoit question dans ces lettres et le peu de valeur de ce que le Roy ajoute par ces lettres au don, qui ne conciste qu'en quelques matereaux et en la bordure d'un canal, d'environ cent ou deux cens toises de long, qui peut bien valoir 50 liv. de rente, mais qu'il estoit bon de ne pas laisser entre les mains de Sa Majesté, qui luy avoit abandonné tout le surplus. Quand vous aurez relcu ces lettres, et que vous y aurez fait quelque attention, je crois que vous trouverez qu'elles ne méritent pas une seconde information, et que vous ferez procéder à l'enregistrement pur et simple, comme on a fait au parlement. Ne me mettez pas dans la nécessité de renvoyer ces lettres à ceux qui me les ont remises de la part de Madame de Maintenon, car je ne le pourrois faire sans leur marquer ce que je pense de la difficulté que fait la Chambre, et je conseillerois plustost de se passer de cet enregistrement, peu nécessaire, attendu celuy du parlement et la modicité de la chose, que de se donner la peine de faire procéder à l'information que la Chambre a ordonnée. J'attends de vos nouvelles sur cela, et je suis toujours, Monsieur, parfaitement, etc.

D'ARMENONVILLE.

Réponse du P.P.

A Paris, le 10me may 1705.

On a cru, Monsieur, que, pour suivre les règles ordinaires que nous observons sur tous les dons que le Roy fait, il falloit une information dans celuy cy, comme dans tous les autres. Ce n'est pas une chose bien difficile ; si, avant que l'arrest pour informer eust été rendu, la Compagnie eust cru faire chose agréable à Madame de Maintenon, de passer sur cette forme, je ne doute pas qu'elle ne l'eût fait ; mais aujourd'huy que l'arrest est donné, je n'y puis rien changer. Je crois que vous sçavez mieux que moy ces règles de Compagnies. Il faudroit d'autres lettres patentes qui dispensassent de l'information ; mais je crois que le plus court et le meilleur est de la faire faire. Il me semble même que l'esprit de Madame de Maintenon est que les affaires qui la regardent soient faites dans les formes et avec solidité. Je suis, etc[1].

(Original. — *Arch. Nicolay*, 43 L 28.)

1. Par édit d'octobre 1704, Mme de Maintenon avait obtenu la permission de rendre à ses frais la rivière d'Eure navigable de Chartres à Pont-de-l'Arche, et, par des lettres postérieures, le roi lui avait fait don du fonds, des écluses et des bordages des canaux depuis Épernon et Gallardon jusqu'à Maintenon. (*Plumitif*, 4 mai et 17 juin 1705.)

690.   12 Mai (1705).
LETTRE DE MADAME DE MAINTENON AU P.P. — VÉRIFICATION DE DON.

A Marli, ce 12 may.

Monsieur, je sens comme je dois l'attention que vous voulés bien avoir à ce qui me touche, et la bonté de me rendre compte de vos raisons. Je les respecterai tousjours, et je n'ai pas lieu de croire,

Monsieur, par la manière dont vous en uzés pour moy en toute occasion, que vous veilliés vous opposer à ce qui me seroit advantageux. Je me soumets aux règles de tout mon cœur, et c'est moins pour mon affaire que j'ay l'honneur de vous escrire, que pour vous assurer que je suis, avec l'estime et la considération qui vous est deüe,

      Monsieur,

    Vostre très humble et très obéissante servante.

             MAINTENON.

(Orig. autographe. — *Arch. Nicolay*, 46 L 6.)

---

691.   6 Septembre 1705.

LETTRE DU P.P. AU CONTROLEUR GÉNÉRAL. — CONFLIT ENTRE LES GENS DU ROI.

            A Paris, le 6me septembre 1705.

Je puis vous assurer, Monsieur, que, depuis vint cinq ans et plus que je suis à la Chambre, y ayant été six ans avocat général et y aiant l'honneur de présider depuis vint ans, je n'ay point veu, les Gens du Roy aiant été mandez au bureau, le procureur général prétendre y porter la parole et prendre des conclusions verbales en présence de l'avocat général. Je le dis à Mr de Fourqueux, lorsqu'il m'en parla, et je ne me suis informé à Dongeois et à Mr de Lamoignon de l'usage du parlement, que sur ce qu'il me dit que l'usage du parlement étoit de ne mander jamais que le procureur général. Comme il voit aujourd'huy que le contraire se trouve de ce qu'il m'avoit avancé, il change l'état de la question, et je ne sçai plus où il la fixe. Mais il ne me fera pas croire que ce que j'ay toujour veu pratiquer d'une manière, s'est passé d'une manière toute différente.

 Je vous avoüe, Monsieur, que j'estois un peu échauffé, lorsque j'eus l'honneur de vous en écrire, il y a quelques jours; mais ces nouveautez et ces entreprises me fatiguent tellement, que je ne peux m'empêcher de le marquer, peut estre avec un peu trop de vivacité.

 Il n'y a pas encore deux mois qu'il voulut entreprendre de faire la distribution des comptes, et qu'en une autre occasion, il vouloit prescrire des loix à M^{rs} les commissaires de la Chambre, pour faire la distribution des chambres des auditeurs selon ses veües; et toutes les fois que la Chambre ne juge pas à propos de faire ce qu'il désire, il vient me menacer d'un procès. En vérité, Monsieur, cela est un peu dur pour un homme qui a l'honneur d'estre à la teste d'une Compagnie, et s'il me falloit, ou plaider tous les jours, ou m'abstenir de faire mes fonctions, quoyqu'on soit obligé de remplir son devoir, j'aurois peine à le faire. Ainsi, Monsieur, par l'amitié dont vous m'honorez, vous voudrez bien m'excuser si la patiance échape quelquefois, et me croire, avec un attachement aussi entier que je le suis, etc.

                A. NICOLAY.

(Orig. autographe. — Arch. Nat., *Pap. du Contrôle général des finances*.)

---

692.   20 Septembre 1705.

LETTRE DU P.P. A L'AVOCAT GÉNÉRAL. — CONFLIT ENTRE LES GENS DU ROI.

               Du 20 septembre 1705.

En vous rendant, Monsieur, en cette occasion, les offices qui dépendront de moi, je satisferai à mon inclination, et encore plus à la justice. Je crois que M^r le procureur général sera assez embarrassé à expliquer ses prétentions, si contraires à l'usage et aux ordonnances, même à celles qui sont particulières pour la Chambre, car celle de 1614 vous autorise indistinctement à faire toutes réquisitions, et celle pour les affaires criminelles veut que les avocats et procureurs généraux du parlement et de la Chambre s'assemblent pour prendre des conclusions, même lorsqu'il est question de le faire sur un procès instruit par le procureur général; et cela s'est toujours pratiqué, et de mon temps même, lorsqu'on fit le procès à des gens qui avoient volé des comptes à la Chambre, dont il y avoit un page de Mʳ de Novion, alors premier président du parlement. J'étois alors avocat général, et Mʳ de Harlay, aujourd'hui premier président, étoit procureur général. Les avocats et procureurs généraux des deux Compagnies s'assemblèrent à la chambre du Conseil, où l'on prit des conclusions à la pluralité des voix. Ainsi, si, lorsqu'il échet peine afflictive, il est de votre fonction de donner votre avis pour les conclusions, comment vous ôtera-t-on la liberté de le donner dans des affaires moins importantes, où il ne sera question peut-être que d'une admonition, ou peut-être encore moins? Je crains que toute cette affaire ne tende à vous retenir vos droits pour les procès verbaux et commissions, et les 500 francs qu'on en a déjà reçus : il me paroît que vous n'avez pas intention d'oublier cet article. Dans cette conjoncture, je désirerois avoir assez de crédit auprès de Mʳ de Fourqueux pour lui faire comprendre qu'il se fait tort en entreprenant sur les fonctions de tout le monde. Mais nous ne changerons point son humeur, ce qui nous donnera toujours des affaires dont je suis d'autant plus fâché, que c'est à moi à en soutenir le poids. Je tâcherai de le faire et de maintenir la justice en ce qui dépendra de moi, et de vous marquer en particulier l'estime et la considération avec laquelle je suis, etc.

A. Nicolay.

(Copie. — Arch. Nat., *Gens du Roy*, P 2630.)

---

693.   *28 Janvier* 1706.
LETTRE DU PROCUREUR GÉNÉRAL AU CONTROLEUR GÉNÉRAL. — PLAINTES CONTRE LE P.P.

A Paris, ce 28 janvier 1706.

Monsieur, il se passa hier au bureau une chose qui ne fut que trop marquée, et de laquelle je n'aurois pas cependant l'indiscrétion de vous rompre la teste, si vous ne m'aviez ordonné, lors de l'affaire que l'on me fit sous le nom du greffier, de vous informer des moindres bagatelles. Nous sommes à la fin du mois fatal où tous les comptables se pressent de présenter leurs comptes pour éviter l'amande. Hier matin, mon secrétaire me remit, à la porte de la Chambre, une si grande quantité de bordereaux, que je me trouvai hors d'état de les porter tous avec deux gros registres qui sont nécessaires pour la distribution. L'huissier qui m'accompagne s'offrit, comme il a souvent fait, de m'aider, et en prit une partie, qu'il me remit prez du bureau, sur lequel je les posai, avec ceux que je portois. Monsieur le premier président prit cette occasion pour faire une sortie sur moi, scandaleuse assurément pour sa place et pour la mienne. Il me dit que j'introduisois sans cesse des nouveautez; que mon prédécesseur me valoit bien, qui avoit toujours porté tous les comptes lui même; que je n'avois qu'à donner à Mʳ l'avocat général à porter les comptes que je ne voudrois pas porter; et continüa des discours cent fois plus durs que ces premiers, une demi heure entière que dura la distribution. J'eus le bonheur de me posséder assez pour ne rien répondre qui pût blesser le tribunal et le respect dû à sa place. Je dis seulement que la nécessité m'avoit engagé à faire ce qui ne m'étoit pas ordinaire et ce que j'avois cependant déjà fait en occasions pareilles sans qu'on y eût trouvé à redire; que je ne méritois pas une réprehension publique pour une chose qui intéressoit si peu le service; qu'à la rigueur, les ordonnances me prescrivoient de présenter les comptes qui devoient être aportez par les comptables eux mêmes, à qui il étoit ordonné de prêter en même tems serment; mais que mon esprit n'avoit point été de me dispenser de rien, puisque j'avois aporté moi même les deux registres et tout ce que j'avois pu tenir de bordereaux.

J'ay honte, Monsieur, de vous écrire tant de pauvretez; je ne le fais que parce qu'elles ont été malheureusement publiques, car j'oublie dans le moment tout ce qui se passe de malhonête en particulier et dont je suis le seul témoin. Je suis en vérité bien malheureux d'être exposé tous les jours à tout ce que je ne puis prévoir et empêcher. Votre protection seulle peut soutenir ma place contre le dessein qu'on a formé de l'avillir en touttes manières, et peut me soutenir moi même contre ces désagréemens continuels. Je vous la demande en cela, et en choses encor plus essentielles. Je suis, avec un profond respect, etc.

DE FOURQUEUX.

(Orig. autographe. — Arch. Nat., *Pap. du Contrôle général des finances*.)

694. (15 Février 1706?)
LETTRE DE MADAME DE MAINTENON AU P.P. — VÉRIFICATION DE DON.

A Marli, ce 15 février.

J'apprens, Monsieur, par Me d'Aunay, avec quelle bonté et charité vous avez traitté et voulu qu'on traittast son affaire. Quoy que je sois persuadée que vous avez esté touché de son extrême misère, et que vous aurez mis au rang de vos bonnes œuvres ce que vous avez fait pour elle, je n'en ai pas moins de recognoissance, Monsieur, espérant aussy que j'y ay eü quelque part. Je say d'ailleurs les soins que vous avez pris de vous informer de ma santé pendant ma longue et ennuyeuse maladie. Jugés, Monsieur, si joignant ces obligations à vostre mérite personel, dont je suis instruitte de bon lieu, je puis n'estre pas plus que personne, Monsieur, vostre très humble et très obéissante servante.

MAINTENON.

(Orig. autographe. — *Arch. Nicolay*, 46 L 8.)

695. 8 Août 1706.
LETTRE DU CONTROLEUR GÉNÉRAL AU P.P. — RECOMMANDATION.

A Versailles, le 8me aoust 1706.

Monsieur, si vous aviez voulu estre moins discret, j'aurois receu hier vostre visitte. Je suis bien fasché d'apprendre que les affaires de la Chambre des comptes ne vous avoient pas permis d'attendre un moment; je me serois servi de l'occasion pour vous parler du sr Lantage, advocat du Roy du bureau des finances de Paris, qui se trouve caution de plusieurs traitez. J'ay dit hier à Mr le procureur général de la Chambre de ne faire aucune dilligence contre luy ; je vous en expliqueray les raisons la première fois que j'auray l'honneur de vous voir. Je suis, etc.

CHAMILLART.

Réponse du P.P.

Le 10me aoust 1706.

Je sçay, Monsieur, combien vos moments sont précieux, et je fais toujours scrupule de vous en faire perdre, lorsque je n'ay autre chose à faire qu'à vous assurer de la continuation de mon attachement parfait. Cependant je vous avoüe que j'avois grande envie d'avoir l'honneur de vous voir le dernier jour, m'étant plusieurs fois présenté à vostre porte, icy et à Versailles, sans avoir été assez heureux pour prendre des temps qui fussent favorables pour cela.

Nous ignorerons, Monsieur, que le sr Lantage soit entré dans des traittez, puisque vous le jugez à propos; mais je désirerois bien que vous luy ordonnassiez de faire en sorte à l'avenir que nous le pussions ignorer, et de n'aller pas teste levée, contre les loix et contre son serment. Il me semble qu'il seroit de sa prudence, et même de sa sureté, de se cacher sous le nom de son valet, qui ne luy refuseroit pas ce service. Il auroit cela de commun avec une infinité d'honnêtes gens, qui se servent de noms empruntez en des occasions où il est moins important de le faire qu'en celle cy.

Il peut arriver tous les jours que le sieur Lantage porte la parole comme avocat du Roy dans des affaires où il aura intérest comme traitant ; ou, s'il se récuse, quelle pudeur à un avocat du Roy d'être récusable et de ne pouvoir remplir les fonctions de sa charge, parce qu'il est traitant ! Et en ce cas, il deviendra solliciteur des traitants dans son tribunal.

C'est à vous, Monsieur, qui nous fermez les yeux, à faire là dessus les considérations que vous estimerez raisonnables, et à moy à vous assurer que je me conformeray toujours avec plaisir à tout ce que vous désirerez, sçachant avec combien de passion vous désirez ce qui est le meilleur et le plus utile pour le bien de l'État, et à vous prier de me croire toujours avec la même passion, etc.

(Original. — *Arch. Nicolay*, 41 L 70.)

696.   24 *Novembre* 1706.
LETTRE DU P.P. AU CONTROLEUR GÉNÉRAL. — COMPTABILITÉ MUNICIPALE.

A Paris, le 24me novembre 1706.

On m'a dit, Monsieur, qu'on vous demandoit une décharge de compter des deniers communs et d'octroy de Châlons, depuis 1694 jusques à présent. Nous avons veu ce matin à la Chambre une partie de la dépence qui a été faite de ces deniers en 1693, et je suis obligé de vous dire qu'une grande partie s'applique au proffit et à l'utilité de ceux qui devroient veiller à leur conservation et à leur employ en choses utiles et nécessaires. Une somme très considérable s'employe à des présents de vin, de cire, à des voyages et à des frais la plûpart inutils. Nous ne sommes pas si ennemis des plaisirs, et même des marques de respect que les villes ont accoutumé de rendre par là aux personnes de distinction qui passent, que nous veüillions supprimer ces sortes de dépences; mais il est presque absolument nécessaire de les régler à l'égard de ceux qui sont sur les lieux. Ce ne sera, Monsieur, qu'en entrant dans l'examen des comptes avec exactitude, et en obligeant les maires et échevins de les rendre tous les ans, sans y manquer, et en les condamnant en leurs noms, lorsqu'ils abusent de leur ministère aux dépens de la ville. Si on les décharge de compter, l'abus deviendra encore plus grand, parce qu'il sera plus caché. Ainsi, Monsieur, je vous prie de vous rendre inflexible sur cette prière, si elle vous est faite, pour le bien et l'avantage de cette ville, et de me croire, etc.

A. NICOLAY.

(Original. — Arch. Nat., *Pap. du Contrôle général des finances*.)

697.   1707.
LETTRES DU CONTROLEUR GÉNÉRAL AU P.P. — AFFAIRES DE LA CHAMBRE.

A l'Estang, le 4 février 1707.

Monsieur, je vous envoye une lettre que je receu hier de Mr le procureur général de la Chambre des comptes. Il me paroist qu'il a grande raison de se plaindre de la conduitte des auditeurs des comptes; vous n'en auriez pas moins, si vous vouliez estre offensé du peu de respect qu'ils ont eu pour vous et des délibérations qu'ils ont prises, comme s'ils faisoient un corps séparé de celuy de la Chambre. Leur procédé à mon esgard m'a paru encore plus extraordinaire, et le sr le Riche, doyen des auditeurs, mériteroit que je luy aprise son devoir. Tout cela finira, si vous voulez dire au sr Estienne que vous ne voyez aucune bonne raison pour qu'il se dispense de se trouver dans l'œuvre les jours de festes et dimanches, lors que Mr de Fourqueux y sera. Il semble qu'il ne demande que vostre aprobation pour suivre les mouvemens que sa raison luy inspire. Si vous ne jugez pas à propos de rien prendre sur vous, mandez moy du moins ce que vous croyez que je doive faire. Je suis, etc.

CHAMILLART.

Copie de la lettre du procureur général.

A Paris, ce 2me février 1707.

Monsieur, le sr Estienne n'a point encor paru aujourd'huy à St-Sulpice. Son affaire devient celle des Gens du Roy du parlement et de la Cour des aides, comme la mienne. Le Roy n'ayant donné de rang ni aux uns ni aux autres, nostre attention a toujours été d'éviter les assemblées où il étoit question de préséance : nous n'avons tous accepté d'être marguilliers que parce que, dans une œuvre, il ne s'agit que du rang que le choix de l'élection donne, indépendamment de celuy des charges. Nous voilà commis sans le vouloir être, si vous souffrez plus longtemps que des auditeurs, qui sont les moindres officiers des Compagnies, agitent une question dont il ne s'agit pas, et qu'ils la décident en leur faveur, en empeschant le sr Estienne de prendre sa place. Vous luy avez parlé deux fois ; il est étonnant qu'il ose désobéir à vos ordres, qui sont toujours ceux du Roy. Pour Mr le P.P., je vous supplie, Monsieur, qu'il n'ait point de part à cette affaire. J'ay sceu ses sentiments, qui sont toujours les mêmes à mon égard, et qui ne me seroient pas favorables. Je suis avec bien du respect, etc. Signé : De Fourqueux.

A Marly, ce 18me juillet 1707.

Monsieur, la continuation de la guerre semble conserver dans les sujets affectionnez les mesmes mouvemens de donner de nouvelles marques de leur zèle. C'est ce que l'expérience a du moins fait connoistre au Roy, lorsque Sa Majesté a esté obligée de recourir à des moyens extraordinaires et d'employer vostre ministère pour luy procurer les secours qu'elle a trouvez jusqu'à présent dans la Chambre des comptes de Paris. Celuy que Sa Majesté luy demande aujourd'huy, est moins à charge que des créations nouvelles ou des augmentations de droits, puisque c'est elle seule qui en porte le poids, par la diminution de ses revenus. S'ils estoient proportionnez à sa despense, ou à sa bonne volonté, ses sujets ne se trouveroient pas dans la nécessité d'esprouver aussy souvent qu'ils font leur crédit pour la secourir dans ses besoins. Comme il s'agit de soutenir l'Estat dans une conjoncture aussy difficile, Sa Majesté s'est persuadée que les officiers de la Chambre des comptes, animez par vostre exemple, se porteroient avec le mesme zèle qu'ils ont fait par le passé à prendre des augmentations de gages pour les deux tiers de la somme qu'elle paya aux revenus casuels à l'occasion du renouvellement de l'annuel ; et, pour en faciliter l'emprunt, Sa Majesté veut bien recevoir un tiers de billets de monnoye nouvellement convertys, et faire payer lesdites augmentations de gages sur le pied du denier seize. Vous sçavez combien la diligence en pareille occasion en augmente le mérite, et je me flatte en mon particulier que vous voudrez bien rapeler l'amitié qui est entre nous depuis longtemps pour vous engager à faire les derniers efforts pour contribuer à me soulager promptement. Je suis très parfaitement, etc.

CHAMILLART.

A Marly, le 30 juillet 1707.

Monsieur, j'ay leu au Roy la lettre que vous m'avez fait l'honneur de m'escrire le 27 de ce mois, par laquelle vous me donnez part de la délibération de la Chambre pour prendre des augmentations de gages pour les deux tiers de la somme qui luy avoit esté demandée la dernière fois, et qu'elle s'est portée à donner au Roy cette nouvelle marque de son zelle avec la mesme volonté qu'elle tesmoigne dans toutes les occasions qui se présentent de renouveller les asseurances de sa fidélité et de son empressement pour tout ce qui peut contribuer au bien de son service. Ce sera vostre affaire et la mienne de faciliter les moyens de rendre ses offres efficaces. Vous y pouvez contribuer plus que personne, si vous voulez bien vous donner la peine de mander les notaires qui ont plus de pratiques, et les exciter à fournir de l'argent. La journée d'après demain, après laquelle les billets de monnoye qui ne seront point convertis n'auront plus cours dans le commerce, doit faire un grand changement. Messieurs du Conseil ne sçauront pas l'obligation qu'ils vous ont. Il seroit honteux pour eux d'estre oubliez dans une conjoncture comme celle cy ; il est bien juste qu'ils contribuent aux besoins de l'Estat. Je prendray soin de les en faire apercevoir. Je suis, etc.

CHAMILLART.

(Originaux. — *Arch. Nicolay*, 70 L 119, 124 et 125.)

698.   4 Décembre 1708.
LETTRE DU P.P. AU CONTROLEUR GÉNÉRAL. — TRÉSORIERS DES ÉPICES.

A Paris, le 4 décembre 1708.

Vous m'avez fait l'honneur, Monsieur, de me promettre, si l'on écoutoit les propositions pour une création de receveurs généraux ou trésoriers des épices des Chambres des comptes, que vous voudriez bien me les faire communiquer. Je me repose et suis tranquille dans cette confiance; mais les bruits que répandent les traittans, qu'ils ont sur cette affaire un édit scellé, un résultat signé et un arrest de prise de possession, ne laissent pas les autres officiers de la Chambre sans inquiétude. Quoique je les rassure autant qu'il m'est possible, ils veulent que j'aye encore l'honneur de vous en écrire. Il est certain qu'ils ne verront jamais tranquillement ce qui fait la meilleure partie de leur fortune entre les mains de traittans et de gens inconnus, et cette affaire est regardée par tous les membres de la Chambre comme en étant la ruine. Si vous aviez dessein, Monsieur, de tirer des comptables ce qui peut revenir d'un traité de cette nature, il seroit aisé de le faire sans secours de traittans, sans être obligé de remettre un sixième en dedans et de donner deux sols pour livre en dehors. La Chambre même, quoique surchargée par les sommes immenses qu'elle a fournies au Roy depuis cette guerre, qui montent à plus de six millions, chose incroyable, préféreroit d'y entrer et aimeroit mieux achever de s'endetter, que de se voir, par cette affaire, détruite absolument. Ce pendant, elle a lieu d'espérer, Monsieur, que vous voudrez bien rejetter cette affaire, comme vous avez déjà fait plusieurs fois. Il est de votre justice, dans un temps où, seule de toutes les Compagnies, elle vient de prendre onze cens mil livres d'augmentations de gages, et qu'elle pourroit espérer des graces, de ne pas faire un édit qui soit uniquement à sa charge. Le Roy et ses ministres ont toujours traité le parlement et la Chambre avec égalité; nous vous prions de vouloir bien la conserver, et de ménager une Compagnie qui, travaillant incessamment aux affaires du Roy, a toujours tâché de mériter ses bontez. Elle espère que vous voudrez bien qu'elle se ressente aussi des vôtres. Je puis vous assurer de sa reconnoissance et de l'attachement particulier avec lequel je suis, etc[1].

A. NICOLAY.

1. L'édit de création du mois d'octobre ne fut enregistré que le 19 septembre 1709, et la Chambre racheta les deux offices au prix de 650,000 liv., qu'elle emprunta. (*Plumitif*, 20 septembre 1709.)

État de ce que la Chambre a payé extraordinairement depuis 1701.

En 1701, augmentations de gages pour être admis à l'annuel...	1,727,995 liv. 19 s.
En 1702, même somme.....	1,727,995 19
En 1703, pour l'office de contrôleur du receveur des épices....	33,000
En 1704, pour compléter le prix des offices nouveaux créés...	1,100,000
En 1705, pour l'office de receveur alternatif des épices....	66,000
Et pour celui de concierge-buvetier......	10,000
En 1707, augmentations de gages.	1,100,000
En 1708, pour l'office de contrôleur alternatif des épices....	33,000
	5,797,991 liv. 18 s.
Les greffiers en chef ont payé, pour confirmation d'hérédité....	12,000
Les procureurs........	64,000
Les huissiers........	5,000
Les payeur et contrôleurs des gages	95,500
Les payeur et contrôleurs des augmentations de gages......	48,000
De plus, la Chambre paye annuellement pour la capitation et pour l'annuel 174,000 liv. C'est pour huit ans......	1,392,000
Total........	7,414,491 liv. 18 s.

(Orig. autographe. — Arch. Nat., *Pap. du Contrôle général des finances*.)

---

699.   16 Avril 1709.
LETTRE DU MARÉCHAL DE BOUFFLERS AU P.P. — DUCHÉ-PAIRIE.

Marly, le 16 avril 1709.

Monsieur de Lamoignon m'a mandé, Monsieur, la manière honneste et obligeante avec laquelle vous avés eu la bonté de faire registrer mes lettres de pairie à la Chambre des comptes, sans vouloir que je payasse aucunes épices, ce qui jusques à présent n'a esté fait pour personne. Je vous suplie très instamment, Monsieur, de croire que je ressens cet honneur et cette grace avec toute la vivacité que je dois; je sçais que c'est à vous à qui je suis redevable de cette distinction, je tascheray en toutes occasions de vous en marquer ma vive et sincère reconnoissance, et de vous témoigner qu'homme au monde n'est avec plus d'attachement ny plus de vénération que moy, Monsieur, vostre très humble et très obéissant serviteur.

Le maréchal duc de Boufflers.

(Original. — Arch. Nicolay, 35 L 1.)

700.   8 Mai 1709.
DISETTE. — CONTRIBUTION POUR LES PAUVRES.

Le P.P. transmet, de la part du parlement, l'avis que cette Cour a renouvelé la même cotisation volontaire qu'en 1693, et il invite la Compagnie à suivre cet exemple, ajoutant que « ce secours lui paroît nécessaire, mais néanmoins peu capable de subvenir à la nécessité présente, qui consiste principalement à avoir des blés en abondance pour la subsistance de la ville de Paris. » La Chambre arrête en conséquence que chacun de ses officiers payera, en quatre termes, la même contribution que lors de la précédente disette, et que ces sommes seront mises à la disposition des administrateurs de l'hôtel-Dieu et de l'hôpital général. « Et ordonne ladite Chambre que le parlement et les autres Compagnies seront conviés d'inviter, comme elle a ordonné être fait, les prévôt des marchands et échevins de cette ville de faire, sous le bon plaisir du Roi, un fonds convenable pour acheter des blés et autres grains pour la subsistance de ses citoyens et habitans. »

Le 27 juin suivant, le buvetier de la Chambre s'étant plaint de ne pouvoir plus suffire à la dépense, on le dispensa de fournir autre chose que le pain et le vin, sans diminuer son allocation ordinaire.

(Plumitif.)

701.   15 et 30 Mai 1709.
LETTRES DU CHANCELIER AU P.P. — PROJET DE CHAMBRE D'ABONDANCE.

Versailles, 15 mai 1709.

Monsieur, Je ne puis trop louer votre zèle et votre attention pour le bien public dans la conjoncture présente, et je ne doute pas que, si l'on prenoit le parti que vous proposez, vous ne donnassiez volontiers tous vos soins, à l'exemple des grands magistrats de votre nom auxquels vous avez succédé, pour l'exécution du projet dont vous me parlez. Mais, comme je ne puis rien faire là-dessus, parce que le Roy a chargé Mr Desmaretz de tout ce qui regarde les blés, c'est à luy que vous devez représenter ce que vous me mandez à ce sujet, et je ne doute pas qu'il ne reçoive avec beaucoup de plaisir tout ce qui luy viendra de votre part. Je suis, etc.

Pontchartrain.

Versailles, 30 mai 1709.

Monsieur, Je ne puis vous dire autre chose sur ce que vous me mandez par votre lettre du 28 de ce mois, sinon que Mr Desmaresz a parlé au Roy, dans son Conseil de finances, de l'établissement de la Chambre d'abondance dont vous me parlez. Il a été agréé tout d'une voix, avec des vœux ardens pour son succès, et c'est tout ce que je sçais de cette affaire. Il n'y fut rien dit, ni des voies qu'il falloit prendre pour concerter la déclaration qui doit se donner à ce sujet, ni du choix des commissaires. Et en effet, cela paroit regarder plus personnellement Mr Desmaretz, qui a sans doute des ordres particuliers du Roy là-dessus. Ainsi, c'est à lui que vous devez vous adresser, et à qui vous pouvez représenter tout ce que vous me marquez à ce sujet. Je vous prie cependant d'être assuré que, si quelque chose de ce que vous m'écrivez passe au Conseil en ma présence, je n'en oublierai rien, et je le trouve si juste, que je ne puis douter que Mr Desmaretz et le Roy lui-même n'y aient égard. Je suis, etc.

PONTCHARTRAIN.

(Copie. — Bibl. Nat., mss. Mortemart, n° 60¹¹, f⁰ˢ 436 verso et 479.)

702.   5 Juillet 1709.
LETTRES DU P.P. AU CONTROLEUR GÉNÉRAL. — DISETTE.

A Goussainville, le 5ᵐᵉ juillet 1709.

Monsieur, les seigneurs, curez et habitans de Gonesse et des lieux circonvoisins sollicitent, depuis le 7ᵐᵉ juin dernier, Monsieur le premier président du parlement et Monsieur le procureur général de vouloir bien donner un arrest en interprétation de celuy qu'ils rendirent ce jour là pour le pain. Mais, si vous n'avez la bonté de vous en mesler, quoy qu'ils conviennent l'un et l'autre qu'il le faut faire, cela ne s'exécutera point, et par provision Gonesse et tous les lieux circonvoisins, dont le Roy tire plus de 200,000 liv. par an, tomberont, et Sa Majesté sera privée de ce revenu, et les seigneurs et les habitans seront ruinez. Le commerce de tout ce païs cy est de pain; mais, depuis quelque temps, on fait, dans les marchez de Paris, tant de vexations aux boulangers, qu'ils sont tous persuadez qu'on les veut détruire : on les met en prison dans des cachots sans aucune forme de procès, tantost parce qu'il est trop bis, tantost parce qu'aiant vendu du pain bis aux habitans de leurs paroisses, ils n'en ont peu porter autant de bis que de blanc à Paris; on leur fait donner leur pain blanc pour le prix du pain bis; en un mot, cela est au point, Monsieur, que, de vint cinq boulangers que j'avois dans ma paroisse, il y a trois ou quatre ans, je n'en ai plus que dix ou onze, tous prêts de tomber, et la même chose se trouve dans Gonesse et dans les autres paroisses. Vous voiez, Monsieur, que, si les seigneurs et les boulangers en souffrent, le Roy n'y perdra pas moins, et cela n'augmentera pas l'abondance à Paris. J'ay cru devoir vous envoier autant du mémoire qu'ils ont dressé et qu'ils ont remis à Mr le procureur général, après l'avoir siné. Vous y avez, Monsieur, le premier et le principal intérest, pour les intérêts du Roy et la conservation de son domaine. Je vous prie en mon particulier d'y donner les ordres que vous estimerez convenables, et d'estre persuadé de l'attachement sincère avec lequel je suis, etc.

J'ay été, Monsieur, pour vous faire mon compliment sur la mort de Mr le duc de Brisac, mais vous étiez en affaire. Agréés de le recevoir icy.

A. NICOLAY.

(Orig. autographe. — Arch. Nat., *Pap. du Contrôle général des finances*.)

Deux autres lettres, adressées également à Mr Desmaretz, ont trait à la composition de la Chambre d'abondance et au droit que la Chambre avait toujours eu, de 1256 à 1693, de recevoir communication immédiate des actes royaux concernant les subsistances et autres matières de police générale. Un mémoire daté du 2 août 1709 finit ainsi : « Ainsi, Monsieur, vous voyez que ce qui a regardé cette matière a toujours été adressé aux autres Cours comme au parlement, et il paroît bien plus raisonnable qu'un seul corps, qui a le jugement de la police particulière, n'ait pas encore l'autorité toute entière de la police générale. Nous n'avons pas même trouvé trop régulier que le parlement ait pris l'autorité d'ordonner que l'on arresteroit des rolles de taxes dans toutes les paroisses et qu'on leveroit des deniers pour le soulagement des pauvres; et, si l'arrest du parlement n'eût été confirmé par une déclaration du Roy qui l'a suivi, je ne sçay si les autres Compagnies n'auroient pas deu marquer que cela excédoit son pouvoir, comme je le dis en 1693, lorsque cela fut fait pour la première fois, quoiqu'il y eût eu une assemblée générale de police qui avoit précédé; car, bien que la cause soit très pieuse et très nécessaire, il n'y a que le Roy qui puisse ordonner des impositions forcées sur ses sujets, ce qu'il ne fait ordinairement qu'en conséquence de ses lettres patentes, vérifiées dans les Cours. . . . . . »

703. 10 *Octobre* 1709.
LETTRE DU MARÉCHAL DE BOUFFLERS AU P.P. — BATAILLE DE MALPLAQUET.

Au camp de Ruesne, le 10 octobre 1709.

Je vous demande bien des pardons, Monsieur, d'avoir esté si longtemps sans répondre aux témoignages obligeans que vous avez bien voulu me donner, à l'occasion de la bataille du 11ᵐᵉ septembre, de la part que vous prenez à ce qui me regarde. Ma mauvaise santé, l'horrible fardeau et l'accablement d'affaires dont je me trouve surchargé, en sont l'unique cause. Je vous suplie très instament, Monsieur, de croire que ma reconnoissance n'en est pas moins vive, que l'on ne peut vous honorer plus que je fais, ny faire un plus grand cas de l'honneur de vostre estime et de vostre amitié, et que je suis plus parfaitement que personne du monde, Monsieur, vostre très humble et très obéissant serviteur.

LE MARÉCHAL DUC DE BOUFFLERS.

(*Autog.*) Je vous demande mil pardons, Monsieur, sy je n'ay pas l'honneur de vous écrire de ma main, ma mauvaise teste et mes douleurs de poitrine m'en empeschent absolument. Je vous suplie de croire que l'on ne peut estre plus reconnoissant que je le suis de toutes vos bontés pour moy.

(Original. — Arch. *Nicolay*, 35 L 2.)

704. *Novembre* 1709.
LETTRES DU CONTROLEUR GÉNÉRAL AU P.P. — GAGES DE LA CHAMBRE.

A Marly, le 11 novembre 1709.

Monsieur, vous devez croire qu'on n'auroit pas diféré le paiement des gages et des augmentations de gages de votre Compagnie, si le fons des fermes avoit pu en fournir la matière. Je crois avoir déjà eu l'honneur de vous écrire que je cherchois les moïens de supléer par d'autres fons à ceux qui manquent sur les fermes. Je ne puis vous dire précisément quand ils pourront estre prêts ; mais je puis vous assurer qu'on n'y perdra point de tems, et que je n'ay pas moins d'impatience que vous de voir des fons bien solides et bien établis pour le païement des gages et des augmentations de gages des Compagnies supérieures. Je suis, etc.

DESMARETZ.

A Versailles, ce   novembre 1709.

Monsieur, les raisons qui ont obligé le Roy à diférer le payement des gages des Compagnies, contre l'usage observé jusques à présent de les faire acquiter à l'échéance de chaque quartier, sont assez connües, et il est aisé de comprendre qu'il n'a pas esté possible de faire autrement dans une année où, par la perte de la plus grande partie des fruits de la terre et une cessation presqu'entière de tout commerce, Sa Majesté s'est veüe privée de ses revenus ordinaires, sans pouvoir tirer aucuns secours extraordinaires de ses peuples, auxquels il a falu au contraire accorder des remises considérables ou des surséances, pour leur donner moyen de subsister en attendant un temps plus favorable. Mais, dans la nécessité où Sa Majesté s'est trouvée de faire ce retardement, elle a eu la satisfaction de voir que les officiers de ses Cours supérieures, entrant dans ces mêmes considérations, l'avoient regardé comme une chose qu'il estoit dificile d'éviter dans la conjuncture présente ; et, si quelques uns ont paru faire sur cela quelques mouvemens, dans la pensée qu'ils avoient que ce retardement venoit de ceux qui sont chargez de recevoir les fonds destinez pour acquiter les gages des Compagnies, on les a veu témoigner leur soumission aussitost qu'ils en ont sceu la véritable cause. Comme Sa Majesté ne désire rien tant que de leur faire connoître la satisfaction qu'elle a de cette nouvelle marque qu'ils luy ont donnée de leur zèle et de leur attachement, elle m'a ordonné de vous faire sçavoir, pour en informer les officiers de votre Compagnie, qu'elle aura toute l'attention qu'ils peuvent désirer à faire remettre entre les mains des payeurs le fonds de leurs gages et augmentations de gages de la présente année le plus promptement qu'il sera possible. Ce pendant, pour faciliter le payement de l'annuel à ceux qui auroient peut estre peine à le faire sans le secours de leurs gages, elle a résolu de leur donner les moyens d'en faire une compensation. Vous prendrez la peine de communiquer cette lettre à votre Compagnie, en attendant l'arrest du Conseil, qui doit estre expédié, et les ordres qui seront envoyez incessamment aux receveurs de l'annuel et aux payeurs des Compagnies. Je suis, etc.

DESMARETZ.

(Originaux. — *Arch. Nicolay*, 70 L 135 et 136.)

---

705. 7 *Décembre* 1709.
LETTRE DE M. CHAMILLART AU P.P. — AFFAIRES PARTICULIÈRES.

A Courcelles, ce 7me décembre 1709.

Je retrouve, Monsieur, dans la lettre que vous m'avés fait l'honneur de m'escrire, le caractaire de l'homme vertueux que j'ai tousjours connu en vous, et les mesmes sentiments pour ceux qui ont eü quelque part dans vos bonnes graces. Je vous assure que je regarde comme le bien le plus solide celui d'avoir conservé des amis, et que, dans ce nombre, vous y avés esté et serés des plus distingués.

Je vous rend mille graces de toutes les facilités que vous avés bien voulu apporter pour m'acquitter de la foy et hommage que je devés au Roy pour la chastellenie de Courcelles; je vous supplie d'adjouster une nouvelle obligation à toutes celles que je vous ai, qui est de vous charger vous mesme de mon remercîment pour Messieurs de la Chambre. Je profiterai des veües que vous me suggerés par vostre lettre pour ce qui regarde cette terre, et vous en rendrai compte au premier voiage que je me propose de faire à Paris, au mois de mars prochain. Je suis, Monsieur, avec autant d'attachement que de vérité, vostre très humble et très obéissant serviteur.

CHAMILLART.

Madame Chamillart vous rend mille graces de l'honneur de vostre souvenir.

(Orig. autographe. — *Arch. Nicolay*, 41 L 73.)

---

706. 5 *Avril* 1710.
LETTRE DU CONTROLEUR GÉNÉRAL AU P.P. — RACHAT DE L'ANNUEL.

A Versailles, ce 5 avril 1710.

Monsieur, le Roy n'a ordonné le rachat de l'annuel des officiers qui y sont sujets, que pour se procurer un prompt secours avant l'ouverture de la campagne; c'est ce qui l'a déterminé d'accorder pour le paiement les facilitez que je vous ay marquées par ma lettre du 18 décembre dernier, et les autres que vous m'avez depuis ce temps demandées, dont je vous ay informé. Vous verrez par l'état cy joint les officiers de votre Compagnie qui n'ont point encore fait ce rachat. Sa Majesté étoit résolüe de borner ses graces à ceux dont elle a reconnu le zèle; cependant, sur ce que je luy ay représenté que, ne voulant aporter aucun changement ny modification à cet édit, s'il cessoit d'accorder encore quelque temps les mêmes facilitez, ces officiers se trouveroient hors d'état d'en païer la finance au cours, et en risque de perdre leurs offices; que plusieurs s'arangeoient pour le faire, et qu'avant l'ouverture de la campagne, j'espérois qu'ils y auroient satisfait, pour mériter ces dernières graces, Sa Majesté m'a ordonné de vous écrire qu'elle veut bien permettre de recevoir de ces officiers, dans le rachat de l'annuel, jusqu'au vingt du mois prochain, la quittance de l'annuel et celles des gages et augmentations de gages de l'année 1709 à eux appartenantes dans les deux tiers d'espèces, et un tiers en billets du Roy, ou bien moitié en billets de monnoïe seulement, et l'autre moitié en espèces, sans aucunes quittances que celles de l'annuel et les autres effets que Sa Majesté a bien voulu prendre en païement des officiers de votre Compagnie. Je vous prie de faire part à ceux qui n'ont pas encore payé ce rachat des intentions de Sa Majesté à cet égard, afin qu'ils se mettent en état de profiter promptement de ces avantages et de luy donner les mêmes marques de leur zèle que ceux qui ont païé. Elle m'a ordonné de lui en rendre compte journellement. Je suis, etc.

DESMARETZ.

Réponse du P.P.

Monsieur, je ne manqueré pas d'informer les officiers de notre Compagnie des intentions de S. M. sur le rachapt de la capitation. Il n'y en a pas un qui ne désirast d'avoir des-jà satisfait à cette obligation, qui ne va pas à moins qu'à conserver leur charge à leur famille, surtout après les facilitez que vous avez bien voulu leur aporter, dont ils ont toute la reconnoissance possible.

Mais il y en a beaucoup qui ne sont pas en état de le pouvoir faire comme ils le désireroient. Je suis surpris même et fort aise qu'il se trouve des-jà plus des deux tiers qui aient été en état de faire le rachapt. Je ne l'aurois pas cru, à en juger par moy même, qui le pourré faire difficilement, si le Roy n'a la bonté de prendre mes pentions de 1709 et mes gages et augmentations de 1710 en paiement. J'attendois que l'année fust plus avancée, afin d'en faire la proposition avec plus de bienscéance; mais, puisque vous souhaittez, Monsieur, qu'on se presse, je verré Mr de Bercy, pour conférer en mon particulier là dessus avec luy; et, comme le Roy me fesoit la grace de m'accorder tous les ans la remise du droit annuel, si cela est de vostre goust, et que vous jugiez qu'il conviene, je luy proposeré, au lieu de la remise de l'annuel, de me rétablir quelques droits de ma charge qui ont été perdus, parce qu'ils furent négligez pendant la disgrace de feu mon père. Du reste, je porteré les officiers autant qu'il sera en moy à marquer au Roy, en cette occasion comme en toute autre, le désir qu'ils ont de luy plaire. Je seré toujour ravi de faire chose qui vous soit agréable, et de vous témoigner l'attachement sincère avec lequel je suis, etc.

(Original. — Arch. Nicolay, 70 L 141.)

707. 19 *Avril* 1710.
LETTRE DE M. DE VERSORIS AU P.P. — GAGES DE LA CHAMBRE.

Ce 19me avril 1710.

Je croiois, Monsieur, que Mr Charpentier vous auroit mandé que nous vismes ensemble Mr Desmarest mercredy au soir, à son arrivée. Nous luy donnasmes le mémoire que vous avez veu et approuvé. Il nous promit de le lire, nous receut très honnestement et nous parla avec bonté, pour nous faire voir le chagrin qu'il avoit de n'estre pas en estat de satisfaire à des demandes si justes; qu'il avoit trouvé les finances dans un estat pitoiable, et qu'il feroit de son mieux pour nous contenter. Mr Charpentier luy dit une partie des raisons qui sont dans nostre mémoire, et, quand il eut parlé, je pris la parolle pour luy dire que la Chambre se trouvoit dans un estat pitoiable; que nous avions emprunté cinq millions pour le Roy; que, si on ne payoit pas nos augmentations de gaiges, nous ne payerions pas nos créantiers, et que, perdant nostre crédit, nous ne trouverions pas les 650,000 liv. que nous nous estions engagez tout nouvellement à payer au Roy; que nous estions informez que, sur les fonds des gabelles qui nous sont destinez, les fermiers généraux avoient partagé les intérests de leurs avances et leurs droits de présence, et qu'en lisant nostre mémoire, il verroit que, s'il nous faisoit des fonds pour nos gaiges et nos augmentations de gaiges, il en rentreroit davantage dans les coffres du Roy, tant pour nostre capitation, que pour ces 650,000 livres là. Cette dernière raison me parut le toucher plus que les autres; il nous répéta qu'il verroit nostre mémoire, et nous dit, à l'esgard des fermiers généraux, qu'il leur estoit deub neuf mois des intérests de leurs avances, et que c'estoit de l'argent qu'ils avoient avancé au Roy. La présence d'esprit me manqua en cet endroit; je devois luy dire que nos gaiges ne sont pas seulement le denier cent de nostre finance, et que les intérêts des fermiers sont au denier dix.

Mʳ Charpentier prit la parolle pour le supplier de commetre une personne seure affin de recevoir nos augmentations de gaiges, à la place du sʳ Méricour. Il nous dit que vous estiez le maistre de choisir, qu'il le manderoit à Mʳ le procureur général. Sur quoy, nous luy fismes entendre qu'il y avoit un commis du greffe, nommé Petit, qui convenoit à la Compagnie et sur lequel vous aviez jetté les ieux, ce qu'il approuva fort; et nous prismes congé de luy. J'oublioys de vous dire que nous luy fismes entendre que vous le verriez encore sur nos gaiges et nos augmentations de gaiges. Je vais demain à nostre cérémonie des Invalides, où je seray tout le jour; de là, j'yrai à la campagne jusqu'à mercredy, où Mʳ Charpentier me doit venir voir. Je luy donneray la lettre que vous m'avez fait l'honneur de m'escrire. Jeudy, je crois que j'yray à Versailles, et vendredy, c'est le jour de nostre Conseil aux Invalides, de sorte que je ne pouray avoir l'honneur de vous aller voir à Goussinville que samedy ou dimanche. C'est pourtant de toutes les parties celle qui est plus selon mon cœur et qui me fait plus d'honneur et de plaisir. Je vous supplie, Monsieur, d'en estre persuadé, et que personne n'est avecq un attachement plus sincère et plus respectueux que j'ay l'honneur d'estre, si j'ose dire, de tout mon cœur, etc.

DE VERSORIS.

(Orig. autographe. — *Arch. Nicolay*, 49 L 87.)

708. (Avril 1710.)
MÉMOIRE DU P.P. SUR LES LETTRES DE PAIRIE DU DUCHÉ D'HARCOURT.

La déclaration de 1673 qui oste aux Compagnies le pouvoir de mettre des modifications sur les édits, déclarations et lettres patentes expédiées pour affaires publiques, émanées de la seule authorité et propre mouvement du Roy, sans partie, avec ses lettres de cachet, ne leur oste point à l'égard des lettres qui sont présentées par les particuliers. Nous avons esté dans cet usage jusques icy, et S. M. ne l'a point désaprouvé.

Pour l'affaire de Mʳ le mareschal d'Harcourt, il n'y a personne dans la Compagnie qui n'eût été bien aise de luy faire plaisir, et moy plus qu'un autre. Mais, quand ses lettres de pairie furent raportées, on trouva nouvelle la clause qui permet aux descendans masles de retirer d'une fille le duché à prix d'argent, et j'avoüe que je ne l'avois point veu encor dans aucunes lettres semblables. Lorsque le Roy a mis dans une famille un tiltre de duché, pour qu'il passe aux descendans, il faut non seulement que le descendant devienne propriétaire du duché, mais qu'il en devienne propriétaire à tiltre successif, et jamais jusques icy on n'est devenu duc à tiltre d'acquisition et à prix d'argent. C'est ce qui a fait difficulté dans cette affaire; les conséquences en ont paru grandes, et pourroient s'étendre à toutes les terres tiltrées, et, comme il est porté par les lettres de pairie du duché d'Harcourt que cette faculté de retirer le duché ne pourra s'exercer que de l'agrément du Roy, et qu'il n'est point dit de quelle manière il aparoistra aux Compagnies, la Chambre a cru devoir marquer que cela devoit se faire par de nouvelles lettres patentes, qui missent le descendant en état d'exercer cette faculté de retrait et d'estre reconnu duc dans les Compagnies qui ne reconnoissent pour tels que ceux qui le sont à tiltre de succession, ou qui ont des lettres du Roy.

Voilà les motifs de l'arrest de la Chambre. Si le Roy juge à propos de lever cette modification, après avoir cru faire notre devoir, nous obéirons avec plaisir aux nouvelles lettres qu'il luy plaira nous envoier.

(Orig. autographe. — Arch. Nat., *Pap. du Contrôle général des finances.*)

709. 16 Septembre 1710.
LETTRE DU CHANCELIER AU P.P. — DUCHÉ-PAIRIE D'HARCOURT.

16 septembre 1710.

Monsieur, J'ai rendu compte au Roi ce matin de votre lettre du 12 de ce mois. S. M. me l'a fait lire au Conseil, et, après en avoir fait la discussion, elle a trouvé que vos raisons pouvoient à la vérité paroître suffisantes pour disculper votre Compagnie d'une désobéissance formelle aux volontés du Roi, mais qu'elles n'étoient nullement capables de le faire changer de sentiment, et de lui faire rétracter ni diminuer en rien une grâce qu'il avoit accordée en pleine connoissance de cause et par de si bonnes et si solides raisons, qu'il l'augmenteroit plutôt, s'il le pouvoit, que d'en rien retrancher. Ainsi, puisque l'arrêt est encor au greffe, et qu'il n'est ni délivré, ni expédié, vous trouverez sans doute plus à propos de le supprimer et d'enregistrer purement et simplement les lettres, comme fait le parlement, que d'attirer à votre Compagnie des lettres de jussion qui portent toujours avec elles quelque note et quelque déshonneur à une Compagnie. Je suis, etc[1].

(Copie. — Bib. Nat., mss. Mortemart, n° 60 **, f° 947.)

1. Le maréchal d'Harcourt obtint une jussion royale, qui contraignit la Chambre à faire l'enregistrement pur et simple, le 1ᵉʳ décembre suivant.

---

710. (s. d.)
FRAGMENT D'UN DISCOURS DU P.P. — CONCESSION DE TITRE.

Comme il n'y a rien de plus avantageux à un État, que de récompenser les hommes vertueux qui, par leurs travaux, ont rendu des services considérables à leur prince et à leur patrie, aussi n'y a-t-il rien qui luy porte plus de préjudice, que de faire passer à leur postérité les dignitez dont ils ont été revêtus.

Les grands hommes ne laissent pas toujour des héritiers qui leur ressemblent ; mais, lorsque leurs enfans se trouvent en naissant revêtus des titres que devroit donner la vertu seulement, souvent ils se contentent d'en joüir dans le repos et l'oisiveté, et se mettent peu en peine d'imiter les actions de ceux qui les ont acquis à leur famille. Aussi voions nous, en France et en Espagne, un grand nombre de personnes tiltrées, et peu de personnes d'entre eux qui servent le Roy dans les armées, au moins de ceux qui ont hérité ces tiltres de leur père. Cependant s'est une perte considérable pour le royaume, que ceux qui seroient plus en estat, par leurs biens et par leur naissance, de faire le service, s'en retirent, eux qui devroient montrer un exemple tout contraire au reste de la noblesse.

Cette multitude de tiltres non seulement en avilit la dignité, mais fait un si grand préjudice à la noblesse, qu'il n'y a plus un gentilhomme, quelque mérite qu'il ait, qui puisse espérer par un mariage de rétablir ses affaires. D'ailleurs ils voient à regret élever au dessus de leur teste des personnes qui, par leur naissance souvent, n'y devroient point estre, et qui devroient estre beaucoup au dessous par raport à leurs mérites. Cela fait que les uns quittent le service par dégoust, et les autres, parce qu'ils possèdent des-jà tout ce qu'ils pourroient espérer avec beaucoup de peine. L'État se trouve au milieu, qui en souffre et qui est abandonné.

S'est pour éviter ces inconvéniens, que plusieurs nations n'ont pas voulu que la noblesse même fust héréditaire parmy eux ; mais ils l'ont proposée comme la récompense de la vertu, pour inviter les hommes à servir leur patrie par le prix qui leur étoit proposé. Les enfans dont les pères ont esté distinguez, soit par le commandement des armées, soit par les dignitez, ont assez d'avantage et marchent bien plus vite que les autres dans le chemin des honneurs, lorsqu'ils veulent travailler pour les mériter.

(Minute autographe. — Arch. Nicolay, 55 L 26.)

---

711. 26 Octobre 1710.
LETTRE DU COMTE DE PONTCHARTRAIN AU P.P. — SOUMISSION DE PORT-ROYAL.

A Versailles, le 26 octobre 1710.

Monsieur, le Roy désirant que le public soit informé de l'obéissance qu'ont enfin rendu à l'église la plus part des religieuses de Port Royal des Champs, depuis qu'elles ont eu la liberté de se faire instruire et de prendre des sentimens dignes de leur piété, Sa Majesté m'a ordonné de vous envoyer l'escrit joint à cette lettre, dans lequel vous verrez les preuves authentiques de leur soumission, et c'est principalement dans la veüe que vous communiquerez cet'escrit au public. Je suis, etc.

PONTCHARTRAIN.

(Original. — *Arch. Nicolay*, 70 L 50.)

---

712.   21 *Juillet* 1711.
LETTRE DU CONTROLEUR GÉNÉRAL AU P.P. — GAGES DE LA CHAMBRE.

A Fontainebleau, le 21 juillet 1711.

Monsieur, j'ay reçu la lettre que vous avez pris la peine de m'écrire le 16 de ce mois, avec l'état de ce qui est dû de gages et augmentations à votre Compagnie pour les années 1709 et 1710. Je crois, Monsieur, que vous me rendez la justice d'estre persuadé que je désirerois autant qu'elle mesme de trouver les moyens de consommer cette afaire aussi promptement qu'elle le demande; mais vous sçavez qu'on n'a pu éviter le retardement que les malheurs des années dernières ont causé et dont on se ressent encore, d'autant plus que, les revenus du Roy en aïant souffert une diminution considérable, les dépenses nécessaires pour soutenir la guerre dans des tems aussi dificiles ont de beaucoup augmenté. J'examineray cependant tout ce qui se peut faire sur le mémoire que vous m'avez fait l'honneur de m'addresser, et je vous en informeray. Je suis très véritablement, etc [1].

DESMARETZ.

(Original. — *Arch. Nicolay*, 70 L 148.)

1. Il était dû à la Chambre 849,550 livres. Sur de nouvelles instances du P.P., Mʳ Desmaretz donna ordre aux fermiers généraux d'acquitter, préférablement à toute autre dépense, les arrérages de l'année 1709 (70 L 150).

---

713.   16 *Août* (1711).
LETTRE DU CHANCELIER AU P.P. — INTERDICTION D'UN AUDITEUR.

Fontainebleau, 16 aoust.

J'ay lu au Roy, en plein Conseil, Monsieur, la lettre que vous m'avés escritte sur Mʳ Audiger. Vostre délicatesse sur vostre officier a paru honeste et raisonable, mais elle n'a point esbranlé le Roy sur la modification de la peine; le scandale est grand, il est vray, mais c'est une partie de la peine. Vous auriés mieux aimé que ce misérable eust esté condamné à la mort, et vous avés raison; mais le parlement auroit mal fait de l'y condamner, car la peine de mort n'est pas la peine des banqueroutiers frauduleux. Si le parlement a manqué, c'est de ne l'avoir pas condamné aux galères, au lieu du banissement; il le méritoit de reste, et, dans un officier, c'estoit au moins la suitte naturelle du pilori. Je suis, Monsieur, parfaittement à vous [1].

PONTCHARTRAIN.

(Orig. autographe. — *Arch. Nicolay*, 41 L 15.)

1. Par deux arrêts des 5 et 6 septembre suivant, la Chambre, à la requête du procureur général, fit défense à Audiger de prendre désormais la qualité d'auditeur, et ordonna que cette qualité fût rayée dans tous les actes où il avait continué de la maintenir depuis sa condamnation, et son nom effacé des tableaux, listes, etc. (*Journal.*) Avec Audiger, son complice Bonnefonds fut frappé des mêmes peines. (*Plumitif*, 5 septembre et 11 décembre.)

---

714.   5 *Mars* 1712.
COMPLIMENT DU P.P. AU ROI SUR LA MORT DU DAUPHIN.

Mᵐᵉ la Dauphine étant morte à Versailles le 12 février 1712, le P.P. avait préparé un discours de condoléance pour Mʳ le Dauphin; mais la mort de ce prince survint tout aussitôt, et ce fut au roi que Mʳ Nicolay s'adressa, au nom de la Chambre, le 5 mars. Quatre jours après, le nouveau dauphin mourut à son tour, avant que les Cours eussent pu lui rendre les premiers hommages.

Sire, comment entreprendre de consoler V. M. ? Tout ce qui pouvoit faire vostre consolation, devient aujourd'huy le sujet de vostre douleur. Un moment vous enlève deux personnes augustes, qui partageoient vos affections, aussi unies entre elles par l'object commun de leur amour et de leur respect, que par les liens de leur tendresse mutuelle. L'une, par ses agrémens et par les charmes de son esprit, répandoit dans l'intérieur de vostre vie une douceur dont les héros même ont besoin; l'autre nous garantissoit par ses vertus qu'un grand royaume que vous aimez seroit longtemps heureux.

Que pouvons-nous penser, Sire, à la veüe de ces calamitez domestiques, qui attaquent coup sur coup la constance de V. M., si ce n'est que le ciel, qui ménage les âmes communes et qui proportionne leurs peines à leurs forces, vous traitte comme une âme choisie, dont il veut que la soumission à ses ordres et l'héroïque patience soient en spectacle à tous les siècles ?

(Minute autographe. — *Arch. Nicolay*, 54 L 63.)

---

715. 18 Mars 1712.
LETTRE DU COMTE DE PONTCHARTRAIN AU P.P. — DROIT DE DRAPER.

A Versailles, le 18me mars 1712.

Je n'ay pas manqué, Monsieur, de rendre compte au Roy des deux lettres que vous m'avés fait l'honneur de m'écrire et des éclaircissements que vous avés eu agréable de me donner touchant le deüil. Sa Majesté vous laisse sur cela l'entière liberté de faire ce que vous jugerés le plus à propos et le plus convenable. Je suis toujours, au delà de toute expression et plus que personne du monde, Monsieur, votre très humble et très obéissant serviteur.

PONTCHARTRAIN.

(Orig. autographe. — *Arch. Nicolay*, 41 L 12.)

---

716. 20 Juin 1712.
LETTRE DU PROCUREUR GÉNÉRAL AU CONTROLEUR GÉNÉRAL. — COMPTABILITÉ DES RENTES.

A Paris, ce 20 juin 1712.

Monsieur, j'ay remis ce matin à Mr de Nicolay l'édit de création de cinq cens mil livres de rente sur les tailles, pour le payement desquels les receveurs généraux doivent remettre chacun an au sr Bellanger 800,000 liv., sans qu'il soit tenu d'en compter. La Chambre avoit desjà esté allarmée de la lecture de l'imprimé de cet édit; elle a prié Mr de Nicolay de vous en faire de très humbles remontrances, et m'a engagé, de mon costé, à avoir l'honneur de vous en écrire les conséquances et l'irrégularité. C'est remettre les finances du Roy entre les mains d'un simple particulier, qui, étant à couvert de touttes poursuittes, ne portera au Trésor royal que les acquits qu'il luy plaira, qui ne payera que quand il voudra et qu'à ceux qu'il agréra davantage. Cela luy paroist aussy nouveau que si les payeurs des rentes sur les aydes et gabelles étoient dispensez de compter en remettant leurs acquits aux fermiers généraux qui leur fournissent leurs fonds, pour en former un article de leur compte. Mais, Monsieur, vous avez certainement fait touttes ces réflexions en passant l'édit, et vous avez cru les devoir sacrifier à l'état violent des affaires; aussy j'ay signé mes conclusions pures et simples, suivant l'ordre du Roy porté par la lettre de cachet qui m'est adressée. Cependant, je vous demande de la vouloir réitérer par une réponse à cette lettre, qui fasse connoistre à la Compagnie que je me suis acquitté de mon devoir et qui la satisfasse. Je suis, etc.

DE FOURQUEUX.

(Original. — *Arch. Nat., Pap. du Contrôle général des finances*.)

717.
17 Juillet 1712.
LETTRE DU CHANCELIER AU P.P. — CONFLIT ENTRE LES GENS DU ROI.

17 juillet 1712.

Monsieur, j'approuve infiniment ce que vous me mandez que vous avez fait, et ce que vous pensez par rapport à ce que M^r le procureur général refuse d'aller au bureau avec M^r l'avocat général, lorsque votre Compagnie juge à propos de les mander tous deux, dans les occasions qui regardent leur ministère. Mais le règlement que vous me proposez de donner à ce sujet ne me regarde point. Vous savez que tous les règlemens qui ont été faits jusqu'à présent pour la Chambre des comptes ont toujours passé par la voie de la finance, et que ceux que votre Compagnie a faits ont toujours été autorisés par la même voie. L'arrêt même du Conseil d'État du 16me juin 1690, dont vous m'avez envoyé une copie, qui contient un règlement entre votre Compagnie et le parquet, a été rendu à mon rapport, lorsque j'étois contrôleur général. Ainsi, le règlement que vous proposez n'étant nullement en ma disposition, vous ne pouvez vous dispenser de le demander par la même voie de la finance. Tout ce que je puis faire est de n'oublier rien de tout ce que vous me mandez à ce sujet, lorsque Mr Desmaretz en rendra compte au Roy en ma présence. Je vous prie, etc.

PONTCHARTRAIN.

(Copie. — Bib. Nat., mss. Mortemart, n° 60 ¹⁴, f° 621.)

718.
17 Septembre 1712.
LETTRE DU CONTROLEUR GÉNÉRAL AU P.P. — PLAINTES CONTRE LA CHAMBRE.

A Versailles, le 17me septembre 1712.

Monsieur, les trésoriers de France d'Amiens m'ont fait de nouvelles plaintes des souffrances que la Chambre des comptes a mises sur leurs gages, faute par eux d'avoir rapporté les actes de foy et hommages rendus dans leur bureau. Comme ces souffrances ont esté levées par un arrest du Conseil du 26me avril dernier, sur lequel il a esté expédié des lettres pattentes, je ne sçaurois m'imaginer quelle difficulté vostre Compagnie veut encore faire à ces officiers pour les priver du payement de leurs gages, et je ne puis me dispenser de vous dire, Monsieur, que, si le Roy estoit informé de cet esprit d'animosité que la Chambre des comptes fait voir en toutes occasions contre les trésoriers de France de son ressort, Sa Majesté seroit très mal satisfaite d'apprendre que ces officiers fussent privez de leurs gages sans aucun autre fondement que d'avoir formé contre vous quelques chefs de contestation, dont la décision est pendante au Conseil. Je suis, etc.

DESMARETZ.

(Original. — Arch. Nicolay, 70 L 157.)

719.
20 et 26 Avril 1713.
LETTRES DU COMTE DE PONTCHARTRAIN AU P.P. — RENONCIATIONS DES PRINCES.

A Versailles, le 20 avril 1713.

Monsieur, l'intention du Roy est que la renonciation du roy d'Espagne à la couronne de France, celles de Mgr le duc de Berry et de Mgr le duc d'Orléans à la couronne d'Espagne, les lettres patentes données sur ces renonciations, et celles du mois de décembre 1700 qui conservoient au roy d'Espagne les droits de sa naissance et qui sont aujourd'huy supprimées, soient enregistrées à la Chambre des comptes, comme elles l'ont esté au parlement ; et j'ay cru devoir vous en donner avis d'avance, afin que, si vous avez quelques mesures à prendre, tant pour le cérémonial, que pour quelque discours à prononcer, vous ayez le temps de vous y préparer. Je me remets au surplus à ce que j'en escris à Mʳ le procureur général, ne doutant pas qu'il ne vous en fasse part. Je suis toujours, au delà de toute expression, etc.

PONTCHARTRAIN.

A Versailles, le 26 avril 1713.

Monsieur, j'ay receu la lettre que vous avez eu agréable de m'escrire le 22 de ce mois. Il faut apparamment que je me sois mal expliqué dans la mienne, puisque j'ay dû vous marquer que Mgr le duc de Berry, ny Mgr le duc d'Orléans, ny aucun prince du sang, n'iront à la Chambre des comptes pour l'enregistrement des lettres patentes sur la renonciation d'Espagne, et que l'intention du Roy est que cet enregistrement se fasse entre vous, sans personne du dehors, mais du reste avec le plus grand cérémonial qu'il se pourra. J'ay demandé à Mʳ de Fourqueux un mémoire touchant l'usage observé par la Chambre des comptes dans les cas d'une pareille importance, et je n'attens que ce mémoire pour en rendre compte au Roy et vous envoyer ensuite les lettres patentes, qui sont toutes prestes et en estat d'estre enregistrées. Je suis toujours, au delà de toute expression, etc[1].

PONTCHARTRAIN.

(Originaux. — Arch. Nicolay, 70 L 64 et 65.)

1. Malgré ces assurances formelles, le P.P. prépara une harangue pour les ducs de Berry et d'Orléans (54 L 62).

720.
16 Juin 1713.
COMPLIMENT DU P.P. AU ROI SUR LA PAIX D'UTRECHT.

La paix avoit été conclue avec l'Angleterre, la Hollande, le Portugal, la Savoie et le Brandebourg, mais la guerre subsistoit avec l'Empereur et l'Empire. Cependant, aiant été voir à Paris Mʳ le chancelier et Mʳ de Pontchartrain, le 2ᵐᵉ juin, ils me dirent que le Roy recevroit les complimens des Compagnies sur la paix; et aiant remontré à Mʳ le chancelier que cette cérémonie paroissoit prématurée, il me dit que c'estoit pour contenter l'Angleterre. Mʳ de Pontchartrain me dit que cela s'estoit pratiqué de cette manière à la paix de Riswick, quoy qu'elle ne fust pas générale ny conclue encor avec l'Empereur, et qu'il l'avoit veu sur ses registres et sur ceux du maistre des cérémonies. Ce qu'aiant examiné icy à mon retour, je trouvé qu'il s'estoit trompé, et que les complimens sur la paix avoient été faits le 25 novembre 1697, et que la paix avec l'Empereur avoit été sinée le dernier octobre de la même année.

Je luy écrivis. Cependant je receus une lettre de luy le 7 juin, par où il me mandoit que le Roy auroit agréable de recevoir les complimens des Compagnies. Messieurs du parlement envoièrent au Roy les Gens du Roy le 13, pour sçavoir s'il auroit agréable qu'on le complimentât. Le Roy leur demanda s'ils n'avoient pas reçu là dessus ses ordres, qu'ils avoient en effet receus, et ce fust un contre temps d'envoyer demander au Roy ses ordres sur une chose où il les avoit desjà donnés. La Chambre ne jugea pas à propos de faire cette fausse démarche; mais Mʳ de Pontchartrain avoit prévenu, car ordinairement, lorsque les Compagnies veulent faire des complimens, on envoie les Gens du Roy au chancelier ou au secrétaire d'État de la maison, pour sçavoir les intentions du Roy, et ils en informent ensuitte les Compagnies. Le reste se passa à l'ordinaire. Mʳ de Pontchartrain avoit aussi quelque dessein qu'on fist compliment à Mʳ le Dauphin, mais on n'en trouva pas d'exemple en occasion semblable.

Harangue au Roy.

Sire, la justice a fait entendre sa voix à la pluspart des nations qui s'estoient unies contre nous: la sagesse a éclairé les unes, et vos dernières victoires ont achevé de détromper les autres. Vous aviez été contraint de prendre les armes, pour maintenir le Roy vostre petit fils sur un throne où la nature et la loy l'avoient apelé: il s'y trouve afermi par les traittez que vous venez de conclure.

Si, dans le cours de cette guerre, nous avons éprouvé des revers, le ciel vouloit exposer aux yeux du monde entier la fermeté de vostre âme et les ressources de vostre génie. Vous avez arresté vos ennemis au milieu de la carrière, et l'ouvrage de toutes leurs heureuses campagnes a été détruit par une seule. Enfin, Sire, l'Espagne étoit le prix de la victoire : le prix est demeuré au sang auguste de Vostre Majesté.

Puisse l'ennemi qui nous reste céder bientost aux conseils de la prudence et de l'équité! Qu'il ne nous force point à des triomphes qui coûteront toujour cher à la tendresse que vous avez pour vos peuples. Nous sçavons avec quelle impatience V. M. désire leur soulagement, qu'elle en fait sa plus solide gloire, et nous aimons à penser qu'elle jouira la première de ses propres bienfaits, par le plaisir qu'elle aura de les répandre[1].

(Minute autographe. — Arch. Nicolay, 54 L 67.)

1. Ce discours fut imprimé dans le *Journal de Verdun* (août 1713, p. 97). — Il y avait déjà eu, le 16 février précédent, députation à Versailles et harangue du P.P. sur la conclusion des premiers traités.

---

721.   7 Mai 1714.
LETTRE DU COMTE DE PONTCHARTRAIN AU P.P. — ENTRÉE A MARLY.

A Marly, le 7 may 1714.

Monsieur, j'ay esté bien fasché de n'avoir pu donner qu'une réponse verbale à l'exprès qui m'a remis la lettre que vous avez eu agréable de m'escrire; mais, ne m'étant pas possible de vous répondre sur le champ par écrit, j'ay cru que je ne devois pas différer à vous faire sçavoir que le Roy paroist fort éloigné de recevoir les complimens des Cours sur la perte qu'il vient de faire. Cependant, Sa Majesté m'a dit que, pour ce qui vous regarde personnellement, vous pourriez venir icy quand vous le jugeriez à propos, et qu'elle vous verroit volontiers. Ainsy, je compte d'avoir le plaisir de vous y assurer bientost moy mesme de la continuation des sentimens avec lesquels vous sçavez que je suis, etc[1].

PONTCHARTRAIN.
(Original. — Arch. Nicolay, 41 L 22.)

1. Le P.P. avait reçu la même permission lors des deuils de février 1712 (70 L 56).

---

722.   (s. d.)
LETTRE DE MADAME DE MAINTENON AU P.P.

A Fontainebleau, ce 17 septembre.

Vous avés raison, Monsieur, de n'avoir pas cherché de recommandation auprès de moi. Je ne sai où vous en auriez trouvé une meilleure que celle de vostre nom et de vostre mérite. Je vous envoye un billet pour la petite demoiselle dont vous me parlés, et je voudrois vous marquer par quelque service plus important à quel point je suis, Monsieur, vostre très humble et très obéissante servente.

MAINTENON.
(Orig. autographe. — Arch. Nicolay, 46 L 7.)

---

723.   18 Juin 1715.
FIXATION DU DROIT DE CHAUFFAGE ATTRIBUÉ AU P.P.

Veu au Conseil d'État du Roy la requeste présentée par le sr Nicolay, premier président en la Chambre des comptes, contenant que le feu sr Nicolay, son aïeul, ayant obtenu, par lettres patentes de Sa Majesté du 10 décembre 1648, un chauffage de 100 cordes de bois à prendre dans les forests de Compiègne, lesdites lettres registrées au parlement le 12 mars 1649 et en la Chambre des comptes le 12 may suivant, il en auroit jouy en nature, ainsy que le feu sr Nicolay, père du suppliant, jusques à l'ordonnance de 1669, par laquelle Sa Majesté auroit trouvé à propos de convertir lesdits chauffages en deniers. Mais, ledit s^r Nicolay ayant négligé de rapporter ses titres pour estre procédé à l'évaluation dudit chauffage, ainsy qu'il a été fait à l'égard du premier président du parlement et de plusieurs autres qui étoient dans le même cas, il n'auroit point été emploié dans les états, et le suppliant s'est trouvé par là privé de cette partie de revenu de sa charge. Et quoyqu'il ayt lieu de croire que l'intention de Sa Majesté ne fut pas de supprimer à son égard un chauffage qui subsiste pour le premier président du parlement, sur le pied de 3,000 liv., et pour celuy du parlement de Rouen, sur le pied de 2,800 liv., il a cru néanmoins devoir demeurer dans le silence pendant le temps de la guerre; mais aujourd'huy que la paix se trouve affermie et qu'il ose se flatter que Sa Majesté est contente de ses services dans la charge de premier président, qu'il exerce depuis prez de 30 années, il espère qu'elle voudra bien le rétablir dans la jouissance d'un droit accordé à ses prédécesseurs, d'autant plus que, par les créations qui ont été faites d'offices en la Chambre, et entre autres de présidents, il a souffert, dans la jouissance de ses épices et autres droits de cette nature, une diminution considérable. Sur quoy, requéroit qu'il plût à Sa Majesté luy pourvoir. . . . .

Le Roy, en son Conseil, ayant esgard à la requeste, et Sa Majesté voulant donner audit s^r Nicolay des marques de la satisfaction qu'elle a de ses services, a ordonné et ordonne que le droit de chauffage de cent cordes de bois accordé par les lettres patentes du 10 décembre 1648, sera et demeurera rétably et employé dans les estats de la recette générale des bois du département de l'Isle de France, à raison de 3,000 livres.

. . . .

A Marly, le dix-huict juin mil sept cens quinze.

              VOYSIN.   DESMARETZ.

(Original. — Arch. Nat., *Conseil des finances*, E 876bis.)

---

724.   1er *Septembre* 1715.
LETTRE DU ROI LOUIS XV AU P.P. — CONFIRMATION DE LA CHAMBRE.

Monsr de Nicolaï, j'escris à ma Chambre des comptes pour luy donner avis de la perte que je viens de faire, avec tous mes bons sujets, du feu Roy mon seigneur et bisayeul, pour l'exhorter, après avoir fait les prières à Dieu qu'elle doit au repos de son âme, de continuer sa séance et ses fonctions, et pour l'asseurer que je recevray avec satisfaction ses respects et ses soumissions accoutumées en pareil cas. Je vous fais cette lettre en particulier pour vous convier de me continuer votre affection et votre fidélité, et de m'en donner des preuves en tout ce qui regardera le bien de mon service et le repos public, même pour disposer votre Compagnie à ce que je luy fais sçavoir sur ce sujet. Ce pendant, je prie Dieu qu'il vous ait, Monsr de Nicolaï, en sa sainte garde. Escrit à Versailles, le premier septembre 1715.

                      LOUIS.
                      PHÉLYPEAUX.

(Original. — *Arch. Nicolay*, 28 L 1.)

---

725.   5 *Septembre* 1715.
COMPLIMENT DU P.P. AU ROI.

Le 5 septembre 1715, ce compliment fust prononcé au Roy, M^r le grand maître des cérémonies, M^r le secrétaire d'État et le maître des cérémonies conduisant les députez à l'audiance, le grand maître aiant la droite, le secrétaire d'État et le maître des cérémonies étant à gauche; et ils reconduisirent M^{rs} les députez de la même manière jusques à la chambre du Conseil, à Versaille, où on les avoit receus.

M^r le régent étoit debout à droite de la chaise du Roy; M^r le chancelier encore plus près du Roy, mais un peu derrière; M^r le Duc à gauche, et M^{rs} les autres princes du sang et enfans légitimez à droite et à

LOUIS XV.   573

gauche, selon leur rang; quantité de seigneurs, et Mme la duchesse de Ventadour, sa gouvernante, derrière le Roy, à gauche.

M^r le régent ne voulut point recevoir de compliment particulier, quoy qu'on eust arrêté au parlement et à la Chambre de luy députer pour cela, disant que les complimens des Compagnies ne devoient pas s'étendre au plus qu'aux fils de France, et qu'il n'étoit que petit fils de France; mais en effet c'est qu'il n'aimoit pas la cérémonie. Cependant les députez du clergé le saluèrent, et le clergé en corps, qui pour lors étoit assemblé, alla saluer le Roy. M^r le régent dit que les députez du clergé l'avoient surpris, et qu'il n'avoit peu se défendre de recevoir leur compliment **.

Compliment au Roy.

Sire, nous perdons un Roy qui s'estoit attiré par ses vertus l'attention et le respect de toute l'Europe. Sa vie n'est qu'une suitte de gloire, mais sa mort est plus belle encor et plus respectable qu'une vie si glorieuse. Quelle doit estre vostre douleur, Sire, puisque, dans un si grand Roy, vous perdez un père!

Nous avons vieilli sous son règne en le bénissant; nous souhaittons que nos enfans vieillissent ainsi sous le vostre. Nous leur donnerons l'exemple de la fidélité la plus entière, et nous demanderons pour nous et pour eux à V. M. ces mêmes bontés dont vostre auguste père honoroit cette Compagnie, et pour vos peuples cet amour tendre qui fust toujour le premier devoir des souverains. La paix dont nous joüissons vous met en état, Sire, de leur en faire goûter les fruits. Le prince qui, par sa naissance et par la loy, est apelé au gouvernement de vostre royaume, nous garantit déjà nos espérances, et son sang répandu dans les batailles pour la gloire de l'État nous promet tous ses soins pour sa félicité.

(Minute autographe. — *Arch. Nicolay*, 54 L 73.)

1. Le P.P. avait préparé une harangue fort simple, mais rappelant les qualités du duc d'Orléans et les services qu'il avait rendus à l'État sur les champs de bataille (54 L 74).

---

726.   *14 Septembre 1715.*
LETTRE DU DUC DU MAINE AU P.P. — MAISON DU ROI.

A Vincennes, ce 14 septembre 1715.

Comme il est besoin, Monsieur, de commencer à prendre des mesures sur le nombre des gens qui doivent estre auprès du jeune Roy, trouvés bon que, pour me dégrossir là dessus les idées, je recourre à vous, et que je vous supplie de me faire chercher dans les papiers de la Chambre des comptes l'estat des gens qui estoient auprès du feu Roy pendant sa minorité, et les appointements qu'ils avoient. J'espère, Monsieur, qu'en voulant bien me donner les éclaircissements que je prends la liberté de vous demander, vous ne refuserés pas de seconder mes bons desseins et de contribuer à mon instruction. Il ne faloit pas un sujet moins important pour m'encourager à franchir la proposition que j'ose vous faire, quoyque je me flate de pouvoir attendre quelqu'indulgence de vostre part, et que je sente, Monsieur, que, par les sentiments de la plus parfaite estime que j'ay pour vous, je mérite que vous ayés pour moy quelque amitié et quelque complaisance.

L. A. DE BOURBON.

(Orig. autographe. — *Arch. Nicolay*, 31 L 10.)

---

727.   *19 Septembre 1715.*
LETTRE DU CHANCELIER AU P.P. — PROROGATION DE LA CHAMBRE.

A Paris, ce 19 septembre 1715.

Monsieur, Monseigneur le duc d'Orléans a souhaité que les séances de la Chambre des comptes fussent prorogées jusqu'à la fin du présent mois, pour y envoyer l'arrest rendu par le Roy en son lit de justice, qui le déclare régent du royaume; je viens d'en sceller la déclaration, et de l'envoyer à M' le comte de Pontchartrain. Comme on ne s'est aperceu que ce soir de la nécessité de cette prorogation, et que j'apprens que vous estes à Goussainville, d'où il seroit difficile que vous pussiés revenir pour demain matin, j'escris à M' le procureur général que, la chose requérant célérité et ne pouvant se différer, il est à propos qu'il soit procédé demain à l'enregistrement par celuy qui présidera en vostre absence; je luy marque en mesme temps que je vous en escris. Je suis, etc.

Voysin.

(Original. — Arch. Nicolay, 72 L 58.)

728.   25 Septembre 1715.
RESTITUTION DU DROIT DE REMONTRANCES.

Ce jour, les bureaux assemblés, M' le P.P. a dit que, le Roi ayant accordé par une déclaration la permission au parlement de faire ses remontrances sur les édits, déclarations et lettres patentes qui y seront envoyés par S. M., il croyoit que la Chambre devoit demander la même permission; qu'en ayant déjà parlé à M' le régent, il luy avoit promis de faire expédier une pareille déclaration pour la Chambre; mais qu'il étoit nécessaire de faire suivre cette affaire, qui, sans cela, traîneroit en longueur [1].

(Plumitif.)

1. La déclaration fut donnée le 15 octobre, et enregistrée le 24 du même mois.

729.   26 Septembre 1715.
LETTRE DU GRAND MAITRE DES CÉRÉMONIES AU P.P. — OBSÈQUES DE LOUIS XIV.

A Paris, le 26 septembre 1715.

Je me suis présenté plusieurs fois, Monsieur, à votre porte. Je désirois avoir l'honneur de vous rendre mes devoirs très humbles, et j'aurois eu en même temps, si je vous avois trouvé, celuy de vous avertir un peu à l'avance que le service solennel de l'enterrement du Roy deffunt est marqué pour le 23 du mois prochain. Comme ce sera pendant les vacquations, ne croiriez vous pas, Monsieur, qu'une table de soixante couverts suffiroit pour le dîner que le Roy donnera à la Chambre des comptes, après le service de ce jour? Monseigneur le duc d'Orléans a recommandé l'économie dans cette occasion de dépense, et je serois bien aise de savoir si celle que je vous propose auroit votre aprobation. J'ay l'honneur d'être, avec un vray respect, etc.

Dreux.

(Orig. autographe. — Arch. Nicolay, 48 L 33.)

730.   17 Décembre 1715.
SERVICE FUNÈBRE A LA SAINTE-CHAPELLE.

Ce jour, sur les dix heures du matin, un ecclésiastique de la Ste-Chapelle est venu avertir la Chambre que tout étoit prêt pour commencer le service du défunt roi Louis XIV. Sur quoi, la Chambre s'étant levée et partie pour s'y rendre, en corps et en robes de deuil, précédée de ses huissiers, la baguette haute, le contrôleur de la Ste-Chapelle est venu recevoir Messieurs au bas de l'escalier de la Ste-Chapelle et les a conduits jusques en leurs places.

Le perron d'en bas et le degré étoient tendus de noir, avec trois lez de velours, embrassés au milieu par un grand cartouche, sur lequel étoient les armes de France et de Navarre. Les avenues étoient gardées par plusieurs Cent-Suisses. Le portail et le perron d'en haut étoient aussi tendus de noir, avec les armes et les chiffres du défunt Roi, sur trois lez de velours noir. L'église étoit tendue généralement de drap noir, qui couvroit même la voûte, et ornée superbement de décorations remplies de devises et emblèmes à la gloire du défunt Roi ; dans lesquelles décorations on avoit fait entrer trois lez de velours noir, semés de fleurs de lys d'or et de larmes d'argent, chargés d'écussons où étoient alternativement les chiffres du feu Roi et les sceptre et main de justice passés en sautoir ; dans les intervalles étoient les armes de France et de Navarre, et les devises et emblèmes sur de grands cartouches posés dans le milieu. Ces intervalles formoient des pavillons, dont les rideaux, doublés d'hermine, étoient soutenus en festons par des génies ailés, qui en formoient les pilastres. Le tout étoit éclairé d'un nombre infini de lumières qui régnoient autour de l'église, et qui n'étoient interrompues que par des girandoles posées les unes sur les autres, remplies de quantité de bougies. L'autel étoit orné de trois rangs de chandeliers et entouré de pentes de velours noir à franges d'argent, chargées d'écussons en broderie au milieu, et dans les côtés étoient des herses de fleurs de lys doubles, des girandoles et des bras, tous garnis de lumières arrangées avec symétrie. La représentation, en forme de mausolée, étoit placée au tiers de l'église, vers l'entrée, sur une estrade de cinq degrés. Des angles et des côtés dudit mausolée sortoient des candélabres et girandoles garnis d'une infinité de lumières. Elle étoit couverte d'un poêle de velours noir, croisé de moire d'argent, cantonné des armes de France et de Navarre. Vers la tête étoit posée sur un coussin la couronne royale, et le manteau royal, posé aux pieds de la représentation, retomboit et couvroit les cinq degrés de l'estrade. Au dessus du mausolée étoit une couronne royale, soutenue au tiers de la voûte par quatre renommées, d'où sortoient quatre rideaux doublés d'hermines, qui formoient en l'air un pavillon, dont les quatre coins étoient relevés en festons.

La clôture de la nef avoit été éloignée, pour agrandir le chœur. On avoit pratiqué au-dessus deux tribunes, pour placer les personnes de distinction qui étoient invitées, et plus haut un jubé pour la musique.

Messieurs étant entrés, ont pris leurs places ordinaires, savoir : M^r le P.P. à main droite, à la première stalle haute du côté de l'Évangile, et successivement, de l'un et de l'autre côté, MM. les présidens, maîtres, correcteurs et auditeurs, excepté les quatre chaises hautes du côté de la porte, occupées par des chanoines. Ceux de MM. les correcteurs et auditeurs qui n'avoient pu tenir aux hautes stalles, se sont mis dans les basses. Les Gens du Roy, greffiers en chef et le premier huissier ont pris les quatre places au-dessous de M^r le P.P. et de MM. les présidens. Le contrôleur de la Ste-Chapelle étoit placé devant le mausolée. Le reste des places étoient occupées par des personnes de distinction.

Le sieur [Voullemy], chanoine, célébra la messe, assisté de chanoines et autres ecclésiastiques de la Ste-Chapelle. Elle fut chantée par la musique. Après le premier évangile, le s^r Massillon, prêtre de l'Oratoire, prononça l'oraison funèbre, avec autant d'éloquence que de piété, dans une chaire qui avoit été placée du côté de l'Évangile, vers le milieu de l'église. La messe étant finie, le célébrant, accompagné de son clergé, fit les aspersions et encensemens ordinaires autour de la représentation, pendant que la musique chantoit le *De Profundis*. Après quoi, Messieurs se retirèrent, à une heure et demie.

Il étoit arrivé une difficulté dans la célébration du service. M^r le P.P. s'étant informé, lors de l'oraison funèbre prononcée à la Ste-Chapelle par le Père de la Rue, jésuite, à la mort du dernier Dauphin et de Mme la Dauphine, son épouse, à qui il avoit adressé la parole (car il avoit dit au commencement : « Monsieur »), il avoit su que le s^r trésorier de la Ste-Chapelle lui avoit fait dire de la lui adresser. Et auparavant, à la mort du premier Dauphin, dont le s^r Massillon avoit prononcé aussi l'oraison funèbre, le s^r trésorier lui avoit fait dire que c'étoit l'usage, quoiqu'il n'y en eût jamais eu d'exemple et que ce fût entreprise si nouvelle, que M^r le P.P., qui étoit en place, crut que c'étoit à lui que le s^r Massillon avoit adressé la parole. De sorte que M^r le P.P., informé de cette nouveauté, pour empêcher qu'elle n'eût lieu et ne fût suivie au préjudice de la dignité de la Compagnie, avoit fait dire au s^r Massillon qu'il se donnât bien de garde d'adresser la parole au trésorier, qu'il seroit obligé de l'interrompre, s'il le faisoit ; ce que le s^r Massillon dit qu'il se donneroit bien de garde de le faire, et satisferoit toujours la Compagnie en ce qu'elle désireroit de lui. Cependant, le 16ᵐᵉ, veille du service, il écrivit une lettre à Mʳ le président du Metz, qui fut apportée à la Chambre, par laquelle il mandoit audit sʳ président que les choses avoient bien changé de face, que le sʳ trésorier prétendoit qu'on luy adressât la parole, et qu'il croyoit qu'il avoit vu là dessus Mʳ le duc d'Orléans, régent; ce qui obligea Mʳ le P.P. de partir sur l'heure, accompagné de Mʳ le président Gilbert, pour aller au Palais Royal. Où ayant eu audience de Mʳ le régent, ils lui représentèrent combien la prétention dudit trésorier étoit contraire à la dignité de la Compagnie; que c'étoit une entreprise inouïe; que lui, premier président, avoit été au service de la feue reine, célébré à la Ste-Chapelle, où le prédécesseur dudit sʳ trésorier, qui officioit, n'avoit jamais paru avoir de prétention semblable, et que ce que le sʳ trésorier appeloit usage, étoit trouble, surprise et nouveauté. De sorte que Mʳ le régent, entrant dans la justice de ces raisons, fit appeler le sʳ Doublet, secrétaire de ses commandemens, et le chargea d'aller dire au sʳ Massillon que l'intention de S. A. R. étoit qu'il n'adressât la parole à personne. Ce qui fut exécuté de cette manière; et, cette décision sue du sʳ trésorier, il fit le malade, et ne voulut pas officier.

Dont, et de tout ce que dessus, nous, conseillers du Roi, maîtres ordinaires en sa Chambre des comptes, à ce commis par ladite Chambre, avons fait et dressé le présent procès verbal, pour être mis en dépôt au greffe, lesdits jour et an que dessus. Signé: Le Grand et De Beaufort.

(Cérémonial.)

---

731. 6 Mars 1716.
LETTRE DU PRÉSIDENT DU CONSEIL DES FINANCES AU P.P. — CHAMBRE DE JUSTICE.

A Paris, le 6 mars 1716.

J'ai reçu, Monsieur, le mémoire et les pièces que Mʳˢ les commissaires de la Chambre m'ont apportées, touchant les augmentations de gages; je m'en ferai rendre compte incessamment, afin de mettre cette affaire en état d'estre réglée.

J'ai eu l'honneur de parler à Mgr le duc d'Orléans des présidens que vous proposiez, Monsieur, pour estre de la Chambre de justice. L'éloignement que S. A. R. a sur cela est fondé sur ce qu'elle est prévenue des liaisons d'affinité qu'ils ont avec les gens d'affaires, ce qu'elle regardera toujours comme une raison absolue d'exclusion. A l'égard de Mʳ de Lesseville, elle m'a paru surprise qu'on le proposât, vu qu'il n'est pas gradué, pour estre d'une commission dans laquelle il y aura des choses très importantes à juger et où les juges les plus consommez pourront avoir besoin de toutes leurs lumières et de toute leur expérience. Je suis parfaitement, etc.

Le Duc de Noailles.

(Original. — Arch. Nicolay, 72 L 60.)

---

732. (18 Mars 1716.)
LETTRE DU P.P. AU PRÉSIDENT DU CONSEIL DES FINANCES. — CHAMBRE DE JUSTICE.

Monsieur, les auditeurs de la Chambre viennent me remontrer que quelques uns de leurs confrères, sans consulter leur ordre ni la Compagnie, et sans m'en parler à moy même, avoient le dessein d'accepter des commissions de substituds du procureur général en la Chambre de justice, ce qui étoit tout à fait contraire à l'honneur de leur ordre. Je leur avois dit d'avoir l'honneur de vous voir; mais ils ont appréhendé de n'être pas écoutez, par le peu d'accez qu'ils ont auprès de vous; ils m'ont donc prié d'avoir l'honneur de vous en écrire, avant de faire leur remontrance à la Chambre.

Ils exposent, et avec assez de raison à ce qu'il me paroît, que quoique la charge de procureur général soit beaucoup plus considérable et par le prix et par les fonctions, néanmoins qu'ils ont le pas devant, et qu'il ne convient point qu'ils soient substituts d'un officier qu'ils précèdent par leurs charges; qu'étant assis au bureau de la Chambre et y ayant voix délibérative lorsqu'ils rapportent, il est contre la dignité de la Compagnie qu'ils rapportent debout devant le procureur général de la Chambre de justice, et qu'ils n'ayent point de voix délibérative; que, les avocats principaux du Palais ayant refusé d'entrer dans ces fonctions, des officiers d'une Compagnie supérieure y entreroient avec peu de convenance, et qu'il n'est pas juste qu'ils abandonnent sans nécessité les fonctions de leurs charges pour un petit émolument, pendant que les autres travailleront pour eux. Ils demanderont qu'ils soient rayez des épices de la Chambre : cela nous fera un désordre et des contestations dans la Compagnie, qui pourroient s'éviter, si M^r le procureur général vouloit bien prendre d'autres substituts. Il me paroît, Monsieur, que ce seroit ce qui seroit le plus convenable et qui empescheroit des contentions toujours très fâcheuses dans les Compagnies.

Je vous prie d'y vouloir bien faire vos réflexions, et de me faire l'honneur de me croire aussi véritablement que je le suis, etc.[1]

A. NICOLAY.

(Orig. autographe. — Arch. Nat., *Pap. du Contrôle général des finances*.)

1. Les trois auditeurs désignés étaient MM. Rigault, de Boullenc et Brussel. Les deux premiers se trouvant absents, et le troisième ayant déclaré qu'il avait été choisi à son insu, le reste de l'ordre avait protesté et envoyé une députation au P.P. (Déclaration originale, revêtue des signatures de tous les auditeurs. *Arch. Nicolay*, 73 L 36.)
Le duc de Noailles ne répondit que le 29 mars au P.P., en lui annonçant que, pour éviter tout sujet de trouble et de conflit, M^r le régent avait décidé que les auditeurs-substituts continueroient leur travail sans commission particulière (72 L 62). Le 15 juin suivant, ce fut encore l'objet d'une remontrance que les auditeurs vinrent faire au grand bureau, et d'un mémoire qu'ils remirent au P.P., pour « désavouer » leurs trois confrères. (*Plumitif*.) L'année suivante, le régent étant averti qu'on affectait de ne plus distribuer aucun compte à ces trois auditeurs, il chargea Mr de Noailles de représenter au P.P. que cette « tracasserie » devait cesser ; à quoi le P.P. répondit qu'il donnerait des explications, et qu'on voulût bien s'en rapporter à la Compagnie pour tout ce qui était de sa discipline. (Lettres des 9 et 10 septembre 1717. *Arch. Nicolay*, 72 L 72.)

733. 17 Juin 1716.
LETTRE DU DUC DU MAINE AU P.P. — CONFLIT AVEC LA CHAMBRE DE JUSTICE.

A Paris, le 17 juin 1716.

Je vous suis très obligé, Monsieur, de vous estre souvenu de m'envoyer le Mémoire instructif que vous m'aviés fait espérer. Il est escrit avec tant de netteté, que je n'ay pas eu de peine à le comprendre, et qu'il m'a rendu presque incompréhensible la difficulté qui vous est faite, surtout après la précaution que vous aviés prise auprès de M^r le duc d'Orléans. Quand la Chambre des comptes ne seroit pas aussi vénérable qu'elle est, tant par elle mesme, que par le lustre que lui donne un premier président tel que vous, mon sentiment seroit toujours, Monsieur, de maintenir les Compagnies dans leurs droits et dans leurs usages : jugés donc, s'il vous plaist, ce que je puis penser en cette occasion. Cependant, comme je suis, à nostre Conseil, des derniers opinants, les délibérations sont faites et arrestées d'ordinaire avant que je parle; ainsi, ma bonne volonté, à faute de succès, ne doit pas estre sans mérite, car je vous supplie de vouloir bien estre persuadé, Monsieur, que je ne souhaite rien avec plus d'ardeur que d'estre honoré de vostre estime, et de profiter des conjonctures qui se présenteront pour vous convaincre du cas que je faits de vostre amitié et de l'envie que j'ay de m'en rendre digne[1].

L. A. DE BOURBON.

(Original. British Museum, *Fonds additionnel*. — Impr. dans le *Cabinet historique*, nov. 1860, p. 182.)

1. Le 12 juin, le P.P. rapporte à la Chambre qu'il a entretenu le régent des prétentions de la Chambre de justice à poser les scellés chez les comptables, et que le régent lui a dit avoir remis l'affaire au chancelier, qui saurait conserver la Compagnie dans sa juridiction. Sur ce rapport, on charge les commissaires de porter au chancelier les Mémoires dressés à cette intention. (*Plumitif*.)

734.
19 Juillet 1716.
LETTRE DU PRÉSIDENT DU CONSEIL DES FINANCES AU P.P. — ÉPICES.

A Paris, le 19 juillet 1716.

J'ay reçu, Monsieur, la lettre que vous avez pris la peine de m'écrire le 17 de ce mois, avec un mémoire sur les épices des comptes des rentes. Il est vray qu'il a paru d'une nécessité indispensable d'apporter quelque diminution à une dépense aussy considérable que celle de ces épices, dans un tems où l'on ne peut assurer toutes celles dont l'État se trouve chargé que par de semblables retranchemens. Je ne doute pas, Monsieur, que l'affection que vous témoignez en toute occasion pour le bon ordre, qu'on ne peut rétablir autrement, et votre zèle pour le bien public ne vous engagent d'entrer volontiers dans les vues que la situation des affaires rend aussy justes et aussy nécessaires. Votre mémoire cependant sera examiné avec toute l'attention que vous pouvez désirer; je suis même persuadé que S. A. R. sera toujours disposée à concilier autant qu'il sera possible les intérêts de la Chambre avec les besoins de l'État, et je vous prie de croire que je n'omettray rien de ma part pour y contribuer. Je suis, etc.[1]

LE DUC DE NOAILLES.

(Original. — *Arch. Nicolay,* 72 L 65.)

1. Le 9 août suivant, Mr de Noailles pria le P.P., de la part du régent, de ne point communiquer à la Chambre tout entière le projet de déclaration, et de n'en conférer qu'avec trois ou quatre des principaux officiers, prudents et discrets, afin d'éviter de nouvelles difficultés, qui eussent été désagréables au prince. Ce fut seulement en avril 1717 que la Chambre eut la confirmation de ses droits (72 L 68 à 70). Une députation conduite par le président de Paris alla remercier, à cette occasion, le chancelier et Mr de Noailles, qui, tous les deux, déclarèrent que la possession était incontestable, puis le P.P., pour les utiles services que la Chambre avait eus de lui auprès du régent. On lui demanda pour la Compagnie « la continuation des bons offices que lui et ses ancêtres lui rendoient depuis plusieurs siècles, avec tant de zèle et d'affection. » (*Plumitif et Cérémonial,* 16 avril 1717.)

735.
28 Août 1716.
LETTRE DU P.P. AU DUC DU MAINE. — CONDOLÉANCES.

Ce 28 aoust 1716.

Monseigneur, je passé hier au Louvre pour avoir l'honneur de rendre mes devoirs à V. A. S., à l'occasion d'une disgrâce qui est bien sensible au public, et plus encor aux personnes qui font profession d'avoir une vénération particulière pour vostre vertu. Je vous prie, Monseigneur, d'estre persuadé que rien ne pourra changer les sentiments d'attachement et de respect avec lesquels j'ay l'honneur d'estre, Monseigneur, de V. A. S., etc.

(Minute autographe. — *Arch. Nicolay,* 31 L 19.)

736.
20 Octobre 1716.
LETTRE DU RECEVEUR DES ÉPICES AU P.P. — BATIMENTS DE LA CHAMBRE.

Ce 20 octobre 1716.

Monseigneur, l'architecte de M^r le premier président de Mesme m'asseure qu'en vous faisant voir le plan du bastiment qui se fait dans la maison que j'occupe, vous avez trouvé bon qu'on fît une croisée sur le vestibule qui est au pied de l'escalier de la Chambre, qui éclairera la seulle pièce que j'ay sur la cour du Palais. Quoyque cela me fît beaucoup de plaisir, sans nulle incomodité ny désagrément pour la Chambre, je me suis opposé au desein qu'il avoit d'y mettre les ouvriers, jusques à ce que je sceusse si en effet vous voulez bien permettre que cela soit ainsy; ce que je vous suplie très humblement de me faire sçavoir, et de trouver bon que je prenne icy la liberté de vous asseurer que personne n'entre plus sincèrement que je fais dans les sentiments que vous avez pris sur la perte que vous venez de faire. Peut estre est il venu jusques à vous, Monseigneur, qu'il a plu au régent de rapeller mon fils de son exile, qui a esté pour moy moins affligeant que ce rapel beaucoup trop précipité, qui va achever de perdre ce jeune homme, enyvré du succez de sa poésie, des louanges et de l'aceuil que luy font les grands, qui, avec le respect que je leur dois, sont pour luy de frans empoisonneurs.

J'ay l'honneur de me dire, avec un très profond respect, etc.

AROÜET.

(Orig. autographe. — Arch. Nicolay, 32 C 128.)

737.
19 Avril 1717.
LETTRE DU CHANCELIER AU P.P. — COMMUNICATION DES MÉMORIAUX.

A Paris, le 19 avril 1717.

Monsieur, Le travail de la compilation des Ordonnances, commencé par Mrs Berroyer, Loger et de Laurière, et interrompu depuis quelque temps, est présentement continué par Mr de Laurière seul, avec beaucoup d'application et d'assiduité. Il a besoin, pour commencer à faire imprimer le premier volume, d'avoir communication de quelques registres ou Mémoriaux de la Chambre des comptes. J'espère que vous donnerés avec plaisir les ordres nécessaires pour cela, comme vous l'avés déjà fait autrefois, dans le temps qu'on a commencé de travailler à ce grand ouvrage, dont le dépost de la Chambre des comptes aura fourny une des principales et des plus anciennes parties. Je suis, etc.

DAGUESSEAU.

(Original. — Arch. Nicolay, 72 L 81.)

738.
4 Mai 1717.
SURVIVANCE DE L'OFFICE DE P.P. POUR ANTOINE-NICOLAS NICOLAY.

Louis, etc. Ayans une particulière connoissance des recommandables services rendus au feu Roy, notre très honoré seigneur et bisayeul, de glorieuse mémoire, à nous et à cet État, par nostre amé et féal conseiller en nos Conseils d'État et privé, Jean Aimard Nicolay, premier président de notre Chambre des comptes à Paris, en la fonction de ladite charge de premier président, et voulant luy tesmoigner et au public la satisfaction parfaite qui nous en demeure, avec l'estime singulière que nous faisons d'un magistrat de si rare vertu et mérite, nous avons eu agréable la suplication qu'il nous a faite d'admettre la résignation de sondit office de premier président de notredite Chambre en faveur d'Antoine Nicolas Nicolay, conseiller en notre parlement, son fils, à condition néantmoins de survivance, sçachant que sondit fils a commencé de faire connoître, dans les fonctions de la charge qu'il possède et en diverses ocasions, la capacité, connoissance des lettres et des affaires, la probité, l'intégrité, la fidélité et affection à nostre service et autres bonnes qualités requises pour se bien acquiter d'une charge aussi importante que celle de premier président de nostre Chambre des comptes, dans laquelle il sera plus capable de nous servir qu'aucun autre, non seulement par sa propre suffisance et inclination vertueuse, mais par les instructions de son père et par les bons exemples qu'il luy donne et ceux qui luy ont esté laissez par ses ayeux, qui, depuis plus de deux cens ans, pendant sept générations, ont servi et servent encore nous et les Rois nos prédécesseurs très dignement en icelle charge et autres emplois importans, tant dedans que dehors le royaume, ce qui fait que cette charge ne peut être confiée à des personnes de qui le nom, la réputation et les services soient en plus grande recommandation que lesdits srs Nicolay père et fils. Nous, pour ces causes et autres bonnes considérations à ce nous mouvans, de l'avis de nostre très cher et très amé oncle le duc d'Orléans, régent, avons audit sr Nicolay fils donné et octroyé, donnons et octroyons, par ces présentes signées de nostre main, ledit état et office de nostre conseiller ordinaire en tous nos Conseils et premier président clerc de nostre Chambre des comptes à Paris, que tient et exerce ledit sr Nicolay son père, et qu'il a résigné à condition

de survivance, par sa procuration cy attachée sous le contrescel de notre chancellerie. . . . .
Et ce, nonobstant qu'il luy manque quinze ans cinq mois vingt jours pour avoir atteint l'âge de quarante ans accomplis, et quatre ans neuf mois pour avoir les dix ans de service requis par nos ordonnances; desquels deffauts d'âge et de service nous l'avons dispensé par nos lettres, pourveu qu'il n'ait en notredite Chambre aucuns parens ny alliez au degré prohibé par nosdites ordonnances, ainsy qu'il nous est apparu par le certifficat de nostre procureur général en icelle, cy attaché avec les autres pièces justifficatives de ce que dessus, sous ledit contrescel de nostre chancellerie; à peine de nullité des présentes, de sa réception, et perte dudit office à nostre proffit. A la charge qu'il ne pourra présider que lorsqu'il aura servy dans nos Cours supérieures l'espace de dix années requises par nosdites ordonnances. Si donnons en mandement . .
. . . . Car tel est nostre plaisir. En témoin de quoy nous avons fait mettre nostre scelà cesdites présentes. Donné à Paris, le quatrième jour de may, l'an de grace mil sept cens dix sept, et de nostre règne le deuxième.

LOUIS.

Par le Roy, le duc d'Orléans régent présent : PHÉLYPEAUX.

Ledit Mre Antoine Nicolas Nicolay a esté reçu en l'état et office de conseiller du Roy en tous ses Conseils d'État et privé, premier président clerc en la Chambre des comptes de Paris, à la survivance de Mre Jean Aymard Nicolay, son père, mentionné en ces présentes, et d'iceluy fait et presté le serment en tel cas requis et accoustumé en ladite Chambre, ouy le procureur général de Sa Majesté, information préalablement faite sur ses vie, mœurs, aage et religion catholique, apostolique et romaine, affection et fidélité au service de Sa Majesté, par Me Jean Brébart, conseiller maître ordinaire et doyen en ladite Chambre, à ce commis, après qu'il a fait les affirmations et soumissions portées par le règlement du dix neuf may mil six cent vingt neuf; les semestres assemblez, le douzième jour de may mil sept cent dix sept. RICHER.

(Original. — Arch. Nicolay, 33 C 60.)

Compliment du président de Paris à M. Nicolay de Goussainville.

Monsieur, la joie que nous ressentons de votre élévation à la première dignité de la magistrature est d'autant plus sincère, qu'elle est soutenue par l'éclat des applaudissemens publics donnés à la sagesse du prince auteur d'un si digne choix. Le peu de temps qu'il a mis à délibérer, est la preuve et la mesure de votre mérite : quand on n'a point de concurrens, il faut que l'on ait peu de pareils.

Votre première entrée dans les emplois y a fait éclater l'habileté d'une expérience consommée; dès vos premiers honneurs, vous avez paru digne des plus grands. Doit-on être surpris que, par des démarches si heureuses, vous y soyez parvenu si promptement? C'est ce qui fait espérer que, vous étant proposé d'abord pour objet le maintien de la justice et des lois, elles recevront de vos soins une protection plus durable. Nous vous le demandons, Monsieur, pour notre Compagnie, toujours attentive à ses devoirs et fortement persuadée que l'observation des moindres lois assure le repos, le bonheur et la tranquillité de l'État.

Vous êtes, Monsieur, le huitième de père en fils que la Chambre voit à sa tête depuis plus de deux siècles. Cet honneur si singulier, et pour ainsi dire héréditaire, ne peut être que l'effet d'un mérite héréditaire. Aucun de nos dix derniers Rois n'a cessé d'étendre sur vos auteurs et sur leur postérité sa confiance et ses bienfaits, parce qu'aucun n'a cessé de recevoir des preuves de leur zèle et de leur fidélité, et le grand prince, auteur de ce dernier choix, semble avoir respecté celuy des Rois ses ancêtres, en vous mettant de si bonne heure en état de suivre et d'imiter vos aïeux. Il a cru qu'en vous donnant le loisir d'étudier M^r votre père, vous les retrouveriez tous en luy, et toutes leurs vertus dans les siennes : un même amour de la gloire et du bien de la patrie, un même esprit de justice et de probité, une fermeté inébranlable pour la conservation des droits du Roi et de la couronne, et une égale application à maintenir ceux de la Compagnie.

Il les a soutenus avec tant de force, et conservés toujours avec tant de succès, que, si nous le respectons comme notre chef, nous sentons que chacun de nous le doit aimer comme son père.

C'étoient là les degrés par où l'on montoit aux honneurs, lorsque vos pères furent appelés à cette haute dignité; leur mérite fut le seul prix dont ils la payèrent alors. C'est encore au même prix que leurs descendans s'y maintiennent, et cette stabilité, sans exemple partout ailleurs, n'est pas moins heureuse pour nous, Monsieur, qu'elle vous est glorieuse.

Héritier de si grands hommes, vous en aurez les vertus, et nos vœux se trouvent aujourd'hui remplis, puisqu'il est sûr que vous exercerez un jour cette grande et illustre charge.

Réponse de M. de Goussainville.

Monsieur, ma reconnoissance et mon respect pour cette auguste Compagnie n'ont point attendu les témoignages de bienveillance que vous me faites l'honneur de me rendre en son nom. Je sais trop ce que je dois aux sentimens empressés dont elle m'a prévenu; et, sans rien diminuer de la grâce du Roy, ni du bienfait du prince qui nous gouverne, je sens encore un plaisir de regarder la place où je me trouve comme le fruit précieux de vos suffrages et de votre affection.

Je l'avouerai, Messieurs : je me suis fait, dès ma première jeunesse, un devoir d'aspirer à ce rang que mes pères occupent depuis tant d'années. Mais je me ferai un devoir encore plus indispensable de me former sur vos exemples et sur les leurs, d'imiter leurs vertus et les vôtres, et de recueillir tout le zèle et tout l'attachement qu'ils ont eu pour l'honneur de cette Compagnie; mérite auquel je me tiendrai plus glorieux de succéder, qu'à leur dignité même.

Je ferai tous mes efforts, Messieurs, pour me rendre digne de votre estime et de votre amitié, que je me proposerai toujours comme ma plus glorieuse récompense. Je prierai seulement le ciel d'éloigner ces jours où je dois être associé à vos travaux; ils ne sauroient arriver trop tard. Et ces vœux que la nature a mis dans mon cœur, je les ferois encore par la seule reconnoissance que je vous dois : heureux d'avoir à former les mêmes désirs pour votre satisfaction et pour mon bonheur.

(Copie. *Arch. Nicolay,* 54 L 75. — *Plumitif.*)

739.

17 Mai 1717.

LETTRE DE M. DE BAVILLE AU P.P. — AFFAIRES DE FAMILLE.

A Montpellier, 17 may 1717.

J'ai bien de la joie, Monsieur, d'apprendre que M^r votre fils est receu dans votre charge, dont il doit être bien content. Elle est une des plus belles du roiaume, et bien plus belle encore sur sa tête que sur celle d'un autre. Puisque vous voulés que je vous mande mon sentiment sur les partis qui se présentent pour le mariage, je le vais faire avec ma sincérité ordinaire. Je ne penserois point à Mlle le Peletier, puisque M^r votre fils y a de la répugnance; il faut avoir [avant] toutes choses *uxor placens*, principalement quand on peut choisir; il s'agit du bonheur de la vie.

Le mariage de Mlle votre nièce a cela de fâcheux, que vous perdés deux belles et bonnes alliances que vous pourriés faire; c'est encore une raison que la mère soit jeune et qu'elle puisse avoir des enfans, ce qui paroît très possible.

Je vous avoue que je serois fort pour Mlle Daguesseau, qui est d'une race de vertu et de probité. Vous n'avés pas besoin d'apuy et de protection; mais c'est un grand avantage pour une famille qu'une liaison aussi étroite avec un chancelier jeune et qui peut acquérir de grands biens et en répandre dans sa famille. Il est bien vray que vous ne devés pas acheter cette alliance, et que c'est à luy à la souhaiter pour le moins autant que vous; il doit donc faire un effort pour cela, et proposer une dot proportionnée au party. Ainsy, Monsieur, mon avis seroit de tenter et de voir ce que M^r le chancelier voudroit faire pour sa fille; j'aimerois mieux la prendre avec moins d'argent qu'une autre ; mais, s'il veut faire une dot raisonnable, j'aimerois mieux ce party que tout autre. Je voudrois être plus habile que je ne suis pour vous donner bon conseil ; je ne souhaite rien plus ardemment que de vous voir content sur ce point très essentiel.

DE LAMOIGNON DE BASVILLE.

(Original. — Arch. Nicolay, 32 C 130.)

740.
1er Octobre 1717.
LETTRE DU MARÉCHAL DE VILLEROY AU P.P. — AFFAIRES DE LA CHAMBRE

A Paris, le premier octobre 1717.

Monsieur, vous pouvez toujours vous adresser à moy avec confiance. Je reçois avec reconnoissance tout ce que vous me mandez, voyant avec plaisir que vous m'ouvrez vostre cœur sans aucun ménagement. Pour y répondre, Monsieur, je vous diray que l'arrest qui a esté rendu le 12 septembre, n'a point esté porté au Conseil de régence, ledit Conseil ne devant se rassembler que le 12 ou le 15 de ce mois. Je persiste toujours dans les mesmes sentiments que je vous ay témoigné : il n'y a point d'affaire importante, sur tout ce qui a rapport à vostre place, dont vous ne deviez parler à M^r le régent. Vous le trouverez toujours disposé favorablement à vous écouter, plein de justice, de bonté, et très instruit des matières dont vous aurez à l'entretenir. Ainsy, Monsieur, ne balancez point de voir M^r le régent dès que vous reviendrez, et de luy parler naturellement sur toutes les choses que vous croirez utiles pour le service du Roy. Avertissez moy de vostre retour, afin que j'aye le loisir de vous confirmer tout ce que j'ay l'honneur de vous mander. Mille respects à Madame de Nicolay. Je suis très parfaitement, etc.

VILLEROY.

(Original. — Arch. Nicolay, 35 L 12.)

741.
3 Décembre 1717.
REMONTRANCES SUR DIVERS ÉDITS.

Ce jour, la Chambre, après avoir ouï pendant plusieurs vacations le rapport de MM. le Clerc, de la Baune, Davy et le Long, conseillers maîtres, commis pour procéder ensemble à l'examen des édits du mois de juin 1717, portant règlement des fonctions des trésoriers des fortifications, maître de la Chambre aux deniers, trésoriers de l'extraordinaire des guerres, trésoriers de l'artillerie, de la marine et des galères, des troupes de la maison du Roi et de l'argenterie et menus plaisirs, créés ou réservés par l'édit du mois de décembre 1716, et ayant trouvé que, par plusieurs desdits édits, S. M. souffre des pertes très considérables, au moyen des nouvelles créations et attributions de gages, droits et taxations, et du remboursement des finances des offices supprimés, a arrêté qu'avant de procéder à l'enregistrement de ceux desdits édits sur lesquels S. M. éprouve une perte très considérable au moyen desdites nouvelles créations, réunions, attributions de gages, taxations et droits, et du remboursement des finances des offices supprimés, il sera dressé par mesdits s^{rs} les commissaires un mémoire contenant les pertes que souffre S. M. en vertu desdits édits ; lequel mémoire sera présenté par des députés de la Chambre, qui seront par elle nommés, à M^r le duc d'Orléans, régent du royaume, qui sera supplié de vouloir bien donner ses soins pour empêcher des pertes si préjudiciables aux intérêts de S. M.[1]

(Plumitif.)

---

1. Le dernier jour de l'année, la Chambre arrêta également qu'il serait sursis à l'enregistrement du règlement relatif à la trésorerie de l'artillerie, et que les commissaires le comprendraient dans leur mémoire. Le 28 mai 1718, le P.P. soumit le résultat de ce travail à la Chambre, et accepta de le présenter lui-même au régent. Il s'acquitta de sa mission le 31 mai, et rapporta à la Chambre que le régent avait accueilli très favorablement ses remontrances, autorisé la surséance, et demandé qu'on fît les mêmes observations sur les édits analogues déjà enregistrés.

742.

14 Juin-20 Juillet 1718.
REMONTRANCES SUR LA REFONTE DES MONNAIES. — RÉPONSE DU ROI.

Le parlement ayant pris l'initiative d'une réunion générale des Cours en la chambre Saint-Louis pour délibérer sur le fait des monnaies, avec l'avis des notables banquiers et négociants, la Chambre, avant de répondre à l'invitation, fit demander au régent son approbation, en lui représentant que « ces sortes d'assemblées, dans de pareilles occasions, avoient été souvent d'un grand secours pour le bien de l'État, surtout quand elles étoient autorisées des ordres du Roi. » Le régent donna audience le 17 juin, et déclara que le roi ne pouvait autoriser l'assemblée ; que d'ailleurs le parlement n'avait demandé aucune permission, et que la conduite de cette Compagnie était la seule cause qui eût empêché d'envoyer à l'enregistrement de la Chambre l'édit pour la refonte des monnaies. Cette réponse fut immédiatement transmise à la Cour, avec les protestations du zèle de Messieurs les comptes pour les intérêts communs. Quelques jours plus tard, le parlement et la Cour des aides ayant arrêté de faire des remontrances au roi, la Chambre suivit cet exemple, et elle confia la rédaction au président de Paris, qui remplaçait le P.P., au président Séguin et à six maîtres. Une députation solennelle, de quatre présidents, vingt maîtres, deux correcteurs et quatre auditeurs, porta les remontrances aux Tuileries, le 30 juin.

Le président de Paris rappela au roi combien d'opérations semblables avaient été tentées sous le règne précédent, toujours suivies de résultats désastreux et inévitables ; quelle influence ces mouvements monétaires avaient sur les fortunes privées, et comment tout l'avantage était pour les étrangers, chez qui l'or de la France émigrait aussitôt et subissait une fausse réforme. Si l'édit était fait en vue de détruire les billets d'État, il n'était pas moins essentiel de retirer de la circulation les billets reçus par les hôtels des Monnaies. D'ailleurs, la Chambre était en droit de réclamer que l'édit lui fût présenté pour enregistrement, ainsi qu'il s'était toujours pratiqué en matière monétaire. En présentant son rapport le 1er juillet, le président de Paris ajouta que « la Compagnie devoit avoir fort regretté de n'avoir pas eu en cette occasion Mr le P.P. à sa tête, qui étoit en possession de soutenir l'honneur de la Chambre avec tant de zèle et d'éloquence, et le bien public avec tant de force. »

Le 21 juillet, le roi manda les députés, et leur fit faire cette réponse par le garde des sceaux :

Quoiqu'il ne soit point en usage de recevoir les remontrances des Compagnies supérieures sur les édits qui ne leur sont pas adressés, que même la déclaration du Roy qui les leur permet avant l'enregistrement contienne des limitations justes et nécessaires, S. M. a bien voulu écouter les remontrances de sa Chambre des comptes, pour lui donner un témoignage public de la considération singulière dont elle l'honore, et lui marquer combien elle est contente de la conduite que cette Compagnie a tenue, lorsqu'invitée à une assemblée extraordinaire que le Roi n'avoit ni ordonnée ni permise, elle a pris ses ordres sur la réponse qu'elle devoit faire à cette invitation.

Quand le Roi a ordonné l'augmentation des espèces, il en a fait examiner les inconvéniens et les avantages. Le royaume se trouve quelquefois dans des dispositions qui obligent le Roi à recourir à des expédiens que la nécessité seule lui fait choisir. Le public qui doit et le public à qui il est dû ont des intérêts différens, et S. M. est également obligée de donner ses attentions aux uns et aux autres.

Le succès qu'a eu jusqu'à présent la nouvelle fabrication, malgré les obstacles qu'on a voulu y opposer, justifie la nécessité et la justice de la loi qui l'a ordonnée. Dès les premiers jours de l'exécution de l'édit, et avant l'inquiétude mal fondée qui s'est répandue, tous les porteurs de ces billets qui en ont demandé la suppression, l'ont obtenue, et, s'ils avoient consulté les précédens édits qui l'ordonnent, ils n'auroient pu douter que les billets laissés aux hôtels des Monnoies ne dussent être biffés et brûlés sans exception, comme ces édits l'ont si expressément et si généralement ordonné.

Celui dont il s'agit est devenu suffisamment public par l'enregistrement qui s'en est fait en la Cour des monnoies, à qui l'exécution en est commise, et si, pour le jugement des comptes des deniers que la nouvelle fabrication doit produire au Roi, il est nécessaire qu'il en soit remis une expédition en sa Chambre des comptes, S. M. pourvoira dans son temps, ainsi qu'il s'est pratiqué en pareilles occasions.

(Plumitif.)

743.

30 Juillet 1720.
CONDOLÉANCES SUR LA TRANSLATION DU PARLEMENT.

Ce jour, la Chambre, sur l'avis qu'elle a eu de la translation du parlement à Pontoise, a chargé Me François Noblet, greffier en chef, d'aller, de la part de la Compagnie, au parlement, lui marquer la douleur que la Chambre ressentoit de l'éloignement de ladite Cour, et qu'elle y prenoit toute la part possible ; et, à cet effet, que le s^r Noblet se transporteroit aujourd'hui en la ville de Pontoise.

(*Plumitif.*)

744.

2 Août 1721.
MALADIE DU ROI.

Ce jour, M^r le P.P. a dit à la Compagnie que personne n'ignoroit la maladie dont le Roi venoit d'être attaqué ; que cet accident alarmoit avec juste raison tout le monde ; que quoique, par les registres de la Chambre, il ne parût pas que, dans une pareille conjoncture, la Chambre eût envoyé en savoir des nouvelles, peut-être parce que cette démarche ne paroissoit point assez respectueuse, que cependant, dans cette occasion, le zèle et l'intérêt public pouvoient prévaloir, d'autant plus qu'il venoit d'apprendre que le parlement venoit d'y envoyer les Gens du Roi, et qu'il croyoit que la Chambre pouvoit s'y conformer. La matière mise en délibération, la Chambre a arrêté que les Gens du Roi se transporteront présentement au palais des Tuileries, pour s'y informer de l'état de la santé de la personne de S. M., et, à cet effet, de parler au s^r maréchal de Villeroy, son gouverneur.

Et à l'instant, les Gens du Roi mandés au bureau et venus, M^r le P.P. leur a fait part de ladite délibération, à ce qu'ils aient à l'exécuter de leur part ; à quoi ils ont promis de satisfaire.

Et peu après, M^r le P.P., étant sorti du bureau et dans l'instant même rentré, ayant pris place, a dit que le s^r maréchal de Villeroy venoit présentement de lui envoyer une personne lui dire que S. M. avoit été saignée du pied cette nuit, et qu'il s'en étoit trouvé considérablement soulagé ; que cependant il avoit toujours de la fièvre.

Sur les dix heures du matin, les Gens du Roi de retour, venus au bureau, ont, par la bouche de Me Jean de Massol, avocat général, dit qu'ils venoient du palais des Tuileries ; qu'ayant passé par l'appartement du s^r maréchal de Villeroy, ils avoient été introduits dans une galerie joignant l'appartement de S. M., où ils avoient trouvé ledit s^r maréchal de Villeroy ; auquel ayant dit que la Chambre, justement alarmée de la maladie de S. M., les envoyoit s'informer de l'état présent de sa santé, ledit s^r maréchal de Villeroy leur auroit répondu que S. M. se portoit considérablement mieux, et étoit aussi bien que l'on pouvoit espérer dans un pareil accident ; que cependant, comme la fièvre ne l'avoit point encore quitté, lui, s^r maréchal de Villeroy, étoit toujours dans une inquiétude mortelle. A quoi les Gens du Roi ont ajouté qu'ils ne pouvoient cacher à la Chambre que ledit s^r maréchal leur avoit paru extrêmement affligé, ainsi que plusieurs personnes de distinction qui étoient dans les appartemens du roi.

> Le 5 août, la Chambre fit chanter un *Te Deum* à la Sainte-Chapelle, avant celui de Notre-Dame. Le 7, le P.P. fit nommer une députation solennelle pour complimenter le roi ; mais, les gens du parquet étant allés demander un jour à Mr de Villeroy et au régent, on les pria d'attendre encore quelque temps, et on les présenta au jeune prince, qui était près d'une table, examinant des plans.
> L'audience n'eut lieu que le 18 août, et le P.P. en rendit compte le surlendemain.

Mondit s^r le P.P., s'étant avancé, à la tête de MM. les députés, devant S. M., après avoir salué respectueusement le Roi, prononça le discours duquel il a fait récit à la Compagnie, et lui marqua la joie que la Compagnie ressentoit de son heureuse convalescence. Lequel discours fini, le Roi y répondit en ces termes : « Monsieur, je suis fort content de ma Chambre des comptes, et de vous en particulier, pour l'attachement que vous avez toujours fait paroître pour ma personne et le bien de mon service. » . . . . .

Auquel récit Mr le P.P. a ajouté que les marques d'estime personnelle que S. M. lui avoit témoignée, devoient s'interpréter en faveur de la Chambre, avec laquelle il se faisoit gloire de concourir et de marquer son zèle et son attachement pour la personne de S. M. et pour le bien de son service.

Lequel récit fini, Mr le président du Metz, au nom de la Chambre, a remercié Mr le P.P. de la peine qu'il a bien voulu prendre en cette occasion, et lui a témoigné la joie que la Compagnie ressentoit des marques d'estime et de satisfaction que S. M. lui avoit données personnellement.

(Plumitif.)

745.
29 Avril 1722.
COMPLIMENT DU P.P. A M. DODUN, CONTROLEUR GÉNÉRAL.

Monsieur, la Chambre vous voit avec joie remplir une place que donne la première confiance du Prince. Nous avons tout lieu d'espérer, Monsieur, que vous l'employerez à luy inspirer les maximes de cette auguste Cour dans le sein de laquelle vous avez été élevé. La conjoncture le demande.

Aussi, Monsieur, y avez vous des-jà travaillé avec quelque succès. Vous voudrez bien continuer, et tâcher d'obtenir de sa bonté ce que l'indigence des peuples exige en quelque manière.

(Minute autographe. — Arch. Nicolay, 54 L 78.)

746.
Mai 1722.
PROJET DE REMONTRANCES SUR LE RÉTABLISSEMENT DE DIVERS DROITS.

Le 11 mai, le P.P. ayant fait assembler les semestres pour délibérer sur les nouveaux droits domaniaux dont la perception venait de recommencer dans les greffes en vertu d'arrêts du Conseil, malgré les édits de suppression dûment enregistrés, il représenta que ces façons d'agir étaient contre toutes les règles et les lois fondamentales du royaume, « qui n'admettent point d'imposition ou établissement de droits sur les peuples qu'en vertu d'édits, déclarations ou lettres patentes bien et dûment registrés dans les Compagnies; » que le parlement, justement alarmé, avait arrêté de faire des remontrances, et qu'il convenait d'imiter cet exemple, pour arrêter le cours d'un recouvrement irrégulier. Sur quoi, la Chambre ayant appris qu'il venait d'être défendu au parlement de s'assembler à ce sujet, même par députés, on remit la délibération à la semaine suivante, et le P.P. recommanda à chacun de s'informer d'ici-là de la nature des droits et du recouvrement.

A la séance du 18, comme il avait été envoyé au parlement une déclaration portant rétablissement desdits droits, et que le parlement avait persisté dans son intention de faire des remontrances, tant de vive voix que par écrit, le P.P. fit observer que la perception n'avait pas cessé, encore que la déclaration ne fût enregistrée nulle part, et qu'il y avait donc lieu de maintenir le projet de remontrances, à moins que la Chambre ne préférât attendre l'envoi de la déclaration. La Chambre ne voulut pas différer, et fit demander audience au roi.

Le garde des sceaux répondit, de la part du régent, que la démarche était, tout au moins, prématurée, et la Chambre consentit à suspendre les remontrances. (Séance du 19 mai.)

Le P.P. avait préparé à cette occasion les remontrances qui suivent :

Sire, le ciel vous a fait naître pour défendre vos peuples contre leurs ennemis pendant la guerre, et pour les gouverner avec douceur et avec justice pendant la paix. Vous estes élevé, Sire, dans ces principes, et la nature les a gravés au fond de vostre cœur; c'est ce qui nous donne aujourd'huy la hardiesse de recourir à vos bontés et de vous exposer nos misères.

Il y a trois ans environ que, pour le malheur de la France, un étranger venu en ce païs fascina les yeux les plus éclairez; il augmenta le désir que la pluspart des hommes ont d'acquérir et d'avoir, par le nouveau goust qu'il inspira pour le luxe et par la facilité qu'il donna pour y fournir. Mais cette facilité se fit aux dépens des biens réels de V. M. et de ceux des particuliers; il ne donna en échange que des biens imaginaires. La fin de cette œuvre a été un dérangement extrême dans vos affaires et la ruine de la meilleure partie de vos sujets. Plusieurs au désespoir ont avancé leurs jours; le besoin et les chagrins les ont abrégez insensiblement aux autres [1].

Cependant, pour obliger vos peuples à porter plus patiemment la perte de leurs biens et de leur fortune, on avoit supprimé plusieurs droits sur les denrées nécessaires à la vie.

Aujourd'huy, Sire, que la ruine subsiste plus grande que jamais, on les rétablit par des arrêts du Conseil. Je ne diré point à V. M. combien cette forme d'imposer en vertu d'arrest du Conseil est contraire aux constitutions de l'État et aux ordonnances des Roys, et que ces ordonnances défendent mesme de lever les droits les plus légitimement établis qu'en vertu de lettres patentes vérifiées à la Chambre. Je vous représenteré seulement que les ennemis ne sont point à nos portes, que nous sommes en temps de paix, que V. M. jouit de cent cinquante millions de revenu ou environ, que ces nouvelles impositions faisont un tort infini aux revenus de vos fermes, et que V. M. perdra par leur diminution ce qu'elle pourra gagner par les nouvelles impositions, surtout si Paris est privé de vostre présence pour un temps considérable.

Ainsi, ces charges, intolérables à vos sujets, seront sans bénéfice pour V. M.

Je vous représenteré encor, Sire, que le prix excessif de l'argent tient les marchandises et toutes choses au double et au triple de leur valeur ordinaire : on ne peut se vêtir, on ne peut vivre qu'avec peine, on ne peut établir des enfans ; que sera-ce donc, si ces nouvelles impositions ont lieu, et que deviendront vos sujets, que deviendra l'État en temps de guerre, si, avec cent cinquante millions de revenu, on ne peut fournir aux dépenses pendant la paix ?

Si les remontrances de vos Cours que le seul devoir les obligea de faire lors de l'augmentation du prix des monnoies, eussent été écoutées, j'ose dire à V. M. que ce royaume seroit dans une situation plus heureuse.

Nous ne prétendons point, Sire, obtenir la décharge de ces impositions par la force de nos raisons; nous attendons cette grâce de la seule bonté de V. M., de son amour pour ses peuples, de la considération qu'elle voudra bien avoir pour leur impuissance. Le ciel écoute tous les jours les prières des hommes et se montre favorable à leurs demandes, il veut mesme estre prié. Je priré donc V. M. d'avoir pitié de ses peuples ; je la conjureré, par le serment qu'elle va prêter à son sacre, enfin par l'amour que ces peuples portent à vostre personne, de les soulager et de leur faire trouver sous vostre autorité et sous vostre règne la douceur et les bontez qu'ils en ont toujours espérez [2].

Vous écouterez, Sire, les gémissemens d'un peuple qui vous aime d'un amour si respectueux et si tendre ; l'idée même de vostre absence pendant quelques mois nous cause l'affliction la plus sensible ; nous nous sommes fait une douce habitude de vous contempler, et de voir croître sous nos yeux les vertus qui vont faire le bonheur de cet État.

(Minutes autographes. — *Arch. Nicolay*, §§ L 27 et 28, 41 à 43, 47 et 48.)

1. Ce paragraphe fut corrigé et l'allusion atténuée.
2. On voit par un fragment de lettre joint au projet primitif de ces remontrances (n° 28) et portant l'adresse de Mr des Haguais, conseiller d'honneur à la Cour des aides, que la première partie du dernier paragraphe fut ajoutée « parce que Mr le régent croit toujours qu'on veut disputer et l'emporter d'autorité sur luy, et qu'on ne luy dit autre chose sinon qu'il ne doit pas céder au parlement. »

---

747. 26 Août 1722.
LETTRE DU GARDE DES SCEAUX AU P.P. — PROMOTION DU CARDINAL DUBOIS.

A Versailles, le 26 aoust 1722.

Monsieur, Monseigneur le duc d'Orléans m'a ordonné de vous faire part du choix que le Roy vient de faire de la personne de Mr le cardinal Dubois pour le servir en qualité de son principal ministre. S. A. R. désire que vous en donniez part à vostre Compagnie, et je ne doute point qu'un choix si judicieux n'y trouve la mesme approbation qu'il a trouvée icy. Je suis, etc.

D'ARMENONVILLE.

(Original. — Arch. Nicolay, 72 L 51.)

748. *(Septembre 1722.)*
LETTRE DE M. DE BAVILLE AU P.P. — RETRAITE DE M. DE FRÉJUS.

Le voiage, Monsieur, que Mr de Fréjus a fait icy, a beaucoub fait parler. En prenant quelques précautions, il auroit fait moins de bruit. Il est très vray que le prélat, très fort fatigué de corps et d'esprit, avoit besoin de prendre quelque repos et d'un amy auprès de qui il pût se soulager. Il n'en a pas jouy longtemps; on l'a fait revenir avec empressement. Je n'aurois jamais cru voir tant de couriers dans mon hermitage. Vous pouvez bien juger que je n'ay pas balancé de conseiller, même de presser un prompt retour; il y avoit pour ce party une raison suppérieure à touttes les autres : ce qu'on doit au Roy et au public et à la mémoire du feu Roy. Mr de Fréjus l'a bien senty, et n'a pas balancé à suivre ses premiers devoirs. Je remets à vous entretenir quelque jour plus au long sur ce sujet.

Vous verrés ce que j'écris à Mme de Nicolai sur Mr de Rosmadec.

Le procureur du Roy du bureau des finances de Tours a fait saisir la terre de Montrevaux, faute d'avoir rendu la foy et hommage; en quoy il n'a pas de tort, mais ma longue absence m'a empêché de la rendre. Feu M^r l'évêque de Toulon l'avoit rendue. La question est de sçavoir si je pourrois avoir une surcéance jusqu'à l'hyver prochain, que je satisferay à ce que je dois.

Mme de Basville me charge de vous remercier de l'honneur de vostre souvenir.

DE LAMOIGNON DE BASVILLE.

(Orig. autographe. — Arch. Nicolay, 37 L 19.)

749. *17 Septembre 1722.*
LETTRE DU CARDINAL DUBOIS AU P.P. — RÉVOCATION DES SURVIVANCES.

A Versailles, le 17 septembre 1722.

Je suis très mortifié, Monsieur, de n'avoir receu qu'avant-hier la lettre que vous m'avés fait l'honneur de m'écrire, et j'ai déjà donné ordre de corriger l'abus qui peut avoir causé ce retardement. J'ai fait une attention particulière aux réflexions que vous m'avés communiquées, touchant l'édit qui révoque la survivance attribuée aux offices et qui accorde pour neuf années le bénéfice de l'annuel à ceux qui voudront en profiter. Mais il ne me paroît pas qu'il y ait rien dans cet édit qui puisse fonder les difficultés que vostre Compagnie fait sur l'enregistrement. La révocation de la survivance accordée aux offices dépend entièrement de la volonté du Roy; il y en a une infinité d'exemples dans les deux derniers règnes, et, comme les offices sont casuels de leur nature, on a toujours regardé la révocation de l'hérédité ou de la survivance comme une disposition qui remettoit les choses dans le droit commun. Les Compagnies mesme ont toujours paru dans ces principes; elles ont souvent fait des représentations contre l'hérédité accordée à des offices, qui ostoit au Roy la faculté d'en disposer librement et de pouvoir récompenser la capacité et la vertu, et je ne puis pas présumer que les Compagnies pensent différemment sur cet article de ce qu'elles ont pensé autrefois.

A l'égard de l'establissement de l'annuel, il ne peut estre regardé comme une imposition, puisqu'il est de pure faculté, qu'il a esté regardé comme une grâce accordée aux officiers, qui, moyennant le payement de ce droit, jouissent de la dispense des 40 jours, et qui peuvent n'en pas user, si ils veulent posséder leurs offices aux mesmes conditions qui estoient establies avant le premier establissement de l'annuel.

La forme en laquelle on liquide leur finance, ne pourra estre regardée comme une loy bien dure, quand on fera réflexion que ces sortes de finances ont toujours esté envisagées comme une taxe sèche, dont, suivant les règles establies, il ne devoit estre accordé ni liquidation ni remboursement; et il n'y a nulle nécessité aux officiers de venir à Paris pour cette liquidation, qui se peut faire en leur absence, comme toutes celles qui se sont faites, tant depuis quelques années, que sous le règne précédent. Ils seroient bien plustost obligés d'y venir, si on leur demandoit un supplément de finance, tel que vous le proposés, pour la confirmation du droit de survivance. Ce supplément seroit d'ailleurs bien plus onéreux à payer, puisque la somme en seroit plus forte; il produiroit un secours plus considérable pour le moment présent, mais plus ruineux pour les officiers, et auroit tout le désavantage des secours passagers qui, ne fournissant qu'à la dépense d'une année, laissent toujours subsister les mesmes besoins dans les finances, pendant que l'imposition reste éternellement sur les peuples. Et comme l'intention de M^r le régent est d'establir les finances de l'Estat sur des principes plus certains et de ne point faire d'affaires extraordinaires, mais de songer uniquement à ce qui peut produire des revenus annuels qui puissent mettre le Roy en estat de payer exactement les arrérages des dettes et les autres charges de l'Estat, il a paru plus convenable de restablir un droit qui a eu lieu depuis si longtems, que d'avoir recours à de nouvelles impositions. Je say que l'estat des officiers de magistrature est triste; mais il le seroit infiniment davantage, si le Roy n'estoit pas en estat de payer régulièrement leurs gages et les arrérages des dettes; et, si tout le corps de l'Estat a un intérest bien sensible à voir restablir l'ordre dans les finances, ceux dont tout le bien est sur le Roy y en ont encore plus que les autres. Je voudrois que la situation présente des finances fût telle, que nous pussions nous passer d'aucun secours; mais le public est trop informé de l'estat des affaires pour ne pas sentir la nécessité de ce que l'on est obligé de faire aujourd'hui; et, si quelques unes de ces opérations lui paroissent dures quant à présent, il en sentira dans la suite tous les avantages, quand le restablissement des finances, auquel on ne peut parvenir que par cette voye, nous aura mis en situation de procurer des remboursemens successifs des dettes et d'accorder aux peuples des diminutions sur les impositions et sur les droits, après nous estre mis en estat de le faire par la diminution des charges de l'Estat. Je say, Monsieur, que vous avés cru que la manière dont votre Compagnie s'est expliquée sur l'enregistrement de l'édit, seroit plus agréable à S. A. R. que des remontrances. Mais je suis persuadé que les réflexions que vous y aurés faites dans la suite vous auront fait juger des inconvéniens de cette nouveauté; et j'attends du zèle et de la capacité avec lesquels vous servés le Roy avec tant de distinction depuis si longtems, à la teste d'une Compagnie si considérable, que vous nous seconderés dans nos bonnes intentions. Et je vous prie, Monsieur, d'estre persuadé de mon zèle pour le bien public et de mon parfait attachement pour vous.

Le card. Dubois.

(Original. — Arch. Nicolay, 37 L 78.)

---

750.   13 Août-9 Novembre 1723.
VIOLATION DU DOMICILE D'UN MAITRE DES COMPTES.

Plusieurs archers ayant pénétré dans la maison de Mr Thibert, conseiller maître, sous le prétexte de chercher des toiles peintes et des espèces décriées, et le procureur général en ayant fait son rapport à la Chambre, le P.P. fut chargé de demander au régent réparation de cette insulte. Le prince répondit qu'il ferait justice, que l'affaire était renvoyée par-devant M^r d'Argenson, lieutenant général de police, et qu'on avait déjà emprisonné deux des coupables. La commission chargée du jugement prononça contre le nommé Hébert un bannissement de trois ans; ses complices furent blâmés, mis à l'amende et déclarés incapables d'exercer aucune charge.

(Plumitif.)

751.   8 et 22 Novembre 1723.
LETTRES DU PRÉSIDENT DE PARIS AU P.P. — AFFAIRES DE LA CHAMBRE.

A la Brosse, ce 8mo novembre 1723.

. . . . Le retour de Mr de Noailles me paroît anoncer quelque changement ; il faut en attendre le succès avec patience. J'ay peine à croire que le public en soit mieux.

La présentation du compte du Trésor roïal de 1709 est venue fort vite. Seroit il possible qu'on voulût établir la règle dans les finances ? Cela est difficil à croire. Celuy de la Banque sera un opéra où toutes les machines auront bien de la peine à s'accorder ; mais de la patience, avec de la douceur et de la fermeté, feront aller les ressorts. La décision de l'afaire de Mr Thibert sera lente, à ce que je crois, et celle du clergé n'ira jamais bien : la première est celle de ceux qui gouvernent, et la seconde une injustice criante, dont le clergé, soutenu, ne se départira pas.

La petite verrole est inconneue dans nos provinces, où, malgré la chaleur qu'il y fait dans cette saison, il ne se trouve point de maladie ; mais tout y est hors de raison, et l'argent est très rare, et les impositions très fortes ; celle de faire prendre du sel achève de ruiner les paysans. Continués moy, Monsieur, l'honneur de vos bontés, et soiés persuadé, je vous suplie, de tout mon attachement et de mon respect. Je suis, Monsieur et Madame, etc.

DE PARIS LA BROSSE.

A la Brosse, ce 22 novembre 1723.

. . . . Je ne suis pas étonné que les lettres pour le jugement du compte de la Banque soient registrées : cinquante mil écus d'espices parlent si fort en leur faveur, que je pense, Monsieur, que, malgré toute l'authorité que vous avés, vous ne trouvoirés point de voix qui soit contraire à ce que la cour désire ; ceux qui sont mal dans leurs affaires souhaittent de quoy subsister, et les avaritieux ont une convoitise affreuse. Il faut désirer que ce compte, revêtu de ses formes, ne nous attire pas quelques projets fascheux.

M^r le duc de Noailles aura de la peine à se remettre bien avec M^r le duc d'Orléans ; ils se connoissent trop tous deux. Je ne suis pas persuadé que la dévotion y mette des obstacles fort grands ; on sçait, avec de l'esprit, tout accomoder. Mais il est difficil que le bien public puisse s'aranger avec ce qui se passe ; les impositions du sel chargent icy le peuple, et bientost il tombera dans sa première pauvreté, et les terres, qui sont le seul bien qu'on connoisse, retomberont. Dieu veille nous éviter les maux qu'il semble que tout le monde prévoit ! Je pense que M^r d'Argenson aura esté plus content du compliment qu'il aura receu de vostre part, Monsieur, que si la Chambre avoit fait ce pas. J'ay tousjours peur que l'enregistrement de la Banque ne soit le prix de la place de premier président, et que le sistème ne continue à se poursuivre. Il me semble que tout le monde en parle, et qu'on le craint infiniment. Je tâcheray pourtant à avancer mon retour, puisque je vous sçay à Paris, Monsieur, car je ne peus estre si longtemps sans avoir l'honneur de vous voir et vous assurer du respect avec lequel je suis, etc.

DE PARIS LA BROSSE.

(Orig. autographes. — Arch. Nicolay, 32 C 141 et 142.)

752.   3 Janvier 1724.
LETTRE DU CONTROLEUR GÉNÉRAL AU P.P. — ÉCHANGE DE BELLE-ISLE.

A Versailles, ce 3 janvier 1724.

Monsieur, je sors de Trianon, où S. A. S. Mgr le Duc m'a fait l'honneur de me dire qu'il vous avoit veu hier et vous avoit fort recommandé de faire faire mardy à la Chambre le rapport du référé de M^{rs} les commissaires nommés pour l'échange de la terre de Belle-Isle, et il m'a chargé de vous écrire, pour vous marquer plus précisément ses intentions. Il compte que M.r le procureur général remettra dans la journée à Mr le rapporteur les pièces que vous avés demandées, pour faire droit sur ses conclusions, quoyque, dans le fonds, il ne paroisse pas à S. A. S. qu'il soit besoin de rapporter des copies de pièces bien authentiques et d'observer beaucoup de formalités pour statuer sur un réquisitoire du procureur général du Roy qui ne tend qu'à informer Sa Majesté de l'état présent de l'affaire et à luy demander une ampliation de pouvoir. S'il estoit question, quant à présent, ou de dépouiller Mr de Belle-Isle de la jouissance des terres dont il est en possession, ou d'en retirer par provision une partie, vous auriés raison de demander des pièces en bonne forme pour fonder la décision des juges, et vous pourriés même avec justice exiger que l'affaire fût communiquée à Mr de Belle-Isle, pour y faire sa réponce; mais tout cela seroit prématuré quant à présent, où il n'est point question de statuer sur l'affaire, mais seulement de demander un pouvoir suffisant pour estre en état d'y statuer par la suite en connoissance de cause. Je compte que, quand vous voudrés bien y faire vos réflexions, vous trouverés que ce que je vous propose de la part de S. A. S. est totalement conforme aux règles, et que le party contraire ne feroit que vous jeter dans des longueurs et des embarras, sans aucune apparence de nécessité. Je vous prie d'y vouloir bien faire toutes les attentions que la chose le mérite; vous avés moins besoin d'y estre exhorté que personne, par le zèle que vous avés témoigné dans les occasions pour ce qui intéresse le service du Roy. Je suis, etc.

DODUN.

(Original. — *Arch. Nicolay*, 72 L 188.)

Le jour suivant, la Chambre, sur le réquisitoire du procureur général, prit cet arrêté : « . . . . La Chambre a ordonné et arrêté que le procureur général du Roi se retirera par-devers S. M., pour lui représenter la lésion évidente qu'elle souffre par l'échange de ses domaines contre la terre de Belle-Isle : supplie très humblement S. M. de résilier ledit contrat d'échange et de rentrer dans la possession et jouissance de ses domaines, et le sr de Belle-Isle respectivement en la possession et jouissance de la terre de Belle-Isle; et que, par-devant tels commissaires qu'il plaira à S. M. de nommer, il soit compté des revenus et jouissance des domaines cédés par S. M. et de ceux de la terre de Belle-Isle, à compter du jour que les fermiers du domaine du Roi ont été mis en jouissance de la terre de Belle-Isle, et le sr de Belle-Isle en jouissance des domaines cédés par S. M. en échange; ensemble, des impenses, améliorations et détériorations qui peuvent avoir été faites respectivement sur lesdits domaines et terres; pour, sur le tout, y être par S. M. fait droit ainsi qu'il appartiendra. » (*Plumitif.*)

753.
10 Janvier 1724.
LETTRE DU MARÉCHAL DE VILLEROY AU P.P. — ÉCHANGE DE BELLE-ISLE.

A Lyon, le 10me janvier 1724.

Je me réjouis de tout mon cœur, Monsieur, de la nouvelle que je viens d'apprendre, que Messieurs de la Chambre des comptes sont assez gens de bien pour demander la liberté au Roy d'examiner l'échange de Mr de Belle-Isle. Je vous en ay ouy parler quelques fois avec les sentiments d'un bon, digne et vertueux premier président de la Chambre des comptes. Je suis, etc.

On me mande aussy que vous voulez trouver mauvais les guains immenses que Mr de Belle-Isle a faits dans la caisse de Mr de la Jonchère. Dieu veuille soutenir et protéger vostre mauvaise humeur!

VILLEROY.

(Original. — *Arch. Nicolay*, 35 L 29.)

754.
13 Janvier 1724.
LETTRE DU CONTROLEUR GÉNÉRAL AU P.P. — FAUX BRUITS.

A Paris, le 13 janvier 1724.

Monsieur, je puis vous assurer qu'il n'y a rien de plus mal fondé que les bruits que vous me marquez qui se répandent dans le public, que l'on a dessein de mettre du papier dans le commerce; il n'y a rien de plus opposé aux vues et aux intérests du gouvernement. S. A. S. Mgr le Duc a trop fait voir quels étoient ses sentimens à cet égard, dans un tems où il ne pouvoit pas prévoir les événemens qui sont arrivez, pour que le public en puisse douter.

A mon égard, Monsieur, je ne présume pas non plus que le public, avec qui j'ay pareillement fait mes preuves sur cet article, puisse me soupçonner de penser différemment de ce que je pensois sur une chose sur laquelle je n'ay jamais varié, même dans le tems de la prospérité pompeuse du Sistème. Je fus le premier qui m'opposay à l'établissement de la Banque de Law, en octobre 1715 ; cette même opposition aux opérations de l'année 1720 me fit priver de la place que j'avois dans le Conseil, au mois de juillet de la même année, et cette même opposition m'empescha d'entrer en place, lorsque je fus rappelé au mois d'octobre 1720 ; et tout ce que j'ay fait et proposé, depuis que le Roy m'a bien voulu confier la place que je remplis aujourd'huy, a toujours tendu à empescher ce malheur dans l'État. Si je me suis même porté à augmenter les revenus du Roy par des voyes qui ont quelques fois paru un peu dures, quoyque ce fussent les seules qu'il fust possible de pratiquer pour parvenir à cet objet, mon principal point de vue en cette occasion a toujours été d'exclure par là toutes les propositions de sistèmes nouveaux, en faisant voir, par l'état où étoient les finances, qu'il étoit possible de parvenir à payer exactement les charges de l'État et de fournir à toutes les dépenses, sans avoir recours à des sistèmes imaginaires, qui, pour une opulence momentanée, causent toujours une ruine certaine. L'expérience de ce qui s'étoit passé en 1718 m'avoit tellement instruit que le mauvais état des finances, la dizette d'argent et l'impossibilité de fournir aux dépenses avoient été les plus fortes armes dont on s'étoit servy pour déterminer au Sistème dudit Law, que j'avois voulu prévenir par une route toute opposée les moyens dont on pourroit se servir pour nous attaquer encore sur ce point. A présent que nos finances sont dans la meilleure situation qu'elles ayent été depuis plus de 40 ans, que nos revenus suffisent à nos dépenses, et que le grand ordre qui est apporté dans la distribution des fonds nous est un gage certain que cet heureux état des finances ne souffrira point d'altération, vous jugez bien que je ne changeray pas de sentiment dans de pareilles circonstances, et je me flatte de n'en estre pas soupçonné dans le public. Je suis même dans une surprise extrême qu'il puisse se répandre de pareils bruits, ou que, s'il y a des gens assez méchants pour les répandre, le public puisse prendre quelque doute à ce sujet. S. A. S., à qui j'ay communiqué votre lettre, fera punir sévèrement les auteurs de pareils bruits, si on peut les découvrir, et vous pouvez estre certain, Monsieur, que, sous quelque forme et avec quelque adoucissement que de pareilles propositions puissent estre faites, elles ne seront jamais écoutées de sa part, et que l'on est même tellement persuadé de ses sentimens à cet égard, que je ne crois pas qu'il y ait personne d'assez hardy pour se risquer à entamer auprès de luy une proposition de cette nature.

Je vous suis infiniment obligé de la façon dont vous avez bien voulu ouvrir votre cœur avec moy en cette occasion ; je la regarde comme un effet de votre amour pour le bien public, et, ce qui est encore plus flatteur pour moy, comme une marque de l'amitié dont vous voulez bien m'honorer, et que je mérite plus que personne, par les sentimens avec lesquels je suis, etc.

DODUN.

(Original. — Arch. Nicolay, 43 L 32.)

755. 6 et 9 Février 1724.
LETTRES DU CONTROLEUR GÉNÉRAL ET DE M. DE FRÉJUS AU P.P. — ÉCHANGE DE BELLE ISLE.

A Versailles, ce 6 février 1724.

Monsieur, M^{rs} les présidents de la Chambre des comptes auroient eu tort de croire que l'on ne voulust point les appeler à la commission pour l'évaluation de la terre de Belle-Isle, parce qu'il n'y en a eu aucuns d'eux de nommés dans les lettres patentes du 12 janvier dernier, qui nomment deux commissaires pour cette évaluation. Ces lettres patentes ne sont point une commission nouvelle : ce n'est qu'une subrogation de deux nouveaux commissaires au lieu de deux des anciens, dont l'un s'est récusé volontairement, et l'autre est décédé; ainsy, elles n'ont eu d'autre effet que de remplir le nombre des commissaires réglé par les premières lettres, et, comme, dans ce nombre des commissaires, il se trouvoit deux présidents, vous, Monsieur, et Monsr le président Gilbert, on ne peut point dire que la commission ayt esté jamais sans présidents, puisque, jusqu'à ce que ceux qui en sont se soient précisément expliqués qu'ils ne sont plus dans le dessein d'y assister, ils sont toujours censez en estre et faire nombre dans ladite commission. Mais comme j'ay apris par vos dernières lettres que M^r le président Gilbert vouloit effectivement se retirer et que vos affaires ne vous permettoient pas de pouvoir y assister exactement, j'en ay rendu compte à S. A. S., qui m'a chargé de vous faire expédier des lettres patentes pour nommer M^r le président Paris et M^r le président Nigot de St-Sauveur, pour répondre au désir que vous aviés qu'il en fust nommé deux. Ces lettres patentes sont expédiées il y a quelques jours, et vous devés les recevoir aujourd'huy ou demain, par la voye ordinaire de M^r le procureur général. Ainsy, Monsieur, il est inutile de rien changer aux premières lettres patentes du 12 janvier dernier, qui sont déjà envoyées à la Chambre depuis plus de quinze jours, et il me paroist plus décent et plus conforme aux règles de laisser subsister les unes et les autres ainsy qu'elles sont expédiées. J'ay l'honneur de vous renvoyer à cet effet ces lettres patentes, et vous pourrés, si vous le jugés à propos, en les faisant enregistrer à la Chambre, informer M^{rs} les présidents des secondes lettres patentes. [Elles] vous seront mises, au plus tard, d'icy à deux jours; vous pourrés, si vous le jugés plus convenable, les faire enregistrer en même temps. Je suis, etc.

DODUN.

A Versailles, le 9 février 1724.

Si j'ay différé, Monsieur, de répondre à la lettre que vous m'avez fait l'honneur de m'écrire, ce n'a esté que pour m'informer plus exactement des motifs qui vous avoient attiré le tort que vous prétendés vous avoir esté fait dans la nomination des commissaires pour l'affaire de Belle-Isle. J'en parlay d'abord à Monsr le Duc, qui ordonna à M^r le procureur général de la Chambre de venir m'expliquer cette affaire ; et, n'ayant pas eu le temps d'entrer avec luy dans cette discussion, il m'a envoyé l'arrêt de 1711 et d'autres papiers, pour justifier ce qui a esté fait. Je m'en suis informé d'ailleurs à des personnes de finance, qui m'ont dit à peu près la même chose. Je reparlay avant hier à Monsr le Duc, qui m'assura n'avoir eu aucune intention de vous faire de la peine, et qu'il n'avoit fait que suivre ce qu'on luy avoit dit avoir esté pratiqué en pareille occasion. Je lui lus les quatre copies de lettres que vous m'avez fait l'honneur de m'envoyer, et je les lui laissay même, parce qu'il me parut disposé à user avec vous des mêmes honnêtetés dont les autres ministres en avoient usé avec vous. Je croy, Monsieur, que cette affaire demanderoit que vous vinssiez la traiter icy vous même avec Monsr le Duc et avec M^r le controlleur général. Je me flatte que vous me rendez justice sur mon zèle pour tout ce qui vous regarde, et sur le respectueux attachement avec lequel je suis, etc.

† A. H., anc. év. de Fréjus.

(Originaux. — *Arch. Nicolay*, 72 L 191 et 195.)

756.
18 Mars 1724.
LETTRE DU DUC DE BOURBON AU P.P. — FAUX BRUITS.

A Versailles, le 18 mars 1724.

Monsieur, il m'est revenu que trois payeurs des rentes ont été chez vous et vous ont dit qu'on les avoit assurez que les rentes de l'hôtel de ville alloient être supprimées et remboursées par la Compagnie des Indes. Comme ce ne peut être que des gens mal intentionnez qui tiennent ces sortes de discours, et qu'il est important d'en pénétrer la source, d'abord ma lettre reçue, ne manquez pas de mander les trois payeurs des rentes, pour sçavoir d'eux de qui ils ont appris les discours qu'ils disent leur avoir été tenus, et remonter par là jusqu'à l'auteur. Et si ils ne sçavent pas vous dire de qui ils les ont appris, il faut me le mander, devant être, en ce cas là, regardez eux mêmes comme les inventeurs de ces bruits, qui méritent d'être punis sévèrement, surtout aprez que j'ay fait connoître que l'intention du Roy n'étoit pas d'introduire aucune sorte de nouveau papier. Et on doit être certain que la Compagnie des Indes n'a, ny n'aura aucune relation avec les affaires du Roy. Je suis,

Monsieur,

Votre très affectionné à vous faire service.

L. H. DE BOURBON.

(Original. — *Arch. Nicolay*, 31 L 12.)

---

757.   14 Juillet 1724.

LETTRE DE M. DE FRÉJUS AU P.P. — REMISES DES RECEVEURS GÉNÉRAUX.

A Chantilly, le 14 juillet 1724.

Dès que j'eus reçu, Monsieur, la lettre dont vous m'avez honoré du 1er de ce mois, je parlay à M^r le Duc de ce qu'elle contient, et il me pria d'en conférer avec M^r le controlleur général; ce que je fis il y a quelques jours, et voicy le précis de notre conférence.

Il me dit que, quand on supprima les résultats, en 1716, on ne laissa pas de conserver les taxations, parcequ'il n'y a point de comptable qui n'en ait, et que vous ne représentâtes rien en ce temps là. Du depuis, dans les comptes que les receveurs généraux ont rendus à la Chambre, on leur a fait tous les ans des incidens nouveaux sur ces 9 deniers pour livre. On a donc esté obligé de leur donner des lettres, dont Monsr d'Ormesson est convenu même auparavant avec vous. L'arrêt que vous avez donné est formellement opposé aux choses dont vous estiez demeuré d'accord, et ces nouvelles difficultés ont si fort dégoûté les receveurs généraux, que douze des principaux ont demandé permission de vendre. Quand ils faisoient des deniers bons et des avances, le Roy leur en payoit l'intérêt au denier 10, et, leurs gages étant fort modiques, il a fallu leur continuer les 9 deniers pour livre, pour les frais des commis, des voitures d'argent et autres dépenses indispensables. J'ay assuré Monsieur le Duc et Mr Dodun que, quand ils jugeroient, après vos représentations, de continuer ces taxations, vous vous y soumettriez. Ils ont encore un autre grief contre vous, au sujet des commissaires pour les évaluations; mais, comme toutes ces affaires ne me regardent point, et que je n'y suis entré que parce que vous l'avez ordonné, j'en supprimeray le détail, et finis en vous assurant, Monsieur, du respectueux attachement avec lequel je suis, etc.

† A. H., anc. év. de Fréjus.

(Original. — *Arch. Nicolay*, 72 L 197.)

---

758.   22 Novembre 1724.

LETTRE DU P.P. AU CONTROLEUR GÉNÉRAL — GAGES DE LA CHAMBRE.

A Paris, ce 22 novembre 1724.

Je communiqueré, Monsieur, à MM. les officiers de la Chambre des comptes la lettre que vous me faites l'honneur de m'écrire touchant leurs gages. Ce secour est nécessaire à un grand nombre d'entre eux, toutes les dépenses étant encor au double de ce qu'elles étoient il y a quelques années, et les biens de la plus part étant diminuez de moitié. Ainsi, ils seront fort sensibles à l'attention que vous voudrez bien faire pour faire exécuter les intentions de S. M. pour cette année, et à celle qu'ils espèrent que vous voudrez bien faire pour remettre, l'année prochaine, les choses au courant. En mon particulier, je recevré toujours avec plaisir les marques de vostre bienveillance, et seré fort aise que vous me regardiez comme étant parfaitement, etc.

(Minute autographe. — *Arch. Nicolay*, 72 L 192.)

759.
24 et 27 Août 1725.
LETTRES DE M. DE FRÉJUS ET DU PRÉVÔT DES MARCHANDS AU P.P. — EMPRUNT DE LA VILLE DE PARIS.

A Fontainebleau, ce 24me aoust 1725.

On ne peut que louer votre zèle, Monsieur, pour le bien public, et je suis entièrement de votre avis. La raison qui a porté M^r le Duc à accorder à Mr de Châteauneuf l'emprunt des 500,000 liv., est moins pour le pont même, que pour une machine à élever de l'eau, dont on fourniroit tout le faux-bourg St-Germain et celui de St-Honoré. Cependant vos raisons sont très bonnes, et vous pourrés en conférer avec le président Lambert, nouveau prévôt des marchands, qui est homme de probité. M^r le Duc ne trouve point mauvais que vous suspendiés l'enregistrement, et vous sçait au contraire très bon gré de votre lettre, que je lui ay lue. Je vous supplie d'estre persuadé du respectueux attachement avec lequel je suis, etc.

† A. H., anc. év. de Fréjus.

Ce 27 aoust 1725.

Monsieur, je suis très fâché de ne m'estre pas trouvé chez moy, lorsque vous m'avés fait l'honneur d'y venir. On m'impose aujourd'hui un lourd fardeau, et j'entre en place dans de tristes circonstances ; je donnerai tous mes soins pour remplir le moins mal qu'il me sera possible mes fonctions. Je compte trop sur vos bontés pour moi, pour n'estre pas persuadé que vouliés bien prendre part à ce qui me regarde.

L'affaire dont vous me faittes l'honneur de me parler, par raport au pont projetté, est d'une très grande conséquence. Vous pensés là dessus comme sur toutes choses, c'est à dire en grand magistrat et en bon citoien, qui n'a en vue que le bien du peuple. Je vous supplie de suspendre autant qu'il sera possible l'enregistrement des lettres qu'on a présentées à la Chambre, pour me donner le temps d'agir, comme j'ai déjà commencé de faire, pour empêcher, ou du moins suspendre, s'il est possible, l'exécution de ce projet. Sitost que je serai revenu de Fontainebleau pour la prestation du serment, j'aurai l'honneur de vous demander une heure à laquelle je puisse avoir l'honneur de vous entretenir. Je suis, avec beaucoup de respect, etc.

Le président LAMBERT.

(Orig. autographes. — Arch. Nicolay, 72 L 199 et 49 L 15.)

760.
Novembre et Décembre 1725.
LETTRES DE M. DE FRÉJUS AU P.P. — GAGES DE LA CHAMBRE.

Fontainebleau, ce 6 novembre 1725.

Monsr le Duc me dit, Monsieur, qu'il avoit donné des ordres pour les enfans de cœur de la Ste-Chappelle, et il n'est pas moins bien disposé pour faire paier les gages des officiers ; mais vous sçavés que cette année a été un peu dure, tant par la disette des bleds, que par toutes les dépenses extraordinaires que le renvoi de l'infante et le mariage du Roy ont attirées. Je vous supplie d'estre persuadé qu'on ne peut vous honorer, ni estre avec plus de respect et d'attachement, etc.

† A. H., anc. év. de Fréjus.

Versailles, ce 8 décembre 1725.

Je suis bien fasché, Monsieur, de votre reume, mais j'espère qu'il sera bientôt guéri, et que rien ne vous empeschera de venir ici au premier jour. M^r le Duc me dit, il y a trois jours, qu'il avoit donné ordre de paier un quartier des enfans de cœur de la Ste-Chappelle. Il est revenu ici que vous teniés quelquefois, même dans des assemblées, des discours un peu offensans contre le gouvernement, et j'ay cru devoir avoir l'honneur de vous en avertir. Je suis persuadé qu'on exagère et que, si vous vous expliqués quelquefois un peu trop librement, on ne le remarque que parce que tout ce que dit un homme de votre poids et de votre âge est toujours relevé. Je suis, avec tout le respect et l'attachement possibles, etc.

† A. H., anc. év. de Fréjus.

Réponse du P.P.

Ce 9 décembre, à Paris.

Je vous suis bien obligé, Monsieur, de l'avis que vous voulez bien me donner sur les mauvais offices qu'on m'a rendus. Il est aisé de le faire à ceux qui aprochent les princes et qui se font des mérites par des suppositions, par des vérités quelquefois, car il est difficile qu'on ne dise pas ce peut estre même que je n'aie dit, quoyque je ne m'en souvienne pas : qu'il est fâcheux, en un temps de tranquilité, après plus de dix années de paix, de voir tous les jours des impositions nouvelles, et de n'être point paié. Cependant, comme j'ignore absolument, et qui sont les personnes qui m'ont rendu ces mauvais offices, et le sujet qu'ils ont pris pour cela, je voudrois bien qu'ils dissent en ma présence ce qu'ils disent aisément en mon absence. Peut estre trouveroit on que leur conduite ne seroit pas plus nette que la miene. En tout cas, si j'ai péché, comme il arrive à tous les hommes, je compte que j'ai un bon défenseur en vostre personne, Monsieur, et que vous répondriez bien pour moy, et de mon attachement au service du Roy, et de ma probité ; et j'espèrerois bien ne vous point faire essuier de reproche, et que vous continueriez à honorer de vostre estime la personne du monde qui est avec l'attachement le plus respectueux, etc.

Le 26 décembre 1725.

Vous m'avés si fort accoutumé, Monsieur, aux marques de vos bontés, que je n'ay point été surpris de celles dont vous avés bien voulu m'honorer en dernier lieu. J'ose vous dire que je n'en suis point ingrat, et que je tascherai d'en mériter la continuation par mes sentiments et ma reconnoissance. Je vous supplie aussi de vouloir bien donner les mêmes assurances à Madame de Nicolay.

Quand vous viendrés ici, Monsieur, il suffira que vous disiés un mot en passant à Mʳ le Duc sur les mauvais offices qu'on avoit voulu vous rendre : votre probité est si reconnue, qu'on ne peut que se fier entièrement à ce que vous dites. Je vous supplie d'estre persuadé du respect et de l'attachement inviolable avec lesquels je serai toute ma vie, etc.

† A. H., anc. év. de Fréjus.

(Orig. autographes. — *Arch. Nicolay,* 72 L 200, 37 L 25, 26 et 21.)

Antérieurement à cette époque, en prévision de la venue d'un prince et d'un enregistrement d'édits par exprès commandement du roi, le P.P. avait préparé un discours dont voici les principaux passages :

Faut-il, après plus de dix années de paix, que les sujets du Roi n'en goûtent aucuns fruits, et qu'ils se voient de jour en jour plus hors d'état d'élever des enfans pour la défense et la gloire du royaume ! Lorsqu'il a été question de repousser les ennemis du dehors, les impositions étoient nécessaires ; on les a portées avec patience. La guerre finie, le feu Roi songea aussitôt au soulagement de ses peuples ; il remit en entier les droits les plus onéreux, modéra les autres aux trois quarts, et abandonna ces trois quarts aux prévost des marchands et échevins de cette ville, pour rembourser les officiers supprimés. Aujourd'hui, dans une profonde tranquillité, non seulement on a rétabli ces anciennes impositions supprimées, mais on en ajoute encore de nouvelles, d'autant plus fâcheuses, que, dans le même instant, on remet une infinité de millions dus au Roi par une compagnie plus connue par nos malheurs que par l'utilité de son commerce. Et, comme si cette libération n'étoit pas encore suffisante, on lui aliène une des principales fermes du Roi, pour des prétentions qui seroient réductibles au moins pour moitié, si elle étoit traitée comme ont été traités les particuliers les plus favorables.

Les officiers du Roi, établis pour veiller à ses intérêts, peuvent-ils approuver une lésion de cette nature, sans se rendre blâmables et même répréhensibles? Une sage économie fourniroit beaucoup mieux aux dépenses nécessaires et au payement des véritables dettes.

CHAMBRE DES COMPTES.

Le trésor des Rois, Monsieur, est dans le cœur et dans la fortune des sujets. Quelles ressources le feu Roi n'y a-t-il pas trouvées? A présent, malgré le zèle constant des peuples, quelles difficultés, si l'ôn étoit obligé d'avoir recours à des emprunts! Qui prêteroit à la ville, aux provinces, aux communautés, au clergé même, après ce que nous avons vu?

Cependant, il pourroit arriver un jour où le royaume seroit en danger, si le Roi, dans les besoins pressans, ne trouvoit des secours aussi prompts que nécessaires. . . . .

(Copie. — *Arch. Nicolay*, 55 L 29.)

---

761. (*Juin* 1726.)
LETTRE DU DUC DE BOURBON AU P.P. — DISGRACE.

Je vous remercie, Monsieur, de ce que vous me marqués au sujet de cet événement. Il me rend le repos et la tranquillité que j'avois abandonnés par attachement pour le Roy. Pourveu que Sa Majesté se porte bien, je ne désire rien de plus. Comptés toujours bien seurement, Monsieur, sur l'estime particulière que j'ay pour vous.

L. H. DE BOURBON.
(Original. — *Arch. Nicolay*, 31 L 18.)

---

762. 27 *Septembre* 1726.
LETTRE DU CARDINAL DE FLEURY A M. DE LA PORTE. — AFFAIRES DE FINANCES.

A Fontainebleau, ce 27 septembre 1726.

Il n'y a que des personnes mal intentionnées et ennemies de l'Estat qui puissent répandre les bruits dont vous me parlez, Monsieur, et, bien loin que le Roy songe à faire aucun changement dans les finances, je puis vous asseurer avec serment qu'on ne peut être plus satisfait que S. M. l'est de Monsr des Forts. Je vous prie de le dire à tous vos amis, et on s'apercevra de plus en plus de la confiance entière que j'ay dans la capacité et probité de ce digne controlleur général. Vous pouvez agir avec seureté sur ce principe, parce que je ne feray rien sur l'administration des finances que par ses lumières et par sa direction, à l'exclusion de tout autre. On ne peut être, Monsieur, avec plus d'estime et de considération que je suis, etc.

Signé: LE CARDINAL DE FLEURY.
(Duplicata. — *Arch. Nicolay*, 37 L 30.)

---

763. 3 *Octobre* 1726.
LETTRE DU CARDINAL DE FLEURY AU P.P. — AFFAIRES DE FINANCES.

Fontainebleau, ce 3me octobre 1726.

J'ay bien des pardons, Monsieur, à vous demander de répondre si tard aux dernières lettres dont vous m'avés honoré, mais je ne voulois pas confondre votre compliment dans la foule des autres par une lettre circulaire, et je voulois vous en faire moi même mon très humble remerciment. Mon premier soin fut de faire écrire à Madame de Basville la nouvelle de mon chappeau, et de la prier de vous en donner part dans le moment; mais elle étoit à Courçon, à ce que j'ay appris depuis. J'étois bien persuadé par avance que vous n'en seriés pas fasché, et je compte depuis trop longtemps sur l'honneur de votre amitié pour en doutter.

Je vous rends mille grâces, Monsieur, de l'enregistrement de ma commission des postes, mais vous ne sçavés peut être pas qu'il n'en coûte pas un sol au Roy, et que, par la suppression de la charge de grand maître, il y gagne tous les ans 17,000 livres.

Je ne sçai ce que c'est que la pension de 60,000 liv. pour Madame la Duchesse, par dessus celle de 100,000 liv., et, ni Mr des Forts ni moi, n'en avons aucune connoissance. Il est bien certain qu'il faut de grands retranchemens, mais la difficulté est dans la manière de s'y prendre; tout le monde en convient, et, quand on faict cette opération, il faut s'attendre à de grands murmures.

Quand le Roy a renvoié au parlement l'affaire de Bourret, on n'a fait que suivre la pratique ordinaire, et je ne sçavois pas que cella pût regarder la Chambre. Vous croiés bien que je n'aime pas à faire tort à personne, et moins certainement à vous qu'à tout autre.

Vous voilà en pleine et entière liberté de travailler à l'échange de Belle-Isle, qui a fait tant de bruit; vous sçavés que le Roy ne demande que justice, et cella vous regardera. Je vous supplie d'estre bien persuadé, Monsieur, que rien ne changera jamais les sentimens très sincères avec lesquels je vous honorerai toute ma vie.

LE CARD. DE FLEURY.

(Orig. autographe. — *Arch. Nicolay*, 37 L 32.)

764.   13 *Novembre* 1726.

LETTRE DU DUC D'ORLÉANS AU P.P. — CONFLIT AVEC LA COUR DES AIDES.

A Fontainebleau, le 13 novembre 1726.

J'ai lu avec attention, Monsieur, la lettre que vous m'avés écrite au sujet du procez que votre Compagnie a avec la Court des aydes, et mon dessein est de me faire rendre un compte exact de ce qui a été écrit de part et d'autre sur cette affaire. Soiés, je vous prie, persuadé qu'outre les vues de justice qui, dans une dispute entre deux corps qui méritent mes égards, m'engagent à ne donner mon suffrage qu'après m'être bien instruit, l'intérest particulier que vous avés à ce jugement est un motif suffisant pour attirer toute mon attention. Je me sers avec plaisir de cette occasion pour vous donner de nouvelles assurances de ma parfaite estime [1].

LOUIS D'ORLÉANS.

(Original. — *Arch. Nicolay*, 32 L 3.)

1. A l'occasion des accusations intentées contre plusieurs receveurs, la Chambre et la Cour des aides avaient réclamé, chacune respectivement, le droit de faire apposer les scellés et d'informer de l'absence du comptable. Le conflit devait d'abord se terminer sur simple production des titres de part et d'autre; mais, par arrêt du 10 décembre, le roi nomma des commissaires pour l'examiner. Le Conseil rendit son arrêt, le 7 janvier 1727, en faveur de la Chambre, et le roi l'accompagna d'une déclaration portant règlement. (Imp. dans la collection Mariette.) Ce fut l'occasion d'un grand travail dans les dépôts de la Chambre, et la Compagnie en témoigna une reconnaissance particulière au P.P., qui, « par ses lumières supérieures et une connoissance infinie des droits et de la juridiction de la Chambre, avoit éclairé et guidé les travaux et les démarches de MM. les commissaires; même, en plusieurs occasions, avoit bien voulu y employer ses sollicitations, et enfin y avoit porté tous ses soins et son application, avec le zéle et l'attachement que lui et ses ancêtres avoient fait paroître tant de fois pour maintenir l'honneur, la dignité et la juridiction de la Chambre. » (*Plumitif*, 12 décembre 1726 et 15 janvier 1727.)

765.   21 *Avril* 1727.

LETTRE DU DUC DU MAINE AU P.P. — COMPLIMENTS.

A Paris, ce 21 avril 1727.

On ne peut estre plus sensible que je le suis, Monsieur, au compliment que vous voulés bien me faire sur la grâce que le Roy vient d'accorder à mes enfans. . . . .

Vous ne laissés échapper aucune occasion de me donner des témoignages de vostre amitié, et, quoyque vous m'y ayés accoutumé depuis longtemps, je vous prie de croire, Monsieur, que je les reçois toujours avec un nouveau plaisir; je me tiens honnoré des dispositions obligeantes dans lesquelles vous estes pour moy, et mesme j'en tirerois trop de vanité, si je n'en attribuois une partie à l'attachement que vous aviés pour le feu Roy. C'est de luy que j'ay d'abord appris combien vous estes estimable; la voix publique ensuite me l'a confirmée; puis, je me suis démontré qu'on ne m'en avoit point assés dit, et j'ay vu que vostre intégrité estoit à l'épreuve de ce qui ébranle tous les hommes. Après tout cela, Monsieur, souffrés que je vous laisse deviner les sentiments que j'ay pour vous.

L. A. DE BOURBON.

(Impr. dans l'*Armorial général*, reg. V, 2me partie, article de Nicolay, p. 25.)

766.
19 *Juin* 1727.
LETTRE DU CONTROLEUR GÉNÉRAL AU P.P. — INVENTAIRE DES DÉPOTS.

19 juin 1727.

Monsieur, ... je comprends sans peine que l'ouvrage que vous allez faire faire pour un nouvel inventaire des volumes contenus dans le dépost du garde des livres, sera long et pénible; mais, comme la somme de huit mille livres ne se payera que successivement, vous pouvez estre assuré que je satisferay avec exactitude à ce que vous me demanderez à proportion de l'avancement du travail.

Il ne sera peut-estre pas si facile de trouver un lieu convenable pour placer ce dépost, et encore moins d'en faire construire un qui soit assez spatieux pour le contenir. Dieu veuille que la paix soit assez durable pour me mettre en estat de satisfaire, aussi utilement que je le désire, aux différents besoins d'un aussi beau et aussi grand royaume que celui-cy! Je suis, plus parfaitement qu'homme du monde, etc.

LE PELETIER.

(Original. — *Arch. Nicolay*, 72 L 35.)

767.
6 *Juillet* 1727.
LETTRE DU CARDINAL DE FLEURY AU P.P. — COMPAGNIE DES INDES.

A Versailles, le 6 juillet 1727.

J'ay receu, Monsieur, la lettre dont vous m'avez honoré. Je ne puis que trouver justes et bien fondées vos observations sur ce qui s'est passé en 1720 au sujet de la Compagnie des Indes, et j'avoue qu'il seroit à souhaiter que ce que vous proposez pût s'exécuter; mais je crains bien qu'il ne s'y rencontre de grandes difficultez, malgré la justice de la chose. Je ne laisseray pas d'entrer dans vos vues, et de seconder le zèle que vous marquez si bien dans cette occasion pour le service du Roy. Vous sçavez, Monsieur, combien je vous suis sincèrement attaché.

LE CARD. DE FLEURY.

(Original. — *Arch. Nicolay*, 72 L 203.)

768.
31 *Juillet* 1727.
LETTRE DU CONTROLEUR GÉNÉRAL AU P.P. — COMPTES DU TRÉSOR ROYAL.

A Paris, le 31 juillet 1727.

Monsieur, dans la vue ou je suis d'accélérer autant qu'il dépendra de moy la reddition des comptes qui sont dus à la Chambre, je me suis fait remettre un état de ceux du Trésor royal qui ne sont point encore arrestez; mais j'avoue que j'ay été effrayé de voir qu'il en reste six, du seul exercice de feu Mr de Nointel, dont les frais monteront à 1,742,377 liv. 18 s. 6 d. Je vous prie, Monsieur, de jeter les yeux sur l'état que je vous envoye, et je suis persuadé que vous entrerez, avec votre zèle ordinaire pour tout ce qui concerne les intérests du Roy, dans les expédiens les plus convenables pour réduire des frais si exorbitans, en réduisant la forme du travail à ce que vous jugerez indispensablement nécessaire pour la sûreté des deniers de Sa Majesté. Et s'il vous paroît qu'il soit à propos, pour ménager une partie de cette dépense

LOUIS XV. 599

au Roy, de travailler à un nouveau règlement, je vous supplie d'estre persuadé que je seconderay avec plaisir les soins que je me flatte que vous ne refuserez pas de donner à un ouvrage dont il est aisé de sentir les conséquences pour le rétablissement du bon ordre dans les finances, auquel il est de mon devoir de donner toute mon attention. Je suis très véritablement, etc.

LE PELETIER.

(Original. — *Arch. Nicolay*, 72 L 36.)

769.   4 Août 1727.
LETTRE DU CARDINAL DE FLEURY AU P.P. — EXTRAORDINAIRE DES GUERRES.

Ce 4me aoust 1727.

Vous ne devés pas doutter, Monsieur, de l'attention particulière que j'aurai toujours à ce qui vous regarde; mais Mr de Pleleau n'a pas encore donné sa démission, et, dès que nous l'aurons, vous en serés d'abord averti.

Le s^r de la Jonchère, ancien trésorier de l'extraordinaire des guerres dit avoir rendu ses comptes à la Chambre, et je vous supplie en secret de me faire l'honneur de me mander ce qui en est; je vous le garderai de mon côté fidellement. Vous sçavés, Monsieur, à quel point je vous honore.

LE CARD. DE FLEURY.

(Orig. autographe. — *Arch. Nicolay*, 37 L 37.)

770.   23 Août 1727.
LETTRE DU COMTE DE BELLE-ISLE AU P.P. — ÉCHANGE AVEC LE ROI.

A Paris, ce 23 aoust 1727.

J'ay l'honneur de vous envoyer cy-joint, Monsieur, un mémoire concernant la terre de Montoire, sur lequel je vous supplie de vouloir bien jeter les yeux. Mr Delorme, à qui j'ay vendu cette terre, a en main toutes les preuves des faits qui y sont énoncés. Il les a communiquées à M^r le procureur général, et je seray ravy que vous voulussiez les examiner, pour détruire dans votre esprit tous les libelles et faux mémoires qui vous ont esté remis par différentes personnes de Vendosme ou d'ailleurs. Ce qu'il y a de certain, c'est que MM. les commissaires, qui ont actuellement l'évaluation de ce domaine sur le bureau devant eux, y apportent toute leur attention, et leur probité vous est trop connue pour douter du compte que vous voudrez bien leur en demander. En mon particulier, je désire, par préférence à tout, que vous soyés convaincu que je n'ay jamais eu d'autre objet dans mon échange que la justice, et de subir tous les examens les plus exacts que prescrivent les règles de la Chambre des comptes.

J'ay l'honneur d'estre, avec l'attachement le plus respectueux, etc.

FOUCQUET DE BELLEISLE.

(Original. — *Arch. Nicolay*, 48 L 17.)

771.   6 Septembre et 22 Novembre 1727.
LETTRES DU CHANCELIER AU P.P. — NOUVELLES ET COMPLIMENTS.

A Versailles, le 6 septembre 1727.

Vous pouvés avoir l'esprit en repos, Monsieur : vous n'aurés pas la peine de charger votre mémoire d'un compliment. Le Roy ny la reine n'en recevront point sur la mort de Madame Royale. J'y perdray, avec toute la cour, le plaisir de vous entendre parler aussy dignement que vous le sçavés faire toujours ;

mais vous estes de caractère à aimer encore mieux ne point parler, que de bien parler. Jouissez donc de vostre loisir dans un temps destiné au repos des magistrats, et soyés toujours bien persuadé de tous les sentiments avec lesquels je suis, Monsieur, parfaitement à vous.

DAGUESSEAU.

A Fontainebleau, le 22 novembre 1727.

La fin du séjour de Fontainebleau m'a donné tant d'occupations, Monsieur, ou causé tant de distractions, que je n'ay pu vous remercier plustost de vostre attention à m'instruire par avance de la députation que la Chambre des comptes avoit résolu de me faire. Vous aurez veu par ma réponse combien j'ay esté sensible à une démarche si conforme à l'ordre public et si honorable pour moy. J'en aurois dit encore plus sur ce sujet, et pour le corps, et pour le chef, si j'avois pu me livrer entièrement aux mouvemens de mon cœur. Il ira toujours pour vous, Monsieur, et pour vostre Compagnie, au delà de tout ce que vous pouvés désirer, et jamais au delà de tout ce que vous méritez. J'espère de pouvoir vous en assurer bientost moy mesme, et vous témoigner à Paris qu'on ne peut rien adjouter aux sentiments avec lesquels je suis, Monsieur, parfaitement à vous [1].

DAGUESSEAU.

(Originaux. — *Arch. Nicolay*, 42 L 74 et 75.)

[1]. Les députés de la Chambre étaient allés trouver le chancelier à Fontainebleau, à l'occasion de la promotion du président Chauvelin comme garde des sceaux et comme chancelier en survivance, et Mr Daguesseau avait répondu à leur discours de condoléance « que, comme il s'étoit déjà expliqué sur la même matière dans une occasion semblable, il ne pouvoit que répéter qu'il n'avoit point les sceaux, lorsqu'il avoit plu au Roi de les faire passer en d'autres mains; mais que, quand ils auroient été entre les siennes, il avoit toujours cru que le premier devoir de sa place étoit de se soumettre aux volontés du Roi, de les faire respecter à ses sujets et d'y contribuer encore plus par sa conduite que par ses paroles. » (*Plumitif*, 19 novembre.)

---

772. *9 Février 1728.*

LETTRE DU CARDINAL DE FLEURY AU P.P. — MONNAIES.

A Marly, le 9me février 1728.

Si je n'ai pas répondu plus tost, Monsieur, à la lettre dont vous m'avés honoré du 22 du mois dernier, vous en avés deviné la cause, et il y a de certaines choses sur lesquelles je ne puis m'expliquer, au moins par lettres, car vous savés d'ailleurs la confiance sans bornes que j'ay en vous.

A l'égard du retranchement des Monnoyes ouvertes, qui sont en France en si grand nombre, vous vous trompés sur ce que cela coûte au Roy, car la dépense extraordinaire va à très peu de chose, et, dans le mouvement que les piastres ou matières provenantes de la flottille vont produire, il ne conviendroit pas de rendre trop difficiles les moyens de les porter aux Monnoyes. Je vous supplie d'être persuadé, Monsieur, des sentiments les plus distingués avec lesquels je fais profession de vous honorer.

LE CARD. DE FLEURY.

Réponse du P.P.

A Paris, le 14 février 1728.

J'avois cru, Monseigneur, qu'on auroit pu ménager une somme assez considérable en fermant une partie des Monnoyes, car la multiplication des ouvriers, des chevaux, du bois, du charbon, des bâtimens et des autres ustanciles ne laissent pas de multiplier les frais, et que six ou huit Monnoyes ouvertes auroient pu suffire au travail, quelque flotille qui arrive.

J'ay voulu voir à quoy pouvoient monter les frais de fabrication, et pour cela j'ay pris les quatre derniers comptes des Monnoyes qui ont esté jugez, qui sont 1715, 1716, 1717 et 1718, et celui de l'année 1719, qui est à juger, et que je ne sçay comment nous jugerons, à cause des billets de monnoye qui ont esté receus en cette année, et qu'on ne fait point voir.

Les frais en 1715 montent à. . . . . 578,859 liv.
    en 1716 à 1,982,245
    en 1717 à 1,237,125
    en 1718 à 2,654,484
    en 1719 à 1,951,200
                       8,403,913 liv.

J'aurois bien désiré qu'on eût pu ménager sur ces sommes très considérables trois ou quatre cent mille livres; mais je m'en rapporte à gens plus esclairez et plus entendus que moi, car j'avoueray à Votre Éminence que, quoi que je juge ces comptes depuis plus de quarante ans, néanmoins j'y entends peu de chose, et que j'ai toujours pensé que le Roy profiteroit beaucoup plus en affermant ses Monnoyes, qu'en les régissant, et qu'à tous ces changemens qui s'y font et qui s'y sont faits, il n'y a que les officiers et les ouvriers des Monnoyes qui y profitent. Je crois bien que tout le monde ne voit pas les objets avec les mêmes yeux. C'est à vous, Monseigneur, qui avez toute la confiance du Roy, à en juger et à régler ce que vous estimez estre plus à propos pour son service. A mon égard, je satisfais à mon zèle pour le service du Roy, et au dévouement respectueux avec lequel j'ay l'honneur d'estre, etc.

                             A. NICOLAY.

(Originaux. — *Arch. Nicolay*, 72 L 204 et 32 C 145.)

773.
13 Septembre 1728.
LETTRE DU CARDINAL DE FLEURY AU P.P. — DÉPOTS DE LA CHAMBRE.

               A Fontainebleau, le 13ᵐᵉ septembre 1728.

Il s'en faut beaucoup, Monsieur, que les dépenses du Roy diminuent encore; il est vray cependant que Sa Majesté met toute son attention à procurer à son peuple tous les soulagemens qui luy est possible, et elle n'oubliera rien pour y parvenir aussi tost que le bien de ses affaires le luy permettra.

Je parlerai à Mʳ le duc d'Antin, lorsqu'il sera icy, de la veue que vous avés pour faire mettre dans les galleries du Louvre les papiers de votre Chambre, et je verrai avec luy si cela est praticable. Je vous supplie d'estre toujours persuadé, Monsieur, qu'on ne peut vous honorer plus que je fais.

                           LE CARD. DE FLEURY.

(Original. — *Arch. Nicolay*, 72 L 207.)

774.
28 Novembre 1728.
COMPLIMENTS DU P.P. SUR LA MORT DE LA REINE DE SARDAIGNE.
Au Roi.

Sire, tout ce qui apartient à V. M. est précieux à ses sujets, et plus encor à ses officiers. La perte que vous venez de faire nous est infiniment sensible; et combien ne doit on pas regretter une princesse qui sortoit du sang de nos Roys, et qui, par sa tendresse pour V. M., marquoit si bien quelle étoit son affection pour la France! La confiance qu'elle s'étoit attirée de son époux, estimé entre les plus sages Roys, étoit une preuve certaine de son mérite et de sa vertu; mais le présent qu'elle nous avoit fait d'une princesse qui vous a donné, Sire, à cet État, nous rendra sa mémoire éternellement chère.

Vous sçavez, Sire, combien vostre personne sacrée nous est précieuse. Les allarmes de la France au moindre péril qui vous menace, la vivacité de sa joie quand elle ne voit plus rien à craindre, vous sont des témoignages assurez de l'amour de vos peuples. Plaise au ciel que vostre santé et vos prospéritez constantes ne nous donnent à l'avenir, pour signaler nostre zèle, que des occasions de festes et d'actions de grâce!

A la Reine.

Madame, vostre attachement pour le Roy, qui vous fait partager ses peines, ne nous laisse pas douter que V. M. n'ait donné, comme luy, tous ses regrets à l'auguste princesse qu'il vient de perdre.

Elle étoit plus respectable encor par ses grandes qualitez que par sa haute naissance.

Permettez nous, Madame, en rendant nos devoirs à V. M. dans cette triste occasion, de la féliciter de l'heureux succès qu'ont eu ses soins pour nous conserver le Roy.

Quelle attention, quelle assiduité auprès de luy ! Vous n'avez point craint pour vous, Madame ; vous n'avez craint que pour luy, et vous nous avez montré l'exemple de le servir et de l'aimer.

Puisse le ciel récompenser vos vertus par la naissance d'un prince qui fasse vostre bonheur, Madame, et, dans les siècles à venir, celuy de toute la France !

Note du P.P.

Le 28 novembre 1728, ces deux complimens furent faits au Roy et à la reine, sur la mort de la reine de Sardaigne, ayeule du Roy, et sur la guérison de la petite vérole que le Roy avoit eue et où la reine ne l'avoit point quitté. Le Roy étoit dans son fauteuil à l'ordinaire, la reine dans un fauteuil de même, mais qui étoit sur une estrade élevée environ de six poulces. On luy parla au bas de l'estrade.

Il y avoit eu question si l'on prendroit des bonets en parlant au Roy, parce que Mr le premier président du parlement en avoit pris un ; mais, comme la Chambre n'en avoit jamais pris, on n'en prit point.

La Cour des aides, et je crois même le parlement, n'en prirent point, car peu de Messieurs en avoient aportez, et c'estoit, à ce que je crois, une nouveauté.

Après le compliment, je nommé au Roy, en passant, la pluspart des officiers, comme avoit fait le parlement. C'estoit aussi chose nouvelle, qui se pratiqua pour la première fois, et qu'on crut devoir faire à l'exemple du parlement [1].

(Minute autographe. — *Arch. Nicolay*, 54 L 86.)

[1]. Le P.P. avait préparé, à l'occasion de la guérison du roi, un autre compliment où il disait : « Vos officiers sçavent combien Vostre Majesté est précieuse et nécessaire au monde entier, et particulièrement à cet État, qui, ruiné par des conseils étrangers, ne commence à se rétablir que depuis que Vostre Majesté en a pris le gouvernement en main, et qu'elle a associé à ses travaux un homme selon son cœur et véritablement digne de sa confiance. » (54 L 84.)

---

775. 15 Avril 1729.

LETTRE DU CONTROLEUR GÉNÉRAL AU P.P. — COMPTES DE L'ARTILLERIE.

A Paris, le 15 avril 1729.

Je me suis fait rendre compte, Monsieur, de la situation des affaires du sr Landais, et j'ay appris qu'il y a un débet très considérable sur le dernier compte de son exercice ordinaire; qu'il n'a jamais compté, ny au Conseil, ny en la Chambre, du recouvrement qu'il a dû faire de la capitation des officiers de l'artillerie; qu'il n'y a que peu de comptes arrestés au Conseil de la retenue qu'il a faite du dixième, et que ses héritiers, connoissant le désordre de ses affaires, refusent de donner les soumissions que l'on fait en pareil cas aux greffes du Conseil et de la Chambre pour avoir main-levée des scellez qui ont esté apposez. Dans ces circonstances, je crois qu'on ne peut prendre trop de précautions pour asseurer le payement de ce qui peut estre dû au Roy, et par conséquent pour conserver avec soin, et les effets de ce trésorier, et les papiers qui seront nécessaires pour la formation des comptes qui sont à rendre, d'abord au Conseil, et ensuite en la Chambre. Il est d'ailleurs indispensable de pourvoir promptement au service de l'artillerie, dont une partie des fonds sont enfermez sous les scellez qui ont esté apposez, et d'établir une espèce de régie pour cette administration, en attendant qu'il y ait un nouveau trésorier pourvu. En voilà plus qu'il n'en faut pour vous faire connoistre la nécessité dans laquelle je me trouve de faire suivre cette affaire sous mes yeux par un commissaire du Conseil. Je suis très parfaitement, etc.

Le Peletier.

Réponse du P.P.

Le Roy s'estoit réservé, Monsieur, par le reiglement pour les scellez, la faculté de le faire mettre, lorsqu'il le jugeroit à propos, par les officiers de son Conseil. C'est pour son service que nous travaillons uniquement ; ainsi, lorsqu'il juge nos fonctions peu nécessaires pour la conservation de ses intérêts, il ne nous reste à souhaitter, si ce n'est que son advantage s'y rencontre, tel que nous le désirions et que nous aurions tâché de luy ménager. Cependant la Chambre mettra inutilement ses scellez à l'avenir chez les comptables décédez, si le Châtelet fait l'inventaire, lorsqu'il y aura des héritiers, et le Conseil, lorsqu'il n'y en aura point. Je suis plus que personne, etc.

(Original. — Arch. Nicolay, 72 L 40.)

776.   *Mai-Juillet* 1729.
LETTRES DU CARDINAL DE FLEURY AU P.P. — RÉFORME DES FINANCES.

A Compiègne, le 4me may 1729.

Je vous rends mil grâces, Monsieur, de la bonté que vous avez eue de m'envoyer la closture du compte, et je verrai l'usage que j'en pourrai faire. Toutes vos veues pour le bien public ne me surprennent pas, et je les approuve infiniment ; mais il faut aller pied à pied, et ne pas gâter les affaires en voulant trop les précipiter. Personne au monde, Monsieur, ne vous honore plus parfaitement que moy.

LE CARD. DE FLEURY.

A Versailles, le 5me juin 1729.

J'ay receu, Monsieur, la lettre dont vous m'avés honoré du 31 du mois dernier, au sujet de l'union qui étoit faite à l'ordre de Saint-Louis des droits casuels des domaines. Je trouve vos réflexions à cet égard très sages et très judicieuses, comme toutes celles que vous voulés bien me communiquer, et je chercherai les moyens de faire un autre arrangement, afin de conserver cette portion de grâces à faire par le Roy plus libre qu'elle ne seroit, si cette union avoit lieu. Je vous garderai le secret bien exactement, et, comme mes veues ne tendent qu'au bien, je recevrai toujours avec plaisir les avis que vous voudrés bien me donner qui tendront à la même fin. Personne, Monsieur, ne vous honore plus parfaitement que je fais.

LE CARD. DE FLEURY.

A Versailles, le 22me juin 1729.

Vous serés le maître, Monsieur, de venir à Marly, quand il vous plaira, et je vous y donnerai volontiers à dîner, lorsque vous vous y rendrés. Je serai ravi de pouvoir vous y asseurer, Monsieur, qu'on ne peut vous honorer plus que je fais.

LE CARD. DE FLEURY.

A Versailles, le 17mo juillet 1729.

Je vois, Monsieur, par la lettre dont vous m'avés honoré, la continuation de votre attention pour ce qui peut estre favorable au public, et j'en donnerai une particulière à ce que vous me marqués par rapport à ce que je fais pour la levée de la taille. Il est assés difficile d'y remédier jusqu'à un certain point, parce que la conduite des taillables exige souvent qu'on employe des moyens forcés. Cependant, je ne négligerai rien sur un article aussi essentiel pour le bien public. Je vous honore, Monsieur, plus parfaitement que personne.

LE CARD. DE FLEURY.

(Originaux. — Arch. Nicolay, 72 L 209 et 37 L 39 à 41.)

CHAMBRE DES COMPTES.

777.
10 et 11 *Octobre* 1729.
MALADIE DU P.P. ET DE M. DE GOUSSAINVILLE.

Du 10 octobre. La Chambre ayant été instruite que, pendant les vacances, Mr le P.P. a essuyé une maladie des plus dangereuses, et qu'il est à présent en convalescence de cette maladie ; comme aussi que Mr de Goussainville, son fils, est tombé malade d'un accident qui lui a fait essuyer une opération très considérable, a chargé Me Noblet, greffier en chef, d'aller de la part de la Chambre savoir des nouvelles. . . . .

Du 11 octobre. Me Noblet, greffier en chef, a dit que, suivant les ordres à lui donnés hier par la Chambre, il fut chez Mr le P.P.; qu'ayant été introduit dans l'appartement de Mr le P.P., il l'auroit trouvé couché dans son lit, fort affoibli, et cependant n'ayant plus aucun symptôme de sa maladie ; que, lui ayant marqué la part que la Chambre a prise à sa maladie, la joie qu'elle ressentoit de sa convalescence et les vœux qu'elle faisoit pour son parfait rétablissement, mondit sr le P.P. lui a répondu qu'il ne doutoit point que la Chambre n'eût bien voulu prendre part à l'état fâcheux où sa maladie l'avoit réduit ; que, Dieu ayant bien voulu le conserver, il continueroit de rendre ses services à la Chambre avec tout le zèle et l'attachement qui lui seroit possible, et tâcheroit de lui marquer sa reconnoissance de son attention. Qu'ensuite, ayant été introduit chez Mr de Goussainville, qu'il a trouvé dans son lit, il lui auroit marqué la part que la Chambre prenoit à son accident, qu'elle l'envoyoit en savoir des nouvelles et lui souhaiter une prompte guérison. A quoi mondit sr de Goussainville lui auroit répondu qu'il se trouvoit un peu mieux et qu'il espéroit être bientôt rétabli, qu'il étoit très obligé à la Chambre de la part qu'elle vouloit bien prendre à son accident ; et auroit chargé mondit sr Noblet de lui en marquer sa reconnoissance.

(*Plumitif* et *Cérémonial.*)

778.
7 *Décembre* 1729.
LETTRES DU CONTROLEUR GÉNÉRAL AU P.P. — AFFAIRES DE FINANCES.

A Paris, le 7 décembre 1729.

Je reçois, Monsieur, la lettre que vous me fistes hier l'honneur de m'écrire. Si vous voulez bien me faire envoyer les noms des différens adjudicataires et fermiers dont vous avez trouvé les deniers employez en recette dans le compte du Trésor royal de l'année 1716, je feray chercher les noms et leurs cautions chez les secrétaires du Conseil, et me feray rapporter les résultats ; mais je doute fort que nous puissions trouver de grandes ressources dans le recouvrement des sommes dont ces fermiers et adjudicataires ont été chargez, la pluspart ayant profité de la voye qui leur avoit été ouverte par Law, de s'acquitter en billets de banque. Quant au produit de la taille et des autres impositions qui composent les revenus ordinaires du Roy, ils ne peuvent estre ny négligez ny retardez, attendu le payement des gages des officiers, auquel ils sont employez. Je me fais rendre compte, avec toute l'exactitude imaginable, des frais qui se font dans les paroisses pour les obliger à se libérer, et j'ay trouvé, par le calcul que j'en ay fait moy même, que les rétributions que j'ay réglées pour les Suisses que l'on envoye chez les habitans qui se trouvent les plus en arrière, soit par les protections qu'ils trouvent, soit par mauvaise volonté, sont infiniment moins fortes que les frais qui se font par les receveurs des tailles et leurs huissiers, qui ruinent les paroisses sans aucun bénéfice pour le Roy, mais pour leur propre utilité. Enfin, Monsieur, vous conviendrez sans peine que le Roy ne peut payer que du produit de ses revenus, et je consentiray très volontiers que Sa Majesté en ralentisse les recouvremens, comme vous paroissez le désirer, pourvu qu'elle me permette de retarder les payemens et de les régler à proportion de ce qu'elle recevra ; elle recevra peu, sur ma parole, quand les taillables ne seront pas pressez, et elle payera encore moins, lorsque l'on secondera les frivoles idées des peuples, que la naissance de Mgr le Dauphin devoit les affranchir de toutes leurs charges, ou du moins les libérer des arrérages du passé, qui causeront la ruine des communautez, tant qu'on ne les obligera pas à s'en libérer. Je suis plus sincèrement qu'homme du monde, etc.

LE PELETIER.

Réponse du P.P.

A Paris, ce 16me décembre 1729.

Je joins ici, Monsieur, un écrit que j'ay fait dresser sur les trois derniers comptes du Trésor royal rendus à la Chambre, 1714, 1715 et 1716, où l'on trouve des recettes de plusieurs fermiers, adjudicataires et régisseurs qui ont porté des deniers au Trésor royal, et qui n'ont point rendu compte à la Chambre, de manière que l'on ne voit point s'ils ont satisfait à leurs baux, adjudications et régies, et même qu'on peut présumer raisonnablement qu'ils ne l'ont pas fait. Comme nous ne pouvons connoître les fermiers que par les actes de leurs cautionnemens, et que les baux sont ordinairement sous les noms de gens inconnus, il seroit nécessaire de nous faire donner ces actes par Mrs les secrétaires du Conseil; on trouvera dans les comptes précédens plusieurs parties de cette nature qui peuvent produire au profit du Roy des sommes légitimes.

Je ne sçay, Monsieur, si vous estes informé de l'absence du sr Huby, cy devant receveur général des domaines et bois de Paris; comme le bruit s'estoit répandu de banqueroute, nous avons envoyé chez lui, et, par le procès verbal qui a esté dressé, on a connu qu'il y avoit environ deux mois qu'il estoit parti, avec un carrosse à quatre chevaux, une calèche à deux, avec sa femme et ses enfans, et qu'il avoit pris le chemin de Metz, après avoir vendu ses meubles; de sorte qu'on n'a rien trouvé à lui dans la maison où il logeoit. Je ne sçay encore si la Chambre le décrètera, car il a un successeur qui a acheté et qui n'est pas encore receu, et nos instructions criminelles, faute d'un pouvoir entier, réussissent peu.

Le procès criminel de Compotier estant, il y a desjà près de six mois, entre les mains de Messieurs du parlement, sans que nous en entendions parler, ce seroit un grand bien pour les affaires du Roy que la Chambre eût la jurisdiction criminelle, comme les autres Compagnies. Il y a plus des trois quarts de ses officiers qui sont graduez, et on pourroit en exclure ceux qui ne le sont pas, ou obliger un certain nombre de graduez d'y assister. On l'a donnée à la Cour des monnoyes, qui est un démembrement de la Chambre, à la Cour des aydes, qui ne l'avoit pas anciennement. Faute de ce pouvoir, les comptables croyent leurs personnes en seureté, quelque divertissement qu'ils fassent. Si vous trouvez occasion de ménager à la Chambre cette jurisdiction, dont le parlement fait très peu d'usage, vous rendriez, Monsieur, un grand service à Sa Majesté.

Personne n'est avec un dévouement plus sincère que je le suis, etc.

A. NICOLAY.

(Original et minute. — *Arch. Nicolay,* 72 L 44 et 48 L 30.)

779.

13 Mai et 18 Septembre 1730.

LETTRES DU CONTROLEUR GÉNÉRAL AU P.P. — AFFAIRES DE FINANCES.

A Fontainebleau, le 13 may 1730.

Monsieur, je ne suis point dans le dessein de retarder le payement des gages de la Chambre des comptes; je les regarde comme une partie privilégiée, pour laquelle je feray en sorte que les fonds continuent d'estre faits très régulièrement. J'en ay parlé dans cet esprit à Mr le cardinal de Fleury, qui pense de mesme; mais Son Éminence trouve que cette Compagnie n'est point encore dans le cas de demander que l'on prenne des mesures pour payer des gages qui ne seront deus qu'à la fin de cette année. Il ne sera pas difficile, d'icy à ce temps, de s'arranger pour ce payement, et je vous prie de croire que j'y donneray toute mon attention. Je suis, etc.

ORRY.

A Versailles, ce 18 septembre 1730.

Je souhaiterois, Monsieur, du moins aussy vivement que vous, que la scituation des affaires du Roy pust permettre de diminuer les impositions. Il s'en faut bien que l'on soit en état de pouvoir procurer aux sujets du Roy le soulagement dont ils ont besoin. Je conviens qu'il est triste, aprez quinze années de paix, d'être obligé de continuer à lever sur les peuples les mêmes sommes qu'on levoit en temps de guerre; mais cela est devenu nécessaire aprez la déroute du Sistême de Law, à la fin duquel le Roy s'est trouvé plus endetté du double qu'il ne l'étoit à la fin de la guerre. Une autre observation que je dois vous faire est que, depuis plus de trois ans, quoique nous paroissions être en pleine paix, on s'est trouvé obligé de faire des dépenses considérables et de se tenir armez comme si on étoit en pleine guerre; et, tant que les choses seront en cet état, il n'est pas possible que l'on puisse diminuer les impositions. Je feray cependant tout mon possible pour en procurer cette année sur la taille; c'est à quoy toute la bonne volonté que j'ay sur cela peut se réduire, quant à présent. J'ay l'honneur d'être très parfaitement, etc.

ORRY.

(Originaux. — *Arch. Nicolay*, 72 L 232 et 236.)

780. 20 *Novembre* 1730 *et* 25 *Avril* 1731.
LETTRES DU CARDINAL DE FLEURY AU P.P. — AFFAIRES DE FINANCES.

A Marly, le 20me novembre 1730.

J'ay receu, Monsieur, la lettre dont vous m'avés honoré du 17 de ce mois, et je vous fais mes remerciemens de la promptitude et de la facilité que vous avés apportée à l'enregistrement de l'édit pour les charges des ports et des marchés. Vous vous trompés sur le nombre des millions dont vous croyés que le Roy sera chargé par dessus ce qu'il tirera de ces offices, et il s'en faut bien que cela aille à 50 ou 60 millions. Mr le garde des sceaux vous a expliqué toutes les bonnes raisons qui ont porté le Roy à faire cet édit, et vous êtes trop instruit pour ne pas savoir l'état où les finances se sont trouvées par le malheureux Système. Du reste, vos réflexions sont pleines de sagesse, mais elles ne s'accordent, ny avec la vaste ambition de l'Empereur, ny avec les veues de la cour d'Espagne. Vous savés, Monsieur, à quel point je vous honore.

LE CARD. DE FLEURY.

A Rambouillet, le 25me avril 1731.

Je vois, Monsieur, par la lettre dont vous m'avés honoré, les réflexions que vous faites sur le projet de déclaration qui vous a été communiqué. On connoist assés les intentions du Roy et de son Conseil pour être persuadé que Sa Majesté ne se portera point à charger ses peuples d'imposts sans une absolue nécessité. D'ailleurs, ce dont il est question ne regarde que de petites sommes qui s'imposent en vertu d'arrests et dans des lieux particuliers, pour des arrangemens utiles à ces mêmes lieux, et il n'a jamais été question d'en compter aux Chambres des comptes. Ainsi, ce qui se projette n'étant point une chose nouvelle, je crois qu'il ne doit y avoir aucune difficulté à la passer. Je vous honore, Monsieur, plus parfaitement que personne.

LE CARD. DE FLEURY.

(Originaux. — *Arch. Nicolay*, 72 L 216 et 218.)

781. 26 *Mai et* 18 *Juin* 1731.
MALADIE ET MORT DE M. NICOLAY DE GOUSSAINVILLE.

Du samedi 26 mai. Me Armand-Anselme Domilliers, commis au Plumitif, a rapporté que, conformément à l'ordre de la Chambre, il fut hier, sur les onze heures du matin, au village d'Auteuil, à la maison occupée par Mr Nicolay de Goussainville ; qu'ayant été introduit dans son appartement, il l'auroit trouvé habillé, dans son fauteuil, très foible et fort abattu ; que lui ayant témoigné la part que la Chambre prenoit à son incommodité, elle l'envoyoit pour savoir des nouvelles de sa santé et lui en souhaiter un parfait et prompt rétablissement. Mondit sr de Goussainville lui auroit dit que sa santé étoit toujours très foible, qu'il se trouvoit cependant un peu mieux depuis deux jours, qu'il espéroit avec le temps pouvoir se rétablir, et l'avoit chargé de témoigner à la Chambre combien il lui étoit obligé de son attention et de la part qu'elle vouloit bien prendre à sa triste situation ; qu'il souhaitoit être en état de lui en marquer sa reconnoissance et sa parfaite vénération pour la Compagnie.

Du lundi 18 juin. La Chambre, informée du décès de Mre Antoine-Nicolas Nicolay, P.P. en la Chambre à la survivance de Mre Jean-Aymard Nicolay, son père, arrivé le vendredi 15 des présens mois et an, a chargé Mo Charles Ducornet, greffier en chef, d'aller de la part de la Chambre chez Mr le P.P. lui faire compliment de condoléance sur la mort de mondit sieur son fils, lui marquer la part que la Chambre prenoit à son affliction ; qu'elle la ressentoit d'autant plus vivement, qu'outre l'intérêt qu'elle prenoit à ce qui le touchoit, la Chambre perdoit elle-même un magistrat qui, par ses vertus et ses grandes qualités, étoit en état de la soutenir un jour avec le zèle et l'attachement que ses ancêtres, et particulièrement Mr le P.P., ont fait paroître tant de fois, pour maintenir l'honneur, la dignité et la juridiction de la Chambre.

Et environ sur les neuf heures et demie, ledit sr Ducornet, greffier en chef, seroit venu au bureau, et a dit qu'en exécution de ce qui lui avoit été prescrit par la Chambre, il avoit été chez Mr le P.P.; que, lui ayant fait au nom de la Compagnie des complimens de condoléance sur la perte qu'il venoit de faire, dans les termes qui lui avoient été marqués par la Chambre, mondit sr le P.P. lui auroit dit qu'il étoit bien obligé à la Compagnie de la part qu'elle vouloit bien prendre à la perte qu'il venoit de faire ; qu'il ne pouvoit assez lui en marquer sa reconnoissance ; que, tant qu'il plairoit à Dieu le conserver, il sacrifieroit volontiers ses jours au service du Roi et de la Chambre.

(*Plumitif* et *Cérémonial*.)

782. 8 Juillet 1731.
LETTRE DU CHANCELIER AU P.P. — SURVIVANCE DE L'OFFICE DE P.P.

A Fontainebleau, le 8 juillet 1731.

Je ne crois pas, Monsieur, qu'on apprenne beaucoup de principes de jurisprudence en rendant des jugemens militaires, mais Mr vostre fils est d'un sang où ces principes sont si naturels et coulent tellement de source, que j'espère qu'il méritera dans peu de temps que le Roy luy accorde la voix délibérative et luy fasse de plus grandes grâces. Personne n'y contribuera jamais de meilleur cœur, ny avec plus d'empressement que moy, et je me flatte que vous en estes bien persuadé.

La vue que vous avés de charger quelqu'un de mettre en ordre les papiers de feu Mr le Camus, lieutenant civil, et d'en tirer tout ce qui pourroit estre utile au public ou à la justice, est digne de vous, Monsieur. On m'assure que Mr Desbois, advocat, homme de mérite et laborieux, pourroit estre d'autant plus propre à ce travail, qu'il y seroit aidé des avis de son beau-père, qui est Mr Berroyer, ancien advocat et accoustumé depuis longtemps à faire des recherches sur la jurisprudence. Si cela vous convient, je luy ferai dire d'aller recevoir vos ordres, et je serai fort aise de partager avec le public l'utilité qu'il pourra en recevoir. Le bien cherche à se répandre, quand il est dans d'aussy dignes mains que les vostres ; j'en serai le canal avec un grand plaisir, et rien ne m'en fera jamais plus que de pouvoir vous témoigner en toute occasion que personne ne sauroit estre à vous, Monsieur, plus véritablement ny plus parfaitement que moy.

DAGUESSEAU.

(Original. — *Arch. Nicolay*, 22 C 156.)

783. *27 Novembre 1731.*

LETTRE DU CARDINAL DE FLEURY AU P.P. — SURVIVANCE DE L'OFFICE DE P.P.

A Marly, le 27 novembre 1731.

Le chancelier vient de proposer au Roy, dans le moment, la survivance de votre charge pour M^r votre fils, et S. M. l'a accordée sur le champ avec plaisir. Je vous en félicite de tout mon cœur, aussi bien que Madame Nicolai, que j'asseure, avec votre permission, de mon respect très humble.

Je communiquerai à Mr Orry ce que vous me faites l'honneur de m'écrire au sujet de l'exemption du dixième que M^r le Duc accorda aux officiers de la maison de la reine. Rien n'est plus raisonnable que ce que vous proposés. Je savois bien qu'il y avoit une grande augmentation aux dépenses de cette maison; mais je ne croyois pas qu'elle montast si haut, et je crois qu'il y a de l'erreur dans le calcul de ce que coûtoit celle de Marie-Thérèse, car j'ay toujours ouï dire qu'elle montoit à un million. Personne, Monsieur, ne vous honore plus cordialement et plus parfaitement que moy.

LE CARD. DE FLEURY.

(Original. — *Arch. Nicolay*, 37 L 46.)

---

784. *7 Décembre 1731.*

SURVIVANCE DE L'OFFICE DE P.P. POUR AYMARD-JEAN NICOLAY.

Louis, etc. Les grâces extraordinaires que nous faisons à quelques-uns de nos sujets en considération de leurs services, ou de ceux de leurs ancêtres, ne pouvant que confirmer les autres dans la fidélité qu'ils nous doivent, nous croyons qu'en ces rencontres l'avantage d'un particulier est celui de l'État et du public. C'est pourquoi nous ne faisons aucune difficulté d'accorder de nouvelles marques de notre bienveillance à notre amé et féal conseiller en nos Conseils d'État et privé, Jean-Aymard Nicolay, premier président clerc en notre Chambre des comptes de Paris, en considération des grands et importans services qu'il nous a rendus et au feu Roi, notre très honoré seigneur et bisayeul, de glorieuse mémoire; et, pour lui faire connoître de plus en plus l'estime toute particulière que nous faisons de son mérite personnel et de ses vertus, nous avons eu agréable la supplication qu'il nous a faite d'admettre la résignation de sondit office de premier président en faveur de notre amé et féal Aymard-Jean Nicolay son fils, conseiller en notre Cour de parlement de Paris et commissaire aux requêtes de notre Palais, à condition néanmoins de survivance et retenue de service, laquelle nous lui avions accordée, dès l'année 1717, pour Antoine-Nicolas Nicolay, son fils aîné, qu'une mort prématurée auroit enlevé dans un temps où sa droiture, sa capacité et une expérience de près de vingt années dans l'exercice de la charge de conseiller en notredite Cour de parlement le mettoient en état de remplir avec toute la distinction possible une place aussi importante. Et étant d'ailleurs bien informé des qualités avantageuses qui se rencontrent en la personne dudit s^r Nicolay fils, ainsi que de son affection à notre service dans les différens emplois qu'il a exercés, tant en qualité de lieutenant dans notre régiment d'infanterie, de capitaine de cavalerie, que dans celle de mestre de camp d'un régiment de dragons pendant près de dix années, nous aurions estimé qu'il étoit du bien de notre service de le pourvoir ci-devant dudit office de conseiller dont ledit sieur son frère est mort revêtu, étant persuadé qu'il nous serviroit dans la magistrature avec le même zèle qu'il a fait dans nos troupes, ce qu'il nous a déjà fait connoître par une application suivie et une intégrité à toute épreuve; en sorte que nous avons tout lieu d'espérer qu'il remplira un jour avec dignité ladite charge de premier président, surtout étant instruit et formé par un père d'une expérience la plus consommée, et animé par son exemple et celui de ses ancêtres, qui ont possédé la même charge pendant sept générations et nous y ont servi, et les Rois nos prédécesseurs, à leur satisfaction et à la nôtre. A ces causes, etc. . . . . . . Et quant au défaut d'âge et de service, nous l'en avons relevé et dispensé par nos lettres de ce jourd'hui, à la charge qu'il ne pourra exercer les fonctions de premier président qu'à l'âge de vingt-cinq ans accomplis. . . . . . . Donné à Versailles, le septième jour de décembre, l'an de grâce mil sept cent trente un, et de notre règne le dix-septième.

LOUIS.
Par le Roy : PHÉLYPEAUX.

Ledit Mre Aymard-Jean Nicolay a été reçu en l'état et office de conseiller du Roi en tous ses Conseils d'État et privé, premier président clerc en la Chambre des comptes de Paris, à la survivance de Mre Jean-Aymard Nicolay, son père, mentionné en ces présentes, et d'icelui fait et presté le serment en tel cas requis et accoutumé en ladite Chambre . . . . les semestres assemblés, le dix-huit décembre mil sept cent trente un. DUCORNET.

(Copie. — Arch. Nicolay, 41 C 65.)

Le compliment de réception fut prononcé par le président de Paris. « Vous aviez pris, dit-il au récipiendaire, une autre route, et, dans une extrême jeunesse, vous vous êtes trouvé à la tête d'un corps de distinction. S'il falloit dans les armes de la prudence, du courage et de la fermeté, ces vertus ne vous seront pas moins nécessaires dans la nouvelle profession que vous embrassez. Il faut y contenter le prince et le public, contenir ceux qui manient les deniers du Roi, résister quelquefois au crédit des plus puissans, pour maintenir les droits de la couronne. . . . . »

Réponse de M. Nicolay au président de Paris.

Monsieur, l'honneur que je reçois aujourd'hui ne sçauroit me faire oublier le prix qu'il me coûte. Je ne le dois qu'à la perte d'un frère, et cette perte m'est d'autant plus sensible, qu'elle en est une pour cette auguste Compagnie. Il s'étoit rempli de tout votre zèle pour les intérêts de l'État, il avoit recueilli vos vertus, vous voyiez en luy votre plus chère espérance, et il devoit remplacer un jour ce chef qui, par les sentiments qu'il eut toujours pour vous, vous est peut estre aussi cher que la nature me le rend cher à moi même.

C'est à vous, Messieurs, de me consoler de ma perte, en m'accordant toute l'affection dont vous honnoriez mon frère ; c'est à moi de vous consoler, s'il est possible, en acquérant les connoissances et en imitant les vertus de celui que vous perdez. C'est dans cette espérance que j'ay renoncé à mes premiers engagements. J'avois embrassé la profession des armes : la Providence veut aujourd'hui que je me prépare à d'autres fonctions ; je vous étudierai sans relâche pour m'y former, j'apprendrai de vous à vous ressembler et à ne point dégénérer d'un père qui n'auroit pas de plus douce satisfaction que de me voir digne de vous.

Je regarde comme une récompense de ses services la grâce que m'accorde aujourd'hui Sa Majesté. Le sage ministre qui me l'a obtenue a compté sans doute sur les grands motifs qui doivent toujours m'animer, et cette succession d'honneur, recueillie et accrue depuis si longtemps dans ma famille, a répondu au Roy de mon émulation et de mon zèle.

(Minute autographe. — Arch. Nicolay, 54 L 88 ter.)

Selon le *Plumitif*, ce discours fut prononcé avec beaucoup de dignité. Ensuite, le nouveau P.P. fut reconduit par les huissiers, frappant de leur baguette, jusqu'au pied de l'escalier.

---

785.   10 Septembre 1732.

EXIL DES CONSEILLERS DU PARLEMENT. — MALADIE DU P.P.

Ce jour, Me Charles Ducornet, greffier en chef, a dit qu'en exécution de l'ordre de la Chambre, il fut hier à Goussainville, où il fit à M^r le P.P. les complimens sur l'exil de Mr Nicolay, son fils (reçu en survivance en l'office de P.P. et actuellement conseiller en la première chambre des requêtes du Palais du parlement, envoyé par ordre du Roi, avec plusieurs autres officiers du parlement, à Soissons), et lui marqua la part que la Chambre y prenoit et au rétablissement de sa santé, dont elle l'avoit chargé de s'informer. A quoi mondit sieur le P.P. lui auroit répondu qu'il remercioit la Compagnie de son attention et de la part qu'elle vouloit bien prendre à tout ce qui le concernoit ; que sa santé se rétablissoit, et qu'il espéroit encore pouvoir continuer ses services à la Chambre et lui marquer sa reconnoissance [1].

(*Plumitif* et *Cérémonial.*)

[1]. Exilé à Soissons par ordre du 6 septembre, Mr Nicolay reçut, le 25 du même mois, la permission de se rendre à Goussainville. Le cardinal de Fleury obtint son rappel le 10 novembre suivant. (Arch. *Nicolay*, 41 C 73 à 75.)

786. 28 *Avril* 1733.
MORT DE LA PREMIÈRE PRÉSIDENTE.

Ce jour, M° Charles Ducornet, greffier en chef, a dit que, suivant les ordres de la Chambre, il fut hier chez M^r le P.P.; qu'ayant appris qu'il étoit retiré chez Mr de Lamoignon, son beau-frère, il s'y seroit transporté ; qu'ayant été introduit dans l'appartement où étoit mondit s^r le P.P., accompagné de Mr Nicolay, son fils, il lui auroit marqué, au nom de la Compagnie, la part qu'elle prenoit à la perte qu'il venoit de faire de Madame son épouse, le priant de ne point s'abandonner à sa juste douleur, mais de se conserver pour le bonheur de sa famille et pour la satisfaction et la gloire d'une Compagnie qui lui étoit entièrement dévouée, par les services importans qu'il y avoit rendus au Roi. A quoi mondit s^r le P.P. lui auroit répondu qu'il avoit éprouvé en plusieurs occasions les bontés de la Chambre pour lui et pour sa famille, qui étoit entièrement dévouée à son service; que c'étoit un grand soulagement pour lui, dans la tristesse dont il étoit accablé, de voir l'intérêt que la Chambre y prenoit; qu'il le chargeoit d'en marquer sa reconnoissance à la Compagnie, et l'assurer qu'il ne souhaitoit le rétablissement de sa santé que pour être en état de luy donner de nouvelles marques de son zèle pour le service du Roi et pour l'honneur et la dignité de la Chambre. Que lui dit, M° Ducornet, auroit pareillement marqué à Mr Nicolay la part que la Chambre prenoit à la perte qu'il venoit de faire et qu'elle lui souhaitoit toute la consolation nécessaire à sa triste situation. A quoi mondit s^r Nicolay lui auroit répondu qu'on ne pouvoit être plus pénétré de reconnoissance qu'il l'étoit des attentions de la Chambre pour Monsieur son père et pour lui, et de la part qu'elle vouloit bien prendre à la perte qu'il venoit de faire ; qu'il ne négligeroit jamais aucune occasion de donner à la Compagnie des marques de son zèle et de son attachement, et d'imiter les traces de Monsieur son père en tâchant de mériter l'estime de la Chambre et des membres qui la composent.

(*Plumitif* et *Cérémonial.*)

787. (*Mars* 1734.)
LETTRE DU P.P. AU CARDINAL DE FLEURY. — DÉMISSION.

Monseigneur, ma santé ne me permettant plus de remplir les fonctions de ma charge, je désirerois fort de la remettre à mon fils, à qui le Roy l'a déjà bien voulu accorder. Il touche aux vingt-cinq ans qui lui sont nécessaires pour pouvoir entrer en exercice, et, si V. É. le trouvoit convenable, je voudrois le mettre en ma place dès qu'il les aura accomplis. En même temps, je demanderois à S. M. de m'accorder des lettres d'honoraire, et je me flatte, Monseigneur, que vous ne vous y opposerez pas.

J'aurois encore à espérer de V. É. la grâce de présenter mon fils au Roy comme premier président, et de lui continuer cette bienveillance dont vous m'avez toujours honoré. Il fera ce qui sera en lui pour mériter vos bontés ; il ne démentira jamais les sentimens d'attachement et de respect avec lesquels, etc.

(Duplicata. — Arch. *Nicolay*, 32 C 33.)

788. 5 *Avril* 1734.
DÉMISSION DU P.P. EN FAVEUR DE SON FILS.

Ce jour, M^r le président de Paris a dit à la Compagnie que M^r le P.P. l'avoit chargé de représenter à la Chambre que, son âge et ses infirmités ne lui permettant plus de continuer avec l'assiduité qu'il

LOUIS XV. 611

désireroit l'exercice de son état et office de premier président, il prioit la Chambre d'agréer la démission qu'il en avoit faite en faveur de Mre Aymard-Jean Nicolay, son fils, conseiller au parlement, commissaire aux requêtes du Palais . . . . lequel acte de démission, ensemble l'extrait baptistaire dudit s^r Nicolay fils, justificatif qu'il est actuellement âgé de vingt-cinq ans accomplis, mondit s^r le président de Paris a représentés et mis ès mains de Mr Pichon L., conseiller maître, qui en a fait lecture. Vu l'expédition duquel acte de démission, passé devant Langlois et Jourdain, notaires à Paris, le jour d'hier, l'extrait baptistaire dudit s^r Nicolay fils, du 4 avril 1709, la Chambre a arrêté que MM. Charles de Villiers-Bérauld et Guillaume Favières, conseillers maîtres, se transporteront actuellement chez M^r le P.P., pour lui témoigner que la Chambre a ressenti très vivement la perte qu'elle fait par sa démission; que cependant l'espérance qu'elle a de le revoir en la personne dudit sieur son fils, guidé par sa sagesse et par ses conseils, et la propre satisfaction de mondit s^r le P.P. porteront la Chambre à se conformer à ses intentions; qu'elle souhaitoit en être instruite par lui-même, et savoir s'il avoit cette démission pour agréable.

Et lesdits s^{rs} de Villiers-Bérauld et Favières, partis à l'instant et revenus peu après, ont dit qu'ayant témoigné à M^r le P.P. les sentimens de la Chambre, il leur auroit répondu qu'il étoit pénétré des marques d'estime et d'attention de la Chambre; qu'il souhaiteroit d'être en état de lui continuer ses services, mais que, sentant qu'il ne pouvoit le faire avec tout le zèle et l'assiduité qu'il désireroit, il prioit la Chambre de lui donner la satisfaction de mettre ledit sieur son fils en place; qu'il l'aideroit volontiers de ses conseils, et se porteroit toujours avec la même affection à maintenir les droits, l'honneur et la dignité de la Compagnie; qu'il agréoit cette démission, qu'il avoit faite volontairement, et espéroit que la Chambre voudroit bien la recevoir.

Ouï lequel rapport, et tout considéré, la Chambre a donné acte audit s^r P.P. de la déclaration par lui faite et de la représentation de ladite démission; ordonne ladite démission, ensemble l'extrait baptistaire dudit s^r Aymard-Jean Nicolay, du 4 avril 1709, être déposés au greffe de la Chambre, pour y avoir recours en temps et lieu. En conséquence sera ledit s^r Aymard-Jean Nicolay admis au service actuel dudit état et office de premier président.

Et à l'instant, mondit s^r Nicolay, qui étoit en la chambre du Conseil, mandé et introduit au bureau par Me Charles Ducornet, greffier en chef, de l'ordre de la Chambre, a pris place et séance en la place ordinaire et accoutumée à MM. les Premiers Présidens.

(*Plumitif* et *Cérémonial*.)

789.
26 *Avril* 1734.
LETTRES D'HONORAIRE POUR LE P.P.

Louis, etc. A nos amez et féaux conseillers les Gens tenans notre Chambre des comptes à Paris, Salut. Notre amé et féal le s^r Jean-Aymard Nicolay, notre conseiller ordinaire en tous nos Conseils, premier président clerc en notredite Chambre des comptes, ayant fait en nos mains sa démission volontaire de ladite charge pour et en faveur de notre amé et féal le s^r Aymard-Jean Nicolay, son fils, conseiller en notre Cour de parlement et commissaire aux requêtes de notre Palais à Paris, à condition toutefois de survivance et de retenue de service, nous accordâmes, le sept décembre mil sept cens trente un, audit s^r Nicolay fils nos lettres de provisions de ladite charge, aux susdites conditions; et, en nous assurant par ce moyen et pour l'avenir les services dudit s^r Nicolay fils, nous nous conservâmes ceux que devoit encore nous rendre ledit sieur son père. Mais, ledit s^r Nicolay père ayant donné, au mois de mars dernier, son consentement à ce que ledit sieur son fils entrât en exercice et en jouissance de ladite charge, et celui cy s'en trouvant aujourd'huy en possession, nous avons cru devoir conserver, par des lettres d'honoraire, audit s^r Nicolay père les avantages et les privilèges d'une charge qu'il a remplie, à l'exemple de ses ancestres, avec la dignité, la vigilance et le zèle que demandent les obligations attachées à la magistrature dans une place aussi élevée et dont l'objet est si important et si estendu. Et nous voulons toutefois que la grâce que nous sommes résolus de faire audit sʳ Nicolay ne puisse aucunement préjudicier au droit que nous luy avons réservé par les provisions dudit sieur son fils, de rentrer en possession et dans l'exercice de ladite charge, en cas de prédécès dudit sieur son fils. A ces causes, et de notre grâce spéciale, pleine puissance et autorité royale, nous avons permis et accordé, permettons et accordons, par ces présentes signées de notre main, audit sʳ Nicolay père de se dire et qualifier en tous actes, tant en jugement que dehors, notre conseiller ordinaire en tous nos Conseils, premier président clerc en notre Chambre des comptes à Paris, nonobstant la résignation qu'il a faite de ladite charge et les provisions qui en ont esté expédiées en faveur dudit sieur son fils. Voulons et nous plaît qu'il jouisse de tous les honneurs, avantages, exemptions et priviléges attachez à ladite charge, et dont il a joui ou deu jouir avant sadite résignation. Luy permettons en outre d'assister et de prendre place en notredite Chambre des comptes, et d'y avoir rang et séance après celui qui présidera, avec voix et opinion délibératives dans toutes les affaires qui s'y traiteront, sans toutefois qu'il puisse prétendre aucuns gages, pensions, part aux épices, ni autres droits et émolumens appartenans à ladite charge, et à condition qu'il ne pourra présider en aucun cas. . . . . Car tel est notre plaisir. Donné à Versailles, le vingt-sixième jour d'avril, l'an de grâce mil sept cens trente quatre, et de notre règne le dix-neufième.

LOUIS.
Par le Roy : PHÉLYPEAUX.

Registrées en la Chambre des comptes, ouy le procureur général du Roy, pour jouir par l'impétrant de l'effet et contenu en icelles, et estre exécutées selon leur forme et teneur; les semestres assemblez, le treizième may mil sept cent trente quatre. DUCORNET [1].

(Original. — Arch. Nicolay, 32 C 34.)

[1]. La Chambre nomma deux députés pour aller féliciter le P.P., à Goussainville, de ce que sa charge se trouvait de plus en plus affirmée et assurée sur sa tête et sur celle de son fils. Le P.P. répondit qu'il « ne souhaitoit le rétablissement de sa santé et la continuation de ses jours que pour être en état de marquer à la Chambre combien il étoit sensible à toutes ses attentions et à son estime; qu'il espéroit que son fils l'acquitteroit envers la Compagnie par un attachement inviolable aux intérêts, à la dignité et à l'honneur de la Chambre. » (*Plumitif* et *Cérémonial*, 13 et 15 mai.)

790.
10 et 29 Juillet 1734.
MALADIE DU P.P. HONORAIRE.

Du samedi 10 juillet. Ce jour, Mᵉ Charles Ducornet, greffier en chef, a dit que, suivant ce qu'il avoit plu à la Chambre de lui prescrire, il s'étoit rendu hier à Goussainville pour s'informer, de la part de la Chambre, de la santé de Mʳ Nicolay, ancien P.P., et lui en souhaiter un parfait rétablissement ; qu'il avoit trouvé mondit sʳ Nicolay debout et en assez bonne santé, mais un peu foible ; lequel lui a dit qu'il étoit obligé à la Chambre de toutes ses attentions et de la considération qu'elle lui témoignoit en toutes occasions ; qu'il souhaiteroit d'être en état de lui en marquer sa reconnoissance.

Du jeudi 29 juillet. Sur les dix heures du matin, Mᵉ Charles Ducornet, greffier en chef, a dit que, suivant ce qui lui avoit été prescrit par la Chambre, il avoit été à l'hôtel de Nicolay ; qu'il avoit parlé à Mʳ le P.P., auquel ayant témoigné la part que la Chambre prenoit à la maladie de Monsieur son père, il lui auroit dit que mondit sieur son père avoit été très mal le jour d'hier, que même on avoit jugé à propos de lui administrer les saints sacremens de l'église, mais qu'il étoit présentement beaucoup mieux ; qu'il étoit, aussi bien que Monsieur son père, bien obligé à la Chambre de son attention, et le chargeoit de lui en témoigner leur reconnoissance.

(*Plumitif* et *Cérémonial*.)

VIII

AYMARD-JEAN NICOLAY

*fils de Jean-Aymard Nicolay
et de Françoise-Élisabeth de Lamoignon,*

né à Paris le 3 avril 1709,

chevalier, marquis de Goussainville, seigneur d'Osny, Villebourg, la Noiraye, etc., mestre de camp du régiment de dragons de Nicolay (1727), conseiller au parlement de Paris et commissaire aux requêtes du Palais (19 juillet 1731), pourvu de l'office de Premier Président en survivance le 7 décembre 1731, entré en fonctions le 5 avril 1734, conseiller du roi en ses Conseils d'État et privé; se démit de ses fonctions le 17 septembre 1773, obtint des lettres de Premier Président honoraire le 22 février 1775, et mourut le 25 mars 1785.

---

791.   28 Janvier 1735.

LETTRE DU CARDINAL DE FLEURY AU P.P. — NATURALISATION DE JEAN LAW.

A Versailles, le 28me janvier 1735.

Quand le Conseil des dépesches, Monsieur, jugea l'affaire de feu Mr Law, elle le fut tout d'une voix, et il fut décidé que le Roy avoit trop clairement expliqué sa volonté, non seulement en lui donnant des lettres de naturalité, mais encore en lui donnant une des principales charges de son État. Il est vrai qu'on agita la question du défaut d'enregistrement de ses lettres à la Chambre des comptes, mais on ne crut pas que ce défaut fût assés essentiel pour en opérer la nullité, attendu que le Roy y avoit suppléé par toutes les autres marques de son expresse volonté. Si vous voulés bien prendre la peine, Monsieur, de voir Mr le chancelier, il vous éclairera beaucoup mieux que je ne pourrois faire sur toutes les difficultés que vous proposés; et ce que je sais seulement, c'est qu'on ne crut pas avoir fait aucun tort à la Chambre, et qu'il n'y eut qu'un avis. Je vous supplie d'être persuadé, Monsieur, qu'on ne peut vous honorer plus parfaitement que je fais [1].

LE CARD. DE FLEURY.

(Original. — *Arch. Nicolay,* 72 L 224.)

---

1. Faute d'enregistrement de la naturalisation, une sentence de la Chambre du domaine, du 30 décembre 1733, avait adjugé au roi la succession de Jean Law; mais le tuteur des enfants mineurs avait aussitôt introduit une instance en réintégration par-devant le Conseil, et la Chambre, avertie que les héritiers auraient probablement gain de cause, en mémoire des hautes fonctions et des services de Law, avait pris du moins ses précautions pour sauvegarder sa jurisdiction en ce qui touchait l'enregistrement obligatoire. Elle avait commis le président de Paris et plusieurs maîtres pour intervenir, avec le P.P., dans l'arrêt que rendrait le Conseil, et on obtint effectivement que le roi y déclarât ne porter aucune atteinte aux anciennes ordonnances. (*Plumitif,* 10 janvier et 27 mai 1735.)

792. 23 Novembre 1736.
LETTRE DE LA PRIEURE DE LA PRÉSENTATION AU P.P. — ORGANISTE DE LA SAINTE-CHAPELLE.

Le 23 novembre 1736.

Je n'ay pas l'honneur d'estre connüe de vous, Monsieur; ainsy, je ne sçay pas trop comment vous recevrez une très humble prière que j'ay l'honneur de vous faire en faveur d'un jeune homme nommé la Porte, habille organiste, mais qui n'est pas encore connu dans le monde, et à qui, par cette raison, le poste de la Ste-Chapelle feroit la fortune. Il a besoin pour l'obtenir, Monsieur, de toute votre protection. Il joue parfaitement bien; c'est un homme sage, de bonnes mœurs, qui mériteroit par sa bonne conduite le bonheur d'avoir un protecteur tel que vous, Monsieur. Ce seroit une grâce dont je serois toute ma vie très reconnoissante, si mon suffrage pouvoit lui servir utilement auprès de vous. Si vous la refusez à ma témérité, je trouveray un grand dédommagement par la satisfaction que j'auray, Monsieur, à vous faire connoître et à vous assurer moy mesme des sentimens d'estime singulière avec lesquels je suis, Monsieur, votre très humble et très obbéissante servante.

Sr M. E. Ar. de Richelieu, p. p. de la Présentation.

(Orig. autographe. — Arch. Nicolay, 47 L 2.)

---

793. Décembre 1736 et Février 1737.
LETTRES DU CHANCELIER AU P.P. — JURIDICTION CRIMINELLE.

A Versailles, le 6 décembre 1736.

J'ay différé bien longtemps, Monsieur, de répondre à la lettre que vous m'avés écrite au sujet de la dernière délibération du parlement sur le procès de Compotier; d'un costé, j'attendois des mémoires que j'avois demandés à Mr de Fourqueux, qui n'a pu encore me les envoyer; de l'autre, je voulois parler, plustost qu'écrire, sur ce sujet à M^r le premier président et à M^r le procureur général du parlement. C'est ce que je n'ay pu faire qu'à mon dernier voyage à Paris, et je vois qu'il seroit difficile d'obliger la grande chambre à consentir que l'on délivrast une expédition en forme de ce qui n'est qu'une délibération secrète ou un arresté, plustost qu'un arrest. Il importe seulement que le procès, qui estoit au parquet du parlement, sera remis au greffe, pour estre pris ensuite et veu par le rapporteur, et procédé au jugement dans les formes ordinaires. Vous n'en sauriés pas davantage, quand vous auriés une copie en forme de cet arresté, et la Chambre des comptes peut prendre sur cela les résolutions qu'elle jugera convenables. Je seray cependant bien aise d'en raisonner auparavant avec vous la première fois que j'auray l'honneur de vous voir. Personne, Monsieur, n'est à vous plus véritablement ny plus parfaitement que moy.

Daguesseau.

A Versailles, le 4 février 1737.

Vostre dernière lettre ne m'annonce qu'un mémoire, Monsieur, au lieu d'une réponse précise que j'attendois. Je crains que cela ne tende à reprendre le train de l'année dernière. Mais, comme il s'agit de finir promptement une affaire dont mon honneur et ma conscience se trouvent encore plus chargés depuis que le Roy l'a fait remettre entre mes mains, je vous prie de vouloir bien passer chés moy, à Paris, mercredy prochain, sur les cinq heures du soir, afin que je puisse savoir plus décisivement à quoy l'on peut s'en tenir sur ce sujet, et estre en estat de recevoir ensuitte les ordres de Sa Majesté sur la manière de faire juger enfin un procès qui dure depuis si longtemps. Personne ne sçauroit estre à vous, Monsieur, plus parfaittement que moy.

Daguesseau.

A Versailles, le 10 février 1737.

Ce n'est point précisément, Monsieur, à Mr le premier président de la Chambre des comptes que je fais part de ce projet d'arrest : c'est à Mr de Nicolay, c'est à dire à un des hommes du monde que j'honore, et, si vous permettés cette expression, que j'aime le plus véritablement. J'espère que vous trouverés dans ce projet toutes les précautions et tous les ménagemens que l'on pouvoit prendre en pareil cas par rapport à la Chambre des comptes. Vous n'y verrés rien mesme qui annonce la cassation de son second arrest. On n'y a point employé les termes *sans s'arrester à l'arrest*, etc., ny ceux cy, *pour procéder comme avant l'arrest*, etc.; et, si le Roy approuve ce projet, il ne fera que passer à costé de cet arrest, pour accélérer seulement le jugement du procès, sauf à s'expliquer dans la suitte, par le règlement général, sur la difficulté que ce second arrest a fait naître. On ne peut rien imaginer de plus doux que cette manière de prononcer, et, comme le mesme projet porte que, si les commissaires ordonnent une nouvelle instruction, elle sera faite par un officier de la Chambre, il paroist bien difficile, quant à présent, de mieux ménager les droits et les prétentions des deux Compagnies, ny de donner un arrest de provision plus innocent que celuy dont je confie la connoissance à votre personne : vous sentés bien qu'il ne seroit pas décent que cela fût communiqué à une Compagnie, et j'en use de mesme des deux costés. Je voudrois pouvoir trouver encore un meilleur dénouëment ; mais, après y avoir bien pensé, et dans la nécessité où l'on est de prendre promptement un party pour ne pas laisser languir plus longtemps dans les fers ceux qui y sont depuis tant d'années, il ne se présente rien de mieux à mon esprit. Vous savés au surplus combien j'estime et honore votre Compagnie, et vous connoissés tous les sentimens avec lesquels je suis, Monsieur, parfaittement à vous.

DAGUESSEAU.

Je vous prie de me renvoyer incessamment ce projet, avec votre réponse.

Recevés, Monsieur, tous mes complimens sur le gain du procès de Mr le comte du Luc, et faittes les passer jusqu'à luy. Personne ne luy en fera de meilleur cœur que moy.

(Orig. autographes. — *Arch. Nicolay*, 72 L 92, 42 L 83 et 85.)

---

794. 4 *Juillet* 1737.

LETTRE DU CARDINAL DE FLEURY AU P.P. — AFFAIRE DES CORRECTEURS.

A Versailles, le 4 juillet 1737.

Je ne puis encore, Monsieur, entrer dans aucun détail sur l'entreprise inouïe et séditieuse de Mrs les correcteurs des comptes, jusqu'à ce que j'aye veu avec Mr le chancelier le remède qu'on pourra apporter à un pareil attentat, en cas que vous ne puissiés le trouver dans l'autorité même de la Chambre. En attendant, vous pouvés compter sur celle du Roy, qui connoit trop votre probité et votre zèle pour ne pas vous donner tous les secours dont vous pourrés avoir besoin. Je me flatte, Monsieur, que vous ne doutés pas de mes sentimens sur tout ce qui vous regarde, non plus que de ceux avec lesquels je fais profession de vous honorer.

LE CARD. DE FLEURY.
(Original. — *Arch. Nicolay*, 37 L 48.)

Le 5 juin précédent, le procureur général avait dénoncé à la Chambre deux écrits qui se répandaient dans le public, intitulés : *Relation de la maladie de Mademoiselle le Juge*, et *Certificat de Mr le Juge, conseiller correcteur en la Chambre des comptes de Paris*. Dans cette seconde pièce, Mr le Juge attestait à ses confrères la vérité de la guérison de sa fille par l'intercession miraculeuse du diacre Paris, et consentait que sa déclaration fût déposée en la chambre de la Correction. En effet, les correcteurs, mandés et interpellés par le P.P., reconnurent que l'original du certificat était dans leurs coffres ; mais ils prétendirent d'abord qu'ils n'en avaient pas les clefs, et ensuite que cette pièce ne pouvait être retirée sans une délibération générale de l'ordre. A quoi le P.P. avait répliqué que la Chambre ordonnait l'extraction de cette pièce, et qu'aucun ordre ne devait méconnaître l'autorité et les arrêts de la Compagnie. Après une nouvelle tentative de conciliation, le doyen et un conseiller maître s'étaient transportés en la chambre de la Correction, et se préparaient à faire forcer les coffres, lorsqu'enfin les correcteurs leur avaient remis l'exemplaire original de la relation, portant en marge le certificat de leur confrère. Séance tenante, le procureur général avait fait prononcer la suppression de tous les imprimés, avec ordre aux correcteurs d'être désormais plus obéissants et plus circonspects, et défense de former aucun dépôt particulier ou de rien introduire dans ceux de la Chambre sans autorisation, ainsi que de tenir d'autres registres que ceux des Avis de correction. Le 3 juillet, un huissier du Conseil pénétra dans le dépôt du greffe et remit au greffier, de la part des correcteurs, une sommation de leur délivrer une expédition en forme de cet arrêt, sommation conçue en de tels termes, que le procureur général requit, dans la séance du 5, une information immédiate et une répression sévère. Mais les correcteurs se hâtèrent d'envoyer l'expression de leurs regrets, se désistant de la sommation, si elle avait déplu à la Chambre, et protestant qu'ils n'avaient aucune idée d'indépendance. L'original de la sommation fut détruit, et le procureur général déclara se contenter de l'admonestation que le P.P. adressa aux députés de l'ordre. (*Plumitif.*)

795. Octobre 1737.
LETTRES DU CARDINAL DE FLEURY ET DU PRÉVOT DES MARCHANDS AU P.P. INCENDIE DE LA CHAMBRE.

A Fontainebleau, le 29 octobre 1737.

Je vous félicite, Monsieur, d'être quitte des justes alarmes et de la fatigue que vous avés souffertes pendant 24 heures. Tout le monde vous rend justice sur l'activité et le courage et la prudence avec lesquels vous vous êtes conduit dans un malheur si grand et si imprévu. Je n'en avois pas douté par avance, et je vous supplie d'être persuadé de la joye que j'en ai, faisant profession de vous honorer plus parfaitement qu'homme du monde.

LE CARD. DE FLEURY.

A Fontainebleau, le 30 octobre 1737.

Je me réjouis, Monsieur, de ce qu'enfin on s'est rendu maître du feu et de ce qu'il n'a pas eu des suites plus funestes. Il est bien juste de vous exhorter à vous reposer, et je le fais, je vous asseure, bien sincèrement. On ne peut rien de mieux que le parti que vous avés pris pour la seureté des papiers qui ont échappé à l'incendie, et vous ne devés pas douter du gré que le Roy vous en sait. Je vous supplie de croire que je vous honore, Monsieur, très parfaitement.

LE CARD. DE FLEURY.

A huit heures du soir.

Je viens, Monsieur, de passer à la place Royalle pour voir si l'on avoit exécuté ce que vous avez souhaitté. Il m'a paru que les tentes étoient trop petites. Ainsy, si vous le jugez à propos, donnez vos ordres à Mʳ le procureur du Roy de la ville et à Mʳˢ les échevins, qui seront demain matin chez Mʳ le premier président du parlement, afin qu'ils fassent mettre de grandes bannes, au lieu de ces soit disant tentes. Je n'auray point l'honneur de vous y voir, et je vais me tranquiliser pendant deux jours à la campagne. J'ay chargé Mʳˢ les échevins d'avoir soin qu'il y eût demain un disné chez Mʳ le premier président, en son absence. S'ils osoient, et moy aussy, ils vous prieroient, ainsy que Mʳ de Fourqueux et Mʳˢ de la Chambre que vous jugeriez à propos, de leur faire l'honneur d'y disner avec Mʳ le lieutenant criminel et Mʳˢ les officiers aux gardes. J'ay l'honneur d'estre avec respect, etc.

TURGOT.

Adressez vous à Mʳ le procureur du Roy pour tout ce que vous jugerez à propos de faire fournir pour vos papiers, et on exécutera sur le champ ce que vous désirerez.

(Originaux. — *Arch. Nicolay*, 37 L 50 et 51, 41 L 165.)

796.
Novembre 1737.

INCENDIE DE LA CHAMBRE. — RAPPORTS ET ARRÊTS.

Du lundi matin, 4 novembre. Ce jour, la Chambre s'est assemblée dans le second bureau, attendu que le grand bureau s'est trouvé impraticable, les bureaux, bancs et tapisseries qui y étoient ayant été détruits à l'occasion de l'incendie survenu, la nuit du samedi 26 au dimanche 27 octobre dernier, à l'un des bâtimens de la Chambre, tenant d'un côté au grand escalier de ladite Chambre et de l'autre à la maison du Bailliage, ayant vue d'une part sur la cour du Puits et de l'autre sur la cour et jardin du premier huissier de la Chambre, ledit bâtiment renfermant les antichambres, les différens dépôts du greffe et des terriers, plusieurs départemens du garde des livres, et autres lieux de ladite Chambre, presque entièrement détruits par l'incendie. Messieurs ont pris place au second bureau, et Mr le P.P. a dit à la Compagnie qu'il ne lui rappelleroit point les circonstances de ce funeste événement; que la plupart de Messieurs en avoient été témoins et s'étoient employés avec beaucoup de zèle et d'empressement à y porter du secours; que, comme la Chambre n'étoit point alors assemblée, il avoit pris sur lui de donner tous les ordres qu'il avoit cru nécessaires pour arrêter les progrès de l'incendie et mettre en sûreté les titres, papiers, registres, comptes et acquits échappés de l'embrasement; que même il avoit dressé un procès verbal, contenant les circonstances de ce désastre, par lequel la Chambre connoîtroit en général le préjudice qu'il causoit au Roy, à l'État, au public et à la Chambre en particulier; qu'il avoit été obligé d'interrompre le cours de ce procès verbal par un voyage qu'il avoit cru devoir faire à Fontainebleau pour rendre compte au Roi, à Mr le cardinal-ministre et à Mr le chancelier de cet accident et recevoir les ordres de S. M. à ce sujet; qu'il seroit incessamment en état de présenter ce procès verbal à la Chambre, laquelle voudroit bien commettre deux de Messieurs pour le continuer; qu'il ne pouvoit trop exhorter MM. les officiers de la Chambre de continuer leurs soins pour veiller et donner les ordres nécessaires aux différens travaux qui restoient à faire, et particulièrement pour rétablir en meilleur ordre qu'il se pourroit les dépôts dispersés et détruits par l'incendie; que cet événement offroit une multitude infinie d'objets qui méritoient également l'attention de la Chambre et sur lesquels il étoit nécessaire qu'elle statuât, après que les gens du Roi lui auroient proposé leurs réflexions et les réquisitoires qu'ils avoient à faire à ce sujet. . . . . . .

Ce fait, les Gens du Roi mandés au bureau et venus par le procureur général du Roi, qui a dit qu'il venoit redoubler à la Chambre sa douleur. . . . . qu'il ne doutoit point que le premier mouvement de la Chambre ne fût de marquer sa reconnoissance à ceux qui s'étoient employés à la secourir dans cet accident, singulièrement à Mr le P.P.; que lui, procureur général du Roi, avoit été témoin de son zèle infatigable dans tout le temps de l'incendie; que, dans tous les lieux où il s'étoit porté, il avoit signalé cet amour héréditaire dans sa maison pour le bien public et particulier; qu'il avoit donné dans cette triste conjoncture des preuves d'un courage et d'une prudence que son génie rend, dans toutes occasions, supérieurs à l'expérience la plus consommée; qu'elle devoit aussi des remerciemens à Mr le premier président du parlement, à Mr le procureur général du Roi en ladite Cour, à MM. les principaux officiers des gardes françoises et suisses, aux srs lieutenant général de police, prévôt des marchands, procureur du Roi de la ville et au corps de cette ville, qui tous avoient concouru à prévenir les dangers, à ordonner les travaux pour arrêter les progrès de l'incendie et à procurer toutes sortes de secours; que, quant à présent, une des principales fonctions du ministère de lui, procureur général du Roi, étoit de chercher à découvrir la source du malheur et ce qui avoit pu y donner lieu; que, par ces considérations, il requiert acte de la plainte qu'il rend à la Chambre contre les auteurs de l'incendie. . . . . leurs fauteurs, complices et adhérens; ordonner qu'à sa requête, par-devant tels des conseillers maîtres qu'il plaira à la Chambre de commettre, il sera informé des faits contenus en ladite plainte, circonstances et dépendances; lui permettre de faire publier monitoire en forme de droit pour avoir révélation des faits contenus en ladite plainte. Requérant en outre le procureur général qu'il plût à la Chambre de députer tels des officiers de ladite Chambre qu'elle jugeroit convenable pour faire des remerciemens à M⁰ le premier président du parlement, à M⁰ le procureur général du Roi du parlement, aux s^rs lieutenant général de police, prévôt des marchands, échevins et procureur du Roi de la ville de Paris, des soins qu'ils se sont donnés pour procurer des secours et de l'attention qu'ils ont eue à pourvoir, même à prévenir aux besoins nécessaires; comme aussi de députer à MM. les officiers des gardes françoises et suisses qui ont donné des ordres pour faire venir des détachemens considérables de leurs troupes et les faire travailler avec succès à l'incendie. . . . .

Et après que Mr Pichon, ancien des conseillers maîtres, a remercié, au nom de la Compagnie, M^r le P.P. des peines et soins qu'il a bien voulu se donner, avec un travail continuel et infatigable, depuis le moment qu'il a eu appris ce malheur jusqu'à présent, tant pour arrêter le progrès du feu, que pour en prévenir les suites et mettre en sûreté les dépôts, registres, titres, papiers, comptes et acquits menacés de l'incendie, et qu'il l'a prié, au nom de la Compagnie, de vouloir bien les continuer, la Chambre a arrêté que Me Charles Ducornet, greffier en chef, ira faire des remerciemens de la part de la Chambre à M^r le prince de Dombes, colonel général des Suisses. . . . .

Du mardi matin, 12 novembre, les semestres assemblés. Ce jour, le procureur général du Roi, venu au bureau, a dit : « Messieurs, nous avons eu l'honneur, il y a huit jours, de vous proposer ce que nous croyions être le plus instant dans la triste conjoncture où nous nous trouvions. Vous avez depuis connu vous-mêmes le mal. L'empressement avec lequel MM. les officiers de la Chambre, animés par M^r le P.P., ont apporté tous leurs soins et prodigué leurs veilles et leurs travaux, sera à jamais un monument de leur zèle pour le service du Roi, et leur attachement à la gloire et aux intérêts de la Compagnie ne permet pas de douter qu'ils ne continuent avec la même ardeur à nous prêter de prompts et efficaces secours pour réparer autant et le plus tôt qu'il sera possible la perte que nous venons de faire et rétablir nos précieux dépôts, de façon que ceux qui nous succéderont sentent moins vivement le malheur dont nous sommes aujourd'hui accablés. Nous croyons devoir vous rappeler le zèle avec lequel même les officiers subalternes de la Chambre se sont portés à seconder celui de Messieurs, et supplier la Chambre de pourvoir, suivant sa prudence, à la récompense des services qu'ils ont rendus. Informé et témoin du désordre inséparable et inévitable qu'entraîne un si triste événement, nous estimons, Messieurs, devoir requérir, pour l'intérêt du Roi et du public, qu'il plaise à la Chambre nous donner acte de la plainte que nous rendons, par une requête que nous avons à cet effet remise ès mains de Me Pichon, conseiller maître, contre ceux qui, pendant le cours de l'incendie, ont détourné ou diverti aucuns des registres, titres, papiers, comptes et acquits dépendans des différens dépôts de la Chambre; ordonner que, des faits contenus en ladite plainte, circonstances et dépendances, il sera informé à notre requête, par-devant tel des conseillers maîtres qu'il plaira à la Chambre de commettre; nous permettre de faire publier monitoire en forme de droit pour avoir révélation desdits faits; ordonner que, dans quinzaine pour tout délai, à compter du jour de la publication de l'arrêt qui interviendra, qui sera publié et affiché partout où besoin sera, ceux qui pourroient avoir entre leurs mains aucuns desdits titres, registres, comptes ou acquits, seront tenus de les rapporter au greffe de la Chambre, pour en être fait, en notre présence, par tels des conseillers maîtres qu'il lui plaira nommer, des états et descriptions sommaires, aux fins desdits lesdits titres remis dans les dépôts dont ils émanent ; ce faisant, les officiers préposés à la garde des différens dépôts seront tenus de se charger au pied desdits états et inventaires ; et, ledit temps passé, ordonner qu'il sera procédé extraordinairement, à notre requête, contre ceux qui, par dol, fraude, ou autrement, retiendroient lesdits titres, registres, comptes ou acquits. Nous croyons aussi devoir requérir qu'il plaise à la Chambre ordonner qu'à notre requête et en notre présence, il sera dressé, par tels de ses officiers qu'il lui plaira commettre, des états et inventaires de ceux des registres, titres, comptes ou acquits, ou autres papiers, sains et entiers, qui, dans le temps de l'incendie, ont été transportés dans la chapelle de St-Michel, sous le quai de Gèvres, au couvent des Grands Augustins ou autres lieux, même de ceux qui, depuis l'incendie, ont été retirés de la place Royale assez sains pour être déposés au couvent du Petit St-Antoine ou ailleurs; pour ensuite lesdits titres, registres, comptes ou acquits être remis dans les différens dépôts dont ils doivent faire partie, ou y être autrement pourvu par la Chambre ainsi qu'il appartiendra. Comme aussi ordonner que tous les registres, titres et papiers qui ont été ou seront retirés de la place Royale assez sains, malgré l'incendie, pour être conservés, seront remis dans tels dépôts provisoirement que la Chambre ordonnera, et qu'il sera pourvu, par les moyens qui seront jugés les plus convenables, au rétablissement et réintégration des plus endommagés par le feu; que les cahiers détachés seront remis en ordre, les acquits dispersés, rassemblés; qu'il sera fait des copies collationnées de ceux qui se trouveront les plus endommagés, et qu'il sera fait tout ce qu'il conviendra pour le rétablissement du bon ordre des dépôts. Nous requérons pareillement qu'il soit dressé procès verbal, par tels des conseillers maîtres qu'il plaira à la Chambre, des bâtimens et lieux incendiés et de ce que contenoient lesdits bâtimens avant l'incendie. Enfin, nous requérons qu'il plaise à la Chambre ordonner que ceux des officiers de ladite Chambre qui ont perdu par l'incendie quelques papiers, comptes, acquits, minutes ou expéditions d'arrêts, actes judiciaires, ou autres effets à eux appartenans ou à ladite Chambre, seront tenus d'en faire leur déclaration dans quinzaine, devant tels des conseillers maîtres qu'il plaira à la Chambre de commettre, et qu'il en sera dressé procès verbal, en notre présence, par lesdits commissaires, pour, le tout vu et à nous communiqué, être par la suite fait telles réquisitions et pris telles autres conclusions que nous aviserons bon être, et par la Chambre ordonné ce qu'il appartiendra. »

Le procureur général du Roi retiré, la matière mise en délibération, la Chambre a fait droit sur la requête du procureur général du Roi ainsi qu'il ensuit. . . . . . .

Du mardi matin, 26 novembre. Sur le référé fait à la Chambre par MM. Jacques-Nicolas Vallée et Jérôme-Gabriel Cousinet, conseillers maîtres, commissaires nommés par arrêt de la Chambre du 4 novembre, présens mois et an, pour continuer le procès verbal fait d'office par Mr le P.P. au sujet de l'incendie arrivé, la nuit du samedi 26 au dimanche 27 octobre dernier, dans l'un des bâtimens de la Chambre, comme aussi des différens travaux qui ont été faits au sujet dudit incendie, vidange des décombres et transport des registres, titres, papiers, comptes et acquits étant dans les différens lieux de ladite Chambre attaqués ou menacés de l'incendie, ou tirés des lieux incendiés avec lesdits décombres; des comparution, dire et réquisition du procureur général du Roi, contenant que, quelques précautions que l'on puisse prendre, il étoit à craindre que les résidus des papiers et comptes altérés et pourris transportés par l'ordre des commissaires de l'enceinte de la place Royale dans un hangar construit dans une cour de l'enceinte de la Chambre, joignant la rue qui conduit à la petite porte du Palais sur le quai des Orfèvres, ne causassent une infection considérable, ce qui seroit d'une conséquence infinie; que son ministère l'obligeoit d'en prévenir les suites; que, comme ces papiers étoient dans un état à n'en pouvoir tirer aucun secours, il croyoit que l'on les pouvoit renfermer en terre et les couvrir de chaux, afin que, dans la suite, ils ne pussent apporter aucune infection. Requérant le procureur général du Roi qu'il fût ordonné que lesdits résidus de papiers incendiés et pourris qui sont actuellement dans ledit hangar ci-dessus désigné, fussent mis en terre en un trou qui seroit fait dans la cour de la Chambre joignant ledit hangar où ils sont présentement, ensuite couverts de chaux vive pour achever de les consumer, afin qu'ils ne puissent, dans la suite, causer aucune infection; dont seroit par lesdits commissaires dressé procès verbal en la présence de lui, procureur général du Roi; ledit réquisitoire inséré au procès verbal desdits commissaires, ès vacations des 13, 14 et 15 novembre, présens mois et an. Vu ledit procès verbal; ouï lequel rapport et tout considéré, la Chambre, faisant droit sur le réquisitoire du procureur général du Roi, a ordonné que les résidus des papiers incendiés et pourris étant actuellement dans le hangar ci-dessus désigné, seront mis en terre, etc.

(Plumitif.)

797.   14 *Décembre* 1737.

LETTRE DU PROCUREUR GÉNÉRAL AU P.P. — INSTALLATION DE LA CHAMBRE AUX AUGUSTINS.

A Versailles, ce 14 décembre 1737, samedi, 7 heures du soir.

J'ay l'honneur, Monsieur, de vous rendre compte de ce que j'ay vu et entendu aujourd'huy. S. É. a agréé que l'on donnât 20 mille francs pour les Plumitifs, et 8,000 livres pour les dépenses faites jusqu'à ce jour, et 10 mille pour les frais de déménagement. Mais je ne sais plus quand ce sera, ny où le Roy nous placera. Le clergé s'oppose à notre translation aux Augustins, et s'est fait écouter de façon que S. É. est persuadée que cela ne se peut; après luy en avoir parlé, M*r* de Maurepas a encor traité la matière avec luy, et l'exclusion subsiste. J'entrevois que cela vient de ce que M*r* le contrôleur général a dit qu'il ne pouvoit vous rebastir pour 1740, et que S. É., qui préside aux assemblées, ne veut pas se trouver au hazard d'être obligée d'aller ailleurs que Paris. Nous avons traité la difficulté de trouver ailleurs, et eux mêmes trouvent des inconvéniens partout : au Louvre, M*r* le cardinal de Rohan a son apartement par brevet ; le lieu des Académies ne leur paroist pas bien praticable, où les loger? Bref, Monsieur, nous sommes sur le pavé, et je ne sens nullement mon crédit suffisant pour remédier à ce mal. J'aurois bien souhaité que vous fussiez icy, et je crois indispensable que vous y fassiez un prompt voiage. J'ay disné avec M*me* la marquise de la Chastre, qui a augmenté mon regret en me disant que vous aviez été tenté de venir avec elle. Si cette lettre pouvoit vous être rendue d'assez bonne heure, venez. Pour moy, je suis à bout de raisons, et crois que je retourneray demain de bonne heure à Paris. Je suis et seray toute ma vie, avec autant de respect que d'attachement, etc.[1]

DE FOURQUEUX.

(Orig. autographe. — *Arch. Nicolay*, 75 L 65.)

1. En vertu d'une déclaration royale du 21 janvier 1738, la Chambre se transféra le 5 février aux Grands-Augustins, tint une première séance, les semestres assemblés, dans l'une des salles affectées aux chevaliers des ordres du roi, et vaqua jusqu'au 25, en attendant que les salles du clergé fussent disposées. (*Plumitif*.)

---

798.   30 *Décembre* 1737.

MALADIE DU P.P.

Ce jour, sur les dix heures, M*e* Noblet, greffier en chef, venu au bureau, a dit que, suivant l'ordre que la Chambre venoit de lui prescrire, il avoit été chez M*r* le P.P.; qu'il avoit été introduit dans un cabinet qui précédoit sa chambre, où il avoit trouvé M*r* le chevalier de Nicolay et M*me* la marquise de la Chastre, frère et sœur de M*r* le P.P., lesquels lui auroient dit que mondit s*r* le P.P. étoit considérablement mieux, qu'il reposoit actuellement; qu'ils ne manqueroient pas de lui faire part des marques d'attention que la Chambre avoit de vouloir bien s'intéresser à sa santé ; qu'en leur particulier, ils le prioient de vouloir témoigner à la Compagnie leurs remerciemens et leur reconnoissance.

(*Plumitif* et *Cérémonial*.)

---

799.   (1738.)

LETTRE AU P.P. — RECONSTRUCTION DES BATIMENTS DE LA CHAMBRE.

J'ay cru, Monsieur, comme ayant intérest que le bâtiment de la Chambre des comptes soit au plustôt en état, devoir vous avertir qu'il y a apparence que les choses n'iront pas si vite, ny de la façon dont les entrepreneurs sont convenus par leur devis et marchés. J'ignore quel est l'architecte sous lequel cet ouvrage doit être conduit, ne l'ayant point encore vu depuis le commencement du travail, quoyque je m'y sois chacque jour transporté à différentes heures, comme député par Messieurs de la Chambre mes confrères à ce sujet, sinon trois ou quatre jeunes gens qui, dans un quart d'heure qu'ils sont là le matin, paroissent donner quelques ordres à des manœuvres. Il me semble qu'il devroit y avoir pour avancer un pareil travail quelques personnes connoisseurs et capables : car, suivant les apparences, si ce bâtiment n'avance pas plus dans sa reconstruction qu'il n'avance actuellement dans la démolition, il ne pourra se trouver dans sa perfection dans les temps portés par les adjudications. L'on n'a seulement pas le soin de faire enlever les bois, qui restent toujours sur la place, ainsy que les autres matériaux.

L'exactitude avec laquelle vous avés toujours passé suivre les ordres de la cour, fait espérer, Monsieur, que vous ferés veiller à ce que j'ay l'honneur de vous marquer. Vous serés convaincu de la sincérité avec laquelle je suis votre très humble serviteur.

DE NEUVILLE (?)
(Original. — Arch. Nicolay, 49 L 109.)

800.   Juillet et Août 1738.
LETTRES (DE M. DE VARVILLE) ET DE M. DE MONGLAS AU P.P. — MALADIE DU CARDINAL DE FLEURY.

A Compiègne, ce 25, 7 heures du soir.

Le départ d'icy, Monsieur, paroist fixé au quattre du prochain. Le Roy doit chasser et aller soupper et coucher à Chantilly, où l'on dit qu'il fera deux chasses.

Le Roy a été à la grande messe à St-Jacques, sa paroisse, et à vespres et au salut. A 5 heures, au moment de la bénédiction, Monsieur le cardinal, qui se trouvoit mal depuis du temps et qui y résistoit, estoit à genoux, et en même temps le dos apuyé sur son pliant. Il luy a pris une foiblesse, son corps s'est plié en deux, et il est tombé sur le costé gauche de la teste, de façon que j'en ai entendu le bruict dehors, quasi vis à vis. Il a été un peu de temps sans connoissance. Le Roy a été promptement à son secours, et, avec différentes eaux et de l'eau fraische, on luy a fait reprendre ses sens, et dans l'instant il a vomi assez considérablement. On regarde cet accident comme occasionné par une indigestion et la trop grande chaleur qu'il faisoit dans l'église. Un moment après, je l'ay veu marcher seul, mais avec la précaution de beaucoup de personnes à ses costés. On dit qu'il est retourné au chasteau en carosse, et il a encorre vomi chez luy. Il s'estoit desjà trouvé un peu incommodé, et malgré cela il avoit mangé des fesves à son dîner. Toutte la médecine asseure que ce ne sera rien, et le Roy, qui en sort, paroist en revenir tranquil et assez guay, ce qui fait espérer que ce malheur n'aura pas de suitte.

J'ay creu vous faire plaisir, Monsieur, en vous marquant cette nouvelle, persuadé que dans Paris on pourra la débitter différament.

J'ay l'honneur d'estre, avec tout l'attachement et le respect possible, etc.

A Compiègne, ce 28 juillet.

L'accident arrivé à Monsieur le cardinal n'a eu aucunes suittes fâcheuses, Monsieur, et il n'y paroist pas. Le mesme jour, il escrivit une lettre assez longue, et alla le lendemain voir jouer à la paulme, où il resta près de deux heures. Il a travaillé depuis à son ordinaire, et il est surprenant qu'il ne se soit trouvé dérangé en rien d'une cheutte et d'une indigestion qui auroit peut estre rendu malade un homme bien plus jeune que luy. C'est une preuve de son bon tempérament.

Comme je vous ay mandé son estat au naturel, j'ay bien creu, Monsieur, que je vous ferois ma cour en vous marquant ce que j'avois veu, estant persuadé de tous les bruicts qui se répandroient dans Paris à ce sujet. Son accident n'a esté causé que par une indigestion, et, ayant eu le bonheur de rejetter à deux différentes reprises ce qu'il avoit dans l'estomac, cela luy a tenu lieu de purgation. On m'a asseuré que le coup qu'il s'estoit donné à la tête ne luy faisoit aucun mal, et qu'il n'y avoit rien à en appréhender.

Le Roy part d'icy le 4, en chassant, et va coucher à Chantilly; il y séjourne le 5 et 6, et y fera 2 chasses; le 7, il arrivera à Versailles. Mme de M. en est arrivée hier. Les dames vont aujourd'huy à la chasse et souperont, à ce que l'on dit, dans les petits appartements.

J'attends avec une vraye impatience, Monsieur, le plaisir de vous revoir. Je me flatte que je pourrai vous voir quand vous viendrez à Versailles, et que je trouverai le moment de vous y renouveller de vifve voix les asseurances que j'ay l'honneur d'estre, plus que personne au monde, avec tout l'attachement et le respect possible, etc.

Oserois-je vous prier, Monsieur, de présenter mes profonds respects à touttes vos dames?

A Compiègne, le 2 aoust 1738.

Nous avons eu hier, Monsieur, une nouvelle allarme sur la santé de S. É., causée par un dévoyement qui l'a travaillé toute la journée assez vivement, avec un peu d'émotion dans le poulx; mais elle vient de passer une assez bonne nuit, et a donné ses ordres pour partir demain et aller dîner à Montlévèque. Dieu veuille que ce mieux se soutienne! J'ay l'honneur d'être avec respect, etc.

MONGLAS.

(Orig. autographes. — *Arch. Nicolay*, 37 L 60, 63 et 68.)

---

801.   15 *Septembre* 1738.

LETTRE DE M. AMELOT AU P.P. — FRANCHISE DES LETTRES DU P.P.

A Versailles, le 15 septembre 1738.

Je crois que M^r le cardinal a répondu lui même, Monsieur, à la lettre que vous lui aviez écrite au sujet du contreseing de vos lettres. Je n'ai pu vaincre la difficulté que Son Éminence a trouvée à vous accorder cette distinction, qui lui a paru tirer à de trop grandes conséquences. Malgré le mauvais succès de ma négociation, je me flatte que vous n'en serez pas moins persuadé des sentiments avec lesquels je suis très parfaitement, etc.

AMELOT.

(Original. — *Arch. Nicolay*, 44 L 49.)

---

802.   2 *Janvier* 1739.

LETTRE DU PROCUREUR GÉNÉRAL AU P.P. — CHARGE D'AVOCAT GÉNÉRAL.

A Paris, le 2 janvier 1739.

Depuis que je vous ay quitté, Monsieur, l'envie de vous donner mon fils m'a repris, au point que j'ay fait quelques démarches pour savoir au vray le vray de l'histoire de Mr de Massol. Tout ce que j'en ay recueilli jusques à ce moment (même Mme sa femme consultée) est que ce n'est que le second tome de l'histoire de mon curé de Fourqueux, qu'il a renouvelée. Cependant vous allez à la cour; si vous avez encore la même bonne volonté que vous m'avez marquée dans toutes les occasions, et dont, en vérité, je suis bien reconnaissant, je vous supplie de savoir le vray, et même de vouloir bien dire que vous avez pour agréable mon fils. J'avois l'agrément du Roy et de S. É. il y a 18 mois. Je leur demanderay encore, et me résolveray à perdre la réception au parlement, et me donneray la satisfaction d'élever dans nos mœurs et dans nos principes un petit substitut que vous avez commencé à honorer de vos bontés. Je n'iray point à Versailles cette semaine. Chargez vous, je vous supplie, de ma procuration pour cette affaire.

Je suis avec beaucoup de respect, etc.

DE FOURQUEUX.

(Orig. autographe. — *Arch. Nicolay*, 75 L 72.)

803.
23 et 28 Juillet 1739.
LETTRES DE BARJAC AU P.P. — VOYAGE DU CARDINAL DE FLEURY.

A Compiègne, 23 juillet 1739.

Monsieur, S. É. n'a pas encore pris ses arrangements avec le Roy ; mais cela n'ira pas loin. Alors je parleray de Goussinville : proposer un coucher, du moins un disner, tirer partie. Et ne pouvez choisir un meilleur avocat : tout mi porte, et vous supplie, Monsieur, d'être persuadé de mon respect et de mon sincère attachement.

BARJAC.

S. É. se porte à merveille. La guerre est finie : Dieu mercy ! car elle ennuyoit.

Compiègne, 28 juillet 1739.

Monsieur, j'ay dit à S. É. que vous étiez faché d'être privé de ne pas l'avoir chez vous, mais que vous seriez attentif à l'avertir dans un an : elle le veut bien. S. É. vous fait bien ses complimens. Elle partira samedy pour Montlévêque, le dimanche disner à Chantilly, coucher à Royaumont, y disner lundy, coucher à St-Denis, mardy disner à Issy, et vous serez le maître d'y venir un jour disner. Vous me donnerez vos ordres, si vous le jugez à propos et que votre temps vous le permette.

BARJAC.

(Orig. autographes. — Arch. Nicolay, 37 L 73 et 75.)

804.
10 Février 1740.
LETTRE DU PRINCE DE MONTAUBAN AU P.P. — REGISTRES DE LA CHAMBRE.

A Paris, le 10 février 1740.

J'ay apris, Monsieur, par un religieux de l'Abbaye qu'il vous avoit remis un catalogue des registres et Mémoriaux de la Chambre des comptes qui se trouvoient à Paris, tant dans les bibliotèques publiques, que particulières ; je vous serois très obligé de m'en faire faire une copie par votre secrétaire et de me l'envoyer sur le champ par le porteur, ou dans la ruë des Massons, près la Sorbonne, où je loge, l'affaire étant des plus pressantes et devant se juger samedy. Pardon si je ne vais pas moy mesme vous prier de me faire le plaisir que je vous demande, mais je suis si occupé des mémoires que je fais faire, et qu'il faut que je donne demain, que je n'ay pas un moment à moy. Je me flatte que vous ne me refuserés pas la grâce que je vous demande, et celle d'estre bien persuadé que je suis très parfaitement, Monsieur, vottre très humble et très obéissant serviteur.

DE ROHAN, prince DE MONTAUBAN.

(Orig. autographe. — Arch. Nicolay, 33 L 10.)

805.
31 Mars 1740.
RÉINSTALLATION DE LA CHAMBRE.

Ce jour, les semestres assemblés, le procureur général du Roi, venu au bureau, a dit qu'il apportoit à la Chambre des lettres patentes en forme de déclaration, en date du 22 mars présent mois, par lesquelles le Roi prorogeoit jusqu'au 12 avril prochain les séances de la Chambre dans les lieux qu'elle occupe actuellement au couvent des Grands Augustins ; après lequel jour, S. M. entend que la Chambre exerce ses fonctions dans le nouveau bâtiment que S. M. a fait construire dans l'enclos du Palais, au même lieu où étoit l'ancien bâtiment qu'elle occupoit avant l'incendie ; que le sujet de cette prorogation étoit la rigueur de l'hiver dernier, qui avoit retardé les ouvrages du nouveau bâtiment, mais qu'au moyen de ce, il y avoit lieu de présumer que les lieux seroient en état d'être occupés, d'autant plus que le 12 avril la Chambre vaquoit jusqu'au mardi 26, à cause de la fête de St-Marc, qui arrive le lendemain du dimanche de Quasimodo, ce qui donneroit encore un plus long délai pour perfectionner les ouvrages qui restent à faire; mais que, comme, après la perfection des ouvrages, il faudroit encore transporter non seulement les bureaux, bancs, armoires et ustensiles qui sont actuellement au couvent des Grands Augustins, mais même les titres, registres, papiers, comptes et acquits qui sont dans les différens dépôts de la Chambre et les placer dans le nouveau bâtiment, ce qui ne pouvoit être fait pendant que la Chambre tient ses séances, il seroit peut-être encore nécessaire qu'elle voulût bien proroger ses vacances jusqu'au commencement du mois de mai prochain. .

. . . . Vu lesdites lettres patentes en forme de déclaration du Roi du 22 mars présens mois et an, et tout considéré, la Chambre a ordonné lesdites lettres patentes en forme de déclaration du Roi être registrées, pour être exécutées selon leur forme et teneur. Ce faisant, ordonne que, le 2 mai prochain, jusqu'auquel jour elle a prorogé les vacances qu'elle a coutume de prendre à la quinzaine de Pâques, les officiers de la Chambre se rendront dans le nouveau bâtiment que le Roi a fait construire dans l'enceinte du Palais, au même lieu où étoit l'ancien bâtiment que la Chambre occupoit avant l'incendie; dans lequel lieu la Chambre tiendra ses séances ledit jour 2 mai prochain, et continueront les officiers de ladite Chambre d'y exercer leurs fonctions avec la même autorité et de la même manière qu'ils ont fait jusqu'à présent, conformément à ce qui est porté par lesdites lettres patentes en forme de déclaration. A commis MM. Darbon et du Port, conseillers maîtres, pour donner les ordres nécessaires pour faire disposer les lieux des nouveaux bâtimens en l'état d'y placer avec décence et commodité les officiers de la Chambre, pour le transport, emplacement et arrangement des registres, titres, papiers, comptes et acquits, et ordonner de toutes les dépenses et frais qu'il est indispensable de faire pour lesdits transport et emplacement, et des ouvrages et réparations nécessaires en cette occasion. Ordonne en outre qu'en attendant que les lieux destinés aux différens dépôts de la Chambre soient disposés et mis en état de les y placer, le dépôt du greffe sera mis dans les armoires qui ont été construites dans les quatre pièces destinées au greffe; que les dépôts des fiefs et des terriers seront placés dans des armoires construites dans l'une des pièces destinées aux conseillers auditeurs; que, par MM. André et de la Baune, conseillers maîtres, que la Chambre a pareillement commis, il sera fait vérification de ceux des comptes et acquits étant dans les dépôts du couvent des Grands Augustins qu'il sera nécessaire de transporter au nouveau bâtiment pour le service journalier, et pourvu à la sûreté du surplus des comptes et acquits étant dans les dépôts, qui y resteront jusqu'à ce qu'autrement il en ait été par la Chambre ordonné.

(*Plumitif.*)

806. 9 Janvier 1741.
ARRÊT CONTRE LE PARLEMENT.

Ce jour, les Gens du Roi venus au bureau, et Me Antoine-Bernard de Massol, avocat dudit seigneur Roi, portant la parole, a dit qu'ils apportoient à la Chambre un arrêt de la grand'chambre du parlement, du 30 décembre dernier, qui leur avoit paru mériter toute l'attention de la Compagnie; que, par cet arrêt, sous prétexte de mettre la police et de réprimer les désordres que peut causer le nombre de mendians qui inondent tout le royaume, le parlement s'attribuoit les véritables prérogatives de l'autorité royale et le pouvoir d'ordonner une imposition sur les peuples et d'en régler la forme; que l'on ne devoit pas douter des bonnes intentions des magistrats dont cet arrêt étoit émané, qu'ils ont été sans doute séduits par un zèle dont on ne peut trop louer les motifs, quoiqu'on ne dût rien oublier pour en prévenir les suites dangereuses; que, si le parlement avoit rendu de pareils arrêts en 1693 et 1709, bien loin de se croire autorisé par ces exemples, il auroit pu se souvenir que la seule inexécution de ces mêmes arrêts les fit tolérer et empêcha de s'élever contre une entreprise qui tend à usurper les droits réservés uniquement à la puissance souveraine; qu'ils étoient obligés même de faire sentir à la Chambre que l'arrêt du 30 décembre dernier, au lieu de contribuer au soulagement des pauvres, qui paraissoit en être l'objet, ne serviroit qu'à refroidir la charité; que les personnes dont les libéralités sont les plus abondantes pourroient les suspendre, dans la crainte de voir des aumônes volontaires converties en des impositions; que plusieurs même, en croyant perdre par cette voie forcée le mérite de leurs bonnes œuvres, en perdroient aussi la volonté; qu'au surplus, on ne pourroit voir avec indifférence le sort des citoyens confié à des juges subalternes, des impositions arbitraires ordonnées sans que personne fût chargé ni d'en faire le recouvrement, ni d'en compter; des taillables surchargés, non seulement par cette nouvelle imposition, mais encore par les poursuites rigoureuses qu'elle entraîneroit; enfin, l'ordre et la juridiction des Compagnies supérieures sacrifiés à l'autorité que le parlement jugeoit à propos de se donner à lui-même. Qu'ils n'entreroient point dans un plus grand détail des inconvéniens qui résulteroient à l'exécution de cet arrêt; qu'ils se renfermeroient à mettre sous les yeux de la Chambre deux objets qui leur avoient paru de la plus grande importance: l'un, que la Chambre devoit avoir une juste appréhension que, cette levée de deniers se faisant concurremment avec ceux de la taille, n'en intervertisse le recouvrement; l'autre, que la Compagnie ne pouvoit se dispenser d'empêcher qu'il ne se fasse une imposition contraire à l'autorité du Roi, aux lois du royaume, et notamment aux ordonnances des mois de juillet et janvier 1560, 29 novembre 1565, février 1566, 27 août 1570, mai 1579 et 13 juillet 1648, dont l'exécution lui étoit confiée, et qui défendoient expressément à toutes personnes, de quelque qualité et condition qu'elles soient, d'imposer ou faire lever aucuns deniers sur les sujets du Roi sans exprès commandement de S. M., porté par lettres patentes du grand sceau, à peine de concussion et de confiscation de corps et de biens; que, par toutes ces considérations, ils estimoient qu'il étoit du devoir de leur ministère de prendre les conclusions par écrit qu'ils laissoient sur le bureau. Eux retirés, vu lesdites conclusions. . . . . la Chambre fait défense à toutes personnes, de quelque qualité et condition qu'elles soient, de faire aucunes impositions ni levées de deniers, sous prétexte de l'arrêt de la grand'chambre du parlement du 30 décembre dernier, ou tel autre que ce puisse être, sans lettres de la volonté du Roi, et ce, sous les peines portées par les ordonnances. Et sera le présent arrêt envoyé aux substituts du procureur général du Roi dans les bailliages, sénéchaussées et élections du ressort de la Chambre; enjoint auxdits substituts de le faire publier, registrer et afficher partout où besoin sera, même d'en envoyer des copies dans toutes les juridictions et justices de leurs dépendances, et d'en certifier la Chambre dans le mois. Signé : NICOLAY et BARON [1].

(Plumitif.)

[1]. La Chambre reçut, le 16 du même mois, un arrêt du Conseil, par lequel « S. M., sans s'arrêter à l'arrêt de la Chambre du 9, approuvoit l'arrêt du parlement. » On prononça qu'il serait mis au greffe, et que « le Roi seroit très humblement supplié de notifier à la Chambre sa volonté par lettres patentes sur toutes natures d'impositions, etc. »

807. 2 Juillet 1741.
LETTRE DU CONTROLEUR GÉNÉRAL AU P.P. — VENTE D'ACQUITS.

A Versailles, ce 2 juillet 1741.

Monsieur, Son Éminence, à qui j'ay rendu compte de la lettre que vous avez pris la peine de m'écrire le 20 du mois passé, approuve que l'on fasse vendre les papiers et parchemins inutiles, et que le produit de cette vente soit employé au payement des frais nécessaires pour faire la séparation des pièces à garder d'avec celles à rejeter. Je vous prie de me croire très véritablement, etc.

ORRY.

(Original. — Arch. Nicolay, 72 L 255.)

808. 28 Septembre 1741.
LETTRE DU CARDINAL DE FLEURY AU P.P. — COLLÈGE DE NAVARRE.

A Issy, le 28me septembre 1741.

Vous êtes premier président de la Chambre des comptes, et très digne certainement de cette qualité; je suis de mon costé assés indigne grand maître du collége de Navarre, et je n'ai pas envie de me battre contre vous. Votre Compagnie a nommé un de M^{rs} les maitres pour aller faire la visite de la bibliothèque de ce collége. Ceux qui sont à la teste prétendent que c'est une nouveauté, et qu'il n'y en a point d'exemple. Je vous prie, Monsieur, de vouloir bien m'instruire des motifs de cet arrest et des titres sur lesquels il est fondé. Je soutiendrai ses droits jusqu'à l'effusion de mon sang, et, s'il faut nous battre, je prendrai M^r l'abbé de Nicolai pour mon second. J'espère que nous n'en viendrons pas jusques là, et que je ne vous en honorerai pas moins que j'ay fait jusqu'à présent [1].

LE CARD. DE FLEURY.

(Orig. autographe. — *Arch. Nicolay*, 37 L 58.)

1. Le 15 septembre, sur l'offre du bibliothécaire de Navarre, Gabriel Musson, de déposer au greffe le catalogue de sa bibliothèque, la Chambre avait ordonné qu'il représenterait auparavant son brevet, et qu'un conseiller maître, Mr Cherré, vérifierait l'inventaire des livres sur ceux qui avaient été remis précédemment à la Chambre. (*Plumitif.*)

Par une lettre de Mr de Maurepas, on voit que le grand maitre du collége proposait au cardinal de faire donner à la Bibliothèque du Roi un certain nombre de manuscrits; mais le dépositaire du catalogue refusa de le communiquer à l'abbé Sallier, et Mr de Maurepas, de la part du cardinal, demanda au P.P. de s'interposer en faveur de la Bibliothèque du Roi. (Lettre du 9 octobre, 72 L 152.)

809. 4 *Août* 1742.

LETTRE DE L'ABBÉ BIGNON AU P.P. — CHARGE DE BIBLIOTHÉCAIRE DU ROI.

A l'Isle Belle, le 4 aoust 1742.

On a bien raison, Monsieur, de penser que vous n'avés pas votre semblable dans la magistrature. J'en vois avec plaisir une nouvelle preuve dans ce que vous m'avés fait l'honneur de m'écrire avant hier. Qui peut mieux que vous concilier les règles de la justice avec les condescendances de la charité, et les intérêts du tribunal avec les besoins des particuliers? Mais d'ailleurs, qui sçait mieux assaisonner les plus extraordinaires grâces à la plus exquise politesse? Si je ne m'estends pas davantage sur un si beau sujet, je vous supplie de n'en être pas moins persuadé de la vivacité avec laquelle je sens tout ce que je dois en cette occasion. Vous ne pouviés pas douter que je ne rendisse une parfaite justice à votre mérite; mais daignés me faire celle de croire que je ne sçaurois trop augmenter la reconnoissance et le respect avec lequel j'ay l'honneur d'être, etc.

L'abbé BIGNON.

(Original. — *Arch. Nicolay*, 40 L 6.)

810. 1er *Décembre* 1743.

DISCOURS DU P.P. AU ROI. — COMPTES DES MUNITIONNAIRES.

Sire, votre Chambre des comptes a enregistré les lettres patentes par lesquelles V. M. ordonne que les comptes des vivres seront rendus uniquement en rations. Quoique les dispositions de ces lettres nous aient paru infiniment contraires aux règles et même aux intérêts de V. M., nous nous sommes cependant portés à les vérifier, sur ce que l'on nous a fait entendre que le moindre retard pourroit troubler les opérations nécessaires pour le service de vos armées. Mais, en même temps que nous avons cru devoir céder à la nécessité des circonstances, votre Chambre des comptes m'a chargé, Sire, d'avoir l'honneur de vous représenter que V. M. ne peut dispenser les munitionnaires de compter en deniers, sans détruire en cette partie l'essence de la comptabilité et sans en souffrir un très grand préjudice.

V. M. sent que l'objet principal du compte est de contenir la recette réelle et effective faite par le comptable, et que cet objet n'est point rempli lorsque V. M. permet aux munitionnaires d'établir leur recette en rations, pendant qu'ils n'en reçoivent aucunes, et qu'elle les autorise à ne point faire de dépense en argent, pendant qu'ils en reçoivent une très grande quantité.

D'ailleurs, je dois avoir l'honneur d'observer à V. M. que nous avons évidemment reconnu combien il lui seroit avantageux que les comptes des vivres fussent rendus en deniers, puisque, si ceux des campagnes

1701 et suivantes avoient été jugés dans cette forme en votre Chambre des comptes, V. M. y auroit trouvé un bénéfice très considérable.

Ce sont, Sire, principalement ces considérations qui nous engagent à supplier V. M. de vouloir bien envoyer à votre Chambre des comptes le plus tôt qu'il lui sera possible un nouveau règlement qui mette ces comptes dans une forme convenable à l'ordre et à la nature de la comptabilité et qui puisse être plus utile au service de V. M.

(Plumitif.)

811. (Août 1744.)
COMPLIMENT PRÉPARÉ PAR LE P.P. POUR LE DAUPHIN.

Sire, vous estes aujourd'huy la seule resource d'un grand royaume, dont vous vous seriez contenté d'estre toujours l'espérance; les droits de votre naissance suffisoient à vos désirs, et vous n'envisagiez le titre de Roy que dans un terme dont la seule idée allarmoit votre tendresse.

Ce terme est enfin arrivé, la mort vient de surprendre au milieu de ses victoires un prince, l'effroi de ses ennemis, l'amour de ses sujets, les délices de son auguste famille, et vous ne montés sur le trosne que par un malheur dont la plus belle couronne de l'univers ne sçauroit vous dédomager.

V. M. a versé des larmes sur un sceptre qu'elle ne portera que pour faire des heureux. La douleur de votre perte vous a rendu, Sire, insensible au plaisir de réparer la nôtre; vous avez oublié que vous deveniez le premier des Rois, pour vous souvenir seulement que vous n'aviez plus le meilleur des pères.

Pourrions nous estre jaloux de ces sentiments? Non, Sire; la nature ne les fait naistre que dans les cœurs formés par la vertu; ils annoncent le bonheur de vos peuples, et nous assurent que, dans le cours du règne glorieux de V. M., les effets de la bonté seront inséparables de l'éclat de la grandeur.

(Minute autographe. — Arch. Nicolay, 54 L 94.)

812. 19 Août 1744.
LETTRE DU DUC DE FLEURY AU P.P. — CONVALESCENCE DU ROI.

Ce mercredy, à six heures du soir, le 19 aoust 1744.

Monsr le greffier en chef, Monsieur, vient de me remettre la lettre que vous m'avés fait l'honneur de m'écrire. Je luy ay fait parler au Roy, il vous rendra un compte bien satisfaisant de la santé du Roy et de ses sentiments pour votre Compagnie. Sa Majesté, qui devoit avoir un redoublement la nuit dernière, n'en a point eu, mais un sommeil depuis hier onze heures et demie, qui n'a presque point été interrompu jusqu'à présent, six heures du soir, que Sa Majesté est encore assoupie. Nous commençons à avoir de grandes espérances; il n'est presque plus question de fièvre. Ainsy, vous voyez que nos allarmes sont finies; du moins, le bien considérable qui règne présentement donne tout lieu de le croire. J'espère que cela ira toujours de mieux en mieux. Vous aurez tous les jours un bulletin, que je vous envoyeray. Vous connoissez les sentiments avec lesquels j'ay l'honneur d'être, etc.

LE DUC DE FLEURY.

(Orig. autographe. — Arch. Nicolay, 36 L 52.)

813. 16 Septembre 1744.
LETTRE DE M. DE MAUREPAS AU P.P. — DÉPUTATION A METZ.

A Metz, 16 septembre 1744.

Le Roy, à qui j'ai, Monsieur, eu l'honneur de rendre compte du désir que vous aviez de lui faire votre cour, m'ordonne de vous mander qu'il vous verra avec plaisir. Sa Majesté approuve fort les raisons qui vous ont porté à différer votre voiage. Quand à la députation, Mʳ le chancelier a dû vous faire sçavoir les intentions du Roy. Je serai charmé, Monsieur, d'avoir l'honneur de vous voir ici partager notre joie, et de vous assurer de la sincérité des sentiments avec lesquels j'ai l'honneur d'estre, etc.

MAUREPAS.

(Orig. autographe. — *Arch. Nicolay*, 43 L 40.)

---

814.   14 *Février* 1745.
LETTRE DE M. DE MAUREPAS AU P.P. — RECETTE DES ÉPICES.

J'apprends, Monsieur, que Mʳ Arouet vient de mourir, et je ne perds point de tems pour vous recommander Mʳ Talon, et vous demander instamment de luy procurer la place. Il est le seul qui reste d'une famille recommandable et qui, je crois, vous appartient. Ces raisons vous disposeront sans doute à luy rendre service. J'en ay beaucoup pour vous parler en sa faveur: je sors de cette mesme maison, à laquelle je n'estois pas moins lié par l'amitié que par le sang, et je connois les talens et la probité de Mʳ Talon. Soyez persuadé que je partageray vivement la reconnoissance qu'il vous devra, et que ce sentiment sera aussi durable que l'attachement avec lequel j'ay l'honneur, etc.

(Minute. — *Archives de Chabrillan*.)

---

815.   7 *Mai* 1745.
LETTRE DU P.P. AU ROI SUR SON DÉPART POUR L'ARMÉE.

A Paris, ce 7 may 1745.

Sire, la fidélité que nous devons à Votre Majesté et l'attachement que mérite sa personne sacrée, lui répondent de notre exactitude et de notre zèle à remplir pendant son absence les fonctions qu'elle a bien voulu nous confier. Votre Chambre des comptes me charge, Sire, de vous en renouveler les assurances, et de vous témoigner en même temps les vœux sincères qu'elle fait pour le succès de vos armes. Nous espérons que cette campagne, aussi glorieuse pour Votre Majesté que celle qui l'a précédée, obligera enfin vos ennemis à recevoir une paix qui fait, Sire, l'objet de vos désirs, parce qu'elle mettra Votre Majesté en état de soulager ses peuples et de leur donner de nouvelles marques de sa bonté. Permettez moi, Sire, d'assurer Votre Majesté des sentimens particuliers que j'aurai toujours pour tout ce qui peut intéresser sa gloire. Ils sont inséparables de la soumission parfaite et du respect profond avec lequel je suis, Sire,
De Votre Majesté,

Le très humble, très obéissant et très fidèle sujet et serviteur.

(Duplicata. — *Arch. Nicolay*, 54 L 98.)

---

816.   31 *Mai* 1745.
LETTRE DE M. D'ARGENSON AU P.P. — DÉPUTATION DE LA CHAMBRE.

Au camp sous Tournay, ce 31 may 1745.

Je n'ay receu qu'aujourd'huy, Monsieur, la lettre que vous m'avez fait l'honneur de m'écrire le 28. Tout étoit disposé pour l'arrivée de Mʳˢ les députés de la Chambre, qui nous étoit déjà annoncée, et il n'y a que le dérangement de votre marche qui puisse aujourd'huy nous causer quelqu'embarras. Je viens d'en prévenir Sa Majesté, et voicy ce qu'elle a réglé, pour faire en sorte que vous ayez votre audiance le même jour que le parlement, auquel elle compte la donner jeudy, et par conséquent le lendemain de votre arrivée à Lille. Il faudra donc pour cet effet que, le jeudy matin, vous fassiez partir de Lille Mʳˢ les Gens du Roy, de très grand matin, en sorte qu'ils puissent être rendus icy pour l'heure du lever du Roy, qui est ordinairement sur les huit heures et demie, et où j'auray l'honneur de les accompagner. M⁽ʳˢ⁾ les députés partiront, de leur côté, de Lille en même temps que ceux du parlement, et les Gens du Roy de la Chambre retourneront sur le chemin au devant de vous, pour vous donner l'heure de l'audiance, qui sera après celle du parlement. C'est tout l'arrangement qui se peut faire pour que le retard de votre marche n'en cause point à celuy qui vous convient pour la cérémonie, laquelle au surplus se passera, quoyqu'au milieu d'un camp, avec le même cérémonial qui s'observe à Versailles en pareil cas. Je me fais un plaisir extrême de me retrouver en campagne avec vous. Quelle différence dans les circonstances! et si, dans l'un et dans l'autre cas, ç'a été pour marquer votre joye et la partager avec nous, celuy cy ne nous a pas donné du moins auparavant les mêmes sujets d'inquiétude. Puis je me flatter que vous et M⁽ʳˢ⁾ les députés voudrez bien me faire l'honneur de dîner avec moy le jour de l'audiance? Je vous supplie de les y inviter de ma part, et d'être persuadé qu'on ne peut rien ajouter aux sentimens sincères et inviolables avec lesquels j'ay l'honneur d'être, etc.

D'ARGENSON.

(Orig. autographe. — Arch. Nicolay, 42 L 109.)

817. 14 Juin 1745.
DÉPUTATION DE LA CHAMBRE AU ROI. — VICTOIRE DE FONTENOY.

Ce jour, les bureaux assemblés, les Gens du Roi mandés et venus au bureau en leurs places ordinaires, et les portes ouvertes en la manière accoutumée, M⁽ʳ⁾ le P.P. a fait le récit de ce qui s'est passé en exécution de l'arrêté de la Chambre du 19 mai dernier, de députer vers le Roi pour lui faire compliment sur la victoire que S. M. a remportée à Fontenoy et la supplier de ne plus exposer sa personne royale à des dangers qui causent de justes alarmes à ses sujets; et a dit que la Chambre, par autre arrêté du 28 desdits mois et an, ayant commis pour cette députation, avec lui, mondit s⁽ʳ⁾ le P.P., MM. de Paris, Mallet et du Tillet, présidens; Cassini L., de Vigny, André, Danican, Bastonneau, Picart de Mauny et Titon, conseillers maîtres; Ameline de Quincy, conseiller correcteur; le Petit-Deslandes et de Vigny, conseillers auditeurs, mesdits s⁽ʳˢ⁾ les députés se seroient concertés entre eux sur la manière dont ils pourroient se transporter à Lille, où ils avoient reçu ordre de S. M. de se rendre; qu'ils avoient cru devoir se servir des chevaux de poste, qui étoit la même voie que les officiers du parlement avoient prise pour se rendre en ladite ville de Lille, d'autant plus qu'il étoit indispensable que MM. les députés se missent en état d'être admis, selon l'usage, à l'audience du Roi le même jour et immédiatement après le parlement; que la difficulté qui auroit pu survenir pour le service des chevaux de poste, si MM. les députés de la Chambre étoient partis le même jour que ceux du parlement, dont le départ étoit fixé au lundi 31 mai, auroit déterminé MM. les députés de différer le leur au mardi, 1⁽ᵉʳ⁾ de ce mois; que ce pendant lui, mondit s⁽ʳ⁾ le P.P., avoit cru devoir écrire à M⁽ʳ⁾ d'Argenson, ministre et secrétaire d'État, ayant le département de la guerre, pour le prévenir sur cette difficulté, et le prier d'en rendre compte au Roi et de supplier S. M. que ce retard indispensable n'empêchât point que les députés de la Chambre fussent admis à l'audience de S. M. les mêmes jour et heure qu'elle la donneroit à ceux du parlement; que mesdits s⁽ʳˢ⁾ les députés ayant ainsi concerté leur départ, ils s'assemblèrent chez lui, mondit s⁽ʳ⁾ le P.P., et partirent dans leurs carrosses ledit jour mardi, trois heures et demie du matin; qu'encore bien que la précipitation avec laquelle ce voyage avoit été arrangé et exécuté ne permit pas que MM. les députés marchassent avec la dignité et l'escorte qu'ils ont coutume d'avoir en ces occasions, cependant ils trouvèrent sur leur route plusieurs détachemens des maréchaussées commandés par leurs officiers, venus à leur rencontre pour rendre à mesdits s⁽ʳˢ⁾ les députés les honneurs à eux dus, et entre autres, ceux du département de Louvres, qui les escortèrent pendant quelque temps et jusqu'au moment que MM. les députés jugèrent à propos de les congédier; que MM. les députés, à leur arrivée à Péronne, vers les six heures du soir, furent salués, par ordre du commandant de la ville, de l'artillerie de la place, consistant en sept pièces de canon; que les mayeurs de la ville avoient eu attention de faire préparer des logemens commodes à chacun de MM. les députés; lesquels, étant entrés dans ladite ville, se rendirent en la maison destinée au logement de mondit s^r le P.P., à la porte de laquelle le commandant de la ville de Péronne avoit fait placer un corps de garde, et des sentinelles à celles des maisons où logeoient MM. les présidens de Paris, Mallet et du Tillet. MM. les députés, quelque temps après leur arrivée, reçurent successivement les complimens des officiers du bailliage, de l'élection et du corps de ladite ville de Péronne; lequel corps de ville présenta les vins d'honneur à MM. les députés; lesquels reçurent ensuite les complimens des officiers du grenier à sel. Le chapitre de l'église de Péronne vint aussi en corps s'acquitter des mêmes devoirs. Que le mercredi, vers les six heures du matin, MM. les députés partirent de Péronne, après avoir été salués, par ordre du gouverneur, du canon de la place, et de là se rendirent en la ville de Lille, où ils arrivèrent sur les cinq heures du soir, et y trouvèrent des logemens préparés pour les recevoir et marqués par les maréchaux des logis du Roi, suivant l'usage ordinaire; que même le commandant de la place avoit eu attention de faire poser une sentinelle à la porte de la maison destinée au logement de M^r le P.P.; que, la ville de Lille étant censée le lieu de la résidence du Roi pendant son séjour en Flandres, on n'avoit pu rendre en cette ville à MM. les députés les mêmes honneurs qui leur avoient été rendus à Péronne, sans laquelle circonstance les officiers du bureau des finances de la province de Flandres, qui est dans le ressort de la Chambre, ainsi que les autres corps, n'auroient pu se dispenser de rendre leurs respects à MM. les députés; qu'immédiatement après leur arrivée, le commissaire départi par le Roi en la province de Flandres vint visiter mondit s^r le P.P. et l'inviter, avec mesdits s^{rs} les députés, à souper, lui remettant en même temps une lettre de M^r d'Argenson, ministre et secrétaire d'État ayant le département de la guerre, qui marquoit à mondit s^r le P.P. que le Roi donneroit audience à MM. les députés de la Chambre le lendemain jeudi, 3 juin, onze heures du matin. Sur quoi, les Gens du Roi furent chargés d'aller, ledit jour, de grand matin, prendre les ordres du Roi à ce sujet; et ce pendant, sur l'incertitude de la réponse qui leur seroit faite et l'impossibilité où se seroient trouvés MM. les députés (s'ils avoient attendu le retour des Gens du Roi) de se rendre au quartier de S. M., distant de la ville de cinq lieues, à l'heure que S. M. avoit indiqué qu'elle donneroit audience aux députés de la Chambre, mesdits s^{rs} les députés arrêtèrent de partir le lendemain matin; ce qu'ils exécutèrent, étant partis de Lille sur les sept heures et demie, et, s'étant rendus au quartier du Roi sur les onze heures, ils furent conduits, à la descente de leurs carrosses, sous une tente qui avoit été dressée exprès, à côté de laquelle il y en avoit une semblable destinée pour les députés du parlement; que, pendant qu'ils restèrent dans cette tente, attendant l'heure de l'audience du Roi, l'on vint offrir et présenter à MM. les députés de la Chambre différens rafraîchissemens dont ils pouvoient avoir besoin; que, vers l'heure de midi, les s^{rs} d'Argenson, ministre et secrétaire d'État ayant le département de la guerre, et de Brézé, grand maître des cérémonies, vinrent dans ladite tente prendre MM. les députés et les conduisirent à peu de distance de là, dans le lieu où ils devoient être admis à l'audience du Roi, auquel il y avoit trois tentes placées consécutivement. Dans la première étoient des deux côtés et en ordre les gardes du corps du Roi, reposés sur leurs armes; dans la seconde, grand nombre d'officiers; la troisième, qui est celle dont le Grand Seigneur a fait présent à S. M., étoit destinée pour la salle d'audience. Le Roi étoit assis dans son fauteuil, placé au fond de cette tente, ayant à sa droite debout M^r le Dauphin, à sa gauche M^r le duc de Penthièvre, derrière son fauteuil M^r le duc de Bouillon, grand chambellan, M^r le duc d'Ayen, son capitaine des gardes, M^r le duc de Richelieu, premier gentilhomme de la chambre, le maréchal duc de Noailles, M^r le maréchal comte de Saxe, et un grand nombre d'autres personnes de la première considération. Que lui, mondit s^r le P.P., se seroit avancé à la tête de MM. les députés vers le Roi, en faisant trois profondes révérences à S. M., laquelle leur fit l'honneur de les saluer en ôtant son chapeau; et mondit s^r le P.P. s'étant approché, témoigna à S. M. l'intérêt sensible que la Chambre avoit pris à sa glorieuse victoire et les justes alarmes qu'elle partageoit avec tous ses sujets de voir sa personne royale exposée aux dangers de la guerre, par un discours dont mondit sʳ le P.P. a fait récit à la Compagnie. Auquel discours Sa Majesté fit l'honneur à MM. les députés de répondre : « Je suis persuadé que ma Chambre s'est intéressée à ma victoire ; j'y suis sensible, et je lui donnerai en toutes occasions des marques de ma protection. » Après quoi, mondit sʳ le P.P. ayant salué très respectueusement S. M., se retira un peu à l'écart, pour faire place à MM. les députés, qui s'avancèrent l'un après l'autre vers S. M., autant que l'emplacement du lieu pouvoit le permettre, mondit sieur le P.P. nommant mesdits sʳˢ les députés dans le temps qu'ils se présentoient et témoignoient leurs respects à S. M., qui se découvrit une seconde fois. Ce fait, mesdits sʳˢ les députés se retirèrent, reconduits par lesdits sʳˢ d'Argenson et de Brézé jusqu'à la tente où ils s'étoient rendus pour attendre l'heure de l'audience du Roi. Lesdits sʳˢ d'Argenson et de Brézé retirés, MM. les députés quittèrent leurs robes, et, ayant pris leurs manteaux, furent, avec Mʳ le P.P., faire leur cour au Roi, et de là se rendirent, les uns chez Mʳ d'Argenson, ministre et secrétaire d'État ayant le département de la guerre, et les autres chez le sʳ d'Argenson, son frère, ministre et secrétaire d'État ayant le département des affaires étrangères, qui avoient invité MM. les députés à se partager pour leur faire l'honneur de venir dîner chez eux ; où ils trouvèrent les députés du parlement, qui y avoient pareillement été invités, l'absence des principaux officiers de la bouche du Roi étant sans doute cause que S. M. n'a point traité les députés de la Compagnie, ainsi qu'il s'observe en pareille occasion. Qu'après le dîner, ledit sʳ d'Argenson, ministre et secrétaire d'État ayant le département de la guerre, auroit fait trouver plusieurs carrosses pour ceux de MM. les députés qui pouvoient avoir la curiosité d'aller à Tournai, ce que fit mondit sʳ le P.P., avec plusieurs de MM. les députés ; qu'étant arrivés à Tournai, les magistrats de ladite ville en ayant été informés, vinrent rendre leurs respects à MM. les députés et les prier que la Chambre, dans le ressort de laquelle ils rentroient, voulût bien leur accorder sa protection. Mesdits sʳˢ les députés ayant vu ce qu'il y avoit de plus curieux et de plus intéressant dans ladite ville de Tournai, retournèrent au quartier du Roi, où ils remontèrent dans leurs carrosses pour se rendre à Lille, où ils arrivèrent vers les huit heures du soir. Que mesdits sʳˢ les députés jugèrent qu'il étoit en quelque sorte impossible qu'ils pussent partir de Lille avant le dimanche 6 juin, principalement à cause de l'embarras qui se trouvoit sur la route par l'arrivée des prévost des marchands et échevins de la ville de Paris, qui devoient se rendre à Lille le vendredi 4, et le départ des députés du parlement, fixé au samedi 5 ; au moyen de quoi mesdits sʳˢ les députés de la Chambre séjournèrent à Lille lesdits jours vendredi et samedi, et n'en partirent que le dimanche, pour venir coucher à Péronne, d'où ils se rendirent en cette ville le lundi 7 juin, vers les sept heures du soir.

Lequel récit fini, Mʳ le président de Paris a remercié Mʳ le P.P., au nom de la Compagnie, de la dignité avec laquelle il a exposé au Roi les sentiments de la Chambre sur sa glorieuse victoire, des soins et attentions qu'il a bien voulu prendre pour maintenir les droits et prérogatives de la Compagnie et procurer à MM. les députés tous les honneurs, les commodités et l'agrément qu'ils pouvoient espérer pendant le cours de ce voyage.

(Plumitif et Cérémonial.)

Compliment du P.P. au Roi.

Quelle faveur plus précieuse pouvions nous recevoir de V. M., que la permission de suivre le vif empressement qui nous a conduits sur cette frontière pour rendre hommage à ses nouveaux triomphes !

Des exploits aussi brillants que ceux de V. M. ne laissent rien à désirer pour sa gloire ; une bataille gagnée est l'épreuve des héros et le chef d'œuvre de l'art de la guerre. Touts nos Roys ont été grands et belliqueux ; mais il faut remonter à des siècles pour en trouver un qui ait commandé en personne dans ces occasions mémorables où les vertus guerrières se dévelopent dans tout leur éclat. La victoire ne s'est pas seulement attachée à vos étendarts, elle vous a suivi vous même, et, si elle a paru quelques moments douteuse et chancelante, vous avez vu son incertitude avec cette tranquille intrépidité qui arrête les revers et décide les succez.

Si V. M. dut alors s'applaudir d'être témoin de l'ardeur invincible de ses braves guerriers, qu'animoit encor le feu de ses regards, quelle douce satisfaction n'eut elle pas de reconnoître l'heureuse impression de ses exemples dans ce jeune prince dont les nobles transports étoient si dignes du sang qui lui donna le jour! Il vous a vu, Sire, dès le commencement de votre campagne, forcer des villes et remporter des victoires; il a reçu de V. M. toutes les leçons qui forment les conquérants et les héros.

De si grands advantages ne peuvent nous faire oublier, Sire, combien ces glorieux événements, qui coûtent si peu à votre courage, ont coûté d'inquiétudes à la tendresse de vos sujets. Nous conjurons V. M. de leur épargner à l'avenir d'aussi cruelles allarmes. Vous en avez assez fait, Sire, pour être à jamais redouté de vos ennemis; rendez nous cette auguste présence qui peut seule assurer le bonheur de vos peuples.

Le P.P. avait également préparé le discours qui suit pour le Dauphin, mais il ne le prononça point.

« Monseigneur, vous marchez sur les traces des héros dans un âge où vous pourriez vous faire un mérite de les connoistre, et les succez glorieux qu'ils n'ont dus qu'à leur expérience sont devenus les essais de votre jeunesse. Pouvions nous moins attendre de ce courage intrépide qui est naturel à votre sang, et des exemples d'un père qui, pour vous apprendre sous lui l'art de vaincre, n'a pas craint d'exposer en même temps à touts les hazards de la guerre les deux plus précieuses testes de l'État? Vous avez servi de model à ces illustres guerriers qui combattoient sous ses yeux et que sa présence rendoit invincibles, et vous avez adjouté, Monseigneur, dans cette mémorable journée, au désir que nous vous connoissions de lui plaire, la gloire de lui ressembler. »

(Minutes autographes. — *Arch. Nicolay*, 54 L 99 et 100.)

818. 9 Septembre 1745.
COMPLIMENT DU P.P. AU ROI. — CONQUÊTE DES FLANDRES.

Sire, les commencements de votre campagne sembloient avoir épuisé notre admiration, mais les plus grands exploits se multiplient dans les mains d'un monarque aussi habile à profiter des victoires qu'à les remporter. Quel enchainnement de prospérités, que de villes prises, que d'ennemis désarmés, quelle vaste étendue de pays adjoutée à vos frontières! Fut-il jamais un vainqueur plus attentif à ne rien perdre des fruits qu'offre toujours le gain d'une bataille, et qui ont si souvent échappé aux plus fameux capitaines?

Des succez si brillants reçoivent un nouvel éclat de ce caractère de modération et de clémence qui distingue si particulièrement V. M.; elle a conservé tous les sentiments de l'humanité au milieu des horreurs de la guerre, et la douceur de votre empire n'a pas moins de charmes pour captiver vos ennemis, que vos armes n'ont eu de force pour les vaincre. Leurs provinces, plus ménagées par vos troupes qu'elles ne le sont quelques fois par leurs propres deffenseurs, ont été soumises sans être ravagées; leurs soldats expirants ont trouvé par vos ordres des secours qui leur auroient manqué au sein de leur patrie, et vous n'avez été maître de leurs jours que pour veiller à leur en prolonger la durée. Cette bonté magnanime assure à V. M. la plus précieuse de toutes les conquêtes; c'est par elle que vous régnez sur les cœurs.

Qu'il est glorieux pour V. M. de voir les nations étrangères partager cette inclination naturelle qui rend les François passionnés pour leur souverain! Qu'il est heureux pour nous, Sire, de vivre sous les loix d'un prince qui sçait se faire aimer de ceux même à qui il donne touts les jours de nouveaux sujets de le craindre!

(Minute autographe. — *Arch. Nicolay*, 54 L 101.)

819. 9 Décembre 1745.
LETTRE DU MARÉCHAL DE SAXE AU P.P. — ENREGISTREMENT DE BREVETS.

A Gand, le 9ᵐᵒ décembre 1745.

Monsieur, je suis infiniment sensible à tout ce que vous avés la bonté de me dire d'obligeant dans la lettre que vous m'avés fait l'honneur de m'écrire pour me faire part de la distinction avec laquelle

Messieurs de la Chambre ont bien voulu concourir à l'enregistrement des brevets que le Roy m'a accordés. Je ressens bien vivement, Monsieur, cette faveur, et l'on ne peut en être plus flatté que je le suis. Les marques d'amitié dont vous avez bien voulu m'honorer me sont prétieuses, et je saisiray toujours avec beaucoup d'empressement les occasions de vous prouver ma juste reconnoissance. Je désirerois bien volontiers, si le Roy me confie le commandement d'une armée la campagne prochaine, y avoir Monsieur votre frère, et rien ne me feroit un plaisir plus sensible que de pouvoir luy renouveler les marques de mon amitié.

J'ay l'honneur d'être, avec un parfait attachement, etc.

M. DE SAXE.

(Original. — Arch. Nicolay, 35 L 59.)

820.   21 Mai 1747.
LETTRE DE M. DE SAINT-FLORENTIN AU P.P. — RÉCEPTION D'UN TRÉSORIER.

A Versailles, le 21me may 1747.

Permettés moy, Monsieur, de vous recommander le sr Joseph Lalau, lequel, après avoir traité et s'être fait pourvoir d'une charge de trésorier de France au bureau des finances d'Amiens, a eu la douleur d'être refusé à la Chambre, lorsqu'il s'y est présenté pour sa réception. Comme je m'intéresse à luy, il désire que je vous demande vos bontés en sa faveur, et je crois qu'il les mérite par sa probité et ses sentimens. Il est vray, et il ne disconvient pas que son père a été boulanger ; mais, dans sa profession, il s'étoit attiré l'estime et la considération de ses concitoyens, et a vécu 25 ans de son bien avant sa mort, et d'ailleurs il est mort depuis 12, après avoir eu tous les grades et les distinctions dont il pouvoit être honoré dans sa ville. Le sr Lalau luy même y a rempli dignement les charges de consul, juge-consul et échevin, et il va cependant être déshonoré dans son pays, si vous n'engagés pas la Chambre à passer outre à sa réception. Permettés moy de compter sur cette marque de votre amitié, que je mérite assurément par les sentimens avec lesquels j'ay l'honneur d'être, etc [1].

ST-FLORENTIN.

(Original. — Arch. Nicolay, 44 L 29.)

1. « A été mis *néant* sur sa requeste, son père étant boulanger. »

821.   28 Mai 1747 et 20 Septembre 1748.
LETTRES DU CHANCELIER AU P.P. — VENTE DE TITRES ET DE SCEAUX.

A Versailles, le 28 may 1747.

Il me revient, Monsieur, par des voyes fort seures, que, depuis quelque temps, ceux qui sont chargés de la garde des anciens comptes qu'on ne sçait plus où placer, et que par cette raison on avoit cru pouvoir enterrer, ont jugé à propos d'en détacher les pièces justificatives, et de les vendre aux beurrières. Il se trouve parmy ces pièces des titres importans, qui ont excité l'attention des curieux, et l'on m'assure qu'il y en a un qui, depuis quelques mois, a acheté d'une beurrière pour deux cens écus de ces vieux papiers. On dit mesme qu'il y en a eu de portés à Rouen, et que Mr de Pontcarré, premier président de cette ville, en a connoissance. Une autre suite du mesme abus est la perte d'un grand nombre de sceaux, que l'on fait fondre et que l'on vend à des épiciers. Je suis bien persuadé, Monsieur, que, si cette manière de se débarrasser de papiers qu'on regarde comme inutiles vous avoit esté plustot connue, vous auriés empesché une destruction contre laquelle, non seulement les défenseurs des droits du Roy, mais les amateurs de l'histoire, des généalogies et du droit public ne manqueroient pas de s'élever hautement. Vous en voylà instruit aujourd'huy, et je connois trop vostre manière de penser, pour n'estre pas assuré que vous commencerés par arrester le progrès du mal, sauf à examiner plus à loisir quel en peut estre le remède et le party qu'il conviendra de prendre sur ce sujet pour l'avenir. J'en raisonneray avec vous quand vous le voudrés, pendant le séjour que je dois faire bientost à Paris, et je seray très disposé à adopter toutes les veues qui vous viendront dans l'esprit, pour établir un meilleur ordre dans cette matière. Vous connoissés les sentimens avec lesquels je suis, Monsieur, parfaitement à vous.

DAGUESSEAU.

Note du P.P.

Il n'a été fait de vente qu'en conséquence de lettres patentes ; quoique les acquits dont on s'est défait ne puissent être d'aucune utilité, je suis convenu avec M^r le chancelier qu'on surseoiroit à cette vente jusqu'à ce qu'on eût pris un parti définitif sur cet objet.

Paris, le 20 septembre 1748.

J'apprends, Monsieur, que, malgré vos deffenses, on continue encore de vendre de vieux parchemins ou papiers de la Chambre des comptes, et l'avis que je reçois sur ce sujet en ce moment est si certain, que celuy qui me le donne m'assure qu'il n'a tenu et qu'il ne tient qu'à luy d'en acheter. Il faut qu'il y ait quelque greffier ou commis qui fasse ce commerce à votre insçu et contre vos ordres, comme cela est arrivé à l'égard d'autres déposts, même du parlement. Je ne doute donc pas que vous ne preniez les mesures nécessaires pour vérifier un fait qui mériteroit punition, si l'on connoissoit le coupable, et je vous prie d'estre toujours persuadé que personne n'est à vous, Monsieur, plus parfaitement que moy.

DAGUESSEAU.

(Originaux. — *Arch. Nicolay*, 72 L 100 et 42 L 103.)

---

822. 20 *Octobre* 1749.
LETTRE DE M. DE MIREPOIX (A L'ARCHEVÊQUE DE PARIS). — AFFAIRES DE L'HOPITAL GÉNÉRAL.

Fontainebleau, lundy 20 octobre 1749.

Monsieur de Blancménil me charge de vous écrire, mon cher seigneur, pour vous et pour Monsieur de Nicolaï, ne pouvant le faire parce qu'il est neuf heures et qu'il a encore à faire. Il a vu M^r le chancelier ce soir. Il en est content. Les articles importans sont du goût de M^r le chancelier. Il veut seulement voir les anciens règlemens : c'est le caractère d'indécision qu'on ne quitte jamais. M^r le contrôleur général, que Mr de Blancmesnil a vu, est, dit-il, tout au mieux sur tous les articles, mais principalement bien décidé que les anciens directeurs ne rentrent point. Il en doit parler luy même à M^r le chancelier. Vous voyez, mon cher seigneur, que cela va bien. Je vous prie, en le disant à Mr de Nicolaï, de lui renouveller les assurances de mon tendre respect. Nous avons icy tous voz amis, le père et les enfans, et Mr de Blancmesnil demeure avec eux. En voilà bien assez, s'il vous plaît, à cause de la poste. Je ne sçaurois finir sans vous dire que le zèle de Mr de Blancmesnil est au dessus de tout.

J. F., anc. év. de Mirepoix.

(Orig. autographe. — *Arch. Nicolay*, 49 L 29.)

---

823. 30 *Janvier* 1751.
LETTRE DU CHANCELIER AU P.P. — ENREGISTREMENT DES BREVETS MILITAIRES.

A Paris, ce 30 janvier 1751.

Monsieur, je me suis porté d'autant plus volontiers à vous acquitter des représentations que vous étiez chargé de faire au Roi au nom de votre Compagnie, sur l'édit portant établissement d'une noblesse militaire, qu'elles n'ont pour objet que d'assurer la grâce que S. M. a accordée aux officiers de ses troupes, en prévenant les abus qui auroient pu se glisser dans l'exécution de cette loi. Le Roi, à qui j'ai rendu compte de l'arrêt de la Chambre et de la lettre que vous m'avez écrite en conséquence, ne juge pas qu'il soit nécessaire, pour assujettir ceux des officiers qui prétendent acquérir la noblesse à faire insérer dans leurs brevets et commissions leurs noms de baptême et de famille, de prendre la voie d'une déclaration, l'arrêt que la Chambre rendra pouvant y suppléer, et étant suffisant pour faire connoître à cet égard les intentions de S. M. Elle l'a même déjà expliqué en donnant ses ordres à M^r le comte d'Argenson, secrétaire d'État de la guerre, pour qu'à l'avenir tous les brevets et commissions des officiers de ses troupes ne soient expédiés que dans cette forme. Je vous ajouterai encore, Monsieur, que le Roi a approuvé que les officiers remettent dans les dépôts de la Chambre leurs brevets et commissions, S. M. sachant qu'il n'y en a point de plus authentique et connoissant le zèle et les soins des différens officiers à qui la conservation en est confiée. Je suis, etc.

DE LAMOIGNON.

(*Plumitif.*)

---

824.   18 *Octobre* 1751.
LETTRE DU CHANCELIER AU P.P. — PRÉSENTATION POUR UNE CHARGE DE CONSEILLER MAITRE.

A Fontainebleau, le 18 octobre 1751.

Monsieur, le s^r Antoine, huissier de la Chambre du Roy, demande l'agrément de la charge de maistre des comptes vacante par la mort du s^r Sadoc, son oncle. Je ne feray nulle difficulté de le luy accorder, lorsque vous m'aurés fait une réponse favorable à sa prétention. Je suis, etc.

DE LAMOIGNON.

Réponse du P.P.

A Paris, ce 19 octobre 1751.

Monseigneur, je n'ai reçu que des témoignages favorables du s^r Antoine; son grand père a obtenu des lettres de noblesse, et il n'y a rien dans sa personne qui puisse l'éloigner de l'agrément d'une charge de maître des comptes. Cependant, la demande qu'il fait de celle de Mr Sadoc ne laisse pas de souffrir beaucoup de difficultés, et la question m'a paru trop délicate pour ne pas la soumettre à votre décision. Vous savés, Monseigneur, que l'usage qui s'observe à la Chambre, est de vous présenter un sujet pour remplir la charge qui y est vacante par mort, lorsqu'il n'y a point d'héritier qui ait les qualités nécessaires pour y être admis; cet usage a deux avantages : l'un, de tenir le prix des charges sur un pied toujours égal ; l'autre, d'en donner la préférence aux enfans du corps ou aux personnes qui sont le plus en état d'y bien servir le Roy. Le fils de M^r le président de St-Sauveur espéroit, à ce double titre, la première charge qui vaqueroit dans le semestre de janvier, ayant tout ce qu'il faut pour s'en bien acquitter, et désirant de servir sous les yeux de M^r son père, dont il doit avoir pour point de vue d'obtenir un jour la charge. Celle de Mr Sadoc, qui luy donneroit le service d'hiver, est précisément de l'espèce de celles qu'il attendoit, et il prétend, ainsi que Mr Thomé, son oncle, qu'il est dans le cas de jouir de ses avantages; il trouve que la qualité de légataire ne peut être comparée à celle d'héritier, et que les égards que les uns méritent ne sont point dus aux autres. D'ailleurs, on l'a assuré que la charge de Mr Sadoc étoit un conquêt de communauté, dont la moitié appartenoit à la veuve; qu'elle avoit même des reprises si considérables à exercer, que tous les effets de la succession ne suffiroient qu'à peine à les remplir, en sorte que le légataire universel n'auroit aucune propriété dans l'office ; d'où il résulte que, si le s^r Antoine en étoit revêtu, ce seroit sans aucun droit qu'il seroit préféré à un homme qui est fils et petit-fils de présidents de la Chambre, et qui joint à la faveur de sa naissance les plus heureuses dispositions pour s'acquitter dignement de l'office qu'il demande.

C'est à vous, Monseigneur, à prononcer sur ces différentes prétentions, desquelles j'ay cru devoir seulement me borner à vous rendre compte. J'ay l'honneur d'être avec respect, etc.

(Original. — Arch. Nicolay, 72 L 299.)

825.   30 Octobre 1751 et 15 Mai 1752.
LETTRES DU CONTROLEUR GÉNÉRAL AU P.P. — CONFLIT AVEC LE BUREAU DES FINANCES DE BORDEAUX.

A Fontainebleau, le 30 octobre 1751.

Je vois, Monsieur, par la lettre que vous m'avés écrite le 26 de ce mois, que vous êtes alarmé de l'arrêt du Conseil qui a été rendu en dernier lieu. Cependant cet arrêt n'a fait autre chose que renvoyer dans leurs fonctions le procureur du Roy et un trésorier de France au bureau des finances de Bordeaux, qui en avoient été interdits par le décret rendu contre eux par la Chambre des comptes; et il n'étoit guères possible de les laisser dans les liens de ce décret, d'autant que cette procédure de la part de la Chambre des comptes a paru, je vous l'avoue, un peu vive. A l'égard de ce qui peut, dans cette affaire, intéresser le pouvoir et la juridiction de la Chambre, non seulement l'arrêt ne prononce rien qui y soit contraire, mais même il porte une réserve expresse pour y statuer, et c'est un objet qui me paroît devoir être joint à celuy du règlement général qui est instruit depuis longtemps, et que je garde devant moy, pour en rendre compte au Roy. Je ne sçais sur quoy est fondé ce qu'on vous a dit des impressions qui m'avoient été données contre la Chambre; je n'en ay aucunes qui ne luy soient favorables, et vous ne devés pas douter de toute l'attention que j'apporteray toujours à la maintenir dans l'authorité et la juridiction qui lui appartiennent. J'y suis excité, non seulement par le bon usage qu'elle en a toujours fait, mais aussi par le désir que j'ai de vous donner des preuves de tout ce que je pense personnellement pour vous, et de l'ancienne amitié que je vous ay vouée, et avec laquelle je vous honore, Monsieur, très parfaitement.

MACHAULT.

A Versailles, le 15 may 1752.

Je vois, Monsieur, par vostre lettre du 12 de ce mois, combien un aussy digne chef que vous l'estes a de crédit sur l'esprit d'une Compagnie qui l'aime autant qu'elle l'honore. Elle me trouvera toujours disposé à soutenir sa dignité, et à luy donner des marques de la parfaite considération que j'ay pour elle. Pour vous, Monsieur, vous connoissés depuis longtems tous les sentiments avec lesquels je vous suis plus attaché que je ne peux vous l'exprimer.

MACHAULT.

(Originaux. — Arch. Nicolay, 70 L 235 et 41 L 84 ter.)

826.   18 et 21 Mai 1753.
COMPLIMENTS DE CONDOLÉANCE AU PARLEMENT.

Sur la proposition du P.P., la Chambre envoie le greffier en chef à Pontoise, pour témoigner au parlement la douleur qu'elle ressent de son éloignement.

(Plumitif.)

827.   11 Décembre 1754.
PROJET DE DÉLIBÉRATION PRÉSENTÉ PAR LE P.P. AU BUREAU DE L'HOPITAL GÉNÉRAL.

Messieurs, vous ignoriez au dernier bureau l'événement qui empêchoit Mr l'archevêque de le présider, et, si vous en eussiez été instruits, vous n'auriez pas sans doute différé à lui donner dans cette occasion des marques de l'attachement et du respect qui sont dus à ses qualités personnelles et au caractère dont il est revêtu. De touts les corps qui le reconnoissent pour chef, aucun n'a mieux ressenti les effets de son zèle, de son intelligence et de sa générosité, que l'administration de l'hôpital général. Un établissement si utile à la tranquillité publique et à la conservation des citoiens étoit menacé d'une ruine prochaine; nos registres attestent que ceux qui en gouvernoient plus particulièrement les affaires étoient disposés à les abandonner, par l'état déplorable où elles étoient réduites, lorsque Mr l'archevêque eut le courage d'entreprendre de les rétablir. Il ne falloit pas moins que les ressources de son esprit et l'abondance de ses charités pour y réussir, et il en est venu à bout; plus il a trouvé dans le bureau de concert et d'ardeur pour partager le fardeau dont il s'étoit chargé, plus vous avez été témoins de son attention à discerner les vrais besoins des pauvres et de son empressement à les prévenir et à les soulager par ses libéralités; les bienfaits qu'il a répandus sur les maisons dépendantes de notre administration exigent que nous nous acquitions par reconnoissance des égards que la place qu'il remplit nous obligeroit de lui rendre par devoir. Je suis persuadé, Messieurs, que vous vous déterminerez unanimement à arrester qu'il sera fait à Mr l'archevêque une députation pour l'assurer de toute la part que le bureau prend à son éloignement, et pour le prier de ne nous pas refuser, tant que nous serons privés de sa présence, des conseils et des secours qui ont procuré des avantages si essentiels à l'administration, qu'on peut dire que c'est principalement à celui dont elle les a reçus que l'hôpital général doit aujourd'hui son existence.

Note du P.P.

Projet de la délibération que j'avois fait pour estre mise sur les registres de l'hôpital général, à la séance du 11 décembre 1754, à l'occasion de la lettre de cachet du 3 du même mois qui exiloit Mr de Beaumont, archevêque de Paris, à sa maison de Conflans.

Il n'a point été fait d'usage de cette délibération, attendu que, sur la consultation que je fis à tous ces messieurs avant le bureau, le plus grand nombre fut d'avis qu'il falloit seulement que quatre de MM. les directeurs allassent luy marquer les sentiments du bureau, sans qu'il y eût pour l'ordonner une délibération.

Cet avis fut proposé par Mr le premier président de la Cour des aydes, par la raison qu'il n'y avoit aucun exemple à cet égard, que cette démarche n'avoit point été faite en pareille circonstance aux autres chefs de l'administration, et que, celle qu'on feroit ne devant point être suivie par l'administration de l'hôtel Dieu, cette espèce de contradiction donneroit lieu à blâmer la conduite différente que nous tiendrions.

Mon avis étoit opposé au précédent, parce que, n'y ayant point d'exemple, depuis l'établissement de l'hôpital, que l'archevêque de Paris eût été exilé, on ne pouvoit trouver dans le passé des usages pour se déterminer; que l'exil du premier président du parlement n'avoit point engagé le bureau à lui députer, parce qu'il ne le préside pas, et que cette distinction n'est due qu'au chef; que la conduite de l'administration de l'hôtel Dieu devoit d'autant moins nous servir de règle, que depuis longtemps on évitoit d'en tenir les bureaux, afin que le premier président et le procureur général du parlement s'y dédomageassent de l'autorité qu'ils avoient perdue dans l'administration de l'hôpital général; qu'enfin, les services importants que Mr l'archevêque avoit rendus à cet hôpital méritoient des marques autentiques de notre reconnoissance.

Mrs les administrateurs s'étant partagés entre ces deux avis, on convint que quatre d'entre eux iroient s'acquiter des sentiments du bureau auprès de Mr l'archevêque, et qu'on le prieroit de décider si l'on mettroit sur les registres la délibération qui les en avoit chargés.

L'indifférence que ce prélat montra sur la proposition qui lui en étoit faite, en ne répondant ny oui ny non, détermina à ne point prendre de délibération.

Il y eut quatre de Messieurs qui furent néanmoins d'avis contraire.

(Minute autographe. — *Arch. Nicolay*, 54 L 120.)

828.
31 Décembre 1754.
MORT D'UN FILS DU P.P.

Ce jour, Me Charles Ducornet, greffier en chef, a dit, qu'en exécution des ordres de la Chambre, il fut hier au village de Charonne, en une maison où Mr le P.P. s'est retiré; qu'ayant été introduit dans une salle au rez de chaussée de ladite maison, Mr le P.P., informé de son arrivée, seroit venu à l'instant dans ladite salle; que ledit Me Ducornet s'étant avancé vers lui, l'auroit salué, et lui auroit témoigné que la Chambre s'intéresse très particulièrement à la perte qu'il vient de faire de Mr son fils aîné; qu'elle partage sa vive douleur, et le prie instamment de ne point s'y abandonner et de conserver sa santé, aussi précieuse à la Compagnie qu'à sa famille. A quoi mondit sr le P.P. lui a répondu qu'il étoit très obligé à la Chambre de la part qu'elle vouloit bien prendre à la perte qu'il venoit de faire; que cette perte lui étoit d'autant plus sensible, qu'il avoit lieu de se flatter que ce fils pourroit dans la suite se rendre digne d'offrir ses services à la Chambre et s'efforcer de mériter son estime et sa bienveillance; qu'il chargeoit ledit Me Ducornet de marquer à la Compagnie sa respectueuse reconnoissance; que la part qu'elle veut bien prendre à sa douleur est un puissant motif pour la soulager; qu'il s'efforcera de lui renouveler en toute occasion son respect et son zèle pour tout ce qui peut intéresser l'honneur et la dignité de la Chambre.

(*Plumitif.*)

829.
3 Mai 1755.
LETTRE DU P.P. AU CONTROLEUR GÉNÉRAL. — DESTRUCTION D'ACQUITS.

Mr de Séchelles écrit, le 1er mai, qu'il ne peut faire de nouvelles dépenses pour la conservation des dépôts de la Chambre; qu'il serait peut-être possible de diminuer le volume des pièces qui s'accumulent tous les ans, de crainte qu'on n'arrive forcément à ne plus pouvoir les placer ni faire les recherches nécessaires. « J'ay toujours cru, dit-il, qu'on pourroit, après un certain nombre d'années, anéantir une quantité considérable d'acquits absolument inutiles. C'est à vous, Monsieur, et à Messieurs de la Chambre à juger si ma proposition n'a rien de contraire au bon ordre, et à régler la forme dans laquelle cette évacuation se feroit. » Le P.P. répond :

Il est certain, Monsieur, qu'il est difficile de pouvoir conserver à perpétuité tous les comptes et acquits qui entrent dans les dépôts de la Chambre, sans tomber dans l'inconvénient d'avoir des emplacemens immenses; et il avoit été dressé, dans cet esprit, un projet, il y a quelques années, pour examiner ceux des comptes qu'il faudroit conserver dans tous les tems, d'avec ceux qui, après une certaine époque, pourroient être rejetés comme inutiles. Ce projet a fait peine à plusieurs de Messieurs de la Chambre, qui pensent que ces papiers renferment toujours des pièces qui peuvent être avantageuses au Roy ou aux particuliers, et dont on ne reconnoît l'utilité que dans le moment que l'on en a besoin. Il m'a été remis sur cela des mémoires, qui seront toujours bons à rectifier ce qui a pu échapper dans une première idée, et je les conférerai ensemble pour voir quel est le meilleur système qu'on pourroit adopter pour cette opération. Comme vous me faites l'honneur de me mander que d'icy à l'année prochaine vous ne sauriez prendre d'arrangement à cet égard : cela me donnera plus de loisir pour examiner ceux que nous pourrons vous proposer. J'ay celuy d'être très parfaitement, etc.

(Minute originale. — *Arch. Nicolay,* 72 L 74.)

830.
Septembre-Octobre 1756.
LETTRES DU PROCUREUR GÉNÉRAL AU P.P. — PRÉSENTATION DE REMONTRANCES.

A Paris, ce 17 septembre 1756, à huit heures.

Monsieur, j'ose me flatter que mes sentimens vous sont assez connus pour vous persuader de l'intérêt bien sincère que je prens à la perte que vous avés faite. Si quelque chose pouvoit augmenter mes regrets, ce seroit de voir que ce triste événement nous ait privés de votre présence dans le moment où elle étoit la plus nécessaire pour calmer une fermentation aussi violente que difficile à prévoir. Vous avés sçu par M⁰ le président Fraguier le motif qui m'engagea hier à partir pour Versailles avant l'heure où la Chambre a coutume de s'assembler : nous étions convenus qu'il falloit prévenir Messieurs de la Cour des aides, et le billet de M⁰ le chancelier, dont j'ay l'honneur de vous envoyer copie, m'apprenoit que je ne pouvois y parvenir qu'en partant à l'instant. Quelque mauvais effet qu'ait produit mon zelle, je ne puis m'en repentir, surtout ayant eu la satisfaction d'apprendre ce matin que vous l'approuvés; mais je vous avoue tout mon étonnement lorsqu'en arrivant le soir à la Chambre, j'appris ce qui s'y passoit depuis le matin, et la proposition qui avoit été faite de révoquer les enregistremens et de me proposer d'aller dire au Roy que, mal à propos et contre l'intention de la Chambre, j'avois été prendre ses ordres. Je ne doute pas que l'assemblée des semestres ne voye, par une réflexion plus mure, à quel point des démarches aussi irrégulières compromettroient la dignité de la Chambre. J'en attens l'événement, dont j'aurai l'honneur de vous faire part.

Je vis hier M⁰ d'Argenson, et luy représentai que, faute d'une réponse de sa part, l'enregistrement du bail des postes étoit suspendu ; il me dit qu'en ayant parlé plusieurs fois au Roy, S. M. avoit désiré décider avec luy et M⁰ de Moras conjointement, en sorte qu'il falloit en reparler à M⁰ de Moras; comme il n'étoit point hier à Versailles, il fut impossible de terminer cette affaire, et à mon retour, la Chambre ne me laissa pas le temps d'aller chez luy. Au demeurant, l'exécution du bail des postes ne commence qu'au premier janvier prochain ; ainsi, rien ne périclite, et j'espère voir M⁰ de Moras avant le voyage de Fontainebleau.

A midi.

Les portes du bureau sont scrupuleusement fermées, Monsieur; on dit qu'on a nommé des commissaires pour faire de nouvelles remontrances, qu'on a ordonné que je serois mandé, et que la Chambre devoit m'avertir de ne plus faire de démarches sans sa mission. Je ne doute plus que je ne sois obligé d'aller aujourd'huy à Versailles rendre compte de toute cette aventure, et je vois avec douleur qu'elle ne peut être que très préjudiciable à la Chambre. Mais, si les remontrances se sentent de l'animosité qui règne dans l'assemblée, il est indispensable de prévenir M⁰ le chancelier et M⁰ le contrôleur général. J'attens encore quelques momens avant de fermer ma lettre.

Je viens d'être mandé au bureau, où M⁰ le président Fraguier m'a prononcé l'arrêté de la Chambre, tendant, quoiqu'en termes très ménagés, à désapprouver ma démarche. J'ay cru devoir y répondre avec la modération nécessaire pour ne point augmenter la fermentation, mais de façon cependant à faire sentir que l'arrêté étoit déplacé. J'ay l'honneur de vous communiquer ma réponse, qui se sent sans doute d'avoir été faite sur le champ.

On a nommé des commissaires pour rédiger les remontrances ; on se rassemble ce soir. J'ignore si elles seront présentées demain. Je suis avec respect, etc.

DE FOURQUEUX.

A la suite de cet incident, la Chambre chargea six conseillers maîtres de faire « un examen plus particulier des remontrances, et notamment d'y changer, même retrancher, s'il est par eux jugé nécessaire, ce qui est énoncé au sujet du denier vingt-cinq sur les annuités, et y ajouter quelques réflexions sur les dispositions de la déclaration du 7 juillet. » En outre, il fut arrêté que désormais les remontrances seraient lues aux semestres assemblés trois jours avant d'envoyer en cour les gens du roi.

Les remontrances, remaniées, furent rapportées dès le soir même, à six heures, lues le lendemain matin, et remises à une commission, que conduisit le président Fraguier, « pour l'absence du P.P. » Elles étaient relatives à l'établissement d'un nouveau vingtième, la continuation des 2 sous pour livre du dixième et une création de rentes. (*Plumitif.*)

A Paris, ce 19 septembre 1756.

Monsieur, si quelque chose est capable d'effacer le désagrément de toutes les scènes dont j'ay été témoin depuis quatre ou cinq jours, c'est la satisfaction que j'ay de voir que vous approuvés ma conduite. J'arrive à l'instant de Versailles, où on nous rend à l'un et à l'autre une justice complète, et où l'on a jugé à propos de marquer, par une réponse peu favorable, combien on désapprouvoit la façon dont la Chambre s'est conduite à votre égard. La Cour des aides a profité de la réponse satisfaisante qui étoit préparée pour nous. Si ceux qui ont composé les dernières assemblées réfléchissent, ils ne doivent pas se pardonner d'avoir attiré sur toute la Compagnie un désagrément que la plus saine partie auroit sans doute évité. Je ne doute pas que M^r le président Fraguier ne vous ait fait part de la réponse littérale du Roy. Je n'en sçais que la substance, telle que Mr de Moras me l'a dite; la voici à peu près :

« J'aurois eu lieu d'être satisfait du zèle qui a porté ma Chambre des comptes à registrer mes déclarations du 7 juillet dernier, si elle n'avoit pas porté trop loin ses remontrances, en y traitant des objets dont elle ne doit pas connoître. J'aurai attention de maintenir l'ordre de la comptabilité; c'est le seul objet qui soit de sa compétence. »

Le seul motif de cette réponse est le mécontentement qu'on a eu de la vivacité des assemblées, dont je n'ay cependant mandé à M^r le chancelier et à M^r le contrôleur général que ce qu'il étoit impossible de leur laisser ignorer. Je crains qu'il n'y ait encore demain quelque fermentation; nous aurons heureusement quelques uns de Messieurs du semestre d'hiver, qui ont soutenu hier assez fermement le parti de la raison.

Je n'ay point voulu proposer dans ce moment de déroute l'enregistrement des lettres qui concernent les constitutions des nouvelles rentes. Je suis convenu avec Mr de Moras de les garder pour la rentrée. Nous avons parlé du bail des postes. . . . .

Je serois bien flatté d'aller vous rendre mes devoirs et vous confier tout le déplaisir que me cause tout cecy; mais je crains bien d'être retenu chez moy, où j'attens plusieurs personnes. Ce qui me flattoit le plus, étoit d'espérer que j'aurois l'honneur de vous y voir; j'ay appris, en arrivant ce soir, que l'évesque de Digne y est actuellement, et j'aurois grand regret de ne pouvoir pas y passer quelques heures avec luy. J'espère que demain matin on m'en laissera la liberté. Je suis avec respect, etc.

De Fourqueux.

Réponse du P.P.

A Osny, ce 21 septembre 1756.

La réponse qui a été faite, Monsieur, à la Chambre, est aussi singulière que la conduite qu'elle avoit tenue. On laisse subsister des arrêts qui détruisent des arrêts précédemment rendus sur le même objet; on reçoit des remontrances différentes de celles qui avoient été arrêtées; on n'improuve point la forme nouvelle de faire revoir par des commissaires l'ouvrage de celuy qui y préside, et, au lieu de prendre des précautions contre ces irrégularités, qui blessent les premiers principes des Compagnies et qui en détruisent la discipline, on se détermine à déclarer la Chambre incompétente dans les matières qui appartiennent le plus essentiellement à sa jurisdiction. Cette tolérance d'une part, cette injustice de l'autre, met ceux qui devroient avoir quelque autorité hors d'état de la jamais recouvrer, et doit déterminer ceux qui étoient les mieux intentionnés à se joindre, pour l'intérêt de leur corps, à ceux qui ne sont guidés que par un esprit de cabale et qui veulent répandre partout le trouble. Il n'est pas possible que, dans la première occasion, on ne voye les Compagnies former une association entre elles; il m'est revenu de bonne part qu'elles étoient mécontentes de la réponse qui avoit été faite à la Chambre, et il n'y a personne de raisonnable qui n'adopte la même façon de penser. Pour moi, qui, depuis 22 ans, n'ai jamais cherché que le bien du service et l'honneur de la Compagnie, je suis très déterminé à ne plus me mêler d'aucune affaire publique, ne trouvant pas d'une part les dispositions que je voudrois, et ne recevant pas la moindre attention des personnes dont j'ai toujours cherché à seconder les bonnes intentions pour l'intérêt du Roy. Vous me ferez plaisir de ne le pas laisser ignorer à Mr de Moras, et même, si vous le voyez, de lui communiquer ma lettre. Je crois que S. M. ne trouvera pas mauvais que je n'entre plus dans des affaires où l'on m'a mis hors de portée de lui être utile, et, s'il étoit nécessaire que je lui en expliquasse les raisons, je n'ai aucun doute qu'il ne les approuvât.

J'aurois fort désiré, Monsieur, que vous me fissiés l'honneur de venir passer quelques jours avec moi, et je ne veux pas encore renoncer à cette espérance; si vous aviés besoin de chevaux, les miens seront toujours à vos ordres. On ne peut rien ajouter aux sentimens avec lesquels j'ay l'honneur d'être, etc.

A Fourqueux, le 26 septembre 1756.

Monsieur, je ne puis vous dissimuler que la réponse qui a été faite aux remontrances de la Chambre m'a paru aussi extraordinaire qu'à vous. Je ne pouvois pas ignorer le mauvais effet que produisoient les demandes irrégulières de la Chambre, et je pensois qu'un refus de recevoir les remontrances, telles qu'elles étoient, en seroit la suite. Je le dis à Mr le président Fraguier un instant avant son départ. C'étoit en effet la voie naturelle de désapprouver tout ce qui s'étoit passé, de vous rendre l'autorité que vous devez avoir, et de faire connoître en même temps à la Chambre combien les arrêts rendus régulièrement doivent être sacrés et hors de toute atteinte. Je croyois cette règle trop généralement connue pour avoir besoin d'être rappelée, et j'ai encore peine à concevoir le peu de cas qu'on en a fait à la Chambre. Lorsque je l'ay citée en conversation, on m'a constamment répondu que ce pouvoit être un usage du parlement, mais que la Chambre avoit les siens, et que ceux des autres Compagnies ne faisoient pas règle pour elle. Enfin, il est des circonstances où la raison ne persuade pas; dans celle cy, elle n'étoit pas mesme entendue.

Je serois bien flatté d'aller vous rendre mes devoirs, et je ferai l'impossible pour vous faire ma cour au commencement du mois, si le temps et nos chemins de traverse le permettent : je les crains un peu dans ce moment, parce que je n'ay ici que des voitures lourdes, et que nous avons été inondés depuis huit jours. Je suis avec respect, etc.

DE FOURQUEUX.

A Fourqueux, le 2 octobre 1756.

Monsieur, je n'ay pu m'acquitter qu'aujourd'huy de la mission dont vous m'aviés chargé auprès de Mr le contrôleur général. J'avois fait deux voyages inutiles à Versailles, et je ne me flattois presque plus d'en faire un plus heureux avant Fontainebleau. Mr de Moras, après avoir lu la lettre que vous m'avés fait l'honneur de m'écrire, m'a dit qu'il auroit fort désiré que vous eussiés été témoin de la justice que le Roy avoit rendue à vos intentions, et de la satisfaction qu'il avoit marquée de tout ce que vous aviés fait personnellement dans cette circonstance, mais que, plusieurs objets des remontrances ayant déplu, la réponse avoit paru nécessaire, et moins défavorable à la Chambre qu'un refus d'écouter ses représentations. Il doit vous écrire ces jours cy. La foule qui l'obsédoit m'a empesché d'avoir une explication plus longue, qui eût exigé une conférence teste à teste. Le Roy, tirant hier dans son parc, se trouva incommodé d'un accès de colique, qui n'a heureusement pas eu de suites. Il doit y chasser demain. J'ay appris que Mr de Massol est à l'extrémité d'une fièvre maligne, et peut être mort présentement; c'est, de toutes les pertes que nous pourrions faire, la moins difficile à supporter et à réparer. Je me flattois toujours d'avoir l'honneur de vous voir à Osny et vous instruire moy mesme de tout ce que j'aurois appris à Versailles, mais j'ay été assez incommodé depuis quelques jours pour craindre d'être repris des coliques et de la jaunisse qui m'a poursuivi pendant trois mois, il y a deux ans; je profite du reste de nos vacances pour m'en garantir, s'il est possible. J'aurai l'honneur de vous voir dimanche à Paris, où je compte retourner de bonne heure, et de vous prier de recevoir mes excuses. Je suis avec respect, etc.

DE FOURQUEUX.

(Originaux. — Arch. Nicolay, 75 L 86 à 88 et 90.)

831.   26 Avril 1758.
LETTRE DE M. DE SAINT-FLORENTIN AU P.P. — AFFAIRES DE L'HOPITAL GÉNÉRAL.

A Versailles, le 26 avril 1758.

J'ai de nouveau rendu compte au Roy de la lettre que vous m'avez, Monsieur, fait l'honneur de m'écrire, ainsi que des projets de lettres et de lettres de cachet que vous y avez joints; mais Sa Majesté n'a pas jugé à propos qu'elles fussent expédiées, et elle n'a rien voulu changer à ce que j'ai mandé de sa part à M^r le premier président du parlement. Sa Majesté a expliqué ses intentions par sa déclaration, qui a été enregistrée, et qui remet les choses au même état où elles étoient avant 1749. Ainsi, Sa Majesté a approuvé que les anciens directeurs actuellement existants soient rappelés pour le premier bureau qui sera tenu à l'Archevêché, et qu'il y soit pris des mesures convenables pour constater l'état de la veuve Moysan, en qualité de supérieure de l'hôpital.

Au surplus, Sa Majesté accordera dans tous les tems sa protection à l'hôpital général, et elle rendra toujours justice au zèle qui anime les chefs de l'administration. J'ai l'honneur d'être, avec le plus parfait attachement, etc.
SAINT-FLORENTIN.

(Original. — *Arch. Nicolay*, 72 L 271.)

Par trois lettres consécutives, Mr Molé, premier président du parlement, avait invité le P.P. à assister aux conférences des administrateurs. Le P.P. répond en ces termes à la dernière, datée du 28 avril : « L'expérience du passé m'ayant appris, Monsieur, que nos conférences ne servoient pas même à convenir du concert qui auroit dû régler nos démarches, je crois devoir me dispenser d'assister à celle que vous me faites l'honneur de me proposer ; ma présence y est d'autant moins nécessaire, que vous connoissez suffisamment ma façon de penser sur les deux objets proposés, et dont je regarde que l'exécution, sans être d'aucune utilité actuelle, préparera pour l'avenir des conséquences contraires aux priviléges de l'hôpital, à la dignité des chefs de la magistrature et à l'autorité du Roy. On ne peut rien ajouter aux sentimens, etc. » (*Arch. Nicolay*, 48 L 53 à 60.)

832. 20 Novembre 1758.
LETTRE DU CONTROLEUR GÉNÉRAL AU P.P. — COMPTES DES MONNAIES.

A Versailles, le 20 novembre 1758.

J'ay, Monsieur, signé l'arrest pour la succession le Normant de la manière que vous avés pris la peine de le rédiger, et il reste à régler par une déclaration les changemens nécessaires à faire dans les dispositions de l'édit de février 1717. Je charge Mr Philippe de vous en porter le projet et de me rendre le jugement que vous en aurés porté. Vous voudrés bien le faire avertir du jour et de l'heure qui vous seront plus commodes. J'ay l'honneur d'être, avec le plus fidel attachement, etc.
BOULLONGNE.

Réponse du P.P.

A Paris, ce 21 novembre 1758.

Vous avés rendu, Monsieur, à Madame de Pompadour un service plus important qu'elle ne croit peut être, en engageant le Roy d'accorder l'arrêt et les lettres qui étoient nécessaires pour parvenir au rétablissement de toutes les charges subsistantes sur les comptes des Monnoyes, et dont l'immensité étoit capable d'embarrasser pour longtemps la fortune de tous ceux qui s'y trouvent intéressés. Il est encore de votre justice de dispenser le trésorier général des Monnoyes de l'exécution de plusieurs dispositions de l'édit de février 1717, qui lui ôtoient la liberté d'exiger des directeurs particuliers des acquits valables et faute desquels la Chambre ne pouvoit s'empêcher de prononcer contre lui des indécisions et des souffrances. Quand Mr Philippe voudra me communiquer le projet de déclaration qui vous a été présenté pour faire ce changement, je l'examinerai avec lui, le jour qui lui sera le plus commode, et j'aurai l'honneur de vous informer des observations qui me paroîtront les plus utiles pour rappeler dans cette partie de la comptabilité le bon ordre que vous vous proposés d'y mettre à l'avenir. Vous sçavés qu'on ne peut rien adjouter, etc.

(Original. — *Arch. Nicolay*, 70 L 180.)

833. 7 Mars 1759.
COMPLIMENT DU P.P. A M. DE SILHOUËTTE, CONTROLEUR GÉNÉRAL.

Monsieur, c'est dans les circonstances les plus difficiles qu'on voit briller avec plus d'éclat les talens de ceux qui administrent les finances du Roi. Sa Majesté a jugé à propos de vous les confier dans un temps où la guerre demande chaque année de nouveaux efforts et de nouvelles ressources : l'entretien des armées, le rétablissement de la marine, la sûreté du commerce, des secours pressans à faire passer dans le Nouveau Monde, sont des objets que votre génie est capable d'embrasser dans toute leur étendue.

Accoutumé depuis longtemps à des études profondes et réfléchies, vous vous êtes singulièrement appliqué, Monsieur, à connoître le caractère, les mœurs, les intrigues et les forces de cette nation ambitieuse et jalouse qui voudroit étendre sa domination sur toutes les mers. Vous avez vu de près, dans les négociations dont vous avez été chargé, les différens ressorts qu'elle employe pour y parvenir, et vous saurez lui opposer les moyens les plus propres à dissiper ses projets et ruiner ses espérances.

Vous n'en serez pas moins attentif à soulager le peuple et à maintenir les règles si importantes pour prévenir l'abus et la dissipation des richesses de l'État.

Vous succédez, Monsieur, à un homme cher au public par son affabilité, par la droiture de son cœur et par son exacte probité. Conduit par les mêmes sentimens, vos travaux contribueront au succès de nos armes et à nous ramener les beaux jours de la paix. Quel usage plus utile et plus glorieux pourriez-vous faire de votre capacité et de vos lumières!

Réponse de M. de Silhouëtte.

Monsieur, je ne me dissimule point l'étendue des obligations que m'impose la confiance dont le Roi m'a honoré.

Procurer à l'État les ressources nécessaires pour repousser les injustes attaques d'un ennemi qui voudroit envahir l'empire universel de la mer et du commerce, affermir de plus en plus le crédit par la stabilité des engagemens sur lesquels il est fondé, exciter et protéger l'industrie, soulager, lorsque les circonstances le permettront, un peuple qui ne ressentiroit jamais le poids des impôts et le malheur des temps, s'il ne tenoit qu'à son souverain de l'en garantir ; voilà l'objet de mes devoirs, comme celui de mes vœux. C'est dans la supression des dépenses inutiles, dans l'économie des dépenses nécessaires et dans l'amélioration des différentes branches du revenu public, que l'on doit chercher les premières ressources pour subvenir aux besoins de l'État. Ces systèmes dangereux, dont les moyens enfantés par la chimère et l'illusion bouleverseroient la nature des choses, et dont le royaume a déjà éprouvé une fois les funestes effets, n'auront aucun accès auprès du trône. Je veillerai avec soin à l'observation de l'ordre et de la règle. Je sens combien les principes et les lois de la comptabilité, dont cette illustre Compagnie est dépositaire, sont importans à conserver dans leur intégrité.

Vous tenez, Monsieur, ces principes de vos ancêtres, qui, depuis plusieurs siècles, président à cette Compagnie en les maintenant avec la justice et les lumières qui caractérisent le magistrat. Vous rendez un service essentiel au Roi et à l'État, et je compterai toujours au rang de mes devoirs de faire parvenir à Sa Majesté les témoignages constans que cette Compagnie lui donne de son zèle et de sa fidélité.

(Copie. — *Arch. Nicolay*, 54 L 124.)

---

834.   16 Mars 1759.
LETTRE DU P.P. AU LIEUTENANT GÉNÉRAL DE POLICE — COMMERCE DES SUBSISTANCES.
16 mars 1759.

Je n'ai point eu l'honneur, Monsieur, de vous écrire sur la permission que la veuve Moreau demandoit de continuer le petit commerce que faisoit son mary de porter des fromages à Goussainville et à St-Germain, parce que je n'ai pas imaginé que cette affaire dût aller jusqu'à vous. Il n'étoit point question de lui accorder une nouvelle grâce ; il ne s'agissoit que de ne la point priver de celle dont jouissoit son mari, et je me suis contenté de l'envoyer, avec un de mes gens, à M⁽ʳ⁾ Chaban, sur l'amitié de qui je compte, et qui lui auroit rendu ce bon office, si son indisposition ne l'avoit pas mis hors d'état d'agir en sa faveur. A son deffaut, il s'est adressé au nommé Herman, commis du fermier des droits rétablis, qui ne demandoit qu'une lettre de ma part pour confirmer cette femme dans la permission dont elle uscit depuis longtems. C'est sans doute ce manque de formalité qui lui a fait trouver que le commerce qu'elle faisoit devenoit contraire aux règlemens de police, pendant qu'il étoit précédemment légitime. Il n'y a personne qui soit plus persuadé que moi, Monsieur, de l'exactitude qu'on doit apporter dans la perception des droits du Roy et à prévenir les fraudes qui s'y pourroient commettre; mais en même tems, je pense que, sous un prétexte aussi raisonnable, il ne devroit pas être permis de gêner la subsistance des gens de la campagne, qui sont assez malheureux pour qu'on ne leur ôte pas des facilités qu'il faudroit plutôt chercher à leur procurer ; et je ne vois qu'avec beaucoup de peine que la paroisse sera privée de la ressource des fromages de Brie, qui faisoit depuis des tems infinis une partie de sa nourriture, et que ce retranchement, ruineux pour celui qui faisoit cette fourniture, provienne du caprice d'un commis qui se croit autorisé à vous proposer des inconvéniens qui vous empêchent de donner une permission qu'il a précédemment accordée, et qu'il n'auroit certainement pas refusée, si on avoit employé auprès de lui les voyes dont il jugeoit à propos qu'on se servît. On ne peut rien ajouter, Monsieur, aux sentimens, etc.

(Minute originale. — *Arch. Nicolay*, 41 L. 100.)

835. 6 Mai 1759.
REMONTRANCES SUR L'ENREGISTREMENT DES DONS ET PENSIONS.

Le 18 avril 1759, Mr de Silhouëtte, contrôleur général, avait envoyé secrètement au P.P. un projet de réduction progressive des rentes, basé à peu près sur les mêmes dispositions qu'en 1717 et 1725, car les dépenses de la guerre et de la marine rendaient la nécessité aussi urgente. Le P.P. avait profité de cette occasion pour réclamer l'observation de l'ordonnance de 1629 ; mais le contrôleur général avait repoussé cette proposition comme inutile, le roi n'accordant jamais de dons qu'en connaissance de cause et sur l'avis du ministre. (*Arch. Nicolay*, 70 L 183 à 191.) La Chambre, en recevant, le 23 avril, le règlement pour la confirmation des dons et pensions, chargea le P.P. de faire au roi les représentations nécessaires; ce qu'il fit le dimanche 6, et il en présenta son rapport le jour suivant.

Sire, les plus anciennes ordonnances ont obligé ceux qui obtenoient des dons ou pensions de la libéralité de nos Rois de les faire enregistrer par votre Chambre des comptes, et c'est en se conformant à l'esprit et à la lettre de ces lois qu'elle supplie V. M. de vouloir bien ordonner que tous les dons et pensions au dessus de 3,000 liv. soient revêtus de lettres patentes qui lui soient adressées. Cette sage précaution a toujours été regardée comme le plus ferme rempart que l'on puisse opposer à la séduction qui surprend les grâces sans les mériter et à l'avidité importune qui parvient à les étendre au delà de leurs justes bornes. On ne s'est point écarté de ces principes, sans voir aussitôt renaître les abus dont ils avoient arrêté le cours : les finances en ont toujours souffert, et les Rois vos prédécesseurs ont souvent été obligés de supprimer leurs propres bienfaits.

Ce fut par ces motifs que Louis XIII inséra dans son ordonnance de 1629 deux articles qui imposoient la nécessité de l'enregistrement des dons et pensions, déjà établie par plusieurs lois précédentes, et qu'aucunes postérieures n'avoient abrogée.

Il est vrai que Louis XIV changea cette jurisprudence par sa déclaration du 31 décembre 1678, en annonçant qu'il veilleroit par lui-même à l'administration de ses finances. Mais l'expérience fit voir que cet examen contentieux se perd dans les vastes détails qu'exige le gouvernement d'un grand royaume ; et, lorsque V. M. parvint à la couronne, les dons et pensions excédoient de deux tiers la somme qu'on y employoit avant 1678. Cette progression excessive fait connoître combien il est dangereux d'abandonner les formes.

V. M. sentit la nécessité de les rétablir; elle fixa, par sa déclaration du 31 juillet 1717, le fonds qui seroit destiné au payement des pensions; elle régla qu'on les comprendroit dans un état particulier, et votre Chambre des comptes, pour donner à cette loi toute la perfection qu'elle devoit avoir, ne l'enregistra qu'à la charge que les brevets de dons au dessus de 3,000 liv. seroient revêtus de lettres patentes à elle adressantes.

L'opulence trompeuse de 1720 présenta des ressources inépuisables : les pensions supprimées en 1717 furent rétablies. Mais ces richesses imaginaires disparurent; elles n'avoient servi qu'à augmenter les dettes de l'État, dont l'épuisement contraignit bientôt après à faire de nouveaux retranchemens sur les pensions. La déclaration du 20 mars 1725, qui en ordonna la réduction, paroît avoir été donnée plutôt pour remédier aux maux présens, que pour prévenir ceux qui pourroient renaître à l'avenir. Votre Chambre des comptes eut l'attention de ne la vérifier qu'en réclamant l'exécution des anciennes ordonnances, et les circonstances qui viennent de déterminer V. M. à rendre sa nouvelle déclaration, prouvent suffisamment que nos représentations ne tendent qu'au bien de son service.

V. M. réunit dans cette loi plusieurs dispositions importantes déjà prescrites par les ordonnances; mais elle n'y rappelle point celle de la nécessité de l'enregistrement en la Chambre, qui est la seule voie légale et la précaution la plus essentielle pour prévenir les surprises que V. M. déclare elle-même qu'elle veut empêcher. Cette formalité, insdispensable dans tous les temps, devient plus utile lorsque ceux qui solliciteront des pensions doivent, pour les obtenir, remettre une déclaration, signée d'eux, de toutes les grâces et de tous les emplois qui leur ont été précédemment accordés. Qui peut être plus en état de procéder avec succès à cette vérification et d'en approfondir la sincérité, que les officiers de votre Chambre des comptes, devant qui toutes les dépenses de cette nature doivent passer?

Il est de la puissance de votre majesté royale d'apprécier et d'accorder les récompenses : le prince se réserve à lui-même ce noble et précieux exercice de son pouvoir, et laisse à ses magistrats le soin de discuter scrupuleusement les titres sur lesquels ces grâces ont été obtenues. Les exemples viennent, Sire, à l'appui des ordonnances, pour faire connoître que ces fonctions appartiennent particulièrement à votre Chambre des comptes : quand V. M. accorde à ses comptables des lettres de décharge sur les comptes, elles ne sont expédiées qu'après avoir été mûrement examinées par votre Conseil; cependant elles ont besoin, pour l'exécution, de l'enregistrement de votre Chambre des comptes, qui n'y procède, en tout ou en partie, qu'autant qu'elle juge que les faits qui y sont énoncés sont conformes à l'exacte vérité.

Une espèce encore plus précise est celle des pensions assignées sur les domaines, sur les fermes ou sur les trésoriers particuliers : elles ne sont acquittées qu'en vertu de lettres patentes adressées à votre Chambre des comptes. Les grâces qu'elles contiennent sont du même genre que toutes celles comprises dans les rôles du Trésor royal, et la différence de l'emploi n'en doit apporter aucune dans la formalité.

L'envoi de l'état général des pensions à votre Chambre des comptes ne supplée point aux avantages des enregistremens particuliers : ils furent exigés par des articles de l'ordonnance de 1629, quoiqu'elle eût établi la confection d'un pareil état. En effet, il n'a d'autre utilité que de rassembler avec plus de précision le tableau général de la dépense des dons et pensions; mais il devient étranger à l'examen des motifs sur lesquels la grâce est appuyée, et cet examen ne doit jamais être négligé, quand l'objet de ces dons est de quelque importance.

En vous exposant, Sire, ces maximes incontestables, votre Chambre des comptes est moins jalouse de l'honneur et de l'intérêt de sa juridiction, que de maintenir, par l'exercice qu'elle en feroit, ce juste équilibre qui détermine V. M. à ne point laisser les services sans récompense et à ne point augmenter des dépenses qui deviendroient une surcharge pour ses sujets. Si votre Chambre des comptes trouve dans les lettres qui lui seront présentées les faits déguisés ou altérés, V. M. lui saura bon gré de ne point confirmer des grâces qu'on peut qualifier d'obreptices et de subreptices. Si, au contraire, l'exposé des lettres est pleinement justifié, ceux qui les auront obtenues ne pourront regretter les soins qu'ils auront pris pour les faire vérifier, par l'avantage qu'ils auront de consacrer à la postérité, dans un dépôt public, des témoignages de leurs services, aussi honorables pour ceux qui les auront rendus, que glorieux au prince qui les aura récompensés.

Telles sont, Sire, les principales considérations qui ont engagé votre Chambre des comptes à arrêter les représentations qu'elle m'a chargé de faire en son nom à V. M., pour la supplier de vouloir bien, en ajoutant au meilleur ordre que vous jugerez à propos, Sire, de remettre dans vos finances pour l'obtention, la fixation et la réduction successive des dons et pensions, ordonner que, sur les brevets de dons et pensions, il sera expédié à l'avenir des lettres patentes adressantes à la Chambre, pour y être registrées conformément aux anciennes lois du royaume, et notamment aux articles 374 et 379 de l'ordonnance du mois de janvier 1629.

(Plumitif.)

Le roi ne donna sa réponse que le 5 août : « Je connois et j'approuve le zèle qui a dicté les remontrances de la Chambre des comptes. Les dispositions de ma déclaration du 17 avril dernier, sur les pensions, lui ont donné de nouvelles marques de ma confiance. Mais, en limitant la somme qui doit être employée en pensions et en gratifications, j'ai rendu inutile la précaution de l'enregistrement de chacun de mes dons au dessus de 3,000 liv., portée par les anciennes ordonnances, dans un temps où le fonds destiné à ces dons n'étoit pas fixé. »

Le P.P. ayant rapporté cette réponse le 7 août, la Chambre arrêta que l'on continuerait, en tous temps et en toutes occasions, de représenter au roi que la suppression des enregistrements depuis 1678 devait être regardée comme le principe des abus visés par la déclaration actuelle. Puis, sur l'observation du président le Mairat, on décida qu'à l'avenir il ne serait plus fait de remontrances ni de représentations, ni même aucune députation, sans réunion et délibération des deux semestres.

---

836.   30 Mai 1759.
LETTRE DU P.P. AU CONTROLEUR GÉNÉRAL. — SOLLICITATIONS DE MADAME DE POMPADOUR.

Le 30 may 1759.

J'ai toujours regardé, Monsieur, comme une des choses qui seroit la plus utile au service du Roi, le choix éclairé qui détermineroit à n'accorder les gages du Conseil qu'à ceux de Mrs les maîtres des comptes qui seroient ou recommandables par l'ancienneté de leurs services, ou qui se seroient distingués par leur application et leur zèle pour la justice ; je m'en suis toujours expliqué de cette manière, et, quoique les principes où j'étois ayent été adoptés, je ne puis m'empêcher de dire qu'on s'en est très souvent écarté, et que les recommandations ont presque toujours décidé de l'obtention de ces grâces. Il est digne de vous, Monsieur, de faire cesser ces abus, et je suis persuadé que Madame la marquise de Pompadour sera la première à distinguer dans Mr de Neuville sa qualité de gentilhomme ordinaire, dont il remplit peut être les fonctions avec assiduité, d'avec celle de maître des comptes, dont il n'en remplit aucunes depuis plusieurs années. S'il mérite en la première de ces qualités, il y a sans doute des grâces qui y sont destinées et qu'il peut réclamer ; mais il ne doit pas prétendre à celles qui servent de récompenses au travail de ses confrères, qu'il n'a, pour ainsi dire, jamais partagé avec eux, quoiqu'il eût assez de talent naturel pour s'y faire honneur. Je dresserai, Monsieur, un état de ceux que je crois les plus dignes d'obtenir les pensions qui vaqueront, et j'aurai l'honneur de vous le remettre. J'ai celui d'être, plus que personne, etc.

(Minute originale. — *Arch. Nicolay*, 70 L 187.)

---

837.   20 Juin 1759.
LETTRE DU CONTROLEUR GÉNÉRAL AU P.P. — POSTE AUX LETTRES.

A Versailles, le 20 juin 1759.

Voici, Monsieur, un projet de déclaration pour l'augmentation des ports de lettres, et le tarif en conséquence. Je vous les envoie pour les examiner et me faire part de vos observations avant qu'ils soient présentés.

Il est indispensable, pour le rétablissement de la confiance et le soutien des affaires, que le public voie bien clairement porter sur des fonds nouveaux les nouveaux arrérages dont le Roy se charge. De tous les moyens d'y parvenir, je n'en ai point trouvé de plus convenable à proposer au Roy, que l'augmentation du tarif des ports de lettres. Depuis 1703, ce tarif n'a reçu aucune augmentation, quoique le marc d'espèces, au même titre qu'aujourd'hui, soit monté de 36 liv. à 49 liv. 16 s., ce qui forme 38 pour cent de diminution sur la valeur intrinsèque des ports de lettres, tels qu'on les paye. L'augmentation du nouveau tarif est d'un tiers environ ; mais on a adouci cette règle dans la taxation des lettres de l'intérieur du royaume qui viennent de distances éloignées. Afin de rendre le nouveau tarif moins onéreux, on a eu les mêmes égards pour les lettres venant de l'étranger ou y allant, suivant les circonstances du commerce.

Sur tout le reste, l'augmentation générale est du tiers; mais, par compensation, parce qu'il a fallu éviter les fractions, on a aussi réformé quelques disproportions du tarif de 1703, et, malgré l'augmentation, les ports de lettres seront encore à meilleur marché en France qu'en aucun pays de l'Europe, et moins chers intrinsèquement qu'ils ne l'étoient en 1703.

L'établissement de la poste de ville à Paris peut devenir un objet de considération pour les revenus du Roy, si elle réussit comme dans quelques pays étrangers. Les magistrats de la police le regardent comme utile à leur objet ; il est libre, et la précaution, soit des timbres de chaque bureau, soit d'obliger à payer le port d'avance, prévient toute espèce d'inconvénient.

Sur tous ces objets, je vous prie de me faire part de vos réflexions. Je les attends pour accélérer l'exécution, qui ne peut être différée sans inconvénient pour le service de Sa Majesté. Je suis bien véritablement, etc.

DE SILHOUËTTE.

Je vous serai très obligé, Monsieur, de me renvoyer ces pièces le plus promptement qu'il vous sera possible, et je vous supplie de les communiquer à Messieurs du parquet.

(Original. — Arch. Nicolay, 70 L 188.)

838. 22 Septembre 1759.
SÉANCE DU DUC D'ORLÉANS. — DISCOURS DU P.P.

Monsieur, depuis l'heureux avènement du Roi à la couronne, la Chambre ne l'avoit point vu employer son autorité absolue pour donner à des édits et déclarations cette publicité légale qui ne devroit dépendre que des délibérations libres des Compagnies établies pour procéder à leur enregistrement. S'écarter d'une forme aussi essentielle, c'est abandonner les maximes les plus constantes, c'est altérer la constitution des tribunaux, c'est priver le monarque qui nous gouverne des avantages que lui offrent l'expérience et les lumières des magistrats qui ne s'en serviroient que pour concilier les intérêts de sa gloire avec le soulagement de ses peuples.

Et dans quelles circonstances ces officiers pourront-ils donner des marques plus effectives de leur zèle et les rendre plus utiles au service de S. M. ! L'État a besoin sans doute de secours extraordinaires, les revenus annuels sont insuffisans pour en acquitter les dettes immenses, pour entretenir les armées, protéger nos alliés, rétablir la marine et conserver au delà des mers les possessions qui sont l'âme de notre commerce; mais ces secours ne peuvent être fournis que par une nation dont tous les ordres sont presque également épuisés. Les impositions qui devoient être les plus passagères ont été continuées, les anciennes sont augmentées, et les peuples sont tellement surchargés, que le plus léger accroissement ne leur laissera plus la force d'en soutenir le poids.

L'origine du dérangement des finances vient, il est vrai, de plus haut. On doit, Monsieur, le faire remonter à ces temps heureux où la tranquillité avoit ramené l'abondance, qui n'a malheureusement profité qu'à cette portion de gens avides et insatiables dont les fortunes prodigieuses se sont rapidement formées aux dépens de celle de l'État. Les succès de la guerre de 1733 mirent le Roi à portée de satisfaire à la fois sa gloire et sa tendresse pour ses sujets. Il réunit à sa couronne une province considérable, ancien patrimoine de ses ancêtres ; il en donna la jouissance à un Roi qui consacre à la postérité ses vertus par des bienfaits et l'élévation de son âme par les monumens les plus durables. Cette générosité de notre auguste monarque n'acquitta qu'imparfaitement la France du tribut de reconnoissance qu'elle devoit au prince dont elle avoit reçu une reine si digne de son amour et de sa vénération. Enfin, Sa Majesté combla les vœux de la nation en faisant précéder la publication de la paix par le soulagement de ses peuples.

Le terme de la guerre de 1741 ne fut pas marqué par les mêmes avantages. Le Roi, en supprimant l'imposition du dixième, y substitua celle du vingtième, uniquement établi pour parvenir à la libération des engagemens nouvellement contractés.

Cette précaution annonçoit les vues d'une sage administration ; mais nous ne saurions nous dissimuler, Monsieur, qu'elle n'a pas été fidèlement exécutée. Une partie des fonds consacrés à l'acquittement des dettes de l'État n'a servi qu'à payer des arrérages : des sommes considérables sont demeurées stériles pour le Roi dans la Caisse des amortissemens ; le compte de 1752 justifie qu'il restoit alors entre les mains du trésorier plus de onze millions, dont l'emploi en extinction de capitaux auroit fait cesser au profit de S. M. des intérêts proportionnés.

On ne s'est pas contenté, Monsieur, d'éluder ainsi l'exécution de ces arrangemens économiques, cimentés par des lois promulguées ; ils ont été détruits en entier, et, pendant qu'on remboursoit les dettes anciennes, on en créoit de plus fortes par de nouveaux emprunts.

Peut-on croire qu'au sein de la paix et dans ces beaux jours où la circulation plus active avoit fait baisser le taux de l'argent au denier 25, on ait eu recours à des opérations de finance qui ont coûté plus de sept pour cent à Sa Majesté ?

Il est important, Monsieur, de vous faire connoître la source d'un si grand désordre. On doit principalement l'attribuer à l'inobservation des règles. Ces emprunts, qui engagent et tarissent insensiblement les revenus de la couronne, ne devroient jamais paroître que sous l'autorité authentique des déclarations. Ils n'ont été cependant revêtus que de simples lettres patentes, dont l'envoi tardif ne permettoit plus aux magistrats de s'opposer utilement à leurs dispositions ruineuses et déjà consommées.

Jugez, Monsieur, par les suites funestes de ces abus, combien le maintien des lois primitives est cher et précieux au royaume ; mais il n'en est point de plus sacrées que celles qui assurent aux magistrats la liberté des suffrages, sans laquelle leur ministère deviendroit aussi peu honorable pour eux qu'infructueux aux peuples dont le repos et les possessions sont confiés à leur vigilance.

La forme extraordinaire dans laquelle les volontés du Roi nous sont apportées, fait évanouir absolument cette liberté essentielle à la magistrature ; elle étouffe la voix des officiers de cette Compagnie, et leur silence me faisant perdre le secours de leurs opinions, me force à ne vous proposer que quelques réflexions superficielles sur des objets qui demanderoient les observations les plus profondes et les plus étendues.

L'édit qui ordonne la suppression des charges sur les ports, n'est que l'exercice de la faculté légitime qui appartient au souverain de rentrer dans des droits aliénés. Je n'examinerai point si les temps sont opportuns pour faire cette suppression ; mais je dirai qu'elle ne doit pas s'opérer par des fixations arbitraires, et que le Roi ne doit restituer aux acquéreurs que les mêmes sommes qu'il en a reçues. Cette justice distributive étoit religieusement observée, lorsque les remboursemens ne s'effectuoient qu'en vertu des avis des finances expédiés en la Chambre des comptes. L'interruption de cet usage n'a plus laissé subsister de règles fixes dans un objet où elles auroient dû être invariables. Ne devroit-on pas les rappeler dans une circonstance où l'examen de ces liquidations, devenu, par leur multitude, impraticable au ministre des finances, ne peut être plus sûrement confié qu'aux soins d'une Compagnie qui s'en est si longtemps occupée ?

Je ne m'arrêterai point, Monsieur, sur l'édit de création des receveurs des rentes de la ville, dont les offices ont déjà eu une existence qui n'a été que momentanée.

Mais l'édit de subvention rassemble un nombre effrayant d'impositions, dont chacune en particulier est infiniment onéreuse. Un nouveau vingtième, avec les deux sols pour livre, achève d'enlever aux citoyens le produit le plus clair de leur patrimoine, et les officiers de cette Compagnie, dans le malheur général auquel ils participent, éprouvent encore la douleur de connoître que la perception n'en est justifiée que par les pièces les plus incomplètes.

Les quatre sols pour livre ajoutés aux anciens droits qui se perçoivent, de nouvelles impositions établies sur plusieurs denrées, la taxe égale répartie indistinctement sur tous les marchands, dont l'état, les fonds et le débit doivent être si différemment appréciés, augmenteront le prix des subsistances les plus nécessaires, et ne seront que d'un produit médiocre pour les revenus du Roi, par le défaut de consommation.

L'excédant des octrois ne pourroit être mieux employé qu'à subvenir aux dépenses excessives de la guerre. Mais connoître leur produit et le comparer avec leur première et successive destination, est un travail préalable qui exigeroit la discussion la plus sérieuse. Cette branche d'administration, si négligée, ne peut être remise dans toute sa valeur que lorsqu'en écartant des distinctions frivoles, elle sera soumise en entier à la juridiction de la Chambre.

L'imposition sur les domestiques et sur les chevaux s'annonce sous l'apparence de vouloir réprimer le luxe et réformer les mœurs ; mais le luxe ne consiste que dans des dépenses fastueuses et superflues, et ce qui convient à la décence de certaines conditions deviendroit déplacé dans d'autres. Par cet édit, tous les états sont confondus ; on n'y sépare point des rangs les plus élevés cette classe de financiers opulens qui ne mettent point de bornes à leurs profusions, parce qu'il n'en est point à leurs richesses, et dont le faste orgueilleux semble vouloir effacer la magnificence des souverains et insulter à la misère des peuples, dont plusieurs, par leur naissance, étoient destinés à partager les serviles travaux. Ces hommes, nourris de la substance des citoyens, et dont le superflu suffiroit pour fournir à l'État les secours qu'exigent ses pressans besoins, ne participent que foiblement, en proportion de leur fortune, au poids de cette imposition. Elle frappe plus sensiblement sur cette brave et illustre noblesse, toujours prête à prodiguer son sang pour la patrie, et sur ces magistrats fidèles qui sacrifient leurs veilles au maintien des lois, et qui sont encore aujourd'hui frustrés sur leur consommation d'une franchise d'autant plus inviolable, qu'elle fait partie des émolumens de leurs offices.

Mais, si nous considérons, Monsieur, le produit de ces nouveaux édits et la rigueur dont ils seront pour tous les sujets du Roi, nous ne saurions envisager sans les plus vives alarmes les événemens funestes qui en seront la suite. Le commerce languissant, les campagnes abandonnées, le père de famille dans l'impuissance de soutenir ses enfans au service ou de les placer dans la magistrature, sont les plaies douloureuses que le royaume éprouvera par l'excès des impositions.

Dans une situation aussi critique, n'auroit-on pas dû, Monsieur, commencer par épuiser toutes les ressources d'une exacte économie? Personne n'ignore que ce sont les premiers soins dont le Roi s'est occupé ; mais ces retranchemens ont-ils été exécutés avec toute l'attention qu'exigeoit sa bonté pour ses sujets ? Jamais monarque n'eut moins le goût du faste, ni un désir plus sincère d'épargner à ses peuples les malheurs de l'indigence. Les nobles sentimens qui sont gravés dans le cœur de son auguste fils, lui font également dédaigner pour sa personne toutes ces superfluités étrangères à la grandeur des princes, et qui contribuent toujours à multiplier les charges publiques. Un exemple si respectable et si frappant ne devroit-il pas en imposer aux ordonnateurs, et les engager, chacun dans leur partie, à ne se livrer qu'aux dépenses convenables pour soutenir l'éclat de la maison royale?

Il est, Monsieur, d'autres branches de dépenses dont les comptes nous font connoître l'irrégularité et les abus. Instruits, comme magistrats, qu'on épuise sans ménagement les sommes prodigieuses levées sur les peuples, nous ne saurions encore ignorer, comme particuliers, qu'on les assujettit à des travaux extraordinaires et pénibles, sans qu'ils y soient soumis par aucun titre légitime.

Ces faits m'auroient ramené, Monsieur, à vous représenter l'avantage de l'observation des formes, quand même je n'aurois pas été précisément chargé par cette Compagnie de vous déclarer en son nom qu'elle ne peut consentir à l'enregistrement d'édits qui ne lui ont pas été communiqués pour en être par elle librement délibéré, et sur lesquels elle se réserve de faire tout ce que son zèle lui dictera pour le service du Roi et le bien de ses peuples.

Si quelque chose pouvoit nous dédommager de la contrainte que nous éprouvons dans l'exercice de nos fonctions, ce seroit, Monsieur, l'honneur que nous recevons de vous voir assis parmi nous. Aussi sage qu'éclairé dans vos conseils, toutes les décisions qui en émanent se ressentent de la justesse de votre esprit; la splendeur qui vous environne ne dérange point cet ordre lumineux établi dans le gouvernement de vos finances et qui peut servir de modèle dans une administration plus vaste. Dépositaire des volontés du Roi, vous avez cette valeur brillante qui peut contribuer à sa gloire, et cette humanité qui répond si bien à son affection pour ses sujets. Votre pénétration vous fera démêler, dans le silence même de ces magistrats, quel est leur respectueux amour pour la personne sacrée du Roi, quel est leur entier dévouement pour son service. Persuadé de la pureté de leurs sentimens, vous voudrez bien, Monsieur, en être l'interprète auprès du Roi, et ne pas laisser ignorer à S. M. que de la liberté de leurs suffrages dépend, et le plus grand avantage de l'État, et le meilleur ordre de ses finances.

(Copie. — *Arch. Nicolay*, 55 L 55.)

839.
28 *Novembre* 1759.
COMPLIMENT DU P.P. A M. BERTIN, CONTROLEUR GÉNÉRAL.

Monsieur, les fonctions pénibles de la charge que vous quittez, et dans laquelle vous vous estes acquis une réputation si désirable, vous ont mis à portée de connoistre toute l'importance et toute l'étendue des travaux inséparables de l'administration des finances.

L'exactitude des formes est une des parties les plus essentielles à y maintenir, et c'est à leur inexécution qu'on peut attribuer principalement la situation affligeante où le royaume est plongé.

Les richesses immenses de cet empire si florissant, épuisées pendant la paix, sont devenues insuffisantes pour offrir pendant la guerre les secours abondants qu'elle exige. Puissiez-vous trouver, Monsieur, dans l'observation des règles et dans une austère économie, des ressources proportionnées à nos besoins, et rétablir le crédit public sur des fondements aussi solides!

Les circonstances sont sans doute difficiles et épineuses; mais, plus les obstacles sont grands, plus il vous sera glorieux, Monsieur, de fournir au Roy les moyens d'acquitter fidèlement les charges et les dépenses annuelles de l'État, de parvenir un jour à sa libération, et de diminuer dès à présent le fardeau des impositions dont les peuples sont accablés.

(Minute autographe. — *Arch. Nicolay*, 54 L 125.)

840.
10 *Décembre* 1759.
PROJET DE REMONTRANCES SUR LES NOUVELLES IMPOSITIONS.

Il sera représenté au Roi que, dans toutes les monarchies, il est un corps de magistrats chargé de l'examen des lois, pour écarter du trône toutes surprises préjudiciables au souverain et aux peuples; que les officiers admis à ces fonctions importantes sont les ministres essentiels de la chose publique;

Qu'il est indispensable pour le bien de l'État que l'autorité de nos Rois ne soit jamais employée pour donner à des édits cette publicité qui doit être toujours précédée des délibérations libres des Cours; que s'écarter d'une forme aussi nécessaire, c'est anéantir la dignité de la magistrature; qu'en détruisant l'autorité des magistrats destinés à faire recevoir par les peuples les lois avec respect, c'est affoiblir la puissance même dudit seigneur Roi; que les peuples supportent plus difficilement le poids des nouvelles charges, lorsqu'ils voient tant de contraintes exercées pour leur établissement ; que les Cours elles-mêmes croiroient agir contre la religion de leur serment et l'intérêt dudit seigneur Roi, si elles employoient pour faire exécuter ses volontés une autorité qui auroit été regardée comme inutile pour leur imprimer le dernier caractère de lois; que l'autorité dudit seigneur Roi est même souvent compromise par l'impossibilité d'exécuter des édits dont il s'est mis hors d'état de connoître les inconvéniens ; que, dans des délibérations libres, ces inconvéniens eussent été manifestés par l'expérience et les lumières des magistrats, qui ne s'en servent que pour concilier les intérêts de sa gloire avec le soulagement de ses peuples;

Que cette forme d'enregistrement est également contraire au bien de l'État, et une des principales causes des malheurs publics; que, les magistrats étant témoins par eux-mêmes de la situation des peuples, ce ne sont point de vaines clameurs qu'ils portent au trône, quand ils annoncent les charges énormes des biens-fonds, l'arbitraire de la répartition des impositions, la rigueur du recouvrement, le désordre de la comptabilité, l'altération des formes, l'obscurité répandue sur l'emploi des finances, le dérangement de leur destination, leur dissipation même, d'où naissent le découragement de l'industrie et du commerce, la dépopulation des provinces, l'extinction du crédit de l'État;

Que les édits qui ont été apportés en la Chambre, du très exprès commandement dudit seigneur Roi, ne font qu'augmenter les maux, et contiennent d'ailleurs des inconvéniens qui leur sont propres;

Que l'édit de subvention rassemble un nombre effrayant d'oppositions infiniment onéreuses;

Que le nouveau vingtième, avec les deux sols pour livre, achève d'enlever aux citoyens le produit le plus clair de leur patrimoine; qu'il porte en particulier le dernier coup à l'agriculture, en ôtant aux propriétaires, après tant d'autres impôts, le reste des moyens qu'ils avoient encore de féconder leurs fonds et de réparer les bâtimens nécessaires pour l'exploitation; que la taxe imposée sur un grand nombre de marchands dont le commerce est très borné, est beaucoup au-dessus de leurs forces;

Que les quatre nouveaux sols pour livre, ajoutés aux anciens droits, sont également préjudiciables aux finances dudit seigneur Roi, dont ils altèrent la source, en diminuant la consommation, et aux citoyens, en éloignant des villes les moyens de subsistance les plus nécessaires;

Que l'édit de suppression des offices sur les ports est, à la vérité, l'exercice de la faculté légitime qui appartient aux souverains de rentrer dans les droits aliénés; mais qu'il est de l'équité dudit seigneur Roi d'accorder à ces officiers un remboursement actuel; que ce remboursement ne doit pas s'opérer par des fixations arbitraires, et que ledit seigneur Roi ne doit restituer aux acquéreurs que les mêmes sommes qu'il en a reçues; que cette justice distributive étoit religieusement observée, lorsque les remboursemens ne s'effectuoient qu'en vertu des avis de finance expédiés en la Chambre des comptes; que l'interruption de cet usage n'a plus laissé subsister de règles fixes dans un objet où elle auroit dû être invariable; qu'il seroit très utile de les rappeler, dans une circonstance où l'examen de ces liquidations, devenu, par leur multitude, impraticable au ministre des finances, ne peut être plus sûrement confié qu'aux soins d'une Compagnie qui s'en est si longtemps occupée; que l'obscurité dans laquelle sont enveloppées aujourd'hui les finances payées pour l'acquisition de ces charges, forme obstacle à l'exacte justice qui doit régner dans ces remboursemens, et est en même temps une preuve du danger qu'il y a de changer les dispositions sages que les Cours opposent aux enregistremens; que les mentions ordonnées par l'arrêt d'enregistrement de la Chambre du 17 novembre 1730 être faites par le trésorier des parties casuelles, tant dans ses registres, que dans les quittances données aux acquéreurs desdits offices, des différentes natures d'effets et d'espèces fournies par lesdits acquéreurs, jetteroient actuellement un grand jour sur cette opération de finance, s'il n'en avoit été déchargé par lettres patentes dudit seigneur Roi;

Que ledit seigneur Roi est supplié de considérer que ses sujets subissent tout à la fois les malheurs de la guerre actuelle et ceux des charges de l'État, qui, ayant pris naissance dans les guerres suscitées même sous les règnes de ses augustes prédécesseurs, subsistent encore depuis tant d'années; que les nouveaux secours qui leur sont demandés, ne peuvent être fournis par une nation dont tous les ordres sont presque également épuisés; que les impositions qui devoient être les plus passagères, ont été continuées, les anciennes augmentées, et que les peuples sont tellement surchargés, que le plus léger accroissement ne leur laissera plus la force d'en soutenir le poids;

Que les nouveaux droits attaquent tout ensemble les offices, les rentes, le commerce, l'industrie, les biens-fonds, tous les objets de consommation, toutes les ressources de l'indigence; que, quand même la nation pourroit fournir des subsides aussi considérables, ce ne seroit qu'aux dépens des secours ordinaires et annuels; que des efforts excessifs sont nécessairement suivis d'un épuisement total;

Que, malgré une situation si critique, les ordonnateurs de dépenses ont souvent passé les bornes que la magnificence royale elle-même auroit établies; que c'est avec douleur que la Chambre voit ainsi dissiper des trésors que l'amour du bien public auroit réservés pour les nécessités urgentes de l'État, sans recourir si fréquemment à des extrémités qui coûtent infiniment au cœur paternel dudit seigneur Roi et anéantissent la fortune des citoyens; que la lenteur des payemens, qui suit la dissipation des finances, en est elle-même un nouveau principe; que la Chambre voit souvent que les sommes payées par ledit seigneur Roi excèdent de beaucoup la valeur réelle des fournitures, leur prix étant augmenté nécessairement pour indemniser des retards des payemens; que les maux viennent encore de l'altération du crédit public; que les peuples s'alarment, lorsqu'ils voient détourner à des objets étrangers des fonds destinés à la libération des dettes de l'État; que l'édit d'établissement de la Caisse des amortissemens annonçoit les vues d'une sage administration, mais que la Chambre ne peut dissimuler audit seigneur Roi qu'elles n'ont point été fidèlement exécutées; qu'une partie de ces fonds n'a servi qu'à payer des arrérages; que des sommes considérables, qui auroient pu être employées à rembourser des capitaux, sont demeurées stériles pour ledit seigneur Roi dans cette Caisse; qu'on ne s'est pas contenté d'éluder ainsi des arrangemens économiques, qu'ils ont même été détruits en entier; que le remboursement des dettes de l'État a été entièrement supprimé, quoique ledit seigneur Roi eût bien voulu l'appeler la plus sacrée et la plus inviolable de toutes ses dépenses; que les fonds de cette Caisse ont été destinés à porter un nouveau secours aux dépenses de la guerre; que, ce secours étant par lui-même aussi étendu que celui du nouveau vingtième établi par l'édit de subvention, cet emploi du premier vingtième devoit procurer aux peuples l'entière décharge du vingtième établi par ledit édit;

Que la disette d'espèces qui force aujourd'hui l'État entier de faire les derniers efforts, vient en partie du peu de confiance des peuples, effrayés par tant d'atteintes données aux promesses les plus authentiques consignées dans les registres des Cours; que les conditions avantageuses que l'on a été obligé de faire à ceux qui ont prêté audit seigneur Roi, sont une preuve évidente de leur inquiétude dans ces accroissemens des dettes de l'État; que ces emprunts, qui engagent et tarissent insensiblement les ressources de la couronne, ne devroient jamais paroître que sous l'autorité authentique d'édits registrés; qu'ils n'ont cependant été revêtus que de lettres patentes, et que leur envoi tardif ne permettoit plus aux magistrats de prévenir utilement leurs dispositions ruineuses, et déjà consommées par de simples arrêts du Conseil;

Que l'immensité des sommes dont sont formés les acquits de comptant, fait naître de justes alarmes dans l'esprit des peuples, pour les surprises sans nombre qui peuvent être faites par cette voie à la bonté du cœur dudit seigneur Roi; qu'il est essentiel qu'il ne soit fait de ces acquits de comptant que l'usage absolument nécessaire pour la partie secrète de l'administration de l'État, conformément aux anciennes ordonnances par lesquelles les augustes prédécesseurs dudit seigneur Roi avoient bien voulu fixer à une somme modique le montant de ces acquits;

Que les ressources de l'État ne peuvent plus se trouver dans l'économie des peuples; que depuis longtemps la cherté des vivres les force à la privation des choses les plus nécessaires à la vie;

Que, touché de cette triste situation, les premiers soins dudit seigneur Roi ont été de se livrer, en faveur de ses peuples, à une sévère économie; que jamais monarque n'eut moins le goût du faste, ni un désir plus sincère d'épargner à ses sujets les malheurs de l'indigence; mais que la bonté dudit seigneur Roi ne peut trop veiller à faire exécuter les retranchemens qu'il a bien voulu prescrire; que cette même bonté convaincra ledit seigneur Roi que ces retranchemens, pour être véritablement utiles, doivent avoir la même durée que les dettes de l'État, et une étendue proportionnée à ses besoins;

Que si, en faisant agir les sentimens de tendresse qu'il a pour ses peuples, il plaisoit audit seigneur Roi, sans diminution de l'éclat du trône, fixer les dépenses de toute nature dans les comptes de la cour, le zèle de la Chambre pour le bien dudit seigneur Roi rendroit cette fixation invariable;

Qu'il seroit extrêmement intéressant pour le service dudit seigneur Roi que tous les marchés de fournitures et tous les traités et baux fussent adjugés suivant les formes prescrites par les ordonnances; que ce seroient les moyens d'éviter les abus; que la présence des peuples et la liberté des enchères rendroient plus utiles les effets de ces opérations financières;

Que la Chambre n'a pu taire et dissimuler tant d'objets importans audit seigneur Roi, et que son zèle et sa fidélité l'ont forcée de réclamer contre l'exécution d'édits qui jetteroient les peuples dans le découragement et le désespoir, et contre lesquels la gloire, l'intérêt et les entrailles paternelles dudit seigneur Roi ne protestent pas moins que ne font les lois et les magistrats;

Que la Chambre espère que ses très humbles et très respectueuses remontrances seront reçues dudit seigneur Roi avec les mêmes bontés et la même confiance dont ses augustes prédécesseurs l'ont honorée dans tous les âges de la monarchie. Signé : GOUGENOT. *(Journal.)*

Ces remontrances avaient été dressées, à la suite de la séance du duc d'Orléans, par une commission de huit conseillers maîtres. Mʳ Clément de Boissy en fit la lecture le 19 décembre, et le P.P. les présenta le 30 décembre. Le roi ne fit réponse que le 15 février 1760, en ces termes : « J'ai reconnu avec satisfaction, dans les remontrances de ma Chambre des comptes, de nouvelles preuves de son zèle et de sa soumission. Je vais pourvoir aux inconvéniens qui peuvent se rencontrer dans l'exécution de mes derniers édits, et j'attends toujours de votre Compagnie des marques de son empressement à seconder mes vues. »

Les remontrances ayant été imprimées clandestinement, sans l'autorisation de la Chambre et avec l'addition de ce sous-titre : *Sur la multiplicité des impôts et la misère des peuples*, la Chambre, à la réquisition du procureur général, ordonna la suppression des exemplaires et fit commencer une instruction contre les imprimeurs ou les vendeurs. (*Plumitif*, 23 février.) Mʳ de Sartine fit activement rechercher les coupables; mais ses agents n'arrêtèrent qu'un colporteur qui débitait des exemplaires et, après douze jours de détention, il demanda au P.P. la permission de remettre cet homme en liberté. (*Arch. Nicolay*, 48 L. 79.)

---

841. *28 Mars et 10 Avril 1761.*
LETTRES DE MADAME DE POMPADOUR AU P.P. — ÉCHANGE AVEC LE ROI.

A Versailles, le 28 mars 1761.

On travaille actuellement, Monsieur, à un échange avec le Roy, qui est fort essentiel pour ma terre de Ménards. On doit vous présenter l'un de ses jours le contract et toutes les pièces nessessaires pour l'évaluation. Je vous demande, Monsieur, dans cette occasion, la continuation des bons procédés que vous avés eu pour moy dans celles qui se sont présentées. Je vous serois très obligée sy vous pouviés nommer Mʳ Chevalier (qui a esté je crois ancien avocat général de la Chambre des comptes de Blois) pour faire cette évaluation. On m'en a parlé comme d'un fort honeste homme, très actif et très intelligent; je sçais à quel degré il est nessessaire que touttes les formes soient remplies exactement, et l'on m'assure qu'il s'acquittera de cette commission avec toutte l'attention et la pureté que vous désirés sûrement autant que moy. Vous connoissés depuis longtemps, Monsieur, les sentimens avec lesquels j'ay l'honneur d'estre votre très humble et très obéissante servante.

LA M.ᵉ DE POMPADOUR.

Réponse du P.P.

1ᵉʳ avril 1761.

Je reçois, Madame, la lettre dont vous m'honorez à l'occasion du nouvel échange que vous venez de faire avec le Roi. Il est nécessaire, pour le mettre à sa perfection, que les biens respectifs qu'il comprend soient évalués par des commissaires de la Chambre nommés en vertu de lettres patentes. C'est cette commission qui déléguera des juges sur les lieux pour faire la partie de l'instruction à laquelle elle n'aura pu procéder par elle-même. Je suis bien persuadé, Madame, que vous trouverez dans ceux qui en seront chargés toutes les facilités et toute l'expédition que vous pouvez en attendre, et qui ont toujours été apportées dans les différentes affaires qui vous ont déjà intéressée à la Chambre. En mon particulier, j'ai cherché à vous y donner des marques du respect avec lequel j'ai l'honneur d'être, etc.

A Versailles, ce 10 avril 1761.

Je viens d'aprendre, Monsieur, le refus que vous faites d'accepter la commission pour l'échange que je fais avec le Roy. J'aprends en mesme temps les motifs de votre refus; sans doute ils sont justes, mais pourquoy faut il que je sois la victime d'une chose que je n'étois pas à portée d'éviter? Je vous avoüe avec franchise que l'ancieneté de notre connoissance m'avoit fait croire que je ne trouverois jamais de dificulté avec vous, ne demandant que la justice. Je veux me flater encore que l'on s'est mal expliqué, et que je vous retrouveray tel que je vous ay vu depuis 20 ans, dans une occasion aussy intéressante pour moy. J'ay l'honneur d'estre très parfaitement, Monsieur, votre très humble et très obéissante servante.

LA M. DE POMPADOUR.

Réponse du P.P.

10 avril 1761.

Je désirerois fort, Madame, de ne me plus charger d'aucune évaluation et de n'être point des commissaires qui travailleront à celle des biens de votre échange : on trouvera nombre de Messieurs de la Chambre qui seront plus en état que moi de s'en bien acquitter. Cependant je n'insiste point, Madame, pour m'en abstenir, comme je me l'étois proposé, puisque ce sera vous donner une marque de ma déférence et du respect avec lequel j'ai l'honneur d'être, etc.[1]

(Orig. autographes. — *Arch. Nicolay*, 47 L 4 et 5.

1. Précédemment, en 1756, le P.P. avait été commissaire dans l'échange par lequel Mme de Pompadour avait acquis Bellevue et les jardins de l'hôtel d'Évreux. (Arch. Nat., O¹ 100, f° 135 verso.) — Le nouvel échange, par lequel Mme de Pompadour cédait son hôtel de Passy pour agrandir le marquisat de Ménars, avait été passé le 26 mars, et le P.P. était porté en tête de la commission d'évaluation. En enregistrant ces pièces, la Chambre arrêta que le roi serait supplié de vouloir bien rétablir l'ancien usage concernant les évaluations. (*Plumitif*, 13 avril.)

---

842.   31 Juillet 1761.
SÉANCE DU DUC D'ORLÉANS. — DISCOURS DU P.P.

Ce jour, la Chambre, les semestres assemblés, un de Messieurs [M. Mandat] a dit : « Messieurs, le maître des cérémonies annonça hier à la Chambre que M^r le duc d'Orléans y viendroit aujourd'hui pour apporter les ordres du Roi. Le Roi, forcé de renouveler encore sa propre douleur et celle de ses peuples, a cru nécessaire cet acte de son autorité; mais la Chambre, qui n'aperçoit plus la confiance du monarque, et qui se voit privée d'opiner avant l'enregistrement d'une loi, ne peut s'empêcher de réclamer devant le prince du sang l'exécution de ces formes essentielles au gouvernement des François. Dans une si triste conjoncture, la Chambre se rappelle facilement la générosité avec laquelle M^r le P.P., dans la séance de 1759, réclama ces formes devant M^r le duc d'Orléans, et comment, après avoir déployé aux yeux de ce prince les maux de l'État, il sut intéresser son cœur au soulagement des peuples. Cette séance, dans laquelle M^r le P.P. se rendit également digne de la confiance de son Roi et de celle de la Chambre, doit nous assurer qu'il sera encore aujourd'hui l'interprète fidèle des sentiments qui nous animent. Cependant la Chambre se doit à elle-même de faire ses protestations, et d'arrêter que M^r le P.P. sera chargé de faire dans cette séance les justes représentations de la Chambre sur l'inexécution des formes dans un objet si important, et de déclarer à M^r le duc d'Orléans que la Chambre ne peut consentir à l'enregistrement d'édits qui n'auroient été précédemment communiqués à la Chambre pour être délibéré en icelle librement, en la manière accoutumée, à huis clos et sans introduction de personnes étrangères; se réservant ladite Chambre de faire tout ce que son zèle lui dictera pour le service dudit seigneur Roi et le bien de ses peuples, après avoir pris plus ample connoissance des édits et déclarations qui pourroient être inscrits dans ses registres du très exprès commandement du Roi. Je vous prie, Messieurs, de mettre cet objet en délibération, pour y être statué par la Chambre. »

Discours du P.P. (Plumitif.)

Monsieur, l'expérience devroit de plus en plus convaincre qu'on ne peut ôter aux magistrats la liberté d'opiner sur les édits et déclarations qui leur sont apportés, sans intervertir les principes invariables de la législation et sans priver le Roi du secours de leurs lumières et des avantages inestimables qu'il peut retirer de leur zèle pour le bien de l'État.

Quelque opinion qu'on puisse concevoir de l'intelligence qui préside au Conseil des Rois, ils ne sont jamais à l'abri des surprises, et ils ne sauroient mieux s'en garantir qu'en fixant, par le suffrage des Compagnies souveraines, le choix et l'étendue des charges qu'ils sont obligés d'imposer sur leurs sujets.

Le Roi, à l'exemple de ses augustes prédécesseurs, a rectifié, a même retiré des édits, lorsque les représentations des Cours lui ont fait apercevoir dans leur exécution des inconvéniens échappés au premier examen qui les avoit fait adopter. Si cette Compagnie eût été consultée sur les opérations de finances exécutées depuis la cessation de la dernière guerre et dans les premières années de celle dont l'Europe est agitée, je ne crains point, Monsieur, de vous avancer qu'on auroit épargné au Roi des sommes immenses, sans rien diminuer des fonds que Sa Majesté jugeoit à propos de se procurer. Comment peut-on se déterminer à étouffer la voix des magistrats uniquement occupés à soutenir et à conserver les droits du Roi? Comment pourroit-on leur faire un reproche de leur attention à réclamer l'observation de ces maximes et de ces règles scrupuleuses qui doivent régner dans les finances, et qui y sont si négligées?

Un des devoirs les plus indispensables de cette Compagnie est de ne perdre jamais l'occasion de faire connoître au Roi combien il seroit important pour son service que tous les comptes fussent rendus dans la forme la plus claire et la plus exacte. Nous voyons cependant avec douleur que quelques-uns ne contiennent pas même l'universalité du maniement, et que plusieurs autres sont enveloppés dans des ténèbres affectées, qui dérobent à nos recherches la connoissance parfaite de leur manutention.

Les comptables inventent toutes sortes de moyens pour échapper à la régularité des arrêts de la Chambre. Tantôt, sous prétexte que le recouvrement qui leur est confié ne doit être que momentané, ils s'efforcent de se soustraire à notre juridiction; tantôt l'embarras de rassembler des pièces juridiques leur fait prétendre qu'ils doivent être affranchis des formalités les plus essentielles. D'autres, voulant se ménager la décharge dont ils ont besoin envers le Roi, sans exposer les imperfections de leur gestion aux regards de la justice, obtiennent des lettres patentes qui valident les comptes particuliers par eux rendus au Conseil, et ne laissent plus d'autres fonctions à la Chambre que celle d'admettre les recettes et de passer les dépenses de la manière qu'elles sont employées dans ces prétendus comptes.

Votre pénétration vous fait aisément concevoir, Monsieur, combien ces simulacres de comptes sont insuffisans pour que les intérêts du Roi soient à couvert; mais, comme les faits ajoutent encore à la simple spéculation, je ne crois pas inutile de vous en mettre deux exemples sous les yeux.

<small>Ici, le P.P. cite les comptes des vivres de la marine et celui du recouvrement des taxes de justice, où la Chambre a pu signaler, au préjudice du roi, des différences de 2,500,000 livres et de 1,800,000 livres.</small>

En exposant au Roi, Monsieur, les réformations qu'exigeroit un assez grand nombre de comptabilités, nous ne pourrions nous dispenser de lui représenter que ce ne seroit remédier qu'imparfaitement à ces premiers abus, si l'on ne réprimoit ceux qui naissent des acquits de comptant, lorsqu'ils ne sont pas restreints à ces payemens qui doivent être couverts d'un voile impénétrable.

Le cardinal de Richelieu, dont le génie et l'application avoient approfondi toutes les branches de l'administration, ce ministre célèbre et si jaloux du pouvoir suprême, n'en étoit pas moins persuadé que ces sortes de dépenses ne devoient pas, de son temps, excéder trois millions. Peut-être seroit-il difficile d'en limiter aujourd'hui l'usage à des sommes fixes et déterminées ; mais au moins devroit-on en bannir toutes dépenses étrangères aux affaires secrètes et importantes de l'État, qui seules ont pu introduire dans les finances un expédient si dangereux. Et dans quel temps les magistrats devroient-ils être plus attentifs à faire sentir la vérité de ces maximes, que lorsqu'il s'agit de surcharger par la continuité de deux impositions accablantes les peuples déjà plongés dans la misère, et d'approuver un emprunt peut-être aussi onéreux dans ses suites, qu'il paroît favorable par le taux de sa constitution !

Il n'est sans doute aucun citoyen qui n'offrît volontairement les restes de sa fortune pour la gloire du Roi et l'avantage du royaume. C'est le vœu général de la nation, c'est plus particulièrement le vœu du corps entier de la magistrature, toujours disposée à inviter les peuples par son exemple d'acquitter les impositions autorisées par ses enregistremens. Mais ce zèle qui engage les magistrats à tout sacrifier pour l'honneur et la sûreté du trône, perdroit le mérite du discernement, s'ils ne s'occupoient en même temps de tout ce qui peut contribuer au soulagement et à la tranquillité des peuples.

En vain cherche-t-on par des voies extraordinaires à rendre nos efforts impuissans. Nous sommes assurés, Monsieur, que leurs succès ne seront point incertains, si vous daignez les seconder.

Attaché intimement à la personne du Roi, autant par un penchant naturel que par l'élévation de votre rang, sensible au bonheur de ses peuples par la douceur de votre caractère, et aux vrais intérêts de l'État par la noblesse de vos sentimens, vous ne vous méprendrez point sur la pureté des intentions de cette Compagnie ; vous représenterez d'autant plus volontiers au Roi nos justes désirs, que ceux que nous formons répondent aux vues même de S. M. et à l'inclination qui la porte à rendre ses sujets heureux. Le sort des derniers édits présentés, comme aujourd'hui, aux Cours avec l'appareil de l'autorité, accroît notre confiance, et nous nous flattons, Monsieur, que le Roi ne se refusera pas à nos très humbles supplications, lorsque cette Compagnie lui demandera le rétablissement de l'ordre, le recours libre aux tribunaux ordinaires, l'observation des formes, le retranchement des dépenses superflues, et l'assurance que des impositions excessives cesseront avec la guerre, dont les besoins ont pu seuls les arracher à la bonté du cœur de notre auguste monarque.

La Chambre, attachée aux maximes qui constituent l'essence des Compagnies souveraines, m'a particulièrement chargé de vous déclarer, Monsieur, en son nom, qu'elle ne peut consentir à l'enregistrement d'édits qui ne lui ont pas été communiqués pour en être par elle librement délibéré, et sur lesquels elle se réserve de faire tout ce que lui dictera son zèle pour le service du Roi et le bien de ses peuples.

(Copie. — *Arch. Nicolay*, 55 L 58.)

La séance terminée et le public sorti, la Chambre arrêta qu'il serait préparé des remontrances par des commissaires choisis à cet effet ; en même temps, pour reconnaître le zèle, la dignité et la force avec laquelle le P.P. venait de s'exprimer, elle le pria de vouloir bien remettre son discours, pour qu'il fût inséré au procès-verbal.

Le P.P. nomma, suivant l'habitude, les six commissaires, MM. le Boullenger P., Perrotin de Barmond, Perrot, Clément, Bizeau P. et Fréteau.

---

843.   28 *Novembre* 1761.

LETTRE DU CONTROLEUR GÉNÉRAL AU P.P. — *ŒUVRES DU CHANCELIER DAGUESSEAU.*

A Paris, ce 28 novembre 1761.

Le Roi m'a ordonné, Monsieur, d'envoyer à tous les chefs des Compagnies supérieures de son royaume un exemplaire des ouvrages de feu M^r le chancelier d'Aguesseau. Je vous en adresse les deux premiers volumes, et vous recevrez les autres à mesure qu'ils paroîtront. Sa Majesté m'a expressément chargé de vous dire qu'en proposant à tous les magistrats un modèle si digne de leur émulation, il veut également, et honorer la mémoire d'un grand homme, et imprimer l'ambition de l'imiter. Peu de personnes réuniront tous les talens de feu M⁰ d'Aguesseau; mais sa fidélité, son attachement au Roi, son amour pour l'État, sont des sentimens essentiels à la magistrature. S. M. souhaite, Monsieur, que le présent qu'elle fait aux magistrats soit en même temps, et un gage de sa protection, et un avertissement de conserver dans toute leur pureté les maximes, les mœurs et le langage de leurs prédécesseurs. Leur premier vœu fut toujours de contribuer à la défense de l'État, et, dans les besoins ou les malheurs publics, leur zèle servit d'exemple à celui des peuples. Je suis, avec un très parfait attachement, etc.

BERTIN.

Réponse du P.P.

1ᵉʳ décembre 1761.

La lettre dont vous m'honorez, Monsieur, en m'envoyant de la part du Roi les ouvrages de Mʳ le chancelier Daguesseau, rend à ce premier magistrat l'hommage qui est dû à ses talens et à ses vertus. Il est à désirer que la lecture des belles productions qui sont sorties de sa plume soit capable de rappeler l'esprit de paix, de règle et de subordination qui faisoit l'essence de son caractère, et dont le maintien ne dépendra pas peu de la protection que Sa Majesté accordera à ceux qui font profession de sentimens aussi importans pour le bien de son service. On ne peut rien ajouter à ceux avec lesquels j'ai l'honneur d'être, etc.

(Original. — *Arch. Nicolay*, 70 L 203.)

844.
1761-1762.

CONFLIT ENTRE LA CHAMBRE ET LE P.P. — ATTRIBUTIONS DE LA PRÉSIDENCE.

A la suite de la séance du 31 juillet 1761, on présenta aux commissaires nommés par le P.P. l'arrêté qui contenait l'objet de leur mission; mais ils se refusèrent à l'insérer, sous prétexte qu'il y était dit : 1° que le P.P. serait « prié » de remettre son discours, pour être joint au procès-verbal de la séance; 2° que le P.P. avait lui-même nommé les commissaires. Le P.P. répondit au président envoyé par la commission qu'il persistait à maintenir les « termes de supplique et de prière de la Chambre envers lui; » mais il consentit à rétablir, suivant l'usage habituel, la formule de nomination en ces termes : « Ont été commis par la Chambre Messieurs . . . . . », en ajoutant toutefois : « lesquels ont été nommés par Mʳ le P.P. en la manière accoutumée. »

Cette innovation, dont il n'existait qu'un exemple, fort contesté, fut repoussée par la commission, et l'un des présidents qui en faisaient partie n'ayant pu obtenir du P.P. qu'il fût référé à une assemblée des semestres, en appela au second bureau, qui députa le plus ancien de ses présidents. Sur un quatrième refus du P.P., répondant que l'arrêté en question était dûment signé et qu'il en maintenait les termes, le second bureau décida, le 8 août, que chaque officier avait le devoir de déférer la rédaction des arrêts à la Chambre, que la simple demande d'assemblée saisissait de plein droit les semestres, sans que personne pût contester la validité des motifs, et que les huissiers feraient la convocation au premier jour libre.

Tout aussitôt, cette délibération fut cassée par le roi, avec défense de passer outre; mais les conseillers maîtres des deux semestres s'étant assemblés sous la présidence du président le Mairat, firent rédiger des remontrances, dont le texte fut définitivement arrêté le 11 septembre. Elles reposaient, non-seulement sur la prétendue étrangeté d'une prière de la Chambre au P.P., mais aussi, et principalement, sur la nécessité de laisser choisir les commissaires par la Chambre elle-même, par le corps tout entier. « Les nominations qui ont été faites jusqu'ici par ceux qui ont présidé la Compagnie, n'ont jamais pu être que de simples propositions faites à la Chambre, auxquelles elle a acquiescé par un consentement tacite et général, en conservant le droit d'indiquer les officiers qu'elle jugeoit les plus propres à remplir ses vues. » Quant à l'arrêté du 8 août, il était parfaitement régulier, puisque la provocation de l'assemblée des semestres le vœu du second bureau se voyait souvent dans les registres, et qu'il s'agissait, dans cette occasion, de sauvegarder les usages et les droits de la Compagnie contre des empiétements personnels et des vues particulières. Tout en reconnaissant les prérogatives honorables de chefs qui sont les intermédiaires directs et les représentants du roi lui-même, les Cours, qui constituent aussi une émanation de la puissance souveraine, doivent rappeler à ces chefs que, « réunis avec elles, ils paroissent avec éclat; séparés d'elles, ils rentrent dans l'ordre commun de leurs concitoyens. »

Le roi, sur la demande transmise par le procureur général, ordonna que ces remontrances lui fussent apportées par le P.P. et deux présidents, le 20 septembre. Contre l'usage ordinaire, le P.P. se borna à déposer le cahier entre les mains du roi, qui répondit qu'il examinerait l'affaire en Conseil.

D'autre part, les présidents firent remettre au roi la protestation qu'ils avaient dressée dès le 13 août :

Sire, les présidens de votre Chambre des comptes ont l'honneur de mettre sous les yeux de V. M. les protestations qu'ils ont été obligés de faire le 13 août dernier contre la nomination des commissaires à laquelle un des présidens et plusieurs maîtres des comptes ont cru pouvoir procéder légitimement à la pluralité des voix.

Jusques à présent, on avoit regardé que le droit de nommer les commissaires appartenoit à celui qui préside vos Cours et qui, en cette qualité, a l'honneur d'y représenter V. M. Nous ne connoissons qu'une occasion où la Chambre, en 1756, s'est écartée de cette règle, exemple qui n'a pas même laissé de traces, l'arrêté portant que la Chambre avoit nommé les commissaires, et cette expression étant employée également lorsque la nomination étoit faite par celui qui se trouvoit à la tête de la Compagnie. Cette innovation ayant été depuis suivie de quelques murmures, qui annonçoient qu'on pourroit la renouveler, il a été de la prudence de ceux qui ont présidé, lorsqu'ils ont nommé des commissaires dans la forme ordinaire, d'engager celui des maîtres des comptes qui rédigeoit les arrêtés d'en faire une mention précise, afin d'éviter l'équivoque d'une formule dont on s'étoit déjà prévalu, et parce que l'énonciation qu'on y ajoutoit ne servoit qu'à exprimer la vérité d'un fait constant. Nous ne saurions rappeler à V. M. la démarche de 1756, sans nous occuper des suites affligeantes qu'elle entraîna, et sans vous supplier, Sire, de vouloir bien faire entendre que la réponse que reçut alors votre Chambre des comptes, et qui fut dictée par des considérations particulières, ne doit pas être interprétée d'une manière préjudiciable à l'étendue et à l'importance des fonctions qu'elle exerce depuis son établissement.

Cet objet, Sire, intéresse si essentiellement l'honneur et la juridiction de votre Chambre des comptes, que c'est principalement sur lui que nous vous adresserons nos plus vives instances, et nous ne réclamerons le droit de choisir les commissaires que parce que nous vous sommes responsables des prérogatives qui contribuent à la dignité de nos offices. Elles ne nous sont véritablement précieuses qu'autant qu'elles sont utiles au service de V. M., et nous cesserions d'être attachés à l'usage immémorial de commettre dans toutes les affaires, si nous n'étions persuadés que la forme qu'on veut y substituer seroit moins avantageuse au maintien de l'ordre et de la discipline de votre Chambre des comptes.

  LANGLOIS DE LA FORTELLE.   FRAGUIER.
  MALLET.   DU TILLET DE PANNES.
  MASSON DE MESLAY.   DU METZ DE ROSNAY.
  MOREAU DE PLANCY.   DE SALABERRY.
                NICOLAY.

(Copie. — *Arch. Nicolay, 73 L 46.*)

Lettre du P.P. au Chancelier.

11 octobre 1761.

Monseigneur, je suis revenu de ma campagne pour reprendre demain le service de la Chambre. Madame d'Auriac m'a fait l'honneur de me dire que vous resteriez presque toute la semaine à Malesherbes, et que vous ne feriez qu'un très petit séjour à Versailles, d'où vous y retourneriez encore pour quelque temps. Comme M^r le contrôleur général viendra sans doute incessamment à Paris, et qu'il sera plutôt à portée que moi de conférer avec vous, je lui écris pour lui demander un rendez-vous, afin de traiter l'affaire de la Chambre, sur laquelle vous pourriez ensuite convenir ensemble de la réponse que le Roi jugera à propos de donner. Il me paroît qu'il seroit du bien du service que cette réponse fût faite aussitôt après le retour du Roi de son second voyage de Fontainebleau. Je trouverois dans cet arrangement mon intérêt personnel; car, si Sa Majesté est dans l'intention de m'accorder des marques de bonté en nommant mon fils à une abbaye, il pensera peut-être que cette grâce produira plus d'effet en la faisant le jour même qu'il répondroit aux remontrances, et, comme il se fait assez ordinairement une nomination de bénéfices à la Toussaint, il seroit important de prévenir cette époque, où peut-être les plus considérables seroient distribués. J'ai cru, Monseigneur, devoir vous faire cette réflexion, sachant qu'outre que vous considérez dans cette circonstance ce qui convient de faire pour maintenir l'autorité des premières places, vous vous occupez encore de mon intérêt et de celui de ma famille. Je crois devoir d'avance vous assurer de ma reconnoissance, et du respectueux attachement avec lequel j'ai l'honneur d'être, etc.

(Copie. — *Arch. Nicolay*, 42 L 40.)

Le roi donna sa réponse, le 24 novembre, à la même députation qui lui avait apporté les remontrances, en lui enjoignant de faire enregistrer « qu'il approuvoit le mémoire et la conduite des présidens ; que ces magistrats devoient être d'autant plus chers à leur Compagnie, qu'ils s'étoient rendus dignes, par leur probité et leurs services, de l'estime et de la confiance publiques et de la protection de S. M.; qu'il ne croyoit pouvoir leur en donner un témoignage plus flatteur qu'en les assurant, ainsi qu'ils le désiroient, de sa volonté de maintenir la Chambre dans la plénitude de sa juridiction, et en oubliant qu'il devoit être mécontent de plusieurs objets insérés dans les remontrances et de ce qui s'étoit passé à cette occasion, comme l'omission d'envoyer au chef de la justice les arrêtés du 29 août et des 11 et 15 septembre; mais qu'au surplus, S. M. ne changeoit rien aux ordres qu'elle avoit donnés le 11 août, et que la nomination des commissaires continueroit d'appartenir à celui qui présidoit la séance. »

La Chambre, dans sa séance du 17 décembre, protesta contre cette décision et contre le mémoire des présidents, et, tout en s'abstenant pour le moment de renouveler ses remontrances, elle arrêta qu'elle continuerait à user du droit de délibérer et de statuer sur les nominations.

Les différents procès-verbaux de ces séances furent imprimés clandestinement et répandus dans le public; la Chambre prononça à deux reprises, le 16 décembre et le 12 janvier suivant, la suppression et l'interdiction.

Lettre du Chancelier au P.P.

A Versailles, le 12 janvier 1762.

Monsieur le controolleur général me remist hyer, mon cher neveu, le projet de déclaration cy joint pour régler vostre différent avec les officiers de la Chambre. Comme il me parla de beaucoup d'autres affaires, je ne sçais s'il me dit que vous l'approuvés. Je l'ay là, et il me paroist fort bon; mais la question est de sçavoir quelle sensation il fera dans la Compagnie, et si vous pensés que cette déclaration imposera silence. Mr le controolleur général est à Paris, et en reviendra vendredy : vous pourrés le voir, si cela est nécessaire, et me mander ce que vous désirés qui soit fait. Je vous embrasse de tout mon cœur.

DE LAMOIGNON.

(Orig. autographe. — *Arch. Nicolay*, 42 L 41.)

Le roi envoya, le 17 mars 1762, sa déclaration portant règlement pour la nomination des commissaires et la distribution des comptes. Mais la Chambre, dans la séance du 19 avril, considérant que ses précédents arrêtés n'avaient eu pour objet que d'éviter toute discussion, par amour de la paix, et qu'on cherchait pourtant à insinuer des soupçons contraires à la pureté des intentions de la Compagnie, qui n'avait jamais songé à troubler le service par des innovations ou des changements arbitraires, arrêta que le roi serait supplié de retirer sa déclaration. Le corps tout entier des présidents, sauf Mr le Mairat, et y compris même Mr de Salaberry, quoiqu'il se fût retiré à la campagne et qu'il n'eût point toujours agi avec ses collègues, répondit à son tour, par l'organe du P.P., qu'ils s'abstiendraient de leurs fonctions jusqu'à ce qu'on leur eût rendu la possession paisible de tous leurs droits, et qu'ils croiraient nuire à la dignité de leur magistrature, si leurs priviléges devenaient précaires et étaient soumis à l'arbitraire de la Chambre. Cette déclaration, remise au bureau le 19 avril, fut transmise au chancelier et au roi. Les présidents furent soutenus par le corps des auditeurs, qui tenaient à recevoir les affaires des mains mêmes du président, ce qu'on avait toujours reconnu comme plus avantageux pour le service.

Lettre du Contrôleur général au P.P.

(s. d.)

Je reçois, Monsieur, dans le moment, votre paquet. J'ignore le détail des circonstances qui vous engagent à prendre le parti dont vous me faites part, mais j'en suis véritablement fâché pour le service du Roi. Vous entendez que c'est en quelque sorte d'avance céder le champ de bataille. Je donne demain audience publique; mais, à quelque heure que vous arriverez, nous trouverons un moment pour nous parler. Vous connoissez, Monsieur, les sentimens avec lesquels j'ai l'honneur d'être, etc.

BERTIN.

(Original. — *Arch. Nicolay*, 41 L 108.)

Députation de la Chambre au P.P.

La Chambre envoya des députés au P.P. et aux autres signataires de la déclaration, pour les engager à ne pas interrompre leur service. Mr Fréteau, conseiller maître, rendit compte, le 21 avril, de cette entrevue :

Pour nous conformer aux ordres de la Chambre et remplir la commission dont elle nous a honorés, nous nous sommes transportés hier, sur les sept heures du soir, chez M^r le P.P., et nous étant fait annoncer en qualité de députés de la Chambre, aussitôt toutes les portes de son appartement nous ont été ouvertes en entier. Étant arrivés à l'entrée du cabinet où étoit M^r le P.P., dès qu'il nous a aperçus, il est venu au-devant de nous et nous a invités à nous asseoir ; ce que nous avons fait. Mr Gaschier, mon ancien, a désiré, à cause de la foiblesse de sa vue, que je fisse lecture à M^r le P.P., et du premier arrêté de la Chambre, du jour d'hier, qui étoit le motif de notre députation, et de ce que nous nous étions proposé de lui dire de votre part. En nous concertant, Mr Gaschier et moi, sur le choix de nos expressions, nous n'avons point perdu de vue le devoir que nous imposoit la dignité du corps que nous avions l'honneur de représenter, mais en même temps nous nous sommes flattés qu'en considération de la difficulté et de la délicatesse des circonstances, vous ne désapprouveriez pas si nous laissions agir les sentimens personnels dont nous sommes pénétrés pour notre chef. Les marques de bonté avec lesquelles vous avez reçu les premières effusions de notre cœur à cet égard, lorsque nous nous sommes trouvés dans le cas de développer à vos yeux nos pensées les plus intimes, sembloient nous donner plus de droits à votre indulgence, que nous réclamons.

Voici en quels termes nous avons parlé à M^r le P.P. : « Monsieur, la Chambre nous a députés vers vous pour vous faire part des sentimens dont elle est pénétrée pour votre personne. Elle a joui jusqu'à présent avec complaisance, et comme d'un bien qui lui est propre, de ces qualités supérieures et si inestimables que vous possédez et qui ajoutent à l'éclat de votre dignité. Elle est extrêmement mortifiée d'avoir lieu de croire que vous doutez de ses dispositions pour vous. Elle désire de vous voir remplir, comme vous avez toujours fait, les fonctions attachées à la place que vos illustres ancêtres vous ont transmise, et dont vous vous êtes acquitté jusqu'à ce jour d'une manière honorable et avantageuse pour elle, glorieuse pour vous-même, et qui a mérité l'approbation d'un monarque chéri qui nous gouverne. Si quelques-unes de ces fonctions ont acquis par l'usage une extension qu'elles n'avoient pas dans l'origine, il doit être flatteur pour vous, Monsieur, que ce soit la confiance de la Chambre en votre personne et en celle de vos pères qui ait opéré cette extension. Ne soyez point surpris que la Chambre souhaite avec ardeur que cette source ne soit point changée, puisqu'elle forme un lien de plus de correspondance et d'harmonie entre son chef et ses membres. Oubliez avec nous tout ce qui peut avoir donné lieu de sonder avec une attention scrupuleuse ce qui pourroit appartenir en ce genre, nécessairement et irréfragablement, ou à l'un ou à l'autre. Reprenez en nous une confiance que nous chercherons toujours à rendre plus intime et plus parfaite, recevez celle que nous vous offrons dans la sincérité de nos cœurs, usez-en avec des dispositions paternelles, et cet heureux essai, cette douce épreuve de votre part, vous convaincront qu'il réside au fond de nos âmes une affection pour vous vraiment filiale. Nous nous tenons honorés, mon confrère et moi, de la commission que la Chambre nous a donnée vers vous, Monsieur. L'affliction, l'amertume et la peine qui accompagnent encore en ce moment cet honneur, seroient bientôt converties en la plus grande joie, si nous avions le bonheur de trouver dans votre cœur l'accès que nous y cherchons, s'il se rouvroit en notre faveur d'une manière à être sûrs de ne plus perdre la place que vous nous y auriez accordée. La Chambre forme sur cela les mêmes vœux que nous. Ne regardez pas, Monsieur, comme inconciliable avec ces vœux si naturels la démarche dont elle nous a chargés. Elle a été saisie de la plus vive douleur, lorsqu'elle a vu que son chef et plusieurs de Messieurs les autres présidens lui annonçoient un dessein formé de suspendre quelques-unes de leurs fonctions ; elle a senti combien une telle résolution pouvoit alarmer le public et lui porter préjudice, en interrompant à quelques égards la continuation d'un service dont vous ne pouvez jamais, Monsieur, non plus que nous, cesser d'être redevable au Roi et à l'État. Dans ce point de vue, la Chambre s'est déterminée à prévenir de si grands inconvéniens en vous les mettant sous les yeux, persuadée que, de vous y rendre attentif, c'est la voie la plus sûre pour vous engager à faire cesser ses alarmes, en venant reprendre à notre tête la plénitude de toutes vos fonctions. Nous nous sommes dit, Monsieur : « Quoi ! nous serions privés quelques instans des conseils et de la direction de celui par qui et avec qui nous opérons depuis tant d'années pour complaire à notre Roi et pour nous acquitter de tout ce qui peut dépendre de nous pour l'avantage de ses peuples ! Non ! une telle scission seroit trop préjudiciable à l'État et trop affligeante pour nous ! » Agréez donc, Monsieur, et l'invitation que nous vous faisons de la part de la Chambre, aux termes de son arrêté de ce jour, dont nous vous laissons une copie, et nos vœux et les assurances d'un attachement très sincère en elle et également sincère et respectueux en nous, que nous vous présentons de sa part. Ne lui laissez pas plus longtemps la douleur de voir que vous persévérez à désirer l'établissement d'une contrainte qui peut entraîner pour l'avenir les plus grands inconvéniens, et qui n'a été éprouvée par aucune des Cours qui sont chargées, comme nous, des fonctions les plus importantes. Elles n'ont été liées jusques ici par aucune loi à l'abandon d'une liberté de suffrage si essentielle à la qualité de magistrat, liberté qui doit demeurer pour nous, comme pour elles, un dépôt inaltérable et imprescriptible. »

M^r le P.P., après nous avoir entendus, nous a fait la réponse dont je vais vous faire la lecture : « Messieurs, je connois assez l'esprit de MM. les présidens qui ont fait comme moi la réclamation que l'arrêté d'hier a rendue nécessaire, pour pouvoir assurer la Chambre, en leur nom et au mien, que rien n'est plus flatteur pour nous que d'obtenir la confiance de la Compagnie, qui est l'objet le plus essentiel que chacun de nous s'est proposé ; mais ce désir ne peut nous engager à remplir des fonctions que nous n'exercerions que précairement. Si elles étoient amovibles, elles seroient absolument contraires à la dignité de la magistrature, et, comme nous ne sommes point en droit d'ôter à aucun des ordres de la Chambre les fonctions qu'ils exercent, nous ne pouvons soumettre les nôtres à la volonté arbitraire de MM. les maîtres. Il paroît donc indispensable qu'il soit précisément décidé à qui celles contenues dans la déclaration du 17 mars dernier appartiennent. La Chambre a pu voir, par la déclaration de MM. les présidens, que ce ne sera qu'avec les plus grands égards qu'ils mettront sous les yeux du Roi ce qui peut déterminer la décision de S. M., et, en attendant qu'elle soit intervenue, ils ont cru qu'il étoit plus décent pour eux de s'abstenir des parties de leurs fonctions qui leur sont contestées ; ce qui ne les empêchera point de s'acquitter de toutes les autres avec tout le zèle et toute l'assiduité qu'ils ont toujours eue, et qu'ils ne cesseront jamais d'avoir pour le bien du service du Roi et de celui de la Compagnie. Au surplus, je ne puis, Messieurs, vous faire une réponse plus précise sans avoir fait part à MM. les présidens de la démarche dont vous m'honorez au nom de la Chambre, et je les prierai de vouloir bien se rendre demain, après midi, chez moi, pour être plus à portée de vous faire part de leur vœu commun. »

Après avoir entendu cette réponse de la bouche de M^r le P.P., et dont il nous a remis la copie, que nous avons en main, ce qu'il y a ajouté par forme de conversation, pour un plus grand développement de sa manière de penser sur les objets qui nous occupent, et ce que nous lui avons dit pour le démouvoir de ce qui paroissoit l'affecter le plus, nous a conduits insensiblement, et comme de concert avec lui, à déposer pour quelques instans, de sa part la qualité de chef, et de la nôtre la qualité de députés de la Chambre, pour suivre respectivement avec plus de liberté les idées les plus pressantes et les plus persuasives que suggère le désir mutuel de parvenir à une conciliation. Notre mémoire auroit peine à nous rendre d'une manière tout à fait précise ce qui s'est dit d'un et d'autre côté; tout ce que nous pouvons vous assurer d'une façon positive, c'est que nous avons laissé Mr le P.P. dans des dispositions que nous croyons très propres à nous replacer dans cette situation où nous nous trouvâmes avant-hier, et qui fit naître en nous, pendant quelques momens, l'espérance de terminer sur le champ et de concert une affaire si malheureuse, avec cette différence néanmoins que nous regardons aujourd'hui cette espérance comme appuyée sur un plus solide fondement. Et, pour vous faire juger du degré de maturité auquel cette affaire se trouve amenée par l'enchaînement des mêmes circonstances qui ont causé nos plus grandes alarmes, permettez-nous de vous exposer de vive voix des détails que nous avons estimé ne devoir pas mettre par écrit, et que nous vous rendrons dans le même esprit qui les a fait éclore, c'est-à-dire, non dans la vue de ne lier aucune des parties, mais pour vous faire mieux connoître ce qui pourroit conduire à une entière conciliation, objet si désirable et si désiré par chacun de nous.

Nous finirons le compte que nous devons vous rendre de notre commission, en vous observant qu'après avoir laissé par écrit notre discours à Mr le P.P., il nous a reconduits avec beaucoup de témoignages de politesse et de considération jusqu'à sa première antichambre, dont les portes et celles des autres pièces de son appartement nous ont été ouvertes, comme au moment de notre arrivée.

(*Plumitif* et *Journal*.)

Le jour suivant, le P.P. envoya une nouvelle déclaration écrite, confirmant celle qu'il avait faite aux députés ; mais la Chambre, tout en protestant de son respect pour les usages utiles et pour les règlements, constata que les présidents avaient fait leurs fonctions le 22, et elle résolut de s'abstenir provisoirement de toute autre délibération, dans l'espérance que les choses s'arrangeraient.

Lettres de M. de Saint-Florentin et du Contrôleur général au P.P.

A Versailles, le 23 avril 1762.

Je vous suis très obligé, Monsieur, d'avoir bien voulu me faire part de ce qui s'est passé à la Chambre à l'occasion de la déclaration du 17 mars dernier. Il est à souhaiter que cette affaire puisse se terminer promptement. Elle ne peut qu'interrompre, au moins en partie, le service de la Chambre. La déclaration des ordres des correcteurs et auditeurs paroît déplacée : ils avoient la voye de représentation, sans se porter à une démarche aussy vive que celle de s'abstenir du service relatif aux articles de la déclaration. Je suis persuadé que vous aurés désapprouvé cette démarche, et que vous aurés pris les mesures que vous aurés jugé les plus convenables pour que le service public ne souffre point des difficultés qui se sont élevées dans l'intérieur de la Compagnie. Je n'ay point été surpris de la conduite qu'a tenue la personne dont vous me paroissés content. Je vous supplie d'être toujours persuadé de l'attachement très parfait avec lequel j'ay l'honneur d'être, etc.

St-Florentin.

(s. d.)

Je vous remercie, Monsieur, du détail que vous avés bien voulu me faire. J'approuverois assés la lettre que vous proposés pour Mr le Mairat de la part de Mr le chancelier, et j'y joindrois, à votre place, à la première occasion, de consulter la Compagnie en général, lorsque je nommerois des commissaires ; d'un côté, cela seroit un retour de votre part pour ceux qui ont été assés sensés pour bien penser, et, à l'égard des autres, cet usage de votre droit les ramèneroit peut-être, et les empêcheroit de renouveler les incidents sur cette matière.

A l'égard de la lettre de Mr le chancelier à Mr le Mairat, elle mérite attention, *pour peu qu'on veuille la raisonner*; il ne faudroit pas que le mécontentement tombât sur *ce qu'on a délibéré*, parce qu'ils pourront soutenir qu'ils n'ont pas délibéré *sur le contenu* aux ordres concernant l'enregistrement, et qu'en tout cas, si les deffenses doivent s'entendre même de délibérer pour des remontrances, elles sont surprises ; mais je tirerois le motif de la *séance extraordinaire,* ou plustôt, je ne m'expliquerois pas.

Vous connoissés, Monsieur, tous les sentiments avec lesquels je suis, etc.

BERTIN.

Nª. Dans la lettre de Mr le chancelier, et autrement, je ne traiterois point de *remontrances*, mais de *mémoires* ce qu'ils présenteroient ; point de *réponse du Roy*, ni d'*audience*, etc. Enfin, je regarderois le tout comme représentations de quelques officiers détachés.

(Originaux. — *Arch. Nicolay,* 44 L 32 et 41 L 112.)

Le 16 mai, le P.P. reprit séance, pour communiquer aux semestres l'ordre du roi d'envoyer en cour Mr le Mairat et quatre maîtres, afin de rendre compte des dernières délibérations des 20 et 27 avril.

A leur arrivée, les députés ayant vu le chancelier et dit qu'ils venaient prendre les ordres du roi, le chancelier leur répondit : « Messieurs, vous n'avez qu'à les exécuter ; » et il refusa de les introduire chez le roi. Mr de Saint-Florentin s'acquitta de cette fonction, et là, le chancelier prononça ces mots : « Le Roi me charge de vous dire qu'il vous a mandés pour vous marquer son mécontentement de la difficulté que vous avez faite de reconnoître ses ordres dans la réponse que j'ai faite de sa part à son procureur général, au sujet de la déclaration du 17 mars. S. M. a d'autant plus lieu d'en être surprise, que vous-mêmes aviez pris cette voie pour lui faire parvenir vos délibérations. Elle vous ordonne de lui apporter vos motifs ou représentations jeudi prochain. » (*Plumitif.*)

Lettres du Chancelier au P.P.

A Versailles, le 16 mai 1762.

Messieurs de la Chambre des comptes sont venus ; je leur ay dit que, puisqu'ils ne recevoient pas les ordres que je leur envoyois de la part du Roy, je ne les présenterois pas. Ils sont montés dans l'antichambre, où ils ont attendu longtemps. Le Roy les a fait entrer, et leur a dit que je leur ferois sçavoir ses intentions. J'ay pris la parolle ; je vous envoye ce que je leur ay dit. Le Roy avoit demandé les motifs pour jeudy ; ils ont prié le Roy de les remettre à dimanche ; le Roy l'a accordé. Voylà tout ce qui s'est passé. Je vous souhaitte le bonjour, et à toutte la maison. Je vas disner.

(DE LAMOIGNON.)

A Versailles, le dimanche 23 may 1762.

Je vous envoye la réponse que j'ay faitte par ordre du Roy à Messieurs de la Chambre. Le Roy, en recevant les remontrances ou représentations, avoit indiqué à six heures pour recevoir sa réponse. Mais l'ouvrage estoit trop long, et j'ay prié le Roy de remettre la réponse après le Conseil ; ce qu'il a fait. Vous trouverés au bas de mon discours ce que le Roy a dit après moy. J'ay gardé Mr le Veneur jusques à mon retour de chez le Roy, afin qu'il se chargeast de ma lettre. Il est près de neuf heures. Je seray à Paris demain au soir. Je vous embrasse de tout mon cœur, et toutte la famille.

DE LAMOIGNON.

(Orig. autographes. — *Arch. Nicolay*, 42 L 44 et 45.)

Lettre du Contrôleur général au P.P.

Ce dimanche (23 mai 1762).

Je n'ay que le tems de vous envoyer, Monsieur, copie de la réponse du Roy ; Mr le chancelier a cru qu'elle etoit moins sujette *à procès* que celle que vous proposiés ; je crois que vos messieurs ne seront pas entièrement satisfaits de moy.

Je seray à Paris jusqu'à mercredi au soir, et j'y vais demain au soir, où je serois fort aise de vous voir, sur les huit heures.

Vous connoissés, Monsieur, tous les sentiments avec lesquels je suis, etc.

BERTIN.

(Original. — *Arch. Nicolay*, 70 L 205.)

Au discours de M^r le Mairât, le chancelier avait répondu que le roi, obligé d'interposer son autorité, n'avait rien prescrit qui ne fût conforme aux usages et aux règlements, « sans entrer dans la discussion de tout ce que vous alléguez pour appuyer vos représentations, et dont il seroit facile de faire connoître le peu de fondement; » que, d'ailleurs, fallût-il une interprétation, elle ne pouvait venir que du roi, et la Chambre n'avait qu'à se soumettre sans difficulté et enregistrer la déclaration sans délai. Le roi lui-même avait ajouté : « Telles sont mes volontés, que j'ordonne à ma Chambre des comptes d'exécuter dès demain, et d'en informer mon chancelier, afin qu'il m'en rende compte. »

Le jour suivant, après la relation du président le Mairat, on délibéra sur l'enregistrement; mais il y eut partage : vingt-deux maîtres, sept présidents et le P.P. votaient pour l'enregistrement, à charge de conserver l'ancien style dans les nominations de commissaires; vingt-neuf maîtres et le président le Mairat étaient d'avis d'attendre de nouveaux ordres du roi.

Lettre du Roi au P.P.

Monsr de Nicolay, voulant prendre connoissance par moy-même du partage que je suis informé être intervenu en ma Chambre des comptes, le vingt-quatre du mois de may dernier, je mande à maditte Chambre que mon intention est qu'expédition dudit partage me soit apportée par vous et l'ancien président de maditte Cour, et que vous vous rendiés à cet effet icy, près de moy, dimanche prochain, treize de ce mois, à midy, ensemble les conseillers maîtres rapporteur et compartiteur, lesquels conseillers maîtres me remettront par écrit les motifs des opinions qui ont pu donner lieu audit partage, pour, sur l'examen que j'en feray, y être statué ainsy que je le jugeray à propos. Et je vous fais cette lettre pour vous dire de faire ce qui est du devoir et de l'autorité de votre charge pour que maditte Cour ait à se conformer à mes ordres. Sur ce, je prie Dieu qu'il vous ait, Monsr de Nicolay, en sa sainte garde. Écrit à Versailles, le 7 juin 1762.

LOUIS.

PHÉLYPEAUX.

(Original. — Arch. Nicolay, 28 L 22.)

Malgré l'ordre du roi, il y eut encore deux protestations, et ce fut seulement le 28, sur jussion expresse, que l'enregistrement passa. Encore la Chambre chargea-t-elle Mr Clément et trois autres conseillers de porter des remontrances en cour. Toutes les pièces relatives à ce long conflit ayant été imprimées, il y eut un arrêt pour leur suppression. (*Plumitif*, 16 juin et 9 juillet.) Le conflit ne fut réellement terminé qu'en 1764, par deux déclarations royales, qui décidèrent que, dans tous les cas, la désignation des commissaires appartiendrait au président de la séance, lequel prendrait, incontinent après cette nomination, les suffrages des maîtres pour savoir quels commissaires la Chambre jugeait à propos d'adjoindre aux premiers. (*Arch. Nat.*, O^1 108, p. 81.) Suivant l'ordre du roi, ce règlement dut être lu à la rentrée de chaque semestre, et s'appliquer aussi bien à la nomination des charges de la Chambre qu'aux affaires d'intérêt général. (Lettres du garde des sceaux et de Mr de Saint-Florentin, 29 décembre 1764. *Arch. Nicolay*, 72 L 330 et 281.)

845.

12 Août 1762.

LETTRE DU P.P. AU CHANCELIER. — EXIL DES JÉSUITES.

A Goussainville, le 12 août 1762.

Monseigneur, je n'ai point encore lu l'arrêté que le parlement a rendu contre les Jésuites; mais, par ce qui m'en a été mandé, en prononçant la dissolution de cette société, il ne contient aucunes dispositions désavantageuses aux membres qui la composoient, et dont les qualités personnelles ont même été louées dans les réquisitoires qui ont dénoncé les constitutions de leur ordre. Dans cette circonstance, je ne présume pas qu'on cherche à mal interpréter le dessein que j'ai d'offrir une retraite chez moi au Père Griffet, mon ami depuis quarante ans. Cependant, ne voulant point me méprendre sur un objet où le gouvernement prend peut-être quelqu'intérêt, je ne sçaurois mieux faire que de vous exposer et vous soumettre mes propres sentimens. Je vous prierai même d'en rendre compte au Roi, et d'assurer Sa Majesté que, dans cette occasion comme en toute autre, je me ferai un devoir essentiel de ne rien mettre dans ma conduite de contraire à ses intentions, ni qui puisse même lui être aucunement désagréable.

Vous connoissez l'attachement et le respect avec lesquels j'ai l'honneur d'être, etc.

Réponses du Chancelier.

A Paris, le 14 aoust 1762.

Je ne verray le Roy que dans huit jours, mon cher neveu; ainsy, je ne pourray sçavoir ses intentions sur le cy devant soit disant jésuitte Griffet, car c'est ainsy qu'il faut l'appeller. Je ne crois pas que la proposition que vous faittes ne soit bien reçue. Je vous embrasse de tout mon cœur, et touts les habitants de Goussainville.

De Lamoignon.

A Versailles, le 21 aoust 1762.

Le P. Griffet peut demeurer avec vous; cela ne fait aucune difficulté. Je souhaite que l'autre proposition que j'ay faitte au Roy n'en fasse pas davantage. Je vous embrasse de tout mon cœur, et toutte votre famille.

De Lamoignon.

(Minute et orig. autographes. — *Arch. Nicolay,* 42 L 46, 47 et 48 bis.)

---

846.   15 Mars 1763.

LETTRE DE L'ÉVÊQUE D'ORLÉANS AU P.P. — CONSTRUCTION DE SAINTE-CROIX.

Versailles, 15 mars 1763.

M^r l'abbé de Monclar, mon grand vicaire, m'a fait part, Monsieur, de plusieurs conférences qu'il avoit eu l'honneur d'avoir avec vous sur l'affaire de la construction de l'église cathédrale d'Orléans et les comptes qui en ont été rendus jusqu'à ce jour à vous et à votre Compagnie. Il m'a dit en même tems que vous pensiés qu'il seroit convenable que votre Compagnie fît de respectueuses remontrances au Roy, pour le supplier de faire fournir des fonds plus considérables et capables d'accélérer la fin de cet édifice, qui, étant commencé depuis un siècle et demy, se détruiroit de lui-même avant qu'il fût finy. Je ne puis qu'applaudir, Monsieur, à une démarche aussy intéressante et bien capable d'étayer et de donner beaucoup de force aux sollicitations que je fais depuis du tems auprès de M^r le controlleur général, pour engager le Roy à prendre des moyens capables de voir enfin finir ce monument de la piété de ses prédécesseurs.

. . . . . . Je pense qu'y ayant dans la partie de l'église qui est construite des dégradations et réparations considérables à y faire, il faut commencer à mettre cette partie en bon et solide état avec les fonds que nous avons aujourd'huy du Roy; que l'on doit faire un devis estimatif de tout ce qui reste encore à bâtir et à faire dans l'extérieur et l'intérieur de cette église; que, cette somme une fois fixée, M^r le controlleur général doit engager le Roy à fournir sur son Trésor une somme annuelle de 50 à 60 mille livres de rente; et que, de mon côté, je dois supplier le Roy de mettre en régie une des premières grosses abbayes de 40 à 50 mille francs qui viendra à vaquer, pour fournir aussy à cette construction, pendant l'espace de vingt à trente ans, et jusqu'à concurrence de l'exécution entière de tout cet édifice. M^r le cardinal de Fleury en avoit usé de même pour rebâtir le collège de Navarre, et le Roy bâtit de même aujourd'huy la paroisse de Saint-Louis de Versailles.

Comme la bâtisse de l'église d'Orléans est la suite d'un vœu d'Henry quatre, il ne seroit ny délicat ny honnête au Roy de n'y point employer de ses propres fonds et d'en jeter tout le poids sur des biens ecclésiastiques et purement bénéficiels. M^r le controlleur général et Mr de Trudaine m'ont paru sentir cette délicatesse. . . . . J'ay l'honneur d'être, etc.

† L. S., év. d'Orléans.

(Original. — *Arch. Nicolay,* 39 L 25 et 26.)

847.
4 Octobre (1763).
LETTRE DE (MADAME D'AURIAC) AU P.P. — EXIL DU CHANCELIER.

Mardy, à 6 heures, 4 octobre.

Voulés-vous bien, cousin, que cette lettre soit pour vous, Madame de Nicolaï, Madame de la Châtre et les petits cousins? Mon père est exilé à Malesherbes; j'en viens de recevoir la nouvelle. Je ne puis vous le mander que par Mme de Janson, qui veut bien se charger de ma lettre. Le Roy avoit écrit, il y a peu de jours, à mon père pour luy demander sa démission. La réponce, vous pouvez la deviner : hier, il reçut ordre de rester exilé à Malesherbes. Il prend avec respect cet ordre et beaucoup de courage. Je pars cette nuit, pour ne pas me trouver à Fontainebleau avec la cour, qui y arrive demain. Je croy que M^r d'Auriac ne tardera pas de m'y venir trouver. Bonsoir, mon cousin. J'ay cent mil choses à faire avant mon départ. Recevés les assurances de tous mes sentiments. Mes compliments à ses dames, je vous prie, et aux cousins. J'ay reçu hier votre lettre, dont je vous suis infiniment obligée[1].

(Orig. autographe. — Arch. Nicolay, 41 C 226.)

1. Le jour suivant, le P.P. écrit au chancelier et à Mr de Malesherbes, son fils, qu'il regrette d'être retenu par le service de la rentrée de la Chambre, qui retombe tout entier sur lui seul, et de ne pouvoir aller leur faire ses complimens de condoléance. (Arch. Nicolay, 41 C 225.)

848.
9 et 13 Octobre 1763.
LETTRES DU GARDE DES SCEAUX ET DU PREMIER PRÉSIDENT DU PARLEMENT AU P.P.

Fontainebleau, ce 9 octobre 1763.

Trop de motifs m'attachent à vous, Monsieur, pour n'être pas le premier à vous apprendre que je viens de prester serment entre les mains du Roy d'un office de vice chancelier qu'il a créé en ma faveur, et auquel il réunit les sceaux. Plus honoré de son choix que de la place même, je fairay touts les efforts possibles pour le justifier aux yeux du public. Je mets toute ma confiance dans ma fidélité, dans mon zèle et dans mon courage. Je prendray pour modèles dans ma conduite ces grands magistrats qui m'ont précédé, et qui se sont concilié l'estime générale par leur intégrité et par la supériorité de leurs lumières et de leurs talents. Je me flatte d'être assés connu de vous, pour que vous soyé persuadé de ma façon de penser sur la disgrâce de M^r le chancelier. Mes respects, s'il vous plaist, à Mme de Nicolay. Comptez, je vous prie, Monsieur, sur la sincérité des sentiments que je vous ay voué depuis si longtems.

DE MAUPEOU.

Réponse du P.P.

A Paris, ce 9 octobre 1763.

Le Premier Président de Nicolay est très sensible à la bonté qu'a M^r le garde des sceaux de lui faire part de la grâce que le Roy vient de lui accorder : il avoit déjà écrit à M^r le président de Maupeou pour lui faire des reproches de ce qu'il n'avoit pas su par lui-même cette nouvelle, et pour le prier de l'acquitter auprès de M^r son père et de Mme sa mère de tous ses complimens. Madame de Nicolay partage avec lui tous les sentiments qui leur sont dus, et est très reconnoissante des marques de souvenir dont ils l'honorent. Le Premier Président de Nicolay sera très empressé de leur présenter lui-même les assurances de son respect.

Fontainebleau, ce 13 octobre 1763.

J'ay été trop flatté, mon cher cousin, du reproche obligeant que vous avez bien voulu me faire, pour le mériter dans cette occasion cy. Mr Molé a envoyé sa démission, et le Roy a eu la bonté de me donner sa place et de conserver la mienne à mon fils; je ne doute de la part que vous y prendrez. Recevez d'avance mes remerciments. Présentez mes respects à Mme de Nicolay; instruisez en tous les vôtres, et soyez bien persuadé, mon cher cousin, qu'on ne peut rien ajouter à l'attachement avec lequel j'ay l'honneur d'être, etc.

DE MAUPEOU.

Note du P.P.

Mr de Maupeou étant venu m'apprendre sa nomination un quart d'heure après que j'avois reçu cette lettre, j'ai répondu moi même à l'honnesteté dont il m'avoit prévenu.

(Orig. autographes. — *Arch. Nicolay*, 41 C 228 et 231.)

849. *Février à Mai 1765.*
PRÉSENTATION DE REMONTRANCES PAR LE P.P. — RÉPONSES DU ROI.

Le 17 février, le P.P. présenta les remontrances de la Chambre : 1° sur l'édit d'août 1764, concernant l'administration des villes et principaux bourgs du royaume, — en ce qu'il ne pouvait qu'accroître les inconvénients de la comptabilité des octrois; 2° sur l'édit de décembre de la même année, concernant la libération des dettes de l'État, — en ce qu'il blessait l'ordre public, intervertissait les juridictions, exposait inutilement à des embarras ou des risques les créanciers obligés de représenter leurs titres, réduisait de moitié le bénéfice qu'on eût obtenu par la conversion volontaire, et bouleversait l'ordre des payements et des remboursements, soit par l'établissement des deux Caisses, soit par l'usage des tirages, exposant même l'État à rembourser les dettes les moins onéreuses avant les autres. De tous les côtés, la perte serait pour l'État, et, malgré l'intérêt particulier que les magistrats pourraient y trouver, leur devoir est de prévenir le roi.

Le roi répondit, le 5 mars :

J'ai examiné vos remontrances sur mon édit du mois d'août dernier. Je vous ferai connoître incessamment mes intentions à ce sujet en la forme ordinaire, et vous devez jusque-là surseoir à délibérer. J'ai aussi examiné celles que vous m'avez présentées sur mon édit du mois de décembre dernier. Ce n'est qu'après les plus grandes réflexions que je me suis déterminé à le donner, et je ne peux pas en changer les dispositions, que l'état de mes affaires a rendues indispensables. J'ai substitué à l'ancien fonds d'amortissement un fonds invariable, dans lequel mes sujets trouveront toujours le gage de leur créance. Ils le verront chaque jour s'augmenter par les extinctions des rentes et des arrérages qui se versoient au Trésor royal, et que je leur abandonne en grande partie. J'ai voulu connoître en même temps et constater la dette existante, et j'ai formé, pour parvenir à l'acquitter, des plans de liquidation appuyés sur la justice que je dois à mes sujets et sur le bon ordre des finances. C'est à moi à déterminer et à établir les précautions qu'exigeoit un si grand ouvrage. Les ordres que j'ai donnés pour son exécution doivent rassurer ma Chambre sur ses alarmes, et surtout par rapport au payement des rentes, qui ne souffrira aucun retard. J'ai maintenu les lois de la comptabilité, et j'entends en procurer l'exécution la plus entière. Le trésorier de la Caisse se présentera à ma Chambre pour y prêter serment en la manière accoutumée, et sa gestion ne sera pas moins soumise que celle des autres comptables à l'examen de ma Chambre. Qu'elle s'empresse donc à me donner, dans une occasion aussi essentielle et aussi instante, de nouvelles preuves de son zèle et de son attachement par l'enregistrement de mon édit, auquel je lui ordonne de procéder sans délai.

La Chambre ayant renouvelé ses remontrances sur l'édit de décembre, le roi fit cette seconde réponse au P.P., le 28 avril :

J'ai examiné vos dernières remontrances. Je vous ai déjà fait connoître mes intentions et les motifs qui m'ont déterminé à donner mon édit du mois de décembre dernier, dont les dispositions n'empêchent point qu'on continue de payer en province les rentes acquittées par les receveurs des tailles et de mes domaines. Je soulagerai mes sujets le plus tôt qu'il me sera possible; c'est dans cette vue qu'une portion des arrérages éteints ne tourne pas en accroissement des remboursemens annuels, et que mon édit fixe la durée des vingtièmes. Il accélère la libération des dettes, et la somme des remboursemens sera en peu de temps supérieure aux 20 millions annoncés par ma déclaration du 21 novembre 1763. Je saurai concilier les intérêts de mon État avec la justice due à ceux de mes sujets dont le remboursement est au-dessus du denier vingt. Ma Chambre des comptes a rempli tout ce que son zèle pouvoit lui inspirer; il ne lui reste plus qu'à me donner des preuves de sa soumission par l'enregistrement pur et simple de mon édit, et je lui adresse mes lettres de jussion à cet effet. Je veux bien l'assurer de nouveau que mon intention n'est pas de porter atteinte aux lois de la comptabilité, que j'entends maintenir, et, lorsqu'elle se sera conformée à mes intentions, je serai disposé à lui donner des preuves de ma confiance.

La Chambre prononça, le 3 mai, l'enregistrement de l'édit, et chargea le P.P. de porter au roi son arrêté. L'audience fut donnée le dimanche 19; le P.P. s'adressa en ces termes au roi :

Sire, les officiers de votre Chambre des comptes, en procédant, en vertu de vos lettres de jussion, à l'enregistrement de l'édit du mois de décembre dernier, ont donné à V. M. la preuve d'une soumission aussi prompte qu'éclairée. L'arrêt et l'arrêté que j'ai l'honneur, Sire, de vous remettre, feront connoître à V. M. qu'ils ont distingué les dispositions de l'édit qui nécessitoient l'exercice actuel de leur juridiction, de celles qui n'exigeoient de leur activité que d'instantes et très humbles supplications. Je ne rappellerai point, Sire, les motifs de ces différentes supplications; ils ont été développés dans les remontrances que votre Chambre des comptes a eu l'honneur de présenter à V. M., et la solidité des raisons qui y ont été employées mérite, Sire, d'être consacrée par les effets de votre justice et de votre bonté.

Le roi répondit, le même jour :

J'ai examiné l'arrêt et l'arrêté de ma Chambre des comptes. Elle a prévenu, par les clauses de son enregistrement, une partie des arrangemens que je me proposois de faire pour donner à mon édit une entière exécution. Je déterminerai, par des lettres patentes que je lui adresserai, l'ordre des remboursemens et du remplacement des parties dont les propriétaires n'auroient point touché les deniers dans les délais prescrits. Les payeurs des rentes continueront le payement de celles créées par mon édit de 1758. J'aurai égard aux représentations de ma Chambre sur le droit de mutation et de quinzième; mais je ne puis m'expliquer quant à présent sur ces deux objets. Je conserverai à ma Chambre des comptes l'étendue de ses fonctions, et je lui témoigne dès à présent ma satisfaction sur le zèle qu'elle marque pour mon service, en choisissant parmi ses membres des commissaires qui pourront l'instruire des opérations de la Caisse d'amortissement et en rendre compte à la Chambre, lorsqu'ils le croiront nécessaire au bien de mon service. Si je ne puis rien changer à la nomination des deux trésoriers, je n'en reconnois pas moins, à l'égard du serment, le droit de ma Chambre de recevoir seule le serment des comptables. Elle ne doit attribuer ce qui s'est passé qu'aux circonstances, et il n'en sera tiré à l'avenir aucune conséquence préjudiciable aux fonctions de ma Chambre. Que ma Chambre s'empresse donc de concourir en tout ce qui dépendra d'elle à l'exécution de mon édit; elle peut être assurée qu'uniquement occupé du soulagement de mes peuples, les droits que je viens d'établir ne subsisteront qu'autant qu'ils seront nécessaires à la libération des dettes de mon État [1].

(*Plumitif* et *Journal*.)

1. Le trésorier de la Caisse d'amortissement établi par l'édit de décembre 1764 fut placé sous la surveillance d'un président et un maître des comptes, nommés par le P.P. (*Arch. Nicolay*, 67 L 127.)

850.   25 Janvier 1766.
REMBOURSEMENT DES DETTES DE L'ÉTAT. — RÉPONSE DU ROI.

Le P.P. rapporte qu'il a fait parvenir au roi, par l'intermédiaire du contrôleur général, les représentations arrêtées à l'occasion du premier remboursement des dettes de l'État. Il a reçu la réponse suivante du contrôleur général :

A Paris, ce 18 janvier 1766. On ne peut être, Monsieur, plus sensible que je le suis à la confiance avec laquelle vous m'avez fait l'honneur de m'écrire, et au témoignage particulier surtout que vous m'en donnez, en me chargeant de mettre moi-même sous les yeux du Roi les représentations de votre Compagnie. J'ai présenté en conséquence à S. M. votre arrêt d'enregistrement et vos supplications, en lui observant que la Chambre avoit cherché à lui éviter, dans le moment présent, une députation ; et du surplus, j'ai fait valoir autant qu'il a été en moi des observations qui paroissent n'avoir d'autre objet que la conservation des intérêts du Roi et de ceux de ses peuples. Vous jugerez de l'égard qu'y a eu S. M. par les lettres patentes qu'elle a donné ordre d'expédier, et qui seront conformes à l'arrêt du Conseil du 17 décembre, en annonçant que S. M. arrêtera dans son Conseil les états que désire votre Compagnie. Du surplus, sur le reste de ses représentations, le Roi m'a chargé de vous dire qu'ayant tant fait que de se déterminer à annoncer ses volontés dans des formes authentiques, il n'étoit pas possible d'y apporter aucun changement; mais en même temps, S. M. m'a permis de vous mander qu'elle y auroit égard pour les suites autant que cela se pourroit concilier avec le bien de son service, et que, quand il s'agira de régler à l'avenir de nouveaux remboursemens de la Caisse des amortissemens, elle se fera remettre sous les yeux les observations de sa Chambre des comptes. Je vous prie d'être persuadé que je serai moi-même très empressé à les présenter à S. M., et à donner en toutes occasions à votre Compagnie des preuves de mon zèle. Recevez-en personnellement les assurances, je vous prie, ainsi que de tous les sentimens avec lesquels j'ai l'honneur d'être, etc. DE L'AVERDY [1].

(Plumitif.)

[1]. La Chambre présenta de même ses observations lorsque vint l'époque du second remboursement, et le roi y fit encore droit. (Séance du 10 décembre 1766.)

851.   5 Mars 1766.
LETTRE DE LA COMTESSE DE NOAILLES AU P.P. — MORT DU ROI DE POLOGNE.

A Versailles, le 5 mars 1766.

Il m'a été impossible, Monsieur, de faire parvenir jusqu'à la reine le député de la Chambre des comptes que vous m'avez envoyé, Sa Majesté n'ayant pas même vu les princes du sang. Mais je vais luy en faire part, et je suis bien sûr qu'elle y sera sensible. L'estat de la reine aujourd'huy donne les plus grandes espérances; la fièvre est très diminué, ainsy que la toux. Les médecins paroisse très content, et la médecine a fait un effet prodigieux. Je n'oublierez point de dire à Sa Majesté l'intérêt personnel que vous y prenez.

Je vous prie d'être bien persuadé, Monsieur, de tout les sentiment d'attachement avec lesquels j'ay l'honneur d'être, plus que personne, votre très humble et très obéisante servante.

ARPAJON DE NOAILLES.
(Orig. autographe. — Arch. Nicolay, 48 L 69.)

852.   10 Juin 1766.
LETTRE DU DUC D'ORLÉANS AU P.P. — RECOMMANDATION.

Au Palais Royal, ce 10 juin 1766.

L'intérêt, Monsieur, que je prens à la juste réclamation du sr de Bellisle, secrétaire de mes commandemens, contre les prétentions de Mr le comte d'Eu, m'est devenu personnel, et par la satisfaction que j'ai de ses services, dont je voudrois en toutes occasions luy donner des preuves, et par les circonstances particulières de cette affaire, qui auroit été terminée sans retour, si le séjour qu'il a fait à la cour d'Espagne, par mes ordres, luy avoit permis de veiller à la conservation de ses droits. Ce procès se trouve heureusement instruit dans un tribunal où vous présidez, et composé de magistrats intègres, à l'abry de toute prévention. Le désir que j'ai eu de voir cette contestation en justice réglée, me fit faire dans le temps des démarches pour y parvenir, très persuadé que le bon droit du sr de Bellisle, dont je me suis fait rendre compte, n'y courroit aucun risque. Je vous le recommande, Monsieur, et à Messieurs de la commission, avec toute la confiance que j'ai dans des juges dont je connois par ma propre expérience le zèle, la justice, les lumières et la fermeté; et je vous prie d'être bien convaincu, Monsieur, des sentiments d'estime et d'amitié que je conserveray toujours pour vous.

L. PHIL. D'ORLÉANS.

(Original. — Arch. Nicolay, 32 L 5.)

853.   1ᵉʳ Juillet (1766).
LETTRE DU COMTE DE NOAILLES AU P.P. — ENTRÉE A MARLY.

A Marly, ce 1ᵉʳ juillet.

Le Roy vous continue, Monsieur, la permission qu'il vous a donné de venir à Marly. Vous pouvés y amener Mʳ votre fils; quoiqu'il n'aye pas les mêmes droits encore, Sa Majesté le trouve bon. Vous sçavés qu'on n'y vient pas en robe, mais en manteau court. C'est au lever du Roy, demain ou dimanche. Je suis bien sensible à la part que voulés bien prendre à la santé de Mᵐᵉ de Noailles; c'est un miracle qu'elle puisse résister à ce qu'elle fait depuis 8 mois, et aux fonctions cruelles auxquelles elle est obligée depuis que le malheur est arrivé. On ne peut rien ajouter aux sentiments avec lesquels j'ai l'honneur d'être, etc.

LE COMTE DE NOAILLES.

(Orig. autographe. — Arch. Nicolay, 48 L 70.)

854.   30 Avril 1767.
LETTRE DU CONTROLEUR GÉNÉRAL AU P.P. — CAISSE D'ESCOMPTE.

Paris, 30 avril 1767.

J'ai l'honneur, Monsieur, de vous adresser un projet d'arrêt du Conseil concernant les directeurs et caissiers de la Caisse d'escompte. Cet arrêt est absolument nécessaire, ainsi que les lettres patentes qui seront expédiées dessus et adressées à la Chambre des comptes. De plus, la chose devient extrêmement pressée. L'arrêté de Messieurs de la Chambre fait un effet terrible, qui met en compromis les services du Roi; et en vérité, je ne conçois pas comment la Chambre des comptes s'est portée à une démarche qui ne pouvoit avoir que des conséquences aussi funestes. Je vous prie donc instamment de vouloir bien ne pas perdre un instant pour examiner ce projet et le communiquer à quelques personnes que vous jugerés à propos de consulter. Je ne sçaurois m'empêcher de vous répéter que la chose est aussi urgente que nécessaire, et je vous prie en grâce de vouloir bien me le renvoïer pour samedy matin, afin que le tout puisse être expédié

La première de ces observations paroît, en elle-même, sans réponse. Cependant on peut dire que les droits du Roi se trouvent à couvert par les recettes et dépenses que feront les gardes du Trésor royal. C'est une circonstance qui peut rendre plus facile pour s'écarter des formes ordinaires. Cette considération s'applique encore à la troisième observation, puisque c'est de la nature du maniement que résultera la dispense, plutôt que de la comptabilité qui en sera faite par les gardes du Trésor royal, et qu'on peut mettre dans l'enregistrement une clause qui serve de préservatif contre les fausses inductions qu'on en pourroit tirer. On peut aussi, dans l'enregistrement, faire connoître que la Chambre ne prend aucune part à l'opération, et que le seul objet dont elle s'occupe est de constater la sortie et la rentrée des fonds qui appartiennent au Roi.

Ces réflexions m'ont paru prépondérantes auprès du plus grand nombre de ces messieurs que j'ai consultés, et qui, je crois, se porteront à procéder à un enregistrement qui dispense les directeurs et caissiers de compter, et prévienne pour les suites les conséquences qu'on en pourroit tirer pour l'avenir. Je joins ici, Monsieur, le projet de celui qui m'a paru être le plus généralement agréé. Vous trouverez quelques changemens peu considérables au projet d'arrêt, que j'y ai faits d'après ce que ces messieurs en ont pensé : 1° celui du préambule n'intéresse que le stile ; 2° celui du premier article a pour objet de nommer les caissiers, afin que, n'ayant point de qualité reconnue à la Chambre, il ne se forme point de difficulté pour la passation des sommes qui leur auront été payées par les gardes du Trésor royal, puisque ce sera à leur personne qu'il aura été dit que les fonds seront remis ; 3° est un mot obmis ; 4° ne fait qu'expliquer que les fonds de la mise du Roi doivent lui rentrer en même tems que les bénéfices ; 5° enfin, la défense de faire des poursuites contre les caissiers a paru trop vague, et ne doit avoir lieu qu'autant qu'ils se conformeront aux dispositions de l'arrêt.

Voilà, Monsieur, dans le peu de tems que j'ai eu pour la traiter, ce que je puis prévoir de l'événement de cette affaire, qui, si elle se termine ainsi, me paroîtroit se passer de la manière qui vous sera le plus agréable et répondre le mieux aux vues que vous avez d'affranchir les directeurs et caissiers de toute recherche de la comptabilité.

On ne peut rien ajouter aux sentimens avec lesquels j'ai l'honneur d'être, etc.[1]

(Orig. autographe et minute. — *Arch. Nicolay*, 41 L 131.)

1. La Chambre ayant reçu l'arrêt de création de la Caisse (1ᵉʳ janvier 1767), avait demandé à présenter ses remontrances ; mais il n'y s'était borné à répondre au procureur général ces seuls mots, mis par écrit : « Ce que je jugeois à propos d'ordonner aux personnes que je chargeois du service de mes départemens, ne concerne point ma Chambre des comptes. Il en est de même de ma Caisse d'escompte, et ma Chambre des comptes ne doit pas s'en occuper davantage. » Sur quoi, la Chambre avait maintenu que, si elle n'avait point part à l'administration intérieure, il était cependant de son devoir de veiller aux maniemens de deniers, et de dénoncer à S. M. un établissement aussi irrégulier dans la forme qu'il serait préjudiciable dans l'exécution. (*Plumitif*, 20 février, 30 mars et 14 avril 1767.)

---

855.   13 et 19 Août 1767.
MALADIE ET MORT DE LA PREMIÈRE PRÉSIDENTE.

Du 13 août. Sur les onze heures du matin, Mᵉ Armand-Denis-Léonard Domilliers, commis au Plumitif, venu au bureau, a dit qu'en exécution des ordres de la Chambre de ce jour, il s'étoit transporté sur le champ en l'hôtel de Mʳ le P.P., et qu'ayant trouvé Mʳ le P.P. dans le cabinet qui précède la chambre à coucher de Mᵐᵉ Nicolay, il lui avoit témoigné, de la part de la Chambre, combien elle étoit sensible à la maladie de Mᵐᵉ Nicolay, et les vœux qu'elle faisoit pour son prompt rétablissement. A quoi Mʳ le P.P. lui auroit répondu que Mᵐᵉ Nicolay avoit passé une très mauvaise nuit et étoit encore actuellement en danger ; que l'état où elle se trouvoit ne permettoit pas qu'on lui pût parler ; qu'il lui feroit part de la marque d'attention que la Chambre lui donnoit, et qu'il en faisoit ses remerciemens à la Chambre.

Du 19 août. Mᵉ Henry, greffier en chef, venu au bureau, a dit que, suivant les ordres de la Chambre du jour d'hier, il s'étoit rendu à l'hôtel prieural de la Couture Stᵉ-Catherine, où Mʳ le P.P. s'est retiré depuis le décès de Mme Nicolay, son épouse; qu'ayant été introduit dans l'appartement où étoit M^r le P.P., il lui avoit témoigné, au nom de la Compagnie, la part qu'elle prenoit à son affliction, le priant de conserver sa santé, qui étoit aussi précieuse à la Chambre qu'à sa famille. A quoi M^r le P.P. lui avoit répondu qu'il étoit très sensible à l'attention de la Chambre, et l'avoit chargé de lui témoigner sa reconnoissance et son respect.

(*Plumitif* et *Journal*.)

856. 16 Mars 1768.
LETTRE DE M. TRUDAINE DE MONTIGNY, INTENDANT DES FINANCES, AU P.P. PROJET DE REMONTRANCES.

A Paris, ce 16 mars 1768.

J'ay l'honneur, Monsieur, de vous renvoyer le manuscript que vous aviez bien voulu me prêter. Je le trouve très solide; il y a surtout quelques articles auxquels je ne sais pas comment on pourra répondre. Mon père, qui l'a lu, en pense comme moi, et je suis bien persuadé qu'en resserrant les choses qui vous paroistront un peu trop étendues, ces remontrances doivent faire beaucoup d'effet. Je vous prie d'être bien persuadé du sincère et respectueux attachement avec lequel j'ay l'honneur d'être, etc [1].

TRUDAINE DE MONTIGNY.

(Orig. autographe. — *Arch. Nicolay*, 43 L 55.)

[1]. Le P.P. avait été chargé, le jour précédent, de présenter les remontrances de la Chambre au sujet des lettres patentes du 21 janvier (emploi de certaines parties dans les états du roi.) Le roi les reçut le 27, et, à la suite de ces observations, les lettres furent retirées. (*Plumitif*, 15 juillet 1768.)

857. 20 Avril 1768.
SURVIVANCE DE L'OFFICE DE P.P. POUR AYMARD-CHARLES-MARIE DE NICOLAY.

Louis, etc. Nous avons toujours regardé comme un des plus nobles exercices de notre pouvoir de récompenser le mérite et la vertu par des bienfaits proportionnés à l'importance des services et aux preuves les plus constantes de fidélité et d'affection à notre personne et de zèle pour le bien de notre État. Notre amé et féal conseiller en tous nos Conseils, le s^r Aimard-Jean Nicolay, premier président en notre Chambre des comptes de Paris, nous ayant retracé pendant plus de trente-trois ans l'exemple de ces rares qualités, devenues héréditaires dans sa maison, depuis près de trois siècles que ses ancestres et lui ont rempli cette charge sans interruption, nous avons jugé ne pouvoir lui donner une marque plus authentique de notre satisfaction, qu'en agréant la résignation qu'il nous en a faite, à condition de survivance et retenue de service, en faveur de notre amé et féal le s^r Aimard-Charles-Marie Nicolay, son fils, notre conseiller en notre Cour de parlement de Paris, quoiqu'il soit encore dans un âge peu avancé et n'ait satisfait au tems de service requis par les règlemens. Nous nous portons d'autant plus volontiers à lui accorder cette grâce, qu'elle nous conservera tous les avantages que nous procurent journellement les connoissances que le s^r Nicolay père s'est acquises des droits de notre couronne et de nos domaines, et de tout ce qui a rapport au bon ordre de nos finances. D'ailleurs, ledit sieur son fils n'entrant point encore en exercice, pourra, sous ses yeux, s'instruire de plus en plus des devoirs qu'exigent les fonctions d'une place aussi considérable, et se mettre en état de la remplir avec la distinction que nous avons lieu d'attendre des talens et de l'application qu'il a fait paroître depuis qu'il est revêtu de celle de conseiller au parlement. A ces causes et autres à ce nous mouvant, nous avons audit s^r Aimard-Charles-Marie Nicolay donné et octroié, donnons et octroions, par ces présentes signées de notre main, l'état et charge de notre conseiller ordinaire en nos Conseils d'État et privé, premier président clerc en notre Chambre des comptes de Paris . . . . . Car tel est notre plaisir. Donné à Versailles, le vingtième jour d'avril, l'an de grâce mil sept cent soixante-huit, et de notre règne le cinquante-troisième.

LOUIS.
Par le Roi : PHÉLYPEAUX.

Ledit Mr Aimard-Charles-Marie Nicolay, conseiller du Roi en sa Cour de parlement, a été reçu en l'état et charge de conseiller ordinaire du Roi en ses Conseils d'État et privé, premier président clerc en sa Chambre des comptes de Paris. . . . . . à condition de survivance et retenue de service de Monsieur Aimard-Jean Nicolay, son père. . . . . . à la charge qu'en cas de décès ou de démission volontaire de Monsieur Nicolay, son père, il ne pourra présider qu'à l'âge de vingt-cinq ans accomplis; les semestres assemblés, le vingt-six avril mil sept cent soixante-huit. NOBLET.

(Copie. — Arch. Nicolay, 53 C 27.)

Réponse de M. de Nicolay de Villebourg au compliment du président de Saint-Sauveur.

Monsieur, je regarderai toujours la grâce que le Roy vient de m'accorder comme l'événement le plus intéressant de ma vie. Vous me la rendez, Messieurs, plus précieuse encore par la distinction flatteuse avec laquelle vous avez daigné la consacrer par l'unanimité de vos suffrages. Ce bienfait ajoute à mes obligations, et la Chambre ne me verra jamais oublier celle que me prescrit la reconnaissance.

Dépositaire de sa bienveillance pour moi, vous voudrez bien, Monsieur, être aussi l'interprète de mes sentimens pour elle. C'est entrer dans son sein sous les meilleurs auspices, que d'avoir pour garant de mon respect et de mon zèle un magistrat qui lui a voué depuis si longtems ses services.

Sans être encore, Messieurs, associé à vos travaux, je n'en serai pas moins attentif à étudier les modèles que je dois me proposer un jour. Mon ambition sera d'acquérir votre confiance, en me rendant capable de maintenir l'honneur et la dignité de cette auguste Compagnie. Vous ne les faites consister, Messieurs, qu'à veiller sans relâche aux plus grands intérêts de l'État, au bonheur et à la tranquillité des peuples. Je sens que, pour me soutenir dans cette carrière épineuse, vous m'imposez la loi d'imiter votre chef, qui n'eut jamais d'autres vues dans ses démarches que de servir sa Compagnie, sa patrie et son Roy. Cette loi, Messieurs, vous la trouvez déjà gravée dans mon cœur. Animé par les exemples du plus chéri des pères, je serai moins jaloux de recueillir les honneurs de mes ancêtres, que de vous retracer leurs talens et leurs vertus. Si mes forces ne me permettent pas d'y atteindre, au moins ne dégénérerai-je jamais de l'attachement inviolable qu'ils ont toujours eu pour cette auguste Compagnie. Puissent ces sentimens vous répondre des engagemens que je contracte aujourd'hui dans le sanctuaire de la justice; puissé-je, Messieurs, comme je le désire, n'être heureux qu'en les remplissant !

(Minute autographe. — Arch. Nicolay, 54 L 138.)

858.
12 Juin 1768.
PRÉSENTATION DE REMONTRANCES PAR LE P.P. — RÉPONSE DU ROI.

Sire, si vos Cours se prêtent avec une extrême facilité à vérifier des impositions multipliées, qui peut-être deviendront aussi préjudiciables aux affaires de V. M. qu'elles sont onéreuses à vos sujets, au moins votre Chambre des comptes ne peut-elle se dispenser de supplier V. M. de les restreindre dans de justes bornes et de bannir de leur répartition une inégalité qui en augmente encore la rigueur. V. M., pour subvenir aux besoins pressans de la guerre, a demandé, par son édit d'août 1758, des dons gratuits aux bourgs et villes de son royaume; le montant n'en a été fixé qu'après avoir combiné leurs facultés respectives, le nombre de leurs citoyens, la fertilité de leur territoire, les avantages de leur commerce. La plupart des droits établis pour le payement de ce nouvel impôt ne pouvoient répondre exactement à chaque contribution particulière; trop foibles, ils auroient été insuffisans pour l'acquitter; trop forts, les habitans en auroient été surchargés. V. M. prévint ce double inconvénient en ordonnant, par l'article 3 de la déclaration du

3 janvier 1759, que, dans le cas où le produit se trouveroit excéder annuellement la quotité du don gratuit, la perception cesseroit aussitôt qu'elle auroit suffi pour le compléter. Cette disposition étoit si importante, que votre Chambre des comptes en a fait, Sire, une des clauses expresses de son enregistrement. C'est sur la foi de cet engagement que les villes ont concouru à dresser des tarifs, dont la disproportion et l'excès même ne les ont point alarmées, parce qu'en définitive ils ne devoient subsister qu'autant qu'ils seroient nécessaires pour opérer la libération d'une imposition déterminée. Quelques-unes de ces villes ont même accéléré la remise de leurs contributions par la voie des emprunts; elles y ont trouvé d'autant plus de facilité, que les droits qu'elles percevoient étoient un gage assuré pour leurs créanciers.

Par l'article 7 de la déclaration du 21 novembre 1763, V. M. a prorogé ces dons gratuits, dont la durée s'est trouvée limitée au commencement de l'année 1770. Enfin, par l'article 48 de l'édit de décembre 1764, vous avez ordonné, Sire, qu'à commencer du 1er janvier 1767, ils ne seroient plus payés que pour moitié de ce à quoi vous les aviez modérés par l'article 8 de la déclaration de 1763.

C'est en cet état, Sire, qu'en supprimant, par l'édit d'avril dernier, plusieurs offices dont votre Chambre des comptes vous a demandé que la liquidation ne fût faite qu'en vertu d'avis de finances, et qu'en prolongeant les délais accordés aux propriétaires pour la représentation de leurs titres, V. M. s'est déterminée à proroger le payement des dons gratuits jusqu'au dernier décembre 1774.

. . . .

Outre que l'interversion d'un plan si sagement combiné produiroit une augmentation considérable dans la généralité de l'impôt, il en résulteroit une telle inégalité dans sa répartition, qu'il pourroit arriver que les habitans d'une ville dont le don gratuit, dans son principe, étoit de 10,000 liv., et dont les tarifs n'ont strictement produit que de quoi les acquitter alors, ne profiteroient plus des diminutions survenues, mais ne payeroient du moins que sur le pied de leur taxe originaire; et que ceux dont le don gratuit étoit de 6,000 liv., également privés des modérations, le verroient doubler et s'augmenter jusqu'à 12,000 liv., parce qu'ils ont volontairement adopté des tarifs plus lucratifs pour se libérer en moins d'années et fournir des secours plus prompts à V. M. Leur zèle méritoit une récompense, l'édit leur infligeroit une peine.

N'est-il pas juste, Sire, que les villes qui ont hâté le payement de leurs dons gratuits, jouissent de la suspension du nouvel impôt, et qu'elles se reposent de leurs efforts, tandis que les autres villes achèveront de porter plus lentement à votre Trésor royal le complément de leurs contributions ?

Ces réflexions, Sire, sont si conformes à l'équité, que votre Chambre des comptes doit se flatter que V. M. ne souffrira pas qu'on donne à son édit une exécution qui blesseroit les bornes proportionnelles et respectives qu'il doit avoir naturellement. V. M. les a prescrites elle-même, par la fixation qu'elle a faite des dons gratuits et par les sages précautions qu'elle a prises pour leur perception, dans l'article 3 de la déclaration du 3 janvier 1759.

Le fardeau des impositions dont vos sujets sont accablés, ne peut s'accroître sans gêner la facilité du commerce des denrées qui servent à leur consommation, et sans les jeter dans un découragement nuisible même à la population. Ce seroit, Sire, donner atteinte aux véritables richesses de l'État, et votre Chambre des comptes ne s'occupe pas moins des intérêts réels de V. M. que du soulagement de ses peuples, en vous suppliant encore, Sire, de vouloir bien n'exiger la continuation des dons gratuits qui se renouvellent en 1770, que conformément à la modération contenue en l'article 48 de l'édit de décembre 1764. . . . . . .

Ces remontrances ayant été présentées par le P.P., accompagné des présidents du Tillet et de Mascrany, le roi fit cette réponse :

L'état actuel de mes finances ne m'a pas permis de prendre sur mes revenus les deniers nécessaires au remboursement de la finance des offices supprimés par mon édit du mois d'avril, et il étoit d'ailleurs nécessaire de leur procurer un secours indispensable à l'acquittement des charges. Mon but a été, en y pourvoyant, de ne point augmenter les impôts que supportent actuellement mes sujets. J'ai considéré que les droits que chaque ville avoit elle-même choisis pour se mettre en état de payer le don gratuit, étoient ceux dont la prorogation seroit la moins sensible et la moins onéreuse, en renonçant à ce qui restoit dû des dons gratuits pour le temps qui en restoit à expirer. Ma Chambre des comptes doit donc être sûre de mon désir de procurer à mes sujets les soulagemens qui se trouveront en mon pouvoir ; elle doit au surplus s'en rapporter à moi sur les modérations à faire, s'il y a lieu, aux tarifs, dans certaines villes où le zèle des habitans pour se libérer plus tôt auroit porté les droits à un taux plus considérable que celui qui étoit annoncé par le tarif annexé à ma déclaration du 1er février 1759 ; de même, sur tous les autres objets qui ont déterminé son zèle aux supplications que vous m'apportez de sa part.

(*Journal.*)

859.   *Septembre 1768.*
LETTRES DU CHANCELIER ET DE M. DE MALESHERBES AU P.P. — DÉMISSION DE M. DE LAMOIGNON.

Bruyères, ce 15 septembre 1768.

Je reçois dans l'instant la nouvelle que le Roy vient de mettre le comble à ses bontés, en me nommant chancelier et garde des sceaux. Je m'empresse de vous en instruire.

(DE MAUPEOU.)

Réponse du P.P.

A Ivor, ce 19 septembre 1768.

J'étois encore à Paris, cousin, quand des personnes de votre connaissance m'apprirent que le chancelier avoit donné sa démission, et que vous ne l'ignoriez pas. Je passé chez vous sur le champ, et l'on me dit que vous étiez parti le matin pour Bruyères. Je vous fais mes complimens bien sincères de ce que les choses ont tourné sur cela comme vous le désiriez. Je remets à deux ans à vous en féliciter, si les circonstances vous permettent d'icy là de rappeler les anciens principes dans la magistrature, d'y maintenir les différentes Compagnies dans l'exercice de la juridiction qu'elles doivent avoir pour bien servir le Roy, et de concourir même à rétablir l'ordre dans les finances, qui en ont tant de besoin. Vous voilà avec assez d'occupations pour que je me renferme à vous marquer le désir que j'ai de vous assurer moi-même que votre nouvelle dignité ne peut rien adjoûter aux sentimens avec lesquels j'ai l'honneur, cousin, de vous être attaché depuis si longtemps.

(15 septembre 1768.)

Il ne faut pas, cousin, que vous appreniés par le public la démission de mon père.

Les ministres nous avoient recommandé le plus grand secret, qu'ils n'ont pas gardé eux-mêmes, et tout le monde le sçait à présent. Ce n'est cependant que demain matin que je la porte au Roy, et, d'icy à demain, je vous prie de ne pas dire que je vous l'ay avoué.

Vous sçaurés donc par le public la démission. Je crois cependant que, d'après la dernière conversation que j'ay eue avec vous, vous deviés vous en douter, et il me semble que je ne fus mystérieux qu'à moitié.

Le public vous dira pour successeur Mr de Maupeou fils. Je n'en sçais sur cela qu'autant que le public. Quant à nostre traitement, le public ne vous le dira pas, et voicy ce que j'en sçais comme certain. On conservera à mon père tout l'utile, tout l'honorifique et sa maison de Paris, sa vie durant. On lui paye de plus pour cent mille écus de dettes ; c'est à peu près ce qu'il a de plus que de bien. Ce qui n'est pas encore arrêté, mais qu'on m'a fait espérer qu'on ne me refuseroit pas, c'est 10,000 liv. de pension pour chacune de mes filles. J'ay trouvé cela plus avantageux que les 20,000 liv. pour moi qu'on m'offroit. Je crois que vous penserés de même. C'est encore ce que je vous prie de ne pas dire jusqu'à ce que cela soit public.

Je vous envoye diférantes remontrances.

Je vous donne rendés-vous pour demain au soir au Faxall, où Mme de Nicolaï doit vous mener.

(DE LAMOIGNON.)

. A Malesherbes, ce 22 septembre.

Je vous ay mandé, mon cousin, tout ce qui a esté fait à l'occasion de la démission de mon père. La pension de Mme d'Auriac n'a point esté augmentée; je ne l'ay pas même demandé, parce que les ministres, qui sçavent ce qui a esté fait pour elle à la mort de son mari, auroient certainement refusé ma proposition. Pour Mme de Sénozan, elle estoit dans un cas très différent. Ce n'estoit point d'augmentation qu'il auroit esté question pour elle, car elle n'en a aucune; ce que vous avés entendu dire que mon père avoit demandé autrefois pour ses deux filles, n'a point esté effectué pour lors; mais elle m'a déclaré plusieurs fois, très expressément et du ton de quelqu'un qui ne veut pas estre violentée, qu'elle ne vouloit point qu'il fût rien demandé pour elle, si jamais il estoit question de la démission de mon père.

Il n'est aucunement question de la démission de ma charge. Je ne vous diray pas que j'y suis fort attaché, ny que, n'ayant que des filles, je compte passer ma vie à aller au Palais, qui me déplaît, pour prendre des arrests qui seront cassés par chaque intendant des finances, ou par leurs premiers commis. Mais ce simple dégoût ne me portera pas à quitter du vivant de mon père, à moins qu'il ne survienne de nouvelles circonstances qui m'y obligent. En un mot, je n'ay sur cela, depuis la démission, aucun autre projet que ceux que j'avois auparavant.

Vous croyés bien, mon cher cousin, qu'il a fallu que je fusse obligé au secret pour l'avoir gardé avec vous. Il ne m'estoit pas permis de le dire, même à mes sœurs, ce qui n'estoit pas sans inconvénient, mais, par les circonstances, estoit indispensable. J'ay toujours désiré de sçavoir le sentiment d'un homme comme vous sur le point important, qui estoit de sçavoir si un chancelier exilé et hors d'état de pouvoir remplir sa charge, pouvoit donner sa démission. C'est sur cela que je vous ay consulté, et que j'ay eu la satisfaction de voir que vous ne me désapprouviés pas.

Je voudrois bien avoir encore des exemplaires de nos premières remontrances à vous envoyer, mais je n'en ay, ny ne sçais ou en trouver. Il est si flatteur pour les auteurs que vous vouliés bien les garder, que, dès que je seray à Paris, je chercheray de tous les côtés si je ne peux pas en retrouver.

Vous connoissés, mon cher cousin, mon tendre et sincère attachement.

Depuis ma lettre écrite, on vient de me dire que c'est vous qui distribués un imprimé qu'on m'a montré, mais qu'on n'a pas pu me laisser, contenant l'état de la terre de Maisse. Je suis chargé de donner des renseignements à quelqu'un qui songeroit à cette acquisition. Ainsi, vous me feriés grand plaisir de m'en envoyer un exemplaire.

(DE LAMOIGNON.)
(Orig. autographes. — Arch. Nicolay, 41 C 237 à 239.)

860.   11 *Octobre* 1768.
COMPLIMENT DU P.P. A M. D'INVAU, CONTROLEUR GÉNÉRAL.

Monsieur, toutes les fois que cette Compagnie peut faire entendre utilement sa voix, elle ne doit jamais perdre l'occasion de s'expliquer sur la nécessité de l'observation des règles dictées par une prévoyance éclairée pour prévenir ou réprimer les surprises et les abus qui s'introduisent si facilement dans toutes les branches de la finance. Ce zèle attentif devient aujourd'hui superflu. Le mérite de ces règles précieuses est suffisamment démontré par les inconvéniens qui sont nés de leur inexécution; ils n'auront point échappé, Monsieur, aux lumières qui vous ont distingué dans les différentes places que vous avez remplies.

Vous êtes sans doute convaincu, comme nous, que les expédiens inventés pour parvenir à des emprunts sans autorité légale, que les limites des juridictions confondues pour exécuter des opérations aussi dispendieuses au Roi qu'onéreuses à ses sujets, que les dons devenus excessifs parce qu'ils ne sont ni arrêtés ni modérés par le fruit des enregistremens, que l'oubli du double engagement si solennellement contracté, l'un de soulager les peuples, dont les impositions, loin d'être diminuées, ont encore été augmentées, l'autre d'acquitter les dettes de l'État, dont les remboursemens n'ont jamais balancé leur accroissement immense et progressif; qu'enfin le voile, admissible peut-être quand il ne s'employe que pour quelques dépenses secrètes, mais dont le danger est extrême lorsqu'il s'étend pour en couvrir d'irrégulières, sont les causes prochaines qui ont successivement entraîné les affaires du Roi dans la situation la plus triste et la plus alarmante.

Votre pénétration vous fait assez connoître, Monsieur, combien ces circonstances ajoutent au fardeau des fonctions importantes qui vous sont confiées, et votre réputation nous assure que vous ne vous en seriez point chargé, si vous n'aviez aperçu des ressources capables de vous en faire soutenir le poids.

Puisse le succès répondre à votre courage et à votre zèle !

Les magistrats qui composent ce tribunal auguste seront toujours empressés d'y contribuer par leurs travaux. Ce n'est point le vain éclat d'un pouvoir plus étendu qu'ils recherchent, lorsqu'ils sont jaloux de jouir de la plénitude de leur juridiction ; ils aspirent à une gloire plus réelle, celle d'en rendre l'exercice également avantageux au Roi et au public, en concourant avec vous, Monsieur, à rappeler dans l'administration des finances l'esprit d'ordre et d'économie qu'on doit regarder comme le plus solide appui de la grandeur des souverains et la source la plus féconde des prospérités de leur empire.

(Minute originale. — Arch. Nicolay, 57 L 74.)

861.   15 Octobre 1768.
LETTRE DU CHANCELIER AU P.P. — REMERCIEMENTS.

Fontainebleau, ce 15 octobre 1768.

Me voici dans le travail et dans les affaires pour tout le Fontainebleau. Je me trouverois fort heureux de pouvoir donner quelques moments à l'amitié, et de remercier mon cousin de tout ce qu'il me dit d'honnête et d'obligeant; mais il vaut encore mieux mériter ici ses complimens et son estime. Je m'essaye à un métier qui est au-dessus de mes forces, mais pas de mon courage. Je resterai bien en deçà du but que vous m'avez montré, mais du moins je désirerai toujours d'y atteindre. Ces droits et cette dignité qu'il faut rappeler dans ma place, n'y mettront que plus de travail et de fatigue; le public s'ennuyera de m'en sçavoir gré ; il m'en restera le plaisir d'avoir voulu faire le bien, votre approbation et votre amitié, sur laquelle je compte pour la vie [1].

(DE MAUPEOU.)

(Original. — Arch. Nicolay, 41 C 241.)

1. Le 19 du même mois, le chancelier écrit encore au P.P. pour le remercier de l'accueil que la Chambre a fait à la notification de sa nomination (72 L 349).
L'enregistrement des provisions de chancelier n'eut lieu que le 9 décembre, et l'avocat général Perrot, en les présentant, prononça tout à la fois l'éloge de Mʳ de Maupeou et celui de son prédécesseur. Deux députations furent envoyées, l'une au nouveau chancelier, pour le féliciter, et l'autre à Mʳ de Lamoignon, pour lui demander, selon l'usage, la confirmation de sa démission. Il répondit : « La démission que j'ai donnée a été de ma part purement volontaire. Après plus de soixante-quatre ans de service dans la magistrature, mon âge et ma santé m'ont engagé de remettre au Roi l'importante charge dont il m'avoit honoré, il y a quelques années.... J'espère que votre Compagnie ne désapprouvera pas mes motifs et ne m'effacera pas de sa mémoire.... » (Plumitif et Journal.) Mʳ de Maupeou demanda une conférence particulière au P.P avant que les députés rendissent compte à la Chambre de cette visite à Mʳ de Lamoignon. (Arch. Nicolay, 72 L 351.)

862.   10 Juillet et 17 Septembre 1769.
PRÉSENTATION DE REMONTRANCES PAR LE P.P. — RÉPONSE DU ROI.

Le 21 novembre 1768, Mʳ Perrot, avocat général, avait dénoncé, comme « dangereux en lui-même, injurieux à la magistrature, et principalement attentatoire à l'autorité de la Chambre, » un livre anonyme imprimé à Amsterdam, et vendu publiquement à Paris, sous le titre de *Mélanges historiques, contenant diverses pièces relatives à l'histoire de France*. L'auteur (Damiens de Gomicourt) méconnaissait tout à la fois la bonté, la justice du roi, et les lois fondamentales de la monarchie, notamment celle qui assujettissait les impôts à la formalité nécessaire de l'enregistrement. Il proposait, tantôt d'exclure les célibataires de toutes les charges, des arts, du commerce, tantôt d'employer les biens de l'église à l'acquittement des dettes de l'État. Il demandait la suppression de la plupart des charges qui conféraient la noblesse, et celle des tribunaux autres que le parlement, supposant cette Cour suffisante pour juger en toutes matières.

En conséquence de ce réquisitoire et conformément aux conclusions, la Chambre, dans sa séance du 23 novembre, avait prononcé l'interdiction et la suppression du livre, et ordonné une information contre les auteurs.

Cet arrêt devint l'occasion d'un nouveau conflit avec le parlement, qui le cassa le 3 février 1769, puis prohiba la distribution et l'envoi dans les bailliages et sénéchaussées d'un autre arrêt rendu par la Chambre le 22 février, et fit saisir les exemplaires chez l'imprimeur Cellot. Le 8 mai, l'avocat général requit les mesures nécessaires pour défendre la juridiction et les droits de la Compagnie; le 12, un arrêt fut rendu en ce sens et annonça qu'une députation solennelle irait dénoncer au roi les attentats du parlement; mais il fallut que deux conseillers maîtres, assistés d'un substitut, se transportassent chez Cellot pour faire faire l'impression de ce dernier arrêt. Le texte des remontrances fut arrêté le 22 juin, et le P.P. les présenta au roi le 10 juillet, en prononçant ce discours :

Sire, votre Chambre des comptes demande avec confiance à V. M. de prononcer la nullité de trois arrêts du parlement des 6 septembre 1766, 3 et 23 février dernier.

Les supplications qu'elle a l'honneur de présenter à V. M. lui feront connoître que les prétentions élevées autrefois par le parlement contre la Chambre consistoient principalement à vouloir introduire l'appel de ses arrêts et à s'en approprier le jugement. Ces tentatives, souvent réitérées, toujours condamnées par vos augustes prédécesseurs, ont été abandonnées il y a près de deux siècles. Depuis, votre parlement a profité de toutes les circonstances pour se procurer quelques branches de la juridiction de la Chambre. Elle fera, Sire, dans tous les temps, de respectueuses réclamations auprès de V. M. sur des fonctions transmises aux officiers du parlement et qui devroient être inséparables à votre Cour du domaine et des finances; mais elle ne peut, Sire, différer de vous porter ses justes plaintes des trois arrêts du parlement qu'elle a l'honneur de mettre sous les yeux de V. M.

Si l'on en considère séparément les dispositions, votre Chambre des comptes ne pourra plus faire usage des officiers royaux dont le ministère lui est assuré par les ordonnances, qui lui est nécessaire pour le service de V. M., pour le bien de l'État, pour celui des particuliers, et qu'elle a employé pendant plus de cinq cents ans sans interruption et sans trouble. Elle n'aura plus le droit de venger les injures faites à son tribunal, droit qui appartient à toutes les juridictions, que des lois précises lui ont confirmé, dont elle a une possession constante, qui lui a été formellement reconnu en 1744, même dans le cas d'un privilége personnel, par les principaux magistrats du parlement, en présence et de l'aveu de Mr le chancelier Daguesseau. Elle n'aura plus la liberté de faire imprimer ses arrêts, quoique cette faculté, dont jouissent tous les tribunaux, ait été spécialement réservée à vos Cours par la déclaration du 12 mai 1717 et le règlement de la librairie du 24 mars 1744.

Mais, Sire, une disposition plus générale de l'un de ces arrêts enlève à votre Chambre des comptes l'universalité de sa juridiction. Celui du 3 février dernier défend à tous vos sujets de ne reconnoître l'autorité de la Chambre qu'en ce qui concerne la ligne de compte, ce qui y est préalable et ce qui peut y être incident et qui lui auroit été attribué par des édits ou déclarations bien et duement vérifiés au parlement. Comme cette Compagnie n'a point registré de lois qui donnent à la Chambre la connoissance de la comptabilité et celle des autres matières qui sont de sa compétence, il résulte du sens littéral de cet arrêt que les officiers de votre Chambre des comptes devroient être actuellement sans fonctions. Pour rendre de pareils jugemens, il a fallu, Sire, que le parlement oubliât que votre Chambre des comptes étoit sortie comme lui, et même avant lui, du grand Conseil de nos augustes souverains. Il a fallu qu'il se dissimulât que nos corps ont toujours maintenu une parfaite égalité entre les deux premières Compagnies de cet empire, déclarées par les ordonnances indépendantes l'une de l'autre et n'être sujettes qu'à la puissance du législateur.

Il paroît, Sire, que le parlement s'est persuadé que votre Chambre des comptes n'a que des pouvoirs d'attribution, qu'elle n'a ni territoire, ni ressort, ni contentieux, et qu'elle n'a pas même de force coactive pour faire exécuter ses arrêts. Des principes inconnus jusqu'à nos jours ont été présentés à l'appui d'opinions désavouées par les seules lumières de la raison et démenties par les dispositions des ordonnances. Le parlement se prétend supérieur né de tous les tribunaux, prérogative qui a toujours été attachée à la seule Majesté royale. On croiroit, Sire, qu'il se regarde déjà comme représentant cette ancienne Cour plénière et principale de nos Rois qui réunissoit l'administration, la justice et les finances, lorsqu'on le voit exercer le pouvoir souverain, soit en s'arrogeant le droit de marquer les limites des différens tribunaux, soit en déclarant que les volontés de V. M. adressées à ses autres Cours n'auront force de loi, si elles ne sont revêtues du sceau de son enregistrement. La discussion des faits et le texte des ordonnances réunies dans les supplications de votre Chambre des comptes vous persuaderont, Sire, que les nouveaux systèmes qu'on veut introduire, pour anéantir sa juridiction, dénatureroient encore la constitution de tous les tribunaux, et tendent en même temps à ébranler jusques aux maximes fondamentales de cette monarchie. Les officiers de votre Chambre des comptes, après avoir constamment servi V. M. avec autant d'intégrité que de zèle, n'ont point à craindre, Sire, que la dégradation de leur dignité et le démembrement de leurs fonctions soient la récompense de leur fidélité. La dernière entreprise d'éclat, faite en 1667 par votre parlement contre la Chambre, et dont le seul objet étoit de se rendre juge d'un démêlé survenu à une cérémonie publique entre un maître et un auditeur des comptes, fut aussitôt réprimée par votre auguste bisaïeul; Louis XIV, dans l'arrêt de son Conseil, après avoir cassé toutes les procédures faites par le parlement, rappela et ordonna l'exécution des principales lois qui défendent à cette Cour de rien entreprendre sur la juridiction de votre Chambre des comptes.

Cette Compagnie, la plus ancienne de votre royaume, doit se flatter, Sire, que V. M. n'écoutera pas moins favorablement les représentations qu'elle a l'honneur de lui faire contre des usurpations qui méritent à tant de titres d'être proscrites, et par la justice d'un législateur, et par la sagesse d'un monarque éclairé.

Le roi ayant répondu qu'il examineroit les remontrances, mais que la Chambre, en attendant, ne devait donner aucune publicité à ses actes, le P.P. insista sur la nécessité de contre-balancer, par cette publicité, l'influence produite dans tout le royaume par la divulgation des arrêts du parlement. Il ne put obtenir du roi et du chancelier qu'une promesse que l'affaire serait portée au Conseil des dépêches, et que la Chambre serait avertie à temps pour remettre ses mémoires aux personnes consultées par le roi, ainsi qu'aux ministres.

Conformément aux volontés du roi, la Chambre invita ceux de Messieurs qui avaient déjà reçu des exemplaires imprimés (*Réquisitoire de l'avocat général* et *Observations de la Chambre des comptes sur les arrêts du parlement*) à ne point les communiquer, tout en se réservant encore de demander à rendre publics « des principes qui n'intéressent pas moins le service de S. M. que l'exercice de la juridiction de la Chambre, la dignité de ses offices et la constitution de tous les tribunaux. »

Le 17 septembre suivant, le P.P. alla recevoir à Versailles, de la bouche du roi, la réponse suivante:

Je maintiendrai la juridiction de ma Chambre des comptes, quand elle se maintiendra dans les bornes qui lui ont été prescrites. Les ordonnances ne lui ont pas confié l'exercice de la police, ni le droit de poursuivre les auteurs et imprimeurs des livres qui peuvent mériter la censure publique. Quand il s'élève quelque doute sur l'étendue du pouvoir que j'ai confié à mes Cours, elles ne doivent pas se faire justice à elles-mêmes, mais recourir à moi avec confiance. Le public ne doit point être instruit de leurs discussions. Je vous défens de laisser paroître, sous quelque titre que ce soit, les supplications que vous m'avez faites, et de donner aucune publicité à tous actes qui pourroient perpétuer cette contestation. Je sais qu'il est des cas, qui ont été prévus par des règlemens émanés de mon autorité, dans lesquels il est nécessaire que les officiers des bailliages et sénéchaussées prêtent leur ministère pour l'exécution des arrêts de ma Chambre des comptes, et, si elle éprouvoit à cet égard quelque résistance, je saurois bien y mettre ordre. Je ne souffrirai jamais que l'on porte atteinte à l'honneur, dignité et autorité d'une Compagnie aussi ancienne et aussi utile au bien de mon service.

Le 10 janvier 1770, la Chambre décida que, pour se conformer aux intentions du roi, il serait provisoirement sursis

680   CHAMBRE DES COMPTES.

à la publication du dernier arrêt du 12 mai 1769; mais elle fit en même temps toutes réserves pour l'exercice de sa juridiction, et déclara qu'elle ne cesserait de demander la cassation des arrêts du parlement, « aussi attentatoires à l'autorité royale, que contraires à l'honneur, dignité et autorité de la Chambre [1]. »

(*Plumitif* et *Journal*.)

1. Tous ces arrêts, discours, réquisitoires, etc. ont été réunis par Mr le Marié d'Aubigny en un volume, partie manuscrit, partie imprimé. (Bibl. des Arch. Nat., S I 35.)

863.   25 Août 1769.
LETTRE DE LA MARQUISE DE COISLIN AU P.P. — VÉRIFICATION DE PENSION.

Le 25 aoust 1769.

J'ay été pour avoir l'honneur de vous voir, Monsieur, et pour vous prier de vouloir bien faire enregistrer à la Chambre des comptes les lettres expédiées au dernier sceau, par les queles le Roy me fait la grasse de m'accorder onze mil livres de rentes viagères sur la ferme des postes. Les précédentes lettres que Mr de St-Florentin m'avoit fait expédier, n'ont pas été agréées de la Chambre à la quele vous présidés, Monsieur, petestre parce qu'elles déduisoient que le fait dont il s'agit n'est point une grasse actuellement accordée, mais seulement un transport sur les postes de ce dont je jouissois précédemment sur le Trésor royal; et j'ay en concéquence engagé Mr de St-Florentin à changer pour cet article la diction qu'il avoit employée. Celui que nous n'avons pas püe suplèer, Monsieur, et qui cependant a paru le plus surprenant à Mr le procureur général, est qu'il soit dit que le Roy veut bien, par cette grasse, récompenser en moy les services de mes pères. L'impossibilité dans la quele il paroist estre de consevoir coment Mrs de Mailly ont jamais püe servir l'État, donne à croire que ce magistrat vit dans la juste opinion que l'esprit que l'on cherche à acquérir gaste souvent celui que l'on a. Je respecte infiniment son sistème, d'autant que j'espère qu'il n'est pas assés généralement adopté pour que le tribunal au quel je me présente ne reconnoise, dans la grasse que le Roy a bien voulu m'accorder, l'effet de sa bonté, comme celui de sa justice.

Sy je ne partois demain pour un voyage assés considérable, j'irois encor vous chercher, désirant toutes les occasions qui peuvent me procurer de vous assurer combien j'ay l'honneur d'estre, Monsieur, votre très humble et très obéissente servente.

MAILLY DE COASLIN.

Réponse du P.P.

A Paris, ce 1er septembre 1769.

J'ai assisté, Madame, au rapport des premières lettres de pension qui vous ont été accordées, et le seul motif qui a engagé la Chambre à ne point entrer dans leur enregistrement, a été celui de la situation actuelle des finances du Roi. Sans une considération aussi importante, il n'y a personne qui ne sache que, quand on porte un nom comme le vôtre, on a des droits de préférence sur les grâces de Sa Majesté. Je désire que des circonstances plus heureuses permettent à la Chambre de se prêter avec plus de facilité à l'exécution des secondes lettres sur lesquelles vous me faites l'honneur de m'écrire. En mon particulier, je serai toujours très empressé de saisir les occasions qui me mettront à portée de vous donner des marques du respect avec lequel j'ai l'honneur d'être, etc.

(Orig. autographe. — Arch. *Nicolay*, 49 L 51.)

864.   29 Décembre 1769.
COMPLIMENT DU P.P. A L'ABBÉ TERRAY, CONTROLEUR GÉNÉRAL.

Monsieur, quelque supériorité que vous ayez pour l'intelligence et la prompte expédition des affaires, la place que le Roi juge à propos de vous confier ne vous paroîtra pas moins difficile dans les circonstances présentes, qu'elle est honorable et importante.

Le serment solennel qu'elle exige, en vous mettant au nombre des officiers de cette Compagnie, ne doit-il pas nous faire présumer, Monsieur, qu'animé du même esprit, vous êtes, comme eux, persuadé que l'autorité du Roi est intéressée à maintenir chacune des Cours dans l'exercice des fonctions primitives qui leur appartient; qu'il est indispensable, pour rétablir les finances de cet empire, de parvenir, par l'économie la plus sévère, à mettre une juste proportion entre la recette et la dépense; qu'il est essentiel, pour leur conservation, que les règles austères dont ces magistrats sont dépositaires soient scrupuleusement observées; qu'enfin il importe, Monsieur, à la réputation de votre ministère et à la prospérité du règne de notre auguste monarque que les engagemens contractés par l'État soient fidèlement remplis, et que les peuples soient bientôt soulagés du fardeau des impositions dont ils sont accablés?

(Copie. — *Arch. Nicolay*, 50 L, p. 159.)

---

865. 5 *Février* 1770.
LETTRE DU CONTROLEUR GÉNÉRAL AU P.P. — DÉPOT DES COMPTES.

Paris, ce 5 février 1770.

La moindre dépense, Monsieur, est fâcheuse dans le moment actuel, qui est celuy des retranchements. Cependant, comme il me paroist absolument nécessaire de vous procurer un lieu de dépost, je vais m'informer de Mr de Marigny s'il n'y auroit pas dans le vieux Louvre une place suffisante et permanente pour établir ce dépost. Aussitost que j'auray sa réponse, j'auray l'honneur de vous en faire part, et alors il faudra bien se déterminer à satisfaire les désirs de la Chambre, qui ont pour principe une indispensable nécessité. Je suis, avec un très parfait attachement, etc.

L'abbé TERRAY.

(Orig. autographe. — *Arch. Nicolay*, 41 L 143.)

---

866. 5 *Juillet* 1770.
LETTRE DE M. DE MARIGNY AU CONTROLEUR GÉNÉRAL. — DÉPOT DES COMPTES.

J'ay reçu la lettre que vous m'avez fait l'honneur de m'écrire le 25 de ce mois, au sujet du nouveau dépôt de la Chambre des comptes à faire au Louvre, et par laquelle vous me proposez de le former dans le logement qu'y occupoit Mr Boucher. Ce logement est celui du premier peintre de S. M., et, en conséquence, est dévolu à Mr Pierre, en faveur de qui le Roi vient de disposer de cette place. Cependant, la mort de Mr Boucher m'a suggéré, pour remplir vos vues et celles de Mr de Nicolay, un expédient qui eût été peu praticable pendant sa vie; et voici ce dont il s'agit. Il y a au-dessus de ce logement un étage en attique, absolument inutile, faute de plancher pour séparer les deux étages. En formant un plancher, je trouve un emplacement de toute la longueur de ce logement, et très susceptible d'y former, non seulement le nouveau dépôt demandé, mais encore celui des Pairs, qui sollicitent depuis longtemps l'exécution de la promesse qui leur a été faite par le Roi, de loger leur dépôt au Louvre. J'ai demandé en conséquence à Mr Soufflot les détails de ce projet, ainsi que l'estimation de la dépense nécessaire, et je lui écris de nouveau, pour accélérer son travail. Au reste, le projet de loger ces dépôts dans le pavillon droit du Louvre, que j'avois d'abord eu l'honneur de vous proposer, est inexécutable pour bien des raisons; entre autres, par la dépense qu'il entraîneroit, dépense qui seroit un jour en pure perte, attendu qu'il entre dans le projet de l'achèvement du Louvre de supprimer ce pavillon, ainsi que tous les autres.

Permettez-moi, Monsieur, de vous proposer, à cette occasion, une idée qui me paroît susceptible d'exécution. Je vois qu'on est embarrassé de ce qu'on fera derrière la façade de la place Louis XV la plus éloignée des Tuileries. Ce seroit, ce me semble, une destination fort convenable de cette façade que d'y établir, derrière, les divers dépôts de la maison du Roy, de la Chambre des comptes, Pairie, etc. Ainsy, dans cette magnifique place, l'un des bâtimens seroit le dépôt des meubles de la couronne, l'autre celui des principaux titres et papiers de la maison de S. M. et de l'État. Je pense même que l'exécution de ce projet ne seroit pas un objet de dépense considérable, n'étant question que de bâtimens fort simples pour une pareille destination. Je vous prie de me marquer ce que vous pensez de cette idée, parce que, dans le cas où vous la goûteriez, je donnerois ordre de travailler à des plans et détails propres à mieux faire juger de la nature du projet.

(Duplicata. — *Arch. Nicolay*, 73 L 44.)

867.   *30 Novembre* 1770.
LETTRE DE M. DE LA VRILLIÈRE AU P.P. — ÉVALUATION D'ÉCHANGE.

A Versailles, le 30 novembre 1770.

J'ay été plusieurs fois chez vous, Monsieur, pour avoir l'honneur de vous voir et vous faire tous mes remercîmens des preuves que vous m'avés données de votre amitié, au sujet de l'enregistrement des lettres patentes portant ratification de mon échange avec le Roy. Je désirois en même temps m'entretenir avec vous sur les moyens de rendre les opérations qui restent à faire plus promptes et moins coûteuses pour Sa Majesté, et je comptois vous proposer en conséquence de donner aux juges des lieux qui composent respectivement l'échange des commissions pour procéder aux évaluations, à la réserve du fief de Ternay, qui, par sa situation dans le parc de Versailles, est à portée d'être estimé par M^{rs} les commissaires eux-mêmes. Outre que ce moyen remplit à la fois les deux objets dont je viens d'avoir l'honneur de vous parler et que j'ai infiniment à cœur, les évaluations ne peuvent en être encore que plus justes, étant faites par des personnes qui, nées pour ainsy dire dans le païs, doivent en connoître toutes les valeurs mieux que qui que ce soit. D'ailleurs, si vous voulés bien considérer, Monsieur, les divers objets qui composent l'échange, vous verrés que St-Ilpise, situé dans les montagnes de l'Auvergne, à plus de cent vingt lieues de Paris, et où les habitans sont quelques fois assiégés par les neiges dès le mois d'octobre; que Fontette, Essoyes et Chamoys, situés en Champagne, à cinquante lieues d'icy, et enfin, que les terrains anciennement en forêts que Sa Majesté me cède, situés en Basse Normandie, à plus de quatre vingts lieues de Paris, et où les chemins sont pour ainsi dire impraticables dès le mois d'octobre, M^{rs} les commissaires, malgré le plus grand zèle et la meilleure volonté, seroient à peine arrivés sur les lieux, qu'ils seroient forcés d'interrompre leur examen et de s'en revenir. Par ce moyen, les évaluations ne finiroient pas, et il en coûteroit au Roy des frais immenses, ce que je désire d'autant plus éviter, que j'en suis l'objet. Je vous serai donc très obligé de vous prêter à ces considérations, et d'y faire accéder M^{rs} les commissaires, qui, toujours animés du zèle pour le bien, n'auront pas de peine à s'y rendre, lorsque vous voudrés bien leur en faire sentir tous les avantages. J'ay l'honneur d'être, avec un très parfait attachement, etc.

LE DUC DE LA VRILLIÈRE.

Réponse du P.P.

A Paris, le 1er décembre 1770.

On m'a dit, Monsieur, que vous m'aviez fait l'honneur de passer deux fois chez moi, et, si j'eusse été prévenu que vous désiriez conférer avec moi sur l'échange que vous faites avec le Roi, je me serois arrangé pour m'y trouver à l'heure qui vous auroit été plus convenable. La lettre dont vous m'honorez m'explique suffisamment les vues que vous auriez pour épargner autant qu'il sera possible la dépense de cette opération. Quoiqu'on fasse dire dans des déclarations au Roi que nous prenons des épices qui ne nous appartiennent pas, il n'en est pas moins vrai que j'ai toujours vu les officiers de la Chambre aussi disposés à modérer les droits qui leur sont dus légitimement, qu'attentifs à ne les jamais excéder. Ceux qui se font pour parvenir à la connoissance des objets échangés, sont malheureusement considérables, par le nombre des personnes qui y sont employées, et le deviennent encore davantage, lorsque ce sont des officiers de la Chambre qui se transportent sur les lieux. Cette augmentation de dépense n'est pas infructueuse, parce que leur procès verbal comprend toujours plus exactement tous les renseignemens dont on a besoin, et parce qu'ils sont plus en état de n'y obmettre aucune des parties qui doivent y être insérées. J'espère, Monsieur, que les connoissances qui nous seront données ici seront assez étendues pour que nous puissions rédiger nos commissions de manière qu'elles indiqueront aux juges des lieux comment ils doivent y procéder pour que l'instruction préalable soit complète, et que M^{rs} les commissaires de la Chambre se porteront volontiers à une facilité qui, outre la diminution des frais, aura encore l'avantage d'exécuter plus promptement des opérations qui se pourront faire en même tems par différens juges, au lieu qu'ils ne pourroient s'en occuper que successivement, s'ils en étoient chargés eux-mêmes. On ne peut rien ajouter aux sentimens avec lesquels j'ai l'honneur d'être, etc.

(Original. — *Arch. Nicolay*, 44 L 14.)

868.   *23 Décembre* 1770.
PRÉSENTATION DE REMONTRANCES PAR LE P.P. — PARTIES NON RÉCLAMÉES.

Sire, votre Chambre des comptes vous supplie de révoquer les lettres patentes et la déclaration publiées à son audience, le 17 novembre dernier, de l'exprès commandement de V. M. Non seulement, Sire, elles contiennent des dispositions onéreuses à vos finances, contraires aux règles de la comptabilité, préjudiciables aux fonctions des procureurs des comptes, et très nuisibles aux parties prenantes employées dans vos états; mais elles inculpent encore les officiers de cette Compagnie d'avoir cherché à détruire des arrangemens nécessaires pour ne point fatiguer vos sujets, d'avoir suspendu, par la lenteur de leur enregistrement, le payement des rentes dont ils avoient connoissance que les fonds étoient faits; enfin, d'avoir perçu des droits qu'ils avoient jugé eux-mêmes ne leur être point dus. Si des imputations aussi graves avoient quelque réalité, elles nous rendroient indignes de la confiance de V. M., et nous feroient perdre celle du public. Les tribunaux offrent, Sire, au moindre des citoyens accusé injustement un moyen assuré de justifier son innocence dans une forme authentique; V. M. ne refusera pas le même avantage à des magistrats suspectés de s'être écartés de la droiture et de la pureté qu'exigent leurs fonctions. Nous vous demandons, Sire, avec d'autant plus d'instance d'examiner en votre Conseil la conduite de votre Chambre des comptes, que, plus elle sera éclairée, plus vous reconnoîtrez, Sire, que les lois de l'honneur et de la probité s'y conservent sans aucune altération.

Après ce discours, le P.P. remit au roi les remontrances, dont le texte est inséré au *Journal*, et les pièces justificatives imprimées.

(*Plumitif* et *Journal*.)

869.   *27 Février et* 15 *Mars* 1771.
SUPPLICATIONS EN FAVEUR DES MAGISTRATS EXILÉS.

Du 27 février. La Chambre, considérant que le parlement de Paris éprouve les plus tristes effets de la disgrâce du Roi, à l'occasion du refus d'aquiescement à l'édit publié au lit de justice au mois de décembre dernier; que, plus on y réfléchit, plus on est convaincu que le vrai motif de la conduite de cette Cour n'est pas assez connu dudit seigneur Roi; que cet édit tend à autoriser dans tous les temps les actes du pouvoir absolu, quelque multipliés et de quelque espèce qu'ils soient; qu'il tend à les rendre lois de l'État, après des remontrances trop souvent inutiles; que, lorsque ledit seigneur Roi a cru devoir user de la plénitude de sa puissance, ses Cours, quoiqu'en protestant contre ces actes du pouvoir absolu, pour conserver par leurs protestations la liberté des enregistremens solennellement autorisés dans le royaume, n'ont cependant pas refusé de donner exécution à des lois dont l'enregistrement avoit été forcé par son autorité souveraine, et dont elles n'avoient pu obtenir la révocation de la bonté dudit seigneur Roi; que, par conséquent, il n'étoit pas juste de présenter aux yeux dudit seigneur Roi les magistrats de son parlement comme toujours opposés à ses volontés et comme ayant besoin d'y être assujettis par le nouvel édit; qu'au fond, il est bien différent pour les magistrats et pour les peuples de céder, par soumission et par confiance pour ledit seigneur Roi, à l'exercice de quelques actes particuliers du pouvoir absolu, ou, au contraire, de recevoir une loi générale qui, dans tous les siècles, imprimeroit le caractère de loi à tous les actes quelconques du pouvoir arbitraire, et d'être forcés de mettre une telle loi au nombre des lois de la monarchie; que, si ledit seigneur Roi veut bien faire attention à la différence immense de l'asujettissement général auquel le nouvel édit soumettroit ses sujets, il reconnoîtra facilement que les magistrats de son parlement, loin de pouvoir être regardés comme réfractaires à ses ordres, eussent été coupables, et qu'ils eussent manqué au serment qu'ils ont fait à Dieu, au Roi et à la patrie, s'ils eussent mis le sceau de l'enregistrement à une loi qui change la nature du gouvernement en autorisant par une seule disposition tous les enregistremens forcés qui pourroient être faits par la suite, au grand détriment de ce royaume; que ledit seigneur Roi, avant cet édit, n'avoit eu rien à craindre de la fidélité de ces magistrats, qui, dans tous les temps, avoient protesté qu'ils ne tenoient leur pouvoir que de sa personne sacrée; qu'il ne subsistoit donc aucun motif pour porter ledit seigneur Roi à leur imposer un joug qui est également contraire à l'honneur de la magistrature et à la fidélité des peuples; que, si cet édit pouvoit jamais avoir lieu, et que tous actes quelconques du pouvoir absolu fissent loi dans le royaume, les effets d'une telle loi seroient capables d'en confondre tous les états; que dès lors un acte du pouvoir absolu qui ôteroit au clergé ses priviléges, deviendroit loi du royaume, en vertu du nouvel édit; un acte du pouvoir absolu par lequel tous les nobles seroient confondus avec les roturiers, deviendroit loi de l'État, en vertu du nouvel édit; un acte du pouvoir absolu par lequel tous les engagemens pris par l'État seroient anéantis, deviendroit loi du royaume, en vertu du nouvel édit; un acte du pouvoir absolu par lequel les impôts consommeroient le revenu entier des sujets dudit seigneur Roi, deviendroit loi du royaume, en vertu du nouvel édit; un acte du pouvoir absolu qui détruiroit toutes les ordonnances anciennes et les coutumes, pour introduire de nouvelles lois, tiendroit lieu de toutes les lois du royaume, en vertu du nouvel édit; qu'il seroit possible de présenter une foule d'autres conséquences également dangereuses qui résultent manifestement de l'arbitraire absolu introduit par cet édit, en vertu duquel la religion même de l'État, la succession au trône et l'inaliénabilité du domaine pourroient être renversées; que ce seroit une époque également funeste à la nation et contraire à la gloire du règne dudit seigneur Roi, que la sanction d'une loi qui pourroit conduire successivement le royaume à de si grands malheurs; que c'est déjà un des effets de cette loi qui consterne la nation, que d'avoir opéré la proscription de tant de magistrats relégués au milieu de la saison la plus rigoureuse, dont plusieurs dans des provinces éloignées et dans des lieux presque inconnus; c'est un des effets effrayans de cette loi d'avoir attenté à la propriété et à la stabilité de l'état de ces magistrats, en confisquant leurs offices sans aucune des formes légales et judiciaires; c'est un effet de cette funeste loi d'avoir enlevé aux sujets dudit seigneur Roi des juges depuis longtemps formés aux affaires civiles et criminelles; ladite Chambre a arrêté que ledit seigneur Roi sera supplié, avec les plus humbles et les plus vives instances, de rendre aux vœux de la nation des magistrats recommandables, qui n'ont pu lui donner de plus grandes preuves de leur fidélité et de leur zèle, que d'aimer mieux tout souffrir, plutôt que de consentir à mettre au nombre des lois de son royaume un édit qui changeroit la constitution de l'État, un édit si contraire aux intentions d'un monarque qui a tant de fois déclaré qu'il ne vouloit régner que par les lois; et que, pour entrer dans l'esprit de modération si nécessaire dans les circonstances présentes et si conforme aux vues de sagesse dudit seigneur Roi, M^r le P.P. sera chargé de mettre sous les yeux dudit seigneur Roi les motifs contenus au présent arrêté, et d'employer ses bons offices et faire toutes les démarches qu'il estimera nécessaires, pour obtenir le retour des bonnes grâces dudit seigneur Roi en faveur des magistrats exilés, dont le sort intéresse la nation entière.

Du 15 mars. Ce jour, les semestres assemblés, Mr le P.P. a dit : « Messieurs, la Chambre m'ayant chargé, par son arrêté du 27 février dernier, de faire parvenir au Roi ses supplications en faveur des officiers du parlement de Paris, j'ai cru devoir, pour me conformer aux vues de modération de la Compagnie, rédiger un mémoire qui exposât les principaux moyens contenus dans son arrêté, afin de faire usage, ou de l'arrêté, ou du mémoire, ou de l'un et l'autre ensemble, suivant que les circonstances m'y paroîtroient plus disposées. Dès le 28, j'ai écrit à Mr le chancelier et à Mr le duc de la Vrillière, ministre et secrétaire d'État, pour leur faire part de la mission qui m'étoit confiée, et les prévenir que je serois en état de m'en acquitter aussitôt que le Roi voudroit bien me donner audience. Mr le duc de la Vrillière m'ayant répondu le premier que S. M. ne jugeroit pas à propos de recevoir les remontrances de sa Chambre des comptes sur un objet qui ne lui étoit pas propre, j'ai pensé qu'il ne seroit pas inutile de faire mes instances au Roi lui-même, pour le supplier de m'entendre, et, dans la lettre que je me suis donné l'honneur de lui écrire, j'ai exposé à S. M. que, quand même la confiscation des offices des magistrats du parlement n'intéresseroit pas directement tous les corps de la magistrature, les égards que se doivent les deux premières Compagnies de son royaume suffiroient pour que l'une prêtât à celle qui auroit le malheur de lui déplaire le secours de ses instances respectueuses ; et j'ai ajouté quelques-uns des motifs qui pouvoient persuader au Roi que la conduite de son parlement n'auroit pas dû lui être présentée de la manière défavorable qui l'avoit indisposé contre cette Compagnie, dont le retour importoit infiniment au bien de son service et à l'avantage de ses sujets. Mr le duc de la Vrillière, à qui j'avois adressé ma lettre pour la présenter à S. M., et que j'avois prié en même temps de faire valoir au Roi les démarches mesurées de la Chambre, qui n'avoit point pris la voie des remontrances, mais celle de simples supplications, m'ayant répondu, par sa lettre du 10 mars, qu'il avoit remis ma lettre au Roi, mais que, quelque différence qu'il y eût entre le mémoire que je me proposois de présenter et des remontrances, S. M. ne vouloit point le recevoir, et qu'il étoit inutile que je fisse aucune démarche à ce sujet ; dans cette circonstance, ne croyant pas pouvoir aller au delà de ce qui m'a paru convenable de faire pour me conformer aux intentions de la Chambre, j'ai fait assembler les semestres, pour vous rendre compte, Messieurs, de toutes les démarches auxquelles j'ai eu recours, et qui vous feront connoître que, si la mission que j'ai reçue n'a pas eu tout le succès que la Chambre pouvoit s'en promettre, au moins elle a servi à faire parvenir à S. M. quelques-uns des motifs sur lesquels sont fondées les supplications contenues dans son arrêté du 27 février dernier. »

Sur quoi, la matière mise en délibération, après que Mr le P.P. a eu pris les voix. . . . . . la Chambre a approuvé les démarches faites par Mr le P.P. . . . . . . et considérant qu'elle ne doit jamais perdre l'espérance que le Roi voudra bien recevoir les très humbles instances qu'elle est fondée par tant de titres à lui présenter, et que le prompt rétablissement du parlement est d'autant plus important pour le service dudit seigneur Roi et l'intérêt de ses sujets, que cette Cour peut seule, en ce qui la concerne, prononcer légalement sur tout ce qui appartient à l'ordre public et juger un grand nombre de contestations touchant la propriété des parties prenantes, par des arrêts dont la validité est essentielle pour concourir à la décharge dudit seigneur Roi, a arrêté que Mr le P.P. profitera des temps et des circonstances qu'il jugera les plus convenables pour obtenir dudit seigneur Roi l'effet des supplications contenues dans son arrêté du 27 février dernier.

(Plumitif et Journal.)

La procession annuelle du 22 mars fut pour la Chambre une occasion de protester de nouveau contre l'exil du parlement, en refusant de siéger à côté et au-dessous « d'aucuns des gens du Conseil » qui remplaçaient provisoirement la Cour et qui prétendaient s'en attribuer les droits et les prérogatives. « La Chambre ne peut reconnoître d'existence légale dans aucun corps qui seroit substitué à ladite Cour de parlement, toujours existante en la personne de ses membres, quoique dispersés, ni admettre que les officiers de cette Cour, non dépossédés juridiquement de leurs offices, puissent être remplacés par qui que ce soit dans l'exercice d'iceux. » Par suite, il y eut, pour les deux anniversaires suivants, une jussion expresse et extraordinaire d'assister à la cérémonie ; la Chambre obéit, mais en décidant qu'elle reprendrait le cours de ses remontrances et ne cesserait plus d'affirmer ses principes. (Séances des 22 et 23 mars et du 13 août 1771 ; 19 mars 1772.)

Il y eut des remontrances spéciales au sujet de la suppression de la Chambre des comptes de Normandie. Bien que la Chambre rentrât, par suite de cette suppression, dans les parties de sa juridiction et de son ressort qui lui avaient été enlevées en 1580, elle voulut protester contre ce nouvel acte d'autorité absolue, et intercéda en faveur des membres d'une Compagnie qui rendait de véritables services, surtout en matière d'aides. A d'autres points de vue, c'était aussi, selon elle, diminuer le revenu des parties casuelles et retirer du commerce une masse d'immeubles fictifs, dont le remboursement serait encore une surcharge pour les peuples. (*Journal*, 18 novembre 1771.)

870. 30 *Juin* 1771.

LETTRE DU MINISTRE DE LA MARINE AU P.P. — SÉANCE DU COMTE DE LA MARCHE.

A Versailles, le 30 juin 1771.

J'ay eu soin, Monsieur, de faire part à Mr le chancelier de l'observation que vous m'avés faitte, que, dans le cas où il y auroit un lit de justice à la Chambre des comptes, il vous paroissoit convenable que Monsieur le comte de Provence fût chargé de porter les ordres du Roy, cette fonction ayant toujours été confiée, relativement à la Chambre des comptes, au premier prince du sang. Quoyqu'il ne puisse pas y avoir de règle sur cette matière, Mr le chancelier auroit pu rendre compte au Roy de vos observations, s'il n'y avoit pas une véritable impossibilité à charger Monsieur le comte de Provence d'aller à la Chambre des comptes ; et vous la sentirés comme moy, lorsque vous ferés attention qu'il n'a pas encore été à Paris, et qu'il ne peut pas y aller avant Monsieur le Dauphin. Ainsi, vous ne devrés pas estre surpris que Monsieur le comte de la Marche soit porteur des ordres du Roy. J'ay cru devoir vous en prévenir, pour vous mettre en estat de répondre aux difficultés qui pourroient vous estre faites à ce sujet. Au surplus, en y réfléchissant, j'ay de la peine à concevoir qu'on puisse en faire de sérieuses, et vous avés toujours donné trop de preuves de votre zèle pour le maintien de l'autorité et de votre attachement à la personne du Roy, pour qu'on ne doive pas estre assuré que vous ferés en cette occasion ce qui dépendra de vous pour que tout se passe avec la plus grande décence. J'ay l'honneur d'estre, avec un très sincère et respectueux attachement, etc.[1]

DE BOYNES.

(Original. — *Arch. Nicolay*, 49 L 54.)

[1]. Le prince devait faire enregistrer les édits portant création de Conseils supérieurs, de procureurs et d'avocats en parlement, et suppression ou modification de toutes les Cours de Paris, parlement, aides, Grand Conseil, Table de marbre, Bureau des finances, Amirauté.
La séance eut lieu le 3 juillet, et le P.P. fut chargé, suivant l'usage, de protester contre l'enregistrement fait sans libre délibération, à huis clos, par l'autorité de personnes étrangères, et de déclarer que la Chambre se réservait de faire au roi les plus instantes et les plus respectueuses représentations sur les maux et les persécutions dont la magistrature était affligée. (*Plumitif* et *Journal*.)

871. 9 *Juillet* 1771.

LETTRES DU CHANCELIER ET DU LIEUTENANT GÉNÉRAL DE POLICE AU P.P. DÉTENTION DE L'AVOCAT GÉNÉRAL.

Versailles, ce 9 juillet 1771.

Monsieur,   Le Roy a bien voulu céder aux instances réitérées que lui a faites Mr le comte de la Marche en faveur de Mr Perrot. Sa Majesté a donné les ordres nécessaires pour qu'il sortît demain matin du château de Vincennes. Je m'empresse de vous en instruire, et de vous assurer que je suis, etc.

DE MAUPEOU.

9 juillet, 10 heures du soir.

Mr le duc de la Vrillière vient, Monsieur, de m'apporter lui-même l'ordre du Roy pour la liberté de Mr Perrot. Il sortira demain matin, à 5 heures, de Vincennes, et il pourra se trouver à la Chambre. Je me fais un plaisir de vous en informer, et Mr de la Vrillière me charge de vous en prévenir aussi de sa part. Voulés-vous bien en faire donner avis à Mesdames Perrot, qui ne refuseront pas sûrement d'envoïer à Vincennes demain, à 5 heures du matin, le carosse de Mr Perrot? Mr de Rougemont recevra les ordres de S. M. avant 5 heures, et peut-être même de meilleure heure.

Je me flatte que vous rendés justice à mon zèle pour tout ce qui peut vous être agréable, et au respect avec lequel je suis, etc.

DE SARTINE.

Réponse du P.P.

A Paris, ce 10 juillet 1771.

La lettre que vous avez bien voulu, Monsieur, m'écrire hier au soir, m'est arrivée assez promptement pour que j'en aie fait usage sur le champ, et, Mr Perrot s'étant trouvé ce matin chez lui, lorsque Mr le procureur général s'y est rendu, l'assurance qu'il en a donnée à la Compagnie a terminé les suites d'une affaire qu'il est très malheureux qui ait existé. J'avois déjà eu des témoignages de l'honnêteté que vous y avez apportée; vous savez que ce n'est pas d'aujourd'hui que je rends justice à celle que vous mettez dans vos démarches, et vous devez être également persuadé qu'on ne peut rien ajouter aux sentimens avec lesquels j'ai l'honneur, etc.¹

(Originaux. — *Arch. Nicolay*, 72 L 358 et 48 L 84.)

1. Dans sa séance du 9, au matin, la Chambre ayant été prévenue que l'avocat général « avoit reçu des ordres particuliers du Roi, » avait convoqué les semestres pour la matinée suivante.
Le 10, au moment où on allait charger le procureur général de prendre des informations, il entra au bureau en disant qu'il venait de quitter son confrère chez lui, et que Mr Perrot le chargeait de faire observer que, « son absence n'ayant interrompu ni le service du Roi ni celui de la Compagnie, il comptoit reprendre son service, et supplioit la Chambre de ne prendre aucune délibération sur cet objet. » (*Plumitif*.)

872. 28 *Mai* 1772.

PRÉSENTATION DE REMONTRANCES PAR LE P.P. — SUPPRESSION DES COURS.

Le 7 mars, Mr le comte de la Marche vint à la Chambre prononcer, malgré les protestations de la Compagnie, l'enregistrement de vingt-quatre édits, lettres patentes ou déclarations, concernant pour la plupart la suppression des Cours et tribunaux. A la suite de cette séance, la Chambre ordonna, le 28 mars, la rédaction de remontrances, « tant sur les édits et déclarations publiés en l'audience du 7 mars, que sur tous les objets qui peuvent y avoir rapport, soit dans la partie législative, soit dans la partie de finances. » Les remontrances furent arrêtées et signées les 6 et 12 mai, et le P.P. les présenta, le 28, à Versailles.

Sire, votre Chambre des comptes, au milieu des malheurs de la magistrature, a porté sa douleur aux pieds du trône; mais un premier lit de justice lui fit entendre la voix absolue de son souverain, et elle vit publier devant elle les suprêmes volontés de V. M. L'ancienne Cour du parlement, celle des aydes disparurent; le bureau des finances, votre Châtelet de Paris y reçurent des changemens notables, et, si ces corps subsistèrent, on les vit privés de plusieurs membres éclairés, qu'une longue expérience avoit rendus utiles au service de V. M. et de ses peuples. Une nouvelle Cour de parlement, de nouveaux juges, sous le titre de Conseils supérieurs, furent établis. Mais combien d'années s'écouleront avant qu'ils aient acquis les lumières de ces magistrats qui s'étoient dévoués à l'étude des lois dans les différentes matières de la compétence de ces anciens tribunaux!

Cependant V. M. a cru devoir faire à son autorité de nouveaux sacrifices. Vos différentes provinces ont successivement perdu, et dans les Cours supérieures, et dans les tribunaux inférieurs, une multitude de magistrats qui avoient mérité la confiance de vos sujets. Un nouvel acte de votre autorité absolue vient de faire de nouveau entendre au peuple de cette capitale cette voix toujours respectable, mais terrible en ce moment, et qui renouvelle la douleur de votre Chambre des comptes.

V. M. ne confieroit point le commandement de ses armées à des hommes qui n'auroient jamais vu de batailles; il en est de même, Sire, des juges sans expérience sur les matières dont V. M. leur confie la juridiction. Ils ne sont pas moins à craindre pour vos peuples, et ce n'est pas sans une douleur également juste et profonde qu'ils se verroient privés de leurs propriétés par l'impéritie des juges.

Le trône de V. M. est environné des rejetons de ces anciennes familles qui ont bien mérité de l'État et ont fait preuve de leur attachement, de leur zèle et de leur fidélité pour les augustes personnes de nos Rois. Le trône de votre justice, Sire, demande d'être environné d'anciennes familles de magistrats, d'officiers éclairés dans tous les genres de jurisprudence, qui soient établis pour veiller sans cesse à la conservation de vos domaines, de vos finances, des impôts, des propriétés et de la vie de vos sujets. Cette lumière se communique de race en race, et les anciennes familles de robe ont toujours montré plus de zèle et de fidélité pour les intérêts de nos augustes monarques. Ces secousses si vastes qui ont ébranlé presque toute la magistrature ne peuvent, Sire, être utiles ni au monarque ni aux sujets.

Un mal, moindre à la vérité, mais très grand encore, est celui qui a frappé les fortunes de ces fidèles magistrats. V. M. ordonna leur remboursement ; mais V. M. a la douleur de savoir qu'ils ne pourront être effectués réellement, et que le mauvais état de ses finances ne laisse qu'une valeur bien foible à ces rentes que votre Trésor royal fournit en payement des offices qui sont enlevés à ces officiers. Ces effets ne sont point commerçables, ou ils perdent la plus grande partie de leur prix. Quelle douleur pour des magistrats d'être privés tout à la fois de la confiance et des bontés de leur Roi, de leurs états, et, à l'égard de quelques-uns, d'une partie très considérable de leur fortune !

Si V. M. jetoit les yeux sur ses fidèles sujets et retournoit à l'examen de la cause fatale qui a enlevé au royaume tant de lumières et de zèle, elle reconnoîtroit combien cet état, auquel elle a été conduite par différens événemens, est affligeant ; elle verroit que la magistrature, contre laquelle se sont élevés des soupçons affligeans et contraires à sa fidélité, étoit sans aucune force contre le plus puissant des monarques, et que sa soumission étoit encore plus grande que sa foiblesse.

Que tant et de si longs exils puissent toucher le cœur de V. M. ! Qu'elle daigne rendre à ces magistrats sa bienveillance et leurs fonctions ! Ils se hâteront d'accourir, pour donner à V. M. des preuves de leur soumission et de leur amour. Vous les rendrez heureux, vous rendrez heureux les peuples ; et ne seroit-ce pas une félicité pour V. M. même ?

S'il y a quelques vices dans l'ordre des jugemens, ils s'armeront eux-mêmes contre tout ce qui aura blessé les yeux de votre justice souveraine. Pourquoi, en recevant de V. M. la récompense de leurs travaux, ne rendroient-ils pas la justice gratuite à vos peuples, de même que ceux que V. M. leur a substitués ? Non, Sire, rien n'est impossible, ni à la bienveillance de V. M., ni au zèle de vos magistrats. Qu'un spectacle si digne de faire époque dans un long règne étonne l'Europe entière ; qu'il fasse la joie et la gloire du monarque des François !

La magistrature inférieure a partagé, dans les provinces, le malheur des Cours souveraines, avec lesquelles elle rendoit la justice à vos peuples. La suppression des bailliages, comme toutes les autres suppressions, a ruiné une multitude de familles. Elle a ôté aux peuples des juges éclairés sur les coutumes locales des villes où ces bailliages étoient établis ; elle prive de leurs fonctions des hommes sans crime, et qui, n'ayant d'ailleurs ni force ni volonté pour faire aucune espèce de résistance, n'ont eu d'autre objet que de réclamer l'inamovibilité des offices, qui, par les lois du royaume, avoit toujours été regardée comme essentielle pour conserver le zèle et la fidélité des magistrats. Ils n'ont cherché qu'à donner des preuves de leur zèle pour V. M., et à cet ancien corps de magistrature qui avoit toujours bien fait le service de ses Rois.

La réduction des justices inférieures est utile au peuple, pour éviter les degrés inutiles de juridiction, qui ne servent qu'à multiplier les frais ; mais ce n'est qu'à l'égard de celles qui sont sujettes à appel de l'une à l'autre. A l'égard de celles dont l'appel est direct aux Cours souveraines, elles ne peuvent être trop multipliées, afin que les sujets du Roi trouvent sur les lieux des juges qui puissent terminer leurs différends. Le vœu de la loi, de réduire les juridictions, n'a jamais eu pour objet la diminution du nombre des bailliages royaux.

La fortune de vos peuples, Sire, n'est pas frappée moins vivement que l'état de vos magistrats. Les droits de mutation, qui avoient été établis pour procurer l'extinction des dettes de l'État, ont d'abord été détournés à d'autres emplois, et sont aujourd'hui convertis dans un impôt beaucoup plus fort, de quinzième sur les rentes perpétuelles, et de dixième sur les rentes viagères. Cet impôt enlève une partie considérable de la subsistance des rentiers, dont le sort est d'autant plus fâcheux, que le prix des denrées augmente successivement et rapidement, dans le même moment où leurs rentes éprouvent cette forte altération.

Il semble même que l'on veuille faire disparoître ce malheur dont ils sont frappés en ce moment, pour leur en préparer de nouveaux. Le fonds de leurs rentes n'est plus employé qu'à déduction faite de ces retenues si ruineuses. Bientôt elles seront oubliées, et peut-être les rentiers seront-ils exposés à de nouvelles pertes encore plus grandes.

L'édit de prorogation des deux vingtièmes et des 2 sols pour livre exige de vos peuples un impôt qui avoit toujours été réservé pour les nécessités urgentes de la guerre. Quelles seroient, Sire, les ressources du royaume, s'il étoit frappé de ce terrible fléau? Le crédit de l'État et le bon ordre des finances ne peuvent plus en imposer à ses ennemis. Trois fois le préambule de l'édit de novembre 1771 le fait entendre à l'Europe étonnée. L'arrêt du Conseil du 27 octobre 1771 a confirmé les justes alarmes de vos peuples, lorsque, pour satisfaire à quelques besoins d'argent, V. M. a été obligée d'acheter à grand prix le crédit d'une nation voisine.

(Minute originale. — Arch. Nicolay, 55 L 104.)

873. 24 Octobre 1772.

RÉCEPTION DES COMMISSAIRES DE LA CHAMBRE A VALENCIENNES.

Ce jour, Mr Paul-François Lourdet, conseiller maître, l'un des commissaires nommés par la Chambre pour procéder à l'apposition des scellés et aux inventaire et vente des meubles de Henri-Augustin-Antoine de Malezieu, ci-devant receveur général des domaines et bois du Hainaut, après avoir fait rapport à la Chambre des différentes opérations par lui faites en la ville de Valenciennes, en exécution de son arrêt du 5 septembre 1772, a dit : « Messieurs, je crois devoir encore vous rendre compte de la distinction avec laquelle nous avons été reçus, pendant le cours de l'exécution de notre commission, par Mr le comte de Nicolay, lieutenant général des armées du Roi, commandant des troupes de la province du Hainaut. Instruit de notre arrivée par une lettre que Mr le P.P., son frère, nous avoit remise pour lui, il envoya aussitôt nous témoigner son regret de ne s'être pas trouvé à son hôtel lorsque nous nous y étions transportés pour lui rendre visite, et nous inviter à dîner pour le jour où il seroit à Valenciennes. Il ajouta même à cette politesse celle de se rendre, à son arrivée, à l'hôtellerie où nous nous étions logés, et nous y a fait plusieurs visites pendant notre séjour. Sa maison est devenue la nôtre ; il nous en a fait les honneurs avec cette noblesse et cette aménité qui, dans tous les temps, ont été le caractère distinctif de ses illustres ancêtres et des personnes de sa famille. Les égards multipliés qu'il a eus pour nous, les marques d'amitié dont il nous a honorés, les sentiments qu'il a fait paroître dans toutes les circonstances pour cette Compagnie, nous ont rappelé avec attendrissement le bonheur qu'elle a d'être présidée par un chef qui unit aux vertus de son frère le zèle le plus infatigable pour le maintien de la juridiction, l'honneur, la dignité de la Chambre, et l'intérêt le plus tendre pour chacun de ses membres. Le jour de notre départ, Mr le comte de Nicolay a mis le comble à ses honnêtetés pour nous. Après avoir fait passer en revue la garnison en notre présence, il nous a priés, à la tête des troupes, d'assurer la Chambre de son respect. Peu de temps après notre arrivée, les officiers municipaux étoient venus en corps nous complimenter et nous présenter les vins de ville, suivant l'usage. Mr Taboureau, intendant de Valenciennes, nous a aussi fait beaucoup d'honnêtetés ; nous en avons reçu beaucoup de visites, et il nous a même invités à dîner.

(Plumitif et Journal.)

874.
Décembre 1772 à Février 1773.
PRÉSENTATION DE REMONTRANCES PAR LE P.P. — RÉPONSE DU ROI.
Projet de discours préparé par M. de Nicolay de Villebourg.

Sire, votre Chambre des comptes doit espérer le succès des remontrances que j'ai l'honneur de vous présenter. L'intérêt de vos finances, le maintien des engagemens contractés avec les créanciers de l'État, celui des lois précieuses de la comptabilité, sont les motifs puissans qui les ont dictées.

La déclaration sur les recettes générales reproduit un système essayé en 1767 et 1768, mais bientôt anéanti par la sagesse de V. M., sur les représentations de votre Chambre des comptes. Les receveurs des tailles, devenus aujourd'hui comptables des receveurs généraux et déchargés du cautionnement, vont, par leur existence précaire, intervertir l'ordre antique et altérer le gage de V. M. La loi assurait, par le choix de l'assignat et du domicile, un payement facile et prompt aux parties prenantes ; elles éprouveront actuellement, ou l'embarras de justifier de leur propriété aux receveurs généraux, ou la lenteur du remplacement par la facilité accordée à ces derniers de verser au Trésor royal les parties non réclamées après la présentation de leur compte.

L'édit de réduction des payeurs et contrôleurs des rentes, au moment où ils achevaient à peine de payer un supplément de finance, fera disparaître la balance que Mr Colbert avait établie entre le nombre des payeurs et celui des parties qu'ils devaient acquitter. Le service des rentes plus difficile et plus lent, les délais de présentation prorogés arbitrairement, la soustraction du dépôt des rentiers, ressource momentanée que, dans les temps les plus malheureux, votre auguste bisaïeul ne s'était point permise, une perte réelle de 63,000 liv. pour vos finances ; tels sont les objets portés jusqu'à la démonstration dans le tableau que j'ai l'honneur de présenter à V. M.

Ces opérations ont servi de prétexte pour retrancher les épices que l'économe Sully avait assignées à votre Chambre des comptes sur les recettes des tailles ; pour supprimer, sans motif comme sans objet, celles du compte des fermes accordées par le brevet de 1628. Ces retranchemens vont s'effectuer dans un temps où différentes comptabilités viennent d'être détruites ; où les services des officiers de votre Chambre des comptes se sont, pour ainsi dire, accrus en proportion de la diminution de leurs émolumens ; où leur situation est moins favorable qu'elle ne l'était sous le roi Louis XII, avant la vénalité ; tandis que V. M. fait éprouver un sort si différent aux officiers du parlement, et que le ministre de vos finances ne peut ignorer les nouvelles preuves de zèle et de désintéressement de votre Chambre des comptes.

Ces lois enfin ont été présentées à un tribunal pour qui elles sont étrangères.

Qu'est-il résulté de cette interversion de l'ordre des juridictions, si ce n'est de consommer, autant qu'il a été possible, leur exécution, avant même que la Compagnie, seule compétente en ces matières, ait pu porter la vérité aux pieds du trône?

Telle est, Sire, l'esquisse abrégée des inconvéniens multipliés qui excitent aujourd'hui la réclamation de votre Chambre des comptes, réclamation respectueuse et pressante, sur laquelle elle espère, de votre justice comme de votre bonté, une réponse favorable.
(Minute originale. — *Arch. Nicolay*, 55 L 81 et 82.)

Ce discours ne fut pas prononcé ; ce fut Mr Nicolay père qui présenta les remontrances au roi le 10 janvier 1773, et qui reçut, le 21 février, cette réponse :

Les dispositions de mon édit de mai 1772 se réduisent à deux principales : l'une, qui est la suppression de plusieurs payeurs et contrôleurs des rentes, devoit être d'autant plus désirée par ma Chambre des comptes, qu'elle-même m'a fait des remontrances contre la création de pareils offices que les circonstances m'obligèrent de faire en 1768. Depuis plus de six mois que mon édit est exécuté, non seulement il n'en résulte aucun des inconvéniens que vous craignez, mais ce service si intéressant pour mes sujets est fait avec la plus grande exactitude. Si, par une autre disposition de mon édit, j'ai fixé les épices des comptes des payeurs des rentes, c'est que j'ai vu qu'il n'étoit pas juste que vos épices, et par conséquent les émolumens de vos offices, devinssent d'autant plus considérables que les charges sur mes peuples et les dettes de mon État prenoient d'accroissement. Ma déclaration du 8 mai 1772, loin d'occasionner aucune confusion dans la comptabilité, ne peut qu'y mettre beaucoup plus d'ordre, en réunissant dans le même compte toute la recette d'une généralité et toutes les parties de dépenses assignées sur cette recette. Chaque élection continuera d'être distinguée, comme autant d'articles ou chapitres du même compte, au lieu d'être chacune l'objet d'un compte séparé. Ma Chambre des comptes verra d'un même coup d'œil ce qu'elle n'apercevoit que successivement, puisqu'il n'étoit pas possible que tous les receveurs des tailles de la même généralité présentassent leurs comptes en même temps. Je me propose de faire une nouvelle fixation des épices des comptes des receveurs généraux de mes finances, ainsi que du compte de ma ferme générale, à cause de l'augmentation que recevra le bail de mes droits. Ma Chambre des comptes trouvera d'ailleurs des dédommagemens dans l'étendue de son ressort, qui s'est accru de mes provinces de Normandie et de Franche-Comté, et encore par plusieurs comptabilités nouvelles qui s'établissent, et dont je fixerai les épices. Si un des ordres de ma Chambre des comptes supportoit une diminution de produit plus considérable que les autres ordres, vous me ferez remettre des mémoires, afin que la juste proportion soit rétablie entre vous, suivant le grade et le travail de vos offices. Je ne changerai rien d'ailleurs à mes édits et déclarations, à l'enregistrement desquels j'ordonne à ma Chambre des comptes de procéder sans délai.

Le P.P. répondit :

Sire, j'informerai les officiers de votre Chambre des comptes de la réponse de V. M. Étant assez heureux pour réclamer en leur faveur un titre authentique, et plus encore le zèle et la fidélité avec lesquels ils vous servent dans les fonctions fastidieuses qui leur sont confiées, ils n'auroient pas dû craindre d'être traités aussi rigoureusement. Ils ne seront pas moins affectés que V. M. n'ait pas jugé à propos d'avoir plus d'égard à leurs représentations sur les autres dispositions d'un édit et d'une déclaration qui, sans aucun avantage pour vos finances, dérangent la fortune d'un grand nombre de citoyens et suppriment des formes et des comptabilités dont l'utilité est démontrée par une expérience de quatre siècles.

(*Plumitif* et *Journal.*)

875.   13 Juillet 1773.
REMERCIEMENTS DE LA CHAMBRE AU P.P. — RÈGLEMENT DES ÉPICES.

Ce jour, les semestres assemblés, délibérant sur les lettres patentes du 1ᵉʳ mai 1773 portant fixation des épices des comptes des rentes de l'hôtel de ville de Paris et des recettes générales des finances, Mʳ Athanase-Alexandre Clément de Boissy, conseiller maître, rapporteur desdites lettres, a dit : « Messieurs, à l'occasion de ces lettres qui ont apporté un adoucissement très considérable aux rigueurs de l'édit du mois de mai 1772 et de la déclaration du 8 du même mois, je me joins avec empressement aux témoignages de la reconnoissance de tous les ordres et de tous les membres de la Compagnie pour les travaux et les démarches sans nombre que Mʳ le P.P. a entrepris en faveur du bien public et pour les intérêts de la Chambre. Je crois que c'est le vœu de tous, Messieurs, que l'ancien de MM. les présidens soit chargé, de la part de la Compagnie et en son nom, de lui marquer toute sa sensibilité pour le zèle et le vif intérêt que son attachement au bien public et la bonté de son cœur lui ont inspirés dans ces circonstances critiques. La perspective accablante du renversement du bon ordre de la comptabilité et de l'atteinte vivement portée aux fortunes des officiers de la Chambre, l'intérêt des peuples, qui pouvoient par ces lois nouvelles être privés même des grâces et des remises que le Roi leur accordoit dans leur malheur, tous ces objets du bien public se sont disputé à l'envi les droits qu'ils ont toujours exercés sur son âme. Il a vaincu les dégoûts d'un travail long et fastidieux, soit pour faire par lui-même, soit pour accompagner les recherches de l'antiquité de tous les titres et de tous les motifs qui devoient établir et justifier les droits de la Chambre. Il a soutenu avec force tous les désagrémens d'une longue et pénible sollicitation. Enfin, en ajoutant à nos respectueuses représentations, il a porté aux pieds du trône des réclamations touchantes et fortes pour le bien du service du Roi et l'intérêt de la Chambre. Il l'a fait d'une manière à étonner le monarque lui-même et les ministres qui l'accompagnoient. Mais rien n'ajoute tant à sa gloire, que la douleur qui lui reste de n'avoir pu obtenir le rétablissement de la Compagnie dans l'intégrité de ses droits. Supérieur par ses sentimens aux événemens qui pouvoient donner atteinte à sa fortune, les coups qui ont été si vivement portés à celle de quelques-uns de ses membres sont restés profondément gravés dans son âme, et lui font presque oublier ce que la Chambre n'oubliera jamais, les services qu'il lui a rendus. »

Ce discours achevé, la Chambre a ordonné qu'il sera fait registre de la proposition y contenue, et que, conformément à icelle, l'ancien de MM. les présidens sera chargé de faire à M^r le P.P. un remerciement au nom de la Compagnie. En procédant auquel arrêté, M^r le président Fraguier, ancien de MM. les présidens séans au bureau, a ajouté à son opinion, en adressant la parole à M^r le P.P., le discours suivant :

« Monsieur, rien de plus flatteur pour moi que de voir tous les suffrages réunis en cet instant pour me charger d'être auprès de vous l'interprète des sentimens de cette auguste et respectable Compagnie; je tiens à honneur et m'empresse d'y satisfaire. Plus d'une fois la reconnoissance des magistrats qui composent ce tribunal a éclaté; et comment en ce moment auroit-elle pu se contenir, ayant été témoins du zèle infatigable et de l'ardeur avec laquelle vous avez soutenu les droits de la Chambre! Ces sentimens, Monsieur, sont dus à l'amour que vous avez pour la Compagnie et que vous lui avez prouvé par les démarches multipliées que le bien public vous a inspirées, ainsi que nos intérêts personnels. Guidé par la prudence, vous avez cependant employé toute la fermeté qu'exigeoient le maintien des règles et les principes d'une bonne administration. Plus vous avez rencontré d'obstacles et même de désagrémens, plus votre affection pour les membres de cette Compagnie vous a donné de courage pour vous en montrer le père et le défenseur. Un succès plein et entier auroit dû couronner votre zèle; mais il vous restera à jamais la gloire d'avoir arrêté les maux qui menaçoient le service du Roi et l'intérêt des peuples, d'avoir paré et diminué les atteintes portées à nos offices, et montré, par la noblesse de vos sentimens, l'attachement ferme et inébranlable que vos illustres ancêtres ont fait paroître tant de fois pour soutenir la dignité, les intérêts et la juridiction de cette Compagnie. »

Lequel discours achevé, la Chambre a ordonné par acclamation qu'il en seroit fait registre.

(*Plumitif* et *Journal*.)

---

876. 21 Août 1773.
ARRÊT DE LA CHAMBRE SUR LA COMPTABILITÉ DU TRÉSOR ROYAL.

Ce jour, la Chambre procédant au jugement du compte du Trésor royal de l'exercice de Me Joseph Micault d'Harvelay, garde dudit Trésor royal, de l'année 1757, au rapport de Mre Nicolas-Pierre Gamard, conseiller auditeur; sur ce qu'il a été observé qu'il étoit fait recette audit compte de 80 millions provenans du sort principal des rentes perpétuelles à quatre pour cent, créées par l'édit du mois d'avril 1758; qu'aux termes dudit édit et de l'arrêt d'enregistrement d'icelui du 17 juin suivant, les rentes ne devoient être acquises que moitié en argent comptant et moitié en contrats de constitution de rentes au denier quarante, lesquelles rentes se seroient trouvées remboursées jusqu'à concurrence de 40 millions, au moyen de quoi la nouvelle dette de l'État auroit été réduite à la somme de 40 millions; que néanmoins, par la vérification faite du montant des remboursemens dont la dépense étoit employée audit compte, il étoit constaté qu'il n'avoit été remboursé que 35,842,473 liv. 6 sols 8 deniers de contrats, de sorte que l'opération n'avoit été consommée suivant la lettre et l'esprit dudit édit que pour 71,684,940 liv. 13 sols 4 deniers, et que la recette du surplus, montant à 8,315,053 liv. 6 sols 6 deniers, qui auroit dû être fournie moitié en argent et moitié contrats, donnoit lieu à plusieurs abus; que, par cette infraction faite par le garde du Trésor royal à l'obligation qui lui étoit imposée, il s'étoit répandu pour 8,315,053 liv. 6 sols 8 deniers de nouveaux contrats dont la légitimité auroit pu être contestée, puisque ceux qui en étoient propriétaires n'avoient point rempli la condition spécialement et indispensablement ordonnée pour les acquérir; que, par cette opération illicite, le nouvel emprunt, qui ne devoit monter qu'à 40 millions, avoit été porté jusqu'à 44,157,526 liv., sans que cette surcharge pour l'État fût revêtue d'aucun témoignage apparent de la volonté du Roi; qu'enfin il étoit impossible de croire que le garde du Trésor royal eût réellement reçu en deniers comptans cette somme de 8,315,053 liv, 6 sols 8 deniers, tandis qu'on avoit la liberté de ne la lui fournir que moitié en argent et moitié en contrats au denier quarante, de sorte que la recette de 40 millions faite dans son compte ne devoit pas être regardée comme réelle dans sa totalité, et que, si d'un côté le garde du Trésor royal paroissoit faire recette de cette somme au profit du Roi, il avoit dû néanmoins se trouver dans la caisse un vide considérable, dont il avoit obtenu l'indemnité par des voies secrètes et illégales. La Chambre, après en avoir délibéré, a ordonné et ordonne que le procureur général du Roi se retirera par-devers ledit seigneur Roi pour lui exposer les faits ci-dessus énoncés et lui représenter combien il est préjudiciable au bien de ses finances et à la sûreté des créanciers de son État de substituer des opérations secrètes et arbitraires aux intentions dudit seigneur Roi connues et manifestées; que sa Chambre des comptes ne peut envisager sans alarmes l'abus sensible que l'on fait de l'autorité dudit seigneur Roi; que le garde du Trésor royal avoit sans doute encouru les peines les plus rigoureuses, en s'écartant de ce qui lui étoit prescrit par l'édit d'avril 1758, registré en la Chambre le 17 juin suivant, mais que, n'ayant point alors de loi subsistante qui l'obligeât de désigner dans ses quittances la nature des effets qui lui avoient été fournis, ainsi qu'il lui avoit été enjoint par l'arrêt de la Chambre du 27 juin 1768, la Chambre se seroit portée à user d'indulgence à son égard, et qu'elle croyoit devoir seulement supplier le Roi de donner les ordres les plus précis pour empêcher que le garde du Trésor royal fût mis à couvert à l'avenir, par des voies secrètes, des poursuites que mériteroient les abus qu'il commettroit dans l'exercice de ses fonctions, en ne se conformant pas à ce qui lui est prescrit par les lettres de la volonté du Roi dûment registrées; desquels abus la Chambre ne pourroit se dispenser de lui faire subir la peine, suivant la rigueur des ordonnances; dont le procureur général rendra compte à la Chambre dans trois mois à compter du jour de la connoissance qui lui sera donnée du présent arrêt.

(*Plumitif.*)

---

877. 8 *Septembre* 1773.

LETTRE DU P.P. AU COMTE DE NOAILLES. — ENTRÉE A MARLY.

Le 8 septembre 1773.

Je crois que c'est à vous, Monsieur, que je dois m'adresser pour demander au Roi une grâce dont j'espérerai encore plus le succès quand elle passera par vos mains. Vous sçavez que S. M. a bien voulu me permettre de lui faire ma cour aux voyages de Marly, distinction particulière que Louis 14 avoit accordée à mon père. Si le Roi daignoit faire jouir de la même faveur celui de mes fils qui va être revêtu de mon office, je la regarderois comme un témoignage que S. M. a été satisfaite de mes longs services. M⁻ le chancelier m'a indiqué dimanche prochain pour présenter mon fils au Roi comme mon successeur, et, si vous aviez la bonté de faire auparavant réussir ma demande, je pourrois joindre à la présentation les remerciemens que je devrois à S. M. J'ai eu l'honneur de passer chez vous pour vous en prier, et pour m'acquitter des complimens qui vous sont dus sur le mariage de M⁻ votre fils. Vous ne doutez pas de la part véritable que je prens à tous les événemens qui vous touchent, et vous me faites la justice d'être persuadé qu'on ne peut rien ajouter aux sentimens avec lesquels j'ai l'honneur d'être, etc.

CHAMBRE DES COMPTES.

Réponse du comte de Noailles.

A Versailles, le 10 septembre 1773.

Le Roi a reçu votre demande, Monsieur, avec ses bontés ordinaires. S. M. veut bien conserver à M^r votre fils la distinction qu'elle vous avoit accordée, et à M^r votre père, de venir faire la cour aux voyages de Marly. Le Roi m'a fait l'honneur de me dire aussi que, si le vétéran vouloit y venir, il y seroit bien reçu. C'est avec beaucoup de satisfaction que je vous rends compte du succès de la commission dont vous avez bien voulu me charger. Vous connoissez depuis longtems tous les sentimens avec lesquels j'ai l'honneur d'être, plus que personne, Monsieur, votre très humble et très obéissant serviteur.

(Duplicata. — *Arch. Nicolay*, 41 C 111.)

La présentation eut lieu le 12 septembre; le P.P. avait préparé cette phrase de discours : « Sire, j'ai l'honneur de vous présenter mon fils, à qui V. M. a bien voulu accorder ma survivance. Je lui remets des fonctions bien dégradées; mais les atteintes qui leur ont été portées, font de plus en plus connoistre combien elles sont importantes au bien de votre service. Je suis persuadé que mon successeur n'aura pas moins de zèle que moi, et j'espère qu'il sera plus heureux que je ne l'ai été, pour faire valoir la plénitude de la juridiction de votre Chambre des comptes, et la rendre utile aux finances de V. M. »

Mais, le chancelier ayant fait lui-même la présentation, le P.P. se borna à dire au roi : « Je supplie en même temps V. M. de recevoir mes remerciements de la permission qu'elle a bien voulu accorder à mon fils de lui aller faire la cour pendant les voyages de Marly. » (Minute autographe. — *Arch. Nicolay*, 54 L 139.)

IX

AYMARD-CHARLES-MARIE DE NICOLAY,

fils d'Aymard-Jean Nicolay et de
Madeleine-Charlotte-Guillelmine-Léontine de Vintimille du Luc,

né à Paris le 14 août 1747,

chevalier, seigneur de Villebourg, Courances, Dannemois, etc., conseiller au parlement de Paris (31 décembre 1766), pourvu de la charge de Premier Président en survivance le 20 avril 1768, entré en fonctions le 17 septembre 1773; membre de l'Académie française et chancelier de l'ordre du Saint-Esprit (1789); mort sur l'échafaud révolutionnaire le 7 juillet 1794.

878.
17 Septembre 1773.
INSTALLATION DU P.P. AYMARD-CHARLES-MARIE DE NICOLAY.

Mr de Nicolay fils se présentant pour prendre séance, en vertu de ses lettres de provision et de la démission de son père, la Chambre députe à ce dernier deux conseillers maîtres, pour lui demander, selon l'usage, son consentement à l'installation. Le P.P. répond en ces termes :

Je sens tout le prix des bontés distinguées dont la Chambre veut bien m'honorer. Les témoignages de son estime et de son affection sont la récompense la plus flatteuse que je pusse obtenir du zèle avec lequel je l'ai constamment servie pendant près de quarante ans, et qui ne s'est pas même ralenti au milieu des orages qui se sont élevés dans son sein.

Je suis persuadé, Messieurs, que mon fils n'aura rien de plus à cœur que de mériter les mêmes sentimens, et qu'il fera tous ses efforts pour faire valoir la plénitude de votre juridiction et soutenir vos prérogatives et vos droits. S'il se présente des circonstances où mon expérience puisse être de quelque utilité à la Compagnie, je vous prie, Messieurs, de l'assurer que je serai toujours très empressé de lui donner des preuves de ma bonne volonté et de mon respect.

Au retour des députés, le nouveau P.P., qui attendait depuis huit heures et demie dans la chambre du Conseil, est introduit, et le président de Salaberry lui adresse ce discours :

Monsieur, quelqu'applaudi que soit le choix que le Roi a fait de votre personne pour être à la tête de cette Compagnie, nous ne pouvons, dans le moment, vous cacher des regrets que vous partagez vous-même avec nous. Lisez dans nos cœurs : vous y verrez l'unanimité des sentimens, cet hommage pur que l'on ne rend qu'à la vertu, seule récompense digne d'elle, et sur laquelle la faveur ni les hasards n'étendent point leurs droits. Vous justifierez bientôt sans doute l'espoir si bien fondé de vous voir remplacer dignement le chef le plus recommandable. Nourri de ses principes, formé sur ses exemples, vous nous retracerez sans cesse cet amour du bien public, ce zèle infatigable, ces lumières profondes, cette prudence éclairée que les circonstances ont mise à des épreuves si délicates. C'est cet heureux modèle, Monsieur, qui formera sans doute en vous un second lui-même, l'homme d'État et le magistrat vertueux.

Réponse du P.P.

Vous venez, Monsieur, d'exprimer de la manière la plus noble les justes regrets de la Compagnie et de tracer en même temps le tableau de mes devoirs. Je serois, comme vous, inconsolable de la retraite de mon père, si, en m'élevant à sa place, il ne m'avoit fait espérer de m'aider de ses conseils, de m'éclairer de ses lumières. C'est sur son exemple, c'est en l'étudiant sans cesse, que je chercherai à m'instruire des droits de ce tribunal auguste, qu'il a tant approfondis et si bien défendus. Je jouis aujourd'hui de la reconnaissance dont vous honorez le zèle et le respect qu'il eut toujours pour la Chambre, et tous mes efforts, comme tous mes vœux, seront de mériter un jour un hommage aussi flatteur.

Pour vous, Monsieur, qui payez du retour le plus tendre l'amitié que vous a de tout temps témoignée notre respectable chef, amitié que je désire de vous inspirer, et que mon attachement pour vous me fait déjà regarder comme mon patrimoine, daignez, en m'associant à vos fonctions, devenir mon interprète.

Puis-je, Messieurs, sous des auspices plus favorables vous faire agréer l'engagement de mon cœur? Puis-je mieux vous persuader que ma conduite et mes sentimens vous prouveront, dans tous les instans de ma vie, combien il m'est doux de trouver dans le plus chéri des pères le modèle des magistrats?

La séance ayant continué, le procureur général, en présentant des lettres patentes, prononce ce discours :

Messieurs, la réunion à vos dépôts de tous les titres qui compléteront ceux de la Normandie, est une nouvelle marque de la confiance du Roi. Les lettres qui l'ordonnent sont une récompense honorable du travail et des soins avec lesquels la Chambre a rendu les archives qu'elle conserve l'appui des droits de la couronne et de son domaine, la ressource la plus utile aux vassaux pour la défense de leurs intérêts.

Ainsi, Messieurs, la manière distinguée de remplir vos fonctions vous mérite un champ plus vaste pour exercer votre zèle. C'est la gloire du magistrat d'obtenir par ses services la confiance qui l'honore.

Qui la mérite plus, Messieurs, cette gloire, que le chef illustre dont la retraite, trop prématurée pour nos besoins, ne laisseroit aucun adoucissement à nos regrets, si les connoissances acquises de M^r le P.P., dans un âge où l'on apprend encore, si la vivacité de son esprit, germe assuré des grands talens, dirigée par le sang-froid de l'expérience de M^r son père, ne nous promettoient tout ce que ce grand magistrat nous a tenu? La droiture de l'âme, la franchise de la noblesse, le désintéressement d'un siècle plus heureux, le courage de porter la vérité au milieu des nuages qui en ferment l'accès au trône, un zèle infatigable pour conserver la dignité et les droits de la Chambre, ont mérité à Mr de Nicolay l'estime générale, les respects, et, j'ose le dire, la vénération de sa Compagnie. Pourquoi ne le dirois-je pas, Messieurs, puisque ce sentiment aussi respectueux que tendre, ce magistrat se l'est acquis surtout en se montrant plus encore le père que le chef de cette Chambre?

Comme vous, Monsieur, il a commencé par être l'espoir de cette Compagnie ; comme lui, vous en serez l'ornement. Il appartient à votre nom de se perpétuer dans la place que vous remplissez, autant par les vertus que par les talens. Vous nous retracerez, Monsieur, les qualités auxquelles nous rendions l'hommage le plus vrai ; vous vous acquerrez des droits à notre reconnaissance, vous aimerez votre Compagnie. La bienveillance pour la Chambre est une dette de votre maison; l'attachement de la Compagnie pour les Nicolay est une portion de votre patrimoine.

(Copies. — *Arch. Nicolay*, 54 L 141 à 144.)

Après le discours du procureur général, Mʳ Clément de Boissy, conseiller maître, proposa de demander à Mʳ Nicolay père qu'il permît de solliciter pour lui, auprès du roi et du chancelier, la conservation du titre de premier président et la faculté d'exercer concurremment avec son fils, et même en son absence. La Chambre choisit pour cette députation MM. Cassini L. et de Barmond, et invita les correcteurs et auditeurs à désigner également des députés. Ces deux ordres répondirent qu'ils s'associaient unanimement à une démarche souhaitée de tout le monde, et les auditeurs ajoutèrent qu'ils laissaient au P.P. le choix des députés.

Mʳ Nicolay père répondit aux députés que « cette forme étoit inusitée dans les offices de magistrature, et que, par sa façon de penser, il estimoit qu'il y auroit des inconvéniens à l'introduire; qu'au surplus, il ne pouvoit qu'être infiniment flatté des témoignages qu'il recevoit de l'attachement de tous les ordres de la Chambre, et qu'il ne pouvoit rien faire de mieux que de soumettre ses propres sentimens à ceux qu'elle jugeroit à propos d'adopter. » A la sortie de la séance, tous les membres présens de la Compagnie, même les clercs de l'Empire de Galilée, allèrent, ensemble ou isolément, complimenter MM. Nicolay.

Le jour suivant, des commissaires portèrent au chancelier l'expression des vœux de la Chambre, et, quoiqu'il n'y eût point d'exemple à citer à l'appui, ils furent bien accueillis; mais le départ du roi pour Fontainebleau fut un prétexte pour différer une réponse positive. Le 27 janvier 1774, une autre députation solennelle alla encore renouveler ces sollicitations. Le chancelier répondit que le roi, à qui il avait soumis la première demande, approuvait complètement cette démarche, et que S. M. se serait sûrement écartée de la règle et des principes en faveur de Mʳ Nicolay, si les conséquences n'avaient paru trop à redouter ; que d'ailleurs le roi était tout disposé à donner des marques de sa protection à la Chambre et à son chef. Sur le rapport du président Fraguier, la Chambre fit enregistrer son récit, et arrêta que, « attendu qu'on ne peut prévoir aucunes conséquences dangereuses des grâces particulières qui seroient accordées à un magistrat tel que Mʳ le P.P. père, qui s'est rendu encore plus recommandable par la distinction avec laquelle il a rempli ses fonctions, que par leur ancienneté, le Roi sera supplié, en tous temps et en toutes occasions, de vouloir bien ne pas se refuser au vœu de tous les ordres de la Chambre, consigné dans son arrêté du 18 septembre 1773. » (*Plumitif* et *Journal*. — Arch. Nicolay, 55 L 83.)

879. 4 Décembre 1773.
LETTRE DU CONTROLEUR GÉNÉRAL AU P.P. HONORAIRE. — DROIT DE MARC D'OR.

A Versailles, le 4 décembre 1773.

Personne ne peut être, Monsieur, plus intimement persuadé que je le suis des titres que vos services personnels vous donnent, par leur espèce et leur ancienneté, aux grâces particulières du Roy, et je voudrois bien qu'il fût en mon pouvoir de vous procurer l'exemption que vous demandez du droit du marc d'or pour les lettres d'honoraire que vous avez obtenues ; mais ces droits appartiennent à l'ordre du Saint-Esprit, aux dépenses duquel ils sont spécialement affectés, et à l'emprunt que cet ordre a fait. Il ne dépend pas de moi, par cette raison, d'en procurer ny la remise ny la modération. Les dispositions de l'arrêt de la Chambre des comptes que vous invoquez à ce sujet, ne peuvent être un titre pour prétendre à cette grâce, et seroient plutôt un motif d'exclusion, puisqu'elles ne sont qu'une extension, contraire aux intentions du Roy, d'une loy que Sa Majesté n'a point entendu soumettre à aucune modification. Je vous prie de croire qu'en toute autre occasion je me porterois avec le plus vif empressement à vous donner des marques du désir sincère que j'ai de vous obliger, et de vous convaincre de l'inviolable attachement avec lequel je suis, etc.

TERRAY.

(Original. — Arch. Nicolay, 41 L 158.)

Dès le 20 septembre, le P.P. démissionnaire avait écrit au chancelier pour lui représenter que le droit du marc d'or, selon l'arrêt d'enregistrement de la Chambre, ne devait pas se percevoir sur des lettres de vétérance, puisqu'elles assuraient à l'État la continuation de services utiles, et encore moins sur des lettres de concurrence de fonctions, telles que la Chambre les demandait pour lui; cela n'était certainement pas dans l'esprit de l'édit de 1704 qui avait établi le droit. Cette réclamation ayant été repoussée par le contrôleur général, le P.P. fit présenter au Conseil, par le chancelier, une requête où il disait: « En remettant sa charge à son fils après quarante années

d'exercice, S. M. a bien voulu conserver au P.P. de Nicolay le contre-seing, et elle s'est expliquée avec bonté sur son personnel, lorsqu'il l'a fait supplier de donner à son fils la même permission qu'il avait obtenue d'aller à ses voyages de Marly. Dans le nombre de ces grâces, le P.P. de Nicolay s'est applaudi qu'on n'en pût compter aucune qui fût onéreuse à l'État; et, quoiqu'il ait toujours pensé que les émolumens de son office ne répondent pas à sa représentation, il lui parut convenable de ne point accepter la proposition que lui fit en 1756 Mr de Marville, conseiller d'État, de la part de Mr de Moras, alors contrôleur général, de demander pour lui une pension au Roi, cette offre s'étant rencontrée à l'époque où la guerre déterminoit S. M. à remettre le second vingtième. Il ne craint point d'être soupçonné d'oublier le désintéressement avec lequel il s'est toujours conduit, lorsqu'il se croit obligé d'insister pour que l'arrêt d'enregistrement de la Chambre ait à son égard son entière exécution...»
(Duplicata. — Arch. Nicolay, 41 C 109.)

Le 29 mars suivant, à l'occasion d'une dispense du droit de marc d'or accordée à la comtesse de Rasse, la Chambre, considérant que Mr Nicolay père avait plus que personne le droit de prétendre à cette faveur, arrêta qu'elle renouvellerait, en tous temps et en toutes occasions, ses instances pour l'exemption des lettres d'honoraire. (Plumitif.)

880.   15 Mars 1774.
LETTRE DU CONTROLEUR GÉNÉRAL AU P.P. — ÉPICES DES RÉCEPTIONS.

Paris, le 15 mars 1774.

J'apprends, Monsieur, avec peine que vous venés d'augmenter du tiers en sus les épices que la Chambre a coutume de percevoir à la réception des titulaires des offices de contrôleurs des rentes, ce qui décidera sans doute la même augmentation pour les payeurs. Cette nouveauté m'affecte avec d'autant plus de raison, que je n'ai cessé, depuis un an, de m'occuper des moyens de diminuer les frais de réception de ces charges, devenus considérables, les dernières augmentations de finance dont elles ont été grevées ne pouvant être considérées que comme un emprunt destiné à accélérer le remboursement des offices supprimés. C'est sous ce point de vue que Sa Majesté s'est déterminée à accorder à ces officiers, par un arrêt de son Conseil du 24 février dernier, une fixation particulière du marc d'or de leurs charges fort inférieure à celle portée par l'édit de décembre 1770. Vous êtes trop juste, Monsieur, pour ne pas entrer dans les mêmes vues, en laissant subsister les offices de la Chambre sur l'ancien pied, et j'attends cette nouvelle décision de votre part avec d'autant plus de confiance, que l'augmentation que vous avez arrêtée, excitant déjà les plus vives réclamations, me mettroit dans la nécessité d'en rendre compte au Roi. J'espère que le bénéfice modique qui résulte de cette augmentation pour chacun des membres de la Chambre en particulier, la décidera à ne pas y persister. Je suis, etc.

TERRAY.

(Original. — Arch. Nicolay, 70 L 324.)

881.   5-11 Mai 1774.
MORT DU ROI LOUIS XV.

Du jeudi 5 mai. Ce jour, les bureaux extraordinairement assemblés, M^r le P.P. a dit: « Messieurs, les nouvelles de S. M. sont devenues alarmantes; les premiers jours de la maladie cruelle dont elle est attaquée paroissoient se disposer favorablement, mais l'orage a succédé à ce calme trompeur. Le Roi vient d'appeler les premiers secours de la religion; ce matin, il a dû être administré. Quoique ces précautions annoncent plus une âme religieuse qu'un danger imminent, il est d'usage de renvoyer dans ces circonstances malheureuses le greffier en chef. Empressons-nous, Messieurs, de donner à notre auguste monarque de nouveaux témoignages de notre amour, de notre respect et de notre inquiétude. . . . . »

Du vendredi 6 mai. Me Henry, greffier en chef, venu au bureau, a dit : « Messieurs, conformément à l'arrêté de la Chambre, je me suis transporté à Versailles le jour d'hier. Je me suis rendu successivement chez M^r le chancelier et M^r le duc de la Vrillière, ministre et secrétaire d'État, et ensuite chez M^r le duc d'Aumont, premier gentilhomme de la chambre en exercice. Auquel ayant fait part de ma mission, il m'a fait l'honneur de me répondre qu'il n'étoit pas possible de voir le Roi, mais que son état étoit aussi bon qu'on pouvoit le désirer ; que la fièvre étoit à un degré convenable pour entretenir la suppuration de la petite vérole ; que quelques boutons du visage commençoient à se dessécher, et que S. M. avoit eu plusieurs temps de bon sommeil ; qu'il ne manqueroit pas de rendre compte à S. M. de l'intérêt respectueux que la Chambre prenoit à sa santé et des vœux qu'elle faisoit pour son prompt rétablissement. . . . . »

Du samedi 7 mai. Ce jour, les bureaux assemblés extraordinairement, M^r le P.P. a dit : « S. M., Messieurs, vient de recevoir les sacremens de l'église ; cette précaution est plutôt l'effet de sa piété, que l'annonce d'un danger plus imminent. C'est une nouvelle occasion de faire éclater nos sentimens, et le greffier en chef, que vous allez renvoyer, sera moins l'interprète de notre inquiétude, que celui des vœux aussi tendres que respectueux que nous formons pour le rétablissement de la santé de notre auguste monarque. . . . . »

Du mardi 10 mai. Me Marsolan, greffier en chef, venu au bureau, a dit : « Messieurs, conformément à l'arrêté de la Chambre du 7 de ce mois, je me suis rendu à Versailles. J'y ai remis cet arrêté à M^r le chancelier et à M^r le duc de la Vrillière, ministre et secrétaire d'État. . . . . . . Je me suis ensuite rendu chez M^r le duc d'Aumont, premier gentilhomme de la chambre en exercice ; je lui ai remis la lettre de M^r le P.P., et lui ai fait part de l'objet de ma mission. Il m'a répondu que les nouvelles étoient bonnes, que la suppuration se faisoit bien, que les symptômes étoient favorables, qu'il y avoit du sommeil ; que S. M. alloit entrer dans le neuvième jour de sa maladie, qu'il espéroit que cette époque se passeroit sans accidens fâcheux. . . . . . . »

Cedit jour, les bureaux assemblés, M^r le P.P. a dit : « Messieurs, nous livrions nos cœurs à l'espérance, mais elle n'a duré qu'un moment ; les orages les plus funestes sont survenus, et l'état du Roi est devenu menaçant. Puissent les nouvelles démarches que nous inspirent notre attachement et notre zèle pour sa personne sacrée, puissent les alarmes cruelles dont nous sommes pénétrés, éloigner le danger et rendre notre auguste monarque à nos vœux, à notre amour ! . . . . »

Dn mercredi 11 mai. Me Henry, greffier en chef, venu au bureau, a dit : « Messieurs, conformément à l'arrêté de la Chambre, je me suis transporté hier à Versailles. Y étant arrivé un peu avant trois heures après midi. . . . . . je suis monté au château, où j'ai demandé à parler à M^r le duc d'Aumont, premier gentilhomme de la chambre en exercice, et lui ai fait dire que j'étois à la porte de l'appartement du Roi et venois m'informer des nouvelles de sa santé de la part de la Chambre. Il m'a fait répondre que, pour le moment, il lui étoit impossible de s'éloigner de la personne de S. M. Étant resté dans la pièce appelée l'Œil de Bœuf, vers les trois heures et demie, on est venu annoncer la mort du Roi, et fait retirer tout le monde. . . . »

Et à l'instant, M^r le P.P. a dit : « Messieurs, vous venez d'apprendre la perte que la France a faite par la mort du Roi. Je crois que la Chambre doit délibérer sur ce qui est à faire dans cette circonstance ; l'usage est de mander les Gens du Roi, pour savoir s'ils n'ont reçu aucun ordre à ce sujet. » Sur quoi, les Gens du Roi mandés et venus au bureau, Me Angélique-Pierre Perrot, avocat général, a présenté une lettre de cachet du Roi à présent régnant, adressante à la Chambre. . . . . .

« De par le Roi. Nos amés et féaux, la perte que nous venons de faire du Roi notre très honoré seigneur et aïeul, nous touche si sensiblement, qu'il nous seroit impossible à présent d'avoir d'autres pensées que celles que la piété et l'amour nous demandent pour le repos et le salut de son âme, si le devoir à quoi nous oblige l'intérêt que nous avons de maintenir la couronne en sa grandeur et de conserver nos sujets dans la tranquillité ne nous forçoit de surmonter ces justes sentimens, pour prendre les soins nécessaires à la conduite de cet État. Et parce que le bon ordre que votre Compagnie doit tenir dans sa fonction est un moyen pour soutenir notre autorité, nous vous ordonnons et nous vous exhortons, autant qu'il nous est possible, qu'après avoir fait à Dieu les prières que vous devez lui présenter pour le salut de feu notredit seigneur et aïeul, vous ayez, nonobstant cette mutation, à continuer la séance de notre Chambre des comptes et la fonction de vos charges, ainsi que le devoir et l'intégrité de vos consciences vous y obligent. Ce pendant, nous vous assurons que nous recevrons avec satisfaction vos respects et vos soumissions accoutumées en pareil cas, et que vous nous trouverez toujours tel envers vous en général et en particulier qu'un bon Roi doit être envers ses bons et fidèles sujets et serviteurs. Donné à Versailles, le 10 mai 1774. Signé : LOUIS, et plus bas, Phélypeaux. »

(Plumitif et Cérémonial.)

882. 2 Juin 1774.
COMPLIMENTS DU P.P. AU ROI ET A LA REINE.

Au Roi.

Sire, les derniers sentimens de votre auguste aïeul ont été pour ses peuples. Au moment de leur être ravi, il n'a désiré de plus longs jours que pour les employer à les rendre heureux. Vous avez, Sire, regardé ces vœux comme une obligation qu'il vous a transmise avec la couronne ; à peine monté sur le trône, vous commencez à la remplir. Le premier acte de votre volonté assure votre gloire et présage notre bonheur ; il nous promet le règne désiré de la justice, de la bienfaisance et de l'économie. Que ne doit point attendre, Sire, d'un gouvernement aussi sage votre Chambre des comptes, la Cour la plus ancienne de la monarchie? Elle se flatte que vous lui rendrez sa splendeur. Elle espère le rétablissement de son antique juridiction, ce monument précieux de la confiance de vos augustes prédécesseurs. Cette Compagnie, Sire, ne renferme dans son sein que des sujets fidèles, respectueux et soumis ; les magistrats qui la composent se sont toujours occupés de l'amélioration des finances, de l'intérêt de l'État et de celui de leur Roi. Voilà, Sire, comme elle se présente aux pieds du trône ; voilà les titres qu'elle invoque pour réclamer la protection, pour espérer les bontés de V. M. Ce sera, Sire, par de nouveaux services qu'elle cherchera à les mériter.

Le roi répondit : « Votre fidélité et vos travaux vous assureront ma bienveillance et ma protection. »

A la Reine.

Madame, la France, en désirant votre auguste hyménée, présageoit que vous feriez ses délices et son ornement. Les qualités les plus brillantes et les plus solides, l'union si rare des grâces et des vertus vous ont bientôt concilié son respect et son amour. Vous partagez trop ses malheurs pour ne point les réparer. Vous étiez son espérance, vous devenez sa consolation. Le sang auguste dont vous sortez, votre âme bienfaisante et sensible, tout annonce, tout promet que, chaque jour de votre règne heureux, vous serez occupée, et de la gloire du Roi, et du bonheur de vingt millions d'hommes. La Chambre des comptes, Madame, la Cour la plus ancienne du Royaume, a l'honneur de vous présenter ses hommages et ses vœux. Une fidélité aussi constante que ses services, un zèle éclairé sur les intérêts de ses Rois, l'attachement le plus tendre, le plus respectueux pour leurs personnes sacrées, tels ont toujours été ses sentimens, Madame ; telle sera toujours sa conduite.

(Copie. — Arch. Nicolay, §§ L 84.)

La reine répondit en témoignant de son estime pour la Compagnie et en assurant qu'elle connaissait la prudence du chef qui l'avait si bien servie sous le feu roi. (<i>Plumitif.</i>)

883. 15 Juin 1774.
LETTRE DU P.P. AU COMTE DE NOAILLES. — ENTRÉE A MARLY.

A Paris, le 15 juin 1774.

C'est vous, Monsieur, qui avez bien voulu me procurer le succès de la demande que j'avois faite au feu Roi, de permettre à mon fils, à qui je remettois mes fonctions, de lui aller faire sa cour à Marli, et qui me fites savoir que S. M. trouveroit bon que je continuasse de m'y présenter. Cette grâce a, je crois, besoin d'être confirmée par le Roi, et est seulement un titre favorable pour l'obtenir. Vous sçavez, Monsieur, que, depuis que Marli existe, nous jouissons de cette distinction. Quand Louis XIV eut fait bâtir cette maison, où il se proposoit d'être dans une espèce de retraite et de n'y point entendre parler d'affaires, il permit cependant à deux magistrats d'y paroître, Mr de Maisons, comme étant son voisin, et mon père, comme l'ayant servi dans tous les états. La charge de P.P. n'ayant aucun raport à cette faveur, vous m'en feriez une, Monsieur, de la faire s'étendre sur l'évêque de Béziers, pour qui je ne vous priai pas de la solliciter alors, parce qu'il se trouvoit absent, et qui, étant icy actuellement, a tout l'empressement possible de rendre au Roi ses respectueux devoirs. Nous avons tous les trois eu la petite vérole, et nous serions dans la classe de ceux qui auront la liberté d'approcher de S. M. pendant son inoculation. C'est une circonstance de plus pour nous faire désirer de pouvoir aller savoir par nous-mêmes la réussite de cette sage précaution. Il n'en est aucune qui ne me fasse souhaiter d'être à portée de vous convaincre qu'on ne peut rien ajouter aux sentimens avec lesquels j'ai l'honneur d'être, plus que personne, etc.

Réponse du comte de Noailles.

Ce 16.

J'ai mis sous les yeux du Roy, Monsieur, la lettre que vous m'avés fait l'honneur de m'écrire. Sa Majesté vous confirme, pour vous personnellement et pour M^r votre fils, la permission de faire votre cour à Marly touts les grands voyages de la cour ; mais le Roy ne veut personne de tout ce voyage ci, du moins pendant 3 semaines, à compter du jour que la petite vérole paroistra. Voilà ce que le Roy vient de m'ordonner de mander à toutes les personnes qu'il avoit même vu à Choisy et à la Meute touts les jours, et à vous, Monsieur. Sa Majesté ne met d'exception à cette règle que ceux qui auront absolument à lui parler pour affaires nécessaires et pressées. Vous connoissés depuis longtemps, Monsieur, touts les sentimens que je vous ai voué, et avec lesquels j'ai l'honneur d'être, plus que personne, etc.

NOAILLES.

(Duplicata et orig. autographe. — *Arch. Nicolay*, 41 C 112 et 113.)

884.

28 Août 1774.

LETTRE DU CONTROLEUR GÉNÉRAL AU P.P. — CHANGEMENT DE MINISTÈRE.

Paris, ce 28 aoust 1774.

J'ay du moins l'avantage, Monsieur, d'avoir terminé mon ministère par quelque chose qui vous a été agréable. L'intérêt que vous prenez à l'événement du jour me persuade que vous avez été satisfait. Agréez ma reconnoissance et le très parfait attachement avec lequel j'ay l'honneur d'estre, etc.

L'abbé TERRAY.

(Orig. autographe. — *Arch. Nicolay*, 41 L 162.)

885.

4 et 30 Novembre 1774.

LETTRES DU CONTROLEUR GÉNÉRAL AU P.P. — COMPTES DES MONNAIES.

Fontainebleau, 4 novembre 1774.

Monsieur, je me suis fait remettre la lettre que vous avés écrite à M^r l'abbé Terray, le 25 février dernier, et le mémoire qui y étoit joint, relativement aux épices de la Chambre des comptes pour les comptes des Monnoyes. J'y ai reconnu que les pieds-forts qui étoient attribués par les anciennes ordonnances aux officiers de la Chambre des comptes, n'avoient lieu qu'à chaque changement qui pouvoit survenir par la fabrication de nouvelles espèces, ou par le changement de l'effigie à chaque nouveau règne; et, depuis 1726 jusqu'aujourd'huy, la Chambre n'auroit eu qu'une seule fois des pieds-forts, et l'objet, à raison de

240 liv. par chaque sorte de pièce de monnoye qui a cours, n'auroit monté qu'à une somme de 91,296 liv.

La déclaration de 1722, en substituant à ces pieds-forts une somme déterminée pour les comptes arriérés, jusqu'à 1721, avoit fait dépendre pour l'avenir le montant des épices de celui des comptes des Monnoyes de celui de la fabrication, en les réglant à 15,000 liv. pour les cinq premiers millions, et à 1,000 liv. par million, jusqu'à concurrence cependant de 40 millions, en sorte qu'elles ne pussent excéder 50,000 liv., non compris les 5,500 liv. destinées aux jetons et aux honoraires de l'auditeur, façon et vacations du compte. Lorsque cette fixation a été déterminée, on n'avoit pas sans doute prévu que la fabrication seroit aussi excitée qu'elle l'a été par la remise de presque tout le droit de seigneuriage appartenant à Sa Majesté; seroit-il juste que le sacrifice qu'elle a fait de ses droits tournât à l'avantage de la Chambre des comptes? S'il en étoit ainsi, tout le bénéfice seroit absorbé, et il ne resteroit rien pour acquitter les charges; le calcul que je joins icy suffira pour vous en convaincre.

Pour une fabrication de 40 millions, la Chambre des comptes retire d'épices, aux termes de la déclaration de 1722, 55,500 liv. Cette fabrication peut être partagée, un tiers en or, et deux tiers en argent. Le tiers en or fait 18,055 marcs; il ne reste, au moyen du surachat, qu'environ 10 sols par marc de bénéfice, ce qui fait 9,027 liv. Les épices de la Chambre des comptes, à 19 s. 3 d. par marc, font 17,378 liv.; le Roi perdroit sur l'or 8,351 liv. Les deux tiers en argent font 540,000 marcs; il ne reste au Roi, au moyen du surachat, qu'environ 2 sols par marc, ce qui fait au total 54,000 liv. Les épices de la Chambre, à 1 sol 4 deniers 1/2 par marc, font 37,111 liv.; il ne reste au Roi que 16,889 liv.; mais il perd sur l'or 8,351 liv.; ainsi, il ne reste, d'une fabrication de 40 millions, les épices de la Chambre prélevées, que 8,538 liv., quand la Chambre en retireroit 55,000 liv.

Ce détail dans lequel j'entre avec vous, Monsieur, vous faisant connoître que la fabrication ne peut être augmentée que par le sacrifice que le Roi fait de ses droits, vous convaincra sans doute de la justice qu'il y a à fixer les épices à une somme déterminée, quelle que soit la fabrication. Si on remonte aux années auxquelles il n'y avoit pas eu de surachat accordé, la fabrication n'a porté les épices de la Chambre qu'à 18 ou 20,000 liv.; c'est à cette somme qu'elles avoient été fixées par la déclaration de 1722, pour les années antérieures à 1721, qui étoient arriérées. C'est la règle qu'il me paroît juste de suivre : elle ne porte aucun préjudice à la Chambre. Si on lui eût conservé la perception des pieds-forts, la répartition qui en auroit été faite dans toutes les années du règne du feu Roi, auroit été bien loin d'une année commune de 20,000 liv.; et même, en suivant la déclaration de 1722, si Sa Majesté cessoit de faire la remise de son droit de seigneuriage, la fabrication, bornée alors au superflu du commerce, ne produiroit pas au delà de 2,000 liv. Si le Roi veut bien continuer de faire le même sacrifice, il est juste que le commerce en profite seul. Sa Majesté est trop persuadée du désintéressement de sa Chambre des comptes, pour douter un moment qu'elle ne souscrive volontiers à un règlement qui porte dans la comptabilité des Monnoyes une économie qu'elle veut introduire dans toutes les parties de l'administration.

C'est dans cette confiance, Monsieur, que je crois devoir vous communiquer la déclaration que Sa Majesté se propose de vous adresser, pour que vous puissiés faire les observations que vous croirés devoir me proposer avant l'enregistrement.

Je suis, avec un parfait attachement, etc. TURGOT.

A Paris, le 30 novembre 1774.

Monsieur, les détails dans lesquels vous avés pris la peine d'entrer, dans votre lettre du 14 novembre dernier, ne me paroissent pas détruire les raisons sur lesquelles se fonde la déclaration que j'ai cru devoir vous communiquer avant de la faire adresser à la Chambre des comptes. Les pertes que la Chambre a éprouvées depuis 1772, n'ont aucun rapport à la fixation des épices des comptes des Monnoies. Il faut que chaque objet ne supporte que les charges auxquelles il doit être assujéti, et tous les objets traités dans votre lettre doivent l'être séparément et indépendamment des épices, pour les comptes des Monnoies.

Si, en 1721, l'objet considérable résultant de la réunion des épices accumulées depuis trente années a pu faire consentir sans peine la Chambre des comptes à la fixation qui fut faite alors, dix-neuf années écoulées depuis 1755 font une considération qui doit avoir aujourd'huy la même force.

Ce qui doit déterminer la réduction proposée dans la déclaration que j'ai cru devoir vous communiquer, c'est que la fabrication n'a été augmentée que par la remise que le Roy a faite de son droit de seigneuriage, et vous avés vu, par les détails dans lesquels je suis entré dans ma lettre du 4 novembre, que, sur une fabrication de 40 millions, les épices de la Chambre prélevées, il ne resteroit au Roy qu'un peu plus de 8,000 liv., pendant que la Chambre des comptes en retireroit 55,000 liv.

Si l'ordre qui a été établi par l'édit de 1772 rend la comptabilité plus claire, en la rendant plus facile, elle épargnera beaucoup de peine à celui qui sera chargé d'en rendre compte et aux magistrats qui en jugeront sur son rapport; et la fixation d'une somme de 20,000 liv., indépendamment de 5,500 pour les jetons, sera une rétribution suffisante pour ce travail. Je suis persuadé que, si Sa Majesté ne faisoit aucune remise de son droit de seigneuriage, la fabrication ne monteroit pas à vingt millions par année, et, dans ce cas, la Chambre ne percevroit que les 20,000 liv. qui ont été fixées pour les années antérieures à 1721; peut-être même la fabrication seroit-elle au-dessous. Le Roy, en renonçant à la plus grande partie du bénéfice qu'il pourroit retirer de ses Monnoies, ne doit pas encore voir accroître ses charges à mesure que ce sacrifice est plus répété.

C'est un devoir pour moi d'appliquer à tous les détails la plus rigoureuse économie, et c'est le seul moien que je puisse et doive employer pour balancer la recette et la dépense; et je vois avec plaisir, par la lettre que vous avés pris la peine de m'écrire le 20 novembre, après en avoir conféré avec plusieurs officiers de votre Compagnie, que vous êtes vous-même persuadé de la justice qu'il y a dans la réduction que je vous propose, qui ramène les épices de la Chambre des comptes à la fixation faite en 1721, et qui seroit même conforme à celle de la déclaration de 1722, si le Roy n'avoit, par la remise qu'il a faite de ses droits aux banquiers chargés de ses services, donné lieu à une augmentation dans la fabrication, préjudiciable peut-être au commerce général de ses sujets, et qui sera vraisemblablement restreinte par le traitement égal que Sa Majesté fera à tous ses sujets sur cette partie. J'ai fait au préambule le changement que vous me proposés. Sur tous les autres objets de votre lettre, je recevrai avec plaisir tous les mémoires que vous voudrés bien m'adresser, et vous ne devés pas douter que je ne sois très empressé à mettre dans la comptabilité le meilleur ordre qui sera possible, et d'y réunir la règle, la simplicité et l'économie.

Je suis, avec un parfait attachement, etc.

TURGOT.

(Originaux. — *Arch. Nicolay*, 70 L 383 et 384.)

886. 3, 9 et 22 *Décembre* 1774.
COMPLIMENTS AU PARLEMENT, A LA COUR DES AIDES ET AU GARDE DES SCEAUX.

La Chambre, sur la proposition du P.P., ayant envoyé son greffier en chef complimenter les deux Cours sur leur rappel, le premier président de la Cour des aides répondit :

Monsieur, le même sentiment anime tous les magistrats du royaume, et la Cour n'a jamais douté de l'intérêt que la Chambre prendroit à ses malheurs, qui étoient ceux de l'État. Elle reçoit avec la plus vive reconnoissance les assurances que vous êtes chargé de lui en donner. Nous vous prions aussi, Monsieur, de dire à la Chambre qu'au milieu du malheur général, ce fut toujours pour la Cour une consolation bien sensible de savoir qu'au moins le dépôt sacré confié à la Chambre avoit été respecté et ne lui avoit point été arraché, pour être transporté peut-être en des mains beaucoup moins dignes.

Le 22 décembre, MM. le Marié d'Aubigny et Clément de Boissy, chargés d'aller féliciter le nouveau garde des sceaux, Mr de Miroménil, lui témoignèrent quelle part la Chambre prenait à la joie de tous les cœurs patriotiques, en le voyant appelé auprès du roi et déjà admis à réparer les désastres de la magistrature, « par le concours d'hommes sages et vertueux qui, comme le monarque lui-même, ne connoissent point d'empire plus heureux que celui des lois. »

(Plumitif.)

---

887.   12 *Décembre* 1774.

COLLECTION DE MÉMOIRES SUR LES RENTES ET LES ÉPICES.

Ce jour, Mr Athanase-Alexandre Clément de Boissy, l'un des commissaires aux affaires de la Chambre pendant le présent semestre de juillet, a dit qu'en l'année 1773, à l'occasion de l'édit de mai 1772, portant réduction des payeurs et contrôleurs des rentes de l'hôtel de ville de Paris, de la déclaration du 8, des mêmes mois et an, qui a réuni la comptabilité des receveurs des tailles à celle des receveurs généraux des finances, et du retranchement d'une portion considérable des épices de la Chambre, il a été dressé par Mr Nicolay père, conjointement avec MM. les commissaires de la Chambre, différens mémoires et états démonstratifs du préjudice que causoient au Roi cet édit et ladite déclaration, et du tort que faisoit aux officiers de la Chambre le retranchement d'une partie de leurs émolumens, ainsi qu'il étoit expliqué dans les remontrances qui furent alors présentées au Roi; qu'il a été fait une collection complète desdits mémoires et états, avec un précis en tête, lesquels peuvent être d'une grande utilité dans les cas de réclamation; que Mr Nicolay père, dont le zèle et l'attachement pour la Chambre sont connus, avoit bien voulu permettre le transcrit de ce travail, qui lui a coûté des peines et des soins infinis; que, dans ces circonstances, mondit sr Clément de Boissy croyoit devoir proposer à la Compagnie d'ordonner le dépôt au greffe de ladite collection, ès mains de Me Henry, greffier en chef, pour s'en charger sur son registre de dépôt particulier à la Chambre, après que lesdits mémoires et états auront été préalablement paraphés par l'un de Messieurs.

Ouï ledit récit, vu lesdits mémoires et états transcrits de suite et contenus en 159 feuillets, la Chambre après avoir délibéré, a ordonné et ordonne, etc.

(Plumitif et Journal.)

---

888.   22 *Février* 1775.

LETTRE DU DUC DE LA VRILLIÈRE AU P.P. HONORAIRE.

A Versailles, le 22 février 1775.

J'ay l'honneur, Monsieur, de vous envoyer l'expédition des lettres de premier président honoraire de la Chambre des comptes que le Roy vous a accordées, qui est conforme au projet que vous m'en aviés adressé, n'ayant trouvé aucun changement à y faire. Je suis très aise d'avoir cette occasion de vous assurer du très parfait attachement avec lequel j'ay l'honneur d'être, etc.

LE DUC DE LA VRILLIÈRE.

Lettres de P.P. honoraire pour Aymard-Jean Nicolay.

Louis, etc. A nos amés et féaux conseillers les Gens tenans notre Chambre des comptes à Paris, Salut. Le feu Roi, notre très honnoré seigneur et ayeul, en accordant, le dix avril mil sept cent soixante-huit, à notre amé et féal conseiller en nos conseils d'État et privé, le sieur Aymard-Charles-Marie Nicolay, des provisions de l'état et office de premier président en notredite Chambre des comptes, en avoit en même tems réservé l'exercice à notre amé et féal le sr Aymard-Jean Nicolay, son père, dans l'espérance de pouvoir jouir encore longtems des fruits que l'expérience de ses travaux continuels pendant une longue suite d'années lui avoient acquis. Mais l'affection de ce magistrat pour un fils si digne de le remplacer l'ayant déterminé à se démettre en sa faveur de l'exercice de cette charge, par acte du treize septembre mil sept cent soixante-treize, la connoissance particulière que nous avons de son mérite, les regrets unanimes de la Compagnie qu'il présidoit, les vœux les plus empressés de lui voir continuer ses fonctions, consignés dans son arrêté du dix-huit du même mois, nous ont fait juger combien il étoit intéressant pour le bien de notre service et celui du public de lui conserver les avantages et les prérogatives d'une charge qu'il a remplie, pendant près de quarante années, avec cette sagesse, cette droiture et ce désintéressement devenus héréditaires dans sa maison depuis près de trois siècles, que ses ancêtres et lui ont été successivement revêtus de cette éminente dignité. A ces causes, de notre grâce spéciale, pleine puissance et autorité royale, nous avons permis et accordé, et, par ces présentes signées de notre main, permettons et accordons audit sieur Aymard-Jean Nicolay, voulons et nous plaît que, nonobstant la résignation qu'il a faite de ladite charge, les provisions qui en ont été expédiées au nom dudit sieur son fils et la démission d'exercice qu'il a faite en sa faveur, il puisse se dire et qualifier en tous actes, tant en jugement que dehors, notre conseiller ordinaire en tous nos conseils, premier président en notre Chambre des comptes à Paris; lui permettons en outre d'assister et de prendre place en notredite Chambre des comptes et d'y avoir rang et séance, tant au grand qu'au second bureau, après celui qui présidera, avec voix et opinion délibérative dans toutes les affaires qui s'y traiteront, sans toutes fois qu'il puisse prétendre aucuns gages, pensions, épices, ni autres droits et émolumens appartenans à ladite charge, et à condition qu'il ne pourra présider en aucun cas. . . . . Car tel est notre plaisir. Donné à Versailles, le vingt-deuxième jour du mois de février mil sept cent soixante-quinze, et de notre règne le premier.

LOUIS.
Par le Roi : PHÉLYPEAUX.

Registrées en la Chambre des comptes, ouy le procureur général du Roy, pour être exécutées selon leur forme et teneur, et jouir par l'impétrant de l'effet et contenu en icelle. Et à l'instant, la Chambre a commis et député M^{rs} le Clerc de Lesseville et Billet, conseillers maîtres, pour aller complimenter Monsieur de Nicolay père et lui témoigner la satisfaction et la joye que la Chambre ressent de l'assurance qu'elle a de pouvoir jouir encore des fruits de sa sagesse et de son expérience, et de ce que lesdites lettres affermissent de plus en plus la charge de premier président sur sa tête et celle de Monsieur son fils; que la Chambre se flatte qu'il voudra bien continuer son attachement à l'honneur et à la dignité de la Compagnie, dont il lui a donné des preuves si multipliées. Les semestres assemblés, le seize mars mil sept cent soixante-quinze.

HENRY. Nihil.
(Originaux. — Arch. Nicolay, 44 L 23 et 114.)

---

889.   2 Juillet 1775.
DÉPUTATION AU ROI ET DISCOURS DU P.P. A L'OCCASION DU SACRE.

La Chambre s'étant assemblée sur les huit heures du matin, et composée de Messieurs des deux semestres, de tous les ordres, savoir : de MM. Nicolay père et fils, Premiers Présidens; MM. de Paris, de la Brosse, etc., est partie en corps de Cour, à neuf heures, pour se rendre à Versailles. Messieurs, étant descendus le grand escalier, sont montés dans leurs carrosses et se sont mis en marche. Le carrosse où étoient quatre huissiers précédoit celui de M^r le P.P.; dans le fond duquel carrosse, attelé de six chevaux, étoit mondit s^r le P.P., avec M^r son père, et sur le devant un des greffiers en chef et le premier huissier. Suivoient ensuite les autres carrosses, faisant en tout le nombre de dix-neuf, à six et à quatre chevaux, dans le dernier desquels étoit le procureur général du Roi.

La Chambre étoit escortée d'un détachement de douze archers à cheval de la compagnie du s^r lieutenant criminel de robe courte, commandés par deux de leurs officiers, qui marchoient aux portières du carrosse de M^r le P.P.; deux desdits archers précédoient tous les équipages, et les autres étoient à droite et à gauche des autres carrosses, l'épée nue à la main. En cet ordre, la Compagnie a pris sa route par la porte et rue

Ste-Anne, la rue St-Louis, le quai des Orfévres, le Pont Neuf, le quai de l'École, ceux du Louvre et des Tuileries, en marchant au pas jusqu'à la grille du Cours-la-Reine; au sortir de laquelle il y avoit deux brigades de maréchaussée réunies, l'épée nue à la main, et dont les commandans ont salué la Compagnie, ainsi que ceux des brigades qui se trouvèrent encore sur son passage, au Point du Jour, à Sèvres et à l'entrée de l'avenue de Versailles, où les voitures remarchèrent au pas jusqu'à la grille de la cour des Princes. Y étant arrivés sur le midi, immédiatement après le parlement, Messieurs descendirent, et furent conduits par deux huissiers de la Chambre, qui s'y étoient rendus dès le matin pour les attendre, jusque dans la salle du Conseil, située à l'entrée de la seconde cour du château, et qui avoit été marquée pour le lieu de leur dépôt, le parlement ayant le sien dans la salle des Ambassadeurs, qui est auprès. Les portes de ces deux pièces étoient gardées chacune par un suisse à la grande livrée du Roi. Le carrosse de Mr le P.P. de la Chambre resta dans la cour des Princes, ainsi que celui du P.P. du parlement, et les autres voitures furent se ranger, avec celles du parlement, dans l'avant-cour du château.

Sur le midi un quart, le grand maître et l'aide des cérémonies sont venus, avec Mr le duc de la Vrillière, ministre et secrétaire d'État, avertir la Chambre que le Roi l'attendoit pour lui donner audience. On s'est mis en marche dans l'ordre suivant : les six huissiers de la Chambre, les deux greffiers en chef, le premier huissier, Mr le P.P. fils et Mr son père, précédés des officiers des cérémonies, et ayant à leur côté Mr le duc de la Vrillière ; MM. les présidens, conseillers maîtres, conseillers correcteurs, conseillers auditeurs, et le procureur général. Étant arrivés à la porte de la chambre du Roi, les huissiers sont restés en dehors, et ne sont entrés qu'après toute la Compagnie. Les deux greffiers en chef entrèrent les premiers, suivis du premier huissier, et tous trois se sont rangés à gauche de la porte, le long de la balustrade du lit du Roi. MM. les Premiers Présidents, MM. les présidens et les autres officiers de la Compagnie étant entrés ensuite, en saluant le Roi de trois profondes révérences, S. M. a ôté son chapeau. Elle étoit assise dans un fauteuil, ayant à sa droite Monsieur et Mr le comte de la Marche, et à sa gauche Mr le comte d'Artois ; derrière son fauteuil étoient Mr le garde des sceaux à droite, MM. les ducs de Beauvau et de Villeroy, capitaines des gardes, Mr de Sartine, ministre et secrétaire d'État au département de la marine, et plusieurs des principaux officiers de sa maison. Après les révérences et s'être approché, Mr le P.P. a dit au Roi :

« Sire, la religion vient de mettre le dernier sceau à votre alliance avec vos sujets. Élevé, au milieu de la cérémonie la plus auguste, sur le premier trône de l'univers, tandis que l'appareil imposant de la grandeur annonçoit de toutes parts la Majesté Royale, un sentiment délicieux portoit jusqu'au fond de votre cœur la douce émotion de l'attendrissement et de la joie. Vous entendiez, Sire, ces cris, ces acclamations redoublées dont vous étiez l'objet ; vous jouissiez des transports de cette nation que l'on distingue à son enthousiasme pour ses souverains, que l'exemple de ses maîtres gouverne toujours, et qui ne connoît que le devoir et l'honneur.

« A vingt ans, Sire, vous vous dévouez aux soins pénibles du gouvernement ; l'adulation n'ose point vous offrir son encens dangereux, et la vérité vous plaît, dans un rang où souvent elle importune. Voilà les qualités intéressantes qu'elle aime à publier de V. M., et qui vont faire luire sur nos têtes l'aurore des beaux jours de la monarchie.

« Vous répondrez, Sire, aux vœux de la nation. Elle vous prépare, elle vous offre, cette nation chérie, ce que ne peut donner le pouvoir suprême, la plus belle récompense de la bienfaisance et de la vertu couronnées, la noble, la seule ambition d'un bon Roi : l'amour d'un peuple heureux.

« Votre Chambre des comptes, Sire, pourroit-elle aujourd'hui ne point faire éclater son zèle ? Honorée de la protection de vos augustes prédécesseurs, assurée, par la bouche de Votre Majesté même, d'obtenir la sienne, sa fidélité, ses services, plus éloquens que mes foibles paroles, sont et ses interprètes, et ses titres à vos bontés. »

Ce discours fini, le Roi répondit : « Je vois avec plaisir les témoignages de votre attachement. Continuez de me bien servir, et comptez sur ma protection. »

(Minute originale. *Arch. Nicolay,* 54 L 145. — *Plumitif.*)

890. 26 Août 1775.
LETTRE DU CONTROLEUR GÉNÉRAL AU P.P. — ÉPICES DE LA CHAMBRE.

Versailles, le 26 août 1775.

Monsieur, j'ai examiné avec attention le mémoire d'observations que vous m'avez remis sur les pertes que la Chambre a éprouvées sur ses épices depuis quelques années. Malgré tout le désir que j'ai de satisfaire les officiers de votre Cour, je crains bien que le Roi ne veuille pas accueillir leurs demandes. En effet, les réductions contre lesquelles vous réclamez, ont été ordonnées par des lois enregistrées et eu égard à la situation des finances, qui n'est pas encore dans un état plus favorable que celui où elle étoit alors. Au surplus, avant que je puisse mettre Sa Majesté en état de prononcer sur vos demandes, je désirerois avoir un détail exact des finances et augmentations de finances payées originairement au Roi pour l'acquisition des offices, avec un état du montant des épices anciennes, à partir des époques où elles ont été augmentées ou diminuées, et enfin un autre du prix moyennant lequel les offices se vendent aujourd'hui dans le commerce. Je vous prie donc de vouloir bien me procurer ces différens renseignemens, afin que je sois à portée d'en rendre compte au Roi et de déterminer Sa Majesté à faire justice aux officiers de la Chambre. Je suis, etc.

TURGOT.

(Original. — Arch. Nicolay, 70 L 395.)

---

891. 19 Mars 1776.
SÉANCE DE MONSIEUR. — DISCOURS DU P.P.

Monseigneur (j'obéis aux ordres du Roi, mon maître), la voix de l'autorité va se faire entendre pour imprimer la sanction de l'enregistrement à des lois que cette Compagnie ne connaît encore que par les réclamations qu'elles ont excitées. Nous voudrions faire éclater la joye que votre auguste présence inspire ; mais, au moment où l'appareil imposant qui vous environne annonce l'acte le plus absolu de la volonté souveraine, elle devient étrangère à nos cœurs, et vous ne trouverez parmi nous que de l'obéissance et du respect.

La vérification libre des Cours n'est point, Monseigneur, une formalité vaine réclamée par les tribunaux ; c'est le complément de la loi : au respectable sceau du pouvoir suprême, il ajoute le sceau toujours désiré de l'opinion, qui seule enchaîne les suffrages. Réduire les magistrats au silence, leur interdire la plus noble de leurs fonctions, c'est laisser présumer que leur conscience se serait élevée contre la loi proposée, ou laisser craindre qu'on ne veuille plus désormais que les sanctuaires de la justice soient l'asile de la vérité.

Remplissons le devoir que notre ministère nous impose ; osons aujourd'huy élever notre faible voix. L'expression de notre zèle peut-elle être plus légitime, Monseigneur ! C'est dans votre sein que nous allons déposer nos inquiétudes ; vous les porterez aux pieds du trône, vous daignerez estre notre interprète auprès d'un Roi ami de la sagesse et de la justice, dont la bienfaisance est la seule passion, et dont on ne peut diriger les vues qu'en présentant à son cœur la séduisante image du bonheur public.

Six édits, déclarations ou lettres patentes vont être publiés devant vous.

La suppression de la Caisse de Poissy est sans doute avantageuse au peuple, sans être onéreuse aux finances du Roy ; mais nous aurions désiré que le terme de l'imposition qui la représente eût été fixé par la loi à l'époque où l'impôt primitif devait finir.

Les lettres portant conversion et modération des droits sur les suifs, ne procurent point le soulagement qu'elles annoncent. Elles suppriment, il est vrai, le sou pour livre qui se percevait ; mais, reportant bientôt ce droit sur l'entrée des bestiaux qui nous donnent le suif, elles étendent sur le public un impôt qui ne devait être supporté que par les particuliers consommateurs de ces sortes de matières.

Les raisons puissantes qui avaient suspendu en 1760 la suppression des offices sur les ports ordonnée en 1759, s'élèvent encore aujourd'hui avec la même force. Le feu Roi, effrayé d'une masse de plus de soixante millions de remboursement, préféra de conserver ces officiers à suivre un projet d'amortissement que ses finances ne lui permettaient point de réaliser. La dette nationale en est-elle diminuée, et notre situation n'est-elle pas toujours la même?

Les corvées sont remplacées par un impôt illimité dans sa durée, arbitraire dans son exécution, et rigoureux dans sa perception. N'était-il point des moyens plus doux? La route même n'avait-elle pas été tracée? Des administrateurs éclairés et patriotes avaient, de l'aveu du gouvernement, essayé la voie de l'abonnement à prix d'argent, et bientôt le succès le plus général avait couronné leur entreprise et consacré leur méthode. Par là, les corvéables employés aux travaux pour lesquels ils avaient contribué, se trouvaient recevoir un salaire supérieur à la taxe qu'ils avaient payée; par là, le propriétaire de fonds n'était point surchargé d'une imposition nouvelle; par là, les priviléges de la noblesse n'étaient point altérés.

Nous ne tenterons point de résoudre le grand problème: si la liberté ou la gêne du commerce sont utiles et nuisibles; nous ne chercherons point à discuter les articles multipliés des jurandes. Une seule réflexion nous sera permise, et la voici, Monseigneur. Le système des corporations était appuyé sur le suffrage et sur la succession de plusieurs siècles; il avait subsisté sous l'administration de Colbert, lorsque ce grand ministre, appelant l'industrie de toutes parts, faisait fleurir le règne de Louis XIV par le commerce, les manufactures et les arts. Les Rois vos ayeux, par des règlemens sages, avaient assuré l'approvisionnement des marchés. La capitale fut toujours le premier objet de ces précautions salutaires. Ils voulaient pourvoir à la subsistance de leurs sujets, avant que de permettre les spéculations du commerce sur la denrée de première nécessité. Ces institutions précieuses sont anéanties: une législation nouvelle leur a succédé. Ses vues sont aussi pures; ses effets seront-ils aussi heureux? Si l'intempérie des saisons, si l'avidité criminelle du commerçant, si des malheurs que nous n'osons prévoir et que la loi paroît s'interdire de prévenir, allaient occasionner. ....! Ah! détournons les regards de cette affligeante perspective. Puisse une triste et tardive expérience ne jamais justifier nos alarmes; puissent toujours les intentions de notre auguste monarque être suivies du succès qu'il en a espéré!

Reposons notre imagination, Messieurs, sur des objets plus consolans, et que l'espérance renaisse à la présence du prince auguste que nous voyons assis parmi nous. L'éclat de la grandeur, la frivolité des plaisirs, les séductions de tout genre n'eurent jamais d'attrait pour lui. La sensibilité, la bienfaisance sont ses jouissances, l'étude dans le silence ses seuls délassemens. Sa modestie nous l'aurait dérobé, si la sagesse de ses décisions, si l'ordre admirable qu'il a établi dans sa maison, si l'exemple de cette économie qui proscrit la prodigalité et suffit à la représentation, si sa touchante affabilité ne l'avaient fait connaître.

La patrie réclame, Monseigneur, vos talens et vos vertus; elle cherche un intercesseur auprès du trône. A qui peut-elle être plus chère, et qui peut lui être plus utile? Parcourez notre histoire, depuis que votre auguste maison nous gouverne. Vous verrez, pendant huit siècles, les intérêts du monarque et ceux des sujets toujours liés et confondus ensemble, la fidélité, l'obéissance d'un peuple immense être toujours le gage et le prix de la bienveillance et de la protection de ses maîtres, et vous ne pourrez songer sans attendrissement qu'en échange de cet amour qu'il n'appartient qu'à des Français d'avoir pour leurs souverains, nos Rois nous ont promis de nous rendre heureux.

(Minute originale. — *Arch. Nicolay*, 55 L 87 bis.)

892. 28 *Avril* 1776.
PRÉSENTATION DE REMONTRANCES PAR LE P.P.

Sire, l'attachement, le respect et le devoir amènent votre Chambre des comptes aux pieds du trône. Elle n'a pu voir sans douleur donner la sanction du pouvoir suprême à des lois qu'il est de sa fidélité de combattre par ses remontrances.

Comme magistrats, nous devons en déférer les inconvéniens à V. M.; l'esprit de bienfaisance qui les a dictées nous en impose l'obligation, et vos vues paternelles encouragent notre zèle par l'espoir d'être écoutés. Comme François, nous partageons l'amour de la nation dont vous êtes l'idole, nous aimons à mêler nos bénédictions à celles des peuples et à former les mêmes vœux pour la prospérité d'un maître dont l'âme généreuse ne veut s'occuper que des soins de son empire, et ne connoître que le besoin de faire des heureux.

(*Plumitif* et *Journal*.)

893.   17 Mai 1776.
LETTRE DU PREMIER PRÉSIDENT DE LA COUR DES AIDES AU P.P.
OFFRE DE CONFÉRENCE.

Paris, ce 17 may 1776.

J'ai rendu compte, Monsieur, ce matin à Messieurs de la conversation que nous avions eu ensemble. Vous trouverez toujours la Compagnie, et moy en particulier, tout disposé à préférer la voye de conciliation et à éviter la sorte de scandale qui résulte de voir deux Cours souveraines en querelle. Le moyen que vous m'avez proposé, de se réunir, me paroît très propre à pouvoir s'entendre. Si demain, à 5 heures du soir, peut vous convenir, je me rendrai chez vous, avec Mr le président de Boisgibault, Mr le président Jullien, Mr le procureur général et Mr Leschassier. Vous voudrez bien, de votre côté, prévenir ceux de Messieurs de la Chambre des comptes que vous désirez qui y assistent, et nous discuterons l'affaire. Je vous prie de me faire dire demain, avant mon départ pour le Palais, si l'après mydy vous convient, afin que je puisse en prévenir deffinitivement ceux de Messieurs de la Cour des aydes qui en seront. J'ai l'honneur d'être, avec un très sincère attachement, etc.

BARENTIN.

(Orig. autographe. — *Arch. Nicolay*, 41 L 195.)

894.   24 Mai 1776.
COMPLIMENT DU P.P. A M. DE CLUGNY, CONTROLEUR GÉNÉRAL.

Monsieur, le Roi vous élève au ministère des finances pour le bonheur de ses peuples. Sa bienfaisance vous appelle à cette honorable fonction ; mais son choix, en faisant votre éloge, vous impose de grands devoirs. Sans doute, il faut tout votre zèle et vos talens pour la place que vous allez remplir, puisqu'il faut répondre aux vœux, aux besoins du public. Il serait difficile de vous dissimuler leur vérité et leur étendue.

On vous propose, Monsieur, pour modèles et pour guides ces ministres habiles et sages qui, toujours amis des propriétés, de l'ordre, de l'état des personnes, n'eurent jamais d'ambition que celle d'être utiles, et firent le bien sans faste. Sans étonner par des opinions nouvelles, sans alarmer par des spéculations hardies, leur méthode, conforme aux principes, eut la justice et l'économie pour bases ; ils furent fidèles aux engagemens, ils ranimèrent le commerce, ils firent fleurir l'agriculture, et portèrent dans toutes les parties du royaume l'abondance et la vie. La faveur de leur maître, l'affection de leurs concitoyens ont été leur récompense, et la postérité, juge équitable de leur administration, a consacré leur nom à la reconnaissance des siècles à venir et leur exemple à l'émulation de leurs successeurs.

Ils savaient, Monsieur, que cette illustre Compagnie est le dépôt essentiel des loix et de la surveillance de la comptabilité ; c'est ici qu'on leur faisait découvrir les abus et leurs remèdes ; c'est ici qu'ils aimaient à trouver, pour le bien qu'ils voulaient faire, des coopérateurs et des conseils.

La nation, Monsieur, espère de vous tout ce qu'elle a droit d'en attendre. Elle mesure aujourd'hui les obligations du ministre des finances sur les intentions de son auguste monarque. Louis XVI est notre Roi, Monsieur, et vous savez qu'il veut être notre père.

(Minute originale. — *Arch. Nicolay*, 57 L 90.)

895.
25 Octobre 1776.
COMPLIMENT DU P.P. A M. TABOUREAU, CONTROLEUR GÉNÉRAL.

Monsieur, votre nomination a généralement été applaudie; elle ranime notre espérance, mais elle ne nous fait point oublier nos regrets. Le souvenir d'un magistrat qui eût consacré ses veilles au bonheur de ses concitoyens, est toujours présent à nos cœurs. Ma faible voix aime à s'élever pour célébrer sa mémoire, et je crois, Monsieur, avoir commencé votre éloge, en jetant devant vous des fleurs sur la tombe de votre prédécesseur.

Sans doute, une administration plus longue eût vu éclore l'homme d'État; mais, arrêté au commencement de sa course, Mr de Clugny n'a pu que laisser entrevoir des talens et du zèle. Il a du moins assés vécu pour faire connaître, pour faire chérir l'aménité de sa personne, et pour mériter des amis.

Les titres que vous apportez sont trop multipliés pour les taire; les rappeler, Monsieur, c'est plaire au public, c'est mettre le sceau à vos engagemens avec lui. Une raison lumineuse, une prudence active, la simplicité des mœurs des premiers âges, cette probité antique pour laquelle notre vénération semble redoubler parce que les modèles en sont devenus plus rares, voilà, Monsieur, les vertus dont vous avez donné l'exemple, voilà l'histoire de votre vie. Valencienne en a joui pendant douze ans. Elles eurent alors des panégyristes et des témoins qui nous sont également chers. Je leur rendis hommage avant que de vous appartenir, car je ne me flattais point que le lien de l'estime dût resserrer un jour le lien de la parenté.

Les regards de la nation vont s'attacher sur vous; votre réputation fait son espoir, et devient le présage d'un ministère heureux. Vous entrez dans la carrière, Monsieur: elle est immense et pénible à parcourir; mais le terme est glorieux, et la récompense est belle. Il est flatteur pour un bon citoyen d'être appelé par le choix de son maître et le vœu de la patrie à seconder les vues d'un monarque qui veut approcher du trône la bienfaisance et la vérité.

(Minute originale. — Arch. Nicolay, 57 L 98.)

896.
6 Février 1777.
LETTRE DU DIRECTEUR GÉNÉRAL AU P.P. — RÈGLEMENT D'UNE ORDONNANCE.

A Paris, le 6 février 1777.

Monsieur, l'arrangement que vous me demandez pour Mr votre frère, est une chose qui n'est point facile. On trouve dans mes bureaux qu'on a expédié au mois de juin 1773 une ordonnance de 12,000 liv. à son profit, qui lui a été payée au Trésor royal. Vous me faites l'honneur de m'adresser une note qui annonce qu'en 1772 il fut payé à Mr votre frère, au même Trésor royal, une pareille somme de 12,000 liv., sur un simple mandat de Mr le Clerc; mais il ne paraît aucune trace de décision du Roi, ni de Mr le contrôleur général, qui ait ordonné cette dépense, en sorte qu'elle se trouve faite hors de toute règle comptable. Le Trésor royal a besoin, sans doute, d'une ordonnance pour faire entrer cet objet dans l'ordre auquel il est assujéti; mais je ne puis faire expédier cette ordonnance qu'en vertu d'un *Bon* du Roi, qu'il faut que je propose tout exprès à Sa Majesté. Ce *Bon* semblera une grâce nouvelle, et je serai d'autant plus embarrassé de la justifier, que le motif m'en est absolument inconnu.

On ne peut, Monsieur, être plus empressé que je le suis à chercher les occasions de vous obliger; mais j'avoue que je suis en peine de trouver le moyen de satisfaire au désir que vous me marquez dans celle-ci, et j'y penserai encore. Je suis, avec respect, etc.

NECKER.

Réponse du P.P.

Je dois, Monsieur, vous remercier de vouloir bien mettre de l'ordre dans la comptabilité; mais, en même tems, je dois insister de nouveau pour vous engager à mettre mon frère en règle relativement à ce billet de 12,000 liv. dont il demande la conversion en un acquit de comptant de pareille somme. Je n'aime à être ni chagrin, ni critique du tems passé; cependant je ne puis me refuser de vous observer que la difficulté doit sa naissance à la légèreté de Mr le Clerc, qui donne un billet sans ordonnance, et à la facilité de l'abbé Terray, qu'on pourrait caractériser autrement, qui fermait les yeux sur un genre d'abus qu'un administrateur des finances ne saurait réprimer avec trop de rigueur. J'ai l'honneur d'être, etc.

(Original. — Arch. Nicolay, 41 L 176.)

897. 4 et 12 Mars 1777.
MALADIE ET MORT DU MARÉCHAL DE NICOLAY.

Du 4 mars. Le commis au Plumitif, venu au bureau, a dit qu'en conséquence des ordres de la Chambre du jour d'hier, il s'étoit transporté, sur le midi, à l'hôtel de Mr le maréchal de Nicolay; que n'ayant pu lui parler, à cause qu'il reposoit dans ce moment, il s'étoit adressé à Mme la maréchale de Nicolay; à laquelle ayant fait part de l'objet de sa mission, elle lui avoit fait l'honneur de lui répondre que, quoique Mr le maréchal fût alors plus tranquille, cependant ses craintes sur son état étoient plus fortes que l'espérance de son rétablissement; qu'elle étoit très sensible à la marque d'attachement que la Chambre donnoit à Mr le maréchal, et ne manqueroit pas de l'en instruire.

Du 12 mars. Me Marsolan, greffier en chef de la Chambre, venu au bureau, a dit qu'en exécution de l'arrêt de la Chambre du jour d'hier, il s'étoit transporté à l'hôtel de Mr Nicolay père, P.P. honoraire en la Chambre, et de Mr Nicolay son fils, P.P., auxquels il avoit témoigné, chacun en particulier, la part que la Chambre prenoit à la perte qu'ils avoient faite de Mr le maréchal de Nicolay, leur frère et oncle. A quoi ils lui avoient fait l'honneur de lui répondre qu'ils étoient sensibles à la marque d'attention qu'ils recevoient de la Chambre dans cette triste circonstance, et le prioient de lui en faire leurs remerciemens; et Mr le P.P. fils a ajouté qu'il iroit jeudi à la Chambre les lui renouveler.

(*Plumitif* et *Journal*.)

898. 16 Août 1777.
LETTRE DU DIRECTEUR GÉNÉRAL AU P.P. — RECEVEURS DES DOMAINES ET BOIS.

Versailles, ce 16 aoust 1777.

Je vous rends mille grâces, Monsieur, de votre promptitude et de vos expressions obligeantes; je vous ferai hommage avec grand plaisir du mémoire que vous avés la bonté de désirer.

Nous désirons fort que cette affaire, qui s'ébruite un peu, ne traîne point, et je comptois être en état d'engager Mr le garde des sceaux à envoyer lundy ou mardy à la Chambre des comptes cet édit. Il sera facile de s'entendre sur les observations que vous me communiqués. Je vous prie, Monsieur, de vouloir bien engager celuy de vos messieurs qui a votre confiance dans cette partie à venir en causer avec moi lundi matin, vers les 10 heures, à Paris. J'aurai Mélin sous ma main, pour arranger en conséquence le dispositif.

J'ay l'honneur de vous assurer, Monsieur, de tout mon respect et mon attachement.

NECKER.

(Original. — Arch. Nicolay, 41 L 181.)

899. 7 Septembre 1777.
LETTRE DU GARDE DES SCEAUX AU P.P. — ADMINISTRATION DES HOPITAUX.

A Versailles, le 7 septembre 1777.

Monsieur, l'intention du Roy est de s'occuper des moyens de subvenir aux besoins des hôpitaux de Paris; Sa Majesté m'a en conséquence ordonné de conférer avec vous, avec les principaux magistrats et avec quelques personnes instruites de l'état de ces établissemens intéressans pour le bien de l'humanité.

Je vous serai obligé, Monsieur, de me faire le plaisir de venir chez moi, à Paris, mercredy prochain, dix de ce mois, sur les cinq heures après midi. Je serai charmé de profiter de vos lumières et de saisir cette occasion de vous renouveler les sentimens avec lesquels je suis, etc.

MIROMÉNIL.

(Original. — Arch. Nicolay, 72 L 442.)

900.   27 *Février* 1778.
LETTRE DE M. CROMOT AU P.P. — COMMUNICATION DE TITRES.

Paris, le 27 février 1778.

Je vais profiter, Monsieur, de la permission que vous me donnez d'envoyer quelqu'un pour faire dans les dépôts de la Chambre la recherche des titres nécessaires aux intérêts du domaine de Monsieur. Mr Gamard m'avoit déjà dit que les extraits que nous nous proposions de faire faire ne pouvoient pas être collationnés; mais je vous avoue, Monsieur, qu'il ne nous en a donné aucune raison satisfaisante. Il en est apparemment de cet usage comme de bien d'autres, qui se sont établis on ne sait pourquoi, et qui se perpétuent parce qu'on les trouve établis. Il seroit bien digne de votre sagesse et de vos lumières d'abroger un pareil usage, qui nuit évidemment à tout le monde : aux possesseurs de domaines, en surchargeant et renchérissant le travail relatif à leurs possessions; et à la Chambre même, en dégoûtant d'une part de lui déposer des titres dont on a tant de peine ensuite à se procurer la communication, et en ôtant à des officiers les petits droits qu'on seroit dans le cas de leur payer pour le collationné.

Je suis désespéré, Monsieur, que les expressions de ma dernière lettre ayent pu vous faire douter un instant de la justice que Monsieur rend au zèle et à la bonne volonté que la Chambre a montrés dans tous les tems pour ses intérêts. Lorsque j'ai eu l'honneur de vous mander que le prince avoit été étonné de la dépense énorme des expéditions, je ne voulois pas vous parler de celles qui ont été faites, mais de celles qui seroient à faire pour tout son apanage, si nous étions obligés de faire faire pour toutes les terres de pareilles expéditions; et vous conviendrez, Monsieur, que l'objet seroit véritablement énorme, et même effrayant. Mais je n'ai pas laissé ignorer en même tems à Monsieur que les frais, tout considérables qu'ils seroient, se réduisoient au remboursement du papier et du scribe, et vous pouvez être assuré que le prince est bien éloigné d'avoir pris des impressions défavorables à la Chambre. Si les expressions de ma lettre vous l'ont fait craindre, c'est contre mon intention. Monsieur connoît tout le zèle, tout le désintéressement de la Chambre; il sait combien vous désirez en particulier de lui plaire, et vous ne me soupçonnez pas sans doute de vouloir détruire une opinion qu'il a si justement conçue.

J'ai l'honneur d'être, avec un très parfait et très respectueux attachement, etc.

CROMOT.

(Original. — Arch. Nicolay, 71 L 72.)

901.   4 *Mars* 1778.
LETTRE DU PRINCE DE MONTBAREY AU P.P. — PENSION DE MM. D'ASSAS.

A Versailles, le 4 mars 1778.

Vous avez sans doute, Monsieur, entendu parler de l'héroïsme avec lequel le chevalier d'Assas, capitaine au régiment d'Auvergne, s'est dévoué à la mort, en 1760, pour sauver un corps considérable de l'armée françoise. Le Roi n'a pas laissé une aussi belle action sans récompense. Il a accordé au frère et aux deux neveux de ce brave officier une pension, réversible à leur postérité, et il a voulu qu'il ne fût payé, pour les lettres qui renferment cette grâce, ni droit de sceau ni droit de marc d'or. Sa Majesté verroit avec beaucoup de plaisir que votre Compagnie voulût bien faire également remise aux s^{rs} d'Assas de la somme qu'elle est en droit d'exiger pour l'enregistrement des lettres dont il s'agit. Rien de plus extraordinaire, à la vérité, qu'une pareille faveur; mais l'action que l'on a voulu récompenser l'est tellement aussi, que cet exemple ne tireroit jamais à conséquence.

J'ai l'honneur d'être, avec un très parfait attachement, etc.

LE PRINCE DE MONTBAREY.

Réponse du P.P.

Paris, 5 mars 1778.

La Chambre des comptes, Monsieur, fera bien volontiers remise de ses droits pour l'enregistrement des lettres de pension accordées par le Roy à la famille du brave chevalier d'Assas. Heureuse de s'associer en quelque sorte à la bienfaisance du souverain et d'acquitter, autant qu'il sera en elle, la dette de la patrie, elle applaudit à une grâce qui honore le nom français et doit en perpétuer la splendeur.

Je me félicite, Monsieur, d'être aujourd'hui l'organe de cette Compagnie, et, si je lui remets sous les yeux la lettre que vous m'avez fait l'honneur de m'écrire, ce sera moins pour déterminer son suffrage, que pour lui faire sentir le bonheur d'exister sous un maître dont les ministres ne sont occupés qu'à couronner l'héroïsme et à récompenser la vertu.

Je suis, Monsieur, avec un très parfait attachement, etc. (Original. — *Arch. Nicolay*, 33 L 16.)

902.

21 *Novembre* 1778.

PRÉSENTATION DE REMONTRANCES PAR LE P.P.

Sire, les Cours vous doivent la vérité. Ce devoir, toujours glorieux, mais quelquefois pénible, n'est plus aujourd'hui qu'honorable à remplir. La bienfaisance est sur le trône; l'esprit de l'ordre, le désir de la justice animent vos Conseils, et le bonheur de vos peuples est le vœu constant de l'administration de V. M. Votre Chambre des comptes, Sire, ne paroît devant vous qu'après avoir obéi, rendant hommage à vos intentions, et persuadée qu'il est des circonstances où elle doit en quelque sorte enchaîner l'expression de son zèle, pour assurer aux opérations du gouvernement la faveur que leur donne toujours le suffrage des magistrats. Son enregistrement a dû précéder ses supplications.

L'édit portant suppression des divers trésoriers de la guerre et de la marine et rétablissement des deux seuls titulaires pour chacun de ces départemens, présente, Sire, des vues de bien public et l'espoir de l'économie; mais ne résulte-t-il point de la disposition même de quelques-uns de ses articles un grand nombre d'inconvéniens? et dans l'exécution n'en peut-il point éclore que l'on n'a pas prévus?

L'on voit d'abord deux trésoriers, honorés de la confiance la plus absolue de V. M., chargés d'un détail effrayant par son étendue, ayant à peine, dans le léger cautionnement que V. M. exige d'eux, de quoi répondre des erreurs de leur maniement. On les substitue, ces deux trésoriers, à onze comptables, qui avoient versé dans les coffres de V. M. dix millions de finance, pour embrasser seuls, dans leur immense gestion, les comptabilités multipliées, et peut-être, à certains égards, nécessaires, de la guerre et de la marine. Les lettres patentes dont vous avez fait revêtir l'arrêt du Conseil du 18 octobre dernier, le règlement sur les pensions que V. M. vient d'adresser à sa Chambre des comptes, répondent, il est vrai, à quelques-unes de ces objections; mais ils ne les détruisent pas toutes. Sans doute, la surveillance active du ministre de vos finances, l'inspection imprévue des caisses, la remise de mois en mois à l'administration des états de la situation des comptables, le dépôt de ces mêmes états exécuté tous les ans au greffe de votre Chambre des comptes, éloigneront ces prévarications ruineuses pour V. M., que la négligence et l'inexécution des règlemens n'ont que trop de fois suggérées à la fraude; mais sont-elles anéanties pour jamais? et, si elles surviennent actuellement, ne seront-elles pas plus graves?

Les pensions répandues dans les départemens de la guerre et de la marine, acquittées désormais par le

Trésor royal, allégeront le fardeau des nouveaux trésoriers; et néanmoins ces deux officiers pourront-ils suffire au service dont ils vont être chargés?

Rapprochons, Sire, pour vous le faire juger, deux époques intéressantes de notre histoire; retraçons à vos yeux le tableau de la France pendant les premières années de la minorité du feu Roi, et celui de la France à l'instant que V. M. est montée sur le trône. Voyez, Sire, le royaume épuisé par les malheurs qui assiégèrent la vieillesse de Louis XIV, dénué de ressources, d'hommes, d'argent; un Conseil de finances occupé à rassembler des débris, portant dans toutes les parties de l'administration l'œil éclairé de la réforme et de l'économie, cherchant partout à diminuer les dépenses, parce qu'on ne pouvoit plus espérer de secours; l'impérieuse nécessité dictant, s'il est permis de s'exprimer ainsi, l'édit de suppression des trésoriers, en 1716. Eh bien, Sire! à cette époque malheureuse, on simplifie, on réduit, mais l'on conserve dans certaines parties plusieurs trésoriers, par des motifs dignes de la sagesse du législateur. « Il seroit à désirer, porte cet édit, qu'il n'y eût qu'un seul trésorier pour chaque nature de dépense, afin d'en voir plus facilement la suite et les progrès. Mais il y en a qui sont chargés d'un détail si considérable, qu'il faut nécessairement leur laisser le temps de s'arranger pour la reddition de leurs comptes. Ainsi, à l'égard des principaux, tels que sont les gardes de notre Trésor royal et les trésoriers de l'extraordinaire des guerres, nous conserverons deux offices, pour exercer alternativement. »

Aujourd'hui, Sire, à la tête d'un royaume florissant, venant de créer une marine formidable, voulant également assurer la supériorité de votre puissance sur la terre comme sur la mer, et dans des circonstances où le département de la guerre va réunir plus d'objets, vous ordonnez une réforme plus étendue de trésoriers attachés à ce service, que le malheur des temps ne la fit juger nécessaire en 1716, et que l'on crut même impraticable alors. Vous ne conservez qu'un agent dans cette administration importante! Confiant à un seul trésorier de la guerre des fonctions pénibles et multipliées à l'infini, lui communiquant, par votre volonté souveraine, la faculté de les remplir, vous voulez qu'il embrasse et qu'il réponde d'un maniement qui, divisé, composoit six comptabilités immenses.

Vous espérez, Sire, recueillir le fruit de la diminution des dépenses; mais souvent, dans une opération nouvelle, le bienfait espéré de l'économie ne se fait ressentir que lentement, et vous êtes obligé actuellement à des sacrifices. Vous perdez les droits attachés à la mutation des offices supprimés, ceux de marc d'or, une capitation considérable, et le centième denier. Aurez-vous recours, pour y suppléer, à des impôts, ou à de nouveaux emprunts? Mais V. M. ne peut ignorer que l'imposition est à son comble, et que la faveur des emprunts se perd, quand on les multiplie et que le public n'en connoît pas la destination.

L'article 6 de votre édit paroîtroit, Sire, vous faire prendre des engagemens indéfinis, qui peuvent devenir onéreux à vos finances. C'est à la sagesse de vos ministres à prévenir les abus dont seroit susceptible l'extension de cette disposition. Votre Chambre des comptes n'a voulu confier qu'à V. M. seule les inquiétudes qu'elle lui donnoit.

Sans doute, Sire, pour assurer à vos volontés le favorable effet que vous désirez, vos regards vont se tourner sur la comptabilité : elle seule peut établir l'ordre et la clarté dans ces opérations nouvelles; mais elle ne le peut que par une division analogue à la nature des objets, et en faisant exécuter les règlemens concernant les délais de la reddition des comptes. La réunion de l'office de trésorier des colonies à celui de la marine en est une preuve sensible et récente. Sur cette partie, vos finances se ressentent de l'utilité, de la nécessité même de la division de ces deux comptabilités, quoique réunies, pour la gestion, dans la main d'un seul comptable.

Telles sont, Sire, les observations respectueuses que votre Chambre des comptes m'a chargé de porter aux pieds du trône.

Sa fidélité les devoit à V. M., et vous les attendiez de son zèle. Le seul hommage des magistrats qui puisse flatter un grand roi, Sire, sera toujours l'hommage d'une obéissance éclairée.

(Journal.)

903.
1779.
LETTRES DU DIRECTEUR GÉNÉRAL AU P.P. — MÉMOIRES SUR LES FINANCES.

Ce 2 janvier 1779.

En attendant, Monsieur, que je puisse prendre une connoissance plus particulière du mémoire que vous me faites l'honneur de m'envoyer, je n'ai pas voulu différer de vous remercier de l'attention que vous voulez bien marquer à l'administration des finances; ce sont de nouvelles preuves de votre sagesse et de votre honnêteté, aux quelles je rend hommage avec bien du plaisir, en vous assurant, Monsieur, du sincère et respectueux attachement avec le quel j'ai l'honneur d'être votre très humble et très obéissant serviteur.

NECKER.

A Paris, le 7 août 1779.

Je lirai, Monsieur, avec intérêt le projet de déclaration que vous m'avés fait l'honneur de m'adresser, concernant la comptabilité des villes, et le mémoire dont il est accompagné, et j'y donnerai toute l'attention que cet objet mérite. J'ai l'honneur d'être, avec un très sincère attachement, etc.

NECKER.

Ce 24.

Je ne demande pas mieux, Monsieur, que de hâter le projet de comptabilité, et je m'en occuperai. J'ai appris de Sa Majesté que vous aviez accompagné l'arrêté d'un discours, et j'ai prié Mr le garde des sceaux de me le communiquer, afin de vous admirer et de profiter.

On sollicite de toute part ces gages de Mr Portail. Quelle est votre opinion à cet égard?

J'ai l'honneur d'être, avec le plus parfait attachement, etc.

NECKER.

Je vais considérer de nouveau avec intérêt cette demande de Mr d'Aubigny.

(Orig. autographes. — Arch. Nicolay, 41 L 186, 70 L 412 et 41 L 173.)

904.
25 Janvier 1780.
LETTRE DE M. AMELOT AU P.P. — MAISON DU ROI.

A Paris, ce 25 janvier 1780.

J'ai l'honneur de vous prévenir, Monsieur, que je viens d'adresser à Mr le procureur général de la Chambre des comptes deux édits concernant la maison du Roi. L'intention de S. M. est que vous vouliés bien en presser l'enregistrement, mais rendre en même tems la chose la moins publique possible dans les premiers momens. J'ai l'honneur d'être, avec un sincère attachement, etc.[1]

AMELOT.

(Orig. autographe. — Arch. Nicolay, 44 L 53.)

1. Le 29, la Chambre enregistra les deux édits portant suppression des charges et offices comptables de la maison royale, et remplacement de ces derniers par un Bureau général de la maison du roi, composé de deux magistrats de la Chambre et de cinq commissaires royaux (fournissant chacun un cautionnement de 500,000 livres), sous la présidence du ministre de la maison ou de celui des finances. La Chambre enregistra, à charge que la liquidation des offices ne pourrait être inférieure à l'estimation faite par les titulaires. (*Plumitif*.)

905.
18 Juin 1780.
LETTRE DU GARDE DES SCEAUX AU P.P. — EXIL DE LA CHAMBRE DES COMPTES DE NANTES.

Versailles, 18 juin 1780.

Monsieur, j'ai reçu votre lettre du 17 de ce mois. Messieurs de la Chambre des comptes de Nantes ne vous ont pas suffisamment informé du sujet de leur translation. Je suis fâché pour eux qu'ils ayent écrit directement à Messieurs de la Chambre des comptes de Paris. Je crains que les demandes qu'elle fera, ne présentent au Roy l'idée d'une association, que je suis bien certain qui déplaira très fort à Sa Majesté.

Ainsy, Monsieur, le plus sûr conseil que je puisse vous donner, est de faire tous vos efforts pour gagner du temps, afin d'éviter d'augmenter les difficultés d'une affaire dont le Roy est très occupé, et dans laquelle S. M. est résolue de maintenir le respect dû à son autorité et de faire rendre hommage aux principes dont la magistrature ne doit jamais s'écarter. Je suis, etc[1].

MIROMÉNIL.

(Original. — *Arch. Nicolay,* 72 L 485.)

1. Par suite d'un conflit entre la Chambre de Nantes et la communauté de cette ville, la Chambre avait été exilée, le 31 mai, à Redon, et elle avait demandé aux gens des comptes de Paris de l'aider à obtenir son rétablissement. Le P.P. fut chargé d'agir concurremment avec les députés bretons et de transmettre l'arrêté au garde des sceaux. Celui-ci répondit au P.P., le 11 août, que le roi avait ordonné le retour à Nantes. (*Journal.* — *Arch. Nicolay,* 72 L 489.)

---

906. 23 Juin 1780.
LETTRE DU GARDE DES SCEAUX AU P.P. — FRAIS D'ENREGISTREMENT.

Ce jour, les semestres assemblés, Mʳ le P.P. a dit : « Messieurs, par l'arrêté du 26 avril dernier, la Chambre m'a chargé de faire tout ce qui pourroit intéresser son honneur et sa dignité à l'occasion de la lettre de Mʳ le garde des sceaux du 21 du même mois, concernant la forme de l'envoi à la Chambre du bail des fermes générales unies. Le désir de lui donner des preuves du zèle dont je suis animé pour la Compagnie m'a porté à employer les plus vives sollicitations auprès de Mʳ le garde des sceaux et de l'administration des finances. J'ai reçu de Mʳ le garde des sceaux une lettre, datée de Versailles, du 20 du présent mois, conçue en ces termes : « Monsieur, le Roi s'est fait rendre compte du mémoire que vous avez
» remis à Mʳ le directeur général des finances sur les frais que votre Compagnie réclame pour l'enregistre-
» ment du nouveau bail de la ferme générale. Ces frais ont monté, pour le bail actuel, à 110,000 liv.,
» savoir : pour épices, 75,000 liv.; pour gratification en bougie et argent, que vous avez répartie,
» 25,000 liv.; pour les émolumens et droits du greffe, 10,000 liv. S. M. m'ordonne de vous marquer que,
» le nouveau bail se trouvant fixé d'après des baux dont l'effet est une parfaite assimilation à une régie, ce
» qui s'étoit passé précédemment ne pouvoit servir de règle dans la circonstance, et que, si elle croyoit ne
» devoir pas suivre absolument les principes admis en pareil cas, il y avoit lieu au moins à des réductions.
» En conséquence, S. M. a arrêté que les épices pour le nouveau bail ne seroient que de 36,000 liv., et
» la gratification en bougie et en argent seulement de 12,000 liv. Quant aux émolumens et droits du greffe,
» S. M. a eu égard à vos représentations en faveur des officiers ministériels que cet objet concerne, et,
» pour vous donner une nouvelle preuve de sa bienveillance, elle a consenti de ne rien retrancher sur les
» 10,000 liv. ci-dessus. Au surplus, la diminution qu'éprouvent les épices et la gratification en bougie et
» argent, est particulière au bail dont il s'agit, et S. M. réserve à sa Chambre des comptes le droit de faire
» valoir dans d'autres circonstances les considérations qu'elle croira devoir mettre sous ses yeux. Je suis,
» Monsieur, votre affectionné serviteur. Signé : MIROMÉNIL[1]. »

(Plumitif et Journal.)

1. M. Necker avait notifié cette décision au P.P. dès le 5 juin (*Arch. Nicolay,* 70 L 418). Les lettres patentes sur le résultat du Conseil portant passation du nouveau bail, au lieu d'être présentées par les fermiers, durent être envoyées à la Chambre en commandement, ainsi qu'il se pratiquait pour les régies. (*Plumitif.*)

907. 23 Novembre 1780.
LETTRE DU PRINCE DE CONTI AU P.P.

A Paris, ce jeudi matin, 23 novembre 1780.

On vient de me dire, Monsieur, que vous vous donneriés la peine de passer chés moy ce soir, entre six et sept, et je m'empresse de vous prier de n'en rien faire, parce que je ne pourrois m'y trouver. Je vous avois demandé par cette raison, dans un billet, si vous seriés chés vous ce matin entre midi et une heure. Mais, puisque, de votre côté, vous ne le pouvés pas non plus, je prends le parti de vous adresser cy joint, le mémoire que je me proposois de vous remettre moy même, en vous priant d'y faire droit. Je compte voir ce matin Mʳ de Montholon, à qui j'en remettrai un pareil, et que je prierai de se concerter avec vous sur cet objet.

Vous connoissés, Monsieur, la parfaite sincérité de tous les sentiments que je vous ay voüé.

L. F. J. DE BOURBON.

(Orig. autographe. — *Arch. Nicolay,* 31 L 34.)

908.
27 Décembre 1780.
COMPLIMENT DU P.P. AU ROI, SUR LA MORT DE L'IMPÉRATRICE-REINE.

Sire, l'hommage que l'on doit à la cendre des souverains que le ciel fit naître pour l'exemple de la terre et le bonheur des peuples, c'est de publier l'histoire de leur vie. Le récit de leurs actions immortelles leur sert de panégyrique ; la renommée les consacre à la reconnaissance de leur siècle ; elle dispose, elle assure même en leur faveur le jugement de la sévère, mais équitable postérité. Voilà, Sire, le tribut que demande la mémoire de l'auguste Impératrice que nous pleurons ; elle repousserait un autre éloge. Née sur le trône et bientôt appelée à partager la couronne impériale, voyez-la, Sire, lutter longtemps contre les événemens et presque toute l'Europe, mais, toujours supérieure aux revers, déployer dans l'adversité l'énergie de sa grande âme. Enfin, un ordre de destinées plus heureuses vient d'éclore : il semble que l'héroïsme de Marie-Thérèse ait sur la politique le même empire que sur les cœurs ; les intérêts opposés se concilient, et les puissances rivales deviennent alliées. Laissons au crayon de l'histoire à peindre la dernière guerre ; hâtons-nous d'arriver à ces temps dont le souvenir sera toujours cher aux Français. La paix est déclarée, et le repos de l'Impératrice va faire le bonheur du monde. Elle ne se bornera point, dans l'intérieur de son palais, au soin de son empire; ministre des décrets de la Providence, elle y forme des souverains, elle prépare une reine à la France. Ainsi, l'épouse et la mère des Césars aura vu son auguste maison s'asseoir sur les trônes et régner sur les plus belles contrées. C'est au sein des prospérités les plus éclatantes qu'adorée de ses peuples, respectée, admirée de ses voisins, laissant aux Rois un modèle, des regrets, un long souvenir de ses vertus aux nations, elle a terminé sa carrière. Rien n'a manqué, Sire, à la gloire de l'Impératrice ; mais il a manqué à son bonheur de voir naître de son sang l'héritier de cet empire. Sans doute, la Providence, sensible à nos vœux, réserve ce bienfait à cette époque brillante et prochaine où la France, devenue la dominatrice des mers, la protectrice de la liberté des deux mondes, pourra, en bénissant dans son Roi le père de ses sujets, révérer en même temps le pacificateur et l'arbitre de l'Europe.

(Minute originale. — *Arch. Nicolay,* 55 L 89.)

909.
10 Août 1781.
LETTRE DU CONTROLEUR GÉNÉRAL AU P.P. — AUGMENTATION DES IMPOSITIONS.

Paris, le 10 août 1781.

Le Roy, Monsieur, va faire adresser à la Chambre des comptes un édit portant augmentation de deux sols pour livre en sus des droits, établissement, suppression et modération de différens droits. La continuation de la guerre a forcé S. M. à demander à ses peuples un secours extraordinaire ; les ennemis de la France ne consentiront pas aux propositions de paix les plus raisonnables, si le gouvernement ne se procure pas une ressource capable d'assurer les dépenses de la guerre. Le Roy n'avoit donc véritablement qu'à délibérer sur le choix d'un moyen ; on n'a pu hésiter qu'entre le troisième vingtième, une augmentation de capitation, comme dans la dernière guerre, ou l'augmentation des droits sur les consommations. Les vingtièmes ont été augmentés par les nouvelles vérifications, l'imposition ne tomberoit que sur les possesseurs de fonds ; ainsi la contribution ne porteroit que sur une portion des sujets du Roy, et tous doivent contribuer. Une augmentation de capitation ne feroit pas contribuer dans une proportion relative aux facultés. L'augmentation des droits sur les consommations est, sans contredit, le moyen de rendre la nouvelle charge moins onéreuse, parce qu'elle sera plus générale et très subdivisée, et les fonds qui en proviendront rentreront dans les coffres du Roy à moins de frais que toute autre imposition. C'est dans cet esprit qu'a été rendu l'édit qui va être présenté à la Chambre des comptes. Je vous prie de faire tout ce qui dépendra de vous pour en accélérer l'enregistrement. Le Roy a déjà vu avec beaucoup de satisfaction que le même édit envoyé à son parlement de Paris, le six de ce mois, y a été enregistré purement et simplement le dix, et j'aurai un vrai plaisir à mettre promptement sous les yeux de S. M. une preuve semblable de votre zèle pour l'exécution de ses volontés. J'ai l'honneur d'être, avec un très parfait attachement, etc.

JOLY DE FLEURY.

(Original. — Arch. Nicolay, 72 L 615.)

910.
23 et 29 Octobre 1781.
NAISSANCE DU DAUPHIN. — COMPLIMENTS DU P.P.

Ce jour, M^r le P.P. a dit : « Messieurs, l'allégresse publique nous a déjà prévenus de l'heureux accouchement de la reine. S. M. nous a donné hier, sur les une heure et un quart, un Dauphin. La naissance d'un prince qui remplit les vœux de la France n'a causé que de la joie à son auguste mère ; la reine l'a mis au monde après un travail de peu de durée, et qui n'a point été pénible. J'ai eu l'honneur d'aller présenter mes respects et mes complimens au Roi. Il les a reçus avec bonté, et je l'ai trouvé rayonnant du bonheur de la nation. Mgr le Dauphin, auquel j'ai été présenté, m'a paru donner les espérances les mieux fondées sur sa santé, et la reine est, Dieu merci! aussi heureuse que bien portante. Je ne doute point que la Chambre ne s'empresse de témoigner sa joie et sa satisfaction d'un événement auquel elle prend toute la part possible, et d'en rendre à Dieu des actions de grâces. »

Sur quoi, la Chambre, après avoir délibéré, a arrêté de faire chanter ce matin un *Te Deum* en l'église de la Sainte-Chapelle royale du Palais, à Paris, en actions de grâces de cette heureuse naissance.

Le 29 du même mois, le P.P. rendit compte de la réception des compliments.

Compliment au Roi.

Sire, la France demandoit un Dauphin ; il ne lui restoit à désirer que ce gage précieux de la durée de son bonheur. Le ciel, qui nous favorise, nous rendit vos sujets ; bienfaiteur aujourd'hui de notre postérité, il vous accorde un héritier qui lui promet un autre Louis XVI. Le successeur de tant de rois fameux saura les reproduire un jour, pour la gloire de votre empire. Puisse l'exemple d'un monarque et d'un père faire éclore dans l'âme du Dauphin la bienfaisance et la justice ; puisse-t-il avoir reçu de son auguste mère cet heureux don de plaire qui donne de la majesté aux grâces et du charme à la vertu ! Que ses hautes qualités justifient notre espoir et répandent la sérénité sur tous les jours de votre règne. Interprète et témoin de notre fidélité, de notre amour pour le meilleur des Rois, le Dauphin, Sire, vous en rendra l'expression plus touchante, en la partageant avec nous. Ah! cet amour deviendra son plus bel apanage, jamais le cœur des François ne changera pour ses maîtres ; il nous retrouvera dans nos descendans.

Compliment au Dauphin.

Monseigneur, nos vœux ont obtenu votre existence, et notre amour sera le gage de sa durée. Croissez à l'ombre du trône, pour en devenir l'ornement et l'appui : vous ferez les délices de la nation. Ah ! puissiez-vous en être longtemps l'espoir, et ne préparer que pour l'avenir le plus reculé le bonheur de nos descendans !

(*Plumitif.*)

LOUIS XVI.

911.
4 Février-12 Mai 1782.
REMONTRANCES SUR L'ÉDIT DE CRÉATION DE RECEVEURS PARTICULIERS.

Ce jour, les semestres assemblés, la Chambre délibérant sur le rapport des commissaires nommés par son arrêt du 25 janvier 1782, au sujet de l'édit du même mois portant création des offices de receveurs particuliers des finances; considérant ladite Chambre, que les magistrats, par leur serment et aux termes des ordonnances les plus précises, ont juré au Roi et à la nation de dire la vérité et de dénoncer aux pieds du trône les surprises faites à la religion du législateur; que cette obligation des Cours souveraines devient un devoir pressant; que le délai de réclamation s'élèveroit contre elles et leur imprimeroit un tort ineffaçable, quand elles sont menacées d'une subversion prochaine; qu'il est de la fidélité de la Chambre de conserver le dépôt, et que ledit édit du mois de janvier, vérifié par la Cour des aides de Paris le 16 du même mois, semble avoir ramené ces circonstances malheureuses où les magistrats doivent faire entendre les expressions de leur zèle et s'envelopper de la pureté de ces motifs, parce que le silence seroit criminel; que, si cet édit pouvoit subsister, son exécution consommeroit en même temps le bouleversement de l'hiérarchie des tribunaux, cette base antique et sacrée sur laquelle repose une portion de l'ordre public, à laquelle elle est intimement liée; qu'il est de l'essence des Chambres des comptes, de leur institution, de leur objet, de connoître des finances, de veiller sur les comptables et sur leur conduite, soit qu'ils comptent directement en icelles, soit qu'ils manient les deniers du Roi; de là, l'inspection sur les caisses des comptables; de là, la discussion de leurs meubles, le droit d'apposer les scellés, de faire l'inventaire en cas de décès, de faillite ou d'absence; de là enfin, la poursuite des délits par la voie criminelle; que tel a été le partage de la juridiction accordée par les Rois, prédécesseurs de S. M., à la Chambre des comptes de Paris, lorsque, sortie de leur Conseil, ils la rendirent sédentaire; partage qu'une possession de cinq siècles, qu'une suite non interrompue d'ordonnances, paroissoient devoir protéger contre le choc des opinions nouvelles et les secousses du pouvoir arbitraire. Considérant que cet édit, dans sa forme, dans ses dispositions, présente tous les caractères de la surprise et de l'erreur, et que les circonstances dans lesquelles on le voit paroître ne servent encore qu'à le démontrer d'une manière plus évidente. (Et, en effet, comment imaginer qu'un édit portant création d'offices de finance n'ait point été délibéré par la seule Cour de finances, ne lui ait point été présenté avant que de l'être à la Cour des aides? D'après le vœu même de l'arrêt du Conseil d'État du 8 novembre 1596, pourroit-on refuser à la Chambre des comptes cette dénomination, lorsqu'on la lui a confirmée toutes les fois que la Cour des aides en a ambitionné le partage avec elle, et que les déclarations des 1er août et 15 décembre 1553 n'ont fait, à cet égard, que rappeler les dispositions de celle du 26 février 1464, qui l'avoit prononcé solennellement?) Considérant que cet édit, par l'obscurité de ses dispositions, en même temps qu'il paroît introduire une législation nouvelle, rappelle l'exécution de ces règlemens de comptabilité proposés par Colbert à Louis XIV et revêtus du sceau de l'autorité de ce grand monarque; que, dans le moment même où un comité formé par les magistrats éclairés du Conseil, chargés par le souverain d'examiner les titres de la juridiction des deux Cours, vient d'obtenir de la sagesse dudit seigneur Roi de réprimer, par un arrêt du 29 septembre 1780, les entreprises de la Cour des aides, dont deux décisions surprises au Conseil et favorables à ses prétentions sembloient excuser l'égarement, on publie une loi qui en anéantiroit l'effet et deviendroit préjudiciable aux intérêts de S. M., si elle n'étoit excusable en elle-même; considérant enfin qu'en transportant à la Cour des aides la poursuite des procès criminels desdits receveurs particuliers, en cas de faillite et de divertissement des deniers royaux, c'est dépouiller en même temps de leur juridiction le parlement et la Chambre des comptes, dont la réunion a formé jusqu'à présent le tribunal légal qui juge les prévarications des comptables; et que les deux Cours matrices du royaume, les deux seules collatérales entre elles, auxquelles nulle autre ne peut s'assimiler, soit pour l'antiquité de l'origine, soit pour l'importance des fonctions, se voient en même temps enveloppées dans le même système de destruction; la Chambre a arrêté de faire au Roi les plus respectueuses et les plus vives remontrances, à l'effet d'obtenir de sa sagesse et de sa justice la révocation de l'édit du mois de janvier dernier; et que les commissaires nommés par son arrêt du 25 du même mois s'assembleront ce jourd'hui pour en dresser les objets. Considérant en outre ladite Chambre qu'elle se doit à elle-même, à sa conduite de toutes les circonstances et de tous les momens, d'offrir audit seigneur Roi, en lui présentant ses très humbles supplications, de nouveaux témoignages de sa fidélité et de son zèle, a arrêté, sous le bon plaisir dudit seigneur Roi, que les comptables et tous receveurs, tant généraux que particuliers, des impositions, et autres généralement quelconques ayant le maniement des deniers royaux, se conformeront aux dispositions de l'ordonnance du mois d'août 1669 et autres règlemens, tant généraux que particuliers, vérifiés en la Chambre; qu'il sera enjoint au procureur général du Roi d'y tenir la main, et de requérir, suivant les circonstances, tout ce qu'exigeront son ministère et le bien du service du Roi. Ordonne en conséquence que le présent arrêt lui sera notifié, et prononcé aux syndics des procureurs, auxquels et à chacun des membres de leur communauté la Chambre enjoint d'en instruire les receveurs généraux des finances du ressort de ladite Chambre, pour qu'ils aient à en donner connoissance aux receveurs des impositions, chacun dans leur généralité.

Le 17 mars, le P.P. présenta les remontrances au roi, en lui disant:

Sire, votre Chambre des comptes nous charge d'être auprès de V. M. les interprètes de sa douleur et les garans de sa fidélité. On l'a dépouillée, pour investir la Cour des aides de sa juridiction. Si le bien de votre service pouvoit être du moins la suite de cette révolution, vous n'entendriez point aujourd'hui ses réclamations; elle feroit même taire le regret bien senti d'avoir cessé de vous être utile. Mais l'édit de janvier dernier ne renferme aucun des avantages que l'on a présentés à V. M.; il va troubler l'harmonie qui régnoit entre les deux Cours, il contredit formellement les ordonnances des Rois vos prédécesseurs, que vous avez confirmées l'année dernière par arrêt de votre Conseil. Votre Chambre des comptes doit donc élever ses supplications jusqu'au trône. Elle ose vous dire par notre voix, Sire: « Vous êtes notre maître, soyez vous-même notre juge. Nous avons également droit à votre protection et à vos lumières. Daignez nous entendre et nous lire, et prononcer. Nous obéirons avec confiance à votre opinion, comme nous obéissons avec respect à votre autorité. »

Le roi répondit, le 12 mai:

Cet édit n'a point été adressé à la Chambre, parce que les receveurs des impositions qu'il rétablit ont été dispensés d'y compter par la déclaration de 1772. Mon intention est qu'il soit exécuté. Je connois trop l'attachement des officiers de ma Chambre à mes volontés, pour croire qu'elle entreprenne de troubler les receveurs de mes deniers dans l'exercice de leurs fonctions et dans la jouissance de leurs gages. A l'égard du règlement concernant l'instruction des procès criminels, je me ferai rendre compte de cet objet, et je ferai connoître mes intentions.

(*Plumitif* et *Journal*.)

---

912.   6 Août 1782.
PRÉSENTATION DE REMONTRANCES PAR LE P.P.

Sire, votre Chambre des comptes ne paroît aux pieds du trône qu'après avoir obéi; elle a cru devoir l'exemple de la soumission au reste de vos sujets. L'enregistrement d'un troisième vingtième sans modification est un nouveau témoignage, Sire, de son respect pour votre personne et de sa confiance dans votre amour pour vos peuples. Après le sacrifice de son obéissance, votre Chambre des comptes vous offre par ma voix l'hommage de ses observations.

Elle craindroit, Sire, d'affliger votre cœur par le tableau des charges qui pèsent sur vos sujets; elle croit néanmoins de sa fidélité et de son devoir de représenter à V. M. qu'elles se sont accrues depuis son avénement à la couronne. Pour soutenir une guerre honorable à la nation et dont le motif étoit digne de la bienfaisance de V. M., il paroît que successivement l'on a employé toutes les ressources. On a établi des loteries, on a ouvert des emprunts; l'intérêt et la cupidité eussent été insuffisans pour les remplir; la confiance dans votre parole sacrée, l'enthousiasme national ont seuls déterminé les prêteurs. Aux emprunts l'on a fait succéder l'impôt. Nos ennemis ont vu dernièrement, avec inquiétude et surprise, tous les ordres de l'État vous offrir des vaisseaux. Ainsi, un événement que l'on auroit cru malheureux, a servi à révéler le secret de nos forces et à faire éclater notre amour pour notre souverain.

Un troisième vingtième, Sire, dans ces circonstances, doit être le dernier sacrifice et devenir le présage d'une paix glorieuse et prochaine. Que de moyens ne trouverez-vous point, Sire, dans votre sagesse, dans les avantages d'une économie sévère, dans le rétablissement de l'ordre dans toutes les parties de l'administration, pour la procurer à vos sujets! Vous les aimez, Sire, et, si les besoins de l'État le permettent, vous n'attendrez pas le terme défini par votre édit pour les soulager du troisième vingtième et des nouveaux subsides. V. M. sait bien qu'ils les supportent avec courage, parce qu'ils connoissent les regrets qu'il lui en a coûté pour les imposer.

(*Plumitif* et *Journal*.)

913.   7 *Août et* 28 *Décembre* 1782.
LETTRES DU CONTROLEUR GÉNÉRAL AU P.P. — ENREGISTREMENTS.

Paris, le 7 aoust 1782.

Je viens, Monsieur, de me faire représenter l'enregistrement de la Chambre des comptes du 28 juin dernier, de l'édit du mois d'avril précédent contenant suppression des offices de contrôleurs des guerres. Je ne puis vous dissimuler quelle a été ma surprise en voyant que la Chambre, après avoir ordonné que l'édit sera exécuté selon sa forme et teneur, ait ensuite apposé la charge que la liquidation des offices supprimés ne pourroit être inférieure à l'évaluation faite en vertu de l'édit de février 1771, quoique S. M. ait ordonné le contraire par l'article 3 de son édit. Vous verrez, Monsieur, que cette modification n'auroit tout au plus été permise à la Chambre que dans la forme de supplication, et dans le cas seulement où S. M. n'auroit point statué d'une manière aussi précise sur le remboursement des offices en question. Je n'ai pas besoin de vous représenter que la Chambre n'a aucun pouvoir législatif, et que cependant elle a entendu changer les dispositions contenues dans l'article 3 de cette loi. Comme je me trouve forcé de rendre compte à S. M. des raisons qui ont pu l'y déterminer, je vous prie de vouloir bien m'en faire part, afin que je puisse prendre promptement ses ordres.

J'ai l'honneur d'être, avec un très sincère et parfait attachement, etc.

JOLY DE FLEURY.

(Original. — *Arch. Nicolay*, 72 L 624.)

Versailles, le 28 décembre 1782.

J'aurois bien désiré, Monsieur, que l'édit de création de dix millions de rentes et les lettres patentes eussent été registrés lundy ou mardy.

En ce qui concerne l'envoy que vous désirez être fait à votre Compagnie le même jour qu'au parlement, j'aurai l'honneur de vous observer que ce n'est pas l'usage ancien, qu'il n'y avoit même autrefois qu'un seul parchemin; et vous le verrez sur toutes nos anciennes ordonnances. Après l'enregistrement du parlement, on envoyoit le même parchemin à la Chambre des comptes, et ensuite à la Cour des aides. Je sais que, depuis quelques années, on a établi l'usage d'envoyer différents parchemins, et de les envoyer en même temps aux trois Cours; mais c'est une nouveauté, et je vous prie de considérer qu'il pourroit en résulter souvent des inconvéniens. Non seulement les Compagnies peuvent quelques fois avoir des raisons de désirer d'enregistrer plus tôt ou plus tard; mais, si la Chambre des comptes ou la Cour des aides enregistrent avant le parlement, et que le parlement fasse des représentations; que, sur ces représentations, le Roy juge à propos de retirer la loy, ou de la modifier, que deviendront les enregistrements des deux Compagnies? Il faudroit donc que le Roy retirât la loy, ou donnât une déclaration en interprétation. J'ai vu arriver cet inconvénient l'année dernière, et c'est ce que j'ai voulu éviter, en retardant l'envoy.

Je vous prie de peser ces réflexions; elles sont dignes d'un magistrat aussi instruit et aussi bien intentionné que vous. Nous en causerons la première fois que j'aurai l'honneur de vous voir. J'ose croire que vous reconnoîtrez que c'est par respect et par égard pour votre Compagnie et pour la Cour des aides que j'ai rétabli l'ancien usage.

Vous connoissez le sincère attachement avec lequel j'ai l'honneur d'être, etc.

JOLY DE FLEURY.

(*Autog.*) Je n'ay pas besoin de vous observer que cette lettre de pure confiance n'est que pour vous.

(Original. — *Arch. Nicolay*, 42 L 122.)

914.

5 *Février* 1783.

LETTRE DU MARÉCHAL DE RICHELIEU AU P.P. — ANOBLISSEMENT.

A Paris, le 5 février 1783.

Le Roi a bien voulu, Monsieur, à notre sollicitation, récompenser par des lettres d'ennoblissement les bons et anciens services de M⁵ Procope, procureur du Roi de notre siège de la connétablie. Le désir de consommer notre ouvrage me fait vous demander avec instance votre bienveillance pour un magistrat qui la mérite et auquel nous prenons un véritable intérêt. MM. les maréchaux de France, qui se rappellent toujours avec plaisir les liens qui vous ont attaché à notre tribunal, attendent de vous avec confiance les dispositions les plus favorables pour obtenir à notre procureur du Roi les bontés de la Chambre des comptes, au moment où il va y présenter ses lettres à l'enregistrement, et nous vous en serons personnellement obligés. J'ai l'honneur d'être bien véritablement, etc.

LE MARÉCHAL DUC DE RICHELIEU.

(Original. — *Arch. Nicolay*, 35 L 66.)

915.

3 *Avril* 1783.

COMPLIMENT DU P.P. A M. D'ORMESSON, CONTROLEUR GÉNÉRAL.

Monsieur, on voit avec plaisir s'élever au ministère des finances l'héritier d'un nom consacré dans tous les temps à l'estime publique. Cette Compagnie se rappelle d'avoir été le berceau de votre famille. Attachée depuis au premier sénat du royaume, ou bien admise dans le Conseil de nos Rois, toujours on l'a vue se moins illustrer par les dignités que par les vertus. Ces avantages, Monsieur, étoient sans doute un préjugé pour vous, mais ce n'étoit point des titres. Pouvoit-on se persuader qu'aussi jeune, à peine élancé dans la carrière, vous l'auriez aussitôt parcourue? C'est à votre personne que l'on rend aujourd'hui un hommage qui fonde notre espoir. Votre réputation n'a point attendu la maturité des années, elle a seule fixé le choix du Souverain; restez donc, Monsieur, en faveur de vos concitoyens, restez semblable à vous-même, et faites usage pour leur bonheur des qualités qui vous ont fait connoître.

Les obligations du contrôleur général sont devenues immenses. Le Roi vient de pacifier l'Europe, il a fondé une puissance nouvelle, il est l'arbitre des deux mondes; mais, ce caractère imposant, il le doit à ses sujets comme à ses armes. Des subsides onéreux ont été acquittés comme des contributions volontaires; les emprunts, à peine ouverts, ont été remplis. La justice, la bienfaisance du monarque vous prescrivent donc également la diminution des impôts et la fidélité des engagemens. Les arts de la paix avoient langui pendant la guerre; il faut les faire fleurir, les diriger vers la félicité publique. Partout l'administrateur éclairé et patriote doit porter l'abondance et la vie. Mais quels seront les moyens offerts à votre génie et à votre zèle? L'ordre et l'économie. La raison et la règle seront vos seules recommandations. Vous éclairerez toutes les dépenses; s'il est nécessaire, vous saurez les restreindre. Votre art sera de désintéresser l'avidité, d'éluder la faveur, et de ne proposer que l'honneur pour récompenser la vertu.

Un de vos pères s'est immortalisé pour avoir protégé l'infortune devant l'autorité. Plus heureux aujourd'hui, Monsieur, c'est la cause des peuples que vous allez plaider, et le Roi vous invitera toujours à prendre leurs intérêts. Vous êtes sûr de lui plaire toutes les fois que vous lui parlerez de nous rendre heureux.

(Minute originale. — Arch. Nicolay, 55 L 97.)

916.   13 *Novembre* 1783.
RÉCEPTION DE M. DE CALONNE, CONTROLEUR GÉNÉRAL.
Compliment du P.P.

Depuis longtemps, Monsieur, l'opinion publique vous élevoit au ministère des finances. Son adoption, toujours flatteuse, se confirme aujourd'hui. Sans doute, vous chercherez à la justifier. Vous connoissez déjà l'étendue de vos obligations, et je ne saurois vous dissimuler ce que l'on demande au successeur d'un magistrat vertueux et bien intentionné.

Le contrôleur général est, en France, la providence de l'État; il soutient la guerre, il ramène la paix; le commerce, l'agriculture, les engagemens du souverain envers ses sujets, il embrasse tous ces grands intérêts; leur stabilité repose sur lui. Sa prévoyance doit être universelle, sa marche tantôt précipitée, quelquefois lente, toujours réfléchie et dirigée vers le bonheur commun. Il est des illusions bien douces dont il faut se défendre; il a même à se précautionner contre l'amour de la célébrité, pour n'être animé que de la seule passion du bien public. Il doit se persuader que la postérité ne consacre que les noms des ministres qui se présentent devant elle avec le suffrage de leur siècle et les bénédictions de leurs contemporains. Enfin, Monsieur, soit qu'il calcule les charges de l'État, soit qu'il ait besoin de ressources, soit qu'il envisage l'objet de son administration, son devoir, c'est la fidélité; il n'est pour lui de moyens permis que les moyens légitimes. Le terme, la récompense de ses travaux, c'est d'avoir été utile.

Nous ne nous bornerons point à des vœux. Nous venons, Monsieur, offrir à la nation des espérances sur votre ministère : l'éloge et la censure nous sont également défendus; nous sommes les organes de la vérité, et nous parlons dans son sanctuaire.

Vous avez désiré les grandes places, mais depuis longtemps vous vous prépariez à les remplir; vous avez perfectionné, embelli les heureux dons de la nature; votre esprit, vous l'avez cultivé, étendu par l'étude et par l'observation. Dans les sociétés choisies du grand monde, comme dans les provinces que vous avez administrées, l'on vous accordoit avec raison de penser et de peindre; l'on ne s'entretenoit que de votre aménité, de votre pénétration, de votre adresse à manier les esprits et les affaires; vous laissiez échapper aussi des étincelles de génie. Vos talens deviennent aujourd'hui, Monsieur, les garans de votre administration; ils vous soutiendront dans la carrière, ils enflammeront votre zèle; mais ils ne feront votre bonheur et votre gloire que lorsqu'ils auront tourné à l'avantage de vos concitoyens.

Réponse de M. de Calonne.

Monsieur, je ne cacherai point sous le voile d'une modestie affectée le plaisir que me causent les témoignages de bonne opinion et d'estime dont vous voulez bien m'honorer au nom de l'auguste Compagnie que vous présidez si dignement. En même temps qu'ils excitent toute ma sensibilité, ils me retracent toutes mes obligations. Votre éloquence a jeté des fleurs sur l'entrée de la carrière épineuse où je suis appelé, et votre sagesse m'en a découvert l'immense étendue. Si le premier de mes devoirs est de les bien connoître, le second est de n'en être point trop effrayé, et ce n'est plus le moment de calculer mes forces, lorsque c'est celui de les employer toutes à l'importante fonction dont je me suis chargé. Je viens, Monsieur, d'en faire le serment entre vos mains, et ce n'est point une vaine formalité. Je dépose dans le sein d'un tribunal respectable, associé à mes travaux, l'engagement solennel de me dévouer tout entier à la chose publique, de n'avoir qu'elle en vue, de n'épargner ni peines ni sacrifices pour la servir. Je proteste aux yeux de toute la nation qu'aucun genre de distraction ne m'en détournera, qu'aucune espèce de difficulté ne me rebutera, qu'aucun ménagement pusillanime ne m'arrêtera, qu'aucune considération particulière ne m'empêchera d'aller droit au bien par les moyens que je croirai les plus efficaces. On a sans doute à désirer de trouver en moi plus de talens et de lumières; mais certes on n'aura jamais à me reprocher de manquer de volonté, d'activité et de nerf. J'arrive dans un moment difficile, on ne peut le dissimuler; mais que les ressources sont grandes dans ce superbe empire! La plus précieuse de toutes, la plus chère à la nation et la plus capable de m'inspirer confiance, est dans le cœur d'un monarque vertueux, avec qui l'on peut tout le bien que l'on doit vouloir, et à qui l'on est toujours sûr de plaire en lui présentant les moyens de l'effectuer. Il aime la vérité; je ne la lui déguiserai jamais. Il est essentiellement juste; on ne me verra point violer la sainte obligation que cette qualité vraiment royale prescrit à tous ceux qui approchent du trône. Il veut l'ordre et l'économie; la situation des affaires m'en fait une loi trop impérieuse, pour qu'elle ne soit pas la base de ma conduite. Il est scrupuleusement fidèle à sa parole; j'ai déjà eu une occasion de lui dire, et je lui dirai dans toutes, que rien ne peut le mettre dans le cas d'y manquer, et qu'il n'y auroit qu'une ignorance coupable qui pût en supposer la nécessité. Il chérit tendrement ses peuples et n'aspire qu'à les soulager; comment ne serois-je point enflammé du désir de faire tout ce qui sera en mon pouvoir pour qu'enfin ses vues bienfaisantes soient remplies? Il est impossible d'avoir une autre intention dans la place que j'occupe, et ce n'est point un mérite; mais ce sera pour moi le plus parfait bonheur, je le sens vivement, si, aussitôt après avoir franchi l'espace laborieux qu'il faut parcourir pour l'acquittement des dettes de la guerre, je puis parvenir à l'exécution d'un plan d'amélioration générale, qui, fondé sur la constitution même de la monarchie, en embrasse toutes les parties sans en ébranler aucune, régénère les ressources plutôt que de les pressurer, éloigne à jamais l'idée de ces remèdes empiriques et violens dont il ne faut pas même rappeler le souvenir, et fasse trouver le vrai secret d'alléger les impôts dans l'égalité proportionnelle de leur répartition, ainsi que dans la simplification de leur recouvrement. Ce sont là mes espérances, mes résolutions, mes désirs les plus ardens; ils sollicitent, ils exigent même, j'ose le dire, le concours unanime, non seulement de la magistrature, dont la bienveillance est acquise à quiconque travaille à la félicité publique, mais aussi de tous les citoyens sur qui le sentiment patriotique a quelque empire. Oui, j'ai droit de l'invoquer aujourd'hui pour moi-même, ce sentiment si puissant sur les François; je demande que l'on ne considère en moi qu'une personne liée indivisément au bien de l'État, aussi longtemps que le Roi daignera m'honorer de sa confiance, et que l'on reconnoisse qu'à ce titre je puis attendre de l'intérêt commun qu'on favorise mes efforts, qu'on encourage mon zèle, qu'on ait confiance dans mes paroles, en un mot, que tout conspire au succès de mon travail. Vous en donnez en ce moment, Monsieur, un exemple qui me flatte autant qu'il m'anime, et je vois avec une satisfaction inexprimable qu'il ne m'est pas plus permis de douter des vœux de la Chambre, que de négliger rien pour mériter ses suffrages.

Le 4 décembre suivant, le P.P. communiqua à la Chambre une lettre qu'il avait reçue de Mr de Calonne, et la réponse qu'il y avait faite. La Chambre fit transcrire dans ses registres ces deux pièces, ainsi conçues :

A Paris, le 24 novembre 1783. Lorsque votre Compagnie, Monsieur, a bien voulu me demander le discours que je venois de prononcer devant elle, j'ai été trop sensible à cet honneur pour m'y refuser. Je n'ai pas consulté mon amour propre; et, comme ce n'étoit que l'expression des sentimens que je désirois manifester, je n'ai pu qu'être infiniment flatté que les magistrats respectables qui l'avoient entendue voulussent en être dépositaires et recevoir ce qui peut s'appeler ma profession de foi. Si néanmoins j'en ai différé l'envoi, vous ne devez pas, Monsieur, en être surpris ; rappelez-vous, je vous prie, que mon engagement a été conditionnel ; d'après le principe qu'un contrôleur général ne doit pas donner facilement, j'ai voulu faire un marché avantageux, et je n'ai consenti à donner mon discours qu'en échange du vôtre. J'insiste d'autant plus sur l'exécution de ce traité, que je serois bien fâché qu'on pût douter du prix que je mets aux témoignages de votre estime. Je me défendrai de la séduction de vos éloges ; mais je ne puis renoncer au plaisir de conserver une preuve de votre suffrage, à laquelle les sentiments que vous avez bien voulu m'exprimer en particulier ajoutent beaucoup. Les miens y répondent parfaitement, et je vous prie d'être persuadé de l'attachement sincère avec lequel j'ai l'honneur d'être, etc. Signé : DE CALONNE.

Réponse du P.P.

La Chambre des comptes, Monsieur, me charge de vous remercier du beau présent que vous lui faites. Elle conservera votre discours comme un modèle d'éloquence harmonieuse et mâle, comme un ouvrage qui respire le patriotisme et décèle à la fois l'homme d'État. Il est plus aisé de vous rendre justice, Monsieur, que de vous obéir ; en vain, pour me rassurer, vous m'écrivez les choses les plus flatteuses et les plus aimables sur la réciprocité des échanges ; je crains bien, en vous envoyant mon discours, de vous présenter une esquisse légère au lieu d'un superbe tableau : il falloit relire Homère et Bossuet avant que de vous entretenir. Vous rendez cependant le sacrifice de l'amour propre moins pénible, en me procurant une occasion nouvelle d'offrir à vos talens et à votre personne un hommage aussi senti qu'il est mérité. Permettez, Monsieur, que ces sentiments servent d'expression et de mesure au très parfait attachement avec lequel j'ai l'honneur d'être, etc. Signé : NICOLAY.

(Copies et minute originale. — *Arch. Nicolay*, 55 L 101 et 102, 48 L 101.)

---

917. 16 Décembre 1783.
LETTRE DU LIEUTENANT GÉNÉRAL DE POLICE AU P.P. — SUPPRESSION D'IMPRIMÉ.

Paris, le 16 décembre 1783.

Monsieur, il vient de paroître un petit imprimé contenant votre discours et celui de Mr de Calonne à la Chambre, les lettres que vous vous êtes respectivement écrites, et le compliment de l'Université. Ce petit recueil contient aussy des notes, mais aucunes de mauvaises ni méchantes. Cependant M^r le contrôleur général, dont on y fait l'éloge, a sur le champ demandé avec instance que le débit en fût arrêté, et je me suis empressé de remplir ses intentions. J'ai cru de mon devoir de vous en prévenir, et j'ai pensé que vous approuveriez ce parti. Je suis, avec respect, etc.

LENOIR.

(Original. — *Arch. Nicolay*, 48 L 102.)

---

918. 29 Août et 11 Septembre 1784.
LETTRES DE M. CROMOT AU P.P. — ÉCHANGE ENTRE MONSIEUR ET LE ROI.

29 août 1784.

Monsieur le Premier Président a comuniqué à Mr de Montcrif le projet de lettre à M^r le contrôleur général. Je m'y attendois bien ; je m'attendois pareillement qu'il s'efforceroit de prouver à M^r le Premier Président qu'il n'avoit aucun tort, et je vois qu'il y a complètement réussi, puisque Monsieur le Premier Président a pris la peine de le justifier dans une grande lettre de 4 pages, toutte de sa main, écrite à ravir, et de laquelle il résulte que l'administration de Monsieur est complètement injuste. Mais alors, c'est moi qui ai tort, et je suis plus jaloux encore que Mr de Montcrif de n'en avoir jamais aux yeux de Mr le Premier Président. Je le suplie en conséquence de vouloir bien lire les nouveaux papiers que je lui envoye, d'aprofondir les faits, et de prononcer ensuitte dans sa sagesse. Je ne veux la mort de personne, je ne demande que la fin de notre échange ; mais ce que je désire essentiellement, c'est que Mr le Premier Président demeure bien convaincu que rien n'égalle le tendre et inviolable attachement que je lui porte, ni mon respect.

CROMOT.

Mr le Premier Président sçait-il que j'ay icy Madame et Mme comtesse d'Artois, pour 8 jours? C'est une rude épreuve pour ma pauvre santé.

Brunoy, 11 septembre 1784.

Je suis enchanté, Monsieur le Premier Président, du parti que vous prenez sur nos petites discussions avec Mr de Montcrif, car on m'avoit annoncé de sa part une longue réplique, à laquelle Mr de Pétigny n'eût pas manqué de vouloir répondre; et, comme vous le dittes très bien, cela auroit dégénéré en éternelles écritures, aussi ennuyeuses pour vous que pénibles pour moy, qui n'aime déplaire à personne, et surtout à aucun membre d'un corps que vous présidés. En revanche, je serai cet hivert à vos ordres pour la conférence dont vous voulés bien me prévenir, en suposant que vous persistiés à la croire utile; je vous avoue que l'essentiel est que notre affaire finisse, et qu'on mette Monsieur à portée de jouir au moins de son échange, qui lui devient véritablement onéreux. C'est ce que j'attends de votre attachement pour lui, et de vos bontés pour moy. Quant à Mr le commissaire, je l'honore et le respecte autant qu'il le mérite, et je vous suplie de lui dire qu'il n'a rien à désirer de ce côté là ; mais je ne lui pardonnerois pas, s'il vous donnoit l'impression que je suis un tracassier et que je me plains à tort. Depuis prez de 20 ans, j'ay des échanges personnels dont je ne puis voir la fin, et cependant je ne vous en importune jamais. Mais je ne suis pas le maître de me conduire dans les affaires de Monsieur comme je fais pour les miennes.

J'aprens avec le plus grand plaisir que vous allés prendre quelque repos, et que votre arrivée à Courrance sera marquée par l'envoy que vous daignés me faire de quelques unes de vos belles truittes. Malgré la situation déplorable où nous sommes du côté du gibier, je tâcherai de vous répliquer par des perdrix et des lièvres, et je n'aurai d'autre regret sinon de ne pouvoir vous les porter moi même, car, au par delà les tirés de Monsieur, le Roy vient cette année courre cerf à Sénart, et je pourrai moins que jamais m'écarter. Je vous proteste que je ne perdrai jamais sans le plus vif regret l'occasion de vous prouver, Monsieur le Premier Président, que mon attachement inviolable égalle mon respect profond.

CROMOT.

(Orig. autographes. — Arch. Nicolay, 43 L 69 et 70.)

---

919.   3 Septembre 1784.

LETTRE DU P.P. — VISITE DU ROI DE SUÈDE A LA CHAMBRE.

3 septembre 1784, à 8 heures du matin.

J'attendrai, Monsieur, l'illustre voyageur, et je serai bien flatté de lui faire les honneurs de la Chambre des comptes. La patrie des grands hommes est partout où l'on peut leur offrir le sentiment d'une admiration tendre et respectueuse. Nos hommages seront aussi sincères que ceux du parlement, et, si notre empressement est de même garant du plaisir que nous aurons de le recevoir, nos dépôts seuls peuvent l'instruire combien il a coûté d'efforts au royaume pour se défendre contre la puissance du roy de Prusse et les exploits du prince Henri. Vous connaissez, Monsieur, mieux que je ne saurais vous l'exprimer, la vérité et l'étendue de mon attachement pour vous.

(Minute originale. — Arch. Nicolay, 55 L 100.)

920.
12 Octobre 1784.
LETTRE DU PROCUREUR GÉNÉRAL AU P.P. — AFFAIRES DE LA CHAMBRE.

Paris, ce 12 octobre 1784.

Monsieur, nous ne sommes pas faits pour en ce monde toutes nos aises avoir, puisqu'il faut quitter Courances, où l'on est si bien, pour venir à Paris, où l'on trouve de méchants mémoires et plus mauvais parchemins. Je me soumets; mais, tirant parti des circonstances, je veux au moins, avant de vous entretenir de ces deux laideurs, prolonger mes plaisirs en vous parlant de ma reconnoissance des bontés, attentions, et amitiés dont vous et Mme de Nicolaï m'avés honoré.

Le mémoire qu'on a envoyé, par économie à MM. de la Chambre, en profusion partout ailleurs, et notamment au parlement, présente alternativement une impudence ou un mensonge; c'est un tissu de folie, d'effronterie, où l'auteur se caractérise d'un bout à l'autre; j'ay estimé devoir, sur cet objet, prendre conseil du tems, persuadé que c'est faire manquer à l'écrivain le but qu'il s'est proposé, d'y opposer momentanément le sang-froid et le mépris.

J'ay cru aussi apercevoir, dans cette sortie aussy ridicule que répréhensible, un projet de commettre les deux grandes Cours sur le fait de la grande police; ce qui m'a confirmé dans le vœu d'attendre sur cette affaire votre retour, sauf votre opinion au contraire, à laquelle je me réfère bien volontiers.

Est à observer que la Chambre est peu garnie de Messieurs, et que le grand banc est désert.

Vous jugerés, Monsieur, du parchemin sur lecture; je le joins. Je n'y ay observé que le versement au Trésor royal des fonds des nouveaux pourvus, qui me paroît contraire à l'usage et à la règle; je pense que cela devroit être indiqué aux parties casuelles, pour réunir au même lieu la filiation des offices, et encore pour l'exécution des loix de leur casualité et droits en résultans. La Chambre peut aussy trouver un petit coin d'intérêt pécuniaire dans cette énonciation; les fonds du Trésor royal sont fixes pour ces épices, ils augmentent sur les parties casuelles en raison du maniement.

L'article 9 vous affligera autant qu'il m'a contrarié. Je dois voir M^r le controlleur général pour l'affaire des impositions; je lui dirai un mot de nos douleurs sur cet article 9. Mais je ne me flatte pas de lui en dire assés pour assurer à votre retour un succès que je trouverois complet pour moi, si je vous l'avois préparé.

J'ay l'honneur d'être, avec respect, etc.

FR. DE MONTHOLON.

(Original. — Arch. Nicolay, 48 L 91.)

921.
7 Décembre 1784.
LETTRE DU CONTROLEUR GÉNÉRAL AU P.P. — ÉPICES DES RENTES.

Mr de Calonne répond aux observations du P.P. sur la diminution des épices portée par l'édit de création des payeurs et contrôleurs des dix nouvelles parties. Ces épices, fixées en 1671 au centième denier du fonds effectif des arrérages annuels, puis augmentées successivement, arrivèrent, en 1757, au chiffre de 446,055 liv. 3 deniers, et peu à peu, grâce à l'émission incessante des rentes viagères, elles avaient atteint, en 1770, celui de 670,931 liv. 3 sols 9 deniers, lorsque l'abbé Terray, par une mesure violente, réduisit les trente parties de rentes à 240,000 liv.; mais il ne tarda pas à rendre 120,000 liv.; puis, Mr Taboureau en rendit autant, et les épices se retrouvèrent, en 1776, plus considérables qu'en 1757, tandis que, de leur côté, les payeurs des rentes réclamaient une rémunération proportionnée, comme celle de la Chambre, à l'extension beaucoup plus considérable de leur travail.

Les officiers de la Chambre se plaignent que ces prétendues réductions ne leur laissent plus le revenu de leurs finances, et cela, parce que, depuis l'édit de 1771, ils ont porté l'évaluation générale de leurs offices, de 18,770,000 liv., à 25,301,000 liv., c'est-à-dire bien au-delà des finances payées au roi. Cette appréciation est inexacte quant à la proportion du revenu avec les finances. En outre, l'édit de septembre donne, en réalité, 24,000 liv. d'augmentation, puisque les épices du compte de la Caisse d'amortissement sont payées à part, et il étend la juridiction de la Chambre sur dix nouveaux payeurs et leurs contrôleurs.

Enfin, pour le compte arriéré de douze années, on proposera d'en fixer les épices, exceptionnellement, à une somme de 240,000 livres, ce qui devra satisfaire la Chambre.

Étant bien établi que la Compagnie ne souffre aucun tort, le P.P. est prié de faire enregistrer l'édit sans délai, sauf les représentations que la Chambre jugera nécessaires pour la conservation de ses droits.

(Original. — Arch. Nicolay, 70 L 347.)

922.   15 *Février, 5 et 6 Avril* 1785.
MALADIE ET MORT DU P.P. HONORAIRE.

Du 15 février. Ce jour, M° Marsolan, greffier en chef, venu au bureau, a dit : « Messieurs, conformément à l'arrêt de la Chambre du jour d'hier, je me suis transporté, à la levée de la séance de la Chambre, à l'hôtel de Nicolay. J'ai eu l'honneur de voir d'abord Mr le P.P., qui m'a conduit dans l'appartement de Mr le P.P. son père. M'étant approché de son lit, je lui ai témoigné de la part de la Chambre le vif intérêt qu'elle prenoit à sa maladie, et les vœux ardens qu'elle faisoit pour le rétablissement de sa santé. Il m'a fait l'honneur de me répondre qu'il se trouvoit mieux, et m'a ajouté, avec l'expression de l'attendrissement, qu'il étoit bien sensible à l'attention de la Chambre et aux marques d'estime et d'attachement qu'il en recevoit, et me chargeoit de lui en marquer toute sa reconnoissance. »

Du 5 avril. Ce jour, les bureaux assemblés, les Gens du Roi venus au bureau, M° Jean-Baptiste-Jérôme le Marié d'Aubigny, avocat général, portant la parole, ont dit : « Messieurs, la rentrée de la Chambre est accompagnée de deuil et d'amertume. C'est avec la douleur la plus fondée et la plus sincère, c'est pour remplir un devoir que nous impose le cri de notre cœur, que nous venons dans ce moment déplorer avec vous la perte d'un magistrat qui excite à toutes sortes de titres le regret le plus mérité, le plus universel. Il est de ces grands hommes, de ces hommes rares dans le cours d'un siècle, dont la réputation, établie et reconnue par l'opinion publique, est au-dessus de toute apologie. Tel étoit Mr de Nicolay, dont le nom seul inspire la vénération commune, et nous craindrions d'affoiblir, par les expressions de l'hommage particulier que nous lui devons, celle que lui consacre l'unanimité des suffrages. C'est à l'État, dont ce respectable magistrat a été un des plus zélés défenseurs ; c'est au corps de la magistrature, dont il a été la gloire, et dont il eût été digne d'être le chef ; c'est singulièrement à ce tribunal qu'il a présidé pendant quarante ans avec tant de splendeur, qu'il appartient d'apprécier le tribut d'estime et de respect dû à ses vertus. Vous avez été, Messieurs, comme ses coopérateurs, les témoins perpétuels de ses talens supérieurs, de l'étendue de ses connoissances, de la sagacité de son génie, de la solidité de son jugement, de l'élévation de ses sentimens, de son assiduité infatigable et de son amour pour le bien public. Vos registres sont remplis des monumens de son zèle pour le service du Roi et pour le maintien de l'honneur et de la dignité de cette Compagnie. Quelle activité, quelles lumières n'a-t-il pas répandues sur l'exercice habituel de votre juridiction ! Quelle sagesse n'a-t-il pas apportée dans les circonstances les plus délicates et les plus difficiles ! Constamment attaché aux intérêts de l'État, avec quelle noblesse s'est-il acquitté des fonctions qui le constituoient l'organe de vos vœux pour le meilleur ordre des finances ! Si nous passons à la considération de ses qualités personnelles, nous ne pouvons que vous rappeler la modestie et la simplicité jointes à la grandeur de son âme, son éloignement du faste, son détachement de toute ambition, son désintéressement absolu, son aménité, son affabilité, et cette tendresse vraiment paternelle qui lui faisoit envisager tous les membres de cette Compagnie comme ceux d'une nombreuse famille, dont il aimoit à être le soutien et l'appui. Accessible à tous, discernant le mérite, il versoit le sien sur celui d'autrui. Il n'est personne, Messieurs, qui ne reconnoisse à ces traits le digne et important magistrat qui vient de nous être enlevé, et dont la retraite n'avoit pu dissoudre le lien d'un attachement respectif. La carrière qu'il a éminemment remplie n'est point terminée ; nous savons qu'il vivra à jamais d'une manière glorieuse dans nos âmes, dans le souvenir de la postérité, et dans la chaîne des services et des vertus héréditaires de son illustre famille. Mais nous joignons aux sentimens intimes et particuliers qui nous affectent la persuasion que notre ministère doit un hommage public à sa mémoire, et nous vous proposons d'arrêter que le greffier en chef de la Chambre sera chargé de se transporter, dans le jour, par-devers Mr le P.P., à l'effet de lui témoigner les sentimens dont la Compagnie est pénétrée dans la circonstance d'une perte affligeante pour elle, pour la magistrature et pour tous les ordres de l'État. »

Du 6 avril. Ce jour, les bureaux assemblés, Me Marsolan, greffier en chef, venu au bureau, a dit : « Monsieur, conformément aux ordres de la Chambre, je me suis transporté hier matin à l'hôtel de Nicolay. Arrivé à l'appartement de Mr le P.P., je me suis fait annoncer en qualité de député de la Compagnie. Aussitôt, les portes m'ont été ouvertes en entier, et étant entré dans son cabinet, j'ai eu l'honneur de le saluer et de lui dire : « Monsieur, la Chambre, vivement affectée de la perte que vous venez de faire, m'a
» commandé de venir vous témoigner toute la part qu'elle prend à ce triste événement. La mémoire des
» qualités supérieures d'un chef qui, pendant quarante ans, a présidé la Compagnie avec autant de zèle que
» de dignité, lui sera toujours chère ; elle ne perdra jamais le souvenir des obligations qu'elle doit à sa
» conduite ferme et prudente dans des circonstances difficiles. Je ne puis mieux, Monsieur, vous dépeindre
» l'affliction de la Chambre, qu'en vous la représentant comme une famille nombreuse qui pleure un père
» tendrement chéri. La satisfaction qu'elle a de voir assis à la place d'un magistrat aussi recommandable
» l'héritier de son nom, comme de ses vertus, peut seule mettre un terme à ses regrets. La Chambre
» partage bien sincèrement votre douleur ; elle vous prie instamment de ne pas vous y abandonner et de
» conserver une santé si précieuse pour la Compagnie et pour votre famille. » Et j'ai ajouté : « Mr l'avocat
» général, Monsieur, vient de prononcer à la Chambre un discours qui exprime beaucoup mieux que je ne
» puis le faire les sentimens de la Compagnie. Mr le président de Paris la Brosse a bien voulu se charger
» de vous le remettre. » Mr le P.P. m'a fait l'honneur de me répondre, avec l'expression de la douleur et de la sensibilité : « Je suis, Monsieur, sensible au-delà de toute expression à la part que la Chambre veut
» bien prendre à ma juste douleur. L'hommage qu'elle rend à la mémoire de mon respectable père est un
» tribut déjà payé par toutes les âmes honnêtes et vertueuses. Il devient la récompense de quarante ans de
» service et de zèle, qui ne sont jamais démentis tandis qu'il a eu l'honneur d'en être le chef. Je vous
» prie, Monsieur, d'être l'interprète de ma reconnaissance et de mon respect, et d'assurer la Compagnie
» que je désire mériter par des services des témoignages aussi flatteurs de son amitié et de son estime,
» mais que du moins je puis me flatter de faire revivre notre illustre défunt par tous les sentimens qui
» l'attachoient à elle. » Après avoir rempli la commission dont la Chambre m'a honoré, j'ai eu l'honneur de saluer Mr le P.P., qui m'a fait celui de me reconduire jusqu'à la porte de son cabinet, et je me suis retiré. »

(*Plumitif* et *Journal.*)

923.
20 *Septembre* 1785.
LETTRE DU GARDE DES SCEAUX AU P.P. — RATURE D'UNE MENTION D'ENREGISTREMENT.

A Paris, le 20 septembre 1785.

Monsieur, je vous envoye une lettre que Mr le premier président de la Cour des aides m'a adressée, au sujet de la rature que le greffier de la Chambre des comptes a faite sur les lettres de noblesse accordées au sr Mertrud, chirurgien, de l'enregistrement de la Cour des aides, pour y substituer celui de la Chambre des comptes. Je suis persuadé que vous prendrés les mesures nécessaires pour que pareille chose n'arrive plus. Je suis, etc.

MIROMÉNIL.

(Original. — *Arch. Nicolay*, 72 L 543.)

924.
Octobre 1786.

LETTRES DU CONTROLEUR GÉNÉRAL AU P.P. — AFFAIRES DE FINANCES.

Le 18 septembre, en enregistrant la déclaration du 1ᵉʳ juin, qui donnait la faculté de convertir en contrats de rente les billets au porteur de 1784, la Chambre avait remontré très-humblement au roi l'inconvénient d'une mesure qui tendait à perpétuer une surcharge momentanée dans le principe.

M. d'Ormesson écrit au P.P., le 4 octobre, que la nouvelle disposition ne change rien au mode de remboursement et d'accroissement des capitaux. Ce ne sera donc point, comme on le croit, une surcharge perpétuelle pour l'État. La publication de l'enregistrement de la Chambre pouvant faire naître dans le public des inquiétudes mal fondées, il faut en faire changer les termes, ou donner des ordres pour qu'il ne soit pas imprimé.

Le ministre ajoute de sa main : « Je vous avoue que l'énonciation portée dans l'enregistrement m'a fait de la peine. Faut-il donc toujours condamner l'administration, et lui supposer des intentions indignes d'elle, sans même chercher à s'éclaircir ? La fidélité scrupuleuse que le Roi a montrée pour tous ses engagements, du moins depuis que j'ay l'honneur d'être chargé de ses finances, ne devoit-elle pas éloigner la fausse opinion à laquelle votre Compagnie s'est livrée trop facilement ? »

Le 9 du même mois, le garde des sceaux écrit également, par ordre du Roi, que l'arrêt de la Chambre, basé sur une fausse appréciation de l'édit, « tend à en dénaturer l'esprit et l'objet, » et que, pour éviter d'inquiéter inutilement le public, S. M. défend d'imprimer cet arrêt (72 L 563).

Le P.P. ayant envoyé à Mʳ de Calonne un projet de lettres patentes concernant la comptabilité des emprunts de la ville de Paris, le ministre répond, le 24 et le 31 octobre, que toutes les municipalités ont le droit de régir elles-mêmes leurs affaires et d'en recevoir les comptes, à l'exception de celui des octrois, qui sont considérés, en raison de leur nature et de leur origine, comme deniers royaux. D'ailleurs, la ville de Paris jouit du privilége de ne rendre de comptes qu'au roi, et elle en peut fournir les titres depuis le temps de Charles VI. Les prétentions contraires de la Chambre, comme celles du parlement, ont déjà été repoussées plusieurs fois.

Quant à un projet de règlement pour le service de la comptabilité des impositions de la ville, il sera accepté avec faveur, et montrera que l'administration n'est pas indifférente aux observations de la Chambre.

(Originaux. — *Arch. Nicolay,* 70 L 375 à 377.)

925.
18 Janvier 1787.

CONVOCATION A L'ASSEMBLÉE DES NOTABLES.

Ce jour, les bureaux assemblés, Mʳ le P.P. a dit : « Messieurs, je m'empresse de prévenir la Compagnie des ordres que j'ai reçus du Roi de me trouver, le 29 de janvier, présens mois et an, à Versailles, à l'assemblée des Notables. Mʳ le procureur général a reçu la même lettre; mais, sa santé ne lui permettant pas de paroître aujourd'hui, il m'a prié, Messieurs, de vous en faire part. Nous nous réunissons pour demander à la Compagnie si elle n'auroit rien à désirer de notre ministère. Nous la prions d'être persuadée de notre zèle à nous conformer à ses intentions. » Sur quoi, la Chambre, après avoir délibéré, a arrêté de faire registre du récit de Mʳ le P.P., et qu'il sera invité, ainsi que Mʳ le procureur général, de continuer, dans une circonstance aussi intéressante, de donner des preuves de leur attachement pour le bien de l'État et le maintien de la juridiction de la Compagnie.

Ensuite, la Chambre prend connaissance de deux lettres par lesquelles les gens des comptes de Nantes se plaignent de n'avoir point reçu de convocation et invitent toutes les Chambres à réclamer l'observation de l'usage constant.

(*Plumitif* et *Journal.*)

926.
6 Février 1787.

PRÉPARATION DE REMONTRANCES. — CONFLIT AVEC LA COUR DES AIDES.

La Chambre, les semestres assemblés, approuve le projet de remontrances préparé : 1° sur l'évocation au Conseil de toutes les questions relatives à la discussion des biens du sʳ de Saint-James, trésorier général de la marine et des colonies; 2° sur le décret de prise de corps lancé par la Cour des aides, après celui de la Chambre, contre le receveur général des finances de Tours; 3° sur la cassation du décret prononcé par la Chambre contre un receveur particulier des finances de l'élection de Paris.

(Plumitif et Journal.)

1. Le P.P. présenta ces remontrances le dimanche 11, et le roi promit de les examiner en Conseil. Elles furent imprimées sans l'autorisation de la Chambre, qui prononça la suppression, le 14 mars. Mais elles sont en partie reproduites dans l'*Encyclopédie méthodique des Finances*, art. Trésor royal, t. III, p. 744; et la Chambre les fit réimprimer, en 17'1, à la suite des *Observations sur la comptabilité*.

927.

25 Mai 1787.
ASSEMBLÉE DES NOTABLES. — DISCOURS DU P.P.

Sire, la Chambre des comptes s'unit par ma voix aux sentiments de cette auguste assemblée. Elle voulait faire entendre l'accent de sa douleur, mais elle ranime ses espérances en voyant V. M. s'éclairer sur les besoins de ses peuples et laisser approcher la vérité du trône. Dissimuler nos malheurs, ce serait affaiblir la gloire de les réparer. V. M. vient de mesurer l'abîme; son cœur en a frémi; son courage et notre amour vont bientôt en combler la profondeur.

Les puissances rivales de la France, l'Europe entière ont été instruites de nos désastres. Hâtons-nous de leur annoncer que V. M. va les faire oublier; hâtons-nous de leur montrer ce que peut l'exemple du monarque sur une nation libre et généreuse. Vous gouvernés, Sire, les mœurs publiques; ces abus destructeurs qui précipitaient l'État sur le penchant de sa ruine, aujourd'hui dévoilés, et déjà flétris par l'opinion, ne soutiendront point vos regards; votre sagesse les fera disparaître, comme les ombres de la nuit se dissipent à la clarté du jour.

Les loix sont la sauvegarde des empires; la France repose aussi à l'ombre de sa législation, mais il est un genre de stabilité qui lui est propre et qui fait son bonheur : c'est l'amour réciproque du souverain et des peuples. Premier potentat de l'univers, vos sujets, Sire, se glorifient de vous dire, comme autrefois Pline à cet Empereur, les délices du genre humain et le modèle des Rois : « La nation ne peut être heureuse sans vous; vous ne pouvés l'être sans elle. »

Les Notables, rendus à leurs concitoyens, enorgueillis de l'estime de leur maître, après avoir plaidé les intérêts de votre gloire, en plaidant pour la patrie aux pieds du trône, auront encore des consolations à offrir en annonçant des sacrifices. Ils diront que l'immuable probité a gravé en caractères ineffaçables dans le cœur de V. M. l'obligation des réformes et la volonté de les effectuer; ils garantiront à vos sujets que les nouveaux subsides dont l'accablante nécessité vous déchire, n'auront que la durée des besoins; ils présenteront l'émulation du bien public embrasant tous les cœurs, et votre royale famille s'empressant à donner le premier exemple du patriotisme; ils diront que notre souveraine, si digne de régner sur les Français, vient de se montrer tout ce que devait être l'auguste compagne du Roi et la mère du Dauphin. Ils annonceront les jours désirés de l'économie, le rétablissement de l'ordre, l'égale distribution des charges publiques; toutes les sources de la prospérité seront rétablies et mieux dirigées, et la nation attendrie verra dans cette régénération l'aurore du règne le plus heureux de la monarchie.

Puisse l'assemblée des Notables, Sire, devenir l'époque de votre bonheur et de votre gloire; puisse l'amour pour nos souverains, ce sentiment prétieux qui nous distingue autant des autres nations que votre race s'élève au dessus des Rois de l'univers, s'accroître et s'étendre encore! Puissent rester à jamais gravées au fond de nos cœurs ces paroles d'un auteur célèbre : « Je rends grâces au ciel de m'avoir fait naître dans un siècle et sous le gouvernement où je vis, et de ce qu'il a voulu que j'obéisse à ceux qu'il m'a fait aimer. » Que ces expressions touchantes passent de bouche en bouche, qu'elles deviennent un cantique national, et qu'elles soient comme la prophétie du règne de V. M.!

(Minute originale. — Arch. Nicolay, 55 L 105.)

928.
7 Juillet 1787.
CRÉATION DES ASSEMBLÉES PROVINCIALES.

Édit du mois de juin 1787, contenant six articles, portant création d'Assemblées provinciales dans toutes les provinces du royaume où il n'y a point d'États provinciaux, et, suivant que les circonstances locales l'exigeront, d'Assemblées particulières de districts et de communautés ; registré, ouï et ce requérant le procureur général du Roi, pour être exécuté selon sa forme et teneur. Et sera le Roi très humblement supplié d'adresser incessamment à la Chambre des comptes les règlemens particuliers annoncés par l'art. 6 dudit édit. Faisant des vœux ladite Chambre pour que les intentions bienfaisantes dudit seigneur Roi assurent la prospérité de son règne, et que les Assemblées provinciales, sans jamais altérer la constitution de la monarchie, tendent à resserrer de plus en plus les liens de l'obéissance et de l'amour, et puissent opérer un jour le bonheur de la nation et contribuer au rétablissement des finances.

(Plumitif.)

929.
17 Août 1787.
SÉANCE DE MONSIEUR. — PROTESTATION CONTRE LES NOUVEAUX IMPOTS.

Ce jour, les semestres assemblés, un de Messieurs [Mr Clément de Boissy] a dit : « La Chambre vient d'être avertie par l'aide des cérémonies que Monsieur, frère du Roi, va se transporter en la Chambre, par ordre dudit seigneur Roi, pour lui faire connoître ses volontés. La voix qui est déjà émanée du trône ne nous fait que trop connoître que c'est pour entendre les malheurs de l'État, et la consternation s'est emparée de tous les cœurs. L'aveu public d'une dette immense a enlevé à ce royaume, autrefois si florissant, l'éclat dont il brilloit aux yeux de toute l'Europe, et le respect pour une puissance qui étoit également munie de troupes nombreuses et de trésors, s'est évanoui. Quel est le François qui ne voulût en ce moment sacrifier sa fortune et l'offrir au père de la patrie ? Qui de nous n'étoit pas indigné contre les dépositaires du secret d'une si affreuse situation, qui l'ont laissé ignorer à un monarque naturellement bienfaisant ? Cet abîme, s'il l'eût connu, ne se seroit pas ouvert sous ses pieds ; il eût enchaîné une libéralité funeste, il eût retranché une partie du faste du trône, il eût porté l'économie dans toute sa maison ; les grands, dont les demandes importunes et vastes sont le fléau du royaume, n'auroient pas osé lever les yeux sur le trône, pour solliciter de nouvelles grâces d'un monarque qu'ils ont dépouillé ; les besoins de l'État en auroient imposé au luxe effrayant qui dévore la richesse de toutes les conditions ; la connoissance d'une situation si affligeante auroit aussi réveillé dans l'âme des François l'amour de la patrie ; l'heureuse médiocrité auroit été la ressource abondante d'un peuple qui, quand l'État souffre, sait borner ses désirs. Tels sont les biens que nous a ravis le fatal et inutile secret des finances. D'un autre côté, son auguste compagne eût partagé avec S. M. le zèle ardent pour le bien de ses peuples. Elle eût vu avec douleur que les sommes immenses qui ont disparu avoient été arrachées avec contrainte de la cabane du pauvre, autant que de l'aisance des riches. Cette grande ressource de l'État, l'économie, si souvent demandée, si souvent promise, ne fait point encore luire pour la France ce beau jour qui fait l'espérance de la nation, et cependant la confiance ébranlée n'aura plus la ressource des emprunts. C'est ce qui porte aujourd'hui le monarque, pénétré de douleur, à recourir encore à de nouveaux impôts. Que Celui qui veille à la prospérité des empires préserve la France de plus grands malheurs ! Mais, en ce moment, le Roi exige ces impôts par la souveraineté de sa puissance et en s'écartant des formes qui seules présentent les suffrages des peuples portés par la voix libre des magistrats. En cet état, je crois, Monsieur, qu'il est nécessaire que la Chambre fasse des protestations contre l'inscription de lois non délibérées qui va sans doute être faite dans ses registres. Je vous prie, Monsieur, de mettre cet objet en délibération, pour y être statué par la Chambre. »

Sur quoi, la Chambre, après avoir délibéré, a arrêté que Mr le P.P. sera chargé de déclarer à Monsieur qu'elle proteste contre toute transcription illégale qui pourroit être faite sur ses registres.

Discours du P.P. à Monsieur.

Monseigneur (j'obéis à l'ordre exprès du Roi, mon souverain seigneur et maître), nos cœurs soumis respectent l'autorité; ils demanderaient à la bénir. L'épuisement des finances, la consternation universelle, le parlement arraché de son sanctuaire, l'appareil imposant du pouvoir suprême, l'opinion publique, tout nous rappelle ce que nous devons à la nation et au Roi : fidélité, franchise. Le sentiment de notre douleur n'affaiblira point les expressions de notre zèle, il les rendra plus pénétrantes ; nous les déposerons dans votre sein, prince auguste et révéré ; vous les protégerez auprès du trône, vous serez pour nous un astre bienfaisant qui console pendant une nuit orageuse et profonde.

Un déficit immense vient d'être annoncé à toute l'Europe; on veut le remplir, on veut empêcher qu'il ne se renouvelle. Mais, après cinq années de paix, après avoir épuisé la confiance et le crédit, après avoir étendu les emprunts, augmenté les impôts, comment demander de nouveaux secours à la nation? Elle gémit sous le poids de six cents millions de subsides, et, s'il faut recourir à ce moien désastreux, le peut-on avant que d'avoir emploié toutes les ressources, consommé tous les sacrifices, comme tous les besoins ?

Les tribunaux n'eurent jamais le droit d'octroier et de consentir les impôts. Depuis longtemps, la France, en remettant au souverain le pouvoir d'imposer, l'a rendu l'économe de la fortune publique, et nos Rois ont chargé la conscience des Cours de les éclairer, par la vérification, sur les besoins de l'État : magistrature auguste, qui nous fait peser les intérêts du monarque et des sujets, et qui tend à resserrer les liens de l'obéissance et de l'amour. Et dans quelle circonstance, Monseigneur, ce ministère imposant dut-il être exercé avec plus de scrupule et de courage? Le cœur du Roi est déchiré, et les peuples gémissent. Eh quoi ! l'on nous demanderait aujourd'hui des suffrages avant de nous avoir éclairés; on exigerait, on suppléerait notre vœu pour des subsides dont la durée serait éloignée ou indéfinie, qui seraient inquiétans et désastreux, qui menaceraient le repos des familles, qui énerveraient le commerce, qui tariraient à la fois toutes les sources de la prospérité publique; et les Cours souveraines, chargées du dépôt de la loi et de la vérité, resteraient muettes ! On les verrait indifférentes sur la gloire du Roi et sur le bonheur de la nation ! Non, Monseigneur, jamais ! Si les obligations de la Chambre des comptes sont douloureuses à remplir, du moins sa fidélité ne préjudiciera pas à la patrie. Les fortunes de l'État ne sont point menacées, et le gouvernement a pris des précautions pour assurer ses engagemens : elle doit désirer l'état des recettes et des dépenses de l'année ; elle doit demander au Roi la suppression des acquits de comptant, ou de les réduire à leur véritable objet, au secret de l'administration. C'est sous leur voile perfide que l'on a caché les profusions les plus condamnables, et que l'intrigue et la faveur ont épuisé les trésors de l'État. Elle demandera que l'on fixe invariablement les anticipations; dans une administration sage, elles doivent être proscrites; dans une administration qui se régénère, il faut les connaître, les acquitter, et n'en plus faire usage. Elle suppliera le Roi d'effectuer les retranchemens promis; ils doivent monter à quarante millions ; mais comment espérer une bonification aussi considérable, avec les remboursemens, les indemnités que ces retranchemens occasionneront? Comment? En ajoutant la réforme de tous les abus.

Si ces ressources sont insuffisantes, si le déficit doit s'alimenter encore de la substance des peuples, alors les Cours se réuniront pour supplier S. M. de rendre à la nation assemblée le pouvoir de consentir les impôts et le droit naturel d'être consultées sur le choix des sacrifices.

Nous venons de paier le tribut que la nation attendait de notre zèle; suspendons l'accent de notre douleur, ouvrons encore nos cœurs à l'espérance, en rendant hommage au prince auguste que l'on voit assis parmi nous. Nos concitoyens nous environt d'avoir été leur organe. En vain, sa modestie repousserait nos éloges ; nous devions, dans le sanctuaire, le proposer à la vénération publique, car la reconnaissance a les mêmes droits que la postérité.

(Minute originale. — Arch. Nicolay, 57 L 108.)

Ce jour, après la séance tenue à la Chambre par Monsieur, frère du Roi, les semestres étant restés assemblés, la Chambre délibérant sur ce qui s'est passé entre ladite séance, a déclaré qu'elle persiste dans les protestations et réserves contenues dans son arrêté de ce jourd'hui; et, considérant que la subvention territoriale est une imposition indéfinie et une véritable détraction de la propriété ; que la déclaration du timbre présente des dispositions affligeantes et désastreuses, destructives du commerce et préjudiciables à la tranquillité des citoyens ; que l'impôt doit être mesuré sur le besoin réel, et qu'il n'a été donné connoissance à la Chambre ni du montant du déficit, ni de celui des bonifications; qu'enfin, suivant les formes constitutionnelles de la monarchie, une nouvelle nature de subside exige le consentement de la nation; a déclaré nulle et illégale la transcription faite sur ses registres d'impositions nouvelles, qui ne peuvent être consenties que par les États généraux. Et sera le Roi très humblement supplié de rendre à la capitale et à la justice, qui les réclament, des magistrats dont la conduite a été dictée par le patriotisme le plus pur et par l'attachement le plus vrai aux intérêts dudit seigneur Roi, inséparables de ceux de ses peuples.

(*Plumitif* et *Journal*.)

930.   23 Août 1787.
LETTRE DU P.P. AU PREMIER PRÉSIDENT DU PARLEMENT. — EXIL DE LA COUR.

Paris, ce 23 août 1787.

Je partage, Monsieur, avec la Compagnie dont j'ai l'honneur d'être le chef, les sentiments publics sur les événemens qui vous éloignent de la capitale. Ne voulant point attendre le moment où je serai instruit légalement de la translation du parlement à Troyes, pour proposer à la Chambre des comptes d'envoyer Mr le greffier en chef pour complimenter votre Compagnie, permettez que je m'en acquitte d'avance auprès de vous, et que je vous prie d'être mon interprète auprès de Messieurs du parlement. Vous trouverés bon aussi, Monsieur, que j'aie l'honneur de vous envoyer une copie du procès-verbal de 1753, les Cours tenant à des formes que la succession des événemens et le laps de tems rendent fugitives, et qu'il faut malgré cela conserver.

Vous permettez aussi que je vous adresse une copie du discours que j'ai prononcé lors de la séance de Monsieur, ainsi que celle de l'arrêté de la Chambre, dans lequel elle supplie le Roi de vous rendre à la capitale et à la justice, qui vous réclament également.

J'ai l'honneur d'être, etc.

Oserai-je vous prier de présenter mon respect à Mme la Première Présidente, et de rappeler Mme de Nicolay à l'honneur de son souvenir?

(Duplicata. — *Arch. Nicolay*, 57 L_102.)

931.   Septembre 1787.
PROTESTATION CONTRE UN ARRÊT DU CONSEIL.

Le 1er septembre, la Chambre, les semestres assemblés, délibéra sur l'arrêt du Conseil du 23 août, qui avait cassé l'arrêté pris par la Compagnie à la suite de la séance de Monsieur.

Considérant que ledit arrêt, incapable de faire loi par lui-même, présente évidemment tous les caractères de l'obreption et de la surprise; qu'il tend à affliger, par les imputations les plus odieuses et les moins méritées, la Chambre des comptes, pour s'être servie, dans les expressions de son zèle et de sa fidélité, du langage uniforme de toutes les Cours, qui n'étoit que le vœu de la nation entière; considérant qu'il est des circonstances où les magistrats peuvent s'honorer de la disgrâce, lorsqu'ils en sont consolés par l'estime publique; que la réclamation a été universelle pour ne point admettre l'existence de deux lois registrées par voie d'autorité et dont l'objet étoit d'établir de nouveaux subsides sans en avoir préalablement fait connoître l'inévitable et douloureuse nécessité. Considérant la Chambre qu'en voyant casser son arrêté du 17 août dernier, il lui reste la consolation de le savoir subsister dans ceux du parlement des 5, 7, 13 et 27 août, et dans ceux de la Cour des aides des 18 et 27 du même mois ; qu'elle n'a pu outre-passer sa compétence en délibérant sur des lois qui lui avoient été présentées de la part du Roi ; que, bien loin d'essayer d'entretenir une fermentation dangereuse dans les esprits, elle a cherché à éclairer ledit seigneur Roi sur les inconvéniens desdits édit et déclaration, en lui présentant leurs dispositions affligeantes et désastreuses, destructives du commerce et préjudiciables à la tranquillité des citoyens ; que ce ne sont point les arrêtés des Cours, mais la volonté constante des ordonnances qui frappe de nullité tout enregistrement qui se feroit par une transcription forcée des actes de la volonté momentanée et du pouvoir arbitraire ; qu'un acquiescement libre et délibéré peut seul former le caractère essentiel de la loi et suppléer le vœu de la nation ; que, suivant les expressions du chancelier de l'Hospital, les Cours n'ont point juré d'observer tous les mandemens du Roi, mais bien les ordonnances, qui sont ses vrais commandemens. Considérant la Chambre que sa conduite la justifie pleinement des imputations odieuses de démarches, d'entreprises attentatoires à l'autorité du Roi, contraires aux lois, au respect dû à ses volontés, tendant à détourner de l'obéissance qui lui est due ; que rien, au contraire, n'assurera plus le pouvoir monarchique, ne doit resserrer plus étroitement le lien de l'obéissance et faciliter davantage les moyens de remplir les engagemens de l'État, que de laisser les Cours réclamer les formes constitutives de la législation et conserver par là les rapports qui unissent le monarque à ses sujets. Considérant que, si les fonctions de la Chambre des comptes sont circonscrites par le fait, c'est le tort de l'administration et la cause des malheurs de l'État ; considérant que l'ordre donné aux commissaires départis dans les provinces du ressort de la Chambre de faire imprimer, publier et afficher ledit arrêt du Conseil, est l'ordre de publier le scandale d'une insulte gratuitement faite à une Compagnie qui, depuis cinq siècles, sert le Roi et l'État avec fidélité ; que la défense faite à la Chambre, sous peine de désobéissance, de donner suite à son arrêté du 17 août dernier, est la défense de recourir au prince pour faire cesser un désordre contre lequel toutes les Cours devoient réclamer et qu'il est de la sagesse dudit seigneur Roi de proscrire, pour l'intérêt de la nation ; que celle pareillement faite à la Chambre d'intituler à l'avenir *arrêtés* de ladite Chambre les délibérations prises sans le concours de tous ses membres, supposeroit que la délibération du 17 août dernier n'a point été universelle, tandis qu'elle a été le vœu de l'assemblée la plus complète et la plus régulière ; que, lorsqu'il aura plu audit seigneur Roi de faire connoître à sa Chambre des comptes les réclamations qui ont été présentées à Mr le garde des sceaux par les auditeurs, il lui sera aisé de montrer combien ces officiers sont peu fondés en titres et en raison, mais que le public et l'opinion n'attendront point, pour juger leur conduite, que le souverain se soit expliqué ; qu'il paroîtra toujours extraordinaire que l'on puisse induire que la détermination dudit seigneur Roi a été prise sur une dénonciation extra-judiciaire de quatre auditeurs, pour élever des prétentions nouvelles et contraires aux ordonnances, sans qu'elles aient été préalablement communiquées et répondues. Considérant enfin la Chambre que l'autorité n'auroit pu opposer un vice de forme à la délibération du 17 août dernier, qu'autant qu'elle y auroit appelé des officiers qui en sont exclus aux termes des ordonnances les plus précises ; a déclaré qu'en persistant dans les maximes et principes contenus dans son arrêté du 17 août dernier, elle ne cessera d'unir ses réclamations à celles de tous les tribunaux pour la conservation des droits de la nation et des véritables intérêts du Roi, et que, pour obéir aux ordonnances, elle ne pourra jamais reconnoître pour lois de l'État celles qui ne seront point revêtues du caractère de la sanction légale. Protestant en outre ladite Chambre contre les imputations de l'arrêt du Conseil du 23 août dernier, dont elle supplie ledit seigneur Roi d'ordonner la révocation, et dans lequel on a calomnié les sentimens de respect, d'amour et de fidélité dont elle est pénétrée pour ledit seigneur Roi. Déclarant ladite Chambre ne pouvoir et ne devoir admettre à ses délibérations ceux de ses membres qui, par la nature de leurs charges et de leurs fonctions, en sont exclus par la loi. Ordonne la Chambre qu'expédition de la présente délibération sera portée au Roi par la députation ordinaire, et qu'à cet effet, les Gens du Roi seront mandés et chargés de se retirer par-devers ledit seigneur Roi, pour savoir les jour, lieu et heure auxquels il lui plaira de recevoir la députation. Et sur le surplus, la Chambre a continué la délibération à jeudi prochain, 6 du présent mois, les semestres assemblés.

Le P.P. fut admis à présenter cette délibération au roi, le 6 septembre, et il demanda à en faire la lecture; mais le roi répondit :

Ce n'est point par des arrêtés que mes Cours doivent me faire connoître leurs observations sur mes édits : je recevrai toujours volontiers leurs remontrances et leurs supplications. Reprenez votre arrêté, et prenez garde qu'il ne soit imprimé.

A la suite de cette relation, la Chambre, sur la proposition du P.P., fit arrêter le texte des représentations, que MM. de Nicolay, le Mairat et Perrot portèrent, le 19, à Versailles.

(*Plumitif* et *Journal*.)

---

932.   19 *Septembre* 1787.

COMPLIMENT DU P.P. A M. LAMBERT, CONTROLEUR GÉNÉRAL.

Monsieur, vous arrivez au ministère des finances dans des circonstances qui deviendront une des époques de notre histoire, et, malgré cette succession rapide de contrôleurs généraux qui vous ont précédé, vous avez l'avantage d'exciter encore l'intérêt du public et de ranimer ses espérances.

Dans un moment de régénération et de crise, où l'art doit être de tout réparer et de ne rien détruire, où la nation demande des sacrifices et redoute des impôts, où l'ordre, la raison, la règle peuvent seuls devenir les dieux tutélaires de la monarchie, la sagesse du Roi devoit arrêter ses regards sur un magistrat laborieux, intègre, éclairé, longtemps l'oracle du parlement, et depuis, un des aigles du Conseil. On auroit pu croire que la lenteur des formes, les discussions contentieuses s'allient difficilement avec le génie actif et tranchant de l'administration, et que vous deviez être étranger aux objets si variés qu'embrasse le ministère des finances; mais les Notables vous ont ouvert une carrière nouvelle. Alors, vous avez paru ce que vous pouviez être : votre esprit, également souple et étendu, s'est montré habile pour toutes les affaires auxquelles on l'employeroit; on a reconnu dans vous l'intention du bien et la capacité de le faire, et si, jusqu'à présent, vos travaux ont été dirigés vers un autre but, vous avez donné la preuve, dans cette mémorable assemblée, qu'il n'est point d'éducation ni de département particulier pour les talens, que ce sont les circonstances qui les produisent et leur donnent la maturité à l'instant qu'elles les font éclore.

Depuis longtemps, Monsieur, ces voûtes n'ont cessé de retentir des obligations des contrôleurs généraux et des vœux de la nation : réformes, économies, ont été le cri général, continuellement répété, surtout depuis que l'on a révélé le triste secret des finances; on s'est rallié contre les abus, on a universellement réclamé contre les grâces, contre les dons excessifs; on a vu avec peine S. M. donner plus de pensions que la plupart des souverains n'ont de revenu. Empressez-vous, Monsieur, de faire subir à ces indiscrètes libéralités la nécessaire expiation d'une révision publique; et que toutes, désormais, soient soumises à la pudeur de l'enregistrement.

Il est des précautions salutaires que nous devons vous conseiller.

Il est essentiel de rapprocher les comptabilités de leurs exercices et d'éclairer celle du Trésor royal. Il ne faut plus que le véritable compte de l'État, qui doit rassembler sous un même point de vue l'intégralité des recettes et des engagemens, soit un dédale tortueux et inextricable, dont on ne connoisse point le fil; il ne faut plus se couvrir d'un voile impénétrable, et que le ministère de la Chambre des comptes soit un ministère passif qui se borne à des formes devenues minutieuses par leur inutilité.

Voilà, Monsieur, nous ne saurions trop le répéter, voilà le germe des désordres qui menaçoient d'être irréparables. Réduisez les acquits de comptant; empêchez les anticipations de se reproduire; que les emprunts désormais ne soient plus ni exagérés ni dénaturés par des lettres de validation. Toutes ces opérations désastreuses, vrai scandale en finance, alloient perdre le royaume; il faut les anéantir à jamais, pour raffermir sa base antique, qui commençoit à s'ébranler, et pour lui rendre sa splendeur.

L'administration actuelle a tout aperçu : elle corrigera tout; le patriotisme qui l'anime fera jaillir encore

LOUIS XVI.

des sources de prospérité que l'on croyoit taries. Hâtons-nous de rendre hommage à ses premiers efforts, à ses premiers succès. De grandes économies, commencées et soutenues avec courage, rappelleront le crédit et suppléeront aux impôts; l'énergie nationale, les sacrifices volontaires du Souverain et de la famille royale, cette noble émulation du bien public qui embrase tous les cœurs, vont rendre à la France épuisée une existence nouvelle; et, semblable au peuple-roi, c'est du sein des désastres qu'elle va reprendre cette dignité imposante qui étendra la gloire et l'empire du nom françois, et qui le fera respecter de toute l'Europe.

Réponse de M. Lambert.

Monsieur, le serment que je viens de prêter au Roi entre vos mains est l'hommage d'un zèle sans bornes pour son service, et d'une obéissance sans réserve à ses volontés . . . .

. . . . Qu'il me soit permis, en déposant entre vos mains, Monsieur, mes vœux et mes engagemens, de mettre au nombre de mes principales ressources le concours des lumières et des travaux d'une Compagnie si vigilante sur les intérêts du Roi, si remplie de zèle pour son service, si éclairée sur les règles qui doivent maintenir l'harmonie dans les finances de l'État, et disposée, j'ose le lui demander, à me faire connoître tous les abus qu'elle a déjà aperçus, ou qu'elle découvrira par la suite, dans toutes les parties de l'immense administration qui m'est confiée. J'obtiendrai le secours que je sollicite de cette auguste Compagnie comme une suite des instructions et témoignages de bienveillance personnelle que j'ai déjà reçus de son respectable chef, pendant la durée d'un service à jamais mémorable que j'ai eu l'honneur de partager avec lui, et dont je sens plus que jamais le prix, s'il me procure auprès de vous, Messieurs, le suffrage d'un chef qui vous est, à si juste titre, aussi cher et aussi recommandable, et qui vous préside avec cette dignité, ce caractère de noblesse et de vertu patriotique, cette aimable affabilité, ce zèle pour le service du Roi, dont les exemples toujours renouvelés de génération en génération, par une longue suite de ses aïeux, ont rendu personnels à sa famille et à son nom, depuis plusieurs siècles, tous les services que cette Compagnie a rendus à l'État et aux augustes prédécesseurs de S. M.

(Imprimé.)

933.
29 *Novembre* 1787.
COMPLIMENTS AU PARLEMENT SUR SON RETOUR A PARIS.

Ce jour, Me Marsolan, greffier en chef de la Chambre, venu au bureau, a dit : « Messieurs. . . . . m'étant rendu le jour d'hier à l'entrée de la grand'chambre du parlement, j'ai chargé un huissier d'avertir l'un des greffiers de la Cour de mon arrivée ; ce qu'ayant fait, Me Isabeau de Montval, greffier de la Cour, est venu me trouver. L'ayant informé de l'objet qui m'amenoit, il est rentré dans la grand'chambre en rendre compte à Mr le premier président ; et, peu de temps après, est revenu me prendre, et il m'a conduit au banc des Gens du Roi aux petites audiences, où étoient placés plusieurs de MM. les conseillers des enquêtes. Où étant, après avoir salué le parlement, les chambres assemblées, Mr le premier président m'a fait l'honneur de me dire : « La Cour est sensible à l'attention et aux sentimens de la Chambre des » comptes ; elle la prie d'agréer ses excuses, si, dans le deuil et la consternation où elle est plongée, elle ne » peut recevoir ses complimens. » Ce qu'entendu, je me suis retiré, eu saluant le parlement. »

(*Plumitif* et *Journal.*)

934.
12 *Mars* 1788.
LETTRE DU CONTROLEUR GÉNÉRAL AU P.P. — MONNAIES.

Le roi a formé une commission, prise dans le Conseil, la Chambre et la Cour des monnaies, pour essayer de nouveau le titre commun des anciens louis et celui des louis fabriqués dans la refonte actuelle. Ces essais doivent avoir un caractère authentique et solennel; mais le roi désire qu'ils restent secrets autant que possible. Les commissaires sont convoqués à l'hôtel du Contrôle général.

(Original. — Arch. Nicolay, 72 L 664.)

935.
6 Mai 1788.
ARRESTATION DE DEUX MEMBRES DU PARLEMENT.

Ce jour, les semestres extraordinairement assemblés, sur les cinq heures du soir, M^r le P.P. a dit : « Messieurs, les officiers de la Chambre s'y étant rendus ce matin, sur les neuf heures, pour y vaquer au service ordinaire, ont trouvé les portes de la cour du Palais fermées et gardées en dehors et en dedans par des détachemens des gardes françoises et suisses, qui ont fait refus de les ouvrir. Étant arrivé au même instant, nous avons fait avertir l'officier qui commandoit ces détachemens de se rendre auprès de nous, pour apprendre la cause de ce refus. Il nous a fait répondre par un des officiers des gardes françoises qu'il ne pouvoit sortir du Palais, où il étoit obligé de rester pour l'exécution des ordres du Roi dont il étoit chargé; que ceux de ne laisser entrer personne dans la cour du Palais ne concernoient point particulièrement la Chambre, mais que la consigne étoit générale. Nous étant retiré dans notre hôtel, nous y avons trouvé plusieurs de Messieurs des différens ordres de la Chambre. Après avoir conféré sur ce qu'il seroit le plus à propos de faire dans cette circonstance, nous avons pensé que les défenses d'introduire personne dans la cour du Palais pouvoient n'être que momentanées, et qu'il étoit de notre devoir de nous présenter de nouveau aux portes du Palais vers le midi. Ayant éprouvé le même refus, nous sommes revenu en notre hôtel, accompagné des officiers de service des différens ordres de la Chambre, et nous avons jugé devoir assembler les semestres à ce jourd'hui, pour vous rendre compte de ces faits et les soumettre à votre délibération. Il paroît intéressant d'y faire concourir tous les ordres de la Chambre et de mander à cet effet MM. les conseillers correcteurs et auditeurs, par leurs députés. »

. . . .

Cedit jour, les semestres extraordinairement assemblés, sur les six heures de l'après-midi, à l'occasion du refus fait aux différens membres de la Chambre de l'entrée des portes du Palais, les députés des conseillers correcteurs et auditeurs présens en leurs places ordinaires, MM. les commissaires nommés par l'arrêté de la Chambre de ce jour, pour aviser à ce qui étoit à faire à ce sujet, ont rendu compte des différens objets de délibération qu'ils ont cru devoir proposer à la Chambre. Sur quoi, la Chambre, après avoir délibéré, et que M^r le P.P. a eu pris les voix, en commençant par les conseillers auditeurs et continuant par les conseillers correcteurs, les conseillers maîtres et MM. les présidens, pénétrée du refus fait à ses membres de l'entrée du sanctuaire de la justice, prévenue par le cri public que cet obstacle est la suite de la détention de deux magistrats arrachés à leurs fonctions pour avoir écouté le zèle qui les animoit et leur attachement aux intérêts du Roi et de l'État; considérant que l'enlèvement de ces magistrats est aussi contraire à l'esprit des ordonnances qu'aux sentimens de justice dudit seigneur Roi; que la vérité, trop souvent éloignée du trône, ne peut y parvenir que par l'organe des Cours, que l'intérêt dudit seigneur Roi, comme celui de la nation, est si essentiellement lié à la conservation des lois, qu'il n'est point de vrai magistrat qui puisse laisser altérer l'intégralité de ses fonctions, puisqu'elles sont la base de la tranquillité publique, de la gloire et du bonheur du souverain; a arrêté qu'il sera très humblement représenté audit seigneur Roi qu'il est préjudiciable au bien de son service de rendre périlleuse la liberté des suffrages, et de supplier ledit seigneur Roi de faire cesser les alarmes de la nation et de rendre aux magistrats qui ont eu le malheur de lui déplaire la bienveillance que méritent la pureté de leur zèle et leur fidélité.

Et à l'instant, les Gens du Roi mandés et venus au bureau par M^e le Marié d'Aubigny, avocat général, la Chambre lui a enjoint de se retirer par-devers le Roi, pour savoir les jour, lieu et heure où il lui plaira recevoir les très humbles supplications de la Chambre ordonnées par l'arrêté ci-dessus; lesquelles lui seront portées par M^r le P.P. et deux de MM. les présidents, et d'en rendre compte demain à la Chambre, les semestres assemblés, à cinq heures de relevée.

(*Plumitif* et *Journal.*)

936.
7 et 8 Mai 1788.
SÉANCE DE MONSIEUR A VERSAILLES. — DISCOURS DU P.P.

Le 7 mai, au matin, la Chambre reçut une première lettre de cachet, par laquelle il lui était ordonné de se transporter le jour suivant à Versailles, en corps de Cour et en robes de cérémonie, pour y recevoir Monsieur, frère du roi, et entendre de lui la volonté royale. Sur les observations du P.P. quant au costume et aux heures indiquées, le maître des cérémonies rapporta une autre lettre à la séance de relevée. Pendant ce temps, les gens du roi se transportaient à Versailles; mais ils trouvèrent le roi absent, et ne reçurent aucune réponse des ministres. Avant de lever la séance, les semestres assemblés chargèrent le P.P. de répondre à Monsieur que la Chambre ne pouvait consentir à l'enregistrement sans avoir la liberté de ses délibérations, et qu'elle se réservait de faire au roi les représentations qui lui seraient dictées par le bien du service et l'intérêt des peuples.

Le 8, le P.P., neuf présidents, cinquante-six maîtres et les gens du roi se transportèrent à Versailles, où Monsieur, en séance solennelle, dans une salle du Garde-Meuble, fit procéder à l'enregistrement de cinq lois : 1° ordonnance sur l'administration de la justice; 2° édit de suppression des tribunaux d'exception; 3° déclaration concernant la procédure criminelle; 4° édit portant rétablissement de la Cour plénière; 5° déclaration suspendant les séances de la Chambre jusqu'à ce que la nouvelle organisation judiciaire fût complète.

La séance eut lieu selon les formes ordinaires, et le P.P., avant de protester contre l'enregistrement, adressa ces paroles à Monsieur :

Monseigneur (j'obéis à l'ordre exprès du Roi, mon souverain seigneur et maître), le voile impénétrable dont on se plaît à couvrir depuis si longtemps la destinée de la magistrature, la consternation qui s'étend du centre aux extrémités du royaume, le silence d'abattement qui règne dans cette enceinte, parlent plus éloquemment que des paroles : ils peignent les sentimens de nos cœurs. Puisse cette assemblée, où va se déployer toute la puissance de l'autorité royale, ne point devenir l'époque tristement mémorable de la décadence ou de la subversion des lois! Les François, Monseigneur, obéissent à leur Souverain et à l'honneur; les magistrats en donnent les premiers l'exemple. Heureux accord du sentiment et des devoirs, conservez-vous toujours!

Ne pouvant rien prévoir, ignorant tout, n'osant également espérer ni craindre, je ne chercherai point, par de vains discours, à suspendre les événemens de cette grande journée. Dans des temps plus heureux, Monseigneur, il m'eût été bien doux de faire votre éloge ; organe de la vérité, j'aurois acquitté la reconnoissance publique. Mais mon âme oppressée a perdu toutes ses facultés. . . . . Elle est anéantie par la douleur. . . . . . Je ranime à peine mes accens pour vous conjurer d'être auprès du Roi notre dieu tutélaire, et de faire entendre aux pieds du trône le serment de notre fidélité et de notre courage.

Nous n'écouterons que le cri de la conscience, et nous serons toujours jaloux de l'estime de nos concitoyens et du jugement de la postérité.

Ensuite, M^r le Marié d'Aubigny, avocat général, prononça ces paroles :

Monseigneur, Messieurs, dans un moment où, le Roi usant du pouvoir le plus absolu, tout examen, tous suffrages sont interdits aux magistrats sur des dispositions qui annoncent une triste révolution dans l'administration de la justice, nous ne pouvons que former des vœux pour le bien et l'exécution du service du Roi, et nous renfermer dans le respect et le silence le plus profond à l'égard des volontés de S. M.

Après la lecture de chaque loi, et avant l'enregistrement, il dit encore ces mots : « Monseigneur, Messieurs, sur l'édit dont il vient d'être fait lecture, nous nous renfermons dans un silence respectueux. »

(*Plumitif.*)

937.
24 Septembre 1788.

CONVOCATION DES ÉTATS GÉNÉRAUX ET RÉTABLISSEMENT DES COURS.

Ce jour, les semestres extraordinairement assemblés, Mʳ le P.P. a dit : « Messieurs, j'ai reçu hier une lettre de Mʳ le garde des sceaux conçue en ces termes : « Monsieur, le Roi me mande de vous annoncer que » son intention est que la Chambre des comptes rentre demain. Vous voudrez bien, en conséquence, en » faire prévenir tous les membres, pour qu'ils se rendent au Palais à l'heure que vous indiquerez. Mʳ le » procureur général recevra dans le jour la déclaration en forme. Je suis, Monsieur, votre très affectionné » serviteur. Signé : BARENTIN. » En conséquence de cette lettre, Messieurs, j'ai pris hier les arrangemens nécessaires pour que tous les ordres de la Chambre des deux semestres fussent instruits de l'intention du Roi. »

Ensuite, le procureur général du Roi, venu au bureau, a dit : « Messieurs, témoins sans concours, le 8 mai dernier, de la promulgation en lit de justice d'aucunes lois dont les inconvéniens désastreux portoient atteinte aux privilèges de la nation, transformoient l'autorité bienfaisante d'un prince chéri en une volonté absolue, destructive du lien qui attache par l'amour les sujets à leur souverain, nous avons vu avec consolation la réclamation universelle de tous les ordres de l'État préparée par les arrêtés de toutes les Cours, toutes les provinces venir successivement par députés aux pieds du trône, y exposer, avec leurs droits et leurs priviléges, l'amour des sujets pour leur maître. Tous redemandoient le bonheur que la bonté du Roi leur assuroit contre les efforts qui écartoient la vérité du trône.

« Profondément affligés des maux incalculables qui ont été la suite de l'interruption du cours de la justice pour vingt millions d'âmes, nous avons senti plus d'une fois notre cœur brisé. Cependant, Messieurs, hâtons-nous de le dire, le cœur paternel du Roi, les efforts non interrompus de la sainte vérité ont soutenu notre courage dans les dangers de la chose publique. C'est aujourd'hui son triomphe que nous venons célébrer, en vous apportant la déclaration portant que l'assemblée des États généraux aura lieu dans le courant de janvier de l'année 1789, et que les officiers des Cours reprendront l'exercice de leurs fonctions. »

Ce discours achevé, le procureur général a remis sur le bureau ladite déclaration du 23 septembre, présens mois et an, contenant sept articles, par laquelle le Roi ordonne que l'assemblée des États généraux aura lieu dans le courant de janvier prochain ; que tous les officiers des Cours, sans aucune exception, continueront d'exercer, comme ci-devant, les fonctions de leurs offices ; qu'il ne sera rien innové dans l'ordre des juridictions, tant ordinaires, que d'attribution et d'exception, tel qu'il étoit établi avant le mois de mai dernier ; que tous les jugemens civils et criminels qui pourroient avoir été rendus dans les tribunaux créés à cette époque, seront exécutés, sans cependant qu'il soit interdit aux parties la faculté de se pourvoir par les voies de droit contre lesdits jugemens ; et impose un silence absolu à ses procureurs généraux et autres ses procureurs en ce qui concerne l'exécution des précédens édits ; avec les conclusions par écrit de lui, procureur général du Roi, sur ladite déclaration, tendantes à ce qu'elle fût exécutée selon sa forme et teneur.

(Plumitif et Journal.)

938.
11 Octobre 1788.

REMERCIEMENTS DE LA CHAMBRE AU P.P.

Ce jour, les semestres assemblés, Mʳ Pierre-Louis Gohier de Neuville, conseiller maître, a dit : « Messieurs, tous les tribunaux ont donné à leurs Premiers Présidents des témoignages de reconnoissance, en consignant dans leurs registres leurs remerciemens sur la conduite qu'ils ont tenue pendant les temps malheureux où leurs fonctions ont été suspendues. Mʳ le P.P. s'est encore plus signalé que les autres, puisqu'il s'est enveloppé dans l'espèce de disgrâce de la Chambre et qu'il ne s'est pas présenté à la cour, où il étoit appelé par des grâces promises et méritées. Je crois, Messieurs, devoir vous faire part de la réponse, aussi noble que flatteuse pour la Compagnie, que M^r le P.P. a faite à Mr de Lamoignon, qui lui reprochoit qu'on ne l'avoit point vu à Versailles. « Je croirois, Monsieur, » lui a-t-il dit, « manquer au Roi » et à ses ministres en me présentant à la cour, quand ma Compagnie a le malheur d'être dans la disgrâce » de S. M. »

Lequel récit achevé, la Chambre, après en avoir délibéré, a arrêté qu'il sera fait registre dudit récit, et de remercier M^r le P.P. de la conduite aussi noble que généreuse qu'il a tenue dans une circonstance aussi affligeante pour la Chambre.

(*Plumitif* et *Journal*.)

939.
12 Décembre 1788.
CLOTURE DE L'ASSEMBLÉE DES NOTABLES. — DISCOURS DU P.P. AU ROI.

Sire, toujours occupée du bonheur de ses sujets, V. M. vient de charger les Notables de préparer la convocation des États généraux. Organes de la bienfaisance du souverain et dépositaires des intérêts de leurs concitoyens, le zèle le plus pur a dirigé leurs travaux; ils ont ambitionné de remplir dignement la tâche honorable qui leur étoit imposée. Le devoir leur prescrivoit de présenter à V. M. les formes antiques et précieuses de la monarchie, de raffermir des bases qui doivent rester à jamais inébranlables et sacrées, de distinguer ces trois ordres constitutionnels de l'État dont l'essence est de former séparément leurs délibérations aux États généraux, mais dont l'esprit et les principes uniformes, dont le patriotisme resserrent entre eux le lien qui assureroit leur indépendance, si elle n'étoit, de tous les temps, consacrée par l'égalité du pouvoir et des suffrages.

Le sentiment et la justice ont d'abord fait exprimer aux Notables un vœu qui a déjà retenti de la capitale aux extrémités du royaume, celui d'une contribution proportionnelle aux subsides, sans distinction de rangs, d'états et de priviléges, parmi les citoyens du même empire.

Quel spectacle, Sire, votre règne va bientôt offrir à notre admiration, à notre reconnoissance! De grands malheurs réparés, la France rétablie dans ses droits, la dette reconnue et consolidée, l'ordre dans les finances pour toujours assuré, le premier souverain du monde abaissant la hauteur de son sceptre devant la sainte majesté des lois, semblable à l'Être suprême, qui obéit à l'harmonie de ce vaste univers qu'enfanta sa puissance.

O ma patrie! reprends un nouveau lustre sous le meilleur des Rois; ranime cette énergie qui t'assure la prééminence sur les autres nations!

Que l'assemblée qui se prépare tende, sous l'autorité de son auguste chef, à perfectionner notre gouvernement, sans le changer jamais!

Nous verrons les concitoyens que nous aurons choisis apporter dans les délibérations un esprit libre et des intentions pures. Le salut de la France, l'amour du bien public seront les seules passions de nos représentans; tout autre sentiment s'anéantira devant l'intérêt national, et, pour se servir de l'expression de nos pères, les États généraux ne seront composés que des députés de la nation, et de François.

Ah, Sire! (nous aimons à le présager) que vous serez grand au milieu de la nation assemblée, lorsque, dans ses transports, elle vous proclamera, comme autrefois le vertueux Louis XII, le père de vos sujets! Quelles émotions délicieuses pour votre cœur, quand vous entendrez le concert de louanges et d'amour d'un peuple généreux et sensible, qui confondra dans l'objet de son culte le nom sacré de la Patrie et celui de son Roi! Vous recueillerez nos bénédictions, vous jouirez de la sagesse de vos lois et d'avoir fait naître la splendeur de la monarchie. Notre bonheur sera votre ouvrage et votre récompense, et nos derniers neveux verront V. M. se présenter avec des titres aussi augustes à la postérité.

(Imprimé. — Arch. Nat., C+II, n° 22.)

940.
17 Décembre 1788.
LETTRE DU CONTROLEUR GÉNÉRAL AU P.P. — COMPTABILITÉ DES RECETTES GÉNÉRALES.

Le 25 novembre, le P.P. avait écrit au directeur général des finances pour lui expliquer les retards de la Chambre à enregistrer la commission de Mr de la Tour aux exercices de feu Mr Darras : la Chambre a été interrompue dans ses opérations régulières par un arrêt du Conseil, conçu en termes désobligeants et provenant d'une « petite intrigue de bureaux. » On a substitué à ses commissaires un maître des requêtes, et commis un inconnu à la recette générale. Cependant, le P.P. a obtenu que la Compagnie suspendrait toute réclamation, car il lui semble que, « dans un temps d'insurrection et où les têtes sont aussi malades, une conciliation est préférable à des doléances aux pieds du trône. » Mais il envoie un projet de lettres patentes, qui aurait le double avantage de ramener les esprits et de rétablir les principes. « Si, depuis quinze ans, ajoutait-il, on avoit laissé faire à la Chambre des comptes son métier, que l'on eût compté et mieux compté, nous n'en serions pas où nous en sommes. » (Minute originale. — *Arch. Nicolay, 72 L 672.*)

Paris, le 17 décembre 1788.

Mr le directeur général, Monsieur, m'a remis votre réponse à la lettre par laquelle il vous prévenoit que le défaut d'enregistrement de la commission aux exercices de Mr Darras devenoit nuisible à la comptabilité des receveurs généraux des finances.

Cette réponse, sans contenir un refus formel, annonce qu'il ne sera procédé à l'enregistrement demandé qu'après l'envoi à la Chambre des comptes des lettres patentes dont vous avés joint le projet. Permettés-moi, Monsieur, d'avoir l'honneur de vous observer qu'en supposant que la Chambre eût de justes raisons pour demander de pareilles lettres patentes, ce motif ne devroit pas suspendre un enregistrement nécessaire, non seulement à l'ordre de la comptabilité des recettes générales, mais encore à la reddition des comptes, tant de la Caisse des amortissemens, que des payeurs des rentes, ce qui importe surtout aux parties prenantes. En effet, que l'arrêt qui excite les plaintes de la Chambre des comptes soit conforme ou contraire à ses principes, elle ne peut se dissimuler qu'un plus long délai apporté à l'enregistrement de lettres de commission étrangères à ce qui s'est passé et dont l'exécution est urgente, produiroit un véritable déni de justice. Il est donc inutile d'entrer dans la discussion du fond de la contestation. Cependant, je me suis fait remettre sous les yeux l'arrêt du Conseil du 16 août dernier, ainsi que ce qui l'a provoqué, et j'ai reconnu que cet arrêt a été nécessité impérieusement par les circonstances.

Vous m'aviés marqué, Monsieur, le 31 juillet, qu'on n'employeroit aucune formalité pour la remise des registres et des documens de la Caisse des amortissemens relatifs au service public, et qu'il n'en seroit dressé aucun inventaire. Néanmoins, les officiers de la Chambre ont commencé à instrumenter dans une forme précisément contraire à la convention ; et ce qui spécialement a forcé l'autorité à agir, est le procédé du commissaire de la Chambre, qui, malgré le conflit élevé avec le Châtelet et la réquisition d'un référé, s'est permis, sans faire droit sur la réclamation, et avant qu'il ait été prononcé provisoirement sur le conflit, de briser le scellé du juge ordinaire.

Sans doute que c'est contre votre propre sentiment que l'on est ainsi contrevenu à toutes les règles judiciaires, et singulièrement à l'arrêt de règlement du 4 février 1702, lequel, ainsi que vous en êtes instruit mieux que personne, a ordonné contradictoirement qu'après la soumission des héritiers des comptables, la Chambre des comptes seroit tenue de lever ses scellés, sans description, et de laisser opérer les officiers du Châtelet saisis de l'affaire ; et cette soumission, reçue au greffe du Conseil, sur le refus ou l'impuissance des officiers de la Chambre, étoit sous les yeux du magistrat que vous aviés commis.

Au reste, l'arrêt dont il s'agit étant un incident au conflit d'entre la Chambre des comptes et le Châtelet, vous n'ignorés pas, Monsieur, qu'il ne concerne pas le département des finances, et que, si on persiste à demander les lettres patentes, c'est à Mr le garde des sceaux qu'il convient de s'adresser, sans toutes fois que cette demande puisse retarder le cours ordinaire de la justice.

J'ai l'honneur d'être, avec un très sincère attachement, etc.

LAMBERT.

LOUIS XVI.

Réponse du P.P.

Je suis infiniment flatté, Monsieur, qu'une portion d'influence sur l'administration laissée entre mes mains me remette en correspondance avec vous. Je n'ay plus sous les yeux toutes les pièces de l'affaire qui y donne lieu en ce moment ; je me les ferois représenter, s'il étoit nécessaire. Mais, indépendamment de tout examen plus approfondi, il me semble que je puis m'attendre que vous jugerez vous-même, et que la Chambre jugera qu'il ne seroit pas digne d'elle de lier un enregistrement évidemment nécessaire, juste, et en quelque sorte de pure forme, comme celui de la commission aux exercices de Mr Darras, avec le souvenir de discussions à terminer qui n'ont ny connexité réelle ny dépendance. Quant à ces discussions en elles-mêmes, il me semble que votre projet de lettres patentes en parle très raisonnablement : circonstances particulières, et heureusement très particulières, circonstances forcées ; nul dessein de donner atteinte à la jurisdiction de la Chambre des comptes ; en conséquence, que ces opérations ne pourront nuire ny préjudicier ; que la soumission des héritiers Darras sera renouvelée à la Chambre en la manière accoutumée. Je ne présume pas que M^r le garde des sceaux trouve de l'inconvénient à donner les lettres patentes, ny qu'il puisse se présenter à moy de motif pour y faire difficulté, si elles me sont communiquées. Mais l'enregistrement de la commission aux exercices est, comme vous le voyez, Monsieur, très instant et très indépendant.

(Original. — *Arch. Nicolay*, 72 L 673.)

---

941. 30 *Janvier et* 4 *Février* 1789.
COMMISSION POUR LA RÉFORMATION DES FINANCES.

La Chambre, tous les ordres assemblés, nomme une commission, composée de MM. le Normand L., Bizeau, de Prisye, Clément L., de la Croix et du Tramblay, maîtres ; Ameline et Patu de Compiègne, correcteurs ; Louvet et de Saint-Genis, auditeurs, pour « s'occuper d'un plan de réclamations sur les abus multipliés qui ont été le germe malheureux et fécond de la dilapidation des finances et de la ruine de l'État. »

(*Plumitif.*)

---

942. 12 *Mars* 1789.
RÉCEPTION DU P.P. DE NICOLAY A L'ACADÉMIE FRANÇAISE.

Discours du P.P. de Nicolay.

Messieurs, lorsque le sanctuaire de la littérature venoit à s'ouvrir, souvent on voyoit, et sans en être surpris, les adorateurs se mêler et se confondre avec les favoris de la divinité qui l'habite ; les talens dont vous déploriez la perte étoient bientôt égalés ou reproduits ; les athlètes qui descendoient dans la lice, exercés depuis longtemps, nourris de la lecture des bons modèles, assez heureux pour avoir communiqué avec vos personnes, comme avec vos écrits, présentoient des ouvrages et des succès ; tout sembloit présager la gloire et l'immortalité des lettres ; des mains habiles se proposoient pour veiller avec vous à la conservation du dépôt, et votre élection étoit moins un encouragement qu'une récompense. Aujourd'hui, Messieurs, les autels du Dieu du goût seront parés à peine d'une offrande légère ; votre indulgence a tout fait. L'honneur si désiré que j'obtiens, de m'asseoir parmi vous, étonne mon ambition autant que ma foiblesse ; les illusions de l'amour propre ne viennent pas du moins troubler mon bonheur, en cherchant à le partager ; j'aurois des titres, je les oublierois ; il m'est si doux de jouir de vos bienfaits et de ma reconnoissance !

Cependant, Messieurs, si votre adoption me fait appartenir plus intimement à mes devoirs, à la patrie ; si vos suffrages sont les encouragemens que vous accordez à l'amour du bien public, à l'intention, j'ose le dire, jamais démentie, de me montrer citoyen et françois ; alors, sans me flatter de remplir votre attente, mais aussi sans m'effrayer de l'étendue de la carrière, je me hasarde de la parcourir ; mes obligations sont tracées : je vous dois, et je vous consacre tous mes efforts.

Organe d'une des premières Cours du Royaume, je me suis pénétré de ses sentimens pour faire parler la vérité. . . . . Que n'a-t-elle été entendue! Dans tous les temps, Messieurs, la Chambre des comptes sut allier la modération avec le patriotisme; son accent respectueux fut toujours noble et fier, et sans cesse on la vit invoquer la raison et la règle. . . . . Puissent-elles à la fin être écoutées! puissent-elles reprendre leur empire dans cette Assemblée mémorable que votre auguste protecteur accorde à la France, et ramener parmi nous la concorde et le bonheur!

Eh! dans quel temps, Messieurs, la magistrature et les lettres durent-elles unir plus étroitement leurs intérêts et leurs forces? Une puissance nouvelle s'est formée; ses progrès rapides, son imposante autorité ne pouvoient se prévoir; dans une monarchie, elle exerce un pouvoir qu'elle n'eut même jamais au milieu de ces républiques fameuses où l'on croiroit qu'elle a dû prendre naissance : c'est l'opinion publique. Comme un Roi juste néanmoins, elle fait obéir aux lois et respecter les leçons de la sagesse et de la morale; on la gouverne par la persuasion, et vous pourrez habilement diriger son action et ses moyens vers le bonheur de tous.

N'accusons point cependant notre siècle, et félicitons-nous d'exister dans des temps où la lumière, répandue de toutes parts, va bientôt amener notre régénération. La pensée universelle s'est arrêtée à cette perspective consolante; déjà l'on a cherché à éclaircir la nuit des âges les plus reculés, et les esprits se sont portés avec avidité vers tous les objets de l'économie politique; on commence à ressentir les effets de cette crise salutaire; les intérêts de la sociabilité sont mieux connus et généralement respectés; les écrits, le langage et les opinions respirent ces maximes de la plus juste et de la plus tendre humanité : *la patrie est la mère commune; dans sa détresse, elle peut tout exiger de ses enfans; ils la doivent secourir également; tous les hommes sont frères, tous ont droit de demander à être heureux.* Et ils le seront dans un gouvernement vertueux et sagement ordonné.

L'aurore des beaux jours qui vont nous éclairer, depuis longtemps commençoit à paroître; nous pouvions présager que la France étoit au moment de recouvrer ses droits et sa dignité, lorsque, dans les premières années de son règne, nous vîmes notre auguste monarque préparer la nation aux plus douces illusions de la gloire, en décernant des honneurs inconnus jusqu'alors, une espèce de culte, à l'héroïsme, aux talens et à la vertu. Au milieu de la capitale, dans le palais des Rois, il fit construire ce superbe musée où le ciseau de nos Praxitèles donne une vie nouvelle aux citoyens illustres dont la patrie s'honore : monument auguste qui manquoit à Sparte, dont Rome n'eut point l'idée pendant les plus beaux jours de la République, et qui reproduira parmi nous les vertus dont nous allons adorer les images.

Tandis qu'on élevoit des statues aux grands hommes, les lettres, par le retour d'une émulation noble et patriotique, chargeoient l'éloquence d'achever leur apothéose : Sully et Fénelon, l'Hospital et d'Aguesseau, que le marbre venoit de faire respirer, recevoient presque au même moment, dans des éloges applaudis, une seconde immortalité.

Il alloit s'opérer une étonnante révolution dans les idées; tout annonçoit aux lettres un ascendant marqué sur le caractère national; elles le méritoient; osons même le dire à leur gloire, et sans craindre de paroître contredire un écrivain célèbre, Voltaire s'étoit trompé : à la fin du beau siècle de Louis XIV, la nature ne s'est pas reposée; si Corneille et Racine, la Fontaine et Molière; si Bossuet, Fléchier et Fénelon avoient disparu, Massillon, Voltaire lui-même, Montesquieu, le citoyen de Genève et Buffon leur avoient succédé; on avoit porté dans l'étude le goût de la philosophie; l'éloquence et la poésie s'étoient ouvert des routes nouvelles; Fontenelle avoit fait parler aux sciences la langue des grâces; le domaine de la pensée s'étoit agrandi; la littérature étrangère étoit devenue notre conquête, elle n'avoit rien perdu à se naturaliser; et parmi vous, Messieurs, l'on venoit de voir éclore cet ouvrage universel que les Muses françoises offrirent au Génie, et que d'Alembert enrichit d'une Préface immortelle.

L'Académie Françoise sera toujours le dépôt de la littérature et l'école du bon goût; vos titres de gloire et vos panégyristes seront à jamais vos écrits et vos lecteurs. Votre éloge me sera-t-il permis? ou doit-il rester aujourd'hui sur mes lèvres et dans mon cœur? Si cependant je pouvois vous offrir l'hommage de la reconnoissance, si le timide encens de la vérité vous étoit agréable, j'attacherois vos regards sur un philosophe que vous chérissez tous : il fit des contes charmans ; dans le roman, il sut instruire et plaire, même après le *Télémaque;* dans *Cléopâtre*, souvent il peignit les Romains ; dans *Didon*, pour intéresser après son modèle, il avoit pris les pinceaux de l'auteur d'*Armide*. Il est encore plus doux de parler de son cœur : ami fidèle, heureux époux, père sensible, il a toujours la bonhomie du talent et la simplicité du bonheur. Je peindrois cet élève de Voltaire, ce favori de Melpomène, qui nous donna *Warwick* dans sa jeunesse, et qui depuis fut inspiré par Sophocle dans les douleurs de *Philoctète*, et par Racine en écrivant *Mélanie*. Je crayonnerois ce poëte aimable dont les ouvrages feront le charme de tous les âges, comme ils auront fait les délices du nôtre ; il sut, par la magie de ses vers, étendre et embellir l'empire de l'imagination ; il rendit à la nature nos jardins condamnés à la monotone symétrie de l'art ; une seconde fois il fit entendre le chant mélodieux du Cygne de Mantoue, et la France eut des Géorgiques. Je dirois que des philosophes ont écrit l'histoire, qu'elle est devenue plus instructive, et que la tribune et la chaire ont encore parmi vous des modèles.....

Je m'arrête, Messieurs ; votre modestie m'en fait la loi. Je ne dispose point des voix de la Renommée, et mon admiration n'a pas les droits de la postérité. Mais le monde littéraire enviera toujours les progrès que l'esprit humain a faits parmi nous. Cette supériorité a ses causes et son époque ; nous la devons sans doute au moment heureux où, ne bornant plus vos jouissances et vos conquêtes, vous avez senti que l'art de penser et celui d'écrire étoient inséparables, et que les membres distingués des sociétés savantes devoient être admis dans votre sein. Alors, l'Académie françoise est devenue la patrie de tous les beaux-arts ; les lettres et les sciences ont eu le même langage ; elles ont sacrifié aux Grâces en commun ; le Génie les a rassemblées dans le même sanctuaire, et semble leur avoir dit, comme ce grand Roi, votre auguste protecteur, en cimentant pour jamais l'union des deux premières monarchies de l'univers : « *Il n'y a plus de Pyrénées.* »

Qui mérita plus que l'estimable académicien auquel je succède, d'être associé à vos travaux, à votre gloire ? Les lettres, la société, les sages, nos guerriers pleurent également Mr le marquis de Chastellux, et tous s'empresseront à jeter des fleurs sur sa tombe.

. . . .

Votre estimable confrère, que la nature sembloit avoir privilégié, qu'elle prit plaisir à douer d'une imagination brûlante et sensible ; que le beau, dans tous les genres, passionnoit ; dont l'âme avoit été ouverte à toutes les illusions, à tous les sentimens qui font notre bonheur, et quelquefois notre tourment, devoit enfin se lier par cette union si douce que la vertu épure, et dont la société nous fait un devoir. Mr de Chastellux venoit de se marier ; mais son bonheur a été de peu de durée ; il a fini au moment où il alloit devenir père. Un rejeton vient de naître de cette tige que la mort a trop tôt desséchée. . . . Enfant intéressant, hélas ! le berceau qui vous attendoit étoit d'avance ombragé de cyprès ; vous avez perdu votre appui, mais la plus honorable adoption vous assure encore d'heureuses destinées. J'ai vu une princesse auguste mêler sa douleur aux larmes de celle qui vous a donné le jour, et lui promettre de devenir votre seconde mère..... Princesse chérie à tant de titres ! quoi de plus noble, de plus fait pour votre cœur, que de protéger une race illustre et de sortir du secret de vos vertus par des actes de bienfaisance et de sensibilité ? Paris aujourd'hui compte avec reconnoissance les nombreuses victimes que vous venez, avec votre époux, d'arracher aux rigueurs d'un hiver désastreux et à toutes les horreurs de l'indigence. Combien de mères vous ont implorée pour n'avoir point à gémir sur leur importune fécondité ! Combien de fois vous avez su, par des artifices adorables, ménager la pudeur de ces âmes délicates dont le malheur n'a point abattu la fierté ! Votre nom, désormais, ne se prononcera qu'avec attendrissement ; la reconnoissance publique vous élève des autels dans tous les cœurs ; on vous invoquera avec l'espérance, et comme la providence des infortunés.

Recommencerai-je ici, Messieurs, l'éloge de votre fondateur, éloge tant de fois répété ? Ces voûtes n'ont cessé de retentir du nom de Richelieu, qui, né pour asservir, domina par son génie, et plus encore par son caractère, la France, son siècle et son Roi. Tardif bienfaiteur de la nation, il voulut soumettre après lui les esprits à une autorité nouvelle, dont on n'auroit point à se plaindre : en fondant l'Académie, il prépara l'empire des lumières.

Séguier lui succéda, Séguier, le digne interprète des lois, l'ami, le protecteur des Muses : ce nom illustre n'a point fini en même temps que le chancelier, il est toujours cher à la magistrature et aux lettres.

En devenant votre protecteur, Louis XIV parut commencer un règne de gloire. Comme Auguste, il donna son nom au siècle qui l'avoit vu naître : il créa les grands hommes dont il fut illustré. Sans doute, l'enivrante adulation de tous les succès, cinquante ans d'idolâtrie et de triomphes préparèrent nos revers et finirent par couvrir la France de consternation et de deuil; mais le monarque, au lit de la mort, déplorant ses victoires, se reprochant les impôts, et rétractant devant son successeur, d'une manière si majestueuse et si franche, les erreurs d'un règne longtemps incomparable, n'a point à redouter la sévérité de l'histoire; son héroïsme, les malheurs de sa vieillesse, son courage pour les supporter, le recommandent à la postérité, qui l'a déjà placé au rang des plus grands rois.

Mais quel sujet, Messieurs, va bientôt s'offrir à vos talens, et qu'il méritera d'immortaliser vos travaux! Vous aurez à peindre notre auguste monarque; vous aurez à rappeler à la France les bienfaits des premières années de son règne, son amour pour la justice, son intention si constante et si digne d'être secondée, de s'éclairer par des conseils salutaires. Vous nous présenterez l'Europe pacifiée d'abord par l'ascendant de sa sagesse et de ses vertus, une république fondée, par sa puissance, au delà des mers, et nos lois au moment de se régénérer.

D'autres merveilles se préparent : la nation va s'assembler; le meilleur des rois s'environne de ses sujets; il vient délibérer avec eux sur les intérêts de la grande famille. Les plaies sont dévorantes et invétérées, l'abîme est profond; mais nous en sortirons avec gloire. C'est du sein des désastres, c'est au milieu de ses ruines que Rome, épuisée et presque anéantie, devint la maîtresse du monde. Une monarchie de quatorze cents ans qu'il faut rendre immortelle; un maître vertueux et digne de notre amour; vingt-quatre millions d'hommes qui composent le peuple le plus généreux et le plus sensible de l'univers, à rendre heureux : voilà le vaste et sublime objet des méditations et des efforts des États généraux. Non, il n'est plus qu'un sentiment, qu'un vœu, qu'une patrie; nos cœurs sont attendris, nos âmes sont saisies du plus saint enthousiasme : nous avons pénétré l'intérieur du palais du Souverain; nous avons vu les deux augustes époux balancer, avec inquiétude, nos destinées, consulter leur sage ministre, interroger les ressources, et vouloir notre bonheur en modérant l'usage du pouvoir suprême. Jouissez, Monarque citoyen, de ce noble et touchant abandon; jouissez sans nuage et sans regret; la France vous aime, et ne comptera jamais ses propres sacrifices, lorsque vous demandez à vous dévouer pour elle.

Réponse de M. le chevalier de Rulhière, directeur.

Monsieur, vous voyez un exemple remarquable de l'égalité qui fait la base de notre institution. Le temps n'est pas loin où je fus adopté dans cette république littéraire; et déjà le sort, qui dispose seul, parmi nous, des rangs et des dignités, me donne ici, pour quelques momens, les fonctions les plus honorables. Je devrois m'en féliciter; mais puis-je, sans la plus vive douleur, occuper cette même place où fut assis, pour me répondre, Mr le marquis de Chastellux, auquel vous succédez ? Il élevoit en ma faveur une voix plus éloquente que la mienne; il employoit une ingénieuse adresse à détourner vers moi quelques mouvemens de cette bienveillance publique que tout servoit à lui concilier. Mes fonctions sont aujourd'hui moins difficiles.

A votre nom, Monsieur, tous les esprits sont frappés de cette longue succession héréditaire d'une même dignité, une des plus belles de ce royaume, transmise de génération en génération et sans aucun intervalle, de vos ancêtres jusqu'à vous, toujours obtenue de la constante faveur de nos rois, toujours sans concurrence, et dont les suffrages publics, unanimes pendant plusieurs siècles, semblent prédire la perpétuité dans votre famille.

Comment et par quel art, dans une nation si mobile, au milieu de tant de Cours orageuses, et quelquefois au milieu des plus sanglantes dissensions, sous tant de règnes, tantôt défians et sévères, tantôt fermes et superbes, tantôt foibles et agités, s'est maintenue, dans ce calme toujours égal, cette élévation toujours la même, que rien jamais n'a pu ébranler? Dans quelles annales trouvera-t-on un second exemple de cette nombreuse dynastie de magistrats du même sang, du même nom, se ressemblant tous entre eux par des vertus qui forment un caractère de famille, par leur attachement aux mœurs antiques, une simplicité digne des premiers âges, une sorte de hauteur imposante qui jamais n'avoit rien d'offensant, parce qu'elle tenoit uniquement à la gravité de leur état et à la gravité de leurs mœurs? La plupart d'entre eux, parvenus à la plus vénérable vieillesse, ont montré, de siècle en siècle, les vertus de l'âge précédent. La dignité d'une si belle magistrature étoit jointe à tout ce que les années impriment d'auguste et de sacré sur un front blanchi par de longs services. La considération dont jouissoient de plus en plus ces vieillards si justement respectés, servoit tout à la fois de protection et d'exemple à leurs descendans; et c'est ainsi que, pour assurer la constante fortune de leur famille, la destinée favorisoit leur sage ambition. La vertu étoit leur unique intrigue, le respect public leur première recommandation.

Est-il plus avantageux au bien général des sociétés que chaque homme se renferme dans les limites d'une seule profession, s'attache de préférence à des vertus d'état, développe, dans une seule étude, toutes les forces de son génie, et laisse encore à ses enfans l'héritage de sa longue expérience, que ceux-ci accroissent à leur tour dans des travaux semblables? Est-il, au contraire, plus avantageux que chaque citoyen, cherchant à perfectionner en soi toutes les facultés humaines, multipliant, en quelque sorte, ses talens par ses devoirs, et ses devoirs par ses talens, serve tour à tour la patrie dans les temples, dans les tribunaux, dans le sénat, dans les cours étrangères, et sur les flottes, et dans les armées? Si j'avois à balancer ces deux opinions, qui semblent avoir divisé les législateurs, me tromperois-je, Messieurs, en assurant que l'une peut donner aux sociétés humaines plus de stabilité, et l'autre plus de splendeur? Regardez, dirois-je, ces peuples dont la civilisation remonte bien au delà de tous les temps connus ; dont la sagesse, respectée encore aujourd'hui des Européens leurs oppresseurs, instruisit, il y a près de trois mille ans, les plus anciens sages dont l'Europe se vante. Renommés dans tous les âges par leur modération au milieu des richesses et des délices que la nature leur prodigue, et par leur mollesse au milieu même de cette tempérance, n'est-ce pas à l'invariable séparation de leurs différentes castes qu'ils doivent cette espèce de perpétuité de leur religion, de leurs lois, de leurs usages et de leurs mœurs? Mais ces nations, dont la durée plus passagère et plus brillante a laissé un souvenir et des monumens qui ne périront jamais, les Grecs nos modèles, les Romains nos vainqueurs, ne devoient-ils pas leur supériorité sur les autres peuples à cette ambition ardente, à cette émulation générale, qui portoit chacun d'eux à s'élever, tous à la fois, par tous les sentiers de la gloire? Peut-être aurois-je montré ensuite que cette distinction, établie parmi nous entre les différens devoirs des citoyens, n'y tient d'aucune manière aux principes ni aux vues d'une constitution uniforme et sagement méditée; qu'à la vérité, une religion sainte a exigé que ses ministres se dévouassent uniquement à son culte, mais que la séparation des autres états a pour époque ce temps d'épaisses ténèbres où ceux qui portoient les armes étoient devenus incapables de suivre, de lire même des lois écrites ; et que toutes nos maximes, à ce sujet, formées au hasard et par le mélange d'institutions successives et d'usages toujours variables, sont un tissu d'inconséquences et de contradictions.

Mais, sans me jeter ici dans les difficultés, et peut-être dans les périls de cette importante discussion, je dirai seulement que depuis cette ancienne époque, votre maison, Monsieur, est la seule en France qu'on ait vue, dans un même moment, parvenir aux plus grands honneurs de ces trois professions séparées, posséder ensemble les premières dignités du sanctuaire, celles des tribunaux, celles de la guerre. C'est la seule dont la sage ambition ait su constamment s'élever au dessus des préjugés françois, préférer ses honneurs héréditaires à de plus éclatans, quand ils l'eussent détournée de la route aplanie par vos aïeux ; déposer plus d'une fois les armes après les avoir portées avec gloire, et, reprenant les paisibles fonctions de la magistrature, ramener parmi nous cette maxime du peuple-roi : « que la robe de la paix doit être préférée à l'habit militaire, et le règne des lois à l'empire de la force. »

Entre tous les exemples que je pourrois choisir, on me saura gré de rappeler celui de votre aïeul. Il servoit dans l'une de ces compagnies célèbres que la France a vu réformer avec un si juste regret, composées, pendant plus d'un siècle, de toute la fleur de la jeune noblesse françoise, qui acquéroient un nom immortel dans les combats, et revenoient porter, dans leur conduite à la ville, quelque licence peut-être, mais plus encore de généreuse émulation, de bravoure et de grâce. On commençoit le siége de Valenciennes ; cette ville faisoit prévoir une longue résistance ; les mousquetaires sollicitoient d'être envoyés seuls à l'attaque d'un ouvrage extérieur, où déjà l'élite des autres troupes avoit été repoussée. Louis XIV apprit alors que le fils aîné du Premier Président de la Chambre des comptes, destiné à cette même place, venoit de mourir à Paris ; il fit appeler le jeune Nicolay, l'instruisit du malheur de sa famille, lui ordonna de partir aussitôt pour aller consoler la vieillesse de son père, et daigna, pour première consolation, lui en assurer la survivance. Le jeune homme tombe aux pieds du Roi, et s'écrie : « Sire, dans quelque état que je serve Votre Majesté, elle ne peut pas vouloir que j'y entre déshonoré ! » Le Roi applaudit à ce sentiment ; et le jeune Nicolay, déjà Premier Président, fut un de ceux qui attirèrent le plus les regards de toute l'armée dans cet assaut à jamais mémorable où ce jeune essaim de héros se précipita de retranchemens en retranchemens et de périls en périls, avec une valeur si impétueuse, que la ville, vainement rassurée au milieu de ses innombrables remparts, se vit en un instant assaillie jusque dans ses places publiques, et fut emportée encore tout entière.

Parmi vos nouveaux confrères, il en est, Monsieur, qui l'ont connu dans sa vieillesse, cet homme d'un caractère vraiment antique, conservant sous la simarre ce ton ferme, cette franchise courageuse qu'il avoit prise sous la cuirasse ; inaccessible à toute espèce de crainte ; économe comme les Fabricius et les Catons, mais incorruptible comme eux ; paroissant quelquefois avec un front sévère au milieu de la cour licencieuse du Régent, et, par quelques mots hardis et simples, faisant plus d'impression sur ce prince magnanime, que les autres magistrats par le pathétique ou la véhémence des harangues les mieux étudiées ; répondant à l'offre secrète d'une pension : « Monseigneur, les pensions inutiles sont une des profusions qu'on vous reproche. » Et lorsque parut la fameuse défense de garder chez soi aucune monnoie d'or ni d'argent, et que, pour l'exécution d'un arrêt si étrange, on faisoit de rigoureuses recherches dans toutes les maisons, Nicolay, après avoir publié que « *si on osoit venir chez lui, il feroit* » ce fut son expression « *un mauvais parti aux curieux,* » dit au Régent : « Je garde 100,000 écus, parce qu'au train que prennent les affaires, le Roi aura besoin des offrandes de ses sujets ; et cette somme, j'irai la lui offrir le jour qu'il sera majeur. »

J'ai dû prendre quelque plaisir à rappeler la mémoire de ce vieillard ; une circonstance particulière la fera éternellement chérir par tous les hommes de lettres : il fut le tuteur de Voltaire. On sait, Monsieur, que Voltaire étoit né sous les auspices de votre maison. Son père, officier de la Cour souveraine que vous présidez, voyoit avec une égale inquiétude un de ses fils recherché des grands, emporté loin des routes de la fortune par la passion des lettres et de la gloire, par le goût de la dissipation et des plaisirs ; l'autre, dévot, austère et chagrin, se dénuant de tout pour secourir les prosélytes obscurs d'une secte persécutée et proscrite. Il craignit que tous ses biens ne se perdissent par des prodigalités d'un genre si différent ; il pria, en mourant, Mr de Nicolay de se charger de la tutelle de tous les deux, et, pour les restreindre et les gêner plus sûrement, il alla lui-même jusqu'à lui substituer leur héritage. Ce testament ne parut à Mr de Nicolay qu'un titre pour les adopter tous deux, et, les jugeant avec plus d'équité que n'avoit fait leur père, il ne tarda pas à leur rendre la libre disposition de leur fortune. Mais il continua de regarder Voltaire comme son fils ; il prit sur lui tous les droits d'un père économe, quoique facile et indulgent ; il l'avertissoit, le grondoit, l'embrassoit, s'attendrissoit avec lui ; et Mr de Voltaire a toujours conservé pour ce nom la plus tendre reconnoissance et une sorte de piété filiale.

On s'étonnoit cependant que l'éclat des talens littéraires et cette gloire même que donne quelquefois le seul amour des lettres, eussent manqué jusqu'à présent à une famille environnée de tous les autres honneurs. Elle vous devra, Monsieur, ce lustre nouveau. Dans les premiers jours de ce règne, lorsque la France, rajeunie avec son Souverain, s'enorgueillissoit de voir sur le trône toutes les vertus, partage de son jeune Roi, et toutes les grâces de sa jeune reine, vous, Monsieur, chargé de porter aux pieds de ce trône les hommages de la plus ancienne Cour de cette monarchie, vous sûtes réunir à des louanges ingénieuses, et dont tous les cœurs avouoient la vérité, non l'adroite insinuation des courtisans, mais cette franchise respectueuse et calme qui convenoit à la dignité de vos fonctions. En combien d'autres occasions plus épineuses votre éloquence, naturellement riche, élégante et sage, n'a-t-elle pas rempli dignement l'attente du public, toujours si difficile, et tout ce que les circonstances mobiles d'une administration souvent incertaine ont exigé de vous! Et dans quel temps encore? lorsque la diversité des opinions, la chaleur des partis, le poids d'un grand nom et d'une éclatante magistrature fixoient tous les yeux sur la conduite que vous alliez tenir, et exposoient vos moindres paroles aux dangers de toutes les interprétations.

Dans les fréquens changemens de ces administrateurs des finances qui, tour à tour et si rapidement, ont cédé aux difficultés, ont trompé nos espérances, ont succombé sous la grandeur de leurs entreprises, et dont chacun est venu, tour à tour, prêter entre vos mains un serment tant de fois inutile, de quelle fécondité d'esprit n'avez-vous pas eu besoin pour varier toujours un fonds toujours semblable, renouveler sans cesse notre espoir, faire valoir dans chacun d'eux les qualités qui l'avoient fait choisir, rappeler aux uns leurs devoirs, aux autres leurs vertus, à ceux-là leur réputation prématurée, précautionner celui-ci contre son penchant à plaire, contre son amour de l'éclat et du bruit!

Votre franchise s'accroissoit avec les malheurs publics; les louanges adroites que vous leur donniez, prenoient peu à peu le ton des leçons et des conseils. Chacun de ces discours est un portrait fidèle, crayonné d'une main hardie, mais légère et circonspecte, et d'habiles physionomistes auroient pu y reconnoître d'avance le destin de ces administrations passagères.

Il est, pour les tribunaux françois, des fonctions plus augustes; elles l'étoient alors d'autant plus que ces tribunaux étoient demeurés seuls interprètes d'une nation dispersée dans ses vastes provinces; je veux parler des remontrances, précieux vestiges de cette liberté dont le sentiment ne s'est jamais éteint dans nos cœurs. Avec quelle tendre vénération pour un souverain justement adoré, avec quel noble mélange de soumission et de franchise vous avez porté la lumière dans les abîmes de la déprédation, vous avez déféré au Roi les effrayantes faillites de cinquante comptables en moins de vingt ans, et les scandaleuses récompenses qu'avoient obtenues ces comptables infidèles!

Dans cet ébranlement général qui a menacé récemment en France tous les temples de la justice, obligé d'élever la voix, vous avez développé, dans votre éloquence, cette tristesse majestueuse, cette résignation forcée, pleine d'une douleur profonde, et dont les seuls accens auroient suffi pour donner à votre obéissance même toute la dignité, toute la fermeté de la plus courageuse réclamation. C'est alors qu'au nom de cette Cour suprême dont vous deveniez l'organe, vous avez ajouté une force nouvelle à la demande déjà faite des États généraux; vous avez supplié le Souverain de rendre à ses peuples le droit d'être consultés sur le choix et l'étendue de leurs sacrifices, et vous vous êtes acquis le plus beau titre à la reconnoissance nationale.

Dois-je m'arrêter ici, et craindre de porter plus loin cette rapide analyse de vos discours publics? Dissimulerai-je que cette Académie s'honoroit d'avoir vu s'élever de son sein plusieurs voix éloquentes qui avoient défendu les droits, les intérêts, les réclamations du peuple? L'un de nous, accoutumé à vaincre dans les débats judiciaires, s'est animé pour une cause qui valut tant de palmes aux orateurs romains. Un autre, fréquemment exercé à combattre l'hydre des préjugés avec les doubles armes du raisonnement et du ridicule, a employé dans cette discussion nouvelle la sagacité d'un philosophe qui sait remonter aux principes des sociétés. Un autre a encore embelli les leçons de la plus belle littérature par le pronostic et

943.
14 Avril (1789).

LETTRE DU P.P. AU PREMIER PRÉSIDENT DU PARLEMENT. — ASSEMBLÉE DES TROIS ÉTATS DU BAILLIAGE DE PARIS.

Ce 14 avril.

Permettés-moi, Monsieur, de recourir à vous, et d'avoir l'honneur de vous prier de me mander si vous comptés vous rendre vendredi prochain à l'Archevêché, sur l'invitation du Châtelet, et en quel habit. De tous les tems, Monsieur, l'étiquette des deux premiers présidens du parlement et de la Chambre des comptes a été la même. L'origine des deux Cours est commune, et d'une date aussi ancienne ; et leurs chefs, sous tous les rapports de naissance et de dignité, ont toujours fraternisé. Je vous observe aussi que nous ne pouvons paraître à l'Assemblée que comme gentils-hommes. Je m'empresserai, Monsieur, de me régler sur ce que vous ferés, et vous me permettrés de vous suivre comme mon guide et mon modèle.

J'ai l'honneur d'être, Monsieur, avec un attachement aussi distingué qu'inviolable, etc.

NICOLAY.

(Minute autographe. — *Arch. Nicolay*, 80 L 6.)

944.
20 Mai 1789.

REFUS DU P.P. D'ACCEPTER LA DÉPUTATION AUX ÉTATS GÉNÉRAUX.

Ce jour, les semestres étant assemblés, M⁽ʳ⁾ le P.P. a dit : « Messieurs, je vous dois le compte et l'hommage des motifs qui m'ont privé depuis quelque temps de l'honneur d'assister à vos séances. Les assemblées de la Noblesse établies dans la capitale pour procéder à l'élection des députés aux États généraux en ont été la cause. Messieurs se rappellent que d'abord elles ont été partielles, et qu'elles ont réuni en vingt départemens les gentilshommes de l'intérieur de Paris, qui se sont choisi des électeurs pour assister à l'assemblée générale, qui, pendant quinze jours, a tenu ses séances à l'Archevêché, à l'effet de nommer la députation de la capitale aux États généraux. Le dixième département de la Noblesse s'est tenu aux Minimes ; j'avois l'honneur d'y être, comme domicilié à la place Royale ; on m'a fait celui de jeter les yeux sur moi pour m'en élire le président. Par la suite de la bienveillance que le bonheur de vous appartenir m'a sans doute conciliée, on a bien voulu me nommer le premier des électeurs à l'assemblée générale. Par les mêmes raisons, on m'a témoigné la même indulgence, et j'ai été nommé l'un des commissaires à la rédaction des cahiers. Enfin, Messieurs, l'on a daigné jeter les yeux sur moi, et me nommer député. J'ai cru devoir refuser cet honneur. Mon inclination et mon devoir me disoient également que, dans des circonstances aussi intéressantes et aussi délicates, je ne devois jamais me séparer de la Chambre des comptes. Tel a été, Messieurs, le sentiment et le vœu que j'ai cru devoir exprimer par quelques phrases dont vous me permettrez de vous faire la lecture : « Messieurs, mon cœur n'a point d'expressions assez vives, et je ne saurois vous peindre
» ma respectueuse sensibilité. Vos suffrages m'appellent à l'honneur d'être l'un de vos représentans aux
» États généraux. Je sens tout le prix d'une faveur aussi insigne, et ma reconnaissance ne finira qu'avec ma
» vie ; mais je ne puis profiter de vos bontés. Je ne saurois abandonner le poste honorable où je suis placé,
» je ne puis me séparer de la Compagnie à laquelle j'ai le bonheur d'appartenir. Le devoir, j'oserai dire
» un sentiment de piété filiale, mes sermens m'en font une loi impérieuse, que je ne transgresserai jamais.
» La restauration de l'État ouvre au patriotisme une carrière nouvelle ; en songeant que la noblesse avoit
» daigné jeter les regards sur moi, j'acquerrai des forces pour la parcourir. C'est à la tête de la Chambre
» des comptes que j'élèverai mes supplications vers le tribunal de la nation. Je servirai la patrie en faisant
» parler la vérité ; j'espère que, dans ma bouche, son accent ne perdra ni son énergie ni sa fierté. Je dénon-
» cerai les abus, je proposerai les remèdes, je montrerai la Cour des finances opposant sans cesse à
» l'autorité la raison et la règle dans ses arrêtés et dans ses remontrances ; et j'ose me flatter de voir
» résulter de toutes ces réclamations un enchaînement de précautions assez puissantes pour préserver

» l'avenir des malheurs du temps présent. Enfin, Messieurs, mon ambition, mes vœux, et peut-être la
» récompense de mes travaux, seront d'intéresser l'opinion publique à faire rendre à la Chambre des comptes
» tout son lustre et à l'accroître encore, en lui restituant, pour le bonheur de la nation, l'utilité dont elle
» devoit être, et que le désordre, ainsi que le pouvoir arbitraire, lui avoient enlevée depuis si longtemps. »
Mr le comte de Clermont, président de la noblesse, m'a fait l'honneur de me dire, de sa part et en son nom :
« Monsieur, placé depuis longtemps par votre dignité dans un poste où vous n'avez cessé d'être utile à la
» chose publique, nos suffrages vous ont appelé aux États généraux. Vous choisissez la place à laquelle
» nous avons le regret de ne vous avoir pas porté ; vous venez de voir éclater la douleur de la chambre ;
» je suis son interprète dans ce moment, et je vous offre l'acte authentique de ses regrets. S'il est une
» consolation pour nous, c'est de songer que votre refus ajoute encore à notre estime. » J'ai cru devoir
faire de nouveaux remerciemens et être dans le cas de demander une expédition du procès verbal ; je l'ai
fait en ces termes : « Je vous prie, Messieurs, de mettre le comble à vos bontés pour moi, en faisant inscrire
» sur le procès verbal les motifs de mon refus, mes regrets et les paroles flatteuses dont Mr de Clermont
» m'a honoré de votre part. Voudrez-vous bien ajouter la faveur de m'en faire remettre une expédition ? Je
» la conserverai comme un témoignage de votre bienveillance, dont le souvenir fera le bonheur de tous les
» jours de ma vie, et qui deviendra un titre de gloire pour mes enfans. » Je crois aussi, Messieurs, devoir
vous annoncer que le projet de la noblesse est de faire déposer à la Chambre une expédition du procès
verbal de son assemblée ; Mr l'avocat général, nommé commissaire en cette partie, sera invité d'en requérir
le dépôt. »

Sur quoi, la matière mise en délibération, la Chambre a arrêté de faire registre du récit de Mr le P.P.,
et qu'il sera remercié, de sa part, d'avoir exprimé d'une manière aussi digne son attachement pour la
Compagnie, en refusant, pour ne point se séparer d'elle dans des circonstances importantes et difficiles, la
députation aux États généraux. Signé : MALLET et LE BOULANGER.

(Copie. — Arch. Nicolay, 80 L 8 à 11.)

945.   25 et 26 Mai 1789.
PROMOTION DU P.P. A LA CHANCELLERIE DE L'ORDRE DU SAINT-ESPRIT.

Ce jour, Mr Auguste-Jean le Boulanger, conseiller maître, doyen, a dit : « Monsieur, la Chambre se rappelle le compte que Mr le P.P. lui a rendu, le 20 du présent mois de mai, de ce qui lui étoit arrivé d'agréable, tant dans l'assemblée de son département, que dans l'assemblée générale de l'ordre de la noblesse de Paris. Nous avons admiré le style pur et majestueux, ainsi que les expressions touchantes dont il s'est servi pour ne pas accepter la députation de son ordre aux États généraux; mais un sentiment particulier nous anime, Messieurs, à la lecture du discours qu'il a prononcé dans cette circonstance. Et qui de nous pourroit résister à l'impression de la plus vive reconnoissance, quand Mr le P.P. sacrifie à l'intérêt de la Chambre des comptes la gloire que ses qualités naturelles, autant que les lumières qu'il a puisées dans le sein de cette auguste Compagnie, lui promettoient à l'assemblée générale de la nation? Et, quand il annonce ce sacrifice dans les termes les plus honorables à la Chambre, nous n'oublierons jamais, Messieurs, que Mr le P.P. a préféré de s'attacher entièrement à sa Compagnie dans une circonstance difficile, et qu'il lui suffit de partager l'honneur qui lui est réservé, si elle est consultée sur aucune des grandes questions que délibérera l'Assemblée nationale. Aussi, Messieurs, après avoir applaudi à la conduite sublime de Mr le P.P., la Chambre a arrêté qu'il sera fait registre de son discours, et qu'il sera remercié de cette nouvelle marque de son attachement pour elle. Je profite, Messieurs, de la seule fois que Mr le P.P. n'assiste pas, depuis le 20 du présent mois, à nos séances, pour demander que les remerciemens que la Chambre a arrêtés lui soient portés en la manière accoutumée. Mais, Messieurs, un événement non moins flatteur devient aujourd'hui une nouvelle récompense du mérite éminent de Mr le P.P. Le roi a consacré par une grâce très distinguée l'opinion publique que depuis longtemps Mr le P.P. a fixée en sa faveur. S. M. lui a conféré la charge de chancelier de l'ordre du St-Esprit. Les Compagnies les plus illustres participent toujours, Messieurs, aux honneurs, aux dignités méritées par leur chef, et la place de chancelier de l'ordre, qui donne un travail direct avec le Roi, en mettant S. M. à portée de bien apprécier Mr de Nicolay, le rendra, s'il est possible, plus utile encore à la Compagnie qu'il s'honore de présider. Je crois pouvoir vous observer, Messieurs, que, quand Mr de Nicolay obtient ce genre d'illustration qui manquoit à celle de sa race antique, il est aussi le premier qui ait uni cette haute dignité à celle de premier président de la Chambre des comptes. Au milieu de tant de motifs de satisfaction, il ne doit plus lui rester qu'un désir, c'est de voir que cette Cour respectable, à qui sa personne est aussi chère que son nom, prend la plus grande part à tant d'événemens qui réunissent en lui tous les titres de gloire que son âge lui permettoit d'espérer. A cet instant, Messieurs, je vois que tous les cœurs, émus de la plus douce sensibilité, sont pressés par le sentiment des droits de Mr le P.P. à notre amour, et j'étois bien sûr que je ne ferois que vous prévenir en formant le vœu de le lui prouver en ce jour, qui fera époque dans nos annales, par l'acte le plus authentique, comme le plus signalé. J'ai l'honneur, Messieurs, de vous proposer de députer à Mr le P.P., pour le remercier, au nom de la Chambre, de la fermeté et de la dignité avec lesquelles il a soutenu ses droits dans les assemblées de la Noblesse de Paris, ainsi que du sacrifice généreux du titre flatteur de représentant de cet ordre aux États généraux, en lui préférant la gloire plus solide de s'attacher exclusivement, dans ces temps difficiles, à sa Compagnie; comme aussi, pour le féliciter de la preuve éclatante que le Roi vient de lui donner de la satisfaction qu'il a de ses services, en le nommant à la charge de chancelier de l'ordre du St-Esprit. »

Sur quoi, la Chambre, après avoir délibéré, a unanimement arrêté de charger Me Marsolan, greffier en chef, de se rendre à l'hôtel de Mr le P.P.

Du 26 mai. Me Marsolan, greffier en chef de la Chambre, venu au bureau, a dit : « . . . . Mr le P.P. m'a fait l'honneur de me répondre : « Monsieur, les nouveaux témoignages
» de l'affection et de l'estime de la Chambre m'honorent et me flattent infiniment. Je suis né, et j'aime à
» le répéter, avec un sentiment de piété filiale pour elle, qui ne finira qu'avec ma vie. Je suis trop heureux
» que la conduite que je viens de tenir pendant les assemblées de noblesse qui ont eu lieu dans la capitale,
» à l'occasion des États généraux, ait mérité son approbation, et qu'elle daigne me savoir gré d'avoir
» préféré l'honneur de la servir à celui d'être l'un des députés de la ville de Paris. J'ose aussi vous prier,
» Monsieur, d'exprimer à la Compagnie toute ma sensibilité de l'intérêt qu'elle prend à ma nomination
» à la chancellerie de l'ordre du St-Esprit. Il m'est bien doux de croire que je n'ai mérité une faveur aussi
» distinguée que parce que j'ai le bonheur de lui appartenir. »

(Copie. — Arch. Nicolay, 80 L 11.)

946.
24 Juillet 1789.
DÉPUTATIONS AU ROI, A L'ASSEMBLÉE NATIONALE ET A LA COMMUNE.

Ce jour, les conseillers correcteurs et auditeurs avertis de se rendre au bureau . . . . Mr le P.P. a dit : « Messieurs, conformément à l'arrêté de la Chambre du 18 juillet, présent mois, je me suis rendu à Versailles le même jour. Introduit, sur les quatre heures après midi, dans le cabinet du Roi, par son premier valet de chambre, j'ai eu l'honneur de lui dire, en lui présentant l'arrêté de la Compagnie : « Sire, la Chambre des comptes s'empresse de vous offrir ses respectueuses félicitations.
» Depuis quinze ans, Sire, vous étiez sur le trône, et vous n'êtes heureux que depuis un jour. Votre
» loyauté, votre présence viennent de rendre le calme à la capitale, et présagent la fin de nos malheurs.
» V. M. s'unit intimement à ses sujets; la vérité désormais pourra se faire entendre sans altération et sans
» efforts. Votre cœur ne veut plus d'intermédiaire entre le père et ses enfans. Vertueux comme Louis XII,

» adorable comme Henry IV, il vous étoit réservé, Sire, et aux dignes représentans de la nation, de créer
» le bonheur public; c'étoit sous votre règne que les François devoient proférer le serment de ne servir et
» de n'aimer que la patrie et leur Roi. »

« S. M. m'a fait l'honneur de me répondre : « Je suis très satisfait du dévouement et de la fidélité de ma
» Chambre des comptes. » Je me suis ensuite retiré en saluant S. M. de trois profondes révérences, ainsi
que j'avois fait en entrant dans son cabinet, où je l'ai trouvée seule.

« En sortant de l'audience du Roi, j'ai appris que je ne pouvois être admis à celle de l'Assemblée
nationale, parce que sa séance ne se tenoit pas ce même jour dans l'après-midi. De retour à Paris, j'ai écrit
à Mr de Liancourt, président de cette Assemblée, pour m'informer du jour et de l'heure où je pourrois
remplir auprès d'elle la mission dont la Chambre m'avoit chargé. Instruit par sa réponse que ce seroit le
jeudi 23 du présent mois, je me suis rendu à Versailles, vers une heure après midi. J'ai été introduit dans
la salle de l'Assemblée nationale par deux de ses huissiers; ils m'ont conduit dans l'enceinte où se reçoivent
les députés, d'où sortoit à l'instant Mr le premier président du parlement de Paris. Étant debout, en face
de Mr de Liancourt, président de l'Assemblée, j'ai eu l'honneur de dire à l'Assemblée : « Admis à l'honneur
» de paroître devant les augustes représentans de la nation, je me trouve heureux d'avoir à vous offrir
» l'hommage des sentimens qui animent la Chambre des comptes et dont elle m'avoit chargé d'être l'interprète
» auprès du trône. Rendez le calme à nos tristes foyers : vous êtes notre espoir, la patrie gémissante vous
» implore comme des divinités tutélaires. Nos cœurs, notre reconnoissance décernent déjà la palme du
» patriotisme à vos vertus, à votre courage; couronnez vos travaux, et puisse le bonheur public être
» bientôt votre ouvrage et votre récompense! La Chambre des comptes a l'honneur de vous proposer par
» ma voix tous les renseignemens qu'elle pourra vous donner, lorsque vous vous occuperez des finances. »
J'ai eu l'honneur de remettre ensuite à l'Assemblée l'arrêté de la Chambre, du 18 du présent mois, et le
discours que j'avois prononcé au Roi le même jour, en lui présentant cet arrêté. Après la lecture qui en a
été faite par un de MM. les secrétaires de l'Assemblée, un de ses huissiers m'a présenté une chaise, sur
laquelle m'étant assis, Mr le duc de Liancourt, président l'Assemblée nationale, a répondu : « Monsieur,
» l'Assemblée nationale reçoit avec satisfaction l'hommage de la Chambre des comptes. Le bonheur de la
» nation est le seul vœu de ses représentans et le seul but de ses travaux. Elle voit, dans l'offre des
» renseignemens que lui fait la Compagnie que vous présidez, une nouvelle preuve de son désir de se rendre
» utile à l'État. L'Assemblée nationale y aura recours avec confiance; elle ne doute pas d'y trouver les
» moyens de servir le désir impatient dont elle est animée de terminer l'ouvrage important du rétablis-
» sement des finances. » Ce qu'entendu, je me suis retiré, en saluant l'Assemblée, ainsi que j'avois fait en
entrant dans la salle, et j'ai été reconduit par les huissiers. »

Ce récit achevé, Mr Lourdet de Santerre, conseiller maître, a dit : « Messieurs, en exécution de l'arrêté
de la Chambre du 18 juillet, présens mois et an, nous nous sommes transportés, Mr du Tramblay, conseiller
maître et moi, le jeudi 23 du même mois, vers les onze heures du matin, à l'assemblée de la Commune
tenue en l'hôtel de ville de Paris et présidée par Mr Moreau de St-Méry. Introduits dans l'assemblée, on
nous a fait asseoir à côté de Mr le président, et nous avons dit : « Messieurs, la Chambre des comptes
» nous a fait l'honneur de nous député vers la Commune de la ville de Paris, pour lui faire part de son
» arrêté et de sa députation au Roi et à l'Assemblée nationale. C'est dans le sein de la mère-patrie que
» nous venons déposer l'hommage de notre zèle patriotique. Quel bonheur, Messieurs, pour des citoyens
» amis de la vérité, d'avoir été choisis par la Chambre des comptes pour rendre en son nom à la Commune
» de la ville de Paris le tribut de reconnoissance que lui doit la nation entière! Qu'il est flatteur pour nous
» de réunir nos vœux à ceux de tous nos concitoyens, dans le temple que, sur les ruines du despotisme
» ministériel, vous venez d'élever à la liberté et consacrer pour jamais à la prospérité du peuple François! »
Mr le président de l'assemblée nous a répondu : « La Commune de Paris est sensible au zèle patriotique de
» la Chambre des comptes, et elle a toujours été persuadée que, sous la robe des magistrats, il existoit des

» cœurs citoyens. » Cette réponse faite, nous nous sommes retirés, et avons été reconduits jusqu'à l'escalier de l'hôtel de ville par plusieurs de MM. les électeurs et députés des différens districts de la ville de Paris. »

Sur quoi, la Chambre, après avoir délibéré, a arrêté qu'il sera fait registre des récits de Mr le P.P. et de Mr Lourdet, conseiller maître.

(Plumitif et Journal.)

---

947. 10 *Septembre* 1789.
OBSERVATIONS SUR LA COMPTABILITÉ ET LA JURIDICTION DE LA CHAMBRE.

La Chambre ordonne que ce mémoire, dressé par les commissaires des différents ordres et contenant les réclamations de la Compagnie « sur les abus multipliés qui ont été le germe malheureux et fécond de la déprédation des finances et de la ruine de l'État, » sera déposé au greffe, et une copie adressée, par les soins du P.P., au Comité des finances [1].

(Plumitif et Journal.)

[1]. Ces *Observations sur la comptabilité et la juridiction de la Chambre* furent imprimées en un fascicule de 75 pages in-4°, contenant en outre : un *Extrait par ordre chronologique des arrêts d'enregistremens de la Chambre sur toutes les loix concernant les Finances et la Comptabilité, qui lui ont été adressées depuis* 1780; les Discours du P.P. à Monsieur (19 mars 1776, 17 août 1787, 8 mai 1788), aux Contrôleurs généraux d'Ormesson (3 avril 1783), de Calonne (13 novembre 1783), de Fourqueux (20 avril 1787), Lambert (19 septembre 1787); et enfin, les Représentations sur les banqueroutes des comptables, remises au roi par le P.P., le 6 février 1787.

---

948. 1er *Octobre* 1789.
OFFRANDE PATRIOTIQUE DU P.P.

Paris, ce premier octobre 1789.

Monsieur le président, je m'empresse de présenter mon offrande à la Patrie et au Roi. Le même sentiment les unit dans mon cœur, il les rend à jamais l'objet de mon culte et celui de mes vœux.

Je viens de remettre le brevet d'une pension viagère de 10,000 livres; je ne saurais être insensible au bonheur d'offrir des services que mon zèle s'est toujours efforcé de rendre utiles, mais qui du moins seront gratuits; je m'honore d'être borné au strict intérêt d'une finance de 550,000 livres.

Je donne 25,000 livres pour la contribution demandée sur le produit net du revenu. Je compose cette somme de portion d'arrérages qui me sont dus, et d'environ 21,000 livres de vaisselle portée à la Monnaye dès aujourd'hui, que l'on pourra convertir sur le champ en espèces.

Je n'ai qu'un regret, Monsieur le président, c'est de ne pouvoir étendre plus loin mes sacrifices; mais les trois quarts de ma fortune personnelle sont sur le Roi, je paye promptement et avec scrupule ma contribution aux charges publiques, et j'ai six enfans, dont les trois aînés, sans les malheurs du temps, seraient établis et pourvus.

Je suis avec respect, Monsieur le président,

Votre très humble et très obéissant serviteur.

NICOLAY.

(Duplicata. — Arch. Nicolay, 53 C 132.)

---

949. 13 *Octobre* 1789.
DÉPUTATION AU ROI ET A LA REINE.

Ce jour, Mr le P.P. a dit que, le Roi et la reine faisant actuellement leur demeure à Paris, il estimoit qu'il étoit à propos que la Chambre nommât des députés pour aller saluer Leurs Majestés. Sur quoi, la Chambre, après avoir délibéré, a commis et commet Mr le P.P. et MM. les présidens Bertin et de Delay d'Achères, MM. le Boulanger, de Lacroix, Gohier, Lourdet P., Guyhou L., Guyhou P., de Bonnaire et du Tramblay, conseillers maîtres; Desnotz et Moreau d'Esclainvilliers, conseillers correcteurs; Daligé de St-Cyran, de Montcrif L., Martin, de Vraine et Daval, conseillers auditeurs, pour composer ladite députation.

(*Plumitif* et *Journal*.)

950.
29 et 30 *Octobre* 1789.
OFFRES DE SERVICE A L'ASSEMBLÉE NATIONALE.

La Chambre, sur la proposition de Mr du Tramblay de Rubelles, conseiller maître, et en conséquence de la déclaration royale du 9 octobre, arrête que le P.P. écrira au président de l'Assemblée, au nom de la Compagnie, « pour lui offrir le nouvel hommage de son zèle, lui demander à être ramenée à son objet primitif et essentiel, celui de la surveillance de la comptabilité des deniers imposés, et lui offrir les services gratuits de la Chambre relativement à la comptabilité de la contribution patriotique qui va s'établir. »

Est ordonnée également l'impression du Mémoire sur les abus de la comptabilité, le P.P. étant chargé de régler le nombre des exemplaires et la distribution. L'ordre des auditeurs fait constater que ce Mémoire est composé, en grande partie, des matériaux assemblés depuis longtemps par ses soins dans les archives.

(*Plumitif* et *Journal*.)

951.
19 *Novembre* 1789.
LETTRE DU ROI AU P.P. — FONTE DU TRÉSOR DE LA SAINTE-CHAPELLE.

Monsr de Nicolay, ayant fait connoître le désir que j'ai, ainsi que l'Assemblée nationale, que les églises de mon royaume fassent porter leur argenterie à la Monnoye, je vous fais cette lettre pour vous dire que je vous autorise à faire l'ouverture du Grand Trésor de la Ste-Chapelle du Palais, et à faire dresser, en présence du trésorier de ladite église, et de toutes autres personnes qui y ont droit, un état des pièces d'or et d'argent qu'il renferme, et de l'envoyer au s^r comte de St-Priest, ministre et secrétaire d'État ayant le département de ma maison, que j'ai chargé de me représenter ledit état et de recevoir mes ordres à cet égard. Sur ce, je prie Dieu qu'il vous ait, Monsr de Nicolay, en sa sainte garde. Écrit à Paris, le 19 novembre 1789 [1].

LOUIS.
DE St-PRIEST.

(Original. — *Arch. Nicolay*, 29 L 3.)

1. Cette lettre était précédée d'une notification de Mr de Saint-Priest, en date du 13, où il est dit que le trésorier a ordre de distinguer les pièces « susceptibles d'être conservées. » (78 L 22.)

952.
12 et 18 *Janvier* 1790.
LIQUIDATION DES OFFICES DE LA CHAMBRE.

La Chambre délibérant sur la demande faite par le Comité de judicature de l'Assemblée nationale relativement à l'évaluation des offices de la Compagnie et à l'état de ses dettes, chaque ordre et chaque communauté tour à tour viennent déclarer qu'ils persistent dans l'évaluation du 20 décembre 1771. L'état dressé par le conseiller rapporteur est joint à la minute de l'arrêt, et la partie seule concernant les dettes est envoyée au Comité [1].

(*Plumitif* et *Journal*.)

1. Plus tard, le Comité adressa à chaque corps un tableau uniforme, qui fut rempli par la Commission et renvoyé à l'Assemblée. (*Journal*, 27 avril; *Plumitif*, 5 juin.)

953.   19 *Mars* 1790.
ANNIVERSAIRE DE L'ENTRÉE D'HENRI IV A PARIS.

Ce jour, l'un des huissiers de service, venu au bureau, a dit que le colonel et deux officiers de la garde de la ville demandoient à entrer, chargés d'une lettre adressée à la Chambre. Sur quoi, l'ordre a été donné audit huissier de l'introduire; et à l'instant, lesdits colonel et officiers étant entrés et s'étant avancés près la place de Mr le P.P., ledit colonel a remis à Mr le président Devin, qui présidoit la Compagnie, une lettre cachetée, suscrite : à *Messieurs, Messieurs de la Chambre des comptes, à Paris;* à côté : *Bailly.* Ce fait, Mr le président Devin ayant dit audit colonel que la Chambre alloit en délibérer, lesdits colonel et officiers se sont retirés. A l'instant, ladite lettre a été ouverte par Mr le président Devin, et remise à Mr le Boulanger, conseiller maître doyen, qui en a fait lecture, ainsi qu'il suit : « Paris, ce 17 mars 1790. Messieurs, dans le nouvel ordre des choses où nous sommes, la Commune de Paris a pensé qu'il étoit important de conserver une solennité religieuse propre à perpétuer la mémoire de l'époque à laquelle le meilleur de nos Rois, vainqueur de la Ligue, est entré dans la capitale et est monté sur le trône de ses pères. Cet événement est d'autant plus précieux pour les bons François, que nous lui devons le bonheur d'avoir aujourd'hui pour Roi l'un des descendans d'Henri IV et le digne héritier de ses vertus. En conséquence, Messieurs, la Commune de Paris a l'honneur de vous inviter à vous rendre, à l'heure accoutumée, le 22 de ce mois, en l'église des Grands-Augustins. Elle vous donnera, suivant l'usage, un nombre suffisant de ses gardes pour vous accompagner. Nous avons l'honneur d'être, avec un dévouement respectueux, Messieurs, vos très humbles et très obéissans serviteurs. » Signé : « Bailly; Vermeille, président; Broussenet, secrétaire; Charpentier, secrétaire; Ameilhon, secrétaire; d'Ormont, secrétaire. »

Laquelle lecture achevée, l'ordre a été donné à l'huissier de faire rentrer lesdits colonel et officiers. Eux venus à la même place, près celle de Mr le P.P., mondit sr le président Devin leur a dit que la Chambre attendroit les ordres du Roi. A quoi le colonel a répondu qu'il offroit à la Chambre ses services et ceux de sa Compagnie qui pourroient lui être nécessaires.   *(Plumitif.)*

---

954.   19 *Avril* 1790.
ABOLITION DU RÉGIME FÉODAL.

Sur les lettres patentes du Roi du mois de décembre 1788, obtenues et présentées par les intéressés dans l'entreprise du canal de Givors à Rive-de-Gier, portant entre autres choses érection dudit canal en fief, avec toute justice, droits de chasse et pêche, à la charge de relever du Roi et d'un éperon d'or par an, de valeur de 150 liv.; la Chambre, en conséquence des décrets de l'Assemblée nationale sanctionnés par le Roi, portant abolition du régime féodal et de tous priviléges et exemptions d'impositions, a déclaré ne pouvoir entrer dans l'enregistrement desdites lettres. — Mr Laillier, rapporteur.
            (Plumitif.)

---

955.   20 *Juillet* 1790.
SUPPRESSION DU TITRE DE *MONSEIGNEUR.*

Ce jour, Mr Boyer, conseiller maître, a observé que, la Chambre ayant fait transcrire sur ses registres les lettres patentes du 23 juin dernier sur un décret de l'Assemblée nationale qui porte, entre autres dispositions, article 3, que les titres de *Monseigneur* et *Messeigneurs* ne seront donnés à aucun corps, il croyoit à propos de faire avertir les procureurs de la Chambre, pour leur donner connoissance de cette disposition, à l'effet par eux de s'y conformer. Sur quoi, la Chambre, après en avoir délibéré, a mandé les syndics des procureurs, leur a fait lecture de l'article 3 dudit décret; en conséquence, a arrêté que les requêtes qu'ils présenteroient dorénavant seroient intitulées ainsi : *à Messieurs les Gens tenant la Chambre des comptes.*   *(Plumitif.)*

956.
22 Novembre 1790.
LETTRE DE LA MUNICIPALITÉ AU P.P. — DESTRUCTION DES ARMOIRIES.

Municipalité de Paris.
Département des travaux publics.

Du 22 novembre 1790.

Pour vous conformer, Monsieur, au décret de l'Assemblée nationale qui ordonne la suppression des armoiries, vous avez fait masquer avec du plâtre celles qui sont sculptées sur la façade de votre hôtel; ces plâtres, qui n'ont pu se lier parfaitement avec la pierre, laissent craindre que la gelée ne les fasse fendre, et qu'il ne s'en détache des morceaux, qui, par leur chute, pourroient occasionner des accidens.

Comme tout ce qui intéresse la sûreté de la voye publique fait partie des attributions de notre Département, le Corps municipal nous a chargé, par son arrêté du dix-sept de ce mois, de vous prier, Monsieur, de vouloir bien donner sur le champ des ordres pour faire enlever ces plâtres et faire disparoître par le moyen du ciseau l'écusson de vos armes, ainsi que les supports.

Nous avons l'honneur d'être, avec un sincère et respectueux attachement, Monsieur, vos très-humbles et très-obéissans serviteurs.

CHAMPION,   LE ROULX-DELAVILLE,   MONTAUBAN,
administrateurs du Département.

(Original. — *Arch. Nicolay*, 53 C 142.)

957.
28 Novembre 1790.
LETTRE DU MAIRE DE PARIS AU P.P. — CLEFS DE LA SAINTE-CHAPELLE.

Paris, le 28 novembre 1790.

La Municipalité de Paris, Monsieur, faisant, pour l'administration des biens nationaux, fonction de Département, a apposé les scellés sur les effets de la Ste-Chapelle dont l'usage n'est pas absolument nécessaire pour le service du culte. M^r le trésorier n'a pu représenter aux officiers municipaux la clef du Grand Trésor, parce qu'elle est, Monsieur, entre vos mains, et la Municipalité s'est contentée de mettre les scellés sur les portes. C'est en exécution des décrets revêtus de la sanction royale que la Municipalité de Paris a procédé. Cette exécution, Monsieur, seroit imparfaite sans la remise des clefs nécessaires pour la consommer. Je vous serai obligé, Monsieur, de vouloir bien faire cette remise à M^r le trésorier, qui s'en trouvera chargé vis à vis de la Municipalité de Paris.

J'ai l'honneur d'être, avec un sincère attachement, etc.

BAILLY.

(Original. — *Arch. Nicolay*, 78 L 25.)

958.
9 Décembre 1790.
RECOUVREMENT DES ÉPICES.

Ce jour, les semestres assemblés . . . . . . la Chambre a autorisé et autorise les commissaires aux épices à employer les moyens que leur prudence leur dictera pour faire payer incessamment à la Chambre les épices de tous les comptes jugés ou en état d'être jugés, et généralement toutes les épices des comptes qui peuvent être dues à la Chambre[1].

(*Plumitif.*)

1. Le 28 août précédent, il avait été pris un arrêté pour le recouvrement des fonds des bourses communes en billets ou en assignats.
Par décret de l'Assemblée du 22 décembre, promulgué le 5 janvier suivant, toute présentation de comptes et toute consignation d'épices pour les comptes arriérés durent cesser à partir de cette dernière date.

CHAMBRE DES COMPTES.

959.
21 et 22 *Janvier* 1791.
MALADIE DE LA PREMIÈRE PRÉSIDENTE.

Du 21 janvier. La Chambre, informée du rétablissement de la santé de Mme Nicolay, épouse de M^r le P.P., qui avait été attaquée de la petite vérole à St-Germain en Laye, a chargé Me Marsolan, greffier en chef, d'aller témoigner à M^r le P.P. le vif intérêt qu'elle a pris à cette maladie et la satisfaction qu'elle éprouve en apprenant qu'elle n'a point eu de suites fâcheuses, et que Mme Nicolay est actuellement en convalescence.

Du 22 janvier. Me Marsolan, greffier en chef, venu au bureau, a dit qu'en conséquence des ordres qu'il avoit reçus hier de la Chambre, il s'étoit transporté aussitôt chez M^r le P.P., auquel il avoit fait part de l'objet de sa mission. A quoi M^r le P.P. lui avoit fait l'honneur de lui répondre que, dans toutes les circonstances intéressantes pour lui et pour sa famille, il avoit toujours reçu de la Chambre des marques de sensibilité et d'attachement; que la nouvelle preuve qu'il en recevoit dans le moment, lui causoit une satisfaction d'autant plus pure, que le retour assuré de la santé de Mme Nicolay lui permettoit d'en jouir sans aucun nuage; qu'il prioit ledit Me Marsolan d'être auprès de la Chambre l'interprète de sa reconnoissance, de son respect et des sentimens aussi inaltérables que chers à son cœur qu'il lui avoit consacrés pour sa vie, et à tous ses membres en particulier.

(Plumitif.)

960.
5 et 11 *Juillet* 1791.
LIQUIDATION DES COMPTES ET AFFAIRES DE LA CHAMBRE.

Le 5 juillet, la Chambre, tous les ordres réunis, charge ses commissaires de régler les comptes des épices, menues nécessités, bourses communes, etc., de se faire remettre les pièces de gestion par les commis-receveurs, et de procéder enfin au payement des sommes dues et à la répartition ordinaire des reliquats.

Du lundi matin, 11 juillet. Ce jour, l'assemblée de tous les ordres indiquée à ce jourd'hui par l'arrêté de la Chambre du 5 juillet, présens mois et an, n'ayant pu avoir lieu, à cause des circonstances, la Chambre a arrêté que ladite assemblée des semestres de tous les ordres de la Chambre sera remise à vendredi prochain, 18 du même présent mois, auquel jour les semestres de tous les ordres seront convoqués en la manière accoutumée. Et à l'instant, les huissiers mandés et venus au bureau, M^r le P.P. leur a donné l'ordre de convoquer l'assemblée des semestres de tous les ordres de la Chambre à vendredi prochain, 14 juillet. — M^r   , rapporteur.

(Plumitif.)

961.
25 *Août* 1791.
SUPPRESSION DES CHAMBRES DES COMPTES.

Louis, par la grâce de Dieu et par la Loi constitutionnelle de l'État, Roi des François, à tous présens et à venir, Salut.

L'Assemblée nationale a décrété, et nous voulons et ordonnons ce qui suit :

Décret de l'Assemblée nationale du 4 juillet 1791.

L'Assemblée nationale, ouï le rapport de son Comité central de liquidation, décrète ce qui suit :

TITRE PREMIER.
De la suppression des Chambres des comptes.

1. A compter du jour de la publication et de la notification du présent décret aux Chambres des comptes du royaume, supprimées par le décret du 2 septembre 1790, elles cesseront toutes fonctions.

II. A compter du même jour, les offices de procureurs postulans et les autres offices ministériels près lesdites Chambres des comptes seront supprimés.

III. Aussitôt que le présent décret sera parvenu aux Directoires des départemens, ils le feront notifier aux Chambres des comptes situées dans l'étendue de leur département ; et, dans le jour, ces Directoires feront procéder, par deux de leurs membres, assistés du procureur-général-syndic du département, à l'apposition des scellés sur les greffes, dépôts et archives desdites Chambres des comptes, ainsi que sur leur mobilier.

IV. Lesdits commissaires, lors de l'apposition des scellés, se feront représenter et remettre tous les comptes non encore définitivement jugés, apurés ou corrigés qui se trouveront exister dans les greffes, ainsi que les pièces à l'appui ; ils en dresseront un bref état, dont un double sera délivré aux greffiers, pour leur décharge desdits comptes et pièces.

. . . .

VII. Les Directoires des départemens feront parvenir sans délai au Bureau de comptabilité qui sera ci-après établi les comptes et pièces à l'appui qu'ils auront retirés, soit des greffes, soit des mains des conseillers-rapporteurs.

VIII. L'Assemblée nationale pourvoira à la levée des scellés, à l'inventaire et conservation des pièces reposant aux greffes, dépôts et archives des Chambres des comptes supprimées.

IX. Il sera pourvu incessamment au remboursement des offices supprimés par le présent décret, et ce, suivant les formes et les principes décrétés par l'Assemblée nationale, concernant la liquidation et le remboursement des offices de judicature et ministériels. . . . .

Mandons et ordonnons à tous les tribunaux, corps administratifs et municipalités que les présentes ils fassent transcrire sur leurs registres, lire, publier et afficher dans leurs ressorts et départemens respectifs, et exécuter comme loi du royaume. En foi de quoi le sceau de l'État a été apposé à cesdites présentes. A Paris, le 25 août 1791 [1].

En vertu des décrets des 21 et 25 juin 1791 :

Pour le Roi. *Signé* M. L. F. DU PORT.

(Imprimé.)

1. Le même décret, augmenté d'un titre II, sur la *Reddition des comptes des deniers publics*, fut adopté par l'Assemblée le 17 septembre suivant, et promulgué le 29, sous la signature du roi et de M. L. F. du Port.

---

962.   19 *Septembre* 1791.
DERNIER ARRÊT DE LA CHAMBRE. — ARMORIAL.

Sur la requête de Marie-Jeanne Denys, la Chambre a ordonné et ordonne que, par Me Savin, commis à la recette des épices et deniers revenans-bons appartenant au corps de la Chambre, il en sera par lui payé à la suppliante, sur les fonds desdites épices revenant à MM. les présidens et conseillers maîtres, par retenue sur les rôles desdites épices, chacun au *prorata* de ce qui leur reviendra, la somme de 8,000 liv., pour reste et parfait payement de l'Armorial de la Chambre fait par la suppliante en exécution de l'arrêt de ladite Chambre du 16 septembre 1780, après néanmoins la remise faite par la suppliante à Mr de la Croix, conseiller maître, que la Chambre a commis et commet à cet effet, de la totalité des objets mentionnés au mémoire des frais et déboursés dudit Armorial, signé de la suppliante, étant en suite de ladite requête. Et rapportant par ledit Me Savin, avec quittance de la suppliante sur ce suffisante, les ordonnances de MM. Clément de Boissy et de la Croix, conseillers maîtres, que la Chambre a commis et commet pour l'exécution du présent arrêt, et le certificat de ladite remise des susdits objets, ladite somme de 8,000 liv. lui sera passée et allouée dans ses comptes sans difficulté, en vertu desdites pièces et du présent arrêt. — Mr Clément de Boissy, rapporteur.

(*Plumitif.*)

963.   19 *Septembre* 1791.
LETTRE DU PRÉSIDENT DU DÉPARTEMENT AU P.P. — FERMETURE DE LA CHAMBRE.

19 septembre 1791.

Comme la loi qui supprime les Chambres des comptes, Monsieur, est au moment de recevoir son exécution à Paris, j'ai l'honneur de vous prévenir que le Directoire du département a chargé MM. Garnier et Thion de la Chaume de procéder, avec Mr le procureur-général-syndic, aux opérations prescrites par la loi. Vous les trouverez, ainsi que tout le Directoire, très disposés à tous les égards pour Messieurs de la Chambre des comptes qui sont dus à des magistrats qui ont bien mérité de la chose publique.

Agréez, je vous prie, la sincère assurance de mon attachement.

Le président du Département,
LA ROCHEFOUCAULD.

Réponse du P.P.

20 septembre 1791.

Nous vous devons des remerciemens, Monsieur, de nous définir le terme prochain de notre existence civile. Les portes de la Chambre des comptes seront ouvertes. Les préposés des nouvelles administrations peuvent dès aujourd'huy aller consommer notre anéantissement et se promener sur les derniers débris de la magistrature. Nous irons gémir sur les ruines de la religion et de la monarchie, et nous attendrir sur les malheurs de la famille royale. Ceux qui les ont loyalement servies conserveront éternellement le droit de les respecter et de les chérir.

Permettez-moi, Monsieur, d'avoir l'honneur de vous offrir les plus sincères assurances de mon attachement.

NICOLAY.

(Copies. — Collection le Marié d'Aubigny.)

---

964.   22 *Septembre* 1791.
LETTRE DU PROCUREUR-GÉNÉRAL-SYNDIC A LA CHAMBRE. — APPOSITION DES SCELLÉS SUR LES DÉPOTS.

Paris, le 22 septembre 1791.

J'ai l'honneur, Messieurs, de vous notifier officiellement, par la présente, la loi du 25 août 1791, relative aux Chambres des comptes.

En exécution de cette loi, le Directoire a commis MM. Cretté et Thion de la Chaume, deux de ses membres, pour procéder à l'apposition des scellés sur les greffes, dépôts et archives de celle de Paris.

Le procureur-général-sindic du département de la Seine,
PASTORET.

L'adresse est : A MM. les officiers composant la Chambre des comptes de Paris.

(Original. — *Arch. Nicolay*, 80 L 19.)

ADDITIONS

24bis. 6 *Novembre* (1522).
LETTRE DE LA CHAMBRE AU ROI. — DON AU SÉNÉCHAL D'ARMAGNAC.

Nostre souverain seigneur, tant et si très humblement que faire povons, nous recommandons à vostre bonne grace.

Sire, nous avons receues les lettres qu'il vous a pleu nous escrire de Rethel le sixiesme jour du moys passé, touchant la rémission et délaissement de faculté du rachapt et réméré que avez fait au seneschal d'Armignac du droit que avyez sur le Havre de la Couvilière, appartenant à Monsr le duc de Longueville, et entendu ce que nous en a dit de par vous Messire Émard Nicolas, président de voz comptes.

Sire, nous avons, pour aucunes causes que espérons vous faire sçavoir de brief, et pour nous acquicter du serment que avons à vous, différé de procéder à l'expédicion dudit don jusques à ce que, icelles causes par vous entendues, nous en ayez ordonné et commandé vostre bon plaisir, que serons tousjours prestz d'acomplir, dont vous avons bien voullu advertir.

Nostre souverain seigneur, nous pryons le benoist filz de Dieu qu'il vous doint très bonne et longue vie. Escript à Paris, le sixiesme novembre.

Voz très humbles et très obéissans serviteurs et subjectz,
Les Gens de voz comptes à Paris.
LEBLANC.

(Original. — Bib. Nat., ms. Fr. 3087, f° 84.)

63bis. 6 *Septembre* 1536.
LETTRE DES COMMISSAIRES DU LOUVRE AU ROI.

Sire, suivant voz lettres patentes à nous adressantes, données à Vallence le xxvme jour du mois d'aoust derrain passé, nous avons, incontinent icelles lettres receues, en la présence du président et de l'ung des généraulx de voz monnoyes en ceste ville de Paris, faict ouverture de l'un des coffres estans en vostre trésor du Louvre de cestedicte ville, ouquel, par vostre ordonnance, avions puis certain temps faict mectre les vaisselles, tant d'or que d'argent, venues, tant de feu monsieur le Légat, que du s^r de la Bourdaizière; et semblablement avons tiré du cabinet de vostre Espargne troys couppes d'or, faisans le reste des douze couppes qu'il vous pleust commander estre faictes pour l'entreveue de feu nostre Sainct Père et de vous, Sire, en la ville de Marseille, et icelles faict recongnoistre par deux maistres orfévres de cestedicte ville sur l'inventaire et poix qui lors en furent faictz. Lesquelles nous avons trouvées justement revenir ausdictz inventaires et poix, et sommes après pour icelles de nouvel faire repoiser par gens à ce expers et congnoissans, ainsi que par vozdictes lettres il vous a pleu le mander. De faict, Sire, ferons délivrer icelles vaisselles, tant d'or que d'argent, au maistre de la Monnoye de ceste ville, par son récépicé, pour estre par luy mises en fonte et converties, c'est assavoir la vaisselle d'or en escus d'or soleil, et la vaisselle d'argent en testons seullement, pour ce que avons trouvé que auriez trop grosse perte en la fabricacion de douzains; et les deniers de ce venans ferons délivrer à Martin de Troys, trésorier de l'extraordinaire de voz guerres, par sa quictance.

Sire, après nous estre, tant et très humblement que faire povons, recommandez à vostre bonne grace, supplions à Dieu qu'il vous doinct en santé très bonne et longue vie. Escript à Paris, le vj^me jour de septembre [1].

Voz très humbles et très obéissans subjectz et serviteurs,

E. NICOLAY.   P. VIOLE.   P. MICHON.   LE BLANC.

(Original. — Arch. Nat., *Suppl. du Trésor des chartes*, J 967.)

1. Les deux inventaires ont été publiés, d'après le *Mémorial*, dans le premier volume de la *Société de l'art français*, p. 156 et suiv.

192bis.   23 Janvier 1583.
COMMISSION POUR LE PÁVAGE DU CHEMIN DE CHAILLOT.

Henry, etc. A noz amez et féaulx M^es [Anthoine] Nicolaj, conseiller en nostre Conseil d'Estat et privé et premier président en nostre Chambre des comptes à Paris, Benoist Mylon, s^r de Vuideville, aussy nostre conseiller, président en icelle Chambre et intendant et contreroolleur général de noz finances, et [Claude] Moreau, s^r d'Authueil, président au bureau des trésoriers généraulx de France establi à Paris, Salut. Ayant feu [Nicolas] le Vacher, cy devant recepveur des barrages de nostre ville de Paris, naguères esté condampné, entre autres choses, en la somme de trois mil escuz sol d'amande, applicables à la réparation des pavez de ceste nostre ville de Paris, nostre intention est qu'ilz soient employez à paver le chemin qui conduit depuis la porte du rempart qui se faict au delà du jardin du pallais des Thuilleries, vulgairement appellée *la porte de la Royne Caterine, mère du Roy*, jusques à ung petit pont qui est près du monastère et maison des religieux Minimes dictz les Bonshommes, lez ceste nostredicte ville de Paris, d'aultant que c'est ung œuvre très nécessaire, et aussy que nous avons souvent à passer par ledict chemin, tant pour aller audict monastère, qu'en noz maisons et chasteaulx de Bolongne et de St-Germain en Laye. Et pour ce que le plus maulvais chemin est près ledict petit pont, nous voulons qu'il soit promptement commancé à paver, depuis ledict petit pont, en tirant vers ladicte porte, pour ce que c'est le plus maulvais chemin, et, s'il y a argent assez, que ledict pavé soit continué jusques audictz Bonshommes. En quoy voulant qu'il soit usé de diligence et bon mesnaige, nous avons advisé d'en commettre et donner la charge à certains bons, dignes et notables personnaiges, à nous seurs et féables. A ces causes, pour la confiance qu'avons en vous, nous vous avons commis et députez, commettons et députons par ces présentes, et les deux de vous en l'absence ou empeschement de l'aultre, pour faire accellérer le recouvrement et recepte de ladicte somme de trois mil escuz en laquelle ledict le Vacher a esté condampné, et aussy pour avoir esgard à faire faire ledict ouvraige et pavé depuis ladicte porte de la Royne Caterine jusques audict petit pont estant proche de la maison et couvent desdictz religieux Minimes. Vous donnant pouvoir de faire et arrester les prix et marchez, tant de la fourniture et livraison dudict pavé et aultres matières, que des façons et ouvraiges, et d'ordonner du paiement de ladicte somme de trois mil escuz aux marchans, entrepreneurs et ouvriers. En quoy faisant, nous avons, dès à présent comme pour lors, vallidé et auctorisé, vallidons et auctorisons lesdictz pris et marchez qui seront ainsy par vous faictz, et les ordonnances que vous ferez pour le paiement et distribution de ladicte somme ausdictz entrepreneurs et ouvriers, voullant qu'elles soient de telle force et vertu comme si elles avoient esté ou estoient faictes en nostre Conseil d'Estat, et qu'en rapportant lesdictz marchez et icelles vozdictes ordonnances, avec les quictances des partyes prenantes, tout ce que payé, baillé et dellivré aura esté de ladicte somme de trois mil escuz pour la cause susdicte, soit passé et alloué en la despense, desduict et rabbattu de la recepte des comptes de celuy de noz recepveurs et comptables qu'il appartiendra et qui en aura faict le paiement, par noz amez et féaulx conseillers les Gens de noz comptes à Paris, leur mandant ainsy le faire sans difficulté. De ce faire vous avons, et aux deux de vous en l'absence ou empeschement de l'aultre, donné et donnons plain pouvoir, puissance, auctorité, commission, commandement spécial. Mandons à tous noz justiciers, officiers et subjectz qu'à vous, ce faisant, soit obéy, et au premier nostre huissier ou sergent sur ce requis, faire tous les commandemens, saisies, contrainctes et exploictz requis et nécessaires pour le recouvrement desdictz trois mil escuz, sans pour ce demander ny requérir aulcun *placet, visa* ne *pareatis*. Car tel est, etc. Donné à Paris le xxiij^e jour de janvier mil v^c iiij^{xx} iij, et de nostre règne le ixme.

(Copie du temps. — Bib. Nat., ms. Fr. 3306, f° 63.)

192ter. 3 Mars 1583.
RÈGLEMENT POUR UNE COMMISSION EXTRAORDINAIRE DU CONSEIL.

Le troisiesme jour de mars mil v^c quatre vingtz trois, le Roy estant à Paris, en son Conseil, a ordonné que les sieurs cy dessous nommez s'assembleront dès lundy prochain au cabinet d'au dessus de sa chambre, tous les jours après disner, sans intervalle ny discontinuation, y entrant justement entre midy et une heure, pour y demourer jusques à quatre heures, et que tousjours l'un de Messieurs le chancelier et de Cheverny y yront, comme S. M. veult aussy quelques fois faire, pour revoir tous les articles de recepte et parties aliénées de l'estat du Roy et adviser au mesnage qui s'y pourra faire, veoir aussy les cahiers et moiens proposez ès Estatz generaulx dernièrement tenuz à Blois, ensemble ce qui a esté cy devant escript et advisé, tant sur le mesnagement et desgaigement du dommaine, que des rentes constituées et aydes et de ce qui est mal engaigé, et aussy des rentes mal constituées, et pareillement tous les mémoires, advis et inventions qui cy devant ont esté mis en avant, et ceulx qui sont ès mains desdictz sieurs du Conseil et de Messieurs les intendans des finances et aultres serviteurs du Roy, faisant advertir ceulx qui voudront bailler mémoires et advis, ou faire quelques bonnes ouvertures pour les choses dessus dictes, qu'ilz feront chose agréable à Sa Majesté; laquelle veult que lesdictz sieurs prenent es pointz dessus dictz l'un après l'autre, et continuent à vacquer sur chalcun d'iceulx particulièrement jusques ad ce qu'ilz s'en soient résoluz, et les facent bien amplement et clairement mettre par escript aussy, chalcun par chappitres à part, affin qu'après, venant à estre le tout leu à Sadicte Majesté, elle en puisse prendre résolution et faire exécuter et effectuer ce qui sera advisé, et que, par ces moiens, elle ait fondz pour satisfaire aux despenses ordinaires et extraordinaires et moien d'entretenir son Estat, en attendant que l'on puisse du tout pourvoir au racquict des debtes et remectre entièrement Sadicte Majesté en tous ses revenuz, sans plus estre en ces grandes nécessitez où l'on se retrouve tous les jours, affin qu'elle puisse avoir plus de moien de descharger et soullaiger son peuple, comme c'est son plus grand désir, et de remettre toutes choses en ce roiaulme en dignité et bon ordre. Priant Sadicte Majesté lesdictz sieurs d'apporter, chacun de sa part (comme elle s'assure qu'ilz feront), telle affection en cest affaire, qu'il s'en puisse veoir le bon succedz qu'elle en espère, par leur bon debvoir et labeur.

    Monsieur l'archevesque de Lion,
    Monsieur le grand prieur de Champaigne,
    Monsieur le président de Pibrac,
    Monsieur le président Nicolai,
    Monsieur Deficte
    Monsieur l'advocat Dugué.

L'un des trois intendans des finances y sera toujours, y vacquant chacun sa sepmaine, dont Monsr de Videville fera la première; et Monsr de Blancmesnil pour secrétaire.

Sa Majesté veult et entend que les sieurs desusdictz soient excusez de vacquer lesdictes après disnées aux charges qui sont, pendant qu'ilz s'emploieront en ceste cy, si importante au bien du service de Sadicte Majesté, laquelle entand pareillement que lesdictz sieurs, mesmes les sieurs président Nicolai et Dugué, [soient exemptez] de perdre leurs gaiges, espices et droitz de leurs offices, et que icelluy s^r président Nicolai ne puisse estre picqué en la Chambre des comptes.

(Copie du temps. — Bib. Nat., ms. Fr. 3306, f° 69 verso.)

197bis. 9 Octobre 1583.
LETTRE DU ROI AU P.P. ET A L'AVOCAT DUGUÉ. — ASSEMBLÉE DES NOTABLES.

Messieurs, je désire, en l'assemblée que je faiz faire en ce lieu, qu'il soit traicté des affaires dont je vous avois chargé, et, pour ceste cause, je vous prye reprendre tous les mémoires et pappiers qu'en avez, et vous en venir me trouver en cedict lieu, où je désire que soyez dans huict jours. Et pour l'espérance que j'ay de vous y veoir ce temps là, je ne vous feray plus longue lettre, pryant Dieu, Messieurs, vous, etc. A St-Germain en Laye, le ixme octobre 1583.

(Bib. Nat., ms. Fr. 3306, f° 123 verso.)

229bis. 21 Octobre 1588.
COMMISSION POUR LA VÉRIFICATION DES FINANCES.

Le Roy a ordonné que Messrs de Lion, d'O, président Tambonneau, de Chermeaulx, intendantz de ses finances, et Mrs du Hamel, le Coigneux, Villemor et Berthélemy, maistres, et Me Gellée, auditeur de sa Chambre des comptes, que Sa Majesté a faict venir en ceste ville, ensemble le secrétaire du Conseil estant de présent en quartier, s'assembleront en la chambre qui leur sera ordonnée pour cest effect, les jours de lundy et vendredy de chacune sepmaine, depuis une heure après midy jusques à quatre, pour vérifier les estatz des comptables qui n'ont pas encores compté, les baulx des fermes, les rabbais, la vériffication des debtes et l'engaigement du dommaine.

Faict à Blois, le xxj^{me} jour d'octobre 1588. Signé : HENRY, et plus bas, Ruzé.

Collation faicte à l'original par moy, conseiller notaire et secrétaire du Roy,

BUYER.

(Original. — Bib. Nat., ms. Fr. 3404, f° 43.)

277bis. 18 Novembre 1594.
LETTRE DU ROI AU P.P. — COMMISSION POUR LES SUPPLÉMENTS DE FINANCE.

Monsr le président, je vous ay commis et depputé, avec aucuns de sieurs de mon Conseil, pour procéder à l'exécution de ma déclaration pour les suppléemens que j'ay ordonné estre payez par les officiers portez par icelle, et ay commis avec vous ung maistre de ma Chambre des comptes. Mes lettres de commission vous seront présentées par Me Jehan Almeras, choisy par mon Conseil pour faire la recepte des deniers qui proviendront desdictz suppléemens, en vertu des quittances du trésorier de mes parties cazuelles. Et par ce qu'il importe grandement au bien de nostre service que je sois secouru promptement des deniers qui doibvent provenir desdictz suppléemens, je vous ay faict la présente pour vous prier de travailler avec toutte la diligence qu'il vous sera possible, ledict maistre en ma Chambre des comptes appellé avec vous, à l'exécution de madicte commission, et commancer dès à présent à faire faire vériffication sur les comptes des trésoriers des parties cazuelles renduz en ma Chambre des comptes depuis vingt ans, de tous les offices qui ont vacqué et qui ont esté nouvellement créez, du prix payé pour lesdictz offices, et des gaiges et droictz y attribuez, et d'iceulx dresser estat, pour pouvoir procedder sur icelluy au roolle des taxes dudict suppléement. Ledict Almera faira ce que vous luy ordonnerez pour l'advencement de cestedicte commission. Et m'asseurant que vous y travaillerez en toutte diligence, je ne vous feray plus longue lettre que pour prier Dieu, Monsr le président, qu'il vous ait en sa saincte garde. Donné à St-Germain en Laye, le xviij^{me} jour de novembre 1594.

HENRY.
POTIER.

(Original. — Arch. Nicolay, 21 L 20.)

326 bis.   8 Juin 1601.
ARRÊT D'INDIGNITÉ PRONONCÉ CONTRE UN CONSEILLER MAITRE.

Ce jourd'huy, huictiesme juin mil six cens ung, la Chambre, les deux semestres assemblez, délibérant sur les lettres de provision obtenues par M° Martin Martineau de l'office de conseiller et maistre ordinaire en icelle, a arresté et retenu à soy que, encores que, par son arrest dudict jour et an, elle ayt ordonné qu'après que ledict Martineau aura faict juger au parlement les procès et différendz que le s' duc de Montpensier a intenté contre luy, tant pour la reddition de ses comptes, instance de faulx, que requeste civile, auront esté jugez, elle fera droict sur lesdictes lettres de provision, néantmoings il sera adverty par M° Jacques de Bragelongne, rapporteur desdictes lettres, de se deffaire de sondict office, d'aultant que la Chambre l'a jugé n'avoir les quallitez requises pour le pouvoir exercer.

J. NICOLAY.   DE BRAGELONGNE.
(Original. — Arch. Nicolay, 73 L 14.)

---

395 bis.   (1617.)
LETTRE AU P.P. — NETTOIEMENT DE LA VILLE DE PARIS.
De Paris, ce vendredy matin.

Monsieur, l'honneur que m'avés faict par charitté de commanser de parler pour moy à Monsieur le procureur général sur le faict du nettoiement des rues de Paris, me faict continuer à vous supplier de lui représenter la nécessitté publique qu'il y a présentement audict nettoiement par touttes les rues de ladicte ville, et les mauvaises odeurs que lesdictes boues donnent tout autour d'icelle, pour estre portées sur les rempartz et tout contre les portes de ladicte ville, lesquelles donnent de mauvaises odeurs qui infectent l'air et causent des maladies contagieuses.

Mondict sieur le procureur général faict difficulté de donner ses conclusions pour consantir que je antre en pocession à la Sainct Jean ou à la Sainct Remy prochaine, parce, dict il, qu'il n'est raisonnable de desposséder dé charetiers avant leur therme escheu.

Il me semble n'estre mal à propos de deposséder dé charetiers qui ont incomodé l'hiver passé et incomodent encores tous les jours grandement le publicq, pour ne sçavoir pas bien faire leur devoir. Et sy mondict sieur le procureur général les déposède, ce ne sera pas sans connoissance de cause, car les prévost des marchans et eschevins de ladicte ville, les bourgeois nommés par la Court de parlement, ensemble le lieutenant civil et procureur du Roy au Chastellet, supplient le Roy de me restablir audict nettoiement.

D'ailleurs, pour l'assurance de l'exécution de ma proposition, je baille bonne et suffisante caution et avance le premier quartier, et je ne puis toucher aulcuns deniers sans la certification des bourgeois nommés par ladicte Court en chescun quartier de ladicte ville.

Mesdictes offres sont de tenir ladicte ville bien nette, tant en hiver que en estay, et de hoster lesdictz voeryes et les transporter pas batteaulx une lieue loing de Paris, affin de tenir ladicte ville nette et hors des puanturs, tant que faire se poura.

Sy Monsieur le procureur général trouve bon pour la commoditté publique que je antre à la Sainct Jean prochain en pocession, lesdictz charetiers n'auront que six mois à jouir, et, pour les tirer hors de tout inthérès, je prendray leurs chevaulx et tumbereaux à la prisée par gens à ce connoissans.

Je vous supplie de considérer s'il est raisonnable que tout un publicq soit incomodé des crottes, des puanturs et vilainies, pour acomoder douze ou quinze charetiers quy ne travaillent jamais que lors qu'ilz ne trouvent rien à gaigner sur les portz de la rivière de Senne. Attandant vostre faveur et courtoisie que me ferés, s'il vous plaict, de représenter audict sieur tout ce que dessus, je prieray Dieu qu'il vous conserve et me fasse la grace de vous tesmoigner que je suis pour jamais, etc.

HÉRARD.
(Orig. autographe. — Arch. Nicolay, 21 C 142.)

CORRECTIONS.

Page 14, n° 17. Au lieu de *Sallart* (orthographe donnée par la *Filiation*), lisez *Sallat* ou *Salat*.

Page 28, n° 32, ligne 10. Au lieu de *traditur*, lisez *traditus*.

Page 29, n° 32, 3me avant-dernière ligne. Au lieu de *qu'elle seroit expédiée*, lisez *qu'il seroit expédié*.

Page 34, n° 37. Cette pièce, datée à faux dans la copie du *Journal*, est du vendredi 13 avril 1526, après Pâques. Voy. l'original dans le registre du Parlement, *Conseil*, LXVII, fol. 205.
C'est évidemment par erreur que le greffier a donné le prénom de *Jean* au P.P. Nicolay (page 35, 3me avant-dernière ligne de la pièce).

Page 37, n° 42, ligne dernière, et page 38, ligne 12. Au lieu de *Pierre de Pestegny*, lisez *Pierre d'Apesteguy*.

Page 39, n° 43, ligne 33. Au lieu de *Lange*, lisez *Langez*.

Page 43, n° 51, ligne 5. Au lieu de *refutata*, il faut peut-être lire *reformatis*. Voy. l'art. 16 de l'ordonnance de Nancy (1444).

Page 52, n° 65. La date de 1537 devrait être placée entre parenthèses, n'étant pas donnée par le texte.

Page 64, n° 82, note, ligne 2. Au lieu de *secrétaire du roi*, lisez *intendant des finances*, comme à la page suivante.

Page 92, n° 107, note. Ajoutez : *Les diverses sentences rendues en chambre du Conseil, avec l'assistance du premier président du parlement et du président Tambonneau ou du président Dolu, de 1567 à 1574, sont conservées dans le registre des* Procès en révision, Arch. Nat., P 2616.

Page 96, n° 110, lignes 20 et 32. Au lieu de *Julien de Merens*, lisez *Morienne*, comme dans la pièce n° 131.

Page 103, ligne 8. Au lieu de *avisé*, lisez *avisée*.

Page 124, n° 150, ligne 6. Le chiffre de iiijc *livres* au lieu de vc *livres* est une erreur du scribe.

Page 181, titre. Au lieu de *mort le 30 mai 1624*, lisez *mort le 31 mai 1624*.

Pages 225 et 226, nos 291 et 293. Au lieu de *États de Rouen*, lisez *Assemblée des Notables*.

Pages 270 et 271, n° 339. La première des deux lettres du roi Henri IV n'est pas autographe.

Page 319, n° 396. Le président de Mesmes et le président des Arches, signataire du n° 394, ne font qu'un seul personnage.

Page 389, n° 477. La seconde lettre du duc de Lorraine, dont l'original est en déficit, eût dû probablement se dater de 1662, comme ayant rapport au traité de Montmartre.

Page 445, ligne 8. Au lieu de *Mouron*, lisez *Montrond*.

Page 448, 6me paragraphe, dernière ligne. Lisez *Chaillou P., Guérin*, etc.

Page 476, n° 584. Cette lettre, s. d., peut se placer entre 1625 et 1633, époque où mourut Mme du Jardin.

Page 485, n° 595, note. Emmanuel Forcoal était greffier du Conseil, qui, pour cette raison, le réclama.

Page 523, n° 635, ligne 7. Au lieu de *Gotot*, lisez *Hotot*.

Page 547, n° 678, titre. Au lieu de 1700, lisez 1709.

Page 644, n° 835, ligne 2. Au lieu de *réduction progressive des rentes*, lisez *réduction progressive des pensions*.

Page 656, n° 842, avant-dernière ligne. Au lieu de *le Boullenger P.*, lisez *le Boullanger P.*

Page 700, n° 883, titre. Lisez *Lettre du P.P. honoraire au comte de Noailles*.

Page 729, n° 922, ligne 27. Lisez *qui ne se sont jamais démentis*.

TABLE DES PIÈCES.

Les astérisques indiquent les pièces déjà imprimées, dont le texte n'est pas reproduit. — Les années, jusqu'à 1566, commencent à Pâques, selon l'ancien style.

I. JEAN NICOLAY.

1.	1506	22 juillet.	Provisions de Premier Président pour Jean Nicolay.	pag. 1
2.	»»	12 novembre.	Réprimande aux correcteurs et auditeurs	2
3.	1508	18 novembre.	Droits d'expédition des auditeurs	3
4.	1509	25 mars.	Échange de maisons pour servir aux bâtiments de la Chambre	4
5.	1510	29 novembre.	Protestation contre le traité de Bourges	5
6.	1511	Décembre.	Édit de Blois. — Règlement général pour la Chambre	5
7.	1512	—	Droits d'écurie des gens des comptes	6
8.	1514	8 janvier.	Convocation pour les obsèques du roi.	7
9.	»»	Avril.	*Don de l'hôtel de Piennes au chancelier du Prat	7
10.	1515	29 avril.	Lettre du roi demandant un emprunt à la Chambre	7
11.	1516	29 mars.	Lettre du roi au P.P. — Don de Montrichart	8
12.	»»	Novembre.	*Aliénation de l'hôtel Saint-Paul au profit du sieur de Genouillac	8
13.	1518	12 février.	*Commission pour l'échange de Chanteloup contre les terrains des Tuileries.	8
14.	»»	26 fév.-21 mars.	Provisions de la charge de P.P. en survivance pour Aymard Nicolay	9
15.	1519	6 mars.	Conflit avec le parlement sur l'appel des jugements	12
16.	»»	7 mars.	Lettre du roi au parlement. — Conflit avec la Chambre	13
17.	1520	Juill.-septembre.	Réception d'un maître des comptes	13
18.	»»	4 octobre.	Fragment de créance du Bâtard de Savoie	14
19.	»»	22 janvier.	Fondation et vœu du roi en mémoire d'un accident	15
20.	1521	31 juillet.	*Lettre du roi au P.P. — Demande de prêt.	15
21.	»»	8 août.	Démission du P.P. Jean Nicolay.	16
22.	»»	20 août.	Réception du garde des livres.	17
23.	»»	18 décembre.	Remontrances présentées au roi par le P.P. Jean Nicolay	19

II. AYMARD NICOLAY.

24.	1522	17 septembre.	Expédition de lettres d'engagement faite à jour extraordinaire.	21
24 bis.	»»	6 novembre.	Lettre de la Chambre au roi. — Don au sénéchal d'Armagnac	763
25.	1523	10 octobre.	Amortissement pour la Grande Confrérie	22
26.	»»	12 mars.	*Procès-verbal de procession solennelle	22
27.	1525	4 novembre.	Traités avec l'Angleterre	22
28.	»»	18 décembre.	Rapport fait par ordre du roi sur sa captivité.	23
29.	1526	3 juillet.	Lettre du roi à la Chambre. — Don à M. de Montpezat	25

97

CHAMBRE DES COMPTES.

30.	1526	12 novembre.	Don fait par le roi à M. de Canaples	26
31.	»»	19-20 décembre.	Don fait par le roi à Anchise de Boulogne.	27
32.	»»	21 janvier.	Députation au sujet d'une communication de comptes et des régales . .	28
33.	»»	25 février.	Enregistrement de divers dons faits par le roi.	29
34.	»»	2 mars.	*Commission pour faire abattre des constructions dans la cour du Palais.	30
35.	»»	11-15 mars.	Don de la comté de Castres à la marquise de Saluces	30
36.	»»	8-16 avril.	Office de vice-président.	32
37.	»»	13 avril.	Cérémonial et ordre des processions publiques	34
38.	1527	23 septembre.	*Arrêt sur la donation viagère des Tuileries à Jean Tiercelin . . .	35
39.	»»	21 novembre.	Séance du chancelier. — Révision des comptes	35
40.	»»	10 décembre.	Division de la Chambre en grand et second bureaux.	36
41.	»»	25 mars.	Lettre de la reine-mère au P.P. — Comptes du trésorier Babou . .	37
42.	»»	8 avril.	Don à Mme de Rohan	37
43.	1528	17-25 juin.	Réception du président de Morette	38
44.	»»	10 septembre.	Lit de justice et défi de l'empereur au roi	39
45.	»»	7 novembre.	Prêt demandé à la Chambre	40
46.	1529	27 novembre.	Protestation contre le traité de Madrid	41
47.	»»	20 mars.	Lettre du roi au P.P. — Ordre de venir en cour	41
48.	»»	8 avril.	Lettre du roi à la Chambre. — Trésor des chartes	41
49.	1530	9 juillet.	Procureurs convoqués pour une procession.	42
50.	»»	2 mars.	Lettre du roi aux auditeurs. — Costumes de cérémonie . . .	42
51.	»»	3 mars.	Don à un écuyer du roi.	42
52.	1531	28 septembre.	Cérémonial des obsèques des reines	43
53.	»»	7 février.	Établissement de l'Épargne au Louvre	45
54.	1532	14 juin.	*Ordonnance défendant aux comptables de jouer les deniers du roi. .	46
55.	»»	23 mars.	Lettre du roi à ses commissaires. — Inventaire au Louvre. . .	46
56.	»»	24 mars.	Ordonnance de payement sur les deniers de l'Épargne	46
57.	1533	19 avril.	Quittance délivrée par le P.P. aux parties casuelles	47
58.	»»	3 mars.	Confirmation de l'affranchissement d'un serf.	47
59.	»»	22 mars.	Visite et inventaire des reliques de la Sainte-Chapelle	48
60.	1534	2 septembre.	Lettres de naturalisation	49
61.	»»	3 octobre.	Lettre du roi au P.P. — Procès en chambre du Conseil. . . .	50
62.	1535	15 décembre.	Remise de droits seigneuriaux pour le P.P.	50
63.	1536	16 mai.	Mandement pour tirer des deniers des coffres de l'Épargne . .	51
63 bis.	»»	6 septembre.	Lettre des commissaires du Louvre au roi	763
64.	»»	3 octobre.	Protestation sur une constitution de rentes.	52
65.	1537	8 mai.	Lettre du président de Thou au chancelier. — Opposition de la Chambre à l'exécution d'un arrêt	52
66.	»»	18 mai.	Mandat de payement pour le relieur et garde des comptes . .	53
67.	»»	30 juin.	Provisions de l'office de P.P. en survivance pour Dreux Hennequin .	54
68.	1538	8 janvier.	Don d'un office au barbier du roi.	55
69.	1539	17 décembre.	Entrée de l'empereur Charles-Quint à Paris.	56
70.	1540	12 décembre.	Lettre du roi au P.P. — Commission pour les îles du Rhône . .	56
71.	1543	8 janvier.	Lettre du roi au P.P. et autres. — Installation de la Chambre des comptes de Rouen.	56
72.	1544	10 septembre.	Mesures prises à l'approche des ennemis.	57
73.	1545	1er mars.	Contrefaçon du seing d'un président	57
74.	1547	25 septembre.	Commission au P.P. pour assister aux États de Languedoc. . .	58
75.	»»	5 octobre.	Confirmation de la Chambre pour le nouvel avènement . . .	58
76.	1548	27 juin.	Remise de titres du Trésor des chartes	59
77.	1551	9 avril.	Lettre du roi à ses commissaires pour le sel	59

TABLE DES PIÈCES.   771

78.	1551	13 avril-2 mai.	Épreuve des balanciers de la nouvelle Monnaie.	60
79.	»»	18 août.	Confirmation de la pension du P.P.	62
80.	»»	Février.	Création d'offices en la Chambre, partage des semestres et règlement général	63
81.	»»	18 février.	Lettre du roi au P.P. — Fonte de la vaisselle d'argent.	63
82.	»»	1ᵉʳ mars.	Lettre de cachet pour demander la vaisselle d'argent	63
83.	»»	10 mars.	Lettre du roi à ses commissaires sur le fait des vaisselles	64
84.	»»	13 mars.	Lettres de MM. du Mortier et de Marchaumont au P.P. — Survivance de l'office de P.P.	65
85.	»»	20 mars.	Lettre de la connétable de Montmorency au P.P.	66
86.	»»	26 mars.	Provisions de l'office de P.P. en survivance pour Antoine Nicolay.	66
87.	1552	9 avril.	Lettre du cardinal du Bellay aux commissaires du Roi	68
88.	»»	26 janvier.	Construction de la galerie et de l'arcade de la rue de Nazareth.	68
89.	1553	5 avril.	Lettre des commissaires du roi à l'évêque d'Auxerre	69
90.	»»	1ᵉʳ août.	Confirmation des droits et juridiction de la Chambre	70
91.	»»	28 septembre.	Semonce au parlement pour l'enterrement du P.P. Aymard Nicolay	70

III. ANTOINE NICOLAY.

92.	1553	30 décembre.	*Déclaration réglant le rang des présidents entre eux	71
93.	»»	9 mars.	Installation du P.P. Antoine Nicolay	71
94.	»»	Mars.	Création d'offices en la Chambre	72
95.	1554	Janv.-février.	Première Présidence de Michel de l'Hospital	72
96.	»»	10 avril.	Confirmation de pension pour le P.P. Antoine Nicolay	85
97.	1555	18 août.	Offices clercs et offices laïques	86
98.	»»	11 février.	Jussion pour l'enregistrement d'une création d'offices	87
99.	1557	16 janvier.	*Commission pour procéder à une taxe sur les gens aisés	87
100.	1559	29 mai.	Frais du carrousel royal	87
101.	1560	3 mai.	*Remontrances au sujet de la création d'une Chambre des comptes de la reine-mère	88
	»»	9 et 10 août.	*Lettre de la Chambre à M. le cardinal de Lorraine et réponse. — Cérémonial des séances	88
	»»	12 août.	*Obsèques de la reine-régente d'Écosse.	88
102.	»»	31 mars.	Lettre du roi à la Chambre. — Réduction de dépenses.	88
103.	1561	11 mai.	Lettre du roi à la Chambre. — Réunion des États.	89
104.	1562	2 juin.	Fonte d'une partie des reliquaires de la Sainte-Chapelle	89
105.	»»	26 août.	Garde bourgeoise de Paris	90
106.	1563	24 septembre.	Suppression de l'office de chef et premier président	90
107.	1564	28 juin.	Poursuites contre le trésorier Du Bourg	91
108.	»»	Janvier.	Remontrances présentées au roi.	92
109.	»»	24 février.	Conflit entre la Chambre et le parlement.	95
110.	1565	14 et 16 mai.	Réparation du Pont-au-Change	95
111.	»»	16 janvier.	Insolence des procureurs envers le P.P.	96
112.	»»	30 mars.	Insolence d'un huissier	97
113.	1566	2 mai.	Commission pour informer contre les trésoriers des guerres	97
114.	»»	10, 11 et 13 mai.	Remontrances au roi sur l'édit de Moulins	98
115.	»»	5 août.	Rapport sur l'état du Pont-au-Change	100
116.	»»	23 octobre.	Élargissement d'un prisonnier de la Chambre	100
117.	1567	Mars.	Règlement de la Chambre. — Suppression des semestres	100
118.	1568	24 janvier.	Brevet d'une charge d'auditeur pour le fils du P.P.	101
119.	»»	26 juillet.	Prêt demandé à la Chambre	102

120.	1568	8 octobre.	Certificat de bourgeoisie pour le P.P.	103
121.	»»	19 octobre.	Enquête sur la religion des officiers de la Chambre.	104
122.	»»	22 et 27 octob.	Remontrances sur une création d'offices en la Chambre.	105
123.	1570	Septembre.	*Édit rétablissant la distinction des ordres de la Chambre	106
124.	»»	18 sept.-20 nov.	Réception du P.P. au parlement en qualité de conseiller au Conseil privé.	106
125.	»»	5 novembre.	Inventaire des joyaux de la Couronne	108
126.	»»	16 novembre.	Interrogatoire et examen des auditeurs.	109
127.	1571	19 mars.	Convocation à l'assemblée de ville	109
128.	»»	6 avril.	Frais du garde des livres	109
129.	»»	10 avril.	Don au capitaine de Luynes	110
130.	»»	2 juillet.	Congé accordé à un maître des comptes	111
131.	»»	6 juillet.	Permission de construire refusée par la Chambre	111
132.	»»	3 août.	Inspection des ponts et chaussées	111
133.	»»	7 août.	Arrêt pour l'habillement des gens des comptes	112
134.	»»	21 août.	Maître des comptes puni pour s'être absenté	112
135.	»»	4 septembre.	Enregistrement obligatoire des lettres de noblesse	113
136.	»»	7 octobre.	Remontrances présentées par le président Bailly. — Réponse du roi .	113
137.	1572	29 mars.	Caractères et poinçons grecs de Robert Étienne	114
138.	»»	3 mai.	Chapelain de la Conciergerie	115
139.	»»	5 juillet.	Réparations au dépôt du Trésor des chartes	115
140.	»»	13 août.	Réparations aux dépôts des comptes	116
141.	1573	5 janvier.	Remplacement des officiers protestants	116
142.	»»	25 mai-7 juin.	Remontrances sur une création d'offices en la Chambre.	116
143.	»»	14 septembre.	Entrée solennelle du roi de Pologne	117
144.	1573-1577	—	*Lettres patentes, contrat et arrêts pour les dépenses de la construction des Tuileries	118
145.	1574	2 janvier.	Remontrances présentées par le conseiller Miron. — Réponses du roi . .	118
146.	»»	11 janvier.	Information préalable de vie et mœurs	121
147.	»»	26 janvier.	Fourniture de jetons pour la Chambre	121
148.	»»	5 mars.	Relieur des comptes et registres	122
149.	»»	18 mars.	Commission pour la police de la ville de Paris	122
150.	»»	4 avril.	Quittance de la pension du P.P.	124
151.	»»	26 mai.	Obsèques du grand duc de Toscane	124
152.	»»	27 juin, etc.	Lettres du roi Henri III à la Chambre	125
153.	»»	28 juin.	Communication de rôles conservés dans les dépôts	125
154.	»»	17 juillet.	*Obsèques du roi Charles IX	126
155.	»»	5 août.	Réception de Michel Maupeou en la charge de général des finances . .	126
156.	»»	30 août.	Transcription du registre Croix	126
157.	»»	9 septembre.	Présents offerts par un comptable	126
158.	»»	1er octobre.	Anniversaire de la bataille de Moncontour	127
159.	»»	12 octobre.	Récusation de juges	127
160.	1575	23 février.	Assistance du P.P. au sacre du roi	127
161.	»»	8 juin.	Vitraux de la Sainte-Chapelle de Vincennes	127
162.	»»	25 juin.	Reliure des registres du Châtelet	128
163.	»»	»»	Procès-verbaux de la maréchaussée	128
164.	»»	14-28 nov.	Enregistrement des lettres de souveraineté du duché de Bar . . .	128
165.	1576	18 juillet.	Réparation du pont Saint-Michel	131
166.	»»	28 août.	Audience du roi. — Fermes et pensions	131
167.	»»	7 septembre.	Vérification des pensions	132
168.	»»	26 octobre.	Permission de résigner l'office de P.P.	132
169.	1577	21 janvier.	Communication de comptes aux États généraux	133

TABLE DES PIÈCES. 773

170.	1577	9 mars.	Don au duc d'Uzès	134
171.	»»	Septembre.	Don d'un office de conseiller au parlement pour Jean Nicolay	134
172.	»»	Octobre.	Lettre du roi au P.P. — Vérification de don.	134
173.	»»	11 octobre.	Édit de pacification. — Discours de M. de la Motte-Fénelon	135
174.	»»	27 décembre.	Don au capitaine de Puygaillard	136
175.	1578	Mars.	Remontrances sur une création d'offices.	137
176.	»»	8 avril.	Lettres patentes pour la construction du Pont-Neuf	140
177.	»»	13 avril.	Lettre du roi à la Chambre. — Suspension des offices de finances . . .	141
178.	»»	5 mai.	Don à la reine de Navarre	141
179.	»»	Mai.	*Édit royal et arrêt de la Chambre pour les dépenses de la construction des Tuileries	142
180.	»»	23 décembre.	Augmentation de pension pour le P.P.	142
181.	1579	26 juillet.	Remontrances sur une création d'offices en la Chambre.	143
182.	»»	Décembre, etc.	Survivance de l'office de P.P. pour Jean Nicolay	148
183.	1580	28 juillet, etc.	Congé donné à l'occasion d'une épidémie	150
184.	»»	23 novembre.	Lettre de la reine-mère au P.P. — Sépulture des Valois.	151
185.	1581	17 février.	Remontrances sur le mauvais payement des gages	151
186.	»»	12 juillet.	Engagement des joyaux de la couronne	152
187.	»»	24 octobre.	Audience du roi. — Enregistrement d'édits	154
188.	1582	11 janvier.	Remontrances présentées au sujet des traitants	155
189.	»»	6 avril.	Bouquetière de la Chambre	155
190.	»»	30 juin, etc.	Audience du roi. — Ferme du sel	156
191.	»»	25 juillet.	Lettre du P.P. au grand prieur de Saint-Denis. — Sépulture des Valois .	158
192.	»»	9 décembre.	*Procession faite à l'occasion de la réforme du calendrier	158
192 bis.	1583	23 janvier.	Commission pour le pavage du chemin de Chaillot	764
192 ter.	»»	3 mars.	Règlement pour une commission extraordinaire du Conseil	765
193.	»»	Mars.	Remontrances au roi et séance du cardinal de Bourbon. — Création d'offices en la Chambre.	158
194.	»»	6, 7 et 10 mai.	*Réception en un office d'auditeur refusée à un marchand.	160
195.	»»	16 mai.	Retranchement de gages aux receveurs	160
196.	»»	20 juillet.	Lettre du P.P. au grand prieur de Saint-Denis. — Sépulture des Valois.	161
197.	»»	—	Lettres du P.P. sur la construction de la sépulture des Valois	161
197 bis.	»»	9 octobre.	Lettre du roi au P.P. — Assemblée des Notables	766
198.	»»	15 octobre.	Semonce pour les obsèques de la mère du P.P.	162
199.	1584	10 et 24 janv.	Remontrances sur une création d'offices en la Chambre	162
200.	»»	Fév. et mars.	Enregistrement de divers édits	163
201.	»»	5 juin.	Permission d'entrer en la Chambre accordée à Jean Nicolay.	166
202.	»»	Juillet.	*Commission pour la recherche des malversations des finances	166
203.	»»	9 et 15 oct.	*Ordonnances royales interdisant les offices de la Chambre aux comptables ou commis	166
204.	1585	18 février.	Assassinat d'un maître des comptes. — Anoblissement de Chicot . . .	166
205.	»»	12 avril.	Don au grand prévôt de Richelieu	167
206.	»»	9 juillet.	Semonce pour les obsèques de Mme de Boulancourt	168
207.	»»	19 juillet.	Devises des jetons de la Chambre	168
208.	»»	28 août.	Don à Jean Bodin	168
209.	»»	17 octobre.	Réception d'Étienne Pasquier en l'office d'avocat du roi	169
210.	»»	14 novembre.	Payement de joyaux prêtés au roi	169
211.	1586	(Avril).	Lettre du roi au P.P. — Remise à un fermier	170
212.	»»	25 et 26 juin.	Séances du comte de Soissons. — Interdiction de la Chambre	170
213.	1587	(Janvier).	Discours du P.P. au roi. — Vol de comptes.	178
214.	»»	6 mars.	Défense d'entrer en la chambre du Conseil	179

CHAMBRE DES COMPTES.

| 215. | s. d. | — | Lettre du roi au P.P. — Enregistrement d'édit. | 179 |
| 216. | — | — | Éloges du P.P. Antoine Nicolay | 179 |

IV. JEAN II NICOLAY.

217.	1587	6 mai.	Installation du P.P. Jean Nicolay	181
218.	»»	8 mai.	Provisions de conseiller au Conseil de la reine-mère et de commissaire au fait de ses comptes	181
219.	»»	11 mai.	Semonce pour les obsèques du P.P. Antoine Nicolay	183
220.	»»	30 septembre.	*Séance du cardinal de Vendôme. — Création d'offices en la Chambre	183
221.	»»	11 octobre.	Lettre de M. le Féron au P.P. — Affaires d'État	183
222.	»»	12 novembre.	Commission de surintendant de la sépulture des Valois	184
223.	»»	(Novembre).	Lettre du P.P. à la reine-mère. — Sépulture des Valois	185
224.	1588	12-23 mai.	Journée des Barricades. — Départ du roi	186
225.	»»	20 mai.	*Enregistrement et restriction des dons. — Règlement pour les comptants	188
226.	»»	1ᵉʳ juin.	Réception d'un ancien marchand	188
227.	»»	14 juillet.	Lettre du roi à la Chambre. — Règlement de finances	188
228.	»»	29 juillet.	Édit d'Union.	188
229.	»»	23 août.	Lettre de la reine-mère au P.P. — Enregistrement de don	189
229 bis.	»»	21 octobre.	Commission pour la vérification des finances	766
230.	»»	14 novembre.	Remontrances présentées aux États de Blois.	189
231.	1589	26 janvier.	Prières et procession pour la paix	190
232.	»»	27 janvier.	Funérailles solennelles de Messieurs de Guise.	190
233.	»»	3-27 février.	Serment de la Ligue et Conseil général de l'Union	191
234.	»»	Février.	*Édit et déclaration royale transférant la Chambre à Tours.	191
	»»	24 mars.	*Installation de la Chambre à Tours.	191
235.	»»	Mars.	*Création d'offices en la Chambre	191
236.	»»	8 avril.	Quittance de prêt à l'Union	192
237.	»»	21 avril.	Conseiller demandé par l'Union pour aller en mission	192
238.	»»	26 juin.	Commission pour la vente des biens des protestants	193
239.	»»	19 juillet.	Lettre du roi au P.P. — Demande de prêt	193
240.	»»	18 août.	Assassinat du roi Henri III	193
241.	»»	28 août.	Mesures prises par l'Union contre les absents.	194
242.	1590	17 et 18 mars.	Réjouissances pour les victoires du roi.	194
243.	»»	21 mars.	Dispense de service pour le prévôt des marchands	195
244.	»»	7 mai.	Coupe au bois de Boulogne	196
245.	»»	Juillet.	Mort du cardinal de Bourbon	196
246.	»»	4 août.	Députation pour la conversion du roi	196
247.	1591	30 janvier.	Nomination d'un avocat général par le duc de Mayenne	197
248.	»»	22 février.	Rétablissement du P.P. en ses fonctions	197
249.	»»	8 avril.	Exil de cinq maîtres des comptes	198
250.	»»	31 mai.	Meubles de la couronne	198
251.	»»	6 août.	Vente d'argenterie de la Sainte-Chapelle	199
252.	»»	8 août.	Réception d'un conseiller maître.	200
253.	1592	5 avril.	*Jussion pour la reconnaissance des dettes du feu roi	200
254.	»»	8 juin.	Confection des cahiers du tiers-état.	200
255.	»»	29 octobre.	Rétablissement du P.P. en ses fonctions	200
256.	»»	30 octobre.	Remontrances au duc de Mayenne	201
257.	1593	18 mars.	Remontrances au roi sur l'aliénation du domaine	201
258.	»»	19 mai.	États de Paris	202
259.	»»	4 août.	Rétablissement du P.P. en ses fonctions	203

TABLE DES PIÈCES.

260.	1593	18 octobre.	Lettre du roi au P.P. — Réception d'un trésorier protestant.	204
261.	»»	23 novembre.	Protestation contre la Chambre de Melun.	204
262.	1594	17 janvier.	Lettre du roi au P.P. — Don à la reine.	204
263.	»»	1ᵉʳ février.	Doublement des droits et gages de la Chambre.	205
264.	»»	»»»	Lettre du roi au P.P. — Ordre d'envoyer des députés.	205
265.	»»	3 février.	Lettre du procureur général au P.P.	205
266.	»»	»»»	Lettre du trésorier du Tremblay au P.P.	206
267.	»»	4 février.	Lettre de M. de Sancy au P.P.	207
268.	»»	7 février.	Lettre du procureur général au P.P.	208
269.	»»	22 mars.	Entrée du roi à Paris.	209
270.	»»	(28 mars).	Serment général de fidélité au roi.	209
271.	»»	Mars.	*Création d'un neuvième office de président pour Jean Luillier, prévôt des marchands.	210
272.	»»	6 juin.	Clefs des châsses de la Sainte-Chapelle.	210
273.	»»	21 juin.	Enregistrement d'édits. — Victoires du roi.	210
274.	»»	30 juin.	Lettre du roi au P.P. — Enregistrement d'édits.	211
275.	»»	5 juillet.	Jetons frappés à la devise de Charles X.	211
276.	»»	17 octobre.	Mémoire pour le rachat des rentes.	212
277.	»»	25 octobre.	Enregistrement d'édits.	212
277 bis.	»»	18 novembre.	Lettre du roi au P.P. — Commission pour les suppléments de finance.	766
278.	1595	4 janvier.	Attentat de Jean Châtel.	213
279.	»»	23 février.	Remontrances présentées par le P.P. — Réponse du roi.	213
280.	»»	11 mars.	Députation au Conseil des finances.	216
281.	»»	15 mars.	Audience du roi. — Règlement de finances.	218
282.	»»	20 mars.	Anniversaire de la reddition de Paris.	219
283.	»»	22 mars.	Aliénation du domaine.	219
284.	»»	(Septembre).	Harangue du P.P. au roi.	220
285.	»»	29 janvier.	Paranymphe de la Faculté de théologie.	222
286.	»»	28 mars.	Opposition du corps de ville à un enregistrement.	222
287.	»»	1ᵉʳ avril.	Taxe pour les pauvres.	222
288.	»»	2 juillet.	Lettre du roi au P.P. — Inventaire de la Sainte-Chapelle.	223
289.	»»	7 juillet.	Lettre de créance pour le contrôleur général des finances.	223
290.	»»	Juillet-août.	Épidémie à Paris.	224
291.	»»	18 novembre.	Envoi de pièces à l'assemblée des Notables.	225
292.	»»	27 décembre.	Lettre d'un trésorier au P.P.	225
293.	1597	30 janvier.	Assemblée des Notables.	226
294.	»»	7 mars.	Règlement intérieur de la Chambre.	227
295.	»»	15 mars.	Remontrances de la ville de Paris au roi.	228
296.	»»	21 mars.	Semonce pour les obsèques de la Première Présidente.	228
297.	»»	Mai.	Remontrances sur une création d'offices en la Chambre.	229
298.	»»	16 mai.	Lettre du roi au P.P. — Octrois d'Orléans.	234
299.	»»	Juin et juillet.	Siège d'Amiens. — Enregistrement d'édits.	234
300.	»»	20 septembre.	Lettre du roi au P.P. — Don d'office.	237
301.	»»	(28 octobre).	Harangue du P.P. au roi.	238
302.	»»	2 novembre.	Lettre du roi au P.P. — Travaux de Fontainebleau.	239
303.	1598	9 février.	Audience de départ du roi.	239
304.	»»	17 mars.	Lettre du roi au P.P. — Bâtiments royaux.	239
305.	»»	31 mars, etc.	*Installation de l'évêque de Paris.	240
306.	»»	30 avril.	Lettre du roi à M. de Rosny. — Jussion pour la Chambre.	240
307.	»»	30 juin.	*Déclaration pour la révocation des survivances.	240
308.	»»	Août.	*Règlement pour les Chambres des comptes et les comptables.	240

309.	1598	30 septembre.	Enquête sur les dons du roi.	240
310.	»»	14 octobre.	Vérification d'un contrat passé avec Zamet	241
311.	»»	29 décembre.	Don à M. de Brissac.	241
312.	1599	19 janvier.	Remontrances présentées par le P.P. — Réponses du roi . .	242
313.	»»	17 et 31 mars.	Audiences du roi. — Édit de Nantes	244
314.	»»	3 avril.	Lettre du roi au P.P. — Aliénation au profit de M. de Bassompierre . .	249
315.	»»	20 avril.	Lettre du roi au P.P. — Vérification d'acquit	250
316.	»»	1ᵉʳ mai.	Lettre du roi au P.P. — Commission du papier terrier . . .	250
317.	»»	25 mai, etc.	Conférences avec le roi. — Règlement de la Chambre. . . .	250
318.	»»	28 juin.	Destitution d'un auditeur	255
319.	»»	18 novembre.	Audience du roi. — Règlement de la Chambre et baux de fermes . .	255
320.	1600	1ᵉʳ mars.	Lettre du prince d'Anhalt au P.P. — Commission d'aliénation . . .	256
321.	»»	3 juin.	Audience du roi. — Réception du président d'Ormesson . . .	257
322.	»»	26 juin.	Lettre du roi au P.P. — Dégagement de joyaux	257
323.	»»	28 décembre.	Lettre du roi au P.P. — Régale de Chartres	258
324.	1601	19 et 24 janvier.	Factum contre la Chambre	258
325.	»»	31 janvier.	Harangue du P.P. sur les victoires et le mariage du roi . . .	258
326.	»»	1ᵉʳ février.	Lettre du cardinal d'Ossat au P.P. — Régale de Bayeux. . .	260
326 bis.	»»	8 juin.	Arrêt d'indignité prononcé contre un conseiller maître	767
327.	»»	25 juin.	Office du président Jean Luillier. — Abstention du P.P. . .	260
328.	»»	28 septembre.	Naissance du dauphin	261
329.	1601-1602	—	Lettres de Sc. de Sainte-Marthe au P.P. — Éloge d'Antoine Nicolay . .	261
330.	1602	8 mars.	Lettre du roi au P.P. — Don à M. de Castelnau	262
331.	»»	16 avril.	Lettre du roi au P.P. — Communication de comptes . . .	263
332.	»»	16 avril.	Lettre du roi au P.P. — Régale de Dol	263
333.	»»	7 août.	Régale de l'archevêché de Sens	263
334.	1603	23 janvier.	Remontrances présentées par le P.P. — Réponses du roi . .	264
335.	»»	10 juin.	Députation pour saluer le roi	268
336.	»»	4 août.	Audience du roi. — Réception du président Gobelin . . .	268
337.	»»	30 août, etc.	Semonce pour les obsèques de la mère du P.P.	269
338.	»»	1ᵉʳ octobre.	Commission pour la Chambre royale	270
339.	»»	14 et 16 nov.	Lettres du roi au P.P. — Payeurs des rentes	270
340.	»»	20 décembre.	Audience du roi. — Réception du président Gobelin . . .	271
341.	1604	12 et 17 mars.	Lettres du roi au P.P. — Payeurs des rentes	272
342.	»»	23 et 29 mars.	Remontrances présentées par le P.P. — Payeurs des rentes. .	273
343.	»»	27 août.	Survivance de l'office d'avocat général.	278
344.	»»	1ᵉʳ décembre.	Audience du roi. — Communication de comptes.	278
345.	1606	13 août.	Lettre du roi au P.P. — Reliques de la Sainte-Chapelle . .	279
346.	»»	22 août.	Don au collége des Jésuites de la Flèche	279
347.	»»	6 septembre.	Lettre de M. de Mantoue et du Père Coton au P.P. — Reliques de la Sainte-Chapelle	280
348.	»»	25 septembre.	Lettre du roi au P.P. — Enregistrement de don	281
349.	1607	2 mai.	Lettre du roi au P.P. — Accommodement entre le pape et Venise. .	281
350.	»»	2 octobre.	Réquisitoire du procureur général. — Amnistie des financiers. . .	281
351.	1608	11 février.	Audience du roi. — Réception d'un correcteur	282
352.	»»	24 et 25 sept.	Lettres du P.P. au greffier de la Chambre.	283
353.	1609	17 avril.	Lettre du cardinal du Perron au P.P.	283
354.	»»	20 et 23 oct.	Lettre de la Chambre au P.P. — Réponse du P.P. . . .	284
355.	»»	19 novembre.	Comptes pris en communication par le P.P.	285
356.	1610	7 janvier.	Confirmation des épices et menues nécessités de la Chambre . . .	285
357.	»»	(12 mai).	Lettre du procureur général au P.P. — Affaires de la Chambre. . .	286

TABLE DES PIÈCES.

358.	1610	14 mai.	Souper solennel pour l'entrée de la reine. — Mort du roi Henri IV.	287
359.	»»	3 décembre.	Conférence avec le duc de Sully.	290
360.	1611	1ᵉʳ février.	Trésor de la Bastille	292
361.	»»	22 février.	Remise des droits seigneuriaux du marquisat d'Ancre	292
362.	»»	30 septembre.	Remontrances sur le droit annuel	293
363.	1612	31 janvier.	Remontrances du procureur général. — Don au prince de Condé	294
364.	»»	29 mars.	Lettre du roi au P.P. — Droit annuel	295
365.	»»	27 avril.	Anniversaire de la délivrance de Paris.	295
366.	»»	14 juin.	Lettre de M. de Villeroy. — Maladie du P.P	295
367.	»»	29 septembre.	Lettre de la reine-mère au P.P. — Commission pour les quatre cas réservés	296
368.	1613	24 et 25 janv.	Conflit avec la Cour des aides	297
369.	»»	15 octobre.	Enregistrement demandé par la reine-mère	297
370.	1614	12 janvier.	Lettre du connétable au P.P.	298
371.	»»	22 février.	Trésor de la Bastille	298
372.	»»	Février.	Édit portant règlement pour la Chambre..	300
373.	»»	21 juin.	Arrêt pour la séance du P.P. aux deux semestres	300
374.	»»	19 juin.	Préparation des cahiers pour les États.	301
375.	»»	5 juillet.	Audience de départ du roi.	301
376.	»»	23 août.	Procès-verbal d'érection de la statue du roi Henri IV	303
377.	1615	4 avril.	Réprimande pour une assemblée extraordinaire	303
378.	»»	11 mai.	Remontrances présentées par le P.P. — Droit annuel	304
379.	»»	17 juin.	Trésor de la Bastille	305
380.	»»	(Août.)	Harangue du P.P. pour le départ du roi.	307
381.	»»	7 octobre.	Dénonciations contre les comptables	308
382.	1616	6 février.	Lettres de la reine-mère et de M. de Pontchartrain au P.P.	309
383.	»»	18 mai.	Harangues du P.P. pour le mariage du roi	309
384.	»»	10 juin.	Don à M. de Luynes	312
385.	»»	(Juin.)	Remontrances sur l'édit de pacification.	312
386.	»»	2 septembre.	Audience du roi. — Arrestation du prince de Condé	313
387.	1617	13 février.	Enlèvement de la fille du président de Vienne	314
388.	»»	5 mai.	Audience de départ du roi.	315
389.	»»	31 juillet.	Dépouilles du maréchal d'Ancre.	316
390.	»»	28 août.	Lettre du grand-maître de Malte au P.P.	316
391.	»»	21 novembre.	Don des biens du maréchal d'Ancre.	317
392.	»»	24 novembre.	Départ du P.P. pour l'assemblée des Notables	317
393.	»»	27 novembre.	Réquisitoire du procureur général. — Vérification des dons	317
394.	»»	12 décembre.	Lettre du président des Arches au P.P. — Droit annuel	318
395.	»»	16 décembre.	Lettre de la Chambre au P.P. — Droit annuel	319
395 bis.	»»	—	Lettre au P.P. — Nettoyement de la ville de Paris	767
396.	1618	2 janvier.	Députation à Rouen. — Droit annuel	319
397.	»»	19 février.	Assemblée tenue au sujet des rentes	323
398.	»»	31 mars.	Lettre du baron de Sennecey au P.P.	324
399.	1619	28 et 31 janv.	Survivance de l'office de P.P. pour Antoine Nicolay	324
400.	»»	30 avril.	Séance du comte de Soissons. — Aliénation du domaine et des aides	325
401.	»»	2 mai.	Lettre du roi au P.P. — Créance pour M. de Castille.	328
402.	»»	7 mai.	Audience de départ du roi	328
403.	»»	29 juillet.	Lettre du roi au P.P. — Don à Louis Nicolay	329
404.	»»	8 août.	Congé donné à la Chambre. — Épidémie à Paris	329
405.	»»	9 août.	Lettre du duc de Nevers au P.P. — Don à Louis Nicolay	330
406.	»»	—	Lettre du Père de Bérulle au P.P. — Affaire de M. de Nevers	331

CHAMBRE DES COMPTES.

407.	1619	18 septembre.	Lettre du connétable au P.P.	331
408.	»»	(13 décembre.)	Harangue du P.P. pour le retour du roi	331
409.	1620	(24 février.)	Discours du P.P. au prince de Condé. — Enregistrement d'édits . . .	332
410.	»»	(24 novembre.)	Harangue du P.P. pour le retour du roi	334
411.	1621	5 avril.	Séance du prince de Condé. — Enregistrement d'édits	335
412.	»»	29 avril.	Lettre du roi au P.P. — Créance pour Monsieur	339
413.	»»	(Avril.)	Lettre du prince de Condé au P.P. — Vérification de don.	339
414.	»»	4 mai.	Séance de Monsieur. — Enregistrement d'édits	339
415.	»»	10 et 24 mai.	Lettres de M. de Luçon au P.P. — Don à la reine-mère. .	341
416.	»»	5 août et 2 sept.	Lettres du roi au P.P. — Victoires en Languedoc	342
417.	»»	21 octobre.	Lettre du connétable au P.P.	343
418.	»»	28 décembre.	Lettre du roi au P.P. — Suppression d'une charge	343
419.	1622	24 janvier.	Lettre du garde des sceaux au P.P. — Affaires de finances . .	343
420.	»»	29 janvier.	Harangue du P.P. pour le retour du roi	344
421.	»»	11 mars.	Payement du huitième denier par le P.P.	345
422.	»»	19 mars.	Séance du prince de Condé. — Enregistrement d'édits. . .	346
423.	»»	Mars.	Survivance de l'office de P.P. pour Antoine Nicolay	349
424.	»»	—	Reconnaissance passée par Antoine Nicolay au sujet de l'office de P.P. .	349
425.	»»	17 avril.	Lettre du roi à la Chambre. — Défaite des protestants . . .	350
426.	»»	27 mai.	Lettre du roi au P.P. — Reddition de la ville de Sainte-Foy . . .	351
427.	»»	23 juin.	Lettre de M. de la Ville-aux-Clercs au P.P. — Prise de Saint-Antonin .	352
428.	»»	18 novembre.	Lettre de l'amiral au P.P. — Reddition de la Rochelle. . .	352
429.	1623	12 janvier.	Compliment pour le retour du roi	353
430.	»»	18 janvier.	Lettre de l'évêque de Montpellier au P.P. — Vérification de don	353
431.	»»	6 mars.	Audience de départ du roi	353
432.	»»	15 mai.	Contrat pour la transmission de l'office de P.P.	354
433.	»»	26 mai.	Lettre du roi au P.P. — Enregistrement d'édit	355
434.	»»	27 mai.	Permission d'entrer en la Chambre accordée à Antoine Nicolay . .	356
435.	»»	12 juin.	Lettre du roi au P.P. — Jussion à la Chambre.	356
436.	»»	29 août.	Jussion pour enregistrement d'édit	357
437.	1624	23 avril.	Réprimande faite par le roi aux députés de la Chambre . . .	357

V. ANTOINE II NICOLAY.

438.	1624	3 juin.	Installation du P.P. Antoine Nicolay	359
439.	»»	5 août.	Audience du roi. — Affaires d'État.	359
440.	»»	26 septembre.	Remontrances présentées par le P.P. — Création d'offices . . .	360
441.	»»	22 octobre.	Comptes particuliers de la reine.	361
442.	1625	Avril.	Remontrances présentées par le P.P. — Conflit avec les maîtres des requêtes	361
443.	»»	11 mai.	Noces de la reine d'Angleterre	363
444.	»»	16 mai.	Harangue du P.P. au légat	364
445.	»»	1er octobre.	Assemblée de Fontainebleau. — Affaires de la Valteline . . .	365
446.	1626	(Janvier.)	Lettre de l'abbesse de Chelles au P.P. — Vérification de pension .	368
447.	»»	5 mars.	Lettre du roi au P.P. — Créance pour le duc d'Anjou . . .	369
448.	»»	4 mai.	Lettre du roi au P.P. — Enregistrement d'édit.	369
449.	»»	1er juin.	Harangue du P.P. pour le départ du roi	369
450.	»»	17 juin.	Lettre du roi au P.P. — Commission générale en l'absence du roi. .	370
451.	»»	15 novembre.	Lettre du roi au P.P. — Assemblée des Notables	371
452.	»»	Décembre.	Assemblée des Notables. — Remontrances présentées par le P.P. .	371
453.	1627	5 janvier.	Lettre du roi au P.P. — Apanage du duc d'Orléans . . .	375

TABLE DES PIÈCES.

454.	1627	25 avril.	Lettre du roi au P.P. — Comptes de l'extraordinaire des guerres . . .	375
455.	ɴɴ	18 novembre.	Réquisitoire du procureur général contre les financiers	375
456.	ɴɴ	15 décembre.	Lettre du roi au P.P. — Vérification de don.	376
457.	1628	15 janvier.	Lettre du garde des sceaux à la Chambre. — Siège de la Rochelle . .	376
458.	ɴɴ	6 février.	Lettre du garde des sceaux au P.P. — Retour du roi	377
459.	ɴɴ	21 juin.	Lettre de M. le Beauclerc au P.P. — Vérification de pension	377
460.	ɴɴ	8 juillet.	Lettre du procureur général au P.P. — Création d'une Chambre à Bordeaux	378
461.	ɴɴ	3 août.	Lettre des députés envoyés au roi	378
462.	ɴɴ	12 décembre.	Lettre du roi au P.P. — Ordre d'envoyer un conseiller	378
463.	ɴɴ	26 décembre.	Harangue du P.P. pour le retour du roi	379
464.	1629	13 janvier.	Lettre du roi au P.P. — Enregistrement d'édit	379
465.	ɴɴ	15 janvier.	Lettre du roi au P.P. — Régence de la reine-mère.	380
466.	ɴɴ	—	Lettre du roi au P.P. — Enregistrement d'édit	380
467.	ɴɴ	(Mai?)	Lettre de la coadjutrice de Fontevrault au P.P. — Vérification de pension.	381
468.	ɴɴ	28 juillet.	Lettre du procureur général au P.P. — Nouvelles de la cour	381
469.	1630	15 janvier.	Confirmation du brevet de conseiller aux Conseils d'État et privé pour le P.P	382
470.	ɴɴ	16 mai.	Lettre du roi au P.P. — Prise de Chambéry	382
471.	1631	10 février.	Séance du comte de Soissons. — Discours du P.P.	383
472.	ɴɴ	23 février.	*Lettre du roi à la Chambre. — Rupture avec la reine-mère.	383
473.	1633	28 février.	Lettre du duc de Bellegarde au P.P.	385
474.	ɴɴ	12 avril.	Séance du comte de Soissons. — Confiscation d'une charge	386
475.	ɴɴ	8 juin.	Lettre du roi au P.P. — Défense de procéder	387
476.	ɴɴ	19 septembre.	Lettre du roi à la Chambre. — Affaires d'État	387
477.	1634	—	Lettres du duc de Lorraine. — Enregistrement de traité	389
478.	ɴɴ	—	Établissement de la congrégation de Saint-Maur à Saint-Denis . . .	389
479.	ɴɴ	—	Lettres de l'abbesse du Val-de-Grâce au P.P. — Remise d'épices . .	390
480.	ɴɴ	28 juillet, etc.	Lettres du roi au P.P. — Reliques de la Sainte-Chapelle.	391
481.	1635	9 avril.	Lettre du roi au P.P. — Réception du président Cornuel.	391
482.	ɴɴ	28 avril.	Lettre du médecin du roi au P.P. — Vérification de don. . ✶ . .	391
483.	ɴɴ	2 juin.	Lettre de l'abbé du Perron au P.P. — Régale d'Angoulême.	392
484.	ɴɴ	16 juin.	Lettre de la reine d'Angleterre au P.P. — Régale d'Angoulême. . . .	392
485.	ɴɴ	28 août.	Réquisitoire contre les gens de main-morte	393
486.	1636	18 mars, etc.	Députation au roi et au cardinal. — Création d'offices en la Chambre .	393
487.	ɴɴ	9 avril.	Lettre du roi au P.P. — Réception d'un relieur des comptes	394
488.	ɴɴ	5 août.	Entretien d'une troupe de gens de guerre par la Chambre	394
489.	1638	11-15 août.	Procession du vœu de Louis XIII	395
490.	ɴɴ	4 septembre.	Lettre du président de Flécelles au P.P. — Conflit avec le parlement. .	399
491.	ɴɴ	9 septembre.	Naissance du Dauphin	399
492.	ɴɴ	9 octobre.	Mémoire au cardinal sur le conflit de la Chambre et du parlement . . .	400
493.	ɴɴ	17 octobre.	Placet adressé par un employé des fermes au P.P.	403
494.	1639	4 janvier.	Lettre du procureur général au P.P. — Affaires de la Chambre. . . .	404
495.	ɴɴ	21 janvier.	Lettre du roi au P.P. — Vérification de don	405
496.	(1640)	(Août.)	Lettre du surintendant des finances au P.P. — Cour des comptes de l'hôtel de ville.	405
497.	1641	18 avril.	Don de terrain pour l'agrandissement de la Chambre	405
498.	ɴɴ	—	Exemption de la piqûre pour le P.P	406
499.	ɴɴ	9 juillet.	Lettre du procureur général au P.P. — Bataille de la Marfée	408
500.	ɴɴ	10 juillet.	Lettre du roi au P.P. — Levée de troupes	408
501.	ɴɴ	14 et 24 oct.	Lettres du procureur général au P.P. — Affaire des régales.	408

780   CHAMBRE DES COMPTES.

502.	1641	21 décembre.	Lettre du roi au P.P. — Affaire des régales	410
503.	1642	11 janvier.	Lettre du cardinal de Richelieu au P.P. — Réception d'un conseiller . .	410
504.	»»	19 février.	Lettre du chancelier au P.P. — Affaire des régales	411
505.	»»	30 mai.	Lettre du roi au P.P. — Duché de Monaco	411
506.	»»	15 septembre.	*Lettre du roi à la Chambre. — Siége de Perpignan	411
507.	»»	1er décembre.	*Déclaration du roi contre le duc d'Orléans	412
508.	1643	Avril.	Lettres du procureur général au P.P. — Maladie du roi	412
509.	»»	14 mai.	Lettre du roi Louis XIV au P.P. — Confirmation de la Chambre . .	413
510.	»»	1er juillet, etc.	Remontrances présentées par le P.P. — Régales	414
511.	»»	21 octobre.	Lettre du roi au P.P. — Douaire de la reine-mère	414
512.	1644	8 et 29 avril.	Lettres du procureur général au P.P. — Affaires de la Chambre . . .	415
513.	»»	5 mai.	*Confirmation du rang des présidents des comptes dans les Conseils du roi.	416
514.	»»	22 juin.	Lettre du duc d'Orléans au P.P. — Vérification de don	416
515.	»»	28 septembre.	Lettre du cardinal Mazarin au P.P. — Offres de service	416
516.	1645	Janvier.	Concession de noblesse et confirmation de priviléges pour la Chambre. .	417
517.	»»	29 janvier.	Lettre du roi au P.P. — Concession de titre.	418
518.	»»	25 avril.	Quittance de la pension et des gages du Conseil du P.P.	418
519.	»»	Mai.	Lettres d'érection du marquisat de Goussainville pour le P.P . . .	419
520.	»»	9 novembre.	Harangue du P.P. à la reine de Pologne	420
521.	1646	16 novembre.	Lettre du roi au P.P. — Enregistrement de lettres patentes. . . .	421
522.	1647	27 septembre.	Lettre du prince de Monaco au P.P. — Vérification d'échange . . .	421
523.	1648	14 février.	Lettre de M. Almeras au P.P. — Renouvellement de l'annuel . . .	422
524.	»»	28 avril.	Séance du duc d'Orléans. — Discours du P.P.	422
525.	»»	15 juin.	Lettre du roi au P.P. — Jonction des Cours.	425
526.	»»	8 juillet.	Conférence des Cours avec le duc d'Orléans	425
527.	»»	3 août.	Séance du duc d'Orléans. — Discours du P.P	426
528.	»»	24 août.	Lettre du roi au P.P. — Victoire de Lens.	427
529.	»»	27 août.	Condoléances sur la détention des membres du parlement. . . .	428
530.	»»	Octobre, etc.	Remontrances sur le désordre des finances	428
531.	»»	19 décembre.	Droit de chauffage du P.P	431
532.	»»	Décembre, etc.	Déclaration sur les prêts et avances. — Départ de la cour	331
533.	1649	16 janvier.	Emprunt contracté par la Chambre.	432
534.	»»	30 mars, etc.	Lettres du roi au P.P. — Paix de Rueil.	433
535.	»»	31 mai.	Provisions de l'office de P.P. en survivance pour Nicolas Nicolay . .	434
536.	»»	26 juin.	Discours de réception de Nicolas Nicolay	435
537.	»»	7 juillet.	Lettre au P.P. — Compliments pour la survivance.	436
538.	»»	11 août.	Lettre du roi au P.P. — Rentrée de la cour à Paris	437
539.	1650	Janvier.	Remontrances en faveur du président Perrault	437
540.	»»	4 juillet.	Lettre du roi au P.P. — Voyage de Guyenne	440
541.	»»	27 et 30 août.	Conférence des Cours avec le duc d'Orléans	441
542.	1651	23 janvier.	Lettre de M. de Saintot au P.P. — Audience de la reine-mère . . .	442
543.	»»	17 mai.	Arrêt de la Chambre sur le fait des régales	442
544.	»»	18 août.	Audience du roi. — Déclaration contre M. le Prince	443
545.	»»	19 août.	Convocation des États généraux.	446
546.	»»	9 septembre.	Lettre du roi au P.P. — Changement de ministère	446
547.	»»	11 septembre.	Harangue du P.P. pour la majorité du roi	446
548.	1652	16 mars.	Assemblées de la chambre Saint-Louis.	447
549.	»»	22 avril.	Séance et déclaration des Princes. — Discours du P.P	447
550.	»»	(6 mai.)	Audience du roi. — Discours du P.P.	449
551.	»»	12 juin.	Lettre du maréchal de Villeroy au P.P	449
552.	»»	3 juillet.	Protestation en faveur de la paix	450

TABLE DES PIÈCES. 781

553.	1652	(Juillet.)	Discours préparé par le P.P. pour répondre au message des Princes.	450
554.	»»	29 juillet.	Séance des Princes. — Formation d'un Conseil.	451
555.	»»	12 août.	Lettre du roi au P.P. — Translation de la Chambre à Pontoise.	452
556.	»»	13-23 août.	Lettres du procureur général à M. du Plessis-Guénegaud, secrétaire d'État.	453
557.	»»	22 août.	Séance et déclaration des Princes.	454
558.	»»	(23 août.)	Discours du P.P. à la Chambre. — Rentrée de la cour à Paris.	454
559.	»»	25 et 28 août.	Lettres de M. du Plessis-Guénegaud au procureur général. — Translation de la Chambre.	456
560.	»»	31 août, etc.	Séances des Princes. — Députation en cour.	457
561.	»»	Septembre.	Lettres du procureur général à M. du Plessis-Guénegaud.	458
562.	»»	12 septembre.	Passe-port pour le procureur général.	459
563.	»»	15 septembre.	Lettre du roi au P.P. — Translation de la Chambre.	459
564.	»»	»»	Passe-port pour le P.P.	460
565.	»»	19 septembre.	Lettre du roi au P.P. — Ordre d'assembler la Chambre.	460
566.	»»	11 octobre.	Lettres du procureur général et du président Tubeuf au P.P. — Audience du roi.	461
567.	»»	16 octobre.	Lettre de l'avocat général au procureur général.	462
568.	»»	21 octobre.	Lettre du roi au P.P. — Rentrée de la cour à Paris.	463
569.	»»	(29 octobre.)	Harangue du P.P. au roi sur le rétablissement de la paix.	464
570.	»»	—	Lettre du P.P. à la reine-mère.	465
571.	»»	17 décembre.	Lettre du roi au P.P. — Déclaration sur les comptants.	465
572.	»»	30 décembre.	*Chambre souveraine des francs-fiefs, nouveaux acquêts et amortissements.	467
573.	1653	3 janvier.	Lettre du roi au P.P. — Créance pour le duc d'Anjou.	467
574.	»»	3 mars.	Remontrances présentées par le P.P. — Régales.	467
575.	»»	2 juillet.	Lettre de Mademoiselle au P.P. — Vérification de don.	472
576.	»»	15 décembre.	Supplique pour les conseillers exilés.	472
577.	1654	9-19 mars.	Enregistrement d'édits.	473
578.	»»	29 avril, etc.	Lettres du roi au P.P. — Suppression d'offices.	473
579.	»»	20 juillet.	Lettre du roi au P.P. — Pension du prince de Conti.	474
580.	»»	(6 septembre.)	Compliment du P.P. au roi revenant du sacre et de l'armée.	474
581.	»»	18 septembre.	Lettre du roi au procureur général. — Jussion à la Chambre.	475
582.	1655	5 mars.	Contestation entre les semestres.	475
583.	»»	20 mars.	Séance du duc d'Anjou. — Enregistrement d'édits.	475
584.	(s. d.)	—	Lettre de Mme du Jardin au P.P. — Pauvres et couvents de Paris.	476

VI. NICOLAS NICOLAY.

585.	1656	20 mars.	Installation du P.P. Nicolas Nicolay.	477
586.	»»	25 mai.	Lettre du duc d'Orléans au P.P. — Vérification de don.	478
587.	»»	20 juillet.	Commission pour la confection du papier terrier du domaine.	479
588.	»»	9 septembre.	Compliment à la reine de Suède.	480
589.	»»	14 septembre.	Lettre du roi au P.P. — Mesures contre la mendicité.	480
590.	1657	5 mai.	Lettre du prince de Monaco au P.P. — Enregistrement d'édit.	481
591.	»»	4 sept., etc.	Pensions du P.P.	481
592.	»»	Juin-août.	Lettres du chancelier à M. le Tellier. — Conflit entre le P.P. et le président Tambonneau.	482
593.	1658	13 août.	Harangue du P.P. pour le retour et la guérison du roi.	483
594.	»»	13 décembre.	Lettre du chancelier au procureur général. — Affaire Forcoal.	484
595.	»»	16 décembre.	Lettre du cardinal Mazarin au P.P. — Affaire Forcoal.	484
596.	1659	4 avril.	Séance de Monsieur. — Enregistrement d'édits.	485
597.	»»	18 juillet.	Lettre du roi au P.P. — Négociations de paix.	485

598.	1660	17 mars.	Lettre du roi au P.P. — Protestations contre les levées	486
599.	»»	5 mai.	Lettre du cardinal Mazarin au P.P. — Offres de service	486
600.	»»	(9 ou 10 août.)	Députation au cardinal Mazarin. — Harangue du P.P. . . .	487
601.	1661	(Mars.)	Discours du P.P. au roi. — Conservation des forêts	488
602.	»»	29 août.	Audience du roi. — Affaires de la Chambre	491
603.	»»	15 et 17 déc.	Poursuites de la Chambre de justice contre un maître des comptes . . .	492
604.	1662	(Février.)	Harangue préparée par le P.P. pour la séance de Monsieur. — Cession de la Lorraine	493
605.	1664	Juin.	Lettre du roi au P.P. — Communication de titres domaniaux	494
606.	»»	12 juillet.	Lettre du P.P. à M. Colbert. — Affaires de finances	494
607.	»»	(9 août.)	Harangue du P.P. au légat	494
608.	»»	24 août.	Lettre du roi au P.P. — Compagnie des Indes	495
609.	1665	8 janvier.	Souscription à la compagnie des Indes	495
610.	»»	(14 janvier.)	Séance de Monsieur. — Discours du P.P.	496
611.	»»	28 avril.	Lettre du P.P. à M. Colbert. — Affaire des scellés	497
612.	1666	29 janvier.	Compliment au roi sur la mort de la reine-mère	498
613.	(1666-1667.)	—	Lettres du P.P. à M. Colbert. — Affaires de la Chambre	499
614.	1667	Janvier.	Récusation du P.P. par le receveur des épices	499
615.	»»	Mars-mai.	Conflit entre la Chambre et le parlement	501
616.	»»	9 septembre.	Députation au roi. — Compliment sur ses victoires	507
617.	1668	(6 février.)	Compliment du P.P. aux étudiants en théologie	508
618.	»»	23 septembre.	Arrêt du Conseil rendu contre le P.P. et le rapporteur . . .	509
619.	»»	Octobre.	Exil du P.P. et du rapporteur	509
620.	»»	(Décembre.)	Lettre du P.P. au chancelier sur son interdiction	512
621.	1669	—	Discours préparé par le P.P. pour une séance de Monsieur . . .	513
622.	»»	Août.	*Règlement pour les Chambres des comptes et les comptables . . .	515
623.	1671	14 décembre.	Lettre de M. Colbert au P.P.	515
624.	1672	11 janvier.	Arrêt du Conseil relevant le P.P. et le rapporteur de leur interdiction .	515
625.	»»	20 juin.	Lettre du P.P. au roi. — Bois de la Vraie Croix	516
626.	»»	21 juin.	Extraction d'un morceau de la Vraie Croix	516
627.	1673	24 février.	Déclaration réglant l'enregistrement des édits, lettres patentes, etc. . .	517
628.	1678	18 avril.	*Compliment du P.P. au roi. — Prise de Gand et Ypres . . .	520
629.	1679	22 août.	Lettre du roi au P.P. — Interdiction d'un conseiller	521
630.	»»	6 septembre.	*Harangue du P.P. à la reine d'Espagne	521
631.	1680	18 janvier.	Provisions d'avocat général pour Jean-Aymard Nicolay	521
632.	»»	26 février.	Lettre de l'évêque de Pamiers au P.P. — Régale	522
633.	»»	19 décembre.	Lettre de M. Colbert au P.P. — Inventaires des dépôts . . .	522
634.	1681	3 décembre.	Audience du roi. — Plaintes contre la Chambre	522
635.	1682	4 septembre.	Condamnation prononcée pour vol de comptes	523
636.	1683	9 février.	Lettre de M. Colbert au P.P. — Affaires de la Chambre . . .	524
637.	»»	11 février.	Prestation de foi et hommage faite pour le P.P.	524
638.	»»	10 décembre.	Conflit entre l'avocat général et le procureur général	524
639.	1684	2 août.	Remplacement du procureur général par commission	525
640.	»»	21 septembre.	Lettre du P.P. au contrôleur général. — Travail des auditeurs . .	526
641.	»»	28 novembre.	Audience du roi. — Réception de deux présidents	526
642.	»»	—	Lettre du P.P. au contrôleur général. — Certifications du Trésor . .	527
643.	1685	—	Lettres du contrôleur général au P.P. — Affaires diverses . . .	527
644.	»»	24 octobre.	Maladie du chancelier	528

VII. JEAN-AYMARD NICOLAY.

645.	1686	23 février.	Lettre du contrôleur général au P.P. — Expédition des provisions . .	529

TABLE DES PIÈCES.

646.	1686	26 février.	Provisions de la charge de P.P. pour Jean-Aymard Nicolay.	529
647.	»»	4 avril.	Installation du P.P. comme administrateur de l'Hôtel-Dieu	531
648.	»»	11 décembre.	Lettre du contrôleur général au P.P. — Affaires de la Chambre	532
649.	(1687)	29 novembre.	Lettre du P.P. au contrôleur général. — Échange	532
650.	1689	19 janvier.	Lettre du chef du conseil des finances au P.P.	533
651.	»»	29 juillet.	Levée d'augmentations de gages	533
652.	»»	16 octobre.	Lettre du contrôleur général au P.P. — Réception.	533
653.	1690	6-10 mai.	Députations et harangues pour la mort de la Dauphine	534
654.	»»	24 juillet.	Lettre du contrôleur général au P.P. — Mémoires sur les finances.	536
655.	»»	6 novembre.	Lettre du P.P. au contrôleur général. — Projet de création d'une Chambre à Lille	536
656.	1691	5 novembre.	Lettre du P.P. au contrôleur général. — Réception	536
657.	1692	Février.	Lettre du contrôleur général au P.P. — Commis à la peau	537
658.	»»	23 février.	Lettre du duc de Chevreuse au P.P. — Échange	537
659.	»»	9 mai.	Lettre du P.P. au contrôleur général. — Commis au plumitif	538
660.	»»	13 octobre.	Lettre du P.P. au contrôleur général. — Gages du Conseil	539
661.	»»	16 novembre.	Lettre du contrôleur général au P.P. — Augmentations de gages	539
662.	1693	16 juillet.	Lettre du P.P. au premier président du parlement. — Disette	540
663.	»»	30 septembre.	Lettre du P.P. au contrôleur général. — Disette	540
664.	»»	28 novembre.	Contribution pour les pauvres	541
665.	1694	17 avril.	Lettre du P.P. au premier président du parlement. — Disette	541
666.	1695	13 février.	Lettre de Mme de Maintenon au P.P. — Maison de Saint-Cyr	542
667.	1697	26 février, etc.	Lettres du P.P. au contrôleur général. — Trésor des chartes	542
668.	»»	10 mars.	Lettre du prince de Conti au P.P.	543
669.	»»	16 novembre.	Prêt fait par le P.P. à la Chambre	543
670.	»»	(25 novembre.)	Compliment du P.P. au roi sur la conclusion de paix.	543
671.	»»	19 décembre.	Lettre du ministre de la marine au P.P. — Réception.	544
672.	1698	15 octobre.	Lettre du premier commis des finances au P.P.	544
673.	»»	25 novembre.	Lettre du P.P. au contrôleur général. — Disette	545
674.	»»	2 décembre.	Lettre du P.P. au premier président du parlement. — Accaparement de blés	545
675.	1699	31 juillet.	Réception du duc du Maine.	546
676.	»»	19 novembre.	Lettre du contrôleur général au P.P. — Conversion de rentes	546
677.	»»	21 décembre.	Lettre du contrôleur général au P.P. — Échanges.	547
678.	1700	7 juillet.	Lettre du P.P. au contrôleur général. — Nomination d'un président	547
679.	»»	24 novembre.	Lettre du contrôleur général au P.P. — Remerciments	547
680.	»»	28 novembre.	Lettre du duc de Chevreuse au P.P. — Commission d'évaluation	547
681.	1701	8 juin.	Lettre du contrôleur général au P.P. — Banqueroute de trésoriers	548
682.	»»	16 septembre.	Compliment du P.P. au Prétendant d'Angleterre.	548
683.	»»	28 novembre.	Lettre de M. de la Vrillière au P.P. — Prédicateur du carême	549
684.	1702	21 mars.	Maladie du P.P.	549
685.	»»	26 novembre	Lettre du contrôleur général au P.P. — Augmentations de gages	549
686.	1703	13 octobre.	Lettre à M. Desmaretz, directeur des finances. — Dénonciation contre la Chambre	550
687.	»»	15 octobre.	Lettre du P.P. à M. Desmaretz. — Compliments	551
688.	1703-1704	—	Lettres du contrôleur général au P.P. — Affaires de finances.	551
689.	1705	10 mai.	Lettre de M. d'Armenonville au P.P. — Don à Mme de Maintenon	553
690.	»»	12 mai.	Lettre de Mme de Maintenon au P.P. — Vérification de don	553
691.	»»	6 septembre.	Lettre du P.P. au contrôleur général. — Conflit entre les gens du roi	554
692.	»»	20 septembre.	Lettre du P.P. à l'avocat général. — Conflit entre les gens du roi.	554
693.	1706	28 janvier.	Lettre du procureur général au contrôleur général. — Plaintes contre le P.P.	555

694.	1706	(15 février.)	Lettre de Mme de Maintenon au P.P. — Vérification de don.	556
695.	»»	8 août.	Lettre du contrôleur général au P.P. — Recommandation	556
696.	»»	24 novembre.	Lettre du P.P. au contrôleur général. — Comptabilité municipale	557
697.	1707		Lettres du contrôleur général au P.P. — Affaires de la Chambre	557
698.	1708	4 décembre.	Lettre du P.P. au contrôleur général. — Trésoriers des épices	559
699.	1709	16 avril.	Lettre du maréchal de Boufflers au P.P. — Duché-pairie.	559
700.	»»	8 mai.	Disette. — Contribution pour les pauvres	560
701.	»»	15 et 30 mai.	Lettres du chancelier au P.P. — Projet de Chambre d'abondance	560
702.	»»	5 juillet.	Lettre du P.P. au contrôleur général. — Disette	561
703.	»»	10 octobre.	Lettre du maréchal de Boufflers au P.P. — Bataille de Malplaquet.	562
704.	»»	Novembre.	Lettres du contrôleur général au P.P. — Gages de la Chambre.	562
705.	»»	7 décembre.	Lettre de M. Chamillart au P.P. — Affaires particulières	563
706.	1710	5 avril.	Lettre du contrôleur général au P.P. — Rachat de l'annuel	563
707.	»»	19 avril.	Lettre de M. de Versoris au P.P. — Gages de la Chambre	564
708.	»»	(Avril.)	Mémoire du P.P. sur les lettres de pairie du duché d'Harcourt	565
709.	»»	16 septembre.	Lettre du chancelier au P.P. — Duché-pairie d'Harcourt	565
710.	»»	—	Fragment d'un discours du P.P. — Concession de titre	565
711.	»»	26 octobre.	Lettre du comte de Pontchartrain au P.P. — Soumission de Port-Royal.	566
712.	1711	21 juillet.	Lettre du contrôleur général au P.P. — Gages de la Chambre	567
713.	»»	16 août.	Lettre du chancelier au P.P. — Interdiction d'un auditeur	567
714.	1712	5 mars.	Compliment du P.P. au roi sur la mort du Dauphin	567
715.	»»	18 mars.	Lettre du comte de Pontchartrain au P.P. — Droit de draper	568
716.	»»	20 juin.	Lettre du procureur général au contrôleur général. — Comptabilité des rentes	568
717.	»»	17 juillet.	Lettre du chancelier au P.P. — Conflit entre les gens du roi	569
718.	»»	17 septembre.	Lettre du contrôleur général au P.P. — Plaintes contre la Chambre	569
719.	1713	20 et 26 avril.	Lettres du comte de Pontchartrain au P.P. — Renonciations des princes.	569
720.	»»	16 juin.	Compliment du P.P. au roi sur la paix d'Utrecht	570
721.	1714	7 mai.	Lettre du comte de Pontchartrain au P.P. — Entrée à Marly.	571
722.	(s. d.)	—	Lettre de Mme de Maintenon au P.P.	571
723.	1715	18 juin.	Fixation du droit de chauffage attribué au P.P.	571
724.	»»	1er septembre.	Lettre du roi Louis XV au P.P. — Confirmation de la Chambre.	572
725.	»»	5 septembre.	Compliment du P.P. au roi.	572
726.	»»	14 septembre.	Lettre du duc du Maine au P.P. — Maison du roi.	573
727.	»»	19 septembre.	Lettre du chancelier au P.P. — Prorogation de la Chambre	573
728.	»»	25 septembre.	Restitution du droit de remontrances	574
729.	»»	26 septembre.	Lettre du grand maître des cérémonies au P.P. — Obsèques de Louis XIV.	574
730.	»»	17 décembre.	Service funèbre à la Sainte-Chapelle	574
731.	1716	6 mars.	Lettre du président du conseil des finances au P.P. — Chambre de justice.	576
732.	»»	(18 mars.)	Lettre du P.P. au président du conseil des finances. — Chambre de justice.	577
733.	»»	17 juin.	Lettre du duc du Maine au P.P. — Conflit avec la Chambre de justice	577
734.	»»	19 juillet.	Lettre du président du conseil des finances au P.P. — Épices	578
735.	»»	28 août.	Lettre du P.P. au duc du Maine. — Condoléances	578
736.	»»	20 octobre.	Lettre du receveur des épices au P.P. — Bâtiments de la Chambre.	578
737.	1717	19 avril.	Lettre du chancelier au P.P. — Communication des Mémoriaux.	579
738.	»»	4 mai.	Survivance de l'office de P.P. pour Antoine-Nicolas Nicolay	579
739.	»»	17 mai.	Lettre de M. de Bâville au P.P. — Affaires de famille	581
740.	»»	1er octobre.	Lettre du maréchal de Villeroy au P.P. — Affaires de la Chambre	582
741.	»»	3 décembre.	Remontrances sur divers édits	582
742.	1718	14 juin, etc.	Remontrances sur la refonte des monnaies. — Réponse du roi.	583
743.	1720	30 juillet.	Condoléances sur la translation du parlement	584

TABLE DES PIÈCES.

744.	1721	2 août.	Maladie du roi	584
745.	1722	29 avril.	Compliment du P.P. à M. Dodun, contrôleur général	585
746.	»»	Mai.	Projet de remontrances sur le rétablissement de divers droits	585
747.	»»	26 août.	Lettre du garde des sceaux au P.P. — Promotion du cardinal Dubois. .	586
748.	»»	(Septembre.)	Lettre de M. de Bâville au P.P. — Retraite de M. de Fréjus	587
749.	»»	17 septembre.	Lettre du cardinal Dubois au P.P. — Révocation des survivances . . .	587
750.	1723	13 août-9 nov.	Violation du domicile d'un maître des comptes	588
751.	»»	8 et 22 nov.	Lettres du président de Paris au P.P. — Affaires de la Chambre . . .	589
752.	1724	3 janvier.	Lettre du contrôleur général au P.P. — Échange de Belle-Isle. . . .	589
753.	»»	10 janvier.	Lettre du maréchal de Villeroy au P.P. — Échange de Belle-Isle . . .	590
754.	»»	13 janvier.	Lettre du contrôleur général au P.P. — Faux bruits	590
755.	»»	6 et 9 février.	Lettres du contrôleur général et de M. de Fréjus au P.P. — Échange de Belle-Isle	591
756.	»»	18 mars.	Lettre du duc de Bourbon au P.P. — Faux bruits	592
757.	»»	14 juillet.	Lettre de M. de Fréjus au P.P. — Remises des receveurs généraux . .	593
758.	»»	22 novembre.	Lettre du P.P. au contrôleur général. — Gages de la Chambre. . .	593
759.	1725	24 et 27 août.	Lettres de M. de Fréjus et du prévôt des marchands au P.P. — Emprunt de la ville de Paris	594
760.	»»	Novembre, etc.	Lettres de M. de Fréjus au P.P. — Gages de la Chambre	594
761.	1726	(Juin.)	Lettre du duc de Bourbon au P.P. — Disgrâce.	596
762.	»»	27 septembre.	Lettre du cardinal de Fleury à M. de la Porte. — Affaires de finances .	596
763.	»»	3 octobre.	Lettre du cardinal de Fleury au P.P. — Affaires de finances	596
764.	»»	13 novembre.	Lettre du duc d'Orléans au P.P. — Conflit avec la Cour des aides . . .	597
765.	1727	21 avril.	Lettre du duc du Maine au P.P. — Compliments	597
766.	»»	19 juin.	Lettre du contrôleur général au P.P. — Inventaire des dépôts	598
767.	»»	6 juillet.	Lettre du cardinal de Fleury au P.P. — Compagnie des Indes	598
768.	»»	31 juillet.	Lettre du contrôleur général au P.P. — Comptes du Trésor royal. . .	598
769.	»»	4 août.	Lettre du cardinal de Fleury au P.P. — Extraordinaire des guerres . .	599
770.	»»	23 août.	Lettre du comte de Belle-Isle au P.P. — Échange avec le roi	599
771.	»»	6 sept., etc.	Lettres du chancelier au P.P. — Nouvelles et compliments	599
772.	1728	9 février.	Lettre du cardinal de Fleury au P.P. — Monnaies.	600
773.	»»	13 septembre.	Lettre du cardinal de Fleury au P.P. — Dépôts de la Chambre. . . .	601
774.	»»	28 novembre.	Compliments du P.P. sur la mort de la reine de Sardaigne	601
775.	1729	15 avril.	Lettre du contrôleur général au P.P. — Comptes de l'artillerie	602
776.	»»	Mai-juillet.	Lettres du cardinal de Fleury au P.P. — Réforme des finances. . . .	603
777.	»»	10 et 11 oct.	Maladie du P.P. et de M. de Goussainville	604
778.	»»	7 décembre.	Lettre du cardinal de Fleury au P.P. — Affaires de finances.	604
779.	1730	13 mai, etc.	Lettres du contrôleur général au P.P. — Affaires de finances	605
780.	1730-1731	20 nov., etc.	Lettres du cardinal de Fleury au P.P. — Affaires de finances	606
781.	1731	26 mai, etc.	Maladie et mort de M. Nicolay de Goussainville	606
782.	»»	8 juillet.	Lettre du chancelier au P.P. — Survivance de l'office de P.P	607
783.	»»	27 novembre.	Lettre du cardinal de Fleury au P.P. — Survivance de l'office de P.P .	608
784.	»»	7 décembre.	Survivance de l'office de P.P. pour Aymard-Jean Nicolay.	608
785.	1732	10 novembre.	Exil des conseillers du parlement. — Maladie du P.P.	609
786.	1733	28 avril.	Mort de la première présidente.	610
787.	1734	(Mars.)	Lettre du P.P. au cardinal de Fleury. — Démission	610
788.	»»	5 avril.	Démission du P.P. en faveur de son fils	610
789.	»»	26 avril.	Lettres d'honoraire pour le P.P	611
790.	»»	10 et 29 juillet.	Maladie du P.P. honoraire	612

VIII. AYMARD-JEAN NICOLAY.

791.	1735	28 janvier.	Lettre du cardinal de Fleury au P.P. — Naturalisation de Jean Law . .	613
792.	1736	23 novembre.	Lettre de la prieure de la Présentation au P.P. — Organiste de la Sainte-Chapelle	614
793.	1736-1737	Décembre, etc.	Lettres du chancelier au P.P. — Juridiction criminelle	614
794.	1737	4 juillet.	Lettre du cardinal de Fleury au P.P. — Affaire des correcteurs. . . .	615
795.	»»	Octobre.	Lettres du cardinal de Fleury et du prévôt des marchands au P.P. — Incendie de la Chambre.	616
796.	»»	Novembre.	Incendie de la Chambre. — Rapports et arrêts.	617
797.	»»	14 décembre.	Lettre du procureur général au P.P. — Installation de la Chambre aux Augustins	620
798.	»»	30 décembre.	Maladie du P.P.	620
799.	1738	—	Lettre au P.P. — Reconstruction des bâtiments de la Chambre. . . .	620
800.	»»	Juillet et août.	Lettres de M. de Varville et de M. de Monglas au P.P. — Maladie du cardinal de Fleury	621
801.	»»	15 septembre.	Lettre de M. Amelot au P.P. — Franchise des lettres du P.P . . .	622
802.	1739	2 janvier.	Lettre du procureur général au P.P. — Charge d'avocat général . . .	622
803.	»»	23 et 28 juillet.	Lettres de Barjac au P.P. — Voyage du cardinal de Fleury	623
804.	1740	10 février.	Lettre du prince de Montauban au P.P. — Registres de la Chambre . .	623
805.	»»	31 mars.	Réinstallation de la Chambre.	623
806.	1741	9 janvier.	Arrêt contre le parlement.	624
807.	»»	2 juillet.	Lettre du contrôleur général au P.P. — Vente d'acquits	625
808.	»»	28 septembre.	Lettre du cardinal de Fleury au P.P. — Collège de Navarre	625
809.	1742	4 août.	Lettre de l'abbé Bignon au P.P. — Charge de bibliothécaire du roi . .	626
810.	1743	1ᵉʳ décembre.	Discours du P.P. au roi. — Comptes des munitionnaires.	626
811.	1744	(Août.)	Compliment préparé par le P.P. pour le Dauphin	627
812.	»»	19 août.	Lettre du duc de Fleury au P.P. — Convalescence du roi	627
813.	»»	16 septembre.	Lettre de M. de Maurepas au P.P. — Députation à Metz. . . .	627
814.	1745	14 février.	Lettre de M. de Maurepas au P.P. — Recette des épices	628
815.	»»	7 mai.	Lettre du P.P. au roi sur son départ pour l'armée.	628
816.	»»	31 mai.	Lettre de M. d'Argenson au P.P. — Députation de la Chambre. . .	628
817.	»»	14 juin.	Députation de la Chambre au roi. — Victoire de Fontenoy	629
818.	»»	9 septembre.	Compliment du P.P. au roi. — Conquête des Flandres	632
819.	»»	9 décembre.	Lettre du maréchal de Saxe au P.P. — Enregistrement de brevets. . .	632
820.	1747	21 mai.	Lettre de M. de Saint-Florentin au P.P. — Réception d'un trésorier .	633
821.	1747-1748	28 mai, etc.	Lettres du chancelier au P.P. — Vente de titres et de sceaux. . . .	633
822.	1749	20 octobre.	Lettre de M. de Mirepoix (à l'archevêque de Paris). — Affaires de l'hôpital général	634
823.	1751	30 janvier.	Lettre du chancelier au P.P. — Enregistrement des brevets militaires . .	634
824.	»»	18 octobre.	Lettre du chancelier au P.P. — Présentation pour une charge de conseiller maître	635
825.	1751-1752	30 octobre, etc.	Lettre du contrôleur général au P.P. — Conflit avec le bureau des finances de Bordeaux . . . . : . .	636
826.	1753	18 et 21 mai.	Compliments de condoléance au parlement	636
827.	1754	11 décembre.	Projet de délibération présenté par le P.P. au bureau de l'hôpital général.	636
828.	»»	31 décembre.	Mort d'un fils du P.P.	638
829.	1755	3 mai.	Lettre du P.P. au contrôleur général. — Destruction d'acquits	638
830.	1756	Sept. et octobre.	Lettres du procureur général au P.P. — Présentation de remontrances .	638
831.	1758	26 avril.	Lettre de M. de Saint-Florentin au P.P. — Affaires de l'hôpital général .	641

TABLE DES PIÈCES.   787

832.	1758	20 novembre.	Lettre du contrôleur général au P.P. — Comptes des Monnaies. . . .	642
833.	1759	7 mars.	Compliment du P.P. à M. de Silhouëtte, contrôleur général	642
834.	»»	16 mars.	Lettre du P.P. au lieutenant général de police. — Commerce des subsistances	643
835.	»»	6 mai.	Remontrances sur l'enregistrement des dons et pensions	644
836.	»»	30 mai.	Lettre du P.P. au contrôleur général. — Sollicitations de Mme de Pompadour.	646
837.	»»	20 juin.	Lettre du contrôleur général au P.P. — Poste aux lettres.	646
838.	»»	22 septembre.	Séance du duc d'Orléans. — Discours du P.P	647
839.	»»	28 novembre.	Compliment du P.P. à M. Bertin, contrôleur général	650
840.	»»	10 décembre.	Projet de remontrances sur les nouvelles impositions	650
841.	1761	28 mars, etc.	Lettres de Mme de Pompadour au P.P. — Échange avec le roi	653
842.	»»	31 juillet.	Séance du duc d'Orléans. — Discours du P.P.	654
843.	»»	28 novembre.	Lettre du contrôleur général au P.P. — Œuvres du chancelier Daguesseau.	656
844.	1761-62	—	Conflit entre la Chambre et le P.P. — Attributions de la présidence . .	657
845.	1762	12 août.	Lettre du P.P. au chancelier. — Exil des Jésuites	664
846.	1763	15 mars.	Lettre de l'évêque d'Orléans au P.P. — Construction de Sainte-Croix . .	665
847.	»»	4 octobre.	Lettre (de Mme d'Auriac) au P.P. — Exil du chancelier	666
848.	»»	9 et 13 oct.	Lettres du garde des sceaux et du premier président du parlement au P.P.	666
849.	1765	Février–mai.	Présentation de remontrances par le P.P. — Réponses du roi	667
850.	1766	25 janvier.	Remboursement des dettes de l'État. — Réponse du roi	668
851.	»»	5 mars.	Lettre de la comtesse de Noailles au P.P. — Mort du roi de Pologne. .	669
852.	»»	10 juin.	Lettre du duc d'Orléans au P.P. — Recommandation	669
853.	»»	1er juillet.	Lettre du comte de Noailles au P.P. — Entrée à Marly	670
854.	1767	30 avril.	Lettre du contrôleur général au P.P. — Caisse d'escompte	670
855.	»»	13 et 19 août.	Maladie et mort de la première présidente	671
856.	1768	16 mars.	Lettre de M. Trudaine de Montigny, intendant des finances, au P.P. — Projet de remontrances	672
857.	»»	20 avril.	Survivance de l'office de P.P. pour Aymard-Charles-Marie de Nicolay. .	672
858.	»»	12 juin.	Présentation de remontrances par le P.P. — Réponse du roi.	673
859.	»»	Septembre.	Lettres du chancelier et de M. de Malesherbes au P.P. — Démission de M. de Lamoignon	675
860.	»»	11 octobre.	Compliment du P.P. à M. d'Invau, contrôleur général	676
861.	»»	15 octobre.	Lettre du chancelier au P.P. — Remerciements	677
862.	1769	10 juillet, etc.	Présentation de remontrances par le P.P. — Réponse du roi	677
863.	»»	25 août.	Lettre de la marquise de Coislin au P.P. — Vérification de pension . .	680
864.	»»	29 décembre.	Compliment du P.P. à l'abbé Terray, contrôleur général	680
865.	1770	5 février.	Lettre du contrôleur général au P.P. — Dépôt des comptes	681
866.	»»	5 juillet.	Lettre de M. de Marigny au contrôleur général. — Dépôt des comptes. .	681
867.	»»	30 novembre.	Lettre de M. de la Vrillière au P.P. — Évaluation d'échange . . .	682
868.	»»	23 décembre.	Présentation de remontrances par le P.P. — Parties non réclamées . .	683
869.	1771	27 février, etc.	Supplications en faveur des magistrats exilés.	683
870.	»»	30 juin.	Lettre du ministre de la marine au P.P. — Séance du comte de la Marche.	686
871.	»»	9 juillet.	Lettres du chancelier et du lieutenant général de police au P.P. — Détention de l'avocat général	686
872.	1772	28 mai.	Présentation de remontrances par le P.P. — Suppression des Cours . .	687
873.	»»	24 octobre.	Réception des commissaires de la Chambre à Valenciennes	689
874.	1772-1773	Décembre.	Présentation de remontrances par le P.P. — Réponse du roi	690
875.	1773	13 juillet.	Remerciements de la Chambre au P.P. — Règlement des épices . . .	691
876.	»»	21 août.	Arrêt de la Chambre sur la comptabilité du Trésor royal	692
877.	»»	8 septembre.	Lettre du P.P. au comte de Noailles. — Entrée à Marly.	693

CHAMBRE DES COMPTES.

IX. AYMARD-CHARLES-MARIE DE NICOLAY.

878.	1773	17 septembre.	Installation du P.P. Aymard-Charles-Marie de Nicolay	695
879.	»»	4 décembre.	Lettre du contrôleur général au P.P. honoraire. — Droit de marc d'or .	697
880.	1774	15 mars.	Lettre du contrôleur général au P.P. — Épices des réceptions	698
881.	»»	5-11 mai.	Mort du roi Louis XV.	698
882.	»»	2 juin.	Compliments du P.P. au roi et à la reine	700
883.	»»	15 juin.	Lettre du P.P. honoraire au comte de Noailles. — Entrée à Marly. .	700
884.	»»	28 août.	Lettre du contrôleur général au P.P. — Changement de ministère. . .	701
885.	»»	4 et 30 nov.	Lettres du contrôleur général au P.P. — Comptes des Monnaies . .	701
886.	»»	3, 9 et 22 déc.	Compliments au parlement, à la Cour des aides et au garde des sceaux .	703
887.	»»	12 décembre.	Collection de mémoires sur les rentes et les épices.	704
888.	1775	22 février.	Lettre du duc de la Vrillière au P.P. honoraire	704
889.	»»	2 juillet.	Députation au roi et discours du P.P. à l'occasion du sacre	705
890.	»»	26 août.	Lettre du contrôleur général au P.P. — Épices de la Chambre. . . .	707
891.	1776	19 mars.	Séance de Monsieur. — Discours du P.P.	707
892.	»»	28 avril.	Présentation de remontrances par le P.P.	708
893.	»»	17 mai.	Lettre du premier président de la Cour des aides au P.P. — Offre de conférence	709
894.	»»	24 mai.	Compliment du P.P. à M. de Clugny, contrôleur général.	709
895.	»»	25 octobre.	Compliment du P.P. à M. Taboureau, contrôleur général.	710
896.	1777	6 février.	Lettre du directeur général au P.P. — Règlement d'une ordonnance . .	710
897.	»»	4 et 12 mars.	Maladie et mort du maréchal de Nicolay	711
898.	»»	16 août.	Lettre du directeur général au P.P. — Receveurs des domaines et bois .	711
899.	»»	7 septembre.	Lettre du garde des sceaux au P.P. — Administration des hôpitaux . .	711
900.	»»	27 février.	Lettre de M. Cromot au P.P. — Communication de titres	712
901.	1778	4 mars.	Lettre du prince de Montbarey au P.P. — Pension de MM. d'Assas .	712
902.	»»	21 novembre.	Présentation de remontrances par le P.P.	713
903.	1779	—	Lettres du directeur général au P.P. — Mémoires sur les finances . .	715
904.	1780	25 janvier.	Lettre de M. Amelot au P.P. — Maison du roi	715
905.	»»	18 juin.	Lettre du garde des sceaux au P.P. — Exil de la Chambre des comptes de Nantes	715
906.	»»	23 juin.	Lettre du garde des sceaux au P.P. — Frais d'enregistrement	716
907.	»»	23 novembre.	Lettre du prince de Conti au P.P.	716
908.	»»	27 décembre.	Compliment du P.P. au roi, sur la mort de l'impératrice-reine . . .	717
909.	1781	10 août.	Lettre du contrôleur général au P.P. — Augmentation des impositions .	717
910.	»»	23 et 29 oct.	Naissance du dauphin. — Compliments du P.P.	718
911.	1782	4 février, etc.	Remontrances sur l'édit de création de receveurs particuliers	719
912.	»»	6 août.	Présentation de remontrances par le P.P.	720
913.	»»	7 août, etc.	Lettres du contrôleur général au P.P. — Enregistrements	721
914.	1783	5 février.	Lettre du maréchal de Richelieu au P.P. — Anoblissement	722
915.	»»	3 avril.	Compliment du P.P. à M. d'Ormesson, contrôleur général.	722
916.	»»	13 novembre.	Réception de M. de Calonne, contrôleur général.	723
917.	»»	16 décembre.	Lettre du lieutenant général de police au P.P. — Suppression d'imprimé.	725
918.	1784	29 août, etc.	Lettres de M. Cromot au P.P. — Échange entre Monsieur et le roi .	725
919.	»»	3 septembre.	Lettre du P.P. — Visite du roi de Suède à la Chambre	726
920.	»»	12 octobre.	Lettre du procureur général au P.P. — Affaires de la Chambre . . .	727
921.	»»	7 décembre.	Lettre du contrôleur général au P.P. — Épices des rentes.	727
922.	1785	15 février, etc.	Maladie et mort du P.P. honoraire.	728
923.	»»	20 septembre.	Lettre du garde des sceaux au P.P. — Rature d'une mention d'enregistrement	729

TABLE DES PIÈCES.   789

924.	1786	Octobre.	Lettres du contrôleur général au P.P. — Affaires de finances.	730
925.	1787	18 janvier.	Convocation à l'assemblée des Notables	730
926.	»»	6 février.	Préparation de remontrances. — Conflit avec la Cour des aides. . . .	730
927.	»»	25 mai.	Assemblée des Notables. — Discours du P.P.	731
928.	»»	7 juillet.	Création des Assemblées provinciales	732
929.	»»	17 août.	Séance de Monsieur. — Protestation contre les nouveaux impôts . . .	732
930.	»»	23 août.	Lettre du P.P. au premier président du parlement. — Exil de la Cour .	734
931.	»»	Septembre.	Protestation contre un arrêt du Conseil . . . . : . .	734
932.	»»	19 septembre.	Compliment du P.P. à M. Lambert, contrôleur général	736
933.	»»	29 novembre.	Compliments au parlement sur son retour à Paris	737
934.	1788	12 mars.	Lettre du contrôleur général au P.P. — Monnaies	737
935.	»»	6 mai.	Arrestation de deux membres du parlement	738
936.	»»	7 et 8 mai.	Séance de Monsieur à Versailles. — Discours du P.P.	739
937.	»»	24 septembre.	Convocation des États généraux et rétablissement des Cours	740
938.	»»	11 octobre.	Remerciements de la Chambre au P.P.	740
939.	»»	12 décembre.	Clôture de l'assemblée des Notables. — Discours du P.P. au roi . . .	741
940.	»»	17 décembre.	Lettre du contrôleur général au P.P. — Comptabilité des recettes générales.	742
941.	1789	30 janvier, etc.	Commission pour la réformation des finances	743
942.	»»	12 mars.	Réception du P.P. de Nicolay à l'Académie française	743
943.	»»	14 avril.	Lettre du P.P. au premier président du parlement. — Assemblée des trois états du bailliage de Paris.	752
944.	»»	20 mai.	Refus du P.P. d'accepter la députation aux États généraux	752
945.	»»	25 et 26 mai.	Promotion du P.P. à la chancellerie de l'ordre du Saint-Esprit. . . .	753
946.	»»	24 juillet.	Députations au roi, à l'Assemblée nationale et à la Commune	754
947.	»»	10 septembre.	*Observations sur la comptabilité et la juridiction de la Chambre* . . .	756
948.	»»	1ᵉʳ octobre.	Offrande patriotique du P.P.	756
949.	»»	13 octobre.	Députation au roi et à la reine	756
950.	»»	29 et 30 oct.	Offres de service à l'Assemblée nationale	757
951.	»»	19 novembre.	Lettre du roi au P.P. — Fonte du trésor de la Sainte-Chapelle . . .	757
952.	1790	12 et 18 janvier.	Liquidation des offices de la Chambre	757
953.	»»	19 mars.	Anniversaire de l'entrée d'Henri IV à Paris	758
954.	»»	19 avril.	Abolition du régime féodal	758
955.	»»	20 juillet.	Suppression du titre de *Monseigneur*	758
956.	»»	22 novembre.	Lettre de la Municipalité au P.P. — Destruction des armoiries . . .	759
957.	»»	28 novembre.	Lettre du maire de Paris au P.P. — Clefs de la Sainte-Chapelle. . .	759
958.	»»	9 décembre.	Recouvrement des épices	759
959.	1791	21 et 22 janvier.	Maladie de la Première Présidente	760
960.	»»	5 et 11 juillet.	Liquidation des comptes et affaires de la Chambre	760
961.	»»	25 août.	Suppression des Chambres des comptes	760
962.	»»	10 septembre.	Dernier arrêt de la Chambre. — Armorial	761
963.	»»	19 septembre.	Lettre du président du département au P.P. — Fermeture de la Chambre.	762
964.	»»	22 septembre.	Lettre du procureur général syndic à la Chambre. — Apposition des scellés sur les dépôts.	762

ADDITIONS. 763
CORRECTIONS. 768

ACHEVÉ D'IMPRIMER

A NOGENT-LE-ROTROU, PAR A. GOUVERNEUR,

JUIN 1873.

www.ingramcontent.com/pod-product-compliance
Lightning Source LLC
Chambersburg PA
CBHW070801020526
44116CB00030B/944